Ein Muss für alle Portweinfreunde: Die erweiterte Neuauflage enthält zusätzliche Bewertungen und Beschreibungen von 1.500 neu verkosteten Portweinen und informiert über die Neuerungen der letzten Jahre, über neue Erzeuger und neue Jahrgänge. Portwein liefert umfassende Informationen zu all dem, was Portwein ausmacht, was man über Portwein wissen muss. Auf 448 Seiten macht der großzügig bebilderte Band Lust auf Portwein und das Dourotal. Portugal ist seit Jahrhunderten für seine Portweine weltberühmt. Axel Probst erklärt in Portwein, wo die Trauben für den Portwein angebaut werden dürfen, welche Rebsorten verwendet werden, wie Portweine produziert werden und führt in die Arten und Hierarchien der Portweine ein. Ein historisches Kapitel, die Abgrenzung zu anderen Süßweinen, zahlreiche großformatige Fotos sowie eine alphabetische Übersicht der Winzer mit umfangreichen Verkostungsnotizen runden den Band ab.

Axel Probst
Portwein
Erweiterte Neuauflage
Format 20,5 x 25,2 cm, ISBN: 978-3938839392
448 Seiten, gebunden, 64,95 €
durchgängig farbig beb

mondo Heidelberg

eichelmann 2023

Gerhard Eichelmann

eichelmann 2023

Deutschlands Weine

13 Regionen | 910 Weingüter | 9.800 Weine

mondo Heidelberg

Der Verlag übernimmt keine Gewähr für die angegebenen Preise oder die Verfügbarkeit der Weine bei den Weinerzeugern.

Regionen-Verantwortung:
Wolfgang Faßbender (Mosel)
Paul Kern (Rheingau)
Marco Lindauer (Mittelrhein, Nahe)
Jens Wagner (Pfalz)

Alle Karten: DWI Deutsches Weininstitut
Fotos Andreas Durst Seiten 105-143-159-166-211-423-425-430-432-646-737-749-895-917-978-1100-1141
Alle anderen Fotos wurden von den Weingütern zur Verfügung gestellt

Redaktion:
Jutta Eichelmann
Ulrike Klein-Debiasi

Umschlaggestaltung: www.ultrabold.com
Herstellung, Satz: Mondo Heidelberg
Druck: Belvedere Print & Packaging B.V., Niederlande

Anschrift des Verlages:
Mondo Heidelberg
Bachstraße 27
69121 Heidelberg
info@mondo-heidelberg.de

ISBN 9783938839546

mondo Heidelberg

Inhalt

Vorwort

Es ist ein besonderes Jahr, für alle, auch für die Winzer. Wer hätte einmal gedacht, dass es schwierig werden könnte Etiketten, Kartons oder Flaschen zu bekommen, und dass so viele Abfülltermine nicht eingehalten werden können? Andere haben bewusst die Abfüllung verschoben, um die Weine länger auf der Hefe auszubauen, und das ist dem Jahrgang 2021 und seinen hohen Säurewerten geschuldet – die Weine werden davon profitieren. Einige Weingüter werden wir deshalb erst im kommenden Jahr wieder vorstellen.

Der Jahrgang 2021 war schwierig, das steht außer Frage, er verlangte den Winzern alles ab, aber die deutschen Spitzenbetriebe hatten auch diesen Jahrgang im Griff und präsentieren teils grandiose Kollektionen, über alle Rebsorten hinweg. Allerdings ist dies nicht allen gelungen, so dass wir einige Weingüter dieses Jahr nicht mehr vorstellen.

Schon im vergangenen Jahr habe ich an dieser Stelle von dem Phänomen berichtet, dass die teuersten Weine als erste ausverkauft sind. Dieser Trend setzt sich fort, und die Preise der renommiertesten Weine steigen weiter überproportional stark, was insbesondere daran liegt, dass der Markt deutsche Weine als Wertanlage entdeckt hat, ähnlich wie derzeit auch die Weine der Champagne. Man mag bedauern, dass so nun viele der besten deutschen Weine gar nicht mehr getrunken sondern gesammelt werden, aber bange sein muss man nicht, wenn man nicht auf „Namen“ oder „Etiketten“ fixiert ist, sondern allein an Qualität interessiert ist, denn überall in Deutschland gibt es Weingüter, die gewaltig zulegen.

Auch der Trend hin zu Bio setzt sich weiter fort, inzwischen sind bereits über 30 Prozent der im Buch empfohlenen Weingüter bio-zertfiziert oder befinden sich in der zertifizierten Umstellung. Auch Nachhaltigkeit spielt eine zunehmend wichtigere Rolle, und es ist gut, dass sich der VDP des Themas angenommen hat und auch hier Zeichen setzt; ein Ersatz für die Bio-Zertifizierung ist eine Zertifizierung in Sachen Nachhaltigkeit allerdings nicht, auch wenn manche etwas anderes suggerieren möchten.

Ich danke allen, die an dieser Ausgabe mitgewirkt haben, insbesondere den Autoren, und ganz besonders meiner Frau Jutta, die wie immer das Projekt Buch und App organisiert und koordiniert und sich auch um die anderen Titel des Verlages kümmert. Mein Dank gilt auch dieses Jahr wieder den vielen Lesern, die uns Anregungen und Empfehlungen schicken, und mein Dank gilt Frederic, der zwar dieses Jahr nicht direkt am Buch mitwirken konnte, aber zumindest aus der Ferne zur Digitalisierung alter Verkostungsnotizen beiträgt.

Gerhard Eichelmann

SELTERS.
DER REINE
GENUSS.
ORIGINAL
SELTERS
AUS SELTERS AN DER LAHN
MEDIUM
MIT WENIG KOHLENSÄURE
NATÜRLICHES MINERALWASSER
AUS DEUTSCHLANDS LEGENDÄRER QUELLE
ORIGINAL
SELTERS
AUS SELTERS AN DER LAHN
WWW.SELTERS.DE
ginal SELTERS ist exklusiver Partner des Deutschen Weininstituts und der
mmelier Union und wird als idealer Weinbegleiter empfohlen
Deutsches
Weininstitut
SOMMELIER
UNION

Die Autoren

Gerhard Eichelmann ist mit Wein aufgewachsen, machte aber erst über den Umweg als Unternehmensberater den Wein zum Hauptberuf. Er gründete 1997 den Verlag Mondo Heidelberg, führte mit Mondo das international übliche 100 Punkte-System für Weinbewertungen in Deutschland ein. Im Jahr 2000 veröffentlichte er die erste Ausgabe dieses Buches über deutschen Wein, das sich als Standardwerk etabliert hat. Zu weiteren Buchveröffentlichungen zählen Titel über Australien und die Toskana, sowie neun Bücher über die Champagne.

Wolfgang Faßbender ist seit vielen Jahren freier Wein- und Gastronomiejournalist, schreibt für Medien wie die Weinwelt, das Sommelier-Magazin, Salz & Pfeffer oder die Schweizerische Weinzeitung. Er war stellvertretender Chefredakteur des Bertelsmann-Restaurantführers und hat zahlreiche regionale Gastroguides herausgegeben. Er lebt heute teilweise in der Pfalz, teilweise in Zürich. Er verantwortet die Region Mosel. Zuletzt erschienen von ihm im Mondo-Verlag „Im Wein liegt Lüge“, „Elsass“ und „Die Neue Mosel“.

Paul Kern machte erste Wein-Erfahrungen mit Großen Gewächsen aus dem Emaillebecher, als er beim Campingurlaub mit einem Schulfreund, Sohn eines Weinjournalisten, die Verkostungsüberbleibsel des Vaters unter die Lupe nahm. Es folgten ein Weingutspraktikum in Südafrika, eine Ausbildung als Koch und ein Weinwirtschaftsstudium in Geisenheim. Derzeit studiert er Interkulturelle Kommunikation und schreibt über Wein, u. A. auf dem Blog Champagner & Schorle. Er ist in dieser Ausgabe für das Rheingau verantwortlich.

Marco Lindauer würde, wäre der Wein nicht, auch heute noch mit der Kamera durch die Weltgeschichte reisen, um flüchtige Augenblicke auf Filme oder Datenträger zu bannen. Stattdessen hat er aber seiner langen und hemmungslosen Leidenschaft für den Rebensaft nachgegeben, arbeitet nun seit mehreren Jahren für einen bekannten deutschen Fachhändler. Würde man ihn fragen, welche drei Dinge er auf eine einsame Insel mitnähme, würde er sich auf das Wesentliche reduzieren: Drei Flaschen Riesling. Er ist für Nahe und Mittelrhein verantwortlich.

Jens Wagner ist als Pfälzer Winzersohn mit Wein aufgewachsen, hat aber zunächst einen Weg außerhalb der Weinberge angestrebt. Während seines Studiums der Politik und der Geschichte in Mannheim begann er sich mit dem Thema Wein auseinander zu setzen und über Wein und Gastronomie zu schreiben, unter anderem für das Rhein-Neckar-Stadtmagazin Meier, den Gastroführer Espresso, die Rheinpfalz und Mondo. Er ist verantwortlich für die Weine der Pfalz.

Zum richtigen Gebrauch

Der Hauptteil „Deutsche Weingüter von A bis Z“ führt die deutschen Weingüter in alphabetischer Reihenfolge aufgeführt. Links oberhalb des Namens ist die Region angegeben und der Ort, in dem das Weingut zu Hause ist. Einen Überblick über die Weingüter der einzelnen deutschen Weinbauregionen kann man sich im Kapitel "Die deutschen Weinregionen" verschaffen; ist man an Weingütern in bestimmten Städten oder Gemeinden interessiert, kann man diese im Ortsverzeichnis im Anhang des Buches finden.

1. Betriebsbewertung

Unter dem Namen, mit dem jeder Eintrag beginnt, finden Sie eine Qualitätseinstufung in Form von Sternen (**neue Betriebe erhalten maximal 2 Sterne**, **Wiedereinsteiger maximal die vorherige Bewertung**). Es bedeuten:

★★★★★	Weltklasse, internationale Spitzenerzeuger
★★★★	Hervorragende Erzeuger
★★★	Sehr gute Erzeuger
★★	Gute Erzeuger
★	Überdurchschnittliche, zuverlässige Erzeuger
⯪	Ein halber Stern hinter den schwarzen Sternen zeigt die Zwischenstufe zwischen zwei Kategorien an.

Grundlage der Beurteilung ist die Gesamtleistung des Erzeugerbetriebs in den letzten drei Jahren.

2. Erzeugerangaben

In der linken Spalte folgen weitere Angaben zum Erzeugerbetrieb wie Adresse, Telefon- und Faxnummer, ggf. E-Mail-Adresse und Webseite. Dazu der Name des Inhabers, ggf. Geschäftsführer und Mitgliederzahl einer Genossenschaft, Größe der Rebfläche in Hektar, durchschnittliche Jahresproduktion, sowie zusätzliche Informationen, die für einen Besucher von Interesse sind (Öffnungszeiten, Weinstube, Gästezimmer u. a.).
Darüber hinaus bedeuten die Symbole am Anfang der Spalte

zertifiziert biologisch arbeitendes Weingut (auch Betriebe in Umstellung)

N Erzeugerbetrieb ist neu im Buch

W Erzeugerbetrieb wurde wieder aufgenommen

3. Weine

Die Weine eines Erzeugers werden aufgeführt in der Reihenfolge:
Sekte – Weißweine (in der Abfolge trocken, halbtrocken, süß) – Rosés/Weißherbste – Rotweine

Die Vorstellung der einzelnen Weine folgt dem Schema
- Jahrgang und Rebsorte (oder „Name“) des Weins
- Ausbauart (trocken, halbtrocken, „feinherb“), wenn auf dem Etikett genannt
- Prädikatsstufe (Kabinett, Spätlese, Auslese, Beerenauslese, Trockenbeerenauslese, Eiswein) oder weitere gesetzlich geregelte Bezeichnungen wie Classic, Selection, Erstes Gewächs
- eventuelle gesetzlich nicht geregelte Zusatzbezeichnungen (z.B. „GG“, „Goldkapsel“)
- Lage

Alle nicht gesetzlich geregelten Termini sind in Anführungszeichen gesetzt, z.B. „GG“, „feinherb“, aber: Erstes Gewächs, halbtrocken. Der Übersichtlichkeit zuliebe wird auf die Bezeichnung „Qualitätswein“ oder „QbA“ verzichtet. Ebenso wird bei roten Rebsorten auf den Zusatz „Rotwein“ verzichtet. Hinweis: Bisweilen ist eine betriebsinterne Klassifikation in Form von Sternen Bestandteil eines Weinnamens. Diese Sterne haben nichts mit unserer Bewertung zu tun.

4. Weinbewertung

Die Weinbewertung erfolgt nach dem international üblichen 100-Punkte-System:

95 bis 100	großartig, Weltklasse
90 bis 94	hervorragend
85 bis 89	sehr gut
80 bis 84	gut
75 bis 79	durchschnittlich
70 bis 74	unterdurchschnittlich
60 bis 69	deutliche Mängel
50 bis 59	völlig ungenügend

Da wir Erzeuger mit unterdurchschnittlichen oder gar mangelhaften oder völlig ungenügenden Weinen nicht empfehlen, finden sich, mit ganz wenigen Ausnahmen, keine Weine im Buch, die weniger als 75 Punkte erhalten.
88+ Wein mit Entwicklungspotenzial
88+? Wein womöglich mit Entwicklungspotenzial
88* Unseres Erachtens hatte der Wein zum Zeitpunkt der Verkostung seinen Höhepunkt bereits überschritten
(88) Fass- oder Tankprobe, keine endgültige Bewertung

5. Preise

Die angegebenen Preise sind Endverbraucherpreise ab Weingut, so wie sie uns von den Betrieben übermittelt werden.
5,70 € ☺ Schnäppchen (Gesamtliste im Anhang)
ohne Preis uns wurde kein Preis mitgeteilt
Des Weiteren bedeuten: a.A.: auf Anfrage; Vst.: Versteigerungswein

Die Weingüter des Jahres
Preisträger 2023

Beste Weißweinkollektion

Weingut Philipp Kuhn

Beste Rotweinkollektion

Weingut Dautel

Beste Sektkollektion

Schloss Sommerhausen

Aufsteiger des Jahres

Weingut Hahnmühle

Entdeckung des Jahres

lichti & astroh

Ehrenpreis für das Lebenswerk

Peter Jakob Kühn

Klassiker

Hundertgulden Appenheim

Weingut Bischel

Beste Weißwein-kollektion

2022 | Weingut Rudolf May | Franken
2021 | Weingut Dreissigacker | Rheinhessen
2020 | Weingut Bischel | Rheinhessen
2019 | Weingut Georg Breuer | Rheingau
2018 | Weingut Kühling-Gillot | Rheinhessen
2017 | Weingut Max Müller I | Franken
2016 | Weingut Ludwig Knoll | Franken
2015 | Weingut Beurer | Württemberg
2014 | Weingut Klaus Keller | Rheinhessen
2013 | Weingut Rainer Sauer | Franken
2012 | Weingut Hermann Dönnhoff | Nahe
2011 | Weingut Knipser | Pfalz
2010 | Weingut Wittmann | Rheinhessen
2009 | Weingut Zehnthof | Franken
2008 | Weingut Emrich-Schönleber | Nahe
2007 | Weingut Josef Leitz | Rheingau
2006 | Weingut Klaus Keller | Rheinhessen
2005 | Weingut Wittmann | Rheinhessen
2004 | Weingut Andreas Laible | Baden
2003 | Weingut Clüsserath-Weiler | Mosel

eichelmann
2023

Weingut des Jahres

Beste Weißweinkollektion

Weingut
Philipp Kuhn
Laumersheim

Heidelberg, im November 2022
Gerhard Eichelmann, Herausgeber

Beste Rotwein-kollektion

2022 | Weingut Heid | Württemberg
2021 | Weingut Rings | Pfalz
2020 | Weingut Klopfer | Württemberg
2019 | Weingut Bernhard Huber | Baden
2018 | Weingut Benedikt Baltes | Franken
2017 | Weingut Martin Waßmer | Baden
2016 | Weingut Konrad Schlör | Baden
2015 | Weingut Wachtstetter | Württemberg
2014 | Weingut Friedrich Becker | Pfalz
2013 | Weingut Dr. Heger | Baden
2012 | Weingut Meyer-Näkel | Ahr
2011 | Weingut Rudolf Fürst | Franken
2010 | Weingut Franz Keller | Baden
2009 | Weingut Jean Stodden | Ahr
2008 | Weingut Jürgen Ellwanger | Württemberg
2007 | Weingut Bernhard Huber | Baden
2006 | Weingut Seeger | Baden
2005 | Weingut Jacob Duijn | Baden
2004 | Weingut Knipser | Pfalz
2003 | Weingut Bercher | Baden

eichelmann
2023

Weingut des Jahres

Beste Rotweinkollektion

Weingut Dautel

Bönnigheim

Heidelberg, im November 2022
Gerhard Eichelmann, Herausgeber

Beste Sekt-Kollektion

2022 | Sekthaus Griesel | Hessische Bergstraße
2021 | Sekthaus BurkhardtSchür | Franken
2020 | Sektkellerei Andres & Mugler | Pfalz
2019 | Sekthaus Raumland | Rheinhessen

eichelmann

2023

Weingut des Jahres

Beste Sekt-Kollektion

Schloss Sommerhausen

Sommerhausen

Gerhard Eichelmann

Heidelberg, im November 2022

Gerhard Eichelmann, Herausgeber

Aufsteiger des Jahres

2022 | Weingut Gabel | Pfalz
2021 | Weingut Peter Wagner | Baden
2020 | Weingut Jülg | Pfalz
2019 | Weingut Stefan Vetter | Franken
2018 | Weingut Matthias Gaul | Pfalz
2017 | Weingut Carl Ehrhard | Rheingau
2016 | Weingut Bischel | Rheinhessen
2015 | Biologisches Weingut Höfflin | Baden
2014 | Weingut Klumpp | Baden
2013 | Weingut Landgraf | Rheinhessen
2012 | Weingut Joh. Bapt. Schäfer | Nahe
2011 | Weingut von Winning | Pfalz
2010 | Sekthaus Raumland | Rheinhessen
2009 | Weingut Kühling-Gillot | Rheinhessen
2008 | Weingut Melsheimer | Mosel
2007 | Weingut Wagner-Stempel | Rheinhessen
2006 | Weingut Philipp Kuhn | Pfalz
2005 | Weingut Sybille Kuntz | Mosel
2004 | Weingut Schnaitmann | Württemberg
2003 | Weingut Flick | Rheingau

eichelmann
2023

Aufsteiger des Jahres

Weingut
Hahnmühle
Mannweiler-Cölln

Gerhard Eichelmann

Heidelberg, im November 2022
Gerhard Eichelmann, Herausgeber

Entdeckung des Jahres

2022 | **Weingut Kurek** | Württemberg
2021 | **Weingut Hornstein am See** | Württemberg
2020 | **Winzerhof Linder** | Baden

eichelmann
2023

Entdeckung des Jahres

lichti & astroh

Herxheim am Berg

Heidelberg, im November 2022
Gerhard Eichelmann, Herausgeber

Ehrenpreis **Lebens-werk**

2022 | **Klaus Keller** | Rheinhessen
2021 | **Paul Fürst** | Franken
2020 | **Werner Näkel** | Ahr
2019 | **Helmut Dönnhoff** | Nahe
2018 | **Hermann Dörflinger** | Baden
2017 | **Werner Knipser** | Pfalz
2016 | **Ernst Dautel** | Württemberg
2015 | **Bernhard Huber** | Baden

eichelmann
2023

Ehrenpreis für das Lebenswerk

Peter-Jakob Kühn

Oestrich-Winkel

Heidelberg, im November 2022
Gerhard Eichelmann, Herausgeber

Klassiker

2022 | Heerkretz | Siefersheim (Rheinhessen)
2021 | Felseneck | Bockenau (Nahe)
2020 | Kirchberg | Oberrotweil (Baden)
2019 | Lämmler | Fellbach (Württemberg)
2018 | Ungeheuer | Forst (Pfalz)
2017 | Halenberg | Monzingen (Nahe)
2016 | Sonnenuhr | Zeltingen (Mosel)
2015 | Julius-Echter-Berg | Iphofen (Franken)
2014 | Doosberg | Oestrich (Rheingau)
2013 | Morstein | Westhofen (Rheinhessen)
2012 | Idig | Königsbach (Pfalz)
2011 | Feuerberg | Burkheim (Baden)
2010 | Berg Schlossberg | Rüdesheim (Rheingau)
2009 | Hermannshöhle | Niederhausen (Nahe)
2008 | Schlossberg | Achkarren (Baden)
2007 | Saumagen | Kallstadt (Pfalz)
2006 | Centgrafenberg | Bürgstadt (Franken)
2005 | Mandelberg | Kirrweiler (Pfalz)
2004 | Gräfenberg | Kiedrich (Rheingau)

eichelmann

2023

Klassiker

Hundertgulden

Riesling GG

Weingut Bischel

Gerhard Eichelmann

Heidelberg, im November 2022

Gerhard Eichelmann, Herausgeber

Die Mondo-Klassiker-Bibliothek

Marcel Reich-Ranicki hat seinen Kanon herausragender Werke der deutschen Literatur seit 2002 in fünf Teilen herausgebracht, seine „Klassiker-Bibliothek“. Da unser Schaffen in einer Rezension einmal mit dem von Reich-Ranicki verglichen wurde, liegt es also nahe, dass auch wir unseren Kanon großer deutscher Weine veröffentlichen, unsere „Mondo-Klassiker-Bibliothek“.

Seit Jahren schon zeichnen wir jedes Jahr einen Wein als „Klassiker“ aus, einen Wein, der zum einen Jahr für Jahr hohe Qualität bietet, zum anderen aber auch Jahr für Jahr ein klares Profil zeigt und als Klassiker, als Prototyp seiner Rebsorte und Region gelten kann.

Solche Klassiker zeichnen sich darüber hinaus durch ihre Langlebigkeit aus, was sie am besten in Vertikalverkostungen unter Beweis stellen können. Solche Klassiker sind für uns „große Weine“, und die Weinberge, in denen sie wachsen, folglich große Lagen.
Punkt.

REGION: Rheingau
GEMEINDE: Rüdesheim

Berg Schlossberg
Riesling
Weingut Georg Breuer

Der Berg Schlossberg ist ein nach Süden ausgerichteter Steilhang mit Böden aus Quarzit und rotem Schiefer. Er hat seinen Namen von der Burg Ehrenfels, die Anfang des 13. Jahrhunderts von den Mainzer Erzbischöfen als Schutz- und Zollburg errichtet wurde und inmitten der Weinberge des Schlossbergs liegt. Schlossberg-Rieslinge sind rassig, kraftvoll und mineralisch, enorm nachhaltig und langlebig.

REGION: Franken
GEMEINDE: Bürgstadt

Centgrafenberg
Spätburgunder „GG“
Weingut Rudolf Fürst

Der Centgrafenberg in Bürgstadt ist ein in 160 bis 250 Meter Höhe gelegener Südhang mit einer Steigung von 10 bis 40 Prozent, teilweise terrassiert. Der Boden besteht aus verwittertem Buntsandstein mit teilweise tonigem Grund und unterschiedlicher Lössauflage. Seit Jahrhunderten werden hier rote Burgunder angebaut, heute aber setzt Paul Fürst Maßstäbe für Früh- und Spätburgunder, nicht nur für Franken, sondern für Deutschland.

REGION: Rheingau
GEMEINDE: Oestrich

Doosberg
Riesling Großes Gewächs
Weingut Peter Jakob Kühn

Der Doosberg, eine nach Süden und Westen geneigte Kuppe am östlichen Ortsrand von Oestrich, ist eine windexponierte Lage, der lehmige Boden ist durchsetzt mit Kieseln und großen Bruchstücken aus grauem Quarzit. Der Riesling von Peter Jakob Kühn stammt von einem Weinberg mit alten Reben fast am höchsten Punkt des „Doosberg Köpfchens", biodynamisch bewirtschaftet; der Wein wird spontanvergoren, spät abgefüllt, ist komplex, druckvoll, sehr eigenständig.

REGION: Rheingau
GEMEINDE: Oestrich

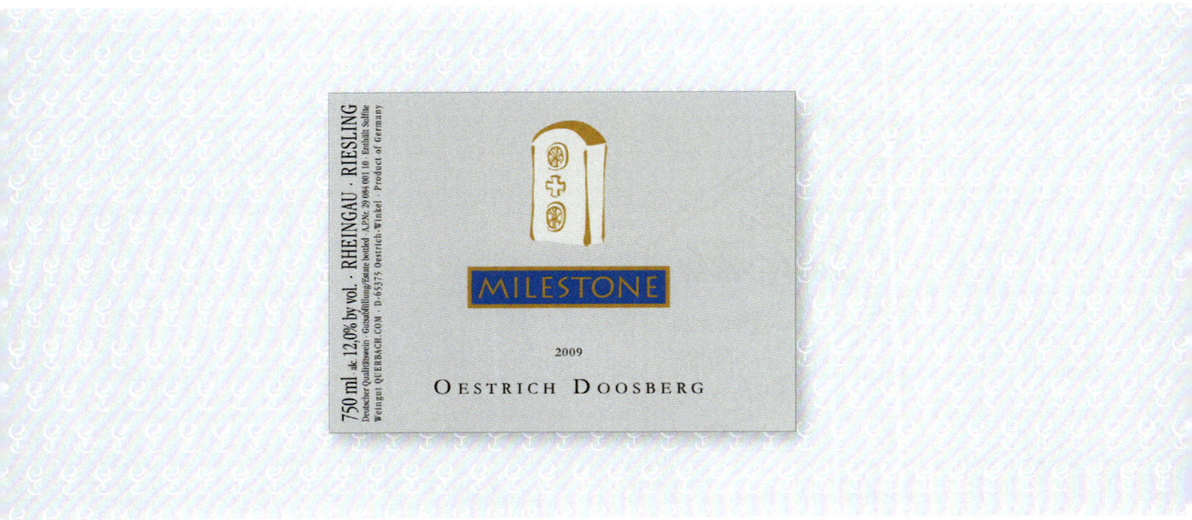

Doosberg
Riesling „Milestone“
Weingut Querbach

Meilenstein nennt Peter Querbach seinen Wein aus dem Doosberg neuerdings, den Spitzenwein des Betriebes. Kurze Maischestandzeit, Spontangärung, langes Hefelager in Edelstahltanks, späte Abfüllung, all das kennzeichnet die Querbachschen Weine. Der Doosberg kann nicht nur hervorragend reifen, wie er in Vertikalverkostungen eindrucksvoll unter Beweis stellt, er braucht auch einige Zeit, um zu zeigen, was in ihm steckt.

REGION: Nahe
GEMEINDE: Bockenau

Felseneck
Riesling „GG“
Weingut Schäfer-Fröhlich

Das Felseneck in Bockenau liegt in 250 bis 310 Meter Höhe im Talkessel des Ellerbachs, an der oberen Nahe. Die 30 bis 70 Prozent steile Lage ist süd-exponiert, der Boden besteht hauptsächlich aus Oberrotliegendem, man findet aber auch blauen Devonschiefer, Quarzit und Basaltgeröll. Tim Fröhlich erzeugt aus dem Felseneck ein Riesling Großes Gewächs sowie eine breite Palette an edelsüßen Rieslingen.

REGION: Baden
GEMEINDE: Burkheim

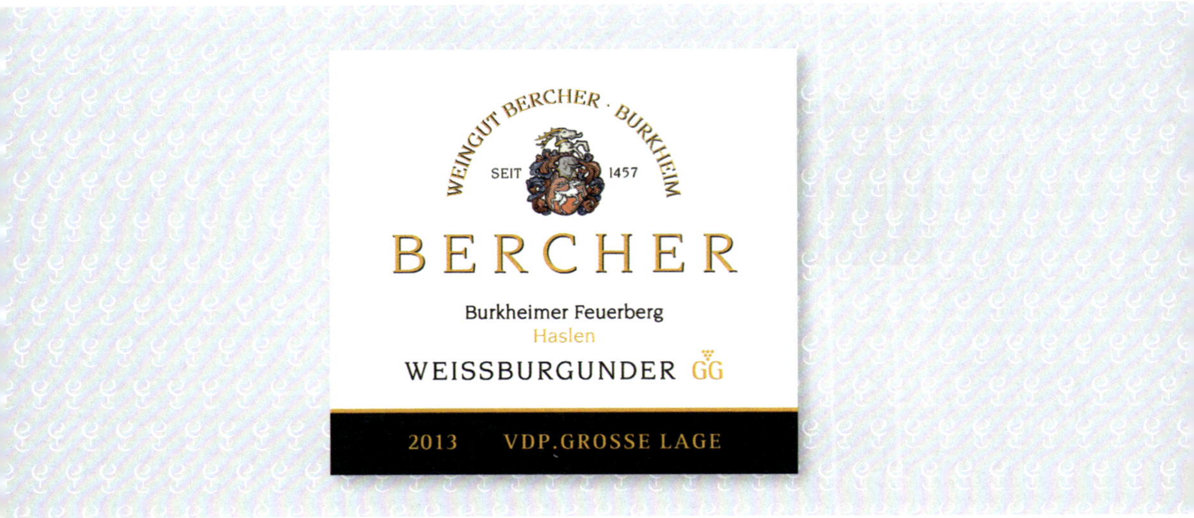

Feuerberg
Weißburgunder „GG"
Weingut Bercher

Der Feuerberg in Burkheim liegt in 230 bis 240 Meter Höhe am Kaiserstuhl. Der Boden besteht aus Vulkanverwitterungsgestein mit Lössauflagen, aufgrund dieses vulkanischen Ursprungs erhielt er seinen Namen Feuerberg. Burgunder jeder Couleur fühlen sich hier wohl, wie man an den Weinen von Arne und Martin Bercher erkennen kann, Jahr für Jahr faszinieren die Spätburgunder, die Grauburgunder und die wunderschön eleganten Weißburgunder vom Feuerberg.

REGION: Rheingau
GEMEINDE: Kiedrich

Gräfenberg
Riesling trocken „GG“
Weingut Robert Weil

Im 12. Jahrhundert als Berg des Rheingrafen bezeichnet, findet sich erstmals 1258 die Bezeichnung Grevenberg urkundlich belegt. Bis 1803 gehörte der Gräfenberg größtenteils dem Kloster Eberbach, heute ist das Weingut Robert Weil größter Besitzer. Der Boden ist mittel- bis tiefgründig und mit Lösslehm durchsetzt, Phyllite bilden den hohen Gesteinsanteil. Riesling hat hier eine Heimat gefunden, erbringt Spitzen als trockenes Erstes Gewächs, aber auch in edelsüßer Form.

REGION: Nahe
GEMEINDE: Monzingen

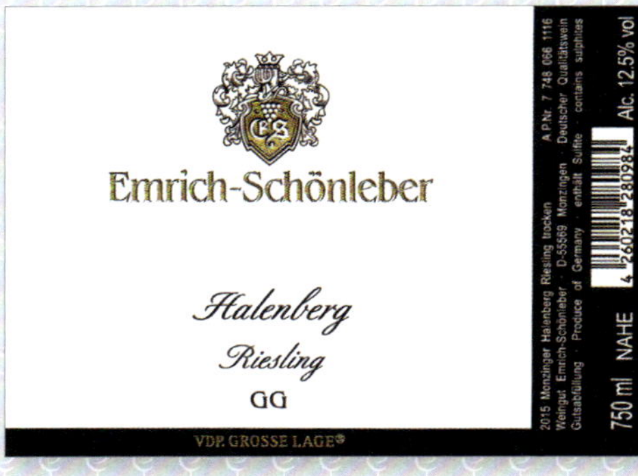

Halenberg
Riesling „GG“
Weingut Emrich-Schönleber

Der Halenberg ist ein steiler Süd-Südwest-Hang, dessen steiniger Boden von blauem Schiefer und Quarzit geprägt ist, der größte Teil der Lage gehört Werner und Frank Schönleber. Der Halenberg erbringt faszinierende Rieslinge, die salzig-mineralische Noten aufweisen, puristisch, druckvoll und enorm nachhaltig sind – und die hervorragend reifen, wie das Große Gewächs regelmäßig in Zehn-Jahres-Verkostungen bewiesen hat.

REGION: Rheinhessen
GEMEINDE: Siefersheim

Heerkretz
Riesling „GG“
Weingut Wagner-Stempel

Die Lage Heerkretz, ein vulkanischer Steilabbruch südwestlich von Siefersheim, gehört zu den höchstgelegenen Lagen in Rheinhessen, der Boden besteht aus Rhyolith (oft als Porphyr bezeichnet), aber auch Melaphyr und Kalkbänder findet man in Teilen des süd- bis südost-exponierten Hanges. Das „Heer“ verweist auf eine alte Heerstraße am Fuß der Lage, das „kretz“ rührt von „Kratzen“ und bezieht sich auf die beschwerliche Arbeit im recht steilen Hang.

REGION: Nahe
GEMEINDE: Niederhausen

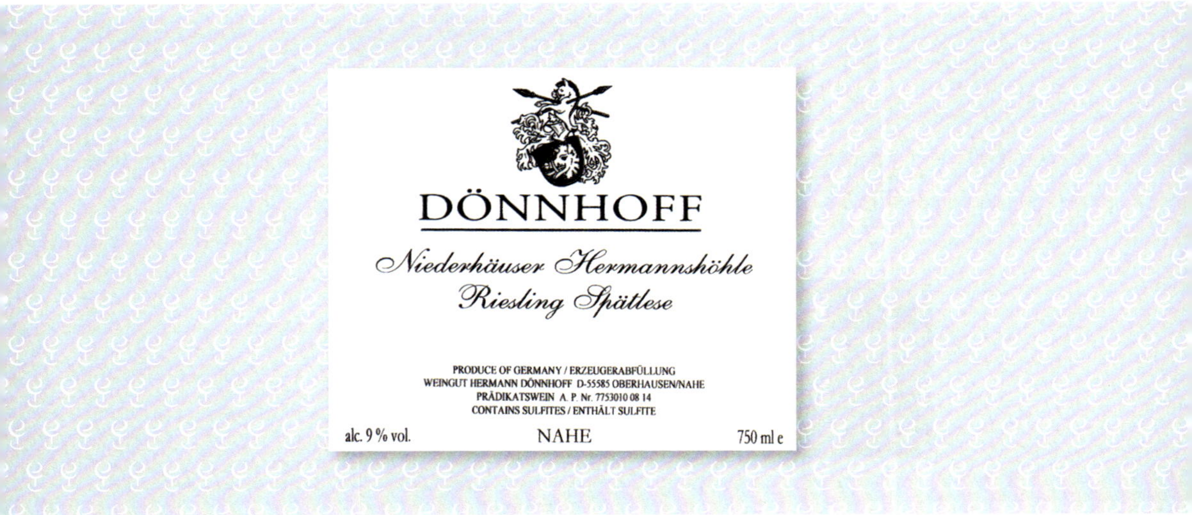

Hermannshöhle
Riesling Spätlese
Weingut Hermann Dönnhoff

Die Böden der auch optisch markanten Lage – ein in einer Höhe von 130 bis 175 Meter nach Süd bis Südwest ausgerichteter kegelförmiger Hügel in einer Biegung der Nahe direkt gegenüber Oberhausen – bestehen aus Grauschieferverwitterung, durchsetzt mit vulkanischem Eruptivgestein, Porphyr, Kalkstein und steinig-grusigen Lehmen. Helmut Dönnhoff erzeugt hier eine Jahr für Jahr faszinierende Spätlese – und ein ebenso faszinierendes trockenes Großes Gewächs.

REGION: Rheinhessen
GEMEINDE: Appenheim

Hundertgulden
Riesling “GG”
Weingut Bischel

Die vom Kalkstein geprägte Lage ist seit dem Mittelalter bekannt. Den Namen Hundertgulden erhielt die Lage im 14. Jahrhundert, er rührt wohl daher, dass Weinberge in der Lage für sehr hohe Beträge verkauft wurden. Der steile Hang ist südwest- bis südexponiert, der Boden besteht aus wasserführenden Kalksteinschichten, welche aus den Korallenbänken des tertiären Urmeeres entstanden. Die warme Lage zusammen mit kühlen Westwinden sorgen für eine sehr lange Reifezeit – ideal für Riesling.

REGION: Pfalz
GEMEINDE: Königsbach

Idig
Riesling „GG“
Weingut Christmann

In einer Urkunde aus dem Jahr 1346 wird erstmals ein „Weingarten im Idischen“ in Königsbach erwähnt. Heute umfasst die Lage Königsbacher Idig 7 Hektar, eine 4 Hektar große arrondierte Fläche gehört Steffen Christmann, der seinen Weinberg biodynamisch bewirtschaftet. Der Idig ist ein relativ steiler Südhang, die Kessellage zusammen mit dem Boden aus tertiärem Kalkmergel ergibt kraftvolle, komplexe Rieslinge mit Wiedererkennungswert.

REGION: Franken
GEMEINDE: Iphofen

Julius-Echter-Berg
Silvaner „GG"
Weingut Hans Wirsching

Iphofen liegt am Fuße des Schwanbergs, einer der höchsten Erhebungen des Steigerwalds. Wie meist im Steigerwald, herrschen hier Keuperböden vor, so auch in der berühmtesten Iphöfer Lage, dem Julius-Echter-Berg, einer steilen Südlage, benannt nach Fürstbischof Julius Echter von Mespelbrunn. Das Weingut Hans Wirsching erzeugt hier Silvaner – und Riesling – von großer Klasse und erstaunlicher Langlebigkeit.

REGION: Baden
GEMEINDE: Oberrotweil

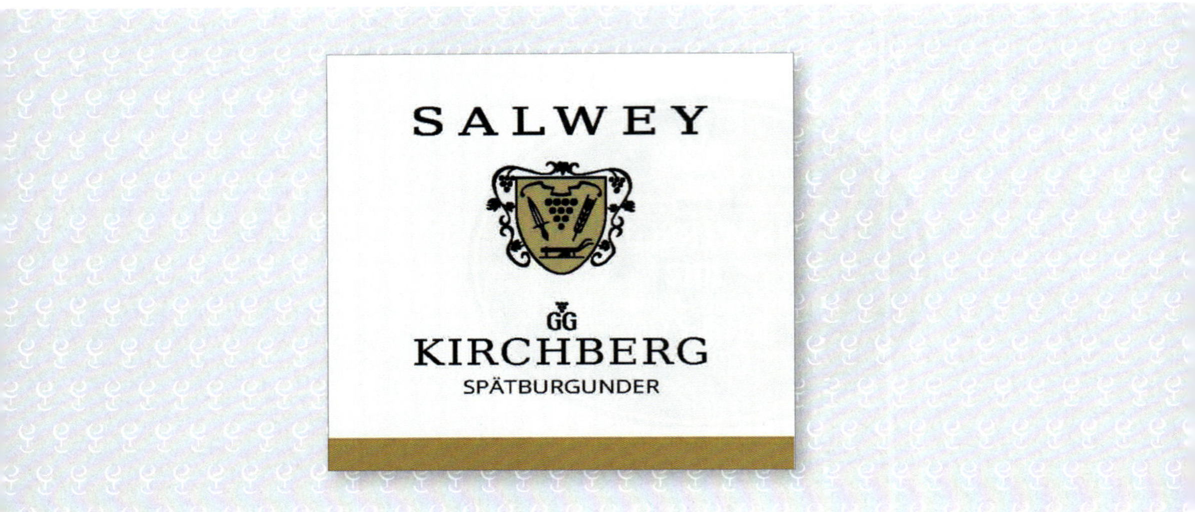

Kirchberg Oberrotweil
Spätburgunder „GG“
Weingut Salwey

Der Kirchberg in Oberrotweil besteht aus hartem, kargen Vulkanfelsen, den man Tephrit nennt. Es ist eine süd- bis südwest-exponierte Steillage mit bis zu 45 Prozent Hangneigung, kühle Westwinde aus Frankreich sorgen für eine schnelle Abtrocknung und gesunde Trauben. Das Gros des Kirchbergs gehört dem Weingut Salwey, das von hier Große Gewächse von Weißburgunder und Spätburgunder erzeugt, Weine von großer Haltbarkeit.

REGION: Württemberg
GEMEINDE: Fellbach

Lämmler
Spätburgunder „GG“
Weingut Schnaitmann

Der Lämmler ist eine Süd-exponierte Lage am Fuße des Kappelberges mit unterschiedlich schweren und unterschiedlich kalkhaltigen Keuperböden. Der Name rührt wohl daher, dass die Lage lange Zeit im Besitz einer Familie namens Lämmle war. Der Spätburgunder Großes Gewächs von Rainer Schnaitmann wächst auf den Keuperformationen des Bunten Mergel und Kieselsandstein im mittleren Teil des Hanges.

REGION: Pfalz
GEMEINDE: Kirrweiler

Mandelberg
Weißburgunder „GG“
Weingut Bergdolt

Als Riedel bezeichnet man die in Ost-West-Richtung verlaufenden Höhenzüge, die die pfälzische Rheinebene prägen. Der Kirrweiler Mandelberg liegt an der Südseite eines solchen Riedels. Der extrem kalkhaltige Boden mit Lössablagerung bietet beste Voraussetzungen für große Burgunder – die Weißburgunder des Weinguts Bergdolt St. Lamprecht zeigen dies Jahr für Jahr, am brillantesten das Große Gewächs.

REGION: Rheinhessen
GEMEINDE: Westhofen

Morstein
Riesling „GG“
Weingut Wittmann

Der Morstein, urkundlich erstmals 1282 erwähnt, besteht im Untergrund aus massivem Kalkfelsen, die obere Schicht besteht meist aus schwerem Tonmergel mit Kalksteineinlagen. 5 Hektar besitzen Günter und Philipp Wittmann im südöstlich geneigten Teilstück des Morstein. Bereits Mitte der Achtziger Jahre begann Günter Wittmann mit der Umstellung auf biologischen Weinbau, heute werden alle Weinberge biodynamisch bewirtschaftet.

REGION: Pfalz
GEMEINDE: Kallstadt

Saumagen
Riesling Auslese trocken „R“
Weingut Koehler-Ruprecht

Der Saumagen ist unter diesem Namen schon seit über 200 Jahren bekannt, woher der Name rührt ist umstritten; im deutschen Weingesetz 1971 wurde er als (wenn auch kleine) Großlage definiert. Es ist ein nach Süd-Südost ausgerichteter Hang mit bis zu 25 Prozent Steigung. Der Boden besteht vor allem aus Lösslehm und Kalkmergel. Die trockenen Rieslinge aus dem Saumagen sind präzise, mineralisch und nachhaltig – und enorm langlebig.

REGION: Baden
GEMEINDE: Achkarren

Schlossberg
Grauer Burgunder***
Weingut Michel

Der steile Süd-Südwesthang über dem Ort Achkarren ist nach einem im 13. Jahrhundert errichteten Schloss benannt. Der sehr steinhaltige Boden besteht aus Vulkanverwitterungsgestein mit hoher Wärmespeicherfähigkeit, schafft zusammen mit der Kessellage ein einzigartiges Mikroklima, das feurige, lebhafte Weine hervorbringt wie die immer faszinierend reintönigen Grauburgunder von Josef Michel.

REGION: Mosel
GEMEINDE: Zeltingen

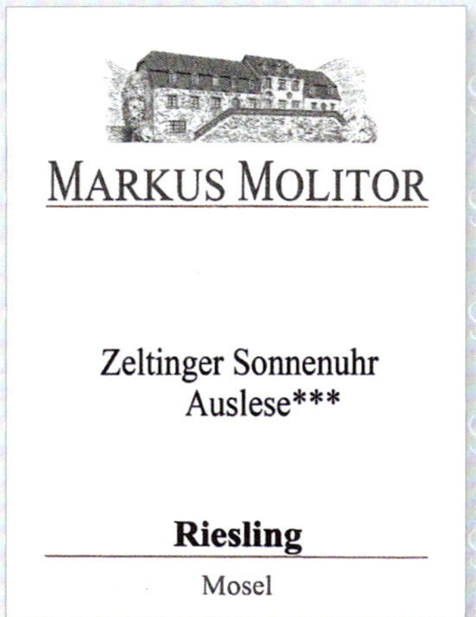

Sonnenuhr
Riesling Auslese***
Weingut Markus Molitor

Die Zeltinger Sonnenuhr ist die größte aller Sonnenuhren in deutschen Weinbergen, 1620 bereits wurde sie errichtet. Sie gab der Lage den Namen: Direkt an der Mosel gelegen, Süd-Südwest-exponiert, mit sehr steinigem aber überwiegend leichtem, blauen Devonschieferboden. Riesling, was sonst, alte, oft wurzelechte Reben, teils in Terrassen, ergeben Spitzenweine sowohl trocken als auch feinherb und edelsüß, Weine von faszinierender Langlebigkeit.

REGION: Pfalz
GEMEINDE: Forst

Ungeheuer
Riesling „GG“
Weingut Georg Mosbacher

Einen schöneren Lagennamen findet man schwerlich: Ungeheuer. Auch wenn er „nur“ auf einen Amtsschreiber gleichen Namens im benachbarten Deidesheim zurückzuführen sein soll. Das Ungeheuer ist eine relativ homogene und relativ große Spitzenlage, am Fuße des Haardtgebirges gelegen, die Weine von sehr guter Haltbarkeit hervorbringt. Der Boden besteht aus Buntsandsteinverwitterung mit dichteren Ton- und Sandschichten, und ist durchmischt mit Kalksandsteingeröll und Basalt.

Die deutschen Weinanbaugebiete

Germany's wine-growing regions

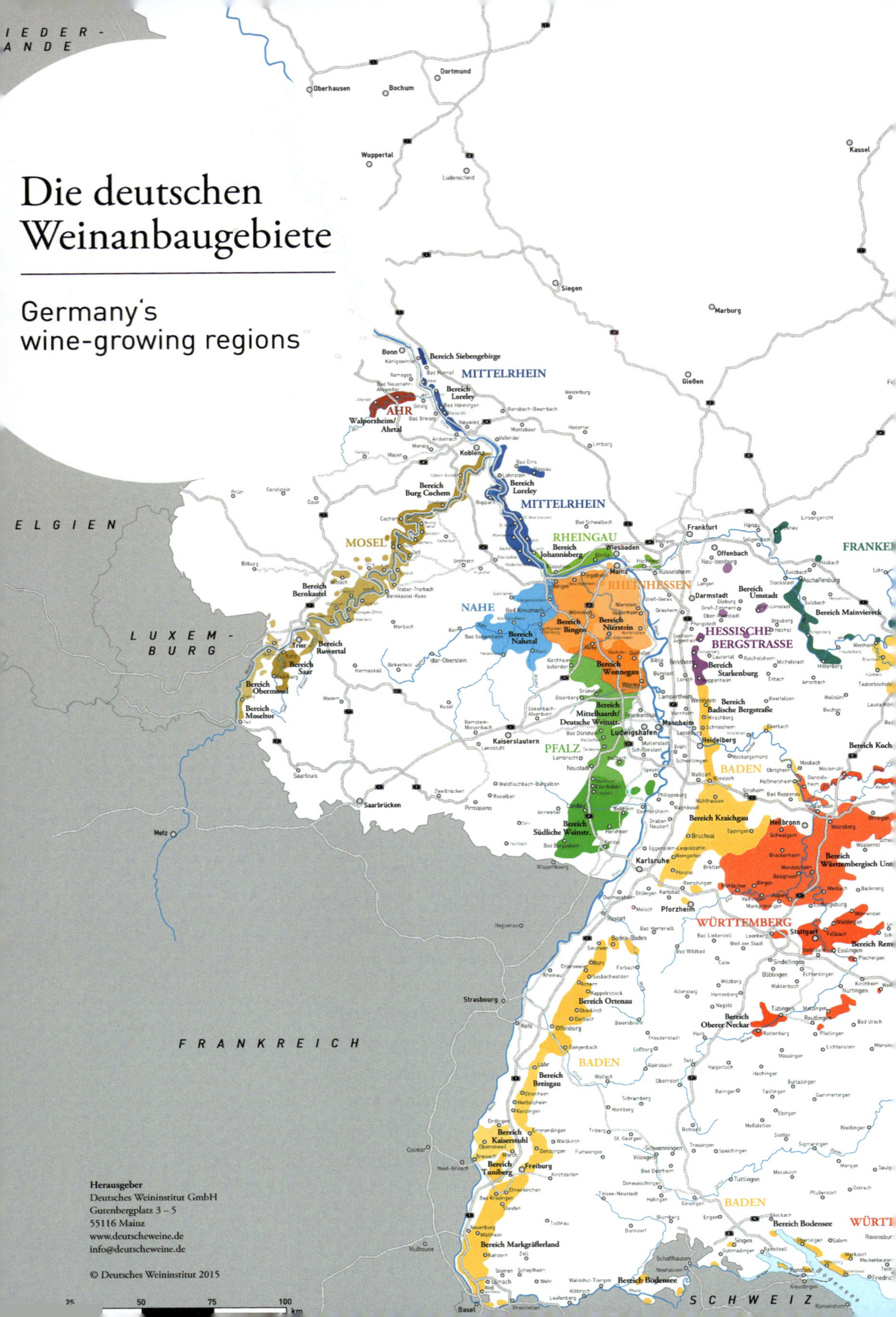

Herausgeber
Deutsches Weininstitut GmbH
Gutenbergplatz 3 – 5
55116 Mainz
www.deutscheweine.de
info@deutscheweine.de

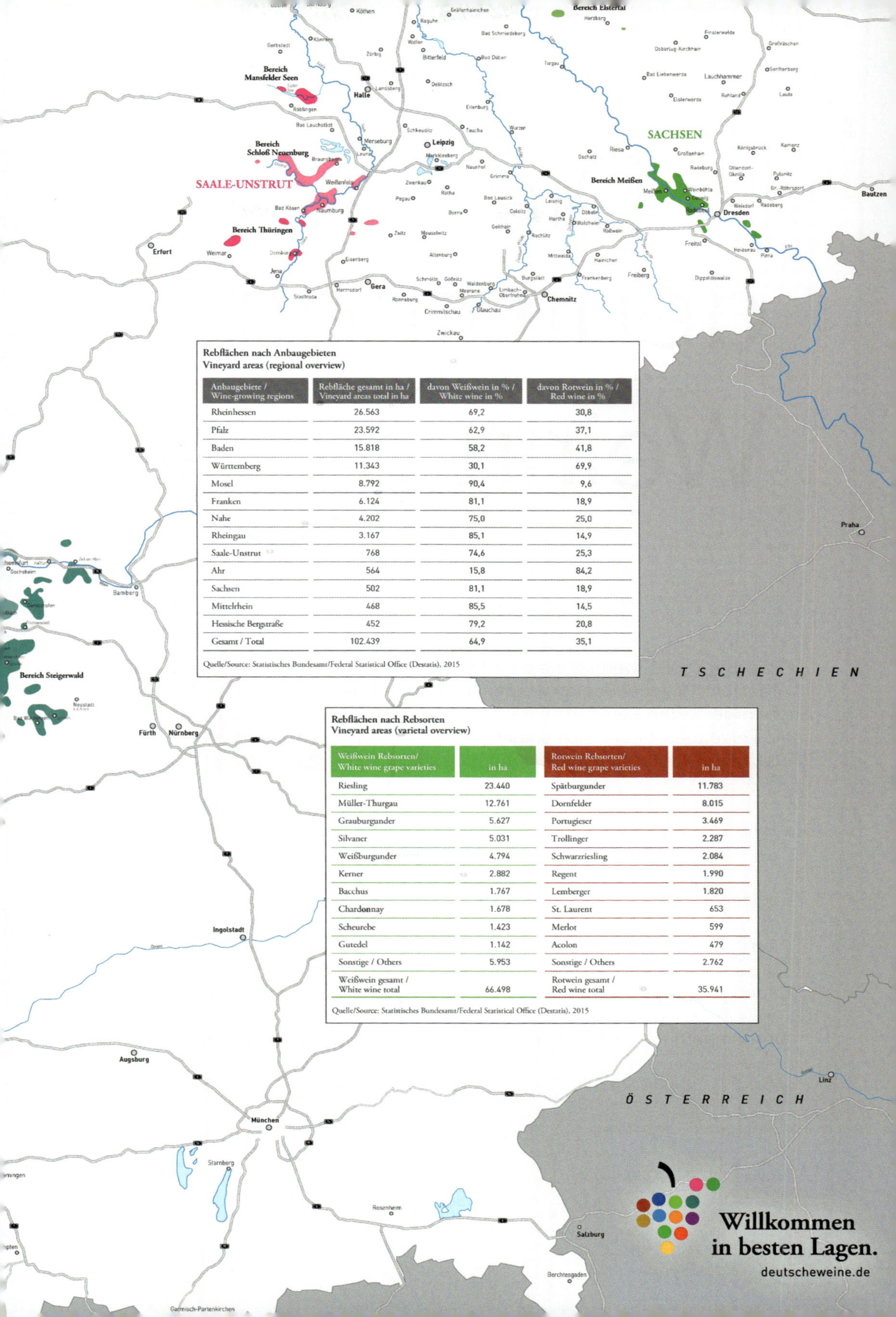

Rebflächen nach Anbaugebieten
Vineyard areas (regional overview)

Anbaugebiete / Wine-growing regions	Rebfläche gesamt in ha / Vineyard areas total in ha	davon Weißwein in % / White wine in %	davon Rotwein in % / Red wine in %
Rheinhessen	26.563	69,2	30,8
Pfalz	23.592	62,9	37,1
Baden	15.818	58,2	41,8
Württemberg	11.343	30,1	69,9
Mosel	8.792	90,4	9,6
Franken	6.124	81,1	18,9
Nahe	4.202	75,0	25,0
Rheingau	3.167	85,1	14,9
Saale-Unstrut	768	74,6	25,3
Ahr	564	15,8	84,2
Sachsen	502	81,1	18,9
Mittelrhein	468	85,5	14,5
Hessische Bergstraße	452	79,2	20,8
Gesamt / Total	102.439	64,9	35,1

Quelle/Source: Statistisches Bundesamt/Federal Statistical Office (Destatis), 2015

Rebflächen nach Rebsorten
Vineyard areas (varietal overview)

Weißwein Rebsorten/ White wine grape varieties	in ha	Rotwein Rebsorten/ Red wine grape varieties	in ha
Riesling	23.440	Spätburgunder	11.783
Müller-Thurgau	12.761	Dornfelder	8.015
Grauburgunder	5.627	Portugieser	3.469
Silvaner	5.031	Trollinger	2.287
Weißburgunder	4.794	Schwarzriesling	2.084
Kerner	2.882	Regent	1.990
Bacchus	1.767	Lemberger	1.820
Chardonnay	1.678	St. Laurent	653
Scheurebe	1.423	Merlot	599
Gutedel	1.142	Acolon	479
Sonstige / Others	5.953	Sonstige / Others	2.762
Weißwein gesamt / White wine total	66.498	Rotwein gesamt / Red wine total	35.941

Quelle/Source: Statistisches Bundesamt/Federal Statistical Office (Destatis), 2015

Die deutschen Weinregionen

In diesem Kapitel werden die deutschen Weinregionen in alphabetischer Reihenfolge vorgestellt. Zu jeder Region werden am Ende des jeweiligen Teilkapitels die in diesem Buch vorgestellten Betriebe aufgeführt. Erzeuger, die Weine aus mehr als einer Weinbauregion erzeugen, finden sich unter der Region wieder, aus der die meisten der von ihnen produzierten Weine stammen. Im Anhang sind die Erzeuger nochmals alphabetisch nach Regionen gelistet.

Dreizehn Weinregionen gibt es in Deutschland, ihrer Rebfläche nach geordnet sind dies:

Rheinhessen | 26.943 Hektar

Pfalz | 23.721 Hektar

Baden | 15.812 Hektar

Württemberg | 11.424 Hektar

Mosel | 8.689 Hektar

Franken | 6.163 Hektar

Nahe | 4.230 Hektar

Rheingau | 3.200 Hektar

Saale-Unstrut | 819 Hektar

Ahr | 563 Hektar

Sachsen | 496 Hektar

Mittelrhein | 465 Hektar

Hessische Bergstraße | 463 Hektar

Ahr

Wir alle haben noch die Bilder im Kopf von der verheerenden Flutkatastrophe an der Ahr, da fällt es auch mehr als ein Jahr danach noch schwer über das Anbaugebiet zu schreiben. Fast alle Weingüter waren stark von Schäden betroffen, auch wenn glücklicherweise kein Winzer und auch keine der Angestellten ums Leben kam. Nicht nur Häuser und Keller wurden zerstört auch die Ausrüstung und die Maschinen, und bei manchem Weingut ist ein kompletter Jahrgang verlorengegangen. Weswegen wir in diesem Jahr so wenige Weine wie noch nie von der Ahr präsentieren, denn der überwiegend zur Verkostung anstehende Jahrgang 2020 lag zur Zeit der Katastrophe im Keller, bei manchem Weingut wurde der komplette Jahrgang von den Fluten hinweggespült; so konnte nur etwa die Hälfte der Weingüter uns dieses Jahr Proben zur Verkostung schicken.

Alexander Stodden hat sich mit einer „Flutedition" beholfen: Die Flut hatte seinen Keller vollständig geflutet, alle Fässer sind durcheinandergeraten. Das Kellerbuch war im Keller und ging verloren. Alexander Stodden hat alle Fässer verkostet und die Weine in drei Kategorien eingeteilt. Die drei Weine wurden zusammen in einer Holkiste als „Flutedition" verkauft.

Bei einigen anderen Weingütern aber konnten wir quasi „normale" Kollektionen verkosten. Das Weingut Adeneuer ist in diesem Jahr wieder stark, der Spätburgunder aus der Gärkammer ist in diesem Jahr unser höchst-

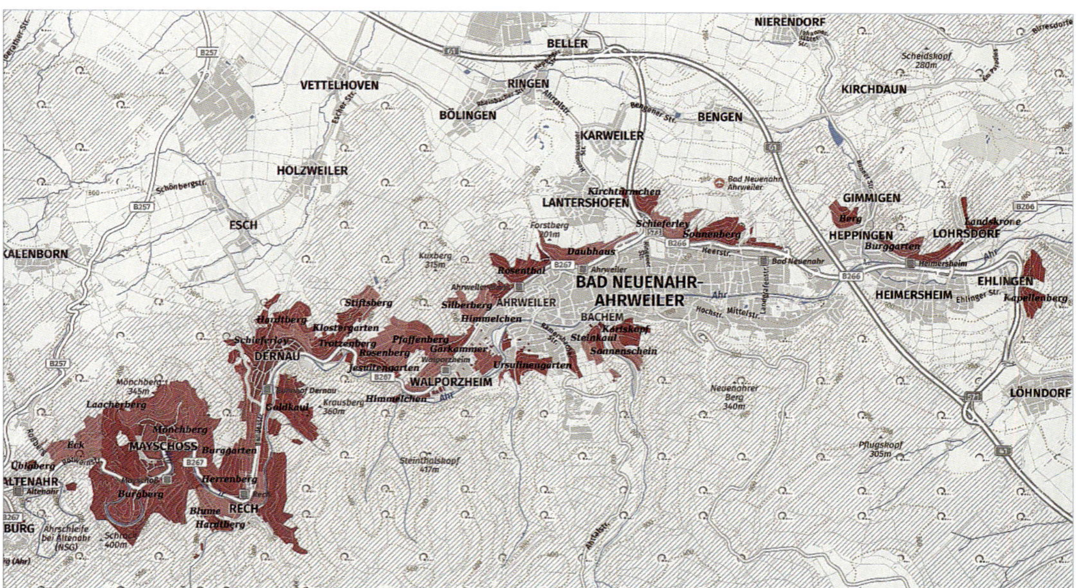

bewerteter Ahrwein, aber auch Kräuterberg, Rosenthal und Alte Lay sind hervorragend.
Der Deutzerhof, eines der wenigen Weingüter, das von der Flut so gut wie nicht betroffen war, hat eine starke Riege an Spätburgundern, die Weine aus dem Altenahrer Eck und Mayschosser Mönchberg gefallen uns im Jahrgang 2020 besonders gut. Auch Paul und Heiko Schäfer vom Weingut Burggarten sind stark, der Kräuterberg gefällt uns besonders gut, aber auch Alte Lay, Burggarten und Schieferlay sind hervorragend.
Ludwig Kreuzberg hat uns die 2019er zugeschickt, Sonnenberg und Devonschiefer R sind unsere Favoriten. Das Weingut Sonnenberg trumpft wieder mit seinem Inspiration Z auf, bei Brogsitter gefällt uns der 2019er Spätburgunder Alte Lay besonders gut.
Und schließlich haben wir auch zwei Aufsteiger zu vermelden. Das Weingut Erwin Riske in Dernau hat schon in den vergangenen Jahren stetig zugelegt, und Volker und Jan Riske haben weiter an der Qualitätsschraube gedreht, ihre neue Kollektion ist besser denn je: Ihre Pfarrwingert gefallen uns besonders gut, aber auch die Spätburgunder aus Hardtberg und Sonnenberg sind hervorragend.
Und auch Christian und Markus Bertram vom Weingut Gebr. Bertram, ebenfalls in Dernau, sind besser denn je, ihre Kollektion wird ebenfalls angeführt von einem hervorragenden Spätburgunder aus dem Pfarrwingert.
Anmerkung zur folgenden Übersicht: Die kursiv gesetzten Weingüter konnten keine Weine zusenden.

Die besten Erzeuger

Weltklasse

★★★★★

Weingut Meyer-Näkel
Weingut Jean **Stodden**

Hervorragende Erzeuger

★★★★

Weingut **Adeneuer**
Weingut Bertram-Baltes
Weingut **Burggarten**
Weingut **Deutzerhof**
Weingut **Kreuzberg**
Weingut Erwin **Riske** ↑

★★★½

Weingut Paul Schumacher

Sehr gute Erzeuger

★★★

Weingut Sermann

★★½

Weingut Gebr. **Bertram** ↑
Brogsitter Weinguter und Privat-Sektkellerei

Gute Erzeuger

★★

Winzergenossenschaft Mayschoß-Altenahr
Weingut **Sonnenberg**

★½

Weingut Max Schell
Weinmanufaktur Dagernova

Baden

Auch dem „von der Sonne verwöhnten" Baden machten im Jahr 2021 Frühjahrsfröste zu schaffen, vor allem im südlichen Teil des Anbaugebietes, so dass die Ernte um 20 Prozent unter dem zehnjährigen Mittel blieb. Aufgrund des Pilzdrucks hatten die Winzer viel Arbeit in den Weinbergen, und die Lese begann relativ zeitig. Die Mostgewichte lagen 2021 deutlich unter denen der Vorjahre, die Säurewerte dafür darüber – was alle freuen mag, die säurebetonte Weißweine lieben und auf allzu viel Alkohol verzichten können.
Das Markgräflerland macht uns Jahr für Jahr mehr Freude, das ist auch in diesem Jahr wieder so. Gutedel ist spannend, überzeugt als alkoholarmer Terrassenwein, aber auch als Naturwein. Die Burgunder aber sind weiterhin stark im Kommen, und Chardonnay spielt eine immer wichtigere Rolle – gleich drei Chardonnay aus dem Markgräflerland haben es in diesem Jahr in unsere bundesweite Bestenliste geschafft, von Dirk Brenneisen, Ulrich Bernhart (Weingut Schlumberger-Bernhart) und vom Weingut am Schlipf in Weil am Rhein, das auch zu unseren Aufsteigern zählt in diesem Jahr, zusammen mit Weingütern wie Blankenhorn in Schliengen, Rieger Buggingen-Betberg. Huck-Wagner in Efringen-Kirchen, Köpfer in Grunern, Zähringer sowie Zotz in Heitersheim – was für eine Dynamik.
Auch Blankenhorn, die Waßmers und Schlossgut Ebringen präsentieren hervorragenden Chardonnay – die neue Erfolgsgeschichte? Womit Chardonnay zahlenmäßig in der Markgräfler Spitze ganz klar Weißburgunder und Grauburgunder überholt hat, nur Spätburgunder kann da noch mithalten, durch Martin Waßmer vor allem, seinem Bruder Fritz, aber auch Schlumberger-Bernhart, Rieger, Blankenhorn, Schlossgut Ebringen, Weingut am Schlipf und viele andere mehr.
Am Bodensee geht es da etwas beschaulicher zu, auch wenn wir mit dem Weingut Aufricht in Meersburg einen Aufsteiger zu verzeichnen haben – wir hoffen, dass die Dynamik im Württembergischen Teil des Bodensees auch bald nach Baden überschwappt.
Auch vom Tuniberg gibt es Erfreuliches zu berichten, dank des Weinguts Kalkbödele vor allem, wo die junge Generation neuen Schwung gebracht hat und jetzt alles anders und vor allem die Weine viel feiner macht. Klasse!
Der Kaiserstuhl stellt natürlich nach wie vor die größte Anzahl an Top-Betrieben, und Konrad Salwey ist da natürlich ganz oben mit zu nennen, bei allen drei Burgunder-Rebsorten hat er sich in diesem Jahr in Bestform gezeigt. Aufsteiger gibt es auch mit Daniel Landerer aus Oberbergen, Ina Wihler aus Ihringen oder dem Weingut Schätzle in Schelingen. Auch am Kaiserstuhl geht der Trend eindeutig hin zu Chardonnay, zu lasten des Weißburgunders – und nur Ketzer können fragen, ob man nicht besser auf Grauburgunder verzichten sollte.
Das Breisgau ist topp bei Spätburgunder und Chardonnay, dank Julian Huber, auch Markus Wöhrle hält die Fahne hoch, auch bei Weiß- und Grauburgunder.
Etwas gemächlicher geht es zu in der Ortenau, auch wenn wir hier ebenfalls einige Fortschritte erkennen können, bei Matthias Wörner in Durbach, Holger Dütsch in Baden-Baden oder Simon Huber in Gengenbach.
Auch das Kraichgau ist relativ statisch, das Weingut Klumpp in Bruchsal ist der führende

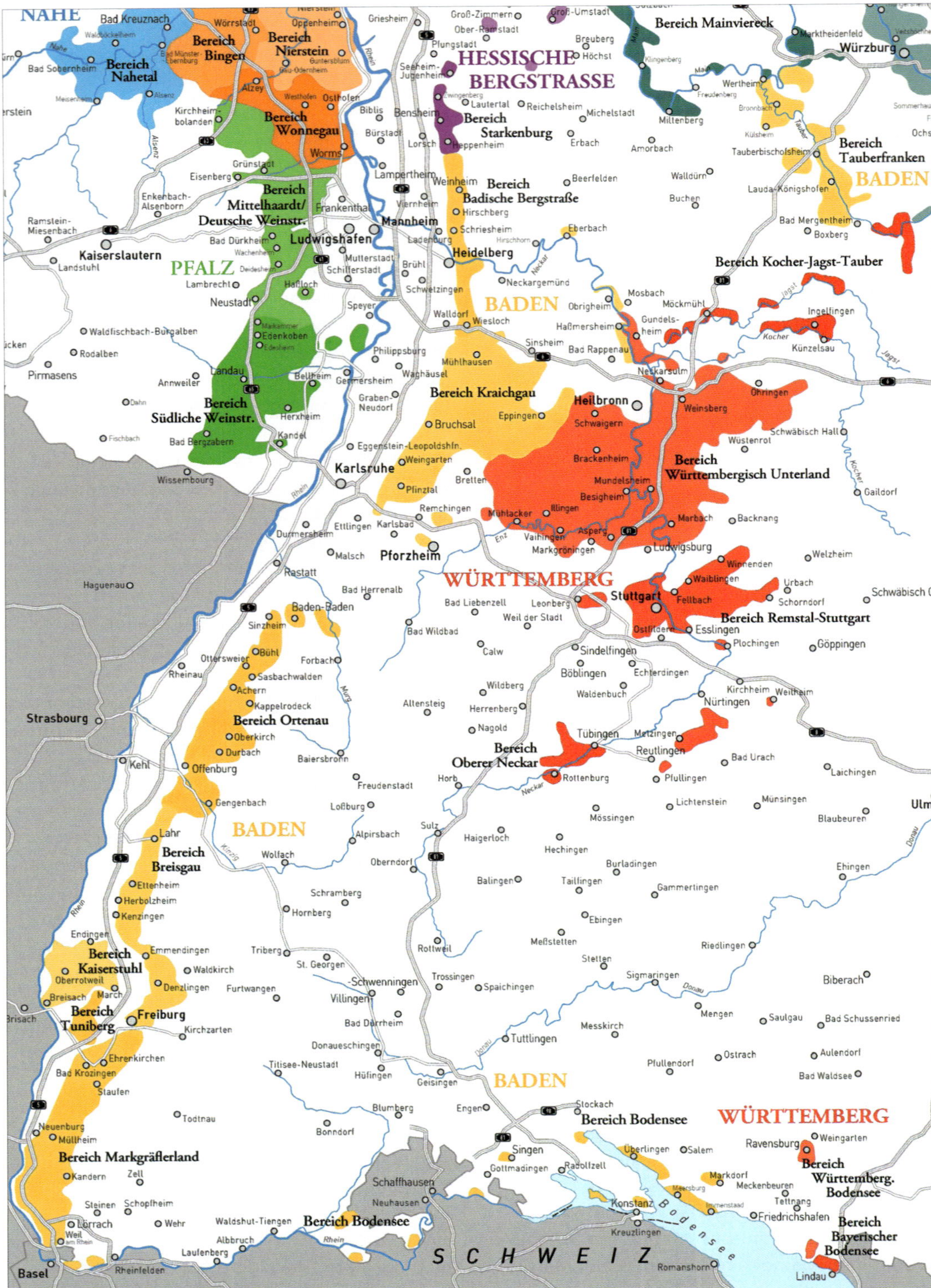
NAHE
Bad Kreuznach
Bereich Nahetal
Bad Sobernheim
Bereich Bingen
Wörrstadt
Oppenheim
Bereich Nierstein
Alzey
Westhofen
Osthofen
Kirchheim-bolanden
Bereich Wonnegau
Worms
Grünstadt
Eisenberg
Bereich Mittelhaardt/ Deutsche Weinstr.
Enkenbach-Alsenborn
Ramstein-Miesenbach
Kaiserslautern
Landstuhl
PFALZ
Bad Dürkheim
Ludwigshafen
Frankenthal
Mannheim
Lambrecht
Neustadt
Haßloch
Mutterstadt
Schifferstadt
Speyer
Waldfischbach-Burgalben
Rodalben
Pirmasens
Annweiler
Edenkoben
Landau
Bellheim
Germersheim
Bereich Südliche Weinstr.
Herxheim
Kandel
Bad Bergzabern
Fischbach
Dahn
Wissembourg
Griesheim
Pfungstadt
Seeheim-Jugenheim
Biblis
Bensheim
Bürstadt
Lorsch
Lampertheim
Viernheim
Groß-Zimmern
Ober-Ramstadt
Groß-Umstadt
HESSISCHE BERGSTRASSE
Breuberg
Höchst
Lautertal
Reichelsheim
Michelstadt
Bereich Starkenburg
Heppenheim
Erbach
Weinheim
Bereich Badische Bergstraße
Beerfelden
Hirschberg
Schriesheim
Ladenburg
Heidelberg
Eberbach
Brühl
Schwetzingen
Neckargemünd
BADEN
Walldorf
Wiesloch
Philippsburg
Waghäusel
Mühlhausen
Sinsheim
Bereich Kraichgau
Graben-Neudorf
Bruchsal
Eppingen
Eggenstein-Leopoldshfn.
Weingarten
Karlsruhe
Pfinztal
Bretten
Remchingen
Ettlingen
Karlsbad
Durmersheim
Malsch
Pforzheim
Rastatt
Haguenau
Bad Herrenalb
Baden-Baden
Sinzheim
Bühl
Ottersweier
Forbach
Rheinau
Sasbachwalden
Achern
Kappelrodeck
Bereich Ortenau
Oberkirch
Durbach
Strasbourg
Kehl
Offenburg
Baiersbronn
Freudenstadt
Gengenbach
Loßburg
BADEN
Lahr
Bereich Breisgau
Alpirsbach
Wolfach
Ettenheim
Herbolzheim
Kenzingen
Schramberg
Hornberg
Endingen
Bereich Kaiserstuhl
Emmendingen
Oberrotweil
Waldkirch
Triberg
St. Georgen
Breisach
Denzlingen
Furtwangen
Bereich Tuniberg
Freiburg
Kirchzarten
Ehrenkirchen
Bad Krozingen
Staufen
Titisee-Neustadt
Todtnau
Neuenburg
Müllheim
Bereich Markgräflerland
Kandern
Zell
Steinen
Schopfheim
Lörrach
Weil am Rhein
Wehr
Basel
Rheinfelden
Laufenberg
Albbruch
Waldshut-Tiengen
Bereich Bodensee
Mosbach
Möckmühl
Obrigheim
Haßmersheim
Gundelsheim
Bad Rappenau
Neckarsulm
Heilbronn
Schwaigern
Weinsberg
Öhringen
Brackenheim
Bereich Württembergisch Unterland
Mundelsheim
Besigheim
Mühlacker
Illingen
Vaihingen
Asperg
Markgröningen
Marbach
Backnang
Ludwigsburg
WÜRTTEMBERG
Bad Liebenzell
Leonberg
Stuttgart
Fellbach
Waiblingen
Winnenden
Weil der Stadt
Bad Wildbad
Calw
Ostfildern
Esslingen
Bereich Remstal-Stuttgart
Plochingen
Göppingen
Sindelfingen
Böblingen
Echterdingen
Wildberg
Waldenbuch
Altensteig
Herrenberg
Nagold
Kirchheim
Weilheim
Nürtingen
Tübingen
Metzingen
Reutlingen
Bereich Oberer Neckar
Rottenburg
Horb
Bad Urach
Pfullingen
Bereich Mainviereck
Marktheidenfeld
Würzburg
Miltenberg
Wertheim
Amorbach
Walldürn
Buchen
Tauberbischofsheim
Bereich Tauberfranken
BADEN
Lauda-Königshofen
Bad Mergentheim
Boxberg
Bereich Kocher-Jagst-Tauber
Ingelfingen
Künzelsau
Schwäbisch Hall
Wüstenrot
Gaildorf
Welzheim
Urbach
Schorndorf
Schwäbisch Gmünd
Laichingen
Münsingen
Lichtenstein
Mössingen
Ulm
Blaubeuren
Sulz
Haigerloch
Hechingen
Oberndorf
Balingen
Burladingen
Taillfingen
Gammertingen
Ehingen
Ebingen
Rottweil
Meßstetten
Stetten
Riedlingen
Trossingen
Spaichingen
Sigmaringen
Biberach
Villingen-Schwenningen
Bad Dürrheim
Mengen
Saulgau
Bad Schussenried
Messkirch
Donaueschingen
Tuttlingen
Ostrach
Aulendorf
Hüfingen
Geisingen
BADEN
Pfullendorf
Bad Waldsee
Blumberg
Engen
Stockach
Bereich Bodensee
WÜRTTEMBERG
Bonndorf
Singen
Gottmadingen
Radolfzell
Überlingen
Salem
Ravensburg
Weingarten
Bereich Württemberg. Bodensee
Schaffhausen
Neuhausen
Markdorf
Meckenbeuren
Tettnang
Konstanz
Friedrichshafen
Bereich Bayerischer Bodensee
Kreuzlingen
Bodensee
SCHWEIZ
Romanshorn
Lindau
Rhein
Neckar
Donau

Betrieb, und wir freuen uns klare Fortschritte bei Tobias Nägele in Sinsheim-Weiler festzustellen sowie bei Jochen Grahm in Kürnbach, der wieder mit dabei ist. Die benachbarte Badische Bergstraße hat in Thomas Seeger ihre klare Nummer Eins, aber auch hier gibt es einen spannenden Aufsteiger mit Max Jäck aus Schriesheim.
Bleibt zuletzt Tauberfranken, wo Konrad Schlör einmal mehr mit grandiosen Weinen auftrumpft, mit Spätburgunder und Schwarzriesling vor allem, und wo wir im gleichen Ort Reicholzheim mit dem Weingut Ehrlenbach auch eine interessante Neuentdeckung begrüßen.

Die besten Erzeuger

Weltklasse

★★★★★

Weingut **Bercher**
Weingut Dr. **Heger**
Weingut Bernhard **Huber**
Weingut Schwarzer Adler. Franz **Keller**
Weingut **Michel**
Weingut **Salwey** ↑
Weingut **Seeger**

★★★★½

Weingut Martin **Waßmer**
Weingut **Wöhrle**

Hervorragende Erzeuger

★★★★

Weingut Hermann **Dörflinger**
Weingut Ernst **Heinemann**
Biologisches Weingut **Höfflin**
Weingut **Klumpp**
Weingut **Knab**
Weingut Holger **Koch**
Weingut Arndt **Köbelin**
Weingut Andreas **Laible**
Weingut Konrad **Schlör**
Privat-Weingut **Schlumberger-Bernhart**
Weingut am Schlipf – **Schneider** ↑
Weingut Fritz **Waßmer**

★★★½

Weingut **Abril**
Weingut **Blankenhorn** ↑
Weingut **Brenneisen**
Schlossgut **Ebringen**
Weingut Otto und Martin **Frey**
Weingut Freiherr von **Gleichenstein**
Weingut Klaus **Hermann**
Kalkbödele – Weingut der Gebrüder Mathis ↑
Weingut Daniel **Landerer** ↑
Weingut Thomas **Landerer**
Weingut Tomislav **Markovic**
Weingut Schloss **Neuweier**
Weingut **Plag**
Weingut Burg **Ravensburg**
Weingut **Rieger** ↑
Weingut Gregor und Thomas **Schätzle** ↑
Weinhaus Bettina **Schumann**
Weingut Peter **Wagner**
Weingut Ina **Wihler** ↑

Sehr gute Erzeuger

★★★

Weingut **Aufricht** ↑
Wein-Werkstatt Daniel **Bach**
Weingut Rudolf **Bosch**
Weingut Susanne u. Berthold **Clauß**
Staatsweingut **Freiburg** ↑
Weingut **Heitlinger**
Weingut **Holub**
Weingut **Huck-Wagner** ↑
Wein- und Sektgut Bernd **Hummel**
Weingut **Jäck** ↑
Weingut **Konstanzer**
Weingut **Lämmlin-Schindler**
Weingut Alexander **Laible**
Weingut **Moosmann**
Weingut **Pix**
Weingut Stefan **Rinklin**
Weingut **Scherer&Zimmer**
Weingut Rainer **Schlumberger**
Weingut **Weishaar**
Weingut **Wörner** ↑

★★½

Weingut Markgraf von **Baden**, Schloss Staufenberg
Weingut **Börsig**

Weingut Holger **Dütsch** ↑
Weingut **Engler**
Weingut Armin **Göring**
Weingut Simon **Huber** ↑
Weingut Kilian & Martina **Hunn**
Weingut **Isele** [W]
Weingut Friedrich **Kiefer**
Weingut **Köpfer** ↑
Weingut **Kublin** ↑
Winzerhof **Linder**
Weingut **Nägele** ↑
Weingut Schloss **Ortenberg**
Weingut **Schmitter** ↑
Weingut Josef J. **Simon**
Weingut Hans **Winter**
Weingut **Zähringer** ↑
Weingut R. **Zimmerlin**
Weingut Julius **Zotz** ↑
Weinmanufaktur **Dossenheim**
Weingut **Gmelin** ↑
Weingut Franz **Herbster** ↑
Kieferwein Matthias Kiefer [N]
Weingut **Königsrain**
Weingut **Krebs** ↑
Weingut **Landmann**
Weingut Philipp **Lang**
Weingut **Löffler**
Weingut **Maier** ↑
Staatsweingut **Meersburg** ↑
Weingut **Niwenburg** ↑
Winzergenossenschaft **Rammersweier** ↑
Roter Bur Glottertäler Winzer ↑
Weingut **Sack** ↑
Weingut **Teutsch** ↑
Weingut **Vollmer** ↑

Gute Erzeuger

★★

Winzergenossenschaft **Auggen**
Weingut Markgraf von **Baden**, Schloss Salem
Weingut **Bärmann**
Weingut **Bielig**
Weingut **Ehrlenbach** [N]
Weingut Lena **Flubacher** ↑
Weingut Freiherr von und zu **Franckenstein** [W]
Stiftungsweingut **Freiburg** ↑
Weingut **GravinO** [W]
Demeterweingut Bertram **Isele** ↑
Weingut Peter **Landmann**
Bio-Weingut **Lay**
Markgräfler Winzer
Weingut **Pieper Basler**
Weingut **Röschard**
BioWeingut **Schaffner**
Weingut Susanne **Schmidt**
Weingut **Walz** ↑
Weingut **Wild** ↑
Weingut **Zimmermann** ↑

★½

Weingut **Albert** ↑
Weingut **Bimmerle**
Winzergenossenschaft **Bischoffingen-Endingen**
Weingut **Burkhart**

Franken

Waren es 2020 die Frühjahrfröste gewesen, die zur mengenmäßig kleinsten Ernte seit 1985 führte, so war es 2021 der Falsche Mehltau, der den Winzern das Leben schwer machte, aber sie bewältigten diese Herausforderung und ein schöner Herbst führte schließlich sogar dazu, dass die Erntemenge deutlich über dem langjährigen Durchschnitt lag.
Nach relativ warmen Jahrgängen in den Jahren zuvor, ist 2021 ein deutlich kühleres Jahr, das den fränkischen Winzern hohe Säurewerte bescherte wie schon lange nicht, selbst beim Silvaner, einer Rebsorte mit eher niedriger Säure, musste hier und da die Säure verringert werden.
Wobei ja Säure Silvaner guttut, das haben wir auch in früheren Jahrgängen schon festgestellt, und in der Spitze sind die Weine spannend, fast ist man versucht zu sagen: Besser denn je.
Die Luckerts vom Zehnthof, im Vorjahr arg vom Frost gebeutelt, haben faszinierende Silvaner auf die Flasche gebracht, auch Rainer Sauer, Max Müller, Harald Brügel, Paul Weltner, Ludwig Knoll, Fürst Löwenstein (mit Jahrgang 2020), Rudolf May, Klaus Höfling und Richard Östreicher sind stark – und viele andere mehr. Großartig – aber ganz anders – sind die 2020er Silvaner von Stefan Vetter in Gambach.
Aber auch die Rieslinge überzeugen, auch wenn Riesling in Franken nur in der Außenwahrnehmung eine wichtige Rolle spielt, mengenmäßig eigentlich zu vernachlässigen ist. Scheurebe, in den letzten Jahren immer überzeugend, tat sich schwer im Jahrgang 2021.
Bei den Rotweinen ist das Weingut Rudolf Fürst eine feste Größe, weit über Franken hinaus, aber es gibt noch weitere spannende Weine, auch wenn bei viele Weingütern Rotweine nicht die Hauptrolle spielen wie bei Fürst, beispielsweise vom Zehnthof, Höfling, Steintal oder Hofmann im Taubertal, der Staatliche Hofkeller präsentiert erstmals ebenfalls einen tollen Spätburgunder.
Auch bei Weißburgunder und Chardonnay, der wie überall in Deutschland auch in Franken an Bedeutung gewonnen hat, sind Paul und Sebastian Fürst an erster Stelle zu nennen, Richard Östreicher pflegt einen individuellen Stil, bei diesen Rebsorten sehen wir Potenzial für die kommenden Jahre.
Es gibt Aufsteiger und Neuentdeckungen in Franken in diesem Jahr, vor allen Dingen aber gibt es auch einen Sieger: Martin Steinmann vom Weingut Schloss Sommerhausen schoss den Vogel ab bei unserer Sekt-Finalverkostung, seine Kollektion wurde einhellig zur besten gekürt – Gratulation!
Eine Reihe von neuen Weingütern stellen wir vor, das Weingut am Ölspiel in Sommerhausen, Harald Geißendörfer in Buchbrunn, Lukas Schmidt aus Bullenheim, Nils Hohnheit aus Hörstein und das Weingut Andreas Braun aus Volkach. Eine Reihe von Weingütern sind wieder dabei – einige hatten frostbedingt keinen Wein im Vorjahr – wie die Langes von Schloss Saaleck, Nico Scholtens, Knauer und auch Rainer Zang, der sich mit einer ganz starken Kollektion zurückmeldet.
Aufsteiger gibt es auch, dazu gehören neben unserem Sekt-Champion Schloss Sommerhausen beispielsweise der Winzerhof Nagel in Dettelbach, sowie Weingüter wie Brennfleck in Sulzfeld, Drei Zeilen in Rödelsee, Hiller in Randersacker, Schloss Frankenberg in Weigenheim, Helmstetter in Bürgstadt, Ilmbacher Hof in Iphofen oder Wilhelmsberg in Kitzingen. Es geht weiter voran in Franken.

Die besten Erzeuger

Weltklasse

★★★★★

Weingut Rudolf **Fürst**
Weingut Horst **Sauer**
Weingut Rainer **Sauer**
Weingut Luckert – **Zehnthof**

★★★★½

Weingut Am Stein – Ludwig **Knoll**
Weingut Rudolf **May**
Weingut Max **Müller I**

Hervorragende Erzeuger

★★★★

Weingut **Brügel**
Bürgerspital zum Heiligen Geist
Sekthaus **BurkhardtSchür**
Weingut **Glaser-Himmelstoß**
Weingut **Höfler**
Weingut **Höfling**
Winzerhof **Nagel** ↑
Weingut Richard **Östreicher**
Weingut **Schmitt's Kinder**
Weingut Schloss **Sommerhausen** ↑
Weingut **Steintal**
Weingut J. **Störrlein & Krenig**
Weingut Stefan **Vetter**
Weingut **Weltner**

★★★½

Weingut **Brennfleck** ↑
Weinmanufaktur **Drei Zeilen** ↑
Weingut Michael **Fröhlich**
Weingut **Hench**
Weingut **Hiller** ↑
Weingut **Hofmann (Röttingen)**
Weingut **Hofmann (Ipsheim)**
Weingut **Juliusspital** Würzburg
Weingut **Leipold**
Weingut Christine **Pröstler**
Weingut **Roth**
Weingut **Rothe**
Weingut Egon **Schäffer**
Silvaner Weingut **Seufert**
Winzerhof **Stahl**
Weingut Hans **Wirsching**

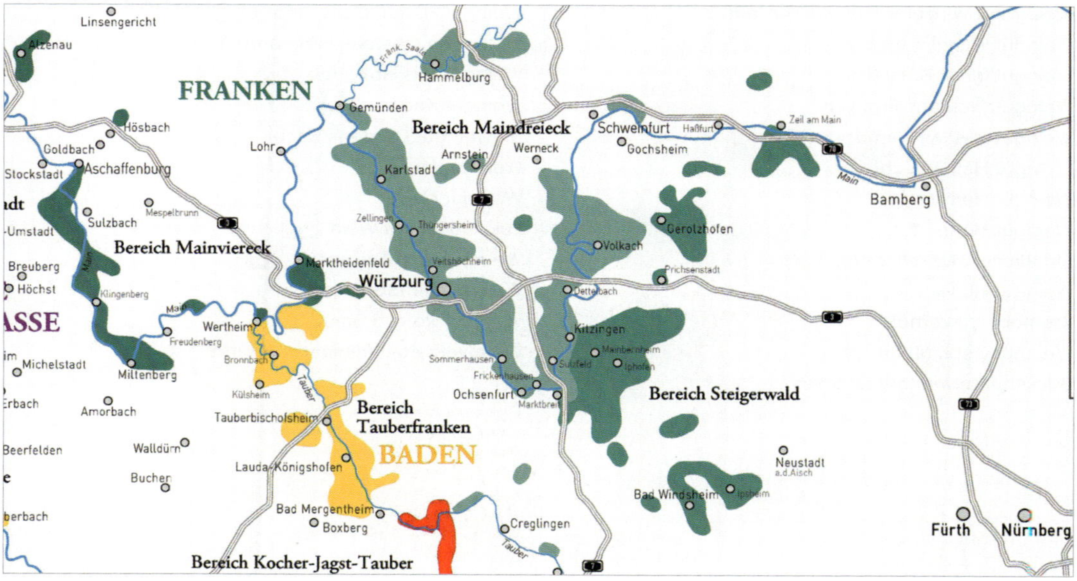

Sehr gute Erzeuger

★★★

Weingut **Augustin**
Weinbau Philip **Bernard**
Weingut Waldemar **Braun**
Fürstlich **Castell'sches** Domänenamt
Weingut H. **Deppisch**
Weingut **Dereser**
Weingut **Emmerich**
Weingut & Gästehaus **Felshof**
Weingut Schloss **Frankenberg** ↑
Weingut **Geiger** + Söhne
Weingut **Giegerich**
Weingut Erhard & Max **Helmstetter** ↑
Weingut **Hillabrand**
Weingut **Ilmbacher Hof** ↑
KL-Weine
Weingut **Lange** - Schloss Saaleck [W]
Weingut **Leininger**
Weingut Fürst **Löwenstein**
Weingut Max **Markert**
Weingut Ewald **Neder**
Weingut Graf von **Schönborn**
Weingut Artur **Steinmann**
Weingut **Stich**
Weingut **Wilhelmsberg** ↑

★★☆

Weingut & Winzerhof Johann **Arnold**
Weingut Wilhelm **Arnold**
Weingut Ignaz **Bunzelt**
Weingut Clemens **Fröhlich**
Weingut Bastian **Hamdorf**
Weingut **Hausknecht**
Weingut **Hemberger**
Weingut **Höhn** ↑
Staatlicher **Hofkeller** Würzburg
Weingut **Huller**
Kremers Winzerhof
Weingut Gebr. **Müller** ↑
Bocksbeutelweingut **Scheller**
Weingut **Schilling** ↑
Weingut Berthold **Schmachtenberger**
Weingut **Schwab**
Weinbau **Stritzinger**
Weingut **Trockene Schmitts**
Weingut **Waigand**
Weingut Georg **Zang**

Gute Erzeuger

★★

Weingut Alfred **Blank**
Weingut **Borst**
Weingut Helmut **Christ**
Weingut **Kreiselmeyer** ↑
Weingut **Martin**
Weingut am **Ölspiel** [N]
Weingut Bernhard **Rippstein**
Weingut Zur **Schwane**
Weingut **Von der Tann** ↑
Weingut **Weinfurtner**
Öko-Weingut **Zang** [W]
Weingut **Zehnthof** – Fam. Weickert
Weingut **Zehntkeller**

★☆

Weingut **Bergmann** ↑
Weingut Andreas **Braun** [N]
Weingut R&S **Düll** ↑
Weingut Harald **Geißendörfer** [N]
Wein- und Obstbau **Hofmann** ↑
Weingut Nils **Hohnheit** [N]
Weingut **Knauer** [W]
Bioweingut **Laudensbach**
Weingut **Menz**
Weingut **Meyer**
Lukas **Schmidt** Wein [N]
Weingut Nico **Scholtens** [W]
Winzerkeller **Sommerach**
Weingut Roland **Staudt**
Weinwerk die Weinmanufaktur ↑

Hessische Bergstraße

Das kleinste deutsche Weinanbaugebiet wird vielleicht bald schon nicht mehr das kleinste sein, denn während die Hessische Bergstraße ganz moderat an Fläche zulegt, nimmt in der zweitkleinsten Region, dem Mittelrhein, die Rebfläche ganz moderat ab.
Der Jahrgang 2021 brachte eine in Quantität wie Qualität zufriedenstellende Ernte, obwohl Perenospora auch den Winzern an der Hessischen Bergstraße große Probleme bereitete; dank eines trockenen Septembers aber konnten gesunde Trauben geerntet werden, meist mit etwas geringeren Alkoholwerten als in den Vorjahren.
Das Weingut Schloss Schönberg ist der Aufsteiger in der Region, trumpft vor allem mit Spätburgundern groß auf, präsentiert die besten Rotweine, die wir jemals von der Hessischen Bergstraße verkostet haben. Bei den Weißweinen scheint noch nicht so ganz klar, wohin die Reise gehen soll, ob Riesling angesagt ist oder doch eher Grau- und Weißburgunder oder der wie überall in Deutschland boomende Chardonnay.

Das Schwestergut Griesel & Compagnie hat sich in nur wenigen Jahren fest in der deutschen Sektelite etabliert, präsentiert auch in diesem Jahr wieder eine hochklassige Kollektion. Das Weingut Simon-Bürkle in Zwingenberg ist seit vielen Jahren eine sichere Bank, was ebenso für Hanno Rothweiler in Auerbach gilt.
Lisa Edling aus Rossdorf präsentiert eine überzeugende Kollektion, ebenso wie Barbara Amthor in Heppenheim. Dort sind auch die Bergsträsser Winzer zuhause, die Jahr für Jahr mit zuverlässiger Qualität überzeugen.

Die besten Erzeuger

Hervorragende Erzeuger

★★★★

Griesel & Compagnie

Sehr gute Erzeuger

★★★☆

Weingut Schloss **Schönberg** ↑

★★★

Weingut **Simon-Bürkle**

Gute Erzeuger

★★

Weingut **Rothweiler**
Weingut **Edling** ↑

★☆

Weingut **Amthor** ↑
Bergsträsser Winzer ↑

Mittelrhein

Nachdem wir im letzten Jahr wegen Corona und der damit verbundenen Unsicherheiten ein Tief an Teilnahmen aus der Region zu verzeichnen hatten, sind in diesem Jahr wieder 12 Weingüter dabei. Wir freuen uns das es wieder aufwärts geht damit im zu Unrecht etwas vergessenen Teil des Rheins die Aufmerksamkeit bekommt, die er verdient. Die Qualitäten in diesem Jahr demonstrieren in jedem Fall eindrücklich, das hier besonderer, sehr eigenständiger Riesling wächst, den es (wieder) zu entdecken lohnt. Die Frische und Leichtigkeit des Jahrgangs steht den jungen Weinen vielerorts ausgezeichnet zu Gesicht, durchbricht den Trend der letzten Jahre hin zu immer kräftigeren Rieslingen mit intensiver reifer Frucht – Finesse und Trinkfluss sind die Maxime. 2021 ist ein im besten Sinne klassischer Jahrgang. Eine Neuaufnahme können wir vermelden: Das Weingut Fetz aus Dörscheid konnte uns mit seinen eigenständigen würzigen Weinen von Riesling und Spätburgunder überzeugen; und Kay Thiel ist wieder mit an Bord.
Nachdem wir im letzten Jahr noch Matthias Müller die Krone für die beste Kollektion am Mitterhein aufsetzen mochten, sind in diesem Jahr die Rieslinge von Florian Weingart unsere Favoriten. Von den Gutsweinen bis zu den besten trockenen und fruchtigen Spätlesen zeigen die Weine einen unverwüstlichen Charakter, verfügen zugleich aber auch über eindrucksvolle Feinheiten, sind durch und durch bodenständige Rieslinge mit Klasse, und auch der würzige, traditionelle Spätburgunder ist ein ganz besonderer Wein. Das ist ob ihrer – man verzeihe uns das Pathos – Echtheit und Aufrichtigkeit eine der besten Kollektionen des Jahres, und das nicht nur am Mitterhein, sondern weit über die Region hinaus.

Die besten Erzeuger

Weltklasse Erzeuger

★★★★☆

Weingut Matthias **Müller**

Hervorragende Erzeuger

★★★★

Weingut **Weingart**

★★★½

Weingut **Lanius-Knab**

Sehr gute Erzeuger

★★★

Weingut Dr. **Kauer**
Weingut **Philipps-Mühle**
Weingut **Pieper**

★★½

Weingut **Heilig Grab**

Gute Erzeuger

★★

Weingut **Fetz** [N]
Kay Weine [W]
Weingut Goswin **Lambrich** ↑

★½

Weingut **Krupp** ↑
Weingut August **Perll** ↑

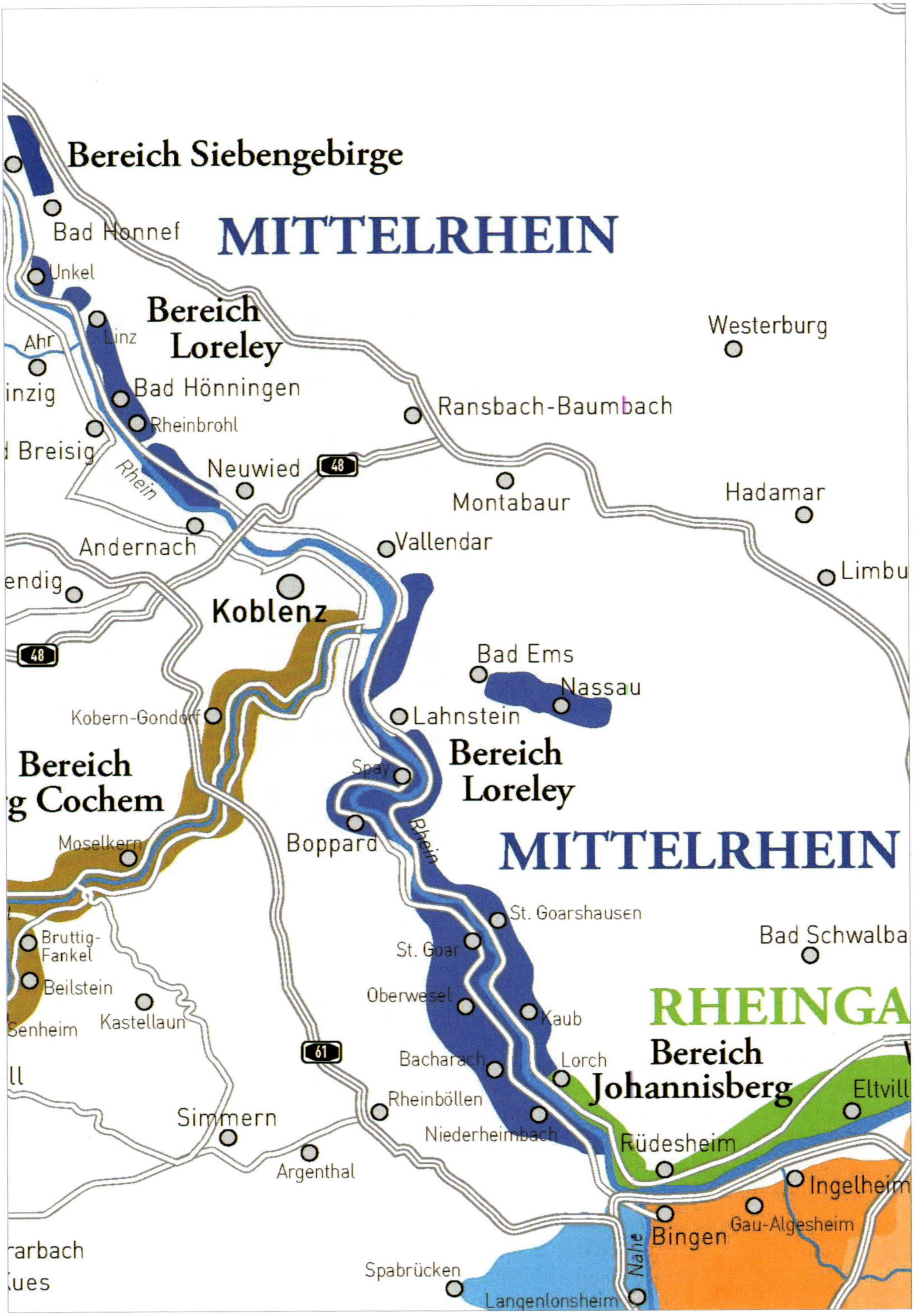
Bereich Siebengebirge
MITTELRHEIN
Bad Honnef
Unkel
Bereich Loreley
Linz
Ahr
inzig
Bad Hönningen
Rheinbrohl
Breisig
Rhein
Neuwied
48
Andernach
endig
Koblenz
Westerburg
Ransbach-Baumbach
Montabaur
Hadamar
Vallendar
Limbu
48
Bad Ems
Nassau
Lahnstein
Kobern-Gondorf
Bereich
g Cochem
Spay
Bereich Loreley
Boppard
Rhein
MITTELRHEIN
Moselkern
St. Goarshausen
St. Goar
Bad Schwalba
Bruttig-Fankel
Beilstein
Kastellaun
Oberwesel
Kaub
RHEINGA
Senheim
61
Bacharach
Lorch
Bereich Johannisberg
Rheinböllen
Eltvill
Simmern
Niederheimbach
Rüdesheim
Argenthal
Ingelheim
Bingen
Gau-Algesheim
Nahe
rarbach
Kues
Spabrücken
Langenlonsheim

Mosel

Die Moselwinzer mussten sich im Jahrgang 2021 anstrengen, um herausragende Weine ausbauen zu können. Nicht überall ist das gelungen, in einigen Fällen sind die Kollektionen der Weingüter nicht nur schlank und frisch, sondern auch zumindest teilweise ein bisschen grün, allzu dünn-säuerlich und anstrengend. Vor allem bei den trockenen Rieslingen fällt das auf und lässt folglich dem Verbraucher dazu raten, genau hinzuschauen und zu verkosten, bevor er oder sie die Kaufentscheidung trifft. Wo aber die Erzeuger den exakten Lesezeitpunkt trafen und auch sonst gut arbeiteten, wurden ausgesprochen interessante, präzise gearbeitete Weine in allen Kategorien erzeugt. Man merkt es beispielsweise weit im Norden, an der Terrassenmosel, wo das Weingut Richard Richter würzige, vibrierende Rieslinge hervorgebracht hat, auch das Weingut Kröber ist zu loben. Angelina und Kilian Franzen sind in Bremm besser aufgestellt denn je, in Pünderich spielt Clemens Busch mehr denn je in einer eigenen Liga – seine herrlich rassigen Süßweine sind schon jetzt unglaublich animierend, die trockenen Spitzen balanciert und lang, eigenständig und vibrierend. Wer aus dieser Region die Mosel weiter aufwärts reist, wird feststellen dass sich neben etablierten Betrieben auch viele Erzeuger der nächsten Generation Mühe geben. Man merkt es beispielsweise im Weingut Christoph Eifel, das eine begeisternde Kollektion an feinen, rassigen Rieslingen vorlegte. In Enkirch wiederum zeigt das kleine Sekthaus Bender, dass es an der Mosel durchaus möglich ist, auf einem hohen Niveau Schaumwein zu erzeugen; die meisten Winzer begnügen sich in dieser Hinsicht ja leider mit gehobenem Durchschnitt.

Ganz gewiss war 2021 ein Jahr, in dem höchst spannende süße Weine entstanden – und das, obwohl Beerenauslesen und Eisweine Raritäten blieben. Doch es mangelt nicht an feinen, sehr erfrischenden Spät- und Auslesen – auch die Kabinette sind vielfach unglaublich rassig geraten. So sind die Abfüllungen des Weinguts Erbes größtenteils schon jetzt herrlich animierend. Was das Weingut Selbach-Oster auf die Flasche bekommen hat, ist ebenfalls höchst lobenswert – und das nicht nur im süßen, sondern auch im trockenen Segment. Dass im Weingut Loersch Herausragendes entsteht, ist schon keine Überraschung mehr. Wie gut dagegen die Weine aus dem Weingut Gessinger ausfallen, ist noch längst nicht allen klar. Auch 2021 ist bereits die Basis im Weingut Reh beachtlich gut, was bemerkenswerter ist als in anderen Jahren. Im Weingut Regnery dagegen sorgen, wie schon seit langer Zeit, auch die Rotweine für Furore.

An der Saar sind teilweise sehr gelungene Rieslinge entstanden, die Potenzial für viele Jahre besitzen. Zu nennen sind etwa die Weingüter von Hövel und Cantzheim. Einen eigenen, kraftvoll-würzigen Stil setzt das Weingut Würtzberg um. Kesselstatt fiel auch dieses Mal positiv auf, und was die Ruwer angeht, muss unbedingt Maximin Grünhaus genannt werden, allerdings sind auch die Weine des Dominikaner-Weingutes durch die Bank spannend Auch Heinrich Mertes ist rundum zu empfehlen. Das Weingut Rinke ist sehr eigenständig, legt großartige Spezialitäten aus dem Langsurer Brüderberg vor, hat aber auch sehr präzise Saarweine in petto.

Was die Obermosel angeht: Der ganz große Durchbruch steht in diesem Teil des Anbaugebietes nach wie vor aus. Ein Weingut, das

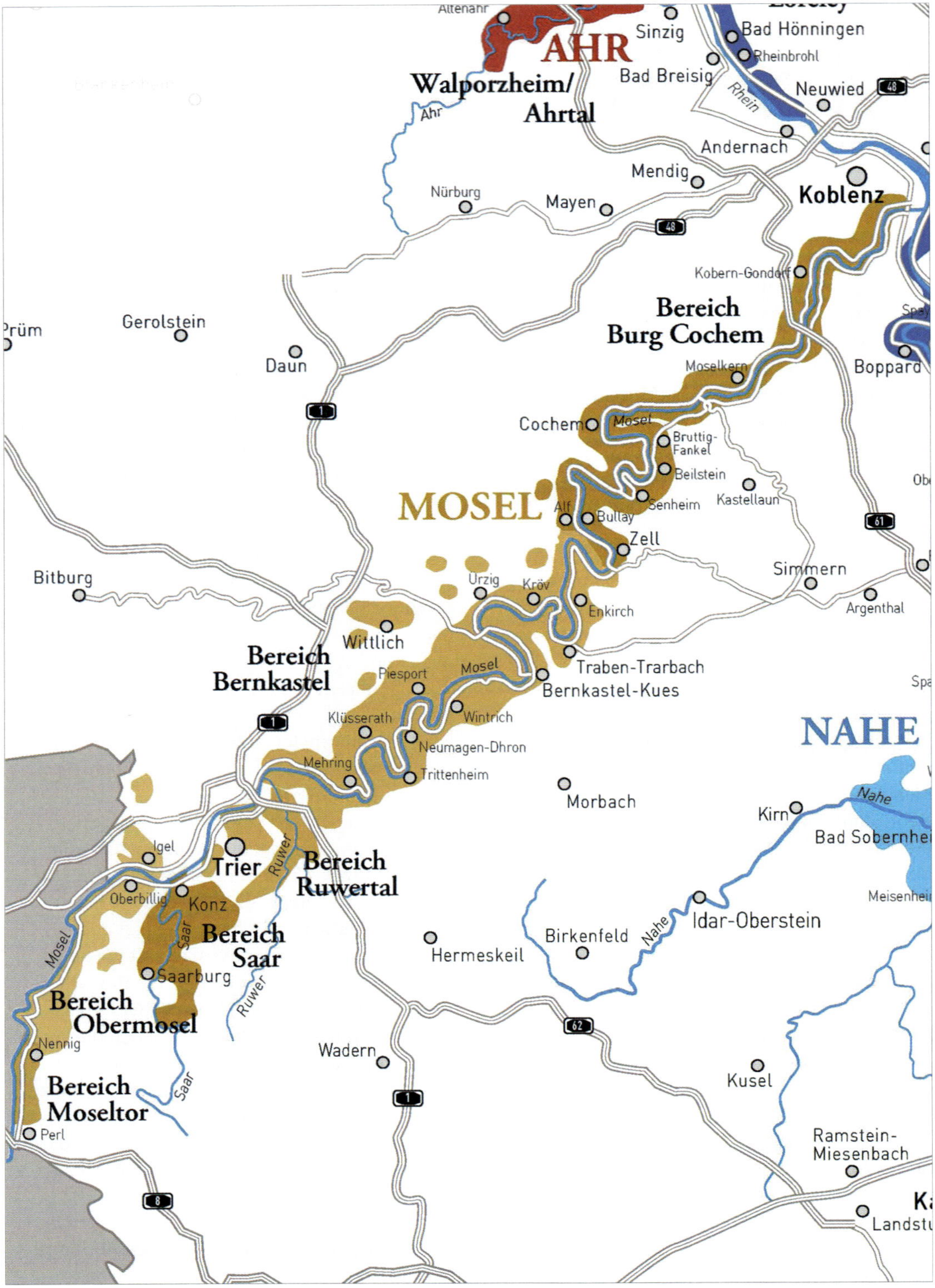
AHR
Walporzheim/
Ahrtal
Ahr
Sinzig
Bad Breisig
Bad Hönningen
Rheinbrohl
Rhein
Neuwied
48
Andernach
Mendig
Koblenz
Nürburg
Mayen
Kobern-Gondorf
Bereich
Burg Cochem
Prüm
Gerolstein
Daun
Moselkern
Boppard
1
Cochem
Mosel
Bruttig-
Fankel
Beilstein
Kastellaun
MOSEL
Alf
Bullay
Senheim
Zell
61
Bitburg
Ürzig
Kröv
Enkirch
Simmern
Argenthal
Wittlich
Bereich
Bernkastel
Piesport
Traben-Trarbach
Bernkastel-Kues
Klüsserath
Wintrich
Neumagen-Dhron
NAHE
Mehring
Trittenheim
Morbach
Kirn
Nahe
Bad Sobernhei
Igel
Trier
Ruwer
Bereich
Ruwertal
Oberbillig
Konz
Saar
Bereich
Saar
Idar-Oberstein
Meisenhei
Birkenfeld
Hermeskeil
Saarburg
Bereich
Obermosel
62
Nennig
Wadern
Kusel
Bereich
Moseltor
Perl
Ramstein-
Miesenbach
8
Landstu

wirklich das Potenzial von Rebsorten und Muschelkalkböden ausreizt und zeigt, was möglich ist, das international weit oben mitspielen will und den besten Luxemburger Betrieben Konkurrenz macht, konnte sich bislang nicht etablieren. Auf einem sehr guten Weg ist allerdings das Weingut Apel, auch Frieden-Berg kann sich sehen lassen – und das im weißen wie im roten Bereich.

Die besten Erzeuger

Weltklasse

★★★★★

Weingut Clemens **Busch**
Weingut **Clüsserath-Weiler**
Weingut Fritz **Haag**
Weingut Schloss **Lieser**
Weingut Markus **Molitor**

★★★★½

Weingut Franz-Josef **Eifel**
Weingut Julian **Haart**
Weingut Reinhold **Haart**
Weingut Carl **Loewen**
Weingut Josef **Rosch**
Weingut **Selbach-Oster**

Hervorragende Erzeuger

★★★★

Weingut Ansgar **Clüsserath**
Weingut **Conrad**
Riesling-Weingut Karl **Erbes**
Weingut Reinhold **Franzen**
Weingut **Grans-Fassian**
Weingut **Hain**
Weingut **Kees-Kieren**
Schlossgut **Liebieg**
Weingut **Loersch**
Weingut Maximin **Grünhaus** [W]
Weingut **Melsheimer**
Weingut Axel **Pauly** ↑
Weingüter **Wegeler**
Weingut Nik **Weis** St. Urbans-Hof
Weingut **Willems-Willems**

★★★½

Weingut Erben von **Beulwitz**
Weingut **Cantzheim** ↑
Weingut **Caspari-Kappel**
Weingut Joh. Jos. **Christoffel**-Erben
Weingut Bernhard **Eifel**
Weingut Christoph **Eifel** ↑
Weingut **Heinrichshof**
Weingut von **Hoevel**
Weingut **Karthäuserhof**
Weingut Heribert **Kerpen**
Weingut Rüdiger **Kröber**
Weingut S. A. **Prüm**
Weingut F.J. **Regnery**
Weingut **Rinke** ↑
Weingut Claes **Schmitt** Erben
Weingut **Steffens-Keß**
Weingut **Studert-Prüm** - Maximinhof
Weingut Wwe. Dr. H. **Thanisch**, Erben Thanisch [W]

Sehr gute Erzeuger

★★★

Weingut **Becker-Steinhauer**
Weingut Frank **Brohl**
Weingut Ernst **Clüsserath**
Dominikaner Weingut
Weingut **Geierslay** ↑
Weingut Albert **Gessinger** [W]
Weingut Willi **Haag**
Weingut **Hüls**
Weingut **Jakoby-Mathy**
Weingut **Karlsmühle**
Weingut Reichsgraf von **Kesselstatt**
Weingut Gebr. **Ludwig**
Weingut **Rebenhof**, Johannes Schmitz
Weingut **Reh**
Weingut Richard **Richter** ↑
Weingut **Thanisch**-Müller-Burggraef
Weingut **Vols**
Weingut Dr. Heinz **Wagner**
Weingut **Werner** ↑
Weingut **Würtzberg**

★★½

Weingut **Bauer**
Sekthaus **Bender** ↑
Weingut **Bernard-Kieren** ↑

Weingut Heribert **Boch**
Weingut Zum **Eulenturm**
Weingut **Hoffmann-Simon**
Weingut **Kanzlerhof**
Weingut **Köwerich**
Wein- und Sektgut Günter **Leitzgen**
Weingut **Margarethenhof** ↑
Weingut **Mönchhof**, Robert Eymael
Weingut **Paulinshof**
Weingut Dr. **Pauly-Bergweiler**
Weingut **Philipps-Eckstein**
Weingut Familie **Rauen**
Weingut **Reuscher-Haart**
Weingut **Römerhof** (Riol)
Weingut Heinz **Schmitt** Erben ↑
Weingut **Schunk**
Weingut **Walter**

Gute Erzeuger

★★

Weingut **Agritiushof** [N]
Weingut Hubertus M. **Apel** ↑
Weingut **Befort**
Weingut **Blesius**
Weingut **Borchert** - Springiersbacher Hof
Weingut **Bottler**
Weingut Christoph **Clüsserath**
Weingut **Eifel-Pfeiffer** ↑
Weingut **Frieden-Berg**
Weingut **Henrichs + Friderichs**
Weingut Bernd **Hermes**
Classisches Weingut **Hoffranzen** ↑
Weingut **Immich-Anker**
Weingut **Karp-Schreiber**
Weingut Christoph **Koenen**
Weingut **Kranz-Junk** ↑
Weingut **Laurentiushof**
Weingut Dr. **Leimbrock** – C. Schmidt
Weingut **Lenhardt**
Weingut **Merkelbach** [N]
Weingut Wolfgang **Mertes**
Weingut **Ollinger-Gelz** [N]
Weingut **Petgen-Dahm**
Weingut **Pichterhof** ↑
Weingut Karl O. **Pohl**
Weingut **Reverchon**
Weingut **Schömann**
Weingut **Wingerath** ↑

★½

Wein- und Gästehaus **Baum**
Weingut Sandra **Berweiler**
Weingut Christian **Bindges**
Weingut **Bollig Hoch 2** [N]
Weingut **Botzet**
Weingut **Dötsch Haupt**
Weingut Matthias **Dostert**
Weingut Kloster **Ebernach** ↑
Weingut Harald Konrad **Fehres** [N]
Winzerhof **Gietzen** [W]
Weingut Otto **Görgen**
Weingut C.A. **Haussmann** ↑
Weingut **Junglen**
Weingut **Knodt-Trossen**
Weingut Ulrich **Langguth**
Weingut **Leos** ↑
Weingut Theo **Loosen**
Weingut Ingo **Norwig**
Weingut **Reitz** [N]
Weingut Andreas **Roth** ↑
Weingut **St. Nikolaus-Hof**
Weingut **Schneiders & Moritz** ↑
Weingut **Schumacher** ↑
Weingut Ulrich **Schumann**
Weingut **Simonis**
Weingut **Thielen-Feilen** ↑
Weingut Michael **Trossen**
Weingut **Weyh** ↑

Zuverlässige Erzeuger

★

Weingut **Alter Weinhof**
Wein- und Sektmanufaktur Stephan **Fischer** [N]
Weingut Roman **Herzog**
Weingut **Kochan-Platz**
Weingut **Löwensteinhof**
Moselland – Goldschild
Weingut von **Schleinitz**
Weingut Daniel **Theisen**
Weingut Udo **Willems**

Nahe

Nach drei trockenen und heißen Jahren folgte mit 2021 auch an der Nahe ein im Mittel der Vorjahre eher kühlerer Jahrgang, mit mehr Regen, der die Winzer vor neue und alte Herausforderungen stellte. Bis in den Juni hinein sah es erst einmal nach einem weiteren Hitzejahr aus, das änderte sich jedoch gegen Ende des Monats und nahm mit verheerenden Regenfällen Mitte Juli eine Wende, die an der nahe gelegenen Ahr bekanntlich zu einer dramatischen Sturzflut führte.
Das wechselhafte Wetter zog sich über Juli und August hin, sorgte für steigenden Pilzdruck in den Weinbergen. Unterschiedlich waren die Auswirkungen: während manche Betriebe stark von Mehltau betroffen waren, der die Erntemengen dezimierte, erging es anderen besser. Ab September wurde das Wetter trockener und wärmer, bremste die Fäulnis und hielt sich bis in die späte Lese hinein recht stabil. Die Mengen lagen am Ende im Schnitt 10 Prozent unter 2020. Die Weine sind insgesamt etwas heterogener als in den warmen Vorjahren, aber geschlossener als man vermuten würde. Sprich: Das Jahr ist besser als sein Ruf. So sind die Weine von Frucht und Frische geprägt, verfügen dank niedrigerer Alkoholwerte auch über Leichtigkeit. Die Säure in den Weißweinen ist markant, aber gut integriert, die Weine haben Substanz. Gerade bei den Mostgewichten im Kabinett- und Spätlesebereich, egal ob fruchtig oder trocken ausgebaut, gibt es packende, markante Weine, die über ausgeprägte Mineralität verfügen. Besonders die fruchtigen Rieslinge sind hervorragend. Sie erscheinen wegen Ihrer hohen Säure deutlich trockener als ihr Zuckergehalt vermuten ließe, werden dank ihrer ausgeprägten Struktur sehr gut reifen können. Bei den edelsüßen Weinen, von Auslesen bis zu den Eisweinen, tritt die durch Edelfäule konzentrierte Säure vielerorts spürbar grasig auf, lässt Assoziationen zum Jahrgang 2010 aufkommen, auch weil die Botrytis oft nicht von allerhöchster Güte ist. Trotzdem ist die Prognose für die Flaschenreifung sehr gut. Man sollte aber reichlich Zeit einplanen.
Besonders gut gefallen uns in diesem Jahr die Sekte vom Weingut Bamberger, die sich so fein und ausdrucksstark wie noch nie zeigten, es sogar bis in die Finalverkostungen geschafft haben, wo sie sich (noch) um Nuancen

der starken Konkurrenz beugen mussten. Hier darf man auf die nächsten Jahrgänge gespannt sein.
Gleiches gilt für die Weißweine der Hahnmühle, die in ihrer ungeschminkten Art durch die Bank beeindrucken, bei den Spitzenrieslingen weiter an Profil gewonnen haben, so dass das Weingut zum Aufsteiger des Jahres gekürt wurde.
Bei den Großen Gewächsen ergibt sich ein differenziertes Bild. Die Top Rieslinge der VDP-Betriebe sind rassig und mineralisch wie lange nicht – das muss man lieben. Gleichzeitig sind sie wieder etwas weiter hinter der innovativen Konkurrenz aus Anbaugebieten wie Rheinhessen, aber auch Württemberg (!) zurückgefallen, die weiter nach vorne streben. Wie im letzten Jahr kommen wir zum Schluss: Die Spitzenrieslinge der Nahe sind zweifellos immer noch hervorragend, andere Regionen sind jedoch weiter auf dem Vormarsch, legen schneller zu.

Die besten Erzeuger

Weltklasse

★★★★★

Weingut Hermann **Dönnhoff**
Weingut **Emrich-Schönleber**
Weingut **Schäfer-Fröhlich**

Hervorragende Erzeuger

★★★★

Weingut Dr. **Crusius**
Schlossgut **Diel** [W]
Weingut **Hahnmühle** ↑
Gut **Hermannsberg**
Weingut **Kruger-Rumpf**
Weingut Joh. Bapt. **Schäfer**

★★★½

Wein- und Sektgut **Bamberger**
Weingut **Hees**
Weingut Gebr. **Kauer** ↑
Weingut **Korrell** – Johanneshof ↑
Weingut **Lindenhof**
Weingut **Poss**
Weingut K.H. **Schneider** ↑

Sehr gute Erzeuger

★★★

Weingut **Closheim** ↑
Weingut **Genheimer-Kiltz**
Weingut **Göttelmann**
Weingut **Marx**
Weingut **Montigny**
Prinz zu **Salm**-Dalberg'sches Weingut ↑
Weingut **Sinss**

★★½

Weingut **Bicking & Bicking** ↑
Weingut Theo **Enk**
Weingut **Gemünden** ↑
Weingut und Gästehaus **Honrath**
Weingut **Weber**

Gute Erzeuger

★★

Weingut **Alt**
Weingut **Fuchs-Jacobus**
Weingut **Gabelmann**
Weingut **Haack**
Weingut Heinrich **Schmidt**
Weingut Meinolf **Schömehl**
Weingut Karl **Stein**

★½

Weingut **Beisiegel**
Weingut **Franzmann**
Weingut **Lorenz** & Söhne
Weingut Mindnich
Weingut Pieroth [N]
Weingut Wolfgang **Schneider**
Weingut Zimmermann

Pfalz

Auch wenn der Jahrgang 2021 mit seinem kühlen Sommer in der Pfalz für die Winzer nicht ganz einfach war, gibt es doch wieder einmal viel Positives aus der zweitgrößten deutschen Anbauregion zu vermelden: Das Weingut Rings, seit der Ausgabe 2006 hier im Buch vertreten und erst vor zwei Jahren für die beste Rotweinkollektion ausgezeichnet, steigt in diesem Jahr als vierter Betrieb in der Pfalz in den kleinen Kreis der mit fünf Sternen in der Betriebsbewertung ausgezeichneten Weltklasse-Weingüter auf! Ein Erfolg, auf dem sich die Brüder Steffen und Andreas bestimmt nicht ausruhen werden, so dass wir uns schon auf die nächsten spannenden Kollektionen freuen. Ein paar Kilometer weiter nördlich erzeugt Philipp Kuhn, früher zunächst für seine Rotweine bekannt, seit einigen Jahren mit jedem Jahrgang spannendere und eigenständigere Rieslinge. Die haben uns, trotz ohnehin schon hoher Bewertungen in den letzten Jahren, noch nie so sehr beeindruckt wie jetzt im Jahrgang 2021, in dem Philipp Kuhn unser Preisträger für die beste Weißweinkollektion des Jahres in Deutschland ist. Und noch eine weitere Auszeichnung geht in die Pfalz: Unsere Entdeckung des Jahres ist das brandneue Weingut Lichti & Astroh, das erst im Dezember 2020 seine ersten Weine auf den Markt gebracht hat. Die beiden Betreiber, Freya Lichti und Alexander Strohschneider, bringen reichlich Erfahrungen aus der internationalen Weinwelt mit und haben sich der Erzeugung absolut präziser, spontan vergorener, unfiltrierter und nur gering geschwefelter „low intervention"-Weine verschrieben – auch hier sind wir auf die nächsten Jahrgänge mehr als gespannt.

Daneben haben wir sechs weitere Weingüter neu ins Buch aufgenommen, darunter so alteingesessene Betriebe wie Acham-Magin aus Forst, aber auch Newcomer wie das Weingut Scheuermann, die ebenfalls ein heißer Kandidat für die Entdeckung des Jahres waren und zusammen mit Weingütern wie Seckinger, Fußer und Winterling Nieder-

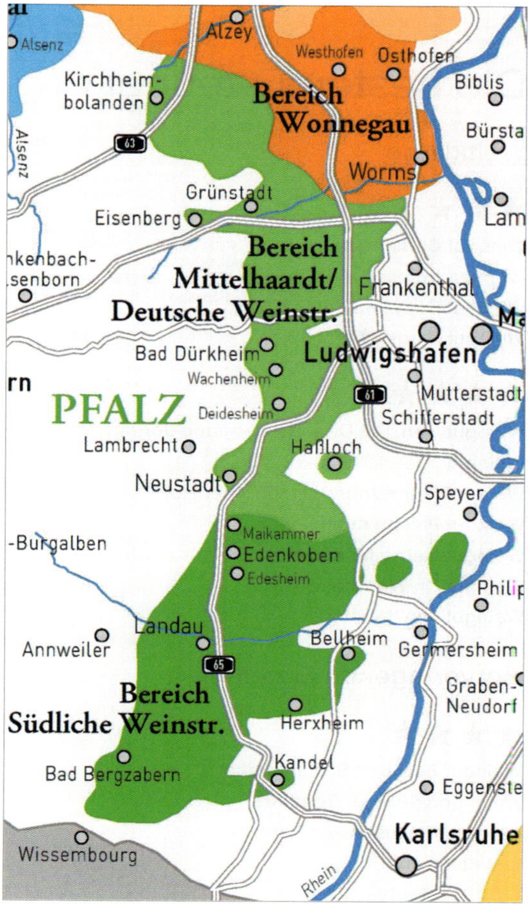

kirchen zu einem der momentan spannendsten Weinorte der Pfalz machen. Weitere Neuaufnahmen sind die Weingüter Estelmann in Neustadt-Gimmeldingen und Hellmer in Neustadt-Mußbach, in der Südpfalz angesiedelt sind zwei Weingüter, in denen ein Generationswechsel für frischen Wind sorgt, Jürgen Heußler aus Rhodt und David Muth aus Hochstadt. Und mit dem Weingut mkquadrat kehrt ein alter Bekannter, das Weingut Horcher, nach einer kurzen Auszeit unter neuem Namen ins Buch zurück. Neben diesen Neuzugängen konnten wir zudem über zwei Dutzend Weingüter aus der Pfalz in diesem Jahr in der Betriebsbewertung aufwerten, eine hervorragende Bilanz für die Region, da den zahlreichen Aufwertungen in diesem Jahr nur eine einzige Abwertung gegenübersteht.

Die besten Erzeuger

Weltklasse

★★★★★

Weingut **Christmann**
Weingut **Knipser**
Weingut Ökonomierat **Rebholz**
Weingut **Rings** ↑

★★★★½

Weingut Geh. Rat Dr. v. **Bassermann-Jordan**
Weingut Friedrich **Becker**
Weingut Frank **John** Hirschhorner Hof
Weingut Philipp **Kuhn**
Weingut Georg **Mosbacher**
Weingut Dr. **Wehrheim**
Weingut **von Winning**

Hervorragende Erzeuger

★★★★

Weingut **Bergdolt** St. Lamprecht
Wein- und Sektgut **Bernhart**
Weingut Reichsrat von **Buhl**
Weingut **Gabel**
Weingut Matthias **Gaul**
Weingut **Gies-Düppel**
Weingut **Jülg**
Weingut Familie **Kranz**
Weingut Jürgen **Leiner**
Weingut Theo **Minges**
Weingut **Müller-Catoir**
Weingut **Pfeffingen** – Fuhrmann-Eymael
Weingut **Siegrist**
Weingut Heinrich **Spindler**
Weingut Oliver **Zeter**

★★★½

Weingut **Dengler-Seyler**
Weingut **Fußer**
Weingut Der **Glücksjäger**
Weingut Alois **Kiefer**
Weingut **Münzberg**
Weingut **Pfirmann**
Weingut **Reibold** ↑
Weingut Heiner **Sauer**
Weingut Egon **Schmitt**
Weingut **Siener**
Weingut **Stern**
Weingut **Wageck-Pfaffmann**
Weingut **Wilhelmshof**
Weingut **Zelt** ↑

Sehr gute Erzeuger

★★★

Weingut **Andres** ↑
Weingut Michael **Andres**
Sektkellerei **Andres & Mugler**
Weingut **Dambach**
Weingut **Ehrhart**
Weingut Karl-Heinz **Gaul**
Weingut **Hörner** ↑
Weingut Gerhard **Klein**
Weingut **Lucashof**
Weingut **Mehling**
Weingut **Meier**
Weingut **Meßmer** ↑
Weingut Stefan **Meyer**
Weingut **mkquadrat** (ex-Horcher)
Weingut Eugen **Müller**
Weingut **Nauerth-Gnägy**
Weingut **Neuspergerhof**
Weingut **Petri** ↑

Weingut Karl **Pfaffmann**
Weingut **Pflüger**
Weingut **Porzelt**
Weingut **Reinhardt**
Weingut **Sankt Annaberg**
Weingut **Schwedhelm**
Weingut **Seckinger** ↑
Weingut **Wegner**
Sekt- und Weingut **Winterling** ↑
Weingut **Zimmermann**

★★☆

Weingut Karlheinz **Becker**
Wein- und Sektgut **Bergdolt-Reif & Nett** ↑
Weingut **Corbet**
Weingut **Damm** ↑
Weingut **Fader** – Kastanienhof
Weingut **Hahn-Pahlke** ↑
Weingut **Hanewald-Schwerdt**
Weingut Christian **Heußler** ↑
Weingut **Jesuitenhof**
Weingut Jul. Ferd. **Kimich**
Weingut **Krieger**
Weingut Georg **Naegele** ↑
Weingut Thomas **Pfaffmann** ↑
Weingut **Rinck** ↑
Weingut **Schroth**
Weingut Erich **Stachel**
Weingut **Stepp** ↑
Weingut Klaus **Wolf**

Gute Erzeuger

★★

Weingut **Acham-Magin** [N]
Weingut **Blaul** & Sohn ↑
Weingut **Braun**
Weingut **Brendel**
Weingut **Brenneis-Koch**
Weingut **Bühler** ↑
Weingut **Darting**
Weingut Lothar **Kern** ↑
Weingut Ansgar **Galler**
Weingut **Grimm**
Weingut **Hof** ↑
Weingut Philipp **Hofmann**
Weingut **Kaiserbaum** [W]
Weingut **Kassner-Simon**
Weingut **Langenwalter**
Weingut **Lauermann & Weyer** ↑
Weinbau der **Lebenshilfe**
Weingut **lichti & astroh** [N]
Weingut **Lidy**
Weingut Johann F. **Ohler** ↑
Weingut **Schädler** ↑
Weingut **Schenk-Siebert** ↑
Weingut **Scheuermann** [N]
Weingut Georg **Siben** Erben ↑
Weingut Eugen **Spindler**
Weingut **Stortz-Nicolaus**
Weingut **Weik**
Weingut **Wöhrle**

★☆

Weingut **Bohnenstiel**
Weingut **Estelmann** [N]
Weingut **Fleischmann-Krieger**
Weingut **Gut von Beiden** ↑
Weingut Jürgen **Heußler** [N]
Weingut Villa **Hochdörffer** ↑
Weingut **Hohlreiter**
Weingut **Holz-Weisbrodt** ↑
Staatsweingut mit **Johannitergut**
Weingut David **Muth** [N]
Wein- & Sekthaus **Schreieck**
Weingut **Schweder**
Weingut **Spieß**
Weincooperative **Viermorgen**
Wachtenburg Winzer ↑
Weingut **Weber** ↑
Weinbiet Manufaktur
Wein- und Sektgut **Wind-Rabold**

Zuverlässige Erzeuger

★

Winzerverein **Deidesheim**
Weingut **Diehl**
Weingut **Fitz-Schneider**
Weingut **Hauer**
Weingut **Hellmer** [N]
Weingut **Kneisel**
Weingut **Leonhard**
Weingut **Martin**

Rheingau

Unterm Strich war 2021 ein gutes Jahr im Rheingau, der von den ganz extremen Wetterlagen verschont blieb. Die natürliche hohe Säure des Jahrgangs steht den oftmals fruchtbetonten und opulenten Rheingau-Rieslingen bestens, besonders in der Spitze. In der Basis finden sich neben zahlreichen knackig-frischen Gutsweinen auch einige, die vom Pilzdruck des feuchten Frühsommers gezeichnet scheinen.

Dabei ist der Blick auf die 2021er Rieslinge nur einer von vielen. Immer mehr Rheingauer sind dazu übergegangen, ihre Spitzenweine erst im zweiten Jahr nach der Lese auf den Markt zu bringen. So nun auch die VDP-Weingüter, weswegen wir neben den 2021ern auch zahlreiche 2020er Lagenweine verkosteten, die die positive Bilanz der vergangenen Ausgabe nicht trüben.

Dass es im traditionsbewussten Rheingau manchmal etwas langsamer voran geht, heißt nicht, dass es gar nicht voran geht. Neben den vielversprechenden Aufsteigern der vergangenen Jahre – allen voran Barth, Kaufmann, Bibo & Runge – machte das Weingut Kisselbach mit ihrem allerersten Jahrgang Lust auf die kommenden Jahre. Unverändert bleibt das Bild an der Spitze. Breuer gilt Jahr für Jahr als Garant für ausdrucksstarke Gutsweine und erstklassige Große Gewächse mit nur 11 bis 12 Volumenprozent Alkohol; Weil punktet mit reintönigen und durchweg charakterstarken Rieslingen – von 2 bis 260 Gramm Restzucker; Kühn setzt weiter auf langes Hefelager.

Eine Sonderrolle kommt Carl Ehrhard zu mit seiner immer weiter in Richtung Naturwein rückenden Stilistik. In Assmannshausen hat Philipp König mit seinem dritten Jahrgang weiter an seiner individuellen Pinot-Stilistik gefeilt. Dass man die Rheingauer Spätburgunder auf dem Schirm haben sollte, unterstreichen außerdem Weingüter wie Krone, Chat Sauvage oder Allendorf.

Die besten Erzeuger

Weltklasse

★★★★★

Weingut Georg **Breuer**
Weingut Peter Jakob **Kühn**
Weingut Robert **Weil**

★★★★½

Weingut **Chat Sauvage**
Weingut **Leitz**
Weingut **Querbach**

Hervorragende Erzeuger

★★★★

Weingut **Bibo & Runge**
Weingut Dr. **Corvers-Kauter**
Weingut Carl **Ehrhard**
Weinbaudomäne Schloss **Johannisberg**
Weingut **Kaufmann**
Weingut Franz **Künstler**
Weingut **Prinz**
Weingut Josef **Spreitzer**

★★★½

Wein- und Sektgut **Barth**
Bischöfliches Weingut Rüdesheim
Weingut Joachim **Flick**
Weingut Jakob **Jung**
Weingut **Krone**
Weingüter **Wegeler**

Sehr gute Erzeuger

★★★

Sektmanufaktur **Bardong**
Weingut **Joern**
Weingut **Mohr**
Weingut Georg-**Müller**-Stiftung
Sektmanufaktur Schloss **Vaux**
Weingut **Trinks-Trinks**
Weingut Im **Weinegg**

★★½

Weingut Fritz **Allendorf**
Weingut **Crass**
Weingut August **Eser**
Weingut H.T. **Eser**
Weingut Alexander **Freimuth**
Weingut Prinz von **Hessen**
Staatsweingüter **Kloster** Eberbach ↑
Weingut **König** ↑
Weingut Paul **Laquai**
Weingut **Ress** ↑
Weingut **Sohns**
Domdechant **Werner'sches** Weingut W

Gute Erzeuger

★★

Weingut Hans **Bausch**
Weingut **Kanitz** W
Weingut **Kisselbach** N
Weingut **Lamm-Jung** ↑
Weingut W. J. **Schäfer**
Weingut **Schreiber**
Weingut **Schumann-Nägler**
Weingut **Strieth**

★½

Weingut Konrad **Berg** & Sohn
Weingut H.J. **Ernst**
Weingut Peter **Flick**
Weingut **Friesenhahn** ↑
Weingut **Hamm**
Weingut **Höhn**
Weingut **Klepper** ↑
Weingut Hans **Prinz**

Zuverlässige Erzeuger

★

Weingut **Baison**
Weingut **Jonas**

Rheinhessen

Rheinhessen ist topp, hatten wir im vergangenen Jahr geschlossen, und das bestätigt sich nun auch in diesem Jahr: In puncto trockener Riesling ist Rheinhessen klar die Nummer Eins.
Der Jahrgang 2021 spielt natürlich dem Trend hin zu präziseren, alkoholarmen Rieslingen in die Hände, die Säure ist deutlich prägnanter als in den Jahren zuvor, aber das hat die Spitzenbetriebe nicht davon abgehalten weiter auf „Null-Restzucker" zu setzen – und der Erfolg gibt ihnen recht. Auch in diesem Jahr haben die Weine aus Rheinhessen unser Riesling-Finale dominiert, trotz einiger starker Weine auch aus anderen Regionen.
Bischel, Keller, Knewitz, Wagner-Stempel und Wittmann sind 2021 besonders stark, Jochen Dreissigacker hat 2020er präsentiert. Und die Liste kann man problemlos verlängern mit Namen wie Braunewell, Karl May, Franz, Gunderloch, Landgraf, Thörle und vielen anderen.
Aber nicht nur bei Riesling haben Weingüter aus Rheinhessen groß aufgetrumpft, auch bei praktisch allen anderen Rebsorten, bei Weißburgunder (Bischel, Kissinger, Dreissigacker) und Chardonnay (Bischel, Knewitz, Kissinger) ebenso wie beim einst badisch dominierten Grauburgunder (Braunewell), auch beim Silvaner schaffen es rheinhessische Weine einen Kontrapunkt zu setzen (Bischel, Keller, Thörle) und beim Spätburgunder treten sie auch immer stärker in Erscheinung (Bischel, Keller, Braunewell). Bei Sekt ist Volker Raumland sowieso immer in der Spitze dabei, andere Sekt-Spezialisten wie Flik oder Strauch zeigen eine vielversprechende Entwicklung.
Und wir können wieder eine Vielzahl von Aufsteigern ausmachen, denn viele der jungen Himmelsstürmer lassen nicht nach, werden immer besser. Nur die „Jungen" seien hier genannt, auch wenn natürlich auch die Elterngeneration zum Erfolg beiträgt: Da sind Tobias und Björn Knewitz aus Appenheim, Stefan und Christian Braunewell aus Essenheim, Albrecht Engel in Flörsheim-Dalsheim, Moritz Kissinger in Uelversheim, Johannes und Christian Spiess in Bechtheim, Gesine Roll vom Weingut Weedenborn in Monzernheim, Sebastian & Marcel Class vom Weingut Neverland in Vendersheim, dazu Eckehart Gröhl in Weinolsheim oder das Weingut Georg Gustav Huff in Nierstein.
In ganz Rheinhessen geht es voran, wie diese Aufzählung zeigt, die man noch weiter fortsetzen könnte, wie die folgende Übersicht zeigt, so dass wir guten Gewissens wieder schließen können: Rheinhessen ist topp!

Die besten Erzeuger

Weltklasse

★★★★★

Weingut **Bischel**
Weingut **Dreißigacker**
Weingut Klaus **Keller**
Sekthaus **Raumland**
Weingut **Wittmann**

★★★★☆

Weingut **Braunewell** ↑
Weingut **Knewitz** ↑
Weingut **Wagner-Stempel**

Hervorragende Erzeuger

★★★★

Weingut **Becker-Landgraf**
Weingut **Engel** ↑
Weingut **Espenhof**
Weingut **Gunderloch**
Wein- und Sektgut **Hofmann**
Weingut **Kissinger** ↑
Weingut **Landgraf**
Weingut Karl **May**
Weingut **Peth-Wetz**
Weingut **Sankt Antony**
Weingut **Spiess**, Riederbacherhof ↑
Winzerhof **Thörle**
Weingut **Weedenborn** ↑
Weingut **Weinreich**

★★★☆

Weingut J. **Bettenheimer**
Weingut **Bunn Strebel**
Weingut **Franz**
Weingut **Frey**
Weingut **Full**
Weingut Eckehart **Gröhl** ↑
Weingut **Gysler**
Weingut Georg Gustav **Huff** ↑
Weingut Karlheinz **Keller**
Weingut Karl-Hermann **Milch**
Weingut **Neverland** ↑
Weingut **Sander**
Weingut **Steinmühle**
Weingut **Wernersbach**

Sehr gute Erzeuger

★★★

Weingut **Bernhard**
Weingut **Finkenauer** ↑
Weingut Alexander **Flick**
Flik Sektmanufaktur [W]
Geil's Sekt- und Weingut
Weingut **Gres**
Weingut Fritz Ekkehard **Huff**
Weingut **Krämer** ↑
Weingut **Lamberth** ↑
Weingut **Mett** & Weidenbach ↑
Ökologisches Weingut **Schmitt** ↑
Weingut **Stallmann-Hiestand**
Strauch Sektmanufaktur
Weingut Dr. Eva **Vollmer**
Weingut Arndt F. **Werner**
Weingut **Werther Windisch**

★★☆

Weingut **Beck**, Hedesheimer Hof
Weingut Brüder Dr. **Becker**
Weingut **Brandt**
Weingut **Büsser-Paukner** ↑
Weingut **Goldschmidt**
Weingut **Hemer**
Weingut **Huff-Doll**
Weingut **Johanninger** ↑
Weingut **Kampf**
Weingut **Kapellenhof**
Weingut **Kühling**
Weingut **Mertz** ↑
Weingut **Michel-Pfannebecker**
Weingut **Neef-Emmich**
Weingut **Raddeck**
Weingut **Schittler & Becker** ↑
Weingut Daniel **Schmitt**
Weingut **Schneider** – Mirjam Schneider
Weingut **Schönhals**

Weingut David **Spies**
Weingut **Wasem** ↑
Weingut Eckhard **Weitzel**

Gute Erzeuger

★★

Weingut **Alte Schmiede**
Weingut **Becker** (Spiesheim) ↑
Weingut **Beiser**
Weingut **Brüssel**
Weingut **Eberle-Runkel**
Weingut **Gehring** ↑
Weingut Helmut **Geil**
Weingut **GutGallé**
Weingut **Hiestand**
Weingut **Hirschhof**
Weingut **Hothum**
Huster Ökologischer Weinbau ↑
Weingut **Julianenhof**
Weingut Jonas **Kiefer** ↑
Weingut Klaus **Knobloch**
Weingut **Listmann** ↑
Bioweingut **Lorenz**
Weingut **Meiser**
Weingut Wolfgang & René **Peth**
Weingut **Posthof** – Doll & Göth ↑
Weingut **Ruppert-Deginther**
Weingut Volker **Schäfer**
Weingut **Scherner-Kleinhanss**
Weingut **Schreiber-Kiebler** ↑
Weingut **Stauffer** ↑
Weingut **Stoll** ↑
Weingut Arthur & Fabian **Zimmermann**
Weingut **Zöller**

★☆

Weingut **Baum** ↑
Weingut Dr. **Balzhäuser**
Cisterzienser Weingut **(Michel)**
Weingut **Clemens**
Weingut **Dackermann**
Weingut **Dessoy**
BioWeingut **Gänz**
Weingut **Hauck**
Weingut **Heck** ↑
Weingut **Henrici** ↑
Weingut **Hungermüller** N
Weingut **Johanneshof**
Weingut **Julius**
Weingut **Kinges-Kessel**
Weingut Carl **Koch**
Weingut **Kron** ↑
Weingut **Merl**
Weingut Gernot & Thomas **Michel** ↑
Weingut **Motzenbäcker** N
Weingut **Orb** N
Weingut **Paulinenhof** ↑
Weingut **Rolletter**
Weingut **Schlossmühlenhof**
Weingut Bgm. Adam **Schmitt** ↑
Weingut Dr. Alex **Senfter** ↑
Weingut Gerold **Spies** ↑
Weingut **Wohlgemuth-Schnürr** N
Weingut Peter & Julian **Wolf**

Zuverlässige Erzeuger

★

Weingut **Feth-Wehrhof**
Weingut Peter **Harth**
Weingut **Luff**
Weingut **Münzenberger**
Weingut Dr. **Schreiber**
Weingut **Weinmann**

Saale-Unstrut

Nachdem die 2020er Ernte durch Maifröste sehr klein war, ist 2021 deutlich größer ausgefallen, obwohl es vor allem in der Gegend von Freyburg starke Winterfröste gab; trotzdem liegt der Ertrag deutlich unter dem zehnjährigen Schnitt. Nach starken Regenfällen im August waren die Trauben teilweise aufgeplatzt, so dass man sich für eine zeitige Ernte entschieden hat.

All das hält die Winzer an Saale und Unstrut nicht davon ab weiter Gas zu geben, und dass die Winzer positiv in die Zukunft blicken, sieht man auch daran, dass die Rebfläche Jahr für Jahr zunimmt. Weißburgunder spielt eine wichtige Rolle, wird bald den derzeit noch meistangebauten Müller-Thurgau überholt haben.

Das in diesem Jahr neu in den VDP aufgenommene Weingut Böhme & Töchter aus Gleina präsentiert wieder eine spannende Kollektion, punktet mit Spätburgunder ebenso wie mit verschiedenen weißen Rebsorten. Bei Matthias Hey spielte Riesling in diesem Jahr die Hauptrolle, im roten Segment hat er einen Zweigelt präsentiert.

André Gussek ist immer eine sichere Bank, was auch für das Landesweingut Kloster Pforta gilt, und mit dem mit Abstand größten Erzeuger, der Winzervereinigung Freyburg, verfügt die Region über eine sehr dynamische Genossenschaft. Aber es gibt auch ebenso dynamische Kleinerzeuger wie unsere Neuaufnahme in diesem Jahr zeigt, das Weinhaus Siegmund Klingbeil in Bad Bibra, das mit Tonamphoren und Sandsteineiern arbeitet und mit Rebsorten wie Sauvignon Blanc.

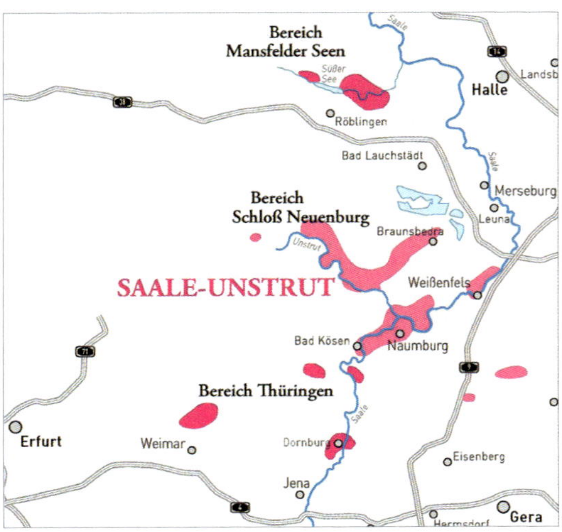

Die besten Erzeuger

Hervorragende Erzeuger

★★★½

Weingut **Böhme & Töchter** ↑

Weingut **Hey** ↑

Sehr gute Erzeuger

★★★

Winzerhof **Gussek**

Gute Erzeuger

★★

Weinhaus **Siegmund Klingbeil** N

Winzervereinigung Freyburg ↑

★½

Landesweingut Kloster **Pforta**

Sachsen

Wie überall in Deutschland machten die Rebkrankheiten 2021 auch den Winzern in Sachsen das Leben schwer. Die etwas frühere Ernte führte dazu, dass die Weine im Allgemeinen etwas leichter und säurebetonter sind als in den Vorjahren, sie besitzen klare Frucht und viel Frische. Die Menge war etwas höher als im Jahr zuvor, wo aufgrund von Spätfrösten die Ernte geringer ausgefallen war als im zehnjährigen Durchschnitt.
Die Fläche ist ein klein wenig zurückgegangen in den letzten Jahren, aber das könnte sich in Kürze wieder ändern, wurden doch neue Pflanzgenehmigungen an Sachsen vergeben. Riesling ist mittlerweile die Nummer Eins unter den Rebsorten, gefolgt vom langjährigen Spitzenreiter Müller-Thurgau, auch wenn beide im Anbau leicht rückläufig sind; dafür holt Weißburgunder mächtig auf, auch Grauburgunder und Spätburgunder haben in den letzten Jahren im Anbau zugelegt, ebenso Goldriesling.
Die beiden Vorzeige-Weingüter der Region gehen unterschiedliche Wege. Während Schloss Proschwitz auf die Burgundersorten setzt, legt Schloss Wackerbarth den Fokus mehr und mehr auf Riesling. Riesling, der Zeit braucht, das zeigen die in diesem Jahr noch einmal verkosteten 2020er, die immer noch jugendlich sind. Wobei es natürlich auch sonst starke Weine bei Schloss Wackerbarth gibt, wie einmal mehr der Spätburgunder aus dem Laubacher Thonberg beweist, dem in diesem Jahr mit dem Blaufränkisch ein zweiter sehr guter Rotwein der selben Lage zur Seite gestellt wurde.
Bei Schloss Proschwitz sind es die Burgundersorten, die uns besonders gut gefallen, Weißburgunder und Spätburgunder aus der Lage Kloster Heilig Kreuz.

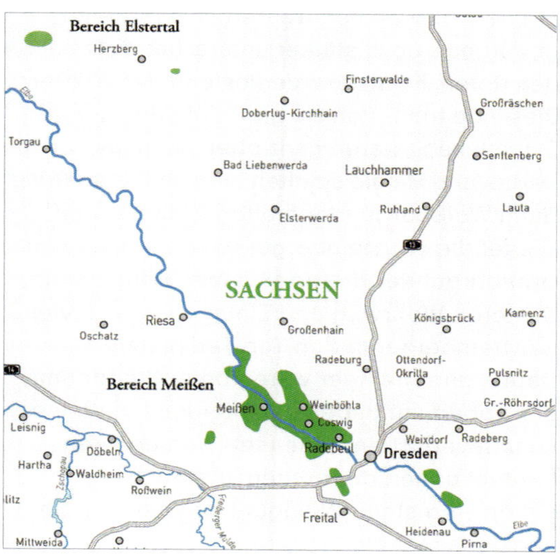

Die besten Erzeuger

Sehr gute Erzeuger

★★☆

Weingut Schloss **Wackerbarth**

Gute Erzeuger

★★

Weingut Schloss **Proschwitz**

Württemberg

Jahr für Jahr spielen Württemberger Weine eine immer prominentere Rolle bei unseren Schlussverkostungen – und bei praktisch allen Rebsorten. Beim Lemberger sowieso, da ist ja schließlich auch die Konkurrenz nicht sonderlich groß, aber auch beim Spätburgunder trumpfen sie immer stärker auf, bei roten Cuvées und weiteren roten Rebsorten ebenso. Aber auch bei weißen Rebsorten: Beim Riesling sind sie ganz vorne mit dabei, vor allem bei den im zweiten Jahr nach der Ernte vorgestellten Weinen, aber auch bei Weißburgunder und Grauburgunder, bei Chardonnay und bei Sauvignon Blanc.
Schon im vergangenen Jahr hatten wir mit Markus Heid aus Fellbach einen Württemberger als Weingut des Jahres für die beste Rotweinkollektion ausgezeichnet, und in diesem Jahr ist dies nun wieder so, nur dass der Preis nicht ins Remstal geht, wie schon des Öfteren in den letzten beiden Jahrzehnten, sondern nach Bönnigheim: Christian Dautel erhält diese Auszeichnung für klasse Lemberger – und noch bessere Spätburgunder. Schon seit jeher gehörte das Weingut zu den roten Spitzenbetrieben in Württemberg und darüber hinaus, sein Vater Ernst Dautel war einer der Barrique-Pioniere in Deutschland, unter Christian Dautels Regie sind die Weine nochmals komplexer und vor allem feiner geworden, seine Orientierung an Burgund ist evident – und diese Orientierung zeigt sich natürlich auch darin, dass bei den Weißweinen Chardonnay eine immer wichtigere Rolle spielt.
Markus Heid aus Fellbach hat auch in diesem Jahr wieder großartigen Spätburgunder, ebenso die Aldingers und Rainer Schnaitmann, beide ebenfalls in Fellbach, dazu Maximilian Kusterer aus Esslingen, Andreas Knauß aus Strümpfelbach, aber auch Rainer Wachtstetter aus Pfaffenhofen hat besseren Spätburgunder denn je.
Wobei Wachtstetter natürlich für Lemberger steht, und auch in diesem Jahr gehört er zu den Top-Lemberger-Erzeugern zusammen mit Moritz Haidle, den drei bereits beim Spätburgunder genannten Fellbacher Weingütern, weiteren Remstaler Betrieben wie Knauß, Klopfer oder Zimmerle und natürlich den Grafen Neipperg.
Bei den roten Cuvées sind die Weingüter Escher und Zimmerle ganz oben mit dabei, ebenso Schwegler, aber auch Fürst Hohenlohe-Öhringen und das Staatsweingut Weinsberg. Bei den weiteren roten Rebsorten ist an oberster Stelle Jens Zimmerle zu nennen, der mit Cabernet Sauvignon, Merlot und Zweigelt groß auftrumpft.
Bei den Weißweinen werden die Württemberger oftmals noch stärker unterschätzt als bei den Roten. In unserer Verkostung der 2020er Rieslinge trumpften sie groß auf, Aldinger und Schnaitmann waren ganz oben mit dabei, auch Dautel und Haidle spielten eine sehr gute Rolle. Beim Weißburgunder hielten Aldinger und Dautel die Württemberger Fahne hoch, beim Grauburgunder hatten sich mit Schnaitmann, Kusterer, Wöhrwag und Zimmerle gleich vier Württemberger in den Top Ten platziert.
Dautel und Aldinger waren beim Chardonnay ganz oben mit dabei, dahinter kamen Weine vom Bayerischen Bodensee, von unseren Entdeckungen der beiden letzten Jahre, Simon Hornstein (Weingut Hornstein am See) und Jonas Kurek.

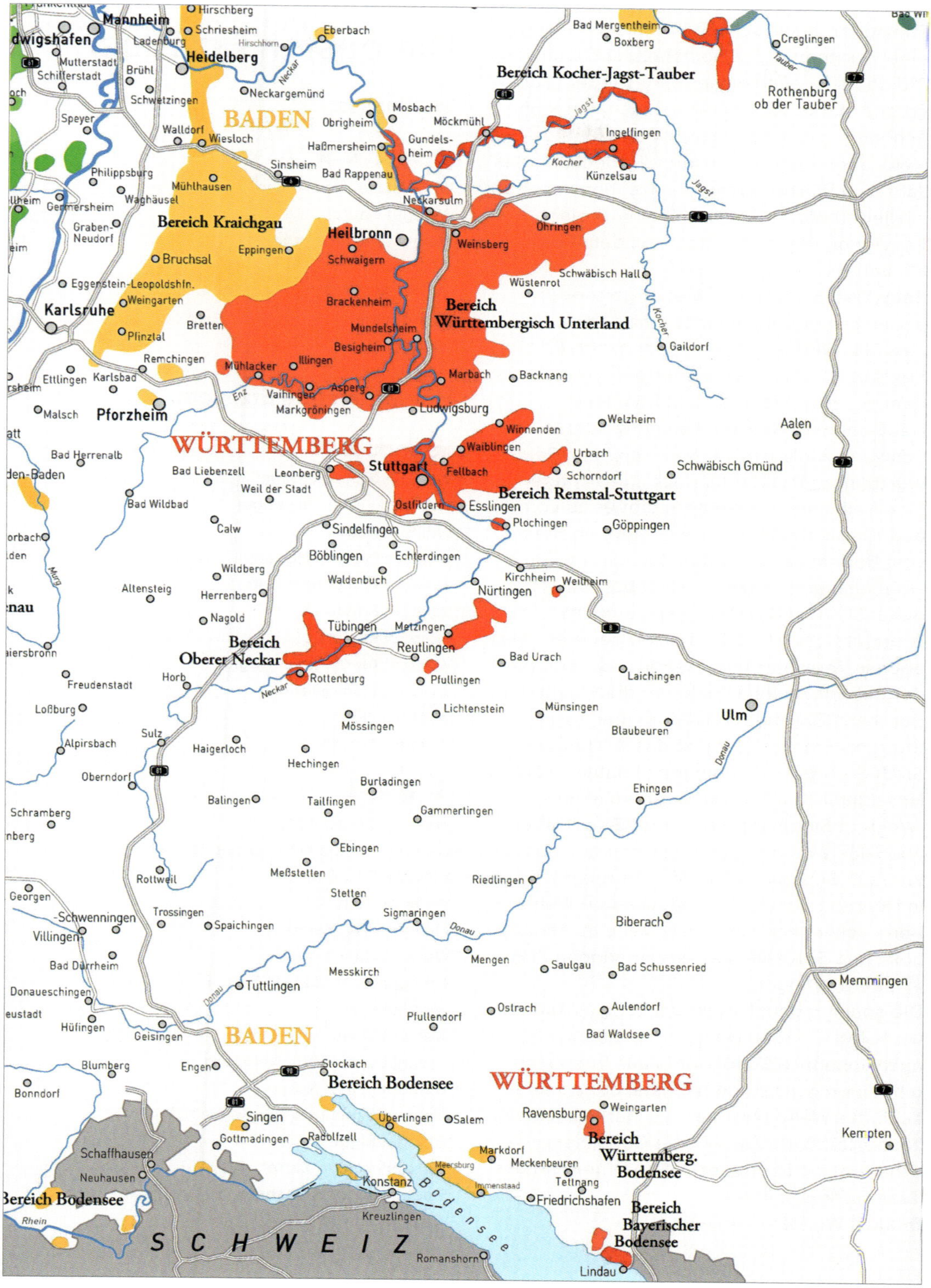
BADEN
WÜRTTEMBERG
Bereich Kocher-Jagst-Tauber
Bereich Kraichgau
Bereich Württembergisch Unterland
Bereich Remstal-Stuttgart
Bereich Oberer Neckar
Bereich Bodensee
Bereich Württemberg. Bodensee
Bereich Bayerischer Bodensee
SCHWEIZ
Bodensee
Mannheim
Heidelberg
Hirschberg
Schriesheim
Ladenburg
Hirschhorn
Eberbach
Mutterstadt
Schifferstadt
Brühl
Schwetzingen
Neckargemünd
Speyer
Walldorf
Wiesloch
Philippsburg
Waghäusel
Germersheim
Mühlhausen
Sinsheim
Graben-Neudorf
Bruchsal
Eppingen
Eggenstein-Leopoldshfn.
Weingarten
Karlsruhe
Pfinztal
Bretten
Remchingen
Ettlingen
Karlsbad
Malsch
Pforzheim
Mosbach
Obrigheim
Möckmühl
Haßmersheim
Gundelsheim
Bad Rappenau
Neckarsulm
Heilbronn
Schwaigern
Weinsberg
Öhringen
Brackenheim
Mundelsheim
Besigheim
Mühlacker
Illingen
Vaihingen
Asperg
Markgröningen
Marbach
Backnang
Ludwigsburg
Bad Mergentheim
Boxberg
Creglingen
Rothenburg ob der Tauber
Ingelfingen
Künzelsau
Schwäbisch Hall
Wüstenrot
Gaildorf
Winnenden
Welzheim
Waiblingen
Urbach
Schorndorf
Fellbach
Stuttgart
Leonberg
Esslingen
Ostfildern
Plochingen
Göppingen
Schwäbisch Gmünd
Aalen
Bad Herrenalb
Bad Liebenzell
Weil der Stadt
Bad Wildbad
Calw
Sindelfingen
Böblingen
Echterdingen
Waldenbuch
Wildberg
Herrenberg
Altensteig
Nagold
Kirchheim
Weilheim
Nürtingen
Tübingen
Metzingen
Reutlingen
Bad Urach
Pfullingen
Rottenburg
Horb
Freudenstadt
Loßburg
Laichingen
Lichtenstein
Münsingen
Mössingen
Ulm
Blaubeuren
Sulz
Alpirsbach
Haigerloch
Hechingen
Oberndorf
Burladingen
Balingen
Tailfingen
Gammertingen
Ehingen
Schramberg
Ebingen
Rottweil
Meßstetten
Riedlingen
Stetten
Trossingen
Spaichingen
Sigmaringen
Biberach
Villingen-Schwenningen
Bad Dürrheim
Mengen
Saulgau
Bad Schussenried
Memmingen
Donaueschingen
Messkirch
Tuttlingen
Hüfingen
Geisingen
Pfullendorf
Ostrach
Aulendorf
Bad Waldsee
Blumberg
Engen
Stockach
Bonndorf
Singen
Überlingen
Salem
Ravensburg
Weingarten
Kempten
Gottmadingen
Radolfzell
Markdorf
Meckenbeuren
Schaffhausen
Neuhausen
Konstanz
Meersburg
Immenstaad
Tettnang
Friedrichshafen
Kreuzlingen
Romanshorn
Lindau
Neckar
Jagst
Kocher
Tauber
Enz
Murg
Donau
Rhein

Sauvignon Blanc schließlich ist schon lange eine Württemberger Domäne, der Ovum von Aldingers ist auch dieses Jahr wieder großartig und starke Weine gibt es auch von Rainer Schnaitmann, Jens Zimmerle und Markus Heid, aber auch von unserer Entdeckung des Jahres in Württemberg, der Traubenwerkstatt in Niederhofen – und damit einmal ein Sauvignon Blanc, der nicht aus dem Remstal kommt.
Beim Sekt ist Aldinger wieder ganz oben dabei, bisher nur mit einer einzigen Cuvée, aber das wird sich ändern; das Wein- & Sektgut Hirschmüller in Lauffen ist besser denn je, auch die älteste Sektkellerei Deutschlands, Kessler, kommt wieder in Schwung, vielleicht wird ja auch beim Sekt Württemberg zukünftig noch „gewichtiger".
Eine Reihe von Aufsteigern gibt es zu vermelden. Da sind einmal unsere Shooting Stars vom Bodensee, die weiter Gas gaben, Simon Hornstein und Jonas Kurek haben wir schon genannt, auch Benjamin Lanz und das Weingut Schmitt am Bodensee gehören dazu, ebenso Teresa Deufel, Hendriks & Fürst und der Rebhof. Im Remstal legen die Weingüter Bernhard Ellwanger und Mödinger zu, in Stuttgart Frank Haller und das Weingut der Stadt Stuttgart, in Tübingen (!) Sabine Koch, in Hessigheim am Neckar Siegfried Maier (Weingut Siggi) und Alexander Eisele, aber auch das Weingut Zipf in Löwenstein, das Weingut Seybold in Lauffen, Albrecht-Kießling in Heilbronn und das Staatsweingut Weinsberg, schließlich noch Felix Velte in Ingersheim und Benjamin Zerrer vom Vinçon-Zerrer in Oberderdingen.
Die spannendste Neuentdeckung – Traubenwerkstatt – haben wir schon genannt, aber auch Johannes Schönbrunn aus Erlenbach gibt einen ganz starken Einstand, neu sind auch das Weingut Braun aus Markelsheim im Taubertal sowie zwei starke Genossenschaften, die Lauffener Weingärtner und das Teamwerk Esslingen.
Starkes Württemberg!

Die besten Erzeuger

Weltklasse

★★★★★

Weingut Gerhard **Aldinger**
Weingut **Dautel**
Weingut Rainer **Schnaitmann**

★★★★½

Weingut Karl **Haidle**, Inh. H. Haidle
Weingut **Heid**

Hervorragende Erzeuger

★★★★

Weingut Graf **Adelmann**
Weingut Jürgen **Ellwanger**
Weingut **Escher**
Weingut Fürst zu **Hohenlohe-Öhringen**
Weingut Wolfgang **Klopfer**
Weingut **Knauß**
Weingut **Kusterer**
Weingut Albrecht **Schwegler**
Weingut **Wachtstetter**
Weingut **Wöhrwag**
Weingut **Zimmerle**

★★★½

Weingut **Drautz-Able**
Weingut Bernhard **Ellwanger** ↑
Weingut Fritz **Funk**
Weingut **Gold**
Weingut G.A. **Heinrich**
Weingut **Hirschmüller**
Weingut **Hornstein am See** ↑
Weingut **Leiss**
Weingut **Maier**
Weingut des Grafen **Neipperg**
Weingut Martin **Notz**
Weingut **Schmidt** am Bodensee ↑
Weingut **Siggi** ↑
Weingut **Vinçon-Zerrer** ↑
Staatsweingut **Weinsberg** ↑
Weingut **Zipf** ↑

Sehr gute Erzeuger

★★★

Weingut **Bächner**
Panoramaweingut **Baumgärtner**
Weingut **Birkert**
Weingut Hedwig & Helmut **Dolde**
Weingut **Doreas**
Weingut **Eisele** ↑
Fellbacher Weingärtner
Weingut **Haller** ↑
Weingut **Hirsch**
Schlossgut **Hohenbeilstein**
Weingut **Idler**
Weingut Gerd **Keller**
Weingut **Kurek** ↑
Weingut **Lanz** ↑
Weingut **Medinger**
Weingut **Mödinger** ↑
Weingut **Schäfer-Heinrich**
Weingut **Schwarz**

★★½

Weingut **Albrecht-Kießling** ↑
Weingut **Alt**
Weingut Alexander **Bauer**
Weingut **Berthold**
Weingut **Forsthof**
Weingut **Johannes B.**
Weingut Eberhard **Klein**
Weingut Sabine **Koch** ↑
Weingut **Seybold** ↑
Weingut der Stadt **Stuttgart** ↑
Weinmanufaktur **Untertürkheim**
Weingut **Velte** ↑
Weingut Herzog von **Württemberg**

Gute Erzeuger

★★

Weingut Dr. **Baumann**
Weingut Graf v. **Bentzel-Sturmfeder**
Weingut **Bihlmayer**
Weingut **Bruker**
Weingut Teresa **Deufel** [W]
Weingut **Diehl** ↑
Weingärtner **Dürrenzimmern-Stockheim** ↑
wein & gut **frank**
Weingut **Gruber**
Weingut **Hendriks & Fürst** ↑
Kessler Sekt ↑
Weingut **Lutz**
Weingut **Rebhof** ↑
Weingut Reinhard **Schäfer**
Weingut **Schönbrunn** [N]
Weingut **Sterneisen**
Weingärtner **Stromberg-Zabergäu** ↑
Weingut **Supp**
Weingut **Ungerer**
Weingut **Traubenwerkstatt** [N]
Weingut **Weinreuter** [W]
Weingut **Winkler** ↑

★½

Weingut **Albrecht-Gurrath**
Weingut **Borth** ↑
Weingut **Braun** [N]
Collegium Wirtemberg ↑
Weinhof **Dieroff** ↑
Teamwerk **Esslingen** [N]
Weingut **FlorianRobert**
Weingut **Gaufer** ↑
Weingut Rolf **Heinrich** ↑
Weingut **Haug**
Weingut **Holzapfel**
Weinmanufaktur **Ingelfinger Fass** ↑
Weingut **Keil** ↑
Weingut Anita **Landesvater** ↑
Lauffener Weingärtner [N]
Winzergenossenschaft **Markelsheim** ↑
Weingut **Mayerle** ↑
Weingut **Rienth** ↑
Weingut Heinz J. **Schwab**
Weingut **Seyffer** [N]
Weingut **Springer**
Weingut **Weihbrecht** ↑
Weinfactum

Deutsche Weingüter von A bis Z

★★★☆ (3,5 Sterne)

Abril

Kontakt
Am Enselberg 1, 79235
Vogtsburg-Bischoffingen
Tel. 07662-949323-0
Fax: 07662-949323-99
www.weingut-abril.de
weingut@weingut-abril.de

Besuchszeiten
Mo.-Fr. 8:30-12 + 13-17:30 Uhr
Sa. 9:30-13 Uhr
Köpfers Steinbuck – Bischoffingen, Steinbuck Stube – Bischoffingen

Inhaber
Abril Weine GmbH & Co. KG
Betriebsleiter
Eva-Maria Köpfer
Kellermeister
Daniel Hank
Außenbetrieb
Thomas Amann
Rebfläche
30 Hektar
Produktion
150.000 Flaschen

Seit 2015 führt ein neues Team das größte biologisch wirtschaftende Weingut am Kaiserstuhl. Die Familie Abril betreibt seit dem Jahr 1740 Weinbau in Bischoffingen am Kaiserstuhl, Hans-Friedrich Abril und Ehefrau Gabi gaben 2007 das Weingut an Cousine Helga und ihren Mann Erivan Haub ab. Die Rebfläche, bei Übernahme 6,5 Hektar, wurde seither deutlich vergrößert. Der neue Weinkeller konnte nicht wie geplant am alten Sitz realisiert werden, ein kompletter Neubau am Ortsrand von Bischoffingen inmitten der Weinberge wurde im September 2012 eröffnet. Die Weinberge liegen in den Bischoffinger Lagen Enselberg (mit der Gewanne Bleckmen), Rosenkranz (mit der Gewanne Ameisental) und Steinbuck, sowie im Jechtinger Eichert. Die Weinberge werden biologisch bewirtschaftet, man ist Mitglied bei Ecovin. Der Schwerpunkt liegt auf den Burgundersorten sowie Chardonnay, dazu gibt es Spezialitäten wie Gewürztraminer, Muskateller, Riesling oder Scheurebe. Das Sortiment ist dreistufig gegliedert in die Linien Frucht, Stein und Zeit.

Kollektion

Die Frucht-Linie bietet einen frischen, geradlinigen Auxerrois und einen lebhaften, zupackenden Rosé. Deutlich mehr Substanz besitzen die Weine der Stein-Linie. Die Cuvée aus Weißburgunder und Chardonnay ist würzig, klar und zupackend, der Weißburgunder vom Enselberg ist eindringlich und konzentriert, besitzt gute Struktur und Grip, der Grauburgunder vom Rosenkranz ist frisch, klar und zupackend, ein ungewöhnlich präziser Grauburgunder vom Kaiserstuhl. In diese Stein-Linie gehört auch der Magmatit, ein wunderschön reintöniger, intensiver Spätburgunder, der Frische, Frucht und Grip besitzt. An der Spitze der Kollektion stehen die beiden Zeit-Weine. Der im Barrique ausgebaute Chardonnay aus dem Enselberg, Jahrgang 2021, zeigt gute Konzentration und viel reife Frucht im herrlich reintönigen Bouquet, besitzt Fülle und Saft, viel reife Frucht und Substanz. Noch etwas besser gefällt uns der Steinbuck-Pinot Noir, Jahrgang 2019, der feine Würze und rauchige Noten im Bouquet zeigt, etwas Pfeffer, viel Frische besitzt, gute Struktur, Frucht und Druck.

Weinbewertung

83	Crémant „Vert" brut I 11%/15,-€
84	2021 Auxerrois trocken „Frucht" I 12%/9,50€
87	2021 Weißer Burgunder trocken „Stein" Jechtinger Enselberg I 13%/16,-€
86	2021 Weißer Burgunder & Chardonnay trocken „Stein" I 13%/14,-€
87	2021 Grauer Burgunder trocken „Stein" Bischoffinger Rosenkranz I 12%/16,-€
89	2021 Chardonnay trocken „Zeit" Bischoffinger Enselberg I 13%/23,-€
83	2021 Rosé trocken „Frucht" I 12,5%/9,50€
87	2021 Spätburgunder trocken „Magmatit" „Stein" I 13,5%/16,50€
90	2019 Pinot Noir trocken „Zeit" Bischoffinger Steinbuck I 13,5%/36,-€

★★

Acham-Magin

Kontakt
Weinstraße 67
67147 Forst
Tel. 06326-315
www.acham-magin.de
info@acham-magin.de

Besuchszeiten
nach Vereinbarung
eigene Weinstube

Inhaber
Anna-Barbara Adam
Betriebsleiter
Vinzenz Trösch
Kellermeister
Moritz Grallath
Rebfläche
11 Hektar
Produktion
60.000 Flaschen

Heinrich Wilhelm Reichardt gründete 1711 das Forster Weingut und eröffnete ein Jahr später das Wirtshaus Zum Engel, in dem sich noch heute der Gutsausschank des Weinguts befindet. Emil Magin gehörte 1908 zu den Gründungsmitgliedern des Vereins der Naturwein-Versteigerer der Pfalz, einer der Vorgängervereinigungen des heutigen VDP, dem das Weingut seit seiner Gründung ununterbrochen angehört. Seit 1994 leiten Anna-Barbara Acham und Vinzenz Trösch den Betrieb, der seit 2011 bio-zertifiziert ist und heute auch mit biodynamischen Präparaten arbeitet. Riesling ist mit einem Anteil von 75 Prozent die wichtigste Rebsorte, die Weinberge liegen in einer Vielzahl von Lagen in Forst, Deidesheim und Ruppertsberg. Aus den Forster Lagen Kirchenstück, Pechstein, Ungeheuer und Jesuitengarten werden Große Gewächse erzeugt.

Kollektion

Unter den Großen Gewächsen von Acham-Magin favorisieren wir das Ungeheuer, das mehr Grip und Druck als die anderen besitzt, von kräutrig-mineralischer Würze und herben Zitrusnoten geprägt ist, knapp dahinter liegt das Kirchenstück, das zunächst viel klare Frucht zeigt, Aprikose, Orangenschale, dann auch steinige Noten, am Gaumen füllig und nachhaltig ist, der Pechstein zeigt Aromen von gelbem Steinobst und leicht rauchige Würze, ist animierend, während der Jesuitengarten insgesamt noch leicht verhalten ist, etwas steinige Noten und eine frische Säure besitzt. Die vier Rieslinge aus ersten Lagen – Herrgottsacker, Mäushöhle, Stift und Musenhang – sind alle leicht verhalten im Bouquet, zeigen wenig Frucht, aber kräutrige, steinige und rauchige Noten, Herrgottsacker und Mäushöhle sind etwas animierender, nachhaltiger, besitzen mehr Grip als Stift und Musenhang. Der Forster Riesling zeigt kräutrige Noten und besitzt animierende Zitruswürze, der Purist ist noch von rauchig-reduktiven Noten geprägt, die beiden Gutsweine sind fruchtbetont.

Weinbewertung

85 2021 Riesling trocken | 12%/9,-€
85 2021 Riesling trocken „Purist" | 12%/11,-€
84 2021 Grauburgunder trocken | 12,5%/9,50€
86 2021 Riesling trocken Forster | 12,5%/11,50€
87 2021 Riesling trocken Deidesheimer Herrgottsacker | 12,5%/14,50€
87 2021 Riesling trocken Deidesheimer Mäushöhle | 12,5%/14,50€
86 2021 Riesling trocken Forster Stift | 12,5%/14,50€
86 2021 Riesling trocken Forster Musenhang | 12,5%/14,50€
90 2021 Riesling „GG" Ungeheuer | 12,5%/40,-€
88 2021 Riesling „GG" Pechstein | 12,5%/40,-€
89 2021 Riesling „GG" Kirchenstück | 12,5%/50,-€
88 2021 Riesling „GG" Jesuitengarten | 12,5%/40,-€

★★★★

Graf Adelmann

Kontakt
Burg Schaubeck
71711 Steinheim-Kleinbottwar
Tel. 07148-92122-0
Fax: 07148-92122-25
www.graf-adelmann.com
weingut@graf-adelmann.com

Besuchszeiten
Vinothek:
Mo.-Fr. 14-18 Uhr
Sa. 10-14 Uhr
Büro:
Mo.-Do. 9-17 Uhr
Fr. 9-14 Uhr

Inhaber
Felix Graf Adelmann
Betriebsleiter
Ruben Röder
Kellermeister
Ruben Röder
Rebfläche
27 Hektar
Produktion
135.000 Flaschen

Die Grafen Adelmann erwarben 1914 das Gut, das seit 1978 von Michael Graf Adelmann geführt wurde; 2012 hat sein Sohn Felix das Gut übernommen. Weinbau ist auf der Burg Schaubeck bereits im 13. Jahrhundert nachgewiesen. Das Gros der Weinberge von Graf Adelmann, 16 Hektar, liegt in Kleinbottwar (roter Keuperboden), 1 Hektar in Großbottwar und 3 Hektar in Ludwigsburg-Hoheneck am Neckar, wo die Reben auf Muschelkalkböden wachsen. In Kleinbottwar gehören dem Weingut zwei Weinbergslagen im Alleinbesitz: Süßmund und Oberer Berg, wobei Oberer Berg auch die Lagenbezeichnung für den Adelmann'schen Besitz in Hoheneck am Neckar ist, die aber, um Verwechslungen zu vermeiden, für die Weine von dort nicht mehr genutzt wird. Die Weinberge werden biologisch bewirtschaftet, 2017 wurde der dreijährige Umstellungsprozess abgeschlossen, dies war der erste zertifizierte Jahrgang. 65 Prozent der Weinberge sind mit roten Reben bestockt: Vor allem Lemberger, Spätburgunder, Trollinger und Samtrot, aber auch etwas Frühburgunder, Muskattrollinger, Urban und andere Sorten. Rotweine werden maischevergoren und im Holzfass ausgebaut. Bei den weißen Rebsorten dominiert Riesling, es folgen Weißburgunder und Grauburgunder, dazu gibt es etwas Muskateller und Traminer, inzwischen auch 85 Ar Grüner Veltliner. Die Weißweine werden, oft nach Ganztraubenpressung, kühl vergoren und im Edelstahl ausgebaut, nur der Grauburgunder kommt hin und wieder ins Holz. 99 Prozent der Weine werden trocken ausgebaut. Die besten Rieslinge, Burgunder und Lemberger wurden früher als „Brüssele'r Spitze" mit eigenem Etikett vermarktet, benannt nach den Vorbesitzern des Gutes, den Freiherren von Brüssele, denen Burg Schaubeck von 1853 bis zum Verkauf an die Grafen Adelmann im Jahr 1914 gehörte; heute stehen die Großen Gewächse an der Spitze der Kollektion, der Name „Brüssele'r Spitze" wird nur noch für edelsüße Weine genutzt. Bei den Rotweinen setzte Michael Graf Adelmann verstärkt auf Cuvées. Nach ersten Versuchen ab 1981 lancierte man im Jahr 1989 die Cuvée „Vignette" als roten Spitzenwein, Graf Adelmann gehört damit zu den Pionieren roter Cuvées in Deutschland. Die weiteren Spitzenweine wurden 1996 eingeführt, der „Löwe von Schaubeck" (als Lemberger und als Weißweincuvée) und die rote Cuvée „Herbst im Park". Cuvées dürfen nach den Statuten des VDP keine Großen Gewächse sein, dies ist dem Lemberger Oberer Berg und dem Süßmund-Riesling vorbehalten, 2017 wurde erstmals ein Spätburgunder Großes Gewächs aus dem Götzenberg erzeugt und 2018 ein Grauburgunder Oberer Berg.

Kollektion

Der Weißburgunder Gutswein ist immer eine sichere Bank, das gilt auch im Jahrgang 2021, er ist fruchtbetont und klar im Bouquet, recht cremig im Mund bei guter Struktur und Substanz. Der zweite aus dem Jahrgang

2021 präsentierte Wein ist neu im Programm, der Grüner Veltliner, und die Tatsache, dass Felix Graf Adelmann gleich fast einen Hektar davon in Kleinbottwar angelegt hat, zeigt, dass er fest an diese Sorte glaubt und nicht nur versuchsweise einmal ausprobieren will, ob Grüner Veltliner ins Bottwartal passt. Der Wein überzeugt, ist sortentypisch, würzig, eindringlich, zeigt gelbe Früchte, Guave, ist füllig und kraftvoll im Mund bei angenehm zurückhaltendem Alkohol, besitzt reife Frucht und gute Struktur, ein wenig mehr Säure täte im gut, nichtsdestotrotz: Ein gelungenes Debüt! Die Weißer Löwe-Cuvée aus dem Jahrgang 2020 ist würzig und konzentriert, füllig und kraftvoll, besitzt viel reife Frucht, gute Struktur und Substanz. Der Lichtenberg-Weißburgunder aus demselben Jahrgang zeigt gute Konzentration und eindringlich rauchig-würzige Noten, ist kraftvoll und kompakt, noch deutlich vom Holzausbau geprägt. Sehr offen präsentiert sich dafür „das Lied von der Erde", der Riesling Großes Gewächs aus dem Süßmund, Jahrgang 2019, ist eindringlich, füllig, saftig, besitzt viel reife süße Frucht und Substanz. In das rote Segment führt ein frischer, wunderschön fruchtbetonter Merlot aus dem Jahrgang 2020 ein, der herrlich reintönig, zupackend und strukturiert ist, feinen Grip besitzt. Die Herbst im Park-Cuvée aus dem Jahrgang 2017 zeigt gute Konzentration, rote Früchte, besitzt gute Struktur und Kraft, Frische und Grip, Harmonie und Länge. Der „Roter Löwe" ist ein herrlich konzentrierter, reintöniger Lemberger mit intensiver Frucht, guter Struktur, Harmonie und Grip. Einen Clevner-Rotwein von Graf Adelmann haben wir schon fast zwei Jahrzehnte nicht mehr verkostet, Jahrgang 2003 war das zuletzt, zu einer Zeit, als bei deutschen Rotweinen Prädikatsbezeichnungen wie „Auslese trocken" noch verwendet wurden. Der 2018er Hades-Clevner ist würzig, eindringlich, rauchig, besitzt Fülle, Kraft und Substanz, ist deutlich vom Barriqueausbau geprägt.

Felix Graf Adelmann

Weinbewertung

85	2021 Weißburgunder trocken I 12,5%/10,50€
87	2021 Grüner Veltliner trocken Kleinbottwarer I 12,5%/12,-€
88	2020 „Weißer Löwe" Weißwein trocken I 13%/10,80€
88	2020 Weißburgunder trocken Kleinbottwarer Lichtenberg I 13,5%/14,50€
90	2019 Riesling „GG" „Das Lied von der Erde" Kleinbottwarer Süßmund I 13%/25,-€
86	2020 Merlot trocken I 13%/9,80€
89	2017 „Herbst im Park" Rotwein trocken I 12,5%/16,90€
89	2019 Lemberger „Der Rote Löwe" I 13%/16,90€
89	2018 Clevner trocken „Hades" I 13%/26,-€

Lagen

Süßmund (Kleinbottwar)
Oberer Berg (Kleinbottwar)
Oberer Berg (Hoheneck)
Lichtenberg (Kleinbottwar)
Götzenberg (Kleinbottwar)

Rebsorten

Lemberger (18%)
Riesling (16%)
Weißburgunder (15%)
Trollinger (8%)

★★★★

J.J. Adeneuer

Kontakt
Max-Planck-Straße 8, 53474
Bad Neuenahr-Ahrweiler
Tel. 02641-34473
Fax: 02641-37379
www.adeneuer.de
jjadeneuer@t-online.de

Besuchszeiten
Mo.-Fr. 9-12 + 13:30-18 Uhr
Sa. 10-15 Uhr

Inhaber
Marc, Frank & Tim Adeneuer
Betriebsleiter
Marc Adeneuer
Kellermeister
Frank & Tim Adeneuer
Außenbetrieb
Frank & Tim Adeneuer
Rebfläche
13 Hektar
Produktion
100.000 Flaschen

Seit über 500 Jahren betreiben die Adeneuers Weinbau an der Ahr. Seit 1984 wird das Weingut von den Brüdern Frank und Marc Adeneuer geführt; inzwischen ist auch Frank‘s Sohn Tim im Betrieb, kümmert sich zusammen mit seinem Vater um Keller und Außenbetrieb. Sie bauten lange Zeit ausschließlich rote Sorten an, inzwischen gibt es ein wenig Weißburgunder. Neben dem dominierenden Spätburgunder gibt es etwa 10 Prozent Frühburgunder sowie seit einigen Jahren eben ein klein wenig Weißburgunder. Die nach Süden ausgerichtete steil terrassierte Lage Walporzheimer Gärkammer (0,64 Hektar), zwischen Kräuterberg und Pfaffenberg gelegen, eine der kleinsten Einzellagen Deutschlands, gehört dem Weingut Adeneuer seit 1714 im Alleinbesitz, der Boden besteht aus Schieferverwitterungsgestein und Gehängelehm. Aber auch in anderen Spitzenlagen ist das Weingut vertreten, so im Ahrweiler Rosenthal (vielfältige Bodenarten von Grauwacke über Gehängelehm bis zu Löss, Lösslehm und Schiefer) und im Neuenahrer Sonnenberg (Grauwacke und Grauwackeschiefer mit Lehmanteilen, Gehängelehm, Löss und Lösslehm), aber auch in den Walporzheimer Lagen Kräuterberg und Alte Lay, in denen Schieferverwitterungsgestein vorherrscht, sowie in weiteren vom VDP als Große Lagen klassifizierten Lagen, von denen aber keine Einzellagenweine erzeugt werden (Ahrweiler Silberberg, Heimersheimer Burggarten, Heimersheimer Landskrone, Neuenahrer Schieferlay). Prädikatsbezeichnungen verwendet man bereits seit 2004 nicht mehr. Die Weine werden nach Kaltmazeration möglichst spontanvergoren und alle im Holz ausgebaut. Die Spitzenweine kommen 18 bis 20 Monate ins Barrique, ab dem „No. 1“ werden ausschließlich neue Fässer verwendet. An der Spitze der Kollektion stehen die Großen Gewächse aus Gärkammer und Rosenthal, inzwischen ergänzt um einen Frühburgunder aus dem Sonnenberg, des Weiteren gibt es einen Spätburgunder aus dem Kräuterberg als Großes Gewächs, der erst deutlich später in den Verkauf kommt als die anderen Großen Gewächse; im Jahrgang 2018 wurde erstmals ein Großes Gewächs Alte Lay erzeugt. Hinter den Großen Gewächsen gibt es „J.J. Adeneuer No. 1“ und „J.J. Adeneuer No. 2“, der Zweitwein aus der Gärkammer wird Kleine Kammer genannt.

Kollektion

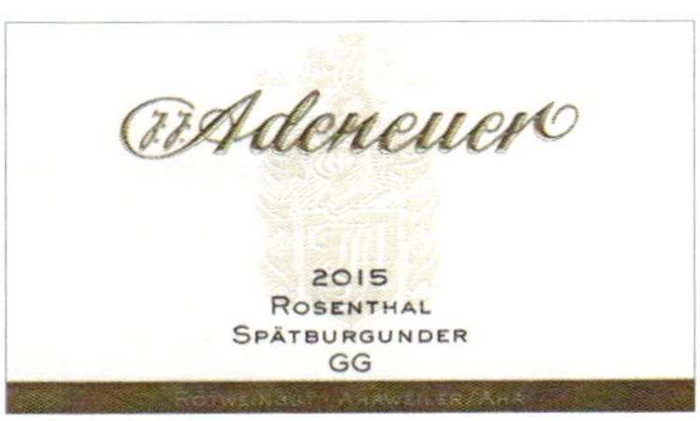

Die Gutsweine haben mit dem neuen Jahrgang den Zusatz „Purist“ erhalten. Der Weißburgunder ist frisch und fruchtbetont im Bouquet, lebhaft und klar im Mund, harmonisch und zupackend. Der Spätburgunder Blanc de Noir ist recht würzig im Bouquet, im Mund frisch, klar und geradlinig. Wunderschön reintönige Frucht zeigt der 2020er Purist-Spätburgunder im Bouquet, viel Frische, ist lebhaft im Mund, geradlinig und zupackend, besitzt auch im Mund wunderschön reintönige Frucht. Die dann folgenden Spätburgunder stammen alle aus dem Jahrgang 2019.

Frank, Tim & Marc Adeneuer

Der „J.J. Adeneuer“ ist frisch und enorm floral im Bouquet, besitzt viel Frische, Struktur und Grip im Mund, ist geradlinig und zupackend. Deutlich spannender und komplexere ist der „J.J. Adeneuer No. 2“, der zwar ebenfalls eindringlich florale Noten im Bouquet zeigt, aber auch wunderschön reintönige Frucht, sehr harmonisch und reintönig im Mund ist, klare Frucht, gute Struktur und Grip besitzt. Florale Noten zeigt auch der „J.J. Adeneuer No. 1“ im Bouquet, rote Früchte, ist klar und eindringlich, besitzt im Mund viel Frische und Frucht, Struktur und Grip. Das Große Gewächs aus dem Rosenthal, Jahrgang 2019, zeigt viel Frucht und florale Noten im Bouquet, ist herrlich reintönig und sehr Rosenthal-typisch, besitzt viel Frische und reintönige Frucht im Mund, gute Struktur und Grip; Jahrgang 2017 ist im Vergleich dazu von dezenten Toastnoten und reifer süßer Frucht geprägt, deutlich verschieden. Aus diesem Jahrgang 2017 stammt auch das Große Gewächs aus dem Kräuterberg, das immer erst ein paar Jahre nach seinen Kollegen in den Verkauf kommt. Der Wein zeigt rauchige Noten im Bouquet, gute Konzentration, ein wenig Kräuterwürze, ist füllig und komplex im Mund, besitzt gute Struktur und Substanz, feine Länge und Nachhall. Aus dem Jahrgang 2020 stammt das Große Gewächs aus der Walporzheimer Alte Lay, ein im Bouquet enorm würziger und eindringlicher Spätburgunder, der kraftvoll und stoffig im Mund ist, strukturiert und tanninbetont, noch enorm jugendlich. Und aus diesem Jahrgang 2020 stammt auch das Aushängeschild des Weingutes, das Große Gewächs aus der Monopollage Gärkammer: Der Wein ist sehr offen im Bouquet, zeigt gute Konzentration, ein wenig florale Noten, ist frisch und präzise im Mund, herrlich zupackend und reintönig, besitzt feine Säure und Grip.

Weinbewertung

86 2021 Weißburgunder trocken „Purist“ | 12,5%/12,-€
84 2021 Spätburgunder „Blanc de Noir“ trocken „Purist“ | 12%/11,-€
86 2020 Spätburgunder trocken „Purist“ | 13%/11,-€
85 2019 Spätburgunder trocken „J.J. Adeneuer“ | 13,5%/13,50€
88 2019 Spätburgunder trocken „J.J. Adeneuer No. 2“ | 13%/17,50€
89 2019 Spätburgunder trocken „J.J. Adeneuer No. 1“ | 13%/26,-€
90 2017 Spätburgunder „GG“ Ahrweiler Rosenthal | 13,5%
91 2019 Spätburgunder „GG“ Ahrweiler Rosenthal | 13,5%/37,-€
90 2020 Spätburgunder „GG“ Walporzheimer Alte Lay | 13%/58,-€
92 2017 Spätburgunder „GG“ Walporzheimer Kräuterberg | 13,5%/65,-€
93 2020 Spätburgunder „GG“ Walporzheimer Gärkammer | 13%/65,-€

Lagen

Gärkammer (Walporzheim)
Kräuterberg (Walporzheim)
Alte Lay (Walporzheim)
Rosenthal (Ahrweiler)
Sonnenberg (Neuenahr)

Rebsorten

Spätburgunder (85%)
Weißburgunder (9%)
Frühburgunder (6%)

★★

Agritiushof

N

Kontakt
Galgenweg 1
54329 Konz-Oberemmel
Tel. 06501-14350
Fax: 06501-150611
www.agritiushof.de
info@agritiushof.de

Besuchszeiten
Fr. 15-18 Uhr, Sa. 11-15 Uhr und nach Vereinbarung

Inhaber
Alfred Kirchen
Betriebsleiter
Alfred Kirchen
Kellermeister
Alfred & Jonas Kirchen
Außenbetrieb
Alfred & Jonas Kirchen
Rebfläche
9 Hektar
Produktion
55.000 Flaschen

Das Weingut der Familie Kirchen in Oberemmel umfasst neun Hektar Reben, darunter sind 80 % Steillagen. Neben den Lagen Karlsberg, Altenberg und Rosenberg ist besonders die Monopollage Oberemmeler Karlskopf hervorzuheben, die sich auf bis zu 350 Höhenmeter über Normalnull erstreckt und damit zu den höchstgelegenen Weinbergen im unteren Saartal gehört. Neben Riesling, der drei Viertel der Fläche ausmacht, bauen Alfred und Jonas Kirchen auch Grauen und Weißen Burgunder, Chardonnay, Spätburgunder und weitere Sorten an. Selektive Handlese, handwerkliche Arbeit und spontane Vergärung sind Prinzipien des Gutes.

Kollektion

Eine Fülle von Weinen aus dem Jahrgang 2021 sowie zwei 2019er wurden vorgestellt – und keiner der Weine schickt sich an, den Jahrgang zu verleugnen. Der Pur Schiefer zeigt den Charakter von 2021, ist eher verhalten in der Nase, im Mund straff, säurebetont, puristisch. Der Saar-Riesling zeigt ganz leicht grüne Noten, hat Zug und in der süßen Version einen gut integrierten Restzucker. Markante Säure zeigt auch der Weißburgunder. Der Riesling Karlskopf 350 NN ist fein, kräuterig, fest, zeigt sich erst allmählich. Das Große Gewächs aus dem Karlskopf ist deutlich kräuteriger, in der Frucht dunkler, enorm würzig mit ebenfalls markanter Säure: Es braucht noch Zeit! Saftig, würzig mit einer schönen Frucht und Balance zwischen der deutlichen, aber gut integrierten Süße und der Säure weist die feinherbe Spätlese aus 2019er auf. Der Kabinett von alten Reben aus dem Altenberg ist rassig mit wenig Süße und viel Spiel – dieser Wein macht Spaß. Saftig, würzig und animierend ist die Auslese, die noch deutliche Süße zeigt und sich gut entwickeln wird. Insgesamt: Ein sehr eigenständiges Sortiment!

Weinbewertung

83	2021 Riesling trocken Saar I 11,5%/8,50€
84	2021 Spätburgunder „Blanc de Noir" trocken I 12%/9,50€
83	2021 Weißer Burgunder „vom Schiefergestein" I 12%/9,-€
85	2021 Riesling trocken „Grauschiefer" Oberemmeler I 10,5%/10,50€
84	2021 Riesling trocken „Pur Schiefer" Oberemmeler I 11%/10,50€
87	2021 Riesling trocken „350 NN" Oberemmeler Karlskopf I 11%/15,-€
87+	2021 Riesling „GG" Oberemmeler Karlskopf I 11%/22,-€
85	2021 Riesling „feinherb" „Rotschiefer" Oberemmeler I 10%/10,50€
86	2021 Riesling Kabinett „feinherb" Oberemmeler Karlskopf I 10%/13,50€
88	2019 Riesling Spätlese „feinherb" „vom Fels" Oberemmeler Karlskopf I 11,5%/15,-€
83	2021 Riesling Saar I 10,5%/8,50€
87	2021 Riesling Kabinett „Alte Reben" Oberemmeler Altenberg I 9%/15,-€
89	2019 Riesling Auslese Oberemmeler Karlskopf I 9%/20,-€
83	2021 Cuvée Rosé trocken „RosaBerg" I 12%/7,50€
82	2021 Cuvée Rosé „feinherb" „Fräulein Rosa" I 11%/7,50€

AGRITIUSHOF
Saar

★★☆

Albert

Kontakt
Albertushof 1
68789 St. Leon-Rot
Tel. 06227-51717
Fax: 06227-881222
www.weingut-albert.de
wein@weingut-albert.de

Besuchszeiten
Vinothek
Do. 17-19 Uhr
Sa. 10-13 Uhr
und nach Vereinbarung

Inhaber
Erwin-Peter Albert

Rebfläche
2,5 Hektar

Produktion
12.000 Flaschen

St. Leon-Rot ist eher für Spargel bekannt denn für Weinbau, und Weinberge gibt es hier auch nicht – aber ein Weingut. Auch auf dem Alberthof ist Spargel das wichtigste Produkt, aber Erwin-Peter Albert setzt verstärkt auf Wein. Nach seiner Winzerlehre bei Klumpp und Bassermann-Jordan hat er mehrere Jahre bei Bassermann-Jordan gearbeitet, auch am Neusiedlersee (bei Judith Beck) und an der Walker Bay in Südafrika (bei Hermanuspietersfontein). 2013 ist er auf den elterlichen Albertushof zurückgekommen, den er 2015 übernommen hat. Seine Weinberge liegen in Malsch, wo er vor allem Spätburgunder anbaut, der 40 Prozent der Rebfläche einnimmt. Es folgen jeweils 20 Prozent Weißburgunder und Müller-Thurgau, dazu gibt es vor allem noch Grauburgunder, weitere Sorten sind neu gepflanzt oder sollen in den kommenden Jahren gepflanzt werden. 2017 wurde die neu gestaltete Vinothek eröffnet.

Kollektion

Eine gewohnt überschaubare Kollektion von sieben Weinen präsentiert Erwin-Peter Albert in diesem Jahr, neben fünf Weinen des Jahrgangs 2021 einen Spätburgunder aus 2020 sowie das Mauerblümchen^3, eine Cuvée aus den Jahrgängen 2018 und 2019. Ein reinsortiger Dunkelfelder verbirgt sich hinter dem Mauerblümchen^3, der würzig und eindringlich im Bouquet ist, eine leichte Schärfe zeigt, dunkle Früchte, im Mund dann füllig und kraftvoll ist, viel reife Frucht und gute Substanz besitzt. Sehr gut ist auch der Spätburgunder aus dem Jahrgang 2020, ist frisch und fruchtbetont im Bouquet, reintönig, zeigt ein wenig florale Noten, ist im Mund klar, frisch und zupackend bei guter Struktur. Der feinherbe Spätburgunder Rosé zeigt rote Früchte im Bouquet, Kirschen, ist klar und lebendig im Mund, besitzt feine süße Frucht und Grip. Weißburgunder und Grauburgunder besitzen viel Würze, Säure und Jahrgangstypischen Grip, in der Linus genannten Cuvée, die ebenfalls ganz auf Frische und Grip setzt, gefallen sie uns etwas besser. Unser eindeutiger Favorit im weißen Segment ist der Chardonnay, der leicht rauchige Noten im Bouquet zeigt, gute Konzentration, reife Frucht, kraftvoll, klar, strukturiert und zupackend im Mund ist, noch sehr jugendlich.

Weinbewertung

81 2021 Weißburgunder trocken | 12%/6,80€
81 2021 Grauburgunder trocken | 12%/6,80€
82 2021 „Linus“ Weißwein | 11,5%/6,80€
85 2021 Chardonnay trocken | 12%/11,-€
83 2021 Spätburgunder Rose „feinherb“ | 11%/6,-€
85 2020 Spätburgunder trocken | 12,5%/9,50€
85 „Mauerblümchen^3“ Rotwein trocken | 11,5%/9,50€

Albrecht-Gurrath

Kontakt
Äußere Mausklinge 2
74074 Heilbronn
Tel. 07131-507194
Fax: 07131-578075
www.weingut-albrecht-gurrath.de
info@weingut-albrecht-gurrath.de

Besuchszeiten
Mo.-Fr. nach Vereinbarung
Sa. 8-16 Uhr

Inhaber/Betriebsleiter/ Kellermeister/Außenbetrieb
Denis Gurrath
Rebfläche
10 Hektar
Produktion
keine Angabe

Peter und Gabriele Gurrath übernahmen 1987 das Weingut und siedelten alsbald in die Äußere Mausklinge aus. Die Weinberge liegen in Heilbronn (Stiftsberg, Wartberg, Staufenberg), aber auch in Weinsberg, Neckarsulm und Flein (Eselsberg). Die Reben wachsen hauptsächlich auf tiefgründigen Keuperböden. Rote Rebsorten nehmen die Hälfte der Rebfläche ein: Trollinger, Lemberger, Spätburgunder, Samtrot, Cabernet Dorsa, Acolon, Muskat-Trollinger und Frühburgunder respektive Clevner. An weißen Rebsorten gibt es Riesling, die wichtigste Rebsorte im Betrieb, sowie Chardonnay und Sauvignon Blanc. Sohn Denis hat nach der Winzerlehre die Ausbildung zum Weinbautechniker in Weinsberg abgeschlossen, unterstützte seine Eltern bereits seit 2010 im Betrieb, den er 2020 übernommen hat.

Kollektion

Der neue Bergkraftwerk genannte Rotwein war im vergangenen Jahr unser Favorit in einer ansonsten sehr gleichmäßigen Kollektion. Sehr geschlossen präsentiert sich nun auch der neue Jahrgang, weiß wie rot. Neu ist in diesem Jahr der Orange-Kerner, zehn Tage auf der Maische vergoren, dann auf der Vollhefe im gebrauchten Barrique ausgebaut, unfiltriert mit hohem Feinhefeanteil abgefüllt: Viel Duft und Würze, kompakt, verhalten – braucht er noch Zeit? Sehr gut gefällt uns der Chardonnay S aus dem Jahrgang 2020, zeigt gute Konzentration, feine rauchige Noten, besitzt Fülle, reife Frucht, gute Struktur und Substanz. Der Riesling ist frisch und geradlinig, unter den beiden Sekten gilt dem fruchtbetonten, lebhaften Muskateller unsere leichte Präferenz. Muskat-Trollinger Rosé und Trollinger sind geradlinig und sortentypisch, der Cabernet Dorsa aus dem Eselsberg ist fruchtbetont, strukturiert, bei ganz feiner Bitternote im Abgang. Unser Favorit bei den Roten ist der Lemberger S aus dem Staufenberg, der klare reife Frucht im Bouquet zeigt, gute Struktur, Frische und Grip besitzt.

Weinbewertung

83 2020 Muskateller Sekt trocken Heilbronner Stiftsberg | 12,5%/11,80€
82 2019 Pinot Rosé Sekt brut Heilbronner Stiftsberg | 12,5%/12,50€
82 2021 Chardonnay trocken Heilbronner Stiftsberg | 12,5%/6,90€
83 2021 Weißer Riesling trocken „G" Heilbronner Staufenberg | 12,5%/6,70€
82 2021 Sauvignon Blanc „S" trocken Heilbronner Stiftsberg | 12,5%/9,90€
85 2020 Chardonnay „S" trocken Heilbronner Stiftsberg | 13,5%/11,50€
85 2019 Kerner „Orange" trocken „O.K." | 12,5%/11,80€
82 2021 Muskat-Trollinger Rosé | 11,5%/6,90€
82 2020 Trollinger trocken Heilbronner Wartberg | 11,5%/6,20€
83 2020 Cabernet Dorsa „S" trocken Fleiner Eselsberg | 13,5%/10,90€
85 2020 Lemberger „S" trocken Heilbronner Staufenberg | 13,5%/10,90€

★★☆

Albrecht-Kiessling

Kontakt
Im Breitenloch 37
74076 Heilbronn
Tel. 07131-178947
Fax: 07131-166825
www.albrecht-kiessling.de
weingut@albrecht-kiessling.de

Besuchszeiten
Di.+Fr. 9-18 Uhr, Sa. 9-16 Uhr
Wohnmobilstellplätze
Weinstube Weingand,
Weinsberger Straße, Heilbronn

Inhaber Annette, Peter & Viola Albrecht
Betriebsleiter
Peter & Viola Albrecht
Kellermeister
Viola Albrecht
Außenbetrieb
Peter Albrecht
Rebfläche 16 Hektar
Produktion
150.000 Flaschen

Annette und Peter Albrecht führen den Betrieb, der aus den Weinbergen von Gerhard Kiessling und Walter Albrecht entstand, heute tatkräftig unterstützt von Tochter Viola, die nach Lehre bei Christmann und Stefan Winter in Geisenheim studierte und 2018 in den Betrieb einstieg, wo sie für Vinifikation und Kommunikation verantwortlich ist; die zweite Tochter Luisa absolvierte die Ausbildung bei Klumpp und im Staatsweingut Meersburg. Zuletzt wurde in das Weingut investiert, unter anderem ein neuer Sektkeller gebaut. Die Weinberge befinden sich fast ganz in den Heilbronner Lagen Wartberg, Stiftsberg und Stahlbühl. Rote Rebsorten nehmen 60 Prozent der Rebfläche ein. Wichtigste rote Rebsorten sind Lemberger, Trollinger und Samtrot, dazu gibt es einige Cabernet-Kreuzungen, Merlot und Cabernet Franc. Drei Viertel der Weißweinfläche nimmt Riesling ein, dazu gibt es Grauburgunder, Weißburgunder, Kerner, Muskateller und Sauvignon Blanc.

Kollektion

Die neue Kollektion ist ganz stark. Ein wunderschön rauchiger, harmonischer Crémant eröffnet den Reigen. Der Weißburgunder ist fruchtbetont, reintönig, der Riesling vom bunten Mergel würzig und strukturiert, der Muskateller reintönig und zupackend. Sehr gut ist der füllige, saftige Grauburgunder namens Johanna, der Sauvignon Blanc ist wunderschön fruchtbetont, klar und zupackend. Das weiße Highlight ist die Viola genannte Cuvée aus Weißburgunder und Chardonnay, zeigt rauchige Noten, besitzt Fülle, Kraft, gute Struktur, Frucht und Druck. Insgesamt noch ein klein wenig stärker sind die Roten. Der Cabernet Franc besitzt viel Frucht und Grip, die Privatkeller-Cuvée punktet mit Fülle, Kraft und Frische. Der Wartberg-Lemberger besitzt gute Konzentration, Fülle und Kraft, der Löwenherz-Lemberger ist würzig und eindringlich, noch ein wenig kraft- und druckvoller. Klar im Aufwind!

Weinbewertung

86	2019 Pinot Crémant extra brut I 12,5%/14,50€
84	2021 Weißburgunder Kabinett trocken I 12%/6,80€
84	2021 Riesling trocken „vom Bunten Mergel" I 12%/8,80€
85	2021 Grauburgunder trocken „Johanna" I 12%/9,20€
86	2021 Sauvignon Blanc trocken „Waldluft" I 12,5%/9,20€
88	2021 Chardonnay mit Weißburgunder trocken „Viola" I 12,5%/14,90€
83	2021 Gelber Muskateller I 11%/6,50€
84	2021 „Luisa" Weißweincuvée I 10,5%/12,50€
86	2019 Lemberger trocken Wartberg Heilbronn I 13,5%/9,50€
85	2020 Cabernet Franc trocken „Generationengarten" I 13%/9,50€
88	2019 Lemberger trocken Löwenherz Heilbronn I 14%/15,40€
87	2019 „Privatkeller" Rotwein trocken I 13,5%/14,90€

★★★★★ Aldinger

Kontakt
Schmerstraße 25/Ecke
Lutherstraße
70734 Fellbach
Tel. 0711-581417
Fax: 0711-581488
www.weingut-aldinger.de
info@weingut-aldinger.de

Besuchszeiten
Mo.-Fr. 9-12 + 14-18 Uhr
Sa. 9-13 Uhr

Inhaber
Hansjörg & Matthias Aldinger
Betriebsleiter
Hansjörg & Matthias Aldinger
Kellermeister
Matthias Aldinger
Außenbetrieb
Hansjörg Aldinger
Rebfläche
30 Hektar
Produktion
220.000 Flaschen

Bentz der Aldinger legte 1492 den Grundstock für das heutige Weingut, indem er von Aldingen nach Fellbach zog um dort Reben zu bewirtschaften. Aber erst in den fünfziger Jahren des letzten Jahrhunderts entstand das Weingut, als Gerhard Aldinger nach seiner Heirat mit Anneliese Pflüger beschloss, die Holzküferei seines Schwiegervaters in ein Weingut umzuwandeln. 1973 erwarb man die Lage Gips in Untertürkheim, eine 9,5 Hektar große Einzellage, die dem Weingut allein gehört, der Boden besteht aus Gipskeuper. Unter der Führung von Gert Aldinger wurde der Betrieb nach und nach vergrößert. Inzwischen führen Gert Aldingers Söhne Hansjörg und Matthias den Betrieb, die beide ihre Ausbildung bei renommierten Weingütern in Deutschland absolvierten und beide auch im Ausland Erfahrung sammelten. Heute besitzt man Weinberge im ganzen Remstal und am Neckar, vor allem in den Fellbacher Lagen Lämmler und Goldberg (Stubensandstein, Mergel und Keuper), aber auch in Stetten (Mönchberg, Pulvermächer, Kieselsandstein), Rotenberg (Schlossberg, leichter Mergel), Uhlbach (Götzenberg) und Hanweiler (Mergelböden). 2,5 Hektar besitzen die Aldingers bei der Burg Lichteneck (Keuperböden) im Bottwartal. Knapp 30 Prozent der Weinberge nimmt Riesling ein. An roten Sorten gibt es vor allem Spätburgunder, Lemberger und Trollinger. Wobei die Aldingers auch internationale Sorten anbauen: Cabernet Sauvignon und Merlot gibt es bereits seit 1990, Sauvignon Blanc seit 1994. An der Spitze der Kollektion stehen die Großen Gewächse aus Gips, Lämmler und Pulvermächer. Ihnen zur Seite stehen die Reserveweine von Sauvignon Blanc (meist eine Cuvée aus den Lagen Gips, Lämmler und Schlossberg), Chardonnay und Spätburgunder Rosé, der Ovum genannte Sauvignon Blanc, und die Gert Joachim Aldinger gewidmete, erstmals 2015 erzeugte Cuvée GJA aus Cabernet Sauvignon, Cabernet Franc und Merlot, Rebsorten, die dieser in den späten achtziger Jahren gepflanzt hat.

Kollektion

Der nicht dosierte Aldinger-Sekt ist seit seinem Debüt eine sichere Bank, hat sich fest in der deutschen Elite etabliert – und wird freuen uns sehr, dass es zukünftig auch Blanc de Blancs und Rosé geben wird. Der 2015er – 60 Prozent Chardonnay und je 20 Prozent Pinot Noir und Meunier – ist wunderschön rauchig, eindringlich, besitzt schöne Fülle und Harmonie, viel Komplexität und Länge. Im weißen Segment wurden neben drei restsüßen und einem edelsüßen Riesling ausschließlich die Topweine und Großen Gewächse vorgestellt. Die restsüßen Rieslinge sind alle wunderschön leicht und reintönig: Der Götzenberg-Kabinett besitzt Struktur, viel Säure und Grip, der Fellbacher Kabinett ist etwas druckvoller, zupackender, die Spätlese aus dem Pulvermächer besitzt mehr Substanz, ist aber ebenso reintönig und griffig. Herrlich eindringlich und reintönig ist auch der Riesling Eiswein, das edelsüße Highlight des Jahrgangs in Württemberg, er ist konzentriert und klar, hat Substanz und Biss. Der Ovum zeigt sich auch 2020 in Bestform, ist stoffig, druckvoll, enorm kraftvoll und doch komplex, besitzt Struktur und Substanz. Der 2020 Gips-Chardonnay bewegt sich auf den Spuren des 2018er, zeigt feinen Toast und rauchige Noten, ist frisch, zupackend, herrlich druckvoll und nachhaltig. Der Weißburgunder kann ihm Paroli bieten, zeigt viel Frucht und rauchige Noten, ist füllig, kraftvoll, besitzt reintönige Frucht und Substanz. In diesem Jahr gibt es nun erstmals drei Rieslinge als Großes Gewächs, denn mit dem Jahrgang 2020 kam der Wein aus dem Pulvermächer hinzu, der enorm spontigeprägt und herrlich eindringlich ist, präzise, druckvoll und nachhaltig. Der Lämmler ist konzentriert, herrlich eindringlich, besitzt klare reife Frucht und Substanz, der Riesling Marienglas ist etwas offener und fruchtbetonter, dezent mineralisch. Im roten Segment wurden in diesem Jahr nur die Großen Gewächse präsentiert, die alle hervorragend sind. Der 2020er Lämmler-Lemberger zeigt intensive Frucht und Würze im enorm konzentrierten Bouquet, ist füllig, saftig, besitzt herrlich viel Frucht und Substanz, viel Kraft – Jahrgang 2016 präsentiert sich derzeit in Bestform. Der Spätburgunder Marienglas ist sehr würzig, zeigt etwas florale Noten, ist füllig und kraftvoll, besitzt gute Struktur und recht kräftige Tannine. Der Spätburgunder vom Lämmler ist deutlich wilder im Bouquet, mit ausgeprägten Spontangärnoten, ist enorm kraft- und druckvoll im Mund, besitzt Struktur, reintönige Frucht, viel Grip und Tannine. Klasse Kollektion!

Hansjörg & Matthias Aldinger

Weinbewertung

93 2015 Aldinger Sekt brut nature | 12%/50,-€
92 2020 „Ovum“ (Sauvignon Blanc) | 13%/40,-€
94 2018 Chardonnay trocken „Reserve“ | 12,5%
93 2020 Chardonnay trocken „1.G“ Untertürkheimer Gips | 13%/42,-€
93 2020 Weißburgunder „GG“ „Marienglas“ Gips Untertürkheim | 13%/33,90€
94 2020 Riesling „GG“ Pulvermächer Stetten | 12,5%/42,-€
92 2017 Riesling „GG“ Lämmer Fellbach | 12,5%
92 2021 Riesling „GG“ Lämmler Fellbach | 13%/32,-€
92 2021 Riesling „GG“ „Marienglas“ Gips Untertürkheim | 13%/38,-€
87 2021 Riesling Kabinett Götzenberg Uhlbach | 7%/14,50€
88 2021 Riesling Kabinett Fellbach | 7%/14,50€
89 2021 Riesling Spätlese Pulvermächer Stetten | 7,5%/19,50€
93 2021 Riesling Eiswein Mönchberg Untertürkheim | 7%/40,-€/0,375l
93 2020 Spätburgunder „GG“ „Marienglas“ Gips Untertürkheim | 13%/38,-€
94 2020 Spätburgunder „GG“ Lämmler Fellbach | 13%/42,-€
94 2016 Lemberger „GG“ Lämmler Fellbach | 13%/42,-€
93 2020 Lemberger „GG“ Lämmler Fellbach | 13,5%/42,-€

Lagen
Gips (Untertürkheim)
Lämmler (Fellbach)
Pulvermächer (Stetten)
Götzenberg (Uhlbach)
Goldberg (Fellbach)
Berg (Hanweiler)

Rebsorten
Riesling (31%)
Spätburgunder (13%)
Lemberger (13%)
Chardonnay (7%)
Cabernet (7%)
Weißburgunder (6%)
Sauvignon Blanc (6%)
Merlot (5%)
Trollinger (5%)
Schwarzriesling (1%)

★★☆

Fritz Allendorf

Kontakt
Kirchstraße 69
65375 Oestrich-Winkel
Tel. 06723-91850
Fax: 06723-918540
www.allendorf.de
allendorf@allendorf.de

Besuchszeiten
Vinothek täglich 10-16 Uhr
Weinlokal Allendorf im Brentanohaus Fr.-Mo. ab 17 Uhr, Sa./So./Feiertage ab 12 Uhr; Allendorf am Rhein Do.-So. ab 11 Uhr

Inhaber
Ulrich Allendorf & Christine Schönleber
Betriebsleiter
Josef Schönleber
Kellermeister
Max Schönleber
Rebfläche
70 Hektar
Produktion
550.000 Flaschen

Die Familie Allendorf kann ihre Geschichte bis ins späte 13. Jahrhundert zurückverfolgen. Inzwischen sind Ulrich Allendorf und Christine Schönleber verantwortlich für das Unternehmen, das 1955 erst ein Kleinbetrieb mit 1,5 Hektar war, heute aber mit einer Rebfläche von 70 Hektar längst zu den Schwergewichten im Rheingau zählt. In Lagen wie Winkeler Jesuitengarten und Hasensprung, Mittelheimer St. Nikolaus, Oestricher Doosberg, Hallgartener Schönhell und Jungfer, Rüdesheimer Berg Roseneck und Drachenstein oder Assmannshäuser Höllenberg und Frankenthal stehen zu drei Viertel Riesling, hinzu kommen Spätburgunder sowie ein wenig Chardonnay und Roter Riesling.

Kollektion

Das Weingut konnte bereits in der jüngeren Vergangenheit zulegen und knüpft mit dieser Kollektion an die gute Vorleistung der vergangenen Jahre an. Der Winkler Ortswein punktet mit schöner klarer Apfelfrucht und knackiger Säure. Wie gewohnt ist der Roter Riesling ein klein wenig herber und ausdrucksstärker. Die drei Großen Gewächse vom Riesling aus dem Jahrgang 2020 besitzen viel Säure, die aber gut eingebunden ist. Der Wein aus dem Winkeler Jesuitengarten ist druckvoll, besitzt viel Zitrusfrische, aber auch Biss und Länge. Der Riesling vom Winkeler Hasensprung präsentiert sich zugänglicher und weicher, ist dabei aber wunderbar verspielt, fruchtig und balanciert. Aus dem Rüdesheimer Berg Roseneck kommt der scharfkantigste Wein des Trios. Die Zitrusschalennote verliert sich nach einer Weile, der Wein wird dann zunehmend kraftvoller im Mund, präsentiert sich dabei aber balanciert mit Noten von Mirabelle und Zitronensaft. Die restsüßen Rieslinge können da nicht ganz mithalten, da sie weniger Frische zeigen als die trockenen Weine; insbesondere der Eiswein ist noch recht verhalten. Sehr erfreulich ist dafür die Entwicklung der Spätburgunder: Der Wein aus dem Höllenberg besitzt Kräuternoten, ein austariertes Säure-Tannin-Spiel, guten Druck und Länge, das Holz ist schön eingebunden.

Weinbewertung

85 2021 Roter Riesling trocken | 12,5%/13,-€
83 2021 Riesling trocken Winkel | 12%/10,50€
90 2020 Riesling trocken Großes Gewächs Winkeler Jesuitengarten | 13%/27,50€
90 2020 Riesling trocken Großes Gewächs Winkeler Hasenprung | 12,5%/27,50€
91 2020 Riesling Großes Gewächs Rüdesheimer Berg Roseneck | 12%/27,50€
83 2021 Riesling Kabinett | 9,5%/9,90€
85 2021 Riesling Spätlese Winkeler Hasensprung | 8,5%/27,50€
86 2021 Riesling Eiswein Winkeler Gutenberg | 7%/85,-€/0,375l
92 2019 Spätburgunder trocken Großes Gewächs Höllenberg | 13%/48,-€

★★

Alt

Kontakt
Hauptstraße 67
55569 Monzingen
Tel. 06751-94560
Fax: 06751-94561
www.weingut-alt.de
info@weingut-alt.de

Besuchszeiten
Mo.-Sa. 8-12 + 14-18 Uhr
So. 8-11 Uhr
Straußwirtschaft (bis 50 Personen), Gästezimmer, Ferienwohnungen

Inhaber
Holger Alt
Kellermeister
Holger Alt
Rebfläche
9 Hektar
Produktion
55.000 Flaschen

Das Weingut Alt ist ein Familienbetrieb in Monzingen, der seit über 100 Jahren besteht. Eckhard Alt, der Vater des heutigen Inhabers Holger Alt, richtete den Betrieb in den siebziger Jahren ganz auf den Weinbau aus. Die Weinberge von Holger Alt liegen alle in den beiden Monzinger Lagen Frühlingsplätzchen und Halenberg. Wichtigste Rebsorte ist der Riesling, der 35 Prozent der Rebfläche einnimmt, dazu kommen 40 Prozent Weiß-, Grau- und Spätburgunder, auf dem Rest der Fläche stehen Müller-Thurgau, Bacchus, Dornfelder, Domina und Dunkelfelder, zuletzt wurde im Frühlingsplätzchen auch etwas Sauvignon Blanc angepflanzt. Die Weine werden überwiegend trocken und halbtrocken ausgebaut, wenn es der Jahrgang zulässt, werden auch edelsüße Weine erzeugt. Die Weine werden zu 90 Prozent an Privatkunden verkauft.

Kollektion

Die sortentypischen weißen Burgunder sind aus einem Guss: Der Weißburgunder frisch und saftig, der Grauburgunder mild und angenehm füllig. Die Variante aus dem Holzfass vollmundig und nussig, im Nachgeschmack jedoch mit spürbarem Alkohol. Auch der Sauvignon Blanc, der in diesem Jahr zum ersten Mal trocken ausgebaut wurde, ist absolut typisch, sein offensiver fruchtiger Duft einnehmend, der Geschmack geradlinig und erfrischend. Die Spitzen des Monzinger Weinguts sind aber ohne Frage wieder einmal unter den Rieslingen zu finden. Schon der nüchtern „Grundlage" genannte Riesling ist ein typischer, saftiger und mineralisch geprägter Nahe Riesling mit Pfiff. Bestens herausgearbeitet sind die unterschiedlichen Geschmacksprofile der Lagen: Von würziger mineralischer Struktur geprägt, ist der kraftvolle Blauschiefer aus dem Halenberg straff und zupackend, bleibt lang und markant salzig. Der Riesling aus dem Frühlingsplätzchen stiehlt ihm mit seinem jugendlichen Charme und perfekt reifer Zitrusfrucht im Moment noch die Show. Wir mögen den markanten Grip und die Finesse dieses Charakterrieslings. Auch die fruchtigen Qualitäten sind gelungen, besonders die feine Spätlese.

Weinbewertung

86	2021 Riesling trocken „Grundlage" Monzinger I 12,5%/7,20€
85	2021 Grauburgunder trocken Monzinger Frühlingsplätzchen I 13%/7,20€
84	2021 Weißburgunder trocken Monzinger Frühlingsplätzchen I 13%/6,80€
87	2021 Riesling trocken „vom Rotliegenden" Monzinger Frühlingsplätzchen I 12,5%/9,50€
87	2021 Riesling trocken „vom Blauschiefer" Monzinger Halenberg I 12,5%/9,50€
85	2021 Sauvignon Blanc trocken Monzinger Frühlingsplätzchen I 12,5%/7,20€
84	2021 Grauburgunder trocken Holzfass Monzinger Frühlingsplätzchen I 14,5%/10,20€
85	2021 Riesling „feinherb" Monzinger Frühlingsplätzchen I 11,5%/7,20€
87	2021 Riesling Spätlese Monzinger Halenberg I 9%/8,50€ ☺
86	2021 Riesling Auslese Monzinger Frühlingsplätzchen I 8%/10,20€

★★½

Wolfgang **Alt**

Kontakt
Schwaigerner Straße 1
74336 Brackenheim/
Neipperg
Tel. 07135-936514
Fax: 07135-936514
www.wolfgangalt-weingut.de
info@wolfgangalt-weingut.de

Besuchszeiten
nach Vereinbarung
„Wein-Garten“ saisonal
geöffnet (siehe Webseite)

Inhaber
Wolfgang Alt
Rebfläche
2,95 Hektar
Produktion
9.500 Flaschen

Die Weinberge von Wolfgang Alt liegen im Zabergäu in den beiden Lagen Neipperger Steingrube und Brackenheimer Zweifelberg, wo die Reben auf mittelschweren Keuperböden mit Tonanteil wachsen. Wolfgang Alt hat sich fast ganz auf Lemberger spezialisiert, der 85 Prozent seiner Weinberge einnimmt. Hinzu kommen zu etwa gleichen Teilen Weißburgunder und Riesling sowie die Piemonteser Spezialität Nebbiolo, die sich in ihrer Heimat in Norditalien für so berühmte Weine wie Barolo und Barbaresco verantwortlich zeichnet. Nach einer offenen Maischegärung von ungefähr 20 Tagen, oft auch länger, werden die Weine in 600 Liter-Eichenfässern und/oder im Barrique ausgebaut, wobei Wolfgang Alt keine neuen Barriques nutzt, die Weine werden komplett durchgegoren und weder geschönt noch filtriert, sie werden überwiegend als „Schwäbischer Landwein“ vermarktet.

Kollektion

Eine gewohnt überschaubare Kollektion präsentiert Wolfgang Alt in diesem Jahr, einen Weißwein aus dem Jahrgang 2021 sowie drei Lemberger aus den Jahrgängen 2019 und 2018; von der Kuriosität von Wolfgang Alt, dem Nebbiolo, konnten wir in diesem Jahr keinen Wein verkosten. Der 2021er Riesling ist recht würzig und duftig im Bouquet, frisch und klar im Mund, geradlinig und zupackend, jahrgangsbedingt recht säurebetont. Die beiden 2019er Lemberger unterscheiden sich deutlich. Der Wein aus der Neipperger Steingrube zeigt viel Duft im Bouquet, ist sehr offen, ganz leicht floral, ist im Mund dann recht füllig und kompakt, besitzt gute Struktur und feinen Grip im Abgang. Im Vorjahr, mit dem Jahrgang 2018, sahen wir beide Weine gleichauf, im Jahrgang 2019 bevorzugen wir eindeutig den Wein aus dem Brackenheimer Zweifelberg, der sehr würzig und eindringlich im Bouquet ist, reife rote Früchte zeigt, ganz leicht florale Noten, Fülle und Kraft im Mund besitzt, viel reife Frucht, gute Struktur, Grip und Länge. Klar der spannendste Wein in diesem Jahr aber ist der dritte Lemberger, der R aus dem Jahrgang 2018, der viel Würze im Bouquet zeigt, reife rote Früchte, Preiselbeeren, sehr offen und intensiv ist, im Mund dann deutlich fülliger als seine beide 2019er Kollegen ist, sehr saftig, viel reife Frucht besitzt, eine dezente Schokonote im Hintergrund zeigt, viel Kraft und Substanz besitzt, reintönig und zupackend ist, gute Struktur und Grip besitzt.

Weinbewertung

83 2021 Riesling „G“ I 12%/12,50€
85 2019 Lemberger „S“ (Neipperg Steingrube) I 12%/25,-€
87 2019 Lemberger „S“ (Brackenheim Zweifelberg) I 12%/25,-€
89 2018 Lemberger „R“ I 13,5%/35,-€

★★

Alte Schmiede/Seyberth

Kontakt
Sandgasse 8
55599 Siefersheim
Tel. 06703-705
Fax: 06703-715
www.weingut-seyberth.de
hallo@weingut-alte-schmiede.de

Besuchszeiten
nach Vereinbarung
Weinstube „Kleines Rheinhessen"

Inhaber
Andreas & Bernd Seyberth
Betriebsleiter
Andreas Seyberth
Rebfläche
7,5 Hektar
Produktion
35.000 Flaschen

Das Weingut Alte Schmiede liegt in Siefersheim, ganz im Westen des Anbaugebietes Rheinhessen. Andreas und Bernd Seyberth bewirtschaften ihre Weinberge biologisch, zertifiziert seit dem Jahrgang 2012, sie sind Mitglied bei Bioland, seit 2016 arbeiten sie biodynamisch, sind seit 2018 Demeter-zertifiziert. Ihre Weinberge liegen vor allem in den beiden Siefersheimer Lagen Heerkretz und Martinsberg. In der Siefersheimer Heerkretz haben sie in den vergangenen Jahren alte Trockenmauern wieder instand gesetzt, brachgefallene Weinberge wieder bestockt, auch Lavendelstöcke gepflanzt. Die klassischen Rebsorten dominieren, es gibt Riesling, Silvaner, Weißburgunder und Grauburgunder, Portugieser und Spätburgunder, Frühburgunder und St. Laurent, aber auch Chardonnay und einige Neuzüchtungen wie Würzer und Morio-Muskat. Das Sortiment ist gegliedert in Gutsweine, Ortsweine (die meist aus Siefersheim kommen) und Lagenweine. Zum Weingut gehört eine Weinstube im Landhausstil.

Kollektion

Die ab und an verkosteten Frühburgunder haben uns auch früher schon immer gut gefallen, der nun präsentierte 2020er Goldenes Horn, im großen Holzfass, ein kleiner Teil im Barrique ausgebaut, ist aber besser denn je, zeigt intensive, reintönige Frucht und rauchige Noten im Bouquet, ist fruchtbetont, klar, besitzt gute Struktur und Länge, den hohen Alkohol merkt man ihm nicht an. Die Weißweine überzeugen wie gewohnt. Die Cuvée aus Müller-Thurgau und Weißburgunder ist ein feiner Literwein; stark sind die Siefersheimer Ortsweine, der Chardonnay ist füllig, ein wenig süß, die Scheurebe ist enorm würzig und eindringlich, besitzt Frische, gute Struktur und Grip, unser Favorit ist der Riesling, der reife Frucht besitzt, Fülle, Saft und Substanz. Die neuen pur-Weißweine, unfiltriert als Landweine abgefüllt sind eigenständig, beide recht süß. Aus der Heerkretz stammen zwei Lagenweine, die duftige Würzer Auslese und der füllige, saftige Silvaner, der viel reife Frucht und Substanz besitzt. Eine sehr individuelle Kollektion.

Weinbewertung

82	2021 Müller-Thurgau & Weißburgunder (1l) I 11,5%/5,90€
82	2021 Grauer Burgunder I 13,5%/7,80€
86	2020 Riesling Siefersheim I 12,5%/12,-€
85	2020 Scheurebe Siefersheim I 11,5%/11,50€
83	2020 Chardonnay Siefersheim I 12,5%/11,-€
86	2019 Silvaner Heerkretz I 12,5%/20,-€
84	2019 Weißburgunder „Pur" I 11%/12,-€
82	2019 Riesling „Pur" I 12,5%/12,-€
84	2020 Würzer Auslese Heerkretz I 7,5%/25,-€/0,375l
88	2020 Frühburgunder Goldenes Horn I 15,5%/22,-€

EYBERTH
-gische Weine - aus Respekt vor der Natur

★

Alter Weinhof

Kontakt
Hauptstraße 69
54492 Erden
Tel. 06532-4026
Fax: 06532-93228
www.alter-weinhof.de
info@alter-weinhof.de

Besuchszeiten
nach Vereinbarung
Gästezimmer
Weinprobe auf Terrasse

Inhaber
Andrea Krämer
Rebfläche
3 Hektar
Produktion
20.000 Flaschen

Franz und Andrea Krämer, die beide aus Winzerfamilien stammen, erwarben 1988 ein ehemaliges Weinhotel in Erden und gründeten ein Hobby-Weingut. Nach und nach erweiterten sie den Betrieb auf die heutige Größe von 3 Hektar. Die Weinberge liegen in den Erdener Lagen Treppchen und Bußlay, im Zeltinger Himmelreich, im Zeltinger Schlossberg und im Zeltingen-Rachtiger Deutschherrenberg. Doch damit gab man sich nicht zufrieden. Der Betrieb ist im Anschluss an die dreijährige Umstellungsphase auf ökologischen Weinbau nun biozertifiziert, hat sich den Verbänden Ecovin und Demeter angeschlossen. Schon der 2019er Jahrgang wurde nach den entsprechenden Richtlinien ausgebaut. Riesling dominiert im Anbau, nimmt allerdings vergleichsweise bescheidene 70 Prozent der Rebfläche ein, hinzu kommen Weißburgunder (10 Prozent) und Kerner, Müller-Thurgau und Schwarzriesling sowie ein klein wenig Bacchus. Alle Weine werden spontanvergoren, lange Hefelagerung gehört zum Standard. Im altehrwürdigen Haus Alter Weinhof werden vier Gästezimmer angeboten.

Kollektion

Ein recht überschaubares Sortiment von Weinen stellt der Betrieb vor – vier trockene Weine und drei mehr oder weniger süße Pendants. Saftig und ausgewogen präsentiert sich der trockene Rivaner, der durchaus ein gewisses Volumen zeigt und keineswegs langweilig wirkt. Recht neutral in der Nase wirkt der trockene Himmelreich-Kabinett, im Mund ist er schön fest und saftig, eher kompakt als ziseliert. Leichte Süße weist die Spätlese aus dem Schlossberg auf, sie zeigt Apfel- und Zitrusnoten, ist straff und wenig süß, saftig und zugänglich, macht schon jetzt viel Trinkfreude. Die Spätlese aus dem Deutschherrenberg duftet frisch, der Wein wirkt rassig und ist eher verhalten süß. Ganz anders die Spätlese aus dem Erdener Treppchen, bei der sich Noten von Apfel, gebackenem Apfel, auch etwas Cassis bemerkbar machen und der im Mund deutlich saftiger, auch etwas süßer wirkt. Der trockene Rotling ist verhalten in der Nase, aber klar, im Mund frisch, mit verhaltener Säure, nicht allzu lang, aber angenehm, spannender als der Blanc de Noir.

Weinbewertung

82	2021 Rivaner trocken I 12%/6,-€
80	2021 „Blanc de Noir“ trocken I 12%/7,50€
84	2021 Riesling Kabinett trocken Zeltinger Himmelreich I 12%/7,-€
85	2021 Riesling Spätlese „feinherb“ Zeltinger Schlossberg I 11%/8,-€
85	2021 Riesling Spätlese Zeltingen-Rachtiger Deutschherrenberg I 8%/8,-€
86	2021 Riesling Spätlese Erdener Treppchen I 8%/9,-€
82	2021 Rotling trocken I 12,5%/6,50€

Amthor

Kontakt
Bürgermeister-Kunz-Straße 101
64646 Heppenheim
Tel. 0177-4569512
www.weingut-amthor.de
amthor.barbara@web.de

Besuchszeiten
Weinverkauf nach Vereinbarung
Wein am Weinautomat

Inhaber
Barbara Amthor
Kellermeister
Barbara & Patrick Amthor
Außenbetrieb
Patrick Amthor
Rebfläche
3,5 Hektar

2018 hat Barbara Amthor ihr eigenes Weingut gegründet. Ihr Großvater war Feierabendwinzer, ihr Mann Patrick ist in Heppenheim aufgewachsen und mit Landwirtschaft und Weinbau groß geworden. Kennengelernt haben sie sich beim Studium in Geisenheim. Mit 0,8 Hektar hat Barbara Amthor begonnen, inzwischen haben sich Rebfläche und Produktion vervielfacht. Die Reben wachsen in den Heppenheimer Lagen Eckweg, Maiberg und Stemmler sowie in der Bensheimer Lage Paulus: Riesling, Roter Riesling, Kerner, Weißburgunder, Chardonnay, Goldmuskateller, Spätburgunder und Cabernet Sauvignon. Den Goldmuskateller hat Barbara Amthor bei einem Praktikum in Südtirol kennen und lieben gelernt. Neue Wege geht Barbara Amthor im Vertrieb. Sie hat in der Bürgermeister-Kunz-Straße in Heppenheim in der Nähe des Weinguts einen Weinautomaten aufgestellt, an dem man 24 Stunden täglich gekühlte Amthor-Weine erwerben kann – und mittlerweile auch Steaks und Bratwürste.

Kollektion

Neu sind im Jahrgang 2021 der Petnat und der Justinus K. Und es ist der Petnat aus Riesling- und Kernertrauben, der so völlig aus dem Rahmen fällt, herrlich puristisch ist, geradlinig und frisch. Sonst sind alle Weine von deutlicher Restsüße geprägt, wobei das in einem Jahrgang wie 2021 gar nicht so unpassend ist. Der trockene Riesling „Eins A" war im vergangenen Jahr unser Favorit, und auch im Jahrgang 2021 gefällt er uns wieder besonders gut, er zeigt reintönige Frucht im Bouquet, feine Würze, ist klar und zupackend im Mund, besitzt gute Struktur und Biss. Der Weißer Riesling aus dem Stemmler ist fruchtbetont und zupackend, der Roter Riesling aus dem Eckweg ist würzig, klar und frisch, und auch als harmonischer Crémant weiß Riesling zu gefallen. Aber auch sonst überzeugt die Kollektion vom reintönigen Goldmuskateller bis hin zur fruchtbetonten Cuvée aus Spätburgunder und Cabernet Sauvignon.

Weinbewertung

84 2021 „Pet Nat" | 12,5%/12,-€
84 2020 „Gabriele" Weißer Riesling Crémant brut Heppenheimer Stemmler | 12,5%/15,-€
82 2021 Kerner Kabinett trocken „Justinus K." Heppenheimer Stemmler | 11,5%/9,50€
83 2021 Weißer Riesling trocken Heppenheimer Stemmler | 12,5%/7,-€
83 2021 Roter Riesling trocken Heppenheimer Eckweg | 12%/8,-€
82 2021 Grauburgunder trocken Bensheimer | 11,5%/8,-€
83 2021 Chardonnay Kabinett trocken | 12%/9,-€
85 2021 Riesling Kabinett trocken „Eins A" Heppenheimer | 12%/9,50€
84 2021 Goldmuskateller trocken Heppenheimer Eckweg | 12%/9,50€
82 2021 Weißburgunder Kabinett halbtrocken Heppenheimer Stemmler | 11%/7,-€
81 2021 Rotling „feinherb" Heppenheimer Eckweck | 10,5%/7,-€
84 2021 Spätburgunder & Cabernet Sauvignon trocken „Nullachtsechzehn" | 12,5%/10,-€

★★★

Andres

Kontakt
Weinstraße 6
67146 Deidesheim
Tel. 06326-7708
www.andres-deidesheim.de
info@andres-deidesheim.de

Besuchszeiten
Mo.-Fr. 9-12 + 14-18.30 Uhr
Sa. 9-16 Uhr
So. 9-12 Uhr
oder nach Vereinbarung

Inhaber
Michael & Thomas Andres
Betriebsleiter
Michael & Thomas Andres
Kellermeister
Michael Andres
Außenbetrieb
Thomas Andres
Rebfläche
24 Hektar
Produktion
150.000 Flaschen

ANDRES DEIDESHEIM

Die Brüder Michael und Thomas Andres haben das Weingut 2015 von ihren Eltern übernommen und im darauffolgenden Jahr mit der Umstellung auf biologischen und biodynamischen Weinbau begonnen, im Keller setzen sie komplett auf Spontangärung. 2019 war dann der erste bio-zertifizierte Jahrgang. Die beiden verfügen über Parzellen in den Königsbacher Lagen Idig und Ölberg, in Ruppertsberg im Spieß und im Reiterpfad, in der Deidesheimer Leinhöhle, dem Forster Ungeheuer und im Haardter Herzog, Riesling nimmt die Hälfte der Rebfläche ein, auf einem Viertel stehen Burgundersorten, auf je zehn Prozent Chardonnay und Sauvignon Blanc.

Kollektion

Die Rieslinge von Michael und Thomas Andres besitzen alle ein sehr animierende, würzige Art, die Frucht spielt bei keinem der Weine eine große Rolle und setzt eher einzelne Akzente, dominiert aber nie: Das Ungeheuer ist deutlich der nachhaltigste der vier Lagenrieslinge, zeigt kräutrig-mineralische Noten und etwas Ananas im Bouquet, ist am Gaumen animierend und salzig, besitzt viel Zug, der Kieselberg besitzt ein sehr komplexes Bouquet mit Aromen von Rosmarin, Heu und gelbem Apfel, ist am Gaumen ebenfalls leicht salzig, druckvoll und lang, der Ölberg braucht viel Luft, zeigt dann kräutrig-kreidige Würze, besitzt am Gaumen feine Zitrusnoten, ist animierend, elegant und nachhaltig und auch der Reiterpfad besitzt animierende, herbe Zitrusnoten und feinen Druck, ist aber etwas weniger nachhaltig als die anderen. Die beiden Chardonnay ähneln sich stilistisch, zeigen im Bouquet feine Röstnoten, geröstete Haselnüsse und etwas Zitruswürze und besitzen am Gaumen sehr animierende Noten von Salzzitrone, beim Herzog ist aber alles eine Spur feiner und eleganter und vor allem ist er deutlich nachhaltiger als der Haardter. Der Weißburgunder von alten Reben zeigt im Gegensatz zu den Rieslingen viel gelbe Frucht mit Noten von Aprikose, Pfirsich und Ananas, besitzt gute Konzentration und dezente Holzwürze, der Spätburgunder ist rotfruchtig, harmonisch und elegant. ▬

Weinbewertung

86 2021 Riesling trocken Deidesheimer | 12,5%/12,90€
86 2021 Riesling trocken Ruppertsberger | 12,5%/12,90€
87 2021 Chardonnay trocken Haardter | 13%/13,50€
88 2021 Weißburgunder trocken „Alte Reben" | 13%/18,-€
89 2020 Chardonnay trocken Haardter Herzog | 12,5%/29,-€
88 2020 Riesling trocken Ruppertsberger Reiterpfad | 12,5%/21,-€
89 2020 Riesling trocken Königsbacher Ölberg | 12,5%/21,-€
90 2020 Riesling trocken Forster Ungeheuer | 12,5%/29,-€
89 2020 Riesling trocken Deidesheimer Kieselberg | 12,5%/25,-€
87 2020 Spätburgunder trocken Haardter | 13%/15,50€

★★★

Michael Andres

Kontakt
Hauptstraße 33a
67152 Ruppertsberg
Tel. 06326-8667
Mobil: 0177-7738313
Fax: 06326-8667
www.andres-wein.de
info@andres-wein.de

Besuchszeiten
Sa. 10-16 Uhr und nach Vereinbarung (Tel. 0177-7738313)

Inhaber
Michael Andres
Rebfläche
7 Hektar
Produktion
40.000 Flaschen

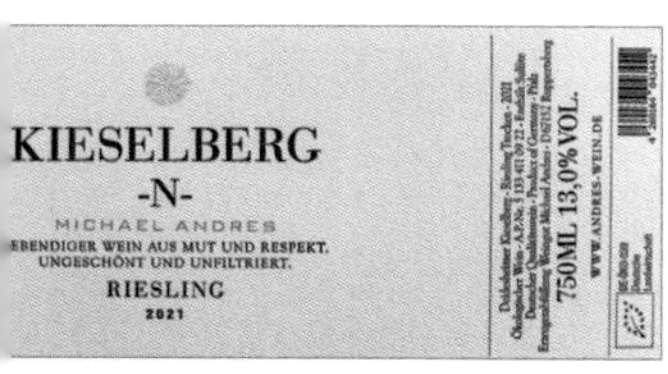

Michael Andres war nach seiner Winzerlehre bei Reichsrat von Buhl und seinem Weinbaustudium in Geisenheim mehrere Jahre für andere Pfälzer Betriebe tätig (Müller-Erben, Meßmer), bevor er mit seinem Freund Steffen Mugler 1989 eine eigene Sektmanufaktur, Andres & Mugler, gründete (siehe nachstehenden Eintrag). 1993 gründete Michael Andres sein eigenes Weingut, 2006 hat er auf organisch-biologische Bewirtschaftung umgestellt und die Rebfläche erweitert. Seit 2010 ist das Weingut zertifizierter Ökobetrieb, seit dem Jahrgang 2011 betreibt Michael Andres biodynamischen Weinbau. Seine Weinberge liegen in Deidesheim (Mäushöhle, Herrgottsacker, Kieselberg und im Gewann Am Kirchenberg), Ruppertsberg (Reiterpfad), Königsbach (Jesuitengarten) und Niederkirchen.

Kollektion

Die zwei Rieslinge aus der N-Linie finden wir sogar noch eine Spur stärker als im letzten Jahr, der Hochseel entwickelt mit Luft ein tiefes, komplexes Bouquet mit Aromen von Orangenschale, Limette und Rosmarin, am Gaumen besitzt er Kraft und herbe Zitrusnoten, ist salzig, animierend und sehr nachhaltig, der Kieselberg zeigt feine Holzwürze, etwas Kokos, Limette und Yuzu im Duft, besitzt am Gaumen feinen Schmelz und viel Grip, ist salzig und druckvoll. Der Reiterpfad-Riesling zeigt kräutrig-mineralische Noten und klare Zitrusfrucht, ist am Gaumen sehr geradlinig, animierend und nachhaltig, die Mäushöhle ist noch leicht verhalten, zeigt wenig Frucht, aber steinig-mineralische Noten, ist sehr salzig und bleibt lange am Gaumen. Der Herrgottsacker ist kraftvoll und füllig mit viel klarer Frucht, der Ferus ist von mineralischen Noten geprägt und besitzt guten Grip. Der Grauburgunder „N" zeigt ein intensives Bouquet mit deutlichen floralen Noten, besitzt am Gaumen feines Holz, Zitrusnoten und Länge, der Chardonnay „N" ist ebenfalls sehr intensiv im Duft mit Noten von Melone, Birne und Ananas, am Gaumen besitzt er gut eingebundenes Holz und Druck, ist sehr salzig und elegant.

Weinbewertung

86 2021 Grauer Burgunder trocken I 12,5%/9,50€
87 2021 Chardonnay Auxerrois trocken I 12,5%/10,-€
89 2021 Riesling trocken Deidesheimer Mäushöhle am Kirchenberg I 13%/15,50€
89 2021 Riesling trocken Ruppertsberger Reiterpfad I 12,5%/15,50€
88 2021 Riesling trocken Deidesheimer Herrgottsacker I 13%/15,50€
90 2021 Riesling trocken „N" Deidesheimer Kieselberg I 13%/19,50€
88 2021 Riesling trocken „Ferus" I 12,5%/14,50€
89 2021 Grauburgunder trocken „N" I 13%/16,-€
89+ 2021 Chardonnay trocken „N" I 13%/18,-€
90+ 2021 Riesling trocken „N" Ruppertsberger Reiterpfad „Hochseel" I 13%/22,50€
88 2020 Spätburgunder trocken „N" I 12,5%/17,-€

★★★

Andres & Mugler

Kontakt
Sektkellerei Andres & Mugler
Hauptstraße 33a
67152 Ruppertsberg
Tel. 06326-8667
Fax: 06326-8667
www.andresundmugler.de
info@andresundmugler.de

Besuchszeiten
nach Vereinbarung
Weitere Verkaufsstelle:
Weingut Schädler,
Maikammer

Inhaber
Michael Andres &
Steffen Mugler

Rebfläche
Weine werden von Michael Andres und Steffen Mugler (Weingut M. Schädler) bezogen

Produktion
25.000 Flaschen

Michael Andres (siehe den vorherigen Eintrag) und Steffen Mugler (seit 2002 Inhaber des Weinguts M. Schädler in Maikammer) gründeten 1989 die kleine Sektmanufaktur Andres & Mugler, versekteten in diesem Jahr 1000 Liter Riesling Spätlese von zugekauften Trauben. Seit 1993 bezogen sie die Trauben nur aus den eigenen Weinbergen von Michael Andres, inzwischen steuert auch Steffen Mugler Trauben bei, alles verwendete Traubengut stammt aus biodynamischer Produktion. Neben Riesling- und Weißburgundersekt erzeugen sie eine Reihe von Cuvées: Einen Blanc de Noir aus Spätburgunder und Schwarzriesling, eine Cuvée aus Chardonnay und Auxerrois, die Cuvée „Elena" aus Chardonnay, Auxerrois und Schwarzriesling, die Cuvée „Louis" aus Schwarzriesling und Spätburgunder mit etwas im Barrique ausgebautem Auxerrois und Chardonnay, „Fleur d'Emely" aus Muskateller und mittlerweile gibt es auch einen Rosé aus Spätburgunder. Seit dem Jahrgang 2012 sind die Sekte biologisch zertifiziert.

Kollektion

Auf die Gefahr hin, uns zu wiederholen: Auch in der 2018er-Version ist der „Louis" wieder der nachhaltigste der Sekte von Andres & Mugler, er zeigt ein intensives Bouquet mit feinen rauchigen Noten und Zitruswürze, am Gaumen kommen noch nussige Noten und ein Hauch von Rosinenbrot dazu, er ist animierend und sehr nachhaltig. Und während „Louis" schon im letzten Jahr brut nature ausgebaut wurde, ist in diesem Jahr auch beim Chardonnay Auxerrois, bei Elena und Emely die Dosage geringer, wodurch die Sekte an Präzision gewinnen: Der Chardonnay Auxerrois zeigt Aromen von Zitrusfrüchten und frischem Nussbrot im komplexen Bouquet, ist cremig, lebendig und elegant, „Elena" zeigt feine Reifenoten von Nüssen, Rosinen und herber Quitte, besitzt am Gaumen gute Länge und Emely ist wieder sehr aromatisch und fruchtbetont, ist schlank und frisch. Zwei der vorgestellten Sekte gibt es nur in der Magnum: Der „Blanc de Blanc" zeigt feine Hefenoten, Quitte und Birne im Bouquet, besitzt am Gaumen Grip und Länge und der 2016er Riesling zeigt Aromen von Hefegebäck und Zitrusfrüchten, ist frisch, animierend und geradlinig.

Weinbewertung

86 2019 Riesling Sekt brut | 12%/14,50€
87 2020 Pinot Blanc Sekt brut | 12%/14,50€
89 2019 Chardonnay Auxerrois Sekt brut nature | 12%/18,50€
87 2020 Blanc de Noir Sekt brut | 12%/17,-€
88 2017 Cuvée Elena Sekt brut nature | 12%/22,50€
90 2018 Cuvée Louis Sekt brut nature | 12,5%/22,50€
87 2020 Fleur d'Emely Sekt brut | 12%/17,50€
87 2016 Riesling Sekt brut | 12%/38,-€/1,5l
88 2017 Blanc de Blanc Sekt brut | 12%/44,-€/1,5l

★★

Hubertus M. Apel

Kontakt
Weinstraße 26
54463 Nittel
Tel. 06584-314
Fax: 06584-1263
www.apel-weingut.de
info@apel-weingut.de

Besuchszeiten
Mo.-Fr. 8-18 Uhr
Sa. 9-17 Uhr
So. nur nach Vereinbarung
Weinhotel
Weinrestaurant

Inhaber
Matthias, Johannes & Philip Apel
Betriebsleiter
Johannes Apel
Kellermeister
Philip Apel
Außenbetrieb
Matthias Apel
Rebfläche
36 Hektar
Produktion
300.000 Flaschen

APEL WEINGUT

Über 30 Jahre lang haben die Brüder Harald und Hubert Apel das Weingut zu einer der renommiertesten Adressen in Nittel und an der ganzen Obermosel gemacht. Nun hat die vierte Generation in Gestalt der Brüder Matthias, Johannes und Philip die Leitung des Weinguts übernommen. Kellermeister Philip Apel blickt auf Stationen in Oregon, Kalifornien (Stag's Leap) und Neuseeland zurück und hat Ambitionen. Inzwischen werden stolze 36 Hektar bewirtschaftet, in Nittel, Wellen, Rehlingen, Wincheringen, Sehndorf, Perl und Ayl. Mit kraftvollen, aber dennoch eleganten Charakterweinen will das Gut nicht nur an der Mosel zu den führenden Weingütern im Segment der Burgundersorten gehören, sondern in Zukunft auch national ganz weit vorne mitspielen. Doch auch die Sorte Elbling, die auf 30 Prozent der Fläche neben Spätburgunder (mittlerweile 20 Prozent), Auxerrois, Grauburgunder, Weißburgunder, Chardonnay und Sauvignon Blanc angebaut wird, soll weiter ihre Berechtigung haben.

Kollektion

Man gibt hier den Sekten Zeit, im Falle von Elbling und Blanc de Blanc nicht weniger als 36 Monate, was zu tiefgründigen, würzigen, aber nicht von der Hefe dominierten Produkten geführt hat. Der Weißburgunder vom Muschelkalk gefällt etwas besser als der Auxerrois. Unter den im Barrique ausgebauten Weinen präsentiert sich der 2020er Chardonnay namens Herzstück besonders gut, weil er präzise ist und der Einfluss des Holzes genau austariert wurde, auch der 2021er Grauburgunder kann sich sehen lassen. Die spontanvergorene Saar-Spätlese ist merklich süß, aber angenehm rassig. Schließlich die Rotweine aus dem Jahrgang 2020, klugerweise mit Schraubverschluss abgefüllt: Der Muschelkalk-Spätburgunder zeigt in der Nase schöne Gewürz- und Kirschnoten, ist erstaunlich fest und würzig, sehr präzise. Noch etwas verhalten ist das Herzstück-Pendant, das insgesamt mehr Würze zeigt, aber keinerlei hervorstechende Holznoten.

Weinbewertung

87 Sekt „Blanc de Blanc“ brut | 12,5%/12,50€
87 Elbling Sekt extra brut | 12%/10,50€
84 2021 Elbling trocken „Tradition“ | 11,5%/6,50€
86 2021 Weißer Burgunder trocken „vom Muschelkalk“ | 12%/8,50€
86 2021 Grauer Burgunder trocken „vom Muschelkalk“ | 12,5%/9,50€
85 2021 Auxerrois trocken „vom Muschelkalk“ | 12%/8,50€
86 2021 Chardonnay trocken „vom Muschelkalk“ | 12,5%/9,80€
87 2021 Grauer Burgunder trocken „Herzstück“ | 13,5%/13,50€
88 2020 Chardonnay trocken „Herzstück“ | 13%/15,50€
87 2021 Riesling Spätlese Saar | 7,5%/12,50€
87 2020 Blauer Spätburgunder trocken „vom Muschelkalk“ | 13%/9,50€
88 2020 Blauer Spätburgunder trocken „Herzstück“ | 13%/16,80€

★★½

Johann Arnold

Kontakt
Weingut & Winzerhof
Johann Arnold
Lange Gasse 26/28
97346 Iphofen
Tel. 09323-89833
Fax: 09323-89834
www.weingut-arnold.de
mail@weingut-arnold.de

Besuchszeiten
Mo.-Sa. 8-12 + 13-18 Uhr
So. 10-12 + 13-16 Uhr
Gästezimmer,
Ferienwohnungen

Inhaber
Johannes Arnold jr.
Rebfläche
10 Hektar
Produktion
75.000 Flaschen

Als Johann Arnold 1959 mit der Selbstvermarktung begann, war das heutige Weingut ein landwirtschaftlicher Gemischtbetrieb mit 1,5 Hektar Weinbergen, 10 Hektar Ackerland und eigener Viehhaltung. Nach und nach hat er sich ganz auf Weinbau konzentriert, die Rebfläche kontinuierlich auf die heutige Größe erweitert, 1974 das benachbarte damalige Gasthaus Zum Lamm erworben und in den eigenen Betrieb integriert. Seit 2000 führen Johannes Arnold jr. und Ehefrau Claudia das Gut. Ihre Weinberge liegen in Iphofen in den Lagen Kalb, Kronsberg (mit der ehemaligen Einzellage Kammer) und Julius-Echter-Berg (mit dem Filetstück „Im Frohntal") und in den Rödelseer Lagen Schwanleite und Küchenmeister. Silvaner ist mit einem Anteil von 35 Prozent die wichtigste Rebsorte im Weingut. Es folgen Riesling, Scheurebe, Spätburgunder und Weißburgunder, dazu gibt es Sorten wie Domina, Müller-Thurgau, Bacchus und Chardonnay. Im letzten Jahr wurde der Rotweinkeller vergrößert, Weingut und Gästehaus wurden renoviert.

Kollektion

Der 2019er Granitfass-Silvaner aus dem Julius-Echter-Berg war im vergangenen Jahr unser Favorit in einer guten Kollektion und in diesem Jahr ist es der 2020er, der nochmals stärker ist als sein Jahrgangsvorgänger. Den 2020er haben wir als Fassprobe verkostet, er ist würzig, konzentriert, in der Frucht sehr zurückgenommen, im Mund ist er stoffig, enorm kraftvoll, besitzt gute Struktur und Substanz, ist noch sehr jugendlich. Aus dem Jahrgang 2020 stammen auch der Spätburgunder, der wunderschön reintönig und zupackend ist, und der fein gereifte, zupackende Gutsriesling. Stark sind aber auch die 2021er Weine, angefangen von den beiden Literweinen, der birnenduftige Silvaner ist frisch und zupackend, der Müller-Thurgau besitzt klare Frucht, gute Struktur und Grip. Der Weißburgunder ist reintönig, lebhaft, die Scheurebe herrlich intensiv. Super spannend ist der spontanvergorene Kalb-Silvaner von alten Reben, herrlich eindringlich und reintönig im Bouquet, füllig und kraftvoll im Mund, besitzt herrlich viel Frucht und Substanz. ▬

Weinbewertung

84	2021 Müller-Thurgau trocken (1l) I 12%/6,-€ ☺
83	2021 Silvaner trocken (1l) I 12,5%/6,-€
85	2020 Riesling trocken I 12,5%/8,-€
85	2021 Weißburgunder trocken I 12,5%/8,-€
89	2021 Silvaner trocken „Alte Reben spontanvergoren" Iphöfer Kalb I 11,5%/15,-€
(90)	2020 Silvaner trocken „Granitfass" Iphöfer Julius-Echter-Berg I 14,5%/29,-€
84	2021 Riesling „feinherb" I 12,5%/9,-€
85	2021 Scheurebe „feinherb" I 12%/8,-€
85	2020 Spätburgunder trocken I 13,5%/8,-€

★★★

Wilhelm Arnold

Kontakt
Klosterstraße 19b
97236 Randersacker
Tel. 0931-708326
Fax: 0931-700903
www.arnoldwein.de
info@arnoldwein.de

Besuchszeiten
Mo.-Sa. 11-18 Uhr
oder nach Vereinbarung

Inhaber
Bruno Arnold
Betriebsleiter
Bruno Arnold
Kellermeister
Bruno Arnold
Rebfläche
11 Hektar
Produktion
75.000 Flaschen

Seit 1673 baut die Familie Arnold Wein in Randersacker an. Heute wird das Gut von Bruno und Diana Arnold geführt. Großvater Wilhelm, Namensgeber des Weingutes, war Gründungsmitglied des Verbandes Fränkischer Weingüter und Selbstvermarkter. Die Weinberge von Bruno Arnold liegen in Randersacker in den Lagen Pfülben, Teufelskeller, Marsberg und Sonnenstuhl (der westliche Teil des Sonnenstuhls ist nun unter dem Namen Hohenroth die Große Gewächs-Lage des Sonnenstuhls), sowie im Eibelstadter Kapellenberg. Wichtigste Rebsorte ist Silvaner, nimmt mehr als ein Drittel der Rebfläche ein, es folgen Müller-Thurgau, Scheurebe und Riesling, aber auch Bacchus, Weißburgunder, Kerner, Rieslaner und Morio-Muskat sowie Würzer. An roten Sorten gibt es Domina, Zweigelt und Blaufränkisch; zuletzt wurde Chardonnay gepflanzt, der 2019 den ersten Ertrag brachte. Die Weine werden inzwischen komplett spontanvergoren.

Kollektion

Schon im Vorjahr war Bruno Arnolds Kollektion bärenstark, mit dem neuen Jahrgang schließt er nahtlos daran an. Die im November 2020 geerntete Rieslaner Trockenbeerenauslese zeigt kandierte Früchte, besitzt viel Substanz und Konzentration. Der Spätburgunder aus dem Kapellenberg ist auch im Jahrgang 2019 wieder ganz stark, zeigt reintönige Frucht, rauchige Noten, ist frisch, klar, zupackend und strukturiert. Der würzige Würzer wird seinem Namen gerecht, der Chardonnay zeigt rauchige Noten, besitzt Fülle und Kraft. Das Riesling-Trio repräsentiert drei Jahrgänge: Der 2021er Alte Reben (1967 gepflanzt) ist fruchtbetont, saftig, geradlinig, der gelbfruchtige 2020er Marsberg ist wunderschön füllig und saftig, das 2019er Große Gewächs aus dem Pfülben zeigt gute Konzentration, gelbe Früchte, besitzt Kraft, gute Struktur, Druck und Frucht. Auch das Silvaner-Trio stammt aus drei Jahrgängen: Der 2021er No. 7 ist enorm würzig, füllig und kraftvoll, der 2020er Sonnenstuhl, füllig, recht kompakt, Silvaner-Highlight ist das 2019er Große Gewächs aus dem Sonnenstuhl, ist rauchig, herrlich eindringlich, besitzt Fülle, Saft, viel reife Frucht und Substanz.

Weinbewertung

85	2021 Riesling trocken „Alte Reben" Randersacker I 12%/10,50€
87	2020 Riesling trocken Randersacker Marsberg I 13%/13,50€
85	2020 Silvaner trocken Randersacker Sonnenstuhl I 13,5%/13,50€
87	2021 Silvaner „No. 7" I 13%/13,-€
86	2021 Chardonnay trocken Randersacker Teufelskeller I 13,5%/13,-€
89	2019 Silvaner „GG" „Hohenroth" Randersacker Sonnenstuhl I 14%/25,-€
89	2019 Riesling „GG" Randersacker Pfülben I 13%/25,-€
84	2021 Würzer Randersacker I 11,5%/10,50€
90	2020 Rieslaner Trockenbeerenauslese I 12%/32,-€/0,375l
89	2019 Spätburgunder trocken Eibelstadt Kapellenberg I 13%/16,50€

★★★

Aufricht

Kontakt
Höhenweg 8
88709 Meersburg-Stetten
Tel. 07532-2427
Fax: 07532-2421
www.aufricht.de
info@aufricht.de

Besuchszeiten
10-12 + 14-18 Uhr
(So. & Feiertage geschlossen)
Besenwirtschaft „Fräulein Seegucker" (4 Monate im Jahr)

Inhaber
Robert & Manfred Aufricht
Betriebsleiter
Manfred Aufricht
Kellermeister
Johannes Aufricht & Robert Markheiser
Rebfläche
50 Hektar
Produktion
400.000 Flaschen

Die Brüder Robert und Manfred Aufricht haben 1985 den Betrieb von ihren Eltern übernommen, inzwischen ist Johannes, der Sohn von Manfred Aufricht, nach Abschluss seines Studiums in den elterlichen Betrieb zurückgekehrt. Das Gros der Weinberge ist in einer Lage – Meersburger Sängerhalde – rund um das Weingut arrondiert, die sich durch besonders schwere Böden mit hohem Kalkgehalt auszeichnet. Sie bauen hauptsächlich die Burgundersorten an, wobei allein Spätburgunder 40 Prozent ihrer Weinberge einnimmt. Neben Grau- und Weißburgunder haben sie auch Auxerrois und Chardonnay im Anbau. Hinzu kommen vor allem Frühburgunder, Lemberger, Sauvignon Blanc und Riesling. Das Sortiment wurde neu gegliedert in Gutsweine, Alte Reben und Weine von Kleinparzellen (teils mit Markennamen versehen); die Weine von Johannes Aufricht sollen langfristig in ein eigenes Weingut überführt werden.

Kollektion

Die stilistische Änderung hin zu mehr Frische ist auch in diesem Jahr bei den Spitzenweinen bemerkbar, während die Basis sich unverändert zeigt, wenn auch jahrgangsbedingt etwas frischer; der füllige, saftige Weißburgunder von alten Reben gefällt uns hier besonders gut. An der Spitze der Kollektion steht der Kalkbrunnen genannte Chardonnay, zeigt rauchige Noten und viel reife Frucht im herrlich eindringlichen Bouquet, ist füllig, komplex, besitzt gute Struktur und Grip. Der Sommertal-Weißburgunder zeigt etwas Vanille und Tropenfrüchte im Bouquet, ist füllig, saftig, besitzt reife Frucht. Der Eichhölzle genannte Grauburgunder ist konzentriert und rauchig, füllig und saftig, besitzt reife süße Frucht und Substanz. Spannend ist auch der Sauvignon Blanc Pfattishag, zeigt viel reife Frucht, besitzt Fülle, Kraft, Struktur und Grip. Das rote Segment wird angeführt von zwei Lagen-Spätburgundern: Der 2019er Mocken ist enorm würzig, eindringlich und zupackend, der 2020er Trielberg punktet mit Struktur und Grip.

Weinbewertung

83	2021 Auxerrois trocken Meersburger Sängerhalde I 12,5%/12,40€
83	2021 Weißburgunder trocken Meersburger Sonnenufer I 13%/12,40€
82	2021 Scheurebe trocken Meersburger Sängerhalde I 12,5%/14,50€
86	2021 Weißburgunder trocken „von Alten Reben" I 13%/15,40€
88	2021 Sauvignon Blanc trocken „Pfattishag" I 13%/27,90€
88	2021 Grauburgunder trocken „Eichhölzle®" I 13%/19,90€
90	2021 Chardonnay trocken „Kalkbrunnen®" I 13%/27,90€
87	2021 Weißburgunder trocken „Sommertal" I 13%/27,90€
83	2020 Spätburgunder trocken Meersburger Sonnenufer I 13,5%/10,90€
85	2019 Spätburgunder „Von Alten Reben" I 13,5%/17,90€
88	2019 Spätburgunder trocken „Mocken" I 13%/42,-€
88	2020 Spätburgunder trocken „Trielberg" I 13%/42,-€

★★

Auggener Schäf

Kontakt
Winzerkeller Auggener Schäf eG
Kleinfeldele 1
79424 Auggen
Tel. 07631-36800
Fax: 07631-368080
www.auggener-wein.de
info@auggener-wein.de

Besuchszeiten
Mo.-Fr. 9-18 Uhr
Sa. 9-13 Uhr
So./Feiertage 10-13 Uhr

Inhaber
425 Mitglieder
Geschäftsführer
Thomas Basler
Kellermeister
Andreas Philipp
Rebfläche
520 Hektar
Produktion
6.000.000 Flaschen

Gutedel ist mit einem Anteil von 45 Prozent die dominierende Rebsorte in den Weinbergen der Auggener Genossen. Danach folgen Spätburgunder, Müller-Thurgau und Regent, aber auch Weißburgunder, Riesling, Chardonnay und Sauvignon Blanc. Der 180 Hektar große Auggener Schäf besteht aus fünf Hügeln mit bis zu 50-prozentigen Steillagen, hier wächst auf Kalkschieferböden vor allem die Rebsorte, für die Auggen und der Auggener Schäf bundesweit bekannt ist: Gutedel. Der Auggener Letten ist eine 60 Hektar große steile Südlage mit schweren, fruchtbaren Böden (Lehm), hier werden Sorten wie Chardonnay, Gewürztraminer und Grauburgunder angebaut. Seit der Fusion mit der Winzergenossenschaft Laufen im Jahr 2011 ist man auch im Laufener Altenberg vertreten. Der Name Auggen steht für Gutedel, die Gutedel sind meist die Stärke der Auggener Genossen. Aber auch mit Rotweinen und im edelsüßen Segment lassen sie immer wieder aufhorchen.

Kollektion

Wie im Vorjahr ist auch dieses Jahr wieder ein edelsüßer Wein ganz stark: War es im vergangenen Jahr eine Chardonnay Beerenauslese aus dem Jahrgang 2018, ist es nun ein Gutedel Eiswein aus 2020, der kandierte Früchte und Litschi im Bouquet zeigt, konzentriert und dominant ist. Die „Edition No. 5"-Rotweine sind kraftvoll und konzentriert, beide noch sehr tanninbetont. Auch die „Edition No. 5"-Weißweine sind alle drei sehr gut, der Chardonnay ist deutlich vom Holzausbau geprägt, der Chasselas ist füllig und kraftvoll bei viel Substanz, der Sauvignon Blanc punktet mit rauchigen Noten, er besitzt Struktur und Grip. In der Basis gefällt uns der Chasslie besonders gut, ist würzig und eindringlich, klar und zupackend, der Grauburgunder ist wunderschön reintönig, der Gutedel von alten Reben besitzt feine süße Frucht und Grip. Wunderschön reintönig und konzentriert ist auch die Gewürztraminer Spätlese. Erneut eine starke Kollektion!

Weinbewertung

84 2021 Chasslie Gutedel trocken Laufener Altenberg | 12,5%/7,65€
83 2021 Grauer Burgunder Kabinett trocken Auggener Schäf | 12,5%/7,35€
82 2021 Chardonnay Kabinett trocken Auggener Schäf | 12%/7,45€
83 2021 Gutedel trocken „Alte Reben" Auggener Schäf | 12%/7,50€
86 2020 Chasselas trocken „Edition No. 5" Laufener Altenberg | 12,5%/12,15€
86 2021 Sauvignon Blanc trocken „Edition No.5" Laufener Altenberg | 13%/12,15€
86 2020 Chardonnay trocken „Edition No. 5" Laufener Altenberg | 13%/12,15€
83 2021 Muskat-Ottonel Kabinett „Edition No. 3" Laufener Altenberg | 10%/7,35€
85 2021 Gewürztraminer Spätlese Auggener Schäf | 12%/8,45€
88 2020 Gutedel Eiswein Auggener Schäf | 9,5%/28,-€/0,375l
85 2020 Spätburgunder trocken „Edition No. 5" Laufener Altenberg | 14,5%/12,15€
86 2018 „Réserve Rot" Rotwein trocken „Edition No. 5" Laufener Altenberg | 14%/16,15€

★★★

Augustin

Kontakt
Raiffeisenstraße 5
97320 Sulzfeld
Tel. 09321-5663
Fax: 09321-24704
www.weingut-augustin.de
info@weingut-augustin.de

Besuchszeiten
Mo.-Sa. 9-12 + 13-18 Uhr
So. 10-12 Uhr
und nach Vereinbarung
Vinotel Augustin

Inhaber
Arno Augustin
Verkauf
Verena & Arno Augustin
Rebfläche
11 Hektar
Produktion
70.000 Flaschen

Das 1988 gegründete Weingut wird seit 2001 von Geisenheim-Absolvent Arno Augustin geführt. Die Weinberge liegen alle in den Sulzfelder Lagen Maustal, Cyriakusberg und Sonnenberg, wo die Reben auf schweren Muschelkalkböden wachsen. Wichtigste weiße Rebsorten sind Silvaner, Weißburgunder, Riesling, Bacchus, Müller-Thurgau und Sauvignon Blanc, an roten Sorten gibt es Spätburgunder, Schwarzriesling und Merlot. Die Umstellung auf biologischen Weinbau wurde begonnen. Die Weine werden überwiegend trocken angeboten. Seit dem Jahrgang 2003 führt Arno Augustin auch Barriqueweine im Programm, nicht nur Rotweine, auch den Weißburgunder baut er gerne im Barrique aus. 2015 und 2016 wurden Kelter- und Abfüllhalle sowie Maschinenhalle neu gebaut. Dem Weingut ist ein Hotel angeschlossen, Vinotel genannt, ein Designhotel mit unterschiedlichen Themenzimmern.

Kollektion

Aufgrund sehr kleiner Ernten in den vergangenen beiden Jahrgängen konnte Arno Augustin seine Editions-Weine nicht erzeugen, außer dem 2020er Weißburgunder, er hat uns deshalb nochmals den 2018er Silvaner und den 2019er Riesling vorgestellt, die sich nach wie vor in prächtiger Verfassung befinden. Der 2020er Weißburgunder ist rauchig, kraftvoll und konzentriert, hat Grip. Ganz stark sind auch die 2021er, zeigen durchweg hohes Niveau. Der Müller ist würzig, eindringlich und zupackend, der Bacchus wunderschön reintönig, hat Grip, der Riesling punktet mit Frische, Frucht und Biss. Am besten gefällt uns in dieser Linie der Silvaner, der herrlich reintönig und konzentriert ist. Silvaner überzeugt auch in der Basis als leicht birnenduftiger Augusto und in der Spitze als „Der Alte", von alten Reben also, ein herrlich konzentrierter, gelbfruchtiger Wein mit reifer Frucht, Struktur und Grip. Spannend ist auch der reintönige, kraftvolle Sauvignon Blanc. Starke Kollektion!

Weinbewertung

86 2021 „Der" Müller trocken Sulzfeld Maustal | 12,5%/11,-€
85 2021 „Der" Bacchus trocken Sulzfeld Maustal | 12,5%/11,-€
85 2021 Grüner Silvaner trocken „Augusto" „Weißer Augustiner" | 12,5%/7,90€
88 2021 „Der" Silvaner trocken Sulzfeld Maustal | 12,5%/12,-€
89 2021 Silvaner trocken „alte Reben" „Der Alte" Sulzfeld Maustal | 13%/14,50€
86 2021 „Der" Riesling trocken Sulzfeld | 12%/12,-€
89 2021 Sauvignon Blanc trocken | 13%/13,50€
87 2021 Weißer Burgunder trocken | 13%/12,-€
84 2021 „Blanc de Noir" trocken | 12,5%/12,-€
89 2019 Riesling trocken „Edition" Sulzfeld Maustal | 13%/17,-€
88 2018 Silvaner trocken „Edition Spezial S" Sulzfeld Sonnenberg | 14%/18,-€
88 2020 Weißer Burgunder trocken Barrique „Edition" Sulzfeld Maustal | 14%/23,-€

★★★

Daniel Bach

Kontakt
Wein-Werkstatt Daniel Bach
Dorfstraße 12
79341 Kenzingen-Hecklingen
Tel. 07644-9296800
www.weinwerkstatt-danielbach.de
info@weinwerkstatt-danielbach.de

Besuchszeiten
Do. 17:30-20 Uhr oder nach Vereinbarung

Inhaber
Daniel Bach
Betriebsleiter
Daniel Bach
Rebfläche
1,2 Hektar
Produktion
2.000 Flaschen

Daniel Bach begann seine Winzerlaufbahn mit der Ausbildung zum Winzergesellen beim Weingut Hügle in Bombach, danach trat er seine Stelle beim Weingut Bernhard Huber an, wo er bis 2020 hauptberuflich tätig war, im Mai ist er zu einem biodynamisch arbeitenden Weingut an den Kaiserstuhl gewechselt. Beim Barrique-Abfüllen im Jahr 2008 kamen Yquem Viehhauser und ihm die Idee selbst Rotwein auszubauen und im Jahr darauf setzten sie dieses Vorhaben in die Tat um. 2012 arbeitete er neun Monate bei Felton Road in Neuseeland, einem der führenden Weingüter des Landes, das seine Weinberge biodynamisch bewirtschaftet und vor allem für großartigen Pinot Noir berühmt ist. 2014 dann gründete Daniel Bach sein Weingut, pardon: Seine „Wein-Werkstatt", die er heute im Nebenerwerb und mit Unterstützung von Freunden und Familie betreibt. Er und seine Wein-Werkstatt sind in Kenzingen-Hecklingen zuhause, unterhalb der Burgruine Lichteneck, also im Breisgau, seine Weinberge liegen aber vor allem in Riegel in der Lage St. Michaelsberg, also am Kaiserstuhl, wo die Reben auf Lössböden wachsen, inzwischen ist er aber auch im Hecklinger Schlossberg im Breisgau vertreten. Er bewirtschaftet seine Weinberge biologisch, hat 2017 mit der Umstellung begonnen, die 2020 abgeschlossen wurde. Neben Spätburgunder baut Daniel Bach ein klein wenig Weißburgunder und inzwischen auch Chardonnay an. Die Spätburgunder werden nach der Maischegärung mindestens zwölf Monate auf der Feinhefe ausgebaut und unfiltriert abgefüllt. Er bietet Spätburgunder in zwei Qualitätsstufen an, einen „Basiswein", der seit dem Jahrgang 2018 die Lagenbezeichnung Sankt Michaelsberg trägt, und den Spätburgunder von alten Reben.

Kollektion

Neu im Programm sind in diesem Jahr der reduktiv im Barrique ausgebaute Weißburgunder und der Blanc de Noir. Der Blanc de Noir ist reintönig, frisch, gut strukturiert, der Weißburgunder ist rauchig, herrlich eindringlich, präzise, baut viel Druck auf und besitzt viel Frucht – ein spannender Wein. Das Spätburgunder-Duo kann auch im Jahrgang 2019 überzeugen. Der Sankt Michaelsberg ist frisch, sehr klar, geradlinig und harmonisch, der „Alte Reben" zeigt feine rauchige Noten und reintönige Frucht, besitzt schöne Frische und Grip; Jahrgang 2015 präsentiert sich harmonisch gereift, wird kein „Langläufer" sein, aber sich noch einige Jahr schön entwickeln, setzt wie alle Spätburgunder von Daniel Bach mehr auf Eleganz denn Kraft.

Weinbewertung

89 2019 Weißburgunder trocken I 13%/12,-€ ☺
86 2021 „Blanc de Noir" trocken I 12%/9,50€
88 2019 Spätburgunder Sankt Michaelsberg I 13%/10,90€
89 2015 Spätburgunder „Alte Reben" I 13%/16,50€
89 2019 Spätburgunder „Alte Reben" I 13%/18,-€

★★

Markgraf v. Baden, Schloss Salem

Kontakt
Schloss Salem
88682 Salem
Tel. 07553-81284
Fax: 07553-81569
www.markgraf-von-baden.de
weingut@markgraf-von-baden.de

Besuchszeiten
Mo.-So. 10-18 Uhr, auch an Feiertagen geöffnet
Verkaufstellen in Birnau (Oberhof 1a) und Überlingen (Haus Greth)

Inhaber
Bernhard Prinz von Baden
Betriebsleiter
Volker Faust
Kellermeister
Manon Dague,
Stephan Höhne
Rebfläche
90 Hektar
Produktion
900.000 Flaschen

Schloss Salem zählt seit 1802 zu einem der Amtssitze der Markgrafen von Baden, die seit dieser Zeit auch die umfangreichen Rebflächen des ehemaligen Zisterzienserklosters kultivieren. Heute ist Schloss Salem Wohnsitz des Markgrafen von Baden und Heimat des Weingutes Markgraf von Baden. Insgesamt werden vom Markgrafen 110 Hektar Reben am Bodensee und 25 Hektar in der Ortenau bewirtschaftet (Weingut Schloss Staufenberg). Die Trauben wachsen in den Lagen Birnauer Kirchhalde, Bermatinger Leopoldsberg, Meersburger Chorherrenhalde und Gailinger Schloss Rheinburg größtenteils auf eiszeitlichen Verwitterungsböden, unmittelbar am See findet man Sandsteinfels, der eine mehr oder weniger dicke Schicht an Moränenschotter trägt, welcher von eiszeitlichen Gletschern stammt. Spätburgunder nimmt knapp 40 Prozent der Fläche ein, Müller-Thurgau ein Fünftel, es folgen Grauburgunder, Weißburgunder und Bacchus. Das Sortiment ist vierstufig gegliedert: Die Basis spielen die Gutsweine vom Bodensee, Ortsweine aus Birnau und Bermatingen, den Erste Lage-Spätburgunder vom Bermatinger Leopoldsberg, woher auch eines der Großen Gewächse stammt, der Spätburgunder aus der Gewanne Buchberg; der Riesling kommt aus der Meersburger Chorherrenhalde.

Kollektion

Den vier vorgestellten Weißweinen aus 2021 merkt man den problematischen Jahrgang an. Klarer Sieger ist der Müller-Thurgau, was zeigt, dass die Winzer am Bodensee zu Recht wissen, was sie an dieser Rebsorte haben und warum sie eine so große Bedeutung hat in der Region. Der 2021 Birnauer Müller-Thurgau ist würzig und reintönig im Bouquet, frisch und geradlinig im Mund, klar und zupackend – mehr als ein Sommerwein, auch ein guter Speisenbegleiter. Die beiden 2018er Spätburgunder-Lagenweine hatten wir schon im vergangenen Jahr vorgestellt. Der Erste Lage-Spätburgunder zeigt viel Würze und Frucht im Bouquet, ist füllig und kraftvoll im Mund, besitzt feine süße Frucht und Grip. Beim Spätburgunder Großes Gewächs sind derzeit die Tannine im Mund allzu präsent, sie kontrastieren mit der eindringlichen Frucht im Bouquet, roten Früchten, er besitzt Fülle und Kraft, Substanz und Grip – und eben derzeit omnipräsente Gerbstoffe.

Weinbewertung

78	2021 Weißburgunder trocken Bodensee I 12,5%/9,-€
83	2021 Müller-Thurgau trocken Birnauer I 12%/13,-€
80	2021 Weißburgunder trocken Birnauer I 13%/13,-€
80	2021 Grauburgunder trocken Birnauer I 13,5%/13,-€
84	2018 Spätburgunder trocken Bermatinger Leopoldsberg I 13,5%/20,-€
85	2018 Spätburgunder trocken „GG" „B" Bermatinger Leopoldsberg I 13,5%/45,-€

★★☆

Markgraf v. Baden, Schloss Staufenberg

Kontakt
Schloss Staufenberg 1
77770 Durbach
Tel. 0781-42778
Fax: 07553-81569
www.schloss-staufenberg.de
info@schloss-staufenberg.de

Besuchszeiten
Mo.-So. 11-19 Uhr, auch an Feiertagen geöffnet

Inhaber
Bernhard Prinz von Baden
Betriebsleiter
Volker Faust
Kellermeister
Frédéric Kirch
Rebfläche
22 Hektar
Produktion
120.000 Flaschen

Schloss Staufenberg kam 1693 in den Besitz des Hauses Baden. In den Weinbergen von Schloss Staufenberg, am Durbacher Schlossberg, spielen Riesling und Spätburgunder mit jeweils 30 Prozent die wichtigste Rolle. Es folgen Grauburgunder, Weißburgunder und Chardonnay. Das Programm ist vierstufig gegliedert in Gutsweine, Ortsweine (Durbacher), Erste Lagen (Durbacher Schlossberg) und Große Lagen. Letztere kommen wie alle Weine aus dem Durbacher Schlossberg, der Riesling aus der Gewanne Klingelberg, der Spätburgunder aus der Gewanne Sophienberg am östlichen Ende des Schlossbergs (südostexponiert, höhere Lehm- und Lössanteile). Die Rieslinge werden alle in Edelstahltanks ausgebaut, die Spätburgunder im Barrique. Markgraf von Baden gehört auch ein großes Weingut am Bodensee, Schloss Salem (siehe vorherigen Eintrag).

Kollektion

Mit einer überzeugenden Kollektion schließt Schloss Staufenberg nahtlos an die starken Vorjahre an. Unser Favorit ist wieder einmal der Spätburgunder Sophienberg, der gute Konzentration im Bouquet zeigt, ein wenig Gewürze, aber auch eindringliche reintönige Frucht, klar, frisch und zupackend im Mund ist, gute Struktur, Grip und jugendliche Tannine besitzt. Auch der Erste Lage-Spätburgunder ist stark, zeigt rauchige Noten und dezenten Toast, ist ebenfalls klar und strukturiert, frisch und zupackend, nicht ganz so kraftvoll wie sein großer Bruder. Das weiße Segment wird angeführt vom Großen Gewächs aus der Gewanne Klingelberg, das würzig und eindringlich ist, Fülle und Saft besitzt, viel Substanz und Kraft, gut noch etwas Flaschenreife vertragen kann. Sehr geschlossen präsentieren sich die Erste Lage-Weißweine: Der Grauburgunder zeigt reife Frucht, gelbe Früchte, ist füllig und saftig bei viel Substanz, der Chardonnay zeigt etwas rauchige Noten, gute Konzentration und reintönige Frucht, ist füllig und kompakt im Mund, der Sauvignon Blanc setzt ebenfalls auf Konzentration, Fülle, Kraft und Substanz. Feine Reife kennzeichnet den Riesling-Sekt im Bouquet, er besitzt Frische und Grip dann im Mund, rundet die Kollektion ab.

Weinbewertung

85 Riesling Sekt extra brut | 12%/16,-€
82 2021 Klingelberger Riesling trocken | 12%/9,-€
85 2020 Grauburgunder trocken Durbacher Schloss Staufenberg | 13,5%/19,-€
85 2020 Chardonnay trocken Durbacher Schloss Staufenberg | 13%/19,-€
84 2020 Sauvignon Blanc trocken Durbacher Schloss Staufenberg | 14%/19,-€
87 2020 Klingelberger Riesling trocken „GG K" Schloss Staufenberg | 13,5%/35,-€
87 2019 Spätburgunder trocken Durbacher Schloss Staufenberg | 13,5%/20,-€
89 2019 Spätburgunder trocken „GG Sophienberg" Schloss Staufenberg | 14%/45,-€

★★★

Bächner

Kontakt
Sulzweg 4
72581 Dettingen
Tel. 07123-920511
Fax: 07123-920512
www.weingut-baechner.de
info@weingut-baechner.de

Besuchszeiten
nach Vereinbarung

Inhaber
Petra Bächner
Betriebsleiter
Petra Bächner
Kellermeister
Thomas Bächner
Außenbetrieb
Petra Bächner
Rebfläche
1,7 Hektar
Produktion
5.000 Flaschen

Die Weinberge von Petra Bächner liegen am Rande der Schwäbischen Alb unterhalb der Burg Hohenneuffen. Seit mehr als 900 Jahren wird hier Wein angebaut, die Weinberge reichen bis in eine Höhe von 526 Meter über dem Meeresspiegel. Auf karstigen Juraböden baut Petra Bächner Silvaner, Kerner und Riesling an, dazu Spät- und Frühburgunder, 2013 brachte Sauvignon Blanc den ersten Ertrag. Um den Weinausbau kümmert sich Ehemann Thomas Bächner. Seit der Gründung des Weingutes 2007 werden die Weinberge biologisch bewirtschaftet, zertifiziert, da immer wieder Flächen hinzukamen, gingen diese neuen Anlagen in die Umstellung ein. Seit dem Jahrgang 2011 ist man vollständig zertifiziert, was inzwischen auch auf den Flaschen deklariert wird. 2014 wurde erstmals ein Sekt erzeugt, der 2016 auf den Markt kam, zukünftig aber soll er ein längeres Hefelager erhalten.

Kollektion

Auch mit Sekten weiß Petra Bächner seit einigen Jahren zu überzeugen, und das bestätigt sich auch in diesem Jahr: Die weiße Cuvée zeigt feine Würze und rauchige Noten im Bouquet, besitzt schöne Frische und Grip im Mund, der Rosé, kurz nach dem Dégorgement verkostet, ist fruchtbetont, zeigt rote Früchte, ist geradlinig im Mund, sehr jugendlich, etwas Flaschenreife könnte ihm noch gut tun. Beide sind Cuvées aus Spätburgunder und Frühburgunder, und diese beiden Rebsorten gibt es auch als reinsortige Rotweine, beide aus dem Jahrgang 2019. Der Spätburgunder ist frisch und würzig im Bouquet, zeigt ein wenig florale Noten, ist klar dann im Mund, geradlinig, frisch und zupackend. Unsere leichte Präferenz in diesem Jahrgang gilt dem Frühburgunder, der reintönige Frucht und ebenfalls etwas florale Noten im Bouquet zeigt, klar und frisch im Mund ist, gute Struktur und Grip besitzt. Der Rosé ist fruchtbetont, klar und zupackend, die Cuvée Gottfried ist geradlinig, der Riesling ist würzig und eindringlich im Bouquet, lebhaft und zupackend im Mund. Unser Favorit unter den Weißweinen ist der noch enorm jugendliche im Barrique ausgebaute Kerner, Jahrgang 2020, der etwas Vanille und Zitrus im eindringlichen Bouquet zeigt, Fülle, Kraft, viel reife Frucht und Substanz besitzt. ▬

Weinbewertung

88 2016 Baechner Sekt brut I 12,5%/20,-€
86 2018 Rosé Sekt brut I 12,5%/20,-€
83 2020 „Cuvée Gottfried" Weißwein I 12,5%/10,-€
84 2021 Riesling I 12%/10,-€
87 2020 Kerner Barrique I 14%/15,-€
84 2021 Rosé I 12%/10,-€
88 2019 Frühburgunder I 12,5%/18,-€
87 2019 Spätburgunder I 12,5%/18,-€

★★

Bärmann

Kontakt
Kirchgasse 38
79291 Merdingen
Tel. 07668-9790373
www.weingut-baermann.com
info@weingut-baermann.com

Besuchszeiten
nach Vereinbarung

Inhaber
Frank Bärmann
Betriebsleiter
Frank Bärmann
Kellermeister
Frank Bärmann
Außenbetrieb
Frank Bärmann
Rebfläche
3 Hektar
Produktion
18.000 Flaschen

Frank Bärmann kehrte 2013 auf den 1814 gegründeten Winzerhof seiner Vorfahren am Tuniberg zurück, um als Quereinsteiger sein eigenes Weingut zu gründen, 2014 brachte er seine ersten Weine auf den Markt. Seine Reben wachsen teils im Merdinger Bühl am Tuniberg, teils im Ihringer Fohrenberg am Kaiserstuhl. Gut die Hälfte der Rebfläche nimmt Spätburgunder ein, hinzu kommen Grauburgunder, Weißburgunder, Müller-Thurgau und Muskateller. Das Sortiment ist dreistufig gegliedert in Gutsweine, Ortsweine und Lagenweine, das letztgenannte Segment umfasst derzeit drei Weine, Weißburgunder und Spätburgunder aus Bühl sowie Spätburgunder vom Fohrenberg. Die Weine werden teils im Edelstahl, teils in kleinen und großen Eichenholzfässern ausgebaut.

Kollektion

Die drei Pinot Noir aus dem Jahrgang 2019 führen wieder die Kollektion an, alle drei hatten wir schon im Vorjahr verkostet, der Reserve von über 60 Jahre alten Reben ist der kraftvollste und fülligste der drei Weine, der Wein aus dem Fohrenberg hat an Harmonie gewonnen, alle drei besitzen reintönige Frucht. Neu sind die 2020er Rotweine, der fruchtbetonte, geradlinige Merdinger Spätburgunder und der Vintage Noir, eine intensive, fruchtbetonte, recht würzige Cuvée aus Cabernet Mitos und Spätburgunder. Aus dem Jahrgang 2020 stammen auch die beiden Lagenweißweine, die elf Monate in französischen Barriques ausgebaut wurden und deutlich mehr vom Holzausbau geprägt sind als ihre roten Kollegen aus dem Jahrgang 2019. Der Grauburgunder ist würzig, konzentriert, besitzt Fülle, Kraft und Substanz, der Weißburgunder ist etwas komplexer, zeigt gute Konzentration, rauchige Noten und klare Frucht im Bouquet, ist ebenfalls füllig, kraft- und druckvoll, sehr jugendlich. Die 2021er Weine sind geradlinig und frisch, am besten gefallen uns der fruchtbetonte, zupackende Spätburgunder Rosé und der Merdinger Muskateller, der mit reintöniger Frucht, Frische und Grip punktet.

Weinbewertung

82 2021 Weißburgunder trocken | 12,5%/7,50€
82 2021 Grauburgunder trocken | 12,5%/7,50€
84 2021 Muskateller trocken Merdinger | 12%/8,-€
87 2020 Weißburgunder trocken Merdinger Bühl | 13%/14,-€
85 2020 Grauburgunder trocken Merdinger Bühl | 13%/14,-€
84 2021 Spätburgunder Rosé trocken | 12,5%/7,-€
83 2020 Spätburgunder trocken Merdinger | 13,5%/8,-€
84 2020 „Vintage Noir" Rotwein trocken Merdinger | 13,5%/8,-€
87 2019 Pinot Noir trocken Ihringer Fohrenberg | 13,5%/15,-€
87 2019 Pinot Noir trocken Merdinger Bühl | 13,5%/20,-€
88 2019 Pinot Noir trocken „Reserve" Merdinger Bühl | 13,5%/26,-€

★

Baison

Kontakt
Weingut Baison Heinrich u. Heinrich
Delkenheimer Straße 18
65239 Hochheim
Tel. 06146-9232
Fax: 06146-9242
www.weingut-baison.de
weingut.baison@t-online.de

Besuchszeiten
Mo.-Fr. 10:30-18 Uhr
Sa. 9-16:30 Uhr

Inhaber
Heinrich und Heinrich Baison GbR
Betriebsleiter
Heinrich Baison
Rebfläche
8 Hektar

BAISON

Die Weinberge der Familie Baison liegen vor allem in Hochheim in den Lagen Hölle, Reichestal, Kirchenstück, Stein und Hofmeister, aber auch im Flörsheimer Herrnberg und in der Kostheimer Weiß'Erd ist man vertreten. Riesling ist mit 83 Prozent die mit Abstand wichtigste Rebsorte im Betrieb, wie könnte dies auch anders sein in Hochheim, Spätburgunder bringt es auf 11 Prozent Anteil, hinzu kommen etwas Weißburgunder, Roter Traminer und Regent, aber auch Kerner und Ehrenfelser.

Kollektion

In einer sehr gleichmäßigen Kollektion im vergangenen Jahr hat uns der 2019er Spätburgunder Weißherbst-Sekt besonders gut gefallen. Die neue Kollektion – sieben Weine wurden präsentiert, ausschließlich aus dem Jahrgang 2021 – wird eröffnet von einem Rosalie genannten Perlwein, der neu im Programm ist, wunderschön frisch und fruchtbetont im Bouquet ist, etwas rote Früchte zeigt, lebhaft und frisch im Mund ist, saftig und süffig: Ein gelungenes Debüt. Gelungen ist auch der Riesling im Liter, Jean-Baptist genannt, er ist fruchtbetont, frisch und zupackend. Das feinherbe Pendant dazu, der Riesling Classic, ist recht würzig im Bouquet, frisch, lebhaft und fruchtbetont im Mund. Die Jumelage genannte Cuvée aus Weißburgunder und Riesling, ist recht würzig und eindringlich im Bouquet, frisch, klar und süffig im Mund. Besser gefallen uns da die reinsortigen Varianten der beiden Rebsorten. Der Weißburgunder aus dem Flörsheimer Herrenberg ist fruchtbetont und frisch im Bouquet, sehr offen, ist harmonisch im Mund, besitzt feine süße Frucht, ist betont süffig – für alle, die etwas Restsüße lieben beim Weißburgunder. Merkliche Restsüße zeichnet auch die beiden trockenen Rieslinge aus. Der Kabinett aus dem Flörsheimer Herrenberg ist würzig und eindringlich im Bouquet, zeigt klare Frucht, ist klar auch im Mund, frisch und zupackend, besitzt gute Struktur und Grip. Klar an der Spitze der Kollektion steht die trockene Riesling Spätlese aus der Hochheimer Hölle, der ebenfalls sehr würzig, klar und eindringlich im Bouquet ist, im Mund aber deutlich mehr Fülle und Substanz besitzt, gute Struktur, Frische und Grip.

Weinbewertung

84 2021 „Rosalie Secco" Perlwein | 11,5%/7,50€
82 2021 Riesling trocken „Jean-Baptist" (1l) | 11%/5,50€
83 2021 Weißer Burgunder trocken Flörsheimer Herrnberg | 12,5%/8,-€
82 2021 „JumelagE" Weißburgunder/Riesling trocken | 12,5%/7,50€
84 2021 Riesling Kabinett trocken Flörsheimer Herrnberg | 11%/6,50€
86 2021 Riesling Spätlese trocken „Jungfeld" Hochheimer Hölle | 11,5%/8,50€
82 2021 Riesling Classic | 11,5%/6,50€

★★½

Dr. Balzhäuser

Kontakt
Mittelgasse 25
67577 Alsheim
Tel. 06249-945130
Fax: 06249-945132
www.balzhaeuser.de
mail@balzhaeuser.de

Besuchszeiten
nach Vereinbarung

Inhaber
Johannes Balzhäuser

Rebfläche
10 Hektar

Produktion
70.000 Flaschen

Seit 1732 baut die Familie Balzhäuser Wein in Alsheim an, heute führt Johannes Balzhäuser in neunter Generation den Betrieb, 2014 hat er das Weingut von seinem Vater übernommen. Er hat Agrarwissenschaften in Stuttgart studiert, praktische Erfahrungen in Luxemburg und in den Macedon Ranges in Australien gesammelt. Die Reben wachsen auf Löss- und Kalksteinböden in Alsheim. Johannes Balzhäuser baut vor allem Riesling, Weißburgunder, Grauburgunder und Chardonnay an, sowie Portugieser, Spätburgunder, Cabernet Sauvignon und Syrah – Australien lässt grüßen. Das Sortiment ist gegliedert in Gutsweine, Ortsweine und Lagenweine, in letzterer Kategorie gibt es derzeit zwei Weine, den Riesling aus dem Kälbchen, einer Gewanne innerhalb der Lage Alsheimer Frühmesse, sowie den Spätburgunder Frühmesse. Johannes Balzhäuser möchte sich in den kommenden Jahren auf internationale Rebsorten konzentrieren.

Kollektion

Die 2021er Gutsweine sind frisch, geradlinig und klar, der Chardonnay gefällt uns in diesem Jahr am besten, er ist fruchtbetont und reintönig im Bouquet, harmonisch und wunderschön saftig im Mund, der feinherbe Riesling Kabinett besitzt reintönige Frucht und Grip. Die Alsheimer Ortsweine sind deutlich fülliger und saftiger als die Gutsweine. Der Weißburgunder ist würzig und frisch im Bouquet, geradlinig und klar im Mund. Auch in diesem Segment gefällt uns der Chardonnay ein klein wenig besser, er zeigt gute Konzentration und klare reife Frucht, ist füllig und harmonisch im Mund, besitzt klare Frucht und gute Struktur. An der Spitze der Kollektion stehen die beiden Lagenweine. Der Riesling aus dem Alsheimer Kälbchen zeigt gute Konzentration, feine Würze und reintönige Frucht, besitzt Fülle und Kraft, reife Frucht und viel Substanz. Aber auch hier hat Chardonnay knapp die Nase vorne, der Wein aus der Alsheimer Frühmesse zeigt viel Konzentration und reife Frucht, ist wunderschön füllig und saftig im Mund, besitzt gute Struktur und Substanz.

Weinbewertung

82	2021 Riesling trocken I 12,5%/8,50€
82	2021 Weißer Burgunder trocken I 12,5%/8,50€
82	2021 Grauer Burgunder trocken I 12,5%/8,50€
84	2021 Chardonnay trocken I 12,5%/8,50€
84	2020 Weißburgunder trocken Alsheim I 13,5%/11,50€
85	2020 Chardonnay trocken Alsheim I 13%/11,50€
86	2020 Riesling trocken Alsheimer Kälbchen I 13%/15,90€
87	2020 Chardonnay trocken Alsheimer Frühmesse I 13,5%/15,90€
83	2021 Riesling Kabinett „feinherb" I 10,5%/8,50€
82	2021 Pinot Noir Rosé trocken I 12,5%/8,90€

★★★☆

Bamberger

Kontakt
Wein- und Sektgut Bamberger Römerstraße 10
55566 Meddersheim
Tel. 06751-2624
Fax: 06751-2141
www.weingut-bamberger.de
kontakt@weingut-bamberger.de

Besuchszeiten
Mo.-Fr. 9-12 + 13:30-18 Uhr
Sa. 10-16 Uhr

Inhaber
Heiko Bamberger
Rebfläche
15 Hektar
Produktion
100.000 Flaschen

Karl-Kurt Bamberger gab in den sechziger Jahren den landwirtschaftlichen Gemischtbetrieb auf, um ganz auf Weinbau zu setzen. Seit 1993 ist Sohn Heiko für den Weinausbau verantwortlich und hat mittlerweile den Betrieb übernommen. Die Weinberge liegen in Meddersheim (Rheingrafenberg, Altenberg) und in Monzingen (Frühlingsplätzchen). Riesling nimmt 55 Prozent der Rebfläche ein, Spät-, Weiß- und Grauburgunder stehen auf zusammen 35 Prozent. Eine Spezialität des Weinguts sind die Winzersekte, deren Anteil an der Gesamtproduktion mittlerweile bei 20 Prozent liegt. Seit dem Jahrgang 2015 kommen die trockenen Toprieslinge erst zwei Jahre nach der Ernte als Réserve-Weine in den Verkauf.

Kollektion

Die Schaumweine bilden das Herzstück einer hervorragenden Kollektion. Der fein fruchtige, frische Blanc de Blanc aus Weißburgunder und Riesling ist herrlich klar. Der geradlinige Riesling steckt voll herzhafter Verve. An der Luft baut er mehr Körper auf, endet mit zarter Salzigkeit. Präzise und elegant ist der Pinot Rosé: Würziger Biss und milder Schmelz bilden ein filigranes Ensemble mit animierendem Frischekick von Bitterorangen im Abgang. Der feine Grand Pinot mit 92 Monaten Flaschenreife bietet attraktiven Nussaromen, verbindet Reife und Fülle mit Großzügigkeit und Tiefe. Fast 10 Jahre auf der Hefe lagerte der 2011er Riesling „Grande Réserve Decade", zeigt Anklänge von Nüssen und Brioche, feine Reife, kann aber noch gut weiter auf der Flasche reifen. Er ist würzig, geschliffen und geradlinig, von wohl dosierter Kraft und packender Frische, ein Riesling-Sekt mit Ecken und Kanten, sehr expressiv und harmonisch. Die 2021er Weißweine präsentieren sich sehr geschlossen, der Grauburgunder besitzt reintönige Frucht und feine Frische, das starke Riesling-Quartett wird angeführt von der Réserve aus dem Meddersheimer Altenberg, die gute Struktur und Substanz besitzt.

Weinbewertung

86	2021 „PetNat" I 11%/12,50€
88	2020 „Blanc de Blanc" Sekt brut „Tradition" I 12%/14,20€
89	2016 Riesling Sekt brut nature „Prestige" I 12,5%/19,90€
91	2013 „Grand" Pinot Sekt brut nature „Grand Réserve" I 13%/34,50€
92	2011 Riesling Sekt brut nature „Grande Réserve Decade" I 13%/72,50€
90	2017 Pinot Rosé Sekt brut nature „Prestige" I 12,5%/19,90€
85	2021 Riesling trocken I 11,5%/8,90€
87	2021 Grauburgunder trocken Meddersheimer Rheingrafenberg I 12,5%/14,50€
86	2021 Riesling trocken Monzinger Frühlingsplätzchen I 12%/11,50€
86	2021 Riesling trocken Meddersheimer Altenberg I 12%/11,50€
88	2021 Riesling trocken „Réserve" Meddersheimer Altenberg I 12,5%/19,50€

★★★

Bardong

Kontakt
Sektmanufaktur Bardong
Bahnstraße 7
65366 Geisenheim
Tel. 06722-47136
Fax: 06722-47555
www.bardong.de
info@bardong.de

Besuchszeiten
nach Vereinbarung

Inhaber
Norbert & Renate Bardong

Rebfläche
keine eigenen Weinberge

Norbert Bardong gründete 1984 seine eigene Sektkellerei, spezialisierte sich auf Jahrgangs- und Lagensekte in kleinen Auflagen, ausschließlich in den Geschmacksrichtungen brut oder extra-brut. Kunden, die höher dosierte Schaumweine bevorzugen, verweist er gern an Kollegen – er selbst bleibt konsequent. Alle Sekte reifen in alten, eindrucksvollen Kelleranlagen, in denen früher Weinbrand gelagert wurde. Eine Mindestreifezeit von drei Jahren auf der Hefe ist hausintern vorgeschrieben, Spezialitäten können aber schon mal bis zu zwanzig Jahre gelagert werden, degorgiert wird nach Bedarf. In erster Linie verwendet Bardong, unterstützt von seiner Frau Renate, die klassischen Rheingauer Rebsorten Riesling und Spätburgunder, dazu aber auch Weißburgunder und Chardonnay, und selbst Gewürztraminer, Cabernet Sauvignon oder die weiße Neuzüchtung namens Hölder, deren Trauben er aus dem Anbaugebiet Saale-Unstrut bezieht. Die regelmäßig veranstalteten Sekt-Diners zeigen, dass man Schaumwein und Speisen perfekt kombinieren kann.

Kollektion

Den Einstieg macht der Riesling aus der Hallgartener Jungfer, der eine schöne Frische und weißfleischige Frucht mitbringt. Die beiden Sekte aus dem Honigberg leben von frischer knackiger Riesling-Säure und bringen Noten von Zitrus und Ananas mit. Wir sehen beide gleichauf, wobei der 2015er mehr Spannung, der 2016 mehr Cremigkeit besitzt. Der Marcobrunn-Sekt kann mit Opulenz und Komplexität punkten, vereint dabei cremig-buttrige Noten mit tropischer Frucht; die stramme, aber gut eingebundene Säure steht ihm gut zu Gesicht. Auch abseits der Rieslinge zeugen die Sekte von gutem Handwerk: Der Weißburgunder präsentiert sich floral und harmonisch, Chardonnay und Blanc de Noir sind griffiger, unsere minimale Präferenz gilt dem herberen Chardonnay. Der Gewürztraminer ist sortentypisch duftig, der Rotsekt aus dem Höllenberg streng, aber balanciert, der Rosé ist wunderbar harmonisch und reintönig.

Weinbewertung

86	2015 Riesling extra brut Erbacher Honigberg ❙ 12,5%/18,-€
86	2016 Riesling extra brut Erbacher Honigberg ❙ 12%/16,-€
86	2016 Riesling brut Hallgartener Jungfer ❙ 12,5%/16,-€
89	2014 Riesling extra-brut Erbacher Marcobrunn ❙ 12,5%/32,-€
86	2017 Weißburgunder brut ❙ 12%/19,-€
86	2016 Chardonnay brut ❙ 12,5%/19,-€
86	2016 Spätburgunder „Blanc de Noir“ brut Assmannshäuser Hinterkirch ❙ 12,5%/22,-€
85	2016 Gewürztraminer brut ❙ 12,5%/21,-€
86	2015 Rosé brut ❙ 12,5%/18,-€
85	2016 Spätburgunder extra brut Assmannshäuser Frankenthal ❙ 12,5%/24,-€

★★★☆

Barth

Kontakt
Bergweg 20
65347 Hattenheim
Tel. 06723-2514, Fax: -4375
www.weingut-barth.de
mail@weingut-barth.de

Besuchszeiten
Mo.-Fr. 14-18 Uhr, Sa. 11-16 Uhr
Kellerführungen
Veranstaltungsräumlichkeiten
Sabrierworkshop

Inhaber
Mark & Christine Barth
Betriebsleiter
Mark Barth
Kellermeister
Sarah Broschart
Rebfläche
22 Hektar
Produktion
150.000 Flaschen

Das heute von Christine und Mark Barth geführte Wein- und Sektgut gehört zu den vielfältigsten Betrieben im Rheingau. Ihre Weinberge liegen vor allem in Hattenheim in den Lagen Hassel, Wisselbrunnen und Schützenhaus, in den Hallgartener Lagen Schönhell und Hendelberg, aber auch im Oestricher Lenchen. Riesling ist die wichtigste Rebsorte im Betrieb, dazu gibt es Spätburgunder, aber auch Weißburgunder, Scheurebe und Cabernet Sauvignon. Die Sekte werden teilweise sehr lange auf der Hefe ausgebaut, gerüttelt wird per Hand. Teilweise werden sie spät gefüllt, dann wieder komplett ohne Dosage vinifiziert wie der „Ultra" oder die Lagensekte.

Kollektion

Es ist wunderbar gelungen die strenge 2021er Säure einzubinden. Sehr stramm ist der Hallgartener Ortswein, der neben hoher Säure auch feine, leicht tropische Noten mitbringt. Der Schützenhaus-Riesling besitzt ebenfalls eine kräftige Säure, ist dabei aber herber, kantiger, reduktiver und spannender. Der Singularis aus dem neuen Holzfass präsentiert sich deutlich cremiger. Die Großen Gewächse aus Schönhell und Hassel leben beide von ihrer Säure und ihrer Struktur, sie sind puristisch und geradlinig, wobei der Hassel-Riesling mehr Länge und Druck besitzt. Den Wisselbrunnen sehen wir gleichauf, bei anderer Stilistik, er ist cremiger, zeigt Anklänge an Tropenfrüchte. Die Sekte sind wie gewohnt recht unterschiedlich. Der Riesling Extra Brut ist klar, geradlinig und fruchtbetont. Die Lagen-Sekte und der Ultra setzen mehr auf Struktur als auf Frucht. Der Ultra moussiert sehr fein und weist komplexe Sauerteigaromen auf. An der Spitze der Sektkollektion aber sehen wir die beiden Riesling Lagen-Sekte, die beide sehr eigenständig sind, ihre Rebsorte nicht verleugnen, wunderbar puristisch sind: Der Schützenhaus-Sekt bringt eine spitze Zitrussäure und Minzteearomen mit, der Hassel-Sekt ist deutlich druckvoller und cremiger, mit Aromen von nassem Stein und kühlem Rauch.

Weinbewertung

85 Riesling Sekt extra brut | 12%/17,-€
88 2015 „Ultra" Sekt brut nature | 12%/32,-€
91 2015 Riesling Sekt brut nature Hattenheim Hassel | 12,5%/65,-€
90 2016 Riesling Sekt brut nature Hattenheim Schützenhaus | 12%/37,-€
87 2021 Riesling trocken Hallgarten | 12%/13,-€
89 2021 Riesling trocken Hattenheim Schützenhaus | 12%/19,50€
89 2020 Riesling „Singularis Fumé" | 12,5%/25,-€
(92) 2020 Riesling trocken „GG" Hattenheim Hassel | 12%/37,-€
(92) 2020 Riesling trocken „GG" Hattenheim Wisselbrunnen | 12,5%/39,-€
91 2020 Riesling trocken „GG" Hallgarten Schönhell | 12,5%/34,-€
86 2021 Riesling Kabinett Oestrich Lenchen | 9%/15,-€

BARTH
WEIN- UND SEKTGUT

★★★★☆

Bassermann-Jordan

Kontakt
Weingut Geheimer Rat Dr. von Bassermann-Jordan
Kirchgasse 10
67146 Deidesheim
Tel. 06326-6006
Fax: 06326-6008
www.bassermann-jordan.de
info@bassermann-jordan.de

Besuchszeiten
Mo.-Fr. 8-18 Uhr
Sa. 10-15 Uhr
Ketschauer Hof
Restaurant 1718
Restaurant L.A. Jordan

Inhaber
Familie Seeger
Kaufmänn. Geschäftsführer
Lucas Nägele
Kellermeister
Dominik Leyrer
Rebfläche
50 Hektar
Produktion
300.000 Flaschen

Bassermann-Jordan ist eines der traditionsreichsten und bekanntesten Weingüter in Deutschland, Pierre Jordan wanderte 1708 aus Savoyen in die Pfalz ein und gründete 1718 das Weingut, das seit 1783 seinen Sitz in Deidesheim hat, in der Schatzkammer des Weinguts finden sich noch Weine bis zurück zum legendären „Kometenjahrgang" 1811. 2002 erwarb Achim Niederberger das Gut von der Familie von Bassermann-Jordan, seit seinem Tod führte es seine Frau Jana Seeger mit dem seit vielen Jahren bewährten Team aus Gunther Hauck als kaufmännischem Betriebsleiter und Ulrich Mell als technischem Geschäftsführer. Seit September 2021 leitet nun Lucas Nägele, der zuvor unter anderem nationaler Verkaufsleiter für Niepoort gewesen ist, als kaufmännischer Geschäftsführer das Gut, als Kellermeister steht ihm Dominik Leyrer zur Seite, der schon unter Ulrich Mell als zweiter Kellermeister für das Weingut gearbeitet hat. Die Weinberge verteilen sich auf 20 Einzellagen in Forst (Ungeheuer mit dem Gewann Ziegler, Kirchenstück, Jesuitengarten, Pechstein, Stift), Deidesheim (Paradiesgarten, Leinhöhle, Hohenmorgen, Kieselberg, Grainhübel, Langenmorgen, Kalkofen, Herrgottsacker), Ruppertsberg (Reiterpfad, Hoheburg) und Königsbach (Ölberg). Im Anbau dominiert Riesling mit einem Anteil von 90 Prozent, hinzu kommen jeweils zwei Prozent Chardonnay, Weißburgunder und Grauburgunder sowie Spätburgunder und Merlot. Die Weine werden teils in Holzfässern (sehr sehenswerter Gewölbekeller!), teils im Edelstahl ausgebaut. Das Programm ist für die Rieslinge nach dem vierstufigen VDP-Modell gegliedert, daneben gibt es Rebsortenweine und die Linie „von Bassermann-Jordan" für Weine, die im Eichenholz ausgebaut werden, das Programm ergänzen edelsüße Weine und Sekte.

Kollektion

In diesem Jahr bekamen wir aus dem umfangreichen Sortiment des Weinguts Bassermann-Jordan ungewöhnlicherweise nur eine kleine Auswahl von zehn Weinen zur Verkostung, darunter auch nur zwei der Großen Gewächse – im Gegensatz zum Vorjahr, als wir die komplette Kollektion aus acht weißen Großen Gewächsen verkosten konnten. Und erwartungsgemäß stehen die beiden Rieslinge an der Spitze: Der Pechstein zeigt leicht kräutrige und rauchige Noten im Bouquet und dazu auch klare Fruchtaromen von Pfirsich, Ananas und etwas grüner Apfel, am Gaumen besitzt er gute Konzentration, viel klare Frucht, guten Grip und ist leicht salzig-mineralisch und nachhaltig, der Kalkofen ist insgesamt etwas verhaltener, zeigt leicht kreidige Würze, etwas gelben Apfel und hefige Noten, besitzt am Gaumen eine leicht cremige Textur, feine Zitrusnoten und gute Länge. Auch die fünf anderen Rieslinge sind sehr gut, allen voran der Wein aus dem im Ungeheuer gelegenen Gewann Ziegler, der viel gelbe Frucht im Bouquet zeigt, Steinobst, Pfirsich, Aprikose und deutliche Kräuternoten, und der am Gaumen viel Saft, Frucht und guten Grip besitzt und druckvoll und nachhaltig ist, der „Auf der Mauer“ zeigt steinige und kräutrige Würze und etwas Zitrusnoten im Duft, besitzt gute Konzentration, viel klare Frucht, Ananas, Limette, und gute Länge, der Leinhöhle-Riesling zeigt ebenfalls viel klare, gelbe Frucht, Aprikose, Ananas, feine Kräuternoten und dezentes Holz im Bouquet, besitzt guten Grip und ein animierendes Säurespiel. Der Ruppertsberger Riesling ist leicht verhalten, zeigt etwas Limette und Orangenschale im Duft und besitzt Frische, der Gutsriesling ist mit Noten von Aprikose, Ananas und Orangenschale deutlicher in der Frucht, ist frisch und animierend. Der undosierte Rieslingsekt zeigt feine Hefenoten, Brotkruste, etwas Trockenfrüchte und feine Zitrusnoten im Bouquet und ist am Gaumen straff, geradlinig und animierend, besitzt eine frische Säure und gute Länge, der Sauvignon Blanc ist wie die meisten der Rieslinge ebenfalls sehr fruchtbetont, zeigt Aromen von gelber Stachelbeere, Grapefruit und Maracuja, ist, frisch, harmonisch und leicht füllig. Eine Kuriosität ist der Goldmuskateller aus eingetrockneten Trauben, die über mehrere Wochen hinweg in kleinen, offenen Kisten getrocknet und dann spontan vergoren und ein Jahr in einem Tonneau ausgebaut wurden, der Wein zeigt ein intensives Bouquet mit Noten von Holunderblüte, Litschi, Zitrusfrüchten und Muskatwürze, besitzt am Gaumen eine cremige, fast ölige Textur, viel klare, süße Aprikosenfrucht, frische Zitrusnoten und gute Länge.

Lucas Nägele (links) & Dominik Leyrer

Weinbewertung

89 2016 Riesling Sekt brut nature | 12%/26,50€
85 2021 Riesling trocken | 12,5%/11,90€
86 2021 Sauvignon Blanc trocken Ruppertsberg | 12,5%/14,50€
86 2021 Riesling trocken Ruppertsberg | 12,5%/14,50€
89 2021 Riesling trocken Forster Ungeheuer Ziegler | 12,5%/24,-€
88 2021 Riesling trocken Deidesheimer Leinhöhle | 12,5%/20,-€
88 2021 Riesling trocken „Auf der Mauer“ | 12,5%/21,-€
91 2021 Riesling „GG“ Pechstein | 12,5%/48,-€
90+ 2021 Riesling „GG“ Kalkofen | 12,5%/38,-€
90 2020 Goldmuskateller „Wein aus eingetrockneten Trauben“ | 9,5%/33,-€

Lagen
Hohenmorgen (Deidesheim)
Grainhübel (Deidesheim)
Kalkofen (Deidesheim)
Kieselberg (Deidesheim)
Mäushöhle (Deidesheim)
Leinhöhle (Deidesheim)
Kirchenstück (Forst)
Pechstein (Forst)
Ungeheuer (Forst)
Ziegler (Forst)
Jesuitengarten (Forst)
Reiterpfad (Ruppertsberg)
Hoheburg (Ruppertsberg)

Rebsorten
Riesling (90%)
Chardonnay (2%)
Weißburgunder (2%)
Grauburgunder (2%)
Spätburgunder (2%)
Merlot (2%)

★★☆

Bauer

Kontakt
Spitzwegstraße 15/1-17
74081 Heilbronn-Sontheim
Tel. 07131-570374
Fax: 07131-507165
www.bauer-weingut.com
info@bauer-weingut.com

Besuchszeiten
siehe Homepage
Gästehaus mit 20 Zimmern

Inhaber
Alexander Bauer
Rebfläche
7 Hektar
Produktion
40.000 Flaschen

Franz und Monika Bauer starteten 1974 mit einem halben Hektar Reben, Ackerbau und Viehzucht, entwickelten den anfänglichen Mischbetrieb zu einem reinen Weingut mit einem Gutsausschank, der 150 Tage im Jahr geöffnet hat, 2012 kamen Gästezimmer hinzu. 2015 hat Alexander Bauer den Betrieb übernommen. Nach Abitur und Winzerlehre bei Albrecht-Kiessling und Aldinger studierte er in Geisenheim, absolvierte Praktika bei von Winning und in Südafrika. Die Weinberge liegen im Heilbronner Stiftsberg und im Talheimer Schlossberg. Lemberger, Riesling und Spätburgunder sind die wichtigsten Rebsorten, dazu gibt es Weißburgunder, Sauvignon Blanc, Trollinger und Chardonnay. Den Anbau von Lemberger und Sauvignon Blanc hat Alexander Bauer in den letzten Jahren forciert, beide baut er im Barrique aus, lange auf der Vollhefe. Mit dem Jahrgang 2020 hat er sein Sortiment verschlankt und neu strukturiert, es gliedert sich nun in Literweine, ein Mittelsegment ohne weitere Bezeichnung sowie Réserveweine.

Kollektion

Starke weiße und rote Reserveweine führten im vergangenen Jahr die Kollektion an, allen voran der Lemberger aus dem Jahrgang 2018. Dieses Jahr konnten wir nur einen Reservewein verkosten, eine Neuerung, den Rosé, und der steht an der Spitze der sonst gleichmäßigen Kollektion, ist würzig und konzentriert, klar, kraftvoll und zupackend, besitzt gute Struktur und Grip. Die Literweine sind fruchtbetont und klar, überzeugen wie schon im Vorjahr. Der Sauvignon Blanc ist würzig, zupackend, der Weißburgunder geradlinig und frisch, der feinherbe Riesling besitzt viel Würze und Frische, was auch für den feinherben Blanc de Noirs gilt. Und auch die Rotweine setzen ganz auf Frische und Frucht, wie der reintönige, lebhafte Trollinger oder der wunderschön fruchtintensive Spätburgunder, der gute Struktur und Grip besitzt. Unsere ganz leichte Präferenz gilt dem reintönigen Lemberger, der lebhaft und geradlinig ist. Schöne Stilistik!

Weinbewertung

83 Riesling Sekt brut | 13%/11,90€
81 „Vier Viertel Weiss“ (1l) | 12,5%/6,-€
83 2021 Sauvignon Blanc trocken | 12,5%/8,90€
83 2021 Weißburgunder trocken | 13%/8,90€
83 2021 Riesling „feinherb“ | 12%/8,90€
83 2021 „Blanc de Noirs“ | 12%/8,90€
86 2021 Rosé trocken „R“ | 12%/8,90€
82 „Vier Viertel Rot“ (1l) | 12,5%/6,-€
83 2021 Trollinger trocken | 12%/6,-€
84 2020 Spätburgunder trocken | 12,5%/7,-€
85 2020 Lemberger trocken | 13,5%/7,-€

Bauer

Kontakt
Moselstraße 3
54486 Mülheim
Tel. 06534-571
Fax: 06534-570
www.weingut-bauer.de
info@weingut-bauer.de

Besuchszeiten
Mo.-Fr. 8-12 + 13-18 Uhr
Sa. 8-16 Uhr
oder nach Vereinbarung
Probierstube, Gästehaus

Inhaber
Thomas Bauer
Rebfläche
8,3 Hektar

Das Gut wird von Thomas Bauer geführt. Er besitzt Weinberge in den Lagen Mülheimer Sonnenlay, Veldenzer Kirchberg und Brauneberger Juffer – und er ist einer von zwei Eigentümern der Lage Elisenberg, die teils auf Mülheimer, teils auf Veldenzer Gemarkung liegt. Neben Riesling, der 82 Prozent der Fläche einnimmt, werden vor allem noch Spätburgunder und Müller-Thurgau angebaut. Die Weine werden teils in Holzfässern, teils in Edelstahltanks ausgebaut, kühl und langsam vergoren und bleiben lange auf der Feinhefe. Einen Namen gemacht hat sich der Betrieb mit klaren, eleganten Weinen, vom trockenen Riesling bis zur edelsüßen Spezialität, auch die Erfahrungen beim Rotwein sind hervorzuheben. Neben Wein werden auch Edel- und Tresterbrände sowie Fruchtliköre erzeugt.

Kollektion

Ein Sortiment an geradlinigen Weinen stellt der Betrieb aus 2021 vor – etwa den Basisriesling, der fest, straff und zugänglich ist. Der trockene Weißburgunder ist verhalten mit zarten Aprikosen- und Mirabellennoten, im Mund saftig und direkt, nicht allzu lang, aber gut balanciert. Verhalten wirkt der Kabinettriesling aus der Sonnenlay, im Mund ist er schön präzise und angenehm trocken. Ganz anders die Maison Elise, die sich sehr offen präsentiert mit Anklängen an Melone und Hefe, im Mund macht dieser Wein einen saftigen und zupackenden Eindruck. Die beiden trockenen Lagenweine unterscheiden sich deutlich voneinander; jener aus dem Elisenberg ist eher frisch und kühl, im Mund schlank und animierend; der aus der Juffer wirkt verschlossener, etwas reifer, im Mund saftig, er braucht noch Zeit. Beide Weine sind geradlinig und tatsächlich trocken. Beim Großen Gewächs aus dem Elisenberg, Jahrgang 2020, ist eine offene Frucht mit Anklängen an Mirabelle, Kräuter und etwas Hefe zu bemerken, der Wein vibriert im Mund, ist schön saftig. Schließlich der Rotwein: Ein Spätburgunder aus dem Jahrgang 2018 zeigt Anklänge an Schokolade und Tabak, ist voller Schmelz, der Alkohol ist freilich deutlich zu spüren.

Weinbewertung

82 2021 Riesling trocken (1l) | 12%/6,50€
83 2021 Weißer Burgunder trocken | 13%/8,-€
85 2021 Riesling Kabinett trocken Mülheimer Sonnenlay | 11,5%/8,-€
86 2021 Riesling trocken Mülheimer Elisenberg | 12%/11,-€
87 2021 Riesling trocken Brauneberger Juffer | 12%/12,50€
87 2020 Riesling GG trocken Mülheimer Elisenberg | 12,5%/24,50€
81 2021 Riesling „feinherb“ (1l) | 11,5%/6,50€
86 2021 Riesling trocken „Maison Elise“ | 11,5%/9,80€
86 2021 Riesling Kabinett „feinherb“ Brauneberger Juffer | 11,5%/8,50€
87 2021 Riesling Spätlese „feinherb“ Mülheimer Elisenberg | 12%/11,-€
86 2018 Spätburgunder*** trocken | 14,5%/24,-€

Baum

Kontakt
Weingartenstraße 54
54492 Zeltingen-Rachtig
Tel. 06532-1438
www.wein-und-gaestehaus-baum.de
wein-und-gaestehaus-baum@web.de

Besuchszeiten
täglich nach Vereinbarung, auch gerne an Sonn- & Feiertagen

Inhaber
Peter Baum
Betriebsleiter
Peter Baum
Rebfläche
0,7 Hektar

Peter Baum baute lange Zeit ausschließlich Riesling an, im März 2011 pflanzte er allerdings auf einer kleinen Parzelle in der Sonnenuhr Spätburgunder, der 2013 den ersten Ertrag brachte. Heute sind 10 Prozent der Fläche von insgesamt 0.7 Hektar mit der roten Sorte bepflanzt. Peter Baums Weinberge befinden sich alle in Steillagen, vor allem in der Wehlener Sonnenuhr, aber auch im Graacher Himmelreich. In der Sonnenuhr besitzt er teils wurzelechte, alte Rieslingreben, die er auch nach der Flurbereinigung und der Zuteilung neuer Parzellen weiterbewirtschaftet. Seit einigen Jahren werden alle Weine in Edelstahltanks ausgebaut, die Weine bleiben lange auf der Feinhefe, Süßreserve ist tabu. Dem Weingut ist ein Gästehaus angeschlossen, das vom 1. Mai bis zum 30. September geöffnet ist.

Kollektion

Seit vielen Jahren schon empfehlen wir die Weine des kleinen Zeltinger Betriebes und haben festgestellt, dass er auch mit schwierigen Jahrgängen gut umzugehen weiß. Egal ob die Mostgewichte eher hoch oder eher niedrig sind, die Säure markant ist oder eher verhalten: Fast ausnahmslos wirken die erzeugten Rieslinge stimmig und präzise. Aus 2021 wird lediglich ein trockener Riesling vorgestellt, der von alten Reben der Wehlener Sonnenuhr stammt und bereits in der Nase zugänglich wirkt, im Mund ist er rassig und fein mit schöner Würze im Nachhall. Noch etwas besser allerdings gefällt ihr Pendant aus 2020, das mehr Volumen besitzt und noch deutlich mehr Struktur: Ein gutes Beispiel dafür, dass die hiesigen Weine sich mit ein, zwei Jahren Reifezeit deutlich positiv entwickeln. Der Classic-Riesling, nun wieder aus 2021, ist gut balanciert mit einem vergleichsweise niedrigen Restzucker. Ausgezeichnet gefällt die feinherbe Spätlese aus 2019 mit saftiger Art und gut passender Süße. Stimmig schließlich sind auch die beiden Spätlesen aus dem Graacher Himmelreich (2020) und der Wehlener Sonnenuhr (2021). Die eine besitzt mehr Würze und ist schmeckbar süßer, die andere zeigt dafür eine etwas schlankere, rassigere, leicht vibrierende Art. Dass die Weine ein ausgesprochen gutes Preis-Leistungs-Verhältnis aufweisen, ist immer wieder aufs Neue hinzuzufügen.

Weinbewertung

86	2020 Riesling Spätlese trocken „Selektion Alte Reben" Sonnenuhr I 12,5%/6,-€ ☺
84	2021 Riesling Spätlese trocken „Selektion Alte Reben" Sonnenuhr I 12%/6,-€
82	2021 Riesling Classic I 11,5%/5,50€
86	2019 Riesling Spätlese „feinherb" Wehlener Sonnenuhr I 12%/6,-€ ☺
86	2020 Riesling Spätlese Graacher Himmelreich I 7,5%/6,-€ ☺
85	2021 Riesling Spätlese Wehlener Sonnenuhr I 8%/6,-€ ☺

★★☆

Baum

Kontakt
Oberhofstraße 16, 55218
Ingelheim-Großwinternheim
Tel. 06130-945146
Fax: 06130-945145
www.weingut-baum.de
info@weingut-baum.de

Besuchszeiten
Mi. & Fr. 17-19 Uhr
Sa. 10-16 Uhr

Inhaber
Sebastian Baum

Rebfläche
9,5 Hektar

Das 1929 von seinem Urgroßvater gegründete Weingut wird heute von Sebastian Baum geführt, sein Vater Peter Baum leitet den seit Mitte der sechziger Jahre bestehenden Abfüllbetrieb. Sebastian Baums Weinberge liegen in Großwinternheim in den Lagen Bockstein (Löss, Mergel), Klosterbruder und Heilighäuschen (Kalkstein, Löss-Lehm) sowie im Ingelheimer Sonnenhang (Löss, Kalkstein). Ein Viertel der Rebfläche nimmt Riesling ein, es folgen Spätburgunder und Portugieser, hinzu kommen Silvaner, Grauburgunder, Weißburgunder, Chardonnay und Kerner. Das Sortiment ist gegliedert in Guts-, Orts- und Lagenweine. Einige Lagenweine wie der Weißburgunder aus dem Heilighäuschen oder der Riesling aus dem Sonnenhang werden nicht in jedem Jahr erzeugt, nur den Riesling aus dem Bockstein gab es in den letzten Jahrgängen immer; im Jahrgang 2018 gab es zwei restsüße Lagen-Rieslinge aus dem Klosterbruder.

Kollektion

Der Riesling aus dem Großwinternheimer Bockstein ist auch in diesem Jahr wieder der herausragende Wein der Kollektion; das war schon vor sechs Jahren so, als wir die Weine von Sebastian Baum zum ersten Mal verkostet haben, und das war so in allen Jahren seither. So gut wie im Jahrgang 2021 aber war er noch nie. Sebastian Baum hat den Wein bis zur Abfüllung auf der Vollhefe belassen und mehrmals aufgerührt. Er zeigt gute Konzentration im Bouquet, feine Würze und Frucht, ist füllig und saftig im Mund, besitzt Substanz, reintönige Frucht und Länge. Sehr gut gefällt uns auch der Ingelheimer Orts-Riesling, ist würzig und klar, zeigt Frische und Frucht, ist frisch auch im Mund, zupackend, besitzt Struktur und Grip. Auch der halbtrockene Riesling überzeugt, ist würzig und klar im Bouquet, frisch, zupackend und strukturiert im Mund. Unter den anderen Weißweinen gefällt uns der Großwinternheimer Chardonnay am besten, der wie der Bockstein-Riesling bis zur Füllung auf der Vollhefe blieb und mehrmals aufgerührt wurde: Er zeigt dezent rauchige Noten, klare Frucht, ist füllig und harmonisch, merklich süß. Sehr gut ist auch der Ingelheimer Spätburgunder, zeigt rote Früchte im reintönigen Bouquet, besitzt Frische, Struktur und Grip. ▬

Weinbewertung

82 2021 Grüner Silvaner trocken | 12,5%/5,70€
81 2021 Spätburgunder „blanc de noir" trocken | 12%/6,-€
85 2021 Riesling trocken „vom Kalkmergel" Ingelheimer | 12,5%/6,70€
82 2021 Weißburgunder trocken „Be Friendly" Großwinternheimer | 13%/7,70€
82 2021 Grauburgunder trocken Ingelheimer | 12,5%/6,70€
84 2021 Chardonnay trocken Großwinternheimer | 13%/7,70€
88 2021 Riesling trocken Großwinternheimer Bockstein | 13%/10,20€
83 2021 Riesling halbtrocken „Kalkspiel" | 11,5%/5,70€
85 2019 Spätburgunder trocken Ingelheimer | 13,5%/10,20€

★★

Dr. Baumann

Kontakt
Am Ordensschloss 15-21
74182 Obersulm-Affaltrach
Tel. 07130-47440
Fax: 07130-474444
www.weingut-dr-baumann.de
info@weingut-dr-baumann.de

Besuchszeiten
Mo.-Fr. 9-12 + 13-17 Uhr
Sa. 9-13 Uhr

Inhaber
Tanja Baumann
Betriebsleiter
Tanja Baumann
Rebfläche
42 Hektar
Produktion
220.000 Flaschen

Willy und Elisabeth Baumann gründeten 1928 das Weingut, ihr Sohn Dr. Reinhold Baumann erweiterte den Betrieb, der heute in vierter Generation von Tanja Baumann geführt wird. Ihre Weinberge liegen im Weinsberger Tal in den Lagen Eschenauer Paradies, Affaltracher Dieblesberg, Eichelberger Hundsberg und Weiler Schlierbach (im Alleinbesitz), die Reben wachsen auf Keuperböden. Die Rebfläche verteilt sich auf viele Rebsorten, es gibt Trollinger und Riesling, Weißburgunder, Sauvignon Blanc, Merlot, Cabernet Sauvignon, Chardonnay, Muskateller, Muskattrollinger, Schwarzriesling und andere mehr. Die Weißweine werden kalt vergoren, alle Rotweine werden maischevergoren und überwiegend in kleinen und großen Eichenholzfässern ausgebaut.

Kollektion

Der im Barrique ausgebaute Riesling Eiswein aus dem Jahrgang 2018 führt wieder die Kollektion an, wir hatten ihn schon in den beiden vergangenen Jahren vorgestellt, er ist konzentriert, würzig, rauchig, zeigt kandierte Früchte und Vanille, befindet sich derzeit in einer Phase, in der der Barriqueausbau sehr evident ist. Enorm würzig, frisch und geradlinig ist der Impuls genannte, nicht dosierte Sekt, eine Cuvée aus Chardonnay, Meunier und Pinot Noir – ein feiner Einstieg in die Kollektion, die Weine aus den drei Jahrgängen 2018 bis 2020 bietet. Aus 2020 gibt es zwei weiße Gutsweine, der Muskateller ist würzig und eindringlich, frisch, geradlinig und zupackend. Sehr gut gefällt uns der Sauvignon Blanc aus dem Jahrgang 2019, zeigt intensive Frucht im Bouquet, ist frisch, klar und zupackend, besitzt feine süße Frucht und Grip. Auch der rauchige, füllige Merlot überzeugt in diesem Jahrgang, etwas mehr als die gewürzduftige Corpus-Variante. Unser Favorit aus den 2018ern – nach dem Riesling Eiswein – ist die Cuvée Cabernet, die gute Konzentration und eindringlich Gewürze im Bouquet zeigt, Fülle, Kraft, viel reife Frucht und Grip besitzt.

Weinbewertung

85	„Impuls“ Sekt brut nature I 12,5%/24,90€
85	2019 Sauvignon Blanc trocken I 13,5%/12,90€
82	2020 Weißburgunder trocken I 14%/12,50€
84	2020 Muskateller trocken I 13,5%/8,90€
81	2018 Chardonnay trocken Barrique I 13,5%/22,90€
88	2018 Riesling Eiswein „Réserve“ Barrique I 9%/49,50€/0,375l
84	2018 „Contur“ Rotwein trocken I 14%/10,90€
84	2018 „Epilog“ Rotwein trocken I 13,5%/10,90€
82	2019 Spätburgunder trocken „Corpus“ I 13%/14,90€
86	2018 Cuvée Cabernet trocken I 14%/13,90€
83	2019 Merlot trocken „Corpus“ I 13%/14,90€
85	2019 Merlot trocken I 14%/14,90€

★★★

Baumgärtner

Kontakt
Panoramaweingut Baumgärtner
An der Steige 94
74343 Hohenhaslach
Tel. 07147-6298
Fax: 07147-13151
www.panoramaweingut.de
info@panoramaweingut.de

Besuchszeiten
Mo.-Sa. 8-12 + 13-18 Uhr

Inhaber
Reinhard Baumgärtner
Kellermeister
Josua Baumgärtner
Rebfläche
13,5 Hektar
Produktion
80.000 Flaschen

Reinhard Baumgärtner führt heute das Panoramaweingut Baumgärtner, das seit 2012 diesen Namen trägt. Seine Weinberge liegen an den Hängen des Strombergs von Häfnerhaslach (Heiligenberg) bis Hohenhaslach (Kirchberg). Wichtigste Rebsorten sind Trollinger, Lemberger, Spätburgunder und Riesling, inzwischen kamen Chardonnay und Muskat-Trollinger, aber auch Sauvignon Blanc, Grauburgunder, Merlot und Cabernet Cubin hinzu, zuletzt Syrah und Malbec. Die Sterne-Klassifizierung wurde mit dem Jahrgang 2015 ersetzt durch eine dreistufige Gliederung in Gutsweine, Terroir-Weine und Große Gewächse. 2014 wurden erstmals die beiden neuen Flaggschiffe des Hauses vorgestellt, zwei „Große Gewächse“, Riesling (2012) und Lemberger (2011), beide aus dem Kirchberg, mit dem Jahrgang 2015 kam ein Spätburgunder hinzu. Zuletzt wurde in Kellertechnik, aber auch in neue Barriques und Tonneaux investiert. Sohn Josua hat nach seiner Lehre bei den Weingütern Wachtstetter und Jürgen Ellwanger die Technikerausbildung in Weinsberg abgeschlossen, ist seit dem Jahrgang 2020 für den Weinausbau verantwortlich. 2020 wurden in Häfnerhaslach Grauburgunder, Gewürztraminer, Sauvignon Blanc und Riesling neu angelegt.

Kollektion

Es geht weiter voran, wobei auch in diesem Jahr die Stärken eindeutig im roten Segment liegen, wo die Weine weiter an Profil gewonnen haben. Schon die Ortsweine sind sehr gut: Der Trollinger ist wunderschön reintönig und zupackend, der Merlot zeigt rauchige Noten und reintönige Frucht, besitzt gute Struktur und Grip, der Lemberger ist wunderschön reintönig, besitzt Frische, Struktur und Grip. Die rote Cuvée Madeus B. besitzt Konzentration, reife Frucht, Substanz und Kraft, der Kirchberg-Spätburgunder ist wunderschön reintönig, etwas floral, zupackend, unser Favorit aber ist der Kirchberg-Lemberger, der reintönige Frucht besitzt, Kraft, Struktur und Länge. Im weißen Segment gefallen uns der reintönige Frucht Kalkmergel-Riesling und der füllige, kraftvolle Chardonnay am besten. Im Aufwind!

Weinbewertung

86 2020 Riesling trocken „Kalkmergel“ Hohenhaslach I 13%/10,50€
86 2021 Chardonnay trocken „Gipskeuper“ I 12,5%/11,50€
84 2021 Cuvée Weiß „feinherb“ I 11,5%/7,-€
85 2021 Riesling Kabinett „feinherb“ I 10%/7,50€
85 2021 Rosée „Saignée“ trocken I 11,5%/9,-€
85 2020 Trollinger trocken „Bunter Mergel“ Hohenhaslach I 12,5%/10,50€
87 2020 Merlot trocken „Schilfsandstein“ Hohenhaslach I 13,5%/16,50€
88 2019 Lemberger trocken „Gipskeuper“ Hohenhaslach I 13%/14,50€
88 2018 „Madeus B.“ Rotwein trocken I 13,5%/22,-€
89 2018 Spätburgunder trocken Kirchberg Hohenhaslach I 12,5%/24,-€
90 2018 Lemberger trocken Kirchberg Hohenhaslach I 13%/22,-€

★★

Bausch

Kontakt
Waldbachstraße 103
65347 Hattenheim
Tel. 06723-999203
Fax: 06723-999291
www.weingut-bausch.de
info@weingut-hans-bausch.de

Besuchszeiten
Mo.-Fr. 9-17 Uhr
Sa. 12-16 Uhr
Ferienwohnungen

Inhaber
Hans Bausch
Rebfläche
16 Hektar
Produktion
70.000 Flaschen

Hans Bausch führt den Familienbetrieb und baut auf 85 Prozent der Fläche Riesling an, der Rest ist mit Spätburgunder bepflanzt. Bewirtschaftet werden vor allem Lagen in Hattenheim (Schützenhaus, Wisselbrunnen, Hassel und Engelmannsberg), aber auch in Oestrich (Lenchen) – nicht weniger als 60 Prozent der Rebfläche sind als Erstes Gewächs klassifiziert. Gekühlte Vergärung und Lagerung der Rieslinge auf der Feinhefe im Edelstahl führen zu saftigen, klaren, fruchtbetonten und bis in die Spitze animierenden Weißweinen, die Rotweine dürfen im großen Fass oder im Barrique reifen. Mittlerweile sind Tochter Katharina und Sohn Maximilian nach ihrer Winzerausbildung voll in den Betrieb integriert. Auf dem Weingut wurden Ferienwohnungen eingerichtet.

Kollektion

Es geht voran, besonders in der trockenen Spitze. Der feinherbe Riesling Kabinett aus Hattenheim ist fruchtbetont, lebt von grünem Apfel und Zitrus. Die trockenen Rieslinge bringen alle eine gewisse Restsüße mit, was gut zum fruchtbetonten Stil des Hauses passt. Der Gutsriesling ähnelt dem Kabinett, ist dabei aber ein wenig herber und frischer. Orts- und Lagenweine bringen mehr Fülle und gelbe Früchte mit. Der Wein aus dem Schützenhaus fügt der Frucht eine dezente Würze hinzu, ist harmonisch und geradlinig. Die beiden Rheingauer Großen Gewächse bieten eine weitere Steigerung. Der Riesling aus dem Kiedricher Gräfenberg ist fruchtbetont und besitzt eine gute Struktur. Noch ein wenig besser gefällt uns der Riesling aus dem Hattenheimer Engelmannsberg, der mehr Würze und Frucht mitbringt als sein Pendant aus dem Gräfenberg und ebenfalls eine gute Struktur besitzt. Die restsüßen Weine sind ebenfalls klar und leben von ihrer Frische. Der Rosé ist fruchtbetont und süffig, dezent süß. Der Kabinett ist schön verspielt, dank hoher Säure angenehm seriös. Die Auslese ist konzentriert und süß, wird von einer guten Säureader getragen.

Weinbewertung

84 2021 Riesling trocken | 12%/7,-€
84 2021 Riesling trocken Hattenheimer | 12%/7,50€
85 2021 Riesling trocken Hattenheimer Schützenhaus | 12%/10,-€
87 2021 Riesling Großes Gewächs Hattenheimer Engelmannsberg | 13%/21,50€
87 2021 Riesling Großes Gewächs Kiedricher Gäfenberg | 13%/28,-€
83 2021 Riesling Kabinett „feinherb" Hattenheim | 11%/7,50€
85 2021 Riesling Kabinett „Unser Lenchen" Oestricher | 9%/7,50€
87 2021 Riesling Auslese Hattenheimer Hassel | 8%/23,-€
83 2021 Spätburgunder Rosé | 12%/7,50€

★★☆

Beck, Hedesheimer Hof

Kontakt
Hedesheimer Hof
55271 Stadecken-Elsheim
Tel. 06136-2487
Fax: 06136-924413
www.hedesheimer-hof.de
weingut@hedesheimer-hof.de

Besuchszeiten
Mi.-Fr. 14-19 Uhr
Sa. 9-16 Uhr
und nach Vereinbarung
Gästezimmer

Inhaber/Betriebsleiter/ Kellermeister/Außenbetrieb
Michael Beck
Rebfläche
29,5 Hektar
Produktion
180.000 Flaschen

Michael Beck führt heute den Hedesheimer Hof. Die Reben stehen auf unterschiedlichen Böden, in Stadecken in den Lagen Lenchen (Löss) und Spitzberg (Pelosol), in Elsheim in den Lagen Bockstein und Blume (Kalkmergel), sowie im Jugenheimer Goldberg. Grauburgunder, Riesling, Weißburgunder und Spätburgunder sind die wichtigsten Rebsorten, dazu gibt es Dornfelder, St. Laurent, Portugieser, Silvaner, Auxerrois, Muskateller und Frühburgunder. Alle Weißweine werden, nach Ganztraubenpressung, gezügelt vergoren und überwiegend (Ausnahme Auxerrois) im Edelstahl ausgebaut. Die Rotweine werden ausschließlich im Holz ausgebaut. Mit dem Jahrgang 2013 wurde das Sortiment in Guts-, Orts- und Lagenweine eingeteilt; 2015 wurden die Umbau- und Renovierungsarbeiten abgeschlossen. Sohn Christoph ist nach Beendigung seiner Winzerausbildung in den Betrieb eingestiegen, hat Versuche im Bereich Orange und PetNat gestartet; 2020 wurde die Umstellung auf biologischen Weinbau begonnen.

Kollektion

Die beiden 2020er Lagen-Rieslinge stehen in diesem Jahr an der Spitze der Kollektion. Der Marhans ist würzig und eindringlich, besitzt viel reife Frucht und Substanz, der Wein aus dem Stadecker Horn zeigt feine reife Rieslingfrucht im Bouquet, ist im Mund wunderschön frisch und zupackend, besitzt gute Struktur und Grip. Der Weißburgunder aus derselben Lage besitzt Fülle und Kraft, reintönige Frucht und Grip, Ist zusammen mit dem 2018er Spitzberg-Auxerrois unser Favorit unter den weißen Burgundern. Der Auxerrois ist zwar im Bouquet von Vanillenoten geprägt, im Mund aber ist er füllig und komplex, besitzt viel reife Frucht und Substanz. Sehr gut gefallen uns auch der intensiv würzige Petnat „Schunnbesser" und der frische, herrlich zupackende, nicht dosierte Sekt: Für Puristen!

Weinbewertung

85 2019 „Schunnbesser" (Muskateller trocken) | 12%/9,90€
85 „Karl" Weißer Burgunder Sekt nature | 12,5%/15,90€
82 2021 Weißer Burgunder trocken Stadecker | 12%/7,90€
83 2021 Grauer Burgunder trocken Stadecker | 12,5%/7,90€
82 2021 Riesling trocken „Terra Fusca^{3}" | 11,5%/7,90€
83 2021 Muskateller trocken „Offroad" | 11,5%/8,50€
86 2020 Weißer Burgunder trocken Stadecker Horn | 13,5%/11,80€
82 2020 Grauburgunder trocken Stadecker Lenchen | 14%/11,80€
87 2020 Riesling trocken Elsheimer Marhans | 12,5%/13,50€
87 2020 Riesling trocken Stadecker Horn | 12%/13,50€
86 2018 Auxerrois trocken Stadecker Spitzberg | 14%/15,90€
83 2021 Riesling Spätlese „Late Night „ | 10,5%/8,50€
81 2018 Blauer Spätburgunder trocken Elsheimer Bockstein | 14,5%/14,-€

Brüder Dr. Becker

Kontakt
Mainzer Straße 3-7
55278 Ludwigshöhe
Tel. 06249-8430
Fax: 06249-7639
www.brueder-dr-becker.de
weingut@brueder-dr-becker.de

Besuchszeiten
nach Vereinbarung & jeden ersten Samstag im Monat

Inhaber
Lotte Pfeffer-Müller & Hans Müller

Betriebsleiter
Hans Müller

Kellermeister
Hans Müller & Kersten Krämer-Antony

Rebfläche
11 Hektar

Produktion
80.000 Flaschen

Das Weingut erhielt seinen Namen um die Jahrhundertwende von den beiden Brüdern Johann und Jakob Becker. Seither ist es über drei Generationen von der Mutter auf die Tochter vererbt worden. Heute wird das Weingut von Lotte Pfeffer-Müller und Hans Müller geführt. Bereits seit Mitte der achtziger Jahre bewirtschaften sie die Weinberge nach ökologischen Gesichtspunkten und sind Mitglied bei Ecovin, seit 2008 bewirtschaften sie ihre Weinberge biodynamisch, sind Demeter-zertifiziert. Riesling ist mit 35 Prozent die wichtigste Rebsorte, gefolgt von Silvaner Scheurebe, Spätburgunder und den weißen Burgundersorten. Der Ausbau der Weine erfolgt teils im Edelstahl, teils in traditionellen Holzfässern, beim Spätburgunder manchmal auch im Barrique. Seit der ersten Ausgabe präsentieren Lotte Pfeffer-Müller und Hans Müller sehr gleichmäßige Kollektionen auf stets zuverlässigem Niveau. Die fülligen, saftigen Großen Gewächse haben sich in den letzten Jahren als Zugpferde herauskristallisiert, immer wieder aber trumpfen auch die Silvaner auf, und auch mit süßen Weinen, ob von Riesling oder Scheurebe, weiß das Weingut regelmäßig zu überzeugen. Als besonders spannend haben sich in den letzten Jahren maischevergorene, teils ohne Zusatz von Schwefel ausgebaute Weißweine erwiesen, „Orange“ oder „Pure“ genannt, ob von Silvaner, Riesling oder Scheurebe.

Kollektion

Eine kleine, aber hochklassige Kollektion präsentieren Lotte Pfeffer-Müller und Hans Müller in diesem Jahr. Der Gutsriesling ist würzig, frisch, klar und zupackend. Einen Dr. Becker-Grauburgunder haben wir zuletzt vor mehr als zehn Jahren verkostet, der Gutswein überzeugt, ist sehr gut, besitzt Frucht und Frische, Struktur und Grip. Grauburgunder gibt es zusätzlich noch in der Cuvée mit Weißburgunder als maischevergorenen Orangewein, der nicht filtriert und dem kein Schwefel zugesetzt wurde: Konzentriert, würzig, dezent bitter, zupackend und dominant – spannend! Im „normalen“ Segment gibt es zwei sehr schöne Ortsweine, der Ludwigshöher Silvaner zeigt gute Konzentration, viel reife Frucht und feine Frische, ist füllig und harmonisch, hat Frucht und Biss, der Dienheimer Riesling ist würzig und klar, lebhaft und zupackend. An der Spitze steht das Große Gewächs aus dem Tafelstein, das herrlich viel Frucht, Kraft und Substanz besitzt, viel Konzentration, noch sehr jugendlich ist – 2021 ist eben ein Jahrgang, der Zeit braucht.

Weinbewertung

84	2021 Riesling trocken I 11,5%/9,50€
85	2021 Grauburgunder trocken I 12,5%/9,80€
87	2021 Silvaner trocken Ludwigshöhe I 12,5%/16,50€
86	2021 Riesling trocken Dienheim I 12,5%/16,50€
90	2021 Riesling trocken „GG“ Tafelstein I 12,5%/28,-€
88	2020 Pinot Blanc & Pinot Gris „Orange“ I 13%/19,50€

★★★★☆

Friedrich **Becker**

Kontakt
Hauptstraße 29, 76889
Schweigen-Rechtenbach
Tel. 06342-290
Fax: 06342-6148
www.friedrichbecker.de
wein@friedrichbecker.de

Besuchszeiten
Fr. 14-16 Uhr
Sa. 12-16 Uhr
und nach Vereinbarung

Inhaber
Friedrich Wilhelm Becker
Kellermeister
Friedrich Wilhelm Becker
Rebfläche
29 Hektar

Friedrich Becker begann 1973 mit der Selbstvermarktung. Seit 2005 ist sein Sohn Friedrich Wilhelm Becker jun. im Betrieb und übernahm die Verantwortung im Keller, mittlerweile leitet er das Weingut, die offizielle Betriebsübergabe vom Vater zum Sohn fand im Sommer 2020 statt. Auf 80 Prozent der Weinberge stehen Burgundersorten (einschließlich Chardonnay), dazu kommen Riesling sowie etwas Silvaner, Muskat Ottonel, Gewürztraminer, Cabernet Sauvignon und Merlot. Die Weinberge liegen in Schweigen, teils jenseits der Grenze in Frankreich. Die Beckers erzeugen drei Große Gewächse: Drei Spätburgunder aus den im Sonnenberg gelegenen Gewannen Kammerberg, Sankt Paul und Heydenreich, die allesamt auf der französischen Seite der Grenze liegen und daher nicht als eigenständige Gewanne in die deutsche Weinbergsrolle eingetragen werden können. Die Aufsichts- und Dienstleistungsdirektion des Landes Rheinland-Pfalz hat deswegen die Verwendung der Gewannnamen auf den Etiketten untersagt, mittlerweile dürfen Sankt Paul und Heydenreich als Weinnamen wieder genannt werden, Kammerberg wird auf den Etiketten weiterhin durch die Aufschrift „zensiert" unkenntlich gemacht. Im Kammerberg stehen 1,2 Hektar Spätburgunder, 1967 gepflanzt, aus denen das Große Gewächs erzeugt wird, Sankt Paul lag lange brach, wurde in den neunziger Jahren gerodet und neu bepflanzt. Seit dem Jahrgang 2012 ist auch der Heydenreich, der aus einer direkt oberhalb von Sankt Paul gelegenen Gewanne stammt, als Großes Gewächs klassifiziert, vorher kam er als Pinot Noir Tafelwein in den Verkauf. Der Steinwingert stammt ebenfalls aus einer Parzelle auf der französischen Seite des Sonnenbergs, ist von Heydenreich und Sankt Paul durch ein kleines Wäldchen getrennt, der Herrenwingert liegt hingegen auf der deutschen Seite. Seit einigen Jahren gibt es auch einen Pinot Noir-Ortswein aus Schweigen, mit dem Jahrgang 2017 ergänzte erstmals ein Orts-Chardonnay das Sortiment, der wie auch der Chardonnay „Mineral" aus pfälzischen und elsässischen Weinbergen stammt, der mit dem Jahrgang 2019 neue Orts-Weißburgunder aus Schweigen stammt dagegen nur aus elsässischen Weinbergen.

Kollektion

Die drei Großen Gewächse vom Pinot Noir aus dem Jahrgang 2019 kommen erst im Herbst 2023 in den Verkauf und die zusätzliche Zeit wird ihnen guttun: Bei unserer Verkostung waren die Weine zunächst sehr verschlossen und brauchten viel Luft, blieben dann aber auch über mehrere Tage hinweg stabil – gute Voraussetzungen für die Reife. Der Sankt Paul ist am zugänglichsten, er zeigt Schwarzkirsche, Menthol, Waldboden und dezente Gumminoten im Bouquet, besitzt Kraft, noch jugendliche Tannine, eine kräutrige Frische, Substanz und Länge, Kammerberg und Heydenreich brauchten dagegen zwei Tage Luft, um sich langsam zu öffnen, der Kammerberg zeigt dunkle Frucht, Schwarzkirsche, Pflaume, kräutrige Würze und etwas Tannennadeln im Duft und besitzt am Gaumen noch sehr präsente, aber reife Tannine und gute Substanz, ist konzentriert und sehr nachhaltig, der Heydenreich ist noch etwas komplexer, zeigt kräutrige Noten, Menthol, Waldboden, Gummi und Schwarzkirsche, besitzt ebenfalls noch sehr jugendliche, reife Tannine und viel Kraft, ist druckvoll und sehr nachhaltig, wird aber erst in einigen Jahren sein ganzes Potential entfalten. Wenn es vom Grauburgunder eine „Réserve"-Version gibt, zählt der Wein immer zu den besten Vertretern seiner Rebsorte, der 2019er ist hell roséfarben, zeigt deutliche Röstnoten, Kokos und etwas gelbe Frucht, Ananas, und auch am Gaumen ist das Holz noch sehr präsent, der Wein ist kraftvoll, leicht salzig und sehr nachhaltig, der Grauburgunder „Kalkmergel" ist ebenfalls hell roséfarben, zeigt im Bouquet eine leichte Reduktion, etwas Schießpulver, aber auch feine Frucht, viel Birne, etwas Pfirsich, am Gaumen ist die Frucht noch deutlicher, wird von einer frischen Säure balanciert. Unter den beiden weißen Schweigener Ortsweinen finden wir den Weißburgunder einen Tick stärker als den Chardonnay, er zeigt leicht rauchige Holzwürze und viel gelbe Frucht, besitzt auch am Gaumen gut eingebundenes Holz und animierende Zitrusnoten, ist kraftvoll und nachhaltig, der Chardonnay zeigt Aromen von Melone, Ananas und Vanille im Duft, ist kraftvoll und frisch, der Pinot Noir Schweigen zeigt klare Schwarzkirschfrucht und deutliche Kräuternoten, ist kraftvoll und harmonisch, der Weißburgunder „Kalkgestein" zeigt viel Frucht, Birne, Aprikose, und dezentes Holz, besitzt eine frische Säure und Länge.

Friedrich Becker jr.

Weinbewertung

85	2021 Riesling trocken I 11,5%/9,-€
90	2019 Weißer Burgunder trocken Schweigen I 13,5%/24,-€
89	2020 Weißer Burgunder trocken „Kalkgestein" I 13%/17,20€
89	2021 Grauer Burgunder trocken „Kalkmergel" I 13%/17,90€
89	2020 Chardonnay trocken Schweigen I 13,5%/24,-€
91	2019 Grauer Burgunder trocken „Réserve" I 13,5%/44,-€
83	2021 Petit Rosé I 11,5%/8,40€
86	2018 Spätburgunder trocken I 13,5%/14,50€
88	2018 Pinot Noir trocken Schweigen I 13,5%/24,-€
92	2019 Pinot Noir „GG" „Sankt Paul" I 13,5%/62,-€
93+	2019 Pinot Noir „GG" „Heydenreich" I 13,5%/140,-€
92	2019 Pinot Noir „GG" „KB" I 13,5%/68,-€

Lagen
Sonnenberg (Schweigen)

Rebsorten
Burgundersorten (80 %)

★★☆

Karlheinz **Becker**

Kontakt
Hauptstraße 34
76831 Heuchelheim-Klingen
Tel. 06349-5328
Fax: 06349-8056
wgkhbecker@gmx.de

Besuchszeiten
nach Vereinbarung
Vinothek & Ferienwohnung

Inhaber
Karlheinz & Dominik Becker
Rebfläche
16 Hektar
Produktion
75.000 Flaschen

Das Weingut war früher ein landwirtschaftlicher Gemischtbetrieb, der Fasswein vermarktete. Karlheinz Becker übernahm Ende der achtziger Jahre den Betrieb, forcierte die Flaschenweinvermarktung und veränderte die Rebsortenstruktur zugunsten der klassischen Rebsorten. Riesling, Weißburgunder und Grauburgunder sind die wichtigsten weißen Rebsorten, dazu gibt es Gewürztraminer, Chardonnay, Muskateller und Silvaner. Rotweine nehmen 30 Prozent der Rebfläche ein. Spätburgunder ist die wichtigste rote Sorte, dazu gibt es Frühburgunder und Merlot. Sohn Dominik kehrte nach seinem Weinbau- und Önologiestudium in Neustadt und Praktika in Neuseeland und den USA in den heimischen Betrieb zurück und forcierte in den letzten Jahren den Ausbau von Weißweinen im großen Holzfass und steigerte den Anteil an spontan vergorenen Weinen.

Kollektion

Wie gewohnt stehen die beiden Käferflug-Weine an der Spitze einer Kollektion aus eleganten und harmonischen Weinen: Der Pinot Noir zeigt klare Noten von Schwarzkirsche und roter Johannisbeere, besitzt eine kühle, kräutrige Art mit guter Struktur und Länge und wirkt insgesamt noch sehr jung, der Chardonnay zeigt feine Röstnoten im Bouquet, dazu etwas Ananas und Aprikose, besitzt am Gaumen sehr gut eingebundenes Holz, eine animierende Säure und Länge. Der Weißburgunder vom schwarzen Ton ist schon sehr offen, zeigt viel klare Frucht, besitzt Frische und Länge, der Grauburgunder vom weißen Kalk ist dagegen noch etwas zurückhaltender in der Frucht, besitzt Schmelz und gute Konzentration. Bei den Rieslingen ist der Wein vom weißen Kalk der offenere, er besitzt leicht kreidig-mineralische Würze und animierende Zitrusnoten, der Wein vom bunten Sand ist etwas verhaltener in der Aromatik, besitzt aber gute Substanz und Frische, wie auch der Silvaner von alten Reben, der kräutrig-erdige Würze zeigt und deutliche Zitrusnoten und Länge besitzt.

Weinbewertung

84	2021 Weißburgunder trocken „erdreich" I 12,5%/8,20€
84	2021 Grauburgunder trocken „erdreich" I 12,5%/8,20€
84	2021 Sauvignon Blanc trocken „erdreich" I 12%/8,20€
86	2021 Silvaner trocken „Alte Reben" I 13%/10,30€
86	2021 Riesling trocken „Weißer Kalk" I 12,5%/10,50€
86	2021 Riesling trocken „Bunter Sand" I 12,5%/10,50€
87	2021 Weißburgunder trocken „Schwarzer Ton" I 13%/10,50€
87	2021 Grauburgunder trocken „Weißer Kalk" I 13%/10,50€
89	2020 Chardonnay trocken Appenhofener Im Käferflug I 13,5%/16,-€
83	2021 Muskateller „feinherb" I 12%/8,40€
87	2020 Spätburgunder trocken „Bunter Sand" I 13,5%/12,30€
89	2020 Pinot Noir trocken Appenhofener Im Käferflug I 13,5%/24,-€

BECKER

★★

Becker

Kontakt
Außerhalb
55288 Spiesheim
Tel. 0163-7821582
Fax: 06732-65453
www.weingut-becker.com
info@weingut-becker.com

Besuchszeiten
täglich nach Vereinbarung
Sa. 10-16 Uhr

Inhaber
Wolfgang & Sabrina Becker
Betriebsleiter
Wolfgang & Sabrina Becker
Kellermeister
Sabrina Becker
Außenbetrieb
Wolfgang Becker
Rebfläche
26 Hektar
Produktion
140.000 Flaschen

Heike und Wolfgang Becker sind 1987 an den heutigen Standort ausgesiedelt, 1990 eröffneten sie die Straußwirtschaft und begannen mit der Flaschenweinvermarktung. 2011 wurde der Betrieb in Spiesheim mit Heike Beckers Albiger Familienbetrieb zusammengelegt. Die Weinberge liegen im Spiesheimer Osterberg, in den Albiger Lagen Hundskopf und Schloss Hammerstein sowie im Ensheimer Kachelberg. Der Schwerpunkt liegt auf Riesling, Grauburgunder, Weißburgunder, Chardonnay, Silvaner und Spätburgunder. Mit dem Einstieg von Sabrina Becker im Jahr 2017 wurde das Sortiment neu strukturiert in Guts-, Orts- und Lagenweine, Orts- und Lagenweine werden im Holz ausgebaut. 2021 wurde die Umstellung auf biologischen Weinbau begonnen.

Kollektion

Es geht voran, und das Programm nimmt Konturen an; neben einigen starken Ortsweinen konnten wir erstmals einen Lagenwein von Sabrina Becker verkosten – und der setzt sich auch gleich an die Spitze des Sortiments, und so soll das ja auch sein. Der Riesling aus dem Spiesheimer Osterberg ist fruchtbetont und recht würzig im Bouquet, füllig und harmonisch im Mund, besitzt viel reife Frucht und Substanz. Auch der Albiger Riesling, wie der Osterberg aus dem Jahrgang 2020, ist sehr gut, zeigt feine Reife, ist füllig und saftig, besitzt klare Frucht und gute Substanz. Unser Favorit unter den weißen Ortsweinen ist aber der Spiesheimer Chardonnay, der gute Konzentration im Bouquet zeigt, viel Würze, dezent rauchige Noten, füllig und kraftvoll ist, viel reife Frucht, gute Struktur und Grip besitzt. Die 2021er Ortsweine sind bestechend gleichmäßig, fruchtbetont und frisch, besitzen Jahrgangstypischen Grip. Die Rebellin, ein maischevergorener Silvaner, drei Jahre im Holz ausgebaut, ist kompakt, würzig, verschlossen. Sehr gut gefällt uns der Albiger Merlot aus dem Jahrgang 2018, ist konzentriert, fruchtbetont und kraftvoll. Im Aufwind! ▬

Weinbewertung

83 2021 Riesling trocken I 12%/7,50€
84 2021 Weißer Burgunder trocken I 12%/7,50€
83 2021 Chardonnay trocken I 13%/8,-€
84 2021 Sauvignon Blanc trocken I 12,5%/8,-€
84 2021 Scheurebe trocken I 12%/7,80€
86 2020 Riesling trocken Albiger I 12,5%/12,50€
84 2020 Grauer Burgunder trocken Spiesheimer I 13,5%/14,-€
87 2021 Chardonnay trocken Spiesheimer I 13%/14,50€
84 2016 „Rebellin“ I 12,5%/14,90€
88 2020 Riesling trocken Spiesheimer Osterberg I 12,5%/16,90€
83 2020 Cuvée Rot trocken I 12%/7,80€
87 2018 Merlot trocken Albiger I 13,5%/13,50€

★★★★

Becker-Landgraf

Kontakt
Im Felsenkeller 1
55239 Gau-Odernheim
Tel. 06733-7449
Fax: 06733-9486510
www.weingut-beckerlandgraf.de
weingut@beckerlandgraf.de

Besuchszeiten
nach Vereinbarung

Inhaber
Julia & Johannes Landgraf
Rebfläche
16 Hektar
Produktion
150.000 Flaschen

Julia und Johannes Landgraf gründeten 2006 ihr eigenes Weingut, brachten mit dem Jahrgang 2005 ihre ersten eigenen Weine auf den Markt. Ihr rasanter Aufstieg zeigt, was in einer solch dynamischen Region wie Rheinhessen möglich ist. Der Erfolg kommt nicht von Ungefähr: Johannes Landgraf war seit 1995 für den Weinausbau im elterlichen Weingut in Saulheim verantwortlich – und war auch dort maßgeblich für die Fortschritte verantwortlich. Die Großeltern von Julia Landgraf, Geisenheim-Absolventin, hatten nach dem Zweiten Weltkrieg Landwirtschaft und Weinbau betrieben, ihr Vater gründete eine Firma, die Tanks und Anlagen für Industrie und Weinbau herstellt. Seit ihrer Heirat führen Julia und Johannes Landgraf die Tradition des Weinguts der Familie Becker weiter, sie starteten neu unter dem Namen Becker-Landgraf. Ihre Weinberge liegen überwiegend am Petersberg in Gau-Odernheim, in den Lagen Herrgottspfad und Ölberg, in denen der Boden aus Ton, Kalkmergel und Muschelkalk besteht. Hinzu kommt jeweils ein Weinberg in Framersheim und im Biebelnheimer Rosenberg, wo der Boden aus Tonmergel mit Kalksteinablagerungen besteht, mit Steinanteil im Obergrund. Riesling ist ihre wichtigste Rebsorte, gefolgt von Spätburgunder, dazu gibt es Grauburgunder, Weißburgunder, Chardonnay und Sankt Laurent. Das Sortiment ist klar gegliedert in Guts-, Orts- und Lagenweine. Nur die Spitzen-Rieslinge und -Spätburgunder tragen die Namen ihrer besten Lagen: Rieslinge aus Herrgottspfad und Ölberg (zuletzt 2013), sowie Spätburgunder aus dem Rosenberg und erstmals mit dem Jahrgang 2011 auch aus dem Herrgottspfad. Die Weine der Edition Muschelkalk – Weißburgunder, Spätburgunder und St. Laurent – tragen keinen Lagennamen; restsüße Rieslinge mit Lagen- und Prädikatsbezeichnungen ergänzen das Sortiment. Die Weine werden alle spontanvergoren, die Burgunder durchlaufen die malolaktische Gärung, in manchen Jahren auch einzelne Riesling-Partien. Die Spitzenrieslinge werden recht lange, fast ein Jahr, bei Bâtonnage bis ins Frühjahr, auf der Vollhefe ausgebaut, im Stückfass, sie besitzen ein sehr gutes Reifepotenzial, einzelne Partien sollen zukünftig nach mehreren Jahren Reife erneut in den Verkauf kommen. Die Rotweine werden unfiltriert und ungeschönt abgefüllt. Johannes und Julia Landgraf haben ihren Stil gefunden, sie setzen auf Fülle und Harmonie, erzeugen recht cremige Weine, auch ihre Rieslinge passen ganz in dieses Bild, die Weine reifen recht gut.

Kollektion

Im vergangenen Jahr konnten wir eine kleine, beeindruckende Vertikale vom Herrgottspfad-Riesling verkosten, dieses Jahr nun boten Julia und Johannes Landgraf uns die Gelegenheit einige ältere Jahrgänge des Muschelkalk-Weißburgunders zu verkosten, nämlich neben dem aktuellen Jahrgang 2020 die Jahrgänge 2012 bis 2014. Das Erstaunliche vorweg: Die drei älteren Jahrgänge sind noch enorm jugendlich, der 2012er ist fein gereift, kompakt bei guter Substanz, der 2013er ist konzentriert, kraftvoll, zupackend, der 2014er ist herrlich eindringlich, besitzt gute Struktur, Kraft und Druck, was auch für den noch etwas verschlossenen 2020er gilt. Spannend sind auch die beiden neuen Weine im Programm, beide aus dem Jahrgang 2020: Der Manzoni Bianco zeigt viel Konzentration, dezent rauchige Noten, ist füllig, saftig, besitzt gute Struktur und Substanz, der Private Reserve-Chardonnay zeigt gute Konzentration und herrlich viel Frucht, ist füllig, kraftvoll, komplex, besitzt gute Struktur, dezente Vanillenoten. Aber auch das „traditionelle" Sortiment überzeugt, die Gutsweine sind geradlinig und klar, die Ortsweine besitzen gute Fülle, Substanz und reife Frucht, der Gau-Odernheimer Riesling aus dem Jahrgang 2020 gefällt uns besonders gut, er ist füllig, komplex, besitzt viel reife Frucht, gute Substanz und Länge. Hervorragend ist auch wieder der Herrgottspfad-Riesling, Jahrgang 2020, zeigt viel reife Frucht, etwas gelbe Früchte, Orangenschalen im Hintergrund, ist füllig, komplex, leicht mineralisch, noch sehr jugendlich. Stark sind auch die Spätburgunder, schon der Ortswein besitzt Struktur und Grip, der Muschelkalk-Spätburgunder ist würzig, kraftvoll, der Rosenberg herrlich reintönig, frisch und zupackend, der Wein vom Herrgottspfad ist intensiv, kraftvoll, ein klein wenig komplexer. Ganz starke Kollektion!

Julia & Johannes Landgraf

Weinbewertung

84	2021 Riesling trocken I 12%/8,70€
84	2021 Weißburgunder & Chardonnay trocken I 12,5%/8,70€
88	2020 Manzoni Bianco trocken I 13%/19,-€
86	2020 Weißer Burgunder trocken Gau-Odernheimer I 12,5%/12,80€
87	2021 Weißer Burgunder trocken Gau-Odernheimer I 12,5%/12,80€
89	2020 Riesling trocken Gau-Odernheimer I 12%/12,80€
87	2021 Riesling trocken Gau-Odernheimer I 12%/12,80€
89	2012 Weißburgunder trocken „Muschelkalk" I 13,5%/28,-€
89	2013 Weißburgunder trocken „Muschelkalk" I 13%/27,50€
90	2014 Weißburgunder trocken „Muschelkalk" I 13%/27,-€
89	2020 Weißburgunder trocken „Muschelkalk" I 12,5%/24,-€
91	2020 Riesling trocken Gau-Odernheimer Herrgottspfad I 12%/22,-€
91	2020 Chardonnay "Private Reserve" Gau-Odernheimer Herrgottspfad I 13%/49,-€
87	2020 Spätburgunder trocken Gau-Odernheimer I 13%/13,90€
88	2018 Spätburgunder trocken „Muschelkalk" I 13%/20,-€
90	2019 Spätburgunder trocken Gau-Odernheimer Rosenberg I 13%/24,-€
90	2019 Spätburgunder trocken Gau-Odernheimer Herrgottspfad I 13%/30,-€

Lagen
Herrgottspfad (Gau-Odernheim)
Ölberg (Gau-Odernheim)
Rosenberg (Biebelnheim)

Rebsorten
Riesling (38%)
Spätburgunder (20%)
Weißburgunder (11%)
Grauburgunder (8%)
Chardonnay (6%)
St. Laurent (6%)

★★★

Becker-Steinhauer

Kontakt
Hauptstraße 72
54486 Mülheim
Tel. 06534-521
Fax: 06534-18378
www.becker-steinhauer.de
info@becker-steinhauer.de

Besuchszeiten
nach Vereinbarung
Gästehaus

Inhaber
Karsten Becker
Rebfläche
8 Hektar
Produktion
50.000 Flaschen

Die Familie Becker betreibt seit etwa drei Jahrhunderten Weinbau. Heute wird das Weingut Becker-Steinhauer von Karsten Becker geführt, der die zum Großteil von Mauern umfasste Lage Carlsberg erworben und zu neuer Bedeutung geführt hat. Von dem 1850 erbauten Weinbergshäuschen heraus hat man einen prächtigen Ausblick auf Veldenz, wo die Hälfte der Weinberge liegt. Becker besitzt außerdem Parzellen in den Gemeinden Brauneberg (Juffer), in Mülheim, Zeltingen und Bernkastel. Neben dem dominierenden Riesling, der 90 Prozent der Rebfläche einnimmt, gibt es noch etwas Spätburgunder. Die Weine werden im Edelstahl ausgebaut und meist spontan vergoren. Während das Große Gewächs aus dem Veldenzer Kirchberg die nominelle Spitze im trockenen Bereich bildet, werden im süßen Segment immer wieder faszinierende edelsüße Rieslinge erzeugt.

Kollektion

Ein saftiger Sekt ohne Jahrgangsbezeichnung gibt die Richtung vor: Er ist zugänglich, straff und saftig, nicht puristisch, sondern sehr animierend. Ähnliches kann man auch über die 2021er sagen. Der Chardonnay wirkt saftig, hat Schmelz, ist nicht puristisch trocken, macht viel Spaß. Der trockene Kabinett aus dem Kirchberg ist fest und würzig, zeigt einen gewissen Schmelz; noch merklich hefig wirkt die trockene Steinmauer-Spätlese. Viel Würze zeigt die zupackende Alte Reben-Spätlese aus dem Kirchberg. Bei der feinherben Spätlese aus dem Carlsberg ist im Anschluss an die dezent hefige, aber auch mit Noten von Steinobst aufwartende Aromatik deutliche Süße zu spüren, allerdings ist der Wein saftig, dürfte sich gut entwickeln. Noch jugendlich ist die Juffer-Spätlese, die Noten von gebackenem Apfel und Mirabellen aufweist, im Mund Kohlensäure und rassige Art zeigt; der Wein ist noch ein bisschen auf der süßen Seite, hat aber Potenzial. Noch süßere Weine wurden nicht vorgestellt, überzeugende Spätburgunder sehr wohl. Saftig und vergleichsweise kühl ist der 2019er, Anklänge an Tabak und Leder sowie dunkle Früchte zeigt der 2018er.

Weinbewertung

86 Riesling Sekt brut | 12,5%/13 €
86 2021 Riesling Kabinett trocken Veldenzer Kirchberg | 11,5%/7,50 €
85 2021 Chardonnay trocken | 12,5%/8,- €
86 2021 Riesling Spätlese trocken „Die Steinmauer“ Zeltinger Schlossberg | 11%/9,- €
88 2021 Riesling Spätlese „herb“ „Alte Reben“ Veldenzer Kirchberg | 12,5%/9,- € ☺
85 2021 Riesling Kabinett „feinherb“ Mülheimer Sonnenlay | 11,5%/7,50 €
87 2021 Riesling Spätlese „feinherb“ Veldenzer Carlsberg | 11,5%/9,- €
86 2021 Riesling Kabinett Veldenzer Kirchberg | 9%/7,50 €
87 2021 Riesling Spätlese Brauneberger Juffer | 8,5%/9,- €
87 2019 Spätburgunder trocken „unfiltriert“ | 12,5%/13,- €
88 2018 Spätburgunder trocken „Reserve“ | 13,5%/16,- €

★★

Befort

Kontakt
Schulstraße 17
54453 Nittel
Tel. 06584-422
Fax: 06584-1201
www.befort.de
weingut@befort.de

Besuchszeiten
Sa. 10-17 Uhr

Inhaber
Familie Befort
Kellermeister
Hans-Jörg Befort
Rebfläche
5,5 Hektar
Produktion
30.000 Flaschen

Das von Hans und Maria Befort seit 1969 aufgebaute Gut wird seit 2011 von den Geschwistern Ruth, Hans-Jörg und Marcel Befort geführt. Hans-Jörg Befort, Betriebsleiter eines Weingutes in Luxemburg, kümmert sich um den Weinausbau. Die Burgundersorten dominieren: Spätburgunder, Grauburgunder und Weißburgunder nehmen einen etwa gleichen Anteil an der Rebfläche ein, hinzu kommen 15 Prozent Elbling sowie etwas Auxerrois und Cabernet Sauvignon. Zuletzt wurde Sauvignon Blanc im Nitteler Leiterchen gepflanzt, dazu ein neuer Weinberg mit Chardonnay, der inzwischen voll im Ertrag ist. Seit 2015 verzichtet man auf Herbizide im Weinberg. Die Weißweine werden temperaturgesteuert im Edelstahl ausgebaut, lagern bis zum Frühjahr auf der Vollhefe. Rotweine werden maischevergoren und 12 bis 15 Monate im Holz ausgebaut. Sekte und Crémants reifen mindestens 12 Monate auf der Hefe, werden mehrmals im Jahr frisch degorgiert, gehören regelmäßig zu den besten Schaumweinen in diesem Teil der Mosel.

Kollektion

Klar und straff sind die beiden Schaumweine aus dem Jahrgang 2019. Beide wirken eher kraftvoll und würzig als puristisch. Frische zeichnet dann die Weine des Jahrgangs 2021 aus. Der Sauvignon Blanc ist so ein Beispiel: Er duftet nach frischen Stachelbeeren, Birne und Zitrus, ist saftig, etwas Kohlensäure ist spürbar. Sehr gut gefällt der saftige, fruchtige, charmante Auxerrois, der Pinot Blanc S ist noch etwas fester und ernsthafter. Interessant ist der Rosé, ein Wein mit Anklängen an rote Johannisbeeren, Birne und Zitrus, im Mund straff und überraschend fest. Dunkle Frucht weist die rote Assemblage aus Pinot Noir und Cabernet Sauvignon auf, auch eine Note von Brombeeren, dazu etwas Tabak, später kommen aus Anklänge an Sauerkirsche dazu, im Mund ist er fest würzig. Der Pinot Noir ist in der Nase noch geprägt von rauchigen und tabakigen Aromen, später setzt sich die Frucht durch. Ein Wein, der zeigt, was an der Obermosel möglich ist. ▬

Weinbewertung

87 2019 Crémant brut I 13%/10,90€
85 2019 Pinot Noir Rosé Sekt trocken I 13%/10,90€
83 2021 Elbling trocken (1l) I 11,5%/6,50€
85 2021 Auxerrois trocken I 12%/7,10€
86 2021 Pinot Blanc trocken I 12%/7,10€
84 2021 Pinot Gris trocken I 12%/7,60€
85 2021 Chardonnay trocken I 12%/8,90€
85 2021 Sauvignon Blanc trocken I 12,5%/9,60€
86 2021 Pinot Blanc „S“ I 12%/10,90€
86 2021 Rosé trocken „S“ I 12,5%/11,90€
87 2020 Pinot Noir & Cabernet Sauvignon trocken I 14,5%/14,90€
87 2020 Pinot Noir trocken „S“ I 15%/24,-€

★★

Beiser

Kontakt
Außerhalb 1
55578 Vendersheim
Tel. 06732-8732
Fax: 06732-5061
www.weingut-beiser.de
info@weingut-beiser.de

Besuchszeiten
täglich 9-12 + 13-19 Uhr und nach Vereinbarung
Ottos Vinothek
Weinbar „vetterriesling"
Beisers Dorfhäuschen

Inhaber
Christiane Beiser,
Simon Beiser
Kellermeister/Außenbetrieb
Simon Beiser
Rebfläche
23 Hektar
Produktion
100.000 Flaschen

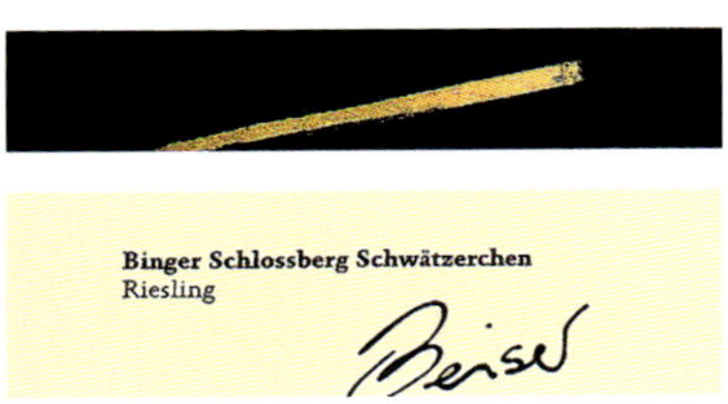

Otto Beiser begann 1971 mit der Selbstvermarktung, legte 1979 mit dem Neubau den Grundstein für das heutige Weingut. Sohn Simon schloss 2002 sein Geisenheim-Studium ab, ist seither für den Weinausbau verantwortlich, inzwischen hat er den Betrieb übernommen. Seine Weinberge befinden sich in der Vendersheimer Lage Sonnenberg, in den Sprendlinger Lagen Klostergarten, Honigberg, Geyersberg, Hölle und Wissberg, sowie in der Wallertheimer Heil und im Binger Schlossberg Schwätzerchen, wo man seit 2011 1,8 Hektar bewirtschaftet. 65 Prozent nehmen weiße Sorten ein. Wichtigste Rebsorten sind Riesling, Weißburgunder, Grauburgunder, Müller-Thurgau und Chardonnay, aber auch Sauvignon Blanc, Gewürztraminer, Scheurebe, Silvaner und Saphira baut Simon Beiser an. Hinzu kommen die roten Sorten Spätburgunder, Portugieser, Dornfelder, Frühburgunder, Merlot und Cabernet Sauvignon.

Kollektion

Eine starke Kollektion präsentiert Simon Beiser in diesem Jahr, die angeführt wird von den Lagenweinen aus dem Schlossberg Schwätzerchen. Der 2021er Silvaner besitzt reife Frucht, gute Struktur, Substanz und Grip. Der 2021er Riesling ist würzig, klar und konzentriert im Bouquet, füllig und cremig im Mund, besitzt viel reife Frucht und Substanz. Das Highlight aber ist ganz klar der Riesling aus dem Jahrgang 2019, der feine Reife im Bouquet zeigt, herrlich eindringlich und reintönig ist, füllig und kraftvoll im Mund sich präsentiert, viel reife Frucht, gute Struktur und Frische besitzt. Sehr gut gefällt uns auch der Chardonnay „Kleines Fass" aus dem Jahrgang 2020, zeigt gute Konzentration, reife Frucht, etwas Vanille, besitzt Fülle, Saft und reife Frucht, der 2021er Roter Riesling punktet mit guter Fülle und klarer reifer Frucht. Auch sonst präsentieren sich die Weißweine sehr geschlossen, setzen auf Fülle und süße Frucht, der Cabernet Sauvignon ist reintönig, leicht floral. Überzeugende Vorstellung!

Weinbewertung

83	2021 Scheurebe trocken „Tabularasa" I 12,5%/7,20€
84	2021 Riesling trocken „Muschelkalk" Vendersheimer I 13%/8,-€
85	2021 Roter Riesling trocken „Kalkmergel" Wallertheim I 13%/8,60€
83	2021 Sauvignon Blanc trocken „Muschelkalk" Wallertheim I 13%/8,60€
83	2021 Grauer Burgunder trocken „Tonmergel" Sprendlinger I 13%/8,-€
84	2021 Grüner Veltliner trocken „Kalkstein" Vendersheim I 13%/8,10€
86	2020 Chardonnay trocken „Kleines Fass" Tonmergel Vendersheim I 13%/10,60€
87	2021 Silvaner trocken Steillagen „vom Quarzit" Schlossberg Schwätzerchen I 13%/18,-€
89	2019 Riesling trocken Steillagen „Quarzit" Schlossberg Schwätzerchen I 13%/18,-€
87	2021 Riesling trocken Steillagen „Quarzit" Schlossberg Schwätzerchen I 13%/18,-€
85	2020 Cabernet Sauvignon trocken „vom Muschelkalk" Vendersheim I 14%/8,30€
83	2020 „Vetter B" Rotwein-Cuvée trocken I 13,5%/8,50€

★☆

Beisiegel

Kontakt
Hauptstraße 8
55595 Traisen
Tel. 0671-34336
Fax: 0671-34327
www.weingut-beisiegel.de
info@weingut-beisiegel.de

Besuchszeiten
nach Vereinbarung

Inhaber
Walter Beisiegel
Kellermeister
Alexander Beisiegel
Rebfläche
13 Hektar

Die Wurzeln der Familie Beisiegel lassen sich in Traisen bis ins Jahr 1579 zurückverfolgen. Aus dem einstigen landwirtschaftlichen Mischbetrieb ist mittlerweile ein reines Weingut geworden, die ersten Flaschenweine wurden 1959 gefüllt. Wichtigste Sorte im Anbau ist der Riesling, daneben gibt es Weiß- und Grauburgunder, Chardonnay, Müller-Thurgau, Muskateller, Sauvignon Blanc, Silvaner und Kerner, an roten Sorten gibt es Spät- und Frühburgunder, Merlot, Cabernet Sauvignon, St. Laurent und Dornfelder. Das Sortiment ist in drei Stufen gegliedert, Gutsweine in der Literflasche, Ortsweine aus Norheim und Traisen und Lagenweine aus den Traiser Lagen Rotenfels, Kickelskopf und Nonnengarten sowie dem Norheimer Onkelchen.

Kollektion

In einem anspruchsvollen Jahrgang überzeugen uns besonders die Rieslinge des Traisener Weinguts. Mit dem spritzigen, leichtfüßigen Literriesling gelingt ein vielversprechender Einstieg. Die trockenen Lagenrieslinge aus Traisen sind knackig, bieten dabei spürbare Charakterunterschiede. Der geradlinige Riesling aus dem Kickelskopf schmeckt nach reifen Zitronen, sein Charakter ist kühl und angenehm herb, etwas für Rieslingliebhaber mit einer gewissen Säuretoleranz, der im Nachhall mit reifer Honigmelone versöhnt. Auch der Riesling X aus dem Nonnengarten trägt frische Züge, ist stoffig unterbaut, aber nicht so transparent, seine mildwürzigen Mango- und Ananasaromen im Nachhall wirken attraktiv. Am griffigsten zeigt sich der Riesling aus dem Rotenfels. Seine typisch würzige, rotbeerige Frucht bietet attraktive Gaumenpräsenz, auch weil der Restzucker etwas höher eingestellt ist. Der geradlinige Weißburgunder ist sortentypisch, der saftige Grauburgunder auch. Vor nussigen Holzaromen strotzt der satte 2020er Grauburgunder aus dem Rotenfels. Ambitioniert ist er, vielleicht etwas zu sehr. Die Bordeaux Cuvée aus dem Norheimer Onkelchen fällt angenehm frisch aus. Saftig und würzig, bietet sie typischen Cassis- und Kirschcharakter und ätherische Würze.

Weinbewertung

82	2021 Riesling trocken (1l) I 12%/4,60€
83	2021 Weißburgunder trocken Traisen I 13%/6,50€
84	2021 Grauburgunder trocken Traisen I 13%/6,50€
83	2021 Gelber Muskateller trocken Kreuznach I 12%/6,50€
85	2021 Riesling trocken Traisener Rotenfels I 12%/6,50€
86	2021 Riesling trocken Traisener Kickelskopf I 12%/6,50€ ☺
85	2021 Riesling trocken „X" Traisener Nonnengarten I 12,5%/7,50€
85	2020 Grauburgunder trocken „sur Lie" Traisener Rotenfels I 13,5%/9,80€
86	2019 Merlot & Cabernet Sauvignon trocken „Cuvée 4" Traisener Rotenfels I 14%/9,80€
87	2018 Pinot Noir trocken „Reserve" Norheimer Onkelchen I 14%/19,-€

BEISIEGEL

★★☆

Bender

Kontakt
Sekthaus Bender
Großbachtal 14
56850 Enkirch
Tel. 0175-2667842
www.bender-mosel.de
bender-enkirch@web.de

Besuchszeiten
nach Vereinbarung

Inhaber
Philipp Bender
Betriebsleiter
Philipp Bender
Kellermeister
Philipp Bender
Außenbetrieb
Philipp Bender
Rebfläche
2,3 Hektar
Produktion
10.000 Flaschen

PHILIPP BENDER

Auf Sekt spezialisierte Betriebe sind an der Mosel noch eine Seltenheit. Das 2017 gegründete Sekthaus Bender aus Enkirch bereichert folglich dieses Segment und zeigt außerdem Ambitionen, die alles andere als selbstverständlich sind. Geleitet wird das Unternehmen von Philipp Bender, dessen Vater bereits mit Schaumwein Erfahrungen sammelte und der beim längst berühmten Sektgut Raumland die gehobenen Schaumweinvarianten kennenlernte. 2,3 Hektar Reben bewirtschaftet Philipp Bender heute an der Mosel, neben Riesling (28 Prozent) sind auch Spätburgunder (30 Prozent), Weißburgunder (27 Prozent) und Chardonnay (15 Prozent) im Anbau. Wichtigste Lage ist der Enkircher Herrenberg. 2020 wurden die ersten Sekte auf den Markt gebracht – alle werden nach dem traditionellen Flaschengärverfahren hergestellt –, 2021 startete die Umstellungsphase für die Bio-Zertifizierung.

Kollektion

Schon im vergangenen Jahr begeisterten die feinen, klaren, perfekt herausgearbeiteten Schaumweine, die niemals das Grundproblem so vieler deutscher Sekte wiederholten: zu viel Reife zu zeigen. Auch diesmal wirken alle vier vorgestellten Produkte animierend und balanciert. Da wäre zum Beispiel die aus dem Jahrgang 2018 stammende Schiefer-Cuvée, aus Rieslingtrauben gekeltert, die sich frisch zeigt mit heller Hefenote und einem winzigen Fruchtakzent, der zunächst an Steinobst, später ein wenig an kandierte Kirsche erinnert. Dieser Sekt lässt eine winzige Spur von Dosage erahnen, die ihm jedoch eine angenehm saftige Art vermittelt. Präzise und mit sehr wenig Dosage ausgestattet ist der schlanke, feine, duftige Blanc de Blanc. Die Cuvée Pinot brut ist noch ein wenig spannender, ebenfalls angenehm trocken und kraftvoll. Nummer eins ist dieses Mal der Riesling aus dem Jahrgang 2017, der eine feine, aber deutliche Hefenote zeigt, die auch mit dezenten Haselnussanklängen versehen ist; im Mund ist er straff und würzig; man könnte ihn für einen Champagner halten, wenn da nicht eine feine Frucht und eine Frische zu beobachten wären, die in Frankreich so nicht zu erzielen sind. Dass bei diesem sehr niedrig dosierten Wein keinerlei Süße zu erkennen ist, muss fast nicht erwähnt werden. Ein sehr spannender Sekt, der zeigt, was in diesem Bereich an der Mosel möglich ist, wenn man denn will – und kann.

Weinbewertung

88 2018 „Schiefer-Cuvée" brut | 12,5%/12,50€
88 2019 „Blanc de Blanc" brut | 12%/15,50€
90 2017 Riesling brut | 12%/17,-€
89 2019 „Cuvée Pinot" brut | 12%/16,50€

★★

Graf von Bentzel-Sturmfeder

Kontakt
Sturmfederstraße 4
74360 Schozach
Tel. 07133-960894
Fax: 07133-960895
www.sturmfeder.de
weingut@sturmfeder.de

Besuchszeiten
Mo.-Fr. 9-17 Uhr
Sa. nach Vereinbarung
Hotel Garni „Landhaus Sturmfeder“

Inhaber
Kilian Graf von Bentzel-Sturmfeder
Betriebsleiter/ Kellermeister/ Außenbetrieb
Holger Matz
Rebfläche
13 Hektar
Produktion
80.000 Flaschen

Die Geschichte des Sturmfederschen Weingutes reicht bis 1396 zurück, als Ritter Friedrich Sturmfeder von Graf Eberhard von Württemberg ein Gut in Schozach zu Lehen erhielt. Seit 1996 leitet Kilian Graf von Bentzel-Sturmfeder den Betrieb, seit 2001 ist er auch Eigentümer des Weinguts. 2010 wurde das Hotel „Landhaus Sturmfeder“ eröffnet. Die 15 Hektar große Süd-Südost-Lage Schozacher Roter Berg mit ihren schweren Lehmkeuperböden gehört dem Weingut seit dem 19. Jahrhundert im Alleinbesitz. Drei Viertel der Rebfläche nehmen rote Sorten ein, hauptsächlich Burgundersorten wie Spätburgunder, Samtrot, Clevner und Schwarzriesling, dazu Lemberger, St. Laurent, Acolon, Cabernet Dorsa und Dornfelder. Alle Rotweine werden in Eichenholzfässern ausgebaut. Wichtigste weiße Rebsorte ist Riesling, es folgen Weiß- und Grauburgunder sowie Gewürztraminer, 2012 brachte Sauvignon Blanc den ersten Ertrag.

Kollektion

Zwei starke Große Gewächse – Riesling 2019 und Lemberger 2018 – führten im vergangenen Jahr zusammen mit dem „Grand Philipp“ die Kollektion an. Von diesen Weinen konnten wir dieses Jahr keine Jahrgangsnachfolger verkosten, ausschließlich Guts- und Ortsweine hat das Weingut präsentiert. Unser Favorit ist der Cabernet Sauvignon, der gute Konzentration und klare Frucht im Bouquet zeigt, frisch, klar und zupackend im Mund ist. Der Lemberger Ortswein zeigt rote Früchte im Bouquet, besitzt Fülle, Kraft und gute Struktur, der Cabernet Dorsa ist sehr würzig und eindringlich, vereint Frische und Kraft. Auch die anderen Rotweine, alle im Holz ausgebaut, sind würzig, kraftvoll und geradlinig. Die Weißweine sind wie so oft ein klein wenig verhaltener, sie sind geradlinig, besitzen Frische und Grip. Unser klarer Favorit im weißen Segment ist der Sauvignon Blanc, der florale Noten im Bouquet zeigt, Frische und Frucht besitzt, gute Struktur und Grip.

Weinbewertung

81	2021 Riesling** trocken I 12,5%/8,90€
82	2021 Weißburgunder trocken I 13%/6,90€
82	2021 Grauburgunder** trocken I 12,5%/8,90€
83	2021 Riesling*** trocken Schozach I 13%/13,90€
83	2020 Weißburgunder*** trocken Schozach I 13,5%/13,90€
85	2021 Sauvignon Blanc*** trocken Schozach I 13%/13,90€
81	2019 Blaufränkisch** trocken I 13%/8,90€
82	2019 Merlot** trocken I 13%/8,90€
83	2018 Spätburgunder*** trocken Schozacher I 14%/13,90€
84	2019 Lemberger*** trocken Schozach I 13%/13,90€
84	2019 Cabernet Dorsa*** trocken I 13%/13,90€
86	2019 Cabernet Sauvignon*** trocken I 13,5%/13,90€

★★★★★ Bercher

Kontakt
Mittelstadt 13
79235 Burkheim
Tel. 07662-212
Fax: 07662-8279
www.weingutbercher.de
info@weingutbercher.de

Besuchszeiten
Mo.-Sa. 9-11:30 + 13:30-17 Uhr

Inhaber
Arne & Martin Bercher
Rebfläche
27 Hektar
Produktion
200.000 Flaschen

Die aus der Schweiz stammende Familie ließ sich nach dem 30jährigen Krieg am Kaiserstuhl nieder. 1756 erbaute Franz-Michael Bercher das Gutshaus in Burkheim, das noch heute Sitz des Weinguts ist. Rainer und Eckhardt Bercher haben das Weingut in den siebziger Jahren mit damals 4 Hektar übernommen. Inzwischen hat die nächste Generation das deutlich vergrößerte Gut übernommen: Rainers Sohn Arne, der für den Weinausbau verantwortlich zeichnet, und Eckhardts Sohn Martin, der sich um den Außenbetrieb kümmert. Ihre Weinberge befinden sich in den Lagen Burkheimer Feuerberg (dunkles Vulkanverwitterungsgestein) und Schlossgarten (Lössterrassen), Sasbacher Limburg (Vulkangestein „Limburgit"), Jechtinger Eichert (Vulkanboden) und Steingrube, Königschaffhausener Hasenberg und Leiselheimer Gestühl. Über 40 Prozent sind mit Spätburgunder bestockt, dazu gibt es neben Weiß- und Grauburgunder vor allem noch Riesling, Müller-Thurgau und Chardonnay. Als Spezialitäten bauen sie Muskateller, Gewürztraminer, Scheurebe und Cabernet Sauvignon an. Über 90 Prozent der Weine werden trocken ausgebaut. Mit der Einführung des vierstufigen Systems des VDP Baden wurde mit dem Jahrgang 2013 das Sortiment diesen vier Stufen angepasst, auf Prädikatsbezeichnungen wird seither verzichtet. Aus den Kabinettweinen sind die Ortsweine geworden, aus den Spätlesen die Lagenweine, die Großen Gewächse tragen nun als Zusatz den Namen der Gewanne auf dem Etikett: Haslen bei Weiß- und Grauburgunder aus dem Feuerberg, Villinger beim Grauburgunder Schlossgarten, Kesselberg beim Spätburgunder aus dem Feuerberg.

Kollektion

2021 sind einige der Bercher'schen Weine deutlich schlanker und frischer als gewohnt, und das ist natürlich dem Jahrgang geschuldet. Der Weißburgunder Ortswein ist würzig, klar und zupackend, besitzt gute Struktur und Grip. Der Grauburgunder ist etwas eindringlicher, zeigt gelbe Früchte, ist im Mund etwas fülliger und kraftvoller als der Weißburgunder, besitzt ebenfalls Frische, Struktur und Grip. Der Blanc de Noirs ist fruchtbetont im Bouquet, zeigt rote und gelbe Früchte, setzt im Mund ganz auf Frische, Säure und Grip. Die Erste Lage-Weine präsentieren sich dann ebenfalls sehr geschlossen. Der Weißburgunder aus der Limburg ist sehr offen im Bouquet, zeigt viel reife Frucht, ist auch im Mund deutlich fülliger und saftiger als der Burkheimer Ortswein. Lebhaft und schlank wie nie ist der Erste Lage-Grauburgunder aus dem Feuerberg, aber das steht ihm gut, er besitzt immer noch gute Fülle und Saft, gute Struktur und eben deutlich mehr Frische und Grip als gewohnt. Der Muskateller betört mit seiner reintönigen Frucht, er ist kraftvoll und zupackend. Die Cuvée aus Scheurebe und Chenin Blanc will im Jahrgang 2021 nicht so recht harmonieren, der Wein ist unruhig, changiert zwischen süßer Frucht und Frische. Beim Chardonnay SE hingegen stimmt alles, er zeigt herrlich viel Frucht, gute Konzentration, etwas rauchige Noten im Hintergrund, ist füllig, kraftvoll und komplex, besitzt reintönige reife Frucht, Substanz und Länge. Sehr geschlossen präsentieren sich die weißen Großen Gewächse. Der Weißburgunder Haslen ist sehr offen im Bouquet, zeigt viel Frucht, gelbe und weiße Früchte, ist füllig und saftig im Mund, besitzt reintönige reife Frucht und viel Substanz, schöne Frische im Abgang. Der Grauburgunder Haslen ist ebenfalls sehr offen im Bouquet, gelbfruchtig, ist füllig und harmonisch im Mund, besitzt viel klare Frucht und Substanz. Der Villinger ist etwas frischer und geradliniger, betört mit seiner wunderschön reintönigen Frucht. Der extra-brut dosierte Pinot-Sekt ist immer eine sichere Bank, auch im Jahrgang 2017, er ist würzig, fruchtbetont und komplex. Die Erste Lage-Spätburgunder liegen qualitativ nah beieinander, wie immer, auch wenn sie deutlich verschieden sind: Der Eichert ist rauchig, rotfruchtig, klar und zupackend, der Limburg ist deutlich würziger, kraftvoller, besitzt Struktur und Grip. Die klare Nummer Eins im roten Segment ist aber auch dieses Jahr wieder das Große Gewächs aus dem Kesselberg, das viel Konzentration und feinen Toast im Bouquet zeigt, sich im Mund aber deutlich von den vorherigen Jahrgängen unterscheidet, ganz auf Frische, Präzision und Druck setzt – und 2020 ist dies nicht dem Jahrgang geschuldet. Spannend!

Martin & Arne Bercher

Weinbewertung

87	2017 Pinot Sekt extra brut I 12,5%/17,-€
86	2021 Weißburgunder trocken Burkheimer I 12,5%/9,50€
87	2021 Grauburgunder trocken Burkheimer I 12,5%/9,50€
86	2021 Spätburgunder „Blanc de Noirs“ trocken Burkheimer I 12%/9,20€
89	2021 Weißburgunder trocken „1G“ Sasbacher Limburg I 13%/16,50€
89	2021 Grauburgunder trocken „1G“ Burkheimer Feuerberg I 12,5%/16,50€
89	2021 Muskateller „1G“ Burkheimer Feuerberg I 12%/18,-€
86	2021 Scheurebe & Chenin Blanc trocken „SE“ I 12,5%/16,50€
93	2020 Chardonnay -SE- I 13%/23,-€ ☺
91	2021 Weißburgunder „GG“ „Haslen“ Burkheimer Feuerberg I 13%/25,-€
91	2021 Grauburgunder „GG“ „Villinger“ Burkheimer Schlossgarten I 12,5%/25,-€
91	2021 Grauburgunder „GG“ „Haslen“ Burkheimer Feuerberg I 12,5%/29,-€
85	2018 Spätburgunder trocken Jechtinger I 13%/10,50€
88	2019 Spätburgunder trocken „1G“ Jechtinger Eichert I 13%/20,-€
89	2018 Spätburgunder trocken „1G“ Sasbacher Limburg I 13%/23,-€
93	2020 Spätburgunder „GG“ „Kesselberg“ Burkheimer Feuerberg I 12,5%/43,-€

Lagen

Feuerberg (Burkheim)
Haslen (Burkheim)
Villinger (Burkheim)
Kesselberg (Burkheim)
Schlossgarten (Burkheim)
Limburg (Sasbach)
Eichert (Jechtingen)

Rebsorten

Spätburgunder (40%)
Grauburgunder (23%)
Weißburgunder (17%)
Riesling (8%)
Chardonnay (7%)

★★☆

Konrad Berg & Sohn

Kontakt
Niederwaldstraße 18
65385 Rüdesheim
Tel. 06722-49990
Fax: 06722-47912
www.altebauernschaenke.de
info@konradberg.de

Besuchszeiten
Mo.-So. 14-18 Uhr

Inhaber
Konrad Berg
Rebfläche
2 Hektar
Produktion
9.000 Flaschen

Die alte Bauernschänke in Rüdesheim wurde 1408 erbaut und befindet sich nun seit über 50 Jahren im Besitz der Familie Berg. Gastronomie und Hotelbetrieb wurden inzwischen auf zwei benachbarte Gebäude erweitert. Heute führt Konrad Berg den Betrieb, zu dem ein kleines, 2 Hektar großes Weingut gehört. Seine Weinberge liegen in den Lorcher Lagen Pfaffenwies und Krone, im Rüdesheimer Berg Schlossberg, im Assmannshäuser Höllenberg sowie in der Hattenheimer Hassel. Die Hälfte der Weinberge nimmt Riesling ein, 40 Prozent entfallen auf Spätburgunder, hinzu kommt Silvaner.

Kollektion

Der animierende und straffe Riesling My Way macht den Auftakt für eine Kollektion, die in erster Linie auf Weißweine mit latenter Restsüße setzt, sich dabei aber nicht primär auf Fruchtaromen verlässt, sondern durchaus fordernde Weine umfasst. Dass Konrad Berg die latent restsüße Stilistik beherrscht, beweist vor allem die Spätlese aus dem Lorcher Pfaffenwies, die ihre 15 Gramm Restzucker gut versteckt und viel Zitrussaft, nassen Stein und dezent unreife tropische Früchte mitbringt. Aus dem Rüdesheimer Berg Schlossberg kommt der einzige trockene Riesling der Kollektion. Er ist spürbar fester und weniger verspielt, greift die elegante Zitrusaromatik der feinherben Weine ebenfalls auf, ist dabei aber nachhaltiger und druckvoller. Die an der Grenze zwischen trocken und halbtrocken zu verortende 2018er Spätlese aus dem Lorcher Bodenthal-Steinberg bringt erste Reifenoten mit, besitzt aber auch noch Kraft und eine lebhafte, eingependelte Säure. Der Silvaner ist stramm und weiß seine hohe Säure punktgenau einzusetzen. Er ist recht zurückhaltend, kommt mit wenigen klar umrissenen Aromen von Zitrone und grünem Apfel aus. Der Rosé ist fruchtbetont, leicht und von Blütenaromen geprägt. Die Spätburgunder aus dem Höllenberg überzeugen wie gewohnt. Der halbtrockene ist angenehm leicht und besitzt eine frische, fast grasige Säure und üppige Frucht. Der trockene Spätburgunder S ist konzentrierter, ohne schwerer zu wirken, was seine Cassis-Aromatik perfekt in Szene setzt.

Weinbewertung

84	2021 Silvaner trocken Lorcher Krone I 11%/12,-€
85	2021 Riesling trocken Rüdesheimer Berg Schlossberg I 12%/13,-€
85	2021 Riesling „feinherb“ Lorcher Pfaffenwies I 12%/14,-€
83	2021 Riesling „My Way“ I 12%/14,-€
85	2018 Riesling „feinherb“ Lorcher Bodenthal-Steinberg I 12%/15,-€
82	2021 Rosé trocken „Rosanna“ Assmannshäuser Höllenberg I 11%/13,-€
88	2018 Spätburgunder „S“ trocken Assmannshäuser Höllenberg I 13,5%/32,-€
85	2020 Spätburgunder halbtrocken Assmannshäuser Höllenberg I 12%/20,-€

★★☆

Bergdolt-Reif & Nett

Kontakt
Weingut Bergdolt-Reif & Nett
Gmbh & Co.KG
Dudostraße 2
67435 Neustadt-Duttweiler
Tel. 06327-2803
Fax: 06327-1485
www.weingut-brn.de
info@weingut-brn.de

Besuchszeiten
Mo.-Fr. 8-17 Uhr, Sa. 10-16 Uhr,
So. & Feiertage geschlossen

Inhaber
Christian Nett
Betriebsleiter
Christian Nett
Außenbetrieb
Bernhard Nett
Rebfläche
33 Hektar
Produktion
350.000 Flaschen

Das Weingut wird heute in fünfter Generation von Christian Nett geführt. Die Weinberge liegen in den Duttweiler Lagen Kreuzberg und Mandelberg, im Kirrweiler Mandelberg, sowie in anderen Lagen in Lachen, Kirrweiler und Geinsheim. 70 Prozent der Weinberge nehmen weiße Rebsorten ein, vor allem Riesling, Weiß- und Grauburgunder, aber auch Sauvignon Blanc, Scheurebe, Silvaner, Muskateller und Gewürztraminer. An roten Sorten gibt es Spätburgunder, Merlot, Cabernet Sauvignon, Shiraz, Lagrein und Primitivo. Das umfangreiche Angebot wird in zwei Hauptlinien vermarktet: Die Concept-Weine umfassen Liter- und Markenweine, Specials und Edelsüßes, die Weinguts-Weine von eigenen Rebflächen sind aufgeteilt in die Linien Tradition, Edition und Avantgarde für die Spitze.

Kollektion

An der Spitze einer starken Kollektion von Christian Nett stehen in diesem Jahr zwei Burgunder aus dem Kirrweiler Mandelberg, die beide in kubischen Barriquefässern, den sogenannten „ReBarriques" ausgebaut wurden: Beide besitzen gute Konzentration und nur sehr dezentes, kaum spürbares Holz, der Weißburgunder braucht etwas Luft, zeigt dann Birne und kräutrige Noten im Bouquet, besitzt am Gaumen feine, animierende Zitrusnoten und gute Länge, der Grauburgunder besitzt Grip und Länge und etwas herbere Zitrusnoten. Knapp dahinter folgen der aromatisch ähnliche, etwas kraftvollere „Avantgarde"-Grauburgunder und zwei Rote aus der „Avantgarde"-Linie, der Shiraz zeigt dunkle Beerenfrucht und leicht pfeffrige Würze und besitzt Frische, der Spätburgunder zeigt rote Johannisbeere, Hagebutte und Kräuter im Duft, besitzt reife Tannine, Eleganz und präsente Röstnoten. Und auch die beiden anderen „Avantgarde"-Weine sind sehr gut, der Riesling besitzt viel klare Frucht, Ananas, Aprikose, Orangenschale, und der Sauvignon Blanc zeigt deutliche Noten von Stachelbeeren, grüner Paprika und Grapefruit, ist leicht füllig und frisch.

Weinbewertung

83 2021 Silvaner trocken „Skating" | 12,5%/7,20€
85 2021 Weißburgunder trocken „Edition" | 13%/11,50€
86 2021 Gewürztraminer trocken „Edition" | 13,5%/11,50€
87 2021 Sauvignon Blanc trocken „Avantgarde" | 12,5%/17,-€
86 2021 Chardonnay trocken „Nettswerk" | 13%/15,-€
87 2021 Riesling trocken „Avantgarde" | 12,5%/17,-€
88 2021 Grauburgunder trocken „Avantgarde" | 13,5%/17,-€
89 2021 Weißburgunder trocken Kirrweiler Mandelberg | 13%/29,-€
89 2021 Grauburgunder trocken Kirrweiler Mandelberg | 13%/29,-€
83 2020 Merlot trocken „Tradition" | 13,5%/8,90€
88 2019 Spätburgunder trocken „Avantgarde" | 13,5%/19,-€
88 2019 Shiraz trocken „Avantgarde" | 13,5%/19,-€

BERGDOLT-REIF & NETT
NETT
DUTTWEILER
PFALZ

★★★★

Bergdolt St. Lamprecht

Kontakt
Dudostraße 17
67435 Neustadt-Duttweiler
Tel. 06327-5027
Fax: 06327-1784
www.weingut-bergdolt.de
info@weingut-bergdolt.de

Besuchszeiten
Mo.-Fr. 9-12 + 14-18 Uhr
Sa. 10-16 Uhr

Inhaber
Rainer Bergdolt
Kellermeister
Carolin Bergdolt &
David Golitko
Rebfläche
28 Hektar
Produktion
150.000 Flaschen

1553 wurde das Klostergut St. Lamprecht in Duttweiler aufgelöst und gelangte in den Besitz des Kurfürsten Friedrich II. von der Pfalz. Dieser vermachte das Hofgut der Universität Heidelberg, in deren Besitz es bis 1754 verblieb. In diesem Jahr wurde das ehemalige Klostergut von Jacob Bergdolt erworben und blieb seitdem im Familienbesitz. Im 19. Jahrhundert wurde die Rebfläche erweitert, Friedrich Bergdolt, der als einer der ersten die Sorte Weißburgunder in der Pfalz anbaute, begann 1911 mit der Flaschenabfüllung und Selbstvermarktung. Seit Ende der 1980er Jahre wird auch Sekt hergestellt, 1993 erfolgte die Aufnahme in den VDP. Carolin Bergdolt ist seit ihrem Abschluss in Geisenheim 2007 im Betrieb tätig und leitet heute das Weingut mit ihrem Vater Rainer in der achten und neunten Generation. 2009 wurde mit der Umstellung auf ökologischen Weinbau begonnen, seit 2012 ist das Weingut biozertifiziert. Die Weinberge liegen vor allem in Duttweiler, in den Lagen Kalkberg, Kreuzberg und Mandelberg, im Ruppertsberger Reiterpfad, mit der Gewanne An den Achtmorgen, im Kirrweiler Mandelberg und in der Deidesheimer Mäushöhle. Wichtigste Rebsorte ist der Weißburgunder mit einem Flächenanteil von 35 Prozent, Riesling steht auf 32 Prozent der Rebfläche, wichtigste rote Sorte ist der Spätburgunder mit einem Anteil von 10 Prozent, daneben gibt es noch kleinere Anteile an Chardonnay, Auxerrois, Sauvignon Blanc, Gewürztraminer, Silvaner und Goldmuskateller, an roten Sorten werden noch Merlot, Cabernet Sauvignon und St. Laurent angebaut, zuletzt wurden Cabernet Franc und Chenin Blanc gepflanzt. Die Weine der Familie Bergdolt empfehlen wir seit der ersten Ausgabe, das Große Gewächs vom Weißburgunder aus dem Kirrweiler Mandelberg gehört seitdem regelmäßig zu den besten Weißburgundern aus Deutschland.

Kollektion

Neben den schon immer sehr guten Weißburgundern und den Rieslingen, auf die ebenfalls immer Verlass war, haben sich in den letzten Jahren die Sekte der Familie Bergdolt mehr und mehr zur sicheren Bank entwickelt und an Profil gewonnen: Der „Fluxus“ aus Chardonnay und Pinot Noir zeigt leicht nussige Noten, etwas Zitruswürze und Brotkruste im Bouquet, am Gaumen besitzt er gute Konzentration, feine hefige Würze, ist puristisch, frisch und nachhaltig, der „Blanc de Blanc“-Chardonnay ist fast genauso stark, er zeigt feine Hefenoten, Brotkruste, etwas Kakao und Zitrusnoten im Bouquet, besitzt am Gaumen feine Frucht, Frische und Länge. Der Sekt mit dem größten Trinkfluss ist für uns aber der Rosé aus Spätburgunder, der feine rote Frucht mit Noten von Kirsche und Johannisbeere im Duft zeigt, feine Hefewürze und animierende Zitrusnoten besitzt und sehr schlank, präzise und nachhaltig ist. Ganz an der Spitze der Kollektion steht allerdings einmal mehr das Weißburgunder-Große Gewächs aus dem Mandelberg, im komplexen Bouquet zeigt der Wein Aromen von Birne, Aprikose, Melone, etwas Stein und nasse Wolle, am Gaumen besitzt er sehr klare Birnenfrucht, eine leicht cremige Textur und feine salzige Noten, ist druckvoll und sehr nachhaltig. Unter den beiden Erste Lage-Weißburgundern favorisieren wir den Duttweiler Mandelberg, der nach gerösteten Haselnüssen, Birne und Zitrusnoten durftet und am Gaumen Kraft, perfekt eingebundenes Holz und gute Länge besitzt, der Kreuzberg zeigt ein sehr reintöniges Bouquet mit Noten von Birne, Melone und floraler Würze, am Gaumen besitzt er herbe Frucht, ein animierendes Säurespiel und Länge und der Weißburgunder Mineral besitzt Schmelz und klare Frucht. Das Große Gewächs vom Riesling zeigt deutliche kräutrig-mineralische Würze, etwas Zitrus und reduktive Streichholznoten, am Gaumen besitzt der Wein viel klare Frucht, salzige Noten, Druck und Länge, der Riesling vom Mandelberg besitzt ebenfalls viel Frucht, Ananas, Aprikose und Orangenschale, ist leicht füllig und nachhaltig und auch der Riesling „Kalkmergel" ist fruchtbetont, besitzt etwas kräutrige Würze und Grip. Der Chardonnay „Tempus" zeigt feine, aber sehr deutliche Röstnoten und ist auch am Gaumen noch deutlich vom Holz geprägt, besitzt auch feine Zitrusnoten und gute Länge, das Große Gewächs vom Spätburgunder kommt an seine weißen Pendants nicht ganz heran, es zeigt zunächst feine Frucht, rote Johannisbeere, Hagebutte und mit Luft dann auch immer deutlicher werdendes Holz, am Gaumen ist der Wein elegant und gut strukturiert, aber die Länge fehlt etwas.

Familie Bergdolt

Weinbewertung

89 2017 Chardonnay „Blanc de Blanc" Sekt brut nature | 12,5%/40,-€
90 2015 Chardonnay Pinot Noir „Fluxus" Sekt brut nature | 12,5%/40,-€
88 2018 Rosé Sekt extra brut | 11,5%/18,-€
87 2021 Weißburgunder trocken „Mineral" Kirrweiler | 13%/11,80€
86 2021 Riesling trocken „Kalkmergel" Duttweiler | 12%/11,80€
88 2021 Riesling trocken Duttweiler Mandelberg | 13%/18,-€
88 2021 Weißburgunder trocken Duttweiler Kreuzberg | 13%/18,-€
89 2021 Weißburgunder trocken „Lössriedel" Duttweiler Mandelberg | 13%/18,50€
88 2020 Chardonnay trocken „Tempus" | 13%/25,-€
90 2021 Riesling „GG" Reiterpfad An den Achtmorgen rechts der Viehtrift | 13%/35,-€
91 2020 Weißburgunder „GG" Mandelberg | 12%/40,-€
89 2020 Spätburgunder „GG" Kalkberg | 13%/40,-€

Lagen
Mandelberg (Kirrweiler)
Reiterpfad (Ruppertsberg)
Kalkberg (Duttweiler)
Kreuzberg (Duttweiler)
Mandelberg (Duttweiler)
Mäushöhle (Deidesheim)

Rebsorten
Weißburgunder (35%)
Riesling (32%)
Spätburgunder (10%)

★★

Bergmann

Kontakt
Ulsenheim 14
91478 Ulsenheim
Tel. 09842-1473
www.weinbau-bergmann.de
kontakt@weinbau-bergmann.de

Besuchszeiten
jederzeit nach Vereinbarung
Häckerwirtschaft im Frühling und Herbst

Inhaber
Volker Bergmann
Betriebsleiter
Volker Bergmann
Rebfläche
1,6 Hektar
Produktion
12.000 Flaschen

Seit 1985 wird bei den Bergmanns in Ulsenheim im südlichen Steigerwald selbstvermarktet, vorher hatte man etwas Müller-Thurgau und Silvaner, der aber ausschließlich der Selbstversorgung diente. Seither kamen immer mehr Weinberge und verschiedene Rebsorten nach und nach hinzu. Volker Bergmann führt den Betrieb zusammen mit seiner Lebensgefährtin Charoen Buchner. Seine Weinberge liegen alle am Huttenberg in Ulsenheim. Silvaner (inklusive Blauer Silvaner), Müller-Thurgau und Bacchus sind die wichtigsten Rebsorten, nehmen jeweils 20 Prozent der Fläche ein. Es folgen je 10 Prozent Spätburgunder und Faberrebe, hinzu kommen Riesling, Domina, Regent sowie ein Fränkischer Satz. Die Weine werden kühl und kontrolliert vergoren, Volker Bergmann möchte die natürliche Kohlensäure und Frische in seinen Weinen erhalten.

Kollektion

Schon beim guten Debüt im vergangenen Jahr konnten wir viele Weine von Volker Bergmann mit einem Smiley versehen, und in diesem Jahr ist das wieder so. Im Vergleich zum Vorjahr sind die 2021er Weine jahrgangsbedingt etwas säurebetonter, im Alkohol ein klein wenig moderater, aber das steht ihnen gut. Die Literweine bieten gutes Einstiegsniveau, der frische, zupackende Silvaner ebenso wie der harmonische halbtrockene Bacchus. Der Alter Fränkischer Satz ist würzig, eindringlich und zupackend, der Blauer Silvaner ist fruchtbetont, kraftvoll und frisch. Der geradlinige Rivaner weist eine dezente Muskatnote auf, der Riesling besitzt feine süße Frucht und Grip, was auch für die Faberrebe mit ihren floralen Noten gilt. Die prächtige, reintönige Silvaner Auslese aus dem Jahrgang 2018 hatten wir schon im vergangenen Jahr vorgestellt. Das gilt auch für den Spätburgunder, der damals noch sehr jugendlich war, sich sehr schön entwickelt hat, füllig und saftig ist, herrlich reintönig, was auch für Domina und Regent gilt. Attraktive Kollektion!

Weinbewertung

82 2021 Silvaner trocken Ulsenheimer Huttenberg (1l) I 11,5%/4,50€
85 2021 Alter Fränkischer Satz Ulsenheimer Huttenberg I 12%/4,60€ ☺
84 2021 Blauer Silvaner Ulsenheimer Huttenberg I 11,5%/4,50€ ☺
83 2021 Rivaner I 11,5%/4,50€
83 2021 Riesling Ulsenheimer Huttenberg I 12%/4,50€
83 2021 Faberrebe Ulsenheimer Huttenberg I 11,5%/4,50€
82 2021 Bacchus halbtrocken Ulsenheimer Huttenberg (1l) I 11%/4,20€
87 2018 Silvaner Auslese Ulsenheimer Huttenberg I 11,5%/8,50€ ☺
83 2021 Spätburgunder Rosé Ulsenheimer Huttenberg I 12%/5,20€
84 2019 Domina trocken Ulsenheimer Huttenberg I 12,5%/4,80€ ☺
86 2018 Spätburgunder Auslese trocken Ulsenheimer Hüttenberg I 14%/8,50€
83 2018 Regent (halbtrocken) Ulsenheimer Huttenberg I 12%/4,60€

Weinbau Bergmann

★☆

Bergsträsser Winzer

Kontakt
Darmstädter Straße 56
64646 Heppenheim
Tel. 06252-79940
Fax: 06252-799450
www.bergstraesserwinzer.de
info@bweg.de

Besuchszeiten
Vinothek:
Mo.-Sa. 9-18 Uhr
So. 10-16 Uhr

Inhaber
389 Mitglieder
Geschäftsführer
Dr. Patrick Staub
Kellermeister
Gerhard Weiß & Dirk Herdner
Rebfläche
264 Hektar
Produktion
1.800.000 Flaschen

Die Bergsträsser Winzer sind mit Abstand der größte Erzeuger an der Hessischen Bergstraße. Sie erzeugen mit etwa 1,8 Millionen Flaschen im Jahr mehr als die Hälfte des insgesamt in der Region produzierten Weins. Wichtigste Rebsorte ist Riesling, der knapp die Hälfte der Rebfläche einnimmt. Es folgen Spätburgunder und Grauburgunder, aber auch Rebsorten wie St. Laurent, Weißburgunder, Gewürztraminer, Scheurebe und Kerner, inzwischen auch Cabernet Sauvignon, Merlot, Sauvignon Blanc, Roter Riesling und Rosa Chardonnay werden angebaut. Die Weinberge verteilen sich auf 17 Einzellagen. Da auch Winzer aus den badischen Nachbargemeinden bis Dossenheim (Badische Bergstraße) ihre Trauben in Heppenheim anliefern, führen die Bergsträsser Winzer auch einige badische Weine im Programm. 60 Prozent der Weine werden trocken ausgebaut.

Kollektion

Eine abwechslungsreiche Kollektion bieten die Bergsträsser Winzer auch in diesem Jahr, in der Basis wie stets zuverlässig, dazu einige sehr eigenständige Spitzen. Wie den Souvignier Gris Eiswein, der eindringlich eingelegte süße Aprikosen im Bouquet zeigt, süß und konzentriert ist bei viel Substanz. Oder die beiden sehr guten Rotweine: Die Centurio genannte, alles andere als gewöhnliche Cuvée aus Merlot und Pinot Noir, ist würzig und eindringlich, füllig und saftig, besitzt reife Frucht und Substanz. Noch besser gefällt uns der im Barrique ausgebaute 2018er Cabernet Sauvignon aus dem Steinkopf, der gute Konzentration zeigt, etwas Gewürze, reife Frucht, Fülle und Kraft besitzt, reife Frucht und gute Struktur. Der Literriesling überzeugt, der Goldmuskateller-Sekt ist eigen und eindringlich wie auch die saftige Ruländer-Auslese. Es lebe die Vielfalt!

Weinbewertung

83	2020 Goldmuskateller Sekt trocken I 12%/12,50€
80	2021 Riesling trocken Auerbacher Rott (1l) I 12%/5,50€
81	2021 Weißer Burgunder Kabinett trocken Heppenheimer I 11,5%/6,90€
83	2021 Sauvignon Blanc trocken Heppenheimer I 13,5%/9,50€
84	2021 Grauer Burgunder Spätlese trocken Heppenheimer I 13%/9,50€
84	2021 Riesling Spätlese trocken Heppenheimer Stemmler I 12%/9,50€
83	2021 Souvignier Gris Spätlese trocken Heppenheimer I 12%/7,90€
82	2021 Chardonnay trocken Heppenheimer I 13,5%/9,50€
83	2021 „Vinas First" Weißwein-Cuvée „feinherb" I 11%/6,50€
81	2021 Goldmuskateller „feinherb" Heppenheimer I 11,5%/7,50€
85	2021 Ruländer Auslese Heppenheimer Eckweg I 10,5%/9,50€/0,5l
89	2021 Souvignier Gris Eiswein Heppenheimer Stemmler I 6,5%/29,90€/0,375l
80	2021 Spätburgunder Weißherbst „feinherb" Laudenbacher I 11%/6,40€
85	2021 Merlot & Pinot Noir trocken „Centurio" I 14,5%/10,90€
87	2018 Cabernet Sauvignon trocken Heppenheimer Steinkopf I 13,5%/17,90€

ERGSTRÄSSER WINZER

★★★

Philip Bernard

Kontakt
Mechenharder Straße 110
63906 Erlenbach
Tel. 09372-7063912
www.weinbau-bernard.de
info@weinbau-bernard.de

Besuchszeiten
nach Vereinbarung

Inhaber
Philip Bernard
Kellermeister
Philip Bernard
Rebfläche
1,5 Hektar

Philip Bernard ist in Mechenhard zuhause, das heute ein Ortsteil der Stadt Erlenbach am Main ist. Er betreibt in dritter Generation den kleinen Nebenerwerbsbetrieb, den sein Großvater Siegfried gegründet hatte, wird dabei von seinen Eltern unterstützt. Seine Weinberge liegen im Klingenberger Schlossberg, wo die Reben auf Buntsandstein-Terrassen wachsen, sowie im benachbarten Erlenbacher Hochberg, inzwischen ist er auch in Bürgstadt vertreten. Weißburgunder und Silvaner baut er an, Müller-Thurgau und Bacchus, dazu die beiden traditionellen roten Rebsorten Klingenbergs, Spätburgunder und Portugieser. Die Weißweine werden in Edelstahltanks ausgebaut, die Rotweine in Fässern aus heimischer oder französischer Eiche, die Rotweine werden nicht filtriert. Philip Bernard ist dabei nach und nach derzeit brachliegende Terrassen mit Spätburgunder zu bestocken.

Kollektion

Drei Weißweine aus dem Jahrgang 2021 und drei Rote aus 2020 konnten wir dieses Jahr verkosten. Die beiden Silvaner unterscheiden sich deutlich, der Klingenberger ist sehr offen im Bouquet und auch im Mund deutlich offensiver, sehr saftig, besitzt Struktur und Länge. Der Erlenbacher ist würzig, eindringlich, besitzt feine Frucht, gute Struktur und Grip. Der Bürgstadter Weißburgunder ist im Bouquet sehr offen, zeigt klare Frucht, weiße Früchte, ist sehr harmonisch und fruchtbetont im Mund, strukturiert und zupackend. Die Rotweine stammen alle aus Klingenberg. Der Portugieser zeigt leicht rauchige Noten, reife Frucht, rote Früchte, besitzt Struktur und Fülle im Mund, reintönige reife Frucht. An der Spitze der Kollektion stehen auch in diesem Jahr wieder die beiden Spätburgunder aus dem Klingenberger Schlossberg, die von 30 bis 40 Jahre alten Reben stammen. In den beiden Vorjahren galt unsere Präferenz jeweils dem „Fass 01“, im Jahrgang 2020 aber fällt es uns schwer einen Favoriten zu bestimmen, zu ähnlich sind sich die beiden. Schon im Bouquet sind sie kaum voneinander zu unterscheiden, sind faszinierend reintönig und intensiv, zeigen ein wenig Johannisbeeren und rauchige Noten, im Mund sind sie strukturiert und komplex, wunderschön frisch, herrlich reintönig und lang, der Spätburgunder „Fass 01“ ist vielleicht eine Nuance kraftvoller. Zwei tolle Weine!

Weinbewertung

87 2021 Silvaner Erlenbacher | 12,5%/10,-€
87 2021 Silvaner Klingenberger | 12,5%/10,-€
87 2021 Weißer Burgunder Bürgstadter | 13%/10,-€
87 2020 Portugieser Klingenberger | 13%/10,-€
90 2020 Spätburgunder Schlossberg | 13%/16,-€
90 2020 Spätburgunder „Fass 01“ | 13%/22,-€

★★☆

Josef Bernard-Kieren

Kontakt
Ringstraße 2
54470 Graach
Tel. 06531-2183
Fax: 06531-2090
www.wein-aus-graach.de
info@bernard-kieren.de

Besuchszeiten
Ostern-Okt. ab 14:30 Uhr
sowie nach Vereinbarung

Inhaber
Familie Bernard

Rebfläche
4,5 Hektar

Das Weingut ist ein typischer Familienbetrieb der Mittelmosel. Die Familie Bernard führt eine späte selektive Ernte durch, wenn es die Bedingungen des Jahrgangs zulassen oft in mehreren Etappen. Die Familie Bernard bewirtschaftet 4,5 Hektar Reben. In den Graacher Lagen Himmelreich und Dompropst werden zu 88 Prozent Riesling angebaut, zu 4 Prozent Weißburgunder und zu 8 Prozent Spätburgunder. Die Gärung erfolgt langsam und gekühlt. Vinothek und Straußwirtschaft mit Sonnenterasse stehen zur mehr oder weniger intensiven Verkostung zur Verfügung.

Kollektion

Klar und offen mit kühler Kräuternote präsentiert sich der trockene Kabinett aus der Lage Domprobst. Die beiden trockenen Spätlesen sind eindeutig auf der frischen, animierenden Seite angesiedelt. Sie sind beide vergleichsweise schlank, mit knackiger Säure ausgestattet, aber gut balanciert. Der Wein namens M hat ein bisschen mehr Zug als jener ohne diese Zusatzbezeichnung, wirkt aber völlig unangestrengt: Übertreibungen sind in diesem Weingut noch nie zu beobachten gewesen und auch 2021 nicht zu sehen. Bei den feinherben Rieslingen aus Domprobst und Himmelreich sind die Lagenunterschiede gut herausgearbeitet worden. Der erstgenannte Wein wirkt etwas saftiger und fülliger, der zweite schlanker und heller in der Frucht; die Süße ist in beiden Fällen deutlich zu spüren, sie ist aber gut integriert. Ein ähnliches Bild ergibt sich bei den Kabinetten mit einem Stern, die ob ihrer knackigen, verspielten Art sehr gut gefallen – der Wein aus dem Domprobst noch eine Spur besser, aber die qualitativen Unterschiede sind gering. Herrlich rassig sind die Spätlesen mit drei Sternen, von denen jene mit der Zusatzbezeichnung M, welche aus dem Himmelreich stammt, noch deutlich spannender wirkt, weil sie noch frischer scheint, weil die Süße verhaltener ist und ein langer Nachhall vorhanden ist.

Weinbewertung

85	2021 Riesling Kabinett trocken Graacher Domprobst I 10%/7,-€
86	2021 Riesling Spätlese trocken Graacher Himmelreich I 10,5%/8,50€
87	2021 Riesling Spätlese trocken „M" Graacher Dompropst I 10,5%/9,-€
86	2021 Riesling Kabinett „feinherb" Graacher Dompropst I 9%/7,-€ ☺
87	2021 Riesling Spätlese „feinherb" Graacher Himmelreich I 9%/8,50€ ☺
87	2021 Riesling Spätlese halbtrocken Graacher Dompropst I 10%/8,50€ ☺
87	2021 Riesling Spätlese „feinherb" Graacher Domprobst I 9%/8,50€ ☺
86	2021 Riesling Kabinett* Graacher Himmelreich I 8%/7,-€ ☺
87	2021 Riesling Kabinett* Graacher Domprobst I 7,5%/7,30€ ☺
89	2021 Riesling Spätlese*** „M" Graacher Himmelreich I 7,5%/9,-€ ☺
88	2021 Riesling Spätlese*** Graacher Dompropst I 8,5%/9,90€ ☺

★★★

Bernhard

Kontakt
Klostergasse 3
55578 Wolfsheim
Tel. 06701-7130
Fax: 06701-7117
www.weingut-bernhard.de
service@weingut-bernhard.de

Besuchszeiten
nach Vereinbarung

Inhaber
Jörg & Martina Bernhard
Rebfläche
25 Hektar
Produktion
150.000 Flaschen

Wolfsheim liegt im Rheinhessischen Hügelland, nördlich des Wissbergs. Hier ist das Weingut von Jörg Bernhard zuhause, das er 1995 von seinen Eltern Max und Marliese übernommen hat. Seit 2015 führt er es zusammen mit Tochter Martina. In den Wolfsheimer Lagen Osterberg, Sankt Kathrin und Götzenborn sowie im St. Johanner Geyersberg und im Vendersheimer Sonnenberg wachsen die Reben auf tonigen, kalkhaltigen Lehmböden. Riesling, Grauburgunder und Silvaner sind die wichtigsten Rebsorten, Silvaner und Scheurebe sollen verstärkt in den Fokus gerückt werden. Jörg und Martina Bernhard befassen sich nach der erfolgten Umstellung auf biologischen Weinbau (Ecovin) nun mit biodynamischem Weinbau. Beim Weinausbau spielen Spontangärung, Maischestandzeiten und gebrauchte 500 Liter-Fässer aus kaukasischer Eiche eine immer wichtigere Rolle.

Kollektion

Auch mit der neuen Kollektion legen Martina und Jörg Bernhard weiter zu. Spannend ist schon der Naturstück-Sekt: Rauchig, frisch, puristisch, zupackend. Der Gutssilvaner ist frisch, reintönig, hat Struktur und Grip, der Silvaner „Elegante Ruth" ist ähnlich reintönig, etwas druckvoller. Sehr gleichmäßiges Niveau zeigen die weißen Ortsweine aus dem Jahrgang 2020. Die Scheurebe ist reintönig, zeigt etwas Cassis, besitzt gute Struktur und Druck, der Grauburgunder punktet mit Fülle, Kraft und klarer reifer Frucht, der Riesling ist herrlich eindringlich und konzentriert, kraftvoll und zupackend. Eine weitere Steigerung bringen die Lagenweine, ebenfalls aus dem Jahrgang 2020. Der Götzenborn-Chardonnay zeigt rauchige Noten, reife Frucht, besitzt Fülle, Saft und Substanz. Der Silvaner St. Kathrin besitzt viel Intensität, viel reife Frucht, ist kraftvoll, druckvoll und lang. Unser Favorit ist der gelbfruchtige Riesling vom Osterberg, der gute Struktur, viel reife Frucht und Substanz besitzt. Stark sind auch die Spätburgunder, enorm füllig und konzentriert. Weiter im Aufwind!

Weinbewertung

87 2017 „Naturstück" Sekt brut nature | 12,5%/19,-€
84 2021 Silvaner trocken | 12%/7,20€
86 2021 Silvaner trocken „Elegante Ruth" | 12%/9,20€
85 2021 Riesling & Sauvignon Blanc „Jahrgangshighlight" | 12,5%/11,-€
87 2020 Riesling trocken „vom Kalkstein" Wolfsheimer | 12%/11,70€
86 2020 Scheurebe trocken „vom Kalkmergel" St. Johanner | 12%/11,70€
87 2020 Grauer Burgunder trocken „vom Kalkstein" Wolfsheimer | 13%/11,70€
89 2020 Silvaner trocken St. Kathrin | 13%/19,20€
90 2020 Riesling trocken Osterberg | 12,5%/19,20€
88 2020 Chardonnay trocken Götzenborn | 13%/19,20€
86 2019 Spätburgunder trocken „vom Tonmergel" Vendersheimer | 13%/12,70€
89 2018 Spätburgunder trocken Sonnenberg | 13%/25,20€

★★★★

Bernhart

Kontakt
Wein- und Sektgut Bernhart
Hauptstraße 8, 76889
Schweigen-Rechtenbach
Tel. 06342-7202
Fax: 06342-6396
www.weingut-bernhart.de
info@weingut-bernhart.de

Besuchszeiten
Mo.-Fr. 9-12:30 + 14-17 Uhr
Sa. 10-16 Uhr

Inhaber
Gerd Bernhart
Rebfläche
21 Hektar
Produktion
130.000 Flaschen

Das Weingut Bernhart in Schweigen an der Grenze zum Elsass wird heute in vierter Generation von Gerd Bernhart geführt, der schon lange für den Keller verantwortlich ist. Sein Vater Willi gab 1971 die bis dahin betriebene Vieh- und Ackerwirtschaft auf, konzentrierte sich als Autodidakt ganz auf den Weinbau und begann mit der Flaschenweinvermarktung. Zwei Drittel der Rebfläche liegen auf elsässischem Boden, darunter auch die beste Parzelle des Weinguts, der Rädling, ein Kernstück des Schweigener Sonnenbergs in einem windgeschützten Seitental mit einer Südost ausgerichteten Hangneigung bis zu 35 Prozent, geprägt von Kalkmergel mit Kalkfelsen im Untergrund. Von hier stammen die beiden Großen Gewächse, die mit „RG" gekennzeichnet sind, da Bernhart die Verwendung der Bezeichnung Rädling momentan von der Weinkontrolle untersagt ist. Seit dem Jahrgang 2016 gibt es ein drittes Großes Gewächs aus einem weiteren Teilstück des Sonnenbergs, dem direkt oberhalb von Wissembourg gelegenen, nach Süden ausgerichteten Kostert, für den Bernhart die Bezeichnung „KT" verwendet. Der Boden ist sehr stark vom Kalkstein geprägt, enthält aber auch Ton und Kalkmergel. Mit dem Jahrgang 2018 kam ein viertes Großes Gewächs zum Sortiment dazu, ein Riesling aus dem Sonnenberg. Wichtigste Sorte im Betrieb ist ungewöhnlicherweise der Spätburgunder mit einem Flächenanteil von 26 Prozent, es folgen 18 Prozent Weißburgunder, 15 Prozent Riesling und 10 Prozent Grauburgunder, dazu kommen Chardonnay und Silvaner sowie kleinere Anteile von Auxerrois, Gewürztraminer, Muskateller, Sauvignon Blanc sowie St. Laurent, Cabernet Sauvignon und Merlot. Die Rotweine kommen grundsätzlich ins Holz, teilweise in große Fässer und die besten Partien bis zu 24 Monate in Barriques. Seit dem Jahrgang 2012 (2011 bei den Rotweinen) setzt Gerd Bernhart konsequent das vierstufige VDP-Klassifikationsmodell um.

Kollektion

Gerd Bernharts 2020er Rotweine waren zum Zeitpunkt der Verkostung frisch gefüllt und haben einiges an Luft gebraucht, um sich zu entfalten: Ganz knapp vorne liegt der Spätburgunder „RG", der sich mit etwas Reifezeit auch noch steigern könnte, er zeigt kräutrige Noten, rote Johannisbeere und Hagebutte im Bouquet, besitzt am Gaumen deutliche, noch ganz jugendliche Tannine, ist elegant und nachhaltig mit klarer, feiner Frucht. Der „KT" zeigt ein ähnliches Bouquet mit Aromen von roter Johannisbeere, Sanddorn, Waldboden und Kräutern, am Gaumen besitzt er gute Konzentration, klare Frucht und Länge, ist elegant und kräutrig, der Spätburgunder „WB" unterscheidet sich etwas im Bouquet, zeigt neben Kräuternoten auch Schwarzkirsche, Hagebutte und Gummi und besitzt am Gaumen eine frische Säure, kühle, kräutrige Würze und gute Länge, der Spätburgunder „FG" wiederum bleibt zunächst sehr verhalten, entwickelt dann mit Luft feine Noten von roter Johannisbeere und ist am Gaumen straff mit jugendlichen Tanninen und kräutriger Würze. Der St. Laurent ist dagegen schon sehr offen, er zeigt Schwarzkirsche, etwas Brombeere, leicht kräutrige Noten und Eisen im Bouquet, ist kraftvoll, besitzt eine jugendliche Struktur und kühle, kräutrige Frische. Auch an der Spitze der Weißweine finden sich die beiden Großen Gewächse, der Riesling zeigt Aromen von Roibuschtee und Zitrusnoten, vor allem Orangenschale, im komplexen Bouquet und besitzt animierende Zitruswürze und feine salzige Noten, ist druckvoll und nachhaltig, der Weißburgunder zeigt feine florale und nussige Noten, etwas Birne und dezentes Holz im Bouquet, besitzt auch am Gaumen klare Frucht, wieder Birne und herbe Grapefruit, ein animierendes Säurespiel, ist elegant und sehr nachhaltig. Auch der Weißburgunder „WB" ist hervorragend, schon sehr offen und präsent, er zeigt viel gelbe Frucht, Aprikose, Birne, Pfirsich, und dezentes Holz im Duft, besitzt auch am Gaumen gut eingebundenes Holz und eine frische Säure, ist etwas nachhaltiger als der Grauburgunder „FG", der dafür etwas kraftvoller ist, ebenfalls viel klare Fruchtaromen von Birne, Pfirsich und Orangenschale besitzt. Bei den beiden „Kalkmergel"-Weinen wurde in diesem Jahr der Holzanteil beim Ausbau etwas erhöht, aber das Holz bleibt dennoch dezent, beide sind kraftvoll und cremig mit feinen Zitrusnoten und guter Länge, der Chardonnay besitzt in diesem Jahr ungewöhnlich viel Frucht, Pfirsich, Quitte und Melone, ist harmonisch und frisch. Eine starke Kollektion in einem für Bio-Betriebe nicht einfachen Jahrgang!

Gerd Bernhart

Weinbewertung

88 2021 Weißburgunder trocken „Kalkmergel" Schweigen | 13,5%/12,-€
88 2021 Grauburgunder trocken „Kalkmergel" Schweigen | 13,5%/12,-€
88 2020 Chardonnay trocken „Tonmergel" Schweigen | 13%/17,-€
89 2021 Grauburgunder trocken „FG" Schweigener Sonnenberg | 13,5%/19,50€
90 2021 Weißburgunder trocken „WB" Schweigener Sonnenberg | 13%/19,50€
91 2021 Riesling „GG" Sonnenberg | 12,5%/26,-€
91 2021 Weißburgunder „GG" Sonnenberg „RG" | 13%/30,-€
89 2020 St. Laurent „S" trocken | 13,5%/22,-€
88 2020 Spätburgunder trocken „FG" Schweigener Sonnenberg | 13%/22,-€
90 2020 Spätburgunder trocken „WB" Schweigener Sonnenberg | 13%/29,-€
91 2020 Spätburgunder „GG" Sonnenberg „KT" | 13%/35,-€
91+ 2020 Spätburgunder „GG" Sonnenberg „RG" | 13%/40,-€

Lagen

Sonnenberg (Schweigen)
Rädling (Schweigen)
Wormberg (Schweigen)
Finstergasse (Schweigen)
Kostert (Schweigen)

Rebsorten

Spätburgunder (26%)
Weißburgunder (18%)
Riesling (15%)
Grauburgunder (10%)
Chardonnay (5%)

★★☆

Berthold

Kontakt
Reutweg 4
74172 Neckarsulm
Tel. 07132-37117
Fax: 07132-37488
www.weingut-berthold.de
weingut-berthold@t-online.de

Besuchszeiten
Mo.-Fr. 12-14 + 17-19 Uhr
Sa. 9-14 Uhr
Besenstube

Inhaber
Familie Berthold
Kellermeister
Ludwig Berthold
Rebfläche
10 Hektar
Produktion
50.000 Flaschen

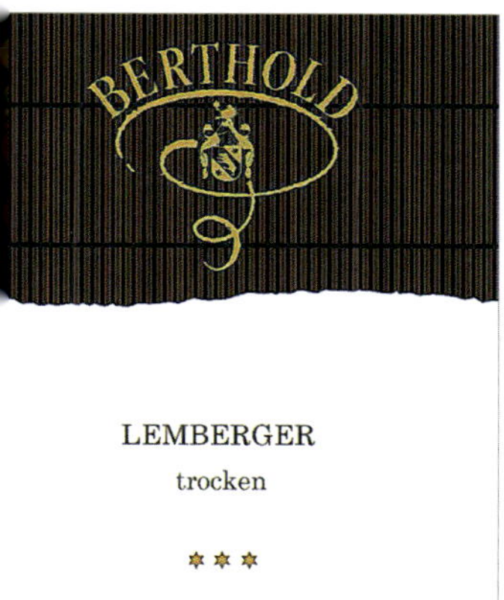

Hermann Berthold übernahm 1985 den Betrieb von seinem Vater Ludwig, konzentrierte sich ganz auf Weinbau und gründete das eigene Weingut. Sohn Ludwig ist 2015 nach seinem Abschluss als Techniker für Weinbau und Önologie in Weinsberg in den Betrieb eingestiegen und für den Weinausbau verantwortlich. Seit Oktober 2020 ist auch Tochter Ursula im Betrieb, die 2018 ihr Studium der internationalen Weinwirtschaft in Geisenheim beendete und Erfahrungen in verschiedenen deutschen Anbaugebieten und im Napa Valley sammelte. Die Weinberge liegen alle in Neckarsulm, wo die Reben auf Keuperböden wachsen. Die wichtigsten Rebsorten sind Riesling, Lemberger, Trollinger, Grauburgunder und Muskattrollinger. Seit dem Weinjahrgang 2011 werden die Weine betriebsintern mit bis zu 3 Sternen klassifiziert, Prädikate werden nicht mehr verwendet. Brände und Liköre ergänzen das Programm.

Kollektion

Leichte Vorteile sehen wir auch in diesem Jahr wieder bei den Rotweinen, die Weißweine aber sind auch stark, werden angeführt vom im Barrique ausgebauten Grauburgunder, der rauchige Noten im Bouquet zeigt, etwas Gewürze und Vanille, reife Frucht, füllig und saftig ist, gute Substanz besitzt. Die Rieslinge sind würzig und zupackend, der Cabernet Blanc leicht floral, hat Grip, der 2 Sterne-Grauburgunder setzt ganz auf Frische und Frucht. Wunderschön reintönig, süffig und zupackend ist der Muskattrollinger Rosé, und der Trollinger punktet ebenfalls mit Reintönigkeit, Frische und Frucht. Füllig und kraftvoll ist der Cabernet Cubin, enorm konzentriert, besitzt kräftige Tannine, während der rauchige Merlot mehr auf Frucht und Struktur setzt. Der 2 Sterne-Lemberger ist fruchtbetont und intensiv, geradlinig und klar, seine Kollege mit den 3 Sternen ist deutlich konzentrierter, besitzt herrlich viel Frucht und Frische, gute Struktur und Grip. Überzeugende Vorstellung!

Weinbewertung

83 2021 Grauburgunder** trocken Neckarsulmer Scheuerberg | 12,5%/7,50€
83 2021 Riesling** trocken Neckarsulmer Scheuerberg | 12,5%/7,-€
84 2021 Cabernet Blanc** trocken Neckarsulmer Scheuerberg | 12,5%/7,50€
84 2021 Riesling*** trocken Neckarsulmer Scheuerberg | 12,5%/9,50€
87 2021 Grauburgunder*** trocken „Fass Nr.5" Neckarsulmer Scheuerberg | 12,5%/18,-€
84 2021 Muskattrollinger Rosé** Neckarsulmer Scheuerberg | 11,5%/7,50€
82 „RAD** aus" Neckarsulm Rotwein trocken | 13%/8,20€
85 Trollinger** „H" trocken Neckarsulmer Scheuerberg | 12,5%/7,50€
85 2020 Lemberger** trocken Neckarsulmer Scheuerberg | 13,5%/7,50€
87 2020 Lemberger*** trocken Neckarsulmer Hag | 14%/11,-€
86 2020 Merlot*** trocken Neckarsulmer Scheuerberg | 14,5%/14,-€
87 Cabernet Cubin*** trocken „Fass Nr. 5" Neckarsulmer Scheuerberg | 14,5%/19,50€

Gebr. Bertram

Kontakt
Hauptstraße 3
53507 Dernau
Tel. 02643-8314
Fax: 02643-1568
info@gebrueder-bertram.de
www.gebrueder-bertram.de

Besuchszeiten
Mo.-So. 10-18 Uhr
oder nach Vereinbarung,
Di. geschlossen

Inhaber
Christian & Markus Bertram
Betriebsleiter
Christian & Markus Bertram
Rebfläche
3,1 Hektar
Produktion
25.000 Flaschen

Die Familie Bertram baut schon lange Wein an der Ahr an. Die Brüder Johann Josef und Peter Josef Bertram waren 1873 an der Gründung des Dernauer Winzervereins beteiligt, dessen erster Präsident Peter Josef Bertram bis kurz vor seinem Tode 1901 war. Die drei Söhne von Johann Josef Bertram traten 1904 aus der Genossenschaft aus und gründeten ihr eigenes Weingut Gebrüder Bertram. Seit 2005 wird das Weingut in vierter Generation von Christian und Markus Bertram geführt. Ihre Weinberge liegen in den Dernauer Lagen Pfarrwingert und Hardtberg, im Neuenahrer Sonnenberg und im Ahrweiler Daubhaus. Spätburgunder nimmt zwei Drittel der Rebfläche ein, dazu gibt es Riesling, Frühburgunder, Weißburgunder und Grauburgunder, sowie verschiedene weitere Rotweinsorten. Die Rotweine werden mindestens zwei Wochen auf der Maische vergoren und im Fuder oder im Barrique ausgebaut.

Kollektion

Eine feine Kollektion präsentieren Christian und Markus Bertram in diesem Jahr, die Weine setzen auf klare Frucht und Frische. Der zu einem Viertel im Holz ausgebaute Weißburgunder ist harmonisch und strukturiert, besitzt feine Würze und Frucht, der Blanc de Noir ist frisch und zupackend, recht süß, aber wunderschön reintönig. Noch mehr Süße findet man beim halbtrockenen Spätburgunder, aber auch er ist fruchtbetont und klar im Bouquet und besitzt viel Frucht und Frische im Mund – wer's süß mag! Fruchtbetont und intensiv ist auch der im Holz ausgebaute Spätburgunder 1904, zeigt rote Früchte, besitzt herrlich viel Frucht auch im Mund, ist lebhaft, frisch und zupackend. Der Frühburgunder aus dem Hardtberg wurde fünfzehn Monate in zweit- und drittbelegten Barriques ausgebaut, zeigt rauchige Noten und reintönige reife Frucht, ist füllig und harmonisch im Mund, besitzt reintönige Frucht, gute Struktur und Frische. Der fünfzehn Monate im neuen Barrique ausgebaut Spätburgunder aus dem Pfarrwingert ist ganz klar das Highlight der Kollektion, ist Im Jahrgang wesentlich zugänglicher als der 2019er, den wir im vergangenen Jahr verkostet haben. Er zeigt gute Konzentration und reintönige Frucht im herrlich eindringlichen Bouquet, feine rauchige Noten, ist wunderschön klar, frisch und harmonisch, besitzt gute Struktur und Länge.

Weinbewertung

84 2021 Weißburgunder trocken | 12%/9,50€
83 2021 Spätburgunder „Blanc de Noir" trocken | 11,5%/9,50€
86 2021 Spätburgunder trocken „1904" | 12,5%/9,50€
87 2020 Frühburgunder trocken Dernauer Hardtberg | 13%/16,-€
90 2020 Spätburgunder Dernauer Pfarrwingert | 13,5%/32,-€
84 2021 Spätburgunder halbtrocken | 11,5%/8,-€

★★☆

Sandra **Berweiler**

Kontakt
Euchariusstraße 35
54340 Leiwen
Tel. 06507-3285
Fax: 06507-80175
www.weingutberweiler.de
weingutberweiler@t-online.de

Besuchszeiten
Vinothek
WeinWirtschaft
Gästezimmer

Inhaber
Sandra Berweiler-Fögen
Betriebsleiter
Sandra Berweiler-Fögen
Kellermeister
Sandra Berweiler-Fögen
Außenbetrieb
Klaus Berweiler
Rebfläche
4 Hektar
Produktion
20.000 Flaschen

Sandra Berweiler-Fögen, die das Familienweingut heute führt und inzwischen nach ihr selbst benannt hat, besitzt vier Hektar Weinberge in Leiwen (Klostergarten), Pölich (Held), Schweich (Annaberg) und Neumagen (Rosengärtchen). Die engagierte Winzerin, die jahrelang Vorsitzende der Leiwener Jungwinzer war, kümmert sich in ihrem Betrieb um alle Aspekte – vom Ausbau der Weine bis zur Vermarktung. Neben Riesling baut Sandra Berweiler etwas Weißburgunder und Spätburgunder an und kann auf die Unterstützung ihrer Eltern zählen: Vater Klaus kümmert sich noch immer um die Weinberge. Von Ende Juni/Anfang Juli bis Ende Oktober bzw. Anfang November hat die Straußwirtschaft geöffnet, auch Gästezimmer bietet Sandra Berweiler-Fögen an, und sowohl das Sommerfest namens „Summer Wine" im Juni als auch das Herbstfest im Oktober sind für viele Kunden feste Termine. Im Juni 2018 wurde eine neue Vinothek eröffnet. Das Weingut ist Siegerbetrieb im Wettbewerb „Ausgezeichneter Moselgastgeber".

Kollektion

In praktisch jedem Jahrgang sind die Weine von Sandra Berweiler-Fögen sehr typisch, meist zugänglich und leicht verständlich. Selbiges trifft auch auf die beiden Schaumweine aus 2020 zu; der als brut bezeichnete Vertreter ist kühlfruchtig mit Anklängen an Limonen und Hefe, im Mund straff, schlank, frisch und animierend. Bei seinem trockenen Pendant ist die Süße unauffällig eingearbeitet. Schlank und vergleichsweise süffig fällt der trockene 2021er Literwein aus der Lage Leiwener St. Michael aus. Ebenfalls schlank und süffig ist der trockene Weißburgunder. Eher schlank wirkt Sandra's Riesling, derzeit fast noch ein wenig unauffällig. Deutlich mehr Substanz weist der trockene Wein von alten Reben aus dem Pölicher Held auf. Noch besser als der saftige feinherbe Riesling, der schon zugänglich ist, gefällt der halbtrockene. Eher kräuterig duftet die Spätlese von alten Reben in süßer Version, bei welcher der Restzucker sehr gut integriert ist. Im Zusammenspiel mit der erfrischenden Säure ergibt sich folglich eine gute Balance. Vergleichsweise zurückhaltend wirkt der Rosé.

Weinbewertung

85	2020 Riesling Sekt brut I 12,5%/13,-€
85	2020 Riesling Sekt trocken I 12,5%/13,-€
80	2021 Riesling trocken Leiwener St. Michael (1l) I 12%/5,80€
82	2021 Weißer Burgunder trocken I 12%/8,80€
84	2021 Spätlese trocken „Sandra´s Riesling" I 12,5%/8,80€
85	2021 Riesling Spätlese trocken „Alte Reben" Pölicher Held I 12,5%/9,80€
85	2021 Riesling Spätlese halbtrocken „Alte Reben" Schweicher Annaberg I 11,5%/9,80€
84	2021 Riesling Spätlese „feinherb" Leiwener Klostergarten I 11,5%/8,80€
86	2021 Riesling Spätlese „Alte Reben" Pölicher Held I 9,5%/9,80€
82	2021 Spätburgunder Rosé trocken I 12,5%/8,80€

BERWEILER
SANDRA

WEINGUT
VINOTHEK

★★★½

Bettenheimer

Kontakt
Stiegelgasse 32
55218 Ingelheim
Tel. 06132-3041
Fax: 06132-786795
www.weingut-bettenheimer.de
info@weingut-bettenheimer.de

Besuchszeiten
nach Vereinbarung und zu Öffnungszeiten des Gutsausschanks „Zum Kuhstall“
Gästezimmer

Inhaber
Jens Bettenheimer
Rebfläche
16 Hektar
Produktion
120.000 Flaschen

Nach Geisenheim-Diplom und achtmonatigem Auslandspraktikum in Neuseeland (Fromm Winery) übernahm Jens Bettenheimer das elterliche Weingut. Seine Weinberge liegen vor allem in den Ingelheimer Lagen Sonnenhang, Burgberg, Schlossberg und Täuscherspfad sowie in den Appenheimer Lagen Eselspfad und Hundertgulden. Die klassischen Rebsorten möchte Jens Bettenheimer forcieren: Spätburgunder und Frühburgunder, Grau- und Weißburgunder, Riesling und Silvaner, dazu Chardonnay. Rot- wie Weißweine werden überwiegend spontanvergoren. Alle Rotweine werden nach langer Maischegärung im Holz ausgebaut.

Kollektion

Jens Bettenheimers Kollektion ist besser denn je. Das fängt schon beim wunderschön fruchtbetonten, frischen Literriesling an. Die Ortsweine zeigen sehr konstantes Niveau, sind fruchtbetont und klar, der Silvaner ist zupackend, strukturiert, der Weißburgunder leicht rauchig, der Grauburgunder wunderschön reintönig; der in zu 60 Prozent neuen Barriques ausgebaute Chardonnay gefällt uns besonders gut, er ist würzig, eindringlich und kraftvoll. Der Hundertgulden-Riesling ist sehr intensiv, besitzt viel Frucht, Fülle und Kraft, viel Säure. Der Grauburgunder vom Sonnenhang ist herrlich reintönig, besitzt gute Substanz, Struktur und Grip. Der Grauburgunder SH blieb noch ein wenig länger auf der Maische und hat auch etwas neue Barriques gesehen, er ist konzentriert, herrlich eindringlich, enorm säurebetont. Das gilt auch für den im Granitei ausgebauten Sauvignon Blanc G700, obwohl er komplett den biologischen Säureabbau durchlaufen hat, er ist konzentriert, klar, kraftvoll und zupackend. Ganz stark sind auch die drei Rotweine. Der Schlossberg-Frühburgunder zeigte feine rauchige Noten, reintönige Frucht, besitzt Substanz und Harmonie. Der Spätburgunder vom Sonnenhang ist sehr offen, frisch, zupackend, sein Kollege vom Täuscherspfad besitzt reintönige Frucht, Struktur und Grip. Weiter im Aufwind!

Weinbewertung

83	2021 Riesling trocken (1l) I 12%/6,90€
86	2021 Grüner Silvaner trocken Ingelheim I 13%/10,90€
85	2021 Weißburgunder trocken Appenheim I 12,5%/10,90€
86	2021 Grauburgunder trocken Ingelheim I 13%/10,90€
87	2021 Chardonnay trocken Ingelheim I 13%/16,90€
90	2021 Weißer Riesling trocken Hundertgulden I 12,5%/16,90€
89	2021 Grauer Burgunder trocken „Aureus“ Sonnenhang I 14%/16,90€
89	2021 Sauvignon Blanc „G700“ I 12,5%/16,90€
90	2021 Grauer Burgunder „SH“ I 13,5%/25,90€
88	2019 Blauer Spätburgunder trocken Ingelheimer Sonnenhang I 13,5%/16,90€
89	2020 Blauer Frühburgunder trocken Ingelheimer Schlossberg I 13,5%/16,90€
90	2020 Blauer Spätburgunder trocken Ingelheimer Täuscherspfad I 13,5%/25,90€

Erben von Beulwitz

Kontakt
Eitelsbacherweg 4
54318 Mertesdorf
Tel. 0651-95610
Fax: 0651-9561150
www.von-beulwitz.de
info@hotel-weis.de

Besuchszeiten
täglich 11-18 Uhr
Hotel Weingut Weis unter gleicher Leitung mit Restaurant „Vinum" und Weinstube

Inhaber
Herbert Weis
Betriebsleiter
Herbert Weis
Kellermeister
Herbert Weis
Außenbetrieb
Herbert Weis
Rebfläche
7,5 Hektar
Produktion
50.000 Flaschen

Herbert Weis erwarb 1982 das traditionsreiche Weingut Erben von Beulwitz und gliederte es seinem eigenen Betrieb an. Seine 7,5 Hektar umfassenden Weinberge liegen in Steillagen über der Ruwer hauptsächlich in der Lage Kaseler Nies'chen, aber auch im Kaseler Kehrnagel, in der Kaseler Hitzlay und im Eitelsbacher Marienholz, wo der Gutsriesling erzeugt wird, aber auch Weißburgunder und Spätburgunder stehen. Große Gewächse werden nun nicht bloß aus dem Kaseler Nies'chen erzeugt (Auf den Mauern und Im Taubenberg), sondern inzwischen auch im Mertesdorfer Herrenberg. Ein großer Teil der Weinberge ist mit wurzelechten Reben bestockt, die teilweise noch im 19. Jahrhundert gepflanzt wurden.

Kollektion

Die drei Großen Gewächse unterscheiden sich deutlich voneinander. Duftig, frisch mit einer fast ätherischen Frucht ausgestattet ist der Riesling Auf den Mauern, im Mund straff und rassig, nachhaltig. Viel ruhiger ist der Mertesdorfer Herrenberg mit Anklängen an Hefe und Mirabellen, im Mund fest und präzise, angenehm trocken. Auch der Taubenberg-Riesling ist schön trocken, straff und kompakt, braucht noch etwas Zeit. Deutlich hefig ist der feinherbe Kabinett mit der Nummer 10, im Mund ist er enorm saftig und würzig mit deutlicher, aber gut integrierter Süße: Ein spannender Wein. Noch deutlich spannender ist der Wein mit der Nummer 7, der mehr Struktur aufweist und weniger Süße. Attraktiv ist der Kabinett mit der Nummer 9, verspielt, rassig und animierend. Offen, mit Anklängen von getrocknetem Apfel und der Nies'chen-typischen ätherischen Note, ist die Spätlese mit der Nummer 6. Auch die Auslese mit der Nummer 4 begeistert mit Präzision.

Weinbewertung

85	2021 Grauburgunder trocken I 12,5%/9,80€
86	2021 Weißburgunder trocken I 12,5%/9,80€
87	2021 Riesling trocken „N°15 Im Steingarten" Kaseler Nies'chen I 11,5%/13,50€
88	2021 Riesling trocken „N°14" Kaseler Kehrnagel I 12%/13,50€
90	2021 Riesling trocken „GG" „N°12" „Auf den Mauern" Nies'chen I 12,5%/24,50€
89	2021 Riesling trocken „GG" „N°11" Mertesdorfer Herrenberg I 12%/19,50€
88	2021 Riesling trocken „GG" „N°13" „Im Taubenberg" Kaseler Nies'chen I 12,5%/21,50€
86	2021 Riesling „N°16" Mertesdorfer Herrenberg I 11,5%/12,50€
85	2021 Riesling „N°17 feinherb" I 10,5%/9,50€
87	2021 Riesling Kabinett „N°10 feinherb" Kaseler Nies'chen I 10%/13,50€
88	2021 Riesling Kabinett „feinherb" „N°7 Alte Reben" Kaseler Nies'chen I 11%/13,50€
86	2021 Riesling Kabinett „N°8" Kaseler Nies'chen I 8%/11,50€
88	2021 Riesling Kabinett „N°9 Alte Reben" Kaseler Nies'chen I 8%/Vst.
90	2021 Riesling Spätlese „N°6 Alte Reben" Kaseler Nies'chen I 8%/ Vst.
91	2021 Riesling Auslese „N°4 Alte Reben" Kaseler Nies'chen I 8%/ Vst.
87	2018 Blauer Spätburgunder trocken I 13,5%/14,50€

★★★★

Bibo & Runge

Kontakt
Eberbacherstraße 5, 65375
Oestrich-Winkel-Hallgarten
Tel. 06723-9986900
Fax: 06723-9986901
www.bibo-runge-wein.de
info@bibo-runge-wein.de

Besuchszeiten
täglich nach Vereinbarung
„Revoluzzer"-Gartenhaus
(Mai/Juni/Sept.: Sa./So./
Feiertage)

Inhaber
Markus Bonsels,
Monika Eichner
Betriebsleiter
Markus Bonsels
Kellermeister
Markus Bonsels
Rebfläche
5 Hektar
Produktion
35.000 Flaschen

Markus Bonsels übernahm gemeinsam mit seiner Frau Monika Eichner Das Weingut Bibo Runge im Jahr 2017 von Kai Runge und Walter Bibo. Die beiden hatten das Weingut erst 2014 gegründet und gemeinsam geleitet. Runge kümmerte sich vorrangig um die Betriebswirtschaft, Walter Bibo, zuvor Betriebsleiter bei Schloss Reinhartshausen, widmete sich Keller und Weinbergen. Nach einigen Jahren als önologischer Berater scheidet Bibo 2021 endgültig aus dem Weingut aus. Markus Bonsels ist ein klassischer Quereinsteiger, kündigte mit Ende Vierzig seinen Job im Management eines internationalen Großkonzerns und studierte Önologie in Montpellier, Bordeaux und Geisenheim. Mit dem Weingut erwarben Bonsels und Eichner Parzellen in den Hallgartener Lagen Frühernberg, Hendelberg, Jungfer, Schönhell und Würzgarten. 90 Prozent der Rebfläche sind mit Riesling bestockt, 10 Prozent mit Spätburgunder, der in den vergangenen Jahren immer wichtiger geworden ist und dessen Qualität die neuen Besitzer deutlich steigern konnten. Auch die Sektherstellung trieben Markus Bonsels und Monika Eichner in den vergangenen Jahren weiter voran und kreierten mit dem Provokateur einen recht außergewöhnlichen Rosé-Rieslingsekt mit Spätburgunder-Dosage. 2021 kommt erstmals ein Crémant Allemand aus weiß gekeltertem 2019er Pinot Noir auf den Markt. Beim Riesling, nach wie vor dem Kernelement des Weinguts, arbeitet Markus Bonsels, ähnlich wie auch schon Walter Bibo, mit sehr langen Maischestandzeiten, im Extremfall bis zu 48 Stunden. Alle Weine werden mit einer traditionellen Korbpresse moderner Bauart gekeltert. Die Spitzenweine und Teile der Basis gären in großen Eichenfässern, deren subtile Holzaromatik ein wiederkehrendes Element der Bibo Runge-Handschrift ist. Alle Weine werden spät gefüllt und bleiben meist bis zum Sommer auf der Hefe. Der Spitzen-Riesling aus der Revoluzzer-Reihe bleibt ein bis zwei Jahre im Fass und konnte in den vergangenen Jahren durch seinen hohen Wiedererkennungswert immer weiter zur Rheingauer Spitze aufschließen.

Kollektion

Markus Bonsels und Monika Eichner setzen ihren Weg der späten Füllung fort, weswegen wir fast ausschließlich Fassproben verkosten konnten. Der „Romantiker" verdeutlicht bereits den Stil des Hauses, ist wild und stoffig mit klarem cremigen Holz-Kick. Der „Hargadun" ist ebenfalls unkonventionell, mit Aromen von nassem Stein, Gelber Bete und cremigem Holztouch – ein kraftvoller und reichhaltiger Wein. Der „kleine Revoluzzer" wirkt derzeit noch sehr unruhig, ist aber stoffig und besitzt eine gute Substanz. Auch die Lagenweine sind klar von Bonsels Philosophie geprägt den Rieslingen Gerbstoff, Schmelz und

Holz mitzugeben, was sie sehr reichhaltig wirken lässt. Die Spätlese aus der Schönhell ist cremig, lang, aromatisch klar strukturiert, zeigt Noten von weißem Pfirsich und Aprikose und besitzt eine kräftige Säure. Der „Revoluzzer" aus der Hallgartener Jungfer präsentiert sich auf gleichem Niveau, ist dabei aber würziger im Bouquet, besitzt mehr Biss vom Holzfass und ist noch eine Spur cremiger. Zwei spannende Weine, die als Fassproben noch stark von Hefenoten geprägt waren. Auch die Rotweine verkosteten wir noch vor der Füllung. Der Spätburgunder „M" setzt auf satte Beerenfrucht, wie man sie nicht immer von der Rebsorte kennt, ist reintönig, die hohe Säure gibt Struktur. Der rote „Revoluzzer" ist zwar derzeit noch etwas unruhig, besitzt aber ebenfalls viel rote Frucht, setzt auf Vanille- und Tabaknoten, auch bei ihm bietet die hohe Säure einen interessanten Gegenpol zur intensiven Frucht. Sehr spannend ist, wie sich das Sekt-Segment entwickelt. Immer überzeugend ist der schon seit einigen Jahren im Sortiment geführte Riesling-Rosé, für den ein Riesling-Sekt mit Spätburgunder dosiert wird. Das Resultat ist ein Sekt mit offener Frucht, strammer Säure und gutem Tiefgang. Neu im Sortiment ist der Lagen-Crémant aus der Hallgartener Jungfer, der viel knackige Rieslingsäure besitzt und Anklänge an Melisse zeigt, dabei aber angenehm puristisch daherkommt. Der für die vergangene Ausgabe im recht rohen Zustand vor Vermarktungsstart schon einmal verkostete Spätburgunder-Crémant hat weiter Gestalt angenommen. Zwar wirkt er nach wie vor jugendlich und etwas ungezügelt, deutet aber jetzt schon großes Potential an, mit späteren Dégorgements könnte er noch an Komplexität zulegen. Es bleibt spannend!

Monika Eichner & Markus Bonsels

Weinbewertung

89	2019 Pinot Noir Crémant zero dosage Hallgartener Schönhell I 12,5%/29,-€
89	2019 Riesling Crémant brut Hallgartener Jungfer I 29,-€
88	Riesling Sekt „in Rosa" „Provokateur" I 12,5%/15,-€
(87)	2021 Riesling trocken „Kleiner Revoluzzer" I 12,-€
89	2020 Riesling trocken „Hargardun" Hallgartener Würzgarten I 12,5%/16,50€
(92)	2020 Riesling trocken Großes Gewächs „Revoluzzer" Jungfer I 26,50€
(88)	2021 Riesling „Romantiker" Hallgartener Hendelberg I 16,50€
(92)	2021 Riesling Spätlese „Achtzehn48" Hallgartener Schönhell I 19,50€
(88)	2020 Pinot Noir „M" I 18,-€
(89+)	2020 Pinot Noir „Revoluzzer" Frühernberg I 45,-€

Lagen

Frühernberg (Hallgarten)
Hendelberg (Hallgarten)
Jungfer (Hallgarten)
Schönhell (Hallgarten)
Würzgarten (Hallgarten)
Schützenhaus (Hattenheim)

Rebsorten

Riesling (90%)
Spätburgunder (10%)

★★½

Bicking&Bicking

Kontakt
Hauptstraße 33
55595 Wallhausen
Tel. 06706-279
www.bickingundbicking.de
weingut@bickingundbicking.de

Besuchszeiten
nach Vereinbarung

Inhaber
Achim & Lukas Bicking
Rebfläche
9 Hektar
Produktion
15.000 Flaschen

Die Brüder Achim und Lukas Bicking begannen im elterlichen Weingut in Gauersheim im Zellertal ihren eigenen Wein auszubauen. Da es aber bei der Übernahme des Betriebs Unstimmigkeiten gab, sind sie 2016 ins Gräfenbachtal nach Wallhausen übergesiedelt, wo sie das Weingut ihres Stiefvaters übernehmen konnten. Im Anbaugebiet Nahe sind die Brüder in den Wallhäuser Lagen Pastorenberg, Backöfchen, Johannisberg und Höllenpfad vertreten, sowie im Felseneck und Römerberg in Gutenberg. Wichtigste Rebsorte im Betrieb ist Riesling, es folgen Müller-Thurgau, Grauburgunder, Spätburgunder, Weißburgunder und Sauvignon Blanc und noch weitere Sorten. 2018 wurde mit der Umstellung auf biologische Bewirtschaftung begonnen, erster zertifizierter Jahrgang wird 2021 sein. Im vergangenen Jahr konnten weitere Weinberge mit 60 bis 70 Jahre alten Reben in Felseneck, Laurentiusberg und Pastorenberg erworben werden.

Kollektion

Die neuen Gutsweine haben passend zur abgeschlossenen Bio-Zertifizierung einen Schritt nach vorne gemacht, sind fruchtbetont, sortentypisch und ansprechend frisch. Gut gefallen uns der elegante Weißburgunder und der geradlinige, animierende Riesling. Unser Favorit ist jedoch die Cuvée Brüderchen aus Müller-Thurgau, Riesling, Bacchus und Silvaner, weil sie bei schlankem Körper spannende Komplexität zeigt. Die Orts- und Toprieslinge aus 2020 sind ambitionierter als die Gutsweine, müssen in ihrer würzigen Art erst einmal erobert werden. Man sollte sie nicht zu kalt genießen. Der Riesling vom Schiefer zeigt mineralische Feinheiten, ist zupackend, die Alten Reben sind nicht so geschliffen, dafür merklich druckvoller. Die Lagenrieslinge haben noch mehr Statur. Aus dem Felseneck kommt ein robuster Riesling mit vollmundiger Länge, aus dem Pastorenberg ein staubtrockener Wein mit Kraft, Substanz und herbem Schmelz.

Weinbewertung

85 2021 „Brüderchen“ Weißwein trocken | 11,5%/8,20€
85 2021 Riesling trocken | 12%/9,30€
85 2020 Weißburgunder trocken | 12,5%/9,30€
84 2021 Grauburgunder trocken | 13%/9,30€
86 2020 Riesling trocken „vom Schiefer“ | 12%/13,70€
84 2021 Sauvignon Blanc trocken | 11%/9,30€
85 2020 Riesling trocken „Alte Reben“ | 12,5%/13,70€
88 2020 Riesling trocken Pastorenberg | 12,5%/19,90€
88 2020 Riesling trocken Felseneck | 12%/19,90€
85 2020 Riesling Kabinett | 8,5%/12,50€
84 2021 Rosé „Bruderherz“ | 12%/8,20€
83 „Roter Berg“ Cuvée rot | 12%/11,30€

★★

Bielig

Georg Bielig gründete 1994 im Alter von 18 Jahren sein eigenes Weingut und bewirtschaftet es heute im Nebenerwerb zusammen mit seiner Frau Eva; hauptberuflich ist er Kellermeister bei einem anderen Weingut der Badischen Bergstraße. Angefangen hat er als „Garagenwinzer" mit 25 Ar, heute stehen 4,5 Hektar in Ertrag. Seine Weinberge liegen in den Schriesheimer Lagen Kuhberg und Staudenberg. Er baut Riesling (1 Hektar), Müller-Thurgau und Weißburgunder an, aber auch Grauburgunder, Silvaner, Roten Muskateller und Gewürztraminer, dazu rote Sorten wie Spätburgunder, Lemberger, Cabernet Sauvignon, Merlot, Dornfelder oder Cabernet Mitos. Rote Sorten nehmen die Hälfte der Rebfläche ein, die Top-Rot- und Weißweine werden im Holz ausgebaut. Eva und Georg Bielig haben die Umstellung auf biologischen Weinbau begonnen, sie sind Mitglied bei Bioland.

Kontakt
Aussiedlerhof 5A
69198 Schriesheim
Tel. 06203-925198
Fax: 06203-925199
www.weingut-bielig.de
post@weingut-bielig.de

Besuchszeiten
Mi. + Fr. 14-18 Uhr
Sa. 9-15 Uhr

Inhaber
Eva & Georg Bielig
Rebfläche
4,5 Hektar
Produktion
35.000 Flaschen

Kollektion

Georg Bielig's Literweine überzeugen immer, das beweist auch der in diesem Jahr vorgestellte trockene Riesling, der frisch und würzig im Bouquet ist, fruchtbetont und zupackend im Mund. Noch spannender ist der trockene Riesling Kabinett, zeigt feine Würze und klare Frucht, ist wunderschön lebhaft, frisch und zupackend, besitzt gute Struktur und Grip. Die Cuvée aus Chardonnay und Weißburgunder ist fruchtbetont im Bouquet, zeigt weiße Früchte, ist klar im Mund, harmonisch, geradlinig. Der Schriesheimer Grauburgunder zeigt klare Frucht, feine Frische, etwas gelbe Früchte, ist frisch, klar und geradlinig im Mund. Diese jahrgangstypische Frische zeigen alle 2021er Weine, so dass auch etwas Restsüße nicht so sehr stört, wie beispielsweise beim fruchtbetonten, intensiven Rosé aus Merlot und Cabernet Sauvignon oder beim geradlinigen Blanc de Noir. Die beiden Spätburgunder stammen aus dem Jahrgang 2020. Der Schriesheimer Spätburgunder ist frisch und fruchtbetont, lebhaft und klar, der im Holzfass ausgebaute Pinot Noir ist würzig, eindringlich, besitzt gute Struktur und Grip. Den im Barrique ausgebauten 2018er Cabernet Sauvignon hatten wir vor zwei Jahren schon einmal als Fassprobe vorgestellt, er zeigt intensive Frucht im Bouquet, ist füllig und saftig bei reifer Frucht und guter Struktur.

Weinbewertung

82 2021 Riesling trocken (1l) | 11,5%/4,50€
83 2021 Grauburgunder trocken Schriesheimer | 12%/6,-€
82 2021 „Blanc de Noir" trocken Schriesheimer | 11,5%/7,-€
84 2021 Chardonnay mit Weißburgunder | 12,5%/7,50€
85 2021 Riesling Kabinett trocken | 11,5%/6,-€ ☺
84 2021 Merlot mit Cabernet Sauvignon Rosé trocken | 11%/7,50€
82 2020 Spätburgunder trocken Schriesheimer | 12,5%/5,50€
85 2018 Cabernet Sauvignon trocken Barrique | 14%/12,50€
85 2020 Pinot Noir trocken Holzfass Schriesheimer | 12,5%/9,50€

★★

Bihlmayer

Kontakt
Reisacher Straße 60
74245 Löwenstein
Tel. 07130-8172
Fax: 07130-3881
www.bihlmayer.de
info@bihlmayer.de

Besuchszeiten
Di.-Fr. 9:30-11:30 + 13:30-17:30 Uhr, Sa. 9:30-114 Uhr, So. 9:30-11:30 Uhr
Hochzeiten im Gutsgarten
Ausschank auf der Weinterrasse (Termine online)

Inhaber
Bernd & Cathrin Bihlmayer
Betriebsleiter
Bernd Bihlmayer
Kellermeister
Cathrin Bihlmayer
Außenbetrieb
Alexander Kästel
Rebfläche
20,5 Hektar
Produktion
140.000 Flaschen

Herbert Bihlmayer verließ 1969 die Genossenschaft und begann mit der Selbstvermarktung. Seit 1982 führt sein Sohn Bernd zusammen mit Ehefrau Sabine den Betrieb. Seit 2010 werden sie von Cathrin, einer ihrer vier Töchter unterstützt, die Diplomingenieurin für Weinbau und Önologie ist, Praktika bei Seyfried (Neuseeland), Gies-Düppel und Breuer absolvierte und sich um den Keller kümmert, während ihr Vater und ihr Ehemann Alexander Kästel den Außenbetrieb leiten. Die jüngste Tochter Amelie kümmert sich um Vertrieb, Marketing und Wein-Events. Die Reben wachsen in Löwenstein auf Buntem Mergel und Gipskeuper, teils überlagert von Stubensandstein. Die einzige Lage Wohlfahrtsberg besteht aus unterschiedlichen Böden und Höhenlagen (von 360 bis 490 Meter), weshalb man sich die alten Lagennamen Eulenberg, Stierle und Weiler Wolfsklinge in die Weinbergsrolle hat eintragen lassen. 2014 entstand ein neuer Weinverkaufsraum, wo zahlreiche Veranstaltungen stattfinden.

Kollektion

Acht Weine wurden dieses Jahr präsentiert, drei aus der Weinschwestern-Linie, vier Lagenweine sowie ein Ortswein. Die Weine der Weinschwestern-Linie präsentieren sich sehr gleichmäßig, sind kompakt, fest und geradlinig. Deutlich spannender sind die neuen Einzellagenweine mit den nun wieder genutzten alten Lagennamen. Der Grauburgunder aus dem Hundsberg ist sehr offen, zeigt viel reife Frucht, ist harmonisch, saftig und süffig. Der Chardonnay aus dem Stierle ist fruchtbetont, ebenfalls sehr füllig und saftig, hat dieser expressiven Frucht aber auch Biss entgegenzusetzen. Unser Favorit im weißen Segment ist der Weißburgunder aus der Wolfsklinge, der ebenfalls sehr präsent ist, gute Konzentration zeigt, füllig und saftig ist, reife süße Frucht besitzt, gute Struktur und Substanz. Der Lemberger vom bunten Mergel zeigt intensive reintönige Frucht im Bouquet, ist frisch, klar und zupackend. Rotes Highlight ist aber wieder einmal der Lagen-Lemberger aus dem Wohlfahrtsberg, der herrlich eindringlich im Bouquet ist, fruchtbetont und intensiv, reintönige Frucht besitzt, Kraft und Frische, gute Struktur und Grip.

Weinbewertung

84	2021 Grauburgunder trocken „Grau wird Bunter" Weinschwestern I 13%/11,90€
88	2020 Weißburgunder trocken Weiler Wolfsklinge I 13,5%/14,-€
86	2020 Grauburgunder trocken Eichelberger Hundsberg I 14%/15,-€
87	2020 Chardonnay trocken Löwensteiner Stierle I 13,5%/15,-€
83	2020 Trollinger trocken „Weinschwestern" Wohlfahrtsberg I 13%/13,90€
84	2020 Lemberger trocken „vom bunten Mergel" Löwenstein I 13%/10,-€
83	2019 Spätburgunder trocken „Weinschwestern" Wohlfahrtsberg I 13%/13,90€
88	2019 Lemberger trocken Löwensteiner Wohlfahrtsberg I 14%/16,-€

Bimmerle

Kontakt
Kirchstraße 4
77871 Renchen
Tel. 07843-654
Fax: 07843-1502
www.wein-bimmerle.de
info@wein-bimmerle.de

Besuchszeiten
Mo.-Fr. 8-12 + 13-18 Uhr
Sa. 9-14 Uhr

Inhaber
Siegbert Bimmerle
Kellermeister
Philipp Milke
Rebfläche
150 Hektar
Produktion
1.100.000 Flaschen

Das Weingut Bimmerle wurde 1936 von Josef Bimmerle gegründet. Er war Weinhändler, sein Sohn Gerold begann mit eigenem Weinbau. Als gelernter Weinküfer übernahm Enkel Siegbert 1986 den Betrieb in dritter Generation. Mit seinem Sohn Benedikt arbeitet bereits die nächste Generation im Betrieb mit. Die Weinkellerei Bimmerle verfügt über 38 Vertragswinzer, die sich mit dem Weingut zu einer Erzeugergemeinschaft zusammengeschlossen haben. Die Weinberge dieser Erzeugergemeinschaft befinden sich vor allem in den Lagen Oberkircher Renchtäler, Oberkircher Schlossberg und Waldulmer Pfarrberg, erstrecken sich über mehr als 90 Kilometer, beginnend im Norden in Baden-Baden über Oberkirch und Durbach bis tief in den Süden nach Ettenheim und Ringsheim. Rote und weiße Sorten nehmen jeweils etwa die Hälfte der Rebfläche ein, wobei Spätburgunder, Müller-Thurgau und Riesling die dominierenden Rebsorten sind. Seit Juli 2019 ist Philipp Milke erster Kellermeister.

Kollektion

Die weißen Reserveweine haben weiter zugelegt, das Holz zeigt sich schön integriert, unterstützt die Weine, statt sie zu dominieren. Beide weißen Reserveweine wurden zwei Jahr im komplett neuen Tonneaux ausgebaut. Der Weißburgunder zeigt gute Konzentration im Bouquet, rauchige Noten und reife Frucht, ist füllig und stoffig im Mund, besitzt reife Frucht und gute Struktur; der Grauburgunder zeigt ebenfalls rauchige Noten, sehr reintönige Frucht, besitzt gute Struktur und Substanz, viel reife Frucht und Kraft. Unter den weiteren Weißweinen gefallen uns der würzige, zupackende Sauvignon Blanc und dir trockene Riesling Spätlese am besten, die feine süße Frucht und Biss besitzt. Rotwein wurde nur einer in diesem Jahr vorgestellt, den im Barrique ausgebauten gewürz- und vanilleduftigen Spätburgunder sehen wir mit den weißen Reserveweinen gleichauf an der Spitze der Kollektion, er besitzt Fülle, Kraft und Frucht.

Weinbewertung

82	2021 Rivaner trocken I 12,5%/5,90€
81	2021 Riesling Kabinett trocken I 12%/10,90€
81	2021 Auxerrois Kabinett trocken I 13%/10,90€
81	2021 Weißer Burgunder Kabinett trocken I 13%/10,90€
81	2021 Grauer Burgunder Kabinett trocken I 13%/10,90€
83	2020 Riesling Spätlese trocken I 12,5%/14,90€
80	2021 Chardonnay trocken I 13%/10,90€
83	2021 Sauvignon Blanc trocken I 13%/10,90€
87	2019 Weißer Burgunder trocken „Reserve 500" I 13,5%/29,90€
87	2019 Grauburgunder trocken „Reserve 500" I 13,5%/29,90€
79	2021 Riesling Kabinett „feinherb" I 11%/10,90€
87	2019 Spätburgunder trocken Barrique I 13,5%/19,90€

Christian Bindges

Kontakt
Rißbacher Straße 166
56841 Traben-Trarbach
Tel. 06541-7029508
www.weingut-bindges.de
info@weingut-bindges.de

Besuchszeiten
nach Vereinbarung
Vinothek, Events

Inhaber
Christian Bindges
Rebfläche
2 Hektar
Produktion
10.000 Flaschen

Christian Bindges stammt aus einer Winzerfamilie von der Mosel, hat aber nach dem Abitur die Mosel verlassen, nach dem Studium in Süddeutschland in der Autoindustrie gearbeitet. Nach seiner Rückkehr an die Mosel erwarb er einige alte Rieslingweinberge in den Kröver Steillagen Letterlay und Steffensberg, sowie im Trabener Königsberg. Die Lagen Letterlay und Steffensberg sind süd- bis südwest-exponiert, die Reben wachsen hier auf tiefgründigen Schieferböden, der Trabener Königsberg, benannt nach der französischen Festung Mont Royal, die sich einst auf dem Plateau des Berges befand, ist süd- bis südost-exponiert. 2014 erzeugte Christian Bindges seine ersten eigenen Weine, 2015 übernahm er die Verantwortung für die Rieslingweine des väterlichen Betriebes, der im Nebenerwerb bewirtschaftet wird. Inzwischen sind zehn Prozent der auf zwei Hektar angewachsenen Fläche mit Spätburgunder bepflanzt. Christian Bindges hat inzwischen auf Spontangärung umgestellt, seine Frau Jennifer ist im Betrieb aktiv, in der neu eröffneten Vinothek sollen zukünftig Events stattfinden.

Kollektion

Das kleine 2021er Sortiment des Weinguts Bindges umfasst sechs ausdrucksstarke und eigenständige Weine, darunter der trockene Basisriesling, der schlank, saftig, frisch und animierend ist. Ein ganz anderes Kaliber ist der trockene Steffensberg-Riesling, der in der Nase überraschend vielfältig und duftig wirkt mit Noten von Hefe, Blüten, Kern- und Steinobst, im Mund dann saftig und zupackend ausfällt; er ist würzig und mit einer beachtlichen Tiefe ausgestattet, nicht puristisch trocken, aber kraftvoll, ohne auch nur im Geringsten mächtig zu wirken. Die beiden Kabinette besitzen beide einen Hauch von Süße, der allerdings jeweils perfekt integriert ist, sie wirken schlank, rassig und animierend, der Wein von alten Reben aus dem Trabener Königsberg ist verhalten, allerdings nochmals deutlich spannender als der kernobstfruchtige Letterlay-Wein. Deutlich süßer und gleichzeitig reifer, fruchtiger und würziger ist die Spätlese aus dem Steffensberg, wunderschön klar und fein, vibrierend und elegant. Natürlich kommt der trockene Blanc de Noirs da nicht heran, aber dieser Wein wirkt offen in der Nase, saftig und gut balanciert.

Weinbewertung

83 2021 Riesling trocken | 10,5%/9,-€
83 2021 Spätburgunder „Blanc de Noirs" trocken | 12%/9,90€
88 2021 Riesling trocken Kröver Steffensberg | 12%/18,-€
87 2021 Riesling Kabinett „von alten Reben" Trabener Königsberg | 10,5%/13,-€
85 2021 Riesling Kabinett „feinherb" Kröver Letterlay | 10,5%/14,-€
88 2021 Riesling Spätlese Kröver Steffensberg | 9,5%/18,-€

★★★

Birkert

Kontakt
Unterheimbacher Straße 28
74626 Bretzfeld-Adolzfurt
Tel. 07946-484
Fax: 07946-3378
www.weingut-birkert.com
info@weingut-birkert.com

Besuchszeiten
Mo.-Fr. 8-18 Uhr
Sa. 8-16 Uhr
oder nach Vereinbarung
Weinausschank (Öffnungszeiten siehe Webseite)

Inhaber
Boris & Regina Birkert
Rebfläche
16 Hektar
Produktion
100.000 Flaschen

Das Weingut entwickelt sich stetig weiter, 2019 wurden Piwi-Sorten gepflanzt wie Muscaris, Sauvitage und Cabernet Cortis, im Frühjahr 2022 wurde die neue Vinothek eröffnet. Boris Birkert's erste Neuerung liegt über zwei Jahrzehnte zurück, unmittelbar nach seinem Einstieg in den Betrieb hatte er die Barrique-Linie „roburis" eingeführt. Der Name rührt von der botanischen Bezeichnung für die Stieleiche her, aus der die Fässer gemacht werden, quercius robur, und den letzten beiden Buchstaben seines Vornamens; hinzu gefügt wird der Buchstabe für die Rebsorte. Boris Birkert führt den Betrieb zusammen mit Ehefrau Regina. Die Weinberge liegen im Adolzfurter Schneckenhof und im Bretzfelder Goldberg, zuletzt sind die Weinberge seiner Schwiegereltern in der Michelbacher Margarethe hinzugekommen. Riesling, Trollinger und Lemberger sind die wichtigsten Rebsorten, dazu gibt es Spätburgunder, Merlot, Chardonnay, Sauvignon Blanc, Weißburgunder, Syrah und einige andere mehr.

Kollektion

Erstmals steht ein Weißwein mit an der Spitze: Der neue Riesling Großes Gewächs zeigt Konzentration und viel gelbe Früchte, ist füllig und saftig, besitzt viel reife Frucht und Substanz. Ein gelungenes Debüt! Auch sonst überzeugen die Weißweine mit gleichmäßig hohem Niveau, der Sauvignon Blanc hat viel Substanz, der Chardonnay ist würzig, frisch, der Gewürztraminer klar, süffig, der Riesling aus der Margarethe lebhaft, zupackend. Die Rosés reihen sich ein, der Muskattrollinger ist lebhaft, fruchtbetont, intensiv, der Saignée aus Spätburgunder und Lemberger besitzt Struktur und Grip. Die 2019er Rotweine sind allesamt sehr gut, alle aber auch von kräftigen Tanninen geprägt. Der Roburis-Syrah ist würzig, kraftvoll, die Cuvée CM tanninbetont, stoffig, der Limes füllig, harmonisch, während der Merlot ganz auf intensive Frucht setzt. Sehr gute Kollektion!

Weinbewertung

84 2021 Chardonnay trocken Adolzfurter Schneckenhof I 13%/8,-€
(85) 2021 Sauvignon Blanc trocken Adolzfurter Lindelberg I 12,5%/9,-€
84 2021 Riesling trocken Michelbacher Margarethe I 13%/7,-€
88 2021 Riesling trocken „Großes Gewächs" Adolzfurter Schneckenhof I 12%/13,50€
84 2021 Gewürztraminer Adolzfurter Schneckenhof I 12%/8,-€
85 2021 Rosé „Saignée trocken Adolzfurter Schneckenhof I 12,5%/7,-€
84 2021 Muskat-Trollinger Rosé Adolzfurter Schneckenhof I 11,5%/7,-€
87 2019 „Limes" Rotwein trocken Adolzfurter Schneckenhof I 14%/18,-€
85 2019 Syrah „S" trocken Adolzfurter Schneckenhof I 14%/12,-€
86 2019 Spätburgunder trocken „Roburis S" Barrique I 13,5%/14,50€
88 2021 Merlot trocken „Roburis M" Barrique I 14%/18,-€
87 2019 Syrah trocken „Roburis" Adolzfurter Schneckenhof I 14%/18,-€
87 2019 „CM" Rotwein trocken Barrique Adolzfurter Schneckenhof I 13,5%/20,-€

★★★★★

Bischel

Kontakt
Sonnenhof 15
55437 Appenheim
Tel. 06725-2683
Fax: 06725-5127
www.weingut-bischel.de
info@weingut-bischel.de

Besuchszeiten
Mo.-Fr. 9-18 Uhr nach Vereinbarung
Sa. 9-18 Uhr

Inhaber
Familie Runkel
Kellermeister
Christian & Matthias Runkel
Rebfläche
24 Hektar
Produktion
175.000 Flaschen

Seit fünf Generationen baut die Familie Wein in Appenheim an. Heute wird der Sonnenhof von Christian und Matthias Runkel geführt, ihr Großvater hatte in den sechziger Jahren den außerhalb von Appenheim gelegenen Sonnenhof erbaut. Die Weinberge liegen in den Appenheimer Lagen Hundertgulden und Eselspfad, in der an Kalkstein reichen Gau-Algesheimer St. Laurenzikapelle sowie in den Gau-Algesheimer Lagen Johannisberg und Goldberg. Seit 2004 besitzt man auch eine Parzelle mit alten Rieslingreben im Binger Scharlachberg, zuletzt konnte man sich dort noch einmal kräftig vergrößern und 2,5 Hektar hinzu pachten. Wichtigste Rebsorte ist Riesling, der zwei Fünftel der Weinberge einnimmt, gefolgt von Grauburgunder, Weißburgunder, Silvaner und Spätburgunder zu etwa gleichen Teilen, dazu gibt es etwas Chardonnay und Frühburgunder, zuletzt wurden Merlot, Cabernet Sauvignon und Sauvignon Blanc neu gepflanzt. Die Rotweine werden maischevergoren und kommen dann ins Holzfass, die Weißweine werden in Edelstahltanks recht lange auf der Hefe ausgebaut. Die Weine werden zum größten Teil spontanvergoren. Seit dem Jahrgang 2006, seit Christian und Matthias Runkel die Weine vinifizieren, gibt es die „Quarzit" (Binger Scharlachberg) und „Terra Fusca" genannten Ortsweine mit dem Jahrgang 2018 gibt es drei Ortsweine, aus Appenheim und Bingen sowie den Terra Fusca genannten Wein aus Gau-Algesheim. Die Basis des Sortiments bilden die Gutsweine, an der Spitze stehen die Riesling-Lagenweine, nun die Großen Gewächse aus Hundertgulden, Scharlachberg und Heerkretz. Seit der Aufnahme in den VDP im Jahr 2019 können die bisherigen weiteren Lagenweine wie der Silvaner aus dem Goldberg, der Weißburgunder aus der St. Laurenzikapelle und der Spätburgunder aus dem Johannisberg zumindest vorerst nicht mehr erzeugt werden, sie werden zu Ortsweinen oder aber, wie mit Chardonnay und Weißburgunder geschehen, zu Réserve-Weinen; einen Pinot Noir Réserve gibt es bereits seit dem Jahrgang 2009. Dazu gibt es, abhängig vom Jahrgang, süße und edelsüße Weine, die als einzige Weine Prädikatsbezeichnungen tragen. Christian und Matthias Runkel haben mit der Zertifizierung für biologischen Weinbau begonnen, die Weine werden ab 2023 bio-zertifiziert sein.

Kollektion

Es war schon erstaunlich zu sehen, in welch kurzer Zeit Christian und Matthias Runkel in die absolute deutsche Spitze vorgedrungen sind. Sie sind topp bei Riesling und Spätburgunder, bei Weißburgunder und Chardonnay: Die aktuelle Kollektion ist bisher ihre stärkste! Aber nicht nur die weißen Spitzenweine sind 2021 großartig, auch der Gutsriesling ist wieder ganz stark, herrlich eindringlich und würzig, besitzt gute Substanz und Grip. Die Ortsrieslinge sind alle drei hervorragend. Der Gau-Algesheimer ist eindringlich und fruchtbetont, füllig und saftig, besitzt viel reife Frucht und Substanz. Der Bingener Riesling ist rauchig und konzentriert,

herrlich präzise, druckvoll und mineralisch. Unsere leichte Präferenz, bei identischer Bewertung, gilt dem Appenheimer Riesling, der herrlich viel Frucht und Konzentration im Bouquet zeigt, viel reife Frucht, Substanz, Druck und Länge besitzt. Der Silvaner von den Terrassen in Gau-Algesheim ist auch im Jahrgang 2021 wieder hervorragend, herrlich eindringlich und reintönig, kraftvoll und zupackend, besitzt gute Struktur und viel Grip. Die Cuvée aus Weißburgunder und Chardonnay ist rauchig, konzentriert, besitzt viel Frische, Substanz, Frucht und Grip. Der Weißburgunder Reserve ist extrem „burgundisch“ im Bouquet, rauchig, sponti-geprägt, herrlich eindringlich, ist frisch, klar und präzise im Mund, puristisch, zupackend, besitzt gute Struktur und Grip. Der Chardonnay Reserve ist stilistisch identisch, zeigt viel Frische, Toast, Würze, auch hier steht „Burgund!“ über der Verkostungsnotiz, ist druckvoll, präzise, enorm kraftvoll und jugendlich. Die Lagenrieslinge gehören ebenfalls zu den großen Weinen des Jahrgangs in Deutschland. Der Heerkretz ist faszinierend präzise, druckvoll, enorm jugendlich, der Scharlachberg ist enorm Sponti-würzig, stoffig, kraftvoll, faszinierend nachhaltig, der Hundertgulden zeigt deutlich mehr Frucht, gelbe Früchte, ist kraftvoll, besitzt herrlich viel Frucht, Substanz und Länge. Großes Kino! Und super-spannend sind schließlich auch die Pinot Noir: Wo sonst findet man so tolle Ortsweine! Der Appenheimer ist faszinierend reintönig, elegant, nachhaltig, der Gau-Algesheimer ist herrlich präzise, reintönig, nachhaltig, der Réserve Pinot Noir ist noch druckvoller, mineralischer, noch enorm jugendlich. Großartige Kollektion!

Christian und Matthias Runkel

Weinbewertung

87	2021 Riesling trocken I 12,5%/9,90€
92	2021 Silvaner trocken Terrassen Gau-Algesheim I 13%/16,90€ ☺
91	2021 Riesling trocken Appenheim I 12,5%/18,50€
90	2021 Riesling trocken „Terra Fusca“ Gau-Algesheim I 12,5%/17,50€
91	2021 Riesling trocken Bingen I 12,5%/19,50€
91	2021 Weißburgunder & Chardonnay trocken Appenheim I 13%/16,90€ ☺
96	2021 Chardonnay trocken „Réserve“ I 13%/26,-€ ☺
95	2021 Weißer Burgunder trocken „Réserve“ I 13%/26,-€ ☺
96	2021 Riesling „GG“ Hundertgulden I 13%/35,-€ ☺
96	2021 Riesling „GG“ Scharlachberg I 13%/39,-€ ☺
94	2021 Riesling „GG“ Heerkretz I 13%/35,-€
93	2020 Spätburgunder trocken Appenheim I 13%/28,-€
94	2020 Spätburgunder trocken Gau-Algesheim I 13%/28,-€ ☺
95	2020 Pinot Noir trocken „Réserve“ I 13%/39,-€

Lagen
Hundertgulden (Appenheim)
Scharlachberg (Bingen)
Heerkretz (Siefersheim)
Johannisberg (Gau-Algesheim)
Goldberg (Gau-Algesheim)
St. Laurenzikapelle (Gau-Algesheim)
Eselspfad (Appenheim)

Rebsorten
Riesling (35%)
Spätburgunder (15%)
Weißburgunder (15%)
Grauburgunder (15%)
Silvaner (10%)

★★★½

Bischöfliches Weingut Rüdesheim

Kontakt
Bischöfliches Weingut
Rüdesheim Bistum Limburg
Marienthalerstraße 3
65385 Rüdesheim
Tel. 06722-910560
Fax: 06722-910562
www.bischoefliches-weingut.de
weingut@bistumlimburg.de

Besuchszeiten
Mi.-Fr. 13-16 Uhr
jeden 2. Samstag im Monat
11-17 Uhr
oder nach Vereinbarung

Inhaber
Bistum Limburg
Betriebsleiter
Peter Perabo
Kellermeister
Peter Perabo
Rebfläche
9,5 Hektar
Produktion
50.000 Flaschen

Das Weingut des Bistums Limburg führt seine Geschichte auf das Mittelalter zurück, im 11. Jahrhundert wurde es bereits urkundlich erwähnt, wurde später als Pfarrweingut Rüdesheim bekannt und 1984 vom Limburger Bistum übernommen. Der Klosterkeller stammt aus dem Jahr 1683. Die Reben befinden sich in Rüdesheim, in den Berg-Lagen Schlossberg (mit den Gewannen Katerloch und Ehrenfels), Rottland (mit teils 1960 gepflanzten Reben) und Roseneck, aber auch im Bischofsberg, in der Klosterlay und im Magdalenenkreuz. Riesling nimmt vier Fünftel der Rebfläche ein, auf dem restlichen Fünftel wächst Spätburgunder. Für den Keller und die technische Leitung des Betriebes ist Peter Perabo bereits seit 2007 zuständig, inzwischen hat er auch die Geschäftsführung übernommen.

Kollektion

Wie gewohnt punktet das Rüdesheimer Weingut mit einer hochklassigen Kollektion, an deren Spitze mal wieder die ausdrucksstarken Spätburgunder stehen. Ein hohes rotes Einstiegsniveau bietet der Assmannshäuser Ortswein, der ein zartes Tannin, dezent Cassis und Würze besitzt, dabei jede Menge Ruhe ausströmt. Der Spätburgunder „S“ fügt dem mehr Gerbstoff und eine lebendigerer Säure hinzu, ist kühl, rauchig und harmonisch. Der Lagen-Spätburgunder aus dem Höllenberg greift die Ruhe und Würze des Ortsweins auf, besitzt feine Cassisnoten. Auch auf Riesling versteht sich das Weingut, wie schon der trockene Basiswein „A Priori“ mit seiner animierenden Art unter Beweis stellt; ähnlich ist der Riesling „Laudate“. Der „Episcopus“ ist breiter, erdiger und würziger, besitzt mehr Länge und Druck. Die Lagen-Rieslinge bieten eine weitere Steigerung. Berg Rottland und Berg Roseneck sind sich sehr ähnlich; beide verkörpern einen fruchtigen Stil, zeigen Zitrusfrische, Aprikose, sind geradlinig bei feiner Säure, unsere leichte Präferenz gilt dem etwas zurückhaltenderen Berg Roseneck. Auch die restsüßen Rieslinge überzeugen, die Spätlese besitzt viel Frische, feine Frucht und eine gute Säurestruktur.

Weinbewertung

85	2021 Riesling trocken „a priori“ I 11,5%/8,50€
86	2021 Riesling trocken „Laudate“ Rüdesheim I 12%/12,-€
88	2021 Riesling „Episcopus“ Rüdesheim I 11,5%/16,50€
91	2021 Riesling trocken Berg Roseneck I 22,-€
90	2021 Riesling trocken Berg Rottland I 22,-€
84	2021 Riesling Kabinett „feinfruchtig A Priori“ I 8,5%/9,50€
86	2021 Riesling Spätlese „ A Priori“ I 8,5%/13,50€
90	2019 Pinot Noir trocken Assmannshausen I 13%/23,-€
91	2019 Pinot Noir trocken „S“ Assmannshausen I 13,5%/37,-€
92	2019 Pinot Noir trocken Assmannshausen Höllenberg I 13,5%/44,-€

★☆

Bischoffingen

Kontakt
Winzergenossenschaft
Bischoffingen-Endingen
Bacchusstraße 20, 79235
Vogtsburg-Bischoffingen
Tel. 07662-9301-0 / -15
Fax: 07662-930193
www.wg-bischoffingen.de
info@wg-bischoffingen.de

Besuchszeiten
März-Dez.:
Mo.-Fr. 8:30-12 + 13:30-17 Uhr
Sa. 9-13 Uhr
Jan./Feb. Sa. geschlossen
April bis Okt.:
jeden Dienstag 14 Uhr
Kellerführung mit Weinprobe

Geschäfsführender Vorstand
Thomas Weller
Betriebsleiter
Thomas Weller &
Norbert Kuhn
Kellermeister
Norbert Kuhn
Rebfläche
256 Hektar
Produktion
2.200.000 Flaschen

SCHOFFINGEN
ENDINGEN
Winzergenossenschaft

Die Genossenschaft von Bischoffingen wurde 1924 von damals 26 Winzern gegründet. Die Reben wachsen in den Bischoffinger Lagen Steinbuck (Vulkangestein mit hohem Anteil Tonerde), Enselberg (Vulkanverwitterungsboden mit hohem Lösslehm-Anteil) und Rosenkranz (Lössboden mit vulkanischem Tuffgestein), seit der Fusion mit der Endinger Genossenschaft auch im Endinger Engelsberg. Spätburgunder ist die mit Abstand wichtigste Rebsorte, gefolgt von Müller-Thurgau, Grauburgunder, Weißburgunder und Chardonnay.

Kollektion

Zwei neue Weine gibt es in diesem Jahr im Programm der Genossenschaft Bischoffingen-Endingen, und diese beiden Spätburgunder aus dem Jahrgang 2020 setzen sich auch gleich an die Spitze der Kollektion. Der Reserve-Spätburgunder aus dem Bischoffinger Steinbuck ist fruchtbetont, herrlich eindringlich und reintönig, besitzt Fülle und Kraft, gute Struktur und jugendlichen Grip, Gleichauf sehen wir den Pinot One, der etwas rauchiger und würziger, ganz leicht florale Noten zeigt, aber ebenso klar und zupackend ist, gute Struktur, Grip und feine Tannine besitzt; beide sind noch recht jugendlich. Im weißen Segment ist der 2019er Reserve-Grauburgunder aus dem Steinbuck unser eindeutiger Favorit, er zeigt gute Konzentration und rauchige Noten im Bouquet, besitzt Fülle und Kraft, viel reife Frucht, gute Struktur und Substanz. Aus dem gleichen Jahrgang stammt der Pinot Magma Reserve, der gute Konzentration und reife gelbe Früchte im Bouquet zeigt, füllig und saftig ist bei viel reifer Frucht. Der feinfruchtige Muskateller ist frisch, klar, zupackend, die Cuvée aus Weißburgunder und Chardonnay punktet mit Harmonie, bei BB und Kabinett gefallen uns 2021 die Weißburgunder etwas besser als die Grauburgunder.

Weinbewertung

82 2021 Weißer Burgunder Kabinett trocken Bischoffinger Enselberg | 12%/6,95€
80 2021 Grauer Burgunder Kabinett trocken Bischoffinger Enselberg | 12,5%/6,95€
81 2020 „Pino Magma" Weißwein trocken | 12%/8,95€
84 Weißer Burgunder & Chardonnay trocken Bischoffinger Enselberg | 13%/6,95€
83 2021 Weißer Burgunder trocken „Alte Rebe BB" Vulkanfelsen | 13%/8,25€
80 2021 Grauer Burgunder trocken „Alte Rebe BB" Vulkanfelsen | 13,5%/8,25€
85 2019 „Pino Magma" Weißwein trocken „Réserve" | 13,5%/16,95€
87 2019 Grauer Burgunder trocken „Réserve" Bischoffinger Steinbuck | 14%/15,50€
83 2021 Muskateller „feinfruchtig" Bischoffinger Vulkanfelsen | 11,5%/7,95€
82 2021 Weißer Burgunder & Sauvignon Blanc „feinfruchtig" | 11,5%/6,95€
82 „20.000 BC" Rotwein trocken Bischoffinger Vulkanfelsen | 13,5%/9,95€
83 „20.000 BC" Rotwein trocken „Réserve" | 14%/29,95€
88 2020 Spätburgunder trocken „Reserve" Bischoffinger Steinbuck | 13%/32,-€
88 2020 Pinot Spätburgunder trocken „One" Bischoffinger | 13%/32,-€

★★

Blank

Kontakt
Maintalstraße 33
97855 Triefenstein-Homburg
Tel. 09395-99319
Fax: 09395-878132
www.weingut-blank.de
info@weingut-blank.de

Besuchszeiten
Mi. 15-19 Uhr, Fr. 14-19 Uhr
Sa. 9-17 Uhr
oder nach Vereinbarung
Heckenwirtschaft (2 x im Jahr, Frühjahr und Spätsommer)
1 Ferienwohnung, 2 Doppelzimmer (inkl. Frühstück)

Inhaber
Alfred, Jonas & Angelika Blank
Betriebsleiter
Alfred Blank
Kellermeister
Jonas Blank
Außenbetrieb
Alfred Blank
Rebfläche
3,5 Hektar
Produktion
25.000 Flaschen

Das Weingut Blank hat seinen Sitz in einem fränkischen Vierseithof. Alfred Blank begann nach seiner Technikerausbildung 1996 mit der Selbstvermarktung. Die Weinberge liegen in den beiden Homburger Lagen Kallmuth und Edelfrau, wo die Reben auf den unteren Schichten des Muschelkalks wachsen, der Wellenkalk genannt wird. Die Hälfte der Weinberge befindet sich in Steillagen, die nur mit Seilzug bewirtschaftet werden können. Nach dem Jahrhundertsommer 2003 hat Alfred Blank auf 1,8 Hektar eine Tröpfchenbewässerung installiert, die aus einem eigenen Brunnen gespeist wird. Knapp die Hälfte der Rebfläche nimmt Silvaner ein, es folgen Müller-Thurgau, Domina, Riesling, Blauburger (2000 gepflanzt), Spätburgunder und Scheurebe, hinzu kommt ein Weinberg auf den Terrassen zum Homburger Schloss, den Alfred Blank im Gemischten Satz angelegt hat, darunter alte Sorten wie Vogelfränkisch, Adelfränkisch, Geißdutte oder Heunisch. Alfred Blanks Ziel ist es harmonisch trockene Weine zu erzeugen; alle Rotweine werden maischevergoren und zehn bis zwölf Monate in großen oder kleinen Eichenholzfässern ausgebaut. 2019 ist Sohn Jonas in den Betrieb eingestiegen.

Kollektion

Eine sehr gleichmäßige Kollektion konnten wir in diesem Jahr verkosten, schon die trockenen Kabinettweine überzeugen wie gewohnt und weisen moderate Alkoholwerte auf: Der Silvaner besticht mit seiner reintönigen Frucht, der Riesling besitzt viel Saft, Frucht und Frische, die Scheurebe viel reintönige Frucht und Biss. Auch der feinfruchtige Riesling zeigt intensive Frucht, besitzt gute Struktur und Grip, der Blanc de Noir punktet mit schöner Frische und klarer Frucht. An der Spitze steht wieder der Blanc de Blank No. 1, der etwas schlanker ist als gewohnt, viel Frische, klare Frucht und Biss besitzt. Gleichauf sehen wir den Alter Satz, der würzig und eindringlich ist, gute Struktur, Druck und viel Grip zeigt. Den sehr guten Reserve-Spätburgunder des Jahrgangs 2016 hatten wir schon im vergangenen Jahr vorgestellt, neu ist der fruchtbetonte, kraftvolle Blauburgunder aus dem Jahrgang 2019.

Weinbewertung

83 2021 Spätburgunder „Blanc de Noir“ trocken Homburger Edelfrau | 12%/8,80€
84 2021 Silvaner Kabinett trocken Homburger Kallmuth | 11,5%/8,50€
87 2021 „Alter Satz“ trocken Terrassen Schloss Homburg | 11,5%/9,-€
85 2021 Riesling Kabinett trocken Homburger Edelfrau | 11%/9,-€
85 2021 Scheurebe Kabinett trocken Homburger Kallmuth | 11%/8,80€
87 2021 Silvaner trocken „Blanc de Blank No. 1“ Homburger Kallmuth | 12%/11,70€
84 2021 Riesling „feinfruchtig“ Homburger Edelfrau | 11%/8,80€
84 2019 Blauburger trocken Homburger Kallmuth | 13%/9,80€
87 2016 Spätburgunder trocken „Reserve“ Homburger Edelfrau | 13%

★★★☆

Blankenhorn

Kontakt
Basler Straße 2
79418 Schliengen
Tel. 07635-82000
Fax: 07635-82020

Besuchszeiten
Mo.-Fr. 9-12 + 14-17 Uhr
(Mi. Nachmittag geschlossen)
1.5.-30.9.: Sa. 10-14 Uhr
oder nach Vereinbarung
Weinbar, Eventlocation

Inhaber
Martin Männer
Kellermeister
Yvonne Keßler
Rebfläche
25 Hektar
Produktion
130.000 Flaschen

Johann Friedrich Blankenhorn legte 1857 den Grundstein für das heutige Weingut, als er 1857 die damalige Poststation einschließlich der zugehörigen Gewölbekeller aus dem Jahr 1624 ersteigerte. Seit 1994 führte Rosemarie Blankenhorn, genannt Roy, in fünfter Generation das Weingut. Da keine ihrer drei Töchter den Betrieb übernehmen wollte, hat sie im Sommer 2014 das Weingut an den Freiburger Juristen Martin Männer verkauft. Die Weinberge liegen vor allem im Schliengener Sonnenstück, aber auch in Mauchen und Liel. Spätburgunder ist die wichtigste Rebsorte, gefolgt von Gutedel. Dazu gibt es Weiß- und Grauburgunder, etwas Riesling, Chardonnay und Müller-Thurgau, inzwischen auch internationale Sorten wie Sauvignon Blanc, Cabernet Sauvignon, Merlot und Syrah. Es wurde ein neues Kellergebäude gebaut, die Gutsgebäude saniert.

Kollektion

Die Weine werden immer spannender. Die weißen Gutsweine sind klar und geradlinig, der Chardonnay Ortswein ist rauchig, strukturiert, zupackend, der Gutedel betört mit feinem Hefetouch und Grip. Der Chasselas Courage besitzt viel Konzentration und Substanz, der Le Clocher ist würzig, konzentriert, herrlich eindringlich. Der Ölacker-Weißburgunder ist füllig, saftig, strukturiert, weißes Highlight aber ist ganz klar der Chardonnay Großes Gewächs, der rauchige Noten und viel Konzentration im Bouquet zeigt, enorm druckvoll, komplex und nachhaltig ist. Durchgängig hochklassig sind die vier vorgestellten Rotweine. Die Postillon genannte Bordeauxcuvée ist etwas floral, fruchtbetont, zupackend, der Syrah Bravoure zeigt intensive reintönige Frucht, besitzt gute Substanz, Frucht und Länge. Der Ölacker-Spätburgunder zeigt rauchige Noten, reintönige Frucht, feinen Toast, ist frisch, zupackend und strukturiert, das Große Gewächs präsentiert sich sehr ähnlich, nur noch etwas komplexer, noch etwas druckvoller. Im Aufwind!

Weinbewertung

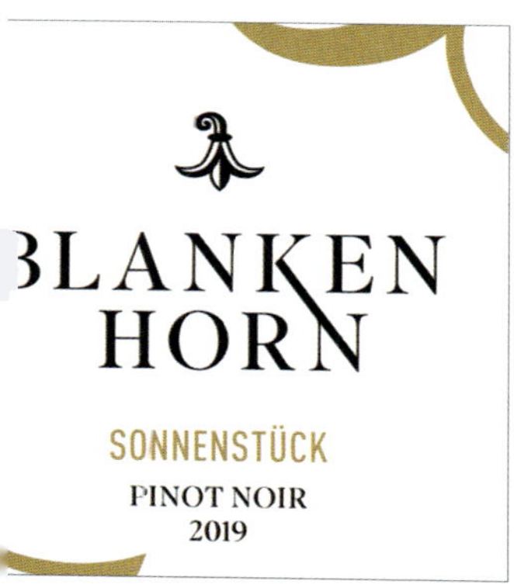

83	2021 Gutedel trocken Markgräfler ǀ 12%/9,50€
84	2021 Grauburgunder trocken Markgräfler ǀ 13%/11,50€
88	2020 Gutedel trocken Schliengen ǀ 12%/14,-€
87	2020 Chardonnay trocken Schliengen ǀ 13%/17,90€
88	2020 Weißburgunder trocken Schliengen Ölacker ǀ 13%/22,50€
88	2020 Chasselas trocken „Le Clocher" Schliengener Kirchberg ǀ 12,5%/20,50€
88	2019 Chasselas trocken „Courage" Schliengen ǀ 13%/28,-€
91	2019 Chardonnay „GG" Schliengen Sonnenstück ǀ 13,5%/30,-€
89	2019 Syrah trocken „Bravoure" Schliengen ǀ 13,5%/29,-€
88	2019 Cabernet Sauvignon/Merlot „Postillon" Schliengen ǀ 13,5%/37,-€
89	2019 Pinot Noir trocken Schliengen Ölacker ǀ 13%/28,-€
91	2018 Spätburgunder „GG" Schliengen Sonnenstück ǀ 13%/37,-€

★★

Blaul & Sohn

Kontakt
Ludwigstraße 42
67161 Gönnheim
Tel. 06322-63952
www.weingut-blaul.de
weingut-blaul@t-online.de

Besuchszeiten
Mo.-Fr. 9-13 + 14-19 Uhr
Sa. 9-17 Uhr

Inhaber
Uli & Dennis Blaul
Betriebsleiter
Uli & Dennis Blaul
Kellermeister
Dennis Blaul
Außenbetrieb
Uli & Dennis Blaul
Rebfläche
11 Hektar
Produktion
80.000 Flaschen

Weinbau wird in der Familie Blaul bereits seit 1607 betrieben, Jean Blaul erwarb Anfang des 20. Jahrhunderts das heutige Weingut, das zunächst aber noch ein klassischer landwirtschaftlicher Mischbetrieb war. Bis in die 1980er Jahre gab es neben der eigenen Flaschenweinvermarktung noch vier Hektar Obstbau, erst Uli Blaul konzentrierte sich dann ganz auf den Weinbau und erweiterte die Rebfläche auf heute elf Hektar. Nach seinem Geisenheim-Studium und einem Praktikum in Südafrika ist mittlerweile sein Sohn Dennis für den Ausbau der Weine verantwortlich. Die Weinberge liegen in Gönnheim, in den Lagen Sonnenberg, Martinshöhe, Mandelgarten und Klostergarten, Riesling ist mit einem Anteil von 27 Prozent die wichtigste Rebsorte, im Zuge der Umstrukturierung des Rebsortenportfolios wurden zuletzt zwei Hektar mit Chardonnay, Spät-, Grau- und Weißburgunder neu gepflanzt. 2018 wurde der Holzfasskeller komplett erneuert und 17 neue Halbstück-, Stück- und Doppelstückfässer angeschafft.

Kollektion

Mit dem neuen Jahrgang beweist Dennis Blaul sein Gespür für einen gekonnten Einsatz seiner Holzfässer: Alle verkosteten Weine wurden im Holz ausgebaut, aber bei keinem der Weine drängt es sich in den Vordergrund sondern bleibt stets dezent. Bei seinen Rotweinen erkennen wir einen klaren Schritt nach vorne, vor allem beim Cabernet Sauvignon, der Aromen von schwarzer Johannisbeere und Brombeere zeigt und harmonisch, frisch und jugendlich ist, die „Cuvée Filu" zeigt ähnliche Fruchtnoten, dazu leicht kräutrige Würze und ist am Gaumen fruchtbetont und harmonisch, sehr gut sind auch der schlanke und frische Spätburgunder und der kräutrige und harmonische St. Laurent. Und auch die weißen Lagenweine sind gelungen und besitzen viel klare Frucht, der Weißburgunder zeigt feine rauchige Noten, ist animierend und elegant, der Sauvignon Blanc ist frisch und harmonisch und der Riesling besitzt ein feines Säurespiel.

Weinbewertung

84 2021 Riesling trocken „Unum" | 12%/8,50€
85 2020 Grauburgunder trocken „Stückfass" Gönnheimer Klostergarten | 13%/8,90€
85 2020 Weißburgunder & Chardonnay trocken „Halbstück" | 13%/8,90€
88 2021 Weißburgunder trocken Gönnheimer Klostergarten | 12,5%/13,50€
87 2021 Riesling trocken „Alte Reben" Wachenheimer Schlossberg | 12,5%/18,-€
87 2021 Sauvignon Blanc trocken „Fumé" Gönnheimer Mandelgarten | 12,5%/14,-€
84 2020 Cuvèe Entfaltung Rotwein trocken | 13%/11,50€
87 2019 Cuvée Filu Rotwein trocken | 13,5%/15,-€
86 2020 St. Laurent trocken Gönnheimer Sonnenberg | 13%/14,-€
86 2020 Cuvée Karma Rotwein trocken | 13,5%/15,50€
86 2020 Spätburgunder „S" trocken Gönnheimer Martinshöhe | 12,5%/14,-€
87 2020 Cabernet Sauvignon trocken Gönnheimer Martinshöhe | 13%/19,-€

★★

Blesius

Kontakt
Hauptstraße 75
54470 Graach
Tel. 06531-2227
Fax: 06531-91353
www.weingut-blesius.com
weingut@blesius.com

Besuchszeiten
Mo.-Fr. 9-18:30 Uhr
Sa. 10-16 Uhr
So. nach Vereinbarung

Inhaber
Klaus Blesius
Kellermeister
Florian Blesius
Rebfläche
5 Hektar
Produktion
45.000 Flaschen

Seit Mitte des 18. Jahrhunderts betreibt die Familie Weinbau an der Mosel. Lange haben Klaus und Raphaela Blesius das kleine Graacher Weingut geführt, unterstützt wurden sie von ihrem Sohn Florian. Inzwischen hat dieser das Weingut übernommen. Seine Weinberge liegen vor allem in Graach in den Lagen Domprobst und Himmelreich – und Graach steht für Steillagen und Schiefer. Inzwischen gehört aber auch die Bernkasteler Badstube zum Repertoire. 90 Prozent der Rebfläche nimmt Riesling ein, dazu gibt es etwas Spätburgunder sowie kleine Flächen mit Weißburgunder und Müller-Thurgau. Ein Teil der Weine wird spontanvergoren.

Kollektion

Der feinfruchtige, charmante SchonSchön genannte Wein ist ein ausgezeichneter Einstieg ins Sortiment; er ist nämlich alles andere als karg, wirkt zugänglich und rassig, ist ein wenig runder als der eher herbwürzige Graacher Riesling, der schön fest erscheint. Der trockene Domprobst-Riesling ist offen mit Anklängen an Zitrus und Hefe, im Mund fest, recht kompakt und klar. Deutlich komplexer und verspielter zeigt sich der BB genannte Wein, der in der Nase Noten von Kräutern und Kernobst aufweist und im Mund bereits erfreulich zugänglich wirkt, allerdings auch Potenzial zeigt. Die beiden feinherben Weine sind logisch aufeinander aufgebaut; der eine namens Tacheles zeigt jugendliche, zupackende Art, der andere wirkt etwas komplexer, saftiger, besitzt mehr Länge. Die beiden Kabinette überzeugen in ihrer Machweise ebenfalls, sind sehr stimmig. Jenes aus der Badstube ist etwas zarter, das aus Graach wirkt eine Spur rassiger, einen Hauch süßer. Deutlich sind die Unterschiede in den beiden süßen Spätlesen auszumachen. Die eine, aus dem Himmelreich stammend, zeigt eine zarte Frucht mit Anklängen an Klarapfel, ist ziseliert und frisch; die andere, aus dem Domprobst, ist verschlossener mit Noten von Hefe, Kräutern, Kernobst, im Mund kraftvoller, etwas weniger süß, etwas länger. Weine mit höheren Prädikaten wurden nicht vorgestellt.

Weinbewertung

83 2021 Riesling trocken „SchonSchön" | 12%/7,50€
83 2021 Riesling trocken Graacher | 11%/8,50€
87 2021 Riesling trocken Graacher Domprobst | 11,5%/9,90€
88 2021 Riesling trocken „BB" Graacher Domprobst | 12%/15,-€
84 2021 Riesling „feinherb" „Tacheles" Graacher | 10,5%/8,50€
87 2021 Riesling „feinherb" „No.14" Domprobst | 10,5%/9,90€
86 2021 Riesling Kabinett Bernkasteler Badstube | 8%/8,50€
86 2021 Riesling Kabinett Graacher Himmelreich | 7%/8,50€
86 2021 Riesling Spätlese Graacher Himmelreich | 7%/10,50€
87 2021 Riesling Spätlese Graacher Domprobst | 7,5%/10,50€

★★☆

Heribert **Boch**

Kontakt
Moselweinstraße 62
54349 Trittenheim
Tel. 06507-2713
Fax: 06507-6795
www.weingut-boch.de
info@weingut-boch.de

Besuchszeiten
Mo.-Sa. 9-12 + 14-18 Uhr
So. 10-14 Uhr
oder nach Vereinbarung
4 Doppelzimmer,
1 Ferienwohnung

Inhaber
Michael Boch
Rebfläche
10 Hektar
Produktion
75.000 Flaschen

Das Weingut Heribert Boch in Trittenheim wird seit 1989 von Michael Boch geführt, seit 1999 unterstützt ihn seine Frau Anne. Nach der Übernahme des Betriebes kaufte Boch etwa 6000 Stock Riesling mit wurzelechten, 100 Jahre alten Reben in den besten Trittenheimer Steillagen hinzu. Die Weinberge liegen in den Trittenheimer Lagen Apotheke (darunter die ehemaligen Einzellagen Laurentiusberg und der ursprüngliche, namensgebende Abtsweinberg, aus dem der Urstück genannte Wein stammt) und Altärchen. Michael Boch hat sich nach und nach auf Steillagen und auf Riesling konzentriert, der heute 61 Prozent seiner Weinberge einnimmt. Hinzu kommen ein Viertel Spätburgunder sowie ein wenig Kerner, Chardonnay, Weißburgunder und Müller-Thurgau. Die Moste werden nach kurzer Maischestandzeit kühl vergoren und reifen in Edelstahltanks, die Rotweine werden teils im Barrique ausgebaut.

Kollektion

Ein Sortiment mit vielen empfehlenswerten Rieslingen und ohne Ausreißer stellt das Weingut vor. Die drei trockenen Rieslinge unterscheiden sich deutlich voneinander. Der Laurentiusberg weist eine offene, kühle Frucht auf mit hellen Hefenoten, Anklängen an Kräuter, auch etwas Mirabellen, im Mund ist er schön würzig. Frisch, verhalten, kühl und mit Zitrusanklängen präsentiert sich das Urstück. Der Abtswingert wiederum wirkt in der Nase heller, limoniger, allerdings kein bisschen unreif, mit Anklängen an Hefe und Kernobst; im Mund ist er resch und straff, animierend und lang. Der Kabinett aus dem Altärchen ist sehr frisch mit Anklängen an Zitrus, Hefe, Kräuter und etwas Mirabellen, im Mund rassig, eher auf der trockenen Seite, sehr gelungen; auch die Spätlese ist ausgezeichnet balanciert. Komplex ist der Eiswein mit Noten von kandierter Limone, frischen Aprikosen, heller Mango und etwas Blütenhonig, er ist straff, schlank und animierend, besitzt viel Substanz und eine blitzsaubere Art. Gelungen ist der Spätburgunder aus 2020, der in der Nase Anklänge an Kirschen, Tabak und Holunder zeigt, im Mund dominiert die Frucht, der Wein ist zwar würzig und besitzt Kraft, macht aber vom ersten Schluck an viel Spaß.

Weinbewertung

87 2021 Riesling trocken „Laurentiusberg" Trittenheimer Apotheke | 12,5%/11,90€
87 2021 Riesling trocken „Urstück" Trittenheimer Apotheke | 12,5%/12,40€
88 2021 Riesling trocken „Abtswingert" Trittenheimer Apotheke | 12,5%/14,-€
86 2021 Riesling „feinherb" „Sonnengarten" Trittenheimer Apotheke | 11%/11,90€
87 2021 Riesling Kabinett Trittenheimer Altärchen | 9%/8,90€
88 2021 Riesling Spätlese Trittenheimer Apotheke | 8%/11,90€
91 2021 Riesling Eiswein Trittenheimer Altärchen | 7,5%/45,-€/0,375l
86 2020 Spätburgunder trocken*** Trittenheimer Altärchen | 13,5%/11,80€

★★★½

Böhme & Töchter

Kontakt
Ölgasse 11
06632 Gleina
Tel. 034462-22043
Fax: 034462-60691
www.boehme-toechter.de
info@boehme-toechter.de

Besuchszeiten
Mo.-Fr. 9-16 Uhr,
Sa. 10-16 Uhr
oder nach Vereinbarung
(auch So./Feiertage)
Öffentliche Jungweinprobe
(1. Sa. im April), Tage der offenen Weinkeller
(1. Wochenende im Aug.),
Breitengrad 51 Jahrgangspräsentation (2. Sa. im Aug.)

Inhaber
Familie Böhme
Betriebsleiter/ Kellermeister
Marika & Sandro Sperk
Rebfläche
6 Hektar
Produktion
35.000 Flaschen

Das 1986 gegründete Weingut hat sich unter der Regie von Frank Böhme auf mittlerweile 6 Hektar vergrößert, wird heute von einer seiner Töchter, Marika Sperk, und ihrem Ehemann Sandro geführt. Die Weinberge liegen in den Lagen Freyburger Schweigenberg, Zscheiplitzer Himmelreich, Freyburger Mühlberg und Dorndorfer Rappental, die Reben wachsen auf Lösslehm- und Muschelkalkverwitterungsböden. Weißburgunder, Riesling und Müller-Thurgau sind die wichtigsten Rebsorten, gefolgt von Spätburgunder, Chardonnay, Roter Traminer, Zweigelt, Cabernet Dorio und Cabernet Dorsa. Die Rotweine werden maischevergoren, die Lagenweine werden verstärkt im Holz ausgebaut. Das Weingut wurde 2022 in den VDP aufgenommen und die Sanierung des Vierseithofes begonnen.

Kollektion

Die neue Kollektion ist stark, bietet zuverlässige Ortsweine, spannende weiße Lagenweine und einen hervorragenden roten Breitengrad 51-Wein: Der 2019er Spätburgunder zeigt intensive Frucht und Gewürze im herrlich eindringlichen Bouquet, ist füllig, kraftvoll, besitzt klare reife Frucht und gute Struktur. Auch der Spätburgunder aus dem Himmelreich überzeugt, ist wunderschön reintönig im Bouquet, frisch und zupackend im Mund, hat Grip. Der Freyburger Riesling ist frisch, klar und zupackend, der Zscheiplitzer Weißburgunder punktet mit Harmonie, Frische und Grip. Die weißen Lagenweine kommen alle aus dem Freyburger Schweigenberg. Der Silvaner zeigt gute Konzentration und reife Frucht, hat Substanz und Fülle. Der im Tonneau vergorene Riesling zeigt reintönige Frucht, feine Würze, ist füllig, kraftvoll und strukturiert. Der im Barrique vergorene Weißburgunder zeigt gute Konzentration, rauchige Noten, etwas Vanille, feine Frische, ist füllig, kraftvoll, besitzt gute Struktur und Substanz. Der im Tonneau vergorene Chardonnay zeigt rauchige Noten und dezenten Toast im herrlich eindringlichen Bouquet, besitzt Fülle und Kraft, gute Komplexität, klare reife Frucht und Grip. Spannend ist der ebenfalls im Tonneau vergorene Roter Traminer, zeigt faszinierend reintönige Frucht im Bouquet, besitzt Fülle, Kraft und viel Substanz. Weiter im Aufwind!

Weinbewertung

84	2021 Riesling trocken Freyburg I 12%/13,-€
85	2021 Weißburgunder trocken Zscheiplitz I 12%/13,-€
87	2020 Silvaner „S38“ trocken Freyburger Schweigenberg I 13%/22,-€
88	2020 Riesling „S37“ trocken Freyburger Schweigenberg I 13,5%/22,-€
88	2020 Weißburgunder „S45“ trocken Freyburger Schweigenberg I 14%/28,-€
89	2021 Chardonnay „S52“ trocken Freyburger Schweigenberg I 12,5%/24,-€
88	2020 Roter Traminer trocken „Breitengrad 51“ Freyburger Schweigenberg I 14%/32,-€
88	2020 Spätburgunder trocken Zscheiplitzer Himmelreich I 13,5%/22,-€
90	2019 Spätburgunder trocken „Breitengrad 51“ Freyburger Schweigenberg I 14%/35,-€

★★☆

Börsig

Kontakt
Niederlehen 9
77704 Oberkirch
Tel. 07802-6262
Fax: 07802-7009690
www.weingut-boersig.de
info@weingut-boersig.de

Besuchszeiten
Mi.-Fr. 13-18 Uhr
Sa. 9-16 Uhr
oder nach Vereinbarung
Straußwirtschaft „s'Rebhisli"
(regionale Vesperspezialitäten, Musikkonzerte)

Inhaber
Rainer Börsig
Betriebsleiter
Rainer Börsig
Kellermeister
Rainer Börsig
Rebfläche
5 Hektar
Produktion
30.000 Flaschen

Bis ins Jahr 1736 lässt sich die Weinbautradition der Familie Börsig zurückverfolgen, heute führt Rainer Börsig diesen Ortenauer Familienbetrieb. Alle Weinberge liegen im Oberkircher Schlossberg. Neben Spätburgunder und Riesling gibt es Grauburgunder, Müller-Thurgau, Chardonnay, Sauvignon Blanc, Syrah, Cabernet Mitos, Scheurebe und Muskateller. 2001 wurde der ehemalige Heustall zur Straußwirtschaft „s'Rebhisli" umgebaut, die badische Vespergerichte und Flammkuchen anbietet, aber auch für Hochzeiten oder Familienfeiern gebucht werden kann.

Kollektion

Auch in diesem Jahr können wir wieder klare Fortschritte erkennen in der gewohnt abwechslungsreichen Kollektion. Die drei Rotweine sind alle drei sehr gut. Der Schwarzer Sepp ist fruchtbetont und intensiv, zeigt rote und dunkle Früchte, besitzt kräftige Tannine, der Spätburgunder Fatima ist füllig und saftig bei viel reifer Frucht. Unser Favorit ist der Syrah, der gute Konzentration und reintönige Frucht zeigt, Frische und Frucht besitzt, gute Struktur und Grip. Ganz spannend ist Syrah auch als Rosé, ist fruchtbetont, intensiv, herrlich reintönig, besitzt klare Frucht, gute Struktur, Frische und Grip. Auch der Lebenslust-Rosé überzeugt, ist fruchtbetont und intensiv, frisch und fruchtbetont, geradlinig und klar – das passt zum Sommer. Aber auch Rainer Börsig's Weißweine sind ganz stark, nicht zu vergessen der Muskateller-Sekt, der wunderschön frisch, reintönig und zupackend ist. Die Sonnenfänger-Cuvée ist frisch und saftig, der Wunderfitz-Riesling klar und zupackend, der Freigeist-Riesling, Jahrgang 2019, zeigt feine rauchige Noten und dezente Reife, ist wunderschön klar, präzise und zupackend, was auch für den intensiven Sauvignon Blanc gilt. Der Chardonnay ist würzig und intensiv, besitzt gute Struktur und Substanz, unser Favorit bei den Weißen aber ist der Grauburgunder „Börsigbesonders", der gute Struktur, Kraft und Grip besitzt. Spannende Kollektion!

Weinbewertung

86 2020 Muskateller Sekt brut | 12,5%/15,-€
83 2021 „Sonnenfänger-Cuveé" Weißwein trocken | 12%/8,20€
84 2020 Riesling trocken „Wunderfitz" | 13%/8,30€
86 2020 Sauvignon Blanc trocken | 12,5%/9,30€
87 2019 Riesling trocken „Freigeist" | 12,5%/13,50€
88 2019 Grauer Burgunder trocken „Börsigbesonders" | 13,5%/18,-€
87 2020 Chardonnay trocken „Großes Holz" | 13%/19,-€
84 2020 Rosé trocken „Lebenslust" | 13,5%/9,30€
86 2021 Syrah Rosé trocken | 12%/13,50€
86 2019 „Schwarzer Sepp" Rotwein trocken | 12,5%/13,50€
87 2020 Spätburgunder trocken „Fatima" | 14,5%/13,50€
88 2020 Syrah trocken | 13,5%/15,-€

★★☆

Bohnenstiel

Kontakt
Weinstraße 77
67273 Herxheim am Berg
Tel. 06353-91186
Fax: 06353-91196
www.weingut-bohnenstiel.de
weingut.bohnenstiel@
t-online.de

Besuchszeiten
Mo.-Fr. 10-18 Uhr
Sa. 10-17 Uhr und nach
Vereinbarung
So. + Feiertage geschlossen
Probierstube
Ferienwohnung

Inhaber
Edwin & Martina Bohnenstiel
Kellermeister
Maximilian Bohnenstiel
Rebfläche
16 Hektar

Seit Ende des 17. Jahrhunderts betreibt die Familie Bohnenstiel Weinbau in Herxheim am Berg. Mittlerweile hat Maximilian, der Sohn der Inhaber Edwin und Martina Bohnenstiel, die Verantwortung im Keller übernommen. Die Weinberge liegen vor allem in den Herxheimer Lagen Honigsack, Himmelreich und Kirchenstück, in den Laumersheimer Lagen Kirschgarten und Steinbuckel und in Dackenheim. Neben den traditionellen Weißweinsorten wie Riesling, Weiß-, Grauburgunder, Müller-Thurgau und Silvaner baut die Familie inzwischen auch Chardonnay, Sauvignon Blanc und Gelber Muskateller an. An roten Sorten gibt es Portugieser, Dornfelder, Spätburgunder, St. Laurent, Acolon, Cabernet Mitos, Cabernet Sauvignon und Merlot. Für ihre Topweine nutzen die Bohnenstiels alte Lagenbezeichnungen wie Wermuth, Mahlstein, Felsenberg oder Sommertal. Das Sortiment ist gegliedert in Guts-, Orts-, Lagen- und Premiumweine

Kollektion

Die trockenen Rieslinge der Familie Bohnenstiel sind in diesem Jahr alle etwas füllig mit leichter Restsüße und prägnanter Säure, der „Seiner" ist der harmonischste Riesling, zeigt leicht kräutrig-florale Noten und gelbe Frucht, ist saftig, animierend und nachhaltig, der „Alte Rebe" besitzt klare Noten von Ananas und Limette, während der Honigsack-Riesling die straffeste Säure besitzt. Auch die Cuvée aus Chardonnay und Weißburgunder ist sehr säuregeprägt, besitzt aber auch klare Frucht, der Grauburgunder aus dem Honigsack ist harmonischer und leicht cremig, der Weißburgunder Mahlstein besitzt Schmelz und klare Aromen von Aprikose, Birne und Zitrusfrüchten, der Herxheimer Weißburgunder ist schlank und frisch und der Sauvignon Blanc ist von grünen Noten geprägt, Stachelbeere und Erbse, und besitzt eine frische Säure. Bei den beiden Rotweinen besitzt der Merlot leicht süße Brombeerfrucht, viel Kraft und gute Struktur, der Spätburgunder bleibt etwas kürzer am Gaumen, besitzt Aromen von roter Johannisbeere, etwas Zuckerwatte und dezente Holzwürze.

Weinbewertung

84	2021 Sauvignon Blanc trocken Herxheim I 12%/7,90€
83	2021 Weißburgunder trocken Herxheim I 11,5%/6,50€
84	2021 Grauburgunder trocken Herxheimer Honigsack I 12,5%/8,10€
84	2021 Chardonnay & Weißburgunder trocken I 12,5%/8,70€
85	2021 Weißburgunder trocken „Mahlstein" I 12,5%/10,50€
84	2021 Riesling trocken Herxheimer Honigsack I 12,5%/8,-€
86	2021 Riesling trocken „Alte Rebe" I 12,5%/10,90€
87	2021 Riesling trocken „Seiner" „Im Wermuth" I 12,5%/11,-€
84	2018 Spätburgunder trocken Herxheimer Honigsack I 13,5%/8,10€
85	2018 Merlot trocken Laumersheimer Steinbuckel I 14,5%/8,-€

Bollig²

Kontakt
Moselweinstraße 86
54349 Trittenheim
Tel. 06507-9989112
www.bollighoch2.de
info@bollighoch2.de

Besuchszeiten
nach Vereinbarung

Inhaber
Lukas & Moritz Bollig
Kellermeister
Lukas Bollig
Außenbetrieb
Moritz Bollig
Rebfläche
15 Hektar

Moritz und Lukas Bollig haben 2021 das väterliche Weingut Lukashof übernommen und sofort das Erscheinungsbild verändert. Moderne Etiketten, ein prägnanter Name und ein klares Konzept: Terroirgeprägte, langlebige Weine im trockenen wie im fruchtigen Segment sind geplant. Riesling steht auf 70 Prozent der 15 Hektar Reben und somit im Vordergrund, allerdings werden auch Weißburgunder und Spätburgunder (jeweils 10 Prozent) sowie kleine Anteile Gewürztraminer oder Gelber Muskateller angebaut. Neben Flächen in den Trittenheimer Lagen Apotheke und Altärchen bearbeiten die Brüder auch Reben im Dhroner Hofberg, auch Piesport ist im Portfolio vertreten.

Kollektion

Der erste eigene Jahrgang ist ein voller Erfolg. Ein knackiger, nicht ganz trocken wirkender Basisriesling und ein frisch-duftiger, angenehm trockener und überraschend vielschichtiger Weißburgunder zeigen, welche Aufmerksamkeit die Familie Bollig dem Einstieg zukommen lässt. Der trockene Trittenheimer Riesling ist etwas fester als sein Pendant aus Dhron, welches mehr Schmelz und Würze aufweist, auch eine Spur mehr Zucker. Saftig und duftig ist die dezent süße Cuvée aus Müller-Thurgau, Riesling und Gewürztraminer. Der feinherbe Hofberg-Riesling zeigt in der Nase cremige Noten, auch einen Hauch von Zitrus, ist schmelzig und merklich süß, aber sehr stimmig und ausgewogen, im Nachklang ist Hefewürze und sogar eine winzige Spur von Lakritz zu ahnen, die Säure macht den Wein animierend. In diesem Jahrgang ein bemerkenswertes Ergebnis. Noch eine Spur spannender wirkt indes der süße Riesling, der aus der Parzelle In den Sonnteilen innerhalb der Apotheke stammt, in der Nase Kern- und Steinobst, aber auch Zitrusnoten und im Mund viel Spiel aufweist. Was den Blanc de Noir und den Rosé angeht: Ersterer wirkt sehr duftig und saftig, Zweiterer besitzt zarte Süße, aber auch schöne Spritzigkeit.

Weinbewertung

83	2021 Riesling „Alte Rebe" I 11,5%/6,50€
85	2021 Weißburgunder trocken I 12%/6,50€
84	2021 Blanc de Noir I 11,5%/7,-€
86	2021 Riesling trocken Trittenheimer I 11%/8,50€
87	2021 Riesling trocken Dhroner I 11,5%/8,50€ ☺
83	2021 Cuvée weiß „Buntes B" I 10,5%/7,-€
85	2021 Riesling „feinherb" Piesporter I 10%/8,50€
86	2021 Riesling „feinherb" Trittenheimer I 10%/8,50€
87	2021 Riesling „feinherb" In der Sängerei Dhroner Hofberg I 10%/13,70€
88	2021 Riesling In den Sonnteilen Trittenheimer Apotheke I 7%/14,-€
86	2021 Riesling Kabinett Trittenheimer I 8,5%/8,50€
83	2021 Rosé I 11,5%/6,50€

★★

Borchert

Kontakt
Springiersbacher Hof
Oberbachstraße 30
56814 Ediger-Eller
Tel. 02675-1560
Fax: 02675-910149
www.moselhof.de
info@moselhof.de

Besuchszeiten
Restaurant / Wein-Café
12-22 Uhr, Di. Ruhetag
Ferienwohnungen und Ferienhaus im historischen Abteihof
Destillerie geöffnet nach Vereinbarung

Inhaber
Gabriele & Michael Borchert
Betriebsleiter/Kellermeister
Michael Borchert
Außenbetrieb
Bartek Oller
Rebfläche
3 Hektar
Produktion
15.500 Flaschen

Das Weingut hat seinen Sitz in einem Barockgebäude, das die Augustiner-Chorherren vom Kloster Springiersbach 1752 errichten ließen. 1997 gründeten Gabriele und Michael Borchert das Weingut praktisch neu, in dem sie einen Weinberg im Ediger Feuerberg pachteten. Nach und nach kauften sie Parzellen in besten Lagen im Ellerer Calmont und im Ediger Elzhofberg, wo sie brachgefallene Terrassen rodeten und neu bepflanzten und eine Monorackbahn bauten. Des Weiteren sind sie im Ediger Osterlämmchen und im Ellerer Pfirsichgarten vertreten. 2014 wurden zwei weitere Weinberge in Steilstlagen hinzugepachtet, der eine mit 1993 gepflanztem Spätburgunder, der andere mit 1980 gepflanzten wurzelechten Rieslingreben. Inzwischen gehört auch Grauburgunder und Gewürztraminer zum Sortiment. 2005 eröffnete die Familie ein Wein-Café in einer ehemaligen Kelterscheune, 2010 nahmen sie eine Destille in Betrieb. Zur Steigerung der Qualität wurde eine neue Betriebsstätte mit Holzfasskeller und Vinothek in einem denkmalgeschützten Winzerhaus aus dem 15. Jahrhundert eingeweiht. Im Abteihof existieren historische Ferienwohnungen.

Kollektion

Sehr fein und klar, leicht hefig, aber auch frisch und animierend wirkt der undosierte Schaumwein aus 2020, ein wirklicher Erfolg des Gutes; der Extra-Dry-Winzersekt steht nur knapp zurück. Noch etwas vom Schwefel geprägt ist der trockene Elzig, im Mund straff und überdurchschnittlich würzig. In sich zurückgezogen wirkt der Elzhofberg-Riesling, im Mund fast karg mit wenig Frucht, aber guter Struktur: Dieser Wein benötigt definitiv noch Zeit. Einen Hauch von Süße weist der saftige Grauburgunder auf. Der feinherbe Calmont-Wein wirkt frisch, mit Hefe- und Zitrusnoten, ist saftig, bleibt schlank und animierend. Überraschend frisch mit saftiger Art und Schmelz präsentiert sich die drei Jahre im Gewölbekeller gereifte Auslese aus dem Jahrgang 2018. Der Rotwein aus 2020 duftet nach Sauerkirschen und Holunder, das Holz ist kaum zu bemerken: Es handelt sich um einen eigenständigen, trotz Fülle animierenden Wein.

Weinbewertung

86 2020 Riesling Sekt brut nature | 12%/14,-€
84 2020 Riesling Sekt extra dry | 11,5%/14,-€
85 2020 Riesling trocken „Elzig" | 12,5%/9,50€
86 2021 Riesling trocken Ediger Elzhofberg | 12,5%/15,-€
83 2021 Grauburgunder | 12%/9,50€
82 2021 Riesling halbtrocken | 11,5%/7,50€
87 2021 Riesling „feinherb" Goldkapsel Calmont | 12%/15,-€
84 2021 Riesling Ediger Osterlämmchen | 9,5%/8,50€
87 2018 Riesling Auslese Ediger Elzhofberg | 7,5%/15,-€
85 2020 Spätburgunder „18 Monate" Barrique | 13,5%/15,-€

★★

Borst

Kontakt
Am Rain 16
97334 Nordheim
Tel. 09381-2949
Fax: 09381-802568
www.weingut-borst.de
info@weingut-borst.de

Besuchszeiten
Mo.-Sa. 8-12 + 14-17 Uhr
Gästehof

Inhaber
Thomas Borst
Rebfläche
9 Hektar

Das Nordheimer Familienweingut wird heute in siebter Generation von Thomas Borst geführt, der nach Winzerlehre und Neuseelandaufenthalt Önologie in Geisenheim studiert hat. Seine Weinberge liegen vor allem im Nordheimer Vögelein und im Sommeracher Katzenkopf, des Weiteren ist er im Nordheimer Kreuzberg, im Neuseser Glatzen und in Dettelbach vertreten. Das Hauptaugenmerk liegt auf Weißweinen, vor allem dem Silvaner, aber auch Müller-Thurgau, Bacchus, Riesling und Rieslaner spielen eine wichtige Rolle im Betrieb, auch Weißburgunder und Scheurebe werden angebaut, an roten Sorten gibt es Spätburgunder und Domina, aber auch ein wenig Regent, Schwarzriesling und Cabernet Dorsa.

Kollektion

Eine wunderschön gleichmäßige Kollektion präsentiert Thomas Borst in diesem Jahr, die von einem sehr schönen, zwei Jahre auf der Hefe ausgebauten Blanc de Noir-Sekt eingeleitet wird, der rauchige Noten und feine Frische zeigt, wunderschön harmonisch und lang ist. Die Basis ist stark, das zeigt der prächtige, zupackende Silvaner im Liter. Silvaner gibt es auch als Leidenschaft genannten, zupackenden trockenen Kabinett, als füllige, kompakte trockene Spätlese aus dem Katzenkopf, im Holz ausgebaut und schließlich als ebenfalls im Holz ausgebauten Silvaner Kapelle, Jahrgang 2020, der füllig und kraftvoll ist, gute Struktur und Frucht besitzt. Spannend ist auch die Scheurebe von alten Reben im Vögelein, zeigt gute Konzentration und reintönige Frucht im herrlich eindringlichen Bouquet, ist frisch, strukturiert, klar und zupackend. Wunderschön reintönig ist auch die Rieslaner Spätlese, zeigt etwas Grapefruit, besitzt Fülle und Saft, reife Frucht und Substanz. Und Spätburgunder darf natürlich auch nicht fehlen, der im Barrique ausgebaute Wein aus dem Vögelein punktet mit rauchigen Noten und reintöniger Frucht, ist elegant und frisch.

Weinbewertung

86	2019 „Blanc de Noir" Sekt brut I 12,5%/14,-€
84	2021 Silvaner trocken (1l) I 12,5%/5,80€ ☺
83	2021 „Der Müller" trocken I 11,5%/6,80€
84	2021 Silvaner Kabinett trocken „Leidenschaft" Nordheimer Vögelein I 12%/7,20€
83	2021 Riesling trocken I 12%/7,-€
84	2021 Weißer Burgunder trocken I 12,5%/7,-€
85	2021 Silvaner Spätlese trocken Sommeracher Katzenkopf I 13%/9,-€
86	2020 Silvaner trocken „Kapelle" I 13%/9,50€
86	2021 Scheurebe trocken „Alte Reben" Nordheimer Vögelein I 12%/9,-€
86	2021 Rieslaner Spätlese Nordheimer Vögelein I 11,5%/9,-€
86	2021 Spätburgunder trocken Nordheimer Vögelein I 13,5%/9,50€

★ ☆

Borth

Kontakt
Unterheimbacherstraße 35
74626 Bretzfeld-Adolzfurt
Tel. 07946-2139
Fax: 07946-942533
www.weingut-borth.de
info@weingut-borth.de

Besuchszeiten
2 x monatlich für 4-6 Tage
(siehe Webseite)
Wein-Appartements Borth,
Weinstube Borth

Inhaber
Michael Borth
Betriebsleiter
Michael Borth
Kellermeister
Michael Borth
Außenbetrieb
Michael Borth
Rebfläche
7,5 Hektar
Produktion
40.000 Flaschen

Seit 1993 bewirtschaften Andrea und Michael Borth dieses Familienweingut in Adolzfurt, 1997 errichteten sie ein neues Betriebsgebäude. Ihre Weinberge befinden sich in der Adolzfurter Lage Schneckenhof, die zur Großlage Lindelberg gehört, die Reben wachsen auf Keuperverwitterungsböden. 80 Prozent der Rebfläche nehmen rote Sorten ein: Trollinger, Lemberger, Spätburgunder, Schwarzriesling, Samtrot, Muskattrollinger und Dornfelder, inzwischen auch Merlot, Cabernet Franc und Cabernet Sauvignon. Alle Rotweine werden maischevergoren, die besten Weine werden im Barrique ausgebaut. An weißen Sorten gibt es Riesling, Traminer und Silvaner, inzwischen auch Burgundersorten wie Weißburgunder, Grauburgunder und Auxerrois, dazu ein wenig Muskateller und Muscaris, Traminer und Sauvignon Blanc. Zweimal im Monat für eine knappe Woche geöffnet hat die Weinstube von Andrea und Michael Borth, in der schwäbische Spezialitäten angeboten werden. Seit 2015 gibt es auf dem Weingut eine Ferienwohnung und vier Apartments.

Kollektion

Zwar konnten wir nur sechs Weine verkosten in diesem Jahr, aber uns scheint, und das hatte sich schon im vergangenen Jahr angedeutet, dass die Weine klarer, fruchtbetonter und ausdrucksstärker geworden sind. Der Riesling ist frisch und würzig im Bouquet, zeigt dezent Limone, ist frisch, klar und zupackend im Mund, besitzt gute Struktur und Grip. Der Schneckle genannte süße Riesling ist wunderschön reintönig im Bouquet, frisch und fruchtbetont, ist klar und harmonisch im Mund, besitzt feine Süße und Frucht. Fruchtbetont, intensiv und konzentriert ist die Cuvée aus Grauburgunder und Auxerrois im Bouquet, im Mund besitzt sie Fülle und Kraft, viel reife Frucht und Substanz. Die Muscaris Spätlese zeigt intensive Muskatnoten, etwas Zitrus, viel Frische, ist harmonisch und frisch im Mund, besitzt feine Frucht und Grip. Der im Holz ausgebaute Lemberger stammt aus dem Jahrgang 2019, zeigt feine rauchige Noten und klare Frucht, ist frisch und geradlinig im Mund, zupackend und strukturiert. Noch ein Jahr älter ist die im Barrique ausgebaute Cuvée 07 aus Spätburgunder, Lemberger und Cabernet Cubin, unser Favorit in der aktuellen Kollektion, die würzig und eindringlich im Bouquet ist, sehr dominant, reife rote Früchte zeigt, Fülle und Kraft besitzt, viel reife Frucht, gute Struktur und Grip. Im Aufwind!

Weinbewertung

85 2021 Riesling trocken | 12%/8,-€
84 2021 Grauburgunder mit Auxerrois Spätlese trocken | 12%/7,50€
84 2021 Riesling „Schneckle weiß& fruchtig" | 11%/6,20€
84 2021 Muscaris Spätlese | 11%/7,50€
85 2019 Lemberger trocken Holzfass | 13%/7,50€
87 2018 „Cuvée 07" Rotwein trocken Barrique | 14%/16,80€

★★★

Bosch

Kontakt
An der oberen Lußhardt 1/1
76709 Kronau
Tel. 07253-9324024
www.weingut-bosch-kronau.de
info@weingut-bosch-kronau.de

Besuchszeiten
Weinverkauf im Weingut:
Mi. 17:30-19 Uhr
Sa. 14-17 Uhr sowie jederzeit nach Vereinbarung

Inhaber
Rudolf Bosch &
Andreas Braunecker
Betriebsleiter
Andreas Braunecker
Kellermeister
Andreas Braunecker
Außenbetrieb
Andreas Braunecker
Rebfläche
9,5 Hektar
Produktion
60.000 Flaschen

Das Weingut entstand als Hobby-Weingut, gegründet von Rudolf Bosch in Bad Schönborn. Erst mit dem Einstieg seines Neffen Andreas Braunecker nach dessen Geisenheim-Studium im Jahr 2008 (nach Winzerlehre beim Lucashof und bei Christmann) und dem Neubau eines Kellereigebäudes in Kronau wurde aus dem Hobbybetrieb ein Haupterwerbsweingut. Die Weinberge erstrecken sich über mehrere Gemarkungen im Kraichgau, so Langenbrücken, Zeutern, Stettfeld und Obergrombach, die Reben wachsen teils auf Löss, teils auf Kalkmergel, teils auf Posidonienschiefer. Riesling nimmt ein Viertel der Rebfläche ein, Spätburgunder ein Fünftel, es folgen Müller-Thurgau, Portugieser, Weißburgunder, Grauburgunder, Auxerrois und Frühburgunder, dazu gibt es etwas Scheurebe, Muskateller, Cabernet Mitos, Cabernet Franc, Cabernet Sauvignon und Merlot.

Kollektion

Das Programm gewinnt an Struktur, und die beiden neuen Reserve-Weine führen sich prächtig ein. Der 2020er Auxerrois zeigt gute Konzentration und viel reife Frucht, ist füllig, saftig und strukturiert, der Spielart genannte Reserve-Rosé ist eindringlich, kraftvoll, kein Terrassen-Rosé, er verlangt nach Essen. Mehr auf Frische, Frucht und Intensität setzt der Spielart-Rosé in der Basisversion – das passt für die Terrasse. Auxerrois gibt es auch als harmonischen Sekt und als zupackenden, reintönigen „Esprit". Der Riesling „Esprit" ist würzig und zupackend, der Wein vom Posidonienschiefer ist herrlich reintönig, stoffig, druckvoll, noch sehr jugendlich, er wird von etwas Flaschenreife profitieren. Fruchtbetont und zupackend ist die Cuvée aus Weißburgunder und Chardonnay, der neue Gris de Gris punktet mit Konzentration, Kraft und Wärme. Spannend sind auch die beiden Spätburgunder: Der 2018er Terra Sigma ist sehr würzig und eindringlich, besitzt kräftige Tannine und Grip, der 2019er Elysium ist herrlich eindringlich und reintönig, besitzt viel Kraft und Frucht. Starke Kollektion!

Weinbewertung

84 2019 Auxerrois Sekt brut | 12,5%/14,50€
85 2021 Auxerrois trocken „Esprit" Obergrombacher Michaelsberg | 11,5%/8,80€
85 2020 Riesling trocken „Esprit" | 12%/8,50€
85 2021 Weißburgunder & Chardonnay Esprit trocken | 12,5%/8,80€
87 2020 „Gris de Gris" Weißwein trocken | 14%/a.A.
88 2020 Auxerrois trocken „Reserve" | 12,5%/a.A.
88 2021 Riesling trocken „Lias Epsilon" „vom Posidonienschiefer" | 12,5%/a.A.
85 2021 Muskateller „feinherb" „Esprit" | 9,5%/8,80€
85 2021 „Spielart" Rosé trocken | 11,5%/8,80€
88 2021 „Spielart" Rosé trocken „Reserve" | 12%/a.A.
89 2018 Spätburgunder trocken „Terra Sigma - 3 Böden 1 Wein" | 13,5%/a.A.
89 2019 Spätburgunder trocken „Elysium" Obergrombacher Michaelsberg | 12,5%/a.A.

★★

Bottler

Kontakt
Hauptstraße 11
54486 Mülheim
Tel. 06534-324
Fax: 06534-18395
www.weingut-bottler.de
wein-gaestehaus-bottler@t-online.de

Besuchszeiten
Mo.-Sa. 8-12 + 13-18 Uhr oder nach Vereinbarung
Vinothek, Straußwirtschaft, Gästehaus

Inhaber
Andreas Bottler
Betriebsleiter
Hermann & Andreas Bottler
Kellermeister
Andreas Bottler
Außenbetrieb
Hermann & Andreas Bottler
Rebfläche
6,5 Hektar
Produktion
60.000 Flaschen

Das Familienweingut in Mülheim wird heute von Hermann und Andreas Bottler geführt. Ihre Weinberge liegen in der Mülheimer Sonnenlay, sie bauen zu 85 Prozent Riesling an, hinzu kommen 10 Prozent Spätburgunder sowie ein wenig Weißburgunder, Kerner, Müller-Thurgau und Regent. Die Weine werden kühl vergoren, teils im Holz, teils im Edelstahl ausgebaut. Das Gros der Produktion wird trocken ausgebaut. Zu den Spezialitäten gehört der Eiswein, der fast in jedem Jahr erzeugt wird, und von dem es auch einige ältere Jahrgänge noch im Verkauf gibt. 2018 stellte man die Vinifikation auf Spontanvergärung um. Im Juli 2013 wurde die neue Vinothek fertig gestellt, die bis zu 40 Personen Platz für Weinverkostungen und Veranstaltungen bietet.

Kollektion

Ein überschaubares, aber sehr gleichmäßiges Sortiment an Weinen stellt der Betrieb diesmal vor. Straff, präzise und angenehm trocken wirkt der Kabinett namens Blauschiefer: ein erfrischender Einstieg in den Jahrgang 2021. Die trockene Spätlese aus der Sonnenlay mit der Zusatzbezeichnung vom Fels besitzt eine komplexe Frucht mit Noten von Zitrus, Steinobst, Hefe und Kräutern, ist straff und würzig, schon zugänglich, stoffig im Mund, aber mit Spiel ausgestattet. Etwas heller in der Frucht wirkt die Spätlese von alten Reben, ebenfalls straff, etwas geradliniger, noch etwas würziger und nachhaltiger. Die feinherbe Spätlese von alten Reben ist verhaltener als es die trockenen Weine sind, ebenfalls schön saftig mit etwas Schmelz, eine Spur nachhaltiger als der ebenfalls überzeugende feinherbe Kabinettriesling. Verhalten wirkt der Kabinett aus dem Johannesberg, im Mund ist er saftig, nicht extrem lang, aber sehr animierend; er war bei der Verkostung frisch gefüllt. Feine, attraktive Kernobstnoten weist die Spätlese auf, die sich im Mund schön rassig präsentiert und animierend wirkt. Sowohl der Blanc de Noir als auch der mit merklicher Süße ausgestattete Rosé sind schön frisch und anregend, gefallen nicht nur als Sommerweine.

Weinbewertung

84 2021 Riesling Kabinett trocken „Blauschiefer" | 12%/7,50€
86 2021 Riesling Spätlese trocken „vom Fels" Mülheimer Sonnenlay | 12,5%/9,50€
87 2021 Riesling Spätlese trocken „Alte Reben" „Layberg" Sonnenlay | 12,5%/11,-€
83 2021 Spätburgunder „Blanc de Noir" trocken | 12%/7,-€
85 2021 Riesling Kabinett „feinherb" „Held" Mülheimer Sonnenlay | 11%/7,50€
87 2021 Riesling Spätlese „feinherb" „Alte Reben" Mülheimer Sonnenlay | 11,5%/9,50€
85 2021 Riesling Kabinett Mülheimer Johannesberg | 9%/7,50€
87 2021 Riesling Spätlese Mülheimer Johannesberg | 8,5%/9,50€
83 2021 Spätburgunder Rosé | 11%/6,50€

★★½

Botzet

Kontakt
Siebenborner Straße 30
54484 Maring-Noviand
Tel. 06535-94122
Fax: 06535-94121
f.botzet@weingut-botzet.de
www.weingut-botzet.de

Besuchszeiten
Vinothek, Weinproben nach Vereinbarung
Gästezimmer

Inhaber
Florian Botzet
Betriebsleiter
Florian Botzet
Rebfläche
6 Hektar
Produktion
40.000 Flaschen

Das traditionsreiche Weingut in Maring-Noviand hat sich einiges vorgenommen – und das hat viel mit dem jungen Inhaber zu tun. Nach dem Studium der Weinbetriebswirtschaft in Heilbronn und verschiedenen Praktika übernahm Florian Botzet im Jahr 2011 im Alter von nur 25 Jahren den elterlichen Betrieb. Die Fläche wurde um hochwertige Weinberge in den Maringer Lagen Sonnenuhr und Honigberg ergänzt. Um die Vielfalt des Angebotes zu erweitern, kamen auch noch Weinberge in Kesten dazu, inzwischen sind sechs Hektar mit Reben bestockt. Die Produktion konzentriert sich auf die Rebsorte Riesling, welche 85 Prozent der Fläche einnimmt – dazu muss man noch kleine Mengen an Rivaner, Weißburgunder und anderen Sorten rechnen. Spontane, gezügelte Gärung und längere Fassreife, speziell im trockenen und im feinherben Bereich, sind in diesem Weingut üblich und führen zu klaren, saftigen Weinen.

Kollektion

Aus 2020 stammt der Sekt, der sich offen, fein, fruchtig und fest präsentiert, er ist angenehm würzig und trocken. Dem trockenen Riesling merkt man den kühlen Jahrgang 2021 an, er ist frisch mit Zitrusnoten, knackig und stoffig, nicht allzu lang. Einen interessanten, ruhigen Stil vertritt der Weißburgunder, der im Fuderfass gereift ist. Er besitzt im Nachhall eine schöne Würze, ist aber auch frisch und animierend. Frisch und duftig, aber noch ein wenig vom Schwefel geprägt ist der trockene Riesling aus dem Kestener Paulinshofberg; er besitzt im Mund die in diesem Weingut häufig zu beobachtende Fülle, die hier von einer deutlichen Säure im Nachhall ergänzt wird. Der feinherbe Literwein ist saftig, gefällt wirklich gut. Ein schönes Spiel zwischen Süße und Säure besitzt der Kabinett, während die Spätlese offen wirkt und eine feine Steinobstfrucht aufweist, im Mund saftig ist mit deutlicher, aber gut eingebundener Süße. Noch offener mit Noten von Pfirsich und reifen Mirabellen: So zeigt sich die Spätlese mit dem Zusatz 1595; sie ist saftig, süß, aber auch herrlich rassig, besitzt viel Substanz. Ein sehr gelungener Höhepunkt des diesjährigen Sortiments.

Weinbewertung

85	2020 Riesling Sekt brut I 12,5%/10,-€
84	2021 Weißburgunder trocken I 12%/8,50€
82	2021 Riesling trocken I 10,5%/6,50€
86	2021 Riesling trocken Kestener Paulinshofberg I 12%/9,-€
83	2021 Riesling „feinherb“ (1l) I 10%/6,-€
86	2021 Riesling „feinherb“ Maringer Honigberg I 11%/8,-€
85	2021 Riesling Kabinett „feinherb“ „Schwarzlay“ I 10,5%/7,-€
85	2021 Riesling Kabinett Maringer Sonnenuhr I 8,5%/6,50€
86	2021 Riesling Spätlese Maringer Sonnenuhr I 7,5%/9,-€
88	2021 Riesling Spätlese „1595“ Maringer Sonnenuhr I 7,5%/10,50€

BOTZET
anno 1595

★★½

Brandt

Kontakt
Dalbergstraße 27
67596 Dittelsheim-Heßloch
Tel. 06244-5521
www.brandt-weine.de
kontakt@brandt-weine.de

Besuchszeiten
nach Vereinbarung

Inhaber
Markus Brandt
Betriebsleiter
Markus Brandt
Rebfläche
10 Hektar

Der landwirtschaftliche Gemischtbetrieb hat lange Zeit nur Fasswein erzeugt, erst 2010 begannen Hans-Richard Brandt und Sohn Markus mit der Flaschenweinvermarktung. Markus Brandt studierte in Geisenheim, hat 2017 den Betrieb übernommen. Seine Weinberge liegen im Hesslocher Mondschein, in den Bechtheimer Lagen Stein und Hasensprung sowie im Mölsheimer Zellerweg am Schwarzen Herrgott, aber auch in Alsheim und Guntersblum. Er hat den Rebsortenspiegel reduziert, konzentriert sich vor allem auf Riesling und die Burgundersorten, ergänzt um Sauvignon Blanc, Muskateller, Blaufränkisch und Scheurebe. Die Weine werden überwiegend trocken ausgebaut, in manchen Jahren ergänzen fruchtsüße und edelsüße Weine das Programm.

Kollektion

Unser Favorit in der aktuellen Kollektion ist derselbe wie in den beiden Vorjahren: Der Riesling aus dem Mölsheimer Zellerweg am Schwarzen Herrgott zeigt gute Konzentration und rauchige Noten im Bouquet, ist füllig und kraftvoll im Mund, besitzt viel reife Frucht, Substanz, gute Struktur und Druck, ist ein noch sehr jugendlicher Wein, dem etwas Flaschenreife gut tun wird. Aber in diesem Jahr hat er kräftige Konkurrenz erhalten durch einen Lagenrotwein, dem Spätburgunder aus dem Bechtheimer Hasensprung, der würzig und offen im Bouquet ist, viel reife Frucht zeigt, schöne Frische und Grip im Mund besitzt, strukturiert und reintönig ist. Der zweite Rotwein, der Blaufränkisch, punktet ebenfalls mit viel Frische, Struktur und Frucht. Riesling überzeugt auch als süße Spätlese mit Lebhaftigkeit, Reintönigkeit, Säure und Biss, sowie als trockener Alte Reben-Wein, der würzig und eindringlich ist, fruchtbetont und zupackend. Die beiden Fumé-Weine sehen wir gleichauf, beide sind würzig und eindringlich, besitzen Fülle, Saft und Struktur, der Grauburgunder ist etwas rauchiger als der Weißburgunder. Und auch die Basis stimmt, das zeigen der ein wenig rhabarberduftige, kompakte, zupackende Sauvignon Blanc und die harmonische, süffige Cuvée aus Weißburgunder und Chardonnay. Eine rundum überzeugende Kollektion.

Weinbewertung

83 2021 Sauvignon Blanc trocken „Handwerk" | 12%/9,90€
83 2021 Weißburgunder-Chardonnay trocken | 12,5%/8,20€
85 2021 Riesling trocken „Alte Reben" | 12,5%/8,80€
85 2021 Weißburgunder trocken „Fumé" | 13%/10,95€
85 2021 Grauburgunder trocken „Fumé" | 13%/10,95€
89 2021 Riesling trocken Mölsheimer Zellerweg am Schwarzen Herrgott | 12,5%/18,-€
85 2021 Riesling Spätlese „Löss & Kalk" | 8%/8,20€
84 2020 Blaufränkisch trocken | 13%/10,90€
88 2020 Spätburgunder trocken Bechtheimer Hasensprung | 13%/24,-€

★★★

Waldemar Braun

Kontakt
Langgasse 10
97334 Nordheim
Tel. 09381-9061
Fax: 09381-71179
www.weingut-waldemar-braun.de
info@weingut-waldemar-braun.de

Besuchszeiten
Ende März bis Okt.:
Mo.-Sa. 10-12 + 13:30-18 Uhr, .
So. & Feiertage 10-12 Uhr,
Nov.-Ende März:
Mo.-Sa. 10-12 + 13:30-17;30 Uhr
Betriebsruhe von 23.12.- 8.1.;
Weinausschank (bei guter Witterung) April bis Okt.
Mo.-Sa. 10-12 + 13:30-18 Uhr,
So. 10-12 Uhr

Inhaber
Waldemar & Heidi Braun
Betriebsleiter/Kellermeister/ Außenbetrieb
Waldemar & Patrick Braun
Rebfläche
14,4 Hektar
Produktion
80.000 Flaschen

Waldemar Braun gründete 1985 sein eigenes Weingut. Seine Weinberge liegen vor allem in Nordheim in den Lagen Vögelein und Kreuzberg, aber auch in den Escherndorfer Lagen Lump und Fürstenberg sowie im Sommeracher Rosenberg. Silvaner nimmt 30 Prozent der Rebfläche ein, es folgen Müller-Thurgau und Bacchus, Scheurebe, Weißburgunder, Chardonnay, Riesling und Spätburgunder, dazu gibt es ein klein wenig Rieslaner, Blauer Silvaner, Grauburgunder und andere Rebsorten. Waldemar und Heidi Braun werden im Betrieb von Sohn Patrick unterstützt, der für den Weinausbau verantwortlich ist. Seit dem Jahrgang 2014 tragen die Spitzenweine nicht mehr die Namen der Gewanne aus denen sie stammen (wie Hohe Setz, Heerweg oder Am starken Holz im Nordheimer Vögelein), sondern werden durch den Zusatz Quintessenz gekennzeichnet.

Kollektion

Der neue Jahrgang von Waldemar und Patrick Braun ist prächtig, die Weine zeigen geschlossen hohes Niveau. Der Vögelein-Silvaner ist klar und geradlinig, das Pendant aus dem Lump ist etwas fruchtintensiver, der Blauer Silvaner, wiederum aus dem Vögelein, besitzt reintönige Frucht und schöne Frische. Der Riesling ist würzig, klar, zupackend, die Scheurebe besitzt gute Struktur und Grip, der gelbfruchtige Grauburgunder ist wunderschön reintönig, was auch für die lebhafte Kerner Spätlese gilt, die viel Frische und Frucht besitzt. Besonders gut gefallen uns die beiden Weißburgunder aus dem Vögelein, die „Basis"-Version ist wunderschön reintönig und fruchtbetont, der Quintessenz aus dem Jahrgang 2020 ist herrlich eindringlich und konzentriert, besitzt viel reife Frucht, gute Fülle, Substanz und Länge. Sehr gut ist auch der Pinot Rosé, fruchtbetont und konzentriert, frisch und zupackend; der Spätburgunder Réserve aus dem Jahrgang 2016 rundet die Kollektion ab, zeigt rauchige Noten und dezente Reife, ist füllig und harmonisch bei guter Struktur und Grip.

Weinbewertung

84	2020 Scheurebe Sekt extra-dry I 12,5%/18,50€
85	2021 Silvaner trocken Nordheimer Vögelein I 12,5%/9,-€
85	2021 Riesling trocken Nordheimer Vögelein I 12,5%/9,50€
85	2021 Scheurebe trocken I 12,5%/9,50€
86	2021 Grauer Burgunder trocken Nordheimer Vögelein I 12,5%/10,-€
86	2021 Silvaner trocken Escherndorfer Lump I 13%/11,-€
86	2021 Blauer Silvaner trocken Nordheimer Vögelein I 12,5%/11,-€
87	2021 Weißer Burgunder trocken Nordheimer Vögelein I 13%/10,-€
88	2020 Weißer Burgunder trocken „Quintessenz" Nordheimer Vögelein I 14%/18,50€
85	2021 Kerner Spätlese Nordheimer Vögelein I 10%/16,50€
85	2021 Pinot Rosé trocken Nordheimer Kreuzberg I 13%/12,-€
87	2016 Spätburgunder trocken „Réserve" Nordheimer Vögelein I 14%/25,-€

★★

Braun

Kontakt
Hauptstraße 51
67149 Meckenheim
Tel. 06326-8596
Fax: 06326-5212
www.braun-wein-sekt.de
bws@braun-wein-sekt.de

Besuchszeiten
Mo.-Fr. 9-18:30 Uhr
Sa. 9-16:30 Uhr
Straußwirtschaft im Herbst

Inhaber
Familie Braun
Betriebsleiter
Michael & Martin Braun
Kellermeister
Michael Braun & Kristoffer Grass
Außenbetrieb
Franz Käferböck
Rebfläche
38 Hektar
Produktion
300.000 Flaschen

Nach dem Abschluss der Weinbauschule Weinsberg bei Heilbronn und der Ausbildung zum Weinbautechniker gründete der heutige Seniorchef Fritz Braun das Weingut Anfang der siebziger Jahre. Seine Ehefrau Brunhilde stammt aus einem Weingut in Ellerstadt, das nach dem Krieg von ihrem Vater gegründet worden war, der kurioserweise ebenfalls Fritz Braun hieß, der Weinausbau wurde nach und nach komplett nach Meckenheim verlagert. In Meckenheim (Spielberg, Neuberg) und Ellerstadt (Kirchenstück, Bubeneck) bewirtschaftet die Familie heute 38 Hektar Weinberge. Der ältere Sohn Michael Braun, der nach seiner Ausbildung zum Weinbautechniker in Weinsberg und Bad Kreuznach 1995 in das elterliche Gut einstieg, ist verantwortlich für die Verarbeitung der Trauben und den Ausbau der Weine. Sein Bruder Martin studierte Weinbetriebswirtschaft in Heilbronn und ist seit 2008 zuständig für Vermarktung und Kundenbetreuung.

Kollektion

Überraschenderweise steht in diesem Jahr der Gänsfüßer an der Spitze der Kollektion, ein Wein, der sehr gut das Potential der Sorte auslotet: Im Bouquet wirkt er mit dunklen kräutrigen Noten noch etwas verhalten, am Gaumen ist er dann saftig, frisch und elegant, besitzt feine rote Frucht und reife Tannine und ist etwas nachhaltiger als der Portugieser, der klare Aromen von Schwarzkirsche und dezente Röstnoten zeigt und ebenfalls elegant ist. An der Spitze der Weißweine stehen wieder die beiden „2punkt0"-Weine, der Chardonnay zeigt deutliche Holzwürze und Kokosnoten, besitzt Schmelz und feine Zitruswürze, beim Riesling ist das Holz dezenter, er zeigt klare Aromen von Ananas und Kräutern, ist leicht salzig und frisch. Der Riesling vom Spielberg ist leicht füllig, besitzt herbe Zitrusnoten und Biss, der Neuberg-Chardonnay ist leicht cremig und frisch, besitzt klare gelbe Frucht und der Rosé-Sekt ist frisch, besitzt klare Aromen von Kirsche und Zitrusfrüchten.

Weinbewertung

85 2018 Chardonnay & Weißburgunder „Blanc de Blancs" Sekt brut nature I 12,5%/12,20€
86 2018 Spätburgunder „Pinot" Rosé Sekt brut nature I 12%/13,80€
84 2021 Sauvignon Blanc trocken I 12%/7,20€
82 2021 Weißburgunder trocken I 12%/6,60€
83 2021 Riesling trocken „Auf der Höhe" Meckenheimer Spielberg I 12%/6,60€
85 2021 Chardonnay trocken Meckenheimer Neuberg I 12,5%/8,70€
85 2021 Riesling trocken Meckenheimer Spielberg I 12,5%/8,70€
87 2021 Riesling trocken „2punkt0" Meckenheimer Spielberg I 12,5%/13,-€
87 2021 Chardonnay „2punkt0" trocken Meckenheimer Neuberg I 12,5%/14,-€
85 2019 Spätburgunder trocken Ellerstadter Kirchenstück I 13%/9,40€
87 2019 Portugieser trocken „Anno 1951" Meckenheimer Spielberg I 13%/16,-€
88 2019 Gänsfüßer trocken „Johann Casimir" Haßlocher Leisböhl I 13,5%/16,-€

★★½

Andreas Braun

N

Kontakt
Ringstraße 19
97332 Volkach
Tel. 09381-531
Fax: 09381-3519
www.franken-weingut-braun.de
weingut.andreasbraun@
t-online.de

Besuchszeiten
Mo.-Do. 8-17 Uhr
Fr. 8-13 Uhr

Inhaber
Gerald Rappert
Kellermeister
Werner Schmitt
Außenbetrieb
Christian Braun
Rebfläche
45 Hektar

1918 gründet Andreas Braun Weingut und Weinhandel, und der Betrieb trägt noch heute seinen Namen. Seit 1993 ist Gerald Rappert, Weinbautechniker, Inhaber des Gutes. Seine Weinberge befinden sich nicht nur in Volkach, wo der Sitz des Weinguts ist, in den Lagen Ratsherr und Kirchberg, sondern auch in den Escherndorfer Lagen Lump und Fürstenberg, in der Obereisenheimer Höll, im Dettelbacher Honigberg, Sommeracher Katzenkopf, Kitzinger Hofrat und Nordheimer Vögelein, die Reben wachsen auf Muschelkalkböden. Die Weißweine werden schonend gepresst und in thermoregulierten Edelstahltanks vergoren, die Rotweine werden entrappt, teilweise im Holz ausgebaut.

Kollektion

Eine starke Kollektion präsentiert Gerald Rappert zum Debüt, die Basis überzeugt ebenso wie die Spitzen. Zwei trockene 2020er Kabinettweine aus dem Ratsherr bilden den Auftakt, der Silvaner ist frisch, fruchtbetont und zupackend, der Riesling ist würzig und hat viel Grip. Die im Holz ausgebaute trockene Weißburgunder Spätlese aus dem Kirchberg besitzt Fülle und Saft. Die beiden trockenen Silvaner Spätlesen sind sehr unterschiedlich. Der 2021er Wein aus dem Lump setzt ganz auf Fülle, Saft und Substanz, während ein Jahr im Barrique ausgebaute Ratsherr-Silvaner, Jahrgang 2018, feine Vanillenoten zeigt und sehr stoffig ist. Restsüße Weißweine sind ein fester Bestandteil des Sortiments, wobei die Kabinettweine meist halbtrocken ausgebaut sind und auch die Spätlesen moderate Restzuckerwerte aufweisen. Bacchus und Huxelrebe sind sehr sortentypisch, harmonisch und süffig, die Silvaner Spätlese aus dem Kirchberg ist reintönig, saftig, etwas besser noch gefällt uns die Kerner Spätlese aus der selben Lage, die gute Harmonie und viel reife süße Frucht besitzt. Highlight der Kollektion aber ist der ein Jahr im Barrique ausgebaute Frühburgunder, der herrlich komplex, frisch und strukturiert ist.

Weinbewertung

84	2020 Silvaner Kabinett trocken Volkacher Ratsherr I 13%/5,75€
84	2020 Riesling Kabinett trocken Volkacher Ratsherr I 13%/5,95€
85	2021 Silvaner Spätlese trocken Escherndorfer Lump I 13%/7,60€
85	2020 Weißer Burgunder Spätlese trocken Volkacher Kirchberg I 12%/8,-€
86	2018 Silvaner Spätlese trocken Volkacher Ratsherr I 14%/15,35€
83	2021 Müller-Thurgau Kabinett Volkacher Kirchberg I 12%/5,25€
84	2021 Bacchus Kabinett Volkacher Kirchberg I 11%/5,85€
84	2021 Huxelrebe Kabinett Nordheimer Vögelein I 10%/6,90€
84	2021 Silvaner Spätlese Volkacher Kirchberg I 11%/7,50€
85	2021 Kerner Spätlese Volkacher Kirchberg I 11%/7,15€
83	2021 Domina trocken Volkacher Kirchberg I 13%/5,50€
88	2019 Frühburgunder Spätlese trocken Kitzinger Hofrat I 14%/12,60€

★★½

Braun

N

Kontakt
Scheuerntorstraße 20
97980 Bad Mergentheim-Markelsheim
Tel. 07931-9927150
www.weingut-braun-markelsheim.de
info@weingut-braun-markelsheim.de

Besuchszeiten
Weinverkauf
Mo.-Fr. 9-18 Uhr
Sa. 9-16 Uhr
Weinstube
(16 Wochenenden im Jahr)

Inhaber
Erhard Braun
Betriebsleiter
Jonas Braun, Madlen Braun
Rebfläche
4,8 Hektar
Produktion
40.000 Flaschen

Seit Generationen betreibt die Familie Weinbau im Taubertal, aber erst 2010 begannen Erhard und Sonja Braun mit der Selbstvermarktung. Heute führen ihre Kinder Jonas und Madlen Braun den Betrieb. Die Weinberge liegen in den Markelsheimer Lagen Mönchsberg und Propstberg, die Reben wachsen auf Muschelkalkböden. Der Rebsortenspiegel ist umfangreich, wie das so üblich ist im Taubertal. Riesling ist die wichtigste Rebsorte im Betrieb, gefolgt von Müller-Thurgau, Spätburgunder, Schwarzriesling, Tauberschwarz und Bacchus, dazu gibt es Acolon, Kerner, Silvaner und Scheurebe. Bereits seit 1995 werden in der eigenen Brennerei Destillate und Liköre erzeugt, über 20 verschiedene Brände. Der ehemalige Rinderstall und die Scheune wurden 2005 zu einer Weinstube umgebaut, die 16 Wochenenden im Jahr geöffnet ist und bis zu 60 Personen Platz bietet.

Kollektion

Eine schöne Kollektion präsentiert die Familie Braun zum Debüt, die Weine setzen auf Frische und Frucht, die von einer dezenten Restsüße unterstrichen wird, alle Weine sind sehr sortentypisch. Sehr gut gefallen uns die beiden Propstberg-Rieslinge aus dem Jahrgang 2019. Der S ist würzig und eindringlich im Bouquet bei dezenter Reife, ist wunderschön frisch, klar und zupackend dann im Mund, besitzt Struktur und Grip. Feine Reife zeigt auch der im Holzfass ausgebaute Riesling Edition 9189, feine Würze und gute Konzentration, er besitzt Fülle und Kraft, reife Frucht, gute Struktur und Substanz. Aus dem Jahrgang 2020 stammt der Silvaner L, der ebenfalls im Holz ausgebaute wurde, feine Würze und klare reife Frucht zeigt, füllig und saftig ist, reife Frucht und Grip besitzt. Auch sonst überzeugen die Weißweine, sie sind reintönig und harmonisch, was nicht nur für die trockenen Weine gilt, sondern auch für die halbtrocken ausgebauten Kerner und Bacchus. Und auch Tauberschwarz überzeugt, allen voran die rauchige, wunderschön reintönige im Holzfass ausgebaute Variante, die klar, kraftvoll und zupackend ist. Ein überzeugendes Debüt!

Weinbewertung

83 2020 Müller-Thurgau trocken Markelsheimer Mönchsberg | 13%/5,-€
82 2020 Silvaner trocken Markelsheimer Propstberg | 11,5%/5,80€
83 2021 Bacchus trocken Markelsheimer Mönchsberg | 11,5%/4,80€
83 2021 Tauberschwarz „weiß gekeltert" trocken Markelsheimer Mönchsberg | 12%/6,20€
85 2019 Riesling „S" trocken Markelsheimer Propstberg | 12,5%/7,20€
85 2020 Silvaner „L" trocken Markelsheimer Propstberg | 12%/8,50€
87 2019 Riesling trocken „Edition 9189" Markelsheimer Propstberg | 13%/10,30€
83 2021 Bacchus Markelsheimer Mönchsberg | 11,5%/4,80€
83 2021 Kerner Markelsheimer Mönchsberg | 12%/5,80€
83 2019 Tauberschwarz trocken Markelsheimer Mönchsberg | 12,5%/5,80€
85 2018 Tauberschwarz trocken Holzfass Markelsheimer Mönchsberg | 12,5%/8,50€

★★★★½

Braunewell

Kontakt
Am Römerberg 34
55270 Essenheim
Tel. 06136-9999-100
Fax: 06136-9999-111
www.braunewell-wein.de
info@weingut-braunewell.de

Besuchszeiten
Vinothek
Mo.-Do. 13:30-19 Uhr
Fr. 10-12 + 13:30-19 Uhr
Sa. 9-17 Uhr

Inhaber
Familie Braunewell
Kellermeister
Christian Braunewell
Außenbetrieb
Axel Braunewell
Rebfläche
28 Hektar
Produktion
250.000 Flaschen

Seit über 350 Jahren bewirtschaften die Braunewells Weinberge in Essenheim im Selztal, damals, im Jahr 1655 kam der Hugenotte François Breiniville nach Rheinhessen, heiratete und lies sich in Essenheim nieder. Aus Breiniville wurde Braunewell, Weinberge wurden seither immer bewirtschaftet, aber erst in den sechziger Jahren des letzten Jahrhunderts füllte Adam Braunewell erstmals Wein in Flaschen ab. Heute wird das Weingut von seinem Sohn Axel Braunewell und seiner Ehefrau Ursula geführt, zusammen mit ihren Söhnen Stefan und Christian, die beide wie schon ihr Vater in Geisenheim studiert haben. Ihre Weinberge liegen in den Lagen Essenheimer Teufelspfad (mit der Gewanne Am Klopp) und Elsheimer Blume. In beiden Einzellagen, vor allem aber im Teufelspfad gibt es eine Reihe von Teillagen mit unterschiedlichen Böden, prägend ist der hohe Kalkanteil sowohl im Teufelspfad als auch in der Blume, aber es gibt auch Kalkmergel, Löss und Lehm. Riesling ist die wichtigste Rebsorte im Betrieb, gefolgt von Spätburgunder und Grauburgunder. Des Weiteren gibt es Weißburgunder, Silvaner, Sauvignon Blanc, Scheurebe, Kerner und Gewürztraminer, sowie an roten Sorten Portugieser, St. Laurent, Dornfelder, Syrah, Cabernet Sauvignon, Cabernet Franc und Merlot. 2009 wurden Stück und Halbstückfässer erworben, in denen die spontanvergorenen Terroir- und Lagen-Weißweine ausgebaut werden. Das Sortiment ist gegliedert in Guts-, Orts- und Lagenweine. An der Spitze der Kollektion stehen die Rieslinge und Spätburgunder jeweils aus Blume und Teufelspfad, sowie der Grauburgunder aus dem Teufelspfad, die Topweine aus anderen Rebsorten wie Sauvignon Blanc oder Chardonnay tragen den Zusatz „Réserve“. Prädikatsbezeichnungen werden nur für süße und edelsüße Weine verwendet.

Kollektion

Auch in diesem Jahr konnten wir wieder faszinierende Sekte verkosten, und wieder gefällt uns der Brut de Selztal besonders gut, zeigt im Jahrgang 2019 viel Frische und Konzentration im Bouquet, ist harmonisch, komplex, besitzt guten Druck und Länge. Der Blanc de Blancs zeigt ebenfalls viel Frische, etwas rauchige Noten, besitzt feine Frucht und Grip im Mund. Die Grande Cuvée, ein reinsortiger Chardonnay, zeigt feine Reife im Bouquet, ist sehr weich, harmonisch gereift. Tolle Sekte! Aber auch beim Spätburgunder sollte man den Namen Braunewell auf dem Schirm haben, der 2020er Teufelspfad ist besser denn je, er zeigt viel Konzentration und rauchige Noten im Bouquet, ist füllig und kraftvoll bei klarer reifer Frucht. Den Spätburgunder aus der Blume sehen wir jung immer klar hinter dem Teufelspfad, nach einigen Jahren aber ist dies nicht mehr so, wie die Jahrgänge 2016 und 2017 zeigen. Der 2020er ist herrlich eindringlich und reintönig, harmonisch, kraftvoll und lang. Der Kalkmergel-Spätburgunder punktet mit herrlich reintöniger Frucht, besitzt Struktur und Grip, der Réserve-Portugieser ist sehr rauchig, würzig und zupackend, der

„Braunewell & Dinter"-Rosé ist kraftvoll, kompakt, sehr eigen. Beim Grauburgunder gehört das Weingut heute zu den führenden Betrieben in Deutschland. Schon der Ortswein ist bestechend klar, kraftvoll und zupackend, der Wein vom Teufelspfad ist sehr offen, schmeichelnd, besitzt viel reife Frucht, deutlich spannender ist der roséfarbene Grauburgunder Am Klopp, der herrlich kraftvoll, stoffig, druckvoll und nachhaltig ist. Klasse sind aber auch wieder die Rieslinge, und das fängt beim faszinierend klaren „Unser täglich" Riesling im Liter an. Der Ortsriesling ist rauchig, würzig, hat Substanz und Frucht, der Wein aus der Blume punktet mit Fülle, Kraft und dezent mineralischen Noten. Spannender noch ist der Teufelspfad, der rauchige Noten, viel Würze, Konzentration und Druck besitzt; und auch der G700 ist herrlich kraftvoll, stoffig, druckvoll und nachhaltig. Auch Sauvignon Blanc Réserve und Chardonnay Réserve sind hochklassig, gekonnt vinifiziert. Tolle Kollektion – es geht weiter voran!

Familie Braunewell

Weinbewertung

89 2019 „Blanc de Blancs" Sekt brut nature | 12%/19,50€
92 2019 „Brut de Selztal" Sekt brut | 12%/16,50€ ☺
89 2015 „Grande Année" Sekt brut | 12,5%/37,50€
86 2021 „Unser täglich" Riesling trocken (1l) | 12%/7,70€ ☺
87 2021 Riesling trocken | 12%/8,70€
90 2021 Riesling trocken „Kalkstein" Essenheim | 13%/12,80€ ☺
88 2021 Grauer Burgunder trocken „Kalkmergel" Essenheim | 12,5%/12,80€
90 2021 Sauvignon Blanc „Réserve" | 13%/17,50€
90 2021 Chardonnay trocken „Réserve" | 13%/20,-€
91 2021 Riesling trocken Elsheim Blume | 13%/20,-€
93 2021 Riesling trocken Essenheim Teufelspfad | 13%/23,-€ ☺
91 2021 Grauer Burgunder trocken Essenheim Teufelspfad | 12,5%/20,-€
93 2021 Riesling trocken „G700" | 13%/30,-€
93 2021 Grauer Burgunder trocken Essenheim Am Klopp | 12,5%/23,-€ ☺
87 2021 Riesling Kabinett | 8,5%/8,70€
88 2021 Rosé „Braunewell & Dinter" | 13%/30,-€
88 2020 Spätburgunder trocken „Kalkmergel" Essenheim | 13%/15,80€
88 2020 Portugieser „Réserve" | 13,5%/25,-€
91 2016 Spätburgunder trocken Elsheim Blume | 13%
91 2017 Spätburgunder trocken Elsheim Blume | 13%
91 2020 Spätburgunder trocken Elsheim Blume | 13,5%/23,-€
91 2016 Spätburgunder trocken Essenheim Teufelspfad | 13%
93 2020 Spätburgunder trocken Essenheim Teufelspfad | 13,5%/25,-€

Lagen
Teufelspfad (Essenheim)
Am Klopp (Essenheim)
Blume (Elsheim)

Rebsorten
Riesling (30%)
Grauburgunder (30%)
Spätburgunder (25%)

★★

Brendel

Kontakt
Hauptstraße 13
76889 Pleisweiler-Oberhofen
Tel. 06343-8450
Fax: 06343-5534
www.weingut-brendel.de
info@weingut-brendel.de

Besuchszeiten
Weinstube & Gutsausschank
Fr./Sa./Mo. ab 17 Uhr
So. ab 16 Uhr
Weinstube

Inhaber
Walter, Waltraud & Christian Brendel
Rebfläche
10 Hektar
Produktion
55.000 Flaschen

Walter und Waltraud Brendel strukturierten den ehemaligen landwirtschaftlichen Gemischtbetrieb um und konzentrierten sich auf den Weinbau. Seit Abschluss seines Geisenheim-Studiums 2010 ist ihr Sohn Christian Brendel für den Außenbetrieb und den Keller verantwortlich, die Eltern kümmern sich um die eigene Weinstube, die die Familie seit 1995 neben dem Weingut betreibt. Die Weinberge liegen rund um Pleisweiler-Oberhofen, wo es Buntsandstein-, Kalkmergel- und Lösslehmböden gibt. Auf 25 Prozent der Rebfläche steht Riesling, die wichtigste Sorte im Betrieb, dazu kommen 30 Prozent Burgundersorten, aber auch Silvaner, Müller-Thurgau, Blaufränkisch, Dornfelder, Scheurebe und Gewürztraminer. Der Großteil des Sortiments besteht aus Gutsweinen, darüber angesiedelt sind die Terroirrieslinge und die Lagenweine vom Pleisweiler-Oberhofener Schlossberg.

Kollektion

Wir konnten in diesem Jahr nicht nur die bislang umfangreichste, sondern auch die bisher beste Kollektion von Christian Brendel verkosten: Wieder einmal gibt es einen sehr guten Sekt, der cremig, nussig und leicht gereift ist, aber auch Frische besitzt, genauso gut ist der konzentrierte und nachhaltige Chardonnay, der im Bouquet feine Holzwürze und Noten von Banane, Melone und Ananas zeigt. Der Riesling vom Schlossberg zeigt Aromen von Aprikose, Ananas und Kräutern, besitzt Grip und Länge, der Schlossberg-Silvaner weist klare Noten von Birne, etwas Honigmelone und leicht erdige Würze auf, der Weißburgunder Kalkmergel ist kraftvoll, besitzt deutliche Birnenfrucht und eine frische Säure. Die beiden Rotweine sind kraftvoll, der Spätburgunder besitzt klare Schwarzkirschfrucht und kräutrige Würze, der Blaufränkisch zeigt Aromen von Pflaume, Schokolade und Kräutern, besitzt noch leicht jugendliche Tannine.

Weinbewertung

87 „Blanc de Noirs" Sekt extra brut | 12,5%/12,50€
81 2021 Silvaner trocken (1l) | 12,5%/5,40€
83 2021 Weißer Burgunder trocken | 13%/7,50€
84 2021 Grauer Burgunder trocken | 13%/7,50€
83 2021 Scheurebe trocken | 12,5%/7,50€
84 2021 Riesling trocken „Buntsandstein" | 12,5%/9,-€
85 2021 Riesling trocken „Kalkmergel" | 12,5%/9,-€
86 2021 Weißer Burgunder trocken „Kalkmergel" | 13,5%/9,-€
86 2021 Silvaner trocken Pleisweiler-Oberhofener Schlossberg | 12,5%/11,-€
86 2021 Riesling trocken Pleisweiler-Oberhofener Schlossberg | 12,5%/11,-€
87 2021 Chardonnay trocken Pleisweiler-Oberhofener Schlossberg | 13%/11,-€
86 2019 Spätburgunder trocken „Kalkmergel" | 13,5%/10,-€
86 2020 Blaufränkisch trocken | 13,5%/12,50€

★★

Brenneis-Koch

Kontakt
Freinsheimer Straße 2
67098 Bad Dürkheim
Tel. 06322-1898
Fax: 06322-7241
www.brenneis-koch.de
matthias.koch@brenneis-koch.de

Besuchszeiten
nach Vereinbarung

Inhaber
Matthias Koch & Verena Suratny

Rebfläche
8,2 Hektar

Produktion
30.000 Flaschen

Das Weingut Brenneis-Koch entstand 1993 aus dem Zusammenschluss der Weingüter Emil Brenneis in Leistadt und Erhard Koch in Ellerstadt und wird von den Diplom-Biologen Matthias Koch und Verena Suratny geführt. Neben Weinbergen in Leistadt (Kirchenstück, Herzfeld) und Ellerstadt (Bubeneck, Sonnenberg, Kirchenstück) besitzen Matthias Koch und Verena Suratny auch Flächen im Kallstadter Saumagen und im Ungsteiner Kobnert. Wichtigste Rebsorte ist Riesling, neben den Burgundersorten pflanzten Koch und Suratny schon früh internationale Sorten, begonnen wurde 1994 mit Merlot, 1999 folgten Sauvignon Blanc, Syrah und Nebbiolo und 2003 Viognier. Die Weißweine werden teils im Edelstahl, teils im großen Holz ausgebaut, die Rotweine kommen nach der Maischegärung alle ins Holz und werden unfiltriert abgefüllt.

Kollektion

Wieder einmal sind es vor allem die Rotweine, die uns begeistern, und unter den vier Roten liegen wiederum die beiden Weine aus internationalen Sorten knapp vorne: Der Merlot zeigt ein komplexes Bouquet mit Noten von Brombeere, roter Johannisbeere, feinen Röstnoten, Minze und Schokolade, am Gaumen besitzt er Kraft, reife Tannine, gut eingebundenes Holz und Länge, genauso stark ist der „Nemesis“ aus Nebbiolo, Merlot und Syrah, der Aromen von dunkler Frucht, Pflaume, Brombeere und etwas Mokka zeigt und ebenfalls Kraft, reife Tannine und deutliche pfeffrige Würze besitzt. Der Saint Laurent zeigt viel klare Frucht, Schwarzkirsche, rote Johannisbeere und kräutrige Noten, besitzt am Gaumen dezente Holzwürze und Länge, der Pinot Noir zeigt etwas deutlicheres Holz, dazu Aromen von Sauer- und Schwarzkirsche, am Gaumen besitzt er Kraft und eine kühle, kräutrige Frische. Die Weißweine kommen da nicht heran, der Saumagen-Riesling besitzt herbe Zitrusnoten und kräutrige Würze, der Viognier bleibt sehr verhalten, besitzt dezente Frucht und Biss, der Grauburgunder zeigt viel florale Würze, ist füllig und leicht cremig.

Weinbewertung

81 2021 Sauvignon Blanc trocken Ungsteiner Kobnert (1l) | 12%/9,80€
83 2021 Riesling Kabinett trocken Leistadter Herzfeld | 11,5%/9,80€
84 2021 Riesling Kabinett trocken Kallstadter Saumagen | 11,5%/9,80€
82 2021 Muskateller Kabinett trocken Leistadter Kirchenstück | 11,5%/9,80€
83 2021 Grauburgunder Kabinett trocken Ungsteiner Kobnert | 12%/9,80€
83 2021 Viognier Spätlese trocken Ungsteiner Kobnert | 12,5%/14,80€
82 2021 Riesling & Scheurebe Kabinett halbtrocken Leistadter Kirchenstück | 11,5%/9,80€
89 „Nemesis“ Rotwein trocken | 13,5%/28,-€
88 2019 Saint Laurent „R“ trocken Dürkheimer Feuerberg | 13,5%/25,-€
89 2019 Merlot trocken Dürkheimer Feuerberg | 14%/28,-€
88 2019 Pinot Noir trocken Steinacker | 13,5%/35,-€

ENNEIS-KOCH
WEINGUT

★★★½

Brenneisen

Kontakt
Am Weiler Weg 2
79588 Egringen
Tel. 07628-800987
Fax: 07628-941798
www.weingut-brenneisen.de
dirk.brenneisen@web.de

Besuchszeiten
Fr. 15-19 Uhr oder nach Vereinbarung

Inhaber
Dirk Brenneisen
Rebfläche
8 Hektar
Produktion
45.000 Flaschen

Brenneisen
MARKGRÄFLERLAND

Von Anfang an, seit der Gründung des Weingutes im Jahr 2000, werden die Weine in den Gewölbekellern des Gasthauses Rebstock in Egringen ausgebaut, einem kleinen Ort im südlichen Markgräflerland, der im 8. Jahrhundert erstmals urkundlich erwähnt wurde. Die Weinberge von Dirk Brenneisen liegen in Egringen (Sonnhohle) und Fischingen (Weingarten). Die Markgräfler Spezialität Gutedel nimmt 40 Prozent der Rebfläche ein, es folgen Spätburgunder, Weißburgunder und Grauburgunder sowie Chardonnay. Bis auf den Basis-Gutedel werden alle Weine im Holz ausgebaut, sie bleiben lange auf der Feinhefe, auf Schönungsmittel wird weitestgehend verzichtet, die Spätburgunder werden überwiegend unfiltriert abgefüllt; alle Weine werden seit dem Jahrgang 2006 als Badischer Landwein vermarktet.

Kollektion

Eine sehr eigenständige Kollektion, Weine mit Ecken und Kanten, präsentiert Dirk Brenneisen auch in diesem Jahr. Der Petnat ist würzig, lebhaft und geradlinig, der fast vier Jahre auf der Hefe ausgebaute Pinot Blanc-Sekt zeigt feine Hefewürze. Die sämtlich durchgegorenen Weine sind puristisch, karg, strukturiert, dabei druckvoll. Der Gutedel ist würzig und zupackend, beim Musketier ist das Ganze mit einer feinen Muskatnote versehen, der Gutedel Chätsch ist konzentriert, puristisch, kraftvoll, sehr karg. Kargheit und Grip kennzeichnen auch Weißburgunder, Grauburgunder und Chardonnay und auch den strukturierten Blauen Burgunder. Der Chardonnay Molassefels aus dem Jahrgang 2018 ist enorm würzig, rauchig, präzise und druckvoll, immer noch sehr jugendlich. Der Pinot Noir Molassefels zeigt etwas Frucht, besitzt gute Struktur und Grip. Highlight der Kollektion ist der Chardonnay Juri aus dem Jahrgang 2018, der viel Toast und viel Frische zeigt, karg und puristisch ist, sehr burgundisch, verschlossen, viel Zeit und Luft braucht: Großartig!

Weinbewertung

85	2021 „Pét-Nat" I 11%/8,50€
85	2017 Pinot Blanc Sekt brut I 12,5%/9,80€
84	2021 Gutedel I 11,5%/6,-€
85	2021 Musketier I 11%/7,50€
84	2020 Weißer Burgunder I 12,5%/7,50€
84	2020 Grauer Burgunder I 11,5%/8,50€
85	2020 Chardonnay I 12%/8,50€
88	2019 Gutedel „Chätsch" I 11,5%/25,-€
87	2018 Chardonnay „Molassefels" I 12,5%/17,-€
93	2018 Chardonnay „Juri" I 13%/57,-€
85	2019 Blauer Burgunder I 13,5%/7,50€
87	2019 Pinot Noir „Molassefels" I 13,5%/12,50€

★★★☆

Brennfleck

Kontakt
Papiusgasse 7
97320 Sulzfeld/Main
Tel. 09321-4347
Fax: 09321-4345
www.weingut-brennfleck.de
info@weingut-brennfleck.de

Besuchszeiten
Mo.-Fr. 8-17 Uhr
Sa. 10-16 Uhr

Inhaber
Hugo Brennfleck
Rebfläche
31 Hektar
Produktion
250.000 Flaschen

Das Weingut Brennfleck hat seinen Sitz in einem im 15. Jahrhundert errichteten Gutshof. Hugo Brennfleck übernahm das Weingut 1998 mit damals 12 Hektar Rebfläche, hat seither kräftig expandiert. Seine Weinberge liegen in den Sulzfelder Lagen Maustal, Cyriakusberg und Sonnenberg, in den Iphöfer Lagen Kalb und Kronsberg, im Rödelseer Küchenmeister und im Escherndorfer Lump. Fast 60 Prozent der Rebfläche nimmt Silvaner ein, es folgen Grauburgunder und Weißburgunder, Riesling und Müller-Thurgau, dazu gibt es Sauvignon Blanc, Scheurebe und Bacchus. Seit 1994 gibt es auch rote Sorten – Domina, Spätburgunder, Dornfelder. Die Weine werden langsam in temperaturgesteuerten Edelstahltanks vergoren. Hugo Brennfleck nutzt nach wie vor Prädikatsbezeichnungen wie Kabinett für seine trockenen Weine. In der mit dem Jahrgang 2012 eingeführten Edition JHB werden spontanvergorene Weine angeboten. 2015 bot er als trockene Spitzen erstmals zwei Große Gewächse an.

Kollektion

Die neue Kollektion ist stark, und die beiden Großen Gewächse stehen an der Spitze, so wie das ja auch sein soll. Der Himmelsleite-Riesling ist füllig, saftig, besitzt gute Struktur und Grip, ist noch sehr jugendlich. Der Mönchshöflein-Silvaner ist rauchig, reintönig, füllig und kraftvoll bei klarer reifer Frucht. Auch sonst präsentieren sich die Silvaner in prächtiger Verfassung, der JHB, der wie die Großen Gewächse aus dem Jahrgang 2020 stammt, ist füllig und komplex, besitzt gute Struktur und Substanz, und auch die 2021er zeigen hohes Niveau wie der herrlich eindringliche und reintönige Alte Reben-Silvaner aus dem Sonnenberg oder der konzentrierte, sehr präzise und zupackende Muschelkalk S aus dem Maustal. Auch sonst passt alles, vom lebhaften, frischen Anna Lena-Silvaner über würzigen Kronsberg-Silvaner, reintönigen Blauer Silvaner bis hin zum kraftvollen Keuper S, auch Sauvignon Blanc und Steillagen-Riesling machen eine sehr gute Figur.

Weinbewertung

84 2021 Silvaner trocken „Anna Lena" | 12%/10,20€
85 2021 Silvaner trocken Iphöfer Kronsberg | 12,5%/10,90€
83 2021 Weißburgunder trocken Sulzfelder Cyriakusberg | 12,5%/10,90€
85 2021 Sauvignon Blanc trocken Sulzfelder Cyriakusberg | 12,5%/11,-€
86 2021 Blauer Silvaner trocken Sulzfelder Sonnenberg | 12,5%/12,-€
88 2021 Silvaner trocken „Alte Reben" Sulzfelder Sonnenberg | 12,5%/14,-€
86 2021 Silvaner trocken „Keuper S" Iphöfer Kammer | 13%/14,-€
88 2021 Silvaner trocken „Muschelkalk S" Sulzfelder Maustal | 13%/14,-€
87 2021 Riesling trocken Steillage „S" Escherndorfer Lump | 13,5%/15,-€
89 2020 Silvaner trocken „JHB S" Sulzfelder Maustal | 13%/16,-€
90 2020 Sylvaner trocken „GG Mönchshöflein" Sulzfelder Maustal | 13%/29,-€
90 2020 Riesling trocken „GG Himmelsleiter" Escherndorfer Lump | 13,5%/29,-€

★★★★★

Georg Breuer

Kontakt
Grabenstraße 8
65385 Rüdesheim
Tel. 06722-1027
Fax: 06722-4531
www.georg-breuer.com
info@georg-breuer.com

Besuchszeiten
täglich 10-18 Uhr

Inhaber
Marcia & Theresa Breuer
Betriebsleiter
Hermann Schmoranz
Kellermeister
Markus Lundén
Rebfläche
38 Hektar
Produktion
280.000 Flaschen

Das 1880 von Bernhard Scholl und Albert Hillebrand als Teil einer Weinhandlung gegründete Weingut befindet sich seit Anfang des 19. Jahrhunderts im Besitz der Familie Breuer. Georg Breuer, der Namensgeber des Gutes, baute Export und Gut weiter aus, auch seine Söhne Heinrich und Bernhard, sowie seit dessen Tod 2004 seine Tochter Theresa erweiterten die Rebfläche. Heute wird es in fünfter Generation von Theresa Breuer geführt, bei der Weinbereitung wird Betriebsleiter Hermann Schmoranz vom jungen Markus Lundén als Kellermeister unterstützt. Die Weinberge liegen in Rüdesheim (27 Hektar) Rauenthal (7 Hektar) und nach der Übernahme von Weinbergen vom Weingut Altenkirch auch in Lorch (7,5 Hektar). In Rauenthal gehört dem Weingut die 5,6 Hektar große Lage Nonnenberg im Alleinbesitz. In Rüdesheim ist man vor allem in den Lagen Berg Schlossberg, Berg Rottland und Berg Roseneck vertreten, knapp zwei Drittel der Weinberge befinden sich in Steillagen. 81 Prozent der Weinberge sind mit Riesling bepflanzt, hinzu kommen 10 Prozent Spätburgunder, etwas Weiß- und Grauburgunder, sowie kleine Flächen mit Gelber Orleans (seit 2000) und Weißer Heunisch (seit 2004), Rebsorten, die es einst im Rüdesheimer Berg gab. Das Programm ist sehr klar und übersichtlich gestaltet. Die Basis bilden die Gutsrieslinge, die es trocken („Sauvage") und halbtrocken („Charm") gibt. Dazu kommen ab dem Jahrgang 2019 nunmehr drei Ortsrieslinge, welche ganz unterschiedliche Böden widerspiegeln: Rüdesheim Estate, Rauenthal Estate und Lorch Estate. Während die Reben in Rüdesheim und Lorch auf schieferhaltigen Böden und im Rüdesheimer Berg auf den mit Lehm durchsetzten Weinbergen des ehemaligen Oberfeldes wachsen, herrschen in Rauenthal Ablagerungen von Lehm, Kies und Sand vor. Nach diesen drei Ortsrieslingen folgt der „Terra Montosa", der die zweitbesten Partien der großen Lagen enthält. Die Spitze des Programms bilden schließlich die Weine aus den Lagen Berg Schlossberg (der seit 1980 ein Künstleretikett trägt), Berg Roseneck und Berg Rottland in Rüdesheim sowie dem Nonnenberg in Rauenthal, zu denen sich mit dem Jahrgang 2020 ein weiterer Lagenriesling aus der Lorcher Pfaffenwies gesellte. Je nach Jahrgang werden auch edelsüße Rieslinge erzeugt.

Kollektion

Selten durften wir bereits in der Basis derart herausfordernde Weine verkosten, die mit ihrer druckvollen Säurestruktur viel Reifepotential versprechen; wie die ganze Kollektion vereinen sie Kraft mit Finesse und Leichtigkeit. Der Sauvage zeigt Aromen von Zitronenmelisse und frischer Ananas, der Charme ist fruchtsüßer und dadurch anschmiegsamer, ohne die rasiermesserscharfe Säureader aufzugeben. Die drei

Ortsweine legen den Fokus noch ein wenig konsequenter auf Struktur und Säure, zeigen einheitliches Niveau bei unterschiedlichen Profilen. Der Lorcher Riesling ist geschliffen, grazil und präzise, der Rüdesheimer ist etwas nachhaltiger, opulenter und kräutriger, der Wein aus Rauenthal würziger, dichter und durch die höhere Restsüße etwas geschmeidiger. Wie immer eine sichere Bank ist auch in diesem Jahr wieder der Terra Montosa, der schon deutlich zugänglicher ist als die auf Langlebigkeit vinifizierten Lagenweine. Diesen ist gemeinsam, dass sie sich im Glas stark verändern, die anfangs oft üppigen Fruchtnoten verschwinden mit etwas Zeit im Glas, die Weine werden zunehmend straffer und präziser. Der Wein aus der Lorcher Pfaffenwies ist schlank, druckvoll und lang, der Riesling aus dem Berg Rottland trumpft mit intensiven gelben Früchten im Bouquet auf, ist dann karg, präzise und geradlinig. Der Wein aus dem Rauenthaler Nonnenberg ist rauchig, konzentriert, im Mund komplex und nachhaltig. Der Berg Schlossberg-Riesling zeigt im Bouquet gelbe Früchte, im Mund dann Noten von Granny Smith und Piment, ist herrlich präzise und druckvoll. Der Pinot Noir ist wie gewohnt stoffig, trotz hoher Säure und niedrigem Mostgewicht. Die beiden 2018er Rieslinge unterstreichen einmal mehr, dass Theresa Breuers Weine immenses Reifepotential besitzen und zweitens, dass sie auch in schwierigen Jahren brillieren, insbesondere der Berg Roseneck, der mit Luft immer herber, präziser und nachhaltiger wird – typisch Breuer eben: Ein großartiger Wein und eine großartige Kollektion!

Theresa Breuer

Weinbewertung

89	2021 Riesling trocken „GB Sauvage" I 11,5%/12,-€ ☺
90	2021 Riesling trocken Lorch „Estate" I 11,5%/18,-€
90	2021 Riesling trocken Rüdesheim „Estate" I 11,5%/18,-€
89	2021 Riesling trocken Rauenthal „Estate" I 11,5%/18,-€
92	2021 Riesling trocken „Terra Montosa" I 11,5%/28,-€
92	2018 Riesling trocken „Terra Montosa patientia" I 12%/38,-€
93	2021 Riesling trocken Lorch Pfaffenwies I 11,5%/68,-€
93	2018 Riesling trocken Berg Roseneck I 12%/68,-€
93	2021 Riesling trocken Rüdesheim Berg Rottland I 11,5%/68,-€
94	2021 Riesling trocken Rauenthal Nonnenberg I 12%/89,-€
94	2021 Riesling trocken Rüdesheim Berg Schlossberg I 11,5%/98,-€
88	2021 Riesling halbtrocken „GB Charm" I 11,5%/12,-€
88	2020 Spätburgunder trocken „Pinot Noir" I 13%/28,-€

Lagen

Berg Schlossberg (Rüdesheim)
Berg Rottland (Rüdesheim)
Berg Roseneck (Rüdesheim)
Nonnenberg (Rauenthal)
Pfaffenwies (Lorch)

Rebsorten

Riesling (85%)
Spätburgunder (10%)
Grauburgunder
Weißburgunder
Gelber Orleans
Heunisch

★★☆

Brogsitter

Kontakt
Max-Planck-Straße 1
53501 Grafschaft-Gelsdorf
Tel. 02225-918111
Fax: 02225-918112
www.brogsitter.de
verkauf@brogsitter.net

Besuchszeiten
Vinothek der tausend Weine:
Mo.-Fr. 8-20 Uhr
Sa. 9-20 Uhr
So. 13-19 Uhr
Vinothek im Gasthaus Sanct Peter täglich geöffnet

Inhaber
Hans-Joachim Brogsitter
Betriebsleiter
Horst-Helmuth Quitsch
Kellermeister
Horst-Helmuth Quitsch
Markus Hallerbach
Rebfläche
33 Hektar
Produktion
190.000 Flaschen

BROGSITTER
SEIT 1600 · DER WEIN & SEKT

Hans-Joachim Brogsitter besitzt Weinberge in vielen verschiedenen Lagen, unter anderem in den Walporzheimer Lagen Pfaffenberg, Alte Lay (1,8 Hektar), Domlay und Kräuterberg, im Neuenahrer Sonnenberg, im Ahrweiler Silberberg und im Marienthaler Stiftsberg. Spätburgunder ist mit einem Anteil von 70 Prozent an der Gesamtfläche die wichtigste Rebsorte. Es folgen Frühburgunder (15 Prozent), sowie Riesling, Weißburgunder und Grauburgunder (jeweils 5 Prozent). Die Weine der Serie „Edition" werden im Holzfass ausgebaut, die Weine der Serie „Ad Aram" im Barrique 14 bis 18 Monate). Spezialität des Hauses sind neben Rotweinen und Rosé die im traditionellen Verfahren hergestellten Sekte. Bestandteil von Brogsitter ist auch ein renommiertes Weinimporthaus. In jüngster Zeit wurde weiter in temperaturgesteuerte Gärtanks und den Barriquekeller investiert und in eine Traubensortieranlage auf Photozellenbasis; zuletzt wurden weitere Weinberge zugekauft.

Kollektion

Die Großen Gewächse zeigen wieder einmal geschlossen hohes Niveau. Unsere Präferenz gilt dem Wein, der im vergangenen Jahr noch allzu kompakt und jugendlich verschlossen war, dem 2019er Spätburgunder Alte Lay, der füllig und komplex ist, reife Frucht und gute Struktur besitzt. Beim Kräuterberg gilt unsere Präferenz dem Jahrgang 2020, er ist zupackend, strukturiert, noch jugendlich. Der Silberberg-Spätburgunder zeigt reintönige Frucht, ist frisch, zupackend, besitzt Struktur und Grip. Der Frühburgunder vom Pfaffenberg zeigt rauchige Noten, etwas Gewürze, ist füllig, harmonisch, reiht sich ein in die Phalanx der sehr guten Großen Gewächse. Aus der restlichen Kollektion gefallen uns die beiden fülligen, kraftvollen Ad Aram-Rotweine am besten.

Weinbewertung

81	2020 Riesling trocken Marienthaler Stiftsberg I 12%/8,95€
81	2021 Spätburgunder „Blanc de Noir" trocken „Brogsitter No. 1" I 12,5%/7,95€
80	2020 Spätburgunder „Blanc de Noir" trocken „Ad Aram" I 14,5%/19,80€
80	2017 Spätburgunder trocken „vom Löss" Walporzheimer Klosterberg I 13%/8,95€
80	2019 Pinot Noir trocken „Schiefer" I 13%/7,95€
82	2020 Frühburgunder trocken „Edition B" I 13%/7,95€
81	2020 Spätburgunder trocken „Edition B" I 13%/7,95€
86	2019 Frühburgunder trocken „Ad Aram" I 13,5%/19,80€
86	2019 Spätburgunder trocken „Ad Aram" I 13,5%/19,80€
89	2019 Spätburgunder trocken „Großes Gewächs" Alte Lay I 13,5%/25,80€
88	2020 Spätburgunder trocken „Großes Gewächs" Silberberg I 14%/25,80€
87	2019 Spätburgunder trocken „Großes Gewächs" Kräuterberg I 13,5%/25,80€
88	2020 Spätburgunder trocken „Großes Gewächs" Kräuterberg I 13,5%/25,80€
88	2020 Frühburgunder trocken „Großes Gewächs" Pfaffenberg I 13,5%/25,80€

★★★

Frank **Brohl**

Frank Brohl übernahm 1983 nach dem Tod des Vaters mit 19 Jahren den damals 2 Hektar großen Betrieb, im Jahr darauf begann er mit der Umstellung auf biologischen Weinbau, ist Mitglied bei Ecovin. Seine Weinberge befinden sich in den Pündericher Lagen Marienburg, Nonnengarten und Rosenberg sowie in den Reiler Lagen Mullay-Hofberg und Goldlay. Seit 2001 werden nur noch die besten Rieslinge aus den Lagen Marienburg, Nonnengarten und Goldlay mit Lagenbezeichnungen versehen; seine ältesten Rieslingreben wurden 1889 gepflanzt. 70 Prozent der Rebfläche nimmt Riesling ein, hinzu kommen etwa je 10 Prozent Müller-Thurgau, Weißburgunder und Spätburgunder. Die Weine werden teils im Fuder, teils im Edelstahl ausgebaut, sie werden teilweise spontanvergoren, der Großteil der Weine wird trocken ausgebaut. Sohn Stefan ist inzwischen mit im Betrieb aktiv, der von ihm vinifizierte Wein nennt sich „S-Sential".

Kontakt
Zum Rosenberg 2
56862 Pünderich
Tel. 06542-22148, Fax: -1295
www.weingut-brohl.de
info@weingut-brohl.de

Besuchszeiten
Mo.-Sa. nach Vereinbarung
Ferienwohnungen
Naturerlebniswanderungen
Weinproben

Inhaber
Jutta & Frank Brohl
Betriebsleiter
Frank Brohl
Rebfläche
7 Hektar
Produktion
40.000 Flaschen

Kollektion

Der Jahrgang 2021 hat in diesem Weingut geradlinige, brillant herausgearbeitete Weine hervorgebracht. Den Heartbreak etwa, der offen scheint mit einer fast schon nussig wirkenden Hefewürze, im Mund kompakt und straff. Ganz anders ist der trockene Kabinett, der sich schon in der Nase frischer und heller zeigt, weil zur Hefenote auch noch Zitrusfrische tritt. Im Mund ist er schlank und straff mit feiner Säure. Die in der Hierarchie nachfolgenden Weine wirken zum Zeitpunkt der Verkostung noch sehr verhalten. Die Spätlese aus dem Pündericher Nonnengarten lässt neben Zitrusaromatik und Hefe dezente Steinobstaromen erkennen, ist schlank und würzig; die Spätlese von alten Reben ist noch verhaltener, im Mund dann mineralisch und vibrierend mit zupackender Säure. Schließlich der Wein vom Rosenberg aus der Lage Pündericher Marienburg, der eine feine florale Charakteristik zeigt; er präsentiert sich ganz anders als die anderen trockenen Weine des Sortiments, ist fein und duftig, würzig und bei aller Nachhaltigkeit schlank. An drei saftige feinherbe Rieslinge schließt sich diesmal eine rassige süße Spätlese mit viel Potenzial an.

Weinbewertung

87 2018 Riesling Sekt brut Pündericher Marienburg | 13%/13,50€
86 2021 Riesling Hochgewächs trocken „Heartbreak" | 11%/8,50€
87 2021 Riesling Kabinett trocken „Alte Reben 1889" | 11%/9,50€
87 2021 Riesling Spätlese trocken Pündericher Nonnengarten | 11,5%/12,-€
89 2021 Riesling Spätlese trocken „Alte Reben 1889" | 11,5%/15,50€
89 2021 Riesling Spätlese trocken „Rosenberg" Pündericher Marienburg | 11,5%/14,-€
85 2021 Riesling „feinherb" „Ich bin Riesling" Reiler vom heißen Stein | 10,5%/8,50€
85 2021 Riesling „feinherb" Pündericher Nonnengarten | 10%/8,50€
86 2021 Riesling „feinherb" Pündericher Marienburg | 10%/8,50€
89 2021 Riesling Spätlese** Pündericher Marienburg | 7,5%/13,50€

★★★★

Brügel

Kontakt
Hauptstraße 49
97355 Castell-Greuth
Tel. 09383-7619
Fax: 09383-6733
www.weingut-bruegel.de
info@weingut-bruegel.de

Besuchszeiten
Do.-Sa. 9-12 + 13-17 Uhr

Inhaber
Harald Brügel
Rebfläche
6,4 Hektar
Produktion
50.000 Flaschen

Die Weinberge dieses 1992 gegründeten Weingutes liegen am Fuß des Steigerwalds in den Orten Abtswind (Altenberg), Greuth (Bastel) und Castell (Kirchberg), wo die Reben auf Gipskeuperböden wachsen. Heinrich Brügel hatte einen landwirtschaftlichen Gemischtbetrieb, die Trauben seiner damals 1,8 Hektar Weinberge lieferte er an eine Genossenschaft. Als Sohn Harald begann sich für Wein zu interessieren, eine Küferlehre machte und die Schule in Veitshöchheim besuchte, wurde nach und nach der Betrieb erweitert und ganz auf die Selbstvermarktung gesetzt. Seit 1998 ist Harald Brügel voll im Betrieb tätig, inzwischen hat er das Weingut übernommen, das er zusammen mit Ehefrau Elke führt. Wichtigste Rebsorte ist heute mit weitem Abstand Silvaner, es folgen Müller-Thurgau, Bacchus, Spätburgunder, Riesling, Scheurebe und Weißburgunder. Die Weißweine vergärt Harald Brügel kühl im Edelstahl und lagert sie anschließend auf der Feinhefe, die Filtration beschränkt er auf ein Minimum. Die Rotweine werden nach der Maischegärung in Holzfässern oder Barriques ausgebaut. Mit dem Jahrgang 2019 nun hat Harald Brügel endgültig die Einteilung in Gutsweine, Ortsweine aus Abtswind, Greuth und Castell, sowie Lagenweine konsequent umgesetzt. Wie kaum ein anderer Winzer in Franken hat Harald Brügel sich seit der ersten Ausgabe stetig gesteigert. Schon damals gefielen uns seine fruchtbetonten, reintönigen Weine, schon damals hatten wir einen trockenen Silvaner Kabinett sehr gut bewertet. Diese Kabinettweine, die heutigen Ortsweine, bereiten immer viel Freude. In der Spitze haben die Weine weiter an Fülle und Nachhaltigkeit zugelegt, mit den Silvanern Maische und Filetstück hat er das Spitzensegment weiter differenziert. Und in den letzten Jahren zeigt Harald Brügel, dass er sich auch im roten und edelsüßen Segment mit der fränkischen Spitze messen kann.

Kollektion

Harald Brügel wird immer besser. Auch 2021 hatte er sicher im Griff, auch wenn die Spitzen der diesjährigen Kollektion naturgemäß aus den vorangegangenen Jahrgängen stammen, bringt er diese doch erst mit etwas mehr Lagerung in den Verkauf. Und dass seine Weine sehr gut auf der Flasche reifen, dass zeigt er wieder einmal mit zwei älteren Weinen, zwei Silvanern aus dem Jahrgang 2012, die beide noch nicht am Ende ihrer Entwicklung sind, der „einfache" Greuther Bastel ist fast noch ein wenig frischer als der „pur". Schon der Gutssilvaner ist sehr gut, wunderschön reintönig und frisch, besitzt klare Frucht, gute Struktur und Grip. Auch den Silvaner Ortsweinen tut der Jahrgang gut, sie sind leichter und frischer als in den vorausgegangenen Jahren, aber bestechend klar, geradlinig und frisch, der Abtswinder ist etwas würziger als sein Kollege aus Greuth. Der weißgekelterte Spätburgunder punktet mit Frucht und Biss Der Abtswinder Sauvignon Blanc besitzt Frische und Grip, ist schön zurückhaltend in der Frucht, die Scheurebe aus

Greuth ist wunderschön reintönig und fruchtbetont im Bouquet, lebhaft und zupackend im Mund. Auch der Gelbe Muskateller zeigt ein faszinierend reintöniges Bouquet, Muskat und Limone, ist herrlich frisch, geradlinig und zupackend im Mund. Sehr geschlossen präsentieren sich auch die Lagenweine. Der Bastel-Riesling besitzt viel Frische, gute Struktur und jahrgangstypischen Grip, der Bastel-Weißburgunder punktet mit viel Frische und klarer Frucht. Der Bastel-Silvaner ist bestechend reintönig und harmonisch, der Silvaner von alten Reben im Altenberg zeigt reife Frucht und Birnen im herrlich eindringlichen Bouquet, ist etwas fülliger und saftiger als sein Kollege. Aus dem Jahrgang 2020 stammt der Silvaner „pur", der würzig, konzentriert und recht duftig im Bouquet ist, Fülle und Kraft besitzt, viel reife Frucht, Substanz und etwas Wärme. Ebenfalls aus 2020 stammt der Filetstück genannte Silvaner, zeigt rauchige Noten, reife Frucht, ist füllig, kraftvoll, besitzt viel Substanz und Länge. Unser Favorit aber ist der Maische-Silvaner aus 2018, der rauchige Noten und viel reife Frucht im herrlich eindringlichen Bouquet zeigt, enorm kraftvoll und stoffig ist, druckvoll und nachhaltig, viel Frische im Abgang besitzt. Und dass Harald Brügel sich auch auf Rotwein versteht, das zeigt der 2018er Spätburgunder „pur", der rote Früchte zeigt und angesichts des Jahrgangs erstaunlich viel Frische und Grip besitzt. Ganz starke Kollektion!

Harald und Elke Brügel

Weinbewertung

86	2021 Silvaner trocken I 12%/6,50€ ☺
87	2021 Spätburgunder „weißgekeltert" trocken I 13%/12,-€
87	2021 Silvaner trocken Abtswind I 12,5%/8,50€ ☺
87	2021 Silvaner trocken Greuth I 12%/8,50€ ☺
86	2021 Scheurebe trocken Greuth I 12,5%/9,-€
87	2021 Gelber Muskateller trocken Greuth I 12,5%/10,-€
88	2012 Silvaner trocken Greuther Bastel I 14%
88	2021 Silvaner trocken Greuther Bastel I 13%/11,50€
87	2021 Riesling trocken Greuther Bastel I 13%/11,50€
88	2021 Silvaner trocken „Alte Reben" Abtswinder Altenberg I 13%/13,50€
87	2021 Weißburgunder trocken Greuther Bastel I 13%/12,-€
87	2021 Sauvignon Blanc trocken Abtswind I 12,5%/11,-€
88	2012 Silvaner trocken „pur" Greuther Bastel I 13,5%
91	2020 Silvaner trocken „pur" Greuther Bastel I 13,5%/17,-€ ☺
93	2019 Silvaner trocken „Maische" I 13,5%/20,-€ ☺
92	2020 Silvaner trocken „Filetstück" Greuther Bastel I 13,5%/30,-€
88	2018 Spätburgunder trocken „pur" Greuther Bastel I 13,5%/19,-€

Lagen
Bastel (Greuth)
Altenberg (Abtswind)
Kirchberg (Castell)

Rebsorten
Silvaner (42%)
Müller-Thurgau (19%)
Bacchus (9%)
Spätburgunder (8%)
Riesling (5%)
Scheurebe (5%)
Weißburgunder (5%)
übrige Sorten (7%)

★★

Brüssel

Kontakt
Winzerstraße 15
67595 Bechtheim
Tel. 06242-7048
Fax: 06242-7077
www.bruessel-wein.de
info@bruessel-wein.de

Besuchszeiten
Mi. + Fr. 9-12 + 13-18 Uhr
Sa. 9-12 + 13-16 Uhr
und nach Vereinbarung

Inhaber
Janine Weinreich
Rebfläche
10 Hektar
Produktion
80.000 Flaschen

Janine Brüssel hat im Juni 2019 das Weingut (früher: Scultetus-Brüssel) von ihrem Vater Dieter übernommen. Sie war bereits seit 2007 im Betrieb tätig und seit 2012 für den Weinausbau verantwortlich. Ihre Weinberge liegen in den Bechtheimer Lagen Geyersberg, Rosengarten und Stein. Die wichtigsten Rebsorten sind Riesling, Silvaner, Weißburgunder, Grauburgunder, Spätburgunder, Portugieser und Dornfelder, aber auch Chardonnay, Merlot und Cabernet Sauvignon werden angebaut, dazu Bacchus, Scheurebe, Kerner, Huxelrebe, Faberrebe und Gewürztraminer. Weiße Rebsorten nehmen 60 Prozent der Fläche ein. Das Sortiment ist gegliedert in Liter-, Guts-, Orts- und Lagenweine, nur süße Weine tragen Prädikatsbezeichnungen.

Kollektion

Der 2019er Spätburgunder aus dem Bechtheimer Stein war im vergangenen Jahr unser Favorit in einer ansonsten sehr gleichmäßigen Kollektion. Sein Jahrgangsnachfolger war zur Nachsendung angekündigt, hat uns aber vor Redaktionsschluss nicht mehr erreicht. So haben in diesem Jahr zwei starke Weißweine die Nase vorne, zwei Weine, die schon seit Jahren konstant sehr gutes Niveau bieten. Da ist einmal der Lagen-Riesling aus dem Bechtheimer Geyersberg, der 2021 würzig und eindringlich im Bouquet ist, reife Frucht zeigt, füllig und saftig im Mund ist, viel reife Frucht und Substanz besitzt. Und da ist zum anderen der Bechtheimer Weißburgunder aus dem Jahrgang 2019, der gute Konzentration im Bouquet, feine Würze und rauchige Noten, füllig und kraftvoll im Mund ist bei viel Substanz. Der Bechtheimer Riesling zeigt feine Würze und klare Frucht, ist klar und zupackend auch im Mund, besitzt gute Struktur und Grip. Die weißen Gutsweine sind frisch und geradlinig, am besten gefällt uns der reintönige feinherbe Muskateller. Die würzige rote Cuvée Bright Times besteht aus Merlot, Cabernet Sauvignon und Spätburgunder, Merlot und Cabernet Sauvignon konnten wir auch solo verkosten, wobei uns Letzterer, Jahrgang 2017, am besten gefällt, er zeigt gute Konzentration und reintönige Frucht, besitzt Frische, klare Frucht und Grip.

Weinbewertung

81	2021 Grauer Burgunder trocken I 12%/6,60€
82	2021 Chardonnay trocken I 12,5%/6,60€
84	2021 Riesling trocken Bechtheimer I 12,5%/9,-€
86	2021 Riesling trocken Geyersberg I 12,5%/12,-€
86	2019 Weißer Burgunder trocken Bechtheimer I 13%/11,-€
83	2021 Gelber Muskateller „feinherb" I 11%/6,60€
82	2018 Merlot trocken I 13,5%/6,80€
84	2017 Cabernet Sauvignon trocken I 13,5%/6,80€
83	„Bright Times" Rotwein trocken I 13%/10,50€

★★

Bruker

Kontakt
Kleinaspacher Straße 18
71723 Großbottwar
Tel. 07148-1639406
Fax: 07148-1639411
www.weingut-bruker.de
info@weingut-bruker.de

Besuchszeiten
nach Vereinbarung
Hotel Bruker,
Restaurant „Magdalen's"

Inhaber
Markus Bruker
Kellermeister
Markus Bruker
Rebfläche
13 Hektar
Produktion
70.000 Flaschen

Markus Bruker hat mit der Biozertifizierung ein neues Kapitel aufgeschlagen, er ist Mitglied bei Ecovin. Sein Urgroßvater Otto hatte um 1930 einige Weinberge angelegt, auch bei Großvater Rudolf spielte Wein nur eine Nebenrolle, das änderte sich erst mit Vater Herbert, der 1977 die „Wengerterstüble" genannte Besenwirtschaft eröffnete, sich auf Weinbau konzentrierte. Später kam eine Pension hinzu, die dann Ende der neunziger Jahre zum Hotel ausgebaut wurde. Markus Bruker setzt nun auf Bio. Seine Weinberge liegen in den Großbottwarer Lagen Harzberg und Lichtenberg und im Oberstenfelder Forstberg, wo die Reben jeweils auf Gipskeuperböden wachsen. Muschelkalkböden, teils von Lettenkeuper und Lösslehmschollen durchzogen, herrschen in den Mundelsheimer Lagen Mühlbächer und Rozenberg vor. In den letzten Jahren hat sich der Rebsortenspiegel hin zu weißen Sorten verschoben, die heute 60 Prozent der Rebfläche einnehmen. Wichtigste Rebsorten sind Trollinger, Muskat-Trollinger, Lemberger, Riesling und Dornfelder. Daneben gibt es Chardonnay, Spätburgunder, Samtrot, Zweigelt und Sauvignon Blanc;

Kollektion

Zwei Reserve-Rotweine aus dem Jahrgang 2017 führten im vergangenen Jahr die Kollektion an; Reserve-Rotweine gab es nun dieses Jahr nicht zu verkosten, aber die beiden vorgestellten roten Cuvées sind sehr gut: „Black Jack" (Zweigelt, Lemberger und Pinot Noir) zeigt gute Konzentration, Gewürze, besitzt Fülle, Kraft, gute Struktur und Grip, „Mephisto" (Lemberger, Cabernet und Zweigelt) ist würzig, zupackend, eindringlich. Sehr gleichmäßig präsentiert sich das weiße Segment, auch hier haben drei Cuvées die Oberhand: Die Cuvée aus Chardonnay und Weißburgunder ist füllig und saftig bei leichter Bitternote, „Gretchen" (Riesling, Chardonnay, Grauburgunder, Sauvignon Blanc und Müller-Thurgau) ist fruchtbetont und intensiv, lebhaft und zupackend, „Rockxy" (Chardonnay und Riesling) zeigt gute Konzentration, rauchige Noten, besitzt Frucht, Struktur und Grip. Und auch die reinsortigen Weißweine überzeugen.

Weinbewertung

84	2019 Riesling trocken I 12%/7,95€
85	2021 „Gretchen" Weißwein trocken I 13,5%/11,-€
83	2021 Weißburgunder trocken I 13%/9,50€
83	2021 Grauer Burgunder trocken Großbottwar I 13,5%/9,50€
83	2021 Sauvignon Blanc trocken I 13,5%/9,50€
85	2020 Chardonnay & Weißburgunder Oberstenfeld I 13%/14,50€
86	2021 „Rockxy" Weißweincuvée trocken I 12,5%/11,-€
83	2021 Rosé „Saignée" trocken I 13%/8,95€
85	2019 „Black Jack" Rotwein trocken I 13%/11,-€
85	2019 „Mephisto" Rotwein trocken I 13,5%/11,-€

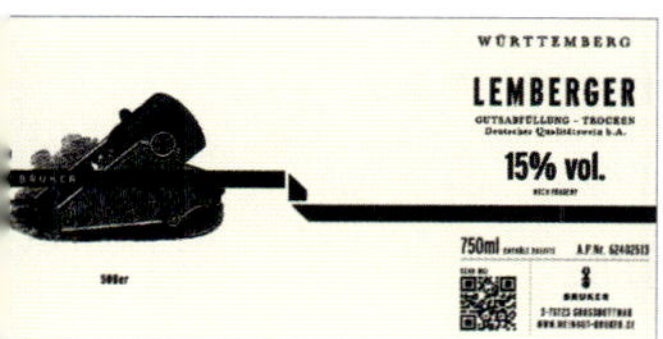

★★

Bühler

Kontakt
Backhausgasse 2,
67169 Kallstadt
Tel. 06322-61261
Fax: 06322-981090
www.buehler-pfalz.de
weingut@buehler-pfalz.de

Besuchszeiten
Mo.-Fr. 10-12 + 13-18 Uhr und zu den Öffnungszeiten des Land- hauses, Fr. und Sa. 16-22 Uhr, Sonn- und Feiertage 12-22 Uhr

Inhaber Familie Bühler
Betriebsleiter Werner Bühler
Kellermeister Jens Bühler
Verkauf Sarah Bühler
Rebfläche 18 Hektar
Produktion 100.000 Flaschen

Pia und Werner Bühler übernahmen 1992 den elterlichen Betrieb, zwei Jahre später wurde ein neues Weingut am Rande der Lage Kallstadter Saumagen errichtet. Schon während der Ausbildung zum Winzer in drei Pfälzer Betrieben (unter anderem bei Knipser) übernahm Sohn Jens Bühler die Verantwortung für den Ausbau der Weine. Nach Auslandsaufenthalten in Frankreich, Italien, Portugal und Österreich schloss er 2005 seine Ausbildung zum Techniker für Weinbau und Önologie in Bad Kreuznach ab. Die besten Lagen sind Steinacker und Saumagen in Kallstadt. Auf 16 Hektar wird vor allem Riesling, Weiß- und Grauburgunder, Sauvignon Blanc, Spätburgunder und Dornfelder angebaut, aber auch Gewürztraminer, Merlot, Cabernet Sauvignon, Silvaner, Rieslaner und Syrah, der Rotweinanteil liegt bei 30 Prozent.

Kollektion

Im Jahrgang 2021 konnte die Familie Bühler im Saumagen eine kleine Menge Eiswein ernten, der Riesling zeigt im komplexen Bouquet Noten von Aprikose, Nougat, Feige und Zitrusfrüchten und ist am Gaumen cremig-dicht, aber auch elegant und animierend, besitzt viel Frucht, Frische und Länge. Die zweite Spitze ist der im vergangenen Jahr schon einmal verkostete Syrah, der sich leicht steigern konnte, er zeigt klare Aromen von Brombeeren, Himbeeren und Kräutern im Bouquet und besitzt auch am Gaumen viel klare, leicht süße Frucht und reife Tannine, der Cabernet Sauvignon ist dagegen mit dezenten Noten von grüner Paprika und Kräutern noch etwas verschlossen und besitzt noch jugendliche Tannine. Sehr gut sind auch der sehr fruchtbetonte, füllige und leicht kräutrig-mineralische trockene Riesling aus dem Saumagen und der von deutlichen Röstnoten, Kokos und Zitrusfrucht geprägte Chardonnay. Die weißen Basisweine – der Weißburgunder, der Sauvignon Blanc und die Cuvée aus Chardonnay und Weißburgunder – besitzen alle merkliche Restsüße, Fülle und viel Frucht.

Weinbewertung

82 2021 „Blanc de Noir" trocken | 12%/7,60€
83 2021 Weißburgunder trocken | 12,5%/7,60€
83 2021 Sauvignon Blanc trocken | 12%/8,60€
86 2021 Chardonnay trocken „Fumé" | 13,5%/10,50€
85 2021 Chardonnay & Weißburgunder trocken | 13%/8,10€
86 2021 Riesling Spätlese trocken Kallstadter Saumagen | 12,5%/10,10€
83 2021 Riesling Kabinett „feinherb" | 10,5%/7,40€
90 2021 Riesling Eiswein Kallstadter Saumagen | 6%/45,-€/0,375l
83 2021 Saignée Rosé trocken | 12%/7,60€
84 2020 MeCaDo Rotwein trocken | 13%/8,60€
86 2020 Cabernet Sauvignon trocken | 13,5%/16,60€
87 2018 Syrah trocken | 13,5%/18,60€

★★★★

Bürgerspital zum Heiligen Geist

Kontakt
Theaterstraße 19
97070 Würzburg
Tel. 0931-3503441
Fax: 0931-3503444
www.buergerspital.de
weingut@buergerspital.de

Besuchszeiten
Mo.-Do. 8-17 Uhr, Fr. 8-15 Uhr; Weinhaus (Ecke Theaterstraße/Semmelstraße) Mo. 9-18 Uhr, Di.-Do. 9-22 Uhr, Fr.-Sa. 9-24 Uhr, So. 11-18 Uhr; Bürgerspital-Weinstuben (Pächter: Familie Wiesenegg), täglich 11-24 Uhr

Inhaber
Stiftung des öffentlichen Rechts
Gutsdirektor
Robert Haller
Kellermeister
Karl Brand, Elmar Nun
Rebfläche
120 Hektar
Produktion
820.000 Flaschen

Das Bürgerspital wurde 1316 von Johannes und Mergardis von Steren als Spital gegründet, Im Jahr 2016 konnte man also groß feiern – 700 Jahre Bürgerspital. 1321 erhielt man durch Schenkungen die ersten Weinberge. Heute gehört das Bürgerspital zu den größten Weingütern in Deutschland. Seit 2007 führt Robert Haller als Gutsdirektor den Betrieb. Das Gros der Weinberge, fast 80 Hektar, liegt in Würzburg. Fast 30 Hektar besitzt man im Würzburger Stein, die Einzellage Stein-Harfe im Zentrum des Steins gehört dem Bürgerspital im Alleinbesitz. Neben den Würzburger Lagen Innere Leiste, Pfaffenberg und Abtsleite erweitern Weinberge in Randersacker (Teufelskeller, Pfülben, Marsberg), Frickenhausen (Kapellenberg), in Veitshöchheim (Sonnenschein) und in Thüngersheim (Scharlachberg) das Lagenportfolio. Silvaner hat mittlerweile den Riesling als wichtigste Rebsorte überholt, nimmt knapp ein Drittel der Rebfläche ein, es folgt Riesling mit einem Anteil von 27 Prozent, dann kommen die Burgundersorten und Müller-Thurgau, dazu gibt es Scheurebe, Bacchus, Rieslaner und Gewürztraminer. An roten Sorten werden Domina, Blaufränkisch und Spätburgunder angebaut. Mit dem Jahrgang 2012 hat man das Sortiment neu strukturiert in Gutsweine, Ortsweine, Erste Lagen sowie Große Lagen und Premiumweine. Mit dem Jahrgang 2020 gab es eine Änderung: Der Würzburger Stein wird nun ausschließlich als Erste Lage genutzt, für das Große Gewächs, den bisher „Hagemann“ genannten Riesling wird nun die neue Lagenbezeichnung Würzburger Stein-Berg genutzt. Die zweite signifikante Änderung ist, dass es aus jeder großen Lage nun nur noch einen Wein gibt, das heißt aus der Lage Stein-Berg gibt es nur den Riesling, dafür aus der Stein-Harfe nur noch Silvaner und keinen Riesling mehr; ein zweiter Großes Gewächs-Riesling kommt nun aus dem Pfülben. In der Vinifikation wird zunehmend mit Maischestandzeiten, Holzfassausbau und Spontangärung gearbeitet, je nach Wein und Jahrgang in unterschiedlichen Anteilen.

Kollektion

Ausschließlich 2021er Weine hat das Bürgerspital in diesem Jahr präsentiert, und die drei Großen Gewächse führen die Kollektion an – so soll dies ja auch schließlich sein. Der Silvaner aus der Stein-Harfe ist sehr offen im Bouquet, recht würzig, zeigt reife Frucht, er ist füllig und saftig im Mund, besitzt viel reife Frucht und Substanz. Der Riesling vom Stein-Berg ist fruchtbetont und eindringlich, konzentriert und klar im Bouquet, überraschend füllig und saftig im Mund, besitzt reintönige Frucht und Struktur, aber auch guten Druck und Länge. Viel reife Frucht zeigt auch der Pfülben-Riesling im Bouquet, viel Pfirsich, besitzt gute Struktur und reintönige Frucht im Mund, viel Länge und etwas mineralische Noten. Aus der Stein-Harfe gibt es nun keinen Riesling Großes Gewächs mehr, dafür wurde eine Spätlese aus der Lage vorgestellt, die gute Konzentration und viel reife Frucht zeigt, etwas Litschi, süße Aprikosen und Pfirsiche, füllig und schmeichelnd im Mund ist, viel Süße besitzt, aber auch viel Frucht und Frische. Hinter den drei herausragenden Großen Gewächsen steht eine starke Phalanx an Erste Lage-Weinen. Drei Silvaner wurden präsentiert. Der Wein aus dem Pfaffenberg zeigt gute Konzentration, reintönige Frucht, feine Frische, ist frisch, klar und zupackend, besitzt gute Struktur und Grip. Der Silvaner von der Inneren Leiste ist konzentriert und würzig, kraftvoll, frisch und zupackend, noch enorm jugendlich. Deutlich präsenter ist der Stein-Silvaner, der feine Würze, Frische und klare Frucht im Bouquet zeigt, Fülle und Kraft im Mund, klare reife Frucht, Struktur und Frische. Ein überzeugendes Trio! Erste Lage-Rieslinge konnten wir dieses Jahr zwei verkosten. Der Wein von der Würzburger Abtsleite ist sehr offen im Bouquet, fruchtbetont, zeigt reife Frucht, gelbe Früchte, ist auch im Mund sehr zugänglich, füllig und saftig, besitzt reintönige reife Frucht und Substanz. Der Wein aus dem Randersackerer Marsberg zeigt gute Konzentration im Bouquet, reife Frucht, etwas gelbe Früchte, ist füllig und kraftvoll im Mund, besitzt viel reife Frucht, Substanz, gute Struktur und Druck, ist deutlich jugendlicher und verschlossener als sein Würzburger Kollege. Der Würzburger Stein ist die Paradelage des Bürgerspitals, und dass man aus diesem großen Besitzt nicht nur einen Wein machen kann, das versteht sich von selbst, und schließlich stehen hier neben Silvaner und Riesling noch einige andere Rebsorten. Weißburgunder beispielsweise, der gute Konzentration und viel Würze zeigt, füllig und kraftvoll ist bei klarer reifer Frucht. Oder Gewürztraminer, der intensive Frucht und Rosen im herrlich eindringlichen Bouquet zeigt, herrlich füllig und saftig ist, viel reife Frucht und Substanz besitzt. Spannende Lagenwein aus einem nicht ganz einfachen Jahrgang!

Robert Haller & Team

Weinbewertung

82	2021 Müller-Thurgau trocken Würzburger I 11%/8,60€
83	2021 Scheurebe trocken Würzburger I 12%/11,90€
87	2021 Silvaner trocken Würzburger Pfaffenberg I 13%/13,90€
87	2021 Silvaner trocken Würzburger Innere Leiste I 13%/14,40€
88	2021 Silvaner trocken Würzburger Stein I 13%/14,90€
88	2021 Riesling trocken Würzburger Abtsleite I 12,5%/13,90€
89	2021 Riesling trocken Randersackerer Marsberg I 12,5%/14,40€
87	2021 Weißer Burgunder trocken Würzburger Stein I 13%/14,90€
88	2021 Gewürztraminer trocken Würzburger Stein I 13,5%/17,90€
91	2021 Silvaner trocken „GG" Würzburger Stein-Harfe I 13,5%/29,-€
92	2021 Riesling trocken „GG" Randersackerer Pfülben I 13%/29,-€
92	2021 Riesling trocken „GG" Würzburger Stein-Berg I 12,5%/40,-€
89	2021 Riesling Spätlese Würzburger Stein-Harfe I 7,5%/16,90€

Lagen

Stein (Würzburg)
Stein-Harfe (Würzburg)
Stein-Berg (Würzburg)
Abtsleite (Würzburg)
Innere Leiste (Würzburg)
Pfaffenberg (Würzburg)
Pfülben (Randersacker)
Teufelskeller (Randersacker)
Marsberg (Randersacker)
Sonnenschein (Veitshöchheim)

Rebsorten

Silvaner (32%)
Riesling (27%)
Burgunder (12%)

★★☆

Büsser-Paukner

Kontakt
Mainzerstraße 50
55239 Gau-Odernheim
Tel. 06733-6001
Fax: 06733-8319
www.ae-wein.de
info@ae-wein.de

Besuchszeiten
nach Vereinbarung
Weinproben in der Vinothek
Online-Weinproben
Weinwanderungen rund um den Petersberg
WeinSommerLounge (mit Jahrgangsverkostung)

Inhaber
Eva & Andreas Paukner
Rebfläche
6 Hektar
Produktion
35.000 Flaschen

büsser - paukner

Seit 1923 baut die Familie Wein in Rheinhessen an. 2014 haben Eva Büsser und ihr Ehemann Andreas Paukner das Gut übernommen. Sie haben den Namen geändert von Weingut Büsser in Weingut Büsser-Paukner, aber auch Ausstattung und Weinstilistik. Ihre Weinberge liegen rund um den Petersberg in Gau-Odernheim, in den Lagen Herrgottspfad und Ölberg (mit der Gewanne Am Lieberg), sowie in Alsheim in den Lagen Sonnenberg und Fischerpfad (mit der Gewanne Stratzenberg). Während in Gau-Odernheim tonige Lösslehmböden mit hohem Kalkanteil und Muscheleinlagerungen vorherrschen, findet man in Alsheim sandige Lösslehmböden. Hauptrebsorten sind Riesling, Grauburgunder, Weißburgunder, Chardonnay, Silvaner und Scheurebe, sowie Spätburgunder und St. Laurent. Das Sortiment haben Eva und Andreas Paukner zunächst neu strukturiert in Guts- und Lagenweine, seit 2020 bieten sie auch Ortsweine an.

Kollektion

Eva und Andreas Paukner legen weiter zu. Die Spätburgunder sind bärenstark, schon der Gutswein ist sehr gut, zeigt Frische und reintönige Frucht im Bouquet, rote Früchte, ist lebhaft, frisch, zupackend und strukturiert im Mund. Der achtzehn Monate im Barrique ausgebaute Lieberg-Spätburgunder zeigt rauchige Noten, gute Konzentration, reintönige Frucht, ist kraftvoll, frisch und zupackend, besitzt gute Struktur und Grip. 30 Monate im Barrique ausgebaut wurde der Herrgottspfad-Spätburgunder, der intensive Frucht im Bouquet zeigt, herrlich eindringlich und reintönig ist, viel Frische und reintönige Frucht im Mund besitzt, Kraft und gute Struktur, noch recht jugendlich ist, die Tannine sind etwas ausgeprägter als beim Lieberg. Auch die weißen Lagenweine sind sehr gut, der Herrgottspfad-Riesling zeigt gute Konzentration, etwas gelbe Früchte, ist füllig und saftig bei viel Substanz, der im Holz ausgebaute Chardonnay aus dem Sonnenberg zeigt reintönige Frucht im Bouquet, ganz dezent Vanille, ist harmonisch, kraftvoll und strukturiert. Sehr gut ist auch der reintönige Gau-Odernheimer Silvaner, die Gutsweine sind fruchtbetont und sortentypisch.

Weinbewertung

83	2021 Pinot Blanc trocken I 12,5%/7,20€
85	2021 Silvaner trocken Gau-Odernheim I 12,5%/8,40€
87	2021 Riesling trocken Gau-Odernheimer Herrgottspfad I 12,5%/10,20€
86	2021 Chardonnay trocken Alsheimer Sonnenberg I 13%/10,40€
83	2021 Bacchus I 9,5%/6,70€
85	2020 Spätburgunder trocken I 12,5%/7,40€
88	2020 Spätburgunder trocken Gau-Odernheimer Lieberg I 13%/13,-€
89	2019 Spätburgunder trocken Gau-Odernheimer Herrgottspfad I 13%/17,-€

★★★★

Reichsrat von Buhl

Kontakt
Weinstraße 16-24
67146 Deidesheim
Tel. 06326-96500
Fax: 06326-965024
www.von-buhl.de
info@von-buhl.de

Besuchszeiten
Mo.-So. 10-19 Uhr; Sushi-Restaurant (www.sushi-b.de)

Inhaber
Familie Seeger
Geschäftsführer
Peter Hüftlein-Seeger, Dennis Geller
Kellermeister
Simone Frigerio
Außenbetrieb
Christian Bohmüller
Rebfläche
56 Hektar
Produktion
450.000 Flaschen

2019 UNGEHEUER RIESLING GG

Das 1849 von Franz-Peter Buhl gegründete Weingut entstand aus der Erbteilung des Jordan'schen Weingutes. Der erste Reichsrat war Armand von Buhl, der für seine Verdienste bei der deutschen Sozialgesetzgebung von König Ludwig II. zum „Reichsrat der bayrischen Krone" ernannt wurde, den Titel integrierte aber erst sein Sohn Franz Eberhard von Buhl in den Weingutsnamen, als er 1912 zum „Reichsrat der bayrischen Kammer" ernannt wurde. Nach seinem Tod 1921 führte seine Witwe Frieda Piper von Buhl das Weingut bis 1952. Unter der Leitung des Dirigenten Enoch von und zu Guttenberg, der das Weingut erbte, wurde die Rebfläche von einst rund 100 Hektar auf ungefähr die Hälfte verkleinert, dabei konzentrierte man sich auf die besten Lagen der Mittelhaardt. 1989 wurde es an eine japanische Weinhandelsfirma verpachtet, es wurden Millionenbeträge in Keller und Außenbetrieb investiert. Noch während der Pacht erwarb 2005 der mittlerweile verstorbene Neustadter Unternehmer Achim Niederberger das Weingut, nach seinem Tod erbte seine Frau Jana Seeger den Betrieb. Reichsrat von Buhl verfügt über beste Lagen in Forst (Freundstück, Jesuitengarten, Pechstein, Ungeheuer, Kirchenstück), Deidesheim (Kieselberg, Mäushöhle, Leinhöhle, Herrgottsacker, Paradiesgarten) und Ruppertsberg (Reiterpfad). Seit 2009 ist der Betrieb bio-zertifiziert, ab dem Jahrgang 2018 auch biodynamisch. Seit dem Jahrgang 2013 führte eine neue Mannschaft um Mathieu Kauffmann, zuvor Kellermeister des renommierten Champagnerhauses Bollinger in Aÿ, das Weingut, er teilte sich die Geschäftsführung mit Richard Grosche. Die beiden initiierten einen Stilwandel, hin zu konsequent durchgegorenen Weinen, auch die Sekte gewannen mit jedem neuen Jahrgang mehr an Profil. Beide schieden kurz vor der Ernte 2019 aus dem Betrieb aus. Neuer Geschäftsführer ist seitdem Peter Hüftlein-Seeger, Jana Seegers Ehemann, für den Keller war zunächst der gebürtige Südtiroler Gregor Hofer verantwortlich, der auch schon beim Weingut von Winning tätig war, ab dem Jahrgang 2020 ist der italienische Kellermeister Simone Frigerio, der unter anderem schon in Australien, Kanada, Chile, Sizilien, Kalifornien und Südafrika tätig war, für den Weinausbau verantwortlich.

Kollektion

Unsere Favoriten in der aktuellen von Buhl'schen Kollektion sind ganz klar die beiden Sekte und hier wiederum sehen wir knapp den Rosé „Prestige" vorne: Der undosierte Spätburgunder-Sekt lag 72 Monate auf der Hefe und zeigt ein sehr eindringliches, würziges Bouquet mit feinen Briochenoten und mit Luft immer deutlicher werdenden nussigen Aromen, am Gaumen besitzt er gute Konzentration, eine leicht cremige Textur, feine hefige Würze und Grip, ist geradlinig, animierend und sehr nachhaltig. Auch der „Blanc de Blancs"-Sekt aus Chardonnay und Weißburgunder erhielt keine Dosage und wurde mit 83 Monaten

Hefelager ausgebaut, er zeigt im Bouquet feine hefige Würze, etwas Zitrusfrucht und Walnuss, die feine nussige Würze findet sich auch am Gaumen wieder, der Sekt ist elegant, harmonisch, leicht salzig, frisch und feingliedrig, besitzt gute Länge. Die fünf Großen Gewächse aus dem Jahrgang 2020 sind insgesamt wieder offener und zugänglicher als ihre Vorgänger aus den Jahrgängen 2018 und 2019, es fehlt ihnen aber wieder etwas an Druck und Nachhaltigkeit, der Jesuitengarten zeigt feine kräutrige Noten und dezente gelbe Frucht, etwas Ananas, im Bouquet und ist am Gaumen animierend, herb und geradlinig, der Pechstein zeigt leicht rauchig-mineralische Noten, besitzt am Gaumen dezente Frucht, ein subtiles Säurespiel, ist das druckvollste der Großen Gewächse, das Freundstück zeigt ein duftig-kräutriges Bouquet und auch leicht steinige Noten, die kräutrige Würze findet sich mit gelber Frucht auch am Gaumen wieder, der Kieselberg zeigt klare Frucht, Aprikose und Ananas, ist am Gaumen saftig und animierend, besitzt ein feines, etwas zurückhaltendes Säurespiel, das Ungeheuer zeigt kräutrig-mineralische Aromen, leicht gereifte gelbe Frucht, etwas Aprikose und Quitte, ist am Gaumen füllig und weich mit klarer Frucht und einer dezenten Säure. Unter den beiden Erste Lage-Rieslingen besitzt der Herrgottsacker herbe, leicht gereifte Frucht, ist etwas druckvoller und nachhaltiger als die Leinhöhle, die frischer, animierender ist und feine Zitrusnoten besitzt, die beiden Ortsrieslinge sind fruchtbetont, der Forster ist etwas verhaltener, der Deidesheimer besitzt mehr Grip und ist animierender.

Weinbewertung

91 „Blanc de Blancs Prestige“ Sekt brut | 12%/34,-€
91+ 2014 Rosé „Prestige“ Sekt brut | 12,5%/52,-€
85 2021 Riesling trocken | 12,5%/9,90€
87 2021 Riesling trocken Deidesheimer | 12,5%/11,90€
88 2020 Riesling trocken Deidesheimer Leinhöhle | 13%/18,-€
88 2020 Riesling trocken Deidesheimer Herrgottsacker | 12,5%/18,-€
86 2021 Riesling trocken Forster | 12,5%/12,90€
89 2020 Riesling „GG“ Ungeheuer | 12,5%/39,-€
90 2020 Riesling „GG“ Pechstein | 12,5%/49,-€
89 2020 Riesling „GG“ Freundstück | 13%/39,-€
90 2020 Riesling „GG“ Jesuitengarten | 12,5%/49,-€
89 2020 Riesling „GG“ Kieselberg | 13%/30,-€

Lagen
Ungeheuer (Forst)
Pechstein (Forst)
Kirchenstück (Forst)
Jesuitengarten (Forst)
Freundstück (Forst)
Musenhang (Forst)
Kieselberg (Deidesheim)
Mäushöhle (Deidesheim)
Leinhöhle (Deidesheim)
Paradiesgarten (Deidesheim)
Herrgottsacker (Deidesheim)
Reiterpfad (Ruppertsberg)
Hofstück (Ruppertsberg)
In der Hohl (Ruppertsberg)

Rebsorten
Riesling (72%)
Spätburgunder (12%)
Chardonnay (6%)

★★★½

Bunn Strebel

Kontakt
Mainzer Straße 86
55283 Nierstein
Tel. 06133-59290
Fax: 06133-60309
www.lisa-bunn.de
info@weingut-bunn.de

Besuchszeiten
Di.-Fr. 13-17 Uhr
Sa. 11-16 Uhr

Inhaber
Lisa Bunn-Strebel &
Bastian Strebel
Betriebsleiter
Lisa Bunn-Strebel &
Bastian Strebel
Kellermeister
Lisa Bunn-Strebel &
Bastian Strebel
Außenbetrieb
Lisa Bunn-Strebel &
Bastian Strebel
Rebfläche
21 Hektar
Produktion
100.000 Flaschen

Seit drei Generationen ist der Margarethenhof im Besitz der Familie Bunn. Er wird heute von Geisenheim-Absolventin Lisa Bunn geführt, die seit ihrem Studienabschluss 2011 die Regie im Keller führt, zwei Jahre später das Gut von ihren Eltern Georg und Eva Bunn übernahm. Ihre Weinberge liegen in Nierstein (darunter Anteile an den Lagen Hipping, Oelberg und Orbel), Dienheim und Guntersblum. Heute umfasst das Weingut Lisa Bunn auch die Weinberge ihres Ehemanns Bastian Strebel und dessen elterliches Weingut in Wintersheim, wo ein neuer Keller gebaut wurde; das Weingut trägt nun den Namen Bunn Strebel. Neben Riesling gibt es Silvaner, Weißburgunder, Grauburgunder, Chardonnay, Gewürztraminer, Sauvignon Blanc und Scheurebe, sowie Spätburgunder, St. Laurent, Merlot und Cabernet Sauvignon. Die vier Lagenrieslinge aus Orbel, Oelberg, Hipping und Dienheimer Tafelstein stehen an der Spitze des Sortiments, daneben gibt es Reserveweine von Spätburgunder, Silvaner, Chardonnay und Grauburgunder, auch von Portugieser und Merlot.

Kollektion

Ein vierter Lagenriesling ist mit dem Jahrgang 2021 hinzugekommen, und der Wein aus dem Dienheimer Tafelstein führt sich gut ein, zeigt gelbe Früchte im Bouquet, besitzt Fülle, Kraft und Substanz. Die Niersteiner Lagenrieslinge sind allesamt sehr gut, wenn auch nicht ganz so brillant und druckvoll wie im Vorjahr, unsere Präferenz gilt dem saftigen Hipping knapp vor dem kompakten, dezent mineralischen Oelberg. Stark sind auch die beiden würzigen Ortsweine, der Wintersheimer ist noch sehr jugendlich; der schlanke Sauvignon Blanc scheint wie in einem Korsett eingeschnürt. In der gleich sechs sehr gute Weine umfassenden roten Riege ist der Spätburgunder Reserve unser Favorit, zeigt gute Konzentration, leicht florale Noten, besitzt Fülle, Kraft, gute Struktur und Grip.

Weinbewertung

86	2021 Riesling trocken Wintersheim I 12%/18,50€
86	2021 Riesling trocken „vom Rotliegenden" Nierstein I 12%/12,90€
87	2021 Riesling trocken Nierstein Orbel I 11,5%/25,-€
88	2021 Riesling trocken Dienheim Tafelstein I 11,5%/25,-€
88	2021 Riesling trocken Nierstein Oelberg I 12%/25,-€
89	2021 Riesling trocken Nierstein Hipping I 11,5%/35,-€
86	2021 Sauvignon Blanc „Fumé" I 11,5%/19,-€
85	2020 Saint Laurent trocken „vom Rotliegenden" Nierstein I 13,5%/15,50€
87	2020 Spätburgunder trocken Wintersheim I 12,5%/17,50€
87	2020 Spätburgunder trocken Nierstein I 12,5%/18,90€
86	2018 Portugieser Réserve I 13,5%/20,-€
89	2018 Spätburgunder trocken „Reserve" I 13,5%/25,-€
87	2018 Merlot trocken „Reserve" I 14%/25,-€

★★★

Bunzelt

Kontakt
Heerweg 12
97334 Nordheim
Tel. 09381-4657 oder 4511
Fax: 09381-6283
www.weingut-bunzelt.de
info@weingut-bunzelt.de

Besuchszeiten
Mo.-Sa. 9-12 + 13-17 Uhr

Inhaber
Nina & Barbara Bunzelt
Kellermeister
Alex Huber & Nina Bunzelt
Rebfläche
9 Hektar

Das 1969 von Ignaz und Irmina Bunzelt gegründete Weingut wurde seit 1975 von Hans Bunzelt geführt. 2016 hat Tochter Nina, Geisenheim-Absolventin, den Betrieb übernommen, führt ihn zusammen mit ihrem Partner Alexander Huber, ebenfalls Geisenheim-Absolvent, den Jahrgang 2015 haben sie bereits gemeinsam vinifiziert. Sie besitzen Rebflächen in den Iphöfer Lagen Julius-Echter-Berg, Kronsberg und Kalb (Gipskeuperböden), in den Nordheimer Lagen Vögelein und Kreuzberg, im Sommeracher Katzenkopf und im Escherndorfer Fürstenberg (Muschelkalkböden), sowie im Frankenwinheimer Rosenberg (Lettenkeuper). Weiße Rebsorten dominieren, Silvaner vor allem, hin zu kommen unter anderem Riesling, Weißburgunder, Müller-Thurgau, Scheurebe und Traminer.

Kollektion

Der frische Wind tut dem Weingut gut, Nina Bunzelt und Alex Huber legen weiter zu, das Programm gewinnt an Kontur und alle Weine zeigen sehr gutes Niveau. Silvaner spielt heute die Hauptrolle im Betrieb, gleich fünf wurden uns dieses Jahr vorgestellt. Der Wein aus dem Vögelein ist wunderschön reintönig, besitzt Frische und Substanz, der Fürstenberg-Silvaner ist ein typischer Escherndorfer, zeigt etwas gelbe Früchte, besitzt Fülle, Struktur und Frische. Auch die Liaison aus Muschelkalk und Keuper funktioniert, der Wein ist füllig, saftig, besitzt Struktur und Grip; viel Substanz besitzt auch der Silvaner von über 50 Jahre alten Reben im Kronsberg. Unser Silvaner-Favorit ist der spontanvergorene „von selbst“, ebenfalls von über 50 Jahre alten Reben, er ist rauchig, füllig, kraftvoll, besitzt gute Struktur und Druck. Aber nicht nur auf Silvaner verstehen sich Nina Bunzelt und Alex Huber. Der Kronsberg-Weißburgunder besitzt herrlich viel Frucht und Substanz, der Riesling aus dem Katzenkopf ist rauchig, konzentriert, besitzt gute Struktur und Grip, der Traminer ist wunderschön reintönig, die Scheurebe herrlich rauchig, konzentriert und druckvoll, die rote Cuvée aus Acolon und Cabernet Dorsa intensiv fruchtig und konzentriert. Weiter im Aufwind!

Weinbewertung

86 2021 Silvaner trocken Escherndorfer Fürstenberg | 12,5%/9,-€
85 2021 Silvaner trocken Nordheimer Vögelein | 12,5%/8,-€
87 2021 Riesling trocken Sommeracher Katzenkopf | 12,5%/10,-€
87 2021 Weißer Burgunder trocken Iphöfer Kronsberg | 12,5%/9,-€
87 2021 Silvaner Liaison trocken „Muschelkalk & Keuper“ | 13%/10,-€
86 2021 Silvaner trocken „Alte Reben“ Iphöfer Kronsberg | 13%/11,-€
86 2021 Traminer trocken Nordheimer Vögelein | 13%/10,-€
89 2021 Silvaner trocken „von selbst“ | 13,5%/14,-€
89 2021 Scheurebe „von selbst“ Iphöfer Julius Echter Berg | 12,5%/14,-€
87 2018 „(W)einzigartig“ Rotwein trocken | 13,5%/18,-€

★★★★

Burggarten

Kontakt
Landskroner Straße 61
53474 Bad Neuenahr-Ahrweiler- Heppingen
Tel. 02641-21280
Fax: 02641-79220
www.weingut-burggarten.de
burggarten@t-online.de

Besuchszeiten
Mo.-Fr. 10-12 + 13:30-18 Uhr
Sa./So. 10-13 Uhr
4 Sterne-Gästehaus mit 20 Themenzimmern

Inhaber
Familie Schäfer
Betriebsleiter
Paul & Heiko Schäfer
Kellermeister
Paul Schäfer
Außenbetrieb
Heiko Schäfer
Rebfläche
15 Hektar
Produktion
120.000 Flaschen

Paul Josef Schäfer hat das Weingut zusammen mit Ehefrau Gitta zur heutigen Größe erweitert, ihr Domizil haben sie im ehemaligen Heppinger Winzerverein gefunden. Im Juli 2018 haben Paul und Heiko Schäfer den Betrieb übernommen. Paul Schäfer ist für den Keller verantwortlich, Heiko Schäfer kümmert sich um die Weinberge, der dritte Bruder Andreas Schäfer, ebenfalls gelernter Winzer, und seine Frau Verena führen das Weinquartier genannte Gästehaus. Die Weinberge liegen im Heimersheimer Burggarten (schwere Lehmböden), in den Neuenahrer Lagen Sonnenberg und Schieferlay (Grauwacke und Grauwackeschiefer) sowie in den Walporzheimer Lagen Alte Lay und Kräuterberg. Das Weingut wurde im letzten Jahrzehnt noch stärker auf Spätburgunder ausgerichtet, auch der Anbau von Frühburgunder wurde forciert, zusammen nehmen sie heute vier Fünftel der Rebfläche ein. Dazu gibt es vor allem noch weiße Rebsorten wie Riesling, Weißburgunder, Grauburgunder und Chardonnay. Das Spätburgunder-Sortiment beginnt mit dem Vulkangestein genannten Gutswein, der „P.J.´s Signatur“ ist heute der Heimersheimer Ortswein, dazu gibt es weitere Ortsweine aus Walporzheim und Neuenahr, an der Spitze stehen die Lagenweine, die seit der Aufnahme des Weinguts in den VDP als Große Gewächse bezeichnet werden. Die Spätburgunder aus den Neuenahrer Lagen Sonnenberg (aus dem es auch einen Frühburgunder Großes Gewächs gibt) und Schieferlay sowie dem Heimersheimer Burggarten bekamen mit dem Jahrgang 2015 Gesellschaft durch einen Spätburgunder aus dem Walporzheimer Kräuterberg, 2019 kam ein Spätburgunder aus der Walporzheimer Alte Lay hinzu. Sekte, Brände und Traubengelee ergänzen das Sortiment. Seit 2005 ist dem Weingut ein Gästehaus angeschlossen. Auch die Familie Schäfer war von der Flutkatastrophe betroffen; mit vereinten Kräften wurden die Aufräumarbeiten rechtzeitig abgeschlossen, so dass die Ernte 2021 im eigenen Keller verarbeitet werden konnte.

Kollektion

Der Spätburgunder Blanc de Noirs ist frisch und fruchtbetont, lebhaft und süffig, merklich süß. Ansonsten wurden nur Rotweine vorgestellt, vier Ortsweine und sechs Große Gewächse. Schon die Ortsweine sind spannend. Der Neuenahrer Frühburgunder ist fruchtbetont und wunderschön reintönig, im Mund füllig, harmonisch, besitzt reife Frucht und gute Struktur. Der Klassiker P.J.'s Signatur, seit 2019 als Heimersheimer Ortswein kategorisiert, ist würzig, eindringlich, zeigt klare reife Frucht, ist frisch, strukturiert und zupackend. Viel Konzentration und herrlich eindringliche reintönige Frucht zeigt der Neuenahrer Spätburgunder im Bouquet, rote Früchte, ist ebenfalls frisch und zupackend, besitzt gute Struktur und Grip. Unser Favorit in diesem Segment aber

ist der Walporzheimer Spätburgunder, der gute Konzentration und herrlich reintönige Frucht zeigt, Kraft und Frucht im Mund vereint, Komplexität und Länge. Unter den Großen Gewächsen gibt es neben fünf Spätburgundern einen Frühburgunder. Dieser stammt aus dem Sonnenberg, zeigt feine Würze im Bouquet, etwas rauchige Noten, reintönige Frucht, ist klar und kraftvoll im Mund, besitzt gute Struktur, Frucht und Grip. Der Spätburgunder aus dem Sonnenberg steht ihm nicht nach, er ist sehr würzig im Bouquet, eindringlich, zeigt dezenten Toast, besitzt viel Frische und Präzision im Mund, klare Frucht, gute Struktur und Druck. Sein Kollege aus der Schieferlay zeigt wunderschön reintönige Frucht im Bouquet, feine Frische, ist klar und zupackend im Mund, kraftvoll und strukturiert. Völlig anders ist das Große Gewächs aus dem Burggarten, zeigt viel Würze und Duft im Bouquet, rote Früchte, ist sehr kompakt und füllig im Mund, besitzt viel Substanz, Kraft und Struktur, ein wenig Flaschenreife wird ihm noch gut tun. Wieder ein völlig anderer Typ ist das Große Gewächs aus der Walporzheimer Alte Lay, zeigt rauchige Noten im Bouquet, dezenten Toast, rote Früchte, ist füllig und stoffig im Mund, kraftvoll und zupackend, sehr druckvoll bei viel Substanz, braucht noch Zeit. Noch druckvoller ist dann das Große Gewächs aus dem Walporzheimer Kräuterberg, zeigt feine Frische im Bouquet, etwas Kräuter und florale Noten, ist kraftvoll und präzise im Mund, besitzt jugendliche Tannine und braucht Zeit. Sie gefallen uns gut, die 2020er Großen Gewächse von Paul und Heiko Schäfer, weil die Unterschiede zwischen den Weinen deutlicher zu erkennen sind als in früheren Jahren, nicht mehr die Vinifikation im Mittelpunkt steht, sondern die Lagenprägung. Wir sind gespannt, wie es weitergeht.

Paul & Heiko Schäfer

Weinbewertung

84 2021 Spätburgunder „Blanc de Noir" | 12,5%/10,50€
87 2020 Pinot Noir „P.J.´s Signatur" Heimersheimer | 13,5%/16,-€
87 2020 Frühburgunder Neuenahrer | 13,5%/21,-€
88 2020 Spätburgunder Neuenahrer | 13,5%/18,-€
89 2020 Spätburgunder Walporzheimer | 13,5%/21,-€
89 2020 Spätburgunder „GG" Neuenahrer Sonnenberg | 13,5%/27,50€
89 2020 Frühburgunder „GG" Neuenahrer Sonnenberg | 13,5%/40,-€
90 2020 Spätburgunder „GG" Neuenahrer Schieferlay | 13,5%/40,-€
90 2020 Spätburgunder „GG" Heimersheimer Burggarten | 13,5%/47,-€
90 2020 Spätburgunder „GG" Walporzheimer Alte Lay | 13,5%/45,-€
91 2020 Spätburgunder „GG" Walporzheimer Kräuterberg | 14%/61,-€

Lagen

Burggarten (Heimersheim)
Sonnenberg (Neuenahr)
Schieferlay (Neuenahr)
Kräuterberg (Walporzheim)
Alte Lay (Walporzheim)

Rebsorten

Spätburgunder (70%)
Frühburgunder (10%)
Riesling (5%)
Weißburgunder (5%)
Chardonnay (5%)
Grauburgunder (5%)

★★★★

BurkhardtSchür

Kontakt
Sekthaus BurkhardtSchür
Raiffeisenring 1
63927 Bürgstadt
Tel. 09371-6688732
Fax: 09371-6688734
www.burkhardtschuer.de
mail@burkhardtschuer.de

Besuchszeiten
Termin nach vorheriger Vereinbarung

Inhaber
Laura Burkhardt & Sebastian Schür
Kellermeister
Sebastian Schür
Rebfläche
Traubenzukauf

Laura Burkhardt und Sebastian Schür haben 2012 ihr eigenes Sekthaus gegründet, das Sekthaus BurkhardtSchür, ihren ersten Sekt aber haben sie erst 2018 auf den Markt gebracht. Sebastian Schür ist seit 2006 als Außenbetriebsleiter beim Weingut Fürst in Bürgstadt tätig. Sie besitzen selbst keine eigenen Weinberge. Die Trauben für die Sekte kauft Sebastian Schür von befreundeten Winzern, ehemaligen Azubis und von seinem Bruder Marcus hinzu. Laura Burkhardt und Sebastian Schür, beide Geisenheim-Absolventen, konzentrieren sich ganz auf die drei Rebsorten Pinot Noir, Pinot Meunier und Chardonnay – auf die drei klassischen Rebsorten der Champagne. Der Pinot Noir kommt aus Bürgstadt, der Pinot Meunier aus dem Württembergischen Teil des Taubertals, der Chardonnay und eine weitere Partie Pinot Noir stammen vom Kaiserstuhl, aus Sebastian Schürs Heimat; inzwischen beziehen sie auch Trauben aus dem badischen Teil des Taubertals wie beispielsweise aus dem Reicholzheimer First. 2018 kamen ein reinsortiger Pinot Noir aus dem Jahrgang 2012 und eine Cuvée aus Pinot Noir und Pinot Meunier aus dem Jahrgang 2013 auf den Markt, beide als Blanc de Noirs. Ein reinsortiger Pinot Meunier und ein Rosé folgten im Jahr darauf, ein reinsortiger Chardonnay wurde als nächste Ergänzung des Sortiments im Jahr 2021 lanciert. Die Grundweine werden im Keller von Paul und Sebastian Fürst vergoren, mit den traubeneigenen Hefen. Danach werden die Weine im eigenen Buntsandsteinkeller in Bürgstadt elf Monate auf der Vollhefe ausgebaut, Pinot Noir und Pinot Meunier im Doppelstückfass, der Chardonnay im Barrique, ohne Bâtonnage, Tirage ist im August, das Dégorgement – ohne Zugabe von Schwefel – erfolgt beim Sekthaus Griesel in Bensheim an der Hessischen Bergstraße; die Brut-Sekte werden mit etwa 2 Gramm dosiert. Es war erstaunlich zu sehen, in welch kurzer Zeit – und mit nur wenigen Jahrgängen – Laura Burkhardt und Sebastian Schür es geschafft haben in die deutsche Sekt-Elite vorzustoßen mit herrlich kraftvollen, sehr eigenständigen Sekten, bei denen man sich, will man den Vergleiche mit der Champagne bemühen, mehr an Winzerchampagner erinnert fühlt, denn an die Produkte der Großen Häuser. Und es wird spannend sein die weitere Entwicklung zu verfolgen, wie sich die neuen Jahrgänge und Cuvées in den kommenden Jahren präsentieren werden.

Kollektion

Ihre komplette, wenn auch kleine Kollektion haben Laura Burkhardt und Sebastian Schür auch dieses Jahr wieder vorgestellt, teils spätere Dégorgements von bereits in den Vorjahren vorgestellten Sekten, teils neue Cuvées wie bei Blanc de Blancs und Rosé. Der Blanc de Blancs ist ein reinsortiger Chardonnay aus dem Jahrgang 2017, der im August 2018 auf die Flasche gefüllt wurde und im September 2021 degorgiert

Laura Burkhardt & Sebastian Schür

wurde, das erste Dégorgement dieser Cuvée. Er zeigt feine rauchige Noten im Bouquet, einen Anflug von Haselnüssen und Brioche, ist überraschend weich im Mund, sehr sanft, harmonisch und lang. Der Blanc de Noirs, eine Cuvée aus 70 Prozent Pinot Noir und 30 Prozent Pinot Meunier aus dem Jahrgang 2015, wurde im August 2016 auf die Flasche gefüllt, im April 2022 degorgiert. Er zeigt viel Frucht im Bouquet, gelbe Früchte, Mirabellen, auch Aprikosen, ist füllig und harmonisch im Mund, besitzt reife Frucht, gute Substanz und Länge. Der Blanc de Meuniers, ein reinsortiger Pinot Meunier, also Schwarzriesling, stammt aus dem Jahrgang 2013, wurde im August 2014 auf die Flasche gefüllt und zuletzt im Juni 2021 degorgiert, ohne Dosage. Er zeigt feine rauchige Noten im Bouquet, etwas gelbe Früchte, Mirabellen und Quitten, ist füllig und harmonisch im Mund, kraftvoll und komplex, besitzt viel Frucht, Frische und Grip, präsentiert sich immer noch erstaunlich jugendlich. Der Blanc de Noirs Pinot Noir brut nature stammt aus dem Jahrgang 2012, es war der erste Sekt, den Laura Burkhardt und Sebastian Schür erzeugt haben, er wurde im August 2013 auf die Flasche gefüllt und im April 2021 degorgiert und ebenfalls nicht dosiert. Er präsentiert sich nun deutlich würziger als noch vor einem Jahr, ist eindringlich, zeigt feine rauchige Noten und klare Frucht, ist druckvoll und zupackend im Mund, sehr geradlinig, besitzt schöne Frische, Frucht und Grip, wenn auch nicht ganz mehr die Power und Durchschlagskraft aus dem vergangenen Jahr. Der Rosé stammt aus dem Jahrgang 2018 und besteht aus 75 Prozent Pinot Meunier, 20 Prozent Pinot Noir und 5 Prozent Chardonnay, wurde im April 2022 degorgiert. Er ist frisch und konzentriert im Bouquet, sehr klar, zeigt rote Früchte, ist füllig und harmonisch im Mund, besitzt gute Substanz und Komplexität, feine Frische und Frucht, Länge und Grip, ist durch die vier Jahre Altersunterschied zum bis letztes Jahr vorgestellten Jahrgang 2014 deutlich frischer und lebhafter, was durch den kleinen Chardonnay-Anteil noch unterstrichen wird.

Weinbewertung

89 2017 „Blanc de Blancs" Chardonnay brut | 12,5%/30,-€
92 2013 „Blanc de Meuniers" Pinot Meunier brut nature | 12%/42,-€
89 2012 „Blanc de Noirs" brut nature | 12,5%/52,-€
90 2015 „Blanc de Noirs" Pinot Noir & Pinot Meunier brut | 12%/24,-€
90 2018 Rosé brut | 12,5%/28,-€

Rebsorten
Pinot Noir
Pinot Meunier
Chardonnay

★★☆

Burkhart

Kontakt
Am Haberberg 1
79361 Jechtingen
Tel. 07662-947050
Fax: 07662-9470515
www.weingut-burkhart.de
katja@burkhart-kaffee.de

Besuchszeiten
Mo-Fr. 8-12 + 13-16 Uhr
Hofladen mit eigener Kaffeerösterei

Inhaber
Marco Burkhart
Betriebsleiter
Marco Burkhart
Kellermeister
Michael Ruf
Rebfläche
8 Hektar
Produktion
50.000 Flaschen

Weingut Burkhart

Bereits vor 40 Jahren hatten sich die Eltern von Marco Burkhart in Jechtingen für den biologischen Anbau entschieden. Seit 2017 führt Marco Burkhart das Weingut weiter. Qualität steht an erster Stelle, deshalb hat auch er sich für den ökologischen Anbau entschieden, ist Mitglied bei Demeter. Mit organischem Dünger, Weinbergbegrünung und selbstentwickelten Pflanzenmitteln sollen optimale Bedingungen für Reben und Nützlinge geschaffen werden. Durch die Bodenbearbeitung mit so genannten effektiven Mikroorganismen wird das mikrobielle Bodenleben reaktiviert und für die Versorgung der Reben aufrechterhalten. Beim Ausbau setzt Burkhart auf schonende Behandlung mit minimalen Eingriffen in die natürliche Struktur der Weine. Schwerpunktmäßig werden Spätburgunder, Weiß- und Grauburgunder sowie Chardonnay angebaut. Seit 2019 werden verstärkt robuste, pilzwiderstandsfähige Rebsorten angebaut, die in guten Jahren ohne Spritzbehandlung auskommen. Am Hof ist seit 2011 auch eine Kaffeerösterei für Bio-Kaffee angesiedelt. Geröstet wird täglich in kleinen Chargen an einem handwerklichen Trommelröster. Durch den direkten Kontakt zu den Kaffeebauern wird eine faire Bezahlung der Produzenten ermöglicht.

Kollektion

Nach einer sehr gleichmäßigen Kollektion im vergangenen Jahr präsentieren sich nun die 2021er Weine etwas weniger homogen, was vor allem auch an den beiden Weinen aus pilzwiderstandsfähigen Rebsorten liegt, die doch eigentlich in einem schwierigen Jahrgang wie 2021 Vorteile gehabt haben müssen. Der trockene Johanniter Kabinett ist würzig, geradlinig, der Souvignier Gris – warum man ihn „Freiburgunder" nennen muss, auch wenn die Rebsorte in Freiburg gezüchtet wurde, erschließt sich uns nicht – ist ebenfalls würzig und duftig, recht floral. Besser gefällt uns der trockene Grauburgunder Kabinett, der würzig und eindringlich ist, frisch und zupackend. Unser Favorit unter den Weißweinen ist aber der trocken Chardonnay Kabinett, der gute Fülle und Harmonie besitzt, feine Frucht und Biss. Der Rosé ist frisch und würzig, der trockene Spätburgunder Kabinett aus dem Jahrgang 2018 zeigt feine Frische und rote Früchte im Bouquet, ist klar, harmonisch und geradlinig im Mund.

Weinbewertung

80	2021 Johanniter Kabinett trocken Jechtinger Steingrube I 12%/9,90€
78	2021 „Freiburgunder" Kabinett trocken Jechtinger Hochberg I 12,5%/10,90€
82	2021 Grauburgunder Kabinett trocken Jechtinger Steingrube I 12%/10,90€
84	2021 Chardonnay Kabinett trocken Jechtinger Hochberg I 12%/10,90€
80	2021 Pinot Rosé Kabinett trocken Jechtinger Eichert I 11%/9,90€
83	2018 Spätburgunder Kabinett trocken I 13%/11,90€

★★★★★

Clemens Busch

Kontakt
Kirchstraße 37
56862 Pünderich
Tel. 06542-22180
Fax: 06542-1625
www.clemens-busch.de
info@clemens-busch.de

Besuchszeiten
Mo.-Fr. nach Vereinbarung

Inhaber
Clemens & Rita Busch
Betriebsleiter
Clemens Busch
Kellermeister
Clemens & Johannes Busch
Außenbetrieb
Johannes Busch
Rebfläche
17 Hektar
Produktion
100.000 Flaschen

Clemens und Rita Busch bewirtschaften ihre Weinberge seit 1984 biologisch, sind bei Ecovin, seit 2005 bewirtschaften sie ihre Weinberge biodynamisch. Eine Zeit lang hatte ihr ältester Sohn Florian im Betrieb mitgearbeitet, ist aber nun Betriebsleiter auf einem Weingut in Südfrankreich; seit 2013 ist nun der jüngste Sohn Johannes, Geisenheim-Absolvent, im Betrieb tätig. Der größte Teil der Weinberge von Clemens und Rita Busch liegt in der Lage Pündericher Marienburg, angebaut wird ausschließlich Riesling. Die Marienburg ist ein steiler süd-südost-ausgerichteter Hang gegenüber von Pünderich. Bis 1971 bestand sie aus verschiedenen kleinen Einzellagen, die dann alle zur Lage Marienburg zusammengefasst wurden. Zu diesen Teillagen gehören die Fahrlay mit den Fahrlay-Terrassen (die einzige Lage, in der blauer Schiefer dominiert), die Falkenlay (grauer Schiefer, etwas tiefgründigerer Boden; das älteste Stück der Falkenlay wird Raffes genannt), der Rothenpfad (roter Schiefer) und die Felsterrasse (hellgrauer Schiefer mit eisenhaltigen Schichten). Die Weine werden spontanvergoren und in Eichenholzfässern ausgebaut, lagern lange auf der Hefe. Die Basis des trockenen Teils des Sortiments bildet der Gutsriesling, dann folgen die Rieslinge vom grauen und roten Schiefer, an der Spitze stehen die Lagenweine aus Marienburg, Rothenpfad, Falkenlay, Fahrlay und Fahrlay-Terrassen, die in den jüngsten Jahren meist trocken ausgebaut und als Große Gewächse vermarktet wurden. Werden Spitzenweine in gereiftem Stadium auf den Markt gebracht, werden sie als Reserve bezeichnet – als Großes Gewächs, wenn sie trocken sind, als Große Lage, wenn dies nicht der Fall ist. Die trockenen und fast trockenen Top-Rieslinge sind über die Jahre immer feiner und präziser geworden, die Alkoholwerte sind nicht überschießend, die Balance wird gewahrt. Manche zeigen erst nach einigen Jahren, was in ihnen steckt, sind in ihrer Jugend teilweise noch schwer einzuschätzen. Süße und edelsüße Rieslinge spielen eine wichtige Rolle im Betrieb: Wenn es der Jahrgang erlaubt, erzeugen Rita und Clemens Busch die ganze Bandbreite vom Kabinett bis hin zur Beerenauslese oder gar Trockenbeerenauslese.

Kollektion

Es wird immer deutlicher, dass das Weingut Clemens Busch an der Mosel in einer eigenen Liga spielt, was die trockenen Weine angeht. Von Jahr zu Jahr werden die Rieslinge – von der Basis über die Großen Gewächse bis zu den beiden Reserven und den Ausnahmeweinen namens Raffes und Felsterrasse – immer spannender, ohne im Geringsten anstrengend zu wirken. Was den Einstieg angeht, so ist auch 2021 der Riesling vom roten Schiefer ein würziger Terroirwein, präzise und balanciert, spannender als so mancher Riesling, der an der Mosel unter dem Begriff Großes Gewächs verkauft wird. Die echten Großen Gewächse des Jahrgangs 2021 wirken recht zugänglich und stellen, was Komplexität angeht, in diesem Jahr und in diesem Segment wohl die Spitzen der Region dar. Nicht weniger als fünf Weine wurden präsentiert, und sie unterscheiden sich zwar stilistisch, liegen aber qualitativ nicht allzu weit auseinander. Besonders spannend ist der Fahrlay-Riesling, der schon vergleichsweise offen und unglaublich vibrierend erscheint, während die Fahrlay-Terrassen noch ein wenig verhalten wirken, aber viel Potenzial erkennen lassen. Schön kräuterig, fast ätherisch wirkt das Große Gewächs aus der Falkenlay, während der trockene Marienburg-Wein am zugänglichsten scheint: Er besitzt eine würzige Art, ist vergleichsweise schlank, verhalten im Alkohol, schön präzise und straff. Die Reserveweine aus 2019 sind zwar unverkennbar Busch-Weine, aber auch von eigenständiger Art. Straff, puristisch, mit attraktiver Reife – so präsentieren sich die beiden Rieslinge aus Fahrlay und Rothenpfad – der Fahrlay-Wein wirkt im Moment etwas spannender, hat viel Potenzial, aber herausragende Weine sind beide. Schließlich, im trockenen Bereich, die beiden High-End-Weine aus 2020: Raffes und Felsterrasse sind enorm präzise und elegant; Raffes ist etwas mineralischer, Felsterrasse etwas offener und heller in der Frucht, beide sind schon verblüffend zugänglich, stilistisch eigenständig. Viel besser geht es eigentlich nicht, nur anders. Auch mit den süßen Weinen kann das Weingut punkten. Der normale Kabinett ist zugänglich, rassig, aber auch saftig, der Versteigerungskabinett besitzt eine fast ätherisch-würzige Aromatik, ist fest und rassig. Eine fast explosiv anmutende Spätlese leitet über zur 2019er Trockenbeerenauslese, die absolut reintönig ist, an frische Datteln denken lässt und unglaublich lang ist.

Clemens, Johannes & Rita Busch

Weinbewertung

88	2021 Riesling trocken „vom grauen Schiefer" I 11%/17,50€
89	2021 Riesling trocken „vom roten Schiefer" I 11%/17,50€
92	2021 Riesling „GG" Marienburg I 11,5%/36,-€
92	2021 Riesling „GG" „Rothenpfad" Marienburg I 12%/36,-€
93	2021 Riesling „GG" „Falkenlay" Marienburg I 12,5%/42,-€
94	2021 Riesling „GG" „Fahrlay" Marienburg I 12%/42,-€
93+	2021 Riesling „GG" „Fahrlay-Terrassen" Marienburg I 12,5%/59,-€
94	2020 Riesling „Felsterrasse" Marienburg I 13%/79,-€
94+	2020 Riesling „Raffes" Marienburg I 12,5%/79,-€
94+	2019 Riesling „Fahrlay Reserve" Marienburg I 13%/54,-€
94	2019 Riesling „Rothenpfad Reserve" Marienburg I 13%/54,-€
91	2021 Riesling Kabinett Marienburg I 7,5%/18,50€
93	2021 Riesling Kabinett „Fass 2120" Marienburg I 7,5%/Vst.
93	2021 Riesling Spätlese „Goldkapsel" Marienburg I 7%/30,-€
97	2019 Riesling Trockenbeerenauslese Marienburg I 6%/300,-€/0,375l

Lagen

Marienburg (Pünderich)
Rothenpfad (Pünderich)
Falkenlay (Pünderich)
Fahrlay (Pünderich)
Fahrlay-Terrassen (Pünderich)
Felsterrasse (Pünderich)
Raffes (Pünderich)

Rebsorten

Riesling (100%)

★★★☆

Cantzheim

Kontakt
Weinstraße 4
54441 Kanzem an der Saar
Tel. 06501-6076635
Fax: 06501-9458077
info@cantzheim.de
www.cantzheim.de

Besuchszeiten
Weinverkostungen nach Vereinbarung
Kabinettfrühstück und WeinBistroAbende nach Voranmeldung
Vinothek Fr.-So. 11-18 Uhr

Inhaber
Anna & Dr. Stephan Reimann
Betriebsleiter
Anna Reimann
Kellermeister
Anna Reimann
Außenbetrieb
Dr. Stephan Reimann
Rebfläche
6 Hektar
Produktion
40.000 Flaschen

Anna Reimann ist gleich in mehrfacher Hinsicht ein Gewinn für die Saar. Zusammen mit ihrem Mann Stephan hat die Quereinsteigerin als Winzerin nicht nur ein Anwesen am Ortseingang von Kanzem denkmalgerecht restauriert. 2016 begann das Abenteuer, das vielleicht auch deshalb so erfolgreich wurde, weil Anna Reimann zunächst Kunstgeschichte studiert, dann ein Gartenbaustudium abgeschlossen hat. Es folgte ein Aufbaustudium Weinbau und Önologie in Montpellier. Erfahrungen beim Weingut Markus Molitor und bei den Bischöflichen Weingütern schlossen sich an; Stephan Reimann absolvierte eine Ausbildung zum Winzermeister. Heute bewirtschaften sie insgesamt sechs Hektar, davon 95 % Riesling und 5 % Weißburgunder. Ihre Parzellen befinden sich in den Kanzemer Lagen Altenberg und Sonnenberg, in Saarburg (Fuchs), Wiltingen (Schlossberg, Braunfels, Schlangengraben, Klosterberg), Ayl (Kupp) und Filzen (Urbelt). Im barocken Gutshaus können Gästezimmer gemietet werden.

Kollektion

Schon die Basis des Jahrgangs 2021 überzeugt – der Gärtner-Riesling ist recht verhalten, im Mund rassig mit Spiel und Würze, sehr animierend. Der Wiltinger Le Grand besitzt eine faszinierende, recht dunkle Hefearomatik, ist würzig und dennoch saartypisch. Auch der Pinot Blanc Le Grand ist eigenständig, würzig mit beachtlicher Struktur. Deutlich hefig wirkt der Fuchs-Kabinett, im Mund ist er enorm würzig und fest, verspielt und komplex. Kühl ist der Schlangengraben-Kabinett mit Zitrusaromen und einer straffen, nur wenig süßen Art, saftiger wirkt der Nussbaum-Kabinett. Wunderbar fein, vibrierend, wenig süß ist die 2017er (!) Spätlese. Die Auslese aus dem Fuchs wirkt ruhig, ist im Mund eher elegant als rassig, man unterschätzt sie zunächst, erkennt bald ihre Substanz.

Weinbewertung

89 „Blanc de Noirs der“ Crémant zéro dosage I 12%/19,80€
86 2021 Riesling „der Gärtner“ I 11%/10,80€
90 2021 Pinot Blanc trocken „Le Grand“ I 11,5%/a.A.
90 2021 Riesling „die“ Kupp Ayl I 11%/27,-€
86 2021 Riesling „feinherb“ „die Gärtnerin“ I 9,5%/10,80€
87 2021 Riesling „feinherb“ „der“ Kanzemer I 10%/15,60€
91 2021 Riesling trocken „Le Grand“ „der“ Wiltinger I 11,5%/27,-€
87 2021 Riesling trocken „der“ Sonnenberg I 12,5%/25,-€
90 2021 Riesling „der“ Fuchs I 11,5%/28,-€
89 2021 Riesling „der“ Kabinett „Nussbaum“ Filzen I 11,5%/16,-€
88 2021 Riesling „der“ Kabinett „Schlange“ Wiltingen I 8%/16,-€
90 2021 Riesling „der“ Kabinett Fuchs Saarburg I 8%/17,-€
92 2017 Riesling „die“ Spätlese „5 Jahre Cantzheim der Jubiläumswein“ I 9%/22,-€ ☺
92 2021 Riesling Auslese Saarburger Fuchs I 8,5%/35,-€

Caspari-Kappel

Kontakt
Am Steffensberg 29
56850 Enkirch
Tel. 06541-6348
Fax: 06541-1628
www.caspariwein.de
info@caspariwein.de

Besuchszeiten
nach Vereinbarung

Inhaber
Nico Caspari & Uwe Jostock
Kellermeister
Uwe Jostock
Rebfläche
10 Hektar
Produktion
85.000 Flaschen

Peter Kappel legte Mitte des 19. Jahrhunderts den Grundstein für das heutige Weingut. Seine Enkelin heiratete 1949 den Sanitätsrat und Weingutsbesitzer Dr. Caspari, was zur Zusammenlegung der beiden Weingüter und zum heute noch genutzten Namen Caspari-Kappel führte, Weinbau ist in der Familie Caspari bereits seit dem 15. Jahrhundert belegt, in der Familie Kappel seit 1701. 1970 übernahm Thomas Caspari das Gut, 2007 stieg Uwe Jostock als Kellermeister und Mitinhaber ein (er war zuvor bei Immich-Batterieberg und Clemens Busch tätig). 2010 übernahm Nico Caspari dann die Position von Thomas Caspari. Ihre Weinberge liegen alle am rechten Moselufer. Neben dem dominierenden Riesling bauen sie ein wenig Weißburgunder (im Schlossberg) und Spätburgunder an, auch Sauvignon Blanc gehört mittlerweile zum Sortiment. Seit 2009 werden die Weinberge biologisch bewirtschaftet.

Kollektion

Ein kleines Sortiment an Weinen wurde vorgestellt, darunter leider nicht der Sauvignon Blanc, den wir in der Vergangenheit bereits schätzen gelernt haben und der viele Anhänger hat. Der Weiße Burgunder aus dem Schlossberg ist alles andere als ein einfacher, durstlöschender Vertreter dieser Sorte, sondern sehr klar, wenn auch deutlich verschlossen, im Mund würzig und kraftvoll, angenehm trocken und sehr gut balanciert. Trocken ist auch der Riesling von alten Reben aus der Ellergrub, duftig mit dezenten Zitrusnoten und Anklängen an Hefe, im Mund straff, fest, dennoch schlank und präzise. Er benötigt noch Zeit. Der Schiefer-Riesling wirkt ebenfalls noch verschlossen, er ist im Mund herrlich saftig und würzig, mit einem Hauch von Süße ausgestattet. Ein wenig offener scheint der feinherbe Riesling aus dem Zeppwingert zu sein, der eine helle, kühle Frucht aufweist und im Mund eine leichte, aber Schmelz vermittelnde Süße besitzt. Der Wein von über 100 Jahre alten Reben aus dem Gaispfad wirkt deutlich süßer, er besitzt aber auch eine bemerkenswerte Tiefe und Struktur. Selbige ist auch dem Spätburgunder aus 2018 zu eigen, der Noten von Tabak und Kirschen zeigt, auch leicht cremig wirkt und viel Schmelz aufweist: Er spiegelt den reifen Jahrgang wider, bleibt aber animierend.

Weinbewertung

87 2021 Weißer Burgunder trocken Schlossberg | 12%/17,-€
89 2021 Riesling trocken „von alten Reben" Ellergrub | 12%/19,-€
86 2021 Riesling „vom Schiefer" | 11,5%/9,90€
89 2021 Riesling „feinherb" „von alten Reben" Zeppwingert | 11%/19,-€
89 2021 Riesling „feinherb 100" Gaispfad | 11%/22,-€
89 2020 Spätburgunder trocken Steffensberg | 14%/29,-€

★★★

Castell

Kontakt
Fürstlich Castell'sches
Domänenamt
Schlossplatz 5
97355 Castell
Tel. 09325-60160
Fax: 09325-60188
www.castell.de
weingut@castell.de

Besuchszeiten
Mo.-Fr. 8-18 Uhr
Sa. 10-16 Uhr

Inhaber
Ferdinand Fürst zu Castell-Castell
Betriebsleiter
Peter Geil
Kellermeister
Christian Frieß
Außenbetrieb
Peter Hemberger
Rebfläche
70 Hektar
Produktion
450.000 Flaschen

Seit 800 Jahren betreibt die Familie Weinbau in Castell. Die Weinberge des Fürstlich Castell'schen Domänenamtes befinden sich größtenteils rings um Castell im Steigerwald. Die Casteller Lagen Schlossberg, Reitsteig, Trautberg, Hohnart, Kugelspiel und Feuerbach gehören dem Weingut im Alleinbesitz, die Lagen Bausch und Kirchberg teilt man sich mit anderen Besitzern. Neben den Trauben der eigenen Weinberge werden auch die Trauben von ca. 90 Winzern der Erzeugergemeinschaft Steigerwald mit weiteren 30 Hektar Weinbergen in den Schlosskellern ausgebaut und über das Weingut vermarktet. Wichtigste Rebsorte ist der Silvaner, der über 40 Prozent der Rebfläche einnimmt.

Kollektion

Die 2021er Gutsweine sind ein wenig verhalten, klar am besten gefällt uns die frische, zupackende Scheurebe. Die 2021er Lagenweine sind füllig und kompakt, im Bouquet offen, aber im Mund verhalten und verschlossen, unser Favorit ist der reintönige, kraftvolle Weißburgunder aus dem Kugelspiel. Spannender wird es mit den Weinen aus älteren Jahrgängen. Aus dem Jahrgang 2019 stammt die im Granitfass ausgebaute und nach diesem benannte Cuvée, die würzig und eindringlich ist, herrlich kraftvoll, ganz Struktur und Grip ist. Spannend ist auch der 2019er Apriles, ist füllig und kraftvoll, besitzt gute Struktur, Substanz, Grip und mineralische Noten. Das Große Gewächs aus dem Jahrgang 2017 ist verhalten – wer Frucht sucht ist hier verkehrt – im Bouquet, ist reintönig, zupackend, strukturiert, besitzt viel Frische im Abgang. Das 2013er Große Gewächs zeigt feine Reife im Bouquet, ist wunderbar reintönig, ist frisch dann im Mund, klar und zupackend, besitzt viel Grip und kann noch gut gelagert werden. Der Reitsteig-Spätburgunder ist im Jahrgang 2020 würzig, geradlinig und zupackend, die 2018er Cuvée C punktet mit intensiver Frucht, Fülle und Kraft. Gute Kollektion!

Weinbewertung

81 2021 Silvaner trocken „Schloss Castell" | 12%/8,50€
82 2021 Weißburgunder trocken „Schloss Castell" | 12%/8,50€
84 2021 Scheurebe trocken „Schloss Castell" | 12%/8,50€
84 2021 Silvaner trocken Casteller Hohnart | 12,5%/17,-€
84 2021 Silvaner trocken Casteller Kugelspiel | 12,5%/15,-€
85 2021 Weißburgunder trocken Casteller Kirchberg | 12,5%/15,-€
89 2019 „Granit" Weißwein trocken | 13%/26,-€
90 2019 Silvaner trocken „6.apriles anno 1659" | 13,5%/28,-€
90 2013 Silvaner trocken „GG" Casteller Schlossberg | 13%/42,-€
90 2017 Silvaner trocken „GG" Casteller Schlossberg | 13,5%/38,-€
89 2018 „Cuvée C" Rotwein trocken | 14,5%/26,-€
87 2020 Spätburgunder trocken Casteller Reitsteig | 13%/18,50€

★★★★½ Chat Sauvage

Kontakt
Hohlweg 23, 65366
Geisenheim-Johannisberg
Tel. 06722-9372586
Fax: 06722-9372588
www.chat-sauvage.de
pinot@chat-sauvage.de

Besuchszeiten
Do.-So. 12-17 Uhr
und nach Vereinbarung

Inhaber
Günter Schulz/Verena Schöttle
Betriebsleiter
Verena Schöttle
Kellermeister
Verena Schöttle
Außenbetrieb
Verena Schöttle
Rebfläche
8 Hektar
Produktion
25.000 Flaschen

Das Weinbauprojekt Chat Sauvage („wilde Katze") wurde vom Hamburger Unternehmer Günter Schulz ins Leben gerufen und wird heute von Verena Schöttle geleitet, einer jungen Önologin, die zuvor schon den Außenbetrieb leitete und nun die Nachfolge von Michael Städter angetreten hat. Im Jahr 2000 beschloss Günter Schulz seinen eigenen Wein zu produzieren, 2001 wurde aus zugekauften Spätburgundertrauben der erste Wein vinifiziert, gleichzeitig wurden eigene Weinberge gekauft, zwischen Winkel und Lorch. Günter Schulz versteigerte bei Christies einen Großteil seiner Burgunder-Sammlung, mit dem Erlös wurde ein Kellerneubau samt Vinothek inmitten der Weinberge in Johannisberg errichtet, der 2010 bezogen wurde. Die Weinberge liegen im Assmannshäuser Höllenberg, im Rüdesheimer Drachenstein, im Lorcher Kapellenberg sowie im Lorcher Schlossberg und in der Johannisberger Hölle, aber auch im Dachsberg in Winkel und im Assmannshäuser Frankenthal. Im Rüdesheimer Berg Roseneck wurde ein vorher mit Riesling bestockter Weinberg mit Chardonnay neu bepflanzt, im Lorcher Bodental-Steinberg kam ein halber Hektar hinzu, eine Steillage, die mit Spätburgunder bepflanzt wurde. Zwei Drittel der Weinberge befinden sich in Steillagen. Chat Sauvage erinnert eher an ein Gut in Burgund als im Rheingau, denn man konzentriert sich ganz auf Spätburgunder, der vier Fünftel der Rebfläche einnimmt, sowie Chardonnay. Der erste Chardonnay wurde 2006 im Winkeler Dachsberg angepflanzt, später kam Chardonnay im Rüdesheimer Berg Roseneck hinzu. Der Spitzen-Chardonnay „Clos de Schulz" stammt aus dem Winkeler Dachsberg. Die Weine werden achtzehn Monate in französischen Barriques ausgebaut und ohne Filtration abgefüllt.

Kollektion

Nachdem wir im vergangenen Jahr unsere Schwierigkeiten mit den alkoholreichen 2018er Spätburgundern hatten, präsentieren sich die 2019er deutlich agiler, animierender und burgundischer – kurzum: so wie wir die Weine der Johannisberger Pinot-Spezialisten all die Jahre zuvor erlebt hatten. Breitschultrig und kraftvoll sind sie zwar noch immer, das gehört zum Stil des Hauses, die Fruchtnoten wirken aber erfreulicherweise gedeckter und zurückgenommener, Extrakt und Phenolik eingebundener. Sehr überzeugend ist die „Selection Schulz", die eine gute Balance aus samtiger Tiefe und eleganter Sauerkirsche mitbringt. Der Lorcher Ortswein kommt deutlich ruppiger und sehniger daher, was seine Aromen von unreifer Brombeere und Bleistift sowie sein kräftiges Tannin jedoch gut in Szene setzt. Der Lagenwein aus dem Lorcher Kapellenberg ist zu Beginn ähnlich strukturiert, zeigt ebenfalls Ecken und Kanten, transportiert mit Luft aber mehr Tiefe und Komplexität, die aus dem Zusammenspiel aus gedeckter Frucht und subtiler Holzaromatik resultiert. Der Pinot Noir Lorcher Schlossberg ist etwas eleganter und harmonischer, kann aber mit einem phänomenalen burgundischen Nachhall punkten und schmeckt dabei magischerweise gleichzeitig süß und nicht süß. Somit ist der Wein zwar leichter zugänglich als Kapellenberg ohne simpler zu sein. Die Pinot Noir Johannisberger Hölle wirkt wie eine komplexere Variante des „Selection", ist üppiger, weicher und tiefer, mit Aromen von reifen roten Früchten und feinen Röstnoten. Deutlich jugendlicher präsentiert sich Pinot Noir aus dem Rüdesheimer Drachenstein, der noch etwas reduktiv wirkt und Aromen von frischer Kirsche sowie Himbeere mitbringt. Das zu Beginn noch etwa ungestüme Brausen von kratziger Säure und hohem Phenolgehalt legt sich mit der Zeit und gibt einen fordernden aber spannenden Wein preis, dem wir wie allen Chat Sauvage-Rotweinen des Jahrgangs ein gutes Reifepotential zuschreiben. An der Spitze der Kollektion sehen wir den Pinot Noir „Le Schulz", der wie ein „best of" der anderen Weine wirkt: Wild wie der Drachenstein, angrifflustig wie der Kappellenberg, burgundisch wie der Schlossberg. Den Platz im roten Spitzensegment der Region unterstreicht die tolle Balance und Ausgewogenheit, mit der er die Säure, Kraft, Frucht und Holz vereint. Der Blanche, ein blassrosa Weißherbst aus Spätburgunder-Trauben, zeigt viel vanillige Holzaromatik. Mit Luft kommt darunter ein äußerst gelungener, sehr zarter und subtiler Wein zum Vorschein, dessen Kernelement eine feine Säure darstellt. Der fruchtbetonte Rosé-Sekt rundet die starke Kollektion ab, die zu den besten in der Region gehört.

Verena Schöttle

Weinbewertung

86 2019 Rosé Sekt brut Pinot Noir I 12,5%/20,-€
87 2020 Pinot Noir Weißherbst „Blanche" I 12,5%/30,-€
88 2019 Pinot Noir „Selection Schulz" I 13,5%/23,-€
89 2019 Pinot Noir Lorch I 13,5%/28,-€
91 2019 Pinot Noir Johannisberg Hölle I 13,5%/55,-€
92 2019 Pinot Noir Lorch Kapellenberg I 13,5%/50,-€
92 2019 Pinot Noir Lorch Schlossberg I 13,5%/80,-€
91+ 2019 Pinot Noir Rüdesheim Drachenstein I 13,5%/60,-€
93 2019 Pinot Noir „Le Schulz" I 13%/120,-€

Lagen

Dachsberg (Winkel)
Hölle (Johannisberg)
Drachenstein (Rüdesheim)
Höllenberg (Assmannshausen)
Frankenthal (Assmannshausen)
Kapellenberg (Lorch)
Schlossberg (Lorch)

Rebsorten

Spätburgunder (80 %)
Chardonnay (20 %)

★★

Helmut Christ

Kontakt
Volkacher Straße 6
97334 Nordheim
Tel. 09381-2806
Fax: 09381-6640
www.weingut-helmut-christ.de
info@weingut-helmut-christ.de

Besuchszeiten
Mo.-Fr. 8-18 Uhr
Sa. 9-17 Uhr
und nach Vereinbarung
Herbstmenu mit Weinbegleitung, Führungen, Veranstaltungen, Weinproben, Feiern, nach Vereinbarung

Inhaber
Helmut & Angelika Christ
Betriebsleiter
Michael Christ
Kellermeister
Michael Christ
Außenbetrieb
Helmut Christ
Rebfläche
12,8 Hektar
Produktion
100.000 Flaschen

Seit 1974 betreibt Helmut Christ biologischen Weinbau, gehört damit zu den Pionierbetrieben in Deutschland. Seit 2006 werden die Weinberge biodynamisch bewirtschaftet, man ist Mitglied bei Demeter. Heute führt Sohn Michael Christ den Betrieb. Die Weinberge liegen in den Volkacher Lagen Ratsherr und Kirchberg, in den Nordheimer Lagen Vögelein und Kreuzberg, im Stammheimer Eselsberg, im Dettelbacher Berg Rondell und im Wipfelder Zehntgraf. Silvaner ist die wichtigste Rebsorte im Betrieb, nimmt mehr als ein Drittel der Rebfläche ein. Die Weine werden teils im Edelstahl, teils im Holz ausgebaut, auch Naturweine hat Michael Christ in den letzten Jahren regelmäßig erzeugt.

Kollektion

Wilder Feder nennt sich der Petnat, er ist konzentriert, intensiv, herrlich eindringlich, ist geradlinig, zupackend, hat Struktur und Grip – ein feiner Einstieg! Sehr gut ist auch der Pinot Meunier-Sekt, zeigt feine rauchige Noten, ist harmonisch und elegant. Alle vorgestellten Weißweine stammen aus dem Jahrgang 2021. Der birnenduftige Silvaner Kabinett im Liter ist immer eine sichere Bank, der Kabinett in der Dreiviertelliterflasche ist frisch und fruchtbetont, klar und zupackend. Der Bacchus Kabinett aus dem Stammheimer Eselsberg ist frisch und fruchtbetont, wunderschön lebhaft, geradlinig und reintönig. Aus dem Eselsberg stammt auch die Grauburgunder Spätlese, die feine Würze und Frucht im Bouquet zeigt, dann sehr kompakt im Mund ist, noch etwas Zeit braucht, was auch für die Weißburgunder Spätlese aus dem Vögelein gilt, die würzig und konzentriert ist, kraftvoll und zupackend. Unsere Favoriten sind die beiden Silvaner Spätlesen. Der Wein von alten Reben im Vögelein zeigt gute Konzentration und klare reife Frucht im Bouquet, ist füllig und saftig im Mund, besitzt viel reife Frucht und Substanz. Der Erste Lage-Silvaner aus dem Volkacher Ratsherr zeigt viel Würze und Frucht im Bouquet, ist ebenfalls recht konzentriert und kraftvoll, besitzt reintönige Frucht, gute Struktur, Länge und Grip.

Weinbewertung

85	2021 „Wilder Feder" „Petillant Naturel" I 12%/9,90€
85	Pinot Meunier Sekt brut I 12%/14,50€
82	2021 Silvaner Kabinett trocken Volkacher Kirchberg (1l) I 11,5%/7,50€
82	2021 Müller-Thurgau Kabinett trocken Nordheimer Kreuzberg I 12%/7,50€
84	2021 Bacchus Kabinett trocken Stammheimer Eselsberg I 11,5%/8,90€
84	2021 Silvaner Kabinett trocken Volkacher Kirchberg I 12%/8,90€
86	2021 Silvaner Spätlese trocken „Erste Lage" Volkacher Ratsherr I 12,5%/13,-€
86	2021 Silvaner Spätlese trocken „Alte Rebe" Nordheimer Vögelein I 12,5%/10,90€
84	2021 Weißer Burgunder Spätlese trocken Nordheimer Vögelein I 13,5%/13,-€
84	2021 Grauer Burgunder Spätlese trocken Stammheimer Eselsberg I 13,5%/13,-€

★★★★★ Christmann

Kontakt
Peter-Koch-Straße 43
67435 Neustadt-Gimmeldingen
Tel. 06321-66039
Fax: 06321-68762
www.weingut-christmann.de
info@weingut-christmann.de

Besuchszeiten
ausschließlich nach Vereinbarung

Inhaber
Steffen & Sophie Christmann
Betriebsleiter
Steffen & Sophie Christmann
Kellermeister
Steffen & Sophie Christmann
Außenbetrieb
Florian Hoffmann
Rebfläche
20 Hektar
Produktion
100.000 Flaschen

Karl-Friedrich Christmann hat 1965 das Weingut übernommen, heute führt es sein Sohn Steffen. Seit 1.7.2019 teilt er sich die Verantwortung im Weingut mit seiner Tochter Sophie, die nach ihrem Weinbau- und Önologie-Studium in Geisenheim und Bordeaux und Praktika bei Schäfer-Fröhlich, Bürklin-Wolf, Grosset im australischen Clare Valley, Château Mazeyres in Pomerol und Huber sowie einem anschließenden Masterstudium in Agricultural Economics in Berlin fest in den Betrieb eingestiegen ist. Die Weinberge befinden sich in besten Lagen der Mittelhaardt, in Gimmeldingen in den Lagen Mandelgarten mit der Gewanne Meerspinne (Buntsandsteingeröll und kalkhaltiger Löss über einem Kalkrücken), Biengarten (Buntsandsteingeröll mit eisenhaltigem Lösslehm), Kapellenberg (Buntsandsteinschotter über massivem Kalk) und Schlössel (Kalk-Löss und kiesiger Buntsandstein), in Königsbach in den Lagen Idig (3,5 Hektar, Terra Fusca-Oberboden aus Kalk, Ton und Buntsandstein über einem Kalkfelsmassiv) und Ölberg mit dem am höchsten gelegenen Kernstück Hart (Kalkmergel mit Buntsandsteingeröll), in Ruppertsberg in den Lagen Reiterpfad (Buntsandstein) und Linsenbusch. 2018 wurde ein Teil der von Muschelkalkböden geprägten Terrassenlage Neustadter Vogelsang übernommen, die 2019 neu mit Riesling bestockt wurde. Die Weinberge werden biodynamisch bewirtschaftet, zertifiziert seit dem Jahrgang 2004. Mit den 2022 in den Verkauf gebrachten Weinen gibt es einen Umbruch im Sortiment: Das Weingut hat sich von insgesamt fünf Hektar Weinbergen getrennt, darunter alle Deidesheimer Lagen, angebaut werden nur noch Riesling, Spätburgunder und eine kleine Menge Weißburgunder. Anstelle der Guts- und Ortsweine gibt es neben den Lagenweinen nur noch einen Wein pro Sorte, „Aus den Lagen" genannt, der jeweils ausschließlich aus vom VDP als Erste und Große Lagen klassifizierten Weinbergen stammt.

Kollektion

In diesem Jahr sind vor allem die Lagenweine im positiven Sinne anstrengend und sind nicht darauf ausgerichtet, im jugendlichen Alter schon zu gefallen, aber es wird spannend sein, wie sich die Weine mit etwas Reife entwickeln werden. Am ehesten zugänglich sind die „Aus den Lagen"-Weine, wobei der Spätburgunder erst nach zwei Tagen in der Flasche richtig aufblüht und dann feine, dunkle Kirschfrucht und etwas Waldboden im Bouquet zeigt und am Gaumen konzentriert, strukturiert und nachhaltig ist. Der Riesling zeigt dezente reduktive Noten, etwas Ananas, Kräuter und Roibuschtee, besitzt Grip, ist elegant, leicht salzig und animierend, der Weißburgunder zeigt leicht rauchig-reduktive Noten, Zündplättchen, aber auch gelbe Frucht, am Gaumen besitzt er dezentes Holz, feine Zitrusnoten, ist animierend und nachhaltig. Die vier Großen Gewächse vom Riesling sind alle zunächst sehr verhalten im Bouquet, der Idig zeigt eine deutliche Reduktion, Schießpulver, rauchige Noten, am zweiten Tag dann auch Kräuter, Rosmarin, am Gaumen besitzt er herbe Zitrusnoten, viel Grip, ist animierend, puristisch, sehr salzig, druckvoll und enorm nachhaltig, die Meerspinne ist rauchig und steinig im Bouquet, besitzt am Gaumen Noten von Limette und viel Druck, ist straff, herb, salzig und sehr nachhaltig, der Vogelsang ist sehr verschlossen, zeigt auch nach einem Tag nur leicht rauchige Noten und dezent Ananas, ist puristisch, straff, sehr salzig, besitzt Grip und Druck, der Ölberg-Hart ist rauchig-mineralisch, besitzt herbe, animierende Zitrusnoten, ist ebenfalls sehr salzig, druckvoll und nachhaltig. Die Ersten Lagen sind etwas präsenter, der Reiterpfad zeigt kräutrig-steinige Noten und etwas Aprikose und Ananas, ist animierend, sehr salzig, besitzt Druck und Länge, der Kapellenberg zeigt etwas Stein, Rosmarin und herbe Zitrusnoten, besitzt Grip, ist elegant, salzig und nachhaltig. Auch der Idig-Spätburgunder ist zunächst sehr verhalten, zeigt etwas Schwarzkirsche, Gummi, Waldboden und Kakao, nach zwei Tagen werden die Aromen etwas prägnanter, er ist sehr elegant und nachhaltig, besitzt Substanz und Potential, lässt aber im Moment vieles nur erahnen, der Biengarten zeigt rauchige und kräutrige Noten, etwas Waldboden, besitzt viel Struktur mit noch jugendlichen Tanninen, der Ölberg ist schon etwas zugänglicher, zeigt Schwarzkirsche und Hagebutte, ist elegant, harmonisch, frisch und sehr nachhaltig, das Schlössel zeigt Noten von Kirschkern, Gummi und Waldboden, besitzt eine gute Struktur mit frischer Säure, ist elegant und nachhaltig.

Steffen Christmann & Sophie Christmann

Weinbewertung

89	2021 Riesling trocken „Aus den Lagen" I 12,5%/18,-€
89	2021 Weißburgunder trocken „Aus den Lagen" I 12%/20,-€
90	2021 Riesling trocken Gimmeldinger Kapellenberg I 12%/30,-€
91	2021 Riesling trocken Ruppertsberger Reiterpfad I 12,5%/35,-€
92	2021 Riesling „GG" Ölberg-Hart I 12,5%/60,-€
93	2021 Riesling „GG" Meerspinne I 12,5%/60,-€
92+	2021 Riesling „GG" Vogel I 12,5%/63,-€
93+	2021 Riesling „GG" Idig I 12,5%/65,-€
88	2020 Spätburgunder trocken „Aus den Lagen" I 13%/a.A.
90	2020 Spätburgunder trocken Gimmeldinger Schlössel I 13%/a.A.
91	2020 Spätburgunder trocken Königsbacher Ölberg I 13%/a.A.
91+	2020 Spätburgunder trocken Gimmeldinger Biengarten I 13%/a.A.
93	2020 Spätburgunder „GG" Idig I 13%/a.A.

Lagen

Idig (Königsbach)
Ölberg (Königsbach)
Ölberg-Hart (Königsbach)
Meerspinne (Gimmeldingen)
Kapellenberg (Gimmeldingen)
Biengarten (Gimmeldingen)
Reiterpfad (Ruppertsberg)
Vogelsang (Neustadt)

Rebsorten

Riesling (70%)
Spätburgunder (27%)
Weißburgunder (3%)

★★★☆

Joh. Jos. Christoffel-Erben

Kontakt
Mönchhof
54539 Ürzig
Tel. 06532-93164
Fax: 06532-93166
www.moenchhof.de
info@moenchhof.de

Besuchszeiten
Mo.-Fr. 9-17 Uhr, am Wochenende nach Vereinbarung

Inhaber
Weingüter M&C Management GmbH

Kellermeister
Philippe Conzen

Rebfläche
4 Hektar

Produktion
30.000 Flaschen

Die Geschichte des Weinguts lässt sich 400 Jahre zurückverfolgen, berühmt wurden die Rieslinge aber erst in der zweiten Hälfte des 20. Jahrhunderts. Im Jahr 2000 ging Hans-Leo Christoffel eine Kooperation mit dem Weingut Mönchhof ein, die Weinberge werden zusammen bearbeitet, und seit 2001 werden auch die Kellerarbeiten und der Verkauf gemeinsam betrieben. Da er keinen Nachfolger hatte, entschied sich Hans-Leo Christoffel für diese Lösung. Die beiden Weingüter blieben trotz der gemeinsamen Bewirtschaftung selbstständig und werden unter den bisherigen Namen weitergeführt. Das ist auch nach dem Verkauf des Weinguts Mönchhof an chinesische Investoren der Fall. Die Weingüter M&C Management GmbH ist heute Inhaberin des Weinguts, Philippe Conzen ist Betriebsleiter. Die Weinberge des Weingutes liegen in besten Lagen von Ürzig und Erden. Ausschließlich Riesling wird angebaut, überwiegend wurzelechte Reben, die teilweise bis zu 100 Jahre alt sind. Alle Weine werden in Holzfässern ausgebaut, vergoren werden sie mit den eigenen Hefen.

Kollektion

Der trockene Basiswein wirkt noch ein bisschen verhalten, lässt Hefe- und pflanzliche Noten erkennen, ist stoffig und recht würzig. Ein animierender Einstieg in das kleine Sortiment an Weinen des Jahrgangs 2021. Beim trockenen Kabinett aus dem Treppchen ist schon etwas mehr Spiel zu erkennen, doch auch dieser Riesling wirkt noch verhalten, ist im Mund recht stoffig. Weitere trockene Weine wurden in diesem Jahr nicht vorgestellt, doch der feinherbe Kabinett macht sehr viel Spaß, weil er direkt und saftig daherkommt. Die beiden süßen Kabinette unterscheiden sich deutlich. Der Würzgartenwein besitzt eine offene Frucht, lässt etwas Steinobst erkennen, ist fest und würzig, der Wein aus dem Treppchen wirkt heller in der Frucht mit Anklängen an Kernobst, er scheint insgesamt auch etwas süßer und saftiger. Ihre Lagen interpretieren beide Weine ausgezeichnet. Schließlich die beiden Spätlesen, die aus dem Ürziger Würzgarten stammen. Auch sie unterscheiden sich deutlich. Jene ohne Stern ist recht verhalten, im Mund kompakt, saftig mit einem dezenten Schmelz. Der Wein mit drei Sternen wirkt deutlich offener, im Mund ist er zupackend, herrlich rassig, etwas Kohlensäure ist noch zu spüren.

Weinbewertung

85 2021 Riesling trocken Ürzig Würzgarten | 12,5%/8,90€
87 2021 Riesling Kabinett trocken Ürzig Würzgarten | 11%/11,90€
88 2021 Riesling Kabinett „feinherb" Erden Treppchen | 9,5%/11,90€
88 2021 Riesling Kabinett Erden Treppchen | 8%/11,90€
89 2021 Riesling Kabinett Ürzig Würzgarten | 8%/11,90€ ☺
89 2021 Riesling Spätlese Ürzig Würzgarten | 8%/14,90€
91 2021 Riesling Spätlese*** Ürzig Würzgarten | 7,5%/22,90€

★★☆

Cisterzienser Weingut

Kontakt
Dalbergstraße 28
67596 Dittelsheim-Heßloch
Tel. 06244-4921, Fax: -5499
www.cisterzienser-weingut.de
info@cisterzienser-weingut.de

Besuchszeiten
Mo.-Fr. 8-11:30 + 13-18 Uhr,
Sa. 9-13 Uhr, So./Feiertage geschlossen (mit Bitte um Anmeldung)

Inhaber
Familie Michel
Betriebsleiter/Kellermeister
Ulrich Michel
Rebfläche
30 Hektar
Produktion
200.000 Flaschen

Das heutige Cisterzienser Weingut Michel geht auf ein im Jahr 1173 vom Cisterzienser Kloster Otterberg gegründetes Wein- und Hofgut zurück. 1780 wurde es von den Vorfahren der heutigen Eigentümer erworben. Ulrich Michel, Geisenheim-Absolvent, ist seit 1993 für den Weinausbau verantwortlich. Die Weinberge befinden sich in den Hesslocher Lagen Mondschein und Liebfrauenberg, Bechtheimer Hasensprung (mit der ehemaligen Einzellage Löwenberg), sowie im Westhofener Morstein. Wichtigste Rebsorte ist inzwischen mit einem Anteil von einem Viertel der Riesling. Es folgen Weiß-, Grau- und Spätburgunder, Dornfelder, Sauvignon Blanc, Silvaner, Frühburgunder, Merlot und Cabernet Sauvignon. Die Rotweine werden nach der Maischegärung im Holzfass ausgebaut, Weißweine im Edelstahl. Ulrich Michel hat zuletzt weitere Maischegärtanks angeschafft, aber auch Barriques aus französischer und amerikanischer Eiche, sowie 500 Liter-Fässer und kleine Edelstahltanks, um die einzelnen Lagen besser herausarbeiten zu können. 70 Prozent der Produktion wird an Privatkunden verkauft. 2016 wurde ein neues Tanklager mit Kelterhalle gebaut und eine zweite Traubenpresse angeschafft. 2019 wurde die Ausstattung geändert und die Umstellung auf biologischen Weinbau begonnen, 2022 ist der erste zertifizierte Jahrgang.

Kollektion

Sind sonst die Kollektionen von Ulrich Michel immer bestechend gleichmäßig, so wie auch letztes Jahr, ist dies in diesem Jahr nicht so ganz der Fall, was vor allem an den zwei neuen Weinen liegt, dem Orange, einem unausgewogenen maischevergorenen Silvaner, und dem derzeit sowohl im Bouquet als auch im Mund völlig vom Holz dominierten Weißburgunder Maßwerk – ob diese Phase vorübergeht? Dafür gibt es Spitzen. Den St. Laurent beispielsweise, der intensive Frucht und Vanille im Bouquet zeigt, füllig und harmonisch im Mund ist, gute Struktur und Frische besitzt. Oder den gekonnt vinifizierten Sauvignon Blanc Fumé, der gute Konzentration und klare reife Frucht zeigt, Substanz und Grip besitzt. Der Hesslocher Weißburgunder ist fruchtbetont und frisch, der Roter Traminer punktet mit reintöniger Frucht, ist frisch, klar und zupackend, besitzt Struktur und Grip, die dezente Restsüße steht ihm gut zu Gesicht. ▬

Weinbewertung

83 2020 Weißburgunder trocken Hessloch | 14%/9,50€
81 2021 Chardonnay Riesling trocken | 13%/7,50€
84 2021 Roter Traminer trocken | 13%/9,50€
78 2020 „Orange" trocken „maischevergoren" | 13%/15,-€
81 2020 Weißburgunder trocken „Maßwerk" Hesslocher Edle Weingärten | 14%/19,-€
86 2021 Sauvignon Blanc „Fumé" trocken Bechtheim | 13%/15,-€
87 2018 St. Laurent trocken Hesslocher Liebfrauenberg | 13,5%/15,-€

★★★

Susanne u. Berthold Clauß

Kontakt
Obere Dorfstraße 39
79807 Lottstetten-Nack
Tel. 07745-5492
Fax: 07745-927951
www.weingutclauss.de
info@weingutclauss.de

Besuchszeiten
Mo.-Fr. 10-12 + 14-18 Uhr
Sa. 9-13 Uhr
Mi. geschlossen

Inhaber
Susanne & Berthold Clauß
Betriebsleiter
Berthold Clauß
Kellermeister
Berthold Clauß
Außenbetrieb
Stefan Birta
Rebfläche
18 Hektar
Produktion
140.000 Flaschen

Das Weingut wurde 1981 von Elisabeth und Friedrich Clauß aus Esslingen gegründet, 2003 von ihrem Sohn Berthold Clauß und Ehefrau Susanne übernommen. Berthold Clauß machte seine Winzerlehre bei Fritz Currle und Hans Haidle. Die Weine wurden anfangs in den Kellern der Weingüter des Markgrafen von Baden in Schloss Salem ausgebaut, die Ernte 2003 dann erstmals im eigenen Keller vinifiziert, den Berthold Clauß am Fuße des Nacker Weinberges neu erbaute. Gut die Hälfte der Weinberge liegt am Nacker Hausberg, die Einzellage trägt den Namen Steinler (sandiger Lehm und Kiesgestein). Hinzu kommen Weinberge in Rechberg und Erzingen im Klettgau in der Lage Kapellenberg (schwerer Lehm und Kalkgestein), wo vor allem Burgundersorten angebaut werden; alle Belemnit- und Urbanus-Weine kommen aus Erzingen. Spätburgunder nimmt 60 Prozent der Rebfläche ein, es folgen Grauburgunder, Müller-Thurgau, Sauvignon Blanc, Weißburgunder und Frühburgunder.

Kollektion

Die Spätburgunder von Berthold Clauß sind kraftvoll und tanninbetont, sie brauchen Zeit, das zeigt der 2018er Urbanus, der gute Konzentration und rauchige Noten im Bouquet zeigt, auch etwas florale Noten, Fülle und Kraft besitzt, Substanz und Frucht. Florale Noten zeigt auch der Spätburgunder Belemnit im Bouquet, ist frisch und zupackend, hat Struktur und Grip, und auch der Nacker Spätburgunder ist frisch, klar und zupackend; Ein stimmiges Trio! Im weißen Teil der Kollektion sehen wir auch im Jahrgang 2021 den Pinot Gris Urbanus an der Spitze, der herrlich eindringlich und würzig ist, füllig und kraftvoll, eine jugendliche Bitternote aufweist und einfach noch Zeit braucht. Der Pinot Blanc Urbanus ist ähnlich kraftvoll, aber weniger expressiv. Spannend ist wieder einmal der Wildfang genannte Müller-Thurgau, zeigt reintönige Frucht, besitzt Struktur und Grip. Grauburgunder punktet auch als Reserve-Wein, der Fülle und Kraft besitzt, gute Struktur und Substanz. Aus Esslingen schließlich stammt die moderat süße, eindringliche Riesling Auslese. Starke Kollektion.

Weinbewertung

85 Pinot Rosé Sekt brut | 12,5%/15,80€
87 2021 Grauburgunder trocken „Reserve“ Nacker | 13,5%/14,90€
84 2021 Sauvignon Blanc trocken Nacker | 13,5%/16,-€
87 2021 Müller-Thurgau trocken „Reserve Belemnit Wildfang“ | 13%/14,50€
87 2021 Pinot Blanc trocken „Urbanus“ | 13,5%/21,-€
89 2021 Pinot Gris trocken „Urbanus“ | 13,5%/21,-€
87 2020 Riesling Auslese Esslinger | 11%/25,-€/0,5l
85 2019 Spätburgunder trocken „Reserve“ Nacker | 13,5%/13,50€
87 2019 Spätburgunder trocken „Belemnit“ „Grand Réserve“ | 13,5%/17,50€
89 2018 Pinot Noir trocken „Urbanus“ | 14,5%/30,-€

★★☆

Clemens

Kontakt
Steiggasse 2a
55286 Sulzheim
Tel. 06732-63958
Fax: 06732-937671
info@clemens-weingut.de

Besuchszeiten
Di./Do. 14-18 Uhr
Sa. 10-16 Uhr
Sept./Okt. bitte mit Vereinbarung

Inhaber
Elmar Clemens, Ronja Clemens & Selina Clemens

Rebfläche
18,5 Hektar

Sulzheim gehört nicht gerade zu den bekanntesten Weinbaugemeinden Rheinhessens, ist Teil der Verbandsgemeinde Wörrstadt. Seit vier Generationen baut die Familie Clemens Wein in Sulzheim an, heute führt Elmar Clemens zusammen mit seinen Töchtern Ronja und Selina den Betrieb. Ihre Weinberge liegen überwiegend in Sulzheim in der Lage Schildberg, aber auch im Wörrstadter Rheingrafenberg sind sie vertreten. Neben den traditionellen Rebsorten der Region wie Silvaner, Riesling oder Scheurebe, gibt es auch internationale Rebsorten wie Chardonnay, Sauvignon Blanc, Merlot oder Cabernet Sauvignon. Rote Rebsorten nehmen ein Viertel der Rebfläche ein.

Kollektion

Schon im vergangenen Jahr überzeugte die Kollektion, die von einer konzentrierten Ortega Trockenbeerenauslese angeführt wurde, und die neue Kollektion gefällt uns nochmals besser, auch wenn ein solches edelsüßes Highlight fehlt, sie besticht mit dem hohen Basisniveau und der Gleichmäßigkeit der Weine. Der Kalkstein-Silvaner gefällt uns besonders gut, er ist fruchtbetont und reintönig im Bouquet, besitzt feine Süße und Frucht im Mund, gute Struktur und Grip. Der Sweet Dream genannte süße Riesling ist würzig und klar, besitzt viel süße Frucht, aber auch schöne Frische und Biss. Der gelbfruchtige Heerkretz-Grauburgunder ist harmonisch und klar, die feinherbe Scheurebe lebhaft und reintönig, der Goldmuskateller wunderschön würzig und eindringlich. Im roten Segment gefällt uns wieder einmal der Posero genannte Portugieser besonders gut, ein 2016er, der eindringliche reife Frucht im Bouquet zeigt, klar, kraftvoll und zupackend ist. Unser Favorit insgesamt aber ist der im Holz ausgebaute Amazing Chardonnay, der gute Konzentration und rauchige Noten im Bouquet zeigt, Fülle und Kraft besitzt, reife Frucht und gute Struktur, Frische und Grip. Eine überzeugende Vorstellung!

Weinbewertung

85 2021 Grüner Silvaner trocken „Kalkstein" Sulzheimer Schildberg I 12%/5,30€
86 2021 Chardonnay trocken „Amazing" Holzfass Sulzheimer Schildberg I 13%/7,10€
84 2021 Grauburgunder trocken Siefersheimer Heerkretz I 13%/10,-€
83 2021 Chardonnay Classic I 12%/5,40€
84 2021 Scheurebe „feinherb" „Selina" I 11%/5,30€
84 2021 Goldmuskateller „feinherb" „Muschelkalk" Sulzheimer Schildberg I 11%/7,-€
85 2021 Riesling „süß" „Sweet Dream" Sulzheimer Schildberg I 8%/6,-€ ☺
83 2021 Merlot „Blanc de Noir" Sulzheimer Schildberg I 9%/5,20€
83 2021 Cabernet Sauvignon Rosé I 12%/5,30€
83 2018 Merlot trocken I 13,5%/5,90€
85 2016 Portugieser „SR" trocken „Posero" Sulzheimer Schildberg I 14%/8,-€

★★★

Anette Closheim

Kontakt
Naheweinstraße 97
55450 Langenlonsheim
Tel. 06704-1314
Fax: 06704-1516
www.annetteclosheim.de
info@anetteclosheim.de

Besuchszeiten
Mo.-Fr. 10-12 + 13-18 Uhr
Sa. 10-15 Uhr
Vinothek „Tradition trifft Moderne“

Inhaber
Familie Closheim
Rebfläche
15 Hektar
Produktion
120.000 Flaschen

Nach ihrem Studium der Weinbetriebswirtschaftslehre in Heilbronn war Anette Closheim zunächst als Produktmanagerin für schottischen Malt Whisky und Wodka zuständig, bevor sie ins elterliche Weingut an der Nahe zurückkehrte. Mit dem Jahrgang 2008 begann sie, Weine mit ihrem eigenen Etikett auszubauen, im Sommer 2018 wurde eine neue Vinothek in einem 300 Jahre alten Fachwerkhaus eröffnet, 2020 hat Anette Closheim das Weingut von ihren Eltern Konrad und Hannelore mit ihrem Ehemann Philipp übernommen. Die Weinberge liegen in den Langenlonsheimer Lagen Königsschild, Löhrer Berg und Steinchen, sowie in den Guldentaler Lagen Hipperich, Rosenteich und Sonnenberg. Neben Riesling und den weißen Burgundersorten spielt der Sauvignon Blanc eine wichtige Rolle, an den roten Sorten gibt es Spätburgunder, St. Laurent, Cabernet Dorsa und als neueste Sorte Cabernet Franc.

Kollektion

Den Weg weisen die Sauvignon Blanc. Der animierende savvy mit leicht gerösteter Paprika und Stachelbeeren im offensiven Bouquet, ist im Mund frisch und erstaunlich zurückhaltend. Seriös ist der kompakte maturis, mit frischem Kern, Länge und Nachhall. Der im Holz ausgebaute kraftvolle Loirista ist perfekt reif, seine cremige Textur wird von reifen Gerbstoffen flankiert, er ist füllig und lang. Auch die Rieslinge überzeugen, der frische Löhrer Berg mit zupackendem Mix von würziger Frucht und Säure, der reife Mont Solis mit feinem Schmelz. Die Cuvée Meilenstein ragt ein wenig heraus, die Burgunder geben ihr Schmelz und Tiefe, Sauvignon Blanc einen attraktiven Spritzer Frucht. Auch der austarierte Weißburgunder überzeugt mit Finesse. Sehr gut sind wieder die fruchtintensiven Rotweine. Der Pinot Noir strotzt vor Saft und Frische, die Reserve ist geschliffener und kraftvoller, mehr vom Holz geprägt, beide besitzen Potenzial, was auch für die immens saftige Cuvée Meilenstein mit ihrer Kraft und intensiven Würze gilt.

Weinbewertung

85 2021 Sauvignon Blanc trocken „savvy“ | 12,5%/9,80€
84 2021 Weißer Burgunder trocken „Mit Freunden“ | 12,5%/8,80€
87 2021 Weißer Burgunder trocken Langenlonsheimer Königsschild | 13%/12,90€
87 2021 Sauvignon Blanc „Maturis“ | 12,5%/14,-€
88 2020 Sauvignon Blanc trocken „Loirista“ | 13,5%/16,-€
86 2021 Riesling trocken Langenlonsheimer Löhrer Berg | 12,5%/12,90€
87 2020 Riesling trocken „Mont Solis“ Guldentaler Sonnenberg | 12%/16,-€
87 2021 „Meilenstein“ Cuvée weiß | 13%/16,-€
85 2021 „Rosista“ Rosé trocken | 12,5%/14,90€
87 2019 Pinot Noir trocken | 13%/18,50€
88 2018 „Meilenstein“ Cuvée rot trocken | 14%/20,-€
88 2019 Pinot Noir trocken „Reserve“ | 13%/25,-€

nettecloshein

★★★★

Ansgar Clüsserath

Kontakt
Spielesstraße 4
54349 Trittenheim
Tel. 06507-2290
Fax: 06507-6690
www.ansgar-cluesserath.de
weingut@ansgar-cluesserath.de

Besuchszeiten
nach Vereinbarung
Gästehaus (4 Gästezimmer)

Inhaber
Eva Clüsserath-Wittmann
Rebfläche
5 Hektar
Produktion
35.000 Flaschen

Seit dem 17. Jahrhundert wird in der Familie Weinbau betrieben. Heute bewirtschaften Ansgar Clüsserath und seine Tochter Eva 5 Hektar Weinberge, die fast ganz mit Riesling bestockt sind, lediglich auf 5 Prozent der Fläche wächst Weißburgunder. Die Zusammenarbeit zwischen der älteren und der jüngeren Generation funktioniert seit Jahren einwandfrei. Ansgar Clüsserath ist immer noch im Weinberg aktiv, steht aber auch im Keller mit Rat und Tat zur Verfügung, Eva ist schon seit 1998 hauptsächlich für die Vinifikation zuständig, hat das Weingut inzwischen von ihrem Vater übernommen. Sie ist mit Philipp Wittmann vom Weingut Wittmann in Westhofen verheiratet und setzt nach wie vor auf eine traditionelle Weinbereitung, hat die Prinzipien des Weinguts beibehalten. Die Weine werden nach Maischestandzeiten von bis zu zwei Tagen spontanvergoren, im traditionellen Holzfass ausgebaut und bleiben recht lange auf der Hefe liegen. Außer Parzellen in der Trittenheimer Apotheke (mit bis zu 80 Jahre alten Reben) besitzt das Weingut auch Flächen im Piesporter Goldtröpfchen, im Trittenheimer Altärchen, im Neumagener Rosengärtchen, in der Mülheimer Sonnenlay und im Dhron Hofberger. Auf den Gutsriesling „vom Schiefer" folgt der Riesling „Steinreich", ein straffer, mineralischer Riesling, der fast immer ein herausragendes Preis-Leistungs-Verhältnis bietet und dessen Traubenmaterial aus der Trittenheimer Apotheke stammt. Mit seinem speziellen Etikett unterscheidet sich dieser Wein deutlich von den anderen Abfüllungen des Weinguts. Außer trockenen, fast trockenen und leicht süßen Weinen werden immer wieder Auslesen erzeugt, die allerdings eher kühl und straff ausfallen. Sehr dicke Süßweine sind nicht die Spezialität des Hauses. Es ist insgesamt ein sehr klares, leicht überschaubares und logisch aufgebautes Sortiment, wie es an der Mosel längst nicht die Regel ist. Zum Betrieb gehört auch ein Gästehaus mit vier Zimmern.

Kollektion

Im Weingut Ansgar Clüsserath hat man, das wird nach der Verkostung der vorgestellten 2021er klar, nicht versucht, aus einem frischen, kühlen Jahrgang um jeden Preis alkoholreiche Weine mit Schmelz hervorzubringen. Vom einfachsten Riesling bis zu den trockenen Spitzen ist jeder Wein klar ein Vertreter dieses Jahrgangs, frisch, klar, duftig und präzise. Dass die beiden trockenen Lagenweine aus Apotheke und Hofberger lediglich die auf den Alkoholgehalt bezogene Zahl 11,5 auf dem Etikett tragen, ist alles andere als selbstverständlich, aber es ergibt Sinn. Diesen Mut freilich muss man als Winzer oder – in diesem Falle – Winzerin erst mal zeigen. Der Weißburgunder ist noch etwas verhalten in der Nase, im Mund straff, fest, würzig und sortentypisch. Natürlich zeigt der Steinreich-Riesling nochmals ein gewisses Mehr an Festigkeit und Stoffigkeit, unterscheidet sich also von dem etwas schlankeren Schiefer-Riesling, bleibt aber doch fein, fast

Eva Clüsserath-Wittmann

zart, allerdings nachhaltig. Was die Lagenweine angeht: Auch sie wirken relativ verschlossen. Der Dhron Hofberger zeigt sofort eine kühle, recht schüchterne Aromatik mit Noten von Hefe und ganz dezent Mirabellen, ist im Mund schön fest, dennoch mit viel Frucht ausgestattet; die reife Säure ist deutlich zu spüren, im Nachhall ist auch eine mineralische Würze wahrnehmbar. Vermutlich wird man erst im Laufe des Jahres 2023 wirklich beurteilen können, was in diesem Wein steckt. Fruchtnoten sind dann beim trockenen Lagenwein aus der Apotheke schon sehr viel deutlicher zu spüren: Dieser Wein zeigt ebenfalls hefige Noten, aber auch eine gewisse Kräuterwürze, ist im Mund straff mit wiederum Würze und einem mineralisch-kräuterigen Nachhall. Der Lagenwein aus dem Piesporter Goldtröpfchen ist etwas saftiger, beachtlich würzig, wirkt nicht puristisch trocken, ist aber mit viel Würze ausgestattet. Deutlich unterscheiden sich die beiden Kabinette voneinander (der aus Neumagen ist zarter, feiner, frischer, jener aus Trittenheim würziger und etwas zupackender), allerdings sind sie beide verhalten süß, frisch, rassig und zupackend – echte Kabinette eben. Sehr verhalten, noch etwas vom Schwefel beeinflusst, war bei der Verkostung die Spätlese: im Mund fest, würzig mit beachtlicher Struktur und straffem, würzigem Nachhall. Die Süße ist zu spüren, aber sie ist so gut ins Gesamtpaket eingeschnürt, dass man bereits jetzt Lust verspürt, diesen Wein zu trinken. Schließlich die Auslese, die ebenfalls noch völlig verschlossen ist und neben Anklängen an Schwefel auch solche an Mirabellen und Apfel zeigt; im Mund ist dieser Wein schön würzig, zeigt aber auch eine elegant zu nennende Frucht und einen langen Nachhall. Weil der Extrakt hoch ist, steht ziemlich sicher fest, dass sich dieser Wein ausgezeichnet entwickeln wird.

Weinbewertung

86 2021 Weißer Burgunder trocken | 11%/9,50€
87 2021 Riesling trocken „vom Schiefer“ | 10,5%/10,50€
89 2021 Riesling trocken „Steinreich“ Trittenheimer | 11%/16,-€
91 2021 Riesling trocken Dhron Hofberger | 11,5%/30,-€
92 2021 Riesling trocken Trittenheimer Apotheke | 11,5%/31,-€
86 2021 Riesling „feinherb“ „vom Schiefer“ | 10,5%/10,50€
91 2021 Riesling Piesporter Goldtröpfchen | 11%/18,-€ ☺
89 2021 Riesling Kabinett Neumagener Rosengärtchen | 8%/14,50€
90 2021 Riesling Kabinett Trittenheimer Apotheke | 8%/15,-€ ☺
91 2021 Riesling Spätlese Trittenheimer Apotheke | 8%/18,-€ ☺
92 2021 Riesling Auslese Trittenheimer Apotheke | 8%/26,50€/0,5l

Lagen

Apotheke (Trittenheim)
Goldtröpfchen (Piesport)
Hofberger (Dhron)
Rosengärtchen (Neumagen)

Rebsorten

Riesling (95 %)
Weißburgunder (5 %)

★★

Christoph Clüsserath

Kontakt
Im Hof 7
54349 Trittenheim
Tel. 06507-2167
Fax: 06507-99086
www.christoph-cluesserath.de
info@christoph-cluesserath.de

Besuchszeiten
täglich ab 9 Uhr oder nach Vereinbarung
Gästehaus

Inhaber
Christoph Clüsserath & Alexandra Clüsserath-Eifel
Betriebsleiter
Christoph Clüsserath
Kellermeister
Christoph Clüsserath
Außenbetrieb
Christoph Clüsserath
Rebfläche
6 Hektar
Produktion
35.000 Flaschen

Christoph Clüsserath und Alexandra Clüsserath-Eifel (sie stammt aus dem Weingut Bernhard Eifel), beide Geisenheim-Absolventen, haben den Betrieb im Jahr 2008 von Christophs Eltern Klaus und Marie-Theres Clüsserath übernommen; Weinbau betreibt die Familie bereits seit dem 16. Jahrhundert. Ihre Weinberge liegen hauptsächlich in den Trittenheimer Lagen Apotheke und Altärchen, aber auch im Piesporter Falkenberg, neuerdings auch im Schweicher Annaberg, es werden nun insgesamt 6 Hektar bewirtschaftet. Etwa vier Fünftel der Rebfläche nimmt Riesling ein, dazu gibt es ein wenig Weißburgunder, Müller-Thurgau, Kerner und Dornfelder. Die Weine werden, teils nach Maischestandzeiten, gekühlt im Edelstahl oder im traditionellen Fuder vergoren, die Spitzenweine ausschließlich mit den natürlichen Hefen. 2018 wurden Flaschenlager und Traubenannahme neu gebaut. Dem Weingut ist ein Gästehaus mit individuell eingerichteten Zimmern angeschlossen.

Kollektion

Sehr offen, duftig, sortentypisch ist der Weißburgunder, im Mund eher saftig als puristisch, schön frisch und animierend. Es folgen die beiden trockenen Lagenweine. Der Riesling aus dem Schweicher Annaberg besitzt eine sehr feine, duftige Aromatik, ist komplex, leicht hefig, enorm saftig, kühl, mit toller Struktur; sein Pendant aus der Apotheke wirkt etwas verschlossener, hefig, mit Kernobstnoten, ist dahinter etwas kompakter, voller Nerv, er steht dem Schweicher insgesamt nicht nach. Der Wein aus dem Falkenberg ist duftig, saftig mit zarter Süße, insgesamt enorm animierend. Der Kabinett duftet sehr fein nach frischen Äpfeln und etwas gebackenem Apfel, ist fest und rassig, sehr gut balanciert mit rassiger Art. Eine sehr feine, ebenfalls rassige Spätlese aus der Apotheke macht viel Spaß, weil die Süße nicht dominant ist und sich gut mit der Säure verträgt. Bei der Auslese aus dem Annaberg, die deutlich saftiger daherkommt, ist die Süße noch sehr markant, dieser Wein sollte sich aber ausgezeichnet entwickeln, denn die Substanz stimmt.

Weinbewertung

83 2021 Riesling trocken (1l) | 12%/6,50€
85 2021 Weißer Burgunder trocken | 12,5%/7,50€
87 2021 Riesling trocken Trittenheimer Apotheke | 12,5%/9,50€
87 2021 Riesling trocken Schweicher Annaberg | 12,5%/12,-€
85 2021 Riesling „Schiefer“ | 11,5%/7,50€
85 2021 Riesling „feinherb“ Trittenheimer Altärchen | 10,5%/7,50€
87 2021 Riesling „feinherb“ Piesporter Falkenberg | 11,5%/9,50€
82 2021 Riesling (1l) | 10,5%/6,50€
87 2021 Riesling Kabinett Trittenheimer Apotheke | 9%/8,-€ ☺
87 2021 Riesling Spätlese Trittenheimer Apotheke | 8,5%/9,50€
89 2021 Riesling Auslese Schweicher Annaberg | 9%/17,-€/0,5l

★★★

Ernst Clüsserath

Kontakt
Hinkelweg 8
54349 Trittenheim
Tel. 06507-2607
Fax: 06507-6607
www.ernst-cluesserath.de
info@weingut-ernst-cluesserath.de

Besuchszeiten
Ostern bis Mitte Nov.:
Mo.-Do. 15-18 Uhr
Fr./Sa. 10-12 + 15-18 Uhr
So. 10-12 Uhr oder gerne nach Vereinbarung
Gästehaus „Weinhotelchen" (4 Zimmer, 1 Ferienwohnung)

Inhaber
Ernst Clüsserath
Kellermeister
Ernst Clüsserath
Rebfläche
3 Hektar
Produktion
15.000 Flaschen

Ernst Clüsserath übernahm 1991 das Familienweingut, das er heute mit seiner Frau Heike führt. 2011 verlagerten sie ihr Weingut an den Ortsrand von Trittenheim, wo Keller und Kelterhaus, Weinverkostungsraum und Gästehaus gebaut wurden. Ihre Weinberge liegen in den Trittenheimer Lagen Apotheke und Altärchen, sie bauen zu mittlerweile 100 Prozent Riesling an. Ernst Clüsserath hat schon früh begonnen, unterstützt von seiner Frau Heike und den Kindern Emma und Luis, qualitativ ambitioniert zu arbeiten. Er baut seine Weine im traditionellen Fuder aus, die Vergärung erfolgt grundsätzlich spontan. Verkauft werden die Rieslinge überwiegend an Privatkunden, die oftmals im Gästehaus des Weingutes, dem so genannten Weinhotelchen mit seinen vier Zimmern und der einen Ferienwohnung, ihren Urlaub verbringen.

Kollektion

Nur wenige Weingüter sind über die Jahre so konstant in der Qualität und schaffen es gleichzeitig, ein so gutes Preis-Leistungs-Verhältnis zu bewahren wie dieser Betrieb, der wie gewohnt nur ein kleines Sortiment an Rieslingen vorstellt. Der Basiswein namens C ist offen mit eher dunklen Apfelnoten, auch etwas Anklängen an Kräutern. Im Mund ein saftiger, straffer, würziger und vibrierender Wein, gleichzeitig ganz in sich ruhend und schlank. Offen in der Nase ist der trockene Kabinettriesling, im Mund wirkt dieser Wein schlank, würzig, animierend. Ganz anders, nämlich deutlich verschlossen, fest und würzig ist die trockene Spätlese, straff und fest mit beachtlichem Nachhall, ganz unangestrengt, aber voller Substanz. Eher schlank und mit vergleichsweise wenig Restzucker ausgestattet ist der feinherbe Riesling namens Emma Marie. Auch der Kabinettriesling besitzt nur eine verhaltene Süße, er zeigt in der Nase unruhig wirkende Hefenoten, ist verspielt, schlank, rassig und sehr animierend. Die Spätlese ist klar und zugänglich mit Noten von süßem Apfel und Kräutern, auch etwas Hefe und eine Nuance reifer Zitruswürze sind zu spüren, im Mund ist dieser Wein saftig, perfekt balanciert, sehr animierend; er dürfte allerdings erst im kommenden Jahr so richtig zeigen, was in ihm steckt.

Weinbewertung

86 2021 Riesling trocken „C." | 11%/9,-€
87 2021 Riesling Kabinett trocken Trittenheimer Apotheke | 11,5%/9,50€
89 2021 Riesling Spätlese trocken Trittenheimer Apotheke | 12%/12,-€ ☺
87 2021 Riesling „feinherb" „Emma Marie" | 10,5%/9,-€
87 2021 Riesling Kabinett Trittenheimer Altärchen | 8,5%/9,-€
88 2021 Riesling Spätlese Trittenheimer Apotheke | 9%/12,-€

★★★★★ Clüsserath-Weiler

Kontakt
Brückenstraße 9
54349 Trittenheim
Tel. 06507-5011
Fax: 06507-5605
www.cluesserath-weiler.de
info@cluesserath-weiler.de

Besuchszeiten
Ostern bis Ende Okt. Mo.-So.
10-12 Uhr + Mo.-Fr. 14-17 Uhr
oder nach Vereinbarung
Gästehaus (7 Zimmer);
Kochkurse + Menüs ab 8
Personen nach Vereinbarung

Inhaber/Kellermeister
Verena Clüsserath
Außenbetrieb
Helmut Clüsserath
Rebfläche 7 Hektar
Produktion 40.000 Flaschen

Seit Generationen baut die Familie Wein an der Mosel an. Das direkt an der Moselbrücke in Trittenheim gelegene Weingut wurde lange Zeit von Helmut und Hilde Clüsserath geführt. Sie wurden schon viele Jahre im Betrieb unterstützt von Tochter Verena, die inzwischen den Betrieb übernommen hat. Verena Clüsserath hatte 2004 ihr Weinbaustudium in Geisenheim abgeschlossen und Erfahrungen bei verschiedenen Weingütern in Deutschland, aber auch in Italien und Australien gesammelt. Ihr Ehemann Raphael Ianniello eröffnete 2013 eine Kochschule im Weingut, in der auch zu bestimmten Terminen Menüs serviert werden. Das Weingut Clüsserath-Weiler baut ausschließlich Riesling an. Die Weinberge befinden sich in den Trittenheimer Lagen Apotheke und Altärchen sowie im Mehringer Zellerberg. Während in der Apotheke, die dem Weingut direkt auf der anderen Moselseite gegenüberliegt, blauer Schiefer vorherrscht, findet man im Zellerberg mit Eisenablagerungen durchsetzten Schiefer, der dadurch eine rötliche Färbung erhält. Zusammen mit Gerhard Eifel vom Weingut Clüsserath-Eifel erwarb Helmut Clüsserath 1996 vom Weingut Friedrich-Wilhelm-Gymnasium den so genannten Fährfels, eine der besten Parzellen der Apotheke, der schon in der preußischen Lagenkarte des 19. Jahrhunderts der höchsten Kategorie zugerechnet wurde. Die Reben im Fährfels wurden im Jahr 1900 gepflanzt. Ab dem Jahrgang 2021 gehört auch der Wein der 2016 gepflanzten Steillagenparzelle im Neumagener Rosengärtchen zum Repertoire der trockenen Lagenrieslinge. Die Weine werden im alten Kreuzgewölbekeller langsam und kühl spontanvergoren, teils im Edelstahl, teils in traditionellen Fuderfässern. Nur für süße Weine werden Prädikatsbezeichnungen verwendet, die trockenen und feinherben Rieslinge sind in Gutsriesling, Ortsriesling („HC“) und Lagenrieslinge gegliedert, die Lagenrieslinge stammen von alten Reben und kommen ausschließlich aus Steillagen, sie werden alle im Fuder vergoren. Mit dem Jahrgang 2016 wurden neue Etiketten eingeführt, die sich deutlich von den über viele Jahre genutzten unterscheiden. In der hauseigenen Destillerie werden Edelbrände erzeugt, deren Qualität beachtlich ist – vom Kirschbrand bis zum lange gereiften Tresterbrand. Seit der ersten Ausgabe empfehlen wir die Clüsserath-Weiler'schen Weine, schon damals gehörte das Weingut für uns zu den absoluten Top-Betrieben an der Mosel, und in allen diesen Jahren hat sich daran nichts geändert, niemals kam auch nur der leiseste Zweifel auf, dass dem nicht so ist. Kaum ein anderes Weingut hat seine Weine so präzise definiert, arbeitet so klar die Unterschiede heraus. Das Terroir, wie man heute so gerne zu sagen pflegt.

Kollektion

Spannend ist der Schaumwein aus 2016, puristisch, würzig, präzise – eher an guten Champagner erinnernd als an viele deutsche Rieslingsekte. Die stillen Basisweine sind wie immer stimmig, frisch, straff und würzig, relativ zugänglich. Ganz fein und frisch mit Hefe-Kräuter-Aromatik sowie einer an getrocknetes Basilikum erinnernden Note wirkt der trockene Riesling aus dem Rosengärtchen, im Mund ein fester, zupackender und schon ansatzweise mineralischer, sehr überzeugender Wein mit stimmig integrierter Säure. Der Primus aus der Apotheke wirkt in der Nase verhalten mit Zitrus- und Hefenoten, im Mund ist er fest, straff mit zupackender Säure, würziger als der Rosengärtchenwein, auch etwas mineralischer. Der Fährfels ist wie immer eigenständig, würzig, nicht ganz trocken mit einem herbwürzigen, leicht salzigen Nachhall – ein sehr spannender Wein. Eine Spur süßer ist der mit Schmelz ausgestattete Zellerberg-Riesling von alten Reben. Frisch und rassig wirkt der Kabinett aus dem Altärchen, die Spätlese aus der Apotheke besitzt eine feine Frucht mit Anklängen an Hefe, Apfel, getrockneten Apfel, ist rassig und würzig, eher kompakt als filigran mit langem Nachhall. Die Süßweine sind wunderschön klar und unterscheiden sich deutlich. Die Auslese aus dem Rosengärtchen ist fein, duftig, frisch mit Noten von getrocknetem Apfel und Kräutern, verhalten süß. Bei der Auslese aus dem Zellerberg sind auch Zitrusnoten zu spüren, der Wein ist offen, merklich süß, rassig. Bei der Beerenauslese sind die für diese Kategorie typischen Aromen von Steinobst, vor allem Pfirsich, zu erkennen, cremige Noten spielen mit hinein, der Wein ist lang und cremig, aber auch enorm frisch. Offen und frisch mit Noten von Aprikosen und Zitrusschalen ist der Eiswein, die Süße ist perfekt eingebunden, er ist lang und rassig, schon jetzt Spaß machend.

Verena Clüsserath

Weinbewertung

89 2016 Riesling Sekt brut nature „Edition ‚C'" I 12,5%/25,-€
85 2021 Riesling trocken (1l) I 11,5%/9,-€
86 2021 Riesling trocken „HC" Trittenheimer I 11,5%/10,50€
89 2021 Riesling trocken Trittenheimer Apotheke I 11,5%/15,-€
89 2021 Riesling trocken „Terra Rossa" Mehringer Zellerberg I 12,5%/16,-€
90 2021 Riesling trocken Neumagener Rosengärtchen I 12,5%/18,-€
92 2021 Riesling trocken „Primus" Trittenheimer Apotheke I 12,5%/22,50€
86 2021 Riesling „feinherb" „HC" Trittenheimer I 10,5%/10,50€
89 2021 Riesling „feinherb" Trittenheimer Apotheke I 10,5%/15,-€
90 2021 Riesling „feinherb" „Alte Reben" Mehringer Zellerberg I 10,5%/18,-€
91 2021 Riesling „Fährfels" I 11,5%/32,-€
88 2021 Riesling Kabinett Trittenheimer Altärchen I 8%/11,50€
91 2021 Riesling Spätlese Trittenheimer Apotheke I 8%/21,-€
91 2021 Riesling Auslese Neumagener Rosengärtchen I 7%/0,5l/a.A.
90 2021 Riesling Auslese Mehringer Zellerberg I 7,5%/18,-€/0,5l
93 2021 Riesling Eiswein Trittenheimer Apotheke I 6,5%/0,375l/a.A.
93 2021 Riesling Beerenauslese Trittenheimer Apotheke I 7,5%/0,375l/a.A.

Lagen
Apotheke (Trittenheim)
Fährfels (Trittenheim)
Zellerberg (Mehring)
Altärchen (Trittenheim)
Rosengärtchen (Neumagen)

Rebsorten
Riesling (100%)

★ ★☆

Collegium Wirtemberg

Kontakt
Württembergstraße 230
70327 Stuttgart
Tel. 0711-32777580
Fax: 0711-327775850
www.collegium-wirtemberg.de
info@collegium-wirtemberg.de

Besuchszeiten
Verkauf:
Mo.-Fr. 9:30-18 Uhr
Sa. 9-16 Uhr

Mitglieder
210
Betriebsleiter
Martin Kurrle
Kellermeister
Thomas Eckard
Weinbau
Rainer Bubeck
Rebfläche
160 Hektar

COLLEGIUM WIRTEMBERG
ROTENBERG & UHLBACH

Das Collegium Wirtemberg entstand 2007 durch den Zusammenschluss der Genossenschaften von Rotenberg und Uhlbach. Die Weinberge der Mitglieder, darunter 15 Vollerwerbsbetriebe, befinden sich im Rotenberger Schlossberg und im Uhlbacher Götzenberg. Neben traditionellen Rebsorten wie Trollinger, Lemberger, Riesling und Spätburgunder werden auch internationale Sorten wie Chardonnay, Sauvignon Blanc, Syrah, Merlot, Cabernet Franc oder Cabernet Sauvignon angebaut, aber auch Heroldrebe, Silvaner oder Traminer.

Kollektion

Im vergangenen Jahr führten die 2017er Reserve-Rotweine zusammen mit dem 2019er Reserve-Chardonnay die Kollektion an, in diesem Jahr nun sind es die roten 2018er Reserveweine, die uns besonders gut gefallen. Der Merlot zeigt gute Konzentration, Gewürze und rote Früchte im Bouquet, ist füllig und kraftvoll im Mund bei reifer Frucht, Der Spätburgunder ist recht würzig, besitzt ebenfalls Fülle und Kraft, reife Frucht, gute Struktur und kräftige Tannine. Noch etwas stoffiger ist die Grande Cuvée, die eindringlich Gewürze und Toast im Bouquet zeigt, enorm kraftvoll und konzentriert ist, aber auch viel Tannine besitzt. Unter den weiteren Roten gefällt uns der Trollinger von alten Reben besonders gut, der wunderschön fruchtbetont und reintönig ist, Kirschen im Bouquet zeigt, Frische, Grip und klare Frucht im Mund besitzt – eine schöne Alternative zu den Reserveweinen, wenn man mehr Frische und Frucht, denn Konzentration und Tannine sucht. Die Weißweine präsentieren sich in diesem Jahr sehr gleichmäßig, sie setzen auf Frische und Frucht wie der reintönige, zupackende Riesling Kab nett aus dem Götzenberg oder weißfruchtige Weißburgunder aus der Edition Wirtemberg. Aber auch im weißen Segment ist ein Reservewein unser Favorit, der konzentrierte, kraftvolle, wenn auch recht holzgeprägte 2020er Sauvignon Blanc.

Weinbewertung

81 2021 Riesling trocken „411 n.n." (Höhenpunkte) I 12%/7,30€
83 2021 Weißburgunder trocken (Edition Wirtemberg) I 13%/9,80€
82 2021 Riesling trocken „Alte Reben" (Edition Wirtemberg) I 12,5%/8,20€
82 2021 Riesling trocken „Sand" (Edition Wirtemberg) I 12,5%/9,80€
85 2020 Sauvignon Blanc trocken „Réserve" I 13%/29,-€
83 2021 Riesling Kabinett Uhlbacher Götzenberg I 11%/7,90€
84 2021 Trollinger trocken „Alte Reben" (Edition Wirtemberg) I 13%/7,30€
81 2019 Pinot Noir trocken (Edition Wirtemberg) I 13,5%/9,80€
81 2019 Syrah trocken (Edition Wirtemberg) I 14%/14,-€
86 2018 Merlot trocken „Réserve" I 14%/20,-€
86 2018 Spätburgunder trocken „Réserve" I 13%/20,-€
87 2018 „Grande Cuvée" Rotwein trocken „Grande Réserve" I 14%/40,-€

★★★★

Martin Conrad

Kontakt
Moselweinstraße 133
54472 Brauneberg
Tel. 06534-93980
Fax: 06534-939855
www.martinconrad.de,
info@martinconrad.de

Besuchszeiten
täglich nach Vereinbarung

Inhaber
Martin Conrad
Betriebsleiter
Martin Conrad
Kellermeister
Martin Conrad
Außenbetrieb
Martin Conrad
Rebfläche
5,6 Hektar
Produktion
30.000 Flaschen

Martin Conrad übernahm 1998 die Führung des Weingutes, das bereits seit vierzehn Generationen (!) von der Familie bewirtschaftet wird; urkundlich wurde der Betrieb erstmals 1558 erwähnt. Seine Weinberge liegen in der Brauneberger Juffer und in der Juffer-Sonnenuhr, in der Mülheimer Sonnenlay und im Veldenzer Kirchberg, ab 2018 wird auch eine Fläche im Kestener Paulinshofberg bewirtschaftet. Neben Riesling, der 95 Prozent der Rebfläche einnimmt, gibt es auch ein wenig Weißburgunder. Seit den Anfängen hat sich das Weingut auf eine beachtliche Weise fortentwickelt, die Weine sind schlanker, würziger, präziser geworden. Trockene Weine sind wirklich trocken, bei den feinherben und süßen ist die Süße gut eingebunden. Die Weine werden mit den natürlichen Hefen vergoren und vergleichsweise spät vorgestellt. Martin Conrad experimentiert auch mit unfiltriert abgefülltem Riesling, Maischestandzeit von mehreren Tagen und sehr langer Reifung auf der Vollhefe. Die Großen Gewächse kommen erst im zweiten Jahr nach der Ernte in den Verkauf. In der hauseigenen Klassifikation rangieren darunter die Goldkapsel-Weine im trockenen und feinherben Bereich. Erwähnenswert ist auch der trockene, puristische Wein von alten Reben aus dem Veldenzer Kirchberg. Beim Weißburgunder namens Gavius ist eine deutliche Holzwürze zu spüren, aber auch dieser Wein ist straff und präzise. Die Basisweine namens Conradus sind geradlinig und würzig, in aller Regel überdurchschnittlich nachhaltig. Auch Sekt wird in diesem Weingut erzeugt. Seit dem Jahrgang 2019 erfolgt die Bewirtschaftung der Weinberge nach den Regeln des ökologischen Weinbaus, zertifizierte Bio-Weine werden ab dem Jahrgang 2022 erzeugt. Das Hotel und Restaurant Brauneberger Hof, das viele Jahre lang der Familie gehörte und auch für seine Küche bekannt war, wurde inzwischen abgegeben; es hat mittlerweile als Ferienresidenz neu eröffnet.

Kollektion

Knackig, frisch, saftig und angenehm trocken wirkt der Literriesling aus dem Jahrgang 2021, der nach Zitrus duftet und bereits sehr zugänglich ist. Zu den ungewöhnlicheren Weinen im Sortiment gehört der Riesling namens Zero, ein duftiger, mit Zitrus- und Kräuternoten aufwartender, straffer und puristischer Übergang zu den Lagenweinen; dieser Wein ist schön animierend, besitzt eine beachtliche Struktur. Die ist im 21er Riesling aus der Brauneberger Juffer noch deutlicher zu bemerken. Es handelt sich um einen würzigen, mit kühler Frucht ausgestatteten Wein, der bereits recht zugänglich wirkt. Der Weißburgunder Gavius stammt aus 2020, wurde im Stahl vergoren, aber einige Monate im Barrique ausgebaut: Er besitzt eine würzige Aromatik und einen beachtlichen Schmelz, welcher die Frische aber nicht überdeckt; die Holzwürze ist perfekt eingebunden. Durchaus eigenwillig wirkt der Riesling aus dem Kirchberg und dem Jahrgang 2020, der mit drei Tagen Maischestandzeit ausgebaut wurde und einen würzigen Gesamteindruck mit fester Struktur und Grip aufweist. Die Reserve aus der Brauneberger Juffer, ebenfalls ein 2020er, gefällt noch besser, sie lagerte 18 Monate im Stahl auf der Vollhefe, besitzt Schmelz, attraktive Frucht und Länge. Von den beiden Großen Gewächsen aus 2020 gefällt jener aus der Juffer-Sonnenuhr noch etwas besser als der Wein aus der Juffer, weil er straffer, puristischer, etwas würziger ist; ein Wein, der auf erfreuliche Weise trocken ausfällt, was bei Großen Gewächsen der Mosel ja nicht die Regel ist. Der feinherbe Goldkapsel-Riesling aus 2021 wirkt offen, allerdings noch sehr jugendlich und hefig, besitzt eine feine, zugleich rassige und saftige Art und dürfte den derzeit deutlich merkbaren Restzucker gewiss noch besser einbinden. Bei der Riesling Spätlese aus der Juffer finden sich reife Zitrus- und Steinobstnoten zusammen, der Wein ist saftig, würzig, besitzt eher Schmelz als Rasse, eine vibrierende Art und ist erstens sehr eigenständig und zweitens überdurchschnittlich lang. Schließlich sind die beiden Auslesen zu nennen, die sich deutlich unterscheiden. Da wäre zum einen der Wein aus der Brauneberger Juffer-Sonnenuhr und dem Jahrgang 2021, noch jugendlich, dicht, mit feinem Süße-Säure-Spiel, für eine hochkarätige Auslese überraschend animierend, wenngleich noch viel zu jung. Schließlich der Alte Reben-Riesling aus dem Veldenzer Kirchberg, ein 2019er, der kraftvoll und würzig ausfällt mit deutlicher Süße, aber tiefgründiger Art. Ein Wein, der sich über Tage in der Karaffe eindrucksvoll entwickelt – und ein gutes Beispiel für die Eigenständigkeit der in diesem Betrieb erzeugten Weine.

Martin Conrad

Weinbewertung

85	2021 Riesling trocken (1l) I 11,5%/9,90€
87	2021 Riesling trocken „Zero“ I 12%/13,90€
88	2021 Riesling trocken Brauneberger Juffer I 12%/15,90€
88	2020 Weißburgunder trocken „Gavius“ I 13%/24,90€
89	2020 Riesling trocken „Alte Reben“ Veldenzer Kirchberg I 12%/19,90€
91	2020 Riesling trocken Reserve Brauneberger Juffer I 12,5%/29,50€
90	2020 Riesling trocken „GG“ Brauneberger Juffer I 12,5%/30,50€
91	2020 Riesling trocken „GG“ Brauneberger Juffer-Sonnenuhr I 12,5%/35,-€
87	2021 Riesling „feinherb“ Mülheimer Sonnenlay I 11%/13,90€
88	2021 Riesling „feinherb“ „Goldkapsel“ Brauneberger Juffer I 11,5%/21,90€
89	2021 Riesling Spätlese Brauneberger Juffer I 8%/16,90€
92	2019 Riesling Auslese „Alte Reben“ Veldenzer Kirchberg I 8,5%/31,-€
92	2021 Riesling Auslese Brauneberger Juffer-Sonnenuhr I 8%/23,50€/0,375l

Lagen
Kirchberg (Veldenz)
Juffer (Brauneberg)
Juffer-Sonnenuhr (Brauneberg)
Sonnenlay (Mülheim)

Rebsorten
Riesling (95%)
Weißburgunder (5%)

★★☆

Corbet

Kontakt

Wein- & Sektgut Corbet
Kreuzstraße 7
67434 Neustadt-Diedesfeld
Tel. 06321-86144
Fax: 06321-84468
www.corbet.de
weingut@corbet.de

Besuchszeiten

Fr. 10-18 Uhr
Sa. 10-16 Uhr
und nach Vereinbarung

Inhaber
Lukas Corbet
Betriebsleiter
Lukas Corbet
Kellermeister
Lukas Corbet
Rebfläche
9 Hektar
Produktion
50.000 Flaschen

Johann Adam Corbet erwarb die ersten Weinberge, gründete 1882 in Maikammer das Weingut mit Weingroßhandlung J.A. Corbet, das sein Sohn Rudolf nach einer Erbteilung nach Diedesfeld verlegte. Sein Sohn Rudolf Corbet jun. übernahm 1950 den Betrieb und konzentrierte sich ganz auf die Flaschenweinvermarktung aus eigenem Weinbau. 1989 übernahm sein Sohn Lukas, Geisenheim-Absolvent, den Betrieb, den er zusammen mit Ehefrau Christina führt. Ihre Weinberge liegen in Diedesfeld (Johanneskirchel, Ölgässel, Berg), Maikammer (Kirchenstück), Hambach (Schlossberg) und Neustadt (Erkenbrecht). Riesling und die Burgundersorten nehmen zusammen drei Viertel der Rebfläche ein, dazu gibt es Chardonnay, Sauvignon Blanc, Silvaner, Muskateller, Sankt Laurent und Cabernet Sauvignon.

Kollektion

Der Cabernet Sauvignon R von Lukas Corbet ist immer sehr gut, aber so stark wie im aktuellen Jahrgang fanden wir ihn noch nie: Er zeigt Aromen von schwarzer Johannisbeere, Brombeere, Lakritze und Mokka im komplexen Bouquet, ist konzentriert und stoffig, mit reifen, aber noch spürbaren Tanninen. Auch die anderen drei Rotweine sind sehr gut, der Spätburgunder R ist kraftvoll und harmonisch, zeigt dunkle Frucht und kräutrige und röstige Würze im Duft, der Spätburgunder S ist ähnlich in der Aromatik aber etwas weniger nachhaltig und der Corax aus Cabernet Sauvignon und St. Laurent ist ebenfalls kraftvoll, zeigt neben schwarzer Johannisbeere auch kräutrige Würze und etwas grüne Paprika. Ein weiterer Wein aus der R-Linie steht an der Spitze des weißen Teils der Kollektion, der Chardonnay zeigt leicht rauchige und florale Noten, etwas Kokos und Zitrusfrucht im Bouquet, ist cremig und nachhaltig, der Weißburgunder S zeigt klare Birnenfrucht, besitzt Kraft und Schmelz, der Riesling aus dem Erkenbrecht ist harmonisch und fruchtbetont und duftet nach Ananas, Limette und Orangenschale.

Weinbewertung

86 2019 Riesling Sekt extra brut | 13%/13,-€
85 2020 Pinot Rosé Sekt extra brut | 12%/14,-€
83 2021 Riesling trocken | 12%/7,-€
84 2021 Chardonnay trocken „vom Löss“ Diedesfeld | 12,5%/9,-€
86 2021 Riesling trocken Hambacher Schlossberg | 13%/12,-€
87 2021 Riesling trocken Neustadter Erkenbrecht | 13%/14,-€
87 2021 Weißer Burgunder „S“ trocken Diedesfelder Johanniskirchel | 13,5%/12,50€
88 2021 Chardonnay „R“ trocken „Réserve“ | 13%/15,-€
87 2020 Spätburgunder „S“ trocken Diedesfelder Johanniskirchel | 13,5%/13,-€
86 2019 „Corax“ Rotwein trocken | 13,5%/10,-€
88 2020 Spätburgunder „R“ trocken „Réserve“ | 13,5%/22,-€
89 2020 Cabernet Sauvignon „R“ trocken „Réserve“ | 13,5%/22,-€

★★★★

Dr. Corvers-Kauter

Kontakt
Rheingaustraße 129
65375 Oestrich-Winkel
Tel. 06723-2614
Fax: 06723-2404
www.corvers-kauter.de
info@corvers-kauter.de

Besuchszeiten
Vinothek:
April bis Oktober Mo.-Di. 9-17 Uhr, Mi.-So. 9-20 Uhr
Nov. bis März Mo.-Sa. 9-17 Uhr) und nach Vereinbarung
Gutsausschank:
Anfang April bis Ende Okt. Mi.-Fr. ab 17 Uhr, Sa./So./ Feiertage ab 15 Uhr

Inhaber
Dr. Matthias & Brigitte Corvers
Rebfläche
37 Hektar
Produktion
250.000 Flaschen

Die Weinbautradition der Familie Kauter aus Winkel lässt sich ebenso wie die der Familie Corvers aus Rüdesheim bis ins 18. Jahrhundert zurückverfolgen. Heute führen den Betrieb Matthias und Brigitte Corvers zusammen mit Sohn Phillip, der mit seinem abgeschlossenen Studium in Geisenheim und zahlreichen beruflichen Stationen im In- und Ausland viele neue Ideen mitbringt. Ihre besten Weinberge liegen im Rüdesheimer Berg in den Lagen Rottland, Roseneck und Schlossberg, im Rüdesheimer Drachenstein, im Höllenberg in Assmannshausen sowie in den Oestricher Lagen Doosberg und Lenchen. 2018 sind weitere Rebflächen in Hattenheimer Nussbrunnen, Erbacher Marcobrunn und Rauenthaler Baiken hinzugekommen, die zuvor dem Weingut Langwerth von Simmern gehörten. Bereits 2013 begann die Familie mit der Umstellung auf ökologischen Weinbau. Wichtigste Rebsorte ist Riesling, der drei Viertel der Fläche einnimmt. Hinzu kommt vor allem Spätburgunder in Rüdesheim und im Assmannshäuser Berg. Die Weißweine werden mit der Korbpresse gepresst und langsam vergoren, lange auf der Hefe belassen und teilweise im Stahl, die Lagenweine werden teilweise auch im großen Holzfass ausgebaut, die Spätburgunder reifen in Barriques. In den letzten Jahren sind die Kollektionen stetig besser geworden. Vom Einstiegsriesling bis zu den großen Lagenrieslingen findet man durchweg Weine mit großer Finesse und markanter Frische, die auch in warmen Jahrgängen nicht zur Opulenz neigen; edelsüße Weine sind in den letzten Jahren immer wichtiger geworden. Auch die Spätburgunder werden immer feiner, gehören heute zur Spitze im Rheingau und in Deutschland.

Kollektion

Das Weingut unterstreicht die Fortschritte der vergangenen Jahre und kann besonders in seiner Paradedisziplin, dem Süßwein, glänzen. Aber auch das Niveau der Basisweine ist seit einigen Jahren deutlich angestiegen, wie der Gutsriesling „R3 Remastered" mit seiner saftigen und dezent steinigen Art beweist. Dass man die stramme Säure nicht scheut, verdeutlicht der „Terroirwein" aus dem Rüdesheimer Berg Roseneck, der viel Zitrussaft und grünen Apfel mitbringt. Im Gegensatz dazu ist der Doosberg-Riesling sehr üppig und von intensiver Würze geprägt. Die Rieslinge aus den „Großen Lagen" sind sehr reintönig und filigran. Der Wein aus dem Erbacher Marcobrunn ist sehr offen, zeigt Frucht und Würze, ist füllig und konzentriert im Mund, lässt aber auch Säure und leichten Gerbstoffgrip durchscheinen – ein harmonischer Wein. Der Baiken-Riesling ist in der Frucht ähnlich, ist harmonisch, grazil und balanciert. Auch der Wein aus dem Rüdesheimer Berg Roseneck zeigt Frucht, ist von grünem Apfel und herber Säure geprägt. Der Riesling aus dem Berg Schlossberg überzeugt mit seiner direkten Art, vereint Süffigkeit und Säuregrip, ist geradlinig und klar. Noch etwas spannender ist der Wein aus dem Berg Rottland, der Zitrusnoten, eine im positiven Sinn angriffslustige Säure und dezenten Gerbstoff aufweist. Die Rotweine überzeugen ebenfalls voll und ganz. Der Assmannshäuser Ortswein setzt auf Tannin, Würze und dunkle Frucht. Der Pinot Noir aus dem Rüdesheimer Drachenstein besitzt mehr Tiefe und eine feine Cassis-Note, besitzt ein starkes Tanningerüst und eine kräftige Säure, ist balanciert. Noch eine Spur intensiver ist der Wein aus dem Assmannshäuser Höllenberg, der trotz Kraft und jugendlichen Bitternoten seine Feinheiten zu zeigen weiß. Eine Klasse für sich sind wieder einmal die Süßweine, angefangen bei der exotisch-duftigen Spätlese aus dem Erbacher Marcobrunn. Die Beerenauslese aus dem Berg Rottland ist klar und druckvoll. Die vier Trockenbeerenauslesen sind alle sehr reintönig. Die beiden Weine aus dem Marcobrunn erinnern an blonden Tabak, getrocknete Aprikose, Minze und Limette; die 2021er Trockenbeerenauslese aus dem Doosberg ist würzig, zeigt Noten von Dörrpflaume und Mandel. Deutlich balancierter ist die 2018er Trockenbeerenauslese aus dem Doosberg, die ihr großes Potential gerade erst andeutet.

Dr. Matthias Corvers & Phillip Corvers

Weinbewertung

86	2021 Riesling trocken „R³ Remastered" I 12%/9,90€
87	2021 Riesling trocken Oestrich Doosberg I 12,5%/16,50€
87	2021 Riesling trocken Rüdesheimer Berg Roseneck „Terroirwein" I 12,5%/13,50€
90	2021 Riesling trocken „Große Lage" Rüdesheimer Berg Roseneck I 12,5%/36,-€
90	2021 Riesling trocken „Große Lage" Rüdesheim Berg Schlossberg I 12,5%/39,-€
91	2021 Riesling trocken „Große Lage" Rüdesheim Berg Rottland I 12%/39,-€
90	2021 Riesling trocken „Große Lage" Rauenthal Baiken I 12%/36,-€
91	2021 Riesling trocken „Große Lage" Erbach Marcobrunn I 12%/39,-€
88	2021 Riesling Spätlese Erbacher Marcobrunn I 8,5%/19,50€
94	2021 Riesling Beerenauslese Rüdesheimer Berg Rottland I 7,5%/95,-€/0,375l
95	2018 Riesling Trockenbeerenauslese Oestricher Doosberg I 6%/290,-€/0,375l
94	2021 Riesling Trockenbeerenauslese Oestricher Doosberg I 6,5%/290,-€/0,375l
95	2020 Riesling Trockenbeerenauslese Erbacher Marcobrunn I 6%/290,-€/0,375l
95	2021 Riesling Trockenbeerenauslese Erbacher Marcobrunn I 7,5%/290,-€/0,375l
88	2020 Pinot Noir Assmannshausen I 13,5%/28,-€
92	2020 Pinot Noir Rüdesheim Drachenstein I 13%/48,-€
92	2020 Pinot Noir Assmannshausen Höllenberg I 13%/68,-€

Lagen

Berg Schlossberg (Rüdesheim)
Berg Rottland (Rüdesheim)
Berg Roseneck (Rüdesheim)
Drachenstein (Rüdesheim)
Höllenberg (Assmannshausen)
Doosberg (Oestrich)
Hasensprung (Winkel)
Nussbrunnen (Hattenheim)
Marcobrunn (Erbach)
Baiken (Rauenthal)

Rebsorten

Riesling (80%)
Spätburgunder (15%)

C

★★☆

Crass

Kontakt
Taunusstraße 2
65346 Erbach
Tel. 06123-63169
Fax: 06123-676878
www.weingut-crass.de
info@weingut-crass.de

Besuchszeiten
Vinothek
Do./Fr. 14-18 Uhr
Sa. 11-18 Uhr
Gutsrestaurant:
Do.-Mo. ab 17 Uhr
So. & Feiertage ab 11:30 Uhr

Inhaber
Matthias Craß
Kellermeister
Matthias Craß
Außenbetrieb
Wolfgang Craß
Rebfläche
9 Hektar
Produktion
70.000 Flaschen

Seit vielen Generationen betreibt die Familie Weinbau im Rheingau, 2014 hat Matthias Craß die Führung von seinem Vater Wolfgang Craß übernommen. Er zog in ein größeres Hofgut in der Nachbarschaft um, wo auch eine Vinothek erbaut wurde. Matthias Craß hatte seine Lehre bei Schloss Vollrads gemacht, es folgte die Weinbautechnikerausbildung, dann Stationen als Kellermeister beim Rauenthaler Winzerverein, beim Wein- und Sektgut Barth und in Schloss Reinhartshausen. Seine Weinberge liegen hauptsächlich in Erbach in den Lagen Siegelsberg, Michelmark, Hohenrain und Steinmorgen, des Weiteren ist er in den Kiedricher Lagen Sandgrub und Klosterberg vertreten. Riesling ist die dominierende Rebsorte im Betrieb, dazu gibt es Spätburgunder und Grauburgunder, aber auch ein klein wenig Sauvignon Blanc, Gelber Muskateller, Merlot, Frühburgunder und Weißburgunder.

Kollektion

Matthias Craß ist weiterhin auf gutem Kurs. Bereits der Liter-Riesling bereitet Freude, weist Aromen von grünem Apfel und Zitrus auf, die hohe Säure des 2021er Jahrgangs ist spürbar, aber gut eingebunden. Der 2021er Erbacher Riesling ist anschmiegsamer, lebt aber ebenfalls von frischen, grasigen Aromen, ähnlich wie auch der Lagen-Riesling aus dem Erbacher Steinmorgen. Die beiden 2020er Rieslinge sind deutlich reifer: Der Lenchen-Riesling steht für einen üppigen, barocken Rieslingstil, zeigt reife Aprikose und Ananas, ist aber schön balanciert. Der 2017er Schatzkammer-Wein ist halbtrocken und spielt mit reifer, kompottartiger Rieslingfrucht und dezenter Süße. Noch besser gefällt uns die perfekt süß-sauer balancierte Spätlese. Balanciert sind auch die Rotweine, besonders der Siegelsberg-Spätburgunder aus dem Jahrgang 2019, der dank kräftigem Tannin nicht fett wirkt. Die beiden Sekte punkten mit süßer Frucht.

Weinbewertung

85 Riesling Sekt extra-brut Erbacher Steinmorgen I 12%/15,90€
84 Riesling Sekt brut Erbacher I 12%/10,90€
84 2021 Riesling trocken (1l) I 12%/6,90€
85 2021 Riesling trocken Erbacher I 11%/7,40€
85 2021 Sauvignon Blanc trocken Erbacher I 11,5%/8,90€
85 2021 Riesling trocken Erbacher Steinmorgen I 12,5%/8,40€
87 2020 Riesling trocken „Alte Meister" Oestricher Lenchen I 12,5%/10,90€
87 2020 Riesling Großes Gewächs Erbacher Siegelsberg I 12,5%/18,90€
87 2017 Riesling „Schatzkammer" Erbacher Siegelsberg I 12,5%/18,90€
89 2021 Riesling Spätlese Erbacher Siegelsberg I 8,5%/10,90€ ☺
85 2020 Frühburgunder trocken Kiedricher Klosterberg I 13%/15,90€
87 2019 Spätburgunder trocken Großes Gewächs Erbacher Siegelsberg I 14%/21,90€

CRASS

★★★★

Dr. Crusius

Kontakt
Hauptstraße 2
55595 Traisen
Tel. 0671-33953
Fax: 0671-28219
www.weingut-crusius.de
info@weingut-crusius.de

Besuchszeiten
nach Vereinbarung
Mo.-Fr. 9-12 + 13.30-17.00 Uhr
Sa. 10-16 Uhr

Inhaber
Dr. Peter Crusius
Betriebsleiter
Dr. Peter Crusius &
Rebecca Crusius
Kellermeister
Dr. Peter Crusius &
Rebecca Crusius
Rebfläche
30 Hektar
Produktion
180.000 Flaschen

Die Familie betreibt seit dem 16. Jahrhundert Weinbau in Traisen, das Gutsgebäude stammt aus dem Jahr 1888. Hans Crusius entwickelte den landwirtschaftlichen Mischbetrieb in den fünfziger Jahren des 20. Jahrhunderts zum reinen Weingut mit 7,5 Hektar Reben, 1955 wurde die Produktion komplett auf Flaschenweine umgestellt. Sein Sohn Peter Crusius, der heutige Besitzer, erweiterte durch Neuanlagen und Zukäufe das Weingut auf die heutige Größe, hat zuletzt weitere 8 Hektar rund um den Rotenfels hinzubekommen. 70 Prozent der Weinbergsfläche sind vom VDP, dem das Weingut seit 1984 angehört, als „Große Lage" oder „Erste Lage" klassifiziert. Die Weinberge befinden sich in den Traiser Lagen Bastei, die Peter Crusius nun zu zwei Dritteln gehört (rotes Porphyrverwitterungsgestein) und Rotenfels (Porphyrverwitterungsböden) mit der Gewanne Mühlberg, in Schlossböckelheim im Felsenberg (bis zu 60 Prozent steiler Südhang mit schwarz-grauem Melaphyr-Vulkangestein) und in der Kupfergrube (schwarz-graues Melaphyr-Vulkangestein mit hohem Feinerde und Gesteinsanteil), im Norheimer Kirschheck (graue Schieferverwitterung mit Sandeinlagerungen) sowie im Niederhäuser Felsensteyer (Gehängelehmboden mit hohem Schieferanteil). Crusius baut gut zur Hälfte Riesling an, hinzu kommen an weißen Rebsorten Weißburgunder, Grauburgunder, Auxerrois, Chardonnay und Müller-Thurgau, auf 10 Prozent der Fläche stehen die roten Rebsorten Spätburgunder, Frühburgunder und Schwarzriesling. Die Weine werden teils spontan, teils mit Reinzuchthefen vergoren, teils im Edelstahl und teils im Holz ausgebaut. Peter Crusius und seine Frau Birgitta werden mittlerweile von ihren Töchtern Judith und Rebecca im Betrieb unterstützt, Judith kümmert sich um Marketing, Export und Vertrieb, Rebecca ist seit Anfang 2019 in das Weingut eingestiegen, hat zuvor in Geisenheim Önologie studiert und bei den Weingütern Max Müller, Dreissigacker, Georg Breuer und Poplar Grove im kanadischen Okanagan Valley gearbeitet.

Kollektion

Gewohnt reich an Aromen, saftig und mineralisch pointiert sind die Rieslinge des Traisener Weingutes auch in diesem Jahr wieder. Der Riesling Vom Fels ist ein Paradebeispiel, steckt voll tropisch herber Früchte, bietet Würze und feines Salz im Nachhall. Deutlich kraftvoller ist der Riesling aus dem Niederhäuser Felsensteyer. Reife Zitronen und süße rote Äpfel bilden einen griffigen Gaumenabdruck, er ist würzig und lang. Delikat ist der mineralische Rotenfels Riesling, besitzt Kraft und Körper, sein cremiger Saft wird von packenden Gerbstoffen durchkreuzt, was ihm Struktur und weiteres Potenzial gibt. Die geschliffene Lagencuvée Top of the Rock ist in diesem Jahr sehr balanciert, deutet ihre Kraft nur an. Die Säure ist reif, der Wein steckt voller Spannkraft und besitzt mineralische Feinheiten: Kein Schwergewicht, aber substanzreich und

Rebecca & Peter Crusius

vielschichtig. Die Großen Gewächse sind alle etwas leichter ausgefallen als im Vorjahr. Das darf man durchaus schätzen, denn kühlere Jahre kommen dem Stil des Hauses durchaus entgegen; gleichzeitig wirken sie vielseitiger denn je. Der Wein aus dem Mühlberg ist saftig und gediegen, hat sehr gute Substanz, eine geradlinige Art, dezent mineralische Noten, ist ein zugänglicher Charakter für den frühen Genuss. Dagegen ist der Felsenberg deutlich kraftvoller und würziger, die Kombination von Frucht, griffigem Gerbstoff und reifer, durchaus markanter Säure geben ihm Spannkraft und vollmundigen Schmelz; noch etwas kompakt, darf er gerne auf der Flasche reifen. Die Kupfergrube zeigt sich enorm reduktiv, was ihr einen eigenständigen Touch verleiht. Straff und kühl verwoben, ist es das säurebetonteste der Großen Gewächse, fordernd. Bei aller Kühle und Grip besitzt es Substanz zum Reifen. Der Wein aus der Bastei zeigt seinen typisch exotischen Charakter, der in diesem Jahrgang mehr in Richtung von reifen Zitrusfrüchten tendiert, denn zu den üblichen roten Früchten; gepaart mit Würze entsteht ein komplexer Wein, der durch seine jahrgangsbedingte Frische spürbar an Leichtigkeit gewinnt, dadurch vielleicht nicht ganz so ernsthaft wie in den Vorjahren wirkt. So ist der trockene Spitzenriesling in diesem Jahr gewissermaßen ein eher „heiterer" Vertreter, der schon etwas früher zugänglich sein wird. Die beiden edelsüßen Auslesen haben Potenzial. Die Auslese aus dem Felsenberg ist kristallin und knackig, aromatisch steht sie etwas auf der grünen Seite des Aromenspektrums, ebenso wie die kräftige Goldkapsel Auslese aus der Bastei, die deutlich konzentrierter und feiner ist, von Flaschenreife profitieren wird.

Weinbewertung

88	2021 Weißburgunder Chardonnay trocken „RC" I 13%/19,-€
87	2021 Riesling trocken „Vom Fels" Traisen I 13%/13,-€
87	2021 Weißburgunder trocken „Kaffell" Traisen I 13%/16,-€
89	2021 Riesling trocken „Top of the Rock" I 13%/18,50€
88	2021 Riesling trocken Niederhäuser Felsensteyer I 13%/16,50€
88	2021 Riesling trocken Traiser Rotenfels I 13%/16,-€
89	2021 Riesling „GG" Mühlberg I 13%/31,-€
91	2021 Riesling „GG" Felsenberg" I 12,5%/33,-€
91	2021 Riesling „GG" Kupfergrube I 13%/35,-€
92	2021 Riesling trocken „GG" Bastei I 13%/45,-€
90	2021 Riesling Auslese Felsenberg I 7,5%/18,-€
92+	2021 Riesling Auslese „Goldkapsel" Bastei I 8%/0,375l/a.A.

Lagen

Bastei (Traisen)
Rotenfels (Traisen)
Mühlberg (Traisen)
Felsenberg (Schlossböckelheim)
Kupfergrube (Schlossböckelheim)
Kirschheck (Norheim)
Felsensteyer (Niederhausen)

Rebsorten

Riesling (55 %)
Weiße Burgunder (35 %)
Rote Sorten (10 %)

★★

Dackermann

Kontakt
Gaustraße 15
67596 Dittelsheim-Heßloch
Tel. 06244-7054
www.weingut-dackermann.de
info@weingut-dackermann.de

Besuchszeiten
Vinothek geöffnet nach Voranmeldung

Inhaber
Sascha Dackermann
Rebfläche
16,5 Hektar
Produktion
150.000 Flaschen

Sascha Dackermann führt seit 2011 in vierter Generation das in Dittelsheim-Heßloch gelegene Weingut, das 1913 von seinem Urgroßvater Philipp Dackermann gegründet wurde. Seine Weinberge liegen in den Bechtheimer Lagen Stein, Hasensprung und Heilig Kreuz, im Dittelsheimer Kloppberg sowie in den Hesslocher Lagen Liebfrauenberg, Mondschein und Steinbügel, Letztere eine Gewanne innerhalb der Lage Edle Weingärten. Das Sortiment ist gegliedert in Liter- und Gutsweine, Ortsweine und Lagenweine, dazu gibt es im Barrique ausgebaute Réserveweine. Die Rotweine werden in 1.200 Liter-Holzfässern ausgebaut, die Weißweine teils im Edelstahl, teils im Holz.

Kollektion

Im vergangenen Jahr waren in der Spitze die Weißweine klar stärker als die Roten, in diesem Jahr allerdings setzt sich mit dem 2018er Lagen-Spätburgunder aus dem Bechtheimer Stein ein Rotwein, wenn auch nur knapp, an die Spitze der Kollektion. Er zeigt reintönige Frucht im Bouquet, feine Würze, rote Früchte, ist trotz des relativ hohen Alkohols frisch, klar und zupackend, besitzt gute Struktur, Frucht und Grip. Unser Favorit unter den Weißweinen ist der Bechtheimer Chardonnay Fumé aus dem Jahrgang 2020, der das „Fumé" völlig zu recht im Namen trägt, intensiv rauchige Noten und gute Konzentration im herrlich eindringlichen Bouquet zeigt, klar und zupackend im Mund ist, gute Struktur und Substanz besitzt. Gut gefällt uns auch der zweite weiße Ortswein, der 2021er Riesling aus Hessloch, er ist würzig und eindringlich, zeigt reintönige Frucht, besitzt Frische im Mund, klare Frucht und Grip. Auch die Gutsweine überzeugen, angefangen beim Jahr für Jahr vorgestellten Literwein, der trockenen Scheurebe, die frisch und lebhaft und die recht hohe Restsüße gut verträgt. Der Muskateller ist fruchtbetont und floral im Bouquet, ist lebhaft dann im Mund, frisch und zupackend, der Sauvignon Blanc punktet mit klarer Frucht und feiner Würze, ist ebenfalls geradlinig und lebhaft, hat Grip.

Weinbewertung

81 2021 Scheurebe trocken „Der Literwein" (1l) | 12,5%/5,95€
81 2021 Weißburgunder & Chardonnay trocken | 13%/6,95€
82 2021 Pinot Blanc trocken | 12,5%/6,95€
80 2021 Grauburgunder trocken | 12,5%/6,95€
83 2021 Gelber Muskateller trocken | 12,5%/6,95€
84 2021 Sauvignon Blanc trocken | 12,5%/6,95€
84 2021 Riesling trocken Hesslocher | 13%/8,50€
86 2020 Chardonnay „[Fumé]" trocken Bechtheimer | 14%/8,80€
81 2021 Pinot Noir [rosé] trocken | 12,5%/6,95€
87 2018 Spätburgunder trocken Bechtheimer Stein | 14,5%/12,50€

ACKERMANN

★★★

Dambach

Kontakt
Hinterbergstraße 50
67098 Bad Dürkheim
Tel. 06322-7909740
info@dambach-wein.de
www.dambach-wein.de

Besuchszeiten
Mo.-Fr. 14-18 Uhr
Sa. 10-15 Uhr

Inhaber
Sven Ohlinger &
Philipp Seeger
Rebfläche
7,9 Hektar
Produktion
40.000 Flaschen

2010 starteten Sven Ohlinger und Philipp Seeger, damals beide hauptberuflich beim Weingut Knipser tätig, ihr nach ihren Initialen benanntes Projekt „SOPS" und bepflanzten eine kleine Fläche mit Chardonnay, der 2014 das erste Mal in den Verkauf kam. Im Sommer 2018 bot sich ihnen die Möglichkeit, das Bad Dürkheimer Weingut Nickels-Dambach mitsamt knapp sechs Hektar Weinbergen zu übernehmen. Neben ihren Flächen im Großkarlbacher Burgweg und im Bissersheimer Orlenberg verfügen sie jetzt über Parzellen in den Dürkheimer Lagen Spielberg, Hochmess, Schenkenböhl und Fronhof, die wichtigste Sorte im Betrieb ist der Riesling, daneben gibt es Chardonnay, Sauvignon Blanc, Auxerrois, Silvaner und Weißburgunder, an roten Sorten gibt es Spätburgunder, Cabernet Sauvignon, Portugieser, St. Laurent, Cabernet Franc und Syrah.

Kollektion

Drei starke Rotweine und ein ebenso starker Riesling stehen an der Spitze einer Kollektion auf durchgängig sehr gutem Niveau: Der Riesling vom Burgweg zeigt deutliche Holzwürze, kräutrige Noten und etwas Brotkruste im Bouquet, besitzt Grip und salzige Noten, ist animierend und nachhaltig, der Cabernet Franc ist eine Premiere, er zeigt feine Röstnoten, schwarze Johannisbeere und etwas Eukalyptus im Bouquet, ist kraftvoll und gut strukturiert, der Syrah zeigt Aromen von Brombeeren, Mokka und deutliche Röstnoten, besitzt Kraft, reife Tannine, pfeffrige Würze und Länge, der Spätburgunder „Réserve" zeigt ein komplexes Bouquet mit Noten von Schwarzkirsche, roter Johannisbeere und Waldboden, ist elegant und nachhaltig. Fast genauso gut ist der Chardonnay, der noch von deutlichen Röstnoten geprägt ist, aber auch eine animierende Säure, Grip und Länge besitzt, dezenter ist das Holz bei der Cuvée Trigund, die klare Noten von Birne und Ananas zeigt, der Auxerrois ist leicht floral und erdig mit ebenfalls dezentem Holz, bei den Rieslingen ist der „vom Kalk" etwas prägnanter und nachhaltiger als der Dürkheimer.

Weinbewertung

86 2021 Auxerrois trocken | 12,5%/9,-€
85 2021 Riesling trocken Dürkheimer | 12%/9,-€
86 2021 Riesling trocken „vom Kalk" | 12,5%/10,50€
88 2020 Chardonnay trocken | 13,5%/18,-€
86 2021 „Cuvée Trigund" Weißwein trocken | 13%/10,50€
85 2021 Sauvignon Blanc trocken | 11,5%/9,90€
89 2020 Riesling trocken Großkarlbacher Burgweg | 12,5%/19,-€
87 2019 Spätburgunder trocken „vom Kalk" | 13,5%/14,-€
89 2019 Spätburgunder trocken „Réserve" | 13%/28,-€
89 2020 Cabernet Franc trocken | 13,5%/28,-€
89 2020 Syrah trocken | 13,5%/28,-€

Damm

Kontakt
St. Martiner Straße 20
67480 Edenkoben
Tel. 06323-4129
Fax: 06323-4179
www.weingutdamm.de
info@weingutdamm.de

Besuchszeiten
Mi. 10-18 Uhr
Do. 10-18 Uhr
Fr. 10-18 Uhr
Sa. 9-16 Uhr
Ferienwohnung, Gutsausschank

Inhaber
Michael Damm
Betriebsleiter
Michael Damm
Rebfläche
8 Hektar

Weinbau wird in der Familie Damm seit 1845 betrieben, 2017 hat Michael Damm das kleine Weingut von seinen Eltern übernommen. Die Weinberge befinden sich in der Edenkobener Lage Heilig Kreuz, die direkt an das am Ortsrand gelegene Weingut angrenzt, und in Maikammer im Heiligenberg und im Kapellenberg, beide ebenfalls in Sichtweite des Weinguts. Das Sortiment ist in Guts-, Orts- und Lagenweine eingeteilt, die Lagenweine werden spontan in traditionellen Bütten vergoren und anschließend im Holz ausgebaut. Im September 2019 wurde die neu gestaltete Vinothek eröffnet. Auf Herbizide im Weinberg wurde schon länger verzichtet, nach der Umstellungsphase auf biologischen Anbau sind die Weine seit dem Jahrgang 2020 bio-zertifiziert.

Kollektion

Michael Damms neue Kollektion ist deutlich stärker als im Vorjahr, die Spitze teilen sich unsere Favoriten der letzten beiden Jahre: Der Viognier zeigt ein komplexes Bouquet mit Noten von Apfel, Birne, Zitrusfrüchten und dezentem Holz, am Gaumen spielt dann die Frucht keine große Rolle mehr, er besitzt leichten Tanningrip und salzige Noten, ist herb, animierend und nachhaltig, der 2020er Grauburgunder vom Heilig Kreuz zeigt ebenfalls dezentes Holz im Bouquet, dazu klare Frucht mit Aromen von Birne, Melone und Ananas, am Gaumen besitzt er Schmelz, eine animierende Säure und gute Länge. Im Vergleich konnten wir denselben Wein aus dem Jahrgang 2016 verkosten, er zeigt leicht rauchige und gereifte Noten im Bouquet, etwas Gebäck und Quitte, und ist am Gaumen kraftvoll und sehr nussig, aber weniger nachhaltig als der 2020er. Der Chardonnay zeigt ebenfalls leichte Reifenoten, besitzt am Gaumen Kraft und Konzentration und die drei 2021er Weißweine, Grauburgunder, Riesling und Sauvignon Blanc, sind frisch und schlank mit jeweils klarer, reintöniger Frucht. Der Saint Laurent ist kraftvoll mit dunkler Frucht und deutlichen Kräuternoten, der Spätburgunder aus dem Jahrgang 2016 zeigt dezente Reifenoten und besitzt eine gute Struktur.

Weinbewertung

84 2021 Riesling trocken Edenkobener | 12,5%/8,80€
84 2021 Sauvignon Blanc trocken Diedesfelder | 12%/8,80€
84 2021 Grauer Burgunder trocken Edenkobener | 12%/8,80€
88 2020 Viognier trocken Maikammerer Kapellenberg | 13%/12,80€
86 2016 Grauer Burgunder trocken Edenkobener Heilig Kreuz | 13,5%/14,50€
88 2020 Grauer Burgunder trocken Edenkobener Heilig Kreuz | 13%/14,50€
86 2019 Chardonnay trocken Edenkobener Heilig Kreuz | 13,5%/12,40€
87 2019 Saint Laurent trocken Edenkobener Heilig Kreuz | 13,5%/14,50€
85 2016 Spätburgunder trocken „Late Release" Edenkobener | 13%/8,90€

★★

Darting

Kontakt
Am Falltor 4
67098 Bad Dürkheim
Tel. 06322-979830
Fax: 06322-9798326
www.darting.de
info@darting.de

Besuchszeiten
Mo.-Fr. 8-12 + 13-18 Uhr
Sa. 9-16 Uhr
So. & Feiertage geschlossen

Inhaber / Kellermeister
Helmut Darting
Außenbetrieb
Christof Reuther
Rebfläche
25 Hektar
Produktion
180.000 Flaschen

Seit dem 18. Jahrhundert baut die Familie Wein in der Pfalz an, heute führt Helmut Darting den Betrieb. Seine Weinberge liegen vor allem in verschiedenen Dürkheimer (Michelsberg, Spielberg, Hochbenn, Nonnengarten, Fronhof, Fuchsmantel, Schenkenböhl) und Ungsteiner Lagen (Herrenberg, Weilberg), aber auch in Wachenheim (Mandelgarten). Wichtigste Rebsorte ist Riesling, der 30 Prozent der Rebfläche einnimmt, neben den weißen Burgundersorten spielen auch die Bukettsorten auf 14 Prozent der Fläche ein wichtige Rolle, die roten Sorten wie Spätburgunder, St. Laurent, Cabernet Cubin, Dornfelder und Schwarzriesling machen rund 40 Prozent des Rebsortenspiegels aus. Aus Gewürztraminer, Kanzler, Rieslaner, Scheurebe, Muskateller oder Huxelrebe werden edelsüße Weine erzeugt, die das Weingut berühmt gemacht haben.

Kollektion

In den vergangenen Jahren konnte Helmut Darting im Nonnengarten immer eine Beerenauslese vom Rieslaner ernten und stets stand der Wein an der Spitze des verkosteten Sortiments. Der Jahrgang 2020 macht da keine Ausnahme: Der Wein zeigt ein konzentriertes Bouquet mit Noten von Aprikosenmark, Nougat und Zitrusfrüchten, besitzt am Gaumen eine cremige Textur, viel Frucht und ein feines nachhaltiges Säurespiel. Neu im Programm ist der Malbec, der markant nach Kräutern, Schwarztee und Pflaumen duftet und Kraft, Fülle und noch jugendliche Tannine besitzt, genauso stark ist der ebenfalls kraftvolle und füllige Cabernet Cubin der im Bouquet klare Aromen von schwarzer Johannisbeere, etwas grüner Paprika und Schokolade zeigt. Sehr gut sind auch die cremige, fruchtbetonte und animierende Riesling Spätlese, der sehr reintönige und frische trockene Gewürztraminer, der schlanke Riesling „vom weißen Kalk“, der guten Grip besitzt, der etwas fülligere, leicht kräutrige Spielberg-Riesling und der Sauvignon Blanc mit klaren Noten von Maracuja und Grapefruit.

Weinbewertung

82 2021 Riesling Kabinett trocken Dürkheimer Fronhof (1l) | 11,5%/6,-€
85 2021 Riesling Kabinett trocken Dürkheimer Spielberg | 12,5%/8,-€
85 2021 Riesling Kabinett trocken „vom weißen Kalk“ | 11,5%/8,50€
83 2021 Weißburgunder trocken Dürkheimer Schenkenböhl | 12,5%/7,50€
85 2021 Sauvignon Blanc trocken | 12%/8,50€
85 2021 Gewürztraminer Spätlese trocken Dürkheimer Nonnengarten | 12,5%/9,-€
86 2021 Riesling Spätlese Ungsteiner Herrenberg | 9%/9,50€
88 2020 Rieslaner Beerenauslese Dürkheimer Nonnengarten | 8%/19,-€/0,5l
83 2021 Spätburgunder Rosé trocken | 13%/6 50€
86 2017 Spätburgunder trocken Dürkheimer Nonnengarten | 14%/18,-€
87 2015 Cabernet Cubin trocken | 14,5%/10,50€
87 2019 Malbec trocken | 13,5%/17,-€

★★★★★ Dautel

Kontakt
Lauerweg 55
74357 Bönnigheim
Tel. 07143-870326
Fax: 07143-870327
www.weingut-dautel.de
info@weingut-dautel.de

Besuchszeiten
Mo.-Fr. 10-12 + 14-18 Uhr
Sa. 10-16 Uhr

Inhaber
Christian Dautel
Rebfläche
16 Hektar
Produktion
100.000 Flaschen

Seit Christian Dautel in den Betrieb eingestiegen ist, den er 2013 übernommen hat, wurden neue Rebflächen erworben; vor allem Spätburgunder möchte er weiterhin im Anbau forcieren, ebenso Chardonnay. Weinbau gibt es seit Anfang des 16. Jahrhunderts in der Familie, mit der Selbstvermarktung hat aber erst Ernst Dautel, Christians Vater, Ende der siebziger Jahre begonnen, nach Abschluss eines Studiums in Geisenheim. Konsequent hat Ernst Dautel seine Vorstellungen vom Wein umgesetzt, hat viel ausprobiert und ist stetig vorangekommen: Seit Mitte der achtziger Jahre baute er Weine im Barrique aus, 1988 pflanzte er Chardonnay, 1990 erzeugte er seine erste Cuvée, die Kreation Rot. Die Weinberge liegen vor allem in Bönnigheimer Sonnenberg (mit den Gewannen Steingrüben, Schupen und Schlipshälde). Der Sonnenberg besteht aus buntem Mergel, Schilfsandstein und Gipskeuper, die Großen Gewächse stammen von alten Reben im Herzstück des Sonnenbergs. Hinzu kommen Weinberge im Besigheimer Wurmberg, mit der Gewanne Niedernberg, wo Christian Dautel Chardonnay stehen hat; die Muschelkalkterrassen liegen am linken Ufer der Enz, bevor diese in den Neckar mündet. Im Forstberg Oberstenfeld (im „ursprünglichen" Forstberg) hat Christian Dautel Spätburgunder gepflanzt, von dem seit 2014 ein Großes Gewächs erzeugt wird. Im Michaelsberg in Cleebronn (und auch hier im „ursprünglichen" Michaelsberg) baut Christian Dautel Lemberger an, das erste Große Gewächs wurde 2010 erzeugt. Hauptrebsorten sind heute Riesling, Lemberger, Spätburgunder und Weißburgunder, Chardonnay wird zukünftig eine wichtigere Rolle spielen, schon lange gibt es auch Cabernet Sauvignon und Merlot. Die Umstellung auf biologischen Weinbau wurde begonnen. Die Weißweine werden lange auf der Feinhefe ausgebaut, die Rotweine kommen nach der Maischegärung bis zu zwei Jahre ins Barrique. Das Programm ist gegliedert in Gutsweine, Ortsweine, Erste Lage-Weine und Große Gewächse

Kollektion

Starke Basis: Der Riesling Gutswein zeigt sich besser denn je, ist frisch, fruchtbetont und wunderschön reintönig im Bouquet, besitzt viel Frische und Frucht, Struktur und Grip. Der Bönnigheimer Gipskeuper-Riesling ist ähnlich, noch etwas präziser und druckvoller. Der Bönnigheimer Gipskeuper-Weißburgunder ist wunderschön reintönig, harmonisch, recht schlank, frisch und lang – da trinkt man gerne die Flasche leer. Der Wurmberg-Riesling ist bestechend zuverlässig und es tut ihm gut, dass er nun erst im zweiten Jahr nach der Ernte in den Verkauf kommt, er ist reintönig, komplex, lang und nachhaltig, lässt manches Große Gewächs hinter sich. Der Sonnenberg-Chardonnay ist auch in seinem zweiten Jahrgang 2020 hervorragend, faszinierend reintönig, leicht rauchig, komplex, druckvoll und lang. Der Weißburgunder S zeigt viel Würze und

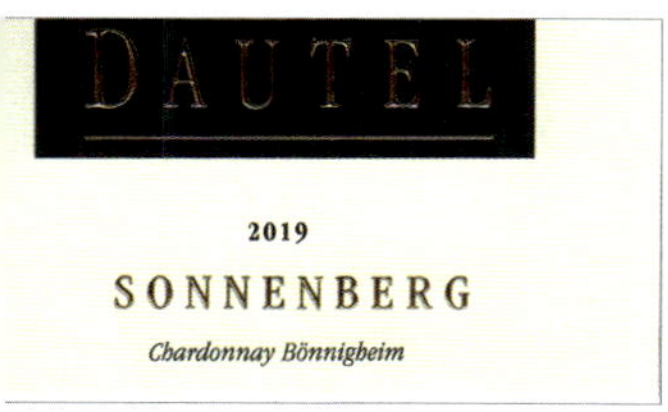

Frische im Bouquet, ist füllig und saftig im Mund, reintönig und strukturiert, besitzt herrlich viel Grip, dezente Tannine. Noch spannender ist der Chardonnay S, der feine Würze, eindringliche Frucht und dezenten Toast im Bouquet zeigt, frisch, klar und präzise im Mund ist, enorm druckvoll und nachhaltig – und noch enorm jugendlich. Der Steingrüben-Riesling ist herrlich eindringlich im Bouquet mit eindringlicher Würze, sehr eigenständig, ist präzise und druckvoll dann im Mund, herrlich zupackend bei viel Frische im Abgang. Bei den roten Gutsweinen setzt Christian Dautel verstärkt auf Frische und Lebendigkeit, sie besitzen reintönige Frucht, sind geradlinig und zupackend, haben Grip. Die Ortsweine vom Sonnenberg zeigen ebenfalls diese stilistische Veränderung hin zu Frische und Grip, der Spätburgunder ist wunderschön reintönig und lebhaft, was auch für den Lemberger gilt, der deutlich druckvoller ist. Der Michaelsberg-Lemberger ist herrlich eindringlich, zeigt viel reife Frucht, Herzkirschen, besitzt herrlich viel Frucht und Substanz, ist füllig und schmeichelnd bei guter Struktur und Frische. Der Spätburgunder Schupen ist faszinierend fruchtbetont und intensiv, präzise und zupackend, enorm druckvoll und nachhaltig. Der Forstberg-Spätburgunder zeigt reintönige Frucht, feine Frische, etwas rauchig-würzige Noten im Hintergrund, ist harmonisch und elegant, besitzt gute Struktur, Frische und Grip, feine Tannine. Klasse Kollektion!

Christian Dautel

Weinbewertung

87 2021 Riesling trocken | 12%/8,90€
88 2021 Riesling trocken „Gipskeuper“ Bönnigheim | 12%/12,50€
89 2021 Weißburgunder trocken „Gipskeuper“ Bönnigheim | 12%/13,40€
91 2020 Riesling trocken Wurmberg Besigheim | 12%/16,90€ ☺
92 2020 Chardonnay trocken Sonnenberg Bönnigheim | 12,5%/19,90€ ☺
92 2020 Weißburgunder „-S-“ trocken | 12,5%/29,-€
94 2020 Chardonnay „-S-“ trocken | 13%/29,-€ ☺
93 2020 Riesling „GG“ Steingrüben Bönnigheim | 12,5%/29,-€
88 2020 Spätburgunder trocken „Schilfsandstein“ Cleebronn | 12,5%/13,60€
88 2020 Lemberger trocken Bönnigheim | 12,5%/13,60€
89 2019 Spätburgunder Sonnenberg Bönnigheim | 13%/19,90€
91 2019 Lemberger Sonnenberg Bönnigheim | 13%/19,90€
94 2019 Spätburgunder „GG“ Schupen Bönnigheim | 13%/34,-€
95 2019 Spätburgunder „GG“ Forstberg Oberstenfeld | 13%/34,-€
93 2019 Lemberger „GG“ Michaelsberg Cleebronn | 13%/34,-€

Lagen
Sonnenberg (Bönnigheim)
Steingrüben (Bönnigheim)
Schupen (Bönnigheim)
Schlipshälde (Bönnigheim)
Niedernberg (Besigheim)
Wurmberg (Besigheim)
Michaelsberg (Cleebronn)
Forstberg (Oberstenfeld)

Rebsorten
Riesling (22%)
Lemberger (22%)
Spätburgunder (21%)
Weißburgunder (18%)
Chardonnay (6%)

★

Deidesheim

Kontakt
Winzerverein Deidesheim eG
Prinz-Rupprecht-Straße 8
67146 Deidesheim
Tel. 06326-96880
Fax: 06326-9688-42
www.winzervereindeidesheim.de; info@winzervereindeidesheim.de

Besuchszeiten
Mo.-Sa. 9-18 Uhr
So. & Feiertage 10-18 Uhr
Vinothek (Weinproben bis 35 Personen), Veranstaltungen im Hof, Gaststätte, Locations für individuelle Feiern

Vorstandsvorsitzender
Arthur Braun
Betriebsleiter
Steven Kärgel
Kellermeister
Bruno Klüpfel, Christoph Lutz
Rebfläche
150 Hektar
Produktion
2.000.000 Flaschen

Der Winzerverein Deidesheim ist die älteste Winzergenossenschaft der Pfalz und wurde im September 1898 von 45 Winzern gegründet. Im Jahr darauf wurde mit dem Bau des Kellers und des Kelterhauses in der Prinz-Rupprecht-Straße begonnen, wo auch heute noch der Sitz des Winzervereins ist. Riesling spielt mit einem Flächenanteil von über 60 Prozent die wichtigste Rolle in der Genossenschaft, die Mitglieder bewirtschaften Weinberge in allen Deidesheimer Lagen wie Grainhübel, Mäushöhle, Kieselberg, Leinhöhle, Paradiesgarten und Herrgottsacker, daneben ist man im Forster Ungeheuer und im Ruppertsberger Reiterpfad vertreten. Die Spitzenweine des Hauses kommen unter der Bezeichnung „Edition" in den Verkauf, mit dem Jahrgang 2020 wurde erstmals eine neue Bioweinlinie aus mehreren Weinen eingeführt.

Kollektion

Wie schon im vergangenen Jahr sind die Lagenrieslinge aus der Editions-Linie an der Spitze des Sortiments: Am stärksten schätzen wir den Kieselberg ein, der viel klare, gelbe Frucht mit Noten von Steinobst und Ananas und etwas kräutrige Würze im Bouquet zeigt, am Gaumen guten Grip besitzt und etwas nachhaltiger als die anderen Lagenrieslinge ist, der Grainhübel zeigt ebenfalls viel Frucht und auch dezente Reifenoten, etwas Quitte, Aprikose und Orangenschale, besitzt ein feines Säurespiel, noch etwas fülliger und fruchtbetonter ist der Paradiesgarten, der Aromen von Pfirsich, Aprikose und Ananas zeigt. Knapp dahinter liegen zwei weitere Editions-Weine, der Deidesheimer Riesling zeigt leichte Reifenoten und besitzt viel Frucht und Saft, der Chardonnay ist füllig und weich, zeigt dezente Holzwürze und klare Frucht mit Noten von Aprikose, Pfirsich und Melone. Die anderen Weine kommen da nicht ganz heran, bleiben jeweils nur kurz am Gaumen, besitzen aber reintönige Frucht.

Weinbewertung

81 2021 Riesling trocken „Bio" | 12%/6,50€
81 2021 Gewürztraminer Kabinett trocken | 11,5%/6,90€
82 2020 Riesling trocken „Bio" Forster Mariengarten | 12%/6,50€
84 2020 Riesling trocken „Edition" Deidesheimer | 12,5%/9,90€
86 2020 Riesling trocken „Edition" Deidesheimer Kieselberg | 12,5%/12,-€
85 2020 Riesling trocken „Edition" Deidesheimer Paradiesgarten | 12,5%/12,-€
85 2020 Riesling trocken „Edition" Deidesheimer Grainhübel | 12,5%/12,-€
84 2020 Chardonnay trocken „Edition" | 13%/15,-€
80 2021 Goldmuskateller „feinherb" | 11,5%/6,90€
82 Riesling Gewürztraminer „feinherb" „tête-à-tête" „Bio" | 11,5%/6,50€
82 2019 Cabernet Sauvignon trocken | 13%/8,-€
82 2019 Pinot Noir trocken „Edition" | 13%/15,-€

★★★½

Dengler-Seyler

Kontakt
Weinstraße Süd 6
67487 Maikammer
Tel. 06321-5103
Fax: 06321-57325
www.dengler-seyler.de
info@dengler-seyler.de

Besuchszeiten
Mo.-Fr. 9-12 + 13-18 Uhr
Sa. 9-17 Uhr
Di./So./Feiertage geschlossen
Gasthaus „Zum Winzer" mit Gästezimmern

Inhaber
Familie Seyler
Rebfläche
18 Hektar
Produktion
130.000 Flaschen

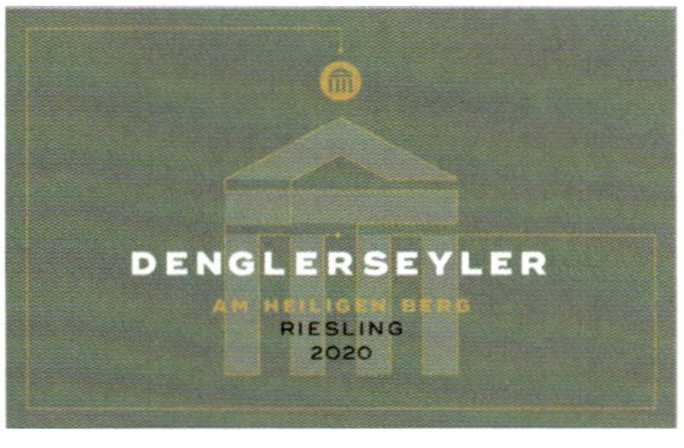

Das Weingut Dengler-Seyler in Maikammer wird heute in vierter Generation von der Familie Seyler bewirtschaftet. Wichtigste Lage ist der Heiligenberg, wo das Weingut 6 Hektar besitzt. Die weiteren Weinberge befinden sich in den anderen Maikammer Lagen Kirchenstück (tiefgründige Lösslehmböden) und Kapellenberg (Ton, Lehm und tertiärer Kalkstein), hinzu kommen Weinberge in Kirrweiler, Alsterweiler und Diedesfeld. Auf den sehr unterschiedlichen Böden des Heiligenbergs erzeugt Matthias Seyler vier Rieslinge, einen Lagenwein und drei Weine aus „Bester Lage": Der Am Heiligen Berg wächst in der ursprünglich 8 Hektar großen, kalkgeprägten Kernlage, der Im Obern Weinsper stammt von den ältesten Rieslingreben von der Spitze des Heiligenbergs (Parabraunerde über Löss) und in der 2006 erworbenen Lage Schlangengässel wachsen die Reben auf carbonathaltigem Kieslehm.

Kollektion

Wie gewohnt sind die drei Rieslinge aus den unterschiedlichen Gewannen des Heiligenbergs unsere Favoriten: Der Obere Weinsper ist in diesem Jahr der druckvollste und nachhaltigste Riesling, er ist von herben Zitrusnoten geprägt, besitzt viel Grip, ist animierend und salzig, der Schlangengässel ist ebenfalls animierend, aber deutlich fülliger, zeigt kräutrig-mineralische Noten und auch Fruchtnoten von Ananas und Orangenschale, der Am Heiligen Berg zeigt die deutlichste Frucht mit Aromen von Aprikose und gelbem Apfel und ist auch von etwas kreidig-mineralischen Noten geprägt. Sehr gut sind auch der normale Heiligenberg-Riesling, der kräutrig, animierend und nachhaltig ist, der Weißburgunder vom Kapellenberg mit feiner Frucht, leicht rauchigen Noten und einer frischen Säure, der Chardonnay, bei dem das Holz im Bouquet mit Noten von gerösteten Haselnüssen sehr präsent ist und der am Gaumen feine Zitrusnoten, Eleganz und Frische besitzt und der Spätburgunder, der harmonisch und elegant ist und klare Aromen von Schwarzkirsche und etwas Waldboden zeigt. ▬

Weinbewertung

84 2021 Riesling trocken I 12%/8,50€
84 2021 Grauburgunder trocken I 12,5%/8,50€
88 2021 Chardonnay trocken Maikammer I 12,5%/13,50€
84 2021 Muskateller trocken I 12%/9,-€
86 2021 Weißburgunder trocken Kirrweiler I 13%/11,30€
90 2021 Riesling trocken Maikammer Im Obern Weinsper I 12,5%/20,50€
89 2021 Riesling trocken Maikammer Schlangengässel I 12,5%/20,50€
88 2021 Riesling trocken Maikammer Heiligenberg I 12,5%/15,-€
89 2021 Riesling trocken Maikammer Am Heiligen Berg I 12,5%/20,50€
88 2021 Weißburgunder trocken Alsterweiler Kapellenberg I 13%/15,-€
87 2020 St. Laurent trocken Diedesfeld I 13%/14,-€
88 2020 Spätburgunder trocken Maikammer Heiligenberg I 13%/21,-€

★★★

H. Deppisch

Kontakt
Thürschengraben 3
97288 Theilheim
Tel. 09303-9800048,
0177-6338263
Fax: 09303-980183
www.weingut-deppisch.com
kontakt@weingut-deppisch.com

Besuchszeiten
Mo.-Fr. 17-19 Uhr
Sa. 10-17 Uhr
Heckenwirtschaft
(März/April + Okt./Nov.)

Inhaber
Christian Deppisch
Betriebsleiter
Christian Deppisch
Kellermeister
Christian Deppisch
Außenbetrieb
Hermann Deppisch
Rebfläche
6 Hektar
Produktion
20.000 Flaschen

Hermann Deppisch, langjähriger Außenbetriebsleiter beim Bürgerspital, pachtete 1989 die ersten Rebstöcke. Sohn Christian Deppisch arbeitete, nach Ausbildung beim Bürgerspital und Önologiestudium, zunächst in Geisenheim, seit 2009 bei der Bayerischen Landesanstalt für Weinbau und Gartenbau, wo er hauptsächlich für ökologischen Weinbau zuständig ist. Die Weinberge lagen anfangs alle im nicht flurbereinigten Theilheimer Altenberg, mit dem Jahrgang 2020 gab es erstmals Weine aus den Randersackerer Lagen Pfülben und Sonnenstuhl (Riesling, Silvaner und Rieslaner). Christian Deppisch baut vor allem Silvaner (auch Blauer Silvaner), Riesling und die Burgundersorten an. Die Weinberge werden biologisch-dynamisch bewirtschaftet (Mitglied bei Demeter), 2011 war der erste zertifizierte Jahrgang. Seit September 2019 besitzt Christian Deppisch eine eigene Schafherde zur Beweidung der Rebflächen. Die Weine werden nach der Ganztraubenpressung spontanvergoren.

Kollektion

Eine umfangreiche Kollektion präsentiert Christian Deppisch, die mit zwei sehr guten, zupackenden Seitensprung-Perlweinen beginnt. Die Muschelkalk-Linie zeigt durchgängig hohes Niveau, die Weine sind, frisch, klar, haben Grip, der präzise, druckvolle Pinot Blanc gefällt uns besonders gut. Der Sonnenstuhl-Silvaner besitzt in beiden Jahrgängen Frische, Struktur und Grip, der Pfülben-Riesling ist herrlich eindringlich, reintönig, was auch für die beiden Pfülben-Rieslaner gilt. Spannend ist auch der Orange-Silvaner, sehr würzig, eindringlich, stoffig und kraftvoll. Harmonisch gereift und präzise präsentiert sich der 2012er (!) Frühburgunder. Starke Kollektion!

Weinbewertung

87 2021 „Seitensprung" Perlwein | 12%/8,90€
86 2021 „Seitensprung" Rosé Perlwein | 12%/8,90€
86 2021 Müller-Thurgau trocken „vom Muschelkalk" | 12%/9,90€
86 2021 Silvaner trocken „vom Muschelkalk" | 12,5%/9,90€
86 2021 Blauer Silvaner trocken „vom Muschelkalk" | 12%/9,90€
85 2021 Riesling trocken „vom Muschelkalk" | 12%/9,90€
87 2021 Pinot Blanc trocken „vom Muschelkalk" | 12,5%/9,90€
86 2021 Sauvignon Blanc trocken „vom Muschelkalk" | 12%/9,90€
88 2020 Silvaner trocken Randersackerer Sonnenstuhl | 12%/12,90€
(88) 2021 Silvaner Randersackerer Sonnenstuhl | 12,5%/13,90€
89 2020 Riesling trocken „GG" Randersackerer Pfülben | 12%/19,90€
(88) 2020 Silvaner „Orange" | 12,5%/19,-€
87 2020 Rieslaner Randersackerer Pfülben | 12,5%/19,-€
(88) 2021 Rieslaner Randersackerer Pfülben | 13,5%/19,-€
84 2021 Rosé | 12%/7,90€
88 2012 Frühburgunder trocken „per se" Theilheimer Altenberg | 12,5%/19,-€

eppisch weingut

★★★

Dereser

Kontakt
Maintalstraße 8
97509 Stammheim
Tel. 09381-2187
Fax: 09381-802973
www.weingut-dereser.de
info@weingut-dereser.de

Besuchszeiten
nach Vereinbarung
Weinbistro
(saisonal, So. 14-22 Uhr)
3 Gästezimmer
1 Ferienwohnung

Inhaber
Johannes Dereser
Rebfläche
9 Hektar
Produktion
55.000 Flaschen

Johannes Dereser ist seit Abschluss seines Geisenheim-Studiums 2011 im elterlichen Betrieb tätig, hat inzwischen das Weingut von seinem Vater Hermann übernommen, der zusammen mit Ehefrau Gerda Anfang der neunziger Jahre mit der Selbstvermarktung begonnen hatte. Seit sieben Generationen baut die Familie Wein an, aus dem ehemaligen Gemischtbetrieb hat sich im Laufe der Zeit ein Weingut mit Brennerei entwickelt. Die Weinberge lagen ursprünglich alle im Stammheimer Eselsberg, inzwischen hat man auch Parzellen im Volkacher Ratsherr erworben. Silvaner ist die klar wichtigste Rebsorte, es folgen Weißburgunder, Riesling und Sauvignon Blanc sowie rote Sorten wie Spätburgunder, Domina und Cabernet Sauvignon; die Reben wachsen sowohl in Stammheim als auch in Volkach auf Muschelkalkböden. Die Weine werden nach Parzellen getrennt im Edelstahl ausgebaut, bleiben lange auf der Hefe, ausgesuchte Partien kommen auch ins Barrique.

Kollektion

Bestechend hoch ist auch in diesem Jahr wieder das Gesamtniveau. Schön differenziert sind die fünf präsentierten Silvaner, vom birnenduftigen, frischen Fährmann über den zupackenden, lebhaften trockenen Kabinett, dem strukturierten, reintönigen Steinhecke-Silvaner und dem druckvollen, zupackenden „unterm Horizont" bis hin zum Wildfang, dem unsere leichte Präferenz in diesem Jahr gilt, der rauchige Noten und klare reife Frucht zeigt, gute Struktur, Kraft und Grip besitzt. Weißburgunder punktet als reintöniger Basiswein ebenso wie als kraftvoller, noch sehr jugendlicher „oben". Der Sauvignon Blanc, im Ratsherr gewachsen, ist reintönig, lebhaft und frisch, der Muskateller besitzt ebenfalls wunderschön reintönige Frucht, Struktur und Grip. Herrlich reintönig, frisch und fruchtbetont ist der Spätburgunder, unser Favorit unter den Roten ist aber der intensiv fruchtige Cabernet Sauvignon, der Cassis und dunkle Früchte zeigt, Fülle und Kraft besitzt.

Weinbewertung

84 2021 Silvaner trocken „Fährmann" | 11,5%/5,50€
85 2021 Silvaner Kabinett trocken Stammheimer Eselsberg | 12%/7,-€
85 2021 Weißburgunder trocken Stammheimer Eselsberg | 13%/7,-€
84 2021 Riesling trocken Stammheimer Eselsberg | 12,5%/7,-€
86 2021 Muskateller trocken Stammheimer Eselsberg | 11,5%/8,-€
85 2021 Sauvignon Blanc trocken Volkacher Ratsherr | 13%/8,30€
87 2021 Silvaner trocken „Steinhecke" Stammheimer Eselsberg | 12,5%/9,30€
87 2021 Weißburgunder trocken Stammheimer Eselsberg „oben" | 13,5%/10,50€
88 2021 Silvaner trocken „Wildfang" Volkacher Ratsherr | 12,5%/10,50€
87 2020 Silvaner trocken „unterm Horizont" Stammheimer Eselsberg | 13%/10,50€
84 2019 Domina trocken Stammheimer Eselsberg | 13,5%/8,50€
86 2020 Spätburgunder trocken Stammheimer Eselsberg | 13%/8,50€
88 2019 Cabernet Sauvignon trocken Barrique Stammheimer Eselsberg | 13,5%/18,-€

★★☆

Dessoy

Kontakt
Außerhalb 74
55411 Bingen-Kempten
Tel. 06721-799060
Fax: 06721-799080
www.vino-fredi.de
vino.fredi@weingut-dessoy.de

Besuchszeiten
gerne nach Vereinbarung
Weinbar Fr. & Sa. ab 18 Uhr, So. ab 15 Uhr
Sommerfest am 2. Augustwochenende
exklusive Ferienwohnungen
neue Vinothek

Inhaber
Andree Dessoy
Betriebsleiter
Frederike Dessoy & Florian Schnell
Kellermeister
Frederike Dessoy
Außenbetrieb
Florian Schnell
Rebfläche
18 Hektar
Produktion
50.000 Flaschen

Seit vier Generationen betreibt die Familie Weinbau im Binger Ortsteil Kempten, mit der Flaschenweinvermarktung wurde aber erst 2010 begonnen. Die Weinberge von Andree Dessoy liegen rund um den Binger Rochusberg im nordwestlichen Rheinhessen, in den Binger Lagen Scharlachberg, Kirchberg, Schlossberg-Schwätzerchen (mit der ehemaligen Einzellage Eisel), Pfarrgarten und Kapellenberg. Riesling nimmt gut ein Drittel der Rebfläche ein, Silvaner ein Fünftel, es folgen Weißburgunder, Spätburgunder und Grauburgunder, des Weiteren gibt es Gelber Muskateller, Frühburgunder, Chardonnay und weitere Rebsorten. Für den Weinausbau ist Tochter Frederike zuständig, die zusammen mit Florian Schnell, beide Geisenheim-Absolventen, seit 2011 den Betrieb führt. Die Weine werden größtenteils mit den traubeneigenen Hefen vergoren. Das Programm ist dreistufig gegliedert in Gutsweine, Ortsweine und Lagenweine.

Kollektion

Zwei trockene Lagenweine führten im vergangenen Jahr eine starke Kollektion an, der 2020er Riesling aus dem Scharlachberg und der 2018er Spätburgunder aus dem Kirchberg. Lagenweine konnten wir in diesem Jahr nun nicht verkosten, sondern ausschließlich Guts- und Ortsweine. Der trockene Rosé ist frisch, fruchtbetont und geradlinig, merklich süß und süffig, was auch auf den lebhaften, klaren Silvaner zutrifft. Dem feinherben Muskateller steht die Süße gut zu Gesicht, er zeigt viel Frische und feine Frucht im Bouquet, eine schöne Muskatnote, ist lebhaft und frisch, besitzt feine süße Frucht und Grip. Neben diesen drei Gutsweinen konnten wir vier weiße trockene Binger Ortsweine verkosten. Der Chardonnay ist würzig und eindringlich, frisch und geradlinig, harmonisch und fruchtbetont, hat Biss. Sehr würzig ist auch der Grauburgunder, der deutlich trockener ist als die anderen präsentierten Weine, frisch und saftig ist bei ganz dezenter Bitternote im Abgang. Der Weißburgunder ist fruchtbetont und frisch im Bouquet, lebhaft und geradlinig im Mund. Unser Favorit ist der Riesling, der feine Würze und Duft im Bouquet zeigt, frisch, klar und zupackend ist, gute Struktur und Grip besitzt. Eine stimmige, konsistente Kollektion!

Weinbewertung

83 2021 Grüner Silvaner trocken | 11,5 %/7,50 €
85 2021 Riesling trocken Binger | 12,5 %/10,50 €
83 2021 Weißburgunder trocken Binger | 13 %/10,50 €
82 2021 Grauburgunder trocken Binger | 13 %/10,50 €
84 2021 Chardonnay trocken Binger | 13,5 %/10,50 €
84 2021 Gelber Muskateller „feinherb" | 11,5 %/7,50 €
81 2021 Rosé trocken | 11,5 %/7,- €

★★

Teresa Deufel

In Lindau am Bodensee ist Teresa Deufel zu hause, in Bayern also, aber die Weinberge am bayerischen Teil des Bodensees gehören weingesetzlich zum Anbaugebiet Württemberg. Lange Zeit waren die Weinberge am bayerischen Bodensee verschwunden, aber 1975 pflanzten Hannes Deufel, Teresas Vater und Ludwig Haug, Teresas Onkel, wieder Reben auf ihren Obsthöfen, 1977 erzeugten sie den ersten Lindauer Wein. 2009 begann Teresa Deufel auf dem familieneigenen Hof mit der Produktion der „Teresa Deufel Weine“, zwei Jahre später eröffnete sie im ehemaligen Weinkeller den Hofausschank namens Degelstein. Teresa Deufel hat ihre Winzerlehre bei Ludwig Knoll in Würzburg gemacht, dann ein Auslandspraktikum beim Deutschen Weininstitut in London, anschließend ihre Weintechnikerausbildung in Veitshöchheim. Alle ihre Weinberge liegen in der Lindauer Spitalhalde. Piwis nehmen einen breiten Raum ein, Johanniter, Solaris, Cabernet Blanc, Muscaris und Pinotin, dazu gibt es Bacchus und Spätburgunder. Die Weinberge werden biologisch bewirtschaftet, Teresa Deufel ist Mitglied bei Bioland. Alle Weine werden spontanvergoren.

Kollektion

Mit einer klasse Kollektion meldet Teresa Deufel sich zurück. Der frische „Spannenlanger Hansl“-Secco Rosé und der zupackende „Sprudel dicke Dirn“-Sekt wurden ergänzt um den Superblubber-Petnat aus Johanniter, der frisch und zupackend ist. Die sortenreinen Piwis aus 2021 besitzen alle viel Frische und Grip. Der Solaris ist wunderschön reintönig und fruchtbetont, der Muscaris zeigt eindringliche Muskatnoten und besitzt viel Grip, was auch für den Cabernet Blanc gilt. Die maischevergorene „rakete“ ist strukturiert, derzeit von intensiven Hefenoten geprägt. Unser Favorit ist der zweite maischevergorene Wein, „MuHo“ genannt, „Muscaris aus dem Holz“, Jahrgang 2020, der herrlich eindringlich ist, gelbe Früchte zeigt, viel Schalenaromatik, ganz Struktur ist und Grip besitzt.

Weinbewertung

84 „Spannenlanger Hansl“ „Secco“ Rosé trocken | 11,5%/9,50€
86 2018 „Sprudel dicke Dirn“ Sekt | 12,5%/19,50€
85 2021 „Superblubber“ „Petnat“ | 11,5%/15,-€
84 2021 „Cuvee Degelstein“ Weißwein | 12%/9,50€
84 2021 Johanniter | 12,5%/10,50€
85 2020 Cabernet Blanc | 12%/14,-€
85 2021 Cabernet Blanc | 11%/14,-€
86 2021 Muscaris | 12,5%/12,-€
86 2021 Solaris | 12%/13,-€
86 2021 „rakete“ Weißwein | 12,5%/12,-€
89 2020 „MuHo“ Weißwein | 13%/20,-€
83 2021 Rosé | 12,5%/10,50€

Kontakt
Schachener Straße 213
88131 Lindau
Tel. 0176-23298167
www.teresadeufel.de
info@teresadeufel.de

Besuchszeiten
Mo.-Sa. 9-12 Uhr und nach Vereinbarung
(eigentlich ist immer jemand am Hof!)
Ferienwohnungen
Rädle Wirtschaft

Inhaber
Teresa Deufel
Betriebsleiter
Teresa Deufel & Philip Erletz
Rebfläche
3 Hektar
Produktion
20.000 Flaschen

★★★★

Deutzerhof

Kontakt
Weingut Deutzerhof
Cossmann-Hehle
Deutzerwiese 2
53508 Mayschoß
Tel. 02643-7264
Fax: 02643-3232
www.weingut-deutzerhof.de
info@weingut-deutzerhof.de

Besuchszeiten
Neue Vinothek seit 2021:
Mo./Di./Do./Fr. 10-12 + 13-17 Uhr, Sa. 11-17 Uhr, Mi. So. & Feiertage nach Vereinbarung
ganzjährig Speiseangebot

Inhaber
Jürgen Doetsch
Betriebsleiter
Hans-Jörg Lüchau
Kellermeister
Hans-Jörg Lüchau
Außenbetrieb
Christoph Hoffmann
Rebfläche
6,5 Hektar
Produktion
37.000 Flaschen

Jürgen Doetsch, ein langjähriger Freund der Familie Hehle, hat Anfang 2020 das Weingut von Hella Hehle übernommen, die es seit dem Tod von Wolfgang Hehle, unterstützt vom langjährigen Kellermeister und Betriebsleiter Hans-Jörg Lüchau, geführt hatte; Hans-Jörg Lüchau und sein Team werden nun tatkräftig vom neuen Inhaber unterstützt, der Investitionen in Weinberg und Keller tätigt. Hella Hehles Vater Alfred Cossmann hatte 1952 bei damals 3,5 Hektar mit der Selbstvermarktung begonnen. Nach und nach vergrößerte man sich, und als der Betrieb zu klein wurde, errichtete man 1980 einen Aussiedlerhof. Dieser entstand auf einer Außenstelle des ehemaligen Kloster Deutz – und erhielt daher seinen Namen Deutzerhof, der den Namen Weingut Cossmann ersetzte. Wolfgang Hehle absolvierte bei seinem Schwiegervater eine Winzerlehre und führte nach und nach Veränderungen ein, so beispielsweise den Barriqueausbau, die Rebfläche wurde weiter vergrößert, die Weine wurden zunehmend trocken ausgebaut. Die Weinberge verteilen sich auf verschiedene Lagen entlang der ganzen Ahr: Vom Altenahrer Eck, Mayschosser Laacherberg, Mönchberg und Burgberg, Recher Herrenberg, Dernauer Schieferlay, Ahrweiler Daubhaus, Neuenahrer Kirchtürmchen und Schieferley und Heimersheimer Landskrone bis Lohrsdorf. Spätburgunder nimmt knapp drei Viertel der Rebfläche ein, hinzu kommen Frühburgunder und Riesling, sowie ein klein wenig Chardonnay, Dornfelder und Portugieser. Von Letzterem gibt es 1927 gepflanzte Reben, die ältesten Rieslinge sind über 50 Jahre alt. Wolfgang Hehle hatte manche seiner Weine mit Namen aus der Cossmann-Historie versehen. Balthasar C. und Caspar C. für zwei Spätburgunder, Catharina C. für Riesling oder Alfred C. für Portugieser, seine Rosés nannte er „Toujours“ und „Saumon de l'Ahr“, er war ja schließlich auch einer der Initiatoren für die Rückkehr der Lachse an die Ahr, beide entstehen durch Saftabzug bei den Rotweinen. Der Spitzen-Spätburgunder im Programm war lange Zeit der Grand Duc, im letzten Jahrzehnt übernahmen dann die Großen Gewächse die Führungsrolle im Betrieb, die Spätburgunder aus Eck und Mönchberg vor allen Dingen, der Wein aus dem Kirchtürmchen wird erst in den letzten Jahren auch regelmäßig erzeugt, mit dem Jahrgang 2014 gesellte sich ein Frühburgunder aus dem Mönchberg zu diesem Spätburgunder-Trio, 2018 wurde aus dem Trio ein Quartett durch den neu eingeführten Wein aus der Landskrone, und seit dem Jahrgang 2020 gibt es einen zweiten Frühburgunder Großes Gewächs, aus dem Recher Herrenberg. Für seine Großen Gewächse nutzt Betriebsleiter Hans-Jörg Lüchau je nach Lage Barriques von unterschiedlichen Tonneliers. Die neue Vinothek wurde zum 1. Juli 2021 eröffnet. Da der Deutzerhof weit genug entfernt von der Ahr liegt, war er von der Flutkatastrophe am 14. Juli kaum betroffen; nur der Bach, der vor dem Anwesen liegt, drang zeitweilig in die Vinothek ein.

D

Kollektion

Der Deutzerhof präsentiert wie immer zwölf Weine, dieses Jahr ausschließlich Rotweine, darunter inzwischen sechs Große Gewächse. Der Spätburgunder Gutswein ist frisch, klar und zupackend. Deutlich mehr Substanz besitzt der würzige, eindringliche Spätburgunder Caspar von alten Reben in Ahrweiler, ist zupackend und strukturiert. Der Frühburgunder ist sehr würzig, geradlinig, der Dornfelder zeigt intensive Frucht und gute Konzentration, dunkle Früchte, besitzt Struktur, Tannine und Grip, der Portugieser ist intensiv fruchtig, kraftvoll, klar und zupackend. Fast drei Jahre wurde der Grand Duc Reserve im Barrique ausgebaut, er zeigt viel Konzentration, Gewürze und reife Frucht, ist überraschen frisch dann im Mund, klar und zupackend, besitzt Struktur und Grip. Der Frühburgunder aus dem Mönchberg zeigt Jahr für Jahr sehr konstantes Niveau, ist rauchig, würzig und konzentriert im Bouquet, frisch und zupackend im Mund, besitzt gute Struktur und Tannine. Der neue Herrenberg-Frühburgunder ist ebenfalls sehr würzig, lebhaft und zupackend, hat Grip. Der Spätburgunder aus der Landskrone ist konzentriert und zeigt reife Frucht im Bouquet, ist im Mund sehr kompakt, zurückhaltend in der Frucht, besitzt kräftige Tannine. Der Wein vom Kirchtürmchen zeigt florale Noten im Bouquet, rote Früchte und Kräuter, ist kraftvoll und stoffig im Mund, derzeit noch etwas streng und fruchtbetont, man sollte ihm etwas Zeit geben. Deutlich präsenter ist der Wein aus dem Mönchberg, sehr offen, intensiv und würzig, zeigt rote und dunkle Früchte, besitzt Frucht, Kraft, Struktur und Grip. Unsere leichte Präferenz, bei gleicher Bewertung, gilt dem Wein vom Altenahrer Eck, der enorm würzig ist, florale Noten zeigt, rote Früchte, kraftvoll und zupackend ist, gute Struktur und klare Frucht besitzt. Starke Kollektion!

Weinbewertung

84 2019 Spätburgunder trocken | 13%/11,-€
87 2020 Portugieser trocken „Alfred" „Alte Reben" Mayschoss | 13%/19,-€
87 2019 Spätburgunder trocken „"Caspar" „Alte Reben" Ahrweiler | 13,5%/24,-€
85 2020 Frühburgunder trocken „A&O" Mayschoss | 13,5%/25,-€
87 2020 Dornfelder „Purpur" Mayschoss | 12,5%/18,-€
90 2020 Frühburgunder „GG" Mayschoss Mönchberg | 13,5%/38,-€
89 2020 Frühburgunder „GG" Herrenberg Rech | 14%/42,-€
89 2020 Spätburgunder „GG" Heimersheim Landskrone | 13%/38,-€
91 2020 Spätburgunder „GG" Mayschoss Mönchberg | 14%/46,-€
89 2020 Spätburgunder „GG" Neuenahr Kirchtürmchen | 13%/48,-€
91 2020 Spätburgunder „GG" Altenahr Eck | 13,5%/57,-€
90 2019 Spätburgunder „Grand Duc Reserve" | 14%/55,-€

Lagen
Eck (Altenahr)
Mönchberg (Mayschoss)
Herrenberg (Rech)
Daubhaus (Ahrweiler)
Kirchtürmchen (Neuenahr)
Schieferley (Neuenahr)
Landskrone (Heimersheim)

Rebsorten
Spätburgunder (72%)
Frühburgunder (13%)
Riesling (10%)
Chardonnay (2%)
Portugieser (1%)
Dornfelder (1%)

★☆

Diehl

Kontakt
Weingut Sektgut Destillerie
A. Diehl
Eisenbahnstraße 3a
67483 Edesheim
Tel. 06323-93893-0
Fax: 06323-93893-38
www.diehl-wein.de
info@diehl-wein.de

Besuchszeiten
Mo./Di./Do./Fr. 8-18 Uhr
Mi. 8-12 Uhr
Sa. 10-14 Uhr

Inhaber
Andreas Diehl
Rebfläche
48 Hektar
Produktion
500.000 Flaschen

Andreas Diehl übernahm 1999 das Weingut von seinem Vater, der seit den achtziger Jahren verstärkt auf den Flaschenweinverkauf gesetzt hatte. Seitdem wurden konsequent die Rebfläche und die Produktion ausgeweitet, auf eine mittlerweile stattliche Zahl von jährlich 500.000 Flaschen. Die wichtigsten Rebsorten im breiten Sortenspektrum sind mit einem Anteil von je 10 Prozent Riesling, Spätburgunder, Merlot und Dornfelder, dazu kommen je 5 Prozent Sauvignon Blanc und Chardonnay, 20 Prozent Burgundersorten, zusammengenommen 10 Prozent Cabernet Sauvignon und Syrah, außerdem noch Müller-Thurgau, Kerner, Scheurebe, Morio-Muskat, Gewürztraminer, Huxelrebe, Schwarzriesling, Regent und Dunkelfelder. Die Weinberge liegen in Einzellagen wie dem Weyherer Michelsberg, Edenkobener Bergel und dem Burrweiler Schlossberg.

Kollektion

Andreas Diehls Weine der „Superior"-Linie überzeugen uns in diesem Jahr rundum: Vom Grauburgunder gibt es zwei Versionen, die normale Version zeigt ein kupferfarbenes Rosé im Glas, besitzt feine Röstnoten, Schmelz und klare Frucht, ist sehr stoffig, der maischevergorene Grauburgunder ist etwas dunkler in der Farbe, besitzt herbe Zitrusnoten, kräutrige Würze und mehr Grip als der normale Grauburgunder, zudem ist der hohe Alkohol besser eingebunden. Der Weißburgunder „Superior" zeigt deutliche Röstnoten, dazu Aromen von Zitrusfrüchten und Quittengelee, besitzt Schmelz und Fülle, der Spätburgunder zeigt klare Sauerkirschfrucht und etwas Hagebutte, besitzt Kraft und noch leicht präsente Tannine. Die Weißen der „Eins zu Eins"-Linie sind fruchtbetont mit reintönigen Aromen, bleiben aber alle nur recht kurz am Gaumen. Unter den beiden Sekten favorisieren wir knapp den Pinot, der klare Fruchtnoten von Kirsche und Aprikose zeigt und frisch, animierend und etwas nachhaltiger ist als der sehr aromatische und füllige Sauvignon Blanc-Sekt.

Weinbewertung

86 2020 Pinot Sekt brut nature | 12,5%/18,-€
85 2020 Sauvignon Blanc Sekt brut Edesheimer Rosengarten | 12%/17,-€
83 2021 Riesling trocken „Eins zu Eins" | 12,5%/8,-€
83 2021 Weißer Burgunder trocken „Eins zu Eins" | 12,5%/8,-€
83 2021 Weißburgunder trocken „Vegan" | 12,5%/10,-€
83 2021 Chardonnay trocken „Eins zu Eins" | 13%/8,-€
82 2021 Sauvignon Blanc trocken „Eins zu Eins" | 12,5%/8,-€
86 2020 Weißer Burgunder trocken „Superior" Edesheimer Rosengarten | 13%/17,-€
86 2020 Grauer Burgunder trocken „Superior" Edesheimer Mandelhang | 14,5%/17,-€
87 2020 Grauer Burgunder trocken „Superior" „Maischegärung" | 14,5%/29,-€
86 2020 Spätburgunder trocken „Superior" Roschbacher Rosenkränzel | 13,5%/19,-€
80 2019 Syrah trocken „Eins zu Eins" Hainfelder Kapelle | 13%/13,-€

★★

Diehl

Kontakt
Württembergstraße 203
70327 Stuttgart
Tel. 0711-334051
Fax: 0711-339858
www.weingut-diehl.com
info@weingut-diehl.com

Besuchszeiten
Weinverkostung und -verkauf nach Vereinbarung
24/7-Weinautomat; Stadtlaube (www.stadt-laube.de); Drop-Wein (www.drop-wein.de)

Inhaber
Thomas Diehl
Betriebsleiter
Rainer Diehl
Rebfläche
7,5 Hektar
Produktion
75.000 Flaschen

WEINGUT DIEHL

Helmut Diehl trat 1972 aus der örtlichen Genossenschaft aus und gründete sein eigenes Weingut. Sein Sohn Rainer hat 1993, zunächst zusammen mit seinem Bruder, den Betrieb übernommen, im Jahr darauf wurde ein neuer Keller gebaut. Heute führen Rainer und Marianne Diehl das Weingut zusammen mit Sohn Thomas. Die Weinberge liegen im Rotenberger Schlossberg, aber auch in den Untertürkheimer Mönchberg und Altenberg sowie im Uhlbacher Götzenberg und im Fellbacher Lämmler. Riesling, Grauburgunder, Weißburgunder und Muskateller sind die wichtigsten weißen Rebsorten. Wichtigste rote Rebsorte ist Trollinger, gefolgt von Spätburgunder, Zweigelt, Merlot, Frühburgunder, Lemberger und Cabernetkreuzungen. Das Sortiment ist vierstufig gegliedert in Gutsweine, Ortsweine, Erste Lage und Große Lage. Rainer Diehl hat Im vergangenen Jahr eine Reihe von Plänen umgesetzt, in Kooperation mit der Weinmanufaktur Untertürkheim „Drop-Wein" lanciert, betreibt nun eine eigenen Laube auf dem Stuttgarter Weindorf und ein Weinautomat auf dem Gelände des Weinguts ermöglicht den „rund um die Uhr"-Kauf.

Kollektion

Beim guten Debüt im vergangenen Jahr führte die rote Cuvée Manifesto die Kollektion an, knapp vor einem Sekt. Sekte konnten wir dieses Jahr nicht verkosten, aber die Cuvée macht auch im Nachfolgerjahrgang 2019 eine prächtige Figur, zeigt rauchige Noten, etwas Gewürze, besitzt Fülle und Kraft, gute Struktur und Grip. Der Schlossberg-Spätburgunder ist fruchtbetont und intensiv, frisch und zupackend, der Frühburgunder vom Mönchberg punktet ebenfalls mit intensiver Frucht, besitzt Frische und Grip. Spannend ist auch der Elliott genannte Wein, ein kraftvoller, fülliger, sehr „ernsthafter" Rosé. Das weiße Segment wird angeführt von drei Erste Lage-Weinen: Der Schlossberg-Riesling ist klar, zupackend, der Weißburgunder vom Schlossberg besitzt Fülle, Kraft und klare Frucht, der Mönchberg-Grauburgunder besitzt gute Struktur und Kraft. Im Aufwind!

Weinbewertung

83 2021 Grauer Burgunder trocken „drop" | 13%/12,90€
85 2021 Riesling trocken Rotenberger Schlossberg | 13%/12,50€
85 2021 Weißburgunder trocken Rotenberger Schlossberg | 13,5%/12,50€
84 2021 Grauburgunder trocken Untertürkheimer Mönchberg | 14%/12,50€
83 2021 Rosé trocken „drop" | 12%/12,90€
85 2020 „Elliott" Roséwein Cuvée trocken „Signature Edition" | 12,5%/11,50€
83 2020 Trollinger trocken Rotenberg | 12,5%/8,-€
85 2018 Frühburgunder trocken „Eichenfass" Untertürkheimer Mönchberg | 13%/14,50€
83 2020 Lemberger trocken Untertürkheim | 14%/8,-€
86 2018 Spätburgunder trocken „Eichenfass" Rotenberger Schlossberg | 13,5%/14,50€
87 2019 „Manifesto" Rotwein Cuvée trocken „Eichenfass Signature Edition" | 14%/16,50€

★★★★

Diel

Kontakt
Schlossgut Diel Burg Layen 16
55452 Burg Layen
Tel. 06721-96950
Fax: 06721-45047
www.schlossgut-diel.de
info@diel.eu

Besuchszeiten
Mo.-Do. 8-17 Uhr, Verkostung nach Vereinbarung
Diels Sommergarten (erstes Wochenende Sommerferien), Diels Wintergarten (erstes Dezemberwochenende)
Weinhöfefest (Pfingsten)

Inhaber
Caroline Diel,
Sylvain Taurisson-Diel
Betriebsleiter:
Caroline Diel
Kellermeister
Marcel Will
Rebfläche
25 Hektar
Produktion
180.000 Flaschen

Caroline Diel hat 2019 den elterlichen Betrieb übernommen, in dem sie schon längere Zeit für den Keller verantwortlich war. Im Verkauf wird sie von ihrem Mann Sylvain Taurisson und ihrem Bruder Victor unterstützt, der sich auch um den Export kümmert. Caroline Diel hatte während ihres Geisenheim-Studiums unter anderem Praktika bei Ruinart in Reims und bei Romanée-Conti absolviert und anschließend auch in Österreich, Südafrika und Neuseeland gearbeitet. Ihr Vorfahr Peter Diel erwarb 1802 das Landgut des Barons von Dalberg mit der Burg Layen. Unter der Führung ihres Vaters Armin Diel und seiner Ehefrau Monika wurde der Betrieb erweitert und auf Riesling und die Burgundersorten umgestellt. Die Weinberge liegen in den Dorsheimer Lagen Burgberg (eisenhaltiger Lehmboden mit hohem Anteil an Taunusquarzit), Goldloch (stark kieshaltige Urgesteinsböden) und Pittermännchen (stark verwitterter Devonschiefer auf Konglomerat des Rotliegenden), in den Burg Layer Lagen Schlossberg (stark verwitterter roter Schiefer, Johannisberg (verwitterter grauer Schiefer) und Hölle (ebenfalls mit stark verwittertem grauen Schiefer) sowie in der Laubenheimer Krone. Riesling nimmt etwa zwei Drittel der Weinberge ein, hinzu kommen Grauburgunder, Weißburgunder, Spätburgunder und Chardonnay. Die trockenen Lagenrieslinge ebenso wie die Burgunder werden mindestens zehn Monate im Fass ausgebaut, die Rieslinge in Stückfässern, die Burgunder teils in Stückfässern, teils in gebrauchten Barriques. Die fruchtigen Rieslinge werden im Edelstahl ausgebaut und im Frühjahr nach der Ernte abgefüllt. Die Rotweine werden nach etwa zweiwöchiger Mazeration (mit etwa einem Viertel ganzen Trauben) eineinhalb Jahre in gebrauchten Barriques ausgebaut und unfiltriert abgefüllt.

Kollektion

Eine stimmige Kollektion substanzreicher Weine präsentiert das Weingut in diesem Jahr, in der aber neben der Basis auch die aktuellen trockenen Spitzenweine fehlen. Was wir verkosten konnten, überzeugt voll und ganz. Die beiden Schaumweine sind gewohnt individuell. Der 2017er extra-brut dosierte Riesling bietet im Duft ein Spannungsfeld von reifen Briochenoten über getrocknete Kräuter und reife Zitronen bis hin zu grünen Walnüssen, am Gaumen ist er zupackend und geradlinig, zugleich körperreich, seine packende Würze mit cremigen Akzenten hallt lange nach, er kann auf der Flasche noch weiter zulegen. Die Cuvée MO ist aus besonderem Holz geschnitzt. Im Barrique ausgebaute Grundweine von Pinot Blanc und Pinot Noir sind nach 92 Monaten Flaschenreife zu einer hochklassigen weinigen Cuvée verschmolzen, die füllig und intensiv ist, dabei auch viel Frische mitbringt. Das Holz ist im Duft und am Gaumen anfänglich noch sehr präsent, integriert sich immer besser, da das Dégorgement erst im Juli stattfand, fehlt es zwangsläufig noch etwas an Harmonie. Diese darf man sich mit weiterer Flaschenreife erwarten, weshalb wir auch dringend zu etwas Geduld raten. Der 2018er Pinot Gris Réserve ist weit gereift, bei allem Stoff und trotz seines recht hohen Alkohols ist er frisch, dabei lang und nachhaltig. Der 2020er Burg Layer Ortsriesling zeigt feine erste Reife im Bouquet, ist im Mund angenehm füllig und zugleich prägnant frisch, darf gerne noch reifen – ein erstaunlich komplexer und spannender Ortswein. Noch jugendlich, kompakt und markant, ist auch der Dorsheimer Ortsriesling aus demselben Jahrgang für weitere Flaschenreifung prädestiniert. Er ist mineralisch, straff, geradezu kristallin, besitzt subtilen Druck und salzige Länge. Bei den Ersten Gewächsen hat man die Wahl zwischen dem fein tarierten, präzisen Vertreter aus der Burg Layer Hölle, der bei aller attraktiver Frische und markanter Mineralität auch feinen Schmelz mitbringt, und dem aus dem Burg Layer Schlossberg, der bei aller Kraft im Moment noch etwas zurückhaltend ist, ein toller Terroir Riesling. Faszinierende Vielfalt offenbaren die drei Kabinettweine. Agil, knackig und schlank ist der Kabinett aus dem Burg Layer Johannisberg. Der Kabinett aus dem Dorsheimer Pittermännchen ist unser Favorit, er besitzt feine Würze und Schliff, feinen Gerbstoff, ein echter Klassiker. Der Kabinett aus dem Dorsheimer Goldloch ist leichter und saftiger, bietet Finesse, Mineral und Säurekick, ist geradlinig, herrlich klar, vielleicht nicht so ernsthaft wie das Pittermännchen, dafür umso rassiger. Diese Rassigkeit kultiviert die Spätlese aus dem Dorsheimer Goldloch, zeigt feine Frucht von reifen roten Äpfeln und zarte Schalenaromen. Der Pinot Noir Reserve ist sehr eigenständig, jahrgangsbedingt sehr reif, intensiv, ist füllig, komplex und lang, besitzt ausreichend Würze und Frische für eine vielversprechende Zukunft.

Caroline Diel & Sylvain Taurisson-Diel

Weinbewertung

89+	2017 Riesling „Réserve“ Sekt extra brut I 12,5%/25,-€
91+	2014 „Cuvée MO“ Sekt brut nature I 12%/55,-€
89	2020 Riesling trocken Burg Layen I 12,5%/16,-€
90	2020 Riesling trocken „Eierfels“ Dorsheim I 12,5%/22,-€
88	2018 Pinot Gris „Réserve“ I 14%/26,-€
91	2020 Riesling trocken Burg Layer Hölle I 12,5%/23,-€
91+	2020 Riesling trocken Burg Layer Schlossberg I 13%/27,-€
88+	2021 Riesling Kabinett Burg Layer Johannisberg I 9%/16,80€
91	2021 Riesling Kabinett Dorsheim Pittermännchen I 8,5%/19,50€
90	2021 Riesling Kabinett Dorsheim Goldloch I 8%/18,-€
93	2020 Riesling Spätlese Dorsheim Goldloch I 8%/29,-€
92+	2019 Pinot Noir „Reserve Caroline“ I 13%/65,-€

Lagen

Goldloch (Dorsheim)
Burgberg (Dorsheim)
Pittermännchen (Dorsheim)
Schlossberg (Burg Layen)
Johannisberg (Burg Layen)
Hölle (Burg Layen)

Rebsorten

Riesling (66%)
Burgundersorten (34%)

★★☆

Dieroff

Kontakt
Brunnengasse 17/3
74613 Öhringen-Michelbach
Tel. 07941-65148
Fax: 07941-6481437
www.weinhof-dieroff.de
info@weinhof-dieroff.de

Besuchszeiten
Mi.-Fr. 17-19 Uhr
Sa. 9-13 Uhr
sowie nach Vereinbarung

Inhaber
Rainer Dieroff
Rebfläche
6 Hektar
Produktion
40.000 Flaschen

Michelbach am Wald liegt im Hohenloher Land, wenige Kilometer südöstlich von Öhringen, dessen Ortsteil Michelbach seit 1973 ist. Rainer und Nicole Dieroff bewirtschaften zusammen mit ihren Eltern und Kindern Reben in der Michelbacher Margarete sowie im benachbarten Heuholzer Dachsteiger, recht hoch gelegenen Weinbergen, in denen die Reben auf Keuperböden wachsen. Rote Sorten nehmen 65 Prozent der Fläche ein, Lemberger, Spätburgunder und Trollinger vor allem, aber auch Portugieser, Dornfelder, Acolon, Samtrot und Muskattrollinger, jüngster Zugang ist Merlot. Mit Abstand wichtigste weiße Rebsorte ist Riesling, dazu gibt es Grauburgunder, Müller-Thurgau, Silvaner und Muskateller. Das Programm ist gegliedert in Literweine, Gutsweine und Premiumweine, die zum Teil im Barrique oder in großen Eichenholzfässern ausgebaut werden. Destillate und Liköre aus der hauseigenen Edelbrennerei ergänzen das Programm. 2016 wurde die neue Vinothek eröffnet, seit 2021 werden 200 Legehennen in den Weinbergen eingesetzt, 2022 begann die Umstellung auf biologischen Weinbau.

Kollektion

Eine kleine, sehr gleichmäßige Kollektion präsentiert Rainer Dieroff auch in diesem Jahr. Die Weißweine stammen alle aus dem Jahrgang 2021. Der Grauburgunder zeigt gute Konzentration und reife Frucht, ist sehr cremig, kompakt und geradlinig. Aufgrund von Frühjahrsfrösten war der Ertrag 2021 teils deutlich geringer, weshalb Rainer Dieroff sich entschlossen hat, Sauvignon Blanc und Chardonnay zu einer Cuvée zu vereinen. Diese ist würzig und eindringlich im Bouquet, klar vom Sauvignon Blanc dominiert, dann frisch und zupackend im Mund, besitzt feine Frucht und Grip, ist wiederum ganz klar vom Sauvignon Blanc geprägt. Der Riesling aus der Margarete ist frisch und fruchtbetont, zeigt etwas Pfirsich, ist harmonisch und klar, kraftvoll und zupackend. Der Muskateller ist fruchtbetont bei eindringlicher Muskatnote, besitzt feine süße Frucht und Grip. Der Spätburgunder zeigt rote Früchte, ist sehr duftig, dann geradlinig und frisch im Mund. Die Cuvée No. 3 ist würzig, leicht rauchig, zeigt rote Früchte, ist sehr kompakt bei minimaler Bitternote. Schön entwickelt hat sich der 2016er Lemberger, zeigt gute Konzentration, Gewürze, klare reife Frucht, besitzt Fülle, Kraft, reife Frucht und Struktur. Eine stimmige Kollektion!

Weinbewertung

83	2021 Grauburgunder trocken Heuholzer Dachsteiger I 12,5%/6,90€
84	2021 Sauvignon Blanc mit Chardonnay Spätlese trocken M. Margarete I 12,5%/8,20€
84	2021 Riesling trocken Michelbach a.W. Margarete I 12,5%/6,90€
83	2021 Muskateller Michelbach a.W. Margarete I 11,5%/6,90€
82	2019 Spätburgunder Auslese trocken Michelbach a.W. Margarete I 13,5%/7,80€
84	„Cuvée No. 3" Rotwein Auslese trocken Michelbach a.W. Margarete I 13%/13,90€
85	2016 Lemberger Auslese trocken Barrique Michelbach a.W. Margarete I 13%/13,90€

★★★★★ Dönnhoff

Kontakt
Weingut Hermann Dönnhoff
Bahnhofstraße 11
55585 Oberhausen
Tel. 06755-263
Fax: 06755-1067
www.doennhoff.com
weingut@doennhoff.com

Besuchszeiten
nach Vereinbarung

Inhaber
Cornelius Dönnhoff
Betriebsleiter
Cornelius Dönnhoff
Kellermeister
Cornelius Dönnhoff
Außenbetrieb
Klaus Georg Köhler
Rebfläche
28 Hektar
Produktion
180.000 Flaschen

Cornelius Dönnhoff war bereits seit 2007 für den Keller und die Weinberge im elterlichen Weingut verantwortlich, das er mittlerweile übernommen hat. Sein Vater Helmut hatte 1971 den kleinen Betrieb von seinen Eltern übernommen, von Anfang an auf Riesling gesetzt, und es erreicht, dass durch ihn das Anbaugebiet zunächst national und dann auch international zu Ansehen kam. Cornelius Dönnhoff führt diese Arbeit fort, auch er setzt auf Riesling, mit dem Unterschied, dass trockene Weine immer wichtiger geworden sind im Portfolio. Die Weinberge liegen in der Niederhäuser Hermannshöhle (schwarzgrauer Schiefer vermischt mit vulkanischem Eruptivgestein, Porphyr und Kalkstein), in der Dönnhoff größter Anteilseigner ist, in der Niederhäuser Klamm (Porphyr durchmischt mit schiefrigen Elementen), im Schlossböckelheimer Felsenberg (reiner Vulkanverwitterungsboden), in den Norheimer Lagen Kirschheck (grauer Tonschiefer, vermischt mit Sandsteinen des Rotliegenden) und Dellchen (schiefrige Böden, vermischt mit Porphyr- und Melaphyrverwitterung), in Oberhausen in den Lagen Leistenberg (grauer, verwitterter Tonschiefer) und Brücke (Lösslehm über einem Grauschieferuntergrund), die Dönnhoff im Alleinbesitz gehört, sowie in den Bad Kreuznacher Lagen Kahlenberg (kiesiger Lehmboden) und Krötenpfuhl (Lösslehmboden mit kleinen Kieselsteinen aus Quarzit) und im Roxheimer Höllenpfad (mit der Gewanne Im Mühlenberg, verwitterter Sandstein des Rotliegenden). 80 Prozent seiner Rebfläche nimmt Riesling ein, dazu gibt es Weißburgunder und Grauburgunder, inzwischen auch etwas Chardonnay und Sauvignon Blanc. Das Programm ist gegliedert in Gutsweine, Ortsweine, Weine aus Ersten Lagen (Kreuznacher Kahlenberg, Roxheimer Höllenpfad) sowie Große Gewächse. Diese kamen ursprünglich aus Hermannshöhle, Dellchen und Felsenberg, mit dem Jahrgang 2015 kam das Große Gewächs aus der Brücke hinzu, mit dem Jahrgang 2017 weitere Große Gewächse aus Krötenpfuhl und Im Mühlenberg. Aus Leistenberg, Klamm und Kirschheck werden (bisher) ausschließlich restsüße Rieslinge erzeugt.

Kollektion

Einen gewohnt überzeugenden Einstieg bietet der Tonschiefer-Riesling, der mit Ausgewogenheit und milder Frucht punktet. Der Riesling aus dem Höllenpfad ist griffiger, entfaltet subtile Kraft, besitzt feine Würze und Länge, aber auch mineralische Akzente. Die „S"-Qualitäten der weißen Burgunder sind alle sehr aromatisch, saftig, füllig und fruchtbetont, besitzen Schmelz und Länge. Bei den Großen Gewächsen bietet Cornelius Dönnhoff eine spannende Palette sehr unterschiedlicher Weine. Das Große Gewächs aus dem Roxheimer Höllenpfad im Mühlenberg zeigt reife gelbe Steinfrüchte und viel Würze im

Bouquet, ist recht offen, saftig und recht füllig, besitzt Würze, Substanz und salzige Länge. Das Große Gewächs aus dem Kreuznacher Krötenpfuhl ist sehr duftig, frisch, zeigt feine Frucht, ist geradlinig und sehr harmonisch. Eindringlich und schalenwürzig tritt das Große Gewächs aus dem Felsenberg auf, entwickelt viel Grip am Gaumen. Saft und Säure stehen in einem spannungsreichen Wechsel, der Wein ist rassig, lang und nachhaltig. Aus der Hermannshöhle kommt in diesem Jahr ein sehr eleganter Riesling, der Komplexität mit Feinheit verbindet, geschliffen und präzise von Anfang bis Ende erscheint, noch etwas verschlossen und zurückhaltend ist, man darf gespannt sein, wo der weitere Weg hinführt. Wie im vergangenen Jahr so auch in diesem Jahr das Große Gewächs aus dem Dellchen unser Favorit, ein raffinierter Riesling, der über ein ausgewogenes Maß an Kraft und feiner Würze verfügt, sich dabei durch und durch mineralisch präsentiert. Die süßen Kabinette und Spätlesen sind eine Klasse für sich, bieten delikates Frische-Fruchtsüße-Spiel, sind sehr präsent. Der schlanke Kabinett aus dem Leistenberg ist zupackend und saftig, sehr animierend. Der aus der Klamm ist kräftiger und würziger, besitzt Fülle, Substanz und druckvolle Länge. Saftig und mit perfekt reifer Frucht offeriert die Spätlese aus der Oberhäuser Brücke schon jetzt in ihrer filigranen Art unmittelbares Trinkvergnügen. Die Spätlese aus der Hermannshöhle ist dagegen deutlich strukturierter und komplexer, besitzt alle Anlagen für eine lange Flaschenreife.

Cornelius Dönnhoff

Weinbewertung

87	2021 Riesling trocken „Tonschiefer" I 12%/15,50€
88	2021 Weißburgunder "-S-" trocken I 13%/24,-€
88	2021 Grauburgunder "-S-" trocken I 13%/24,-€
89	2021 Chardonnay "-S-" trocken I 13%/24,-€
89	2021 Riesling trocken Roxheimer Höllenpfad I 12,5%/23,50€
91	2021 Riesling „GG" Kreuznacher Krötenpfuhl I 12,5%/38,-€
92	2021 Riesling „GG" Roxheimer Höllenpfad im Mühlenberg I 13%/49,50€
92	2021 Riesling „GG" Schlossböckelheimer Felsenberg I 12,5%/49,50€
93	2021 Riesling „GG" Norheimer Dellchen I 12,5%/56,-€
91+	2021 Riesling „GG" Niederhäuser Hermannshöhle I 13%/60,-€
90	2021 Riesling Kabinett Niederhäuser Klamm I 9%/16,90€
89	2021 Riesling Kabinett Oberhäuser Leistenberg I 8,5%/16,90€
92	2021 Riesling Spätlese Oberhäuser Brücke I 8,5%/29,-€
93	2021 Riesling Spätlese Niederhäuser Hermannshöhle I 8,5%/34,-€

Lagen

Hermannshöhle (Niederhausen)
Brücke (Oberhausen)
Felsenberg (Schlossböckelheim)
Dellchen (Norheim)
Kahlenberg (Kreuznach)
Krötenpfuhl (Kreuznach)
Leistenberg (Oberhausen)
Kirschheck (Norheim)
Höllenpfad (Roxheim)
Im Mühlenberg (Roxheim)

Rebsorten

Riesling (80 %)
Grauburgunder (10 %)
Weißburgunder (10 %)

★★★★

Dörflinger

Kontakt
Mühlenstraße 7,
79379 Müllheim
Tel. 07631-2207
Fax: 07631-4195
www.weingut-doerflinger.de
mail@weingut-doerflinger.de

Besuchszeiten
Mo.-Fr. 8-12:30 +
13:30-18:30 Uhr
Sa. 9-16 Uhr
Weinproben in Probierstube
oder Holzfasskeller

Inhaber
Hermann Dörflinger &
Hermann Dörflinger jr.

Rebfläche
20 Hektar

Produktion
140.000 Flaschen

Seit dem Jahr 1900 hat das Weingut seinen Sitz in der Mühlenstraße mitten in Müllheim. 1973 hat Hermann Dörflinger den elterlichen Betrieb übernommen. Er hat von Anfang an kompromisslos auf durchgegorene Weine gesetzt, zu einer Zeit, als badischer Wein noch durch und durch süß war, der Restzucker wird auf dem Etikett vermerkt. Seine Weinberge liegen in den Müllheimer Lagen Sonnhalde, Reggenhag und Pfaffenstück, sowie im Badenweiler Römerberg. Sie bieten hinreichend Differenzierungsmöglichkeiten, denn die Böden sind sehr unterschiedlich, reichen von leichtem Löss und Braunjura bis hin zu schweren Lettenböden. Möglichkeiten, die er unter anderem dergestalt nutzt, dass er Jahr für Jahr gleich drei Lagen-Gutedel anbaut. Dem Gutedel gilt seine Liebe, er ist auch Mit-Initiator des seit 1997 vergebenen Gutedel-Preises, der Preisträger erhält ein 225 Liter-Fass mit Dörflinger-Gutedel. Neben Gutedel baut er vor allem die Burgundersorten an: Weißburgunder, Grauburgunder und Spätburgunder. Dazu gibt es ein wenig Silvaner, Müller-Thurgau, Riesling, Gewürztraminer, Nobling und Chardonnay, inzwischen auch Merlot. Chardonnay hat er gepflanzt gleich nachdem die Sorte in Baden zugelassen war, vom Weißburgunder besitzt er alte Reben im Römerberg, noch älter sind die ältesten Spätburgunder-Reben, Anfang der sechziger Jahre gepflanzt. Sohn Hermann hat nach Lehre bei Wehrheim und Dönnhoff in Geisenheim studiert, ein Semester in Bordeaux absolviert, ist nach Aufenthalten in Burgund und Australien seit 2008 Mitinhaber des Weinguts. Natürlich kennen wir schon lange die Weine von Hermann Dörflinger, wer kennt sie nicht. Natürlich empfehlen wir sie auch schon seit unserer ersten Ausgabe. Die kompromisslos trockenen Weine von Hermann Dörflinger gehören Jahr für Jahr zu den besten in Baden. Bei ihm bereitet immer schon der einfachste Gutedel viel Freude, ist glasklar und präzise wie alle anderen Weine im Sortiment auch. In der Spitze hat das Weingut in den letzten Jahren weiter zugelegt, vor allem die Rotweine sind feiner und komplexer geworden, sie setzen niemals auf Wucht und Konzentration, sondern auf Finesse und Eleganz.

Kollektion

Andere bauen Gutedel im Barrique aus oder in der Amphore, alles Mögliche wird derzeit ausprobiert mit der Markgräfler Spezialität – bei Dörflingers bleibt alles beim Alten, und die Preise bleiben moderat. Zwei Gutedel hat man in diesem Jahr vorgestellt, beide setzen auf Leichtigkeit und Trinkfluss. Der Wein aus dem Reggenhag ist frisch und fruchtbetont im Bouquet, wunderschön reintönig, ist lebhaft und zupackend im Mund, besitzt feine Frucht und Grip. Deutlich würziger und eindringlicher ist der Gutedel vom Pfaffenstück, etwas konzentrierter, besitzt Frische und Grip, gute Struktur, klare Frucht und Biss. Vom Typ her sehr ähnlich ist der trockene Silvaner Kabinett aus dem Pfaffenstück, setzt ebenfalls ganz auf Frische und Leichtigkeit, ist dabei recht würzig und eindringlich im

Bouquet, im Mund dann wunderschön reintönig und zupackend, ein feiner Terrassenwein. Der trockene Weißburgunder Kabinett aus dem Reggenhag ist würzig und eindringlich im Bouquet, besitzt klare Frucht im Mund, ist geradlinig und zupackend. Enorm lebhaft ist der trockene Grauburgunder Kabinett aus der Sonnhalde, zeigt viel Frische schon im Bouquet, ist zupackend und sehr frisch im Mund. Auch vom Chardonnay gibt es einen trockenen Kabinett, aus dem Reggenhag, er zeigt wunderschön reintönige Frucht im Bouquet, ist frisch und klar im Mund, zupackend bei guter Struktur. Deutlich mehr Substanz und Kraft besitzen dann die trockenen Spätlesen. Der Weißburgunder aus dem Badenweiler Römerberg ist der einzige der drei Weine, der nicht im Barrique ausgebaut wird, und er stammt aus dem Jahrgang 2021. Er zeigt gute Konzentration, weiße und gelbe Früchte, ist füllig und saftig im Mund, besitzt gute Struktur und Substanz. Der Grauburgunder aus der Sonnhalde zeigt rauchige Noten, viel Konzentration, ist stoffig und kraftvoll im Mund bei viel Substanz. Würzig und konzentriert ist auch der Chardonnay im Bouquet, kraftvoll, klar und strukturiert. Die beiden Barrique-Weißweine stammen ebenso wie die drei Spätburgunder aus dem Jahrgang 2020. Nicht im Barrique ausgebaut ist der Wein von alten Reben in der Sonnhalde, zeigt reintönige Frucht, feine Frische, besitzt gute Struktur, gute Harmonie und Grip. Deutlich würziger und eindringlicher ist der Spätburgunder aus dem Pfaffenstück, besitzt gute Struktur, Kraft, Frische und Grip. Unsere leichte Präferenz gilt im Jahrgang 2020 dem Wein aus dem Römerberg, der reintönige Frucht im Bouquet zeigt, rote Früchte, füllig, harmonisch und elegant ist, gute Struktur und Grip besitzt.

Hermann & Hermann Dörflinger

Weinbewertung

86 2021 Gutedel trocken Müllheimer Reggenhag I 11,5%/7,-€ ☺
87 2021 Gutedel trocken Müllheimer Pfaffenstück I 11,5%/7,50€ ☺
87 2021 Silvaner Kabinett trocken Müllheimer Pfaffenstück I 12%/8,50€ ☺
85 2021 Weißburgunder Kabinett trocken Müllheimer Reggenhag I 13%/8,30€
84 2021 Grauburgunder Kabinett trocken Müllheimer Sonnhalde I 13%/8,50€
87 2021 Chardonnay Kabinett trocken Müllheimer Reggenhag I 12,5%/10,-€
88 2021 Weißburgunder Spätlese trocken Badenweiler Römerberg I 13,5%/13,-€
89 2020 Grauburgunder Spätlese trocken Barrique Müllheimer Sonnhalde I 14%/17,50€
89 2020 Chardonnay Spätlese trocken Barrique Müllheimer Reggenhag I 13,5%/17,50€
87 2020 Spätburgunder trocken Müllheimer Sonnhalde I 13,5%/13,50€
90 2020 Spätburgunder trocken Barrique Badenweiler Römerberg I 13,5%/18,50€
89 2020 Spätburgunder trocken Barrique Müllheimer Pfaffenstück I 13,5%/18,50€

Lagen
Sonnhalde (Müllheim)
Reggenhag (Müllheim)
Pfaffenstück (Müllheim)
Römerberg (Badenweiler)

Rebsorten
Gutedel (37%)
Spätburgunder (23%)
Weißburgunder (12%)
Grauburgunder (10%)
Chardonnay (4%)
Silvaner (3%)

★★½

Dötsch Haupt

Kontakt
Lennigstraße 38
56330 Kobern-Gondorf
Tel. 02607-8497
Fax: 02607-972421
www.doetschhaupt.de
info@doetschhaupt.de

Besuchszeiten
Mo.-Fr. 8-12 + 14-18 Uhr
Sa. 8:30-13 Uhr

Inhaber
Martin Dötsch
Betriebsleiter
Martin Dötsch
Kellermeister
Philipp Dötsch
Außenbetrieb
Philipp Dötsch
Rebfläche
12,3 Hektar

Terrassen-Weingut
DÖTSCH HAUPT

Im Jahre 1983 übernahm Franz Dötsch das elterliche Weingut und führte es im Jahre 1986 mit dem Weingut seines Schwagers Heinrich Haupt zusammen: Damit waren die Grundlagen für den heutigen Betrieb mit 12,3 Hektar Reben gelegt. Sein Sohn Martin Dötsch kam später dazu und leitet seit 2003 mit seiner Frau Gaby das Weingut. Nach einer Ausbildung zum Weinbautechniker ist Anfang 2021 die nächste Generation in das Weingut eingestiegen. Philipp Dötsch arbeitete zuvor am Mittelrhein und hat großes Interesse daran, das Familienweingut fortzuführen und weiterzuentwickeln. Das Weingut konzentriert sich auf steile und steilste Weinberge in Koberner Spitzenlagen wie Uhlen, Fahrberg und Schlossberg; angebaut werden zu 80 Prozent Riesling, zu jeweils 10 Prozent Weiß- und Spätburgunder. Auf Zusätze bei der Weinbereitung, bis auf Sulfite, verzichtet das Weingut.

Kollektion

Eigenwillig sind die hier erzeugten Weine schon immer gewesen, und sie sind es auch dieses Mal. Zu bemerken ist das beispielsweise beim kraftvoll-würzigen Schaumwein aus dem Jahrgang 2018, der nicht puristisch trocken wirkt, aber stimmig ausfällt, oder beim Weißburgunder aus 2021, der kräuterige und florale Noten aufweist und sehr würzig ist. Der trockene 2021er Kabinett aus dem Schlossberg besitzt eine herbe Würze und wirkt im Mund resch und erfrischend. Beim 2021er namens t aus dem Rosenberg ist ein sehr geradliniger Stil zu bemerken, das Jahrgangspendant aus 2020 ist floral, würziger, schlank, in der Säure eher ein bisschen verhalten. Der Uhlen-Riesling aus 2021 ist in der Nase sehr verhalten, im Mund zupackend, würzig, mit herber Säure – man muss sich einlassen auf diesen Wein. Ähnliche Frische besitzen auch die halbtrockene Spätlese und ihr süßes Pendant, beide aus 2021; letztere lässt nur in sehr verhaltenem Maße Zucker erkennen. Eigenwillig ist schließlich auch die Beerenauslese, die eine feine cremige Note aufweist, aber auch Anklänge an kandiertes Gemüse erkennen lässt, im Mund ist sie fein und cremig, schön saftig.

Weinbewertung

86 2018 Riesling Sekt Fahrberg | 13%/12,-€
84 2021 Riesling Kabinett trocken Koberner Schloßberg | 11%/9,-€
84 2021 Weißburgunder trocken | 11,5%/9,-€
86 2020 Riesling „t" Rosenberg | 12,5%/12,-€
86 2021 Riesling trocken „t" Rosenberg | 12%/12,-€
86 2020 Riesling trocken Uhlen | 13%/14,-€
86 2021 Riesling trocken Uhlen | 12%/14,-€
86 2016 Riesling Spätlese halbtrocken Uhlen | 12,5%/16,-€
86 2021 Riesling Spätlese halbtrocken Uhlen | 12%/14,-€
86 2021 Riesling Spätlese Uhlen | 8,5%/14,-€
87 2018 Riesling Beerenauslese | 9%/32,-€/0,5l

★★★

Hedwig & Helmut Dolde

Kontakt
Beurener Straße 16
72636 Frickenhausen
Tel. 07025-4982
Fax: 07025-840620
www.doldewein.de
info@doldewein.de

Besuchszeiten
Do. 16-19 Uhr
Sa. 10-13 Uhr
oder nach Vereinbarung

Inhaber
Hedwig & Helmut Dolde
Betriebsleiter
Helmut Dolde
Kellermeister
Helmut Dolde
Außenbetrieb
Helmut Dolde
Rebfläche
2 Hektar
Produktion
10.000 Flaschen

Hedwig und Helmut Dolde führen ein kleines Weingut am Rande der Schwäbischen Alb. 1982 kelterte Helmut Dolde, im Hauptberuf Gymnasiallehrer, seinen ersten Wein, und was als Hobby begann, wurde nach und nach immer wichtiger. Die Weinberge liegen in Linsenhofen und im Neuffener Tal, gehören mit bis zu 530 Höhenmetern zu den höchstgelegenen Weinbergen Deutschlands. Die Reben wachsen auf Verwitterungsböden aus braunem und weißem Jura. Die Linsenhöfer Weinberge stehen auf Mittlerem (braunen) Jura, teilweise auch auf einem Vulkanschlot, der Boden ist stark kalkhaltig, tonig-lehmig bei geringem Steinanteil, der vulkanische Boden ist dunkel, sandig und mineralienreich, wogegen die Neuffener und Beurener Weinberge einen hohen Steinanteil von weißen Jurabrocken besitzen. Silvaner spielt die Hauptrolle, nimmt die Hälfte der Rebfläche ein, es gibt ihn in mehreren Varianten. Dazu gibt es je ein Fünftel Spätburgunder und Riesling, ein wenig Weißburgunder, sowie Kerner, Müller-Thurgau und einige rote Rebsorten, die Bestandteil der Cuvée Roter Jura sind.

Kollektion

Eine weiß wie rot spannende Kollektion präsentiert Helmut Dolde auch in diesem Jahr. Der Spätburgunder vom Jurakalk ist frisch, fruchtbetont, klar und zupackend. Bei den 2019er im Fass ausgebauten Spätburgundern gilt unsere leichte Präferenz dem Fass 2, das intensive Frucht zeigt, herrlich eindringlich und reintönig, gute Struktur und Grip besitzt, noch sehr jugendlich ist und ein klein wenig druckvoller als der ihm ähnliche Spätburgunder aus dem Fass 1. Die 2021er Weißweine hat Helmut Dolde lange ungeschwefelt auf der Hefe liegen lassen, teilweise mit malolaktischer Gärung und mit Maischegärung und Maischestandzeiten gearbeitet. Sie zeigen gleichmäßiges, starkes Niveau. Riesling und Creation K sind frisch, klar und zupackend, und auch das Silvaner-Trio überzeugt voll und ganz. Der Silvaner Weißer Jura ist würzig und frisch, lebhaft, hat Grip, sein Kollege vom Vulkan ist konzentrierter und zupackender, besitzt gute Struktur und viel Frische. Unser Favorit aber ist der teils maischevergorene Silvaner von alten Reben, der herrlich eindringlich und konzentriert ist, viel reife Frucht zeigt, gute Struktur, Kraft und Druck besitzt.

Weinbewertung

85 2021 „Creation K." Weißwein trocken „vom Jurakalk" | 12,5%/8,50€
86 2021 Silvaner trocken „Vulkan" Linsenhöfer | 12,5%/8,70€
85 2021 Silvaner trocken „Weißer Jura" | 11,5%/8,30€
88 2021 Silvaner trocken „Alte Reben" | 12,5%/9,50€ ☺
84 2021 Riesling trocken „Brauner Jura" Linsenhöfer | 12%/8,90€
85 2020 Spätburgunder trocken „vom Jurakalk" | 13%/9,50€
88 2019 Spätburgunder trocken „Fass 1" Linsenhöfer | 13%/14,-€
89 2019 Spätburgunder „Fass 2" Linsenhöfer | 13%/14,-€

★★★

Dominikaner Weingut

Kontakt
Bahnhofstraße 37
54317 Kasel
Tel. 0651-5180
Fax: 0651-53701
www.weingut-von-nell.de
cvnb@weingut-von-nell.de

Besuchszeiten
ganztags nach Vereinbarung
Restaurant/Vinothek Pauliner Hof (4 Gästezimmer)

Inhaber
Dr. Carmen von Nell-Breuning
Kellermeister
Dr. Carmen von Nell-Breuning
Rebfläche
7 Hektar
Produktion
40.000 Flaschen

Carmen von Nell-Breuning hat das Weingut im Sommer 2013 von ihren Eltern Christoph und Ingeborg von Nell-Breuning übernommen, führt es nunmehr in 13. Generation, denn ihr Vorfahr Peter Christian von Nell begründete um 1670 die Weinbautradition der Familie. Das Weingut in Kasel wurde um 1890 von Oskar von Nell erbaut. Die Weinberge von Carmen von Nell-Breuning liegen alle in Steillagen an der Ruwer, in Kasel genau genommen: Die Lage Dominikanerberg gehört ihr im Alleinbesitz, dazu ist sie in den Kaseler Lagen Nies'chen und Kehrnagel vertreten. Angebaut werden zu 90 Prozent Rieslingreben, zu einem Zehntel Spätburgunder. Inzwischen arbeitet das Weingut im vierten Jahr nach biodynamischen Prinzipien. Zum Weingut gehört die älteste Sektmanufaktur im Ruwertal, alle Rieslingsekte werden mindestens zwei Jahre auf der Hefe ausgebaut.

Kollektion

Wie gut, eigenständig und nachhaltig die Schaumweine schmecken, hat sich erst teilweise herumgesprochen. Zu unrecht, denn der kräuterig-würzige, erfreulich schlanke 2017er gefällt bereits gut, der 2015er mit puristischer Art und feiner Reife macht nochmals mehr Freude. Bei den stillen Weinen ist der etwas verhaltene, aber angenehm feste Schiefer-Riesling ebenso zu nennen wie der animierende, rassige und die Lage perfekt widerspiegelnde trockene Nies'chen-Riesling. Enorm präsent und fest ist der trockene 2019er, schön komplex mit leicht pflanzlich-kräuterigen Noten, im Mund vibrierend ist der feinherbe Wein gleichen Jahrgangs; der feinherbe 2018er ist nochmals saftiger und spannender. Einer der Höhepunkte des Sortiments stammt aus 2017: Der NB lagerte achtzehn Monate auf der Vollhefe, besitzt eine sehr feine Struktur, Würze und zupackende Art, ist gänzlich unangestrengt, eigenständig. Der einzige Spätburgunder aus der Lage Kaseler Nies'chen wird als 2015er (!) vorgestellt: Er zeigt komplexe Aromen (Tabak, getrocknete Beeren, Gewürze), ist gleichzeitig fein und saftig.

Weinbewertung

89 2015 Riesling Sekt extra-brut „Stephanus" Dominikanerberg | 12%/16,80€
87 2017 Riesling Sekt brut „Ludovico" Dominikanerberg | 12%/15,50€
84 2021 Riesling trocken „Schiefer" | 11%/10,50€
87 2021 Riesling trocken Kaseler Nies´chen | 10%/16,-€
89 2019 Riesling trocken „Alte Reben" Dominikanerberg | 11%/19,-€
91 2017 Riesling „NB non-filtré" Dominikanerberg | 10,5%/28,-€
89 2019 Riesling Spätlese „feinherb" Kaseler Nies'chen | 10,5%/13,90€
89 2018 Riesling „feinherb" „Alte Reben" Dominikanerberg | 11,5%/19,50€
88 2016 Riesling Spätlese Dominikanerberg | 8%/22,50€
90 2018 Riesling Auslese Dominikanerberg | 7,5%/29,-€
87 2021 Spätburgunder Rosé trocken Kaseler Nies'chen | 11,5%/12,50€
89 2015 Spätburgunder trocken „NB" Kaseler Nies'chen | 13,5%/45,-€

★★★

Doreas

Kontakt
Ernst-Heinkel-Straße 85
73630 Remshalden-Grunbach
Tel. 07151-75569
Fax: 07151-2061200
www.doreas.de
info@doreas.de

Besuchszeiten
Do./Fr. 16-18 Uhr
Sa. 9:30-14 Uhr
und nach Vereinbarung

Inhaber
Dorothee Wagner-Ellwanger & Andreas Ellwanger
Rebfläche
9 Hektar
Produktion
35.000-50.000 Flaschen

Dorothee Wagner-Ellwanger und Andreas Ellwanger, lange Zeit im elterlichen Betrieb in Winterbach (Weingut Jürgen Ellwanger) für den Weinausbau verantwortlich, begannen unter dem Namen Doreas 2007 mit der Selbstvermarktung im Aussiedlerhof von Dorothee Wagners Eltern. Ihre beiden Söhne sind ebenfalls am Wein interessiert, der eine hat bei Haidle und Aldinger gelernt, der andere bei Schnaitmann und Bernhard Ellwanger. Die meisten Weinberge liegen in Grunbach in den beiden Lagen Klingle und Berghalde, mit bis zu 40 Jahre alten Reben, dazu ist man im Großheppacher Zügernberg und im Hebsacker Lichtenberg vertreten. Die Weinberge werden biologisch bewirtschaftet (Ecovin).

Kollektion

Der Schillerwein-Sekt gefällt uns auch im Jahrgang 2019 wieder sehr gut, er ist komplex, fruchtbetont, besitzt viel Frische und Grip. Der Cabernet Blanc Ballade zeigt etwas florale Noten, ist frisch, klar und zupackend, der Silvaner Ballade zeigt gute Konzentration und viel reife Frucht, ist recht füllig und saftig angesichts des moderaten Alkohols, besitzt gute Struktur und Frische. Würzig und eindringlich ist der Grunbacher Riesling im Bouquet, im Mund ist er frisch und zupackend, besitzt Säure und Grip. Der Großheppacher Gewürztraminer punktet mit guter Konzentration und reintöniger Frucht, besitzt gute Struktur und schöne Frische. Unser Favorit unter den 2021er Weißweinen ist der Chardonnay aus dem Grunbacher Klingle, der gute Konzentration und reintönige Frucht im Bouquet zeigt, klare Frucht im Mund besitzt und ebenfalls viel Frische und jahrgangstypischen Grip. Der Grunbacher Spätburgunder ist frisch, klar und zupackend, der Grunbacher Lemberger ist fruchtbetont, herrlich intensiv und reintönig im Bouquet, klar und geradlinig im Mund. Der Berghalde-Spätburgunder stammt wie die beiden Ortsweine aus dem Jahrgang 2019, er ist konzentriert und intensiv, besitzt Fülle, Saft und Substanz. Ein Jahr älter ist der Syrah, der viel Duft und reife Frucht zeigt, Kraft und Frische im Mund besitzt. Gute Struktur und Substanz.

Weinbewertung

87 2019 Schillerwein Sekt brut | 13%/13,50€
85 2021 Silvaner trocken „Ballade“ | 11,5%/8,-€
85 2021 Riesling trocken Grunbacher | 12,5%/10,-€
86 2021 Gewürztraminer trocken Großheppacher | 13%/12,-€
84 2021 Cabernet Blanc trocken „Ballade“ | 13%/9,-€
87 2021 Chardonnay trocken Grunbacher Klingle | 13%/14,-€
84 2019 Spätburgunder trocken Grunbacher | 13,5%/11,-€
86 2019 Lemberger trocken Grunbacher | 13,5%/12,-€
88 2019 Spätburgunder trocken Grunbacher Berghalde | 13%/19,-€
88 2018 Syrah trocken Grunbacher Berghalde | 14%/25,-€

★★☆

Weinmanufaktur Dossenheim

Kontakt
Steckelbergstraße 7
69221 Dossenheim
Tel. 06221-181117
www.weinmanufaktur-dossenheim.de
lecker@weinmanufaktur-dossenheim.de

Besuchszeiten
Sa. 14-17 Uhr, Betriebsgelände am ehemaligen „Vatterbruch“, Steinbruchweg 19-21, und nach Vereinbarung

Inhaber
Jochen Konradi, Gunnar Stamm, Tobias Stöhr
Kellermeister
Jochen Konradi
Außenbetrieb
Tobias Stöhr, Gunnar Stamm
Rebfläche
1,5 Hektar
Produktion
8.000 Flaschen

Weinmanufaktur Dossenheim

Eigentlich hatten Jochen Konradi, Gunnar Stamm und Tobias Stöhr 1996 nur einen Platz zum Grillen gesucht, aber weil dort Reben standen, wurde auch Wein produziert, viele Jahre nur für den Eigenverbrauch. Doch dann wurde aus dem Hobby ein Nebenerwerb, 2011 gründete das Trio die Weinmanufaktur Dossenheim, zusätzliche Weinberge wurden gepachtet. Seit 2019 wird der Wein in einer neuen Produktionsstätte ausgebaut, dem Wohnhaus und den Werkstätten des ehemaligen Besitzers des Steinbruchs „Vatter“. Tobias Stöhr ist Projektmanager, Gunnar Stamm Veranstaltungstechniker und Jochen Konradi Agrarbiologe. Er war einige Jahre Außenbetriebsleiter im Weingut Seeger, seit März 2021 ist er Referent für ökologischen Weinbau an der LVWO Weinsberg. Die Weinberge liegen entlang der Badischen Bergstraße. Im Dossenheimer Ölberg stehen Spätburgunder und Chardonnay, im Schriesheimer Kuhberg Grauburgunder und Dornfelder, im Großsachsener Sandrocken Spätburgunder und Riesling. Wo immer es geht, sollen ältere Anlagen erhalten bleiben, der älteste Spätburgunder wurde 1970 gepflanzt. Von Anfang an wurde auf Herbizide und auf Insektizide verzichtet, man ist Mitglied bei Ecovin. Ein großer Anteil der Weine wird im Barrique ausgebaut. Bei den mit dem Buchstaben „B“ gekennzeichneten Weinen ist der Anteil an neuem Holz größer.

Kollektion

Eine kleine Kollektion von sechs Weinen präsentieren Jochen Konradi, Gunnar Stamm und Tobias Stöhr in diesem Jahr, die uns überzeugt, sind die Weine doch wesentlich frischer als im vergangenen Jahr, was teils jahrgangsbedingt ist, teils auch den niedrigeren Restzuckerwerten geschuldet ist. Der Blanc de Noir ist frisch und fruchtbetont, zeigt rote Früchte, ist lebhaft und zupackend, besitzt feine Kirschennoten und Biss. Der Grauburgunder ist wunderschön reintönig, besitzt ebenfalls Frische und Grip. Weiße Früchte zeigt der Chardonnay im Bouquet, ist geradlinig und klar, besitzt feine süße Frucht und Grip. Und auch der Rosé reiht sich hier ein, setzt auf Frische und Frucht, ist lebhaft und klar. Der 2020er Spätburgunder zeigt reintönige Frucht, besitzt Frische und Grip. Klares Highlight der Kollektion ist der im Barrique ausgebaute Spätburgunder aus dem Ölberg, Jahrgang 2019, der intensive Frucht und feine rauchige Noten im Bouquet zeigt, reintönig und zupackend ist, Struktur und Grip besitzt ▬

Weinbewertung

84 2021 „Blanc de Noir“ trocken | 13 %/8,50 €
84 2021 Grauburgunder trocken | 12 %/7,50 €
84 2021 Chardonnay trocken | 12,5 %/7,50 €
84 2021 Rosé trocken „Wildwhite“ | 13 %/9,50 €
83 2020 Spätburgunder trocken | 13 %/9,50 €
87 2019 Spätburgunder „B“ trocken Ölberg | 13,5 %/15,50 €

Matthias Dostert

Kontakt
Weinstraße 5
54453 Nittel
Tel. 06584-91450
Fax: 06584-914526
www.weingutdostert.de
info@weingutdostert.de

Besuchszeiten
Weinverkauf
Mo.-Sa. 9-12 + 13-18 Uhr
So. 9-12 Uhr
Weingutsrestaurant
Mi.-Sa. ab 18 Uhr
So. zum Mittagessen
Restaurant mit Gästehaus
direkt am Weingut

Inhaber
Anita & Matthias Dostert
Betriebsleiter
Matthias Dostert
Kellermeister
Carina Curman
Rebfläche
22 Hektar
Produktion
200.000 Flaschen

Das Weingut Dostert ist ein klassischer Familienbetrieb, der mittlerweile stolze 22 Hektar bewirtschaftet. 70 Prozent der Weinberge von Matthias und Anita Dostert sind mit Elbling bepflanzt. Spezialität dieses Weingutes an der Obermosel – gegenüber dem Großherzogtum Luxemburg – sind die Sekte aus Weißem und Rotem Elbling. Neben Elbling werden noch die Burgundersorten angebaut, Weißburgunder, Grauburgunder, Auxerrois sowie Spätburgunder, dazu etwas Müller-Thurgau und immerhin 10 Prozent Gewürztraminer. Auch der Grüne Veltliner gehört nun zum Repertoire. Die Tochter von Anita und Matthias Dostert, Carina Curman, war 2000/2001 Deutsche Weinkönigin und ist nicht nur als Kellermeisterin aktiv, sondern hat sich mit ihrem Mann und dem gemeinsamen Projekt namens „Culinarium" ein zweites Standbein geschaffen, sie führen ein Landrestaurant mit Kochschule. Das Weingut Dostert ist unser Klassiker von der Obermosel, als einziger Betrieb von dort empfehlen wir das Gut seit unserer ersten Ausgabe Jahr für Jahr. Matthias Dostert liefert sehr gleichmäßige Kollektionen, er hat uns nie enttäuscht, seine Sekte gehören regelmäßig zu den besten Elbling-Sekten im Land.

Kollektion

Man könnte dem Weingut allenfalls vorwerfen, dass das Programm von Jahr zu Jahr sehr gleichmäßig ausfällt und kaum je zu Überraschungen führt. Aber das muss man ja auch erst mal hinbekommen, weshalb man es auch als Kompliment verstehen darf. Bei den drei vorgestellten Sekten wird das deutlich: Der als extra brut bezeichnete Elbling ist straff und würzig, nicht puristisch, aber sehr animierend. Beim als brut bezeichneten Elblingsekt ist eine gewisse Saftigkeit zu spüren, sein Pendant aus Rotem Elbling verfügt über einen Hauch von Süße, aber auch über eine sortentypische und stimmige, sehr animierende Art. Ausgezeichnet gefällt der Grüne Veltliner, der an der Mosel noch als Rarität gilt, hier aber Daseinsberechtigung manifestiert, er wirkt schön trocken, schlank und erfrischend. Schmelz besitzt der Graue Burgunder, der noch etwas besser gefällt als der Weiße Burgunder. Der Elbling Classic ist frisch in der Nase, im Mund saftig, der Sortencharakter ist zu spüren, und der Hauch Süße steht dem Wein gut.

Weinbewertung

86 Elbling Sekt extra brut | 12,5%/9,60€
85 Elbling Sekt brut | 12,5%/9,60€
86 Roter Elbling Sekt trocken | 12,5%/10,70€
84 2021 Weißer Burgunder | 12%/7,20€
85 2021 Grauer Burgunder „Terra M" | 13%/9,20€
86 2021 Grüner Veltliner trocken | 12,5%/12,-€
83 2021 Elbling Classic | 12%/6,30€
84 2021 Spätburgunder Rosé | 12%/7,90€

★★★☆

Drautz-Able

Kontakt
Faißtstraße 23
74076 Heilbronn
Tel. 07131-177908
Fax: 07131-941239
www.drautz-able.de
info@drautz-able.de

Besuchszeiten
Mo.-Fr. 8-12 + 13:30-18 Uhr
Sa. 9-16 Uhr; Beteiligung an der Wein Villa Heilbronn

Inhaber
Markus Drautz
Betriebsleiter
Pascal Gerhäusser
Kellermeister
Markus Drautz & Pascal Gerhäusser
Außenbetrieb
Philipp Ritz
Rebfläche 15 Hektar
Produktion 110.000 Flaschen

Markus Drautz führt heute zusammen mit seiner Ehefrau Stéphanie de Longueville das Weingut. Die Weinberge liegen hauptsächlich in den Heilbronner Lagen Wartberg und Stiftsberg sowie im Neckarsulmer Scheuerberg. Rote Sorten dominieren, nehmen über die Hälfte der Rebfläche ein. Lemberger und Trollinger spielen eine wichtige Rolle ebenso wie Riesling und Weißburgunder auf weißer Seite, Sauvignon Blanc ist zu einer Spezialität des Weingutes geworden. Dazu gibt es Spätburgunder, Samtrot und Schwarzriesling, aber auch Merlot und Cabernet Sauvignon. Bereits seit 1986 werden Barriqueweine erzeugt, 1990 war man Gründungsmitglied des Deutschen Barrique Forums. Prädikatsbezeichnungen werden nur für süße Weine verwendet. Aushängeschild des Weinguts ist der Jodokus, benannt nach Jodokus Drautz, der 1496 das Recht erhielt mit seinem eigenen Wappen zu siegeln.

Kollektion

Eine gewohnt vielfältige, heterogene Kollektion präsentiert Markus Drautz auch in diesem Jahr. Die Cuvée MC ist ein fein gereifter Sekt mit rauchigen Noten, im Mund ist er frisch und zupackend. Unsere Favoriten im weißen Segment sind der herrlich konzentrierte, füllige, von Vanillenoten geprägte Hades-Sauvignon Blanc, der Riesling Réserve Hades, der enorm kompakt und ebenfalls von Vanillenoten geprägt ist, sowie der Riesling Großes Gewächs Hunsperg, der sehr offen und gelbfruchtig ist, Fülle und Saft besitzt, reife Frucht und Grip. Der Hades-Lemberger besitzt intensive Frucht, Fülle und Kraft, die beiden Jodokus-Weine sind sehr ähnlich, zeigen rote Früchte, besitzen Struktur und Grip, der 2013er ist lediglich deutlich offener und gereifter. Highlight der Kollektion ist die rote Bordeauxcuvée, die rote und dunkle Früchte zeigt, Kraft, Struktur und Tannine besitzt.

Weinbewertung

87 2014 „MC blanc" Sekt extra-brut | 11,5%/22,-€
82 2021 Riesling „Alte Reben" | 12%/11,-€
84 2021 Sauvignon Blanc trocken „Drei Tauben" Neckarsulmer | 12,5%/16,-€
84 2021 Sauvignon Blanc trocken „Drei Tauben" Heilbronner | 12%/16,-€
83 2021 Sauvignon Blanc mit Riesling trocken „Drei Tauben" Heilbronner | 12%/16,-€
88 2020 Sauvignon Blanc „R" trocken „Hades" | 14,5%/29,-€
88 2020 Riesling „GG" „Hunsperg" Heilbronner Stiftsberg | 12,5%/29,-€
84 2018 „SO18" Schwäbischer Landwein (Weingärtnerei) | 14%/30,-€
88 Riesling „Réserve" „Hades" | 13,5%/45,-€
88 2018 Lemberger trocken „Hades" | 15%/25,-€
86 2016 „Try Aged Wine Vol. 2 french connection" Rotwein | 12,5%/12,-€
88 2013 „Jodokus" Rotwein trocken „Hades" | 13,5%/35,-€
88 2018 „Jodokus" Rotwein trocken „Hades" | 15%/35,-€
90 2018 „Héritage Stéphanie de Longueville" Rotwein trocken | 14,5%/69,-€

★★★☆

Drei Zeilen

Kontakt
Weinmanufaktur 3 Zeilen
Heinrich-Wiegand-Str. 2
97348 Rödelsee
Tel. 09323-876454
Fax: 09323-5776
www.3-zeilen.de
3zeilen@web.de

Besuchszeiten
jederzeit nach Vereinbarung

Inhaber
Christian Ehrlich
Betriebsleiter
Christian Ehrlich
Kellermeister
Christian Ehrlich
Außenbetrieb
Christian Ehrlich
Rebfläche
4 Hektar
Produktion
18.000 Flaschen

Christian Ehrlich bekam mit 16 Jahren von seinem Vater drei Weinbergszeilen geschenkt. Im Herbst 2007 gründete er zusammen mit Alexandra Müller die Weinmanufaktur 3 Zeilen. Die Weinberge wurden von Beginn an biologisch bewirtschaftet (Bioland). Anfangs lagen alle seine Weinberge im Rödelseer Küchenmeister, inzwischen besitzt er auch Parzellen in der Rödelseer Schwanleite und im Wiesenbronner Wachhügel, Adelfränkisch hat er neu gepflanzt. Alle Weine werden spontanvergoren. Sie werden in der Regel trocken ausgebaut und sind heute Qualitätsweine, nachdem sie in den ersten Jahren als Landwein in den Verkauf kamen, sie tragen nun auch Lagennamen. Und nun wird aus den Drei Zeilen auch ein „richtiges" Weingut, hat Christian Ehrlich doch einen alten Winzerhof in Rödelsee gekauft, der renoviert wurde; ein weiterer Hektar Reben ist hinzugekommen.

Kollektion

Viele spannende Weißweine präsentiert Christian Ehrlich in diesem Jahr. Da sind einmal die Landweine wie der maischevergorene Silvaner „Onkel Heiner Seiner", der von Flaschenreife noch profitieren wird, im Bouquet sehr offen ist, im Mund ganz Struktur ist, druckvoll und zupackend. Oder die Réserve aus 2020, die herrlich dominant, kraftvoll und nachhaltig ist. Sehr hohes Niveau zeigen auch die Lagenweine, unabhängig vom Jahrgang. Unter den stoffigen Silvanern ist der dominante, an gelbe Früchte und Orangenschalen erinnernde 2021er Küchenmeister unser Favorit, die Rieslinge sind beide herrlich füllig und saftig, der Weißburgunder ist kraftvoll und zupackend wie auch der Blanc genannte Sauvignon Blanc. Weiter im Aufwind!

Weinbewertung

83 2021 Silvaner trocken „24 Sieben" | 12,5%/9,90€
84 2021 „28 Zehn" Weißwein trocken | 12,5%/9,90€
85 2021 Riesling trocken Rödelseer | 12,5%/12,90€
85 2021 Silvaner trocken Rödelseer | 12,5%/12,90€
84 2021 Weißburgunder trocken Rödelseer | 12,5%/12,90€
85 2021 „Fränkischer Satz" trocken Rödelseer | 12,5%/12,90€
88 2021 „Blanc" trocken Rödelseer Küchenmeister | 13%/18,90€
88 2020 Silvaner trocken Rödelseer Schwanleite | 13%/18,90€
89 2019 Silvaner trocken Rödelseer Küchenmeister | 13%/18,90€
90 2021 Silvaner trocken Rödelseer Küchenmeister | 13%/28,-€
88 2021 Weißburgunder trocken Rödelseer Küchenmeister | 12,5%/23,50€
89 2020 Riesling trocken Rödelseer Küchenmeister (Hoheleite) | 13%/22,90€
89 2021 Riesling trocken Rödelseer Küchenmeister (Hoheleite) | 12,5%/23,50€
90 2020 „Reserve" Weißwein trocken | 13%/28,-€
89 2019 „Onkel Heiner Seiner" trocken | 12,5%/26,-€
88 2020 „Onkel Heiner Seiner" trocken | 12,5%/26,-€
84 2021 „16 Sechs" Rosé trocken | 12,5%/9,90€

★★★★★

Dreissigacker

Kontakt
Untere Klinggasse 4
67595 Bechtheim
Tel. 06242-2425
Fax: 06242-6381
www.dreissigacker-wein.de
info@dreissigacker-wein.de

Besuchszeiten
Mo.-Fr. 8-12 + 13-18 Uhr
Sa. 9-16 Uhr

Inhaber
Jochen Dreissigacker
Betriebsleiter
Jochen Dreissigacker,
Achim Bicking
Rebfläche
45 Hektar
Produktion
280.000 Flaschen

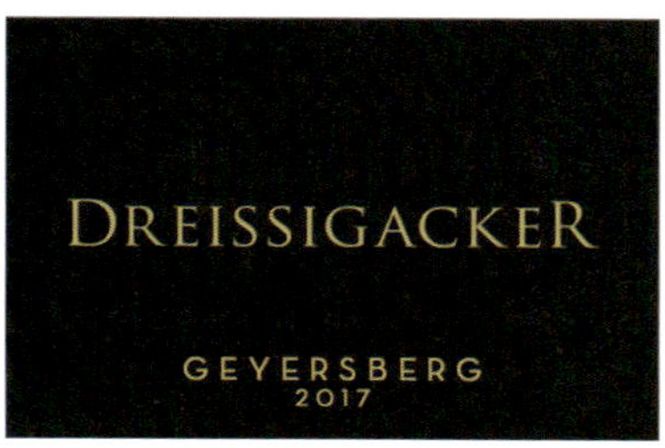

Seit die Dreissigackers im Sommer 2006 das Bechtheimer Weingut Dr. Koehler übernommen haben, führt der älteste Sohn Christian das Weingut Dr. Koehler, der jüngere Sohn Jochen kümmert sich um das elterliche Gut. Jochen Dreissigacker hat seine Lehre bei Klaus-Peter Keller und Bergdolt gemacht, dann die Technikerausbildung in Weinsberg. Seine Weinberge liegen in den verschiedenen Bechtheimer Lagen, Geyersberg, Rosengarten, Hasensprung, Stein und Heilig-Kreuz, dazu gibt es Weinberge in Westhofen in den Lagen Morstein, Aulerde, Kirchspiel und Brunnenhäuschen. 55 Prozent der Fläche nimmt Riesling ein, hinzu kommen je 15 Prozent Grauburgunder und Weißburgunder, des Weiteren Spätburgunder und Chardonnay. Die Weinberge werden biologisch bewirtschaftet, inzwischen wurde der Betrieb auf biodynamische Bewirtschaftung umgestellt. Jochen Dreißigacker arbeitet verstärkt mit Maischestandzeiten und Spontangärung. Das Programm ist klar gegliedert in Gutsweine, Ortsweine und Lagenweine. An der Spitze des Sortiments stehen die Bechtheimer Rieslinge aus Geyersberg, Rosengarten und Hasensprung und die Westhofener Rieslinge aus Morstein, Aulerde, Kirchspiel und Brunnenhäuschen, dazu gibt es den Weißburgunder Einzigacker, 2013 gab es einen Morstein-Silvaner. 2016 wurde mit dem Bau einer neuen Kellerei inmitten der Bechtheimer Weinberge begonnen, die im Frühjahr 2018 offiziell eröffnet wurde. Die neue Kellerei eröffnet die Möglichkeit die Lagenrieslinge noch länger im Fass und auf der Flasche reifen zu lassen; die Top-Rieslinge kommen nun erst nach mindestens drei Jahren Lagerung in den Verkauf. 2020 wurde die Vintages-Linie neu eingeführt, in der Cuvées aus mehreren Jahrgängen angeboten werden.

Kollektion

Jahr für Jahr präsentiert Jochen Dreissigacker hochklassige Kollektionen, und Jahr für Jahr ist das Einstiegsniveau sehr hoch. Das beweisen auch dieses Jahr wieder die Gutsweine aus dem Jahrgang 2021. Der Riesling zeigt gute Konzentration, herrlich viel Frucht, etwas gelbe Früchte, ist füllig und saftig bei reifer klarer Frucht. Der Weißburgunder ist würzig und eindringlich, besitzt Kraft, gute Struktur und Grip. Der Chardonnay punktet mit reintöniger Frucht im Bouquet, zeigt weiße Früchte, ist frisch und geradlinig im Mund, sehr harmonisch. Die Ortsweine bieten eine klare Steigerung, sie sind deutlich fülliger, was natürlich auch dem Jahrgang 2020 geschuldet ist. Auch in diesem Segment ist der Riesling unser Favorit, der – natürlich – aus Bechtheim stammt, würzig und eindringlich im Bouquet ist, klare reife Frucht zeigt, gute Fülle und Harmonie besitzt bei dezent süßer Frucht. Die beiden Chardonnay sehen wir gleichauf: Der Bechtheimer zeigt gute Konzentration, viel reife Frucht, gelbe Früchte, ist füllig und saftig, besitzt viel reife Frucht und Substanz, der Westhofener ist etwas würziger, weniger gelbfruchtig, im Mund dann recht ähnlich, ein wenig frischer bei ebensoviel Substanz. Spannend ist auch wieder der Vintages Riesling, eine

Jahrgangscuvée, ist rauchig, würzig und eindringlich im Bouquet, füllig und saftig im Mund, punktet mit Harmonie und Länge. Der Wunderwerk-Grauburgunder zeigt reintönige Frucht im herrlich eindringlichen Bouquet, besitzt Fülle, Kraft, gute Struktur und Substanz. Noch spannender ist der Wunderwerk-Riesling, würzig und konzentriert, zeigt etwas Senfkörner, ist kraftvoll, lang, nachhaltig, mineralisch im Abgang. Der Weißburgunder Einzigacker ist würzig und eindringlich im Bouquet, zeigt feine Frische und etwas Toast, ist kraftvoll, frisch und zupackend im Mund, besitzt gute Struktur und Grip. Faszinierend ist dann das Riesling-Lagen-Sextett aus dem Jahrgang 2020. Die drei Westhofener Weine haben wir zwar gleich bewertet, aber sie unterscheiden sich deutlich und spiegeln klar die Lagenunterschiede wider. Der Wein aus der Aulerde ist würzig, frisch, herrlich reintönig, präzise und mineralisch, das Kirchspiel ist fülliger und saftiger, besitzt viel reife Frucht, Substanz und viel Länge, der Morstein ist nochmals fülliger und druckvoller, besitzt viel reife Frucht, Struktur und Grip alle drei werden von Flaschenreife profitieren. Was auch für die drei Bechtheimer Lagen-Rieslinge gilt. Der Wein aus dem Hasensprung ist der zugänglichste, ist füllig und saftig, besitzt viel reife Frucht und Substanz. Der Rosengarten ist präziser, besitzt viel Frische, reintönige Frucht und jugendlichen Grip. Unser Favorit ist der Geyersberg, der herrlich eindringlich und konzentriert ist, reintönige reife Frucht besitzt, viel Substanz, Druck und Länge, so spannend er jetzt schon ist: Er braucht noch viel Zeit. Klasse Kollektion!

Jochen Dreissigacker

Weinbewertung

87 2021 Riesling trocken | 12,5%/14,50€
86 2021 Weißburgunder trocken | 12,5%/14,50€
86 2021 Chardonnay trocken | 13%/16,50€
89 2020 Riesling trocken Bechtheim | 13,5%/29,-€
92 2020 Riesling trocken „Wunderwerk“ | 13,5%/48,-€
90 2021 Grauburgunder trocken „Wunderwerk“ | 13%/25,-€
90 „Vintages“ weiß | 12,5%/17,50€
88 2020 Chardonnay trocken Westhofen | 14%/29,-€
88 2020 Chardonnay trocken Bechtheim | 14%/38,-€
93 2020 Weißburgunder trocken „Einzigacker“ | 14,5%/98,-€
91 2020 Riesling trocken Bechtheim Hasensprung | 13%/k.A.
92 2020 Riesling trocken Bechtheim Rosengarten | 13,5%/ k.A.
93 2020 Riesling trocken Westhofen Aulerde | 13%/ k.A.
93 2020 Riesling trocken Westhofen Kirchspiel | 13,5%/ k.A.
94 2020 Riesling trocken Bechtheim Geyersberg | 13,5%/ k.A.
93 2020 Riesling trocken Westhofen Morstein | 14%/ k.A.

Lagen

Geyersberg (Bechtheim)
Rosengarten (Bechtheim)
Hasensprung (Bechtheim)
Morstein (Westhofen)
Kirchspiel (Westhofen)
Aulerde (Westhofen)
Brunnenhäuschen (Westhofen)

Rebsorten

Riesling (65%)
Weißburgunder (10%)
Grauburgunder (10%)
Chardonnay (10%)
Spätburgunder (5%)

R&S Düll

Kontakt
Krassolzheim 36
92484 Sugenheim
Tel. 09165-377
Fax: 09165-995625
www.rs-duell.de
info@rs-duell.de

Besuchszeiten
nach Vereinbarung
Gasthaus Düll

Inhaber
Reinhold Düll
Kellermeister
Stefan Düll
Rebfläche
3,5 Hektar
Produktion
25.000 Flaschen

Reinhold Düll hat 1996 mit dem Weinbau begonnen, sein Weingut und das Gasthaus befinden sich in Krassolzheim in Mittelfranken. Sohn Stefan machte zunächst eine Schreinerlehre, schloss dann eine Winzerlehre an und sammelte praktische Erfahrungen im Weingut Zehntkeller in Iphofen. Er ist für den Weinausbau verantwortlich, wird im Vertrieb unterstützt von seiner Lebenspartnerin Michaela, die eine Sommelière-Ausbildung abschloss. Die Weinberge verteilen sich auf viele verschiedene Parzellen im Krassolzheimer Pfaffenberg und im Ippesheimer Herrschaftsberg, eingebettet zwischen Wald und Streuobstwiesen, die Reben wachsen auf Gipskeuper-Böden. Silvaner spielt eine wichtige Rolle im Betrieb, dazu gibt es Müller-Thurgau, Bacchus, Kerner, Scheurebe und Weißburgunder sowie die roten Sorten Zweigelt und Dornfelder. Vor zwei Jahren wurde die Rebfläche um einen halben Hektar vergrößert.

Kollektion

Wie im Vorjahr präsentieren Reinhold und Stefan Düll eine weiß wie rot sehr gleichmäßige Kollektion, in der uns wieder der teilweise im Holz ausgebaute RS-Silvaner besonders gut gefällt, der gute Konzentration und feine Würze zeigt, reife Frucht, gute Struktur und Grip besitzt. Die Basis stimmt auch in diesem Jahr, das beweisen die beiden Literweine, der Silvaner ist frisch und fruchtbetont, der holunder- und cassisduftige Bacchus besitzt feine süße Frucht und Grip. Der Rivaner besitzt klare Frucht und Biss, der Müller-Thurgau von alten Reben hat mehr Substanz, besitzt Fülle, Struktur und klare reife Frucht. Der Silvaner macht auch in der Tradition-Variante viel Freude, ist reintönig und zupackend, als Auslese präsentiert er sich noch allzu unruhig, ist derzeit geprägt vom Kontrast aus viel Süße und viel Biss. Auch auf Rotweine verstehen sich Reinhold und Stefan Düll, das beweisen der sauerkirschduftige Zweigelt und die intensiv fruchtige, zupackende rote Cuvée.

Weinbewertung

82 2021 Silvaner trocken (1l) | 12%/5,-€
83 2021 Rivaner trocken | 12%/5,50€
82 2021 „Cuvée Blanc“ Weißwein trocken | 11,5%/6,50€
84 2021 Silvaner trocken „Tradition“ | 12,5%/6,50€
83 2021 Weißer Burgunder trocken | 12,5%/6,50€
85 2021 Müller Thurgau trocken „Alte Reben“ | 13%/7,50€
86 2021 Silvaner „R&S“ Spätlese trocken | 13%/8,50€
83 2021 Bacchus halbtrocken (1l) | 11,5%/5,-€ ☺
83 2021 Scheurebe „fruchtig“ | 12%/6,-€
85 2021 Silvaner Auslese | 9%/10,-€
83 2021 Zweigelt trocken | 12,5%/6,-€
85 2020 Cuvée „R&S“ Rotweincuvée trocken | 13%/8,50€

★★

Dürrenzimmern

Kontakt
Weinkonvent Dürrenzimmern
Meimsheimer Straße 11, 74336
Brackenheim-Dürrenzimmern
Tel. 07135-95150
Fax: 07135-951539
www.weinkonvent-duerren-zimmern.de; info@weinkon-vent-duerrenzimmern.de

Besuchszeiten
Mo.-Fr. 9-12:30 + 13:30-18 Uhr
Sa. 9-13 Uhr, an allen Advents-Samstagen 9-16 Uhr
Landpension Kohler in Brackenheim-Dürrenzimmern, Gasthaus-Hotel Adler in Brackenheim-Botenheim und weitere Übernachtungsmöglichkeiten in der Umgebung

Inhaber
323 Mitglieder
Vorstandsvorsitzender
Alfred Heckel
Betriebsleiter
Mirko Semmler-Lins
Kellermeister
Kurt Freudenthaler
Rebfläche
185 Hektar
Produktion
1.700.000 Flaschen

Die 1937 gegründete Genossenschaft von Dürrenzimmern, wo seit 1147 Weinbau belegt ist, fusionierte 1970 mit der Weingärtnergenossenschaft Stockheim zur Weingärtnergenossenschaft Dürrenzimmern-Stockheim, inzwischen hat man umfirmiert, nennt sich nun Weinkonvent Dürrenzimmern. Die Reben wachsen auf schweren Keuperböden an der Südseite des Heuchelbergs vor allem in den Lagen Dürrenzimmerner Mönchsberg und Stockheimer Altenberg. Wichtigste Rebsorte ist der Lemberger, der inzwischen mehr als ein Drittel der Rebfläche einnimmt. Es folgen Riesling und Trollinger, Schwarzriesling und Spätburgunder, aber auch Samtrot, Portugieser, Müller-Thurgau und Kerner, hinzu kommen internationale Rebsorten wie Cabernet Sauvignon und inzwischen auch Weiß- und Grauburgunder. Das Programm ist gegliedert in Literweine als Basis des Sortiments, dann folgen die Linien Klosterhof und Cellarius sowie als Premiumlinie Divinus. Etwa ein Fünftel der Weine wird trocken ausgebaut.

Kollektion

Die neue Kollektion überzeugt voll und ganz, und es sind wieder einmal die Divinus-Rotweine, die an der Spitze stehen. Gleich sechs konnten wird dieses Jahr verkosten. Der Portugieser ist gewürzduftig und tanninbetont, er gefällt uns weniger als seine Kollegen. Der Lemberger zeigt Konzentration und reife Frucht, ist klar, zupackend, ganz dezent bitter im Abgang, noch jugendlich. Der Spätburgunder zeigt Gewürze und rote Früchte, ist klar, strukturiert und zupackend, auch er besitzt eine dezente jugendliche Bitternote im Abgang, und dies gilt auch für den enorm gewürzduftigen Merlot, der Fülle und Kraft besitzt, viel Frucht und Substanz. Noch besser gefällt uns die Cuvée Weinkonvent, die Konzentration und reife Frucht zeigt, etwas Gewürze, füllig und kraftvoll ist, Frucht und Substanz besitzt. Eindeutiger Favorit aber ist die herrlich eindringliche Cuvée „Der Abt", besitzt Fülle, Saft und Substanz, gute Struktur und eine dezente Schokonote. Auch die Weißweine überzeugen, allen voran der zitrusduftige Cellarius Riesling und der würzige, zupackende Sauvignon Blanc. Gute Vorstellung!

Weinbewertung

84 2021 Riesling trocken „Cellarius" | 12,5%/6,90€
83 2021 Sauvignon Blanc trocken „Cellarius" | 11,5%/6,90€
81 2021 Cabernet Blanc „Klosterhof" | 12%/5,90€
81 2021 Lemberger „Blanc de Noir" „Klosterhof" | 11,5%/6,30€
84 2019 Portugieser trocken „Divinus" | 14%/22,-€
86 2020 Lemberger trocken „Divinus" | 13,5%/15,50€
86 2019 Spätburgunder trocken „Divinus" | 14%/22,-€
86 2019 Merlot trocken „Divinus" | 14,5%/26,-€
87 2019 „Cuvée Weinkonvent" Rotwein trocken „Divinus" | 14%/26,-€
89 2019 „Der Abt" Rotwein trocken „Divinus" | 14,5%/39,-€

★★☆

Holger **Dütsch**

Kontakt
St. Michael-Straße 39
76534 Baden-Baden
Tel. 07223-959739
www.weingut-duetsch.de
info@weingut-duetsch.de

Besuchszeiten
Di./Do./Fr. 15-18 Uhr, Sa. 10-13 Uhr und nach Vereinbarung

Inhaber
Holger Dütsch
Betriebsleiter
Holger Dütsch
Kellermeister
Holger Dütsch
Außenbetrieb
Holger Dütsch
Rebfläche
3,5 Hektar
Produktion
20.000 Flaschen

Holger Dütsch und Hannelore Dütsch-Weiß gründeten 2004 ihr eigenes Weingut. Holger Dütsch hatte lange in Südtirol gearbeitet und war anschließend Betriebsleiter bei Schloss Neuweier, bevor er sich mit dem Jahrgang 2004 selbständig machte. Seine Weinberge befinden sich in Neuweier in den Lagen Mauerberg und Altenberg sowie im Steinbacher Stich den Buben. Riesling wurde in den letzten Jahren etwas reduziert, nimmt heute 40 Prozent der Fläche ein. Hinzu kommen Chardonnay und Spätburgunder, aber auch Lemberger, Sauvignon Blanc, Silvaner und Cabernet Franc. Das Sortiment ist gegliedert in Gutsweine, Ortsweine und Lagenweine sowie Signatur-Weine, die meist in neuen Barriques ausgebaut werden.

Kollektion

Der 2019er Chardonnay Signatur war im vergangenen Jahr unser Favorit in einer weiß wie rot gleichermaßen starken Kollektion. Sein Jahrgangsnachfolger ist würzig, konzentriert, sehr stoffig, aber derzeit noch allzu jugendlich und verschlossen. Der Mauerberg-Chardonnay ist da deutlich offener, fruchtbetonter, besitzt gute Struktur und Grip. Spannend ist auch der würzige, zupackende Stich den Buben-Silvaner, der Riesling Finesse punktet mit Frische, Reintönigkeit und Grip. Sehr gut sind aber auch die anderen trockenen Weißweine, der säurebetonte Urgestein-Riesling ebenso wie der frisch-süße Riesling Tradition oder der spargelduftige, zupackende Sauvignon Blanc. Die Rotweine gefallen uns in diesem Jahr noch eine Spur besser als die Weißen. Der Blaufränkisch ist sehr offen, füllig, kraftvoll, besitzt gute Struktur und Tannine. Die Cuvée aus Cabernet Franc und Merlot ist im Bouquet noch sehr vom Holz dominiert, deutet im Mund aber schon an, was in ihr steckt, ist kraftvoll, tanninbetont. Der Spätburgunder vom Altenberg ist wunderschön reintönig, frisch und zupackend, die „Blitz + Donner"-Cuvée setzt ganz auf Frucht und Grip. Im Aufwind!

Weinbewertung

85 2021 Riesling trocken „Urgestein" Neuweierer | 12%/10,50€
85 2021 Sauvignon Blanc trocken Baden-Badener | 12%/10,50€
86 2020 Riesling trocken „Tradition" Neuweierer Mauerberg | 14%/14,50€
87 2020 Silvaner trocken Steinbacher Stich den Buben | 13%/13,50€
86 2020 Chardonnay trocken Neuweierer Mauerberg | 13%/14,50€
87 2021 Riesling „Finesse" Neuweierer Mauerberg | 13%/16,-€
87 2020 Chardonnay trocken „Signatur" | 14%/19,50€
83 2021 Riesling „feinherb" | 11%/8,50€
85 2021 „Blitz und Donner" Rotwein trocken Neuweierer | 12,5%/11,50€
87 2019 Spätburgunder trocken Neuweierer Altenberg | 13%/15,-€
87 2019 Blaufränkisch trocken Steinbacher Stich den Buben | 13,5%/15,50€
88 2019 Cabernet Franc & Merlot trocken „Signatur" | 14%/25,-€

★★

Eberle-Runkel

Kontakt
Niedergasse 23-25
55437 Appenheim
Tel. 06725-2810
Fax: 06725-5273
www.weingut-eberle-runkel.de
info@weingut-eberle-runkel.de

Besuchszeiten
Vinothek Fr. 14-18 Uhr
Sa. 10-17 Uhr
oder nach Vereinbarung
Straußwirtschaft von Mitte Mai bis Mitte Sept. Fr. ab 18 Uhr, Sa. ab 17 Uhr, So. & Feiertage ab 16 Uhr

Inhaber
Michael Runkel
Kellermeister
Stefan Runkel
Rebfläche
13 Hektar
Produktion
40.000 Flaschen

Seit mehreren Generationen betreibt die Familie Weinbau in Appenheim, aus einem landwirtschaftlichen Gemischtbetrieb entstand nach und nach das Weingut in seiner heutigen Form. Die Weinberge von Michael Runkel liegen in den Appenheimer Lagen Eselspfad (hoher Sandanteil), Daubhaus (leichte und sandige Löss-Lehmböden) und Hundertgulden (tonhaltige Lehmböden), sowie im Nieder-Hilbersheimer Honigberg (ebenfalls tonhaltige Lehmböden). Die Rebsortenvielfalt ist groß, reicht von Müller-Thurgau, Silvaner, Riesling, Portugieser und Spätburgunder über Scheurebe, Dornfelder, Chardonnay, Weißburgunder und Grauburgunder hin zu Huxelrebe, Würzer, Regent und Frühburgunder. Sohn Stefan hat nach seiner Weinküferlehre das Studium in Geisenheim abgeschlossen, ist nun für den Weinausbau verantwortlich. Jüngste Investition ist eine Vinothek auf dem Weingut.

Kollektion

Stefan und Michael Runkel hatten den Jahrgang gut im Griff, die Kollektion überzeugt, von den Gutsweinen bis hin zu den Lagenrieslingen, und die neue „Grillwein" genannte Linie führt sich prächtig ein, besteht aus länger gereiften Weinen (am Stock, aber auch im Fass und auf der Flasche): Der Weißburgunder ist kraftvoll, füllig, hat Substanz, der Grauburgunder ist würzig, füllig, der Sauvignon Blanc besitzt Kraft und klare reife Frucht, der Spätburgunder punktet mit Reintönigkeit und Fülle. Er ist intensiv fruchtig wie auch der im Barrique ausgebaute Frühburgunder. Unter den durchweg überzeugenden Gutsweinen gefällt uns der zupackende Riesling auf dem See besonders gut, der Appenheimer Silvaner besitzt Fülle, Saft und reife süße Frucht. An der Spitze der Kollektion stehen aber wieder die beiden Lagenrieslinge, die wir 2021 gleichauf sehen: Der Hundertgulden ist saftig, füllig, hat Substanz, der Honigberg ist etwas würziger, auch mineralischer. Starke Kollektion!

Weinbewertung

82 2021 Riesling trocken | 12,5%/6,40€
83 2021 Weißer Burgunder trocken | 12,5%/6,40€
83 2021 Sauvignon Blanc trocken | 12,5%/6,60€
84 2021 Riesling trocken „auf dem See" | 11%/6,50€
84 2021 Silvaner trocken Appenheimer | 13,5%/7,20€
85 2020 Weißburgunder trocken „Grillwein" | 13%/8,50€
84 2020 Grauburgunder trocken „Grillwein" | 12,5%/8,50€
85 2020 Sauvignon Blanc trocken „Grillwein" | 13%/8,50€
87 2021 Riesling trocken Nieder-Hilbersheimer Honigberg | 12,5%/9,80€
87 2021 Riesling trocken Appenheimer Hundertgulden | 12,5%/9,80€
85 Spätburgunder trocken „Grillwein" | 14%/8,50€
85 2018 Frühburgunder im Barrique gereift | 14%/10,-€

Kloster Ebernach

Kontakt
Sehler Anlagen 36
56812 Cochem-Sehl
Tel. 02671-2324255
www.weingut-ebernach.de
info@weingut-ebernach.de

Besuchszeiten
siehe Homepage

Inhaber
Dr. Peter-Josef Zenzen & Heinz-Rudolf Zenzen

Betriebsleiter
Christian Kruft

Kellermeister
Christian Kruft

Außenbetrieb
Johannes Fuchs

Rebfläche
8 Hektar

Produktion
50.000 Flaschen

Das Gastspiel des ambitionierten australischen Winzers Martin Cooper im Kloster Ebernach war kürzer als erhofft. Nun ist ein Neuanfang gemacht. Anfang 2019 haben Heinz-Rudolf Zenzen und sein Bruder Dr. Peter-Josef Zenzen das Weingut von den Franziskaner-Brüdern vom Heiligen Kreuz gepachtet. Sie bewirtschaften acht Hektar Reben in Cochem, Pommern und Valwig – besonders hervorzuheben sind die beiden steilen Monopollagen Bischofsstuhl und Sonnenberg. Neben Riesling, der 90 Prozent der Fläche ausmacht, sind Weiß- und Spätburgunder im Ertrag. Christian Kruft unterstützt die Pächter als Betriebsleiter sowie Kellermeister, Johannes Fuchs ist für den Außenbereich zuständig. Der Ausbau erfolgt im Edelstahl, kleine Partien lagern im Fass.

Kollektion

Schon beim Debüt im vergangenen Jahr gefielen die Weine des neuen Projektes an der Mosel, weil sie zupackend und direkt waren. Vom Jahrgang 2021 wurden nun sieben Weine vorgestellt, die mindestens im gleichen Maße überzeugen. Zum Beispiel der trockene Weißburgunder, in der Nase noch etwas zurückhaltend, im Mund aber schön frisch und knackig, praktisch trocken wirkend. Noch überzeugender ist der trockene Riesling Kabinett, der bereits recht zugänglich wirkt und rassig ausfällt. Leicht hefig in der Nase ist dann der Riesling von alten Reben, fest im Mund und würzig mit saftiger Frucht; allenfalls ein Hauch von Süße ist zu bemerken, aber der ist perfekt integriert. Die trockene Burgundercuvée ist eine Fassprobe, die naturgemäß mit Vorsicht zu bewerten ist; der Wein ist noch sehr jugendlich, zeigt in der Nase leicht cremige Anklänge und Noten von reifem Steinobst, Kaffee und Vanille, die sich mit der Zeit noch gut integrieren sollten; der Wein ist komplett trocken, würzig mit feiner Frucht und vibrierend. Eine rassige Art mit vergleichsweise wenig Zucker für diese Prädikatsstufe besitzt die rassige Spätlese aus dem Cochemer Bischofsstuhl, die in der Nase Noten von Kernobst und Cassis zeigt. Schließlich der Rotling aus Riesling und Pinot Noir mit Steinobst- und Beerennoten, im Mund zupackend, frisch und rassig, mit einem Hauch von Süße ausgestattet. So kann es weitergehen in diesem Betrieb.

Weinbewertung

83 2021 Weißburgunder Cochemer Klostergarten | 11%/10,50€
85 2021 Riesling Kabinett trocken Pommerner Sonnenuhr | 11%/10,50€
(85) 2021 Burgundercuvée trocken Barrique | 11%/29,-€
84 2021 Riesling Kabinett „feinherb“ Cochemer Sonnenberg | 9%/10,50€
85 2021 Riesling „Alte Reben“ Pommerner Goldberg | 12%/14,50€
86 2021 Riesling Spätlese Cochemer Bischofsstuhl | 9%/14,-€
84 2021 Riesling & Pinot Noir „Pink“ Rotling | 9,5%/8,50€

KLOSTER EBERNACH
WEINGUT SEIT 1673
MOSEL

★★★½

Schlossgut Ebringen

Kontakt
Schlossplatz 1
79285 Ebringen
Tel. 07664-6805
Fax: 07664-60695
www.schlossgut-ebringen.de
andreas.engelmann@
schlossgut-ebringen.de
schlossgut@wein-ebringen.de

Besuchszeiten
Verkaufsstelle:
Sommerbergweg 1
Di.-Fr. 9-12 + 13:30-18 Uhr
Sa. 9-12:30 Uhr

Inhaber
Winzerhof Ebringen
Gutsverwalter
Andreas Engelmann
Kellermeister
Andreas Engelmann
Rebfläche
7,5 Hektar
Produktion
50.000 Flaschen

Mit dem Jahrgang 2003 hat die Winzergenossenschaft Ebringen ein Projekt unter der Führung von Andreas Engelmann ins Leben gerufen: Sie hat Weinberge von ihren Mitgliedern gepachtet und Andreas Engelmann bewirtschaftet diese mit seinem Team. Die Reben wachsen in der Lage Ebringer Sommerberg auf mäßig kalkhaltigen Lösslehmböden oder tonigem Lehm, teils auf Mergel- und Kalkverwitterungsböden, teils mit hohem Steingehalt. Die Weine werden im alten Schlosskeller ausgebaut und unter dem Namen Schlossgut Ebringen vermarktet. Man konzentrierte sich anfangs ganz auf Pinot: Pinot Blanc, Pinot Gris und Pinot Noir. Seit 2007 ergänzen Sauvignon Blanc und Gutedel das Sortiment, inzwischen auch Chardonnay. Seit 2014 stehen Lagenweine an der Spitze des Sortiments, die Gewannnamen wie Schädler, Klämle, Biegarten oder Leinele tragen.

Kollektion

Eine ganz starke Kollektion präsentiert das Schlossgut Ebringen auch in diesem Jahr. Die beiden Sekte überzeugen, der 40 Monate auf der Hefe ausgebaute Blanc de Blancs zeigt rauchige Noten, reintönige Frucht, der 36 Monate auf der Hefe ausgebaute Rosé ist fruchtbetont und zupackend; beiden wurde beim Dégorgement kein Schwefel zugesetzt. Gutsweine wurden nicht präsentiert, die S-Linie ist stark, der Chasselas ist füllig und kraftvoll, hat viel Substanz, der Sauvignon Blanc punktet mit Frische und Frucht, der Pinot Noir ist würzig, fruchtbetont, zupackend. An der Spitze der Kollektion stehen die Lagenweine. Der Klämle-Sauvignon Blanc zeigt reintönige Frucht, besitzt Fülle, Kraft und Konzentration, der Schädler-Chardonnay zeigt gute Konzentration, etwas Toast, besitzt Fülle, Kraft, gute Struktur und Grip. Beide stammen aus 2020, die drei Pinot Noir sind 2019er. Der Biegarten ist würzig, fruchtbetont, zupackend, der Esel-Pinot Noir zeigt rote Früchte, besitzt gute Struktur und Druck, unser Favorit ist aber wieder der Wein aus dem Leinele, der wunderschön reintönige Frucht und viel Frische im Bouquet zeigt, harmonisch und elegant im Mund ist, gute Struktur und klare Frucht besitzt. Bravo!

Weinbewertung

88 2018 „Blanc des Blancs" Crémant brut nature | 12,5%/19,90€
87 2018 Pinot Noir Rosé Crémant brut | 12,5%/14,90€
86 2021 Chasselas „S" | 12,5%/12,90€
88 2021 Sauvignon Blanc „S" | 12,5%/12,90€
89 2020 Sauvignon Blanc Ebringer Klämle | 13,5%/19,90€
90 2020 Chardonnay Ebringer Schädler | 13%/19,90€
87 2019 Pinot Noir „S" | 13,5%/14,90€
89 2019 Pinot Noir Ebringer Esel | 13%/a.A.
89 2019 Pinot Noir Ebringer Biegarten | 13%/24,50€
91 2019 Pinot Noir Ebringer Leinele | 13%/39,-€

★★

Edling

Kontakt
Kirchgasse 9
64380 Rossdorf
Tel. 06154-8402
Fax: 06154-803685
www.weingut-edling.de
info@weingut-edling.de

Besuchszeiten
Vinothek
Di.-Fr. 15-18 Uhr
Sa. 9-13 Uhr
oder nach Vereinbarung
Über die Sommermonate Weingarten – Außengastronomie, Weinproben im Weinberg, Ferienwohnung

Inhaber
Lisa Edling
Rebfläche
4,8 Hektar
Produktion
35.000 Flaschen

Roßdorf liegt östlich von Darmstadt und gehört zum Bereich Umstadt der Region Hessische Bergstraße. Seit 1947 wird hier Wein angebaut. Nur ein einziges Weingut gibt es in Roßdorf, nämlich das von Lisa Edling, das ihr Vater Werner gegründet hatte. Die Reben wachsen in der Lage Roßdorfer Roßberg auf vulkanischen Basaltböden mit Löss-Lehmauflage. Die Lage befindet sich im Alleinbesitz des Weingutes. Weiße Rebsorten nehmen 60 Prozent der Rebfläche ein, vor allem Grauburgunder, Kerner und Müller-Thurgau, aber auch Riesling, Silvaner, Muskateller, Weißburgunder, Traminer und Chardonnay. Die Weißweine werden überwiegend im Edelstahl lange auf der Feinhefe ausgebaut. Rote Rebsorten nehmen 40 Prozent der Rebfläche ein: Neben Spätburgunder und Frühburgunder gibt es Cabernet Sauvignon, Cabernet Mitos und Merlot sowie Lemberger. Die Rotweine werden maischevergoren, die Topweine kommen für mindestens ein Jahr in Barriques. In der Winzerstube, die Platz für 35 Personen bietet, werden kleine Gerichte angeboten; sie kann auch für Feiern gemietet werden.

Kollektion

Nach einer guten Kollektion im vergangenen Jahr, angeführt von der trockenen Spätburgunder Spätlese aus dem Jahrgang 2018, gefallen uns auch in diesem Jahr wieder zwei Rotweine besonders gut. Da ist einmal der 2020er Cabernet Sauvignon, der intensive Frucht und dezent Gewürze im Bouquet zeigt, füllig und kraftvoll im Mund ist, gute Struktur, reife Frucht und jugendliche Tannine besitzt. Noch ein klein wenig besser gefällt uns die Cuvée Magma aus dem Jahrgang 2019, eine Cuvée aus Dornfelder, Spätburgunder und Cabernet Sauvignon. Sie zeigt gute Konzentration und intensive Frucht, dunkle und rote Früchte, ganz dezent Schokolade, ist füllig und saftig, besitzt gute Struktur und viel reife Frucht, ist aus einem Guss. Sehr gleichmäßig präsentieren sich die Weißweine. Der Grauburgunder zeigt herrlich viel Frucht im Bouquet, gelbe Früchte, feine Frische, ist klar, frisch und zupackend, besitzt gute Struktur und Grip. Auch der im Holz ausgebaute Weißburgunder zeigt klare reife Frucht im Bouquet, ist füllig und saftig, recht süß. Faszinierend reintönig ist der feinherbe Muskateller, ist frisch und lebhaft, besitzt klare Frucht und Grip. Eine überzeugende Vorstellung!

Weinbewertung

83 2020 Weißburgunder trocken Roßdorfer Roßberg I 12,5%/10,50€
84 2021 Grauburgunder trocken Roßdorfer Roßberg I 12,5%/10,50€
84 2021 Gelber Muskateller „feinherb" Roßdorfer I 11,5%/8,50€
82 2021 Rotling I 11%/7,70€
87 2020 Cabernet Sauvignon trocken Roßdorfer Roßberg I 14,5%/16,-€
88 2019 „Magma B" Rotwein trocken Roßdorfer Roßberg I 14%/14,-€

★★★★

Carl Ehrhard

Kontakt
Geisenheimer Straße 3
65385 Rüdesheim
Tel. 06722-47396
Fax: 06722-406690
www.carl-ehrhard.com
info@carl-ehrhard.com

Besuchszeiten
Vinothek ganzjährig Mo.-Fr. 16-19 Uhr, Sa. 10-13 Uhr und nach Vereinbarung; Gutsausschank 3 Wochen im Juli, letzte 3 Wochen vor Weihnachten, immer Do.-Sa.; kulinarische Weinproben, private Feiern, Veranstaltungen

Inhaber
Carl & Petra Ehrhard

Betriebsleiter/ Kellermeister/ Außenbetrieb
Carl Ehrhard

Rebfläche
8 Hektar

Produktion
40.000 Flaschen

Rebsorten
Riesling (85%)
Spätburgunder (14%)
Grauburgunder (1%)

Carl und Petra Ehrhard haben das traditionsreiche Weingut 1998 übernommen, führen in fünfter Generation den Betrieb. Zuvor hatten sie eine zeitlang in Stellenbosch gewohnt, mit dem Gedanken gespielt, in Südafrika zu bleiben und dort Wein zu erzeugen. Ihre Weinberge liegen alle in Rüdesheim, in den Lagen Berg Rottland und Berg Roseneck, aber auch in Bischofsberg, Klosterberg, Klosterlay und Kirchenpfad. Neben 85 Prozent Riesling bauen sie Spätburgunder und ein klein wenig Grauburgunder an. Die Weine werden in einem Gewölbekeller ausgebaut, der Ende des 19. Jahrhunderts erbaut wurde. Die restsüßen Weine und die trockenen Einzellagen-Rieslinge werden auf einer neuen Korbpresse gekeltert. Die Weine werden ausschließlich spontanvergoren und hauptsächlich in Stückfässern vergoren, bleiben 7 bis 11 Monate auf der Feinhefe und werden nur bei der Füllung dezent geschwefelt. Einige Weine werden grob filtriert andere kommen mit leichter Trübung in die Flasche. Für die Urstück-Weine, die ursprünglich durchnummeriert waren, nutzt Carl Ehrhard seit dem Jahrgang 2014 zur Differenzierung Gewannnamen wie Kuhweg (Bischofsberg), Unterer und Oberer Platz (Berg Roseneck) und Rottland, Wilgert und Am Brunnen in der Lage Rüdesheimer Berg Rottland. Die Spätburgunder werden 12 bis 18 Tage auf der Maische vergoren, dann teils in neuen und gebrauchten Barriques ausgebaut, teils im großen Holzfass, bleiben zwischen 12 und 18 Monaten im Holz und werden unfiltriert abgefüllt. Das Gros der Weine wird trocken oder feinherb ausgebaut. Seit dem Jahrgang 2020 werden alle trockenen und feinherben Weine als Landwein vermarktet.

Kollektion

Wieder eine sehr eigenständige Riesling-Kollektion des Rüdesheimer Weinguts, das seine ganz eigene Stilistik gefunden hat, alle Weine zeigen eine klare Handschrift. Dass Carl Ehrhard weder spürbare Gerbstofftöne noch strenge Spontangärnoten scheut, zeigen bereits die beiden „Old School"-Weine. Die feinherbe Variante ist stoffig und wild, mit Noten von Ananas und Zitrone, besitzt viel Säure. Das trockene Pendant ist etwas zurückgenommener und karger, zeigt kaum Frucht, besitzt herben Gerbstoffbiss. Gutsweine mit derart viel Druck und Nachhall sind selten im Rheingau. Noch wilder wird es bei den Lagenweinen, die allesamt von ihrem gewaltigen Rückgrat aus Gerbstoff und Säure getragen werden, dabei aber faszinierenderweise nie überladen wirken. Der Riesling „Dornenkrone" weist eine ähnliche Aromatik wie der feinherbe „Old-School" auf, ist wild und von Ananasnoten geprägt, dabei aber deutlich nachhaltiger und kraftvoller. Der Wein aus dem „Kuhweg" ist deutlich karger, wird mit Luft kräutrig und ätherisch, zeigt Noten von Melisse und Geißblatt. Die Rieslinge

"Rammstein" und „Unterer Platz" aus der Lage Berg Roseneck sind verhältnismäßig offen, besitzen Gerbstoffe und Zitrusnoten. An der Spitze der trockenen Weine sehen wir zwei Rieslinge aus dem Rüdesheimer Berg Rottland, aus unterschiedlichen Gewannen. Beide sind enorm geradlinig, kommen fast ohne Frucht aus und weisen Gerbstoff auf. Der „Wilgert" vibriert vor Säure, ist spitz, schrill und puristisch. Der „Rottland" ist straff, druckvoll und karg, kompakt und geradlinig, zeigt Noten von Sauerampfer – ein großer Wein. Auch die Süßweine heben sich von klassischen Geschmacksbildern ab. Schon der Kabinett bringt Gerbstoffbiss und eine herbe Säure mit. Die Spätlese aus dem Berg Roseneck besitzt relativ viel Frucht, zeigt Noten von Aprikose und Limette. Die Spätlese Berg Rottland hingegen präsentiert sich wilder und stoffiger, besitzt vibrierende Säure. Die Berg Rottland-Auslese ist stärker von Botrytisnoten geprägt, sie ist lang, sehr reif, besitzt aber auch feine Frische. Auch mit Maischegärung setzt sich Carl Ehrhard intensiv auseinander, erzeugt Rieslinge im Stil sogenannter Naturweine. Der teilweise mit ganzen Beeren vergorene „Herr Ehrhard" liegt mehr oder weniger auf der Linie klassischer Rieslinge, ist von grünem Apfel, Aprikose und Zitrussäure geprägt. Die über mehrere Monate maischevergorene „Frau Ehrhard" lässt ihre Rebsorte nur noch anhand der hohen Säure erahnen, ist intensiv, kraftvoll, herb, zeigt Noten von Hopfen und Apfelschalen. Eine großartige Kollektion, die jedoch auch polarisieren wird.

Carl Ehrhard

Weinbewertung

87 2021 Riesling trocken „Old School" | 11,5%/10,-€
88 2021 Riesling trocken „Herr Ehrhard unfiltered" | 12%/13,-€
90 2020 Riesling trocken „Frau Ehrhard natürlich" | 12,5%/19,50€
89 2021 Riesling trocken „Dornekrone" | 12%/14,50€
90 2021 Riesling trocken „Kuhweg" | 12%/14,50€ ☺
93 2021 Riesling trocken Berg Rottland „Rottland" | 12%/28,-€
92 2021 Riesling trocken Berg Rottland „Wilgert" | 12%/22,-€ ☺
91 2021 Riesling trocken Berg Roseneck „Ramstein" | 11,5%/17,-€ ☺
91 2021 Riesling trocken Berg Roseneck „Unterer Platz" | 12%/18,-€ ☺
86 2021 Riesling „feinherb" „Old School" | 10,5%/10,50€
88 2021 Riesling Kabinett Berg Roseneck | 9%/11,-€
90 2021 Riesling Spätlese Berg Roseneck | 7%/18,50€
91 2021 Riesling Spätlese Berg Rottland | 7,5%/18,50€
92 2021 Riesling Auslese Berg Rottland | 7%/45,-€

Lagen

Berg Rottland (Rüdesheim)
Rottland (Rüdesheim)
Wilgert (Rüdesheim)
Am Brunnen (Rüdesheim)
Berg Roseneck (Rüdesheim)
Unterer Platz (Rüdesheim)
Oberer Platz (Rüdesheim)
Ramstein (Rüdesheim)
Eichenbäumchen (Rüdesheim)
Bischofsberg (Rüdesheim)
Kuhweg (Rüdesheim)
Gessel (Rüdesheim)
Kirchenpfad-Tafel (Rüdesheim)
Klosterlay (Rüdesheim)
Backhaus (Rüdesheim)
Dornenkrone (Rüdesheim)
Klosterberg (Rüdesheim)
Drachenstein-Engerweg

★★★

Ehrhart

Kontakt
Weinstraße 2
76831 Eschbach
Tel. 06345-7474
Fax: 06345-7474
www.weingut-ehrhart.de
mail@weingut-ehrhart.de

Besuchszeiten
April-Okt. Mo.-Fr. 13-17 Uhr, Sa. 10-16 Uhr und gerne nach Vereinbarung
Nov.-März nach Vereinbarung
Jahrgangspräsentation Anfang Juni, Gutsausschank im Sept. & Okt., Ferienzimmer, Campingstellplatz mit Lounge

Inhaber
Reinhold & Benjamin Ehrhart
Betriebsleiter
Reinhold & Benjamin Ehrhart
Kellermeister
Benjamin Ehrhart
Rebfläche
12 Hektar
Produktion
60.000 Flaschen

Die Familie Ehrhart füllte 1959 den ersten Wein unter ihrem Namen, 1988 übernahmen Reinhold und Ute Ehrhart den Betrieb und erweiterten ihn auf die heutige Größe. Mittlerweile ist Sohn Benjamin nach seiner Ausbildung zum Weinbautechniker für den Weinausbau verantwortlich und dreht an der Qualitätsschraube. Die Weinberge liegen rund um Eschbach, die besten Lagen der Familie sind der Leinsweiler Sonnenberg, der Ilbesheimer Rittersberg und der Eschbacher Hasen. Wichtigste Rebsorten im Betrieb sind Riesling und Spätburgunder, daneben gibt es Weiß- und Grauburgunder, Chardonnay, Sauvignon Blanc, Cabernet Sauvignon, Syrah und Schwarzriesling. Seit dem Jahrgang 2017 ist das Weingut biozertifiziert.

Kollektion

In einer erneut sehr guten Kollektion ist der Weißburgunder vom Sonnenberg unser Favorit: Der Wein zeigt feine Aromen von Birne, gelbem Apfel und Ananas, besitzt Schmelz und animierende Zitrusnoten, ist kraftvoll und ausgewogen, der Orts-Weißburgunder aus Eschbach besitzt ebenfalls viel klare Frucht, Birne, Pfirsich, Aprikose und leicht florale Noten, ist saftig und harmonisch. Vom Chardonnay aus dem Hasen konnten wir zwei Jahrgänge verkosten, der 2020er duftet nach Melone, Banane und Popkorn und besitzt Schmelz, der 2021er ist etwas präziser und nachhaltiger, besitzt feine Zitrusnoten und eine frische Säure, ist aber im Moment noch sehr vom Holz geprägt, das sich noch etwas einbinden muss. Unter den fünf Rotweinen waren zwei gereifte Weine aus dem Jahrgang 2015, der Bergwingert zeigt viel dunkle Frucht und dezente Reifenoten, besitzt Kraft, gute Struktur und weiteres Potential, während der Portugieser deutlichere Reifenoten zeigt, etwas Rosine und Schokolade, und jetzt getrunken werden sollte, unter den drei Spätburgundern sehen wir den „Hochzeitsburgunder" vorne, der klare Kirschfrucht und dezente Holzwürze zeigt und frisch und elegant ist.

Weinbewertung

84	2021 Weißburgunder trocken I 12,5%/6,90€
84	2021 Sauvignon Blanc trocken I 12%/6,90€
85	2021 Riesling trocken Leinsweiler I 12,5%/8,50€
87	2021 Weißburgunder trocken Eschbach I 13%/9,-€
89	2021 Weißer Burgunder trocken Leinsweiler Sonnenberg I 13,5%/15,-€
87	2020 Chardonnay trocken Eschbacher Hasen I 13%/15,-€
88	2021 Chardonnay trocken Eschbacher Hasen I 13,5%/a.A.
85	2020 Spätburgunder trocken Göcklingen I 13%/8,50€
86	2015 Portugieser „R" trocken Eschbach I 12,5%/13,-€
88	2019 Spätburgunder trocken „Claudia & Benjamin Hochzeitsburgunder" I 13%/15,-€
87	2020 Spätburgunder „R" trocken Eschbach I 13,5%/14,-€
88	2015 „Bergwingert" Cuvée Rotwein trocken I 14%/25,-€

★★

Ehrlenbach

Kontakt
Schillstraße 16
97877 Wertheim
Tel. 0171-7494777
www.ehrlenbach-wein.de
hallo@ehrlenbach-wein.de

Besuchszeiten
nach Vereinbarung

Inhaber
Florian & Philipp Ehrlenbach
Rebfläche
3,8 Hektar

Ganz neu ist das Weingut Ehrlenbach in Reicholzheim im Taubertal. Im Jahr 2017 haben die Brüder Florian und Philipp Ehrlenbach beschlossen ihr eigenes Weingut zu gründen. Zuvor hatte die Familie die Trauben an die Genossenschaft abgeliefert und 2020 war es dann soweit, sie waren mit ihrer gesamten Fläche aus der Genossenschaft ausgeschieden und konnten in diesem Jahr ihre ersten eigenen Weine ausbauen. Heute verarbeiten Florian & Philipp Ehrlenbach einen Teil ihrer Trauben selbst, ein Teil der Weinberge sind Junganlagen, die erst in den nächsten Jahren in Ertrag kommen, vor allem Chardonnay, den sie als Erste am First gepflanzt haben; sie verkaufen aber auch Trauben an das Sekthaus BurkhardtSchür in Bürgstadt. Dort, in Bürgstadt, arbeitet Florian Ehrlenbach, ist Winzermeister beim Weingut Rudolf Fürst. Alle Weinberge liegen im Reicholzheimer First. Spätburgunder und Chardonnay sind die wichtigsten Rebsorten, nehmen jeweils etwa ein Viertel der Rebfläche ein, es folgen Schwarzriesling, Weißburgunder, Grauburgunder, Silvaner und Müller-Thurgau. 2022 wurde die Umstellung auf biologischen Anbau begonnen.

Kollektion

Ihre gesamte Kollektion haben Florian und Philipp Ehrlenbach zum Debüt vorgestellt, und diese umfasst genau sechs Weine, zwei Rotweine aus dem Jahrgang 2020 und vier Weiße aus 2021. Das Niveau ist hoch – und die Stilistik überzeugt, sie setzen auf Frische und Frucht, die Weine sind moderat im Alkohol, kompromisslos trocken, sehr reintönig und haben Grip. Schon die weiße Basiscuvée zeigt dies, sie besitzt Frische und Frucht, Struktur und Grip. Der Müller-Thurgau punktet mit viel Typizität, ist wunderschön geradlinig und zupackend. Der Silvaner-Gutswein ist wunderschön reintönig, zeigt dezent Birnen und weiße Früchte, ist klar und zupackend, besitzt gute Struktur und viel Grip. Silvaner gibt es ein weiteres Mal, als Reicholzheimer Ortswein, der reintönige Frucht zeigt, etwas konzentrierter ist als der Gutswein, im Mund ist er etwas fülliger und kraftvoller, besitzt gute Substanz und klare Frucht. Der Spätburgunder ist fruchtbetont, reintönig, geradlinig und strukturiert. Der Schwarzriesling zeigt reintönige Frucht im Bouquet, rauchige Noten, dezenten Toast, besitzt klare Frucht im Mund, gute Struktur und Grip. Ein starkes Debüt, wir freuen uns auf die kommenden Jahrgänge!

Weinbewertung

85 2021 Weiß trocken | 12%/7,50€
85 2021 Müller-Thurgau trocken | 11,5%/7,50€
86 2021 Silvaner trocken | 12%/8,50€
87 2021 Silvaner trocken Reicholzheimer | 12%/12,-€
86 2020 Spätburgunder trocken | 13%/15,50€
88 2020 Schwarzriesling trocken Reicholzheimer | 12%/15,50€

★★★☆

Bernhard Eifel

Kontakt
Verkauf: Im Hof 7
54340 Trittenheim
Tel. 06507-5972
Fax: 06507-6460
www.weingut-bernhard-eifel.de
bernhard.eifel@t-online.de

Besuchszeiten
Weinverkostungen & Weinverkauf jederzeit nach Vereinbarung
Gästehaus
Weinverkostungen mit Weinmenüs in Zusammenarbeit mit dem Wein- und Tafelhaus

Inhaber
Bernhard Eifel
Betriebsleiter
Bernhard Eifel & Alexandra Clüsserath-Eifel
Kellermeister
Bernhard Eifel & Alexandra Clüsserath-Eifel
Außenbetrieb
Bernhard Eifel & Alexandra Clüsserath-Eifel
Rebfläche
5,5 Hektar
Produktion
45.000 Flaschen

Bis ins 17. Jahrhundert lässt sich die Weinbautradition in der Familie zurückverfolgen, seit 1976 führen Bernhard und Marietta Eifel das Gut. Ihre Tochter Alexandra hat in Geisenheim studiert, ist seit 2008 zusammen mit ihrem Vater für den Weinausbau verantwortlich. Zusammen mit ihrem Ehemann Christoph Clüsserath gründete sie das eigene, nach ihrem Gatten benannte Weingut. Die Weinberge von Bernhard Eifel liegen in Trittenheim in den Lagen Apotheke und Altärchen, im Longuicher Maximiner Herrenberg und im Schweicher Annaberg, wo teilweise wurzelechte, bis zu 100 Jahre alte Reben stehen. Riesling dominiert mit 97 Prozent der Rebfläche, daneben gibt es ein wenig Weiß- und Grauburgunder. 2018 wurde, zusammen mit dem Weingut Christoph Clüsserath, eine neue Lager- und Produktionshalle in Betrieb genommen. Für den neuen Jahrgang hat Sohn Maximilian im Rahmen seines Grafik- und Designstudiums in Montevideo dem Weingutsauftritt ein Facelifting verpasst.

Kollektion

Schon seit vielen Jahren sind die Einstiegsweine dieses Gutes besonders hervorzuheben. Das gilt auch 2021, wie der feste, würzige Maximilian E zeigt, der einzige trockene Vertreter des Jahrgangs 2021 neben dem Riesling aus der Trittenheimer Apotheke, der noch etwas mehr Spiel zeigt, erfreulich kühl und fest ausfällt, mit rassiger Säure. Sehr saftig ist der offene Rotschiefer-Riesling aus dem Jahrgang 2020, würzig mit einer Spur Süße präsentiert sich der 2021er Schweicher von wurzelechten Reben. Ein sehr spannender Wein ist das Große Gewächs aus dem Schweicher Annaberg, ebenfalls ein 2020er: Ein Wein mit Steinobst- und Hefearomatik, noch sehr jugendlich, im Mund saftig und vibrierend, mit Würze und einem beachtlichen Schmelz. Ein wunderschön rassiger Kabinettriesling aus 2021 mit niedriger Süße zeigt die Stärken des Jahrgangs 2021 auf. Schließlich die Auslese aus dem Schweicher Annaberg, der einzige vorgestellte echte Süßwein des Jahrgangs, im Mund enorm saftig und dicht, würzig und vibrierend mit einer trotz hoher Süße enorm animierenden Art. —

Weinbewertung

87	2021 Riesling trocken „Maximilian E" Trittenheimer I 11,5%/9,-€
87	2020 Riesling trocken „Rotschiefer" Schweicher I 11,5%/10,-€
88	2021 Riesling trocken Trittenheimer Apotheke I 12%/11,-€
91	2020 Riesling trocken „GG" Schweicher Annaberg I 12,5%/20,-€
87	2021 Riesling „vom Rotliegenden" Schweicher I 11,5%/10,-€
89	2021 Riesling „Der Wurzelechte" Schweicher Annaberg I 12%/17,-€
87	2021 Riesling „feinherb" Trittenheimer Apotheke I 10,5%/10,-€
87	2021 Riesling „feinherb" „Alex E." Longuicher Maximiner Herrenberg I 11%/13,-€
88	2021 Riesling Kabinett Schweicher Annaberg I 9%/10,-€ ☺
90	2021 Riesling Auslese Schweicher Annaberg I 8%/17,-€

★★★★☆

Franz-Josef Eifel

Kontakt
Engelbert-Schue-Weg 2
54349 Trittenheim
Tel. 06507-70009
Fax: 06507-7139
www.fjeifel.de
info@fjeifel.de

Besuchszeiten
nach Vereinbarung
Gästehaus

Inhaber
Franz-Josef Eifel
Rebfläche
5 Hektar
Produktion
30.000-35.000 Flaschen

Das Weingut, etwas versteckt in Trittenheim gelegen, wird seit 1985 in vierter Generation von Franz-Josef Eifel geführt, 1976 war der erste Jahrgang, den er selbst vinifizierte. Mit 1,3 Hektar fing er an, heute verfügt er über 5 Hektar Weinberge in den Trittenheimer Lagen Apotheke und Altärchen, erwähnenswert sind vor allem die Parzellen Jungheld und Sonnenfels. Riesling, mit bis zu 80 Jahre alten Reben, nimmt 97 Prozent seiner Rebfläche ein, dazu gibt es ein wenig Weißburgunder. Die Weinberge werden biologisch bewirtschaftet (Ecovin). Franz-Josef Eifel vergärt seine Weine recht kühl und langsam, teilweise mit den eigenen Hefen. Ausgebaut werden sie teils in Edelstahltanks, teils in Fuderfässern. Das Sortiment ist in drei Stufen gegliedert. Die Basis bilden die Kabinettweine und der Riesling „Su wie frieja“, der aus einer 2005 neu gepflanzten Steilhangparzelle stammt. Das Mittelsegment bilden Steillagenweine aus der Apotheke von 50 Jahre alten Reben, zwischen 1961 und 1964 gepflanzt, jeweils trocken, feinherb und süß, die feinherbe Variante stammt aus dem Jungheld, einer Teillage der Apotheke. Die Topweine, ebenfalls jeweils eine trockene, feinherbe und süße Variante, kommen von kleinen Felsenterrassen mit wurzelechten Reben in der Apotheke, bis zu 80 Jahre alt, heißen Sonnenfels, „Die große Leidenschaft“ und Goldstückchen. Gelegentlich werden auch Eisweine und Beerenauslesen ausgebaut, auch mit Sekt kann Franz-Josef Eifel punkten. Die Weine werden spontanvergoren, normalerweise; Franz-Josef Eifel denkt nicht daran, allzu viele Dogmen aufzustellen oder die Weine so zu vinifizieren, wie es die aktuelle Mode zufällig gerade vorgibt. Sein Programm ist ausgereift, die Philosophie sehr nachvollziehbar. Seit der ersten Ausgabe empfehlen wir das Weingut als einen der Top-Betriebe an der Mosel – und seitdem hat sich das Weingut nochmals fortentwickelt.

Kollektion

Der Einstieg in das Sortiment des Jahrgangs 2021 ist der Kabinett aus der Trittenheimer Apotheke, er ist noch etwas verhalten, dann aber schön straff und würzig, bleibt durchweg ein Kabinett, weil die Frische vorhanden ist, der Alkohol niedrig wirkt und insgesamt viel Spiel vorhanden ist. In die Phalanx der trockenen Weine gehört auch der Su wie frieja genannte Riesling, dessen Süße zwar ganz knapp oberhalb der gesetzlichen Grenze für trockene Weine zu liegen scheint, der aber geschmacklich trocken wirkt. Er ist deutlich hefig in der Nase, dann zupackend, würzig und saftig – ein überzeugender Wein mit Nachhall. Dann der Alte Reben-Riesling, ebenfalls aus der Apotheke, der ja, anders als der nur in kleinen Mengen erzeugte Sonnenfels-Riesling, der eigentliche Vorzeigewein im trockenen Bereich ist. Er spiegelt immer den Jahrgang wieder, ist stets straff und würzig, direkt, spannend, nachhaltig. Der 2021er besitzt Noten von Hefe und Kräutern, auch dezent pflanzliche Komponenten, etwas Zitrus und ganz leicht Kernobst sind zu spüren; im

Mund ist die Säure markant, die Würze überdurchschnittlich. Es wird schnell deutlich, dass dieser Riesling viel Substanz hat, dass er aber auch noch reifen muss, um sich im Bestzustand zu präsentieren. Den Alte Reben-Wein konnten wir auch aus anderen Jahrgängen verkosten und feststellen, dass sich der Wein ausgezeichnet entwickelt: Der 2017er macht gerade sehr viel Spaß, auch der 2015er ist extrem spannend geraten. Angesichts dieser Qualitäten ist der Preis als sehr günstig zu bezeichnen. Was den Sonnenfels-Riesling angeht: Er geht aromatisch in eine ähnliche Richtung, ist würzig, besitzt etwas mehr Kernobstkomponenten und im Nachhall mehr Schmelz, ist ebenfalls noch viel zu jung. Saftig, würzig und trotz merklicher Süße ausgezeichnet balanciert sind alle feinherben Rieslinge: Die Große Leidenschaft wirkt etwas saftiger als der Jungheld-Riesling, besonders hervorgehoben werden muss allerdings der Kabinett mit seiner beachtlichen Würze, dem niedrigen Alkohol, der animierenden Art. Ähnliches trifft auch auf die beiden süßen Kabinette zu – der eine aus dem Altärchen (frisch, rassig, schon vergleichsweise zugänglich), der andere aus der Apotheke. Letzterer wirkt noch mal animierender mit seinen Noten von getrockneten und frischen Äpfeln, Hefe und Kräutern, er ist rassig, scheint etwas straffer und nachhaltiger zu sein als sein Altärchen-Pendant. Der süße Riesling namens Goldstückchen wirkt etwas schmelziger als die Spätlese von alten Reben. Beim Eiswein ist die Frische dominant; der Wein ist klar und duftig mit Anklängen an kandierten Apfel und Mirabellen, sehr reintönig, im Mund schön würzig und saftig; der Wein dürfte sich, was man nicht von allen Eisweinen der Mosel sagen kann, sehr gut entwickeln.

Franz-Josef Eifel

Weinbewertung

88	2021 Riesling Kabinett trocken Trittenheimer Apotheke I 10,5%/12,-€
92	2021 Riesling trocken „Alte Reben" Trittenheimer Apotheke I 11,5%/21,-€ ☺
92	2021 Riesling trocken „Sonnenfels" Trittenheimer Apotheke I 12%/a.A.
88	2021 Riesling Kabinett „feinherb" Trittenheimer Apotheke I 9%/15,-€
89	2021 Riesling „Su wie frieja" Trittenheimer Apotheke I 11%/15,-€
92	2021 Riesling Spätlese „feinherb" „Jungheld" Trittenheimer Apotheke I 9,5%/21,-€ ☺
92	2021 Riesling Auslese „feinherb" „Die große Leidenschaft" Apotheke I 10%/25,-€
88	2021 Riesling Kabinett Trittenheimer Altärchen I 7,5%/12,-€
89	2021 Riesling Kabinett Trittenheimer Apotheke I 8%/15,-€
91	2021 Riesling Spätlese „Alte Reben" Trittenheimer Apotheke I 7,5%/21,-€
91	2021 Riesling Spätlese „Goldstückchen" Trittenheimer Apotheke I 7,5%/22,-€
93	2021 Riesling Eiswein Trittenheimer Altärchen I 6,5%/58,-€/0,375l

Lagen

Apotheke (Trittenheim)
Jungheld (Trittenheim)
Sonnenfels (Trittenheim)
Altärchen (Trittenheim)

Rebsorten

Riesling (97%)
Weißburgunder (3%)

★★★☆

Christoph Eifel

Kontakt
Johannes-Tithemius-Straße 21
54349 Trittenheim
Tel. 06507-2632
Fax: 06507-6683
www.weinguteifel.de
info@weinguteifel.de

Besuchszeiten
täglich 8-18 Uhr
Gästehaus „Moselkloster“
(45 Betten)

Inhaber
Christoph Eifel
Rebfläche
7 Hektar

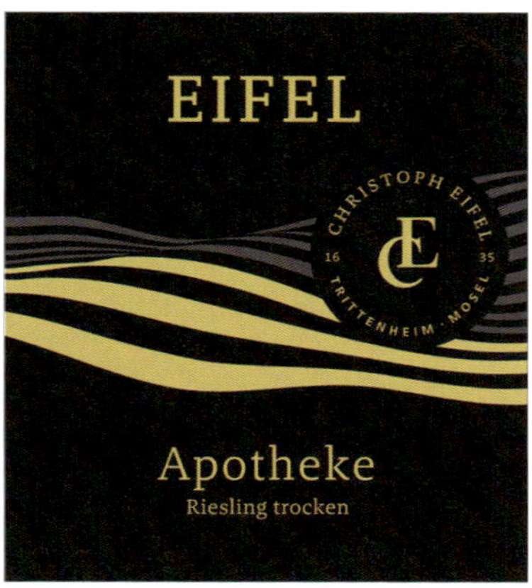

Seit 1635 bewirtschaftet die Familie Eifel Weinberge in Trittenheim. 1980 hat Ernst Eifel einen Teil des Betriebes von seinem Vater übernommen, am 1.07.2021 hat wiederum Christoph Eifel den Betrieb von seinem Vater Ernst übernommen. Seine Weinberge befinden sich in den Lagen Trittenheimer Apotheke, Trittenheimer Altärchen und im Neumagener Rosengärtchen, inzwischen ist auch ein großes Filetstück im Dhroner Hofberg dazugekommen, bestockt mit alten Reben; das Portfolio wurde auch um Reben in der Lage Piesporter Goldtröpfchen ergänzt. Insgesamt werden heute auf sieben Hektar zu 90 Prozent Riesling angebaut, Weißburgunder und Müller-Thurgau ergänzen das Angebot. Christoph Eifel hat nach seiner Winzerausbildung beim Sankt Urbanshof und bei Schloss Lieser noch ein Studium in Geisenheim hinzugefügt. Dem Weingut ist ein großes Gästehaus, Moselkloster genannt, angeschlossen, das über 45 Betten verfügt.

Kollektion

Welche Ambitionen Christoph Eifel hat, wird schon bei der Verkostung der trockenen Weine deutlich. Der Hofberg-Riesling ist sehr verschlossen, besitzt Anklänge an Hefe und Kräuter, ist fest und würzig; er braucht noch Zeit. Der Apotheke-Riesling besitzt eine sehr feine, fruchtige Art und unter den drei trockenen Rieslingen den höchsten Grad an Saftigkeit. Am besten gefällt knapp der Goldtröpfchen-Riesling, trocken, fest, straff und saftig mit attraktiver Frucht und Länge, dabei gänzlich unangestrengt. Wenig süß wirken die beiden Kabinette aus Goldtröpfchen und Apotheke, duftig, leicht hefig, der Vertreter des Goldtröpfchens erscheint leicht spannender, puristischer. Eine beinah explosive Frucht mit Noten von getrocknetem Apfel, Mirabellen und weißem Pfirsich besitzt die Spätlese, die herrlich straff und rassig ist. Die Auslese aus der Apotheke ist noch sehr verschlossen, jene aus dem Goldtröpfchen offener, beide sind kühl und präzise. Die Beerenauslese wirkt cremig-exotisch, im Mund sehr fein und cremig. Schließlich die beiden Eisweine mit herrlicher Präzision und balancierter Art.

Weinbewertung

89 2021 Riesling trocken Dhroner Hofberg I 12%/12,80€
90 2021 Riesling trocken Piesporter Goldtröpfchen I 12%/12,80€ ☺
89 2021 Riesling trocken Trittenheimer Apotheke I 12%/13,30€
88 2021 Riesling Kabinett Piesporter Goldtröpfchen I 8%/9,20€ ☺
87 2021 Riesling Kabinett Trittenheimer Apotheke I 8%/9,20€
90 2021 Riesling Spätlese „Alte Reben“ Trittenheimer Apotheke I 7,5%/13,80€ ☺
88+ 2021 Riesling Auslese Piesporter Goldtröpfchen I 7,5%/16,-€/0,5l
90 2021 Riesling Auslese Trittenheimer Apotheke I 7,5%/16,-€/0,5l
91 2021 Riesling Beerenauslese*** Trittenheimer Apotheke I 6,5%/38,-€/0,375l
92 2021 Riesling Eiswein „Minus 8°“ Trittenheimer Altärchen I 7%/38,-€/0,375l
93 2021 Riesling Eiswein „Juwel“ Trittenheimer Altärchen I 6,5%/43,-€/0,375l

★★

Eifel-Pfeiffer

Kontakt
Moselweinstraße 70
54349 Trittenheim
Tel. 0491733043991
Fax: 06507-926230
www.eifel-pfeiffer.de
tanja.eifel@eifel-pfeiffer.de

Besuchszeiten
Mo.-Do. 8-17 Uhr
Fr. 8-12 Uhr
sonst gerne nach
Vereinbarung

Inhaber
Heinz & Brigitte Eifel
Betriebsleiter
Heinz Eifel
Kellermeister
Anne Eifel-Spohr
Außenbetrieb
Heinz Eifel
Rebfläche
9 Hektar
Produktion
68.000 Flaschen

Das Weingut mit Geschichte bis 1642 zurück ist eines von mehreren im Ort, die den Namen Eifel führen. Es wird heute von Brigitte und Heinz Eifel geführt, Kellermeisterin ist Tochter Anne Eifel-Spohr, deren Mann mit seiner Familie das elterliche Weingut Spohr in Abenheim führt, während Anne Eifel-Spohr gemeinsam mit ihrer Familie das Weingut Eifel-Pfeiffer betreibt. Die Trauben des elterlichen Betriebes wachsen in den Lagen Trittenheimer Apotheke und Altärchen, im Neumagener Rosengärtchen, in der Bernkasteler Badstube, den beiden Graacher Lagen Domprobst und Himmelreich sowie in der Wehlener Sonnenuhr. Angebaut werden zu 100 Prozent Rieslingtrauben, deren Moste fast ausschließlich spontan vergoren werden. Der Ausbau der Weine findet in Edelstahltanks statt.

Kollektion

Straff und frisch ist der Q4T-Riesling. Der wurzelechte trockene Domprobst-Riesling aus 2021 ist noch verschlossen mit dezenten Zitrus-, Kräuter- und Hefenoten, im Mund straff und würzig. Sein Pendant aus 2019 zeigt beginnende Reife, in der Nase Anklänge an Kräuter und Getreide, auch im Mund Würze und eine leicht getreidige Nuance im Nachhall: ein eigenständiger Wein, der sich gut trinken lässt, weil er eine schöne Säure besitzt. Noch verschlossen ist der Apotheke-Riesling aus 2021: Im Mund zeigen sich eine schöne Würze und eine vibrierende Art. Spaß macht der feinherbe Kabinett namens Mia, er ist enorm saftig und animierend; die beiden Kabinette aus Badstube und Domprobst kommen da nicht ganz heran, sind dennoch schön saftig. Recht offen wirkt die süße Spätlese aus der Apotheke mit Noten von Kräutern, Kernobst, etwas Hefe; im Mund präsentiert sie sich als schön saftiger, würziger Wein, der schon in diesem Zustand Spaß macht; die Süße ist gut eingebunden. Die Spätlese aus der Sonnenuhr ist noch verhalten, im Mund lagentypisch saftig. Offen ist die nach Blütenhonig und Aprikosen duftende Beerenauslese.

Weinbewertung

84	2021 Riesling trocken „Q4T" I 12%/8,50€
85	2021 Riesling trocken Neumagener Rosengärtchen I 11,5%/9,-€
87	2021 Riesling trocken Trittenheimer Apotheke I 11,5%/13,-€
86	2019 Riesling trocken „Der Wurzelechte" Graacher Domprobst I 12,5%/14,-€
88	2021 Riesling trocken „Der Wurzelechte" Graacher Domprobst I 12%/14,-€
88	2021 Riesling Kabinett „feinherb" „Mia" Trittenheimer Altärchen I 10%/11,-€
86	2021 Riesling Kabinett „feinherb" Graacher Himmelreich I 9,5%/10,-€
86	2021 Riesling Kabinett „feinherb" Bernkasteler Badstube I 10,5%/10,-€
86	2021 Riesling Kabinett Trittenheimer Altärchen I 10%/10,-€
88	2021 Riesling Spätlese Trittenheimer Apotheke I 8,5%/14,-€
87	2021 Riesling Spätlese Wehlener Sonnenuhr I 7,5%/14,-€
89	2018 Riesling Beerenauslese Trittenheimer Apotheke I 8,5%/51,-€/0,375l

WEINGUT
Eifel-Pfeiffer

★★★

Eisele

Kontakt
Mittelgasse 1
74394 Hessigheim
Tel. 07143-272399
Fax: 07143-9098183
www.weingut-eisele.de
info@weingut-eisele.de

Besuchszeiten
Vinothek:
Mi. 17-19 Uhr
Do. 16-18 Uhr
Fr. 16-18 Uhr
Sa. 10-12 + 13-15 Uhr

Inhaber
Alexander Eisele
Betriebsleiter
Alexander Eisele
Kellermeister
Alexander Eisele
Außenbetrieb
Alexander Eisele,
Johannes Schelle
Rebfläche
9,5 Hektar

Seit 1989 gibt es das Weingut Eisele in Hessigheim, ein Familienbetrieb, der heute von Alexander Eisele geführt wird. Seine Weinberge, 2 Hektar davon in Steillagen, liegen im Neckartal, in Hessigheim (Felsengarten), Besigheim (Felsengarten, Wurmberg) und Mundelsheim (Rozenberg), wo die Reben überwiegend auf Muschelkalkböden, teils auf Keuper wachsen. Der Rebsortenspiegel ist umfangreich: Lemberger, Riesling und Spätburgunder sind die wichtigsten Rebsorten, dazu gibt es Trollinger, Grauburgunder, Sauvignon Blanc, Chardonnay und Weißburgunder, inzwischen auch Cabernet Franc, Cabernet Sauvignon und Merlot, ebenso Zweigelt. Rote Rebsorten nehmen 70 Prozent der Fläche ein. 2017 wurde mit der Umstellung auf biologischen Weinbau begonnen (Bioland), 2018 eine Vinothek gebaut. Das Sortiment ist gegliedert in Bronze-, Silber- und Goldkapsel, alle Weine werden seit 2020 als Landwein Neckar vermarktet und tragen keine Lagenbezeichnungen mehr.

Kollektion

Eine sehr homogene Kollektion mit kraftvollen Weiß- und Rotweinen präsentiert Alexander Eisele in diesem Jahr. Nicht zu vergessen der sehr eigenständige, intensive Petnat auf Basis von Muskattrollinger. Die Weißweine sind stoffig und kompakt, der Riesling zupackend, der Chardonnay kraftvoll bei deutlicher Vanillenote, die Cuvée Eva zeigt etwas Vanille und Zitrus, besitzt gute Substanz und Frische. Das rote Pendant, Cuvée Adam genannt, ist sehr offen, zeigt dezent Cassis, besitzt gute Struktur und jugendlichen Grip. Gipskeuper-Spätburgunder gibt es als kraftvolle, geradlinige Silberkapsel-Variante und als sehr offene, duftige Goldkapsel mit viel reifer Frucht. Der Muschelkalk-Lemberger zeigt etwas Kräuter und rote Früchte als Silberkapsel, ist würzig, floral und zupackend als Goldkapsel, unser Lemberger-Favorit aber ist die Goldkapsel vom Gipskeuper, die reintönig und offen ist, Struktur und Grip besitzt. Starke Kollektion!

Weinbewertung

86 2021 „Naturbursche PetNat" | 10,5%/16,-€
87 2021 Riesling trocken „Muschelkalk" „Goldkapsel" | 12%/22,-€
88 2020 Chardonnay trocken „Muschelkalk" „Goldkapsel" | 12,5%/22,-€
88 2020 „Eva" Weißwein trocken „Muschelkalk" „Goldkapsel" | 12,5%/22,-€
85 2020 Trollinger trocken „Muschelkalk" „Silberkapsel" | 12%/16,-€
87 2020 Spätburgunder trocken „Gipskeuper" „Silberkapsel" | 13%/16,-€
84 2020 Zweigelt trocken „Muschelkalk" „Silberkapsel" | 12,5%/16,-€
87 2020 Lemberger trocken „Muschelkalk" „Silberkapsel" | 12,5%/16,-€
87 2020 Spätburgunder Gipskeuper „Goldkapsel" | 13,5%/25,-€
88 2020 Lemberger trocken „Muschelkalk" „Goldkapsel" | 12,5%/25,-€
89 2020 Lemberger trocken „Gipskeuper" „Goldkapsel" | 12,5%/25,-€
89 2020 „Adam" Rotwein trocken „Muschelkalk" „Goldkapsel" | 13%/25,-€

★★★☆

Bernhard Ellwanger

Kontakt
Rebenstraße 9, 71384
Weinstadt-Großheppach
Tel. 07151-62131
Fax: 07151-603209
www.weingut-ellwanger.com
info@weingut-ellwanger.com

Besuchszeiten
Mo./Di./Do./Fr. 10-12 +14-18:30 Uhr, Sa. 9:30-14 Uhr

Inhaber
Yvonne & Sven Ellwanger
Betriebsleiter
Yvonne & Sven Ellwanger
Kellermeister
Sven Ellwanger
Rebfläche
36 Hektar
Produktion
220.000 Flaschen

Bernhard und Ingrid Ellwanger gründeten 1975 das Weingut, mit einem halben Hektar Weinberge. Heute führen ihre Kinder Sven und Yvonne den Betrieb. Mit 31 Hektar gehört das Gut zu den großen Weingütern im Remstal. Die Weinberge liegen vor allem in Großheppach (Lage Steingrüble mit buntem Mergel, Lage Wanne mit der südexponierten Gewanne Klingenberg, Kieselsandstein), Schorndorf (Grafenberg, Keuperböden), Geradstetten (Lichtenberg mit der 380 Meter hoch gelegenen Gewanne Oberholz, Sandsteinverwitterungsböden) und Grunbach (Klingle mit Gewanne Osterberg). 60 Prozent der Fläche nehmen rote Sorten ein. Neben Trollinger, Spätburgunder und Lemberger gibt es auch Muskattrollinger, Hegel, Merlot, Syrah oder Cabernet Franc. Wichtigste Weißweinsorte ist Riesling, danach folgt Sauvignon Blanc. Im August 2020 wurde die Zertifizierung für ökologischen Weinbau begonnen.

Kollektion

Der Klingenberg-Syrah ist wie schon im Vorjahr enorm spannend, zeigt intensive Frucht im herrlich reintönigen Bouquet, besitzt Fülle, Kraft und Substanz. Auch in Kombination mit Lemberger macht Syrah eine sehr gute Figur, die intensiv fruchtige Cuvée besitzt gute Struktur und Grip, und Lemberger überzeugt auch solo als wunderschön reintöniger Steillagenwein. Der Lichtenberg-Chardonnay zeigt rauchige Noten, gute Konzentration, ist füllig und saftig, besitzt viel Substanz. Das gilt auch für den deutlich vom Holz geprägten Sauvignon Blanc Junges Schwaben, der enorm stoffig und kraftvoll ist. Der bis April 2022 auf der Feinhefe gereifte 2018er Osterberg-Riesling zeigt wunderschöne Reifenoten im Bouquet, ist im Mund enorm frisch, klar und zupackend, hat Grip, was auch für den moderat süßen Kabinett und die rauchige, saftige Spätlese gilt. Unser Favorit im weißen Segment ist der Riesling SL aus dem Steingrüble, der herrlich viel Frucht, gute Struktur, Grip und Länge besitzt. Ganz starke Kollektion!

Weinbewertung

83 2021 Riesling trocken | 11%/7,90€
84 2020 Roter Riesling trocken | 13%/12,90€
88 2018 Riesling trocken „Osterberg“ Grunbacher Klingle | 13%/12,90€
88 2020 Chardonnay trocken Geradstettener Lichtenberg | 13%/18,90€
90 2020 Riesling „SL“ trocken Großheppacher Steingrüble | 13%/24,90€
88 2020 Sauvignon Blanc trocken „Junges Schwaben“ „Fumé Blanc“ | 13%/32,90€
84 2021 Riesling Kabinett Großheppacher Steingrüble | 10,5%/7,90€
87 2021 Riesling Spätlese Großheppacher Steingrüble | 8,5%/12,90€
86 2020 Lemberger trocken Steillage | 13,5%/11,50€
88 2019 Lemberger/Syrah trocken | 13,5%/18,90€
84 2018 „Kreation CMX“ Rotwein trocken | 14,5%/16,90€
90 2019 Syrah trocken „SL“ „Klingenberg“ Großheppacher Wanne | 13,5%/32,90€

LWANGER

★★★★

Jürgen Ellwanger

Kontakt
Bachstraße
73650 Winterbach
Tel. 0160-8489160
Fax: 07181-46128
www.weingut-ellwanger.de
info@weingut-ellwanger.de

Besuchszeiten
Di.-Fr. 9-12 + 15-19 Uhr
Sa. 9-15 Uhr
und nach Vereinbarung

Inhaber
Jörg & Felix Ellwanger
Rebfläche
27 Hektar
Produktion
200.000 Flaschen

Weinbau wird schon seit dem 16. Jahrhundert in der Familie betrieben, das heutige Weingut Ellwanger wurde 1949 von Gottlob Ellwanger gegründet. Jürgen Ellwanger vergrößerte den Betrieb und machte das Gut über Württemberg hinaus bekannt, war als Mitglied der 1986 gegründeten Hades-Gruppe einer der Pioniere des Barriqueausbaus in Deutschland. Heute führen seine Söhne Jörg und Felix Ellwanger den Betrieb. Die Weinberge verteilen sich auf mehrere Gemeinden im Remstal. Wichtigste Lagen sind Winterbacher Hungerberg, Grunbacher Berghalde und Klingle, Hebsacker Lichtenberg und Schnaiter Altenberg, auch in Beutelsbach (Altenberg) und in Schorndorf (Grafenberg) besitzen die Ellwangers Weinberge. Die Ellwangers bauen zu 65 Prozent rote Sorten an, vor allem Lemberger, Trollinger und Spätburgunder, aber auch Zweigelt, Merlot (dem Hauptbestandteil im Nicodemus) und Syrah, sowie etwas Samtrot, Dornfelder, Regent, Cabernet Dorsa und Muskat-Trollinger. Mit Abstand wichtigste weiße Rebsorte ist Riesling dazu gibt es Weißburgunder, Grauburgunder, Kerner und Chardonnay, seit einigen Jahren auch Sauvignon Blanc. Der Riesling aus dem Schnaiter Altenberg und der Weißburgunder aus dem Winterbacher Hungerberg, erstmals 2015 erzeugt, bilden zusammen mit den Hades-Weinen wie dem Grauburgunder und dem Nikodemus Candidus, einer Cuvée aus Kerner und Chardonnay, die Spitze des weißen Segments An der Spitze des roten Segments stehen die Großen Gewächse aus den Gewannen Linnenbrunnen und Berg im Hebsacker Lichtenberg, Spätburgunder (den früher erzeugten Hades-Spätburgunder gab es zuletzt 2009) und Lemberger, sowie Hades-Rotweine wie Lemberger, Merlot, Zweigelt, Cabernet Sauvignon, und natürlich den Klassiker Nicodemus, eine Cuvée aus Merlot, Lemberger und Cabernet. Wenn es der Jahrgang erlaubt, werden auch edelsüße Rieslinge erzeugt, Eisweine und/oder Trockenbeerenauslesen.

Kollektion

Die weiße Basis überzeugt auch im Jahrgang 2021. Der Winterbacher Riesling ist würzig und eindringlich im Bouquet, frisch, klar und zupackend im Mund, besitzt gute Struktur und Biss. Der Sauvignon Blanc zeigt ebenfalls viel Würze im Bouquet, klare Frucht, ist sehr geradlinig im Mund, zupackend, besitzt jahrgangstypischen Biss. Enorm dominant sind die beiden Hades-Weißweine aus dem Jahrgang 2020. Die Cuvée Nicodemus Candidus zeigt viel reife Frucht im Bouquet, eindringliche Holzwürze, gelbe Früchte, ein wenig Honig im Hintergrund, ist enorm üppig, süß und konzentriert im Mund, deutlich vom Barriqueausbau geprägt. Das gilt auch für den Hades-Grauburgunder, der gute Konzentration im Bouquet zeigt, viel Würze und rauchige Noten, füllig und saftig im Mund ist, kraftvoll, viel reife Frucht und Substanz besitzt. Der Weißburgunder vom Hungerberg zeigt viel Intensität im Bouquet, besitzt klare Frucht im Mund, gute Struktur und Substanz. Sehr schön hat sich der 2017er entwickelt, der vor vier Jahren sehr verschlossen war, heuet immer noch kompakt und jugendlich ist, aber deutlich an Komplexität gewonnen hat. Unser Favorit im weißen Segment ist der Riesling vom Schnaiter Altenberg, der fruchtbetont und reintönig im Bouquet ist, feine Pfirsichnoten zeigt, füllig und harmonisch im Mund ist, wunderschön saftig und klar. Die Riesling Trockenbeerenauslese aus dem Jahrgang 2020 ist enorm konzentriert, zeigt kandierte Früchte, ist dominant süß im Mund, dick und konzentriert. Ganz stark sind wie gewohnt die Rotweine. Vom Aushängeschild des Weinguts, vom Nicodemus, konnten wir zwar keinen neuen Jahrgang verkosten, aber dafür ältere Weine, die sich alle prächtig präsentieren, einige haben in der Bewertung noch ein wenig zugelegt. Der 2020er Lichtenberg-Lemberger zeigt etwas Gewürze, rote Früchte, ist frisch, klar und zupackend im Mund. Das Große Gewächs, ebenfalls aus dem Jahrgang 2020, zeigt etwas Kräuter und rote Früchte, ist klar und kraftvoll, frisch und zupackend. Der Spätburgunder Linnenbrunnen, Jahrgang 2018, zeigt gute Konzentration und klare Frucht, ist füllig und harmonisch bei guter Substanz. Der Hades-Cabernet Sauvignon zeigt gute Konzentration und reife Frucht, ist füllig und saftig, besitzt reife Frucht und Substanz; ein klein wenig besser noch gefällt uns der leicht gewürzduftige Hades-Zweigelt, der gute Konzentration, Fülle und Saft, gute Struktur und Biss besitzt.

Jürgen, Jörg und Felix Ellwanger

Weinbewertung

86 2021 Riesling trocken Winterbach I 12%/9,90€
86 2021 Sauvignon Blanc trocken I 12%/13,-€
89 2020 Grauburgunder trocken „Hades" I 14%/26,-€
91 2021 Riesling „GG" Schnaiter Altenberg I 13%/26,50€
88 2020 „Nikodemus Candidus" Weißwein trocken „Hades" I 14,5%/25,-€
90 2017 Weißburgunder „GG" Winterbacher Hungerberg I 12,5%
90 2020 Weißburgunder „GG" Winterbacher Hungerberg I 14%/26,50€
89 2020 Riesling Trockenbeerenauslese Winterbacher Hungerberg I 10,5%/42,-€/0,375l
87 2020 Lemberger trocken Hebsacker Lichtenberg I 13,5%/15,-€
90 2019 Zweigeltrebe trocken „Hades" I 13,5%/29,-€
89 2020 Lemberger „GG" Hebsacker Berg I 13,5%/32,-€
89 2019 Cabernet Sauvignon trocken „Hades" I 13,5%/40,-€
91 2009 „Nicodemus" Rotwein trocken „Hades" I 13,5%
92 2011 „Nicodemus" Rotwein trocken „Hades" I 14%
90 2012 „Nicodemus" Rotwein trocken „Hades" I 14%
92 2015 „Nicodemus" Rotwein trocken „Hades" I 14%
90 2018 Spätburgunder „GG" „Linnenbrunnen" Hebsacker Lichtenberg I 14%/30,-€

Lagen

Hungerberg (Winterbach)
Altenberg (Schnait)
Linnenbrunnen (Hebsack)
Berg (Hebsack)
Berghalde (Grunbach)
Altenberg (Beutelsbach)

Rebsorten

Riesling (20%)
Trollinger (15%)
Lemberger (15%)
Spätburgunder (10%)
Weißburgunder (10%)
Grauburgunder (10%)
Zweigelt (10%)
Kerner (5%)
Merlot (5%)

★★★

Emmerich

Kontakt
Einersheimer Straße 47
97346 Iphofen
Tel. 09323-87593-0
Fax: 09323-87593-99
www.weingut-emmerich.de
info@weingut-emmerich.de

Besuchszeiten
Mo.-Sa. 9-18 Uhr
So. & Feiertage 9-12 Uhr
Übernachtung auf der Weingutswiese
Gartenausschank

Inhaber
Werner Emmerich
Rebfläche
9 Hektar
Produktion
60.000 Flaschen

Werner und Irmgard Emmerich führen seit nunmehr 30 Jahren ihr Familienweingut in Iphofen, wo sie am Ortsrand im Jahr 2000 ihren neuen Winzerhof bezogen haben. Inzwischen sind ihre Kinder Silvia und Martin verantwortlich für An- und Ausbau der Weine. Die Weinberge liegen in den Iphöfer Lagen Julius-Echter-Berg, Kronsberg, Domherr und Kalb, sowie in Seinsheim, wo sie in der Lage Hohenbühl einen um das Jahr 1900 gepflanzten Gemischten Satz vor allem mit Silvaner, aber auch Riesling, Elbling, Traminer, Muskateller und anderen Reben besitzen, wurzelecht gepflanzt, aber auch 1972 gepflanzten Gewürztraminer; die Reben wachsen auf Gipskeuperböden. Silvaner ist mit Abstand wichtigste Rebsorte, nimmt gut ein Drittel der Weinberge ein, dazu gibt es Scheurebe, Sauvignon Blanc, Riesling, Chardonnay, Weißburgunder, Domina, Merlot, Portugieser, Kerner, Müller-Thurgau, Bacchus und Gewürztraminer. Die Weißweine und der Portugieser werden überwiegend im Edelstahl ausgebaut, Domina und Merlot sowie ein Teil des Silvaners werden in großen und kleinen Eichenholzfässern aus französischer und Iphöfer Eiche ausgebaut.

Kollektion

Silvaner spielt die Hauptrolle im Betrieb – zu Recht, wie die Weine beweisen. Schon der füllige, saftige, klare Liter-Silvaner macht Freude, der 2020er vom Julius-Echter-Berg ist füllig und kraftvoll, besitzt klare reife Frucht und Substanz. Noch besser gefällt uns das Meisterstück N°7, ebenfalls ein 2020er Silvaner aus dem Julius-Echter-Berg, zeigt gute Konzentration und viel reife Frucht im herrlich eindringlichen Bouquet, besitzt Fülle, Kraft, Struktur und Frucht. Und dass Emmerich-Weine selbst aus heißen Jahrgängen gut reifen, beweist die 2009er Selection aus dem Julius-Echter-Berg, die dezente Briochenoten aufweist, feine Reife, Fülle und Substanz besitzt. Noch deutlich älter ist die Gewürztraminer Auslese, Jahrgang 2001, zeigt feine Reife, einen Anflug von Honig, ist füllig und saftig. Rosen zeigt der herrlich eindringliche trockene 2020er Gewürztraminer, ist reintönig, kraftvoll, hat Substanz, und auch Scheurebe, Sauvignon Blanc und Weißburgunder überzeugen voll und ganz: Erneut eine starke Kollektion!

Weinbewertung

83 Silvaner trocken (1l) I 12,5%/6,-€
84 2020 Scheurebe trocken Iphöfer Kronsberg I 12%/7,90€
85 2021 Sauvignon Blanc Kabinett trocken Seinsheimer Hohenbühl I 12%/9,-€
87 2020 Silvaner trocken Iphöfer Julius-Echter-Berg I 13,5%/12,50€
85 2020 Weißburgunder Spätlese trocken Iphöfer Kronsberg I 13%/14,-€
87 2020 Gewürztraminer Spätlese trocken Seinsheimer Hohenbühl I 13%/12,-€
89 2020 Silvaner trocken „Meisterstück N°7" Iphöfer Julius-Echter-Berg I 13,5%/20,-€
88 2009 Silvaner trocken „GG" Iphöfer Julius-Echter-Berg I 13,5%/24,50€
87 2001 Gewürztraminer Auslese Seinsheimer Hohenbühl I 14%/24,-€

★★★★★ Emrich-Schönleber

Kontakt
Soonwaldstraße 10a
55569 Monzingen
Tel. 06751-2733
Fax: 06751-4864
www.emrich-schoenleber.de
weingut@emrich-schoenleber.de

Besuchszeiten
nach Vereinbarung:
Mo.-Fr. 8-12 + 13:30-18 Uhr
Sa. 8-12 + 13-16 Uhr

Inhaber
Frank Schönleber
Kellermeister
Frank Schönleber
Rebfläche
21 Hektar
Produktion
130.000 Flaschen

Seit mehr als 250 Jahren gibt es Weinbau in der Familie, aber erst Ende der sechziger Jahre – mit zwei Hektar Weinbergen – begann die Entwicklung zum Weingut durch Hannelore und Werner Schönleber, heute wird der Betrieb von Sohn Frank geleitet. Die Schönlebers bauen neben 86 Prozent Riesling etwas Grau- und Weißburgunder und Müller-Thurgau an. Ihnen gehören Weinberge in den Monzinger Lagen Frühlingsplätzchen und Halenberg, beides steile Süd- bis Südwesthänge, der Halenberg, die kleinste Monzinger Lage, besteht aus steinigen, von blauem Schiefer und Quarzit geprägten Böden, das Frühlingsplätzchen ist von rotem Schiefer und Kiesel geprägt, häufig durchsetzt mit rotem Lehm und Rotliegendem. Außerdem gehören ihnen Flächen im oberhalb des Halenbergs gelegenen Gewann Auf der Ley, aus dem neben Halenberg und Frühlingsplätzchen das dritte Große Gewächs stammt, hier sind die Böden mit einer durchschnittlichen Steigung von 50 Prozent von Blauschiefer und Kieselsteinen geprägt, sowie im Monzinger Niederberg, der ähnlich wie der Halenberg Blauschiefer- und Quarzitböden aufweist und aus dem im Jahrgang 2018 erstmals ein Erste Lage-Riesling erzeugt wurde. Wir sind immer wieder beeindruckt, wie die Qualität in den vergangenen Jahren stetig weiter gesteigert wurde, wie die Weine immer noch präziser, noch ausdrucksstärker geworden sind. Wir sind beeindruckt, weil dies nicht nur für die Großen Gewächse gilt, sondern in gleichem Maße auch für den Gutsriesling und für alle anderen Weine: Das ist Größe!

Kollektion

Eine Kollektion mit frischen, rassigen Rieslingen präsentiert Frank Schönleber, die dem Jahrgang folgen und Mut zur Säure zeigen, moderater im Alkohol sind als in den Vorjahren, viel Salz und mineralische Kühle mitbringen und sehr gut reifen werden. Der zupackend knackige Riesling Mineral gibt gleich den Ton vor, ist ein schlanker, herrlich transparenter Riesling mit Biss und Saft, geradlinig und animierend. Spürbar mehr Stoff und Struktur besitzt der Frühtau-Riesling, ist reifer, dabei fein und ausgewogen, er braucht etwas Luft, um sich ganz zu entfalten. Der Riesling Halgans ist durch und durch mineralisch, sehr salzig, eher schlank, sein süß-saures Spiel ist attraktiv, er ist lang und nachhaltig. Beide sind eigentlich Lagenweine, denn die Trauben für den Frühtau stammen aus dem Frühlingsplätzchen, die für den Halgans aus dem Halenberg. Der Riesling aus dem Monzinger Niederberg wirkt anfangs eher leicht für einen Riesling aus einer Ersten Lage, entwickelt aber an der Luft zusehends mehr Druck, bleibt dabei immer subtil und fein, mineralische Akzente lassen ihn lebhaft und frisch erscheinen, er ist lang und nachhaltig, hat noch Potenzial. Die jahrgangscharakteristische Kühle durchdringt das Große

Gewächs aus dem Frühlingsplätzchen gänzlich, es besitzt gute Struktur und griffige Gerbstoffe, rauchig-würzige Noten begleiten den Wein bis in den langen Nachhall. Das Große Gewächs aus dem Halenberg ist wie immer etwas intensiver, hier sitzt alles am rechten Fleck, es besitzt saftige Frucht, feine Schalenwürze und mineralischen Grip, alles greift nahtlos ineinander, wodurch ein etwas monolithischer Eindruck entsteht, trotzdem ist der Wein nicht gänzlich unnahbar, zeigt ab und an auch seine charmanten Seiten, bleibt dabei immer von Frische und feiner Salzigkeit geprägt. Er gehört nicht zu den kräftigsten Halenberg-Weinen der letzten Jahre, ist aber sicher einer der feinsten, auf die Entwicklung in der Flasche darf man gespannt sein. Das Große Gewächs aus der Ley ist der druckvollste und dichteste der drei großen trockenen Rieslinge, ist komplex, mineralisch, zeigt Noten von reifen Zitronen, ist sehr verschlossen, aber offenbart immensen Grip, viel Kraft – und großes Potenzial. Der rauchige Halenberg „R" aus dem Jahrgang 2018 entwickelt sich weiter sehr gut und ist jetzt in einem ersten perfekten Trinkfenster, ist jahrgangstypisch mild, cremig, enorm füllig, kraftvoll und lang, besitzt gut gesetzte Frischeakzente, die ihn bei aller Fülle Balance und Trinkfluss verleihen. Während uns der feinherbe „Lenz" in diesem Jahr kräutrig und ein wenig einfach erscheint, sind die beiden fruchtsüßen Rieslinge sehr fein: Rasant ist der griffige Riesling Kabinett, markant frisch und prägnant mineralisch die Riesling Spätlese aus dem Halenberg, beide bieten packendes, jugendliches Trinkvergnügen, können aber auch weiter reifen.

Werner Schönleber & Frank Schönleber

Weinbewertung

87	2021 Grauburgunder „S" trocken I 13%/15,50€
85	2021 Riesling „Lenz" I 11,5%/11,50€
87	2021 Riesling trocken „Mineral" I 12%/15,50€
89	2021 Riesling trocken „Frühtau" Monzinger I 12%/18,50€
89	2021 Riesling trocken „Halgans" Monzinger I 12%/20,-€
90	2021 Riesling trocken Monzinger Niederberg I 12%/28,-€
91+	2021 Riesling „GG" Frühlingsplätzchen I 12%/45,-€
92+	2021 Riesling „GG" Halenberg I 12,5%/49,-€
93+	2021 Riesling „GG" Auf der Ley I 12,5%/Vst.
92	2018 Riesling „R" Monzinger Halenberg I 13%/45,-€
89	2021 Riesling Kabinett Monzinger I 9%/15,-€
91	2021 Riesling Spätlese Monzinger Halenberg I 9%/24,-€

Lagen

Halenberg (Monzingen)
Auf der Ley (Monzingen)
Frühlingsplätzchen (Monzingen)
Niederberg (Monzingen)

Rebsorten

Riesling (85%)
Grauburgunder (7%)
Weißburgunder (6%)
Müller-Thurgau (2%)

★★★★

Engel

Kontakt
Untergasse 39
67592 Flörsheim-Dalsheim
Tel. 06243-6574
www.der-wein-engel.de
webmaster@der-wein-engel.de

Besuchszeiten
Mo.-Fr. 8-12 + 13-18 Uhr
Sa. 9-16 Uhr

Inhaber
Udo Engel
Kellermeister
Albrecht Engel
Rebfläche
11 Hektar
Produktion
100.000 Flaschen

Seit dem 17. Jahrhundert betreibt die Familie Weinbau in Flörsheim-Dalsheim, heute führt Udo Engel zusammen mit Ehefrau Ulrike den Betrieb. Sohn Albrecht Engel absolvierte seine Lehre bei den rheinhessischen Weingütern Wittmann und Gutzler sowie bei Christmann in der Pfalz und baute 2012 seine ersten eigenen Weine auf dem elterlichen Weingut aus; gleichzeitig schloss er seine Ausbildung zum Techniker für Weinbau und Oenologie in Bad Kreuznach ab, es folgten Praktika in Australien und Kanada. Der zweite Sohn Clemens ist Kellermeister bei Velis Vineyards. Die Weinberge liegen in den Nieder-Flörsheimer Lagen Frauenberg und Goldberg, in den Dalsheimer Lagen Bürgel und Hubacker, im Zellerweg am Schwarzen Herrgott in Mölsheim sowie in Siefersheim, die Weinberge werden herbizidfrei bewirtschaftet. Riesling, Grauburgunder und Scheurebe sind die wichtigsten Rebsorten, hinzu kommen vor allem Spätburgunder, Weißburgunder, Viognier (seit 2006) und Schwarzriesling, inzwischen auch Sémillon sowie Blaufränkisch, den es als Rotwein und als Rosé gibt. Die Weine werden überwiegend spontanvergoren, teils im Edelstahl, teils im Holz ausgebaut. Das Sortiment ist gegliedert in Gutsweine, Ortsweine und Lagenweine sowie Reserveweine. In der Kategorie Ortsweine gibt es vier Rieslinge, aus Flörsheim, Dalsheim, Mölsheim und Siefersheim. Bei den Lagenweinen gibt es Rieslinge von Frauenberg, Goldberg und Zellerweg am Schwarzen Herrgott, Chardonnay von Frauenberg und Sauloch sowie den Spätburgunder vom Frauenberg. Hinzu kommen Riesling-Prädikatsweine aus den Lagen Frauenberg und Zellerweg am Schwarzen Herrgott.

Kollektion

Es war spannend die Entwicklung zu verfolgen in den letzten Jahren, wie die Weine stetig präziser und ausdrucksstärker geworden sind, auch wenn auf den ersten Blick das Sortiment etwas „wild“ erscheint, was vor allem, aber nicht nur, an den für Rheinhessen ungewöhnlichen Rebsorten liegt wie Viognier oder Sémillon und nun auch Blaufränkisch. Schon die Basis ist sehr gut, das zeigen auch im Jahrgang 2021 die beiden vorgestellten Gutsweine. Der Grauburgunder ist konzentriert und würzig im Bouquet, frisch, klar und zupackend im Mund, besitzt feine süße Frucht und Grip. Der Sémillon ist sehr würzig und eindringlich, sehr sortentypisch, besitzt viel Frische und klare Frucht im Mund und wie der Grauburgunder feine Süße und Grip. Bei den vier Riesling-Ortsweinen sind die Lagenunterschiede schön herausgearbeitet. Der Nieder-Flörsheimer ist sehr würzig und eindringlich im Bouquet, ist frisch und zupackend im Mund, besitzt feine Süße, Frucht und Biss. Der Mölsheimer besticht mit seiner Reintönigkeit, zeigt gute Konzentration, viel Würze und Frucht, ist harmonisch im Mund, besitzt viel Frische, Süße und Grip. Gute Konzentration und feine Würze zeigt auch der Dalsheimer Riesling von alten Reben im Bouquet, besitzt dann im Mund aber deutlich mehr Druck, ist füllig und kraftvoll bei guter Struktur. Der Siefersheimer Riesling

engel

vom Porphyr ist im Bouquet sehr offen, würzig, zeigt reife Frucht, ist im Mund dann aber enorm verschlossen, dabei kraftvoll und von guter Struktur. Unter den beiden Lagen-Rieslingen aus Nieder-Flörsheim gilt auch im Jahrgang 2021 unsere Präferenz wieder dem Wein aus dem Frauenberg, der gute Konzentration, etwas rauchige Noten und reife Frucht im Bouquet zeigt, würzig und eindringlich ist, er ist frisch, reintönig und zupackend im Mund, besitzt gute Struktur, Biss und reife Frucht, ein wenig Flaschenreife wird ihm noch gut tun. Der Goldberg-Riesling zeigt wie gewohnt viel Frucht im Bouquet, ist klar und zupackend im Mund, besitzt Grip. Aus dem Frauenberg kommen die beiden süßen Rieslinge: Der Kabinett ist frisch, sehr reintönig, geprägt vom Kontrast aus Süße und Säure, die Spätlese ist konzentrierter und zupackender, besitzt reintönige süße Frucht und Grip. Aus dem Jahrgang 2020 stammen die beiden faszinierenden Viognier. Die Reserve zeigt viel reintönige Frucht, ist klar, zupackend, besitzt ungewöhnlich viel Frische und Grip, ist enorm nachhaltig. Sie wurde in zu 70 Prozent neuen 300 und 600 Liter-Fässern ausgebaut, die Elixier genannte Selektion hat nur neues Holz gesehen: Sie ist nochmals konzentrierter, faszinierend reintönig, ist enorm dominant, besitzt viel Kraft und Substanz. Der 2019er Spätburgunder aus dem Frauenberg zeigt viel Frucht und Würze, ist klar, frisch, präzise und zupackend – der 2016er hat sich glänzend entwickelt. Faszinierend ist auch der Blaufränkisch, burgundisch wild, sehr würzig, rauchig, herrlich zupackend und reintönig, ein Wein mit Struktur und Grip. Klasse Kollektion!

Familie Engel

Weinbewertung

85	2021 Grauer Burgunder I 12%/8,20€
86	2021 Sémillon I 12%/8,90€
88	2021 Riesling trocken „Porphyr“ Siefersheim I 12%/12,50€
88	2021 Riesling trocken „Alte Reben“ Dalsheim I 12%/12,50€
87	2021 Riesling trocken Mölsheim I 12%/12,50€
87	2021 Riesling trocken Nieder-Flörsheim I 12%/12,50€
88	2021 Riesling Nieder-Flörsheimer Goldberg I 12%/18,90€
90	2021 Riesling Nieder-Flörsheimer Frauenberg I 12%/19,90€
89	2020 Viognier „Reserve“ I 13%/16,90€
92	2020 Viognier „-Elixier-“ I 13%/69,90€
86	2021 Riesling Kabinett Nieder-Flörsheimer Frauenberg I 8,5%/11,90€
88	2021 Riesling Spätlese Nieder-Flörsheimer Frauenberg I 9%/16,90€
91	2019 Blaufränkisch „-Porzellanerde-“ I 13%/16,90€ ☺
91	2016 Spätburgunder trocken Nieder-Flörsheimer Frauenberg I 13%
90	2019 Spätburgunder Nieder-Flörsheimer Frauenberg I 12,5%/19,50€

Lagen
Frauenberg (Nieder-Flörsheim)
Bürgel (Dalsheim)
Goldberg (Nieder-Flörsheim)
Hubacker (Dalsheim)
Zellerweg am Schwarzen
Herrgott (Mölsheim)

Rebsorten
Riesling (15%)
Grauburgunder (15%)
Scheurebe (15%)
Chardonnay (10%)
Spätburgunder (10%)
Weißburgunder (8%)
Viognier (8%)
Schwarzriesling (5%)

Engler

Kontakt
Moltkeplatz 2
79379 Müllheim
Tel. 07631-170550
Fax: 07631-173345
www.weingut-engler.de
info@weingut-engler.de

Besuchszeiten
Mo.-Fr. 9-18:30 Uhr
Sa. 9-16 Uhr
oder nach Vereinbarung

Inhaber
Andrea Engler-Waibel
Rebfläche
11 Hektar
Produktion
90.000 Flaschen

Seit 1892 ist das Gut am Moltkeplatz in Müllheim in Familienbesitz, Max Engler Rieggerdt, der Urgroßvater der heutigen Besitzerin, erwarb damals das Anwesen. 1960 übernahm Hans Engler das Gut. Zusammen mit seiner Frau Ursula erweiterte er es auf die heutige Fläche und stellte ganz auf Flaschenvermarktung um. Tochter Andrea war nach ihrem Geisenheimstudium 5 Jahre Betriebsleiterin eines Weingutes am Bodensee bevor sie 1999 in das elterliche Weingut zurückkehrte, das sie dann 2004 übernahm. Ihre Weinberge befinden sich in den Müllheimer Lagen Reggenhag, Pfaffenstück und Sonnhalde sowie im Badenweiler Römerberg. Hauptrebsorte ist Spätburgunder, der 45 Prozent der Fläche einnimmt. Hinzu kommen ein Viertel Gutedel, des Weiteren Grau- und Weißburgunder, Auxerrois, sowie etwas Riesling, Chardonnay, Nobling und Gewürztraminer.

Kollektion

Wie schon im vergangenen Jahr präsentiert Andrea Engler-Waibel eine sehr gleichmäßige Kollektion, das Basisniveau ist wieder hoch. Das zeigen die trockenen Kabinettweine, die alle sehr reintönig und frisch, geradlinig und zupackend sind, mit jahrgangstypischem Grip. Der Gutedel ist wunderschön lebhaft, der Auxerrois fruchtbetont, was auch für den sehr offenen Grauburgunder gilt. Unser Favorit ist der Weißburgunder aus dem Pfaffenstück, der feine Würze und klare Frucht zeigt, fruchtbetont und zupackend ist, viel Frische und Grip besitzt. Der Cabernet Blanc ist würzig und eindringlich, zeigt florale Noten. Der einzige 2020er Wein, der Chasselas, zeigt gute Konzentration und reintönige Frucht im Bouquet, ist füllig und saftig im Mund, besitzt reife Frucht und gute Struktur. Aus dem Jahrgang 2019 stammen die beiden Spätburgunder: Der Wein aus dem Pfaffenstück ist frisch und fruchtbetont im Bouquet, zeigt rote Früchte, besitzt feine Frucht und Biss im Mund, der im Barrique ausgebaute Pinot Noir AO zeigt rauchige Noten, feine Frucht, ist harmonisch und elegant, strukturiert und lang. Zwei gewohnt harmonische, geradlinige Sekte runden die überzeugende Kollektion ab.

Weinbewertung

84 Weißburgunder Sekt brut | 12,5%/13,-€
84 Pinot Rosé Sekt brut | 12,5%/13,-€
83 2021 Gutedel** Kabinett trocken Müllheimer Reggenhag | 11%/7,50€
83 2021 Auxerrois** Kabinett trocken Müllheimer Pfaffenstück | 13%/8,50€
85 2021 Weißburgunder** Kabinett trocken Müllheimer Pfaffenstück | 12,5%/8,50€
83 2021 Grauburgunder** Kabinett trocken Müllheimer Sonnhalde | 12,5%/8,50€
85 2020 Chasselas*** trocken Müllheimer Sonnhalde | 12%/10,90€
84 2021 Cabernet Blanc trocken Müllheimer Pfaffenstück | 12,5%/9,-€
85 2019 Spätburgunder** trocken Müllheimer Pfaffenstück | 13,5%/10,90€
87 2019 Pinot Noir „AO“ trocken Barrique | 13,5%/14,90€

★★½

Enk

Kontakt
Weinbergstraße 13
55452 Dorsheim
Tel. 06721-45470
Fax: 06721-47884
www.weingut-theo-enk.de
info@weingut-theo-enk.de

Besuchszeiten
nach Vereinbarung

Inhaber
Steffen Enk
Betriebsleiter
Steffen Enk
Kellermeister
Steffen Enk
Rebfläche
12,5 Hektar
Produktion
160.000 Flaschen

Theo Enk hat mittlerweile das Weingut an seinen Sohn Steffen übergeben, der 2002 seine Ausbildung zum staatlich geprüften Weinbautechniker abschloss und jetzt den Betrieb in vierter Generation führt. Die Weinberge liegen in den Laubenheimer Lagen Karthäuser und Fuchsen sowie im Dorsheimer Goldloch. 35 Prozent der Weinberge nimmt Riesling ein, dazu gibt es 25 Prozent Grauburgunder, je 10 Prozent Weißburgunder und Spätburgunder sowie ein wenig Scheurebe, Kerner, Silvaner und Dornfelder. 2016 konnte Steffen Enk eine 30 Jahre alte Chardonnay-Anlage übernehmen. Im Sommer 2014 wurde die Probierstube zu einer modernen Vinothek umgebaut, das Jahr 2017 stand ganz im Zeichen des Neubaus von Kelterhaus, Keller und Flaschenlager.

Kollektion

Die Kollektion bestätigt über die gesamte Bandbreite das Niveau des Vorjahres, ist dabei vielleicht sogar eine Spur feiner. Eine gekonnte Balance von frischen Frucht- und eleganten Holzaromen schafft der Chardonnay S, der am Gaumen zart cremig auftritt, dabei immer pointiert und animierend bleibt. Der Grauburgunder Florian ist ausladend und sehr würzig. Sein vollmundiger Charakter bietet Saft und Substanz gleichermaßen, bleibt nussig und konzentriert bis ins Finish. Sicher ein toller Speisenbegleiter. Mit der Frische des Weißburgunders und dem Schmelz des Grauburgunders ausgestattet, ist die aromatische Cuvée Felix für uns primus inter pares. Auch die Rieslinge sind sehr gut. Der aus dem Goldloch mit seiner tiefschürfenden Würze und druckvollen Substanz bildet die Spitze. Aber auch der frische, saftige Riesling S aus dem Karthäuser und der geradlinige Riesling aus dem Fuchsen sind absolut empfehlenswert. Vergessen sollte man auch den Kabinett aus dem Goldloch nicht, der eher eine kleine Spätlese ist, mit Leichtigkeit und Finesse nicht spart. Ein Paradewein für Liebhaber des animierenden Frucht-Säure-Spiels.

Weinbewertung

84 2021 Grauer Burgunder trocken | 13%/7,50€
86 2021 Riesling trocken „mariage XII" Laubenheimer Fuchsen | 12,5%/9,50€
86 2021 Riesling trocken „S" Laubenheimer Karthäuser | 12%/9,50€
84 2021 Riesling trocken Laubenheimer Kartäuser | 12%/6,50€
85 2021 Sauvignon Blanc trocken | 12%/8,50€
84 2021 Weißburgunder Laubenheimer Karthäuser | 13%/8,20€
86 2021 Grauer Burgunder trocken „Florian" | 14%/10,20€
86 2021 Cuvée weiß trocken „Grau Weiss Felix" | 14%/10,20€
87 2021 Chardonnay „S" trocken | 13%/12,50€
88 2021 Riesling trocken Dorsheimer Goldloch | 12%/13,80€
86 2021 Riesling Kabinett Dorsheimer Goldloch | 8%/8,80€
85 2020 Spätburgunder Barrique Laubenheimer Karthäuser | 14%/13,80€

★★★★

Karl Erbes

Kontakt
Riesling-Weingut Karl Erbes
Würzgartenstraße 25
54539 Ürzig
Tel. 06532-94465
Fax: 06532-953736
www.weingut-karlerbes.com
info@weingut-karlerbes.de

Besuchszeiten
nach Vereinbarung

Inhaber
Stefan Erbes
Betriebsleiter
Stefan Erbes
Kellermeister
Stefan Erbes
Rebfläche
5 Hektar
Produktion
45.000 Flaschen

Karl Erbes gründete 1967 das Weingut, das heute von seinem Sohn Stefan geführt wird, der seit 1984 im Betrieb arbeitet und ihn 2002 übernommen hat. Stefan Erbes baut auf 5 Hektar ausschließlich Riesling an, besitzt nur wurzelechte Reben im Ürziger Würzgarten und im Erdener Treppchen, auch in der legendären Lage Erdener Prälat ist er vertreten. Die Kranklei liegt zwischen dem ursprünglichen Würzgarten und dem ursprünglichen Treppchen, wurde 1971 Teil des Würzgartens, darf aber nun auch wieder offiziell auf dem Etikett erscheinen; seit 2014 ist sie als Einzellage eingetragen. Die ältesten Reben haben ein Alter von 80 bis 100 Jahren erreicht. Nur wenige Weingüter an der Mosel haben sich so auf süße und edelsüße Weine spezialisiert wie dieser Betrieb. Trockene Weine existieren, sind in der Regel fest und würzig, doch die eigentliche Stärke des Weinguts liegt bei den süßen Kabinetten und Spätlesen, bei den Auslesen (die auch mit Sternen bezeichnet werden und so eine reifere Art ausdrücken) sowie bei den Trockenbeerenauslesen. Während die Hochprädikate in aller Regel in ihrer Jugend noch verschlossen wirken, zeigen viele Spät- und Auslesen eine sehr direkte, aber auch saftige und nachhaltige Art. Man könnte die Weine als altmodisch bezeichnen, würde dann aber nicht der Tatsache Rechnung tragen, dass sie sich konzentriert und dicht präsentieren, Spiel aufweisen und zudem ausgezeichnet reifen. Die Weine der Lage Erdener Treppchen wirkend oft am zugänglichsten, jene aus dem Würzgarten brauchen häufig etwas mehr Zeit. In vielen Jahren am spannendsten präsentieren sich die Rieslinge aus der Lage In der Kranklei, sie sind es allerdings auch, die am meisten Reife verlangen. Das Weingut verfügt über eine Probierstube, in der bis zu 25 Gäste Platz finden.

Kollektion

Die Weine des Gutes sind in der Jugend bisweilen opulent, immer dicht und würzig, manchmal ist auch noch etwas Schwefel zu bemerken; mit Reifezeit gewinnen sie allerdings fast immer deutlich an Harmonie. Bei den Rieslingen des Jahrgangs 2021 ist ungewöhnlich viel Frische zu spüren, was dazu führt, dass die meisten der vorgestellten Weine schon in diesem Stadium zugänglich wirken. Dies trifft etwa auf die feinherbe Spätlese aus der Kranklei zu, den einzigen nichtsüßen Wein des Sortiments, der nach Kräutern und Steinobst duftet, im Mund schön saftig und würzig ausfällt; Süße und Säure sind gut balanciert. Die beiden Kabinette gefallen sehr gut, jenes aus dem Erdener Treppchen wirkt etwas straffer als sein Pendant aus dem Würzgarten, animierend und balanciert sind allerdings beide. Die vier 2021er Spätlesen unterscheiden sich deutlich voneinander. Jene aus dem Treppchen wirkt am schlankesten und zugänglichsten, die aus dem Prälat mit Abstand am opulentesten und komplexesten; der letztgenannte Wein duftet nach gebackenem Apfel, zeigt aber auch hefige Noten und Steinobstwürze, ist enorm saftig, vibrierend. Stilistisch zwischen diesen beiden sind die Ürziger Spätlesen angesiedelt, die gut aufeinander aufbauen: Die aus dem Würzgarten wirkt etwas verhaltener und schlanker als jene aus der Kranklei, die sehr gut gefällt wegen ihrer komplexen, saftigen, vibrierenden Art. Alle vier Spätlesen des neuen Jahrgangs sind deutlich süß, aber keineswegs aufdringlich zuckrig. Die 2020er Spätlese zeigt dagegen einen ganz anderen Charakter, denn sie reifte elf Monate auf der Hefe, ist saftig und sehr spannend. Unter den Auslesen ist jene aus der Kranklei besonders zu nennen, weil sie eine vielschichtige Aromatik zeigt mit reifen Zitrusnoten, Steinobstanklängen, aber auch exotischen Noten; im Mund ist sie saftig, straff und trotz aller Süße sehr animierend und lang. Die Auslese aus dem Erdener Prälat ist nicht zu Unrecht mit drei Sternen ausgezeichnet, schließlich ist sie schon von Anklängen an Zitrusschalen und von Exotik geprägt, im Mund deutlich süß und insgesamt noch längst nicht auf dem Höhepunkt. Die Würzgarten-Auslese schließlich unterscheidet sich von ihren beiden Pendants, denn sie wurde am 22.12. bei minus sechs Grad gelesen, weist also bereits eine an Eisweine erinnernde Aromatik auf; Süße und Säure stehen noch ein klein wenig nebeneinander, aber Potenzial ist vorhanden. Schließlich drei Beerenauslesen, allesamt von sehr überzeugender Qualität, an der Spitze gemeinsam Prälat und Kranklei: der Erdener Wein deutlich üppiger, der Ürziger dafür etwas feiner. Die derzeit noch nicht recht integrierte Süße wird sich noch einfügen; Potenzial ist fast im Übermaß vorhanden.

Stefan Erbes

Weinbewertung

87	2021 Riesling Spätlese „feinherb" Ürziger in der Kranklei | 10%/12,50€
88	2021 Riesling Kabinett Erdener Treppchen | 9%/9,50€ ☺
87	2021 Riesling Kabinett Ürziger Würzgarten | 8%/9,50€
88	2021 Riesling Spätlese Erdener Treppchen | 7,5%/11,-€
89	2020 Riesling Spätlese Ürziger Würzgarten | 8%/11,-€ ☺
89	2021 Riesling Spätlese Ürziger Würzgarten | 7,5%/11,-€ ☺
90	2021 Riesling Spätlese Ürziger in der Kranklei | 8%/12,50€ ☺
92	2021 Riesling Spätlese Erdener Prälat | 8%/27,50€
91	2021 Riesling Auslese Ürziger Würzgarten | 7,5%/18,-€/0,375l
92	2021 Riesling Auslese* Ürziger in der Kranklei | 8%/28,50€
94	2021 Riesling Auslese*** Erdener Prälat | 7,5%/48,-€/0,375l
92	2021 Riesling Beerenauslese Ürziger Würzgarten | 6,5%/58,-€/0,375l
94	2021 Riesling Beerenauslese Ürziger in der Kranklei | 6%/58,-€/0,375l
94	2021 Riesling Beerenauslese Erdener Prälat | 6%/75,-€/0,375

Lagen
Würzgarten (Ürzig)
In der Kranklei (Ürzig)
Treppchen (Erden)
Prälat (Erden)

Rebsorten
Riesling (100 %)

H.J. Ernst

Kontakt
Holzstraße 40
65343 Eltville
Tel. 06123-2363
Fax: 06123-4062
www.weingut-ernst.de
info@weingut-ernst.de

Besuchszeiten
Mo.-Fr. 8-12 + 13-18 Uhr
Sa. 9-17 Uhr
So. & Feiertage geschlossen

Inhaber
Johannes Ernst
Rebfläche
35 Hektar
Produktion
250.000 Flaschen

In der nunmehr vierten Generation bewirtschaftet das Weingut Weinberge in zahlreichen Lagen des oberen Rheingaus. Die Weinberge des 35 Hektar-Betriebes liegen vor allem in Eltville, in den Lagen Taubenberg, Langenstück, Sonnenberg und Rheinberg, aber auch im Martinsthaler Rödchen, der Rauenthaler Gehrn sowie im Wallufer Walkenberg. In erster Linie werden Riesling und Spätburgunder angebaut. Das Sortiment wird ergänzt durch Weißburgunder, Grauburgunder, Chardonnay, Sauvignon Blanc, Rotem Riesling, Gewürztraminer. Die Weißweincuvée Kernstück gab mit dem Jahrgang 2018 ihr Debüt. Mehrere Sekte sowie ein Perlwein aus Riesling ergänzen das Sortiment.

Kollektion

Wie gewohnt leben die Weine von Frische und fruchtsüßer Saftigkeit. Die beiden halbtrockenen Rieslinge sowie der Classic sind fruchtdominiert und weisen alle etwas Tropenfruchtnoten auf. Aus dem Trio gefällt uns der Riesling Classic am besten, bei dem den Mangonoten eine grüne Äpfelsäure entgegensteht. Die beiden trockenen Rieslinge sind ein wenig herber und stärker von Zitrus geprägt: Der Riesling Selection ist frisch und animierend, im Vergleich zum Classic ist er länger und strukturierter. Das Große Gewächs aus dem Sonnenberg ist deutlich üppiger, zeigt viel Würze und erste Reifenoten, erinnert an mürben gelben Apfel und getrocknete Mirabellen. Die Kernstück-Cuvée ist aromatisch, tropisch, aber balanciert, ähnlich ist der intensive, würzige Sauvignon Blanc. Die beiden Süßweine sehen wir auf einem Niveau, wobei die Spätlese mit ihrer Litschi-Aromatik mehr Finesse, die Auslese mehr Fülle und Konzentration mitbringt. Die beiden Sekte runden das Sortiment ab. Der fruchtbetonte Rieslingsekt ist trotz der präsenten Süße ausgewogen, der Sauvignon Blanc ist expressiver, zeigt grün-würzige Aromen.

Weinbewertung

83	2018 Sauvignon Blanc Sekt brut I 13%/12,-€
83	2020 Riesling Sekt brut I 12,5%/10,-€
83	2021 „Kernstück" Cuvée weiß I 11,5%/8,-€
83	2021 Sauvignon Blanc trocken I 11,5%/8,-€
83	2021 Riesling Selection I 12%/12,-€
84	2020 Riesling Großes Gewächs Eltviller Sonnenberg I 12,5%/16,-€
81	2021 Riesling Classic I 12%/7,50€
82	2021 Riesling Kabinett halbtrocken Rauenthaler Wülfen I 11,5%/7,50€
82	2021 Riesling Spätlese halbtrocken Eltviller Sonnenberg I 11,5%/9,-€
83	2021 Riesling Spätlese Eltviller Taubenberg I 9,5%/9,-€
83	2021 Riesling Auslese Eltviller Sonnenberg I 8,5%/15,-€
83	2020 Spätburgunder Auslese trocken Eltviller Sonnenberg I 14%/16,-€

★★★★

Escher

Kontakt
Seestraße 4
71409 Schwaikheim
Tel. 07195-57256
Fax: 07195-137319
www.wein-escher.de
info@wein-escher.de

Besuchszeiten
Di.-Fr. 16:30-18:30 Uhr
Sa. 9-14 Uhr
Gutsausschank, „Wein & Tapas"

Inhaber
Christian & Ottmar Escher
Betriebsleiter
Christian & Ottmar Escher
Kellermeister
Christian Escher
Außenbetrieb
Christian Escher
Rebfläche
15 Hektar
Produktion
90.000 Flaschen

Christian Escher hat seine Winzerlehre bei Aldinger in Fellbach und beim Staatsweingut in Weinsberg gemacht, dann ein Jahr in einer Weinhandlung in Ludwigsburg gearbeitet. Es schloss sich die Ausbildung zum Weinbautechniker in Weinsberg an mit kurzen Praxisaufenthalten in Kanada und Südafrika. Bereits mit 22 Jahren hat er seinen ersten Jahrgang im elterlichen Betrieb vinifiziert. Seine Eltern Lisa und Otmar Escher haben 1990 mit 30 Ar Reben mit der Selbstvermarktung begonnen, nach und nach den Betrieb auf die heutige Größe erweitert. In Schwaikheim selbst, wo die Eschers zuhause sind, gibt es keine Reben. Die Weinberge liegen verstreut im ganzen Remstal, in Stetten (Pulvermächer, Lindhälder), Strümpfelbach (Altenberg), Hanweiler (Berg), Steinreinach (Hörnle), Korb (Sommerhalde, Berg), Neustadt (Söhrenberg), Bürg (Schlossberg) und inzwischen auch in Hertmannsweiler (Himmelreich), wo Riesling und Lemberger angebaut werden. Drei Fünftel der Rebfläche nehmen rote Sorten ein: Trollinger, Lemberger und Spätburgunder vor allem, aber auch Muskattrollinger, Merlot, Cabernet Franc und Zweigelt. Wichtigste weiße Rebsorte ist Riesling, dazu gibt es Müller-Thurgau, Sauvignon Blanc, Chardonnay, Weißburgunder, Grauburgunder, Muskateller und Cabernet Blanc. Im Weinberg setzt man auf naturnahes Arbeiten, nutzt eigenen Kompost, aber auch Schachtelhalmtee und Brennnesseljauche zur Vitalisierung der Reben. Das Programm ist gegliedert in Gutsweine, Bergkeuper- (2 Sterne) und Goldréserve- bzw. Goldlage-Weine (3 Sterne). Die weißen Goldlage- und Goldreserve-Weine tragen inzwischen Lagenbezeichnungen: Der Sauvignon Blanc kommt aus dem Steinreinacher Hörnle, der Grauburgunder aus dem Korber Steingrüble, der Riesling aus dem Stettener Pulvermächer, der Chardonnay aus dem Stettener Lindhälder. Auch bei den roten Goldréserve-Weinen wurden anfangs keine Lagenbezeichnungen genutzt, beim 2014 neu eingeführten Lemberger „Höchste Lage" erscheint die Lage Korber Berg auf dem Etikett, beim Spätburgunder das Steinreinacher Hörnle, Zweigelt, Merlot und Cabernet Franc kommen aus der Korber Sommerhalde. Die Weine werden überwiegend spontanvergoren, alle Rotweine werden maischevergoren. Die Reserve- und Lagenrotweine werden unfiltriert abgefüllt.

Kollektion

Eine starke Kollektion präsentiert Christian Escher auch in diesem Jahr. Schon die Basis überzeugt, wie der würzige, frische, zupackende Riesling von jungen Reben zeigt. Etwas kraftvoller und konzentrierter ist der Riesling von alten Reben, besitzt Struktur, Frische und Frucht. Klar und geradlinig ist der Bergkeuper-Chardonnay, der Bergkeuper-Weißburgunder ist fruchtbetont und intensiv, wunderschön reintönig, besitzt Struktur und Grip. Viel Grip und Frucht besitzt auch der Sauvignon Blanc Bergkeuper, zeigt ein wenig florale Noten und Stachelbeeren, ist geradlinig, zupackend. Mehr Konzentration, Kraft und Substanz besitzt der Sauvignon Blanc aus dem Steinreinacher Hörnle, der sehr dominant und noch jugendlich ist. Der Pulvermächer-Riesling zeigt feine Würze und reife Frucht, besitzt viel Frische, Druck, gute Struktur und jahrgangstypischen Grip. Herrlich eindringlich und reintönig ist der Grauburgunder, er besitzt Fülle und Kraft, reife Frucht und schöne Frische. Alle diese Weißweine stammen aus dem Jahrgang 2021, der Reserve-Chardonnay aber stammt aus 2019, er ist enorm füllig und kompakt. Hohes Niveau zeigen auch die Rotweine, schon der reintönige, fruchtbetonte Trollinger bereitet viel Freude, der Bergkeuper-Zweigelt setzt ganz auf Frische und Frucht, der Bergkeuper-Merlot ist ebenfalls intensiv fruchtig, besitzt gute Struktur und Grip. Auch die Meisterwerk genannte Cuvée setzt ganz auf Frucht, besitzt gute Substanz und Kraft, was auch für den Zweigelt aus der Sommerhalde gilt, der wunderschön reintönig und intensiv ist. Der Lemberger aus der selben Lage zeigt herrlich viel Frucht, etwas florale Noten, ist füllig und saftig, besitzt viel reife Frucht, gute Substanz und Tannine. Auch der 2016er ist immer noch sehr jugendlich. Ebenfalls aus der Sommerhalde stammt der Cabernet Franc, der sich als feste Größe etabliert, herrlich reintönig, kraftvoll und strukturiert ist. Neu im Programm ist die Wunderwerk genannte Cuvée aus Cabernet Franc, Merlot und Cabernet Sauvignon, ein herrlich komplexer, konzentrierter Wein, der Druck, Kraft, Länge und Nachhall besitzt.

Christian Escher

Weinbewertung

85 2021 Riesling trocken „Junge Reben" I 11,5%/6,90€
86 2021 Weißburgunder trocken „Bergkeuper" I 12,5%/9,50€
87 2021 Riesling trocken „Alte Reben" I 12%/9,50€
86 2021 Chardonnay trocken „Bergkeuper" I 12,5%/10,50€
87 2021 Sauvignon Blanc trocken „Bergkeuper" I 12%/10,50€
89 2021 Riesling trocken „Goldlage" Stettener Pulvermächer I 12,5%/15,20€
89 2021 Sauvignon Blanc trocken „Goldlage" Steinreinacher Hörnle I 13%/19,50€
89 2021 Grauburgunder trocken „Goldlage" Korber Steingrüble I 12,5%/15,20€
88 2019 Chardonnay trocken „Reserve" I 13%/35,-€
85 2020 Trollinger trocken „Alte Reben" I 12,5%/7,50€
85 2020 Zweigelt trocken „Bergkeuper" I 13%/10,50€
87 2019 Merlot trocken „Bergkeuper" I 13,5%/14,80€
90 2019 Zweigelt trocken „Goldlage" Korber Sommerhalde I 13,5%/19,50€
89 2019 „Meisterwerk" Rotwein trocken I 13,5%/18,50€
90 2016 Lemberger trocken „Goldréserve" I 13,5%
91 2019 Lemberger trocken „Goldlage" Korber Sommerhalde I 13,5%/19,50€
90 2019 Cabernet Franc trocken „Goldlage" Korber Sommerhalde I 14%/26,-€
92 2018 „Wunderwerk" Rotwein trocken I 14%/48,-€

Lagen
Pulvermächer (Stetten)
Hörnle (Steinreinach)
Sommerhalde (Korb)
Söhrenberg (Neustadt)
Berg (Hanweiler)
Himmelreich (Hertmannsweiler)

Rebsorten
Riesling (18%)
Trollinger (17%)
Lemberger (14%)
Spätburgunder (10%)
Müller-Thurgau (6%)
Sauvignon Blanc (6%)
Muskat-Trollinger (4%)
Merlot (4%)
Chardonnay (4%)
Weißburgunder (4%)
Zweigelt (4%)
Grauburgunder (3%)
Muskateller (3%)
Cabernet Franc (3%)

★★½

August Eser

Kontakt
Friedensplatz 19
65375 Oestrich-Winkel
Tel. 06723-5032
Fax: 06723-87406
www.eser-wein.de
mail@eser-wein.de

Besuchszeiten
Mo.-Fr. 9-12 + 13-17 Uhr
Sa. 9-12 Uhr

Inhaber
Désirée Eser Freifrau zu Knyphausen & Dodo Freiherr zu Knyphausen

Betriebsleiter
Désirée Eser Freifrau zu Knyphausen & Dodo Freiherr zu Knyphausen

Kellermeister
Désirée Eser Freifrau zu Knyphausen & Dodo Freiherr zu Knyphausen

Rebfläche
11 Hektar

Produktion
80.000 Flaschen

Seit 2007 führt Désirée Eser Freifrau zu Knyphausen das Weingut in zehnter Generation und damit als erste Frau in der Geschichte des Betriebes. Ihre Weinberge verteilen sich auf achte Gemeinden und über 20 Lagen, darunter die Hattenheimer Lagen Engelmannsberg, Wisselbrunnen und Nussbrunnen, die Oestricher Lagen Lenchen und Doosberg, die Winkeler Lagen Hasensprung und Jesuitengarten, aber auch Rauenthaler Rothenberg, Erbacher Siegelsberg, Rüdesheimer Bischofsberg, Mittelheimer St. Nikolaus und Hallgartener Schönhell. Neben Riesling, inklusive der Variante Roter Riesling, wird Spätburgunder angebaut. Die Weine reifen in einem aus dem 17. Jahrhundert stammenden denkmalgeschützten Gutshaus in Oestrich, werden in einem Keller mit 350 Jahre alten Tonnengewölbe teils in traditionellen Holzfässern, teils im Edelstahl ausgebaut.

Kollektion

Der fruchtbetonte Stil des Hauses ist schon bei den Gutsweinen erkennbar. Der Rote Riesling sowie der weiße „My Way" weisen Zitrusfrische und dezente Tropenfruchtaromen auf. Ähnlich ist auch der feinherbe Ortswein aus Rauenthal – die Süße passt gut zu diesem Stil. Bei den trockenen Ortsweinen hat der Winkler die Nase vorne, zeigt weiße Früchte und eine dezente Blüten-Aromatik, besitzt aber auch eine scharfkantige Grasigkeit. Der Oestricher Riesling vom Löss ist geschmeidiger, etwas braver. Der Riesling „Veritas Vincit" ist eine interessante Retrospektive auf den heißen Jahrgang 2018 – gerade im Vergleich zum kühlen Sommer 2021. Er zeigt viel reifere Frucht, mit Noten von reifem Apfel, getrockneter Zitrusschale und Anklänge an Rosinen. An der Spitze der Kollektion steht der Lagenriesling aus dem Hattenheimer Engelmannsberg, der eine gut Säurestruktur, Frucht und Länge besitzt. Auch der Riesling-Sekt ist fruchtbetont und reintönig, besitzt eine feine Zitrusaromatik. Der Mittelheimer Spätburgunder aus dem Jahrgang 2018 punktet mit seiner klaren Frucht von roten Beeren. Große Gewächse wurden in diesem Jahr nicht vorgestellt.

Weinbewertung

85 2020 Riesling Sekt brut | 12,5%/15,90€
83 2021 Riesling trocken „My Way" | 11,5%/8,50€
84 2021 Roter Riesling | 12%/11,90€
85 2021 Riesling trocken Winkel | 11,5%/9,90€
84 2021 Riesling trocken „Vom Löss" Oestrich | 11,5%/9,90€
86 2021 Riesling trocken Hattenheimer Engelmannsberg | 12%/14,90€
84 2018 Riesling trocken „Veritas Vincit" | 13,5%/17,50€
84 2021 Riesling „feinherb" Rauenthal | 12%/9,90€
84 2018 Spätburgunder trocken Mittelheim | 13,5%/10,90€

★★☆

H.T. Eser

Kontakt
Rheingaustraße 12
65375 Oestrich-Winkel
Tel. 06723-6016980
Fax: 06723-6016980
www.weingut-eser.de
post@weingut-eser.de

Besuchszeiten
Mo.-Fr. 8:30-12:30 Uhr
Fr. 14-18 Uhr
Sa. 10-15 Uhr
und nach Vereinbarung

Inhaber
Christoph & Thomas Eser
Rebfläche
15 Hektar
Produktion
100.000 Flaschen

Das Weingut Eser wurde 1936 gegründet und wird heute in dritter Generation von Christoph und Thomas Eser geführt. Ihre Weinberge liegen vor allem in den Oestricher Lagen Doosberg und Lenchen, aber auch im Rauenthaler Rothenberg und im Mittelheimer St. Nikolaus, die ältesten Reben sind über 60 Jahre alt. Neben dem dominierenden Riesling, der knapp drei Viertel der Fläche einnimmt, wird vor allem Spätburgunder angebaut, aber auch Weißburgunder, Sauvignon Blanc und Piwi-Sorten. Die Weine werden teils im Edelstahl, teils im Holz ausgebaut, bleiben recht lange auf der Hefe und werden erst spät gefüllt. Der Betrieb hat sich auf den Vertrieb durch den Fachhandel spezialisiert.

Kollektion

Die Rieslinge „No. 1" und „No. 2" sind frisch, fruchtbetont und von strammer Säure durchzogen, unsere leichte Präferenz gilt dem etwas verspielteren und geschmeidigeren „No. 2". Der „1894"-Riesling aus dem Oestricher Doosberg ist würzig, füllig und besitzt dezenten Gerbstoffbiss. Das „Urwerk" aus dem Oestricher Lenchen besitzt mehr Frucht und erinnert an reife Aprikosen. Die süße Spätlese aus dem Mittelheimer Nikolaus wirkt sehr reif, besitzt Aromen von mürbem Apfel und getrockneter Zitrone. Der weiß gekelterte Spätburgunder „Schwarzweiß" ist würzig und weist subtile Honignoten auf. Deutlich spannender präsentieren sich die drei als Fassproben verkosteten „-isten"-Weine, die weniger auf Frucht als auf Struktur und Spannung setzen. Der „Harmonist" aus dem Oestricher Lenchen ist halbtrocken ausgebaut, wirkt aber durch seine geradlinige Säure kein bisschen süß, ist stramm, herb und grasig. Der „Purist" aus dem Oestricher Doosberg ist ebenfalls von Säure geprägt, verbindet diese aber mit viel Würze, Frucht und Aromen von nassem Stein. Der „Mineralist" aus dem Oestricher Lenchen ist geradliniger und spielt mit Gerbstoff, mit Luft kommt mehr Frucht zum Vorschein, Aprikose, Zitrus und Apfel. Ein sehr stimmiges Trio!

Weinbewertung

83 2021 Riesling trocken „No. 1" | 12%/8,40€
(87) 2021 Riesling trocken „Mineralist" | 12,5%/9,80€
(87) 2021 Riesling trocken „Purist" | 12,5%/10,40€
82 2021 Spätburgunder „Blanc de Noir" „Schwarzweiß" | 12,5%/9,80€
85 2020 Riesling trocken „Urwerk" „Alte Reben" | 12,5%/13,80€
84 2020 Riesling trocken „1894" Oestrich Doosberg | 13%/19,40€
84 2021 Riesling Classic „No. 2" | 11,5%/7,90€
(86) 2021 Riesling feinherb „Harmonist" | 12%/9,80€
(84) 2021 Riesling Spätlese Mittelheimer St. Nikolaus | 7,5%/10,80€

★★★★

Espenhof

Kontakt
Weingut Espenhof GbR
Hauptstrasse 81
55237 Flonheim
Tel. 06734-94040
Fax: 06734-940450
www.espenhof.de
weingut@espenhof.de

Besuchszeiten
im Internet +
nach Vereinbarung
Landhotel & Weinrestaurant
(siehe Webseite)

Inhaber
Wilfried & Nico Espenschied
Betriebsleiter
Nico Espenschied
Kellermeister
Nico Espenschied
Außenbetrieb
Nico Espenschied
Rebfläche
31 Hektar
Produktion
280.000 Flaschen

Der Espenhof im Flonheimer Ortsteil Uffhofen wird heute in siebter und achter Generation von Wilfried und Nico Espenschied geführt. Nico Espenschied hat in Geisenheim studiert, Auslandserfahrungen in Frankreich, Österreich und Kalifornien gesammelt. Ihre Weinberge liegen in der Uffhofener Lage La Roche, wo der Boden aus rotliegendem Urgestein besteht, sowie in den Flonheimer Lagen Rotenpfad, Geisterweg und Binger Berg. Zur recht großen Lage Binger Berg wurden 1971 viele eigenständige kleine Lagen zusammengefasst wie Sandkaut, Heilige Äcker, Pfaffenberg, Ringelberg, Kisselberg (hoher Kalkgehalt, mit Kieselsteinen durchsetzt) oder Muhlenpfad. Der Rebsortenspiegel wird dominiert von klassischen Rebsorten wie Riesling (33 Prozent) und Grauburgunder (25 Prozent), die beiden wichtigsten Rebsorten im Betrieb. Hinzu kommen Weißburgunder, Sauvignon Blanc, Chardonnay und Spätburgunder, aber auch Grüner Veltliner, Roter Traminer und Scheurebe, dazu internationale rote Rebsorten wie Syrah, Cabernet Franc, Cabernet Sauvignon und Merlot. Die Weinberge sollen zukünftig biologisch bewirtschaftet werden. Die Weine werden überwiegend trocken ausgebaut, teils im Edelstahl, teils im Holz (40 Prozent); alle Rotweine und alle Weißweine ab den Ortsweinen werden zu 100 Prozent im Holz ausgebaut. Das Programm ist klar gegliedert in Gutsweine, Ortsweine (zuvor S-Klasse) und Lagenweine (zuvor SL-Klasse), derzeit Riesling aus der Uffhofener La Roche und Spätburgunder aus dem Kisselberg. Zuletzt wurde der Barriquekeller neu gebaut, es wurde in Maischegärtanks und Stückfässer der besten Küfereien investiert. Beim Weinausbau hat Nico Espenschied den Schwefeleinsatz immer weiter reduziert, bei den Naturweinen wird kein Schwefel zugesetzt; er setzt auf Spontangärung und den Ausbau im Holz. Zum Weingut gehören ein Landhotel und ein Weinrestaurant. Zuletzt wurde ein neues Flaschenlager unter der Erde gebaut.

Kollektion

Weißweine aus dem Jahrgang 2021 und drei Rotweine aus 2019 präsentiert Nico Espenschied in diesem Jahr, und alle sind Weine, die man mit Freude trinken mag und die auch genau dies wollen: Trinkfreude bereiten, wobei ein paar der Weine schon ein wenig „komplizierter" sind. Einfach Spaß machen will der „Weiße Brause" genannte Petnat aus Scheurebe, setzt ganz auf Frucht und Frische, ist lebhaft und süffig, sehr gekonnt gemacht. Riesling ist die wichtigste Rebsorte im Betrieb, kein Wunder, dass Nico Espenschied uns gleich fünf Weine vorgestellt hat. Der Gutsriesling ist frisch fruchtbetont und reintönig, lebhaft, geradlinig und zupackend. Der Flonheimer Ortsriesling zeigt sich sehr ähnlich, etwas fülliger und kraftvoller, aber ebenso lebendig und frisch. Klares Riesling-Highlight ist der trockene Lagenriesling aus der Uffhofener La Roche, der würzig und konzentriert ist, eindringliche Frucht im Bouquet zeigt, deutlich offener ist als der 2020er im vergangenen Jahr, auch im Mund zugänglich ist, füllig und saftig, kraftvoll und zupackend, gute Struktur und Grip besitzt. Aus der La Roche stammen auch die beiden fruchtsüßen Rieslinge, der wunderschön lebhafte und frische, reintönige und leichte Kabinett und etwas würzigere und zupackendere die Spätlese, die aber ebenso lebhaft und reintönig ist. Der Sauvignon Blanc präsentiert sich reintönig, frisch und zupackend, der Flonheimer Weißburgunder setzt auf Frische und reintönige Frucht, was auch für den etwas kraftvolleren und zupackenderen Flonheimer Chardonnay gilt. Der Grauburgunder „Herz+Hand" ist herrlich frisch, reintönig und zupackend, die Scheurebe „Herz+Hand" zeigt faszinierend reintönige Frucht, ist wunderschön frisch und lebhaft – und will einfach nur Freude bereiten, wie schon der Petnat. Das gilt auch für den wunderschön reintönigen, harmonischen Grünen Veltliner. Etwas intensiver auseinandersetzen muss man sich mit dem Roten Traminer Hautnah, der auf der Maische spontanvergoren wurde und erstmal sehr zurückhaltend ist, ganz Struktur, aber Kraft und Grip besitzt. Ähnlich der Steinzeug Natural, der jeweils zur Hälfte aus Sauvignon Blanc und Manzoni Bianco besteht, im Steingut mit einem Anteil ganzer Beeren spontanvergoren wurde, ebenfalls ganz Kraft und Struktur ist, sehr puristisch. Die 2019er Roten sind frisch und fruchtbetont, am besten gefällt uns die intensiv fruchtige, lebhafte Cuvée aus Syrah und Cabernet Franc. Schöne Weine!

Laura & Nico Espenschied

Weinbewertung

88 2021 „Weiße Brause" Scheurebe „PétNat" brut nature | 10,5%/18,-€
85 2021 Riesling trocken | 12%/7,90€
85 2021 Sauvignon Blanc trocken | 12%/8,50€
86 2021 Riesling trocken Flonheim | 12,5%/12,50€
89 2021 „Steinzeug Natural" Sauvignon Blanc & Manzoni Bianco | 12,5%/19,-€
86 2021 Weißer Burgunder trocken Flonheim | 13%/12,50€
87 2021 Chardonnay trocken Flonheim | 13%/12,50€
88 2021 Scheurebe trocken „Herz+Hand" | 12%/8,50€ ☺
86 2021 Grauburgunder trocken „Herz+Hand" | 12,5%/10,-€
88 2021 Grüner Veltliner „Veltenbummler" | 12,5%/12,50€
89 2021 Roter Traminer trocken „Hautnah" | 11,5%/18,-€
90 2021 Riesling trocken La Roche | 12,5%/18,-€
85 2021 Riesling Kabinett La Roche | 8,5%/8,50€
87 2021 Riesling Spätlese La Roche | 7,5%/12,50€
86 2019 Pinot Noir trocken | 13%/9,90€
87 2019 „Stammbaum Assemblage 419 J." Rotwein trocken | 13,5%/12,50€
88 2019 Syrah & Cabernet Franc „Herz+Hand" | 14%/15,-€

Lagen

La Roche (Uffhofen)
Pfaffenberg (Flonheim)
Kisselberg (Flonheim)
Ringelberg (Flonheim)
Geisterberg (Flonheim)

Rebsorten

Riesling (33%)
Grauburgunder (25%)
Sauvignon Blanc (25%)
Weißburgunder (5%)
Chardonnay (5%)
Spätburgunder (2%)
Grüner Veltliner
Roter Traminer
Scheurebe
Syrah
Cabernet Franc
Cabernet Sauvignon
Merlot

★★☆

Teamwerk Esslingen

N

Kontakt
Weingärtner Esslingen eG
Lerchenbergstraße 16
73733 Esslingen-Mettingen
Tel. 0711-918962-0
Fax: 0711-918962-99
www.teamwerk-esslingen.de
info@teamwerk-esslingen.de

Besuchszeiten
Mo.-Fr. 10-18 Uhr
Sa. 9-16 Uhr
So. (außer Januar) 12-16 Uhr
Vinothek am Markt in der Esslinger Altstadt

Inhaber
140 Mitglieder
Vorstandsvorsitzender
Achim Jahn
Rebfläche
72 Hektar
Produktion
450.000 Flaschen

1901 haben sich Esslinger Winzer zusammengetan und die Weingärtner Esslingen gegründet, die sich nun ein neues Erscheinungsbild gegeben haben und als Teamwerk Esslingen auftreten. Die Mitglieder bewirtschaften Weinberge in der kleinen Lage Esslinger Burg, sowie in der großen Lage Esslinger Schenkenberg, in der 1971 die meisten Esslinger Lagen aufgingen, die Reben wachsen auf Keuperböden: gut ein Drittel der Weinberge liegt in terrassierten Steillagen. Trollinger nimmt ein Viertel der Rebfläche ein, es folgen Riesling und Lemberger, dazu gibt es Müller-Thurgau, Grauburgunder, Weißburgunder, Zweigelt, Merlot und Cabernet Sauvignon.

Kollektion

Eine ganz starke Kollektion präsentiert das Teamwerk Esslingen zum Debüt. Schon die „Ebene 3“-Weine überzeugen voll und ganz, der Riesling zeigt etwas Zitrus und Pfirsich, ist frisch und zupackend, der Muskateller zeigt feine Muskatnoten und hat Grip, was auch für den wunderschön reintönigen Muskattrollinger Rosé gilt. Die „Stufe 8“ bietet einen fruchtbetonten Grauburgunder, der reintönige Frucht, gute Struktur und Grip besitzt, einen reintönigen, etwas floralen Sauvignon Blanc, der Fülle und Kraft mit reifer klarer Frucht vereint und einen wunderschön fruchtbetonten, zupackenden Rosé. Die „Keller 11“-Linie bietet eine füllige, kraftvolle Cuvée aus Cabernet Sauvignon, Cabernet Franc und Merlot. Aus der Lage Esslinger Burg stammen drei Weine. Der 2021er Riesling ist würzig, frisch und zupackend, hat Grip. Der 2019er Dicker Turm, ein Cabernet Sauvignon, zeigt intensive Würze und reintönige Frucht, besitzt Fülle und Kraft, reife Frucht und gute Struktur. Unser klarer Favorit aber ist der Syrah aus dem Jahrgang 2018, der gute Konzentration und viel reife reintönige Frucht im Bouquet zeigt, klar und zupackend im Mund ist, strukturiert und druckvoll, trotz des heißen Jahrgangs Frische zu bieten hat. Bravo!

Weinbewertung

84	2021 Riesling Kabinett trocken „Ebene 3“ Esslinger Schenkenberg I 11,5%/6,60€
85	2021 Muskateller trocken „Ebene 3“ Esslinger Schenkenberg I 11,5%/7,20€
85	2021 Grauer Burgunder trocken „Stufe 8“ Esslinger Schenkenberg I 12,5%/9,-€
86	2021 Sauvignon Blanc trocken „Stufe 8“ Esslinger Schenkenberg I 11,5%/10,-€
85	2021 Riesling trocken Esslinger Burg I 11,5%/8,70€
81	2021 „Glockenspiel „ Weißwein Esslinger Schenkenberg I 11,5%/7,-€
85	2021 Rosé trocken „Stufe 8“ I 12%/8,50€
84	2021 Muskat-Trollinger Rosé „Ebene 3“ Esslinger Schenkenberg I 11%/7,50€
83	2020 Trollinger trocken „Stufe 8“ Esslinger Schenkenberg I 12,5%/9,-€
85	2019 „Abt Fulrad Cuvée Zukunft“ trocken „Keller 11“ Schenkenberg I 14%/13,-€
86	2019 „Dicker Turm“ Rotwein trocken Esslinger Burg I 14%/17,-€
88	2018 Syrah trocken Esslinger Burg I 13,5%/22,-€

★★☆

Estelmann

Kontakt
Kurpfalzstraße 76
67435 Neustadt
Tel. 06321-6173
Fax: 06321-670554
www.weingut-estelmann.de
info@weingut-estelmann.de

Besuchszeiten
Mo.-Fr. 10-12 + 14-18 Uhr
Sa. 10-12 + 13-16 Uhr
Sa./So. nur nach Vereinbarung
Gästehaus „Loblocher Schlössel"

Inhaber
Karl-Ludwig & Felix Estelmann
Kellermeister
Felix Estelmann
Außenbetrieb
Stefan Schwarztrauber
Rebfläche
30 Hektar

PFALZ
ESTELMANN

Sitz des Weinguts Estelmann, das bis vor wenigen Jahren noch den Namen Hick-Estelmann getragen hat, ist das „Loblocher Schlössel", eine prächtige Jugendstilvilla mit einem markanten Aussichtsturm. Seit drei Generationen baut die Familie Wein an, mittlerweile hat Felix Estelmann nach seinem Önologiestudium in Geisenheim die Verantwortung im Keller übernommen und führt gemeinsam mit seinen Eltern Karl-Ludwig und Stefanie das Weingut. Die Familie verfügt über ein umfangreiches Lagenportfolio in Gimmeldingen (Biengarten, Mandelgarten und Meerspinne), Königsbach (Ölberg und Idig), Ruppertsberg (Nußbien), Haardt (Herzog) und Mußbach (Glockenzehnt und Mandelring). Riesling und die Burgundersorten nehmen jeweils ein Drittel der Fläche ein, das Sortiment ist vierstufig gegliedert in Liter-, Guts- und Lagenweine und die spontan vergorenen Besten Lagen. 2020 wurde mit der Umstellungsphase zum ökologischen Weinbau begonnen.

Kollektion

Felix Estelmann kann bei seinem Debüt gleich mit mehreren sehr guten Weinen überzeugen: Der anderthalb Jahre auf der Hefe ausgebaute Riesling aus dem Biengarten besitzt gute Konzentration, animierende Zitrusnoten von Ananas und Limette, feine salzige Noten, Grip und gute Länge, der Spätburgunder aus dem Herzog zeigt feine Röstnoten und klare Aromen von Sauerkirsche und roter Johannisbeere, ist harmonisch und elegant, der Glockenzehnt-Chardonnay besitzt gute Substanz, Schmelz und eine frische Säure, wird aber noch sehr vom Holz dominiert. Die Rieslinge aus dem Ölberg und dem Mandelgarten sind im Bouquet leicht verhalten, besitzen an Gaumen aber klare Frucht, animierende Zitrusnoten und guten Grip, der Gimmeldinger Orts-Riesling ist saftig, schlank und frisch, der Grauburgunder ist ebenfalls schlank, zeigt leicht nussige und florale Noten und auch der Rest der Kollektion liegt auf gutem Niveau und besitzt reintönige Frucht.

Weinbewertung

83	2021 Auxerrois trocken I 12%/7,90€
84	2021 Riesling trocken „Kalkgestein" Gimmeldingen I 11%/7,90€
83	2021 Chardonnay trocken I 12,5%/7,90€
86	2020 Riesling trocken Königsbacher Ölberg I 12,5%/9,90€
86	2020 Riesling trocken Gimmeldinger Mandelgarten I 12%/9,90€
88	2020 Riesling trocken Gimmeldinger Biengarten I 13%/13,90€
85	2021 Grauburgunder trocken Gimmeldinger Mandelgarten I 12,5%/9,90€
86+	2020 Chardonnay trocken Mußbacher Glockenzehnt I 13%/18,90€
83	2021 Riesling Kabinett Ruppertsberger Nußbien I 9,5%/8,90€
80	2021 „Cool Summer Red" Rotwein trocken I 12%/7,90€
82	2019 Spätburgunder trocken Gimmeldinger Biengarten I 13,5%/8,90€
87	2019 Spätburgunder trocken Haardter Herzog I 13%/15,90€

Zum Eulenturm

Kontakt
Zum Eulenturm
Weingut - Brennerei
Hauptstraße 218
56867 Briedel
Tel. 06542-4702
Fax: 06542-41673
www.zum-eulenturm.de
info@zum-eulenturm.de

Besuchszeiten
nach Vereinbarung

Inhaber
Timo C. Stölben
Rebfläche
4 Hektar
Produktion
20.000 Flaschen

Matthias Schinnen, der Urgroßvater des heutigen Besitzers, begann Anfang des 20. Jahrhunderts mit der Flaschenweinvermarktung. Im Juli 2013 hat Timo Stölben den Betrieb von seinen Eltern Hans-Otto und Marie-Luise Stölben übernommen. Er hatte in Geisenheim und Udine studiert und war seit dem Studienabschluss 2008 für den Weinausbau verantwortlich. Seine Weinberge liegen in den Briedeler Lagen Schäferlay, Herzchen (mit den Felsenterrassen Trieren) und Nonnengarten. Die Lagen Schäferlay und Trieren wurden in den preußischen Lagenkarten des 19. Jahrhunderts der höchsten Kategorie zugerechnet; Ende 2016 wurde Trieren wieder als Gewanne in die Weinbergsrolle eingetragen. Riesling nimmt 80 Prozent der Rebfläche ein. Im Nonnengarten wurden Drieschen erworben und mit Riesling bepflanzt, Gewürztraminer und Elbling wurden neu angelegt. Ein knappes Drittel der Produktion entfällt auf Sekt: Ab dem Jahrgang 2016 kann eine Mindestreifezeit auf der Hefe von 36 Monaten garantiert werden; seit 2018 degorgiert Timo Stölben selbst. Er hat mittlerweile auf ökologischen Weinbau umgestellt und bietet mit dem 2021er Jahrgang zum ersten Mal Bio-Weine an.

Kollektion

Den beiden Schaumweinen merkt man an, dass sie 36 Monate auf der Hefe gereift sind, denn sie besitzen eine recht komplexe Aromatik mit merklichen, aber sehr dezenten, alles andere als offensiven Hefenoten, dazu kommen Anklänge an Kräuter und geriebenen Stein, die Frucht bleibt zunächst im Hintergrund. Im Mund sind sie sehr präzise, würzig und weinig, behalten aber jene Frische, die man sucht. Der nicht dosierte Schaumwein gefällt noch ein bisschen besser als das als brut bezeichnete Pendant, welches allerdings ebenfalls sehr ausgewogen ist. Dass die Schaumweine des Weinguts Zum Eulenturm für die gebotene Qualität immer noch sehr preiswert sind, muss immer wieder dazugeschrieben werden. Unter den stillen Weinen gefällt schon der trockene Basiswein mit Anklängen an Zitrus und Apfel, straff und fest, aber dennoch fein und animierend. Der Trieren-Riesling unterscheidet sich deutlich von seinem Pendant aus der Schäferlay. Frisch und fein, straff und puristisch der eine, mit Steinobstanklängen und kompakter Würze der andere. Gelungen sind beide.

Weinbewertung

89	2018 Riesling Sekt „Dosage Zéro" I 12%/15,50€
89	2018 Riesling Sekt brut I 12%/15,50€
85	2021 Riesling trocken I 11%/9,-€
89	2021 Riesling trocken Briedeler Schäferlay I 11,5%/14,-€
89	2021 Riesling trocken Briedeler Trieren I 12%/15,-€
85	2021 Riesling „feinherb" I 10%/9,-€

Fader

Kontakt
Kastanienhof
Theresienstraße 62
76835 Rhodt
Tel. 06323-5193
Fax: 06323-980841
www.wein-fader.de
info@wein-fader.de

Besuchszeiten
Verkauf mit Probe:
Mo.-Sa. 9-12 + 13-18 Uhr

Inhaber
Knut Fader
Rebfläche
16,5 Hektar
Produktion
160.000 Flaschen

Der Kastanienhof in Rhodt ist seit 1780 in Familienbesitz und wird heute von Karl-Heinz Fader, Sohn Knut und ihren Ehefrauen Hedwig und Heike bewirtschaftet. Ihre Weinberge liegen hauptsächlich in Rhodt in den Lagen Rosengarten (sandiger und toniger Lehm), Klosterpfad (sandiger Lehm) und Schlossberg (leichter lehmiger Sand, Kalkmergel, Buntsandstein). Auf den zwei Hektar im Godramsteiner Münzberg, wo die Reben auf Lehm-Löss-Kalkböden wachsen, stehen vor allem rote Sorten. Wichtigste weiße Rebsorte ist mit einem Flächenanteil von 30 Prozent der Riesling, daneben gibt es Grauburgunder, Weißburgunder, Gewürztraminer und Chardonnay. Wichtigste rote Sorten sind Spätburgunder und Portugieser. Auf rund einem Viertel der Fläche stehen aber noch etliche andere Sorten, etwa Silvaner, Sauvignon Blanc, Muskateller, Dornfelder, St. Laurent, Merlot, Cabernet Sauvignon.

Kollektion

Die fünf trockenen Rieslinge, die wir aus dem Jahrgang 2021 verkosten konnten, besitzen alle eine frische und animierende Säure, unterscheiden sich aber in den Details deutlich: Der Michelsberg Réserve zeigt kräutrige und steinige Würze im Bouquet, besitzt dann am Gaumen auch klare Frucht, ist leicht salzig und nachhaltig, der Riesling von alten Reben ist ebenfalls leicht salzig und besitzt die offenere Frucht mit Noten von Ananas, Apfel und Orangenschale, der Schlossberg und der „Kalkmergel" sind beide fruchtbetont und füllig, während der Schiefer schlank ist und leicht steinige Würze zeigt. Der Sauvignon Blanc Réserve ist im Bouquet mit dezenten floralen Noten etwas verhalten, besitzt dann am Gaumen aber viel gelbe Frucht, Grip und Länge und auch der zweite Sauvignon ist frisch, harmonisch und fruchtbetont, wie auch der Weißburgunder. Die drei Rotweine sind kraftvoll, zeigen dunkle Frucht und Kräuter- und Gewürznoten, bleiben aber nur recht kurz am Gaumen. ▬

Weinbewertung

84 2021 Sauvignon Blanc trocken | 12%/8,-€
85 2021 Weißer Burgunder trocken „vom Löss" | 13%/8,-€
83 2021 Gelber Muskateller trocken | 12%/7,90€
85 2021 Riesling trocken „Schiefer" | 12%/7,20€
85 2021 Riesling trocken „Kalkmergel" | 12%/6,80€
86 2021 Riesling trocken Rhodter Schlossberg | 12,5%/7,80€
87 2021 Riesling trocken „Alte Reben" Rhodter Schlossberg | 12,5%/9,30€
87 2021 Sauvignon Blanc trocken „Réserve" Hainfelder Letten | 13%/11,50€
88 2021 Riesling trocken „Réserve" Weyherer Michelsberg | 12,5%/11,50€
84 2020 St. Laurent trocken | 13,5%/7,80€
84 2020 Merlot trocken | 14%/8,80€
85 2019 „Cuvée Trilogie Noir" Rotwein trocken | 14%/10,90€

★ ✯

Harald Konrad **Fehres**

N

Kontakt
Nussbaumallee 9
54472 Brauneberg
Tel. 06534-93210
www.weingut-fehres.de
kontakt@weingut-fehres.de

Besuchszeiten
April-Okt. Mo.-Sa. 10-18 Uhr, So. 9-12 Uhr; Nov.-April am besten nach Vereinbarung
4 Apartments, im Sommer Straußwirtschaft

Inhaber
Katja Fehres
Betriebsleiter
Katja Fehres
Kellermeister
Katja Fehres
Außenbetrieb
Katja Fehres
Rebfläche
4 Hektar
Produktion
30.000 Flaschen

Katja Fehres ist heute Inhaberin des Weinguts, das bereits eine lange Tradition vorweisen kann. Weinbau in der Familie ist seit 1772 nachgewiesen; in den 1970ern stellte Harald Fehres das Gut von einem Fassweinbetrieb auf einen mit Flaschenweinvermarktung um. Tochter Katja stieg im Jahr 2000 mit ein und führt das Gut heute allein; im Hintergrund sind die Eltern aber nach wie vor aktiv. Katja Fehres bewirtschaftet vier Hektar in den Lagen Brauneberger Juffer und Juffer-Sonnenuhr sowie im Brauneberger Mandelgraben, im Burgener Hasenläufer, im Veldenzer Kirchberg sowie im Bernkasteler Schlossberg. 90 Prozent der Rebfläche sind mit Riesling bestockt, jeweils 5 Prozent mit den weißen Sorten Grauburgunder und Müller-Thurgau sowie den roten Sorten Regent und Dornfelder. Vier Ferienapartments stehen Gästen zur Verfügung, im Sommer betreibt die Familie eine Straußwirtschaft.

Kollektion

Vorgestellt wurden zum Debüt in diesem Buch Weine der Jahrgänge 2020 und 2021 – ausschließlich Rieslinge. Der trockene Kabinett ist noch recht hefig, deutlich stoffig und überdurchschnittlich würzig. Ganz anders die Spätlese in trockener Ausführung, eher verschlossen mit deutlichem Spiel im Mund. Interessant ist die zupackend-würzige und stoffige Deluxe-Spätlese aus 2020; sie stammt aus dem Hasenläufer, ist kraftvoll, besitzt aber Spiel, eine rassige Art – und einen winzigen Hauch Süße, der ihr gut steht. Die feinherbe Spätlese aus 2020 wirkt etwas würziger als jene aus 2021, während letztere etwas rassiger ausfällt. Gut gefallen beide. Der Fräuleinwunder genannte Wein aus dem Schlossberg bindet die leichte Süße gut ein, er ist direkt und erfrischend. Von den süßen Weinen aus der Juffer-Sonnenuhr wurde jeweils der 2020er angestellt. Die Spätlese ist frisch und duftig, zeigt Noten von Kernobst, auch etwas Zitrus, ist im Mund rassig und erfrischend. Die Auslese wirkt bereits in der Nase eine Spur reifer, besitzt mehr Süße, aber ebenfalls eine schön würzige, rassige Art. Dass im vorgestellten Sortiment die Durchschnittsqualität hoch ist, muss ausdrücklich erwähnt werden.

Weinbewertung

84 2021 Riesling Kabinett trocken Brauneberger Juffer | 12%/9,-€
86 2021 Riesling Spätlese trocken Brauneberger Juffer | 11%/11,-€
86 2020 Riesling Spätlese „Deluxe“ Burger Hasenläufer | 11,5%/11,-€
83 2021 Riesling „feinherb“ Brauneberger | 10,5%/7,-€
84 2020 Riesling Kabinett „feinherb“ Brauneberger Juffer | 11%/8,50€
83 2020 Riesling „Fräuleinwunder“ Bernkasteler Schlossberg | 10,5%/8,-€
86 2020 Riesling Spätlese „feinherb“ Brauneberger Juffer-Sonnenuhr | 11%/10,50€
86 2021 Riesling Spätlese „feinherb“ Brauneberger Juffer-Sonnenuhr | 10%/11,-€
86 2020 Riesling Spätlese Brauneberger Juffer-Sonnenuhr | 7,5%/10,50€
87 2020 Riesling Auslese Brauneberger Juffer-Sonnenuhr | 8%/14,50€

★★★

Fellbacher Weingärtner

Kontakt
Kappelbergstraße 48
70734 Fellbach
Tel. 0711-578803-0
Fax: 0711-578803-40
www.fellbacher-weine.de
info@fellbacher-weine.de

Besuchszeiten
Weinverkauf & Verkostung
Mo.-Sa. 9-18:30 Uhr
Kellerblicke von April-Nov. jeden Sa. 16 Uhr inkl. 3er Weinprobe (12 €/Person, ohne Anmeldung)

Mitglieder 120
Vorstandsvorsitzender
Thomas Seibold
Kellermeister
Tobias Single
Rebfläche
189 Hektar
Produktion
1.500.000 Flaschen

Die Fellbacher Weingärtnergenossenschaft wurde 1858 gegründet, ist damit die älteste noch bestehende Winzergenossenschaft Württembergs. Auf den Keuperböden am Kappelberg in den Fellbacher Lagen Lämmler und Goldberg werden zu zwei Drittel rote Sorten angebaut, vor allem Trollinger, dazu Schwarzriesling, Lemberger und Spätburgunder, aber auch Dornfelder, Acolon, verschiedene Cabernet-Kreuzungen, Blauburger und Merlot. Der Weißweinanteil wird dominiert vom Riesling, dazu gibt es Müller-Thurgau, Kerner, Grauburgunder, Chardonnay, Sauvignon Blanc und Gewürztraminer. Neben Literweinen gibt es drei Editionslinien, C, S und P. An der Spitze der Kollektion stehen die Großen Gewächse von Riesling, Spätburgunder und Lemberger zusammen mit der roten Cuvée Amandus. Tobias Single hat im Dezember 2019 die Nachfolge des langjährigen Kellermeisters Werner Seibold angetreten.

Kollektion

Nach einer ganz starken Kollektion im vergangenen Jahr bestätigen die Fellbacher Genossen mit dem neuen Jahrgang den sehr guten Eindruck. Das Basisniveau ist hoch, das zeigen die Weine der C-Klasse wie der intensiv rosenduftige Gewürztraminer, der ebenso intensiv fruchtige Muskat-Trollinger Rosé oder noch etwas spannendere, ebenfalls herrlich fruchtige Syrah Rosé. Der reintönige Grauburgunder S und die zupackende rote Kellermeister-Cuvée reihen sich hier ein. Die P-Klasse bietet im weißen Segment einen noch jugendlichen, puristischen Riesling, einen intensiv fruchtigen Sauvignon Blanc und einen herrlich reintönigen, saftigen Chardonnay – unser Favorit im weißen Segment. Bei den Rotweinen ist der Favorit alles andere als eindeutig, gleich drei Weine haben wir identisch bewertet: Der Lemberger P ist reintönig, kraftvoll und konzentriert, der Spätburgunder Großes Gewächs betört mit intensiver Frucht, der kraftvolle Amandus zeigt Schokolade und florale Noten. Starke Kollektion!

Weinbewertung

84 2021 Grauer Burgunder „S“ trocken | 13%/9,70€
86 2020 Riesling „P“ trocken Fellbacher Lämmler | 13%/13,90€
89 2020 Chardonnay „P“ trocken Fellbacher Lämmler | 13,5%/19,90€
87 2020 Sauvignon Blanc „P“ trocken | 13,5%/16,-€
84 2021 Gewürztraminer „C“ „fruchtig“ | 11%/7,50€
85 2021 Syrah Rosé „C“ trocken | 12%/9,90€
84 2021 Muskat-Trollinger Rosé „C“ „fruchtig“ | 11,5%/7,30€
85 2020 „Kellermeister“ Rotweincuvée trocken | 13%/9,90€
85 2019 Trollinger „P“ trocken Fellbacher Lämmler | 13%/12,50€
89 2019 Lemberger „P“ trocken Barrique Fellbacher Lämmler | 14%/19,90€
89 2018 Spätburgunder „P“ trocken „Großes Gewächs“ Fellb. Lämmler | 14,5%/26,90€
89 2019 „Amandus“ „P“ Rotwein trocken Fellbacher Lämmler | 14%/26,90€

★★★

Felshof

Kontakt
Felshof 1
97286 Sommerhausen
Tel. 09333-90480
Fax: 09333-904838
www.felshof.de
info@felshof.de

Besuchszeiten
Mo.-Sa. 10-19 Uhr
So. 11-15 Uhr
Hotel garni (9 Doppelzimmer)
Hofbrennerei

Inhaber
Familie Wenninger
Rebfläche
13 Hektar
Produktion
70.000 Flaschen

Der Felshof in Sommerhausen ist ein Familienbetrieb mit Weinbergen, 5 Hektar Obst (Äpfel und Birnen, inzwischen auch Speierling, Elsbeere und Zibarte), eigener Brennerei und einem Gästehaus mit 9 Zimmern. Die Weinberge liegen in den Sommerhäuser Lagen Reifenstein, Steinbach und Ölspiel (einer ursprünglichen Einzellage, aber heutigen Großlage). Silvaner und Scheurebe sind die wichtigsten Rebsorten, rote Rebsorten nehmen über ein Viertel der Rebfläche ein. Das Sortiment ist gegliedert in Gutsweine, Ortsweine, Lagenweine aus Steinbach und Reifenstein sowie die „Großen Weine" wie der Silvaner Alter Berg (Steinbach), die Rieslinge Stachelberg (Reifenstein) und Schulmeister (Steinbach).

Kollektion

Im Vorjahr führte der Silvaner Alter Berg aus dem Jahrgang 2020 eine starke Kollektion an, und sein im Tonneau und gebrauchten Barrique ausgebauter Jahrgangsnachfolger ist nun unser Favorit unter den 2021er Weinen, zeigt reintönige Frucht im herrlich eindringlichen Bouquet, ist füllig und saftig, besitzt viel reife Frucht und Substanz. Auch der im Stückfass und gebrauchten Barrique ausgebaute Steinbach-Silvaner ist stark, er ist frisch, fruchtbetont und reintönig im Bouquet, klar, zupackend und strukturiert im Mund. Der Steinbach-Sauvignon Blanc punktet mit reintöniger Frucht, Frische und Grip. Der Steinbach-Gewürztraminer ist kompakt und klar, der Weißburgunder aus dem Reifenstein besitzt gute Struktur und Grip. Der feinherbe Schulmeister-Riesling besitzt Fülle und Saft, klare reife Frucht und Substanz, der Ölspiel-Spätburgunder, Jahrgang 2019, zeigt rote Früchte und Frische, ist klar und zupackend. Die Sommerhäuser Ortsweine präsentieren sich sehr gleichmäßig, sind fruchtbetont, klar und harmonisch, unsere leichte Präferenz gilt der holunderduftigen, reintönigen trockenen Scheurebe. Nicht zu vergessen der immer zuverlässige Silvaner im Liter. Gelungene Vorstellung!

Weinbewertung

83	2021 Silvaner trocken (1l) I 12%/6,50€
84	2021 Silvaner trocken Sommerhäuser I 12%/8,20€
84	2021 Riesling trocken Sommerhäuser I 12%/7,90€
85	2021 Scheurebe trocken Sommerhäuser I 12,5%/7,90€
87	2021 Silvaner trocken Steinbach I 13%/10,20€
87	2021 Weißer Burgunder trocken Sommerhäuser Reifenstein I 13%/10,20€
87	2021 Sauvignon Blanc trocken Steinbach I 12,5%/10,20€
89	2021 Silvaner trocken „Alter Berg" I 13%/17,-€
85	2021 Gewürztraminer trocken Steinbach I 12,5%/10,20€
86	2021 Riesling „feinherb" „Schulmeister" I 10,5%/10,20€
84	2021 Scheurebe halbtrocken Steinbach I 12%/8,20€
86	2019 Spätburgunder trocken Ölspiel I 13,5%/10,20€

★

Feth-Wehrhof

Kontakt
Rodensteinerstraße 17
67592 Flörsheim-Dalsheim
Tel. 06243-7501,
Fax: 06243-4754100
www.weingut-feth.de
florianfeth@feth-wehrhof.de

Besuchszeiten
nach Vereinbarung

Inhaber
Florian & Volker Feth
Rebfläche
23 Hektar
Produktion
150.000 Flaschen

Volker Feth stellte 1985 auf biologisch-dynamischen Weinbau um, ist seit 1988 Demeter-zertifiziert. Sohn Florian war seit 2006 als Betriebsleiter beim Weingut Wehrhof in Pfeddersheim tätig; dieses Weingut hat er 2011 übernommen und mit dem elterlichen Betrieb zum Weingut Feth-Wehrhof zusammengelegt. Die Weinberge liegen vor allem in Dalsheim in den Lagen Hubacker, Bürgel und Steig, in Pfeddersheim in den Lagen St. Georgenberg, Hochberg und Kreuzblick, sowie im Heddesheimer Schloss und im Abenheimer Klausenberg. Die Hälfte der Rebfläche nehmen die Burgundersorten ein, hinzu kommen vor allem Riesling, Müller-Thurgau, Silvaner und Bukettsorten; aufgrund des klimatischen Wandels befasst sich Florian Feth auch mit neuen Rebsorten, baut seit 2015 Tannat, seit 2020 Furmint an. Das Programm ist dreistufig gegliedert in Gutsweine, Ortsweine und Lagenweine, wobei Letztere inzwischen keine Prädikatsbezeichnungen mehr tragen.

Kollektion

Der 2020er Riesling aus dem Bürgel führte im vergangenen Jahr die Kollektion an, die vor allem im roten Segment überzeugte. Diesen 2020er Bürgel-Riesling konnten wir nun erneut verkosten, er wirkt nun wesentlich verschlossener, ist weniger fruchtig und saftig als im vergangenen Jahr, dafür kompakt und würzig. Die 2021er Weißweine sind alle sehr zurückgenommen in der Frucht, alle recht würzig, das gilt für die beiden kompakten Rieslinge ebenso wie für den leicht rauchigen, geradlinigen Grauburgunder oder den zurückhaltenden Chardonnay, lediglich der Weißburgunder deutet im Bouquet etwas Frucht an, bleibt im Mund aber ebenfalls verhalten und verschlossen. Umso offener präsentiert sich dafür der 2019er Spätburgunder aus dem Dalsheimer Hubacker, der in diesem Jahr unser eindeutiger Favorit in der Feth'schen Kollektion ist, viel reife Frucht im Bouquet zeigt, rote Früchte, etwas rauchig-würzige Noten, füllig und harmonisch im Mund ist, viel reife Frucht und Substanz besitzt.

Weinbewertung

81	2021 Riesling trocken I 12,5%/7,50€
81	2021 Riesling trocken Pfeddersheimer I 12%/9,80€
82	2021 Weißburgunder trocken Pfeddersheimer I 12,5%/9,50€
81	2021 Grauburgunder trocken Pfeddersheimer I 12,5%/9,50€
81	2021 Chardonnay trocken Dalsheimer I 12,5%/9,50€
85	2020 Riesling trocken Dalsheimer Bürgel I 13%/15,-€
81	2020 „Mineralstaub" Rotwein trocken I 12,5%/10,50€
82	2020 Spätburgunder trocken Pfeddersheimer I 12,5%/9,90€
86	2019 Spätburgunder trocken Dalsheimer Hubacker I 14%/23,-€

★★

Fetz

N

Kontakt
Am Sonnenhang 1
56348 Dörscheid
Tel. 06774-1548
www.fetz-weine.com
muders@fetz-weine.com

Besuchszeiten
Mo., Mi.-Fr. 10-18 Uhr, Sa./So. 10-15 Uhr, Di. Ruhetag, mit Bitte um Voranmeldung
Fetz Hotel ***S (www.fetz-hotel.de)

Inhaber
Heinz-Uwe Fetz & Christian Mulders
Kellermeister
Christian Mulders
Rebfläche
3,5 Hektar
Produktion
30.000 Flaschen

Das Weingut liegt in Dörscheid, zwischen Kaub und dem berühmten Loreley Felsens hoch über dem Rhein. Seit drei Generationen bewirtschaftet man die Schiefersteillagen unterhalb des Dorfes in den Lagen Dörscheider Wolfsnack, Dörscheider Kupferflöz und Kauber Backofen, die alle süd- und südwest-exponiert sind. Der hoch gelegene Wolfsnack mit seinem lehmigen Schieferboden liegt bis zu 250 Meter hoch, bringt aromatisch kühlere Weine hervor, der reichhaltige Boden im Kupferflöz hingegen eher saftige, fruchtbetonte Weine. Im am niedrigsten gelegenen Kauber Backofen herrscht der typische Hunsrückschiefer vor, ergibt fruchtbetonte Rieslinge mit mineralischen Akzenten. Seit 2018 ist Christian Muders für den Weinausbau verantwortlich und prägt die Entwicklung des Weingutes. Es wird rein organisch gedüngt und auf Herbizide verzichtet. Die Vergärung der Rieslinge erfolgt spontan in Tonneaux und Fuderfässern mit möglichst wenig Intervention, sie werden erst spät im auf die Ernte folgenden Jahr gefüllt. Die Spätburgunder reifen bis zu 22 Monate im Barrique, kommen unfiltriert auf die Flasche.

Kollektion

Der zum Teil im Holz ausgebaute Riesling-Sekt ist sehr individuell, besitzt Saft und Frucht, Kraft und Würze. Diese Würze zeichnet die gesamte Kollektion aus. Der Gutsriesling ist geradlinig und animierend, er lagerte wie alle Rieslinge lange auf der Feinhefe. Deutlich reifer im Duft ist der Ortswein aus Kaub, mit einer Spur mehr Fruchtsüße versehen, schon spürbar präsenter. Die kraftvollen Alten Reben bieten einen großzügigen, zugleich straffen Mix von saftigem Schmelz, salzigen Gerbstoffen und pointierter Säure. Der feinherbe Kabinett bietet agiles Spiel mit viel Frische, ist nachhaltig. Der fruchtige Kabinett aus der Lage Dörscheider Kupferflöz ist etwas süßer, mit akzentuierter Säure balanciert, sehr lang. Die beiden Spätburgunder brauchen Luft, um sich zu entfalten. Der rauchige Dörscheider ist konzentriert und aromatisch, absolut trocken ausgebaut, würzig und frisch. Etwas feiner und dichter ist der Spätburgunder aus dem Wolfsnack, bietet gutes Lagerpotenzial.

Weinbewertung

87 2020 Riesling „Auf dem Felsen“ Sekt brut | 12%/14,50€
85 2021 Riesling trocken | 12%/7,30€
86 2021 Riesling trocken Kaub | 12%/9,50€
87 2021 Riesling trocken „Alte Reben“ Dörscheid | 12,5%/10,50€
85 2021 Riesling Kabinett „feinherb“ | 10,5%/9,50€
86 2021 Riesling Kabinett Dörscheider Kupferflöz | 8,5%/10,20€
85 2021 Spätburgunder Rosé trocken | 12%/9,20€
86 2020 Spätburgunder Dörscheid | 13,5%/13,-€
87 2020 Spätburgunder Dörscheider Wolfsnack | 13,5%/16,-€/0,5l

FETZ

★★★

Finkenauer

Kontakt
Außerhalb 7
55270 Bubenheim
Tel. 06130-944206
Fax: 06130-944207
www.finkenauer.de
info@finkenauer.de

Besuchszeiten
nach Vereinbarung

Inhaber
Yvonne Finkenauer &
Christopher Franz

Rebfläche
22 Hektar

Produktion
150.000 Flaschen

Wilfried Finkenauer hat das Weingut aufgebaut, 2018 hat seine Tochter Yvonne Finkenauer den Betrieb übernommen. Ihre Weinberge liegen in den Bubenheimer Lagen Honigberg und Kallenberg sowie im Schwabenheimer Schlossberg. Die Reben wachsen im Selztal auf unterschiedlichen Böden von Löss über Kalkmergel bis hin zu Muschelkalk. Die Vielfalt an Rebsorten ist groß, reicht von regionalen Klassikern wie Silvaner, Riesling, weißen und roten Burgundern bis hin zu internationalen Rebsorten wie Cabernet Sauvignon, Chardonnay oder Sauvignon Blanc. Die Weißweine werden im Edelstahl ausgebaut, die Rotweine überwiegend im Holz, bleiben bis zu zwei Jahre in großen Eichenholzfässern oder im Barrique. Mit dem Jahrgang 2018 wurden die „Meilensteine“ als neue Toplinie eingeführt.

Kollektion

Seit Christopher Franz sich um den Weinausbau kümmert geht es stetig bergauf, und auch in diesem Jahr ist die Kollektion besser denn je. Der Gutsriesling überzeugt mit Frische, Frucht und Grip. Die weißen Bubenheimer Ortsweine zeigen sehr gleichmäßiges Niveau, sie besitzen reintönige Frucht, gute Struktur und Substanz, klare Frucht und Grip, unsere leichte Präferenz gilt dem Chardonnay, der herrlich reintönig ist, lebhaft und frisch. Eine weitere klare Steigerung bieten dann die Meilenstein genannten Lagenweine. Der Riesling aus dem Schwabenheimer Schlossberg ist konzentriert, würzig und rauchig, besitzt Fülle und Saft, gute Struktur, Grip und Substanz. Der Chardonnay vom Bubenheimer Honigberg ist herrlich eindringlich und reintönig im Bouquet, besitzt reintönige Frucht auch im Mund, gute Fülle und Struktur, Frucht und Grip. Unsere leichte Präferenz gilt dem Sauvignon Blanc aus dem Bubenheimer Kallenberg, der gute Konzentration und herrlich viel Frucht im Bouquet zeigt, wie seine Kollegen wunderschön reintönig ist, kraftvoll und konzentriert sich auch im Mund präsentiert, fruchtbetont und reintönig, gute Struktur, Frucht und Druck besitzt. Der Cabernet Sauvignon bestätigt den Eindruck des Vorjahres, ist intensiv fruchtig und reintönig.

Weinbewertung

84 2021 Riesling trocken I 12,5%/6,90€
86 2021 Chardonnay trocken Bubenheim I 13%/8,90€
85 2021 Riesling trocken „vom Löss“ Bubernheim I 12,5%/8,90€
85 2021 Sauvignon Blanc trocken Bubenheim I 12,5%/8,90€
85 2021 Weißer Burgunder trocken Bubenheim I 12,5%/8,90€
89 2021 Sauvignon Blanc trocken „Meilenstein“ Bubenheimer Kallenberg I 13%/18,50€
88 2021 Riesling trocken „Meilenstein“ Schwabenheimer Schlossberg I 13%/18,50€
88 2021 Chardonnay trocken „Meilenstein“ Bubenheimer Honigberg I 13%/18,50€
87 2018 Cabernet Sauvignon trocken Bubenheim I 14%/14,90€

★

Stephan Fischer

N

Kontakt
Wein- und Sektmanufaktur
Stephan Fischer
Merler Straße 12
56856 Zell
Tel. 06542-41612
Fax: 06542-41651
www.weingut-stephan-fischer.de
info@weingut-stephan-fischer.de

Besuchszeiten
Mo.-Sa. 8-17 Uhr
So. nach Vereinbarung

Inhaber
Stephan Fischer
Betriebsleiter
Stephan Fischer
Kellermeister
Stephan Fischer
Außenbetrieb
Stephan Fischer
Rebfläche
3,5 Hektar
Produktion
25.000 Flaschen

Dieser Betrieb deutet schon in seinem vollständigen Namen – Weingut und Sektmanufaktur Stephan Fischer – an, dass die Schaumweinherstellung eine große Rolle spielt. Außer Rieslingsekten in trockener, in als brut bezeichneter oder in undosierter Version werden allerdings auch stille Weiß- und Rotweine sowie Rotling erzeugt. Inhaber Stephan Fischer bewirtschaftet eine Fläche von 3,5 Hektar in den Zeller Lagen Nussberg, Burglay Felsen und Kreuzlay. Angebaut werden neben Riesling, der 75 Prozent seiner Weinberge einnimmt, auch Weiß-, Grau- und Spätburgunder. Die Linie namens Weinprinzessin Lena steht für besonders hochwertige Rieslinge, aber für alle gilt, dass Frische im Vordergrund steht; kühle Vergärung und der Ausbau auf der Feinhefe sind selbstverständlich.

Kollektion

Die drei vorgestellten Schaumweine stammen aus dem Jahrgang 2020 sowie dem Zeller Nussberg und unterscheiden sich in ihrem Stil wenig, allerdings zeigen sie deutlich verschiedene Süßewerte. Der als brut nature bezeichnete Sekt wirkt puristisch und straff, er zeigt in der Nase Spuren von Zitrus, Hefe und Kräutern und lässt ganz deutlich den Charakter des Rieslings durchschimmern. Dank frischer, knackiger Säure macht er einen sehr erfrischenden Eindruck. Beim als brut bezeichneten Sekt ist der Restzucker ganz leicht zu spüren, er wirkt allerdings nicht aufdringlich, sondern vermittelt dem Wein eine attraktive Saftigkeit. Noch etwas süßer präsentiert sich der trockene Sekt, aber auch hier ist genügend Frische vorhanden. Bei den stillen Weinen ist der Kabinettriesling sehr knackig, stoffig, zupackend, während die trockene Spätlese, die in der Linie Weinprinzessin Lena rangiert, deutlich mehr Spiel zeigt. Selbiges ist auch der feinherben Spätlese zu eigen, deren Süße sehr gut ins Gesamtpaket integriert wurde und die folglich neben einem gewissen Schmelz auch noch reichlich Frische vermittelt. Mit Abstand süßester Wein der vorgestellten Kollektion ist der Riesling in der Literflasche, der saftig und unkompliziert wirkt und sich gut gekühlt als Sommerwein eignet.

Weinbewertung

85 2020 Riesling Sekt brut nature Zeller Nussberg | 12,5%/10,-€
85 2020 Riesling Sekt brut Zeller Nussberg | 12,5%/10,-€
84 2020 Riesling Sekt trocken Zeller Nussberg | 12,5%/10,-€
81 2021 Riesling trocken Zeller Schwarze Katz (1l) | 12,5%/6,-€
83 2021 Riesling Kabinett trocken Zeller Nussberg | 10,5%/7,50€
85 2020 Riesling Spätlese trocken Zeller Schwarze Katz | 13%/9,50€
82 2021 Riesling „feinherb" Zeller Schwarze Katz | 11,5%/6,50€
84 2020 Riesling Spätlese „feinherb" Zeller Schwarze Katz | 12%/9,-€
81 2021 Riesling Zeller Schwarze Katz (1l) | 8,5%/6,-€

STEPHAN Fischer
WEINGUT & SEKTMANUFAKTUR

★

Fitz-Schneider

Kontakt
Klosterstraße 157a
67480 Edenkoben
Tel. 06323-5210
Fax: 06323-5278
www.wein-fitz-schneider.de
info@weingut-fitz-schneider.de

Besuchszeiten
Mo.-Sa. 9:30-12 + 14-18 Uhr,
So. + Feiertage geschlossen
Gästehaus
Wohnmobilstellplatz

Inhaber
Ludwig & Erna Schneider
Betriebsleiter
Ludwig & Erna Schneider
Kellermeister
Christine Lidy
Rebfläche
8,5 Hektar
Produktion
90.000 Flaschen

Seit über dreihundert Jahren wird in der Familie Weinbau betrieben, das Weingut in seiner heutigen Form entstand durch die Fusion der beiden Weingüter Fitz und Schneider nach der Heirat von Ludwig Schneider und Erna Fitz. Ihre Tochter Christine Lidy stieg nach ihrem Abschluss als Weinbautechnikerin und einem Praktikum in Neuseeland 2013 in den Familienbetrieb ein, seit 2016 ist sie für den Weinausbau verantwortlich, ihr Vater kümmert sich um den Außenbetrieb, die Mutter um Büro, Verkauf und das Gästehaus. Auf zwei Dritteln der Rebfläche stehen weiße, auf einem Drittel rote Rebsorten, die wichtigsten sind Riesling, Grauburgunder, Silvaner und Spätburgunder, die Weinberge liegen in den Edenkobener Lagen Bergel, Heilig Kreuz, Heidegarten, Kirchberg und im Mai. Seit dem Jahrgang 2016 ist das Sortiment in Guts-, Orts- und Lagenweine gegliedert, auf den Etiketten gekennzeichnet durch die Stoffe Leinen, Wolle und Seide.

Kollektion

In einer sehr gleichmäßigen Kollektion sind die 2021er Weißweine wieder mit merklicher Restsüße ausgebaut und sind alle moderat im Alkohol: Der Silvaner vom Kirchberg ist der einzige Weiße mit Lagenbezeichnung, den wir verkosten konnten (auch wenn er in der gutsinternen Klassifikation als Ortswein gilt), er zeigt feine erdige Noten und klare Birnenfrucht, besitzt am Gaumen viel Saft, der Sauvignon Blanc zeigt Noten von Stachelbeere und grüner Paprika, besitzt Fülle und ein frisches Säurespiel, der Chardonnay ist schlank und frisch mit klaren Aromen von Melone und etwas Banane, der feinherbe Weißburgunder ist füllig und cremig mit dezenter Süße und frischer Säure, der Rosé besitzt Kraft, Fülle und klare rote Frucht. Unser Favorit ist in diesem Jahr der Spätburgunder aus der Gewanne im Mai, er zeigt klare Aromen von Schwarz- und Sauerkirsche, dazu kräutrige Noten und dezente Holzwürze im Bouquet, besitzt am Gaumen reife Tannine, der zweite Rotwein, der „Patchwork", ist dunkler in der Frucht, zeigt Noten von Pflaume, grüner Paprika und Kaffee, besitzt eine frische Säure.

Weinbewertung

81 2021 Riesling trocken (1l) | 12,5%/4,90€
83 2021 Grüner Silvaner trocken Edenkoben Kirchberg | 12,5%/6,10€
82 2021 Grauburgunder trocken Edenkoben | 13%/6,10€
83 2021 Chardonnay trocken Edenkoben | 12,5%/6,10€
83 2021 Sauvignon Blanc trocken Edenkoben | 12,5%/6,30€
82 2021 Riesling „feinherb" Edenkoben | 12,5%/6,10€
83 2021 Weißburgunder „feinherb" Edenkoben | 12,5%/6,80€
82 2021 Rosé trocken „Welch ein Stoff" | 13%/6,30€
83 „Patchwork in red" Cuveé Rotwein trocken | 14%/7,50€
85 2018 Spätburgunder trocken Edenkoben Im Mai | 14%/12,-€

★★☆

Fleischmann-Krieger

Kontakt
Theresienstraße 22
76835 Rhodt
Tel. 06323-81372
Fax: 06323-980693
www.fleischmann-krieger.de
weingut@fleischmann-krieger.de

Besuchszeiten
nach Vereinbarung
Restaurant „Vinorant"

Inhaber
Harald Krieger
Betriebsleiter
Harald Krieger
Kellermeister
Katharina Krieger
Außenbetrieb
Philipp Krieger
Rebfläche
30 Hektar

Die Wurzeln des Weinbaus in der Familie reichen bis ins Jahr 1652 zurück, das denkmalgeschützte Gutshaus, in dem sich seit 2005 das familieneigene Restaurant befindet, wurde 1722 erbaut. Heute wird das Weingut von Harald Krieger geleitet, der von seinen Kindern Philipp und Katharina unterstützt wird. Der Großteil der Weinberge liegt in den Rhodter Lagen Schlossberg, Rosengarten und Klosterpfad, daneben gibt es aber auch Flächen in Frankweiler, Gleiszellen, Burrweiler, Hainfeld, Edenkoben und Edesheim. Angebaut werden je zur Hälfte weiße und rote Sorten, weiß vor allem Riesling und die Burgundersorten, aber auch Sauvignon Blanc, Muskateller, Gewürztraminer, Müller-Thurgau, Silvaner und Kerner, rot sind es Spätburgunder, Saint Laurent, Dornfelder, Portugieser, Cabernet Sauvignon, Schwarzriesling und Blaufränkisch. Das Sortiment ist gegliedert in Liter-, Guts- und Lagenweine, darüber stehen noch die in Barriques ausgebauten Réserveweine.

Kollektion

Das im Weingut Fleischmann-Krieger nach und nach die nächste Generation die Verantwortung übernimmt, zeigt sich an den drei Weinen, die Katharina Krieger unter ihrem Namen erzeugt und die in einer gleichmäßig guten Kollektion knapp vorne liegen: Der Spätburgunder zeigt dezente Röstnoten, Schwarzkirsche und Kräuter im Bouquet, ist schlank und elegant und besitzt eine kühle, kräutrige Würze, die beiden Rieslinge sind sehr animierend, der Schiefer ist noch leicht von der Spontangärung geprägt, zeigt auch kräutrige Noten und besitzt herbe Zitrusfrucht, der Buntsandstein zeigt kräutrig-mineralische Noten, etwas grünen Apfel, mit Luft auch Aprikose und besitzt guten Grip. Sehr gut ist auch der „Blanc de Blancs"-Sekt, der leichte Reifenoten und hefige Würze zeigt und am Gaumen schlank, frisch und animierend ist. Unter den beiden Rosés ist der Fumé der komplexere Wein, er zeigt leicht rauchig unterlegte rote Beerenfrucht, besitzt Frische, der L'Odeur" zeigt im Duft florale, blumige Noten, besitzt herbe Würze, der Sauvignon Blanc Fumé wird momentan noch ganz von dominanten Röstnoten geprägt.

Weinbewertung

86 2019 „Blanc de Blancs" Sekt brut nature | 11,5%/15,-€
86 2021 Riesling trocken „Schiefer" „Katharina Krieger" Burrweiler | 12,5%/12,-€
86 2021 Riesling trocken „Buntsandstein" „Katharina Krieger" Rhodt | 12,5%/12,-€
85 2021 Riesling trocken „Alte Reben" Frankweiler Kalkgrube | 12,5%/9,50€
84+? 2021 Sauvignon Blanc trocken „Fumé" Rhodter Schlossberg | 13%/17,50€
84 2021 „L'Odeur" Rosé | 12%/9,50€
85 2021 Rosé trocken „Fumé" Rhodter Ordensgut | 11%/17,50€
85 2020 Merlot trocken Rhodter Klosterpfad | 14%/11,-€
87 2019 Spätburgunder trocken „Katharina Krieger" Rhodter Rosengarten | 12,5%/18,-€

FLEISCHMANN
16 — KRIEGER — 52

★★★

Alexander Flick

Kontakt
Brückesgasse 15
55234 Bechtolsheim
Tel. 06733-6814
Fax: 06733-961863
www.weingut-flick.de
info@weingut-flick.de

Besuchszeiten
Vinothek April-Dez.
Do. + Fr. 13-18 Uhr
Sa. 10-17 Uhr

Inhaber
Alexander Flick
Betriebsleiter
Alexander Flick
Rebfläche
24 Hektar
Produktion
150.000 Flaschen

Die Weinberge von Alexander Flick, der nach Geisenheim-Studium und Neuseeland-Praktikum seit 2008 für die Vinifikation verantwortlich und seit Juli 2019 Alleininhaber des Weingutes ist, liegen in Bechtolsheim, Gau-Odernheim (Herrgottspfad), Siefersheim (Goldenes Horn), Gundersheim (Höllenbrand) und Westhofen (Morstein). An weißen Sorten, die 70 Prozent der Rebfläche einnehmen, werden Riesling, Chardonnay, Weißburgunder, Silvaner, Müller-Thurgau und Sauvignon Blanc angebaut, an roten Sorten findet man Spätburgunder, Portugieser, Dornfelder, Frühburgunder, Regent und St. Laurent, aber auch Merlot, Cabernet Sauvignon, Cabernet Dorsa und Cabernet Cubin.

Kollektion

Der zu einem Viertel im gebrauchten Barrique vergorene, 30 Monate auf der Hefe ausgebaute Chardonnay-Sekt ist rauchig, harmonisch, besitzt feinen Haselnuss-Touch, gute Struktur und Fülle – ein feiner Einstieg ins Programm. Die Guts- und Ortsweine zeigen hohes Niveau, sie sind reintönig, frisch und zupackend, der Gau-Odernheimer Chardonnay gefällt uns besonders gut, zeigt gute Konzentration, ist harmonisch und zupackend, der Chardonnay von alten Reben zeigt viel Frische und reintönige Frucht, der Gundersheimer Riesling ist reintönig, lebhaft und zupackend, der Gau-Odernheimer Spätburgunder punktet mit klarer reifer Frucht, guter Struktur und Frische. Die als Réserve bezeichneten Weine reihen sich hier ein, der füllige Grauburgunder ebenso wie der frische Rosé La Refuge aus Spätburgunder mit etwas Cabernet Sauvignon. An der Spitze der Kollektion stehen die beiden Lagenweine. Der Goldenes Horn-Silvaner zeigt klare reife Frucht, ist kraftvoll, frisch und zupackend, der Riesling vom Morstein ist sehr offen, zeigt gute Konzentration und gelbe Früchte, besitzt Fülle und Saft, viel reife Frucht, gute Struktur und Substanz – ein sehr typischer Morstein-Riesling!

Weinbewertung

87	Chardonnay „Blanc de Blancs" Sekt brut nature | 12%/12,90€
84	2021 Silvaner trocken | 12,5%/6,50€
84	2021 Sauvignon Blanc trocken | 12%/8,60€
86	2021 Chardonnay trocken Gau-Odernheimer | 12,5%/9,60€
85	2021 Chardonnay trocken „Alte Reben" | 12,5%/10,95€
85	2021 Riesling trocken Gundersheimer | 12,5%/9,60€
87	2021 Silvaner trocken Siefersheimer Goldenes Horn | 12,5%/17,90€
88	2021 Riesling trocken Westhofener Morstein | 12,5%/20,90€
85	2021 Grauer Burgunder trocken „Réserve" | 12,5%/10,95€
84	2021 Riesling Kabinett Gundersheimer Höllenbrand | 10%/9,60€
85	2021 „La Refuge" Rosé trocken „Réserve" | 12,5%/8,60€
85	2020 Spätburgunder trocken Gau-Odernheimer | 13%/10,60€

★★★☆

Joachim Flick

Kontakt
In der Straßenmühle
65439 Flörsheim-Wicker
Tel. 06145-7686
Fax: 06145-54393
www.flick-wein.de
info@flick-wein.de

Besuchszeiten
Mo.-Fr. 15-19 Uhr
Sa. 10-14 Uhr
Event-Gastronomie
(bis 1000 Personen)
Weinbistro „Flörsheimer Warte" in den Weinbergen von Wicker

Inhaber
Reiner Flick
Betriebsleiter
Reiner Flick
Kellermeister
Matteo Betteto
Außenbetrieb
Sebastian Bauer
Rebfläche
20 Hektar
Produktion
150.000-170.000 Flaschen

Reiner Flick erweiterte in den letzten drei Jahrzehnten den Betrieb, der seit 1997 in der Straßenmühle untergebracht ist, wo ein Kreuzgewölbekeller zur Lagerung von Stück- und Doppelstückfässern fertig gestellt wurde, eine moderne Lichtinstallation inklusive. Es existiert auch eine renovierte alte Scheune für größere Veranstaltungen. Reiner Flicks Tochter Katharina studiert derzeit noch in Geisenheim, ist aber bereits seit 2017 in den Betrieb involviert, in den sie alsbald voll einsteigen soll. Riesling ist klar die wichtigste Rebsorte, daneben gibt es Spätburgunder, aber auch Chardonnay, Weiß- und Grauburgunder sowie Sauvignon Blanc und Muskateller. Flicks wichtigste Lagen sind Wickerer Mönchsgewann, Stein und Nonnberg, Flörsheimer Herrnberg, Hochheimer Hölle und Königin Victoriaberg.

Kollektion

Wie gewohnt präsentieren sich Reiner Flicks Weine sehr reintönig, von der Basis bis in die Spitze. Den Auftakt macht in diesem Jahr der fruchtbetonte Muskateller. Fruchtbetont und wunderschön reintönig ist auch der Charta-Riesling. Die Ortsrieslinge sehen wir gleichauf, wobei der auf Kalk gewachsene Wicker weißfruchtiger und geschmeidiger ist als der zupackendere, zitrusbetonte Lorchhausener vom Schiefer. Das bereits für die vergangene Ausgabe verkostete Große Gewächs aus dem Nonnberg, Jahrgang 2020, präsentiert sich derzeit etwas zurückhaltender als kurz nach der Füllung, besitzt aber Fülle und Länge sowie eine Sesamkomponente. Einen spannenden Vergleich bieten die Königin Victoriaberg-Rieslinge aus den Jahrgängen 2021 und 2013, weil beide von Zitrusfrucht leben, der 2021er dabei aber an frischen Saft, der 2013er an getrocknete und kandierte Früchte erinnert. Der voluminöse, holzbetonte, röstige Spätburgunder rundet die gelungene Kollektion ab.

Weinbewertung

84	2021 Riesling trocken „F. vini et vita" I 12,5%/8,-€
84	2021 Gelber Muskateller I 12,5%/8,90€
86	2021 Riesling Lochhäuser I 12,5%/9,80€
85	2015 Riesling trocken Wicker I 12,5%/Vst.
86	2021 Riesling trocken Wicker I 12,5%/9,80€
87	2021 Riesling trocken Wicker Nonnberg I 12,5%/14,50€
87	2013 Riesling trocken Hochheim Königin Victoriaberg I 12,5%/Vst.
86	2021 Riesling trocken Hochheim Königin Victoriaberg I 12,5%/14,50€
91	2020 Riesling trocken "GG" „Vier Morgen" Wicker Nonnberg I 13%/32,-€
84	2021 Riesling „Charta" I 12,5%/9,80€
86	2021 Riesling Kabinett Hochheim Königin Victoriaberg I 8,5%/14,90€
88	2019 Spätburgunder "GG" „Fuchshohl" Wicker Nonnberg I 13,5%/28,50€

★★☆

Peter Flick

Kontakt
Holger-Crafoord-Straße 4
65239 Hochheim
Tel. 06146-6590
Fax: 06146-601570
www.wein-vom-flick.de
info@wein-vom-flick.de

Besuchszeiten
Mi.-Fr. 14-18 Uhr
Sa. 10-14 Uhr
Gutsausschank
Eventlocation

Inhaber
Peter Flick
Kellermeister
Peter Flick
Außenbetrieb
Klaus Flick
Rebfläche
10 Hektar
Produktion
70.000 Flaschen

Nach der Ausbildung zum Winzer hat Peter Flick schon früh die Verantwortung im Wickerer Familienbetrieb übernommen. Durch die Übernahme des Weinguts Himmel in 2018 konnte man das Lagenportfolio in den bekannten Hochheimer Lagen Stein, Hölle und Kirchenstück noch einmal deutlich erweitern. Das Hauptaugenmerk der Produktion liegt beim Riesling, daneben werden aber auch Weiß- und Grauburgunder, Scheurebe, Gewürztraminer und etwas Spätburgunder angebaut. Der Ausbau der Weißweine erfolgt im Edelstahl, bei den Burgundern und gehobenen Rieslingen auch in großen Holzfässern, die Spätburgunder reifen in Barriques. Das Weingut verfügt über eine Vinothek, die ganzjährig die Möglichkeit für Verkostungen bietet. Peter Flick ist Teil der Jungwinzer Vereinigung MainWerk³, die sich für den Oberen Rheingau stark macht.

Kollektion

Die trockenen Weine befinden sich alle im oberen Restzuckerbereich, was sie mit einem guten Trinkfluss ausstattet. Die stramme Säure des 2021er Jahrgangs lässt sie dabei nicht zu süß wirken. Der Classic ist typisch und zeigt knackige Apfelnoten, der Wickerer Riesling ist harmonischer, zeigt Aprikose. Auch der Weiss Erd-Riesling ist von Aprikose und schmeichelnder Frucht geprägt, dabei aber ein wenig komplexer. Der Wein aus der Hölle zeigt bei gleichem Niveau mehr Würze und Biss. Der Riesling Mönchsgewann gibt sich charmanter, geschmeidiger, bringt gelbe Früchte mit ein. Grauburgunder, Weißburgunder und Blanc de Noir sind ebenfalls fruchtbetont, wirken dabei ein wenig üppiger, sind nicht ganz gleichauf mit den balancierten Rieslingen. Die Scheurebe lebt von ihrer tropischen Frucht. Gelungen sind die drei restsüßen Weine: Der Kabinett ist frisch, filigran und jugendlich, die Auslese konzentrierter und voller, aber dafür nicht ganz so finessenreich. An der Spitze steht die süße Spätlese, die sehr harmonisch Frische und Frucht verbindet.

Weinbewertung

80 2021 Grauburgunder trocken | 12%/8,50€
81 2021 Weißburgunder trocken | 12%/8,50€
81 2021 Scheurebe trocken | 11,5%/7,50€
83 2021 Riesling trocken Wickerer | 11,5%/7,-€
80 2021 Spätburgunder „Blanc de Noir" trocken | 12%/7,50€
84 2021 Riesling trocken „Verflickst" Wickerer Mönchsgewann | 12,5%/10,50€
84 2021 Riesling trocken „Alte Reben" Hochheimer Hölle | 12,5%/9,50€
85 2021 Riesling trocken Kostheimer Weiß Erd | 12,5%/10,50€
82 2021 Riesling Classic | 12%/7,-€
84 2021 Riesling Kabinett Wickerer Stein | 7%/8,-€
86 2021 Riesling Spätlese Wickerer Stein | 7%/9,50€
85 2021 Riesling Auslese Wickerer Mönchsgewann | 7%/30,-€/0,5l

★★★

Flik

Kontakt
Flik Sektmanufaktur
Klein Winternheimer Weg 4
55129 Mainz
Tel. 0151-24050575
www.flik.de
info@flik.de

Besuchszeiten
Vinothek/Ausschank
Fr. 15-18 Uhr
Sa. 11-15 Uhr
Flik Bar (Frankfurt)

Inhaber
Flik GmbH
Betriebsleiter
Rüdiger Flik
Kellermeister
Rüdiger Flik
Produktion
35.000 Flaschen

Rüdiger Flik sammelte erste Sekt-Erfahrungen während eines einjährigen Praktikums bei Bernhard Huber, später studierte er Önologie in Geisenheim. 2011 gründete er seine eigene Sektmanufaktur in der Sekte im traditionellen Verfahren erzeugt werden. Ende 2016 zog er mit seiner Sektmanufaktur in den Marienhof in Mainz-Laubenheim, im Juli 2022 bezog er eine neue Betriebsstätte in Mainz-Hechtsheim. Rüdiger Flik baut seine Sekte überwiegend im Holzfass aus, alle Weine durchlaufen die malolaktische Gärung. Seine Trauben bezieht er von ehemaligen Studienkollegen; sie stammen aus dem Laubenheimer Edelmann, aber auch aus Niersteiner Lagen wie Pettenthal oder Hipping. Neben Pinot Noir nutzt er für seine Sekte bisher Meunier, Riesling, Chardonnay und Auxerrois. Die Weine werden in Holzfässern unterschiedlicher Größe bis Mai auf der Hefe ausgebaut, nicht geschönt und nicht mehr filtriert, die anfangs in den Verkauf gebrachten Sekte blieben 12 bis 24 Monate auf der Flasche, bevor sie degorgiert wurden, inzwischen gibt es auch drei bis vier Jahre auf der Hefe ausgebaute Sekte. Im Mai 2022 wurde die Flik Bar in Frankfurt-Sachsenhausen eröffnet, eine Weinbar mit Schwerpunkt Flik-Sekt.

Kollektion

Mit einer starken Kollektion meldet sich Rüdiger Flik zurück, besser denn je. Und wir können stilistische Fortschritte erkennen, die Sekte gewinnen an Komplexität. Der Riesling, aus Niersteiner Lagen, ist frisch, fruchtbetont und harmonisch. Der Chardonnay ist würzig und eindringlich, leicht floral. Der Auxerrois, von Zornheimer Trauben, zeigt feine rauchige Noten, ist klar, harmonisch, besitzt gute Kraft – unser Favorit unter den drei „jungen" Sekten (alle aus dem Jahrgang 2020). Rauchige Noten und feine Würze zeigt der drei Jahre auf der Hefe ausgebaute Blanc de Noirs von Pinot Noir-Trauben aus Gundersheim, ist füllig, harmonisch, strukturiert. Die zwei Jahre auf der Hefe ausgebaute Cuvée David – je ein Drittel Pinot Noir, Meunier und Chardonnay – ist rauchig, herrlich eindringlich, füllig, harmonisch, komplex, besitzt Substanz. Unser Favorit ist der Suavium genannte Pinot Noir Rosé, Jahrgang 2017, eine Selektion der sensorisch besten Barriques und vier Jahre auf der Hefe ausgebaut, der feinen Hefetouch zeigt, ein wenig Brioche und Haselnüsse, harmonisch und lang ist, Komplexität und Grip besitzt.

Weinbewertung

85 Riesling brut | 12,5%/15,90€
85 Chardonnay brut | 12,5%/20,90€
87 Auxerrois brut | 12,5%/19,90€
88 „Blanc de Noirs" brut | 12,5%/23,90€
89 „Cuvee David" brut nature | 12,5%/21,90€
90 „Suavium" Pinot Noir Rosé extra-brut | 12,5%/29,90€

★★

Lena Flubacher

Kontakt
Führhäupterweg 7
79241 Ihringen
Tel. 07668-9951759
mail@lena-flubacher.de
www.lena-flubacher.de

Besuchszeiten
Mi. 14-18 Uhr
Sa. 10-14 Uhr
oder nach Vereinbarung
Weinwanderungen,
Weinpicknicks

Inhaber
Lena Flubacher
Betriebsleiter
Lena Flubacher &
Christian Heitzmann
Rebfläche
3 Hektar
Produktion
20.000 Flaschen

Lena Flubacher und Christian Heitzmann machen seit 2013 Wein, im Haupterwerb seit 2021. Die Weinberge liegen in Ihringen in den Lagen Fohrenberg und Winklerberg, sie bauen zu 100 Prozent Burgunder an (Weißburgunder, Grauburgunder und Spätburgunder). Lena Flubacher stammt aus einer Winzerfamilie, ihre Eltern bewirtschaften seit mehr als 20 Jahren einen genossenschaftlichen Weinbaubetrieb mit Rebveredelung. Ihre Lehre absolvierte Lena Flubacher im Staatsweingut in Meersburg und in der Pfalz bei der Rebschule Freytag, anschließend studierte sie in Geisenheim. Ihr Partner Christian Heitzmann ist in einem Winzerort am Tuniberg aufgewachsen. Nach Winzerlehre und Gesellenjahren machte er die Technikerausbildung für Weinbau und Önologie an der staatlichen Lehr- und Versuchsanstalt in Weinsberg. Ihr Ziel ist es fruchtige und frische Basisweine zu erzeugen, das Hauptaugenmerk bei den Winklerberg-Weinen – Grauburgunder und Spätburgunder – liegt auf Komplexität und Lagerfähigkeit; diese werden spontan vergoren und im Holzfass ausgebaut.

Kollektion

Es geht stetig voran. Nachdem wir im Vorjahr klare Fortschritte beim Spätburgunder erkennen konnten, legen Lena Flubacher und Christian Heitzmann mit dem Jahrgang 2021 auch bei den Weißweinen deutlich zu. Der Weißburgunder ist würzig, eindringlich, reintönig, besitzt Frische, klare Frucht und Grip, feine Süße und Säure. Der Grauburgunder ist wunderschön reintönig im Bouquet, frisch und fruchtbetont, besitz klare Frucht und gute Struktur im Mund. Noch sehr jugendlich ist der Grauburgunder aus dem Winklerberg, zeigt gute Konzentration im Bouquet, rauchige Noten, reife Frucht, ist füllig und kraftvoll im Mund, besitzt viel reife Frucht und Substanz. Der Spätburgunder Rosé ist frisch und fruchtbetont im Bouquet, zeigt rote Früchte, ist klar und zupackend dann im Mund, besitzt feine Frucht und Biss. Der Basis-Spätburgunder zeigt wunderschön reintönige Frucht im Bouquet, Frische, rote Früchte, ist klar und zupackend im Mund, noch jugendlich, was auch für den Winklerberg-Spätburgunder gilt, der gute Konzentration und rauchig-würzige Noten im Bouquet zeigt, dezent Kapern im Hintergrund, Fülle und Kraft besitzt, viel reife Frucht, gute Struktur und Substanz. Im Aufwind!

Weinbewertung

84 2021 Weißburgunder trocken Ihringer | 12,5%/8,-€
84 2021 Grauburgunder trocken Ihringer | 13%/8,-€
87 2021 Grauburgunder trocken Ihringer Winklerberg | 13%/15,50€
84 2021 Spätburgunder Rosé trocken Ihringer | 12,5%/8,-€
85 2020 Spätburgunder trocken Ihringer | 13%/9,-€
88 2020 Spätburgunder trocken Ihringer Winklerberg | 13,5%/17,50€

★★☆

Forsthof

Kontakt
Forsthof 4
71711 Steinheim-Kleinbottwar
Tel. 07148-6134
Fax: 07148-4011
www.weingut-forsthof.com
info@weingut-forsthof.com

Besuchszeiten
Mo.-Fr. 9-12 + 14-18 Uhr
Sa. 8-14 Uhr
„Gutsschänke" (saisonal geöffnet, 70 Sitzplätze, auf der Freiterrasse 50 Sitzplätze)

Inhaber
Andreas Roth

Rebfläche
12 Hektar

Produktion
90.000 Flaschen

Der Forsthof liegt bei Kleinbottwar auf einer Anhöhe des Bottwartals. Die Weinberge von Andreas Roth befinden sich im Bottwartal zwischen Steinheim und dem Lichtenberg, im Großbottwarer Harzberg und im Kleinbottwarer Götzenberg. Drei Viertel der Weinberge nehmen rote Sorten ein. Es dominieren die Burgundersorten, Trollinger und Lemberger. Daneben gibt es Dornfelder, Acolon, Merlot, Muskattrollinger und Cabernet Mitos. Ein Fünftel der Fläche nimmt Riesling ein, hinzu kommen ein wenig Weiß- und Grauburgunder, sowie Kerner, es werden auch pilzwiderstandsfähige Sorten wie Cabernet Blanc, Muscaris, Cabernet Carbon, Regent und Souvignier Gris angebaut. Im August 2009 begann das Weingut mit der Umstellung auf ökologischen Weinbau, seit Januar 2010 ist Andreas Roth Mitglied bei Naturland, 2012 war der erste zertifizierte Jahrgang. Die Rotweine werden alle im Holz ausgebaut, die Weißweine in den letzten Jahren ausschließlich im Edelstahl.

Kollektion

Auch in diesem Jahr führen wieder die Rotweine die Kollektion an. Unser Favorit ist der im Barrique ausgebaute Lemberger aus dem Jahrgang 2018, der gute Konzentration, rauchige Noten und reife reintönige Frucht im Bouquet zeigt, schöne Frische und Frucht besitzt, gute Struktur und Grip. Wunderschön reintönig und konzentriert ist auch der 2020er Cabernet Sauvignon, ist fruchtbetont, frisch, zupackend und strukturiert. Die Cuvée Ars Vinitoris besitzt Fülle, Kraft und Substanz, die beiden roten Gutsweine sind wunderschön fruchtbetont und reintönig, der Lemberger ist frisch und zupackend, der Spätburgunder recht würzig, geradlinig. Der Weißweine präsentieren sich recht gleichmäßig. Unser Favorit ist der würzige, leicht orangenduftige Cabernet Blanc, der füllig und saftig ist, reife Frucht und gute Substanz besitzt. Die Cuvée ist würzig und zupackend, der Muskateller wunderschön reintönig und süffig, der Weißburgunder etwas süß, der Grauburgunder reintönig. Feine Kollektion! ▬

Weinbewertung

82 2021 Weißburgunder trocken | 12,5%/8,40€
83 2021 Grauburgunder trocken | 12,5%/8,40€
85 2021 Cabernet Blanc trocken | 12%/9,10€
84 2021 „Ars Vinitoris" Weißwein trocken | 12%/8,40€
84 2021 Muskateller | 11,5%/7,80€
82 2021 Grauburgunder trocken „Evolution 1.20" | 12,5%/14,50€
84 2020 Spätburgunder trocken | 13,5%/8,50€
84 2020 Lemberger trocken | 14%/8,50€
85 2020 „Ars Vinitoris" Rotwein trocken | 14%/9,30€
87 2020 Cabernet Sauvignon trocken | 14,5%/12,50€
88 2018 Lemberger trocken Barrique | 13,5%/16,50€

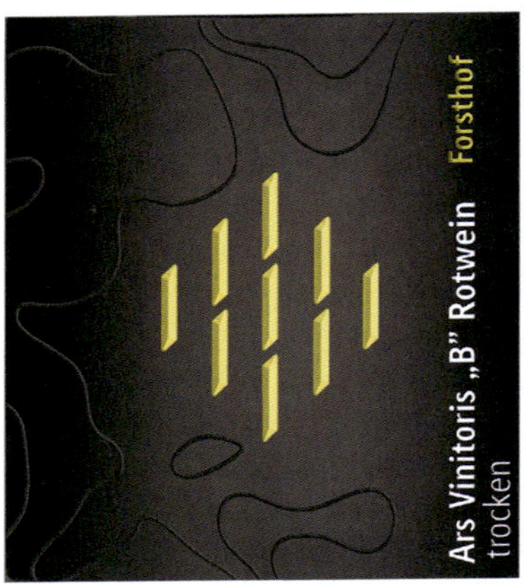

★★

Franckenstein

Kontakt
Weingut Freiherr von und zu Franckenstein
Weingartenstraße 66
77654 Offenburg
Tel. 0781-34973
Fax: 0781-36046
weingut@weingut-von-franckenstein.de
www.weingut-von-franckenstein.de

Besuchszeiten
Mi.-Fr. 9-12 + 14-18 Uhr
Sa. 9-13 Uhr und nach Vereinbarung

Inhaber
Stefan Huschle
Betriebsleiter
Stefan Huschle
Kellermeister
Stefan Huschle
Rebfläche
18 Hektar
Produktion
100.000 Flaschen

Die Geschichte dieses Betriebes reicht bis ins 13. Jahrhundert zurück, seit 1710 gehört das Gut den Freiherren von und zu Franckenstein. 2008 hat die Familie Huschle das Weingut gepachtet. Sohn Stefan Huschle, Geisenheim-Absolvent, war schon 2007 für die Vinifikation verantwortlich. Die Weinberge liegen in Zell-Weierbach und Berghaupten, darunter die Lagen Zell-Weierbacher Neugesetz (3,2 Hektar) und Berghauptener Schützenberg (6,4 Hektar) im Alleinbesitz. Die Weinberge in Berghaupten wurden 1989 hinzugekauft, 1,5 Hektar hat man quer terrassiert. Die Reben wachsen auf tiefgründigen Urgesteinsböden, Granit im Neugesetz und Gneis im Schützenberg. Inzwischen wurde die Monopollage Laufer Gut Alsenhof zugepachtet. Wichtigste Rebsorten sind Spätburgunder und Riesling, es folgen Grauburgunder, Weißburgunder und Müller-Thurgau. Etwa 80 Prozent der Weine werden durchgegoren ausgebaut.

Kollektion

Weine aus vier Jahrgängen präsentiert Stefan Huschle zum Wiedereinstieg. Die Weißweine stammen alle aus dem Jahrgang 2020. Bei den Ortsweinen ist der frische, geradlinige Weißburgunder unser Favorit, im Erste Lage-Segment der Grauburgunder Gut Alsenhof, der Fülle und Saft besitzt, Substanz und Wärme. Als Großes Gewächs gefällt uns Grauburgunder weniger, dafür punktet der Riesling mit Konzentration und reifer Frucht, Substanz und Fülle. Unser Favorit ist der Weißburgunder aus dem Schützenberg, der rauchige Noten und klare reife Frucht im Bouquet zeigt, Fülle und Kraft im Mund besitzt, gute Struktur und Grip. Der 2015er Zweigelt-Gutswein ist geradlinig und klar, was auch auf den Spätburgunder Ortswein aus dem Jahrgang 2018 zutrifft. Spannender sind die beiden Lagen-Spätburgunder aus dem Jahrgang 2017: Der Wein vom Gut Alsenhof zeigt gute Konzentration und klare Frucht, besitzt Struktur und Grip, das Große Gewächs ist würziger und zupackender bei dezenter Bitternote im Abgang.

Weinbewertung

82 Chardonnay Sekt brut | 12%/19,-€
83 2020 Weißburgunder trocken „Gneis" Berghaupten | 13%/10,-€
81 2020 Grauburgunder trocken „Granit" Zell-Weierbach | 13%/10,-€
86 2020 Grauburgunder trocken Laufer Gut Alsenhof | 14%/19,50€
83 2020 Chardonnay trocken Berghauptener Schützenberg | 13%/15,-€
87 2020 Riesling trocken „GG" „Georg Arbogast" Z.-W. Neugesetz | 12,5%/24,-€
88 2020 Weißburgunder trocken „GG" „Zum Himmelreich" Schützenberg | 13,5%/24,-€
83 2020 Grauburgunder trocken „GG" „Tannweg" Z.-W. Abtsberg | 13,5%/24,-€
83 2018 Spätburgunder trocken „Granit" Zell-Weierbach | 13,5%/10,-€
83 2015 Zweigelt trocken | 13%/16,50€
87 2017 Spätburgunder trocken Laufer Gut Alsenhof | 13%/19,50€
87 2017 Spätburgunder trocken „GG" „Marie" Zell-Weierbacher Neugesetz | 13%/29,-€

★★

Frank

Kontakt
wein & gut Frank
Bönnigheimer Straße 29
74336 Brackenheim-Botenheim
Tel. 07135-9361281
Fax: 07135-2017
www.weingutfrank.de
info@weingutfrank.de

Besuchszeiten
Fr. 14-19 Uhr
Sa. 10-16 Uhr

Inhaber
Florian Frank
Kellermeister
Florian Frank
Rebfläche
3 Hektar

Manuela und Florian Frank verließen 2009 die Genossenschaft und begannen mit der Selbstvermarktung, mit damals einem Hektar, zur Risikominderung schlossen sie Traubenablieferverträge mit verschiedenen Kellereien. Ihr erster Jahrgang war 2009, im Jahr darauf übernahm Florian Frank den elterlichen Betrieb, einen Mischbetrieb aus Weinbau und Landwirtschaft, in den er nach seinem Geisenheim-Studium 2006 eingestiegen war. Inzwischen vermarkten Manuela, die aus einem rheinhessischen Weinbaubetrieb stammt, und Florian Frank den Ertrag ihrer 3 Hektar selbst. Ihre Weinberge liegen im Cleebronner Michaelsberg, im Botenheimer Ochsenberg und im Meimsheimer Katzenöhrle. Sie bauen Riesling, Weißburgunder, Grauburgunder und Gewürztraminer an, sowie die roten Sorten Trollinger, Lemberger, Acolon, Portugieser und Merlot; seit 2015 ergänzt Sauvignon Blanc das Sortiment. Die Weißweine werden kalt und langsam vergoren, teils nach Maischestandzeiten. Alle Rotweine werden maischevergoren, sie bleiben 18 bis 24 Monate im Fass und werden unfiltriert abgefüllt. Alle Weine werden in der Regel trocken ausgebaut, alle Rotweine sind durchgegoren. Lagen- und Prädikatsbezeichnungen werden nicht verwendet, die Weine werden gutsintern mit bis zu drei Sternen klassifiziert.

Kollektion

Auch in diesem Jahr sind die Rotweine wieder ein wenig stärker als die Weißen. Einen Portugieser von Florian Frank haben wir bisher noch nicht verkostet, der 2019er ist prächtig, zeigt klare reife Frucht im Bouquet, besitzt Fülle und Kraft im Mund, viel Frucht, Struktur und Grip. Auch der Herzensruhe genannte Acolon, eine Jahrgangscuvée, setzt auf Frucht, Kraft und Grip. Der 2 Sterne-Lemberger ist frisch, klar und geradlinig, die 3 Sterne-Version herrlich intensiv und reintönig, im Mund dann von kräftigen Tanninen geprägt. Unser Favorit in diesem Jahr ist der Merlot, der gute Konzentration und rauchige Noten im Bouquet zeigt, füllig und kraftvoll ist, reife Frucht und gute Struktur besitzt. Die Weißweine präsentieren sich sehr gleichmäßig, besitzen feine Süße und Frucht, der Sauvignon Blanc ist geradlinig, etwas strenger als gewohnt, der Grauburgunder ist reintönig, hat Grip, die weiße Cuvée setzt auf Frische und Frucht.

Weinbewertung

83 2021 „Freudensprung"** Weißweincuvée trocken | 11,5 %/8,50 €
83 2021 Grauburgunder** trocken | 12 %/10,50 €
83 2021 Sauvignon Blanc** trocken | 11,5 %/10,50 €
86 2019 Portugieser** trocken „Alte Reben" | 13 %/10,50 €
84 2020 Lemberger** trocken | 13 %/8,50 €
85 Acolon trocken „Herzensruhe"*** | 13 %/10,50 €
86 2018 Lemberger*** trocken | 14 %/15,50 €
87 2018 Merlot*** trocken | 14 %/15,50 €

★★★

Schloss Frankenberg

Kontakt
Schloss Frankenberg 1
97215 Weigenheim
Tel. 09339-97140
Fax: 09339-9714117
www.schloss-frankenberg.de
info@schloss-frankenberg.com

Besuchszeiten
Do.-So. 11-21 Uhr
Mo.-Mi. gerne nach Vereinbarung
Gastronomie:
„Amtshaus“ mit regional-fränkischer Spezialitätenküche
„Le Frankenberg“ Fine Dining mit fränkisch-französischer Küche

Inhaber
Prof. Dr. Dr. Peter Löw
Betriebsleiter
Maximilian Czeppel
Kellermeister
Maximilian Czeppel
Rebfläche
22 Hektar

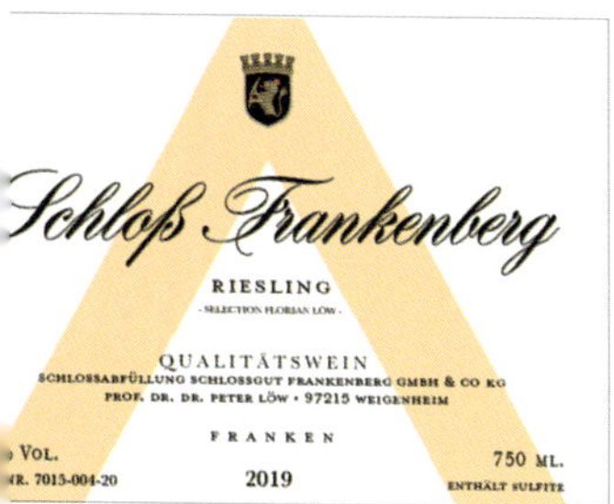

Das traditionsreiche Schloss am südwestlichen Rande des Steigerwalds wurde vom neuen Besitzer Peter Löw restauriert. Das Schloss war Namensgeber für die mittelfränkische Großlage Frankenberger Schlossstück. Zum Schlossgut gehören gut 20 Hektar Weinberge am Herrschaftsberg in den alten Schloss Frankenberger Einzellagen Louisenberg, Wolfsgrube und Hölle. Die recht hoch gelegenen Weinberge sind überwiegend süd-exponiert, die Reben wachsen auf Keuperböden. Silvaner nimmt 40 Prozent der Rebfläche ein, hinzu kommen vor allem Riesling und Weißburgunder, aber auch Roter Traminer, Scheurebe, Bacchus und Spätburgunder.

Kollektion

Auch die neue Kollektion zeigt eine klare Handschrift, die Weine sind kraftvoll, kompromisslos vinifiziert, Süße ist nur dort, wo sie gewollt ist, bei Riesling Kabinett und Spätlese, die beide wunderschön fruchtbetont und zupackend sind. Schon die beiden Gutsweine überzeugen, das Mittelsegment mit den Louisenberg-Weinen zeigt durchgängig sehr gutes Niveau. Der Silvaner besitzt reife Frucht, ist füllig und saftig, ein klein wenig besser gefällt uns der würzige Blauer Silvaner, weil er ein wenig druckvoller ist. Der Riesling besitzt gute Struktur, Frische und Grip, der Weißburgunder viel Substanz und Frucht, die Scheurebe ist konzentriert, hat Spannung und Grip. An der Spitze der Kollektion stehen die Selektionsweine, der saftig-füllige Silvaner von alten Reben, der konzentrierte, herrlich eindringliche und zupackende Riesling und der reintönige, kraftvolle Weißburgunder, dem man etwas Zeit im Glas geben muss. Weiter im Aufwind!

Weinbewertung

82 2021 „Secco Amalie Löw“ | 11,5%/8,90€
83 2021 „Louise“ Cuvèe Weiss | 12%/8,50€
84 2021 Silvaner | 12%/8,90€
84 2021 Riesling | 12%/8,90€
87 2021 Blauer Sylvaner Louisenberg | 12,5%/13,50€
87 2021 Weißburgunder Louisenberg | 13,5%/13,50€
86 2021 Silvaner Louisenberg | 12,5%/13,50€
86 2021 Riesling Louisenberg | 12,5%/13,50€
87 2021 Scheurebe Louisenberg | 12,5%/13,50€
85 2021 Roter Traminer Louisenberg | 13%/13,50€
89 2021 Riesling „Selection Florian Löw“ | 13%/21,-€
89 2021 Weißburgunder „Selection Lara Löw“ | 13%/21,-€
88 2021 Sylvaner „Selection Alte Reben“ | 13%/21,-€
85 2021 Riesling Kabinett | 10%/12,50€
88 2021 Riesling Spätlese „Selection Livia Löw“ | 8%/21,-€

★★★½

Franz

Kontakt
Hauptstraße 3
55437 Appenheim
Tel. 06725-96060
Fax: 06725-96062
www.weingut-franz.de
info@weingut-franz.de

Besuchszeiten
nach Vereinbarung

Inhaber
Heinrich Josef Franz
Kellermeister
Christopher Franz
Rebfläche
22 Hektar
Produktion
150.000 Flaschen

Die Weinberge von Heinrich Josef Franz liegen in den Appenheimer Lagen Hundertgulden und Eselspfad, in den Nieder-Hilbersheimer Lagen Steinacker und Honigberg, sowie im Schwabenheimer Schlossberg. Er baut die weißen Sorten Riesling, Silvaner, Scheurebe, Sauvignon Blanc, Chardonnay und Müller-Thurgau, sowie die roten Sorten Spätburgunder, Frühburgunder, Portugieser und Dornfelder an. Für den Weinausbau ist Sohn Christopher Franz verantwortlich. Die Weine werden meist spontanvergoren, teils im Edelstahl, teils in alten Holzfässern, und bis zur Abfüllung auf der Feinhefe gelagert. Das Programm ist gegliedert in Guts-, Orts- und Lagenweine, bisher war der Riesling aus dem Hundertgulden der einzige Wein im Sortiment mit Lagenbezeichnung, mit dem Jahrgang 2020 folgte ein Riesling aus dem Schwabenheimer Schlossberg, in diesem Jahrgang wurden erstmals auch Réserveweine erzeugt.

Kollektion

Christopher Franz hat sich in den vergangenen Jahren kontinuierlich gesteigert, und die neue Kollektion ist nochmals stärker. Schon die Gutsweine sind stark: Frisch, klar und zupackend, der eindringliche Riesling gefällt uns besonders gut. Etwas kraft- und druckvoller sind dann die Ortsweine. Der Appenheimer Weißburgunder zeigt gute Konzentration und reintönige Frucht, besitzt Struktur und Grip, der Nieder-Hilbersheimer Riesling ist rauchig, würzig, geradlinig, sein Appenheimer Kollege ist etwas druckvoller und zupackender. Auch die im vergangenen Jahr neu eingeführten Réserve-Weine können im nicht unproblematischen Jahrgang 2021 weiter zulegen, beide sind konzentriert, zeigen rauchige Noten und dezenten Toast, der Chardonnay ist füllig und saftig, aber noch enorm jugendlich, der Weißburgunder ist kraftvoll, besitzt gute Struktur und klare Frucht. An der Spitze der Kollektion stehen wieder die beiden Lagenrieslinge: Der Wein aus dem Schlossberg ist rauchig, enorm kraft- und druckvoll, der Hundertgulden ist reintönig und konzentriert, füllig und saftig, enorm druckvoll und nachhaltig. Weiter im Aufwind!

Weinbewertung

85 2021 Riesling trocken | 12,5%/7,60€
84 2021 Weißburgunder trocken | 12,5%/7,90€
84 2021 Sauvignon Blanc trocken | 12,5%/7,90€
86 2021 Riesling trocken Nieder-Hilbersheim | 12,5%/10,20€
87 2021 Riesling trocken Appenheimer | 12,5%/10,20€
87 2021 Weißburgunder trocken Appenheimer | 13%/10,20€
90 2021 Weißer Burgunder trocken „Réserve“ | 13%/17,50€
89 2021 Chardonnay trocken „Réserve“ | 13%/17,50€
91 2021 Riesling trocken Schwabenheimer Schlossberg | 13%/20,50€
92 2021 Riesling trocken Appenheimer Hundertgulden | 13%/20,50€ ☺

★★★★

Franzen

Kontakt
Gartenstraße 14
56814 Bremm
Tel. 02675-412
Fax: 02675-1655
www.weingut-franzen.de
info@weingut-franzen.de

Besuchszeiten
nach Vereinbarung

Inhaber
Kilian Franzen
Betriebsleitung
Kilian & Angelina Franzen
Kellermeister
Johannes Haupts, Leon Heimes, Martin von Sikorski
Außenbetrieb
Johannes Haupts, Leon Heimes, Martin von Sikorski
Rebfläche
10 Hektar
Produktion
90.000 Flaschen

Kilian Franzen machte zunächst eine Druckerausbildung, arbeitete dann bei Johannes Leitz im Rheingau, bevor er in Geisenheim zusammen mit seiner heutigen Ehefrau Angelina zu studieren begann. Beide brachen ihr Studium ab als Kilians Vater Ulrich Franzen 2010 mit dem Schmalspurschlepper tödlich verunglückte. Ulrich Franzen hatte sich wie kein anderer um den Bremmer Calmont und den Steilstlagenweinbau in diesem Teil der Mosel verdient gemacht, ihm ist die Renaissance der steilsten Lage Europas ganz wesentlich zu verdanken, er hatte im letzten Jahrzehnt zahlreiche aufgelassene Parzellen im Calmont neu bepflanzt. Seine Ehefrau Iris Franzen führte zunächst den Betrieb weiter, wurde dabei unterstützt von Sohn Kilian, der das Weingut inzwischen übernommen hat und zusammen mit Ehefrau Angelina führt. Ihre Reben wachsen zur Hälfte im Bremmer Calmont. Der Boden im 2 Kilometer langen, stark zerklüfteten Calmont besteht aus Schiefer mit einem sehr hohen Steinanteil. Hinzu kommen 1,8 Hektar im Neefer Frauenberg, sowie weitere Flächen in Bremm und Neef, aber auch in Ediger-Eller, zum Beispiel in der Ellerer Kapplay mit 1944 gepflanzten Reben. Riesling nimmt 90 Prozent der Rebfläche ein, hinzu kommen Weißburgunder, Elbling und Spätburgunder, insgesamt werden zehn Hektar bewirtschaftet. Die Weine werden alle spontanvergoren, alle durchlaufen normalerweise den biologischen Säureabbau. Das Sortiment ist gegliedert in Gutsweine, wie den Riesling „Quarzit Schiefer", den durchgegorenen, immer enorm puristischen und straffen „FranZero" oder den Riesling „Der Sommer war sehr groß", eine Lagencuvée aus Kapplay, Calmont (Klosterkaul) und Abtei Kloster Stuben. Dann folgen die Lagenweine aus Frauenberg und Calmont, darauf die beiden Großen Gewächse. Als Spitzenweine firmieren der aus der Fachkaul genannten Parzelle des Calmonts stammende Riesling und der Sterneberg-Wein aus dem Neefer Frauenberg. Die Spitzenweine werden konsequent erst sehr spät in den Verkauf gebracht. In manchen Jahren werden edelsüße Rieslinge erzeugt, das Gros der Weine aber wird trocken oder fast trocken ausgebaut.

Kollektion

Im vorgestellten Sortiment befindet sich ein wunderschön saftiger, animierender, kein bisschen unreif schmeckender Literriesling; noch deutlich spannender ist der Quarzit-Schiefer-Wein, der sich enorm frisch mit Hefe- und Zitrus-, aber auch Steinobstnoten präsentiert: ein außerordentlich gelungener, saftiger, schon jetzt zugänglicher Riesling. Auch der FranZero ist zugänglich, stammt allerdings aus 2020, ist puristisch trocken, würzig und herrlich animierend. Die beiden Lagenweine aus Frauenberg und Calmont sind fest und vibrierend, fein, verhalten im Alkohol, ausdrucksstark. Die Großen Gewächse stammen aus dem Jahrgang 2020: zunächst der Frauenberg-Riesling mit reifer, würziger Steinobstaromatik, die auch Anklänge an Kräuter, getrockneten Apfel und Gewürze erkennen lässt; der Wein ist wunderschön komplex und würzig, fest und mit Potenzial ausgestattet. Sein Pendant aus dem Calmont wirkt ein bisschen cremiger und würziger, auch hier ist die Steinobstaromatik präsent, wird von Anklängen an süße Kräuter ergänzt; dieser Wein ist straffer, würziger und insgesamt noch etwas spannender als das Frauenberg-GG. Die Steigerung im offiziellen wie im tatsächlichen Sinne nennt sich Fachkaul, stammt aus dem Jahrgang 2019 und besitzt eine sehr ruhige, fast süß wirkende Aromatik mit Anklängen an Kräuter und Zitrusschalen, später ist auch ein Hauch von Birne zu spüren, dieser Wein ist saftig, vibrierend, lang, wirkt würzig und nachhaltig. Aus 2018 stammt der Sterneberg, das Fachkaul-Pendant aus Neef, das Würze und Saftigkeit zeigt. Beide Top-Rieslinge wirken nicht puristisch trocken, doch die dezente Süße ist so gut integriert, dass man sie kaum bemerkt. Nicht ganz trocken wirkt der 2021er Riesling mit der Bezeichnung Der Sommer war sehr groß, doch auch in diesen Falle steht der Hauch von Süße dem nach Hefe, Kräutern und Zitrus duftenden Wein sehr gut – er ist zupackend, enorm würzig und überraschend nachhaltig. Auch der Riesling mit der Bezeichnung Zeit – ein 2019er – wirkt nicht trocken, sogar noch eine Spur süßer als der Sommer-war-sehr-groß-Wein; er reifte sehr lange auf der Hefe, wird aber mitnichten von dieser dominiert, sondern besitzt eine sehr feine, kühle Fruchtnote und eine vibrierende, würzige Art, verbunden mit einem Touch Restzucker. Ein spannender Weintyp! Schließlich der Spätburgunder aus 2020, der eine recht kühle, vielschichtige Frucht aufweist mit Anklängen an rote und schwarze Beeren sowie Gewürze, er ist straff und würzig, aber nicht vom Holz geprägt, fest und animierend im Nachhall.

Kilian und Angelina Franzen

Weinbewertung

85	2021 Riesling trocken „Quarzit Schiefer“ (1l) I 11%/10,90€
87	2021 Riesling „Quarzit-Schiefer“ I 11%/9,90€
87	2020 Riesling trocken „FranZero“ I 11,5%/12,-€
88	2021 Riesling „Der Sommer war sehr groß“ I 11%/12,-€
88	2021 Riesling trocken Neefer Frauenberg I 11%/16,-€
89	2021 Riesling trocken Bremmer Calmont I 11%/16,-€
91	2020 Riesling trocken „GG“ Neefer Frauenberg I 12%/28,-€
92	2020 Riesling trocken „GG“ Bremmer Calmont I 12%/28,-€
90	2019 Riesling „Zeit“ I 11%/16,90€
92	2018 Riesling Sterneberg I 12%/59,-€
93	2019 Riesling Fachkaul I 12%/59,-€
89	2021 Riesling Kabinett Bremmer Calmont I 8%/16,-€
89	2020 Spätburgunder trocken Neefer Frauenberg I 13,5%/24,-€

Lagen

Calmont (Bremm)
Fachkaul (Bremm)
Frauenberg (Neef)
Sterneberg (Neef)

Rebsorten

Riesling (90%)
Elbling (5%)
Weißburgunder (3%)
Spätburgunder (2%)

★☆

Franzmann

Kontakt
Weingut & Gästehaus
Franzmann
Winzerstraße 20 u. 22
55585 Niederhausen
Tel. 06758-6768
Fax: 06758-6212
www.weingut-franzmann.de
info@weingut-franzmann.de

Besuchszeiten
nach Vereinbarung
Gästehaus (16 Betten,
Frühstück möglich)

Inhaber/Betriebsleiter/ Außenbetrieb
Horst Franzmann
Kellermeister
Gregor Franzmann
Rebfläche
12 Hektar

Die Familie Franzmann erzeugt seit fünf Generationen Wein in Niederhausen an der Nahe, heute wird das Weingut von Horst Franzmann geleitet, der im Betrieb mit seinem Sohn Gregor zusammen arbeitet, der seit 2017 den Weinausbau verantwortet. Ihre Weinberge liegen alle in Niederhausen, in den Lagen Hermannshöhle (steiler Südhang mit grauem Schiefer und Vulkangestein), in der sie ihren Premium-Riesling erzeugen, im Felsensteyer (verwittertes Melaphyr), im Rosenheck (Schiefer), in der Kertz (Steillage mit grauem Schiefer), sowie im Steinwingert, wo der Boden aus sandigem Lehm, Schiefer und Löss besteht und im von Löss-Lehm-Boden geprägten Pfaffenstein; des Weiteren ist man im Hüffelsheimer Steyer vertreten. Mit weitem Abstand wichtigste Rebsorte im Betrieb ist mit einem Flächenanteil von 50 Prozent der Riesling, auf 20 Prozent der Fläche steht Grauburgunder, dazu kommen 10 Prozent Weißburgunder, etwas Spätburgunder, Gewürztraminer, Dornfelder, Schwarzriesling, Regent und Portugieser. Neben dem Weingut betreibt die Familie ein Gästehaus.

Kollektion

Das Weingut bestätigt die positive Tendenz aus dem letzten Jahr. Von den beiden sortentypischen, fruchtbetonten Weißburgundern aus dem Felsensteyer ist die Goldkapsel konzentrierter, der teilweise Ausbau im Barrique gibt ihr merklichen Schmelz. Auch die Rieslinge sind fruchtbetont, bieten ausgewogenes Spiel von Saft und Säure. Unter den trockenen Rieslingen gefallen uns besonders der geradlinige „in allen Ehren" aus der Niederhäuser Klamm mit seiner herb-frischen Ader und lagentypischer mineralischer Textur und der fülligere Vertreter aus der Hermannshöhle, der noch etwas reifen darf, um sein Potenzial zu entfalten. Bei den fruchtigen Rieslingen bringt der Kabinett Saft mit passender Würze und markanter Frische ins Glas, die Spätlese aus der gleichen Lage ist saftig und reif, hat genug Spannung für weitere Entwicklung. ▬

Weinbewertung

82 2021 Weißburgunder trocken Niederhäuser Felsensteyer | 12,5%/6,50€
83 2021 Riesling trocken „vom Schiefer" Niederhäuser | 12,5%/6,30€
85 2021 Riesling trocken „in allen Ehren" Niederhäuser Klamm | 12,5%/7,-€
83 2021 Riesling trocken „alte Reben" Niederhäuser Felsensteyer | 12,5%/6,50€
85 2021 Riesling trocken „Goldkapsel" Niederhäuser Hermannshöhle | 12,5%/9,-€
84 2021 Weißburgunder trocken „Goldkapsel" Niederhäuser Felsensteyer | 12,5%/9,-€
83 2021 Riesling „feinherb" Niederhäuser Rosenheck | 10,5%/6,50€
83 2021 Gewürztraminer „feinherb" Niederhäuser Klamm | 10,5%/6,50€
84 2021 Riesling Kabinett Niederhäuser Klamm | 9,5%/7,-€
86 2021 Riesling Spätlese Niederhäuser Klamm | 8,5%/7,50€
83 2019 Regent trocken „Goldkapsel" Niederhäuser Pfaffenstein | 13%/9,50€
82 2018 Spätburgunder trocken „Goldkapsel" Niederhäuser Klamm | 13,5%/12,-€

Staatsweingut Freiburg

★★★

Kontakt
Merzhauser Straße 119
79100 Freiburg
Tel. 0761-40165-44
Fax: 0761-40165-944
www.wbi-freiburg.de
staatsweingut@wbi.bwl.de

Besuchszeiten
Blankenhornsberg:
Mo.- Mi. 12-17 Uhr
Do./Fr. 12-18 Uhr
Sa. 10-16 Uhr
Freiburg:
Mo.- Fr. 10-19 Uhr
Sa. 10-16 Uhr

Inhaber
Land Baden-Württemberg
Betriebs-/Vertriebsleiter
Bernhard Huber,
Kolja Bitzenhofer
Kellermeister
Werner Scheffelt (Freiburg),
Benedikt Jehle (Blankenhornsberg)
Rebfläche
37 Hektar
Produktion
200.000 Flaschen

Das Staatsweingut dient den Wissenschaftlern des Weinbauinstituts Freiburg als Versuchsgut. Im Staatsweingut Freiburg & Blankenhornsberg sind seit 1997 alle Aktivitäten zusammengefasst, die Erzeugung und Vermarktung der Produkte aus den Gutsbetrieben in Freiburg und am Blankenhornsberg in Ihringen am Kaiserstuhl betreffen. 24 Hektar der Rebfläche des Staatsweingutes liegen auf dem Blankenhornsberg bei Ihringen, wo man die Lage Doktorgarten im Alleinbesitz hat. Der Rest verteilt sich in Freiburg auf die Lagen Schlossberg und Jesuitenschloss. Die wichtigste Sorte ist Spätburgunder, es folgen Riesling, Weißburgunder, Grauburgunder und Müller-Thurgau.

Kollektion

Die Ortsweine sind fruchtbetont und geradlinig, der Pino Magma Réserve ist füllig und kompakt, der Spätburgunder vom Jesuitenschloss punktet mit klarer Frucht, Struktur und Grip. Dann folgt eine breite Palette an Großen Gewächsen aus dem Jahrgang 2020. Der Riesling vom Freiburger Schlossberg zeigt etwas Limette im Bouquet, ist frisch, klar, zupackend, besitzt gute Struktur und Grip. Der Chardonnay vom Schlossberg zeigt reintönige Frucht, feine Frische, ist klar, frisch, geradlinig. Deutlich komplexer ist der Chardonnay vom Doktorgarten, zeigt rauchige Noten, gute Konzentration, besitzt Fülle und Kraft, viel reife Frucht, gute Struktur und Substanz. Der Doktorgarten-Weißburgunder ist klar und konzentriert, reintönig und zupackend, besitzt jugendlichen Grip, der Grauburgunder zeigt etwas gelbe Früchte und Quitten im Bouquet, ist kraftvoll und kompakt im Mund. Sehr jugendlich ist auch der Spätburgunder, zeigt reintönige Frucht, etwas florale Noten, besitzt gute Struktur, Frische und Grip. Eine Idee, wie er sich entwickeln könnte, gibt der 2014er, der Frische, Grip und immer noch kräftige Tannine besitzt. Starke Kollektion!

Weinbewertung

83 2021 Johanniter trocken Ebringer | 12,5%/9,80€
84 2021 Muskateller trocken Blankenhornsberger | 12%/12,-€
84 2020 „Pino Magma“ Weißwein trocken Kaiserstuhl | 13%/12,-€
87 2019 „Pino Magma“ Weißwein trocken „Réserve“ | 13,5%/17,-€
89 2020 Riesling „GG“ Freiburger Schlossberg | 13%/25,-€
89 2020 Weißburgunder „GG“ Blankenhornsberger Doktorgarten | 14%/19,-€
88 2020 Grauburgunder „GG“ Blankenhornsberger Doktorgarten | 14%/22,-€
90 2020 Chardonnay „GG“ Blankenhornsberger Doktorgarten | 14%/29,-€
88 2020 Chardonnay „GG“ Freiburger Schlossberg | 13,5%/45,-€
84 2018 Cabernet Cortis trocken Blankenhornsberg | 13,5%/18,-€
86 2020 Spätburgunder Freiburger Jesuitenschloss | 13,5%/18,-€
89 2014 Spätburgunder „GG“ Blankenhornsberger Doktorgarten | 14,5%/60,-€
89 2020 Spätburgunder „GG“ Blankenhornsberger Doktorgarten | 13,5%/25,-€

★★

Stiftungsweingut **Freiburg**

Kontakt
Jesuitenschloss, 79249
Merzhausen b. Freiburg
Tel. 0761-404714
Fax: 0761-4098981
www.stiftungsweingut-freiburg.de; info@stiftungs-weingut-freiburg.de

Besuchszeiten
Do.-Fr. 14-18 Uhr, Sa. 10-14 Uhr
Restaurant Heiliggeist Stüble (Freiburg), Restaurant Jesuitenschloss (Merzhausen)

Inhaber
Heiliggeistspitalstiftung Freiburg
Betriebsleiter
Kilian Hunn
Vertrieb
Stefan Steinheuer
Rebfläche 16 Hektar
Produktion
100.000 Flaschen

Die Geschichte des Stiftungsweinguts Freiburg lässt sich bis ins Jahr 1298 zurückverfolgen. Im Laufe dieser Zeit wechselte das Weingut mehrmals seinen Standort, bis es 1985 in das Jesuitenschloss über der Stadt Freiburg einzog. Ein Teil der Weinberge liegt in Freiburg: Die nach Süden ausgerichtete Steillage Freiburger Schlossberg besitzt steinige Gneisverwitterungsböden, in der Lage Freiburger Jesuitenschloss, rund um das Weingut, herrschen schwere lehmhaltige Böden vor. Der andere Teil der Weinberge liegt am Tuniberg (Lössböden) in den Gemeinden Opfingen, Tiengen, Munzingen und Niederrimsingen. Die Burgundersorten nehmen zwei Drittel der Rebfläche ein. Dazu gibt es Gutedel und Müller-Thurgau, aber auch Chardonnay, Riesling und Merlot. Die Weißweine bleiben recht lange auf der Hefe, die Rotweine werden maischevergoren, die Spitzenqualitäten werden anschließend im Barrique oder im großen Eichenholzfass ausgebaut. Mit dem Jahrgang 2020 wurde das Sortiment neu gegliedert in Guts-, Orts- und Lagenweine (Freiburger Schlossberg).

Kollektion

Das ist die bisher beste Kollektion, die wir vom Stiftungsweingut Freiburg verkostet haben, die Weißweine zeigen sehr gleichmäßige Qualität, die beiden präsentierten Rotweine sind bärenstark. Der Weißburgunder ist lebhaft und geradlinig, der Chardonnay besitzt feine süße Frucht und Biss. Der Freiburger Blanc de Noir ist lebhaft und fruchtbetont, frisch und zupackend, der Niederrimsinger Grauburgunder ist reintönig und geradlinig. An der Spitze der Weißweine stehen die beiden Lagenweine aus dem Freiburger Schlossberg. Der Riesling zeigt feine Würze und klare Frucht im Bouquet, ist kraftvoll und kompakt im Mund, der Grauburgunder zeigt gute Konzentration, viel Würze, ist kraftvoll, ebenfalls recht kompakt, besitzt viel Substanz. Deutlich spannender noch sind die roten Lagenweine aus dem Schlossberg. Der Spätburgunder, Jahrgang 2018, zeigt gute Konzentration und feine Würze im Bouquet, ist frisch und zupackend im Mund, besitzt gute Struktur und klare Frucht. Der 2019er Merlot ist intensiv fruchtig im Bouquet, herrlich reintönig, besitzt feine Frische und Frucht, gute Struktur und Grip. Im Aufwind!

Weinbewertung

82 2021 Weißburgunder trocken | 13%/8,50€
83 2021 Chardonnay trocken | 13%/8,50€
83 2021 Pinot Noir „Blanc de Noir" trocken Freiburger | 13,5%/9,50€
83 2021 Grauer Burgunder trocken Niederrimsinger | 13%/10,50€
85 2021 Riesling trocken Freiburger Schlossberg | 12,5%/14,50€
85 2021 Grauburgunder trocken Freiburger Schlossberg | 14%/17,50€
88 2019 Merlot trocken Freiburger Schlossberg | 13%/19,50€
87 2018 Spätburgunder trocken Freiburger Schlossberg | 14%/19,50€

★★½

Freimuth

Kontakt
Am Rosengärtchen 25
65366 Geisenheim-Marienthal
Tel. 06722-981070
Fax: 06722-981071
www.freimuth-wein.de
info@freimuth-wein.de

Besuchszeiten
nach Vereinbarung

Inhaber
Jonas Freimuth
Betriebsleiter
Jonas Freimuth
Rebfläche
13 Hektar
Produktion
60.000 Flaschen

Alexander Freimuth übernahm 1984 noch während seines Geisenheim-Studiums das elterliche Weingut, führt es seit 1989 zusammen mit Ehefrau Karin, die ebenfalls in Geisenheim studiert hat. 1996 sind sie nach Marienthal ausgesiedelt, 2006 wurde ein neues Wirtschaftsgebäude mit Straußwirtschaft und Ferienapartments errichtet. Sohn Jonas, Geisenheim-Absolvent, schon zuvor für den Keller verantwortlich, hat im Juli 2021 den Betrieb übernommen. 2015 wurde die Rebfläche nochmals deutlich erweitert auf nunmehr 13 Hektar. Die Weinberge liegen in den Geisenheimer Lagen Kläuserweg, Mönchspfad, Kilzberg und Mäuerchen sowie in den Rüdesheimer Lagen Bischofsberg, Magdalenenkreuz und Kirchenpfad. Im Niersteiner Roten Hang besitzt man die Monopollage Niersteiner Goldene Luft, eine sehr kleine gesetzliche Einzellage, die vollständig vom Niersteiner Hipping umgeben ist. Neben Riesling gibt es Spätburgunder, etwas Grau- und Weißburgunder sowie Sauvignon Blanc und Roter Riesling.

Kollektion

Der 2021er Gutsriesling ist typisch, bringt Biss, Säure und grünen Apfel mit. Ähnlich der Roter Riesling, der ein wenig geschmeidiger ist und weniger Säure aufweist als der Gutsriesling; es dominieren roter Apfel und Zitrusschale. Der Lagen-Riesling aus dem Bischofsberg kommt aus dem Jahrgang 2020 und ist im Vergleich zu den 2021ern voluminöser, bringt bereits erste subtile Reifenoten mit, bleibt im Mund aber straff, ist präsent und zugänglich, zeigt Zitrusschale und reife Aprikose. Das greift auch der Riesling-Sekt auf, der Noten von Aprikose und Zitrus verbindet – ein animierender, fruchtbetonter Schaumwein. Der Spätburgunder ist voluminös und rauchig. Auch auf Sauvignon Blanc versteht man sich: Der 2021er ist von Stachelbeere und Tropenfrucht geprägt, dabei aber von einer knackigen Säureader durchzogen. Der Grauburgunder zeigt klare Frucht, ist sortentypisch und süffig. Abgerundet wird die Kollektion von einer herrlich reintönigen Trockenbeerenauslese, die intensive süße Aprikosenfrucht wird durch eine scharfkantige Säureader in Balance gehalten.

Weinbewertung

- **86** 2019 Riesling Sekt brut | 12,5%/12,-€
- **84** 2021 Riesling trocken | 11,5%/7,50€
- **83** 2021 Grauer Burgunder trocken | 12,5%/8,50€
- **85** 2021 Sauvignon Blanc trocken | 12%/9,-€
- **84** 2021 Riesling trocken „Alte Reben“ Geisenheim | 12%/9,50€
- **85** 2021 Roter Riesling trocken Geisenheim | 12%/9,50€
- **85** 2020 Riesling trocken Bischofsberg | 13%/14,50€
- **93** 2020 Riesling Trockenbeerenauslese Geisenheimer Mönchspfad | 8,5%/99,-€/0,375l
- **86** 2018 Spätburgunder trocken Rüdesheimer Magdalenenkreuz | 14%/23,-€

★★★½

Frey

Kontakt
Im Brühl 1
79211 Denzlingen
Tel. 07666-5253
Fax: 07666-2314
www.frey-weine.de
info@frey-weine.de

Besuchszeiten
Do./Fr. 9-12 + 14-19 Uhr
Sa. 9-16 Uhr

Inhaber
Martin Frey
Betriebsleiter
Martin Frey
Kellermeister
Martin Frey,
David Flubacher
Außenbetrieb
Volker Schimanski
Rebfläche
18 Hektar
Produktion
100.000 Flaschen

NGUT OTTO & MARTIN FREY

Martin Frey führte heute zusammen mit Ehefrau Barbara den Betrieb, den sein Vater Otto 1972 ausgesiedelt hatte. Seine Weinberge liegen im Glottertäler Eichberg (mit Teillage Rinzberg, Gneis), aber auch in Denzlingen (Sonnhalde mit den Teillagen Steinhalde und Hummelgarten, Buntsandstein und Muschelkalk), Sexau (Sonnhalde mit Teillage Reichenbächle, Gneis) und Gundelfingen-Wildtal (Sonnenberg, Gneis und Buntsandstein), der Wöpplinsberg in Emmendingen (Muschelkalk) wurde neu angelegt, 60 Prozent befinden sich in Steillagen. Spätburgunder nimmt ein knappes Drittel der Rebfläche ein, es folgen Grau- und Weißburgunder, dazu gibt es vor allem Riesling, Auxerrois, Sauvignon Blanc. Das Sortiment wurde in den letzten Jahren neu strukturiert, besteht aus Gutsweinen, der Linie Gneiss, sowie den Glottertäler Eichberg-Weinen (lange Aigi genannt).

Kollektion

Die 2021er Weißweine sind frisch und fruchtbetont, etwas leichter und lebhafter als gewohnt, aber das steht ihnen gut. Der Auxerrois ist reintönig und zupackend, der Riesling geradlinig und frisch, was auch für den fruchtbetonten Weißburgunder gilt. Der Grauburgunder ist harmonisch, sehr reintönig, der Sauvignon Blanc zeigt etwas florale Noten, besitzt Frische, Frucht und Grip. Aus dem Jahrgang 2020 stammt die Cuvée aus Weißburgunder und Chardonnay, die etwas rauchige Noten zeigt, gute Struktur und Frucht besitzt. Spannend sind die vier Rotweine, die alle aus dem Jahrgang 2020 stammen. Die Cuvée aus Merlot und Cabernet Franc zeigt rote Früchte im Bouquet, ist füllig und harmonisch, kraftvoll und strukturiert. Der Spätburgunder von alten Reben ist frisch und fruchtbetont, sehr klar und geradlinig. Der Spätburgunder Gneis ist deutlich würziger, aber ebenso frisch, klar, fruchtbetont und zupackend. Klares Highlight der Kollektion aber ist der Eichberg-Spätburgunder, der gute Konzentration im Bouquet zeigt, rauchige Noten und reintönige Frucht, füllig und kraftvoll ist, Struktur, reife Frucht, Frische und Grip besitzt.

Weinbewertung

84 2021 Auxerrois trocken Glottertäler Eichberg | 12%/9,-€
83 2021 Riesling trocken „Gneis"** | 11,5%/11,-€
84 2021 Weißburgunder trocken „Gneis"** | 12,5%/11,-€
84 2021 Grauburgunder trocken „Gneis"** | 12,5%/11,-€
85 2021 Sauvignon Blanc trocken | 12%/9,50€
86 2020 Weißburgunder-Chardonnay trocken „Aigi"*** | 12,5%/17,-€
86 2020 Spätburgunder trocken „Alte Rebe"* | 13,5%/10,50€
87 2020 Merlot-Cabernet Franc trocken Gneis** | 13,5%/18,-€
87 2020 Spätburgunder trocken „Gneis"** | 13%/17,-€
90 2020 Spätburgunder trocken Glottertäler Eichberg | 13%/30,-€

★★★☆

Frey

Kontakt
Weedegasse 10
55234 Ober-Flörsheim
Tel. 06735-941272
Fax: 06735-941273
weingut@bechtel-frey.de
www.frey-wines.com

Besuchszeiten
nach Vereinbarung

Inhaber
Philipp & Christopher Frey
Betriebsleiter
Christopher Frey
Kellermeister
Philipp Frey
Rebfläche
10 Hektar
Produktion
70.000 Flaschen

Ober-Flörsheim ist die höchstgelegene Weinbaugemeinde im Südwesten Rheinhessens; im alten Ortskern von Ober-Flörsheim befindet sich im Katharinenhof das Weingut der Familie Frey, die seit dem 18. Jahrhundert Weinbau betreibt. Stefan Frey und seine Söhne Philipp und Christopher haben 2013 mit der Umstellung auf biologischen Weinbau begonnen, nach EU-Richtlinien. Philipp und Christopher Frey führen heute den Betrieb, beide haben in Geisenheim studiert. Ihre Weinberge liegen zwischen Biebelnheim im Norden und Ober-Flörsheim im Süden, beispielsweise in den Lagen Hangen-Weisheimer Sommerwende, Kettenheimer Wartberg und Gundersheimer Königsstuhl. Die Böden sind sehr unterschiedlich, reichen von Kalksteinverwitterung über Lösslehm mit Kalkfels bis hin zu Kalkmergel und kiesig-schottrigen Böden. Riesling nimmt gut ein Drittel der Rebfläche ein, die Burgundersorten zusammen ein Viertel, hinzu kommt ein Fünftel Cabernet Sauvignon, dazu gibt es Silvaner, Chardonnay, Sauvignon Blanc und Merlot. Die Weine werden mit den traubeneigenen Hefen vergoren und teils im Edelstahl, teils in großen und kleinen Eichenholzfässern ausgebaut.

Kollektion

Auch in diesem Jahr präsentieren Philipp und Christopher Frey wieder eine hochklassige Kollektion mit weißen und roten Spitzen – und die Basis stimmt ebenfalls, schon die Gutsweine haben wir alle mit „sehr gut" bewertet, sie sind reintönig, frisch und zupackend. Die Ortsweine besitzen dann noch mehr Substanz, der Hangen-Weisheimer Riesling gefällt uns besonders gut, besitzt reintönige Frucht, gute Struktur und Grip. Hervorragend ist wieder der Sommerwende-Riesling, faszinierend reintönig, druckvoll, mineralisch und nachhaltig. Der Reserve-Chardonnay punktet mit intensiver Frucht und Substanz, die restsüßen Rieslinge mit Finesse und Reintönigkeit. Hervorragend ist der Sommerwende-Pinot Noir, reintönig, herrlich eindringlich, zeigt Johannisbeeren, besitzt viel Frische, Zug und Grip. Im Aufwind!

Weinbewertung

85	2021 Riesling I 12,5%/9,-€
85	2021 Pinot Blanc I 13%/8,80€
86	2021 Pinot Gris I 12,5%/8,80€
86	2021 Silvaner Hangen-Weisheim I 12,5%/13,-€
88	2021 Riesling Hangen-Weisheim I 12,5%/14,-€
89	2021 Chardonnay „Reserve" I 13%/15,20€
91	2021 Riesling Hangen-Weisheim Sommerwende I 12,5%/23,80€
85	2021 Riesling „feinherb" I 12%/8,60€
85	2021 Riesling Kabinett I 10%/9,60€
88	2021 Riesling Spätlese I 8%/11,60€
86	2019 Pinot Noir I 13,5%/13,-€
90	2019 Pinot Noir Hangen-Weisheim Sommerwende I 13,5%/21,80€

★★

Frieden-Berg

Kontakt
Weinstraße 19
54453 Nittel
Tel. 06584-99070
Fax: 06584-99072
www.frieden-berg.de
info@frieden-berg.de

Besuchszeiten
Mo.-Fr. 8-18 Uhr
Sa./So. 10-18 Uhr

Inhaber
Horst & Maximilian Frieden
Betriebsleiter
Maximilian Frieden
Kellermeister
Maximilian Frieden
Außenbetrieb
Horst Frieden
Rebfläche
14 Hektar
Produktion
90.000 Flaschen

Seit Generationen baut die Familie Wein an der Obermosel an, heute wird das Gut geführt von Horst Frieden zusammen mit seinem Sohn Maximilian, der auch als Kellermeister firmiert. Elbling, die typische Rebsorte der Obermosel, nimmt heute nur noch 30 Prozent der Rebfläche ein, dazu gibt es jeweils 15 Prozent Auxerrois. Grauburgunder, Weißburgunder und Spätburgunder sowie 10 Prozent Chardonnay. Die Reben wachsen auf Muschelkalkböden in den Nitteler Lagen Leiterchen, Rochusfels und Blümchen. Inzwischen wurde das Programm strikt in Guts- und Ortsweine sowie Lagenweine gegliedert, die aus ertragsreduzierten Anlagen stammen und lange auf der Feinhefe ausgebaut werden. Im alten Kuhstall ist das Restaurant Novum untergebracht, das mediterrane und regionale Küche serviert und beweist, dass sich das Weingut in vielerlei Hinsicht modern präsentieren will.

Kollektion

Nicht viele Weingüter der Obermosel schöpfen das Potenzial von Rebsorten und Böden aus, die meisten begnügen sich mit gut trinkbaren Alltagsweinen. Zu jenen Winzern, die Ambitionen zeigen, gehört das Weingut Frieden-Berg; das wurde bereits in den vergangenen Jahren deutlich und ist auch diesmal zu spüren. Ein spritziger Elbling mit Anklängen an Zitrus gehört ebenso ins Programm wie der Sauvignon Blanc mit sortentypischer Art und Saftigkeit. Der 2021er Chardonnay ist frisch, zeigt Zitrusnoten, der Grauburgunder ist fest und saftig. Wirklich spannend wird es dann bei den Lagenweinen der Reihe Max aus 2020: Der Chardonnay ist fein und duftig, gut balanciert, würzig, schlank, aber nachhaltig. Nochmals interessanter ist der im Tonneau zur Perfektion gereifte, würzige, absolut trockene und zum Glück nicht vom Holz geprägte Grauburgunder. Der Cabernet Franc zeigt deutlich tabakige Würze, aber auch dunkle Fruchtnoten und Kirsche, ist im Mund überraschend schlank, zupackend, vertritt einen sehr eigenständigen Stil. Wer hätte einmal gedacht, dass so etwas an der Obermosel funktioniert?

Weinbewertung

85 2019 Elbling Crémant brut | 12,5%/12,-€
87 2018 Pinot Crémant „Max" brut | 13%/17,50€
82 2021 Elbling trocken | 12%/7,90€
84 2021 Sauvignon Blanc trocken | 12%/9,90€
84 2021 Auxerrois trocken | 12,5%/8,90€
85 2021 Grauburgunder trocken | 12,5%/9,50€
85 2022 Grauburgunder trocken | 12,5%/11,90€
84 2021 Chardonnay trocken | 12,5%/9,50€
88 2020 Grauburgunder trocken „Max Im Erger" | 13%/17,-€
87 2020 Chardonnay trocken „Max Auf Hasseld" | 13%/17,-€
87 2019 Cabernet Franc trocken | 13%/18,50€

★★☆

Friesenhahn

Kontakt
Am Fichtenkopf 22
65385 Rüdesheim
Tel. 06722-937647
Fax:
www.weingut-friesenhahn.de
info@weingut-friesenhahn.de

Besuchszeiten
nach Vereinbarung
in den Sommermonaten
Straußwirtschaft/Weingarten

Inhaber
Dirk & Meike Friesenhahn
Betriebsleiter
Dirk Friesenhahn
Kellermeister
Dirk Friesenhahn
Außenbetrieb
Dirk Friesenhahn
Rebfläche
1,4 Hektar
Produktion
10.000-12.000 Flaschen

FRIESENHAHN

Seit 1990 bewirtschaftet Dirk Friesenhahn, hauptberuflich Geschäftsführer einer großen Kellerei auf der anderen Rheinseite, im Nebenerwerb Weinberge in seiner Rheingauer Heimat. Angefangen hat der in Weinsberg ausgebildete Weinküfer mit 0,3 Hektar im Rüdesheimer Drachenstein, die er von seinem Großvater übernehmen konnte. Heute sind es 1,7 Hektar, die er gemeinsam mit seiner Frau Meike Friesenhahn und mit Unterstützung seines Vaters bewirtschaftet. 55 Prozent der Weinberge sind mit Riesling bepflanzt, 40 Prozent mit Spätburgunder und 5 Prozent mit Grauburgunder, einer für den Rheingau untypischen Rebsorte, die aber ein Herzensprojekt der beiden bekennenden Südtirolliebhaber ist. Da der größte Teil der Rebflächen in den steilen Abschnitten des Rüdesheimer Bergs liegt, werden alle Trauben per Hand gelesen. Derzeit befindet sich das Weingut in der Umstellungsphase zum ökologischen Weinbau.

Kollektion

Schon immer spielen Weißherbst und Grauburgunder eine große Rolle beim Weingut Friesenhahn. Der trockene weiß gekelterte Spätburgunder ist leicht und bietet Trinkfluss, der feinherbe zeigt sich geschmeidiger und kann mit seiner Restsüße gut umgehen. Der „Saigner“ aus dem Barrique zeigt viel süßliches Holz und bringt Aromen von Kokos und Erdbeere mit. Auch der Grauburgunder aus dem Barrique weist ein intensives Toasting auf, ist cremig und zeigt klare reife Bananennoten. Die trockenen 2020er Rieslinge „A“ und „Katerloch“ sind sehr ähnlich, beide leben von knackiger Zitrussäure, sind schlank und fest. Der feinherbe Riesling „Leingibel“ tritt im Stil eines klassischen Kabinettweins auf, ist ebenfalls von kräftiger Riesling-Säure geprägt, die er mit charmanter Süße kontert. Die beiden roten Spätburgunder bringen eine angenehme Frische mit. Der „kleine“ Drachenstein aus dem Jahr 2020 ist fein, nicht so sehr extrahiert, dafür animierend. Sein Pendant aus dem Barrique fügt dem Toast und feine Kräuternoten hinzu.

Weinbewertung

85 2020 Riesling „A“ trocken Rüdesheimer | 13%/8,70€
82 2021 Grauburgunder trocken Rüdesheim | 13,5%/9,-€
85 2020 Riesling trocken Rüdesheimer Katerloch® | 13%/9,-€
84 2021 Grauburgunder trocken Barrique Rüdesheim | 13,5%/12,-€
85 2020 Riesling „feinherb“ Rüdesheimer Leingibel® | 12%/8,50€
82 2021 Spätburgunder Weißherbst trocken Rüdesheimer | 12%/8,-€
84 2021 Spätburgunder Weißherbst trocken „Saigner“ Rüdesheim | 13,5%/11,-€
82 2021 Spätburgunder Weißherbst „feinherb“ Rüdesheimer | 12%/8,-€
84 2020 Spätburgunder trocken Rüdesheim | 13%/9,-€
86 2019 Spätburgunder trocken Barrique Rüdesheimer Drachenstein | 13%/15,-€

★★½

Clemens Fröhlich

Kontakt
Bocksbeutelstraße 19
97332 Escherndorf
Tel. 09381-1776
Fax: 09381-6163
www.weingut-froehlich.de
info@weingut-froehlich.de

Besuchszeiten
Mo.-Fr. 9-18 Uhr
Sa. 9-17 Uhr
4 Gästezimmer (Aufenthaltsraum, Küche)

Inhaber
Clemens Fröhlich
Betriebsleiter
Clemens Fröhlich
Rebfläche
6 Hektar

Clemens Fröhlich begann 1987 mit der Selbstvermarktung, mit damals einem halben Hektar Weinberge. Heute bewirtschaftet er 6 Hektar, 3,5 Hektar davon in Steillagen. Ehefrau Ingrid Fröhlich ist für den Verkauf zuständig, Sohn Philip hat erstmals im Jahrgang 2015 Weine nach seinen eigenen Vorstellungen ausgebaut. Wichtigste Rebsorten sind Riesling und Silvaner. Hinzu kommen vor allem noch Müller-Thurgau, Kerner und Bacchus. Zum Weingut gehören auch ein Hektar Obstbäume, aus deren Ertrag Edelbrände erzeugt werden. Alle als trocken bezeichneten Weine (85 Prozent der Produktion) von Clemens Fröhlich sind „fränkisch trocken", Restzucker und Säure sind auf dem Etikett angegeben; die nicht als trocken bezeichneten Weine liegen in der Regel ebenfalls im gesetzlich trockenen Bereich.

Kollektion

Konnten wir im vergangenen Jahr mit dem Silvaner erstmals einen Sekt von Clemens Fröhlich verkosten, folgt in diesem Jahr nun gleich der zweite, allerdings diesmal ein Riesling-Sekt, der viel Frucht und Würze im Bouquet zeigt, frisch und geradlinig im Mund ist, feine süße Frucht besitzt. Sehr gleichmäßig präsentieren sich die Kabinettweine aus der Linie „Philips Passion"; Der Riesling ist würzig und eindringlich, zeigt dezente Reife, der Silvaner besitzt Fülle und Kraft, gute Struktur und Frische, der Müller-Thurgau ist geradlinig, zupackend und strukturiert. Auch die anderen Kabinettweine präsentieren sich sehr gleichmäßig, unsere leichte Präferenz gilt dem 2020er Riesling aus dem Lump, der fruchtbetont und reintönig im Bouquet ist, klar, geradlinig und frisch im Mund. Angeführt wird die Kollektion von den beiden trockenen 2020er Spätlesen aus dem Lump: Der Silvaner zeigt gute Konzentration, feine Würze und Frucht, ist füllig und kraftvoll, hat Substanz, der Riesling ist sehr offen bei klarer Frucht, zeigt etwas Pfirsich, ist füllig und saftig im Mund bei klarer reifer Lump-Frucht.

Weinbewertung

85 2020 Riesling Sekt brut Escherndorfer Lump | 12%/13,-€
82 2021 Müller-Thurgau Kabinett (Unsere Exoten) | 11%/7,-€
82 2021 Cuvée Kabinett „Unser Geheimnis" Weißwein (Unsere Exoten) | 11,5%/7,-€
84 2020 Riesling Kabinett trocken Escherndorfer Lump | 12,5%/7,-€
83 2021 Kerner Kabinett trocken Escherndorfer | 13%/7,50€
83 2021 Morio-Muskat Kabinett trocken Escherndorfer | 11%/7,50€
85 2019 Müller-Thurgau Kabinett trocken „PP" | 12,5%/8,50€
85 2020 Silvaner Kabinett trocken „PP" Escherndorfer | 12%/9,50€
84 2019 Riesling Kabinett trocken „PP" Escherndorfer | 12%/9,50€
85 2020 Silvaner Spätlese trocken Escherndorfer Lump | 13%/9,50€
86 2020 Riesling Spätlese trocken Escherndorfer Lump | 13%/9,50€
83 2020 Domina Spätlese trocken | 13%/8,50€

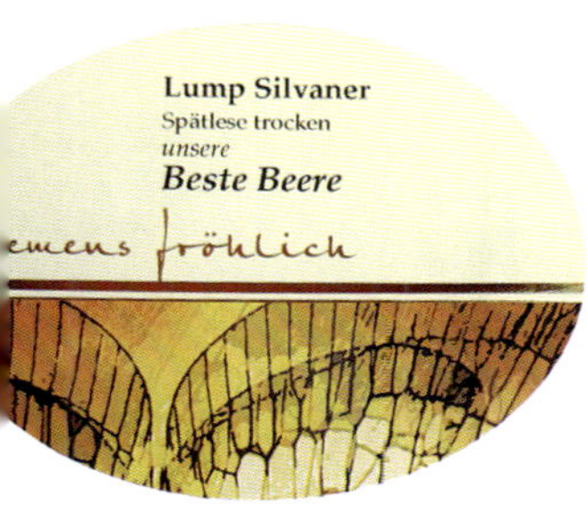

★★★½

Michael Fröhlich

Kontakt
Bocksbeutelstraße 41
97332 Escherndorf
Tel. 09381-2847
Fax: 09381-71360
www.weingut-michael-froehlich.de
info@weingut-michael-froehlich.de

Besuchszeiten
Mo.-Fr. 9-18 Uhr
Sa. 10-17 Uhr
sowie nach Vereinbarung
Veranstaltungsraum (bis 70 Personen)
Hofschoppenfest Ende August

Inhaber
Michael Fröhlich
Kellermeister
Michael Fröhlich, Maximilian Fröhlich
Rebfläche
11 Hektar
Produktion
85.000 Flaschen

Michael Fröhlich gründete 1985 sein eigenes Weingut, anfangs mit einer Rebschule als zweitem Standbein. Heute werden er und Ehefrau Eva von Sohn Maximilian im Betrieb unterstützt. Die Weinberge liegen in Escherndorf, hauptsächlich in den Lagen Lump und Fürstenberg. Silvaner und Müller-Thurgau nehmen jeweils etwa ein Viertel der Rebfläche ein, Riesling 10 Prozent, dazu gibt es Rieslaner und Scheurebe, als Spezialität Muskateller und etwa 10 Prozent rote Rebsorten. Das Sortiment ist vierstufig gegliedert in Gutsweine, Ortsweine (die ehemaligen Kabinettweine), Erste Lage-Weine aus Fürstenberg und Lump (die ehemaligen trockenen Spätlesen) sowie die Großen Gewächse „Am Lumpen 1655", Silvaner und Riesling. 2019 wurde der neue Veranstaltungsraum eröffnet.

Kollektion

Hohes Niveau zeigen schon die Gutsweine: Der Frank & Frei-Müller-Thurgau ist wunderschön lebhaft und zupackend, der birnenduftige Silvaner setzt ganz auf Frucht, der Weißburgunder ist frisch, geradlinig, der Riesling reintönig, zupackend, der nur dezent süße Muskateller punktet mit Frische und Frucht. Die Ortsweine liegen ebenfalls auf dieser Linie, setzen auf Frische und Grip. Die Erste Lage-Weine sind etwas kraftvoller, jahrgangsbedingt schlanker als sonst, aber sie gefallen uns sehr gut, besitzen wunderschön reintönige Frucht und Grip. Der Silvaner ist herrlich eindringlich und reintönig, besitzt Struktur und Frische, der Riesling ist würzig, ebenfalls wunderschön reintönig und frisch, was auch auf den Fürstenberg-Muskateller zutrifft. Die beiden Großen Gewächse stammen aus dem Jahrgang 2020, wir hatten sie schon im Vorjahr verkostet: Dem Riesling steht ein Anflug von Reife gut zu Gesicht, er ist füllig, kraftvoll, besitzt viel reife Frucht, gute Struktur und viel Frische, der Silvaner, der sich im vergangenen Jahr sehr offen und fruchtbetont präsentierte, ist heute im Bouquet wesentlich zurückhaltender, besitzt Substanz, Struktur und Frische im Mund.

Weinbewertung

85	2021 Müller-Thurgau trocken „Frank & Frei" I 11,5%/7,50€
84	2021 Silvaner trocken I 11,5%/7,50€
85	2021 Weißer Burgunder trocken I 13%/10,-€
84	2021 Riesling trocken I 12%/7,50€
85	2021 Silvaner trocken Escherndorf I 12%/8,50€
86	2021 Riesling trocken Escherndorf I 12%/8,50€
88	2021 Silvaner trocken Escherndorfer Lump I 12,5%/12,-€
88	2021 Riesling trocken Escherndorfer Lump I 12,5%/12,-€
87	2021 Gelber Muskateller trocken Escherndorfer Fürstenberg I 12,5%/12,-€
90	2020 Silvaner trocken „GG Am Lumpen 1655" Escherndorf I 13%/23,-€
90	2020 Riesling trocken „GG Am Lumpen 1655" Escherndorf I 13%/23,-€
85	2021 Gelber Muskateller I 11,5%/8,-€

★★

Fuchs-Jacobus

Kontakt
Hof Steyert
55444 Schweppenhausen
Tel. 06724-60970
www.fuchs-jacobus.de
info@fuchs-jacobus.de

Besuchszeiten
nach Vereinbarung
Inhaber
Wilfried Jacobus
Betriebsleiter
Wilfried Jacobus
Kellermeister
Thorben Bosse
Außenbetrieb
Thorben Bosse
Rebfläche
16 Hektar

Weingut Fuchs-Jacobus
demeter

Das Weingut Fuchs-Jacobus entstand 1979 durch die Heirat von Marlene und Wilfried Jacobus und der darauf erfolgten Zusammenlegung der Weinberge der jeweiligen Familien. 1989 stellten die beiden auf biodynamischen Anbau um, durch Tausch von Weinbergsflächen mit Winzerkollegen gelang es ihnen, sich ganz auf den Schweppenhäuser Steyerberg zu konzentrieren. Heute liegen alle Weinberge im Süd- und Südosthang der von Schieferverwitterungsböden geprägten Steillage mit einer Neigung zwischen 33 und 45 Grad und auf dem Plateau über dem Hang, wo sich auch das Weingut selbst befindet. Für den Außenbetrieb und den Keller ist mittlerweile der Geisenheimabsolvent Thorben Bosse verantwortlich, wichtigste Rebsorten sind Riesling, Spät-, Weiß- und Grauburgunder, sowie Regent, die zusammen drei Viertel der Fläche ausmachen, daneben gibt es noch Frühburgunder, Silvaner, Müller-Thurgau, Faberrebe, Gewürztraminer und Cabernet Blanc. Das Sortiment ist in vier Stufen eingeteilt: Basis, Lage, Terroir und Komplex.

Kollektion

Die Weine des biodynamischen Weingutes sind wie immer eigensinnig. Mit ihrer etwas rustikalen Art sind sie sicher nicht jedermanns Sache, werden unter den naturweinnahen Trinkern aber ganz sicher ihre Freunde finden. Einen guten Einstieg bietet der geradlinige, florale Weißburgunder aus dem Steyerberg. Der hochfarbige Grauburgunder hat mehr Kraft und frische Gerbstoffwürze, die gut mit seinem Schmelz kontrastiert, er ist lang und nussig. Apropos hochfarbig: Der Cabernet Blanc verdient den Zusatz „Orange" auf den ersten Blick. Mit Fülle und dezenter rauchiger Frische ist er sehr ausgewogen, entwickelt anregenden Trinkfluss. Bei den geschmacklich herben Rieslingen spielt der Langegohn mit seinem salzigen Gaumenabdruck den agilen Charakter, der staubtrockene Interiora Riesling baut deutlich mehr Druck auf, ist durchlässig und tiefgründig zugleich, changiert. Die Rotweine sind robust. Der unkomplizierte Regent gefällt mit dunkler Frucht und passender Frische. Der Goldgrund Pinot Noir mit seinem erdigen Duft hat seine markante Säure gut integriert, bietet wohldosierte Kraft und Länge. Der Frühburgunder duftet nach Roter Beete und Cassis, sein reifer Fruchtkern mildert den markanten Gerbstoffbiss.

Weinbewertung

84	2020 Weißer Burgunder trocken Schweppenhäuser Steyerberg I 13%/8,90€
84	2020 Riesling trocken „Langegohn" I 12,5%/12,80€
86	2020 Grauer Burgunder trocken „Hundertzeil" I 13,5%/14,50€
85	2020 Cabernet Blanc trocken „Orange" I 13,5%/14,90€
87	2020 Riesling trocken „Interiora" I 13%/25,-€
84	2020 Regent „Schoenholt" I 12%/9,80€
85	2019 Frühburgunder trocken „Menschel" I 13%/14,90€
86	2019 Pinot Noir trocken „Goldgrund" I 12,5%/16,90€

★★★★★ Rudolf Fürst

Kontakt
Hohenlindenweg 46
63927 Bürgstadt
Tel. 09371-8642
Fax: 09371-69230
www.weingut-rudolf-fuerst.de
info@weingut-rudolf-fuerst.de

Besuchszeiten
nach Vereinbarung

Inhaber
Paul & Sebastian Fürst
Betriebsleiter
Sebastian Fürst
Kellermeister
Sebastian Fürst
Außenbetrieb
Sebastian Schür
Rebfläche
21,2 Hektar
Produktion
120.000 Flaschen

Monika und Paul Fürst errichteten 1979 ihr Gutsgebäude in den Weinbergen am Centgrafenberg. Heute werden sie im Betrieb unterstützt von Sohn Sebastian, der sich vor allem um den Ausbau der Rotweine kümmert. Sie besitzen neben Weinbergen im Centgrafenberg und im Hundsrück in Bürgstadt auch 4 Hektar im Volkacher Karthäuser, seit 2004 erzeugen sie auch Weine aus dem Klingenberger Schlossberg, wo sie einige Terrassen neu bepflanzten, sind auch im Großheubacher Bischofsberg vertreten. Allein ihnen ist es zu verdanken, dass der Centgrafenberg in Bürgstadt allen Weinkennern in Deutschland ein Begriff ist, und auch beim Schlossberg sind sie die Vorreiter für dessen Renaissance. Spätburgunder ist ihre wichtigste Rebsorte, dann folgen Riesling, Weißburgunder, Silvaner, Frühburgunder und Chardonnay. An der Spitze der Rotwein-Kollektion stehen die Großen Gewächse, der Spätburgunder aus dem Centgrafenberg und der Hundsrück, der erstmals 2003 als Hunsrück erzeugt wurde, aber inzwischen wieder „Hundsrück“ heißt, nachdem die alte Einzellage anerkannt und in ihrer ursprünglichen Schreibweise in die Lagenrolle eingetragen wurde; 2008 brachte den ersten Jahrgang des Klingenberger Schlossbergs als „Großes Gewächs“. Unter den Großen Gewächsen steht der Spätburgunder Bürgstadter Berg, darunter die Spätburgunder Ortsweine aus Bürgstadt und Klingenberg; quasi neben den Großen Gewächsen steht der Frühburgunder R. Das weiße Segment ist gegliedert in die „pur mineral“ genannten Gutsweine, die Lagenweine vom Centgrafenberg, die inzwischen die neue Lagenbezeichnung Bürgstadter Berg tragen, sowie den Riesling Großes Gewächs aus dem Centgrafenberg; daneben gibt es den Chardonnay aus dem Karthäuser (der seit dem Jahrgang 2016 aber keine Lagenbezeichnung mehr trägt) und den Weißburgunder R aus dem Centgrafenberg, der ebenfalls seit 2016 ohne Lagenbezeichnung auf den Markt kommt.

Kollektion

Sechs Weißweine und sechs Rotweine haben Paul und Sebastian Fürst auch in diesem Jahr wieder vorgestellt. Als weißen Gutswein haben sie wieder den Riesling präsentiert, der fruchtbetont und harmonisch ist, trotz nur 11 Prozent Alkohol relativ füllig und saftig ist – wer auf Primärfrucht bei Riesling verzichten kann, darf ihn gerne einige Jahre lagern, denn er reift gut, wovon wir uns bei einem Restaurantbesuch vergewissern konnten. Den Riesling vom Centgrafenberg haben wir zwei Mal verkostet – und haben unterschiedliche Eindrücke erhalten. Im „Franken-Finale“ zeigte er etwas Schärfe und Limone, war enorm druckvoll und mineralisch, im bundesweiten Finale dann war er rauchig, konzentriert und klar, etwas von Kohlensäure geprägt. Neben Riesling nimmt im weißen Segment Chardonnay einen immer breiteren Raum ein. Erstmals hat man auch den Bürgstadter Berg Chardonnay vorgestellt, den es schon seit ein paar Jahren gibt, der im Jahrgang 2020 gute Konzentration und reife Frucht zeigt, ein wenig gelbe Früchte, wunderschön füllig und harmonisch ist. Rauchig-würzige Noten und feine Frische zeigt der Astheimer Chardonnay im Bouquet, ist füllig und kraftvoll, besitzt reife Frucht, gute Struktur und Druck. Nicht ganz so „mehrheitsfähig“ ist wie gewohnt der Chardonnay R, der im Bouquet dem Astheimer ähnlich ist, rauchig-würzige Noten, feine Spontiprägung und viel Frische zeigt, frisch, präzise und zupackend im Mund ist, mit viel Säure und Biss im Finish – hier muss man warten können. Der Weißburgunder R zeigt feinen Toast und viel Frische, ist enorm druckvoll im Mund, präzise, lebhaft, ebenfalls sehr jugendlich, braucht Luft, baut enormen Druck auf. Neben fünf Spätburgundern zeigen Paul und Sebastian Fürst ihren Frühburgunder R, und der präsentiert sich im Jahrgang 2020 in Bestform, ist bestechend reintönig, setzt auf Frische und Frucht, hat dabei Struktur und Grip – dieses Jahr, und wie so oft, der klar beste Frühburgunder in Deutschland. Der Spätburgunder Tradition zeigt reife Frucht und feine Frische, ist lebhaft, präzise und zupackend, besitzt gute Struktur und Grip. Der Spätburgunder Bürgstadter Berg ist faszinierend reintönig, anfangs recht intensiv fruchtig, mit etwas Luft wird er deutlich komplexer, besitzt viel Frische, Struktur und Länge. Die drei Großen Gewächse erscheinen uns im Jahrgang 2020 unterschiedlicher denn je. Der Centgrafenberg zeigt viel Frucht und Duft, rauchige Noten, ist füllig, harmonisch, elegant, besitzt gute Struktur und Frische, viel Kraft und Druck. Der Schlossberg ist reintönig, leicht floral, sehr frisch, präzise und zupackend, besitzt mineralischen Druck. Der Hundsrück zeigt im Jahrgang 2020 dezenten Toast im Bouquet, ein wenig Gewürze und rauchige Noten, besitzt viel Frische, Präzision, Druck und Säure, ist deutlich lebhafter und säurebetonter als in früheren Jahrgängen. Große Weine!

Sebastian und Paul Fürst

Weinbewertung

89	2021 Riesling „pur mineral“ I 11%/12,50€
93	2020 Chardonnay Astheimer I 12,5%/32,-€
92	2020 Chardonnay Bürgstadter Berg I 12,5%/39,-€
91	2021 Riesling „GG“ Centgrafenberg I 12%/54,-€
94	2020 Weißer Burgunder „R“ I 12,5%/48,-€
93	2020 Chardonnay „R“ I 12,5%/69,-€
87	2020 Spätburgunder „Tradition“ I 13%/15,90€
92	2020 Spätburgunder Bürgstadter Berg I 13%/39,-€
93	2020 Frühburgunder „R“ I 13%/75,-€
94	2020 Spätburgunder „GG“ Centgrafenberg I 13%/69,-€
94	2020 Spätburgunder „GG“ Schlossberg I 13%/95,-€
94	2020 Spätburgunder „GG“ Hundsrück I 13%/135,-€

Lagen

Centgrafenberg (Bürgstadt)
Hundsrück (Bürgstadt)
Schlossberg (Klingenberg)
Karthäuser (Volkach)
Bischofsberg (Großheubach)

Rebsorten

Spät- & Frühburgunder (60%)
weiße Burgundersorten (18%)
Riesling (17%)

★★★½

Full

Kontakt
Hauptstraße 21
67591 Mölsheim
Tel. 06243-7866
www.christopher-full.de
kontakt@christopher-full.de

Besuchszeiten
Mo.-Sa. 9-12 + 14-18 Uhr
So. nach Vereinbarung

Inhaber
Thomas Full
Kellermeister
Christopher Full
Außenbetrieb
Thomas Full
Rebfläche
13 Hektar
Produktion
45.000 Flaschen

Das Weingut Full ist ein Familienbetrieb im rheinhessischen Teil des Zellertals. Die Weinberge liegen in den Mölsheimer Lagen Zellerweg am Schwarzen Herrgott und Silberberg, sowie im Nieder-Flörsheimer Frauenberg. Der Rebsortenspiegel ist umfangreich: Riesling, Müller-Thurgau, Grau- und Weißburgunder sowie Spätburgunder stehen derzeit auf den vorderen Plätzen, es folgen Scheurebe, Portugieser und Sankt Laurent. Der Betrieb wird von Thomas Full geführt; Sohn Christopher hat eine eigene Wein-Linie begonnen, die von den „Full of Joy" genannten Basisweinen bis hin zu Lagenweinen aus Zellertal am Schwarzen Herrgott (Riesling, Spätburgunder), Silberberg (Riesling) und Frauenberg (Portugieser, Weißburgunder) reicht und auch maischevergorene Weine umfasst.

Kollektion

Christopher Full ist einer der Shooting Stars in Rheinhessen, und auch mit der neuen Kollektion beweist er, dass es noch weiter vorangeht. Riesling Kalkstein und Riesling Kabinett sind reintönig und geradlinig, der Blanc de Noir ist lebhaft, der weiße „Full of Rawness" setzt auf Struktur, Grip und Tannine. Vier Weine tragen die Zusatzbezeichnung „Réserve": Der Rosé ist fruchtbetont und zupackend, der holunderduftige Sauvignon Blanc enorm würzig und eindringlich, der Weißburgunder ist herrlich reintönig, setzt auf Frische und Grip und auch der Grauburgunder punktet mit Reintönigkeit, guter Struktur und jahrgangstypischen Grip. Grauburgunder gibt es auch noch „Full of Rage", maischevergoren, ein herrlich intensiver, reintöniger Wein, mit Schalenaromatik und Grip. Das Riesling-Pendant dazu ist der Felsenthron, der enorm druckvoll und stoffig ist, kraftvoll und zupackend. Riesling gibt es auch als Lagenweine: Der Wein aus dem Silberberg ist fruchtbetont, harmonisch, geradlinig und klar, sehr jugendlich, der Zellerweg Am Schwarzen Herrgott ist viel zu jung, zeigt Würze im Bouquet, etwas Senfkörner, ist herrlich stoffig und druckvoll. Spannend!

Weinbewertung

85 2021 Riesling trocken „Kalkstein" | 12,5%/9,90€
84 2021 „Blanc de Noir" „Beautifull" | 11%/9,90€
86 2021 „Blanc" „Full Of Rawness" | 11,5%/13,90€
88 2021 Weißburgunder „Réserve" | 12,5%/10,90€
88 2021 Grauburgunder „Réserve" | 12,5%/10,90€
86 2021 Sauvignon Blanc „Réserve" | 12,5%/10,90€
90 2021 Riesling „Felsenthron" | 12,5%/20,-€
90 2021 Riesling Mölsheim Zellerweg Am Schwarzen Herrgott | 12,5%/25,-€
89 2021 Riesling Mölsheimer Silberberg | 12,5%/25,-€
90 2021 Grauburgunder „Full Of Rage" | 12,5%/16,90€
85 2021 Riesling Kabinett | 8,5%/8,90€
85 2021 Rosé „Réserve" | 12,5%/10,90€

Fritz Funk

Kontakt
Friedhofstraße 25
Postadresse: Finkenweg 13
74369 Löchgau
Tel. 07143-7666
Fax: 07143-24873
www.weinbau-fritz-funk.de
info@weinbau-fritz-funk.de

Besuchszeiten
Weinverkauf nach telefonischer Vereinbarung

Inhaber
Fritz Funk
Rebfläche
2 Hektar
Produktion
12.000 Flaschen

Das Weingut Funk ist ein kleiner Betrieb in Löchgau, der bis 1987 seine Trauben an die Felsengartenkellerei Besigheim abgeliefert hatte. Die Weinberge von Fritz Funk liegen alle in der Gemeinde Löchgau, wo die Reben auf Keuper- und Muschelkalkböden wachsen. Riesling, Lemberger, Schwarzriesling, Trollinger und Spätburgunder sind die wichtigsten Rebsorten, dazu gibt es Cabernet Dorio, Zweigelt und Kerner, 2007 hatte Fritz Funk in seiner Toplage Trollinger gerodet und Syrah gepflanzt, 2009 brachte er den ersten Ertrag, der für ein Barrique reichte, 2012 brachte Weißburgunder den ersten Ertrag; vor zwei Jahren hat er Dornfelder auf Weißburgunder umveredelt, einen Teil des Trollingers auf Syrah. Alle Weine werden durchgegoren und kompromisslos trocken ausgebaut. Seit 2019 stellt Fritz Funk seine Weine nicht mehr zur Qualitätsweinprüfung an, vermarktet alle Weine als „Schwäbischer Landwein".

Kollektion

Wir können die Entscheidung von Fritz Funk, einen Teil seines Trollinger auf Syrah umzuveredeln, sehr gut nachvollziehen, denn der Syrah hat sich in den letzten Jahren als eindeutige Nummer Eins in seinem Sortiment etabliert, auch wenn ihm andere Barrique-Rotweine von Fritz Funk in manchen Jahrgängen nahe kommen. Im Jahrgang 2019 ist er unser eindeutiger Favorit, zeigt gute Konzentration und reintönige Frucht im herrlich eindringlichen Bouquet, besitzt Fülle und Kraft, klare reife Frucht, gute Struktur und Substanz. Der Cabernet Dorio zeigt reife rote Früchte im Bouquet, besitzt reife Frucht und Saft, gute Struktur und Tannine. Auch beim Spätburgunder sind die Tannine sehr präsent, er ist sehr würzig, zupackend, der Lemberger punktet mit Konzentration und Frucht, guter Struktur und Grip. Der Pinot Meunier ist frisch und kraftvoll, klar und zupackend, die rote Duett-Cuvée ist geradlinig und klar, ein ganz klein wenig bitter im Abgang – alle Barrique-Rotweine von Fritz Funk profitieren von Lagerung. Frisch und fruchtbetont sind die beiden Holzfass-Rotweine, Riesling und Weißburgunder besitzen klare Frucht und Jahrgangstypischen Grip.

Weinbewertung

85 2021 Riesling trocken „Keuper" | 12,5%/7,50€
85 2021 Weißburgunder trocken | 12,5%/8,50€
84 2020 Trollinger trocken Steillage Holzfass | 11,5%/6,-€
84 2020 Schwarzriesling trocken Holzfass | 12%/7,-€
86 2019 „Duett in Rot" Rotwein trocken Barrique | 12,5%/15,-€
87 2019 Lemberger trocken Barrique | 13%/16,-€
87 2019 Pinot Meunier trocken Barrique | 12,5%/15,-€
88 2019 Cabernet Dorio trocken Barrique | 13%/16,-€
87 2019 Spätburgunder trocken Barrique | 12,5%/15,-€
90 2019 Syrah trocken Barrique | 13%/22,-€

★★★½

Fusser

Kontakt
Weingut
Martin & Georg Fußer
Friedhofstraße 7
67150 Niederkirchen
Tel. 06326-259782
Fax: 06326-259782
www.mfg-wein.de
info@mfg-wein.de

Besuchszeiten
nach Vereinbarung

Inhaber
Martin & Georg Fußer
Rebfläche
15,5 Hektar
Produktion
70.000 Flaschen

Die Brüder Martin und Georg Fußer entschlossen sich während des Weinbaustudiums in Geisenheim, einige Weinberge aus dem elterlichen Betrieb auszugliedern, um sie nach eigener Idee und Philosophie zu kultivieren. Begonnen haben die Brüder im Jahr 2006 mit den Rebsorten Riesling, Weißburgunder, Muskateller und Spätburgunder, 2010 wurde das Sortiment um Sauvignon Blanc ergänzt, die Rebfläche wurde kontinuierlich ausgeweitet. 2011 erfolgte die Umstellung auf ökologischen Weinbau, im Jahr darauf wurde begonnen, biodynamisch zu arbeiten. Seit 2017 werden auch die Weinberge der Eltern biologisch bewirtschaftet, 2018 wurde das Weingut in die Vereinigung respekt-Biodyn aufgenommen.

Kollektion

Die lange auf der Hefe ausgebauten Lagenrieslinge von Martin und Georg Fußer brauchen alle einiges an Luft, um sich zu öffnen: Der Saumagen ist im Bouquet und am Gaumen der komplexeste Wein, er zeigt Noten von gelbem Apfel, Heu, Schwarztee und Stein im Duft, besitzt am Gaumen dann klare Frucht und kalkigen Grip, ist sehr salzig und nachhaltig, der Reiterpfad zeigt viel kräutrige Würze und etwas frisches Heu, besitzt dann am Gaumen klare, herbe Zitrusfrucht, ist salzig, animierend und sehr nachhaltig, bei der Leinhöhle mit ihren kräutrig-steinigen Noten spielt Frucht keine Rolle, der Wein ist herb, geradlinig und druckvoll und auch der Paradiesgarten besitzt Druck und Länge und ist von herber Zitruswürze und Kräuternoten geprägt. Unter den Ortsweinen sticht der Sauvignon Blanc etwas hervor, er ist frisch, harmonisch und animierend mit feiner, ausgewogener Frucht, der Weißburgunder besitzt ein komplexes Bouquet, gut eingebundenes Holz, feine florale Würze und Länge und die beiden Rieslinge besitzen Frische, leicht zurückhaltende, herbe Frucht und kräutrige Noten. Auch die drei Gutsweine liegen auf sehr gutem Niveau, sind saftig, schlank und animierend, vor allem der Riesling und der Weißburgunder brauchen auch etwas Luft. ▬

Weinbewertung

85	2021 Riesling ǀ 11,5%/8,70€
85	2021 Weißburgunder ǀ 11,5%/8,70€
84	2021 Muskateller ǀ 12%/8,70€
87	2020 Riesling Deidesheimer ǀ 12,5%/12,50€
87	2020 Riesling Ruppertsberger ǀ 12,5%/12,50€
88	2020 Sauvignon Blanc Ruppertsberger ǀ 12,5%/12,50€
87	2020 Weißburgunder Deidesheimer ǀ 12,5%/12,50€
88	2020 Riesling Paradiesgarten Deidesheim ǀ 12,5%/19,-€
89	2020 Riesling Leinhöhle Deidesheim ǀ 12,5%/29,-€
90	2020 Riesling „No. 1“ Reiterpfad Ruppertsberg ǀ 12,5%/32,-€
91	2020 Riesling „No. 1“ Saumagen Kallstadt ǀ 12,5%/32,-€

★★★★

Gabel

Kontakt
Weinstraße 45
67273 Herxheim am Berg
Tel. 06353-7462
Fax: 06353-91019
wein@weingut-gabel.de
www.weingut-gabel.de

Besuchszeiten
Mo.-Fr. 13-17 Uhr
Sa. 10-16 Uhr

Inhaber
Oliver & Wolfgang Gabel
Rebfläche
21 Hektar
Produktion
120.000 Flaschen

Der aus Südtirol stammende Caspar Gabel ließ sich 1655 als Küfer in der Pfalz nieder und begründete das Weingut, das bis heute im Familienbesitz ist. Nach seiner Lehre bei den Weingütern Knipser in der Pfalz und Franz Keller am Kaiserstuhl, einem Weinbau und Önologie-Studium in Neustadt an der Weinstraße und weiteren Erfahrungen im Burgund, Bordeaux und Südafrika leitet Oliver Gabel das Weingut heute in der 13. Generation, nachdem er bereits seit 2014 für den Ausbau der Weine verantwortlich war. Unterstützt wird er dabei von seinen Eltern Wolfgang und Rianne und seiner Frau Lena. Das Sortiment ist in Gutsweine, Traditionsweine und Lagenweine gegliedert, ein Großteil der Weine wird spontan in bis zu 130 Jahre alten Holzfässern vergoren. Die Spätburgunder-Lagenweine, die in mehreren Durchgängen selektiv von Hand gelesen werden, stammen aus dem Herxheimer Honigsack (deutsche Spätburgunder-Klone in Terrassenlagen auf Kalkstein und Kalkmergel), dem Kirchheimer Steinacker (kühle Kalksteinlage mit dichtgepflanzten Reben einer Selection Massale aus dem Burgund) und dem Herxheimer Gewann Am Felsenberg (karge Böden auf massiven Kalksteinfelsen mit burgundischem Rebmaterial). Der Weißburgunder-Lagenwein wächst im Bissersheimer Steig (über 40 Jahre alte Reben auf Kalkmergel) und der Riesling im Bissersheimer Goldberg (über 40 Jahre alte Reben auf nach Süden geneigten Kalksteinböden). Seit dem Jahrgang 2019 sind die Weine biologisch zertifiziert.

Kollektion

Im vergangenen Jahr war Oliver Gabel unser Aufsteiger des Jahres und mit seiner neuen, wieder sehr stimmigen, durchgehend eleganten und harmonischen Kollektion bestätigt er unsere letztjährige Einschätzung auf beeindruckende Weise: Die vier Spätburgunder besitzen eine sehr feine, elegante und charmante Art mit klarer, aber nie banaler Frucht und sehr zurückhaltend und gekonnt dosiertem Holz. Das gilt schon für den Guts-Spätburgunder, der viel klare Kirschfrucht zeigt, eine frische Säure besitzt und schlank, elegant und harmonisch ist, die nächste Stufe im Sortiment, der „Tradition", zeigt leicht kräutrig-würzig unterlegte Kirschfrucht und etwas Hagebutte im Duft, besitzt am Gaumen dezentes, sehr gut eingebundenes Holz, eine frische Säure und gute Länge. Das Bouquet des Honigsack-Spätburgunders ist noch vielschichtiger, zeigt Aromen von Hagebutte, roter Johannisbeere, etwas Gummi und Waldboden, am Gaumen besitzt er eine gute Struktur mit einer animierenden Säure und sehr dezenten Röstnoten, ist sehr elegant, der Steinacker ist noch etwas strukturierter, besitzt noch jugendlichen Tanningrip, zeigt im eindringlichen Bouquet feine Sauerkirschfrucht, sehr dezente Röstnoten, etwas Hagebutte und warmes Gummi, ist elegant und sehr nachhaltig. Bei den Weißburgundern bewerten wir den Gutswein sogar noch etwas höher als beim Spätburgunder, er zeigt ein sehr klares, reintöniges Bouquet mit Aromen von Birne, Melone, dezenter Zitruswürze und floralen Noten, ist schlank, besitzt aber trotzdem feinen Schmelz, der „Tradition" zeigt leicht kreidige Noten, sehr dezentes Holz, Birne und Melone im Bouquet, ist leicht cremig, animierend, elegant und nachhaltig, der Steig-Weißburgunder zeigt neben feiner Holzwürze viel gelbe Frucht, Pfirsich, Aprikose und Birne, besitzt am Gaumen sehr gut eingebundenes Holz und herbe, animierende Zitrusnoten von Grapefruit und Ananas, ist harmonisch und sehr nachhaltig. Der Kirchenstück ist bereits ein Jahr älter als die anderen Weißburgunder, wirkt aber trotzdem noch sehr jung, er zeigt deutliche Röstnoten, etwas Kokos und feine Zitruswürze im Bouquet, auch am Gaumen ist das Holz, neben Noten von Salzzitrone, noch präsent, der Wein ist druckvoll, animierend und sehr nachhaltig. Der einzige Riesling, den wir verkostet haben, ist noch etwas von der Spontangärung geprägt, zeigt Schießpulver und mit Luft auch Zitrusnoten, ist schlank, elegant und sehr salzig. Das Sekt-Angebot wird in diesem Jahr um einen 60 Monate auf der Hefe ausgebauten Riesling erweitert, der feine hefige Würze, etwas Brotkruste, Zitrusfrüchte und leichte Reifenoten im Bouquet zeigt und am Gaumen schlank, herb, puristisch und animierend ist. Der Blanc de Blancs, ein Weißburgunder, zeigt im Bouquet Noten von gelbem Apfel und Aprikosentarte, ist am Gaumen ebenfalls schlank, puristisch, präzise und animierend, besitzt Frische und Länge, der Pinot Rosé zeigt feine rote Frucht, etwas Kirsche, und florale Noten, ist saftig und frisch, besitzt dezenten Tanningrip.

Familie Gabel

Weinbewertung

89	2016 Riesling „Hommage" Sekt brut nature I 12%/24,50€
89	„Blanc de Blancs" Sekt brut nature I 11,5%/19,50€
87	Pinot Rosé Sekt brut I 12%/14,50€
87	2021 Weißburgunder trocken I 12%/8,50€ ☺
88	2021 Weißburgunder trocken „Tradition" I 12,5%/12,50€
90	2021 Weißburgunder trocken Bissersheimer Steig I 13%/19,50€
91	2020 Weißburgunder trocken Herxheimer Kirchenstück I 13%/28,50€
89	2021 Riesling trocken Bissersheimer Goldberg I 12%/18,-€
86	2020 Spätburgunder trocken I 12,5%/9,50€
88	2020 Pinot Noir trocken „Tradition" I 12,5%/14,50€
90	2020 Spätburgunder trocken Herxheimer Honigsack I 13%/22,50€
91	2020 Spätburgunder trocken Kirchheimer Steinacker I 13%/29,50€

Lagen
Honigsack (Herxheim)
Goldberg (Bissersheim)
Kirchenstück (Herxheim)
Steinacker (Kirchheim)
Steig (Bissersheim)
Am Felsenberg (Herxheim)

Rebsorten
Spätburgunder
Weißburgunder
Riesling
Sauvignon Blanc
Blaufränkisch
Lagrein

★★

Gabelmann

Kontakt
Schulstraße 11
55585 Niederhausen
Tel. 06750-8004070
www.weingutgabelmann.de
kontakt@weingutgabelmann.de

Besuchszeiten
nach Vereinbarung

Inhaber/Betriebsleiter/ Kellermeister
Sebastian Gabelmann
Rebfläche
7 Hektar
Produktion
25.000 Flaschen

Sebastian Gabelmann, zum Winzer ausgebildet bei Schick in Rheinhessen und Dönnhoff an der Nahe, konnte mit seiner Freundin Nathalie Schwartz, gelernte Werbe- und Produktfotografin, das ehemalige Weingut Germann in Niederhausen übernehmen. Die ersten eigenen Weine wurden 2014 erzeugt, unterstützt wird Gabelmann von seinem Vater Kurt, der zehn Jahre lang Betriebsleiter bei der ehemaligen staatlichen Domäne Niederhausen-Schlossböckelheim war und 2004 zum Rheingauer Weingut Graf von Kanitz wechselte. Zu den ursprünglich knapp vier Hektar Rebfläche zum Großteil in Steillagen, in Niederhausen in den Lagen Rosenheck und Rosenberg, im Duchrother Feuerberg, im Waldböckelheimer Mühlberg und im Schlossböckelheimer Heimberg kamen 2017 weitere drei Hektar in den Niederhäuser Lagen Felsensteyer und Klamm hinzu. Auf 70 Prozent der Fläche stehen Rieslingreben, dazu kommen 15 Prozent Weißburgunder und jeweils 5 Prozent Grauburgunder, Chardonnay und Spätburgunder. Das Sortiment ist in Guts-, Orts- und Lagenweine gegliedert.

Kollektion

Die neue Kollektion unterstreicht die guten Leistungen der Vorjahre. Ob weiße Burgunder oder Rieslinge, alle Weine sind klar, animierend und ausgewogen. Der kräftige Chardonnay wurde angenehm trocken ausgebaut, bietet zart würzigen Schmelz und ansprechende aromatische Länge. Der Weißburgunder ist saftig und frisch, ein herrlich trinkanimierender Wein, der einfach Spaß macht. Die beiden Ortsweine offerieren merklich mehr Substanz. Der kräftige Grauburgunder aus Waldböckelheimer Lagen überzeugt mit Schmelz, sortentypischen Würze und zupackender Frische. Ebenso überzeugend ist der agile Weißburgunder aus Niederhausen, hier kommen Finesse, Frucht, nervige Säure und mineralische Nuancen gekonnt zusammen. Dabei ist das kein komplizierter Wein, sondern ein trinkfreudiger Tropfen. Das ist auch der saftige Gutsriesling, der recht kräftig gebaut ist, lang und nachhaltig ist. Spannend ist der Riesling aus der Niederhäuser Klamm. Als 2020er zeigt er sich gut entwickelt, sein herb-frischer Kern deutet erste milde Umrisse an, mit feiner Würze baut er weiter auf, ist sehr lang und präzise. Zwei weitere Lagenrieslinge konnten wegen Glasmangel bis Redaktionsschluss nicht abgefüllt werden.

Weinbewertung

85 2021 Riesling trocken | 13%/6,90€
84 2021 Weißburgunder trocken | 12,5%/6,90€
84 2021 Chardonnay trocken | 12,5%/6,90€
86 2021 Weißburgunder trocken Niederhausen | 13%/9,80€
86 2021 Grauburgunder trocken Waldböckelheim | 13%/9,60€
88 2020 Riesling trocken Niederhausen Klamm | 13%/16,30€

Gänz

★☆

Kontakt
BioWeingut Gänz GbR
An den Reben 1
55546 Hackenheim
Tel. 0671-8963453
Fax: 0671-8963455
www.gaenz.bio
info@gaenz.com

Besuchszeiten
Mo.-Fr. 8-12 + 14-18 Uhr
Sa. 10-15 Uhr
So. & Feiertage geschlossen
Übernachtungsmöglichkeiten in Bio-Qualität

Inhaber
Albert, Peter & Sarah Gänz
Betriebsleiter
Albert, Peter & Sarah Gänz
Kellermeister
Peter Paul Gänz
Außenbetrieb
Albert Gänz
Rebfläche
10,5 Hektar
Produktion
70.000 Flaschen

Seit über 250 Jahren betreibt die Familie Acker- und Weinbau in Hackenheim, das ganz im Westen Rheinhessens liegt, unmittelbar an der Grenze zum Anbaugebiet Nahe. Seit Ende der achtziger Jahre wird auf den Einsatz von Mineraldünger und Herbiziden verzichtet, seit 1997 ist der Betrieb biologisch zertifiziert, man ist Mitglied bei Bioland. Im Jahr 2000 wurde der neue Biohof in den Weinbergen von Hackenheim errichtet, zu dem auch ein Bio-Hotel gehört. Seit 2001 ist Peter Gänz für den Weinausbau verantwortlich. Die Weinberge liegen in den Hackenheimer Lagen Kirchberg (Tonmergelböden, die von Porphyrfelsen durchzogen sind) und Sonnenberg (Lössböden), sowie im Kreuznacher Rosenberg (karge Böden mit feinem Kies), der zum Anbaugebiet Nahe gehört. Zwei Drittel der Weinberge nehmen weiße Rebsorten ein, vor allem Riesling, Grauburgunder, Sauvignon Blanc, Silvaner und Gewürztraminer. An roten Sorten werden Spätburgunder, Dornfelder und Regent angebaut.

Kollektion

Der Orange-Traminer war unser Favorit im vergangenen Jahr, und auch in diesem Jahr steht er wieder, nun mit dem Jahrgang 2021, mit an der Spitze der Kollektion. Er ist duftig, intensiv und zupackend, hat viel Druck und Grip. Gleichauf sehen wir den Traminer Beste Beeren, der gute Konzentration und intensive Frucht im Bouquet zeigt, füllig und kraftvoll ist, gute Struktur und Substanz besitzt. Und einen weiteren Wein sehen wir gleichauf, den Sauvignon Blanc Beste Beeren, der intensive Würze und Frucht im Bouquet zeigt, enorm zupackend im Mund ist, viel Säure und Grip besitzt. Auch sonst überzeugt die Kollektion voll und ganz, angefangen vom an Federweißen erinnernden Petnat und dem rauchig-zupackenden Riesling-Sekt über die zupackenden, geradlinigen Löss- und Tonmergel-Weine und dem kompakten Riesling Beste Beeren bis hin zu den recht süßen Spätlesen. Weiter im Aufwind!

Weinbewertung

84 2021 „Pétillant Naturel“ trocken | 12,5%/15,90€
84 2020 Riesling Sekt brut | 12,5%/11,50€
84 2021 Weißburgunder trocken „vom Löss“ Hackenheimer Sonnenberg | 12,5%/18,50€
83 2021 Roter Traminer trocken „vom Löss“ Hackenheimer Sonnenberg | 12,5%/9,50€
83 2021 Riesling trocken „vom Tonmergel“ Hackenheimer Kirchberg | 12%/18,50€
81 2021 Sauvignon Blanc trocken Hackenheimer Kirchberg | 12,5%/9,50€
87 2021 Roter Traminer trocken „Orange“ | 13%/18,50€
87 2021 Sauvignon Blanc trocken „Beste Beeren“ | 11,5%/18,50€
85 2021 Riesling trocken „Beste Beeren“ | 11,5%/18,50€
87 2021 Roter Traminer trocken „Beste Beeren“ | 13%/18,50€
83 2021 Riesling Spätlese „süß“ Kreuznacher Rosenberg | 7,5%/9,50€
82 2021 Weißburgunder Spätlese „süß“ Hackenheimer Kirchberg | 8,5%/9,50€

gänz

★★

Ansgar **Galler**

Kontakt
Bissersheimer Straße 13
67281 Kirchheim
Tel. 06359-919391
Fax: 06359-919388
www.weingut-galler.de
mail@weingut-galler.de

Besuchszeiten
nach Vereinbarung

Inhaber
Ansgar Galler
Betriebsleiter
Ansgar Galler
Kellermeister
Ansgar Galler
Außenbetrieb
Ansgar Galler
Rebfläche
13 Hektar
Produktion
70.000 Flaschen

Katja und Ansgar Galler konnten 2009 ein kleines Weingut in Kirchheim übernehmen und ihren eigenen Betrieb gründen. Seit 2012 setzen sie bei Neupflanzungen konsequent auf pilzwiderstandsfähige Rebsorten, die so genannten Piwis, und so stehen mittlerweile auf mehr als 75 Prozent ihrer Rebfläche weiße Sorten wie Sauvignac, Cabernet Blanc, Johanniter, Muscaris und Souvignier Gris und die roten Sorten Satin Noir, Cabernet Cantor, Cabernet Cortis und Pinotin, daneben gibt es aber auch noch die klassischen Rebsorten Riesling, Weißburgunder, Chardonnay, Merlot, Dornfelder und Spätburgunder. Die Weinberge liegen in den Kirchheimer Lagen Steinacker, Kreuz, Römerstraße und Geiskopf, 2015 wurde ein alter Gewölbekeller aus dem 19. Jahrhundert restauriert, seit dem Jahrgang 2017 ist das Weingut biozertifiziert. Das Sortiment ist dreistufig gegliedert in „Klassisch" für die Basisweine, „Modern" für Weine mit vier- bis sechsmonatigem Hefelager und „Premium" für spontan im kleinen Holz vergorene und mit langem Hefelager ausgebaute Weine.

Kollektion

In diesem Jahr haben wir ausschließlich Weine aus Piwi-Sorten verkostet, darunter alleine vier Sauvignac, von denen zwei zu unseren Favoriten zählen: Der acht Monate auf der Maische vergorene und ungeschwefelt abgefüllte Orange zeigt ein sehr aromatisches Bouquet mit Noten von Quitte, Birne, Grapefruit und Kräutern und besitzt feinen Tanningrip und Länge, die trockene Spätlese Feodora zeigt gelbe Frucht, Kräuter und nussige Noten im Duft, ist kraftvoll, harmonisch und nachhaltig. Zu unseren Favoriten gehört auch der Cabernet Blanc „Heinrich", der ein für diese Sorte ungewohnt differenziertes Bouquet zeigt, nach Grapefruit, Limette und Pfirsich duftet und am Gaumen fruchtbetont, frisch und harmonisch ist. Sehr gut sind auch der leicht nussige Sauvignac-Sekt mit feinen Reifenoten, der sehr aromatische, leicht cremige und frische Johanniter „Friedrich" und die würzige, schlanke aber intensive rote „Cuvée Catharina" aus Cabernet Cantor und Cabernet Cortis.

Weinbewertung

87	2016 Sauvignac Sekt brut „Feodora" I 12,5%/24,90€
83	2021 Johanniter trocken I 12,5%/10,90€
84	2021 Cabernet Blanc trocken I 12,5%/10,90€
84	2021 Sauvignac trocken I 12%/10,90€
86	2020 Johanniter trocken „Friedrich" I 12,5%/15,90€
88	2020 Cabernet Blanc Spätlese trocken „Heinrich" I 13%/15,90€
88	2020 Sauvignac Spätlese trocken „Feodora" I 13,5%/15,90€
88	2020 Sauvignac trocken „Orange" I 13%/29,90€
82	2021 Muscaris „feinherb" I 12%/10,90€
87	2018 „Cuvée Catharina" Rotwein trocken I 12%/29,90€

Gaufer

Kontakt
Mariannenstraße 24
74653 Ingelfingen
Tel. 07940-57373
Fax: 07940-55069
www.weingut-gaufer.de
info@weingut-gaufer.de

Besuchszeiten
Mi.-Fr. 17-19 Uhr
Sa. 9-14 Uhr
und nach Vereinbarung
Kulinarische Events in den Weinbergen, Weinproben, Weinerlebnisse

Inhaber
Susanne & Peter Schmezer
Betriebsleiter
Susanne Schmezer, Gerrit Schmezer
Kellermeister
Gerrit Schmezer
Außenbetrieb
Peter Schmezer
Rebfläche
11 Hektar
Produktion
50.000 Flaschen

Susanne Schmezer übernahm 1991 zusammen mit ihrem Ehemann Peter Schmezer die Weinberge ihrer Eltern Karl und Erika Gaufer und stellte den Genossenschaftsbetrieb auf Selbstvermarktung um, mit damals 5 Hektar Reben. Inzwischen hat sich die Rebfläche mehr als verdoppelt. Alle Weinberge liegen im Kochertal, in der Ingelfinger Lage Hoher Berg sowie den beiden Niedernhaller Lagen Burgstall und Engweg. Hauptrebsorten sind Riesling, Müller Thurgau, Silvaner, Portugieser und Spätburgunder. Des Weiteren werden Schwarzriesling, Trollinger, Lemberger, Zweigelt, Dornfelder, Acolon und Cabernet Dorsa, Grauburgunder und Weißburgunder sowie neuerdings wieder Kerner angebaut. In den letzten Jahren wurde in Fassraum (Edelstahl, Barriques, Holzfässer), Keltertechnik und Gärsteuerung investiert. Die Weißweine werden kühl vergoren, die Rotweine werden mit Ausnahme der Literweine generell maischevergoren. Seit einigen Jahren nehmen die Söhne Gerrit und Yannik Einfluss auf die Vinifizierung.

Kollektion

Es geht weiter voran, die Kollektion überzeugt, und dieses Jahr ist die Einteilung der Weine in die Linien „Geschmackvolles" (G) und „Erlesenes" (E) auch klar nachvollziehbar. Die drei „erlesenen" Weißweine aus der Lage Hoher Berg sind allesamt sehr gut. Der Silvaner zeigt gute Konzentration, feine Würze und Frucht, besitzt gute Struktur und Biss, er stammt aus dem Jahrgang 2020 wie auch der Weißburgunder, der würzig und eindringlich ist, Fülle und Saft besitzt, gute Struktur und Druck. Unser Favorit ist der Riesling, der ein Jahr älter ist als seine Kollegen, feine Reife im Bouquet zeigt und auch im Mund wunderschön harmonisch gereift ist, Fülle und Kraft besitzt und gute Länge. Im roten Segment gefällt uns der „erlesene" Spätburgunder aus dem Jahrgang 2018 am besten, er ist fruchtbetont und intensiv, besitzt gute Struktur und Grip, sehr gut ist auch der reintönige, intensiv fruchtige Lemberger aus dem selben Jahrgang.

Weinbewertung

82 2020 Riesling Sekt extra trocken Ingelfinger Hoher Berg | 12%/10,20€
81 2020 Silvaner trocken (G) Niedernhaller Burgstall | 12,5%/7,-€
82 2020 Weißburgunder trocken (G) Ingelfinger Hoher Berg | 12,5%/7,50€
86 2020 Silvaner trocken (E) Ingelfinger Hoher Berg | 13%/12,-€
87 2019 Riesling trocken (E) Ingelfinger Hoher Berg | 13%/13,50€
86 2020 Weißburgunder trocken (E) Ingelfinger Hoher Berg | 13%/13,50€
81 2020 „Glücksmarie" Weißweincuvée (G) | 11,5%/7,-€
83 2020 Rose trocken (G) Ingelfinger Hoher Berg | 13%/6,50€
86 2018 Spätburgunder trocken (E) Ingelfinger Hoher Berg | 14%/13,50€
84 2019 Spätburgunder trocken (G) Ingelfinger Hoher Berg | 12,5%/8,-€
85 2018 Lemberger trocken (E) Ingelfinger Hoher Berg | 14%/14,-€
81 Rotwein Cuvée trocken (E) Ingelfinger Hoher Berg | 14%/16,50€

Weingut Gaufer

★★★

Karl-Heinz Gaul

Kontakt
Bärenbrunnenstraße 15
67269 Grünstadt-Sausenheim
Tel. 06359-84569
Fax: 06359-87498
www.weingut-gaul.de
info@weingut-gaul.de

Besuchszeiten
Mo.-Fr. 8-12 + 13-18 Uhr
Sa. 9-16 Uhr
Ferienwohnungen

Inhaber
Karoline & Dorothee Gaul
Kellermeister
Dorothee Gaul
Rebfläche
20 Hektar
Produktion
130.000 Flaschen

2011 haben Karoline und Dorothee Gaul das Weingut von ihrem Vater übernommen, nachdem sie zuvor bereits seit 2008 für die Weinberge und den Keller verantwortlich waren. Beide haben in Top-Betrieben der Pfalz (Bassermann-Jordan, Mosbacher, Wehrheim) eine Winzerlehre absolviert, in Geisenheim studiert und danach Auslandserfahrungen in Neuseeland, Österreich und Südtirol gesammelt. Die Weinberge liegen vor allem in Sausenheim und Asselheim, wo die Böden hauptsächlich von Kalkstein geprägt sind. Wichtigste Rebsorte ist Riesling. Dazu kommen Spätburgunder, Sankt Laurent, Schwarzriesling, Cabernet Cubin und Blaufränkisch. Bei den weißen Sorten folgen Weiß- und Grauburgunder, Müller-Thurgau und Muskateller.

Kollektion

In diesem Jahr fanden wir ausnahmsweise keinen der Rieslinge, sondern den Weißburgunder Zugpferd am stärksten, er besitzt ein konzentriertes Bouquet mit feinem Holz, Birne und dezenten floralen Noten, am Gaumen ist er animierend, druckvoll, leicht salzig und sehr nachhaltig. Der Riesling Zugpferd ist etwas verhaltener, zeigt leicht rauchig-kräutrige Noten, besitzt dann am Gaumen auch dezente, aber klare Frucht und feinen Druck, ist elegant und animierend, was auch für die Rieslinge aus der Hütt und dem Schlossberg gilt, Hütt ist kräutrig und salzig, besitzt Grip, der Schlossberg ist fruchtbetonter und am Gaumen von herben Zitrusnoten geprägt. Auch die drei 2020er Rotweine sind stark, der Spätburgunder „Zugpferd" zeigt ein komplexes Bouquet mit Sauer- und Schwarzkirsche und etwas Waldboden, am Gaumen besitzt er noch leicht jugendliche Tannine, ist sehr elegant und nachhaltig, der Blaufränkisch zeigt ebenfalls klare Frucht, reife Schwarzkirschen, besitzt gute Länge und ist etwas strukturierter als der St. Laurent, der von leicht rauchigen Noten, Schwarzkirsche und kräutriger Würze geprägt ist.

Weinbewertung

82 2021 Riesling trocken (1l) | 12%/5,50€
84 2021 Sauvignon Blanc trocken | 12%/8,20€
86 2021 Riesling trocken Asselheimer | 12,5%/10,50€
86 2021 Schwesterherz Weißwein trocken | 12%/10,50€
86 2021 Gelber Muskateller trocken Sausenheimer | 12%/10,20€
90 2021 Weißer Burgunder trocken „i.G." „Zugpferd" Honigsack | 13%/22,50€
87 2021 Riesling trocken Neuleininger Schlossberg | 13%/16,-€
88 2021 Riesling trocken Sausenheimer Hütt | 13%/15,50€
89 2021 Riesling trocken „i.d.R." „Zugpferd" Sausenheimer Hütt | 13%/22,50€
88 2020 St. Laurent trocken Sausenheimer Honigsack | 13%/21,-€
88 2020 Blaufränkisch trocken Kirchheimer Geißkopf | 13,5%/21,-€
89 2020 Spätburgunder trocken „i.G." „Zugpferd" Sausenheimer Honigsack | 13%/32,-€

★★★★

Matthias Gaul

Kontakt
Weinstraße 10
67269 Grünstadt-Asselheim
Tel. 06359-3668
Fax: 06359-86575
www.gaul-weine.de
gaul@gaul-weine.de

Besuchszeiten
Mo.-Fr. 8-12 + 13-18 Uhr
Sa. 9-12 + 13-17 Uhr

Inhaber
Matthias Gaul
Betriebsleiter
Matthias Gaul, Tobias Müller
Kellermeister
Tobias Müller
Rebfläche
35 Hektar
Produktion
280.000 Flaschen

Matthias Gauls Großvater füllte 1956 den ersten Flaschenwein der Familie, einen Müller-Thurgau, aber erst in den siebziger Jahren spezialisierte Werner Gaul den damaligen Gemischtbetrieb auf Weinbau und stellte von Fass- auf Flaschenweinvermarktung um. Nach seinem Geisenheim-Studium und Auslandsaufenthalten ist Matthias Gaul 1995 in den elterlichen Betrieb mit damals 8 Hektar Reben eingestiegen, hat ihn 2003 übernommen und seitdem seine Rebfläche stetig auf heute 35 Hektar erweitert. Die Böden rund um Asselheim sind karg, steinig und kalkreich, die Lagen hier im Norden der Pfalz, wie St. Stephan, Schloss und Goldberg in Asselheim und der Sonnenberg in Mühlheim, liegen nicht mehr im Schutz des Haardtgebirges und des Pfälzer Waldes, durch die Winde, die vom Westen durch das Eistal über die Weinberge ziehen, entsteht ein kühles Mikroklima, das zu einer späteren und langsameren Traubenreife führt. Matthias Gaul produziert je zur Hälfte Weiß- und Rotwein, wichtigste weiße Sorte ist der Riesling, dazu kommen Grauburgunder, Weißburgunder, Sauvignon Blanc, Scheurebe und Chardonnay, den Gaul bereits 1990 pflanzte. Seit den 1990er Jahren baut er auch Cabernet Sauvignon, Cabernet Franc, Merlot und seit 2005 auch Tempranillo an, wichtigste rote Rebsorte ist aber der Spätburgunder, der mittlerweile auf fünf Hektar steht. Das Sortiment ist gegliedert in Basisweine, Ortsweine und Lagenweine, daneben gibt es noch eine Reihe von weißen und roten Cuvées. Zuletzt wurde in neue Weinberge investiert, in einer kühlen Lage auf 300 Höhenmetern wurde auf purem Kalkfels Grauburgunder gepflanzt, Chardonnay und Spätburgunder wurden dort in einer Engpflanzung von 15.000 Stöcken pro Hektar angelegt.

Kollektion

Die sechs verschiedenen Pinot Noir von Matthias Gaul sind klar und nachvollziehbar abgestuft: Der Basis-Pinot zeigt ein sehr duftiges Bouquet mit viel roter Frucht, ist schlank und frisch, der Asselheimer bringt dann etwas mehr Struktur mit, zeigt auch Noten von Schwarzkirsche, Krokant und Hagebutte, der „Steinrassel" zeigt deutlichere Röstnoten, Schwarzkirsche und Waldboden, besitzt gute Struktur, frische Säure und dezente Tannine, der Pinot Noir S ist noch einen Tick komplexer im Bouquet, zeigt Noten von roter Johannisbeere, Schwarz- und Süßkirsche, besitzt kräutrige Frische und gute Länge. Bei den Lagen-Pinots aus dem St. Stephan zeigt die normale Version klare Schwarzkirschfrucht, dezent Hagebutte und deutliche Röstnoten, am Gaumen besitzt der Wein Kraft, kräutrige Frische und noch leicht jugendliche Tannine, der „Réserve" ist der eleganteste, nachhaltigste und vielschichtigste der Pinots mit Noten von Sauerkirsche, roter Johannisbeere, etwas Gummi und Rauch, am Gaumen besitzt er feine rote Frucht, gute Struktur, Länge und Potential. Stark sind auch die beiden sehr kraftvollen

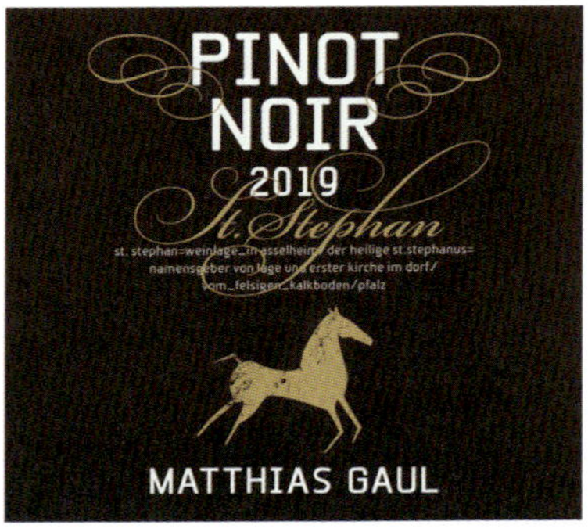

Cabernet Francs, der 2018er zeigt Aromen von schwarzen Johannisbeeren, Kräutern und Mokka, am Gaumen besitzt er reife, aber noch spürbare Tannine und Frische, der 2019er „Réserve“ zeigt nur dezente Aromen von schwarzen Johannisbeeren und deutliche Röstnoten und besitzt am Gaumen viel dunkle Frucht, reife Tannine, gute Struktur und Potential und sollte noch etwas reifen. Und auch der „Crazy Gaul“ aus Cabernet Sauvignon, Merlot und Cabernet Franc ist sehr kraftvoll, besitzt Noten von dunkler Beerenfrucht, etwas Schokolade, Mokka und eine feine, kräutrige Frische. Bei den Weißweinen konnten wir noch einmal den 2018er Riesling St. Stephan „Réserve“ verkosten, der feine Reifenoten, kräutrig-mineralische Würze, Ananas und Kokos im komplexen Bouquet zeigt und am Gaumen konzentriert, leicht cremig und sehr nachhaltig ist, viel Druck entwickelt, auch den 2019er „Steinrassel“-Riesling hatten wir schon verkostet, er zeigt ebenfalls feine Reifenoten, etwas Kräuter und Gebäck, besitzt viel Kraft, Druck und Länge. Der Chardonnay ist leicht salzig, besitzt gut eingebundenes Holz, feine Zitrusnoten und Länge, der Sauvignon Blanc Grand Fumé ist harmonisch und zeigt nur dezentes Holz und klare, leicht gereifte Frucht mit Noten von Quitte, Pfirsich und Zitrusfrüchten, der normale Sauvignon Blanc ist saftig und sehr fruchtbetont und die Cuvée aus Chardonnay und Weißburgunder zeigt viel gelbe Frucht, Melone, Birne, Quitte und etwas Vanille im Duft, besitzt Frische.

Matthias Gaul

Weinbewertung

86 2019 Chardonnay & Pinot Blanc „Pas de Deux“ I 13%/9,90€
83 2021 Sauvignon Blanc I 12%/8,90€
88 2019 Chardonnay trocken Asselheim I 13%/14,50€
88 2018 Sauvignon Blanc „Le Grand Fumé“ I 13%/14,50€
89 2019 Riesling trocken „Steinrassel“ I 13,5%/21,-€
91 2018 Riesling trocken „Réserve“ Asselheimer St. Stephan I 13%/49,-€
86 2020 Pinot Noir trocken I 12,5%/9,50€
88 2018 „Crazy Gaul“ Rot I 14,5%/17,90€
89 2018 Cabernet Franc trocken I 14,5%/29,-€
87 2020 Pinot Noir Asselheim I 13%/15,-€
88 2019 Pinot Noir „Steinrassel“ I 13%/22,50€
89 2019 Pinot Noir trocken „S“ I 13%/29,-€
90 2019 Pinot Noir trocken Asselheimer St. Stephan I 13%/39,-€
92 2019 Pinot Noir trocken „Réserve“ Asselheimer St. Stephan I 13%/59,-€
90 2019 Cabernet Franc trocken „Réserve“ I 14,5%/49,-€

Lagen
St. Stephan (Asselheim)
Goldberg (Asselheim)
Sonnenberg (Mühlheim)
Schloss (Asselheim)

Rebsorten
Riesling
Grauburgunder
Chardonnay
Weißburgunder
Sauvignon Blanc
Spätburgunder
Dornfelder
Cabernet Sauvignon
Cabernet Franc
Merlot
Tempranillo

★★

Gehring

Kontakt

Außerhalb 17
55283 Nierstein
Tel. 06133-5470
www.weingut-gehring.com
info@weingut-gehring.com

Besuchszeiten
Vinothek: Fr. 17-19 Uhr, Sa. 10-16 Uhr; Weineinkauf: Mo.-Fr. 10-12 Uhr und nach Vereinbarung
Weinwirtschaft: Mai-Okt. Di.-Sa. ab 17 Uhr, Nov.-April Do.-Sa. ab 17 Uhr
gehrings Weinwirtschaft (Betriebsleiter Marvin Walter), Eventlocation, Wohnmobilstellplatz

Inhaber
Theo und Diana Gehring GbR
Betriebsleiter
Theo und Diana Gehring
Kellermeister
Theo Gehring
Außenbetrieb
Theo Gehring
Rebfläche
16 Hektar

gehring

Hans und Maria Gehring gründeten 1959 das Weingut im Niersteiner Ortskern. 1995 hat Theo Gehring den Betrieb übernommen, führt ihn zusammen mit Ehefrau Diana. 2001 haben sie einen Aussiedlerhof übernommen, wo sie ihre Gutsschänke einrichteten, heute „gehrings Weinwirtschaft" genannt; seit 2015 gibt es einen Event-Pavillon auf dem Weingut. Die Weinberge liegen alle in Nierstein in den Lagen Pettenthal, Hipping, Schloss Schwabsburg, Bildstock und Oelberg. Neben Riesling gibt es Weißburgunder, Grauburgunder und Chardonnay, Spätburgunder und Frühburgunder, Scheurebe und Muskateller, seit kurzem auch Gelber Orleans.

Kollektion

Den 2017er Brut Nature-Rieslingsekt hatten wir schon im vergangenen Jahr vorgestellt, er ist frisch, präzise und zupackend, weiterhin sehr jugendlich, steht zusammen mit den beiden Lagenrieslingen aus dem Jahrgang 2020 an der Spitze der Kollektion. Der Pettenthal-Riesling zeigt gute Konzentration und viel Würze im Bouquet, ist füllig und saftig im Mund, besitzt viel reife Frucht, gute Struktur und Substanz. Unsere leichte Präferenz gilt dem Hipping, der gute Konzentration und feine Reife im Bouquet zeigt, füllig und kraftvoll ist, gute Struktur, Frische und Länge besitzt, der einfach ein wenig offener und zugänglicher ist als der Pettenthal. Sehr gut gefällt uns auch der Gelber Orleans aus dem Niersteiner Oelberg, zeigt gute Konzentration und intensive Frucht, ist füllig und saftig im Mund, besitzt viel reife Frucht und Substanz. Der Gelber Muskateller ist fruchtbetont und reintönig, besitzt viel Frische, Frucht und Grip; auch der trockene Grauburgunder ist fruchtbetont und reintönig im Bouquet, klar und harmonisch dann im Mund. Riesling überzeugt nicht nur als Sekt und als Lagenwein, sondern auch als moderat süß ausgebauter Kabinett, ist frisch und fruchtbetont, wunderschön lebhaft, besitzt feine süße Frucht und Biss, und auch der trockene Roter Hang-Riesling ist reintönig, frisch und zupackend. Gute Kollektion!

Weinbewertung

87 2017 Riesling Sekt brut nature Niersteiner Schloss Schwabsburg | 12%/15,90€
83 2021 Grauer Burgunder trocken | 12,5%/7,90€
81 2021 Frühburgunder „Blanc de Noir" trocken | 12,5%/7,50€
84 2021 Riesling trocken „Roter Hang" | 12,5%/8,50€
85 2020 Gelber Orleans trocken Niersteiner Oelberg | 13%/15,-€
88 2020 Riesling trocken Niersteiner Hipping | 13%/18,-€
87 2020 Niersteiner Pettenthal Riesling | 12,5%/19,50€
84 2021 Riesling Kabinett | 11,5%/8,50€
84 2021 Gelber Muskateller | 11%/7,50€
82 2019 Frühburgunder trocken Niersteiner Bildstock | 13%/10,90€

★★★

Geierslay

Kontakt
Moselweinstraße 1
54487 Wintrich
Tel. 06534-18211
Fax: 06534-18212
www.geierslay.de
info@geierslay.de

Besuchszeiten
Juni-Okt. Mo.-Fr. 9-18 Uhr
Sa./So./Feiertage 10-18 Uhr
Nov.-Mai nach Vereinbarung
Straußwirtschaft Juli-Okt.
Mi.-Fr. 13-20 Uhr
Sa./So. 12-20 Uhr

Inhaber
Rudolf Kilburg
Kellermeister
Max Kilburg
Rebfläche
15 Hektar
Produktion
80.000 Flaschen

Tradition ist an der Mosel selbstverständlich, aber dass eine Familie auf 19 Generationen Weinbau zurückblicken kann, ist auch in dieser Region die absolute Ausnahme. Ein gewisser Johann von Kilburg machte 1465 den Anfang, seit 1975 verantwortet die Familie Kilburg die Weinerzeugung im Wintricher Weingut Geierslay. Dieser Name wiederum wurde schon im Jahre 1254 erstmals urkundlich erwähnt. Inzwischen ist Max Kilburg zuständig für die Weinbereitung, ein Jungwinzer, der bei Julian Haart gelernt, in Geisenheim studiert, in renommierten Betrieben in Südafrika, den USA und Australien Erfahrungen gesammelt hat. Inzwischen werden 15 Hektar bewirtschaftet, die sich beispielsweise in den Lagen Wintricher Ohligsberg oder Piesporter Goldtröpfchen befinden. Außer Riesling (70 Prozent der Fläche) werden auch Weiß-, Grau- und Spätburgunder angebaut.

Kollektion

Schon in den letzten Jahren war uns die positive Entwicklung aufgefallen – aber was der Betrieb diesmal aus den Jahrgängen 2021, 2020 und 2018 vorstellt, begeistert. Recht duftig wirkt der trockene Basisriesling mit straffer Würze, sehr angenehm. Der Auxerrois zeigt Noten von Zitrus, Kernobst und etwas Kräutern, ist saftig, straff, nicht puristisch, aber mit schöner Frucht ausgestattet. Schön fest und würzig ist der nach Aprikosen, Kräutern und Mirabellenschalen duftende Ohligsberg-Riesling: Straff, mit Grip, lang. Der Kabinett aus der Geierslay ist zart, duftig, im Mund vergleichsweise wenig süß, rassig, der Kabinett aus dem Ohligsberg ist deutlich kräuterig und würzig, am saftigsten ist der Kabinett aus dem Goldtröpfchen. Noch sehr verschlossen sind die Spätlesen (die aus dem Ohligsberg ist etwas würziger und saftiger), bereits offen präsentiert sich die Auslese mit Noten von Mirabellen und Kräutern, im Mund wunderschön rassig, saftig, frisch, dennoch elegant. Der Wineporn genannte Spätburgunder aus 2018 ist schön offen, lässt den warmen Jahrgang erkennen mit einer feinen, leicht gereiften Aromatik, die Noten von Tabak, ganz leicht Schokolade und dunklen Beeren hervorbringt, im Mund fällt er würzig und fest aus.

Weinbewertung

84 2021 Riesling trocken | 11,5%/7,50€
86 2021 Auxerrois trocken | 12%/8,50€
90 2020 Riesling trocken Wintricher Ohligsberg | 12,5%/19,90€
88 2021 Riesling Kabinett Wintricher Geierslay | 8%/13,50€
89 2021 Riesling Kabinett Wintricher Ohligsberg | 7,5%/13,50€
88 2021 Riesling Kabinett Piesporter Goldtröpfchen | 7%/13,50€
89 2021 Riesling Spätlese Wintricher Ohligsberg | 8%/15,50€
89 2021 Riesling Spätlese Piesporter Goldtröpfchen | 8,5%/15,50€
90 2021 Riesling Auslese „21.12.21 -6,5 C" Piesporter Falkenberg | 7,5%/19,90€
88 2018 Spätburgunder trocken „Wineporn" | 13%/15,-€

★★★

Geiger + Söhne

Kontakt
Veitshöchheimer Straße 1
97291 Thüngersheim
Tel. 09364-9605
Fax: 09364-6673
www.geigerundsoehne.de
info@geigerundsoehne.com

Besuchszeiten
Mo.-Fr. 9-12 + 14-18 Uhr
Sa. 10-13 Uhr

Inhaber
Gunter Geiger
Betriebsleiter
Gunter Geiger
Kellermeister
Florian Schär,
Sebastian Klüpfel
Außenbetrieb
Philip Gehrig,
Jochen Schuckert
Rebfläche
42 Hektar
Produktion
400.000 Flaschen

geiger | söhne

Das 1850 gegründete Weingut ist der älteste Weinhandels- und Weinbaubetrieb in Thüngersheim, der größten fränkischen Weinbaugemeinde nördlich von Würzburg. Gunter Geiger führt den Betrieb, der nach Winzerlehre bei Robert Weil in Geisenheim Önologie studiert hat. Müller-Thurgau und Silvaner sind die beiden wichtigsten Rebsorten, es folgen Bacchus, Kerner, Grauburgunder, Spätburgunder, Riesling, Weißburgunder, Domina, Scheurebe und Regent.

Kollektion

Die Basis stimmt, das zeigen Mundart-Rivaner und Doppelstück-Silvaner. Die Erste Geige-Linie bietet eine klare Steigerung. Der Grauburgunder ist recht würzig und kompakt, der Riesling besitzt gute Konzentration, Fülle und Saft, die Scheurebe ist recht würzig im Bouquet, dann reintönig und strukturiert im Mund. Noch etwas besser gefällt uns der Weißburgunder, der Fülle, Saft und reife süße Frucht besitzt; unser Favorit in dieser Linie aber ist der einzige 2020er, der Vögelswäldle-Silvaner, der gute Fülle und Harmonie besitzt, gute Struktur und klare Frucht. Bärenstark ist dann wieder die Big G-Linie, lediglich beim Pinot Blanc ist uns der Holzeinsatz etwas zu viel. Der Freiberg-Chardonnay besitzt herrlich viel Frucht, Substanz, Fülle und Länge. Gute Konzentration, viel reife Frucht und rauchige Noten zeigt der Wagenwand-Silvaner im Bouquet, er ist füllig und saftig im Mund, besitzt viel reife Frucht, Substanz und Wärme. In diesem Jahrgang 2020 gibt es nun auch einen Sauvignon Blanc Big G, und er führt sich prächtig ein, ist würzig und eindringlich im Bouquet, stoffig im Mund, besitzt viel reife Frucht und Substanz. Auch die beiden Pinot Noir überzeugen, der Erste Geige-Wein ist würzig, zupackend, der Big G zeigt rauchige Noten und etwas Gewürze, ist füllig und kraftvoll im Mund, besitzt gute Struktur und Frucht. Sehr gute Vorstellung!

Weinbewertung

82	2021 Rivaner trocken „Mundart“ Thüngersheim Ravensburg I 11,5%/6,30€
83	2021 Silvaner trocken „Doppelstück“ I 12%/7,70€
87	2020 Silvaner Spätlese trocken Vögelswäldle „Erste Geige“ Scharlachberg I 13,5%/10,-€
86	2021 Weißburgunder Spätlese trocken „Erste Geige“ Johannisberg I 13%/10,50€
84	2021 Grauburgunder Spätlese trocken „Erste Geige“ Scharlachberg I 13%/10,50€
85	2021 Scheurebe Spätlese trocken „Erste Geige“ Scharlachberg I 13%/10,20€
85	2021 Riesling Spätlese trocken „Erste Geige“ Johannisberg I 13,5%/10,20€
86	2020 Pinot Blanc Spätlese trocken „Big G“ Fischberg Johannisberg I 13,5%/17,-€
88	2020 Chardonnay Spätlese trocken „Big G“ Freiberg Johannisberg I 13,5%/18,50€
88	2020 Silvaner Spätlese trocken „Big G“ Wagenwand Scharlachberg I 14%/17,-€
88	2020 Sauvignon Blanc Spätlese trocken „Big G“ Freiberg Johannisberg I 14%/18,50€
85	2020 Pinot Noir trocken „Erste Geige“ Thüngersheim Johannisberg I 14,5%/11,50€
88	2019 Pinot Noir trocken „Big G“ Thüngersheim Johannisberg I 14%/18,50€

★★

Helmut **Geil**

Kontakt
Am Römer 26
55234 Monzernheim
Tel. 06244-220
Fax: 06244-57489
www.geilwein.de
info@geilwein.de

Besuchszeiten
Mo.-Fr. 9-12 + 13-18 Uhr
Sa. 9-13 Uhr
und nach Vereinbarung
Gästezimmer auf dem Weingut
Wohnmobilstellplatz

Inhaber
Andreas Geil
Kellermeister
Andreas & Helmut Geil
Außenbetrieb
Andreas & Helmut Geil
Rebfläche
10 Hektar
Produktion
50.000 Flaschen

2010, nach Abschluss seines Geisenheim-Studiums mit Auslands-Praktika in Argentinien und Neuseeland, ist Andreas Geil in den elterlichen Betrieb eingestiegen, Vater Helmut Geil kümmert sich seither vor allem um den Außenbetrieb, Andreas Geil, der den Betrieb inzwischen übernommen hat, um Vinifikation und Vermarktung. Ihre Weinberge liegen im heimischen Monzernheim (Goldberg), aber auch in Bechtheim (Hasensprung) und Westhofen (Kirchspiel, Steingrube). Riesling und Grauburgunder sind die wichtigsten Rebsorten, dazu gibt es Müller-Thurgau, Dornfelder, Weißburgunder, Sauvignon Blanc, St. Laurent, Portugieser und Albalonga. Andreas Geil arbeitet verstärkt mit Maischestandzeiten. Das Sortiment hat man mit dem Jahrgang 2019 dem in Rheinhessen üblichen dreistufigen System von Gutsweinen (bisher: Bonus), Ortsweinen (statt Melior) und Lagenweinen (statt Optimus) angepasst.

Kollektion

Die neue Kollektion schließt nahtlos an das Vorjahr an, wobei die Gutsweine uns ein klein weniger besser, und die „WildschWEIN" genannte rote Cuvée uns deutlich besser gefällt als im vergangenen Jahr, die intensive Frucht im Bouquet zeigt, rote Früchte, füllig und saftig im Mund ist, viel reife Frucht und Substanz besitzt. Die feinherbe Scheurebe im Liter ist frisch und zupackend, die trockenen Gutsweine präsentieren sich sehr geschlossen, sie sind fruchtbetont und klar, unsere leichte Präferenz gilt der fülligen, saftigen Cuvée aus Weißburgunder und Chardonnay. Im Ortsweinsegment gefällt uns der Westhofener Riesling besonders gut, der feine rauchige Noten zeigt, gute Struktur, Frische und Frucht besitzt. Gleichauf an der Spitze der Kollektion liegen wie schon im Vorjahr die beiden Lagenweine aus dem Kirchspiel: Der Riesling ist würzig, rauchig, konzentriert, füllig und saftig, besitzt viel reife Frucht und Substanz; der Grauburgunder punktet ebenfalls mit Fülle, Saft und Konzentration, besitzt viel reintönige Frucht, feine Säure und Grip.

Weinbewertung

82	2021 Weißburgunder trocken I 11,5%/8,10€
83	2021 Grauburgunder trocken I 12%/8,10€
83	2021 Riesling trocken I 11,5%/8,10€
83	2021 Scheurebe trocken I 11%/8,10€
85	2021 Riesling trocken Westhofener I 12,5%/10,90€
84	2021 Sauvignon Blanc trocken Bechtheimer I 12%/10,90€
84	2021 Weißburgunder & Chardonnay trocken I 12,5%/11,20€
87	2021 Grauburgunder trocken Kirchspiel I 12,5%/18,30€
87	2021 Riesling trocken Kirchspiel I 12,5%/18,30€
81	2021 Scheurebe „feinherb" (1l) I 11%/6,70€
86	„WildschWEIN" Rotwein trocken I 13%/14,20€

★★★

Geil^s

Kontakt
Geils Sekt- und Weingut
Zeller Straße 8
67593 Bermersheim
Tel. 06244-4413
Fax: 06244-57384
www.geils.de
mail@geils.de

Besuchszeiten
Mo.-Sa. nach Vereinbarung

Inhaber
Rudolf, Birgit & Florian R. Geil
Kellermeister
Florian R. Geil
Rebfläche
14 Hektar
Produktion
90.000 Flaschen

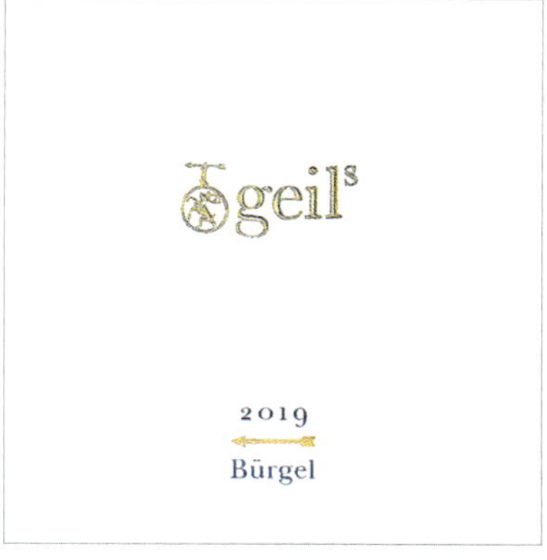

Das Weingut von Rudolf und Birgit Geil ist in einem alten Hof mitten in Bermersheim zuhause. Ihre Weinberge liegen vor allem im Dalsheimer Bürgel, im Nieder-Flörsheimer Frauenberg, im Bermersheimer Hasenlauf und im Gundersheimer Höllenbrand. Sie bauen vor allem weiße Rebsorten an: Riesling, Weißburgunder, Müller-Thurgau, Grauburgunder, Silvaner und Chardonnay spielen die wichtigste Rolle, bei den roten Sorten Spätburgunder, Portugieser und Dornfelder. Dazu gibt es aber auch Merlot und Cabernet Sauvignon (beide bereits seit 1995) und Gelber Muskateller. Bereits 1987 begannen sie mit der Herstellung eigener Sekte nach der klassischen Methode, seit 1989 bauen sie Weine im Barrique aus. Sohn Florian hat seine Lehre bei Schembs und Bergdolt absolviert, 2014 sein Geisenheim-Studium abgeschlossen (mit Praktika bei Chat Sauvage im Rheingau und Méo-Camuzet in Burgund), ist seither voll im Betrieb tätig.

Kollektion

Der Spätburgunder aus dem Bürgel, nun Jahrgang 2019, ist auch in diesem Jahr wieder das Highlight der Kollektion, er ist reintönig, konzentriert, kraftvoll, hat Substanz, Druck und Länge. Die anderen Rotweine sind alle sehr gut, der Nocturne ist intensiv und kraftvoll, der Dalsheimer Spätburgunder intensiv fruchtig und zupackend, der Spätburgunder „Frühwerk" ist reintönig und hat Grip. Auch die beiden Sekte zeigen wie gewohnt hohes Niveau, der Blanc de Noirs besitzt viel Frucht, Frische und Grip, der „Pinot3" besitzt Struktur und Druck. Die weißen Gutsweine sind reintönig, fruchtbetont und zupackend, unsere leichte Präferenz gilt dem leicht limettenduftigen Riesling. Der Nieder-Flörsheimer Riesling ist füllig, saftig, besitzt viel reife Frucht und Substanz, die Cuvée P punktet mit viel Konzentration, guter Struktur und Frucht. An der Spitze der Weißweine steht der Frauenberg-Riesling, der Fülle und Kraft, gute Struktur, Frucht und Grip besitzt. Ganz starke Kollektion!

Weinbewertung

86 2018 „Blanc de Noirs" Sekt brut | 12,5%/17,-€
87 2017 „Pinot3" Sekt brut nature | 12,5%/19,90€
84 2021 Weißer Burgunder trocken | 12,5%/8,60€
84 2021 Chardonnay trocken | 12,5%/9,50€
85 2021 Riesling trocken | 12,5%/8,60€
87 2020 Riesling „S" trocken Nieder-Flörsheim | 12,5%/14,30€
88 2019 „Cuvée P" Weißwein „S" trocken | 13,5%/17,90€
89 2020 Riesling trocken Frauenberg | 13%/22,90€
86 2018 „Nocturne" Rotwein trocken | 13,5%/13,20€
85 2019 Spätburgunder „S" trocken Dalsheim | 13%/18,40€
87 2019 Spätburgunder trocken „Frühwerk" | 13,5%/19,90€
91 2019 Spätburgunder trocken Bürgel | 13,5%/29,90€

★☆

Harald Geißendörfer

Kontakt
Am Hühnerberg 2
97320 Buchbrunn
Tel. 09321-7369
Fax: 09321-9290485
www.winzerhof-geissendoerfer.de
info@winzerhof-geissendoerfer.de

Besuchszeiten
nach Vereinbarung
Glühweinplausch zum 1. Advent
Weinproben
Weinführungen
Sektempfänge

Inhaber
Harald Geißendörfer

Rebfläche
8 Hektar

Der Winzerhof ist aus einem landwirtschaftlichen Gemischtbetrieb entstanden. In den neunziger Jahren haben Harald und Edith Geißendörfer mit der Selbstvermarktung begonnen und nach und nach die Rebfläche erweitert. Sie werden im Betrieb unterstützt von Tochter Katharina, die Oenologie in Geisenheim studiert hat, Erfahrungen bei einem Auslandspraktikum in Kanada sammelte und als „Weinerlebnis-Gästeführerin Franken" ausgebildet ist. Heute bewirtschaftet man neben 100 Hektar Ackerbau 8 Hektar Reben. Seit sie nach Beendigung ihres Studiums in den Betrieb eingestiegen ist wurden unter anderem ein Hopfensecoo aus echtem Hopfen und ein Petnat eingeführt, auch die eigene Sektproduktion wurde seither begonnen. Die Weinberge liegen in der Buchbrunner Lage Heißer Stein, im Mainstockheimer Hofstück, im Dettelbacher Berg-Rondell und im Kitzinger Hofrat. Es werden überwiegend weiße Sorten wie Silvaner, Bacchus und Müller-Thurgau angebaut. Das Hauptaugenmerk gilt neben dem Silvaner, den es auch als Blauer Silvaner gibt, vor allem Weißburgunder und Scheurebe. Riesling, Cabernet Dorsa, Dornfelder und Spätburgunder vervollständigen das Sortenspektrum.

Kollektion

Eine kleine Kollektion von sieben Weinen präsentiert die Familie Geißendörfer zum Debüt, und diese zeigt sehr gleichmäßige, zuverlässige Qualität. Die Eldora genannte, halbtrocken ausgebaute Cuvée ist würzig und eindringlich, frisch, klar und zupackend, besitzt feinen Biss. Der Blauer Silvaner zeigt gute Konzentration, dezent Birnen, ist saftig und süffig, besitzt gute Struktur und Frische. Gute Konzentration, feine Würze und Frucht zeigt der Silvaner im Bouquet, ist klar und eindringlich, besitzt gute Struktur, Frucht und Grip. Feine Frische und reintönige Frucht prägen das Bouquet des Weißburgunders, weiße Früchte, er ist füllig und saftig im Mund, besitzt viel reife Frucht und Substanz. Unsere leichte Präferenz gilt der „feinfruchtigen", de facto halbtrockenen Scheurebe, die wunderschön reintönig ist, etwas Cassis und Holunder zeigt, harmonisch und fruchtbetont im Mund ist bei feinem Grip. Der Rosé zeigt rote Früchte, ist fruchtbetont, frisch, geradlinig, der Cabernet Dorsa besitzt Kraft, reife Frucht und Substanz. Ein gelungenes Debüt!

Weinbewertung

83 2021 „Eldora" Weißwein Cuvée (halbtrocken) | 12%/7,-€
84 2021 Blauer Silvaner Spätlese (trocken) | 13%/8,50€
85 2021 Silvaner Spätlese (trocken) | 13%/7,90€
85 2021 Weißer Burgunder Spätlese (trocken) | 13%/7,90€
86 2021 Scheurebe Spätlese („feinfruchtig") | 12%/7,90€
83 2020 Rosé (trocken) | 13%/6,50€
84 2021 Cabernet Dorsa (trocken) | 13,5%/7,-€

★★½

Gemünden

Kontakt
Brückes 33
55545 Bad Kreuznach
Tel. 0671-27925
Fax: 0671-4820090
www.weingut-gemuenden.de
info@weingut-gemuenden.de

Besuchszeiten
Mo.-Sa. nach Vereinbarung

Inhaber
Andreas & Daniel Gemünden
Betriebsleiter
Andreas & Daniel Gemünden
Kellermeister
Daniel Gemünden
Außenbetrieb
Andreas Gemünden
Rebfläche
30 Hektar

Weinbau wird in der Familie Gemünden seit Mitte des 19. Jahrhunderts betrieben, 1929 gründete Josef Gemünden das Weingut, damals noch in Sommerloch vor den Toren Bad Kreuznachs. Seit 1976 befindet sich das Weingut an seiner heutigen Betriebsstätte, 1987 stieg Andreas Gemünden in den Betrieb ein, den er 2002 in vierter Generation übernahm. Seit 2009 ist sein Sohn Daniel Gemünden im Weingut tätig, ist seit 2012 für den Ausbau der Weine und die Vermarktung zuständig. Mit dem 2014er Jahrgang brachte er seine erste eigene Weinkollektion auf die Flasche, 2017 übernahm er das Weingut von seinem Vater. Die Weinberge liegen in den Kreuznacher Lagen Brückes, Forst, Hinkelstein, Hungriger Wolf, Kapellenpfad, Narrenkappe, Osterhöll, Rosenberg, St. Martin und Vogelsang. Wichtigste Rebsorten sind Riesling, Grauburgunder, Weißburgunder, Chardonnay, Scheurebe, Silvaner und Cabernet Blanc.

Kollektion

Das Bad Kreuznacher Familienweingut erweist sich einmal mehr als ausgesprochen zuverlässig. Die Gutsweine sind sortentypisch und klar. Die Scheurebe schnörkellos und frisch, der Weißburgunder füllig und fein nussig im Geschmack, der Chardonnay mit stimmigem Schmelz und frischer Länge. Besonders gut gefällt uns die aromatische Cuvée Whakapapa aus Silvaner und Cabernet Blanc mit ihrer saftigen Frucht und Konturen von frischen Kräutern. Auch der feingliedrige, geradlinige Riesling überzeugt. Die beiden ausbalancierten Lagenrieslinge bieten dann eine deutliche Steigerung. Man hat die Wahl zwischen dem aus dem Kreuznacher Forst, der kraftvoll und mineralisch wirkt, und dem zugänglichen Brückes, der leichtfüßig Frucht und Finesse kombiniert. Der spontanvergorene Riesling „Nature“ setzt sich an die Spitze der trockenen Rieslinge: markant, mit Rasse und animierender Frucht, macht er jetzt schon Freude, kann von weiterer Flaschenreife profitieren.

Weinbewertung

85 2021 Riesling trocken | 12%/7,60€
85 2021 Weißburgunder trocken | 13%/8,60€
85 2021 Chardonnay trocken | 12,5%/9,80€
84 2021 Scheurebe trocken | 12,5%/8,30€
86 2021 „Whakapapa“ Weißwein Cuvée trocken | 12,5%/8,80€
88 2021 Riesling trocken Kreuznacher Brückes | 12,5%/12,-€
88 2021 Riesling trocken Kreuznacher Forst | 12,5%/12,-€
89 2021 Riesling trocken „Nature“ | 12,5%/15,20€
83 2021 Riesling „feinherb“ „Kiemen-Kitzler“ | 12,5%/7,60€
85 2021 Riesling Spätlese | 10%/9,50€
89 2021 Riesling Auslese | 8,5%/28,-€
84 2021 Spätburgunder Rosé trocken | 13%/8,70€

★★★

Genheimer Kiltz

Kontakt
Zum Sportfeld 6
55595 Gutenberg
Tel. 06706-8633
Fax: 06706-6319
www.genheimer-kiltz.de
info@genheimer-kiltz.de

Besuchszeiten
nach Vereinbarung

Inhaber
Harald, Georg & Gerlinde Kiltz

Kellermeister:
Harald Kiltz

Außenbetrieb
Harald Kiltz

Rebfläche
15 Hektar

Produktion
115.000 Flaschen

Das in Gutenberg im Gräfenbachtal gelegene Weingut wird von Georg und Gerlinde Kiltz zusammen mit Sohn Harald geführt, der Weinbau studierte, in Frankreich und Australien gearbeitet hat und seit 2001 im elterlichen Weingut für den Weinausbau verantwortlich ist. Die Weinberge liegen in den Gutenberger Lagen Schlossberg (rötlicher, sandig-kiesiger Lehmboden), Römerberg (lehmiger Sand, sandig-kiesiger Lehm) und Felseneck (rotliegender Sandboden mit geringem Lehmanteil). Weitere Weinberge besitzen sie in den Kreuznacher Lagen Narrenkappe (verschiedene Lehmarten, teils Kies und Schotter) und Forst. Sauvignon Blanc ist mit 49 Prozent der Rebfläche die wichtigste Sorte im Betrieb, gefolgt von Grau- und Weißburgunder, Riesling sowie Spätburgunder.

Kollektion

Eine hervorragende Kollektion. Die Sauvignon Blanc aus den Lagen machen viel Spaß, sind schlüssig: Der aus dem Römerberg ist präzise, hat ansprechende Kraft und Struktur, besitzt mineralischen Grip. Fein duftend bringt der Sauvignon Blanc aus der Narrenkappe saftige Fruchtaromen mit zarter Gerbstoffwürze und Frische ins Glas. Geschliffen und markant salzig ist der Felseneck Sauvignon, druckvoll und leichtfüßig zugleich, zeigt attraktive Komplexität und Nachhall. Das Naturkind ist etwas verhalten, zart rauchige Aromen und steinige Konturen im Duft münden in einen harmonischen Geschmack mit kräftiger Würze. Die in diesem Jahr neue hinzugekommene Vintage-Linie mit alten Rebsorten, bietet eine spannende, individuelle Geschmacksreise. Der Gelbe Kleinberger schmeckt intensiv nach gelben Äpfeln, zugleich auch nach frischen Kräutern, was sich zu einem animierenden, saftigen Trinkerlebnis kombiniert. Der Grünfränkisch ist ein prägnant würziger und straffer Charakter, weniger fruchtig, ist balanciert und lang. Der kraftvolle Adelfränkisch mit seinem Touch von Minze und gerösteten Nüssen ist bei aller aromatischer Fülle auch pointiert frisch.

Weinbewertung

85 2021 Sauvignon Blanc trocken | 12,5%/8,20€
85 2021 Grauer Burgunder trocken „Terrassenkies“ | 12,5%/7,30€
87 2021 Sauvignon Blanc trocken Kreuznacher Narrenkappe | 12,5%/14,-€
86 2021 Sauvignon Blanc trocken Gutenberger Römerberg | 12,5%/10,50€
89 2021 Sauvignon Blanc trocken Gutenberger Felseneck | 12,5%/17,-€
87 2021 Sauvignon Blanc „Gutenberger Naturkind“ | 12,5%/14,-€
87 2021 Adelfränkisch „Vintage“ | 13,5%/14,-€
87 2021 Gelber Kleinberger „Vintage“ | 12,5%/14,-€
88 2021 Grünfränkisch „Vintage“ | 13%/14,-€
83 2019 Spätburgunder trocken | 13%/7,90€
85 2020 Pinot Noir trocken Gutenberger Felseneck | 13%/12,-€
86 2019 Pinot Noir trocken Gutenberger Schlossberg | 13,5%/24,-€

★★★

Albert Gessinger

Kontakt
Moselstraße 9
54492 Zeltingen
Tel. 06532-2369
Fax: 06532-1578
www.weingut-gessinger.de
kontakt@weingut-gessinger.de

Besuchszeiten
nach Vereinbarung

Inhaber
Sarah Gessinger
Rebfläche
2,9 Hektar
Produktion
25.000 Flaschen

Das Weingut besitzt eine lange Tradition, hat sich unter Leitung von Sarah Gessinger aber neu erfunden. Auf 2,9 Hektar baut sie zu 90 Prozent Riesling, zu 6 Prozent Spät- und zu 4 Prozent Weißburgunder an. Ihre Parzellen befinden sich in den Lagen bzw. Gewannen Sonnenuhr, Hifflay, Graben, Rothlay, Schlossberg und Himmelreich, alle in Zeltingen. Ein Teil der Reben wurde 1895 gepflanzt. Alle Rieslinge werden spontan vergoren, der lange Ausbau auf der Hefe ist selbstverständlich. Eine Spätburgunderparzelle von 1987 wird als Reserve privée im Tonneau ausgebaut. Furore gemacht hat das Weingut auch mit einer Auslese, die lange im hauseigenen Brunnen (!) reifte und im Vergleich mit einer im Gewölbekeller gelagerten Auslese gleicher Lage und gleichen Jahrgangs verkostet werden kann.

Kollektion

Sehr eigenwillig ist der Pinot Blanc mit dezenten Getreidenoten, im Mund zupackend, saftig und würzig. Der trockene Rothlay-Riesling aus 2021 wirkt offen mit Hefe-Mirabellen-Noten, straff und präzise. Ganz anders der Hifflay-Wein aus 2021 mit fast nussig wirkender Würze, kraftvoll, saftig, vibrierend; das Graben-GG wirkt sogar noch etwas spannender. Offen, frisch und kräuterig wirkt die feinherbe Spätlese von alten Reben, deren Süße zwar deutlich spürbar, aber sehr gut eingebunden ist. Ausgezeichnet gefallen die süßen Vertreter des Jahrgangs 2021. Die Spätlese aus dem Josefsberg ist frisch, zitrusfruchtig, im Mund enorm rassig, mit faszinierendem Süße-Säure-Spiel, sehr nachhaltig. Kaum süßer wirkt die Auslese Caldo Infernale, sie besitzt eine reifere Aromatik mit Anklängen an weißen Pfirsich, ist saftig und rassig mit animierender Säure, die Süße wirkt fast verhalten. Noten von Pfirsichkompott und kandierten Aprikosen zeigt die Beerenauslese, sie ist üppig, aber auch herrlich saftig und straff. Die rote Reserve privée besitzt Noten von Sauerkirschen und dunkler Schokolade, wirkt kraftvoll, lässt hinter der Würze viel Frucht erkennen.

Weinbewertung

88 Riesling Sekt extra brut Rothlay | 12%/15,-€
86 2021 Pinot Blanc trocken Zeltinger Himmelreich | 12,5%/9,-€
87 2021 Riesling Spätlese trocken „1895" Rothlay | 12%/11,50€
90 2020 Riesling trocken "GG" „1895" Hifflay | 12,5%/20,50€
89 2021 Riesling trocken „GG" „1895" Hifflay | 12,5%/20,50€
91 2021 Riesling trocken „GG" „Alte Reben" „Im Graben" | 12,5%/Vst.
89 2021 Riesling Spätlese „feinherb" „56 „ Zeltinger Sonnenuhr | 10%/11,50€ ☺
92 2021 Riesling Spätlese „Josefsberg" „Alte Reben" Zeltinger Sonnenuhr | 8%/12,-€ ☺
91 2021 Riesling Auslese „Caldo Infernale" „Alte Reben" Sonnenuhr | 7,5%/18,50€
92 2020 Riesling Beerenauslese „Alte Reben" Zeltinger Sonnenuhr | 7,5%/36,-€/0,375l
88 2019 Pinot Noir** trocken „Reserve" Zeltinger Himmelreich | 12,5%/12,-€
89 2019 Pinot Noir*** trocken „Reserve privée" Zeltinger Himmelreich | 13%/15,-€

★★★

Giegerich

Kontakt
Weichgasse 19
63868 Großwallstadt
Tel. 06022-655355
Fax: 06022-655366
www.weingut-giegerich.de
info@weingut-giegerich.de

Besuchszeiten
Di.- Fr. 10-12 + 14-18 Uhr
Sa. 9-13 Uhr
„Häckerzeit" mit regionaler Küche (5x im Jahr)
„Häckerstubenkabarett" (Frühjahr und Herbst)

Inhaber
Kilian, Philipp & Klaus Giegerich
Betriebsleiter:
Kilian & Philipp Giegerich
Kellermeister:
Kilian, Philipp & Klaus Giegerich
Rebfläche
16 Hektar
Produktion
100.000 Flaschen

Klaus Giegerich übernahm 1992 den Betrieb mit damals 2,5 Hektar Weinbergen, entschloss sich 1994 zusammen mit Ehefrau Helga den Nebenerwerbsbetrieb in ein Weingut umzuwandeln, 1996 wurden Häckerstube und Kelterhalle fertig gestellt und das Weingut eingeweiht. Nach Abschluss seiner Weinbautechnikerausbildung ist Sohn Kilian seit September 2012 im Weingut tätig, der zweite Sohn Philipp seit 1. September 2020; 2021 haben die beiden die Betriebsführung übernommen. Die Reben wachsen in Großwallstadt (Lützeltalerberg), Rück (Schalk, Jesuitenberg) und Wörth am Main, sowie im Klingenberger Schlossberg, wo 2019 weitere 0,5 Hektar hinzukamen, die im Frühjahr 2020 mit französischen Spätburgunder-Selektionen bepflanzt wurden; im Rücker Schalk konnte eine 0,7 Hektar große Steillage mit über 40jährigen Spätburgunderreben erworben werden. Man konzentriert sich immer mehr auf die Burgundersorten und Silvaner. 2020 wurde die Umstellung auf biologischen Weinbau begonnen.

Kollektion

Die 2021er Weißweine sind jahrgangstypisch frisch, schlank und geradlinig, spannender sind die 2020er: Der Silvaner von alten Reben besitzt Fülle, herrlich viel Frucht, Struktur und Grip, der Chardonnay R ist enorm würzig, kraft- und druckvoll, besitzt klare Frucht und Frische. Durchgängig hohes Niveau zeigen die Rotweine. Der Frühburgunder vom roten Stein ist sehr offen, füllig und saftig, besitzt reife Frucht und Substanz. Der Rücker Spätburgunder von alten Reben ist reintönig, zeigt etwas Veilchen im Bouquet, rote Früchte, ist geradlinig, zupackend und strukturiert. Der Spätburgunder Pitztaler Berg zeigt rauchig-würzige Noten, klare Frucht, besitzt Fülle und Kraft, gute Struktur, Frische und Grip. Alle drei sind 2020er, die beiden Klingenberger Spätburgunder stammen aus dem Jahrgang 2019: Der Ortswein ist fruchtbetont, zeigt feine Frische, etwas Veilchen, besitzt Struktur, Grip, der Schlossberg ist reintönig, konzentriert, herrlich eindringlich, besitzt reintönige Frucht, gute Struktur und Biss. Klasse Weine!

Weinbewertung

84 2021 Silvaner trocken | 12%/9,30€
82 2021 Weißer Burgunder trocken | 12,5%/9,30€
82 2021 „Blanc de Noir" trocken | 11,5%/9,30€
82 2021 Sauvignon Blanc trocken | 11,5%/9,30€
87 2020 Silvaner trocken „Alte Reben" Großwallstadter | 13,5%/15,-€
88 2020 Chardonnay „R" trocken | 12,5%/22,-€
85 2020 Spätburgunder trocken „Alte Reben" Rücker | 12,5%/15,-€
87 2019 Spätburgunder trocken „Steinterrassen" Klingenberger | 13%/18,50€
87 2020 Frühburgunder trocken „vom roten Stein" Wörther & Großwallst. | 12,5%/18,50€
88 2020 Spätburgunder trocken Pitztaler Berg | 12,5%/25,-€
90 2019 Spätburgunder trocken „16*26" Klingenberger Schlossberg | 13%/38,-€

★★★★

Gies-Düppel

Kontakt
Am Rosenberg 5
76831 Birkweiler
Tel. 06345-919156
Fax: 06345-919157
www.gies-dueppel.de
info@gies-dueppel.de

Besuchszeiten
Mo.-Fr. 9-12 +14-17:30 Uhr
Sa. 10-16 Uhr
So. + Feiertage geschlossen

Inhaber
Volker Gies
Außenbetrieb
Valentin Sternfeld
Rebfläche
23 Hektar
Produktion
160.000 Flaschen

Weinbau wurde in den Familien Gies und Düppel schon lange betrieben, bevor Franz-Josef Gies und seine Frau Ulrike (geborene Düppel) 1976 das heutige Weingut am Ortsrand von Birkweiler erbauten, auf dem Rosenberg, von dem aus man einen herrlichen Rundumblick über die Lagen rund um Birkweiler und bis hinüber nach Albersweiler, auf der anderen Seite des Talkessels, genießen kann. Volker Gies hat den Familienbetrieb 1999 in der vierten Generation von seinem Vater übernommen. Zusammen mit seiner Frau Tanja hat er in den letzten Jahren an der Expansion des Weinguts gearbeitet, seit 2009 wurde die Rebfläche um rund sieben Hektar erweitert. Zu den Weinbergen in den Birkweiler Lagen Kastanienbusch (teils Quarzsandstein, teils roter Sandstein, teils Rotliegendes), Mandelberg (Ton- und Kalkmergel) und Rosenberg (Mergel) kamen Flächen im Ranschbacher Seligmacher (teils Muschelkalk, teils Rotliegendes) und in der Ilbesheimer Kalmit (Kalkstein) hinzu. Im Frühjahr 2013 wurden 1,3 Hektar im Albersweiler Latt (Rotliegendes und Buntsandstein) neu mit Riesling bestockt. Weitere Parzellen in der Latt und im Seligmacher wurden 2015 erworben, zuletzt wurde das Lagenportfolio mit einem Weinberg im Siebeldinger Im Sonnenschein (Muschelkalk) ergänzt. Riesling ist mit einem Flächenanteil von 40 Prozent die wichtigste Rebsorte im Betrieb, gefolgt von Spätburgunder, Weißburgunder und Grauburgunder. Dazu gibt es Chardonnay, Sauvignon Blanc und Dornfelder, Syrah und Merlot wurden 2012 und 2013 gepflanzt, die Flächen mit Scheurebe und Viognier wurden 2014 erweitert, 2017 wurde eine Parzelle in der Kalmit mit Chardonnay bestockt und 2018 wurde Cabernet Franc angelegt. Zuletzt konnte sich das Weingut um einen benachbarten Hof vergrößern, was im eigentlichen Gut eine Neustrukturierung der Arbeitsabläufe ermöglicht und Platz für separate Barrique- und Stückfasskeller geschaffen hat. Mehrmals konnten wir in den letzten Jahren neben dem aktuellen Jahrgang jeweils 10 Jahre alte Gies-Düppel-Weine verkosten, die fein gereift und noch sehr präsent und lebendig waren, noch viel Freude bereiteten.

Kollektion

Bei den insgesamt zehn trockenen Lagen- und Terroirrieslingen sind die Unterschiede im Jahrgang 2021 sehr deutlich herausgearbeitet: Die Rieslinge aus dem Kastanienbusch und dem Latt sind am komplexesten, beide sind schon sehr offen, wobei der Latt sogar noch etwas präsenter ist, dem Kastanienbusch trauen wir aber das größere Potential zu, er zeigt kräutrige und steinige Noten, aber auch klare gelbe Frucht, besitzt animierende Zitrusfrucht und eine dunkle, mineralische Würze, ist druckvoll und sehr nachhaltig, der Latt zeigt ebenfalls ein komplexes Bouquet, mit gelber Frucht und Noten von Kräutern und etwas Schwarztee, ist elegant, leicht salzig, sehr animierend und nachhaltig. Der

Dachsberg-Riesling ist etwas fülliger, besitzt kräutrig-steinige Würze und animierende Zitrusnoten, Ananas und Limette, der Seligmacher zeigt dezente kreidige Würze und viel gelbe Frucht, ist auch am Gaumen sehr fruchtbetont und besitzt Grip. Genauso stark wie den Seligmacher schätzen wir auch die beiden Terroirrieslinge vom Granit und vom Schiefer ein, der Granit duftet nach warmem Stein und Ananas, ist salzig, animierend und lang, der Schiefer zeigt leicht rauchig-kräutrige Noten, ist sehr präzise, salzig und druckvoll. Der Kalkstein ist leicht kreidig, frisch und animierend, der Tonstein ist kräutrig und füllig, zeigt Aromen von rotem und grünem Apfel. Aus dem Seligmacher gibt es in diesem Jahr auch einen klassischen Kabinett, der saftig, schlank und frisch ist und dezente Süße und ein harmonisches Säurespiel besitzt. Bei den Weißburgundern kommt unser Favorit der letzten Jahre, die Réserve aus dem Mandelberg, in Zukunft erst später in den Verkauf, weshalb wir ihn dieses Mal noch nicht verkosten konnten, der normale Mandelberg zeigt ein eindringliches Bouquet mit feiner Holzwürze, Zitrusnoten und Birne, besitzt am Gaumen eine frische Säure, ist harmonisch und sehr nachhaltig, auch der Rosenberg-Weißburgunder zeigt klare Frucht, Birne, Aprikose, einen Hauch Vanille, besitzt Eleganz und Länge, der Grauburgunder aus dem Mandelberg ist kraftvoll und nachhaltig mit viel klarer Frucht und feinem Schmelz.

Volker Gies

Weinbewertung

88 2021 Riesling trocken „Granit" | 12%/11,30€
87 2021 Riesling trocken „Kalkstein" | 12,5%/11,30€
84 2021 Riesling trocken „Quarz" | 12%/8,70€
87 2021 Riesling trocken „Roter Tonstein" | 12%/11,30€
88 2021 Riesling trocken „Schiefer" | 12,5%/11,30€
86 2021 Riesling trocken „Gneis" | 12%/11,30€
84 2021 Weißer Burgunder trocken „Calcit" | 13%/8,70€
84 2021 Grauer Burgunder trocken „Calcit" | 13%/8,70€
88 2021 Weißer Burgunder trocken Birkweiler Rosenberg | 13%/14,-€
90 2021 Weißer Burgunder trocken Birkweiler Mandelberg | 13,5%/21,-€
89 2021 Grauer Burgunder trocken Birkweiler Mandelberg | 13,5%/15,-€
90 2021 Riesling trocken Albersweiler Latt | 12,5%/18,-€
88 2021 Riesling trocken Ranschbacher Seligmacher | 12,5%/15,-€
89 2021 Riesling trocken Birkweiler Am Dachsberg | 12,5%/15,-€
89 2011 Riesling trocken Birkweiler Kastanienbusch | 13,5%/k.A.
90+ 2021 Riesling trocken Birkweiler Kastanienbusch | 12,5%/21,-€
86 2021 Riesling Kabinett Ranschbacher Seligmacher | 8%/11,30€

Lagen

Kastanienbusch (Birkweiler)
Mandelberg (Birkweiler)
Rosenberg (Birkweiler)
Seligmacher (Ranschbach)
Latt (Albersweiler)
Im Sonnenschein (Siebeldingen)

Rebsorten

Riesling (40%)
Spätburgunder (14%)
Weißburgunder (14%)
Grauburgunder (13%)
Sauvignon Blanc
Viognier
Scheurebe
Chardonnay
MuskatellerSyrah
Merlot
Cabernet Franc

★ ★☆

Gietzen

G

Kontakt
Winzerhof Gietzen
Moselstraße 70
56332 Hatzenport
Tel. 02605-952371
Fax: 02605-952372
www.winzerhof-gietzen.de
service@winzerhof-gietzen.de

Besuchszeiten
am Wochenende während der Öffnungszeiten des Hofausschanks (Fr. ab 18 Uhr, Sa./So. ab 14 Uhr), in der Woche nach Vereinbarung
Gästezimmer, Ferienwohnungen

Inhaber
Albrecht Gietzen
Betriebsleiter
Albrecht Gietzen
Kellermeister
Albrecht Gietzen
Rebfläche
3 Hektar
Produktion
16.000 Flaschen

Auf 3 Hektar baut das traditionsreiche Weingut unter Leitung von Albrecht Gietzen vor allem Riesling an (85 Prozent der Fläche sind mit dieser Sorte bestockt), dazu sind auch Weiß- und Spätburgunder sowie Sauvignon Blanc im Ertrag. Die Weine stammen von den Lagen Stolzenberg, Kirchberg und Burg Bischofstein, die alle zu Hatzenport gehören. Der Winzerhof bietet seinen Gästen und Kunden nicht weniger als acht Doppelzimmer und zwei Apartments an. An den Wochenenden werden regionale Speisen serviert. Die Weine werden langsam vergoren und lange auf der Feinhefe ausgebaut, teils im Holz, teils im Edelstahl. Prädikatsbezeichnungen werden nur für süße und edelsüße Rieslinge verwendet, die besten Weine aus Kirchberg und Stolzenberg werden mit einer Goldkapsel gekennzeichnet, der Spitzenriesling „Elatus Mons" stammt aus der Terrassenlage Lay-Geisinger im Stolzenberg.

Kollektion

Schön klar ist der trockene Riesling namens Nikolaus Gietzen, er wirkt fest und stoffig, ist mit einer schönen Frucht ausgestattet. Recht reif in der Nase wirkt dann der Sauvignon Blanc, im Mund ist er saftig und würzig, wirkt nicht puristisch trocken, ist dafür mit einer Menge Schmelz ausgestattet – ein Sauvignon für alle, denen die meisten Weine dieser Art zu anstrengend sind. Der Kirchberg-Wein mit der goldenen Kapsel besitzt Noten von Zitrus und Kräutern, wirkt schon recht offen, im Mund würzig, ist ausgestattet mit reichlich Spiel, ein winziger Hauch von Süße ist zu spüren. Der Elatus-Mons-Stolzenberg-Riesling ist verhaltener, im Mund schön saftig und würzig, er besitzt mehr Spiel als der Kirchberg-Riesling. Angenehm frisch und saftig ist der feinherb wirkende Goldkapsel-Riesling aus dem Stolzenberg. Knackig, frisch und zugänglich ist der Riesling namens Get the Feeling mit einer schönen Balance zwischen der dezenten Süße und der Säure. Beim Burg-Bischofstein-Riesling in süßer Version ist eine saftige Frucht zu bemerken, im Mund wirkt dieser Wein noch deutlich süß; sein feinherbes Pendant wirkt zum jetzigen Zeitpunkt zugänglicher.

Weinbewertung

85	2021 Riesling trocken „Nikolaus Gietzen" I 12,5%/12,-€
81	2021 Sauvignon Blanc Burg Bischofstein I 13,5%/13,-€
85	2021 Riesling Goldkapsel Hatzenporter Kirchberg I 12,5%/14,50€
85	2021 Riesling Goldkapsel Hatzenporter Stolzenberg I 12%/14,50€
86	2021 Riesling trocken „Elatus Mons" Hatzenporter Stolzenberg I 12,5%/17,50€
83	2021 Riesling „Get the Feeling" I 12%/9,50€
85	2021 Riesling „feinherb" Hatzenporter Burg Bischofstein I 11,5%/12,-€
85	2021 Riesling Hatzenporter Burg Bischofstein I 10%/12,-€

Winzerhof Gietzen

★★★★

Glaser-Himmelstoß

Kontakt
Langgasse 7
97334 Nordheim
Tel. 09381-4602
Fax: 09381-6402
www.weingut-glaser-himmelstoss.de
info@weingut-glaser-himmelstoss.de

Besuchszeiten
Vinothek Nordheim (Langgasse 7) / Vinothek Dettelbach (Bambergerstraße 3):
Mo./Mi.-Sa. 13-18 Uhr
So. & Feiertage 14-17 Uhr und nach Vereinbarung
Di. Ruhetag
Restaurant Himmelstoss, Pächter: Roman Krückel

Inhaber
Wolfgang & Monika Glaser
Kellermeister
Wolfgang & Julia Glaser
Rebfläche
14 Hektar
Produktion
80.000 Flaschen

Das Weingut Glaser-Himmelstoss entstand durch die Vereinigung der jeweils elterlichen Weingüter von Wolfgang und Monika Glaser (Weingut Siegfried Glaser und Weingut Himmelstoss) und hat Betriebssitze in zwei fränkischen Ortschaften, Dettelbach und Nordheim, wo der Ausbau der Weine erfolgt. Inzwischen werden sie im Betrieb von Tochter Julia unterstützt, die sich zusammen mit ihrem Vater um den Keller kümmert. Die wichtigste Lage ist das Dettelbacher Berg-Rondell; innerhalb dieser recht großen Lage möchte Wolfgang Glaser die historische Einzellage Berg wieder zum Leben erwecken und als geschützte Ursprungsbezeichnung eintragen lassen. Weitere wichtige Lagen sind Nordheimer Vögelein, Sommeracher Katzenkopf und nun auch Frickenhäuser Kapellenberg. Silvaner ist die wichtigste Rebsorte, nimmt 30 Prozent der Fläche ein, Müller-Thurgau ein Viertel. Es folgen Riesling und Spätburgunder, Grau- und Weißburgunder, dazu gibt es Spezialitäten wie Scheurebe, Schwarzriesling, Gewürztraminer und Rieslaner. Das Programm ist vierstufig gegliedert: Die Basis bilden die Gutsweine, dann folgen Ortsweine aus Dettelbach und Nordheim (bis 2013 als Kabinett trocken bezeichnet) und Erste Lage-Weine aus Berg-Rondell, Vögelein und Katzenkopf (bis 2012 Spätlese trocken), die zukünftigen Großen Gewächse sollten aus der Lage Berg kommen, hat Wolfgang Glaser uns vor Jahren erklärt, passiert ist aber seither nichts. Edelsüße Weine spielen eine wichtige Rolle im Betrieb, Wolfgang Glaser erzeugt, wenn es der Jahrgang erlaubt, die ganze Bandbreite an Prädikaten bis hin zur Trockenbeerenauslese. Seit einigen Jahren erzeugt er auch maischevergorene Weißweine. Schon seit der ersten Ausgabe empfehlen wir die Weine von Wolfgang Glaser, seither hat er uns niemals enttäuscht, mit keinem einzigen Wein, Jahr für Jahr sind seine Kollektionen hervorragend, Jahr für Jahr ist das Niveau schon der Basisweine sehr hoch, Jahr für Jahr faszinieren die trockenen Spitzen ebenso wie die edelsüßen.

Kollektion

Wir empfehlen die Weine von Wolfgang Glaser nun schon seit der ersten Ausgabe, aber einen Sekt von ihm haben wir in all dieser Zeit (und bei 378 verkosteten Weinen) noch nicht verkostet, nun also die Premiere mit dem 2017er Spätburgunder Blanc de Noir – und der präsentiert sich prächtig, zeigt rauchige Noten und etwas gelbe Früchte im herrlich eindringlichen Bouquet, ist frisch und strukturiert, besitzt Frucht und Grip, ist noch sehr jugendlich. Ein gelungenes Debüt! Der halbtrocken ausgebaute Gutsriesling ist frisch, geradlinig und zupackend, was auch für den fruchtbetonten Rosé gilt, beide sind mit 11 Volumenprozent Alkohol Leichtgewichte. Die Ortsweine zeigen sehr gleichmäßiges Niveau, sind aber teilweise – jahrgangsbedingt – ein wenig schlanker und frischer als in früheren Jahren. Der Nordheimer Silvaner zeigt reintönige Frucht und feine Frische im Bouquet, ist harmonisch, frisch und zupackend im Mund, der Dettelbacher Silvaner ist würzig und eindringlich, deutlich füllig und saftiger, besitzt ebenfalls viel Frische, der Blauer Silvaner ist ebenfalls frisch, harmonisch und zupackend. Die Dettelbacher Scheurebe zeigt reintönige Frucht, ist klar, geradlinig und besitzt viel Grip. Der Nordheimer Weißburgunder zeigt reintönige Frucht im Bouquet, weiße Früchte, ist zupackend und strukturiert. Auch der Dettelbacher Grauburgunder zeigt reintönige Frucht und viel Frische, besitzt feine süße Frucht und Grip. Der Nordheimer Blanc de Noir ist ein Spätburgunder, zeigt viel Frucht im Bouquet, ein wenig Kirschen, ist geradlinig und zupackend im Mund. Mehr Substanz besitzen dann die Lagenweine, wobei der Traminer aus dem Vögelein deutlich schlanker und frischer ist als gewohnt, sehr reintönig, aber doch etwas den Speck auf den Rippen vermissen lässt. Aus dem Silvaner-Lagen-Duo ist mit dem Jahrgang 2021 ein Trio geworden, denn es gibt nun auch einen Wein aus dem Frickenhäuser Kapellenberg, der sehr offen im Bouquet ist, reife Frucht zeigt, Birnen, füllig und saftig im Mund ist bei guter Struktur. Der Katzenkopf-Silvaner ist ebenfalls sehr offen und fruchtbetont, besitzt gute Struktur, klare Frucht und Grip. Und auch der Wein aus dem Berg-Rondell ist im Bouquet sehr offen, zeigt einen Anflug von Marzipan, Birnen, besitzt gute Fülle, reife Frucht und viel Frische im Abgang. Großartig ist der Silvaner Eiswein aus dem Katzenkopf, zeigt eingelegte Zitrusfrüchte, Aprikosen, ist konzentriert, reintönig und zupackend – und die Edelsüßen von Wolfgang Glaser reifen hervorragend, wie die immer noch sehr jugendliche und saftige 2015er Silvaner Beerenauslese beweist.

Monika, Wolfgang & Julia Glaser / Foto: C. Weiss

Weinbewertung

88	2017 Spätburgunder „Blanc de Noir“ Sekt brut I 13%/25,-€
84	2021 Riesling I 11%/7,50€
86	2021 Silvaner trocken Nordheim I 12%/10,-€
86	2021 Silvaner trocken Dettelbach I 12%/10,-€
85	2021 Blauer Silvaner trocken Dettelbach I 12%/10,-€
87	2021 Weißer Burgunder trocken Nordheim I 13%/10,50€
86	2021 Scheurebe trocken Dettelbach I 11,5%/10,-€
86	2021 Spätburgunder „Blanc de Noir“ trocken Nordheim I 12,5%/11,50€
86	2021 Grauer Burgunder trocken Dettelbach I 12,5%/12,80€
88	2021 Silvaner trocken Frickenhäuser Kapellenberg I 13%/15,50€
88	2021 Silvaner trocken Sommeracher Katzenkopf I 13%/15,50€
89	2021 Silvaner trocken Dettelbacher Berg-Rondell I 13,5%/16,50€
86	2021 Traminer trocken Nordheimer Vögelein I 13%/14,50€
93	2021 Silvaner Eiswein Sommeracher Katzenkopf I 7%/45,-€/0,375l
93	2015 Silvaner Beerenauslese Dettelbacher Berg-Rondell I 9%
84	2021 Rosé trocken I 11%/7,50€

Lagen
Berg-Rondell (Dettelbach)
Vögelein (Nordheim)
Katzenkopf (Sommerach)
Kapellenberg (Frickenhausen)

Rebsorten
Silvaner (30%)
Müller-Thurgau (25%)
Riesling (10%)
Spätburgunder (10%)
Grauburgunder (6%)
Weißburgunder (5%)
Scheurebe (3%)
Schwarzriesling (3%)

★★★½

Freiherr von Gleichenstein

Kontakt
Bahnhofstraße 10-14, 79235
Vogtsburg-Oberrotweil
Tel. 07662-288
Fax: 07662-1856
www.gleichenstein.de
weingut@gleichenstein.de

Besuchszeiten
Vinothek:
Mo.-Fr. 10-12 + 13-17 Uhr
Sa. 10-17 Uhr (April - Okt.)
So. & Feiertage geschlossen

Inhaber
Johannes Freiherr von Gleichenstein
Betriebsleiter
Johannes Freiherr von Gleichenstein
Kellermeister
Johannes Köster
Außenbetrieb
Franz Galli
Rebfläche
45 Hektar
Produktion
250.000 Flaschen

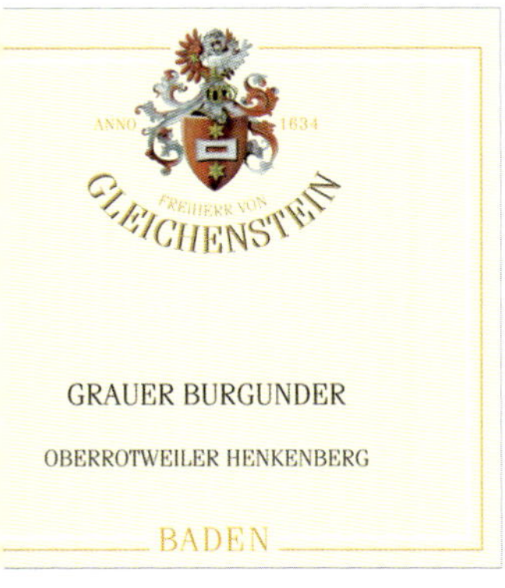

Die Familie der jetzigen Freiherren von Gleichenstein erwarb 1634 die Gebäude und Ländereien des Benediktinerordens St. Blasien im damaligen Rothwyhl. Hans-Joachim von Gleichenstein hatte 1959 das Gut als landwirtschaftlichen Mischbetrieb übernommen und ganz auf Wein ausgerichtet. Seit 2003 führt Sohn Johannes von Gleichenstein das Gut in elfter Generation, seit 2004 unterstützt von Ehefrau Christina. Seine Weinberge liegen vor allem in den Oberrotweiler Lagen Eichberg (Vulkanverwitterungsgestein) und Henkenberg (Vulkanverwitterungsböden mit Basaltschichten) sowie im Ihringer Winklerberg. Grauburgunder ist mit einem Anteil von 45 Prozent die wichtigste Rebsorte, gefolgt von Spätburgunder und Weißburgunder.

Kollektion

Der schon im Vorjahr vorgestellte 2018er Baron Philipp führt erneut die Kollektion an, ist rauchig, reintönig, hat Substanz und Grip. Neu für uns ist der Jahrgang seines Pendants, des Grauburgunder Baron Louis: Der 2018er ist konzentriert, herrlich eindringlich, im Mund stoffig und kompakt, besitzt enorm viel Substanz. Aber nicht nur die Spitze, auch die Basis ist stark. Die Gutsweine zeigen sehr gleichmäßiges Niveau: Der Weißburgunder ist reintönig, geradlinig und frisch, der Grauburgunder etwas würziger und zupackender, unsere leichte Präferenz gilt der Cuvée aus Weißburgunder und Chardonnay, die gute Struktur, Frucht, Frische und Grip vereint. Der Grauburgunder vom Henkenberg ist sehr reintönig im Bouquet, klar und zupackend im Mund, sein Kollege vom Winklerberg ist etwas konzentrierter und rauchiger im Bouquet, besitzt gute Struktur und Substanz. Der Winklerberg-Chardonnay ist ebenfalls rauchig und würzig, besitzt gute Substanz, Frische und Grip. Nicht nur der Baron Philipp, auch die anderen beiden Spätburgunder sind stark: Der „Aus dem Kessel" zeigt würzige Noten, rote Früchte, ist geradlinig und zupackend, der Winklerberg-Spätburgunder punktet mit Kraft und Grip.

Weinbewertung

84 2021 Weißer Burgunder trocken I 12,5%/9,50€
85 2021 Grauer Burgunder trocken I 12,5%/9,50€
86 2021 Weißer Burgunder & Chardonnay trocken I 12,5%/9,50€
87 2019 Grauer Burgunder trocken Oberrotweiler Henkenberg I 13%/16,-€
88 2019 Grauer Burgunder trocken Ihringer Winklerberg I 13%/21,50€
88 2019 Chardonnay trocken Ihringer Winklerberg I 13,5%/21,50€
90 2018 Grauburgunder trocken „Baron Louis" I 13%/30,-€
84 2021 Pinot Noir Rosé trocken I 12%/9,50€
87 2018 Spätburgunder trocken „Aus dem Kessel" Oberrotweiler Eichberg I 13%/16,-€
87 2019 Spätburgunder trocken Ihringer Winklerberg I 13%/21,50€
91 2018 Spätburgunder trocken „Baron Philipp" Oberrotweiler Eichberg I 13%/50,-€

★★★☆

Der GlücksJäger

Kontakt
Raiffeisenstraße 5
67482 Venningen
Tel. 06323-5505
Fax: 06323-6937
www.dergluecksjaeger.de
info@dergluecksjaeger.de

Besuchszeiten
nach Vereinbarung

Inhaber
Andreas
Pfaffmann-Wiedemann
Rebfläche
6 Hektar
Produktion
40.000 Flaschen

Mit dem Jahrgang 2012 begann Andreas Pfaffmann-Wiedemann seine eigenen Weine zu erzeugen, zunächst nur Riesling und Cabernet Sauvignon, mittlerweile sind noch Weißburgunder, Grüner Veltliner, Sauvignon Blanc, Chardonnay und ein Pet-Nat aus Pinot Noir dazugekommen, die Produktion wurde nach und nach von wenigen tausend Flaschen im Jahr auf eine heute mittlere fünfstellige Menge gesteigert. Die Trauben werden von Hand entrappt, bei den Weißweinen wird mit Maischestandzeiten und auch Maischegärung gearbeitet, alle Weine werden spontan vergoren, im Halbstückfass, im Barrique oder in der Amphore ausgebaut und schließlich ohne Schönung oder Filtration mit möglichst geringer Schwefelzugabe abgefüllt.

Kollektion

Vom Chardonnay gibt es jetzt auch eine Réserve-Version, die sich direkt an die Spitze der Kollektion setzt, er zeigt feine hefige Würze und herbe Zitrusnoten im Bouquet, besitzt Kraft, eine cremige Textur und Grip, ist salzig, animierend und deutlich nachhaltiger als der normale Chardonnay. „Der Riesling" zeigt ebenfalls feine Hefewürze, dazu Kräuternoten, besitzt am Gaumen dezente Frucht, ist sehr salzig, druckvoll und nachhaltig, der 2021er Riesling zeigt deutlichere Frucht, Limette, Orangenschale, ist ebenfalls animierend und leicht salzig. Sauvignon Blanc und Grüner Veltliner sind zunächst noch etwas von der Spontangärung geprägt, entwickeln dann aber viel klare Frucht, sind schlank und besitzen beide eine leichte Schärfe und gute Länge am Gaumen. Beide Cabernets brauchen viel Luft, bevor sie dann klare Frucht und kräutrige Noten zeigen, vor allem der Grand Réserve ist zunächst noch sehr verhalten und wirkt noch kompakt, ist aber einen Tick konzentrierter und nachhaltiger als der „Réserve", beide besitzen reife Tannine, gut eingebundenes Holz, Potential und Länge. Erneut eine sehr starke Kollektion von Andreas Pfaffmann-Wiedemann!

Weinbewertung

86 2021 „Knochentrocken" Weißwein trocken | 12%/11,-€
86 2021 Riesling trocken „Junge Hunde" | 12%/11,-€
88 2021 Weißer Burgunder trocken | 13%/18,-€
89 2021 Riesling trocken | 12,5%/15,-€
88 2021 Grüner Veltliner trocken | 12%/18,-€
90 2020 Riesling trocken „Der Riesling" | 13%/24,-€
88 2021 Chardonnay trocken | 13,5%/18,-€
89 2021 Sauvignon Blanc trocken „Fumé" | 12,5%/18,-€
91 2020 Chardonnay trocken „Réserve" | 14%/24,-€
88+ 2020 Pinot Noir trocken „Réserve" | 13%/24,-€
90 2020 Cabernet Sauvignon trocken „Réserve" | 13%/33,-€
91 2020 Cabernet Sauvignon trocken „Grand Réserve" | 13%/68,-€

★☆

Gmelin

Kontakt
Wilhelmstraße 42
74918 Angelbachtal
Tel. 07265-917759
www.weingut-gmelin.de
info@weingut-gmelin.de

Besuchszeiten
Fr. 15-18 Uhr
Sa. 10-14 Uhr
Gutsausschank
ganzjährig geöffnet
(Events bis 80 Personen)
Gästehaus „SchlafGut“
(bis 10 Personen)

Inhaber
Nico Gmelin
Rebfläche
5 Hektar
Produktion
22.000 Flaschen

Der gelernte Winzer Nico Gmelin gründete 2009 mit 30 Ar Rebfläche, das sind 3000 Quadratmeter, sein eigenes Weingut. Mittlerweile ist das Weingut um ein Vielfaches gewachsen. In einem bäuerlichen, urigen Anwesen in der Karlstraße 14 in Angelbachtal betreibt er mit seiner Frau die Besenwirtschaft „Zum Geißenpeter“, wo ein Großteil der Weine vermarktet wird. Der Gutsausschank ist inzwischen ganzjährig geöffnet und bietet Platz für Events bi 80 Personen. Das Weingut hat sich seit der Gründung stetig vergrößert. 2018 wurde der Neubau eines Wirtschaftsgebäudes mit neuester Verarbeitungs- und Kellereitechnik fertig gestellt. Die Weinberge von Nico Gmelin liegen in verschiedenen Kraichgauer Lagen wie Eichtersheimer Sonnenberg, Malscher Ölbaum, Malscher Rotsteig, Weiler Goldberg und Elsenzer Spiegelberg. Hauptrebsorte ist der Spätburgunder mit einem Anteil von gut einem Drittel, dazu unterstreichen Weißburgunder und Grauburgunder mit jeweils rund 20 Prozent sowie Auxerrois die Burgunderdominanz. Müller-Thurgau, Riesling, Chardonnay, Johanniter und Gewürztraminer ergänzen das Programm.

Kollektion

Im vergangenen Jahr waren die 2020er Weißweine recht süß geraten, wirkten dadurch etwas süß und breit. 2021 gefällt uns nun deutlich besser, die Weine sind nach wie vor von merklicher Restsüße geprägt, jahrgangsbedingt aber doch etwas frischer bei meist etwas moderateren Alkoholwerten. Der Auxerrois ist recht duftig und würzig, der Grauburgunder füllig und kompakt, besitzt viel reife süße Frucht. Schöne Frische und Frucht zeigt der Chardonnay im Bouquet, der Sauvignon Blanc ist würzig und eindringlich, im Mund dann aber doch recht süß. Rote Früchte zeigt der Rosé, eine Cuvée aus Spätburgunder, Merlot und Lemberger, während der reinsortige, im Barrique ausgebaute Merlot viel Duft im Bouquet aufweist, im Mund von Schokonoten geprägt ist. Unser eindeutiger Favorit ist die im Barrique ausgebaute Cuvée Charwei, eine Cuvée aus Weißburgunder und Chardonnay, die viel Duft und reife Frucht im Bouquet zeigt, viel reife süße Frucht und Substanz besitzt.

Weinbewertung

83 2021 Auxerrois Malschenberger Ölbaum I 12%/8,-€
82 2021 Grauburgunder Eichtersheimer Sonnenberg I 12,5%/8,50€
82 2021 Chardonnay Malschenberger Ölbaum I 12,5%/8,-€
82 2021 Sauvignon Blanc Malschenberger Ölbaum I 13%/9,-€
86 2021 „Charwei Holz“ Weißwein I 12%/11,90€
83 2021 Rosé I 12%/8,-€
82 2021 Merlot Barrique Malscher Ölbaum I 14%/18,-€

★☆

Otto Görgen

Kontakt
Römerstraße 30-32
56820 Briedern
Tel. 02673-1809
Fax: 02673-900038
www.weingut-goergen.de
weingut-goergen@t-online.de

Besuchszeiten
Weingut:
tägl. 9-11:45 Uhr
Vinothek Beilstein:
Ostern bis Anfang Juli Sa./So./Feiertage 14-19 Uhr,
Juli-Nov. tägl. 14-19 Uhr
Ferienwohnung

Inhaber
Matthias Görgen
Rebfläche
14,5 Hektar
Produktion
120.000 Flaschen

Die Familie Görgen betreibt seit mindestens 1707 Weinbau im Cochemer Krampen, wie man den windungsreichen Moselabschnitt zwischen Cochem und Zell nennt. Heute führt Matthias Görgen in achter Generation den Betrieb. Seine 14,5 Hektar Weinberge liegen in Briedern (Rüberberger Domherrenberg, Römergarten), Beilstein (Schlossberg, Silberberg), Briedel (Herzchen) und Mesenich (Goldgrübchen). Riesling ist die wichtigste Rebsorte im Betrieb, dazu gibt es Grauburgunder, Müller-Thurgau und Muscaris, aber auch 20 Prozent rote Rebsorten: Spätburgunder, Dornfelder und Schwarzriesling. Die Weine werden kühl vergoren und zum größten Teil im Edelstahl ausgebaut, ein Teil der Rotweine auch im Holz.

Kollektion

Kraftvoll und zupackend präsentieren sich die beiden Sekte, von denen der Rosé etwas besser gefällt. Der trockene Basisriesling wirkt etwas verhalten in der Nase, ist dann straff und fest, gut vinifiziert. Noch deutlich besser gefällt der Grauburgunder schlank, enorm saftig mit etwas Kohlensäure und dennoch Sortentypizität – ein echtes Schnäppchen. Die beiden trockenen Rieslinge vom Domherrenberg besitzen eine frische Aromatik mit Noten von Zitrus, Apfel, auch etwas Hefe, sind straff und würzig. Der Nikolaus G genannte Wein wirkt etwas straffer, der von alten Reben merklich würziger. Die feinherbe Spätlese ist saftig und recht zugänglich, die süße Spätlese ist offen, fein, saftig und balanciert, mit eher wenig Zucker. Die Auslese wirkt noch etwas verhalten mit reiferen Kernobstnoten, im Mund ist sie saftig und animierend, auch deutlich süß – hier gilt es noch etwas abzuwarten. Mit dem Rotwein aus 2019 legt das Weingut einen ernsthaften Spätburgunder vor, in der Nase von Sauerkirschen und roten Beeren, aber auch von etwas Tabak beeinflusst; im Mund ein würziger Wein, der weder seine Sortencharakteristik noch den Ausbau im kleinen Fass leugnet.

Weinbewertung

85	2020 Spätburgunder Rosé Sekt brut | 13,5%/9,-€
84	2020 Riesling Sekt extra trocken | 12,5%/8,-€
81	2021 Riesling trocken | 11,5%/5,60€
84	2021 Riesling trocken „vom Grauschiefer" Beilsteiner Schloßberg | 12%/6,50€
83	2021 Spätburgunder „Blanc de Noir" | 12,5%/6,50€
86	2021 Grauburgunder trocken | 12,5%/6,50€ ☺
85	2021 Riesling trocken „Nikolaus G" Domherrenberg | 12,5%/7,20€
86	2021 Riesling trocken „von alten Reben" Rüberberger Domherrenberg | 12,5%/8,90€
87	2021 Riesling Spätlese „feinherb" „von alten Reben" Beilsteiner Silberberg | 11%/8,90€
87	2021 Riesling Spätlese Briederner Rüberberger Domherrenberg | 9,5%/8,90€
87	2021 Riesling Auslese Briederner Rüberberger Domherrenberg | 7,5%/10,50€
86	2019 Spätburgunder Auslese trocken Rüberberger Domherrenberg | 13,5%/15,-€

★★½

Armin Göring

Kontakt
Amthofstraße 2, 79235
Vogtsburg-Bischoffingen
Tel. 07662-452
www.goering-wein.de
info@goering-wein.de

Besuchszeiten
Fr./Sa. 10-18 Uhr
und nach Vereinbarung
Weinproben mit Vesper und Veranstaltungen im Innenhof (nach Vereinbarung)

Inhaber
Armin Göring & Ulrike Lenhardt
Betriebsleiter
Armin Göring & Ulrike Lenhardt
Kellermeister
Ulrike Lenhardt & Till Beierle
Rebfläche
1 Hektar
Produktion
7.000 Flaschen

Armin Göring war mehr als 30 Jahre in leitenden Positionen in der Weinwirtschaft tätig, viele kennen ihn noch als langjährigen Leiter des Deutschen Weininstituts in Mainz. Seine Ehefrau Ulrike Lenhardt-Göring ist Winzertochter aus dem Rheingau und ausgebildete Önologin. 2006 kehrte Armin Göring auf den elterlichen Winzerhof in Bischoffingen zurück und begann einen Teil der Weinberge der Familie selbst zu bearbeiten und zusammen mit seiner Frau Wein unter eigenem Namen zu vermarkten. Alle Weinberge befinden sich in Bischoffingen. Spätburgunder, Grauburgunder und Merlot stehen auf vulkanischen Böden, Weißburgunder und Müller-Thurgau auf Löss. Der Weißburgunder wächst in einer Hangfußlage am Hüttenberg, der Grauburgunder stammt von einer alten Terrasse im Hüttenberg. Der Pinot Noir wächst auf dem Haberbückle südlich des Dorfes auf schweren schwarzen Vulkanverwitterungsböden. Die Rotweine werden entrappt, maischevergoren und im Holzfass ausgebaut. Alle Weine werden auf einer über 100jährigen restaurierten Korbkelter schonend gepresst, durchgegoren ausgebaut und als Badischer Landwein vermarktet. Ulrike Lenhardts Sohn Till Beierle ist neben seinem Weinbaustudium in Geisenheim in die Arbeit für Weinberg und Keller mit eingestiegen, bewirtschaftet die bisher verpachteten Rheingauer Weinberge von Ulrike Lenhardts Familie.

Kollektion

Die Überraschung des vergangenen Jahres, den Riesling 304, konnten wir nochmals verkosten, er besitzt Fülle, Kraft und Druck, während sein Jahrgangsnachfolger, mit 36 Gramm Restsüße, deutlich würziger und süffiger ist. Unter den weißen Kaiserstuhl-Weinen ist der rauchige, füllige Weißburgunder unser Favorit, der gute Struktur und Grip besitzt. Sehr gut gefällt uns auch der Pinot Noir Rosé, ein Rosé mit Fülle, Kraft und Struktur. Der Liquor gehört wieder einmal zu den gelungenen deutschen Likörweinen, der würzige Merlot besitzt feine süße Frucht und Grip. Rotes Highlight ist aber eindeutig der Goldkapsel-Pinot Noir, der rauchige Noten und reintönige Frucht zeigt, rote Früchte, gute Struktur besitzt, reintönige Frucht und Grip. Eine überzeugende Vorstellung!

Weinbewertung

83 2021 Rivaner | 11,5%/6,-€
85 2021 Weißer Burgunder | 12,5%/7,80€
88 2020 Riesling „304" | 12,5%/20,-€
86 2021 Riesling „304 K." | 9,5%/20,-€
85 2021 Pinot Noir Rosé | 12,5%/7,80€
84 2021 Pinot Noir | 12,5%/8,90€
88 2020 Pinot Noir Goldkapsel | 13%/17,50€
85 2020 Merlot | 13%/17,50€
87 „Liquor" | 20%/15,-€

★★★

Göttelmann

Kontakt
Rheinstraße 77
55424 Münster-Sarmsheim
Tel. 06721-43775
Fax: 06721-42605
www.goettelmann-wein.de
goettelmannwein@aol.com

Besuchszeiten
Fr. + Sa. ab 18 Uhr
So. ab 17 Uhr
Weinstube/Weingarten
von März bis November

Inhaber
Ruth Göttelmann-Blessing,
Götz Blessing
Rebfläche
14 Hektar
Produktion
90.000 Flaschen

Die Weinberge von Ruth Göttelmann-Blessing und Götz Blessing liegen in Münster-Sarmsheim in den Lagen Dautenpflänzer, Kapellenberg, Pittersberg und Rheinberg. Wichtigste Rebsorte ist der Riesling, der etwa 60 Prozent der Rebfläche einnimmt. Hinzu kommen Weißburgunder, Grauburgunder, Chardonnay, Sauvignon Blanc und Gewürztraminer, sowie Dornfelder, Spätburgunder und Portugieser. Seit dem Jahrgang 2008 werden bei trockenen Weinen keine Prädikatsbezeichnungen mehr verwendet. Um die prägenden Terroirs hervorzuheben wurden die Weine vom roten Schiefer (Kapellenberg) und schwarzen Schiefer (Rheinberg) eingeführt. Seit dem Jahrgang 2010 erzeugt Götz Blessing aus dem vordersten Kapellenberg, unterhalb einer vor wenigen Jahren errichteten Bruchsandsteinmauer, aus besonders kleinbeerigen Trauben den „Le Mur" genannten Riesling, der spontan im großen Holzfass vergoren wird. 2016 wurde eine Parzelle mit Silvaner neu angelegt.

Kollektion

Auch in diesem Jahr präferieren wir die Rieslinge, die allesamt überzeugen. Der attraktive „Vom roten Schiefer" steckt voller Saft und Würze, sein reifer, würziger Geschmack wird von einer rassigen Säure gekontert. Der „Vom schwarzen Schiefer" wirkt dagegen reserviert, obwohl er nominell sogar ein Mehr an Restzucker hat, ist er herzhafter, braucht noch etwas Zeit. Mit 11,5 Prozent Alkohol ist der Riesling aus dem Pittersberg der leichteste trockene Riesling, seine luftige, frische Art macht ihn zu einem unserer Favoriten. Die beiden Top Lagenweine bieten spannende Unterschiede. Der Dautenpflänzer ist saftig, steckt voll geradliniger Kraft, besitzt strukturgebende Würze und Substanz, aber auch eine reife Säureader. Er kann ebenso weiter auf der Flasche zulegen wie der „Le Mur" aus dem Kapellenberg, der nicht ganz so fein, dafür fülliger und druckvoller ist, Schmelz und intensive Würze besitzt, lang und nachhaltig ist.

Weinbewertung

85+ 2021 Riesling trocken „vom schwarzen Schiefer" Münsterer | 12%/8,80€
87 2021 Riesling trocken „vom roten Schiefer" Münsterer | 12%/9,20€
85 2021 Chardonnay trocken Münsterer | 13,5%/9,20€
85 2021 Grauer Burgunder trocken Münsterer | 12,5%/8,10€
84 2021 Spätburgunder Blanc de Noirs Münsterer | 12%/8,10€
86 2021 Riesling trocken Münsterer Pittersberg | 11%/7,80€
88 2021 Riesling trocken Münsterer Dautenpflänzer | 12,5%/11,-€
88 2021 Riesling trocken „Le Mur" Münsterer Kapellenberg | 12,5%/13,20€
84 2021 Riesling Kabinett Münsterer (1l) | 7,5%/6,50€
86 2021 Riesling Spätlese Münsterer Rheinberg | 7,5%/9,20€
86 2021 Riesling Spätlese Münsterer Kapellenberg | 7,5%/9,20€
88 2021 Riesling Auslese Kapellenberg | 7,5%/18,90€

★★★½

Gold

Kontakt
Buocher Weg 9,
71384 Weinstadt
Tel. 07151-1691215,
Fax: 07151-1679121
www.weingut-gold.de
info@weingut-gold.de

Besuchszeiten
Weinverkauf Mi. 17-19 Uhr
Sa. 10-13 Uhr
und nach Vereinbarung
Gutsausschank Mi./Sa./So.

Inhaber
Leon Gold
Rebfläche
15 Hektar

Über das Bottwartal (Weingut Bruker) und das Remstal (Weingut Bernhard Ellwanger) kam der aus dem Heilbronner Raum stammende Leon Gold in die Pfalz, wo er bei Sven Leiner in Ilbesheim mit ökologischem und biodynamischem Weinbau Bekanntschaft machte. Danach folgte die Ausbildung zum Weinbautechniker in Weinsberg, ab 2011 arbeitete er wieder in seiner Wahlheimat Remstal bei Jochen Beurer. Nebenher hat er sein eigenes Weingut gegründet, in Gundelsbach im ehemaligen Gasthaus „Im Krug zum grünen Kranze" mit einem historischen Gewölbekeller aus dem Jahr 1816. 2014 bzw. 2013 (Riesling Halbstück) erzeugte er seine ersten Weine. Seine Weinberge befinden sich in Gundelsbach, aber auch in Schnait, Beutelsbach, Großheppach, Beinstein und Geradstetten. Riesling nimmt inzwischen knapp die Hälfte der Rebfläche ein, es folgen Cabernet Sauvignon, Trollinger, Kerner und Müller-Thurgau, sowie Spätburgunder, inzwischen auch Chardonnay und Zweigelt. Die Reben wurden von jeher biologisch bewirtschaftet, 2018 wurde die Zertifizierung abgeschlossen.

Kollektion

Chardonnay wird immer wichtiger bei Leon Gold, gleich drei reinsortige Weine hat er dieses Jahr vorgestellt. Zwei Jahrgänge des Steingrüble-Chardonnay, der 2020er sehr offen mit viel reifer Frucht, füllig und saftig, der 2021er ebenfalls sehr offen im Bouquet, mit deutlichen Apfelnoten, im Mund kraftvoll, zupackend, noch unruhig und säurebetont, sowie den 2021er Réserve-Chardonnay, der viel Frucht im Bouquet zeigt, im Mund gute Substanz besitzt, ebenfalls noch ein wenig Zeit braucht. Auch in Cuvée mit Weißburgunder überzeugt Chardonnay, auch hier in zwei Jahrgängen: 2020 rauchig mit schönem Hefetouch, kraftvoll, zupackend und strukturiert, 2021 im Bouquet verhaltener, im Mund mit viel Säure und Grip. Ganz stark ist auch wieder der Halbstück-Riesling, rauchig, füllig, stoffig, jugendlich, die rote Cuvée M ist sehr offen und würzig, besitzt Fülle und Saft. Der fein rauchige, harmonische Ida Marie-Sekt zeigt schönen Hefetouch, rundet die überzeugende Kollektion ab.

Weinbewertung

88 „Ida Marie" „Blanc de Noir" Sekt brut | 12%/16,50€
84 2021 Riesling trocken | 11,5%/8,-€
88 2020 Weißburgunder Chardonnay trocken | 12,5%/16,50€
88 2021 Weißburgunder Chardonnay trocken | 13%/16,50€
89 2020 Chardonnay Großheppach Steingrüble | 13%/22,-€
88+ 2021 Chardonnay Großheppach Steingrüble | 13%/38,-€
90 2021 Riesling trocken „Halbstück" Gundelsbach „Koih" | 12%/28,-€
90 2021 Chardonnay „Réserve" | 13%/a.A.
85 2021 Trollinger trocken „Alte Reben" | 11,5%/8,50€
88 2018 „Cuvée M" Rotwein | 13%/38,-€

★★½

Goldschmidt

Kontakt
Enzingerstraße 27-31
67551 Worms-Pfeddersheim
Tel. 06247-7044
Fax: 06247-6205
www.wein-goldschmidt.de
weingut.goldschmidt@t-online.de

Besuchszeiten
Vinothek im alten Kuhstall
Fr. 13-18 Uhr
Sa. 10-12 + 13-18 Uhr
Proben und Einkauf
Mo.-Do. nach Vereinbarung

Inhaber
Uli & Jonas Goldschmidt
Kellermeister
Jonas Goldschmidt
Außenbetrieb
Uli Goldschmidt
Rebfläche
17 Hektar

Das Weingut Goldschmidt ist aus einem typisch rheinhessischen Mischbetrieb entstanden. Jochen Goldschmidt pflanzte Ende der sechziger Jahre die ersten Reben und begann mit der Selbstvermarktung. Seit 1998 wird das Gut von Ulrich Goldschmidt geführt, unterstützt wird er im Betrieb von Ehefrau Elke und seinen Eltern. Seine Weinberge liegen in Pfeddersheim (Kreuzblick, St. Georgenberg, Hochberg), Osthofen (Liebenberg, Klosterberg) und Dalsheim (Hubacker, Bürgel, Steig, Sauloch). In jeder Gemarkung herrscht ein anderer Bodentyp vor, so dass Ulrich Goldschmidt ein breites Spektrum von schweren, kalkhaltigen Tonböden bis hin zu leichten Lösslehmböden in seinen Weinbergen hat. 2002 stellte er den Betrieb auf ökologische Bewirtschaftung um, ist Mitglied bei Ecovin und Bioland. Sohn Jonas hat 2017 Erfahrungen in Neuseeland gesammelt, 2019 ist er nach Abschluss seiner Technikerausbildung in den Betrieb eingestiegen, 2020 hat er die Verantwortung im Keller übernommen.

Kollektion

Eine sehr gleichmäßige Kollektion präsentieren Uli und Jonas Goldschmidt in diesem Jahr. Die weißen Guts- und Ortsweine setzen ganz auf Frische und Frucht, die Scheurebe Jeanette ist wie gewohnt reintönig und zupackend, am besten aber gefällt uns in diesem Segment der Dalsheimer Riesling, der reintönige Frucht und Grip besitzt. Die Lagenweine besitzen ein wenig mehr Substanz. Der Grünfränkisch ist enorm würzig und füllig, der im Barrique vergorene Klosterberg-Grauburgunder ist rauchig, stoffig, noch jugendlich, was auch für den ebenfalls im Barrique vergorenen, enorm kraftvollen Kreuzblick-Chardonnay gilt. Auch bei den weißen Lagenweinen ist ein Riesling unser Favorit, der Wein aus dem Liebenberg ist füllig, stoffig, harmonisch und nachhaltig. Stark sind auch wieder die Rotweine, der Frühburgunder ist intensiv fruchtig, reintönig, der Spätburgunder besitzt Fülle, Kraft, gute Struktur und Grip.

Weinbewertung

83 2021 Grauer Burgunder trocken Pfeddersheimer | 12,5%/7,-€
83 2021 Chardonnay trocken Pfeddersheimer | 12,5%/7,-€
85 2021 Riesling trocken Dalsheimer | 12%/7,-€
84 2021 Scheurebe trocken „Jeanette" | 12%/6,70€
83 2021 Sauvignon Blanc trocken | 11,5%/6,90€
83 2021 Gewürztraminer trocken Pfeddersheimer | 12%/7,-€
87 2021 Riesling trocken Osthofener Liebenberg | 12%/9,60€
85 2021 Grünfränkisch trocken Osthofener Klosterberg | 12%/8,40€
86 2020 Grauer Burgunder trocken Osthofener Klosterberg | 13%/12,90€
86 2020 Chardonnay trocken Pfeddersheimer Kreuzblick | 13%/12,90€
86 2020 Frühburgunder trocken Pfeddersheimer St. Georgenberg | 12,5%/8,20€
87 2019 Spätburgunder trocken Dalsheimer Bürgel | 13,5%/10,20€

★★★★

Grans-Fassian

Kontakt
Römerstraße 28
54340 Leiwen
Tel. 06507-3170
Fax: 06507-8167
www.grans-fassian.de
weingut@grans-fassian.de

Besuchszeiten
nach Vereinbarung

Inhaber
Catherina Grans
Kellermeister
Catherina Grans
Rebfläche
13 Hektar
Produktion
100.000 Flaschen

Gerhard Grans übernahm 1982 das Weingut von seinem Vater Matthias, vergrößerte den Betrieb von damals 4 Hektar deutlich und begann mit der Selbstvermarktung, sein Vater hatte nur für den Eigenverbrauch Flaschen abgefüllt. Er verfügt über Weinberge in einigen der besten Lagen der mittleren Mosel: Die Leiwener Laurentiuslay ist eine südwest-exponierte Steillage gegenüber von Leiwen mit tiefgründigem, verwittertem Grauschieferboden; die Apotheke, gegenüber von Trittenheim gelegen, ist eine Steillage mit grau-blauem Schiefergestein; der Dhroner Hofberg, in einem Seitental zwischen Trittenheim und Piesport gelegen, ist eine steile Südlage mit rötlichem Schiefergestein; das Piesporter Goldtröpfchen ist eine Südlage mit grau-blauem Schieferverwitterungsboden, der mit Quarz und Mineralien durchsetzt ist. Knapp die Hälfte der Fläche liegt in diesen Steillagen, dazu ist Grans im Trittenheimer Altärchen und im Leiwener Klostergarten vertreten. Neben dem dominierenden Riesling baut Gerhard Grans ein wenig Weißburgunder und Grauburgunder an. Tochter Catherina hat mit dem Jahrgang 2016 die Nachfolge des Vaters angetreten, was die Verantwortung für die Weinproduktion angeht, und übernahm 2018 auch die Leitung des Gutes. Das Gut verfügt heute über eine Rebfläche von zwölf Hektar. Als Kellermeister firmiert Catherina Grans. 2011 hatte Catherina Grans erstmals einen eigenen Wein kreiert, als „Steiles Stück“ bezeichnet, der von 90 Jahre alten Reben in der Laurentiuslay stammt. Catherina Grans studierte in Geisenheim, hat inzwischen die Ausbildung zum European Master of Science in Viticulture & Enology mit einem Studium in Frankreich und Portugal abgeschlossen. Das Programm ist auch weiterhin überschaubar. Im trockenen Teil des Sortiments gibt es den „Mineralschiefer“ genannten Gutsriesling, sein Pendant im feinherben Bereich nennt sich mittlerweile „Flussterrassen“, die Alten Reben von über 50 Jahre alten Reben in der Laurentiuslay sowie seit 2005 Große Gewächse, inzwischen sind es vier – aus Laurentiuslay, Apotheke, Goldtröpfchen und Hofberg. Für die trockenen Rieslinge wird nur absolut gesundes Lesegut verwendet, je nach Jahrgang wird mit mehr oder weniger langer Maischestandzeit gearbeitet, die Moste werden bei 20 bis 25 Grad vergoren, die Weine werden ohne Schwefel recht lange auf der Hefe ausgebaut. Süß und edelsüß erzeugt Catherina Grans, so es der Jahrgang erlaubt, die ganze Bandbreite von Kabinett und Spätlese über Auslese bis hin zur Trockenbeerenauslese.

Kollektion

Auch in diesem Jahrgang gefällt die Basis des Gutes sehr – so wie es in vielen bisherigen Jahrgängen der Fall war und wie es für ein Topweingut unumgänglich ist. Fein, kühl und sortentypisch ist der trockene Weißburgunder, duftig in der Nase, fest und saftig im Mund – er macht bereits jetzt den Eindruck, trinkreif zu sein. Auch der Mineralschiefer-Riesling ist vergleichsweise offen, straff, zupackend, frisch, alles andere als unreif, wirklich animierend. Noch sehr verhalten ist der Wein von alten Reben aus Leiwen, im Mund wirkt er straff, ebenfalls sehr animierend, überdurchschnittlich würzig, zwar nicht puristisch, aber sehr gelungen und nachhaltig dazu. Dann die Großen Gewächse aus diesem Weingut, die ja nie puristisch ausfallen, sondern immer saftig und zupackend sind. Schon in den letzten Jahren ist uns immer mal wieder aufgefallen, dass diese Weine zwar schon früh zugänglich sind, immer zum Trinken einladen, aber bisweilen manchmal noch etwas besser ihr Terroir zum Ausdruck bringen könnten. So ist es auch diesmal, was nicht bedeutet, dass die Weine nicht sehr geradlinig und gelungen vinifiziert wären. Sehr gut gefällt in diesem Jahrgang das Große Gewächs aus dem Dhroner Hofberg; es zeigt Noten von Apfel und Hefe, wirkt schon recht zugänglich, ist würzig und saftig, leicht verständlich, ohne im Geringsten banal zu wirken. Betont saftig fällt das GG aus dem Goldtröpfchen aus, zugänglich und fein. Am besten gefällt das GG aus der Laurentiuslay, mit süß wirkender Hefenote und einer ebenfalls präzisen Art. Das weitere Sortiment ist klein; es werden lediglich zwei Weine mit spürbarem Restzucker vorgestellt, darunter kein Kabinett, wie er uns in vielen Vorjahren sehr gut gefallen hat. Frisch, kühl, jahrgangstypisch und herrlich animierend wirkt dafür die rassige Spätlese mit offener Nase und einer sehr balancierten, erfrischenden Art sowie beachtlichem Nachhall. Auch die Auslese mit Noten von Kernobst und Hefe ist sehr zu empfehlen, sie ist enorm straff, eher verhalten süß mit knackiger Säure und einer überdurchschnittlichen Länge. Eine Auslese, die man sehr gern trinken mag – was man nicht von jeder Auslese an der Mosel behaupten kann.

Gerhard & Catherina Grans

Weinbewertung

86 2021 Weißer Burgunder trocken I 12,5%/10,50€
85 2021 Riesling trocken „Mineralschiefer" I 12%/10,50€
88 2021 Riesling trocken „Alte Reben" Leiwen I 12,5%/16,-€
91 2021 Riesling trocken „GG" Leiwen Laurentiuslay I 12,5%/32,-€
89 2021 Riesling trocken „GG" Dhron Hofberg I 12,5%/32,-€
89 2021 Riesling trocken „GG" Piesport Goldtröpfchen I 12,5%/32,-€
89 2021 Riesling trocken „GG" Trittenheim Apotheke I 12,5%/32,-€
90 2021 Riesling Spätlese Trittenheim Apotheke I 7,5%/25,-€
92 2021 Riesling Auslese Trittenheim Apotheke I 7%/33,-€

Lagen
Laurentiuslay (Leiwen)
Apotheke (Trittenheim)
Goldtröpfchen (Piesport)
Hofberg (Dhron)

Rebsorten
Riesling (88%)
Weißburgunder (10%)
Grauburgunder (2%)

★★

GravinO

Kontakt
Gräfental 54
75057 Kürnbach
Tel. 07258-7784
Fax: 07258-925373
www.gravino.de
info@gravino.de

Besuchszeiten
Mi.-Fr. 17-20 Uhr
Sa. 10-12 + 13-17 Uhr
Wohnmobilstellplätze
unterschiedliche Weinveranstaltungen am Betrieb sowie im nah gelegenen Weinberg

Inhaber
Tanja & Jochen Grahm
Betriebsleiter/Kellermeister
Jochen Grahm
Außenbetrieb
Helmut Grahm
Rebfläche
2,5 Hektar
Produktion
15.000 Flaschen

Seit 2010 ist Jochen Grahm im elterlichen Betrieb für den Weinausbau verantwortlich, den er mittlerweile übernommen hat und zusammen mit Ehefrau Tanja führt. Er hatte seine Ausbildung bei den Weingütern G.A. Heinrich und Burg Ravensburg absolviert, dann die Weinbautechnikerschule in Weinsberg besucht; seine Eltern Helmut und Hannelore Grahm hatten mit dem Weinbau begonnen. Die Weinberge liegen teils im Kraichgau, teils im benachbarten Württemberg überwiegend auf Keuperböden, die Grenzgänger-Linie nimmt Bezug darauf, dass die Weine aus zwei Anbaugebieten stammen. Sauvignon Blanc, Regent, Riesling und Muskateller sind heute die wichtigsten Rebsorten, hinzu kommen die Burgundersorten Weißburgunder, Auxerrois und Grauburgunder, aber auch Blaufränkisch und Cabernet Franc baut Jochen Grahm an.

Kollektion

Mit einer starken Kollektion meldet sich Jochen Grahm zurück. Der Update genannte, 30 Monate auf der Hefe ausgebaute Auxerrois-Sekt ist geradlinig, harmonisch und klar – ein feiner Einstieg. Der Muskateller ist würzig und duftig, der Grauburgunder von alten Reben besitzt Frische und Frucht, der Sauvignon Blanc ist intensiv fruchtig bei floralen Noten. Fruchtbetont und intensiv ist auch der Riesling aus der Steillage, besitzt Frische, gute Struktur und Grip. Unser Favorit unter den trockenen Weißweinen aber ist der Pinot Blanc aus der Grenzgänger-Linie, der sehr offen im Bouquet ist, viel reife Frucht zeigt, füllig und saftig im Mund ist, reife Frucht und Struktur besitzt. Aus dem Jahrgang 2018 stammen zwei edelsüße Weine, der duftige, dominante Cabernet Franc Rosé Eiswein und die an kandierte Früchte erinnernde Auxerrois Beerenauslese. Der süße Rosé ist klar und zupackend, der Blaufränkisch intensiv, rauchig, füllig und kraftvoll, noch etwas besser gefällt uns die im Barrique ausgebaute konzentrierte, kraftvolle Lemberger-Cabernet Franc-Cuvée. Überzeugende Kollektion!

Weinbewertung

85 „Update" Auxerrois Sekt brut | 12,5%/11,-€
81 2021 Auxerrois trocken | 13%/9,-€
86 2021 Pinot Blanc trocken „Grenzgänger" | 13%/9,50€
84 2021 Grauburgunder trocken | 12%/9,50€
85 2021 Riesling trocken Steillage | 12%/9,50€
83 2021 Muskateller trocken | 11%/8,10€
84 2021 Sauvignon Blanc „Grenzgängerin" | 10,5%/9,50€
87 2018 Cabernet Franc Rosé Eiswein | 8%/12,50€/0,375l
88 2018 Auxerrois Beerenauslese | 8%/14,50€/0,375l
84 Rosé „Grenzgängerin" | 11%/9,50€
86 Blaufränkisch trocken „10 Jahre Grenzgänger" | 13,5%/18,50€
87 Lemberger mit Cabernet Franc trocken | 13,5%/18,50€

★★★ Gres

Kontakt
Ingelheimer Straße 6
55437 Appenheim
Tel. 06725-3310
Fax: 06725-5529
www.weingut-gres.de
weingut.gres@t-online.de

Besuchszeiten
Fr./Sa. 8-18 Uhr oder nach Vereinbarung
Weinstube, Straußwirtschaft, Gästezimmer

Inhaber
Klaus Gres
Betriebsleiter
Klaus Gres
Kellermeister
Klaus Gres
Außenbetrieb
Hans-Jürgen Gres
Rebfläche
15 Hektar
Produktion
100.000 Flaschen

Seit über 300 Jahren baut die Familie Gres Wein in Rheinhessen an, davor schon im Burgund und im Elsass. Klaus Gres, der seit Abschluss seines Weinbaustudiums für den Weinausbau verantwortlich ist, hat inzwischen den Betrieb von seinem Vater Hans-Jürgen Gres übernommen. Seine Weinberge verteilen sich auf fünf Gemeinden, liegen hauptsächlich aber in den Appenheimer Lagen Hundertgulden, Eselspfad und Daubhaus. Aus dem Niersteiner Hipping erzeugt Klaus Gres einen Lagenriesling. Spätburgunder, Riesling und Silvaner sind die wichtigsten Rebsorten, nehmen je 15 Prozent der Rebfläche ein, dazu gibt es Weißburgunder und eine breite Palette weiterer Rebsorten wie Huxelrebe, Sauvignon Blanc, Chardonnay, Dornfelder, Merlot und Frühburgunder. Die Weißweine werden im Edelstahl ausgebaut, Rotweine im Holz, auch im Barrique. Das Sortiment ist gegliedert in Guts-, Orts- und Lagenweine.

Kollektion

Die Gutsweine sind auch im Jahrgang 2021 wieder bestechend gleichmäßig, sie besitzen Frische und Frucht, gute Struktur und Jahrgangstypischen Grip. Der Riesling von der Kreide ist würzig und eindringlich, frisch und zupackend. Noch besser gefallen uns die beiden Appenheimer Ortsweine. Der Weißburgunder vom Urmeer zeigt gute Konzentration, etwas gelbe Früchte und rauchige Noten, ist füllig und kraftvoll, besitzt viel reife Frucht und Substanz. Dies kennzeichnet auch den Chardonnay vom Korallenriff, der herrlich eindringlich, fruchtbetont und konzentriert ist. Der Sauvignon Blanc aus dem Daubhaus ist wie immer eine sichere Bank, er ist kraftvoll, besitzt viel reife Frucht und Substanz. Auch auf den Hundertgulden-Riesling kann man sich immer verlassen, er ist herrlich eindringlich und reintönig, besitzt gute Struktur und Substanz. Besonders spannend ist aber auch der 2018er Patriarch aus 80 Prozent Cabernet und 20 Prozent Merlot, enorm offen und konzentriert, stoffig und kraftvoll. Starke Kollektion!

Weinbewertung

84 2021 Riesling trocken | 12,5%/7,10€
83 2021 Sauvignon Blanc trocken | 12,5%/7,90€
84 2021 „Blanc de Noir" trocken | 12,5%/7,90€
84 2021 Gewürztraminer trocken | 12,5%/7,90€
83 2021 Grauer Burgunder trocken | 13%/7,90€
85 2021 Riesling trocken „von der Kreide" Engelstadter | 12,5%/8,90€
87 2021 Weißburgunder trocken „vom Urmeer" Appenheimer | 13,5%/9,80€
87 2021 Chardonnay trocken „vom Korallenriff" Appenheimer | 13%/13,80€
87 2021 Sauvignon Blanc trocken Appenheimer Daubhaus | 12,5%/12,50€
88 2021 Riesling trocken Appenheimer Hundertgulden | 12,5%/14,80€
84 2021 Riesling Kabinett | 9,5%/7,60€
88 2018 „Patriarch" Rotwein trocken | 14%/29,50€

★★★★

Griesel & Compagnie

Kontakt
Grieselstraße 34
64625 Bensheim
Tel. 06251-8696891
Fax: 06251-8696899
www.griesel-sekt.de
info@griesel-sekt.de

Besuchszeiten
Do./Fr. 15-18 Uhr
Sa. 10-14 Uhr
oder nach Vereinbarung

Inhaber
Petra Greißl-Streit
Betriebsleiter
Niko Brandner
Kellermeister
Rachele Crosara
Außenbetrieb
Rabea Trautmann
Rebfläche
15 Hektar
Produktion
120.000 Flaschen

Niko Brandner hat in Neustadt Weinbau studiert und ergriff im Jahr 2013 die Gelegenheit, Griesel als Sektmanufaktur nach seinen Vorstellungen aufzubauen. Ein Glücksgriff für alle Beteiligten. Das Unternehmerehepaar Jürgen Streit und Petra Greißl-Streit hatte gerade die ehemalige Domäne Bergstraße der Hessischen Staatsweingüter gekauft und suchte einen Betriebsleiter. Das erste Sekthaus an der Hessischen Bergstraße ist bereits jetzt das Aushängeschild des kleinsten deutschen Anbaugebiets. Heute werden 14 Hektar eigene Flächen, geteilt mit dem Weingut Schloss Schönberg, in den Auerbacher Lagen Höllberg und Fürstenlager bewirtschaftet. Niko Brandner hat bei einigen Großen der deutschen Weinszene gelernt, er war bei Paul Fürst und bei Volker Raumland, Deutschlands Sektmacher Nr. 1. Brandners Blick geht aber auch in die Champagne und auch dort orientiert er sich an den Spitzenbetrieben. Die grundsätzliche Idee Brandners für die Weinherstellung ist puristisch: Handlese, Ganztraubenpressung, keine Schönung oder Filtration, spontane erste Gärung, keine oder minimale Schwefelung. Für Stabilisierung sorgt die Zeit, der Grundwein liegt neun Monate auf der Vollhefe im Stahltank oder im Holzfass, bei der zweiten Gärung sind es mindestens 20 Monate. Auf Schwefelung wird nach Möglichkeit verzichtet. Das Sortiment ist dreistufig gegliedert in die Linien Tradition, Prestige und Exquisit. Die Sekte der Traditions-Linie bleiben mindestens zwanzig Monate auf der Hefe, sie werden als „brut“ bezeichnet, obwohl alle inzwischen extra-brut dosiert sind. Die Sekte der Prestige-Linie bleiben länger auf der Hefe und werden als „extra-brut“ oder „brut nature“ bezeichnet. In der Exquisit-Linie gibt es Grande Cuvée, Réserve-Sekte aus besonderen Jahrgängen sowie Lagensekte von Einzellagen der Hessischen Bergstraße. Beim Riesling hat Niko Brandner begonnen mit Reserveweinen zu arbeiten, die er in Forme einer Réserve Perpétuelle aufbewahrt, von der er nun auch eine eigenständige Cuvée erzeugt.

Kollektion

Der 2019er Riesling aus der Traditionslinie enthält 11 Prozent aus der Réserve Perpétuelle, wurde mit 5 Gramm dosiert, er zeigt rauchige Noten im Bouquet, feine Würze, ist klar und harmonisch im Mund, besitzt feine Süße und Grip. Der Riesling Prestige aus dem Jahrgang 2018 zeigt eine deutlichere Hefeprägung im Bouquet, wirkt anfangs fast ein wenig scharf, entwickelt dann Noten von Brioche und Brot, ist klar, frisch und zupackend im Mund, besitzt gute Struktur und Grip, ist aber noch unruhig und allzu jugendlich. Der 2019er Blanc de Blancs zeigt schöne Frische im Bouquet, etwas Apfel und rauchige Noten, ist klar und harmonisch im Mund, geradlinig und zupackend. Der 2019er Blanc de Noirs aus der Traditionslinie, eine Cuvée aus Pinot Noir und Meunier, ist recht würzig im Bouquet, anfangs fast etwas streng,

Niko Brandner

besitzt viel Frische im Mund, ist geradlinig und zupackend. Der nicht dosierte Pinot Prestige aus dem Jahrgang 2018 ist rauchig, würzig, sehr offen, zeigt etwas rote und gelbe Früchte, ist frisch, klar und harmonisch im Mund, besitzt viel reife Frucht, Substanz und Struktur. Der 2018er Pinot Blanc zeigt feine rauchige Noten, schöne Reife, feine Hefeprägung, ist im Mund dann überraschend fruchtbetont, klar und geradlinig mit viel Grip und Säure im Abgang. Die Grande Cuvée gefällt uns auch im Jahrgang 2017 wieder ausnehmend gut, zeigt rauchige Noten, feine Hefewürze und etwas Brioche im herrlich eindringlichen Bouquet, ist füllig und harmonisch im Mund, komplex, besitzt viel reife Frucht und Substanz. Die neue Réserve Perpétuelle-Cuvée ist würzig und offen im Bouquet, zeigt viel Frische und rauchige Noten, ist füllig und cremig im Mund, besitzt Substanz, Struktur und Länge. Neu ist auch, dass es die Grande Cuvée auch in einer Réserve-Version gibt, die 2014er ist deutlich gereift, zeigt einen Anflug von Pilzen im Bouquet, ist sehr gereift auch im Mund bei guter Fülle. Wesentlich überzeugender ist da die nächste Neuerung im Programm, der Lagen-Pinot Noir aus dem Fürstenlager, der viel reife Frucht im herrlich eindringlichen Bouquet zeigt, gelbe Früchte, von allem sehr viel auch im Mund besitzt, viel Kraft, viel Substanz, viel Grip und Biss. Der 2019er Rosé Tradition ist ein Rosé d'Assemblage aus Pinot Noir und Meunier, er ist würzig und rauchig im Bouquet, frisch, klar und zupackend im Mund, besitzt enorm viel Biss. Kraftvoller und komplexer ist der Prestige-Rosé aus dem Jahrgang 2018, besitzt Kraft, gute Struktur, Komplexität und Druck. Erneut eine famose Kollektion!

Weinbewertung

86	2019 Riesling „Tradition" brut I 12,5%/16,70€
89	2018 Riesling „Prestige" extra-brut I 12,5%/24,-€
88	2019 „Blanc de Blancs" „Tradition" brut I 12%/17,70€
87	2019 „Blanc de Noirs" „Tradition" brut I 12,5%/16,70€
90	2018 Pinot „Prestige" brut nature I 12%/26,-€
90	2018 Pinot Blanc „Prestige" brut nature I 12%/26,-€
92	2017 „Grande Cuvée" dosage zéro I 12,5%/35,-€
91	Riesling „Réserve perpétuelle" dosage zéro I 12,5%/50,-€
88*	2014 „Grande Cuvée Réserve" dosage zéro I 12,5%/65,-€
92	2016 Pinot Noir „Granit -F-" dosage zéro I 12%/80,-€
88	2019 Rosé „Tradition" brut I 12%/16,70€
90	2018 Rosé „Prestige" extra-brut I 12%/25,-€

Lagen

Fürstenlager (Auerbach)
Höllberg (Auerbach)
Steingeröll (Zwingenberg)

Rebsorten

Riesling (50%)
Burgunder (30%)

★★

Grimm

Kontakt
Paulinerstraße 3, 76889
Schweigen-Rechtenbach
Tel. 06342-7106
Fax: 06342-249
www.weingutgrimm.de
info@weingutgrimm.de

Besuchszeiten
Sa. 10-17 Uhr und nach Vereinbarung

Inhaber
Nina & Andreas Grimm
Betriebsleiter
Andreas Grimm
Kellermeister
Andreas Grimm
Außenbetrieb
Bruno Grimm
Rebfläche
10 Hektar
Produktion
75.000 Flaschen

Bruno Grimm gründete das Weingut, füllte 1974 seine ersten Flaschen ab. Sohn Andreas führt heute den Betrieb, er war bereits seit 2001 nach Winzerlehre und Weinbautechnikerausbildung für den Keller verantwortlich. Wie andere Winzer in Schweigen auch besitzt er Weinberge sowohl in der Pfalz als auch jenseits der Grenze im Elsass. Ihre Reben wachsen in der Lage Sonnenberg und den darin liegenden Gewannen Kammerberg, Wormberg und Rädling. Neben Riesling, den weißen Burgundersorten und Gewürztraminer bauen sie vor allem rote Sorten an, die inzwischen etwa ein Drittel der Fläche einnehmen. Mit dem Jahrgang 2013 verzichtet man auf die Angabe der Prädikate, das Sortiment gliedert sich seitdem in drei Stufen, die kenntlich gemacht sind durch blaue, silberne und goldene Kapseln.

Kollektion

Andreas Grimms Weißweine sind im 2021er Jahrgang alle sehr schlank, selbst die beiden oft etwas voluminöseren Pinot Blanc und Pinot Gris machen da keine Ausnahme: Der Pinot Gris zeigt klare Birnenfrucht und etwas Zitrusnoten im Duft, besitzt am Gaumen gute Konzentration, feinen Schmelz, Frische und Länge, der Pinot Blanc ist etwas verhaltener im Bouquet, zeigt leicht florale Noten, besitzt dann am Gaumen aber klare Frucht mit Noten von Birne, Aprikose und Ananas, ist präzise und leicht, aber intensiv. In der Basis favorisieren wir den leicht nussig-erdigen und frischen Grauburgunder und den harmonischen Sauvignon Blanc mit feinen Zitrusnoten, die beiden Rieslinge besitzen herbe Zitrusnoten und Frische, sind aber beide auch leicht verhalten. An der Spitze des Sortiments sehen wir aber, wie schon im vergangenen Jahr, den 2018er Pinot Noir „âgé", der im Bouquet dezente Röstnoten und Aromen von dunkler Frucht, etwas Mokka und Leder zeigt, die Tannine sind im Vergleich zum letzten Jahr etwas abgerundeter und er besitzt gute Substanz und Potential. Auch der zweite Spätburgunder ist sehr gut, zeigt klare Frucht, Sauerkirsche, rote Johannisbeere und etwas kräutrige Würze im Bouquet und besitzt am Gaumen eine kühle, kräutrige Frische.

Weinbewertung

83 2021 Riesling trocken | 11,5%/6,60€
83 2021 Weißburgunder trocken | 12%/6,60€
84 2021 Sauvignon Blanc trocken | 12%/7,90€
83 2021 Riesling „Buntsandstein" | 12%/7,70€
84 2021 Grauburgunder trocken | 12%/6,60€
86 2021 Pinot Blanc trocken | 12%/7,80€
86 2021 Pinot Gris trocken | 12,5%/7,90€
82 2021 Weißburgunder (1l) | 11,5%/4,90€
86 2018 Spätburgunder „Kalkgestein" | 13%/9,50€
89 2018 Pinot Noir „âgé" | 13%/18,50€

★★★½

Eckehart **Gröhl**

Kontakt
Uelversheimer Straße 4
55278 Weinolsheim
Tel. 06249-809000
Fax: 06249-8090099
www.weingut-groehl.de
info@weingut-groehl.de

Besuchszeiten
Mo.-Fr. 8-12:30 + 14-17 Uhr
Sa. 10-16 Uhr
sowie nach Vereinbarung
Vinothek

Inhaber
Eckehart Gröhl
Betriebsleiter
Eckehart Gröhl
Kellermeister
Eckehart Gröhl
Rebfläche
25 Hektar
Produktion
180.000 Flaschen

Die Familie Gröhl lebt seit dem 16. Jahrhundert in Weinolsheim und baut heute in zwölfter Generation Wein an. Eckehart und Angela Gröhl haben das Weingut 1994 von seinen Eltern gepachtet und 2003 übernommen. Ihre Weinberge liegen in den Weinolsheimer Lagen Hohberg und Kehr, im Dalheimer Kranzberg und im Uelversheimer Aulenberg. Eckehart Gröhl hat seit 2003 durch Pacht sein Lagenpotenzial um Weinberge an der Rheinfront erweitert, in den Niersteiner Lagen Pettenthal, Hölle und Ölberg und in den Oppenheimer Lagen Sackträger und Herrenberg.

Kollektion

Eine starke Kollektion präsentiert Eckehart Gröhl in diesem Jahr. Der Sauvignon Blanc ist frisch und zupackend. Die Ortsweine zeigen sehr gleichmäßiges Niveau, besitzen klare Frucht und jahrgangstypischen Grip, die Rieslinge sind geradlinig und zupackend, was auch für den würzigen, frischen Kabinett gilt, der Weißburgunder ist rauchig, reintönig, zupackend. Der Hölle-Weißburgunder ist konzentrierter, besitzt Fülle und Kraft. Spannend ist das schon im Vorjahr unmittelbar nach Abfüllung verkostete Lagenriesling-Trio: Der Ölberg ist rauchig, füllig, saftig, der Sackträger ist intensiv und rauchig im Bouquet, füllig und kraftvoll im Mund, besitzt gute Struktur und Frucht, der stoffige Pettenthal hat noch ein klein wenig zugelegt, ist kraftvoll und nachhaltig, immer noch jugendlich. Und es gibt eine Neuerung zu vermelden: Der Reh genannte und als Naturwein bezeichnete Riesling blieb fünf Tage auf der Maische, wurde spontan im Tonneau vergoren, blieb lange auf der Hefe und wurde unfiltriert abgefüllt. Und er gibt ein prächtiges Debüt, ist konzentriert und dominant, füllig und stoffig, besitzt Kraft, viel Substanz und Frucht. Auch die beiden Pinot Noir hatten wir schon im vergangenen Jahr vorgestellt, der Wein aus dem Herrenberg besitzt Kraft, schöne Frische und Grip, der aus der Hölle besticht mit Konzentration und Reintönigkeit. ▬

Weinbewertung

84	2021 Sauvignon Blanc trocken I 12%/9,50€
85	2021 Riesling trocken „Roter Hang“ Nierstein I 12,5%/9,90€
85	2021 Weißer Burgunder trocken „Kalkstein“ Nierstein I 12,5%/11,50€
85	2021 Riesling trocken „Kalkstein“ Oppenheim I 12,5%/9,90€
88	2020 Weißer Burgunder trocken Niersteiner Hölle I 12,5%/28,-€
88	2020 Riesling trocken Niersteiner Ölberg I 12,5%/17,-€
89	2020 Riesling trocken Oppenheimer Sackträger I 12,5%/22,-€
90	2020 Riesling trocken Niersteiner Pettenthal I 12%/28,-€
90	2020 Riesling „Reh“ I 12%/28,-€
86	2021 Riesling Kabinett Niersteiner „Roter Hang“ I 8%/15,-€
88	2018 Pinot Noir trocken Oppenheimer Herrenberg I 12,5%/19,-€
89	2018 Pinot Noir trocken Niersteiner Hölle I 13,5%/28,-€

★★

Gruber

Kontakt
Tannenhof 1
74182 Obersulm-Eschenau
Tel. 07130-450128
Fax: 07130-450129
www.weingut-gruber.de
info@weingut-gruber.de

Besuchszeiten
Gutsgasthof (ein Wochenende im Monat geöffnet),
Termine siehe Webseite
Wohnmobilstellplätze

Inhaber
Andrea & Markus Gruber
Betriebsleiter/Kellermeister/Außenbetrieb
Markus Gruber
Rebfläche
8 Hektar

Anneliese und Reinhold Gruber begannen 1990 mit der Selbstvermarktung, seit 2007 führen Andrea und Markus Gruber – der zuvor schon für den Weinausbau verantwortlich war – das Gut, mit der Betriebsübernahme wurde das Sortiment neu gegliedert. Ihre Weinberge liegen im Weinsberger Tal, in Eschenau (Paradies), Lehrensteinsfeld (Steinacker), Weinsberg (Ranzenberg) und Affaltrach (Dieblesberg), sowie im Eichelberger Hundsberg, die Reben wachsen auf Gipskeuperböden. Anneliese und Reinhold Gruber bauen insgesamt siebzehn verschiedene Rebsorten an, Hauptrebsorten sind Lemberger und Riesling. Dazu gibt es vor allem Chardonnay, Kerner, Muskateller, Gewürztraminer, Müller-Thurgau und Weißburgunder, sowie die roten Sorten Trollinger, Spätburgunder, Muskattrollinger, Dornfelder und Acolon.

Kollektion

Auch die neue Kollektion ist wieder bestechend gleichmäßig, so wie wir das kennen von Markus Gruber. Die Cuvée 4 wurde im Jahrgang 2021 feinherb ausgebaut, aber das steht ihr gut, sie ist klar, frisch und zupackend, besitzt gute Struktur und Grip. Auch die zweite weiße Cuvée überzeugt, sie stammt aus dem Jahrgang 2020, Chardonnay und Weißburgunder wurden im Holzfass ausgebaut: Gute Konzentration und reife Frucht prägen das Bouquet, im Mund ist der Wein herrlich saftig und füllig, besitzt viel reife Frucht. Gewürztraminer gibt es in diesem Jahr in zwei Versionen. Aus dem Jahrgang 2021 stammt der feinherbe Wein, der klare reife Frucht im Bouquet zeigt, füllig und saftig im Mund ist, einfach gefallen will. Das geht dem zweiten Gewürztraminer ab, der aus dem Jahrgang 2020 stammt, maischevergoren und im Holz ausgebaut wurde, er zeigt intensiv Rosen im Bouquet, ist sehr kompakt im Mund. Auch sonst überzeugen die Weißweine, und die Roten besitzen Frucht und Kraft, unsere leichte Präferenz gilt Spätburgunder und Lemberger.

Weinbewertung

84 2021 „~4~“ Weißweincuvée „feinherb“ | 10%/7,20€
82 2021 Weißer Riesling trocken „Steillage“ Eschenau | 12%/7,20€
82 2021 Weißburgunder trocken Weinsberg | 12%/7,20€
85 2020 Chardonnay & Weißburgunder trocken Holzfass „Reserve“ | 12,5%/10,-€
83 2020 Gewürztraminer trocken „vin rebelle“ „Reserve“ | 14,5%/10,-€
82 2021 Riesling „feinherb“ Eschenau | 11%/7,20€
84 2021 Gewürztraminer „feinherb“ Eschenau | 10,5%/7,20€
84 2021 Lemberger Rosé trocken Eschenau | 12%/7,20€
83 2021 Muskattrollinger Rose Eschenau | 11,5%/7,80€
84 2018 Spätburgunder trocken Eschenau | 14,5%/7,80€
84 2018 Blauer Lemberger trocken Eschenauer Paradies | 13,5%/7,80€
83 2018 Acolon trocken Eschenau | 13,5%/7,80€

★★★★

Gunderloch

Kontakt
Carl-Gunderloch-Platz 1
55299 Nackenheim
Tel. 06135-2341
Fax: 06135-2431
www.gunderloch.de
info@gunderloch.de

Besuchszeiten
Mo.-Fr. 9-16 Uhr
Sa. 11-14 Uhr

Inhaber
Johannes Hasselbach
Kellermeister
Johannes Hasselbach ,
Heiner Maleton
Rebfläche
25 Hektar
Produktion
180.000 Flaschen

Das Weingut Gunderloch wurde 1890 vom Bankier Carl Gunderloch mit dem Erwerb von Weinbergen im Rothenberg gegründet, 1932 eröffnete er eine Straußwirtschaft, die jedoch später wieder aufgegeben wurde. 1979 traten Fritz und Agnes Hasselbach in den Betrieb ein, den sie anfangs mit ihren Eltern, seit 1986 dann alleine drei Jahrzehnte lang führten, in dieser Zeit vergrößerten sie den Betrieb, unter anderem 1996 durch die Übernahme des Niersteiner Weingutes Balbach Erben. 2013 ist Sohn Johannes Hasselbach in den Betrieb eingestiegen, hat ihn im Jahr 2015 übernommen. Er hatte Wirtschaftswissenschaften studiert, bei einer Weinweltreise bei Weingütern in Kanada, Chile, Neuseeland und Australien Station gemacht. Seine Weinberge liegen im Nackenheimer Rothenberg sowie in den Niersteiner Lagen Pettenthal und Hipping, also alle im Roten Hang, wo die Reben auf rotem Tonschiefer wachsen. 85 Prozent der Rebfläche nimmt Riesling ein, hinzu kommen Silvaner und Grauburgunder, sowie ein klein wenig Sauvignon Blanc, Spätburgunder und Weißburgunder. Johannes Hasselbach hat das Sortiment zweigeteilt in Weine aus dem Weingut Gunderloch und Weine der Carl Gunderloch Weingutsverwaltung. Das Sortiment des Weingutes Gunderloch ist dreistufig gegliedert in Gutsweine, die Ortsweine aus Nackenheim und Nierstein und die Großen Gewächse aus Rothenberg, Pettenthal und Hipping zu denen sich mittlerweile ein weiteres gesellte, nämlich aus dem Fenchelberg, einer Gewanne im Rothenberg; dieses Große Gewächs wird ausschließlich als Versteigerungswein angeboten. Wenn es der Jahrgang erlaubt werden edelsüße Rieslinge bis hin zur Trockenbeerenauslese erzeugt. Seit 2013 wird mit längeren Maischestandzeiten gearbeitet, für jede Lage wird durch eine kleine Vorlese fünf Tage vor der Ernte ein eigener Gäransatz aus den jeweiligen Weinbergen entwickelt. Mit dem „Virgo" („Vergoren Im Rothenberg Ganz Ohne") genannten Wein hat Johannes Hasselbach 2013 ein spannendes Experiment gestartet: Die Trauben werden mit den Füßen eingemaischt, im Weinberg gepresst, der Wein wird ohne jede Zusatzstoffe im Weinberg, aus dem er stammt, also dem Rothenberg, vergoren und ausgebaut. 2016 wurde mit der Renovierung und Erweiterung des Gutshofes begonnen, im August 2017 wurde die Eröffnung des neuen Baus gefeiert; inzwischen wurde die Bio-Zertifizierung begonnen.

GUNDERLOCH

WIR LEBEN ROTHENBERG
SEIT 1890

Kollektion

Die Großen Gewächse standen im vergangenen Jahr an der Spitze der Kollektion, wobei innerhalb des Trios der Wein aus dem Rothenberg unser absoluter Favorit war. Dieses Jahr nun präsentieren sich die drei sehr gleichmäßig, und zu unserer großen Überraschung hatte der Hipping ganz knapp die Nase vorne. Er zeigt eine feine Sponti-Prägung im Bouquet, ist herrlich konzentriert und eindringlich, besitzt Fülle und Kraft im Mund, ist enorm druckvoll und noch sehr jugendlich. Der Pettenthal ist etwas würziger, ebenfalls herrlich eindringlich und konzentriert mit viel „Sponti" und Intensität, füllig und kraftvoll, besitzt viel reife Frucht, gute Struktur und Frische. Auch der Rothenberg ist wieder klasse, zeigt viel Frisch und rauchige Noten im Bouquet, ist füllig und harmonisch im Mund, besitzt reife Frucht, gute Struktur, Frische und Länge. Ganz stark sind aber auch schon die beiden Riesling-Ortsweine. Der Niersteiner zeigt rauchig-würzige Noten im Bouquet, ist frisch, klar und zupackend im Mund, besitzt gute Struktur und viel Grip. Noch eine Spur spannender ist der Riesling aus Nackenheim, der herrlich eindringlich im Bouquet ist, rauchig, konzentriert und klar, füllig und kraftvoll im Mund sich präsentiert, noch sehr jugendlich ist, aber etwas mehr Substanz und Druck besitzt als sein Niersteiner Kollege. Die vier Gutsweine zeigen sehr gleichmäßiges Niveau. Der Sauvignon Blanc vom Stein ist recht floral und würzig im Bouquet, frisch und zupackend im Mund. Der Riesling vom roten Schiefer ist sehr würzig und eindringlich, besitzt viel Frische und jahrgangstypischen Grip. Der Grauburgunder vom Löss ist ebenfalls würzig und eindringlich, geradlinig und zupackend, weist eine minimale Bitternote im Abgang auf. Unser Favorit unter den trockenen Gutsweinen ist im Jahrgang 2021 der Weißburgunder vom Kalk, der feine Würze und klare Frucht im Bouquet zeigt, gute Struktur, feine Frucht und Grip besitzt. Immer eine sichere Bank ist der Jean-Baptiste genannte Riesling Kabinett, der auch 2021 wie gewohnt mit moderatem Restzucker ausgestattet ist, viel Frische und Würze im Bouquet zeigt, klare Frucht und viel Grip besitzt. Die Auslese aus dem Rothenberg zeigt rauchige Noten im Bouquet, etwas Litschi, getrocknete Aprikosen, ist wunderschön frisch, harmonisch und elegant, besitzt gute Struktur und Biss.

Johannes Hasselbach

Weinbewertung

84 2021 Riesling trocken „vom Roten Schiefer" | 12%/10,50€
85 2021 Weißburgunder trocken „vom Kalk" | 12,5%/9,50€
84 2021 Grauburgunder „vom Löss" trocken | 12,5%/9,50€
83 2021 Sauvignon Blanc trocken „vom Stein" | 11,5%/10,50€
88 2021 Riesling trocken Nierstein | 12,5%/17,50€
89 2021 Riesling trocken Nackenheim | 12,5%/19,50€
92 2021 Riesling „GG" Nierstein Hipping | 12,5%/35,-€
91 2021 Riesling „GG" Nierstein Pettenthal | 12,5%/39,-€
91 2021 Riesling „GG" Nackenheim Rothenberg | 12,5%/43,-€
85 2021 Riesling Kabinett „Jean-Baptiste" | 10%/10,50€
90 2021 Riesling Auslese Nackenheim Rothenberg | 7,5%/20,-€/0,375l

Lagen
Rothenberg (Nackenheim)
Pettenthal (Nierstein)
Hipping (Nierstein)
Fenchelberg (Nackenheim)

Rebsorten
Riesling (85%)
Weißburgunder
Grauburgunder
Sauvignon Blanc
Silvaner
Spätburgunder

★★★

Gussek

Kontakt
Winzerhof Gussek
Kösener Straße 66
06618 Naumburg
Tel. 03445-778428
Fax: 03445-778428
www.winzerhof-gussek.de
winzerhofgussek@t-online.de

Besuchszeiten
Mo-Fr. 10-18 Uhr
Sa./So./Feiertage 14-18 Uhr
und nach Vereinbarung
Straußwirtschaft April-Okt.
Sa./So./Feiertage 14-18 Uhr

Inhaber
André Gussek
Kellermeister
Hella Päger, André Gussek
Außenbetrieb
Thomas Gussek
Rebfläche
9,6 Hektar
Produktion
23.000 Flaschen

WINZERHOF
GUSSEK
SAALE-UNSTRUT

André Gussek war 20 Jahre lang Kellermeister des Landesweingutes Kloster Pforta. 1993 kaufte er die Gebäude und das Gelände der ehemaligen volkseigenen Rebschule in der Kösener Straße und gründete sein eigenes Weingut, seit 1993 werden die Weine im eigenen Keller ausgebaut, die damals 1,8 Hektar Reben wurden anfangs nebenberuflich bewirtschaftet. André Gussek besitzt die Kernlage des steilterrassierten Kaatschener Dachsberg (1 Hektar, unter anderem mit 1927 gepflanzten Silvanerreben), sowie weitere 1,5 Hektar im Dachsberg (in der früheren Lage Boxberg, die heute ebenfalls zum Dachsberg zählt), in Naumburg ist er in den Lagen Steinmeister und Sonneck vertreten sowie im Freyburger Edelacker. Zwei Drittel der Weinberge nehmen weiße Rebsorten ein. Hauptrebsorte ist Müller-Thurgau, es folgen Spätburgunder, Riesling, Zweigelt, Grauburgunder, Portugieser, Weißburgunder, Silvaner, Kerner und Traminer. Seit 1994 erzeugt André Gussek auch edelsüße Weine, im Jahr darauf hat er mit dem Barriqueausbau begonnen.

Kollektion

Die 2021er Muschelkalk-Weißweine sind würzig, geradlinig und zupackend, am besten gefällt uns der Grauburgunder, der gute Struktur und Grip besitzt. Der 2020er Riesling vom Steinmeister ist würzig und eindringlich, füllig und saftig, der 2021er Kabinett aus derselben Lage ist frisch und zupackend. Der im Tonneau ausgebaute 2021er Sonneck-Weißburgunder ist recht würzig und füllig, der 2020er Breitengrad 51 aus derselben Lage zeigt gute Konzentration, rauchige Noten, reife Frucht, ist füllig und saftig, besitzt viel Frucht und Substanz. Im roten Segment überzeugt die würzige, eindringliche Zweigelt-Cabernet Cortis-Cuvée, der 2019er Breitengrad 51-Spätburgunder aus dem Dachsberg besitzt viel Konzentration, Fülle und Kraft, unser Favorit ist der 2018er Zweigelt aus dem Dachsberg, der intensive Frucht im Bouquet zeigt, rote Früchte, gute Substanz, viel reife Frucht und Wärme besitzt.

Weinbewertung

83	2021 Müller-Thurgau trocken „Muschelkalk" I 13%/11,-€
83	2021 Riesling trocken „Muschelkalk" I 12,5%/13,-€
85	2021 Weißer Burgunder trocken Naumburger Sonneck I 13%/18,50€
85	2021 Grauburgunder trocken „Muschelkalk" I 13%/13,-€
88	2020 Riesling*** trocken Naumburger Steinmeister I 12,5%/21,-€
88	2020 Weißburgunder trocken „Breitengrad 51" Naumburger Sonneck I 13,5%/28,-€
84	2021 Riesling Kabinett Naumburger Steinmeister I 11,5%/15,-€
83	2019 Zweigelt Kaatschener Dachsberg I 14%/28,-€
86	2020 Zweigelt & Cabernet Cortis Naumburger Steinmeister I 14%/28,-€
90	2018 Blauer Zweigelt*** Kaatschener Dachsberg I 15%/42,-€
88	2019 Spätburgunder „Breitengrad 51" Kaatschener Dachsberg I 14,5%/35,-€

★★

GutGallé

Kontakt
Langgasse 69
55237 Flonheim
Tel. 06734-8961
Fax: 06734-6676
www.weingut-galle.de
info@weingut-galle.de

Besuchszeiten
nach Vereinbarung

Inhaber
Klaus Gallé
Betriebsleiter
Klaus & Jonathan Gallé
Kellermeister
Jonathan Gallé
Außenbetrieb
Klaus Gallé
Rebfläche
13 Hektar
Produktion
60.000 Flaschen

Klaus und Ortrud Gallé kauften 1995 ein damals 5 Hektar großes Weingut in Flonheim und erweiterten es nach und nach auf die heutige Fläche. Ihre Weinberge liegen in der Uffhofener Lage La Roche, in den Flonheimer Lagen Rotenpfad, Klostergarten und Bingerberg, im Erbes-Büdesheimer Vogelsang, sowie in Badenheim, Pleitersheim und Wöllstein. An roten Sorten, 30 Prozent der Rebfläche, gibt es Spätburgunder, Cabernet Sauvignon, Dornfelder, Portugieser, Dunkelfelder und St. Laurent. Beim Weißwein überwiegen Riesling und die Burgundersorten, hinzu kommen Sauvignon Blanc, aber auch Silvaner und Chardonnay. Nur die Spitzenweine aus La Roche, Bingerberg und Rotenpfad tragen den Lagennamen auf dem Etikett, die weißen Lagenweine werden im 500 Liter-Holzfass ausgebaut, die roten im Barrique. Sohn Jonathan, nach Stationen bei Hirschhof, Thörle und Knipser, hat 2015 seinen ersten eigenen Wein kreiert, führt seit 2021 zusammen mit seinem Vater das Weingut, das heute unter dem Namen GutGallé firmiert. Inzwischen hat auch der jüngere Sohn Johannes die Ausbildung zum Winzer begonnen. 2020 wurde die Umstellung auf biologischen Weinbau begonnen.

Kollektion

Nachdem der 2020er La Roche-Riesling im vergangenen Jahr recht unruhig war, präsentiert sich der 2021er in blendender Form, zeigt gelbe Früchte, ist füllig, saftig, hat viel Substanz. Spannend ist auch der Sauvignon Blanc von Sohn Johannes, herrlich eindringlich und konzentriert, er besitzt Kraft, Fülle und viel Substanz. Auch die Lagen-Rotweine sind stark, der La Roche-Spätburgunder zeigt gute Konzentration, viel Würze, besitzt Druck und Kraft, ist noch recht jugendlich; der Portugieser vom Rotenpfad zeigt Gewürznoten und reife Frucht, ist wie gewohnt enorm konzentriert und dominant. Im Orts- und Gutsweinbereich gefallen uns der rauchige Flonheimer Weißburgunder und der zupackende Wöllsteiner Riesling besonders gut.

Weinbewertung

82	2021 „Animato Secco“ trocken ❙ 10,5%/7,90€
84	2018 „Champion“ Pinot Sekt brut ❙ 12,5%/14,90€
83	2021 Riesling Kabinett trocken „Guter Leichter“ ❙ 11%/7,50€
82	2021 „Blanc de Noir“ trocken ❙ 13%/7,50€
84	2021 Sauvignon Blanc trocken „Identität“ ❙ 12%/8,90€
85	2021 Riesling trocken Wöllsteiner ❙ 13%/9,90€
85	2021 Weißer Burgunder trocken Flonheimer ❙ 13%/10,50€
87	2021 Sauvignon Blanc trocken „Johannes Gallé“ ❙ 12%/15,-€
88	2021 Riesling trocken Uffhofener La Roche ❙ 13,5%/15,-€
84	2021 „Rosato“ trocken ❙ 12,5%/8,40€
88	2019 Portugieser trocken Flonheimer Rotenpfad ❙ 13%/22,70€
87	2019 Spätburgunder trocken Uffhofener La Roche ❙ 13%/25,90€

Gut von Beiden

Kontakt
Hauptstraße 25
67483 Kleinfischlingen
Tel. 06347-700896
Fax: 06347-700897
www.gutvonbeiden.com
wein@gutvonbeiden.com

Besuchszeiten
Mo.-Fr. 8-12:30 + 13:30-17 Uhr
Sa. 10-15 Uhr

Inhaber
Philipp Müller & Jochen Laqué
Kellermeister
Philipp Müller
Außenbetrieb
Jochen Laqué
Rebfläche
28 Hektar
Produktion
80.000 Flaschen

Jochen Laqué ist gelernter Industriekaufmann und Betriebswirt, stammt aber aus einem seit Generationen in Kleinfischlingen ansässigen landwirtschaftlichen Mischbetrieb, der seine Trauben an andere Weingüter verkaufte. Zusammen mit dem befreundeten Philipp Müller, der Weinbau und Önologie in Geisenheim studiert hat, übernahm er 2013 den elterlichen Betrieb und gründete das Gut von Beiden. Die Weinberge liegen rund um Kleinfischlingen auf tiefgründigen Löss-Lehm-Böden, vier Hektar befinden sich im 20 Kilometer entfernten Appenhofen auf kalksteinhaltigen Böden. Das Sortiment ist in Literweine, Gutsweine die entweder rebsortenrein oder als Cuvée ausgebaut werden und Lagenweine, die alle aus dem Appenhofener Steingebiss stammen, gegliedert. Momentan befindet sich das Weingut in der Umstellungsphase auf ökologischen Anbau.

Kollektion

In diesem Jahr konnten wir vier Lagenweine aus dem Appenhofener Steingebiss verkosten, die erwartungsgemäß an der Spitze der Kollektion liegen: Der Pinot Noir zeigt ein komplexes Bouquet mit Aromen von Süßkirsche, roter Johannisbeere und Hagebutte, ist kraftvoll und besitzt am Gaumen reife Tannine und gut eingebundenes Holz, der Grauburgunder zeigt deutliche Holzwürze, etwas Vanille und Fruchtnoten von Apfel und Melone, besitzt am Gaumen Kraft und Schmelz, der Chardonnay zeigt leichte Reifenoten, etwas Vanille und Quitte, besitzt ebenfalls Kraft und deutliche Holzwürze am Gaumen. Der vierte Lagenwein ist der „Durchblick"-Rosé, ein guter Beleg dafür, dass Rosé nicht immer jung getrunken werden muss, er zeigt deutliches Holz im Bouquet, dazu Aromen von Süßkirsche und Erdbeere, ist kraftvoll und harmonisch, genauso gut ist der Scheinwerfer aus Cabernet Dorsa, Merlot und Cabernet Sauvignon, der von dunkler Frucht, Röstnoten und Mokka geprägt ist und sehr stoffig mit leicht süßer Frucht ist. Die Basisweine sind fruchtbetont, der Grauburgunder zeigt gelbe Frucht und florale Noten, die Scheurebe ist harmonisch, besitzt frische Zitrusnoten, der Sauvignac erinnert mit seinen Stachelbeernoten an Sauvignon Blanc und der Blanc de Noir ist füllig und leicht floral.

Weinbewertung

83 2021 Grauburgunder trocken I 12,5%/6,70€
80 2021 Blanc de Noir trocken I 12%/6,70€
82 2021 Sauvignac trocken I 12,5%/6,90€
82 2020 Scheurebe trocken I 13%/6,70€
86 2021 Grauburgunder trocken Appenhofener Steingebiss I 13,5%/9,70€
86 2020 Chardonnay trocken Appenhofener Steingebiss I 13,5%/11,70€
85 2019 Rosé trocken „Durchblick" Appenhofener Steingebiss I 13%/9,70€
85 2018 Scheinwerfer Rotwein trocken I 14%/10,20€
87 2018 Pinot Noir trocken Appenhofener Steingebiss I 13,5%/19,90€

QUALITÄT VERBINDET
gutvonbeiden
MÜLLER & LAQUÉ

Gysler

Kontakt
Großer Spitzenberg 8
55232 Alzey-Weinheim
Tel. 06731-41266
Fax: 06731-44027
www.weingut-gysler.de
info@weingut-gysler.de

Besuchszeiten
Mo.-Fr. 9-12 + 15-17 Uhr
Sa. 9-12 Uhr
Bitte um Vereinbarung
Hoffest (erstes September-wochenende)

Inhaber
Alexander Gysler
Rebfläche
12 Hektar
Produktion
80.000 Flaschen

Alexander Gysler, Geisenheim-Absolvent, hat das Weingut 1999 nach dem Tod seines Vater Gernot Gysler übernommen, der mit der Flaschenweinvermarktung begonnen hatte. Alexander Gysler bewirtschaftet das Weingut zusammen mit Ehefrau Heike und Mutter Renate. Seine Weinberge befinden sich in den Weinheimer Lagen Hölle, Kirchenstück, Kapellenberg und Mandelberg, eine Parzelle liegt auf Alzeyer Gemarkung. Alexander Gysler hat den Rieslinganbau forciert, die Rieslingfläche in den letzten Jahren auf 40 Prozent erweitert. Daneben spielen die Burgundersorten eine wichtige Rolle, Scheurebe und Huxelrebe möchte er als Spezialitäten erhalten. Im Jahr 2004 hat Alexander Gysler mit der Umstellung auf ökologische Bewirtschaftung begonnen, 2007 war der erste zertifiziert biologische Jahrgang, seit 2008 ist Alexander Gysler Mitglied bei Demeter.

Kollektion

Ein wunderschöner Sekt eröffnet den Reigen, er zeigt feine rauchige Noten, ist füllig, präzise und zupackend. Die Gutsweine zeigen bestechend gleichmäßiges Niveau. Der Grauburgunder ist klar und zupackend, besitzt feine süße Frucht und Grip, auch der Weißburgunder ist geprägt vom Zusammenspiel aus Süße und Säure. Die Scheurebe ist herrlich frisch, reintönig und zupackend, der Riesling würzig, strukturiert und geradlinig, der Riesling Kabinett wunderschön reintönig und lebhaft und der Rosé punktet mit Würze, Frische und Grip. Neu im Programm von Alexander Gysler sind die Lagenweine von Grauburgunder und Weißburgunder. Der 2021er Grauburgunder stammt aus der Weinheimer Hölle, zeigt gute Konzentration, feine Würze und Frucht, besitzt gute Struktur und klare reife Frucht. Der 2020er Weißburgunder aus dem Kirchenstück zeigt reintönige Frucht, etwas gelbe Früchte, ist füllig und saftig, besitzt gute Struktur und Grip. Aus dem Jahrgang 2020 stammt auch der Klangwerk genannte Top-Riesling, der sehr offen im Bouquet ist, viel Duft zeigt, füllig und saftig im Mund ist bei viel Substanz.

Weinbewertung

89 Pinot Brut „Blanc & Noir“ brut nature | 12%/16,-€
85 2021 Riesling trocken „Sandstein“ | 11%/10,50€
86 2021 Scheurebe trocken „Sonnentau“ | 11,5%/10,50€
85 2021 Weißburgunder trocken „Sternenglanz“ | 12,5%/10,50€
85 2021 Grauburgunder trocken „Feldstärke“ | 12,5%/10,50€
89 2020 Riesling trocken „Klangwerk“ Weinheimer Hölle | 12%/24,-€
87 2020 Weißburgunder trocken Weinheimer Kirchenstück | 12,5%/20,-€
87 2021 Grauburgunder trocken Weinheimer Hölle | 12,5%/20,-€
85 2021 Riesling Kabinett „Feldgeflüster“ | 9%/10,50€
84 2021 Spätburgunder Rosé trocken „Funkenflug“ „unfiltriert“ | 11,5%/10,50€

★★

Haack

Kontakt
Burg Layen 3
55452 Burg Layen
Tel. 06721-4978016
www.weingut-haack.de
info@weingut-haack.de

Besuchszeiten
nach Vereinbarung

Inhaber
Familie Haack
Kellermeister
Lasse Haack
Außenbetrieb
Lasse Haack
Rebfläche
9,45 Hektar
Produktion
29.000 Flaschen

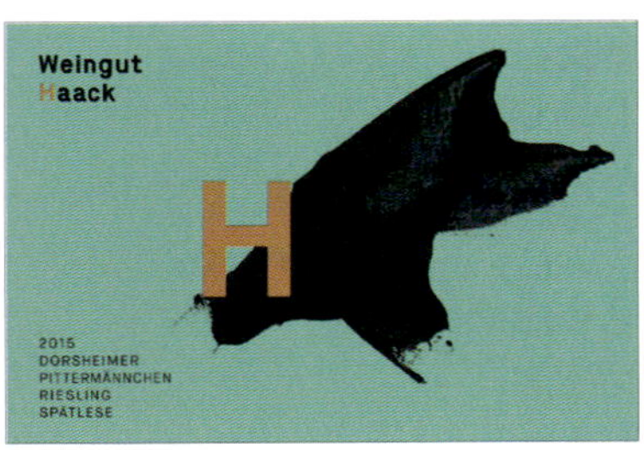

2015 übernahm die Familie Haack das ehemalige Weingut Michael Schäfer in Burg Layen, bestehend aus einer 1732 erbauten dreiseitigen Hofreite, einem Kellereigebäude im Außenbereich und damals acht Hektar Weinbergen. Sohn Lasse, der in Geisenheim Weinbau und Önologie studiert hat, hat Anfang 2018 die Verantwortung für den Außenbetrieb übernommen, Ruben Kretzschmann, ebenfalls Geisenheim-Absolvent, ist der technische Betriebsleiter. Die Weinberge liegen im Dorsheimer Pittermännchen, im Burg Layer Schlossberg und im Laubenheimer Vogelsang. Riesling ist die wichtigste Rebsorte im Betrieb und steht auf 42 Prozent der Fläche, dazu kommen 12 Prozent Kerner, 10 Prozent Scheurebe, zusammen 14 Prozent Weiß- und Grauburgunder und zusammen knapp 20 Prozent Dornfelder und Spätburgunder.

Kollektion

Sechs Weine hat uns das Weingut zugesendet, bis auf den trockenen Gutsriesling gänzlich andere als im letzten Jahr. Kein Problem, denn wir verkosten, was man uns präsentiert – und das ist in diesem Jahr wieder einmal durch die Bank gelungen. Der eben erwähnte trockene Riesling ist reif, saftig und frisch, besitzt Grip und gute Länge. Mit 65 Monaten Hefelager zu komplexer Struktur gereift ist der extra-brut dosierte Riesling-Sekt aus dem Burg Layer Schlossberg, der sehr stimmig ist, ein komplexes, oxidativ umrissenes Bouquet mit Kräuter- und Briochenoten zeigt, im Mund cremig und nussig ist, eine animierende Säureader und viel Würze besitzt, gute Harmonie und Länge. Dagegen ist der trockene Weißburgunder eher ein geradliniger Geselle, der mehr auf markanten Grip, denn auf Primärfrucht setzt, angenehm trocken, reif und zupackend ist. Aber zurück zu den Rieslingen. Mit markanter Würze und sattem Saft garantiert der Burg Layer Riesling frühen Trinkgenuss, kann aber dank seiner zupackenden Säure auch noch gut reifen und so weiter an Komplexität und Harmonie gewinnen. Das Pittermännchen steht an der Spitze der trockenen Weine, im Bouquet finden sich rote Äpfel samt Schalen, Quitten und süße Gewürze, im Mund ist er saftig durch und durch, recht füllig, seine würzige Ader trägt vom Auftakt bis zum Ende. Der Laubenheimer Riesling mit seiner feinherben Art ist eingängig, durchaus kraftvoll und sehr ausgewogen, bleibt würzig bis ins dezent herbe Finish.

Weinbewertung

87 2015 Riesling Sekt extra brut Burg Layer Schlossberg | 12%/25,-€
85 2021 Riesling | 12%/10,-€
85 2021 Weißer Burgunder | 12%/11,-€
87 2020 Riesling Laubenheimer | 11,5%/13,-€
87 2020 Riesling Burg Layer | 13%/13,-€
88 2020 Riesling Dorsheimer Pittermännchen | 12,5%/24,-€

★★★

Willi Haag

Kontakt
Burgfriedenspfad 5
54472 Brauneberg
Tel. 06534-450
Fax: 06534-689
www.willi-haag.de
info@willi-haag.de

Besuchszeiten
nach Vereinbarung

Inhaber
Marcus Haag
Kellermeister
Marcus Haag
Rebfläche
7 Hektar
Produktion
50.000 Flaschen

Die Familie ist seit dem Jahr 1500 in Brauneberg ansässig. Heute wird das Weingut von Marcus Haag geführt, der neben Weinbergen in den beiden Brauneberger Prestigelagen Juffer und Juffer-Sonnenuhr sowie im Piesporter Goldtröpfchen auch Reben in Veldenz, Burgen und Mülheim besitzt, letztere werden für den Gutsriesling genutzt. Die Weinberge, ausschließlich mit Riesling bepflanzt, liegen fast ganz in Steillagen. 80 Prozent der Weine werden süß ausgebaut, jeweils 10 Prozent trocken und halbtrocken bzw. „feinherb". Die Weine präsentieren sich stets als Rieslingklassiker: Finessenreich und elegant. Die Kabinette sind Kabinette und keine verkappten Auslesen, und die Spätlesen besitzen immer viel Frische. Werden Auslesen erzeugt, sind sie immer angenehm klar und feingliedrig, nie übertrieben mächtig.

Kollektion

Der trockene Basisriesling ist frisch, straff, deutlich vom Jahrgang geprägt, eher schlank, aber kein bisschen unreif. Mit dem trockenen Wein von alten Reben mit der Bezeichnung Grauschiefer hat das Weingut einen sehr empfehlenswerten, festen und vibrierenden Wein vorgestellt, der überdurchschnittlich viel Spiel aufweist und in der Nase (Kernobst, Kräuter, etwas Hefe) bereits verführerisch wirkt. Ein Riesling mit ausgesprochen sympathischem Preis-Leistungs-Verhältnis. Der halbtrockene Basiswein ist frisch mit Zitrus- und frischen Kernobstnoten, saftig, für einen Basiswein ausgesprochen gut vinifiziert. Dann allerdings wird es noch deutlich spannender. Der Kabinettriesling aus dem Goldtröpfchen ist recht verhalten, im Mund dann saftig und mit einer gewissen Fülle ausgestattet, typisch für die Lage. Ganz anders das Pendant aus der Juffer-Sonnenuhr, offener in der Nase mit Kernobst- und Kräuternoten, im Mund straff und präzise, frisch, nur wenig süß, ausgezeichnet balanciert. Auch die beiden Spätlesen überzeugen. Jene aus der Juffer ist etwas saftiger, die aus der Juffer-Sonnenuhr präziser. Letztgenannter Wein gefällt, weil er schon mit einer komplexen, offenen Nase beeindruckt, mit Aromen von Hefe, gehackten Kräutern und Boskoop, frisch, rassig, straff und verspielt. Ein toller, klassischer Vertreter des Spätlese-Typs.

Weinbewertung

87 2021 Riesling trocken „Alte Reben Grauschiefer" | 13%/11,-€
85 2021 Riesling halbtrocken | 12%/8,-€
84 2021 Riesling „feinherb" | 12%/8,-€
84 2021 Riesling | 9,5%/8,-€
87 2021 Riesling Kabinett Piesport Goldtröpfchen | 7,5%/11,-€
88 2021 Riesling Kabinett Brauneberg Juffer-Sonnenuhr | 8%/12,-€
89 2021 Riesling Spätlese Brauneberg Juffer | 7,5%/12,-€ ☺
90 2021 Riesling Spätlese Brauneberg Juffer-Sonnenuhr | 7%/15,-€ ☺

★★★★★ Fritz Haag

Kontakt
Dusemonder Straße 44
54472 Brauneberg
Tel. 06534-410
Fax: 06534-1347
www.weingut-fritz-haag.de
info@weingut-fritz-haag.de

Besuchszeiten
nach Vereinbarung

Inhaber
Oliver Haag
Kellermeister
Oliver Haag
Außenbetrieb
Nico Rieb
Rebfläche
25 Hektar
Produktion
175.000 Flaschen

Oliver Haag hat das Weingut 2005 von seinem Vater Wilhelm übernommen, führt es heute zusammen mit Ehefrau Jessica. Er hatte seine Lehre bei Dönnhoff und beim Karthäuserhof gemacht, dann in Geisenheim studiert, anschließend war er fast fünf Jahre Betriebsleiter des Rheingauer Wegeler-Gutes, bevor er zurück an die Mosel kam. Sein Vater Wilhelm Haag hatte den Betrieb seit den fünfziger Jahren geführt, dem Gut zu internationalem Renommee verholfen. Oliver Haags Weinberge, sind vor allem mit Riesling bepflanzt – allerdings gibt es auch eine kleine Menge Weißburgunder –, liegen in den besten Lagen von Brauneberg, in der Juffer und in der Juffer-Sonnenuhr, dem Herzstück der Juffer. Die Weine werden mit den natürlichen Hefen vergoren und teils im Holz, teils im Edelstahl ausgebaut. Im trockenen Segment gibt es Gutswein und Ortswein, an der Spitze standen lange die beiden Großen Gewächse aus Juffer und Juffer-Sonnenuhr, inzwischen sind weitere dazugekommen. Einerseits der Riesling aus dem Falkenberg der Juffer-Sonnenuhr, andererseits ein Wein aus dem Kestener Paulinshofberg, inzwischen wurde auch ein Großes Gewächs aus dem Monzeler Kätzchen vorgestellt. Im feinherben Segment gibt es ebenfalls Guts- und Ortswein, dazu einen Wein aus der Juffer. Auch wenn die trockenen Weine zunehmend an Bedeutung und an Profil gewinnen, sind es doch die restsüßen Rieslinge, für die das Weingut weltweit bekannt ist, vor allem für seine immer wieder großartigen Serien von Spät- und Auslesen; zur Differenzierung der Auslesen werden die Top-Selektionen als Goldkapsel oder lange Goldkapsel gekennzeichnet.

Kollektion

Eine Fülle an Rieslingen des Jahrgangs 2021 stellt das Weingut vor – und alle zeigen deutlich den Charakter des Herbstes. Ausgezeichnet gefällt etwa der Brauneberger Riesling mit der Zusatzbezeichnung J: frisch, mit Mirabellen- und Kräuternoten, im Mund würzig und straff. Das Große Gewächs aus dem Kestener Paulinshofberg zeigt eine sehr feine, zarte Nase mit Anklängen an Kräuter und Hefe, erst nach einer Weile kommen dezente Fruchtnoten hinzu, auch eine relativ dunkle Würze ist zu spüren; im Mund ist der Wein schön salzig, fest, schlank, aber nachhaltig: eine sehr spannende Interpretation des Jahrgangs 2021 und der Lage. Das Große Gewächs aus der Juffer wirkt sehr viel offener mit einer fast süßen Hefearomatik, am spannendsten scheint in diesem Bereich der Wein aus der Juffer-Sonnenuhr zu sein, recht offen mit komplexer Frucht, im Mund fest, straff, würzig und nachhaltig, ziemlich puristisch. Den Wein aus dem Monzeler Kätzchen sollte man nicht vergessen, er wirkt zunächst recht verhalten, zeigt dann aber eine sehr präzise Würze. Eine schöne Balance zwischen Frucht, Würze und dezenter Süße bewahren die feinherben Rieslinge – vor allem der Wein aus der Juffer begeistert mit seiner selbstverständlich wirkenden Würze. Was die süßen Weine angeht, wäre es ein Fehler, sich nur auf die Versteigerungsweine und die Auslesen mit Goldkapsel zu konzentrieren. Der Jahrgang hat höchst spannende Kabinette, Spät- und Auslesen hervorgebracht. Wunderbar frisch, rassig und fein, dabei durchaus nachhaltig ist der Versteigerungskabinett aus der Juffer-Sonnenuhr. Die Juffer-Sonnenuhr-Spätlese zeigt eine enorme Frische und Druck am Gaumen, ist würzig, verhalten süß. Etwas komplexer und cremiger, im Mund enorm präzise wirkt die Spätlese mit der Nummer 14. Die normale Juffer-Sonnenuhr-Auslese ist wunderbar würzig, saftig mit zurückhaltender Süße, die Auslese Lange Goldkapsel besitzt eine faszinierende Aromatik (reife Aprikosen, Blüten, aber auch Würznoten) und frappierende Länge. Klare Nektarinen-Mango-Frucht zeigt die Juffer-Beerenauslese, ihr Pendant aus der Juffer-Sonnenuhr wirkt noch eine Spur würziger. Die beiden Trockenbeerenauslesen sind noch vom Schwefel beeinflusst, sehr klar, enorm frisch, viel zu jung. Sie dürften, wenn man ihre Reintönigkeit, ihre Säure, ihre Würze und Finesse zum Maßstab nimmt, Potenzial für viele Jahrzehnte haben.

Oliver Haag

Weinbewertung

85 2021 Riesling trocken | 11,5%/10,90€
90 2021 Riesling trocken „J" Brauneberger | 12%/18,-€
91 2021 Riesling trocken „GG" Monzeler Kätzchen | 12,5%/27,-€
92 2021 Riesling trocken „GG" Brauneberger Juffer | 12,5%/29,-€
92 2021 Riesling trocken „GG" Kestener Paulinshofberg | 12,5%/32,50€
92 2021 Riesling trocken „GG" Brauneberger Juffer-Sonnenuhr | 12,5%/39,-€
86 2021 Riesling „feinherb" | 11%/10,90€
87 2021 Riesling „Tradition" Brauneberger | 11,5%/15,50€
90 2021 Riesling „feinherb" Brauneberger Juffer | 12%/23,-€
89 2021 Riesling Kabinett Brauneberger Juffer | 8%/15,50€
93 2021 Riesling Kabinett Brauneberger Juffer-Sonnenuhr | 7,5%/Vst.
89 2021 Riesling Spätlese Brauneberger Juffer | 7,5%/18,-€
93 2021 Riesling Spätlese Brauneberger Juffer-Sonnenuhr | 7,5%/23,-€
95 2021 Riesling Spätlese „#14" Brauneberger Juffer-Sonnenuhr | 7,5%/Vst.
92 2021 Riesling Auslese Brauneberger Juffer | 7,5%/25,-€
94 2021 Riesling Auslese Brauneberger Juffer-Sonnenuhr | 7,5%/32,-€
95 2021 Riesling Auslese „#10" Brauneberger Juffer-Sonnenuhr | 7,5%/a.A.
94 2021 Riesling Auslese Goldkapsel Brauneberger Juffer | 7,5%/24,-€/0,375l
95 2021 Riesling Auslese Goldkapsel Brauneberger Juffer-Sonnenuhr | 7,5%/32,-€/0,375l
97 2021 Riesling Auslese Lange Goldkapsel Brauneberger Juffer-Sonnenuhr | 7%/0,375l/Vst.
95 2021 Riesling Beerenauslese Brauneberger Juffer | 6,5%/0,375l/a.A.
95 2021 Riesling Beerenauslese Brauneberger Juffer-Sonnenuhr | 6,5%/0,375l/a.A.
95+ 2021 Riesling Trockenbeerenauslese Brauneberger Juffer-Sonnenuhr | 6%/0,375l/Vst.
94+ 2021 Riesling Trockenbeerenauslese Brauneberger Juffer-Sonnenuhr | 6%/0,375l/a.A.

Lagen
Juffer-Sonnenuhr (Brauneberg)
Juffer (Brauneberg)
Paulinshofberg (Kesten)
Kätzchen (Monzel)

Rebsorten
Riesling (98%)
Weißburgunder (2%)

★★★★½

Julian Haart

Kontakt
Triererstraße 12
54498 Piesport
Tel. 0160-5543432
www.julian-haart.de
info@julian-haart.de

Besuchszeiten
nur auf Anfrage

Inhaber
Julian & Nadine Haart
Betriebsleiter
Julian Haart
Kellermeister
Nadine Haart
Rebfläche
5 Hektar
Produktion
30.000 Flaschen

Julian Haart gründete sein Weingut 2010 mit dem Kauf einer großen Parzelle mit 40 Jahre alten Rieslingreben im Wintricher Ohligsberg. Der Devonschieferboden im Ohligsberg ist stark mit hartem Quarzit durchsetzt. Anfang 2011 konnte er weitere Parzellen in Piesport in den Lagen Goldtröpfchen und Schubertslay erwerben, mit vor dem Ersten Weltkrieg gepflanzten Reben. Spätestens mit dieser Akquisition legte er die Grundlagen zu seinem weiteren Aufstieg. Dabei hatte seine Jugend noch nicht unbedingt vermuten lassen, was einige Jahre später passieren sollte. Julian Haart stammt zwar aus einer seit 650 Jahren in Piesport ansässigen Winzerfamilie, ist aber nicht den in dieser Situation zu vermutenden Weg gegangen, sondern hat zunächst als Koch in deutschen Spitzenrestaurants gearbeitet, bevor er über Stationen bei deutschen Spitzenweingütern (Heymann-Löwenstein, Emrich-Schönleber, Egon Müller, Klaus-Peter Keller) die Passion für Riesling verinnerlichte. Nicht zuletzt die Zeit bei Klaus-Peter Keller dürfte den letzten Anschub gegeben haben, um das heutige Qualitätsniveau zu erreichen. Mit dem Jahrgang 2013 hat sich die Rebfläche vergrößert durch die Übernahme eines Teiles der Weinberge seines Onkels (Weingut Joh. Haart). Die inzwischen vorhandenen fünf Hektar bewirtschaftet Haart nun zusammen mit seiner Frau Nadine, angebaut wurde bislang ausnahmslos Riesling, inzwischen aber sind drei Prozent der Fläche mit Spätburgunder bestockt. Nicht nur Haarts unter eigenem Label erzeugte Weine sind bemerkenswert eigenständig, auch die aus einer Zusammenarbeit mit dem Weingut A.J. Adam erzeugten Spezialitäten aus dem Goldtröpfchen sind von bemerkenswerter Güte. Vergleichsweise neu im Sortiment ist der Riesling aus dem Niederflörsheimer Frauenberg, der nicht an der Mosel, sondern in Reinhessen liegt; eine andere Parzelle befindet sich im Zellertal, genau gesagt in der Lage Am Schwarzen Herrgott. Alle Rieslinge – beginnend beim Riesling Mosel über die Ortsweine und die trockenen Lagenweine bis zu den mehr oder weniger (eher weniger!) süßen Kabinetten – begeistern mit saftiger, würziger Art. In manchen Fällen setzt Julian Haart auf signifikante Maischestandzeiten, um den Weinen eine gewisse Struktur zu verleihen – Übertreibungen sind aber nie festzustellen. Auch die dezidiert süßen Weine, die Spätlesen und Auslesen, zeigen sich enorm saftig, besitzen Kraft und bisweilen einen fast rauchigen Charakter, vibrieren beinah. Wenn man diesen Stil einmal verkostet hat, ist er unabhängig vom Jahrgang leicht wiederzuerkennen.

Kollektion

Straff und würzig wirkt der Mosel-Riesling, der sich in der Nase noch verhalten zeigt mit leichten Hefenoten; auch im Mund weist er Würze und Kraft auf, ist sehr direkt, hat Zug. Der Piesporter wirkt schon erstaunlich offen mit Noten von Hefe, Zitrus und etwas Kräutern, ist im Mund zupackend, saftig und würzig, für einen Ortswein schön komplex und animierend; er entwickelt nach einigen Stunden im Glas eine enorme Saftigkeit und dürfte sich sehr gut entwickeln. Dann die beiden trockenen Rieslinge aus dem Wintricher Ohligsberg an der Mosel und aus dem Niederflörsheimer Frauenberg in Rheinhessen. Sie unterscheiden sich deutlich voneinander, sind aber beide faszinierend, entwickeln sich über Tage hinweg. Der Ohligsberg-Riesling ist zunächst verhalten, merklich hefig, entwickelt dann Noten von Kräutern mit pflanzlichen Komponenten und jeweils einer winzigen Spur Zitrus und Steinobst, im Mund handelt es sich um einen enorm zupackenden, festen, am Anfang fast schroffen Wein, der sich nach einer Weile mit enormer Würze präsentiert und neben der prägnanten Säure auch viel Spiel aufweist. Der Frauenberg-Riesling ist schon am Anfang viel offener mit einer fast süß wirkenden Frucht, sehr fein, im Mund aber enorm zupackend und würzig, er besitzt etwas mehr Schmelz und nicht die messerscharfe Art des Ohligsberg-Pendants, ist aber ebenfalls lang, sehr eigenständig. Die Kabinette, die in diesem Jahr nicht einzeln, sondern nur als Teil der sogenannten Kabinettkiste zu kaufen sind, unterscheiden sich deutlich voneinander. Jener aus dem Piesporter Goldtröpfchen ist am Anfang noch etwas verhalten, fast schüchtern mit Noten von Steinobst und Hefe, im Mund mit Saftigkeit und Schmelz und beachtlicher Länge. Nach einiger Zeit entwickelt er sehr viel mehr Spiel und Straffheit, auch mineralische Würze, wird immer vielschichtiger. Der Grafenberg-Wein wirkt am Beginn hefiger, unruhiger ist insgesamt offener, etwas kühler, animierender; er besitzt schon am Anfang der Verkostung eine enorme Präzision und Rasse, ist so etwas wie das Musterbeispiel eines Kabinetts von der Mosel, fest und verspielt gleichzeitig mit perfekt integrierter Süße und einer beachtlichen Länge. Wenig süß, straff und enorm fest wirkt der Kabinettriesling aus der Lage Wintricher Großer Herrgott; er zeigt erst ansatzweise sein Potenzial.

Julian und Nadine Haart

Weinbewertung

88 2021 Riesling trocken „MoselRiesling" | 11,5%
90 2021 Riesing trocken Piesporter | 12%
92 2021 Riesling trocken Wintricher Ohligsberg | 12%
93 2021 Riesling Niederflörsheimer Frauenberg | 12%
95 2021 Riesling Kabinett Piesporter Grafenberg | 7%
93 2021 Riesling Kabinett Wintricher Großer Herrgott | 7%
94 2021 Riesling Kabinett „Alte Reben" Piesporter Goldtröpfchen | 7%

Lagen
Goldtröpfchen (Piesport)
Ohligsberg (Wintrich)
Schwarzer Herrgott (Wintrich)
Frauenberg (Nieder-Flörsheim)
Zellerweg am Schwarzen Herrgott (Mölsheim)

Rebsorten
Riesling (97%)
Pinot Noir (3%)

★★★★½

Reinhold **Haart**

Kontakt
Ausoniusufer 18
54498 Piesport
Tel. 06507-2015
Fax: 06507-5909
www.haart.de
info@haart.de

Besuchszeiten
nach Vereinbarung

Inhaber
Johannes Haart,
Marcus Haart
Rebfläche
9 Hektar
Produktion
60.000 Flaschen

Seit 1337 betreibt die Familie Haart Weinbau in Piesport. Das Gut mitsamt der modern-eleganten Vinothek liegt im ursprünglichen Teil des Dorfes, nur wenige Meter von der Mosel entfernt und vor der Piesporter Paradelage, dem Goldtröpfchen. Dieser überwiegend südlich ausgerichtete Steilhang mit verwittertem, tiefgründigem Blauschieferboden ist die wichtigste Lage der Haarts. Theo Haart hat den Betrieb zu einem der Spitzenweingüter der Mosel entwickelt, seit 2007 wird er im Betrieb von Sohn Johannes, Geisenheim-Absolvent, unterstützt, der sich heute um den Keller kümmert, hauptsächlich, aber nicht ausschließlich, denn in einem kleinen Familienweingut kümmert sich jeder um alles. Mittlerweile hat Theo Haart den Betrieb an seine Söhne übergeben. Neben dem Goldtröpfchen ist man im Piesporter Grafenberg vertreten, einem sehr steilen, südost-exponierten Hang mit steinigem, leichtem Rotschieferboden. Der Piesporter Kreuzwingert, nur 0,1 Hektar groß, ist eine Monopollage der Haarts. Der süd-exponierte Steilhang besitzt einen tonigen, tiefgründigen Boden mit grau-braunem Schiefer. Hinzu kommen Weinberge im Wintricher Ohligsberg, einem sehr steilen, süd- bis west-exponierten Hang mit hartem blau-grauem Schiefer und Quarzit. Die Haarts bauen ausschließlich Riesling an. Die Weine werden spontanvergoren, teils im Fuder, teils im Edelstahl, bleiben sehr lange auf der Vollhefe. Das Sortiment wurde in den letzten Jahren nach den Vorgaben des VDP strukturiert: Gutsriesling und „Haart to Heart" bilden die Basis, dann folgen der Piesporter und der Wintricher Ortswein, schließlich drei Große Gewächse aus Goldtröpfchen, Ohligsberg und – erstmals mit dem Jahrgang 2012 – Kreuzwingert oder Grafenberg. Trockene Weine machen aber je nach Jahrgang nur 30 bis 40 Prozent der Produktion aus, die rest- und edelsüßen Rieslinge dominieren, vom Kabinett bis hin zu den Auslesen wird aus dem Goldtröpfchen und dem Ohligsberg in der Regel die ganze Bandbreite erzeugt, der Grafenberg wird als Kabinett angeboten. Das Weingut legt Wert darauf, immer wieder Weine zu archivieren, um auch 20 oder 30 Jahre nach der Ernte zeigen zu können, wie gut sich die Rieslinge aus dem Goldtröpfchen und den anderen Lagen entwickeln.

Kollektion

Vorgestellt wurden Weine der Jahrgänge 2020 und 2021. Schön knackig und frisch ist die Basis – etwa der trockene Riesling aus 2021 ohne weitere Bezeichnungen: Er ist straff, würzig, komplett trocken, sehr animierend, repräsentiert den Jahrgang gut. Auch der trockene 2020er Piesporter, straff und würzig, gefällt: Er benötigt vermutlich noch eine kleine Weile, um sich ganz zu entfalten. Die drei vorgestellten Großen Gewächse stammen ebenfalls aus dem Jahrgang 2020, präsentieren sich vergleichsweise offen und wirken deutlich verschieden – allerdings besitzen sie auch einige Gemeinsamkeiten. Alle drei Weine sind geradlinig, fest, aber besitzen auch einen gewissen, dem Stil des Hauses und der vergleichsweise langen

Reifung geschuldeten Stil, sind animierend, würzig, mit dezenten Hefenoten ausgestattet, im Alkohol verhalten. Der Wein aus dem Goldtröpfchen ist vergleichsweise offen, lässt unter der Hefenote eine Steinobstwürze, wie sie in dieser Lage öfter anzutreffen ist, durchschimmern, ist dann würzig mit viel Frucht, auch mit einem gewissen Schmelz ausgestattet. Der Ohligsberg-Riesling wirkt noch völlig verschlossen, ist fest und würzig, besitzt eine geradlinige Struktur, braucht definitiv noch Zeit. Am besten gefällt im Moment das GG aus dem Kreuzwingert, das relativ offen wirkt mit viel Frucht, im Mund auch jede Menge Struktur mitbringt. Ein geradliniger, straffer, aber zugänglicher und animierender Wein, wie er in dieser Art wohl nur im Weingut Haart erzeugt wird. Gelungen, weil saftig und mit einer sehr guten Balance ausgestattet ist der feinherbe Haart to Heart, der ja längst zu einem Klassiker geworden ist. Was der Jahrgang 2021 zu leisten imstande ist, zeigen gerade sehr gut die vier süßen Weine des Gutes. Unglaublich fein und rassig präsentiert sich der Kabinettriesling aus dem Goldtröpfchen; er besitzt nur eine verhaltene Süße, aber eine animierende Säure und Substanz, macht jetzt schon viel Spaß, sollte sich aber auch ausgezeichnet entwickeln. Gleich zwei Spätlesen stellt das Weingut vor, darunter die rassige „normale" und die nochmals spannendere, als Versteigerungsspätlese vorgesehene Version. Letzterer Wein ist schon recht offen, zeigt Anklänge an süße Kräuter, getrockneten Apfel und Mirabellen, auch einen Hauch von Zitrus, ist rassig, druckvoll, vibrierend – eine tolle Leistung. Die Auslese aus dem Goldtröpfchen ist, wie man es erwarten darf, schon in der Nase etwas reifer, besitzt auch jene ganz dezente Cremigkeit, wie sie bei Rieslingen dieser Kategorie im Weingut Reinhold Haart immer wieder zu spüren ist. Im Mund überrascht dieser Wein allerdings, weil er vergleichsweise wenig süß wirkt, enorm rassig und saftig ist.

Theo Haart und Johannes Haart

Weinbewertung

86 2021 Riesling trocken I 11,5%/10,50€
87 2020 Riesling trocken Piesporter I 12%/15,-€
92 2020 Riesling „GG" Kreuzwingert I 12%/30,-€
91+ 2020 Riesling „GG" Ohligsberg I 12%/30,-€
91 2020 Riesling „GG" Goldtröpfchen I 12%/30,-€
87 2021 Riesling „feinherb" „Haart to Heart" I 10,5%/10,50€
90 2021 Riesling Kabinett Goldtröpfchen I 8,5%/15,-€ ☺
93 2021 Riesling Spätlese Goldtröpfchen I 7,5%/Vst.
90 2021 Riesling Spätlese Goldtröpfchen I 8%/20,-€
92+ 2021 Riesling Auslese Goldtröpfchen I 7,5%/Vst.

Lagen

Goldtröpfchen (Piesport)
Kreuzwingert (Piesport)
Grafenberg (Piesport)
Ohligsberg (Wintrich)

Rebsorten

Riesling (100%)

★★★★ Hahnmühle

Kontakt
Alsenzstraße 25
67822 Mannweiler-Cölln
Tel. 06362-993099
Fax: 06362-4466
www.weingut-hahnmuehle.de
info@weingut-hahnmuehle.de

Besuchszeiten
Mo.-Fr. 9-12:30 + 13:30-18 Uhr
Sa. 9-15 Uhr
So. & Feiertage geschlossen

Inhaber
Familie Linxweiler
Betriebsleiter
Peter & Johannes Linxweiler
Kellermeister
Johannes Linxweiler
Rebfläche
16 Hektar
Produktion
90.000 Flaschen

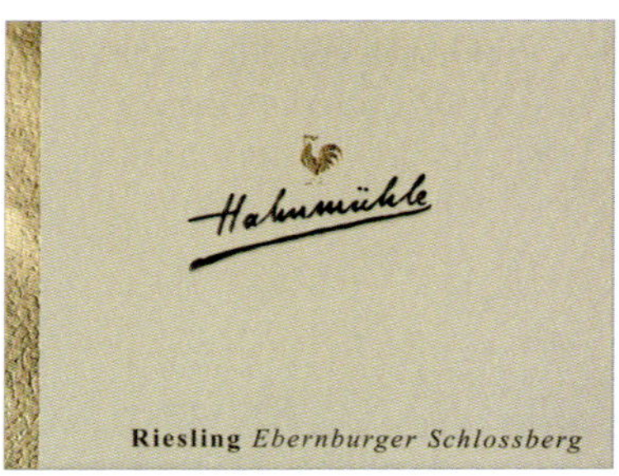

Die erste schriftliche Erwähnung der Hahnmühle geht ins 13. Jahrhundert zurück. Im Mittelalter diente sie zur Getreideversorgung der nahe gelegenen Burg Stolzenberg. Anfang des 19. Jahrhunderts wurde die Mühle von Oswald Linxweiler II. ersteigert und zur Kellerei umfunktioniert. Mit Hilfe der Wasserkraft der Mühle wurden über ein ausgeklügeltes mechanisches System die Weinkeltern betrieben. Die Hahnmühle war in der Weinlese die Annahmestelle der umliegenden Gehöfte, von denen man Trauben zukaufte, der Fasswein wurde über eine naheliegende Bahntrasse deutschlandweit verschickt. 1986 übernahmen Martina und Peter Linxweiler das Weingut, setzten von Anfang an auf ökologische Bewirtschaftung, zählen damit zur Pioniergeneration der Ökowinzer in Deutschland. Sohn Johannes begann im Jahr 2008 seine Ausbildung zum Winzer beim Weingut Knipser, darauf folgten weitere Stationen bei Thorsten Melsheimer und Gut Hermannsberg, sowie bei den Weingütern Umathum im Burgenland und Schloss Gobelsburg im Kamptal. Anschließend absolvierte er seine Ausbildung zum Techniker für Weinbau & Oenologie in Bad Kreuznach. Seine Ehefrau Katharina ist Geisenheim-Absolventin, erwarb einen Bachelor in Internationaler Weinwirtschaft. Seit 2016 bewirtschaften beide Generationen, die sechste und die siebte, gemeinsam den Familienbetrieb. Die Aufgabenteilung ist klar geregelt. Mutter Martina kümmert sich um Organisation und Buchhaltung, Schwiegertochter Katharina ist für Marketing, Vertrieb und den Export verantwortlich, Sohn Johannes hat den Keller fest im Griff, und Vater Peter Linxweiler ist für die Weinberge zuständig, Wichtigste Rebsorte ist der Riesling, der über die Hälfte der Rebfläche einnimmt. Dazu gibt es Weißburgunder, Silvaner, Roten Traminer und Spätburgunder. Die wichtigsten Rieslinge stammen aus dem Alsenzer Elkersberg, einer Schieferlage, dem von Vulkangestein geprägten Ebernburger Schlossberg und dem Oberndorfer Aspenberg, wo Sand, Silit und Tonstein vorherrschen. Im Keller wird schonend gearbeitet, die Gutsweine werden im Stahl ausgebaut, bei den Orts- und Lagenweinen kommen Holzfässer zum Einsatz.

Kollektion

Die Weine sind auch in diesem Jahr wieder sehr eigenständig, vielleicht mehr denn je. Neben aller weingutstypischen Eleganz, die wir auch in diesem Jahr finden, ist Würze das bestimmende Thema dieses Jahrgangs. Diese zieht sich von den Basisweinen bis zur Spitze durch die gesamte Kollektion, gibt den Weinen eine zusätzliche Dimension. An der Basis noch markant, geradezu herzhaft, wirkt sie bei den trockenen Spitzenrieslingen bestens integriert, sie sorgt bei allen Weinen für Spannung und Struktur. Den milden und recht fülligen Blauen Silvaner möchten wir wegen seiner Zugänglichkeit herausheben, er bietet attraktives Säurespiel und ist sehr sortentypisch – ein toller Wein. Bestens austariert ist auch der Mischsatz von Riesling und Traminer, der transparente Frische und Duftigkeit vereint. Der alte Wingert Riesling ist saftig, konzentriert und animierend, hat würzige Substanz und salziges Mineral, ist zupackend, anregend herb und leicht süßlich im Nachgeschmack, sicherlich auch etwas rustikal, dafür umso einprägsamer. Deutlich mehr Druck baut der Riesling „Urgestein" auf, der dank kristalliner Säure und fein gesetzter Phenolik geschliffen wirkt. Noch komplexer ist der Alisencia, der Kraft, Frische und würzige Schalenaromen zusammenbringt, sehr saftig ist, Aromen von reifen Zitrusfrüchten und roten Äpfeln aufweist – ein Riesling mit Handschrift und Klasse. Die drei Lagenweine sind eine Liga für sich, transportieren Jahrgang und Terroir mit fantastischer Prägnanz. Der Riesling aus dem Oberndorfer Aspenberg ist filigran und leichtfüßig, strotzt von klarer, fein saftiger Zitrusfrucht, bleibt straff und kühl bis ins lange Finish. Dagegen entwickelt der Riesling aus dem Alsenzer Elkersberg deutlich mehr Würze und Power, vereint Kraft und aromatische Tiefe, ist druckvoll und enorm nachhaltig. Der Riesling aus dem Ebernburger Schlossberg ist sehr komplex, wartet mit merklichem Gerbstoffbiss auf, darf gerne noch etwas reifen. Alle drei tragen die Frische des Jahrgangs in sich, sind dabei ausdrucksstark und intensiv, aber niemals schwer. Auch die edelsüßen Rieslinge sind von besonderer Güte, haben immense Säure und viel Würze, werden sehr gut reifen können.

Familie Linxweiler

Weinbewertung

86	2021 Blauer Silvaner trocken I 13%/8,50€
87	2021 Riesling und Roter Traminer trocken I 13%/10,50€
86	2021 Riesling trocken „Alter Wingert" I 13%/9,50€
86	2021 Weißburgunder trocken Oberndorfer I 13,5%/12,50€
88	2021 Riesling trocken „Urgestein" I 12,5%/13,-€
89	2021 Riesling trocken „Alisencia" I 13%/14,50€
91	2021 Riesling trocken Alsenzer Elkersberg I 13%/19,50€
92	2021 Riesling trocken Ebernburger Schlossberg I 13%/23,50€
91	2021 Riesling trocken Oberndorfer Aspenberg I 13%/19,50€
90	2021 Riesling Eiswein Alsenzer Elkersberg I 6%/a.A.
90	2021 Riesling Beerenauslese Oberndorfer Beutelstein I 8%/a.A.
92	2021 Riesling Trockenbeerenauslese Alsenzer Elkersberg I 6%/a.A.

Lagen

Elkersberg (Alsenz)
Beutelstein (Oberndorf)
Aspenberg (Oberndorf)
Feuersteindrossel (Oberndorf)
Rosenberg (Cölln)
Mittelberg (Steckweiler)
Schlossberg (Ebernburg)

Rebsorten

Riesling (55%)
Weißburgunder (10%)
Silvaner (10%)
Roter Traminer (10%)

Hahn Pahlke

Kontakt
Kirchgasse 1
67271 Battenberg
Tel. 06359-2118
Fax: 06359-92036
www.hahn-pahlke.de
info@hahn-pahlke.de

Besuchszeiten
Mo. 9-12 + 13-18 Uhr
Di. geschlossen
Mi.-Fr. 9-12 + 13-18 Uhr
Sa. 9-17 Uhr
So. nur nach Vereinbarung

Inhaber
Weingut Hahn-Pahlke GbR
Rebfläche
18 Hektar
Produktion
60.000 Flaschen

Seit rund 150 Jahren wird von der Familie in Battenberg Wein angebaut, in den 1950er Jahren wurde der ehemalige Gemischtbetrieb ganz auf den Wein ausgerichtet. Seit 1991 führen Carla und Wolfgang Pahlke das Weingut in siebter Generation, 2012 stieg Sohn Thomas nach seiner Lehre bei Neiss und Horcher, Praktika in der Wachau, auf Mallorca, in Neuseeland und Südafrika und seinem Abschluss als Weinbautechniker in den elterlichen Betrieb ein. Das Sortiment ist gegliedert in Guts-, Orts-, Lagen- und die unter der Regie von Thomas Pahlke entstehenden Premiumweine. Zu 60 Prozent werden weiße Sorten angebaut, wichtigste Sorte ist Riesling, daneben gibt es Spätburgunder, Grauburgunder, Portugieser und Dornfelder, aber auch Sorten wie Cabernet Sauvignon, Sauvignon Blanc, Chardonnay und Chenin Blanc. Die Weinberge werden biologisch bewirtschaftet (Bioland).

Kollektion

Gleich vier Weine sehen wir gleichauf an der Spitze einer Kollektion auf insgesamt sehr gutem Niveau: Beim Chenin Blanc konnte sich Thomas Pahlke in den vergangenen Jahren kontinuierlich steigern, er zeigt feine Röstnoten, etwas Honigmelone und nasse Wolle im Duft, besitzt Schmelz, ist geradlinig, druckvoll und nachhaltig. Neu ist der maischevergorene, unfiltrierte und ungeschwefelte Chardonnay Nature, der ein ungewöhnliches Bouquet mit Aromen von Schwarztee, Kräutern und Kakao zeigt, am Gaumen animierende Noten von Salzzitrone besitzt, dicht, druckvoll und nachhaltig ist, der Chardonnay Réserve zeigt Noten von gerösteten Haselnüssen, Kokos und Ananas im Bouquet, besitzt Frische und Länge. Der „Rote Hahn" aus Cabernet Sauvignon und Merlot zeigt viel dunkle Frucht, Brombeere, Pflaume, etwas Schokolade und Gewürznelke im Bouquet, besitzt reife Tannine, ist kraftvoll und nachhaltig und auch die beiden anderen Rotweine sind sehr gut, der Portugieser besitzt klare Kirschfrucht und gute Struktur, der Pinot Noir ist kraftvoll mit gut eingebundenen Röstnoten und noch leicht jugendlichen Tanninen.

Weinbewertung

84 2021 Riesling trocken Battenberger | 12,5%/8,-€
84 2021 Sauvignon Blanc trocken Battenberger | 12,5%/8,-€
87 2021 Grauburgunder trocken Mönchacker | 12,5%/11,50€
86 2021 Chardonnay trocken Weisenheimer Mandelgarten | 13%/11,50€
88 2020 Chenin Blanc trocken | 12,5%/14,50€
87 2020 Riesling trocken „Alte Reben" „Sändchen" | 12,5%/11,50€
88 2021 Chardonnay trocken „Réserve" Weisenheimer Mandelgarten | 13%/18,50€
88 2020 Chardonnay „Nature" | 13%/a.A.
88 2020 Roter Hahn Rotwein trocken | 13,5%/19,50€
87 2018 Portugieser trocken „Alte Reben" Schlossberg | 13,5%/11,50€
87 2019 Pinot Noir trocken | 13,5%/18,50€

★★★★½

Karl Haidle

Kontakt
Hindenburgstraße 21
71394 Kernen-Stetten
Tel. 07151-949110
Fax: 07151-46313
www.weingut-karl-haidle.de
info@weingut-karl-haidle.de

Besuchszeiten
Mo.-Fr. 8-12 + 13-18 Uhr
Sa. 9-15 Uhr

Inhaber
Moritz Haidle
Betriebsleiter
Moritz Haidle
Kellermeister
Moritz Haidle
Außenbetrieb
Werner Kuhnle
Rebfläche
23 Hektar
Produktion
120.000 Flaschen

Karl Haidle begann 1949 mit damals einem halben Hektar Reben mit der Selbstvermarktung. Hans Haidle, der den Betrieb 1968 mit damals eineinhalb Hektar übernahm, hat zusammen mit Ehefrau Susanne die Rebfläche vergrößert und das Weingut als Spitzen-Betrieb in Württemberg etabliert. Inzwischen hat Sohn Moritz den Betrieb übernommen, der in Geisenheim studierte, Praktika im Inland, aber auch in Australien, Kalifornien und Burgund absolvierte. Die Weinberge liegen alle im Remstal, vor allem in Stetten, wo das Weingut seinen Sitz hat. Moritz Haidle ist vor allem in den Stettener Lagen Pulvermächer, Häder und Mönchberg vertreten, in der Schnaiter Burghalde sowie in Strümpfelbach. Der Boden im Pulvermächer, wo das Weingut seine Spitzenrieslinge erzeugt, ist von Kieselsandstein geprägt. Im Mönchberg, einer der wärmsten Lagen im Remstal, baut Moritz Haidle überwiegend rote Sorten an, ebenso in der Burghalde in Schnait. Wichtigste Rebsorte ist Riesling, der inzwischen die Hälfte der Weinberge einnimmt. Dazu gibt es an weißen Sorten Grauburgunder, Weißburgunder, Chardonnay, sowie ein wenig Kerner. Wichtigste rote Rebsorte ist Lemberger, dazu gibt es etwas Spätburgunder, Trollinger, Zweigelt sowie Cabernet Sauvignon und Cabernet Franc. An der Spitze des Sortiments stehen die Großen Gewächse: Der Riesling aus dem Pulvermächer, der Spätburgunder aus der Burghalde und die beiden Lemberger aus Gehrnhalde und Berge. Wenn es der Jahrgang erlaubt, werden auch edelsüße Rieslinge erzeugt. Moritz Haidle hat erstmals 2014 den Keller allein „geschmissen", hat keinen angestellten Kellermeister mehr, hat alle Weine, so es möglich war, spontanvergoren. Die Rieslinge vergärt er wieder in den alten, traditionellen Holzfässern und lässt sie deutlich länger auf der Hefe. Bei den Rotweinen strebt er einen etwas dezenteren Holzeinsatz und niedrigere Alkoholwerte an. Er rückt vor allem die Rebsorten Riesling und Lemberger in den Fokus, Letzteren würde er lieber Blaufränkisch nennen. Seit 2014 werden die Weinberge zertifiziert biologisch bewirtschaftet, seit 2020 zertifiziert biodynamisch (Demeter).

Kollektion

Ausschließlich Riesling hat Moritz Haidle auch in diesem Jahr im weißen Segment vorgestellt, die weiße Sorte, auf die er sich voll und ganz konzentriert. Der Ritzling genannte Gutsriesling ist frisch und würzig, lebhaft und zupackend, ein feiner Einstieg ins Sortiment. Der Stettener Ortsriesling Schilfsandstein zeigt klare Frucht, feine Würze, ist deutlich kraftvoller, aber ebenso frisch und zupackend, besitzt gute Struktur und Grip. Neu im Programm ist der Schnaiter Ortsriesling, nach Moritz Haidle's Großmutter, die aus Schnait stammte, Gretle genannt. Er ist würzig und eindringlich im Bouquet, füllig und saftig im Mund, besitzt feine Frucht und Grip. Neu ist auch der Riesling Stetten, der das ganze Terroir Stettens repräsentiert, gute Konzentration und reife Frucht zeigt, gelbe Früchte, füllig und saftig ist, viel reife Frucht und Substanz besitzt. Der Riesling Nikolauslese ist nochmals

würziger und eindringlicher, besitzt Fülle und Saft, reife Frucht und Substanz. An der Spitze der Weißweine steht das Große Gewächs aus dem Jahrgang 2020, das konzentriert und herrlich eindringlich ist, sehr reintönig, viel reife Frucht, gute Substanz und Komplexität besitzt – 2017 präsentiert sich derzeit in toller Verfassung. Im roten Segment konzentriert sich Moritz Haidle ganz auf Lemberger; Spätburgunder wird es zukünftig nur noch als Gutswein geben, das Große Gewächs aus der Burghalde wird nicht länger erzeugt. Der 2021er Spätburgunder Gutswein setzt ganz auf Frische und Frucht, ist geradlinig und klar. Der Lemberger Gutswein ist intensiv fruchtig im Bouquet, frisch und zupackend im Mund, besitzt klare Frucht und Grip. Der Häder-Lemberger ist herrlich eindringlich und reintönig, zeigt gute Konzentration, viel reife Frucht, ist fruchtbetont, schlank, präzise und zupackend. Der 2020er Gehrnhalde-Lemberger ist recht offen im Bouquet, zeigt intensive Frucht, ist füllig und kraftvoll bei klarer reifer Frucht, Substanz und Länge. Unsere minimale Präferenz, bei gleicher Bewertung, gilt dem Berge-Lemberger, der faszinierend eindringlich, konzentriert und reintönig im Bouquet ist, wunderschön harmonisch und reintönig im Mund ist, Frische besitzt, gute Struktur, Substanz, viel Frucht und Länge. Einen neuen Ypsilon hat Moritz Haidle nicht präsentiert – der 2013er ist derzeit prächtig.

Moritz und Hans Haidle

Weinbewertung

85	2021 Riesling trocken „Ritzling" I 12%/9,90€
87	2021 Riesling trocken „Schilfsandstein" Stettener I 12%/10,90€
88	2021 Riesling trocken „Gretle" Schnait I 12,5%/14,90€
89	2021 Riesling trocken Stetten I 12,5%/14,90€
88	2021 Riesling trocken „Nikolauslese" Stetten I 12,5%/22,-€
91	2017 Riesling „GG" Stettener Pulvermächer I 13%
92	2020 Riesling „GG" Stettener Pulvermächer I 13%/38,-€
86	2021 Riesling Kabinett „Pfeffer" Stettener I 11%/10,90€
85	2021 Spätburgunder trocken I 12%/9,90€
86	2021 Lemberger trocken „Bunter Mergel" I 12,5%/9,90€
89	2020 Lemberger trocken Stettener Häder I 12%/16,90€
92	2015 Lemberger „GG" Berge Stettener Mönchberg I 14,5%
93	2016 Lemberger „GG" Berge Stettener Mönchberg I 14%
93	2020 Lemberger „GG" Berge Stetten I 13%/38,-€
93	2015 Lemberger „GG" Gehrnhalde Stettener Mönchberg I 14%
92	2016 Lemberger „GG" Gehrnhalde Stettener Mönchberg I 14%
92	2017 Lemberger „GG" Gehrnhalde Stettener Mönchberg I 13%
93	2020 Lemberger „GG" Gehrnhalde Stetten I 13%/48,-€
92	2013 „Ypsilon" Rotwein-Cuvée trocken I 13,5%

Lagen

Pulvermächer (Stetten)
Mönchberg (Stetten)
Gehrnhalde (Stetten)
Berge (Stetten)
Häder (Stetten)
Lindhälder (Stetten)
Burghalde (Schnait)

Rebsorten

Riesling (50%)
Lemberger (25%)
Spätburgunder
Trollinger
Kerner
Chardonnay
Cabernet Sauvignon

★★★★

Hain

Kontakt
Am Domhof 5
54498 Piesport
Tel. 06507-2442
Fax: 06507-6879
www.weingut-hain.de
info@weingut-hain.de

Besuchszeiten
Mo.-Fr. 9-18 Uhr
Sa./So. nach Vereinbarung
Weinhotel „Piesporter Goldtröpfchen"

Inhaber
Gernot Hain
Rebfläche
12 Hektar
Produktion
80.000 Flaschen

Das Weingut Hain ist ein klassischer Familienbetrieb, der seit langer Zeit in Piesport verwurzelt ist und seine Tradition auf das 17. Jahrhundert zurückführt. Kurt Hain, der Vater des heutigen Inhabers Gernot Hain, begleitete die Erfolge des Betriebes mit, verstarb 2016. Gernot Hains Weinberge liegen alle in Piesport, vor allem in den Lagen Goldtröpfchen und Domherr. Er baut auf einer Fläche von inzwischen 12 Hektar zu 75 Prozent Riesling an, hinzu kommen jeweils kleinere Anteile Weißburgunder, Spätburgunder und Chardonnay, Sauvignon Blanc und Grauburgunder. Die Weine baut Gernot Hain überwiegend im Edelstahl aus, zu einem kleinen Teil auch in Holzfässern, den Spätburgunder im Barrique. Etwa die Hälfte der Weine wird trocken oder halbtrocken und feinherb ausgebaut, sowohl aus dem Piesporter Goldtröpfchen wie aus dem Domherr, in denen das Weingut zu den wichtigsten Besitzern zählt. Der Riesling von alten Reben und der Felsterrassen-Riesling signalisieren eine besondere Qualität innerhalb des Goldtröpfchens. In der Spitze sind immer wieder Auslesen, aber auch Beerenauslesen zu bewundern, aber auch Eiswein wurde bereits erzeugt, wenn die Bedingungen es zuließen. Seit der ersten Ausgabe empfehlen wir die Weine Gernot Hains, schon damals zählten wir ihn zur Spitze in Piesport, schon damals reüssierte er gleichermaßen mit trockenen und süßen Rieslingen. Seine Weine waren immer schon bestechend reintönig und fruchtbetont, sie zeigen Finesse und Länge, bringen den Charakter des Piesporter Goldtröpfchen ausgezeichnet zum Ausdruck, auch wenn man die Vorzüge der Lage Domherr nicht vergessen sollte. Mit dem Goldtröpfchen verbindet Gernot Hain übrigens eine besondere Beziehung: Bereits im Jahre 1875 verkaufte ein Vorfahr nachweislich Flaschen des Jahrgangs 1868 mit dieser Lagenbezeichnung, wie ein altes Verkaufsjournal beweist, das Gernot Hains Vater gefunden hatte. Sechs Mark für eine Flasche Goldtröpfchen-Wein waren auch damals eine durchaus beachtliche Summe Geld. Zum 150. Jubiläum des Goldtröpfchens im Sommer 2018 engagierte sich Gernot Hain deshalb auch stark, stellte sowohl jüngere als auch gereifte Weine vor. Zum Weingut gehört auch das Hotel Piesporter Goldtröpfchen, für das vor allem Gernot Hains Frau Susanne zuständig ist. Sogar ein eigenes Gutsrestaurant wird geführt, das von kurz vor Weihnachten bis zum März geschlossen ist, das aber in der restlichen Zeit den familiären, stilvollen Aufenthalt mit ausgezeichneter Weinbegleitung ermöglicht.

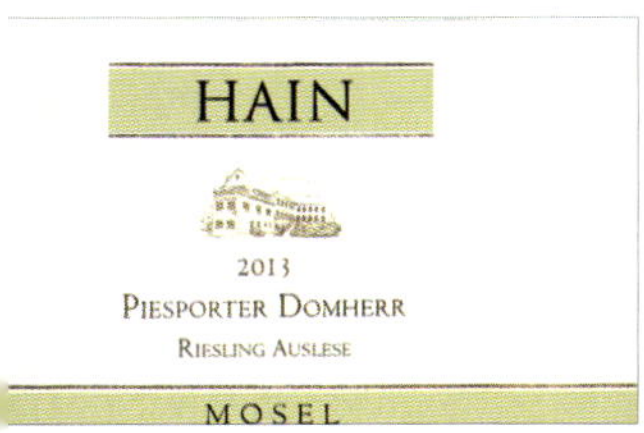

Kollektion

In der Basis stark zu sein, gelingt nicht jedem Weingut und schon mal gar nicht in einem Jahr wie 2021. Das Weingut Hain schafft es allerdings mit einem straffen, animierenden, würzigen Piesporter Riesling, der die Balance hinbekommt zwischen Frische und Würze. Er ist bereits sehr zugänglich, fein, fast elegant, gänzlich unaufdringlich. Der Kabinettwein in trockener Version aus dem Goldtröpfchen wirkt deutlich verhaltener,

Gernot Hain

besitzt eine kräuterig-hefige Würze, ist präzise, fein, würzig und fest, angenehm trocken und präzise. Die beiden Drei-Sterne-Weine aus Piesport unterschieden sich deutlich voneinander. Der Riesling aus dem Domherr ist deutlich frischer, auch etwas verhaltener mit Noten von Hefe und Kräutern, wirkt im Mund straff und fest, schön würzig und lang mit reifer Säure – ein spannender, animierender Wein, der durchaus an so manches offizielle trockene Gewächs der Mosel herankommt. Sein Pendant aus dem Goldtröpfchen wirkt reifer mit leicht cremiger, aber heller Hefenote und Mirabellenanklängen, besitzt Würze und Schmelz, überdurchschnittlichen Nachhall, ist noch etwas puristischer. Erfreulicherweise ist das Große Gewächs keine Kopie der anderen trockenen Spitzenweine, sondern eigenständig mit Noten von reifen Zitrusfrüchten, Hefe und Kräutern, noch betont jugendlich, im Mund mit mineralischer Würze, aber auch Frucht, schön straff, würzig und nachhaltig, insgesamt faszinierend in seiner Konsequenz und Eigenständigkeit, welche den Charakter des Goldtröpfchens auf überzeugende Weise aufnimmt. Ausgezeichnet gefällt der mineralisch-würzige Kabinett von alten Reben, auch wenn in der Nase noch etwas Schwefel zu spüren ist. Sehr saftig sind die beiden Spätlesen aus dem Goldtröpfchen, im Mund zupackend, rassig, mit viel Substanz. Ganz anders wirkt die Felsterrassen-Spätlese mit hellen, feinen Noten von Mirabellen und Hefe, im Mund straff, rassig, deutlich süß und lang. Sehr feine Aprikosen- und Zitrusfrucht besitzt der Eiswein, im Mund ist dieser sehr fein, elegant, bereits schön zu trinken. Kühle Frucht weist der Spätburgunder auf, ein saftiger Rotwein mit gut integrierter Holzwürze, recht kompakt, animierend, gelungen.

Weinbewertung

86 2021 Riesling trocken Piesporter | 11,5%/7,50€
88 2021 Riesling Kabinett trocken Piesporter Goldtröpfchen | 11,5%/9,50€ ☺
91 2021 Riesling trocken*** Piesporter Goldtröpfchen | 12,5%/14,50€ ☺
91 2021 Riesling trocken*** Piesporter Domherr | 12%/14,50€ ☺
92 2021 Riesling trocken „GG“ Piesporter Goldtröpfchen | 12,5%/27,-€
88 2021 Riesling Kabinett „feinherb“ Piesporter Goldtröpfchen | 10%/9,50€ ☺
90 2021 Riesling „feinherb“ „Alte Reben“ Piesporter Goldtröpfchen | 10,5%/14,50€ ☺
88 2021 Riesling Kabinett Piesporter Goldtröpfchen | 8%/9,50€ ☺
90 2021 Riesling Kabinett „Alte Reben“ Piesporter Goldtröpfchen | 7,5%/12,-€ ☺
90 2021 Riesling Spätlese „Nr. 13“ Piesporter Goldtröpfchen | 7,5%/13,50€ ☺
90 2021 Riesling Spätlese „Nr. 12“ Piesporter Goldtröpfchen | 7,5%/13,50€ ☺
91 2021 Riesling Spätlese „Felsterrassen“ Piesporter Goldtröpfchen | 7,5%/16,-€ ☺
92 2021 Riesling Eiswein Piesporter Falkenberg | 6,5%/70,-€/0,375l
89 2020 Spätburgunder trocken Piesporter Falkenberg | 13%/19,50€

Lagen
Goldtröpfchen (Piesport)
Domherr (Piesport)

Rebsorten
Riesling (75%)
Weißburgunder (8%)
Spätburgunder (6%)
Chardonnay (4%)
Grauburgunder (4%)
Sauvignon Blanc (3%)

★★★

Frank J. Haller

Kontakt
Masurenstraße 60
70374 Stuttgart
Tel. 0711-51882710
www.weingutfrankjhaller.de
mail@weingutfrankjhaller.de

Besuchszeiten
Erster Sa. im Monat 10-14 Uhr
oder nach Vereinbarung

Inhaber
Frank Haller
Betriebsleiter
Frank Haller
Rebfläche
3 Hektar
Produktion
15.000 Flaschen

Frank Haller stammt nicht aus einer Winzerfamilie: Er absolvierte zunächst eine Lehre zum Hotelfachmann, schloss dann eine Winzerlehre bei Hans Haidle an, nach seiner Ausbildung zum Weinbautechniker arbeitete er sechs Jahre als Kellermeister bei Haidle in Stetten. Mit dem Jahrgang 2007 brachte Frank Haller seine ersten eigenen Weine auf die Flasche. Seine Weinberge liegen im Cannstatter Zuckerle und im Stuttgarter Kriegsberg, inzwischen ist er auch am Nordrand der Schwäbischen Alb in der Beurener Schlosssteige vertreten; seit 2021 bewirtschaftet er in Beuren und Neuffen 2 Hektar, die Weinberge liegen in 500 Meter Höhe, die Reben wachsen auf mittlerem Jura. Bei den roten Sorten, die knapp die Hälfte der Fläche einnehmen, liegt der Schwerpunkt auf Lemberger, dazu gibt es Zweigelt, Cabernet Franc und Trollinger. Bei den weißen Sorten ist inzwischen Chardonnay die Nummer 1, hinzu kommen Riesling, Weißburgunder, Silvaner und Muskateller.

Kollektion

Das Einstiegsniveau ist hoch, wie schon seit vielen Jahren. Der Muskateller Secco ist frisch, reintönig, zupackend, nur dezent süß, so kann Perlwein Spaß machen. Der Sekt ist harmonisch, die lebhafte „0711 Weiß"-Cuvée – Riesling, Johanniter und Muskateller – wie immer eine sichere Bank, was auch für das fruchtintensive rote Pendant gilt. Der Riesling besitzt Struktur und Druck, der Weißburgunder aus Neuffen ist klar, zupackend, der Silvaner aus Beuren reintönig, besitzt Struktur und Grip, der Chardonnay ist noch sehr jugendlich. In der Spitze noch ein klein wenig stärker sind auch dieses Jahr wieder die Roten. Der zwölf Monate in zu einem Drittel neuen Barriques ausgebaute Lemberger zeigt intensive Frucht, ist klar, frisch, zupackend und strukturiert. Auch der Zweigelt ist intensiv fruchtig, füllig, saftig und konzentriert, besitzt feine Frische. Unser Favorit ist die Cabernet Franc-Lemberger-Cuvée aus dem Kriegsberg, die ebenfalls eindringlich und fruchtintensiv ist, reife Frucht, Struktur und Kraft besitzt. Weiter im Aufwind!

Weinbewertung

85 2020 Muskateller „Secco" | 11%/9,50€
85 2020 Spätburgunder Blanc de Noirs Sekt brut | 12,5%
84 2021 „0711 Weiß" trocken | 11,5%/8,-€
85 2020 Riesling trocken | 12%/9,-€
86 2021 Silvaner trocken Beuren | 12%/9,-€
85 2021 Weißburgunder trocken Neuffen | 11,5%/9,-€
86 2021 Chardonnay trocken | 12,5%/13,-€
84 2021 „0711 Rot" trocken | 13%/9,-€
87 2020 Lemberger trocken Cannstatter Zuckerle | 12,5%/13,50€
88 2019 Zweigelt trocken Cannstatter Zuckerle | 13,5%/16,-€
89 2020 Cabernet Franc/Lemberger Stuttgarter Kriegsberg | 13%/25,-€

★★½

Bastian Hamdorf

Kontakt
Weingartenstraße 5
63911 Klingenberg
Tel. 09372-9290025
www.weingut-bastian-hamdorf.de
info@weingut-bastian-hamdorf.de

Besuchszeiten
nach Vereinbarung

Inhaber
Bastian Hamdorf
Betriebsleiter
Bastian Hamdorf
Kellermeister
Bastian Hamdorf
Außenbetrieb
Bastian Hamdorf
Rebfläche
1,7 Hektar
Produktion
10.000 Flaschen

Bastian Hamdorf ist Quereinsteiger, auf der Insel Föhr geboren, dort und dann in der Mitte Schleswig-Holsteins aufgewachsen. Es dauerte mehr als dreißig Jahre bis er sich dem Wein annäherte, erste Erfahrungen bei Gutzler in Rheinhessen und bei Neumeister in der Südost-Steiermark sammelte. Dann studierte er in Geisenheim, war bei Pegasus Bay in Neuseeland und vier Jahre lang bei FX Pichler in der Wachau, anschließend arbeitete er vier Jahre als Kellermeister und Betriebsleiter bei Fürst Löwenstein, bevor er 2016 sein eigenes Weingut gründete; zwei Jahre zuvor hatte er den ersten Weinberg im Großheubacher Bischofsberg erworben. Er besitzt Terrassenweinberge im Klingenberger Schlossberg und im Großheubacher Bischofsberg, die Weinberge werden biologisch bewirtschaftet, 2018 wurde die Zertifizierung beendet; 2018 erwarb er weitere Weinberge im Schlossberg mit über 80 Jahre altem Portugieser und 60 Jahre altem Spätburgunder. Daneben gibt es Silvaner und Riesling, etwas Domina und Blaufränkisch. Die Weine werden überwiegend im Tonneau oder Barrique lange auf der Hefe ausgebaut. Zuletzt hat er weitere Terrassensteillagen im Schlossberg gekauft mit alten Spätburgunder- und Portugieserreben sowie Cabernet Sauvignon.

Kollektion

Sehr eigenständige Weine erzeugt Bastian Hamdorf, mit Ecken und Kanten und einer klaren Handschrift; sie werden lange im Stahl oder Holz ausgebaut, sind zurückhaltend in der Frucht und kommen überwiegend als Landwein vom Main auf den Markt. Der im Edelstahl ausgebaute Riesling ist würzig, eindringlich, sehr kompakt. Der Sylvaner Fass 27, teils im Tonneau ausgebaut, ist leicht rauchig, konzentriert, ebenfalls sehr kompakt. Der in gebrauchten Barriques und Tonneaux ausgebaute Sylvaner (ohne Fassbezeichnung) ist etwas fülliger und kraftvoller, besitzt gute Substanz. Der Rosé, wie die Weißweine aus dem Jahrgang 2020, ist deutlich fruchtiger, kraftvoll, zupackend und strukturiert. Die Rotweine stammen alle aus dem Jahrgang 2019. Der Buntsandstein Rot ist würzig und duftig, der Spätburgunder ist sehr offen im Bouquet, kraftvoll, kompakt und tanninbetont im Mund. Tanninbetont sind auch die beiden Portugieser, puristisch, reintönig, der ohne Fassbezeichnung hat deutlich mehr Fülle, Kraft und Grip.

Weinbewertung

87 2020 Sylvaner | 13,5%/18,-€
86 2020 Riesling | 12%/18,-€
86 2020 Sylvaner „Fass 27“ | 12%/15,-€
86 2020 Rosé Klingenberger | 13%/12,-€
84 2019 „Buntsandstein“ Rot | 11,5%/15,-€
86 2019 Portugieser „Fass 15“ | 11%/22,-€
86 2019 Spätburgunder Großheubacher | 12%/28,-€
88 2019 Portugieser | 11,5%/28,-€

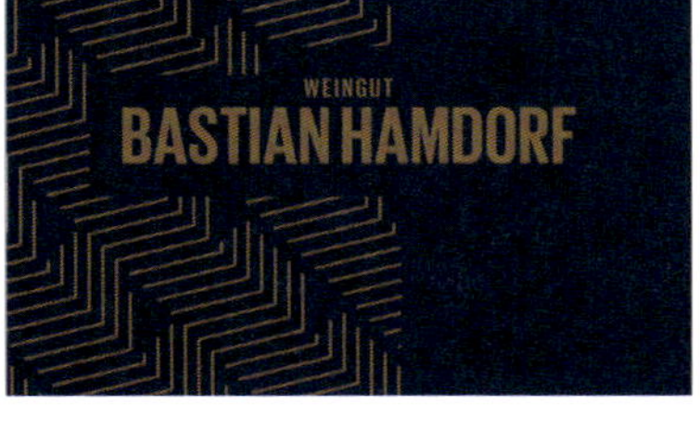

Hamm

Kontakt
Hauptstraße 60
65375 Oestrich-Winkel
Tel. 06723-2432
Fax: 06723-87666
www.hamm-wine.de
bio@hamm-wine.de

Besuchszeiten
nach Vereinbarung
Gutsausschank (Ostern-Okt.)

Inhaber
Karl-Heinz Hamm
Betriebsleiter
Aurelia Wehrheim-Hamm
Rebfläche
7 Hektar

Das Weingut Hamm ist einer der Pioniere für ökologischen Weinbau im Rheingau. Bereits in den 1980ern begann Karl-Heinz Hamm die Weinberge ohne chemische Spritzmittel und Dünger zu bewirtschaften, seit 1990 ist das Weingut offiziell bio-zertifiziert. Seit 2016 führt Aurelia Wehrheim-Hamm, die Weinbetriebswirtschaft in Heilbronn studierte, das Weingut in vierter Generation, gemeinsam mit ihren Eltern und ihrem Bruder Julius, der derzeit noch in Geisenheim eingeschrieben ist. Der Fokus liegt klar auf Riesling, der mit 90 Prozent den größten Teil der Rebfläche einnimmt, die verbleibenden zehn Prozent entfallen auf Spätburgunder. Die Lagenweine werden spontan mit wilden Hefen vergoren. Bei ihrem Spitzenriesling aus der Ersten Lage Dachsberg experimentiert Aurelia Wehrheim-Hamm viel mit Holz, Maischestandzeit und Hefelager.

Kollektion

Frucht und Zugänglichkeit stehen im Mittelpunkt der Weine. Der feinherbe Riesling zeigt Noten von Aprikosen und Pfirsich sowie Zitrussaft, ist frisch, geradlinig und klar. Der trockene Riesling „Tradition" ist stärker von Zitrus und grünem Apfel geprägt. Der trockene Kabinett präsentiert sich deutlich lebendiger, bringt eine gute knackige Säure mit und lebt von grünen Apfelaromen und viel Frische. Die „Jungen Reben" und die „Alten Reben" sehen wir in diesem Jahr gleichauf. Beide liegen im oberen trockenen respektive unteren halbtrockenen Bereich, sind aber deutlich unterschiedlich. Der 2021er Junge Reben ist durch seine frische Säure schlanker und animierender als der 2020er Alte Reben, der mehr Opulenz und eine reife Frucht mitbringt, die an kandierte Zitrusfrüchte erinnert. Ähnlich unterschiedlich sind die Lagenweine. Der 2020er Dachsberg tritt recht breitschultrig auf, zeigt seinen Gerbstoff und ist von reifer Frucht geprägt. Der Jesuitengarten aus dem Jahrgang 2021 ist frischer und geradliniger, besitzt Noten von grünem Apfel und eine gute Länge. An der Spitze der Kollektion steht wieder einmal ein Süßwein: Die Beerenauslese aus dem Hasensprung ist säurebetont und zeigt ebenfalls deutliche Apfelaromen.

Weinbewertung

82	2021 Riesling trocken „Tradition" I 11,5%/8,80€
83	2021 Riesling Kabinett trocken I 11,5%/9,80€
86	2020 Riesling trocken Winkler Dachsberg I 13,5%/16,90€
85	2020 Riesling trocken „Alte Reben" Winkel I 11,5%/15,90€
86	2021 Riesling Großes Gewächs Jesuitengarten I 13%/22,90€
83	2021 Riesling "feinherb" I 11,5%/8,80€
85	2021 Riesling „Junge Reben" I 12,5%/10,50€
82	2021 Riesling Kabinett „feinfruchtig" I 9,5%/9,80€
88	2021 Riesling Beerenauslese Winkeler Hasensprung I 6,5%/0,375l/a.A.

★★☆ (2,5 Sterne)

Hanewald-Schwerdt

Kontakt
Pochelstraße 37
67098 Bad Dürkheim
Tel. 06322-63206
www.hanewald-schwerdt.de
info@hanewald-schwerdt.de

Besuchszeiten
Mo.-Fr. 9-12 + 13-18 Uhr
Sa. 9-12 + 13-17 Uhr
oder nach Vereinbarung
Gästehaus mit Zimmern & Winzerhof mit Ferienwohnungen

Inhaber
Rudi Hanewald & Petra Schwerdt
Betriebsleiter
Thomas Hanewald & Stephan Schwerdt
Außenbetrieb
Rudolf Schwerdt
Rebfläche
26 Hektar

WEINGUT HANEWALD-SCHWERDT

Das Weingut Hanewald-Schwerdt, gegründet von Erhard Hanewald in den 1950er Jahren, entstand in seiner heutigen Form, als sich sein Sohn Rudi Hanewald 1997 mit seinem Schwager Rudolf Schwerdt zusammenschloss. Heute wird der Familienbetrieb von der nächsten Generation geleitet, den Cousins Thomas Hanewald und Stephan Schwerdt. Die Familie verfügt über Weinberge zwischen Weisenheim am Berg und Deidesheim, unter anderem in den Leistadter Lagen Herrenmorgen und Kalkofen, im Dürkheimer Steinberg und Hochbenn, im Deidesheimer Paradiesgarten und im Ruppertsberger Reiterpfad. Auf einem Drittel der Fläche wird Riesling angebaut, ein weiteres Drittel ist mit Rotweinsorten bepflanzt, hauptsächlich Spätburgunder, aber auch Blaufränkisch, Sankt Laurent, Cabernet Sauvignon, Merlot, Acolon und Regent, das restliche Drittel teilen sich die weißen Burgundersorten, Sauvignon Blanc, Goldmuskateller und Müller-Thurgau. Das Sortiment ist in Liter-, Guts-, Orts- und Lagenweine gegliedert.

Kollektion

Mit dem neuen Jahrgang stellt sich das von einem puren Kalkfelsen geprägte Leistadter Herzfeld als die beste Lage von Thomas Hanewald und Stephan Schwerdt heraus: Der Riesling zeigt ein komplexes Bouquet mit kreidig-mineralischen Noten, gelbem Apfel und Zitrusfrüchten, besitzt feinen Schmelz, ist animierend, leicht salzig und sehr nachhaltig, der Spätburgunder aus der Lage ist – wie auch die drei anderen Spätburgunder – kraftvoll und von dunkler Frucht geprägt, besitzt auch Ansätze zur Eleganz, eine gute Struktur mit noch jugendlichen Tanninen und Potential. Stark sind auch der kräutrig-mineralische Riesling aus dem Reiterpfad mit feinen Zitrusnoten, Substanz und Länge und der kraftvolle Hochbenn-Riesling, der dezente Reifenoten zeigt und harmonisch und nachhaltig ist. Bei den roten Cuvées favorisieren wir den „Zweihänder", der deutliche Röstnoten und dunkle Beerenfrucht zeigt und Kraft, gut eingebundenes Holz und Länge besitzt.

Weinbewertung

85	2021 Weißburgunder trocken I 13%/9,30€
87	2019 Riesling trocken Leistadter Herrenmorgen I 13%/16,-€
88	2020 Riesling trocken Ruppertsberger Reiterpfad I 12,5%/16,-€
88	2019 Riesling trocken Dürkheimer Hochbenn I 13%/16,50€
89	2019 Riesling trocken Leistadter Herzfeld I 13%/25,-€
85	2015 „Durendal" Rotwein trocken I 14%/9,90€
84	2019 Spätburgunder trocken I 13,5%/10,90€
86	2016 Spätburgunder trocken „Kalkriff" Leistadt I 13,5%/16,90€
87	2018 „Einhänder" Rotwein trocken I 14,5%/16,90€
87	2015 Spätburgunder trocken Leistadter Kalkofen I 13,5%/28,-€
88	2015 „Zweihänder" Rotwein trocken I 14%/28,-€
88	2019 Spätburgunder trocken Leistadter Herzfeld I 13,5%/35,-€

★

Peter Harth

Kontakt
Auf der Peterswiese 1
55271 Stadecken-Elsheim
Tel. 06136-916563
www.weingut-harth.de
info@weingut-harth.de

Besuchszeiten
nach Vereinbarung

Inhaber
Peter Harth
Betriebsleiter
Peter Harth
Rebfläche
20 Hektar

Nach seinem Studium in Geisenheim übernahm Peter Harth im Jahr 2000 das elterliche Fassweingut und legte den Fokus auf die Flaschenweinherstellung. Seine Weinberge befinden sich in Stadecken (Spitzberg, Bockstein, Blume), Elsheim (Blume) und Essenheim (Teufelspfad), die Reben wachsen auf kalkhaltigen Böden. Der Sortenspiegel reicht von klassisch-rheinhessischen Reben wie Riesling, Silvaner, Grau- und Weißburgunder über Kerner bis zu Scheurebe und Müller-Thurgau, aber auch Chardonnay, Sauvignon Blanc und Gelber Muskateller baut Peter Harth an. Bei den Rotweinsorten setzt Peter Harth vor allem auf Spätburgunder, Regent und Dornfelder. Nach einer schonenden Traubenverarbeitung, zum Teil mit Ganztraubenpressung, werden die Weine kontrolliert vergoren, die Rotweine werden auf der Maische vergoren und im Holz ausgebaut.

Kollektion

Wie schon im Vorjahr präsentiert Peter Harth eine sehr gleichmäßige Kollektion. Der Secco ist frisch, fruchtbetont und enorm süffig – ein feiner Einstieg, was auch für den geradlinigen Liter-Silvaner gilt. Der Riesling Sandhas ist würzig, klar und kompakt, der Sauvignon Blanc Flügel ist füllig und saftig, besitzt viel reife süße Frucht. Unter den Burgundern gefällt uns der Grauburgunder besonders gut, der würzig und eindringlich im Bouquet ist, füllig und saftig im Mund, reife Frucht und gute Struktur besitzt bei feiner Frische im Abgang. Unser Favorit unter den Weißweinen aber ist die im Holz ausgebaute Cuvée Kreuzweg aus Weißburgunder, Grauburgunder und Chardonnay, die gute Konzentration und reife Frucht im Bouquet zeigt, füllig und harmonisch im Mund ist, viel reife Frucht und Substanz besitzt. Auch der einzige präsentierte Rotwein überzeugt, der im Holz ausgebaut Regent Weilbach besitzt Fülle, Kraft und reife klare Frucht.

Weinbewertung

83 2021 „Secco" trocken | 11,5%/6,-€
81 2021 Silvaner trocken (1l) | 11,5%/5,40€
83 2021 Riesling trocken „Sandhas" | 12%/7,40€
82 2021 „Blanc de Noir" trocken „Teufelspfad" | 12%/6,60€
81 2021 Auxerrois trocken | 12,5%/6,80€
82 2021 Weißer Burgunder trocken | 13%/6,40€
84 2021 Grauer Burgunder trocken | 12,5%/6,40€
84 2021 Sauvignon Blanc trocken „Flügel" | 12%/7,40€
85 2021 Cuvée „Kreuzweg" Weißwein trocken | 12%/7,90€
81 2021 Riesling Classic | 12%/6,-€
81 2021 „Sommercuvée" Weißwein halbtrocken | 11%/6,-€
84 2019 Regent trocken Holzfass „Weilbach" | 14%/7,90€

★ ⯪

Hauck

Kontakt
Sonnenhof
Albiger Straße 15, 55234
Bermersheim vor der Höhe
Tel. 06731-1272,3195
Fax: 06731-45652
www.weingut-hauck.de
vinum@weingut-hauck.de

Besuchszeiten
Mo.-Sa. 9-17 Uhr nach Voranmeldung

Inhaber
Heinz-Günter, Heike & Jana Hauck
Betriebsleiter
Jana Hauck
Rebfläche
30 Hektar

Das von Heinz-Günter und Heike Hauck geführte Familienweingut ist in Bermersheim vor der Höhe zuhause, dem vermutlichen Geburtsort von Hildegard von Bingen. Ihre Weinberge liegen hauptsächlich in Bermersheim (Hildegardisberg, Klosterberg), aber auch in Ensheim (Kachelberg), Alzey und Albig (Hundskopf), die Reben wachsen auf tonreichen, kalksteindurchsetzten Böden. Zwei Drittel der Rebfläche nehmen weiße Rebsorten ein, vor allem Riesling, Silvaner, Weißburgunder, Grauburgunder und Müller-Thurgau, aber auch Auxerrois, Chardonnay und Sauvignon Blanc. Wichtigste rote Rebsorten sind Spätburgunder, Portugieser, St. Laurent, Regent und Dornfelder, sowie Merlot und Cabernet Sauvignon. 2017 ist Tochter Jana Hauck in den Betrieb eingestiegen.

Kollektion

Im vergangenen Jahr führte der 2018er Spätburgunder 976 eine sehr gleichmäßige Kollektion an, und in diesem Jahr nun ist es der Nachfolger aus dem Jahrgang 2019, der uns besonders gut gefallen hat, er ist würzig, eindringlich, besitzt herrlich viel Frucht, gute Struktur, Kraft und Substanz. Der St. Laurent Reserve aus demselben Jahrgang ist noch würziger, geradlinig und zupackend. Im ansonsten sehr gleichmäßigen weißen Segment gefallen uns im Jahrgang 2021 drei Weine besonders gut. Die Riesling Auslese ist eindringlich, reintönig, frisch und zupackend. Etwas ungewöhnlicher ist da schon die Cuvée aus Albariño und Manzoni Bianco, zwei Rebsorten, die man sonst so gut wie gar nicht in Deutschland findet. Eine etwas „wilde“ Cuvée, aber die Mischung passt, der Wein ist eindringlich und konzentriert, besitzt Frische, Frucht und Grip, ist strukturiert und zupackend. Auf etwas gewohnterem Terrain bewegen wir uns mit der trockenen Grauburgunder Spätlese aus dem Hildegardisberg, die immer eine sichere Bank ist, reintönige Frucht und gute Konzentration besitzt, Kraft, Substanz und Frische.

Weinbewertung

82 2021 Riesling trocken „Alte Reben“ Bermersheim Klosterberg | 12%/8,50€
82 2021 Gelber Muskateller trocken | 12%/8,-€
83 2021 Silvaner trocken „Hildegard“ | 12,5%/6,90€
83 2021 Auxerrois trocken | 12%/8,50€
82 2021 Weißer Burgunder Auxerrois trocken „Kunststück“ | 12%/8,50€
81 2021 Chardonnay & Sauvignon Blanc trocken | 13%/13,-€
82 2021 Chardonnay trocken Bermersheimer Hildegardisberg | 13%/9,-€
85 2021 Albariño & Manzoni Bianco trocken | 13,5%/14,-€
85 2021 Grauer Burgunder Spätlese trocken Bermersheimer Hildegardisberg | 13%/9,-€
85 2021 Riesling Auslese Ensheimer Kachelberg | 10%/11,-€
87 2019 Spätburgunder trocken „976“ | 14%/19,76€
83 2019 St. Laurent trocken „Réserve“ Ensheimer Kachelberg | 13%/10,50€

Kunststück

★

Hauer

Kontakt
In den Kornwiesen 1
67098 Bad Dürkheim
Tel. 06322-63375
Fax: 06322-981247
www.katharinenhof-hauer.de
info@weingut-hauer.de

Besuchszeiten
Mo./Di./Sa. 9-13 Uhr
Mi.-Fr. 9-12 + 13-17 Uhr
sowie zu den Öffnungszeiten des Gutsausschankes
Hauer's Gutsausschank
Ferienwohnungen
Wohnmobilstellplatz

Inhaber
Volker & André Hauer
Rebfläche
12 Hektar
Produktion
80.000 Flaschen

Das Weingut Hauer liegt direkt vor den Toren Bad Dürkheims. Volker Hauer begann 1980 seine Winzerlehre und richtete den ehemaligen landwirtschaftlichen Mischbetrieb ganz auf Weinbau aus. Die Weinberge befinden sich rund um Bad Dürkheim, in den Dürkheimer Lagen Steinberg, Rittergarten, Feuerberg, Hochmess und Nonnengarten aber auch im Leistadter Kalkofen und im Kallstadter Steinacker. Weiße Sorten nehmen 55 Prozent der Fläche ein, Riesling in erster Linie, aber auch Weißburgunder, Chardonnay, Gewürztraminer und Cabernet Blanc, zuletzt ist als neue Sorte noch Goldmuskateller dazugekommen. An Rotweinen werden Spätburgunder, Schwarzriesling, Dornfelder, St. Laurent, Cabernet Sauvignon und Cabernet Mitos angebaut. Zu dem Weingut gehört ein Gutsausschank, der rund sieben Monate im Jahr geöffnet hat.

Kollektion

In diesem Jahr konnten wir nur einen kleinen Ausschnitt von sechs Weinen aus dem Sortiment von Volker und André Hauer verkosten, darunter einige ausgefallenere Weine wie den im Barrique ausgebauten Rosé vom Cabernet Sauvignon, der im Bouquet deutliche Röstnoten und etwas Walnuss zeigt und auch am Gaumen, neben leicht süßer Frucht, deutlich vom Holz geprägt ist. Der Goldmuskateller zeigt im Duft klare Aromen von Litschi und Zitrusfrüchten, besitzt am Gaumen Saft und ein frisches Säurespiel, was auch für den Cabernet Blanc gilt, der im Bouquet leicht zurückhaltende, aber klare Frucht mit Noten von Pfirsich und Stachelbeere zeigt. Der Chardonnay vom Fronhof ist ebenfalls sehr fruchtbetont, zeigt im Bouquet Aromen von Melone, Birne, Pfirsich und etwas Zitrusnoten und besitzt am Gaumen Kraft und ein frisches Säurespiel. Gewohnt kraftvoll ist auch der Cabernet Mitos, der einzige Rote, den wir in diesem Jahr verkosten konnten, er zeigt dunkle Frucht im Bouquet mit Noten von schwarzer Johannisbeere und auch etwas grüne Paprika, ist am Gaumen füllig mit süßer Frucht und leicht staubigen Tanninen. Unser Favorit in diesem Jahr ist aber einmal mehr ein Riesling, der „Tradition" wirkt zunächst sehr kompakt und verhalten, öffnet sich dann aber mit Luft, besitzt Kraft, zeigt im Bouquet dezente Holzwürze und klare Zitrusfrucht mit Noten von Ananas und Orangenschale.

Weinbewertung

85 2018 Riesling trocken „Tradition" Dürkheimer | 13,5%/9,90€
82 2021 Goldmuskateller trocken Dürkheimer | 12,5%/9,20€
83 2021 Cabernet Blanc trocken Dürkheimer | 13%/9,-€
84 2020 Chardonnay trocken Dürkheimer Fronhof | 13,5%/8,20€
83 2020 Cabernet Sauvignon Rosé trocken Dürkheimer Feuerberg | 13,5%/10,30€
84 2019 Cabernet Mitos trocken „Saustark" | 13,5%/10,50€

H

★☆

Haug

Kontakt
Wein- und Obstgut Haug
Kellereiweg 19
88131 Lindau
Tel. 08382 5466
www.weingut-haug.de
info@weingut-haug.de

Besuchszeiten
Mo.-Fr. 16-19 Uhr
Sa. 9-12 Uhr
sowie nach Vereinbarung
Weinproben mit Weinbergs- und Kellerführung und anschließender Brotzeit, Online Weinproben mit Kochkurs, Picknick-to-go, Weinwanderung, Rädle, Ferienwohnung, Weinfest: Komm und See, Wein-Abonnement

Inhaber
Claudius Haug & Janine Haug
Betriebsleiter
Claudius Haug & Janine Haug
Kellermeister
Claudius Haug
Rebfläche
6,5 Hektar
Produktion
42.000 Flaschen

Weingut Haug

Das Wein- und Obstgut Haug hat seinen Sitz in einem über 400 Jahre alten Hof mitten in Schönau, einem Ortsteil von Lindau. Der ehemalige Kuhstall dient als Probierraum und Weinkeller. Im Nebengebäude, einem modernen Schindelhaus, befinden sich Weinverkauf und Schnapsbrennerei. Seit 2002, nach „Wein- und Wanderjahren" in Kalifornien, Michigan und Neuseeland, führen Claudius und Janine Haug den Betrieb. Der Vater Ludwig Haug und Onkel Hannes Deufel hatten 1975 den Weinbau auf den ehemaligen Flächen des Heilig-Geist-Spitals wiederbelebt. Alle Weinberge liegen in dieser Lage Lindauer Spitalhalde, sie sind seit 2010 biozertifiziert (Mitglied bei Bioland). Spätburgunder, Müller-Thurgau, Johanniter und Muscaris sind die wichtigsten Rebsorten im Betrieb, dazu gibt es Souvignier Gris, Maréchal Foch, Cabernet Cortis, Chardonnay, Regent und Solaris.

Kollektion

Beim guten Debüt im vergangenen Jahr hatte uns der 2018er Spätburgunder von alten Reben und der 2019er PetNat besonders gut gefallen. Auch in diesem Jahr gefällt uns der PetNat, nun Jahrgang 2021, ausnehmend gut, wie auch im Vorjahr schon ist es ein Johanniter, er ist enorm hefewürzig und eindringlich im Bouquet, herrlich frisch und lebhaft im Mund, zupackend bei viel Grip. Feine Würze und Hefenoten zeigt der Sekt „Der Lindauer" im Bouquet, ist sehr füllig und harmonisch im Mund. Die 2021er Weißweine zeigen sehr gleichmäßiges Niveau, der Müller-Thurgau ist frisch und würzig, klar und geradlinig bei dezenter Zitrusnote, der Cabernet Blanc ist fruchtbetont, würzig, leicht floral, besitzt klare Frucht und Biss, der Solaris zeigt ebenfalls etwas florale Noten im Bouquet, dazu Zitrus, besitzt feine süße Frucht und Grip. Der Vinatur Rosé aus Cabernet Cortis und Regent ist wunderschön fruchtbetont im Bouquet, aber aromatisch unausgewogen im Mund, spannender ist der rote Vinatur aus Maréchal Foch, Spätburgunder und Regent, der rote Früchte im Bouquet zeigt, frisch und zupackend ist. Unser Favorit unter den Roten aber ist der Spätburgunder von alten Reben, der feine Frische, Frucht und Grip besitzt.

Weinbewertung

87 2021 „PetNat" I 11%/18,-€
86 „Der Lindauer" Sekt brut I 13%/18,-€
83 2021 Müller Thurgau trocken Lindauer Spitalhalde I 12%/9,-€
84 2021 Cabernet Blanc I 12%/11,-€
84 2021 Solaris Lindauer Spitalhalde I 12,5%/11,-€
82 2021 „Vinatur" Rosé I 12%/9,50€
84 2020 „Vinatur" Cuvée Rot I 13%/10,-€
85 2019 Spätburgunder trocken „Alte Rebe" I 13,5%/13,-€
81 2020 Maréchal Foch trocken I 13,5%/15,-€

★★☆

Hausknecht

Kontakt
Würzburger Straße 59
97250 Erlabrunn
Tel. 09364-2533
Fax: 09364-79346
www.weingut-hausknecht.de
info@weingut-hausknecht.de

Besuchszeiten
Mo.-Fr. 8-12 + 13-18 Uhr
Sa. 8-16 Uhr
und nach Vereinbarung
Heckenwirtschaft
Gästezimmer

Inhaber
Frank Hausknecht
Kellermeister
Frank & Markus Hausknecht
Rebfläche
11 Hektar

Das Weingut Hausknecht war früher ein landwirtschaftlicher Gemischtbetrieb in Erlabrunn, der sich seit den achtziger Jahren ganz auf Wein- und Obstbau konzentrierte und die Rebfläche stetig vergrößerte. 1990 wurden die Betriebsgebäude erweitert, seit 1992 hat zweimal jährlich die Heckenwirtschaft geöffnet. Anfang der neunziger Jahre übernahm Frank Hausknecht den Betrieb von seinen Eltern Hans und Lydia. Seine Ehefrau Monika übernahm 2003 den elterlichen Betrieb in Escherndorf, weswegen sie Weinberge im Erlabrunner Weinsteig besitzen, aber auch im Escherndorfer Lump und in der Obereisenheimer Höll. Während Lump und Höll von reinem Muschelkalk geprägt sind, findet man im Weinsteig tiefgründigere Böden auf Muschelkalk, aber auch Ausläufer vom Buntsandstein. Weiße Rebsorten nehmen vier Fünftel der Rebfläche ein: Müller-Thurgau, Silvaner, Bacchus, Kerner, Scheurebe, Weißburgunder und Riesling. An roten Sorten bauen die Hausknechts Spätburgunder, Domina und Dornfelder an. Markus Hausknecht hat 2018 seine Ausbildung zum Weinbautechniker beendet und arbeitet seither im elterlichen Betrieb.

Kollektion

Eine ganze starke Kollektion haben Frank und Markus Hausknecht auf die Flasche gebracht. Die Rotweine sind besser denn je, die Domina punktet mit Frucht und Grip, der im Barrique ausgebaute Spätburgunder besitzt gute Konzentration, rauchige Noten und klare reife Frucht. Im weißen Segment gibt es wieder drei wunderschöne reintönige Süßweine, den feinen, sehr harmonischen und frischen Bacchus Kabinett, die zupackende Kerner Spätlese und die würzige, eindringliche Scheurebe Spätlese. Stark sind auch die trockenen Weißweine: Die trockene Riesling Spätlese zeigt rauchige Noten, besitzt viel reife Frucht und Substanz, die Weißburgunder Spätlese ist kraftvoll, saftig, aber auch Silvaner und Traminer überzeugen ebenso wie die geradlinigen trockenen Kabinettweine.

Weinbewertung

83 2021 Silvaner Kabinett trocken Erlabrunner Weinsteig | 12%/6,50€
83 2021 Riesling Kabinett trocken | 12,5%/7,-€
85 2021 Traminer trocken Erlabrunner Weinsteig | 13,5%/9,-€
85 2020 Silvaner Spätlese trocken „Alte Reben“ Escherndorfer Lump | 13,5%/9,70€
86 2020 Weißer Burgunder Spätlese trocken Obereisenheimer Höll | 14%/9,50€
87 2020 Riesling Spätlese trocken Escherndorfer Lump | 13%/9,70€
85 2021 Bacchus Kabinett Erlabrunner Weinsteig | 11%/6,-€ ☺
86 2021 Scheurebe Spätlese Erlabrunner Weinsteig | 11%/8,50€
86 2021 Kerner Spätlese Erlabrunner Weinsteig | 12%/8,50€
83 2021 Spätburgunder Weißherbst Kabinett | 11%/6,50€
85 2020 Domina Kabinett trocken Erlabrunner Weinsteig | 13%/6,50€
88 2019 Spätburgunder Spätlese trocken Barrique Erlabrunner Weinsteig | 13,5%/13,50€

★☆

C.A. Haussmann

Kontakt
Wilhelmstraße 13
56841 Traben-Trarbach
Tel. 0172-5375385
Fax: 06541-8167565
www.ca-haussmann.de
weingut@ca-haussmann.de

Besuchszeiten
jederzeit nach Vereinbarung
Veranstaltungen
(bis 140 Personen)
2 Ferienwohnungen

Inhaber
Stefan Stassen
Rebfläche
4 Hektar
Produktion
35.000 Flaschen

Weingut C.A. Haussmann

Stefan Stassen ist seit 2014 der Inhaber dieses Vier-Hektar-Weingutes in Traben-Trarbach, das seine Geschichte auf das Jahr 1559 zurückführt. Seine Familie kann ebenfalls Weinbautradition bis ins 16. Jahrhundert vorweisen, und Stefan Stassen hatte bereits seine Lehre bei der Familie Haussmann absolviert, bevor er sich viele Jahre später dazu entschied, den Betrieb zu übernehmen. Angebaut werden außer Riesling (85 Prozent der Rebfläche) noch Grauburgunder (eine Neuanlage, die immerhin ein Zehntel der gesamten Fläche ausmacht) und Müller-Thurgau. Stassens Parzellen befinden sich in den Lagen Taubenhaus, Königsberg, Kräuterhaus und Würzgarten (alle Traben-Trarbach) sowie im Ürziger Würzgarten. Außer den Lagennamen wird auch der Begriff „Schieferjuwel" verwendet, der als Adelstitel für einen besonderen Wein gilt. Inzwischen wurde ein denkmalgeschütztes neues Weingutsgebäude samt Kellerei gekauft und renoviert; es gibt Platz für Veranstaltungen bis zu 140 Personen sowie zwei neue Ferienwohnungen mit jeweils drei Schlafzimmern.

Kollektion

Der trockene Kabinettriesling aus dem Traben-Trarbacher Würzgarten ist frisch, klar mit Noten von Limone und Hefe. Eher neutral in der Nase und leicht nussig wirkt der Grauburgunder, im Mund ist er saftig und zupackend mit einer Menge Kraft und Würze im Nachhall – das ist kein leichter, feiner, sondern ein stattlicher Wein. Der trockene 2021er Riesling namens Schieferjuwel ist frisch, klar, trocken, in der Nase verhalten mit Anklängen an Apfel und Kräuter, im Mund erfreulich würzig und knackig zugleich. Die beiden Rieslinge aus 2020 haben sich gut entwickelt. Zunächst der Wein aus dem Würzgarten, straff und würzig, dann das Schieferjuwel, eine trockene Spätlese, die eine ganz andere Aromatik zeigt als ihr Pendant aus dem Jahrgang 2021: ein offener Wein mit Kern- und Steinobstnoten, Kräuterwürze, im Mund rassig. Im feinherben Schieferjuwel, das wiederum aus dem Jahrgang 2021 stammt, ist die Süße sehr gut integriert und wirkt schon deshalb nicht auffällig, weil die Säure dem Wein einen rassigen Grundcharakter vermittelt. Der einzige wirklich süße Wein des Sortiments ist zwar kein Schieferjuwel, aber angenehm frisch, rassig, animierend.

Weinbewertung

83 2021 Riesling Kabinett trocken „Alte Reben" Traben-Trarb. Würzgarten | 11,5%/7,90€
85 2021 Riesling trocken „Schieferjuwel" | 12%/8,90€
84 2021 Grauburgunder trocken | 13%/9,50€
85 2020 Riesling Spätlese trocken Traben-Trarbacher Würzgarten | 12%/9,50€
86 2020 Riesling Spätlese trocken „Schieferjuwel" | 11,5%/11,50€
85 2021 Riesling „feinherb" „Schieferjuwel" | 11,5%/8,90€
85 2021 Riesling Spätlese Traben-Trarbacher Würzgarten | 7,5%/7,50€

★☆

Heck

Kontakt
Mühlstraße 29
67577 Alsheim
Tel. 06249-4249
Fax: 06249-803653
www.weingut-heck.de
email@weingut-heck.de

Besuchszeiten
1.4.-31.10.
Do.-Fr. 17-19 Uhr,
Sa. 10-12 Uhr
1.11.-31.3.
Do.-Fr. 16-18 Uhr
Sa. 10-12 Uhr
oder nach Vereinbarung
Mai-Juli jeden 1. Freitag im Monat „cHECK-in for wine“

Inhaber/Betriebsleiter/Kellermeister/Außenbetrieb
Dieter Heck
Rebfläche
24 Hektar

Seit Generationen baut die Familie Wein in Alsheim an. Die Weinberge von Dieter Heck liegen in den Alsheimer Lagen Frühmesse, Goldberg und Sonnenberg, die Reben wachsen auf Lösslehm, Kalkstein und Muschelkalk. Er baut Riesling, Weißburgunder, Grauburgunder, Chardonnay, Sauvignon Blanc, Kerner, Merlot, Spätburgunder, Dornfelder und Portugieser an. Das Programm ist gegliedert in „Lese. Gut“ (Gutsweine), „Wein.Gut“ (Ortsweine aus Alsheim) und „Land.Gut“ (Lagenweine), in letzterer Kategorie gibt es Weißburgunder, Riesling und Spätburgunder, jeweils aus der Alsheimer Frühmesse.

Kollektion

Sehr geschlossen präsentiert sich der neue Jahrgang von Dieter Heck, und das beginnt wie schon in den beiden Vorjahren mit einem überzeugenden Riesling im Liter, der frisch, klar und zupackend ist. Der Riesling Classic ist noch ein wenig würziger, ist aber ebenso klar und geradlinig wie der Literwein, besitzt feine süße Frucht. Der Alsheimer Riesling ist etwas kraftvoller und eindringlicher, besitzt im Mund klare Frucht, gute Struktur und Grip. Feine Süße und Grip kennzeichnen den Silvaner Classic, der feine Würze und Frische im Bouquet zeigt. Noch würziger ist die Cuvée Sommernachtsträumerei, zeigt eine feine Muskatnote im Bouquet, ist frisch, harmonisch und wunderschön süffig im Mund. Der Alsheimer Grauburgunder zeigt reintönige Frucht im Bouquet, etwas gelbe Früchte, ist füllig und harmonisch im Mund, besitzt klare reife Frucht und Substanz. Auch der Weißburgunder Ortswein ist füllig, harmonisch und saftig, vereint Frische und Kraft. Eine Steigerung bietet der Lagen-Weißburgunder aus der Frühmesse, der deutlich würziger im Bouquet ist, auch deutlich konzentrierter, im Mund füllig und saftig ist, viel reife Frucht und gute Substanz besitzt. Er steht an der Spitze der 2021er Kollektion, gleichauf mit dem Alsheimer Chardonnay der recht würzig und eindringlich im Bouquet ist, kraftvoll und klar im Mund ist, gute Struktur und Grip besitzt.

Weinbewertung

81 2021 Riesling trocken (1l) I 12%/5,-€
83 2021 Weißer Burgunder trocken Alsheimer I 13,5%/5,50€
84 2021 Grauer Burgunder trocken Alsheimer I 13%/5,50€
84 2021 Riesling „H“ trocken Alsheimer I 12%/5,90€
85 2021 Weißer Burgunder trocken Alsheimer Frühmesse I 13,5%/8,50€
85 2021 Chardonnay trocken „LiebeLotte Debüt“ Alsheimer I 13,5%/8,50€
83 2021 „LiebeLotte“ „Sommernachtsträumerei“ Weißwein Alsheimer Cuvée I 12%/6,40€
82 2021 Silvaner Classic I 12%/5,50€
82 2021 Riesling Classic I 12%/5,50€

★★★½

Hees

Kontakt
Zur feuchten Ecke 6
55569 Auen
Tel. 06754-373
Fax: 06754-946925
www.heeswein.de
info@heeswein.de

Besuchszeiten
Mo.+Fr. 9-17 Uhr
Sa. 9-13 Uhr
und nach Vereinbarung
Landgasthof „Zum Jäger aus Kurpfalz" (12 Gästezimmer, Gastronomie)

Inhaber
Marcus Hees
Betriebsleiter
Marcus Hees
Kellermeister
Marcus Hees
Außenbetrieb
Marcus Hees
Rebfläche
11 Hektar
Produktion
70.000 Flaschen

Seit 2007 führt Marcus Hees das 1824 gegründete Weingut in der mittlerweile neunten Generation. Zu Weinbergen in den Auener Lagen Römerstich und Kaulenberg, wo die Reben in steilen Südlagen auf unterschiedlich zusammengesetzten Böden aus Sandstein, Schiefer und Tonschiefer wachsen, kam 2011 eine Anlage im Monzinger Halenberg dazu. Im Sommer 2014 entstanden am Ortsrand neue Gebäude für die Traubenverarbeitung, das Tank- und Flaschenlager. Und Marcus Hees weitet seine Fläche aus: Zuletzt wurden alte Weinberge in Auen rekultiviert.

Kollektion

Im Norden des Anbaugebietes setzt Marcus Hees auf lange Reifezeiten im Weinberg, so dass seine Lese immer erst sehr spät anfängt und sogar bis in den November dauern kann. Nach der Vergärung bleiben die Weine lange auf der Hefe. Deshalb erhält man hier immer besonders reife und ausgewogene Rieslinge und Weißburgunder, die auch in einem schwierigen Jahrgang wie 2021 ausgesprochen verlässlich sind. Der Steingewann-Weißburgunder ist aromatisch und saftig, bietet Substanz und zarten Schmelz. Der Weißburgunder Auener Höhe ist kraftvoll, würzig und strukturiert, lang und nachhaltig. Als Fassprobe kennen wir den 2020er Römerstich Weißburgunder schon vom letzten Jahr, die positive Prognose, die wir gestellt hatten, bestätigt sich jetzt, seine feinen Toastaromen haben sich integriert, er ist druckvoll, bietet Schmelz und agile Frische. Saftig und frisch ist der Riesling Steingewann, der von der Auener Höhe ist spürbar ambitionierter, bietet Grip und Schliff, ist würzig und anregend herb, darf gerne etwas reifen. Die beiden Top-Rieslinge zeigen deutliche Unterschiede. Der aus dem Römerstich ist intensiv und kraftvoll, die Säure ist spürbar, aber bestens integriert, er ist füllig und lang. Der aus dem Halenberg ist zupackend, saftig, fein und spannungsgeladen. Absolut empfehlenswert sind auch der fruchtige Kabinett mit seiner herrlich animierenden Art und die spannende edelsüße Auslese mit ihrer herben Frischeader.

Weinbewertung

86	2021 Weißburgunder trocken „Steingewann" I 12,5%/9,90€
85	2021 Riesling trocken „Steingewann" I 12,5%/9,90€
87	2021 Riesling trocken Auener Höhe I 12,5%/14,50€
88	2021 Weißburgunder trocken Auener Höhe I 12,5%/14,50€
90	2020 Weißburgunder trocken Auener Römerstich I 13%/22,90€
90	2021 Riesling trocken Auener Römerstich I 12,5%/24,90€
90	2021 Riesling trocken Monzinger Halenberg I 12,5%/24,90€
88	2021 Riesling Kabinett Auener Römerstich I 9%/13,90€
(91)	2021 Riesling Auslese Auener Römerstich I 8%/22,90€

★★★★★ Dr. Heger

Kontakt
Bachenstraße 19-21
79241 Ihringen
Tel. 07668-99511-0
Fax: 07668-9300
www.heger-weine.de
info@heger-weine.de

Besuchszeiten
Mo.-Fr. 9-12 + 13:30-17:30 Uhr
(März-Okt. bis 18:30 Uhr)
Sa. 10-14 Uhr
(Sept. + Okt. bis 16 Uhr)
oder nach Vereinbarung

Inhaber
Silvia & Joachim Heger
Betriebsleiter
Joachim Heger
Kellermeister
Team Dr. Heger
Außenbetrieb
Team Dr. Heger
Rebfläche
35 Hektar
Produktion
200.000 Flaschen

Das 1935 von Dr. Max Heger gegründete Weingut wurde ab 1949 von seinem Sohn Wolfgang (genannt Mimus) geführt. Dessen Sohn Joachim trägt seit 1981 die Verantwortung im Keller, 1992 übernahm Joachim Heger zusammen mit Ehefrau Silvia das Gut. Die Weinberge von Joachim Heger befinden sich vor allem in den Lagen Ihringer Winklerberg und Achkarrer Schlossberg, etwas auch im Freiburger Schlossberg. Wichtigste Rebsorten sind Spätburgunder, Grauburgunder, Weißburgunder, Riesling und Silvaner. Dazu gibt es Chardonnay und Muskateller, aber auch etwas Scheurebe, Cabernet Sauvignon, Müller-Thurgau und Gewürztraminer. Für die ökologische Ausrichtung der Arbeit in den Weinbergen hat Joachim Heger Claude Bourguignon als Berater verpflichtet. Fast alle Weine baut Joachim Heger durchgegoren aus, in manchen Jahren erzeugt er auch mal Auslesen. Als Zweitmarke führt Joachim Heger das 1986 gegründete „Weinhaus Joachim Heger", dessen Weine aus den Erträgen einer Erzeugergemeinschaft entstehen. Das Programm des Weingutes Dr. Heger war lange zweistufig gegliedert in Weine aus dem Winklerberg als „Erste Lage" und die Großen Gewächse aus beiden Lagen, Winklerberg und Schlossberg. Die aus dem Winklerberg tragen teilweise nicht nur Gewannnamen, sondern auch weingutsinterne Bezeichnungen: Hinter Winklen (Gras im Ofen), Winklen (Rappenecker), Vorderer Winklerberg oder Wanne (Häusleboden). Inzwischen gibt es auch Ortsweine sowie Weine ohne jede Lagenbezeichnung (zum Bespiel Silvaner Pferd Willi oder Rosé Fumé).

Kollektion

Zwei Ihringer Ortsweine konnten wir in diesem Jahr erstmals verkosten, nachdem Joachim Heger zuvor immer nur Erste Lage- und Große Lage-Weine angeboten hat. Der Grauburgunder ist würzig und eindringlich, kraftvoll, klar und zupackend, der Weißburgunder besitzt feine Frische, gute Struktur und Grip – feine Ortsweine. Der Rosé Fumé zeigt gute Konzentration, etwas rauchige Noten, rote Früchte, ist kraftvoll im Mund, sehr kompakt. Die Erste Lage-Weine vom Winklerberg zeigen sehr gleichmäßiges Niveau. Der Chardonnay aus dem Jahrgang 2020 ist würzig und rauchig, frisch, klar und zupackend. Besitzt gute Struktur, viel reife Frucht und Grip, Grauburgunder und Weißburgunder stammen aus dem Jahrgang 2021 und wurden unmittelbar nach der Abfüllung verkostet. Der Grauburgunder ist konzentriert, füllig, kraftvoll, noch sehr verhalten und verschlossen, sehr jugendlich. Etwas offener und zugänglicher ist der Weißburgunder, zeigt gute Konzentration, rauchig-würzige Noten, ist klar und kraftvoll im Mund, besitzt reife Frucht, gute Struktur und viel jahrgangstypischen Grip. An weißen Großen Gewächsen hat Joachim Heger wie schon im Vorjahr die drei Gras im Ofen genannten Weine aus der Gewanne Hinter Winklen vorgestellt. Der

Weißburgunder ist würzig und rauchig bei dezentem Toast und etwas Quitte, ist füllig, saftig, hat Substanz. Der Grauburgunder ist klar und frisch, zeigt gelbe Früchte, ist sehr geradlinig und strukturiert im Mund. Der Chardonnay ist eindringlich, zeigt reife Frucht, feine Barriquewürze, ist füllig und kraftvoll, sehr vom Holz geprägt, braucht Zeit. Der Rosé Fumé ist würzig und konzentriert, zeigt etwas rote Früchte im Bouquet, ist sehr kompakt und verschlossen im Mund. Immer eine sichere Bank ist der Mimus-Spätburgunder, quasi der Zweitwein der Großen Gewächse, er ist frisch und fruchtbetont im Bouquet, herrlich frisch auch im Mund, klar und zupackend, besitzt Struktur und Grip. Die 2019er Großen Gewächse gefallen uns insgesamt ein wenig besser noch als die im vergangenen Jahr vorgestellten 2018er, sie präsentieren sich sehr geschlossen. Der Rappenecker zeigt reintönige Frucht im Bouquet, ganz leicht florale Noten, rote Früchte, ist frisch, klar und zupackend im Mund, besitzt gute Struktur und Länge. Der Spätburgunder Vorderer Winklerberg zeigt gute Konzentration und viel reife Frucht, ist herrlich eindringlich und reintönig, ist füllig und kraftvoll dann im Mund, besitzt viel reife Frucht, gute Struktur, Frische und Grip. Der Schlossberg-Spätburgunder zeigt ganz leicht florale Noten und eindringlich rote Früchte im Bouquet, ist frisch, klar und präzise im Mund, besitzt gute Struktur und Grip. Der Häusleboden zeigt viel Konzentration und florale Noten im herrlich eindringlichen und reintönigen Bouquet, ist herrlich frisch, klar und präzise im Mund, zupackend und strukturiert, sehr jugendlich.

Familie Heger

Weinbewertung

88	2020 Weißburgunder trocken Ihringer I 13%/15,50€
88	2020 Grauburgunder trocken Ihringer I 13%/15,50€
90	2021 Weißburgunder trocken Ihringer Winklerberg I 13%/19,-€
89	2021 Grauburgunder trocken Ihringer Winklerberg I 13%/19,-€
89	2020 Chardonnay trocken Ihringer Winklerberg I 13%/23,80€
92	2020 Weißburgunder „GG" Hinter Winklen „Gras im Ofen®" Ihringen I 13,5%/35,80€
91	2020 Grauburgunder „GG" Hinter Winklen „Gras im Ofen®" Ihringen I 13%/35,80€
92	2020 Chardonnay „GG" Hinter Winklen „Gras im Ofen®" Ihringen I 13%/35,80€
86	2020 Rosé „Fumé" I 13%/16,70€
89	2019 Spätburgunder trocken „Mimus" Ihringen Winklerberg I 13,5%/28,60€
93	2019 Spätburgunder „GG" Achkarren Schlossberg I 13,5%/55,-€
93	2019 Spätburgunder „GG" Vorderer Winklerberg Ihringen I 13,5%/55,-€
92	2019 Spätburgunder „GG" Winklen „Rappenecker®" Ihringen I 13,5%/55,-€
93	2019 Spätburgunder „GG" Wanne „Häusleboden®" Ihringen I 13,5%/86,50€

Lagen

Winklerberg (Ihringen)
Vorderer Winklerberg (Ihringen)
Winklen (Ihringen)
Hinter Winklen (Ihringen)
Wanne (Ihringen)
Schlossberg (Achkarren)
Eckartsberg (Breisach)

Rebsorten

Spätburgunder (30%)
Grauburgunder (30%)
Weißburgunder (15%)
Chardonnay (8%)
Riesling (7%)

★★★★☆

Heid

Kontakt
Cannstatter Straße 13/2
70734 Fellbach
Tel. 0711-584112
Fax: 0711-583761
www.weingut-heid.de
info@weingut-heid.de

Besuchszeiten
Mo.-Fr. 17-19 Uhr
Sa. 9-13 Uhr
& jederzeit nach Vereinbarung

Inhaber
Markus Heid
Rebfläche
10 Hektar
Produktion
70.000 Flaschen

EIN.GUT.HEID.
FELLBACH

Das Weingut Heid ist aus einem ehemaligen Gemischtbetrieb entstanden, der neben Weinbau vor allem Obstbau betrieb. Markus Heid übernahm das Weingut 1996 von seinen Eltern. Er setzte verstärkt auf Qualität und ging „weg von der Literflasche und vom Trollinger", der bei seiner Betriebsübernahme über die Hälfte der Weinberge einnahm. Seine Weinberge liegen vor allem in Fellbach in den Lagen Goldberg und Lämmler, hinzu kommen weitere Parzellen im Remstal, vor allem in Stetter (Pulvermächer) und in Neustadt. Drei Viertel seiner Weinberge sind mit roten Reben bepflanzt, vor allem Lemberger, Trollinger und Spätburgunder, aber auch St. Laurent und Syrah, sowie ein klein wenig Cabernet Mitos, Regent, Cabernet Dorio, Cabernet Dorsa, Merlot und Samtrot. Wichtigste Weißweinsorte ist Riesling. Zuletzt hat er Sauvignon Blanc und Johanniter gepflanzt, auch Silvaner findet man noch bei Markus Heid im Anbau. Die Weinberge werden biologisch bewirtschaftet (Ecovin). Die Weißweine werden kühl und langsam vergoren und ebenso wie Trollinger und Rosé lange auf der Feinhefe ausgebaut. Die Weine wurden bisher mit einer bis drei Trauben klassifiziert, mit der Aufnahme in den VDP hat Markus Heid das System angepasst in Gutsweine, Ortsweine (Steinmergel) und Lagenweine, an der Spitze stehen die Großen Gewächse aus Lämmler und Pulvermächer, sowie Große Reserve-Weine wie die Cuvée M, die nach Melchisedec Heid benannt ist, der 1699 von Heilbronn nach Fellbach zog. Sie bestand früher aus Lemberger und Spätburgunder, manchmal auch etwas Regent und Cabernet Mitos, in den letzten Jahrgängen gesellten sich aber Syrah und St. Laurent zum Lemberger. Seit dem Jahrgang 2015 trägt auch der Sauvignon Blanc den Zusatz Melchisedec. Die roten Gutsweine werden 4 bis 8 Monate in gebrauchten Barriques ausgebaut, die Ortsweine kommen 7 bis 11 Monate teils in gebrauchte, teils in neue Barriques, die Lagenweine schließlich bleiben 15 bis 22 Monate im Barrique, bei hohem Neuholzanteil. Die Weißweine werden überwiegend im Edelstahl ausgebaut, etwas Sauvignon Blanc und Riesling auch im Holz. Als wir in der ersten Ausgabe die Weine von Markus Heid empfahlen, waren er und das Weingut weitgehend unbekannt. Seither hat er uns Jahr für Jahr mit sehr guten Kollektionen erfreut, nicht nur mit kraftvollen Rotweinen, die den größten Anteil seiner Produktion ausmachen, auch mit fülligen, fruchtintensiven Weißweinen von Riesling und Sauvignon Blanc vermochte er uns immer wieder zu überraschen. Markus Heid hält Jahr für Jahr sein hohes Niveau, in der Basis ebenso wie in der Spitze. Die Guts- und Ortsweine setzen ganz auf Frucht und Frische, die Lagenweine sind deutlich konzentrierter, aber immer auch frisch und lebendig, Komplexität und Eleganz sind Markus Heid wichtiger als schiere Kraft oder gar Alkohol, das gilt für die Weißweine ebenso wie für die Roten, die Weine sind in den letzten Jahren zunehmend präziser und druckvoller geworden.

Kollektion

Der Pinot Meunier Blanc de Noir ist frisch, fruchtbetont, herrlich reintönig, zeigt etwas rote Früchte, Kirschen. Der Grau/Weiß ist recht würzig, besitzt Frische, Frucht und Präzision, was auch für die Cuvée aus Riesling und Sauvignon Blanc gilt. Der Goldberg-Riesling ist fruchtbetont, frisch, reintönig, lebhaft und zupackend, besitzt ebenfalls Struktur und viel Biss. Herrlich reintönig ist auch der Goldberg-Sauvignon Blanc, zeigt reife Frucht, Stachelbeeren, dezent Tropenfrüchte, ist kraftvoll, fruchtbetont, zupackend. Der Weißburgunder Melchisedec zeigt reife Frucht, rauchige Noten, dezent Vanille im Hintergrund, ist füllig, stoffig, kraftvoll, besitzt gute Struktur, Frucht und Grip. Der Riesling vom Pulvermächer ist sehr offen, eigenwillig würzig, kompakt bei reifer Frucht und dezent mineralischen Noten. In der Spitze noch spannender sind auch in diesem Jahr wieder die Rotweine. Der Steinmergel-Syrah wird immer besser, besitzt intensive Frucht, Brombeeren, Pfeffer, der Goldberg-Lemberger punktet ebenfalls mit Reintönigkeit, besitzt Frische, was auch für den faszinierend klaren Goldberg-Spätburgunder gilt. Der 2020er Lämmler-Lemberger zeigt herrlich viel Frucht und Intensität im faszinierend reintönigen Bouquet, ist füllig, harmonisch und elegant, besitzt gute Struktur und Frische – und kann, ja muss reifen, wie 2016 und 2017 zeigen. Highlight ist einmal mehr der Lämmler-Spätburgunder, der viel Frucht zeigt, florale Noten, Herzkirschen, wunderschön präzise, zupackend und enorm druckvoll ist. Tolle Kollektion!

Markus Heid

Weinbewertung

86 2021 Pinot Meunier „Blanc de Noir" trocken | 12%/8,50€
87 2021 Grau/Weiß trocken „Steinmergel" | 12%/11,50€
87 2021 Riesling & Sauvignon Blanc trocken „Steinmergel" | 12%/11,50€
90 2021 Riesling trocken Fellbacher Goldberg | 12,5%/15,-€ ☺
90 2021 Sauvignon Blanc trocken Fellbacher Goldberg | 13%/15,-€ ☺
90 2021 Weißburgunder trocken „Melchisedec" | 13%/22,-€
91 2021 Riesling „GG" Stettener Pulvermächer | 13%/22,-€
90 2020 Lemberger trocken Fellbacher Goldberg | 13%/15,-€ ☺
91 2020 Pinot Noir trocken Fellbacher Goldberg | 13%/15,-€ ☺
89 2020 Syrah trocken „Steinmergel" | 13%/16,-€
92 2016 Lemberger „GG" Fellbacher Lämmler | 13%
92 2017 Lemberger „GG" Fellbacher Lämmler | 12,5%
93 2020 Lemberger „GG" Fellbacher Lämmler | 13%/30,-€
93 2016 Spätburgunder „GG" Fellbacher Lämmler | 13,5%
95 2020 Spätburgunder „GG" Fellbacher Lämmler | 13%/30,-€ ☺

Lagen

Lämmler (Fellbach)
Goldberg (Fellbach)
Pulvermächer (Stetten)

Rebsorten

Riesling (21%)
Trollinger (20%)
Spätburgunder (13%)
Lemberger (11%)
Sauvignon Blanc (6%)
Kerner (5%)
Grauburgunder (4%)
Weißburgunder (4%)
Silvaner (3%)
Syrah (3%)
St. Laurent (3%)
Regent (2%)

Heilig Grab

Kontakt
Zelkesgasse 12
56154 Boppard
Tel. 06742-2371
Fax: 06742-81220
www.heiliggrab.de
weinhausheiliggrab@
t-online.de

Besuchszeiten
Weinstube & Flaschenwein-
verkauf Mi.-So. 15-22 Uhr
Gartenwirtschaft unter
Kastanienbäumen
5 Gästezimmer

Inhaber
Jonas Schoeneberger
Rebfläche
4 Hektar
Produktion
35.000 Flaschen

Das Weingut Heilig Grab ist ein ganz und gar in Boppard integrierter Betrieb, der seine Weine zum größten Teil in der eigenen Weinstube mit Gartenwirtschaft verkauft, die sich seit mehr als 200 Jahren in Familienbesitz befindet. Den Titel „älteste Weinstube in Boppard" kann dem Haus keiner nehmen, die Herkunft des Namens Heilig Grab, die mit einer Karfreitags-Tradition zu tun hat, erläutert man gern. 2019 hat Jonas Schoeneberger den Betrieb von seinem Vater Rudolf übernommen. Die Weinberge, insgesamt vier Hektar, verteilen sich über die Einzellagen des Bopparder Hamm, allesamt reine Seilzuglagen: Fässerlay, Feuerlay, Ohlenberg und Mandelstein. Hauptrebsorte ist Riesling mit einem Anteil von 85 Prozent, daneben wird lediglich noch Spätburgunder angebaut. Das Gros der Weine vinifiziert Jonas Schoeneberger trocken oder halbtrocken, wenn der Jahrgang es erlaubt werden aber auch edelsüße Auslesen erzeugt. Die Weine werden im Edelstahl vergoren und je nach Bedarf anschließend in Eichenfässern gereift, bleiben recht lange auf der Feinhefe. Zuletzt wurde die Traubenverarbeitung modernisiert und das Kelterhaus mit Kühltechnik ausgestattet.

Kollektion

Die sechs angestellten Weine aus dem Bopparder Hamm bilden ein gelungenes Ensemble aromatischer Mittelrhein Rieslinge, die Unterschiede sind schlüssig herausgearbeitet. Das halbtrockene Hochgewächs ist ein einfacher, herzhafter Zechwein, nicht mehr, aber auch nicht weniger. Deutlich geschliffener, straffer und substanzreicher, trägt die klassische trockene Spätlese aus der Feuerlay auch eine ordentliche Dosis animierend herbe Frische im Gepäck. Die Selektion mit * hebt sich in der Folge deutlich ab, wirkt beerig und stoffig am Gaumen. Ihre tiefgründige Würze, aromatischer Druck und salzige Länge lotet die Möglichkeiten des Jahrgangs aus. Der feinherbe Kabinett schmeckt ungemein frisch, weshalb man seine Restsüße kaum wahrnehmen kann, sein agiler Säurenerv ist eindringlich. Auch wenn die feinherbe Spätlese* vielleicht nicht die Präzision der trockenen Variante bietet, prädestiniert sie ihre salzige, griffige Ader zur Verfeinerung im Keller. Zum Abschluss bietet die saftige Auslese animierendes Frucht-Säure-Spiel, es mangelt ihr jedoch etwas an Klarheit und Reife für höhere Weihen.

Weinbewertung

86 2021 Riesling Spätlese trocken Bopparder Hamm Feuerlay | 12%/9,50€
88 2021 Riesling Spätlese* trocken Bopparder Hamm Feuerlay | 12,5%/14,-€
84 2021 Riesling Hochgewächs halbtrocken Bopparder Hamm | 11,5%/6,50€
85 2021 Riesling Kabinett „feinherb" Bopparder Hamm Fässerlay | 11,5%/7,50€
87 2021 Riesling Spätlese* „feinherb" Bopparder Hamm Ohlenberg | 12%/14,-€
86 2021 Riesling Auslese Bopparder Hamm Feuerlay | 9%/14,-€

Weingut Heilig Grab

★★★★

Heinemann

Kontakt
Mengenerstraße 4, 79238
Ehrenkirchen-Scherzingen
Tel. 07664-6351
Fax: 07664-600465
www.weingut-heinemann.de
weingut-heinemann@
t-online.de

Besuchszeiten
Vinothek Mo.-Fr. 10-18 Uhr
Sa. 10-16 Uhr; Weinproben
nach Vereinbarung
Eigene Weinstube in der
Freiburger Altstadt (Batzenbergstüble)

Inhaber
Lothar Heinemann
Betriebsleiter
Lothar & Niklas Heinemann
Kellermeister
Lothar Heinemann
Rebfläche
18 Hektar
Produktion
120.000 Flaschen

Seit dem 16. Jahrhundert baut die Familie Heinemann Wein in Scherzingen am Batzenberg an. Das im Jahr 1111 erstmals urkundlich erwähnte Scherzingen liegt im Markgräflerland, ist seit 1974 ein Ortsteil von Ehrenkirchen, und das Wein hier schon immer ein wichtiger Wirtschaftszweig war, zeigt der Weinstock im Scherzinger Wappen. Lothar Heinemanns Großvater begann in den dreißiger Jahren des letzten Jahrhunderts seinen Wein über die Region hinaus zu vermarkten. Sein Sohn Ernst pflanzte 1966 die ersten Chardonnay-Reben, allerdings ohne es zu wissen, hatte er doch Weißburgunder-Reben in Chablis geordert, fälschlicherweise aber Chardonnay erhalten. Im Jahr 2000 übernahm sein Sohn Lothar den Betrieb, in dem er bereits seit 1985 für den Weinausbau verantwortlich war; Lothars Sohn Niklas hat 2018 sein Geisenheim-Studium abgeschlossen, führt heute mit seinem Vater das Weingut. Das Gros der Weinberge liegt am Scherzinger Batzenberg, wo die Reben auf unterschiedlichen Böden wachsen von tonigem Lehm über Löss mit hohem Kalkgehalt bis hin zu Verwitterungsgestein. Inzwischen ist Lothar Heinemann auch im Pfaffenweiler Oberdürrenberg, im Ehrenstetter Oelberg und im Grunerner Altenberg vertreten. Spätburgunder ist vor Gutedel die wichtigste Rebsorte im Betrieb, es folgen Chardonnay, Weißburgunder, Sauvignon Blanc und Grauburgunder sowie kleine Flächen mit Muskateller, Merlot und Cabernet Sauvignon. Das Gros der Weine wird trocken ausgebaut, wobei trocken bei Lothar Heinemann durchgegoren heißt. Seit 2008 nutzt er statt der Bezeichnung Spätlese bei trockenen Weinen nur noch die Bezeichnungen „S“ (für Selection) bzw. „SR“ (für Selection Reserve) für die Jahrgangspitzen, mit den Jahrgängen 2014 (Spätburgunder) bzw. 2016 (Chardonnay) wurde darüber die Kategorie „SL Alte Reben“ eingeführt, in der es inzwischen auch Weißburgunder (aus dem Ehrenstetter Oelberg), Grauburgunder (aus dem Pfaffenweiler Oberdürrenberg) und Gutedel (aus dem Scherzinger Batzenberg) gibt. Die Rotweine werden im großen Holzfass oder Barrique ausgebaut, auch die Top-Weißweine werden zunehmend spontanvergoren und im Barrique ausgebaut. Seit der ersten Ausgabe empfehlen wir schon Lothar Heinemanns Weine. In diesem Zeitraum hat er sich stetig gesteigert, bietet Jahr für Jahr zuverlässige Kollektionen, weiß wie rot, gehört immer zur Spitze im Markgräflerland, auch mit hochklassigen Sekten hat er uns immer wieder überrascht; mit den jüngsten Jahrgängen hat er weiter zugelegt, sowohl in der Basis als auch in der Spitze.

Kollektion

Auch in diesem Jahr präsentieren die Heinemanns wieder kraftvolle und eigenständige Weiß- und Rotweine – und einen harmonischen, zwei Jahre auf der Hefe ausgebauten Sekt. In der weißen S-Klasse – alle Weine wurden in gebrauchten Barriques spontanvergoren – ist der Pfaffenweiler

Familie Heinemann

Grauburgunder unser Favorit, zeigt gute Konzentration, ist sehr offen im Bouquet, besitzt Fülle und Kraft, reife Frucht und Substanz. Der Pfaffenweiler Weißburgunder zeigt viel Würze und rauchige Noten, ist füllig und kompakt, der Scherzinger Gutedel zeigt intensive Frucht und feine Frische, ist im Mund ebenfalls sehr kompakt. Chardonnay gibt es als frischen, fruchtbetonten Wein von alten Reben, als rauchig-würzigen, teils im Edelstahl und teils im gebrauchten Barrique vergorenen SR Reserve, beide aus dem Jahrgang 2021, und als enorm eigenwilligen SL von alten Reben, 1966 gepflanzt, aus dem Jahrgang 2020, der viel Duft und Intensität im Bouquet zeigt, Anklänge an Tropenfrüchte und viel Hefewürze, im Mud füllig und stoffig ist, viel reife süße Frucht besitzt. Der Gutedel SL ist enorm würzig, füllig, stoffig, hat Substanz. Der neue Grauburgunder SL aus dem Pfaffenweiler Oberdürrenberg ist ebenfalls intensiv würzig und dominant, besitzt Fülle, Saft, viel reife Frucht und Substanz. Und auch der Weißburgunder aus dem Oelberg zeigt viel intensive Würze im Bouquet, ist füllig, stoffig und konzentriert, besitzt viel Substanz und eine ganz leichte Bitternote im Abgang, braucht noch etwas Zeit. Aus dem Jahrgang 2018 stammt die Cuvée aus Cabernet Sauvignon und Merlot, sie ist würzig und eindringlich, zupackend und strukturiert. Die beiden Spätburgunder schließlich kommen aus dem Jahrgang 2019. Der SR zeigt gute Konzentration, feine Würze und klare Frucht, ist füllig, stoffig, besitzt gute Struktur und Frucht. Der SL ist noch etwas konzentrierter, wunderschön reintönig, zeigt rauchige Noten, besitzt deutlich mehr Substanz, aber auch kräftige Tannine, auch er braucht noch ein wenig Zeit.

Weinbewertung

85 2019 Pinot „Blanc de Noir" Sekt „Reserve" brut | 12%/20,-€
85 2021 Chardonnay trocken „Alte Reben" | 11,5%/15,-€
85 2021 Gutedel „S" trocken Scherzinger | 11%/15,-€
85 2021 Weißburgunder „S" trocken Pfaffenweiler | 12,5%/15,-€
87 2021 Grauburgunder „S" trocken Pfaffenweiler | 12,5%/15,-€
88 2021 Chardonnay „SR" trocken „Reserve" Scherzinger Batzenberg | 12,5%/20,-€
89 2020 Weißburgunder „SL" trocken „Alte Reben" Ehrenstetter Oelberg | 13%/54,-€
89 2021 Grauburgunder „SL" trocken „Alte Reben" Pf. Oberdürrenberg | 12,5%/39,-€
87 2021 Gutedel trocken „SL" „Alte Reben" Scherzinger Batzenberg | 11,5%/39,-€
89 2020 Chardonnay „SL" trocken „Alte Reben" Scherzinger Batzenberg | 13%/52,-€
87 2018 Cabernet Sauvignon & Merlot „S" trocken Scherz. Batzenberg | 13,5%/19,-€
89 2019 Blauer Spätburgunder „SR" trocken „Reserve" Scherz. Batzenberg | 13%/29,-€
90 2019 Blauer Spätburgunder „SL Alte Reben" trocken Scherz. Batzenberg | 13%/52,-€

Lagen

Batzenberg (Scherzingen)
Oberdürrenberg (Pfaffenweiler)
Oelberg (Ehrenstetten)
Altenberg (Grunern)

Rebsorten

Spätburgunder (30%)
Gutedel (25%)
Chardonnay (12%)
Weißburgunder (10%)
Sauvignon Blanc (9%)
Grauburgunder (8%)
Muskateller (2%)
Merlot (2%)
Cabernet Sauvignon (2%)

★★★☆

G.A. Heinrich

Kontakt
Riedstraße 29
74076 Heilbronn
Tel. 07131-175948
Fax: 07131-166306
www.weingut-heinrich.de
info@weingut-heinrich.de

Besuchszeiten
Mo.-Fr. 9-12 + 13:30-18 Uhr
Sa. 10-14 Uhr
und nach Vereinbarung

Inhaber
Björn Heinrich,
Tobias Heinrich
Rebfläche
15 Hektar
Produktion
100.000 Flaschen

Martin Heinrich hat im Sommer 2017 den Betrieb offiziell an seine Söhne Björn und Tobias übergeben. Björn Heinrich hat nach Winzerlehre und Betriebswirtschaftsstudium als Marketing-Manager für Markenartikelunternehmen gearbeitet, Tobias Heinrich hat in Geisenheim studiert. Rote Sorten nehmen 70 Prozent der Fläche ein. Wichtigste Rebsorten sind Trollinger und Lemberger, sowie Riesling, der zwei Drittel der Weißweinfläche einnimmt. Björn und Tobias Heinrich möchten in Zukunft ihre Rotweine erst nach längerer Flaschenreife in den Verkauf bringen, sich als Lemberger- und Burgunderspezialisten positionieren. Das Sortiment ist gegliedert in Gutsweine, GA-Linie sowie Einzellagenweine, die die alten Lagennamen wie Löwenherz oder Vorderer Hundsberg tragen.

Kollektion

Auf Weißburgunder konzentrieren sich Björn und Tobias Heinrich immer mehr im weißen Segment, und das vorgestellte Trio überzeugt. Der Gutswein ist frisch, reintönig, fruchtbetont und zupackend, der GA ist füllig, stoffig und kraftvoll bei reifer Frucht, der Hinterer Hundsberg-Weißburgunder zeigt gute Konzentration, etwas Vanille, ist füllig und kompakt, besitzt reife Frucht und gute Struktur. Der „T Non Traditionel", ein Trollinger von alten Reben, ist würzig, eindringlich, strukturiert und zupackend. Das Spätburgunder-Trio überzeugt ebenso wie die Weißburgunder: Der Gutswein ist fruchtbetont, wunderschön reintönig, frisch und zupackend, der GA ist konzentriert und intensiv im Bouquet, kraftvoll und geradlinig im Mund, und der Löwenherz-Spätburgunder zeigt ebenfalls reintönige Frucht im herrlich eindringlichen Bouquet, Herzkirschen, ist füllig und saftig, besitzt herrlich viel Frucht, gute Struktur und Substanz. Und schließlich wurde uns auch vom Lemberger ein Trio vorgestellt: Der Gutswein ist frisch und geradlinig, der GA zeigt gute Konzentration und reintönige Frucht, ist klar und frisch, der leicht gewürzduftige Wein vom Vorderer Hundsberg, Jahrgang 2015, punktet mit Kraft, Substanz, Komplexität und Grip. Starke Kollektion!

Weinbewertung

85 2021 Weißer Burgunder trocken | 12,5%/11,-€
87 2021 Weißer Burgunder trocken „GA" Heilbronner Stiftsberg | 12,5%/16,-€
89 2019 Weißer Burgunder trocken Heilbronner Hinterer Hundsberg | 12,5%/24,-€
85 2019 Spätburgunder trocken | 13%/11,-€
83 2019 Lemberger trocken | 12,5%/11,-€
87 2020 „T Non Traditionel" Rotwein trocken | 11%/14,50€
87 2019 Spätburgunder trocken „GA" Heilbronner Stiftsberg | 13%/16,-€
87 2019 Lemberger trocken „GA" Heilbronner Stiftsberg | 12,5%/16,-€
89 2019 Spätburgunder trocken Heilbronner Löwenherz | 13%/35,-€
90 2015 Lemberger trocken Heilbronner Vorderer Hundsberg | 13,5%/40,-€

★★☆

Rolf Heinrich

Kontakt
Riedstraße 23
74076 Heilbronn
Tel. 07131-982240
Fax: 07131-982249
www.heinrich-wein.de
info@heinrich-wein.de

Besuchszeiten
Mo.-Fr. 8-12 Uhr
Sa. 8-14 Uhr
oder nach Vereinbarung
Besenwirtschaft

Inhaber
Andreas & Thomas Heinrich
Rebfläche
19 Hektar
Produktion
120.000 Flaschen

Seit dem 16. Jahrhundert betreibt die Familie Heinrich Weinbau in Heilbronn, aber erst Rolf Heinrich begann 1955 mit dem Aufbau des eigenen Weingutes, 1972 siedelte er an die Riedstraße aus; seither vermarktet man die komplette Ernte selbst. Seit 1995 wird das Gut von seinen Söhnen Andreas und Thomas Heinrich geführt. Ihre Weinberge liegen in den Heilbronner Lagen Wartberg und Stiftsberg. Trollinger, Lemberger, Dornfelder, Samtrot, Clevner, Schwarzriesling und Spätburgunder werden angebaut, dazu die weißen Sorten Riesling, Kerner, Grauburgunder, Muskateller, Müller-Thurgau und Traminer. Alle Rotweine werden für 10 bis 21 Tage maischevergoren. Seit dem Jahrgang 2020 tragen die trockenen Weißweine keine Prädikatsbezeichnungen mehr. Die Besenwirtschaft hat mehrmals im Jahr geöffnet.

Kollektion

Eine durchweg überzeugende Kollektion präsentieren Andreas und Thomas Heinrich in diesem Jahr. Der zwei Jahre auf der Hefe ausgebaute Sekt, eine Cuvée aus Weiß- und Grauburgunder, ist füllig, harmonisch und saftig. Die trockenen weißen Gutsweine präsentieren sich sehr geschlossen. Der Riesling ist frisch und fruchtbetont, geradlinig, hat Biss, der Weißburgunder besitzt klare Frucht, schöne Frische und Grip, der Grauburgunder ist deutlich würziger, aber ebenso geradlinig und zupackend. Unser Favorit unter den Weißweinen ist der trockene Muskateller, der feine Muskatnoten und viel Frische im Bouquet zeigt, harmonisch im Mund ist, klar und zupackend, gute Struktur und Grip besitzt. Der Trollinger von alten Reben besitzt feine süße Frucht und Biss, der Schwarzriesling ist würzig, lebhaft und klar. Rauchig-würzige Noten zeigt der Reserve-Dornfelder im Bouquet, etwas Kirschen, eingelegte Früchte, ist füllig und kraftvoll dann im Mund, besitzt viel reife Frucht und Substanz. Noch konzentrierter und dominanter ist der Lemberger Gran Reserve, zeigt viel Konzentration, rote und dunkle Früchte, ist ebenfalls enorm füllig und kraftvoll, besitzt reife süße Frucht und viel Substanz – aber auch erschreckend viel Alkohol. Eben Jahrgang 2018.

Weinbewertung

84 2019 „Cuvée Johann Heinrich 1663" Sekt brut | 12,5%/19,50€
83 2021 Riesling trocken | 12%/7,90€
84 2021 Weißburgunder trocken | 13%/7,90€
83 2021 Grauburgunder trocken | 12,5%/7,90€
85 2021 Muskateller trocken | 12,5%/7,90€
82 2020 Trollinger trocken „Alte Reben" | 13,5%/6,20€
82 2018 Schwarzriesling trocken | 13%/6,20€
86 2018 Dornfelder trocken „Reserve" | 14%/11,90€
87 2018 Lemberger trocken „Gran Réserve" | 15%/25,-€

★★★☆

Heinrichshof

Kontakt
Chur-Kölner-Straße 23
54492 Zeltingen-Rachtig
Tel. 06532-3151
Fax: 06532-933334
www.weingut-heinrichshof.de
mosel@weingut-heinrichshof.de

Besuchszeiten
Vinothek Moselstraße 11,
April bis Okt.
Mi.-Sa. 14-18 Uhr
oder nach Vereinbarung

Inhaber
Peter & Ulrich Griebeler
Betriebsleiter
Peter & Ulrich Griebeler
Kellermeister
Peter & Ulrich Griebeler
Außenbetrieb
Peter & Ulrich Griebeler
Rebfläche
8 Hektar
Produktion
70.000 Flaschen

Peter und Ulrich Griebeler übernahmen 2014 den elterlichen Betrieb. Peter Griebeler hat nach seiner Winzerlehre (unter anderem bei Fritz Haag) Weinbau studiert und bei Kellereien im In- und Ausland gearbeitet. Ulrich Griebeler schloss nach der Winzerlehre (unter anderem bei Müller-Catoir) eine Weinbautechnikerausbildung an, arbeitete dann beim Weingut Hofstätter in Südtirol. Ihre Weinberge liegen in den Zeltinger Lagen Sonnenuhr, Schlossberg und Himmelreich. Riesling dominiert im Anbau mit vier Fünftel der Fläche, zuletzt wurde Weißburgunder gepflanzt, dazu gibt es ein klein wenig Spätburgunder und Sauvignon Blanc. Die Weine werden kühl und langsam vergoren, teils im Fuder, teils im Edelstahl, bleiben lange auf der Feinhefe. Trockene Premiumweine reifen seit dem 2018er Jahrgang ein Jahr auf der Hefe und kommen erst im Folgejahr in den Verkauf. Dazu wurde und wird der Bestand an 500 Liter-Fässern ausgebaut.

Kollektion

Der trockene Weißburgunder duftet leicht hefig, ist straff und wirklich puristisch trocken, er bringt sowohl die Sorte als auch das Terroir gut zum Ausdruck; der Réserve-Weißburgunder zeigt Schmelz und Würze, ist sehr präzise. Auch der Sauvignon Blanc absolut trocken, besitzt eine zarte, kühle Frucht mit Anklängen an Stachelbeere und Kräuter. Einem Terroirtausch mit dem Winzerkollegen Stefan Steinmetz entstammt der Riesling aus dem Goldtröpfchen; er reifte lange im 500-Liter-Fass, ist in der Nase aber kühl, steinfruchtig, im Mund straff, trocken und salzig. Ganz anders der Réserve-Wein aus dem Schlossberg, der im neuen Fass reifte und deutlich cremige Holznoten aufweist. Die Auslese 110° aus der Sonnenuhr zeigt Steinobst- und Mangonoten, ist schön saftig. Eine beachtliche Balance zwischen tabakiger Würze, Frucht und gut integriertem Alkohol zeigt der Spätburgunder.

Weinbewertung

85 2021 Weißburgunder trocken | 12,5%/8,70€
86 2021 Sauvignon Blanc trocken | 12%/8,70€
85 2021 Riesling trocken „Römische Kapelle" | 12%/8,70€
85 2021 Riesling trocken Schlossberg | 12,5%/10,90€
88 2021 Weißburgunder trocken „Réserve" | 12,5%/19,90€
88 2021 Riesling trocken „Tonneau" | 12,5%/13,90€
88 2021 Riesling trocken „Rotlay" Sonnenuhr | 12%/16,-€
(89) 2021 Riesling trocken „Zulast" Sonnenuhr | 12,5%/19,90€
(88) 2021 Riesling "Réserve" Schlossberg | 12%/24,90€
(90) 2021 Riesling trocken Piesporter Goldtröpfchen | 12%/24,90€
86 2021 Riesling Spätlese „feinherb" Schlossberg | 10,5%/10,30€
89 2021 Riesling Auslese Sonnenuhr | 8%/14,90€
89 2021 Riesling Auslese „110°" Sonnenuhr | 7,5%/14,90€/0,375l
89 2020 Spätburgunder trocken „Réserve" | 13%/19,90€

★★★

Heitlinger

Kontakt
Weingüter Heitlinger & Burg Ravensburg GmbH
Am Mühlberg 3
76684 Östringen-Tiefenbach
Tel. 07259-911210
Fax: 07259-911299
www.heitlinger-wein.de
info@weingut-heitlinger.de

Besuchszeiten
Öffnungszeiten siehe Homepage,
Heitlinger Genusswelten

Inhaber
Weingüter Heitlinger & Burg Ravensburg GmbH,
Heinz Heiler
Geschäftsführer
Claus Burmeister
Kellermeister
Daniel Rupp
Rebfläche
80 Hektar
Produktion
580.000 Flaschen

Albert Heitlinger gründete 1960 das Weingut, sein Sohn Erhard expandierte stark. Heute gehört das Weingut – wie auch das Weingut Burg Ravensburg – Heinz Heiler. Claus Burmeister ist Betriebsleiter beider Weingüter. Die Weinberge lagen ursprünglich hauptsächlich in Tiefenbach und im Odenheimer Königsbecher. In den letzten Jahren wurden historische Lagen neu bestockt, wie Eichelberg in Hillsbach, Wigoldesberg in Eichelberg oder Heinberg und Wormsberg in Tiefenbach. Spätburgunder, Weißburgunder und Grauburgunder nehmen jeweils etwa ein Drittel der Rebfläche ein, hinzu kommen vor allem Auxerrois, Chardonnay und Riesling. Seit 2010 werden die Weinberge biologisch bewirtschaftet.

Kollektion

Acht der zwölf in diesem Jahr präsentierten Weine hatten wir schon im vergangenen Jahr vorgestellt, sie wurden fast identisch bewertet wie im letzten Jahr, die beiden roten 2019er Reserveweine minimal besser, den weißen Reservewein minimal schwächer. Neu ist der Pinot Gris aus dem Jahrgang 2021, er ist frisch, geradlinig und klar. Neu sind auch die beiden 2020er Reserveweine, der würzige, kompakte, ein klein wenig bittere Chardonnay Reserve und der rauchige, strukturierte Pinot Blanc Reserve; sehr kompakt ist auch die „Seite an Seite"-Cuvée. Auch die vier Großen Gewächse und den Auxerrois Hassapfel hatten wir schon im vergangenen Jahr verkostet, sie präsentieren sich ähnlich wie damals, nur der Pinot Blanc vom Hillsbacher Eichelberg hat sich deutlich verändert, die Frucht ist verschwunden, er ist würzig und kompakt. Füllig und kompakt ist der Hassapfel, der Schellenbrunnen-Riesling ist strukturiert und kraftvoll, der Pinot Gris vom Spiegelberg besitzt Würze und Kraft, Grip und Substanz. Unser eindeutiger Favorit ist nach wie vor der Heinberg-Chardonnay, der feine rauchige Noten zeigt, schöne Frische und Komplexität besitzt.

Weinbewertung

81 2021 Pinot Gris trocken | 12,5%/10,50€
83 2020 Pinot Blanc trocken „Reserve" | 13%/18,-€
82 2019 Pinot Gris trocken „Reserve" | 13%/18,-€
81 2020 Chardonnay trocken „Reserve" | 12,5%/18,-€
87 2019 Auxerrois trocken Hassapfel Tiefenbach | 13%/30,-€
88 2019 Riesling „GG" Schellenbrunnen Tiefenbach | 12%/30,-€
88 2019 Pinot Gris „GG" Spiegelberg Tiefenbach | 13%/30,-€
87 2019 Pinot Blanc „GG" Eichelberg Hillsbach | 13%/30,-€
91 2019 Chardonnay „GG" Heinberg Tiefenbach | 13,5%/37,50€
84 2020 „Gemeinsam Seite an Seite" Weißwein | 13%/44,44€
84 2019 Pinot Meunier trocken „Reserve" | 12,5%/18,-€
85 2019 Pinot Noir trocken „Reserve" | 13%/18,-€

★

Hellmer

Kontakt
Meckenheimer Straße 1
67435 Neustadt
Tel. 06321-66027
www.hellmer-wein.de
info@weingut-hellmer.de

Besuchszeiten
nach Vereinbarung

Inhaber
Thomas Hellmer
Betriebsleiter
Thomas Hellmer
Kellermeister
Tim Hellmer
Außenbetrieb
Tim Hellmer
Rebfläche
10,5 Hektar
Produktion
70.000 Flaschen

Weinbau wird in der Familie Hellmer seit über 300 Jahren betrieben, am heutigen Standort in Mußbach befindet sich das Weingut seit 1825, der Sandsteingewölbekeller stammt aus dem Jahr 1848. Heute leiten Thomas Hellmer und seine Frau Ilona das Weingut und das gutseigene Restaurant, nach ihrer Winzerausbildung sind ihre Kinder Maya und Tim seit 2018 im Weingut tätig und übernehmen nach und nach die Verantwortung. Die Weinberge liegen im Königsbacher Ölberg, im Ruppertsberger Nußbien und in den Mußbacher Lagen Eselshaut, Glockenzehnt und Kurfürst. Wichtigste Sorte ist mit einem Flächenanteil von einem Drittel der Riesling, daneben gibt es einen ungewöhnlich hohen Anteil an St. Laurent von 19 Prozent, die weißen und roten Burgundersorten stehen auf 27 Prozent, weitere angebaute Sorten sind Gewürztraminer, Muskateller, Sauvignon Blanc, Scheurebe, Müller-Thurgau, Auxerrois, Merlot und Cabernet Cubin. 2022 wurde mit der Umstellungsphase auf biologischen Weinbau begonnen.

Kollektion

Es sind vor allem die Lagenrieslinge, die uns beim Debüt der Familie Hellmer überzeugt haben: Der mit 20 Stunden Maischestandzeit und langem Hefelager ausgebaute Ölberg-Riesling zeigt ein intensives, komplexes Bouquet mit Aromen von gelbem Apfel, Ananas, Kräutern und etwas Brotkruste, am Gaumen besitzt er Schmelz und animierende Zitrusnoten, der Nußbien ist etwas verhaltener, zeigt noch deutliche Holzwürze im Duft und besitzt ebenfalls animierende Zitrusnoten. Auch der Ruppertsberger Riesling ist von intensiven Zitrusnoten nach Grapefruit und Yuzu geprägt, ist viel offener und präsenter als der sehr verschlossene, herbe Mußbacher Riesling. Sehr gut ist auch der „Réserve"-Chardonnay, der deutliche Röstnoten, Kokos und Blutorange zeigt und am Gaumen Schmelz, eine frische Säure und deutliches, aber gut eingebundenes Holz besitzt. Bei den weißen Burgundern vermissen wir dagegen etwas die Typizität – aber wir sind auf die weitere Entwicklung gespannt.

Weinbewertung

83 2020 „Blanc de Blanc" Sekt brut nature | 11,5%/16,-€
81 2021 Weißburgunder | 12,5%/6,80€
80 2021 Grauburgunder | 12,5%/6,80€
81 2021 Riesling trocken Mußbacher | 11%/9,-€
84 2021 Riesling trocken Ruppertsberger | 12,5%/9,-€
81 2021 Chardonnay trocken Mußbacher | 12,5%/9,-€
85 2020 Riesling trocken Ruppertsberger Nußbien | 12,5%/19,-€
87 2020 Riesling trocken Königsbacher Ölberg | 12,5%/20,-€
85 2020 Chardonnay trocken „Réserve" Mußbacher Kurfürst | 13%/18,-€
81 2021 Gewürztraminer „lieblich" Mußbacher | 11%/8,50€
77 2018 Merlot trocken | 14%/7,80€

HELLMER
www.weingut-hellmer.de

★★★

Erhard & Max **Helmstetter**

Kontakt
Bainweg 1
63927 Bürgstadt
Tel. 09371-3341
Fax: 09371-66237
www.weingut-helmstetter.de
info@weingut-helmstetter.de

Besuchszeiten
Weinverkauf Mo.-Sa. 9-18 Uhr, in den Sommermonaten auch So. bis 13 Uhr
Häckerwirtschaften 5 x im Jahr je 14 Tage (März, Mai, Juli, Sept., Nov.)
Main-Vinotel (20 Gästezimmer)

Inhaber
Erhard & Max Helmstetter
Rebfläche
5 Hektar
Produktion
27.000 Flaschen

Seit 100 Jahren betreibt die Familie Helmstetter Weinbau, aber erst in jüngster Zeit wurde aus dem Nebenerwerbsbetrieb ein Weingut. 2011 ist man an den Ortsrand von Bürgstadt ausgesiedelt, wo nicht nur das neue Weingut errichtet wurde, sondern auch das so genannte Main-Vinotel mit 20 Zimmern, zwei Ferienwohnungen und einer Vinothek mit Weinlounge und Veranstaltungsräumen. Die Weinberge liegen in den Bürgstadter Lagen Centgrafenberg und Hundsrück. Rote Rebsorten nehmen gut die Hälfte der Rebfläche ein, Spätburgunder spielt die wichtigste Rolle, dazu gibt es vor allem Frühburgunder und Domina, sowie die weißen Sorten Riesling, Silvaner, Weißburgunder, Grauburgunder, Sauvignon Blanc, Bacchus und Müller-Thurgau.

Kollektion

Eine ganz starke Kollektion präsentieren Erhard und Max Helmstetter in diesem Jahr. Die Weißweine zeigen gleichmäßig sehr gutes Niveau, der Silvaner Tradition besitzt gute Struktur und klare Frucht, der Grauburgunder Création ist offen und kraftvoll. Unsere Favoriten sind die beiden Passions-Weine, der strukturierte, kraftvolle Weißburgunder und der zupackende, intensiv fruchtige Sauvignon Blanc, der etwas Tropenfrüchte und florale Noten im Bouquet zeigt. Auch der frische, zupackende Rosé, der duftige Pinot Madeline-Rosé und der harmonische, süffige Pinotsekt fügen sich ein in das Bild. In der Spitze noch ein wenig stärker sind aber auch in diesem Jahr wieder die Rotweine. Der Spätburgunder Tradition ist reintönig und zupackend, der Spätburgunder Churfranken besitzt viel Frische, gute Struktur und Grip. Unsere Favoriten sind die beiden im Barrique ausgebauten Passions-Rotweine. Der 2018er Frühburgunder zeigt reintönige Frucht, rauchige Noten, besitzt gute Struktur, Frische und Biss. Der 2016er Hundsrück-Spätburgunder zeigt intensive Frucht und rauchige Noten, ist füllig und kraftvoll, strukturiert und zupackend. Gute Vorstellung!

Weinbewertung

83 2021 „Secco blanc" trocken „Buntsandstein" | 11,5%/11,-€
86 Pinot Rosé Sekt brut | 12,5%/22,50€
85 2021 Silvaner trocken „Tradition" Bürgstadt Centgrafenberg | 12%/8,20€
85 2021 Grauburgunder trocken „Création" Bürgstadter Centgrafenberg | 12,5%/10,80€
87 2021 Sauvignon Blanc trocken „Passion" Bürgstadt Centgrafenberg | 13%/12,-€
87 2021 Weißburgunder trocken „Passion" Bürgstadt Centgrafenberg | 12,5%/11,80€
85 2021 Spätburgunder Rosé trocken Bürgstadter Hundsrück | 12,5%/11,80€
84 2021 Pinot Madeleine trocken „Passion" Bürgstadt Centgrafenberg | 12,5%/15,-€
85 2019 Spätburgunder trocken „Tradition" Bürgstadter Centgrafenberg | 14%/10,-€
86 2018 Spätburgunder trocken „Churfranken" Bürgstadt Centgrafenberg | 13,5%/13,-€
88 2018 Frühburgunder trocken „Passion" Bürgstadt Centgrafenberg | 14%/18,-€
89 2016 Spätburgunder trocken „Passion" Bürgstadt Hundsrück | 13,5%/25,-€

Hemberger

Kontakt
Aussiedlerhof 3
97348 Rödelsee
Tel. 09323-435
Fax: 09323-5072
www.weingut-hemberger.de
info@weingut-hemberger.de

Besuchszeiten
Mo. + Mi.-Sa. 10-17 Uhr
Di. nur nach Vereinbarung

Inhaber
Elisabeth & Roland Hemberger
Betriebsleiter
Roland Hemberger
Kellermeister
Tobias Hemberger
Rebfläche
13 Hektar
Produktion
90.000 Flaschen

Die Familie Hemberger baut seit Generationen Wein an, bis 1983 aber wurden die Trauben an eine Genossenschaft abgeliefert. Seit 1985 wird das Gut von Roland und Elisabeth Hemberger geführt, die ihren Aussiedlerhof an der Straße zwischen Rödelsee und Iphofen errichtet haben. Die Weinberge liegen in den Rödelseer Lagen Küchenmeister und Schwanleite und im Iphöfer Kronsberg. Hauptrebsorten sind Silvaner, Riesling, Domina und alle Burgundersorten, aber es werden auch Müller-Thurgau, Scheurebe, Bacchus, Kerner und Gewürztraminer angebaut. Die Weinberge werden biologisch bewirtschaftet. Nach Abschluss seiner Weinbautechnikerausbildung ist 2012 Sohn Tobias in den Betrieb eingestiegen, seit dem Frühjahr 2016 ist er vollzeitig im Betrieb tätig, ist heute verantwortlich für die Vinifikation. 2016 wurden drei Große Gewächse eingeführt, die die alten Lagennamen Hoheleite (Silvaner), Vilsenah (Grau- und Weißburgunder-Cuvée) und Im Roth (Spätburgunder) tragen. Diese Weine sind spontanvergoren und werden 18 Monate im Barrique ausgebaut, der Spätburgunder bleibt 24 Monate im Barrique und wird unfiltriert abgefüllt.

Kollektion

Der 2018er Spätburgunder Im Roth zeigt gute Konzentration und intensive Frucht, ist füllig und harmonisch bei klarer reifer Frucht, er ist der herausragende Wein der Kollektion, und das war er auch im vergangenen Jahr schon. Sehr gut gefällt uns auch der intensive, herrlich eindringliche und zupackende Petnat. Die Gutsweine zeigen sehr gleichmäßiges Niveau, sind frisch und geradlinig, unsere leichte Präferenz gilt dem recht würzigen Silvaner. Und Silvaner ist auch bei den Lagenweinen unser Favorit, der Wein von alten Reben im Küchenmeister zeigt gute Konzentration und feine Würze, besitzt Fülle und Kraft, reife Frucht und Substanz. Der Silvaner vom Keuper steht ihm kaum nach, ist ebenfalls würzig, füllig und kraftvoll. Die Scheurebe ist füllig, saftig wie auch der Grauburgunder, die Gewürztraminer Spätlese punktet mit ihrer Reintönigkeit.

Weinbewertung

85 Silvaner „Petnat" brut nature | 12,5%/13,-€
83 2021 Silvaner trocken | 11,5%/7,-€
82 2021 Müller-Thurgau trocken | 12%/7,-€
84 2021 Silvaner trocken „vom Keuper" Rödelseer Küchenmeister | 12,5%/8,-€
82 2021 Weißburgunder trocken | 12,5%/7,30€
84 2021 Scheurebe trocken Rödelseer Küchenmeister | 12,5%/10,-€
82 2021 Sauvignon Blanc trocken | 12%/9,-€
85 2021 Silvaner trocken „Alte Reben" Rödelseer Küchenmeister | 12,5%/10,50€
84 2021 Grauburgunder trocken Rödelseer Schwanleite | 13%/10,50€
84 2021 Gewürztraminer Spätlese | 12,5%/10,50€
89 2018 Spätburgunder trocken „Im Roth" | 13%/26,-€

★★☆

Hemer

Kontakt
Rathausstraße 1
67550 Worms-Abenheim
Tel. 06242-2222
Fax: 06242-904649
www.weingut-hemer.de
info@weingut-hemer.de

Besuchszeiten
Mo.-Fr. 10-18 Uhr
Sa. 10-14 Uhr
So. nach Vereinbarung

Inhaber
Stefan & Andreas Hemer
Betriebsleiter
Andreas Hemer
Kellermeister
Andreas Hemer
Kellermeister
Stefan Hemer
Rebfläche
45 Hektar
Produktion
280.000 Flaschen

Das Weingut Hemer ist ein Familienbetrieb in Abenheim bei Worms. 1960 hat man – bei damals 2 Hektar Weinbergen – erstmals Weine selbst auf Flaschen gefüllt. Bis in die siebziger Jahre wurde noch Viehhaltung betrieben und Spargel angebaut. Heute ist der Betrieb ausschließlich Weingut, wird von den Brüder Andreas und Stefan Hemer geführt. Andreas Hemer ist für Vinifikation und Vermarktung verantwortlich, Stefan Hemer für die Weinberge. Diese liegen im Abenheimer Klausenberg und im Ludwigshöher Teufelskopf. Neben den traditionellen Rebsorten wie Riesling, Silvaner, Grauburgunder, Spätburgunder, Portugieser oder Weißburgunder bauen die Brüder Andreas und Stefan Hemer eine Vielzahl von weiteren Rebsorten an. Die Weinberge werden seit 2003 biologisch bewirtschaftet, man ist Mitglied bei Ecovin. Die Weißweine werden möglichst kühl gelesen und reifen im Edelstahl bis März auf der Feinhefe. Die Rotweine werden maischevergoren und in kleinen und großen Eichenholzfässern ausgebaut.

Kollektion

Auch in diesem Jahr können Weiß-, Rosé- und Rotweine gleichermaßen überzeugen. Die weißen Gutsweine zeigen sehr schönes Niveau wie der würzige, lebhafte Gewürztraminer oder der zupackende, eindringliche Sauvignon Blanc. Unser Favorit in diesem Segment aber ist der leicht gelbfruchtige Silvaner, der gute Struktur und Harmonie besitzt. Eine Steigerung bringen die beiden weißen Abenheimer Ortsweine: Der Riesling ist würzig und eindringlich, besitzt gute Struktur und Grip, der Grauburgunder zeigt gute Konzentration, reintönige Frucht, etwas rauchige Noten, besitzt Fülle, Kraft und viel reife Frucht. Auch die beiden Rosés überzeugen, der Spätburgunder zeigt Kirschen, rote Früchte, ist lebhaft und zupackend, der Cabernet Franc ist deutlich konzentrierter und intensiver, ein sehr ernsthafter Rosé mit Substanz. Stark ist zu guter Schluss auch die zwölf Monate im Barrique ausgebaute rote Cuvée Hommage, besitzt Fülle, Saft und Kraft. Gute Kollektion!

Weinbewertung

85 2021 Grüner Silvaner trocken | 12%/6,50€
83 2021 Weißer Burgunder trocken | 12,5%/7,-€
83 2021 Grauer Burgunder trocken | 13%/7,-€
82 2020 Gelber Muskateller trocken | 10%/6,80€
84 2021 Sauvignon Blanc trocken | 12,5%/7,-€
84 2020 Gewürztraminer trocken | 12,5%/7,-€
86 2021 Riesling trocken Abenheimer | 12%/11,-€
87 2020 Grauer Burgunder trocken Abenheimer | 13%/12,-€
84 2021 Spätburgunder Rosé trocken | 12,5%/6,50€
85 2021 Cabernet Franc Rosé „de Noir“ trocken | 12%/10,-€
87 2018 Cuveé „Hommage“ Rotwein trocken | 14%/12,-€

Hemer
das Bioweingut

★★★½

Hench

Kontakt
Hauptstraße 32
63927 Bürgstadt
Tel. 09371-5752
Fax: 09371-948287
www.weingut-hench.de
info@weingut-hench.de

Besuchszeiten
Mo./Mi./Do./Fr. 15-18:30 Uhr
Sa. 9:30-13 Uhr
oder nach Vereinbarung
Di./So. geschlossen

Inhaber
Burkhard Hench
Betriebsleiter
Burkhard Hench
Kellermeister
Peter Hench
Rebfläche
7 Hektar

Der älteste Teil des mitten in Bürgstadt gelegenen Weingutes geht auf das Jahr 1563 zurück, unter dem Weingut ist ein historischer Sandsteingewölbekeller, aber auch ein 1998 erbauter neuer Keller. Die Weinberge von Burkhard Hench liegen im Bürgstadter Centgrafenberg, auch im Bürgstadter Hundsrück besitzt er einen Terrassenweinberg, ebenso ist er in der Bürgstadter Mainhölle vertreten. Er baut vor allem Burgundersorten an, der Rotweinanteil beträgt 65 Prozent. Spätburgunder dominiert, nimmt die Hälfte der Rebfläche ein, hinzu kommen Frühburgunder, Pinot Meunier, Regent und St. Laurent, die weißen Sorten Silvaner und Riesling sowie ein wenig Weißburgunder, Müller-Thurgau, Bacchus und Ortega. Burkhard Hench führt den Betrieb zusammen mit Ehefrau Helene, seit 2007 unterstützt von Sohn Peter, der für die Vinifikation verantwortlich ist. Seit 2004 wurden Versuche mit biologischem Weinbau unternommen, seit 2013 ist man zertifiziert, arbeitet heute auch nach biodynamischen Prinzipien, im Spätherbst und Winter beweiden Schafe die Weinberge.

Kollektion

Die beiden 2021er Weine sind schlank, frisch und geradlinig, deutlich kraftvoller sind die Weine aus den zurückliegenden Jahrgängen. Die weißen 2020er beispielsweise, wie der kraftvolle Riesling mit seiner feinen süßen Frucht, der würzige, eindringliche weißgekelterte Spätburgunder oder der Weißburgunder R, der würzig-rauchige Noten im Bouquet zeigt, Fülle und Kraft besitzt, viel reife Frucht und Substanz. Der 2019er Bürgstadter Spätburgunder ist frisch, klar, zupackend, der 2018er Lagenwein aus dem Centgrafenberg ist herrlich eindringlich und intensiv im Bouquet, klar und kraftvoll im Mund, besitzt Tannine und Grip. Vom Spätburgunder R konnten wir eine Mini-Vertikale verkosten, bei der 2015 und 2016 mit Reintönigkeit und reifer Frucht glänzen, 2017 ist etwas schlanker bei kräftigen Tanninen, die auch der kraftvolle, intensiv fruchtige 2018er besitzt.

Weinbewertung

83	2021 Silvaner trocken I 12%/9,-€
85	2020 Riesling trocken Bürgstadt Centgrafenberg I 12,5%/9,50€
85	2020 Spätburgunder „weiß gekeltert" trocken I 12%/9,50€
83	2020 Souvignier Gris „naturell" I 13,5%/19,50€
86	2020 Weißburgunder „R" trocken Bürgstadt Centgrafenberg I 13%/18,-€
83	2021 Rosé „veris" I 11,5%/8,50€
85	2019 Spätburgunder Bürgstadt I 13%/9,50€
88	2018 Spätburgunder trocken Bürgstadt Centgrafenberg I 14%/14,-€
90	2015 Spätburgunder „R" trocken Bürgstadt Centgrafenberg I 14%/a.A.
90	2016 Spätburgunder „R" trocken Bürgstadt Centgrafenberg I 13,5%/25,-€
88	2017 Spätburgunder „R" trocken Bürgstadt Centgrafenberg I 13%/22,-€
89	2018 Spätburgunder „R" trocken Bürgstadt Centgrafenberg I 14%/20,-€

★★

Hendriks & Fürst

Kontakt
Mauthausstraße 1
88149 Nonnenhorn
Tel. 08382-8228
www.hendriks-weine.de
info@hendriks-weine.de

Besuchszeiten
Di.-Fr. 9-12 + 13-18 Uhr
Sa. 10-13 Uhr

Inhaber
Clemens Hendriks
Betriebsleiter
Clemens Hendriks
Kellermeister
Clemens Hendriks
Rebfläche
11 Hektar
Produktion
90.000 Flaschen

Seit 2015 führt Clemens Hendriks in fünfter Generation sein kleines Weingut in Nonnenhorn am Bayerischen Bodensee. 2021 hat er durch die Übernahme der Weinkellerei Fürst, einer Winzergemeinschaft von sechs Winzern, seine Rebfläche mehr als verdoppelt. Seine Weinberge liegen in der Nonnenhorner Seehalde, in der Wasserburger Weinhalde, sowie in der Kressbronner Berghalde, die zum Württembergischen Bodensee gehört. Die Reben wachsen überwiegend in Seenähe auf kiesigen Böden und sandigem Lehm. Müller-Thurgau und Spätburgunder sind am Bodensee aber auch bei ihm die wichtigsten Rebsorten, dazu gibt es Weißburgunder, Chardonnay und Scheurebe. Ergänzt wird das Sortiment durch eigene Sekte und Obstbrände aus der hofeigenen Brennerei. Zusammen mit seiner Mutter Gabriele Hornstein und seinem Bruder Vincent Hendriks betreibt Clemens Hendriks auch das Gästehaus Hornstein sowie das dazugehörige Rädle (Besenwirtschaft). Das Sortiment ist dreistufig gegliedert in Gutsweine, Ortsweine und Lagenweine.

Kollektion

Beim guten Debüt im vergangenen Jahr führten der 2020er Nonnenhorner Weißburgunder und der 2019er Seehalde-Spätburgunder eine konsistente Kollektion an. Die neue Kollektion nun präsentiert sich nochmals gleichmäßiger auf durchgängig sehr gutem Niveau. Der extra trocken dosierte Sekt zeigt viel Würze und Frische, besitzt feine süße Frucht und Grip. Deutlich spannender ist der 46 Monate auf der Hefe ausgebaute Blanc de Noir, der feine rauchige Noten im Bouquet zeigt, viel Frische und Frucht, gelbe Früchte, klar und harmonisch im Mund ist, recht süffig und süß. Der Müller-Thurgau zeigt viel Frische und Würze, ist lebhaft und zupackend, hat Struktur und Grip. Der Grauburgunder ist ebenfalls würzig, fruchtbetont, geradlinig und klar. Etwas Cassis zeigt die Wasserburger Scheurebe im Bouquet, reintönige Frucht und feine Würze, auch sie ist geradlinig und zupackend mit jahrgangstypischem Grip. Aus dem Jahrgang 2020 stammen die beiden Nonnenhorner Ortsweine. Der Chardonnay zeigt viel Würze, ist deutlich vom Ausbau im Holz geprägt, besitzt Fülle und Kraft, gute Struktur und Substanz. Der Spätburgunder zeigt rote Früchte im Bouquet, ist im Mund klar, zupackend und strukturiert. Überzeugende Vorstellung!

Weinbewertung

87 „Blanc de noir" Sekt brut | 13%/16,50€
85 Sekt extra trocken | 11,5%/14,90€
85 2021 Müller-Thurgau trocken Bayerischer Bodensee | 12,5%/7,90€
85 2021 Grauburgunder trocken Bayerischer Bodensee | 12,5%/11,-€
86 2020 Chardonnay trocken Nonnenhorn | 13%/18,-€
85 2021 Scheurebe trocken Wasserburg | 12%/14,50€
86 2020 Spätburgunder trocken Nonnenhorn | 13%/18,-€

ndriks + FÜRST
WEINE

★★

Henrichs + Friderichs

Kontakt
Weingut: Paulusstraße 29
56814 Ediger
Tel. 02675-716
Vinothek: Moselstraße 10
56820 Nehren
Tel. 02673-4187
Fax: 02673-960281
www.wein-mosel-wein.de
info@wein-mosel-wein.de

Besuchszeiten
Vinothek im Nachbarort Nehren, Sa. nachmittags oder auf Anfrage

Inhaber
Bernadette Friderichs
Betriebsleiter
Thomas Henrichs
Rebfläche
1 Hektar
Produktion
8.000 Flaschen

Bernadette Friderichs und Thomas Henrichs übernahmen 1998 als Quereinsteiger den elterlichen Betrieb in Ediger. Sie ist Sprachheiltherapeutin, er Landschaftsarchitekt. Die „Mons Ignis" und „vom roten Schiefer" genannten Rieslinge kommen aus dem Ediger Feuerberg, einer steilen, felsigen Süd-Südwest-Lage mit eisenhaltigem roten Schiefer. Des Weiteren besitzen sie Weinberge im Bremmer Calmont, in den Ediger Lagen Osterlämmchen und Elzhofberg, sowie im Nehrener Römerberg. Neben Riesling, der knapp drei Viertel der Fläche einnimmt, bauen sie Gewürztraminer und Weißburgunder an. Konzentrierten sie sich lange auf Weißwein, haben sie jetzt auch Spätburgunder und Cabernet Sauvignon im Anbau. 2003 eröffneten Friderichs und Henrichs eine Vinothek im Nachbarort Nehren. Sie haben sich auf trockene und halbtrockene Weine spezialisiert, seit dem Jahrgang 2003 wird auf Prädikatsbezeichnungen verzichtet.

Kollektion

Wie immer ist das Programm, das von Bernadette Friderichs und Thomas Henrichs vorgestellt wird, sehr überschaubar; es ist spannend und wird immer spannender. Es zeigt auch klar den Charakter des eher frischen, kühlen Jahrgangs 2021. Die Weine sind erfreulich schlank, aber keineswegs unreif, dazu angenehm trocken; schon der Weißburgunder ist fest, trocken und kühl, sortentypisch und sehr animierend. Der Devonschiefer-Riesling wirkt in der Nase verhalten, er ist im Mund fest und spritzig, schlank und animierend. Spritzig ist die Assemblage aus Riesling und Weißburgunder, verhalten im Alkohol, zugänglich, fruchtig, insgesamt sehr gelungen. Noch deutlich spannender ist der Mons Ignis mit verhaltener Frucht, aber angenehm fester, balancierter Struktur und beachtlichem Nachhall. Eine besondere Erwähnung verdient der Gewürztraminer, dem das Winzerpaar besonderes Augenmerk widmet. Der 2019er ist wunderbar duftig und fein, zeigt eine zarte, alles andere als aufdringliche Teerosenaromatik, ist geradlinig, der Alkohol ist gut integriert; der 2021er Gewürztraminer ist noch sehr jung, von der Hefe geprägt, wirkt schlank und puristisch trocken. Er dürfte sich ausgezeichnet entwickeln und beweist, dass dem Gewürztraminer an der Mosel als Ergänzung des Rieslings die Zukunft gehört.

Weinbewertung

85 2021 Weißburgunder trocken „Pinot" | 12,5%/8,90€
84 2021 Riesling + Weißburgunder trocken „unverzichtbar" | 10,5%/6,90€
86 2021 Riesling trocken „Devonschiefer" | 12%/8,90€
88 2021 Riesling trocken „Mons Ignis" | 12,5%/13,90€
88 2019 Gewürztraminer trocken | 14%/8,90€ ☺
86+ 2021 Gewürztraminer trocken „unfiltriert" | 12,5%/12,90€

Henrici

Kontakt
Hauptstraße 29a
55278 Friesenheim
Tel. 06737-8543
Fax: 06737-9254
www.aura-weine.de
laura@aura-weine.de

Besuchszeiten
nach Vereinbarung
Gästehaus mit
6 Doppelzimmern

Inhaber
Horst Henrici & Laura Henrici
Kellermeister
Laura Henrici
Außenbetrieb
Laura Henrici
Rebfläche
17 Hektar

Seit der Mitte des 17. Jahrhunderts baut die Familie Wein in Friesenheim an, seit 1985 wird das Weingut, dem auch ein Gästehaus mit sechs Doppelzimmern angeschlossen ist, von Horst Henrici geführt. Tochter Laura hat als Veranstaltungskauffrau Erfahrungen in Gastronomie, Hotellerie und Event-Management gesammelt, dann in Geisenheim studiert, ein Praktikum in den Vereinigten Staaten absolviert. Sie hat ihre eigene Weinlinie „Aura by Henrici" kreiert, die derzeit fünf Weine umfasst: Riesling, Sauvignon Blanc, Weißburgunder, Grauburgunder und Rosé. Die Weinberge der Henricis befinden sich in den Lagen Dalheimer Kranzberg, Hahnheimer Moosberg, Köngernheimer Goldgrube und Friesenheimer Bergpfad. Das Sortenspektrum ist groß, umfasst Riesling und die Burgundersorten, Chardonnay, Bacchus und viele andere mehr. Dem Weingut ist ein Gästehaus mit 6 Doppelzimmern angeschlossen.

Kollektion

Das vierte Jahr in Folge verkosten wir die kleine Kollektion von Laura Henrici, allesamt Gutsweine, und in diesem Jahr ist sogar ein Wein mehr hinzukommen, die rote Cuvée, die sich auch gut einführt, frisch und fruchtbetont ist, rote Früchte zeigt, klar und fruchtbetont auch im Mund ist. Ganz auf Frucht und Frische setzt auch der Rosé, ist harmonisch und klar, besitzt feine Süße und Grip. Auch die Weißweine sind wieder alle wunderschön fruchtbetont und reintönig, wie schon in den vergangenen Jahren, eine oft merkliche Restsüße verhilft zu unkompliziertem Trinkgenuss. Auf durchgängig gutem und sehr gutem Niveau, präsentieren sie sich wunderschön gleichmäßig. Der Riesling ist würzig, fruchtbetont, frisch, geradlinig und zupackend. Der Weißburgunder ist frisch und klar, zeigt weiße Früchte im Bouquet, ist wunderschön harmonisch, saftig und süffig im Mund. Der Grauburgunder ist würzig und eindringlich im Bouquet, zeigt viel Frucht, ist im Mund enorm saftig, besitzt feine Süße und wunderschön reintönige Frucht. Unsere ganz leichte Präferenz gilt in diesem Jahr dem Sauvignon Blanc, der frisch und fruchtbetont im Bouquet ist, etwas florale Noten zeigt, auch ein wenig Rhabarber, im Mund klar und zupackend ist, feine Frische, Frucht und Grip besitzt. Kleine, aber feine Kollektion.

Weinbewertung

84 2021 Riesling trocken | 12,5%/8,-€
84 2021 Weißer Burgunder trocken | 12,5%/8,-€
84 2021 Grauer Burgunder trocken | 12,5%/8,-€
85 2021 Sauvignon Blanc trocken | 12,5%/8,-€
84 2021 Rosé trocken | 12,5%/7,50€
84 2020 Rote Cuvée trocken | 13,5%/8,50€

★☆

Franz Herbster

Kontakt
Krozinger Straße 36
79238 Kirchhofen
Tel. 07633-4067095
Fax: 07633-4067097
www.herbster-weine.de
info@herbster-weine.de

Besuchszeiten
Do./Fr. 9-12 + 15-18 Uhr
Sa. 9-13 Uhr
und nach Vereinbarung
Weinproben bis 60 Personen

Inhaber
Franz Herbster
Betriebsleiter
Franz Herbster
Kellermeister
Franz Herbster
Rebfläche
13 Hektar
Produktion
95.000 Flaschen

Mit drei Hektar Weinbergen gründeten Franz und Marlene Herbster 2006 ihr eigenes Weingut. Franz Herbster war zuvor Kellermeister der Winzergenossenschaft Ehrenstetten und Betriebsleiter des Weingutes Fischer in Nimburg-Bottingen. Gut zehn Hektar sind seither daraus geworden, die sich auf verschiedene Lagen verteilen: Auf die Kirchhofener Lagen Batzenberg (mit der Gewanne Prälaten), Kirchberg (mit Vogelsang) und Höllhagen, die Ehrenstetter Lagen Oelberg (mit der Gewanne Alter Oelberg) und Rosenberg, den Bollschweiler Steinberg und den Norsinger Batzenberg. Gutedel, Weißburgunder, Grauburgunder und Spätburgunder sind die wichtigsten Rebsorten, dazu gibt es Riesling, Sauvignon Blanc, Gewürztraminer, Muskateller, Auxerrois (mit 1958 gepflanzten Reben), Chardonnay, Merlot, Müller-Thurgau und Silvaner. Am Ortsrand von Kirchhofen ist Franz Herbster in einen Neubau mit Vinothek und großem Stückfasskeller eingezogen.

Kollektion

Die Markgräfler Spezialität Gutedel hat Franz Herbster dieses Jahr gar nicht gezeigt, dafür aber einen Chenin Blanc – und der überzeugt 2021 mehr noch als in den Vorjahren, zeigt klare reife Frucht, ist frisch und zupackend, was auch für den recht würzigen Sauvignon Blanc Fumé gilt. An der Spitze der Weißweine sehen wir zwei Weine gleichauf: Der Prälaten-Chardonnay zeigt gute Konzentration, ein klein wenig Speck, besitzt Fülle, Saft, viel reife Frucht und Substanz, während der ebenfalls im Barrique ausgebaute 2020er Vogelsang-Grauburgunder noch etwas opulenter ist, würzig und eindringlich, feine Süße und Frucht besitzt. Sehr geschlossen präsentieren sich die Rotweine. Der trockene Spätburgunder Kabinett zeigt viel Frucht und Frische, die trockene Merlot Spätlese besitzt feine süße Frucht und Grip. Auch hier gefallen uns die beiden im Barrique ausgebauten Weine am besten, der Prälaten-Pinot Noir besitzt gute Struktur und reintönige Frucht, die Camenot-Cuvée zeigt etwas Vanille und rauchige Noten, besitzt Fülle und Kraft.

Weinbewertung

82 „Blanc de Blancs" Crémant brut | 11,50 €
81 2021 Weißburgunder Kabinett trocken Kirchhofener Kirchberg | 12,5%/7,90€
81 2021 Grauburgunder Kabinett trocken Kirchhofener Batzenberg | 13%/8,-€
85 2021 Chenin Blanc Kabinett trocken Kirchhofener Kirchberg | 13%/9,60€
84 2021 Grauburgunder Spätlese trocken Kirchhofener Vogelsang |
83 2021 Sauvignon Blanc „Fumé" trocken Ehrenstetter Oelberg | 12%/8,90€
86 2021 Chardonnay Spätlese trocken Prälaten Kirchhofener Batzenberg | 13,5%/11,70€
86 2020 Grauburgunder**** trocken Vogelsang Kirchhofener Kirchberg | 14%/15,50€
83 2020 Spätburgunder Kabinett trocken Kirchhofener Batzenberg | 13,5%/8,70€
84 2020 Merlot Spätlese trocken Ehrenstetter Oelberg | 13,5%/11,70€
86 2020 Pinot Noir Spätlese trocken Prälaten Kirchhofener Batzenberg | 13,5%/12,50€
86 2020 „Camenot" Rotweincuvée trocken | 13,5%/25,-€

★★★½

Hermann

Kontakt
Alt-Vogtsburg 19
79235 Vogtsburg
Tel. 07662-6202
Fax: 07662-6202
www.weingut-hermann.de
mail@weingut-hermann.de

Besuchszeiten
Mo.-Fr. 9-19 Uhr
Sa. 9-17 Uhr
Probierstube

Inhaber
Falk Hermann
Rebfläche
3,5 Hektar
Produktion
15.000 Flaschen

Gitta und Klaus Hermann gründeten 1995 ihr eigenes Weingut in Alt-Vogtsburg am Kaiserstuhl. Sohn Falk, Geisenheim-Absolvent, kümmerte sich von jeher um den Weinausbau, inzwischen hat er den Betrieb übernommen, führt ihn zusammen mit Ehefrau Karin, die ebenfalls Önologin ist. Die Weinberge verteilen sich auf verschiedene Lagen des Kaiserstuhls und liegen in der Oberbergener Bassgeige, den Oberrotweiler Lagen Henkenberg, Eichberg und Käsleberg, im Schelinger Kirchberg und im Gottenheimer Kirchberg am Tuniberg. Im Anbau dominieren die Burgundersorten, die zwei Drittel der Rebfläche einnehmen, vor allem Spätburgunder, aber auch Grauburgunder und Weißburgunder. Hinzu kommen Chardonnay, Sauvignon Blanc, Cabernet Sauvignon und Syrah. Einige der Burgunderanlagen sind über 40 Jahre alt, ab Mitte der neunziger Jahre wurden Burgunderklone gepflanzt. Die Weine werden ausschließlich trocken und durchgegoren ausgebaut. Vor allem die Burgunder reifen recht lange auf der Feinhefe, die Rotweine werden grundsätzlich im Holzfass ausgebaut. Die Weine der Serie „Cantus Avis" („Gesang des Vogels", benannt nach dem Vogelsangpass) kommen für achtzehn Monate komplett in neue Barriques aus französischer Eiche und werden unfiltriert abgefüllt. Sie sind auf Haltbarkeit vinifiziert und reifen hervorragend, wovon wir uns schon des Öfteren überzeugen konnten.

Kollektion

Die 2020er Rotweine wurden etwas später gefüllt, so dass wir erstmals – nach mehr als 20 Jahren – keine Rotweine von Falk Hermann verkosten konnten. Dafür entschädigen die drei sehr guten Weißweine aus dem Jahrgang 2020. Die Cuvée Blanc besteht aus 60 Prozent Weißburgunder und 30 Prozent Chardonnay, die beide im gebrauchten Barrique ausgebaut wurden, sowie 10 Prozent Sauvignon Blanc. Diese 10 Prozent machen sich im Bouquet deutlich bemerkbar, der Wein ist würzig und eindringlich, im Mund füllig und kraftvoll, besitzt reife Frucht, gute Struktur und Frische. Der Sauvignon Blanc ist ein anderer Wein als der im vergangenen Jahr vorgestellte, ist enorm intensiv im Bouquet, zeigt Stachelbeeren, Rhabarber, besitzt Fülle und Kraft, gute Struktur und Frucht. Der Chardonnay zeigt gute Konzentration und rauchige Noten im Bouquet, dezenten Toast und Vanille, besitzt Fülle, Kraft, gute Struktur und reife Frucht sowie viel jugendlichen Grip, ein bisschen Zeit auf der Flasche wird ihm noch gut tun. Und wir freuen uns dann auf die Rotweine im kommenden Jahr!

Weinbewertung

87 2020 „Cuvée Blanc" Weißwein trocken | 13,5%/10,-€
86 2020 Sauvignon Blanc trocken „Oratio" | 12,5%/12,-€
88 2020 Chardonnay*** trocken | 13,5%/19,-€

★★★★

Gut Hermannsberg

Kontakt
Ehemalige Weinbaudomaine
55585 Niederhausen
Tel. 06758-92500
Fax: 06758-925019
www.gut-hermannsberg.de
info@gut-hermannsberg.de

Besuchszeiten
März-Okt. Di.-Fr. 10-18 Uhr, Sa./So./Feiertage 12-18 Uhr; Nov.-Feb. Di.-Fr. 10-18 Uhr, Sa. 12-18 Uhr oder nach Vereinbarung; Geführte Weinproben für 8-15 Personen nach Vereinbarung; Gastronomie Do.-Sa. 18-21 Ur, Sa./So./Feiertage auch 12-17 Uhr; Gästehaus (11 Suiten und Doppelzimmer)

Inhaber Jens Reidel, Dr. Christine Dinse
Geschäftsführer Karsten Peter, Achim Kirchner, Jasper Reidel
Kellermeister Karsten Peter
Außenbetrieb Philipp Wolf
Rebfläche 30 Hektar
Produktion 150.000 Flaschen

Die ehemalige Weinbaudomäne wurde 1902 vom Königreich Preußen als Lehr- und Mustergut gegründet und gehörte nach 1946 dem Land Rheinland-Pfalz. 1998 wurde das Gut privatisiert und an die Pfälzer Familie Maurer verkauft, im Sommer 2009 erwarb es der Unternehmer Jens Reidel, 2010 wurde die ehemalige Staatsdomäne in Gut Hermannsberg umbenannt. Betriebsleiter und Kellermeister ist der Pfälzer Karsten Peter. Die Domäne besitzt ausschließlich Weinberge in Lagen, die vom VDP als „Große Lagen" klassifiziert wurden: Kupfergrube (Melaphyr, von eingebrachtem Carbonschiefer überdecktes Eruptivgestein) und Felsenberg (Melaphyr, mit steinig-grusigen Lehmen durchsetzt) in Schlossböckelheim, Hermannsberg (Monopollage mit Tonschiefer, Löss und Melaphyr), Steinberg (Porphyrit und steiniger Lehm) und Kertz (Carbonschiefer und Porphyrit) in Niederhausen, aber auch im Altenbamberger Rotenberg (steile Südlage mit Ryolith und Lehm) und in der Traiser Bastei (Ryolithgeröll) ist man vertreten. Neben Riesling, der 95 Prozent der Rebfläche einnimmt, gibt es ein klein wenig Weißburgunder. Das Sortiment ist derzeit dreistufig gegliedert in Gutsweine, Ortsweine und die Weine aus Großen Lagen, die trocken ausgebaut Große Gewächse heißen und bei Gut Hermannsberg aus den Lagen Hermannsberg, Kupfergrube und Bastei, mit dem Jahrgang 2015 auch erstmals aus dem Steinberg und dem Rotenberg und 2016 auch aus dem Felsenberg stammen. Die Trauben für den Riesling „Steinterrassen" stammen aus der Monopollage „In der Rossel" sowie aus dem Steinberg und dem Rotenberg, die Ortsweine stammen aus Niederhausen und Schlossböckelheim, aus Steinberg und Rotenberg werden auch süße Rieslinge erzeugt.

Kollektion

Eine gewohnt geschlossene Kollektion reifer Rieslinge präsentiert Gut Hermannsberg auch in diesem Jahr. Die jungen Rieslinge sind spannungsgeladen und kraftvoll, von der Basis über die trockenen Spitzen bis hin zu den edelsüßen Weinen. Auch die gereiften „Reserven" aus 2017 wissen zu gefallen, sind merklich gereift. Der 7 Terroirs bietet einen schnittigen Einstieg, er besitzt Spiel und animierenden Saft. Beeindruckend sind die Rieslinge aus Ortslagen: Der Vom Schiefer ist präsent, elegant, mit saftigem Charakter und mineralischer Länge, der Vom Vulkan druckvoll, noch etwas verschlossen, an der Luft mit großzügiger Reife. Der filigrane Riesling Steinterrassen baut mit unaufgeregter Präzision und mehr Einfluss vom Ausbau im Holz die Brücke zu den Großen Gewächsen. Sein mineralischer Schliff wirkt eher kühl, er ist von subtiler Spannung und Kraft geprägt. Eine weitere Steigerung bieten die Großen Gewächse. Der Wein aus dem Altenbamberger Rotenberg überrascht und beeindruckt mit seiner Spannung, übt sich in seiner reduktiven Art noch in Zurückhaltung, seine rasante Säureader ist fordernd; hier ist etwas

Geduld gefragt, dann wird er mit seiner Finesse und Kraft nicht hinter den Vertretern aus berühmteren Lagen zurückstehen. Auch das Große Gewächs aus dem Felsenberg ist noch verschlossen, dabei jedoch deutlich saftiger und reifer, ein Wein, der mit ein wenig Flaschenreife seine prächtige Fülle preisgeben wird, griffige Phenole durchdringen seine saftigen Schmelz, er ist balanciert und steckt voller Kraft. Das Große Gewächs aus dem Steinberg ist geradlinig, saftig, auf den ersten Schluck fast ein wenig leicht; aber nein: An der Luft baut es auf, entfaltet Saft und markante Würze. Das Große Gewächs aus der Bastei stammt aus dem Jahrgang 2020, kommt immer erst ein Jahr nach den anderen auf den Markt und ist völlig verschieden. Reife rote Äpfel und steinige Akzente changieren mit nussigen Holzaromen, im Mund ist es erst spürbar entwickelter, dann wieder kompakt und verschlossen, besitzt viel Kraft und Würze, immer gepaart mit agiler Frische und mineralischer Intensität. Die beiden 2017er Reserven, die jetzt auf dem Markt sind, sind auf dem Punkt. Die aromatische Kupfergrube ist satt und griffig, bietet jahrgangstypische Frische, was bei all ihrer schier überbordenden Kraft einen prägnanten Kontrapunkt verleiht. Sie wirkt noch recht jugendlich und agil. Das Große Gewächs aus dem Hermannberg ist deutlich ätherischer und entwickelter, mit reifem würzigen Schmelz und tiefgründiger Mineralität zeigt es sich mit Luft schon jetzt auf einem aromatischen Höhepunkt, ist harmonisch und lang, Nuancen von Honig und getrockneten Früchten bleiben zusammen mit feiner Frische im Nachhall.

Weinbewertung

87 2021 Riesling trocken „7 Terroirs" | 12,5%/12,90€
88+ 2021 Riesling trocken „Vom Schiefer" | 12,5%/17,50€
88 2021 Riesling trocken „Vom Vulkan" | 12,5%/17,50€
90 2021 Riesling trocken „Steinterrassen" | 12,5%/24,-€
92 2020 Riesling „GG" Bastei Traisen | 12,5%/60,-€
90 2021 Riesling „GG" Steinberg Niederhausen | 12,5%/34,-€
91+ 2021 Riesling „GG" Rotenberg Altenbamberg | 12,5%/29,-€
91+ 2021 Riesling „GG" Felsenberg Schlossböckelheim | 12,5%/45,-€
91 2017 Riesling „GG" „Reserve" Hermannsberg Niederhausen | 13%/55,-€
92 2017 Riesling „GG" „Reserve" Kupfergrube Schlossböckelheim | 12,5%/65,-€
88 2021 Riesling Kabinett Rotenberg Altenbamberg | 9,5%/16,50€
89 2021 Riesling Spätlese Steinberg Niederhausen | 8%/19,90€
(92+?) 2021 Riesling Auslese Kupfergrube Schlossböckelheim | 7,5%/Vst.
(94+?) 2021 Riesling Trockenbeerenauslese Kupfergrube Schlossböckelheim | 5,5%/Vst.

Lagen

Hermannsberg (Niederhausen)
Kupfergrube (Schlossböckelheim)
Steinberg (Niederhausen)
Rossel (Niederhausen)
Bastei (Traisen)
Rotenberg (Altenbamberg)
Felsenberg (Schlossböckelheim)

Rebsorten

Riesling (95%)
Weißburgunder (5%)

★★

Bernd **Hermes**

Kontakt
Im Flurgarten 31-32
54536 Kröv
Tel. 06541-3619
Fax: 06541-3584
www.bernd-hermes.de
weingut@bernd-hermes.de

Besuchszeiten
nach Vereinbarung
Luxusferienwohnungen
(5 Sterne)

Inhaber
Bernd Hermes
Kellermeister
Bernd & Maximilian Hermes
Rebfläche
4,5 Hektar
Produktion
45.000 Flaschen

Seit Generationen baut die Familie Wein in Kröv an, heute wird der Betrieb von Bernd Hermes geführt. Seine Weinberge liegen in den Kröver Lagen Steffensberg, Letterlay, Kirchlay und Paradies sowie im Wolfer Klosterberg. Riesling nimmt 70 Prozent der Rebfläche ein, dazu gibt es Müller-Thurgau (inzwischen nur noch 10 Prozent der Fläche), Spätburgunder (10 Prozent) sowie ein wenig Weißburgunder und Sauvignon Blanc. Die Weine werden temperaturgesteuert vergoren und reduktiv vinifiziert. Ein neues Flaschenlager und Luxusferienwohnungen im Penthousestil (sie sind mit der Bewertung von fünf Sternen versehen) wurden gebaut. Inzwischen bringt auch Sohn Maximilian, nach Lehrjahren bei Daniel Vollenweider, Thorsten Melsheimer und beim Pfälzer Weingut Fitz-Ritter, seine Erfahrungen in die Weinbereitung ein. Die zusätzliche Kompetenz kann man erkennen, die Weine haben in letzter Zeit deutlich an Finesse und Ausdruck gewonnen, das gilt sowohl für die trockenen und feinherben Rieslinge, allen voran die Spätlesen aus der Letterlay, als auch für die restsüßen Weine vom Kabinett bis hin zur Auslese.

Kollektion

Der trockene Liter-Riesling ist eher verhalten, fest und würzig: Ein in seiner Kategorie gelungener Wein. Der Sauvignon Blanc duftet nach Maracuja, ist zupackend und würzig. Noch sehr jugendlich ist die trockene Letterlay-Spätlese, die mit Anklängen an Kräuter, Kernobst und Hefe aufwartet, im Mund frisch, saftig, würzig und fest ist; ein Hauch von Kohlensäure ist derzeit noch zu spüren. Rassig und animierend fällt der halbtrockene Kabinett aus, komplexe Aromatik zeigt der feinherbe MX: Hefe, Kräuter, auch Zitrus und Mirabellenschale sind zu identifizieren, im Mund ist der Wein schön saftig. Noch eine Spur komplexer ist die feinherbe Spätlese aus der Letterlay. Rassig, saftig und animierend ist die Spätlese aus dem Nacktarsch, mit etwas Kohlensäure ausgestattet, nicht zu süß, mit Potenzial für weitere Reifung. Dies besitzt auch ihr Pendant aus dem Steffensberg, das nach gehackten Kräutern und getrocknetem Apfel duftet, deutlich süß ist und noch viel Potenzial aufweist.

Weinbewertung

82 2021 Riesling trocken (1l) | 11%/7,80€
84 2021 Sauvignon Blanc trocken | 11%/10,20€
87 2021 Riesling Spätlese trocken Kröver Letterlay | 11%/9,20€
86 2021 Riesling Kabinett halbtrocken Kröver Paradies | 10%/8,30€
86 2021 Riesling „feinherb" „MX" | 10,5%/8,90€
87 2021 Riesling Spätlese „feinherb" Kröver Letterlay | 10,5%/9,80€
81 2021 Riesling Kröver Nacktarsch (1l) | 7,5%/7,20€
87 2021 Riesling Spätlese Kröver Nacktarsch | 7,5%/9,-€
88 2021 Riesling Spätlese Kröver Steffensberg | 7,5%/11,50€

★

Roman Herzog

Kontakt
Am Eichhaus 4
54518 Minheim
Tel. 06507-5233
www.weingut-roman-herzog.de
info@weingut-roman-herzog.de

Besuchszeiten
täglich nach Vereinbarung

Inhaber
Roman Herzog
Rebfläche
3 Hektar

Das Weingut ist ein echter Familienbetrieb, der in der dritten Generation von Roman Herzog geführt wird, allerdings Neuem gegenüber aufgeschlossen ist. Seit 2004 wurde der Weinbau des Gutes auf ökologische Anbauweise umgestellt, inzwischen ist man Mitglied im ökologischen Weinbauverband Ecovin. Bewirtschaftet werden Parzellen in den Lagen Rosenberg, Günterslay, Burglay und Kapellchen, außer Riesling wachsen auf drei Hektar auch Spätburgunder, Rivaner und Kerner. Alle Weine sind spontan vergoren und vegan, wirken geradlinig und schlank, besitzen eine präzise Frucht. Zum Weingut gehört auch eine Brennerei, die wie das Weingut in der 3. Generation seit Anfang des 20. Jahrhunderts besteht.

Kollektion

Echte Spitzen fehlen in der Kollektion des Jahrgangs 2021, aber das ist nicht wirklich tragisch, die Qualität ist gleichmäßig. Rivaner und Pinot Blanc sind eher verhalten in der Nase, Letzterer besitzt im Mund etwas mehr Schmelz, während der Rivaner frischer ausfällt. Eine überdurchschnittlich gute Balance weist der Grauburgunder auf, der schön würzig ausfällt und einen gewissen Schmelz besitzt. Die trockene Spätlese aus Rieslingtrauben namens Kuckuck ist frisch mit Kernobst- und Zitrusnoten, recht straff, gut balanciert und sehr ernsthaft: Es handelt sich um den besten Wein der diesjährigen Kollektion. Die feinherbe Spätlese duftet nach Kernobst und Kräutern, ist saftig, recht weich, die Süße steht derzeit ein bisschen im Vordergrund. Dieser Wein dürfte sich mit der Zeit noch besser präsentieren. Ähnliches gilt auch für den Rosé, der noch etwas unzugänglich wirkt, während der Blanc de Noir schon sehr viel zugänglicher ist und etwas Schmelz mitbringt. Schließlich der Rotwein, ein trockener Spätburgunder aus dem Jahrgang 2021, direkt und duftig, im Mund würzig, direkt und kraftvoll.

Weinbewertung

83 2021 Rivaner trocken | 11,5%/8,-€
84 2021 Grauburgunder trocken | 12%/8,50€
83 2021 „Blanc de Noir" trocken „Zaunkönig" | 12,5%/8,50€
85 2021 Riesling trocken „Kuckuck" | 12%/9,50€
83 2021 Pinot Blanc trocken „Pater et filius" | 12%/8,90€
84 2021 Riesling „feinherb" „Alte Rebe" | 11,5%/9,-€
82 2021 Spätburgunder Rosé trocken „Rotkehlchen" | 12,5%/8,50€
84 2021 Spätburgunder trocken | 13%/9,30€

Prinz von Hessen

Kontakt
Grund 1, 65366 Geisenheim
Tel. 06722-409180
Fax: 06722-4091820
www.prinz-von-hessen.de
weingut@prinz-von-hessen.de

Besuchszeiten
Mo.-Fr. 10-16 Uhr
Sa. 12-17 Uhr

Inhaber
Prinz von Hessen Weinhaus Verwaltungs-GmbH
Betriebsleiterin
Bärbel Weinert
Kellermeister
Sascha Huber
Rebfläche
47 Hektar
Produktion
300.000 Flaschen

PRINZ VON HESSEN WEINGUT

1957 erwarb Philipp Landgraf von Hessen für die Hessische Hausstiftung ein Weingut in Johannisberg mit damals 7 Hektar Weinbergen. In den darauf folgenden Jahren wurde der Besitz stark vergrößert, man erwarb Weinberge in verschiedenen Gemeinden des Rheingaus. Heute konzentriert man sich auf den Johannisberger Klaus, die Winkeler Lagen Hasensprung, Jesuitengarten und Dachsberg, die Kiedricher Sandgrub und den Geisenheimer Kläuserweg. Neben dem dominierenden Riesling werden Weißburgunder und Scheurebe, sowie Spätburgunder und Merlot angebaut. Das Sortiment ist gegliedert in Gutsweine, Ortsweine und Weine aus Großen Lagen, darunter fallen süße und edelsüße Rieslinge sowie drei trockene Große Gewächse aus Klaus, Jesuitengarten und Hasensprung.

Kollektion

Der Riesling Classic ist reintönig, zeigt Noten von Apfel und Aprikose; ähnlich ist der trockene Gutsriesling, noch ein wenig präziser und säurebetonter. Der Johannisberger Riesling ist einerseits gelbfruchtiger, besitzt andererseits mehr Struktur, Substanz und Extrakt. Der trockene Riesling Kabinett zeigt sich schlanker und graziler, bringt aber ebenfalls spürbares Extrakt mit. Der kargste Wein des Sortiments ist der Dachsfilet genannte Riesling, der Ecken und Kanten besitzt. Der 2020er Johannisberger Klaus ist deutlich geschmeidiger und weniger angrifflustig als die 2021er Rieslinge. Sein Pendant aus dem schwierigen nasskalten Jahr 2010 steht gut da für Alter und Jahrgang, ist reintönig, wenn auch nicht sehr nachhaltig. Die Spätlesen leben von Frucht ohne ins plakativ Süßliche abzugleiten. Die Goldstück genannte Beerenauslese aus dem Jahrgang 2016 ist reif, zeigt kandierte Früchte. Der süffige feinherbe Rosé und der frische, fruchtbetonte Sekt aus dem Jahrgang 2016 runden die überzeugende Kollektion ab.

Weinbewertung

84	2016 Riesling Sekt brut Winkeler Hasensprung I 13%/15,90€
84	2021 Riesling trocken I 12%/11,90€
86	2021 Riesling trocken Johannisberger I 12%/15,90€
85	2021 Riesling Kabinett trocken „Royal" I 11,5%/15,90€
87	2020 Riesling trocken „Dachsfilet" I 12,5%/24,-€
85	2010 Riesling trocken „GG „Johannisberger Klaus I 13%/28,90€
88	2020 Riesling trocken „GG „Johannisberger Klaus I 13%/32,-€
83	2021 Riesling Classic I 11,5%/11,90€
85	2021 Riesling Spätlese „Steckenpferd" I 10%/24,-€
85	2020 Riesling Spätlese Winkeler Hasensprung I 8%/24,-€
90	2016 Riesling Beerenauslese „Goldstück" I 11%/49,-€/0,375l
84	2021 Rosé „feinherb" I 11,5%/11,90€

★★☆

Christian **Heußler**

Kontakt
Mühlgasse 5
76835 Rhodt
Tel. 06323-2235
Fax: 06323-980533
www.heussler-wein.de
info@heussler-wein.de

Besuchszeiten
Mo + Mi.-Fr. 10-12 + 13:30-18 Uhr, Sa. 10-17 Uhr

Inhaber
Christian Heußler
Rebfläche
18,5 Hektar
Produktion
90.000 Flaschen

Seit 1750 bearbeitet die Familie Heußler Weinberge in Rhodt und Umgebung, stieg aber erst 1996 in die eigene Vermarktung von Flaschenweinen ein. Die Weinberge befinden sich vor allem in Rhodt in den Lagen Schlossberg (je nach Parzelle Buntsandsteinverwitterung, Rotliegendes, Letten mit Kalkstein und Sand), Rosengarten (überwiegend sandiger Lehm mit fossilem Kalkgestein) und Klosterpfad (Lehm, Sand und schwerer Letten mit hohem Tonanteil), aber auch in den Nachbargemeinden Hainfeld und Edenkoben. Zwei Drittel der Fläche nehmen weiße Sorten ein, vor allem Riesling, Grau- und Weißburgunder, aber auch Chardonnay, Muskateller, Gewürztraminer und Sauvignon Blanc. Wichtigste rote Sorten sind Spätburgunder, Dornfelder und Portugieser. St. Laurent, Dunkelfelder, Cabernet Sauvignon und Syrah kamen in den letzten Jahren hinzu. Die Rosswingert-Weine stammen aus drei Weinbergen, bei denen die Bodenbearbeitung ohne Traktor ausschließlich mit Hilfe des Kaltbluts Rico durchgeführt wird.

Kollektion

Drei starke Weine liegen in diesem Jahr gleichauf an der Spitze des Sortiments: Der Silvaner „Old Boy" zeigt klare Frucht mit Noten von Birne und Aprikose, dazu leicht erdige Würze, am Gaumen ist er sehr präsent, besitzt herbe Zitrusnoten und gute Länge, der Rosswingert-Grauburgunder zeigt dezente, aber spürbare Holzwürze, ist kraftvoll, füllig und cremig und der Rosswingert-Riesling zeigt nur sehr dezente Frucht, aber deutliche kräutrig-steinige Noten, besitzt viel Grip und Biss. Der Sauvignon Blanc Fumé zeigt feine rauchige Noten und besitzt dezente, ausgewogene Frucht und eine frische Säure, Weißburgunder, Chardonnay und der Rote Riesling besitzen alle eine füllige Art mit viel klarer Frucht, aber auch einer markanten Säure, der Riesling „Kalkmergel" wirkt herber und hat guten Grip; sehr gut ist auch der von dunkler, beeriger Frucht, Kraft und kräutrigen Noten geprägte St. Laurent.

Weinbewertung

83 2021 Sauvignon Blanc trocken | 12,5%/7,50€
86 2021 Roter Riesling trocken Rhodter Ordensgut | 12,5%/8,50€
86 2021 Riesling trocken „Kalkmergel" Rhodter Schlossberg | 12,5%/8,50€
85 2021 Riesling trocken „Roter Sandstein" Rhodter Schlossberg | 12,5%/7,90€
86 2021 Weißburgunder trocken Rhodter Klosterpfad | 13,5%/8,50€
86 2021 Chardonnay trocken Rhodter Rosengarten | 13,5%/8,50€
88 2020 Riesling trocken „Rosswingert" Rhodter Schlossberg | 12%/10,20€
87 2021 Sauvignon Blanc trocken „Fumé" | 13%/11,20€
88 2021 Grauburgunder trocken „Rosswingert" Rhodter Schlossberg | 13,5%/11,20€
88 2021 Silvaner trocken „Old Boy" | 13%/11,20€
85 2020 Gewürztraminer Spätlese | 12,5%/8,50€
87 2019 St. Laurent trocken Rhodter Rosengarten | 13,5%/12,50€

★★

Jürgen **Heußler**

Herbert Heußler begann in den 1950er Jahren mit der Vermarktung von Flaschenweinen, Jürgen und Regina Heußler bauten das Weingut aus, begannen mit Barriques zu arbeiten und erzeugten auch die ersten Sekte, in der eigenen Destillerie stellt Jürgen Heußler zudem eine Vielzahl von Obst- und Tresterbränden und verschiedene Gins her. Aktuell übernimmt die nächste Generation den Familienbetrieb, die gelernte Winzerin Maike Heußler ist vor zehn Jahren in das Weingut eingestiegen und wird mittlerweile von ihrer Schwester Nina unterstützt, die in Geisenheim Internationale Weinwirtschaft und in Düsseldorf Kommunikation und Marketing studiert hat. Die Weinberge liegen rund um Rhodt in den Lagen Schlossberg, Rosengarten und Klosterpfad, weiße Sorten wie Riesling, Grau- und Weißburgunder, Chardonnay, Muskateller und Gewürztraminer stehen auf 60 Prozent der Fläche, wichtigste rote Sorte ist der Spätburgunder, daneben gibt es noch Lemberger, Cabernet Sauvignon, Merlot und Dornfelder.

Kontakt
Weyherer Straße 35
76835 Rhodt
Tel. 06323-5506
Fax: 06323-2537
www.weingut-heussler.de
info@weingut-heussler.de

Besuchszeiten
Mo.-Fr. 10-12 + 15-18 Uhr
Sa. 11-15 Uhr

Inhaber
Jürgen Heußler
Kellermeister
Maike & Nina Heußler
Rebfläche
9 Hektar
Produktion
40.000 Flaschen

Kollektion

Dass das Weingut sich in einer Umbruchsphase befindet, illustriert am besten ein Vergleich der beiden Spätburgunder: Der 2019er zeigt kräutrig-ätherische Noten im Bouquet, besitzt Kraft und süße Frucht, aber nur wenig Typizität, der 2020er aus der „und Töchter"-Linie, für die Maike und Nina Heußler verantwortlich sind, ist wesentlich eleganter und zeigt ein feines Bouquet mit klaren Aromen von Schwarzkirsche, Waldboden und Kräutern. Auch Grauburgunder und Chardonnay aus der „und Töchter"-Linie stechen aus dem Sortiment heraus, der Grauburgunder zeigt dezente Holzwürze und leicht nussig-florale Noten, besitzt Schmelz, klare Frucht und Frische, der Chardonnay ist etwas verhaltener, zeigt Noten von Banane, Melone und Kokos, besitzt ebenfalls Schmelz und feine Zitrusnoten, sehr gut ist auch der Muskateller-Pet Nat, der frisch, schlank und aromatisch ist. Wir sind auf die weitere Entwicklung gespannt.

Weinbewertung

85 2021 Gelber Muskateller „Pet Nat" brut | 11%/16,90€
83 2021 Grauburgunder Kabinett trocken | 12,5%/6,90€
83 2021 Chardonnay Kabinett trocken | 12%/7,50€
83 2020 Riesling trocken „und Töchter" Rhodter Schlossberg | 12%/8,90€
85 2021 Grauburgunder trocken „und Töchter" Rhodter Klosterpfad | 12,5%/8,90€
84 2021 Chardonnay trocken „und Töchter" Rhodter Klosterpfad | 12,5%/8,90€
80 2021 Gelber Muskateller „feinherb" Rhodter Klosterpfad | 10,5%/7,90€
80 2021 Spätburgunder Rosé Kabinett trocken | 12%/6,90€
81 2020 Lemberger trocken Rhodter Klosterpfad | 12,5%/7,50€
79 2018 „Vierklang" Rotwein trocken | 13%/9,90€
85 2020 Spätburgunder trocken „und Töchter" Rhodter Klosterpfad | 13%/9,90€
82 2019 Spätburgunder trocken „Linie B" Rhodter Klosterpfad | 13,5%/15,-€

★★★☆

Hey

Kontakt
Weinberge 1d
06618 Naumburg
Tel. 03445-6774165
www.weinguthey.de
kontakt@weinguthey.de

Besuchszeiten
März-Okt.:
Fr.-So. 12-18 Uhr
Nov.-Weihnachten:
Fr.-So. 12-17 Uhr
kulinarische Veranstaltungen,
Straußwirtschaft

Inhaber
Matthias Hey
Betriebsleiter
Matthias Hey
Kellermeister
Matthias Hey
Außenbetrieb
Matthias Hey
Rebfläche
8 Hektar
Produktion
35.000 Flaschen

EINGUT HEY

Das Weingut liegt wenige Kilometer westlich von Naumburg an der Straße von Roßbach nach Bad Kösen, im Naumburger Stadtteil Weinberge, am Fuße des Naumburger Steinmeisters. 2001 kauften Sigrun und Reinhard Hey den Gutshof und eine Parzelle im Steinmeister, sie setzten die alten Trockenmauern wieder instand und befreiten die noch vorhandenen Reben vom Gestrüpp, legten damit den Grundstein für das heutige Weingut Hey. Nach Geisenheim-Studium und Praxissemestern in Italien kehrte ihr Sohn Matthias 2007 auf den Gutshof zurück und erzeugte die ersten Weine. Die Weinberge befinden sich in den Naumburger Lagen Steinmeister und Sonneck sowie im Weischützer Nüssenberg, die Reben wachsen teils auf Muschelkalk, teils auf Buntsandstein. Riesling nimmt die Hälfte der Rebfläche ein, hinzu kommen Weißburgunder sowie etwas Zweigelt, Grauburgunder und Spätburgunder. Das Sortiment wurde 2019 dem vierstufigen VDP-Modell angepasst.

Kollektion

Sechs Weine präsentiert Matthias Hey in diesem Jahre, fünf Weißweine aus 2021, einen Rotwein aus 2020: Alle sind stark. Der Weischützer Ortsriesling ist würzig und frisch im Bouquet, zeigt klare reife Frucht, ist frisch und zupackend im Mund, besitzt gute Struktur und Grip. Der Naumburger Ortsriesling zeigt viel Frucht und Frische im Bouquet, ist sehr offen, im Mund kraftvoll und klar, deutlich druckvoller als sein Weischützer Kollege. Aus Weischütz kommt auch der Traminer, der reintönig und herrlich eindringlich im Bouquet ist, Rosen zeigt, frisch und zupackend im Mund ist, sehr puristisch und schlank. Die anderen drei Weine sind Lagenweine aus dem Steinmeister. Der Riesling Kabinett ist frisch und fruchtbetont im Bouquet, herrlich reintönig, ist klar und zupackend im Mund, besitzt feine Frische, gute Struktur und Grip. Das Große Gewächs, ebenfalls ein Riesling, ist konzentriert und würzig im Bouquet, etwas „streng“, jugendlich, besitzt Fülle und Kraft, viel Stoff und Druck, gute Struktur und Substanz, ist noch allzu jugendlich und besitzt viel Potenzial. Der Blauer Zweigelt Breitengrad 51 zeigt feine rauchige Noten und klare reife Frucht im Bouquet, ist kraftvoll und klar im Mund, besitzt viel reife Frucht, gute Struktur, Substanz und Druck. Kleine, aber ganz starke Kollektion!

Weinbewertung

87 2021 Riesling trocken Naumburg | 11,5%/14,50€
86 2021 Riesling trocken Weischütz | 12%/14,50€
86 2021 Traminer Weischütz | 11,5%/14,50€
91 2021 Riesling „GG“ Naumburger Steinmeister | 12%/35,-€
88 2021 Riesling Kabinett Naumburger Steinmeister | 10,5%/14,50€
89 2020 Blauer Zweigelt „Breitengrad 51“ Naumburger Steinmeister | 13%/30,-€

★★

Hiestand

Kontakt
Weingut & Hofbrennerei
Hiestand
Nordhöferstraße 19
67583 Guntersblum
Tel. 06249-2266
Fax: 06249-7835
www.hiestand-weingut.de
info@hiestand-weingut.de

Besuchszeiten
Mo.-Fr. nach Vereinbarung
Sa. 10-16 Uhr

Inhaber
Gunther Hiestand
Rebfläche
12 Hektar
Produktion
90.000 Flaschen

Die Weinberge von Gunther Hiestand liegen in den Guntersblumer Lagen Kreuzkapelle, Steig-Terrassen, Bornpfad (mit der Gewanne Kachelberg) und Eiserne Hand, sowie im Albiger Schloss Hammerstein. Seine wichtigsten Rebsorten sind Silvaner, Riesling, Weißburgunder und Gewürztraminer, dazu gibt es Grauburgunder, Scheurebe und Sauvignon Blanc sowie rote Sorten wie Portugieser oder Schwarzriesling; zuletzt wurden Piwi-Sorten gepflanzt. Die Weinberge werden biologisch bewirtschaftet. Während der Gutshof der Hiestands in der Nordhöferstraße liegt, befindet sich der Keller im Guntersblumer Kellerweg. Dort reifen die Weine in Fässern aus Spessarteiche. Alle Weine werden seit jeher mit den natürlichen Hefen vergoren. Seit 1997 wird das alte Brennrecht wieder ausgeübt und Trauben, Hefe, Holunder, Weinbergpfirsich und Quitte werden in der hauseigenen Destille gebrannt. Die Ortsweine kommen erst im zweiten Jahr nach der Ernte in den Verkauf, die Lagenweine noch ein Jahr später.

Kollektion

Weine aus drei Jahrgängen präsentiert Gunther Hiestand in diesem Jahr, ausschließlich Weißweine. Aus dem Jahrgang 2021 stammen der frische, geradlinige Gutsriesling und der Sylvaner „organic", der frisch und fruchtbetont ist, gute Struktur und Grip besitzt. Aus 2021 stammt auch der wunderschöne Riesling Kabinett aus der Kreuzkapelle, der nicht zu süß ist, feine Würze und Frische im Bouquet zeigt, klar und eindringlich ist, frisch und zupackend im Mund ist, klare Frucht und feinen Grip besitzt. Die vier Weine aus dem Jahrgang 2020 zeigen sehr gleichmäßiges Niveau. Der Grauweiss, wie der Name vermuten lässt eine Cuvée aus Grauburgunder und Weißburgunder, ist würzig und eindringlich, kompakt, ein klein wenig bitter. Die anderen drei sind Guntersblumer Ortsweine: Der Riesling ist sehr offen im Bouquet, füllig und saftig im Mund, hat Grip, der Sylvaner punktet mit reifer Frucht und guter Struktur, der Gewürztraminer zeigt Rosen im Bouquet, ist füllig, saftig und kraftvoll. Unser Favorit in der aktuellen Kollektion ist der Lagenriesling aus der Kreuzkapelle, Jahrgang 2019, der viel reife Frucht und Konzentration zeigt, Fülle und Saft besitzt, klare reife Frucht und Substanz.

Weinbewertung

84 2021 Grüner Sylvaner trocken „organic" | 11,5%/8,-€
82 2021 Riesling trocken | 11,5%/8,50€
85 2020 Sylvaner Guntersblum | 13%/13,50€
83 2020 „Grauweiss" Burgunder trocken | 13%/10,50€
84 2020 Riesling Guntersblum | 12,5%/13,50€
88 2019 Riesling Kreuz Guntersblumer Kreuzkapelle | 13%/26,-€
84 2020 Gewürztraminer Guntersblum | 14,5%/13,50€
87 2021 Riesling Kabinett „Kreuz" Guntersblumer Kreuzkapelle | 9%/18,-€

★★★

Hillabrand

Kontakt
Hüttenheim 96
97348 Hüttenheim
Tel. 09326-1765
Fax: 09326-979008
www.weingut-hillabrand.de
info@weingut-hillabrand.de

Besuchszeiten
nach Vereinbarung
Heckenwirtschaft
Gästezimmer

Inhaber
Markus Hillabrand
Rebfläche
9 Hektar
Produktion
45.000 Flaschen

Seit 1929 baut die Familie Wein in Hüttenheim an. Bis 2006 wurde der Weinbau im Nebenerwerb betrieben, mit dem Abschluss der Winzerlehre, beim Weingut Wirsching in Iphofen, konzentriert sich Markus Hillabrand seither ganz auf Weinbau. Bereits seit 1999 wird eine Heckenwirtschaft im historischen Fachwerkhaus von 1572 betrieben. Die Weinberge liegen größtenteils im Hüttenheimer Tannenberg, ein Teil in Steillagen, dazu besitzt man Parzellen in Bullenheim in der Lage Paradies, die nicht mehr in Unterfranken liegt, sondern schon zu Mittelfranken gehört, sowie im Reuscher Hohenlandsberg. Hüttenheim liegt am Fuß des südlichen Steigerwalds; seit 1199 ist Weinbau in Hüttenheim urkundlich belegt, die Reben wachsen auf Gipskeuperböden, in unterschiedlichen Expositionen. Scheurebe spielt eine wichtige Rolle im Betrieb, dazu gibt es Silvaner, Müller-Thurgau, Bacchus, Riesling, Weißburgunder, sowie die roten Sorten Dornfelder, Regent, Spätburgunder und Domina, zuletzt hat Markus Hillabrand Goldmuskateller gepflanzt. Eine neue Vinothek wurde gebaut, man bietet nun auch Gästezimmer an.

Kollektion

Die Scheureben von Markus Hillabrand haben uns in den vergangenen Jahren immer sehr gut gefallen, und gerade ihnen merkt man den schwierigen Jahrgang 2021 an, sie sind klar, würzig, kraftvoll und zupackend, haben viel Grip, aber nicht ganz den Charme ihrer Vorgänger. Spannend ist der Goldmuskateller, zeigt feine Muskatnoten, ist lebhaft und frisch, der Müller-Thurgau von alten Reben ist füllig und saftig, besitzt viel reife Frucht und Substanz. Der „g'scheit" trockene Silvaner zeigt etwas Birnen im Bouquet, ist frisch und zupackend im Mund, etwas besser noch gefällt uns der Silvaner vom steilen Südhang, der ebenfalls „g'scheit" trocken ist, sehr offen im Bouquet ist und viel Frucht zeigt, Fülle und Saft im Mund besitzt, Struktur, Frische und Grip. Der Stollenwein aus dem Jahrgang 2018 punktet mit Kraft und Substanz. Sehr gut gefällt uns auch der intensiv fruchtige 2020er Spätburgunder, der Frische, klare Frucht und gute Struktur besitzt.

Weinbewertung

85 2021 Müller-Thurgau trocken „Alte Reben" Hüttenheimer Tannenberg | 12,5%/7,50€
84 2021 Silvaner „g´scheit" trocken Hüttenheimer Tannenberg | 12,5%/7,50€
85 2021 Gold Muskateller trocken Hüttenheimer Tannenberg | 11,5%/7,50€
86 2021 Silvaner trocken „Steiler Südhang" Hüttenheimer Tannenberg | 13%/10,-€
84 2021 Riesling trocken „Steiler Südhang" Hüttenheimer Tannenberg | 13%/10,-€
84 2021 Scheurebe trocken „Steiler Südhang" Hüttenheimer Tannenberg | 13%/11,-€
84 2021 Scheurebe trocken „Alte Reben" Bullenheimer Paradies | 13%/11,-€
88 2018 Silvaner „Stollenwein" | 14%/25,-€
85 2020 Spätburgunder trocken Hüttenheimer Tannenberg | 14%/12,-€

★★★½

Hiller

Kontakt
Alandsgrundweg 8
97236 Randersacker
Tel. 0931-26094373
www.hiller-wein.de
post@hiller-wein.de

Besuchszeiten
jederzeit nach Vereinbarung

Inhaber
Christian Hiller
Betriebsleiter
Christian Hiller
Kellermeister
Christian Hiller
Außenbetrieb
Christian Hiller
Rebfläche
1,5 Hektar
Produktion
5.000 Flaschen

Mitte der siebziger Jahre errichtete Walter Hiller das Betriebs- und Kellereigebäude im Alandsgrund, zwischen Randersacker und Würzburg. Er war Traubenproduzent, erzeugte Wein nur für den Eigenverbrauch. Otto Hiller übernahm später den Betrieb, richtete ihn ganz auf Traubenerzeugung aus und erweiterte die Rebfläche. Erst mit der Übernahme durch Christian Hiller änderte sich alles. Schon während seiner Winzerlehre und später während seines Geisenheim-Studiums – mit Auslandspraktika in Österreich und Kanada – fasste er den Entschluss selbst Wein zu erzeugen. 2014 vinifizierte er seine ersten eigenen Weine, einen Silvaner und einen Spätburgunder. Er führt den kleinen Betrieb im Nebenerwerb zusammen mit Ehefrau Karoline. Ihre Weinberge liegen alle in Randersacker, in den Lagen Marsberg (mit alten Silvanerreben), Sonnenstuhl und Teufelskeller. Zwei Drittel der Rebfläche nimmt Silvaner ein, dazu gibt es Riesling und etwas Spätburgunder. Die Weine werden überwiegend im Edelstahl vergoren, teils spontan, und lange auf der Feinhefe ausgebaut, der Spätburgunder wird maischevergoren und in Barriques aus heimischer und französischer Eiche ausgebaut und unfiltriert abgefüllt. Neu ins Programm kam mit dem Jahrgang 2018 der Rosé, Riesling folgte 2019.

Kollektion

Christian Hiller legt mit der neuen Kollektion, Jahrgang 2021, in der Spitze weiter zu, und das Basisniveau ist sowieso enorm hoch. Der Silvaner vom Muschelkalk zeigt feine Würze und Konzentration, ist klar, kraftvoll, zupackend und strukturiert, besitzt feine süße Frucht und Grip. Der halbtrocken ausgebaute Rosé ist frisch und fruchtbetont, kirschduftig, ist lebhaft im Mund, besitzt feine süße Frucht und Biss. Der Riesling vom Marsberg zeigt feine Würze und Frucht, besitzt Struktur, süße Frucht und Grip. Der Silvaner vom Sonnenstuhl zeigt gute Konzentration, viel Würze, ist frisch und klar bei reifer Frucht und guter Substanz. Sein Kollege vom Teufelskeller punktet mit Fülle und Saft, klarer reifer Frucht, guter Struktur und Grip. Hervorragend ist der Silvaner von alten Reben im Marsberg, herrlich eindringlich und reintönig, füllig und saftig, besitzt reintönige Frucht, gute Struktur und Substanz. Noch spannender ist der als Fassprobe verkostete, spontan im Barrique vergorene Prestige-Silvaner, ein enorm druckvoller und nachhaltiger Wein.

HILLER

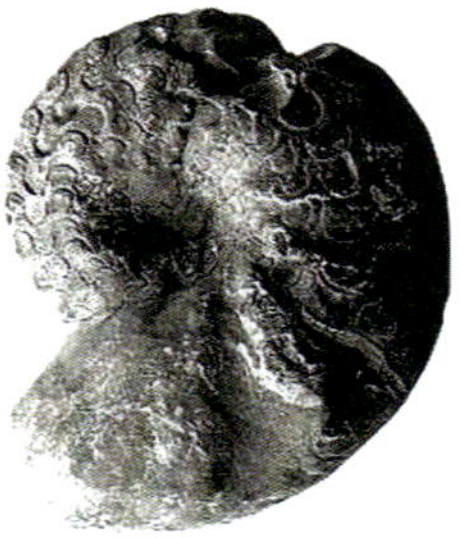

Weinbewertung

86 2021 Silvaner trocken „vom Muschelkalk" Randersacker | 13%/8,50€
87 2021 Silvaner trocken Randersacker Sonnenstuhl | 13,5%/9,50€
87 2021 Silvaner trocken Randersacker Teufelskeller | 13%/9,50€
87 2021 Riesling trocken „steil & steinig" Randersacker Marsberg | 12,5%/11,-€
90 2021 Silvaner trocken „Alte Reben" Randersackerer Marsberg | 12,5%/14,-€ ☺
(91) 2021 Silvaner trocken „Prestige" Randersacker | 12,5%/22,-€
85 2021 Spätburgunder Rosé Randersackerer | 11,5%/8,50€

★★★

Christian **Hirsch**

Kontakt
Kastanienstraße 1
74211 Leingarten
Tel. 07131-401682
Fax: 07131-403493
www.hirschweine.de
info@hirschweine.de

Besuchszeiten
Mo. 9-12 Uhr,
Di.-Fr. 9-12 + 14-18 Uhr
Sa. 9-13 Uhr

Inhaber
Christian Hirsch
Betriebsleiter
Björn Schilling
Rebfläche
27 Hektar
Produktion
205.000 Flaschen

Seit drei Generationen baut die Familie Wein in Leingarten an, am Fuße des Heuchelbergs. Neben dem Ertrag der eigenen Weinberge wird auch die Ernte einer angeschlossenen Leingartener Erzeugergemeinschaft mit verarbeitet und vermarktet. 8 Hektar Weinberge besitzt man in Leingarten, wo die Reben auf Keuperböden wachsen; hinzu kommen 2 Hektar am Neckar, im Lauffener Katzenbeißer, wo Muschelkalkböden vorherrschen. Der Fokus liegt dabei auf den Burgundersorten, Lemberger, Riesling und Sauvignon Blanc. Christian Hirsch hat in Geisenheim und Davis Önologie studiert, war dann bei Reh-Kendermann für die Premiummarken verantwortlich, bevor er im Mai 2013 in den elterlichen Betrieb einstieg. Die Rotweine, 70 Prozent der Produktion, werden maischevergoren und 20 bis über 30 Monate in Barriques aus schwäbischer Eiche ausgebaut, ausschließlich schwäbische Eiche wird genutzt. Die Weißweine werden nach Maischestandzeit gekühlt im Edelstahl vergoren und bleiben bis kurz vor der Füllung auf der Vollhefe. Manche der Topweine enthalten Reserveweine und werden deshalb ohne Jahrgangsangabe vermarktet.

Kollektion

Ein nach Litschi duftender herrlich eindringlicher Pinot Noir Eiswein setzt sich dieses Jahr an die Spitze der Kollektion, vor einer beeindruckenden Phalanx an 2018er Rotweinen. Der Pinot Noir macht auch hier eine gute Figur, ist fruchtbetont und intensiv, klar und zupackend. Gleichauf sehen wir den Cabernet Sauvignon, der wunderschön reintönig ist, etwas Cassis und Vanille zeigt, viel Substanz, Kraft und Tannine besitzt. Der Cabernet Franc besitzt intensiv florale Noten, klare Frucht und Grip, der brombeer- und vanilleduftige Shiraz ist kraftvoll und frisch, der Lemberger besitzt florale Noten und gute Struktur. Im weißen Segment gefällt uns der reintönige, zupackende Sauvignon Blanc am besten, knapp gefolgt von der kompakten Cuvée aus Grauburgunder und Chardonnay. Starke Kollektion!

Weinbewertung

84 „CH Cuvée Hirsch" Weißwein trocken „Großes Geweih" I 13,5%/13,90€
87 2021 Sauvignon Blanc trocken „Virgina" I 13%/15,-€
86 2020 Grauburgunder Chardonnay „GC" trocken „Großes Geweih" I 13,5%/24,90€
83 „Rot und Wild" Rotwein trocken I 13%/7,90€
83 „CH Cuvée Hirsch" Rotwein trocken „Großes Geweih" I 13,5%/13,90€
85 2018 Trollinger trocken „GT" „Großes Geweih" I 13,5%/24,90€
88 2018 Cabernet Sauvignon „RC" trocken „Reserve Großes Geweih" I 14,5%/39,90€
87 2018 Cabernet Franc trocken „CF" „Großes Geweih" I 14,5%/29,90€
88 2018 Pinot Noir trocken „PN Großes Geweih" I 13,5%/29,90€
87 2018 Lemberger trocken „L!" „Großes Geweih" I 14,5%/29,90€
87 2018 Shiraz trocken „SY Großes Geweih" I 14,5%/24,90€
90 2020 Pinot Noir „-11°C" Eiswein „Großes Geweih" I 7,5%/39,90€/0,375l

★★

Hirschhof

Kontakt
Seegasse 29
67593 Westhofen
Tel. 06244-349
Fax: 06244-57112
www.weingut-hirschhof.de
info@weingut-hirschhof.de

Besuchszeiten
nach Vereinbarung

Inhaber
Tobias Zimmer
Kellermeister
Tobias Zimmer
Außenbetrieb
Jens Beck
Rebfläche
30 Hektar
Produktion
200.000 Flaschen

Die Ursprünge des Hirschhofs reichen bis ins Jahr 1466 zurück, als ein Vorfahre des heutigen Besitzers seinen Landesherrn vor einem angreifenden Hirsch rettete und zum Dank dafür die Ländereien, das Wappen und den Namen erhielt. Seit 1991 werden alle Rebflächen des Weingutes nach ökologischen Gesichtspunkten bewirtschaftet, man ist Mitglied bei Ecovin. 2014 hat Tobias Zimmer das Gut von seinen Eltern übernommen. Neben den klassischen Sorten wie Riesling (30 Prozent), Silvaner und Burgundern spielen rote Sorten wie St. Laurent, Dornfelder und Portugieser eine wichtige Rolle in den Weinbergen, die vor allem in Westhofen in den Lagen Kirchspiel, Morstein und Aulerde liegen, sowie in Guntersblum und Bechtheim. Aber auch Chardonnay und Sauvignon Blanc baut Tobias Zimmer an. Neben Wein wird Traubensaft hergestellt, ein Riesling-Hefebrand, Marc vom Gewürztraminer sowie – bereits seit 1986 – Sekte im traditionellen Verfahren.

Kollektion

Eine starke Kollektion präsentiert Tobias Zimmer auch in diesem Jahr. Das fängt an beim fruchtbetonten, zupackenden Silvaner im Liter. Der Westhofener Grauburgunder besitzt Fülle, Saft und reife süße Frucht, der Chardonnay ist lebhaft, reintönig und zupackend. Viel Würze, Struktur und Grip besitzt der Sauvignon Blanc. Die beiden Rieslinge sehen wir gleichauf, der Westhofener ist frisch, klar und geradlinig, der Wein aus dem Stückfass ist etwas fülliger und kraftvoller, besitzt Substanz und reife süße Frucht. Die Gewürztraminer Spätlese aus dem Kirchspiel zeigt intensive Frucht und gute Konzentration, besitzt viel reife Frucht und Fülle, hat Grip, was alle 2021er Weißweine von Tobias Zimmer auszeichnet. An der Spitze der Kollektion stehen in diesem Jahr allerdings die beiden Rotweine des Jahrgangs 2020. Die Platzhirsch genannte Cuvée aus Merlot, Cabernet Sauvignon und Spätburgunder zeigt etwas Gewürze, besitzt Kraft und gute Struktur, der Spätburgunder S aus dem Morstein ist wunderschön reintönig und zupackend, besitzt gute Struktur, Frische und Grip. Eine überzeugende Vorstellung.

Weinbewertung

82 2021 Silvaner trocken (1l) | 12%/5,20€
84 2021 Grauburgunder trocken Westhofener | 12,5%/7,40€
85 2021 Sauvignon Blanc trocken | 12%/7,60€
84 2021 Riesling trocken Westhofener | 12%/8,60€
84 2021 Riesling trocken „Stückfass“ | 12%/8,60€
85 2021 Chardonnay trocken Westhofener | 12,5%/8,60€
85 2021 Gewürztraminer Spätlese Westhofener Kirchspiel | 11%/8,60€
86 2020 Merlot, Cabernet Sauvignon & Spätburgunder trocken „Platzhirsch“ | 13,5%/12,-€
88 2020 Spätburgunder „S“ trocken Westhofen Morstein | 13,5%/14,-€

Hirschmüller

Kontakt
Wein- & Sektgut Hirschmüller
Am Römerhof 1
74348 Lauffen
Tel. 0173-3763603
www.weingut-hirschmueller.de
info@weingut-hirschmueller.de

Besuchszeiten
Fr. 16-18 Uhr
Sa. 10-13 Uhr
und nach Vereinbarung

Inhaber
Wiebke & Tobias Hirschmüller
Rebfläche
12 Hektar
Produktion
80.000 Flaschen

2013 haben die beiden Önologen Wiebke Krüger und Tobias Hirschmüller das Weingut gegründet. Tobias Hirschmüller stammt aus einer Lauffener Winzerfamilie, seit Generationen Mitglied der Lauffener Genossenschaft. Nach absolvierter Winzerlehre im Remstal studierte er in Geisenheim, sammelte Erfahrungen an der Sonoma Coast, begann aber schon während des Studiums die eigenen Weinberge zu bewirtschaften. Wiebke Krüger, nun Hirschmüller, stammt aus Hannover, studierte ebenfalls in Geisenheim und sammelte Erfahrungen in Franken, der Schweiz und Kalifornien. Wichtigste Rebsorte war bisher Schwarzriesling, inzwischen liegt Grauburgunder gleichauf, es folgen Chardonnay, Lemberger, Riesling, Spätburgunder und Muskateller. 2020 wurde mit der Umstellung auf ökologischen Weinbau begonnen, 2021 mit dem Bau des neuen Weingutes, das inmitten der Lauffener Weinberge direkt am Römischen Gutshof liegt und nun fertiggestellt ist.

Kollektion

Gute Basis, starke Spitzen – und drei sehr schöne Sekte, angeführt vom 60 Monate auf der Hefe ausgebauten Blanc de Blancs, der rauchige Noten, feine Reife und etwas Brioche zeigt, harmonisch und elegant ist, Frische und Grip besitzt. Der 2019er Riesling Reserve ist herrlich eindringlich, konzentriert und kraftvoll, Chardonnay Reserve und Grauburgunder haben an Komplexität gewonnen, unter den Ortsweinen gefällt uns der Weißburgunder besonders gut. Die kraftvollen, fruchtbetonten Rotweine überzeugen ebenfalls, an der Spitze steht der 2018er Lemberger Reserve.

Weinbewertung

87 „Perlage Blanc“ Sekt extra brut | 12,5%/14,90€
90 „Perlage Reserve“ Chardonnay „Blanc de Blanc“ brut nature | 12,5%/24,-€
88 „Perlage“ Rosé Sekt brut nature | 12,5%/14,90€
83 2021 Riesling trocken | 12,5%/7,90€
85 2021 Weißburgunder trocken | 12,5%/7,90€
83 2021 Grauburgunder trocken | 12,5%/8,90€
84 2021 Chardonnay trocken | 12,5%/7,90€
84 2021 Pinot Meunier „Blanc de Noirs“ trocken | 12,5%/11,90€
84 2021 Muskateller trocken | 12,5%/8,50€
90 2019 Riesling trocken „Reserve“ | 13%/22,-€
88 2020 Grauburgunder trocken „Reserve“ | 13%/17,-€
89 2019 Chardonnay trocken „Réserve“ | 13%/17,-€
84 2019 Cuvée Cabernet trocken | 12,5%/8,90€
85 2020 Lemberger trocken | 13%/8,50€
86 2019 Spätburgunder trocken | 13%/12,90€
87 2020 Pinot Meunier trocken | 14%/12,90€
89 2018 Lemberger trocken „Réserve“ | 14%/17,-€

★ ★½

Villa Hochdörffer

Kontakt
Lindenbergstraße 79
76829 Landau
Tel. 06341-649630
Fax: 06341-6496329
www.weingut-villa.de
info@weingut-villa.de

Besuchszeiten
Mo.-Fr. 8-12 + 14-19 Uhr
Sa. 8-12 Uhr
Gästehaus (35 Betten)
Eventlocation (für 120 Gäste)

Inhaber/Betriebsleiter
Hans-Martin Hochdörffer
Kellermeister/Außenbetrieb
David Hochdörffer
Rebfläche
45 Hektar
Produktion
280.000 Liter

Die Familie Hochdörffer betreibt bereits in der sechsten und siebten Generation Weinbau. Winzermeister Hans-Martin Hochdörffer und seine Frau Lieselotte Hahn-Hochdörffer, ebenfalls gelernte Winzerin, die bei Hans-Günther Schwarz in die Lehre ging, werden von ihren beiden Kindern im Betrieb unterstützt: Seit dem Jahrgang 2012 ist David Hochdörffer, der nach seiner Lehre in den Weingütern Lidy, Georg Mosbacher und Salwey noch eine Ausbildung zum Wirtschafter absolvierte, verantwortlich für den heimischen Keller, seine Schwester Anna ist für Marketing und Export zuständig. Die Familie besitzt rund 45 Hektar Weinberge in Frankweiler, Nußdorf, Godramstein und Birkweiler, angebaut wird ein breites Spektrum an Rebsorten. Über 70 Prozent der Fläche sind mit Weißweinreben bestockt, wichtigste Sorten sind Riesling, Grauburgunder, Gewürztraminer, Weißburgunder und Chardonnay, bei den roten Sorten sind es Spätburgunder, Dornfelder und Cabernet Sauvignon.

Kollektion

Den Syrah an der Spitze des Sortiments kennen wir schon vom vergangenen Jahr, er zeigt klare Noten von Brombeeren und schwarzen Johannisbeeren, besitzt Stoff, reife Tannine, perfekt eingebundenes Holz und gute Länge. Dazu kommt als zweite Spitze die etwas frischere und elegantere rote Cuvée „Applaus, Applaus", die Aromen von Himbeeren und Heidelbeeren und etwas Krokantwürze zeigt und ebenfalls reife Tannine besitzt. Unser Favorit unter den Weißweinen ist der im Stückfass vergorene 2018er Grauburgunder, der deutliche Holzwürze und Reifenoten von Gebäck und Quitte zeigt und Kraft, Schmelz und Länge besitzt, auch der Kaiserberg-Weißburgunder zeigt dezente Reifenoten, ist kraftvoll und cremig, der Chardonnay vom Münzberg zeigt im Bouquet sehr deutliches Holz, das aber am Gaumen gut eingebunden ist. Die restlichen Weine aus der Terroirlinie sind fruchtbetont und frisch.

Weinbewertung

82	2021 Riesling trocken „Kalkstein" I 12%/8,30€
83	2021 Weißer Burgunder trocken „Löss" I 12%/8,30€
82	2021 Grauer Burgunder trocken „Löss" I 12%/8,30€
83	2021 Chardonnay trocken „Muschelkalk" I 12,5%/8,30€
83	2021 Sauvignon Blanc trocken „Letten" I 12%/8,15€
85	2020 Weißer Burgunder trocken Nußdorfer Kaiserberg I 13,5%/14,50€
86	2018 Grauer Burgunder trocken Holzfass Nußdorfer Kirchenstück I 14%/16,-€
85	2021 Chardonnay trocken Godramsteiner Münzberg I 12,5%/14,-€
83	2019 Spätburgunder trocken „Muschelkalk" I 13%/8,90€
88	2019 Syrah trocken Frankweiler Biengarten I 14,5%/21,50€
88	2019 „Applaus, Applaus" Rotwein trocken I 14%/20,-€

★★★★

Höfflin

Kontakt
Biologisches Weingut Höfflin
Schambachhof
79268 Bötzingen
Tel. 07663-607030
www.weingut-hoefflin.de
info@weingut-hoefflin.de

Besuchszeiten
Mo.-Fr. 9-12 + 13-17 Uhr
Sa. 10-16 Uhr
oder nach Vereinbarung

Inhaber
Matthias Höfflin
Betriebsleiter
Matthias Höfflin
Kellermeister
Horst Frei
Rebfläche
15 Hektar
Produktion
70.000 Flaschen

Seit über 10 Jahren widmet sich Matthias Höfflin dem natürlichen Ausbau der Weine, und in diesem Zeitraum haben sich die Weine stark verändert, haben an Ausdruck und Individualität gewonnen. Alles begann 1970, als die Familie Höfflin in das Schambachtal ausgesiedelt ist, einem Kastental bei Bötzingen, seit 1974 wird der Hof – Obst, Gemüse, Reben – biologisch bewirtschaftet (Bioland). 1994 wurde zur Weinlagerung ein Keller gebaut, dessen Dach mit einer Erdschicht bedeckt und begrünt ist. Mit der Selbstvermarktung begann man erst nachdem Matthias Höfflin seine Ausbildung beendete und im Keller die Regie übernahm. Die Weinberge liegen in Bötzingen sowie im benachbarten Eichstetten. Da die Lagen dort zu sehr großen Lagen zusammengefasst wurden, verzichtete Matthias Höfflin lange Zeit auf Lagenbezeichnungen, einige Jahre lang nutzte er die Gewannnamen für seine Spitzenweine, inzwischen aber werden alle Weine als Landwein vermarktet und sie tragen den Namen von Tieren und Pflanzen, die in den einzelnen Weinbergen beheimatet sind. Im Anbau dominieren die Burgundersorten, allen voran Spätburgunder, gefolgt von Grau- und Weißburgunder. Dazu gibt es Chardonnay und Auxerrois, aber auch etwas Gewürztraminer. Muskateller und Sauvignon Blanc, aber auch pilzresistente Sorten wie Souvignier Gris, Regent und Johanniter, sowie Merlot, Cabernet Sauvignon, Cabernet Franc und Nebbiolo. Alle Weißweine werden generell mit Maischestandzeiten von bis zu drei Tagen ausgebaut, es gibt auch ein umfangreiches Sortiment mit maischevergorenen Weißweinen. Seit über zehn Jahren arbeitet Matthias Höfflin mit stark reduzierter und später Schwefelung. Alle Weine werden spontanvergoren und durchgegoren ausgebaut. Die Prestige-Qualitäten aus Einzellagen werden im Holzfass ausgebaut und unfiltriert abgefüllt. 2015 wurden die Etiketten neu gestaltet, sie zeigen nun die kristalline Struktur der Weine, von einem Schweizer Labor unter dem Mikroskop fotografiert. Der 2019 begonnene Neubau von Keller und Kelterhalle wurde 2022 abgeschlossen.

Kollektion

Die Cuvée Prestige besteht aus Chardonnay, Pinot Noir und Meunier und wurde zwei Jahre auf der Hefe ausgebaut. Sie zeigt feine rauchige Noten, Frische, etwas rote Früchte, ist klar und harmonisch im Mund, besitzt gute Substanz, Frische und Grip – ein feiner Einstieg ins Programm. Die Basisqualität ist höher denn je, weswegen Matthias Höfflin die „Löss"-Weine im Jahrgang 2020 auch unfiltriert abgefüllt hat. Der Weißburgunder ist frisch, würzig, klar und zupackend, besitzt gute Struktur und Grip. Der Grauburgunder ist noch etwas konzentrierter und eindringlicher im Bouquet, besitzt im Mund ebenfalls viel Frische, Struktur und Biss. Die 2020er Weißweine der Prestige-Linie sind alle hervorragend. Der Weißburgunder Kaisermantel ist herrlich eindringlich, reintönig und konzentriert im Bouquet, füllig und kraftvoll im Mund,

besitzt viel reife Frucht und Substanz. Der Chardonnay Weinschwärmer, auf der Hefe im 500 Liter-Fass ausgebaut, ist konzentriert, herrlich eindringlich, besitzt Komplexität, Fülle, Kraft und Grip. Der Sauvignon Blanc Bienenfresser, ebenfalls auf der Hefe im 500 Liter-Fass ausgebaut, ist recht würzig, eindringlich, in der Frucht sehr klar, besitzt Fülle und Kraft, gute Struktur, Frucht und Druck. Der maischevergorene Müller-Thurgau ist intensiv und konzentriert, stoffig, kraftvoll, hat Substanz und Grip, ist noch enorm jugendlich, der maischevergorene Gewürztraminer zeigt viel Duft und Intensität, ist stoffig, enorm konzentriert, strukturiert – dass diese Art Wein exzellent reifen wird, lässt der 2017er maischevergorene Grauburgunder erahnen, der immer noch enorm stoffig und jugendlich ist. Der „NApurTUR“, eine im Stahltank ausgebaute maischevergorene Cuvée aus Weißburgunder und Grauburgunder, besitzt intensive Würze und Schalenaromatik, er ist zupackend, strukturiert, verschlossen, hat Grip – braucht Zeit. Die drei Rotweine stammen alle aus dem Jahrgang 2019 und wurden im Barrique ausgebaut. Die Cuvée Rufus aus etwa gleichen Anteilen Merlot, Cabernet Sauvignon und Cabernet Franc ist intensiv würzig und eindringlich, zeigt dunkle Früchte, besitzt Fülle und Kraft, gute Struktur und Substanz. Der Spätburgunder Schwarzkehlchen zeigt rote Früchte, dezent rauchige Noten, viel Frische, ist kraftvoll und zupackend, besitzt gute Struktur, Tannine und viel Grip; der Spätburgunder Rotkehlchen ist noch etwas kraft- und druckvoller, braucht Zeit und Luft, etwas Flaschenreife wird beiden guttun. Spannende Kollektion!

Matthias Höfflin

Weinbewertung

88	2018 „Cuvée Prestige“ Sekt extra brut I 12,5%/22,50€
88	2020 Weißer Burgunder trocken „Löss“ I 13,5%/12,50€
88	2020 Grauer Burgunder trocken „Löss“ I 12,5%/12,50€
90	2020 Weißer Burgunder trocken „Prestige“ „Kaisermantel“ I 14%/21,-€
90	2020 Chardonnay trocken „Prestige“ „Weinschwärmer“ I 13,5%/28,-€
90	2020 Sauvignon Blanc trocken „Prestige“ „Bienenfresser“ I 13,5%/28,-€
90	2020 Müller-Thurgau trocken „Prestige“ „Maischevergoren“ I 10,5%/25,50€
88	2021 „NApurTUR“ trocken „maischevergoren“ I 11,5%/18,50€
91	2017 Grauer Burgunder „maischevergoren“ I 13%
91	2020 Gewürztraminer trocken „Prestige“ „maischevergoren“ I 13%/38,-€
89	2019 „Rufus“ Rotweincuvée trocken „Prestige“ Barrique I 13,5%/25,50€
90	2019 Spätburgunder trocken „Prestige“ Barrique „Schwarzkehlchen“ I 13%/28.-€
91	2019 Spätburgunder trocken „Prestige“ Barrique „Rotkehlchen“ I 13,5%/42.-€

Lagen

Schambach (Bötzingen)
Breitenacker (Bötzingen)
Biegarten (Bötzingen)
Wächtelberg (Bötzingen)
Endhahlen (Bötzingen)
Meisenthal (Bötzingen)
Fohberg (Bötzingen)
Laire (Bötzingen)

Rebsorten

Spätburgunder (25%)
Grauburgunder (25%)
Weißburgunder (15%)
Chardonnay (10%)

★★★★

Höfler

Kontakt
Albstädter Straße 1
63755 Alzenau-Michelbach
Tel. 06023-5495
Fax: 06023-31417
www.weingut-hoefler.de
info@weingut-hoefler.de

Besuchszeiten
Di.-Fr. 9-12:30 + 14-18 Uhr
Sa. 9-14:30 Uhr

Inhaber
Edeltraud & Bernd Höfler
Kellermeister
Stefan Kunkel &
Johannes Höfler
Rebfläche
11 Hektar
Produktion
60.000-75.000 Flaschen

HÖFLER
FRANKEN

Seit 1924 baut die Familie Wein in Michelbach an, als die Brüder Josef und Richard Höfler brachliegende Weinberge neu bepflanzten. Die nächste Generation, Karl und Irmgard Höfler, erweiterte die Rebfläche, errichtete einen neuen Hof mit Weinkeller und stellte nach und nach von Fasswein- auf Flaschenweinvermarktung um. Seit 1984 wird das Weingut von Edeltraud und Bernd Höfler geführt, inzwischen werden sie im Betrieb von Sohn Johannes unterstützt, der in Geisenheim studierte und praktische Erfahrungen unter anderem in Südafrika sammelte. Ihre Weinberge liegen hauptsächlich in Michelbach in den beiden Lagen Apostelgarten (der nicht flurbereinigt ist und seit 1985 unter Denkmalschutz steht) und Steinberg, sowie im Hörsteiner Abtsberg und in Wörth am Main. Die Reben wachsen in Michelbach und Hörstein, am Westrand des Spessarts, auf Quarzitschiefer, Gneis und Lössböden mit einem hohen Anteil an Mineralien. Riesling nimmt gut ein Drittel der Rebfläche ein, dazu gibt es Müller-Thurgau, Silvaner, Bacchus, Weiß- und Grauburgunder und ein wenig Gewürztraminer, sowie die roten Sorten Spätburgunder, Domina und Schwarzriesling. 2018 wurde mit der Umstellung auf biologischen Weinbau begonnen, Johannes Höfler möchte die Weinberge zukünftig nach biodynamischen Richtlinien bewirtschaften. Das Sortiment ist vierstufig gegliedert in Gutsweine, Ortsweine (die überwiegend aus Michelbach stammen, hinzu kommen jeweils ein Riesling aus Hörstein und Wörth am Main), Erste Lage-Weine aus dem Michelbacher Steinberg (Silvaner, Riesling, Schwarzriesling und Spätburgunder) sowie Große Gewächse aus dem Michelbacher Apostelgarten, dies ist derzeit ein einziger Wein, ein Riesling, der erst im zweiten Jahr nach der Ernte auf den Markt kommt. Obstbrände ergänzen das Sortiment.

Kollektion

Die Weine haben in den letzten Jahren an Präzision gewonnen – und das setzt sich auch dieses Jahr fort. Der 2021er Gutsriesling ist frisch, reintönig, herrlich geradlinig und zupackend, hat Grip – ein feiner Einstieg. Der Michelbacher Silvaner ist wunderschön fruchtbetont im Bouquet, zeigt weiße Früchte, etwas Quitten, Mirabellen, ist füllig und saftig im Mund, besitzt reife Frucht, gute Struktur und Jahrgangstypischen Grip. Auch der Blanc de Noir vom Schwarzriesling setzt im Bouquet ganz auf Frucht, zeigt rote Früchte, ist frisch und klar, lebhaft und zupackend. Der Riesling Ortswein ist würzig und eindringlich im Bouquet, zeigt eine dezente Zitrusnote im Hintergrund, ist frisch und präzise im Mund, zupackend, besitzt feine süße Frucht und Biss. Aus dem Jahrgang 2020 stammen die Michelbacher Ortsweine von Weißburgunder und Chardonnay, und sie sind nicht nur deshalb ein deutlicher „step up", auch preislich sind sie gutsintern deutlich höher eingestuft, stilistisch ist die Orientierung an Burgund evident. Der Michelbacher Weißburgunder zeigt rauchige Noten im Bouquet, ist sehr zurückhaltend in der Frucht, er ist klar im Mund, frisch und präzise, druckvoll und mineralisch. Unsere leichte Präferenz gilt dem Chardonnay, der ebenfalls rauchige Noten im Bouquet zeigt, feine Würze und Frische, herrlich reintönig und zupackend im Mund ist, gute Struktur und Biss besitzt. Die beiden Erste Lage-Weine aus dem Steinberg stammen aus dem Jahrgang 2021. Der Silvaner zeigt gute Konzentration und reife Frucht im Bouquet, weiße und gelbe Früchte, vereint Fülle und Saft mit Struktur, Frucht und Grip, zeigt deutlich mineralische Noten, ist deutlich schlanker als der 2020er, dafür aber präziser. Präzision und Grip besitzt auch der 2021er Steinberg-Riesling, viel Frische und klare Frucht, auch das Bouquet ist von feiner Frische und reintöniger Frucht geprägt. Beim Großen Gewächs aus dem Apostelgarten ist nach wie vor Jahrgang 2018 aktuell, der wir dieses Jahr nun im Vergleich mit dem Jahrgang 2013 noch einmal verkosten konnten. Und im Vergleich – unterliegt er, was wir so nicht erwartet hatten, aber die Süße ist allzu zu dominant, er ist füllig und saftig, ohne aber die Spannung des 2013er bieten zu können. Der präsentiert sich in Bestform, ist fein gereift, komplex, ebenfalls füllig und saftig, aber die süße Frucht findet einen Kontrapunkt in den feinen Reifenoten. Ein toller Wein. Klasse sind auch die beiden Rotweine, die Johannes und Bernd Höfler in diesem Jahr präsentieren, beide aus dem Jahrgang 2020. Der Spätburgunder „2samkeit“ ist wunderschön reintönig im Bouquet, zeigt viel Frucht, ist harmonisch und elegant im Mund, besitzt gute Struktur und Frische. Unsere leichte Präferenz gilt dem Schwarzriesling, der herrlich eindringlich und reintönig, frisch, klar und zupackend ist, gute Struktur und Grip besitzt. Starke Kollektion!

Johannes, Edeltraud und Bernd Höfler

Weinbewertung

85	2021 Riesling trocken I 11,5%/7,90€
86	2021 Silvaner trocken Michelbach I 12%/9,90€
86	2021 Schwarzriesling „Blanc de Noir“ trocken Michelbach I 11,5%/10,90€
89	2020 Weißburgunder trocken Michelbach I 12,5%/19,50€
90	2020 Chardonnay trocken Michelbach I 12,5%/19,50€
87	2021 Riesling trocken Michelbach I 12,5%/10,90€
89	2021 Silvaner trocken Michelbacher Steinberg I 12,5%/16,50€
90	2021 Riesling trocken Michelbacher Steinberg I 12,5%/19,50€
92	2013 Riesling trocken „GG“ Michelbacher Apostelgarten I 13,5%/38,-€
91	2018 Riesling trocken „GG“ Michelbacher Apostelgarten I 13,5%/38,-€
90	2020 Schwarzriesling trocken Michelbach I 13%/19,50€
89	2020 Spätburgunder trocken „2samkeit“ I 13,5%/16,90€

Lagen
Apostelgarten (Michelbach)
Steinberg (Michelbach)

Rebsorten
Riesling (35%)
Müller-Thurgau (20%)
Silvaner (12%)
Spätburgunder (8%)
Bacchus (7%)
Domina (6%)
Schwarzriesling (6%)
Weißburgunder (3%)
Grauburgunder (3%)

★★★★

Höfling

Kontakt
Kellereigasse 14
97776 Eußenheim
Tel. 09353-7632
Fax: 09353-1264
www.weingut-hoefling.de
info@weingut-hoefling.de

Besuchszeiten
Mo.-Fr. 9-18 Uhr
Sa. 9-16 Uhr
Gastwirtschaft (saisonal geöffnet, bis 65 Personen)
kulinarische Weinproben
Bauernladen

Inhaber
Klaus Höfling
Rebfläche
20 Hektar
Produktion
150.000 Flaschen

Unter der Regie von Klaus Höfling hat das im Werntal gelegene Weingut in den letzten Jahren mächtig an Fahrt aufgenommen. Seit sein Vater die Genossenschaft verlies – 1988 mit damals 2,6 Hektar Reben – und die Selbstvermarktung begann, wurde das Weingut stetig erweitert, die Rebfläche vervielfacht. 2004 baute man einen neuen Keller, der in den letzten Jahren nochmals erweitert wurde. Sohn Klaus Höfling, der zuvor schon für den Keller verantwortlich war, hat 2009 den Betrieb übernommen. Die Weinberge verteilen sich auf vier Lagen: Eußenheimer First, Gössenheimer Homburg, Stettener Stein und Gambacher Kalbenstein, wo wie im First ein kleinbeeriger Spätburgunder-Klon gepflanzt wurde; inzwischen gibt es auch Silvaner vom Kalbenstein. Die Besonderheit im Kalbenstein ist, dass hier der Obere Buntsandstein zum Muschelkalk übergeht, oft in einem Weinberg beide Formationen zu finden sind, ein großer Teil der Lage besteht aus Terrassen; in den drei anderen Lagen, sowohl im Stettener Stein im Maintal als auch im Gössenheimer Homburg und im Eußenheimer First im Werntal, wachsen die Reben auf Muschelkalk. Silvaner spielt heute die wichtigste Rolle im Betrieb, und zu den anderen traditionell angebauten weißen Sorten wie Müller-Thurgau, Kerner oder Bacchus kamen im letzten Jahrzehnt Riesling, Weißburgunder, Gewürztraminer, Scheurebe und Sauvignon Blanc hinzu. An roten Sorten gibt es Spätburgunder und Frühburgunder sowie Domina. Seit dem Jahrgang 2014 verzichtet Klaus Höfling auf Prädikatsbezeichnungen bei trockenen Weinen, ist das Sortiment gegliedert in Gutsweine, Ortsweine, Weine aus Ersten Lagen und Große Gewächse.

Kollektion

Das Basisniveau ist hoch, das zeigt der Müller-Thurgau Gutswein, der frisch, reintönig und fruchtbetont ist. Die Ortsweine zeigen sehr gleichmäßiges Niveau. Der Stettener Riesling zeigt feine Würze und reintönige Frucht im Bouquet, besitzt viel Frische, gute Struktur und Grip. Die anderen vorgestellten Ortsweine stammen alle aus Gössenheim: Der Silvaner ist frisch und fruchtbetont, wunderschön reintönig und angenehm leicht, der Weißburgunder ist recht würzig, besitzt Frische und Grip, der Sauvignon Blanc ist im Bouquet leicht floral, im Mund präzise und geradlinig, was auch für die Scheurebe, gilt, die 2021 deutlich weniger Restzucker aufweist als in den Jahren zuvor. Der 2020er Lagen-Riesling aus dem Kalbenstein zeigt viel reife Frucht, gelbe Früchte, Pfirsiche, ist füllig, kraftvoll und kompakt, besitzt gute Struktur und Grip. Bis unmittelbar vor der Füllung lag der als füllfertige Fassprobe verkostete 2020er Stein-Riesling auf der Hefe, er besitzt gute Struktur, Kraft und Grip, ist deutlich druckvoller als sein Gambacher Kollege. Der zu einem Drittel im neuen Holz ausgebaute Weißburgunder von der Homburg zeigt rauchige Noten, gute Konzentration, besitzt, Kraft und Struktur. Noch faszinierender als in den Vorjahren ist das Sextett der Lagen-Silvaner, die alle unmittelbar vor der Füllung verkostet wurden, alle sechs unterscheiden sich ganz deutlich. Der Wein von der Homburg zeigt viel reife Frucht, gelbe Früchte, ist füllig und saftig bei viel Substanz. Der First-Silvaner ist wunderschön reintönig, sehr harmonisch und lang. Der Stein-Silvaner ist konzentriert, füllig, sehr druckvoll, der Wein vom Kalbenstein fasziniert mit seiner Reintönigkeit, besitzt herrlich viel Frucht und Länge. Der Grenzstein-Silvaner stammt von 60jährigen Reben und hat etwas Maischegärung gesehen, er ist enorm eigenständig und nachhaltig. Der Rotherberg ist noch verschlossen, aber enorm puristisch, druckvoll und nachhaltig. Klaus Höfling beherrscht auch „Natur", wie der faszinierend reintönige und druckvolle Silvaner „Ganze Sachen" beweist, und natürlich auch „Edelsüß" wie der reintönige 2018er Eiswein zeigt. Auch die Rotweine sind wieder klasse: Die Stein-Domina besitzt Frucht, Kraft und Grip, der Frühburgunder ist faszinierend reintönig und präzise, was auch für den Spätburgunder vom First gilt, sein Kollege vom Kalbenstein zeigt reintönige Frucht und dezenten Toast, ist kraftvoll und zupackend. Ganz starke Kollektion!

Klaus Höfling

Weinbewertung

85 2021 Müller-Thurgau trocken „First Class" | 11,5%/6,90€
85 2021 Silvaner trocken Gössenheim | 11,5%/8,-€
85 2021 Riesling trocken Stetten | 12%/8,-€
85 2021 Weißburgunder trocken Gössenheim | 12,5%/8,-€
85 2021 Sauvignon Blanc trocken Gössenheim | 11,5%/8,-€
86 2021 Scheurebe trocken Gössenheim | 12%/8,-€
(88) 2021 Silvaner trocken First Eußenheim | 12,5%/12,-€
(89) 2021 Silvaner trocken Homburg Gössenheim | 13%/12,-€ ☺
(90) 2021 Silvaner trocken Stein Stetten | 13%/12,-€ ☺
(91) 2021 Silvaner trocken Kalbenstein Gambach | 12,5%/16,-€ ☺
(89) 2020 Riesling trocken Stein Stetten | 12,5%/12,-€ ☺
89 2020 Riesling trocken Kalbenstein Gambach | 13,5%/16,-€
89 2020 Weißburgunder trocken Homburg Gössenheim | 13,5%/12,-€ ☺
(91) 2021 Silvaner trocken „Grenzstein" Stein Stetten | 13%/21,-€
(92) 2021 Silvaner trocken „Rotherberg" Kalbenstein Gambach | 13%/Lagenkiste
91 2019 Silvaner „Ganze Sachen" | 13,5%/21,-€
92 2018 Silvaner Eiswein Homburg Gössenheim | 9%/40,-€/0,375l
84 2021 Spätburgunder Rosé trocken | 11,5%/8,-€
89 2020 Domina trocken Stein Stetten | 13,5%/16,-€
90 2020 Frühburgunder trocken First Eußenheim | 13%/30,-€
90 2020 Spätburgunder trocken First Eußenheim | 13%/16,-€
92 2020 Spätburgunder trocken Kalbenstein Gambach | 13,5%/30,-€

Lagen
Homburg (Gössenheim)
First (Eußenheim)
Stein (Stetten)
Kalbenstein (Gambach)

Rebsorten
Silvaner
Spätburgunder
Weißburgunder
Riesling
Müller-Thurgau

★★☆

Höhn

Kontakt
OT Köhler 31
97332 Volkach
Tel. 09381-9253
www.weingut-hoehn.de
info@weingut-hoehn.de

Besuchszeiten
Mo.-So. 10-18 Uhr
Di. geschlossen
Schoppenbänkle,
Gästezimmer

Inhaber
Peter & Elke Höhn
Betriebsleiter
Peter & Felix Höhn
Rebfläche
5,6 Hektar

Nach seiner Meisterprüfung stellten Peter Höhn und seine Ehefrau Elke 1991 den elterlichen Betrieb von der Traubenerzeugung auf Selbstvermarktung um. 2020 stieg ihr Sohn Felix Höhn – nach Winzerlehre bei Gerhard Roth, Studium in Geisenheim und Auslandsaufenthalten – in den Betrieb ein. Die Weinberge liegen in den Escherndorfer Lagen Fürstenberg, Lump und Berg. Silvaner ist mit dem größten Anteil die wichtigste Rebsorte. Es folgen Müller-Thurgau, Riesling, Scheurebe, Bacchus sowie Weißburgunder und Spätburgunder. Die Burgunder Sorten sollen in den nächsten Jahren weiter forciert werden, der Rebsortenspiegel soll um Chardonnay, ergänzt werden. Edelbrände aus der hauseigenen Brennerei ergänzen das Sortiment, neben klassischen Obstbränden wird auch Gin destilliert.

Kollektion

Nach einem starken Debüt im vergangenen Jahr ist die neue Kollektion nochmals spannender, die Basis überzeugt mit Frucht und Frische, an der Spitze stehen die im Holz ausgebauten Weine. Der im gebrauchten Barrique ausgebaute Riesling zum Beispiel, der Fülle und Kraft besitzt, so überhaupt nicht vom Holz geprägt ist, das nur strukturgebend ist. Oder der im Tonneaux auf der Vollhefe ausgebaute Weißburgunder, der rauchige Noten und gute Konzentration zeigt, füllig und druckvoll ist, reife Frucht und gute Struktur besitzt. Oder der ebenfalls im Tonneau auf der Vollhefe ausgebaute Silvaner, der gute Struktur, viel Kraft und klare Frucht besitzt. Ganz stark ist auch der spontanvergorene, zehn Monate auf der Vollhefe gelagerte Silvaner „FH" aus dem Jahrgang 2019, bei dem die Frucht in den Hintergrund tritt. Auch sonst bereiten die Weißweine viel Freude, angefangen beim frischen Bacchus bis hin zur halbtrocken ausgebauten Scheurebe, die reintönige Frucht, gute Struktur und Grip besitzt. Auch der einzige vorgestellte Rotwein überzeugt: Der sechzehn Monate im Barrique ausgebaute Spätburgunder aus dem Jahrgang 2018 ist frisch und strukturiert, fruchtbetont und zupackend. Starke Kollektion!

Weinbewertung

83 2021 Bacchus (trocken) | 11%/6,90€
84 2021 Silvaner Kabinett trocken Escherndorfer Fürstenberg | 12%/6,90€
87 2019 Silvaner „FH" „Edition Fünf" Escherndorfer Fürstenberg | 14%/9,90€
84 2021 Riesling Kabinett trocken Escherndorfer Fürstenberg | 12%/7,50€
85 2021 Silvaner Kabinett trocken Escherndorfer Lump | 12%/9,90€
84 2021 Weißer Burgunder Kabinett trocken Escherndorfer Fürstenberg | 12%/7,50€
88 2021 Silvaner Kabinett trocken Holzfass Escherndorfer Lump | 12%/14,10€
88 2021 Weißer Burgunder Spätlese trocken Holzfass Fürstenberg | 13%/14,10€
88 2021 Riesling Kabinett trocken Holzfass Escherndorfer Fürstenberg | 12%/14,10€
85 2020 Scheurebe Spätlese Escherndorfer Lump | 12,5%/7,50€
87 2018 Spätburgunder Spätlese trocken „FH" „Edition Fünf" Fürstenberg | 13,5%/15,10€

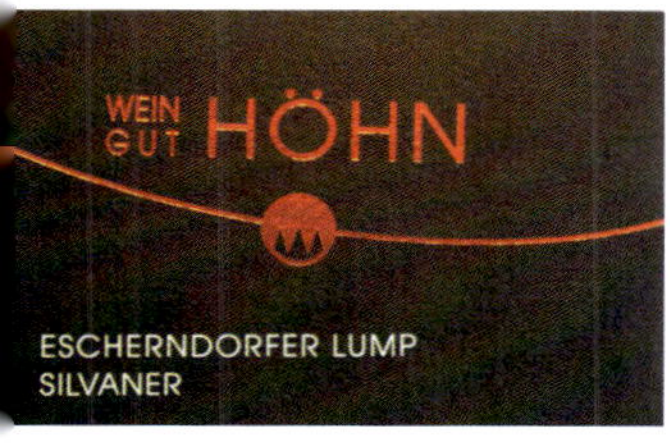

★☆

Höhn

Kontakt
Freudenbergerstraße 200
65201 Wiesbaden
Tel. 0611-7168789
Fax: 0611-7242817
www.weinguthoehn.de
info@weinguthoehn.de

Besuchszeiten
Mi.-Sa. 16-23 Uhr
So. 12-19 Uhr

Inhaber
Jürgen Höhn
Rebfläche
19,55 Hektar
Produktion
130.000 Flaschen

Weinbau gibt es in der Familie Höhn schon seit dem Ende des 17. Jahrhunderts. Bis in die 1980er Jahre waren die Rebflächen in ihrer Größe noch sehr überschaubar, wurden danach stetig erweitert. Neben den Lagen in Dotzheim, Schierstein und Frauenstein sind vor kurzem auch Weinberge in Eltville und Kiedrich hinzu gekommen, sowie kleine Stücke im Marcobrunn und Nussbrunnen in Hattenheim, aus denen zwei im Holzfass gereifte Lagenweine entstehen. Mit 80 Prozent Anteil ist der Riesling die wichtigste Rebsorte im Weingut, daneben gibt es noch Spätburgunder und einen Mix verschiedener internationaler Weiß- und Rotweinsorten. Zum Weingut gehören auch eine Vinothek sowie ein Restaurant, in dem man die gutseigenen Weine serviert. Der Betrieb wird von Jürgen Höhn geführt, der mit den neuen Lagen sich im gehobenen Segment etablieren will.

Kollektion

Der Liter-Riesling stellt einen stimmigen Auftakt dar, ist typisch und fruchtbetont, ähnlich ist der Kiedricher Ortswein. Der halbtrockene Riesling bewegt sich zwischen süß und trocken, lebt von Frucht und knackiger Säure. Die Lagen-Rieslinge sind alle sehr voluminös, angefangen bei der trockenen Spätlese aus dem Hattenheimer Wisselbrunnen, die vollreife gelbe Früchte und mürben Apfel zeigt. Die Großen Gewächse zeigen alle einen gewissen Holzeinfluss, den der 2020er aus dem Hattenheimer Mannberg mit Noten von süßer Ananas komplettiert. Der 2019er aus dem Erbacher Marcobrunn weist erste Reifenoten auf. Der Hattenheimer Mannberg (ohne Großes Gewächs-Status) ist stark vom Barrique geprägt, gegen das sich der Wein nicht ganz durchsetzen kann – ist ein Wein für Freunde ausgeprägter Röstaromatik. Rosé, Chardonnay und Sauvignon Blanc sind frisch, geradlinig und unkompliziert.

Weinbewertung

82	2021 Riesling trocken (1l) I 11,5%/5,90€
80	2020 Chardonnay trocken I 13%/7,90€
80	2021 Sauvignon Blanc trocken I 12,5%/7,60€
83	2021 Riesling trocken Kiedricher I 12%/6,90€
85	2020 Riesling trocken Hattenheimer Wisselbrunnen I 12,5%/8,90€
84	2020 Riesling trocken Hattenheimer Mannberg I 12,5%/15,50€
86	2020 Riesling Großes Gewächs Hattenheimer Mannberg I 12,5%/22,50€
86	2019 Riesling Großes Gewächs Erbacher Marcobrunn I 12,5%/23,50€
83	2021 Riesling Kabinett halbtrocken Eltviller Sonnenberg I 11%/6,90€
81	2021 Spätburgunder Rose trocken I 12%/7,30€
81	2019 Merlot trocken Frauensteiner Herrnberg I 14%/15,50€
79	2020 Cabernet Sauvignon trocken Dotzheimer Judenkirsch I 14%/15,50€

WEINGUT HÖHN

★★★

Hörner – Hainbachhof

Kontakt
Hainbachhof
76879 Hochstadt
Tel. 06347-8814
www.hoerner-wein.de
info@hoerner-wein.de

Besuchszeiten
Di.-Fr. 10-12 + 14-18 Uhr
Sa. 10-17 Uhr

Inhaber
Reinhold & Thomas Hörner
Kellermeister
Thomas Hörner
Rebfläche
30 Hektar
Produktion
200.000 Flaschen

Weinbau betreibt die Familie Hörner seit einigen Generationen, aber erst Reinhold Hörner begann vor einem Vierteljahrhundert damit, Weine über die Flasche zu vermarkten. Sein Sohn Thomas, genannt Thommy, hat seine Winzerlehre bei den Weingütern Knipser und Münzberg gemacht und Praktika im Burgund und der Wachau absolviert. Wieder zuhause hat er auf Teilflächen des elterlichen Betriebs damit angefangen, seine eigenen Weine zu erzeugen, die Produktion in den Folgejahren ausgeweitet und sein Sortiment in drei durch verschiedene Hörner auf dem Etikett gekennzeichnete Linien eingeteilt: Stier für die Gutsweine, Steinbock für das Mittelsegment und Widder für seine Spitze. Die wichtigsten Sorten im Betrieb sind Sauvignon Blanc und Weiß-, Grau- und Spätburgunder, daneben gibt es Gelben Muskateller, Riesling und Müller-Thurgau.

Kollektion

Die Weine aus der Widder-Linie stehen auch in diesem Jahr geschlossen an der Spitze einer Kollektion aus sehr reintönigen, fruchtbetonten Weinen. Vom Pinot Noir gibt es drei Versionen, alle sind schlank und sehr elegant, besitzen eine frische, saftige Art, die normale Version besitzt viel rote Frucht und kräutrige Frische, der Réserve ist mit feiner roter Frucht und sehr dezentem Holz schon zugänglich, harmonisch und in sich ruhend, während der Grande Réserve das vielschichtigste Bouquet mit Aromen von roter Johannisbeere, Hagebutte, etwas Gummi und leicht rauchigen Noten zeigt, aber am Gaumen noch etwas unruhig ist und die deutlichsten Tannine besitzt. Die beiden Widder-Chardonnay zeigen ein klares Bouquet mit Noten von Melone, Banane, Zitrusfrüchten und Vanille, besitzen Schmelz, der Réserve ist animierend und elegant mit etwas dezenterem Holz als beim zweiten Chardonnay. Und auch Weiß- und Grauburgunder besitzen viel klare Frucht und gute Länge, der Weißburgunder ist etwas eleganter, der Grauburgunder kraftvoller.

Weinbewertung

86 2010 Mariage Réserve Sekt brut | 12%/28,-€
84 2021 Weißburgunder trocken „Steinbock“ | 12,5%/8,50€
84 2021 Sauvignon Blanc trocken „Steinbock“ | 12%/8,90€
83 2021 Gelber Muskateller trocken „Steinbock“ | 11,5%/8,90€
88 2020 Weißburgunder trocken „Widder“ | 13%/15,-€
88 2020 Grauburgunder trocken „Widder“ | 14%/15,-€
88 2020 Chardonnay trocken „Widder“ | 13,5%/15,-€
88+ 2020 Chardonnay trocken „Widder“ „Réserve“ | 13%/24,-€
82 2021 „Cuvée Horny” Rosé “Stier” | 11,5%/7,50€
88 2019 Pinot Noir trocken „Widder“ | 12,5%/19,-€
89 2019 Pinot Noir trocken „Widder“ „Réserve“ | 12,5%/28,-€
89+ 2019 Pinot Noir trocken „Widder“ „Grande Réserve“ | 12,5%/38,-€

★★★☆

von Hövel

Kontakt
Agritiusstraße 5-6
54329 Konz-Oberemmel
Tel. 06501-15384
Fax: 06501-18498
www.weingut-vonhoevel.de
info@weingut-vonhoevel.de

Besuchszeiten
Mo.-Fr. 8:30-17 Uhr, Weinproben nach Vereinbarung

Inhaber
Maximilian von Kunow
Betriebsleiter
Maximilian von Kunow , Wolfgang Mertes
Kellermeister
Maximilian von Kunow, Wolfgang Mertes
Rebfläche
22 Hektar
Produktion
140.000 Flaschen

Das Weingut befindet sich seit mehr als zwei Jahrhunderten, genau gesagt seit dem Jahr 1803, im Besitz der Familie und wird seit 2010 von Maximilian von Kunow geführt. Der erfahrene Önologe Wolfgang Mertes amtiert inzwischen gemeinsam mit Kunow als Betriebsleiter und Kellermeister. Stolze 22 Hektar Rebfläche sind vorhanden, darunter nicht weniger als zwei Monopollagen: die Oberemmeler Hütte und der Kanzemer Hörecker. Eine andere Lage sollte allerdings nicht vergessen werden: Der Scharzhofberger sorgt immer wieder für kraftvolle und dennoch filigrane Weine der Kategorie Großes Gewächs oder edelsüße Weine bis hinauf zur Trockenbeerenauslese. Neu hinzugekommen ist die alte, sehr renommierte, aber bei vielen Verbrauchern kaum bekannte Lage Raul in Oberemmel. Außer Riesling werden auch Weiß- und Spätburgunder angebaut.

Kollektion

Sehr fein und duftig ist der trockene Krettnacher Riesling, bereits jetzt zugänglich. Das Große Gewächs aus der Oberemmeler Hütte ist verschlossen, mit Hefewürze und sehr feinen Kräuter-, Zitrus- und Kernobstnoten im Bouquet, im Mund fein, straff, saartypisch, sehr präzise und völlig trocken. Ganz anders der Riesling aus dem Hörecker, der mehr Schmelz und Würze aufweist, viel Potenzial besitzt, bei der Verkostung aber noch viel zu jung war. Der 2020er aus der Hütte zeigt Hefewürze und einen Hauch von Zitrusfrische, im Mund erzeugt er ein vibrierendes Gefühl mit Schmelz und Saftigkeit. Die Kabinette unterscheiden sich erfreulicherweise deutlich voneinander. Der S ist verhalten mit Frische und verhaltener Süße, mit dem Wein aus der Oberemmeler Hütte wird die Lage gut interpretiert, er besitzt hefige und dezent florale Noten, im Mund vibriert es, die Süße ist sehr verhalten. Beim Scharzhofberger kommt bereits in der Nase der glasklare Charakter der Lage zum Vorschein, auch die Spätlese gefällt mit Rasse und wenig Säure. Der Aufstieg auf vier Sterne dürfte also bald folgen!

Weinbewertung

84 2021 Riesling trocken Saar | 11,5%/11,90€
87 2021 Riesling trocken Krettnacher | 12%/16,90€
91 2021 Riesling „GG“ Oberemmeler Hütte | 12%/34,-€
91 2021 Riesling „GG“ Kanzemer Hörecker | 12%/Vst.
86 2021 Riesling „feinherb“ Saar | 10,5%/11,90€
91 2020 Riesling „GL“ Oberemmeler Hütte | 12%/34,-€
87 2021 Riesling Kabinett Saar | 8%/12,90€
89 2021 Riesling Kabinett „S“ Saar | 7,5%/18,90€
89 2021 Riesling Kabinett Oberemmeler Hütte | 8,5%/19,-€
91 2021 Riesling Kabinett „#12“ Scharzhofberger | 7,5%/Vst.
89 2021 Riesling Kabinett Scharzhofberger | 7,5%/25,-€
91 2021 Riesling Spätlese Scharzhofberger | 8%/38,-€

★★

Hof

Kontakt
Klingbachstraße 29
76831 Heuchelheim-Klingen
Tel. 06349-1591
Fax: 06349-3066
www.weingut-joachim-hof.de
info@weingut-joachim-hof.de

Besuchszeiten
Weinproben nach Vereinbarung

Inhaber
Philipp, Julian, Joachim & Karin Hof

Rebfläche
22 Hektar

Die Vorfahren der Familie Hof betrieben bereits seit 1769 Weinbau in der Südpfalz, über zwei Jahrhunderte hinweg blieb es aber bei einem typischen landwirtschaftlichen Mischbetrieb, in dem neben Wein auch Getreide angebaut und Vieh gehalten wurde. Joachim Hof richtete den Betrieb mit seiner Frau Karin ganz auf den Wein aus; seit 2011 führen ihre Söhne Julian und Philipp den Betrieb. Wichtigste Lagen sind der Klingener und Heuchelheimer Herrenpfad. Die weißen und roten Burgundersorten stehen auf 35 Prozent der Fläche, Riesling auf 25 Prozent, daneben gibt es noch Sorten wie Silvaner, Muskateller, Gewürztraminer, St. Laurent, Merlot und Cabernet Sauvignon.

Kollektion

Die fünf roten Lagenweine stehen auch in diesem Jahr eindeutig an der Spitze der Kollektion der Familie Hof: Vom Spätburgunder aus dem Herrenpfad gibt es zwei Versionen, das beste Fass wurde separat als Pinot Noir abgefüllt, der Wein zeigt feine rauchige Noten und klare Frucht von Sauerkirschen und roten Johannisbeeren, besitzt Potential und gute Substanz, ist elegant und etwas strukturierter als der normale Herrenpfad-Spätburgunder, der dafür noch etwas deutlicher in der Frucht ist und eine kühle, kräutrige Würze besitzt. Unser Favorit des vergangenen Jahres, der Frühburgunder aus dem Herrenpfad, zeigt sich im neuen Jahrgang noch etwas verhalten, ist schlank und elegant, aber am Gaumen noch sehr vom Holz geprägt, das die Frucht noch etwas dominiert. Der Merlot zeigt ein komplexes Bouquet mit Noten von Pflaume, Brombeere und kräutriger Würze, besitzt Struktur und Länge und ist schon offener als der Cabernet Sauvignon, der ebenfalls dunkle Frucht zeigt, aber noch etwas Zeit braucht. Unter den weißen Lagenweinen besitzen der Riesling und der Weißburgunder sehr deutliche Holzwürze, beim Grauburgunder, der Schmelz und gute Länge besitzt, ist das Holz besser eingebunden.

Weinbewertung

80 2021 Riesling trocken (1l) | 12,5%/5,20€
80 2021 Muskateller trocken | 12,5%/7,50€
82 2021 Grauer Burgunder trocken | 12,5%/6,50€
84 2020 Riesling trocken Klingener Herrenpfad | 12,5%/10,50€
84 2021 Weißer Burgunder trocken Heuchelheimer Herrenpfad | 13,5%/11,50€
85 2021 Grauer Burgunder trocken Klingener Herrenpfad | 13%/11,50€
83 2019 Spätburgunder trocken | 13%/6,90€
86 2020 Frühburgunder trocken Klingener Herrenpfad | 12,5%/12,50€
87 2020 Spätburgunder trocken Klingener Herrenpfad | 13%/12,50€
87 2019 Merlot trocken Klingener Herrenpfad | 13,5%/14,-€
87 2019 Cabernet Sauvignon trocken Klingener Herrenpfad | 13,5%/18,-€
88 2020 Pinot Noir trocken Klingener Herrenpfad | 13%/30,-€

★★☆

Hoffmann-Simon

Kontakt
Kettergasse 24
54498 Piesport
Tel. 06507-5025
Fax: 06507-992227
www.hoffmann-simon.de
weingut@hoffmann-simon.de

Besuchszeiten
nach Vereinbarung

Inhaber
Dieter Hoffmann
Betriebsleiter
Dieter Hoffmann
Kellermeister
Dieter Hoffmann
Rebfläche
11,5 Hektar
Produktion
60.000 Flaschen

Dieter Hoffmann ist, nach Lehre in der Pfalz und Geisenheim-Studium, seit 1994 im Betrieb, 1999 hat er ihn übernommen. Seine Weinberge liegen vor allem in Piesport in den Lagen Goldtröpfchen, Günterslay und Treppchen, aber auch in Klüsserath (Bruderschaft) und Köwerich (Laurentiuslay, 1,1 Hektar im Herzstück der Lage), sowie in Maring (Honigberg). Riesling nimmt zwei Drittel der Rebfläche ein, dazu gibt es Müller-Thurgau, Weißburgunder, Spätburgunder, Sauvignon Blanc und Regent. Die Weine werden im Edelstahl kühl vergoren, die trockenen Rieslinge bleiben recht lange auf der Feinhefe. 2012 begann Dieter Hoffmann mit der Umstellung auf biologischen Weinbau, er ist Mitglied bei Ecovin. Er möchte in den nächsten Jahren den Ausbau im Holz forcieren.

Kollektion

Die Unterschiede zwischen den Basisweinen Kieselstein und Blauschiefer sind nicht riesig, aber deutlich feststellbar. Der Einstiegsriesling ist frisch und straff, der Blauschiefer kompakter, würziger. Beide sind tadellos vinifiziert, machen schon in diesem Stadium Spaß. Bei den Lagenweinen aus Goldtröpfchen und Bruderschaft wurden die Charakteristika des Terroirs deutlich herausgearbeitet. Der trockene Goldtröpfchen-Wein mit drei Sternen ist offen, ausgestattet mit reifer Steinobstfrucht, aber auch einer dezenten Zitrusnote, im Mund wirkt er enorm saftig und gleichzeitig frisch, besitzt auch eine gute Länge. Etwas verhaltener ist der Wein aus der Bruderschaft, im Mund straff und würzig, leicht verständlich, zugänglich, gelungen. Der feinherbe Bereich umfasst zwei Weine: einen knackigen 2021er Kabinett aus der Günterslay sowie den 2019er, eine wunderschön gereifte feinherbe Auslese, deren Süße gut eingebunden ist und die einen beinah vibrierenden Charakter zeigt. Der rassige Kabinett aus dem Goldtröpfchen, nun wieder ein 2021er, weist nur eine sehr geringe Süße und ein schönes Spiel auf, gefällt noch etwas besser als die geradlinige Spätlese aus Köwerich; die saftige, nur verhalten süße Spätlese aus dem Piesporter Goldtröpfchen ist sehr gelungen, besitzt viel Potenzial. Noch süßere Weine wurden diesmal nicht vorgestellt.

Weinbewertung

83 2021 Riesling trocken „Kieselstein" | 10,5%/7,90€
84 2021 Riesling Kabinett trocken „Blauschiefer" | 11,5%/8,50€
87 2021 Riesling trocken Klüsserather Bruderschaft | 12%/10,90€
88 2021 Riesling trocken*** Piesporter Goldtröpfchen | 12%/14,90€
86 2021 Riesling Kabinett „feinherb" Piesporter Günterslay | 10,5%/8,90€
89 2019 Riesling Auslese „feinherb" Piesporter Goldtröpfchen | 13%/24,-€
87 2021 Riesling Kabinett Piesporter Goldtröpfchen | 9%/9,50€
86 2021 Riesling Spätlese Köwericher Laurentiuslay | 8,5%/12,90€
88 2021 Riesling Spätlese*** Piesporter Goldtröpfchen | 8%/14,90€

★★

Hoffranzen

Kontakt
Classisches Weingut
Hoffranzen Schulstraße 22
54346 Mehring
Tel. 06502-8441
Fax: 06502-980574
www.weingut-hoffranzen.com
info@weingut-hoffranzen.com

Besuchszeiten
nach Vereinbarung
Gästehaus

Inhaber
Carolin Hoffranzen
Kellermeister
Carolin Hoffranzen,
Martin Schu-Hoffranzen
Außenbetrieb
Martin Schu-Hoffranzen
Rebfläche
10 Hektar

Seit 1601 baut die Familie Wein in Mehring an, heute wird das Weingut von Carolin Hoffranzen geführt, unterstützt von ihrem Vater Hans und ihrem Mann Martin. Die Weinberge liegen in den Mehringer Lagen Zellerberg, Goldkupp und Blattenberg sowie in der Detzemer Maximiner Klosterlay. 90 Prozent der Rebfläche nimmt Riesling ein, hinzu kommen ein wenig Weißburgunder und Spätburgunder. Der trockene und der halbtrockene Spitzenriesling, Layterrassen bzw. Contur, stammen beide aus dem Blattenberg. Alle Weine werden spontanvergoren, alle besitzen eine gewisse Eigenwilligkeit, sind das genaue Gegenteil austauschbarer Mainstream-Weine.

Kollektion

In einem schwierigen Jahrgang wie 2021 ist es keine Selbstverständlichkeit, einen gelungenen Basiswein zu erzeugen. Hier klappte es, wie der Einmaleins genannte Wein beweist: Er ist sowohl in trockener als auch in feinherber Version frisch, duftet nach Zitrus und Hefe, ist straff und würzig. Duftig, geradlinig und überdies schön fest wirkt der trockene Mehringer Riesling. Durchaus eigenwillig präsentiert sich dann der Layet-Riesling aus wurzelechten Reben, im Fuderfass ausgebaut: In der Nase wirkt er eher verhalten, im Mund ist er würzig, leicht salzig, mit nicht recht zugänglicher Art und einem betont würzigen Nachhall. Dass er sich gut entwickeln wird, ist anzunehmen. Der im Fuder ausgebaute Contur-Riesling ist derzeit leichter verständlich, nicht komplett trocken, aber sehr gut balanciert und mit einem Hauch von Süße sowie überdurchschnittlicher Saftigkeit ausgestattet. Saftig ist auch der feinherbe Riesling aus der Klosterlay. Der Traditionskabinett zeigt Noten von Mirabellen, Apfel und Hefe, besitzt einen leichten Schmelz und nur eine verhaltene Süße. Rassig und animierend wirkt die Spätlese namens Caro. Einen ganz eigenen Stil weist die Auslese aus 2019 auf, die Noten von Steinobst und ganz leicht Gemüse sowie eine dezente Reife zeigt; im Mund wird klar, dass es sich um eine wunderschön elegante, feine Auslese handelt, die in sich ruht und deren Süße gut integriert wirkt. ▬

Weinbewertung

83 2021 Riesling trocken „Einmaleins" (1l) | 12%/6,50€
87 2021 Riesling trocken „Layterrassen" Layet | 12%/17,-€
84 2021 Riesling trocken Mehringer | 11,5%/8,-€
82 2021 Riesling „feinherb" „Einmaleins" (1l) | 11%/6,50€
87 2021 Riesling „Contur" | 12%/12,50€
86 2021 Riesling „feinherb" St. Maximiner Klosterlay | 11%/10,50€
85 2021 Riesling „Tradition" | 7,5%/9,-€
88 2021 Riesling Spätlese „Caro" | 7%/10,50€
89 2019 Riesling Auslese Mehringer Blattenberg | 7%/12,50€

★★☆

Staatlicher Hofkeller

Kontakt
Staatlicher Hofkeller Würzburg
Residenzplatz 3
97070 Würzburg
Tel. 0931-3050923
Fax: 0931-3050966
www.hofkeller.de
hofkeller@hofkeller.de

Besuchszeiten
Mo.-Fr. 9-18 Uhr, Sa. 10-16 Uhr (Hauptsaison), 10-14 Uhr (Nebensaison); Veranstaltungen im Fasskeller (bis 320 Personen)

Inhaber
Freistaat Bayern
Betriebsleiter
Thilo Heuft
Kellermeister
Stefan Schäfer, Klaus Kuhn
Außenbetrieb
Stefan Schäfer
Rebfläche
120 Hektar
Produktion
800.000 Flaschen

Die Geschichte des Hofkellers lässt sich bis ins Jahr 1128 zurückverfolgen, ist das älteste urkundlich belegte Weingut Deutschlands. 1814 fiel der zuvor Fürstbischöfliche Hofkeller als Königlich Bayerischer Hofkeller an das Königreich Bayern, ist seit 1918 als Staatlicher Hofkeller Würzburg Eigentum des Freistaates Bayern. Der Hofkeller verfügt über umfangreichen Besitz nicht nur in Würzburg und Randersacker, sondern in ganz Franken. Die Geschäftsführung hat im Januar 2018 Thilo Heuft übernommen, der zuvor Geschäftsführender Vorstand der Weingärtner Stromberg-Zabergäu war.

Kollektion

Die große Überraschung für uns ist in diesem Jahr der Spätburgunder aus dem Bischofsberg, der klar beste Rotwein, den wir jemals vom Hofkeller verkostet haben. Er ist faszinierend reintönig im Bouquet, konzentriert, zeigt dezent florale Noten, ist frisch, präzise, zupackend, besitzt Struktur und klare Frucht. Es gibt aber auch einen hervorragenden Weißwein in diesem Jahr, den Pfülben-Riesling, aber beim Riesling kommt das nicht ganz so überraschend, auch wenn hervorragende Weine etwas rar waren in den letzten Jahren. Dem Pfülben-Riesling steht der Restzucker gut in einem Jahrgang wie 2021, er zeigt gute Konzentration, reife Frucht, Pfirsich, ist füllig, fruchtbetont und nachhaltig. Sein Kollege vom Stein-Berg ist deutlich würziger, zeigt ebenfalls Pfirsich im Bouquet, ist füllig und harmonisch im Mund, sehr saftig. Vom Stein-Berg gibt es auch einen Weißburgunder Großes Gewächs, Jahrgang 2020, der viel reife Frucht im Bouquet zeigt, füllig und kompakt im Mund ist. Auch bei den Erste Lage-Weinen macht der Spätburgunder eine gute Figur, der allerdings aus dem Stein stammt, intensive Frucht im Bouquet zeigt, herrlich eindringlich und reintönig ist, im Mund dann frisch, klar und zupackend ist. Unter den weißen Erste Lage-Weinen gefallen uns zwei Silvaner besonders gut, der offene, saftige Wein vom Stein und der ebenfalls sehr offene, birnenduftige Wein aus dem Teufelskeller.

Weinbewertung

83 2021 Sauvignon Blanc trocken | 12%/8,50€
85 2021 Silvaner trocken Würzburger Stein | 12,5%/14,90€
85 2021 Silvaner trocken Randersackerer Teufelskeller | 13%/12,-€
83 2021 Silvaner trocken Würzburger Innere Leiste | 12,5%/14,40€
84 2021 Riesling trocken Würzburger Stein | 12,5%/14,90€
83 2021 Riesling trocken Würzburger Innere Leiste | 12,5%/14,40€
88 2021 Silvaner trocken „GG“ Würzburger Stein-Berg | 13,5%/31,-€
89 2021 Riesling trocken „GG“ Würzburger Stein-Berg | 12,5%/31,-€
91 2021 Riesling trocken „GG“ Randersackerer Pfülben | 13%/31,-€
88 2020 Weißer Burgunder trocken „GG“ Würzburger Stein-Berg | 13,5%/34,-€
87 2020 Spätburgunder trocken Würzburger Stein | 13%/14,90€
91 2020 Spätburgunder trocken „GG“ Großheubacher Bischofsberg | 12,5%/38,-€

★★★☆

Hofmann

Kontakt
Strüther Straße 7
97285 Röttingen
Tel. 09338-1577
Fax: 09338-993375
www.weinguthofmann.com
info@weinguthofmann.com

Besuchszeiten
nach Vereinbarung
Gästezimmer

Inhaber
Jürgen Hofmann
Rebfläche
8 Hektar
Produktion
60.000 Flaschen

Alois Hofmann beschloss 1990 seine Trauben nicht länger an eine Weinkellerei abzuliefern und im Jahr darauf vermarktete er erstmals den Wein seiner damals 1,3 Hektar Weinberge komplett selbst. 2001 ist Sohn Jürgen nach Beendigung seines Geisenheim-Studiums (die Winzerlehre hat er bei Paul Fürst gemacht) in den Betrieb eingestiegen, der ihm nun schon geraume Zeit gehört. Seine Weinberge liegen vor allem im Röttinger Feuerstein, wo die Reben auf Muschelkalkböden wachsen, die mit Feuerstein durchzogen sind. Hinzu kommen Weinberge im Markelsheimer Propstberg, der zur Region Württemberg gehört, sowie in der Tauberrettersheimer Königin.

Kollektion

Eine starke Kollektion präsentiert Jürgen Hofmann auch in diesem Jahr, die, wie gewohnt, angeführt wird von den kraftvollen Rotweinen, die in diesem Jahr alle aus dem Jahrgang 2019 stammen. Der Tauberschwarz R vom Probstberg ist intensiv und würzig, zeigt klare Frucht, besitzt Fülle, Kraft, gute Struktur und jugendliche Tannine. Der Tauberschwarz RR aus dem Feuerstein ist im Bouquet noch etwas konzentrierter, zeigt rote Früchte, ist füllig und stoffig, besitzt reintönige Frucht und Struktur. Der Spätburgunder R ist würzig, etwas rauchig, klar, frisch und zupackend, besitzt gute Struktur und Grip. Der Spätburgunder RR ist konzentrierter, eindringlich, zeigt mit Luft ein wenig Johannisbeeren, ist füllig und komplex im Mund, besitzt Substanz und Länge. Neu im Programm ist der frische, würzige, leicht florale Weißburgunder, der Chardonnay R zeigt rauchige Noten, reife Frucht, besitzt Frische, feine süße Frucht und Grip. Die trockene Riesling Spätlese ist säurebetont, etwas unausgewogen, die halbtrockene deutlich harmonischer, insgesamt etwas besser aber schneidet im Jahrgang 2021 der Silvaner ab: Die trockene Spätlese ist wunderschön reintönig, harmonisch und frisch, die 3 Sterne-Variante ist füllig, saftig und strukturiert, der Granit-Silvaner ist in der Frucht zurückhaltender, aber kraftvoll, und konzentriert.

Weinbewertung

84 2021 Weißburgunder trocken (Tauberrettersheimer Königin) | 12,5%/9,80€
86 2021 Silvaner Spätlese trocken Röttinger Feuerstein | 12%/10,80€
88 2021 Silvaner*** Spätlese trocken Röttinger Feuerstein | 12,5%/11,80€
84 2021 Riesling*** Spätlese trocken Röttinger Feuerstein | 11,5%/10,80€
87 2021 Silvaner trocken „Granit“ Röttinger Feuerstein | 12,5%/15,80€
88 2021 Silvaner „R“ trocken Röttinger Feuerstein | 13%/15,80€
87 2021 Chardonnay „R“ trocken Röttinger Feuerstein | 13%/18,50€
86 2021 Riesling Spätlese „Sankt Martin“ Röttinger Feuerstein | 11,5%/11,80€
88 2019 Tauberschwarz „R“ trocken Probstberg | 13,5%/22,-€
89 2019 Tauberschwarz „RR“ trocken Röttinger Feuerstein | 13,5%/26,-€
89 2019 Spätburgunder „R“ trocken Röttinger Feuerstein | 13,5%/22,-€
91 2019 Spätburgunder „RR“ trocken Röttinger Feuerstein | 13,5%/26,-€

★★★★

Hofmann

Kontakt
Vor dem Klopp 4
55437 Appenheim
Tel. 06725-300063
Fax: 06725-300477
www.schiefer-trifft-muschelkalk.de
info@schiefer-trifft-muschelkalk.de

Besuchszeiten
Mo.-Sa. 9-12 + 13-18 Uhr

Inhaber
Carolin & Jürgen Hofmann
Betriebsleiter
Jürgen Hofmann
Außenbetrieb
Alexander Luff
Rebfläche
22 Hektar
Produktion
260.000 Flaschen

Jürgen Hofmann, der nach Studium in Geisenheim in Weinbaugebieten wie Kalifornien, Südafrika, Ungarn, Rumänien und Australien gearbeitet hatte, dann als Weinmacher bei Reh-Kendermann für die Premiummarken verantwortlich war, konzentrierte sich seit Ende der neunziger Jahre ganz auf den elterlichen Betrieb, investierte in Kellertechnik und Weinberge in besten Lagen, errichtete ein neues Weingut am Fuße des Kloppbergs. Seine Eltern Klaus und Irene Hofmann hatten 1972 mit der Flaschenweinvermarktung begonnen, aus dem landwirtschaftlichen Mischbetrieb ein Weingut entwickelt. Die Weinberge von Jürgen Hofmann liegen in Appenheim in den Lagen Hundertgulden und Eselspfad, in St. Johann im Steinberg sowie in den Gau-Algesheimer Lagen St. Laurenzikapelle und Goldberg. Er baut vor allem Riesling, Silvaner und die Burgundersorten – Weißburgunder, Spätburgunder, Grauburgunder – an, aber auch internationale Sorten wie Sauvignon Blanc, der fast schon so etwas wie das Markenzeichen von Jürgen Hofmann geworden ist, und Chardonnay, dazu regionale Spezialitäten wie Scheurebe und Huxelrebe. Das Sortiment ist dreistufig gegliedert in Gutsweine, Ortsweine und Lagenweine, im obersten Segment gibt es den Sauvignon Blanc aus der St. Laurenzikapelle, erstmals 2014 auch in einer im Betonei ausgebauten Version, inzwischen auch in einer Maischegärung-Version, den Weißburgunder aus dem Eselspfad, den Lagen-Chardonnay aus dem St. Johanner Steinberg (erstmals 2015 erzeugt, seit 2021 als „Reserve" bezeichnet) sowie die Rieslinge aus dem Hundertgulden und dem Gau-Algesheimer Goldberg (seit dem Jahrgang 2016). Den lange Zeit erzeugten Riesling aus dem Niersteiner Ölberg gibt es seit 2021 nicht mehr, dafür ist ein neuer Lagen-Riesling aus dem Gau-Algesheimer Rothenberg neu hinzugekommen; auch der zwischenzeitlich erzeugte Eselspfad-Silvaner ist nicht mehr im Programm. Jürgen Hofmanns Ehefrau Carolin, ebenfalls ausgebildete Önologin, stammt aus dem Weingut Willems-Willems in Oberemmel an der Saar, sie führen heute beide Weingüter gemeinsam. 2019 wurde mit der Umstellung auf biologischen Weinbau begonnen, Jürgen Hofmann ist Mitglied bei Ecovin.

Kollektion

Eine der großen Stärken von Jürgen Hoffmann ist das zuverlässig gute Niveau seiner Gutsweine, und das ist auch 2021 wieder so, auch wenn beispielsweise Weißburgunder oder Scheurebe jahrgangsbedingt etwas schlanker und säurebetonter ausfallen als gewohnt, Jürgen Hoffmann ihnen etwas Restsüße zugestanden hat. Der Weißburgunder ist frisch, fruchtbetont, sehr klar und zupackend, der Riesling ist würzig und klar, frisch, harmonisch und recht saftig. Unsere leichte Präferenz gilt der Scheurebe, die wunderschön klar und zupackend ist, feine süße Frucht und Grip besitzt. Die Ortsweine sind deutlich fülliger als die Gutsweine, aber doch auch etwas schlanker und säurebetonter als in den Vorjahren. Die Cuvée aus

Weißburgunder und Chardonnay zeigt reife Frucht, gelbe und weiße Früchte, ist frisch und klar, besitzt Struktur und Frucht. Der Chardonnay zeigt ebenfalls viel Frucht, hier überwiegen die Weißfrucht-Komponenten, er ist harmonisch im Mund, saftig, besitzt reife Frucht, gute Struktur und Frische. Der Sauvignon Blanc ist wunderschön reintönig, zeigt feine Frische, Tropenfrüchte und Stachelbeeren, ist frisch, lebhaft und klar, aber deutlich süßer als gewohnt. Dem Jahrgang zum Trotz fallen die beiden Lagen-Sauvignon Blanc aus der St. Laurenzikapelle fast opulent aus. Der im Barrique ausgebaute Wein zeigt reife Stachelbeeren und Guave, ist füllig und saftig, besitzt Struktur und Substanz, die Betonei-Variante ist nochmals intensiver, noch fülliger und opulenter, besitzt intensive Frucht. Der Weißburgunder aus dem Eselspfad zeigt rauchige Noten, besitzt Fülle, Kraft, viel reife Frucht und Substanz. Der Reserve-Chardonnay ist herrlich eindringlich und konzentriert, zeigt gelbe Früchte, ist kraftvoll, füllig, hat Substanz und Länge. Der Goldberg-Riesling ist hefewürzig und leicht scharf im Bouquet, im Mund füllig, harmonisch, strukturiert und frisch. Neu im Programm ist der Rothenberg-Riesling, der den Wein vom Ölberg ersetzt, etwas Schärfe und Senfkörner im Bouquet zeigt, füllig, stoffig und kompakt ist, noch sehr jugendlich. Das gilt auch für den Hundertgulden, der rauchig-würzige Noten zeigt, füllig, konzentriert und stoffig ist, sich noch harmonisieren muss. Faszinierend ist derzeit der 2017er, der uns jung gar nicht so recht überzeugt hatte, ist präzise, mineralisch und nachhaltig – ob sich der 2021er auch so entwickeln wird?

Carolin & Jürgen Hofmann

Weinbewertung

84 2021 Weißer Burgunder trocken | 12%/8,80€
84 2021 Riesling trocken | 12,5%/8,80€
85 2021 Scheurebe trocken | 12%/8,80€
86 2021 Weißburgunder & Chardonnay trocken „Urmeer“ Appenheimer | 12,5%/11,50€
86 2021 Chardonnay trocken „vom Korallenriff“ | 12,5%/11,50€
86 2021 Sauvignon Blanc trocken | 12,5%/11,50€
87 2021 Riesling trocken „vom Muschelkalk“ Appenheimer | 12,5%/11,50€
90 2021 Weißer Burgunder trocken Appenheim Eselspfad | 13%/25,-€
90 2021 Sauvignon Blanc trocken Gau-Algesheim St. Laurenzikapelle | 13%/25,-€
89 2021 Sauvignon Blanc trocken „Lieblingsei“ St. Laurenzikapelle | 14%/25,-€
90 2021 Chardonnay trocken „Reserve“ | 13%/25,-€
89 2021 Riesling trocken Gau-Algesheim Rothenberg | 12,5%/30,-€
90 2021 Riesling trocken Gau-Algesheim Goldberg | 12,5%/25,-€
92 2017 Riesling trocken Appenheim Hundertgulden | 12,5%
89+ 2021 Riesling trocken Appenheim Hundertgulden | 12,5%/35,-€

Lagen

Hundertgulden (Appenheim)
Eselspfad (Appenheim)
Rothenberg (Gau-Algesheim)
St. Laurenzikapelle (Gau-Algesheim)
Steinberg (St. Johann)

Rebsorten

Riesling (25%)
Sauvignon Blanc (20%)
Weißburgunder (15%)
Silvaner (15%)
Chardonnay
Spätburgunder
Scheurebe
Huxelrebe

★★★☆

Hofmann

Kontakt
Oberndorfer Straße 20
91472 Ipsheim
Tel. 09846-727
Fax: 09846-9791717
www.wein-hofmann.de
weingut@wein-hofmann.de

Besuchszeiten
Vinothek
Mo.-Fr. 8-18 Uhr
Sa. 9-17 Uhr

Inhaber
Bernd Hofmann
Rebfläche
26 Hektar
Produktion
200.000 Flaschen

Das Weingut Hofmann liegt in Ipsheim in Mittelfranken, wird von Bernd Hofmann geführt. Die Reben wachsen in den Lagen Bad Windsheimer Rosenberg (Gipskeuperboden mit Kalkstein im Untergrund), Ipsheimer Burg Hoheneck (schwere Tonböden) und Weimersheimer Roter Berg (tiefgründige Böden mit hohem Löss-Lehm-Anteil), im Hüttenheimer Tannenberg (mit Gips durchsetzter Keuper) sowie im Ickelheimer Schlossberg. Zu den weißen Sorten Silvaner, Müller-Thurgau, Bacchus, Riesling und Kerner kamen in den letzten Jahren Weißburgunder, Scheurebe, Johanniter, Gewürztraminer und Sauvignon Blanc hinzu. An roten Sorten baut Bernd Hofmann Spätburgunder, Dornfelder, Regent und Domina an, inzwischen auch Cabernet Sauvignon. Die Weine werden recht kühl in Edelstahltanks vergoren und bleiben bis März auf der Feinhefe; ausgewählte Rotweine werden im Barrique ausgebaut.

Kollektion

Ein wunderschön lebhafter, fruchtbetonter Liter-Silvaner eröffnet den Reigen. Der Johanniter ist würzig, etwas floral, besitzt Frische, klare Frucht und Grip. Der Silvaner vom Keuper ist würzig und eindringlich, zeigt klare Frucht, ist frisch, zupackend, besitzt Struktur und jahrgangstypischen Grip; deutlich fülliger und konzentrierter ist der gelbfruchtige Silvaner S, der viel Saft und Substanz besitzt. Der Riesling Keuper & Kalk zeigt feine Würze und reintönige Frucht, ist frisch und zupackend, strukturiert und fruchtbetont. Der Rosenberg-Riesling besitzt viel Konzentration, Fülle und Kraft, viel reife Frucht und Substanz, gute Struktur und Frische. Der Chardonnay von der Burg Hoheneck zeigt weiße Früchte im Bouquet, ist herrlich füllig und kraftvoll im Mund, besitzt Substanz, Frische und Frucht. Unser Favorit im weißen Segment ist der Sauvignon Blanc von der Burg Hoheneck, der faszinierend reintönig ist, gute Struktur und Grip besitzt, mineralische Noten und Wärme. Aus derselben Lage stammt der 2019 Cabernet Sauvignon, der sich in blendender Verfassung zeigt, intensive Frucht besitzt, etwas Cassisnoten, viel Kraft und gute Struktur. Prima Kollektion!

Weinbewertung

83 2021 Silvaner trocken (1l) | 12%/6,50€
84 2021 Johanniter trocken | 12,5%/7,-€
86 2021 Silvaner trocken „vom Keuper" | 12%/8,50€
86 2021 Riesling trocken „Keuper & Kalk" | 12,5%/8,50€
87 2021 Silvaner „S" trocken | 13,5%/10,50€
88 2021 Chardonnay „S" trocken Ipsheimer Burg Hoheneck | 12,5%/13,-€
88 2021 Riesling „S" trocken Bad Windsheim Rosenberg | 12%/13,-€
89 2021 Sauvignon Blanc „S" trocken Ipsheimer Burg Hoheneck | 14%/13,-€
86 2021 Scheurebe „S" „feinherb" | 12,5%/10,50€
89 2019 Cabernet Sauvignon „S" trocken Ipsheimer Burg Hoheneck | 14,5%/32,50€

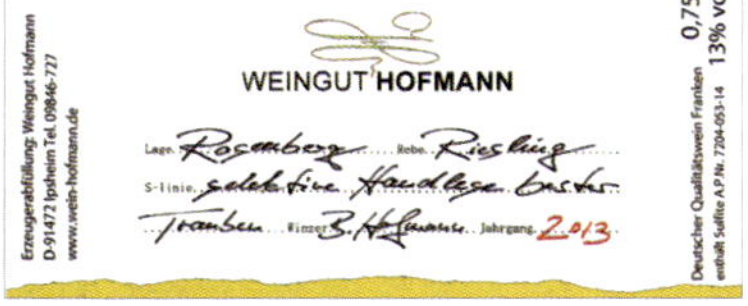

★★☆

Hofmann

Kontakt
Weinbau Hofmann GbR
Schulgasse 2
97355 Wiesenbronn
Tel. 09325-6871
Fax: 09325-902672
www.weinbau-hofmann.de
info@weinbau-hofmann.de

Besuchszeiten
Mo.-Sa. 8-19 Uhr, Sonn- und Feiertage 9-12 Uhr
Probierstube (bis 50 Personen) für Veranstaltungen

Inhaber
Mario & Heinrich Hofmann
Kellermeister
Mario Hofmann
Rebfläche
6,5 Hektar
Produktion
34.000 Flaschen

Seit 1750 sind die Hofmanns Weinbauern und Büttner (bis 1960) in Wiesenbronn. Michael Hofmann begann 1970 mit der Selbstvermarktung, sein Sohn Heinrich Hofmann übernahm 1993 den 20 Hektar großen Betrieb, einen Teil der Fläche nutzt er für Wein- und Obstbau. Seit 2004 kümmert sich Heinrich Hofmanns Sohn Mario um den Weinbereich. Die Weinberge liegen in Wiesenbronn in den Lagen Wachhügel und Geißberg, im Casteller Kirchberg, Iphöfer Kalb, Abtswinder Altenberg und Handthaler Stollberg. Silvaner, Müller-Thurgau, Weißburgunder, Bacchus, Riesling und Grauburgunder werden angebaut, dazu die roten Sorten Spätburgunder, Portugieser, Blauburger, Regent, Dornfelder und Domina. 2019 erfolgte die Umstellung auf ökologischen Weinbau, seit 2021 ist man Mitglied bei Naturland. Edelbrände aus der eigenen Brennerei und von eigenen Früchten gewonnene Liköre ergänzen das Sortiment. In einem 200 Jahre alten ehemaligen Kellerhaus, das als Schankwirtschaft und Kegelbahn genutzt wurde, schräg gegenüber vom Weingut gelegen, wurde ein Vinotel mit zwei Zimmern eingerichtet.

Kollektion

Den Jahrgang 2021 hatte Mario Hofmann gut im Griff, die Kollektion präsentiert sich gleichmäßig wie nie. Die Sommerfrischler genannten Basisweine sind alle vier frisch, fruchtbetont und geradlinig, dem eindringlichen, zupackenden Blanc de Noir gilt unsere leichte Präferenz. Der Silvaner anno 1712 ist fruchtbetont, füllig, was auch für die drei trockenen Silvaner-Spätlesen gilt unter denen wir ganz leicht den Wein aus dem Casteller Kirchberg präferieren, der füllig und saftig ist, reife süße Frucht und gute Struktur besitzt. Die trockene Riesling Spätlese zeigt etwas Pfirsich, ist füllig und saftig, die Rieslaner Spätlese ist konzentriert und klar, besitzt viel Frucht und Biss. Unter den beiden 2017er Rotweinen gilt unsere Präferenz dem fruchtbetonten, frischen Blauburger.

Weinbewertung

82 2021 Rivaner trocken „Sommerfrischler" | 12,5%/5,75€
82 2021 Bacchus trocken „Sommerfrischler" | 12,5%/5,75€
83 2021 „Blanc de Noir" trocken „Sommerfrischler" | 12,5%/5,75€
83 2021 Silvaner trocken „anno 1712" | 12,5%/6,75€
84 2021 Silvaner Spätlese trocken Casteller Kirchberg | 13%/8,-€
83 2021 Silvaner Spätlese trocken „alte Reben" Iphöfer Kalb | 13%/8,-€
83 2021 Silvaner Spätlese trocken Wiesenbronner Geisberg | 13%/8,-€
83 2021 Riesling Spätlese trocken Wiesenbronner Wachhügel | 12,5%/8,50€
85 2021 Rieslaner Spätlese Wiesenbronner Wachhügel | 11,5%/8,50€
82 2021 Rosé trocken „Sommerfrischler" | 12,5%/5,75€
85 2017 Blauburger trocken Wiesenbronner Wachhügel | 13%/8,-€
83 2017 Spätburgunder trocken Casteller Kirchberg | 13%/8,-€

★★

Philipp **Hofmann**

Kontakt
Hinterbergstraße 37
67098 Bad Dürkheim
Tel. 06322-9880250
www.hofmann-wein.de
philipp@hofmann-wein.de

Besuchszeiten
nach Vereinbarung

Inhaber
Philipp Hofmann
Rebfläche
0,8 Hektar
Produktion
3.000 Flaschen

Philipp Hofmann stammt aus einer Familie mit einer langen Weinbautradition, ist Winzer in der siebten Generation. Sein eigenes Weingut, das er nebenberuflich führt, hat er aber erst 2011 gegründet, als er von seiner Großtante eine kleine Parzelle mit Rieslingreben übernehmen konnte, gelegen an der höchsten Stelle des Dürkheimer Spielbergs, ein dem Haardtgebirge vorgelagertes ehemaliges Korallenriff mit Kalksteinböden. Sein erster Jahrgang war 2012, drei Jahre später kam ein zweiter Weinberg hinzu, bestockt mit Spätburgunder in der Dürkheimer Hochbenn, 2016 folgte ein dritter Weinberg im Wachenheimer Mandelgarten mit Weißburgunderreben. Heute erzeugt Hofmann auf seinem kleinen Weingut aus einer Fläche von gerade einmal 0,8 Hektar rund 3000 Flaschen im Jahr.

Kollektion

Es ist immer spannend, die verschiedenen Jahrgänge von Philipp Hofmanns Weinen miteinander zu vergleichen: Gemeinsam ist den drei Spielberg-Rieslingen eine leicht kräutrig-mineralische Würze und ein animierendes Säurespiel, der Jahrgang 2021 ist der fruchtbetonteste Wein, er zeigt klare Aromen von Aprikose, Zitrusfrüchten und gelbem Apfel, ist elegant und animierend, der 2020er zeigt im Bouquet leichte Reifenoten, etwas Gebäck, ist kraftvoll und leicht füllig, besitzt klare Noten von gelbem Steinobst und gute Länge und der 2019er zeigt ähnlich feine Reifenoten im Bouquet, besitzt am Gaumen sehr feine Zitrusnoten und auch noch Frische. Auch bei den Weißburgundern favorisieren wir knapp die beiden jüngeren Jahrgänge, 2021 wirkt noch sehr jung und kompakt, besitzt aber schon klare Frucht und gute Länge, der 2020er ist jetzt auf dem Punkt, zeigt klare Birnenfrucht und florale Würze, besitzt am Gaumen gute Konzentration, ist harmonisch und ausgewogen und der 2019er zeigt feine Reifenoten von Gebäck und Quitte, besitzt Kraft und Schmelz. Die beiden Spätburgunder sind schon deutlich gereift, vor allem der 2017er mit seinen Aromen von Trockenfrüchten sollte jetzt getrunken werden, der 2018er ist etwas kraftvoller und harmonischer, der Sekt ist füllig, gelbfruchtig, besitzt ebenfalls deutliche Reifenoten.

Weinbewertung

84 2018 Pinot Blanc Sekt brut | 12,5%/12,-€
86 2019 Weißer Burgunder trocken Wachenheimer Mandelgarten | 14%/6,-€ ☺
87 2020 Weißer Burgunder trocken Wachenheimer Mandelgarten | 13%/6,-€ ☺
87 2021 Weißer Burgunder trocken Wachenheimer Mandelgarten | 13%/6,50€ ☺
86 2019 Riesling trocken Spielberg | 14%/8,-€
87 2020 Riesling trocken Spielberg | 14%/8,-€ ☺
87 2021 Riesling trocken Spielberg | 13%/8,50€ ☺
85 2017 Spätburgunder trocken Dürkheimer Hochbenn | 13%/12,-€
86 2018 Spätburgunder trocken Dürkheimer Hochbenn | 13,5%/12,-€

★★★

Hohenbeilstein

Kontakt
Schlossgut Hohenbeilstein
Schlossstraße 40
71717 Beilstein
Tel. 07062-937110
Fax: 07062-9371122
www.schlossgut-hohenbeilstein.de
info@schlossgut-hohenbeilstein.de

Besuchszeiten
Mo.-Fr. 9-12 + 13-18 Uhr
Sa. 9-13 Uhr

Inhaber
Joscha Dippon
Rebfläche
15 Hektar
Produktion
90.000 Flaschen

Eberhard Dippon erwarb 1959 das von Kommerzienrat Robert Vollmöller gegründete Gut, 1987 begann er mit der Umstellung auf ökologischen Weinbau, seit 1990 führt sein Sohn Hartmann Dippon den Betrieb, seit 1994 ist das Weingut komplett auf ökologischen Weinbau umgestellt, Hartmann Dippon ist Mitglied bei Naturland. Seit 2014 arbeiten Sohn Joscha und Tochter Elske voll im Betrieb mit, zum 1. Juli 2019 hat Joscha Dippon den Betrieb übernommen. Der zum Teil terrassierte Hohenbeilsteiner Schlosswengert gehört der Familie im Alleinbesitz. Am Eingang zur Burg ist ein Lehrweinpfad mit pilzresistenten Rebsorten angelegt. Neben klassischen Württemberger Rebsorten wie Trollinger, Riesling, Lemberger, Spätburgunder, Weißburgunder, Silvaner, Samtrot oder Muskattrollinger werden Cabernet-Neuzüchtungen angebaut, aber auch pilzresistente Rebsorten wie Regent, Cabernet Blanc oder Johanniter. Das Sortiment ist gegliedert in Gutsweine, Ortsweine und die Großen Gewächse aus den Filetstücken des Schlosswengerts.

Kollektion

Der Amphoren-Riesling stand im vergangenen Jahr zusammen mit den Großen Gewächsen von Weißburgunder und Lemberger an der Spitze der Kollektion. Letzteren, Jahrgang 2018, konnten wir noch einmal verkosten, er bestätigt den starken Eindruck des Vorjahres, gefällt uns ein wenig besser als der Spätburgunder aus dem selben Jahrgang, der reintönige Frucht, gute Struktur und Tannine besitzt. Sehr gut ist auch der dritte vorgestellte Rotwein, die Cuvée Robert Vollmöller ist fruchtbetont, frisch, würzig, klar und zupackend. Die trockenen 2021er Weißweine sind klar und frisch, alle sehr geradlinig, relativ schlank, der einzige 2020er ist unser leichter Favorit: Der Beilsteiner Riesling ist würzig und eindringlich, klar und zupackend. Sehr gut aber gefällt uns ein restsüßer Weißwein des Jahrgangs 2021, der Riesling Kabi, der würzig und rauchig ist, herrlich eindringlich, frisch und zupackend im Mund, nicht zu süß, viel Frucht und Grip besitzt. So macht Kabi Spaß!

Weinbewertung

83 2021 Johanniter trocken | 12,5%/7,90€
83 2021 Weißburgunder trocken Beilsteiner | 12,5%/9,90€
82 2021 Cabernet Blanc trocken Beilsteiner | 13%/9,90€
84 2020 Riesling trocken Beilsteiner | 12,5%/9,90€
83 2021 Chardonnay trocken Beilsteiner | 13,5%/13,90€
86 2021 Riesling „Kabi" Hohenbeilsteiner Schlosswengert | 9%/12,90€
83 2021 Muscaris Beilsteiner | 11,5%/9,90€
86 2018 „Robert Vollmöller" Rotwein trocken | 14,5%/10,90€
88 2018 Spätburgunder trocken „GG" Hohenbeilsteiner Schlosswengert | 15%/24,-€
89 2018 Lemberger trocken „GG" Hohenbeilsteiner Schlosswengert | 13,5%/24,-€

★★★★

Fürst Hohenlohe-Oehringen

Kontakt
Wiesenkelter
74613 Öhringen-Verrenberg
Tel. 07941-94910
Fax: 07941-37349
www.verrenberg.de
info@verrenberg.de

Besuchszeiten
Mo.-Fr. 9-18 Uhr
Sa. 10-14 Uhr
und nach Vereinbarung
Restaurant Wiesenkelter
direkt am Weingut

Inhaber
Fürst Kraft zu
Hohenlohe-Oehringen
Betriebsleiter
Joachim Brand
Rebfläche
30 Hektar
Produktion
175.000 Flaschen

Dem Weingut Fürst Hohenlohe-Öhringen gehört der 17 Hektar große Verrenberger Verrenberg im Alleinbesitz, ein erstmals 1260 urkundlich erwähnter Südhang mit bis zu 45 Prozent Hangneigung, wo die Reben in 260 bis 310 Meter Höhe auf Gipskeuperböden wachsen, die teilweise Einlagerungen von Muschelkalk aufweisen. Die weiteren Weinberge liegen ebenfalls in Verrenberg (Goldberg). 2016 kamen 8 Hektar in Untersteinbach und Harsberg hinzu, beides Ortsteile der Gemeinde Pfedelbach. Dort wachsen die Reben auf fast 400 Meter, der Keuperboden enthält weniger Lehmanteil als in Verrenberg. Das Weingut wurde 1253 gegründet, befindet sich seit 26 Generationen in Familienbesitz. 2008 errichtete man eine neue moderne Kellerei am Fuße des Verrenberg, das dazugehörige Restaurant Wiesenkelter wird von einem Pächter betrieben. Joachim Brand ist seit 2008 im Betrieb, 2011 übernahm er die Nachfolge des langjährigen Gutsverwalters Siegfried Röll. Nach der Ernte 2008 wurden ersten Versuche mit biologischem Weinbau unternommen, inzwischen ist man zertifizierter Biobetrieb. Wichtigste Rebsorte ist Riesling, der mehr als die Hälfte der Fläche einnimmt. Dazu gibt es Weißburgunder, Chardonnay und Sauvignon Blanc, Müller-Thurgau und Kerner wurden ebenso abgeschafft wie Grauburgunder. Bei den roten Sorten, die zwei Fünftel der Rebfläche einnehmen, dominieren Lemberger und Spätburgunder, dazu gibt es Cabernet Franc und Cabernet Sauvignon, Trollinger wurde etwas reduziert, dafür mehr Merlot angelegt, auch Malbec wurde versuchsweise gepflanzt. Das Sortiment ist eingeteilt in Gutsweine, Ortsweine, sowie Hades-Weine und Große Gewächse, wenn es der Jahrgang erlaubt werden auch edelsüße Weine erzeugt. Das Weingut gehört als Mitglied der Hades-Gruppe zu den Pionieren des Barriqueausbaus in Deutschland, ebenso zu den Vorreitern roter Cuvées in Deutschland. Bereits 1986 wurde erstmals die nach dem Wappenspruch des Hauses benannte Cuvée „Ex flammis orior“ erzeugt, die heute meist aus 60 bis 70 Prozent Lemberger, sowie Cabernet Franc und Merlot besteht, seit Anfang der neunziger Jahre gibt es die zweite Spitzencuvée „In senio“, die nach Bordeauxvorbild aus Cabernet Franc, Merlot und Cabernet Sauvignon besteht. Die einzelnen Rebsorten werden gesondert vinifiziert und ein Jahr gesondert ausgebaut, dann werden die endgültigen Cuvées zusammengestellt und die Weine kommen für ein weiteres Jahr ins Barrique. Die Weine werden nach Maischestandzeiten von bis zu 36 Stunden teilweise spontan-, teilweise mit Reinzuchthefen vergoren.

Kollektion

Jeweils fünf Weine aus den Jahrgängen 2020 und 2021 hat das Weingut in diesem Jahr vorgestellt. Der Gutsriesling ist wie immer eine sichere Bank, er ist frisch, klar und geradlinig. Die gewohnte Steigerung bringt dann der Verrenberger Ortsriesling, der sehr würzig, frisch und fruchtbetont im Bouquet ist, zupackend im Mund, viel Frische und Grip besitzt bei klarer Frucht. Der Verrenberger Sauvignon Blanc ist reintönig im Bouquet, im Mund frisch und klar, geradlinig, kompakt und zupackend, er besitzt gute Struktur und ebenfalls viel Grip. Das trifft auch auf den Verrenberger Muskateller zu, der enorm würzig und eindringlich im Bouquet ist, im Mund sehr schlank, geradlinig und zupackend, reintönige Frucht besitzt. Aus dem Jahrgang 2020 stammt der Hades-Chardonnay, der gute Konzentration im Bouquet zeigt und viel Frucht, sehr offen ist, im Mund sich saftig und füllig präsentiert, viel reife Frucht und Substanz besitzt. Unser eindeutiger Favorit unter den Weißweinen aber ist wie gewohnt der Riesling Großes Gewächs, der gute Konzentration im Bouquet zeigt, herrlich eindringlich und reintönig ist, im Mund füllig und saftig ist, viel reife süße Frucht besitzt, Substanz, gute Struktur und Druck, etwas weniger mineralisch ist als in den vorausgegangenen Jahrgängen. Die vier Rotweine stammen alle aus dem Jahrgang 2020. Der Lemberger Gutswein ist frisch und fruchtbetont im Bouquet, zeigt etwas rote Früchte, ist lebhaft, frisch und zupackend im Mund bei feiner Frucht. Der Lemberger Großes Gewächs ist sehr offen im Bouquet, zeigt gute Konzentration, etwas Gewürze, reintönige Frucht, ist füllig und kraftvoll im Mund, besitzt viel reife Frucht und Substanz. Die Cuvée „Ex flammis orior" ist ebenfalls sehr offen im Bouquet, zeigt viel Duft, feine Würze, eindringliche Gewürznoten, besitzt Kraft und viel Substanz im Mund, schöne Frucht und Länge. Unsere Präferenz im Jahrgang 2020 gilt aber der zweiten Cuvée „In senio", die ebenfalls gute Konzentration und Gewürznoten im Bouquet zeigt, im Mund etwas strukturierter ist, Fülle und Kraft besitzt, viel reife Frucht, Substanz und Frische, etwas Sauerkirschen im Abgang zeigt und noch sehr jugendlich ist.

Weinbewertung

84 2021 Riesling trocken | 12%/8,50€
86 2021 Riesling trocken Verrenberg | 12%/15,-€
84 2021 Sauvignon Blanc trocken Verrenberg | 13%/16,-€
86 2021 Muskateller trocken Verrenberg | 11%/16,-€
88 2020 Chardonnay trocken „Hades" | 13,5%/35,-€
90 2021 Riesling trocken „GG" Verrenberger Verrenberg | 12,5%/26,-€
84 2020 Lemberger trocken | 13,5%/8,50€
89 2020 Lemberger trocken „GG" Verrenberger Verrenberg | 13%/35,-€
90 2020 „Ex flammis orior" Rotwein trocken „Hades" | 14%/40,-€
91 2020 „In senio" Rotwein trocken „Hades" | 14%/40,-€

Lagen
Verrenberg (Verrenberg)

Rebsorten
Riesling (45%)
Lemberger (15%)
Burgundersorten (30%)

★★☆

Hohlreiter

Kontakt
Hauptstraße 33
76831 Göcklingen
Tel. 06349-929250
www.weingut-hohlreiter.de
mail@weingut-hohlreiter.de

Besuchszeiten
Mo.-Sa. 9-18 Uhr

Inhaber
Fritz Hohlreiter,
Klaus Hohlreiter
Betriebsleiter
Familie Hohlreiter
Kellermeister
Fritz Hohlreiter, Jim Weis
Außenbetrieb
Klaus Hohlreiter, Jim Weis
Rebfläche
11 Hektar

Die Wurzeln der Familie Hohlreiter lassen sich bis ins Jahr 1350 zurückverfolgen, der heute noch genutzte Gewölbekeller wurde 1617 erbaut, Weinbau in der Familie gibt es nachweislich seit 1772. Den heutigen Namen trägt das Weingut seit der Heirat von Klaus Hohlreiter und Hanne Frech, das Weingut wird mittlerweile von ihrem Sohn Fritz geleitet, der in Geisenheim Weinbau und Oenologie studiert hat und mit Regine Minges vom Weingut Theo Minges verheiratet ist. Bereits seit 1989 werden die Weinberge, die in Göcklingen, Heuchelheim und Klingenmünster liegen, biologisch bewirtschaftet, das Weingut ist seitdem Mitglied bei Ecovin. Das Hauptaugenmerk liegt auf Riesling und den Burgundersorten, daneben gibt es an weißen Sorten noch Silvaner, Sauvignon Blanc, Müller-Thurgau, Gewürztraminer und Muskateller und in rot Merlot, Cabernet Sauvignon und Dornfelder.

Kollektion

In diesem Jahr haben wir zwei Favoriten in Fritz Hohlreiters Sortiment, einen Sekt und, wie im vergangenen Jahr, einen Roten: Der Spätburgunder vom Herrenpfad zeigt klare Aromen von Schwarz- und Sauerkirsche, dazu etwas Kräuter und Gewürznelke, und besitzt auch am Gaumen klare Frucht, ist ausgewogen und frisch, der Weißburgunder Crémant zeigt viel klare Frucht im Bouquet, Birne, Aprikose, Pfirsich und Ananas, und ist auch am Gaumen sehr fruchtbetont, besitzt eine frische Säure und gute Länge. Auch die zwei anderen Sekte sind gut, der Pinot zeigt Reifenoten von Gebäck und Quitte, ist schlank und besitzt auch noch Frische, der gelbe Muskateller ist mit Noten von Holunderblüte, Zitrusfrüchten und floraler Würze sehr aromatisch und besitzt eine frische Säure. Die 2018er Riesling Auslese zeigt schon deutliche Reifenoten, vor allem Quitte, etwas Aprikose, ist am Gaumen leicht cremig, besitzt eine feine Süße und auch noch frische Zitrusnoten, der Riesling „Kalkstein" besitzt herbe Zitrusnoten und Biss, der Weißburgunder zeigt klare Fruchtnoten von Birne und Melone und ist etwas ausdrucksstärker und frischer als der füllige, etwas verhaltene Grauburgunder.

Weinbewertung

86	2019 Weißburgunder Crémant brut I 12,5%/12,-€
84	Pinot Sekt brut I 11,5%/11,-€
84	2019 Gelber Muskateller Sekt brut I 12%/12,-€
80	2021 Riesling trocken (1l) I 11,5%/4,50€
83	2021 Weißburgunder trocken Göcklingen I 12%/6,-€
82	2021 Grauburgunder trocken Göcklingen I 12,5%/6,-€
84	2021 Riesling trocken „Kalkstein" I 12,5%/8,80€
79	2021 Cuvée weiß „feinherb" I 11,5%/5,20€
85	2018 Riesling Auslese Klingenmünster Maria Magdalena I 8,5%/10,-€/0,5l
86	2020 Spätburgunder trocken Heuchelheimer Herrenpfad I 13%/12,-€

★☆

Nils Hohnheit

Kontakt
Edelmannstraße 11
63755 Alzenau-Hörstein
Tel. 06023-9167303
www.weingut-nh.de
info@weinbau-nils-hohnheit.com

Besuchszeiten
Mo.-Fr. 16-18 Uhr
Sa. 10-13 Uhr
So. & Feiertage nach Vereinbarung

Inhaber
Nils Hohnheit
Rebfläche
4 Hektar
Produktion
25.000 Flaschen

2016, mit gerade einmal 21 Jahren, hat Nils Hohnheit, nach Winzerausbildung im Hofgut Hörstein und Weintechnikerausbildung in Veitshöchheim, im heimatlichen Hörstein Weinberge gekauft und gepachtet. Mit weniger als einem Hektar hat er angefangen, die Weine wurden bei einem befreundeten Betrieb ausgebaut, dessen Flächen er heute bewirtschaftet. Die Weinberge liegen hauptsächlich im Hörsteiner Abtsberg, wo die Reben auf Urgesteinsböden mit variierendem Lehmanteil wachsen; hinzu kommen Flächen in Wasserlos. Wichtigste Rebsorten sind Riesling, Weißburgunder, Silvaner, Scheurebe, Spätburgunder und Müller-Thurgau.

Kollektion

Eine starke Kollektion auf gleichmäßig hohem Niveau präsentiert Nils Hohnheit zum Debüt. Unter den Hörsteiner Ortsweinen gefallen uns besonders gut der lebhafte, frische Bacchus mit seiner reintönigen Frucht und der halbtrockene Riesling, der wunderschön frisch und süffig ist. Der Müller-Thurgau von alten Reben, Jahrgang 2018, zeigt feine Reife im Bouquet, ist aber frisch, klar und zupackend im Mund. Der Riesling Zehntschluck ist sehr würzig im Bouquet, zeigt dezente Rieslingreife, ist füllig und saftig im Mund, besitzt feine Frucht und Biss. Besonders interessant sind die beiden Weißburgunder: Der 2021er zeigt gute Konzentration, feine Würze und Frucht, ist füllig, kraftvoll, besitzt gute Struktur und Substanz, der 2020er Weißburgunder Zehntschluck ist noch etwas würziger, fülliger und kraftvoller, die beiden Weine zeigen schön die Jahrgangsunterschiede auf. Der Domina Rosé ist würzig und frisch, lebhaft und unkompliziert, besitzt feine Frucht und Biss. Aus Wasserlos kommt dieser Rosé, und daher stammen auch die beiden 2019er Rotweine, der recht süße, aber zupackende „Drei Buben" genannte Regent und der Domina Rotwein, der würzig und eindringlich ist, frisch, zupackend und strukturiert. Ein gelungenes Debüt!

Weinbewertung

84 2021 Bacchus trocken Hörstein | 11,5%/8,-€
82 2021 „Flugstunde" Weißwein trocken Hörstein | 11,5%/8,-€
83 2018 Müller-Thurgau Kabinett trocken „Alte Reben Zehntschluck" Abtsberg | 13%/9,-€
85 2021 Weißer Burgunder trocken Hörstein Abtsberg | 11,5%/10,-€
85 2020 Riesling „Zehntschluck" Hörstein Abtsberg | 12%/18,-€
86 2020 Weißer Burgunder trocken „Zehntschluck" Hörstein Abtsberg | 13%/18,-€
83 2021 Riesling halbtrocken Hörstein | 11,5%/8,50€
84 2021 Domina Rose trocken Wasserlos | 12%/8,50€
83 2019 Regent „Drei Buben" Wasserlos | 11,5%/7,-€
84 2019 Domina trocken Wasserlos | 13%/8,50€

Nils Hohnheit

★★★

Holub

Kontakt
Weinstraße 4
79336 Herbolzheim
Tel. 07643-9141412
Fax: 07643-9141414
www.weingut-holub.com
info@weingut-holub.com

Besuchszeiten
nach Vereinbarung
Weinprobe mit Vesper nach Voranmeldung

Inhaber
Horst Holub
Betriebsleiter
Horst Holub
Kellermeister
Horst Holub
Außenbetrieb
Tobias Holub
Rebfläche
2,1 Hektar
Produktion
10.000 Flaschen

Es begann mit 7 Ar Spätburgunder, die Horst Holub 1999 zu seinem 50. Geburtstag zum Geschenk erhielt. Ein Barrique ergab die erste Ernte. Jedes Jahr kamen dann einige Parzellen hinzu, so dass heute gut 2 Hektar Weinberge Horst Holub gehören. Spätburgunder ist die wichtigste Rebsorte, knapp gefolgt von Weißburgunder, der immer wichtiger geworden ist in den letzten Jahren, sowie Grauburgunder, aber auch Sauvignon Blanc gibt es sowie Gemischten Satz. Die Weinberge befinden sich in den Lagen Malterdinger Bienenberg, in der Sundhalde in Herbolzheim und in der Bombacher Sommerhalde. Die Spätburgunder werden nach der Maischegärung (2 bis 3 Wochen) etwa achtzehn Monate in neuen Barriques aus französischer Eiche ausgebaut und dann unfiltriert abgefüllt. Die Weißburgunder werden teils im Edelstahl, teils in einjährigen französischen Barriques, die Grauburgunder ganz in neuen und einjährigen Barriques ausgebaut; die Weißweine tragen die Bezeichnung Spätlese, sind aber durchgegoren.

Kollektion

Sieben Weine aus dem Jahrgang 2020 hat Horst Holub präsentiert, und an der Spitze steht wie so oft der Spätburgunder SH, der rauchige Noten im Bouquet zeigt, feine Würze und reintönige Frucht, frisch, klar und zupackend im Mund ist, gute Struktur und feine Tannine besitzt. Sehr gut ist auch der Basis-Spätburgunder zeigt ebenfalls klare Frucht, rauchige Noten und feine Würze, ist geradlinig im Mund, besitzt feine Frische und Grip. Der Sauvignon Blanc ist würzig, frisch, geradlinig. Deutlich spannender sind die Burgunder. Der Grauburgunder aus der Sundhalde zeigt viel Duft und Würze im Bouquet, ist frisch, kraftvoll und kompakt im Mund. Sein Kollege aus dem Bienenberg zeigt dezent rauchige Noten, ist würzig und kraftvoll, besitzt viel Substanz und reife Frucht, aber auch gewaltig viel Alkohol. Sehr kompakt und würzig ist auch der Weißburgunder aus dem Bienenberg, besitzt klare Frucht, gute Struktur und viel Substanz. Unsere leichte Präferenz aber gilt im Jahrgang 2020 dem Weißburgunder aus der Sundhalde, der würzig und eindringlich im Bouquet ist, klare reife Frucht zeigt, füllig und kraftvoll im Mund ist, reife Frucht besitzt, Substanz und gute Struktur. Eine überzeugende Kollektion.

Weinbewertung

86 2020 Weißburgunder Spätlese Malterdinger Bienenberg | 14%/14,50€
87 2020 Weißburgunder Spätlese Herbolzheimer Sundhalde | 13,5%/14,50€
85 2020 Grauburgunder Spätlese Herbolzheimer Sundhalde | 13%/14,50€
86 2020 Grauburgunder Spätlese Malterdinger Bienenberg | 14,5%/14,50€
83 2020 Sauvignon Blanc Spätlese Herbolzheimer Sundhalde | 12,5%/14,50€
87 2020 Spätburgunder | 13,5%/16,-€
89 2020 Spätburgunder „SH“ | 14%/26,-€

★★☆

Holzapfel

Kontakt
Wilfenseeweg 78/1
74172 Neckarsulm
Tel. 07132-37869
Fax: 07132-2706
www.weingut-holzapfel.de
info@weingut-holzapfel.de

Besuchszeiten
Di. 10-13 Uhr
Do. 11-18 Uhr
Fr. 14-18 Uhr
Sa. 9-13 Uhr

Inhaber
Bernhard Holzapfel
Rebfläche
14 Hektar
Produktion
100.000 Flaschen

Bereits im 17. Jahrhundert bauten die Holzapfels Wein in Neckarsulm an, und seit den siebziger Jahren des 20. Jahrhunderts konzentriert man sich ganz auf Weinbau. Tradition hat auch die Besenwirtschaft, die, mit Unterbrechungen, seit 1910 existiert. Heute führt Bernhard Holzapfel den Betrieb. Seine Weinberge liegen vor allem am Neckarsulmer Scheuerberg, aber auch am Erlenbacher und Oedheimer Kayberg, die Reben wachsen auf schweren Keuperböden. Rote Rebsorten nehmen 70 Prozent der Fläche ein: Trollinger, Spätburgunder, Samtrot, Lemberger und Schwarzriesling vor allem, aber es gibt auch Heroldrebe, Dornfelder, Cabernet Mitos, Acolon und Muskattrollinger. Im weißen Segment dominiert Riesling, hinzu kommen die Burgundersorten, aber auch etwas Kerner, Silvaner, Traminer, Muskateller und Cabernet Blanc. Die Weine werden gezügelt vergoren und lange auf der Feinhefe ausgebaut.

Kollektion

Zwei starke Barrique-Rotweine aus dem Jahrgang 2017 führten im vergangenen Jahr die Kollektion an, und beide konnten wir dieses Jahr erneut verkosten, sie bestätigen den guten Eindruck des Vorjahres, der Spätburgunder ist sehr offen, fruchtbetont und strukturiert, der Lemberger zeigt reintönige Frucht und feine Frische, besitzt gute Struktur, feine Frucht und Grip. Auch den Maella genannten Dornfelder aus dem Jahrgang 2018 hatten wir schon letztes Jahr verkostet, er ist füllig und kraftvoll und besitzt viel reife Frucht, gefällt uns noch ein klein wenig besser als im Vorjahr. Die beiden Rosé sind frisch, geradlinig, der Lemberger zupackend, der Muskattrollinger recht süß. Auch die Weißweine zeigen sehr gleichmäßiges Niveau, Weiß- und Grauburgunder sind frisch und klar, der feinherbe Cabernet Blanc ist würzig und zupackend, und unter den beiden Rieslingen ist die feinherbe Version unser Favorit, ist frisch, fruchtbetont und süffig.

Weinbewertung

82 2021 Pinot Blanc trocken Neckarsulmer Staufenberg I 12%/6,80€
82 2021 Grauburgunder trocken Neckarsulmer Scheuerberg I 12%/6,80€
81 2020 Chardonnay trocken Neckarsulmer Scheuerberg I 13%/9,80€
81 2021 Riesling trocken „Alte Reben“ Neckarsulmer Scheuerberg I 12%/7,50€
83 2021 Riesling („feinherb“) Neckarsulmer Scheuerberg I 11%/6,80€
82 2021 Cabernet Blanc „feinherb“ Neckarsulmer Scheuerberg I 11%/6,80€
82 2021 Lemberger Rosé Neckarsulmer Scheuerberg I 12,5%/9,80€
82 2021 Muskattrollinger Rose Neckarsulmer Scheuerberg I 10,5%/6,80€
81 „W.H.1“ Rotwein Cuvee trocken Neckarsulmer Staufenberg I 12,5%/8,50€
85 2018 Dornfelder trocken „Maella“ Neckarsulmer Scheuerberg I 12,5%/9,80€
86 2017 Lemberger „B“ trocken Neckarsulmer Scheuerberg I 13%/17,-€
86 2017 Spätburgunder „B“ trocken Neckarsulmer Scheuerberg I 13%/15,50€

★★☆

Holz-Weisbrodt

Kontakt
Leistadter Straße 25
67273 Weisenheim am Berg
Tel. 06353-93610
Fax: 06353-936161
www.holz-weisbrodt.de
info@holz-weisbrodt.de

Besuchszeiten
Weinverkauf täglich ab 10 Uhr, Vinothek Artrium Mo./Mi.-Sa. 14-22 Uhr, So. + Feiertage 11-20 Uhr (mit Weinverkauf), Stammhaus Mi.-So. ab 11:30 Uhr; Secco-Hütte Fr.-Di. ab 11:30 Uhr

Inhaber
Sebastian & Indra Weisbrodt, Christian & Simone Weisbrodt

Betriebsleiter
Sebastian Weisbrodt

Kellermeister
Sebastian Weisbrodt

Außenbetrieb
Marc Schumann, Herwart Eberle

Rebfläche
90 Hektar

Produktion
700.000 Flaschen

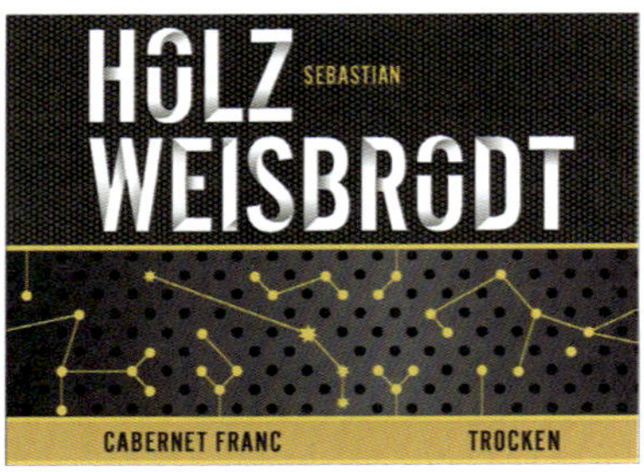

Mit einer Rebfläche von 90 Hektar rund um Weisenheim am Berg, Herxheim und Ungstein ist das Weingut Holz-Weisbrodt einer der größten Familienbetriebe der Pfalz. Die Wurzeln des Weinguts liegen in der 1908 gegründeten Küferei Karl Holz, 1970 heiratete der aus Niederkirchen stammende Willibald Weisbrodt Helga, die Tochter des Hauses und stieg in den Betrieb ein, zu dem inzwischen ein kleines Weingut gehörte. Zwei Jahre später übernahmen die Beiden das Weingut, das seitdem stetig gewachsen ist, heute leitet Sohn Sebastian das Gut, sein Bruder Christian kümmert sich um Verwaltung, Marketing und Vertrieb. Schon 1985 wurde die Weinstube Stammhaus eröffnet, heute gehören drei Gastronomiebetriebe zum Weingut, 2018 wurde ein großer, neuer Barriquekeller eingeweiht. Eine Vielzahl an Rebsorten wird in drei Weinlinien angeboten, „Stammhaus" für die Basisweine, „Atrium" für den Mittelbau und „Sebastian" für die Spitze, daneben gibt es ein großes Angebot an Sekten und Seccos.

Kollektion

Zwei sehr gute Rotweine aus internationalen Sorten aus der Sebastian-Linie stehen in diesem Jahr an der Spitze der Kollektion der Familie Weisbrodt: Beide zeigen im Bouquet Noten von Mokka und dunkler Beerenfrucht, vor allem Brombeere, besitzen am Gaumen viel Stoff und deutliche Röstnoten, der Cabernet Franc ist aber harmonischer als der Merlot, besitzt die bessere Tanninstruktur und daneben auch eine kühle, kräutrige Würze. Sehr gut ist auch der Sekt aus Pinot Meunier, der im Bouquet leichte Reifenoten, etwas Brotkruste und nussige Würze zeigt und am Gaumen Fülle und eine dezente Süße besitzt. Die restlichen Weine sind fruchtbetont und füllig mit deutlicher Restsüße und bleiben recht kurz am Gaumen, der Sauvignon Blanc zeigt Noten von grüner Stachelbeere und Paprika, der Cabernet-Rosé zeigt etwas schwarze Johannisbeere und besitzt Frische.

Weinbewertung

85 2018 Pinot Meunier „Blanc de Noir" Sekt brut | 12,5%/13,50€
81 2021 Riesling trocken (1l) | 12%/6,50€
82 2021 Manzoni Bianco trocken | 12,5%/9,90€
83 2021 Sauvignon Blanc trocken | 12%/9,90€
80 2021 Goldmuskateller trocken | 11,5%/9,90€
82 2021 Chardonnay trocken | 12,5%/8,90€
80 2021 Muskateller „süß" | 8,5%/7,50€
78 2021 Portugieser Weißherbst „lieblich" (1l) | 10%/6,50€
82 2021 Cabernet Sauvignon Rosé trocken „Saignée" | 11,5%/9,90€
82 2019 Spätburgunder trocken Weisenheimer Sonnenberg | 13,5%/8,90€
85 2019 Merlot trocken „Sebastian" | 14%/19,90€
87 2019 Cabernet Franc trocken „Sebastian" Herxheimer Kirchenstück | 14,5%/19,90€

Clemens Honrath

Kontakt
Obere Grabenstraße 2
55450 Langenlonsheim
Tel. 06704-729
Fax: 06704-717
www.weingut-honrath.de
info@weingut-honrath.de

Besuchszeiten
Mo.-Sa. 9-16 Uhr nach Vereinbarung
3 Appartements im ehemaligen Winzerhaus

Inhaber
Clemens & Christian Honrath
Betriebsleiter/Kellermeister
Christian Honrath
Außenbetrieb
Clemens Honrath
Rebfläche
7 Hektar
Produktion
45.000 Flaschen

Die Familie baut schon lange Wein in Langenlonsheim an, so richtig Schwung in den Betrieb kam aber erst 2007, als Christian Honrath in den Betrieb einstieg, der in diesem Jahr sein Geisenheim-Studium abschloss, Praktika bei Emrich-Schönleber, in Neuseeland (Oyster Bay Winery) und Südafrika absolviert hatte. Heute führt er das Weingut zusammen mit seinen Eltern Inge und Clemens, der mit der Übernahme des Betriebs 1977 aus der Genossenschaft ausgetreten war und das eigene Weingut aufbaute. Die Weinberge liegen fast ganz auf Langenlonsheimer Gemarkung, in den Lagen Rothenberg, Königsschild, Löhrer Berg und Steinchen, nur ein Grauburgunder-Weinberg liegt in Guldental in der Lage Hipperich. Weiße Sorten nehmen drei Viertel der Rebfläche ein, vor allem Riesling, gefolgt von Weiß- und Grauburgunder. Wichtigste rote Rebsorten sind Spätburgunder und Acolon.

Kollektion

In einer Kollektion frischer Weißweine sind es auch in diesem Jahr wieder die Rieslinge, die das Rennen machen. Der aromatische trockene Riesling „Löss" mit seinem würzigen Saft, schmeckt zum Einstieg animierend frisch und geradlinig. Von den beiden Lagenrieslingen ist der aus dem Königsschild besonders trocken ausgebaut. Das steht ihm ausgesprochen gut, denn er hat genug Substanz, um sich das leisten zu können, ist straff gewirkt und gerbstoffwürzig, wird etwas Zeit brauchen, um sich zu entfalten. Die angelegte subtile Kraft ist in jedem Fall vielversprechend. Deutlich saftiger erscheint dagegen der Riesling aus dem Rothenberg. Er schmeckt intensiv nach roten Äpfeln und Zitrusfrüchten, bietet reifen Säurekick und großzügige Länge. Ein in sich absolut schlüssiger Riesling mit ausgesprochen würzigem Charakter und Potenzial, der ebenso reifen kann. Erwähnt werden sollten auch der agile Blanc de Noir, der jenseits der Gemütlichkeit anderer Exemplare seiner Art, handfest und würzig daherkommt und der blumige Müller-Thurgau „Herr Müller", der mit schönem Frucht-Säure-Spiel süffiges Trinkvergnügen par excellence bietet.

Weinbewertung

84 2021 Müller-Thurgau trocken „Herr Müller" | 11,5%/6,50€
84 2021 Grauer Burgunder trocken | 13%/7,50€
85 2021 Riesling trocken „Löss" | 12%/7,50€
84 2021 Spätburgunder „Blanc de Noir" trocken | 12%/7,50€
87 2021 Riesling trocken Langenlonsheimer Königsschild | 12,5%/9,80€
88 2021 Riesling trocken Langenlonsheimer Rothenberg | 12,5%/12,50€
83 2021 Weißer Burgunder „feinherb" | 11,5%/6,50€
84 2021 Riesling „feinherb" | 11,5%/6,50€
83 2021 Scheurebe „feinherb" | 10%/6,50€
83 2021 Rosé trocken | 11%/6,-€

★★★☆

Hornstein am See

Kontakt
Conrad-Forster-Straße 50
88149 Nonnenhorn
Tel. 08382-98780
www.hornstein-am-see.de
info@hornstein-am-see.de

Besuchszeiten
Mo.-Sa. 10-12 + 14-18 Uhr
Urlaub auf dem Weingut

Inhaber
Familie Hornstein
Rebfläche
6,5 Hektar

Schon lange betreibt die Familie Weinbau am Bodensee, aber erst seit 1999 erzeugt man selbst Wein. Stärker in den Fokus ist Wein erst in den letzten Jahren gerückt, nachdem Simon Hornstein in den Betrieb eingestiegen ist. Die Reben wachsen auf über 400 Metern Höhe in den Nonnenhorner Lagen Seehalde und Sonnenbichl und damit am Bayerischen Abschnitt des Bodensees, der aber weingesetzlich Württemberg zugeordnet ist. Während der Kern der Seehalde einen hohen Steinanteil durchsetzt mit Carbonatsanden aufweist, besteht der Sonnenbichl aus tiefgründigen carbonathaltigen Böden. Spätburgunder ist mit einem Anteil von 40 Prozent die wichtigste Rebsorte im Betrieb, es folgen Müller-Thurgau und Chardonnay mit jeweils 20 Prozent, hinzu kommen Grauburgunder und Weißburgunder. Das Sortiment ist gegliedert in Regionsweine (Gutsweine), die Ortsweine aus Nonnenhorn und Lagenweine, anfangs ein Spätburgunder aus der Seehalde, zu dem sich mit dem Jahrgang 2019 ein Chardonnay aus der Seehalde gesellte, 2020 ein Chardonnay aus dem Sonnenbichl, weitere Einzellagenweine werden folgen.

Kollektion

Wie in den beiden Vorjahren präsentiert Simon Hornstein eine super-spannende Kollektion, in der uns in diesem Jahr die Chardonnay aus dem Jahrgang 2020 am meisten begeistern. Den Nonnenhorner Ortswein hatten wir schon im vergangenen Jahr vorgestellt, er ist klar und harmonisch, besitzt Frische und Grip. Der Seehalde-Chardonnay zeigt reintönige Frucht, viel Frische, besitzt gute Konzentration und Intensität, setzt mehr auf Struktur denn auf Frucht. Der Sonnenbichl-Chardonnay ist etwas fruchtbetonter und offensiver, im Mund dann kraftvoll und frisch, herrlich präzise und zupackend. Auch die weißen Gutsweine überzeugen, der Müller-Thurgau ist recht würzig, geradlinig und zupackend, die im Holz ausgebaute Junge Reben-Cuvée aus Chardonnay und etwas Müller-Thurgau ist kraftvoll, zupackend, recht kompakt. Sehr stimmig präsentiert sich das Spätburgunder-Trio vom geradlinigen Gutswein über den rauchigen, etwas wilden aber präzisen Ortswein bis hin zum reintönigen Lagenwein aus der Seehalde, der feine Frische und gute Komplexität besitzt.

Weinbewertung

85 2021 Müller-Thurgau trocken I 11,5%/9,-€
85 2021 „Junge Reben" Weißwein I 12%/10,-€
88 2020 Chardonnay Nonnenhorner I 12,5%/15,-€
92 2020 Chardonnay Nonnenhorner Seehalde I 13%/32,-€
91 2020 Chardonnay Nonnenhorner Sonnenbichl I 13%/32,-€
84 2020 Spätburgunder trocken I 13,5%/12,-€
87 2020 Spätburgunder Nonnenhorner I 13,5%/17,50€
89 2020 Spätburgunder Seehalde I 13,5%/32,-€

★★

Hothum

Kontakt
Dörrgasse 1
55459 Aspisheim
Tel. 06727-8696
Fax: 06727-8411
www.hothum.com
info@hothum.com

Besuchszeiten
nach Vereinbarung

Inhaber
Karlfried, Andreas & Christoph Hothum GbR
Rebfläche
18 Hektar
Produktion
90.000 Flaschen

Seit dem 19. Jahrhundert baut die Familie Wein in Aspisheim an, das ganz im Nordwesten Rheinhessens liegt, wenige Kilometer südlich von Bingen. Karlfried und Regina Hothum betreiben seit 1989 in ihrem Weingut „Am Rothes" ökologischen Weinbau nach den Richtlinien von Naturland und Ecovin, stellten den landwirtschaftlichen Gemischtbetrieb ganz auf Weinbau um. Heute führen ihre Söhne Andreas und Christoph, beide Önologen, den eingeschlagenen Weg fort. „Am Rothes" bedeutet im rheinhessischen Dialekt „Am Rathaus", der Name des Weingutes rührt daher, dass es direkt am Rathaus in Aspisheim liegt. Die Weinberge liegen vor allem in und um Aspisheim (Sonnenberg, Johannisberg), aber auch im St. Johanner Steinberg und in Bingen in der Lage Schlossberg Schwätzerchen, wo die Reben auf Quarzitböden wachsen, sowie in Burgsponheim an der Nahe, wo ihr Bruder Benjamin einen Steillagenweinberg pachten konnte, mit Riesling bestockt. Riesling und Silvaner sind die wichtigsten Rebsorten, gefolgt von Dornfelder, Portugieser, Grau-, Weiß- und Spätburgunder, sowie Sauvignon Blanc, St. Laurent, Frühburgunder und Gewürztraminer, dazu gibt es diverse Neuzüchtungen.

Kollektion

Eine schöne Kollektion präsentieren die Brüder Hothum auch in diesem Jahr, sie hatten den Jahrgang 2021 gut im Griff. Der Chardonnay Crémant ist frisch und klar, etwas floral, als Wein gefällt uns Chardonnay noch ein wenig besser, der Aspisheimer besitzt viel Frucht und gute Struktur. Der Silvaner besitzt klare Frucht, Frische und Grip, der Aspisheimer Sauvignon Blanc zeigt etwas Stachelbeeren im eindringlichen Bouquet, besitzt Frische, feine süße Frucht und Grip. Unsere Favoriten sind aber auch in diesem Jahr wieder die Rieslinge. Der Aspisheimer Riesling vom Kalkstein ist wunderschön klar und eindringlich, ist füllig und saftig, besitzt gute Struktur und Zug, noch stärker ist dann der Lagenriesling aus dem Schlossberg Schwätzerchen, der herrlich eindringlich und reintönig im Bouquet ist, füllig und saftig im Mund, gute Substanz und Struktur und reintönige Frucht, noch sehr jugendlich ist. Auch der Aspisheimer Spätburgunder ist sehr gut, ist würzig und eindringlich, zeigt herrlich viel Frucht, ist frisch, zupackend und strukturiert. Kleine, aber feine Kollektion.

Weinbewertung

84 2020 Chardonnay Cremant brut nature | 12,5%/13,50€
84 2021 Grüner Silvaner trocken | 11,5%/6,90€
86 2021 Riesling trocken „Vom Kalkstein" Aspisheimer | 12,5%/9,-€
84 2021 Sauvignon Blanc trocken Aspisheimer | 11,5%/8,50€
85 2021 Chardonnay trocken Aspisheimer | 12,5%/9,90€
88 2021 Riesling trocken Binger Schlossberg Schwätzerchen | 13%/18,-€
85 2019 Spätburgunder trocken Aspisheimer | 12,5%/8,20€

★★★★★

Bernhard Huber

Kontakt
Heimbacher Weg 19
79364 Malterdingen
Tel. 07644-929722-0
Fax: 07644-929722-99
www.weingut-huber.com
info@weingut-huber.com

Besuchszeiten
Bitte um Anmeldung

Inhaber
Barbara & Julian Huber
Betriebsleiter
Julian Huber
Rebfläche
28 Hektar
Produktion
120.000 Flaschen

Barbara Huber führt Bernhard Hubers Werk fort zusammen mit Sohn Julian, der neue Akzente setzt. Der Weg von Bernhard und Barbara Huber war bemerkenswert. Bei Null hatten sie angefangen, 1987 mit der Selbstvermarktung begonnen, in einem Jahrzehnt zusammen den Betrieb als Spitzenweingut etabliert, dann sich aber nicht zufrieden zurückgelehnt, sondern immer weiter an der Qualität gefeilt, die Weine sind immer noch besser geworden. Das Portfolio an Weinbergen haben sie stetig erweitert über das heimatliche Malterdingen und den Bienenberg hinaus, mit Weinbergen im Hecklinger Schlossberg und in der Bombacher Sommerhalde. Und von Anfang an auf Spätburgunder gesetzt und sich immer an Burgund orientiert, Burgund war Bernhard Hubers zweites Zuhause. Zwei Drittel der Weinberge nimmt Spätburgunder ein, dazu gibt es vor allem Chardonnay, auch Weißburgunder und Grauburgunder, daneben ein klein wenig Auxerrois, Muskateller, Freisamer, Riesling und Müller-Thurgau. Der Guts-Spätburgunder, früher als Spätburgunder von jungen Reben bekannt, bildet die Basis des Sortiments, es folgt der Malterdinger Spätburgunder und dann der Spätburgunder von alten Reben, quasi der Zweitwein hinter den Großen Gewächsen. An der Spitze der roten Kollektion stehen vier Große Gewächse, die Spätburgunder aus Bienenberg, Sommerhalde und Schlossberg, sowie der Wildenstein, ein besonderer Weinberg innerhalb des Bienenbergs. Beim Weißwein konzentriert sich Julian Huber inzwischen hauptsächlich auf Chardonnay. Vom Chardonnay gab es immer zwei Weine, einen Chardonnay ohne Lagenbezeichnung und den Schlossberg-Chardonnay, mit dem Jahrgang 2014 wurde ein weiterer Lagen-Chardonnay aus dem Bienenberg als Großes Gewächs eingeführt, der Chardonnay ohne Lagenbezeichnung erhielt den Zusatz „Alte Reben". 2021 wurde die Umstellung auf biologischen Weinbau begonnen.

Kollektion

Großes Kino! Weiß wie rot. Wir können uns nicht erinnern jemals eine Kollektion verkostet zu haben, die auf so hohem Niveau beginnt. Was an den beiden faszinierenden Malterdinger Weinen liegt, die besser sind denn je. Der Malterdinger Weiß, eine Cuvée aus Chardonnay und Weißburgunder, wobei der Chardonnayanteil sukzessive erhöht wird, zeigt schon all das, was auch die Chardonnay von Julian Huber auszeichnet, eine feine Spontiprägung, viel Frische im Bouquet, ein Anflug von Haselnüssen, weiße Früchte, herrlich präzise dann im Mund, lebendig, komplex, feine Frische und Säure noch im Finish. Nicht weniger spannend ist der Malterdinger Spätburgunder, der ab dem Jahrgang 2020 der Basis-Spätburgunder des Weingutes ist, der Spätburgunder Junge Reben wird nicht länger erzeugt. Und Julian Huber hat noch mal an der Qualitätsschraube gedreht, der Wein ist besser denn, betörend frisch und reintönig im Bouquet, rote Früchte, im Mund ebenfalls faszinierend reintönig, lebendig und frisch, dabei komplex und fruchtbetont, auch hier viel Frische noch im Abgang. Der Wein ist durch seine Frische und Reintönigkeit ein wenig betörender als der Spätburgunder Alte Reben, der dunkler und dichter ist, mehr Substanz und Kraft besitzt. Das Pendant im weißen Segment ist der Chardonnay Alte Reben, und der trumpft im Jahrgang 2020 ganz groß auf, zeigt viel Frische und feine Spontinoten im Bouquet, etwas Haselnüsse, ist faszinierend, frisch, klar und zupackend, hat Grip und viel Frische noch im Abgang. Der Chardonnay vom Bienenberg zeigt viel Frucht und Würze im Bouquet, erinnert sehr an Burgund, ist herrlich frisch und lebendig im Mund, klar und zupackend, besitzt viel jugendlichen Grip. Unser klarer Favorit ist in diesem Jahr der Schlossberg-Chardonnay, der rauchige Noten im faszinierend reintönigen Bouquet zeigt, füllig, harmonisch und komplex ist, reintönige Frucht, gute Struktur, viel Frische und Länge besitzt. Die nun fünf – die Köndringer Alte Burg wurde als VDP-Große Lage klassifiziert – Lagen-Spätburgunder liefern sich ein Kopf-an-Kopf-Rennen. Der Spätburgunder Alte Burg ist konzentriert, rauchig, zeigt etwas dunkle Früchte, hat Substanz, Grip und Länge. Die Sommerhalde ist leicht rauchig, konzentriert, würzig, ein klein wenig wild, ist im Mund dann erstaunlich präzise, nachhaltig und frisch. Der Bienenberg ist würzig, konzentriert, herrlich eindringlich, besitzt Fülle, Kraft, herrlich viel Frucht, Frische und Grip. Der Wildenstein zeigt reintönige Frucht, vereint Fülle mit Frische, ist druckvoll, leicht mineralisch. Unsere leichte Präferenz gilt momentan dem Schlossberg, der herrlich rauchig im Bouquet ist, viel Frische und Würze zeigt, komplex und frisch im Mund ist, viel Präzision, Druck und Grip besitzt.

Julian Huber & Barbara Huber

Weinbewertung

92	2020 Malterdinger Weiß I 13%/25,-€
94	2020 Chardonnay trocken „Alte Reben“ Malterdinger I 13%/40,-€
93	2020 Chardonnay trocken „GG“ Malterdinger Bienenberg I 12,5%/63,-€
96	2020 Chardonnay trocken „GG“ Hecklinger Schlossberg I 13,5%/93,-€
92	2020 Spätburgunder trocken Malterdinger I 13,5%/25,-€
91	2020 Spätburgunder trocken „Alte Reben“ Malterdinger I 13,5%/40,-€
94	2020 Spätburgunder „GG“ Köndringer Alte Burg I 13,5%/63,-€
93	2020 Spätburgunder „GG“ Malterdinger Bienenberg I 13%/63,-€
94	2020 Spätburgunder „GG“ Bombacher Sommerhalde I 13,5%/63,-€
95	2020 Spätburgunder „GG“ Hecklinger Schlossberg I 13%/93,-€
94	2020 Spätburgunder „GG“ „Wildenstein“ Malterdinger Bienenberg I 13%/160,-€

Lagen

Bienenberg (Malterdingen)
Wildenstein (Malterdingen)
Schlossberg (Hecklingen)
Sommerhalde (Bombach)
Alte Burg (Köndringen)

Rebsorten

Spätburgunder (70%)
Chardonnay (15%)
Weißburgunder (7%)
Grauburgunder (7%)
Müller-Thurgau (1%)

★★☆

Simon Huber

Kontakt
Mattenhofweg 3
77723 Gengenbach
Tel. 07803-934850
Fax: 07803-934840
www.simonhuber-wein.de
mail@simonhuber-wein.de

Besuchszeiten
Mo./Di./Do./Fr. 15-19 Uhr,
Sa. 10-17 Uhr
So. 10-12 Uhr
Weinhotel und Restaurant „Pfeffer & Salz"
Moderne und sakrale Vinothek

Inhaber/Betriebsleiter
Simon Huber
Rebfläche
6 Hektar
Produktion
40.000 Flaschen

Simon Huber gründete 2012 sein eigenes Weingut, Keller und Vinothek befinden sich im Hotel-Restaurant Pfeffer & Salz. Nach Winzer- und Weintechnikerausbildung sammelte er Erfahrungen in Österreich und Neuseeland, zurück in Baden gründete er zusammen mit Ehefrau Julia das eigene Weingut. Seine Weinberge liegen größtenteils in Gengenbach (Lehm und Granitverwitterung), aber auch in Berghaupten (Gneisverwitterung), Ohlsbach (Granitverwitterung und Lösslehm) und in Fessenbach (Granitverwitterung). Spätburgunder nimmt ein Drittel der Rebfläche ein, es folgen Riesling, Grauburgunder, Müller-Thurgau, Weißburgunder, St. Laurent und Muskateller. Anfangs arbeitete Simon Huber hauptsächlich mit Vertragswinzern zusammen, heute werden die meisten Weinberge selbst bewirtschaftet. Die Weißweine werden teils im Edelstahl, teils im Holz ausgebaut, bleiben lange auf der Feinhefe, die Rotweine werden maischevergoren und in neuen oder gebrauchten Barrique ausgebaut. 2018 wurden Flaschenlager und Vinothek neu gebaut, das Weinhotel wurde erweitert.

Kollektion

Zwei feine Sekte eröffnen den Reigen, der weiße aus Spätburgunder und Chardonnay ist frisch, klar und zupackend, besitzt feine Süße und Frucht, der Rosé, ein reinsortiger Spätburgunder, zeigt viel Frucht im Bouquet, Erdbeeren und Kirschen, ist im Mund dann ebenfalls klar, frisch und zupackend bei feiner Süße und viel Frucht. Die weißen Gutsweine des Jahrgangs 2021 sind reintönig und frisch, besitzen gute Struktur und Grip, zeigen sehr gleichmäßiges Niveau. Deutlich konzentrierter und fülliger ist der Réserve-Chardonnay aus 2020, besitzt reife Frucht, gute Struktur und Grip. Stark sind alle drei Rotweine, schon der Spätburgunder Gutswein überzeugt mit viel Frische und reintöniger Frucht, ist recht jugendlich, der Réserve-Spätburgunder ist konzentriert, füllig, saftig und strukturiert. Den Réserve-Saint Laurent sehen wir gleichauf, er zeigt rote Früchte, Kirschen, besitzt gute Struktur und Grip. Überzeugende Vorstellung!

Weinbewertung

85 2019 Simon Huber Sekt brut | 12,5%/13,-€
86 2019 Simon Huber Rosé Sekt brut | 12,5%/13,-€
82 2021 „Frohnatur" Weißweincuvée | 12%/6,90€
84 2021 Weißer Burgunder trocken | 13%/8,60€
84 2021 Grauer Burgunder trocken | 13%/8,60€
83 2021 Chardonnay trocken | 13%/9,-€
87 2020 Chardonnay trocken „Réserve" | 13,5%/13,50€
83 2021 Spätburgunder Rosé trocken | 12,5%/7,90€
85 2020 Spätburgunder trocken | 13,5%/8,60€
88 2020 Saint Laurent trocken „Réserve" | 13,5%/15,50€
88 2020 Spätburgunder trocken „Réserve" | 13,5%/15,50€

★★★

Huck-Wagner

Kontakt
Engetalstraße 31
79588 Efringen-Kirchen
Tel. 07628-1462
Fax: 07628-800319
www.huck-wagner.de
info@huck-wagner.de

Besuchszeiten
Mo.-Sa. 8-19 Uhr

Inhaber
Familie Huck-Wagner
Betriebsleiter
Christiane Huck-Wagner & Roland Wagner
Kellermeister
Christiane Huck-Wagner
Rebfläche
15 Hektar
Produktion
100.000 Flaschen

Das Weingut der Familie Huck-Wagner liegt am Fuße des Efringer Ölbergs. Dort befindet sich auch der größte Teil der Weinberge. Hinzu kommen Parzellen in den Lagen Binzener Sonnhole, Blansinger Wolfer und Riedlinger Steingässle, über 100 Parzellen insgesamt. Wichtigste Rebsorten sind Gutedel (auch die Spielart Roter Gutedel), Spätburgunder und Grauburgunder. Dazu gibt es Müller-Thurgau, Silvaner (in der Terrassenlage Katzenrain, 1969 gepflanzt), Muskateller, Riesling, Chardonnay, Weißburgunder und Gewürztraminer, sowie Regent und Merlot, zuletzt wurden Souvignier Gris und mehr Chardonnay gepflanzt. Die Weißweine reifen vorwiegend im Edelstahl, einige auch im Holz, die Rotweine werden maischevergoren und im Holz ausgebaut. Sekte und Brände aus der eigenen Brennerei ergänzen das Sortiment. Das Weingut wird seit 1992 in dritter Generation von Christine Huck-Wagner, die für den Keller verantwortlich ist, und Ehemann Roland Wagner geführt, 2005 haben sie den Betrieb übernommen; inzwischen sind auch ihre Kinder Simone (Studium der Weinwirtschaft in Heilbronn) und Oliver (Weinbau & Önologie in Geisenheim) im Betrieb, ein neuer Gewölbekeller für Holzfässer und Barriques wurde gebaut.

Kollektion

Es geht weiter voran. Schon im vergangenen Jahr hat uns der Silvaner-Sekt sehr gut gefallen, der Jahrgangsnachfolger präsentiert sich ebenfalls blendend, zeigt feine rauchige Noten, ist harmonisch und elegant. Die Gutsweine sind frisch und lebhaft, angenehm niedrig im Alkohol, besitzen klare Frucht und Grip. Mehr Konzentration besitzt der Ölberg-Chardonnay, der Ölberg-Grauburgunder ist wunderschön reintönig, beide besitzen Frische und Grip. Der 2019er Chasselas ist rauchig, sehr cremig, der Katzenrain-Silvaner ist rauchig, füllig und komplex. Die Spätburgunder haben weiter zugelegt, sind fruchtbetont und zupackend, an der Spitze steht der wunderschön reintönige, rauchige und herrlich zupackende Pinot Noir. —

Weinbewertung

89 2019 Silvaner Sekt brut | 12%/10,50€ ☺
82 2021 Roter Gutedel trocken | 11,5%/6,50€
84 2021 Gutedel Kabinett trocken | 11,5%/6,50€
83 2021 Riesling trocken | 12%/8,50€
84 2021 Muskateller trocken | 11,5%/8,-€
85 2021 Chardonnay trocken Efringer Ölberg | 13%/10,50€
85 2021 Grauburgunder trocken Efringer Ölberg | 13%/10,50€
84 2019 Chasselas trocken Efringer Ölberg | 13%/12,-€
88 2019 Silvaner trocken Efringer Katzenrain | 13%/14,-€
85 2019 Spätburgunder trocken Efringer Ölberg | 13,5%/11,-€
87 2019 Spätburgunder trocken Barrique Efringer Ölberg | 13%/10,-€
89 2018 Pinot Noir trocken Efringer Ölberg | 13,5%/19,-€

★★★

Hüls

Kontakt
Moselweinstraße 44
54536 Kröv
Tel. 06541-8189369
Fax: 06541-8167926
www.weinguthuels.de
kontakt@weinguthuels.de

Besuchszeiten
Mo.-Sa. 10-17 Uhr

Inhaber
Markus Hüls
Rebfläche
5 Hektar
Produktion
25.000 Flaschen

Markus Hüls stammt aus einem Weingut, hat zu Hause und bei Markus Molitor seine Winzerlehre gemacht. Inzwischen hat er sein eigenes Weingut gegründet, das mittlerweile auf 5 Hektar gewachsen ist, bietet darüber hinaus einen Steillagenbewirtschaftungsservice als Dienstleistung für andere Weingüter an. Seine Weinberge liegen in Kröv in den Lagen Steffensberg, Letterlay und Kirchlay, aber auch in der Zeltinger Sonnenuhr. Neben Riesling baut er ein wenig Spätburgunder und Weißburgunder an. Die Weine werden nach Maischestandzeiten spontanvergoren, teils im traditionellen Fuder, teils im Edelstahl, bleiben lange auf der Feinhefe. Sie werden auf dem Etikett mit Zahlen von 1 bis 9 gekennzeichnet, die den Grad der Restsüße von trocken bis edelsüß wiedergeben: Eine Methode, die in ähnlicher Form im Elsass Verbreitung gefunden und sich dort bewährt hat, in Deutschland aber noch als Neuheit gilt.

Kollektion

Beim Basisriesling sind Noten von Zitrus und Hefe zu spüren, der Wein ist straff, frisch mit prägnanter Säure. Der normale Weißburgunder ist frisch mit Noten von Hefe und Mirabellen, schön sortentypisch, im Mund saftig; ganz anders der Goldstück-Weißburgunder mit einer nur leicht cremigen Note, aber viel Steinobstfrucht sowie Würze im Nachhall. Die drei Lagenweine aus Riesling unterscheiden sich deutlich voneinander, sind allesamt noch sehr jung, wenig zugänglich. Beim Letterlay-Riesling ist die Frucht sehr frisch und fein, Zitrus- und Hefenoten sind zu spüren, der Wein ist fest, trocken, kompakt und würzig. Offener wirkt sein Pendant aus der Sonnenuhr mit Hefe- und Steinobstanklängen, im Mund zeigt sich der Wein zupackend mit einer Spur Kohlensäure. Der Steffensberg-Riesling wiederum wirkt besonders verschlossen, ist würzig, besitzt viel Schmelz. Die Auslese zeigt Zitrusnoten, aber auch einen Spur von welken Früchten, ist im Mund rassig, straff, die Süße ist bestens integriert.

Weinbewertung

87 2021 Weißburgunder trocken | 12,5%/9,90€
84 2021 Riesling trocken | 11,5%/9,90€
85 2021 Riesling trocken „Schieferspiel“ | 12%/14,-€
89 2021 Weißburgunder trocken „Goldstück“ | 13%/19,-€
90 2022 Riesling trocken Kröver Letterlay | 12,5%/24,50€
88 2021 Riesling trocken Kröver Steffensberg | 12%/24,50€
89 2021 Riesling trocken Zeltinger Sonnenuhr | 12%/24,50€
84 2021 Riesling „feinherb“ | 11%/9,90€
87 2021 Riesling Kabinett Kröver Steffensberg | 8,5%/12,50€
90 2021 Riesling Auslese Zeltinger Sonnenuhr | 8%/12,50€/0,375l
88 2020 Spätburgunder trocken | 12,5%/14,90€

HÜLS
STEILLAGEN-CHARAKTERWEINE

★★★

Fritz Ekkehard Huff

Kontakt
Hauptstraße 90
55283 Nierstein
Tel. 06133-58003
Fax: 06133-58617
www.weinguthuff.de
info@weingut-huff.de

Besuchszeiten
Mo.-Fr. 8-12 + 13-18 Uhr
Sa. 9-17 Uhr
mit Bitte um Vereinbarung

Inhaber
Fritz Ekkehard Huff &
Christine Huff
Betriebsleiter
Ekkehard & Christine Huff
Kellermeister
Christine Huff &
Jeremy Bird-Huff
Rebfläche
9 Hektar
Produktion
50.000 Flaschen

Seit über 300 Jahren baut die Familie Wein in Schwabsburg an, aus dem ursprünglichen Gemischtbetrieb entwickelte sich nach und nach ein reines Weingut. Heute führen Fritz Ekkehard Huff und seine Ehefrau Doris den Betrieb. Seit Beendigung ihres Geisenheim-Studiums 2010 ist Tochter Christine für die Vinifikation verantwortlich, unterstützt von ihrem Ehemann Jeremy, einem gebürtigen Neuseeländer. Die Weinberge liegen in Nierstein und Schwabsburg, unter anderem in den Lagen Schloss Schwabsburg, Orbel und Paterberg, zuletzt kam eine Parzelle im Pettenthal hinzu. Riesling und die Burgundersorten dominieren im Anbau, dazu gibt es Silvaner und Scheurebe, rote Sorten wie Spätburgunder oder St. Laurent nehmen inzwischen 30 Prozent der Fläche ein. Das Sortiment ist dreistufig gegliedert in Guts-, Orts- und Lagenweine, an der Spitze der Kollektion stehen die Lagenrieslinge aus Orbel und Pettenthal sowie der Rabenturm aus dem nicht flurbereinigten Filetstück der Lage Schloss Schwabsburg mit über 50 Jahre, teilweise 80 Jahre alten Reben.

Kollektion

Eine ganz starke Kollektion präsentiert das Weingut in diesem Jahr, die vom Riesling dominiert wird, aber auch andere interessante Weine zu bieten hat wie den sehr jugendlichen Rosé-Sekt, den zupackenden Grauburgunder und natürlich Green Bird und Yellow Bird, die beide reintönig und zupackend sind und viel Spaß machen im Sommer auf der Terrasse – und nicht zu vergessen den rauchigen, kraftvollen Sauvignon Gris. Schon der rauchige, reintönige Gutsriesling ist sehr gut, was auch für den lebhaften, moderat süßen Kabinett gilt, der Niersteiner Riesling ist zupackend, schön karg, der Schwabsburger etwas fülliger, kraftvoller. Schön differenziert sind auch die Lagen-Rieslinge: Orbel klar, kraftvoll und zupackend, Pettenthal erstaunlich offen, füllig, mineralisch, Rabenturm mit Saft, Struktur und Grip, aus einem Guss. Überzeugende Vorstellung!

Weinbewertung

85 2020 „Sparkling Bird" Spätburgunder Rosé brut | 12,5%/17,30€
85 2021 Riesling trocken | 12,5%/8,60€
84 2021 Grauburgunder trocken Niersteiner | 13%/10,30€
84 2021 Scheurebe trocken „Green Bird" | 11,5%/8,60€
85 2021 Sauvignon Blanc trocken „Yellow Bird" | 12,5%/10,30€
86 2021 Riesling trocken „vom Rotliegenden" Nierstein | 11,5%/12,-€
86 2021 Riesling trocken Schwabsburg | 12,5%/12,-€
88 2021 Sauvignon Gris trocken „Reserve" Nierstein | 12%/20,70€
88 2021 Riesling trocken Orbel | 12,5%/20,70€
89 2021 Riesling trocken „Rabenturm" | 12%/26,50€
89 2021 Riesling trocken Pettenthal | 12,5%/26,50€
85 2021 Riesling Kabinett „Blue Bird" | 10%/8,60€

★★★½

Georg Gustav Huff

Kontakt
Woogstraße 1
55283 Nierstein
Tel. 06133-50514
Fax: 06133-61395
www.weinguthuff.com
info@weingut-huff.com

Besuchszeiten
Mo.-Fr. 8-12 + 13:30-18 Uhr
Sa. 9-17 Uhr
So. 10-12 Uhr

Inhaber
Familie Huff
Betriebsleiter
Familie Huff
Kellermeister
Daniel & Stefan Huff
Außenbetrieb
Dieter Huff
Rebfläche
29 Hektar
Produktion
230.000 Flaschen

Seit 300 Jahren baut die Familie Wein in Nierstein an. Dieter Huff hat das Weingut 1989 übernommen. Die Weinberge liegen unter anderem in den Niersteiner Lagen Hipping, Pettenthal, Schloss Schwabsburg, Bildstock, Rosenberg und Kirchplatte. Riesling nimmt etwa ein Viertel seiner Rebfläche ein. Es folgen Spätburgunder, Dornfelder, Müller-Thurgau, Portugieser, Chardonnay, Grauburgunder und Weißburgunder. Sohn Daniel, Weinbautechniker, ist seit 2003 für den Ausbau der Weine verantwortlich. Der jüngere Sohn Stefan ist nach Beendigung seiner Technikerausbildung in Weinsberg und praktischen Erfahrungen in Rheinhessen (Peth-Wetz), an der Ahr (Burggarten), in Österreich und in Australien 2010 ebenfalls in den Betrieb eingestiegen, kümmert sich um den Ausbau der Rotweine.

Kollektion

Hier geht es stetig voran, und nicht nur die Rieslinge sind stark, auch mit den Burgundern überzeugen Daniel und Stefan Huff voll und ganz. Der Pinot Blanc zeigt gute Konzentration und reife Frucht, ist füllig und saftig, der Pinot Gris zeigt intensive Schalenaromatik, besitzt Kraft, Struktur und Substanz, der Spätburgunder vom Rosenberg ist herrlich eindringlich, reintönig und intensiv, besitzt Fülle und Kraft. Aus der Lage Schloss Schwabsburg kommen zwei reintönige edelsüße Rieslinge, in einem Jahrgang, der für edelsüße Weine nicht prädestiniert war. Die Beerenauslese zeigt etwas kandierte Früchte, hat Substanz, Säure und Biss, der Eiswein fasziniert mit Reintönigkeit und Konzentration. Aber auch die trockenen Rieslinge überzeugen 2021 voll und ganz. Der Gutsriesling ist frisch und geradlinig, der Wein vom Roten Hang ist würzig und rauchig, besitzt reife süße Frucht, der Schloss Schwabsburg-Riesling ist frisch, klar, zupackend, besitzt Struktur und Grip. Die beiden Top-Rieslinge sehen wir im Jahrgang 2021 gleichauf. Der Wein von alten Reben im Pettenthal ist faszinierend reintönig, punktet mit viel Substanz, Struktur und Druck, der Riesling vom Rehbacher Steig Sonnenseite ist ebenfalls wunderschön reintönig, besitzt Fülle und Kraft, reife Frucht und Grip. Starke Vorstellung!

Weinbewertung

83 2021 Riesling trocken „vom Löss" | 12%/7,70€
85 2021 Riesling trocken Niersteiner „Roter Hang" | 12%/9,-€
87 2021 Riesling trocken Niersteiner Schloss Schwabsburg | 12,5%/14,-€
90 2021 Riesling trocken „Alte Reben" Niersteiner Hipping | 12,5%/18,-€
90 2021 Riesling trocken „Rehbacher Steig Sonnenseite" Pettenthal | 12,5%/22,-€
88 2021 Pinot Blanc trocken „Reserve" | 13%/13,-€
87 2020 Pinot Gris trocken „Réserve" | 13%/16,-€
89 2021 Riesling Beerenauslese Niersteiner Schloss Schwabsburg | 6,5%/16,-€/0,375l
90 2021 Riesling Eiswein Niersteiner Schloss Schwabsburg | 6,5%/28,-€/0,375l
88 2019 Spätburgunder trocken Niersteiner Rosenberg | 13%/18,-€

★★½

Huff-Doll

Kontakt
Weedstraße 8-10
55457 Horrweiler
Tel. 06727-343
Fax: 06727-5366
www.huff-doll.de
weingut@huff-doll.de

Besuchszeiten
Mo.-Sa. nach Vereinbarung

Inhaber
Bettina & Ulrich Doll
Kellermeister
Ulrich Doll
Rebfläche
13 Hektar
Produktion
60.000 Flaschen

Seit 1848 bewirtschaftet die Familie Weinberge rund um Horrweiler, wo die Reben auf schweren, kalkhaltigen Böden wachsen. Gudrun und Ernst Doll übernahmen 1960 das Gut und stellten von einem landwirtschaftlichen Mischbetrieb auf Weinbau und Flaschenweinvermarktung um. 2002 ist ihr Sohn Ulrich, Weinbautechniker, in den Betrieb eingestiegen, den er inzwischen übernommen hat. Seit 2011 ist auch seine Frau Bettina im Betrieb tätig, kümmert sich um Büro und Marketing. Die Weinberge liegen in Horrweiler, nur beim Spitzenriesling wird die Lage Gewürzgärtchen auf dem Etikett hervorgehoben. Grauburgunder, Riesling und Spätburgunder sind die wichtigsten Rebsorten, gefolgt von Silvaner und Weißburgunder, dazu gibt es Scheurebe, Chardonnay, St. Laurent und Cabernet Dorsa. 2014 konnte die Rebfläche kräftig erweitert werden von bisher gut 8 Hektar auf nun 13 Hektar. Das Sortiment wurde neu eingeteilt in Guts-, Orts- und Lagenweine. Die neue Vinothek sowie Ferienwohnungen wurden 2021 fertiggestellt.

Kollektion

Es beginnt mit einer schönen Überraschung: Der nicht dosierte Chardonnay-Sekt ist wunderschön rauchig und reintönig im Bouquet, frisch, klar und komplex im Mund: Einfach gut! Die Gutsweine sind reintönig, frisch und fruchtbetont, am besten gefällt uns in dieser Kategorie die Independent genannte Scheurebe, die wunderschön lebhaft und zupackend ist. Deutlich fülliger sind dann die Ortsweine, mit dem Frederick genannten Chardonnay an der Spitze, der gute Konzentration und rauchige Noten zeigt, Fülle und Kraft besitzt, gute Struktur und Frucht. Sehr gut ist auch der Horrweiler Riesling, ist würzig und eindringlich, klar und zupackend, besitzt Substanz. Noch spannender aber ist wie gewohnt der Gewürzgärtchen-Riesling, zeigt gute Konzentration, herrlich viel Frucht, ist füllig und saftig im Mund, besitzt gute Struktur und Druck, ist noch recht jugendlich. Zwei fruchtbetonte, saftige Rotweine runden die rundum überzeugende Kollektion ab.

Weinbewertung

88 2018 Chardonnay Sekt brut nature | 11,5%/24,90€
84 2021 Scheurebe trocken „Independent" | 12%/7,50€
83 2021 Chardonnay trocken | 12,5%/7,50€
82 2021 Spätburgunder „Blanc de Noir" trocken | 12%/7,50€
83 2021 Riesling trocken | 12%/7,50€
83 2021 Cabernet Blanc trocken | 11,5%/9,50€
84 2021 Grauburgunder trocken Horrweiler | 13,5%/9,90€
86 2021 Riesling trocken Horrweiler | 12,5%/9,90€
88 2021 Riesling trocken Gewürzgärtchen | 12,5%/12,90€
87 2021 Chardonnay trocken „Frederick" Horrweiler | 13%/12,90€
84 2018 „Rote Leidenschaft" Rotwein trocken | 14,5%/9,90€
85 2019 Spätburgunder trocken Horrweiler | 13,5%/12,90€

★★☆

Huller

Kontakt
Maintalstraße
97855 Homburg am Main
Tel. 09395-7809520
Fax: 09395-7809522
www.weingut-huller.de
info@weingut-huller.de

Besuchszeiten
Mo./Mi./Fr. 13-18 Uhr oder nach Vereinbarung

Inhaber
Michael Huller
Rebfläche
8 Hektar
Produktion
keine Angabe

Michael Huller, gelernter Schreiner, beschloss die Familienweinberge nicht länger im Nebenerwerb zu bewirtschaften, sammelte Erfahrungen bei bekannten Weingütern in Franken (Schloss Sommerhausen, Fürst, Stadt Klingenberg), in Kalifornien (Boeger) und in der Toskana (Corzano e Paterno), kaufte 2010 zusammen mit Ehefrau Isabella einen alten Gutshof aus dem Jahr 1860 und legte damit den Grundstein für das eigene Weingut. Nach Umbauten und der Erweiterung der Rebfläche begannen sie im Jahr 2013 den Wein komplett in eigener Regie auszubauen. 2018 wurde ein über 100 Jahre brach liegender, 1,2 Hektar großer Terrassenweinberg in Collenberg im Gemischten Satz neu bestockt. Die anderen Reben stehen in den Homburger Lagen Kallmuth und Edelfrau, sowie im Erlenbacher Krähenschnabel. Der Kellerumbau wurde 2019 begonnen, ein Vinotel ist in Planung.

Kollektion

Das Sortiment wurde neu gegliedert, ist nun dreistufig, nur die starken Basis-Silvaner tragen zusätzlich das Kallmuth auf dem Etikett. Schon die Gutsweine sind richtig stark, die Ortsweine präsentieren sich enorm gleichmäßig, besitzen reintönige Frucht, Struktur und Grip. Der Weißburgunder Alma ist kompakt und kraftvoll, hat viel Substanz, der trockene Rieslaner ist reintönig, kraftvoll, dominant, die Ehrenfelser Spätlese besitzt viel Frische und feine Frucht. Ganz stark sind die Silvaner, mit drei Lagenweinen an der Spitze: Der Blauer Silvaner ist enorm füllig und kraftvoll, der Wein von 1958 gepflanzten Reben saftig und frisch, der 2020 ist vom Holzausbau geprägt, besitzt Substanz und Grip. Weiter im Aufwind!

Weinbewertung

83 2021 Silvaner trocken Homburger Kallmuth (1l) | 11,5%/6,-€
84 2021 Müller-Thurgau trocken „Frank & Frei“ | 11,5%/7,-€
84 2021 Silvaner trocken Homburger Kallmuth | 12%/7,-€
85 2021 Scheurebe trocken | 12%/7,-€
86 2021 Silvaner trocken Homburg | 12,5%/8,50€
86 2021 Weißer Burgunder trocken Homburg | 12,5%/8,50€
86 2021 Riesling trocken Erlenbach | 13%/8,50€
87 2021 Silvaner trocken „Alte Reben“ Homburger Kallmuth | 13,5%/10,-€
87 2021 Blauer Silvaner trocken Homburger Kallmuth | 12,5%/10,-€
88 2020 Silvaner trocken „Luna“ Homburger Kallmuth | 13%/14,-€
87 2020 Weißburgunder trocken „Alma“ | 13%/14,-€
86 2021 Rieslaner trocken Homburger Kallmuth | 13%/12,-€
83 2021 Blauer Silvaner halbtrocken | 12%/7,-€
86 2020 Ehrenfelser Spätlese Erlenbacher Krähenschnabel | 10%/12,-€
85 2021 Spätburgunder Rosé Erlenbach | 12,5%/8,50€
84 2021 Rosé halbtrocken | 12%/7,-€
85 2020 Domina trocken Homburg | 13%/8,50€

HULLER
WEINGUT

★★★

Hummel

Daniel Rhein ist seit 2016 Inhaber des Weinguts Hummel in Malsch. Er hat in Geisenheim Weinbau und Önologie studiert, an der Uni Gießen einen Masterabschluss erlangt. Während des Studiums hatte er bereits ein Praktikum bei Bernd Hummel gemacht. Die Weinberge liegen in den Malscher Lagen Rotsteig und Ölbaum. Burgundersorten nehmen 80 Prozent der Rebfläche ein, rote Sorten zusammen zwei Drittel. Spätburgunder, Lemberger, Schwarzriesling und Cabernet Sauvignon werden angebaut, aber auch Cabernet Mitos, Regent und Dornfelder, inzwischen auch Syrah. Bei den weißen Sorten dominieren Riesling und die Burgundersorten, Sauvignon Blanc spielt eine immer wichtigere Rolle. Daniel Rhein hat die Sekt-Produktion ausgeweitet, bietet demnächst auch Sekte aus Grüner Veltliner, Syrah, Merlot und Sauvignon Blanc an.

Kontakt
Wein & Sektgut Bernd Hummel,
Inh. Daniel Rhein
Oberer Mühlweg 5
69254 Malsch
Tel. 07253-27148
Fax: 07253-25799
www.weingut-hummel.de
info@weingut-hummel.de

Besuchszeiten
Mo.-Fr. 17-19 Uhr
Sa. 10-14 Uhr

Inhaber/Betriebsleiter/Kellermeister/Außenbetrieb
Daniel Rhein
Außenbetrieb
Andreas Rhein
Rebfläche
7,5 Hektar
Produktion
50.000 Flaschen

Kollektion

Eine ungewöhnlich kleine Kollektion von nur sechs Weinen präsentiert Daniel Rhein in diesem Jahr, und noch ungewöhnlicher ist, dass sich nur ein Rotwein darunter befindet – und der ist dann nicht einmal ein Spätburgunder, sondern ein Merlot. Aus dem Jahrgang 2019 stammt er, wurde nach vier Wochen Maischegärung zwanzig Monate im gebrauchten Barrique ausgebaut, zeigt feine Würze und Frucht im Bouquet, ist klar und geradlinig im Mund, zupackend und strukturiert. Klares Highlight der Kollektion ist die nach Daniel Rheins Tochter Carlotta benannte Sauvignon Blanc Trockenbeerenauslese aus dem Jahrgang 2020, der erste Süßwein des Weinguts seit fünfzehn Jahren, geerntet im November 2020 mit 167° Oechsle. Er zeigt viel Konzentration im Bouquet, intensive Sauvignon Blanc-Aromatik, kandierte Früchte, ist konzentriert und dick im Mund, enorm stoffig und dominant – da wird Töchterchen Carlotta noch in ferner Zukunft ihre Freude daran haben. Sehr gut ist auch der Pinot Blanc-Sekt, eine Cuvée der Jahrgänge 2016 und 2019, die im April 2020 auf die Flasche gefüllt und im Februar 2022 degorgiert wurde, ist frisch, fruchtbetont, etwas floral, sehr reintönig, besitzt feine süße Frucht und Grip. Viel Frische und Grip besitzen die 2021er Weißweine, der Auxerrois ist lebhaft und fruchtbetont, der Grauburgunder würzig und zupackend, der Sauvignon Blanc ist wunderschön attackierend und zupackend, besitzt viel Säure, klare Frucht und Grip.

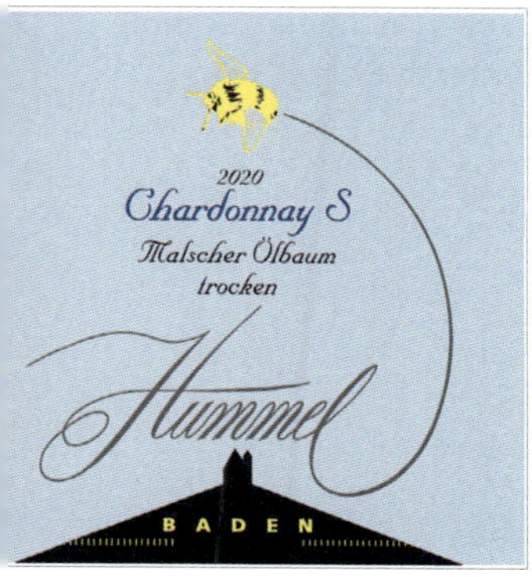

Weinbewertung

87 Pinot Blanc Sekt brut Malscher Ölbaum | 13%/35,-€
85 2021 Auxerrois Kabinett trocken Malscher Ölbaum | 12%/11,50€
84 2021 Grauburgunder Kabinett trocken Malscher Ölbaum | 12,5%/11,50€
85 2021 Sauvignon Blanc Kabinett trocken Malscher Ölbaum | 12,5%/11,50€
91 2020 Sauvignon Blanc Trockenbeerenauslese „Carlotta“ | 8%/190,-€/0,375l
86 2019 Merlot trocken Malscher Rotsteig | 13,5%/13,20€

★★☆

Hungermüller

N

Kontakt
Friedhofstraße 10
67596 Dittelsheim-Heßloch
Tel. 06244-6949400
www.hungermueller.de
info@hungermueller.de

Besuchszeiten
nach Vereinbarung
Übernachten direkt im ältesten Weinberg mit dem Bulli-Camper (über hinterland.camp)
Ferienhaus - Fertigstellung geplant 2023

Inhaber
Heike & Ralf Hungermüller
Betriebsleiter
Heike & Ralf Hungermüller
Kellermeister
Heike Hungermüller
Außenbetrieb
Ralf Hungermüller
Rebfläche
4,5 Hektar
Produktion
6.000 Flaschen

Noch im Aufbau befindet sich das Weingut von Heike und Ralf Hungermüller. Ralfs Vater hatte im Nebenerwerb Fasswein erzeugt, aber die beiden setzen ganz auf Qualität und Flaschenweinvermarktung. Heike Hungermüller kümmert sich hauptsächlich um Weinausbau und Vermarktung, Ehemann Ralf um die Weinberge. Diese liegen rund um den Kloppberg in den Dittelsheimer Lagen Kloppberg, Geiersberg, Leckerberg, Mönchhube und Pfaffenmütze. Vor allem weiße Rebsorten werden angebaut, an erster Stelle Müller-Thurgau, aber auch Weißburgunder, Grauburgunder, Riesling, Chardonnay und Silvaner, an roten Sorten gibt es vor allem Spätburgunder. Die Weine werden teils im Edelstahl, teils in traditionellen Eichenholzfässern ausgebaut. Zukünftig sollen auch Übernachtungsmöglichkeiten angeboten werden, die Fertigstellung eines Ferienhauses mit vier Zimmern ist für 2023 geplant, Piwis und Bio-Zertifizierung sind ins Auge gefasst.

Kollektion

Eine überzeugende Kollektion präsentieren Heike und Ralf Hungermüller zum Debüt. Das beginnt schon beim Müllerchen Secco, einem frischen, süffigen Perlwein mit Tropenfruchtaromen. Auch als Wein macht Müller-Thurgau eine gute Figur, der trockene 2019er zeigt ebenfalls Tropenfrüchte, ist fruchtbetont und intensiv, frisch und zupackend, hat gute Struktur und Grip. Der Grauburgunder Gutswein ist würzig, ebenfalls intensiv fruchtig, leicht floral, saftig und süffig, und auch der Ortswein setzt ganz auf Frucht, ist klar und zupackend. Noch ein klein wenig besser gefällt uns der Weißburgunder Kalkstein, der gute Konzentration und klare reife Frucht im Bouquet zeigt, gelbe und weiße Früchte, Fülle und Kraft besitzt, reintönige Frucht, gute Struktur und Substanz. Unser Favorit aber ist der Orange-Silvaner, auf der Maische spontanvergoren, mit biologischem Säureabbau, unfiltriert, er zeigt intensiv Traubenschalen im Bouquet, auch etwas Orangenschalen, ist stoffig, kraftvoll, ganz Struktur, bietet einen feinen Kontrast zu den sonst fast allzu fruchtintensiven Weinen. Der halbtrockene Rosé ist frisch, fruchtbetont und süffig, der 2015er Cabernet Sauvignon zeigt reintönige Frucht, schwarze Johannisbeeren, dezente Reife, besitzt gute Struktur und Grip. Ein gelungenes Debüt!

Weinbewertung

83 2021 „Müllerchen Secco" | 10%/7,-€
83 2019 Grauburgunder trocken | 12%/7,-€
84 2019 Müller-Thurgau trocken Dittelsheim | 13%/8,-€
86 2020 Weißburgunder trocken „Kalkstein" | 13%/12,-€
85 2020 Grauburgunder trocken Dittelsheim | 13%/10,-€
88 2018 Silvaner trocken „orange" | 13%/15,-€
83 2021 Pinot Noir Rosé halbtrocken | 11%/8,-€
85 2015 Cabernet Sauvignon trocken | 13%/7,-€

★★☆

Kilian und Martina Hunn

Kontakt
Rathausstraße 2
79288 Gottenheim
Tel. 07665-6207
Fax: 07665-6223
www.weingut-hunn.de
mail@weingut-hunn.de

Besuchszeiten
Mo.-Fr. 9-12 Uhr + 14-19 Uhr
Sa. 9-12 + 14-16 Uhr
So. geschlossen
Straußwirtschaft (Mitte Juni bis Ende Aug., Mo.-Fr. ab 17 Uhr, Sa. ab 16 Uhr)

Inhaber
Kilian & Martina Hunn
Rebfläche
24 Hektar
Produktion
190.000 Flaschen

Das Weingut Hunn in Gottenheim, westlich von Freiburg am Tuniberg gelegen, wurde 1982 von Felix Hunn gegründet mit damals einem halben Hektar Weinberge. 1998 übernahmen es Sohn Kilian und Ehefrau Martina. Nach und nach erweiterten sie die Rebfläche auf die heutige Größe (überwiegend in der Lage Gottenheimer Kirchberg). Der Gottenheimer Kirchberg ist eine mit einer Lössschicht überzogene Kalkscholle aus der Zeit des Jura. Des Weiteren sind sie im Merdinger Bühl und im Opfinger Sonnenberg vertreten. Die Burgundersorten nehmen drei Viertel der Weinberge ein. Wichtigste Rebsorte ist inzwischen Grauburgunder mit einem Anteil von 30 Prozent. Es folgen Spätburgunder, Weißburgunder, Chardonnay und Müller-Thurgau, dazu gibt es etwas Sauvignon Blanc, Gutedel, Auxerrois und Viognier. Seit 1993 gibt es im traditionellen Verfahren erzeugte Sekte. Die drei Farben der Ausstattung kennzeichnen die Weinlinien „Die jungen Frischen", „Die jungen Wilden" und „Hunn-Reserve". Ihre Winzerausbildung beendet haben die Söhne Patrick (bei Dr. Heger, anschließend Techniker-Ausbildung in Weinsberg) und Jonas (bei Fritz Keller, Studium Internationale Weinwirtschaft in Geisenheim).

Kollektion

Ein harmonischer Pinot-Sekt eröffnet den Reigen. Die 2021er Weißweine sind geradlinig und frisch, der „junge wilde" Grauburgunder gefällt uns am besten. Deutlich fülliger und komplexer sind die Reserveweine. Der Chardonnay besitzt Fülle und Kraft, der Fumé Blanc ist konzentriert und rauchig, besitzt Substanz und Struktur. Unsere leichte Präferenz gilt dem Viognier, der füllig, kraftvoll und komplex ist, viel reife reintönige Frucht und Substanz besitzt. Auch der 2016er Reserve-Spätburgunder überzeugt, ist rauchig, kraftvoll und zupackend. Eine tolle Überraschung bietet der Ruländer Eiswein, der vor vier Jahren uns zu dick und dominant süß war, nun faszinierend reintönig ist, kandierte Früchte und Litschi zeigt.

Weinbewertung

85 Pinot Sekt brut | 12,5%/13,50€
81 2021 Grauburgunder trocken „Junge Frische" | 13%/9,-€
83 2021 Auxerrois trocken „Junge Wilde" | 13%/10,50€
83 2021 Weißer Burgunder trocken „Alte Reben" „Junge Wilde" | 13%/9,90€
84 2021 Grauburgunder trocken „Junge Wilde" | 13,5%/9,90€
82 2020 Chardonnay trocken „Junge Wilde" | 13%/9,90€
83 2021 Sauvignon Blanc trocken „Junge Wilde" | 13,5%/10,50€
86 2017 Chardonnay trocken „Reserve" | 13,5%/17,50€
87 2019 „Fumé Blanc" trocken „Reserve" | 13,5%/19,50€
88 2019 Viognier trocken „Reserve" | 14%/19,50€
91 2016 Ruländer Eiswein | 7,5%/28,50€/0,375l
87 2016 Spätburgunder trocken „Reserve" | 13,5%/20,50€

★★

Huster

Kontakt
Huster Ökologischer Weinbau
Rosenstraße 13
55218 Ingelheim
Tel. 06130-944114
Fax: 06130-944116
www.weingut-huster.de
info@weingut-huster.com

Besuchszeiten
Di.-Fr. 17-19 Uhr
Sa. 10-17 Uhr
oder nach Vereinbarung
Straußwirtschaft

Inhaber
Tobias Huster
Betriebsleiter/Kellermeister/Außenbetrieb
Tobias Huster
Rebfläche
12 Hektar

Das 1955 als Gemischtbetrieb gegründete Gut spezialisierte sich Anfang der siebziger Jahre auf Wein. Raimund Huster begann mit damals 3 Hektar Reben mit der Flaschenweinvermarktung. Zusammen mit Ehefrau Jutta Huster baut er den Betrieb weiter aus, eröffnet 1996 eine Straußwirtschaft, die drei Monate im Jahr an den Wochenenden geöffnet hat. Im gleichen Jahr wurde auf ökologische Bewirtschaftung umgestellt. Nach Abschluss seines Geisenheim-Studiums stieg Sohn Tobias 2008 in den Betrieb ein und übernahm die Verantwortung für den Keller, inzwischen hat er den Betrieb übernommen. Auch seine Ehefrau Nina ist eingestiegen, kümmert sich um Marketing und Verkauf, 2012 wurden Traubenproduktion und Außenbetrieb ausgesiedelt in die Ingelheimer Weinberge. Die Weinberge befinden sich in den Ingelheimer Lagen Burgberg, Horn, Sonnenhang und Täuscherspfad sowie in Groß-Winternheim in den Lagen Schlossberg und Heilig-Häuschen. 55 Prozent der Rebfläche nehmen weiße Sorten ein, wie Riesling, Silvaner, Weiß- und Grauburgunder. Wichtigste rote Rebsorten sind Spätburgunder, Frühburgunder, Portugieser, Regent und St. Laurent.

Kollektion

Die neue Kollektion überzeugt weiß wie rot. Die weißen Gutsweine sind frisch und geradlinig. Unter den Lagenweinen gefällt uns der füllige, saftige, im Holz ausgebaute Chardonnay aus dem Täuscherspfad, Jahrgang 2020, besonders gut, noch etwas beeindruckender aber ist der Riesling aus dem Schlossberg, ebenfalls ein 2020er, der rauchige Noten und feine Würze zeigt, konzentriert, füllig und saftig ist bei viel Substanz. Stark sind auch die Rotweine, der 2019er Syrah ist würzig, eindringlich und zupackend, der 2020er Regent überrascht mit intensiver, reintöniger Frucht, ist konzentriert, füllig und kraftvoll. Noch besser aber gefällt uns die zwei Jahre im Holz ausgebaute trockene Spätburgunder Auslese aus dem Jahrgang 2018, die fruchtbetont, konzentriert und herrlich eindringlich ist. Im Aufwind!

Weinbewertung

82 2020 Riesling Sekt extra trocken | 12,5%/10,20€
83 2021 Souvignier Gris trocken | 12,5%/7,40€
83 2021 Spätburgunder „Blanc de Noirs“ trocken | 12,5%/7,70€
83 2021 Sauvignon Blanc trocken Ingelheimer Sonnenhang | 12%/8,50€
86 2020 Riesling trocken Groß-Winternheimer Schlossberg | 12%/11,90€
85 2020 Chardonnay trocken Ingelheimer Täuscherspfad | 13%/11,90€
84 2020 Gewürztraminer trocken Groß-Winternheimer Heilighäuschen | 13%/7,90€
86 2020 Regent trocken | 13,5%/11,90€
83 2020 Sankt Laurent trocken | 14%/7,30€
85 2019 Syrah trocken | 12%/12,10€
84 2018 Spätburgunder Spätlese trocken | 14,5%/15,50€
87 2018 Spätburgunder Auslese trocken | 14,5%/18,90€

★★★

Idler

Kontakt
Lehenweg 21, 71384
Weinstadt-Strümpfelbach
Tel. 07151-9947699
www.weingut-idler.de
info@weingut-idler.de

Besuchszeiten
Mi./Do. 17-19 Uhr, Sa. 10-13 Uhr und nach Vereinbarung
Bio-Appartement
Vinothek Lehenstein mit kleinen saisonalen Speisen

Inhaber/Betriebsleiter/ Kellermeister/Außenbetrieb
Marcel Idler
Rebfläche
10,5 Hektar
Produktion
65.000 Flaschen

DLER
EINGUT

Marcel Idler gründete 2012, mit 24 Jahren, sein eigenes Weingut, das mitten in Strümpfelbach liegt. Er hat nach seiner Winzerlehre in Geisenheim studiert und zahlreiche Praktika absolviert (Südafrika, Roussillon, Provence, Schweiz). Seine Weinberge liegen in Strümpfelbach, wo die Reben auf kalkhaltigen Keuper- und Mergelböden wachsen, die mit Schichten von Sandstein durchzogen sind. Er baut vor allem Lemberger, Riesling und Trollinger an, aber auch Müller-Thurgau, Cabernet Blanc, Sauvignon Blanc, Weißburgunder, Grauburgunder und Chardonnay sowie an weiteren roten Rebsorten Zweigelt, Cabernet Sauvignon, Merlot, Portugieser und Dornfelder. Die Weine werden teils im Holz, teils im Edelstahl ausgebaut. Die Weinberge werden biologisch bewirtschaftet, Marcel Idler ist Mitglied bei Bioland. 2020 wurde der Neubau am Ortseingang von Strümpfelbach fertiggestellt.

Kollektion

Dies ist die bisher stärkste Kollektion von Marcel Idler. Der Sekt ist fruchtbetont, frisch und zupackend. Die 2021er Guts- und Ortsweine sind klar und geradlinig, setzen auf Frucht, vertragen in diesem Jahrgang gut ein wenig Restsüße. Der 2020er Chardonnay vom Wetzstein besitzt viel Saft und gute Struktur, der 2019er Riesling vom Nonneberg punktet mit feiner Reife, Kraft und klarer Frucht. Die 2020er Basis-Rotweine setzen auf Frucht und Frische, der 2019er Strümpfelbacher Lemberger ist faszinierend reintönig und zupackend. Aus diesem Jahrgang stammt auch einer unserer drei Favoriten: Der Zweigelt Reserve ist konzentriert, herrlich eindringlich und reintönig, besitzt Struktur und Substanz. Die anderen beiden sind 2018er: Die Keupergrund-Reserve-Cuvée zeigt Konzentration und herrlich viel Frucht, besitzt Frische und Grip, der Lemberger vom Altenberg ist intensiv und fruchtbetont, leicht floral, hat Fülle, Saft und Kraft.

Weinbewertung

87 2018 Pinot Sekt brut nature | 11,5%/15,20€
85 2021 Riesling trocken | 11,5%/7,90€
85 2021 „Vom Keupergrund" Weißweincuvée trocken | 11,5%/7,90€
85 2021 Weißburgunder trocken „vom Gipskeuper" Strümpfelbach | 12%/9,60€
85 2021 Sauvignon Blanc trocken | 11,5%/12,50€
88 2019 Riesling trocken Nonnenberg Strümpfelbach | 13%/16,-€
87 2020 Chardonnay trocken Wetzstein Endersbach | 13%/16,-€
85 2021 Riesling Kabinett Pulvermächer Stetten | 9%/11,-€
84 2020 „Vom Keupergrund" Rotweincuvée trocken | 13%/9,-€
85 2020 Lemberger trocken | 12,5%/10,50€
87 2019 Lemberger trocken „Vom Steinmergel" Strümpfelbach | 13%/16,-€
89 2018 „Vom Keupergrund" Rotweincuvée trocken „Reserve" | 13%/21,-€
89 2019 Zweigelt trocken „Reserve" | 13%/19,-€
89 2018 Lemberger trocken Altenberg Strümpfelbach | 13%/24,-€

★★★

Ilmbacher Hof

Kontakt
Lange Gasse 36
97346 Iphofen
Tel. 09323-3657
Fax: 09323-6306
www.ilmbacher-hof.de
info@ilmbacher-hof.de

Besuchszeiten
Mo.-Fr. 10-18 Uhr, Di. 14-18 Uhr, Sa. 10-16 Uhr sowie nach Vereinbarung
Besenwirtschaft (Mai, Sept., Fr./Sa. ab 17 Uhr)
2 Ferienwohnungen im Gutshaus
Vinothek und Event-Location
kulturelle Veranstaltungen, Konzerte, Ausstellungen, Weinmenüs, Künstlermärkte

Inhaber
Thomas Fröhlich
Rebfläche
5,7 Hektar
Produktion
35.000 Flaschen

Der mitten in Iphofen gelegene Ilmbacher Hof, ursprünglich ein Gutshof der Kartäusermönche des Klosters Ilmbach, befindet sich seit sechs Generationen im Besitz der Familie Fröhlich, wird heute von Thomas und Andrea Fröhlich geführt. Ihre Weinberge liegen in den Iphöfer Lagen Julius-Echter-Berg, Kalb und Kronsberg (mit über 40 Jahre alten Reben), sowie im Rödelseer Küchenmeister, die Reben wachsen auf Keuperböden. Silvaner ist die wichtigste Rebsorte im Betrieb und rückt immer stärker in den Fokus, nimmt inzwischen knapp die Hälfte der Fläche ein (darunter 1 Hektar mit 1974 gepflanzten Reben in der Lage Kalb), es folgen Müller-Thurgau, Bacchus, Weißburgunder, Kerner, Scheurebe und Riesling, sowie rote Sorten wie Domina, Regent oder Acolon. Die Weine werden teils im Holz, teils im Edelstahl ausgebaut, Thomas Fröhlich hat zuletzt weiter in Holz investiert. Im Mai 2016 war erstmalig die Besenwirtschaft geöffnet, im Winter 2018/2019 wurde die Karthäuser-Scheune zur Vinothek und Event-Location umgebaut; neue Wein-Projekte wie Stollenwein oder Amphoren-Silvaner wurden lanciert.

Kollektion

Thomas Fröhlich hatte den Jahrgang 2021 gut im Griff, das zeigt die feine Kollektion mit Weißweinen ausschließlich dieses Jahrgangs. Schon der frische, fruchtbetonte Liter-Silvaner überzeugt, der Kalb-Silvaner ist leicht rauchig, füllig und saftig, der Echter-Silvaner punktet mit Reintönigkeit, besitzt Fülle, Kraft und gute Struktur, der im Tonneau ausgebaute Silvaner von alten Reben zeigt gute Konzentration und reife Frucht, besitzt gute Struktur, viel Druck und Frucht, Biss und Substanz. Eine tolle Silvaner-Serie, aber auch sonst ist die Kollektion stark. Die beiden Müller-Thurgau punkten wie gewohnt, der Edition 109 zeigt klare Frucht, etwas Aprikosen, ist fruchtbetont und harmonisch, der im Halbstück ausgebaute Wein von alten Reben im Kronsberg ist füllig, kraftvoll, fruchtbetont und strukturiert. Der Riesling ist würzig und kraftvoll, die Scheurebe reintönig, konzentriert, der Weißburgunder JMF besitzt viel reife Frucht und Substanz. Im Aufwind!

Weinbewertung

82 2021 Silvaner trocken (1l) | 11,5%/7,-€
87 2021 Silvaner trocken Iphöfer Kalb | 12%/12,-€
85 2021 Müller-Thurgau trocken „Edition 109" | 12%/8,-€
87 2021 Weißer Burgunder trocken „JMF" Iphöfer Kronsberg | 12%/12,-€
86 2021 Scheurebe trocken Iphöfer Kronsberg | 12%/12,-€
87 2021 Silvaner trocken „Echter" Iphöfer Julius-Echter-Berg | 12%/12,-€
86 2021 Riesling trocken Iphöfer Kronsberg | 12%/12,-€
88 2021 Müller-Thurgau trocken „Alte Reben" Kronsberg | 13%/18,-€
89 2021 Silvaner trocken „Alte Reben" | 13%/18,-€
84 2021 „SommerTime" Weißwein | 10,5%/7,50€

★★

Immich-Anker

Kontakt
Am Steffensberg 19
56850 Enkirch
Tel. 06541-6230
Fax: 06541-4965
www.mosel.net
immich-anker@mosel.net

Besuchszeiten
täglich 9-18 Uhr,
Vinothek, Ferienwohnung &
Gästezimmer

Inhaber
Daniel S. Immich
Kellermeister
Daniel S. Immich
Rebfläche
3,5 Hektar
Produktion
23.000 Flaschen

Daniel Immich führt das Weingut im Zentrum von Enkirch seit 2009. Selbstverständlich war diese Entscheidung nicht, denn er studierte erst Politik, BWL, Englisch und Germanistik, arbeitete in England, begann 2007 eine Winzerausbildung bei Clüsserath-Weiler und in den Bischöflichen Weingütern. Die Familie kann ihre Weinbaugeschichte bis ins Jahr 1425 zurückverfolgen, was nicht bedeutet, dass nicht auch neue Ideen umgesetzt werden. So hat Immich, der ausschließlich Riesling anbaut, alte Flächen rekultiviert und eine schonende Weinpresse angeschafft, er investierte auch in Edelstahltanks. 3,5 Hektar werden bewirtschaftet, in Enkircher Lagen wie Zeppwingert, Monteneubel, Eschewingert oder Kanzel. Die Weine vergären teils spontan, auf die Zugabe von Enzymen verzichtet er. Dank seiner Erfahrungen hat Immich auch im Export Erfolge vorzuweisen; die USA sind ein wichtiger Markt geworden.

Kollektion

Zwei Schaumweine aus dem Jahrgang 2019 stellt das Weingut in diesem Jahr vor. Der eine besitzt, obwohl als brut ausgezeichnet, einen Hauch von Süße, noch besser gefällt das ohne Dosage abgefüllte, komplett trockene und puristisch wirkende Pendant; ein straffer, würziger Sekt mit Struktur, der zum Glück nicht zu viel Alkohol aufweist. Bereits der trockene Einstieg namens I-A überzeugt mit Geradlinigkeit und Balance. Der Eisbruch-Riesling ist verschlossen, hefig, im Mund straff und fest, noch sehr jugendlich, schlank, vielversprechend. Verschlossen und würzig wirken die Alten Reben aus dem Steffensberg, während der mit dem Zusatz pS versehene Wein eine markante dunkle Hefewürze zeigt und viel Struktur aufweist, sich aber noch völlig unfertig präsentiert. Zupackend ist der Liebling vom Chef, ein halbtrockener Riesling mit Würze und Zug. Eine sehr feine Frucht mit Noten von Zitrus, Kräutern und Apfel zeigt der feinherbe Eschewingert. Verführerisch nach Boskoop duftet der Im Löwenbaum genannte Wein, der eine wunderschöne Balance zwischen Süße und Säure aufweist; er ist sofort zugänglich, saftig, rassig – einer unserer Favoriten im Sortiment.

Weinbewertung

88 2019 Riesling Sekt brut nature „1425 Zero Dosage" Enk. Monteneubel | 12,5%/14,70€
87 2019 Riesling Sekt brut „1425" Enkircher Monteneubel | 12%/12,50€
84 2021 Riesling trocken „I-A" | 11%/8,30€
86 2021 Riesling trocken „Eisbruch®" | 11%/9,70€
87 2021 Riesling trocken „Alte Reben" Enkircher Steffensberg | 11,5%/10,40€
87 2021 Riesling trocken „Alte Reben pS" Enkircher Steffensberg | 11,5%/12,50€
83 2021 Riesling halbtrocken „I-A" (1l) | 11%/7,40€
86 2021 Riesling „feinherb" „Eschewingert®" | 10%/9,50€
86 2021 Riesling halbtrocken „Liebling vom Chef" Enkircher Herrenberg | 11,5%/10,40€
87 2021 Riesling Enkircher Im Löwenbaum | 8,5%/10,40€

IMMICH ANKER

★★☆

Ingelfinger Fass

Kontakt
Weinmanufaktur Ingelfinger Fass, Schlossstraße 14
74653 Ingelfingen
Tel. 07940-91650
Fax: 07940-916550
www.schloss-hotel-ingelfingen.de
juergen.kerlwb@gemue.de

Besuchszeiten
Vinothek Mi.-Fr. 15-19 Uhr, Sa. 10-14 Uhr oder nach Vereinbarung

Inhaber
GEMÜ Gebr. Müller Apparatebau GmbH & Co. KG

Betriebsleiter/ Außenbetrieb
Jürgen Kerl

Rebfläche
2,9 Hektar

Produktion
15.000 Flaschen

Die Weinmanufaktur Ingelfinger Fass trägt ihren Namen nach dem Ingelfinger Fass, dem zweitgrößten Holzfass Europas, das Fritz Müller 2020 in den Ingelfinger Weinbergen errichten lies und in dem ein Weinmuseum untergebracht ist. Fritz Müller ist auch Gründer der GEMÜ Gebr. Müller Apparatebau GmbH & Co. KG, die Weltmarktführer auf dem Gebiet der Ventiltechnik für sterile Prozesse ist. In der Ingelfinger Lage Hoher Berg werden auf Böden des Oberen und Mittleren Muschelkalks vor allem Riesling und Silvaner, aber auch Müller-Thurgau und Chardonnay, sowie rote Sorten wie Merlot (2018 gepflanzt, der erste Merlot im Kochertal), Portugieser, Schwarzriesling, Spätburgunder und Acolon angebaut. Mit Ausnahme des Schwarzrieslings werden alle Rotweine auf der Maische vergoren. Die Weine werden seit 2010 beim Weingut Birkert in Bretzfeld-Adolzfurt ausgebaut. 2020 wurde die Bio-Zertifizierung begonnen, weswegen ab 2021 der Ausbau beim Weingut Fürst zu Hohenlohe Öhringen erfolgt.

Kollektion

Beim guten Debüt im vergangenen Jahr hatte uns mit dem 2018er Réserve-Portugieser ein Rotwein besonders gut gefallen, und auch in diesem Jahr steht wieder ein Roter an der Spitze der Kollektion: Der Merlot zeigt gleich bei seiner ersten Ernte, dass die Entscheidung im Kochertal Merlot zu pflanzen nicht so ganz falsch gewesen sein kann, er ist konzentriert, würzig und eindringlich, besitzt Fülle und Kraft, viel reife Frucht und gute Struktur. Der Pinot Meunier besitzt feine Frische und Würze, der Portugieser zeigt dieses Jahr als halbtrockener Rosé was er kann, ist frisch und fruchtbetont, geradlinig, klar und süffig. Riesling kann wie Portugieser auf eine lange Tradition im Kochertal zurückblicken. Die feinherbe Variante zeigt gute Konzentration und klare Frucht, ist frisch und zupackend, etwas Spannung und Grip noch besitzt der trockene, durchgegorene Wein. Noch besser aber gefällt uns das Ingelfinger Fass Nummer 1, eine Cuvée aus 60 Prozent Silvaner, 25 Prozent Müller-Thurgau und 15 Prozent Riesling. Der Wein zeigt gute Konzentration und viel reife Frucht im Bouquet, weiße und gelbe Früchte, besitzt Fülle und Kraft, viel reife Frucht und Substanz. Kleine, aber überzeugende Kollektion! ▬

Weinbewertung

86 2021 Ingelfinger „Fass No.1“ Weißweincuvée trocken | 12,5%/7,50€
85 2021 Riesling trocken Ingelfinger Hoher Berg | 13%/9,-€
84 2021 Riesling „feinherb“ Ingelfinger Hoher Berg | 12,5%/9,-€
83 2021 Portugieser Rosé Ingelfinger Hoher Berg | 12%/6,-€
83 2021 Pinot Meunier trocken Ingelfinger Hoher Berg | 13%/8,50€
87 2020 Merlot trocken „Réserve“ Ingelfinger Hoher Berg | 15%/15,50€

★★

Bertram Isele

Kontakt
Demeterweingut Bertram Isele, Kaibengasse 3
79235 Achkarren
Tel. 07662-6347
www.bioweingut-isele.de
info@bioweingut-isele.de

Besuchszeiten
Fr. + Sa. 14-18 Uhr und nach Vereinbarung; 3 Ferienwohnungen im Gutshaus

Inhaber
Bertram Isele
Betriebsleiter
Bertram Isele
Kellermeister
Bertram Isele
Außenbetrieb
Bertram Isele
Rebfläche
4 Hektar
Produktion
22.000 Flaschen

Das Weingut Bertram Isele aus Achkarren im südwestlichen Kaiserstuhl, war ursprünglich ein Selbstversorger-Gemischtbetrieb. Es wurde 1973 auf die bio-dynamische Wirtschaftsweise umgestellt und ist Mitglied bei Demeter. 1985 wurde mit Weinausbau und Vermarktung begonnen. Man hat sich immer mehr auf den Weinbau konzentriert, 1987 wurde ein neuer Keller gebaut. Bertram Isele hat 2001 den Betrieb von seinem Vater Philipp übernommen. Seine Weinberge liegen in den Achkarrer Lagen Schlossberg und Castellberg. Der Schwerpunkt liegt beim Spätburgunder, der 40% der Fläche einnimmt. Hinzu kommen ein Viertel Grauburgunder und je 10 Prozent Weißburgunder und Helios, aber auch Muskateller, Solaris, Johanniter. Muscaris, Cabernet Carbon und Cabernet Blanc; pilzwiderstandsfähige Rebsorten werden bereits seit 1992 angebaut.

Kollektion

Vor allem mit seinen Spätburgundern trumpft Bertram Isele in diesem Jahr groß auf, alle vier präsentierten Weine haben wir mit „sehr gut" bewertet. Der Spätburgunder Kreuz zeigt reife rote Früchte, ist frisch, klar und zupackend, der Steinfelsen ist fruchtbetont, intensiv, herrlich eindringlich, besitzt gute Struktur, reintönige Frucht, Frische und Grip. Beide stammen aus dem Jahrgang 2020, unsere beiden Favoriten hingegen sind 2019er: Der Rebell zeigt gute Konzentration, rauchige Noten, etwas Vanille, besitzt reintönige Frucht, gute Struktur und Grip, während der Gras im Ofen sehr offen ist, etwas Gewürze zeigt, Fülle, Kraft und gute Struktur besitzt. Sehr gut ist auch die Gesprächsstoff genannte rote Cuvée, ist fruchtbetont, intensiv, herrlich eindringlich. Im weißen Segment überzeugt der fruchtbetonte, geradlinige Johanniter-Sekt, am besten gefällt uns aber ein süßer Wein, der Solaris, der viel Duft und Würze im Bouquet zeigt, intensiv Ananas, ein wenig Litschi, viel Konzentration, Fülle und süße Frucht besitzt.

Weinbewertung

84	2019 Johanniter Sekt brut I 12%/13,80€
83	2020 Grauer Burgunder trocken I 14%/10,70€
83	2021 Muscaris trocken I 14%/12,-€
82	2020 Helios trocken I 13%/10,10€
81	2020 Cabernet Blanc trocken I 14%/12,90€
81	2020 Weißer Burgunder „S" trocken I 14%/14,-€
86	2020 Solaris I 14%/16,-€
85	2020 „Gesprächstoff" Rotwein trocken I 13%/10,60€
85	2020 Spätburgunder Kreuz I 13%/14,-€
86	2020 Spätburgunder Steinfelsen I 12,5%/15,-€
88	2019 Spätburgunder „Rebell" I 12,5%/26,-€
88	2019 Spätburgunder „Gras im Ofen" I 13%/31,-€

★★☆

Isele

Kontakt
Hauptstraße 46
77955 Ettenheim
Tel. 07822-2712
www.weingut-isele.de
fi@weingut-isele.de

Besuchszeiten
ganzjährig geöffnete Gutsschänke

Inhaber
Familie Isele
Rebfläche
10,5 Hektar
Produktion
60.000 Flaschen

Münchweier liegt im Breisgau, ist sein 1971 ein Stadtteil von Ettenheim. Seit 1986 bewirtschaftet die Familie Isele Weinberge am Münchweierer Kirchberg. Joachim Isele führt das Weingut zusammen mit seinen Söhnen Florian und Philipp, Joachims Ehefrau Andrea führt die Gutsschänke. Die Reben wachsen im Münchweierer Kirchberg an süd- bis südwest-exponierten Hängen auf tiefgründigen Löss-Lehm-Böden; dazu ist man im Ettenheimer Kaiserberg vertreten. Spätburgunder ist die wichtigste Rebsorte im Betrieb, es folgen Müller-Thurgau, Weißburgunder, Grauburgunder und Chardonnay, dazu gibt es etwas Riesling, Gewürztraminer und Muskateller. In der angeschlossenen Gutsschänke können die Weine ganzjährig verkostet werden.

Kollektion

Aufgrund später Abfüllung musste das Weingut im vergangenen Jahr aussetzen, ist nun aber wieder dabei mit Weinen der Jahrgänge 2021 und 2020 – wobei die 2020er ganz klar die Highlights der kleinen Kollektion stellen. Da ist einmal der einzige 2020er Weißwein, der Chardonnay, der feine rauchige Noten und reintönige Frucht im Bouquet zeigt, klar und harmonisch im Mund ist, zupackend, gute Struktur und Grip besitzt. Und da sind die beiden Spätburgunder, die wie schon in den vorausgegangenen Jahren mit ihrer Reintönigkeit bestechen. Der Spätburgunder von alten Reben ist frisch, fruchtbetont und wunderschön klar im Bouquet, ist harmonisch im Mund, klar und zupackend, besitzt feine Frucht, gute Struktur und Grip. Reintönige Frucht zeigt auch der Pinot Noir im Bouquet, dezent rauchige und florale Noten, ein wenig Johannisbeeren, ist frisch im Mund, harmonisch und zupackend, besitzt wunderschön reintönige Frucht und viel Biss im Abgang. Etwas verhaltener und jahrgangstypisch schlanker als in früheren Jahren präsentieren sich die 2021er. Der Weißburgunder ist würzig, zeigt feine Frische ist klar und zupackend, was auch für den sehr reintönigen Grauburgunder gilt. Beim feinfruchtigen Muskateller passt die Süße gut zur Säure, er ist würzig und klar bei dezenter Zitrusnote, ist geradlinig und sehr frisch im Mund. Würzig und fruchtbetont ist der Spätburgunder Rosé im Bouquet, zeigt etwas Kirschen, ist klar und lebhaft im Mund bei feiner Frucht.

Weinbewertung

83 2021 Weißer Burgunder trocken Münchweier Kirchberg | 12,5%/7,50€
84 2021 Grauer Burgunder trocken Münchweier Kirchberg | 12,5%/7,50€
88 2020 Chardonnay trocken „Kirchhalde" Münchweierer Kirchberg | 13%/15,-€
84 2021 Muskateller „feinfruchtig" | 7%/9,-€
84 2021 Spätburgunder Rosé trocken Münchweierer Kirchberg | 12,5%/7,50€
87 2020 Spätburgunder trocken „alte Reben" Münchweierer Kirchberg | 13,5%/10,-€
88 2020 Pinot Noir trocken „Kirchhalde" Münchweierer Kirchberg | 13,5%/15,-€

WEINGUT ISELE Münchweier

★★★

Max Jäck

Kontakt
Aussiedlerhof 7a
69198 Schriesheim
Tel. 06203-692725
Fax: 06203-692726
www.weingut-max-jaeck.de
max@weingut-max-jaeck.de

Besuchszeiten
Mo.-Fr. 9-13 + 15-18:30 Uhr
Sa. 8-13 Uhr
oder nach Vereinbarung
Hochzeitslocation
Hofcafé

Inhaber
Maximilian Jäck
Rebfläche
3,5 Hektar

Max Jäck hat sein Weingut 2014 mit Übernahme von zwei Hektar Rebfläche aus dem elterlichen Betrieb (Obstbau, Weinbau, Brennerei, Hofladen, Event Location) gegründet. Vater und Großvater haben schon Wein angebaut, aber anderes Obst stand bei den Jäcks immer im Vordergrund. Nach der Ausbildung zum Weinküfer studierte Max Jäck Weinbau und Önologie in Geisenheim, Max Jäcks Weinberge bestehen aus vielen kleinen Parzellen zwischen Leutershausen und Dossenheim, liegen vor allem in Schriesheim. Riesling, Weißburgunder und Spätburgunder sind die wichtigsten Rebsorten, zu denen sich Chardonnay als vierte Hauptrebsorte gesellen wird, die 2020 angepflanzt wurde. Dazu gibt es Müller-Thurgau, Cabernet Dorio, Muskateller und Sauvignon Blanc, Die Weißweine werden, teils mit Maischegäranteil, lange auf der Hefe ausgebaut, teils im Edelstahl, teils im Holz, die Spitzenweine werden weder geschönt noch filtriert. Zum 1. Januar 2020 wurde die Umstellung auf ökologischen Weinbau begonnen, seit 2021 ist Max Jäck Mitglied bei Ecovin. Alle Weine werden als Landwein angeboten, wie inzwischen bei so vielen der spannendsten Weingüter in Baden,

Kollektion

Schon im vergangenen Jahr überzeugte die klare Handschrift, und mit der neuen Kollektion setzt Max Jäck seinen Weg konsequent fort, die Weine sind präzise und zupackend, besitzen Kraft und Druck – und das bei sehr moderaten Alkoholwerten. Der Weißburgunder ist frisch, zupackend, hat Grip wie auch der Grauburgunder, der etwas würziger und druckvoller ist. Der Sauvignon Blanc ist präzise, zurückhaltend, setzt auf Struktur und hat Druck. Riesling gibt es als zupackenden Basiswein, als herrlich lebhaften, reintönigen Riesling 76° im Mosel-Kabinett-Stil, und als trockenen Lagenwein aus der Schriesheimer Gewanne Steinenschleife, ein enorm intensiver, fast aggressiver Wein mit viel Frucht und Biss. Der 2020er Orange-Grauburgunder ist konzentriert und herrlich eindringlich, besitzt Kraft, Struktur und Druck. Aus dem Jahrgang 2018 stammt der Spätburgunder Kern, der reintönige Frucht und gute Konzentration zeigt, Struktur, Frucht und viel Tannine besitzt. Ganz starke Kollektion!

Weinbewertung

86 2021 Grauburgunder trocken | 11,5%/8,50€
85 2021 Weißburgunder trocken | 11%/8,-€
85 2021 Riesling trocken | 11%/8,-€
87 2021 Sauvignon Blanc trocken | 11,5%/8,50€ ☺
(89) 2021 Riesling trocken „Stein&Schleife“ | 11,5%/18,-€
89 2020 Grauburgunder trocken „Orange“ | 12,5%/18,-€
85 2021 Riesling „76°“ | 7%/8,50€
88 2018 Spätburgunder trocken „Kern“ | 13,5%/23,-€

★★★

Jakoby-Mathy

Kontakt
Königstraße 4
54538 Kinheim
Tel. 06532-3819
Fax: 06532-953443
www.jakobypur.de
info@jakobypur.de

Besuchszeiten
nach Vereinbarung

Inhaber
Erich Jakoby
Kellermeister
Erich & Peter Jakoby
Rebfläche
4,5 Hektar
Produktion
40.000 Flaschen

Seit der Mitte des 19. Jahrhunderts betreibt die Familie Weinbau an der Mosel. Heute führt Erich Jakoby zusammen mit seinem Sohn Peter den Betrieb. Sie sind beide auch für den Keller zuständig, während sich Stefan, der zweite Sohn, in erster Linie um den Verkauf kümmert. Angebaut werden vor allem Riesling, aber auch Spätburgunder, Kerner, Müller-Thurgau und Dornfelder. Die Weinberge liegen hauptsächlich in den Kinheimer Lagen Rosenberg (mit der alten Gewanne Eulenlay) und Hubertuslay. Insgesamt werden 4,5 Hektar bewirtschaftet. Die Weine werden zum großen Teil an Privatkunden verkauft, ein guter Teil geht in den Export.

Kollektion

Ein Sortiment an feinen, schlanken, animierenden 2021ern wird vom Weingut vorgestellt. Kein Wein fällt qualitativ ab, bei allen ist eine klare Linie zu erkennen. Etwa beim Weißburgunder, der sehr saftig wirkt, straff und relativ fest, schon jetzt zugänglich ist. Sehr gut gefallen schon zu diesem Zeitpunkt die beiden trockenen Rieslinge, die sich gut balanciert präsentieren. Kühl, direkt und duftig wirkt der Aufbruch-Riesling, zugänglich und fein, er macht bereits jetzt viel Spaß. Der Aufstiegswein wirkt deutlich komplexer, zeigt eine hefig-jugendliche, fast rauchig wirkende Aromatik, ist straff und saftig und dürfte sich ausgezeichnet entwickeln, könnte dann für eine noch höhere Bewertung gut sein. Sehr gelungen ist auch der feinherbe Kabinettriesling, saftig und, obgleich merklich süß, sehr gut balanciert. Sehr überzeugend: der Kabinettwein in süßer Ausführung. Die Spätlese duftet nach Apfel und frischer Aprikose, ist schlank und rassig, besitzt eher wenig Süße, wirkt noch sehr jung. Die beiden hochkarätigen Süßweine stammen noch aus dem Jahrgang 2020 und wirken sehr unterschiedlich in ihrem Stil. Die Beerenauslese braucht Zeit im Glas, zeigt nach einer Weile eine schöne, feine Frucht mit Noten von cremigen Aprikosen, gerösteter Mango und Sanddorn, besitzt Schmelz und cremige Länge. Der Eiswein ist noch deutlich vibrierender und würziger, auch dieser Wein entwickelt sich über Tage hinweg ausgezeichnet.

Weinbewertung

85 2021 Riesling trocken „Aufbruch" Kinheimer Hubertuslay | 11,5%/6,90€
86 2021 Weißburgunder trocken | 12%/8,-€
87 2021 Riesling Kabinett trocken „Aufstieg" Kinheimer Hubertuslay | 11%/8,-€ ☺
87 2021 Riesling Kabinett „feinherb" „Weitblick" Kinheimer Hubertuslay | 10%/8,-€ ☺
87 2021 Riesling Kabinett Kinheimer Rosenberg | 8,5%/8,-€ ☺
88 2021 Riesling Spätlese Kinheimer Rosenberg | 8%/10,-€ ☺
90 2020 Riesling Beerenauslese Kinheimer Hubertuslay | 8%/35,-€/0,375l
92 2020 Riesling Eiswein Kinheimer Hubertuslay | 7,5%/35,-€/0,375l

Jesuitenhof

Kontakt
Obertor 6
67246 Dirmstein
Tel. 06238-2942
Fax: 06238-4601
www.jesuitenhof.de
jesuitenhof.dirmstein@
t-online.de

Besuchszeiten
Mo.-Fr. 8-18 Uhr
Sa. 9-16 Uhr

Inhaber
Klaus & Moritz Schneider
Rebfläche
27 Hektar
Produktion
150.000 Flaschen

Der Jesuitenhof in Dirmstein ist seit 1803 als Guts- und Weingutsbetrieb in Familienbesitz. Nach einer Erbteilung 1969 wurde die Flaschenweinvermarktung eingestellt. Erst Mitte der achtziger Jahre wurde wieder mit der Selbstvermarktung begonnen, die Betriebsfläche seither auf die heutige Größe von 27 Hektar erweitert. Seit Beendigung seines Geisenheim-Studiums 2011 und einem Praktikum in Neuseeland ist Moritz Schneider fest in den Betrieb eingestiegen. Die Weinberge liegen vor allem in Dirmstein in den Lagen Mandelpfad und Herrgottsacker, sowie im Jesuitenhofgarten, der Klaus und Moritz Schneider im Alleinbesitz gehört. Die 2,5 Hektar innerhalb der ehemaligen Klostergartenmauer sind ausschließlich mit Riesling und Spätburgunder bestockt. Wichtigste Rebsorte ist Riesling, es folgen Spätburgunder, Weißburgunder und Grauburgunder.

Kollektion

Der Spätburgunder aus dem „Kleinen Garten" führt auch in diesem Jahr wieder eine starke Kollektion an: Er zeigt feine rote Frucht, Johannisbeere, Hagebutte und etwas Waldboden, besitzt einen sehr dezenten Holzeinfluss und reife Tannine, ist sehr elegant und etwas strukturierter als der ebenfalls sehr elegante und von klarer roter Frucht geprägte Spätburgunder aus dem Kirschgarten. Auch die anderen vorgestellten Weine sind durchweg sehr gut: Der Merlot besitzt dunkle Beerenfrucht, kräutrige Frische und noch jugendliche Tannine, der Sauvignon Blanc ist animierend und sehr fruchtbetont mit Aromen von Pfirsich, Maracuja, Mandarinenschale und Grapefruit, der Mandelpfad-Chardonnay besitzt ebenfalls viel klare Frucht, etwas Salzzitrone und dezente Holzwürze, der im Halbstück ausgebaute Weißburgunder besitzt Kraft, Schmelz, klare Frucht und Länge und der Halbstück-Riesling öffnet sich mit herben Zitrusnoten, besitzt gute Konzentration, Biss und leicht salzige Noten.

Weinbewertung

87 2021 Silvaner trocken „Kalkmergel" Laumersheimer | 13%/9,-€
85 2021 Riesling trocken „Kalkmergel" Dirmsteiner | 12,5%/9,-€
86 2021 Weißer Burgunder trocken „Kalkmergel" Dirmsteiner | 13%/9,-€
85 2021 Chardonnay trocken Dirmsteiner | 13%/9,-€
87 2021 Riesling trocken Dirmsteiner Jesuitenhofgarten | 13%/12,-€
88 2021 Weißer Burgunder trocken „Halbstück" Dirmsteiner Mandelpfad | 13,5%/13,50€
88 2021 Riesling trocken „Halbstück" Dirmsteiner Mandelpfad | 13%/13,50€
88 2021 Sauvignon Blanc trocken „Reserve" Laumersheimer Steinbuckel | 13%/15,-€
88 2021 Chardonnay trocken „Reserve" Dirmsteiner Mandelpfad | 13%/15,-€
88 2020 Merlot trocken Dirmsteiner Herrgottsacker | 14%/18,-€
88 2020 Spätburgunder trocken Laumersheimer Kirschgarten | 13,5%/16,-€
89 2020 Spätburgunder trocken „Kleiner Garten" Jesuitenhofgarten | 13,5%/20,-€

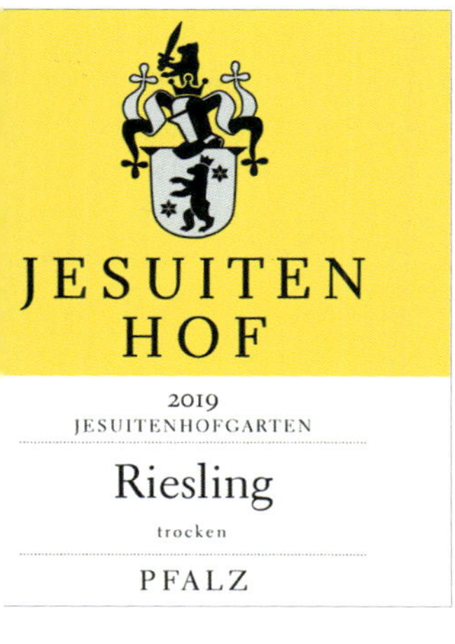

★★★

Jörn

Kontakt
Bahnstraße 2
65366 Geisenheim
Tel. 0172-4776942
www.joernweinshop.de
joern@joernwein.de

Besuchszeiten
nach Vereinbarung

Inhaber
Jörn Goziewski
Rebfläche
1,3 Hektar

Jörn Goziewski gehört zur jungen Garde der engagierten Kellermeister im Rheingau, die sich nicht mit dem Erreichten zufrieden geben, sondern neue Wege suchen. Die hat der in Geisenheim ausgebildete Önologe nach Auslandsaufenthalten in Spanien, Italien und Neuseeland zunächst in der Ankermühle beschritten. Dort baute er Riesling sowohl in Edelstahltanks als auch im Stückfass und in Barriques aus, experimentierte viel mit Maischestandzeiten und Bâtonnage und erzeugte einige eigenwillige, aber überzeugende Weine. Im Jahr 2015 hat Jörn Goziewski sich selbstständig gemacht und einen eigenen Keller in Oestrich-Winkel bezogen. Er bewirtschaftet heute 1,3 Hektar, überwiegend in Rüdesheim in den Lagen Berg Rottland, Berg Roseneck, Berg Schlossberg und Drachenstein, aber auch im Winkeler Hasensprung und in der Johannisberger Hölle. 2019 sind neue Weinberge und Weine aus Thüringen hinzu gekommen. Neben Riesling baut er ein wenig Spätburgunder an. Den Ausbau der Weine auf unterschiedliche Weise – im Edelstahl, aber auch im Barrique oder im Stückfass – hat er beibehalten, auch die teilweise sehr langen Maischestandzeiten werden weiterhin praktiziert. Seit 2020 ist Jörn Goziewski zusätzlich als Betriebsleiter für das Weingut Klosterkammer in Erfurt tätig.

Kollektion

Seit Jahren präsentiert Jörn Goziewski charakterstarke Weine, die eine klare Handschrift zeigen. Seit einiger Zeit gehören zum Portfolio des kleinen Geisenheimer Weinguts auch Weine aus Goziewskis Thüringer Heimat. Die beiden dort gekelterten Poetenweg-Weine sind klar als Naturweine zu erkennen, sie sind von Schwarzteenoten und herbem Druck geprägt. Der rote Crucissteig ist füllig und würzig. Etwas besser gefallen uns die Rheingauer Weine. Der Riesling aus dem Berg Rottland präsentiert sich trotz enorm kräftigem Tannin und Maischearomen balanciert, agil und druckvoll, die Anlagen für ein gutes Reifepotential sind vorhanden. Der Wein aus dem Berg Roseneck besitzt eine gute Struktur und ein frisches Säuregerüst, ist allerdings derzeit noch allzu unruhig. Großartig ist der elegante, strahlende, im Stückfass ausgebaute Riesling aus dem Hasensprung, der eine perfekte Balance von Säure und prägnantem Holz findet.

Weinbewertung

(85) 2020 Riesling Berg Roseneck | 12,5%/24,90€
(90+) 2020 Riesling Berg Rottland | 13%/19,90€
86 2019 Cuvée Weiß „Poetenweg“ | 12%/14,90€
86 2019 Ruländer „Poetenweg“ | 12%/24,90€
(92) 2020 Riesling „Stückfass“ Hasensprung | 13%/19,90€
87 2018 „Crucissteig“ Rotwein | 13,5%/100,-€

JOERN

★★☆

Johannes B.

Kontakt
Höhe 1
70736 Fellbach
Tel. 0711-534128,
0174-2486728
Fax: 0711-5360777
www.weingut-johannesb.de
info@weingut-johannesb.de

Besuchszeiten
zu Besenzeiten sowie Mi. + Fr. 16-19 Uhr, Sa. 10-14 Uhr
Bauerles Besen 4 x im Jahr (mit eigenem Spargel, Limousin-Rindern, Gänsebraten), www.bauerle-fellbach.de

Inhaber
Johannes Bauerle
Kellermeister
Johannes Bauerle
Rebfläche
12,5 Hektar
Produktion
80.000 Flaschen

Johannes Bauerle hat die Weichen für die Zukunft gestellt, er konzentriert sich auf Toplagen in Fellbach und Stuttgart, hat die Umstellung auf biologischen Weinbau begonnen. Er ist gelernter Weinküfer und Weinbautechniker (Veitshöchheim) mit Auslandserfahrungen in Neuseeland und Südtirol, hatte 2013 die elterlichen Weinberge übernommen und mit der Selbstvermarktung begonnen. Seit dem Tod seines Vaters Klaus Bauerle 2020 führt er zusammen mit seiner Ehefrau Susanne auch die Gastronomie, Bauerles Besen. Seine Weinberge liegen in den Fellbacher Lagen Lämmler und Goldberg, in den Cannstatter Lagen Zuckerle, Steinhalde und Berg, sowie in der Oberderdinger Kupferhalde. Der Sortenspiegel im Betrieb wurde im Hinblick auf die Neuausrichtung in den letzten Jahren verändert, zu Rebsorten wie Riesling, Trollinger und Lemberger kamen Weißburgunder, Grauburgunder, Spätburgunder, Cabernet Sauvignon, Muskattrollinger und Sauvignon Blanc hinzu, auch etwas Merlot und Cabernet Franc.

Kollektion

Die neue Kollektion ist ganz stark, das Basisniveau ist hoch wie nie. Der Weißburgunder ist reintönig, strukturiert und zupackend, der im Holz ausgebaute Grauburgunder besitzt Fülle, Kraft und Grip, und auch in der intensiv fruchtigen Cuvée mit Chardonnay macht Grauburgunder eine gute Figur. Auch der zu einem Drittel im Holz ausgebaute Sauvignon Blanc ist intensiv fruchtig, herrlich eindringlich und reintönig. Unser Favorit aber ist der Gipfelstürmer genannte Chardonnay, von hochgelegenen Weinbergen, der rauchig, intensiv und herrlich reintönig ist, Frische, gute Struktur und viel Grip besitzt. Die Rotweine präsentieren sich sehr geschlossen, der Wolfersberg-Lemberger ist fruchtbetont, intensiv, herrlich reintönig, der Spätburgunder punktet mit Grip und reintöniger Frucht, der Cabernet Sauvignon zeigt etwas Johannisbeeren und florale Noten. Sehr gut sind auch die beiden Sekte, der klare zupackende Riesling ebenso wie die rauchige, recht jugendliche, zwei Jahre auf der Hefe ausgebaute „Grand Cuvée" aus Spätburgunder, Chardonnay und Schwarzriesling.

Weinbewertung

86	2019 Riesling Sekt brut | 12,5%/14,50€
87	2019 „Grand Cuvèe B" Sekt brut nature | 13%/14,50€
85	2021 Weißburgunder trocken „Berg + Tal" | 13%/8,90€
86	2021 Sauvignon Blanc trocken „Partie Fumé" | 12,5%/12,80€
86	2021 Grauburgunder trocken „Mergel + Keuper" Holzfass | 13%/12,80€
85	2021 Grauburgunder und Chardonnay trocken | 12,5%/9,90€
88	2021 Chardonnay trocken „Gipfelstürmer" | 13%/14,50€
86	2019 Spätburgunder trocken „Urgestein" | 13,5%/14,50€
86	2020 Lemberger trocken „Wolfersberg" | 14%/14,50€
86	2019 Cabernet Sauvignon trocken „Steillage" | 14,5%/14,50€

★★☆

Johanneshof

Kontakt
Hansengasse 13
55239 Gau-Odernheim
Tel. 06733-588
Fax: 06733-929589
www.johanneshof-becker.de
weingut@johanneshof-becker.de

Besuchszeiten
nach Vereinbarung

Inhaber
Axel Becker
Rebfläche
23 Hektar
Produktion
90.000 Flaschen

Das Weingut Johanneshof liegt am Fuße des Petersbergs in Gau-Odernheim. Axel Beckers Weinberge liegen vor allem in den Gau-Odernheimer Lagen Herrgottspfad und Oelberg, aber auch im Framersheimer Hornberg, im Dolgesheimer Kreuzberg und im Albiger Homberg. Der Fokus liegt auf Riesling und den Burgundersorten, in den letzten Jahren verstärkt auch auf Piwi-Sorten wie Cabernet Blanc, Muscaris oder Satin Noir. Axel und Liane Becker werden im Betrieb inzwischen unterstützt von den Söhnen Moritz und Lukas, der noch am Weincampus in Neustadt studiert; die beiden haben mit dem 2Klang Chardonnay ihren ersten eigenen Wein kreiert.

Kollektion

Zwei zur Nachsendung angekündigte Rotweine haben uns bis Redaktionsschluss nicht mehr erreicht, weshalb wir in diesem Jahr nur Weißweine von Axel Becker verkosten konnten, Gutsweine aus 2021 und Orts- und Lagenweine aus 2020. Und einen Chardonnay-Sekt, Jahrgang 2020, der feine rauchige Noten im Bouquet zeigt, füllig und harmonisch im Mund ist, recht süffig. Die 2021er Gutsweine zeigen sehr gleichmäßiges Niveau, sie sind fruchtbetont, frisch und geradlinig, teils deutlich schlanker als in den Vorjahren, was aber beispielsweise dem Grauburgunder Gutswein gut zu Gesicht steht, gerade auch im Vergleich mit dem kompakten 2020er Ortswein. Unser klarer Favorit unter den Ortsweinen ist der Riesling RJ, der würzig und eindringlich ist, klare Frucht zeigt, füllig und saftig im Mund ist, reife Frucht und gute Struktur besitzt. Sehr gut sind auch die beiden Lagenweine. Der im Tonneau ausgebaute Weißburgunder aus dem Herrgottspfad zeigt rauchige Noten im Bouquet, feine Würze und Frucht, etwas gelbe Früchte, ist füllig und kraftvoll im Mund bei klarer reifer Frucht und viel Substanz. Der 2019 erstmals erzeugte 2Klang-Chardonnay aus der Lage Am Lieberg überzeugt auch 2020, zeigt gute Konzentration und rauchige Noten, besitzt Fülle und Kraft, klare reife Frucht, gute Struktur und Frische.

Weinbewertung

84	2020 Chardonnay Sekt brut Gau-Odernheimer Oelberg I 12%/10,-€
82	2021 Riesling trocken I 12,5%/5,60€
83	2021 Cabernet Blanc trocken I 12%/6,-€
83	2021 Grauer Burgunder trocken I 12%/5,80€
82	2021 Chardonnay trocken I 12%/5,80€
86	2020 Riesling trocken „RJ“ Gau-Odernheimer I 12,5%/8,-€
83	2020 Grauer Burgunder trocken „GJ“ Gau-Odernheimer I 13,5%/8,-€
86	2020 Weißburgunder trocken „Tonneau“ Gau-Odernheimer Herrgottspfad I 14%/12,-€
86	2020 Chardonnay trocken „2Klang“ Am Lieberg I 13,5%/15,-€
82	2021 Muscaris „feinherb“ I 12%/5,80€

Johanninger

Kontakt
Hauptstraße 4-6
55546 Biebelsheim
Tel. 06701-8321
www.johanninger.de
mail@johanninger.de

Besuchszeiten
Mo.-Fr. 8-18 Uhr, Sa. 9-16 Uhr
und nach Vereinbarung
Nickl´s Speisekammer
(Restaurant & Eventlocation)

Inhaber
Markus Haas, Lara Haas,
Oliver Herzer
Kellermeister
Oliver Herzer
Rebfläche
20 Hektar

Das Weingut Johanninger wurde 1994 von den Familien Haas und Schufried gegründet. Die Weinberge liegen zu etwa gleichen Teilen in Rheinhessen (in den Biebelsheimer Lagen Kieselberg und Honigberg) und im Anbaugebiet Nahe (in den Kreuznacher Lagen Junker, Himmelgarten und Römerhelde (Kreuznach). 2013 wurde die Umstellung zum biologischen Weinbau abgeschlossen. An der Nahe werden vor allem die Burgundersorten sowie Chardonnay und Scheurebe angebaut, in Rheinhessen Riesling, Müller-Thurgau, St. Laurent und Sauvignon Blanc. Von Anfang an wurden die Weine fast ausschließlich trocken ausgebaut, dabei auf Prädikatsangaben verzichtet.

Kollektion

Eine starke Kollektion präsentiert Oliver Herzer in diesem Jahr. Schon die Basis überzeugt, die Gutsweine sind kraftvoll, klar und zupackend. Der Biebelsheimer Riesling ist sehr gut, ist würzig und eindringlich, zeigt klare reife Frucht, ist frisch und zupackend im Mund, besitzt gute Struktur und Grip. Der Grenzgänger genannte Naturwein ist würzig und eindringlich, besitzt viel Säure und Biss, ist derzeit etwas zu fordernd. Klar an der Spitze der weißen Kollektion steht der Lagenriesling aus dem Biebelsheimer Kieselberg, Jahrgang 2020, der viel Konzentration im herrlich eindringlichen Bouquet zeigt, füllig und stoffig im Mund ist, viel Substanz, gute Struktur und Grip besitzt. Gleich drei Rosé hat man dieses Jahr präsentiert und während „Ein Schluck vom Himmel" und der Spätburgunder Rosé ganz auf Frische und Frucht setzen, ist die 2020er Cuvée aus Spätburgunder und Frühburgunder füllig und kraftvoll, besitzt reife Frucht, gute Struktur und Substanz, ist dabei im Bouquet fruchtbetont und intensiv. Ein spannender Rotwein aus dem Jahrgang 2018 rundet die Kollektion ab: Die Cuvée aus Cabernet Sauvignon und Merlot zeigt herrlich viel Frucht, etwas Cassis und Vanille im Bouquet, ist füllig und kraftvoll im Mund, besitzt gute Struktur und jugendliche Tannine.

Weinbewertung

84 2021 Weißburgunder trocken (Nahe) | 12%/7,50€
84 2021 Grauburgunder trocken (Nahe) | 12,5%/7,50€
86 2021 Riesling trocken Biebelsheim | 12%/11,70€
83 2021 Sauvignon Blanc trocken (Rheinhessen) | 12%/7,50€
85 2021 „Grenzgänger" „Naturwein" | 11%/11,50€
89 2020 Riesling Biebelsheimer Kieselberg | 12%/15,60€
83 2021 Riesling „feinherb" „Kies" (Rheinhessen) | 10,5%/7,50€
85 2021 „Ein Schluck vom Himmel" Rosé trocken (Rheinhessen) | 11,5%/11,50€
84 2021 Spätburgunder Rosé trocken (Nahe) | 12%/7,50€
84 2018 Spätburgunder trocken (Nahe) | 13,5%/8,-€
87 2020 Spätburgunder & Frühburgunder Rosé trocken Kreuznacher | 13,5%/11,70€
88 2018 Cabernet Sauvignon & Merlot trocken „Reservé" | 13,5%/29,-€

★★★★

Schloss Johannisberg

Kontakt
Weinbaudomäne Schloss Johannisberg, 65366 Geisenheim-Johannisberg
Tel. 06722-70090
Fax: 06722-700933
www.schloss-johannisberg.de
info@schloss-johannisberg.de

Besuchszeiten
Vinothek täglich 10-18 Uhr
Schlossschänke Schloss Johannisberg täglich ab 11:30 Uhr geöffnet, Tel. 06722-96090, restaurant@schloss-johannisberg.de

Geschäftsführer
Stefan Doktor, Marcel Szopa
Kellermeister
Gerd Ritter
Außenbetrieb
Michel Städter
Rebfläche
50 Hektar
Produktion
300.000 Flaschen

Das Weingut zählt zu den traditionsreichsten Betrieben Deutschlands. Bereits im 18. Jahrhundert waren die hier erzeugten Weine berühmt, seit 1784 existieren lückenlose Aufzeichnungen über die Qualität der Ernten. 1775 soll hier die Spätlese erfunden worden sein, als die bischöfliche Erlaubnis zum Lesebeginn verspätet und erst nach Vollreife der Trauben eintraf, so die Legende. Auch wenn ihr Wahrheitsgehalt im Spekulativen liegt, etablierte das Schloss Johannisberg in den folgenden Dekaden seinen Ruf als Spitzenbetrieb für edelsüße Rieslinge. Mittlerweile ist der Großteil der Weine auf Schloss Johannisberg trocken und der Betrieb Teil der Henkel-Freixenet Gruppe. Seit 2015 wird das Weingut von Stefan Doktor und Marcel Szopa als Doppelspitze geleitet, nachdem Christian Witte es ab 2005 nach einigen eher klanglosen Jahren wieder an die Spitze der Region geführt hatte. Auf Johannisberg wird ausschließlich Riesling angebaut. Die Weinberge umgeben voll arrondiert das Schloss und bilden die Monopollage Schloss Johannisberg. Wie überall im mittleren Rheingau sind die Böden lehm-löss-haltig, gespickt mit Steinen aus Taunusquarzit, der mit rotem Ton durchzogen ist. Die Trauben für die trockenen Spitzenweine stammen größtenteils aus einem bis zu 45 Prozent steilen südwest-exponierten Stück mit vergleichsweise höherem Stein- und niedrigerem Lössanteil. Nach wie vor keltert das Weingut edelsüße Weine in allen Prädikatsstufen vom Kabinett bis zur Trockenbeerenauslese. Wenn der Jahrgang es zulässt, gibt es auch einen Eiswein wie zuletzt 2008 und 2018. Entgegen der Tradition aus dem 18. Jahrhundert wollen Stephan Doktor und Marcel Szopa die Weine bis hin zur Auslese seit 2016 frei von Botrytis halten, um reintönige Weine ohne Botrytisnoten zu keltern, was aber in einem Jahrgang wie 2021 nicht möglich war. Die Weine werden teils im Edelstahl, teils in großen Eichenholzfässern ausgebaut, bisher ausschließlich in Stückfässern, ab 2023 wird es auch Doppelstückfässer geben. Im trockenen Bereich wurde das Portfolio ab dem Jahrgang 2017 um einen weiteren Wein an der Spitze ergänzt: Der Goldlack – den Namen trug zuvor die Trockenbeerenauslese – ist eine Selektion der besten Fässer des Silberlack Großen Gewächses und reift 36 Monate auf der Feinhefe in großen ungetoasteten Eichenfässern. Ein Alleinstellungsmerkmal ist die Schatzkammer auf Schloss Johannisberg. In der Bibliotheca Subterranea lagern Weine der vergangenen Jahrhunderte, die alle 25 Jahre neu verkorkt und bei Bedarf nachgeschwefelt werden sollen. Der älteste stammt aus 1748. Zuletzt wurde eine neue Kelterhalle mit modernster Technik errichtet, weitere Erweiterungen sind in Planung, die Umstellung auf biologischen Weinbau wurde in Angriff genommen. Schloss Johannisberg führt auch ein Restaurant, das täglich geöffnet hat.

Kollektion

Team Schloss Johannisberg

Der trockene Gelblack liefert den Einstieg, baut auf gelbe Früchte, Zitrusschale, Grapefruit und Limette, ist dabei angenehm knackig und balanciert. Die feinherbe Variante verschiebt den Fokus hin zu mehr Frucht, ist durch die Süße aber ausgewogen. Der Bronzelack verlässt das Gelbfrucht-Profil und wendet sich stärker Zitrus und grünem Apfel zu, er besitzt etwas Gerbstoff und eine stramme Säure. Der komplett im Holz ausgebaute 2020er Silberlack ist stärker von gelben Früchten, Mirabelle und Zitrusschale geprägt, ist druckvoll und subtil herb. Der trockene „Ex Bibliotheca" ist anfangs verschlossen, zeigt dann Aromen von Quitte, ist puristisch, geradlinig und spielt mit Gerbstoff. Der Goldlack tritt als Antipode auf, der Fassausbau macht ihn cremig und schmelzig, die lebendige Säure bietet eine schöne Balance. Der zu 30 Prozent im Holz ausgebaute süße Rotlack Kabinett ist sehr reintönig, präzise und frisch. Die Spätlese ist ebenfalls sehr reintönig, zeigt Noten von rotem Apfel und Zitrone, besitzt eine schöne Balance von Süße und Säure – ein Klassiker. Die im Edelstahl ausgebaute Auslese ist knackig, weißfleischig und enorm leichtfüßig, auch wenn sie anders als in den Vorjahren einen Botrytisanteil von etwa 30 Prozent enthält. Die „Fass 374"-Auslese, im Stückfass ausgebaut, ist deutlich konzentrierter und vielschichtiger, aber ebenfalls wunderschön reintönig. Die Beerenauslese ist hingegen deutlich würziger, zeigt kandierte Früchte, besitzt viel Frische und Biss. 2021 wurde keine Trockenbeerenauslese geerntet, aber im Jahr zuvor gab es eine, diese ist enorm konzentriert uns sehr gut balanciert.

Weinbewertung

85 2021 Riesling trocken „Gelblack" Schloss Johannisberger I 13%/16,-€
88 2021 Riesling trocken „Bronzelack" Schloss Johannisberger I 13%/26,50€
91 2020 Riesling tr "GG" „Silberlack" Schloss Johannisberger I 13%/52,-€
92 2019 Riesling trocken „Goldlack" Schloss Johannisberger I 13%/199,-€
92 2019 Riesling trocken „Ex Bibliotheca Subterranea" I 13%/1,5l/Vst.
85 2021 Riesling „feinherb" „Gelblack" Schloss Johannisberger I 12,5%/16,-€
86 2021 Riesling Kabinett „Rotlack" Schloss Johannisberger I 11%/26,50€
89 2021 Riesling Spätlese „Grünlack" Schloss Johannisberger I 8%/42,50€
91 2021 Riesling Auslese „Rosalack" Schloss Johannisberger I 7,5%/37,50€/0,375l
93 2021 Riesling Auslese „Ex Bibliotheca Subterranea Fass 374" I 7%/45,-€/0,375l
93 2021 Riesling Beerenauslese „Purpurlack" I 6,5%/160,-€/0,375l
94 2020 Riesling Trockenbeerenauslese „Blaulack" I 6%/335,-€/0,375l

Lagen
Schloss Johannisberg

Rebsorten
Riesling (100%)

Johannitergut

Kontakt
Staatsweingut mit Johannitergut, Breitenweg 71
67435 Neustadt-Mußbach
Tel. 06321-671319
Fax: 06321-671521
www.staatsweingut-johannitergut.de
staatsweingut-neustadt@dlr.rlp.de

Besuchszeiten
Mo.-Do. 9-13 + 14-17 Uhr
Fr. 9-14:30 Uhr

Inhaber
Land Rheinland-Pfalz
Direktor
Dr. Günter Hoos
Betriebsleiter
Sascha Wolz
Außenbetrieb
Steffen Schüssler
Rebfläche
22,5 Hektar
Produktion
150.000 Flaschen

STAATSWEINGUT_
NEUSTADT

Das Staatsweingut in seiner heutigen Form ist 1970 entstanden, als das Land Rheinland-Pfalz das Johannitergut erwarb, das älteste Weingut der Pfalz, dessen Ursprünge bis ins 8. Jahrhundert zurück reichen, und es mit dem Staatsweingut der damaligen Staatlichen Lehr- und Versuchsanstalt für Landwirtschaft, Weinbau und Gartenbau vereinigte. Heute ist der Betrieb dem DLR Rheinpfalz angegliedert, dem Dienstleistungszentrum Ländlicher Raum, seine Weinberge liegen in Mußbach (Eselshaut, Kurfürst, Bischofsweg, Glockenzehnt und dem sich im Alleinbesitz befindlichen Johannitergarten), in Gimmeldingen (Meerspinne, Kapellenberg), Königsbach (Idig, Ölberg), Ruppertsberg (Nußbien, Reiterpfad), Deidesheim (Paradiesgarten, Herrgottsacker) und im Haardter Herrenletten, der seit 2005 ökologisch bewirtschaftet wird. Neben den in der Pfalz üblichen Rebsorten gibt es auch Sorten wie Chenin Blanc, Arneis, Tempranillo, Lagrein und den in der frühen Neuzeit in der Pfalz weit verbreiteten, aber heute fast ausgestorbenen Gänsfüßer.

Kollektion

Der aktuelle Jahrgang im Staatsweingut kommt nicht ganz an die vergangenen Jahre heran, wir konnten aber auch keines der sonst immer spannenden Experimente verkosten und die beiden seltenen Rebsorten, der Arneis, mit leicht nussigen Noten und dezenter Melonenfrucht und der schlanke Chenin Blanc mit etwas Zitrus- und Birnennoten, bleiben insgesamt sehr verhalten. Die Rieslaner Auslese an der Spitze des Sortiments ist im Bouquet ebenfalls leicht verhalten, ist dann aber am Gaumen cremig und frisch mit viel klarer, süßer Frucht mit Aromen von Aprikose, Zitrusfrüchten und etwas Honig. Der im Tonneau ausgebaute Silvaner wird im Bouquet noch sehr vom Holz dominiert, besitzt am Gaumen gute Substanz und eine frische Säure, der Sauvignon Blanc ist animierend, frisch und sehr fruchtbetont, die beiden Rieslinge sind saftig und schlank mit herben Zitrusnoten, der Johannitergarten besitzt Biss, der Herrgottsacker ist etwas fülliger.

Weinbewertung

79 2021 Riesling trocken (1l) | 11%/5,50€
81 2021 Muskateller trocken Haardter | 11%/7,-€
83 2021 Riesling Kabinett trocken Deidesheimer Herrgottsacker | 11,5%/7,50€
83 2021 Riesling Kabinett trocken Mußbacher Johannitergarten | 11,5%/7,50€
82 2021 Arneis trocken Ruppertsberger | 12%/9,-€
84 2021 Sauvignon Blanc trocken Mußbacher | 11,5%/9,-€
83 2021 Chenin Blanc trocken Ruppertsberger | 12%/9,-€
84 2020 Silvaner trocken „Im Winkel“ | 13%/12,50€
83 2021 Riesling Kabinett Königsbacher | 8,5%/9,-€
86 2020 Rieslaner Auslese Haardter Herrenletten | 7%/10,50€/0,5l
78 2021 Merlot trocken | 14%/7,-€

★★★★½

Frank John

Kontakt
Weingut Hirschhorner Hof
Hirschhornring 34
67435 Neustadt
Tel. 06321-670537
Fax: 06321-9706293
www.hirschhornerhof.de
f.john@hirschhornerhof.de

Besuchszeiten
nach Vereinbarung
Ferienwohnung „Das Hirschhorner Weindomizil"

Inhaber
Frank John
Betriebsleiter
Frank John
Rebfläche
6 Hektar
Produktion
30.000 Flaschen

Frank John wurde bekannt als Betriebsleiter des Deidesheimer Weingutes Reichsrat von Buhl, fast neun Jahre war er dort tätig. Er ist Diplom-Agraringenieur, hat in Hohenheim und Gießen studiert, dann in Montpellier, sich sein Studium über einen eigenen Weinhandel finanziert, bei Hans-Günter Schwarz assistiert, vier Jahre bei Heyl zu Herrnsheim gearbeitet, zur Zeit der Umstellung auf biologischen Weinbau. 1994 ging er dann zu Reichsrat von Buhl, nach seinem Ausscheiden dort begann er sein eigenes Projekt, mehrere eigene Projekte, genau genommen. Unter der Bezeichnung Hirschhorner Hof erzeugte er im Jahrgang 2003 seinen ersten Wein, gleichzeitig begann er als Berater für Weingüter zu arbeiten, vor allem was biologischen und biodynamischen Weinbau betrifft, heute berät er Weingüter in ganz Europa. Von Anfang an setzte Frank John auf biologisch und biodynamisch erzeugte Trauben, die teils aus den eigenen Weinbergen kommen, teils von Winzern stammen, die ihre Weinberge nach den Vorgaben von Frank John biodynamisch bewirtschaften, seit 2013 ist der Betrieb Demeter-zertifiziert. Inzwischen ist der Hirschhorner Hof auf dem Etikett verschwunden, Frank John stellt seinen eigenen Namen in den Vordergrund. Vielleicht wird es einmal Frank John & Sohn werden, sollte denn Sohn Sebastian, der Landwirtschaft studiert hat und gerade in Stuttgart-Hohenheim in Kooperation mit dem Institut für Bodenkultur der Universität Wien seinen Master gemacht hat, den Betrieb einmal fortführen wollen, oder aber Frank John & Tochter, wenn Tochter Dorothea, die in Geisenheim studiert, vielleicht einmal den Betrieb übernehmen wird, dann würde Frank John auch die eigene Rebfläche vergrößern, die bisher etwa die Hälfte der Produktion deckt. Die Trauben für seine Weine kommen überwiegend aus nördlich von Neustadt gelegenen Weinbergen, aus Gimmeldingen und Königsbach, auch aus Kallstadt und einigen anderen Gemeinden. Alle Moste werden spontanvergoren, Frank John vergärt ganze Beeren mit den Mosten, arbeitet mit mehr oder weniger langen Maischestandzeiten, alle Weine werden in Eichenholzfässern unterschiedlicher Größe ausgebaut, er nutzt Fässer mit 500, 1200 und 2400 Litern Inhalt, die malolaktische Gärung wird nicht verhindert, sie erfolgt ebenfalls spontan. Alle Weine bleiben recht lang auf der Feinhefe, ohne dass Schwefel zugegeben wird, fast ein Jahr der Riesling, noch länger der Spätburgunder, den Frank John erst nach knapp zwei Jahren abfüllt. Der Riesling wird einmal ganz leicht filtriert, der Spätburgunder wird unfiltriert abgefüllt, die Schwefelgaben sind auf ein Minimum reduziert. Alle Weine kommen frühestens ein halbes Jahr nach der Abfüllung in den Verkauf. Das Programm ist überschaubar: Es gibt je einen Riesling und einen Spätburgunder, dazu mehrere Rieslingsekte, ein weiterer Sekt, ein Blanc de Noir, soll zukünftig das Sortiment ergänzen. Beim

Rieslingsekt bietet Frank John je nach Dauer des Ausbaus drei Varianten: 36 Monate, 50 Monate oder 100 Monate Flaschenreifung, diese drei Varianten basieren auf leicht unterschiedlichen Cuvées, in denen der Anteil der ersten Pressung und der Holzeinsatz variiert, eine vierte Variante wird ohne Jahrgangsangabe brut nature ausgebaut. Frank John nutzt in geringem Umfang Reserveweine, aber so wenig, dass er trotzdem den Jahrgang auf dem Etikett ausweisen kann.

Familie John

Kollektion

Der Riesling „100" aus dem Jahrgang 2011 war im vergangenen Jahr unser am höchsten bewerteter deutscher Rieslingsekt – und der Jahrgang 2012, ebenfalls wieder in einer nur sehr kleinen Stückzahl erzeugt, steht ihm kaum nach: Im Bouquet zeigt er feine Reifenoten von Nüssen, etwas Rosinen und auch frischer Brotkruste, am konzentrierten Gaumen erinnert der Sekt an Walnussbrot, dazu kommen herbe Zitrusnoten, eine feine cremige Textur und gute Länge. Die feinen Walnussnoten finden wir auch im komplexen Bouquet des Rieslings brut nature, neben Aromen von gelbem Apfel, Birnenmost und etwas Zitruswürze, am Gaumen ist er schlank, präzise, animierend und elegant, besitzt leicht kräutrig unterlegte Zitrusnoten und gute Länge, der Riesling „36" zeigt dezente Holzwürze, feine hefige Noten, etwas Brotkruste und Rosmarin im Duft, ist sehr schlank, straff, herb und puristisch mit einer markanten Säure, die sich mit etwas Zeit noch harmonisieren wird. Pinot Noir und Riesling wurden erst kurz vor unserer Verkostung gefüllt, der Pinot Noir zeigt ein eindringliches, intensives Bouquet mit feiner Frucht, roter Johannisbeere, Süßkirsche, Sanddorn und kräutrigen Noten, am Gaumen besitzt er eine gute Struktur und dezente Krokantwürze, ist schlank, elegant und insgesamt noch sehr jung, wird gut reifen. Der Riesling „Buntsandstein" zeigt ebenfalls ein intensives Bouquet mit Noten von gelbem und grünem Apfel, Aprikose und kräutrig-steiniger Würze, er ist schlank, sehr elegant und animierend, besitzt leicht salzige und steinige Noten, Druck und Länge.

Weinbewertung

91 Riesling Sekt brut nature | 11,5%/35,-€
89+ 2018 Riesling Sekt brut „36" | 11%/22,50€
92 2012 Riesling Sekt brut „100" | 12%/110,-€
90 2021 Riesling trocken „Buntsandstein" | 11,5%/21,-€
91 2020 Pinot Noir trocken „Kalkstein" | 12,5%/42,-€

Lagen
Gimmeldingen
Königsbach
Kallstadt
Leistadt
Hambach

Rebsorten
Riesling (80%)
Pinot Noir (20%)

★

Jonas

Kontakt
Schwalbacher Straße 101
65343 Eltville
Tel. 06123-2367
Fax: 06123-5805
www.weingut-jonas.de
steffen.jonas@weingut-jonas.de

Besuchszeiten
Di.-Sa. 10-19 Uhr; Weinausschank Di.-Sa. ab 16 Uhr

Inhaber
Silvia Jonas
Betriebsleiter
Steffen Jonas
Kellermeister
Steffen Jonas
Außenbetrieb
Axel Jonas
Rebfläche
9 Hektar
Produktion
60.000 Flaschen

wei brüder
n weingut

Johann Jonas legte 1925 den Grundstein für Gutshaus samt Weingut in Eltville, nach und nach wurde die Fläche auf die heute bewirtschafteten neun Hektar vergrößert. Der Betrieb wird inzwischen von den Brüdern Steffen und Axel Jonas geleitet. Steffen Jonas, staatlich geprüfter Wirtschafter und Weinbautechniker, ist für den Keller verantwortlich, Axel Jonas kümmert sich um den Außenbetrieb. Angebaut werden primär Riesling (81 Prozent der Rebfläche) und Spätburgunder (15 Prozent), auch der Rote Riesling ist jetzt im Anbau sowie ein klein wenig Gewürztraminer. Es werden Parzellen in zahlreichen Lagen des Rheingaus bewirtschaftet – in Kalbspflicht, Langenstück, Sonnenberg und Taubenberg (alle in Eltville), in den Kiedricher Lagen Klosterberg und Sandgrub sowie in den Rauenthaler Lagen Rothenberg, Steinmächer und Wülfen. An der Spitze des Sortiments stehen die Weine namens „Prima Noctis"; sie zeigen mit ihrer in der Regel kraftvollen, animierenden Art die Zukunft des Betriebes auf.

Kollektion

Nachdem uns das Weingut Jonas im vergangenen Jahr mit einer hervorragenden süßen Auslese überraschen konnte, sehen wir auch in diesem Jahr leichte Vorteile bei den süßen Weinen. Der Riesling Kabinett aus dem Rauenthaler Steinmächer ist angenehm saftig und animierend, die Spätlese aus selbiger Lage noch ein wenig kräftiger und vielschichtiger; beide leben von Fruchtsüße und Frische. Das Trio der trockenen Rieslinge ist solide und fruchtbetont, an der Spitze steht der Prima Noctis, der Saftigkeit und frische Aprikosenfrucht mitbringt. Der trockene Kabinett bringt Trinkfluss mit, zeigt Aromen von Zitrus und grünem Apfel. Aber nicht nur Riesling wird angeboten, sondern, für Rheingauer Verhältnisse, auch viele andere Rebsorten wie Grauburgunder, Gewürztraminer oder Souvignier Gris, auch ein feiner Rotling aus der Literflasche.

Weinbewertung

81	2021 Riesling trocken Eltviller Taubenberg (1l) I 12%/5,50€
82	2021 Riesling Kabinett trocken Kiedricher Sandgrub I 11%/6,90€
81	2021 Roter Riesling trocken Kiedricher Sandgrub I 11%/6,90€
81	2021 Grauburgunder trocken Rauenthaler Langenstück I 12%/6,90€
82	2021 Gewürztraminer Kabinett trocken Kiedricher Sandgrub I 12%/7,30€
84	2021 Riesling trocken „Prima Noctis" Rauenthaler Rothenberg I 12,5%/9,90€
80	2021 Souvignier Gris trocken Eltviller Langenstück I 12%/7,-€
81	2021 Riesling Classic I 11,5%/6,90€
83	2021 Riesling Kabinett „süß" Rauenthaler Steinmächer I 8,5%/6,90€
85	2021 Riesling Spätlese „süß" Rauenthaler Steinmächer I 8%/8,30€
81	2021 Spätburgunder Weißherbst Kabinett trocken Kiedricher Sandgrub I 11%/6,90€
82	2021 Rotling „feinherb" Rauenthaler Steinmächer (1l) I 11,5%/5,70€

★★★★

Jülg

Kontakt
Hauptstraße 1, 76889
Schweigen-Rechtenbach
Tel. 06342-919090
Fax: 06342-919091
www.weingut-juelg.de
info@weingut-juelg.de

Besuchszeiten
Weinstube Jülg
Sa.-Mi. 11:30-21 Uhr
Fr. 17-21 Uhr
Do. geschlossen

Inhaber
Familie Jülg
Betriebsleiter
Werner & Johannes Jülg
Kellermeister
Johannes Jülg & Sören Söllner
Außenbetrieb
Heinrich Eck
Rebfläche
23 Hektar
Produktion
150.000 Flaschen

Oskar Jülg gründete das Weingut 1961 mit seiner Frau Erika. Schon früh setzte er auf trockene Weine, pflanzte auch schon in den 1960er Jahren Chardonnay, zu einer Zeit als die Sorte in Deutschland noch gar nicht zugelassen war. Sohn Werner übernahm 1984 mit seiner Frau Karin das Weingut, begann eigene Sekte herzustellen und seine besten Rotweine in Barriques auszubauen. Heute ist Werners Sohn Johannes für den Keller verantwortlich, der sieben Jahre lang in anderen Weingütern gearbeitet hat, bei Minges, Weegmüller, Klaus Peter Keller, Emrich-Schönleber, Stodden, Clemens Busch und zuletzt bei der Domaine de Lambrays im Burgund. Die Weinberge der Familie Jülg liegen rund um Schweigen, jeweils ungefähr zur Hälfte auf der deutschen und der französischen Seite der Grenze, zum großen Teil in der nach dem Weingesetz einzigen Einzellage für Schweigen, dem Sonnenberg. Da der aus unterschiedlichen Bodenarten besteht, unterscheiden die Jülgs nach Teillagen wie Kammerberg (gelber Kalkstein mit hohem Lehmanteil), Kostert (Kalkstein, Ton und Kalkmergel) oder Wormberg (Kalkmergelboden über Kalksteinfels). Da diese Teillagen auf der französischen Seite liegen, können sie in Deutschland nicht als eigenständige Gewanne eingetragen werden und dürfen auch nicht auf den Etiketten verwendet werden, dort tauchen sie nur als Abkürzungen wie „KB", „KT" oder „WB" auf. Neben dem Sonnenberg gibt es noch Flächen im Dörrenbacher Springberg (grauer Kalkstein mit geringer Bodenauflage) und im Rechtenbacher Pfarrwingert (Buntsandsteinverwitterung über einer Felsunterlage aus reinem Kalkstein). Nach der Aufnahme in den VDP im März 2021 wurde das Sortiment mit dem Jahrgang 2021 für die Weißweine und 2020 für die Rotweine nach dem vierstufigen VDP-Modell komplett umstrukturiert. Große Gewächse vom Spätburgunder gibt es nun aus dem Kammerberg und dem Kostert und von Riesling und Weißburgunder aus dem Sonnenberg, Erste Lage-Weine kommen aus dem Wormberg (Spätburgunder), Springberg (Riesling) und dem Pfarrwingert (Chardonnay und Weißburgunder), daneben gibt es weiterhin die dem Weingutsgründer gewidmete „Opus Oskar"-Linie, die mit langem Hefelager in neuen 500-Liter-Tonneaux ausgebaut wird.

Kollektion

Während es in diesem Jahr durch die Umstrukturierung des Sortiments einige neue Weine und neue Bezeichnungen gibt, ist bei den Spätburgundern aus dem Kostert und dem Kammerberg nur die Einstufung als Großes Gewächs neu, beide sind sehr elegant, charmant und schon sehr präsent, der Kammerberg zeigt Aromen von roter Johannisbeere, Waldboden, warmem Gummi und leicht rauchige Noten, besitzt noch leicht jugendliche Tannine, ist harmonisch und sehr nachhaltig, der Kostert zeigt mit Noten von Schwarzkirsche, Hagebutte, Himbeere und

Waldboden ebenfalls ein komplexes Bouquet, ist gut strukturiert mit reifen Tanninen und einer feinen Säure, besitzt Frische und Länge. Auch das Große Gewächs vom Weißburgunder aus dem Sonnenberg ist komplex, zeigt Noten von Birne, Ananas, Rauch und leicht florale Würze, profitiert am Gaumen von einem sehr dezenten Holzeinsatz, besitzt feine Zitrusnoten und ein subtiles Säurespiel, ist elegant und nachhaltig, der Riesling aus dem Sonnenberg zeigt kreidig-mineralische Noten im leicht verhaltenen Bouquet und besitzt dann am Gaumen viel klare Frucht, Aprikose, Ananas, Limette, Orangenschale, feinen Druck und leicht salzige Noten. Auch die beiden Chardonnay sind hervorragend, der „Opus Oskar“ ist mit Noten von Zündplättchen, Schießpulver und dezenter Zitrusfrucht noch sehr reduktiv, besitzt am Gaumen noch deutliche Holzwürze und viel Grip, ist elegant und nachhaltig, braucht aber noch etwas Zeit, was auch für den Pfarrwingert gilt, der ebenfalls eine feine, rauchige Reduktion im Bouquet zeigt und am Gaumen dezentes Holz und animierende Zitrusnoten besitzt, elegant, leicht salzig und sehr nachhaltig ist. Der Sauvignon Blanc „Opus Oskar“ zeigt feine Röstnoten und klare Frucht, Pfirsich, gelbe Stachelbeere und Mango, besitzt am Gaumen ebenfalls viel Frucht und ein animierendes Säurespiel, ist harmonisch und nachhaltig. Der Wormberg-Spätburgunder ist komplex, harmonisch und elegant mit klarer Frucht und leicht kräutriger Würze, der Springberg-Riesling zeigt viel klare Frucht, Aprikose, gelben Apfel, Orangenschale, ist animierend und frisch und der Pfarrwingert-Weißburgunder zeigt etwas geröstete Haselnüsse und Birne im Duft, ist animierend, herb, frisch und nachhaltig.

Werner & Johannes Julg

Weinbewertung

85 2021 Weißburgunder trocken „vom Kalk“ | 12%/8,50€
88 2021 Weißburgunder trocken Schweigen | 12,5%/15,-€
89 2021 Weißburgunder trocken Rechtenbacher Pfarrwingert | 13%/25,-€
91 2021 Chardonnay trocken Rechtenbacher Pfarrwingert | 13%/25,-€
89 2021 Riesling trocken Dörrenbacher Springberg | 12,5%/24,-€
90 2021 Riesling „GG“ Sonnenberg | 12,5%/32,-€
91 2021 Weißburgunder „GG“ Sonnenberg | 12,5%/35,-€
91 2021 Sauvignon Blanc trocken „Opus Oskar“ | 13%/54,-€
92 2021 Chardonnay trocken „Opus Oskar“ | 13%/54,-€
88 2020 Spätburgunder trocken Schweigen | 13%/18,-€
90 2020 Spätburgunder trocken „WB“ Schweigener Sonnenberg | 13%/29,-€
92 2020 Spätburgunder „GG“ Sonnenberg „KT“ | 13%/40,-€
92 2020 Spätburgunder „GG“ Sonnenberg „KB“ | 13%/45,-€

Lagen
Kammerberg
Sonnenberg
Wormberg
Kostert
Pfarrwingert
Springberg
Güldenwingert

Rebsorten
Riesling (20%)
Weißburgunder (20%)
Grauburgunder (20%)
Spätburgunder (20%)
Chardonnay (10%)

★★

Julianenhof

Kontakt
Uttrichstraße 9
55283 Nierstein
Tel. 06133-58121
Fax: 06133-57451
www.weingut-julianenhof.de
schmitt@weingut-julianenhof.de

Besuchszeiten
nach Vereinbarung
Gästehaus (10 Doppelzimmer)

Inhaber
Jochen & Laurenz Schmitt
Betriebsleiter
Jochen Schmitt
Kellermeister
Laurenz Schmitt
Rebfläche
13 Hektar
Produktion
60.000 Flaschen

Seit 1618 baut die Familie Wein in Nierstein an, seit Anfang der neunziger Jahre ist Jochen Schmitt im Weingut aktiv, der den Betrieb heute zusammen mit Ehefrau Beatrice und Sohn Laurenz führt. Ihre Weinberge befinden sich in verschiedenen Niersteiner Lagen wie Pettenthal, Hipping, Orbel, Oelberg, Rosenberg oder Paterberg. Riesling spielt die wichtigste Rolle im Betrieb, aber es werden eine Vielzahl weiterer Rebsorten wie Silvaner, Müller-Thurgau, Grauburgunder, Weißburgunder, Chardonnay, Sauvignon Blanc und Bacchus sowie die roten Sorten Spätburgunder, Dornfelder und Cabernet Cubin angebaut. Seit Anfang der neunziger Jahre ist dem Weingut ein Gästehaus mit 10 Doppelzimmern im Herzen Niersteins angegliedert.

Kollektion

Es geht weiter voran, auch im Jahrgang 2021. Die Gutsweine besitzen gute Fülle und Harmonie, der Grauburgunder ist frisch und klar, die Weißburgunder-Chardonnay-Cuvée würzig und zupackend, der Rosé zeigt rote Früchte, besitzt Frische und Grip. Unter den Niersteiner Ortsweinen überzeugt die Spätlese Roter Hang mit feiner süßer Frucht und Grip, der trocken Chardonnay zeigt gute Konzentration, ist füllig und kraftvoll, der trockene Riesling Roter Hang ist fruchtbetont, frisch und zupackend. Spannend sind die Lagenweine, trocken wie süß. Der Hipping-Kabinett ist würzig, klar, lebhaft und zupackend, die Pettenthal-Auslese zeigt etwas Litschi und kandierte Früchte im Bouquet, ist klar und harmonisch, hat Substanz und Biss. Die beiden trockenen Lagen-Riesling sehen wir wie im Vorjahr gleichauf. Der Hipping ist reintönig, konzentriert, sehr klar, geradlinig und zupackend, besitzt gute Struktur und Grip, während der Pettenthal mehr auf der gelbfruchtigen Seite angesiedelt ist, füllig und saftig ist, viel reife Frucht besitzt, aber noch allzu jugendlich ist. Im Aufwind!

Weinbewertung

83 2021 Weißburgunder & Chardonnay trocken | 13%/6,70€
84 2021 Grauer Burgunder trocken | 13%/6,70€
85 2021 Chardonnay trocken Niersteiner | 12,5%/8,-€
84 2021 Riesling trocken „Roter Hang" Niersteiner | 12%/7,90€
88 2021 Riesling trocken Niersteiner Hipping | 12%/12,50€
88 2021 Riesling trocken Niersteiner Pettenthal | 12%/15,-€
83 2021 Riesling „feinherb" „vom Rotliegenden" Niersteiner | 11%/7,90€
85 2021 Riesling Kabinett Niersteiner Hipping | 9,5%/8,50€
86 2021 Riesling Spätlese „Roter Hang" Niersteiner | 9%/7,90€
88 2021 Riesling Auslese „Yara" NIersteiner Pettenthal | 8%/12,-€
82 2021 Spätburgunder Weißherbst | 11,5%/5,50€
84 2021 Rosé trocken | 11,5%/6,-€

★☆

Julius

Kontakt
Hauptstraße 5
67599 Gundheim
Tel. 06244-905218
Fax: 06244-905219
www.weingut-julius.de
info@weingut-julius.de

Besuchszeiten
nach Vereinbarung

Inhaber
Georg Julius
Betriebsleiter
Georg Julius
Kellermeister
Georg Julius
Rebfläche
19 Hektar

Das Weingut Julius in Gundheim wird von Georg und Christine Julius geführt; sein Großvater hatte 1926 den Bauernhof in Gundheim erworben, den Georg Jung zum reinen Weingut weiterentwickelt hat. Die Weinberge befinden sich unter anderem im Nieder-Flörsheimer Frauenberg, in den Gundheimer Lagen Mandelbrunnen und Sonnenberg, im Abenheimer Klausenberg, im Dalsheimer Sauloch, im Bermersheimer Hasenlauf und in den Westhofener Lagen Morstein und Rotenstein. Die Reben wachsen überwiegend auf Löss-Lehm-Böden, teilweise auch auf Tonmergel und Kalkstein. Die Weinberge werden seit 2007 ökologisch bewirtschaftet, 2010 war der erste zertifiziert biologische Jahrgang (Mitglied bei Naturland). Weiße Sorten wie Riesling, Silvaner, Weißburgunder, Grauburgunder, Chardonnay, Sauvignon Blanc und Goldmuskateller überwiegen; hinzu kommen rote Sorten wie Spätburgunder und Merlot. Der Fokus liegt auf trocken ausgebauten Weinen. Jüngster Zugang im Sortiment ist der Goldmuskateller.

Kollektion

Die neue Kollektion überzeugt, und das fängt schon beim guten Literwein an, der Rivaner ist würzig, duftig, leicht floral, im Mund frisch, geradlinig und zupackend. Die Lagenweine zeigen sehr gleichmäßiges Niveau. Der Weißburgunder vom Klausenberg ist würzig und eindringlich im Bouquet, füllig und saftig im Mund, besitzt klare Frucht und gute Struktur. Noch ein klein wenig besser gefällt uns der Grauburgunder vom Frauenberg, der klare reife Frucht und gute Konzentration im Bouquet zeigt, füllig und kraftvoll ist, gute Substanz besitzt. Mit feinen Muskatnoten und viel Frucht punktet der Goldmuskateller aus dem Rotenstein, ist frisch und zupackend im Mund, besitzt feine Süße und Grip. Unser Favorit aber ist der Riesling aus dem Morstein, der einzige 2020er unter den vorgestellten Weißweinen, er ist recht würzig im Bouquet, konzentriert und eindringlich, ist klar und zupackend im Mund, besitzt feine süße Frucht und Grip. Intensiv und fruchtbetont präsentiert sich der Spätburgunder im Bouquet, zeigt feine Würze, rote Früchte, ist frisch dann im Mund, geradlinig und zupackend, besitzt gute Struktur und Biss. ▬

Weinbewertung

82 2021 Rivaner trocken (1l) I 12,5%/5,50€
84 2021 Weißer Burgunder trocken Abenheimer Klausenberg I 12,5%/8,30€
85 2021 Grauer Burgunder trocken Nieder-Flörsheimer Frauenberg I 12,5%/8,90€
86 2020 Riesling trocken Westhofener Morstein I 12%/12,50€
84 2021 Goldmuskateller Westhofener Rotenstein I 11%/8,80€
84 2020 Spätburgunder trocken „Pinot 20“ I 13%/8,90€

★★★½

Juliusspital Würzburg

Kontakt
Klinikstraße 1
97070 Würzburg
Tel. 0931-3931400
Fax: 0931-3931414
www.juliusspital.de
weingut@juliusspital.de

Besuchszeiten
Mo.-Do. 7:30-17 Uhr,
Fr. 7:30-12 Uhr; Restaurant Weinstuben (Juliuspromenade 19), täglich 10-24 Uhr; Weinverkauf im Weineck „Julius Echter“ (Koellikerstraße 1a), Mo.-Fr. 9:30-18:30 Uhr, Sa. 9-16 Uhr

Inhaber
Stiftung des öffentlichen Rechts
Leiter
Horst Kolesch
Kellermeister
Nicolas Frauer, Helmut Klüpfel
Rebfläche
180 Hektar
Produktion
1.100.000 Flaschen

Die Stiftung Juliusspital wurde 1576 vom Würzburger Fürstbischof Julius Echter von Mespelbrunn gegründet. Das Weingut der Stiftung trägt mit seinen Erlösen zu den gemeinnützigen Stiftungsaufgaben (z.B. Klinik, Altenpflege) bei. Der ausgedehnte Besitz verteilt sich auf viele Lagen, darunter so renommierte Namen wie Würzburger Stein, Würzburger Innere Leiste, Iphöfer Julius-Echter-Berg, Randersackerer Pfülben, Volkacher Karthäuser, Rödelseer Küchenmeister oder Escherndorfer Lump. Wichtigste Rebsorten sind Silvaner, Riesling und Müller-Thurgau. Dazu gibt es Weißburgunder, Grauburgunder, Bacchus, Rieslaner, Traminer, Muskateller und Sauvignon Blanc, aber auch rote Rebsorten wie Spätburgunder, Domina und Schwarzriesling.

Kollektion

Ausschließlich Erste Lage-Weine und Große Gewächse wurden in diesem Jahr vorgestellt, und die zeigen gleichmäßig hohes Niveau. Der Küchenmeister-Silvaner zeigt feine Würze und Frucht, ist frisch, klar und zupackend, sein Kollege aus dem Würzburger Stein ist etwas fruchtbetonter, zeigt Birnen im Bouquet, ist wunderschön füllig und saftig im Mund. Vom Würzburger Stein konnten wir zwei weitere Erste Lage-Weine verkosten: Der Riesling ist würzig, eindringlich und konzentriert, besitzt viel Frische, klare Frucht und Grip, der Weißburgunder punktet mit Reintönigkeit und guter Struktur, ist noch recht jugendlich. Aus dem Jahrgang 2021 stammt auch der wunderschön reintönige, zupackende Muskateller Kabinett aus der Abtsleite, während die folgenden Großen Gewächse alle aus dem Jahrgang 2020 stammen und deutlich „gesetzter“ und fülliger daherkommen, weniger frisch und lebendig als die Erste Lage-Weine, weniger strukturiert – die beiden Jahrgänge sind nun mal sehr unterschiedlich. Der Julius-Echter-Berg-Silvaner zeigt intensive Frucht im herrlich eindringlichen Bouquet, ist sehr kompakt im Mund, der Stein-Berg-Silvaner ist deutlich würziger und ebenfalls sehr kompakt. Der Stein-Berg-Riesling ist würzig und konzentriert im Bouquet, füllig und kompakt im Mund, der Weißburgunder vom Karthäuser ist sehr offen, leicht rauchig, füllig und saftig.

Weinbewertung

86 2021 Silvaner trocken Rödelseer Küchenmeister | 12,5%/13,50€
87 2021 Silvaner trocken Würzburger Stein | 12,5%/15,-€
86 2021 Weißburgunder trocken Würzburger Stein | 13%/15,-€
87 2021 Riesling trocken Würzburger Stein | 13%/15,-€
89 2020 Silvaner trocken „GG“ Würzburger Stein-Berg | 13,5%/32,-€
89 2020 Silvaner trocken „GG“ Iphöfer Julius-Echter-Berg | 13%/32,-€
89 2020 Weißer Burgunder trocken „GG“ Volkacher Karthäuser | 13%/32,-€
89 2020 Riesling trocken „GG“ Würzburger Stein-Berg | 12,5%/32,-€
85 2021 Muskateller Kabinett Würzburger Abtsleite | 11%/15,-€

★★★☆

Jakob Jung

Kontakt
Eberbacher Straße 22
65346 Eltville-Erbach
Tel. 06123-900620
Fax: 06123-900621
www.weingut-jakob-jung.de
info@weingut-jakob-jung.de

Besuchszeiten
Mo.-Fr. 13-18 Uhr
Sa. 10-17 Uhr

Inhaber
Alexander Johannes Jung
Kellermeister
Alexander Johannes Jung
Außenbetrieb
Ludwig Jung &
Marius Janisch
Rebfläche
20 Hektar
Produktion
130.000 Flaschen

Seit 1799 befindet sich das Weingut im Besitz der Familie. Ludwig Jung stieg 1969 mit 18 Jahren in den Betrieb ein, inzwischen wird das Gut von seinem Sohn Alexander Jung geleitet. Vater Ludwig ist allerdings immer noch aktiv und unterstützt den Junior im Weinberg. Alexander Jung absolvierte ein Studium in Geisenheim sowie Praktika in Baden und Südafrika. Die Reben befinden sich in Erbach (Steinmorgen, Honigberg, Michelmark, Hohenrain) und Kiedrich (Sandgrub). Wichtigste Rebsorte ist der Riesling, der 85 Prozent der Fläche einnimmt. Hinzu kommen vor allem Spätburgunder, aber auch Chardonnay und Weißburgunder. Die Rieslinge von Alexander Johannes Jung bleiben nach einer kühlen Gärung, die im Edelstahl stattfindet, recht lange auf der Feinhefe. Sie werden größtenteils erst im Spätsommer abgefüllt.

Kollektion

Alexander Jung hat sich in den vergangenen Jahren stilistisch weiterentwickelt, die Frucht steht nicht mehr so im Vordergrund wie früher, das verdeutlichen bereits die Basis-Weine, die neben Saftigkeit auch guten Druck und salzige Anklänge aufweisen. Nochmals geradliniger und reduzierter präsentiert sich der Charta-Riesling; die „Alten Reben" sind füllig, würzig, besitzen Säure und Länge. Der Riesling aus dem Erbacher Steinmorgen zeigt Noten von Aprikosen, ist druckvoll und dezent cremig. Ganz stark sind im Jahrgang 2021 die Großen Gewächse. Beiden gelingt es, ihre Säure maximal auszureizen, sie sind fordernd, ohne dass dabei der Trinkfluss leidet; neben weißfleischiger Frucht dominiert eine straffe Zitrussäure. Auch Sauvignon Blanc, Weißburgunder und Chardonnay sind Teil des Sortiments; unsere Präferenz gilt dem angenehm kargen, kompakten Sauvignon Blanc. Restsüße Rieslinge mit herrlichem Säurespiel und ein konzentrierter, aber bestens balancierter dunkelfruchtiger Spätburgunder runden die Kollektion ab.

Weinbewertung

86 2021 Riesling trocken | 11,5%/8,60€
86 2021 Weißburgunder & Chardonnay trocken | 12,5%/11,90€
87 2021 Sauvignon Blanc trocken | 12,5%/11,90€
87 2021 Riesling trocken Erbach | 12%/9,90€
89 2021 Riesling trocken Erbach Steinmorgen | 12%/13,90€
88 2021 Riesling trocken „Alte Reben" | 12,5%/13,90€
92 2021 Riesling trocken „GG" Erbach Hohenrain | 12,5%/28,40€
92 2021 Riesling trocken „GG" Erbach Siegelsberg | 12,5%/29,90€
87 2021 Riesling trocken „Charta" | 11,5%/13,90€
87 2021 Riesling Kabinett Erbacher Michelmark | 9%/9,90€
87 2021 Riesling Spätlese Erbacher Michelmark | 8,5%/13,90€
86 2019 Spätburgunder trocken Erbach Steinmorgen | 14%/15,40€

★☆

Junglen

Kontakt
Stablostrasse 20
54536 Kröv
Tel. 06541-3292
Fax: 06541-814537
www.junglenwein.de
info@junglenwein.de

Besuchszeiten
nach Vereinbarung
Gästehaus „Weinquartier“
mit 5 Gästezimmern und
2 Ferienwohnungen

Inhaber
Markus Junglen
Rebfläche
5 Hektar
Produktion
40.000 Flaschen

Hermann-Josef Junglen und Ehefrau Gerti bauten den Nebenerwerbsbetrieb zum Weingut aus, seit 2008 wurden sie im Betrieb unterstützt von Sohn Markus, nach Winzerlehre, Technikerlehre und vier Jahren Kellermeistertätigkeit an der unteren Mosel. 2016 übernahmen Markus und Linda Junglen die Verantwortung komplett. Ihre Weinberge liegen in den Kröver Lagen Steffensberg, Letterlay und Paradies. Der Kröver Steffensberg ist ein steiler Südwesthang mit tiefgründigen Devonschieferböden, in der über 160 Hektar großen Einzellage Kröver Paradies sind die Böden schwerer, vor allem im unteren Teil. Außer Riesling, der mit 65 Prozent dominiert, werden auch Müller-Thurgau, Weiß- und Spätburgunder, Sauvignon Blanc und Dornfelder angebaut. Die Weißweine werden kühl vergoren, teilweise mit den natürlichen Hefen, teils im Edelstahl, teils im Holz ausgebaut. 90 Prozent der Produktion wird an Privatkunden verkauft. Das Weingut verfügt über ein Gästehaus namens Weinquartier mit fünf Gästezimmern und zwei Ferienwohnungen.

Kollektion

In diesem Jahrgang werden klare, feine, sehr präzise gearbeitete Weine vorgestellt – beispielsweise der Basisriesling in trockener Version. Der Sauvignon Blanc duftet nach Kräutern, Guave und Maracuja, ist im Mund straff und saftig. Sehr präzise fällt der trockene Riesling aus der Letterlay aus, schlank und würzig. Ganz anders der Riesling aus dem Steffensberg mit der Bezeichnung M, der in der Nase hefig wirkt, im Mund saftig mit Schmelz. Leicht cremig mit Sortentypizität und nur wenig Barriqueanklängen präsentiert sich der M-Weißburgunder, im Mund ist er schön trocken und fest. Noch hefig duftet der feinherbe Steffensberg-Riesling von alten Reben. Der Kabinett mit Restsüße aus dem Paradies gefällt besonders gut, die Spätlese aus dem Steffensberg duftet dezent nach gebackenem Apfel und Kräutern, ist rassig. Nach Sauerkirschen und Holunder duftet der Spätburgunder aus dem Jahrgang 2020, im Mund sind Würze und Tabak zu spüren.

Weinbewertung

82 2021 Riesling trocken I 11%/6,80€
84 2021 Sauvignon Blanc trocken I 12%/8,-€
83 2021 Weißburgunder trocken I 12%/6,80€
85 2021 Weißburgunder trocken „Edition M“ Kröver Paradies I 12,5%/12,-€
87 2021 Riesling Spätlese trocken Kröver Letterlay I 12%/9,50€
87 2021 Riesling trocken „Edition M“ Kröver Steffensberg I 12,5%/12,-€
81 2021 Riesling „feinherb“ I 10,5%/6,80€
87 2021 Riesling „feinherb“ „von alten Reben“ Kröver Steffensberg I 11,5%/12,-€
86 2021 Riesling Spätlese „feinherb“ Kröver Steffensberg I 11,5%/9,50€
86 2021 Riesling Kabinett Kröver Paradies I 8,5%/6,80€ ☺
86 2021 Riesling Spätlese Kröver Steffensberg I 8,5%/9,50€
87 2020 Spätburgunder trocken „Edition M“ Kröver Paradies I 14,5%/12,-€

★★

Kaiserbaum

Kontakt
Weingut am Kaiserbaum
Weisenheimer Straße 4
67229 Gerolsheim
Tel. 06238-3562
www.weingut-am-kaiserbaum.de
info@weingut-am-kaiserbaum.de

Besuchszeiten
nach Vereinbarung

Inhaber
Familie Hundinger

Rebfläche
20 Hektar

Das Weingut am Kaiserbaum ist in der nördlichen Pfalz, in Gerolsheim, gelegen. Die Weinberge befinden sich vor allem in Gerolsheim (Lerchenspiel), Weisenheim (Rosenbühl, Hasenzeile, Altenberg) und Kirchheim (Schwarzerde), aber auch in Freinsheim und Laumersheim, zuletzt kam eine Riesling-Parzelle auf den kalkhaltigen Böden des Herxheimer Kirchenstücks hinzu. Seit einigen Jahren bringt Gerald Hundinger seine Rotwein-Erfahrung ein. Sammeln konnte er diese unter anderem bei seinem Önologie-Studium in Bordeaux, Praktika im Burgund und bei Rotwein-Pionieren in der Pfalz. Burgundersorten und Riesling liegen bei den weißen Sorten im Fokus von Gerald Hundinger, der letzter Lehrling des Weißweinspezialisten Hans-Günter Schwarz bei Müller-Catoir war. Bei den edelsüßen Weinen spielen Rieslaner und Gewürztraminer eine besondere Rolle.

Kollektion

Nachdem wir im vergangenen Jahr keine Weine der Familie Hundinger verkosten konnten, stehen in diesem Jahr zwei Weine gemeinsam an der Spitze: Die Rieslaner Auslese zeigt viel klare Frucht, Aprikosenmark, Grapefruit und etwas Nougat im Bouquet und besitzt am Gaumen eine cremige Textur und einen frischen Säurenerv, auch der Spätburgunder ist schon sehr offen, zeigt klare Aromen von Süßkirsche, Himbeere und roter Johannisbeere, besitzt am Gaumen sehr dezente Holzwürze, gute Struktur und Eleganz. Der zweite Rotwein, „Gerald", ist etwas verhaltener, besitzt Kraft und ebenfalls rote Frucht. Die Weißweine und der Rosé besitzen alle eine füllige Art mit dezenter Restsüße, der neu im Sortiment vertretene Kirchenstück-Riesling zeigt feine Reifenoten, etwas Quitte und Honig, besitzt eine leicht cremige Textur und ein feines, nachhaltiges Säurespiel, der Goldberg-Riesling wirkt weicher, besitzt ebenfalls leichte Reifenoten, der Cabernet Blanc zeigt klare Aromen von Paprika und Stachelbeere, ist harmonisch und besitzt Grip, der Grauburgunder ist mit Noten von Quitte, Birne und Pfirsich der fruchtbetonteste Wein, der Rosé besitzt klare rote Frucht und frische Zitrusnoten.

Weinbewertung

81 2021 Riesling trocken (1l) | 12,5%/5,70€
85 2021 Cabernet Blanc trocken „Naturtalent" | 12,5%/10,80€
84 2021 Grauburgunder trocken „Wingertshaisel" | 12,5%/10,80€
83 2021 Weißburgunder trocken „Mandelbaam" | 12,5%/9,50€
84 2020 Riesling trocken Freinsheimer Goldberg | 12,5%/10,80€
85 2020 Riesling trocken Herxheimer Kirchenstück | 13%/14,60€
87 2021 Rieslaner Auslese Gerolsheimer Lerchenspiel | 8,5%/17,50€
83 2021 „Feel Glück Frauke" Rosé trocken | 12,5%/8,10€
87 2020 Spätburgunder trocken Kirchheimer Schwarzerde | 13,5%/12,90€
85 2020 „My Way Gerald" Rotwein trocken | 14%/11,60€

★★★☆

Kalkbödele

Kontakt
Weingut der Gebrüder Mathis
Enggasse 21
79291 Merdingen
Tel. 07668-334010
Fax: 07668-3340199
www.kalkboedele.de
weingut@kalkboedele.de

Besuchszeiten
Di.-Fr. 10-12 + 14-17 Uhr
Sa. 10-13 Uhr

Inhaber
Sonja Mathis-Stich
Betriebsleiter
Severin Stich
Kellermeister
Sabeth Sedlatschek
Außenbetrieb
Severin Stich
Rebfläche
15 Hektar
Produktion
80.000 Flaschen

Severin Stich führt seit 2020 zusammen mit seiner Partnerin Sabeth Sedlatschek das Gut, sie haben die Umstellung auf biologischen Weinbau begonnen und wollen den Familiennamen Mathis stärker hervorheben. Paul Mathis, Gründer eines Kalkwerks in Merdingen, und seine Brüder Bernhard und Franz begannen 1978 mit der Herstellung eigener Weine vom Tuniberg. Sie setzten von Anfang an auf trocken ausgebaute Weine und auf den Barriqueausbau. Die Reben wachsen rund um Merdingen am Tuniberg, vorwiegend auf Muschelkalkböden. Rote Rebsorten nehmen über die Hälfte der Rebfläche ein, Spätburgunder vor allem, aber auch Merlot, Cabernet Sauvignon und Lagrein. Weiß- und Grauburgunder sind die wichtigsten weißen Sorten, dazu gibt es Müller-Thurgau und Chardonnay, aber auch Auxerrois und Riesling. Die Rotweine werden maischevergoren und in Holzfässern ausgebaut, auch ein Teil der Weißweine kommt ins Holz.

Kollektion

Schon im vergangenen Jahr haben wir die stilistische Neuausrichtung gelobt, und dieses Jahr nun schlägt sich dies auch in den Bewertungen nieder. Die Gutsweine sind frisch und klar, der intensive, fruchtbetonte Spätburgunder gefällt uns am besten. Sehr geschlossen präsentiert sich die Tuniberg-Linie: Der Auxerrois setzt auf Reintönigkeit und Frische, was auch für den strukturierten Chardonnay gilt, der Weißburgunder hat Struktur und Grip, der Grauburgunder ist noch etwas kraftvoller. Der Spätburgunder ist wunderschön reintönig, sein Kollege von alten Reben ist noch etwas intensiver, kraftvoller. Hervorragend sind die Lagenweine. Der Chardonnay St. Morand ist reintönig, konzentriert, kraftvoll und strukturiert. Die beiden Spätburgunder sind intensiv fruchtig, herrlich eindringlich und reintönig, Hohrain ist etwas fruchtintensiver, Rosenloch etwas floral, anfangs sahen wir sie gleichauf, mit etwas Luft setzt sich Rosenloch an die Spitze, betört mit Finesse und Eleganz, Frische und Grip. Wir sind begeistert!

Weinbewertung

83 2021 Weißburgunder trocken | 13%/9,50€
84 2021 Grauburgunder trocken | 12,5%/9,50€
87 2021 Auxerrois trocken Tuniberg | 12%/12,90€
86 2020 Weißburgunder trocken Tuniberg | 13,5%/12,90€
88 2020 Grauburgunder trocken Tuniberg | 13,5%/12,90€
87 2020 Chardonnay trocken Tuniberg | 12,5%/19,-€
90 2020 Chardonnay trocken St. Morand | 13%/24,-€
85 2020 Spätburgunder trocken | 13,5%/10,-€
(87) 2020 Spätburgunder trocken Tuniberg | 13,5%/15,-€
(88) 2020 Spätburgunder trocken „Alte Rebe“ | 13,5%/20,-€
(90) 2020 Spätburgunder Hohrain | 13,5%/30,-€
(91) 2020 Spätburgunder Rosenloch | 13,5%/45,-€

Kampf

Kontakt
Langgasse 75
55237 Flonheim
Tel. 06734-1626
Fax: 06734-7117
www.weingut-kampf.de
info@weingut-kampf.de

Besuchszeiten
Mo.-Fr. 8-12 + 14-18 Uhr,
Sa. 9-15 Uhr,
Anmeldung empfohlen

Inhaber
Familie Kampf
Betriebsleiter
Hanspeter & Patrick Kampf
Kellermeister
Nadine Schoch & Patrick Kampf
Rebfläche
13 Hektar
Produktion
40.000 Flaschen

Lange Zeit wurden die Weine zwar ausgebaut, aber dann füllfertig an andere Betriebe verkauft. Mit dem Einstieg von Patrick Kampf hat sich dies geändert: Geisenheim-Studium, Praktika bei Wagner-Stempel, Schäfer-Fröhlich und BattenfeldSpanier, bei Pichler in Oberloiben und bei Hartford Family in Sonoma. Seit 2008 werden die Weinberge biologisch bewirtschaftet, 2011 war der erste zertifizierte Jahrgang. Der Fokus liegt auf Riesling, dazu gibt es Weiß- und Grauburgunder, Scheurebe, Sauvignon Blanc und Silvaner, auch etwas rote Sorten. Das Sortiment ist gegliedert in Gutsweine, Ortsweine und Lagenweine, wobei die Gutsweine absolut dominieren, einen Lagen-Riesling aus der Uffhofener La Roche gab es erstmals 2012, dann wieder 2015, 2016 und 2020.

Kollektion

Der La Roche-Riesling ist im Jahrgang 2021 besser denn je. Er ist konzentriert und würzig, herrlich eindringlich und mineralisch, besitzt Fülle, Kraft, viel reife Frucht und Substanz, ist nachhaltig, noch sehr jugendlich. Auch der Flonheimer Ortsriesling ist spannend, zeigt eine sehr ähnlich Aromatik, gute Konzentration, etwas Zitrusnoten im Bouquet, ist füllig, kraftvoll, viel reife Frucht, gute Struktur und Substanz, ist ebenfalls enorm jugendlich. Riesling überzeugt auch als Gutswein, ist frisch, fruchtbetont, wunderschön reintönig, lebhaft, klar und zupackend, und auch der Literriesling macht eine gute Figur, zeigt feine Frische, etwas Zitrus, ist lebhaft und geradlinig. Auch die anderen Gutsweine überzeugen: Der Weißburgunder ist fruchtbetont, sehr offen, der Blanc de Blancs, eine Cuvée aus Chardonnay und Weißburgunder, würzig und eindringlich, Scheurebe und Grauburgunder sind frisch und klar, am besten gefällt uns der Sauvignon Blanc unter den weißen Gutsweinen, der fruchtbetont und leicht floral ist, viel Grip besitzt. Sehr gut ist auch der intensiv fruchtige Spätburgunder. Gute Vorstellung!

Weinbewertung

82	2021 „ZweiKampf" Riesling trocken (1l) I 11,5%/7,-€
84	2021 Riesling trocken I 11,5%/8,50€
83	2021 Weißburgunder trocken I 12,5%/8,50€
84	2021 „Blanc de Blancs" Weißwein trocken I 12,5%/8,50€
83	2021 Grauburgunder trocken I 12%/8,50€
83	2021 Scheurebe trocken I 12%/8,50€
85	2021 Sauvignon Blanc trocken I 12%/8,50€
88	2021 Riesling trocken Flonheim I 12%/13,50€
90	2021 Riesling trocken La Roche I 11%/22,50€
83	2021 Rosé trocken I 11,5%/7,80€
82	2020 „ZweiKampf" Rotwein trocken I 12%/7,80€
85	2020 Spätburgunder trocken I 12,5%/9,50€

★★

Graf von Kanitz

Kontakt
Rheinstraße 49
65391 Lorch
Tel. 06726-346
Fax: 06726-2178
www.weingut-kanitz.de
info@weingut-kanitz.de

Besuchszeiten
nach Vereinbarung

Inhaber
Sebastian Graf von Kanitz
Betriebsleiter
Marc Leitis
Rebfläche
14 Hektar
Produktion
70.000 Flaschen

GRAF VON KANITZ

Die Wurzeln des Weinguts gehen bis auf das 13. Jahrhundert zurück, seit 1926 befindet es sich in Besitz der Adelsfamilie von Kanitz. Da die Grafen selbst keine Winzer sind, wird das Weingut von Marc Leitis als Betriebsleiter geführt, der zuvor als Kellermeister beim Rheingauer Weingut Barth tätig gewesen war, straffte das Sortiment und führte Stückfässer und Halbstückfässer im Keller ein. Die Weinberge liegen allesamt in Lorch in den Lagen Bodental-Steinberg, Kapellenberg, Krone, Pfaffenwies und Schlossberg, die Reben wachsen auf Schiefer- und Quarzitböden. Das Weingut Graf von Kanitz widmet sich schon seit Jahrzehnten dem ökologischen Weinbau. Bereits in den sechziger Jahren begann man mit herbizit-, pestizid- und chemiedüngerfreien Anbauchtechniken zu arbeiten und trat dem damaligen Anbauverband des ökologischen Landbaus (ANOG) bei. Seit 1994 ist das Weingut Ecovin-zertifiziert.

Kollektion

Das ist die erste Kollektion, die wir von Betriebsleiter Marc Leitis verkosten. Der latent restsüße Riesling Quarzit ist von kräftiger Säure gezeichnet, weswegen die Süße nur wenig auffällt, seine Aromatik erinnert an getrocknete Zitronenschale und mürben Apfel. Die drei Lagenweine sind allesamt von einer strammen Säurestruktur gezeichnet, die im Mund manchmal schon ein wenig brachial wirkt. Der Wein aus dem Lorcher Bodental-Steinberg, bringt neben Zitrussäure und grünem Apfel auch Phenolik mit, was ihm viel Kraft gibt – kein leichter Wein. Der Riesling aus der Pfaffenwies ist ein wenig zugänglicher; zwar vermerken wir auch hier eine gewisse Spannung durch die Phenolstruktur, aromatisch weist der Wein aber mehr gelbe Früchte, Aprikose und Mirabelle auf, was ihn harmonischer macht. An der Spitze steht der Riesling von alten Reben aus der Lorcher Krone, eine gute Symbiose aus dem gefälligeren Pfaffenwies und dem strengeren Bodental-Steinberg, auch wenn die Strenge und Spannung unterm Strich überwiegen. Der feinherbe Rosé zeigt sich frisch und von roten Beerenfrüchten geprägt, bringt aber auch eine dezente erdige Würze mit. Der Spätburgunder aus dem Lorcher Schlossberg kommt trotz hohem Alkoholgehalt angenehm entspannt daher. Seine kecke Sauerkirscharomatik sorgt für Frische als Gegenpol zur enormen Kraft.

Weinbewertung

85 2021 Riesling trocken Lorcher Pfaffenwies | 12,5 %/12,50 €
84 2021 Riesling trocken Lorcher Bodental Steinberg | 12,5 %/13,50 €
86 2021 Riesling trocken Lorcher Krone | 12,5 %/17,50 €
83 2021 Riesling „feinherb" „Quarzit" Lorcher | 11,5 %/9,- €
82 2021 Spätburgunder Rosé | 12 %/8,50 €
86 2018 Spätburgunder trocken Lorcher Schlossberg | 14,5 %/14,50 €

★★☆

Kanzlerhof

Kontakt
Hauptstraße 23
54340 Pölich
Tel. 06507-9389660 /
0175-7145501
Fax: 06507-9389661
www.kanzlerhof.de
weingutkanzlerhof@web.de

Besuchszeiten
Weinverkauf nach Vereinbarung, Tel. 0175-7145501
Weinstube, Gästezimmer, Straußwirtschaft „Weinstube Schömann" ab Ostern an den Wochenenden geöffnet
Gästezimmer

Inhaber
Familie Schömann-Kanzler
Betriebsleiter/Kellermeister
Alfred Schömann
Rebfläche
4,9 Hektar
Produktion
33.000 Flaschen

Seit vielen Generationen betreibt die Familie Schömann-Kanzler ein Weingut in Pölich, das heute von Alfred Schömann geführt wird; Neffe Simon Schömann studiert nach der Ausbildung bei Nik Weis nun in Geisenheim. Die Weinberge des Kanzlerhofs liegen in den Lagen Mehringer Blattenberg und Pölicher Held (zum Teil noch mit wurzelechten Reben bestockt). Neben Riesling, der 90 Prozent der Rebfläche einnimmt, gibt es ein klein wenig Weißburgunder, Spätburgunder und Müller-Thurgau. Das Stammhaus, der Kanzlerhof, wo die Weine heute noch vinifiziert werden, wurde im Jahr 1578 als Fronhaus der Trierer Abtei St. Maximin errichtet. Der Ausbau der Weine erfolgt teils im traditionellen Fuderfass, teils im Edelstahl. 80 Prozent der Weine werden trocken oder halbtrocken ausgebaut. Zum Weingut gehören ein Gästehaus und Schömanns Weinstube, die ab Ostern an den Wochenenden geöffnet hat.

Kollektion

Der Schaumwein aus 2018 ist hefig, mit einer gewissen Reife ausgestattet, aber insgesamt schön würzig und fest, er macht viel Spaß. Frisch und mit heller Frucht zeigt sich der trockene Pölicher Literriesling, er ist fest und straff, für einen Basiswein sehr gelungen. Eher würzig als aromatisch wirkt der Müller-Thurgau. Hinter den Hefenoten zeigt sich beim trockenen Riesling S aus dem Pölicher Held eine feine Kernobstfrucht, die auch Mirabellennoten umschließt, im Mund ist dieser Wein schön straff und fest. Das Große Gewächs stammt aus dem Jahrgang 2020 und weist eine fast nussige Hefenote auf, auch winzige Anklänge an Getreide sind zu spüren, später kommt Frucht hinzu, der Wein wirkt fest straff, würzig, braucht immer noch Zeit. Bei der Weißburgunder Reserve ist das Holz deutlich zu spüren, die an Milchkaffee erinnernden Noten muss man mögen, im Mund aber ist der Wein schön würzig und fest. Wunderschön saftig ist die feinherbe Blattenberg-Spätlese; eher saftig als rassig ist der Versteigerungskabinett mit Restsüße – ein Wein, der in seiner Kategorie Maßstäbe setzt.

Weinbewertung

87 2018 Crémant brut | 12,5%/11,-€
82 2021 Riesling trocken Pölicher (1l) | 11,5%/6,50€
88 2021 Riesling trocken „S" Pölicher Held | 12%/9,50€ ☺
84 2021 Riesling trocken „Schieferheld" | 12%/7,-€
83 2021 Weißburgunder trocken | 13%/7,-€
83 2021 Müller Thurgau trocken | 12%/6,-€
87 2019 Weißburgunder trocken „Reserve" | 13%/12,50€
89 2020 Riesling „GG" Pölicher Held | 12,5%/17,50€
87 2021 Riesling Spätlese „feinherb" Mehringer Blattenberg | 11,5%/9,50€
85 2021 Riesling Kabinett „feinherb" Pölicher Held | 11%/7,-€
88 2021 Riesling Kabinett Mehringer Blattenberg | 8,5%/Vst.

★★☆

Kapellenhof

Kontakt
Weingut Kapellenhof Oek.Rat
Schätzel Erben
Kapellenstraße 18
55278 Selzen
Tel. 06737-204
Fax: 06737-8670
www.kapellenhof-selzen.de
kapellenhof@t-online.de

Besuchszeiten
Mo.-Fr. 8-12 + 13-17 Uhr
Sa. 9-14 Uhr
Kaupers Restaurant im Kapellenhof
(info@kaupers-kapellenhof.de)

Inhaber/Betriebsleiter/ Kellermeister/Außenbetrieb
Thomas Schätzel
Rebfläche
18 Hektar
Produktion
120.000 Flaschen

Der Kapellenhof in Selzen wurde erstmals 1373 als „Capell-Hube" urkundlich erwähnt, gehörte bis zum 16. Jahrhundert dem Wormser Domstift. Heute wird das Gut in fünfter Generation von Thomas Schätzel geführt, der nach dem Abschluss seines Weinbaustudiums 1984 in den elterlichen Betrieb eingetreten ist. Seine wichtigsten Lagen sind Hahnheimer Knopf, wo die Reben auf Kalkmergelböden wachsen, und Selzener Gottesgarten und Osterberg, auch im Sörgenlocher Moosberg ist er vertreten. Die Lohnkelterei wurde abgeschafft, der Traubenvollernter verkauft, Thomas Schätzel konzentriert sich nun ganz auf die eigene Weinproduktion, arbeitet zunehmend mit Spontangärung und längerem Feinhefelager. 2020 ist Sohn Christian in den Betrieb eingestiegen mit einer eigenen Produktlinie „Kapellenhof 5", 5 steht für die fünfte Generation Schätzel auf dem Kapellenhof.

Kollektion

Zwei sehr konträre Weine stehen in diesem Jahr an der Spitze der Kollektion, beide aus dem Jahrgang 2020. Da ist einmal der Riesling „Oekonomie-Rat E" von 38 Jahre alten Reben im Hahnheimer Knopf, spontanvergoren und neun Monate auf der Vollhefe ausgebaut, der gute Konzentration und reife Frucht im Bouquet zeigt, füllig und saftig im Mund ist, viel reife Frucht und Substanz besitzt. Ebenfalls spontanvergoren und neun Monate auf der Vollhefe ausgebaut ist der Grauburgunder Beyond aus dem Selzener Gottesgarten, durch den Ausbau im zweitbelegten Barrique aber völlig anders, zeigt rauchige Noten im Bouquet, ganz dezent Vanille und Speck im Hintergrund, ist intensiv und konzentriert, besitzt Fülle, Kraft, viel Struktur und Grip, ein wenig Flaschenreife wird ihm noch guttun. Sehr gut ist auch die würzige Riesling Auslese aus dem Knopf, die Riesling Spätlese ist frisch und süffig, unter den trockenen Guts- und Ortsweinen gefällt uns der würzige, zupackende Sylvaner am besten.

Weinbewertung

84	2020 Sylvaner trocken Selzen I 12,5%/9,80€
83	2021 Weißer Burgunder trocken „Kalkmergel" Hahnheim I 12,5%/8,50€
81	2021 Riesling trocken „Cabinet" Selzener I 12%/7,40€
82	2021 Sauvignon Blanc trocken I 12%/7,90€
82	2021 Riesling trocken „Kalkmergel" Hahnheim I 12,5%/8,90€
83	2021 Grauer Burgunder trocken „Am Dicken Stein" Selzener I 13%/8,50€
81	2021 Spätburgunder „Blanc de Noirs" trocken Selzener I 13%/7,70€
87	2020 Riesling trocken „Oekonomie-Rat E" Hahnh. Knopf Selection Rhh I 12,5%/15,-€
87	2020 Grauer Burgunder trocken „Beyond" I 14%/21,-€
84	2021 Riesling Spätlese Selzen I 8%/8,50€
85	2021 Riesling Auslese Hahnheimer Knopf I 8%/15,-€/0,5l
81	2021 Spätburgunder Rosé I 12%/6,90€

★★★

Karlsmühle

Kontakt
Im Mühlengrund 1
54318 Mertesdorf
Tel. 0651-5124
Fax: 0651-5610296
www.weingut-karlsmühle.de
anfrage@weingut-karlsmuehle.de

Besuchszeiten
Mo.-Sa. 8-17 Uhr und nach Vereinbarung
Gutsausschank Karlsmühle (Di.-So. ab 12 Uhr)

Inhaber
Peter Geiben
Rebfläche
15 Hektar
Produktion
70.000 Flaschen

Die Geschichte der Mühle, die als älteste Gesteinsmühle nördlich der Alpen gilt, reicht bis weit ins erste nachchristliche Jahrtausend zurück. 1889 heiratete der erste Geiben in die Besitzerfamilie ein, seit Ende der siebziger Jahre führt Peter Geiben den im Ruwertal gelegenen Betrieb. Die Mertesdorfer Einzellagen Lorenzhöfer Mäuerchen und Lorenzhöfer Felslay gehören ihm im Alleinbesitz (vermarktet werden sie nur als Lorenzhöfer), hinzu kommen Weinberge in den Lagen Nies'chen, Kehrnagel, sowie im Kaseler Timpert auf der linken Ruwerseite, der Peter Geiben ebenfalls im Alleinbesitz gehört und wodurch die Karlsmühle zum einzigen Ruwer-Weingut geworden ist, das auf beiden Ruwerseiten Weinberge besitzt. Neben 90 Prozent Riesling gibt es ein wenig Spätburgunder, Grau- und Weißburgunder, Müller-Thurgau, Dornfelder und Elbling. Die Weine werden überwiegend im Edelstahl ausgebaut. Das dazugehörige Hotel und das Restaurant werden von einem Pächter betrieben.

Kollektion

Ein kleines Sortiment an Weinen stellt Peter Geiben an, aber es hat Qualität und zeigt, was dem Hause ja seit vielen Jahren immer wieder aufs Neue gelingt: Den Charakter der Ruwer unabhängig vom jeweiligen Jahrgang zur Geltung zu bringen. Geibens Rieslinge sind stets fein, aber nicht puristisch, in der Jugend leicht kräuterig-hefig, fast immer schnell als Weine dieses Teiles des Anbaugebietes Mosel auszumachen. Der Jahrgang 2021 kommt dem Betrieb durchaus entgegen. Straff und zupackend, wenngleich etwas verhalten in der Nase ist der trockene Molaris L., nicht extrem komplex, aber kühl und animierend. Eine deutlich andere Kategorie von Wein ist dann die trockene Selektion von alten Reben, noch sehr jugendlich in der Nase, im Mund erfreulich kühl und eher schlank, aber mit würzigem Nachhall und praktisch ohne erkennbare Süße. Ein Wein, der an längst vergangene Zeiten erinnert, als die trockenen Spitzen der Mosel nicht nur rar, sondern auch elegant und fein ausfielen, säurefrisch und rassig. Der feinherbe Kabinettwein aus dem Nies'chen besitzt eine tolle Balance, die Süße ist perfekt integriert. Selbiges trifft auch auf den süßen Kabinett zu, der sehr rassig wirkt. Niedrig ist auch der Zuckergehalt der Spätlese, die Anklänge an Apfel, Cassis und Kräuter zeigt.

Weinbewertung

84	2021 Riesling trocken „Molaris L." I 11%/9,50€
89	2021 Riesling Spätlese trocken „Selektion von alten Reben" I 11%/12,50€
85	2021 Riesling „feinherb" „Molaris L." I 11,5%/9,50€
87	2021 Riesling Kabinett „feinherb" Kaseler Nies'chen I 8,5%/9,50€
87	2021 Riesling Kabinett Kaseler Nies'chen I 7,5%/9,50€
88	2021 Riesling Spätlese Kaseler Nies'chen I 7%/12,50€

★★

Karp-Schreiber

Kontakt
Moselweinstraße 186
54472 Brauneberg
Tel. 06534-236
Fax: 06534-790
www.karp-schreiber.de
karp-schreiber@t-online.de

Besuchszeiten
nach Vereinbarung

Inhaber/Betriebsleiter/ Kellermeister/Außenbetrieb
Jobst-Julius Karp
Rebfläche
9 Hektar
Produktion
60.000 Flaschen

Die Familie betreibt seit dem 17. Jahrhundert Weinbau an der Mosel und möchte Weine erzeugen, die reife Säure und Frucht miteinander vereinen. Geleitet wird der Betrieb inzwischen von Jobst-Julius Karp, der vor allem Riesling anbaut (zu 80 Prozent), allerdings auch Weißburgunder, Sauvignon Blanc und Regent im Ertrag hat. Jobst-Julius Karp studierte in Geisenheim, verbrachte einige Zeit in Kalifornien, in Neuseeland in der Kellerei Cloudy Bay, in Australien sowie in Spanien. Die professionelle Basis für die Erzeugung überdurchschnittlich guter Weine ist also allein schon durch die Erfahrung gelegt worden, und mit den Lagen Brauneberger Juffer und Juffer-Sonnenuhr sind auch die entsprechenden Flächen vorhanden. Ab September 2022 befindet sich das Gut in der Umstellung auf den biologischen Anbau; die früher noch geführte Straußwirtschaft und die einstigen Übernachtungsmöglichkeiten wurden aufgegeben.

Kollektion

In den letzten Jahren bereits fielen die Weine dieses Gutes durch ihre Geradlinigkeit und Präzision auf. Hier war (und ist) nichts verwaschen oder süßlich-stimmig, hier ist alles sehr präzise und animierend. Das trifft im Jahrgang 2021 beispielsweise auf den Dry Karp zu, der kühl, frisch und knackig ist, animierend und rassig. Im gleichen Stil ist der Sauvignon Blanc vinifiziert, der in der Nase ebenso frisch wirkt wie der Riesling, dazu noch deutlich und sehr angenehm nach Spargel und etwas Zitrus duftet; im Mund besitzt der Wein eine betont saftige Art, weist neben Frische auch Schmelz auf, wirkt im Mund angenehm trocken und würzig. Sehr trocken wirkt der frische, schlanke Weißburgunder, ganz ohne schmeckbare Süße kommt auch das Riesling Große Gewächs aus der Lage Brauneberger Juffer-Sonnenuhr aus: Ein Wein, der nach Klarapfel und Hefe duftet, im Mund schlank ausfällt, frisch, puristisch, wie es an der Mosel nur selten der Fall ist. Ein rassiger, noch sehr jugendlicher Wein, der sich mit etwas Reife noch weiterentwickeln könnte. Die feinherbe Spätlese gefällt gut mit ihrer saftigen Frucht, der Kabinett kommt mit wenig Süße, fein und erfreulich animierend daher.

Weinbewertung

83	2021 Riesling trocken „Dry Karp" I 12,5%/7,-€
85	2021 Weißburgunder trocken I 12%/7,-€
84	2021 Sauvignon Blanc trocken I 12,5%/7,-€
85	2021 Riesling Kabinett trocken Brauneberger Juffer I 11,5%/8,90€
88	2021 Riesling trocken „GG" Brauneberger Juffer-Sonnenuhr I 12,5%/17,-€
83	2021 Riesling „feinherb" „My Karp" I 10,5%/7,-€
86	2021 Riesling Spätlese „feinherb" „Alte Reben" I 10,5%/9,90€
87	2021 Riesling Kabinett Brauneberger Juffer I 9%/8,90€

★★★☆

Karthäuserhof

Kontakt
Karthäuserhof, Eitelsbach
54292 Trier-Eitelsbach
Tel. 0651-5121
Fax: 0651-53557
www.karthaeuserhof.com
mail@karthaeuserhof.com

Besuchszeiten
Büro + Verkauf:
Mo.-Fr. 8:30-17 Uhr

Inhaber
Albert Behler
Kellermeister
Mathieu Kauffmann &
Sascha Dannhäuser
Außenbetrieb
Tim Thesen
Rebfläche
26 Hektar
Produktion
120.000 Flaschen

Bis ins 14. Jahrhundert reicht die Geschichte, über Epochen hinweg sammelte der Betrieb Ruhm an, wurde nicht zuletzt durch sein charakteristisches Etikett und den feinziselierten Ruwer-Weinstil bekannt. Auf die Mönche und, seit 1811, die Familie Rautenstrauch folgten die Tyrells, bis Christoph Tyrell das Weingut an seinen Cousin Albert Behler übergab. Ein paar Jahre lange war dann nicht recht zu erkennen, wohin der Weg führt, doch dann schien alles geregelt mit Julia Lübcke als Geschäftsführerin. 2018 wurden weitere Ruwertalweinberge gekauft sowie Lücken durch Neuanpflanzungen geschlossen – die Rebfläche stieg auf heute 26 Hektar. Außer Riesling wird ein klein wenig Weißburgunder angebaut. Für die nächsten Jahre sind weitreichende Renovierungsmaßnamen geplant. Im Frühjahr 2020 übernahm Richard Grosche (zuvor beim Weingut Reichsrat von Buhl) als Geschäftsführer, inzwischen wurde nach seinem Ausscheiden Christoph Horbach Geschäftsführer. Mathieu Kauffmann hat die Position des Kellermeisters inne, Tim Thesen leitet den Außenbetrieb.

Kollektion

Es wurden nur wenige Weine des Jahrgangs 2021 angestellt, aber erstens sind bereits die überzeugend ausgefallen, und zweitens zeigen die 2020er nun erst recht, was sie können. Da wäre zum Beispiel der sehr feine, duftige Weißburgunder, auch der trockene Bruno-Riesling, der feine Zitrus- und Hefearomen zeigt, überzeugt als Basiswein sehr. Noch etwas besser gefällt übrigens der wunderbar saftige feinherbe Bruno-Wein. Straff, präzise und würzig ist der Schieferkristall-Riesling ausgefallen. Sowohl die Alten Reben als auch das Große Gewächs stammen aus 2020 und sind in sehr überzeugendem Zustand; erstgenannter Wein ist würzig, schlank und nachhaltig. Das Große Gewächs wiederum wirkt spannend in der Nase, besitzt hefig-würzige Noten, ist straff und puristisch, ohne den Charakter der Ruwer zu verleugnen, bleibt präzise und animierend bis zum Schluss. Der süße Kabinettriesling begeistert durch seine vibrierende Art, die sehr animierende Spätlese mit Anklängen an Kräuter ist wunderbar ruwertypisch, bestens balanciert und sehr nachhaltig. ▬

Weinbewertung

86	2021 Weißburgunder trocken „Bruno" I 11,5%/9,90€
86	2021 Riesling trocken „Bruno" I 11%/9,90€
87	2020 Riesling trocken „Schieferkristall" I 10,5%/13,90€
89	2020 Riesling trocken „Alte Reben" Eitelsbacher I 11%/17,90€
92	2020 Riesling trocken „GG" Karthaeuserhofberg I 12%/45,-€
88	2021 Riesling Kabinett „feinherb" „Bruno" I 9%/9,90€ ☺
90	2020 Riesling Kabinett Karthäuserhofberg I 9%/16,90€
93	2020 Riesling Spätlese Karthäuserhofberg I 9%/21,90€ ☺

K

★★

Kaßner-Simon

Kontakt
Am Musikantenbuckel 7
67251 Freinsheim
Tel. 06353-989320
Fax: 06353-989321
www.kassner-simon.de
info@kassner-simon.de

Besuchszeiten
Weinverkauf
Mo.-Sa. 14-18 Uhr
So. 10-12 Uhr (mit Anmeldung)
Feiertage nur nach Vereinbarung
„MusikantenbuckelKostBar" (saisonale Wochenendgastronomie, Öffnungszeiten siehe Homepage)
3 Ferienwohnungen im Weingut

Inhaber
Thomas Simon
Rebfläche
18,3 Hektar
Produktion
120.000 Flaschen

Das 1949 von Mathilde Kassner und Willi Simon gegründete Weingut wird heute von Thomas Simon geführt. 2011 wurde mit dem Neubau der Kellerei am Ortsrand von Freinsheim begonnen, nachdem die neue Vinothek fertig gestellt war, zog das Weingut Anfang 2016 dann komplett aus der Ortsmitte an den Fuß des Musikantenbuckels. Simons Weinberge befinden sich in den Freinsheimer Lagen Musikantenbuckel, Oschelskopf und Schwarzes Kreuz. Für seine Spitzenweine nutzt er die Gewannnamen Im Tal (im Musikantenbuckel) und Auf dem vorderen Groß (im Oschelskopf). Wichtigste Rebsorte ist Riesling, der gut ein Drittel der Rebfläche einnimmt. Es folgen an weißen Sorten Weiß- und Grauburgunder sowie Chardonnay, die roten Sorten Spätburgunder, Merlot und Portugieser, dazu gibt es Sauvignon Blanc, Auxerrois, Scheurebe, Rieslaner, Müller-Thurgau, Cabernet Dorsa, Cabernet Sauvignon, Dornfelder und Cabernet Franc.

Kollektion

Letztes Jahr hatten wir geschrieben, dass der 2018er Kostbar der bislang beste Jahrgang der roten Cuvée sei, den 2019er finden wir jetzt sogar noch einen Tick stärker: Er zeigt Aromen von reifen, schwarzen Johannisbeeren, Lakritze und dezente Röstnoten, besitzt auch am Gaumen viel dunkle Frucht, Kraft, Struktur, Länge und Potential. Auch der Riesling Auf dem vorderen Groß kann zulegen, er zeigt feine Noten von Limette und Aprikose, kräutrige Würze und etwas Schwarztee im Bouquet, besitzt Kraft, animierende Zitrusnoten, ist leicht salzig und nachhaltig. Der zweite Lagenriesling, der Oschelskopf, zeigt ebenfalls klare Frucht, gelbes Steinobst, ist herb, animierend und lang, der Weißburgunder Im Tal ist im Bouquet noch sehr vom Holz geprägt, besitzt am Gaumen viel Kraft, ein subtiles Säurespiel und Länge. Sehr gut sind auch der schlanke, harmonische Sauvignon Blanc mit Noten von Pfirsich und etwas Maracuja, der ebenfalls sehr fruchtbetonte Chardonnay & Weißburgunder und der von kühler, kräutrige Würze und dunkler Frucht geprägte Merlot.

Weinbewertung

85 2018 Riesling Sekt extra brut | 12,5%/13,40€
81 2021 Riesling trocken (1l) | 12%/6,50€
84 2021 Riesling trocken | 12%/8,-€
86 2021 Sauvignon Blanc trocken Freinsheimer Musikantenbuckel | 12%/9,70€
86 2021 Chardonnay & Weißburgunder trocken | 13%/9,70€
86 2021 Riesling trocken Freinsheimer Oschelskopf | 12,5%/9,70€
88 2021 Riesling trocken Freinsheimer Auf dem vorderen Groß | 13%/14,30€
87 2021 Weißer Burgunder trocken Freinsheimer im Tal | 14%/14,30€
84 2021 Rieslaner Auslese Freinsheimer Oschelskopf | 10,5%/11,80€
88+ 2019 „Kostbar" Rotwein trocken | 14%/18,60€
86 2020 Merlot trocken Freinsheimer Oschelskopf | 14%/10,30€

Gebrüder Kauer

Kontakt
Bruchgasse 15
55452 Windesheim
Tel. 06707-255
Fax: 06707-517
www.kauerwein.de
info@kauerwein.de

Besuchszeiten
Vinothek Bruchgasse,
Kauerlounge: Do. 17-19 Uhr,
Sa. 10-16 Uhr und nach
Vereinbarung

Inhaber
Markus & Christoph Kauer
Kellermeister
Christoph Kauer
Rebfläche
12 Hektar
Produktion
90.000 Flaschen

Der einstige landwirtschaftliche Gemischtbetrieb hat sich seit den achtziger Jahren ganz auf Weinbau konzentriert. 1992 hat Markus Kauer die Führung des Gutes übernommen, seit 2000 steht ihm sein Cousin Christoph zur Seite, der sich um den Weinausbau kümmert. Die Weinberge liegen in den Windesheimer Lagen Sonnenmorgen, Rosenberg, Saukopf und Römerberg, sowie im Schlossböckelheimer Felsenberg. Die Reben wachsen auf Sandsteinverwitterungsböden des Rotliegenden und des Hunsrückschiefers, aber auch auf Sand und Lehm, im Felsenberg auf Vulkangestein. 2017 kam eine Parzelle im Schweppenhäuser Schlossgarten mit Grauschieferböden hinzu. Die Burgundersorten – Weiß-, Grau- und Spätburgunder – nehmen inzwischen 55 Prozent der Rebfläche ein, Riesling ein gutes Drittel, hinzu kommen Müller-Thurgau und Scheurebe.

Kollektion

Beim Windesheimer Weingut werden alle Weine etwas trockener ausgebaut als anderswo, sind dabei von attraktiver Frische und eleganter Textur. Der Riesling-Sekt ist puristisch trocken und besitzt Reifenoten, ist sehr stoffig, karg – er wird seine Liebhaber finden. In einer in sich geschlossenen Kollektion weißer Burgunder stechen besonders die beiden Reserve-Qualitäten heraus: Der Weißburgunder feingliedrig und geschliffen, der Grauburgunder voller Kraft und Würze, beide tragen kein Gramm Fett zu viel. Bei den Rieslingen gefällt uns der knackige Vertreter vom roten Sandstein besonders gut, der sehr straff und würzig ist. Wer es feiner mag, ist beim saftigen Grauschiefer Riesling sehr gut aufgehoben. Beeindruckend sind die Lagenrieslinge: Der Schlossgarten ist geradlinig und säurebetont, voll subtiler Kraft und mineralischem Schliff, der Römerberg würzig und kompakt, mit enormer Fülle und Länge. Unser Favorit ist der frische, saftige Wein aus dem Felsenberg, bei dem reife Beeren- und herbe Schalenaromen zu einer intensiven Melange verschmelzen.

Weinbewertung

88 2016 Riesling Sekt brut nature | 12,5%/15,50€
84 2021 Riesling trocken | 12%/8,20€
84 2021 Weißburgunder trocken | 12,5%/8,20€
87 2021 Riesling trocken „Roter Sandstein“ Windesheimer | 12,5%/10,40€
86 2021 Riesling trocken „Grauschiefer“ Schweppenhäuser | 12,5%/10,40€
87 2021 Weißburgunder „S“ trocken Windesheimer | 13%/12,50€
87 2021 Grauburgunder trocken „S“ Windesheimer | 13%/12,50€
89 2021 Riesling trocken Windesheimer Römerberg | 12,5%/17,-€
90 2021 Riesling trocken Schweppenhäuser Schlossgarten | 12,5%/17,50€
91 2021 Riesling trocken Schlossböckelheimer Felsenberg | 12,5%/18,-€ ☺
89 2020 Weißburgunder trocken „Reserve“ Windesheimer | 13%/18,-€
89 2020 Grauburgunder trocken „Reserve“ Windesheimer | 13,5%/20,-€

★★★

Dr. Kauer

Kontakt
Mainzer Straße 21
55422 Bacharach
Tel. 06743-2272
Fax: 06743-93661
www.weingut-dr-kauer.de
info@weingut-dr-kauer.de

Besuchszeiten
Ostern bis Okt.
Do.-Sa. 11-17 Uhr
sowie nach Vereinbarung

Inhaber
Anne & Dr. Randolf Kauer
Betriebsleiter
Anne & Dr. Randolf Kauer
Rebfläche
4 Hektar
Produktion
18.000 Flaschen

DR. KAUER
Ökologischer Weinbau
Bacharach - Mittelrhein

Randolf Kauer legte 1982 mit Beginn seines Weinbau-Studiums den Grundstein für sein eigenes Weingut, erweiterte es seither nach und nach auf die heutige Betriebsgröße. Zusammen mit seiner Ehefrau Martina bewirtschaftet Randolf Kauer, der im Hauptberuf an der Fachhochschule Geisenheim Professor für ökologischen Weinbau ist, die Weinberge nach den Richtlinien des ökologischen Weinbaus (Mitglied bei Ecovin), 1996 wurden die Räumlichkeiten einer ehemaligen Weinkellerei in Bacharach bezogen. Die Weinberge, allesamt Steillagen, liegen in den Bacharacher Lagen Wolfshöhle und Kloster Fürstental, im Oberweseler Oelsberg und im Oberdiebacher Fürstenberg. 90 Prozent der Rebfläche nimmt Riesling ein, die restliche Fläche ist mit Spätburgunder bestockt. Randolf Kauer hat eine benachbarte Parzelle in der Wolfshöhle, vor allem aber weitere Parzellen im Fürstenberg erworben, die nach und nach bepflanzt werden. Tochter Anne beendete 2017 ihr Geisenheim-Studium und ist 2018 in den Betrieb eingestiegen, möchte zukünftig das Weingut übernehmen, weshalb die Rebfläche kontinuierlich erweitert werden soll. Es wurde eine Vinothek eingerichtet und ein weiterer Sektkeller erworben.

Kollektion

Wie immer geht es bei Weinen des biologisch arbeitenden Weingutes aus Bacharach um Finesse und individuellen Charakter. Besonders gefallen uns die beiden trockenen Kabinettweine. Der vom Kloster Fürstental ist schlank und fein, spielt offenherzig zwischen kühler, saftiger Frucht und frischem Säurenerv, lässt sich schon jung sehr gut genießen. Der aus der Wolfshöhle schmeckt deutlich kräftiger und griffiger, hat sicheres Potenzial. Auch die beiden trockenen Spätlesen zeigen merkliche Unterschiede: die aus dem Kloster Fürstental ist geradlinig und salzig, dabei mineralisch und fein saftig, die kompakte Spätlese aus dem Oelsberg wirkt kräftig, druckvoll und tiefgründig. Ein Highlight ist auch die rasante feinherbe Spätlese aus dem Fürstental, die ihr trockenes Pendant mit prägnanter Würze überflügelt.

Weinbewertung

85	2021 Riesling trocken I 12,5 %/9,- €
86	2021 Riesling Kabinett trocken Bacharacher Kloster Fürstental I 11 %/10,20 €
86+	2021 Riesling Kabinett trocken Bacharacher Wolfshöhle I 11,5 %/10,80 €
89	2021 Riesling Spätlese trocken „Alte Reben" Kloster Fürstental I 12,5 %/14,50 €
90	2021 Riesling Spätlese trocken „Alte Reben" Oberweseler Oelsberg I 12,5 %/14,50 € ☺
85	2021 Riesling „feinherb" I 10,5 %/9,- €
85	2021 Cuvée weiß „Von Herzen" I 11,5 %/9,- €
90	2021 Riesling Spätlese „feinherb" Bacharacher Kloster Fürstental I 11 %/14,20 € ☺
87	2021 Riesling Spätlese „fruchtsüß" Oberdiebacher Fürstenberg I 8,5 %/9,80 €
84	2021 Spätburgunder Rosé trocken „Tornado" I 12 %/9,- €

★★★★

Kaufmann

Kontakt
Rheinallee 6
65347 Hattenheim
Tel. 06723-2475
Fax: 06723-7963
www.kaufmann-weingut.de
info@kaufmann-weingut.de

Besuchszeiten
Mo.-Fr. 8-17 Uhr
Sa. 9-13 Uhr
oder nach Vereinbarung

Inhaber
Urban Kaufmann
Kellermeister
Urban Kaufmann
Rebfläche
20 Hektar
Produktion
120.000 Flaschen

Der Schweizer Urban Kaufmann, Inhaber einer Appenzeller-Käserei, und Eva Raps, VDP-Geschäftsführerin, übernahmen 2013 das Weingut Hans Lang in Hattenheim, sie gaben ihre bisherigen Tätigkeiten auf und konzentrieren sich seither ganz auf das Weingut. Die Weinberge liegen in den Hattenheimer Lagen Wisselbrunnen, Hassel und Schützenhaus, sowie in den Hallgartener Lagen Hendelberg, Jungfer und Schönhell. Neben Riesling, der drei Viertel der Fläche einnimmt, gibt es Spätburgunder, aber auch etwas Weißburgunder, Silvaner, Grauburgunder und Chardonnay, der in den kommenden Jahren eine noch größere Rolle spielen soll. Der Spätburgunder-Anteil wurde von Urban Kaufmann sukzessive bereits erhöht, er hat 2014 weitere Parzellen mit französischen Klonen in Dichtpflanzung angelegt. Die Weinberge werden weiterhin biologisch bewirtschaftet, 2009 hatte Johann Maximilian Lang den kompletten Betrieb auf ökologische Bewirtschaftung umgestellt, seit 2017 ist das Weingut Demeter-zertifiziert. Die Weine werden überwiegend im Edelstahl ausgebaut, teilweise aber auch in kleinen und großen Eichenholzfässern. Im Sommer 2016 wurde die neue Vinothek fertig gestellt, 2017 erfolgte die Umbenennung des Weingutes. Mit den Jahren sind Urban Kaufmann und Eva Raps immer näher an die Rheingauer Spitze herangerückt. Ihre Rieslinge und Pinot Noir sind stets enorm reintönig und klar, drehen nicht immer die wildesten Pirouetten aber haben eine zuverlässig gute Substanz.

Kollektion

Erst im vergangenen Jahr werteten wir das Weingut von Urban Kaufmann und Eva Raps zum Vier-Sterne-Betrieb auf. Die Weine hatten in der Vergangenheit stets an Präzision gewinnen können, vor allem die Rieslinge. Aber auch die Rotweine werden immer besser, wie der 2020er Spätburgunder aus dem Hattenheimer Hassel beweist, der eine wilde, stoffige, leicht reduktive Nase mitbringt, die an weiße und schwarze Johannisbeeren, Sauerkirschen und Graphit erinnert. Im Mund baut der Wein viel Druck auf, der vor allem auf seiner messerscharfen Säurestruktur basiert, die eine gute nachhaltige Bindung mit dem kräftigen Tannin eingeht. Auch wenn es schwierig ist, auf Basis eines einzigen verkosteten Rotweins auf die Kollektion zu schließen, erkennen wir hier Fortschritte, die Urban Kaufmann weiter zur deutschen Rotwein-Spitzengruppe aufschließen lassen. Wie gewohnt überzeugen auch die Rieslinge – und das von der Basis bis ins Spitzensegment. Schon der einfache Rheingau-Riesling ist sehr ernsthaft und lebt neben Frucht auch von einer steinigen Struktur. Der Hattenheimer Ortswein ist noch etwas zupackender und bindet Apfelschalenaromatik und Frische ein, was ihn sehr animierend erscheinen lässt. Der Tell ist so etwas wie das „kleine" Große Gewächs: Druckvoll, leicht cremig, von fordernder Säure aber auch von charmanter gelber Frucht gezeichnet; ein anspruchsvoller aber bereits jung sehr präsenter Riesling. Das bereits für die vergangene Ausgabe verkostete Große Gewächs aus dem Jahrgang 2020 präsentiert sich derzeit eine Nuance verschlossener, die erste jugendliche Fruchtphase scheint vorüber, sodass sich der Wein nun ein wenig kantiger und schroffer als kurz nach der Füllung präsentiert, am Reifepotential haben wir dennoch keinen Zweifel. Der Wein ist dezent rauchig im Bouquet, ausgereift im Mund mit Aromen von rotem Apfel, Quitte und langem Nachhall. Erstmalig verkosten wir auch einen reinsortigen Chardonnay von Urban Kaufmann, der zwar derzeit noch im Basissegment angesiedelt ist und eine gute Substanz besitzt; Schmelz und grüner Apfel halten sich die Waage und ergeben einen filigranen, angenehm reintönigen Wein. Der Uno, eine Assemblage von Weißburgunder und Chardonnay, bringt subtile Holzaromen mit, ohne dass das Holz im Vordergrund steht. Der Wein ist schmelzig, ebenfalls sehr klar und ausgewogen, mit Aromen von weißem Pfirsich, Buttermilch und Nüssen sowie einer weichen Säure. Wieder einmal eine spannende Kollektion eines dynamischen Weinguts!

Urban Kaufmann & Eva Raps

Weinbewertung

85	2021 Riesling trocken I 12,5%/10,50€
85	2021 Chardonnay trocken I 12,5%/12,-€
87	2021 Riesling trocken Hattenheim I 12,5%/14,-€
87	2021 Weißburgunder & Chardonnay trocken „Uno" I 12,5%/18,50€
90	2021 Riesling trocken „Tell" I 12,5%/18,50€
92	2020 Riesling „GG" Wisselbrunnen I 12,5%/35,-€
93	2020 Pinot Noir „GG" Hassel I 13,5%/70,-€

Lagen

Wisselbrunnen (Hattenheim)
Hassel (Hattenheim)
Schützenhaus (Hattenheim)
Jungfer (Hallgarten)
Schönhell (Hallgarten)
Hendelberg (Hallgarten)

Rebsorten

Riesling (75%
Spätburgunder (15%)
Weißburgunder (5%),
Grauburgunder (3%)
Chardonnay (2%)

★★

Kay-Weine

Kontakt
Bergstraße 45
53639 Königswinter
Tel. 0170-4173317
www.kay-weine.de
kay@kay-weine.de

Besuchszeiten
10-18 Uhr

Inhaber
Kay Thiel
Betriebsleiter
Kay Thiel
Kellermeister
Kay Thiel
Außenbetrieb
Kay Thiel
Rebfläche
2,5 Hektar
Produktion
11.000 Flaschen

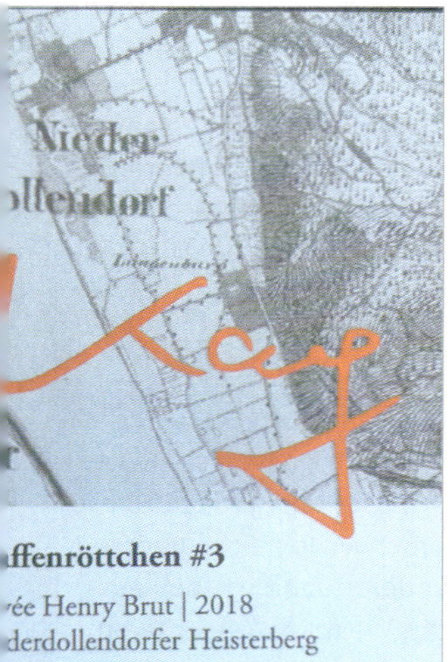

Kay Thiel ist Autodidakt, hat bei Bernhard Kirsten in Klüsserath an der Mosel sich mit Weinbau vertraut gemacht, mit einem Freund einen ersten Weinberg gekauft. In Oberdollendorf am Rhein hat er mit seiner Frau seinen Lebensmittelpunkt gefunden und angefangen dort selbst Wein auszubauen. Seine ersten Weine stammten alle aus dem Niederdollendorfer Heisterberg, einst als Pfaffenröttchen bekannt, 2020 hat Kay Thiel weitere Weinberge in der Leutesdorfer Gartenlay und im Dattenberger Gertrudenberg erworben und ist auch im Oberdollendorfer Stappenberg vertreten. Seit 2020 ist er Bioland-zertifiziert. Fast vier Fünftel der Rebfläche nimmt Riesling ein, dazu gibt es Spätburgunder, Frühburgunder, Dornfelder und Elbling, inzwischen auch einen Gemischten Satz sowie als Spezialität Gelber Malinger. Die Weine werden meist spontanvergoren, die Weißweine im Edelstahl ausgebaut, die Rotweine kommen nach der offenen Maischegärung ins Holz.

Kollektion

Der Elbling Sekt ist leichtfüßig bei fruchtigen Akzenten und dezent herber Ader. Der feinherbe Elbling ist unkompliziert, frisch, besitzt saftiges Spiel und feine Würze. Mit würzigem Touch vom Holz tritt der milde, weinige Malinger als spannender Individualist auf. Auch bei den Rieslingen ist Eigenständigkeit Trumpf. Der Gertrudenberg-Riesling ist pikant, geradlinig, vereint Säure- und Schalenbiss mit reifer Frucht. Die #1 aus der Gartenlay irritiert anfänglich mit eindringlicher, rauchiger Nase, entwickelt sich dann zu einem klassischen halbtrockenen Riesling mit Substanz und Grip. Supertrocken ist dagegen der Gartenlay #2, der keinen Hehl aus seiner etwas rustikalen Art macht, einen würzigen Kern und mineralischen Drive besitzt. Der größtenteils im Holz ausgebaute 2019er Pfaffenröttchen #2 ist ebenso trocken, hat aber merklich mehr Schmelz, zeigt dazu erste Reife. Der leichte, säurebetonte Frühburgunder, als Petnat vergoren, ist ein kerniger, schaumiger Rosé. Die Burgundercuvée #6 ist eher klassisch, besitzt Saft und Holzwürze, der Spätburgunder #4 ist fein und transparent.

Weinbewertung

85	2020 „PetNat" „Pfaffenröttchen #5" I 11,5%/16,90€
87	2020 Elbling Sekt brut „Pfaffenröttchen #3" I 12%/14,90€
85	2020 Elbling „Pfaffenröttchen #3" I 10%/10,50€
87	2019 Riesling „Pfaffenröttchen #2" I 12%/13,50€
86	2020 Malinger Pfaffenröttchen #1 I 12,5%/12,90€
86	2020 Riesling „Gartenlay #1" I 10,5%/12,90€
87	2020 Riesling „Gartenlay #2" I 12%/13,90€
86	2020 Riesling „Gertrudenberg #1" I 12%/12,90€
85	2020 Rosé „Immanuel D." I 10,5%/9,90€
86	2020 Spätburgunder „Pfaffenröttchen #4" I 13,5%/16,90€
86	2019 Cuvée rot „ Cuvée Henri" „Pfaffenröttchen #6" I 12%/16,90€

★★★★

Kees-Kieren

Kontakt
Hauptstraße 22
54470 Graach
Tel. 06531-3428
Fax: 06531-1593
www.kees-kieren.de
weingut@kees-kieren.de

Besuchszeiten
Mo.-Sa. 10-18 Uhr,
So. 10-12 Uhr, am Wochenende bitte mit Vereinbarung
Gutsausschank, Tage der offenen Weinkeller (Pfingsten, Mo.-Fr., und Fronleichnam, Do.-So.)
Gästezimmer

Inhaber
Werner & Niklas Kees
Kellermeister
Niklas Kees
Außenbetrieb
Werner Kees
Rebfläche
7,5 Hektar
Produktion
60.000 Flaschen

Im Jahre 1648 wird das Weingut erstmals urkundlich erwähnt, im Jahr 1920 entsteht mit der Heirat von Angela Kieren und Franz-Josef Kees das heutige Weingut Kees-Kieren. Seit 1980 führten die Brüder Ernst-Josef und Werner Kees diesen Graacher Betrieb, unterstützt wurden sie von ihren Frauen Sylvia Rabbow und Gerlinde Schäfer. Mit Niklas Kees, der nach einem Studium zum Wirtschaftsingenieur Weinwissen an der Fachhochschule Geisenheim erwarb, steht allerdings schon die nächste Generation bereit, um das Gut fortzuführen: Inzwischen ist Niklas zusammen mit Werner Kees offiziell Inhaber, gemeinsam mit Ernst-Josef Kees amtet er als Kellermeister. Die Weinberge des Familienbetriebes befinden sich in Graach (Himmelreich und Domprobst), in Erden (Treppchen), in Kinheim (Rosenberg) sowie in Kesten (Paulinshofberg). Neben Riesling, der 90 Prozent der Fläche einnimmt, gibt es lediglich noch Spätburgunder auf fünf Prozent der Fläche sowie kleine Anteile an Weißburgunder und Rivaner (jeweils zwei Prozent). Die Weine werden überwiegend spontanvergoren und in traditionellen Fuderfässern ausgebaut, das lange Feinhefelager gehört ebenfalls zur Philosophie des Gutes. Die Weine sind, wie wir beobachten konnten, über die Jahre und Jahrgänge hinweg immer präziser und klarer geworden – beginnend beim trockenen Einstieg und endend oft bei den dreifach besternten Auslesen. Auf die Basis im trockenen Bereich legten die Brüder Kees schon immer großen Wert, aber auch in der trockenen Spitze hat das Weingut einiges zu bieten. Die halbtrockenen bzw. feinherben Weine haben Klasse, sind gut balanciert. Zu den interessantesten Rieslingen rechnen wir schon seit geraumer Zeit den süßen Ein-Stern-Kabinett aus dem Erdener Treppchen, der oft zu den besten Weinen dieser Qualitätsstufe an der Mosel zählt. Obwohl die hier erzeugten Weine generell sehr saftig wirken, zupackend und im Grunde leicht verständlich sind, besitzen sie doch eine bemerkenswerte Länge und Komplexität, sind in Blindverkostungen oft deutlich herauszuschmecken. Und sie reifen gut, wie wiederholte Nachverkostungen von Weinen aus den letzten beiden Jahrzehnten zeigen. Der Kunde kann davon profitieren. Einige ältere Weine aus der Schatzkammer werden nach wie vor zum Kauf angeboten, die Preise sind auch hier sympathisch. 2015 wurde eine neue Vinothek erbaut, auch Gästezimmer sind vorhanden.

Kollektion

In den vergangenen Jahren haben wir in diesem Weingut immer wieder die Qualität der Basisweine geschätzt und gelobt. Tatsächlich ist ja die Güte eines Betriebes in ganz wesentlichem Maße an dieser Kategorie abzulesen. Im Jahrgang 2021 war es vermutlich noch anspruchsvoller, einen überzeugenden Literwein zu vinifizieren als in manch anderen Jahren. Doch es gelang hier, wie beim Riesling Hochgewächs des Weinguts Kees-Kieren deutlich wird. Der Wein wirkt offen, zeigt reife Zitrus- und Kernobstnoten, nur ganz wenig Hefe, ist straff und enorm saftig. In einer Blindverkostung mit deutlich teureren Prädikatsweinen steht er ausgezeichnet da. Feiner, aber auch verschlossener ist der Kabinett aus dem Domprobst, frisch, schlank und präzise. Die feste trockene Spätlese bildet den Übergang zum trockenen S-Wein, der noch sehr verschlossen wirkt und neben Hefenoten auch Anklänge an Limone, später Steinobst erkennen lässt. Er ist straff, würzig, fest und dürfte sich gut entwickeln. Das Große Gewächs aus dem Domprobst wirkt zwar offener als der S-Wein – so sind beispielsweise Mirabellennoten zu bemerken –, aber auch hier ist die Balance noch nicht abschließend vorhanden; dass es sich um einen straffen, mineralischen, präzisen Riesling handelt, wird allerdings schon jetzt deutlich. Das halbtrockene Hochgewächs ist nicht weniger saftig als das trockene (dieser Wein ist auch in der Literflasche verfügbar), die Süße ist gut eingebunden. Bei der feinherben Spätlese, die an einen eleganten Kabinett anschließt, ist eine sehr feine, cremig wirkende Hefenote noch dominierend, dahinter ist der Wein eher elegant und fein als kraftvoll, mit gut integriertem Restzucker und einer kühlen Art im Nachhall. Beim Zwei-Sterne-Kabinett aus dem Erdener Treppchen ist die Frucht kühl, frisch und zupackend, der Wein weist reife Zitrusnoten, aber auch Anklänge an frische Birne und Kräuter auf, ist straff, rassig, präzise und auf angenehme Weise kabinetttypisch, dabei nachhaltig. Ganz anders die Zwei-Sterne-Spätlese, die Noten von gebackenem Apfel, gelbem Pfirsich, warmem Stein und Hefe aufweist, im Mund saftig und würzig ist mit viel Substanz und einer deutlichen Süße, die sich in Kürze noch besser einbinden dürfte. Die Auslese wirkt noch sehr jugendlich, sie besitzt eine kühle, helle, leicht cremige Frucht, ist im Mund zwar ebenfalls leicht cremig, aber auch rassig, frisch und enorm animierend.

Ernst Josef, Niklas & Werner Koos

Weinbewertung

86 2021 Riesling Hochgewächs trocken (1l) | 12,5%/9,20€ ☺
87 2021 Riesling Kabinett trocken Graacher Domprobst | 11%/9,70€
89 2021 Riesling Spätlese trocken Graacher Domprobst | 12%/11,40€ ☺
89 2021 Riesling trocken „S" Graacher Domprobst | 12,5%/14,-€
90 2021 Riesling trocken „GG" Graacher Domprobst | 12,5%/22,-€
86 2021 Riesling Hochgewächs halbtrocken Graacher Himmelreich | 12%/7,60€
86 2021 Riesling Kabinett „feinherb" Graacher Himmelreich | 10,5%/9,30€
89 2021 Riesling Spätlese „feinherb" Graacher Domprobst | 11%/12,90€
88 2021 Riesling Kabinett Graacher Himmelreich | 8%/9,30€ ☺
90 2021 Riesling Kabinett** Erdener Treppchen | 7%/11,70€ ☺
91 2021 Riesling Spätlese** Graacher Himmelreich | 8%/14,-€ ☺
94 2021 Riesling Auslese*** Graacher Domprobst | 7%/0,375l/Vst.

Lagen
Domprobst (Graach)
Himmelreich (Graach)
Treppchen (Erden)
Paulinshofberg (Kesten)
Rosenberg (Kinheim)

Rebsorten
Riesling (90%)
Spätburgunder (5%)
Weißburgunder (2%)
Müller-Thurgau (2%)

★☆

Keil

Kontakt
Altrenzener Weg 4, 74629
Pfedelbach-Untersteinbach
Tel. 07949-528
Fax: 07949-940645
www.weingut-keil.de
info@weingut-keil.de

Besuchszeiten
Mo.-Fr. 18 -20 Uhr
Sa. 13:30-18 Uhr
Destillatherstellung mit
Schaubrennerei
3 Weinfeste pro Jahr
Ferienwohnungen

Inhaber
Ralf Keil
Rebfläche
3,5 Hektar
Produktion
30.000 Flaschen

Ralf Keil gründete 2004 mit damals 1,7 Hektar Weinbergen sein eigenes Weingut. Seine Weinberge liegen alle im Steinbacher Tal in der Lage Heuholzer Dachsteiger. Dort wachsen die Reben überwiegend auf schweren Keuperböden, einzelne Parzellen sind mit Muschelkalk durchsetzt. Ralf Keil hat neue Rebsorten gepflanzt und mit dem Barriqueausbau begonnen. Spätburgunder, Lemberger und Muskateller sind die wichtigsten der ca. 25 Rebsorten im Betrieb, dazu gibt es weitere traditionelle Rebsorten wie Riesling, und Trollinger, dazu internationale Rebsorten wie Chardonnay und Sauvignon Blanc, Neuzüchtungen wie Cabernet Dorsa und Cabernet Mitos oder Württemberger Klassiker wie Muskattrollinger; der Anteil der pilzwiderstandsfähigen Sorten beträgt inzwischen 18 Prozent. Die besten Weine werden betriebsintern mit 2 oder 3 Sternen gekennzeichnet, zusätzlich aber auch mit Prädikatsbezeichnungen versehen. Neben Weinbergen besitzt Ralf Keil auch 5 Hektar Sonderkulturen, darunter Obst und Beerenfrüchte, stellt daraus Destillate und Liköre her, in seiner Probierstube ist eine Schaubrennerei integriert.

Kollektion

Die neue Kollektion ist stark und überzeugt, und anders als im Vorjahr gilt unsere Präferenz in diesem Jahr den im Barrique ausgebauten Rotweinen, dir alle aus dem Jahrgang 2020 stammen. Der Cabernet Dorsa ist sehr offen, zeigt viel reife Frucht, rote Früchte, ist füllig und harmonisch im Mund, besitzt reife Frucht, gute Struktur und Frische. Sehr offen ist auch der Merlot im Bouquet, zeigt reife Frucht, etwas Vanille, besitzt Fülle, Kraft, und klare reife Frucht. Unser Favorit aber ist der Cabernet Cortis, der konzentriert und fruchtbetont ist, Fülle und Saft besitzt, viel reife Frucht, gute Struktur und Grip. Im weißen Segment ist ebenfalls ein im Barrique ausgebauter Wein aus dem Jahrgang 2020 unser Favorit, und der Name Kalte Sophie zollt den Frühjahrsfrösten Tribut, die in diesem Jahr das Weingut hart getroffen haben, die wenigen Trauben, die geerntet werden konnten, wurden zusammen im Holz ausgebaut. Der Wein zeigt gute Konzentration, feine Würze und rauchige Noten, ist füllig und kraftvoll bei guter Substanz; der Chardonnay ist frisch, klar und zupackend wie auch die würzige, eindringliche „wilde Rebe“-Cuvée aus pilzwiderstandsfähigen Rebsorten. Gute Kollektion!

Weinbewertung

83	2021 „wilde Rebe“ Weißweincuvée trocken Heuholzer Dachsteiger I 13%/7,50€
83	2021 Chardonnay** trocken Heuholzer Dachsteiger I 12,5%/7,50€
85	2020 „Kalte Sophie“ Weißwein trocken Barrique I 12,5%/12,50€
85	2020 Cabernet Dorsa*** trocken Barrique I 12,5%/12,50€
86	2020 Merlot*** trocken Barrique Heuholzer Dachsteiger I 12,5%/13,50€
87	2020 Cabernet Cortis XXL trocken Barrique Heuholzer Dachsteiger I 13,5%/20,-€

★★★

Gerd Keller

Kontakt
Rechentshofer Straße 8
74343 Sachsenheim
Tel. 07147-7909 oder
0170-2343949
www.weinbauer-gerd-keller.de
kontakt@weinbauer-gerd-keller.de

Besuchszeiten
Di.-Fr. 14-18 Uhr
Sa. 9-16 Uhr
Veranstaltungsraum im Weingut und im Weinbergshäusle

Inhaber
Gerd Keller
Rebfläche
5 Hektar
Produktion
36.000 Flaschen

Bereits mit 17 Jahren bepflanzte Gerd Keller die ersten Terrassenlagen im Geigersberg in Ochsenbach, einen halben Hektar, seit dem Jahr 2000 erzeugt er selber Wein. Seine Lehre hatte er bei Wöhrwag in Stuttgart absolviert, später dann im In- und Ausland Erfahrungen gesammelt, unter anderem bei Bründlmayer und Mosbacher, bei anderen Betrieben gearbeitet, erst seit 2013 kümmert er sich ganz um das eigene Weingut. Seine Weinberge liegen alle im Kirbachtal, in den Lagen Hohenhaslacher Kirchberg, Ochsenbacher Liebenberg (mit den Terrassen am Geigersberg) und Häfnerhaslacher Heiligenberg, die Reben wachsen auf Keuperböden. Zu 70 Prozent baut Gerd Keller Rotweine an, Lemberger vor allem, dazu Trollinger, Portugieser, Schwarzriesling, Regent, Spätburgunder, Cabernet Sauvignon und Merlot, auch Muskat-Trollinger und Syrah. Dazu gibt es weiße Sorten wie Riesling, Grauburgunder, Kerner, Müller-Thurgau, Gewürztraminer, Weißburgunder, Sauvignon Blanc und Muskateller.

Kollektion

Eine gleichmäßige Kollektion präsentiert Gerd Keller auch wieder in diesem Jahr, mit Vorteilen bei den Rotweinen. Merlot, Cabernet Sauvignon und Syrah passen ins Kirbachtal, wer hätte das einmal gedacht. Der Syrah ist konzentriert, reintönig, füllig und kraftvoll, der cassisduftige Cabernet Sauvignon besitzt Frische, klare Frucht und Struktur, die beiden Merlot setzen ganz auf Frucht, sind klar und zupackend. Lemberger passt aber auch, das zeigt der wunderschön klare, frische und zupackende Wein von alten Reben, und das gilt auch wenn er Blaufränkisch genannt wird wie die rauchig-konzentrierte, kraftvolle „Mia". Auch Spätburgunder und Rambaß (Portugieser und Lemberger) sind sehr gut, die Badkap ist zupackend, süffig, bei den Weißen gefallen uns Riesling und Sauvignon Blanc am meisten. Gute Vorstellung!

Weinbewertung

84	2020 „Heilix Blechle" Sekt brut I 11%/10,50€
84	2021 „Hannah" Weißwein trocken I 12,5%/6,40€
83	2021 Grauburgunder trocken Hohenhaslacher Kirchberg I 12,5%/6,80€
85	2021 Sauvignon Blanc trocken I 12,5%/6,80€
85	2021 Riesling trocken „Alte Reben" Hohenhaslacher Kirchberg I 13,5%/7,90€
85	2021 Muskattrollinger „Badkap" I 12%/6,40€
85	2019 „Rambaß" Rotwein trocken I 12,5%/6,40€
86	2018 Spätburgunder trocken „Moritz" I 13,5%/7,50€
88	2018 Blaufränkisch trocken „Mia" I 13,5%/11,90€
88	2019 Lemberger trocken „Alte Reben" Hohenhaslacher Kirchberg I 13,5%/11,90€
86	2019 Merlot trocken Terrassenlage Ochsenbacher Geigersberg I 13,5%/8,90€
87	2020 Merlot trocken Terrassenlage Ochsenbacher Geigersberg I 13,5%/8,90€
88	2019 Cabernet Sauvignon trocken Terrassenlage Geigersberg I 14%/14,50€
88	2019 Syrah trocken I 13,5%/14,90€

★★★★★

Franz Keller

Kontakt
Badbergstraße 44, 79235
Vogtsburg-Oberbergen
Tel. 07662-93300
Fax: 07662-719
www.franz-keller.de
keller@franz-keller.de

Besuchszeiten
Mo.-Fr. 8-18 Uhr, Sa. 10-18 Uhr, So. 10-16 Uhr, Feiertage + Jan./Feb. siehe Homepage; Hotel & Restaurant Schwarzer Adler, Restaurant Kellerwirtschaft, Winzerhaus Rebstock

Inhaber
Fritz Keller
Betriebsleiter
Friedrich Keller
Kellermeister
Uwe Barnickel
Außenbetrieb
Matthias Willi
Rebfläche
35 Hektar
Produktion
200.000 Flaschen

Fritz Keller führt heute das Oberbergener Weingut, ist wie sein Vater Franz Keller, der Namensgeber des Weinguts, sowohl Winzer, als auch Gastronom und Weinhändler. Wie sein Vater setzt er auf trockene, durchgegorene Weine, die perfekte Begleiter für gutes Essen sind. Fritz Keller wird heute im Betrieb unterstützt von Sohn Friedrich, der in den letzten Jahren neue Ideen eingebracht hat. Die Weinberge liegen vor allem in der Oberbergener Bassgeige, wo begonnen wurde alte Gewannnamen wieder zu beleben wie Leh, Kähner oder Steinriese. Hinzu kommen der Oberbergener Pulverbuck (Weißburgunder), der Achkarrer Schlossberg, der Jechtinger Enselberg sowie die Oberrotweiler Lagen Kirchberg und Eichberg. Im Anbau dominieren die Burgundersorten und Chardonnay. 2013 wurde der neue Keller mitten in den Oberbergener Weinbergen eröffnet, mit einem Restaurant, der Kellerwirtschaft (nunmehr Fritz Kellers drittes Restaurant nach Schwarzem Adler und Rebstock), sämtliche Dachflächen sind begrünt. Das Sortiment ist gegliedert in Gutsweine, die Erste Lagen-Weine aus Bassgeige und Pulverbuck, die Franz Anton-Linie mit Lagencuvées sowie die Großen Gewächse. Letztere gibt es aus Enselberg (Spätburgunder, 1999 und 2003 mit Pinot Noir-Klonen aus Burgund bepflanzt), Schlossberg (Grauburgunder und Spätburgunder), Kirchberg (Chardonnay, in den neunziger Jahren gepflanzt, und 1975 gepflanzten Spätburgunder), Eichberg (Spätburgunder, 1994 mit Burgundischen Pinot-Klonen bepflanzt) und Kähner (Grauburgunder, Terrassenlage). Seit dem Jahrgang 2018 gibt es den Spätburgunder Steinriese. Das Weingut befindet sich in der Umstellung auf biologischen Weinbau, die 2024 abgeschlossen sein wird.

Kollektion

Zwei feine Sekte eröffnen in diesem Jahr den Reigen. Der Chardonnay Blanc de Blancs aus dem Jahrgang 2019 ist frisch und fruchtbetont, lebhaft und zupackend. Die nicht dosierte, 56 Monate auf der Hefe ausgebaute Grande Cuvée aus dem Jahrgang 2016, ebenfalls ein reinsortiger Chardonnay, zeigt rauchige Noten im Bouquet, feine Würze, ist füllig im Mund, recht kompakt bei guter Substanz. Die weißen Gutsweine stammen aus dem Jahrgang 2021. Der Müller-Thurgau ist frisch und fruchtbetont, klar und zupackend, der Weißburgunder ist wunderschön reintönig und lebhaft, besitzt gute Struktur und Grip, der Jedentag genannte Saignée Rosé ist fruchtbetont, geradlinig, ein feiner Terrassen-Rosé. Die Lagen-Weißweine stammen alle aus dem Jahrgang 2020. Der Grauburgunder aus der Bassgeige zeigt feine Würze, gute Konzentration und reintönige Frucht, besitzt gute Struktur und viel Grip. Der Weißburgunder vom Pulverbuck ist zurückhaltend aber konzentriert im Bouquet, dann recht kompakt und würzig im Mund. Gute Konzentration, rauchige Noten und klare reife Frucht zeigt der Chardonnay Franz Anton im Bouquet, im Mund ist er füllig und saftig, besitzt reife Frucht, gute Struktur und Substanz. Der Weißburgunder Im Leh wird nicht länger erzeugt, so dass wir in diesem Jahr nur drei aktuelle Große Gewächse verkosten konnten. Der Grauburgunder Kähner zeigt gute Konzentration, feine Würze und klare reife Frucht, ist fruchtbetont und klar im Mund, besitzt Frische und Grip. Der Schlossberg-Grauburgunder ist etwas rauchiger, zeigt dezenten Toast, ist kraftvoll, kompakt, noch jugendlich – der heute sehr präsente 2016er war ebenfalls in seiner Jugend recht verschlossen. Unser Favorit im weißen Segment ist der Kirchberg-Chardonnay, der herrlich eindringlich und reintönig im Bouquet ist, rauchig-würzige Noten zeigt, komplex und druckvoll ist, enorm jugendlich – was auch immer noch für den 2016er gilt. Der Spätburgunder Ortswein ist lebhaft und frisch, der Wein aus der Bassgeige fruchtbetont, zupackend, die beiden Ortsweine sind bestechend reintönig. Der Enselberg wird immer spannender, ist herrlich reintönig, harmonisch, präzise, der Eichberg ist leicht floral, reintönig und druckvoll, der Schlossberg ist ebenfalls leicht floral, kraftvoll, komplex, enorm druckvoll. Spannende Spätburgunder!

Friedrich Keller

Weinbewertung

87	2019 Chardonnay „Blanc de Blancs" brut I 12%/21,-€
89	2016 „Grande Cuvée" brut nature I 12%/35,-€
85	2021 Müller-Thurgau „vom Löss" I 11%/9,-€
87	2021 Weißburgunder „vom Löss" I 12%/10,50€
89	2020 Grauburgunder Oberbergener Bassgeige I 13%/16,-€
89	2020 Weißburgunder Oberbergener Pulverbuck I 12,5%/24,-€
90	2020 Chardonnay „Franz Anton" I 12,5%/26,-€
92	2020 Grauburgunder „GG" „Kähner" I 13%/28,-€
92	2016 Grauburgunder „GG" Schlossberg I 13%
92	2020 Grauburgunder „GG" Schlossberg I 12,5%/35,-€
94	2016 Chardonnay „GG" Kirchberg I 12,5%
94	2020 Chardonnay „GG" Kirchberg I 12,5%/55,-€
87	2021 „Jedentag Saignée" Rosé I 11,5%/8,50€ ☺
86	2020 Spätburgunder „vom Löss" I 13%/14,-€
88	2020 Spätburgunder Oberbergener Bassgeige I 13%/21,-€
90	2020 Spätburgunder Oberrotweiler I 12,5%/26,-€
90	2020 Spätburgunder Achkarrer I 12,5%/26,-€
93	2020 Spätburgunder „GG" Enselberg I 12,5%/35,-€
93	2016 Spätburgunder „GG" Eichberg I 12,5%/45,-€
93	2020 Spätburgunder „GG" Eichberg I 12,5%/55,-€
94	2020 Spätburgunder „GG" Schlossberg I 12,5%/78,-€

Lagen

Bassgeige (Oberbergen)
Kähner (Oberbergen)
Pulverbuck (Oberbergen)
Schlossberg (Achkarren)
Eichberg (Oberrotweil)
Kirchberg (Oberrotweil)
Enselberg (Jechtingen)
Steinriese (Oberbergen)

Rebsorten

Spätburgunder (35%)
Grauburgunder (30%)
Chardonnay (15%)
Weißburgunder (15%)

★★★★★ Keller

Kontakt
Bahnhofstraße 1
67592 Flörsheim-Dalsheim
Tel. 06243-456
Fax: 06243-6686
www.keller-wein.de
info@keller-wein.de

Besuchszeiten
Mo.-Fr. 8-12 + 13-17 Uhr,
Sa. 10-15 Uhr (Bitte um Anmeldung)

Inhaber
Familie Keller
Rebfläche
19,5 Hektar
Produktion
100.000 Flaschen

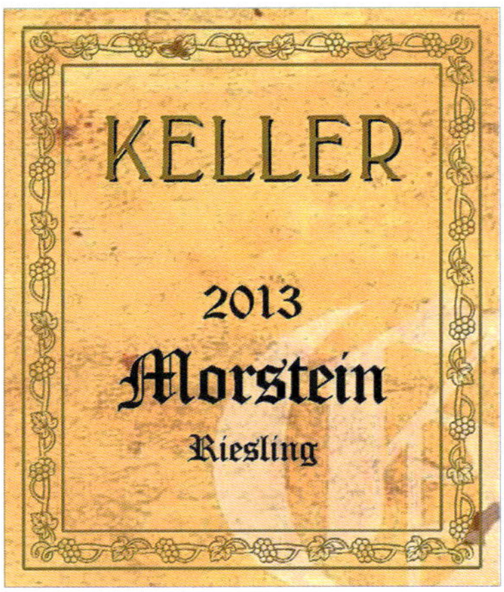

Klaus Keller hat das Weingut aufgebaut, das heute von seinem Sohn Klaus Peter geführt wird. Klaus Keller hatte sich schon in den neunziger Jahren einen Namen gemacht für seine edelsüßen Weine, heute steht der Name Keller ganz oben, trocken wie edelsüß. Die Rieslinge der Kellers wachsen im Dalsheimer Hubacker, einem nach Südosten geneigten Hang (Kalksteinfels), sowie in Westhofen in den Lagen Morstein, Brunnenhäuschen (Abtserde) und Kirchspiel. Die Spätburgunder kommen von Muschelkalkböden aus dem Dalsheimer Bürgel und vom Nieder-Flörsheimer Frauenberg, mit dem Jahrgang 2012 kam ein Wein aus dem Morstein hinzu, von überpropften alten Reben. 2009 hat Klaus Peter Keller Weinberge im Niersteiner Pettenthal zugepachtet, die er 2011 erwerben konnte, dazu einen halben Hektar im besten Teil des Niersteiner Hipping. Die Kellers bauen vor allem Riesling und die Burgundersorten an. Dazu gibt es Silvaner, Rieslaner und Scheurebe. Die Moste werden bei niedrigen Temperaturen möglichst spontan vergoren. Die Gärung dauert mindestens acht bis zehn Wochen, edelsüße Spitzenweine gären oft ein halbes Jahr. Die Weine werden teils im Edelstahl, teils in Eichenholzfässern ausgebaut. Das Programm ist gegliedert in Gutsweine, den Westhofener Riesling als Ortswein, dazwischen steht der Riesling von der Fels, an der Spitze stehen die großen Gewächse aus Oberer Hubacker (eine Monopollage des Weinguts, knapp vier Hektar groß, die erstmals mit dem Jahrgang 2021 auch auf dem Etikett erscheint, bis dahin wurde er als Hubacker bezeichnet), Morstein, Kirchspiel, Abtserde, Pettenthal und Hipping (Riesling), bzw. Bürgel, Frauenberg und Morstein (Spätburgunder), darüber steht der G-Max, der keine Lagenbezeichnung trägt. Top-Weiß- und Grauburgunder tragen die Bezeichnung „S“, der Spitzensilvaner hört auf den Namen Feuervogel. Neu im Programm hat Klaus Peter Keller mit dem Jahrgang 2018 Weine von der Mosel, aus der Lage Schubertslay in Piesport, die Julian Haart gepachtet hat, Haart erzeugt dafür im Gegenzug einen Spätburgunder aus dem Nieder-Flörsheimer Frauenberg.

Kollektion

Gleich drei Silvaner präsentiert Klaus Peter Keller in diesem Jahr – das gab es noch nie! Doch diese drei Silvaner sind so völlig anders, als man sie aus Franken kennt, und sie machen kein Hehl aus dem Jahrgang: Diese Silvaner sind für Säure-Freaks. Schon der Ortswein ist von kräftiger Säure geprägt, er zeigt feine Frucht und Frische im Bouquet, weiße Früchte, ist klar und geradlinig im Mund, transparent und frisch. Der Westhofener Sylvaner setzt noch eins drauf in Sachen Aggressivität, er ist fordernd, vibriert vor Säure, hat enormen Grip: Ein Silvaner für Rieslingfans. Besonders spannend ist wie schon im Vorjahr der stark spontigeprägte Feuervogel, der rauchige Noten zeigt, gute Konzentration, frisch und präzise, sehr schlank, aber enorm druckvoll und nachhaltig ist. Der Riesling von der Fels setzt im Jahrgang 2021 ganz auf Frische, Frucht und Grip, zeigt eine dezente Zitrusnote im Bouquet, ist geradlinig und zupackend. Die Großen Gewächse sind im Jahrgang 2021 nochmals fordernder als in den Vorjahren, man sollte sie dekantieren, wenn man sie jung genießen will, die bessere Entscheidung aber ist, dass man sie lange lagert. Relativ zugänglich ist der Wein vom Niersteiner Hipping, braucht aber auch viel Luft, zeigt dann etwas Gelbfruchtaromen, ist rauchig, kraftvoll und zupackend. Der Riesling vom Dalsheimer Hubacker trägt nun erstmals die präzisere Lagenbezeichnung Oberer Hubacker, er unterscheidet sich auch 2021 wieder aromatisch ganz klar von den Westhofener Weinen, ist sehr schlank, präzise, druckvoll, enorm säurebetont und nachhaltig. Das Kirchspiel ist der zugänglichste unter den Westhofener Rieslingen, anfangs ebenfalls sehr verschlossen, zeigt dann Anklänge an Zitrus und gelbe Früchte, bevor er sich wieder verschließt, ist faszinierend präzise und fein, puristisch und druckvoll. Der Morstein braucht eine Dekantierkaraffe um sich zu Öffnen, zeigt faszinierend reintönige Frucht (Morstein!), Besitzt deutlich mehr Fülle und Kraft als das Kirchspiel, ist enorm nachhaltig. Völlig verschlossen ist hingegen der Wein aus der Abtserde, zeigt rauchige Noten, viel Würze und Konzentration, besitzt viel Säure, Frische und Grip: Hier ist Geduld gefragt Die braucht man auch beim G-Max, der viel Frische und Grip besitzt, enorm druckvoll und nachhaltig ist – und völlig verschlossen. Große Weine, auf die man warten können muss. Spannend sind auch die beiden 2020er Spätburgunder. Der Bürgel ist frisch, reintönig, herrlich präzise, zupackend und druckvoll, der Frauenberg ist etwas offener im Bouquet, zeigt rote Früchte, besitzt im Mund ebenfalls viel Präzision und Druck.

Klaus Peter & Julia Keller

Weinbewertung

88	2021 Grüner Silvaner trocken I 12%/a.A.
88	2021 Riesling trocken „von der Fels“ I 12,5%/a.A.
89	2021 Sylvaner trocken Westhofen I 12,5%/a.A.
92	2021 Sylvaner trocken „Feuervogel“ I 13%/a.A.
93	2021 Riesling „GG“ Kirchspiel I 12,5%/a.A.
93	2021 Riesling „GG“ Oberer Hubacker I 12,5%/a.A.
92	2021 Riesling „GG“ Nierstein Hipping I 12,5%/a.A.
94	2021 Riesling „GG“ Morstein I 12,5%/a.A.
93+	2021 Riesling „GG“ „Abts E“ I 12,5%/a.A.
95	2021 Riesling „G-Max“ I 13%/a.A.
94	2020 Spätburgunder „GG“ Bürgel I 12,5%/a.A.
94	2020 Spätburgunder „GG“ Frauenberg I 12,5%/a.A.

Lagen

Hubacker (Dalsheim)
Bürgel (Dalsheim)
Frauenberg (Nieder-Flörsheim)
Morstein (Westhofen)
Kirchspiel (Westhofen)
Aulerde (Westhofen)
Abtserde (Westhofen)
Hipping (Nierstein)
Pettenthal (Nierstein)
Silberberg (Monsheim)

Rebsorten

Riesling (60%)
Burgunder/Silvaner (30%)
Scheurebe/Rieslaner (10%)

★★★½

Karlheinz Keller

Kontakt
Landgrafenstraße 74-76
67549 Worms-Pfiffligheim
Tel. 06241-75562
Fax: 06241-74836
www.weingutkeller.de
info@weingutkeller.de

Besuchszeiten
Mo./Di./Do./Fr. 9-18 Uhr
Mi. 9-13 Uhr
Sa. 9-14 Uhr

Inhaber
Markus Johannes Keller
Betriebsleiter/Kellermeister
Markus Keller
Außenbetrieb
Karlheinz Keller
Rebfläche
21 Hektar
Produktion
180.000 Flaschen

Markus Keller hat zum 1. Januar 2019 den Betrieb von seinen Eltern übernommen, in dem er schon lange für den Weinausbau verantwortlich war und den er nun zusammen mit Ehefrau Judith führt. Sein Vater Karlheinz hatte seinerseits 1975 den Betrieb von seinen Eltern übernommen und die Rebfläche verdoppelt. Die Weinberge liegen in Pfiffligheim (Nonnenwingert, Lössböden), Pfeddersheim (St. Georgenberg und Hochberg, roter Kiesboden mit hohem Lehmanteil, auch Löss und teils Kalk), Mettenheim (Schlossberg) und Nieder-Flörsheim (Frauenberg).

Kollektion

Auch in diesem Jahr sehen wir wieder Vorteile im roten Segment. Unser Favorit ist der Top-Lagrein, der herrlich eindringlich und reintönig ist, füllig und saftig, gute Struktur und Druck besitzt; auch der fruchtbetonte, intensive Lagrein R ist sehr gut. Ähnlich die beiden Syrah, der „Theresia von Waldner"-Wein ist konzentriert, herrlich eindringlich und reintönig, besitzt Fülle, Kraft und Substanz, der Syrah R ist würzig, duftig, im Mund harmonisch und klar. Stark ist auch der St. Georgenberg-Spätburgunder, fruchtbetont, herrlich eindringlich, besitzt viel reife Frucht und Substanz, sein Kollege aus dem Hochberg setzt mehr auf Frische und Süffigkeit. Die beiden Cuvées sind fruchtbetont, intensiv und kraftvoll, besitzen gute Struktur und viel reife Frucht. Im weißen Segment gefallen uns die beiden Sauvignon Blanc besonders gut, der Gutswein ist frisch, zupackend, der S aus dem St. Georgenberg punktet mit Frische und Kraft.

Weinbewertung

85	Pinot Rosé Sekt brut I 12%/10,80€
84	2021 Weißburgunder „S" trocken Pfeddersheimer St. Georgenberg I 13%/7,70€
84	2021 Grauer Burgunder „S" trocken Wormser Nonnenwingert I 13%/7,70€
86	2021 Sauvignon Blanc trocken I 12,5%/6,60€ ☺
84	2021 Chardonnay „S" trocken Pfeddersheimer St. Georgenberg I 13%/7,30€
84	2021 Riesling „S" trocken Westhofener Morstein I 12,5%/7,60€
83	2021 Riesling „S" trocken Pfeddersheimer St. Georgenberg I 12,5%/7,60€
85	2021 Riesling trocken „Bluthohl" I 12,5%/10,90€
88	2021 Sauvignon Blanc „S" trocken Pfeddersheimer St. Georgenberg I 12,5%/8,60€ ☺
83	2021 Pinot Rosé trocken Wormser Nonnenwingert I 12,5%/8,50€
86	2018 „Cuvée Gabriel" Rotwein trocken I 13,5%/10,90€
85	2020 Syrah „R" trocken Wormser Nonnenwingert I 13,5%/9,50€
87	„Cuvée 1601" Rotwein I 13,5%/13,80€
86	2020 Lagrein „R" trocken Pfeddersheimer St. Georgenberg I 13,5%/10,30€
85	2020 Spätburgunder trocken Pfeddersheimer Hochberg I 13%/9,30€
88	2020 Spätburgunder trocken Pfeddersheimer St. Georgenberg I 13%/15,-€
90	2020 Lagrein trocken Pfeddersheimer St. Georgenberg I 13,5%/18,90€
89	2020 Syrah trocken Wormser Nonnenwingert „Theresia von Waldner" I 13,5%/18,90€

★★

Kern

Kontakt
Hauptstraße 17
76833 Böchingen
Tel. 06341-63461
Fax: 06341-960489
www.weingut-kern.com
info@weingut-kern.com

Besuchszeiten
Mo.-Fr. 10-12 + 14-18 Uhr
Sa. 10-16 Uhr

Inhaber
Michael Kern
Betriebsleiter
Michael Kern
Rebfläche
25 Hektar
Produktion
40.000 Flaschen

Das Weingut Kern hat den Generationenwechsel vollzogen. Michael Kern, staatlich geprüfter Techniker für Weinbau und Önologie, hat den Betrieb übernommen, kümmert sich um Keller und Marketing, während sein Vater Lothar Kern in dem ehemaligen landwirtschaftlichen Gemischtbetrieb noch für den Außenbetrieb zuständig ist. Renate Kern, Lothars Frau und Michaels Mutter, ist für Büro und Kundenmanagement verantwortlich. Auf rund einhundert verschiedenen Parzellen – unter anderem in den Lagen Böchinger Rosenkranz, Walsheimer Silberberg, Godramsteiner Münzberg und Frankweiler Königsgarten – stehen 19 verschiedene Rebsorten: Wichtigste weiße Sorten sind Müller Thurgau, Riesling und Grauburgunder, bei den roten Sorten sind es Dornfelder, Spätburgunder und Regent. Neben Reben gibt es noch einen Anteil an Obstbäumen, deren Ertrag in der hauseigenen Brennerei verwertet wird. Das Sortiment ist gegliedert in Traditionsweine in der Literflasche, die „Privat Edition" und die Linie „Privat Réserve" für im Holz ausgebaute Weine. Mit dem Jahrgang 2021 ist das Weingut bio-zertifiziert.

Kollektion

Michael Kern präsentiert uns seine bislang stärkste Kollektion mit einem in der Pfalz selten reinsortig ausgebauten Pinot Meunier an der Spitze: Der Wein zeigt ein intensives Bouquet mit Aromen von reifen, schwarzen Johannisbeeren, Brombeeren, etwas Marzipan und kräutrigen Noten, ist am Gaumen sehr harmonisch und klar, besitzt kühle, kräutrige Noten und gute Länge. Die beiden weißen Spitzen stehen ihm kaum nach, der Silvaner „Privat Réserve" zeigt klare Frucht, Birne und etwas Aprikose, und leicht florale und erdige Würze im Duft, besitzt auch am Gaumen viel klare Frucht, gute Substanz und Länge, der Weißburgunder „Privat Réserve" besitzt ebenfalls ein eindringliches Bouquet mit Noten von Birne, Kräutern und dezenter Holzwürze, besitzt am Gaumen Kraft, Schmelz, deutliches, aber gut eingebundenes Holz und gute Länge. Sehr gut sind auch Chardonnay und Weißburgunder aus der „Privat Edition", beide besitzen viel klare Frucht und ein frisches Säurespiel und auch der Silvaner „Tradition" ist frisch und fruchtbetont mit Aromen von Birne und Zitrusnoten.

Weinbewertung

84	2021 Silvaner trocken „Tradition" Böchinger Bischofskreuz | 12,5%/4,30€ ☺
82	2021 Riesling trocken „Tradition" Böchinger Bischofskreuz (1l) | 11%/4,30€ ☺
83	2021 Riesling trocken „Privat Edition" Böchinger Rosenkranz | 12%/6,30€
85	2021 Weißburgunder trocken „Privat Edition" Böchinger Rosenkranz | 13%/6,30€
85	2021 Chardonnay trocken „Privat Edition" Godramsteiner Münzberg | 12,5%/6,30€
87	2021 Silvaner trocken „Privat Réserve" Böchinger Rosenkranz | 13%/11,90€
87	2021 Weißburgunder trocken „Privat Réserve" Böchinger Rosenkranz | 13,5%/11,90€
88	2018 Pinot Meunier trocken „Privat Réserve" Böchinger Rosenkranz | 14,5%/14,90€

★★★½

Kerpen

Kontakt
Uferallee 6
54470 Bernkastel-Wehlen
Tel. 06531-6868, Fax: -3464
www.weingut-kerpen.de
info@weingut-kerpen.de

Besuchszeiten
Mo.-Fr. 9-17 Uhr, Sa. 10-15 Uhr und nach Vereinbarung
Weinprobierstube
Weinkellerwoche (Christi Himmelfahrt bis Pfingsten)
Riesling Café (Mitte Mai-Ende Juni + Mitte Aug.- Ende Sept. Do./Fr. 12-18 Uhr)

Inhaber/Betriebsleiter/ Kellermeister
Martin Kerpen
Außenbetrieb
Matthias Kerpen
Rebfläche
9 Hektar
Produktion
65.000 Flaschen

Das Weingut blickt auf 250 Jahre Tradition zurück, die Familie Kerpen betreibt Weinbau in der achten Generation. Martin Kerpen hat 1988 den elterlichen Betrieb übernommen, inzwischen ist auch Sohn Matthias auf dem besten Wege, die Geschichte der Kerpens als einer der führenden Weinbaubetriebe weiterzuführen. Als Jahrgangsbester beendete der Filius seine zweijährige Ausbildung zum Winzer, die er im Weingut Melsheimer in Reil und im Weingut Meßmer in der Pfalz absolvierte. Seit 2021 ist Matthias Kerpen fest im Betrieb, 2022 wird er den Betrieb übernehmen. Das Gros der Weinberge des Betriebes liegt in Steillagen in Wehlen (Sonnenuhr) und Graach (Domprobst, Himmelreich), hinzu kommen Parzellen im Bernkasteler Bratenhöfchen. Baute Martin Kerpen lange ausschließlich Riesling an, ist 2018 ein halber Hektar Pinot Noir gepflanzt worden. Der erste Ertrag aus 2021 wird zu einem Blanc de Noirs-Sekt ausgebaut.

Kollektion

Die Weine des Jahrgangs 2021 machen viel Spaß, denn sie wirken recht zugänglich, besitzen eine animierende Säure und viel Frische. Zitruswürze und Anklänge an Hefe zeigt der Blauschiefer-Riesling, der Kabinett aus dem Himmelreich zeigt etwas Kohlensäure, aber auch deutlich Spiel und eine feine, schlanke Art, während die trockene Spätlese recht verhalten wirkt. Deutlich spannender: ihr Pendant von alten Reben aus der Wehlener Sonnenuhr mit viel Spiel und Würze, schön rassig. Das Große Gewächs aus derselben Lage weist einen ganz anderen Stil auf, zeigt eine eher dunkle Hefewürze und eine noch unzugängliche Art, besitzt aber auch eine beachtliche Spannung im Mund, Nachhall und Spiel, dürfte sich gut entwickeln. Gut gefallen auch die drei feinherben Weine, rassig und saftig gleichzeitig. Recht verhalten wirkt die wenig süße, schön balancierte Spätlese, offen ist die Auslese mit Anklängen von Zitrus und Kernobst, vibrierend und rassig.

Weinbewertung

83	2021 Riesling trocken „Blauschiefer" I 12%/8,50€
85	2021 Riesling Kabinett trocken Graacher Himmelreich I 10,5%/10,50€
85	2021 Riesling Spätlese trocken Wehlener Sonnenuhr I 11%/12,50€
87	2021 Riesling Spätlese trocken „Alte Reben" Wehlener Sonnenuhr I 11,5%/15,-€
89	2021 Riesling „GG" Wehlener Sonnenuhr I 12%/20,50€
82	2021 Riesling Classic I 11%/8,50€
85	2021 Riesling Kabinett „feinherb" Graacher Himmelreich I 10%/11,-€
86	2021 Riesling Spätlese „feinherb" Graacher Domprobst I 10,5%/12,50€
86	2021 Riesling Spätlese „feinherb" „Alte Reben" Wehlener Sonnenuhr I 10,5%/15,-€
87	2021 Riesling Spätlese Wehlener Sonnenuhr I 8%/12,50€
85	2021 Riesling Kabinett Wehlener Sonnenuhr I 8%/10,50€
89	2022 Riesling Auslese* Wehlener Sonnenuhr I 7,5%/18,50€

★★★

Reichsgraf von Kesselstatt

Kontakt
Schloss Marienlay
54317 Morscheid
Tel. 06500-91690
Fax: 06500-9169-69
www.kesselstatt.com
info@kesselstatt.de

Besuchszeiten
Mo.-Do. 8-16:45 Uhr, Fr. 8-13 Uhr; Weinproben nach Vereinbarung
Weinstube Kesselstatt, Liebfrauenstraße 10, Trier

Inhaber
Familie Günther Reh
Geschäftsführer
Dr. Karsten Weyand
Betriebsleiter/Kellermeister/ Außenbetrieb
Rainer Rüttiger
Rebfläche 46 Hektar
Produktion 300.000 Flaschen

An dem traditionsreichen Betrieb kommt man kaum vorbei, wenn man die Geschichte des Moselweins erzählen möchte. 1349 wurde das Gut erstmals urkundlich erwähnt, wenig später war ein Friedrich von Kesselstatt zuständig für die Verwaltung der kurfürstlichen Kellerei. Seit 1978 wird das Unternehmen von der Familie Reh geführt. Dr. Karsten Weyand ist als Geschäftsführer tätig, der zuvor bei den Bischöflichen Weingütern Impulse setzte; Betriebsleiter und Kellermeister ist nach dem Weggang von Wolfgang Mertes nun Rainer Rüttiger. Die Fülle der hier auf 46 Hektar produzierten Weine ist bemerkenswert und erstreckt sich von der Ruwer (Kaseler Nies'chen oder Kehrnagel) über die Saar (Ockfener Bockstein) bis zur Mittelmosel, wo sich die Lage Josephshöfer im Alleinbesitz befindet. Zu 95 Prozent wird Riesling angebaut, daneben Weißburgunder.

Kollektion

Was das Weingut aus dem Jahrgang 2021 anstellt, überzeugt sehr. Da wäre zum Beispiel der rassige, straffe und kühle Wiltinger Riesling, auch der Wein von alten Reben gefällt ausgezeichnet. Das trockene Große Gewächs aus dem Josephshöfer, ein 2020er, wirkt sehr ruhig in der Nase mit Würze und Schmelz am Gaumen, dazu völlig trocken. Der feinherbe Scharzhofberger ist noch verhalten, deutlich von Hefenoten geprägt, im Mund herrlich saftig. Die Kabinette sind bezüglich ihrer Lage besser herausgearbeitet, als dies in der Vergangenheit immer der Fall war. Deutlich nach Steinobst, vor allem Pfirsichen duftet das Goldtröpfchen; es ist saftig und präsent. Kräuterige Anklänge zeigt der Bockstein, er ist fein und ziseliert mit sehr niedriger Süße. Beim Scharzhofberger ist die Süße höher und bildet zusammen mit der Säure einen rassigen, sehr vielversprechenden Gesamteindruck. Ausgezeichnet gefällt auch der Kabinett aus der Juffer-Sonnenuhr, ist noch sehr verhalten, straff und niedrig in der Süße. Wein mit höheren Prädikaten wurden in diesem Jahr nicht vorgestellt.

Weinbewertung

84 2021 Riesling trocken Kaseler | 12,5%/13,-€
85 2021 Riesling trocken Wiltinger | 12,5%/13,-€
86 2021 Riesling trocken „Alte Reben" | 12%/18,-€
90 2020 Riesling trocken „GG" Josephshöfer | 11,5%/33,10€
86 2021 Riesling Kabinett „feinherb" Kaseler Kehrnagel | 10,5%/15,20€
87 2021 Riesling Kabinett „feinherb" Josephshöfer | 11%/15,70€
88 2021 Riesling Kabinett „feinherb" Scharzhofberger | 11%/15,70€
89 2021 Riesling Kabinett Brauneberger Juffer-Sonnenuhr | 10%/15,20€
89 2021 Riesling Kabinett Scharzhofberger | 11%/15,70€
87 2021 Riesling Kabinett Ockfener Bockstein | 9%/15,20€
87 2021 Riesling Kabinett Kaseler Nies'chen | 8%/15,20€
87 2021 Riesling Kabinett Piesporter Goldtröpfchen | 8,5%/15,20€

★★

Kessler Sekt

Kontakt
Georg-Christian-von-Kessler-Platz 12-16
73728 Esslingen am Neckar
Tel. 0711-3105930
Fax: 0711-31059350
www.kessler-sekt.de
info@kessler-sekt.de

Besuchszeiten
Kessler Karree Esslingen mit Hofverkauf & Gastronomie
Di.-Fr. 11:30-20 Uhr
Sa. 10-16 Uhr
Kessler Flagship-Shop Stuttgart Mo.-Fr. 11-19 Uhr, Sa. 10-19 Uhr
Kellerführungen
Beletage (Eventlocation Inkl. Trauzimmer des Standesamtes Esslingen

Geschäftsf. Gesellschafter
Christopher Baur
Betriebsleiter
Nico Strieth &
Markus Mosgowi
Kellermeister
Michael Weber
Produktion
1.850.000 Flaschen

Kessler Sekt, 1826 von Georg Christian Kessler in Esslingen gegründet, ist die älteste Sektkellerei in Deutschland. Kessler nahm Carl Weiss-Chenaux als Teilhaber auf, dessen Nachkommen die Sektkellerei bis 2004 führten. Nach einer Insolvenz übernahm 2005 ein neuer Gesellschafterkreis unter Führung von Christopher Baur das Unternehmen, mit dem Einstieg von Cavit im Jahr 2013 wurden umfangreiche Investitionen getätigt und die langfristige Versorgung mit Grundweinen sichergestellt. Neben Chardonnay und Spätburgunder werden Garganega und Riesling versektet. Nico Strieth ist Betriebsleiter am Stammsitz und Önologe, Markus Mosgowie leitet den Standort Zell. Im denkmalgeschützten Gebäude in der Calwer Straße in Stuttgart wurden ein Flagship-Store und eine Sekt-Bar eröffnet. Im August 2022 wurde die Tirage-Fülllinie am Stammsitz Stuttgart modernisiert.

Kollektion

Die Qualität steigt stetig, auch in diesem Jahr. Der Brut ist frisch, geradlinig, der Jägergrün Riesling hat etwas mehr Grip, der Hochgewächs Chardonnay ist geradlinig, besitzt feine Süße und Frucht. Die Jahrgangssekte bringen eine klare Steigerung. Der Blanc Reserve zeigt 2017 feine rauchige Noten, schöne Hefereife, ist frisch, klar und harmonisch, besitzt gute Struktur und Grip, was auch für den 2017er Riesling Reserve gilt, den wir schon im vergangenen Jahr vorgestellt haben, der wunderschön klar und zupackend ist. An der Spitze der Kollektion steht die Prestigecuvée Georges, die gute Fülle, Substanz und Länge besitzt. Gut gefällt uns auch das Trio der Rosé-Sekte: der Kessler Rosé ist füllig, harmonisch, betont süffig, der Hochgewächs Rosé bietet schon deutlich mehr, ist fruchtbetont und zeigt rauchige Noten, ist klar, kompakt und strukturiert bei dezenter feiner Bitternote im Abgang. Eine weitere Steigerung bringt der Rosé Réserve, der ebenfalls rauchige Noten und viel Frucht im Bouquet zeigt, klar und harmonisch ist, kraftvoll und strukturiert.

Weinbewertung

82	Kessler brut I 12%/10,-€
83	„Jägergrün“ Riesling brut I 12%/13,-€
84	Hochgewächs Chardonnay brut I 12,5%/13,-€
86	2017 „Blanc Réserve Vintage“ extra-brut I 12%/19,-€
87	2017 Riesling „Réserve Vintage“ brut I 12,5%/19,-€
88	2013 „Grande Réserve Georges Vintage“ I 12%/38,-€
83	Rosé brut I 11,5%/10,-€
85	Hochgewächs Rosé Pinot & Chardonnay brut I 12%/13,-€
86	2016 Rosé „Réserve Vintage“ extra-brut I 12,5%/19,-€

Kiefer

Kontakt
Bötzinger Straße 13
79356 Eichstetten
Tel. 07663-1063
Fax: 07663-3927
www.weingutkiefer.de
info@weingutkiefer.de

Besuchszeiten
Mo.-Fr. 8-12 + 13-17 Uhr
Sa. 9-12 Uhr
2 Ferienwohnungen
(Altweg 63, Eichstetten)

Inhaber
Helen & Martin Schmidt
Betriebsleiter
Martin Schmidt
Kellermeister
Martin König & Philipp Rinklin
Rebfläche
165 Hektar
Produktion
1.350.000 Flaschen

Helen und Martin Schmidt übernahmen 2008 den Betrieb, der 1851 von Friedrich Kiefer gegründet worden war. Der Önologe Martin Schmidt war bereits seit dem Jahrgang 2003 für die Vinifikation der Weine verantwortlich, sowohl des 12 Hektar großen eigenen Weingutes als auch der angeschlossenen Erzeugergemeinschaft. In den letzten Jahren wurden neue Weinberge erworben, der Keller erneuert und neue große Holzfässer und Barriques für den Ausbau der Rotweine angeschafft. Das Weingut ist auf die Burgundersorten spezialisiert: Spätburgunder und Grauburgunder vor allem, gefolgt von Weißburgunder. Hinzu kommen Rebsorten wie Scheurebe, Muskateller, Sauvignon Blanc und Piwi-Sorten. Die Paradelage des Weingutes, der Eichstetter Herrenbuck, besteht aus Löss-, Lehm- und Vulkanverwitterungsböden in unterschiedlicher Zusammensetzung. Die Weine werden nach intensiver Vorklärung langsam und kühl vergoren und auf der Feinhefe ausgebaut. Die Rotweine werden maischevergoren und in großen Eichenholzfässern oder im Barrique ausgebaut.

Kollektion

Eine gewohnt starke Kollektion präsentiert Martin Schmitt auch in diesem Jahr, und es sind die Dreistern-Weine, die wie immer an der Spitze stehen. Der Spätburgunder, Jahrgang 2015, zeigt rauchige Noten, rote Früchte, ist füllig und strukturiert, besitzt gute Harmonie und Länge. Die beiden Weißen sind 2020er, der Grauburgunder ist deutlich vom Holz geprägt, füllig, stoffig, besitzt viel reife süße Frucht, der Weißburgunder ist rauchig, konzentriert, kraftvoll, hat Struktur und Grip. Pino Magma gefällt uns In der fülligen, saftigen „Basis-Version" besser denn als holzgeprägte Reserve. Unter den Bio-Charakterweinen ist der frische Spätburgunder unser Favorit, der Grauburgunder Tradition besitzt Fülle und Substanz, der Chardonnay ist frisch und zupackend, der würzige Pinot-Sekt ein feiner Einstieg!

Weinbewertung

84 Pinot Sekt brut | 12%/12,-€
83 2021 Weißburgunder Kabinett trocken Eichstetter Herrenbuck | 12,5%/8,20€
84 2021 Chardonnay trocken Eichstetter Herrenbuck | 12,5%/8,40€
82 2021 Cabernet Blanc trocken „Bio-Charakterwein" | 12,5%/9,50€
82 2021 Grauburgunder trocken „Bio-Charakterwein" | 12,5%/9,50€
85 2020 Grauburgunder trocken „Tradition" Eichstetter Herrenbuck | 13,5%/11,-€
85 2020 „Pino Magma" Weißwein trocken | 13%/11,-€
88 2020 Weißburgunder trocken „Dreistern" Eichstetter Herrenbuck | 13,5%/18,-€
87 2020 Grauburgunder trocken „Dreistern" Eichstetter Herrenbuck | 13,5%/18,-€
84 2019 „Pino Magma" Weißwein trocken „Réserve" | 13,5%/19,90€
84 2019 Spätburgunder trocken „Bio-Charakterwein" | 13%/9,50€
89 2015 Spätburgunder trocken „Dreistern" Eichstetter Herrenbuck | 14%/22,50€

★★★½

Alois Kiefer

Kontakt
Wein- und Sekthaus Alois Kiefer Mühlstraße 2
67487 St. Martin
Tel. 06323-2099
Fax: 06323-5149
www.aloisiushof.de
weinundsekthaus@aloisiushof.de

Besuchszeiten
Stammhaus:
Mo.-Sa. 9-12 + 13-17 Uhr
Vinothek Maikammer Straße:
Mo.-So. 9-12 + 13-17 Uhr

Inhaber
Bernhard, Michael, Andreas & Philipp Kiefer
Kellermeister
Philipp Kiefer
Außenbetrieb
Michael Kiefer
Rebfläche
22 Hektar
Produktion
220.000 Flaschen

Alois und Rita Kiefer gründeten 1950 den Betrieb mit damals 2 Hektar Reben. Ihre drei Söhne Bernhard, Michael und Andreas haben das Gut zur heutigen Größe ausgebaut. Bernhard Kiefer und sein Sohn Philipp sind für den Weinausbau verantwortlich. Die Weinberge liegen vor allem in St. Martin (Kirchberg, Baron), sowie auf Edenkobener Gemarkung, das in Querterrassen bestockte Gewann Am Guckuckberg befindet sich im Alleinbesitz.

Kollektion

Der Pinot Noir aus dem Guckuckberg ist komplexer und nachhaltiger als der Pinot aus dem Kirchberg, er zeigt feine Noten von Hagebutte, Kräutern und Waldboden, ist am Gaumen sehr kraftvoll, aber elegant, besitzt kräutrige Frische, gute Struktur und Potential, auch der Kirchberg ist gut strukturiert, besitzt reife Tannine und zeigt im differenzierten Bouquet Aromen von Sauerkirsche, roter Johannisbeere und Waldboden. Auch der beste Riesling stammt vom Guckuckberg, er zeigt steinig-kräutrige Würze, aber auch gelbe Frucht, Aprikose, Ananas, und besitzt am Gaumen salzige Noten und Länge. Die beiden „Was zum Guckuck"-Weine sind maischevergorene Orangeweine, beide sind herb und straff, der Sauvignon Blanc ist komplexer als der Riesling, zeigt kräutrige Noten, etwas Stachelbeere und Maracuja, besitzt am Gaumen Grip und Länge, der Riesling ist puristischer, besitzt nur wenig Frucht, aber deutlichen Tanningrip. Sehr gut sind auch der dunkelfruchtige, noch von jugendlichen Tanninen geprägte „Alois K.", der Riesling-Sekt, der leichte Reifenoten und etwas Hefegebäck im Bouquet zeigt und am Gaumen Frische besitzt, der Merlot Rosé mit feiner, roter Frucht und einem subtilen Säurespiel und der füllige, sehr reintönige und harmonische Gewürztraminer.

Weinbewertung

87	2018 Riesling „Prestige" Sekt extra brut I 12%/14,90€
82	2021 Riesling trocken „25" (1l) I 12,5%/5,20€
83	2021 Sauvignon Blanc trocken I 12%/7,90€
84	2021 Weißer Burgunder trocken I 13%/7,30€
85	2021 Riesling trocken „vom Buntsandstein" St. Martiner I 12,5%/9,-€
87	2021 Grauer Burgunder trocken „vom Löss" St. Martiner I 13,5%/13,90€
89	2020 Sauvignon Blanc trocken „Was zum Guckuck" I 12%/19,-€
88	2020 Riesling trocken „Was zum Guckuck" I 12%/19,-€
89	2021 Riesling trocken St. Martiner Am Guckuckberg I 13%/22,-€
86	2021 Gewürztraminer trocken „vom Löss" St. Martiner I 13%/10,90€
86	2021 Merlot Rosé trocken „Fumé" I 13%/11,50€
87	2019 „Alois K." Rotwein trocken I 14%/13,90€
89	2019 Pinot Noir trocken St. Martiner Kirchberg I 13,5%/22,-€
90	2019 Pinot Noir trocken St. Martiner Am Guckuckberg I 14%/22,-€

★★

Jonas Kiefer

Kontakt
Rebgartenstraße 41
67551 Worms
Tel. 06241-35861
Fax: 06241-384742
www.kiefer-wein.de
kontakt@kiefer-wein.de

Besuchszeiten
Do. 16-18 Uhr
Sa. 8-13 Uhr
oder nach Vereinbarung

Inhaber
Jonas Kiefer
Betriebsleiter
Jonas Kiefer
Kellermeister
Jonas Kiefer
Außenbetrieb
Jonas Kiefer
Rebfläche
25 Hektar

Seit vier Generationen baut die Familie Wein im südlichen Rheinhessen an. Das Weingut wurde 2014 errichtet inmitten der Weinberge der Lage Am Heiligen Häuschen in Wiesoppenheim, das südwestlich von Worms liegt, dessen Ortsteil es seit 1969 ist, und der südlichste Ort in Rheinhessen. Die Reben wachsen in der Lage Am Heiligen Häuschen auf sandigen Lössböden, im Wormser Nonnenwingert herrschen lehmige Lössböden vor. Das Sortenspektrum ist groß. Neben weißen Rebsorten wie Riesling, Weißburgunder, Grauburgunder, Chardonnay, Silvaner, Sauvignon Blanc, Goldmuskateller oder Scheurebe werden rote Sorten wie Spätburgunder, Portugieser, Dornfelder, Cabernet Sauvignon oder Merlot angebaut. In den letzten Jahren hat Jonas Kiefer historische Rebsorten angelegt. 2015 pflanzte er Roter Veltliner, 2016 Grünfränkisch und 2018 Fränkischer Burgunder und Süßschwarz. Die Weißweine werden kontrolliert bei 18 Grad vergoren. Die Rotweine werden maischevergoren und durchlaufen die malolaktische Gärung.

Kollektion

Beim guten Debüt im vergangenen Jahr gefiel uns der 2019er Merlot am besten, aber auch Riesling, Sauvignon Blanc und Grünfränkisch waren sehr gut. In diesem Jahr nun haben wir alle sechs präsentierten Weine mit sehr gut bewertet. Der Sauvignon Blanc zeigt gute Konzentration, Stachelbeeren, etwas Tropenfrüchte, ist füllig und saftig bei reifer süßer Frucht. Die Scheurebe steht ihm nicht nach, ist sehr würzig und eindringlich im Bouquet, reintönig, besitzt Fülle, Kraft, gute Struktur und reintönige Frucht. Der Grünfränkisch ist eindringlich und würzig, besitzt gute Substanz und Fülle. Der feinherbe Goldmuskateller ist intensiv muskatduftig, herrlich reintönig und füllig, hat Grip. Intensive Frucht und gute Konzentration zeigt die Cuvée aus Spätburgunder und Fränkischer Burgunder im Bouquet, besitzt Fülle und Saft, gute Struktur und klare Frucht. Noch ein klein wenig besser gefällt uns der zweite vorgestellte Rotweine, der Süßschwarz, der würzig und eindringlich im Bouquet ist, rote Früchte zeigt, füllig und saftig im Mund ist, gute Struktur und jugendlichen Grip besitzt. Kleine, aber starke Kollektion!

Weinbewertung

85	2021 Sauvignon Blanc trocken Wiesoppenheimer I 13%/8,20€
85	2021 Scheurebe trocken „Scheu" I 12,5%/7,50€
85	2020 Grünfränkisch trocken Am Heiligen Häuschen I 13,5%/14,50€
86	2021 Goldmuskateller Wormser I 11,5%/8,20€
87	2020 Süßschwarz trocken Wiesoppenheimer Am Heiligen Häuschen I 13%/14,50€
86	2020 Spätburgunder & Fränkischer Burgunder trocken I 13,5%/14,50€

★☆

Kieferwein Matthias Kiefer

Kontakt
Sulzburgerstraße 16
79282 Ballrechten-Dottingen
Tel. 07634-8623
Fax: 07634-694889
www.kieferwein.com
info@kieferwein.com

Besuchszeiten
Mo.-Fr. 9-18 Uhr
Sa. 9-16 Uhr
gerne auch nach Vereinbarung

Inhaber
Matthias Kiefer

Rebfläche
3 Hektar

Seit drei Generationen baut die Familie Kiefer Wein in Ballrechten-Dottingen im Markgräflerland Wein an. Die Weinberge liegen alle im Ballrechten-Dottinger Castellberg. Der Boden im Castellberg besteht aus mittelschwerem sandigen Lehm und ist recht kalkhaltig. Matthias Kiefer baut Gutedel, Grauburgunder, Weißburgunder, Spätburgunder, Merlot und Müller-Thurgau an. In der hauseigenen Brennerei werden Brände wie Quitten-, Kirsch- und Mirabellenwasser erzeugt, aber auch Trauben- und Weinhefebrand.

Kollektion

Eine umfangreiche Kollektion präsentiert Matthias Kiefer zum Debüt, die ihre Vorteile im roten Segment hat. Der Capino Secco genannte Perlwein ist frisch und süffig, recht süß – ein Terrassenwein. Die vier weißen trockenen Kabinettweine stammen alle aus dem Jahrgang 2021. Der Kienspan genannte Rivaner ist recht würzig im Bouquet, frisch und zupackend im Mund. Noch etwas leichter ist der Immergrün genannte Gutedel, zeigt weiße Früchte im Bouquet, ist ebenfalls geradlinig und frisch. Der Weißburgunder Wipfelrauschen ist klar, aber recht zurückhaltend. Unser Favorit ist der Zapfenstreich genannte Grauburgunder, der fruchtbetont und frisch im Bouquet ist, klar und geradlinig im Mund, gute Struktur und Grip besitzt. Der Spätburgunder Rosé Ponderosa zeigt viel reife Frucht im herrlich eindringlichen Bouquet, ist fruchtbetont, harmonisch, hat Grip. Der Weißherbst ist der Farbe nach ebenfalls eher ein Rosé, ist recht süß, aber dann doch ein klein wenig bitter im Abgang. Die Pinus Pinea genannte Cuvée zeigt viel Duft und Würze, ist im Mund sehr kompakt. Unser Favorit im Spätburgunder-Trio ist eindeutig der als Fassprobe verkostete barriquegereifte Pinus Nigra, der viel Duft, eine feine Schokonote und kräftige Tannine besitzt. Noch besser gefällt uns der ebenfalls im Barrique ausgebaute Merlot, der gute Konzentration zeigt, etwas Gewürze, rote Früchte, Fülle und Kraft besitzt, gute Struktur und Grip. Ein gelungener Einstand!

Weinbewertung

83	„Capino Secco" Perlwein I 12%/6,90€
82	2021 Rivaner Kabinett trocken „Kienspan" B.-D. Castellberg I 11,5%/5,90€
82	2021 Gutedel Kabinett trocken „Immergrün" B.-D. Castellberg I 10,5%/6,90€
82	2021 Weißburgunder Kabinett trocken „Wipfelrauschen" Castellberg I 12,5%/7,90€
84	2021 Grauburgunder Kabinett trocken „Zapfenstreich" B.-D. Castellberg I 13%/7,90€
82	2020 Spätburgunder Weißherbst Kabinett „Lambertiana" Castellberg I 12,5%/7,90€
84	2021 Spätburgunder Rosé trocken „Ponderosa" B.-D. Castellberg I 12%/7,90€
82	2018 Spätburgunder trocken „Leonardo Da Pisa" B.-D. Castellberg I 14,5%/8,40€
84	„Pinus Pinea" Rotwein Cuvée trocken B.-D. Castellberg I 13,5%/14,50€
87	2019 Merlot trocken „Pinus Pinaster" B.-D. Castellberg I 14%/18,50€
(86)	2018 Spätburgunder trocken „Pinus Nigra" B.-D. Castellberg I 14,5%/18,50€
83	2018 Spätburgunder „feinherb" „Fibonacci" B.-D. Castellberg I 13,5%/8,40€

Jul. Ferd. Kimich

Kontakt
Weinstraße 54
67146 Deidesheim
Tel. 06326-342
Fax: 06326-980414
www.weingut-kimich.de
info@weingut-kimich.de

Besuchszeiten
Mo.-Fr. 8-12 + 13-18 Uhr
Sa. 9-12 + 13:30-18 Uhr
So. & Feiertage 10-13 Uhr
(Ende März bis Mitte Dez.)
Gutsausschank zur Deidesheimer Weinkerwe

Inhaber
Franz & Matthias Arnold
Betriebsleiter
Matthias Arnold
Kellermeister
Matthias Arnold
Rebfläche
25 Hektar
Produktion
160.000 Flaschen

Der Elsässer Küfer Andreas Kimich gründete 1758 ein Weingut, das noch heute in der achten Generation in Familienbesitz ist. 1949 heiratete Joachim Arnold eine Tochter von Julius Ferdinand Kimich, heute führt Franz Arnold zusammen mit seinem Sohn Matthias, Geisenheim-Absolvent und für den Ausbau der Weine verantwortlich, das Gut. Die Weinberge liegen in den Deidesheimer Lagen Grainhübel, Kieselberg, Paradiesgarten, Kalkofen, Mäushöhle und Leinhöhle, in den Forster Lagen Ungeheuer und Pechstein sowie im Ruppertsberger Reiterpfad. Riesling ist die wichtigste Rebsorte, nimmt knapp zwei Drittel der Rebfläche ein. Dazu gibt es Grau- und Weißburgunder sowie etwas Sauvignon Blanc, Müller-Thurgau, Chardonnay, Gewürztraminer, Spätburgunder und Regent. In den letzten Jahren wurde in neue Tanks und große Holzfässer investiert, die Erweiterung des Flaschenlagers und die Optimierung der Traubenannahme stehen als nächste Projekte an, ebenso wie die Umstellung auf biologischen Anbau, die gerade läuft.

Kollektion

Unsere beiden Favoriten des vergangenen Jahres stehen auch im neuen Jahrgang wieder an der Spitze des Sortiments: Der Syrah zeigt dunkle Beerenfrucht, viel kräutrige Würze und etwas Mokka, ist kraftvoll, besitzt gut eingebundenes Holz, leicht pfeffrige Würze und gute Länge, und auch der Grainhübel-Riesling ist nachhaltig und druckvoll, besitzt Fülle und klare Frucht mit Aromen von Orangenschale, Grapefruit und Aprikose. Auch bei seinen anderen Rieslingen bleibt Matthias Arnold seiner Linie der fülligen, fruchtbetonten, immer mit leichter Restsüße versehenen Weinen treu, der Ungeheuer ist von kräutrig-mineralischen Noten geprägt, besitzt guten Grip, der Kieselberg zeigt deutlichere Frucht, Ananas, Limette und besitzt ein frisches Säurespiel. Der im Barrique ausgebaute Chardonnay zeigt deutliche Röstnoten und etwas Kokos, besitzt Kraft und gute Substanz.

Weinbewertung

82 2021 Riesling Kabinett trocken Forster Mariengarten (1l) | 12,5%/6,80€
83 2021 Riesling Kabinett trocken Ruppertsberger | 12%/7,20€
85 2021 Riesling Kabinett trocken Deidesheimer Mäushöhle | 12,5%/9,50€
85 2021 Riesling Kabinett trocken Deidesheimer Leinhöhle | 12,5%/9,-€
84 2021 Riesling Kabinett trocken Deidesheimer Paradiesgarten | 12,5%/9,-€
87 2021 Riesling Spätlese trocken Deidesheimer Kieselberg | 13%/14,-€
88 2021 Riesling Spätlese trocken Forster Ungeheuer | 13%/15,50€
89 2021 Riesling Spätlese trocken Deidesheimer Grainhübel | 13%/19,-€
84 2021 Scheurebe Spätlese trocken | 12,5%/10,-€
87 2020 Chardonnay Spätlese trocken | 13,5%/19,50€
86 2021 Gewürztraminer Spätlese | 10,5%/13,-€
89 2018 Syrah trocken | 14%/22,50€

★☆

Kinges-Kessel

Kontakt
Langgasse 30
67591 Mörstadt
Tel. 06247-377
Fax: 06247-1067
www.kinges-kessel.de
weingut@kinges-kessel.de

Besuchszeiten
Mo.-Sa. 8-17 Uhr oder nach Vereinbarung
Winzerhotel & Weinrestaurant (ab 17 Uhr)

Inhaber
Familie Kessel
Betriebsleitung
Hans & Jochen Kessel
Kellermeister
Jochen Kessel
Rebfläche
14 Hektar

KINGES-KESSEL
WEINGUT · MÖRSTADT · TRADITION SEIT 1864

Seit fünf Generationen betreibt die Familie Weinbau in Mörstadt, heute führt Hans Kessel zusammen mit seinem Sohn Jochen den Betrieb. Ihre Weinberge befinden sich in den Mörstadter Lagen Nonnengarten und Katzenbuckel sowie im benachbarten Flörsheim-Dalsheim, dort in den Nieder-Flörsheimer Lagen Goldberg, Frauenberg und Steig. Riesling, die Burgundersorten und Silvaner sind die wichtigsten weißen Rebsorten im Betrieb, bei den roten Sorten dominieren Spätburgunder, St. Laurent und Dornfelder. Sohn Jochen Kessel hat nach Abschluss einer Weinbautechnikerausbildung in Weinsberg und diversen Praktika im Ausland (Kanada, Neuseeland) die Verantwortung im Keller übernommen. Dem Weingut sind ein Winzerhotel sowie ein ganzjährig geöffnetes Weinrestaurant angeschlossen. Das Sortiment ist gegliedert in Literweine, Guts- und Selectionsweine („S") sowie Lagenweine.

Kollektion

Der 2019er im Barrique ausgebaute Spätburgunder aus dem Nieder-Flörsheimer Steig führte im vergangenen Jahr eine überzeugende, sehr gleichmäßige Kollektion an, und diesen Wein konnten wir dieses Jahr erneut verkosten, er ist füllig, harmonisch, strukturiert, bestätigt den Eindruck des Vorjahres. In der roten S-Klasse überzeugt der Merlot mit reintöniger Frucht und Fülle, der Spätburgunder ist würzig und süffig, besitzt reife süße Frucht. Auch die weiße S-Klasse zeigt sehr gleichmäßiges Niveau. Der Sauvignon Blanc besitzt reintönige Frucht, Struktur und Grip, der Grauburgunder ist würzig, eindringlich und füllig, der Chardonnay ist ebenfalls füllig, saftig, diese drei Weine stammen aus Mörstadt. Alle Weine besitzen eine merkliche Restsüße, so auch der Riesling, der aus Nieder-Flörsheim kommt, würzig und füllig ist, die Riesling Spätlese ist geprägt vom Kontrast aus Süße und Säure. An der Spitze der weißen Kollektion stehen die beiden 2020er Lagenweine: Der Riesling vom Goldberg zeigt feine Reifenoten, ist füllig, komplex, der Sauvignon Blanc Fumé aus dem Nonnengarten zeigt rauchige Noten, besitzt gute Substanz und Kraft.

Weinbewertung

84	2021 Sauvignon Blanc „S" trocken Mörstadter I 12%/6,80€
83	2021 Grauburgunder „S" trocken Mörstadter I 12,5%/6,90€
83	2021 Chardonnay „S" trocken Mörstadter I 13%/7,-€
83	2021 Riesling „S" trocken Nieder-Flörsheimer I 12,5%/7,70€
85	2020 Sauvignon Blanc trocken „Fumé" Mörstadter Nonnengarten I 13%/9,40€
85	2020 Riesling trocken Nieder-Flörsheimer Goldberg I 13%/10,90€
83	2021 Riesling Spätlese Mörstadter Katzenbuckel I 9%/6,10€
83	2020 Spätburgunder „S" trocken Holzfass I 13,5%/6,90€
84	2020 Merlot „S" trocken Holzfass I 14%/7,30€
86	2019 Spätburgunder trocken Barrique Nieder-Flörsheimer Steig I 13,5%/9,80€

★★

Kisselbach

Kontakt
Eberbacher Straße 59
65346 Eltville-Erbach
Tel. 06123-9996060
www.weingut-kisselbach.de
gude@weingut-kisselbach.de

Besuchszeiten
nach Vereinbarung
Straußwirtschaft während der Rheingauer Schlemmerwoche, Weinproben nach Vereinbarung

Inhaber
Peter Vinnemeier
Betriebsleiter
Burkhard Kirchner
Kellermeister
Burkhard Kirchner
Außenbetrieb
Burkhard Kirchner
Rebfläche
6 Hektar
Produktion
40.000 Flaschen

Burkhard Kirchner war zehn Jahre für die Weinberge bei Jakob Jung verantwortlich, bis er mit 48 Jahren die Chance bekam, ein Weingut zu führen. Als das Weingut Lebert zum Verkauf stand, wurden Keller mitsamt sechs Hektar Rebfläche von Peter Vinnemeier, eigentlich IT-Unternehmer, übernommen, der als Inhaber aber im Hintergrund bleibt. 2021 war der erste Jahrgang des neuen nach dem Erbacher Kisselbach benannten Weinguts. Die Weinberge liegen über ganz Erbach verstreut; bis auf den Marcobrunn ist man in jeder Lage vertreten. Die beste Parzelle liegt im Steinmorgen, wo ein Rheingauer Großes Gewächs erzeugt wird. Die klar wichtigste Sorte ist Riesling. Von den knapp 15 Prozent Spätburgunder wurde bislang nur ein Rosé erzeugt, für die kommenden Jahre ist aber auch ein Rotwein geplant. Für die Lagenrieslinge verwendet Burkhard Kirchner zum Teil Holzfässer und arbeitet mit Maischestandzeiten.

Kollektion

Der Gutsriesling liefert einen guten Einstig, gibt mit seiner frischen, fruchtbetonten, harmonischen Art die Richtung vor für die Kisselbach'sche Stilistik; genauso präsentiert sich der „Klassik". Die beiden Ortsweine setzen ebenfalls auf Frische und Frucht, sind aber deutlich komplexer aufgrund der wohldosierten herben Aromen. Unsere leichte Präferenz gilt dem knackigen „Alte Reben", der eine gute Substanz und feine Würze besitzt. Sehr überzeugend sind auch die Lagenweine. Der feinherbe Riesling aus dem Michelmark bringt genug Säure mit, um die Fruchtsüße abzufedern. Der Wein aus dem Hohenrain lebt von reintöniger Frucht, die an Aprikose und grünen Apfel erinnert. Der „Gründungswein" ist deutlich opulenter und holzbetonter, zeigt Noten von Pfirsich und Kokos. An der Spitze der Kollektion steht das druckvolle Rheingauer Große Gewächs aus dem Steinmorgen. Die beiden restsüßen Weine, vor allem die wunderbar reintönige Spätlese, unterstreichen die gute Arbeit. Ein starkes Debüt, das Lust auf mehr macht.

Weinbewertung

84	2021 Riesling trocken I 12%/7,50€
85	2021 Riesling Erbach I 12%/9,-€
87	2021 Riesling Erbacher „Alte Reben" I 12,5%/11,-€
87	2021 Riesling trocken Erbacher Hohenrain I 12,5%/12,50€
88	2021 Riesling „RGG" Erbacher Steinmorgen I 12,5%/22,50€
84	2021 Riesling „Klassik" I 11,5%/7,50€
86	2021 Riesling „feinherb" Erbacher Michelmark I 12%/12,50€
87	2021 Riesling „Gründungswein" Erbach I 12%/15,-€
84	2021 Riesling Erbach Kabinett I 9%/9,-€
86	2021 Riesling Spätlese Erbacher Michelmark I 9%/11,-€
83	2021 Spätburgunder Rosé I 11%/7,50€

★★★★

Kissinger

Kontakt
Außerhalb 13
55278 Uelversheim
Tel. 06249-7969
Fax: 06249-7989
www.weingutkissinger.de
info@weingutkissinger.de

Besuchszeiten
nach Vereinbarung
Jahrgangspräsentation Ende April/Anfang Mai

Inhaber
Jürgen Kissinger
Kellermeister
Moritz & Jürgen Kissinger
Rebfläche
13 Hektar
Produktion
85.000 Flaschen

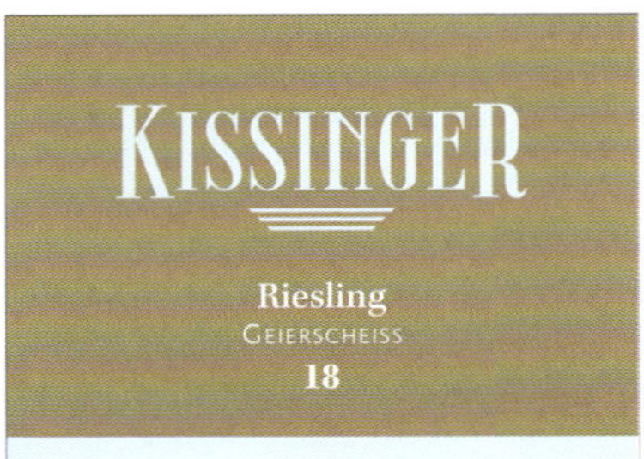

Jürgen Kissinger vergrößerte den väterlichen Betrieb nach und nach um renommierte Lagen an der Rheinfront, errichtete im Jahr 2000 neue Gutsgebäude außerhalb von Uelversheim. Er führt das Weingut zusammen mit Ehefrau Sonja, inzwischen werden sie im Betrieb von Sohn Moritz unterstützt. Ihre Weinberge liegen vor allem in Uelversheim im Tafelstein mit der Gewanne Geierscheiß, im Dienheimer Kreuz und im Guntersblumer Steinberg, aber auch in den Oppenheim Lagen Herrenberg und Sackträger sind sie vertreten. Neben Riesling spielen die weißen Burgunder, Chardonnay und Spätburgunder eine wichtige Rolle, dazu gibt es traditionelle Rebsorten wie Silvaner, Gewürztraminer, Scheurebe oder Müller-Thurgau, etwas Dornfelder, aber auch internationale Sorten wie Sauvignon Blanc und Merlot. Das Gros der Weine baut Jürgen Kissinger seit jeher trocken aus, auch wenn trocken nicht unbedingt durchgegoren bedeutet, gelegentlich werden auch edelsüße Weine vom Riesling erzeugt, hin und wieder auch Spätlesen von Riesling und Gewürztraminer. Ab der Ernte 2019 ist das Weingut bio-zertifiziert, seit 2020 arbeitet man biodynamisch, ist Mitglied bei Demeter. Das Sortiment wurde zuletzt neu gegliedert in Gutsweine, Ortsweine von der Rheinterrasse und Lagenweine. Dazu zählen der Riesling Geierscheiß, der im neuen Halbstück ausgebaute Weißburgunder aus dem Uelversheimer Tafelstein und der im Barrique ausgebaute Spätburgunder aus dem Oppenheimer Herrenberg; daneben gibt es einen im Barrique vergorenen Chardonnay Réserve vom besten Chardonnay-Weinberg, Moritz Kissinger hat eine eigenen Weinlinie eingeführt, erstmals 2018 den Chardonnay „Luft" erzeugt. Die Weine dieser Linie durchlaufen alle den biologischen Säureabbau, sie werden mindestens zehn Monate auf der Hefe ausgebaut und unfiltriert und nur mit einer geringen Schwefelgabe abgefüllt. Inzwischen gibt es in dieser Linie Sauvignon Blanc, Blanc de Blancs Brut Nature, Riesling (aus dem Dienheimer Tafelstein, im Halbstück ausgebaut), „0 Ohm" weiß (Chardonnay und Weißburgunder), „0 Ohm" rot (Merlot und Dornfelder), Chardonnay und Weißburgunder.

Kollektion

Der Blanc de Noir-Sekt zeigt reife Frucht, etwas rauchige Noten, ist füllig und harmonisch – ein feiner Einstieg ins Programm. Der Gutsriesling ist würzig und eindringlich, klar und zupackend, besitzt gute Struktur und Biss. Die drei Ortsweine zeigen sehr gleichmäßiges Niveau. Der Oppenheimer Riesling ist fruchtbetont und würzig im Bouquet, frisch und zupackend im Mund, der Uelversheimer Weißburgunder zeigt ganz leicht rauchige Noten, gute Konzentration, ist füllig und kraftvoll, besitzt reife Frucht und guten Grip, der Grauburgunder aus Dienheim ist ebenfalls füllig und saftig, besitzt gute Struktur, Substanz und klare Frucht. Eine deutliche Steigerung bringen die beiden Lagenweine aus dem Jahrgang 2020. Der im Halbstück ausgebaute Weißburgunder aus dem Uelversheimer Tafelstein zeigt gute Konzentration, etwas rauchige Noten, gelbe Früchte, ist füllig, saftig, besitzt viel reife Frucht und Länge. Der Geierscheiss-Riesling ist faszinierend reintönig und konzentriert im Bouquet, zeigt gelbe Früchte, besitzt viel reife süße Frucht und viel Substanz. Besonders spannend sind die von Moritz Kissinger vinifizierten Weine in seiner eigenen Linie, die alle unfiltriert und nur mit ganz wenig Schwefel abgefüllt werden, Der „0 Ohm“ ist eine Cuvée aller Bodenarten, besteht aus Chardonnay und Weißburgunder, wurde im kleinen Holzfass vinifiziert und zehn Monate darin ausgebaut, ist konzentriert, herrlich eindringlich und dominant, faszinierend intensiv, füllig, stoffig, besitzt gute Struktur, Druck und Frische. Der Riesling stammt von jungen Reben in der Kernparzelle im Uelversheimer Geierscheiss, wurde über zwei Tage schonend gepresst, im Halbstück vinifiziert und zehn Monate ausgebaut. Er ist sehr offen im Bouquet, zeigt viel Duft und Intensität, besitzt reife Frucht, Substanz, gute Struktur, Frische und Grip. Der Weißburgunder stammt von 37 Jahre alten Reben am Hangfuß des Uelversheimer Plateaus, von kargem, kalkreichen Boden, wurde 18 Monate im Barrique auf der Hefe ausgebaut. Er zeigt viel Würze im Bouquet, ist vom Holzausbau geprägt, besitzt herrlich viel Frucht und Substanz, gute Struktur, enormen Druck und Nachhall. Der Chardonnay stammt von alten Reben, die auf Löss und Kalkstein stehen, wurde wie der Weißburgunder 18 Monate im kleinen Holzfass ausgebaut. Er ist herrlich offen im Bouquet, zeigt enorm viel Frucht und Konzentration, ist füllig im Mund, stoffig, herrlich reintönig und kraftvoll, besitzt gute Struktur, Substanz und viel Nachhall. Man sollte diesen Weinen etwas Luft gönnen oder sie dekantieren. Großartig!

Moritz & Jürgen Kissinger

Weinbewertung

85 2019 „Blanc de Noir“ Sekt brut | 12%/13,20€
85 2021 Riesling trocken | 12%/7,30€
86 2021 Riesling trocken „Kalkmergel“ Oppenheim | 12%/10,20€
86 2021 Weißburgunder trocken „Löss“ Uelversheim | 13%/10,20€
86 2021 Grauburgunder trocken „Kalkmergel“ Dienheim | 12,5%/10,20€
86 2021 Scheurebe trocken „Duo No2“ | 12%/8,80€
89 2020 Weißburgunder trocken „Halbstück“ Uelversheimer Tafelstein | 13%/19,40€
90 2020 Riesling trocken Uelversheimer Geierscheiss | 12,5%/19,70€
92 2020 „0 Ohm“ weiß | 12%/15,-€ ☺
91 2020 Riesling | 12%/18,50€
94 2020 Weißburgunder | 12%/38,-€
93 2020 Chardonnay | 12,5%/38,-€

Lagen

Herrenberg (Oppenheim)
Tafelstein (Uelversheim)
Geierscheiss (Uelversheim)

Rebsorten

Weiße Burgundersorten (32%)
Riesling (28%)
Spätburgunder (18%)
Chardonnay (10%)
Silvaner (5%)

★★★

KL-Weine

Kontakt
Burg 2
96170 Lisberg
Tel. 09549-202
www.kl-weine.de
verkauf@weingut-laufer.de

Besuchszeiten
Mo. + Mi. 9-12 + 13-18 Uhr
Sa. 9-12 + 13-16 Uhr
So. 9:30-12 Uhr

Inhaber
Dieter Laufer
Betriebsleiter
Kerstin Laufer
Rebfläche
11,5 Hektar
Produktion
110.000 Flaschen

Kerstin Laufer ist Winzerin, Steuerfachangestellte, Technikerin für Weinbau und Önologie – und will ihre eigenen Weine machen. Ihre Eltern unterstützen sie dabei, aus deren Weinberge kann sie sich die Trauben aussuchen, die sie für ihre eigenen Weine haben möchte. So entstand KL-Weine, im ersten Jahr 2018 hat Kerstin Laufer 10.000 Flaschen erzeugt. Der elterliche Betrieb ist ein Weingut mit mehreren Standorten: Burggut Lisberg nahe Bamberg (1976 erworben), Schlossgut Bimbach sowie eine Verkaufsstelle auf Hof Wöllmen bei Leipzig. Dieter Laufer besitzt als Monopollage den 2011 gepflanzten Schlossgarten in Bimbach-Prichsenstadt, aus dem Kerstin Laufer ihre wichtigsten Weine erzeugt. Hinzu kommen Weinberge in Sommerach (Katzenkopf, Rosenberg) und Obervolkach (Landsknecht) sowie am nördlichen Steigerwald in Wiebelsberg (Dachs), Kammerforst (Teufel) und Traustadt (Falkenberg) und im Unterhaider Röthla im Landkreis Bamberg, ganz im Osten des fränkischen Weinanbaugebietes. Silvaner und Bacchus sind die wichtigsten Rebsorten, gefolgt von Kerner, Müller-Thurgau und Riesling, das rote Spektrum wird angeführt von Regent.

Kollektion

Wieder einmal eine überzeugende Kollektion mit hohem Einstiegsniveau: Schon der frische, fruchtbetonte „Sommerwein" ist sehr gut, und auch die Klassik-Linie bietet zuverlässig hohes Niveau, allen voran der rauchige, reintönige Silvaner und der herrlich eindringliche, zupackende Weißburgunder, der gute Struktur und Grip besitzt. Eine Steigerung hinsichtlich Fülle und Komplexität bringen die Weine der Exklusiv-Linie, die eindrucksvoll beweisen, wie toll sich Weine mit etwas Reife zeigen. Der 2019er Kerner aus dem Röthla ist konzentriert, reintönig und kraftvoll, der Chardonnay, Jahrgang 2018, besitzt gute Struktur, Substanz und Druck, der 2019er Silvaner ist rauchig, komplex, nachhaltig. Spannend ist auch der intensive Rosé, der rauchige Pinot Noir besitzt gute Struktur und Frucht. Stark!

Weinbewertung

85 2021 „Sommerwein" Weißwein | 11,5%/7,50€
85 2021 Silvaner trocken Klassik Bimbacher Schlossgarten | 12%/7,50€
84 2021 Bacchus trocken Klassik | 12%/7,50€
86 2021 Weißburgunder trocken Klassik Bimbacher Schlossgarten | 12,5%/8,50€
84 2021 Chardonnay trocken Klassik Bimbacher Schlossgarten | 12%/8,50€
87 2019 Kerner trocken Exklusiv Unterhaider Röthla | 13%/12,-€
89 2019 Silvaner trocken Exklusiv Bimbacher Schlossgarten | 13%/12,-€
88 2018 Chardonnay trocken Exklusiv Bimbacher Schlossgarten | 13,5%/15,-€
84 2021 Riesling „feinfruchtig" Klassik Bimbacher Schlossgarten | 11,5%/8,50€
83 2021 Rosé trocken Klassik | 11,5%/8,50€
87 2021 Rosé trocken Exklusiv | 12%/15,-€
87 2019 Pinot Noir trocken Exklusiv Sommeracher Katzenkopf | 13,5%/18,50€

Eberhard **Klein**

Kontakt
Blumenstraße 1
74399 Walheim
Tel. 07143-35745
Fax: 07143-35720
www.schalkstein.de
terrassenweinbau@t-online.de

Besuchszeiten
nach Vereinbarung

Inhaber
Eberhard Klein
Rebfläche
3,3 Hektar

Knapp die Hälfte der Weinberge von Eberhard Klein liegt in terrassierten Steillagen am Zusammenfluss von Neckar und Enz, wo die Reben auf Muschelkalkböden wachsen. Bis auf einen Weinberg in Besigheim (Wurmberg) liegen alle Parzellen in Walheim, darunter einige im ursprünglichen Schalkstein, der 1971 Namensgeber für alle Walheimer Weinberge wurde. Die Weinberge, 28 Parzellen, zwischen 4 und 40 Ar groß, sind dauerbegrünt, befinden sich zur Hälfte in Steillagen. Eberhard Klein baut Riesling, Grauburgunder, Traminer, Lemberger, Trollinger, Schwarzriesling und Zweigelt an, er setzte verstärkt auf Chardonnay und Spätburgunder, legte Merlot an. Die Weißweine werden komplett spontanvergoren, die Rotweine teilweise, alle Rotweine werden 15 bis 20 Tage maischevergoren und in großen und kleinen Eichenholzfässern ausgebaut, Weißweine kommen ebenfalls gelegentlich ins Barrique. In der hauseigenen Brennerei werden Obst- und Tresterbrände erzeugt, die teilweise in Fässern aus Eichen-, Eschen- oder Kirschholz reifen. Seit dem Jahrgang 2018 werden die Weine nicht mehr bei der amtlichen Qualitätsweinprüfung eingereicht und kommen als Schwäbischer Landwein auf den Markt.

Kollektion

Eine kleine, sehr gleichmäßige Kollektion von sechs Weinen präsentiert Eberhard Klein in diesem Jahr, zwei Weißweine und vier Rote, alle Weine sind durchgegoren. Aus dem Jahrgang 2021 kommt der zur Hälfte im Holz und zur Hälfte im Edelstahl ausgebaute Grauburgunder, der rauchig-würzige Noten im Bouquet zeigt, Fülle und Kraft im Mund besitzt, gute Struktur und reife Frucht. Ein Jahr älter ist der Riesling von alten Reben, der sehr offen im Bouquet ist, viel Duft zeigt, recht füllig und saftig im Mund ist bei klarer reifer Frucht. Aus diesem Jahrgang 2020 stammt auch der Zweigelt, der intensiv fruchtig im Bouquet ist, herrlich eindringlich und reintönig, frisch, klar und zupackend im Mund ist, gute Struktur und Grip besitzt. Sehr offen im Bouquet ist der Merlot aus der Terrassenlage, ebenfalls ein 2020er, zeigt klare reife Frucht, ist frisch, geradlinig, fruchtbetont und zupackend. Die Cuvée Epona aus Spätburgunder und Zweigelt ist sehr offen, zeigt intensiv rote Früchte, besitzt gute Struktur und Frische, sie stammt aus dem Jahrgang 2019 wie auch der Lemberger, der fruchtbetont und intensiv im Bouquet ist, Frische im Mund besitzt klare Frucht und Grip.

Weinbewertung

84 2021 Grauburgunder trocken („Rosengold") | 13%/7,40€
84 2020 Riesling „Alte Reben" | 12,5%/8,20€
85 2020 Zweigelt trocken | 12,5%/8,20€
85 2019 Lemberger trocken | 13%/7,40€
84 2019 „Epona" Rotwein trocken | 13%/7,40€
86 2020 Merlot trocken Terrassenlage | 13,5%/13,50€

★★★

Gerhard Klein

Kontakt
Weinstraße 41
76835 Hainfeld
Tel. 06323-986980
Fax: 06323-81343
www.kleinwein.com
klein-wein@t-online.de

Besuchszeiten
Mo.-Fr. 10-12 + 13-17 Uhr
Sa. 11-16 Uhr

Inhaber
Barbara & Peter Klein
Betriebsleiter
Peter Klein
Kellermeister
Pascal Schlosser &
Barbara Klein
Außenbetrieb
Benedikt Lettner
Rebfläche
26 Hektar
Produktion
200.000 Flaschen

Gerhard und Sieglinde Klein haben die Regie in dem 350 Jahre alten Familienbetrieb mittlerweile ihren Kindern Barbara und Peter überlassen. Ihre Weinberge liegen vor allem in den Hainfelder Lagen Letten, Kirchenstück und Kapelle, hinzu kommen Parzellen im Burrweiler Altenforst, im Weyherer Michelsberg und mittlerweile auch im Ilbesheimer Kalmit. Neben den Burgundersorten und Riesling wurden auch Sauvignon Blanc, Cabernet Sauvignon und Syrah gepflanzt, und nachdem Peter Klein in der Wachau gearbeitet hatte auch etwas Grüner Veltliner. Im September 2020 wurde im Ortskern von Hainfeld die neue Vinothek eröffnet.

Kollektion

Zwei sehr starke Weine führen die erneut sehr gute Kollektion der Familie Klein an: Der Syrah Reserve zeigt dunkle Frucht, Pflaume, Brombeere, und etwas weißen Pfeffer im Bouquet, ist kraftvoll und harmonisch, besitzt eine gute Struktur mit reifen Tanninen und Länge, die R-Version des Weißburgunders aus dem Hainfelder Letten zeigt im Bouquet leicht rauchige Schießpulvernoten und dezente gelbe Frucht, besitzt am Gaumen Kraft, feine Frucht, ist druckvoll, animierend und nachhaltig. Der Kalmit-Weißburgunder zeigt Birne, Ananas und sehr dezentes Holz im komplexen Bouquet, ist kraftvoll und harmonisch, der Chardonnay aus dem Letten zeigt ebenfalls klare Frucht, Ananas, Aprikose, ist kraftvoll, leicht rauchig und nachhaltig. Bei den drei Fumé-Weinen bleibt das Holz jeweils sehr dezent, alle besitzen Fülle, viel klare Frucht, Frische und Länge. Der nur mit minimalen Erträgen geerntete Altenforst-Riesling ist in diesem Jahr nicht ganz durchgegoren, ist leicht cremig, frisch und harmonisch, besitzt kräutrig-mineralische Würze, dezente Süße und klare Noten von gelbem Steinobst, der Kalmit-Riesling ist etwas steiniger, besitzt Grip und herbe Zitrusnoten von Ananas und Limette. —

Weinbewertung

86	2021 Riesling trocken „vom Schiefer" I 13,5%/10,50€
86	2021 Muskateller „Buntsandstein" I 12,5%/12,-€
86	2021 Grüner Veltliner trocken „vom Löss" I 13%/12,-€
88	2021 Weißburgunder & Chardonnay trocken „Weißes Kreuz" I 13%/16,50€
88	2021 Riesling trocken Ilbesheimer Kalmit I 13%/16,50€
88	2021 Riesling Burrweiler Atenforst I 13%/18,-€
88	2021 Weißburgunder trocken Ilbesheimer Kalmit I 13,5%/18,-€
90	2021 Weißburgunder trocken „R" Hainfelder Letten I 13,5%/25,-€
88	2021 Chardonnay trocken Hainfelder Letten I 13,5%/18,-€
88	2021 Scheurebe trocken „Fumé" I 13,5%/15,-€
88	2021 Sauvignon Blanc trocken „Fumé" I 13%/15,-€
87	2021 Syrah & Tempranillo Rosé trocken „Fumé" I 13%/15,-€
90	2018 Syrah trocken „Reserve" I 14%/28,-€

★★

Klepper

Kontakt
Georgstraße 14
65201 Wiesbaden
Tel. 0611-429958
Fax: 0611-9410255
www.weingut-klepper.de
tobias@weingut-klepper.de

Besuchszeiten
Mo.-Fr. 15-19 Uhr
Sa. 10-18 Uhr
Di./Mi. Ruhetage

Inhaber/Betriebsleiter/ Außenbetrieb
Tobias & Walter Klepper
Kellermeister
Tobias Klepper
Rebfläche
8 Hektar
Produktion
50.000 Flaschen

Das Weingut Klepper liegt in Wiesbaden-Frauenstein etwas abseits der wohlbekannten Rheingauer Lagen. Seit 2019 ist Tobias Klepper nach seiner Winzerlehre im Weingut der Hochschule Geisenheim und auf Schloss Johannisberg zurück im elterlichen Betrieb, für dessen Keller er nun verantwortlich ist. Die Weinberge, die alle im Frauensteiner Herrenberg liegen, bearbeitet er gemeinsam mit seinem Vater Walter Klepper. Die wichtigste Rebsorte ist Riesling mit zwei Dritteln der Fläche gefolgt von Spät-, Grau-, und Weißburgunder. Außerdem baut das Weingut die alte Weißweinsorte Roter Riesling an. Seit Tobias Kleppers Einstieg bleiben die Weine nun meist bis Januar auf der Vollhefe und bis zur Füllung im Frühsommer auf der Feinhefe.

Kollektion

Die Weine sind spannender geworden. Der Riesling von alten Reben besitzt Strenge und Widerstand, guten Nachhall, etwas süffiger ist der feinherbe Riesling was auch für die liebliche Riesling Spätlese gilt. Der Roter Riesling besitzt trotz seiner latenten Süße eine gute Intensität und weist steinige Aromen auf. Der Gutsriesling ist typisch für Jahrgang und Region, Noten von knackigem grünen Apfel und hohe Säure kennzeichnen ihn. Die Sun-Linie von Tobias Klepper deutet auf ein Freischwimmen des Juniors hin, der mit Maischegärung, Maceration Gas Carbonique und Spontangärung experimentiert. An der Spitze der Kollektion steht wie auch im vergangenen Jahr der Red Sunshine, ein maischevergorener Grauburgunder, der mit Orangenschale, Sternanis, Kardamom, Süßholz und Lakritz punkten kann, feine Bitternoten aufweist. Der 2020er Weißburgunder-Sekt wirkt ohne Dosage und mit nur zwölf Monaten Hefelager noch etwas ruppig und allzu jugendlich, etwas mehr Flaschenreife – oder aber Dosage – hätten ihm gut getan. Dennoch: Weiter so!

Weinbewertung

84	2020 Weißer Burgunder Sekt brut nature I 12,5%/11,20€
82	2021 Riesling trocken I 12%/5,90€
84	2020 Silvaner trocken „Sunshine“ I 13,5%/8,50€
81	2020 Spätburgunder „Blanc de Noir“ trocken I 13%/6,10€
85	2020 Riesling trocken „Alte Reben“ I 12,5%/6,90€
86	2019 Grauburgunder trocken „Red Sunshine“ I 13%/8,50€
83	2020 Riesling „feinherb“ I 11,5%/5,10€
84	2020 Roter Riesling „feinherb“ I 11,5%/6,10€
83	2020 Riesling Spätlese „lieblich“ I 10,5%/6,20€
81	2020 Spätburgunder Rosé halbtrocken I 12,5%/6,10€
82	2020 Spätburgunder „Red Sun“ I 11,5%/8,50€
82	2020 Spätburgunder Spätlese trocken Barrique I 15,5%/16,90€

★★★★

Wolfgang Klopfer

Kontakt
Gundelsbacher Straße 1
71384 Weinstadt-Großheppach
Tel. 07151-603848
Fax: 07151-600956
www.weingut-klopfer.de
info@weingut-klopfer.de

Besuchszeiten
Weinverkauf
Di.- Fr. 16-19 Uhr
Sa. 9-16 Uhr
Klopfers Vinothek „Am Steingrüble“: Ausschank April/Mai/Sept./Okt.
Veranstaltungen & Gruppen
kulturelle Veranstaltungen

Inhaber
Familie Klopfer
Betriebsleiter
Christoph & Wolfgang Klopfer
Rebfläche
15 Hektar
Produktion
90.000 Flaschen

Wein baut die Familie Klopfer schon lange im Remstal an, das eigene Weingut hat Wolfgang Klopfer Anfang der achtziger Jahre gegründet, führt es zusammen mit Ehefrau Dagmar. Seit 2013 ist Sohn Christoph im Betrieb tätig, der in Neustadt Weinbau studiert hat (sein Kooperationsbetrieb war das Weingut Bassermann-Jordan), Auslandserfahrungen im kanadischen Okanagan Valley sammelte. Christoph Klopfer kümmert sich überwiegend um den Keller. Ihre Weinberge, ein großer Teil in Steillagen, liegen in Großheppach in den Lagen Steingrüble (mit den Gewannen Trosthalde und Klingenberg) und Wanne, sowie im Kleinheppacher Greiner, aber auch in Grunbach (Klingle), Gundelsbach und Geradstetten (Lichtenberg), hinzu kommt eine terrassierte Steillage im Cannstatter Zuckerle, in der Riesling angebaut wird, wo man Trockenmauern restauriert und eine pilzresistente rote Sorte aus der Schweiz (VB Cal. 1-22) neu angepflanzt hat, die 2015 den ersten Ertrag brachte und den „Mauerpfeffer“ genannten Wein ergibt. Rote Sorten nehmen zwei Drittel ihrer Fläche ein. Trollinger, Schwarzriesling, Lemberger und Spätburgunder sind die Hauptsorten. Seit 1995 bauen sie auch Merlot, Cabernet Dorio und Cabernet Dorsa an, später dann kamen Frühburgunder und Zweigelt hinzu. Mit Abstand wichtigste Weißweinsorte ist Riesling, dazu gibt es Sauvignon Blanc und Sauvignon Gris – zusammen einen Hektar, Weiß- und Grauburgunder, etwas Gewürztraminer, inzwischen auch Goldmuskateller. Die Weinberge werden seit 2013 biologisch bewirtschaftet, man ist seit 2015 Mitglied bei Ecovin, 2015 war auch der erste zertifizierte Jahrgang. Wolfgang Klopfer hat von Beginn an das Gros seiner Weine trocken und durchgegoren ausgebaut. Die Rotweine werden maischevergoren und im Holz ausgebaut, sie bleiben wie auch die Weißweine lange auf der Hefe. Die neu gebaute Vinothek Am Steingrüble, auf drei Seiten verglast, bietet Sitzplätze für bis zu 80 Personen und kann für private Feste, Firmenfeiern oder Seminare gemietet werden.

Kollektion

Der nicht dosierte Klopfer'sche Sekt ist wie immer eine sichere Bank: Die Cuvée aus Pinot Noir, Pinot Meunier und Chardonnay, drei Jahre auf der Hefe ausgebaut, zeigt feine Frische und herrlich viel Frucht im Bouquet, ist klar und harmonisch im Mund, besitzt gute Struktur, Frische und Grip. Die beiden weißen Gutsweine aus dem Jahrgang 2021 sind sehr gut, der Riesling ist frisch und würzig, geradlinig und klar, besitzt feine süße Frucht und Biss, der Weißburgunder ist wunderschön reintönig im Bouquet, frisch und fruchtbetont, ist geradlinig und wunderschön klar auch im Mund. Würzig und eindringlich ist der Gundelsbacher Sauvignon Blanc, zeigt reintönige Frucht, ist frisch, fruchtbetont und zupackend im Mund. Mehr Substanz und Kraft besitzt der Sauvignon Gris Reserve, zeigt gute Konzentration, feine Würze und reife klare Frucht, ist füllig und stoffig im Mund, kompakt und konzentriert, noch sehr jugendlich, etwas Flaschenreife wird ihm guttun, wie der 2018er zeigt, der herrlich kraftvoll und immer noch jugendlich ist. Als einzigen Lagen-Weißwein hat Christoph Klopfer in diesem Jahr den 2020er Weißburgunder aus dem Steingrüble präsentiert, der intensive Frucht und Frische im herrlich eindringlichen und reintönigen Bouquet zeigt, Fülle und Harmonie im Mund besitzt, viel reife Frucht, gute Struktur und Frische. „Modus K“ gibt es in diesem Jahr nur als Rosé, Jahrgang 2021, ist der im Barrique vergorene Saftablauf von Merlot, Lemberger und Cabernet, ein fruchtbetonter, rauchiger, herrlich eindringlicher Rosé, der Fülle und Kraft besitzt, reife Frucht und gute Struktur – mehr Essensbegleiter, denn Terrassen-Rosé. Auch bei den Rotweinen ist das Basisniveau sehr hoch, das beweisen die beiden Ortsweine. Der Geradstettener Spätburgunder ist frisch und fruchtbetont im Bouquet, herrlich reintönig, ist lebhaft im Mund, frisch, zupackend und strukturiert. Der Großheppacher Lemberger zeigt feine Würze, Frische und Frucht, besitzt reintönige Frucht und feinen Grip im Mund. Der Mauerpfeffer stammt von einer Piwi-Sorte (VB Cal 1-22), die Reben stehen im Cannstatter Zuckerle. Seit seinem Debüt mit dem Jahrgang 2015 hat er immer überzeugt, zeigt im Jahrgang 2019 feine Frucht, dunkle Früchte, ist wunderschön harmonisch im Mund, kraftvoll und doch elegant, besitzt gute Struktur und Länge. Der Spätburgunder aus dem Steingrüble zeigt leicht rauchige Noten im Bouquet, rote Früchte, ist weich und harmonisch im Mund, besitzt gute Fülle und reife klare Frucht. Der Lemberger aus dem Greiner zeigt intensive Frucht, etwas Herzkirschen, ist füllig, saftig und schmeichelnd, besitzt gute Struktur und Frische.

Christoph Klopfer

Weinbewertung

88 2017 Klopfer Sekt brut nature | 12,5%/15,90€
87 2021 Weißburgunder trocken | 12,5%/8,20€ ☺
85 2021 Riesling trocken | 12%/8,20€
88 2021 Sauvignon Blanc trocken Gundelsbach | 12%/10,90€
89 2020 Weißburgunder trocken Großheppacher Steingrüble | 13%/14,80€
89 2018 Sauvignon Gris trocken „Reserve“ | 13,5%
89 2021 Sauvignon Gris trocken „Reserve“ | 13%/15,40€
88 2021 „Modus K“ Rosé trocken | 13%/14,80€
86 2019 Spätburgunder trocken Geradstetten | 12,5%/10,40€
86 2019 Lemberger trocken Großheppach | 13%/10,40€
90 2019 „Mauerpfeffer“ Rotwein trocken Cannstatter Zuckerle | 13%/22,-€
90 2019 Spätburgunder trocken Großheppacher Steingrüble | 13%/28,-€
92 2019 Lemberger trocken Kleinheppacher Greiner | 13,5%/28,-€

Lagen

Steingrüble (Großheppach)
Greiner (Kleinheppach)
Klingle (Grunbach)
Zuckerle (Cannstatt)
Wanne (Großheppach)
Lichtenberg (Geradstetten)

Rebsorten

Riesling (20%)
Weißburgunder (15%)
Lemberger (15%)
Spätburgunder (10%)
Sauvignon Blanc (10%)
Grauburgunder (6%)
Merlot (6%)

★★☆

Kloster Eberbach

Kontakt

Hessische Staatsweingüter GmbH Kloster Eberbach,
Kloster Eberbach,
65346 Eltville
Tel. 06123-6046-0
Fax: 06123-6046-420
www.kloster-eberbach.de
weingut@kloster-eberbach.de

Besuchszeiten

Vinothek im Kloster Eberbach: April-Oktober tägl. 11-19 Uhr; November-März tägl. 11-18 Uhr; Vinothek Domäne Bergstraße, Darmstädter Straße 133, 64646 Heppenheim (Tel. 06252-1262690), April-Okt. tägl. 11-19 Uhr; Nov.-März: Mo.-Fr. 11-18 Uhr; Sa., So. & Feiertage 10-16 Uhr; Pfortenhaus Kloster Eberbach, Gutsauschank im Baiken (Eltville). Schwarzes Häuschen (Domäne Steinberg) Hotel Kloster Eberbach

Inhaber Land Hessen
Direktor Dieter Greiner
Önologin Kathrin Puff
Kellermeister Bernd Kutschick
Außenbetrieb Max Schaefer
Rebfläche 238 Hektar
Produktion 2.300.000 Fl.

Die Hessischen Staatsweingüter sind das größte Weingut in Deutschland: Außer den Rheingauer Gütern (Domäne Assmannshausen, Kloster Eberbach) wird auch das an der Hessischen Bergstraße von Kloster Eberbach aus verwaltet. Die Hessische Landesregierung hat den Staatsbetrieb in eine GmbH umgewandelt, die aber weiterhin zu hundert Prozent in Staatsbesitz ist. Seit 2018 ist Kathrin Puff als Önologin für die Vinifikation zuständig, 2021 übernahm Max Schaefer die Leitung des Außenbetriebs.

Kollektion

Der traditionsreiche Großbetrieb ist weiterhin auf einem guten Kurs. Der trockene Guts-Riesling ist fruchtbetont und reintönig, besitzt Noten von grünem Apfel und Aprikose – ein typischer Rheingauer. Herber und komplexer präsentiert sich der Steinberger Riesling, der Noten von gelben Äpfeln aufweist. Der Baiken-Riesling ist ähnlich, aber deutlich gehaltvoller. Der Riesling vom Neroberg ist fruchtbetont, sehr charmant, aber nicht ganz so präzise wie seine Kollegen von Steinberg und Baiken. Die beiden Großen Gewächse können mit ihrer klaren Aromatik punkten. Der Wein aus dem Marcobrunn ist üppig, gehaltvoll, mit tropischer Frucht; mehr Luft lässt eine spannende Bitterorangenaromatik hervortreten. Der Wein aus dem Berg Roseneck ist deutlich zupackender, zeigt kandierte Zitrone, kühlen Rauch, ist kompakt und säurebetont. Noch etwas spannender sind auch in diesem Jahr wieder die Spätburgunder. Der 2019er Höllenberg (Erste Lage) ist filigran und zupackend, zeigt Aromen von Süßkirsche, Holunder und Graphit. Der Spätburgunder aus dem Schlossberg ist etwas herber, schlanker und kantiger, besitzt rote Johannisbeerfrucht und feine Säure. Das Große Gewächs aus dem Höllenberg steht an der Spitze der Kollektion, ist harmonisch, besitzt zarte Tannine, eine belebende Säure und Kraft.

Weinbewertung

84	2021 Riesling trocken I 12%/9,20€
86	2021 Riesling trocken Rauenthaler Baiken I 12%/13,90€
85	2021 Riesling trocken Wiesbadener Neroberg I 12,5%/13,90€
86	2021 Riesling trocken Steinberger I 12,5%/12,90€
89	2021 Riesling trocken Großes Gewächs Rüdesheimer Berg Roseneck I 12,5%/35,-€
88	2021 Riesling trocken Großes Gewächs Erbacher Marcobrunn I 13%/35,-€
85	2021 Riesling Kabinett Steinberger I 8%/13,90€
86	2021 Riesling Spätlese Rauenthaler Baiken I 8%/17,50€
89	2019 Spätburgunder trocken Assmannshäuser Höllenberg (Erste Lage) I 13%/22,-€
90	2020 Spätburgunder trocken Großes Gewächs Berg Schlossberg I 13%/42,-€
91	2019 Spätburgunder trocken Großes Gewächs Höllenberg I 13%/59,-€
84	2021 Grauburgunder trocken Heppenheimer Centgericht I 12,5%/13,90€

★★★★

Klumpp

Kontakt
Heidelberger Straße 100
76646 Bruchsal
Tel. 07251-16719
Fax: 07251-10523
www.weingutklumpp.com
info@weingut-klumpp.com

Besuchszeiten
Mo.-Fr. 9-12 + 14-18 Uhr
Sa. 9-13 Uhr
und nach Vereinbarung
Weinbergshütte für
Weinproben

Inhaber
Markus & Andreas Klumpp
Betriebsleiter
Markus & Andreas Klumpp
Kellermeister
Markus Klumpp
Außenbetrieb
Andreas Klumpp
Rebfläche
32,5 Hektar
Produktion
180.000 Flaschen

Ulrich Klumpp machte sich 1983 selbstständig mit damals 4,5 Hektar Weinbergen. 1990 baute er das neue Weingut am Stadtrand von Bruchsal. Seit 1996 wird der gesamte, mittlerweile 28,5 Hektar große Betrieb nach den Richtlinien des ökologischen Weinbaus (Ecovin) bewirtschaftet. Die Böden im Kraichgau sind sehr heterogen, man findet auf kleinstem Raum Buntsandstein, Muschelkalk und Keuper. Seit 2007 tragen die Premiumweine Lagenbezeichnungen. Grauburgunder, Spätburgunder (Alte Reben) und St. Laurent kommen aus der neu eingetragenen Lage Rothenberg in Bruchsal (zuvor trugen sie die Bezeichnung Eichholz), einer 2,7 Hektar großen Lage im Alleinbesitz. Weißburgunder und Chardonnay, sowie die Cuvée M aus Cabernet Sauvignon, Merlot und Cabernet Franc und der Syrah kommen aus dem Kirchberg in Unteröwisheim, einer windexponierten Südlage aus Kalksandstein mit hoher Lössauflage. Der Pinot Noir wächst im Weiherberg südlich von Bruchsal, einer windoffenen Süd-Ost-Lage mit Kalksandsteinverwitterungsboden mit lehmiger Tonauflage, die 1,1 Hektar große Lage gehört ganz dem Weingut Klumpp. Im Zeuterner Himmelreich (Tonmergel in unterschiedlichen Verwitterungsstufen) wachsen Riesling und Lemberger. Ein weiterer Lagen-Riesling wird im Bruchsaler Klosterberg erzeugt (Muschelkalk mit dünner Löss- bzw. Keuperauflage). Wichtigste Rebsorte ist Spätburgunder, gefolgt von Riesling, Grauburgunder, Weißburgunder, Auxerrois (die älteste Anlage wurde 1965 gepflanzt) und Lemberger. Bei den roten Sorten setzen die Klumpps neben Spätburgunder und Blaufränkisch auf St. Laurent, rote Rebsorten nehmen etwa ein Drittel der Rebfläche ein. Seit 2004 ist Markus Klumpp für die Vinifikation zuständig, seit 2010 ist auch der zweite Sohn Andreas im Betrieb tätig, sie haben inzwischen gemeinsam den Betrieb übernommen. Sie fokussieren sich noch stärker auf die Burgunderrebsorten. Alle neu angelegten Flächen werden mit „Selection Massale“-Reben aus dem Burgund bepflanzt. Die Lagenweißweine vergären alle spontan im Tonneau (20 bis 40 Prozent neue Fässer), mit bis zu 10 Monaten Hefelager und Battonage. Ausnahme ist der Chardonnay, der in Barriques vergoren wird (40 Prozent neue Fässer). Die Fässer beziehen die Klumpps in den letzten Jahren ausschließlich aus dem Burgund. Die Rotweine werden alle im Barrique ausgebaut, die Gutsweine etwa zehn Monate, die Lagenweine 15 bis 24 Monate; der Neuholzanteil wurde in den letzten Jahren reduziert, beträgt heute 60 bis 70 Prozent. Die Rotweine werden heute fünf Tage kaltmaceriert und mit 20 bis 40 Prozent ganzen Trauben vergoren. Alle Lagenweine werden unfiltriert gefüllt. Die Kollektion ist klar gestaltet: Es gibt neun Gutsweine und neun Lagenweine, mit dem Jahrgang 2019 wurden erstmals Ortsweine angeboten, die im zweit- und drittbelegten Tonneau spontanvergoren werden.

Kollektion

Andreas & Markus Klumpp

Auch die neue Kollektion von Markus und Andreas Klumpp überzeugt rundum, in der Basis wie auch in der Spitze. Der Auxerrois ist frisch, sortentypisch, lebhaft – ein feiner Terrassenwein. Der Weißburgunder vom Löss ist kraftvoll, geradlinig und klar, der Tonmergel-Grauburgunder ist etwas kraftvoller und fülliger, aber ebenso reintönig und harmonisch, der Chardonnay vom Muschelkalk punktet mit Harmonie, Struktur und Substanz. Die weißen Lagenweine stammen alle aus dem Jahrgang 2020. Der Riesling aus dem Himmelreich ist herrlich eindringlich im Bouquet, reintönig, fein gereift, ist frisch und zupackend im Mund, besitzt gute Struktur und Grip. Der Weißburgunder vom Kirchberg zeigt dezent rauchige Noten, klare Frucht, ist füllig und harmonisch im Mund, besitzt gute Substanz und Länge. Ein klein wenig besser gefällt uns in diesem Jahr der Grauburgunder vom Rothenberg, der gute Konzentration zeigt, enorm würzig und eindringlich ist, Fülle und Kraft besitzt, gute Struktur und klare reife Frucht. Gleichauf sehen wir den Chardonnay, der füllig ist, sehr cremig, gute Substanz und Länge besitzt. Die Rotweine stammen alle aus dem Jahrgang 2019. Der Gipskeuper-Spätburgunder ist ein feiner Ortswein, sehr klar, harmonisch und strukturiert. Der Blaufränkisch aus dem Zeuterner Himmelreich ist wunderschön reintönig und konzentriert, besitzt Fülle und Kraft, gute Struktur, reintönige Frucht und Frische. Die beiden Lagen-Spätburgunder begeistern uns wie schon im Vorjahr, sie sind wunderschön reintönig im Bouquet, harmonisch und elegant, besitzen reintönige Frucht und viel Länge, der Wein aus dem Rothenberg ist ein klein wenig nachhaltiger als sein Kollege vom Weiherberg. Ganz starke Kollektion!

Weinbewertung

86	2021 Auxerrois trocken I 12,5 %/12,- €
87	2021 Weißburgunder trocken „Löss" Unteröwisheim I 12,5 %/15,- €
87	2021 Grauburgunder trocken „Tonmergel" Ubstadt I 13 %/15,- €
87	2021 Chardonnay trocken „Muschelkalk" Bruchsal I 12,5 %/15,- €
89	2020 Riesling trocken Zeuterner Himmelreich I 12 %/19,- €
89	2020 Weißburgunder trocken Unteröwisheimer Kirchberg I 13 %/23,- €
90	2020 Grauburgunder trocken Bruchsaler Rothenberg I 13 %/23,- €
90	2020 Chardonnay trocken Unteröwisheimer Kirchberg I 13 %/28,- €
88	2019 Spätburgunder trocken „Gipskeuper" Bruchsal I 13 %/15,- €
91	2019 Blaufränkisch trocken Zeuterner Himmelreich I 13,5 %/25,- €
91	2019 Pinot Noir trocken Bruchsaler Weiherberg I 13 %/25,- €
92	2019 Spätburgunder trocken Bruchsaler Rothenberg I 13 %/28,- €

Lagen

Rothenberg (Bruchsal)
Weiherberg (Bruchsal)
Kirchberg (Unteröwisheim)
Himmelreich (Zeutern)

Rebsorten

Grauburgunder (25%)
Weißburgunder (20%)
Spätburgunder (15%)
Riesling (15%)
Auxerrois (10%)
Chardonnay (10%)
Blaufränkisch (5%)

★★★★

Knab

Kontakt
Hennengärtle 1a
79346 Endingen
Tel. 07642-6155
Fax: 07642-931377
www.knabweingut.de
regina-rinker@t-online.de

Besuchszeiten
Mo.-Fr. 17-18:30 Uhr
Sa. 10-14 Uhr
vinologische Exkursionen mit dem Unimog-Oldtimer

Inhaber
Thomas, Regina & Johannes Rinker

Betriebsleiter
Thomas Rinker, Johannes Rinker

Kellermeister
Johannes Rinker

Außenbetrieb
Thomas Rinker, Johannes Rinker

Rebfläche
23 Hektar

Produktion
130.000 Flaschen

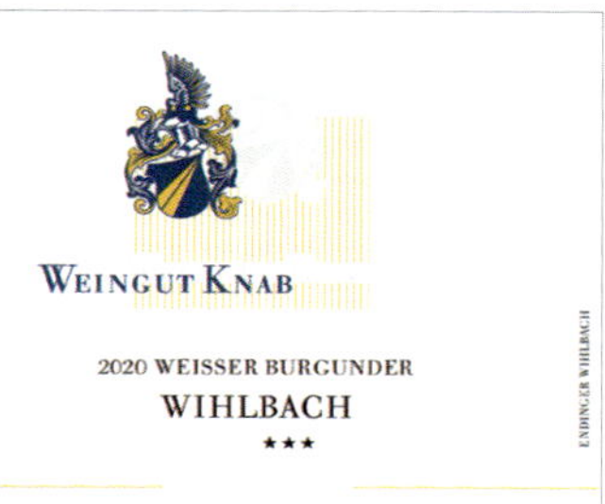

Thomas und Regina Rinker haben das Weingut Knab 1994 übernommen. Ihr Sohn Johannes ist nach Geisenheim-Studium und praktischen Erfahrungen in Neuseeland, Italien und der Schweiz 2016 in den Betrieb eingestiegen. Ihre Weinberge befinden sich fast ganz in der großen Lage Endinger Engelsberg (mit den früheren Einzellagen Wihlbach, Schönenberg, Eckkinzig und Schlangeneck) sowie in der Amolterer Steinhalde. 35 Prozent der Rebfläche nimmt Weißburgunder ein, 30 Prozent Grauburgunder, knapp gefolgt vom Spätburgunder, dazu gibt es etwas Chardonnay und Auxerrois. Die Weine werden, teils nach Maischestandzeiten, kühl vergoren und lange auf der Feinhefe ausgebaut. Die Weißweine werden überwiegend im Edelstahl ausgebaut. Seit dem Jahrgang 2017 werden die Top-Weißweine im großen Holzfass ausgebaut, ein kleiner Anteil im Barrique; der Chardonnay wurde schon immer im Barrique ausgebaut. Die Spätburgunder werden alle im Holz ausgebaut. Die Basis der Kollektion bilden die trockenen Kabinettweine, es folgen die Alte Rebe-Weine (die ehemaligen trockenen Spätlesen). An der Spitze der Kollektion stehen die 3 Sterne-Selektionen von Weißburgunder, Grauburgunder und Spätburgunder, die seit dem Jahrgang 2015 bei den Weißweinen und seit 2017 bei den Spätburgundern präzisere Lagennamen tragen. Es gibt nun jeweils zwei Grauburgunder und Weißburgunder. Die Top-Weißburgunder stammen aus den Endinger Lagen Wihlbach (kalkreicher Lössboden, über 35 Jahre alte Reben) und Schönenberg, eine hochgelegene Terrassenlage mit Vulkanverwitterungsboden, auf dem über 40 Jahre alte Reben stehen, die Grauburgunder aus der Amolterer Steinhalde (Vulkanverwitterungsböden) und aus dem Wihlbach (tiefgründige Lössböden). Seit 2017 trägt ebenfalls ein Spätburgunder die Lagenbezeichnung Wihlbach, im gleichen Jahrgang gab es erstmals einen Spätburgunder Steinhalde, der mit dem Zusatz „R“ (für Reserve) versehen ist (zuvor kam der Spätburgunder R immer aus dem Engelsberg), 2019 folgte ein Spätburgunder Schlangeneck. Seit 2018 wird auf die Bezeichnung Spätlese verzichtet, Kabinett aber wird weiterhin verwendet.

Kollektion

Den nicht unproblematischen Jahrgang 2021 hatten Thomas und Johannes Rinker voll im Griff, das zeigt das hohe Niveau im Einstiegsbereich, die beiden trockenen Kabinettweine sind extrem stark, beide sind wunderschön reintönig, besitzen Frucht und Frische, der Grauburgunder ist intensiv und zupackend, der Weißburgunder lebhaft, dabei saftig. Weißburgunder konnten wir auch in der Alte Reben-Version verkosten, die ehemalige Spätlese trocken, sie zeigt viel reife Frucht im Bouquet, ist herrlich eindringlich und reintönig, ist frisch und harmonisch im Mund, besitzt klare Frucht, gute Struktur und Grip. Gute Konzentration und viel reife Frucht zeigt der Schönenberg-Weißburgunder, weiße und gelbe

K

Früchte, er besitzt Fülle und Kraft, viel Substanz, ist sehr kompakt und jugendlich, braucht noch etwas Zeit. Der Wihlbach-Weißburgunder ist deutlich würziger im Bouquet, besitzt ebenfalls viel Fülle und Kraft, viel reife Frucht und gute Struktur, viel Frische. Aus der Lage Wihlbach gibt es auch einen Grauburgunder, der reintönige Frucht im herrlich eindringlichen Bouquet zeigt, gelbe Früchte, wunderschön frisch, klar und zupackend im Mund ist, gute Struktur und Grip besitzt. Sein Kollege aus der Steinhalde ist sehr eigenständig im Bouquet, zurückhaltend in der Frucht, besitzt Fülle, Saft und reife süße Frucht im Mund, viel Frische im Abgang. Während alle Weißweine bereits aus dem Jahrgang 2021 stammen, kommen die Spätburgunder aus dem Jahrgang 2020, sieht man einmal vom 2013er, mit 3 Sternen bezeichneten Wein aus dem Engelsberg ab, der beeindruckend zeigt wie gut die Rinker'schen Spätburgunder reifen, der feine rauchige Noten zeigt, viel reife Frucht besitzt, gute Struktur und immer noch viel Frische und Grip. Der Spätburgunder von alten Reben zeigt reintönige Frucht und rauchige Noten im Bouquet, ist frisch und zupackend, besitzt gute Struktur und Grip. Gute Konzentration, etwas rauchige und florale Noten zeigt der Wihlbach-Spätburgunder im herrlich eindringlichen Bouquet, ist frisch und klar im Mund, präzise und druckvoll. Deutlich anders ist der Spätburgunder Schlangeneck, zeigt wunderschön reintönige Frucht, gute Konzentration, ist frisch, klar und zupackend im Mund, besitzt gute Struktur und Grip, ist noch sehr jugendlich und hat Potenzial. An der Spitze steht aber auch im Jahrgang 2020 wieder der Spätburgunder aus der Steinhalde, er ist würzig und intensiv im Bouquet, leicht floral, ist frisch und klar im Mund, enorm präzise und druckvoll, ebenfalls noch sehr jugendlich. Ganz starke Kollektion!

Regina, Johannes & Thomas Rinker

Weinbewertung

87	2021 Weißer Burgunder Kabinett trocken Endinger Engelsberg I 12,5%/9,-€
87	2021 Grauer Burgunder Kabinett trocken Endinger Engelsberg I 12,5%/9,-€
89	2021 Weißer Burgunder trocken „Alte Reben" Endinger Engelsberg I 13,5%/12,70€
89	2021 Weißburgunder*** trocken Wihlbach I 13,5%/20,-€
90	2021 Weißburgunder*** trocken Schönenberg I 13%/20,-€
91	2021 Grauburgunder*** trocken Wihlbach I 13,5%/20,-€
90	2021 Grauburgunder*** trocken Steinhalde I 13,5%/20,-€
88	2020 Spätburgunder trocken „Alte Reben" Endinger Engelsberg I 13%/15,80€
92	2013 Spätburgunder*** trocken Endinger Engelsberg I 13,5%/30,-€
90	2020 Spätburgunder*** trocken Wihlbach I 13,5%/28,-€
90	2020 Spätburgunder*** trocken Schlangeneck I 12,5%/28,-€
92	2020 Spätburgunder*** trocken „R" Steinhalde I 13,5%/42,-€

Lagen
Engelsberg (Endingen)
Wihlbach (Endingen)
Schönenberg (Endingen)
Eckkinzig (Endingen)
Schlangeneck (Endingen)
Steinhalde (Amoltern)

Rebsorten
Weißburgunder (35%)
Grauburgunder (30%)
Spätburgunder (27%)
Chardonnay (5%)
Auxerrois (3 %)

★ ☆

Knauer

Kontakt
Kühngasse 1
97337 Dettelbach
Tel. 09324-3494
www.weingut-knauer.de
info@weingut-knauer.de

Besuchszeiten
Mo.-Fr. 9-18 Uhr
Sa. 9-16 Uhr
Gästezimmer, Ferienwohnung

Inhaber
Wolfgang Knauer
Betriebsleiter
Wolfgang Knauer
Kellermeister
Kilian Kleine-Tebbe
Außenbetrieb
Wolfgang Knauer
Rebfläche
10 Hektar
Produktion
80.000 Flaschen

Seit dem 19. Jahrhundert betreibt die Familie Weinbau im Nebenerwerb, seit Mitte der siebziger Jahre des zwanzigsten Jahrhunderts konzentriert man sich ganz auf Wein, begann 1978 mit der Selbstvermarktung. Zu Beginn des letzten Jahrzehnts erweiterte Wolfgang Knauer die Rebfläche. 2012 übernahm Kellermeister Kilian Kleine-Tebbe mit seiner Ehefrau Jess Weaver, Önologin aus Neuseeland, die Verantwortung für den Keller, Wolfgang Knauer kümmert sich um den Außenbetrieb. Seither wurde in Kellertechnik investiert, Rebfläche und Sortiment wurden nochmals erweitert. Wolfgang Knauer führt das Weingut zusammen mit Ehefrau Doris, die sich zusammen mit Tochter Johanna um Vermarktung und Vertrieb kümmert. Die Weinberge liegen alle in Dettelbach, in den Lagen Berg-Rondell und Sonnenleite, wobei hauptsächlich der Name der Großlage Honigberg verwendet wird. Zu 85 Prozent werden weiße Rebsorten angebaut. Der Ausbau der Weine erfolgt teils im Edelstahl, teils im Holz, ausgewählte Weine werden in 500 Liter-Fässern und Barriques aus lokaler Steigerwald-Eiche oder französischer Eiche vergoren und ausgebaut.

Kollektion

Den Jahrgang 2021 hatte das Weingut gut im Griff, die Weine zeigen gleichmäßiges, überzeugendes Niveau, sind fruchtbetont, reintönig und frisch. Auch wenn uns mit dem Reserve-Chardonnay der Wein am besten gefällt, der als einziger nicht aus diesem Jahrgang stammt sondern aus 2019: Der spontan in französischen Barriques vergorene und neun Monate darin ausgebaute Wein zeigt gute Konzentration, rauchige Noten und reife Frucht im Bouquet, ist füllig und kraftvoll im Mund, besitzt gute Struktur und Substanz, ist noch jugendlich. Aus 2021 gefällt uns die Grenzenlos genannte Cuvée aus Chardonnay und Sauvignon Blanc besonders gut, ist füllig und kraftvoll, besitzt gute Struktur und Grip. Der Riesling aus dem Fass 9 ist würzig und zupackend, die trockene Silvaner Spätlese saftig und harmonisch, die Scheurebe besitzt reintönige Frucht, gute Struktur und Grip. Eine gute, eine stimmige Kollektion!

Weinbewertung

84	2021 Silvaner Spätlese trocken „Muschelkalk" Dettelbacher Honigberg I 12%/9,-€
82	2021 Weißburgunder trocken „Muschelkalk" Dettelbacher Honigberg I 12,5%/8,-€
83	2021 „Blanc de Noir" trocken „Erste Pressung" Dettelbacher Sonnenleite I 12%/8,50€
84	2021 Scheurebe trocken „Fass 28" Dettelbacher Berg-Rondell I 11,5%/8,-€
83	2021 Goldmuskateller trocken Dettelbacher Honigberg I 11,5%/7,50€
84	2021 Riesling trocken „Fass 9" Dettelbacher Berg-Rondell I 11,5%/8,-€
85	2021 „Grenzenlos Vol. I" Weißwein trocken Dettelbacher Honigberg I 12%/8,50€
87	2019 Chardonnay „Reserve" I 13,5%/16,50€
83	2021 Kerner „restsüß" „Alte Reben" Dettelbacher Honigberg I 10,5%/8,-€
83	2021 Rosé trocken Dettelbacher Honigberg I 11,5%/7,-€

★★★★

Knauß

Kontakt
Nolten 2, 71384
Weinstadt-Strümpfelbach
Tel. 07151-606345
Fax: 07151-960145
www.weingut-knauss.com
info@weingut-knauss.com

Besuchszeiten
nach Vereinbarung
Besenwirtschaft „Sonna-Besa“

Inhaber
Familie Knauß
Betriebsleiter
Andreas & Horst Knauß
Kellermeister
Andreas Knauß
Außenbetrieb
Horst Knauß
Rebfläche
22 Hektar
Produktion
110.000 Flaschen

Mit damals 50 Ar Reben begann 1995 das Abenteuer Selbstvermarktung. 1998 ist man an den Ortsrand von Strümpfelbach ausgesiedelt, seit dem Einstieg von Andreas Knauß im Jahr 2003 wurde die Rebfläche kräftig erweitert, 2012 wurde ein komplett neuer Keller erbaut. Die Weinberge liegen vor allem in Strümpfelbach in den Lagen Altenberg und Nonnenberg, aber auch in Schnait besitzt die Familie Knauß 5 Hektar Reben in den Lagen Altenberg und Burghalde, des Weiteren ist man in Beutelsbach (Altenberg, Sonnenberg) und in Endersbach vertreten. In Löwenstein besitzt man eine über einen Hektar große Parzelle mit 1982 gepflanztem Lemberger. Die Remstaler Böden sind sehr variabel, man findet Gipskeuper, Schilfsandstein, Stubensandstein, Kieselsandstein und Mergel. Seit 2013 werden die Weinberge biologisch bewirtschaftet, 2015 begann die zertifizierte Umstellung. 65 Prozent der Fläche ist mit roten Reben bestockt. Der Schwerpunkt liegt auf gebietstypischen Sorten wie Trollinger, Lemberger, Spätburgunder und Riesling. Dazu gibt es internationale Sorten wie Merlot, Chardonnay und Sauvignon Blanc. Die Weine werden überwiegend mit den weinbergseigenen Hefen vergoren, mit je nach Jahrgang unterschiedlich langen Maischestandzeiten. Die Weißweine werden kalt und gezügelt vergoren, im Edelstahl, aber auch im Holz ausgebaut, die Rotweine prinzipiell alle auf der Maische vergoren und teils im Edelstahl, teils in kleinen (300 oder 500 Liter) oder großen Eichenholzfässern ausgebaut. Andreas Knauß hat in den letzten Jahren den Holzausbau forciert, den Neuholz-Anteil aber reduziert. Die Spitzenweine werden unfiltriert abgefüllt. 40 Prozent der Produktion wird exportiert. Mit dem Jahrgang 2016 hat Andreas Knauß sein Sortiment neu gegliedert. Die Basis bilden weiterhin die Gutsweine, dann kommen die Ortsweine (die bisherigen Selektionsweine) und schließlich die Lagenweine (die bisherigen Reserveweine). Im weißen Segment gibt es Riesling aus dem Altenberg in Schnait (genau genommen aus der Gewanne Sandmorgen, auf Stubensandstein), Sauvignon Blanc aus dem Altenberg in Beutelsbach, Chardonnay aus dem Sonnenberg in Beutelsbach und Grauburgunder aus dem Strümpfelbacher Nonnenberg. An der Spitze des roten Segments stehen der Spätburgunder aus dem Nonnenberg (der auf buntem Mergel wächst), der Lemberger aus dem Altenberg in Schnait und ein zweiter Lemberger aus dem Löwensteiner Wohlfahrtsberg. Dazu gibt es die rote Altenberg-Cuvée, die anfangs überwiegend aus Merlot bestand, seit dem Jahrgang 2012 aber dominiert Lemberger (60 bis 70 Prozent), hinzu kommen Merlot und Zweigelt.

Kollektion

Mit dem Grauburgunder aus dem Nonnenberg und dem Chardonnay aus dem Sonnenberg trumpfte Andreas Knauß im vergangenen Jahr groß auf – doch auf ihre Jahrgangsnachfolger mussten wir dieses Jahr verzichten, denn er wird seine weißen Spitzenweine wie die roten zukünftig erst im zweiten

Jahr nach der Ernte auf den Markt bringen. So konnten wir in diesem Jahr nur zwei Weißweine verkosten, die aber beide überzeugen. Die Basiscuvée Signatur Weiß ist frisch, fruchtbetont, lebhaft und zupackend, besitzt Struktur und Grip. Der Schnaiter Riesling zeigt feine Würze und klare Frucht, ist frisch, lebhaft, besitzt viel Zug und Biss. Auch die rote Basis ist richtig stark. Fruchtbetont und intensiv ist die Signatur Rot genannte Basiscuvée, besitzt Frische und Grip. Noch etwas besser gefällt uns der intensive fruchtige Lemberger Gutswein, der reintönig und zupackend ist. Der Strümpfelbacher Lemberger ist fruchtbetont, frisch, sehr reintönig und zupackend. Der Altenberg-Merlot zeigt gute Konzentration und reife Frucht, dezent Gewürze im Hintergrund, ist herrlich eindringlich und reintönig, besitzt viel Kraft, Frucht und Grip, ist noch enorm jugendlich. Der Spätburgunder aus dem Nonnenberg braucht etwas Luft, ist faszinierend reintönig, zeigt etwas Johannisbeeren, ist frisch, elegant, leicht aber doch druckvoll, präzise, enorm frisch und nachhaltig – der bisher beste Spätburgunder von Andreas Knauß. Lemberger ist die wichtigste Sorte im Betrieb, und Andreas Knauß gelingt es Jahr für Jahr besser die Feinheiten der Rebsorte herauszuarbeiten, wie schon Guts- und Ortswein zeigen. Der Wein aus dem Wohlfahrtsberg ist fruchtintensiv und offen im Bouquet, im Mund saftig, füllig, kraftvoll, strukturiert, tanninbetont – der 2018er hat sich schön entwickelt. Vom Altenberg-Lemberger hat uns Andreas Knauß eine Mini-Vertikale vorgestellt: 2014 und 2017 präsentieren sich puristisch, präzise, druckvoll, 2018 ist deutlich fülliger und fruchtintensiver, 2020 kombiniert beides, ist intensiv, dominant und fruchtbetont im Bouquet, füllig und saftig, besitzt aber auch viel Frische, Tannine und Grip. Großartig!

Andreas Knauß / Foto: Frederik Laux

Weinbewertung

85 2021 „Signatur Weiß“ Weißwein trocken I 13%/12,90€
87 2021 Riesling trocken Schnait I 12,5%/12,90€
87 2020 Lemberger trocken I 12,5%/8,90€
88 2020 Lemberger trocken Strümpfelbach I 13%/12,90€
86 2020 „Signatur Rot“ Rotwein trocken I 13,5%/12,90€
92 2020 Spätburgunder trocken Strümpfelbach Nonnenberg I 12,5%/32,-€
91 2014 Lemberger „R“ trocken I 13%
91 2017 Lemberger trocken Schnait Altenberg I 13%
91 2018 Lemberger trocken Schnait Altenberg I 13,5%
93 2020 Lemberger trocken Schnait Altenberg I 13,5%/32,-€
92 2018 Lemberger trocken Löwenstein Wohlfahrtsberg I 12,5%
92 2020 Lemberger trocken Löwenstein Wohlfahrtsberg I 13%/32,-€
90 2019 Merlot trocken Altenberg I 14%/28,-€

Lagen

Nonnenberg (Strümpfelbach)
Altenberg (Strümpfelbach)
Altenberg (Beutelsbach)
Sonnenberg (Beutelsbach)
Altenberg (Schnait)
Burghalde (Schnait)
Wohlfahrtsberg (Löwenstein)

Rebsorten

Lemberger (18%)
Riesling (14%)
Trollinger (13%)
Spätburgunder (12%)
Merlot (8%)
Weißburgunder (6%)
Chardonnay (5%)
Sauvignon Blanc (5%)
Zweigelt (5%)
Grauburgunder (4%)

★ ⯪

Kneisel

Kontakt
Weinstraße 50
67269 Grünstadt-Asselheim
Tel. 06359-3951
Fax: 06359-6749
www.weingut-kneisel.de
kontakt@weingut-kneisel.de

Besuchszeiten
Mo.-Fr. 9-12 + 13-18 Uhr
Sa. 9-12 + 13-16 Uhr

Inhaber
Rüdiger & Stephan Kneisel
Betriebsleiter
Stephan & Rüdiger Kneisel
Kellermeister
Stephan Kneisel & Tobias Brodrecht
Außenbetrieb
Tobias Brodrecht
Rebfläche
28 Hektar
Produktion
150.000 Flaschen

Stephan Kneisel führt den Familienbetrieb in der Nordpfalz, der maßgeblich von seinen Eltern Rüdiger und Agathe auf- und ausgebaut wurde, in der dritten Generation. Die Weinberge befinden sich in den Asselheimer Lagen St. Stephan und Goldberg, im Mühlheimer Sonnenberg, dem Heidesheimer Schloss und der Albisheimer Benn und sind überwiegend von Kalk-, Löss- und Lehmböden geprägt. Stephan Kneisel will sich mehr und mehr auf die Burgundersorten und Riesling konzentrieren, daneben gibt es aber noch eine Vielzahl von Rebsorten wie Sauvignon Blanc, Muskateller, Silvaner, Scheurebe, Gewürztraminer, Dornfelder und Blaufränkisch. Das Sortiment ist in Guts-, Orts- und Lagenweine gegliedert.

Kollektion

Stephan Kneisels Guts- und Ortsweine sind klar und fruchtbetont, die drei 2020er Ortsweine zeigen zudem leichte Reifenoten. Die eigentlichen Stärken im Sortiment liegen aber – weiß wie rot – bei den Lagenweinen: Der Sauvignon Blanc vom Sonnenberg war bereits letztes Jahr unser Favorit, er besitzt gut eingebundenes Holz, gute Konzentration und animierende Zitrusnoten, ist leicht cremig, salzig und nachhaltig. Als zweite Spitze kommt der Pinot Noir dazu, ebenfalls vom Sonnenberg, er zeigt ein klares Bouquet mit Noten von Sauerkirsche, Hagebutte und Rauch, ist harmonisch und frisch, der Weißburgunder ist schlank, besitzt gut eingebundenes Holz und leicht gereifte Fruchtnoten, der Chardonnay besitzt Schmelz, ist harmonisch und animierend und der Riesling zeigt klare Zitrusnoten, ist animierend und saftig. Der Grande Cuvée-Sekt gibt es nur in der Magnumflasche, er zeigte dezente Reifenoten, etwas Gebäck, und besitzt am Gaumen etwas Zitrusnoten und eine frische Säure.

Weinbewertung

85 2018 Grande Cuvée Sekt brut nature | 12%/28,-€/1,5l
81 2021 Blanc de Noir trocken | 12%/6,80€
83 2020 Grauer Burgunder trocken Mühlheim | 12,5%/8,50€
83 2021 Sauvignon Blanc trocken | 12%/7,30€
84 2020 Chardonnay trocken Asselheim | 13,5%/8,50€
83 2021 Chardonnay trocken | 12%/7,10€
84 2020 Riesling trocken „Alte Reben“ Asselheim | 12%/8,50€
86 2019 Chardonnay trocken Asselheimer St. Stephan | 13%/19,90€
88 2019 Sauvignon Blanc trocken Mühlheimer Sonnenberg | 13%/19,90€
86 2020 Riesling trocken Asselheimer St. Stephan | 12,5%/19,90€
87 2019 Weißer Burgunder trocken Asselheimer Goldberg | 12,5%/19,90€
83 2021 Riesling Kabinett „feinherb“ „Kabi“ | 11%/7,30€
81 2021 Cuvée Rosé trocken | 11,5%/6,80€
85 2012 Cabernet Sauvignon & Merlot trocken „Cuvée Jakob“ | 14,5%/13,90€
88 2019 Pinot Noir trocken Mühlheimer Sonnenberg | 13%/25,-€

WEINGUT KNEISEL

★★★★☆ (4,5 Sterne)

Knewitz

Kontakt
Rheinblick 13
55437 Appenheim
Tel. 06725-2949
Fax: 06725-96003
www.weingut-knewitz.de
info@weingut-knewitz.de

Besuchszeiten
nach Vereinbarung

Inhaber
Familie Knewitz
Betriebsleiter
Tobias & Björn Knewitz
Rebfläche
25 Hektar
Produktion
150.000 Flaschen

Seit Ende des 19. Jahrhunderts baut die Familie Wein in Appenheim an. Erwin und Magdalena Knewitz siedelten 1968 an den heutigen Standort aus. Unter der Regie ihres Sohnes Gerold wird 1976 erstmals Wein auf Flaschen gefüllt, die Rebfläche wird ausgeweitet. Gerolds Sohn Tobias Knewitz studierte nach seiner Winzerlehre bei den Weingütern Dautermann in Rheinhessen, Kuhn und Meßmer in der Pfalz in Geisenheim, er strukturierte seit 2009 den Familienbetrieb um, seit 2010 ist er für den Weinausbau verantwortlich. Heute unterstützen ihn seine Ehefrau Corina und sein jüngerer Bruder Björn, der nach Abschluss seiner Weinküfer-Ausbildung in den Betrieb eingestiegen ist. Wichtigste Lage im Betrieb ist der Appenheimer Hundertgulden, wo die Reben auf Kalkmergel und Kalklehm über Kalkstein wachsen, in dieser extrem kalkreichen Lage baut die Familie Knewitz ausschließlich Riesling an. Die benachbarte Lage Goldberg liegt auf Gau-Algesheimer Gemarkung, hat kalkige, mergelige Böden, hier wachsen Riesling (seit der Aufnahme in den VDP „GB" genannt) und ein wenig Chardonnay. In der Lage Steinacker in Nieder-Hilbersheim besitzt die Familie recht hoch gelegene Weinberge am Waldrand mit sehr kargen Böden mit hohem Eisenerz und Kalkanteil, wo neben Riesling die Reben für den Chardonnay Réserve stehen. Im Eselspfad in Appenheim wachsen die Reben auf tiefgründigen, aber leichten Lehmböden über einem Kalksteinsockel, hier werden Weißburgunder, Silvaner und Riesling angebaut. Der Honigberg grenzt in südöstlicher Richtung an den Hundertgulden, auf Nieder-Hilbersheimer Gemarkung, in den kalkreichen, etwas lehmigeren Böden findet man roten Kalk und Eisenerz, hier stehen Riesling (seit der Aufnahme in den VDP „HB" genannt), Weißburgunder und Chardonnay. In der Lage St. Laurenzikapelle in Gau-Algesheim findet man Tonmergel und tonigen Lösslehm über dem Kalksteinsockel, hier konzentriert man sich auf den Anbau von Riesling. Riesling ist inzwischen die mit Abstand wichtigste Rebsorte im Betrieb, Weißburgunder und Chardonnay nehmen ebenfalls einen wichtigen Platz ein, hinzu kommen Spätburgunder, aber auch Silvaner und Sauvignon Blanc. Das Sortiment ist gegliedert in Gutsweine, Ortsweine und Lagenweine, zum Weißburgunder aus dem Eselspfad und den Rieslingen aus Hundertgulden und Goldberg gesellte sich mit dem Jahrgang 2014 ein Riesling aus dem Steinacker, sowie seit 2013 ein Chardonnay-Réserve, der ebenfalls aus dem Steinacker stammt, aber keine Lagenbezeichnung trägt. 2020 wurde erstmals ein Lagen-Riesling aus dem Honigberg erzeugt; inzwischen wurde das Weingut in den VDP aufgenommen und die Bio-Zertifizierung begonnen.

Kollektion

Das Weingut gehört zu den Shooting Stars der letzten Jahre in Deutschland. Mit rasanter Geschwindigkeit haben Tobias und Björn Knewitz Jahr für Jahr zugelegt, insbesondere mit Riesling und Chardonnay, wo sie heute zur deutschen Spitze zählen. Aber auch die Basis wurde stetig besser, wie der

Gutsriesling beweist, der 2021 wunderschön reintönig ist, intensive Spontinoten zeigt, frisch, klar und zupackend ist. Auch der Spätburgunder Gutswein ist fruchtbetont und intensiv, klar und frisch, besitzt gute Struktur und Grip. „Weth und Welz" nennt sich eine Cuvée aus 60 Prozent Weißburgunder und 40 Prozent Chardonnay. Sie ist würzig und eindringlich im Bouquet, besitzt ebenfalls viel Frische und Grip. Ein Gutswein ist auch der 2020er Chardonnay, der bisherige Chardonnay Holzfass, und das ist pures Understatement, der Wein zeigt feine rauchige Noten, viel Frische, ist geradlinig, zupackend, sehr reintönig, besitzt Struktur und enorm viel Grip. Chardonnay gibt es auch als Réserve, die herrlich eindringlich und konzentriert ist, viel Frische zeigt, enorm präzise und druckvoll dann im Mund ist, zupackend, enorm jugendlich, ein Wein mit viel Potenzial. Und dann gibt es noch jede Menge Riesling. Der Appenheimer Ortswein ist intensiv, herrlich eindringlich und konzentriert, ist druckvoll und präzise, enorm jugendlich. Der Nieder-Hilbersheimer Ortswein ist faszinierend würzig, kraftvoll, präzise, druckvoll und mineralisch. Als Nieder-Hilbersheimer Ortswein firmiert auch der Eisenerz genannte Kabinett, der reintönige Frucht, viel Frische und Grip besitzt. Und auch der Honigberg ist nun formell ein Nieder-Hilbersheimer Ortswein, zeigt viel Frucht und Würze, ist herrlich stoffig, druckvoll und nachhaltig. Der Goldberg-Riesling ist nun eine Gau-Algesheimer Ortswein, er ist füllig und konzentriert, enorm druckvoll und mineralisch. Mineralität und Präzision kennzeichnen auch 2021 wieder den Steinacker-Riesling, der enorm druckvoll und nachhaltig ist. Etwas mehr Fülle und Saft besitzt der Hundertgulden, ist aber ebenso, kraft- und druckvoll, ebenso nachhaltig. Ganz starke Kollektion!

Tobias & Björn Knewitz

Weinbewertung

87 2020 „Weth & Welz" trocken, „WB | CH" | 13%/11,50€
86 2021 Riesling trocken | 12%/9,90€
90 2020 Chardonnay trocken | 13%/17,-€
90 2021 Riesling trocken „1G" Nieder-Hilbersheim | 12,5%/17,-€
90 2021 Riesling trocken „1G" Appenheim | 12,5%/17,-€
92 2021 Riesling trocken „HB" Nieder-Hilbersheim | 12,5%/32,-€
91 2021 Riesling trocken „1G" „GB" Gau-Algesheim | 13%/25,-€
94 2021 Riesling trocken „GG" Nieder-Hilbersheim Steinacker | 12,5%/39,-€
94 2021 Riesling trocken „GG" Appenheim Hundertgulden | 12,5%/39,-€
94 2020 Chardonnay trocken „Réserve" | 13%/36,-€
86 2021 Riesling Kabinett „Eisenerz" Nieder-Hilbersheim | 8%/11,50€
86 2020 Spätburgunder trocken | 13%/13,50€

Lagen
Hundertgulden (Appenheim)
Eselspfad (Appenheim)
Goldberg (Gau-Algesheim)
Steinacker (Nieder-Hilbersheim)
Honigberg (Nieder-Hilbersheim)

Rebsorten
Riesling (48%)
Weißburgunder (22%)
Chardonnay (15%)
Spätburgunder (10%)

★★★★★ Knipser

Kontakt
Hauptstraße 47
67229 Laumersheim
Tel. 06238-742
Fax: 06238-4377
www.weingut-knipser.de
mail@weingut-knipser.de

Besuchszeiten
Mo.-Fr. 10-12 + 14-18 Uhr
Sa. 10-16 Uhr
So. & Feiertage geschlossen
„Knipsers Halbstück“ (Hollergasse 2, 67281 Bissersheim, Tel. 06359-9459211, www.halbstueck.de): Mo. + Do. 17-22 Uhr
Fr./Sa./So. 12-22 Uhr
2 Ferienwohnungen

Inhaber
Werner Knipser, Volker Knipser, Stephan Knipser
Betriebsleiter
Stephan Knipser
Kellermeister
Stephan Knipser & Amrei Pelzer
Rebfläche
80 Hektar
Produktion
500.000 Flaschen

Werner und Volker Knipser haben Laumersheim bekannt gemacht. Für Rotwein zunächst, aber seit vielen Jahren erzeugen sie regelmäßig auch faszinierende Chardonnay, Grauburgunder und Rieslinge, die zur Spitze in der Pfalz und in Deutschland zählen. Daneben gibt es insbesondere noch Weißburgunder, Sauvignon Blanc, Gewürztraminer und Silvaner. Als Spezialitäten bauen sie früher in der Pfalz und in Deutschland weit verbreitete, aber mittlerweile komplett verschwundene Sorten wie Gelber Orleans oder Blauer Arbst an, dazu kommen seit einigen Jahren kleine Flächen mit Marsanne und Viognier. An roten Sorten gibt es neben Spätburgunder, Sankt Laurent und Dornfelder schon recht lange auch internationale Rebsorten wie Cabernet Sauvignon, Cabernet Franc, Merlot und Syrah. Seit 2005 ist auch Werner Knipsers Sohn Stephan im Betrieb tätig, den er mittlerweile leitet.

Kollektion

Während wir in den vergangenen Jahren gerade im jugendlichen Alter den Spätburgunder aus dem Kirschgarten immer mal wieder höher als den „RdP“ bewertet hatten, liegt in diesem Jahr eindeutig der „RdP“ vorne, der strukturierter und nachhaltiger als die anderen 2020er Spätburgunder ist und auch das größte Potential besitzt: Er zeigt ein komplexes Bouquet mit klarer Schwarzkirschfrucht, rauchigen Noten, etwas Waldboden und Gummi, besitzt noch jugendliche Tannine, ist konzentriert, harmonisch, elegant und dürfte wie immer hervorragend reifen, der Kirschgarten ist etwas heller in der Frucht, zeigt Aromen von roten Johannisbeeren, Hagebutten, Sanddorn, dazu etwas Gummi und dezentes Holz, am Gaumen ist er sehr charmant, schon zugänglich, harmonisch und elegant. Der Steinbuckel-Spätburgunder ist kraftvoller, zeigt dunkle Frucht, Schwarzkirsche und kräutrige Noten im Duft, besitzt am Gaumen eine kühle, frische Art, viel Druck und gute Länge, der Mandelpfad zeigt rauchige Noten im Bouquet, ist noch sehr deutlich vom Holz geprägt, lässt aber auch feine rote Frucht erkennen und dürfte sich bis zum Verkaufsstart im September 2024 gut entwickeln, der Im Großen Garten ist dagegen schon sehr offen, besitzt viel klare Frucht, Hagebutte, rote Johannisbeere, etwas kräutrige Würze, Menthol, und reife Tannine. Und auch die anderen Rotweine gehören in ihrer jeweiligen Kategorie zur Spitze in Deutschland: Die „Cuvée XR“ zeigt rauchige und röstige Noten im Bouquet, dazu etwas Leder und dezent Cassis, besitzt viel Kraft, Druck, eine noch jugendliche Tanninstruktur und ist sehr nachhaltig, die „Cuvée X“ zeigt deutlichere Frucht, schwarze Johannisbeere, Brombeere, Lakritze und etwas Mokka im Duft, besitzt am Gaumen ebenfalls noch jugendliche Tannine, eine kühle, kräutrige Würze, Druck und Länge, die beiden Syrah sind sehr komplex im Bouquet, die „Réserve“ duftet nach

Brombeeren, Lakritze, etwas Leder, Minze und Eukalyptus, und ist am Gaumen kraftvoll, kühl, frisch und sehr nachhaltig, die normale Version zeigt Noten von Brombeere, Himbeere, rohem Fleisch, etwas Eisen und dunkler Schokolade im Duft, ist am Gaumen kraftvoll, harmonisch und leicht pfeffrig. Bei den Chardonnay sehen wir im Moment die Dreistern-Version mit ihren feinen Röstnoten, klarer gelber Frucht, herber Zitrusfrucht, viel Grip und Länge vor dem noch etwas verhaltenen „Réserve“, der Eleganz, Biss und Länge besitzt, aber noch einiges an Zeit braucht. Auch die beiden Großen Gewächse vom Riesling unterscheiden sich deutlich, der Mandelpfad ist schon sehr offen, zeigt gelbe Frucht, Aprikose, Ananas, Apfel, und leicht mineralische Würze, ist am Gaumen animierend, leicht salzig und nachhaltig, der Steinbuckel ist dagegen noch verhalten und rauchig-reduktiv, besitzt am Gaumen Druck und Substanz, wirkt aber noch etwas unruhig, das Weißburgunder-Große Gewächs ist schon sehr präsent im Bouquet, zeigt viel Birne, Melone, Aprikose und feine Zitrusnoten, besitzt Kraft, feinen Säuregrip und Länge.

Volker, Stephan & Werner Knipser (von links)

Weinbewertung

84	2021 Riesling trocken „HPB“ | 12,5%/9,80€
86	2021 Grauburgunder trocken | 12,5%/12,80€
84	2021 Riesling trocken „Kapellchen“ | 12,5%/10,40€
85	2021 Sauvignon Blanc trocken | 12%/10,80€
83	2021 Chardonnay & Weißburgunder trocken | 12,5%/11,80€
90+	2021 Riesling „GG“ Steinbuckel | 12,5%/35,-€/ab 9/23
91	2021 Riesling „GG“ Mandelpfad | 13%/35,-€/ab 9/23
91	2021 Weißburgunder „GG“ Kirschgarten | 13,5%/35,-€/ab 9/23
92	2021 Chardonnay trocken*** | 13,5%/a.A./ab 2025
91+	2021 Chardonnay trocken „Réserve“ | 13%/a.A./ab 9/26
83	2021 Clarette Rosé trocken | 12%/10,80€
92	2020 Spätburgunder „GG“ Steinbuckel | 13,5%/a.A./ab 9/24
91	2020 Spätburgunder „GG“ Im Grossen Garten | 13%/a.A./ab 9/24
92	2020 Spätburgunder „GG“ Mandelpfad | 13%/a.A./ab 9/24
92	2020 Spätburgunder „GG“ Kirschgarten | 13,5%/a.A./ab 9/24
93+	2020 Spätburgunder trocken „RdP“ | 13%/a.A./ab 9/25
91	2019 Syrah trocken | 13,5%/a.A./ab 9/24
92	2019 „Cuvée X” Rotwein trocken | 13,5%/45,-€
92+	2019 „Cuvée XR” Rotwein trocken | 13,5%/a.A./ab 9/24
92	2019 Syrah trocken „Réserve“ | 13,5%/a.A./ab 9/24

Lagen

Kirschgarten (Laumersheim)
Steinbuckel (Laumersheim)
Burgweg (Großkarlbach)
Mandelpfad (Dirmstein)

Rebsorten

Spätburgunder (25%)
Riesling (25%)
Chardonnay
Merlot
Cabernet Sauvignon
Grauburgunder
St. Laurent
Sauvignon Blanc

★★

Knobloch

Kontakt
Saurechgäßchen 7
55234 Ober-Flörsheim
Tel. 06735-344
Fax: 06735-8244
www.bioweingut-knobloch.de
info@bioweingut-knobloch.de

Besuchszeiten
siehe
www.bioweingut-knobloch.de

Inhaber
Ralf & Arno Knobloch
Betriebsleiter
Ralf & Arno Knobloch
Kellermeister
Ralf Knobloch
Rebfläche
30 Hektar
Produktion
300.000 Flaschen

Das Weingut ist seit 1988 Mitglied bei Ecovin, wird heute von den Brüdern Ralf Knobloch (Keller) und Arno Knobloch (Weinberge) geführt. Die Weinberge befinden sich in den Westhofener Lagen Morstein, Steingrube und Brunnenhäuschen, aber auch im Gundersheimer Höllenbrand, Dintesheimer Felsen, Eppelsheimer Felsen und Esselborner Goldberg. Im letzten Jahrzehnt setzte man verstärkt auf die weißen Burgundersorten und Riesling, die zusammen 90 Prozent der Rebfläche einnehmen. An roten Sorten gibt es Dornfelder, Spätburgunder, St. Laurent, Lemberger, Regent und Cabernet Mitos. Die Rotweine werden maischevergoren, überwiegend im Holz ausgebaut. Bei den Weißweinen wird mit Maischstandzeiten gearbeitet, die Weine der Edelstahllinie werden jeweils teils im neuen 500-Liter-Fass, teils im Edelstahl ausgebaut. Die im Holz ausgebauten Burgunder durchlaufen die malolaktische Gärung und bleiben bis kurz vor der Abfüllung auf der Feinhefe, bei regelmäßiger Bâtonnage. Zuletzt wurde die Traubenannahme erneuert und eine zweite Weinpresse angeschafft.

Kollektion

Die beiden Spätburgunder aus dem Jahrgang 2019 führen in diesem Jahr ganz klar die Kollektion an, beide sind im Westhofener Morstein gewachsen. Der Turmalin zeigt gute Konzentration und etwas rauchige Noten im Bouquet, Vanille, ist kraftvoll, frisch und zupackend im Mund, besitzt gute Struktur und Frucht. Deutlich stoffiger und kraftvoller noch ist der SK, der sehr offen im Bouquet ist, gute Konzentration, feine Würze und klare reife Frucht zeigt, füllig und kompakt im Mund ist, viel reife Frucht und gute Substanz besitzt. Der 2020er Grauburgunder Feueropal ist kompakt, recht verhalten. Der Jahrgang 2021 bietet einen überzeugenden Silvaner-Literwein mit Frische und Frucht, die Weine sind ansonsten gleichmäßig, etwas verhalten, unsere Präferenz gilt dem würzigen, etwas floralen Sauvignon Blanc und dem zupackenden, fruchtbetonten trockenen Riesling.

Weinbewertung

81 2021 Silvaner trocken (1l) | 12%/6,-€
83 2021 Riesling trocken | 12%/6,90€
82 2021 Weißer Burgunder trocken | 12%/6,90€
80 2021 Grauer Burgunder trocken | 12,5%/6,90€
83 2021 Sauvignon Blanc trocken | 12%/6,90€
82 2020 Grauer Burgunder trocken „Feueropal" Westhofen Morstein | 13,5%/10 50€
81 2021 Riesling „feinherb" | 11%/6,90€
82 2021 Rosé trocken | 12%/6,-€
81 2020 Spätburgunder trocken | 13,5%/6,90€
85 2019 Spätburgunder trocken „Turmalin" Westhofen Morstein | 13,5%/10,50€
88 2019 Spätburgunder trocken „SK" Westhofen Morstein | 14%/29,-€

★★½

Knodt-Trossen

Kontakt
Plenterstraße 47
54536 Kröv
Tel. 06541-4795
Fax: 06541-4765
www.weingut-knodt-trossen.de
info@weingut-knodt-trossen.de

Besuchszeiten
nach Vereinbarung
Ferienwohnungen &
Gästezimmer

Inhaber
Udo, Aline & Josephine Knodt
Betriebsleiter
Udo Knodt
Kellermeister
Udo Knodt
Außenbetrieb
Aline & Udo Knodt
Rebfläche
3,8 Hektar
Produktion
45.000 Flaschen

Das Weingut wird heute von Andrea und Udo Knodt geleitet und verfügt über Parzellen in den Lagen Paradies, Kirchlay, Letterlay und Steffensberg (alle in Kröv) sowie in der Kinheimer Hubertuslay. Neben Riesling (50 Prozent) baut das Weingut auch Weiß- und Spätburgunder, Dornfelder, Müller-Thurgau und Kerner an. Das Kürzel „J.A." kennzeichnet Weine, die den Töchtern Josephine und Aline gewidmet werden. Beide Töchter sind nun in den elterlichen Betrieb eingestiegen. Aline absolviert eine Ausbildung bei Markus Molitor, Josephine unterstützt ihren Vater im Außenbetrieb und übernimmt nach und nach Verantwortung in Vertrieb und Marketing. Auch jenseits der Spitze sind die Weine klar und feingliedrig, neigen nicht zu Opulenz, besitzen eine feine Frucht. Die Weißweine werden in temperaturgesteuerten Tanks ausgebaut und lange auf der Feinhefe gelagert, für die Rotweinbereitung kommen Barriques zum Einsatz. Dem Weingut sind Ferienwohnungen und Gästezimmer angeschlossen.

Kollektion

Anklänge an Steinobst besitzt die Cuvée Blanc, die es im Mund an Würze, verbunden mit einem gewissen Schmelz und animierender Säure nicht fehlen lässt. Leichte Zitrusnoten besitzt der K-Riesling, der schlank, sehr frisch mit knackiger Säure und stoffig ist. Ganz anders die trockene Spätlese, die bereits reife Fruchtnoten zeigt und im Mund schön würzig ausfällt. Eine offene Mirabellen- und Kernobstfrucht zeigt die sehr saftige und rassige Spätlese mit der Bezeichnung „J.A.". Schließlich die beiden Rotweine. Der Pinot Noir aus 2019 besitzt eine offene, deutlich an Tabak erinnernde Nase, erst allmählich kommt Frucht durch; im Mund handelt es sich um einen deutlich vom Holz – zwei Jahre im Barrique – beeinflussten Wein, der aber Würze und Substanz ausstrahlt. Der Reserve-Wein namens „J.A." aus 2018, der drei Jahre im Barrique reifte, wirkt in der Nase ganz anders, ist mehr von Frucht geprägt; im Mund ist er fester, ansatzweise mineralisch mit einer kühlen Fruchtkomponente und Würze, das Holz bleibt auf erfreuliche Weise im Hintergrund.

Weinbewertung

84	2021 „Cuvée Blanc" trocken I 12,5%/10,-€
83	2021 Riesling trocken „Grauschiefer" I 11,5%/7,90€
84	2021 Riesling „K" trocken I 12%/9,30€
87	2021 Riesling trocken „J.A." Steffensberg I 12%/14,-€
86	2021 Riesling „feinherb" „J.A." Steffensberg I 11%/12,-€
85	2021 Riesling Kabinett Steffensberg I 8%/8,50€
83	2021 Riesling „vom blauen Schiefer" I 11,5%/8,-€
87	2021 Riesling Spätlese „J.A." Steffensberg I 7,5%/12,-€
87	2019 Pinot Noir trocken I 14%/19,50€
87	2018 Pinot Noir trocken „J.A. Reserve" I 14,5%/28,50€

★★★★☆

Ludwig Knoll

Kontakt
Weingut Am Stein
Mittlerer Steinbergweg 5
97070 Würzburg
Tel. 0931-25808
Fax: 0931-25880
www.weingut-am-stein.de
mail@weingut-am-stein.de

Besuchszeiten
Mo.-Fr. 10-18 Uhr
Sa. 10-14 Uhr
„Weinstein“ Weinbar - Restaurant; Gästehaus
Blick über die Stadt
Musikfestival Wein am Stein im Juli

Inhaber
Ludwig Knoll
Kellermeister
Dominik Diefenbach
Außenbetrieb
Daniel Full
Rebfläche
40 Hektar
Produktion
200.000 Flaschen

Das Weingut Am Stein liegt umgeben von Reben am Fuße des berühmten Würzburger Stein. Ludwig Knoll hat es 1990 von seinem Vater übernommen und führt es mit Ehefrau Sandra; nach Geisenheim-Studium und diversen Praktika (Südafrika, Schweiz, Pfalz, Baden) ist Tochter Antonia nun im Betrieb tätig. Die Weinberge befinden sich im Stettener Stein, wo gut die Hälfte der Reben stehen, sowie in den Würzburger Lagen Innere Leiste und Stein, aber auch in Randersacker, Escherndorf und Thüngersheim. In der Kernlage des Stettener Stein wachsen die Reben 80 Meter über dem Main oberhalb eines Kalksteinabbruches auf Muschelkalkböden. 2007 stellte Ludwig Knoll auf biologische Bewirtschaftung um, inzwischen werden die Weinberge nach der biodynamischen Methode bearbeitet, Ludwig Knoll ist Mitglied bei Naturland und inzwischen auch bei Respekt. Silvaner nimmt 30 Prozent der Rebfläche ein, es folgen Riesling und Müller-Thurgau, Scheurebe, Spätburgunder, Weißburgunder und Grauburgunder, dazu gibt es ein wenig Rieslaner und Bacchus. Die Weine werden spontanvergoren, einige werden unfiltriert abgefüllt; der Ausbau erfolgt teils im Edelstahl, teils im Holz, teils auch im Betonei – Ludwig Knoll hat nach der Kellererweiterung 2015 im neuen Steinkeller, der dem ganzheitlichen Konzept der Biodynamie auch bei der Weinbereitung Rechnung trägt, nun mehr Platz, so dass er sich noch einige Betoneier zulegen konnte. Die Basis des Programms bilden die Gutsweine, dann folgen die Ortsweine aus Stetten, Würzburg und Randersacker, sowie die Lagenweine aus Würzburger Stein, Würzburger Innere Leiste und Randersackerer Pfülben. Die Spitze des Programms bilden „Vinz“ (Silvaner und Scheurebe von den besten Parzellen im Stettener Stein mit über 40 Jahre alten Reben), „Montonia“ (im Barrique ausgebaute Burgunder, der Weißburgunder wird zur Hälfte im großen Holzfass ausgebaut) und die beiden Großen Gewächse aus dem Stettener Stein, Silvaner und Riesling, edelsüße Spitzen ergänzen Jahr für Jahr das Programm. Bei der Vinifikation arbeitet Ludwig Knoll zunehmend mit Spontangärung und längeren Maischestandzeiten, mit höheren Resttrubgehalten und längerem Vollhefelager, setzt verstärkt auf große Holzfässer (auch für die Ortsweine), aber auch auf Betoneier und Amphoren, viele Weine werden ohne Filtration abgefüllt. Der Ausbau im Betonei über fast alle Rebsorten hinweg und der Rückverschnitt mit in der Amphore maischevergorenen Partien sind strukturbildend.

Kollektion

Nur drei Weine aus dem Jahrgang 2021 hat Ludwig Knoll in diesem Jahr vorgestellt, und darunter ist unser Lieblings-Petnat, den man einfach nur trinken will ohne groß über ihn nachzudenken. Sauvignon Blanc und Cabernet Blanc sind die Rebsorten für diesen Wein, er zeigt viel Frische und ein Potpourri an Früchten, von Maracuja bis hin zu Orangen, ist herrlich lebhaft, will einfach Spaß machen. Aus dem Jahrgang 2021 stammen dann noch zwei Ortsweine. Der Würzburger Silvaner ist sehr offen im Bouquet bei klarer Frucht, besitzt gute Fülle im Mund, reintönige Frucht, Struktur und Frische. Der Stettener Grauburgunder ist wunderschön fruchtbetont und reintönig im Bouquet, sehr klar im Mund, angenehm leicht, zupackend. Der dritte vorgestellte Ortsweine, der Riesling aus Stetten, stammt aus dem Jahrgang 2020, ist deutlich würziger als seine Kollegen, zeigt eindringliche Frucht, ist klar und zupackend im Mund, besitzt gute Struktur und Grip. Auch die beiden Erste Lage-Weine stammen aus dem Jahrgang 2020. Der teils im Stückfass ausgebaute Silvaner vom Würzburger Stein ist wunderschön reintönig im Bouquet, zeigt etwas weiße und gelbe Früchte, dezent Birnen, ist recht füllig und saftig im Mund, dabei strukturiert, klar und druckvoll. Der ebenfalls teils im Stückfass ausgebaute Riesling von der Inneren Leiste ist herrlich eindringlich und reintönig im Bouquet, zeigt etwas Zitrus, Pfirsich, ist herrlich präzise und druckvoll im Mund, noch sehr jugendlich. Noch sehr jugendlich und recht verschlossen sind auch die beiden Vinz-Weine. Der Silvaner stammt von im Durchschnitt 50 Jahre alten Reben und wurde im Betonei und der Amphore ausgebaut, er ist zurückgenommen in der Frucht, ganz Struktur, hat enorm viel Zug und Druck. Auch die Scheurebe stammt von alten Reben, wurde im Betonei und im Barrique ausgebaut, ist würzig, konzentriert, sehr zurückhaltend, ist druckvoll, stoffig, nachhaltig. Der 2019er Spätburgunder Montonia zeigt gute Konzentration, etwas rote Früchte, ist kraftvoll im Mund, besitzt gute Struktur und Grip. An der Spitze der Kollektion stehen die beiden Großen Gewächse. Der Silvaner zeigt rauchige Noten, reintönige Frucht, ist frisch, präzise, enorm druckvoll. Der Riesling ist würzig, eindringlich, dominant, enorm puristisch und druckvoll. Es geht um Struktur!

Sandra & Ludwig Knoll

Weinbewertung

89 2021 „Pure & Naked PetNat" | 12%/21,-€
88 2021 Silvaner trocken Würzburg | 12,5%/13,-€
87 2021 Grauburgunder trocken Stetten | 12%/13,-€
87 2020 Riesling trocken Stetten | 12,5%/13,-€
90 2020 Silvaner trocken Würzburger Stein | 13%/19,-€
90 2020 Riesling trocken Würzburger Innere Leiste | 13%/21,-€
91 2020 Silvaner trocken „Vinz" „Alte Reben" | 13%/26,-€
90 2020 Scheurebe trocken „Vinz" „Alte Reben" | 12,5%/26,-€
92 2020 Silvaner „GG" Stettener Stein | 13%/45,-€
93 2020 Riesling „GG" Stettener Stein | 12,5%/45,-€
89 2019 Spätburgunder trocken „Montonia" | 13%/30,-€

Lagen

Stein (Stetten)
Innere Leiste (Würzburg)
Stein (Würzburg)
Pfülben (Randersacker)
Sonnenstuhl (Randersacker)

Rebsorten

Silvaner (30%)
Riesling (20%)
Müller-Thurgau (10%)
Scheurebe (8%)
Spätburgunder (8%)
Weißburgunder (6%)
Grauburgunder (4%)

★★★★

Holger **Koch**

Kontakt
Mannwerk 4
79235 Bickensohl
Tel. 07662-912258
Fax: 07662-949859
www.weingut-holger-koch.de
hk@weingut-holger-koch.de

Besuchszeiten
nach Vereinbarung

Inhaber
Holger Koch,
Gabriele Engesser
Rebfläche
8 Hektar
Produktion
50.000 Flaschen

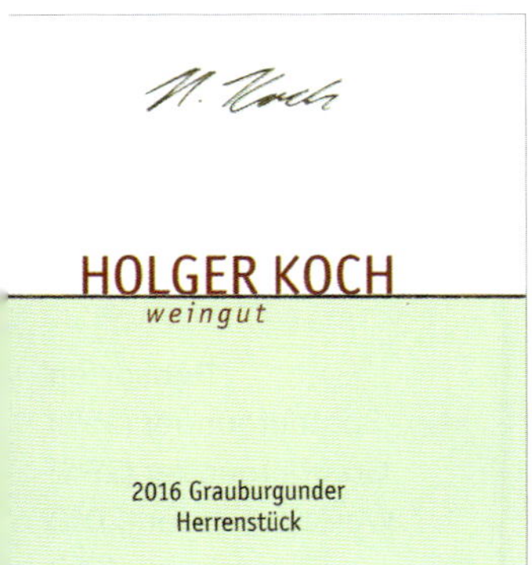

Seit Generationen betreibt die Familie Weinbau am Kaiserstuhl. Holger Koch war unter anderem Praktikant beim Grafen Neipperg in St. Emilion und Kellermeister bei Franz Keller in Oberbergen bevor er 1999 den Winzerhof der Familie übernahm, den er zusammen mit seinen Eltern und Ehefrau Gabriele Engesser führt. 2001 war sein erster Jahrgang; bis dahin hatte man die Trauben an die Genossenschaft geliefert. Seine Weinberge befinden sich in Bickensohl, vor allem in den höher gelegenen Teilen der Lage Herrenstück, die höchst gelegenen liegen in 350 bis fast 400 Meter Höhe, seine besten Weinberge liegen in Gewannen wie Halbuck, Eichbuck, Katzenloch und Scheibenhardt. Er baut ausschließlich Weißburgunder, Grauburgunder, Chardonnay und Spätburgunder an, diese Konzentration auf nur vier Rebsorten ist selten, selbst in der „Burgunderregion" Kaiserstuhl. Die Weine werden spontanvergoren, die weißen Qualitätsweine im Edelstahl ausgebaut, Rotweine und weiße Selektionsweine kommen in Barriques aus französischer Eiche, inzwischen nutzt Holger Koch überwiegend 300 und 500 Liter-Fässer, aber auch 1.200 Liter-Fässer. Die Weine bleiben bis zur Abfüllung auf der Feinhefe liegen. Alle Weine sind durchgegoren und trocken, auch wenn dies nicht auf dem Etikett vermerkt ist. Im Weinberg arbeitet Holger Koch biologisch, ohne aber zertifiziert zu sein. Das Programm ist gegliedert in die Kaiserstuhl-Linie, die Herrenstück-Linie und die Selectionsweine (***), in jeder Linie gibt es je Rebsorte einen Wein, nur beim Pinot Noir differenziert Holger Koch, erzeugt zwei Selectionsweine (gekennzeichnet mit einem Stern respektive drei Sternen), darüber hinaus gibt es den Pinot Noir Reserve aus der Terrassenlage Halbuck. Bereits seit der dritten Ausgabe empfehlen wir die Weine von Holger Koch. Seither hat er sich stilistisch weiterentwickelt, setzt ganz auf Frische und Eleganz, auf Komplexität und Finesse, wobei seine Pinot Noir trotzdem druckvoll und nachhaltig sind. Wer den traditionellen Kaiserstühler Spätburgunder-Stil mit ganz auf Reife und Fülle setzenden Weinen liebt, wird mit den im Vergleich dazu schlank erscheinenden Koch'schen Weinen wenig anfangen können, wer sich im Geschmacksbild eher auf Burgund eingeschossen hat, dafür umso mehr. Meist ragen die Pinot Noir-Selektionen aus den stets starken, zuverlässigen Kollektionen hervor, aber auch mit Weiß- und Grauburgunder – und neuerdings auch mit Chardonnay – nähert Holger Koch sich der badischen – und deutschen – Spitze.

Kollektion

Eine kleine Kollektion von sechs Weinen präsentiert Holger Koch in diesem Jahr. Der Grauburgunder-Gutswein ist frisch und fruchtbetont im Bouquet, wunderschön reintönig, ist lebhaft dann im Mund, frisch

Holger Koch & Gabriele Engesser

und zupackend, besitzt gute Struktur. Rauchig-würzige Noten zeigt der Herrenstück-Grauburgunder im Bouquet, gute Konzentration, ist kompakt im Mund, kraftvoll, besitzt gute Struktur und klare Frucht. Auch der Herrenstück-Weißburgunder ist füllig und kraftvoll, besitzt reife Frucht, gute Struktur und Frische, im Bouquet zeigt er leicht laktische Noten. Unser Favorit unter den Weißweinen, gleichauf mit dem Herrenstück-Grauburgunder, ist der Chardonnay. Vor zwei Jahren hatte Holger Koch uns mit dem 3 Sterne-Chardonnay und dem Herrenstück-Chardonnay aus dem Jahrgang 2019 erstmals Weine von dieser Rebsorte präsentiert, im vergangenen Jahr folgte dann einen 2020er Reserve-Chardonnay, und dieses Jahr nun gibt es wieder einen 3 Sterne-Wein, aus dem Jahrgang 2021, der viel Frische und dezent rauchige Noten im Bouquet zeigt, ein klein wenig Toast im Hintergrund, sehr zurückhaltend ist, auch im Mund ganz auf Frische setzt, lebhaft und zupackend ist, gute Struktur und Grip besitzt, aber noch völlig verschlossen ist und sich nicht zu erkennen gibt. Feine Frische und Frucht zeigt der Herrenstück-Pinot Noir im Bouquet, rote Früchte, ist lebhaft im Mund, harmonisch und frisch, geradlinig und zupackend. Deutlich mehr Konzentration und Intensität besitzt der Reserve-Pinot Noir, zeigt reintönige Frucht, dezent rauchige Noten, ist füllig und komplex im Mund, wunderschön reintönig und harmonisch, strukturiert und lang.

Weinbewertung

86 2021 Grauburgunder Kaiserstuhl | 12,5%/10,50€
87 2021 Weißburgunder Herrenstück | 12%/14,20€
88 2021 Grauburgunder Herrenstück | 12,5%/14,20€
88 2021 Chardonnay*** | 12,5%/21,-€
88 2020 Pinot Noir Herrenstück | 13%/16,-€
91 2020 Pinot Noir „Reserve“ | 13%/47,50€

Lagen
Herrenstück (Bickensohl)

Rebsorten
Spätburgunder (45%)
Grauburgunder (25%)
Weißburgunder (20%)
Chardonnay (10%)

★ ⯪

Carl Koch

Kontakt
Wormser Straße 62
55276 Oppenheim
Tel. 06133-2326
Fax: 06133-4132
www.carl-koch.de
info@carl-koch.de

Besuchszeiten
Mo.-Fr. 9-12:30 + 14-16:30 Uhr

Inhaber
Paul Berkes
Betriebsleiter
Agustín G. Novoa
Kellermeister
Agustín G. Novoa
Außenbetrieb
Agustín G. Novoa
Rebfläche
12 Hektar
Produktion
60.000 Flaschen

Friedrich Koch legte mit ersten Weinbergskäufen im Jahr 1833 den Grundstein für das heutige Weingut, sein Sohn Carl Koch, Bürgermeister von Oppenheim und Namensgeber des Weingutes, machte es Ende des Jahrhunderts weithin bekannt. Seit 2009 ist Paul Berkes in siebter Generation Inhaber des Weingutes. Die Weinberge liegen zu 80 Prozent in Oppenheim und Dienheim, in den Oppenheimer Lagen Sackträger, Kreuz und Herrenberg sowie im Dienheimer Kreuz, die Reben wachsen auf Kalkmergel mit Lössauflagen. Seit 2010 werden die Weinberge biologisch bewirtschaftet, seit 2018 ist das Weingut Mitglied bei Ecovin. Riesling nimmt 40 Prozent der Weinberge ein, dazu gibt es Silvaner und Weißburgunder, aber auch Grauburgunder, Müller-Thurgau, Gewürztraminer und Scheurebe sowie die roten Sorten Spätburgunder und St. Laurent. 2021 wurde eine neue Vinothek gebaut, Riesling wurde gepflanzt (sélection massale), der Chardonnay kam in Ertrag.

Kollektion

Die von Agustín Novoa vorgestellten Kollektionen sind sehr eigenständig, zeigen eine klare Handschrift. Die Weine sind kompromisslos trocken, allein beim Silvaner Kandel, der nach drei Tagen Maischestandzeit im Akazientonneau spontanvergoren wurde, ist etwas Süße erkennbar, er besitzt gute Konzentration, viel reife Frucht und Substanz. Die Lagen-Rieslinge gefallen uns einmal mehr besonders gut. Der Herrenberg-Wein ist würzig, eindringlich, hat Struktur und Grip, der Sackträger ist frisch und zupackend, gefällt uns als „1Sack" mit drei Tagen Maischestandzeit noch besser, weil er druckvoller ist. Und auch der Sekt aus der Monopollage Gutleuthaus reiht sich hier ein, ist kraftvoll und zupackend. Spannend ist auch der Weißburgunder „Pinot Funk", schön hefewürzig und eindringlich im Bouquet, klar und zupackend im Mund, strukturiert und frisch. ▬

Weinbewertung

85	2019 Riesling Sekt pas dosé Oppenheimer Gutleuthaus I 12,5%/15,-€
83	2021 Weißburgunder trocken „Pinot Promilleweg" I 11,5%/5,70€
83	2021 Silvaner Spätlese trocken Dienheim Tafelstein I 12%/7,20€
82	2021 Riesling trocken „Weg und Wiese" Dienheimer I 12%/6,70€
83	2021 Grauburgunder trocken Oppenheimer I 12,5%/8,-€
83	2021 Chardonnay „Muschelkalk unfiltriert" I 12,5%/8,-€
85	2020 Silvaner trocken „Candel" Dienheimer Tafelstein I 13%/14,-€
84	2020 Riesling trocken Oppenheimer Sackträger I 13%/8,50€
85	2020 Riesling trocken Oppenheimer Herrenberg I 13%/7,70€
86	2021 Weißburgunder „Pinot Funk" I 13%/10,70€
86	2020 Riesling trocken „1Sack" Oppenheimer Sackträger I 13%/14,-€
83	2020 Spätburgunder trocken Oppenheimer Guldenmorgen I 14%/8,20€

EINGUT·BURGERMEISTER
ARL·KOCH·
PPENHEIM·AM·RHEIN

K

★★☆

Sabine **Koch**

Kontakt
Jesinger Hauptstraße 108/2
72070 Tübingen
Tel. 07073-302999
www.koch-unterjesingen.de
wein@koch-unterjesingen.de

Besuchszeiten
Fr. 18-20:30 Uhr und nach Vereinbarung

Inhaber
Sabine Koch &
Stefan Haderlein

Rebfläche
2 Hektar

Produktion
10.000 Flaschen

Sabine Koch

WEIN. NATÜRLICH. AUS TÜBINGEN

Was als Hobby begann, hat sich zu einem kleinen Weingut entwickelt. Sabine Koch und Stefan Haderlein, beide promovierte Geoökologen, bewirtschaften zusammen mit ihrem ältesten Sohn Lukas Haderlein zwei Hektar Reben in Unterjesingen bei Tübingen, größtenteils in nicht flurbereinigten Steil- und Terrassenlagen. Das Hauptaugenmerk liegt auf Riesling, Weiß- und Spätburgunder, die jeweils ein Fünftel der Rebfläche einnehmen, dazu gibt es Kerner, aber auch pilzwiderstandsfähige Rebsorten wie Cabernet Blanc, Sauvignac, Regent, Baron und Laurot. Sabine Koch stellte die Rebflächen auf zertifizierten ökologischen Anbau um. Ihr Ehemann Stefan Haderlein, im Hauptberuf Professor für Umwelt- und Wasserchemie, kümmert sich um den Keller, Lukas Haderlein ist für die Vermarktung zuständig. 2017 wurde ein neues Kellergebäude errichtet. Die Rotweine werden maischevergoren und im Holz ausgebaut, die Weißweine werden durch natürliche Sedimentation geklärt und im Edelstahl vergoren, teils mit den natürlichen Hefen.

Kollektion

2021 wurde verstärkt mit Maischestandzeiten und BSA gearbeitet – den Weinen hat dies gutgetan, das zeigen schon die Einstiegsweine wie der reintönige, frische Kerner, der klare, zupackende Riesling oder der kraftvolle, strukturierte Weißburgunder. Unter den weißen Piwis ist der Cabernet Blanc unser Favorit, der gute Konzentration und viel Würze zeigt, intensive Frucht und Substanz besitzt. Bei den Premiumweinen sehen wir die beiden im Tonneau ausgebauten Weißburgunder gleichauf, sie besitzen Fülle, Substanz und Frucht, der 2020er ist kompakter, zeigt dezente Vanillenoten, der 2021er ist lebhafter, frischer. Der Riesling N ist herrlich eindringlich und kraftvoll. Stark sind auch die Roten, die beiden intensiven Regent ebenso wie der reintönige Spätburgunder. Unser Favorit ist der im Barrique ausgebaute Baron, der viel Konzentration und Grip besitzt. Weiter im Aufwind!

Weinbewertung

85	2021 Kerner Tübinger Sonnenhalden I 11,5%/7,-€
85	2021 Riesling trocken Tübinger Sonnenhalden I 12%/9,-€
85	2021 Weißburgunder trocken Tübinger Sonnenhalden I 13%/9,-€
87	2021 Cabernet Blanc trocken Tübinger Sonnenhalden I 12,5%/12,-€
84	2021 Sauvignac trocken Tübinger Sonnenhalden I 12,5%/9,-€
87	2021 Riesling „N" trocken Tübinger Sonnenhalden I 12%/12,-€
86	2020 Weißburgunder „N" trocken Tübinger Sonnenhalden I 13,5%/11,-€
86	2021 Weißburgunder „N" trocken Tübinger Sonnenhalden I 13%/12,-€
88	2020 Baron trocken Tübinger Sonnenhalden I 13,5%/13,-€
86	2018 Regent „R" trocken Tübinger Sonnenhalden I 13%/12,-€
86	2020 Regent „R" trocken Tübinger Sonnenhalden I 13,5%/12,-€
86	2020 Spätburgunder trocken Tübinger Sonnenhalden I 13,5%/14,-€

★

Kochan & Platz

Kontakt
Beethovenstraße 8
54470 Lieser
Tel. 06531-6432 oder 9729320
Fax: 06532-972395
www.kochan-platz.de
wein@kochan-platz.de

Besuchszeiten
Weinproben und -verkauf nach Vereinbarung, einmal im Monat Weinverkostungen auf dem Moselschiff
Weinwanderungen

Inhaber
Aribert Kochan, Daniel Kochan, Oliver Platz
Rebfläche
9,5 Hektar
Produktion
80.000 Flaschen

Über viele Generationen hinweg haben die Familienbetriebe Kochan und Platz, der eine in Lieser angesiedelt, der andere in Veldenz, Erfahrungen im Weinbau gesammelt. Seit 2015 bündeln Aribert Kochan, Daniel Kochan und Oliver Platz ihre Ressourcen unter dem Label Kochan & Platz und haben die Weichen für die Zukunft gestellt. Doch nicht nur die Besitzverhältnisse unterscheiden sich von dem, was üblich ist in der Region, die Inhaber haben auch ein modernes Erscheinungsbild geschaffen und bringen Weine auf den Markt, die auf charmante Weise Bezug nehmen auf den Namen des Unternehmens. „Platz an der Sonne" oder „Plätzchen" heißen sie, aber Lagenweine aus Niederberg-Helden (Lieser) beziehungsweise Kirchberg (Veldenz) existieren auch. Insgesamt werden neun Hektar Reben bewirtschaftet, außer um Riesling und Rivaner kümmert man sich auch um Weiß- und Grauburgunder, um Dornfelder und Kerner, inzwischen werden aber auch Roter Riesling und Gewürztraminer gepflegt. Einmal im Monat werden Weinverkostungen auf dem Moselschiff angeboten, ansonsten finden Verkostungen nach Vereinbarung statt.

Kollektion

Der Weinstil des Gutes lässt sich rasch zusammenfassen: Was hier erzeugt wird, ist leicht zugänglich, offen, duftig, im Mund generell saftig und würzig, aber alles andere als anspruchslos. Bereits der Sekt passt in dieses Profil, weil er eine klare Kräuter-Hefe-Würze zeigt und dann zupackend und würzig ist; puristisch trocken fällt er nicht aus, macht aber viel Spaß. Der trockene Roter Riesling zeigt eine kühle Frucht mit Anklängen an Mirabellen, ist saftig und angenehm trocken. Eine sehr feine, sortentypische Frucht mit Noten von Nektarinen und Teerosen zeigt der Gewürztraminer, im Mund wirkt er angenehm schlank, frisch, trocken, ist gekonnt vinifiziert. Kraftvoll und zupackend ist der (Weiße) Riesling von alten Reben, straff mit gutem Nachhall ausgestattet. Der Basiswein in der Literflasche wird zwar nur in einer süßen Version gezeigt, er überzeugt aber, weil er schlank, spritzig, animierend ausfällt. Frisch und kühl wirkt der Kerner mit Kräuter-Kernobst-Frucht, deutlich süß, aber auch sehr saftig.

Weinbewertung

86	2020 Riesling Sekt brut ǀ 12,5%/9,50€
87	2021 Riesling trocken „Alte Reben" ǀ 12,5%/8,-€ ☺
86	2021 Roter Riesling trocken Veldenzer Kirchberg ǀ 12,5%/9,50€
86	2021 Gewürztraminer trocken ǀ 12,5%/9,50€
84	2021 Riesling „feinherb" „LieblingsPlatz" ǀ 11,5%/6,50€
85	2021 Riesling Kabinett halbtrocken Veldenzer Kirchberg ǀ 11%/8,-€
83	2021 Riesling (1l) ǀ 9%/6,-€
85	2021 Kerner ǀ 8%/8,-€
85	2021 Riesling Kabinett Veldenzer Kirchberg ǀ 8%/8,-€

★★★★

Arndt Köbelin

Kontakt
Altweg 131
79356 Eichstetten
Tel. 07663-1414
Fax: 07663-912666
www.weingut-koebelin.de
info@weingut-koebelin.de

Besuchszeiten
Mi.- Fr. 9-12 + 15-18 Uhr
Sa. 9-12 Uhr
und nach Vereinbarung

Inhaber
Arndt Köbelin
Weinverkauf
Monika Köbelin, Alexandra Dinger, Vanessa Larouche
Kellermeister
Arndt Köbelin, Daniel Landerer
Außenbetrieb
Arndt Köbelin, Florian Höfflin
Rebfläche
25 Hektar
Produktion
150.000 Flaschen

Arndt Köbelin gründete – nach Küferlehre und Tätigkeit in verschiedenen Betrieben, zuletzt als Kellermeister der Winzergenossenschaft Durbach – 2005 sein eigenes Weingut. Seine Eltern hatten bis dahin den Ertrag ihrer 3,5 Hektar Reben an die örtliche Genossenschaft abgeliefert. Arndt Köbelin erweiterte nach und nach die Rebfläche, baute 2006 ein neues Weingut mit Keller, 2011 wurde ein neuer Degustations- und Verkaufsraum eröffnet. Arndt Köbelin führt das Weingut zusammen mit Ehefrau Monika, die sich hauptsächlich um Verkauf und Marketing kümmert. Die Weinberge liegen alle im Eichstetter Herrenbuck, der einzigen Lage, die das Weingesetz für Eichstetten „übriggelassen" hat. Die Lage ist sehr unterschiedlich, nicht nur, was die Höhe betrifft (von 200 bis 350 Meter), sondern auch, was den Boden betrifft. Während am Waldrand die Reben auf Vulkanverwitterungsböden wachsen, stehen andere Reben auf bis zu 50 Meter hohen Lössschichten in den Eichstetter „Burgunderterrassen". Arndt Köbelin baut vor allem die Burgundersorten an, Spätburgunder, Grauburgunder und Weißburgunder nehmen jeweils etwa ein Viertel der Rebfläche ein. Dazu gibt es Riesling, Müller-Thurgau, Scheurebe, Muskateller, Gewürztraminer und Elbling, sowie Sauvignon Blanc. Die ältesten Reben sind 60 Jahre alt, Junganlagen werden mit altem, ungeklontem Pflanzmaterial bestockt. Die Trauben werden schonend gepresst und langsam mit den weinbergseigenen Hefen vergoren. Sie werden lange auf der Hefe ausgebaut, auch die Weißweine durchlaufen teilweise den biologischen Säureabbau. Die Spätburgunder werden unfiltriert abgefüllt. Das Programm ist gegliedert in Gutsweine, die als Kabinettweine angeboten werden, drei Selektionsweine von alten Reben, Lösswand genannt, sowie drei Lagenweinen von alten Reben, die den Namen der Gewanne (ehemalige Einzellagen) tragen: Der Spätburgunder aus der Lage Eichenlaub (erstmals 2010 erzeugt) stammt von 60 Jahre alten Reben, die Grauburgunder-Reben in der Lage Kaltenbrunnen sind zwei Jahre jünger, die Weißburgunder-Reben aus dem Steinenweg sind nachmals zehn Jahre jünger; die beiden weißen Lagenweine wurden erstmals 2015 erzeugt. Die weißen Lösswand- und Lagenweine werden im Tonneau ausgebaut, bei den Lagenweinen sind die Fässer neu. Lösswand-Spätburgunder und Eichenlaub kommen ins Barrique, wobei der Eichenlaub-Spätburgunder etwas länger im Fass bleibt und einen höheren Neuholzanteil enthält.

Kollektion

Auf drei Rebsorten konzentriert sich Arndt Köbelin in der Kollektion, die er uns in diesem Jahr präsentiert, je drei Weißburgunder und Grauburgunder sowie zwei Spätburgunder konnten wir verkosten. Die beiden trockenen Kabinettweine sehen wir gleichauf: Der Weißburgunder ist würzig und eindringlich, klar und geradlinig bei feiner Frucht, der Grauburgunder setzt im Bouquet noch etwas mehr auf Frucht, zeigt gelbe Früchte, ist klar, harmonisch und saftig im Mund. Eine deutliche Steigerung bringen die weißen Lösswand-Selektionen, die Weine sind viel fülliger und konzentrierter. Der Weißburgunder Lösswand zeigt gute Konzentration und rauchige Noten im Bouquet, viel reife Frucht, besitzt Fülle, Kraft und Substanz im Mund sowie eindringliche Säure. Unsere leichte Präferenz unter den weißen Lösswand-Selektionen gilt im Jahrgang 2021 dem Grauburgunder, der ebenfalls konzentriert, würzig und rauchig ist, viel reife Frucht und Fülle besitzt, gute Struktur und Substanz. Die weißen Lagenweine stammen aus dem Jahrgang 2020. Der Weißburgunder aus dem Steinenweg ist im Bouquet deutlich vom Holz geprägt, konzentriert, herrlich eindringlich, jugendlich, steckt das Holz aber im Mund völlig weg, besitzt viel reife Frucht, Fülle und Saft, gute Struktur und Frucht. Deutlich verschlossener ist der Grauburgunder Kaltenbrunnen, der ebenfalls rauchig-würzige Noten im herrlich eindringlichen Bouquet zeigt, konzentriert, füllig und kraftvoll im Mund ist, noch enorm jugendlich. Der Lösswand-Spätburgunder, Jahrgang 2020, wurde nach vier Tagen Kaltmazeration zwei Wochen maischevergoren, dann fünfzehn Monate in französischen Barriques ausgebaut. Er zeigt gute Konzentration im Bouquet, Gewürze und reife Frucht, ist füllig und kraftvoll im Mund, besitzt klare reife Frucht, dann aber eine etwas irritierende Bitternote im Abgang. Der fast identisch ausgebaute Spätburgunder Eichenlaub aus dem Jahrgang 2019 – nur der Neuholzanteil ist höher – zeigt gute Konzentration im Bouquet, etwas Gewürze und viel reife Frucht, ist konzentriert, dominant, besitzt viel Substanz und viel reife süße Frucht.

Arndt Köbelin

Weinbewertung

84	2021 Weißer Burgunder Kabinett trocken I 13%/10,-€
84	2021 Grauer Burgunder Kabinett trocken I 13%/10,-€
87	2021 Weißer Burgunder*** Spätlese trocken „Lösswand“ Holzfass I 13,5%/16,50€
88	2021 Grauer Burgunder*** Spätlese trocken „Lösswand“ Holzfass I 13,5%/16,50€
90	2020 Weißer Burgunder*** Spätlese trocken „Reserve“ Steinenweg I 14%/35,-€
89+	2020 Grauer Burgunder*** Spätlese trocken „Reserve“ Kaltenbrunnen I 14%/35,-€
86	2020 Spätburgunder*** trocken „Lösswand“ I 13,5%/18,50€
90	2019 Spätburgunder*** trocken „Reserve“ Barrique Eichenlaub I 13,5%/40,-€

Lagen

Herrenbuck (Eichstetten)
Eichenlaub (Eichstetten)
Niemandstal (Eichstetten)
Steinenweg (Eichstetten)
Kaltenbrunnen (Eichstetten)

Rebsorten

Spätburgunder (25%)
Weißburgunder (25%)
Grauburgunder (25%)
Müller-Thurgau (10%)
Riesling
Sauvignon Blanc
Muskateller
Gewürztraminer
Scheurebe

★★

Christoph Koenen

Kontakt
Am Eichhaus 4a
54518 Minheim
Tel. 06507-939970
Fax: 06507-939975
www.ck-weine.de
info@ck-weine.de

Besuchszeiten
täglich nach Vereinbarung

Inhaber
Simone & Christoph Koenen
Rebfläche
4,5 Hektar
Produktion
25.000 Flaschen

Christoph Koenen übernahm im Jahr 2000 den elterlichen Betrieb in Minheim, begann nach und nach mit der Selbstvermarktung. Das Gut führt er heute zusammen mit seiner Frau Simone. Alle seine Weinberge liegen in Minheim, allerdings nutzt er keine Lagenbezeichnungen. Er baut auf 4,5 Hektar zu 90 Prozent Riesling an, daneben gibt es Weißburgunder, Spätburgunder und Rivaner. Seit dem Umzug in ein neues Kellereigebäude werden die Weine überwiegend im Edelstahl vergoren und sehr lange auf der Feinhefe ausgebaut. Sein Spitzenriesling von alten Reben, Goldschiefer genannt, wurde 2015 erstmals im Holz ausgebaut. Mit seiner Flaschengestaltung fällt das Weingut Koenen auf. Die moderne Ausstattung, die hier geschätzten Schraubverschlüsse und das durchdachte Programm heben den Betrieb ab von der Masse der Weingüter an der Mosel.

Kollektion

Feine, helle Frucht zeigt im Jahrgang 2021 der Pinot Blanc, ein stimmiger, saftiger, eher schlanker und frisch gehaltener Wein. Der trockene Riesling ohne weitere Bezeichnungen ist kühlfruchtig mit Anklängen an Zitrus und Kernobst, straff und für einen Basiswein überdurchschnittlich gelungen. Sehr schlank und frisch wirkt der trockene Minheimer Riesling, der den Charakter des Jahrgangs 2021 sehr gut zur Geltung bringt. Noch sehr verschlossen ist der trockene Wein aus dem Minheimer Rosenberg, in die schwere Flasche gefüllt, aber im Mund mitnichten schwer, sondern fein, präzise, würzig, allerdings zum Zeitpunkt der Verkostung viel zu jung; er dürfte sich sehr gut entwickeln. Ganz anders der Roter Riesling, der schon mit der vergleichsweise dunklen Farbe seine Sonderstellung betont und sehr offen wirkt, eine angenehm beerige, für diese Sorte so typische Frucht aufweist; er ist im Mund sehr stimmig, zupackend, gelungen. Beim Riesling in feinherber Version aus der Günterslay ist die Balance zwischen Säure und Süße überdurchschnittlich gut. Vergleichsweise offen ist die Spätlese aus der Burglay, die neben Kernobstnoten auch ganz zarte Anklänge an schwarze Beeren zeigt; im Mund ist die Süße zwar deutlich zu spüren, aber die Säure balanciert dies auf sehr angenehme Weise.

Weinbewertung

83 2021 Riesling trocken I 11,5%/6,90€
85 2021 Pinot Blanc trocken I 12%/9,90€
86 2021 Riesling trocken Minheimer I 11%/9,90€
87 2021 Riesling trocken Minheimer Rosenberg I 11,5%/14,90€
84 2021 Riesling „feinherb" I 10,5%/6,90€
86 2021 Roter Riesling Minheimer I 11,5%/9,90€
86 2021 Riesling „feinherb" Minheimer I 10,5%/9,90€
87 2021 Riesling „feinherb" Minheimer Günterslay I 10,5%/14,90€
88 2021 Riesling Spätlese Minheimer Burglay I 7,5%/14,90€

★★☆

Robert **König**

Kontakt
Landhaus Kenner 1
65385 Rüdesheim am Rhein
Tel. 06722-1064
www.weingut-robert-koenig.de
info@weingut-robert-koenig.de

Besuchszeiten
Mo.-Sa. 10-18 Uhr

Inhaber
Philipp König
Kellermeister
Philipp König
Außenbetrieb
Franz Wernitsch
Rebfläche
8,5 Hektar
Produktion
50.000 Flaschen

Seit 2017 führt Philipp König das Familienweingut in fünfter Generation. Seinen ersten Jahrgang brachte er in den Keller, als er noch eingeschriebener Weinbau-Student in Geisenheim war. Zuvor hatte sein Vater Robert das Gut in den 1990ern vom landwirtschaftlichen Mischbetrieb zum Spitzenweingut ausgebaut. Der größte Teil der Weinberge liegt in den Steillagen der Rheingauer Rotweindomäne Assmannshausen, ein weiterer Teil befindet sich in Rüdesheim. Mit 83 Prozent ist Spätburgunder die wichtigste Rebsorte gefolgt von Frühburgunder, Riesling, Weißburgunder und Portugieser. Vom voluminösen Stil seines Vaters mit hohen Mostgewichten, hat Philipp König sich in den vergangenen Jahren immer weiter entfernt und zielt auf niedrige Restzuckergehalte und moderate Alkoholwerte ab. Die Pur- und Empor Weine reifen in Stückfässern und gebrauchten kleinen Holzfässern, die Zenit-Weine großteils in neuen Barriques aus französischer Eiche.

Kollektion

Nach einem starken Auftakt im vergangenen Jahr konnte Philipp König den guten Eindruck bestätigen. Der Weg alle Weine gen Null Gramm Restzucker zu trimmen, geht auch mit dem 2019er Jahrgang voll auf, was besonders, der Portugieser mit seiner präzisen Schwarzen Johannisbeer-Aromatik zeigt. Die beiden Frühburgunder bieten mit ihrer ausgewogenen Art viel Trinkvergnügen. Die Pur-Spätburgunder besitzen Finesse und Leichtigkeit. Die Empor-Weine sind eine Steigerung der Pur-Weine, auch hier hat man vornehmlich Frische im Glas, jedoch gesellen sich zu den Sauerkirschen- und Johannisbeernoten auch dezent würzige Noten. Bei den Zenit-Weinen wird eine deutliche Entwicklung sichtbar: Die Weine präsentieren sich spürbar wilder als im vergangenen Jahr, was besonders der Höllenberg mit seiner komplexen Aromatik aus Steinobst, Cassis, Kirsche, Kräutern und Feuerstein-Reduktion zeigt. Gelingt es Philipp König die tolle Aromatik mit noch nachhaltigerer Textur zu unterfüttern, ist hier Großes möglich.

Weinbewertung

84	2020 Frühburgunder Rheingau I 12,5%/14,90€
86	2020 Frühburgunder Assmannshäuser Höllenberg I 13%/27,90€
85	2019 Spätburgunder „Pur" Rüdesheimer Drachenstein I 12,5%/10,90€
85	2019 Spätburgunder „Pur" Assmannshäuser Frankenthal I 12,5%/11,90€
86	2019 Spätburgunder „Pur" Assmannshäuser Höllenberg I 12,5%/12,90€
89	2019 Portugieser Assmannshäuser I 13%/19,90€
87	2019 Spätburgunder „Empor" Assmannshäuser Frankenthal I 13%/16,90€
86	2019 Spätburgunder „Empor" Rüdesheimer Drachenstein I 13%/14,90€
87	2019 Spätburgunder „Empor" Assmannshäuser Höllenberg I 13%/18,90€
88	2019 Spätburgunder „Zenit" Rüdesheimer Drachenstein I 13%/24,90€
89	2019 Spätburgunder „Zenit" Asmannshäuser Frankenthal I 13%/29,90€
90	2019 Spätburgunder „Zenit" Assmannshäuser Höllenberg I 13%/35,90€

★★☆

Königsrain

Kontakt
Königsrainstraße 19
77887 Sasbachwalden
Tel. 0151-23549011
www.koenigsrain.de
koenigsrain@googlemail.com

Besuchszeiten
Fr. 17-19 Uhr, Sa. 16-18 Uhr, nach Vereinbarung Weinproben für Gruppen mit Vesper, BBQ, Flammkuchen oder Flammlachs

Inhaber
Katja & Tobias Pfeifer
Rebfläche
2 Hektar
Produktion
15.000 Flaschen

Katja und Tobias Pfeifer, die beide aus Weinbaubetrieben stammen, gründeten 2011 ihr eigenes Weingut Königsrain, benannt nach der Straße, in der sie zuhause sind, und pflanzten die ersten Reben, 2012 erzeugten sie von zugekauften Trauben ihre ersten Weine, zwei Tanks, ein Barrique, ganze 2000 Flaschen, die im Frühjahr 2013 abgefüllt wurden. Katja Pfeifer machte nach dem Abitur eine Winzerlehre, studierte dann in Geisenheim Weinbau und Oenologie. Tobias Pfeifer stammt aus einem landwirtschaftlichen Betrieb in Sasbachwalden, ist ebenfalls gelernter Winzer. Ihre Weinberge liegen in Sasbachwalden und angrenzenden Gemarkungen, die Reben wachsen auf Granitverwitterungsböden. Knapp die Hälfte der Rebfläche nimmt Spätburgunder ein, hinzu kommt ein Viertel Riesling, dazu gibt es jeweils etwa 10 Prozent Müller-Thurgau, Grauburgunder und Sauvignon Blanc, inzwischen auch ein klein wenig Cabernet Sauvignon. Die Weine werden überwiegend im Edelstahl ausgebaut, der Spätburgunder im Barrique.

Kollektion

Jahr für Jahr legen Katja und Tobias Pfeifer ein klein wenig zu, wobei die Kollektionen immer sehr gleichmäßig sind, auch in diesem Jahr. An die Spitze setzt sich der neue Wein im Sortiment, die rote Cuvée Anton Valentin, eine Cuvée aus Spätburgunder und Cabernet Sauvignon. Sie ist fruchtbetont und intensiv im Bouquet, füllig und saftig im Mund, besitzt viel reife Frucht, gute Struktur und Frische. Der Rosé gefällt uns besser denn je im Jahrgang 2021, zeigt rote Früchte und viel Frische, besitzt feine Frucht und Grip im Mund – für Sommerabende auf der Terrasse. Rosé ist auch der Sekt, auch er ist frisch und fruchtbetont und zeigt rote Früchte im Bouquet, im Mund ist er dann füllig, harmonisch und süffig, recht süß. Knackig trocken ist der Grauburgunder, zeigt klare reife Frucht im Bouquet, besitzt feine Frische im Mund, gute Struktur, Frucht und Grip. Ein angenehm schlanker Grauburgunder. Auch mit dem Müller-Thurgau macht man nichts verkehrt, er ist würzig, frisch, zeigt eine dezente Muskatnote, ist ebenfalls lebhaft und frisch im Mund, klar und zupackend. Sehr offen ist der Blanc de Noir, zeigt viel reife Frucht, ist füllig und saftig, harmonisch und strukturiert. Eine überzeugende Vorstellung!

Weinbewertung

84	Rosé Sekt brut I 13%/13,-€
84	2021 Müller-Thurgau trocken I 11,5%/6,-€
85	2021 „Blanc de Noir“ trocken I 12%/8,-€
84	2021 Grauburgunder trocken I 12%/8,-€
85	2021 Rosé trocken I 12,5%/7,50€
86	„Anton Valentin“ Rotwein-Cuvée trocken I 12,5%/12,-€

königsrain

★★☆

Köpfer

Kontakt
Dorfstraße 22
79219 Staufen-Grunern
Tel. 07633-5288
www.weingut-koepfer.de
info@weingut-koepfer.de

Besuchszeiten
Mo.-Fr. 9:30-12 + 14-18 Uhr
Sa. 9-12 Uhr

Inhaber
Gerd Köpfer
Betriebsleiter
Gabriel Köpfer
Rebfläche
6 Hektar

Seit 1756 betreibt die Familie Weinbau in Grunern, hat sich in den sechziger Jahren ganz auf Wein konzentriert. Bereits 1978 hat Gerd Köpfer das Weingut auf ökologischen Weinbau umgestellt. Heute führt sein Enkel Gabriel den Betrieb, der nach seinem Geisenheim-Studium mehrere Jahre in Frankreich, Australien, Neuseeland und Kanada gearbeitet hatte. Die Weinberge liegen in Grunern im Altenberg, im Castellberg in Ballrechten, im Staufener Schlossberg und im Staufener Mannwerk, das 2020 als Kleinere Geographische Einheit in die Weinbergsrolle eingetragen wurde, sowie im Kirchhofener Höllhagen. Spätburgunder ist die wichtigste Rebsorte, nimmt mehr als ein Drittel der Rebfläche ein. Auf einem Viertel der Fläche wächst Gutedel, dazu gibt es Weißburgunder, aber auch Grauburgunder, Chardonnay, Sauvignon Blanc, Riesling und Bronner. Die Weißweine werden meist im Edelstahl ausgebaut, die Spätburgunder in großen Eichenholzfässern, die besten im Barrique oder Tonneau. 2022 wurden neue Etiketten und ein neues Corporate Design eingeführt.

Kollektion

Eine ganz starke Kollektion präsentiert Gabriel Köpfer in diesem Jahr. Die 2020er Weißweine sind kraftvoll und klar, unser Favorit ist der Orange, ein maischevergorener Bronner, zehn Monate auf der Hefe ausgebaut, ungeschwefelt, unfiltriert, würzig, kraftvoll, zupackend, braucht noch Zeit. Noch spannender sind die beiden 2019er im Tonneau ausgebauten Mannwerk-Weißweine: Der Weißburgunder ist stoffig, besitzt gute Struktur und Substanz, der Chardonnay ist sehr kompakt, verschlossen, braucht Zeit und hat Potenzial. Köpfer-Weine sind auf Haltbarkeit vinifiziert, das zeigen auch die beiden strukturierten Schlossberg-Weine oder der Gutedel, der viel Grip besitzt. Mit Frische und Frucht punkten die beiden Sekte. Auch die Roten sind stark, allen voran der sehr jugendliche 2019er Höllhagen-Spätburgunder, der reintönige Frucht, Kraft und Biss besitzt. Klar im Aufwind!

Weinbewertung

86 2019 Weißburgunder & Riesling Sekt brut I 12,5%/13,90€
85 2019 Pinot Rosé Sekt brut I 12,5%/15,-€
85 2019 Weißburgunder trocken Staufener Schlossberg I 13%/9,90€
84 2020 Grauburgunder trocken Staufener Schlossberg I 13%/12,90€
85 2020 Gutedel trocken „Selektion K“ I 11,5%/8,50€
84 2020 Sauvignon Blanc Kabinett trocken Grunerner Altenberg I 13%/9,90€
87 2020 „Orange“ Weißwein I 12%/21,-€
88 2019 Weißburgunder trocken Staufener Mannwerk I 13%/29,-€
88 2019 Chardonnay trocken Staufener Mannwerk I 13%/29,-€
84 2019 Spätburgunder trocken Ballrechter Castellberg I 12%/8,90€
85 2017 Spätburgunder trocken Kirchhofener Höllhagen I 13%/14,90€
89 2019 Spätburgunder trocken Kirchhofener Höllhagen I 13%/29,-€

K

Nick Köwerich

Kontakt
Maximinstraße 11
54340 Leiwen
Tel. 06507-4282
Fax: 06507-3037
www.weingutkoewerich.de
weingut.koewerich@t-online.de

Besuchszeiten
nach Vereinbarung
im Sommer: „Abendleuten“:
5 Riesling
im Winter: Lesungen:
„Flüssige Zeit: Reife Rieslinge“

Inhaber
Nick Köwerich
Betriebsleiter
Nick Köwerich
Kellermeister
Nick Köwerich
Außenbetrieb
Nick Köwerich
Rebfläche
10 Hektar
Produktion
100.000 Flaschen

Nick Köwerich, Geisenheim-Absolvent, übernahm das Weingut 1994 von seinen Eltern Annemie und Stefan. Er baut ausschließlich Riesling an. Seine Weinberge liegen in der Leiwener Laurentiuslay, der Köwericher Laurentiuslay sowie der Klüsserather Bruderschaft. Das Programm ist klar und überschaubar, es werden vergleichsweise wenige Weine erzeugt, in manchen Jahren ergänzen edelsüße Spezialitäten das Programm. „Einblick No. 1“ und „Für Feen und Elfen“ werden reduktiv ausgebaut, der Für Träumer und Helden-Riesling im großen Holzfass. Das Weingut ist mit seinem Marketingkonzept, den ungewöhnlichen Weinnamen und den originellen Etiketten weit über die Region hinaus bekannt geworden. In der Linie Nikolaus Köwerich gibt es ältere Jahrgänge noch im Verkauf, von denen Nick Köwerich regelmäßig welche zu unseren Verkostungen einschickt. Lesungen und andere Veranstaltungen werden angeboten.

Kollektion

Mit nur fünf Weinen ist das Sortiment der vorgestellten 2021er überschaubar. Doch an der Klasse der Weine gibt es nichts zu kritisieren, zumal die Mengen, die von den beiden Basisqualitäten erzeugt werden, beachtlich sind. Der Einblick-Riesling ist frisch, duftig, schlank und mit einem Hauch von Süße ausgestattet; ein Wein, der massentauglich ist, aber wieder mal höchst seriös vinifiziert wurde. Deutlich mehr Süße weist der für Feen und Elfen gedachte Wein auf; er wirkt durch die animierende Säure angenehm frisch und straff, der Alkohol ist sehr verhalten. Einen deutlichen Qualitätssprung zeigt dann der Herr Mosel, der einzige vorgestellte trockene Riesling des Jahrgangs. Es handelt sich um einen festen, vibrierenden, gut balancierten Wein mit Nachhall, dem sein Pendant in der süßen Version in nichts nachsteht: Der Riesling namens Fräulein Mosel ist duftig, niedrig im Alkohol, saftig und ungemein animierend, macht schon jetzt viel Spaß. Noch Zeit braucht dagegen die Spätlese Für Träumer und Helden, die derzeit noch deutlich von der Süße geprägt ist; Potenzial ist allerdings vorhanden. Wie immer stellt das Weingut auch ältere Jahrgänge vor, die noch zu haben sind. Die 2011er besitzen Schmelz und eine vergleichsweise weiche, elegante Art, noch besser gefällt allerdings der rassige, vibrierende 2016er.

Weinbewertung

87 2021 Riesling trocken „Herr Mosel“ Leiwener Laurentiuslay | 11,5%/14,-€
84 2021 Riesling „Einblick N 1“ | 11%/8,50€
85 2021 Riesling „Für Feen und Elfen“ | 9,5%/10,50€
87 2021 Riesling Kabinett „Fräulein Mosel“ Leiwener Laurentiuslay | 8%/14,-€
89 2011 Riesling Spätlese „Für Träumer und Helden“ Leiw. Laurentiuslay | 8,5%/24,75€
90 2016 Riesling Spätlese „Für Träumer und Helden“ Leiw. Laurentiuslay | 8,5%/18,50€
90 2021 Riesling Spätlese „Für Träumer und Helden“ Leiw. Laurentiuslay | 8%/28,-€
88 2011 Riesling Spätlese Leiwener Laurentiuslay | 12,5%/28,-€

★★★

Konstanzer

1983 haben Horst und Petra Konstanzer, damals noch im Nebenerwerb, ihren ersten Wein gemacht. 1989 übernahmen sie den elterlichen Betrieb, der bis dahin die Trauben an die Genossenschaft abgeliefert hatte und betreiben ihn seither im Haupterwerb. Ihre Weinberge liegen in Ihringen in den Lagen Winklerberg und Fohrenberg; als Große Lagen werden Vorderer Winklerberg und Winklen abgefüllt. Grau- und Spätburgunder sind die wichtigsten Rebsorten, gefolgt von Weißburgunder und Chardonnay, des Weiteren gibt es Silvaner, Muskateller und Souvignier Gris. Das Sortiment ist eingeteilt in Qualitätsweine in der Literflasche, Ortsweine von den Lössterrassen rund um Ihringen, Weine aus Erster Lage und aus Großer Lage. 2021 wurde die Bio-Zertifizierung begonnen.

Kontakt
Quellenstraße 22
79241 Ihringen
Tel. 07668-5537
Fax: 07668-5097
www.weingut-konstanzer.de
info@weingut-konstanzer.de

Besuchszeiten
Mo.-Do. 17-19 Uhr
Nov.-März 16-18 Uhr
Fr. 13-18 Uhr
Sa. 10-16 Uhr
Ferienwohnung im Weingut

Inhaber
Horst & Petra Konstanzer
Betriebsleiter
Horst & Petra Konstanzer
Kellermeister
Horst Konstanzer
Außenbetrieb
Horst Konstanzer
Rebfläche
9 Hektar
Produktion
45.000 Flaschen

Kollektion

Drei Weißburgunder und drei Grauburgunder präsentiert Horst Konstanzer in diesem Jahr, und auf jeder Stufe gilt unsere Präferenz den Grauburgundern. Der Ihringer Weißburgunder ist reintönig, frisch, zupackend, der Grauburgunder besitzt gute Struktur und Grip. Die beiden Winklerberg-Weine sind klar, harmonisch, zupackend, der Grauburgunder ist ein wenig druckvoller als der Weißburgunder. Bei den Großen Lagen ist der Unterschied am markantesten: Während der Weißburgunder Vorderer Winklerberg enorm kompakt und würzig ist, besticht der Winklen-Grauburgunder mit viel reifer Frucht und rauchigen Noten, besitzt Fülle und Kraft, gute Struktur und klare Frucht. Hoch ist das Niveau bei den Spätburgundern, schon der fruchtbetonte, frische Ortswein bereitet viel Freude. Der Winklen-Wein ist würzig, besitzt etwas harte Tannine und Biss, der Wein vom Vorderen Winklerberg zeigt klare reife Frucht und Frische, besitzt gute Struktur und Grip. Unsere klare Nummer Eins aber ist der Winklen „pur" aus dem Jahrgang 2018, der konzentriert, herrlich eindringlich und reintönig ist, gute Struktur, Präzision und Grip besitzt.

Weinbewertung

83 2021 Silvaner trocken „Alte Reben" Ihringen | 12,5%/11,50€
84 2021 Weißburgunder trocken Ihringen | 13%/9,30€
85 2021 Grauburgunder trocken Ihringen | 13%/9,30€
86 2020 Weißburgunder trocken Ihringer Winklerberg | 13,5%/13,50€
87 2020 Grauburgunder trocken Ihringer Winklerberg | 13,5%/13,50€
85 2020 Chardonnay trocken Ihringer Winklerberg | 13,5%/16,-€
85 2020 Weißburgunder trocken Ihringen Vorderer Winklerberg | 13,5%/19,-€
89 2020 Grauburgunder trocken Ihringen Winklen | 13%/19,-€
86 2019 Spätburgunder trocken Ihringen | 13,5%/9,50€
86 2019 Spätburgunder trocken Ihringen Winklen | 13%/19,-€
88 2019 Spätburgunder trocken Ihringen Vorderer Winklerberg | 13%/27,-€
90 2018 Spätburgunder trocken „-pur-" Ihringen Winklen | 13%/a.A.

★★★½

Korrell

Kontakt
Weingut Johanneshof
Görzstraße 7, 55545
Bad Kreuznach-Bosenheim
Tel. 0671-63630
Fax: 0671-71954
www.korrell.com
weingut@korrell.com

Besuchszeiten
Mo./Di./Do./Fr.
10-12:30 + 13:30-17 Uhr
Sa. 10-15 Uhr
Mi. + So. geschlossen

Inhaber
Britta & Martin Korrell
Betriebsleiter/Kellermeister/Außenbetrieb
Martin Korrell
Rebfläche
30,5 Hektar
Produktion
270.000 Flaschen

Seit 1832 baut die Familie Wein im Nahetal an, heute führen Martin und Britta Korrell das Gut in sechster Generation. Die Weinberge befinden sich in den Kreuznacher Lagen Rosenberg, St. Martin und Paradies, hinzu kamen zuletzt Flächen in der Schlossböckelheimer Lage In den Felsen und Königsfels, im Norheimer Kirschheck und Dellchen, in der Niederhäuser Klamm, im Schlossböckelheimer Felsenberg und Traiser Rotenfels. Wichtigste Rebsorte beim Weingut Korrell ist der Riesling, der die Hälfte der Fläche einnimmt. Dazu gibt es 40 Prozent Burgundersorten, etwas Portugieser, Müller-Thurgau, Scheurebe und Gelber Muskateller. Nachdem das Sortiment der Lagenrieslinge zwischenzeitlich auf das Kreuznacher Paradies reduziert war, sind ab dem Jahrgang 2020 auch trockene Spitzenweine aus dem Norheimer Kirchheck und der Niederhäuser Klamm im Verkauf. In 2020 hat auch die Umstellung auf biologischen Weinbau begonnen, die 2023 abgeschlossen sein wird.

Kollektion

Überschaubare acht Rieslinge hat uns das Weingut in diesem Jahr zugesendet. Das ist schade, denn wir hätten gerne noch mehr von diesem hervorragenden Jahrgang verkostet. Der trockene Gutsriesling ist saftig, knackig und mineralisch. Beim Ortswein aus Schlossböckelheim kommen Grip und subtiler Druck ins Spiel, reife Zitrusfrüchte mäandern um einen würzigen Gerbstoffkern, der alles fest im Griff hält, etwas Flaschenreife wird nötig sein, um die Aromen zu entfalten und die rassige Säure zu integrieren – ein Benchmark-Wein dieses Jahrgangs. Das gilt auch für den feinfruchtigen Riesling aus dem Kirschheck, der reifen Saft mit mineralisch gebündelter Frische kombiniert, voll jugendlicher Spannkraft steckt und noch weiter zulegen kann. Der Paradies-Riesling mit seinem vollmundigen Charme zeigt sich in Frühform, sein würziger Schmelz spielt mit feiner Frische, dank Ausgewogenheit und Länge wird er als Speisenbegleiter seinen besonderen Auftritt haben. Der Riesling aus dem Dellchen ist für uns der Primus unter den drei Lagenrieslingen. Mit Kraft, reifer rotbeeriger Frucht und nerviger Säureader bleibt er fokussiert bis in den langen Nachhall, lädt bei aller attraktiven, jugendlichen Spannung zu weiterer Flaschenreife ein.

Weinbewertung

86	2021 Riesling trocken I 12%/9,90€
88	2021 Riesling trocken Schlossböckelheimer I 13%/16,-€
90	2021 Riesling trocken Kirschheck I 13%/28,-€
91	2021 Riesling trocken Dellchen I 13%/35,-€
90	2021 Riesling trocken Paradies I 13%/28,-€
86	2021 Riesling Kabinett I 9,5%/9,90€
87	2018 Riesling Auslese Paradies I 7%/13,50€/0,375l
89	2021 Riesling Eiswein Paradies I 6%/39,-€/0,375l

★★★

Krämer

Kontakt
Untere Pforte 19
55578 Gau-Weinheim
Tel. 06732-8460
Fax: 06732-63288
www.kraemer-straight.de
info@kraemer-straight.de

Besuchszeiten
nach Vereinbarung

Inhaber
Hans-Bernhard &
Tobias Krämer

Rebfläche
20 Hektar

Produktion
90.000 Flaschen

Tobias Krämer, Winzersohn aus Rheinhessen, ist nach Ausbildung und Geisenheim-Studium in den elterlichen Betrieb eingestiegen und kreierte dort seine eigene Weinlinie, die er Krämer Straight nennt. 2013 hat er seine ersten vier Weißweine erzeugt: Riesling, Silvaner, Grauburgunder und Chardonnay, dazu eine rote Cuvée aus Cabernet, Regent und Dornfelder. Die Weinberge der Familie Krämer liegen rund um Gau-Weinheim am Wißberg, die Böden sind von weißem Kalkstein geprägt, der dem Wißberg („weißer Berg") auch seinen Namen einbrachte, sowie in Uffhofen. Den Großteil ihrer Weine verkaufen Hans-Bernhard und Tobias Krämer bisher als Fassware, das Flaschenweingeschäft soll mit der Straight-Linie zukünftig an Bedeutung gewinnen. Mit dem Jahrgang 2018 wurden erstmals zwei Riesling-Ortsweine sowie der Chardonnay Kaisergarten erzeugt, den La Roche-Lagenriesling gibt es bereits seit 2016.

Kollektion

Die ausgeprägten Spontangärnoten, die die Weine in den ersten Jahrgängen prägten, treten immer mehr in den Hintergrund. Die Basisqualität ist unverändert hoch, die Spitze spannend. Vor allem die Orts-Rieslinge und der Riesling La Roche, die im Jahrgang 2021 noch etwas später gefüllt wurden als sonst, so dass wir sie nur als Fassproben verkosten konnten. Der Gau-Weinheimer ist würzig, duftig, frisch, zupackend, noch ein wenig „unfertig" und noch nicht abschließend zu beurteilen. Gute Konzentration und herrlich eindringliche reintönige Frucht zeigt der Uffhofer Riesling, ist füllig, saftig, besitzt herrlich viel Frucht, Struktur und Substanz. An der Spitze steht wieder der La Roche, der ebenfalls faszinierend viel Frucht im herrlich eindringlichen und reintönigen Bouquet zeigt, Fülle und Kraft besitzt, Substanz, Druck und Länge. Der Chardonnay aus dem Weingarten ist sehr offen, besitzt reife Frucht, gute Struktur und Frische. Die Gutsweine sind klar und zupackend wie gewohnt, der reintönige, strukturierte Chardonnay gefällt uns besonders gut. Neu ist der Good Stuff genannte Rosé aus Spätburgunder, Merlot und Syrah, leicht rauchig, kraftvoll, ein „ernsthafter" Rosé.

Weinbewertung

83 2021 Riesling trocken „Straight" | 12,5%/8,70€
84 2021 Sauvignon Blanc trocken „Straight" | 12,5%/9,70€
84 2021 Grauburgunder trocken „Straight" | 12,5%/8,70€
85 2021 Chardonnay trocken „Straight" | 12,5%/9,70€
(85+) 2021 Riesling trocken Gau-Weinheimer | 12,5%/12,70€
(88) 2021 Riesling trocken Uffhofer | 12%/12,70€
(90+) 2021 Riesling trocken La Roche | 12,5%/16,50€
(87) 2021 Chardonnay Gau-Weinheimer Kaisergarten | 13%/22,50€
85 2021 „Good Stuff" Rosé trocken | 13%/9,70€
85 2021 „Red Stuff" Rotwein trocken | 13,5%/9,70€

★★★★

Kranz

Kontakt
Mörzheimer Straße 2
76831 Ilbesheim
Tel. 06341-939206
Fax: 06341-939207
www.weingut-kranz.de
info@weingut-kranz.de

Besuchszeiten
Mo.-Mi. 8-12 Uhr
Do.-Fr. 8-12 + 14-18 Uhr
Sa. 9-16 Uhr

Inhaber
Boris Kranz
Rebfläche
25 Hektar
Produktion
120.000 Flaschen

Wein wird schon lange angebaut in der Familie Kranz, aber erst in den siebziger Jahren entschlossen sich Robert und Lilo Kranz ihren Wein selbst abzufüllen und zu vermarkten. Seit 1990 ist Sohn Boris für den Weinausbau im Betrieb verantwortlich, den er mittlerweile übernommen hat und zusammen mit seiner Ehefrau Kerstin führt. Ihre Weinberge liegen vor allem in Ilbesheim und Arzheim, aber auch in Ranschbach und Göcklingen. Das Weingesetz von 1971 hat die ehemaligen Einzellagen in den beiden Gemeinden Ilbesheim und Arzheim in drei sehr große Lagen zusammengefasst, Rittersberg für Ilbesheim, Seligmacher und Rosengarten für Arzheim. 2008 wurde die Einzellage Kalmit neu in die Lagenrolle eingetragen, als erste neue Einzellage in der Pfalz seit Verabschiedung des Deutschen Weingesetzes, aber auch diese neue Lage Kalmit wurde recht groß „geschnitten“, umfasst neben der eigentlichen Lage Kalmit mehrere frühere Einzellagen wie Kirchberg oder Westerberg. Die Lage Kalmit enthält Landschneckenkalk im Untergrund, im Oberboden findet man wechselnd Löss, Mergel oder Lehm. Um diesen Unterschieden Rechnung zu tragen, differenziert Boris Kranz innerhalb der Lage Kalmit weitere Teillagen, nutzt die in Rheinland-Pfalz heute gegebene Möglichkeit alte Gewannnamen eintragen zu lassen und diese als Lagenbezeichnung auf dem Etikett zu verwenden. Innerhalb der Lage Kalmit hat Boris Kranz die Lagen Kirchberg und Westerberg eintragen lassen, innerhalb der Arzheimer Lage Seligmacher die Gewanne Am Fürstenweg und Klingenwingert. Wichtigste Rebsorten im Betrieb sind Riesling, Weißburgunder (mit steigender Tendenz) und Spätburgunder, dazu gibt es Silvaner, Auxerrois und bereits seit dem Jahrgang 1999 auch Chardonnay, zuletzt wurden Grauburgunder und Sauvignon Blanc gepflanzt. Mit der Aufnahme in den VDP 2012 hat Boris Kranz sein Sortiment neu am vierstufigen VDP-Modell ausgerichtet und in Gutsweine, Ortsweine, Erste Lage- und Große Lage-Weine unterteilt. An der Spitze der Kollektion stehen drei Große Gewächse aus dem Kalmit (Riesling, Weißburgunder, Spätburgunder), sowie ein weiterer Riesling als Großes Gewächs aus dem Kirchberg. Riesling aus Westerberg und seit dem Jahrgang 2021 auch aus dem Ranschbacher Seligmacher, Weißburgunder aus Klingenwingert und Chardonnay und Spätburgunder aus der Lage Am Fürstenweg bietet er in der Erste Lage-Linie an. Seit dem Jahrgang 2016 ist das Weingut bio-zertifiziert.

Kollektion

Alle Weißweine der Familie Kranz sind im Jahrgang 2021 etwas schlanker als im vergangenen Jahr, unser Favorit ist mit einem knappen Vorsprung der Weißburgunder aus der Kalmit, er zeigt ein komplexes Bouquet mit Aromen von Birne, Pfirsich, feinen floralen Noten und dezenter Holzwürze und besitzt auch am Gaumen viel klare Frucht, ist elegant, animierend und sehr nachhaltig. Unter den vier Rieslingen aus Großen und Ersten Lagen besitzt der Kalmit das komplexeste Bouquet mit steinigen und leicht rauchig-erdigen Noten und Aromen von gelbem Apfel und Ananas, am Gaumen besitzt er ein leicht salziges Säurespiel, Grip und feinen Druck, ist elegant und nachhaltig, der Kirchberg zeigt deutliches Holz im Bouquet, etwas Kokos und kräutrige Noten, ist deutlich fülliger als der Kalmit, besitzt dezente Süße und guten Grip. Der Westerberg-Riesling zeigt kreidig-steinige Noten und klare Fruchtaromen von Aprikose und Honigmelone, ist leicht salzig und etwas nachhaltiger als der neu im Programm vertretene Riesling vom Seligmacher, der von steiniger Würze und animierenden Zitrusnoten geprägt ist. Hervorragend ist auch wieder der Weißburgunder aus dem Klingenwingert, er zeigt viel feine Frucht im Bouquet, Birne, Ananas und Weinbergspfirsich, und auch etwas kräutrig-florale Würze, am Gaumen ist er animierend, sehr präsent und nachhaltig, auch der Weißburgunder vom Landschneckenkalk ist schon sehr zugänglich und offen, besitzt viel klare Frucht, etwas florale Würze, Frische und Länge, der Chardonnay ist noch deutlich vom Holz geprägt, besitzt auch feine Zitrusnoten und gute Konzentration. Der „Blanc de Noirs"-Sekt aus Pinot Noir und Pinot Meunier zeigt feine hefige Würze, etwas gelben Apfel und Zitrusnoten, ist kraftvoll, besitzt ein lebendiges Säurespiel und gute Länge. Im Gegensatz zu den sehr präsenten Weißweinen zeigten sich die beiden 2019er Spätburgunder bei der Verkostung mit dunkler Frucht und kräutriger Würze noch sehr unnahbar, sie besitzen Kraft und jugendliche Tannine, brauchen aber noch Zeit.

Boris Kranz

Weinbewertung

88	„Blanc de Noirs" Sekt brut nature I 13%/19,50€
84	2021 Riesling trocken I 12%/9,90€
87	2021 Sylvaner trocken „vom Ton" Ilbesheim I 12,5%/14,-€
88	2021 Weißer Burgunder trocken „vom Landschneckenkalk" Ilbesheim I 13%/15,50€
87	2021 Riesling trocken „Rotliegend" Ranschbach I 12%/14,-€
87	2021 Riesling trocken „vom Landschneckenkalk" Ilbesheim I 11,5%/15,50€
88	2021 Riesling trocken Ranschbacher Seligmacher I 12%/20,-€
89	2021 Riesling trocken Ilbesheimer Westerberg I 12%/20,-€
90	2021 Weißer Burgunder trocken Arzheimer Klingenwingert I 13%/22,-€
88	2021 Chardonnay trocken „RF" Arzheim I 12,5%/22,-€
91	2021 Riesling „GG" Kalmit I 12,5%/35,-€
90	2021 Riesling „GG" Kirchberg I 12,5%/35,-€
91+	2021 Weißer Burgunder „GG" Kalmit I 13%/35,-€
86+	2019 Spätburgunder trocken Ilbesheim I 13,5%/15,50€
88+	2019 Spätburgunder trocken Arzheimer am Fürstenweg I 13,5%/22,-€

Lagen

Kalmit (Ilbesheim)
Kirchberg (Ilbesheim)
Westerberg (Ilbesheim)
Klingenwingert (Arzheim)
Am Fürstenweg (Arzheim)
Seligmacher (Ranschbach)
Roenberg (Arzheim)

Rebsorten

Riesling (25%)
Weißburgunder (20%)
Spätburgunder (20%)

★★

Kranz-Junk

Kontakt
Brunnenstraße 7
54472 Brauneberg
Tel. 06534-223
Fax: 06534-18314
www.kranz-junk.de
kranz-junk@t-online.de

Besuchszeiten
jederzeit nach Vereinbarung
Gästezimmer

Inhaber
Gerti & Josef Kranz
Rebfläche
6 Hektar
Produktion
40.000 Flaschen

Seit dem 15. Jahrhundert betreibt die Familie Weinbau an der Mosel, heute führen Gerti und Josef Kranz den kleinen Brauneberger Familienbetrieb. Ihre Weinberge liegen vor allem in Brauneberg, in der Juffer und in der Juffer-Sonnenuhr, aber auch im Klostergarten und im Mandelgraben, daneben sind sie auch im Kestener Paulinshofberg vertreten. Riesling ist naturgemäß die wichtigste Rebsorte im Betrieb, aber in den beiden letzten Jahrzehnten wurde der Rebsortenspiegel nach und nach erweitert, es gibt heute auch Weißburgunder, Grauburgunder und Chardonnay, Spätburgunder und Dornfelder. Die Weine werden überwiegend im Edelstahl ausgebaut, zum Teil aber auch noch im klassischen Fuder, der Spätburgunder auch im Barrique. Gerti und Josef Kranz bieten zudem Gästezimmer an.

Kollektion

Die beiden Schaumweine, die das Gut aus dem Jahrgang 2020 vorstellt, sind angenehm schlank, fein, im besten Sinne süffig und animierend; der Riesling gefällt noch etwas besser als die Cuvée aus Weißburgunder und Chardonnay, aber in beiden Fällen ist die Balance sehr zu loben. Der trockene Kabinettriesling aus dem Jahrgang 2021 wirkt offen und fruchtig mit Kernobst-, auch etwas Zitrusnoten, im Mund ist er schlank und straff. Ganz anders der Riesling von alten Reben aus dem Klostergarten, der eine helle, frische, an getrocknete Limonen, Hefe und Kräuter erinnernde Aromatik aufweist. Straff und präzise ist der trockene Riesling aus der Juffer-Sonnenuhr, er besitzt viel Substanz. Die süße Spätlese ist fein und rassig, auch die Auslese ist sehr gut balanciert und wirkt schon in der Nase animierend mit ihren Noten von frischem und getrocknetem Apfel mit etwas Zitrus. Was die Rotweine angeht: Sie sind merklich vom Barriqueausbau geprägt, aber keineswegs holzig oder anstrengend. Der 2017er duftet nach dunkler Schokolade, ist im Mund dann angenehm fein und schlank mit gut herausgearbeiteter Frucht, der 2019er gefällt noch etwas besser.

Weinbewertung

86 2020 Chardonnay & Weißburgunder Sekt brut | 12,5%/11,-€
87 2020 Riesling Sekt brut „K.J. Nr. 1“ | 12,5%/15,-€
82 2021 Riesling (1l) | 11%/6,80€
83 2021 Grauburgunder trocken | 13%/7,80€
85 2021 Riesling Kabinett trocken Brauneberger Juffer | 11%/8,50€
87 2021 Riesling Spätlese trocken Brauneberger Juffer-Sonnenuhr | 11%/12,-€
86 2021 Riesling Spätlese trocken „Alte Rebe“ Klostergarten | 11,5%/11,-€
83 2021 Spätburgunder „Blanc de Noir“ | 11,5%/8,50€
87 2021 Riesling Spätlese Brauneberger Juffer-Sonnenuhr | 7,5%/12,-€
88 2021 Riesling Auslese Brauneberger Juffer-Sonnenuhr | 7,5%/15,-€
86 2017 Spätburgunder trocken Barrique | 12%/15,-€
87 2019 Spätburgunder trocken Barrique | 12,5%/15,-€

Kranz Junk
Weingut
wine estate

★☆

Krebs

Kontakt
Birkenweg 48
79589 Binzen
Tel. 07621-62141
www.weinkrebs.de
info@weinkrebs.de

Besuchszeiten
Mo.-Do. 14-19 Uhr
Fr./Sa. 9-19 Uhr

Inhaber
Hans Krebs
Rebfläche
7,5 Hektar

Seit sechs Generationen baut die Familie Krebs Wein im Markgräflerland an, wobei lange Zeit die Fertigung von Holzfässern Haupterwerbszweig war. Heute führt Hans Krebs zusammen mit Ehefrau Margrit den Betrieb. Sohn Maximilian ist nach Lehrjahren in der Pfalz und am Kaiserstuhl sowie Technikerausbildung in Weinsberg nun ebenfalls im Weingut tätig und kümmert sich hauptsächlich um den Außenbetrieb. Die wichtigsten Rebsorten sind Gutedel, Weißburgunder, Grauburgunder, Müller-Thurgau, Chardonnay und Gewürztraminer sowie Spätburgunder und Dornfelder. Das Sortiment ist gegliedert in die Linien Heimat, „numme nit huddle“ (nur keine Eile) und Johann Jakob, in dieser Linie gibt es Gutedel, Weißburgunder und Spätburgunder, diese Weine werden im Holzfass ausgebaut, spontanvergoren und nicht filtriert. Edelbrände und Liköre ergänzen das Sortiment.

Kollektion

Schon beim guten Debüt im vergangenen Jahr hatten die Spätburgunder die Nase vorne, und nach den beiden 2017er sind nun dieses Jahr die 2018er und 2019er Nachfolger noch etwas stärker. Der Spätburgunder B zeigt rauchige Noten, gute Konzentration, etwas Vanille, ist füllig und kraftvoll, besitzt gute Substanz und Struktur. Eine weitere Steigerung bringt der Spätburgunder Johann Jakob aus dem Jahrgang 2019, zeigt intensive Frucht im Bouquet, rote Früchte, Kirschen, ist herrlich eindringlich und reintönig, ist füllig und kraftvoll im Mund, besitzt viel reife Frucht, gute Struktur und Intensität. Sein Pendant im weißen Segment ist der Weißburgunder Johann Jakob, Jahrgang 2020, der dort die Spitze bildet, spontan vergoren, elf Monate auf der Hefe ausgebaut und nicht filtriert, er zeigt gute Konzentration und herrlich viel Frucht, ist füllig und saftig, besitzt viel reife Frucht und Substanz. Aber auch sonst überzeugt das Sortiment. Die Heimat-Weine sind geradlinig und frisch, Gutedel und Weißburgunder gefallen uns besonders gut; im Mittelsegment ist der fruchtbetont Gutedel Flüdenwein unser Favorit. Im Aufwind!

Weinbewertung

82	2021 Gutedel trocken „Heimat“ I 11,5%/5,70€
84	2021 Gutedel trocken „Flüdenwein“ „numme nüt huddle“ I 12%/6,60€
82	2021 Weißer Burgunder trocken „Heimat“ I 12,5%/7,70€
81	2021 Spätburgunder „Blanc de Noirs“ trocken „Heimat“ I 12%/7,-€
82	2021 Grauer Burgunder Spätlese trocken „numme nüt huddle“ I 12,5%/9,20€
82	2021 Chardonnay Spätlese trocken „numme nüt huddle“ I 12,5%/9,90€
86	2020 Weißburgunder „Johann Jakob“ I 13%/13,90€
82	2021 Spätburgunder Rosé „Heimat“ I 11,5%/7,-€
83	2019 Spätburgunder Kabinett trocken „numme nüt huddle“ I 13,5%/8,70€
86	2018 Spätburgunder „B“ „numme nüt huddle“ I 13,5%/14,-€
88	2019 Spätburgunder „Johann Jakob“ I 13,5%/17,90€

KREBS
WEINGUT

★★

Kreiselmeyer

Kontakt
Waldstraße 38
91472 Ipsheim
Tel. 09846-9775707
Fax: 09846-9775708
www.weingut-kreiselmeyer.de
info@weingut-kreiselmeyer.de

Besuchszeiten
Vinothek:
Mi.-Fr. 13-18 Uhr
Sa. 13-17 Uhr

Inhaber
Thomas Kreiselmeyer
Rebfläche
9,5 Hektar
Produktion
70.000 Flaschen

Ipsheim liegt im Oberen Aischtal, in Mittelfranken, am Rand von Steigerwald und Frankenhöhe, ganz im Süden des fränkischen Weinbaugebietes. Hier ist das Weingut Kreiselmeyer zuhause, das aus einem ursprünglichen landwirtschaftlichen Gemischtbetrieb, zu dem ein Gasthof gehörte, entstand. Im Jahr 2010 übernahm Thomas Kreiselmeyer die Rebflächen seiner Eltern, expandierte, bewirtschaftet heute zusammen mit seiner Ehefrau Sabine 9 Hektar Reben. 2020 wurde am Ortsrand von Ipsheim ein neuer Weinkeller mit Vinothek gebaut. Die Weinberge liegen vor allem in Ipsheim in der sehr großen Einzellage Burg Hoheneck sowie im Weimersheimer Roter Berg, aber auch im Bad Windsheimer Rosenberg. Während in Ipsheim und Bad Windsheim Gipskeuperböden vorherrschen, findet man in Weimersheim Lösslehmböden mit einer rötlichen Färbung. Silvaner, Bacchus und Müller-Thurgau sind die wichtigsten Rebsorten im Betrieb, hinzu kommen insbesondere Scheurebe, Weißburgunder, Grauburgunder und Gewürztraminer, sowie die roten Sorten Dornfelder, Domina und Spätburgunder, die Rotweine werden teils im Edelstahl, teils im Holz ausgebaut.

Kollektion

Eine kleine Kollektion von sechs Weißweinen aus dem Jahrgang 2021 präsentiert Thomas Kreiselmeyer in diesem Jahr – und die überzeugt voll und ganz, die Weine besitzen alle reintönige Frucht und viel Frische. Die Sonnenschein-Cuvée zeigt viel Frische schon im Bouquet, etwas florale Noten, ein klein wenig Muskat im Hintergrund, ist harmonisch, frisch und zupackend, ein feiner Terrassenwein. Birnen und weiße Früchte zeigt der Gutssilvaner im Bouquet, ist reintönig, besitzt Struktur, Harmonie und Grip. Der Weißburgunder steht ihm nicht nach, zeigt weiße Früchte, ein wenig Quitten, ist frisch, kraftvoll, klar und strukturiert. Auch der Bacchus besticht mit seinem reintönigen Bouquet, das an Holunder denken lässt, auch schwarze Johannisbeeren, er ist fruchtbetont, lebhaft, kraftvoll und klar, dank nur 10 Gramm Restzucker animierend und frisch. Auch die süße Gewürztraminer Spätlese weist recht moderate Süße auf, zeigt feinen Rosenduft, gute Konzentration, ist kraftvoll, reintönig, besitzt Struktur und Biss. Unser Favorit aber ist der im Halbstück ausgebaute Silvaner, der rauchige Noten und klare Frucht zeigt, Fülle und Kraft besitzt, Struktur und Druck. Weiter im Aufwind!

Weinbewertung

84 2021 „Sonnenschein" Weißwein Cuvée trocken | 11,5%/6,50€
85 2021 Silvaner trocken | 12%/7,-€
85 2021 Weißburgunder trocken (Burg Hoheneck) | 12%/7,50€
87 2021 Silvaner Spätlese trocken „Halbstück" Weimersheimer Roter Berg | 12%/13,-€
84 2021 Bacchus „feinfruchtig" Bad Windsheimer Rosenberg | 11,5%/7,-€
86 2021 Gewürztraminer Spätlese „feine Süße" Burg Hoheneck | 12%/11,50€

★★☆

Kremers Winzerhof

Kontakt
Mühlgasse 12
63920 Großheubach
Tel. 09371-3270
Fax: 09371-3271
www.kremers-winzerhof.de
winzerhof-kremer@t-online.de

Besuchszeiten
Mo.-Fr. 8:30-18:30 Uhr
Sa. 8:30-15 Uhr
Heckenwirtschaft

Inhaber
Stefan Kremer
Betriebsleiter
Stefan & Ulrich Kremer
Kellermeister
Stefan & Ulrich Kremer
Außenbetrieb
Ulrich Kremer
Rebfläche
11 Hektar
Produktion
70.000 Flaschen

Kremers Winzerhof, mit Sitz in der „unteren Mühle“ im Ortszentrum von Großheubach, hat sich seit 1975 auf Weinbau spezialisiert und die alte Mühle zur Heckenwirtschaft umgebaut. Stefan Kremer übernahm, nach Ausbildung und Tätigkeit beim Staatlichen Hofkeller, 1990 den elterlichen Betrieb, führt ihn zusammen mit Ehefrau Christine, heute unterstützt von Sohn Ulrich, der zusammen mit seinem Vater für den Weinausbau verantwortlich ist. In den Weinbergen, überwiegend Buntsandsteinterrassen – bisher alle im Großheubacher Bischofsberg, nun ist man auch im Centgrafenberg vertreten – bauen sie eine Vielzahl an Rebsorten an.

Kollektion

Die weiße Basis überzeugt auch in diesem Jahr, die Weine sind fruchtbetont, klar und zupackend. An der Spitze der weißen Kollektion stehen die drei jeweils mit 3 Sternen versehenen Weine. Der Silvaner, Jahrgang 2019, zeigt gute Konzentration im herrlich eindringlichen Bouquet, viel reife Frucht, besitzt gute Fülle im Mund, Substanz und gute Struktur und eine ganz dezente Bitternote im Abgang. Der 2020er Riesling zeigt feine Würze und Reife im Bouquet, besitzt klare reife Frucht, gute Fülle und Harmonie, feine Süße und Frucht. Unsere leichte Präferenz gilt dem Chardonnay, der ebenfalls aus dem Jahrgang 2020 stammt, gute Konzentration und klare reife Frucht zeigt, füllig und saftig im Mund ist, viel Substanz und gute Struktur besitzt. Im roten Segment konnten wir vier Spätburgunder verkosten. Aus dem Jahrgang 2020 stammen der frische, geradlinige Churfranken und der lebhafte, zupackende trockene Kabinett. Die beiden Pinot Noir-Reserven stammen aus 2017: Der Wein aus dem Bischofsberg ist kraftvoll, sehr würzig, zupackend, sein Kollege vom Centgrafenberg deutlich komplexer und druckvoller.

Weinbewertung

83 2020 Silvaner Kabinett trocken Großheubacher Bischofsberg | 12%/7,50€
84 2021 Weißer Burgunder Kabinett trocken Großheubacher Bischofsberg | 12%/8,50€
84 2021 Spätburgunder „Blanc de Noir“ trocken Großheubacher | 11,5%/8,-€
83 2020 Riesling Kabinett trocken Großheubacher Bischofsberg | 11,5%/7,80€
84 2021 Scheurebe trocken Großheubacher | 12%/8,20€
83 2021 Muskateller trocken Großheubacher | 12%/8,20€
86 2019 Silvaner*** trocken Großheubacher Bischofsberg | 12,5%/10,-€
87 2020 Chardonnay*** trocken Großheubacher Bischofsberg | 13%/11,50€
86 2020 Riesling*** trocken Großheubacher Bischofsberg | 12%/10,-€
82 2021 Pinot Rosé Spätburgunder Weißherbst trocken Großheubacher | 12,5%/7,-€
85 2020 Spätburgunder Kabinett trocken Großheubacher Bischofsberg | 12%/9,30€
84 2020 Spätburgunder trocken „Churfranken“ Großheub. Bischofsberg | 12,5%/9,30€
87 2017 Pinot Noir trocken „Reserve Fass 29“ Großheubacher Bischofsberg | 13,5%/25,-€
89 2017 Pinot Noir trocken „Reserve“ Bürgstadter Centgrafenberg | 13,5%/25,-€

K

★★★★

H.J. Kreuzberg

Kontakt
Schmittmann-Straße 30
53507 Dernau
Tel. 02643-1691, Fax: -3206
www.weingut-kreuzberg.de
info@weingut-kreuzberg.de

Besuchszeiten
bis auf Weiteres Buschstraße 12, Tor 27, 53340 Meckenheim
Mo.-Fr. 8-12 + 13-16:30 Uhr

Inhaber/Geschäftsführer
Ludwig Kreuzberg
Kellermeister
Benno Wagner & Ludwig Kreuzberg
Rebfläche
10,5 Hektar
Produktion
60.000 Flaschen

Hermann-Josef Kreuzberg, Prokurist des Dernauer Winzervereins, gründete 1953 sein eigenes Gut, das in 40 Jahren auf 3,5 Hektar anwuchs. Ludwig Kreuzberg hat es 1994 übernommen und auf die heutige Größe von mehr als 10,5 Hektar erweitert. Nach der Flut ist Tochter Lea Kreuzberg mit in den Betrieb eingetreten, die derzeit parallel noch Internationale Weinwirtschaft an der Hochschule Geisenheim studiert. Die Weinberge, über 70 Parzellen, liegen in den Dernauer Lagen Pfarrwingert und Hardtberg, im Marienthaler Trotzenberg, in den Ahrweiler Lagen Rosenthal und Silberberg sowie in den Neuenahrer Lagen Schieferlay Sonnenberg und Kirchtürmchen sowie in der Walporzheimer Alte Lay; mehr als 80 Prozent der Rebfläche liegt in Steillagen. Spätburgunder nimmt gut drei Viertel der Weinberge ein, Frühburgunder ist zweitwichtigste Rebsorte, dazu gibt es Dornfelder und Portugieser, seit 1999 auch Regent, Cabernet Sauvignon sowie ein klein wenig Riesling und Weißburgunder. Die Rotweine werden nach der klassischen Maischegärung – 10 bis 12 Tage für die Basisweine, 14 bis 20 Tage für die Großen Gewächse – im Barrique ausgebaut, alle durchlaufen die malolaktische Gärung und werden ganz schonend filtriert. Weißweine und Weißherbst werden kalt vergoren um Frische und Lebendigkeit zu erhalten. An der Spitze des Sortiments stehen der Spätburgunder Devonschiefer R sowie vier Große Gewächse – die Spätburgunder aus Schieferlay, Silberberg und Sonnenberg sowie der Frühburgunder aus dem Hardtberg. Nach der Flut 2021 ist das Weingut mit allem was geblieben ist in ein vorübergehendes Domizil gezogen, eine alte Lagerhalle in Meckenheim.

Kollektion

Nachdem wir im vergangenen Jahr aufgrund der Flutkatastrophe keine Weine von Ludwig Kreuzberg verkosten konnten, präsentiert er in diesem Jahr jeweils vier Weine aus den Jahrgängen 2020 und 2019. Der Spätburgunder Unplugged hat sich etabliert, ist zu einer festen Größe im Sortiment geworden in den knapp zwei Jahrzehnten, die es ihn nun gibt. Auch im Jahrgang 2020 setzt er wieder auf intensive Frucht, zeigt etwas florale Noten im Bouquet, viel Frische, ist herrlich eindringlich, kommt frisch auch in den Mund, ist klar und zupackend. Auch den Neuenahrer Spätburgunder kennzeichnen ein wenig florale Noten im Bouquet, er zeigt klare Frucht, rote Früchte, ist im Mund dem Unplugged ähnlich, nicht ganz so intensiv in der Frucht, aber ebenfalls sehr frisch und klar, geradlinig und zupackend. Der Walporzheimer Frühburgunder zeigt die für die Rebsorte typische intensive Frucht, rote Früchte, ist wunderschön lebhaft und reintönig im Mund, besitzt feine Frische und Grip. Etwas mehr Kraft und

Ludwig Kreuzberg & Team

Substanz kommt dann mit dem vierten 2020er ins Spiel, dem Spätburgunder Devonschiefer, der im Bouquet den anderen 2020er Spätburgundern ähnlich ist, viel Frucht, aber auch etwas florale Noten zeigt, rote Früchte, gute Struktur im Mund besitzt, Frische, Kraft und Grip. Aus dem Jahrgang 2019 konnten wir drei Große Gewächse und den Devonschiefer R verkosten. Letzterer ist der fülligste der vier Weine, er zeigt viel Konzentration und intensive reife Frucht im herrlich eindringlichen Bouquet, etwas rote und auch dunkle Früchte, Kirschen, Schokolade, leicht rauchige Noten, ist füllig und saftig im Mund, besitzt viel Konzentration und herrlich viel Frucht, Substanz, gute Komplexität und Länge. Der Frühburgunder Großes Gewächs aus dem Dernauer Hardtberg besitzt ein wunderschönes Bouquet, zeigt intensive reintönige Frucht und etwas florale Noten, rote Beeren und ein wenig Kräuter, dezent rauchige Noten im Hintergrund, im Mund ist er klar, frisch und zupackend, besitzt gute Struktur und Grip, hat aber nicht die Durchschlagskraft seiner Spätburgunder-Kollegen, die Großen Gewächse vom Ahrweiler Silberberg und vom Neuenahrer Sonnenberg. Im vorherigen Jahrgang 2018 hatten wir den Silberberg klar vorne gesehen, im Jahrgang 2019 nun gilt unsere leichte Präferenz dem Wein aus dem Sonnenberg. Er zeigt viel reife Frucht und gute Konzentration im Bouquet, etwas Kräuter und Schokolade im Hintergrund, rote Früchte und ganz leicht rauchige Noten, ist füllig und harmonisch im Mund, komplex, besitzt gute Struktur und feine Frische, reintönige Frucht und gute Länge. Das Große Gewächs vom Silberberg gefällt uns im Bouquet fast noch ein klein wenig besser, zeigt gute Konzentration, reintönige Frucht und feine Frische, ist herrlich eindringlich und intensiv, ist lebhaft und frisch im Mund, würzig und zupackend, besitzt feine Tanne und Biss, Struktur und Länge.

Weinbewertung

85	2020 Spätburgunder „Unplugged" I 13%/17,-€
85	2020 Spätburgunder Neuenahrer I 13%/19,-€
85	2020 Frühburgunder Walporzheimer I 13%/25,-€
87	2020 Spätburgunder „Devonschiefer" I 13%/25,-€
87	2019 Frühburgunder „GG" Dernauer Hardtberg I 13%/42,-€
89	2019 Spätburgunder „GG" Ahrweiler Silberberg I 13%/42,-€
90	2019 Spätburgunder „GG" Neuenahrer Sonnenberg I 13%/42,-€
90	2019 Spätburgunder „Devonschiefer" „R" I 13,5%/108,-€

Lagen

Hardtberg (Dernau)
Pfarrwingert (Dernau)
Trotzenberg (Marienthal)
Schieferlay (Neuenahr)
Sonnenberg (Neuenahr)
Silberberg (Ahrweiler)
Rosenthal (Ahrweiler)
Alte Lay (Walporzheim)

Rebsorten

Spätburgunder (77%)
Frühburgunder (9%)
Dornfelder (4%)
Cabernet (4%)
Portugieser (2%)
Riesling (2%)
Weißburgunder (2%)

★★½

Thorsten Krieger

Kontakt
Theresienstraße 71
76835 Rhodt
Tel. 06323-704998
Fax: 06323-938728
www.weingut-thorsten-krieger.de
info@weingut-thorsten-krieger.de

Besuchszeiten
nach Vereinbarung

Inhaber
Thorsten Krieger

Rebfläche
26 Hektar

Das Weingut Krieger befindet sich seit 1652 in Familienbesitz. Mit dem Jahrgang 2001 hat Thorsten Krieger das Weingut von seinem Vater Ludwig übernommen, er hat in Heilbronn Betriebswirtschaft mit Schwerpunkt Weinwirtschaft studiert, eine Sommelierausbildung angeschlossen. Seine Weinberge befinden sich vor allem in den Rhodter Lagen Rosengarten, Klosterpfad und Schlossberg, aber auch im Edenkobener Bergel und im Burrweiler Schäwer. Weiße Sorten nehmen 65 Prozent der Rebfläche ein. Sortenschwerpunkte sind Riesling, sowie weiße und rote Burgunder. Hinzu kommen Dornfelder, Dunkelfelder, St. Laurent und Portugieser, sowie Scheurebe, Chardonnay und Gewürztraminer. Neu gepflanzt wurden zuletzt Cabernet Sauvignon, Merlot und Regent.

Kollektion

Die beiden roten Spitzen in Thorsten Kriegers aktuellem Sortiment hatten wir schon einmal im vergangenen Jahr verkostet und bewerten sie in diesem Jahr genauso hoch: Der Syrah zeigt deutliche röstige Würze, kräutrige Noten und Lakritze im Bouquet, besitzt am Gaumen dunkle Beerenfrucht, kühle, kräutrige Noten, wirkt immer noch sehr jung und ist sehr nachhaltig, der Pinot Noir liegt knapp dahinter, zeigt ein Bouquet mit Aromen von Süßkirsche und Hagebutte und deutlichen Röstnoten, besitzt am Gaumen dann gut eingebundenes Holz und viel klare Frucht, ist gut strukturiert und elegant. Unter den drei trockenen, weißen Spätlesen favorisieren wir klar den Grauburgunder, der kraftvoll und harmonisch ist, klare Birnenfrucht, Zitrusnoten und Schmelz besitzt und bei dem das Holz etwas besser integriert ist als beim Weißburgunder, der neben deutlichen rauchigen Noten aber auch klare Frucht von Birnen und Zitrusfrüchten besitzt, während der leicht füllige Riesling aus dem Bergel ein ungewöhnlich florales, blumiges Bouquet zeigt, das mit etwas Luft immer kräutriger wird. Stark ist auch wieder die Gewürztraminer Auslese, die sehr eindringlich nach Aprikosenmark, Nougat und Rosenblättern duftet und am Gaumen Schmelz und Frische besitzt.

Weinbewertung (keine Preisangaben)

85 2021 Auxerrois trocken | 13%
84 2021 Sauvignon Blanc trocken | 12%
85 2021 Riesling trocken „Schiefer“ | 12%
87 2021 Weißburgunder „S“ Spätlese trocken Rhodter Rosengarten | 13%
88 2021 Grauburgunder „S“ Spätlese trocken Rhodter Rosengarten | 13,5%
86 2021 Riesling „S“ Spätlese trocken Edenkobener Bergel | 13%
88 2021 Gewürztraminer Auslese | 8%
85 2020 Spätburgunder trocken | 13%
88 2019 Pinot Noir trocken Rhodter Rosengarten | 13%
89 2019 Syrah trocken Rhodter Rosengarten | 13,5%

Rüdiger **Kröber**

Kontakt
Hahnenstraße 14
56333 Winningen
Tel. 02606-351
Fax: 02606-2600
www.weingut-kroeber.de
info@weingut-kroeber.de

Besuchszeiten
Mo.-Sa. 9-18 Uhr

Inhaber
Florian Kröber
Rebfläche
7 Hektar
Produktion
50.000 Flaschen

Ute und Rüdiger Kröber übernahmen das Weingut 1991 von Erika und Werner Kröber. Werner Kröber hatte als Küfer den Grundstock für das Weingut gelegt. Seither haben Ute und Rüdiger Kröber die Rebfläche mehr als verdoppelt indem sie Weinberge in Steil- und Terrassenlagen zugekauft haben. Inzwischen hat ihr Sohn Florian den Betrieb übernommen. Die Weinberge befinden sich in den Winninger Lagen Uhlen, Röttgen, Brückstück und Hamm. Die Hälfte der Weinberge liegt in Steillagen, weitere 40 Prozent in Terrassenlagen. Neben Riesling – 92 Prozent der Rebfläche – gibt es ein klein wenig Spätburgunder und Weißburgunder. Die Weine werden teils im Holz, teils im Edelstahl ausgebaut, zuletzt wurden neue Doppelstückfässer angeschafft.

Kollektion

Der Literwein besitzt eine an Limonen erinnernde Note, ist im Mund straff und würzig, tadellos vinifiziert und alles andere als unreif oder langweilig. Eher pflanzliche als fruchtige Noten weist der Weißburgunder auf, der im Mund sehr frisch und zupackend wirkt. Fest und animierend sind der Schiefer-Riesling und der noch merklich straffere Steinig-Wein. Deutlich hefig mit tiefgründigen Steinobstnoten präsentiert sich der Uhlen Laubach: Im Mund wirkt er saftig, besitzt Schmelz, eine fast nussige Würze im Nachhall; der Hauch von Süße ist kaum zu spüren. Auch der Blaufüßer Lay gefällt ausgezeichnet mit seiner eher verschlossenen Nase und präziser Art. Beim Roth Lay ist die Süße schon deutlicher zu bemerken, der Wein ist würzig, frisch, mineralisch und nachhaltig, wirklich spannend, allerdings zum Zeitpunkt der Verkostung viel zu jung. Sehr frisch wirkt der feinherbe Röttgen-Wein von alten Reben, der Noten von Zitrus zeigt, aber auch Hefeanklänge erkennen lässt; er ist im Moment der Verkostung alles andere als zugänglich. Deutlich präsenter ist da schon der süßeste Wein des vorgestellten Sortiments, ein Kabinett von alten Reben, rassig und animierend, für einen Kabinett mit viel Substanz und Würze ausgestattet.

Weinbewertung

83	2021 Riesling trocken (1l) I 11,5%/7,50€
85	2021 Riesling trocken „vom Schiefer" I 11,5%/8,-€
86	2021 Riesling trocken „Steinig" I 11,5%/9,80€
86	2021 Weißer Burgunder trocken I 11,5%/7,50€
87	2021 Riesling trocken „S" Uhlen I 11,5%/12,50€
89	2021 Riesling trocken Uhlen Blaufüßer Lay I 12%/16,50€
90	2021 Riesling trocken Uhlen Laubach I 12%/18,50€
90	2020 Riesling Uhlen Roth Lay I 12,5%/28,-€
87	2021 Riesling Kabinett „feinherb" Winninger Brückstück I 10,5%/9,-€
87	2021 Riesling „feinherb" „Alte Reben" Winninger Röttgen I 10,5%/12,-€
88	2021 Riesling Kabinett „Alte Reben" Winninger Röttgen I 8,5%/11,50€

★★☆

Kron

Kontakt

Rheinbergstraße 22/24
67550 Worms
Tel. 06242-7839
www.weingut-kron.de
info@weingut-kron.de

Besuchszeiten

Mo.-Fr. 10-12 Uhr + 13-18 Uhr
Sa. 10-12 Uhr + 13-16 Uhr
Online-Weinproben

Inhaber
Bernhard & Sebastian Kron
Kellermeister
Sebastian Kron
Rebfläche
25 Hektar
Produktion
100.000 Flaschen

Seit Generationen baut die Familie Kron Wein in Abenheim an, am Fuß des Klausenbergs. Bereits 2011 hat Sebastian Kron die Verantwortung für den Weinausbau übernommen, 2015 schloss er sein Weinbaustudium ab; sein Vater Bernhard Kron kümmert sich vor allem um die Weinberge. Seit 2020 arbeitet auch Sebastians Frau Bianca im Betrieb mit. Das Sortiment bisher dreistufig gegliedert in Gutsweine, Ortsweine und Lagenweine, die die Bezeichnungen Ritter, Fürst und König tragen, wurde erweitert um eine vierte Stufe „Kaiser", die nun die Lagenweine umfasst, während die „Könige" nun die Ortsweine sind. Perlweine und Sekte, Liköre und Brände ergänzen das Sortiment.

Kollektion

Die neue Kollektion zeigt sich in der Spitze verbessert, vor allem im roten Segment, das gleich vier sehr gute Weine zu bieten hat. Der Abenheimer Spätburgunder ist sehr offen im Bouquet, zeigt gute Konzentration, ist füllig und saftig im Mund, besitzt reife Frucht und gute Struktur, Fruchtbetont und konzentriert ist auch der Abenheimer Merlot, klar und harmonisch, zupackend und strukturiert. Die beiden Lagen-Rotweine aus dem Klausenberg wurden im Barrique ausgebaut, wir sehen beide gleichauf, beide haben ist letztem Jahr deutlich zugelegt. Der Blaufränkisch zeigt gute Konzentration und Gewürznoten im Bouquet, viel reife Frucht, ist füllig und kraftvoll im Mund, besitzt viel reife Frucht, gute Struktur und Frische. Rauchige Noten und viel Konzentration zeigt die Jean Reserve genannte Cuvée im Bouquet, eine Cuvée aus Merlot, Cabernet Sauvignon und Blaufränkisch. Er besitzt Fülle und Kraft im Mund, viel reife Frucht und Substanz. Der einzige weiße Lagenwein, der im Holz ausgebaute Klausenberg-Riesling aus dem Jahrgang 2020, ist würzig und dominant, füllig, besitzt reintönige Frucht und Substanz. Unter den Ortsweinen gefällt uns der ebenfalls im Holz ausgebaute, saftige Chardonnay am besten, unter den Gutsweinen der offene, fruchtbetonte Grauburgunder. Gute Kollektion!

Weinbewertung

79 2021 Riesling trocken „Ritter" (1l) | 12%/5,30€
82 2021 Weißer Burgunder trocken „Fürst" | 12%/6,70€
83 2021 Grauer Burgunder trocken „Fürst" | 12,5%/6,90€
84 2020 Riesling trocken „Kaiser" Abenheimer Klausenberg | 12,5%/9,70€
83 2021 Sauvignon Blanc trocken „König" Abenheimer | 12,5%/8,-€
84 2021 Chardonnay trocken „König" Abenheimer | 13%/8,70€
81 2021 Riesling Kabinett „feinherb" „Fürst" | 10%/6,90€
85 2018 Merlot trocken „König" Abenheimer | 14,5%/8,20€
85 2018 Spätburgunder trocken „König" Abenheimer | 13%/9,50€
87 2019 Blaufränkisch trocken „Kaiser" Abenheimer Klausenberg | 13,5%/11,20€
87 2018 „Jean Reserve" Rotwein trocken „Kaiser" Abenheimer Klausenberg | 14%/13,70€

★★★½

Krone Assmannshausen

Kontakt
Niederwaldstraße 2
65385 Assmannshausen
Tel. 06722-2525
Fax: 06722-48346
www.weingut-krone.de
info@weingut-krone.de

Besuchszeiten
April-Okt.:
Weinkontor Sa./So. 12-17 Uhr
und nach Vereinbarung

Sprecher der Eigentümerfamilien
Ralf Frenzel
Betriebsleiter
Michael Burgdorf
Kellermeister
Michael Burgdorf & Team
Außenbetrieb
Lukas Kruft & Team
Rebfläche
5,5 Hektar
Produktion
20.000 Flaschen

Seit dem 16. Jahrhundert gibt es das Gasthaus Krone in Assmannshausen, seit 1860 das gleichnamige Weingut, für das im gleichen Jahr ein 60 Meter langer Felsenkeller gebaut wurde, in dem die Weine noch heute vinifiziert werden. 2006 wurden erstmals in der Geschichte Hotel und Weingut nicht gemeinsam an die nächste Eigentümergeneration übergeben. Das Weingut blieb im Besitz von Botho Jung, im Jahr 2007 ist die Familie Drieseberg (Weingüter Wegeler) als Mitgesellschafter in das Weingut Krone eingestiegen, das sie ab dem Tod von Botho Jung im Jahr 2014 allein führte. Seit 2021 ist der Wiesbadener Unternehmer Ralf Frenzel Miteigentümer. Die Weinberge liegen in den Assmannshäuser Lagen Höllenberg, Frankenthal und Hinterkirch, sowie in Rüdesheim im Berg Schlossberg und im Drachenstein, aber auch im Lorcher Schlossberg. Spätburgunder nimmt 90 Prozent der Fläche ein, dazu gibt es etwas Weißburgunder und Riesling. Der Spitzen-Spätburgunder des Hauses trägt seit 2005 den Namen Juwel – aber keinen Lagennamen, auch wenn er überwiegend aus dem Höllenberg stammt.

Kollektion

Das auf Spätburgunder spezialisierte Traditionshaus in Assmannshausen kann wie gewohnt vor allem mit filigranen Rotweinen punkten, die Säure, Eleganz, Kühle und rauchige Noten verbinden. Sehr gut gefällt uns in diesem Jahr der 2019er Gutswein, der präzise ist und Sauerkirschkomponenten in den Mittelpunkt stellt. Den etwas breitschulterigen Ortswein aus dem heißeren Jahrgang 2018 sehen wir gleichauf. Die Lagenweine zeigen mehr Reife und feine Holzaromen. Die Nase vorne hat für uns wie gewohnt der tolle Höllenberg, der deutliche Cassis- und Veilchennoten mitbringt sowie würzigen Noten von weißem Pfeffer und Piment – ein sehr balancierter Wein, ruhig und nachhaltig. Das 2015er Juwel, das wir bereits für die vergangene Ausgabe verkosteten, hat auch im Alter sieben Jahren noch nichts von seiner Strahlkraft eingebüßt, ist noch eine Spur finessenreicher als der Höllenberg. Die stimmigen Weißweine, allen voran der cremige und gleichzeitig frische Hallgartener Weißburgunder, runden die Kollektion ab.

Weinbewertung

85 2021 Weißburgunder trocken „Nice“ | 12,5%/12,90€
85 2021 Riesling trocken „Alte Reben“ | 12,5%/15,90€
88 2020 Weißburgunder trocken Hallgartener | 13,5%/20,-€
87 2019 Spätburgunder trocken | 12%/15,90€
87 2018 Spätburgunder trocken Assmannshäuser | 12,5%/20,-€
89 2018 Spätburgunder trocken Assmannshäuser Frankenthal | 13%/20,-€
91 2017 Spätburgunder trocken Großes Gewächs Höllenberg | 12,5%/40,-€
92 2015 Spätburgunder trocken „Juwel“ Assmannshäuser | 13,5%/60,-€

★★★★

Kruger-Rumpf

Kontakt
Rheinstraße 47
55424 Münster-Sarmsheim
Tel. 06721-43859
Fax: 06721-41882
www.kruger-rumpf.com
info@kruger-rumpf.com

Besuchszeiten
Mo.-Sa. 9-18 Uhr, während der Öffnungszeiten der Weinstube und nach Vereinbarung
Weinstube (Di.-Fr. ab 17 Uhr, Sa./So. 12-14 Uhr + ab 16 Uhr)

Inhaber
Stefan Rumpf, Georg Rumpf
Betriebsleiter
Stefan Rumpf
Kellermeister
Georg Rumpf
Außenbetrieb
Georg Rumpf
Rebfläche
40 Hektar
Produktion
300.000 Flaschen

Weinbau wird in der Familie seit 1708 betrieben, das Gutshaus des Betriebs wurde 1830 erbaut. Bis 1983, als Stefan Rumpf nach seinem Studium der Agrarwissenschaften und Praktika in Kalifornien das damals sieben Hektar große Weingut von seinen Eltern übernahm, wurden die Weine vorwiegend im Fass vermarktet. Stefan Rumpf änderte den Namen des Weinguts von Kruger Erben in Kruger-Rumpf, stellte auf Selbstvermarktung um, setzte ganz auf die klassischen Rebsorten wie Riesling und die Burgundersorten und gliederte dem Weingut eine Straußwirtschaft an, die sich unter der Leitung seiner Frau Cornelia längst zu einem regulären Restaurant entwickelt hat. Bereits 1992 wurde das Gut daraufhin in den VDP aufgenommen. Heute wird der Betrieb von seinen Söhnen Georg, der 2008 nach seinem Weinbaustudium in das Weingut einstieg, und Philipp geführt, der seit 2015 für Vertrieb und Marketing zuständig ist. Das Weingut ist in den letzten Jahren kräftig gewachsen, ist mittlerweile eines der größten an der Nahe, und auch im angrenzenden Rheinhessen besitzt man einige Weinberge, die aktuell elf Prozent der Fläche ausmachen. Weinberge liegen in den Münster-Sarmsheimer Lagen Dautenpflänzer (Lösslehm über Quarzit und Schiefer), Rheinberg (überwiegend Quarzit und Schiefer), Kapellenberg (Quarzitverwitterung mit Lösslehm und rotem Schiefer) und in den Gewannen Im Langenberg (Quarzit und Devonschiefer mit Lehmauflage) und Im Pitterberg (grauer Devonschiefer), außerdem in der Bingerbrücker Abtei Rupertsberg (Phyllit-Schiefer, bis zu 80 Prozent Steigung), im Dorsheimer Burgberg (eisenhaltiger Lehm mit Schiefer und Quarzit) und im Binger Scharlachberg (Quarzit- und Schieferverwitterung mit hohem Eisenoxidanteil). Heute sind 70 Prozent der Fläche mit Riesling bestockt, dazu gibt es Weiß-, Grau- und Spätburgunder, sowie etwas Scheurebe, Sauvignon Blanc und Chardonnay, den Stefan Rumpf bereits in den 1980er Jahren anpflanzte.

Kollektion

Jeder Jahrgang ist anders und nach einer bärenstarken, sehr gleichmäßigen Kollektion im vergangenen Jahr präsentiert sich der Jahrgang 2021 nicht ganz so gleichmäßig. Der Gutsriesling ist eingängig, besitzt gute Saftigkeit und Frische, bleibt etwas trocknend. Der Riesling aus Binger Lagen präsentiert sich spürbar prägnanter, mit zart nussigen Aromen vom teilweisen Ausbau im Holz, er wirkt geschliffener, ist dabei markant und frisch, hier darf man eine gute Entwicklung in der Flasche erwarten, sein noch etwas zurückhaltender Charakter hat ein wenig Geduld verdient. Einen stimmigen Eindruck macht der griffige Zweistrom-Riesling, eine Cuvée aus den besten Ortsweinen des Gutes, der Quarzit- und Schieferlagen zu einer würzigen Komposition vereint, konzentrierten Schmelz mit straffer Säure kombiniert, ebenfalls etwas Zeit verdient. Der kraftvolle Abtei-Riesling besitzt mehr Struktur, kombiniert reifen Schmelz mit drahtiger Kühle, ist zwar derzeit noch etwas unausgewogen, besitzt aber die notwendige Substanz um reifen zu können, ist kraftvoll und lang. Gute Substanz und Frische zeigt das Große Gewächs aus dem Münsterer IM Pitterberg, dank dezenter Süße und saftiger Schalenwürze bietet er schon in seiner Jugend viel Trinkgenuss, besitzt aber nicht den Druck und Schliff seines Vorgängers aus dem Jahrgang 2020. Das Große Gewächs aus dem Dorsheimer Burgberg ist da aus anderem Holz geschnitzt, erscheint erst einmal eher verschlossen und kühl, aber auch spürbar druckvoller, mit Zitrusaromen und rasanter Säure, ist dadurch enorm frisch und zupackend, sehr reintönig, präzise und lang, mit sehr gutem Schliff, mit etwas Zeit an der Luft entwickelt es Fülle und reife Aromen von saftigen roten Äpfeln – ein Großes Gewächs mit viel Reifepotenzial. Große Klasse zeigt auch der feingliedrige und zugleich kraftvolle Riesling „Großer Strom“, eine Cuvée aus Weinen der großen Lagen des Weingutes in Rheinhessen und an der Nahe, der über würzigen Saft, wohldosierte Kraft, Eleganz, Frische, Finesse und Balance verfügt, sein noch vom langen Hefelager geprägter Charakter erfordert etwas Geduld – oder eine Dekantierkaraffe. Spannend sind auch die restsüßen Rieslinge. Der Kabinett ist geradlinig und herrlich frisch, dabei kraftvoll, ein mineralisch durchdrungener Vertreter mit toller Würze. Die Riesling Auslese ist intensiv würzig, spielt zwischen reifem Saft und agiler Frische, ihr pikanter Kern voll herber tropischen Früchte ist animierend, sie ist lang und bietet hervorragendes Reifepotenzial.

Stefan, Georg & Philipp Rumpf

Weinbewertung

84	2021 Riesling trocken „Schiefer“ I 12%/9,50€
86	2021 Riesling trocken „Zweistrom“ I 12%/12,90€
86	2021 Riesling trocken Bingen I 12%/12,-€
88	2021 Riesling trocken „Abtei 1937“ I 12%/29,-€
91	2021 Riesling „GG“ Dorsheimer Burgberg I 12,5%/41,-€
89	2021 Riesling „GG“ Münsterer Im Pitterberg I 12,5%/39,-€
92	2020 Riesling trocken „Großer Strom“ I 12,5%/60,-€
88	2021 Riesling Kabinett Münsterer Im Pitterberg I 8,5%/18,-€
91+	2021 Riesling Auslese Münsterer Im Pitterberg I 7,5%/Vst.

Lagen

Pittersberg (Münster)
Im Pitterberg (Münster)
Dautenpflänzer (Münster)
Scharlachberg (Bingen)
Burgberg (Dorsheim)
Kapellenberg (Münster)
Im Langenberg (Münster)
Abtei Ruppertsberg (Bingerbrück)
Rheinberg (Münster)

Rebsorten

Riesling (70%)
Weißburgunder (15%)
Grauburgunder (10%)
Spätburgunder (5%)

★★☆

Krupp

Kontakt
Weingut Familie Krupp,
Oliver Krupp
Weinbergstraße 9
53572 Bruchhausen
Tel. 02224-79921
Fax: 02224-79921
oliver.krupp@weingut-krupp.de
www.weingut-krupp.de

Besuchszeiten
keine festen Öffnungszeiten, „wenn immer jemand zuhause ist“ oder nach Vereinbarung

Inhaber
Oliver Krupp
Betriebsleiter
Oliver Krupp
Kellermeister
Oliver Krupp
Außenbetrieb
Bruno Krupp
Rebfläche
2,5 Hektar

Oliver Krupp machte seine Winzerlehre beim Weingut Scheidgen in Hammerstein, studierte dann in Geisenheim, nach seinem Abschluss arbeitete er über ein Jahrzehnt beim Weingut Scheidgen, bevor er 2010 sein eigenes Weingut gründete. Weinbau betreibt die Familie bereits seit dem 17. Jahrhundert, für den Eigenverbrauch, war Mitglied des örtlichen Winzervereins. Die Weinberge von Oliver Krupp liegen alle in Unkel, der nördlichsten Weinbaugemeinde in Rheinland-Pfalz am Mittelrhein. In der nicht flurbereinigten Lage Unkeler Sonnenberg wachsen die Reben in steilen Hanglagen oder auf historischen Terrassen auf Devonschieferboden, die Weinberge sind süd- und südwestexponiert. Riesling nimmt ein Drittel der Rebfläche ein, es folgen Spätburgunder, Müller-Thurgau und Weißburgunder, aber es gibt auch Regent, Portugieser, Dornfelder, Roter Riesling, Souvignier Gris und Johanniter. Unkel war einst als Rotweinstadt bekannt und Oliver Krupp möchte zukünftig den Fokus wieder verstärkt auf Spätburgunder ausrichten. Die Weißweine werden, je nach Jahrgang mit Maischestandzeiten bis zu zwölf Stunden, langsam im Edelstahl vergoren und lange auf der Feinhefe ausgebaut. Der Spätburgunder wird kaltmazeriert und kommt mindestens zehn Monate in gebrauchte 300 Liter-Fässer.

Kollektion

Oliver Krupp liefert auch in diesem Jahr wieder zuverlässige Qualitäten mit jahrgangstypischer Frische. Besonders gut gefällt uns der Blanc de Noir, der saftig und eingängig ist, bei moderater Fruchtsüße auch im Nachgeschmack angenehm animierend bleibt. Auch die aromatische Cuvée Felsenpfeffer aus Johanniter und Riesling ist saftig und frisch, bietet typische Fruchtaromen von Mandarinen und Melonen, aber auch pikante Schalenaromen, die Struktur geben. Aus der Kollektion ragt der trockene Terra Stux heraus, der vom namensgebenden Stuxberg stammt, einem Fels mit kalkhaltigen Schieferablagerungen. Im Duft finden sich würzige Kräuter-, im Geschmack kühle Fruchtaromen mit mineralischen Konturen. Ein pikanter Riesling mit ansprechendem Saft und agiler Säure. Der Spätburgunder punktet mit reifer Frucht und ätherischer Toastwürze.

Weinbewertung

83 2021 Rivaner trocken Unkel | 12,5 %/6,10 €
83 2021 Riesling Hochgewächs trocken Unkeler Sonnenberg | 12,5 %/7,40 €
84 2021 Blanc de Noir trocken Unkel | 12 %/8,- €
83 2021 Weißer Burgunder trocken Unkeler Sonnenberg | 12,5 %/8,90 €
84 2021 Cuvée weiß trocken „Felsenpfeffer“ Unkel | 12 %/7,60 €
85 2021 Riesling trocken „Terra Stux“ Unkeler Sonnenberg | 12 %/10,- €
83 2021 Riesling halbtrocken Unkel | 11,5 %/7,20 €
84 2020 Spätburgunder trocken „Funkeler“ Unkeler Sonnenberg | 13 %/10,80 €

★★☆

Kublin

Kontakt
Obere Guldenstraße 12
79346 Endingen
Tel. 0172-7235915
www.weingut-kublin.de
info@weingut-kublin.de

Besuchszeiten
nach Vereinbarung

Inhaber
Wolfram & Sebastian Kublin
Kellermeister
Sebastian Kublin
Außenbetrieb
Wolfram & Sebastian Kublin mit Team
Rebfläche
5 Hektar
Produktion
20.000 Flaschen

Der Wein- und Obstbaubetrieb Kublin liegt im Endinger Ortsteil Königschaffhausen, wurde 1992 von Petra und Wolfram Kublin gegründet. Weinbau spielte anfangs nur eine Nebenrolle, mit dem Einstieg von Sohn Sebastian im Jahr 2004 wurde die Rebfläche nach und nach erweitert. Die Burgundersorten dominieren im Anbau, wie könnte das anders sein am Kaiserstuhl. Spätburgunder hat inzwischen Grauburgunder als Hauptrebsorte im Betrieb abgelöst, es folgen Müller-Thurgau und Weißburgunder, dazu gibt es Chardonnay, Muskateller, Merlot und Syrah. Das Sortiment ist zweistufig gegliedert. Die Basis bilden die Qualitäts- und Kabinettweine, das Premium-Segment wird Edition SK genannt. Die Weine werden langsam und gekühlt vergoren und überwiegend trocken ausgebaut. Destillate aus eigener Herstellung ergänzen das Sortiment.

Kollektion

Im vergangenen Jahr führte der Alte Reben-Spätburgunder aus dem Jahrgang 2018 eine starke Kollektion an. Diesen kraftvollen, zupackenden Wein konnten wir erneut verkosten, ebenso den 2016er Spätburgunder SK. Aber auch die zwei neu vorgestellten Rotweine sind klasse. Der 2019er Merlot ist würzig, klar, frisch, zupackend, besitzt Struktur und Grip. Unser Favorit aber ist der nochmals ein Jahr jüngere Syrah, der wie der Merlot aus dem Hasenberg stammt, Konzentration und rauchige Noten im Bouquet zeigt, etwas Gewürze, Brombeeren und Pfeffer, frisch, klar und zupackend ist, gute Struktur und jugendlichen Grip besitzt. Die weißen Gutsweine des Jahrgangs 2021 zeigen sehr gleichmäßiges Niveau, sind frisch und geradlinig. Deutlich mehr Fülle und Substanz besitzen die Königschaffhauser Ortsweine aus den Vorjahren. Der 2020er Weißburgunder zeigt gute Konzentration und rauchige Noten, besitzt Fülle und Kraft, was auch für den strukturierten 2019er Grauburgunder gilt. Unser Favorit im weißen Segment aber ist der kompakte, im Barrique ausgebaute Chardonnay aus dem Jahrgang 2020, der Struktur und Substanz besitzt. Im Aufwind!

Weinbewertung

83 2021 Weißer Burgunder trocken | 13%/6,50€
83 2021 Grauer Burgunder trocken | 13%/6,50€
85 2020 Weißer Burgunder trocken Königschaffhauser | 13,5%/10,80€
86 2019 Grauer Burgunder trocken Königschaffhauser | 14,5%/10,80€
87 2020 Chardonnay trocken Barrique Königschaffhauser | 14%/14,80€
83 2021 Müller Thurgau „feinherb“ | 12%/5,-€
82 2021 Spätburgunder Rosé trocken | 12%/6,50€
87 2019 Merlot trocken Königschaffhauser Hasenberg | 14%/13,-€
85 2016 Spätburgunder trocken „Edition SK“ Kenzinger | 14%/12,80€
88 2018 Spätburgunder trocken „Alte Reben“ Königschaffhauser Reute | 13,5%/19,80€
89 2020 Syrah trocken Königschaffhauser Hasenberg | 13%/25,-€

Weingut KUBLIN

★★☆

Kühling

Kontakt
Gartenstraße 2
67599 Gundheim
Tel. 06244-666
Fax: 06244-840
www.weingut-kuehling.de
info@weingut-kuehling.de

Besuchszeiten
nach Vereinbarung

Inhaber
Berthold & Benedikt Kühling
Rebfläche
16 Hektar
Produktion
60.000 Flaschen

Berthold und Silvia Kühling führen heute das Gut, das sich seit mehreren Generationen in Familienbesitz befindet. 2008, nach Beendigung seines Geisenheim-Studiums, ist Sohn Benedikt in den Betrieb eingestiegen. Ihre Weinberge liegen in Gundheim (Sonnenberg, Hungerbiene, Mandelbrunnen), Westhofen (Rotenstein), Abenheim (Klausenberg) und Monzernheim (Steinböhl). Riesling nimmt ein Viertel der Rebfläche ein, die Burgundersorten zusammen 35 Prozent, dazu gibt es Sauvignon Blanc, Müller-Thurgau, Silvaner, Dornfelder und andere Rebsorten. Die Rotweine werden maischevergoren und größtenteils im Holzfass, auch im Barrique ausgebaut. Die Weißweine werden überwiegend im Edelstahl ausgebaut. Seit 2007 werden die Weinberge ökologisch bewirtschaftet, man ist Mitglied bei Naturland; 2010 war der erste zertifiziert biologische Jahrgang. Im gleichen Jahr wurde das Sortiment neu gegliedert in Guts-, Orts- und Lagenweine. Zuletzt wurde in neue Edelstahltanks, aber auch in Stückfässer und Tonneaux investiert.

Kollektion

Schon der 2019 Reserve-Pinot Noir war prächtig, 2020 gefällt er nun noch etwas besser, ist herrlich eindringlich, reintönig und konzentriert, besitzt Fülle und Kraft, gute Struktur und Biss. Der Cabernet Sauvignon steht ihm kaum nach, zeigt intensive Frucht, etwas Schokolade, ist ebenfalls füllig und kraftvoll bei klarer reifer Frucht, und auch der dritte präsentierte Rotwein, der Saint Laurent, überzeugt mit seiner intensiven Kirschenfrucht. Im weißen Segment sehen wir gleich vier Weine gleichauf, den reintönigen, saftigen Weißburgunder aus dem Mandelbrunnen, den rauchigen, fülligen Chardonnay aus dem Sonnenberg, den konzentrierten, reintönigen Steinböhl-Riesling und den saftigen, fruchtbetonten Fumé-Sauvignon Blanc. Der Hungerbiene-Grauburgunder ist wunderschön reintönig, der Orange-Muscaris ein klein wenig bitter, Guts- und Ortsweine besitzen klare Frucht. Weiter so!

Weinbewertung

83	2021 Sauvignon Blanc trocken Westhofener I 12%/7,90€
83	2021 Riesling „S" trocken Westhofener I 13%/7,90€
87	2021 Weißburgunder trocken Gundheimer Mandelbrunnen I 13%/8,90€
86	2021 Grauburgunder trocken Gundheimer Hungerbiene I 13%/8,90€
87	2021 Chardonnay „S" trocken Gundheimer Sonnenberg I 13%/9,90€
87	2021 Riesling trocken Monzernheimer Steinböhl I 13%/13,90€
84	2021 Gelber Muskateller I 11,5%/7,90€
85	2021 Muscaris „Orange unfiltered" „By Nature" I 12,5%/13,90€
87	2021 Sauvignon Blanc trocken „Fumé unfiltered" I 12,5%/13,90€
85	2021 Saint Laurent trocken Gundheimer I 13%/8,50€
88	2020 Pinot Noir „Reserve" Gundheimer Sonnenberg I 13%/14,90€
87	2021 Cabernet Sauvignon „Reserve" Gundheimer Sonnenberg I 13,5%/15,90€

★★★★★

Peter Jakob Kühn

Kontakt
Mühlstraße 70
65375 Oestrich-Winkel
Tel. 06723-2299
Fax: 06723-87788
www.weingutpjkuehn.de
info@weingutpjkuehn.de

Besuchszeiten
Vinothek:
Verkostung und Weinverkauf nach Vereinbarung zwischen 13 und 16 Uhr möglich
So. geschlossen

Inhaber
Peter Bernhard Kühn
Rebfläche
20 Hektar
Produktion
100.000 Flaschen

Seit über 200 Jahren baut die Familie Wein im Rheingau an. Das Weingut in seiner heutigen Form haben Peter Jakob und Angela Kühn seit Ende der siebziger Jahre aufgebaut. Heute werden sie im Betrieb unterstützt von Sohn Peter Bernhard und den Töchtern Kathrin und Sandra; Peter Bernhard Kühn hat inzwischen den Betrieb von seinem Vater übernommen. Die Weinberge liegen in den Oestricher Lagen Doosberg (mit der alten Einzellage Landpflecht), Lenchen und Klosterberg, im Mittelheimer St. Nikolaus (mit der alten Einzellage Schlehdorn) und im Hallgartener Hendelberg und der alten Einzellage Hallgartener Frühenberg, sowie in der Hallgartener Jungfer. Neben dem dominierenden Riesling wird ein klein wenig Spätburgunder angebaut. Seit 2004 arbeitet Peter Jakob Kühn biologisch und biodynamisch, seit 2009 ist er Mitglied bei Demeter. Die Weine werden mit den natürlichen Hefen vergoren, ohne Temperaturkontrolle, teilweise durchlaufen sie auch die malolaktische Gärung. Peter Jakob und Peter Bernhard Kühn haben in den letzten Jahren wieder verstärkt auf Holz gesetzt, heute werden alle Orts- und Lagenweine im Holz ausgebaut. Und sie haben die Ausbaudauer deutlich verlängert. Die Weine der ersten Lagen (Klosterberg, Hendelberg) bleiben ein Jahr im Fass, die Großen Gewächse (Doosberg, St. Nikolaus und erstmals mit dem Jahrgang 2018 auch aus der Hallgartener Jungfer und dem Oestricher Lenchen) zwei Jahre, noch länger – angestrebt sind drei Jahre – bleiben Schlehdorn und Landgeflecht im Fass, bis zu fünf Jahre sind für den Kühn R vorgesehen.

Kollektion

Jahr für Jahr präsentiert uns die Familie Kühn Rieslinge, die zu den spannendsten und charakterstärksten der Region gehören. Dabei hat man sich immer weiter von den landläufigen Erwartungen an die Rebsorte emanzipieren können. Dass die Weine auch in diesem Jahr die Kühn'sche Handschrift tragen, beweist wieder einmal der hervorragende Jakobus, der regelmäßig zu den besten Gutsweinen der Region gehört. Zitrus, Limette, grüne Kräuterwürze und jede Menge Zugkraft machen ihn zu einem würdigen Einstieg in die starke Kollektion. Der Riesling Quarzit ist ein wenig bissiger, bringt herbe Aromen von Zitrus und frischem Ingwer mit. Auffällig ist jedoch auch, dass die frischere Säure der Jahrgänge 2020 und 2021 den Kühn-Weinen wieder mehr Riesling-Typizität entlockt, die 2018 und 2019 teilweise der Cremigkeit und Hefewürze gewichen war. Zwar sind Hefearomen stets spürbar, bleiben aber stets in der Waage mit den rebsortentypischen Aromen. Sehr überzeugend ist der Riesling von alten Reben, der im ersten Moment weißes Fruchtfleisch im Bouquet aufweist, anfangs verschlossen ist, mit Luft dann eine wunderbar grazile Säurestruktur preisgibt und

Peter Bernhard & Victoria Kühn

bei allem Druck filigran und grazil ist. Eine tolle Harmonie besitzt auch der Hallgartener Hendelberg, der Aromen von nassem Stein mit knackigem grünen Apfel vereint. Die Hallgartener Reserve wirkt ebenfalls eher ruhig, besitzt viel Druck und Nachhall. Der Wein aus dem Klosterberg ist in diesem Jahr ein kleines Großes Gewächs, deutlich wilder als Hendelberg, mit Noten von Ananas, Kokos, strengen Spontangärnoten, im Mund mit expressiver Opulenz und cremigem Nachhall – ein Wein der in seiner Individualität fordernd ist, aber auch jung bereits viel Freude bereitet. Recht verschlossen ist hingegen das Große Gewächs aus der Jungfer, das eine spannende Kräuteraromatik von Bohnenkraut und Salbei mitbringt, auch hier ist die Hefecremigkeit wunderbar eingebunden. Deutlich wilder ist der üppige und konzentrierte Wein aus dem Doosberg, der viel Stoff, Gerbstoffbiss und gekonnte Bittertöne von kandierter Bitterorange mitbringt, auch hier hat die naturgegebene Frische und vibrierende Säure des Jahrgangs für Agilität und Struktur gesorgt. Das Große Gewächs aus dem Sankt Nikolaus ist hingegen kompakter und fällt weniger üppig aus. Der Wein wird von Gerbstoff im Mund getragen und versteckt sein langes Hefelager nicht, seine Strenge dürfte polarisieren, es ist aber ein gut strukturierter Riesling, der mit Säurekick, Kargheit und Nachhaltigkeit punkten kann. Die beiden Süßweine begeistern mit ihrer Leichtigkeit. Der Kabinett ist grazil und rein wie Quellwasser, quasi schwerelos, weist Aromen von Schnittlauch, Sauerampfer und Zitronenmelisse auf. Die Spätlese wirkt nur unwesentlich konzentrierter, ist ebenfalls von Kräutern und Zitrussäure geprägt – ein wohldosierter Schlussstrich unter eine wieder einmal hervorragende Kollektion.

Weinbewertung

89	2021 Riesling trocken „Jacobus" I 12%/14,50€
90	2021 Riesling trocken Hallgarten „Alte Reben" I 12%/19,50€
88	2021 Riesling trocken Oestrich „Quarzit" I 12%/21,-€
93	2020 Riesling trocken Oestricher Klosterberg I 12,5%/26,-€ ☺
91	2020 Riesling trocken Hallgarten „Réserve" I 12,5%/22,-€
91	2020 Riesling trocken Hallgartener Hendelberg I 12,5%/29,-€
92	2020 Riesling „Großes Gewächs" Hallgartener Jungfer I 12,5%/49,-€
93	2020 Riesling „Großes Gewächs" Mittelheim St. Nikolaus I 12,5%/49,-€
93	2020 Riesling „Großes Gewächs" Oestrich Doosberg I 12,5%/49,-€
90	2021 Riesling Kabinett Oestrich Lenchen I 9,5%/20,50€
90	2021 Riesling Spätlese Oestrich Lenchen I 8,5%/31,-€

Lagen

Doosberg (Oestrich)
Landgeflecht (Oestrich)
Lenchen (Oestrich)
St. Nikolaus (Mittelheim)
Schlehdorn (Mittelheim)
Klosterberg (Oestrich)
Hendelberg (Hallgarten)

Rebsorten

Riesling (95%)
Spätburgunder (5%)

★★★★

Künstler

Kontakt
Geheimrat-Hummel-Platz 1a
65239 Hochheim
Tel. 06146-8386-0
Fax: 06146-7335
www.weingut-kuenstler.de
info@weingut-kuenstler.de

Besuchszeiten
Mo.-Fr. 8-12 + 13-18 Uhr, Sa. 10-16 Uhr, So. 11-16 Uhr (von Ostern bis Silvester); Französisches Restaurant „Les deux Dienstbach"; Hofausschank in Hochheim & Hattenheim

Inhaber Gunter Künstler
Betriebsleiter Rolf Schregel
Kellermeister Gunter Künstler & Rolf Schregel
Außenbetrieb
Christoph Appelmann, Daniel Winterfeld, Stefan Bigus
Rebfläche
60 Hektar
Produktion
400.000 Flaschen

1988 hat Gunter Künstler sein Studium von Weinbau & Oenologie in Geisenheim abgeschlossen und die Regie im Keller des elterlichen Weingutes übernommen; seither ist der Betrieb rasant gewachsen, gehört heute mit 60 Hektar Reben und einer Jahresproduktion von 400.000 Flaschen zu den größten privaten Weingütern im Rheingau. Die Weinbaugeschichte der Familie Künstler reicht allerdings viel länger zurück, der bereits seit Mitte des 17. Jahrhunderts betrieb die Familie Künstler Weinbau in Südmähren. Nach dem Zweiten Weltkrieg musste sie die Heimat verlassen. Franz Künstler leitete 15 Jahre lang andere Weingüter in Hochheim, bevor er sich selbstständig machte und 1965 sein eigenes Weingut in Hochheim gründete, das rasch erfolgreich war und auch außerhalb der Region bekannt wurde. 1992 hat Gunter Künstler das Weingut von seinem Vater übernommen und führt es seitdem zusammen mit seiner Frau Monika. 1994 erfolgte die Aufnahme in den VDP, 1996 erwarb er das ehemalige Weingut Aschrott und verlegte den Betriebssitz dorthin. Seit 2004 wird er im Weingut von Rolf Schregel als Betriebsleiter unterstützt. 2006 erfolgte der nächste Umzug, von der Hochheimer Altstadt and den Stadtrand in die Gebäude der ehemaligen Sektkellerei Burgeff. Nach und nach hat Gunter Künstler sein Lagen-Portfolio erweitert. Zu den Weinbergen im östlichen Rheingau, in den Hochheimer Lagen Herrnberg, Hölle, Kirchenstück, Stielweg, Domdechaney, Stein und Reichestal sowie in der Kostheimer Weiß Erd kamen Weinberge im mittleren und im westlichen Rheingau hinzu. 2011 hat Gunter Künstler erstmals ein Großes Gewächs aus dem Rüdesheimer Berg Rottland erzeugt, inzwischen ist er auch in den Rüdesheimer Lagen Berg Roseneck und Berg Schlossberg vertreten, aber auch im Assmannshäuser Höllenberg (seit 2014); heute gehören auch Weinberge im Hattenheimer Pfaffenberg oder im Erbacher Marcobrunn zum Besitz. So groß wie das Lagen-Spektrum ist auch das Spektrum an Rebsorten, auch wenn Riesling natürlich die Hauptrolle spielt und Spätburgunder die klare Nummer Zwei ist. Aber es gibt auch Chardonnay, Sauvignon Blanc, Albariño, Weißburgunder und Grüner Veltliner sowie ein wenig Merlot. Die Weine werden teils im Edelstahl, teils in großen und kleinen Eichenholzfässern ausgebaut. Das Sortiment ist nominell vierstufig gegliedert, wobei das Weingut neben Gutsweinen aufgrund des großen Lagen-Portfolios meist nur Erste Lage-Weine und Große Gewächse vorstellt. Im März 2022 eröffneten Nathalie und Jennifer Dienstbach ein komplett neugestaltetes Restaurant mit französischer Küche auf dem Weingut, „Les deux Dienstbach" genannt.

Kollektion

Der Gutsriesling und die Rieslinge aus Ersten Lagen punkten im Jahrgang 2021 mit ihrer saftigen Art. Der Gutswein zeigt Zitruswürze, grünen Apfel und Aprikose und auch die vier präsentierten Rieslinge aus Ersten Lagen setzen ganz auf Frucht. Unser Favorit ist der Wein aus dem Hochheimer Kirchenstück, genau genommen aus der Gewanne Im Stein, die kurioserweise in der VDP-Lagenkarte als Große Lage bezeichnet wird (und Kirchenstück als Erste Lage, so wie es der VDP-Doktrin auch entspricht, die in etwa besagt, dass je kleiner die Herkunft, desto hochwertiger der Wein ist), bei Künstler ist es aber genau umgekehrt. Der Wein zeigt weißen Pfirsich, Zwetschge, ist säurebetont und zupackend. Beim Riesling wurden aus dem Jahrgang 2021 nur zwei Große Gewächse aus dem Rüdesheimer Berg präsentiert, die deutlich opulenter sind als die Erste Lage-Weine. Der Wein aus dem Berg Schlossberg ist zugänglich und von klarer Frucht gekennzeichnet, der Wein aus dem Berg Rottland ist ein wenig erdiger und puristischer, verbleibt aber ebenfalls auf der fruchtigen Seite. Der Chardonnay „Im Falkenberg" ist buttrig und vanillig, derzeit noch sehr vom Barrique geprägt. Die Auslese aus dem Erbacher Marcobrunn zeigt viel Konzentration im Bouquet, herrlich viel Frucht, etwas exotische Noten. Die beiden Spätburgunder Großen Gewächse stammen aus dem Jahrgang 2019. Der Wein aus dem Hochheimer Reichestal zeigt reintönige Frucht im Bouquet, leicht rauchige Noten, etwas rote Früchte, besitzt gute Struktur und Fülle, klare Frucht, feine Frische und Grip. Etwas konzentrierter und eindringlicher noch ist der Spätburgunder aus dem Assmannshäuser Höllenberg, der viel reife Frucht im Bouquet zeigt, viel Substanz und Kraft im Mund besitzt mit einer jugendlichen Bitternote im Abgang, noch ein wenig Zeit braucht.

Gunter Künstler

Weinbewertung

84 2021 Riesling trocken | 12,5%/10,70€
85 2021 Sauvignon Blanc trocken „Kalkstein" | 13%/18,90€
85 2021 Chardonnay trocken „Im Falkenberg" | 13%/33,-€
85 2021 Riesling trocken „Alte Reben" Hochheim Stielweg | 13%/19,50€
86 2021 Riesling trocken Hochheimer Domdechaney | 12,5%/21,50€
87 2021 Riesling trocken „Im Stein" Hochheimer Kirchenstück | 12,5%/15,-€
86 2021 Riesling trocken „Im Neuenberg" Hochheim Hölle | 12,5%/15,-€
89 2021 Riesling Großes Gewächs Rüdesheimer Berg Rottland | 12,5%/37,-€
89 2021 Riesling Großes Gewächs Rüdesheimer Berg Schlossberg | 12,5%/52,-€
86 2021 Riesling Spätlese Hattenheimer Pfaffenberg | 8%/19,90€
90 2021 Riesling Auslese Erbacher Marcobrunn | 7,5%/45,-€/0,375l
90 2019 Spätburgunder Großes Gewächs Hochheimer Reichestal | 14%/49,-€
90 2019 Spätburgunder Großes Gewächs Assmannshäuser Höllenberg | 13,5%/65,-€

Lagen

Herrnberg (Hochheim)
Hölle (Hochheim)
Kirchenstück (Hochheim)
Stielweg (Hochheim)
Domdechaney (Hochheim)
Stein (Hochheim)
Reichestal (Hochheim)
Weiß Erd (Kostheim)
Berg Roseneck (Rüdesheim)
Berg Rottland (Rüdesheim)
Berg Schlossberg (Rüdesheim)
Höllenberg (Assmannshausen)
Pfaffenberg (Hattenheim)
Marcobrunn (Erbach)

Rebsorten

Riesling (78%)
Spätburgunder (14,8%)
Chardonnay (2,7%)
Sauvignon Blanc (1,6%)
Albariño (1,1%)
Weißburgunder
Grüner Veltliner (0,4%)
Merlot (0,4%)

★★★★½

Philipp Kuhn

Kontakt
Großkarlbacherstraße 20
67229 Laumersheim
Tel. 06238-656
Fax: 06238-4602
www.weingut-philipp-kuhn.de
info@weingut-philipp-kuhn.de

Besuchszeiten
Mo.-Fr. 10-12 + 13:30-17 Uhr
Sa. 10-12 + 13-16 Uhr
So. + Feiertage geschlossen

Inhaber
Philipp Kuhn
Kellermeister
Philipp Kuhn
Rebfläche
38 Hektar
Produktion
280.000 Flaschen

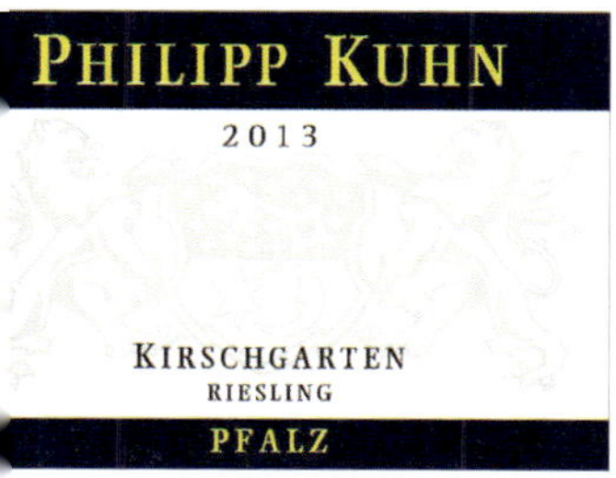

Philipp Kuhn übernahm 1992 mit gerade einmal 20 Jahren bereits die Verantwortung für das elterliche Weingut. Heute erzeugt er zu ungefähr 60 Prozent Weißweine und zu 40 Prozent Rotweine. Seine Weinberge liegen rund um Laumersheim, in den Lagen Kirschgarten, Steinbuckel und Kapellenberg, im Großkarlbacher Burgweg, in Kallstadt im Saumagen und Steinacker und seit einigen Jahren auch im Zeller Schwarzen Herrgott. Der Schwerpunkt beim Rotwein liegt auf Spätburgunder, daneben gibt es Cabernet Sauvignon, Merlot, Frühburgunder, St. Laurent, Cabernet Franc, Blaufränkisch und sogar Sangiovese. Bei den Weißweinen dominiert Riesling, gefolgt von Weißburgunder, Sauvignon Blanc, Chardonnay und Grauburgunder, daneben gibt es etwas Viognier und Gewürztraminer. Seit der ersten Ausgabe empfehlen wir die Weine von Philipp Kuhn, kaum ein anderer in Deutschland hat sich in diesem Zeitraum so gesteigert, so dass er heute mit Rotweinen und Weißweinen regelmäßig zur Jahrgangsspitze in Deutschland zählt, vor allem die Rieslinge sind in den vergangenen Jahren immer spannender geworden, sind straffer, karger, vielschichtiger und präziser als früher, einige sind mittlerweile besser als die besten Roten.

Kollektion

Eine solch beeindruckende Reihe an Großen Gewächsen vom Riesling wie in diesem Jahr hat uns Philipp Kuhn – trotz aller starker Kollektionen der Vergangenheit – bislang noch nie präsentiert: Mehrere der Weine gehören zu den großen Weinen des Jahres in Deutschland und da es auch daneben noch weitere herausragende Weine gibt, zeichnen wir ihn mit dem Preis für die beste Weißweinkollektion des Jahres aus! Am faszinierendsten ist der Saumagen-Riesling, der im feinen, sich langsam öffnenden und vielschichtigen Bouquet Noten von Kräutern, Rosmarin, Kreide, nassem Stein und Zitrusfrüchten zeigt, am Gaumen neben viel Kraft, Saft und feiner Frucht auch steinig-mineralische Noten besitzt, elegant, druckvoll, sehr salzig und vor allem enorm nachhaltig ist. Der Schwarze Herrgott zeigt ebenfalls ein sehr komplexes Bouquet mit kreidigen, kräutrigen und steinigen Noten, besitzt viel Grip, Druck und herbe, animierende Zitruswürze, ist salzig und sehr nachhaltig, der Kirschgarten-Riesling zeigt ebenfalls kräutrige und steinige Noten, Rosmarin, Ananas und gelben Apfel, ist kraftvoll, konzentriert, intensiv und sehr salzig, der Steinbuckel ist etwas eleganter, nachhaltig und leicht salzig, besitzt viel Grip und klare Frucht, Ananas, gelber Apfel, aber auch Rosmarinnoten und rauchige und steinige Würze, der Im Großen Garten besitzt unter den Großen Gewächsen die deutlichste Frucht, Aprikose, Pfirsich, aber auch deutlich steinig unterlegte Zitrusnoten, feinen Druck und gute Länge. Auch der Pinot Blanc aus dem Kirschgarten ist hervorragend, zeigt

Philipp Kuhn

feine Noten von gerösteten Haselnüssen, besitzt am Gaumen klare Frucht, Birne, Aprikose, Zitrusnoten, ist konzentriert und sehr nachhaltig, der Viognier ist sehr aromatisch, zeigt geröstete Haselnüsse, Pfirsich, Ananas und Mango im Duft, besitzt am Gaumen sehr gut eingebundenes Holz und viel Frucht, ist harmonisch, frisch und lang, unter den drei Erste Lage-Rieslingen ragt der Steinacker hervor, der kreidig-steinige Noten zeigt und herbe, dezente Frucht besitzt, animierend, leicht salzig und nachhaltig ist. Aber auch die Roten sind spannend, sind alle kraftvoll und harmonisch, Saint Laurent, Sangiovese und Cabernet Sauvignon besitzen deutliche Noten von schwarzen Johannisbeeren, gute Struktur und sehr gut eingebundenes Holz, der Merlot ist etwas differenzierter, zeigt Brombeeren, Pflaumen und dezente Röstnoten, besitzt kräutrige Frische, noch leicht jugendliche Tannine und gute Länge, die beiden Pinot Noirs besitzen leichte Reifenoten, der Kirschgarten zeigt dunkle Kirschfrucht, Kräuter, Kakao und Waldboden, ist sehr stoffig und nachhaltig, der Steinbuckel ist mit Aromen von roter Johannisbeere, Hagebutte und leichten Rosinennoten etwas heller in der Frucht, ist leicht kräutrig und nachhaltig.

Weinbewertung

88 2017 Blanc de Noirs Sekt brut nature | 12,5%/23,-€
88 2021 Riesling trocken Laumersheimer Kapellenberg | 12,5%/23,-€
89 2021 Riesling trocken Großkarlbacher Burgweg | 12,5%/23,-€
90 2021 Riesling trocken Kallstadter Steinacker | 12,5%/23,-€
90 2021 Viognier trocken „Réserve“ Laumersheimer | 13%/23,50€
89 2020 Chardonnay trocken „Réserve“ Laumersheimer Kapellenberg | 13%/32,-€
92 2020 Pinot Blanc „GG“ Kirschgarten | 13%/34,-€
93 2021 Riesling „GG“ Steinbuckel | 12,5%/34,-€
93 2021 Riesling „GG“ Kirschgarten | 13%/38,-€
91 2021 Riesling „GG“ Im Großen Garten | 12,5%/34,-€
96 2021 Riesling „GG“ Saumagen | 13%/38,-€ ☺
94 2021 Riesling „GG“ Schwarzer Herrgott | 12,5%/38,-€
88 2018 Saint Laurent trocken „Réserve“ Laumersheimer | 13,5%/20,90€
88 2019 Frühburgunder trocken „Réserve“ Großkarlbacher | 13,5%/29,90€
89 2018 Cabernet Sauvignon trocken „Réserve“ Laumersheimer | 14%/29,90€
91 2018 Pinot Noir „GG“ Kirschgarten | 14%/45,-€
91 2018 Pinot Noir „GG“ Steinbuckel | 13,5%/42,50€
89 2018 Sangiovese trocken „Réserve“ Laumersheimer | 13,5%/39,90€
90 2019 Merlot trocken „Grand Réserve“ Laumersheimer | 13,5%/42,-€

Lagen

Kirschgarten (Laumersheim)
Steinbuckel (Laumersheim)
Burgweg (Großkarlbach)
Im Großen Garten (Großkarlbach)
Saumagen (Kallstadt)
Schwarzer Herrgott (Zell)
Kapellenberg (Laumersheim)
Steinacker (Kallstadt)

Rebsorten

Riesling (28%)
Spätburgunder (22%)
Weißburgunder (18%)
Sauvignon Blanc (7%)
Cabernet Sauvignon (5%)
Merlot (5%)
Chardonnay (4%)

★★★

Kurek

Kontakt
Sonnenbichlstraße 47
88149 Nonnenhorn
Tel. 08382-8685
www.weingut-kurek.de
info@weingut-kurek.de

Besuchszeiten
nach Vereinbarung

Inhaber
Familie Kurek
Rebfläche
6 Hektar
Produktion
18.000 Flaschen

Jahrzehnte lang wurden ausschließlich Trauben erzeugt, aber nachdem Jonas Kurek seine Winzerausbildung beendet hatte fasste man 2019 den Entschluss selbst Wein zu produzieren und nutzt seither die Hälfte der Rebfläche für die eigenen Kollektion. Neben 5 Hektar Weinbergen gibt es 7 Hektar Obst. Die Weinberge liegen in den Nonnenhorner Lagen Seehalde und Sonnenbichl. Spätburgunder und Chardonnay sind die wichtigsten Rebsorten, dazu gibt es Weißburgunder, Grauburgunder, Müller-Thurgau und Muskateller. Das Sortiment ist gegliedert in Gutsweine, Ortsweine und Lagenweine von der Seehalde. Nach der Ernte 2021 wurde mit dem Bau eines modernen Hofladens und einer Vinothek begonnen, die Ende 2022 fertiggestellt sein soll.

Kollektion

Unsere Entdeckung des Jahres vom vergangenen Jahr hat auch in diesem Jahr wieder eine ganz starke Kollektion. Der Muskateller-Sekt ist rauchig, frisch, fruchtbetont und zupackend – ein feiner Aperitif. Der Müller-Thurgau ist würzig und eindringlich, herrlich lebhaft und zupackend – und passt natürlich auch als Aperitif. Neu im Sortiment sind in diesem Jahr die beiden weißen Cuvées. Die Cuvée Blanc aus Müller-Thurgau, Johanniter, Bacchus und Muskateller ist etwas floral, recht lebhaft, der Nonnenhorner Blanc aus Weißburgunder, Grauburgunder und Chardonnay ist fülliger und kraftvoller. Und die letztgenannten drei Rebsorten gibt es auch solo. Der Nonnenhorner Grauburgunder zeigt reintönige Frucht und feine rauchige Noten, ist fruchtbetont und zupackend, der Weißburgunder von der Seehalde ist kraftvoll und stoffig, besitzt gute Struktur und Grip. Unser Favorit ist der Chardonnay von der Seehalde, der reintönige Frucht und feine Frische zeigt, sehr druckvoll, präzise und mineralisch ist, noch enorm jugendlich. Der Nonnenhorner Spätburgunder ist herrlich reintönig, lebhaft und zupackend, der Seehalde-Spätburgunder punktet ebenfalls mit Reintönigkeit, besitzt Kraft und Grip, noch etwas spannender ist die schon im vergangenen Jahr vorgestellte 2019er Einzelfassabfüllung. Bravo!

Weinbewertung

86 2019 Muskateller Sekt brut | 12%/18,-€
86 2020 Müller-Thurgau trocken | 12%/8,50€
85 2021 „Cuvée Blanc" Weißwein trocken | 12%/9,50€
87 2019 Grauburgunder trocken Nonnenhorner | 13%/15,-€
86 2020 „Blanc" Nonnenhorner | 13%/16,50€
89 2020 Weißburgunder trocken Nonnenhorner Seehalde | 13,5%/22,50€
91 2020 Chardonnay Nonnenhorner Seehalde | 13,5%/27,50€
85 2020 Spätburgunder Nonnenhorner | 13%/16,50€
89 2020 Nonnenhorner Seehalde Spätburgunder | 13%/30,-€
90 2019 Nonnenhorner Seehalde Spätburgunder (Einzelfassabfüllung) | 13,5%/40,-€

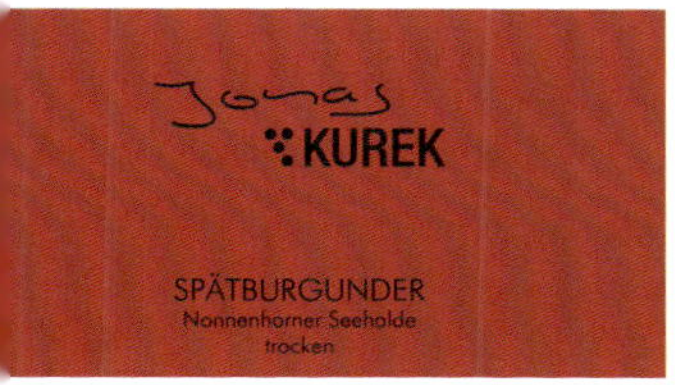

Kurz-Wagner

Kontakt
Haigern 8
74388 Talheim
Tel. 07133-8436
Fax: 07133-963196
www.kurz-wagner.de
info@kurz-wagner.de

Besuchszeiten
Mo.-Fr. 18-20 Uhr
Sa. 9-16 Uhr
Veranstaltungsräume
Weinterrasse (im Sommer jeden Donnerstagabend)

Inhaber
Oliver Kurz
Kellermeister
Oliver Kurz
Rebfläche
14 Hektar
Produktion
90.000 Flaschen

Seit 2012 führt Oliver Kurz zusammen mit Ehefrau Anja den Betrieb. Die Großeltern von Oliver Kurz hatten den damaligen Mischbetrieb 1965 gegründet. Seine Eltern Sybille und Otto Kurz spezialisierten sich auf die Flaschenweinvermarktung, erweiterten Rebfläche und Gutsgebäude. Die Weinberge liegen in Heilbronn (Stiftsberg) und Talheim (Schlossberg). Wichtigste Rebsorten sind Riesling, Spätburgunder und Schwarzriesling, gefolgt von Grauburgunder, Samtrot, Lemberger, Weißburgunder und Trollinger, hinzu kommen Chardonnay, Dornfelder, Scheurebe, Kerner, Cabernet Dorsa, Merlot, Cabernet Mitos, Gewürztraminer und Muskateller.

Kollektion

Nach drei Jahren Abstinenz meldet sich Oliver Kurz mit einer guten Kollektion zurück, die uns fast genau an das erinnert, was wir von ihm kennen, mit zwei Ausnahmen: Ein Muskateller ist neu im Programm, ebenso ein zweiter Barriquerotwein, der nun Blaufränkisch genannte Lemberger P1. Er wurde zwei Jahren in neuen Barriques aus Portugal ausgebaut, und das merkt man ihm deutlich an, er zeigt viel Duft und Gewürze im Bouquet, gute Konzentration, ist kraftvoll und hat Substanz, ist aber recht stark vom Holzausbau geprägt. Etwas besser noch gefällt uns der zweite Barriquerotwein, der Pinot Noir P1, der ebenfalls zwei Jahre im Holz ausgebaut wurde, allerdings in französischen Barriques. Er ist eindringlich und würzig im Bouquet, zeigt rauchige Noten, ist füllig und kraftvoll im Mund, besitzt reife Frucht, gute Struktur und Grip. Unter den anderen Roten gefällt uns der Blaufränkisch S besonders gut, er besitzt reintönige Frucht, Frische und Grip. Die zweite Neuerung im Programm, der halbtrockene Muskateller führt sich ebenfalls gut ein, besitzt feine süße Frucht, Frische und Biss. Der zu 30% im Barrique vergorene Chardonnay m1 ist füllig und kompakt, merklich süß, der Grauburgunder besitzt reintönige Frucht und Grip. Gute Kollektion!

Weinbewertung

82	2021 Weißburgunder trocken Talheimer Schlossberg I 12,5%/6,80€
83	2021 Grauburgunder trocken Talheimer Schlossberg I 13%/6,80€
83	2020 Riesling „S“ trocken Heilbronner Stiftsberg I 13%/7,30€
84	2020 Chardonnay trocken „m1“ I 13,5%/9,30€
84	2020 Gelber Muskateller Talheimer Schlossberg I 10,5%/6,80€
82	2019 Pinot Noir Rosé trocken Talheimer Schlossberg I 13%/6,30€
81	2021 Pinot Meunier Talheimer Schlossberg I 12%/6,60€
82	2019 „Baron“ Rotwein trocken I 12,5%/8,30€
84	2018 Blaufränkisch „S“ trocken Heilbronner Stiftsberg I 13,5%/8,80€
87	2016 Pinot Noir trocken „P1“ Talheimer Schlossberg I 14%/14,80€
86	2018 Blaufränkisch trocken „P1“ Heilbronner Stiftsberg I 14,5%/18,-€

★★★★

Kusterer

Kontakt
Untere Beutau 44
73728 Esslingen
Tel. 0711-357909
Fax: 0711-3508105
www.weingut-kusterer.de
weinwelt.hmkusterer@
weingut-kusterer.de

Besuchszeiten
Di. 16-19 Uhr
Gravitationskelter,
Gayernweg 55,
Sa. 11-15 Uhr
und nach Vereinbarung

Inhaber
Maximilian Kusterer
Kellermeister
Maximilian Kusterer
Rebfläche
6 Hektar
Produktion
40.000 Flaschen

2020 hat Maximilian Kusterer das Weingut von seinen Eltern übernommen. Er studierte in Geisenheim, machte Praktika bei Haidle, Friedrich Becker, Paul Fürst und bei Newton Johnson in Südafrika, hatte 2012 seinen ersten eigenen Wein kreiert und war bereits seit 2016 für den Keller verantwortlich, setzt verstärkt auf Maischestandzeiten und Holzeinsatz. Das Weingut Kusterer lag lange Zeit im Herzen der Altstadt von Esslingen. 2012 wurde eine neue viergeschossige Kelter mitten in die Weinberge der Neckarhalde gebaut, inklusive Vinothek. Anfang der neunziger Jahre erwarben Hans und Monika Kusterer ein Keltergebäude aus dem 14. Jahrhundert, das sie restaurierten und wo sie heute Veranstaltungen abhalten. Die knapp 6 Hektar Weinberge, 50 Parzellen, befinden sich in den um das Jahr 1200 angelegten Terrassen des Esslinger Schenkenberg, sowie in der kleinsten Einzellage Württembergs, der Esslinger Neckarhalde. 2007 konnte man diese Lage ganz erwerben, hier werden Spätburgunder und Chardonnay angebaut. Der Schenkenberg besteht im unteren Teil aus buntem Mergel, dazwischen findet man Stubensandstein, darüber Knollenmergel. Die Neckarhalde besteht aus kalkhaltigem, tonreichen Knollenmergel. Die wichtigsten Rebsorten sind Lemberger, Spätburgunder und Riesling, gefolgt von Merlot (den es bereits seit 1994 im Weingut gibt, der aber anfangs vor allem für Cuvées genutzt wurde), Zweigelt, Trollinger und Muskattrollinger. Hinzu kommen Grauburgunder und Chardonnay, ein wenig Silvaner, zuletzt wurde ein klein wenig Cabernet Franc gepflanzt, in Zukunft soll noch mehr Chardonnay angepflanzt werden, auch weil man die Sekterzeugung forcieren möchte. Die Top-Rotweine werden alle mindestens zwei Jahre in neuen Barriques ausgebaut, der Spätburgunder Rosenholz drei Jahre. Alle Weine werden in der Regel durchgegoren ausgebaut. In den letzten Jahren wurden das Sortiment und die Etiketten neu gestaltet, man nutzt seither für die Topweine alte Flurstücksbezeichnungen wie Herzogen (Steillage im oberen Teil des Schenkenbergs, tonreicher, tiefgründiger Boden mit Mergelanteil, mit Zweigelt bestockt), Rosenholz (südwest-exponiert mit kalkhaltigem Bunten Mergel, mit Spätburgunder bepflanzt) oder Felsen (Steillage im oberen Teil des Schenkenbergs, Stubensandstein, darüber geringe Bodenauflage mit Buntem Mergel, hier wächst Lemberger), erstmals im Jahrgang 2017 wurde ein im Barrique ausgebauter Grauburgunder aus der Lage Gern erzeugt, 2018 ein „neuer' Neckarhalde-Spätburgunder, von einer mit 10.000 Stock je Hektar dichtbepflanzten Neuanlage mit Selection Massale-Reben aus Burgund.

Kollektion

Drei Weißweine und sieben Rotweine präsentiert Maximilian Kusterer in diesem Jahr, und seine Auswahl zeigt, dass er sich verstärkt auf die Burgundersorten konzentriert, obwohl doch Riesling seine meistangebaute weiße Rebsorte ist und Blaufränkisch bei den Roten führt, von dem er uns

immerhin auch zwei Weine vorgestellt hat. Der zur Hälfte im Barrique ausgebaute Grauburgunder aus der Steillage ist wie Immer eine sichere Bank, er ist frisch und fruchtbetont im Bouquet, wunderschön reintönig, ist lebhaft und frisch auch im Mund, besitzt reintönige Frucht und Grip. Der Chardonnay, der nun als Ortswein firmiert, zeigt am besten die stilistische Weiterentwicklung, die Maximilian Kusterer in den letzten Jahren in die Wege geleitet hat. Spontanvergoren, komplett in neuen und gebrauchten Barriques ausgebaut, neun Monate auf der Vollhefe, zeigt feine rauchige Noten, Frische, reintönige Frucht, ist klar, frisch, zupackend, besitzt gute Struktur und viel Grip. Der Grauburgunder Gern, neun Monate auf der Vollhefe im zweitbelegten Barrique ausgebaut, zeigt rauchige Noten und gute Konzentration, ist füllig und saftig, besitzt viel reife Frucht und Substanz. Der im Barrique ausgebaute Blaufränkisch aus der Steillage ist würzig und eindringlich, klar, frisch und zupackend. Mehr Konzentration und noch intensivere Frucht besitzt der Blaufränkisch Felsen, ist frisch, zupackend, strukturiert. Intensiv fruchtig ist der Zweigelt aus der Gewann Herzogen, besitzt Fülle und Kraft, gute Struktur und Substanz. Der Merlot aus terrassierter Steillage zeigt gute Konzentration und herrlich viel Frucht im Bouquet, ist ebenfalls frisch, klar, strukturiert. Es folgt ein spannendes Spätburgunder-Trio, das im Gegensatz zu den anderen Rotweinen, die aus den Jahrgängen 2017 und 2018 stammen, ganz aus dem Jahrgang 2020 kommt, alle Weine wurden spontanvergoren. Schon der im gebrauchten Barrique ausgebaute Gutswein ist sehr gut, herrlich lebhaft, reintönig und zupackend. Der Ortswein, teilweise im neuen Barrique ausgebaut, ist ebenfalls wunderschön reintönig, strukturiert und frisch. Nur in gebrauchten Barriques wurde der Neckarhalde-Spätburgunder ausgebaut, zeigt faszinierend viel Frucht und Intensität, ist klar und präzise, puristisch, druckvoll, sehr jugendlich. Klasse!

Lagen

Schenkenberg (Esslingen)
Untere Herzogen (Esslingen)
Gern (Esslingen)
Neckarhalde (Esslingen)

Weinbewertung

87	2021 Grauburgunder trocken Steillage I 13%/14,-€
90	2021 Chardonnay trocken Esslinger I 13%/16,-€
92	2021 Grauburgunder trocken Gern I 13%/23,-€
86	2020 Spätburgunder trocken I 13%/12,50€
86	2018 Blaufränkisch trocken Steillage I 14%/11,50€
89	2020 Spätburgunder trocken Esslinger I 12,5%/18,-€
87	2017 Blauer Zweigelt trocken Herzogen I 14,5%/15,-€
88	2018 Blaufränkisch trocken Felsen I 14%/18,-€
88	2017 Merlot trocken Steillage I 14%/22,-€
94	2020 Spätburgunder trocken Neckarhalde I 12,5%/46,-€

Rebsorten

Lemberger (18%)
Spätburgunder (15%)
Riesling (12%)
Merlot (10%)
Zweigelt (10%)
Muskattrollinger (10%)
Grauburgunder (8%)
Trollinger (7%)

★★★

Lämmlin-Schindler

Kontakt
Müllheimer Straße 4
79418 Mauchen
Tel. 07635-440
Fax: 07635-436
www.laemmlin-schindler.de
weingut@laemmlin-schindler.de

Besuchszeiten
Mo.-Fr. 9-12 + 14-18 Uhr
Sa. 9-12 + 14-16:30 Uhr
Gutsausschank Gasthaus „Zur Krone" in Mauchen

Inhaber/Betriebsleiter
Gerd Schindler
Kellermeister
Friedhelm Maier
Rebfläche
21 Hektar
Produktion
140.000 Flaschen

LÄMMLIN SCHINDLER

Weinbau ist seit dem 12. Jahrhundert in der Familie nachgewiesen, seit dem 17. Jahrhundert ist die Familie in Mauchen ansässig. 1995 übernahm Gerd Schindler das Gut, dem die Gastwirtschaft Zur Krone angeschlossen ist. Seine Weinberge liegen in den Mauchener Lagen Sonnenstück und Frauenberg, wo die Reben auf Kalkverwitterungsböden mit Lösslehmauflage wachsen, die Reben werden ökologisch bewirtschaftet. Wichtigste Rebsorte ist Spätburgunder, der ein knappes Drittel der Fläche einnimmt. Es folgen Gutedel, Weißburgunder, Chardonnay und Grauburgunder, dazu gibt es unter anderem Sauvignon Blanc, Gewürztraminer und Riesling. Rotweine werden grundsätzlich im Holzfass ausgebaut. Das Sortiment ist gegliedert in Guts- und Ortsweine, die Erste Lage-Weine vom Mauchener Sonnenstück und Große Gewächse vom Mauchener Frauenberg.

Kollektion

Auch in diesem Jahr eröffnet der wunderschön harmonische und zupackende Rosé-Sekt den Reigen. Die weißen Ortsweine zeigen ein sehr gleichmäßiges Niveau, sie sind fruchtbetont, sortentypisch, besitzen Frische und jahrgangstypischen Grip, der wunderschön reintönige Weißburgunder gefällt uns besonders gut. Der Sonnenstück-Weißburgunder, Jahrgang 2020, ist noch etwas konzentrierter und ebenfalls wunderschön reintönig. Ebenfalls aus dem Jahrgang 2020 stammt der Chardonnay aus dem Frauenberg, der die Spitze der weißen Kollektion bildet, reintönige Frucht, gute Konzentration und viel Frische besitzt, gute Struktur und Grip. Ganz stark sind die vier präsentierten Rotweine, Der Spätburgunder von alten Reben zeigt rauchige Noten, rote Früchte, ist klar und zupackend, der Merlot setzt ganz auf Frucht und Intensität, was auch für die Frauenfels-Cuvée gilt, die füllig und saftig ist, viel reife Frucht und Substanz besitzt. Unser Favorit ist der Frauenberg-Spätburgunder, der rauchige Noten und klare Frucht zeigt, gute Struktur, Frische und Grip besitzt.

Weinbewertung

87 Rosé Sekt extra-brut | 12,5%/14,50€
84 2021 Gutedel trocken Mauchen | 11,5%/7,80€
85 2021 Weißburgunder trocken Mauchen | 12,5%/9,80€
83 2021 Grauburgunder trocken Mauchen | 12,5%/9,80€
84 2021 Chardonnay trocken Mauchen | 12%/9,80€
84 2021 Sauvignon Blanc trocken Mauchen | 12,5%/11,-€
86 2020 Weißburgunder trocken Mauchen Sonnenstück | 13%/15,-€
89 2020 Chardonnay trocken „GG" Mauchen Frauenberg | 13%/28,-€
86 2017 Spätburgunder trocken „Alte Reben" Mauchen | 13%/15,50€
86 2018 Merlot trocken Mauchen | 13,5%/14,80€
88 2018 „Frauenfels" Cabernet & Merlot trocken | 14%/19,50€
89 2019 Spätburgunder trocken „GG" Mauchen Frauenberg | 13%/37,-€

★★★★

Andreas Laible

Kontakt
Am Bühl 6
77770 Durbach
Tel. 0781-41238
Fax: 0781-38339
www.weingut-laible.de
post@andreas-laible.com

Besuchszeiten
Mo.-Fr. 8-11:30 + 13:30-18 Uhr
Sa. 8-16 Uhr
oder nach Vereinbarung

Inhaber
Andreas Christian Laible
Kellermeister
Andreas Christian Laible
Rebfläche
7,5 Hektar
Produktion
50.000 Flaschen

Bis ins 17. Jahrhundert lässt sich die Weinbautradition der Familie Laible in Durbach zurückverfolgen. Andreas Laible hatte zusammen mit Ehefrau Ingrid das Weingut in der Spitze der deutschen Rieslingerzeuger etabliert. Heute führt sein Sohn Andreas Christian Laible zusammen mit Ehefrau Petra den Betrieb. Ihre Weinberge liegen alle im Durbacher Plauelrain, einer teils sehr steilen Süd-Lage mit Granitverwitterungsböden, Porphyr, Gneis und Achat. In den letzten Jahren wurden für die Großen Gewächse zwei alte Lagennamen reaktiviert, die 1971 im Durbacher Plauelrain aufgingen. Das ist zum einen die Lage Am Bühl, unmittelbar am Weingut gelegen; zum anderen die Lage Stollenberg, die am östlichen Ortsrand von Durbach unterhalb der Ruine Stollenburg liegt. Seit dem Jahrgang 2021 trägt der Riesling SL den Namen der Lage Hespengrund auf dem Etikett. Gut die Hälfte der Rebfläche nimmt Riesling ein, ein Dutzend verschiedene Riesling-Klone werden angebaut, einige hat Andreas Laible sen. selbst selektioniert. Neben Riesling werden vor allem die Burgundersorten angebaut, Spätburgunder, Weißburgunder und Grauburgunder, aber auch Chardonnay, Traminer (Clevner) und Gewürztraminer, Scheurebe, Muskateller und Sauvignon Blanc. Der Achat als der Spitzen-Riesling des Weingutes ist seit dem Jahrgang 2005 nur noch die Nummer 2, wurde an der Spitze abgelöst durch das Große Gewächs, das seit dem Jahrgang 2013 den Namen der Gewanne Am Bühl auf dem Etikett trägt. Mit dem Jahrgang 2007 gab es erstmals ein Großes Gewächs vom Grauburgunder, 2010 dann vom Weißburgunder, der aber heute nicht mehr erzeugt wird, 2011 folgte ein Spätburgunder, 2013 ein Chardonnay, 2014 kam ein zweiter Grauburgunder aus der Gewanne Stollenberg hinzu. An der Spitze der Kollektion stehen heute insgesamt fünf Große Gewächse, die aus den Gewannen Am Bühl (Riesling, Grauburgunder, Chardonnay, Spätburgunder) und Stollenberg (Grauburgunder) kommen. Die zweite Stufe des Sortiments, unterhalb der Großen Gewächse, bilden die Erste Lage-Weine aus dem Plauelrain, die Basis stellen die Gutsweine dar. Neben trockenen Weinen werden auch süße und edelsüße Weine angeboten, Riesling vor allem, aber auch Traminer, Gewürztraminer und Scheurebe.

Kollektion

Durch Frühjahrfröste ist das Sortiment im Jahrgang 2021 etwas kleiner als gewohnt. Sauvignon Blanc gibt es schon seit einem Jahrzehnt im Sortiment, der 2021er ist floral und eindringlich, zeigt etwas Stachelbeeren im Bouquet, ist frisch, klar und geradlinig im Mund, besitzt feine süße Frucht und Biss. Herrlich eindringlich und reintönig ist die trockene Scheurebe im Bouquet, ist frisch und zupackend im Mund, besitzt gute Struktur und Grip, ist deutlich druckvoller als der Sauvignon Blanc. Der Plauelrain-Weißburgunder zeigt feine Frische und Frucht im Bouquet, ein wenig weiße

Früchte, ist klar und harmonisch im Mund, besitzt feine süße Frucht. Ähnlich ist auch der Plauelrain-Chardonnay, dabei deutlich würziger im Bouquet, er besitzt klare Frucht, feine Frische und Grip. Grauburgunder gibt es im Jahrgang 2021 als Großes Gewächs aus der Lage Am Bühl. Der Wein ist intensiv und konzentriert im Bouquet, frisch und klar im Mund, zupackend, strukturiert, besitzt jugendlichen Grip und ist noch ein wenig unruhig. Aber der Name Andreas Laible steht natürlich vor allem für Riesling, und das präsentierte Riesling-Quartett ist wieder einmal super-spannend. Der Riesling SL trägt erstmals den Namen der Lage Hespengrund auf dem Etikett, er ist frisch, fruchtbetont und recht würzig im Bouquet, wunderschön klar und zupackend im Mund, besitzt viel Frucht, Frische und Biss. Der Riesling Achat ist konzentriert im Bouquet, herrlich eindringlich und reintönig, im Mund ist er füllig und kraftvoll, reintönig und präzise, besitzt Druck und mineralischen Nachhall. Die beiden Großen Gewächse dann sind sehr verschieden. Der Wein aus der Lage Am Bühl ist sehr offen und intensiv im Bouquet, herrlich eindringlich und reintönig, kommt recht füllig und saftig in den Mund, besitzt viel Frucht und Substanz, gute Struktur, Druck und mineralische Länge. Der Riesling aus dem Stollenberg ist konzentriert und rauchig, im Mund sehr kompakt und verschlossen, stoffig und kraftvoll, er braucht Zeit. Sehr präsent ist dafür die Scheurebe Auslese, faszinierend reintönig und konzentriert im Bouquet, im Mund frisch und harmonisch, besitzt feine süße Frucht und Grip. Einen Spätburgunder von Andreas Laible haben wir nun schon längere Jahre nicht mehr verkostet, zuletzt stand das Große Gewächs aus dem Jahrgang 2014 bei uns auf dem Tisch. Der 2019er S ist würzig, rauchig, zeigt dezenten Toast im Hintergrund, ist klar und zupackend, hat Struktur und Grip. Starke Kollektion, ganz starke Rieslinge!

Andreas Christian Laible

L

Weinbewertung

85	2021 Sauvignon Blanc trocken Durbach I 12,5%/15,-€
87	2021 Scheurebe trocken Durbacher Plauelrain I 13%/15,-€
85	2021 Weißer Burgunder trocken Durbacher Plauelrain I 13%/15,50€
85	2021 Chardonnay trocken Durbacher Plauelrain I 13%/16,50€
88	2021 Riesling trocken „SL“ Hespengrund Durbacher Plauelrain I 12,5%/14,50€
91	2021 Riesling trocken „Achat“ Durbacher Plauelrain I 12,5%/19,50€
90+	2021 Riesling „GG“ Stollenberg Durbacher Plauelrain I 13%/27,-€
91	2021 Riesling „GG“ Am Bühl Durbacher Plauelrain I 13%/24,50€
89	2021 Grauer Burgunder „GG“ Am Bühl Durbacher Plauelrain I 13%/24,50€
89	2021 Scheurebe Auslese Durbacher Plauelrain I 10%/18,50€
88	2019 Spätburgunder „S“ trocken Durbacher Plauelrain I 13,5%/17,40€

Lagen
Plauelrain (Durbach)
Am Bühl (Durbach)
Stollenberg (Durbach)

Rebsorten
Riesling (55%)
Spätburgunder (13%)
Weißburgunder (10%)
Grauburgunder (5%)
Gewürztraminer & Traminer (5%)
Chardonnay (3%)
Muskateller (3%)
Scheurebe (3%)
Sauvignon Blanc (3%)

★★★

Alexander Laible

Kontakt
Unterweiler 48
77770 Durbach
Tel. 0781-2842380
Fax: 0781-2842180
www.weingut-alexanderlaible.de
info@weingut-alexanderlaible.de

Besuchszeiten
Mo.-Fr. 14-18 Uhr
Sa. 9-16 Uhr

Inhaber/Betriebsleiter
Alexander Laible
Außenbetrieb
Eugen Schlindwein
Rebfläche
15 Hektar
Produktion
100.000 Flaschen

Alexander Laible, Sohn von Andreas Laible übernahm 2007 ein Anwesen am Eingang zum Durbachtal und im Herbst des gleichen Jahres erzeugte er seinen ersten eigenen Wein. Nach Winzerlehre und Ausbildung zum Weinbautechniker war er mehrere Jahre an der Mosel tätig, seit 2004 ist er wieder in der Ortenau. Seine Weinberge liegen zum Teil in Sinzheim bei Baden-Baden, in den Lagen Sätzler und Frühmessler, teils aber auch im Durbacher Plauelrain; auf Lagenbezeichnungen verzichtet Alexander Laible. Die Reben wachsen teils auf Lehmlöss, teils auf Kalkmergel und Muschelkalk. Riesling ist die wichtigste Rebsorte, nimmt knapp die Hälfte der Weinberge ein, dazu gibt es Spätburgunder, Weißburgunder, Grauburgunder, Chardonnay und Sauvignon Blanc, sowie ein wenig Scheurebe und Lemberger.

Kollektion

Ausschließlich Weißweine hat Alexander Laible in diesem Jahr vorgestellt, alle trocken ausgebaut, aber doch mit dezenter, merklicher Restsüße. Der Chara-Riesling ist sehr offen, würzig und eindringlich, ist füllig und saftig dann im Mund bei klarer reifer Frucht. Der Riesling SL ist recht ähnlich, ebenfalls würzig und eindringlich im Bouquet, etwas griffiger und zupackender im Mund. Riesling-Highlight ist wieder einmal der „Tausend Sterne" genannte Wein, der deutlich konzentrierter und intensiver als seine Kollegen ist, füllig und saftig ist, viel reife Frucht, Substanz und Länge besitzt. Der Weißburgunder Muschelkalk ist fruchtbetont und frisch im Bouquet, klar und harmonisch im Mund, besitzt feine Süße und Frucht. Der Grauburgunder von alten Reben ist sehr offen und fruchtbetont im Bouquet, im Mund füllig und saftig, bei reifer süßer Frucht, besitzt feine Frische. Sehr gut gefällt uns der Marie-Sophie genannte Sauvignon Blanc, der sehr würzig und intensiv im Bouquet ist, sehr dominant, frisch und kraftvoll im Mund sich präsentiert, feine süße Frucht und Grip besitzt, Der Chardonnay Chara ist frisch und geradlinig, harmonisch und klar. Highlight der Kollektion ist wieder einmal der Heaven-Chardonnay, der rauchige Noten und reintönige Frucht zeigt, füllig und kraftvoll ist, gute Struktur, Länge und Grip besitzt.

Weinbewertung

83 2021 Riesling trocken „Chara" | 12,5%/14,50€
84 2021 Riesling trocken „SL" | 12,5%/13,-€
84 2021 Weißer Burgunder trocken „Muschelkalk" | 13%/15,-€
84 2021 Grauer Burgunder trocken „Alte Reben" | 13%/13,50€
86 2021 Riesling trocken „Tausend Sterne" | 12,5%/22,-€
85 2021 Sauvignon Blanc trocken „Marie Sophie" | 13%/22,-€
83 2021 Chardonnay trocken „Chara" | 13%/14,50€
89 2020 Chardonnay trocken „Heaven" | 13%/45,-€

★★★

Lamberth

Kontakt
Kirchstraße 20
55278 Ludwigshöhe
Tel. 06249-8611
Fax: 06249-906434
www.weingut-lamberth.de
info@weingut-lamberth.de

Besuchszeiten
Mo.-Sa. nach Vereinbarung

Inhaber
Armin & Carsten Lamberth
Rebfläche
19 Hektar
Produktion
60.000 Flaschen

Das Weingut Lamberth wird in dritter Generation von Armin Lamberth geführt. Inzwischen steigt mit Carsten Lamberth und Ehefrau Nicole, beide Weinbauingenieure, die nächste Generation in den Betrieb mit ein, wobei Carsten Lamberth bis 2011 acht Jahre lang Kellermeister beim Weingut Knipser in Laumersheim war. Im elterlichen Weingut war er schon zuvor für die Lagenweine aus den besten, kalkgeprägten Lagen wie Guntersblumer Himmelthal und Authental verantwortlich; dazu ist man in den Guntersblumer Lagen Kreuz-Kapelle und Steig-Terrassen, im Dienheimer Tafelstein und im Ludwigshöher Teufelskopf vertreten. Besondere Weine werden im Barrique ausgebaut, die Spitzenweine tragen den Zusatz „R" (Reserve).

Kollektion

Die Rotweine sind besser denn je. Carsten Lamberth hat es geschafft, dass seine Roten im warmen Jahrgang 2018 Frische und Struktur besitzen. Dies merkt man schon beim Kalkstein-Spätburgunder, der reintönige Frucht im Bouquet zeigt, rote Früchte, harmonisch und elegant im Mund ist, gute Struktur und Grip besitzt. Bemerkenswert ist auch der im Barrique ausgebaute Dornfelder, der Gewürze zeigt, rote Früchte, Herzkirschen, Fülle und Kraft besitzt, viel reife Frucht und Substanz. Der Steig-Terrassen-Syrah zeigt intensive Brombeeren im Bouquet, Gewürze, ist füllig, saftig, besitzt gute Struktur, Substanz und Frische. Spannend sind auch die beiden Pinot Noir, zeigen gute Konzentration und viel reife Frucht im Bouquet, beim Wein aus den Steig-Terrassen gepaart mit einer dezenten Schokonote, im Mund sind beide kraftvoll, sehr reintönig, besitzen viel reife Frucht, gute Struktur und Substanz, der Wein aus der Kreuzkapelle ist ein klein wenig druckvoller. Tolle Rotweine! Sehr schön ist aber auch der fruchtbetonte, griffige Sekt und auch die Weißweine überzeugen, allen voran der unfiltrierte Kalkstein-Riesling aus dem Jahrgang 2018, der rauchig, würzig und eindringlich im Bouquet ist, kraftvoll und zupackend im Mund.

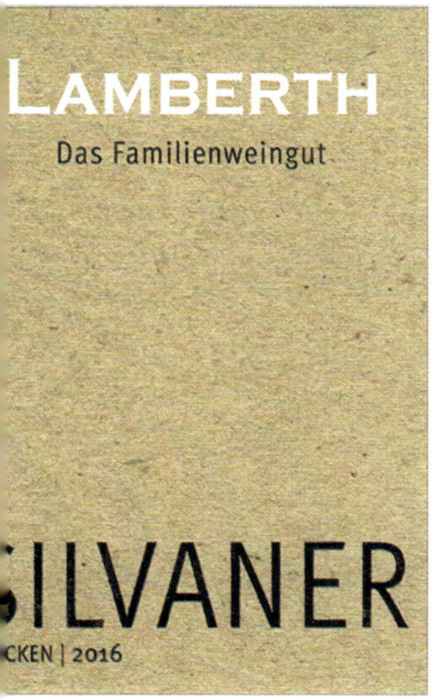

Weinbewertung

87 2016 Pinot Sekt brut nature | 12,5%/14,50€
83 2021 Silvaner trocken | 12%/5,80€
84 2021 Sauvignon Blanc trocken | 12,5%/7,40€
87 2018 Riesling trocken „Kalkstein" „unfiltriert" | 12,5%/8,-€ ☺
81 2020 Chardonnay & Weißburgunder trocken „Kalkstein" | 13%/8,90€
85 2020 Riesling Spätlese „Alte Reben" | 8,5%/7,20€
84 2021 Cuvée Rosé trocken | 12,5%/5,90€
87 2018 Spätburgunder trocken „Kalkstein" | 13,5%/10,70€
88 2018 Dornfelder trocken Barrique | 13,5%/10,70€
90 2018 Syrah „R" trocken Steig-Terrassen | 13,5%/21,-€
91 2018 Pinot Noir „R" trocken „Très Fins" Guntersblumer Kreuzkapelle | 13,5%/21,-€
90 2018 Pinot Noir „R" trocken „Très Fins" Guntersblumer Steig-Terrassen | 13,5%/21,-€

★★

Goswin Lambrich

Kontakt
Auf der Kripp 3
55430 Oberwesel-Dellhofen
Tel. 06744-8066
Fax: 06744-8003
www.weingut-lambrich.de
info@weingut-lambrich.de

Besuchszeiten
Mo.-Fr. 8:30-12:30 Uhr
Di./Do./Fr. 14-18 Uhr
Sa. 9-12:30 Uhr
Gutsausschank

Inhaber
Christiane Lambrich-Henrich
& Matthias Lambrich
Rebfläche
15 Hektar
Produktion
90.000 Flaschen

Das Weingut Goswin Lambrich wird heute in dritter Generation von den Geschwistern Christiane Lambrich-Henrich und Matthias Lambrich geführt. Gerhard Lambrich hatte den Betrieb Mitte der siebziger Jahre von seinem Vater Goswin, dem Namensgeber des Weingutes, übernommen und mit der Selbstvermarktung begonnen. Innerhalb eines Jahrzehnts vergrößerte er den Betrieb und machte aus dem Hobby seinen Beruf, gab die anfänglich mitbetriebene Landwirtschaft komplett auf. Tochter Christiane ist nach ihrem Abschluss in Geisenheim 2002 in den Betrieb eingestiegen, ihr Bruder ist ausgebildeter Koch, war unter anderem bei Bareiss in Baiersbronn, hat dann in Geisenheim Internationale Weinwirtschaft studiert. Ihre Weinberge liegen überwiegend in Steillagen, in den Oberweseler Lagen Oelsberg, St. Martinsberg und Römerkrug, sowie im Dellhofener St. Wernerberg. Riesling nimmt drei Viertel der Rebfläche ein, dazu gibt es Spätburgunder, Weißburgunder, Cabernet Dorsa, Dornfelder, Sauvignon Blanc und Gewürztraminer.

Kollektion

Der Sauvignon Blanc ist geradlinig und animierend, der Weißburgunder toastwürzig und zart cremig, dabei durchaus elegant. Bei den Rieslingen gefällt uns der kräftige Blauschiefer besonders gut, der seine saftige Fülle mit mineralischer Struktur untermauert. Sein feinherbes Pendant ist ebenso kräftig und zupackend würzig, mundet uns mit seiner Frische und Spannung sogar noch etwas besser. Apropos Spannung: da hat auch der saftige Kabinett feinherb einiges zu bieten. Von den beiden frischen Auslesen ist die aus dem Ölsberg konzentriert und beerig, die geradlinige und säurebetonte Auslese aus dem St. Martinsberg schmeckt uns ebenso gut. Die Rotwein Cuvée "Gowin" ist individuell. Mit eindringlichem Bukett von Schlehen, Pflaumen und getrockneten Kräutern, tritt sie am Gaumen konzentriert und würzig auf.

Weinbewertung

84	2021 Sauvignon Blanc trocken Oberwesel I 12,5%/11,-€
85	2021 Riesling trocken „Blauschiefer" Oberwesel I 13%/9,90€
84	2021 Riesling trocken I 12,5%/7,20€
85	2021 Roter Riesling trocken Oberweseler I 12,5%/13,-€
86	2020 Weißer Burgunder „Reserve" Oberwesel I 13,5%/14,90€
84	2021 Gewürztraminer & Riesling „feinherb" „Cuvee Gowin" I 12,5%/8,90€
84	2021 Riesling halbtrocken I 12%/7,20€
86	2021 Riesling feinherb „Vollsteil" Oberwesel I 12,5%/9,90€
86	2021 Rielsing Kabinett „feinherb" Dellhofener St. Wernerberg I 10,5%/10,90€
87	2021 Riesling Auslese Oberweseler Ölsberg I 8%/15,90€
87	2021 Riesling Auslese Oberweseler St. Martinsberg I 8,5%/15,90€
87	2018 „Cuvee Gowin" Rotwein trocken I 13,5%/15,90€

★★

Lamm Jung

Kontakt
Eberbacher Straße 50
65346 Eltville
Tel. 06123-7059300
www.lammjung-wein.de
info@lammjung-wein.de

Besuchszeiten
Mi.-Fr. 14-18 Uhr, Sa 10-14 Uhr oder nach Vereinbarung
2 Ferienwohnungen (insgesamt 10 Personen)
Saisonale Straußwirtschaft und Events
Veranstaltungsraum

Inhaber
Günther Weisel
Betriebsleiter/Kellermeister
Paul Will
Außenbetrieb
Paul Will, Marek Mieczkowski
Rebfläche
16 Hektar
Produktion
100.000 Flaschen

Günther Weisel kaufte das Weingut 2016 und stellte Paul Will, der zuvor als Kellermeister beim Sekthaus Schloss Vaux tätig gewesen war, als Betriebsleiter ein. Der Küfermeister stattete das Weingut vollständig mit neuer Technik aus – bei Übergabe stand kein einziger Tank mehr im alten Gewölbekeller – und integrierte eigene Weinberge in das Weingut, die er zuvor im Nebenerwerb unter Eigenregie bewirtschaftet hatte. Auch Günther Weisel steuerte Rebflächen seines Großvaters in Assmannshausen bei. So ergibt sich ein breites Portfolio an Lagen von Lorchhausen bis Eltville. Riesling ist mit 80 Prozent der Fläche die wichtigste Rebsorte, gefolgt von Spätburgunder und Weißburgunder. Die Spitze der hausinternen Qualitätspyramide trägt den Namen „Steillage Premium". Der weiße Topwein wird aus Lorcher Lagen, der rote zum größten Teil aus dem Assmannshäuser Höllenberg gewonnen.

Kollektion

Die beiden Basis-Rieslinge aus dem Jahrgang 2020 sind eine gute Visitenkarte für Jahrgang und Weingut, weisen eine lebhafte Säure auf, die Paul Will aber zähmen konnte. Auch die ungewöhnliche Cuvéetierung von Riesling und Chardonnay überzeugt, ergibt einen Wein, der einerseits die grasige Frische des 2020er Jahrgangs mitbringt, aber auch den subtilen Schmelz des Chardonnay einzubinden weiß. Überzeugend ist auch der 2020er Meisterwein, der viel Kraft besitzt, aber auch genug Frische bewahren konnte, er zeigt mit Noten von Zitrussaft, Zitrusschale und reifer Aprikose. Die beiden schon im vergangenen Jahr vorgestellten 2017er verdeutlichen die Ambitionen des Weinguts; sie zeigen zwar Reifenoten, sind aber nicht zu reif und besitzen eine gute Substanz. Die Sekte zeugen von solidem Handwerk, unser leichter Favorit ist der Riesling-Sekt, der feine Reife mit Noten von tropischen Früchten kombiniert.

Weinbewertung

85	2016 Riesling Sekt brut I 12,5%/17,50€
84	2016 Cuvée Sekt brut I 12,5%/19,50€
83	Rosé Sekt extra trocken I 12%/11,50€
84	2021 Riesling trocken „Basis" I 11,5%/8,50€
85	2020 Riesling & Chardonnay I 12%/12,80€
83	2017 Burgunder Cuvée trocken I 11%/10,80€
87	2017 Riesling trocken „Premium" „Alte Reben" I 11,5%/17,50€
87	2017 Riesling trocken „Premium" „Steillage" I 12%/19,50€
83	2021 Riesling „feinherb" „Basis" I 11%/8,50€
86	2020 Riesling „Meisterwein" I 11,5%/10,80€
83	2021 Spätburgunder Rosé „feinherb" I 11%/9,80€
87	2017 Spätburgunder trocken Steillage Assmannshäuser I 12%/18,-€

★★★½

Landerer

Kontakt
Niederrotweil 3, 79235
Vogtsburg-Oberrotweil
Tel. 07662-1070
Fax: 07662-94485
www.weingut-landerer.de
info@weingut-landerer.de

Besuchszeiten
Mo.-Fr. 8-12 + 14-17 Uhr
Sa 9-12 + 13:30-15:30 Uhr
und nach Vereinbarung
Ferienwohnungen(****)

Inhaber
Karin & Johannes Landerer
Betriebsleiter
Johannes Landerer
Kellermeister
Johannes Landerer
Außenbetrieb
Johannes Landerer
Rebfläche
22 Hektar
Produktion
150.000 Flaschen

Seit 2014 ist Johannes Landerer für die Vinifikation im elterlichen Weingut verantwortlich, das er seit dem Tod seines Vaters Thomas im Jahr 2016 führt. Die Weinberge befinden sich in den Oberrotweiler Lagen Käsleberg, Henkenberg und Eichberg sowie im Leiselheimer Gestühl. Spätburgunder und Grauburgunder sind die wichtigsten Rebsorten, dazu gibt es Weißburgunder, Sauvignon Blanc (den es bereits seit 1994 gibt), Chardonnay, Cabernet Sauvignon, Merlot und Syrah. Das Sortiment ist gegliedert in Guts-, Orts- und Lagenweine. Die Umstellung auf biologischen Weinbau wurde begonnen.

Kollektion

Eine ganz starke Kollektion präsentiert Johannes Landerer in diesem Jahr. Aus dem Jahrgang 2021 stammen die beiden weißen Ortsweine: Der Oberrotweiler Sauvignon Blanc ist fruchtbetont und reintönig im Bouquet, frisch, klar und zupackend im Mund, der Chardonnay aus Leiselheim ist ebenfalls sehr fruchtbetont und sortentypisch im Bouquet, zeigt etwas gelbe Früchte, besitzt klare reife Frucht und feine Frische im Mund. Noch stärker sind die 2020er Weißweine vom Henkenberg, die beide spontanvergoren, zwölf Monate im Barrique ausgebaut und unfiltriert abgefüllt wurden. Der Chardonnay zeigt gute Konzentration im herrlich eindringlichen Bouquet, ist füllig und saftig im Mund, besitzt intensive reintönige Frucht, gute Struktur und Frische. Noch ein klein wenig besser gefällt uns der Grauburgunder, der von über 50 Jahre alten Reben stammt, ebenfalls konzentriert und wunderschön klar ist, Fülle und Kraft besitzt, gute Struktur und Grip. Spannend sind auch die Rotweine. Der Spätburgunder Gutswein ist frisch, geradlinig und klar, der Oberrotweiler Ortswein ist fruchtbetont, etwas rauchig, kraftvoll, frisch und zupackend. Spätburgunder-Highlight ist der Lagenwein aus dem Eichberg, der würzig und eindringlich im Bouquet ist, klare Frucht, gute Struktur, Frische und Grip besitzt. Gleichauf sehen wir den Syrah vom Kirchberg, der intensive reintönige Frucht im Bouquet zeigt, etwas Pfeffer, viel Frucht auch im Mund besitzt, feine Tannine, Struktur und Frische – eher Rhône denn Barossa. Weiter im Aufwind!

Weinbewertung

85	2021 Sauvignon Blanc trocken Oberrotweiler I 12%/12,-€
85	2021 Chardonnay trocken „Schwarze Erde" Leiselheimer I 12,5%/13,50€
90	2020 Grauburgunder trocken Oberrotweiler Henkenberg I 13%/21,-€
89	2020 Chardonnay trocken Oberrotweiler Henkenberg I 13%/21,-€
84	2020 Spätburgunder trocken Kaiserstuhl I 13%/8,95€
86	2020 Pinot Noir trocken „Schwarze Erde" Oberrotweiler I 13%/14,-€
90	2020 Spätburgunder trocken Oberrotweiler Eichberg I 13%/38,-€
90	2020 Syrah trocken Oberrotweiler Kirchberg I 13,5%/30,-€

★★★☆

Daniel **Landerer**

Kontakt
Furtmatten 18, 79235
Vogtsburg-Oberbergen
Tel. 07662-9358344
info@daniellanderer.de

Besuchszeiten
Sa. 10-13 Uhr,
Verkauf nach Vereinbarung

Inhaber
Daniel Landerer
Betriebsleiter
Daniel Landerer
Kellermeister
Daniel Landerer
Außenbetrieb
Klaus & Cornelia Landerer
Rebfläche
5,2 Hektar
Produktion
23.000 Flaschen

Daniel Landerer hat nach seiner Ausbildung bei verschiedenen badischen Weingütern gearbeitet und 2013 das eigene Weingut gegründet; die Eltern waren bis dahin Genossenschaftswinzer. Der Betrieb wird nach und nach auf Selbstvermarktung umgestellt. Nicht geeignete Rebflächen wurden abgegeben, kleinparzellierte Grundstücke mit Gesteinsboden wurden zugekauft und mit schwachwüchsigen Burgunderklonen aus Frankreich bepflanzt. Die Weinberge liegen in Oberbergen (Bassgeige), Schelingen (Kirchberg), Burkheim (Feuerberg, Schlossgarten) und Bahlingen (Silberberg). Im Weinberg wird naturnah gearbeitet, im Keller möglichst wenig eingegriffen: Spontangärung, langer Ausbau auf der Hefe.

Kollektion

Eine umfangreiche Kollektion hat Daniel Landerer uns vorgestellt, und die ist bärenstark, überzeugt in der Basis wie in der Spitze, alle Weine sind sehr gut oder hervorragend. Die Gutsweine sind fruchtbetont, geradlinig, angenehm ungekünstelt. Der Chardonnay aus dem Schlossgarten ist reintönig, zupackend, strukturiert, noch besser gefallen uns die beiden Grauburgunder vom Kirchberg, der 2019er herrlich reintönig, fruchtbetont, präzise, der 2020er sehr ähnlich, saftig, frisch und strukturiert. Auch die Pinot Noir-Serie ist stark, der 2020er Gutswein zeigt, wohin die Reise geht, die beiden Schlossberg-Weine sind reintönig und harmonisch, der 2019er ist recht offen, der 2019er kraft- und druckvoller. Großartig!

Weinbewertung

86	2021 Müller-Thurgau trocken „Alte Reben" I 11,5%/8,50€
86	2021 Auxerrois trocken I 12%/9,50€
86	2021 Grauburgunder trocken I 13%/9,50€
85	2021 Weißburgunder/Chardonnay trocken I 13%/9,50€
87	2021 Sauvignon Blanc trocken I 12,5%/9,50€
88	2021 Sauvignon Blanc „Fumé" trocken Bahlinger Silberberg I 13%/14,50€
88	2019 Weißburgunder trocken „Alte Reben" I 13%/18,50€
88	2020 Weißburgunder trocken „Alte Reben" I 13%/18,50€
88	2020 Grauburgunder trocken Oberbergener Bassgeige I 13%/12,50€
91	2019 Grauburgunder trocken Schelinger Kirchberg I 13%/32,-€
91	2020 Grauburgunder trocken Schelinger Kirchberg I 13%/32,-€
90	2020 Chardonnay trocken Burkheimer Schlossgarten I 13%/23,-€
85	2021 Pinot Noir Rosé trocken I 11,5%/9,50€
86	2018 Pinot Noir trocken I 13%/12,-€
88	2020 Pinot Noir trocken I 13%/12,-€
88	2018 Pinot Noir trocken „Alte Reben" I 13%/18,50€
88	2019 Pinot Noir trocken Burkheimer Schlossgarten I 13%/18,50€
90	2018 Pinot Noir trocken Alt-Vogtsburger Schlossberg I 13%/36,-€
91	2019 Pinot Noir trocken Alt-Vogtsburger Schlossberg I 13%/40,-€

Anita Landesvatter

Kontakt
Schlossstraße 15
74336 Brackenheim
Tel. 07135-9318781
Fax: 07135-9318782
www.weingut-landesvatter.de
info@weingut-landesvatter.de

Besuchszeiten
Fr. 14-18 Uhr
Sa. 11-16 Uhr
oder nach Vereinbarung

Inhaber
Anita Landesvatter
Betriebsleiter
Anita Landesvatter
Kellermeister
Anita Landesvatter
Rebfläche
6 Hektar
Produktion
40.000 Flaschen

Nach ihrer Winzerlehre arbeitete Anita Landesvatter ein Jahr in Kalifornien, schon während der anschließenden Technikerausbildung gründete sie 1998 auf dem Anwesen der Eltern und Großeltern in Brackenheim ihr eigenes Weingut. Zusammen mit ihrem Ehemann bewirtschaftet sie 5 Hektar Weinberge im Diefenbacher König sowie in Brackenheim (Zweifelberg) und in Haberschlacht (Dachsberg), die Reben wachsen auf Keuper- und Sandsteinböden. Trollinger und Lemberger sind die wichtigsten Rebsorten, nehmen jeweils ein Fünftel der Fläche ein, es folgen Riesling und Muskattrollinger. Dazu gibt es Muskateller, Chardonnay, Weißburgunder und Cabernet Mitos, aber auch Acolon, Portugieser, Dornfelder, Traminer und Silvaner. Die Rotweine, 70 Prozent der Rebfläche, werden maischevergoren, die Spitzenweine werden im Holz ausgebaut.

Kollektion

Eine kleine Kollektion von nur sechs Weinen präsentiert Anita Landesvatter in diesem Jahr, diese aber zeigt sich geschlossen wie nie, bietet sehr gleichmäßiges Niveau weiß wie rot. Auch der vierzehn Monate auf der Hefe ausgebaute Weißburgunder-Sekt, Jahrgang 2018, reiht sich hier ein, zeigt rauchige Noten, reife Frucht, weiße und gelbe Früchte, ist füllig und harmonisch im Mund, saftig und süffig. Der 2 Sterne-Riesling aus dem Jahrgang 2020 ist würzig im Bouquet, zeigt schon ein wenig Reife, ist füllig und saftig im Mund, besitzt feine Süße und Frucht. Wenig sortentypisch ist die im Holz ausgebaute trockene Traminer Auslese, zeigt viel Duft, eindringlich Oregano, Kräuter, ist ebenfalls füllig und saftig, besitzt viel reife Frucht und Substanz. Ganz auf Frische und Frucht setzt der kirschduftige Rosé aus 90 Prozent Lemberger und 10 Prozent Muskattrollinger, er besitzt feine Frucht und Grip. Der im zweitbelegten Barrique ausgebaute 3 Sterne-Spätburgunder aus dem Jahrgang 2019 zeigt rauchige Noten und dezent Gewürze im Bouquet, ist füllig und saftig im Mund, besitzt viel reife süße Frucht, aber auch gute Struktur und Grip. Viel Frucht und rauchige Noten zeigt der im gebrauchten Barrique ausgebaute 3 Sterne-Lemberger aus dem Jahrgang 2018, ist füllig und saftig im Mund, besitzt klare reife Frucht, gute Struktur und Frische.

Weinbewertung

84	2018 Weißburgunder Sekt brut I 12%/11,-€
84	2020 Riesling** trocken I 13%/8,-€
85	2020 Traminer*** Auslese trocken I 13,5%/12,-€
84	2020 Rose** trocken I 13%/8,-€
85	2018 Lemberger*** trocken I 13%/10,-€
85	2019 Spätburgunder*** trocken I 13%/10,-€

★★★★

Landgraf

Kontakt
Außerhalb 9
55291 Saulheim
Tel. 06732-5126
Fax: 06732-62646
www.weingut-landgraf.de
info@weingut-landgraf.de

Besuchszeiten
nach Vereinbarung

Inhaber
Andre Landgraf
Betriebsleiter
Andre Landgraf
Kellermeister
Andre Landgraf
Rebfläche
20 Hektar
Produktion
150.000 Flaschen

Seit 1752 betreibt die Familie Weinbau. Bernd Landgraf konzentrierte sich zunehmend auf Weinbau und erweiterte die Rebfläche. Seit 2001 wird er im Betrieb unterstützt von Sohn Andre, Geisenheim-Absolvent, der ihn inzwischen übernommen hat. Der ältere Bruder Johannes gründete 2006 mit seiner Ehefrau Julia das Weingut Becker-Landgraf in Gau-Odernheim. Die Weinberge liegen allesamt in Saulheim, etwa 20 Kilometer südwestlich von Mainz, in den Lagen Hölle, Schlossberg und Haubenberg. Der Schlossberg ist eine geschützte, leicht ansteigende Lage, deren Boden aus tertiärem Mergel mit einer Kalksteinschicht besteht. Die Hölle ist eine offene, nach Süden ausgerichtete Hanglage, deren Boden aus tiefgründigem Löss besteht, der mit Kalkstein durchsetzt ist. Sortenschwerpunkte sind Riesling mit inzwischen 40 Prozent Anteil an der Gesamtfläche, die weißen Burgunder – Weißburgunder und Grauburgunder – sowie Spätburgunder, mit steigender Tendenz. Dazu gibt es Chardonnay, etwas Silvaner und Portugieser, zuletzt wurden ein wenig Cabernet Sauvignon und Merlot gepflanzt. Weiße Rebsorten nehmen knapp drei Viertel der Rebfläche ein. Die Weine werden zum größten Teil direkt an den Endverbraucher vermarktet. Seit 2004 werden die Weinberge biologisch bewirtschaftet. Das Sortiment ist klar gegliedert in Gutsweine, Ortsweine (Saulheimer) und die Spitzenweine mit Lagenbezeichnung, Rieslinge aus Schlossberg und Hölle sowie Weißburgunder und Spätburgunder aus der Hölle. Vielleicht kommen zukünftig weitere Lagenweine aus dem Haubenberg hinzu, wo Andre Landgraf Riesling und Spätburgunder gepflanzt hat, bisher trägt nur der Reserve-Chardonnay die Lagenbezeichnung Haubenberg. Bei den Weißweinen arbeitet Andre Landgraf mit Maischestandzeiten, Spontangärung und langem Feinhefelager, ausgebaut werden sie teils im Edelstahl, teils im Holz, auch die Weißweine durchlaufen oft ganz oder teilweise die malolaktische Gärung. Rotweine werden maischevergoren und im kleinen oder großen Holzfass ausgebaut. Orts- und Lagenweine werden prinzipiell nicht filtriert. Die Weine haben in den letzten Jahren stetig an Profil gewonnen. Seit 2006 werden alle mit den natürlichen Hefen vergoren, inzwischen wird selbst bei den Gutsweinen mit Maischestandzeiten gearbeitet. Diese Gutsweine sind stets von guter, zuverlässiger Qualität, überzeugen mit reintöniger Frucht. Die Ortsweine bringen eine weitere Steigerung, ein Mehr an Fülle und Kraft. Die herausragenden Weine aber sind die Lagenweine, die in den letzten Jahren stets zu den Jahrgangsbesten in Rheinhessen gehörten.

Kollektion

Es ist das erste Mal, dass wir einen Sekt von Andre Landgraf verkosten konnten, und der gefällt uns sehr gut, zeigt feine rauchige Noten im Bouquet, ist harmonisch und elegant im Mund, besitzt gute Struktur und Länge. Die beiden Gutsweine sind sehr gut, der Riesling ist frisch, klar und zupackend, der Weißburgunder besitzt reintönige Frucht, gute Substanz und Fülle: Hohes Einstiegsniveau. Die Saulheimer Ortsweine bieten dann die gewohnte weitere Steigerung hinsichtlich Fülle und Konzentration, zeigen bestechend gleichmäßige Qualität. Der Riesling zeigt reintönige Frucht, etwas Limone, besitzt Struktur und Frucht, Frische und Grip. Der Grauburgunder zeigt feine Würze und klare reife Frucht, ist füllig und saftig, besitzt gute Substanz und klare Frucht. Der Weißburgunder punktet mit Reintönigkeit und Konzentration, besitzt gute Harmonie, klare Frucht und Länge. Der Lagen-Weißburgunder aus der Hölle ist deutlich fülliger, kraftvoller und konzentrierter, was natürlich auch dem Jahrgang 2020 geschuldet ist, zeigt sich noch sehr jugendlich. Aus dem Jahrgang 2020 stammt auch der konzentrierte Chardonnay Reserve, der Fülle und Kraft besitzt, gute Struktur und reife Frucht. Der 2021er Hölle-Riesling ist herrlich eindringlich und reintönig, füllig und saftig, besitzt viel reife Frucht, Substanz und mineralische Noten. Vom Schlossberg-Riesling konnten wir eine Mini-Vertikale verkosten. 2018 ist rauchig, zupackend, besitzt viel Frische und Frucht, 2019 ist wunderschön reintönig bei viel Substanz, beide haben zugelegt. Der im vergangenen Jahr faszinierende 2020er ist derzeit völlig verschlossen, 2021 brilliert mit Präzision, Druck und mineralischem Nachhall, ist enorm jugendlich. Der Saulheimer Spätburgunder ist klar, frisch und zupackend, der Wein aus der Hölle, Jahrgang 2019, punktet mit Reintönigkeit, Struktur und Grip, Jahrgang 2015 ist nach wie vor sehr jugendlich. Ganz starke Kollektion!

Andre Landgraf

Weinbewertung

88	2014 Pinot Sekt brut I 12,5%/15,-€
85	2021 Weißburgunder trocken I 12%/8,50€
85	2021 Riesling trocken I 12,5%/8,50€
88	2021 Weißburgunder trocken Saulheimer I 13%/12,50€
88	2021 Grauburgunder trocken Saulheimer I 13%/12,50€
88	2021 Riesling trocken Saulheimer I 12,5%/12,50€
90	2020 Weißburgunder trocken Saulheimer Hölle I 13,5%/23,-€
91	2021 Riesling trocken Saulheimer Hölle I 12,5%/23,-€
91	2018 Riesling trocken Saulheimer Schlossberg I 12,5%/23,-€
91	2019 Riesling trocken Saulheimer Schlossberg I 12,5%/23,-€
90+	2020 Riesling trocken Saulheimer Schlossberg I 12,5%/23,-€
92	2021 Riesling trocken Saulheimer Schlossberg I 12,5%/23,-€
90	2020 Chardonnay trocken „Reserve“ Saulheimer Haubenberg I 13%/25,-€
87	2020 Spätburgunder trocken Saulheimer I 13%/13,50€
90	2015 Spätburgunder trocken Saulheimer Hölle I 13,5%
90	2019 Spätburgunder trocken Saulheimer Hölle I 13%/24,-€

Lagen

Schlossberg (Saulheim)
Hölle (Saulheim)
Haubenberg (Saulheim)

Rebsorten

Riesling (40%)
Weißburgunder (20%)
Grauburgunder (16%)
Spätburgunder (13%)

Landmann

Kontakt
Umkircher Straße 29
79112 Freiburg-Waltershofen
Tel. 07665-6756
Fax: 07665-51945
www.weingut-landmann.de
info@weingut-landmann.de

Besuchszeiten
Mo.-Fr. 8-18 Uhr
Sa. 8-17 Uhr
geführte Weinproben auf Anfrage
7 Ferienwohnungen

Inhaber
Jürgen Landmann
Kellermeister
Jürgen Landmann
Rebfläche
29 Hektar
Produktion
150.000 Flaschen

Josef Landmann hatte seine Trauben immer an die Genossenschaft abgeliefert. Als seine Söhne Peter und Jürgen das Weingut 1995 mit 2 Hektar Weinbergen übernahmen, bauten sie einen eigenen Keller und begannen mit der Selbstvermarktung. Inzwischen ist Jürgen Landmann alleiniger Inhaber. Das Gros der Weinberge liegt in der Lage Freiburg-Waltershofener Steinmauer, hinzu kommen Weinberge im Freiburger Kapellenberg und im Merdinger Bühl. Spätburgunder ist die wichtigste Rebsorte, nimmt zwei Fünftel der Fläche ein. Hinzu kommen Weißburgunder, Müller-Thurgau, Grauburgunder, Sauvignon Blanc und Chardonnay, sowie Cabernet Sauvignon, Gewürztraminer, Riesling und Bronner. Von Anfang an wurden die Weine unter Verzicht auf Prädikatsbezeichnungen konsequent trocken ausgebaut. Seit 2007 werden die Weinberge kontrolliert biologisch bewirtschaftet (Mitglied bei Bioland).

Kollektion

Die beiden Crémants sind harmonisch, der Pinot & Chardonnay etwas floral, der fruchtbetont Rosé zeigt rote Früchte, beide sind geradlinig und frisch, besitzen feine süße Frucht. Die 2021er Weißweine sind geradlinig und klar, der Pinot Gris ist recht würzig, besitzt feine Frucht und Grip, der Pinot Blanc ist zupackend und strukturiert. Aus dem Jahrgang 2020 stammen der würzige, leicht florale Sauvignon Blanc und der fruchtbetonte, geradlinige Pinot Noir Rosé. Aus diesem Jahrgang 2020 stammen auch die drei weißen Selektionsweine, mit denen Jürgen Landmann, was den Alkohol betrifft, in die Vollen geht. Der Chardonnay zeigt gute Konzentration und viel reife Frucht, besitzt Fülle und Kraft, Substanz und Wärme, der Grauburgunder ist duftig, würzig, füllig und saftig, recht süß bei gleichzeitiger Bitternote, der Weißburgunder ist ebenfalls füllig und saftig, wirkt etwas harmonischer als seine Kollegen. Unser Favorit bei den Roten ist der gewürzduftige Barrique-Pinot Noir, der Fülle, Kraft und viel Tannine besitzt.

Weinbewertung

84 Pinot & Chardonnay Crémant brut | 12,5%/13,90€
84 Pinot Rosé Crémant brut | 12,5%/13,90€
83 2021 Pinot Blanc trocken | 13%/9,90€
83 2021 Pinot Gris trocken | 13%/9,90€
82 2020 Sauvignon Blanc trocken | 12,5%/13,30€
86 2020 Weißer Burgunder „L.L.L“ Selektion trocken | 15%/21,60€
85 2020 Grauer Burgunder „LLL“ trocken Barrique | 16%/21,60€
85 2020 Chardonnay „L.L.L“ Selektion trocken | 14,5%/21,60€
82 2020 Pinot Noir Rosé trocken | 12,5%/8,90€
82 2018 Pinot Noir trocken | 14,5%/9,90€
81 2018 Pinot Noir „LLL“ Selektion trocken | 14,5%/21,60€
86 2018 Pinot Noir „LLL“ Barrique trocken | 14,5%/29,90€

★★

Peter Landmann

Kontakt
Auf dem Rempart 2
79219 Staufen
Tel. 07633-5510
Fax: 07633-500472
www.landmann-wein.de
info@landmann-wein.de

Besuchszeiten
Mo.-So. 10-18 Uhr
„Weinbrunnen" Mo.-So. 11-22 Uhr (Dez.-Feb. jeweils eingeschränkte Öffnungszeiten)
Rebbergführungen, Sektempfänge, Events; Veranstaltungen im Gewölbekeller (Konzerte, Ausstellungen)

Inhaber/Betriebsleiter/Kellermeister
Peter Landmann
Rebfläche
23 Hektar
Produktion
120.000 Flaschen

WEINGUT
PETER
LANDMANN

Peter Landmann hatte zusammen mit seinem Bruder Jürgen das Weingut Landmann in Freiburg-Waltershofen am Tuniberg aufgebaut. 2013 trennten sie sich, er übernahm die Winzergenossenschaft Staufen und wandelte sie in ein privates Weingut um. Neben den eigenen Weinbergen, die biologisch bewirtschaftet werden (Bioland), verarbeitet er im Weinhaus Peter & Judit Landmann die Trauben von ehemaligen Genossenschafts-Winzern. Seine Weinberge liegen teils im Markgräflerland im Staufener Schlossberg und im Ehrenstetter Ölberg, teils am Tuniberg in den Lagen Kapellenberg und Steinmauer. In Judit Landmanns Heimat in Villány (Ungarn) bauen sie Syrah, Cabernet Sauvignon, Cabernet Franc und Merlot an. Spätburgunder und Gutedel sind die wichtigsten Rebsorten, nehmen jeweils ein gutes Viertel der Rebfläche ein, es folgen Grauburgunder, Weißburgunder, Chardonnay und Müller-Thurgau, aber auch Cabernet Sauvignon, Cabernet Franc, Syrah, Sauvignon Blanc, Gewürztraminer, Riesling, Muskateller und Merlot werden angebaut.

Kollektion

Hier geht es Jahr für Jahr ein wenig voran. Und es gibt Neuerungen, wie nun den herrlich eindringlichen, zupackenden Petnat, der zu den gelungensten Weinen dieser Kategorie in Baden und in Deutschland zählt. Der Sekt ist weniger aggressiv, eher harmoniebedürftig. Unter den trockenen 2021er Weißweinen gefällt uns die Weißburgunder Spätlese aus dem Ölberg besonders gut, sie zeigt gute Konzentration und rauchige Noten, besitzt Fülle, Kraft und Struktur; der Sauvignon Blanc aus dem Schlossberg punktet mit seiner intensiven Frucht im Bouquet, Stachelbeeren, floralen Noten, besitzt Frische, Kraft und Grip im Mund. Die Riesling Beerenauslese stammt ebenfalls aus dem Staufener Schlossberg, aber aus dem Jahrgang 2019, zeigt viel Duft im Bouquet, kandierte Früchte, dezente Reife, ist süß und konzentriert im Mund. Ebenfalls aus dem Schlossberg stammt der 2020er Spätburgunder, der florale Noten im Bouquet zeigt, rote Früchte, frisch und zupackend im Mund ist, feine süße Frucht besitzt.

Weinbewertung

87 „Pet Nat Pétillant Naturel" Sekt brut nature | 13%/16,50€
85 Pinot & Chardonnay Sekt brut | 12,5%/13,90€
85 2021 Sauvignon Blanc trocken Staufener Schlossberg | 12,5%/12,90€
86 2021 Weißer Burgunder Spätlese trocken Ehrenstetter Ölberg | 13%/12,90€
84 2021 Grauer Burgunder Spätlese trocken Staufener Schlossberg | 12,5%/12,90€
84 2021 Muskateller trocken Staufener Schlossberg | 12,5%/12,90€
87 2019 Riesling Beerenauslese Staufener Schlossberg | 12%/29,50€
83 2021 Spätburgunder Rosé trocken Staufener Schlossberg | 11,5%/9,50€
87 2020 Spätburgunder trocken Staufener Schlossberg | 13,5%/19,50€

★★

Philipp Lang

Kontakt
Alter Weg 52
79112 Freiburg-Munzingen
Tel. 07664-59283
Fax: 07664-400052
www.philipp-lang.com
contact@philipp-lang.com

Besuchszeiten
nach Vereinbarung Mo.-Sa.

Inhaber
Philipp Lang
Rebfläche
10 Hektar

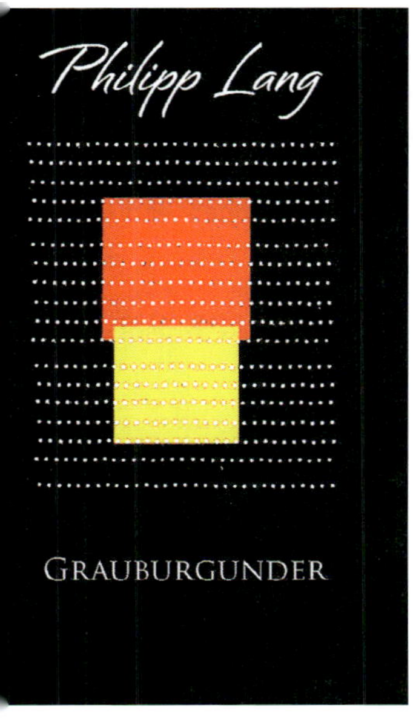

Seit mehreren Generationen betreibt die Familie Weinbau und eine Küferei am Tuniberg. 2009 gründete Philipp Lang nach Abschluss seines Geisenheim-Studiums zusammen mit seinem Vater Meinrad Lang das Weingut. Die Reben wachsen alle auf tiefgründigen Löss-Lehmböden im Munzinger Kapellenberg. Spätburgunder, Grauburgunder und Weißburgunder nehmen zusammen 70 Prozent der Rebfläche ein. Hinzu kommen 15 Prozent Riesling, aber auch Muskateller, Gewürztraminer und Müller-Thurgau, inzwischen auch Syrah. Die Weißweine werden kalt vergoren, lagern meist bis zum Frühjahr auf der Hefe, die Spätburgunder werden entrappt und lange auf der Maische vergoren, dann überwiegend in Stückfässern oder im Barrique ausgebaut.

Kollektion

Der Rivaner ist Immer eine sichere Bank im Programm von Philipp Lang, das ist auch im Jahrgang 2021 so, er ist recht würzig im Bouquet, im Mund dann klar, frisch und zupackend. Recht ähnlich präsentiert sich auch der trockene Weißburgunder Kabinett, ist im Bouquet zurückhaltend in der Frucht, im Mund dann aber klar, geradlinig und frisch. Die trockene Grauburgunder Spätlese ist deutlich fülliger und kompakter, besitzt Substanz und Würze, bleibt aber doch ein wenig verhalten. Ganz anders die trockene Riesling Spätlese, die unser klarer Favorit in der in diesem Jahr präsentierten Kollektion ist. Sie zeigt feine Würze und Frucht im Bouquet, einen Anklang von Limone im Hintergrund, ist klar und eindringlich, ist reintönig im Mund, frisch und zupackend, besitzt gute Struktur, Frucht und Druck, ist der nachhaltigste unter den gesamten 2021 Weinen. An zweiter Stelle sehen wir den feinfruchtigen Muskateller, der reintönige Frucht im Bouquet zeigt, etwas Litschi und Muskat, wunderschön frisch und harmonisch im Mund ist, feine süße Frucht und Grip besitzt. Rosé gibt es in diesem Jahr gleich zwei Mal, einmal als würzigen, geradlinigen Sekt, das andere Mal als trockenen Kabinett, vom Spätburgunder versteht sich, ein im Bouquet schön fruchtbetonter Wein, der rote Früchte zeigt, ein klein wenig Kirschen, im Mund dann klar, frisch, fruchtbetont und geradlinig ist.

Weinbewertung

82	Pinot Rosé Sekt brut I 13,5%/12,85€
83	2021 Rivaner trocken I 12,5%/5,40€
83	2021 Weißburgunder Kabinett trocken I 12%/7,75€
83	2021 Grauburgunder Spätlese trocken I 13,5%/9,95€
86	2021 Riesling Spätlese trocken I 12%/9,10€
84	2021 Muskateller „feinfruchtig“ I 11,5%/9,95€
82	2021 Spätburgunder Rosé Kabinett trocken I 12,5%/6,30€

★★★

Lange – Schloss Saaleck

Kontakt
Am Marktplatz 1
97762 Hammelburg
Tel. 09732-7887450
Fax: 09732-7887451
www.weingut-schloss-saaleck.de
info@weingut-schloss-saaleck.de

Besuchszeiten
Vinothek im Rathaus Mo.-Fr. 9-13 + 14-18 Uhr, Sa. 9-14 Uhr, So. (Juni-Okt.) 11-16 Uhr
Schoppenstübchen in der Vinothek; Wohnmobilstellplatz am Weingut

Inhaber
Ulrike Lange
Betriebsleiter
Thomas Lange
Kellermeister
Thomas Lange
Außenbetrieb
Thomas Lange
Rebfläche
18 Hektar

Hammelburg nennt sich „älteste Weinstadt Frankens“, denn in einer Schenkungsurkunde Karl des Großen aus dem Jahr 777 ist erstmals Weinbau in Franken dokumentiert. Schloss Saaleck, lange Zeit in Klosterbesitz, wurde 1816 Bayerische Staatsdomäne, nach mehreren Besitzerwechseln wurde aus dem Betrieb das Städtische Weingut der Stadt Hammelburg. 2011 verkaufte die Stadt das Weingut an die Familie Lange aus Bergtheim; Ulrike Lange führt zusammen mit Ehemann Thomas das Gut. Der 15 Hektar große Saalecker Schlossberg gehört dem Weingut im Alleinbesitz; der historische Teil der Lage ist von einer 1729 errichteten Weinbergsmauer umgeben, die Weinberge des benachbarten Seitentals, Walterstal genannt, gehören ebenfalls zum Saalecker Schlossberg. Daneben ist man im Hammelburger Heroldsberg vertreten, genau genommen im Eschental, die Böden in allen Lagen sind vom Muschelkalk geprägt. Angebaut werden Silvaner, Weiß- und Grauburgunder und Riesling, aber auch eine Vielzahl weiterer weißer und roter Sorten. Die Weinberge werden biologisch bewirtschaftet (Mitglied bei Naturland).

Kollektion

Der Blauer Silvaner-Sekt ist frisch, klar und zupackend – ein feiner Einstieg ins Programm. Aufgrund sehr geringer Erträge, vor allem 2020, sind einige Weißweine Jahrgangscuvées, so der dezent muskatwürzige Müller-Thurgau. Die drei Silvaner sind alle sehr gut, unsere leichte Präferenz gilt dem Basis-Silvaner, der würzig und herrlich eindringlich ist, gute Struktur und Grip besitzt. In der sponti mineral-Linie gefällt uns wieder einmal der Bacchus besonders gut, der reintönig und zupackend ist. Immer eine sichere Bank ist die Cuvée aus Weiß- und Grauburgunder, die jahrgangsbedingt etwas schlanker ist, aber viel Frucht, Frische und Grip besitzt. Im roten Segment überzeugt der Zweigelt mit Struktur und Frucht, die Steinreich genannte Domina – unfiltriert und ohne Zugabe von Schwefel abgefüllt – ist kraftvoll, kompakt, tanninbetont. Spannend!

Weinbewertung

88 2019 Blauer Silvaner Sekt brut nature Saalecker Schlossberg | 11,5%/17,30€
87 2021 Silvaner trocken | 11,5%/8,30€ ☺
85 2021 Riesling trocken „sponti mineral“ | 12%/10,60€
87 2021 Bacchus trocken „sponti mineral“ | 11%/10,60€
86 (2020) Silvaner trocken „sponti mineral“ | 11,5%/10,60€
85 Müller-Thurgau trocken Saalecker Schlossberg | 13%/9,30€
87 2021 „Die Burg und Er®“ Weißwein trocken | 12%/11,30€
85 (2019) Silvaner trocken „Muschelkalk“ Steilhang Hammelb. Heroldsberg | 12%/13,30€
86 2018 Blauer Zweigelt trocken Saalecker Schlossberg | 12,5%/13,30€
84 2019 Domina trocken Saalecker Schlossberg | 13%/13,30€
88 2018 Domina trocken „Steinreich“ | 13%/35,80€

★★

Langenwalter

Kontakt
Bahnhofstraße 45
67256 Weisenheim am Sand
Tel. 06353-7390
Fax: 06353-4152
www.weingut-langenwalter.de
info@weingut-langenwalter.de

Besuchszeiten
Mo.-Mi. + Fr. 10-12 + 14-18 Uhr
Sa. 9-15 Uhr

Inhaber
Thorsten Langenwalter
Betriebsleiter
Thorsten Langenwalter
Kellermeister
Thorsten Langenwalter
Rebfläche
30 Hektar
Produktion
180.000 Flaschen

Die Familie von Thorsten Langenwalter betreibt seit dem 17. Jahrhundert Weinbau in der Pfalz. Willi Langenwalter hatte in den sechziger Jahren mit der Selbstvermarktung begonnen, sein Sohn Klaus und dessen Ehefrau Renate erweiterten den Betrieb. 2002 stieg ihr Sohn Thorsten in den Betrieb mit ein, den er mittlerweile übernommen hat und zusammen mit Ehefrau Daniela führt. 2012 hat er den Betrieb der Schwiegereltern in Freinsheim übernommen. Die Weinberge liegen in Weisenheim am Sand in den Lagen Burgweg, Hahnen, Goldberg, Altenberg, Hasenzeile und Halde, sowie in den Freinsheimer Lagen Schwarzes Kreuz und Musikantenbuckel, die Reben wachsen teils auf sandigen Lehmböden, teils auf kalkhaltigen, tiefgründigen Böden, teils auf Lösslehm. Wichtigste Rebsorten sind Weißburgunder, Grauburgunder, Spätburgunder und Chardonnay, die zusammen auf rund 60 Prozent der Rebfläche stehen, hinzu kommen Riesling, Cabernet Sauvignon und Portugieser sowie etwas Gewürztraminer, Silvaner und St. Laurent.

Kollektion

Zwei starke Chardonnay stehen in diesem Jahr an der Spitze des weißen Teils der Kollektion: Beide besitzen Kraft, gute Substanz und Länge und bei beiden ist das Bouquet momentan vom Holz geprägt, beim Halde noch etwas deutlicher als beim „R" und beim Halde finden sich auch die etwas prägnanteren Zitrusnoten von Ananas und Limette, beim „R" ist das Holz am Gaumen etwas besser eingebunden und er ist der harmonischere Wein. Knapp dahinter liegen der Weißburgunder aus dem Hahnen, der im Bouquet ebenfalls deutliche Holzwürze zeigt, am Gaumen Kraft und animierende Zitrusnoten besitzt, sehr stoffig ist, und der Riesling aus dem Burgweg, der etwas Luft braucht, um sich zu öffnen, dann von kräutrig-mineralischer Würze und feinen Zitrusnoten, vor allem Ananas und Limette, geprägt ist. Der Cabernet Sauvignon zeigt ein eindringliches Bouquet mit Noten von schwarzer Johannisbeere und Kräutern, besitzt am Gaumen Kraft, gute Struktur, reife Tannine und Länge, der St. Laurent ist nicht ganz so kraftvoll, besitzt ebenfalls reife Tannine und klare Aromen von Sauerkirsche, Pflaume und Trockenfrüchten. —

Weinbewertung

84 2021 Weißer Burgunder trocken „vom Löss" I 12,5%/7,60€
85 2021 Riesling trocken Weisenheimer Hahnen I 12,5%/11,20€
86 2021 Weißer Burgunder trocken „Auf dem Kalkstein" I 13%/11,20€
87 2021 Riesling trocken Weisenheimer Burgweg I 12,5%/17,50€
87 2020 Weißer Burgunder trocken Weisenheimer Hahnen I 14,5%/17,50€
88 2020 Chardonnay trocken Weisenheimer Halde I 14%/17,50€
88 2020 Chardonnay „R" trocken Freinsheimer Musikantenbuckel I 13,5%/17,50€
86 2019 St. Laurent trocken Weisenheimer Halde I 13,5%/12,20€
88 2018 Cabernet Sauvignon trocken Weisenheimer Goldberg I 14,5%/24,-€

★★☆

Ulrich Langguth

Kontakt
Rissbacherstraße 1
56841 Traben-Trarbach
Tel. 06541-9396
Fax: 06541-4557
www.langguth-ulrich.com
info@langguth-ulrich.com

Besuchszeiten
Mo.-Fr. 8-17 Uhr
Sa. nach Vereinbarung

Inhaber
Patrick U. Langguth
Betriebsleiter
Franz Grundler
Kellermeister
Peter Burens
Außenbetrieb
Franz Grundler
Rebfläche
4,5 Hektar
Produktion
30.000 Flaschen

Seit 1789 betreibt die Familie Weinhandel an der Mosel. Das heutige Weingut Ulrich Langguth wurde im Rahmen einer Erbteilung 1921 von Ulrich Langguth gegründet und wird heute von seinem Enkel Patrick Langguth geführt, unterstützt von Betriebsleiter Peter Burens. Ihre Weinberge, alle in Steillagen, liegen im Trabener Gaispfad, in der Enkircher Ellergrub sowie in den Piesporter Lagen Goldtröpfchen und Günterslay. Neben dem dominierenden Riesling, der 95 Prozent der Fläche ausmacht, wird ein klein wenig Reichensteiner (in der Günterslay) angebaut, der unter dem Namen „Madeleine“ vermarktet wird, auch eine kleine Menge Spätburgunder gehört ins Repertoire. Der 1905 von Franz Langguth erbaute Gutskeller befindet sich in Enkirch, die Weine werden teils im traditionellen Fuder, teils im Edelstahl ausgebaut.

Kollektion

Der Schaumwein aus 2019 besitzt eine sehr duftige Art, ist im Mund schön würzig mit beginnender Reife und Würze, schon zugänglich. Auch der trockene Gourmet-Riesling ist bereits zugänglich, stoffig, würzig, für einen Basiswein sehr gelungen. Viel Würze zeigt der trockene Riesling aus dem Trabener Gaispfad; in der Nase wirkt dieser Wein noch sehr jugendlich, wie die Kräuter-, Hefe- und Zitrusaromen zeigen. Noch deutlich verschlossener ist der Alte Reben-Riesling aus der Enkircher Ellergrub, der in der Nase eine ganz zarte Fruchtnote aufweist, sich im Mund aber erst ansatzweise beurteilen lässt. Der Wein ist straff, wirkt sehr trocken, die Säure ist markant: Hier gilt es abzuwarten. Bei der Madeleine, dem Wein aus der Rebsorte Reichensteiner, ist erst eine feine Zitrusnote zu bemerken, im Mund besitzt der Wein Schmelz und Würze, ein Hauch von Süße ist ebenfalls vorhanden. Eine feine Kernobstnote und Süße-Säure-Spiel besitzt der Kabinett aus der Günterslay, er wirkt enorm saftig und nur wenig süßer als der ebenfalls sehr gelungene Kabinettwein in feinherber Variante aus dem Gaispfad. Noch süßere Weine wurden in diesem Jahr nicht vorgestellt.

Weinbewertung

87 2019 Riesling Sekt brut „36°“ Traben Gaispfad | 12,5%/17,50€
85 2021 Madeleine „12°“ | 12%/9,90€
84 2021 Riesling trocken „12° Gourmet“ | 11,5%/9,50€
87 2021 Riesling trocken „36°“ Traben Gaispfad | 12%/14,50€
87 2021 Riesling trocken „36° Alte Reben“ Enkircher Ellergrub | 12%/18,50€
85 2021 Riesling „feinherb“ „12° Gourmet“ | 10,5%/9,50€
86 2021 Riesling Kabinett „feinherb“ „36°“ Traben Gaispfad | 8,5%/14,50€
87 2021 Riesling Kabinett „36°“ Piesporter Günterslay | 8%/14,50€

★★★☆

Lanius-Knab

Kontakt
Mainzer Straße 38
55430 Oberwesel
Tel. 06744-8104
Fax: 06744-1537
www.lanius-knab.de
weingut@lanius-knab.de

Besuchszeiten
Mo.-Sa. 9-18 Uhr, April-Dez.
auch So. 10-18 Uhr
So. + feiertags kulinarische Weinproben, Gewölbekellerführung mit Weinprobe

Inhaber
Jörg Lanius
Rebfläche
10,5 Hektar
Produktion
65.000 Flaschen

Jörg Lanius übernahm 1991 den elterlichen Betrieb, baute ihn kontinuierlich aus und führt ihn zusammen mit Ehefrau Anja Lanius-Kastien. Die Weinberge liegen im Engehöller Tal in den Lagen Engehöller Bernstein (grauer Schiefer, mit der Gewanne Am Lauerbaum) und Goldemund (Schiefer mit eingelagertem Quarzit und hohem Lehmanteil) sowie im Oberweseler Oelsberg (Schiefer, Lösslehm und Buntsandstein). Neben dem dominierenden Riesling baut Jörg Lanius ein wenig Spätburgunder und inzwischen auch Weißburgunder und Grauburgunder an. Die Weine werden im Edelstahl mit den traubeneigenen Hefen vergoren und reifen anschließend in alten Eichenholzfässern. Jörg Lanius bringt den neuen Jahrgang immer erst recht spät in den Verkauf. Eine Spezialität sind edelsüße Weine, von denen er in vielen Jahren eine breite Auswahl bis hin zur Trockenbeerenauslese im Programm hat.

Kollektion

Eine gewohnt stimmige Kollektion von Rieslingen mit aromatischer Fülle und mineralischer Würze präsentiert Jörg Lanius auch im Jahrgang 2021. Der Gutsriesling ist saftig und geradlinig, besitzt viel süße Würze. Der Rheinschiefer aus Oberwesel ist etwas fülliger, spürbar strukturierter, seine Aromen von reifen Beeren durchsetzt mit Salz ziehen sich bis in den langen Nachhall. Die trockenen Lagenrieslinge sind deutlich geschliffener. Unser Favorit ist der Riesling aus dem Engehöller Bernstein, der alles mitbringt, was einen Mittelrhein-Riesling ausmacht: Einen Spritzer individuelle Würze aus der Vergärung, transparente, frische Frucht und eine markant salzige Struktur bis in den langen Nachhall. Hier sitzt alles am rechten Fleck, hat Spannung, Charakter – und weiteres Potenzial. Die beiden Großen Gewächse liefern sich wie häufig ein Kopf-an-Kopf- Rennen. Das aus dem Gewann Lauerbaum aus dem Bernstein mit seiner großzügigen Kraft und saftigen Frucht hat jetzt gefühlt etwas die Nase vor dem aus dem Oberweseler Oelsberg, welches derzeit jugendlich und kompakt ist, dafür mehr Biss und Druck für die weitere Reifung mitbringt.

Weinbewertung

84 2021 Riesling trocken | 13%/9,50€
86 2021 Riesling trocken „Rheinschiefer" Oberweseler | 13%/10,70€
88 2021 Riesling trocken Engehöller Bernstein | 12,5%/15,90€
89 2021 Riesling trocken „GG" „Am Lauerbaum" Engehöller Bernstein | 13,5%/35,-€
89+ 2021 Riesling trocken „GG" Oberweseler Oelsberg | 13,5%/35,-€
84 2021 Riesling „feinherb" | 11,5%/9,50€
84 2021 Spätburgunder „Blanc de Noir" „feinherb" Oberwesel | 11,5%/10,50€
86 2021 Riesling „feinherb Rheingold" Oberweseler | 11,5%/10,70€
86 2021 Riesling Spätlese Engehöller Bernstein | 8,5%/15,90€

★★★

Lanz

Kontakt
Sonnenbichlstraße 8
88149 Nonnenhorn
Tel. 08382-888579
Fax: 08382-8383
www.lanzwein.de
info@lanzwein.de

Besuchszeiten
nach Vereinbarung

Inhaber
Benjamin Lanz, Ingeborg Lanz, Johannes Haug

Rebfläche
8 Hektar

Seit 1836 besitzt die Familie das Gut am Bodensee, 1994 wurde auf ökologische Bewirtschaftung umgestellt (Bioland-Mitglied), 2003 wurden die ersten Reben gepflanzt, Weinbau ist heute das zweite Standbein neben dem Obstbau. Ingeborg Lanz und Johannes Haug, studierter Önologe, leiten den Betrieb heute zusammen mit Sohn Benjamin, der nach seinem Geisenheim-Studium praktische Erfahrungen in Österreich, Südafrika und Neuseeland sammelte. Die Weinberge befinden sich in den Lagen Nonnenhorner Sonnenbichl und Seehalde und Lindauer Entenberg, inzwischen auch am Hummler und am Hoyerberg. Man setzt ganz auf pilzwiderstandsfähige Rebsorten: Souvignier Gris ist inzwischen die meistangebaute Rebsorte, gefolgt von Johanniter, Solaris, Cabertin und Cabernet Blanc. Die Weine werden spontanvergoren, nur mittels Schwerkraft bewegt. Das Sortiment wurde an das Herkunftssystem angepasst, so dass es nun Gebiets-, Orts- und Lagenweine gibt, Letztere aus Sonnenbichl (Cabertin) und Entenberg (Johanniter, Souvignier Gris).

Kollektion

Die neue Kollektion ist ein weiterer klarer Schritt voran und der Beweis dafür, dass man auch mit Piwis terroirgeprägte Weine erzeugen kann – falls jemals Zweifel daran bestanden. Der Sekt ist füllig, harmonisch und kompakt, recht ungewöhnlich für einen Brut Nature. Die weiße Cuvée zeigt florale Noten, besitzt Struktur und Grip, der Johanniter ist frisch und zupackend bei kräftiger Säure. Der Solaris besitzt Fülle, Kraft und viel Frische – wer will da noch behaupten, dass diese Rebsorte sich nur für Federweißer eignet. Der Cabernet Blanc ist würzig und eindringlich, besitzt viel reife Frucht, der Muscaris zeigt eindringliche Muskatnoten, besitzt viel Frische und Grip. Unser Favorit unter den Weißweinen ist der 2020er Souvignier Gris vom Entenberg, der viel Konzentration und feine rauchige Noten zeigt, gelbe Früchte, saftig, druckvoll und lang ist. Toll sind auch die beiden Roten: Der Pinotin zeigt rauchige Noten und viel reife Frucht, ist frisch, klar, zupackend und strukturiert, der Cabertin zeigt viel Frucht, ist kraftvoll, besitzt reife Frucht, gute Struktur und Druck. Klasse!

Weinbewertung

87 2019 „Sprudeldicke Dirn“ Sekt brut nature | 11,5%/19,50€
85 2021 „Kalimbula“ Weißwein trocken | 12,5%/9,50€
85 2021 Johanniter trocken | 12,5%/11,-€
86 2021 Cabernet Blanc trocken | 12%/13,-€
89 2020 Souvignier Gris trocken „EB“ (Entenberg) | 13%/30,-€
87 2021 Solaris | 12%/12,50€
86 2021 Muscaris | 9%/14,-€
89 2020 Pinotin trocken | 12,5%/17,-€
90 2020 Cabertin trocken Sonnenbichl Nonnenhorn | 14%/25,-€

★★☆

Paul Laquai

Kontakt
Park Wispertal 2
65391 Lorch
Tel. 06726-830838
Fax: 06726-830840
www.weingut-laquai.de
kontakt@weingut-laquai.de

Besuchszeiten
Vinothek
(Schwalbacher Straße 20):
Mo. + Mi.-Fr. 10-12 + 15-17 Uhr
Sa. 10-12 Uhr
Gutsausschank Weinwirtschaft Laquai in Lorch,
Schwalbacher Straße 20-22,
Mi.-Fr. ab 17 Uhr
Sa. ab 15 Uhr

Inhaber
Gundolf Laquai,
Gilbert Laquai
Kellermeister
Gilbert Laquai
Außenbetrieb
Gundolf Laquai
Rebfläche
24 Hektar
Produktion
120.000 Flaschen

Das Weingut Paul Laquai ging 1990 an die beiden Brüder Gilbert und Gundolf Laquai über. Seither wurde die Rebfläche von 3,5 auf die heutige Fläche erweitert, auf 12 Hektar wurden alte, brachliegende Rebflächen rekultiviert, teils in Querterrassen. Mit der Erweiterung des Weingutes wurden die alten Anlagen zu klein, deshalb kaufte man in Wispertal bei Lorch neue Betriebsgebäude. 2003 haben Gilbert und Gundolf Laquai eine Gutsschänke im alten Fachwerkhaus der Familie in Lorch eröffnet, einige Jahre später kam die Gutsschänke Langehof in Rauenthal hinzu. Die Weinberge, fast alle in Steillagen, liegen vor allem in Lorch, in den Lagen Kapellenberg, Bodental-Steinberg, Schlossberg und Pfaffenwies. Riesling ist die dominierende Rebsorte im Betrieb, gefolgt von Spätburgunder, dazu gibt es etwas Weißburgunder, Merlot, Cabernet Sauvignon, Silvaner und Auxerrois.

Kollektion

Wie gewohnt überzeugen vor allem die markanten Rieslinge. Dass das säurereiche Jahr 2021 dem Laquai-Stil gut steht, zeigen aber auch Chardonnay und Weißburgunder, die beide animierend und frisch sind, besonders der nachhaltige Rosa Chardonnay, der Aromen von frischen Kräutern mit einem zarten Schmelz vereint. Die 2021er Rieslinge leben von einer intensiven Säure, die durch den salzigen Puffer im Hintergrund nie allzu streng wirkt. Schön balanciert ist der halbtrockene Riesling Quarzit, Löss und Schiefer sind herber und geradliniger, besonders Letzterer, dessen Kraft zwar fordernd aber nicht überfordernd ist. Die beiden weißen Großen Gewächse aus dem Schlossberg sind deutlich üppiger und voluminöser. Der 2019er ist reif, der 2020er straffer und knackiger, auch wenn hier ebenfalls bereits erste Reifenoten spürbar werden. Bei den Rotweinen sehen wir das Große Gewächs vorn, das eine dichte Holzaromatik mit Graphit und warmer Frucht vereint. Der voluminöse Sekt mit viel konzentrierter Frucht rundet das Sortiment ab.

Weinbewertung

84 2019 Riesling Sekt brut | 13,5%/13,-€
84 2020 Auxerrois | 12,5%/12,50€
85 2021 Weißer Burgunder | 11,5%/9,50€
87 2021 Riesling „vom Löss" | 12,5%/9,50€
88 2021 Riesling „vom Schiefer" | 12%/9,50€ ☺
87 2021 Riesling „vom Quarzit" | 11,5%/9,50€
85 2021 Rosa Chardonnay | 12%/11,50€
87 2019 Riesling Großes Gewächs Lorcher Schlossberg | 13,5%/23,-€
88 2020 Riesling Großes Gewächs Lorcher Schlossberg | 12,5%/23,-€
84 2019 Spätburgunder | 13,5%/12,-€
84 2019 „Vinum Mandelberg" Rotwein trocken | 13,5%/12,-€
86 2019 Spätburgunder Großes Gewächs Lorcher Bodental-Steinberg | 13,5%/26,50€

Laudens Bach

★☆

Kontakt
Bioweingut Laudens Bach
Segnitzer Straße 35
97252 Frickenhausen
Tel. 09331-3286
www.laudensbach.de
wein@laudensbach.de

Besuchszeiten
Mo. 12-17:30 Uhr, Di.-Do. 8-12 Uhr, Fr. 12-17:30 Uhr oder nach Vereinbarung
Heckenwirtschaft, Sommerfest, Bremserabende

Inhaber
Reiner und Rolf Laudenbach
Betriebsleiter
Stefanie Fröhlich
Kellermeister
Stefanie Fröhlich
Außenbetrieb
Stefanie Fröhlich
Rebfläche
5,2 Hektar
Produktion
30.000 Flaschen

Das Weingut Laudens Bach wurde von den Brüdern Reiner und Rolf Laudenbach gegründet, der eine hat eine Winzer- und Kochlehre absolviert und ist heute Unternehmer in Hessen, der andere ist Architekt, Kälteanlagenbauer und ehemaliger Bürgermeister. Unterstützt werden sie von Stefanie Fröhlich, die sich um den Keller kümmert, und Valentin Reinhard, der für die Weinberge verantwortlich ist, beide stammen aus Winzerfamilien. Die Weinberge liegen vor allem in Frickenhausen, aber auch in Kleinochsenfurt, sie werden biologisch bewirtschaftet (Mitglied bei Bioland). Silvaner ist die wichtigste Rebsorte, nimmt 35 Prozent der Fläche ein. Dazu gibt es Weißburgunder, Müller-Thurgau, Bacchus, Kerner, Riesling, Scheurebe, Blauer Silvaner und Portugieser sowie ein klein wenig Spätburgunder, Domina, Cabernet Dorsa und Muskateller. Die Basislinie wird Flurwerk genannt, die Einzellagenweine tragen die Bezeichnung Flurstück.

Kollektion

Beim überzeugenden Debüt im vergangenen Jahr gefielen uns zwei Flurstück-Weine am besten, der Silvaner von alten Reben und der Weißburgunder. Weißburgunder gibt es in diesem Jahr nur als Flurwerk, der Wein ist frisch, würzig und klar im Bouquet, sehr kompakt und schlank im Mund, hat viel Biss. Der Silvaner von alten Reben macht auch 2021 wieder eine sehr gute Figur, ist enorm würzig und eindringlich, zeigt viel reife Frucht, ist füllig und saftig im Mund, besitzt reife Frucht, gute Struktur, Frische und Grip. Der Flurwerk-Silvaner zeigt weiße Früchte im Bouquet, etwas Birnen, ist frisch und lebhaft, recht füllig, was man angesichts des moderaten Alkohols gar nicht erwarten würde. Der Blauer Silvaner aus der Flurstück-Serie ist ebenfalls würzig und eindringlich im Bouquet, zeigt etwas Birnen, ist sehr kompakt im Mund, geradlinig, zurückhaltend in der Frucht. Sehr gut gefällt uns der Riesling aus der Flurwerk-Linie, zeigt klare Frucht und feine Würze im Bouquet, ist wunderschön frisch, klar und zupackend im Mund, besitzt gute Struktur und jahrgangstypischen Grip wie alle 2021er Weißweine des Bioweinguts. Aus dem Jahrgang 2020 stammt der extra-brut dosierte Sekt, ein Muskateller, wie man im Bouquet sofort erkennt, so viel Intensität an Muskat und Zitrus ist selten, im Mund ist er füllig, kompakt, strukturiert, hat sehr viel Grip – er wird seine Liebhaber finden!

Weinbewertung

85 2020 Sekt extra brut (Muskateller) | 11,5%/14,-€
84 2021 Silvaner trocken „Flurwerk" Frickenhausen | 11,5%/9,-€
83 2021 Weißburgunder trocken „Flurwerk" Frickenhausen | 11%/9,50€
85 2021 Riesling trocken „Flurwerk" Frickenhausen | 12%/9,50€
85 2021 Silvaner trocken „alte Reben Flurstück" Frickenhausen | 12,5%/11,50€
83 2021 Blauer Silvaner trocken „Flurstück" Frickenhausen | 12%/12,-€

★★

Lauermann & Weyer

Kontakt
Leininger Ring 79
67278 Bockenheim
Tel. 06359-4231
Fax: 06359-409238
www.lauermannundweyer.de
info@lauermannundweyer.de

Besuchszeiten
Mo.-Fr. 8-12 + 13-18 Uhr
Sa. 9-12 + 13-18 Uhr
So. geschlossen

Inhaber
Elisabeth Weyer
Betriebsleiter
Hans-Jörg Weyer &
Hans Heinrich Weyer
Kellermeister
Hans Heinrich Weyer
Außenbetrieb
Hans-Jörg Weyer
Rebfläche
20 Hektar

Seit Mitte des 18. Jahrhunderts wird in der Familie Weinbau betrieben, seit 1904 besteht das Weingut am nördlichen Zipfel der deutschen Weinstraße, ist seither in Familienbesitz. Heute wird es von Elisabeth Weyer geführt, unterstützt wird sie dabei von den Söhnen Hans-Jörg und Hans Heinrich. Die insgesamt 20 Hektar Reben wachsen auf unterschiedlichsten Bodentypen wie Kalkstein, Ton oder Letten. Das Sortiment ist gegliedert in Gutsweine mit der Anthrazitkapsel, Prädikatsweine mit der Kupferkapsel und Lagenweine (Goldkapsel) aus Bockenheim wie den Riesling aus der Goldgrube, den Riesling Vogelsang aus dem ältesten Weinberg des Betriebes, den Riesling Kerzenstümmel, den Riesling Heiligenkirche oder den Weißburgunder Vogelsang.

Kollektion

Da die 2019er Lagenweine zwei Jahre lang auf der Hefe lagen, konnten wir jetzt vom Vogelsang-Riesling gleich zwei Jahrgänge verkosten, vom „Alte Reben" sogar drei: Der 2020er Vogelsang „Alte Reben" ist der druckvollste Riesling, besitzt viel klare Frucht, herbe Zitrusnoten und Aprikose, Grip und salzige Länge, der 2019er ist etwas fülliger, besitzt ebenfalls guten Grip und zeigt feine Reifenoten von Quittengebäck, naturgemäß noch viel deutlichere Reifenoten von Trockenfrüchten, Rosinen und Feigen zeigt der 2012er, der am Gaumen aber auch noch ein lebendiges Säurespiel besitzt. Unser zweiter Favorit ist der 2020er Riesling von der Heiligenkirche, der etwas kräutrig-mineralische Noten und viel klare Frucht, Aprikose, Apfel und Orangenschale, zeigt und Kraft, Grip und Länge besitzt, der 2020er Vogelsang-Riesling ist sehr offen und präsent, mit Aromen von Aprikose, Mango und Orangenschale ist er der fruchtbetonteste Riesling und besitzt auch ein animierendes Säurespiel, der 2019er ist verhaltener, besitzt leichte Reifenoten und Biss, der Goldgrube-Riesling besitzt Fülle, dezente Süße und viel gelbe Frucht.

Weinbewertung

83 2021 Cabernet Blanc trocken | 11,5%/6,90€
83 2021 Weißburgunder trocken | 12%/6,90€
84 2021 Grauburgunder trocken | 12,5%/6,90€
84 2021 Sauvignon Blanc trocken | 12%/7,50€
84 2021 Chardonnay trocken | 12,5%/6,90€
87 2019 Riesling trocken Bockenheimer Vogelsang | 13%/12,90€
88 2020 Riesling trocken Bockenheimer Vogelsang | 13%/12,90€
89 2020 Riesling trocken Bockenheimer Heiligenkirche | 13%/14,90€
87 2012 Riesling trocken „Alte Reben" Bockenheimer Vogelsang | 12,5%/16,90€
88 2019 Riesling trocken „Alte Reben" Bockenheimer Vogelsang | 13%/16,90€
89 2020 Riesling trocken „Alte Reben" Bockenheimer Vogelsang | 12,5%/16,90€
87 2020 Riesling „feinherb" Bockenheimer Goldgrube | 11,5%/12,90€

★★☆

Lauffener Weingärtner

Kontakt
Im Brühl 48
74348 Lauffen
Tel. 07133-185-0
Fax: 07133-185-60
www.lauffener-wein.de
info@lauffener-wein.de

Besuchszeiten
Vinothek Lauffen:
Mo.-Fr. 9-18 Uhr
Sa. 9-13 Uhr
Wohnmobilstellplätze
Weinstube Sonne (Lauffen)

Geschäftsführender Vorstand
Marian Kopp
Kellermeister
Michael Böhm
Rebfläche
898 Hektar
Produktion
9.500.000 Flaschen

LAUFFENER
WEINGÄRTNER

1935 wurde die Lauffener Weingärtnergenossenschaft gegründet, der sich 2012 die bereits 1903 gegründete Weingärtnergenossenschaft Mundelsheim anschloss. Die etwa 1.200 Mitglieder bewirtschaften fast 900 Hektar Reben, davon 120 Hektar in terrassierten Steillagen. Die Lauffener Weingärtner stehen synonym für die Lage Lauffener Katzenbeißer, wo das Gros der Reben steht, die größte Einzellage in Württemberg. Die zweite wichtige Lage ist der Käsberg, eine von drei Einzellagen in Mundelsheim und Namensgeber für den Käsbergkeller Mundelsheim. Wichtigste Rebsorten sind heute Schwarzriesling, Spätburgunder, Riesling, Grauburgunder, Weißburgunder und Chardonnay, hinzu kommen eine Vielzahl weiterer Rebsorten, sowohl traditionelle als auch Neuzüchtungen oder internationale Rebsorten.

Kollektion

Wer die Lauffener Weingärtner mit süßem Schwarzriesling assoziiert, der wird angesichts der vorgestellten Kollektion eines besseren belehrt, denn Süßweine wurden überhaupt nicht präsentiert, und den beiden Schwarzrieslingen stehen eine Vielzahl anderer Rebsorten gegenüber – und spannende Weine. Da sind beispielsweise die beiden „internationalen" Rotweine des Käsbergkellers Mundelsheim, die uns beide sehr gut gefallen: Der Syrah ist würzig, pfeffrig, wunderschön reintönig, besitzt Frische, klare Frucht, gute Struktur und Grip, die Cuvée aus Cabernet Sauvignon und Merlot punktet mit Fülle, Kraft und reifer Frucht. Von Gewürznoten geprägt sind der füllige, saftige, tanninbetonte Lemberger Josua und die beiden Vinitiative-Barriqueweine, der würzige, kraftvolle Schwarzriesling und die duftige rote Cuvée, die viel reife süße Frucht besitzt. Die Weißweine setzen auf Frische und Frucht, unser klarer Favorit ist der Muskateller aus der Weinwerkstatt, der würzig, eindringlich und konzentriert ist, gute Struktur und reintönige Frucht besitzt. Ein gelungener Einstand!

Weinbewertung

83 2021 Riesling trocken | 11,5%/5,-€
83 2021 Chardonnay trocken | 12%/5,90€
83 2019 Grauburgunder trocken „Poet Eduard Mörike" Lauffener Katzenbeißer | 13%/7,70€
86 2020 Muskateller trocken „Weinwerkstatt" | 11,5%/10,-€
83 2019 Lemberger trocken Lauffener Katzenbeißer | 13%/5,20€
82 2018 Schwarzriesling trocken „Poet Hölderlin" Lauffener Katzenbeißer | 14,5%/7,70€
82 2019 Cuvée Cabernet trocken „Poet Ludwig Uhland" | 12,5%/7,70€
86 2019 Syrah trocken „Unicus" Barrique (Käsbergkeller Mundelsheim) | 13%/16,30€
86 2019 Cabernet Sauvignon Merlot trocken „Unicus" (Käsbergkeller) | 14%/16,30€
85 2019 Lemberger trocken „Josua" | 14%/17,50€
85 2019 Schwarzriesling trocken Barrique „Vinitiative" | 14%/35,-€
86 2015 „Vinitiative" Rotwein Cuvée trocken Barrique | 13%/30,-€

★★

Laurentiushof

Kontakt
Gartenstraße 13
56814 Bremm
Tel. 02675-508
Fax: 02675-910285
www.weingut-laurentiushof.de
info@weingut-laurentiushof.de

Besuchszeiten
nach Vereinbarung
Komfort-Ferienhaus und
Luxus-Loft-Wohnung

Inhaber/ Betriebsleiter/ Kellermeister/ Außenbetrieb
Thomas Franzen-Martiny
Rebfläche
3 Hektar
Produktion
25.000 Flaschen

Thomas Franzen-Martiny und Liz Martiny führen den Laurentiushof in Bremm nach ökologischen Richtlinien; das Weingut ist Mitglied bei Ecovin. Ihre Weinberge liegen in Bremm, Neef und Bullay, gut die Hälfte davon befindet sich in Steillagen wie dem Bremmer Calmont oder dem Neefer Frauenberg, ein Teil der Reben ist 100 Jahre alt. Riesling nimmt 70 Prozent der inzwischen auf lediglich drei Hektar verkleinerten Fläche ein, hinzu kommen 20 Prozent Elbling sowie 10 Prozent Weißburgunder. Die Weine werden spontanvergoren und im Edelstahl ausgebaut. Dem Weingut sind ein Komfort-Ferienhaus und eine Luxus-Loft-Wohnung angeschlossen, deren Komfort weit über das hinausgeht, was anderswo bezüglich Ferienwohnungen an der Mosel üblich ist.

Kollektion

Gleich zwei Basisweine stellt das Weingut aus dem Jahrgang 2021 vor, einmal den Elbling, einmal den Riesling. Beide sind in die Literflasche gefüllt, und beide zeigen auf sehr angenehme Weise sowohl den Charakter der Rebsorte wie die sorgfältige, auch auf schwierige Jahrgänge angepasste Arbeitsweise des Betriebes. Der Elblingwein ist offen mit dezenten Apfelnoten, im Mund schön saftig, typisch für diese oft unterschätzte Sorte, der Riesling ist frisch, knackig, aber auch recht würzig, durchweg gelungen. Beim Weißburgunder, nun in der 0,75 Liter-Flasche, wirkt die Nase noch verschlossen, im Mund zeigt sich der Wein stoffig, sortentypisch, angenehm trocken und mit würzigem Nachhall. Der Sprung zum trockenen Spitzenwein aus dem Bremmer Calmont ist dann deutlich. Leicht pflanzlich-kräuterige Noten zeigt dieser Wein, ist fest und sehr gelungen für den Jahrgang, er besitzt eine schöne Würze, wirkt trocken mit beachtlichem Nachhall und präsenter, aber nicht unangenehm aufdringlicher Säure, er dürfte sich gut entwickeln. Eine recht offene Aromatik mit Anklängen an süßen Apfel und etwas Kräuter sowie Hefe weist der feinherbe Neefer Frauenberg auf; die niedrige Süße ist gut eingebunden, die Frucht ist präsent, der Nachhall überzeugend. Ein sehr stimmiger Wein in einem Sortiment, das keine süßeren Weine beinhaltet.

Weinbewertung

84 2021 Elbling trocken (1l) | 11,5%/6,50€ ☺
86 2021 Weißburgunder trocken | 12%/8,-€
84 2021 Riesling trocken (1l) | 11,5%/6,50€ ☺
88 2021 Riesling trocken „Urgestein“ Bremmer Calmont | 11,5%/9,50€ ☺
87 2021 Riesling „feinherb“ Neefer Frauenberg | 10%/9,50€

★★

Lay, Inh. Christian Lay

Kontakt
Bio-Weingut Lay
Scherkhofenstraße 52
79241 Ihringen
Tel. 07668-1870
Fax: 07668-626
www.lay-weine.de
info@lay-weine.de

Besuchszeiten
Mo.-Fr. 14-18 Uhr
Sa 9-12 + 14-17 Uhr

Inhaber
Christian Lay
Betriebsleiter
Christian Lay
Kellermeister
Christian Lay
Rebfläche
5 Hektar
Produktion
22.000 Flaschen

2020 übernahm Christian Lay zusammen mit seiner Ehefrau Corinna das Gut. Den Grundstein für das heutige Weingut legten Stephan Lay und sein Sohn Gustav im Jahr 1870 mit der Pflanzung der ersten Rebstöcke. Anfang der 1920er Jahre gründete Adolf Lay Senior das Lay'sche Weingut. Ab 1953 führte sein Sohn Adolf Lay Junior die Tradition fort. 1987 übernahm dessen Sohn Hubert Lay die Verantwortung und stellte auf biologische Bewirtschaftung um, was sein Sohn Christian selbstverständlich beibehält. Die Weinberge befinden sich alle in den Ihringer Lagen Winklerberg und Fohrenberg. Wichtigste Rebsorten sind Spätburgunder, Grauburgunder, Weißburgunder, Chardonnay, Silvaner und Riesling, dazu gibt es etwas Cabernet Sauvignon, Regent, Muskateller und Gewürztraminer. Es werden auch Weine unfiltriert und ohne den Zusatz von Schwefel gefüllt. Das Portfolio des Weingutes ist dreistufig gegliedert: Die Basis bilden die Qualitäts- und Kabinettweine, das Mittelsegment ist die SL-Linie (Selection Lay), darüber stehen die Reserve-Weine Steihäckerle (Pinot Noir), Glockenschlag (Cabernet Sauvignon), Lehmöfele (Grauburgunder) und Lösskindel (Chardonnay).

Kollektion

Die 2021er Weißweine gefallen uns deutlich besser als die 2020er, zeigen sehr gleichmäßiges Niveau. Der Silvaner ist füllig und saftig, der Riesling sehr würzig und eindringlich, besitzt feine süße Frucht und viel Biss, der Grauburgunder ist sehr offen, konzentriert, ist füllig und kompakt im Mund, besitzt gute Struktur und Grip; der Petnat Rosé ist intensiv fruchtig. Die Rotweine überzeugen voll und ganz, sind in der Spitze noch stärker als die Weißweine, werden angeführt von zwei starken Reserveweinen des Jahrgangs 2020. Der Glockenschlag genannte Cabernet Sauvignon zeigt gute Konzentration und feine Würze im Bouquet, intensive Frucht, etwas Cassis, ist füllig und saftig im Mund, besitzt viel reife Frucht und gute Struktur. Gleichauf sehen wir den Pinot Noir Steihäckerle, der rauchige Noten und reintönige reife Frucht zeigt, ein wenig Tabak im Hintergrund, füllig und kraftvoll ist, gute Struktur, Substanz und Frucht besitzt.

Weinbewertung

84 2021 „Petillant naturel" Rose trocken | 14,5%/14,50€
84 2021 Silvaner trocken | 12,5%/7,70€
85 2021 Grauburgunder trocken | 13%/7,80€
84 2021 Riesling trocken | 12%/7,70€
82 2019 Spätburgunder Kabinett trocken | 13,5%/8,30€
84 2019 „PinoRe" Rotwein Cuvée trocken „SL" | 13%/13,50€
82 2018 Spätburgunder Spätlese trocken | 13,5%/10,50€
84 2020 Blauer Spätburgunder Auslese trocken „SL" Ihringer Fohrenberg | 15%/16,-€
88 2020 Cabernet Sauvignon trocken Reserve „Glockenschlag" | 14,5%/19,-€
88 2020 Pinot Noir trocken „Reserve" „Steihäckerle" | 14%/26,50€

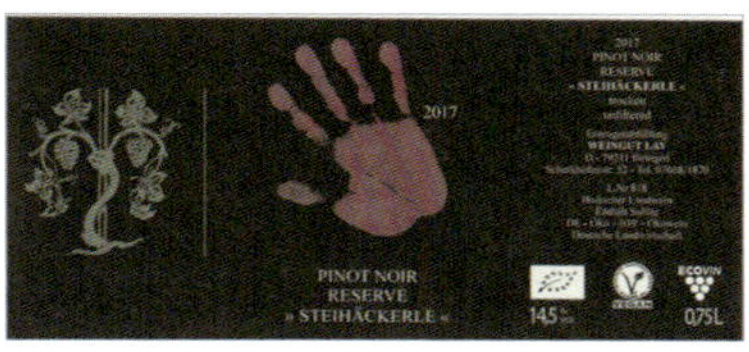

★★

Lebenshilfe

Kontakt
Sägmühle 15
67098 Bad Dürkheim
Tel. 06322-938135
Fax: 06322-938167
www.lebenshilfe-weingut.de
weingut@lebenshilfe-duew.de

Besuchszeiten
Mo.-Do. 8-12 + 13-16 Uhr
Fr. 8-12 + 13-18 Uhr
Sa. 10-14 Uhr
Weine zu gleichen Preisen erhältlich in den LePrima Ökomärkten der Lebenshilfe

Inhaber
Lebenshilfe Bad Dürkheim e.V.
Betriebsleiter
Gabriel Huber
Kellermeister
Marleen Müller
Rebfläche
23 Hektar
Produktion
160.000 Flaschen

Die Lebenshilfe Bad Dürkheim e.V. ist ein 1965 von Angehörigen geistig behinderter Menschen gegründeter Selbsthilfeverein. Seit Anfang der 1980er Jahre wird im Rahmen der Schaffung persönlichkeitsfördernder Arbeitsplätze auch Weinbau betrieben, seit Beginn wird biologisch gewirtschaftet. Heute arbeiten hier sechs ausgebildete Winzer zusammen mit rund 35 zu betreuenden Mitarbeitern. Unter den 23 Hektar Rebfläche sind knapp drei Hektar rekultivierte Terrassenweinberge, am Wachenheimer Schlossberg (karger Sandstein) und dem Dürkheimer Michelsberg (Kalkeinlagerungen), von denen die Riesling-Lagenweine des Betriebs stammen. Rote Lagenweine werden in der Wachenheimer Altenburg (Cabernet Sauvignon) und im Friedelsheimer Schlossgarten (Spätburgunder) angebaut. Die Guts- und Ortsweine stammen von Lagen rund um Bad Dürkheim und Wachenheim. In den letzten Jahren wurde in die Kellertechnik investiert, eine zweite Presse, neue Tanks und Holzfässer angeschafft. Im Mai 2022 wurde der Name von Weinbau der Lebenshilfe zu Weingut Lebenshilfe geändert.

Kollektion

Was wir schon im vergangenen Jahr festgestellt hatten, gilt auch für den neuen Jahrgang: Die trockenen Rieslinge sind durchgängig schlank und animierend und klar unterscheidbar. Die beiden Lagenweine stammen noch aus dem Jahrgang 2020, beide sind geradlinig und besitzen gute Konzentration, der Michelsberg zeigt dezente Reifenoten, Gebäck und etwas Quitte und besitzt ein feines, nachhaltiges Säurespiel, der Schlossberg ist von kräutrigen Noten und herber Zitruswürze geprägt, besitzt Grip und Länge. Bei den Ortsrieslingen ist der Dürkheimer im Vergleich zum Wachenheimer etwas nachhaltiger, besitzt die klarere Frucht, der „5 Wingert“ ist herb und frisch, der Liter-Riesling saftig und knackig. Sehr gut ist auch der „Goldrausch“-Pinot-Sekt, der im Duft viel klare Birnenfrucht, Zitrusnoten und florale Würze zeigt und am Gaumen schlank und animierend ist, der Grauburgunder ist schlank, frisch und fruchtbetont, der Spätburgunder besitzt eine kühle Art.

Weinbewertung

87 2018 „Goldrausch” Pinot Cuvée Sekt brut nature | 11,5%/14,-€
83 2021 Riesling trocken (1l) | 12%/5,80€
84 2021 Riesling trocken „5 Wingert“ | 12%/6,40€
85 2021 Grauburgunder trocken | 11,5%/8,20€
85 2021 Riesling trocken Wachenheimer | 12,5%/9,20€
86 2021 Riesling trocken Dürkheimer | 12%/9,20€
88 2020 Riesling trocken Wachenheimer Schlossberg | 13%/16,-€
88 2020 Riesling trocken Dürkheimer Michelsberg | 12,5%/21,-€
85 2020 Riesling „Spätsommerliebe“ | 10%/8,50€
83 2020 Spätburgunder trocken | 12,5%/8,50€

★★

Dr. Leimbrock – C. Schmidt

Kontakt
Bergfried 2
54486 Mülheim an der Mosel
Tel. 06534-357
Fax: 06534-948727
www.dr-leimbrock.de
info@dr-leimbrock.de

Besuchszeiten
April-Okt.
Mo.-Fr. 9:30-12 + 14-18 Uhr
Sa./So. 9:30-12 Uhr
Mi. Ruhetag
Nov.-März
Mo.-Fr. 10-12 Uhr
Sa. 10-12 Uhr
Mi. Ruhetag

Inhaber
Ulrike Leimbrock
Betriebsleiter
Ulrike Leimbrock
Kellermeister
Friedhelm Leimbrock
Außenbetrieb
Ulrike Leimbrock
Rebfläche
9 Hektar
Produktion
40.000 Flaschen

Das Weingut befindet sich seit mehr als 250 Jahren im Familienbesitz, wird heute von Ulrike Leimbrock geführt, Kellermeister ist Friedhelm Leimbrock. Die Weinberge befinden sich in den Brauneberger Lagen Juffer und Juffer-Sonnenuhr, im Graacher Himmelreich, der Bernkasteler Badstube, dem Veldenzer Grafschafter Sonnenberg, dem Veldenzer Im Bitsch und in der Mülheimer Sonnenlay. Riesling nimmt mit 92 Prozent der Fläche die Hauptrolle ein, Kerner und Weißburgunder sind lediglich Ergänzungen.

Kollektion

Nicht zum ersten Mal stellt das Weingut eine Fülle an Weinen vor, die ein beachtlich gleichmäßiges Qualitätsniveau bieten. Nichts fällt ab, allerdings ragt auch nichts dramatisch nach oben hinaus. Der trockene Veldenzer, ein Hochgewächs, ist fest und kompakt, würzig und zugänglich. Ganz anders die Alten Reben aus der Mülheimer Sonnenlay, würzig, fein, verhalten im Alkohol mit einer gerade mal zu erahnenden Spur Süße. Viel puristischer und nochmals etwas feiner wirkt der trockene Kabinettriesling aus der Brauneberger Juffer, duftig, ziseliert, angenehm trocken und nachhaltig, seine Lage widerspiegelnd, dabei in jeder Hinsicht ein Kabinett. Der Steckenpferd genannte Riesling ist fest, saftig und eigenständig, das 2020er Große Gewächs aus der Juffer-Sonnenuhr wirkt attraktiv, zeigt Noten von Kräutern, Zitrus, Apfel, aber auch Mirabellen; ein saftiger, betont würziger Wein. Die halbtrockene und die feinherbe Spätlese aus der Juffer-Sonnenuhr sind gut balanciert und ausgewogen, unter den dezidiert süßen Weinen überrascht die feine Spätlese aus dem Bratenhöfchen. Noch etwas spannender ist dann aber doch ihr Pendant aus der Juffer-Sonnenuhr: rassig, fein, mit vergleichsweise wenig Zucker und sehr animierend.

Weinbewertung

83 2021 Riesling Hochgewächs trocken Veldenzer I 12,5%/7,50€
87 2021 Riesling Kabinett trocken Brauneberger Juffer I 11,5%/9,-€
85 2021 Riesling trocken „Alte Reben" Sonnenlay I 11%/11,50€
87 2021 Riesling trocken „Steckenpferd" I 11,5%/15,90€
88 2020 Riesling "Großes Gewächs" Brauneberger Juffer-Sonnenuhr I 12%/23,-€
83 2021 Riesling Classic I 12%/6,90€
84 2021 Riesling Hochgewächs „feinherb" Brauneberger I 10%/7,50€
85 2021 Riesling Spätlese halbtrocken Mülheimer Sonnenlay I 10,5%/9,50€
86 2021 Riesling Spätlese „feinherb" Brauneberger Juffer-Sonnenuhr I 10%/14,-€
86 2021 Riesling Spätlese halbtrocken Brauneberger Juffer-Sonnenuhr I 10,5%/14,-€
86 2021 Riesling Spätlese Bernkasteler Bratenhöfchen I 8,5%/11,90€
87 2021 Riesling Spätlese Brauneberger Juffer-Sonnenuhr I 8%/14,-€

★★★★

Jürgen Leiner

Kontakt
Arzheimer Straße 14
76831 Ilbesheim
Tel. 06341-30621
Fax: 06341-34401
www.weingut-leiner.de
info@weingut-leiner.de

Besuchszeiten
Mo.-Fr. nach Vereinbarung
Sa. 9:30-16 Uhr
Ferienwohnungen

Inhaber
Sven Leiner
Rebfläche
16 Hektar
Produktion
120.000 Flaschen

Das in den siebziger Jahren gegründete Weingut Jürgen Leiner liegt im Ortskern von Ilbesheim, am Fuß der Kleinen Kalmit. Die Weinberge liegen in Ilbesheim, Arzheim und Göcklingen. Nachdem Sohn Sven, der mittlerweile das Weingut leitet, in den Familienbetrieb einstieg, stellte er zunächst auf biologischen Anbau um und ging anschließend noch einen Schritt weiter zur biodynamischen Bewirtschaftung, seit 2011 ist das Weingut Demeter-zertifiziert, seit 2020 ist es zudem Mitglied der Vereinigung respekt-Biodyn. Riesling und Grauburgunder nehmen jeweils rund 20 Prozent der Weinberge ein, Weißburgunder, Chardonnay und Spätburgunder zusammen weitere 40 Prozent, dazu kommen noch etwas Gewürztraminer, Dornfelder und Tempranillo, den Leiner 1998 gepflanzt hat und mit dem Jahrgang 2001 erstmals auf die Flasche brachte. Die besten Weine wurden eine zeitlang mit Gewannnamen bezeichnet, seit dem 2013er Jahrgang ergänzt durch den Ortsnamen, respektive mit der Lagenbezeichnung Ilbesheimer Kalmit, die mit dem Jahrgang 2009 als Einzellage anerkannt wurde, mit dem Jahrgang 2014 schließlich fielen dann bei den Ortsweinen die Gewannnamen weg. Mit dem Jahrgang 2018 ging Sven Leiner dann noch einen Schritt weiter, verzichtet jetzt komplett auf die Lagen- und Ortsbezeichnungen und füllt alle seine Weine als Landweine ab. In seinem vierstufigen System bilden die Cuvées der „Fusion"-Linie den Einstieg, „Reben" steht für die Handwerk-Rebsortenweine, in der „Boden"-Linie findet sich die Entsprechung zu den ehemaligen Ortsweinen, „Herkunft" ist die oberste Stufe mit den Weinen aus der Kalmit. Die Rotweine kommen nach der Maischegärung ins Holzfass oder Barrique. Die Weine der Handwerk-Linie werden komplett spontan im Edelstahl vergoren und liegen bis Ende Februar auf der Vollhefe. Die Boden- und Herkunftsweine vom Riesling, Chardonnay, Weiß- und Grauburgunder bleiben lange auf der Presse, wodurch Leiner auf eine Mostvorklärung verzichten kann. Für ihren anschließenden Ausbau gibt es kein Patentrezept, je nach Jahrgang verwendet Leiner verschiedene Holzgebinde und verschiedene Anteile von Holz und Edelstahl, die Weine bleiben meist bis kurz vor der nächsten Ernte auf der Vollhefe.

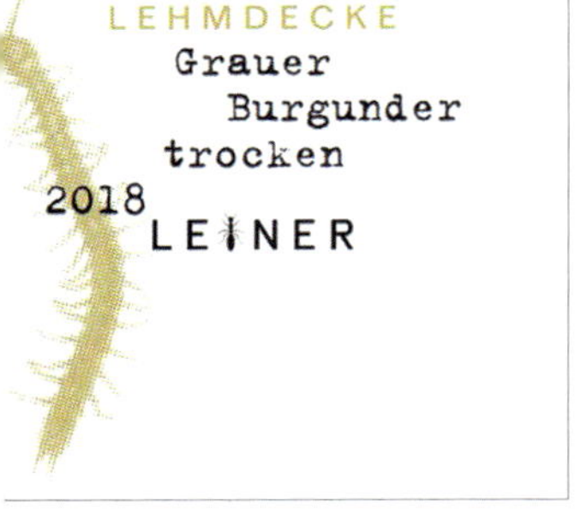

Kollektion

Nur acht Weine von Sven Leiner konnten wir in diesem Jahr verkosten – ein Teil der Weine war schon ausverkauft, der neue Jahrgang der „Boden"-Linie noch nicht gefüllt. Aber was wir verkosten konnten war einmal mehr beeindruckend, allen voran der „18 19 20"-Sekt aus Chardonnay- und Spätburgundertrauben, der noch einmal spannender als in den ohnehin schon starken Vorjahren ist: Der ohne Additive und Schwefel ausgebaute Sekt besitzt unverkennbaren Natural-Charakter, ist dabei aber bestechend präzise, im faszinierend komplexen Bouquet zeigt er Aromen von Birnenmost, gelbem Apfel, frischem Heu, Kräutern und mit etwas Luft auch von Brotkruste, am Gaumen besitzt er sehr herbe Frucht, ist ungewöhnlich schlank, sehr animierend, puristisch, geradlinig, lebendig und enorm nachhaltig. Genauso stark sind die beiden weißen „Kapellen"-Weine, die beide zunächst einiges an Luft brauchen, um sich zu entfalten, der Weißburgunder zeigt dann feine Birnenfrucht und dezent Kräuter und Holz im Bouquet, am Gaumen besitzt er Kraft, Schmelz und herbe Zitrusnoten, ist sehr animierend, druckvoll und nachhaltig, der Riesling wirkt insgesamt noch sehr jung und dürfte hervorragend reifen, im Bouquet zeigt er kräutrige Würze, gelben Apfel und Ananas, am Gaumen besitzt er eine leicht cremige Textur, ist sehr salzig, druckvoll und sehr nachhaltig. Der dritte „Kapellen"-Wein, der Spätburgunder, kommt an die Weißen nicht ganz heran, wirkt aber noch jünger als der Riesling und könnte sich noch steigern, er duftet nach Süß- und Sauerkirschen, roten Johannisbeeren und Kräutern und ist am Gaumen frisch, elegant und kühl mit noch ganz jugendlicher Struktur und guter Länge. Der Riesling „Kalk. Boden" zeigt kräutrig unterlegte Zitrusnoten, Ananas und etwas Heu im Bouquet, besitzt auch am Gaumen herbe, kräutrige Würze, animierende Zitrusnoten, ist leicht salzig und elegant. Und schließlich haben wir aus der „Reben"-Linie drei der „Handwerk"-Weine verkostet, der Weißburgunder zeigt feine klare Frucht, Birne, Melone, Zitruswürze und dezent auch leicht reduktive Schießpulvernoten, am Gaumen ist er saftig, schlank, klar und frisch, der Riesling ist zunächst ebenfalls leicht reduktiv, zeigt leicht rauchige Noten von Zündplättchen, entwickelt dann mit Luft feine Zitrusnoten von Orangenschale und Yuzu, am Gaumen ist er sehr schlank, elegant, geradlinig und animierend, der Spätburgunder braucht noch etwas Zeit, er zeigt klare Frucht von roten Johannisbeeren und viel kräutrige Würze, ist am Gaumen schlank, besitzt herbe Frucht und Grip.

Sven Leiner

L

Weinbewertung

91 „18 19 20" Sekt brut nature | 10,5%/29,-€
87 2021 Weißer Burgunder trocken „Handwerk" | 12%/10,50€
87 2021 Riesling trocken „Handwerk" | 11%/10,50€
89 2020 Riesling trocken „Kalk.Boden" | 12,5%/17,-€
91 2020 Riesling trocken „Kapelle" | 12,5%/30,-€
91 2020 Weißer Burgunder trocken „Kapelle" | 13,5%/30,-€
85 2021 Spätburgunder trocken „Handwerk" | 12%/12,-€
89 2020 Spätburgunder trocken „Kapelle" | 13%/37,-€

Lagen
Kalmit (Ilbesheim)

Rebsorten
Riesling (20%)
Grauburgunder (20%)
Weißburgunder (15%)
Spätburgunder (15%)
Chardonnay (10%)

★★★

Leininger

Kontakt
Theilheimer Weg 3-5
97246 Eibelstadt
Tel. 09303-2209
info@weingut-leininger.de
www.weingut-leininger.de

Besuchszeiten
Mo.-Sa. 8-18 Uhr und nach Vereinbarung

Inhaber
Dirk Engelmann
Betriebsleiter
Dirk Engelmann
Kellermeister
Florian Engelmann
Rebfläche
10,5 Hektar
Produktion
55.000 Flaschen

Das Eibelstadter Weingut Leininger wird von Dirk und Monika Engelmann geführt, heute unterstützt von Sohn Florian, der seit 2016 für den Weinausbau verantwortlich ist. Die Weinberge liegen in den Eibelstadter Lagen Kapellenberg und Mönchsleite sowie im Randersackerer Sonnenstuhl, die Reben wachsen auf Muschelkalkböden. Silvaner ist mit Abstand wichtigste Rebsorte, nimmt 40 Prozent der Fläche ein, es folgen Riesling, Scheurebe, Müller-Thurgau, Bacchus, Regent, Spätburgunder, Traminer, Grauburgunder, Rieslaner und Albalonga. Das Sortiment ist gegliedert in die Linien Tagwerk, Handwerk und Meisterwerk, dazu gibt es „Unikate". Florian Engelmann setzt verstärkt auf Maischestandzeiten, Spontangärung und langes Vollhefelager. Sauvignon Blanc und Riesling wurden neu gepflanzt, in den kommenden Jahren sollen vor allem Riesling- und Chardonnay-Anteil durch Umveredeln erhöht werden, dann soll es diese beiden Rebsorten ebenfalls in der Unikat-Linie geben.

Kollektion

Auch die neue Kollektion überzeugt voll und ganz. Der Frank & Frei-Müller-Thurgau ist würzig und eindringlich, recht konzentriert, ist frisch und zupackend im Mund, besitzt gute Struktur und Grip. Gute Konzentration und rauchige Noten zeigt der Silvaner aus der Handwerk-Linie im Bouquet, reife Frucht, ist füllig und saftig im Mund, besitzt klare reife Frucht und Biss. Der Silvaner von alten Reben ist nochmals würziger und eindringlicher im Bouquet, ist wunderschön füllig und saftig im Mund, besitzt gute Struktur und viel reife Frucht. Die Scheurebe von alten Reben zeigt gute Konzentration und viel reife Frucht, ist füllig und saftig, besitzt gute Struktur und Substanz – und 2021 war alles andere als ein einfacher Scheurebe-Jahrgang. In dieser Meisterwerk-Linie, zu der die beiden Weine von alten Reben gehören, gibt es auch eine süße Albalonga Spätlese aus dem Kapellenberg, die gute Konzentration und viel reife Frucht im Bouquet zeigt, frisch, klar und fruchtbetont im Mund ist bei viel Substanz. Highlight der Kollektion aber ist der Unikat-Silvaner „Altenberg 1172" aus der Eibelstadter Mönchsleite, der enorm würzig und eindringlich im Bouquet ist, füllig und kompakt im Mund ist, gute Struktur, Substanz und Länge besitzt, noch sehr jugendlich ist. Weiter im Aufwind!

Weinbewertung

85 2021 Müller-Thurgau trocken „Frank & Frei" | 12,5%/7,50€
86 2021 Silvaner trocken „Handwerk" Eibelstadter | 12,5%/8,-€
88 2021 Scheurebe trocken „Alte Reben" „Meisterwerk" Mönchsleite | 12,5%/12,50€
87 2021 Silvaner trocken „Alte Reben" „Meisterwerk" Mönchsleite | 13,5%/12,50€
90 2021 Silvaner trocken „I Unikat" Eibelstadter Mönchsleite „Altenberg 1172" | 13%/20,-€
87 2021 Albalonga Spätlese „Meisterwerk" Eibelstadter Kapellenberg | 11%/14,-€

★★★☆

Leipold

Kontakt
Landsknechtstraße 14
97332 Obervolkach
Tel. 09381-4472
Fax: 09381-716728
www.weingut-leipold.de
paul-leipold@t-online.de

Besuchszeiten
Mo.-Fr. 9-12 + 13-19 Uhr
Sa. 9-17 Uhr

Inhaber
Paul & Inge Leipold
Kellermeister
Peter Leipold
Rebfläche
6,5 Hektar
Produktion
45.000 Flaschen

Weinbau wird in der Familie Leipold in Obervolkach, einem Ortsteil von Volkach, seit den dreißiger Jahren des letzten Jahrhunderts betrieben, aber erst mit der Übernahme des Betriebes durch Paul Leipold wurde die Fläche erweitert und in die Vermarktung investiert. Die Weinberge liegen alle im Obervolkacher Landsknecht. 40 Prozent der Fläche nimmt Silvaner ein, hinzu kommen vor allem Riesling, Scheurebe und Spätburgunder. Sohn Peter arbeitete nach der Winzerlehre zwei Jahre bei Klaus Peter Keller, absolvierte 2014 die Weinbaufachschule in Veitshöchheim (hatte 2006 ein Praktikum bei Paul Fürst, 2013 bei Comte Liger-Belair in Burgund gemacht), arbeitete weitere zwei Jahre bei Klaus Peter Keller, dann in Teilzeit im Außenbetrieb bei Rainer Sauer, ist 2018 komplett in den elterlichen Betrieb eingestiegen. Zuletzt wurden ein Stückfass und Barriques angeschafft, sowie Riesling und Spätburgunder gepflanzt mit massalen Selektionen von Saar und Vosne-Romanée, bestockt mit 6.500 Reben je Hektar; alte Silvaneranlagen wurden hinzugenommen. Im Mai 2020 waren die Weinberge von starken Frostschäden betroffen, 2021 wurde der Kellerneubau begonnen.

Kollektion

Die herausragenden Weine der neuen Kollektion stammen aus dem Jahrgang 2020: Der Schilfsandstein-Silvaner ist sehr offen, zeigt weiße und gelbe Früchte, ist klar und zupackend im Mund, noch sehr jugendlich, besitzt Struktur und Grip; der Gässberg ist würziger und eindringlicher, besitzt gute Fülle, Struktur und Substanz. Die 2021er Ortsweine zeigen sehr gleichmäßiges Niveau, sie sind frisch, fruchtbetont, schön sortentypisch, die leicht holunderduftige, zupackende Scheurebe gefällt uns besonders gut. Die Scheurebe von alten Reben ist konzentrierter, fülliger und kraftvoller, besitzt gute Struktur und viel reife Frucht. Der Silvaner von alten Reben zeigt gute Konzentration, weiße Früchte, etwas Birnen, ist frisch und zupackend, besitzt gute Struktur, Säure und Grip. Wunderschön reintönig und frisch ist die Riesling Spätlese, die viel Frische und Frucht besitzt, viel Säure und jahrgangstypischen Grip.

Weinbewertung

84 2021 Silvaner trocken „Keuper“ Obervolkacher | 12%/7,50€
84 2021 Silvaner trocken „Muschelkalk“ Obervolkacher | 12%/7,50€
84 2021 Riesling trocken Obervolkacher | 12%/7,50€
85 2021 Scheurebe trocken Obervolkacher | 12%/7,40€
87 2021 Silvaner trocken „Alte Reben“ Obervolkacher Landsknecht | 13%/11,-€
90 2020 Silvaner trocken „Schilfsandstein“ Obervolkacher Landsknecht | 13,5%/15,50€
91 2020 Silvaner trocken „Gässberg“ Obervolkacher Landsknecht | 13,5%/14,50€ ☺
87 2021 Scheurebe trocken „Alte Reben“ Obervolkacher Landsknecht | 12,5%/11,-€
87 2021 Riesling Spätlese Obervolkacher Landsknecht | 8%/11,-€

★★★☆

Leiss

Kontakt
Lennacher Straße 7
74189 Gellmersbach
Tel. 07134-14389
Fax: 07134-20621
www.weingut-leiss.de
info@weingut-leiss.de

Besuchszeiten
Mi.-Fr. 9-11 + 14-19 Uhr
Sa. 9-12 + 13-16 Uhr
„Leissium“ (Besenwirtschaft)

Inhaber/Betriesleiter
Wolf-Peter Leiss
Kellermeister
Gerhard Leiss,
Matthias Hechler
Rebfläche
18 Hektar
Produktion
140.000 Flaschen

Das von Gerhard Leiss gegründete Weingut wird heute von seinem Sohn Wolf-Peter und dessen Ehefrau Christa geführt. Ihre Tochter Stefanie studierte Weinbetriebswirtschaft in Heilbronn, schloss eine Kochlehre an, ihr Sohn Gerhard studierte nach Ausbildung bei Aldinger Oenologie in Geisenheim. Die Weinberge liegen in Gellmersbach (Dezberg) und Erlenbach (Kayberg), die Reben wachsen teils auf Gipskeuper-, teils auf Sandsteinverwitterungsböden. Wichtigste rote Sorten sind Lemberger und Trollinger, gefolgt von Spätburgunder und Schwarzriesling. Riesling nimmt gut ein Viertel der Rebfläche ein, dazu gibt es Weiß- und Grauburgunder, Chardonnay und Sauvignon Blanc. Die beiden Spitzencuvées tragen die Namen Kyrie Leiss und Leitwolf. 2018 wurde ein neuer Barriquekeller gebaut.

Kollektion

Auch die neue Kollektion ist wieder ganz stark, und wieder mit leichten Vorteilen im roten Segment. Die Kyrie Leiss-Cuvée ist erneut unser Favorit, sie zeigt gute Konzentration, etwas Gewürze, viel reife Frucht, ist füllig und saftig, besitzt viel reife Frucht, gute Struktur und Substanz. Dunkle und rote Früchte zeigt der Leitwolf im Bouquet, die zweite starke Cuvée, die ebenfalls füllig und saftig ist, kräftige Tannine besitzt. Der Dezberg-Spätburgunder ist kraftvoll, besitzt gute Struktur und Grip, der Kayberg-Lemberger punktet mit Frische und klarer Frucht, zeigt eine feine Schokonote im Hintergrund. Im weißen Segment gefallen uns die beiden Jahrgänge des Kelterweinberg-Chardonnay besonders gut, der 2020er ist sehr reintönig, offen, der 2021er ist würziger, zupackender. Der Dezberg-Grauburgunder ist füllig, saftig, hat Substanz, der Kayberg-Riesling ist vom Kontrast aus Süße und Säure geprägt, der Hägenkorb-Sauvignon Blanc ist leicht floral im Bouquet, herrlich kraftvoll im Mund. Eine überzeugende Vorstellung!

Weinbewertung

83 2021 Weißburgunder trocken „Junge Reben“ | 13%/10,-€
85 2021 Sauvignon Blanc trocken Gellmersbach | 12,5%/10,-€
87 2021 Riesling trocken Kayberg Erlenbach | 12,5%/15,-€
87 2021 Grauburgunder trocken Dezberg Gellmersbach | 12,5%/15,-€
88 2020 Chardonnay trocken Kelterweinberg | 13%/18,-€
88 2021 Chardonnay trocken Kelterweinberg | 13%/18,-€
87 2021 Sauvignon Blanc trocken Hägenkorb Gellmersbach | 13%/17,-€
85 2021 Riesling Kabinett Gellmersbach | 9%/7,50€
88 2019 Lemberger trocken Kayberg Erlenbach | 14%/19,50€
88 2019 Spätburgunder trocken Dezberg Gellmersbach | 13,5%/18,-€
89 2019 „Leitwolf“ Rotwein trocken „Reserve“ | 14%/19,50€
90 2019 „Kyrie Leiss“ Rotwein trocken | 14%/25,-€

★★★★☆ Leitz

Kontakt
Theodor-Heuss-Straße 5
65385 Rüdesheim
Tel. 06722-48711
Fax: 06722-47658
www.leitz-wein.de
Johannes.leitz@leitz-wein.de

Besuchszeiten
Mo.-Fr. 8-17 Uhr nach Vereinbarung

Inhaber
Johannes Leitz
Betriebsleiter
Johannes Leitz
Kellermeister
Johannes Leitz & Manuel Zuffer
Außenbetrieb
Alexander Schregel
Rebfläche
120 Hektar
Produktion
900.000 Flaschen

Weinbau gibt es in der Familie Leitz bereits seit 1744, aber erst in den fünfziger Jahren des letzten Jahrhunderts hatte sich Josef Leitz, der Großvater des heutigen Besitzers Johannes Leitz, ganz auf Weinbau spezialisiert. Nach dem frühen Tod des Vaters hat die Mutter von Johannes Leitz das Weingut als Feierabendbetrieb erhalten. Er selbst vinifizierte bereits 1985 seinen ersten Jahrgang. Seither hat Johannes Leitz das Weingut beträchtlich vergrößert und zu einem der führenden Betriebe im Rheingau entwickelt. Das Gros seiner Weinberge liegt in Rüdesheim. Er ist in allen vier Rüdesheimer Berg-Lagen vertreten, in Rottland, Roseneck, Schlossberg und Kaisersteinfels, sowie in den weiteren Rüdesheimer Lagen Drachenstein, Magdalenenkreuz, Bischofsberg, Kirchenpfad und Klosterlay. Seine Spitzenweine, mit natürlichen Hefen vergoren und im Holz vinifiziert, erzeugt er aus dem Rüdesheimer Berg, aus den Lagen Berg Roseneck, Berg Schlossberg und Berg Rottland sowie aus dem Berg Kaisersteinfels, wo er alte, brachliegende Terrassen rekultiviert hat. Mit dem Jahrgang 2011 fielen die „Alten Reben“, die lange die Prestigegewächse des Hauses waren, weg: Die Spitzenrieslinge nennen sich seither „Terrassen“ (Kaisersteinfels), „Hinterhaus“ (Rottland), „Katerloch“ (Roseneck) und „Ehrenfels“ (Schlossberg), mit dem Jahrgang 2016 kam ein Großes Gewächs aus der Lage Rosengarten hinzu, ebenfalls in Rüdesheim, die Johannes Leitz als Monopollage besitzt. Der Riesling aus dem Berg Kaisersteinfels wurde lange Zeit halbtrocken ausgebaut, 2015 wurde er erstmals trocken angeboten als Großes Gewächs wie seine drei Kollegen aus dem Rüdesheimer Berg. In diesem Jahrgang 2015 gab es auch erstmals einen Wein der neuen „Erste Lage“-Kategorie des Rheingauer VDP, den Riesling aus dem Rüdesheimer Drachenstein. Das Sortiment ist insgesamt klar und straff gegliedert, der Gutsriesling nennt sich „Eins-Zwei-Dry“, dann folgen der Rüdesheimer Ortswein und der „Magic Mountain“, der ebenfalls ein Rüdesheimer Orts-Riesling ist. Das Gros der Weine wird trocken ausgebaut, im restsüßen Segment gibt es einen feinherben Kabinett aus dem Kirchenpfad, einen süßen Kabinett aus der Klosterlay sowie zwei Spätlesen aus Magdalenenkreuz und Berg Roseneck.

Kollektion

Wie gewohnt kann das Rüdesheimer Weingut in der Spitze mit großartigen Rieslingen punkten. Die Basis präsentiert sich dabei ein wenig verhaltener. Der „Eins-Zwei-Dry“ tritt kernig und jahrgangstypisch säurebetont auf, ist aber im nicht einfachen 2021er Jahrgang ein wenig verhaltener und weniger präzise als in den Vorjahren. Der Rüdesheimer Orts-Riesling ist eleganter und reintöniger, besitzt feine Frucht und gute Harmonie, so wie man das von ihm kennt. Eine deutliche Steigerung bringt der „Magic Mountain" aus Rüdesheimer Berglagen, der eine gute Struktur besitzt und trotz markantem Gerbstoffgrip sehr zugänglich und harmonisch ist. Der Riesling aus der Lage Rosengarten, einer flacheren Lage im Ort, nicht weit vom Rhein, ist wie gewohnt etwas zugänglicher als seine Kollegen vom Rüdesheimer Berg, er ist fruchtbetont und weist Blüten- und Pfirsichnoten auf. Mehr Zeit und Aufmerksamkeit benötigen die Leitz'schen Steillagen-Rieslinge. Der Wein aus dem Berg Rottland ist anfangs zurückhaltend, öffnet sich dann, ist sehr cremig und kompakt, ohne aber in die Breite zu gehen, er bleibt sehr klar und relativ schlank am Gaumen. Daran knüpft der Riesling aus dem Berg Roseneck an, der ebenfalls sehr cremig ist, gute Substanz und Länge besitzt. Noch etwas druckvoller ist der Riesling aus dem Berg Kaisersteinfels. Sehr druckvoll ist auch der Wein aus dem Berg Schlossberg, zeigt rauchige Noten und Gebäck im Bouquet, wird mit Luft immer präziser und puristischer. Dass sich das traditionelle Riesling-Weingut nicht nur auf Riesling versteht, zeigen Weißburgunder und Chardonnay, für die Johannes Leitz große Holzfässer verwendet, die lediglich Struktur und allenfalls subtile Holzaromen verleihen. Der Chardonnay ist schlank und saftig, der Weißburgunder etwas cremiger, zeigt weiße Blüten im Bouquet, ist sanft, harmonisch und angenehm lang. Der feinherbe Riesling Kabinett ist harmonisch und klar, noch süßere Weine wurden in diesem Jahr nicht vorgestellt. Die Stärke der Kollektion liegt, wie in den letzten Jahren auch, eindeutig bei den Großen Gewächsen.

Johannes Leitz

Weinbewertung

83 2021 Riesling trocken „Eins-Zwei-Dry" | 12%/8,90€
84 2021 Sauvignon Blanc trocken „Eins-Zwei-Dry" | 12%/9,90€
86 2021 Weißburgunder „W" trocken | 12%/11,50€
85 2021 Chardonnay „C" trocken | 13,5%/11,50€
85 2021 Riesling trocken Rüdesheim | 12,5%/12,-€
87 2021 Riesling trocken „Magic Mountain" Rüdesheim | 12,5%/17,50€
91 2020 Riesling „GG" „Katerloch" Berg Roseneck | 13%/40,-€
92 2020 Riesling „GG" „Monopol" Rosengarten | 12,5%/40,-€
92 2020 Riesling „GG" „Hinterhaus" Berg Rottland | 13%/40,-€
92 2020 Riesling „GG" „Ehrenfels" Berg Schlossberg | 12,5%/40,-€
92 2020 Riesling „GG" „Terrassen" Berg Kaisersteinfels | 12,5%/40,-€
86 2021 Riesling Kabinett „feinherb" Rüdesheimer Kirchenpfad | 11%/9,90€

Lagen
Berg Schlossberg
Ehrenfels (Rüdesheim)
Berg Rottland
Hinterhaus (Rüdesheim)
Berg Roseneck
Katerloch (Rüdesheim)
Berg Kaisersteinfels (Rüdesheim)
Drachenstein (Rüdesheim)
Bischofsberg (Rüdesheim)
Kirchenpfad (Rüdesheim)
Magdalenenkreuz (Rüdesheim)

Rebsorten
Riesling (95%)
Spätburgunder

★★☆

Günter Leitzgen

Kontakt
Wein- und Sektgut
Auf Cales 28
56814 Bremm
Tel. 02675-1673
Fax: 02675-1709
www.leitzgen-weine.de
info@leitzgen-weine.de

Besuchszeiten
nach Vereinbarung

Inhaber
Günter & Susanne Leitzgen
Betriebsleiter
Günter Leitzgen
Rebfläche
3 Hektar
Produktion
25.000 Flaschen

LEITZGEN

CALMONT

Nach zehn Jahren Tätigkeit als Kellermeister in zwei großen Kellereibetrieben machte sich Günter Leitzgen selbständig. Die Weinberge von ihm und seiner Frau Susanne befinden sich in Bremm (darunter der legendäre Calmont), Eller (Pfirsichgarten und Bienenlay) und Neef (Frauenberg). Neben Riesling (75 Prozent der 3 Hektar Rebfläche) baut er ein ganz klein wenig Müller-Thurgau und immerhin fast ein Viertel Elbling an. Die Weine werden langsam und kühl vergoren, teilweise mit natürlichen Hefen, die Spitzenweine lagern anschließend rund sechs Monate auf der Feinhefe. Das Gros der Weine wird trocken oder halbtrocken ausgebaut. Sekt spielt eine bedeutende Rolle im Sortiment, wird selbst in traditioneller Flaschengärung erzeugt.

Kollektion

Gleich vier Schaumweine stellt das Weingut vor – und sie alle besitzen einen eigenen Charakter. Der Rosé-Sekt wirkt herrlich duftig und erfrischend im Mund, ist ein durchaus ernsthafter, feiner Schaumwein mit viel Frucht und zarter Süße. Der Royal wirkt verhaltener mit Hefe- und Kräuterwürze, auch eine Spur von Fenchel ist zu spüren; im Mund wird klar, dass es sich um einen lange gereiften würzigen, sehr gelungenen Sekt handelt. Auch die stillen Weine überzeugen. Der Elbling ist fest und stoffig, sehr animierend. Mit einer Spur grüner Aromatik versehen ist der 2021er Calmont-Riesling, der jetzt unzugänglich wirkt. Spannender und präziser, mit einem Hauch Süße ausgestattet ist der Ein-Stern-Calmont-Wein aus 2020. Der Avantgarde-Riesling wirkt verhalten mit Noten von cremigem Apfel, ist im Mund deutlich süß, braucht noch etwas Zeit, um sich zu finden. Allen Weinen ist anzumerken, dass sie einen ganz eigenen Stil repräsentieren, ausdrucksstark und lagenverbunden sind.

Weinbewertung

87	2019 Elbling Sekt brut I 12%/14,60€
88	2016 Riesling Sekt brut „Royal" I 12%/21,10€
87	2016 Sekt extra dry „Tradition" I 12%/14,60€
87	2019 Rosé Sekt extra dry I 12%/14,60€
83	2021 Elbling trocken I 11,5%/8,60€
83	2021 Riesling trocken I 12%/9,-€
87	2020 Riesling „Tradition" I 12,5%/10,80€
87	2020 Riesling „Stern" Ellerer Pfirsichgarten I 12,5%/12,40€
86	2021 Riesling Bremmer Calmont I 12%/10,80€
88	2020 Riesling „Stern" Bremmer Calmont I 12,5%/12,40€
86	2020 Riesling „feinherb" Bremmer Calmont I 11,5%/10,80€
85	2021 Riesling Bremmer Calmont I 11,5%/10,80€
87	2021 Riesling „Spielerei" I 11,5%/10,80€
87	2021 Riesling „Avantgarde" I 7,5%/12,40€

★★

Lenhardt

Kontakt
Wiesenflurweg 4
54346 Mehring
Tel. 06502-7298
www.weingut-lenhardt.de
info@weingut-lenhardt.de

Besuchszeiten
Fr.-So. 15-18 Uhr
oder nach Vereinbarung

Inhaber
Eva, Christa & Christian Lenhardt

Rebfläche
5 Hektar

Das Weingut wird heute von den Geschwistern Eva und Christian Lenhardt geprägt. 2017 sind die Absolventen der Weinbauhochschule Geisenheim in das mütterliche Weingut eingestiegen. Sie bringen Erfahrungen aus Auslandsaufenthalten in Portugal, Bordeaux und Neuseeland mit an die Mosel – und das merkt man beim Verkosten der Weine. Die Lenhardts, zu denen auch Mutter Christa gehört, bauen im Mehringer Blattenberg und im dortigen Zellerberg vor allem Riesling an (zu 80 Prozent), aber auch Weißburgunder und Müller-Thurgau. Die trockenen Spitzen aus Blattenberg und Zellerberg kommen erst im September des auf die Ernte folgenden Jahres in den Verkauf.

Kollektion

Der Rivaner wirkt kühl und duftig mit Anklängen an Kräuter; im Mund ist er straff, überdurchschnittlich würzig und erfrischend, lediglich ein Hauch von Süße ist zu erahnen. Trockener wirkt der Weißburgunder, der Noten von Kräutern und Blüten zeigt und im Mund angenehm straff, erfrischend und balanciert ausfällt. Fest und zupackend ist der trockene Basisriesling. Was die beiden trockenen Lagenweine angeht, ist festzustellen, dass sie sich nicht nur deutlich voneinander unterscheiden, sondern auch viel zu jung sind. Der Wein aus dem Zellerberg zeigt eine feine, eher helle Fruchtnote und Anklänge an Hefe, er ist straff und würzig; sein Pendant aus dem Blattenberg wirkt fruchtiger und etwas reifer in der Nase, ist allerdings noch sehr jugendlich-verhalten; im Mund ist er saftiger, etwas würziger. Sehr gut gefällt der Kabinettriesling mit Noten von Kernobst und Kräutern, im Mund nur leicht süß und erfrischend. Auch die Spätlese aus dem Blattenberg macht viel Spaß, ist rassig und kühl. Rätsel gibt die Auslese auf, die bei der Verkostung Noten von mehligem Apfel und Getreide zeigte und nicht präsent wirkte – eventuell ein Flaschenfehler. Ganz anders die Beerenauslese mit Anklängen an Aprikosenschale, dicht und rassig, deutlich süß und vielversprechend. Sie muss noch eine Weile reifen, um sich in Bestform zu zeigen, hat aber zweifellos Potenzial.

Weinbewertung

84 2021 Rivaner trocken | 11,5%/6,80€
84 2021 Weißburgunder trocken | 12,5%/8,-€
82 2021 Riesling trocken | 11,5%/7,60€
86 2021 Riesling trocken Mehringer Blattenberg | 12,5%/14,50€
86 2021 Riesling trocken Mehringer Zellerberg | 12,5%/14,50€
84 2021 Riesling „feinherb" Mehringer | 11,5%/8,70€
85 2021 Riesling Kabinett Mehringer | 8,5%/9,-€
86 2021 Riesling Spätlese Mehringer Blattenberg | 8%/14,50€
83? 2021 Riesling Auslese Mehringer Zellerberg | 8,5%/15,50€/0,5l
89 2021 Riesling Beerenauslese Mehringer Zellerberg | 8%/28,-€/0,375l

LENHARDT
WEINGUT

★ ⯪

Leo‘s

Kontakt
Weingartenstraße 58
54492 Zeltingen
Tel. 06532-3994
Fax: 06532-1796
www.weingut-leos.de
johannes.kappes@weingut-leos.de

Besuchszeiten
siehe Webseite;
Verkostungen jederzeit nach Vereinbarung

Inhaber
Leo Kappes
Betriebsleiter
Leo Kappes
Rebfläche
8 Hektar

Dorothee und Leo Kappes führen das Weingut, bauen auf acht Hektar nicht nur Riesling – er nimmt 85 Prozent der Fläche ein –, sondern auch Weißburgunder, Spätburgunder und Merlot an. Schon in den Neunzigern des vergangenen Jahrhunderts hatte man hier auf Rotwein gesetzt. Die Parzellen verteilen sich auf Zeltinger Sonnenuhr, Zeltinger Schlossberg und Zeltinger Himmelreich. Schon jetzt ist allerdings absehbar, dass sich bald etwas ändern wird in diesem Traditionsbetrieb. Sohn Johannes Kappes wird in das Weingut einsteigen. Bis dahin bildet er sich fort im Rahmen eines Masterstudiums in Weinbau, Önologie und Weinwirtschaft, das als Kooperation zwischen der Hochschule Geisenheim und der Universität Wien stattfindet.

Kollektion

Beim trockenen Literwein ist die Säure gut eingebunden, der Wein ist würzig und fest, gefällt noch etwas besser als sein Pendant in feinherb. Der Weißburgunder besitzt einen Hauch von Kohlensäure, ist frisch und schlank, durchaus sortentypisch, tadellos vinifiziert. Eine fast warme Frucht mit Anklängen an Hefe und Melone besitzt der Rote Riesling, er weist viel reife Würze auf, wie sie für diese Riesling-Spielart typisch ist, wirkt saftig und animierend, auch wenn er nicht allzu nachhaltig ausfällt. Knackig ist der Freshman genannte Wein, straff und zupackend. Die trockene Spätlese namens Lucas K ist deutlich hefig mit einem Hauch von Melone, im Mund ebenfalls zupackend, dazu aber noch mit einem gewissen Schmelz ausgestattet: ein eigenständiger trockener Riesling. Merklich süß, aber auch saftig und würzig ist der Riesling namens Wein-Bulli. Die Schlossberg-Spätlese ist offen, frisch, deutlich süß, rassig, die Niklas-K-Spätlese aus der Sonnenuhr wirkt ihr gegenüber verhaltener, ist im Mund saftig, recht süß, könnte sich noch entwickeln. Bei der Auslese ist eine kühle, offene Frucht mit Anklängen an kandierten Apfel zu spüren, sie bleibt ganz auf der eleganten Seite. —

Weinbewertung

83 2021 Riesling trocken Zeltinger (1l) I 10,5%/6,20€
84 2021 Weißburgunder trocken I 11,5%/7,90€
85 2021 Roter Riesling trocken I 11%/10,-€
87 2021 Riesling Spätlese trocken „Lucas K.“ Zeltinger Sonnenuhr I 12%/9,90€
85 2021 Riesling trocken „#Freshman“ Zeltinger Schlossberg I 11,5%/9,90€
82 2021 Riesling „feinherb“ Zeltinger (1l) I 9%/6,20€
86 2021 Riesling Spätlese „feinherb“ „Johannes K.“ Zeltinger Sonnenuhr I 11%/9,90€
87 2021 Riesling „feinherb“ „Wein-Bulli T3“ Zeltinger Sonnenuhr I 10%/15,-€
86 2021 Riesling Kabinett Zeltinger Schlossberg I 8%/8,50€
86 2021 Riesling Spätlese Zeltinger Schlossberg I 7%/9,90€
86 2021 Riesling Spätlese „Niklas K.“ Zeltinger Sonnenuhr I 7,5%/10,50€
87 2021 Riesling Auslese Zeltinger Sonnenuhr I 7,5%/15,-€

★

Leonhard

Kontakt
Hauptstraße 19
76889 Pleisweiler-Oberhofen
Tel. 06343-8290
Fax: 06343-2088
www.weingut-leonhard.de
info@weingut-leonhard.de

Besuchszeiten
Weinstube ganzjährig geöffnet, Freitag selbstgemachte Dampfnudeln

Inhaber
Volker Leonhard
Betriebsleiter
Volker Leonhard, Steffen Leonhard, Susanne Leonhard
Kellermeister
Steffen Leonhard
Rebfläche
20 Hektar
Produktion
100.000 Flaschen

Drei Generationen arbeiten im Weingut der Familie Leonhard zusammen: Kurt und Toni Hedwig begannen mit der Vermarktung unter ihrem eigenen Namen, heute führt ihr Sohn Volker mit seiner Frau Susanne und Sohn Steffen, der gelernter Weinbau-Techniker ist, den Betrieb, zu dem seit 1975 auch eine Weinstube gehört. 60 Prozent der Weinberge liegen rund um Pleisweiler-Oberhofen, der Rest in Bad Bergzabern, Niederhorbach und Heuchelheim-Klingen. Auf Lösslehmböden, sandigen Lehmböden und tonhaltigen Böden mit jeweils unterschiedlichen Kalkgehalten stehen zu zwei Dritteln weiße Rebsorten und zu einem Drittel rote Sorten.

Kollektion

Der White Lion, eine neun Monate im 500 Liter-Tonneau ausgebaute Cuvée aus Chardonnay und Weißburgunder, ist in diesem Jahr unser Favorit im Sortiment der Familie Leonhard, der Wein zeigt dezente Holzwürze und Vanille im Bouquet, besitzt am Gaumen Kraft und Schmelz und viel gelbe Frucht, Aprikose, Zitrusnoten, dazu gut eingebundenes Holz und ein frisches Säurespiel. Sein rotes Pendant, der Black Lion, besitzt ebenfalls Kraft und ist von dunkler Frucht geprägt, mit Noten von Pflaumen, Brombeeren und etwas Mokka. Dahinter folgt eine ganze Reihe gleich hoch bewerteter, reintöniger Rebsortenweine, der Silvaner besitzt klare Birnenfrucht und Frische, der Weißburgunder zeigt etwas florale Noten, Birne und Zitruswürze, der Sauvignon Blanc zeigt im Duft grüne Noten von Stachelbeere und Paprika, ist am Gaumen schlank und frisch, der Grauburgunder besitzt eine leicht cremige Textur und klare, gelbe Frucht, der Chardonnay ist etwas zurückhaltend im Bouquet, besitzt am Gaumen dann Schmelz und frische Zitrusnoten und auch die Spätlese vom Gewürztraminer ist im Bouquet etwas verhalten, besitzt am Gaumen aber klare Frucht und eine dezente Süße, ist harmonisch und schlank.

Weinbewertung

83 2021 Grüner Silvaner trocken | 12%/6,50€
81 2021 Riesling trocken „Klassiker" | 12,5%/6,70€
83 2021 Weißburgunder trocken „Klassiker" | 13%/6,70€
83 2021 Sauvignon Blanc trocken | 12%/6,80€
80 2021 Blanc de Noir | 12,5%/6,50€
83 2021 Grauburgunder trocken | 13%/6,80€
83 2021 Chardonnay trocken | 13%/6,80€
86 2020 Chardonnay & Weißburgunder trocken „White Lion" Schlossberg | 13,5%/9,50€
80 2021 Gelber Muskateller halbtrocken | 11,5%/6,50€
83 2021 Gewürztraminer Spätlese Pleisweiler-Oberh. Schlossberg | 10,5%/7,50€
80 2021 Leo Rosé trocken | 12%/6,50€
85 2019 Black Lion Rotwein trocken | 14%/12,60€

★★

lichti & astroh

Kontakt
Speyerer Straße 7
67273 Herxheim am Berg
Tel. 0176-61917161 (Freya)
Tel. 0176-30344007 (Alex)
www.lichtiundastroh.de
info@lichtiundastroh.de

Besuchszeiten
nach Vereinbarung
Onlineshop

Inhaber
Freya Lichti &
Alexander Strohschneider
Betriebsleiter
Freya Lichti &
Alexander Strohschneider
Kellermeister
Alexander Strohschneider
Außenbetrieb
Freya Lichti &
Alexander Strohschneider
Rebfläche
3 Hektar

Freya Lichti und Alexander Strohschneider haben ihr eigenes Weinprojekt 2019 gegründet, nachdem sie zuvor reichlich Erfahrungen in der internationalen Weinwelt gesammelt haben. Zuletzt waren sie beide bei Bürklin-Wolf für den Außenbetrieb und den biodynamischen Anbau verantwortlich. Da Freya Lichti aus einem Weingut stammt, konnten sie zunächst Trauben aus ihren elterlichen Weinbergen in Lagen wie Kirschgarten und Steinbuckel in Laumersheim verarbeiten. Mittlerweile haben die beiden einige nicht flurbereinigte Parzellen auf Kalkfels in Leistadt gepachtet, die sie auf ökologischen Anbau umstellen, langfristiges Ziel ist es, die Weinberge biodynamisch zu bewirtschaften. Alle Weine sind spontan vergoren und werden unfiltriert und mit minimaler oder keiner Schwefelung gefüllt.

Kollektion

Komplexität und Präzision zeichnen die Weine von Freya Lichti und Alexander Strohschneider aus: Der Weißburgunder zeigt Zitrusnoten, gelben Apfel und Birne im eindringlichen Bouquet, besitzt am Gaumen sehr gut eingebundenes Holz und mineralisch-salzige Noten, ist kraftvoll und sehr nachhaltig, auch der 2020er Chardonnay zeigt ein komplexes Bouquet mit Aromen von Brotkruste, Butterkeks, Apfel und Zitronenmelisse, er besitzt eine leicht cremige Textur, ist nachhaltig und etwas eleganter als der 2019er Chardonnay der deutlicher vom Holz geprägt ist. Auch die Rotweine sind stark, der Laudanum aus Merlot, Zweigelt und Cabernet Dorsa und der reinsortige Merlot zeigen dunkle Frucht, deutliche Kräuternoten und etwas Kaffee im Bouquet, sind kraftvoll, straff und besitzen noch jugendliche, aber reife Tannine, der Spätburgunder ist eleganter, wirkt aber ebenfalls noch sehr jung. Der Sekt aus Chardonnay und Spätburgunder duftet nach frischem Brot, ist schlank, frisch, geradlinig und animierend. Klasse Kollektion, eines der überzeugendsten Debüts der vergangenen Jahre in der Pfalz!

Weinbewertung

88 2019 Sekt extra brut | 11,5%/17,90€
84 2019 Riesling trocken | 13%/11,90€
85 2020 Riesling trocken | 12,5%/9,90€
87 2020 „Or_ratio“ trocken | 12%/11,90€
87 2019 Chardonnay trocken „[s]“ | 13,5%/19,-€
89 2020 Weißburgunder trocken „[k]“ | 13,5%/19,-€
87 2020 Sauvignon Blanc trocken „[s]“ | 13%/19,-€
88 2020 Chardonnay trocken „[s]“ | 13%/19,-€
83 2020 Spätburgunder trocken | 11%/9,90€
89 2019 „Laudanum“ Rotwein trocken | 14,5%/19,-€
89 2019 Merlot trocken Laumersheimer Kirschgarten | 14,5%/19,-€
88 2019 Spätburgunder trocken Laumersheimer Kirschgarten | 13%/19,-€

★★

Lidy

Kontakt
Frankenburgstraße 6
76833 Frankweiler
Tel. 06345-3472
Fax: 06345-5238
www.weingut-lidy.de
info@weingut-lidy.de

Besuchszeiten
Mo.-Fr. 9-11:30 + 13-17 Uhr
Sa. 9-15 Uhr

Inhaber
Bertram & Marcel Lidy
Kellermeister
Nicolay Lidy
Rebfläche
22 Hektar
Produktion
190.000 Flaschen

Seit den fünfziger Jahren vermarktet die Familie Lidy ihre Weine selbst. Die Aufgaben sind in der Familie klar verteilt: Senior Bertram Lidy kümmert sich um die Destillerie, Sohn Marcel leitet den Außenbetrieb, sein Bruder Nicolay ist für das Marketing zuständig und arbeitet im Keller, wo sich alle drei über den Ausbau der Weine abstimmen. Die Weinberge liegen in Frankweiler, wo die Reben auf Schichten von Kalkstein, blauem Keuper und Buntsandstein wachsen. Ein Drittel der Rebfläche nimmt Riesling ein, ein Drittel rote Sorten (Spätburgunder, St. Laurent, Frühburgunder, Portugieser, Schwarzriesling und Dornfelder), dazu kommen Sorten wie Silvaner, Weißburgunder, Grauburgunder, Chardonnay, Gewürztraminer, Rieslaner und Müller-Thurgau. Das Sortiment wird nach den vier Metallen Kupfer (Basisweine in der Literflasche), Silber (Gutsweine), Gold (Ortsweine) und Platin (Lagenweine aus den Frankweiler Lagen Kalkgrube und Biengarten) gegliedert.

Kollektion

In diesem Jahr haben wir einen eindeutigen Favoriten in der Kollektion der Familie Lidy: Der Weißburgunder aus der Kalkgrube zeigt deutliche Holzwürze im Bouquet, aber auch klare gelbe Frucht, Pfirsich und Zitrusnoten, auch am Gaumen finden sich Holz und viel Frucht, der Wein ist animierend und etwas nachhaltiger als die anderen Lagenweine aus der Kalkgrube, der Riesling zeigt feine Zitrusnoten, ist kraftvoll, fruchtbetont und frisch, der Grauburgunder zeigt sehr deutliche Röstnoten, etwas nussige Würze und besitzt Schmelz. Auch der Sylvaner von alten Reben ist stark, zeigt klare Birnenfrucht und erdige und florale Würze, besitzt am Gaumen Grip und Länge. Unter den Rotweinen ist ebenfalls der Wein aus der Kalkgrube knapp unser Favorit, der Spätburgunder zeigt deutliche Röstnoten, besitzt Kraft und noch jugendliche Tannine, der Biengarten-Spätburgunder ist deutlicher in der Frucht und der „Platina" zeigt dunkle Frucht, ebenfalls deutliche Röstnoten, besitzt gute Länge.

Weinbewertung

86 2021 Riesling trocken „Au" „Alte Reben" Frankweiler | 13%/9,90€
87 2021 Sylvaner trocken „Au" „Alte Reben" Frankweiler | 13%/9,90€
83 2021 Grauer Burgunder trocken „Ag" | 12,5%/7,20€
84 2021 Chardonnay trocken „Au" Frankweiler | 13%/8,90€
87 2021 Riesling trocken „Pt" „Steinacker" Frankweiler Kalkgrube | 13%/14,90€
88 2021 Weißer Burgunder trocken „Pt" Frankweiler Kalkgrube | 13%/14,90€
87 2021 Grauer Burgunder trocken „Pt" Frankweiler Kalkgrube | 13%/14,90€
85 2021 Riesling Spätlese „Au" Frankweiler | 9,5%/9,90€
84 2020 Spätburgunder trocken „Au" Frankweiler | 13,5%/9,40€
87 2020 Spätburgunder trocken „Pt" Frankweiler Biengarten | 13,5%/14,90€
87 2019 „Platina" Rotwein trocken „Pt" Godramsteiner Münzberg | 14%/20,90€
87+ 2020 Spätburgunder trocken „Pt" Frankweiler Kalkgrube | 13,5%/17,90€

★★★★

Schlossgut Liebieg

Kontakt
Krainstraße 5
54340 Klüsserath
Tel. 06507-99115
www.schlossgut-liebig.de
mail@weingut-kirsten.de

Besuchszeiten
nach Vereinbarung

Inhaber
Schlossgut Liebieg GmbH
Betriebsleiter
Bernhard Kirsten
Rebfläche
22 Hektar
Produktion
100.000 Flaschen

Viele Jahre war das Weingut unter dem Namen Kirsten bekannt, seit Anfang 2019 firmiert es als Schlossgut Liebieg. Mit Andreas Kreuter als neuem Partner an ihrer Seite verfolgen Bernhard Kirsten und Inge von Geldern neue Ziele, ohne die in vielen Jahren ausgearbeitete Stilistik zu ändern. Das bislang Geschaffene soll bewahrt und in die Zukunft geführt werden, nach weiteren Lagen hält man Ausschau. Mit Schloss Liebieg in Kobern-Gondorf wurde zudem eine geeignete Liegenschaft gefunden. Neben einem neuen Weinkeller soll hier in den nächsten Jahren ein Gesamtensemble aus Restaurant, Hotel und Parkanlage entstehen. Es ist der konsequente nächste Schritt eines Winzers, der immer Maßstäbe gesetzt hat. Schon 2007 hatte Bernhard Kirsten erste Versuche mit biologischem Weinbau angestellt, in einer 1,6 Hektar großen Parzelle im Herzstück der Klüsserather Bruderschaft. Im Jahr darauf hat er den gesamten Betrieb, komplett umgestellt. Längst ist das Weingut über Bernhard Kirstens Heimatgemeinde Klüsserath hinausgewachsen. Es ist in der Köwericher Laurentiuslay vertreten, im Pölicher Held, im Mehringer Zellerberg und im Longuicher Maximiner Herrenberg sowie in der Trittenheimer Apotheke; auch die Lagen Winninger Lagen Röttgen, Hamm, Brückstück und Domgarten gehören nun zum Repertoire. Riesling dominiert, schon lange aber gibt es auch etwas Weißburgunder, Grauburgunder und Spätburgunder sowie ein wenig Sauvignon Blanc. Nach wie vor ist es also die Handschrift von Bernhard Kirsten, welche die Weine prägt. Die Weine werden spontan vergoren, und nur bei trockenen Weinen, die nicht zu Ende gären wollen, werden später Reinzuchthefen zugesetzt; auch Barriques, Tonneaux und Granit spielen beim Ausbau eine Rolle. In der Basis gibt es „Wolkentanz" und „Vierpass" sowie den Sauvignon Blanc. Außer den Klassikern „Herzstück" (aus der ursprünglichen Bruderschaft) und „Alte Reben" überzeugt Kirsten auch mit dem „Pur", alle drei aus der Klüsserather Bruderschaft; dazu gibt es den Riesling „1904" (jetzt als „19Null4" bezeichnet), der von alten Rebstöcken aus dem Longuicher Maximiner Herrenberg stammt. Nicht vergessen sollte man die Alten Reben aus der Trittenheimer Apotheke. Inzwischen bereichern weitere Lagenweine das Programm: der Riesling aus dem Winninger Hamm und jener aus dem Winninger Brückstück. Das Weingut hat sich in den letzten Jahren auch immer wieder dem Sekt gewidmet und dort eine Präzision erreicht, wie sie an der Mosel keineswegs üblich ist.

Kollektion

Eine vergleichsweise kühle, sehr klare Frucht weist der Schaumwein aus Chardonnay auf, er ist im Mund saftig, besitzt Würze und Schmelz, wirkt zugänglich, ist zwar nicht puristisch trocken, aber sehr fein und tadellos vinifiziert. Die beiden Sauvignon Blanc unterscheiden sich deutlich voneinander. Der eine – er stammt aus dem Jahrgang 2021 und ist damit neben dem Blanc de Noir der einzige Vertreter dieses Jahrgangs – besitzt eine offene, fast offensive Frucht mit Anklängen an Stachelbeeren und Zitrus, ist knackig und rassig, frisch, im Mund ebenso saftig wie zugänglich. Der Sauvignon Blanc Fumé aus dem Jahrgang 2020 ist deutlich verhaltener mit einer eher kräuterigen Note und einem winzigen Hauch von Tabak in der Nase, ist im Mund würzig und fest, besitzt einen gewissen Schmelz und Nachhall – ein stimmiger, eigenständiger Wein. Nun zu den Rieslingen, bei deren Ausbau das Weingut mehr Wert auf Diversifikation legt als viele andere Betriebe an der Mosel. Fest und würzig ist der Herzstück-Riesling. Zu einem Teil im Barrique wurde der Pur-Riesling ausgebaut, der viel Spiel und Würze aufweist, eine schöne Balance besitzt. Der Riesling aus dem Winninger Hamm, im Barrique ausgebaut, besitzt eine würzige Aromatik mit einem Hauch von Orange, ist im Mund dann betont fruchtig mit viel Schmelz, welcher auch auf den nicht unerheblichen Alkohol zurückzuführen ist, dann cremig und würzig. Ein eigenständiger, durchaus auch eigenwilliger Wein. Ganz anders der ebenfalls im Barrique ausgebaute Wein namens Herz aus Holz, der aus der Bruderschaft stammt: Er besitzt eine schöne Würze in der Nase, ist im Mund deutlich straffer und verspielter als der Hamm-Riesling; der Einsatz des kleinen Holzfasses ist in beiden Fällen sehr gekonnt. Ausgezeichnet gefällt der Riesling aus der Apotheke, der im Granitfass ausgebaut wurde; er ist straff und würzig, sehr geradlinig. Sein Pendant aus dem Winninger Brückstück wurde im Tonneau vinifiziert, zeigt eine eigenständige Würze mit Anklängen an Steinobstschalen, ist im Mund kraftvoll, besitzt Mineralität, wirkt puristisch trocken und ist sehr lang. Von so spannenden Weinen sollte es mehr geben an der Mosel. Auch der Blanc de Noir gefällt, besitzt viel Frische und Frucht.

Weinbewertung

88	Chardonnay Sekt brut I 12%/16,-€
86	2021 „Blanc de Noir" trocken I 12,5%/11,-€
87	2021 Sauvignon Blanc trocken I 12%/12,-€
87	2020 Riesling trocken Winninger I 12,5%/14,-€
88	2020 Sauvignon Blanc „Fumé" I 13%/18,-€
90	2020 Riesling trocken „Herz aus Holz" I 13%/24,-€
90	2020 Riesling trocken „Pur" Klüsserather Bruderschaft I 13,5%/18,-€
89	2020 Riesling trocken „Herzstück" Klüsserather Bruderschaft I 12,5%/19,50€
90	2020 Riesling trocken Trittenheimer Apotheke I 13%/28,-€
89	2020 Riesling trocken Winninger Hamm I 14,5%/24,-€
92	2020 Riesling trocken Winninger Brückstück I 13,5%/28,-€
90	2020 Riesling „Alte Reben" Klüsserather Bruderschaft I 13%/22,-€

Lagen
Bruderschaft (Klüsserath)
Held (Pölich)
Laurentiuslay (Köwerich)
Zellerberg (Mehring)
Maximiner Herrenberg (Longuich)
Apotheke (Trittenheim)
Hamm (Winningen)
Brückstück (Winningen)

Rebsorten
Riesling (72%)
Weißburgunder (20%)
Spätburgunder (5%)
Sauvignon Blanc (3%)

★★★★★

Schloss Lieser

Kontakt
Am Markt 1-5
54470 Lieser
Tel. 06531-6431
Fax: 06531-1068
www.weingut-schloss-lieser.de
info@weingut-schloss-lieser.de

Besuchszeiten
Mo./Di./Do./Fr. 10-17 Uhr
Sa. 11-16 Uhr

Inhaber
Thomas & Ute Haag
Betriebsleiter
Thomas Haag
Kellermeister
Thomas Haag
Außenbetrieb
Philipp Veser
Rebfläche
24 Hektar
Produktion
140.000 Flaschen

Das Weingut Schloss Lieser wurde 1904 in unmittelbarer Nachbarschaft zum 1875 aus Grauschiefer erbauten Schloss Lieser errichtet. Nach mehreren Besitzerwechseln übernahm 1992 Thomas Haag die Betriebsleitung des Gutes. 1997 konnte er zusammen mit Ehefrau Ute das Gut übernehmen, sie haben es von Grund auf saniert und auf die heutige Größe erweitert. Das Gros ihrer Weinberge liegt in Lieser, vor allem in der Lage Niederberg-Helden, des Weiteren sind sie in der Brauneberger Juffer-Sonnenuhr und der Brauneberger Juffer vertreten, in der Wehlener Sonnenuhr, im Graacher Himmelreich, im Piesporter Goldtröpfchen und im Bernkasteler Doctor. Das Weingut baut ausschließlich Riesling an, sieht man einmal ab von den paar Stock Spätburgunder, die es bei einem Zukauf mit erworben hat. Die Weine werden alle spontanvergoren und im Edelstahl ausgebaut. An der Spitze des trockenen Teils des Sortiments stehen die Großen Gewächse aus Niederberg-Helden und Juffer-Sonnenuhr, die inzwischen um solche aus Juffer, Himmelreich, Goldtröpfchen, Sonnenuhr (Wehlen) und Doctor ergänzt wurden. Im süßen Teil des Sortiments reizt Thomas Haag die ganze Bandbreite aus, wenn es der Jahrgang erlaubt, erzeugt Spätlesen und Auslesen, Letztere auch als Goldkapsel oder Lange Goldkapsel, ab und an auch Beeren- oder Trockenbeerenauslesen.

Kollektion

Aus dem Jahrgang 2021 wurden viele spannende Weine vorgestellt, darunter diesmal keine Goldkapsel-Auslesen oder noch höhere Prädikate, aber eine beachtliche trockene Basis – der SL-Riesling etwa ist frisch, zeigt Anklänge an Zitrus, Kernobst, ganz leicht Mirabellen, ist fest und rassig – und ein mehr als überzeugender Mittelbau. Eine wunderbar feine, kühle Frucht mit Anklängen an Zitrus, Kräuter und frische Mirabellen bringt das Goldstück mit, das man durchaus schon als kleines Großes Gewächs bezeichnen kann; das Heldenstück steht kaum nach. Lediglich drei Große Gewächse stellt das Weingut aus dem Jahrgang 2021 vor – den Riesling aus dem Niederberg-Helden, jenen aus der Wehlener Sonnenuhr und schließlich das Große Gewächs aus der Juffer-Sonnenuhr. Die Weine unterscheiden sich deutlich voneinander, spiegeln allesamt die Charakteristika des Jahrgangs wieder, wirken präzise und durchaus verschieden; über alle drei lässt sich auch sagen, dass sie noch Zeit benötigen, um sich auf Höchstniveau einzupendeln. Der Vertreter aus Lieser zeigt im Moment Noten von Kräutern und Zitrus, ist sehr präzise, würzig, rassig, fest und durchaus säurebetont, braucht noch etwas Zeit, besitzt aber unzweifelhaft Substanz. Noch ein bisschen verschlossener wirkt sein Pendant aus Brauneberg – fest, würzig, deutlich kräuterig und straff; gut möglich, dass dieser Wein von den dreien das meiste Potenzial aufweist. Deutlich offener ist der Riesling aus der Wehlener Sonnenuhr, auch etwas saftiger, durchaus lagentypisch. Sehr gelungen sind die beiden feinherben Lagenweine. Der aus dem Goldtröpfchen ist zupackend, jener aus dem Niederberg-Helden eher ein wenig ziseliert, ausgewogen sind beide. Im süßen Bereich ist der Jahrgang 2021 in diesem Weingut spannend ausgefallen – was sich konstatieren lässt, obwohl die Versteigerungsweine bis Redaktionsschluss nicht vorlagen. Deutlich verschieden präsentieren sich die süßen Kabinette. Relativ zugänglich, fein, duftig ist jener aus der Wehlener Sonnenuhr, während der Kabinett aus der Lage Brauneberger Juffer am ersten Tag verhalten wirkt, am zweiten aber enorm frisch und komplex auftritt mit Anklängen an Kräuter, Hefe, Kernobst; spätestens jetzt meint man die Lage herauszuschmecken. Der Niederberg-Helden-Kabinett wirkt sehr ernsthaft und kühl, und der Vertreter dieser Prädikatsstufe aus dem Piesporter Goldtröpfchen ist ganz und gar saftig, gelbfruchtig, relativ würzig – was ja dem Charakter der Lage durchaus entspricht, macht schon jetzt enorm viel Spaß. Was die Spätlesen angeht: Sie sind nicht weniger präzise gehalten als die Kabinette, wunderbar rassig, straff, nachhaltig; die Spätlese aus der Lage Niederberg-Helden gefällt noch etwas besser als jene aus der Wehlener Sonnenuhr. Auch die Auslese aus dem Niederberg-Helden überzeugt – allerdings ist dieser Wein noch verschlossen, öffnet sich langsam, ist dann im Mund präsent, zupackend, mit einer knackigen, im ersten Moment fast schon überraschenden Säure und einer fast als dezent zu beschreibenden Süße – ein spannender Riesling, wie er wohl nur in diesem Jahrgang entstehen konnte.

Familie Haag

Weinbewertung

86	2021 Riesling trocken „SL" I 11,5%/9,90€
87	2021 Riesling trocken „Kabistück" I 11,5%/13,-€
89	2021 Riesling trocken „Heldenstück" Lieser I 12%/18,-€
90	2021 Riesling trocken „Goldstück" Piesport I 12%/18,-€
92	2021 Riesling trocken „GG" Lieser Niederberg-Helden I 12%/35,-€
92	2021 Riesling trocken „GG" Brauneberg Juffer-Sonnenuhr I 12%/35,-€
92	2021 Riesling trocken „GG" Wehlen Sonnenuhr I 12%/35,-€
89	2021 Riesling „feinherb" Niederberg-Helden I 10,5%/18,-€
90	2021 Riesling „feinherb" Goldtröpfchen I 10,5%/18,-€
89	2021 Riesling Kabinett Wehlener Sonnenuhr I 7,5%/16,-€
90	2021 Riesling Kabinett Brauneberger Juffer I 7,5%/16,-€
89	2021 Riesling Kabinett Niederberg-Helden I 8%/16,-€
90	2021 Riesling Kabinett Piesporter Goldtröpfchen I 7,5%/16,-€
92	2021 Riesling Spätlese Niederberg-Helden I 7%/19,50€ ☺
91	2021 Riesling Spätlese Wehlener Sonnenuhr I 7%/19,50€
92	2021 Riesling Auslese Lieser Niederberg Helden I 7%/29,50€

Lagen
Niederberg-Helden (Lieser)
Juffer-Sonnenuhr (Brauneberg)
Juffer (Brauneberg)
Sonnenuhr (Wehlen)
Himmelreich (Graach)
Goldtröpfchen (Piesport)
Doctor (Bernkastel)
Domprobst (Graach)

Rebsorten
Riesling (100%)

Lindenhof

Kontakt
Lindenhof
55452 Windesheim
Tel. 06707-330
Fax: 06707-8310
www.weingutlindenhof.de
info@weingutlindenhof.de

Besuchszeiten
Mo.-Fr. 10-12 + 14-18 Uhr
Sa. 10-16 Uhr
Weinproben nach Vereinbarung

Inhaber
Martin Reimann
Rebfläche
10 Hektar
Produktion
70.000 Flaschen

Der Lindenhof ist seit über 100 Jahren in Familienbesitz und wird heute von Martin Reimann geführt. Er hat in den letzten Jahren geringere Lagen aufgegeben oder verpachtet und Weinberge in guten Lagen hinzugekauft. Seine Weinberge liegen in Windesheim im Fels (steil abfallender Südhang mit stark verwittertem Sandstein), im Römerberg (rote Sandsteinverwitterung), im Rosenberg (leicht erwärmbarer Boden, entstanden aus tertiären Meeressand) und im Sonnenmorgen (tiefgründiger Terrassenkies mit Lössauflage) sowie im Schweppenhäuser Steyerberg (Schiefergestein). Neben 50 Prozent Riesling und 47 Prozent Spätburgunder, Weißburgunder und Chardonnay steht in seinen Weinbergen noch etwas Gewürztraminer. 2015 wurde auf dem Weingut eine neue Vinothek eingeweiht.

Kollektion

In diesem Jahr bieten die stilsicheren Weißweine des Windesheimer Bio-Weingutes einen extra Frische-Kick. Von der Basis bis zur Spitze animierend, bei attraktiver Reife immer voller Leichtigkeit. Zwischen saftigen Zitrusaromen und griffiger Schalenwürze changierend, ist der Riesling Grauschiefer besonders spannend. Die beiden Rieslinge aus dem Fels sind kraftvoll und attraktiv frisch. Die Reserve ist kompakt, ihre klare Frucht von reifen Zitronen kombiniert mit mineralischer Würze und anbrandender Kraft, birgt Potenzial. Etwas fruchtbetonter wird der „normale" Riesling aus dem Fels schon früher zur Bestform auflaufen, seiner offenen Art fehlt es nicht an Feinheiten. Auch die sehr trocken ausgebauten weißen Burgunder sind in ihrer geschliffenen Art wieder sehr zu empfehlen. Der Weißburgunder aus dem Sonnenmorgen besticht durch Vitalität, Eleganz und Konzentration, ist würzig und lang. Die Reserve ist kraftvoll und von feiner Saftigkeit, sublim, lang, frisch und filigran, alles ist in Balance. Sehr gut gefallen uns auch die beiden Chardonnay, vor allem die Reserve, die mit wohl bemessener Kraft an der Luft immer mehr Finesse entwickelt.

Weinbewertung

85 2021 Weißburgunder trocken | 12%/9,-€
85 2021 Riesling trocken „Eleven" | 11%/9,-€
87 2021 Riesling trocken „Grauschiefer" Schweppenhäuser | 12,5%/12,50€
87 2021 Weißburgunder trocken Windesheim | 13%/12,50€
89 2021 Weißburgunder trocken Windesheimer Sonnenmorgen | 13,5%/17,50€
88 2021 Chardonnay trocken Windesheim | 13%/12,50€
89 2021 Riesling trocken Windesheimer Fels | 12,5%/17,50€
90 2021 Riesling trocken „Reserve" Windesheimer Fels | 12,5%/24,50€
90 2020 Weißburgunder trocken „Reserve" Windesh. Sonnenmorgen | 13,5%/24,50€
90+ 2020 Chardonnay trocken „Reserve" Windesheimer Saukopf | 13,5%/34,50€
86 2021 Riesling Kabinett Windesheim | 8,5%/9,50€
89 2020 Spätburgunder trocken Windesheim | 13,5%/17,50€

★★☆

Linder

Kontakt
Winzerhof Linder
Röstehof 2
79346 Endingen
Tel. 07642-5525
Fax: 07642-5525
ronald@winzerhof-linder.de
www.winzerhof-linder.de

Besuchszeiten
Mo.-Fr. 17-19 Uhr
Sa. 11-14 Uhr
oder nach Vereinbarung
Weinbergführungen mit Tierkontakt, Kräuterwanderungen, Kellergeschichten

Inhaber
Ronald Linder
Betriebsleiter/Kellermeister/ Außenbetrieb
Ronald Linder, Maik Merbitz
Rebfläche
5 Hektar

Ronald Linder ist ein Quereinsteiger. Der Medieningenieur übernahm Anfang der 2010er Jahre das elterliche Weingut in Endingen und stellte den Betrieb auf biologisch-dynamische Wirtschaftsweise um. Grauburgunder, Spätburgunder und Müller-Thurgau sind die wichtigsten Rebsorten, gefolgt von Sauvignon Blanc und Weißburgunder, hinzu kommen Cabernet Sauvignon, Chardonnay, Gewürztraminer und Cabernet Blanc. Seit 2017 macht Roland Linder auch Naturweine („Natür"), sie sind alle spontan vergoren, zum Teil auf der Maische angegoren oder vergoren, ungeschönt, unfiltriert und ohne zugesetzten Schwefel direkt von der Vollhefe abgefüllt; die Zahl am Ende des Weinnamens gibt den Ertrag wider. Alle Weine werden als Deutscher Wein vermarktet.

Kollektion

Fünf der acht Weine hatten wir schon einmal im vergangenen Jahr verkostet, aber mit einem Jahr Reife fallen die Bewertungen teilweise anders aus: Vor allem den im letzten Jahr noch sehr verhaltenen „Wiss" bewerten wir jetzt deutlich höher, er zeigt klare Frucht, Birne, Grapefruit, viel Ananas und auch kräutrige Würze, besitzt eine frische Säure, ist kraftvoll und sehr nachhaltig. Auch den Sauvignon Blanc bewerten wir etwas höher, im eindringlichen Bouquet zeigt er Noten von Grapefruit, Lakritze und Melisse, am Gaumen ist er schlank und puristisch mit feinem Tanningrip und guter Länge, der „Schlawiner" aus Müller-Thurgau mit 15 Prozent Gewürztraminer zeigt Muskatwürze, florale Noten und etwas Mostbirne, ist schlank, karg, besitzt Grip und Frische, der reinsortige Müller-Thurgau „Miller" ist ebenfalls sehr schlank, straff, animierend und besitzt eine leichte Schärfe mit Noten von Curryblättern und Muskat. Der „Grau Natür 38" ist sehr eigen im Bouquet mit Aromen von Nougat, Kakao und Kirsche, ist kraftvoll und würzig, der „Grau Natür 62" besitzt etwas mehr Grip und das klarere Bouquet mit Noten von Birne und Kräuterbonbons. Die beiden Rotweine besitzen noch jugendliche Tannine und brauchen einiges an Luft, der „Spoth" zeigt dann klare Aromen von Schwarzkirsche und Gewürzen, ist frisch, der Cabernet Sauvignon zeigt Noten von schwarzer Johannisbeere und Mokka und besitzt ebenfalls Frische.

Weinbewertung

86 2020 „Miller Natür 68" | 9,5%/10,-€
88 2020 „[dr] Wiss Natür 42" | 14%/12,50€
88 2020 Sauvignon Blanc „Natür 42" | 12%/25,-€
88 2020 „[dr] Grau Natür 62" | 12%/12,50€
87 „[dr] Grau Edition Natür 38" | 14%/15,-€
86 2020 „Schlawiner Cuvée Natür 57" Weißwein | 10%/12,50€
85 2019 „[dr] Spoth Natür 31" | 12%/15,-€
86 2019 Cabernet Sauvignon „Natür 46" | 13%/25,-€

★★

Listmann

Kontakt
Bechtheimerstraße 12
67585 Dorn-Dürkheim
Tel. 06733-1650
info@weingut-listmann.com
www.weingut-listmann.com

Besuchszeiten
nach Vereinbarung
Wein-Genuss-Garten
Weinstube:
Mitte Mai bis Ende August

Inhaber
Eckhard, Welf & Leif Listmann
Betriebsleiter
Eckhard, Welf & Leif Listmann
Kellermeister
Welf & Leif Listmann
Außenbetrieb
Welf & Eckhard Listmann
Rebfläche
30 Hektar

Seit 1853 baut die Familie Wein in Dorn-Dürkheim an. Heute führt Eckhard Listmann zusammen mit seinen Söhnen Welf und Leif den Betrieb. Ihre Weinberge verteilen sich auf fünf Gemeinden und neun Lagen, befinden sich in den Alsheimer Lagen Frühmesse, Römerberg, Goldberg, Fischerpfad und Sonnenberg, im Westhofener Brunnenhäuschen, der Guntersblumer Eiserne Hand, im Dorn-Dürkheimer Römerberg sowie im Mettenheimer Goldberg, die Reben wachsen auf unterschiedlichen Böden von Löss über Terra Fusca bis hin zu Mergel. Zum Gut gehören Weinstube und Winzercafé sowie ein Viktorianischer Garten mit Teehaus.

Kollektion

Eine sehr eigenständige Kollektion mit enorm kraftvollen Weiß- und Rotweinen präsentieren die Listmanns in diesem Jahr. Der Sauvignon Blanc Gutswein zeigt florale Noten, ist frisch, zupackend, der „Small Batch"-Sauvignon Blanc besitzt Fülle, Kraft und Substanz. Der trockene Riesling vom Kalkstein ist würzig, frisch, geradlinig und klar, noch ein klein wenig besser gefällt uns der restsüße Kabinett, der wunderschön reintönig und zupackend ist; beide stammen aus dem Westhofener Brunnenhäuschen. Der vierzehn Monate im Tonneau ausgebaute 2020er Chardonnay Reserve zeigt gute Konzentration und feine Würze, ist füllig, kraftvoll, besitzt reife Frucht und Struktur. Unsere leichte Präferenz unter den Weißweinen gilt dem „Small Batch"-Traminer, der nach langer Maischestandzeit im Eichenholzfass ausgebaut wurde, intensive Frucht zeigt, füllig und saftig ist bei viel Substanz. Die 2018er Rotweine sind allesamt sehr gut. Die Gründercuvée zeigt rote und dunkle Früchte, besitzt Fülle und Kraft. Die anderen drei Weine wurden jeweils 30 Monate im Barrique ausgebaut. Der Reserve-Merlot zeigt eindringlich Gewürze, besitzt Kraft und Substanz, der Grande Pinot ist kompakt, von Vanillenoten geprägt, Highlight ist ganz klar „Der Tänzer", eine intensive, kraftvolle, noch sehr jugendliche Cuvée.

Weinbewertung

84 2017 Riesling Sekt brut | 12,5%/9,90€
83 2021 Sauvignon Blanc trocken | 12,5%/5,90€
84 2021 Riesling trocken „vom Kalkstein" (Westhofener Brunnenhäuschen) | 12%/6,90€
86 2020 Chardonnay trocken „Reserve" | 13%/12,90€
86 2021 Sauvignon Blanc trocken „Small Batch" | 12,5%/12,90€
87 2021 Roter Traminer „Small Batch" | 13,5%/12,90€
85 2021 Riesling Kabinett Westhofener Brunnenhäuschen | 9%/6,90€
82 2021 Cabernet Sauvignon und Pinot Noir Rosé trocken | 12%/5,90€
85 2018 „1853 Gründercuveé" Rotwein trocken | 14%/9,90€
86 2018 Merlot trocken „Reserve" | 14,5%/19,90€
85 2018 Spätburgunder trocken „Grande Pinot" | 14,5%/19,90€
88 2018 „Der Tänzer" Rotwein „Private Edition" | 14,5%/42,-€

★★½

Löffler

Kontakt
Fohrenbergstraße 43
79219 Staufen-Wettelbrunn
Tel. 07633-6307
Fax: 07633-808994
www.weingut-loeffler.de
info@weingut-loeffler.de

Besuchszeiten
Mo.-Fr. 8:30-12 + 14-17 Uhr
Sa. 9-12 Uhr
gerne auch nach Vereinbarung
Straußwirtschaft
Weinverkostung
Weinproben auch für große Gruppen

Inhaber
Wolfgang & Andreas Löffler
Kellermeister
Andreas Löffler
Außenbetrieb
Wolfgang Löffler
Rebfläche
22 Hektar
Produktion
160.000 Flaschen

Wolfgang Löffler arbeitete als Kellermeister bei Winzergenossenschaften, bevor er 1988 das eigene Weingut gründete, 1994 zog er in einen Neubau in Staufen-Wettelbrunn. 1996 erweiterte man den Betrieb um Keller, Flaschenlager und Veranstaltungsraum, 2009 wurde ein Holzfasskeller gebaut, 2020 eine neue Vinothek. Seit 2001 wird Wolfgang Löffler im Betrieb von Sohn Andreas unterstützt, der ausgebildeter Weinküfer und Kellermeister ist. Die Weinberge liegen im Castellberg in Ballrechten-Dottingen, sowie im Grunerner Altenberg. Gutedel nimmt knapp ein Drittel der Rebfläche ein, Spätburgunder ein Viertel, dazu gibt es Müller-Thurgau, Weißburgunder und Grauburgunder, Regent, Gewürztraminer, Chardonnay, Muskateller und Sauvignon Blanc. Von den bewirtschafteten Obstwiesen werden in der hauseigenen Brennerei Edelbrände und Liköre erzeugt.

Kollektion

Die 2018er weißen Reserveweine führten im vergangenen Jahr zusammen mit der Gutedel Trockenbeerenauslese aus dem Jahrgang 2015 eine starke Kollektion an. Auch in diesem Jahr konnten wir wieder einen edelsüßen Gutedel verkosten, eine Beerenauslese aus dem Jahrgang 2018: Kandierte Früchte und dezente Reife prägen das Bouquet, sie besitzt Fülle und viel Substanz. Bei den trockenen Weißweinen sehen wir drei Weine gleichauf: Der 2020er Chasselas ist fruchtbetont, klar und zupackend, besitzt gute Struktur und Biss, die „Black For Rest"-Cuvée aus demselben Jahrgang zeigt rauchige Noten und etwas Vanille, besitzt viel reife süße Frucht, der 2019er Reserve-Grauburgunder ist fruchtbetont und intensiv im Bouquet, kompakt im Mund, besitzt viel Substanz. Im roten Segment gefallen uns die beiden 2018er Weine am besten: Der Reserve-Spätburgunder ist fruchtbetont, intensiv, zupackend, die „Black For Rest"-Cuvée punktet mit feiner süßer Frucht und Grip.

Weinbewertung

82	2021 Gutedel Kabinett trocken Ballrechten-Dottinger Castellberg I 11%/7,-€
82	2021 Sauvignon Blanc trocken Ballrechten-Dottinger Castellberg I 12%/9,50€
85	2020 Chasselas trocken Ballrechten-Dottinger Castellberg I 13%/8,50€
83	2020 Grauburgunder trocken „Alte Rebe" B.-D. Castellberg I 13,5%/11,-€
85	2020 „Black For Rest" Weißweincuvée trocken I 14%/16,-€
85	2019 Grauburgunder trocken „Reserve" Ballrechten-Dottinger Castellberg I 13%/16,-€
88	2018 Gutedel Beerenauslese Ballrechten-Dottinger Castellberg I 12%/20,-€/0,375l
82	2021 Spätburgunder Rosé trocken Ballrechten-Dottinger Castellberg I 11,5%/8,-€
82	2019 Spätburgunder trocken „Alte Rebe" B.-D. Castellberg I 13,5%/11,-€
85	2018 Spätburgunder trocken „Reserve" B.-D. Castellberg I 14%/16,-€
86	2018 „Black For Rest" Rotweincuvée trocken I 13,5%/16,-€
84	2019 Regent trocken „Réserve" Ballrechten-Dottinger Castellberg I 13,5%/16,-€

★★★★

Loersch

Kontakt
Tannenweg 11
54340 Leiwen/Zummet
Tel. 06507-3229
Fax: 06507-3205
www.weingut-loersch.de
info@weingut-loersch.de

Besuchszeiten
täglich 10-17 Uhr für Weinproben nach Vereinbarung
Gästehaus mit Panoramablick „RieslingSkylounge“

Inhaber
Alexander Loersch
Rebfläche
8 Hektar
Produktion
70.000 Flaschen

Das Weingut befindet sich dort, wo man gewiss die beste Aussicht über die Mosel und die Weinberge von Leiwen und Trittenheim hat: hoch oben, auf der so genannten Zummethöhe. Der Betrieb führt seine Tradition über einen Zeitraum von rund 400 Jahren zurück. Alexander Loersch war bereits seit dem Jahr 2002 im elterlichen Weingut für den Ausbau der Weine verantwortlich, 2009 hat er den Betrieb von seinem Vater Ernst-Albrecht übernommen. Die bewirtschaftete Fläche wurde in den letzten Jahren deutlich ausgeweitet, auch die Flaschenausstattung wurde überarbeitet, und der früher genutzte Weingutsname Loersch-Eifel verwandelte sich in den weniger verwechselbaren heutigen Namen. Loerschs Weinberge, liegen in den Trittenheimer Lagen Apotheke und Altärchen, im Leiwener Klostergarten, im Dhroner Hofberg, im Neumagener Rosengärtchen und im Piesporter Goldtröpfchen. Neben Riesling (98 Prozent der Fläche) wird auch noch etwas Spätburgunder angebaut. Die Weine werden temperaturgekühlt mit den natürlichen Hefen vergoren, teils im Fuder, teils im Edelstahl ausgebaut, die Rotweine auch im Barrique. Einer der trockenen Spitzenrieslinge, Devon-Terrassen genannt, stammt von 70 bis 100 Jahre alten Reben im Kernstück der Trittenheimer Apotheke, ein anderer aus der Parzelle Sängerei im Dhroner Hofberg, ein weiterer aus der Jungheld, heute Teil der Apotheke; dieser Wein kommt erst im zweiten Sommer nach der Ernte in den Verkauf. Ausgebaut werden auch Weine aus den Parzellen Vogelsang und Laurentiusberg, die sich ebenfalls in der Apotheke befinden. In den vergangenen Jahren wurden die Rieslinge immer komplexer, saftiger, spannender; sie sind in der Jugend häufig noch verschlossen, entwickeln dann aber eine vibrierende, nachhaltige Art. Dem Weingut ist ein Gästehaus angeschlossen, inzwischen wurde auch die neue Vinothek, die so genannte Riesling-Sky-Lounge, eröffnet: Sie bietet einen Panoramablick über nicht weniger als zwölf verschiedene Steillagen. Weinproben werden nach telefonischer Anmeldung angeboten.

Kollektion

Vier trockene Weine stellt das Weingut vor, darunter als trockenen Basiswein den knackigen, festen Blauschiefer-Riesling. Den Vogelsang-Wein ist noch unruhig, jugendlich, im Mund zupackend, würzig, dann aber auch fruchtig und mit Würze ausgestattet, fest und animierend. Der trockene Devon-Terrassen-Riesling wirkt offen, frisch und kräuterig mit verhaltener Frucht, ist aber sehr animierend. Er ist straff, rassig und fest, angenehm trocken und lang im Nachhall. Viel würziger in der Nase, aber auch am Gaumen wirkt der Riesling aus der Jungheld, der erst in zwei Jahren vermarktet werden soll: Es handelt sich um einen enorm straffen, zupackenden Riesling, vibrierend und mineralisch, schön lang und präzise, mit viel Zukunft. Würze, aber auch Anklänge an Steinobst weist das Große Gewächs aus dem Hofberg auf; der Wein ist enorm würzig mit einer festen

Struktur, die allerdings noch etwas Zeit benötigt. Im feinherben Bereich gibt es ebenfalls einen Basiswein namens Glimmerschiefer, der duftig, hefig, animierend und im Mund rassig ausfällt: eine überzeugende Leistung. Komplexer sind die beiden anderen feinherben Weine des vorgestellten Sortiments – der Kabinett aus dem Hofberg und der Fels-Terrassen-Riesling aus der Apotheke; letztgenannter Wein gefällt mit seiner vibrierenden Art besonders gut. Duftig, leicht kräuterig und sehr präsent ist der verhalten süße Kabinett aus der Apotheke. Klar, fruchtig und komplex fällt die Auslese von alten Reben auf, ist noch deutlich spannender als die normale Auslese; sie besitzt eine kühle Fruchtnote und Anklänge an Zitrusschalen, reifes Steinobst, Melone und etwas tropische Früchte, ist saftig und lang, mit perfekt integrierter Süße. Bei der Beerenauslese ist eine sehr reintönige Frucht zu spüren; der Wein besitzt Anklänge an Zitrusschalen und süße Kräuter, etwas Steinobst und Gewürze, ist von seidiger, aber auch saftiger Fülle im Mund, lang und würzig, schön dicht, sehr fein. Die Trockenbeerenauslese ist noch sehr jugendlich, man spürt einen Hauch Schwefel, mit klarer Frucht und Noten von reifen tropischen Früchten, Gewürzen, Blüten, ist im Mund sehr süß, aber auch dicht und faszinierend komplex; sie dürfte erst ist ein paar Jahren zeigen, was in ihr steckt. Der Eiswein besitzt eine warme, würzige Aromatik mit Anklängen an Zitrusschalen, kandierte Mandarine und Gewürze, ist würzig im Mund mit zupackender Säure, aber auch einer gewissen Fülle. Ein spannender, sehr eigenständiger Eiswein.

Alexander Loersch

Weinbewertung

86	2021 Riesling trocken „Blauschiefer" I 11,5%/11,90€
90	2021 Riesling trocken Vogelsang Trittenheimer Apotheke I 11,5%/15,90€
91	2021 Riesling trocken „GG" „Devon-Terrassen" Trittenheimer Apotheke I 12,5%/19,50€
92	2021 Riesling trocken „GG" Sängerei Dhroner Hofberg I 12,5%/24,-€
92	2021 Riesling trocken „GG" Jungheld Trittenheimer Apotheke I 12,5%/30,-€
87	2021 Riesling „feinherb" „Glimmerschiefer" I 9,5%/8,90€
88	2021 Riesling Kabinett „feinherb" Dhroner Hofberg I 9,5%/11,90€
91	2020 Riesling „feinherb" „Fels-Terrassen" Trittenheimer Apotheke I 11%/19,50€
88	2021 Riesling Kabinett Trittenheimer Apotheke I 8%/11,90€
93	2021 Riesling Spätlese „Alte Reben" Trittenheimer Apotheke I 7,5%/18,50€ ☺
91	2021 Riesling Auslese Trittenheimer Apotheke I 8%/22,50€
94	2021 Riesling Auslese „Alte Reben" Trittenheimer Apotheke I 7%/17,50€/0,375l
95	2021 Riesling Eiswein „22.12.21" Trittenheimer Alterchen I 6,5%/0,375l/a.A.
96	2021 Riesling Beerenauslese Dhroner Hofberg I 6,5%/0,375l/Vst.
96+	2021 Riesling Trockenbeerenauslese Trittenheimer Apotheke I 6,5%/199,-€/0,375l

Lagen

Apotheke (Trittenheim)
Laurentiusberg (Trittenheim)
Vogelsang (Trittenheim)
Jungheld (Trittenheim)
Altärchen (Trittenheim), Hofberg (Dhron)
Goldtröpfchen (Piesport)
Rosengärtchen (Neumagen)

Rebsorten

Riesling (98%)
Spätburgunder (2%)

★★★★☆

Carl Loewen

Kontakt
Matthiasstraße 30
54340 Leiwen
Tel. 06507-3094
Fax: 06507-802332
www.weingut-loewen.de
mail@weingut-loewen.de

Besuchszeiten
Sa. 13-17 Uhr
oder nach Vereinbarung

Inhaber
Christopher Loewen
Inhaber
Christopher & Karl Josef Loewen
Rebfläche
17 Hektar
Produktion
130.000 Flaschen

Die Geschichte des Weinguts lässt sich auf die Zeit Napoleons zurückführen. Damals war ein Vorfahr von Karl Josef Loewen Verwalter des Detzemer Gutshofs der Benediktinerabtei St. Maximin. Mit der Säkularisation übernahm er Weinberge des Klosters in der Detzemer Maximiner Klosterlay. Darauf basiert das heutige Weingut Carl Loewen. 1982 wurden Weinberge in der Laurentiuslay erworben, 1995 ein Weinberg in der Thörnicher Ritsch. 2008 wurde das Weingut Carl Schmitt-Wagner in Longuich übernommen, womit Karl Josef Loewen seinen Weinbergsbesitz noch einmal vergrößert hat. Seine großen Lagen sind Laurentiuslay (Grauschiefer), Maximin Herrenberg (Südlage, roter Schiefer), Ritsch (brüchiger Grauschiefer) und Maximin Klosterlay (Blauschiefer), dazu besitzt er Weinberge im Leiwener Klostergarten (wo beispielsweise Varidor und „Alte Reben“ herstammen) und im Pölicher Held. Neben Riesling baut er ein wenig Weißburgunder und Müller-Thurgau an. Inzwischen hat Karl Josef Loewen den Betrieb an Sohn Christopher übergeben; er wohnt jedoch weiterhin im Betrieb und unterstützt Christopher täglich bei der Arbeit. Das Programm ist klar gegliedert. Es gibt Riesling im Liter, Blauschiefer, Quant (erstmals 2004 erzeugt), Varidor, „Neun“ (ein bewusst alkoholarmer trockener Riesling) und den Riesling von alten Reben (die jüngsten 1962 gepflanzt, die ältesten nach dem Krieg) im trockenen Segment. Dann folgen trockene Lagenweine: Aus der Maximin Klosterlay, „Alte Reben“ von fast 100-jährigen wurzelechten Reben der Laurentiuslay, „Herrenberg 1896“ von 1896 gepflanzten wurzelechten Reben und das Große Gewächs aus der Thörnicher Ritsch. Aus diesen Lagen erzeugt man auch süße und edelsüße Rieslinge, hin und wieder Eisweine aus dem Klostergarten. Alkoholarme, klassische Moselrieslinge wollen die Loewens erzeugen. Alle Weine werden spontanvergoren, alle Lagenweine im Fuder ausgebaut. Wie nur wenige andere Winzer an der Mosel zeigt das Weingut hohes Niveau sowohl im trockenen als auch im restsüßen Segment, schon die Basisweine sind immer zuverlässig gut. Mit Sohn Christopher ist neuer Schwung ins Weingut gekommen, neue Ideen sind zu spüren, auch neue Weine wie der „1896“. Auch Engagement in der Lage Thörnicher Ritsch gehört dazu: Das Weingut erwarb 2016 eine Brache, bestockte sie mit Reben aus eigener Selektion, 2017 konnte eine weitere Fläche erworben werden, 2018 wurde eine vergessene Parzelle in der Ritsch neu bepflanzt.

Kollektion

In einer Blindverkostung sind die Weine der Loewens meist leicht herauszuschmecken – das beginnt in diesem Jahr schon beim Varidor, dem Einstiegswein, der frisch, komplex und kräuterig wirkt und für einen Basisriesling enorm frisch und würzig ausfällt. Der Pinot Blanc wirkt offen mit kühler Frucht, ist saftig, straff, würzig, braucht noch etwas Zeit, bis er sich auf dem Höhepunkt präsentiert. Auch der Alte Reben-Riesling besitzt jene hier so typische tiefgründige Kräuter- und Würzaromatik, ist im Mund vibrierend und fest, würzig und animierend, schon jetzt gut trinkbar. Zupackend ist der Klosterlay-Wein, der ebenso wie der Riesling von alten Reben eine winzige Spur von Süße erkennen lässt. Die vier weiteren trockenen Weine wirken auch eher würzig-zupackend als puristisch. Kräuterwürzig, fast rauchig mit einer festen, saftigen Art präsentiert sich der Wein aus der Laurentiuslay, der Riesling von 1896 gepflanzten Reben wirkt etwas fruchtiger und rassiger. Kompakter und fester fallen die beiden Großen Gewächse aus; Süße ist nicht spürbar, die Würze ist überdurchschnittlich, das Potenzial für lange Reifung auch. Schließlich der lediglich mit der Jahreszahl 1896 versehene Riesling, der eine enorm würzige, kräuterige, tiefgründige Aromatik zeigt; erst allmählich kommt Frucht durch. Der Wein ist fest, mineralisch, würzig, dennoch vibrierend, lang und mit einem Hauch Süße versehen. Die Spätlese aus der Laurentiuslay ist offen und duftig mit Steinobst- und Kräuteranklängen, im Mund zupackend, eher saftig als rassig, lang und animierend. Deutlich verschieden präsentieren sich die Auslesen. Kühle Steinobstfrucht mit einem Hauch von Zitrusschalen und einer rassigen Art: So zeigt sich die Ritsch-Auslese aus 2021. Ihr Pendant aus 2020 und dem Herrenberg ist saftig, süßer und würzig im langen Nachhall, braucht allerdings definitiv noch Zeit. Schließlich der offen wirkende, ungeheuer animierende Eiswein, der Noten von Zitrusschalen zeigt und enorm viel Spiel aufweist.

Karl Josef & Christopher Loewen

Weinbewertung

88	2021 Pinot Blanc trocken I 12%/9,90€ ☺
87	2021 Riesling trocken „Varidor" I 12%/9,70€
90	2021 Riesling „Alte Reben" I 11,5%/12,-€ ☺
91	2021 Riesling trocken „Alte Reben" Laurentiuslay I 11,5%/18,-€ ☺
92	2021 Riesling trocken „1896 Alte Reben" Maximin Herrenberg I 12%/25,-€
92	2021 Riesling trocken „GG" Ritsch I 12%/26,-€
92	2021 Riesling trocken „GG" Maximin Herrenberg I 12%/28,-€
90	2021 Riesling Maximin Klosterlay I 12%/16,-€
94	2021 Riesling „1896" I 11,5%/50,-€
89	2021 Riesling Kabinett Herrenberg I 8,5%/13,-€
91	2021 Riesling Spätlese Leiwener Laurentiuslay I 8%/16,-€ ☺
92	2021 Riesling Auslese Thörnicher Ritsch I 7,5%/21,-€ ☺
93	2020 Riesling Auslese Goldkapsel Maximin Herrenberg I 8%/33,-€
93	2021 Riesling Eiswein Klostergarten I 7%/0,375l/Vst.

Lagen

Laurentiuslay (Leiwen)
Ritsch (Thörnich)
Maximin Herrenberg (Longuich)
Maximin Klosterlay (Longuich)
Klostergarten (Leiwen)

Rebsorten

Riesling (96%)
Weißburgunder (3%)
Müller-Thurgau (1%)

★★★

Fürst Löwenstein

Kontakt
Schlosspark 3
63924 Kleinheubach
Tel. 09371-9486600
Fax: 09371-9486633
www.loewenstein.de
weingut@loewenstein.de

Besuchszeiten
Mo.-Fr. 10-12 + 13-18 Uhr
Tagungs- und Seminarhotel
im Schloss

Inhaber
Dr. Stephanie Erbprinzessin
zu Löwenstein
Technischer Leiter
Peter Arnold
Außenbetrieb Franken
Martin Amend
Außenbetrieb Rheingau
Henning Brömser
Rebfläche
22 Hektar
Produktion
120.000 Flaschen

Das traditionsreiche Weingut mit Gründungsjahr 1611 besitzt Weinberge in Franken und im Rheingau. 2009 wurde das Weingut komplett umstrukturiert, 2010 zog man von Kreuzwertheim in den Fürstlichen Schlosspark nach Kleinheubach. Seit dieser Umstrukturierung konzentriert man sich auf die Spitzenlagen, auf den unter Denkmalschutz gestellten Terrassenweinberg Kallmuth in Homburg und auf die Lagen Jungfer, Schönhell und Hendelberg in Hallgarten. In dem Kallmuth benachbarten Lengfurter Oberrot wird Spätburgunder angebaut. Wichtigste Rebsorten sind Silvaner und Riesling. Die beiden Spitzenweine aus dem Homburger Kallmuth tragen die Bezeichnungen Asphodill (Silvaner) und Coronilla (Riesling), kommen seit dem Jahrgang 2019 erst im zweiten Jahr nach der Ernte in den Verkauf.

Kollektion

Die beiden Großen Gewächse stehen in diesem Jahr wieder ganz klar an der Spitze der Kollektion. Der Coronilla zeigt gute Konzentration und feine Würze, ist dabei in der Frucht zurückhaltend, ist füllig und saftig dann im Mund, besitzt gute Struktur und Substanz. Noch ein klein wenig spannender wir auch in diesem Jahr wieder der Asphodill, der gute Konzentration im herrlich eindringlichen Bouquet zeigt, viel reife Frucht, etwas gelbe Früchte, füllig und kraftvoll ist, komplex, gute Struktur, Frische und Länge besitzt. Ein weiteres Highlight ist der dritte Wein aus dem Jahrgang 2020, der Sauvignon Blanc 1102, der reife Frucht und Frische im Bouquet zeigt, etwas Stachelbeeren, kraftvoll, klar und zupackend ist, gute Struktur und Grip besitzt. Lebhaft, frisch und zupackend ist der 2021er Sauvignon Blanc. Unter den 2021er Silvanern gefällt uns klar der Kallmuth-Wein am besten, er zeigt gute Konzentration und reife Frucht, ist füllig und kraftvoll. Der spannendste 2021er Riesling ist der würzige, zupackende R aus dem Kallmuth, knapp vor dem frischen Hallgarten-Riesling, der feine süße Frucht und Grip besitzt.

Weinbewertung

80 2021 Silvaner trocken „Genuss" | 12%/7,-€
82 2021 Silvaner trocken „CF" | 12%/9,-€
80 2021 Riesling trocken „Genuss" Rheingau | 11,5%/7,-€
83 2021 Sauvignon Blanc trocken „CF" | 12%/9,-€
85 2021 Silvaner trocken Homburg Kallmuth | 12%/13,50€
83 2021 Riesling trocken Homburg Kallmuth | 12%/13,50€
84 2021 Riesling trocken Hallgarten | 12%/12,50€
85 2021 Riesling „R" Homburger Kallmuth | 12%/17,-€
88 2020 Sauvignon Blanc trocken „1102" Homburg Kallmuth | 13%/25,-€
92 2020 Silvaner trocken „GG" „Asphodill" Homburg Kallmuth | 12,5%/35,-€
91 2020 Riesling trocken „GG" „Coronilla" Homburger Kallmuth | 12,5%/35,-€

★

Löwensteinhof

Kontakt
Löwensteinhof 0
56333 Winningen
Tel. 02606-1944
www.loewensteinhof.de
info@loewensteinhof-mueller.de

Besuchszeiten
nach Vereinbarung oder während der Straußwirtschaftzeiten
Straußwirtschaft Mai/Juni/Juli
Sa. 16-21 Uhr, So. 14-18 Uhr

Inhaber
Andreas Müller
Betriebsleiter
Andreas Müller
Kellermeister
Andreas Müller
Außenbetrieb
Andreas Müller
Rebfläche
1,82 Hektar

Im Jahre 2019 übernahmen Anne und Andreas Müller den Löwensteinhof in Winningen – mit einem nicht gerade selbstverständlichen beruflichen Hintergrund. Sie ist als Krankenschwester und Sozialpädagogin Quereinsteigerin ins Weinbusiness, er stammt aus der Landwirtschaft in Baden-Württemberg, erlernte an der Ahr das Winzerhandwerk, bildete sich dann doppelt fort – einerseits zum Winzermeister und andererseits, um die Geheimnisse des Weißweinausbaus zu erlernen, am Mittelrhein. Es folgte schließlich der Wechsel ins Moseltal. Während Andreas Müller für den Weinan- und -ausbau zuständig ist, unterstützt Anne ihren Mann vom Weinberg bis zur Vermarktung. Die Pläne sind hier durchaus ambitioniert. Zurzeit werden zwar lediglich 1,82 Hektar Reben bewirtschaftet, allerdings ist es das Ziel des Paares, die Fläche in den kommenden Jahren auf fünf bis sechs Hektar zu vergrößern. Bislang werden 65 Prozent Riesling angebaut, der Rest der Fläche verteilt sich auf Johanniter, Spät- und Weißburgunder sowie andere Sorten.

Kollektion

Saftig, frisch und animierend sind die Weine – zwar nicht puristisch, aber zugänglich und qualitativ überzeugend. Der Weißburgunder ist frisch, duftig, mit Anklängen an süßen Apfel und Zitrus, saftig, zugänglich, macht Spaß. Fein und straff ist der Schieferstück-Riesling aus 2020, der 2021er mit gleicher Bezeichnung kommt zwar nicht ganz mit, ist aber dennoch empfehlenswert: Dezente Süße weisen beide Weine auf. Die feinherben Rieslinge aus dem Domgarten, der eine aus 2021, der andere aus 2020, unterscheiden sich deutlich voneinander. Beim ersten ist eine fast nussig wirkende Hefewürze zu spüren, beim älteren von beiden ist die Nase klarer, frisch, mit Zitrusanklängen, der Wein hat insgesamt mehr Zug und Substanz als der 2021er. Spitzenreiter unter den Weißweinen ist indes der Riesling aus dem Uhlen mir rassiger Art und gut eingebundener Süße. Beim Spätburgunder aus dem Jahrgang 2019 sind neben Anklängen an Sauerkirsche und Beeren auch deutliche Noten von Tabak zu spüren, im Mund ist der Wein schön frisch und balanciert, der Alkohol ist gut integriert – was man nicht von jedem Moselrotwein behaupten kann.

Weinbewertung

83	2021 Weißburgunder trocken Winninger Domgarten I 12,5 %/8,90 €
86	2020 Riesling „feinherb“ Winninger Domgarten I 13 %/10,50 €
84	2021 Riesling „feinherb“ Winninger Domgarten I 12 %/8,80 €
87	2020 Riesling Spätlese „feinherb“ Winninger Uhlen I 12 %/14,90 €
86	2020 Riesling „Schieferstück“ Winninger Domgarten I 11,5 %/10,50 €
85	2021 Riesling „Schieferstück“ Winninger Domgarten I 13 %/12,- €
86	2019 Spätburgunder trocken Barrique Winninger Domgarten I 13 %/13,90 €

★⯪

Theo Loosen

Kontakt
Mittelstraße 12
56818 Klotten
Tel. 02671-7501
Fax: 02671-4839
www.weingut-loosen.de
weingut-loosen@t-online.de

Besuchszeiten
Mo.-Sa. 9-18 Uhr
So. 9-13 Uhr
jederzeit nach Vereinbarung
Ferienwohnung

Inhaber
Hans-Theo Loosen
Betriebsleiter
Hans-Theo Loosen
Kellermeister
Hans-Theo Loosen
Außenbetrieb
Hans-Theo Loosen
Rebfläche
5,5 Hektar
Produktion
55.000 Flaschen

Hans-Theo Loosen führt heute dieses Familienweingut in Klotten, das auch Gästezimmer anbietet. Seine Weinberge liegen in den Klottener Lagen Brauneberg und Burg Coraidelstein (dem ursprünglichen Burgberg wurde nach der Flurbereinigung 1983 die Lage Sonnengold zugeschlagen). Der Brauneberg mit seinem reinen Schieferverwitterungsboden wurde in den Steuerkarten des 19. Jahrhunderts unter seinem ursprünglichen Namen Wirges der höchsten Kategorie zugerechnet. 2013 wurde durch Zukauf und Neuanlage von Querterrassen die Rebfläche ein wenig vergrößert. Riesling ist die mit Abstand wichtigste Rebsorte (75 Prozent der Fläche), die ältesten Reben sind über 60 Jahre alt. Dazu gibt es Weißburgunder, Müller-Thurgau, Dornfelder und Spätburgunder, sowie als Spezialität – fast ist man versucht zu sagen Kuriosität – Ehrenfelser. Der „VigNoble R" ist eine Cuvée aus Spätburgunder und Cabernet Dorsa, im Barrique gereift. Die Rieslinge werden weit überwiegend mit den natürlichen Hefen vergoren. 2011 wurde eine Vinothek fertig gestellt, auch eine Ferienwohnung ist vorhanden.

Kollektion

Immer wieder sind die Basisrieslinge und deren Güte zu loben – so auch 2021. Der Grauschiefer genannte Riesling besitzt eine saftige Art, ist eher schlank, aber nicht anspruchslos, wirkt zwar nicht puristisch trocken, aber sehr fein. Ganz anders der Chardonnay, der zu einem Teil für einige Wochen im Barrique lag und dadurch an Schmelz gewonnen hat. Ein Wein mit Würze und Schmelz, der aber auch eine feine Säure aufweist. Sehr gut gefällt der trockene Riesling aus dem Klottener Brauneberg mit Würze, aber auch Spiel. Ein sehr gut balancierter halbtrockener Grauschiefer-Riesling leitet über zum Finesse-Riesling, der nach frischem und getrocknetem Apfel sowie Zitrusfrüchten duftet und mit seinem Hauch von Kohlensäure, der frischen Art und der leichten Süße sehr direkt und animierend wirkt. Beim VigNoble R ist eine üppige Fruchtnote zu bemerken, die an Brom- und Maulbeeren erinnert und jeweils einen Hauch von Schokolade und Tabak integriert. Ein angenehm saftiger, unkomplizierter, aber mitnichten anspruchsloser Rotwein.

Weinbewertung

84 2021 Riesling trocken „Grauschiefer" | 11,5%/7,50€
85 2021 Chardonnay trocken | 13,5%/9,50€
86 2021 Riesling trocken „S" Klottener Brauneberg | 12%/10,-€
84 2021 Riesling halbtrocken „Grauschiefer" | 11%/7,50€
86 2021 Riesling „Finesse" | 11%/10,-€
84 2021 Riesling „Grauschiefer" | 8,5%/7,50€
84 2020 „VigNoble R" Rotwein trocken | 13,5%/14,-€

★★

Bioweingut Lorenz

Kontakt
Gaustraße 28
55278 Friesenheim
Tel. 06737-9703
Fax: 06737-1448
www.weingut-lorenz.de
info@weingut-lorenz.de

Besuchszeiten
nach Vereinbarung

Inhaber
Wendelin & Johannes Lorenz
Betriebsleiter
Johannes Lorenz
Kellermeister
Johannes Lorenz
Außenbetrieb
Wendelin Lorenz
Rebfläche
17 Hektar
Produktion
150.000 Flaschen

Das Bioweingut Lorenz, inzwischen Mitglied bei Bioland, gehört Wendelin Lorenz und Sohn Johannes, Geisenheim-Absolvent, der heute den Betrieb leitet. Ihre Weinberge liegen rund um Friesenheim, im Windschatten des Petersbergs. Die Reben wachsen hier teils auf tiefgründigen Löss- und Lehmböden, teils auf kalkreichen Ton-Mergelböden, sie werden seit 2003 biologisch bewirtschaftet. Wendelin und Johannes Lorenz bauen Riesling an, Weißburgunder, Chardonnay, Müller-Thurgau, Huxelrebe und Scheurebe, sowie an roten Sorten Dornfelder, Regent, Cabernet Sauvignon und St. Laurent. Die Weine werden spontan vergoren, Weißweine lagern bis Ende März auf der Feinhefe, Rotweine bleiben bis zu vier Jahre im Keller. 95 Prozent der Produktion wird trocken ausgebaut. Das Sortiment ist klar und übersichtlich, mit Kopfstand und Urschrei wurden zwei leicht verständliche Markenweine geschaffen, die Rebsortenweine tragen als Zusatz die dominierende Bodenart auf dem Etikett, nur für süße und edelsüße Weine (vor allem von Huxelrebe und Scheurebe) werden Prädikatsbezeichnungen verwendet.

Kollektion

Im vergangenen Jahr führte die Huxelrebe Auslese eine überzeugende, sehr gleichmäßige Kollektion an, und dieses Jahr ist wieder ein edelsüßer Wein unser Favorit: Die Scheurebe Spätlese führt zurecht die Bezeichnung „edelsüß", mit 120 Gramm Restzucker ist sie auch deutlich süßer als man es bei einer Spätlese erwartet, aber dieser Süße stehen auch viel Säure und Grip gegenüber, wodurch die intensive reintönige Frucht gut zur Geltung gebracht wird. Der weiße „Kopfstand" setzt auf Süße, Frische und Grip, der Weißburgunder ist füllig und saftig, strukturiert, der gelbfruchtige Riesling punktet mit Frische und dezent mineralischen Noten. Unsere leichte Präferenz unter den trockenen Weißweinen gilt dem Chardonnay, der füllig und saftig ist, Struktur und Grip besitzt. Auch di Rotweine überzeugen voll und ganz: Der Urschrei ist frisch und fruchtbetont, klar und zupackend, der Portugieser von alten Reben zeigt viel reife Frucht im Bouquet, rote und dunkle Früchte, viel Konzentration, ist füllig und kraftvoll im Mund, besitzt viel reife Frucht und viel Substanz, hebt sich so deutlich ab von dem, was weithin an Portugieser angeboten wird.

Weinbewertung

84 2021 Weißer Burgunder „Kalkmergel" I 13%/8,40€
84 2021 Riesling trocken I 13%/8,40€
84 2021 „Kopfstand" Weißwein I 11%/7,90€
85 2021 Chardonnay trocken I 13,5%/8,40€
87 2021 Scheurebe Spätlese „edelsüß" Friesenheimer Knopf I 7%/8,40€ ☺
84 2018 „Urschrei" Rotwein I 13,5%/8,40€
86 2018 Portugieser trocken „Zensiert" „von alten Reben" I 14,5%/11,40€

Lorenz und Söhne

Kontakt
Rheinhessenstraße 87
55545 Bad Kreuznach
Tel. 0671-65563
Fax: 0671-76015
www.lorenzwein.de
info@lorenzwein.de

Besuchszeiten
siehe Webseite
Bonnheimer Hof
(www.bonnheimerhof.com)
Lorenz Weinkolonnade

Inhaber
Werner & Ulrich Lorenz
Rebfläche
50 Hektar
Produktion
150.000 Flaschen

Das Weingut Lorenz & Söhne startete in den 1950er Jahren als typischer Mischbetrieb, der seine Trauben an die Genossenschaft ablieferte. Seniorchef Werner Lorenz konzentrierte sich auf den Weinbau und leitet das Weingut zusammen mit Sohn Ulrich, der für den Keller verantwortlich ist. Der Familienbetrieb hat mit 50 Hektar eine beträchtliche Größe, die Weinberge liegen unter anderem in den Kreuznacher Lagen Paradies, Brückes, Rosenberg, Vogelsang und Forst sowie im Roxheimer Höllenpfad. Riesling steht auf 35 Prozent der Rebfläche, 28 Prozent machen Weiß- und Grauburgunder aus, dazu kommen Chardonnay, Sauvignon Blanc, Müller-Thurgau, Gewürztraminer und Muskateller. Zu 30 Prozent werden rote Sorten angebaut, Spätburgunder, Portugieser, Dornfelder, Cabernet Sauvignon und Merlot.

Kollektion

Die „Nicht-Rieslinge" überzeugen in ihrem klaren fruchtbetonten Sortencharakter. Der Weißburgunder ist leichtfüßig, der Sauvignon Blanc expressiv und fein, was auch für den Chardonnay gilt, der dazu mit angenehmem Schmelz, Harmonie und Länge aufwartet. Der Kreuznacher Orts-Riesling Valentin mit seiner schlanken, animierenden Art und zarten Würze passt sich da bestens ein. Der trockene Tatort-Riesling Kreuznacher Brückes bietet deutlich mehr Substanz und Fülle, er ist wunderschön saftig und harmonisch, besitzt viel Frische und feinen Gerbstoffbiss, klingt mit Aromen von reifen roten Äpfeln nach, macht immer wieder Lust auf den nächsten Schluck. Zwei weitere zur Nachsendung angekündigte trockene Tatort-Rieslinge haben uns vor Redaktionsschluss leider nicht mehr erreicht. Sehr attraktiv sind auch die beiden fruchtigen Rieslinge, sie sind reintönig und harmonisch und lassen Trinkfreude aufkommen. Der Kabinett aus der Bad Kreuznacher Narrenkappe ist wunderschön saftig, zeigt neben schöner Balance von Säure und Frucht auch angenehme Schalenaromen. Die Riesling Spätlese ist reifer und etwas würziger im Aroma, auch sie ist wunderschön saftig, ihr süßlich-herber Nachhall ist einprägsam.

Weinbewertung

85 2020 Sauvignon Blanc trocken Kreuznacher | 11,5%/8,50€
84 2021 Riesling trocken „Valentin" Kreuznacher | 12%/7,80€
84 2021 Weißer Burgunder trocken Kreuznacher | 12,5%/8,-€
85 2021 Chardonnay trocken Kreuznacher | 12,5%/8,50€
86 2021 Riesling trocken „Tatort" Brückes | 12,5%/9,80€
85 2021 Riesling Kabinett „Tatort" Narrenkappe* | 8,5%/9,-€
85 2021 Riesling Spätlese | 7,5%/9,-€

★★★

Lucashof

Kontakt
Wiesenweg 1a
67147 Forst
Tel. 06326-336
Fax: 06326-5794
www.lucashof.de
weingut@lucashof.de

Besuchszeiten
Mo.-Fr. 8-12 + 13-18 Uhr
Sa. 8-16 Uhr
So. 10-12 Uhr
Landhotel (7 Doppelzimmer)

Inhaber
Klaus Lucas
Kellermeister/Betriebsleiter
Klaus & Philipp Lucas
Außenbetrieb
Hans & Philipp Lucas
Rebfläche
25 Hektar
Produktion
180.000 Flaschen

Anfang der sechziger Jahre wurde der Lucashof gegründet, heute führen Klaus Lucas und Ehefrau Christine das Weingut und das angeschlossene Landhotel. Bruder Hans Lucas ist für die Weinberge verantwortlich. Neben Weinbergen in den Forster Lagen Ungeheuer, Pechstein, Musenhang, Elster, Bischofsgarten und Stift besitzt die Familie Lucas auch Reben im Deidesheimer Herrgottsacker und in den Wachenheimer Lagen Goldbächel und Altenberg. 80 Prozent der Weinberge sind mit Riesling bepflanzt. Im Februar 2018 ist Philipp Lucas, nach seiner Ausbildung bei Wittmann und Emrich-Schönleber und seinem Geisenheim-Studium, als nächste Generation in den Betrieb eingestiegen und übernimmt nach und nach die Verantwortung im Keller und in den Weinbergen.

Kollektion

Ein neuer Wein führt in diesem Jahr das durchgängig sehr gute Sortiment an: Der „Terrassen"-Riesling stammt von bis zu 60 Jahre alten Reben auf einer Terrasse direkt am Waldrand im Forster Musenhang, er besitzt ein komplexes Bouquet mit kräutrig-mineralischen Noten und etwas gelbem Apfel und ist am Gaumen druckvoll, enorm salzig und sehr nachhaltig. Auch die beiden Pechstein-Rieslinge sind sehr nachhaltig und salzig, der „Réserve" ist etwas frischer und fruchtbetonter als die normale Version, besitzt Kraft, Fülle und klare Aromen von Orangenschale und Aprikose, der Pechstein „LS" zeigt etwas deutlichere steinig-mineralische Noten. Der Ungeheuer „LS" zeigt kräutrig-mineralische Noten und Zitrusfrucht, besitzt Grip und Druck, unter den Rieslingen aus Ersten Lagen ist die Petershöhle der nachhaltigste Wein, besitzt herbe Zitrusnoten, ist animierend und leicht salzig, der Goldbächel ist etwas schlanker, zeigt Noten von grünem Apfel und Ananas, besitzt gute Länge, der Spielberg ist ganz von kreidig-kräutrigen Noten geprägt, besitzt etwas mehr Grip als der fruchtbetonte Musenhang.

Weinbewertung

84 2021 Riesling trocken | 12%/7,50€
86 2021 Riesling trocken Forster Musenhang | 12%/13,-€
87 2021 Riesling trocken Wachenheimer Goldbächel | 12%/14,-€
86 2021 Riesling trocken „P. Lucas" Forster | 12%/10,-€
87 2021 Riesling trocken Dürkheimer Spielberg | 12%/13,-€
88 2021 Riesling trocken Deidesheimer In der Petershöhle | 12,5%/15,-€
87 2020 Weißburgunder trocken „LS" | 13,5%/14,50€
89 2020 Riesling trocken „LS" Forster Ungeheuer | 12,5%/26,-€
90 2020 Riesling trocken „LS" Forster Pechstein | 13%/28,-€
90+ 2020 Riesling trocken „LS Réserve" Forster Pechstein | 13%/30,-€
91 2020 Riesling trocken „LS Terrassen" | 12,5%/48,-€
86 2021 Riesling Kabinett Forster | 8%/10,-€

WEINGUT Lucashof FORST Weinstraße

★★★

Gebr. Ludwig

Kontakt
Im Bungert 10
54340 Thörnich
Tel. 06507-3760
Fax: 06507-4677
www.gebruederludwig.de
info@gebruederludwig.de

Besuchszeiten
nach Vereinbarung
Gästehaus am Weingut
(6-10 Personen)

Inhaber
Thomas Ludwig
Betriebsleiter
Thomas Ludwig
Kellermeister
Thomas Ludwig
Außenbetrieb
Thomas Ludwig
Rebfläche
10,5 Hektar
Produktion
90.000 Flaschen

Seit dem Jahr 1628 betreibt die Familie Ludwig Weinbau in Thörnich. Seit 2005 wird das Gut von Meike und Thomas Ludwig geführt. Ihre Weinberge liegen hauptsächlich in der Thörnicher Ritsch, einer steilen, reinen Südlage, in der sie ausschließlich Riesling anbauen; daneben sind sie in der Thörnicher Schießlay vertreten sowie in der Klüsserather Bruderschaft. Riesling – mit bis zu 100 Jahre alten Reben – nimmt 80 Prozent der Rebfläche ein, hinzu kommen Sauvignon Blanc, Weißburgunder, Grauburgunder und St. Laurent. Die Corona-Zeit wurde genutzt, um Layout und Außendarstellung des Weingutes zu erneuern.

Kollektion

Schon der Basisriesing in der Literflasche ist frisch, würzig, mit Anklängen an Kernobst, Kräutern und Zitrus. Die beiden Sauvignon Blanc sind sehr unterschiedlich und beide spannend. Der eine, ein 2021er, ist enorm fruchtig in der Nase, mit süßen Kräuternoten, im Mund saftig. Der andere, Handwerk genannt und aus 2020, zeigt eine ruhigere, leicht cremig-würzige Aromatik, ist betont straff und würzig im Mund, im Nachhall mit dezenten Tanninen und einem Anklang an Kaffee ausgestattet – ein interessanter Stil. Der trockene Riesling aus der Bruderschaft besitzt eine recht komplexe Aromatik, ist im Mund straff, fest, würzig mit Spiel, sein Ritsch-Pendant wirkt noch etwas verhalten, ist ebenfalls spannend. Das Große Gewächs aus der Ritsch ist offen und fruchtbetont, besitzt gute Substanz und Länge. Die Spätlese aus der Ritsch ist frisch, zeigt Anklänge an gehackte Kräuter und Kernobst, ist saftig und rassig gleichzeitig, also sehr typisch für die Lage; etwas saftiger wirkt die Bruderschaft-Spätlese. Die Auslese ist sehr fein, vibrierend, ausgesprochen gelungen.

Weinbewertung

84	2021 Riesling trocken (1l) I 11,5%/7,90€
84	2021 Riesling trocken Thörnicher I 12,5%/9,90€
86	2021 Sauvignon Blanc trocken I 12%/9,90€
88	2021 Riesling trocken Thörnicher Ritsch I 12,5%/12,90€
87	2020 Pinot Blanc trocken „Handwerk" I 12,5%/16,90€
88	2020 Sauvignon Blanc trocken „Handwerk" I 12,5%/16,90€
90	2021 Riesling trocken „GG" Thörnicher Ritsch I 12,5%/24,90€
88	2021 Riesling trocken Klüsserather Bruderschaft I 12,5%/12,90€
84	2021 Riesling „feinherb" (1l) I 11,5%/7,90€
86	2021 Riesling „feinherb" Thörnicher I 11,5%/9,90€
87	2021 Riesling „feinherb" Thörnicher Ritsch I 11,5%/12,90€
87	2021 Riesling Kabinett Thörnicher Ritsch I 8,5%/9,90€
88	2021 Riesling Spätlese Klüsserather Bruderschaft I 7,5%/14,90€
88	2021 Riesling Spätlese Thörnicher Ritsch I 7,5%/14,90€
91	2021 Riesling Auslese Thörnicher Ritsch I 7,5%/0,375l/Vst.

EST. 1628

ludwig

★

Luff

Kontakt
Hauptstraße 20
55270 Jugenheim
Tel. 06130-7090829
www.luffwein.de
weingut@luffwein.de

Besuchszeiten
nach Vereinbarung

Inhaber
Harald & Alexander Luff
Kellermeister
Alexander Luff
Außenbetrieb
Harald & Alexander Luff
Rebfläche
13,5 Hektar

Lange Zeit hat die Familie Luff den Ertrag ihrer Weinberge als Trauben oder als Fasswein verkauft, 2019 hat man begonnen selbst Wein auszubauen und zu vermarkten. Harald Luff und sein Sohn Alexander führen den Betrieb, der sich in Jugenheim befindet, einer nicht ganz so bekannten Weinbaugemeinde im nördlichen Rheinhessen. In den Jugenheimer Lagen Goldberg, Hasensprung und St. Georgenberg werden Sorten wie Riesling, Weißburgunder, Grauburgunder, Spätburgunder und Sauvignon Blanc angebaut; die Reben wachsen auf tonigen Lehmböden, gelegentlich durchsetzt mit Mergel. Das Programm ist derzeit gegliedert in Guts- und Ortsweine, ist aber dreistufig angelegt und soll zukünftig um Lagenweine ergänzt werden. Für den Weinausbau ist Sohn Alexander Luff verantwortlich, der in Geisenheim studiert hat und beim Weingut Hofmann in Appenheim arbeitet.

Kollektion

Wie schon im Vorjahr präsentiert Alexander Luff neben einer breiten Palette an Gutsweinen einen einzigen Ortswein. War es im vergangenen Jahr der Jugenheimer Riesling, der auch an der Spitze der Kollektion stand, so ist es nun im Jahrgang 2021 der Jugenheimer Chardonnay, und der setzt sich wiederum an die Spitze einer sehr gleichmäßigen Kollektion. Er ist würzig und eindringlich, zeigt klare reife Frucht, ist füllig und harmonisch im Mund, besitzt viel süße Frucht, gute Struktur und Substanz. Der feinherbe Riesling ist würzig, etwas verhalten, deutlich besser gefällt uns die trockene Riesling-Version, ein frischer, fruchtbetonter Gutswein, der reintönige Frucht und feinen Grip besitzt. Der Grauburgunder ist würzig, der Weißburgunder reintönig und frisch, ist harmonisch bei feiner süßer Frucht, deutlich trockener als die anderen Weißweine. Der Sauvignon Blanc zeigt ganz leicht florale Noten im Bouquet, ist klar und zupackend, besitzt feine süße Frucht und Grip. Fruchtbetont und frisch ist der Rosé, zeigt rote Früchte im Bouquet, ist merklich süß, sehr süffig. Aus dem Jahrgang 2020 stammt der Spätburgunder, der ebenfalls frisch und fruchtbetont im Bouquet ist, im Mund schön klar und zupackend ist. Gute Struktur und Biss besitzt.

Weinbewertung

84 2021 Riesling trocken | 12,5%/7,-€
83 2021 Weißburgunder trocken | 12%/7,-€
81 2021 Grauburgunder trocken | 12%/7,-€
84 2021 Sauvignon Blanc trocken | 12%/7,-€
85 2021 Chardonnay trocken Jugenheimer | 13%/10,50€
81 2021 Riesling „feinherb“ | 11,5%/6,50€
83 2021 Rosé | 11,5%/6,50€
84 2020 Spätburgunder trocken | 12,5%/7,-€

uff

★★

Lutz

Kontakt
Amthof 1
75038 Oberderdingen
Tel. 07045-201900
Fax: 07045-2019030
www.weingut-lutz.com
kontakt@weingut-lutz.com

Besuchszeiten
Mo.-Sa. 9-18 Uhr
Weinstube Lutz:
Mi.-So. 11-22 Uhr

Inhaber
Manuel Lutz
Rebfläche
17 Hektar
Produktion
140.000 Flaschen

Das Weingut Lutz hat seinen Sitz mitten in Oberderdingen, in der im 18. Jahrhundert erbauten Amtsschreiberei des ehemaligen Rentamts Derdingen. Seit 2012 führt Manuel Lutz in vierter Generation den Betrieb. Oberderdingen liegt in Württemberg, direkt an der Grenze zu Baden, Manuel Lutz besitzt Weinberge sowohl auf Württemberger Seite in der Oberderdinger Kupferhalde, als auch im benachbarten Kraichgau in den Lagen Sulzfelder Lerchenberg und Kürnbacher Lerchenberg, die Reben wachsen auf Gipskeuperböden. Riesling und Lemberger sind seine wichtigsten Rebsorten, es folgen Trollinger, Schwarzriesling, Grauburgunder, Weißburgunder, Spätburgunder, Cabernet, Sauvignon Blanc und andere mehr. Zum Weingut gehören ein Gästehaus und eine Weinstube. Die Spitzenweine werden in der Linie „ML" (Manuel Lutz) vermarktet, bei diesen Weinen gibt Manuel Lutz in einer Broschüre, nicht auf dem Etikett, die genaue Herkunft an.

Kollektion

Der Muskat-Trollinger Secco Rosé ist frisch und zupackend, der Rosé-Sekt fruchtbetont und süffig – schöne Terrassenweine. Die weiße Editions-Linie präsentiert sich sehr gleichmäßig: Der birnenduftige Silvaner ist frisch und geradlinig, der Weißburgunder ist sehr kompakt, was auch für den zupackenden Grauburgunder gilt, bei den Rieslingen gefällt uns die griffige trockene Variante etwas besser als die feinherbe. Highlight im weißen Segment ist der einzige ML-Wein, der Sauvignon Blanc, der würzig und eindringlich ist, Fülle und Kraft besitzt, viel reife Frucht und gute Struktur. Die drei präsentierten Rotweine stammen aus dem Jahrgang 2019. Der Pinot Meunier ist frisch und geradlinig, der Merlot ML zeigt gute Konzentration, feine Würze und klare reife Frucht, ist kraftvoll und zupackend, besitzt gute Struktur und viel Tannine. Unser eindeutiger Favorit bei den Roten ist der Lemberger ML, der rauchige Noten zeigt, reife Frucht, Fülle und Kraft besitzt, Struktur, Frucht und Grip. ▬

Weinbewertung

83 Muskat-Trollinger „Secco" Rosé | 11,5%/8,90€
84 2020 „ML" Rosé Sekt brut | 12,5%/13,90€
83 2021 Silvaner trocken „Edition" Oberderdinger Kupferhalde | 12%/8,90€
84 2021 Riesling trocken „Edition" Kürnbacher Lerchenberg | 11,5%/8,90€
84 2021 Weißburgunder trocken „Edition" Sulzfelder Lerchenberg | 13%/8,90€
84 2021 Grauburgunder trocken „Edition" Sulzfelder Lerchenberg | 13,5%/8,90€
87 2021 Sauvignon Blanc trocken „ML" | 12,5%/12,90€
83 2021 Riesling „feinherb" „Edition" Oberderdinger Kupferhalde | 12%/8,90€
83 2019 Pinot Meunier trocken „Edition" Oberderdinger Kupferhalde | 12,5%/8,90€
85 2019 Merlot trocken „ML" (Württemberg) | 13,5%/14,90€
88 2019 Lemberger trocken „ML" | 13,5%/20,90€

★★★☆

Maier

Kontakt
Zehnmorgenweg 2
71409 Schwaikheim
Tel. 07195-5565
Fax: -139508
www.maier-weingut.de
info@maier-weingut.de

Besuchszeiten
Di.-Fr. 17-19 Uhr
Sa. 9-14 Uhr
Gutsausschank Jan./Febr.

Inhaber
Weingut Maier GbR
Betriebsleiter
Michael Maier
Kellermeister
Michael Maier
Außenbetrieb
Florian Wachter
Rebfläche
15 Hektar
Produktion
80.000 Flaschen

Das Weingut in seiner heutigen Form besteht seit 1986 als Lothar Maier begann den Weinbaubetrieb auszuweiten und zusammen mit Ehefrau Rose eine Besenwirtschaft eröffnete. Heute werden sie im Betrieb unterstützt von Sohn Michael, Geisenheim-Absolvent, der seine eigene Weinlinie „vom Stein" kreiert hat. Ihre Weinberge liegen im Remstal, alle in einer Entfernung von nicht mehr als 5 Kilometer vom Weingut, vor allem in Korb (Sommerhalde) und Hanweiler (Berg, Maien), aber auch in Neustadt (Sörenberg), Steinreinach (Hörnle), Breuningsweiler (Haselstein) und Winnenden (Haselstein, Holzenberg) sowie in Endersbach (Wetzstein). Rote Sorten überwiegen im Anbau: Trollinger, Lemberger, Muskat-Trollinger, Samtrot, Zweigelt und Spätburgunder, dazu Cabernet Dorio und Dornfelder. An weißen Sorten gibt es Riesling, Silvaner, Kerner, Weißburgunder und Traminer, inzwischen auch Sauvignon Blanc und Grauburgunder. Die Umstellung auf biologischen Weinbau wurde begonnen.

Kollektion

Es ist das erste Mal, dass wir einen Sekt von Michael Maier verkosten – und der führt sich prächtig ein, ist rauchig, würzig, zeigt feine Hefenoten, ist füllig und harmonisch im Mund, komplex und frisch. Neu ist auch der rote Amphorenwein, der würzig, zupackend und tanninbetont ist, der weiße Amphorenwein ist verschlossen, aber doch sehr druckvoll, enorm jugendlich. Der Silvaner von alten Reben ist wunderschön reintönig, füllig und saftig, der Weißburgunder ist fruchtbetont, lebhaft und zupackend. Der Weißburgunder vom Haselstein ist deutlich fülliger und konzentrierter, besitzt reintönige Frucht, Struktur und Grip. Ganz stark sind auch die Rotweine. Der Cabernet Franc vom Söhrenberg zeigt wunderschön reintönige Frucht, ein wenig Kräuter, besitzt viel Frische, Frucht und Grip. Das Spätburgunder-Trio präsentiert sich sehr stimmig vom frischen, intensiv fruchtigen Gutswein über den ebenfalls fruchtbetonten, herrlich reintönigen Wein vom Hörnle bis hin zur Reserve aus dem Jahrgang 2018, die faszinierend viel reintönige Frucht, Komplexität und Länge besitzt. Ganz starke Kollektion! ▬

Weinbewertung

88 2016 Pinot brut nature | 12%/19,90€
87 2021 Silvaner trocken „Alte Reben" | 12%/9,50€
85 2021 Weißburgunder trocken (Selektion) | 12,5%/8,-€
89 2020 Weißburgunder trocken „vom Stein" Winnender Haselstein | 13,5%/15,30€
88 2020 „Amphore Weiß" | 13,5%/17,50€
86 2019 Spätburgunder trocken Selektion | 13%/10,-€
89 2019 Spätburgunder trocken „vom Stein" Steinreinacher Hörnle | 13,5%/18,90€
88 2019 Cabernet Franc „vom Stein" Neustadter Söhrenberg | 13,5%/21,-€
91 2018 Spätburgunder trocken „Reserve" | 13,5%/75,-€/1,5l
87 2020 „Amphore rot" | 12,5%/17,50€

★☆

Maier

Kontakt
Karlsruher Straße 8, 76532
Baden-Baden-Haueneberstein
Tel. 07221-64197
Fax: 07221-995479
www.weingut-maier.de
info@weingut-maier.de

Besuchszeiten
Di.-Fr. 9-12 + 15-18 Uhr
Sa. 9-13 Uhr
Mi. nachm. geschlossen, sowie nach Vereinbarung
Straußwirtschaft Peter's Brennstub 2 x im Jahr (April/ Mai + Sept./Okt.)
Gästehaus „Die WeinBleibe", ganzjährig geöffnet, 6 DZ, 2 EZ, buchbar mit Frühstück

Inhaber/Betriebsleiter/ Kellermeister/ Außenbetrieb
Volker Maier
Rebfläche
9 Hektar
Produktion
70.000 Flaschen

Volker Maier pflegt badische Weinbau-Tradition in fünfter Generation. Urgroßvater und Winzer Ignatz Fritz begann mit Reben in Neuweier, von denen einige Lagen noch heute im Familienbesitz sind. Der Weißwein vom Ignatz war ausgezeichnet, beurkundete der Landwirtschaftliche Verein Großherzogtum Baden anno 1884 in Bühl. Volker Maier übernahm nach seinem Geisenheim-Studium 2001 den Betrieb mit damals gerade einmal einem halben Hektar Reben, heute bewirtschaftet er knapp neun Hektar. 2006 erwarb er die Gebäude der ehemaligen Winzergenossenschaft Bühlertal und renovierte sie: Dort baut er heute die Weine aus. Seine Weinberge liegen zwischen Baden-Baden und Bühlertal. Hauptsorte ist der Riesling, des Weiteren werden Grauburgunder, Weißburgunder, Müller-Thurgau, Scheurebe und Gewürztraminer angebaut, sowie die roten Sorten Dornfelder, St. Laurent und Spätburgunder. 2015 begann die Umstellung auf biologischen Weinbau, seit 2018 ist das Weingut bio-zertifiziert. 2019 wurde ein Gästehaus eröffnet.

Kollektion

Die 2021er Weißweine besitzen Frische, klare Frucht und Grip. Der Weißburgunder ist geradlinig und zupackend, der gelbfruchtige Grauburgunder besitzt enorm viel Frische, die Scheurebe ist fruchtbetont und intensiv. Unsere Favoriten sind der intensiv fruchtige, florale Johanniter und der trockene Riesling Kabinett, der würzig und eindringlich ist, feine Süße, klare Frucht und Grip besitzt. Noch besser allerdings gefallen uns zwei Weißweine des Jahrgangs 2020: Der Josefa genannte Gewürztraminer zeigt viel Rosenduft, besitzt Fülle und Saft, viel reife Frucht und Substanz, während der Riesling aus dem Mauerberg feine Reifenoten im Bouquet zeigt, reife süße Frucht besitzt, gute Struktur und Grip. Auch die beiden roten Cuvées überzeugen, Rosenrot mit Frische, Struktur und Grip, Re(d)volution mit Konzentration, Fülle und Kraft. Gute Kollektion!

Weinbewertung

83	2021 Weißer Burgunder trocken I 12,5%/10,-€
82	2021 Grauer Burgunder trocken I 12,5%/11,-€
84	2021 Riesling Kabinett trocken „BB" I 11,5%/10,-€
84	2021 Johanniter „JO" I 11,5%/11,-€
82	2020 Souvignier Gris I 13,5%/12,50€
86	2020 Riesling „SI" Neuweierer Mauerberg I 13%/22,-€
85	2020 Gewürztraminer „Josefa" I 13%/18,50€
83	2021 Scheurebe I 11,5%/10,-€
81	2021 Spätburgunder Rosé trocken I 11,5%/10,-€
84	2020 „RosenRot" Rotwein I 13%/10,-€
84	2019 „Re(d)volution" Rotwein Neuweier Heiligenstein I 13,5%/24,-€

Margarethenhof

Kontakt
Kirchstraße 17
54441 Ayl
Tel. 06581-2538
Fax: 06581-6829
www.margarethenhof-ayl.de
mail@margarethenhof-ayl.de

Besuchszeiten
Mo.-Fr. 9:30-12:30 + 14-18 Uhr
Sa. 9:30-17 Uhr
und nach Vereinbarung

Inhaber
Jürgen Weber
Betriebsleiter
Jürgen Weber
Kellermeister
Nicolas Weber
Außenbetrieb
Nicolas Weber
Rebfläche
21 Hektar

Das Weingut, ursprünglich in Tawern zuhause, wird heute in dritter Generation von Jürgen Weber geführt, der seit 2000 den Betrieb erweitert hat und im benachbarten Ayl das historische Gebäude des ehemaligen Winzervereins erwarb. Mit dem Jahrgang 2020 ist Sohn Nicolas Weber, ein ausgebildeter Önologe, mit eingestiegen, bringt eigene Ideen ein. Die Weinberge, 21 Hektar, liegen sowohl an der Saar auf Schieferböden (dort vor allem in der Ayler Kupp) als auch an der Obermosel, wo die Reben auf Muschelkalk wachsen. Riesling nimmt 40 Prozent der Rebfläche ein, Elbling 30 Prozent, hinzu kommen 25 Prozent Burgundersorten – Weißburgunder, Grauburgunder, Auxerrois, Spätburgunder – sowie Sauvignon Blanc und Chardonnay, eine Neuanpflanzung von Souvignier Gris nicht zu vergessen. Die Weine werden langsam und kühl in Edelstahltanks vergoren. In den letzten Jahren wurde immer mehr experimentiert – so wird das Große Gewächs mit Füßen gequetscht und spontan vergoren, zum Teil im Fuder. Beim Reserve-Weine aus Chardonnay spielen französische Barriques eine Rolle, der Sauvignon Blanc profitiert von langer Maischestandzeit.

Kollektion

Eher verhalten, aber mit viel Frucht und Spiel ausgestattet ist der Elbling. Der Sauvignon Blanc wirkt sehr offen mit herbwürziger Kräuteraromatik, im Mund schön fest und straff, animierend und trocken. Eine schön kühle Frucht zeigt der Saarriesling. Das Große Gewächs aus der Kupp stammt aus 2020 und wirkt ruhig mit Hefe- und pflanzlichen Noten, ist im Mund fest, würzig, mit leichtem Schmelz: ein sehr eigenständiger Wein. Noch besser als die Weißburgunder Reserve gefällt jene aus Chardonnay, enorm präsent und fest. Verhalten wirkt der Kabinett, der sich im Mund würzig und saftig präsentiert mit wenig Süße, einen interessanten Stil repräsentierend. Sehr eigenständig ist der Reserve-Rosé aus 2019 (!), ein sehr feiner, ausdrucksstarker Rosé mit Anklängen an Kräuter, im Mund fein, animierend.

Weinbewertung

85 2021 Riesling „harmonisch" trocken Saar | 11,5%/8,50€
86 2020 Elbling trocken „Kalkstein" Wasserliescher | 12%/9,50€
87 2021 Sauvignon Blanc trocken Ayler | 11%/13,-€
85 2021 Riesling trocken „Schiefermineral" Ayler | 12%/10,50€
90 2020 Riesling „GG" Ayler Kupp | 12,5%/22,-€
88 2020 Weißburgunder trocken „Reserve" | 12,5%/25,-€
89 2020 Chardonnay trocken „Reserve" | 13%/25,-€
84 2021 Riesling „feinherb" „Schieferstein" Ayler | 11,5%/10,50€
88 2020 Riesling „feinherb" „Alte Reben" Ayler Kupp | 10%/22,-€
87 2021 Riesling „1511" Ayler Kupp | 8,5%/16,-€
87 2021 Riesling Kabinett | 8%/9,50€
87 2019 Spätburgunder Rosé trocken „Lambertus Reserve" | 12%/15,-€

★★☆

Markelsheim

Kontakt
Weingärtner Markelsheim eG
Scheuerntorstraße 19
97980 Bad Mergentheim-Markelsheim
Tel. 07931-90600
Fax: 07931-906030
www.markelsheimer-wein.de
info@markelsheimer-wein.de

Besuchszeiten
Mo.-Fr. 9-12 + 13-18 Uhr
Sa. 9-12 + 13-16 Uhr
So. (April-Dez.) 10-16 Uhr

Inhaber
180 Mitglieder
Geschäftsführender Vorstand
Michael Schmitt
Kellermeister
Peter Kilburg
Rebfläche
193 Hektar
Produktion
800.000 Flaschen

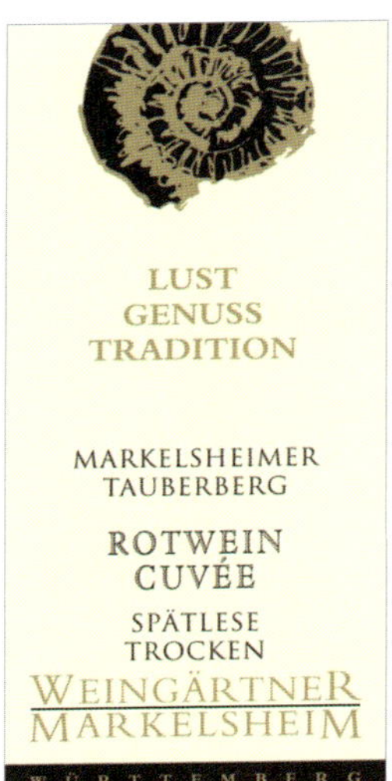

Die 1898 gegründete Genossenschaft von Markelsheim gehört zu den ältesten in Württemberg. Ihre Mitglieder bewirtschaften das Gros der Weinberge im Tauber- und Vorbachtal, die zu Württemberg gehören. Weinbau hat hier eine lange Tradition, wurde in Markelsheim bereits 1096 erstmals urkundlich erwähnt. Bis ins späte 19. Jahrhundert hinein waren die Rebflächen wesentlich größer, Weinbau war neben Ackerbau und Viehzucht der zentrale Wirtschaftsfaktor im Taubertal. Durch Fusionen mit den Genossenschaften von Niederstetten 1978 und Laudenbach 1999 wuchs die Mitgliederzahl, so dass heute Weinberge in den Gemeinden Markelsheim, Laudenbach, Weikersheim, Schäftersheim, Vorbachzimmern, Haagen, Ebertsbronn, Elpersheim, Niederstetten und Oberstetten bewirtschaftet werden. Auf knapp der Hälfte der Fläche wachsen weiße Rebsorten, Müller-Thurgau und Silvaner vor allem, aber auch Riesling, Kerner, Weiß- und Grauburgunder, Traminer und Sauvignon Blanc. Bei den roten Sorten dominiert Schwarzriesling, hinzu kommen Acolon, Zweigelt, Spätburgunder, Dornfelder, Trollinger sowie die regionale Spezialität Tauberschwarz.

Kollektion

Mit der trockenen Spätburgunder Spätlese aus dem Jahrgang 2018 stand ein Barrique-Rotwein im vergangenen Jahr an der Spitze der Kollektion, und dies ist nun auch in diesem Jahr so, wieder führt ein Barrique-Rotwein des Jahrgangs 2018 die Kollektion an: Die rote Cuvée zeigt intensive Frucht, gute Konzentration, etwas florale Noten, ist füllig und kraftvoll im Mund bei reifer Frucht und guter Struktur. Auch die süße Schwarzriesling Auslese aus demselben Jahrgang überzeugt, ist reintönig, harmonisch und süffig. Tauberschwarz punktet dieses Jahr als Rosé, ist wunderschön reintönig, fruchtbetont, frisch und zupackend, besitzt gute Struktur und Grip. Der nicht dosierte 2020er Blanc de Blancs-Sekt ist würzig, klar und zupackend. Die 2021er Weißweine sind frisch und unkompliziert, unsere leichte Präferenz gilt dem neuen Wein im Programm, dem stachelbeerduftigen Sauvitage.

Weinbewertung

82 „Secco" Rosé | 11%/5,20€
84 2020 Pinot „Blanc de Blancs" Sekt brut nature | 13,5%/13,-€
82 2021 Kerner Kabinett trocken Markelsheimer Tauberberg | 12,5%/5,20€
82 2021 Sauvignon Blanc trocken Markelsheimer Tauberberg | 12%/5,95€
83 2021 Sauvitage trocken Markelsheimer Tauberberg | 11,5%/k.A.
83 2021 Traminer Kabinett trocken Weikersheimer Tauberberg | 12%/6,80€
82 2021 Bacchus Markelsheimer Tauberberg | 11%/4,40€
80 2021 Silvaner Kabinett Markelsheimer Propstberg | 11%/5,20€
84 2021 Tauberschwarz Rosé trocken Markelsheimer Tauberberg | 12%/5,20€
86 2018 Rotwein Cuvée Spätlese trocken Barrique Tauberberg | 13,5%/12,90€
83 2018 Schwarzriesling Auslese Markelsheimer Tauberberg | 12,5%/7,20€

★★★

Max Markert

Kontakt
Am Zöller 1
97246 Eibelstadt
Tel. 09303-1795
Fax: 09303-1090
www.weingut-markert.de
info@weingut-markert.de

Besuchszeiten
Mo.-Fr. 9-12 + 15-18 Uhr
Sa. 10-15 Uhr
und nach Vereinbarung

Inhaber
Max Markert
Kellermeister
Thomas Heil
Rebfläche
10,8 Hektar
Produktion
75.000 Flaschen

Max Markert betreibt Weinbau seit 1995 im Vollerwerb; 1974 hatte er seine ersten Reben gepflanzt, seit 1977 das Weingut im Nebenerwerb geführt. Seine Weinberge liegen in den Eibelstadter Lagen Mönchsleite, Kapellenberg und Teufelstor (seit 1971 Großlage), sowie im Randersackerer Dabug, die Reben wachsen auf Muschelkalkböden. Weiße Rebsorten nehmen drei Viertel der Fläche ein: Silvaner, Müller-Thurgau, Bacchus, Kerner, Scheurebe, Rieslaner, Riesling und Weißburgunder; an roten Sorten gibt es Domina, Spätburgunder, Portugieser, Dornfelder und Cabernet Dorsa.

Kollektion

Eine bestechend gleichmäßige Kollektion präsentiert Max Markert auch in diesem Jahr, so wie wir das schon seit vielen Jahren kennen. Sehr gut sind die beiden 2019er Rotweine: Der Spätburgunder aus dem Kapellenberg ist fruchtbetont, intensiv, herrlich reintönig, besitzt Frische und Druck, Struktur und Grip; die Domina aus der Mönchsleite ist ebenfalls fruchtbetont und intensiv, frisch und zupackend. Auch die rote Jahrgangscuvée Carolus passt sich ein in dieses Bild, setzt ganz auf Frucht. Im weißen Segment haben zwei trockene Spätlesen aus dem Kapellenberg die Nase vorne. Aus dem Jahrgang 2021 stammt der Weißburgunder, der würzig und konzentriert im Bouquet ist, im Mund Fülle und Kraft vereint mit reifer Frucht und Frische. Ein Jahr älter ist der Silvaner, zeigt viel Würze und viel reife Frucht, ist wunderschön füllig und saftig im Mund, besitzt reife klare Frucht, aber auch Struktur und Frische. Der Blanc de Noir aus der Mönchsleite ist kraftvoll, klar und fruchtbetont. Unter den Kabinettweinen gefällt uns der herrlich reintönige Weißburgunder besonders gut. Sehr gut ist auch der Müller-Thurgau Frank & Frei, besitzt feine süße Frucht und Grip, was auch für den harmonischen Riesling-Sekt gilt.

Weinbewertung

85 2020 Riesling Sekt brut | 12,5%/14,50€
85 2021 Müller-Thurgau trocken „Frank & Frei“ | 11,5%/7,50€
83 2020 Müller-Thurgau Kabinett trocken | 12,5%/7,-€
83 2021 Cuvée Weiß trocken | 12%/7,50€
83 2020 Silvaner Kabinett trocken „Alte Reben“ | 13%/8,50€
83 2019 Riesling Kabinett trocken Eibelstadter Kapellenberg | 12,5%/8,-€
85 2021 Weißer Burgunder Kabinett trocken | 13%/8,50€
85 2021 „Alina“ „Blanc de Noir“ Spätlese trocken Eibelstadter Mönchsleite | 12,5%/9,50€
84 2021 Scheurebe Kabinett trocken | 12%/8,50€
86 2020 Silvaner Spätlese trocken Kapellenberg | 13%/9,-€
86 2021 Weißer Burgunder Spätlese trocken Kapellenberg | 13%/9,50€
84 „Carolus-Cuvée“ Rotwein trocken | 13%/8,-€
87 2019 Spätburgunder trocken Eibelstadter Kapellenberg | 13,5%/9,-€
86 2019 Domina trocken Eibelstadter Mönchsleite | 13,5%/9,-€

★★

Markgräfler Winzer eG

Kontakt
Winzerstraße 2
79588 Efringen-Kirchen
Tel. 07628-91140
Fax: 07628-2976
www.markgraeflerwinzer.de
info@markgraeflerwinzer.de

Besuchszeiten
Mo.-Fr. 9-18 Uhr, Sa. 9-13 Uhr

Geschäftsführender Vorstand
Hagen H. Rüdlin
Kellermeister
Martin Leyh

Winzer aus mehr als 20 Ortschaften hatten 1952 die Bezirkskellerei als Genossenschaft des badischen Bezirks Markgräflerland mit anfangs 115 Hektar Fläche gegründet. 2004 erfolgte die Fusion mit der WG Ballrechten-Dottingen, 2010 dann mit den bereits zusammengeschlossenen Genossenschaften Ehrenstetten und Kirchhofen. Im Jahr 2018 erfolgte die Umbenennung in „Markgräfler Winzer eG" mit 940 Winzern, die 940 Hektar bewirtschaften; vom Batzenberg im Norden bis zum Grenzacher Hornfelsen, dem südlichsten Weinberg Deutschlands. Seit 2016 ist Hagen Rüdlin Geschäftsführender Vorstand, seit August 2019 ist Martin Leyh als Erster Kellermeister für den Ausbau der Weine verantwortlich.

Kollektion

Die stetige Qualitätssteigerung bei den Markgräfler Winzern bereitet uns Freude, das ist auch dieses Jahr wieder so. Die 2021er „G'meinwerk"-Weißweine sind frisch, geradlinig und fruchtbetont. Eine Steigerung bringt die Kunstwerk-Linie. Der Gutedel aus dem Isteiner Kirchberg ist würzig, klar und zupackend, der Weißburgunder aus dem Oelberg, Jahrgang 2020, zeigt leicht rauchige Noten, besitzt gute Struktur und reintönige Frucht. Ebenfalls aus dem Jahrgang 2020 stammt der Grauburgunder vom Castellberg, der reife gelbe Früchte im Bouquet zeigt, frisch und zupackend ist. Auch die beiden Kunstwerk-Spätburgunder sind sehr gut, der Wein vom Kirchberg besitzt reintönige Frucht, gute Struktur und Grip, sein ein Jahr jüngerer Kollege vom Grenzacher Hornfelsen ist enorm frisch, aber ebenso reintönig und zupackend. „Der" Gutedel, Jahrgang 2020, besitzt klare reife Frucht und Grip, Fülle und Kraft – und das bei ganzen 11,5 Prozent Alkohol. „Der" Chardonnay, Jahrgang 2019, stand schon im vergangenen Jahr bei uns auf dem Tisch, er besitzt Fülle und Komplexität, was auch für den rauchigen „Der" Spätburgunder aus demselben Jahrgang gilt.

Weinbewertung

83	2021 Gutedel trocken „G'meinwerk" I 11,5%/5,50€
82	2021 Weißburgunder trocken „G'meinwerk" I 11,5%/7,50€
82	2021 Grauburgunder trocken „G'meinwerk" I 12%/7,50€
85	2021 Gutedel trocken „Kunstwerk" Istein Kirchberg I 11%/9,-€
85	2020 Weißburgunder trocken „Kunstwerk" Ehrenstetten Oelberg I 12,5%/9,-€
85	2020 Grauburgunder trocken „Kunstwerk" Ballrechten-Dott. Castellberg I 12,5%/9,-€
86	2020 „Der" Gutedel trocken I 11,5%/18,-€
88	2019 „Der" Chardonnay trocken I 13%/18,-€
84	2020 Spätburgunder trocken „G'meinwerk" I 13,5%/7,50€
86	2019 Spätburgunder trocken „Kunstwerk" Istein Kirchberg I 13,5%/13,-€
86	2020 Spätburgunder trocken „Kunstwerk" Grenzach Hornfelsen I 13,5%/13,-€
88	2019 „Der" Spätburgunder trocken I 13,5%/20,-€

Markgräfler Winzer eG

Tomislav Markovic

Kontakt
Kupfertorplatz 1
79206 Breisach
Tel. 07667-2070046
www.monsieurmarkovic.de
eintritt@monsieurmarkovic.de

Besuchszeiten
nach Vereinbarung

Inhaber
Tomislav Markovic
Rebfläche
0,5 Hektar
Produktion
5.000 Flaschen

Die Eltern von Tomislav Markovic stammen aus Slawonien, er selbst ist im Rhein-Main-Gebiet geboren und aufgewachsen. Er studierte BWL, arbeitete danach bei großen Banken in Frankfurt. 2011 beendete er seinen Bankjob und begann sich seiner Leidenschaft Wein zu widmen, studierte Weinbau und Önologie am Weincampus in Neustadt, damit einher ging die Ausbildung zum Winzer beim Weingut Bercher. Es folgten Praktika bei Luisa Borges (Viera de Sousa) in Portugal und der Domaine de Montille in Volnay. Derzeit hat er eine Teilzeitstelle als Berater für ökologischen Weinbau & Önologie in Baden-Württemberg, davor war er ein Jahr für den Weinbau beim Weingut Höfflin verantwortlich. Er greift derzeit überwiegend auf Rebflächen von Freunden am Kaiserstuhl und in Rheinhessen zurück, mit über 30 Jahre alten Reben. Die Reben in Rheinhessen (Siefersheimer Heerkretz, Goldenes Horn, Riesling, Sauvignon Blanc und Chardonnay) werden nach seiner Vorgabe bewirtschaftet, die Reben am Kaiserstuhl (Kiechlinsberger Ölberg und Teufelsburg, Spätburgunder und Chardonnay) bewirtschaftet er selbst nach ökologischen und biodynamischen Gesichtspunkten. Die Spätburgunder werden offen auf der Maische vergoren, je nach Jahrgang mit einem Anteil ganzer Trauben, auf einer Korbpresse gekeltert, in französischen Barriques ausgebaut, maximal zur Hälfte neu, unfiltriert abgefüllt.

Kollektion

Eine spannende, sehr eigenständige Kollektion präsentiert Tomislav Markovic auch in diesem Jahr. Der Quo Vadis genannte Riesling ist sehr offen, zeigt reife Frucht, ist füllig und saftig bei guter Substanz. Konzentration und Intensität zeigen die beiden Sauvignon Blanc, beide sind füllig und kraftvoll, der Heerkretz-Wein besitzt eine jugendliche Bitternote im Abgang, etwas Zeit wird ihm gut tun. Der Chardonnay Goldenes Horn ist würzig, eindringlich, füllig, noch besser gefällt uns Chardonnay als Mythos genannter, kraft- und druckvoller Orange-Wein (aus Kiechlinsbergen). An Rotweinen präsentiert Tomislav Markovic wieder die drei gewohnten Spätburgunder: Windspiel besitzt Frische, klare Frucht und Grip, On The Rocks (aus Oberrotweil) ist floral, strukturiert, hat ebenfalls Grip, Parabole ist sehr offen, rotfruchtig, harmonisch und füllig. Abwechslungsreiche Kollektion!

Weinbewertung

86 2020 Riesling „Quo Vadis" | 12,5%/22,50€
89 2020 Sauvignon „Blanker Rauch" | 12,5%/29,50€
88 2020 Sauvignon Blanc Siefersheimer Heerkretz | 12,5%/36,-€
88 2020 Chardonnay Siefersheimer Goldenes Horn | 13,5%/19,50€
90 2020 „Mythos" | 12%/32,-€
86 2020 Spätburgunder „Windspiel" | 13%/21,-€
88 2020 Spätburgunder „On the Rocks" | 12,5%/36,-€
89 2020 Spätburgunder „Parabole" | 13%/45,-€

★★

Martin

Kontakt
Ziegelanger 6
97475 Zeil am Main
Tel. 09524-3033621
Fax: 09524-5701
www.weingut-max-martin.de
info@weingut-max-martin.de

Besuchszeiten
Mi.-So. 11-20 Uhr
Mo./Di. nach Vereinbarung

Inhaber
Maximilian Martin
Rebfläche
7,4 Hektar
Produktion
50.000 Flaschen

Ziegelanger liegt am Main, zwischen Haßfurt und Bamberg, ist ein Ortsteil von Zeil am Main. Hier ist das Weingut Martin zuhause, das in vierter Generation von Max Martin geführt wird. Die Reben wachsen in den Lagen Ziegelanger Ölschnabel, Steinbacher Nonnenberg und Krümler Himmelreich, die alle zur Großlage Zeiler Kapellenberg gehören. Silvaner und Müller-Thurgau sind die wichtigsten Rebsorten, gefolgt von Bacchus, Kerner, Dornfelder, Spätburgunder, Weißburgunder, Blauer Silvaner und Riesling. Der Familie Martin gehört auch das Restaurant Martinsklause. Seit dem Jahrgang 2020 werden die Weine in zwei Linien eingeteilt: „Heimat" (mit den Literweinen) und „Herz" (mit den Lagen- und Rebsortenweinen).

Kollektion

Der Liter-Silvaner ist wie immer eine sichere Bank, er ist birnenduftig, frisch, fruchtbetont und zupackend, der halbtrockene Rivaner steht ihm kaum nach, passt für alle, die etwas Süße brauchen. Das gilt auch für die beiden anderen halbtrockenen Weißweine: Der Kerner ist wunderschön reintönig und fruchtbetont, zeigt etwas Zitrus und Aprikosen im Bouquet, besitzt Frische, klare Frucht und Biss, der Riesling ist würzig, lebhaft und zupackend bei feiner süßer Frucht. Die beiden Rotweine setzen ganz auf Frische und Frucht, beide kommen aus dem Jahrgang 2021. Der Weißburgunder aus dem Krümler Himmelreich präsentiert sich Jahr für Jahr sehr gleichmäßig, er ist lebhaft und klar, besitzt gute Struktur und Frische. Unter den Lagen-Silvanern hat dieses Jahr der Blauer Silvaner aus dem Nonneberg ganz leicht die Nase vorne, zeigt intensive Frucht, besitzt gute Struktur und Grip, ganz dezent bitter-mineralische Noten; der Wein aus dem Ölschnabel ist frisch und harmonisch. Highlight der Kollektion aber ist ganz klar der Gemeinschaftswein der Keuper-Connection, ein 1001 Tage im Holzfass in einem Bergwerk gelagerte Stollenwein aus dem Jahrgang 2018, ein konzentrierter, intensiver, in der Frucht zurückgenommener Silvaner, der viel Fülle, Kraft und Substanz besitzt.

Weinbewertung

82 2021 Silvaner trocken (1l) | 12%/6,-€
85 2021 Blauer Silvaner trocken Steinbacher Nonnenberg | 13%/8,50€
84 2021 Silvaner trocken Ziegelangerer Ölschnabel | 12,5%/8,50€
85 2021 Weißburgunder trocken Krümler Himmelreich | 13%/8,50€
88 2018 Silvaner Stollenwein „1001 Nacht" | 14%/25,-€
81 2021 Rivaner halbtrocken (1l) | 12%/6,-€
85 2021 Kerner halbtrocken Zeiler Kapellenberg | 11,5%/8,50€
84 2021 Riesling halbtrocken Ziegelangerer Ölschnabel | 11,5%/8,50€
83 2021 Domina trocken | 13%/8,50€
84 2021 Spätburgunder trocken Sander Kronberg | 13%/8,50€

★

Martin

Kontakt
Hauptstraße 16
76865 Insheim
Tel. 06341-85385
www.weingutmartin.de
info@weingutmartin.de

Besuchszeiten
Mi./Do. 9-11 Uhr, Fr./Sa. 9-16 Uhr, So./Mo./Di. geschlossen; Juni-Okt. jeden 1. Samstag im Monat 13-18 Uhr (hausgemachte Flammkuchen)

Inhaber
Karlfried & Sebastian Martin
Betriebsleiter
Karlfried & Sebastian Martin
Kellermeister
Sebastian Martin
Außenbetrieb
Karlfried & Sebastian Martin
Rebfläche
18 Hektar
Produktion
60.000 Flaschen

Das Weingut besteht seit 1956, heute ist Karlfried Martin für den Außenbetrieb verantwortlich, sein Sohn Sebastian kümmert sich um den Keller. Seit 2008 werden die Weinberge nach den Biolandrichtlinien bewirtschaftet. Auf lehmhaltigen Lössböden und Kalkmergelböden wachsen die weißen Sorten Riesling, Weißburgunder, Grauburgunder, Sauvignon Blanc, Cabernet Blanc, Silvaner, Müller-Thurgau, Muskateller und Gewürztraminer, an roten Sorten gibt es Dornfelder, Portugieser, Merlot, Cabernet Sauvignon, Spätburgunder, Frühburgunder und Zweigelt. Das Sortiment ist in vier Linien gegliedert: Literweine, Gutsweine, Premiumweine und Exklusivweine, die im Holz ausgebaut werden, daneben gibt es noch verschiedene Cuvées, Sekte und Seccos.

Kollektion

Wie beim Debüt im vergangenen Jahr steht wieder ein Sekt vom Sauvignon Blanc an der Spitze des Sortiments: Der sehr aromatische Sekt zeigt klare Fruchtaromen von Maracuja und Grapefruit und ist auch am Gaumen sehr fruchtbetont, harmonisch und frisch, genauso gut schätzen wir den Cabernet Blanc ein, der dezente Stachelbeernoten und feine florale Würze im Bouquet zeigt, am Gaumen animierende Zitrusnoten besitzt, harmonisch und füllig ist, was auch für die Cuvée aus Riesling und Gewürztraminer gilt. Der Weißburgunder ist füllig und leicht floral mit klarer Birnenfrucht, der Silvaner ist leicht erdig und cremig. Die vier verkosteten Rotweine besitzen wieder alle sehr deutliche Restsüße, der Spätburgunder ist mit seinen Aromen von Sauerkirschen, roten Johannisbeeren und etwas Zuckerwatte der typischste Rote und auch der Merlot ist mit dezenten Aromen von Pflaume und Eukalyptus als solcher erkennbar, besitzt aber auch leicht grüne Noten, beim von süßer, dunkler Frucht und deutlichen Gewürznoten geprägten Frühburgunder und dem kräutrig-grünen Cabernet Sauvignon vermissen wir aber die Typizität.

Weinbewertung

84 2020 Sauvignon Blanc Sekt brut | 13%/13,50€
81 2020 Weißburgunder Crémant Sekt brut | 12,5%/13,50€
82 2021 „Cuvée Green“ Weißwein trocken | 13%/8,50€
83 2021 Silvaner trocken | 12%/10,-€
84 2021 Cabernet Blanc trocken | 13%/7,50€
83 2021 Weißburgunder trocken | 12,5%/7,50€
83 2021 Riesling - Gewürztraminer | 13%/7,50€
82 2021 Spätburgunder „Blanc de Noir“ | 12%/7,50€
82 2019 Merlot trocken | 12,5%/7,50€
78 2020 Cabernet Sauvignon trocken | 13,5%/7,50€
78 2019 Frühburgunder trocken | 13%/10,-€
83 2019 Spätburgunder trocken | 12,5%/10,-€

M

★★★

Marx

Kontakt
Im Setzling 6
55452 Windesheim
Tel. 06707-316
Fax: 06707-1669
www.weingutmarx.com
info@weingutmarx.com

Besuchszeiten
nach Vereinbarung
Ferienwohnung

Inhaber
Rainer Marx

Rebfläche
9,5 Hektar

Produktion
75.000 Flaschen

Seit über 300 Jahren betreibt die Familie Weinbau an der Nahe. Die Weinberge von Rainer Marx, der das Gut 2005 von seinen Eltern übernahm, liegen in Windesheim (Fels, Rosenberg, Römerberg, Sonnenmorgen), Waldlaubersheim (Altenberg) und Schweppenhausen (Schlossgarten). Grauburgunder ist mit einem Flächenanteil von 25 Prozent die wichtigste Rebsorte, auf je 20 Prozent stehen Spätburgunder, Riesling und Weißburgunder, dazu gibt es noch Chardonnay, Scheurebe, Müller-Thurgau und Cabernet Dorsa, 2017 wurde die Rebfläche um 0,8 Hektar erweitert und mit Grauburgunder und Cabernet Dorsa bepflanzt, ein halber Hektar wurde mit Scheurebe wieder bepflanzt.

Kollektion

Zum Einstieg bieten Weiß- und Grauburgunder Gutswein unkomplizierten Trinkgenuss dank moderatem Alkohol und anregender Frische. Der duftige Grauburgunder S spielt mit reifem Schmelz und eleganter Gerbstoffader, er ist kräftig und fein zugleich. Einen Sprung in Stil und Qualität schaffen die beiden R-Weine aus 2020 mit ihren feinen Holzfassaromen. Der füllige Grauburgunder aus dem Römerberg verbindet gekonnt Schmelz und Finesse, der feine Weißburgunder aus dem Halbstück ist sogar noch etwas geschliffener, dabei dezent cremig und lang. Auch die Rieslinge bieten spannende Unterschiede. Aus dem Sonnenmorgen kommt der duftige Riesling S, frischer Wein mit salzigem Finish. Spannend sind die markanten Unterschiede zwischen den beiden Jahrgängen beim Riesling R aus dem Windesheimer Fels: Währender der vollmundige 2019er schon erste Reife zeigt, zwischen nussigen Aromen und reifen gelben Früchten changiert, ist der 2020er deutlich reservierter und feingliederiger, besitzt saftiges Spiel. Von den beiden Rosenberg Spätburgundern ist der 2019er S präsent, eingängig, etwas rauchig, der 2018er R reif und konzentriert, erinnert an Weine aus südlicheren Gefilden. ▬

Weinbewertung

85 2021 Weißer Burgunder trocken | 12%/7,70€
85 2021 Grauer Burgunder | 12%/7,70€
83 2021 „Blanc de Noir“ | 11,5%/7,70€
83 2021 Scheurebe | 12%/7,90€
85 2021 Riesling „S“ trocken Windesheimer Sonnenmorgen | 12%/9,90€
86 2021 Grauer Burgunder „S“ trocken Windesheimer Rosenberg | 13,5%/10,30€
88 2019 Riesling „R“ trocken Windesheimer Fels | 13%/16,-€
88 2020 Riesling „R“ trocken Windesheimer Fels | 12%/16,-€
89 2020 Weißer Burgunder „R“ trocken „Halbstück“ Windesheimer Rosenberg | 13%/16,-€
88 2020 Grauer Burgunder „R“ trocken Windesheimer Römerberg | 13,5%/17,-€
87 2019 Spätburgunder „S“ trocken Windesheimer Rosenberg | 13,5%/13,50€
88 2018 Spätburgunder „R“ Windesheimer Rosenberg | 14,5%/24,-€

MARX

★★★★

Maximin Grünhaus

Kontakt
Maximin Grünhaus 1
54318 Mertesdorf
Tel. 0651-5111
Fax: 0651-52122
www.vonschubert.com
info@maximingruenhaus.de

Besuchszeiten
Vinothek: Mo.-Sa. 10-17 Uhr
(Nov.-April Sa. geschlossen)

Inhaber
Maximin von Schubert
Kellermeister
Stefan Kraml
Rebfläche
34 Hektar
Produktion
150.000 Flaschen

Wenn es um Geschichte, Tradition und Eigenständigkeit geht, ist Maximin Grünhaus ganz vorn dabei im deutschen Weinbau. Bereits im siebten Jahrhundert wurden die Weinberge auf dem linken Ruwerufer, unweit der Mündung in die Mosel, an die Benediktiner verschenkt, Kaiser Otto I. erneuerte die Schenkung im 10. Jahrhundert. Später entstand das heutige Schloss, und nach der Säkularisierung im Zuge der französischen Verwaltung wechselten die Besitzer. Auf die Benediktiner folgte eine Übergangszeit, 1810 wurde das Anwesen versteigert, im Jahre 1882 schließlich an Carl Ferdinand Freiherr von Stumm-Halberg verkauft, dessen Tochter wiederum einen gewissen Conrad von Schubert heiratete. Ab 1981 prägte Dr. Carl Ferdinand von Schubert die Geschicke des Gutes, inzwischen firmiert Maximin von Schubert als Inhaber in der sechsten Familiengeneration. Mit seinen gleich drei Monopollagen Abtsberg, Herrenberg und Bruderberg verfügt Grünhaus über einen Schatz, der naturnah bewirtschaftet und beispielsweise mit Wildkräutern begrünt wird. Tradition spielt auch im Keller eine Rolle: Spontane Vergärung und der Ausbau in Moselfudern, deren Holz aus dem eigenen Wald stammt, sind wichtige Prinzipien des Gutes, allerdings existieren auch Edelstahltanks. Angebaut werden außer Riesling (90 %) auch Weiß- und Spätburgunder. Bei allen Rebsorten sind die Ambitionen nicht zu unterschätzen – so wird der Pinot Blanc auch als Réserve vinifiziert, im Holzfass ausgebaut. Mit dem Jahrgang 2020 wurden die Etiketten angepasst: Der Schloss-Riesling ersetzt seitdem den bisherigen Gutswein Monopol. Er zeigt bereits jene ruwertypische Würze, die auch im Ortswein und in den Spitzen – die Großen Gewächse, die feinherb schmeckenden Superior-Weine und die süßen Prädikate bis hinauf zum Eiswein – zum Ausdruck kommt. Auch Sekt wird erzeugt – in weißer und in Rosé-Version. Für den Rieslingsekt werden ausschließlich Trauben aus den Monopollagen des Gutes verwendet; für die Dosage werden Auslesen genutzt. Sowohl hier als auch beim lange auf der Hefe gereiften Rosésekt ist die typische Ruwer-Finesse zu spüren.

Kollektion

Der Jahrgang 2021 war auf Grünhaus durchaus anspruchsvoll – so begann die Vorlese erst Mitte Oktober, die Hauptlese endete Mitte November; in der zweiten Dezemberhälfte wurden noch Eisweintrauben eingebracht. Für dieses Buch wurde lediglich ein Teil des vorhandenen Sortimentes vorgestellt – so waren beispielsweise keine Superior-Weine zu verkosten –, aber überzeugend ist sehr wohl, was Maximin von Schubert aus diesem Jahrgang hervorgebracht hat. Bemerkenswert sind beispielsweise die nicht weniger als drei (!) vorgestellten Weißburgunder, zwei aus dem Jahrgang 2021, die Réserve aus 2019 stammend. Der Einstiegswein namens Maximin ist frisch und sortentypisch, recht saftig

und animierend. Deutlich komplexer ist der „normale“ Pinot Blanc, der in der Nase sowohl gelbfruchtige als auch ätherische Komponenten zeigt und schön saftig und frisch ausfällt. Dem Pinot Blanc mit der Zusatzbezeichnung Réserve merkt man den Ausbau im Fass an, aber die sehr dezenten Holznoten sind ausgezeichnet integriert, die Säure macht den Wein saftig. Bereits die typische Ruwerwürze zeigt der Schloss-Riesling: Kräuter und eine verhaltene, kühle, aber auch sehr animierende Frucht sind zu spüren, der Wein zeigt eine feine, stimmige Säure. Eine etwas reifer wirkende Aromatik besitzt der Ortswein namens Grünhäuser: Er ist sowohl in der trockenen als auch in der feinherben Version sehr animierend, rassig und überdurchschnittlich lang. Die beiden vorgestellten Großen Gewächse – es fehlt der Wein aus dem Bruderberg – unterscheiden sich zwar voneinander, zeigen aber beide den von Anklängen an Kräuter und frische Früchte geprägten Charakter der hiesigen Weine; das GG aus dem Abtsberg wirkt noch ein bisschen komplexer als jenes aus dem Herrenberg, zeigt in der Nase auch dezente Zitrusnoten, ist im Mund herrlich würzig, fein, straff und rassig, eine würzige Kräuternote zeigt sich im langen Nachhall. Anklänge an Kräuter und Zitrus sind auch dem Kabinett aus dem Bruderberg zu eigen; es handelt sich um einen vergleichsweise offenen, im Mund zupackenden, würzigen Riesling mit rassiger Säure und verhaltener Süße. Noch süßere Weine aus dem Jahrgang 2021 werden nicht vorgestellt, allerdings zeigt eine Auslese aus 2019 und dem Maximin Grünhäuser Herrenberg, was im süßen Bereich möglich ist in diesem Weingut: ein herrlich feiner, vibrierender und vielschichtiger Süßwein, dessen Restzucker optimal eingebunden ist und der sehr animierend wirkt.

Weinbewertung

85	2021 Pinot Blanc „Maximin“ I 12,5%/9,90€
88	2021 Pinot Blanc I 12,5%/12,50€
89	2019 Pinot Blanc trocken Réserve I 12,5%/22,-€
87	2021 Riesling trocken „Schloss“ I 11,5%/12,50€
89	2021 Riesling trocken Grünhäuser I 11,5%/18,90€
92	2020 Riesling trocken „GG“ Herrenberg I 12%/36,-€
92	2020 Riesling trocken „GG“ Abtsberg I 12%/36,-€
85	2021 Riesling „Maximin“ I 11,5%/9,90€
89	2021 Riesling „feinherb“ Grünhäuser I 11%/18,90€
90	2021 Riesling Kabinett Bruderberg I 7,5%/20,-€
93	2019 Riesling Auslese Herrenberg I 7,5%/35,-€

Lagen
Abtsberg (Maximin Grünhaus)
Herrenberg (Maximin Grünhaus)
Bruderberg (Maximin Grünhaus)

Rebsorten
Riesling (90%)
Weißburgunder (6%)
Spätburgunder (4%)

★★★★

Karl May

Kontakt
Ludwig-Schwamb-Straße 22
67574 Osthofen
Tel. 06242-2356
Fax: 06242-3690
www.weingut-karl-may.de
info@weingut-karl-may.de

Besuchszeiten
Mo.-Fr. 8-12 + 13-17 Uhr
und nach Vereinbarung

Inhaber
Peter May, Fritz May
Betriebsleiter
Peter May, Fritz May
Kellermeister
Peter May, Fritz May
Außenbetrieb
Peter May, Fritz May
Rebfläche
34 Hektar
Produktion
180.000 Flaschen

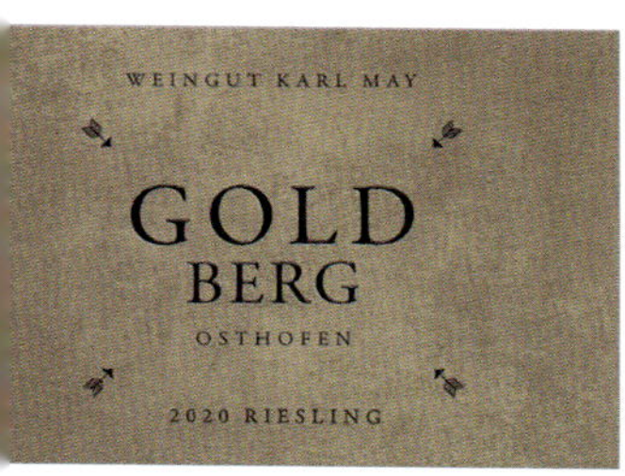

Der schon im Jahr 1309 beurkundete Liebenauer Hof wurde nach der Säkularisation 1815 von den Vorfahren der heutigen Besitzer erworben. Karl May erweiterte zusammen mit Ehefrau Irmgard den Betrieb auf die heutige Größe. Heute führen ihre Söhne Peter und Fritz May in siebter Generation den Betrieb, unterstützt von ihren Eltern und Ehefrauen. Ihre Weinberge liegen vor allem in Osthofen und Bechtheim. Seit 2007 werden die Weinberge biologisch bewirtschaftet. Die breite Rebsortenpalette wird angeführt von Riesling, der 30 Prozent der Rebfläche einnimmt. Es folgen Weißburgunder, Silvaner, Grauburgunder und Spätburgunder, dazu gibt es Sorten wie Chardonnay, Sauvignon Blanc oder Cabernet Sauvignon. Das Programm ist gegliedert in Gutsweine, Ortsweine und Lagenweine, die an der Spitze der Kollektion stehen, sie stammen aus dem Osthofener Goldberg (Riesling) und dem Bechtheimer Geyersberg (Riesling, Spätburgunder), sowie aus den Osthofener Gewannen Auf dem Schnapp (Silvaner, bisher nur 2012 erzeugt) und Vordere Mulde (Frühburgunder); seit dem Jahrgang 2017 gibt es einen weiteren Lagen-Riesling aus dem Westhofener Morstein. Dazu gibt es seit dem Jahrgang 2014 Reserve-Weine, zunächst von Silvaner und Weißburgunder, mit dem Jahrgang 2015 folgte ein Chardonnay, 2017 ein Sauvignon Blanc; diese werden jedoch nicht in jedem Jahrgang erzeugt, was auch für die roten Reserveweine von Spätburgunder und Cabernet Sauvignon gilt. 2010 wurde das 300 Jahre alte Fachwerkhaus renoviert, es wurde ein neues Barriquelager errichtet und die Vinothek fertig gestellt. Der Schwerpunkt der Produktion liegt auf trockenen, durchgegorenen Weinen, hin und wieder werden auch edelsüße Rieslinge erzeugt.

Kollektion

Nach einer grandiosen Kollektion im vergangenen Jahr, zeigt sich auch die neue Kollektion von Peter und Fritz May im nicht unproblematischen Jahrgang 2021 in Höchstform. Das Basisniveau ist wieder bestechend hoch, das beweisen die beiden vorgestellten Gutsweine. Der Riesling zeigt rauchige Noten im Bouquet, herrlich reintönige Frucht, ist frisch, klar und zupackend im Mund, besitzt gute Struktur und Grip. Auch der Weißburgunder zeigt rauchige Noten und reintönige Frucht im Bouquet, ist frisch im Mund, geradlinig, fruchtbetont, besitzt viel Frische noch im Abgang. Eine weitere Steigerung bringen dann die Osthofener Ortsweine. Der Weißburgunder zeigt gute Konzentration und rauchige Noten im herrlich eindringlichen Bouquet, ist füllig und kraftvoll im Mund, besitzt viel reife Frucht, Substanz, gute Struktur und Frische. Der Grauburgunder ist nochmals kraftvoller und fülliger, herrlich eindringlich, reintönig und konzentriert, besitzt viel reife Frucht und Substanz, aber auch feine Frische im Abgang. Der Riesling steht ihm nicht nach, zeigt rauchige Noten und faszinierende reintönige Frucht im Bouquet, etwas gelbe

Früchte im Hintergrund, besitzt viel Frische, klare Frucht, gute Struktur und Grip. An der Spitze der weißen Kollektion stehen wie im Vorjahr die drei Lagenrieslinge. Der Wein aus dem Bechtheimer Geyersberg zeigt reintönige Frucht im Bouquet und die für den Geyersberg typische gelbe Frucht, ist füllig und saftig im Mund, besitzt viel reife Frucht und Substanz. Der Wein aus dem Morstein zeigt viel reife Frucht, gelbe Früchte, besitzt gute Präzision, viel Frische und Grip. Noch etwas präziser und mineralischer ist der noch sehr jugendliche Riesling aus dem Goldberg, der viel Druck aufbaut und Grip besitzt. Ganz stark sind aber auch die Rotweine von Peter und Fritz May. Auch bei den Roten bietet der Ortswein sehr hohes Niveau, der Osthofener Pinot Noir aus dem Jahrgang 2020 ist frisch und würzig im Bouquet, leicht rauchig, wunderschön reintönig, ist frisch und klar dann auch im Mund, präzise und zupackend, besitzt gute Struktur und Frucht. Er ist noch sehr jugendlich, und das gilt auch für den Lagen-Pinot Noir aus dem Geyersberg, der ebenfalls aus dem Jahrgang 2020 kommt, und der viel Luft braucht, um zu zeigen, was in ihm steckt. Er zeigt anfangs eindringlich florale Noten, öffnet sich dann, zeigt reintönige Frucht, gute Konzentration und Frische, ist frisch im Mund, reintönig und präzise, herrlich druckvoll und jugendlich. Deutlich offener und zugänglicher ist der Frühburgunder aus der Gewanne Vorderer Mulde, aber er ist schließlich auch ein Jahr älter, zeigt feine Würze und klare Frucht im eindringlichen Bouquet, ist füllig und harmonisch im Mund, besitzt viel reife Frucht und Frische. Aus demselben Jahrgang 2019 stammt auch der Réserve-Cabernet Franc, der reintönige Frucht und viel Frische im Bouquet zeigt, klare Frucht besitzt, feine Frische, gute Struktur und Grip.

Peter & Fritz May

Weinbewertung

87 2021 Riesling trocken | 12%/8,90€
86 2021 Weißburgunder trocken | 12,5%/8,90€
89 2021 Riesling trocken Osthofen | 12%/12,90€
88 2021 Weißburgunder trocken Osthofen | 13%/11,90€
89 2021 Grauburgunder trocken Osthofen | 13,5%/13,50€
90 2021 Riesling trocken Bechtheimer Geyersberg | 12,5%/19,90€
93 2021 Riesling trocken Westhofener Morstein | 12,5%/29,-€
93 2021 Riesling trocken Osthofener Goldberg | 12,5%/29,-€
89 2020 Pinot Noir trocken Osthofen | 13%/14,90€
90 2019 Frühburgunder trocken Osthofen Vordere Mulde | 13%/19,90€
91 2020 Pinot Noir trocken Bechtheimer Geyersberg | 13%/22,-€
89 2019 Cabernet Franc „Réserve“ | 13,5%/35,-€

Lagen
Goldberg (Osthofen)
Geyersberg (Bechtheim)
Morstein (Westhofen)
Auf dem Schnapp (Osthofen)
Vordere Mulde (Osthofen)

Rebsorten
Riesling (30%)
Weißburgunder (15%)
Grauburgunder (10%)
Spätburgunder (10%)
Silvaner (10%)

★★★★½

Rudolf **May**

Kontakt
Im Eberstal 1
97282 Retzstadt
Tel. 09364-5760
Fax: 09364-896434
www.weingut-may.de
info@weingut-may.de

Besuchszeiten
nach Vereinbarung
Weinprobierraum für
Veranstaltungen

Inhaber
Petra & Rudolf May
Betriebsleiter
Rudolf May
Kellermeister
Benedikt May
Außenbetrieb
Rudolf May
Rebfläche
16,5 Hektar
Produktion
73.000 Flaschen

Seit 1987 vermarktet Rudolf May seine Weine selbst. Seither hat er seine Rebfläche vervielfacht. 1997 wurde der Betrieb in das Eberstal an den Ortsrand von Retzstadt ausgesiedelt, wo Petra und Rudolf May ein neues Weingut errichtet haben. Der älteste Sohn von Petra und Rudolf May, Benedikt, hat seine Winzerlehre in der Pfalz bei Münzberg und Mosbacher absolviert, dann Praktika an der Mosel und in Australien gemacht, ist inzwischen im Betrieb tätig. Die Weine wachsen in Retzstadt und Umgebung, hauptsächlich auf Muschelkalkböden. Die wichtigsten Lagen sind Retzstadter Langenberg, Retzbacher Benediktusberg und Thüngersheimer Johannisberg mit der Teillage Rothlauf, im Stettener Stein hat Rudolf May Grauburgunder stehen sowie Silvaner in der ehemaligen Einzellage Rossthalberg. Zuletzt hat Rudolf May Müller-Thurgau- und Rotweinflächen abgegeben, dafür neue Rebflächen gekauft in den Lagen Rothlauf (Silvaner), Himmelspfad (Silvaner), Benediktusberg (Spätburgunder) und Langenberg (Silvaner, Spätburgunder). 2016 hat er mit der Umstellung auf biologischen Weinbau begonnen, ist seit 2019 Mitglied bei Naturland. Eindeutig wichtigste Rebsorte bei Rudolf May ist heute der Silvaner, der inzwischen 72 Prozent seiner Rebfläche einnimmt. Dazu gibt es Spätburgunder, Weißburgunder, Grauburgunder, Riesling und Rieslaner, die Scheurebe wurde 2019 auf Chardonnay umveredelt. 2020 kamen zwei 50 Jahre alte Silvanerweinberge im Langenberg hinzu, sowie zwei jüngere im Benediktusberg. Ausgewählte Weine, auch Weißweine, baut er im Barrique aus. Die Spitzenweine wurden früher in der Linie „Recis" vermarktet, mit der Aufnahme in den VDP wurde aus dem Recis-Silvaner, der von 1966 gepflanzten Reben stammt, 2013 das Große Gewächs Rothlauf (eine Teillage des Thüngersheimer Johannisberg), der Recis 1963, erstmals 2011 erzeugt, wird seit dem Jahrgang 2014 ebenfalls als Großes Gewächs vermarktet, nachdem der VDP die Einzellage ebenfalls als Große Lage anerkannte, trägt nun die Bezeichnung Himmelspfad nach einer Gewanne im Herzstück des Retzstadter Langenberg. In den letzten Jahren wurden weitere Holzfässer und Holzgärständer aus 400 Jahre alter Spessarteiche angeschafft; seit dem ersten bio-zertifizierten Jahrgang 2019 werden alle Lagenweine neun Monate im Doppelstückfass auf der Vollhefe ausgebaut und nur leicht filtriert; nur der Rothlauf wird zu 40 Prozent im Betonei ausgebaut. Als wir Rudolf May in der ersten Ausgabe vorstellten, war er noch weitgehend unbekannt, ebenso Retzstadt, wo er zuhause ist. Damals waren seine Weine klar, saftig und süffig. Diese Stilistik findet man auch heute noch bei seinen Weinen: Sie sind reintönig, fruchtbetont und wunderschön süffig, haben dabei aber deutlich an Struktur und Komplexität gewonnen, profitieren von geringerer Restsüße, denn nun durchgegoren ausgebaut, zeigen sie, was in ihnen steckt, nicht nur die Spitzenweine gewinnen in den jüngsten Jahren mehr und mehr an Länge und Nachhaltigkeit, auch in der Basis hat Rudolf May stetig weiter zugelegt.

Kollektion

Rudolf & Benedikt May

Mit intensiven, komplexen Silvanern trumpfte Rudi May im vergangenen Jahr groß auf – unser Weingut des Jahres für die beste Weißweinkollektion. Die 2021er nun sind jahrgangsbedingt etwas schlanker, seine Großen Gewächse nicht ganz so expressiv wie im vergangenen Jahr. Spannend aber sind sie allemal, der Wein aus dem Rothlauf zeigt viel Würze und Konzentration, ist füllig und kompakt im Mund, besitzt klare reife Frucht, Struktur und Substanz, Der Himmelspfad-Sylvaner ist etwas offener und offensiver im Bouquet, kraftvoll im Mund, besitzt gute Struktur und Druck. Jetzt haben wir mit den Spitzen begonnen, die Basis ist aber genauso lobenswert, der Gutssilvaner ist frisch, klar und fruchtbetont, der Retzstadter Ortswein ist recht würzig und offen, besitzt Frische und gute Struktur, viel Säure und Grip. Der Silvaner von alten Reben im Langenberg zeigt viel Intensität und reintönige Frucht, ist füllig, saftig, besitzt Kraft und Grip, der Wein vom Benediktusberg ist füllig, harmonisch, wunderschön reintönig und frisch, der Rossthalberg-Silvaner ist etwas würziger und konzentrierter, besitzt Struktur und Harmonie. Spannend ist auch der etwas rauchigere Schäfer, sehr würzig, zeigt reife Frucht, etwas Orangenschalen, ist füllig und saftig im Mund, besitzt klare reife Frucht, gute Struktur und Frische. Den Schäfer gibt es erstmals auch in einer Reserve-Version, Jahrgang 2020, er ist würzig, eindringlich sehr offen, im Mund komplex, besitzt Substanz, Kraft und Grip. Neben diesem Silvaner-Festival gibt es auch reintönigen Weißburgunder und kraftvollen, reintönigen Spätburgunder. Starke Kollektion!

Weinbewertung

85 2021 Silvaner trocken | 11,5%/9,-€
87 2021 Silvaner trocken Retzstadt | 11,5%/12,-€
89 2021 Silvaner trocken „Alte Reben" Retzstadt Langenberg | 12,5%/18,-€
89 2021 Silvaner trocken Retzbach Benediktusberg | 12,5%/24,-€
90 2021 Silvaner trocken Stetten Rossthalberg | 12,5%/22,-€
90 2021 Silvaner trocken Retzstadt Der Schäfer | 12,5%/30,-€
88 2021 Weißburgunder trocken Retzstadt Langenberg | 12,5%/16,-€
91 2020 Silvaner trocken Retzstadt Der Schäfer „Reserve" | 13%/35,-€
92 2021 Silvaner trocken „GG" Rothlauf Thüngersheim | 12,5%/50,-€
92 2021 Sylvaner trocken „GG" Himmelspfad Retzstadt | 12,5%/50,-€
89 2020 Spätburgunder Retzstadt Langenberg | 13%/20,-€
90 2015 Spätburgunder „Recis" Retzbach Benediktusberg | 13%
90 2019 Spätburgunder Retzbach Benediktusberg | 13%/40,-€

Lagen

Langenberg (Retzstadt)
Himmelspfad (Retzstadt)
Der Schäfer (Retzstadt)
Benediktusberg (Retzbach)
Rothlauf (Thüngersheim)
Stein (Stetten)
Rossthalberg (Stetten)

Rebsorten

Silvaner (72%)
Spätburgunder (15%)
Weißburgunder (4%)
Grauburgunder (4%)
Riesling (3%)
Rieslaner (2%)

★☆

Mayerle, Inh. Nina Mayerle

Kontakt
Bauersberger Hof 19
73630 Remshalden
Tel. 07151-3408
Fax: 07151-977648
www.weingut-mayerle.de
info@weingut-mayerle.de

Besuchszeiten
Di.-Fr. 14-18 Uhr
Sa. 10-14 Uhr
Weitblick-Besen mit Panoramaterrasse

Inhaber
Nina Mayerle
Betriebsleiter
Nina & Matthias Mayerle
Kellermeister
Nina & Matthias Mayerle
Außenbetrieb
Nina & Matthias Mayerle
Rebfläche
10 Hektar
Produktion
70.000 Flaschen

WEINGUT MAYERLE

Das Weingut Mayerle ist auf dem Bauersberger Hof zuhause, der auf einer Anhöhe rund 150 Meter über dem Remstal liegt und bereits 1374 urkundlich erwähnt wurde. Es wird in zweiter Generation von Nina und Matthias Mayerle geführt. Die Reben wachsen in den Lagen Geradstettener Lichtenberg, Grunbacher Klingle und Grunbacher Berghalde. Rote Rebsorten nehmen 65 Prozent der Rebfläche ein, neben Trollinger, Lemberger und Spätburgunder werden Muskattrollinger, Hegel, Zweigelt, Merlot und Cabernet Sauvignon angebaut. Riesling und Kerner sind die wichtigsten weißen Rebsorten, hinzu kommen Grauburgunder, Gewürztraminer und Sauvignon Blanc. Die Rotweine werden maischevergoren und durchlaufen den biologischen Säureabbau, die Weißweine werden langsam und kühl vergoren und lange auf der Feinhefe ausgebaut. Die Weine werden betriebsintern mit ein bis drei Sternen klassifiziert, auf Prädikatsbezeichnungen wird verzichtet.

Kollektion

Beim guten Debüt im vergangenen Jahr hatten uns der 2015er Barrique-Spätburgunder und ein im Holz ausgebauter trockener Roter Traminer aus dem Jahrgang 2019 besonders gut gefallen. Traminer überzeugt auch in diesem Jahr, nun als edelsüße Variante aus dem Jahrgang 2021, ein faszinierend konzentrierter und reintöniger Wein mit viel Substanz und Länge. Aber auch die beiden trockenen Weißweine machen eine gute Figur, der Grauburgunder ist würzig, füllig und saftig, der Sauvignon Blanc recht floral im Bouquet, dann frisch, klar und zupackend im Mund. Unter den beiden Rosés ziehen wir den feinherben Muskattrollinger vor, der würzig und reintönig ist, gute Struktur und Grip besitzt. Die drei präsentierten Rotweine stammen alle aus dem Jahrgang 2018. Der Lemberger ist frisch und fruchtbetont im Bouquet, lebhaft und geradlinig im Mund, besitzt feine Säure und Biss. Der Spätburgunder zeigt viel reife Frucht und etwas Vanille, besitzt gute Substanz und Fülle. Unser Favorit aber ist der im Eichenfass ausgebaute Zweigelt, der gute Konzentration, feine Würze und reife reintönige Frucht im Bouquet zeigt, füllig und saftig im Mund ist, gute Substanz und reife Frucht besitzt. Weiter so!

Weinbewertung

83 2021 Grauburgunder** trocken | 12%/9,40€
84 2021 Sauvignon Blanc** trocken Geradstettener Lichtenberg | 12%/9,40€
86 2021 Gewürztraminer*** „edelsüss“ Geradstettener Lichtenberg | 10%/9,40€
83 2021 Muskattrollinger Rosé** „feinherb“ Geradstettener Lichtenberg | 11%/7,90€
81 2021 Frühburgunder Rosé trocken „Madeleine***“ Lichtenberg | 11,5%/7,90€
83 2018 Lemberger** trocken | 13%/8,40€
86 2018 Zweigelt trocken Holzfass | 13,5%/12,90€
84 2018 Spätburgunder*** trocken | 14%/9,90€

★★★

Medinger

Kontakt
Brühlstraße 6
71394 Kernen-Stetten
Tel. 07151-44513
Fax: 07151-41737
www.weingut-medinger.de
weingut.medinger@t-online.de

Besuchszeiten
Mo.-Fr. 18-19:30 Uhr
Sa. 15:30-18 Uhr
2 neue Ferienwohnungen
(jeweils bis zu 6 Personen)

Inhaber
Barbara Medinger-Schmid &
Markus Schmid
Rebfläche 5,8 Hektar
Produktion 35.000 Flaschen

Weinbau betreibt die Familie seit dem 18. Jahrhundert, aber erst 1988, als Barbara Medinger ihre Ausbildung beendet hatte, begann man mit der Selbstvermarktung. Barbara Medinger-Schmid und Ehemann Markus Schmid führen das Weingut, sie kümmert sich um den Ausbau der Weine, er um den Außenbetrieb. Seit 2013 werden sie im Betrieb unterstützt von Sohn Christian. Die Weinberge befinden sich in den Stettener Lagen Pulvermächer, Häder und Mönchberg, sowie im Strümpfelbacher Altenberg. Riesling ist die wichtigste weiße Sorte, dazu gibt es Kerner, Sauvignon Blanc und Chardonnay. An roten Sorten gibt es Trollinger, Lemberger, Schwarzriesling, Spätburgunder und Dornfelder, aber auch Regent, Cabernet Cubin, Syrah und Acolon. Die Rotweine werden in 800 bis 1000 Liter-Fässern ausgebaut, teilweise auch im Barrique, Barriqueweine werden 18 bis 24 Monate im Fass ausgebaut. Seit 2020 wird auf Herbizideinsatz verzichtet und nur noch organisch gedüngt.

Kollektion

Die Barrique-Rotweine tragen mit dem Jahrgang 2020 nun die Bezeichnung „Reserve", aber sonst bleibt alles unverändert im Hause Medinger, was heißt, das auch in diesem Jahr die Rotweine wieder die Nase vorne haben. Nicht nur die Barrique-Weine sind sehr gut, auch die beiden Rotweine der M-Linie überzeugen voll und ganz, vor allem der harmonische, strukturierte Spätburgunder. Aus dem Jahrgang 2019 stammt der Cabernet Cubin, also noch mit „Barrique" bezeichnet, er ist herrlich eindringlich und konzentriert bei sortentypisch kräftigem Tannin. Der Lemberger Reserve zeigt etwas Gewürze, besitzt viel reife Frucht und Substanz, der Syrah Reserve ist füllig, saftig, strukturiert. Unsere leichte Präferenz gilt der Reserve-Cuvée, sie ist harmonisch, füllig, besitzt reife Frucht und gute Struktur. Bestechend gleichmäßig präsentieren sich die fruchtbetonten, sortentypischen Weißweine, sind wie immer eine sichere Bank.

Weinbewertung

85	2021 Riesling trocken Stettener Pulvermächer I 12%/7,90€
84	2021 Sauvignon Blanc trocken I 12%/8,90€
84	2020 Chardonnay trocken I 12%/7,80€
84	2021 Grauburgunder trocken I 12%/7,50€
84	2021 Riesling Kabinett Stettener Pulvermächer I 11,5%/7,90€
84	2021 Syrah Rosé trocken I 11,5%/7,90€
87	2019 Spätburgunder „M" trocken I 13%/9,90€
85	2020 Lemberger „M" trocken I 13%/9,90€
88	2020 Lemberger trocken „Reserve" I 13,5%/21,-€
88	2019 Cabernet Cubin trocken Barrique I 14%/21,-€
89	2020 Cuvee „M" Rotwein trocken „Reserve" I 13,5%/21,-€
88	2020 Syrah trocken „Reserve" I 13%/21,-€

★★☆

Meersburg

Kontakt
Staatsweingut Meersburg
Seminarstraße 6
88709 Meersburg
Tel. 07532-446744
Fax: 07532-446747
www.staatsweingut-meersburg.de
info@staatsweingut-meersburg.de

Besuchszeiten
Weinverkauf:
Mo.-Fr. 9-18 Uhr, Sa. 9-16 Uhr, April-Okt. So. 11-18 Uhr
Gutsschänke mit Seeblick und Terrasse, www.gutsschaenke-meersburg.de

Inhaber
Land Baden-Württemberg
Betriebsleiter
Dr. Jürgen Dietrich
Kellermeister
Johannes Brückner
Außenbetrieb
Otto Kopp
Rebfläche
63 Hektar
Produktion
400.000 Flaschen

AATSWEINGUT
MEERSBURG

Seit 1210 ist Weinbau in Meersburg urkundlich belegt, und das größte Weingut vor Ort ist das Staatsweingut. Die historischen Gebäude ebenso wie die Weinberge des Staatsweingutes stammen aus dem ehemaligen Besitz der Fürstbischöfe von Konstanz. Mit der Säkularisation entstand die „Großherzogliche Domänenkellerei Meersburg", aus der 1919 das Staatsweingut wurde. Die Weinberge liegen vor allem in den Meersburger Lagen Lerchenberg, Jungfernstieg, Bengel, Rieschen und Chorherrnhalde, aber auch Hohentwieler Olgaberg und in der Gailinger Ritterhalde. Spätburgunder nimmt knapp die Hälfte der Rebfläche ein und wird zu einem guten Teil als Rosé oder Weißherbst vermarktet. Es folgen Müller-Thurgau und Weißburgunder, hinzu kommen Grauburgunder, Riesling, Sauvignon Blanc, Traminer und Chardonnay. Seit 2002 leitet Jürgen Dietrich das Staatsweingut, neuer Kellermeister ist Johannes Brückner, seit 2021 ist der Außenbetrieb in Hohentwiel bio-zertifiziert. Das Staatsweingut Meersburg ist das erste klimaneutrale Weingut Baden-Württembergs.

Kollektion

Die 2021er Weißweine besitzen viel Frische und feine süße Frucht: Der Müller-Thurgau vom Lerchenberg ist leicht floral, klar und zupackend, der dezent zitrusduftige Rieschen-Riesling frisch und geradlinig, der Weißburgunder vom Jungfernstieg zeigt ebenfalls florale Noten, feine Würze, die Weißburgunder-Chardonnay-Cuvée besitzt gute Struktur und Grip. Deutlich anders ist der Grauburgunder aus dem Rieschen, kraftvoller, kompakter, auch trockener, er besitzt klare Frucht und gute Substanz. Aus dem Jahrgang 2020 stammen die Spätburgunder, der Wein aus dem Bengel ist frisch, geradlinig, zeigt rote Früchte, der aus dem Olgaberg besitzt gute Struktur und Grip. Und aus dem Jahrgang 2020 stammt auch unser Favorit in der aktuellen Kollektion, der Chardonnay aus der Chorherrenhalde, der füllig und saftig ist, viel reife Frucht und gute Struktur besitzt.

Weinbewertung

83 2021 Müller-Thurgau trocken Meersburger Lerchenberg | 12,5%/10,50€
83 2021 Weißburgunder trocken Meersburger Jungfernstieg | 13%/12,30€
84 2021 Weißburgunder Chardonnay trocken Meersb. Chorherrenhalde | 12,5%/12,30€
83 2021 Riesling trocken Meersburger Rieschen | 12,5%/13,40€
85 2021 Grauburgunder trocken Meersburger Rieschen (Großes Gewächs) | 13%/23,-€
87 2020 Chardonnay trocken Meersb. Chorherrenhalde (Großes Gewächs) | 12,5%/23,-€
82 2021 „Annette blanc" Weißwein | 12%/11,20€
81 2021 Spätburgunder Weißherbst trocken Meersburger Bengel | 12,5%/11,60€
81 2021 Spätburgunder Rosé „feinherb" | 11%/9,90€
81 2020 „Annette rouge" Rotwein trocken | 13%/11,20€
83 2020 Spätburgunder trocken Meersburger Bengel | 13%/14,50€
83 2020 Spätburgunder trocken Hohentwieler Olgaberg | 13%/15,60€

★★★

Meier

Kontakt
Hübühl 9
76835 Weyher
Tel. 06323-988599
Fax: 06323-988598
www.v-z-s.de
wein@v-z-s.de

Besuchszeiten
Mo.-Fr. 14-18 Uhr
Sa. 10-16 Uhr
Meier-Weinbar in Weyher
(Frühjahrsfeiertage, Ernte)

Inhaber
Georg Meier
Betriebsleiter
Georg Meier
Kellermeister
Georg Meier
Außenbetrieb
Helmut Meier
Rebfläche
21 Hektar
Produktion
150.000 Flaschen

Barbara Meiers Urgroßvater Valentin Ziegler gründete das Weingut 1885, Helmut Meier übernahm mit seiner Frau 1999 den Betrieb. Seit 2005 ist Sohn Georg, der unter anderem bei Siegrist und Christmann in die Lehre ging, für den Ausbau der Weine verantwortlich. Nachdem es in den Jahren zuvor bereits eine „Georg Meier"-Weinlinie gab, entschloss sich die Familie mit dem Jahrgang 2015 zur Namensänderung: Das ehemalige Weingut Valentin Ziegler Sohn heißt seitdem Weingut Meier. Die Weinberge liegen im Weyherer Michelsberg (Buntsandstein), im Burrweiler Altenforst (Granit und Rotliegendes), im Hainfelder Letten (Ton- und Kalkmergel), im Roschbacher Rosenkränzel und im Rhodter Rosengarten. Seit dem Jahrgang 2016 ist das Sortiment in Basis-, Guts-, Orts- und Lagenweine gegliedert, derzeit läuft die Umstellungsphase auf biologischen Anbau.

Kollektion

Rieslinge aus vier verschiedenen Jahrgängen hat Georg Meier uns zur Verkostung eingereicht, die in der Spitze etwas differenzierter als in den vergangenen Jahren sind: Einer unserer beiden Favoriten ist der im Granitfass ausgebaute 2019er „2G", der im Bouquet feine Reifenoten und steinige Würze zeigt, leicht salzig und sehr nachhaltig ist, etwas mehr Grip und Druck besitzt als der ebenfalls salzige 2020er „2G". Auch unser zweiter Favorit, der 2020er Altenforst, besitzt viel Grip, Druck, salzige Noten und Länge, zeigt mit etwas Luft immer deutlichere kräutrig-mineralische Noten und feine Frucht im Bouquet. Auch der maischevergorene, hell-orangefarbene Riesling Schiefer zeigt ein komplexes Bouquet mit Zitrusnoten, kräutriger Würze und frischem Heu, am Gaumen besitzt er feinen Tanningrip, ist herb, straff und sehr nachhaltig. Der älteste verkostete Riesling ist der 2016er Michelsberg, der dezente Reifenoten von Quitte und Gebäck zeigt, Grip, Kraft und Länge besitzt, der 2020er aus der derselben Lage ist etwas druckvoller und animierender.

Weinbewertung

86 2020 Riesling trocken „Granit" Weyher | 13%/11,80€
86 2021 Riesling trocken „Granit" Weyher | 13%/11,80€
87 2020 Riesling trocken „Rotliegendes" Burrweiler | 13%/11,80€
89 2020 Riesling „Schiefer" | 12%/24,-€
87 2020 Riesling trocken „Schiefer" Burrweiler | 13%/11,80€
87 2021 Riesling trocken „Schiefer" Burrweiler | 13%/11,80€
88 2016 Riesling trocken Weyher Michelsberg | 13,5%/19,-€
88 2020 Riesling trocken Weyher Michelsberg | 13%/19,-€
90 2020 Riesling trocken Burrweiler Altenforst | 12,5%/24,-€
90 2019 Riesling trocken „2G" | 13%/21,-€
89 2020 Riesling trocken „2G" | 13%/21,-€
88 2017 St. Laurent trocken Weyher Michelsberg | 13,5%/24,-€

★★

Meiser

Kontakt
Alzeyer Straße 131
55239 Gau-Odernheim
Tel. 06733-508
Fax: 06733-8326
www.weingut-meiser.de
frank.meiser@weingut-meiser.de

Besuchszeiten
nach Vereinbarung
Gutsschänke (Fr., Sa., Mo. ab 18 Uhr, Sonn- und Feiertage ab 11 Uhr), Gästehaus

Inhaber
Frank Meiser
Kellermeister
Charlotte Meiser
Rebfläche
35 Hektar
Produktion
150.000 Flaschen

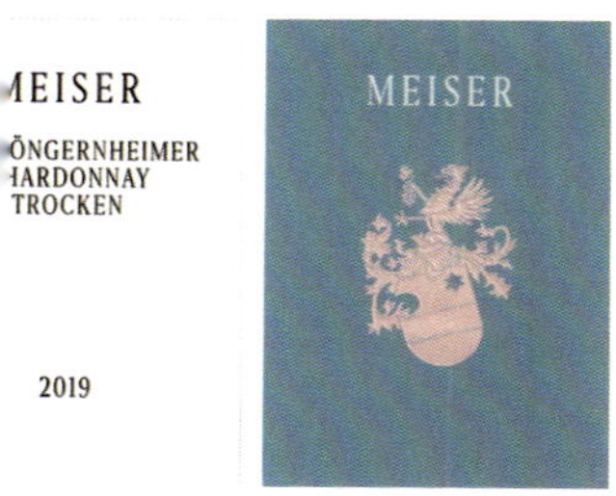

Seit 1696 ist die Familie in Gau-Köngernheim ansässig, heute ein Ortsteil von Gau-Odernheim, betreibt dort Landwirtschaft und Weinbau. In den 30er Jahren des letzten Jahrhunderts hat man verstärkt in den Weinbau investiert, heute führt Frank Meiser das Gut. Tochter Charlotte hat 2015 ihr Geisenheim-Studium beendet, praktische Erfahrungen im Burgenland (Günter Triebaumer), in Bordeaux (Weingüter von Neipperg), in der Pfalz (von Winning) und in Neuseeland (Framingham) gesammelt, ist 2018 in den Betrieb eingestiegen und für Vinifikation und Vermarktung verantwortlich; Sohn Julius befindet sich in der Ausbildung zum Weinbautechniker. Die Weinberge erstrecken sich von Bechtheim (Hasensprung) und Westhofen über Gau-Köngernheim und Gau-Odernheim (Herrgottspfad) bis nach Lonsheim (Mandelberg), Alzey (Römerberg, Rotenfels) und Weinheim (Kirchenstück, Hölle), die Reben wachsen auf unterschiedlichen Böden wie Löss, Kalkschotter, Kalkmergel, Rotliegendem, Austernsand oder vulkanischem Gestein. Die Burgundersorten nehmen die Hälfte der Rebfläche ein, Riesling 20 Prozent, man will sich verstärkt auf die traditionellen Rebsorten konzentrieren und den Ausbau im Stückfass forcieren, Sauvignon Blanc ist seit 2017 im Programm. Dem Weingut sind eine Gutsschänke sowie ein Gästehaus angeschlossen. Das Gros der Weine wird über den Fachhandel vertrieben.

Kollektion

Eine sehr gleichmäßige Kollektion präsentiert Charlotte Meiser in diesem Jahr. Guts- und Ortsweine sind frisch, klar, geradlinig, recht kraftvoll. Der Kirchenstück-Gewürztraminer ist herrlich eindringlich und reintönig, besitzt Fülle, Saft und viel Substanz. Der Riesling vom Rotenfels ist ebenfalls herrlich eindringlich, füllig und saftig, zeigt gelbe Frucht. Aus dem Jahrgang 2018 stammen zwei edelsüße Huxelreben, die Auslese zeigt feine Reife, ist frisch und zupackend, die litschiduftige Beerenauslese ist konzentriert und dominant. Der im Barrique ausgebaute Frühburgunder aus dem Kirchenstück ist rauchig, zupackend, der im Tonneaux ausgebaute Spätburgunder aus der Hölle punktet mit Frische, Frucht und Grip. Weiter im Aufwind!

Weinbewertung

84 2021 Weißer Burgunder trocken | 12,5%/6,90€
84 2020 Riesling trocken „Kalk" Alzeyer | 12%/8,50€
83 2021 Grauer Burgunder trocken Westhofener | 13%/8,90€
84 2020 Chardonnay trocken Gau-Köngernheimer | 13%/8,90€
86 2021 Gewürztraminer trocken Weinheimer Kirchenstück | 13%/9,50€
87 2020 Riesling trocken Alzeyer Rotenfels | 13%/15,-€
86 2018 Huxelrebe Auslese Bechtheimer Hasensprung | 10,5%/15,-€
87 2018 Huxelrebe Beerenauslese Bechtheimer Hasensprung | 13%/17,-€
84 2020 Frühburgunder trocken Weinheimer Kirchenstück | 12,5%/9,90€
85 2021 Spätburgunder trocken Weinheimer Hölle | 13%/9,90€

★★★★

Melsheimer

Kontakt
Dorfstraße 21, 56861 Reil
Tel. 06542-2422, Fax: -1265
www.melsheimer-riesling.de
mail@melsheimer-riesling.de

Besuchszeiten
Mo.-Fr. 9-11 + 14-18 Uhr
Sa. 11-18 Uhr
So. 10-12 Uhr
Gästehaus (Frühstückspension, Ferienwohnungen)

Inhaber
Thorsten Melsheimer
Rebfläche
12 Hektar
Produktion
55.000 Flaschen

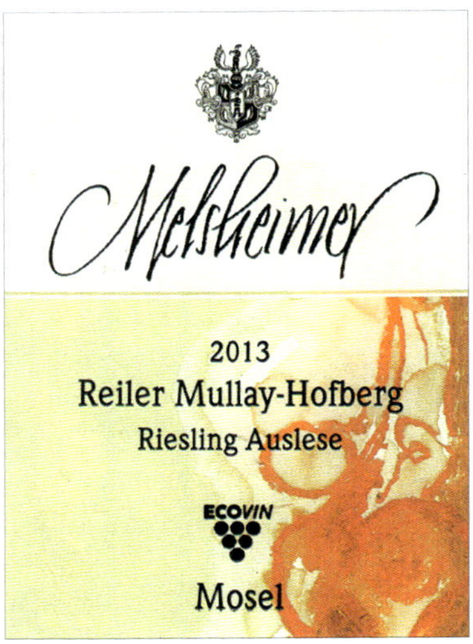

Das Weingut ist seit 200 Jahren in Familienbesitz. 1995, nach seinem Weinbaustudium, ist Thorsten Melsheimer in den Betrieb eingestiegen, begann mit der Umstellung auf biologischen Weinbau. Seit 1997 ist er Mitglied bei Ecovin, inzwischen bewirtschaftet er seine Weinberge nach biodynamischen Prinzipien, seit 2013 ist er auch Demeter-zertifiziert. Die Weinberge liegen zur Hälfte in Steilstlagen, vor allem in der Lage Mullay-Hofberg, die erstmals 1143 urkundlich als Hofgut Molun des Klosters Springiersbach belegt ist, und ihm heute zu 90 Prozent gehört. Einzelne Parzellen im Mullay-Hofberg baut Thorsten Melsheimer in manchen Jahren gesondert aus, so Schäf, Kellerchen, Langeberg und Pfefferberg; trockene Premiumweine gibt es nur in Jahren, in denen botrytisfreies Lesegut eingebracht werden kann. Einige Flächen werden extensiv bewirtschaftet, um die Landschaft zu erhalten, wie Thorsten Melsheimer betont. Inzwischen verfügt das Weingut sogar über eine kleine Ziegenherde. Zwölf Hektar Reben besitzt das Gut insgesamt, darunter zwei in der Reiler Goldlay, hinzu kommen kleine Flächen im Burger Thomasberg (0,5 Hektar), Burger Hahnenschrittchen (0,5 Hektar), in der Pündericher Marienburg (0,2 Hektar), der Kröver Burglay (0,2 Hektar) und der Reiler Falkenlay (0,04 Hektar). Thorsten Melsheimer baut ausschließlich Riesling an, sieht man von einer kleinen Fläche Spätburgunder und von Anlagen mit den pilzwiderstandsfähigen Rebsorten Johanniter und Sauvignac ab. Die Weine werden natürlich vergoren, ohne Reinzuchthefen, ohne Erwärmung und Kühlung, ohne Zusatz von Schwefel, normalerweise werden alle Weine in traditionellen Fuderfässern ausgebaut, nur falls er einmal kleine Mengen an Auslesen erzeugt, kommen diese in kleine Edelstahltanks. Der „Vade Retro" wird in gebrauchten Barriques ausgebaut, ohne Zusatz von Schwefel und ohne Pumpvorgang, ebenso der erstmals 2014 erzeugte maischevergorene Orange-Riesling. Die Vergärung dauert extrem lange, oft über ein Jahr, so dass Thorsten Melsheimer seine Weine oft erst im zweiten Jahr nach der Ernte auf den Markt bringt, im Normalfall durchlaufen alle trockenen Weine den biologischen Säureabbau. Filtration und Schwefel reduziert er auf ein Minimum. Ein wichtiges Standbein ist die Sektproduktion, auch der Pét-Nat spielt eine wichtige Rolle.

Kollektion

Wenn einer wirklich die Produktion von Pét-Nats beherrscht, dann Thorsten Melsheimer. Er verkauft nicht nur beachtliche Mengen dieses nach uriger Tradition hergestellten Weines, sondern erreicht auch eine bemerkenswerte Frische und Präzision hin. Vorgestellt werden in diesem Jahr gleich zwei Varianten: der Rurale aus Riesling, straff und würzig, und der Insanus aus Riesling- und Spätburgundertrauben, der in der Nase eine schön komplexe und animierende Aromatik zeigt, Noten von Apfel, roten Beeren, Hefe, auch etwas Apfelschalen und Kräutern, im Mund würzig und rassig ist. Die Schaumweine sind nicht weniger gelungen. Sowohl der 2018er in der Brut-Version (die Süße ist nicht schmeckbar) als auch der 2019er ohne Dosage sind sehr präzise, kräuterig, würzig und gänzlich unangestrengt, wie es nur wenige Sekterzeuger hinbekommen. Eine gewisse Fülle zeigt der 2020er Johanniter, ein trockener Wein, der 20 Monate gärte und eine feine Aromatik mit Hefe-, Blüten- und dezenten Fruchtaromen aufweist, im Mund eine gewisse Würze und viel Frische zeigt. Es ist kein wirklich großer Wein, aber einer, der auf sympathische Weise andeutet, was man aus dieser pilzwiderstandsfähigen Sorte machen kann. Beim Riesling Molun aus 2020 gab es verschiedene Füllungen, die vorgestellte Version gärte 20 Monate und besitzt eine eher ruhige Art, ist vibrierend, würzig, tiefgründig mit verhaltenem Alkohol – ein sehr eigenständiger Wein. Sehr gelungen ist der Orange aus Riesling, nach Kräutern und Tee duftend, im Mund straff und würzig mit viel Frucht, aber auch einer beachtlichen Würze, die von Gerbstoffen und einer winzigen, aber mitnichten unangenehm Bitternote unterstützt wird. Gänzlich unangestrengt und selbstverständlich wirkt auch der Lentum aus 2018, ein Riesling mit 42 Monaten Gärdauer, der sich dennoch nicht übertrieben hefig präsentiert, sondern eine wunderschön saftige Art aufweist. Süße oder edelsüße Rieslinge wurden diesmal nicht vorgestellt – mit Ausnahme des Likörweins aus 2017. Thorsten Melsheimer befasst sich schon seit vielen Jahren mit dieser in Deutschland fast unbekannten Kategorie. Dieser Wein wurde wie ein Portwein hergestellt, viereinhalb Jahre in gebrauchten Barriques gereift, duftet aber nicht wie ein Tawny, sondern lässt mit seinen würzigen Mandelaromen ein bisschen an einen weißen Port denken, besitzt darüber hinaus aber auch viel Frucht und eine schöne Länge.

Thorsten Melsheimer

Weinbewertung

89	2021 Pét-Nat „Insanus“ I 10,5%/18,-€
89	2020 Pét-Nat „Rurale“ I 10,5%/16,-€
90	2018 Riesling Sekt brut Reiler Mullay-Hofberg I 11,5%/18,-€
91	2019 Riesling Sekt „Zéro Dosage“ Reiler Mullay-Hofberg I 11,5%/18,-€ ☺
87	2021 Riesling trocken I 10,5%/13,-€
88	2020 Johanniter trocken I 12,5%/13,-€
91	2020 Riesling „Molun“ Reiler Mullay-Hofberg I 11,5%/18,-€ ☺
92	2018 Riesling trocken „Lentum“ I 11,5%/22,-€ ☺
90	2020 Riesling trocken „Vade Retro“ I 11,5%/20,-€
91	2020 Riesling trocken „Orange“ I 12%/22,-€
92	2017 Likörwein I 15%/32,-€

Lagen
Mullay-Hofberg (Reil)
Langeberg (Reil)
Kellerchen (Reil)
Pfefferberg (Reil)
Schäf (Reil)
Goldlay (Reil)

Rebsorten
Riesling (96%)
Spätburgunder
Johanniter
Sauvignac

★☆

Menz

Kontakt
Escherndorfer Straße 2
97332 Volkach
Tel. 09381-6393
Fax: 09381-8475847
www.weingut-menz.de
weingut-menz@t-online.de

Besuchszeiten
Fr. 15-18 Uhr, Sa. 10-14 Uhr,
jederzeit nach Vereinbarung

Inhaber
Sandra & Michael Menz
Betriebsleiter
Sandra & Michael Menz
Kellermeister
Michael Menz
Außenbetrieb
Michael Menz
Rebfläche
7,8 Hektar

Sandra und Michael Menz haben die elterlichen Weinberge zusammengelegt und im Volkacher Ortsteil Astheim 2005 ihre ersten eigenen Weine erzeugt. Ihre Weinberge liegen im Astheimer Karthäuser und im Volkacher Ratsherr (mit der ehemaligen Einzellage Wacholderberg). Silvaner ist die dominierende Rebsorte im Betrieb, nimmt mehr als die Hälfte der Rebfläche ein. Dazu gibt es Bacchus, Domina, Weißburgunder, Spätburgunder, Müller-Thurgau, Riesling und Scheurebe. Neben Weinen werden auch Destillate erzeugt.

Kollektion

Beim starken Debüt im vergangenen Jahr war der 2017er Wacholderberg-Silvaner unser Favorit in einer vollauf überzeugenden Kollektion. Auch in diesem Jahr haben Sandra und Michael Menz einen Wein aus einem zurückliegenden Jahrgang präsentiert – und der schlägt sich prächtig: Die Silvaner Auslese aus dem Jahrgang 2016 zeigt etwas Honig und Litschi im Bouquet, ist süß und konzentriert, besitzt viel Substanz bei dezenten Reifenoten – spannend für die Gastronomie. Restsüß ausgebaut sind auch Riesling Kabinett und Scheurebe, wobei die Süße bei beiden Weinen sehr moderat ist. Der Riesling, Jahrgang 2020, ist fruchtbetont, klar und zupackend, die Scheurebe punktet mit Reintönigkeit und Grip, zeigt feine Cassisnoten im Bouquet. Im trockenen Teil der Kollektion überzeugt schon die Basis voll und ganz, der Müller-Thurgau im Liter ist würzig, frisch und zupackend, die weiße Cuvée ist recht süß, besitzt aber viel Frische und Grip. Der trockene Silvaner Kabinett ist fruchtbetont, frisch, geradlinig und klar. An der Spitze der trockenen Weine stehen die beiden Spätlesen, beide aus dem Jahrgang 2021 und aus dem Astheimer Karthäuser. Der Weißburgunder zeigt gute Konzentration im Bouquet, reintönige Frucht, feine Frische, ist frisch auch im Mund, fruchtbetont und zupackend, besitzt Jahrgangstypischen Grip. Gleichauf sehen wir den Silvaner, der deutlich würziger im Bouquet ist, konzentriert und eindringlich, füllig und saftig im Mund ist, viel Substanz besitzt, aber auch gute Struktur. Eine starke Kollektion – mit verbraucherfreundlichen Preisen.

Weinbewertung

82	2021 Müller Thurgau (1l) I 12%/5,50€
83	2021 „Weiss" trocken I 12%/5,30€
84	2021 Silvaner Kabinett trocken Astheim I 12%/6,30€
86	2021 Silvaner Spätlese trocken Astheimer Karthäuser I 13%/8,-€
86	2021 Weißer Burgunder Spätlese trocken Astheimer Karthäuser I 13%/8,-€
84	2020 Riesling Kabinett Astheim I 12%/6,30€
84	2021 Scheurebe Astheim I 12%/6,30€
87	2016 Silvaner Auslese Astheimer Karthäuser I 11,5%/8,-€ ☺

★★

Merkelbach

Kontakt
Uferallee 23
54492 Zeltingen-Rachtig
Tel. 06532-2081
Fax: 06532-4014
weingut.merkelbach@
selbach-oster.de

Besuchszeiten
nach Vereinbarung

Inhaber
Johannes Selbach
Rebfläche
1,4 Hektar
Produktion
16.000 Flaschen

Das Weingut Merkelbach war viele Jahre Kult an der Mosel, denn die Brüder Rolf und Alfred betrieben es auf eine unnachahmliche Weise, empfingen Gäste in der rustikal eingerichteten Stube und repräsentierten einen alten, anderswo schon längst gegen Moderne ausgetauschten Stil von Moselwein und Mosel-Selbstbewusstsein. Weil keine potenziellen Nachfolger in der Familie bereitstanden, wurde schon vor Jahren die Übereinkunft getroffen, das Weingut an Johannes Selbach (Weingut Selbach-Oster) zu treuen Händen zu übergeben. Man kannte sich schließlich schon lange, half einander bei der Weinbergsarbeit, wenn es notwendig wurde. Kompromisse werden hier auch weiterhin keine gemacht: Auf 1,4 Hektar in den Lagen Ürziger Würzgarten und Kinheimer Rosenberg wachsen zu 100 Prozent Rieslingreben, die auch in Zukunft Weine ergeben sollen, in denen der feine, elegante Stil sichtbar bleibt.

Kollektion

Die 2021er Rieslinge aus dem Weingut Merkelbach unter der neuen Leitung von Johannes Selbach sind allesamt sehr frisch, duftig und vergleichsweise schlank, aber keineswegs banal oder unreif. Kennt man die alten Merkelbach-Weine und jene aus dem Weingut Selbach-Oster, kommt man zum Schluss, dass die Vorzüge beider Güter miteinander verbunden wurden. Fest und würzig ist der sehr jugendlich wirkende trockene Basisriesling, der lediglich als Fassprobe verkostet werden konnte. Frisch, fast ätherisch wirkt die trockene Spätlese aus dem Kinheimer Rosenberg – ein feiner, wunderschön animierender Wein. Die beiden Kabinette unterscheiden sich merklich: Der Vertreter aus dem Ürziger Würzgarten wirkt etwas frischer, würziger, beim Wein aus dem Kinheimer Rosenberg spielen noch fruchtige, vor allem Steinobstnoten hinein, letzterer Wein wirkt etwas straffer und rassiger: Sehr gelungen sind beide. Auch bei den beiden Spätlesen ist die Balance zwischen Süße und Säure perfekt. Jener Wein aus dem Ürziger Würzgarten wirkt etwas frischer und rassiger, auch eine Spur nachhaltiger als der saftige, etwas duftiger wirkende Vertreter aus dem Kinheimer Rosenberg. Überzeugende Qualität besitzen beide. ▬

Weinbewertung

(86) 2021 Riesling trocken | 12%/8,-€
89 2021 Riesling Spätlese trocken Kinheimer Rosenberg | 11,5%/15,-€
89 2021 Riesling Kabinett Kinheimer Rosenberg | 8%/11,50€ ☺
88 2021 Riesling Kabinett Ürziger Würzgarten | 8%/12,-€
89 2021 Riesling Spätlese Kinheimer Rosenberg | 7,5%/14,-€
90 2021 Riesling Spätlese Ürziger Würzgarten | 8%/17,-€

Merl

Kontakt
Schwabenheimer Straße 32
55218 Ingelheim
Tel. 06130-1300
Fax: 06130-941450
www.weingut-merl.de
info@weingut-merl.de

Besuchszeiten
Mo.-Sa. 9-19 Uhr
Weinproben, Weinfeste,
Fackelwanderungen,
Traubenlese Live erleben,
Picknick im Weinberg,
Veranstaltungsraum

Inhaber
Dominik & Bettina Merl
Kellermeister
Dominik Merl
Rebfläche
23 Hektar

Der Christopherushof in Groß-Winternheim, seit 1972 ein Stadtteil von Ingelheim, wird heute von Dominik Merl und seiner Ehefrau Bettina geführt. Früher ein landwirtschaftlicher Mischbetrieb mit Ackerbau, Viehzucht, Obst- und Weinbau, hat man sich seit den neunziger Jahren ganz auf Weinbau spezialisiert, sich aber erst im letzten Jahrzehnt verstärkt auf den Flaschenweinverkauf konzentriert. Die Weinberge befinden sich in den Groß-Winternheimer Lagen Schlossberg, Klosterbruder, Heilig Häuschen und Bockstein. Neben traditionellen Rebsorten wie Spätburgunder, Portugieser, Riesling und Silvaner werden auch Sorten wie St. Laurent, Dornfelder, Domina, aber auch die weißen Burgundersorten, Gewürztraminer, Chardonnay und Sauvignon Blanc angebaut.

Kollektion

Der im Barrique ausgebaute Chardonnay ist immer eine sichere Bank, das Holz ist gut eingebunden und niemals dominant, auch nicht im Jahrgang 2021. Der Wein zeigt viel Würze im Bouquet, reife Frucht, ist füllig und cremig im Mund, besitzt viel reife Frucht und gute Struktur. Gleichauf sehen wir den Unikum genannten Riesling, der ebenfalls Jahr für Jahr sehr zuverlässig ist, im Jahrgang 2021 gute Konzentration, feine Würze und Frucht im Bouquet zeigt, frisch und kraftvoll im Mund ist, viel reife Frucht besitzt und deutliche Süße. Beim feinherben Muskateller passt diese Süße gut, er zeigt reintönige Frucht im Bouquet, feine Muskatnoten, ist frisch, klar, zupackend, besitzt feine Frucht und Grip. Die anderen Weißweine sind sehr gleichmäßig, ebenfalls von merklicher Restsüße geprägt, sie sind fruchtbetont und frisch, der Silvaner ebenso wie der Grauburgunder oder der würzige Blanc de Noir. Süffig ist auch der extra-trockenen Scheurebe-Sekt, frisch, harmonisch und klar. Das rote Segment bietet drei Weine des Jahrgangs 2020, eine würzige, geradlinige Domina, einen reintönigen, aber alkoholstarken Spätburgunder und den Pinot Madeleine, der viel Frucht und florale Noten im intensiven Bouquet zeigt, geradlinig im Mund ist, frisch und fruchtbetont.

Weinbewertung

83	2020 Scheurebe Sekt extra trocken I 12%/9,-€
82	2021 Silvaner trocken I 12%/5,40€
82	2021 Grauer Burgunder trocken I 13%/5,50€
81	2021 Pinot Noir „blanc de noirs" trocken I 12,5%/5,50€
85	2021 Riesling trocken „Unikum" I 12,5%/6,30€
85	2021 Chardonnay trocken Barrique I 13%/8,90€
84	2021 Gelber Muskateller „feinherb" I 11,5%/6,80€
82	2020 Domina trocken I 13%/5,50€
83	2020 Blauer Spätburgunder trocken I 14,5%/5,50€
84	2020 Pinot Madeleine trocken I 13,5%/7,80€

★★

Wolfgang Mertes

Kontakt
Hermeskeiler Straße 36
54320 Waldrach
Tel. 06500-480
Fax: 06500-9109876
www.mertes-waldrach.de
mail@mertes-waldrach.de

Besuchszeiten
nach Vereinbarung
Ferienwohnung,
Gästezimmer

Inhaber
Wolfgang Mertes
Rebfläche
2,6 Hektar
Produktion
15.000 Flaschen

Heinrich und Alberta Mertes gründeten das Weingut, heute wird es von Wolfgang Mertes geführt, der lange hauptberuflich als Betriebsleiter und Kellermeister beim Weingut Reichsgraf von Kesselstatt auf Schloss Marienlay in Morscheid arbeitete. Nun aber will sich Mertes intensiver um das eigene Weingut kümmern: Er ist nicht mehr bei Kesselstatt tätig, unterstützt allerdings fortan das Weingut von Hövel bei der Betriebsleitung und im Keller. Seine eigenen Weinberge liegen alle in Steillagen, hauptsächlich in den Waldracher Lagen Sonnenberg und Meisenberg. Neben 60 Prozent Riesling baut Wolfgang Mertes auf seinen 2,6 Hektar noch 30 Prozent Spätburgunder und 10 Prozent Grauburgunder an. Alle Weine sind vegan.

Kollektion

Eher verhalten in der Nase wirkt der Grauburgunder, der im Mund zupackend, würzig, sortentypisch und angenehm saftig ist, etwas Kohlensäure unterstützt diesen Eindruck noch. Kühl und zupackend mit rassiger Säure ausgestattet ist der Ruwer-Riesling, der mit seiner puristischen Art noch eine Spur besser gefällt als der Literriesling. Der trockene Alte Reben-Wein aus dem Meisenberg ist kraftvoll, die trockene Spätlese aus gleicher Lage besitzt mehr Eleganz – überzeugend wirken beide Weine. Sehr duftig und balanciert in der Süße wirkt die feinherbe Sonnenberg-Spätlese; sie ist zwar nicht extrem lang, aber sehr stimmig. Sehr rassig fallen die süßen Rieslinge aus: Die Balance zwischen Würze und Süße ist in beiden Fällen – Kabinett und Spätlese – sehr gut getroffen, die Weine sind sehr animierend. Der Rosé zeigt eine schöne Würznote in der Nase, ist im Mund saftig, würzig und weinig, fällt also völlig aus dem Rahmen all der vielen frischen, aber nicht selten langweiligen Rosés der Mosel. Auch der Rotwein, ein Spätburgunder aus dem Waldracher Meisenberg und dem Jahrgang 2019, ist eigenständig: Er besitzt eine frische, mit Anklängen an Kirschen und Zimt aufwartende Nase, ist im Mund straff, kühl, würzig und animierend.

Weinbewertung

84 2021 Riesling trocken Waldracher (1l) | 11,5%/6,50€ ☺
85 2021 Riesling trocken Ruwer | 11,5%/7,50€
85 2021 Grauburgunder trocken Waldracher Sonnenberg | 12%/8,50€
85 2021 Riesling Kabinett trocken Waldracher Sonnenberg | 11%/7,50€
88 2021 Riesling Spätlese trocken Waldracher Meisenberg | 11%/9,50€ ☺
87 2021 Riesling trocken „Alte Reben" Waldracher Meisenberg | 12%/9,50€
85 2021 Riesling Kabinett „feinherb" Waldracher Sonnenberg | 10%/7,50€
87 2021 Riesling Spätlese „feinherb" Waldracher Sonnenberg | 10%/9,50€
85 2021 Riesling Kabinett Waldracher Sonnenberg | 8,5%/8,-€
87 2021 Riesling Spätlese Waldracher Sonnenberg | 8%/9,50€
85 2021 Spätburgunder Rosé trocken Waldracher | 11,5%/7,50€
87 2019 Pinot Noir trocken „Lara" Waldracher Meisenberg | 12,5%/9,50€

MERTES
WEINGUT WOLFGANG MERTES

★★☆

Mertz

Kontakt
Hauptstraße 16
55599 Eckelsheim
Tel. 06703-1271
Fax: 06703-3806
www.weingut-mertz.de
info@weingut-mertz.de

Besuchszeiten
Mi. & Fr. 16-19 Uhr
Sa. 13-17 Uhr

Inhaber
Sina Mertz
Rebfläche
11 Hektar
Produktion
45.000 Flaschen

Sina Mertz hat mit 25 Jahren das elterliche Weingut übernommen und komplett neu ausgerichtet – neue Sortimentsstruktur, neue Weine, neue Etiketten. Ihr Weingut liegt in Eckelsheim, im Westen von Rheinhessen, nicht weit vom Anbaugebiet Nahe. Hier herrschen Porphyrböden vor, insbesondere in den Eckelsheimer Weinbergen. Ihre Weinberge liegen in Eckelsheim (Eselstreiber, Kirchberg), Wöllstein (Ölberg, Äffchen) und Gumbsheim. Riesling nimmt ein Viertel der Rebfläche ein, es folgen Silvaner und Grauburgunder, Scheurebe, Weißburgunder, Spätburgunder und Dornfelder und eine Reihe weiterer Rebsorten. Das Sortiment ist gegliedert in Liter- und Gutsweine, Ortsweine und Lagenweine, Orts- und Lagenweine werden spontan vergoren und bis zur Füllung auf der Vollhefe belassen. 2021 wurden Keller, Traubenannahme und Flaschenlager umgebaut und eine Vinothek erbaut.

Kollektion

Wunderschön reintönig und frisch sind auch in diesem Jahr die Weine von Sina Mertz, das haben wir auch schon in den vergangenen Jahren gelobt. Und in diesem Jahr konnten wir nun wieder einmal den Lagen-Riesling aus dem Eckelsheimer Kirchberg verkosten, Jahrgang 2020, und er ist prächtiger denn je, zeigt gute Konzentration und klare reife Frucht im Bouquet, ist füllig und saftig im Mund, besitzt viel reife Frucht, gute Struktur und Substanz. Stark ist auch der Gutsriesling, frisch, fruchtbetont und reintönig im Bouquet, klar und zupackend im Mund, besitzt Frische und Biss. Der Grauburgunder ist frisch, geradlinig und zupackend, der feinherbe Gewürztraminer herrlich eindringlich und reintönig, besitzt Frische und Grip, der Riesling Kabinett ist frisch und lebhaft, wunderschön verspielt. Ganz stark sind wieder einmal die beiden Scheureben: Der trockene Weine „vom Kliff" ist reintönig, zeigt etwas Cassis, ist klar und zupackend, hat Struktur und Grip, was auch für die süße Spätlese gilt, Frische, Süße und Frucht sind in schöner Balance. Der Rosé im Liter ist einfach nur süffig. Viel reintönige Frucht und Frische zeigt der 2019er Spätburgunder, ist klar und frisch, besitzt Frucht und Grip. Im Aufwind! ▬

Weinbewertung

85 2021 Riesling trocken | 12%/6,40€
83 2021 Grauburgunder trocken | 12,5%/6,40€
86 2021 Scheurebe trocken „vom Kliff" | 12,5%/7,30€
89 2020 Riesling trocken Eckelsheim Kirchberg | 13%/13,50€
84 2021 Gewürztraminer „feinherb" | 12%/7,-€
86 2021 Riesling Kabinett Eckelsheim | 9,5%/7,50€
86 2021 Scheurebe Spätlese | 10%/7,50€
83 2021 Rosé (1l) | 12%/5,60€
87 2019 Spätburgunder trocken Eckelsheim | 12,5%/11,-€

★★★

Meßmer

Kontakt
Gaisbergstraße 5
76835 Burrweiler
Tel. 06345-2770
Fax: 06345-7917
www.weingut-messmer.de
m.messmer@weingut-messmer.de

Besuchszeiten
Mo.-Mi. 8-11:30 + 13:30-17 Uhr,
Do./Fr. 8-11 Uhr, Sa. 9-13 Uhr
Restaurant Ritterhof zur Rose und Vinothek das Weinhaus (Weinstraße 6, Burrweiler)
Ferienwohnung Burrweilerhof

Inhaber
Familie Meßmer
Betriebsleiter
Jonas Bosch
Kellermeister
Bernd Henninger
Rebfläche 28 Hektar
Produktion 180.000 Flaschen

Herbert und Elisabeth Meßmer gründeten 1960 ihr Weingut. Beide stammen aus Winzerfamilien, machten sich mit dem Kauf eines bestehenden Weingutes selbstständig. Sohn Martin ist als zweite Generation heute für die Unternehmensführung, Vertrieb und Marketing verantwortlich, sein Bruder Gregor der seit 1984 im Weingut tätig war, hat den Betrieb 2019 verlassen. Nachfolger als Betriebsleiter ist Jonas Bosch, der zuvor im Weingut Mugler im Gimmeldingen tätig war. Riesling nimmt 45 Prozent der Rebfläche ein, es folgen Spät-, Grau- und Weißburgunder mit zusammen ebenfalls 45 Prozent. Die Großen Gewächse stammen aus Schäwer (Riesling) sowie Auf der Hohl (Spätburgunder) und Im Goldenen Jost (Weißburgunder), zwei Teillagen des Schlossgartens, mit dem Jahrgang 2021 gibt es nach über zehn Jahren auch wieder ein Riesling Großes Gewächs aus dem Weyherer Michelsberg. Seit dem Jahrgang 2020 sind die Weine bio-zertifiziert.

Kollektion

Die aktuelle Meßmer'sche Kollektion präsentiert sich wieder geschlossener und mehr wie aus einem Guss wirkend als die letzten Jahrgänge, alle Weine sind sehr schlank, die 2021er Rieslinge besitzen viel Biss und ein markantes Säurespiel: Der Schäwer ist von rauchig-schiefriger Würze und herben Zitrusnoten geprägt, besitzt Grip, ist salzig und nachhaltig, der Michelsberg zeigt klare, gelbe Frucht, ist animierend, elegant und druckvoll, der Altenforst-Riesling zeigt kräutrige Würze und etwas Holz im Bouquet, ist sehr salzig und druckvoll. Sehr gut sind auch die beiden Weine aus dem Schlossgarten, der Chardonnay ist sehr schlank, elegant, animierend und zeigt dezente Holzwürze, beim cremigen Weißburgunder ist das Holz mit rauchigen Noten und etwas Kokos deutlicher. Der Muskateller wurde wieder auf der Maische ausgebaut, zeigt ein intensives Bouquet mit Aromen von frischen Trauben, Muskatwürze und Kräutern, ist schlank, frisch und harmonisch.

Weinbewertung

85 2021 Riesling trocken | 12%/9,30€
85 2021 Weißburgunder trocken | 12%/9,30€
87 2021 Riesling trocken „Granit“ Hainfeld | 12%/13,60€
87 2021 Riesling trocken „Schiefer“ Burrweiler | 12%/18,50€
86 2021 Grauburgunder trocken „Muschelkalk“ | 12%/9,30€
87 2021 Muskateller trocken „Standzeit“ | 10%/13,60€
88 2021 Riesling trocken Burrweiler Altenforst | 12,5%/18,50€
88 2020 Weißburgunder trocken Burrweiler Schlossgarten | 13%/18,50€
88 2021 Chardonnay trocken Burrweiler Schlossgarten | 12%/18,50€
89 2021 Riesling „GG“ Michelsberg | 12%/36,-€
90 2021 Riesling „GG“ Schäwer | 12%/39,-€
86 2020 Spätburgunder Rosé trocken „Buntsandstein“ Hainfeld | 12%/13,60€

★★★

Mett & Weidenbach

Kontakt
Mainzer Straße 31
55218 Ingelheim
Tel. 06132-2682
Fax: 06132-3271
www.mett-wein.de
info@weingut-mett.de

Besuchszeiten
Di.-Fr. 9-12:30 + 14-18 Uhr
Sa. 9-14 Uhr
und nach Vereinbarung
Vinothek mit Kreuzgewölbe

Inhaber
Jürgen Mett
Rebfläche
14 Hektar
Produktion
120.000 Flaschen

Die Familie Mett bewirtschaftet seit 1842, seit fünf Generationen, Weinberge auf den Hügeln rund um Ingelheim, in den Lagen Pares, Rotes Kreuz, Lottenstück und Höllenweg, sowie in der Gewanne In der Unft in der Lage Sonnenhang. Mehr als zwei Drittel der Weinberge sind mit roten Sorten bestockt, wobei Spätburgunder zusammen mit Frühburgunder mit 30 Prozent den größten Anteil einnimmt. Neben Spätburgunder wird vor allem noch Riesling, Silvaner, Grauburgunder, Müller-Thurgau und Portugieser angebaut, aber auch Cabernet Sauvignon. 2004 übernahm Jürgen Mett die Weinberge der Eltern seiner Frau Silke Weidenbach. Weißweine werden im Edelstahl ausgebaut, Rotweine werden 6 bis 14 Tage auf der Maische vergoren. Die Weine werden zum größten Teil ab Hof an Privatkunden verkauft. 2020 wurde die Umstellung auf biologischen Weinbau begonnen.

Kollektion

Dies ist die bisher klar beste Kollektion, die wir von Jürgen Mett verkostet haben, mit großartigen roten Spitzen, aber auch durch die Bank sehr guten trockenen Weißweinen. Die weißen Ortsweine zeigen sehr gleichmäßiges Niveau, der Grauburgunder ist reintönig und kraftvoll, der Chardonnay rauchig, füllig, ebenfalls kraftvoll, der Muskateller würzig und zupackend. Unser Favorit unter den Weißen ist der gelbfruchtige Riesling aus der Unft, der herrlich eindringlich und reintönig ist, Fülle und Saft besitzt, Struktur und Druck. Sehr gut sind auch alle roten Ortsweine, der Frühburgunder ist reintönig, zupackend, der Spätburgunder punktet mit Frische und Grip, der Cabernet Sauvignon ist intensiv fruchtig, besitzt Cassisnoten und Grip. Der 2019er Pares-Frühburgunder ist reintönig, hat Struktur und Grip, der 2020er ist rauchig, reintönig, noch etwas präziser. Der 2019er Pares-Spätburgunder ist reintönig, füllig, das Highlight aber ist der 2020er aus dem Höllenweg, ein konzentrierter, reintöniger, herrlich zupackender Wein. Bravo!

Weinbewertung

86 2021 Grauer Burgunder trocken Ingelheimer | 13%/10,50€
85 2021 Chardonnay trocken Ingelheimer | 13%/10,50€
85 2021 Gelber Muskatteller trocken Ingelheimer | 12,5%/10,50€
87 2021 Riesling trocken „Unft" | 12%/13,50€
83 2021 Riesling Kabinett | 10,5%/7,50€
86 2019 Blauer Frühburgunder trocken Ingelheimer | 13,5%/10,50€
86 2019 Blauer Spätburgunder trocken Ingelheimer | 13%/10,50€
86 2019 „No. 6" Cabernet Sauvignon Spätburgunder trocken Ingelheimer | 13,5%/10,50€
88 2019 Blauer Frühburgunder trocken Ingelheimer Pares | 13,5%/22,50€
89 2020 Blauer Frühburgunder trocken Ingelheimer Pares | 13%/22,50€
88 2019 Blauer Spätburgunder trocken Ingelheimer Pares | 13%/19,50€
90 2020 Spätburgunder trocken Ingelheimer Höllenweg | 13,5%/28,50€

★☆

Meyer

Kontakt
Alte Iphöfer Straße 15b
97348 Rödelsee
Tel. 09323-5198
Fax: 09323-6372
www.weingut-karl-meyer.de
info@weingut-karl-meyer.de

Besuchszeiten
Mo.-Sa. 9-12 + 13-18 Uhr

Inhaber
André Meyer
Rebfläche
11,2 Hektar

Zum 1. Juli 2018 hat André Meyer das Weingut von seinen Eltern Karl und Ilse Meyer übernommen, die es 1984 gegründet hatten. Seine Weinberge liegen vor allem in der Rödelseer Lage Küchenmeister, daneben ist er in der Rödelseer Schwanleite und im Iphöfer Kronsberg vertreten. Die Reben wachsen hier, an den Hängen des Schwanbergs am Rande des Steigerwalds, auf Gipskeuperböden. Weiße Sorten dominieren im Betrieb: Silvaner, Müller-Thurgau, Bacchus, Scheurebe, Kerner und Kanzler werden angebaut, inzwischen auch Weißburgunder, Grauburgunder und Riesling und mit dem Jahrgang 2020 brachte Sauvignon Blanc den ersten Ertrag. An roten Sorten gibt es Spätburgunder, Domina, Dornfelder und Cabernet Dorsa. Die Weine werden im Edelstahl ausgebaut, ein Teil der Rotweine im Barrique.

Kollektion

Highlight in diesem Jahr ist ganz klar die Scheurebe Beerenauslese aus dem Jahrgang 2020, die herrlich eindringlich, reintönig und konzentriert im Bouquet ist, frisch, klar und zupackend, viel süße Frucht besitzt und eine ganz dezente Bitternote – edelsüße Weine spielen nur eine Nebenrolle im Weingut, aber wenn sie erzeugt werden, dann trumpfen sie groß auf, wie zuvor im Jahrgang 2012 ebenfalls eine Scheurebe Beerenauslese. Der Scheurebe Gutswein dagegen tut sich schwer, wie bei fast allen Scheureben vom Steigerwald im Jahrgang 2021 zeigen sich florale Noten. Besser passt der Jahrgang dem Müller-Thurgau, der würzig und eindringlich ist, geradlinig und klar. Der Sauvignon Blanc ist etwas floral, zupackend, der Silvaner sehr offen und geradlinig. Die im Holzfass ausgebaute trockene Grauburgunder Spätlese aus dem Jahrgang 2020 zeigt gute Konzentration, feine Würze und Frucht, ist frisch, klar und zupackend, besitzt gute Struktur, Frucht und Grip. Auch die beiden im Holz ausgebauten Rotweine überzeugen: Der Cabernet Dorsa, Jahrgang 2019, zeigt intensive Frucht im Bouquet, ist frisch, klar und zupackend, der 2018er Spätburgunder ist wunderschön reintönig im Bouquet, zeigt rote Früchte, besitzt klare Frucht auch im Mund, gute Struktur, Frische und Grip.

Weinbewertung

83 2021 Müller-Thurgau trocken | 12%/8,-€
80 2021 Scheurebe trocken | 12%/8,-€
82 2021 Sauvignon Blanc trocken | 12,5%/9,50€
81 2021 Silvaner trocken Rödelsee | 12,5%/9,50€
84 2020 Grauer Burgunder Spätlese trocken Rödelseer Schlossberg | 13,5%/9,50€
88 2020 Scheurebe Beerenauslese Rödelseer Küchenmeister | 10,5%/22,50€
83 2019 Cabernet Dorsa trocken | 13%/9,50€
85 2018 Spätburgunder trocken | 12,5%/9,50€

★★★

Stefan Meyer

Kontakt
Edesheimer Straße 17
76835 Rhodt
Tel. 06323-2348
Fax: 06323-81446
www.meyer-rhodt.de
weingut@meyer-rhodt.de

Besuchszeiten
Mo.-Fr. 13-17 Uhr
Sa. 10-16 Uhr
zwischen Weihnachten und Neujahr geschlossen
2 Appartements

Inhaber
Stefan Meyer
Rebfläche
17 Hektar
Produktion
100.000 Flaschen

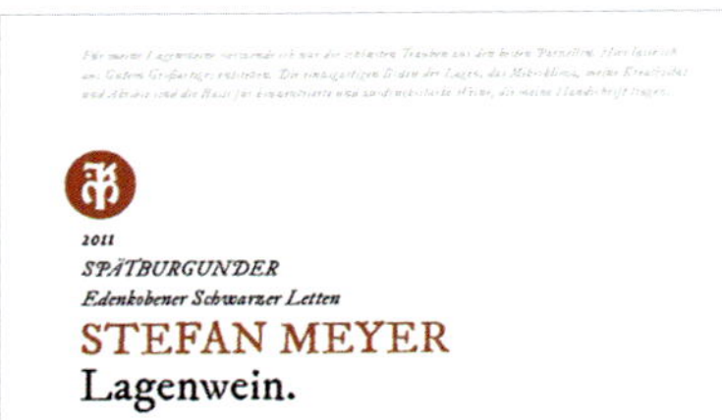

Die Familie Meyer betreibt seit 1702 Weinbau in Rhodt. Seit 2007, nach Abschluss seiner Ausbildung zum Weinbautechniker und Auslandsaufenthalten in Kalifornien und Österreich, ist Sohn Stefan im Betrieb tätig, 2011 übernahm er das Weingut von seinem Vater. Die besten Lagen sind Rhodter Schlossberg (Buntsandstein und roter Sandstein), Rhodter Rosengarten (Muschelkalk, schwerer Lehm), Rhodter Klosterpfad und Edenkobener Schwarzer Letten (schwerer Lehm). Die Lagenweine werden im Holz ausgebaut, die Weißweine in großen Holzfässern und 500 Liter-Fässern, die Rotweine liegen elf bis achtzehn Monate in großen Fässern und neuen Barriques. Nach der Umstellungsphase auf biologischen Weinbau sind die Weine ab dem Jahrgang 2021 bio-zertifiziert.

Kollektion

Drei unserer Favoriten in Stefan Meyers aktueller Kollektion kennen wir schon vom vergangenen Jahr: Der Chardonnay aus dem Rosengarten zeigt ein feines Bouquet mit Noten von gerösteten Haselnüssen und Zitrusfrüchten, ist animierend, elegant, harmonisch und nachhaltig, der Rosengarten-Weißburgunder ist etwas kraftvoller und ebenfalls animierend mit klarer Birnenfrucht und feinen Zitrusnoten, der Syrah zeigt viel dunkle Beerenfrucht, besitzt reife Tannine, kühle, kräutrige Noten und Länge. Die beiden Lagen-Pinot Noirs bewerten wir gleich, aber sie unterschieden sich deutlich, der Schwarze Letten zeigt Schwarzkirsche, Hagebutte und Waldboden im Bouquet, ist sehr elegant und nachhaltig, der Rosengarten zeigt Aromen von Sauerkirsche und Kräutern und entwickelt mit etwas Luft deutliche Kakaonoten, die wir neben viel Frucht auch am Gaumen wieder finden. Die restlichen Weine aus der Basis- und Ortsweinschiene sind sehr klar und reintönig im Ausdruck und immer ausgewogen und harmonisch.

Weinbewertung

86 2019 Crémant Rosé brut | 12%/13,-€
85 2021 Chardonnay & Weißer Burgunder trocken „Löss-Lehm“ | 12,5%/7,90€
84 2021 Riesling trocken „Buntsandstein“ | 12,5%/7,90€
85 2021 Weißer Burgunder trocken „Löss“ | 12,5%/7,90€
87 2021 Weißer Burgunder trocken „aus“ Rhodt | 12,5%/12,50€
87 2021 Chardonnay trocken „aus“ Rhodt | 13%/12,50€
87 2021 Riesling trocken „aus“ Rhodt | 12,5%/12,50€
89 2020 Weißer Burgunder trocken Rhodter Rosengarten | 13,5%/18,-€
90 2020 Chardonnay trocken Rhodter Rosengarten | 13%/20,-€
86 2020 Pinot Noir trocken „aus“ Rhodt | 13%/13,50€
89 2020 Pinot Noir trocken Edenkobener Schwarzer Letten | 13%/25,-€
89 2020 Pinot Noir trocken Rhodter Rosengarten | 13%/25,-€
89 2019 Syrah trocken Rhodter Klosterpfad | 13%/25,-€

★★

Gernot und Thomas Michel

Kontakt
Schlossgasse 14
67599 Gundheim
Tel. 06244-4644
www.weingut-gernot-michel.de
weingut-gernot.michel@t-online.de

Besuchszeiten
nach Vereinbarung

Inhaber
Anja, Gernot & Thomas Michel
Rebfläche
20 Hektar

Seit dem 19. Jahrhundert baut die Familie Wein in Gundheim an. Gernot Michel hat den Betrieb 1996 von seinem Vater übernommen, den damaligen landwirtschaftlichen Gemischtbetrieb in ein reines Weingut umgewandelt. Mit dem Einstieg von Thomas Michel, der 2010 seine Ausbildung zum Winzer begann, entschied man sich den damaligen reinen Fassweinbetrieb auf teilweise Flaschenweinvermarktung umzustellen, 2011 wurden die ersten eigenen Flaschen abgefüllt, 2014 im alten Weinkeller eine neue Vinothek eingerichtet. Die Weinberge von Gernot und Thomas Michel liegen in Gundheim, Westhofen (Kirchspiel, Aulerde, Steingrube), Bechtheim (Heiligkreuz), Bermersheim und Mörstadt. Weiße Sorten dominieren im Anbau, Riesling, Silvaner, Weißburgunder, Grauburgunder und Gewürztraminer spielen eine wichtige Rolle. An roten Sorten werden Spätburgunder, Portugieser, Regent und Dornfelder angebaut. Das Sortiment umfasst derzeit nur Gutsweine und Ortsweine.

Kollektion

Das Sortiment besteht weiterhin nur aus Guts- und Ortsweinen, zeigt sich aber gegenüber dem Vorjahr verbessert. Die Gutsweine präsentieren sich auf sehr gleichmäßigem Niveau, sind fruchtbetont und sortentypisch, der Riesling ist würzig, frisch und geradlinig, der Grauburgunder besitzt feine süße Frucht und Grip, der Chardonnay ist sehr offen im Bouquet, harmonisch im Mund. Auch der halbtrockene Silvaner mit seiner feinen reifen süßen Frucht und der 2020er Spätburgunder passen sich gut ein in diese Bild, der Spätburgunder ist frisch und fruchtbetont, klar und zupackend. Der 2017er Spätburgunder-Ortswein aus Gundheim, ist deutlich fülliger und intensiver, besitzt reife Frucht, gute Struktur und Frische. Auch die drei weißen Ortsweine, allesamt aus dem Jahrgang 2020, sind alle sehr gut. Der Bechtheimer Riesling zeigt feine Würze und Frucht, gute Konzentration, ist füllig und saftig, der Westhofener Weißburgunder besitzt ebenfalls viel reife Frucht und Substanz, der Silvaner, ebenfalls aus Westhofen, ist wunderschön fruchtbetont und reintönig, harmonisch, besitzt feine Süße und klare Frucht.

Weinbewertung

82 2021 Riesling trocken | 12,5%/6,90€
83 2021 Grauburgunder trocken | 12,5%/6,90€
82 2021 Chardonnay trocken | 12%/7,50€
86 2020 Silvaner trocken Westhofener | 13%/10,90€
85 2020 Riesling trocken Bechtheimer | 12,5%/10,90€
85 2020 Weißburgunder trocken Westhofener | 12,5%/10,90€
83 2021 Silvaner halbtrocken | 11,5%/6,50€
83 2020 Spätburgunder trocken | 13%/8,50€
85 2017 Spätburgunder trocken Gundheimer | 14%/11,90€

★★★★★ Michel

Kontakt
Winzerweg 24
79235 Achkarren
Tel. 07662-429
Fax: 07662-763
www.weingutmichel.com
info@weingutmichel.com

Besuchszeiten
Mo.-Fr. 14-17 Uhr
Sa. 10-13 Uhr und gerne nach Vereinbarung
Straußwirtschaft

Inhaber
Josef Michel
Rebfläche
13 Hektar
Produktion
90.000 Flaschen

Das Gros der Weinberge von Josef Michel liegt in Achkarren in den Lagen Schlossberg und Castellberg. Hinzu kommen 2 Hektar in Munzingen am Tuniberg in der Lage Kapellenberg, wo er ausschließlich Spätburgunder stehen hat. Die Liebe von Josef Michel galt schon immer eindeutig den Burgundersorten, die zusammen über 90 Prozent der Weinberge einnehmen – Grauburgunder hat inzwischen Spätburgunder überholt, dann folgt mit etwas Abstand Weißburgunder. Das bisschen Chardonnay, den man ja auch meist zu den Burgundern zählt, und Müller-Thurgau fällt da nicht ins Gewicht. Josef Michel hat mit der Aufnahme in den VDP sein Sortiment neu bezeichnet, verzichtet nun auf Prädikate, so dass die bisherigen Kabinettweine nun die Achkarrer Ortsweine sind, die bisherigen Spätlesen heißen nun Tephrit (der geologische Name des in Achkarren vorherrschenden Vulkangesteins), bei den Drei Sterne-Spätlesen wird ebenfalls auf die Prädikatsbezeichnung verzichtet, sie sind jetzt die Großen Gewächse von Josef Michel. Beim Spätburgunder gab es bisher die Basisweine aus Kapellenberg und Achkarren, dann den Wein von alten Reben, schließlich die Barrique-Selektion aus dem Schlossberg, diese seit einigen Jahren auch in einer Reserve-Variante. Mit dem Jahrgang 2014 kam der Sumertal-Spätburgunder neu hinzu, der betriebsintern zwischen Alte Reben und 3 Sterne-Selektion angesiedelt war, den es aber seither nicht mehr gab. Seit der ersten Ausgabe empfehlen wir die Weine von Josef Michel, seit damals rechnen wir ihn zu den Top-Winzern in Deutschland. Zweifel kamen nie auf, im Gegenteil, Jahr für Jahr hat er uns bestärkt in unserer Auffassung, Jahr für Jahr hat er weiter zugelegt. Immer bestechend reintönig und fruchtbetont präsentieren sich seine Basisweine, die Spätlesen und 3 Sterne-Selektionen (nun die Großen Gewächse) von Weiß- und Grauburgunder und Chardonnay gehören immer zu den Jahrgangsbesten in Deutschland, und mit seinen Spätburgundern spielt er seit vielen Jahren auch in der allerersten Liga. Das Ziel von Josef Michel ist es reintönige Weine zu erzeugen, die Frucht, Spiel und Frische aufweisen. Was ihm in den zwei Jahrzehnten, die wir seine Weine nun kennen, immer ganz fantastisch gelungen ist, die Konzentration auf die Burgunder macht sich bezahlt. 2021 ist, nach Geisenheim-Studium, Sohn Robin in den Betrieb eingestiegen.

Kollektion

Auch im neuen Jahrgang ist das Basisniveau wieder enorm hoch, so wie wir das gewohnt sind bei Josef Michel. Die Achkarrer Ortsweine sind prächtig: Der Weißburgunder zeigt viel Frische und wunderschön reintönige Frucht im Bouquet, ist frisch auch im Mund, klar, harmonisch und zupackend, der Grauburgunder steht ihm nicht nach, ist ebenfalls brillant klar, harmonisch, besitzt gute Struktur und Grip. Der Grauburgunder Tephrit ist herrlich eindringlich und reintönig im Bouquet, zeigt gelbe

Früchte, ist füllig und saftig im Mund, besitzt klare reife Frucht, Substanz und Frische. Der Tephrit-Chardonnay ist fruchtbetont und sehr offen im Bouquet, füllig und saftig im Mund, besitzt feine Frische, Struktur und Biss. Unser Favorit in der Tephrit-Linie ist der Weißburgunder, der faszinierend reintönig ist, herrlich viel Frucht und gute Konzentration zeigt, im Mund kraft- und druckvoll ist, viel reife Frucht, gute Struktur und Frische besitzt. Der Grauburgunder Großes Gewächs vom Schlossberg zeigt gute Konzentration, feine Würze und Frucht, ist frisch, klar und zupackend, besitzt feine Frucht und Grip. Der Chardonnay vom Schlossberg zeigt rauchig-würzige Noten, reintönige Frucht, ist füllig, klar, druckvoll, besitzt Struktur und Grip – der 2017er präsentiert sich derzeit in blendender Form, ist immer noch jugendlich. Auch die Spätburgunder sind wieder klasse. Der Wein von alten Reben ist frisch und fruchtbetont im Bouquet, zeigt rote Früchte, ganz leicht florale Noten im Hintergrund, ist reintönig und zupackend, besitzt gute Struktur und Grip. Eine deutliche Steigerung bringt der Spätburgunder Tephrit, zeigt reintönige Frucht, feine Frische, etwas rauchige Noten, ist lebhaft, klar und präzise im Mund, herrlich druckvoll, jugendlich. Schon über ein Jahrzehnt haben wir keinen Winklerberg-Spätburgunder von Josef Michel verkostet, nun gibt es ihn wieder, als Großes Gewächs Hinter Winklen, der Wein zeigt reintönige Frucht, florale Noten, viel Frische, im Mund ist er recht lebhaft und füllig, besitzt viel Substanz. Highlight der Kollektion ist der Spätburgunder vom Schlossberg, der würzig und eindringlich ist, dezenten Toast zeigt, reife Frucht, etwas Johannisbeeren, füllig und saftig ist, enorm konzentriert und stoffig. Klasse!

Weinbewertung

87	2021 Weißer Burgunder trocken Achkarren I 13%/9,50€
88	2021 Grauer Burgunder trocken Achkarren I 13%/9,50€
91	2021 Weißer Burgunder trocken „Tephrit“ Achkarren I 13%/14,50€
89	2021 Grauer Burgunder trocken „Tephrit“ Achkarren I 13%/14,50€
89	2021 Chardonnay trocken „Tephrit“ Achkarren I 13%/14,50€
91	2021 Grauer Burgunder trocken „GG“ Achkarrer Schlossberg I 13%/27,-€
91	2017 Chardonnay*** trocken Achkarrer Schlossberg I 14%
92	2020 Chardonnay trocken „GG“ Achkarren Schlossberg I 13%/27,-€
89	2020 Spätburgunder trocken „Alte Reben“ I 13%/14,50€
91	2021 Spätburgunder trocken „Tephrit“ Achkarren I 13%/27,-€
92	2020 Spätburgunder trocken „GG“ Hinter Winklen Ihringen I 13,5%/42,-€
94	2020 Spätburgunder trocken „GG“ Achkarrer Schlossberg I 13,5%/52,-€

Lagen
Schlossberg (Achkarren)
Castellberg (Achkarren)
Winklerberg (Ihringen)
Kapellenberg (Munzingen)

Rebsorten
Grauburgunder (41%)
Spätburgunder (32%)
Weißburgunder (17%)
Chardonnay (8%)
Müller-Thurgau (2%)

★★☆

Michel-Pfannebecker

Kontakt
Langgasse 18/19
55234 Flomborn
Tel. 06735-355,1363
Fax: 06735-8365
www.michel-pfannebecker.de
info@michel-pfannebecker.de

Besuchszeiten
Mo.-Sa. 9-18 Uhr

Inhaber
Heinfried & Gerold Pfannebecker

Rebfläche
11,7 Hektar

Produktion
60.000 Flaschen

Bis ins 17. Jahrhundert lässt sich die Geschichte der Familien Michel (aus Burgund) und Pfannebecker (aus Holland) in Flomborn zurückverfolgen. Heute führen Heinfried und Gerold Pfannebecker den Betrieb, den sie ganz auf Weinbau ausgerichtet haben. Heinfried Pfannebecker kümmert sich vor allem um die Weinberge, Gerold Pfannebecker mehr um den Keller. Die Weinberge liegen in Flomborn (Feuerberg, Goldberg) und Westhofen (Steingrube, Morstein), im Eppelsheimer Felsen, im Ober-Flörsheimer Blücherpfad und im Gundersheimer Höllenbrand. Die Reben wachsen auf leichten bis mittelschweren Lösslehmböden, teils mit extrem hohem Kalkanteil. Riesling nimmt gut ein Viertel der Rebfläche ein, es folgen Silvaner, Spätburgunder, Grauburgunder, Weißburgunder und Chardonnay, dazu gibt es etwas Müller-Thurgau, Scheurebe, Gewürztraminer und Würzer. Rote Sorten nehmen insgesamt ein Drittel der Fläche ein, neben Spätburgunder gibt es Portugieser, Dornfelder, Merlot und Cabernet Sauvignon.

Kollektion

Die neue Kollektion von Heinfried und Gerold Pfannebecker ist richtig stark. Und das fängt schon beim Gutsriesling im Liter an, der frisch, klar und zupackend ist. Die drei Lagenrieslinge sind alle drei sehr gut, der aus dem Feuerberg ist lebhaft und hat Grip, der Morstein ist würziger, kraftvoll, unser Favorit ist der Wein von alten Reben in der Steingrube, der Fülle und Kraft besitzt, gute Struktur und Grip. Der Feuerberg-Silvaner ist würzig und süffig, der von alten Reben, ebenfalls aus dem Feuerberg, besitzt etwas mehr Struktur. Der Weißburgunder ist recht würzig, der Chardonnay besitzt viel Süße und Frucht, der Grauburgunder ist reintönig und hat Grip. Ganz stark sind auch wieder die Rotweine: Der Merlot ist intensiv fruchtig und zupackend, der Cabernet Sauvignon punktet mit reintöniger Frucht, Fülle und Kraft, der Morstein-Spätburgunder zeigt rauchige Noten, ist füllig und kraftvoll, besitzt reintönige Frucht, Struktur und Substanz. ▬

Weinbewertung

83 2021 Riesling trocken (1l) | 12%/5,60€
84 2021 Silvaner trocken An dem Sonnbrunnen Flomborner Feuerberg | 12,5%/7,80€
85 2021 Riesling trocken An dem Sonnbrunnen Flomborner Feuerberg | 12,5%/7,90€
86 2021 Riesling trocken Westhofener Morstein | 12,5%/8,90€
85 2021 Silvaner trocken „Alte Reben" Flomborner Feuerberg | 12,5%/11,-€
84 2021 Weißburgunder trocken An dem Sonnbrunnen Flomborn | 12,5%/7,90€
86 2021 Grauer Burgunder trocken An dem Sonnbrunnen Flomborn | 13%/7,90€
88 2021 Riesling trocken „Alte Reben" Westhofener Steingrube | 13%/11,-€
85 2021 Chardonnay trocken Flomborner Goldberg | 12,5%/7,90€
87 2019 Merlot trocken Flomborner Goldberg | 14,5%/12,10€
88 2018 Cabernet Sauvignon trocken Ober-Flörsheimer Blücherpfad | 14,5%/16,50€
88 2019 Spätburgunder trocken „Alte Reben" Westhofener Morstein | 14%/19,90€

★★★☆

Karl-Hermann Milch

Kontakt
Rüstermühle, Mühlstraße 14
67590 Monsheim
Tel. 06243-337
Fax: 06243-6707
www.weingut-milch.de
info@weingut-milch.de

Besuchszeiten
Mo.-Fr. nach Vereinbarung
Sa. 9-12 + 13-17 Uhr

Inhaber
Karl-Hermann Milch
Rebfläche
13 Hektar
Produktion
90.000 Flaschen

Karl-Hermann Milch übernahm 2001 das Weingut von seinem Vater Karlheinz. Seine Winzerlehre absolvierte er bei den Weingütern Keller (Flörsheim-Dalsheim) und Knipser, die Ausbildung zum Weinbautechniker schloss er im Jahr 2000 ab. Das Weingut ist in der Rüstermühle untergebracht, einer ehemaligen Getreidemühle, die von der Familie 1926 erworben wurde. Der landwirtschaftliche Gemischtbetrieb begann nach dem 2. Weltkrieg mit der Flaschenweinvermarktung, seit den achtziger Jahren konzentriert man sich auf Weinbau. Die Weinberge liegen vor allem im Monsheimer Silberberg (mit den Gewannen Im Blauarsch und Auf dem Wingertsberg) sowie im Mörstadter Nonnengarten mit der Gewanne Im Wasserland, in der Karl-Hermann Milch kleinbeerige Chardonnay-Klone aus Burgund gepflanzt hat.

Kollektion

Neben 2021er Weinen hat Karl-Hermann Milch Chardonnay aus den Jahrgängen 2015 bis 2020 vorgestellt. Die 2021er Weißweine sind frisch, geradlinig, säurebetont, besitzen jahrgangstypischen Grip, was auch für die beiden fruchtbetonten Rosés gilt. Deutlich spannender sind die Chardonnay, die hervorragend reifen, was Karl-Hermann Milch uns schon des Öfteren demonstriert hat. Der 2015er vom Silberberg zeigt einen Anflug von Brioche, ist frisch, harmonisch, zupackend, besitzt feine süße Frucht und Grip. Deutlich Brioche zeigt der 2015er Blauarsch-Réserve, ist komplex, puristisch, präzise und nachhaltig. Der 2017er zeigt gute Konzentration, feine Würze, besitzt Fülle, Kraft und Substanz. Der Nonnengarten-Réserve aus dem Jahrgang 2020 ist noch enorm würzig und frisch, sehr jugendlich. Faszinierend reintönig und herrlich eindringlich ist der 2016er Im Wasserland, füllig, kraftvoll und lang. Neu ist der Wein von der Gewanne „Auf dem Wingertsberg“, setzt ganz auf Frische und Frucht, ist wunderschön reintönig, frisch und zupackend, hat Grip und deutliche Süße.

Weinbewertung

84 2021 Chardonnay & Weißer Burgunder trocken „Signatur“ | 13,5%/13,50€
82 2021 Chardonnay trocken „Valentin“ | 13%/8,70€
84 2021 Chardonnay trocken Monsheim | 13,5%/13,50€
83 2021 Grauer Burgunder trocken Monsheim | 13,5%/13,50€
88 2015 Chardonnay trocken Monsheim Silberberg | 13,5%/18,50€
91 2015 Chardonnay trocken „Réserve“ Monsheim Im Blauarsch | 14%
89 2017 Chardonnay trocken „Réserve“ Monsheim Im Blauarsch | 13,5%/29,-€
89 2020 Chardonnay trocken „Réserve“ Mörstadt Nonnengarten | 13,5%/29,-€
90 2016 Chardonnay trocken Mörstadt Im Wasserland | 14%/49,-€
89 2020 Chardonnay trocken Monsheim Auf dem Wingertsberg | 13%/a.A.
83 2021 Rosé trocken „Juliane“ | 12,5%/7,70€
84 2021 Rosé trocken Monsheim | 13%/13,50€
87 2018 Cabernet Sauvignon trocken Monsheim | 13%/15,-€

MILCH

★ ⯪

Mindnich

Kontakt
Kirchgasse 16
55595 Wallhausen
06706-960394
www.weingut-mindnich.de
post@weingut-mindnich.de

Besuchszeiten
nach Vereinbarung

Inhaber
Klaus Mindnich
Betriebsleiter
Klaus Mindnich
Kellermeister
Klaus Mindnich
Rebfläche
7 Hektar
Produktion
40.000 Flaschen

Das Familienweingut wurde von Großvater Johann Mindnich bis 1970 als landwirtschaftlicher Mischbetrieb geführt. Sein Sohn Rudolf begann 1975 mit der Füllung von Flaschenweinen und hat so den Grundstein für das heutige Weingut gelegt. 2013 haben Klaus und Judith Mindnich gemeinsam die Nachfolge angetreten. Die Weinberge liegen zum Großteil in Wallhausen, zu kleinen Teilen in Sommerloch, werden nach Richtlinien des umweltschonenden Weinbaus bewirtschaftet. Es werden hauptsächlich Riesling, Weiß- und Grauburgunder, Sauvignon Blanc, Scheurebe, Gewürztraminer, Silvaner und Spätburgunder angebaut; die Rieslinge stammen von bis zu 40 Jahre alten Reben.

Kollektion

Das Weingut bietet an der Basis auch in diesem Jahr eine breit gefächerte Auswahl geradliniger Weißweine mit Sortentypizität. Mit zurückhaltenden Noten von Zitrus und Kräutern, ist der Sauvignon Blanc absolut typisch, schmeckt eingängig und frisch. Der kräftige Weißburgunder entwickelt mehr jugendliche Präsenz, wirkt saftig und mild, endet würzig. Mit merklicher Fülle tritt der Grauburgunder auf, schmeckt mild und vollmundig. Für Liebhaber der Rebsorte ist auch der trockene Gewürztraminer eine Empfehlung, der ebenso duftig wie herzhaft ist. Der trockene Riesling ist schon sehr präsent, er duftet nach reifen Stachelbeeren und frischen Haselnüssen, wirkt kräftig und zupackend. Im Duft vom Ausbau im Holz geprägt deutet der trockene Steinrossel seine Reife mit Aromen von kandierten Früchten an, entwickelt dabei eine gewisse Wucht, sein gerbstoffdurchwirkter Schmelz ist fordernd. Beim „Maximum" Riesling ist der Name Programm, sicher kein stiller Vertreter ist auch er stark vom Ausbau im Holz eingenommen, dabei deutlich konzentrierter. Sein kompakter Charakter ist im Moment noch anstrengend, bei aller Wucht deutet er aber Feinheiten an. Bleibt abzuwarten, wie er sich entwickelt. Der Weißburgunder „Maximum" wirkt zugeknöpft. Sein cremiger Gaumenabdruck ist etwas spröde, auch weil der Alkohol merklich durchdringt.

Weinbewertung

84 2021 Riesling trocken | 13%/8,30€
84 2021 Weißer Burgunder trocken | 12,5%/8,30€
84 2021 Grauer Burgunder trocken | 13%/8,30€
84 2021 Scheurebe trocken | 12,5%/8,30€
85 2021 Sauvignon Blanc trocken | 12,5%/8,90€
83 2021 Gewürztraminer trocken | 12,5%/8,30€
85 2020 Riesling trocken Sommerlocher Steinrossel | 13,5%/10,50€
85+ 2020 Riesling trocken „Maximum" | 13,5%/18,-€
85+ 2020 Weißer Burgunder trocken „Maximum" | 13,5%/18,-€
85 2021 Riesling Spätlese Wallhäuser Johannisberg | 8%/10,50€

★★★★

Theo Minges

Kontakt
Bachstraße 11
76835 Flemlingen
Tel. 06323-93350
Fax: 06323-93351
www.weingut-minges.com
info@weingut-minges.com

Besuchszeiten
Mo.-Fr. 9-12 + 13-18 Uhr
Sa. 9-17 Uhr

Inhaber
Theo Minges
Betriebsleiter
Theo Minges, Regine Minges, Fritz Hohlreiter
Kellermeister
Theo Minges, Fritz Hohlreiter
Rebfläche
25 Hektar
Produktion
180.000 Flaschen

Ende der siebziger Jahre übernahm Theo Minges den elterlichen Betrieb, den er seither mit Ehefrau Martina führt, heute werden sie unterstützt von Tochter Regine, Geisenheim-Absolventin. Das Weingut hat seinen Sitz in einem Anwesen, das im 16. Jahrhundert den Grafen von der Leyen gehörte, von denen unter anderem der heute noch erhaltene Zehntkeller stammt, seit 1847 ist das Anwesen im Besitz der Familie Minges. Die Weinberge befinden sich in der Gleisweiler Hölle, den Flemlinger Lagen Vogelsprung und Herrenbuckel, im Böchinger Rosenkranz und in den Burrweiler Lagen Schlossgarten und Schäwer. Riesling ist die wichtigste Rebsorte im Betrieb, nimmt ein gutes Drittel der Rebfläche ein, ein Fünftel entfällt auf die weißen Burgundersorten, es folgen Spätburgunder und Scheurebe, dazu gibt es Chardonnay, Gewürztraminer, Rieslaner und Muskateller, Dornfelder und St. Laurent sowie Cabernet Sauvignon, Cabernet Franc und Merlot. Seit dem Jahrgang 2013 ist das Weingut bio-zertifiziert. Für die Weißweine werden die Trauben nach Maischestandzeiten von 6 bis 30 Stunden schonend gepresst und langsam und kühl im Holz oder im Edelstahl vergoren, sie reifen lange auf der Vollhefe. Seine Rotweine baut Theo Minges sehr lange im Fass aus. Das Programm ist gegliedert in Gutsweine, Ortsweine, Erste Lage und Große Lage. Ein Erste Lage-Riesling kommt aus der Gleisweiler Hölle, ein Grauburgunder aus dem Böchinger Rosenkranz. Das Große Gewächs aus der Hölle trägt seit dem Jahrgang 2014 den Gewannnamen Unterer Faulenberg. Ein weiterer Großes Gewächs-Riesling, erstmals 2014 erzeugt, kommt aus dem Burrweiler Schäwer, der Weißburgunder aus dem Böchinger Rosenkranz trägt seit dem Jahrgang 2014 den Gewannnamen Im untern Kreuz, der Spitzen-Spätburgunder stammt aus der Gewanne Zinkelerde im Böchinger Rosenkranz. Schon in der ersten Ausgabe lobten wir die Weine von Theo Minges, besonders die Rieslinge und Rotweine. Die Rieslinge haben sich seither immer mehr als seine Stärke erwiesen, auch die Rotweine haben uns immer beeindruckt, wenn wir denn welche zu verkosten bekamen, denn nicht jedes Jahr hat Theo Minges uns Rotweine vorgestellt. Die Qualität ist stetig gestiegen, die Konsistenz der Kollektionen ist beeindruckend.

Kollektion

Auch in diesem Jahr sind die vier Großen Gewächse wieder erstaunlich konsistent, alle liegen auf einem gleichmäßigen, hervorragenden Niveau, aber der Riesling aus dem Unteren Faulenberg hat dann doch ganz knapp die Nase vorne: Im vielschichtigen Bouquet zeigt der Wein kräutrige Würze und feine Zitrusnoten nach Ananas, Limette und Orangenschale, auch am Gaumen besitzt er viel Frucht, neben Zitrusnoten auch Pfirsich und Aprikose, aber die Frucht wird von einer sehr straffen, animierenden Säure und leicht salzigen Noten in der Balance gehalten. Der Schäwer-Riesling zeigt leicht rauchig-mineralische und steinige Noten im Duft, ist dann am Gaumen ebenfalls animierend und leicht salzig, besitzt dezente Frucht, etwas Ananas, viel Grip und gute Länge, beim Weißburgunder-Großen Gewächs trifft im Bouquet viel gelbe Frucht auf leicht rauchige und florale Würze, am Gaumen ist der Wein harmonisch und ausgewogen, besitzt Frische und Länge. Auch der Zinkelerde-Spätburgunder zeigt ein komplexes Bouquet mit Noten von Schwarzkirsche, Waldboden, Gewürznelke und Krokant, er besitzt gute Konzentration, Struktur und kräutrige Würze, ist sehr kraftvoll und nachhaltig. Die beiden anderen Spätburgunder sind stilistisch ähnlich, besitzen ebenfalls viel Kraft und sind von dunkler Kirschfrucht und kräutriger Würze geprägt, der Rosenkranz besitzt noch leicht jugendliche Tannine, der „Kalkmergel" ist schon etwas zugänglicher. Neu im Programm sind die beiden maischevergorenen, im Tonneau ausgebauten „Wurzelfieber"-Weine, die beide ein sehr intensives, aromatisches Bouquet zeigen, der Gewürztraminer zeigt Noten von Litschi, Rosenblättern und viel kräutrige Würze, besitzt guten Tanningrip, ist kraftvoll, leicht cremig und sehr nachhaltig, der beste Gewürztraminer, den wir dieses Jahr in der Pfalz verkostet haben, der Grauburgunder duftet nach Süßkirschen, roten Beeren und Nüssen, besitzt ebenfalls viel Kraft, Grip und Länge. Die beiden Rieslinge zeigen viel klare Frucht, der Obere Letten ist etwas komplexer und nachhaltiger als der füllige Hölle, der Grauburgunder zeigt viel gelbe Frucht, florale Noten und dezente Holzwürze, der Chardonnay ist ebenfalls sehr fruchtbetont, konzentriert und nachhaltig.

Regine & Theo Minges

Weinbewertung

88 2021 Grauburgunder trocken „Muschelkalk" | 13%/13,50€
88 2021 Chardonnay trocken „Kalkmergel" | 13%/13,50€
87 2021 Riesling trocken Gleisweiler Hölle | 12,5%/12,-€
88 2021 Riesling trocken Gleisweiler Hölle Im oberen Letten | 12,5%/16,-€
88 2020 Grauburgunder trocken „Wurzelfieber TM" | 14%/18,-€
89 2020 Gewürztraminer trocken „Wurzelfieber TM" | 13,5%/18,-€
90 2021 Weißburgunder „GG" Rosenkranz Im untern Kreuz | 12,5%/26,-€
90 2021 Riesling „GG" Schäwer | 12,5%/26,-€
90+ 2021 Riesling „GG" Hölle Unterer Faulenberg | 12,5%/26,-€
87 2019 Spätburgunder trocken „Kalkmergel" | 13,5%/12,50€
88 2019 Spätburgunder trocken Böchinger Rosenkranz | 14%/16,-€
90 2019 Spätburgunder „GG" Rosenkranz Zinkelerde | 14%/34,-€

Lagen

Hölle (Gleisweiler)
Unterer Faulenberg (Gleisweiler)
Rosenkranz (Böchingen)
Im Untern Kreuz (Böchingen)
Zinkelerde (Böchingen)
Schlossgarten (Burrweiler)
Herrenbuckel (Flemlingen)
Schäwer (Burrweiler)

Rebsorten

Riesling (35%)
Spätburgunder (12%)
Scheurebe (8%)

★★★

mkquadrat

Kontakt
Freinsheimer Straße 86a
67169 Kallstadt
Tel. 06322-941520
Fax: 06322-941521
www.mkquadrat.com
klaus.kuesters@mkquadrat.com

Besuchszeiten
Mo.-Fr. 10-17 Uhr
Sa. 11-16 Uhr
Weinproben & Weinseminare

Inhaber
Michael Meier
Betriebsleiter
Klaus Küsters
Kellermeister
Wolfgang Grün
Außenbetrieb
Wolfgang Grün
Rebfläche
5 Hektar
Produktion
40.000 Flaschen

Im Frühjahr 2021 übernahmen die beiden Deidesheimer Klaus Küsters, der ehemalige Vinotheksleiter bei Reichsrat von Buhl, und Michael Meier, Weinfreak und Hobbywinzer, das Weingut Horcher, das zuvor seit 2005 dem Berliner Gastronomen Herbert Beltle gehört hatte. Als Anspielung auf ihre Namen benannten sie das Weingut in mkquadrat um, für Kontinuität sorgt Wolfgang Grün, der auch schon unter dem alten Namen für den Keller und den Außenbetrieb verantwortlich gewesen ist. Die Weinberge liegen in den Kallstadter Lagen Saumagen, Kreidkeller, Steinacker und Kronenberg, sowie im Leistadter Kalkofen, wichtigste Rebsorten sind Riesling und Spätburgunder, daneben gibt es noch Sauvignon Blanc, Grauburgunder, Chardonnay und Muskateller und an roten Sorten Merlot, Syrah und Acolon.

Kollektion

Die 2021er Weine sind alle frisch und sehr schlank mit niedrigen Alkoholwerten, zugleich sind sie – bis auf den feinherben Riesling – alle komplett durchgegoren – eine Konsequenz, die uns gut gefällt: Der Steinacker-Riesling zeigt feine kreidige Würze, besitzt klare Frucht, Zitrusnoten, Ananas, und dezente salzige Noten, ist präzise und nachhaltig, auch der Kreidkeller-Riesling besitzt klare Frucht mit Noten von Aprikose, grünem Apfel und Orange, ist animierend und frisch, der Sauvignon Blanc aus dem Kreidkeller ist ebenfalls fruchtbetont und besitzt einen markanten Säurebiss. Sehr gut ist auch der Chardonnay-Sekt, der nach Nüssen und Brotkruste duftet und herb, straff und nachhaltig ist. Die Rotweine stammen noch aus älteren Jahrgängen, der Syrah ist kraftvoll und nachhaltig mit klarer Beerenfrucht, reifen Tanninen und pfeffriger Würze, der Merlot zeigt ebenfalls viel dunkle Beerenfrucht und ist jetzt trinkreif, während der Spätburgunder noch jugendliche Tannine besitzt.

Weinbewertung

88	2018 Chardonnay Sekt brut nature I 12,5%/15,-€
84	2021 Cuveé Weiß I 11,5%/8,90€
86	2021 Sauvignon Blanc I 11,5%/11,90€
85	2021 Grauburgunder I 12,5%/9,90€
85	2021 Muskateller I 11,5%/11,90€
87	2021 Sauvignon Blanc Kallstadter Kreidkeller I 11,5%/15,-€
87	2021 Riesling Kallstadter Kreidkeller I 11%/15,-€
88	2021 Riesling Kallstadter Steinacker I 12%/19,-€
85	2021 Riesling „feinherb“ I 9%/12,-€
84	2021 Rosé I 11,5%/10,90€
86	2018 Cuvée Rot I 13,5%/9,90€
88	2018 Spätburgunder Kallstadter Kreidkeller „Edition Horcher“ I 13%/25,-€
88	2017 Merlot „Réserve“ „Edition Horcher“ I 14%/25,-€
90	2019 Syrah „Réserve“ I 13,5%/32,-€

★★★

Mödinger

Kontakt
Waldstraße 27
71384 Weinstadt
Tel. 07151-61172
Fax: 07151-9440858
www.moedinger-weingut.de
info@moedinger-weingut.de

Besuchszeiten
Fr. 16-19 Uhr
Sa. 10-13 Uhr
und nach Vereinbarung

Inhaber
Sven Mödinger
Betriebsleiter
Sven Mödinger
Rebfläche
5 Hektar
Produktion
35.000 Flaschen

Seit vier Generationen baut die Familie Wein im Remstal an, im Nebenerwerb, war lange Zeit Mitglied einer Genossenschaft, ehe man selbst mit dem Weinausbau begann, nachdem Sven Mödinger seine Winzerlehre abgeschlossen hatte. Die Weinberge liegen in den Strümpfelbacher Lagen Altenberg und Nonnenberg, in den Beutelsbacher Lagen Altenberg und Burghalde sowie im Stettener Lindhälder. Angebaut werden hauptsächlich typische Württemberger Rebsorten wie Riesling, Müller-Thurgau oder Kerner sowie rote Sorten wie Trollinger, Lemberger, Portugieser, Dornfelder und Muskattrollinger. Die Weine kann man alle auch in der hauseigenen Besenwirtschaft genießen, dem Koppa-Besa. 250 Meter vom Weingut entfernt wurde 2019 ein neues Kelterhaus mit kleinem Verkostungsraum in der Gastenklinge 10 errichtet. Die Umstellung auf biologischen Weinbau wurde begonnen.

Kollektion

Jahr für Jahr stellen wir Fortschritte fest. Sehr schön ist der Pinot-Sekt, zeigt rauchige Noten, feine Frische, ist harmonisch und klar. Der Riesling Diego besitzt Kraft und Frucht, gute Struktur, etwas mehr Druck als das feinherbe Pendant. Der Chardonnay zeigt gute Konzentration, viel Frucht, etwas Ananas, ist füllig, saftig und fruchtintensiv, aber hat Struktur. Ganz stark sind in diesem Jahr auch die beiden Weine aus der Gastenklinge: Der Riesling zeigt gute Konzentration und faszinierend reintönige Frucht, etwas gelbe Früchte, ist stoffig, kraftvoll, besitzt gute Struktur und Frucht, der Schiller ist fruchtbetont, herrlich eindringlich, besitzt Frische, Grip und viel Frucht. Stark sind auch die Rotweine, und das fängt schon beim einfachen Lemberger an, der herrlich fruchtbetont, intensiv und reintönig ist. Auch in der Cuvée mit Syrah überzeugt Lemberger, der Weine besitzt gute Struktur, Frucht und Grip. Und Syrah macht schließlich auch solo eine gute Figur, ist wunderschön reintönig, harmonisch und fruchtbetont. Weiter im Aufwind!

Weinbewertung

86 2019 Pinot Sekt brut | 12,5%/15,50€
85 2020 Riesling trocken „Diego" | 12,5%/7,50€
88 2021 Chardonnay trocken | 12,5%/16,90€
89 2020 Riesling trocken Gastenklinge | 13,5%/12,80€
84 2021 Riesling „feinherb" | 11,5%/7,50€
88 2021 Schiller trocken Strümpfelbacher Gastenklinge | 12,5%/10,80€
83 2021 Rosé „Luis" | 11,5%/6,-€
86 2020 Lemberger trocken | 13%/7,50€
85 2020 „Nelly" Rotwein trocken | 13%/6,80€
85 2019 Blaufränkisch trocken „WeinHochZwei" | 14,5%/19,80€
88 2020 Lemberger/Syrah trocken | 13,5%/14,50€
89 2019 Syrah trocken | 14%/21,80€

★★☆

Mönchhof, Robert Eymael

Kontakt
Mönchhof, 54539 Ürzig
Tel. 06532-93164
Fax: 06532-93166
www.moenchhof.de
info@moenchhof.de

Besuchszeiten
Mo.-Fr. 9-17 Uhr, am Wochenende nach Vereinbarung
Im Sommer Weinausschank im historischen Innenhof, Vinothek für Geburtstage und Hochzeiten, Gästezimmer im historischen Mönchhof

Inhaber
Weingüter M&C Management GmbH
Betriebsleiter/ Kellermeister
Philippe Conzen
Rebfläche
10 Hektar

Der Mönchhof in Ürzig, der ehemals der Zisterzienserabtei Himmerod gehörte, ist eines der ältesten Weingüter an der Mosel. 1804, nach der Säkularisierung unter Napoleon, ersteigerte die Familie Eymael das Weingut in Paris, seither war es in Familienbesitz, wurde seit 1994 von Robert Eymael geführt, der später auch das Weingut Christoffel Erben übernahm. Inhaberin des Betriebes ist mittlerweile die Weingüter M&C Management GmbH, als Betriebsleiter und Kellermeister fungiert seit wenigen Jahren Philippe Conzen. Die Weinberge finden sich im Ürziger Würzgarten (zu dessen Fuß das Weingut liegt) sowie in den beiden Erdener Lagen Treppchen und Prälat, sie sind mit wurzelechten, teilweise hundert Jahre alten Rieslingreben bepflanzt – andere Sorten werden hier aus Prinzip nicht angebaut. Das Weingut hat seinen Sitz in einem Gutsgebäude aus dem 16. Jahrhundert. Alle Weine werden im alten Gewölbekeller in Holzfässern ausgebaut. Dem Weingut ist ein Gästehaus angeschlossen.

Kollektion

Der Grand Lay ist mehr als ein normaler Basiswein, nämlich ein kraftvoller, animierender Einstieg ins Mönchhof-Sortiment, der sich eher verhalten präsentiert, dann nach und nach öffnet, im Mund eine gute Struktur besitzt, würziger Nachhall inklusive. Noch deutlich besser gefällt die trockene Spätlese von alten Reben, die frisch und duftig wirkt mit Noten von Hefe, Apfel, Steinobst, im Mund vibrierend, würzig und lang ausfällt. Ein ausgezeichnet balancierter, gänzlich unangestrengt wirkender Wein. Der Salve ist offen, frisch mit Zitrus- und Kernobstnoten, klar, knackig und erfrischend im Nachhall, der vorhandene Hauch von Süße ist so dezent, dass er kaum auffällt. Bei der feinherben Spätlese, die deutlich von der Kohlensäure geprägt ist, kommt noch eine würzige Komponente hinzu; der Wein ist schlank und balanciert. Der Kabinett gefällt mit seiner rassigen, vibrierenden Art ausgezeichnet. Schließlich die beiden dezidiert süßen Weine: die Spätlese aus dem Treppchen und die Auslese aus dem Prälat. Erstere ist frisch mit Kernobst- und Kräuternoten, rassig und vibrierend. Letztere wirkt reifer mit Noten von Apfel, Steinobst und frischer Mango, ist saftig, merklich süß, mit Zug.

Weinbewertung

86 2021 Riesling trocken „Grand Lay" | 12%/8,90€
89 2021 Riesling Spätlese trocken „Alte Reben" Ürzig Würzgarten | 11,5%/15,90€
84 2021 Riesling „feinherb" „Salve" | 11%/8,90€
88 2021 Riesling Spätlese „feinherb" „Fass 33" Ürzig Würzgarten | 9,5%/14,90€
88 2021 Riesling Kabinett Ürzig Würzgarten | 8,5%/11,90€
89 2021 Riesling Spätlese Erden Treppchen | 8%/14,90€
90 2021 Riesling Auslese Erden Prälat | 7,5%/29,90€

★★★

Mohr

Kontakt
Rheinstraße 21
65391 Lorch
Tel. 06726-9484
Fax: 06726-1694
www.weingut-mohr.de
info@weingut-mohr.de

Besuchszeiten
nach Vereinbarung
Türkische Kochkurse

Inhaber
Jochen Neher
Betriebsleiter
Jochen Neher
Kellermeister
Jochen Neher
Rebfläche
10 Hektar
Produktion
70.000 Flaschen

Das 1875 von Wilhelm Mohr gegründete Weingut wird heute von dessen Urenkel Jochen Neher und seiner Frau Saynur Sonkaya-Neher geführt. Ihre Weinberge liegen in den Lorcher Lagen Krone (grauer Taunusschiefer), Bodental-Steinberg (roter und blauer Phyllitschiefer) und Schlossberg (blauer Taunusschiefer), wo Jochen Neher einen Weinberg mit 1934 gepflanzten Reben besitzt, die wohl ältesten im Rheingau, sowie im Assmannshäuser Höllenberg (roter Phyllitschiefer und Quarzit). Hauptrebsorte im Betrieb ist der Riesling, der 70 Prozent der Rebfläche einnimmt. Daneben gibt es Spätburgunder und Weißburgunder, sowie ein klein wenig Silvaner, Scheurebe, Grauburgunder und Muskateller. Die Weinberge werden zertifiziert biologisch bewirtschaftet, Jochen Neher ist seit 2014 Mitglied bei Ecovin. 2018 erweiterte er die Rebfläche um einen Hektar in Lorch und in Assmannshausen, 2019 kamen weitere zwei Hektar hinzu.

Kollektion

Schon die Sekte zeigen den geradlinigen Stil von Jochen Neher, sie sind frisch und leben von ihrer Frucht. Die Cuvée Saynur ist von der Weißfrucht des Weißburgunders geprägt, der Gutsriesling ist deutlich strammer. Der Ortswein aus Lorch punktet mit Zitrussäure, ist kompakt, kraftvoll und nicht allzu fruchtbetont. Die Lagen-Rieslinge stellen ebenfalls die Säureader in den Mittelpunkt, deuten fruchtige Noten an und spielen mit dezent steinigen Aromen, Zitrus und Apfel. Der Bodental-Steinberg-Riesling und der Riesling 34 aus dem Schlossberg sind etwas puristischer als der Wein aus der Krone, setzen mehr auf Struktur denn auf Fruchtsüße. Die Spätburgunder sind kraftvoll bei guter Säureader, der fleischige Höllenberg von alten Reben steht an der Spitze. Ein konzentrierter, reintöniger, fruchtiger Eiswein rundet die Kollektion ab.

Weinbewertung

85 2017 Riesling Sekt brut Lorcher Krone | 13%/34,-€
84 2018 Riesling Sekt brut | 13,5%/21,-€
84 2020 Pinot Sekt brut | 14%/21,-€
84 2021 Riesling trocken | 12%/9,90€
86 2021 Riesling trocken Lorch | 12%/13,90€
83 2021 Riesling & Weißburgunder trocken „Saynur" | 11,5%/13,90€
88 2020 Riesling trocken „34" Lorcher Schlossberg | 13%/34,-€
87 2020 Riesling Großes Gewächs Lorcher Krone | 13%/28,-€
88 2020 Riesling Großes Gewächs Lorcher Bodental-Steinberg | 13%/29,-€
90 2020 Riesling Eiswein Lorcher Schlossberg | 7,5%/70,-€/0,375l
84 2020 Spätburgunder trocken Assmannshäuser Höllenberg | 12,5%/21,-€
86 2019 Spätburgunder trocken „Alte Reben" Assmannshäuser Höllenberg | 13%/34,-€
85 2018 Spätburgunder Großes Gewächs Lorcher Bodental-Steinberg | 13%/34,-€

★★★★★

Markus Molitor

Kontakt
Haus Klosterberg
54470 Bernkastel-Wehlen
Tel. 06532-954000
Fax: 06532-9540029
www.markusmolitor.com
info@markusmolitor.com

Besuchszeiten
Mo.-Fr. 10-17 Uhr
Sa./So. nach Vereinbarung
Vinothek (bis 50 Personen)

Inhaber
Markus Molitor
Rebfläche
100 Hektar
Produktion
500.000 Flaschen

Ganz klein und sehr jung hat er angefangen, heute ist Markus Molitor größter Weingutsbesitzer an der mittleren Mosel. Direkt am Weingut besitzt Markus Molitor im Wehlener Klosterberg das größte arrondierte Stück an der Mittelmosel. Beträchtlichen Besitz hat er in der Zeltinger Sonnenuhr, ist aber auch auf der Wehlener Seite vertreten und im Zeltinger Schlossberg. Hinzu kommen unter anderem Weinberge im Graacher Domprobst und Himmelreich, Erdener Treppchen, Ürziger Würzgarten und in der Bernkasteler Lay. Auch aus den Lagen Thörnicher Ritsch, Brauneberger Juffer-Sonnenuhr oder Erdener Prälat erzeugt Markus Molitor mittlerweile Wein. An der Saar hat er 3 Hektar im Saarburger Rausch erworben, einen halben Hektar im Ockfener Bockstein; als nächstes Projekt folgte die Wiederbestockung des Geisbergs, einer brachgefallenen Lage in Ockfen, danach erwarb er die ehemalige Staatsdomäne in Serrig. Mittlerweile hat Molitor den Geisberg wieder abgegeben, investiert umso mehr in die Domäne Serrig, deren Weine noch im Keller reifen. Neben Riesling baut das Weingut Molitor Weiß- und Spätburgunder sowie etwas Chardonnay an. Die Burgunder werden bei ihm prinzipiell im Holz ausgebaut. Markus Molitor vergärt alle Weine mit den natürlichen Hefen. Zum Keltern benutzt er in den letzten Jahren verstärkt Korbpressen, lässt die Weine 12 bis 18 Stunden mazerieren, je nach Jahrgang auch mal zwei Tage. Zum Ausbau nutzt er Edelstahl und Holzfässer, hat den Holzfassanteil in den letzten Jahren weiter vergrößert. Er baut die Weine lange auf der Feinhefe aus, füllt sehr spät ab. Solche Weine sollte man eigentlich erst nach ein paar Monaten Flaschenreife zeigen, noch besser: nach ein paar Jahren. Sie altern großartig, auch die trockenen Weine und selbst in Jahrgängen wie 2003. Bezeichnungen wie trocken oder „feinherb" hat Markus Molitor mit dem Jahrgang 2007 abgeschafft. Für ihn trocken schmeckende Weine (auch wenn nicht im gesetzlich trockenen Bereich) werden mit weißer Kapsel ausgestattet, feinherbe mit grüner und süße mit goldener.

Kollektion

Bei Redaktionsschluss dieses Buches war erst ein Teil des Molitorschen 2021er Sortiments abgefüllt, im trockenen Bereich gab es noch sehr wenig, was sich probieren ließ. Doch was fertig war, ließ bei der Verkostung Hoffnungen auf einen zumindest in diesem Gut großen Jahrgang aufkeimen. Den Weinen Frische zu geben, ohne die Säure auch nur im Geringsten unreif schmecken zu lassen, das ist Markus Molitor gelungen. Man merkt es schon beim Einstiegsriesling Haus Klosterberg, der frisch ist, knackig, sehr animierend. Auch der Einstern-Pinot Blanc aus 2021 war bereits gefüllt und in einem attraktiven Zustand; unter den Weißburgundern und Chardonnay aus 2020 gefiel beispielsweise der feste, straffe Einstern-Chardonnay aus dem Wehlener Klosterberg. Dann die 2021er Rieslinge mit mehr oder weniger Süße. Eine enorm saftige, vibrierende Spätlese mit grüner Kapsel aus dem Himmelreich begeistert. Die restsüßen Kabinette aus Kinheimer Rosenberg, Ockfener Bockstein und Wehlener Sonnenuhr sind ganz verschieden, strahlen aber alle Frische und tolle Würze aus. Herauszuheben aus vielen spannenden Rieslingen sind beispielsweise die Spätlesen aus Ürziger Würzgarten und Wehlener Sonnenuhr, die Zwei-Sterne-Auslesen aus der Hubertuslay und der Juffer-Sonnenuhr (letztere war noch völlig verschlossen), die Drei-Sterne-Auslesen ohne Ausnahme. Wenn man die Highlights letztgenannter Kategorie aus Ockfener Bockstein und Wehlener Sonnenuhr nebeneinander verkostet, versteht man schnell, was Terroir bedeuten kann.

Markus Molitor

Weinbewertung

90 2020 Chardonnay* Wehlener Klosterberg | 13%/29,-€
86 2021 Riesling „Haus Klosterberg" | 11,5%/11,90€
89 2021 Riesling Spätlese Wehlener Klosterberg | 9,5%/19,50€
90 2021 Riesling Spätlese Bernkasteler Badstube | 9%/19,50€
91 2021 Riesling Spätlese Graacher Himmelreich | 9,5%/22,-€
92 2021 Riesling Auslese* Bernkasteler Badstube | 9,5%/29,-€
90 2021 Riesling Kabinett Kinheimer Rosenberg | 7,5%/15,80€
91 2021 Riesling Kabinett Ockfener Bockstein | 7,5%/15,80€ ☺
90 2021 Riesling Kabinett Wehlener Sonnenuhr | 7,5%/19,80€
93 2021 Riesling Kabinett (Reserve) Ürziger Würzgarten | 7,5%/noch nicht im Verkauf
90 2021 Riesling Kabinett Ürziger Würzgarten | 7,5%/17,80€
91 2021 Riesling Kabinett Zeltinger Sonnenuhr | 7,5%/19,80€
93 2021 Riesling Spätlese Wehlener Sonnenuhr | 7,5%/24,-€ ☺
92 2021 Riesling Spätlese Ürziger Würzgarten | 7,5%/22,-€ ☺
92 2021 Riesling Spätlese Brauneberger Juffer | 7,5%/22,-€ ☺
92 2021 Riesling Spätlese Zeltinger Sonnenuhr | 7,5%/24,-€
93 2021 Riesling Auslese* Saarburger Rausch | 7,5%/29,-€
92 2021 Riesling Auslese* Gracher Himmelreich | 8%/32,-€
94 2021 Riesling Auslese** Kinheimer Hubertuslay | 7,5%/38,-€
92+ 2021 Riesling Auslese** Juffer-Sonnenuhr | 7,5%/49,-€
93+ 2021 Riesling Auslese** Ockfener Bockstein | 7,5%/38,-€
95+ 2021 Riesling Auslese*** Erdener Treppchen | 7,5%/78,-€
96 2021 Riesling Auslese*** Ockfener Bockstein | 7,5%/78,-€
94 2021 Riesling Auslese*** Zeltinger Schlossberg | 7,5%/78,-€
95 2021 Riesling Auslese*** Kinheimer Rosenberg | 7,5%/78,-€
96 2021 Riesling Auslese*** Wehlener Sonnenuhr | 7,5%/89,-€
95+ 2021 Riesling Auslese*** Zeltinger Sonnenuhr | 7%/89,-€

Lagen

Sonnenuhr (Zeltingen)
Schlossberg (Zeltingen)
Sonnenuhr (Wehlen)
Domprobst (Graach)
Himmelreich (Graach)
Würzgarten (Ürzig)
Treppchen (Erden)
Rausch (Saarburg)
Bockstein (Ockfen)
Lay (Bernkastel)
Badstube (Bernkastel)
Klosterberg (Wehlen)
Rosenberg (Kinheim)
Hubertuslay (Kinheim)
Himmelreich (Zeltingen)

Rebsorten

Riesling (92%)
Spätburgunder (5%)
Weißburgunder (3%)

★★★

Montigny

Kontakt
Weidenpfad 46
55452 Laubenheim
Tel. 06704-1468
Fax: 06704-1602
www.montigny.de
sascha.montigny@montigny.de

Besuchszeiten
Mo.-Fr. 10-12 + 14-18 Uhr,
Sa. 10-14 Uhr, jeweils nur nach Vereinbarung

Inhaber
Sascha Montigny
Rebfläche
8 Hektar
Produktion
55.000 Flaschen

Das Weingut Montigny wurde in den sechziger Jahren von den Eltern des heutigen Besitzers gegründet, Sascha Montigny hat es 1994 übernommen. Ungewöhnlich für die Nahe ist, dass die Hälfte der Rebfläche mit roten Sorten bestockt ist. Spätburgunder, den es bereits seit 1975 gibt, ist die wichtigste rote Sorte. Zweite wichtige Rotweinsorte ist der St. Laurent, einige Frühburgunderanlagen hat Sascha Montigny jetzt angesichts des Klimawandels mit Merlot ersetzt. Der Schwerpunkt bei den Weißweinen liegt beim Riesling, der ein Viertel der Rebfläche einnimmt, dazu gibt es Grauburgunder und Weißburgunder, 2020 wurde etwas Viognier gepflanzt.

Kollektion

Der im Barrique vergorene Grauburgunder aus dem Karthäuser zeigt sich in diesem Jahr besonders ausgewogen, fein und konzentriert. Spannend ist der Jungfernwein vom Viognier, er ist duftig, zeigt ansprechende Frucht von reifen Aprikosen, Blütenaromen und etwas Toastwürze, ist am Gaumen voll aromatischer, saftiger Frische, dabei zart und würzig. Die Riesling aus dem Karthäuser spielt zwischen reifer Frucht und akzentuierter Frische. Dem fügt der Riesling aus der Krone ein spürbares Maß an Dichte und reifer Gelbfrucht hinzu, auch er besitzt die passende Frische für ausreichende Spannung. Die Rotweine sind wieder eine Klasse für sich. Der Frühburgunder ist packend und frisch, kompakt und würzig, besitzt Struktur für weitere Reifung, delikat ist er aber schon jetzt. Der Spätburgunder geizt nicht mit Kraft und ätherischer Frische, bei aller Intensität und Reife bietet er auch Finesse. Der Sankt Laurent „R" ist ganz anders gestrickt, braucht etwas Zeit, saftige Gerbstoffe flankieren seine satte Frucht, die süßen, würzigen Aromen vom Holzausbau sind präsent, dabei bestens eingebunden. Auch die Cuvée Mariage ist juvenil, sehr ansprechend in ihrer packenden, pikanten Frucht, mit röstigen Akzenten. Sehr offen hingegen ist der Merlot, saftig und frisch, in echter Frühform.

Weinbewertung

86 2018 Riesling Sekt brut | 12%/12,-€
84 2021 Weißburgunder trocken Laubenheimer | 13%/8,50€
85 2021 Spätburgunder „Blanc de Noir" Laubenheimer | 13,5%/8,-€
87 2021 Viognier trocken Laubenheimer | 13%/13,-€
85 2021 Riesling trocken Laubenheimer Karthäuser | 12,5%/9,-€
87 2021 Riesling trocken Laubenheimer Krone | 12%/13,50€
87 2021 Grauburgunder trocken Laubenheimer Karthäuser | 13,5%/12,-€
88 2020 Frühburgunder trocken Laubenheimer Krone | 13,5%/18,50€
88+ 2020 „Cuvée Mariage" Rotwein trocken Laubenheimer Krone | 13,5%/20,50€
89+ 2020 Saint Laurent „R" trocken Laubenheimer Krone | 13,5%/25,50€
88 2020 Merlot trocken Laubenheimer | 14%/18,50€
89 2020 Spätburgunder trocken Laubenheimer Krone | 13,5%/32,50€

Montigny WEINGUT

★★★

Moosmann

Kontakt
Schwarzwaldstraße 78
79183 Waldkirch-Buchholz
Tel. 07681-7574
Fax: 07681-25118
www.weingut-moosmann.de
weingut.moosmann@t-online.de

Besuchszeiten
Vinothek:
Mo.-Fr. 8-18:30 Uhr
Sa. 8-16 Uhr

Inhaber/Betriebsleiter
Georg Moosmann
Kellermeister
Georg Moosmann & Timo Käppele
Außenbetrieb
Daniel Brückner & Ingo Killy
Rebfläche
25 Hektar

1986 begann Siegfried Moosmann seine Weine selbst auszubauen, seit 1994 ist Sohn Georg Moosmann für den Weinausbau verantwortlich, 2014 hat er den Betrieb von seinem Vater übernommen. Von ursprünglich 7,5 Hektar ist die Rebfläche auf die heutige Größe angewachsen. Die Weinberge liegen vor allem in Buchholz und Sexau (Sonnhalde), aber auch in Mundingen (Alte Burg) und Herbolzheim (Kaiserberg). Knapp die Hälfte der Rebfläche nimmt Spätburgunder ein, es folgen Grauburgunder, Weißburgunder und Chardonnay. Dazu gibt es Müller-Thurgau, Riesling, Gewürztraminer und Muskateller, seit 2003 auch Cabernet Sauvignon, seit 2005 Sauvignon Blanc, inzwischen auch Cabernet Blanc. 2017 wurde die neue Vinothek in der Schwarzwaldstraße bezogen. Der Riesling trägt seit 2013 den Namen Reichenbächle (inzwischen gibt es auch einen Reichenbächle-Chardonnay), Weiß- und Grauburgunder tragen nun die Bezeichnung Riddele (einige Jahre trugen sie den offiziellen Gewannnamen Scheibenbühl).

Kollektion

Zwei feine Sekte eröffnen den Reigen, der 50 Monate auf der Hefe ausgebaute Reserve zeigt feine Reife, ist füllig, harmonisch und elegant. Die Weißweine zeigen durchgängig hohes Niveau. Der Sonnhalde-Weißburgunder ist intensiv, reintönig und strukturiert, der Riddele-Weißburgunder ist deutlich fülliger und saftiger, besitzt gute Struktur und Biss, was auch für den etwas rauchigeren Riddele-Grauburgunder gilt. Der Chardonnay aus der Sexauer Sonnhalde besitzt reintönige Frucht, gute Struktur und Frische, der Reichenbächle-Chardonnay ist intensiv fruchtig und herrlich eindringlich im Bouquet, füllig und saftig im Mund, besitzt etwas Tannine und Grip. Der Opal S von eingetrockneten Muskatellertrauben zeigt kandierte Früchte im Bouquet, ist konzentriert und klar. Ganz auf Frucht setzt der Rosé aus Cabernet Sauvignon und Cabernet Cubin, der Spätburgunder von alten Reben ist frisch und zupackend, der im Barrique ausgebaute 2018er zeigt feine rauchige Noten, besitzt Fülle und Kraft. Starke Kollektion!

Weinbewertung

84 2019 Pinot Sekt brut | 12,5%/14,-€
87 2016 Pinot Reserve Extra brut | 13%/22,50€
86 2021 Weißburgunder Spätlese trocken Buchholzer Sonnhalde | 13%/10,-€
86 2021 Chardonnay Spätlese trocken Sexauer Sonnhalde | 13%/10,-€
89 2020 Weißburgunder Spätlese trocken „Riddele" | 14%/15,50€
89 2020 Grauburgunder Spätlese trocken „Riddele" | 14%/15,50€
88 2020 Chardonnay Spätlese trocken „Reichenbächle" | 14,5%/16,90€
89 2020 „Opal*S" Weißwein | 9,5%/24,-€
85 2021 Cabernet Rosé trocken | 12,5%/8,-€
84 2019 Spätburgunder trocken „Alte Reben" Buchholzer Sonnhalde | 13,5%/10,-€
88 2018 Spätburgunder trocken Barrique Buchholzer Sonnhalde | 14,5%/18,90€

Georg Mosbacher

Kontakt
Weinstraße 27
67147 Forst
Tel. 06326-329
Fax: 06326-6774
www.georg-mosbacher.de
info@georg-mosbacher.de

Besuchszeiten
Mo.-Fr. 9-12 + 13:30-18 Uhr
Sa. 10-13 Uhr

Inhaber
Familie Mosbacher
Betriebsleiter
Sabine Mosbacher-Düringer,
Jürgen Düringer
Rebfläche
22 Hektar
Produktion
150.000 Flaschen

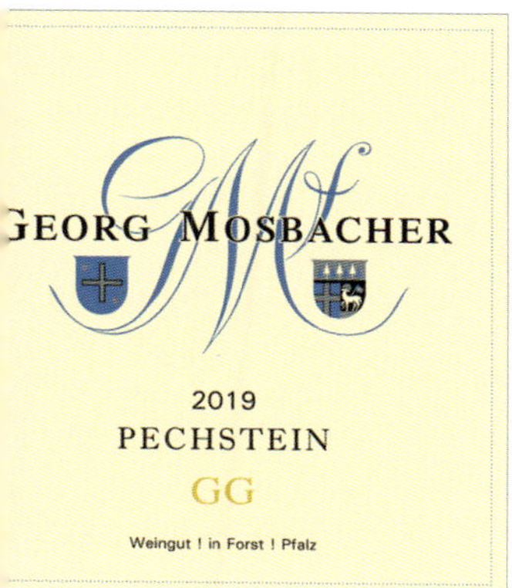

Seit über 200 Jahren betreibt die Familie Weinbau in Forst. Richard Mosbacher Sen. gründete das Weingut 1920 zusammen mit seinen Schwestern und benannte es nach seinem Vater Georg. Sein Sohn Richard und Ehefrau übernahmen das Gut in den sechziger Jahren, seit 1992 leiten Tochter Sabine und ihr Ehemann Jürgen Düringer, beide Geisenheim-Absolventen, den Betrieb. 1993 wurde das Weingut in den VDP aufgenommen. Die Weinberge liegen in Forst und Deidesheim. Große Gewächse erzeugen sie in den Forster Lagen Pechstein (Basalt, Buntsandsteingeröll), Ungeheuer (Buntsandstein mit Kalkgeröll und Basalt), Jesuitengarten (kräftiger Lehmboden, durchzogen mit Buntsandstein und Basaltgeröll) und Freundstück (Buntsandsteingeröll, stellenweise etwas Kalkgeröll), sowie im Deidesheimer Kieselberg (lehmiger Sand, stellenweise Buntsandstein und Geröll) und seit dem Jahrgang 2018 im Deidesheimer Langenmorgen (Buntsandsteinverwitterung mit Kalk und lehmigem Sand). Weitere Weinberge besitzen sie in den Forster Lagen Musenhang, Stift und Elster, in den Deidesheimer Lagen Herrgottsacker, Mäushöhle und Leinhöhle und in Wachenheim in den Lagen Gerümpel, Altenburg und Goldbächel. Riesling ist die mit Abstand wichtigste Rebsorte im Betrieb, steht auf drei Vierteln der Rebfläche. Daneben gibt es ein klein wenig Weiß- und Grauburgunder, Gewürztraminer, Sauvignon Blanc und Cabernet Blanc, Rotweinsorten stehen auf 10 Prozent der Fläche, Spätburgunder, Dornfelder und Merlot. Seit dem Jahrgang 2019 sind die Weine bio-zertifiziert.

Kollektion

Es lohnt sich immer, sich beim Verkosten der Rieslinge von Sabine Mosbacher-Düringer und Jürgen Düringer etwas Zeit zu nehmen, um die subtilen Unterschiede zu erriechen und zu erschmecken: Unsere Favoriten unter den 13 in diesem Jahr verkosteten trockenen Rieslingen sind die beiden Großen Gewächse aus dem Jesuitengarten und dem Pechstein, die beide deutlich schmeckbar im Holz ausgebaut wurden, beide sind sehr komplex und nachhaltig, der Jesuitengarten zeigt feine Holzwürze, etwas Kokos, Ananas und gelben Apfel im Bouquet, besitzt am Gaumen klare Frucht, feine salzige Noten und viel Grip, ist harmonisch, animierend und druckvoll, der Pechstein zeigt im direkten Vergleich ebenfalls Holzwürze und Kokos im Bouquet, ist aber mit Aromen von Pfirsich, Aprikose und Ananas deutlicher in der Frucht, auch am Gaumen besitzt er viel gelbe Frucht, ist leicht füllig, elegant, salzig und animierend. Auch das Ungeheuer zeigt klare Frucht, Aprikose, Ananas, und feine kräutrig-mineralische Würze, besitzt Grip und ein animierendes Säurespiel, ist füllig und nachhaltig, der Langenmorgen zeigt Noten von grünem Apfel, Kräutern und Stein, besitzt ebenfalls Grip und Länge, der Kieselberg ist unter den sechs Großen Gewächsen der fruchtbetonteste Wein, besitzt viel gelbe Frucht, Steinobst, Ananas, ist frisch und nachhaltig, das Freundstück ist im Vergleich zu den anderen noch etwas verhalten, ist von herben kräutrige Noten und Aromen von Ananas und grünem Apfel geprägt. Unter den Erste Lage- und Ortsrieslingen ragt, wie schon im vergangenen Jahr, das Gerümpel hervor, der Wein zeigt klare Aromen von Aprikose und Orangenschale und kräutrig-steinige Noten, besitzt Grip und Kraft, ist leicht salzig und animierend, der „Buntsandstein" ist im Bouquet etwas verhaltener, besitzt dann am Gaumen aber viel Frucht, Fülle und Länge, der „Kalkstein" besitzt herbe Zitrusnoten und leicht kreidigen Grip, der „Basalt" zeigt im Bouquet dezentes Holz und viel Frucht, Pfirsich, Orangenschale und Limette, besitzt Grip und Länge, der Musenhang ist etwas zurückhaltender in der Frucht, zeigt Noten von Kräutern und Stein, der Paradiesgarten ist mit Noten von gelbem Apfel, Ananas und Orangenschale ganz fruchtbetont und besitzt wie auch der zitruswürzige Gutsriesling eine feine Frische. Bleiben die drei restlichen Weine: Der Spätburgunder zeigt dezente Röstnoten und Aromen von Pflaume und Süßkirsche, besitzt Kraft, kräutrige Würze und noch leicht spürbare Tannine, der Weißburgunder zeigt Birne, Aprikose und feine florale Noten im Bouquet, ist saftig und frisch und der Cabernet Blanc zeigt viel gelbe Frucht, Pfirsich, Mango, Maracuja, ist frisch und harmonisch.

Sabine Mosbacher-Düringer & Jürgen Düringer

Weinbewertung

84	2021 Riesling trocken I 12%/8,80€
89	2021 Riesling trocken Wachenheimer Gerümpel I 13%/17,-€
87	2021 Riesling trocken Forster Musenhang I 12,5%/16,-€
86	2021 Riesling trocken Deidesheimer Paradiesgarten I 12%/14,-€
86	2021 Cabernet Blanc trocken I 12,5%/10,80€
86	2021 Weißburgunder trocken „Vinothekenfüllung" I 13%/9,-€
88	2021 Riesling trocken „Buntsandstein" Wachenheim I 13%/17,-€
88	2021 Riesling trocken „Kalkstein" Deidesheim I 12,5%/17,-€
88	2021 Riesling trocken „Basalt" Forst I 12,5%/17,50€
91	2021 Riesling „GG" Kieselberg I 12,5%/32,-€
90	2021 Riesling „GG" Freundstück I 13%/35,-€
92	2021 Riesling „GG" Pechstein I 12,5%/38,-€
92	2021 Riesling „GG" Jesuitengarten I 13%/45,-€
91	2021 Riesling „GG" Langenmorgen I 13%/45,-€
91	2021 Riesling „GG" Ungeheuer I 12,5%/38,-€
88	2019 Spätburgunder trocken Wachenheimer Goldbächel I 13,5%/26,-€

Lagen

Ungeheuer (Forst)
Pechstein (Forst)
Freundstück (Forst)
Jesuitengarten (Forst)
Musenhang (Forst)
Stift (Forst)
Elster (Forst)
Kieselberg (Deidesheim)
Langenmorgen (Deidesheim)
Paradiesgarten (Deidesheim)
Leinhöhle (Deidesheim)
Mäushöhle (Deidesheim)
Herrgottsacker (Deidesheim)
Gerümpel (Wachenheim)
Altenburg (Wachenheim)
Goldbächel (Wachenheim)

Rebsorten

Riesling (76%)
Spätburgunder (7%)
Weißburgunder (6%)
Sauvignon Blanc (3%)
Grauburgunder (2%)
Merlot (2%)

★

Moselland – Goldschild

Kontakt
Bornwiese 6
54470 Bernkastel-Kues
Tel. 06531-57253
Fax: 06531-85057253
www.moselland.de
dmeyer@moselland.de

Besuchszeiten
nach Vereinbarung

Vorstandsvorsitzender
Henning Seibert
Kellermeister
Dominik Meyer
Rebfläche
10 Hektar (Moselland Goldschild)
Produktion
50.000 Flaschen

An der Genossenschaft Moselland kommt man nicht vorbei im Anbaugebiet. Unter der Leitung des Vorstandsvorsitzenden Henning Seibert und des Kellermeisters Dominik Meyer stellt die größte Kooperative der Region mit Sitz in Bernkastel-Kues, die längst auch außerhalb der Grenzen des Anbaugebietes aktiv ist, eine Fülle von Weinen her. Für die Linie namens Goldschild werden lediglich zehn Hektar genutzt, die sich in den Lagen Erdener Treppchen, Ürziger Würzgarten, im Müdener Funkenberg, im Kestener Paulinshofberg, im Lieserer Niederberg-Helden und im dortigen Schlossberg sowie in der Brauneberger Juffer und im Graacher Himmelreich befinden. Interessant ist, dass für diese Prestigeserie der Schraubverschluss Verwendung findet und nicht nur Riesling, sondern auch Weißer Burgunder, Chardonnay und Gewürztraminer genutzt werden.

Kollektion

Mit dem vorgelegten 2018er Sekt beweist die Genossenschaft, dass sie auch gelungene Schaumweine erzeugen kann. Er ist kräuterig und würzig, wirkt straff und präzise, ist aber in der Säure eher verhalten, wie es dem Jahrgang entspricht. Eine durchaus interessante Interpretation des Themas Sekt. Bei den stillen Weinen werden ausschließlich Weine des Jahrgangs 2021 vorgestellt, welche schlank und frisch ausfallen. Der trockene Goldschild-Riesling von der Saar wirkt kühl in der Nase, im Mund frisch und knackig, die Säure ist prägnant, der Alkohol vergleichsweise niedrig. Als Vertreter des Jahrgangs 2021 ist dieser Wein schnell erkennbar. Der trockene Riesling von großen Lagen wirkt da schon merklich reifer in der Nase, duftet nach Steinobst, ist im Mund dann aber frischer und knackiger als nach dem Geruchseindruck zu vermuten wäre, er spiegelt mit deutlicher Säure sehr gut den Jahrgang wider. Gut gefällt die trockene Spätlese aus dem Ürziger Würzgarten, die angenehm trocken wirkt und im Mund eine schöne Würze zeigt. Etwas besser als der lediglich unter Mosel laufende feinherbe Wein gefällt dessen Pendant aus dem Erdener Treppchen. Die süße Spätlese aus dem Müdener Funkenberg ist offen und frisch und rassig, die Süße ist unaufdringlich.

Weinbewertung

85 2018 Sekt brut „Cuvée „Goldschild“ | 11,5%/11,50€
81 2021 Riesling trocken „Goldschild“ Saar | 11%/7,50€
85 2021 Riesling trocken „von Großen Lagen“ | 11,5%/9,90€
85 2021 Riesling Spätlese trocken „Goldschild“ Ürziger Würzgarten | 11,5%/9,50€
83 2021 Riesling „feinherb“ „Goldschild“ Mosel | 10,5%/7,50€
84 2021 Riesling Kabinett „feinherb“ „Goldschild“ Erdener Treppchen | 10%/8,30€
85 2021 Riesling Spätlese „Goldschild“ Müdener Funkenberg | 7,5%/9,50€

★☆

Motzenbäcker

Kontakt
Am grünen Weg 15
55239 Gau-Odernheim
Tel. 06326-6040
www.villaimparadies.de
info@villaimparadies.de

Besuchszeiten
Mo.-Fr. 10-18 Uhr
Sa./So. 11-18 Uhr

Inhaber
Marie Menger-Krug
Betriebsleiter
Marie Menger-Krug
Kellermeister
Marie Menger-Krug
Rebfläche
60 Hektar + 20 Hektar

Marie Menger-Krug führt heute den Krug'schen Hof in Gau-Odernheim und das Weingut Motzenbäcker in Deidesheim. Der Name Menger-Krug steht für Sekt, die ursprüngliche Marke ist heute Teil von Henkell-Freixenet, aber es ist kein Wunder, dass Marie Menger-Krug ihre eigene Sekt-Linie „by Marie Menger-Krug" kreiert hat. Die Weinberge liegen teils in Rheinhessen, in Lagen wie Bechtheimer Rosengarten, Gau-Odernheimer Herrgottspfad, Gau-Köngernheimer Vogelsang oder Alzeyer Römerberg, teils in der Pfalz, so in den Ruppertsberger Lagen Hoheburg, Reiterpfad und Nussbien oder im Deidesheimer Paradiesgarten. Beim Krug'schen Hof in Gau-Odernheim werden zu 40 Prozent Riesling, zu 35 Prozent weiße Burgunder und zu 20 Prozent Spätburgunder angebaut. Bei Motzenbäcker in der Pfalz dominiert Riesling mit einem Anteil von 60 Prozent, hinzu kommen gleiche Teile von Spätburgunder sowie Weißburgunder und Chardonnay. Die Weinberge werden biologisch bewirtschaftet.

Kollektion

Die Sekte zeigen sehr gleichmäßiges Niveau. Der Riesling Kalkstein ist würzig, frisch und zupackend. Die Marie genannte Cuvée zeigt rauchig-würzige und florale Noten, ist ebenfalls geradlinig und frisch. Der Sauvignon Blanc zeigt etwas Stachelbeeren, besitzt gute Struktur und Grip, was auch für den kompakten, herrlich eindringlichen Brut Nature gilt, der sehr jugendlich ist. Die im Eichenholzfass ausgebaute Cuvée aus Riesling und Chardonnay, Mond genannt, ist rauchig, würzig, füllig und kraftvoll, ebenfalls noch recht jugendlich, während der Méthode Rurale Chardonnay geradlinig und zupackend ist. Die Weine stammen aus den Jahrgängen 2020 und 2019: Der Riesling zeigt feine Reife im Bouquet, besitzt im Mund Frische und Grip, der Sauvignon Blanc ist floral, frisch, geradlinig, der Pinot Noir punktet mit feiner Frucht und Grip. Ein gelungener Einstand!

Weinbewertung

84 Riesling „Kalkstein" brut | 13,5%/15,-€
84 „Marie" brut | 13,5%/15,-€
85 Sauvignon Blanc brut | 12,5%/16,-€
85 Brut Nature | 12,5%/17,50€
85 2018 „Mond" brut | 12%/20,-€
83 2016 „Méthode Rurale" Chardonnay brut | 12%/23,50€
84 2019 Riesling trocken „Robert" | 12,5%/12,50€
83 2019 Weißburgunder trocken „Wilhelm" | 12%/12,50€
82 2020 Grauburgunder „Ginger" | 12,5%/8,50€
83 2019 Chardonnay trocken „Emmi" | 11,5%/12,50€
84 2020 Sauvignon Blanc trocken „Luise" | 12,5%/8,50€
84 2019 Pinot Noir trocken | 13%/12,50€

★★★

Eugen Müller

Eugen Müller heiratete in die Familie Wallbillich ein, die seit 1767 eine Küferei in Forst betrieb. 1952 baute er seinen ersten Wein aus, später kaufte und pachtete er Weinberge zu, 1971 gründete er das Weingut Eugen Müller, das dann von seinem Sohn Kurt Müller und heute von dessen Sohn Stephan geführt wird. Er besitzt Weinberge in den besten Lagen von Forst: Kirchenstück, Jesuitengarten, Pechstein, Ungeheuer und Freundstück. Mehr als drei Viertel der Weinberge sind mit Riesling bestockt, hinzu kommen vor allem Weiß-, Grau- und Spätburgunder.

Kollektion

Auch in diesem Jahr konnten wir wieder Lagen-Rieslinge aus zwei Jahrgängen verkosten, unser Favorit ist die spät gefüllte Reserve des 2020er Kirchenstücks, der viel Grip besitzt, sehr komplex, salzig und nachhaltig ist, der 2021er Kirchenstück besitzt ebenfalls Druck, Grip und Länge, braucht aber noch etwas Zeit. Auch Pechstein, Jesuitengarten und Ungeheuer aus 2021 sind im Bouquet noch leicht verhalten, besitzen am Gaumen aber klare gelbe Frucht, etwas Fülle und Biss, die entsprechenden Weine aus 2020 sind offener, Pechstein ist sehr präsent und salzig, Jesuitengarten leicht rauchig und animierend und der Ungeheuer zeigt die lagentypischen kräutrig-mineralischen Noten. Die drei 2021er Basis-Rieslinge mit Lagenbezeichnung besitzen alle viel Biss, eine straffe Säure, klare Frucht und animierende Zitrusnoten.

Weinbewertung

82 2021 Riesling trocken (1l) | 12,5%/7,80€
86 2021 Riesling trocken Pechstein Forst | 12,5%/9,90€
86 2021 Riesling trocken Ungeheuer Forst | 12,5%/10,90€
86 2021 Riesling trocken Jesuitengarten Forst | 12,5%/11,90€
85 2021 Sauvignon Blanc trocken „Alte Reben“ | 12,5%/11,90€
86 2021 Weißburgunder trocken „Alte Reben“ | 12,5%/13,90€
89 2020 Riesling trocken „GL“ Pechstein Forst | 13%/23,-€
89 2021 Riesling trocken „GL“ Pechstein Forst | 13%/23,-€
88 2020 Riesling trocken „GL“ Ungeheuer Forst Ziegler | 12,5%/23,-€
88 2021 Riesling trocken „GL“ Ungeheuer Forst Ziegler | 13%/23,-€
89 2020 Riesling trocken „GL“ Jesuitengarten Forst | 12,5%/23,-€
86 2021 Riesling trocken Jesuitengarten Forst | 12,5%/11,90€
89 2021 Riesling trocken „GL“ Jesuitengarten Forst | 12,5%/23,-€
89+ 2021 Riesling trocken „GL“ Kirchenstück Forst | 12,5%/28,-€
90 2020 Riesling trocken „GL“ „Reserve“ Kirchenstück Forst | 12,5%/34,-€
86 2021 Riesling Spätlese Freundstück Forst | 10%/17,-€
88 2019 Spätburgunder trocken „Alte Reben“ | 13%/23,-€

Kontakt
Weinstraße 34a
67147 Forst
Tel. 06326-330
Fax: 06326-6802
www.weingut-eugen-mueller.de
kontakt@weingut-eugen-mueller.de

Besuchszeiten
Mo.-Fr. 8-12 + 13:30-18 Uhr
Sa. 10-16 Uhr
Ferienwohnungen

Inhaber
Stephan Müller
Betriebsleiter
Stephan Müller
Kellermeister
Alexander Rupp, Andreas Hammerstein
Außenbetrieb
Andreas Hammerstein, Niklas Joseph
Rebfläche
17 Hektar
Produktion
150.000 Flaschen

★★★

Georg-Müller-Stifung

Kontakt
Eberbacher Straße 7-9
65347 Hattenheim
Tel. 06723-2020
Fax: 06723-2035
www.georg-mueller-stiftung.de
info@georg-mueller-stiftung.de

Besuchszeiten
Mo.-Fr. 9-12 + 14-17 Uhr
Wochenende nach Vereinbarung

Inhaber
Peter Winter
Betriebsleiter
Tim Lilienström
Rebfläche
21 Hektar
Produktion
150.000 Flaschen

Georg Müller, Miteigentümer der Eltviller Sektkellerei „Matheus Müller", stiftete 1913 sein Weingut seiner Heimatgemeinde. Hattenheim wurde 1972 zu Eltville eingemeindet, seitdem trug das Weingut den Namen „Weingut der Stadt Eltville". 2003 erwarb schließlich Peter Winter das Gut. Seine Weinberge liegen vor allem in Hattenheim, in den Lagen Schützenhaus, Wisselbrunnen, Nussbrunnen, Hassel und Engelmannsberg, sowie in der Hallgartener Jungfer. Riesling nimmt 80 Prozent der Fläche ein, Spätburgunder 15 Prozent. Dazu gibt es ein klein wenig Frühburgunder, Auxerrois, Scheurebe, Ehrenfelser und Müller-Thurgau. Das Weingut hat sich auf klare, elegante Weine spezialisiert und verfolgt diesen Kurs auch unter Betriebsleiter Tim Lilienström weiter. Der Ausbau der Weißweine erfolgt in aller Regel im Edelstahl, für die Rotweine sowie weiße Spezialitäten kommen auch Barriques zum Einsatz.

Kollektion

Der trockene Gutsriesling ist als einziger trockener Vertreter des 2021er Jahrgangs fruchtbetont und von strammer Säure gezeichnet. Die beiden Großen Gewächse sind deutlich karger als in den vergangenen Jahren; beide besitzen Ecken und Kanten und benötigen Luft. Der Siegelsberg ist ätherisch-kräutrig und bringt eine strenge Würze mit; der Wisselbrunnen ist ein wenig offener und druckvoller, aber von derselben strengen Würze geprägt. Der Riesling Akazie aus dem Nussbrunnen erinnert im Bouquet an eine Auslese, im Mund ist er klar und geradlinig. Unter den Spätlesen ist die aus dem Wisselbrunnen mit ihrer filigranen Süße und scharfkantigen Säure unser Favorit. Die Beerenauslese ist konzentriert, sehr dicht und von Dörraprikose geprägt. Die Pinot Noir Artist und Daniel sind noch sehr jugendlich und wild, der „Hommage à George" präsentiert sich harmonisch, ist rauchig, kraftvoll und dezent balsamisch. Starke, abwechslungsreiche Kollektion.

Weinbewertung

83 2021 Riesling trocken | 11,5%/9,80€
91 2020 Riesling Großes Gewächs Hattenheimer Wisselbrunnen | 12,5%/38,-€
90 2020 Riesling Großes Gewächs Erbacher Siegelsberg | 12%/k.A.
87 2019 Riesling trocken „Akazie" Hattenheimer Nussbrunnen | 12,5%/48,-€
87 2016 Riesling „Alte Reben" Hattenheimer Nussbrunnen | 12,5%/k.A.
89 2021 Riesling Spätlese Hattenheimer Wisselbrunnen | 8,5%/21,-€
88 2021 Riesling Spätlese Hattenheimer Nussbrunnen | 9%/k.A.
88 2021 Riesling Auslese Hattenheimer Nussbrunnen | 8,5%/0,375l/k.A.
90 2021 Riesling Beerenauslese Hattenheimer Wisselbrunnen | 7,5%/0,375l/k.A.
84 2019 Pinot Noir trocken „Daniel" | 13,5%/24,-€
86 2019 Pinot Noir trocken „Artist Edition" | 13%/28,-€
90 2019 Pinot Noir trocken „Hommage à George" | 13,5%/98,-€

★★☆

Gebrüder Müller

Kontakt
Holzgasse 1
97346 Iphofen
Tel. 09323-89941
Fax: 09323-89993
www.olingerwein.de
hallo@olingerwein.de

Besuchszeiten
Mo.-Fr. 9-13 Uhr und gerne nach Vereinbarung
Gästehaus

Inhaber
Josef Olinger, Nicolas Olinger
Betriebsleiter
Nicolas Olinger
Kellermeister
Nicolas Olinger
Außenbetrieb
Nicolas Olinger
Rebfläche
16 Hektar

Josef und Nicolas Olinger führen heute das mitten in Iphofen gelegene Gut; die Betriebsübergabe an Nicolas ist in Gange. Die Weinberge liegen teils in Iphofen in den Lagen Julius-Echter-Berg, Kronsberg und Kalb, teils in Mittelfranken, die Reben wachsen auf Gipskeuperböden. Die Weinberge werden biologisch bewirtschaftet, seit 2020 ist das Weingut Mitglied bei Bioland. Das Hauptaugenmerk gilt Silvaner, Riesling und den Burgundersorten, aber es gibt auch Müller-Thurgau, Bacchus, Kerner, sowie Dornfelder, Domina und Regent. Neben den „Gebrüder Müller"-Weinen gibt es die Weine der Olinger-Linie. Dem Weingut ist ein Gästehaus angeschlossen. Zusammen mit einer Nürnberger Brauerei hat Nicolas Olinger ein „GrapeAle" aus Silvanertrauben entwickelt. Alle Weine werden spontanvergoren und bleiben bis zur Füllung im Mai auf der Vollhefe.

Kollektion

Auch mit dem Jahrgang 2021 geht es weiter voran. Sehr gut gefällt uns das hohe Basisniveau. Der Grüner Sylvaner ist würzig und frisch im Bouquet, klar und zupackend im Mund, besitzt gute Struktur und Frucht. Der Blanc de Noir, ein Spätburgunder, ist fruchtbetont im Bouquet, zeigt rote Früchte, ist wunderschön lebhaft im Mund, geradlinig und klar. Recht würzig und eindringlich ist der Riesling im Bouquet, dabei klar in der Frucht, was auch im Mund so ist, wo er viel Frische und Grip besitzt. Eine deutliche Steigerung bringen die Lagenweine, und so soll das ja auch sein. Sie wurden alle spontanvergoren und bis zur Füllung auf der Vollhefe belassen. Der Chardonnay vom Kronsberg, zur Hälfte im neuen Tonneau ausgebaut, ist konzentriert und eindringlich, im Mund dann füllig und enorm kraftvoll, besitzt viel reife Frucht, gute Struktur und Substanz, ist noch recht jugendlich, etwas Flaschenreife wird ihm gut bekommen. Der Riesling vom Julius-Echter-Berg ist enorm würzig und konzentriert, im Mund dann füllig, saftig und kraftvoll bei viel Substanz. Unsere ganz leichte Präferenz gilt den beiden Sylvanern, die wir gleichauf sehen: Der Wein aus dem Kronsberg ist herrlich eindringlich und reintönig, besitzt Fülle und Kraft, viel reife Frucht und Substanz, während der Kalb-Sylvaner etwas würziger und strukturierter ist, auch ein druckvoller, aber ebenso viel Frucht, Kraft und Substanz besitzt. Im Aufwind! ▬

Weinbewertung

84 2021 „Blanc de Noir" trocken | 12%/8,90€
84 2021 Grüner Sylvaner trocken | 12,5%/8,90€
84 2021 Riesling trocken Iphöfer | 12%/8,90€
88 2021 Sylvaner trocken Iphöfer Kalb | 13%/15,-€
88 2021 Sylvaner trocken Iphöfer Kronsberg | 13%/15,-€
87 2021 Riesling trocken Iphöfer Julius-Echter-Berg | 12,5%/15,-€
87 2021 Chardonnay trocken Iphöfer Kronsberg | 13%/15,-€

★★★★½

Matthias Müller

Kontakt
Mainzer Straße 45
56322 Spay
Tel. 02628-8741
Fax: 02628-3363
www.weingut-matthiasmueller.de
info@weingut-matthiasmueller.de

Besuchszeiten
Mo.-Sa. 9-19 Uhr
So. 10-16 Uhr
Kulinarische Veranstaltungen in der neuen Vinothek

Inhaber
Familie Matthias Müller
Betriebsleiter
Matthias Müller
Kellermeister
Johannes & Matthias Müller
Außenbetrieb
Johannes & Christoph Müller
Rebfläche
17 Hektar
Produktion
130.000 Flaschen

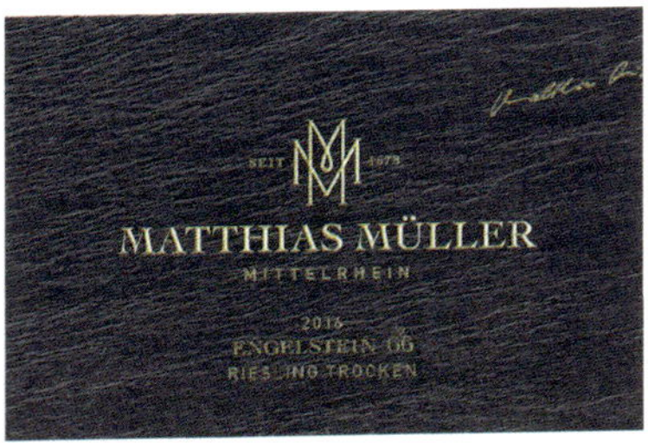

Seit 300 Jahren baut die Familie Wein am Mittelrhein an. Lange Zeit ein traditioneller Mischbetrieb, konzentriert man sich seit drei Generationen mehr und mehr auf Weinbau und die Flaschenweinvermarktung. Matthias Müller übernahm Ende der neunziger Jahre den Betrieb von seinen Eltern Heinrich und Hilde Müller, führt ihn seither mit Ehefrau Marianne. Die Söhne Christoph und Johannes wirken zusammen mit Anika, der Frau von Johannes heute bei der Erzeugung der Weine mit, Johannes Müller ist seit März 2016, nach Abschluss seines Geisenheim-Studiums, voll im Betrieb tätig, führt ihn zusammen mit seinem Vater; seine Winzerlehre hatte er bei Emrich-Schönleber gemacht. Der zweite Sohn Christoph machte nach Geographie- und Wirtschaftsstudium eine Winzerlehre beim Weingut Jülg in der Südpfalz. Die Weinberge der Familie liegen in den Steillagen des Bopparder Hamm. Der Bopparder Hamm liegt zwischen Boppard und Spay an der größten Schleife des Rheins im Oberen Mittelrheintal, das seit 2002 zum Unesco-Weltkulturerbe zählt. Er bildet die größte zusammenhängende Rebfläche im Weinbaugebiet Mittelrhein, ist überwiegend süd-exponiert. Die Weinberge der Müllers liegen hauptsächlich in den Lagen Feuerlay, Mandelstein, Ohlenberg und Engelstein. Neben 92 Prozent Riesling bauen sie ein wenig Grauburgunder und Weißburgunder an, allerdings haben diese Sorten nur einen geringen Einfluss auf den in den letzten Jahren immer mehr gewachsenen Ruhm des Weinguts. Bereits seit dem Jahrgang 2000 werden ausgewählte Spitzenweine in der „Edition MM" (nach den Initialen von Matthias und Marianne Müller) vermarktet. 2007 gab es dann das erste Große Gewächs, aus dem Mandelstein, 2009 gab es dann ein Großes Gewächs aus dem Ohlenberg, 2010 und 2011 wieder aus dem Mandelstein, 2012 bis 2015 aus dem Engelstein, mit dem Jahrgang 2016 gab es dann erstmals zwei Große Gewächse, eines aus dem Engelstein, das andere aus dem Filetstück des Ohlenbergs, der Gewanne „An der Rabenlei", die schon immer gesondert ausgebaut wurde, ab 2019 ist das dritte GG aus der Gewanne „Feuerley" hinzu gekommen. Im selben Jahr wurde eine neue Kelterhalle mit Flaschenlager gebaut und eine neue Vinothek eröffnet. 2019 wurde weiter in die Steillagenmechanisierung investiert, um eine Flächenerweiterung in den extremen Steillagen des Bopparder Hamms zu ermöglichen, die man dann 2020 umgesetzt hat. Es gibt wohl kaum ein zweites Weingut am Mittelrhein, das so intensiv in die Zukunft der Region investiert. Matthias Müller versucht alle Weine spontan zu vergären, das heißt ohne Reinzuchthefen. Alle seine Rieslinge weisen sehr eigenständige Aromen auf, unterscheiden sich klar voneinander. Die nominell trockenen Weine sind meist von einer zarten, bemerkbaren, aber kaum je störenden Restsüße geprägt, aber dennoch ungemein saftig und animierend. Neben halbtrockenen Weinen gibt es seit einigen Jahren noch mit „feinherb" bezeichnete Rieslinge, die in der Restsüße noch einmal deutlich höher liegen. Angeführt werden die Kollektionen in der Regel von edelsüßen Rieslingen.

Kollektion

Auch in diesem Jahr zeigt die Kollektion saftiger, agiler Rieslinge aus dem Bopparder Hamm gewohnt hohes und geschlossenes Niveau, bildet die feinen Nuancen zwischen den unterschiedlichen Terroirs ab. Alle Rieslinge haben spürbar mehr Frische und Säure als in den Vorjahren, was ihnen eine attraktive Leichtigkeit (zurück)gibt. Den Einstieg bietet der trockene „Vom Kieselgallenschiefer", der griffig und mineralisch ist, Trinkanimation pur vermittelt. Der „Steilstück"-Riesling ist fülliger, dabei ebenso rasant, entwickelt mineralische Würze im Nachhall. Mit Noten von reifen exotischen Früchten und süßen Gewürzen zeigt der trockene „MM"-Riesling wie immer eine klare Handschrift, eine markante Säureader durchwirkt seinen saftigen Fruchtkern, er ist zupackend, hat weiteres Potenzial. Auch bei den Großen Gewächsen gibt es wieder spannende Unterschiede. Zart salzig wird das aus dem Engelstein von seiner zupackenden Säure getragen, deutet sein weiteres Potenzial an, besitzt Zitrusfruchtnoten, Textur und Länge – ein Riesling für den jetzigen Genuss, der aber auch noch reifen kann. Das Große Gewächs aus der Feuerlay besitzt satten Schmelz und ausladende Aromen von reifen tropischen Früchten, ist würzig, kraftvoll und nachhaltig. Mit eindrucksvoller Reife und Konzentration hat der Mandelstein alles, was es braucht: Druckvoll und voller Würze, kompakt, mit zupackender Säure, spannungsgeladen und lang: Großes Potenzial für weitere Flaschenreifung. Die feinherben Rieslinge korrespondieren stilistisch und qualitativ mit den trockenen. Beachtlich sind auch die edelsüßen Qualitäten, sie vereinen klassische Aromen von reifen Beeren mit einem Touch grasiger Frische, sind sehr expressiv und besitzen viel Potenzial.

Weinbewertung

87 2021 Riesling trocken Bopparder Hamm „vom Kieselgallenschiefer" | 13%/10,50€
87 2021 Riesling trocken „Steilstück" Bopparder Hamm | 13%/12,-€
89 2021 Riesling trocken „Edition MM" Bopparder Hamm | 13%/16,-€
89 2021 Riesling trocken „GG" Bopparder Hamm Engelstein | 13%/29,-€
90+ 2021 Riesling trocken „GG" Bopparder Hamm Feuerlay | 13%/30,-€
91+ 2021 Riesling trocken „GG" Bopparder Hamm Mandelstein | 13,5%/32,-€
86 2021 Riesling „feinherb" „Alte Reben" Bopparder Hamm | 12%/9,20€
87 2021 Riesling „feinherb" Bopparder Hamm Feuerlay | 12%/13,-€
88 2021 Riesling „feinherb Edition MM" Bopparder Hamm Engelstein | 12,5%/16,-€
87 2021 Riesling Spätlese Bopparder Hamm Feuerlay | 8%/13,-€
90 2021 Riesling Auslese Bopparder Hamm Mandelstein | 8%/20,-€/0,5l
92+ 2021 Riesling Beerenauslese Bopparder Hamm Mandelstein | 6%/40,-€

Lagen
Mandelstein (Bopparder Hamm)
Engelstein (Bopparder Hamm)
Ohlenberg (Bopparder Hamm)
An der Rabenlei (Bopparder Hamm)
Feuerlay (Bopparder Hamm)

Rebsorten
Riesling (85%)
Grauburgunder (6%)
Spätburgunder (6%)
Weißburgunder (3%)

★★★★☆ Max Müller I

Kontakt
Hauptstraße 46
97332 Volkach
Tel. 09381-1218
Fax: 09381-1690
www.max-mueller.de
info@max-mueller.de

Besuchszeiten
Mo.-Fr. 9-18 Uhr
Sa. 9-15 Uhr
So. 10-12 Uhr

Inhaber
Familie Rainer & Christian Müller
Betriebsleiter
Rainer Müller
Kellermeister
Rainer & Christian Müller
Außenbetrieb
Christian Müller
Rebfläche
20,6 Hektar
Produktion
135.000 Flaschen

Seit 1991 führen Rainer und Monika Müller, heute zusammen mit Sohn Christian, der für den Keller verantwortlich ist, das Volkacher Weingut mit Sitz in einem 1692 von den Würzburger Fürstbischöfen erbauten Winzerhof. Die Weinberge liegen in Volkach, Astheim, Sommerach, Escherndorf und Obereisenheim. Wichtigste Rebsorte ist Silvaner, der 38 Prozent der Rebfläche einnimmt. Es folgen Müller-Thurgau und Riesling, dazu gibt es Weißburgunder, Scheurebe und Bacchus. Die roten Sorten Spätburgunder, Domina und Portugieser nehmen 12 Prozent der Rebfläche ein. Die Weißweine werden teils im Edelstahl, teils im Holz ausgebaut, besondere Lagen im Halbstückfass, die Weine bleiben lange auf der Vollhefe. Die Maischestandzeiten wurden ausgedehnt, ebenso Spontangärung und Bâtonnage. Die Rotweine kommen nach der Maischegärung ins große Holzfass, Domina auch ins Barrique. 2008 wurde eine moderne Vinothek eröffnet. Traditionell bildeten die trockenen Spätlesen die Spitze des Sortiments; diese Spitze wurde durch die Lancierung neuer Weine in den vergangenen Jahren erweitert. 2008 wurden zwei Silvaner neu eingeführt. Der Eigenart genannte Silvaner wird in neuen 600 Liter-Fässern ausgebaut; der Silvaner Alte Reben stammt von in den sechziger Jahren gepflanzten Reben in der Lage Wilm, einer Teillage des Sommeracher Katzenkopf. Mit dem Jahrgang 2011 wurden gleich drei „neue" Weine im Top-Segment eingeführt: Die trockene Riesling Spätlese aus dem Lump gibt es seither auch in einer „Alte Reben"-Version; der „Lump 64", stammt von einem 1964 gemischt gepflanzten Weinberg aus etwa 55 Prozent Riesling, 40 Prozent Silvaner und etwas Traminer; der Riesling Berg stammt aus dem steilen Filetstück des Volkacher Ratsherr. 2012 brachte das Debüt des Main Stoff, eines maischevergorenen Silvaners, 2015 des Lump-Silvaners. Nicht viele Weingüter in Franken zeigen seit den neunziger Jahren ein solch konstant hohes Niveau. Rainer Müller hat die Rebfläche kontinuierlich erweitert, der Qualität tat dies keinen Abbruch, im Gegenteil. In den letzten Jahren haben die Spitzenweine weiter an Profil und Klasse gewonnen, vor allem der Silvaner von alten Reben und der Eigenart-Silvaner, aber auch Weißburgunder, Riesling und Lump 64. 2021 wurde das Weingut in den VDP aufgenommen.

Kollektion

Auch die neue Kollektion von Rainer und Christian Müller ist bärenstark, lässt es aussehen, als wäre der Jahrgang ein Kinderspiel gewesen. Natürlich sind die 2021er Weine ein wenig frischer, ein wenig niedriger im Alkohol als in den Jahren zuvor, bei aller Leichtigkeit und Transparenz aber besitzen die Weine die gewohnte Struktur, Kraft und Druck. Als Gutswein gibt es dieses Jahr mal nicht Müller oder Silvaner, sondern eine Cuvée aus Grauburgunder und Weißburgunder, der Wein ist wunderschön frisch, geradlinig und fruchtbetont. Der Volkacker Silvaner ist bei aller Frische wunderschön saftig, harmonisch, reintönig und lang. Deutlich intensiver, bei aller Leichtigkeit, ist dann der neue Wein im Programm, der Silvaner Marien-Berg, zeigt herrlich viel Frucht im Bouquet, weiße Früchte, ist harmonisch, strukturiert und sehr lang – ein gelungenes Debüt. Auch die Erste Lage-Weine aus dem Katzenkopf präsentieren sich in blendender Form, die Scheurebe ist faszinierend reintönig, leicht frisch, zeigt etwas Cassis und Holunder im Bouquet, und auch der Weißburgunder punktet mit Reintönigkeit, Harmonie, Frische und Länge. Ein Solitär ist immer der Lump 64, ein Wein der viel Zeit braucht, anfangs sehr verschlossen ist, mit Luft sich dann etwas öffnet, Frucht zeigt, viel Fülle, Kraft und Druck besitzt – ein Wein, dem Flaschenreife definitiv guttut. Der Riesling R aus dem Escherndorfer Lump ist nun das Große Gewächs, und auch aus dem Ratsherr gibt es einen Riesling Großes Gewächs. Der Wein aus dem Ratsherr zeigt viel Frische und Frucht im Bouquet, ist füllig und saftig, besitzt reife Frucht, gute Struktur und Grip. Sein Kollege aus dem Lump ist würziger, herrlich eindringlich, besitzt Saft, Substanz, Grip und Nachhall. Auch beim faszinierenden Silvaner-Quartett gibt es Änderungen, denn Lump und Ratsherr sind nun VDP-Große Gewächse. Das steht vielleicht auch dem Silvaner von alten Reben noch bevor, wenn denn erst einmal die Lage Wilm klassifiziert ist, der Wein hätte es verdient, ist herrlich eindringlich und reintönig, füllig, harmonisch, komplex und lang. Der Eigenart-Silvaner fällt wie Immer ein wenig aus dem Rahmen, er zeigt gelbe Früchte, besitzt Fülle, Kraft und gute Struktur, wirkt im Jahrgang 2021 deutlich jugendlicher als sonst. Der Ratsherr-Silvaner ist würzig, eindringlich, herrlich druckvoll und präzise, der Wein vom Lump ist konzentriert, zeigt gelbe Früchte, besitzt gute Struktur und jugendlichen Grip. Ganz starke Kollektion!

Rainer & Christian Müller/Foto: Peter von Felbert

Weinbewertung

87 2021 Grau- und Weißburgunder trocken | 12%/8,60€
88 2021 Silvaner trocken Volkach | 12%/10,-€ ☺
90 2021 Silvaner trocken Volkacher „Marien-Berg" | 12,5%/14,-€ ☺
89 2021 Scheurebe trocken Sommerach Katzenkopf | 12%/14,-€
90 2021 Weißburgunder trocken Sommerach Katzenkopf | 12,5%/14,-€ ☺
92 2021 Silvaner trocken „Eigenart" Holzfass | 12,5%/19,50€ ☺
92 2021 Silvaner trocken „Alte Reben" Katzenkopf Sommerach | 12,5%/27,-€
91 2021 „Lump 64" Alter Fränkischer Satz trocken | 13%/a.A.
92 2021 Silvaner trocken „GG" Volkach Ratsherr | 13%/36,-€
93 2021 Silvaner trocken „GG" Escherndorfer „am Lumpen 1655" | 12,5%/36,-€
92 2021 Riesling trocken „GG" Ratsherr Volkach | 12,5%/36,-€
93 2021 Riesling trocken „GG" Escherndorfer „am Lumpen 1655" | 13%/36,-€

Lagen
Ratsherr (Volkach)
Berg (Volkach)
Karthäuser (Volkach)
Lump (Escherndorf
Katzenkopf (Sommerach)

Rebsorten
Silvaner (40%)
Weißburgunder (15%)
Riesling (12%)
Scheurebe (8%)

★★★★

Müller-Catoir

Kontakt
Mandelring 25
67433 Neustadt-Haardt
Tel. 06321-2815
Fax: 06321-480014
www.mueller-catoir.de
weingut@mueller-catoir.de

Besuchszeiten
Mo.-Fr. 8-12 + 13-17 Uhr
Sa. 10-14 Uhr
(Gruppen nach Vereinbarung)

Inhaber
Philipp David Catoir
Betriebsleiter
Philipp David Catoir
Kellermeister
Martin Franzen
Außenbetrieb
Martin Franzen
Rebfläche
25 Hektar
Produktion
150.000 Flaschen

Die Familie Catoir, eine Hugenottenfamilie, betreibt nachweislich seit 1744 Weinbau in der Pfalz, hat ihren Sitz in einem im 18. Jahrhundert ursprünglich im Barockstil erbauten Gutshaus im Neustadter Stadtteil Haardt. An der Wende vom 19. zum 20. Jahrhunderts erhielt das Gebäude sein heutiges Gesicht als es – ganz typisch für die Gründerzeit – im neoklassizistischen Stil erweitert wurde. Jakob Heinrich Catoir hatte zusammen mit Kellermeister Hans Günter Schwarz das Weingut Müller-Catoir seit den sechziger Jahren in die Pfälzer Spitzenklasse geführt. 2002 hat sein Sohn Philipp David Catoir, studierter Architekt, den Betrieb übernommen, führt ihn in neunter Generation, und auch im Keller fand ein Stabwechsel statt, Martin Franzen hat die Nachfolge von Hans Günter Schwarz angetreten. Franzen stammt ursprünglich von der Mosel, hat in Geisenheim und Dijon studiert und war danach an der Nahe und in der Ortenau tätig. Die Weinberge von Philipp David Catoir liegen in den Haardter Lagen Bürgergarten, Herzog, Mandelring und Herrenletten, in den Gimmeldinger Lagen Mandelgarten und Schlössel, in der Mußbacher Eselshaut, aber auch in Neustadt (Grain, Mönchgarten) und Hambach (Römerbrunnen). Im Jahr 2018 wurden Teilstücke der historischen Lage Neustadter Vogelsang übernommen, der oberhalb der Neustadter Altstadt gelegene Südhang mit Muschelkalkböden wurde in Zusammenarbeit mit dem Weingut Christmann neu angelegt. Im Kernstück des Bürgergartens besitzt das Weingut eine 2,8 Hektar große arrondierte Fläche, „Im Breumel" genannt, von Sandsteinmauern umgeben, aus der das einzige Große Gewächs erzeugt wird. Der Boden im Breumel ist tiefgründig und karger als im unteren Teil des Bürgergartens, besteht aus Buntsandsteinschotter mit hohem zersetzten Steinanteil und Lösslehmeinlagerungen, die Lage ist süd-südost-exponiert, erwärmt sich morgens schnell, kühlt abends aber durch die Nähe zum Waldrand deutlich ab. Riesling ist mit Abstand die wichtigste Rebsorte, nimmt 60 Prozent der Rebfläche ein. Hinzu kommen Weißburgunder und Grauburgunder, Rieslaner, Muskateller und Scheurebe, sowie Spätburgunder. Seit dem Jahrgang 2015 ist das Weingut ökologisch zertifiziert.

Kollektion

Das Riesling Große Gewächs „Im Breumel" finden wir im aktuellen Jahrgang 2021 sogar noch etwas stärker als in den Vorjahren: Im Bouquet ist der Wein zunächst leicht verhalten, öffnet sich dann mit etwas Luft und zeigt kräutrig-mineralische und steinige Noten, am Gaumen besitzt er gute Konzentration, klare Frucht, Ananas, gelber Apfel, und feine salzige Noten, ist elegant, druckvoll und sehr nachhaltig. Auch der zweite Riesling aus dem Bürgergarten ist hervorragend, zeigt ebenfalls kräutrig-mineralische Noten und mit Aromen von Aprikose und Ananas etwas deutlichere Frucht, am Gaumen ist der Wein

dann etwas salziger, druckvoller und nachhaltiger als der Erste Lage-Riesling aus dem Herrenletten, der im Bouquet eine ähnliche Aromatik zeigt und dann am Gaumen aber etwas verhaltener, aber auch eleganter als der Bürgergarten ist. Die beiden Weißburgunder aus Erster Lage ähneln sich ebenfalls in ihrer Aromatik, zeigen klare Frucht mit Noten von Birne, Melone und Ananas und auch etwas kräutrige und florale Würze, am Gaumen sind beide sehr animierend und besitzen Schmelz, auch hier ist der Herrenletten der etwas elegantere Wein, der Herzog ist etwas kraftvoller, präsenter und nachhaltiger. Bei den Spätburgundern sind die Unterschiede etwas offensichtlicher, der „V" ist der kraftvollere und würzigere Wein, er zeigt Aromen von Schwarzkirsche, Sanddorn und Kräutern und besitzt am Gaumen gute Struktur und leicht pfeffrige Würze, der Herzog ist dagegen der frischere und elegantere Typ, zeigt Noten von roten Johannisbeeren, Hagebutten und Waldboden im Bouquet und besitzt am Gaumen eine kühle, kräutrige Frische und gute Länge. Und dass niemand in Deutschland mit einer solchen Regelmäßigkeit und Selbstverständlichkeit so hervorragende edelsüße Rieslaner erzeugt wie Müller-Catoir, müssen wir eigentlich kaum erwähnen, die Auslese zeigt ein sehr komplexes, offenes Bouquet mit Aromen von reifen Aprikosen, Zitrusfrüchten, Ananas und etwas Nougat, am Gaumen ist der Wein leicht cremig, besitzt animierende Zitrusnoten und ein lebendiges, frisches Säurespiel, die Beerenauslese zeigt nach etwas Belüftung kräutrige Noten, Mango, Aprikosenmark, Ananas und Nougat, ist am Gaumen cremig und dicht, besitzt ebenfalls viel Frische und ist enorm nachhaltig.

Weinbewertung

85	2021 Riesling trocken „MC" I 12,5%/10,60€
86	2021 Muskateller trocken Haardt I 12,5%/15,40€
87	2021 Riesling trocken Haardt I 12,5%/15,40€
90	2021 Riesling trocken Haardter Bürgergarten I 13%/23,20€
89	2021 Riesling trocken Haardter Herrenletten I 13%/23,20€
89	2021 Weißburgunder trocken Haardter Herrenletten I 13%/23,20€
90	2021 Weißburgunder trocken Haardter Herzog I 13,5%/23,20€
92	2021 Riesling „GG" Bürgergarten Im Breumel I 13%/38,80€
90	2021 Rieslaner Auslese Haardter Herzog I 11,5%/19,40€/0,375l
92	2021 Rieslaner Beerenauslese Haardter Herzog I 10%/40,20€/0,375l
89	2020 Spätburgunder trocken „V" Neustadt I 13,5%/28,80€
90	2020 Spätburgunder trocken Haardter Herzog I 13%/28,20€

Lagen
Bürgergarten (Haardt)
Im Breumel (Haardt)
Herrenletten (Haardt)
Herzog (Haardt)
Mandelgarten (Gimmeldingen)
Mandelring (Haardt)
Schlössel (Gimmeldingen)
Vogelsang (Neustadt)

Rebsorten
Riesling (60%)
Weißburgunder (15%)
Muskateller (5%)
Grauburgunder (5%)
Spätburgunder (5%)
Scheurebe (5%)
Rieslaner (5%)

★★★½

Münzberg

Kontakt
Böchinger Straße 51
76829 Landau-Godramstein
Tel. 06341-60935
Fax: 06341-64210
www.weingut-muenzberg.de
wein@weingut-muenzberg.de

Besuchszeiten
Mo.-Fr. 8-12 + 14-18 Uhr
Sa. 10-15 Uhr
Weinbistro „Fünf Bäuerlein“
(Marktplatz Landau)

Inhaber
Gunter Keßler
Kellermeister
Nico Keßler
Außenbetrieb
Nico Keßler
Rebfläche
17 Hektar
Produktion
120.000 Flaschen

WEINGUT
·MÜNZBERG·
GUNTER KESSLER
PFALZ

Lothar Keßler zog 1974 vom Godramsteiner Ortskern an den Münzberg um. Nachdem seine Söhne Rainer und Gunter Keßler das Gut zunächst gemeinsam führten, leitet Gunter seit Oktober 2013 alleine den Betrieb. Für den Keller und den Außenbetrieb ist mittlerweile Sohn Nico verantwortlich. 77 Prozent der Fläche nehmen die Burgundersorten und Chardonnay ein, Riesling steht auf 13 Prozent. 2020 wurde mit der Umstellung auf Bio-Anbau begonnen.

Kollektion

Die Weißburgunder der Familie Keßler sind wieder von bestechender Reintönigkeit, aber die Chardonnay und Grauburgunder stehen ihnen kaum nach: Der Schlangenpfiff-Weißburgunder zeigt differenzierte Frucht, Birne, Aprikose und Zitrusnoten, dazu etwas nasse Wolle, am Gaumen besitzt er gute Konzentration, Eleganz und Länge, der Ochsenloch-Weißburgunder ist fast genauso stark, zeigt ebenfalls viel klare Frucht, besitzt Schmelz und Frische. Die Chardonnay sind im Moment noch unterschiedlich stark vom Holz geprägt, der Stahlbühl zeigt dezente Holzwürze, etwas Kokos und Orangenschale, besitzt am Gaumen animierende Noten von Salzzitrone und ist etwas harmonischer als der Koich, der feine rauchige Noten, etwas geröstete Haselnüsse und Limette im Bouquet zeigt. Der Grauburgunder Schneckenberg ist cremig und nachhaltig mit viel gelber Frucht und sehr dezentem Holz, der Grauburgunder „Kalkmergel“ ist expressiv mit herben Zitrusnoten und nussig-floraler Würze. Unter den Rotweinen ist der Spätburgunder Schlangenpfiff der harmonischste und nachhaltigste Wein, besitzt feine rote Frucht und leicht kräutrige Würze.

Weinbewertung

85	2021 Weißer Burgunder trocken I 12,5%/8,80€
84	2021 Riesling trocken I 12%/9,50€
87+	2021 Weißer Burgunder trocken „Kalkgestein“ Godramstein I 13%/13,50€
87	2021 Weißer Burgunder trocken „Löß-Lehm“ Godramstein I 13%/13,50€
88	2021 Grauer Burgunder trocken „Kalkmergel“ Godramstein I 13%/13,50€
87	2021 Chardonnay trocken „Kalkgestein“ Godramstein I 13%/13,50€
88	2021 Chardonnay trocken „Kalkmergel“ Godramstein I 13%/25,-€
88+	2021 Chardonnay trocken „Koich“ I 13%/25,-€
89	2021 Weißer Burgunder trocken Godramstein Ochsenloch I 13%/19,-€
89	2021 Grauer Burgunder trocken Godramstein Schneckenberg I 13%/19,-€
89	2021 Chardonnay trocken Godramstein Im Stahlbühl I 13%/25,-€
90	2021 Weißer Burgunder „GG“ Münzberg „Schlangenpfiff“ I 13%/28,-€
87	2019 Cuvée Gustav Rotwein trocken I 13,5%/20,-€
87	2019 Spätburgunder trocken „Kalkgestein“ Godramstein I 13,5%/20,-€
89	2019 Spätburgunder trocken Godramstein Mittlerer Affolter I 13,5%/30,-€
90	2019 Spätburgunder „GG“ Münzberg „Schlangenpfiff“ I 13,5%/38,-€

★

Kontakt
Lindenplatz 9
55270 Zornheim
Tel. 06136-44573
Fax: 06136-46904
www.weingut-muenzenberger.de
info@weingut-muenzenberger.de

Besuchszeiten
nach Vereinbarung

Inhaber
Andreas Münzenberger
Betriebsleiter
Andreas Münzenberger
Kellermeister
Andreas Münzenberger & Dominik Münzenberger
Rebfläche
18,5 Hektar
Produktion
70.000 Flaschen

Münzenberger

Andreas Münzenberger führt heute in zweiter Generation das 1963 von Hans-Walter Münzenberger gegründete Weingut, hat sich ganz auf Weinbau spezialisiert. Seine Weinberge liegen in Zornheim in den Lagen Pilgerweg, Vogelsang, Mönchbäumchen und Guldenmorgen, in den beiden Hahnheimer Lagen Knopf und Moosberg, aber auch in Selzen (Gottesgarten, Osterberg) und in Nierstein (Pfaffenkappe). Wichtigste weiße Rebsorten sind Riesling, Grauburgunder, Weißburgunder, Chardonnay, Silvaner und Sauvignon Blanc, wichtigste rote Rebsorten sind Spätburgunder, Frühburgunder und Dornfelder. Andreas Münzenberger wird heute im Betrieb unterstützt von Sohn Dominik, der eine eigene Weinlinie kreiert hat, in Geisenheim Internationale Weinwirtschaft studiert. Zuletzt wurde in Edelstahltanks und eine Kühlanlage investiert.

Kollektion

Streng und karg ist der „Decoded Poetry" genannte Riesling immer, wenn man ihn nach einem Jahr verkostet, bei den nun verkosteten ein wenig älteren Weinen kommt eine feine Riesling-Reife hinzu, die dem Wein gut steht, besonders ausgeprägt ist sie beim 2018er, 2019 ist deutlich würziger und eindringlicher, und auch der 2020er, der uns jung von den drei Weinen am besten gefallen hatte, hat durch das eine Jahr Flaschenreife an Komplexität gewonnen. Riesling überzeugt auch als frischer, lebhafter Edel-Schoppen im Liter. Unter den 2021er Weißweinen sehen wir zwei Weine gleichauf: Da ist einmal der reinsortige Chardonnay „Grüner Letten", der gute Konzentration und klare reife Frucht zeigt, füllig und saftig ist, reintönige Frucht und gute Struktur besitzt; und da ist die Cuvée aus Chardonnay und Weißburgunder, mit dem Namen „Horizon Effect" versehen, die mit Würze und Harmonie punktet. Würzig und zupackend ist der feinherbe Muskateller „La Fleur", im roten Segment gefällt uns der reintönige, frische Cabernet Sauvignon Prometheus am besten.

Weinbewertung

82 2021 Riesling trocken „Edel-Schoppen" (1l) I 12%/6,90€
82 2021 „Blanc de Noir" trocken „Surprise" I 11%/7,30€
82 2021 Weißer Burgunder trocken „Steinhügel" I 12%/7,50€
84 2021 Chardonnay trocken „Grüner Letten" Selzen I 12,5%/8,60€
84 2021 Chardonnay & Weißer Burgunder trocken „Horizon Effect" I 12%/8,90€
83 2018 Riesling trocken „Decoded Poetry" Zornheim I 12%/10,50€
84 2019 Riesling trocken „Decoded Poetry" Zornheim I 12,5%/10,50€
85 2020 Riesling trocken „Decoded Poetry" Zornheim I 12%/10,70€
80 2021 Silvaner „feinherb" „Schoppen" (1l) I 10,5%/5,50€
83 2021 Gelber Muskateller „feinherb" „La Fleur" I 10%/7,30€
82 2020 Merlot trocken „Kalk-Mergel" Zornheim I 13,5%/7,90€
83 2020 Cabernet Sauvignon trocken „Prometheus" Zornheim I 12,5%/8,40€

David Muth

Kontakt
Römerstraße 4
76879 Hochstadt
Tel. 0176-32985847
www.muth-wein.de
info@muth-wein.de

Besuchszeiten
nach Vereinbarung

Inhaber
David Muth
Rebfläche
7,5 Hektar

David Muth hat nach einer Ausbildung zum Rettungsassistenten noch eine zweite Ausbildung zum Winzer absolviert – unter anderem beim Weingut Christmann – und dann 2019 das Weingut seiner Eltern übernommen. Gerhard und Ruth Muth hatten sich ausschließlich auf die Trauben- und Fassweinproduktion konzentriert und auch heute wird noch ein Großteil der Trauben an eine Genossenschaft und andere Weingüter verkauft. Parallel zu seiner 2021 abgeschlossenen Fortbildung zum Weinbautechniker in Bad Kreuznach und einer Stelle beim Weingut Theo Minges hat David Muth aber auch begonnen, Weine unter eigenem Etikett abzufüllen. Bei seinen eigenen Weinen konzentriert er sich bislang auf Riesling, Muskateller, Weiß-, Grau- und Spätburgunder. Das kleine Sortiment ist gegliedert in Gutsweine, die im Edelstahl ausgebaut werden, Ortsweine, die in einem Mix aus Edelstahl und Holz liegen und die Lagenweine, die ausschließlich im Holz gelagert werden. Die Weinberge liegen in Hochstadt und Zeiskam und sind zu zwei Dritteln mit weißen Sorten und zu einem Drittel mit roten Sorten bestockt.

Kollektion

Sechs Weine von David Muth konnten wir erstmals verkosten, also gut zwei Drittel seiner Produktion. An der Spitze der Kollektion stehen die beiden Weine vom Roten Berg und der Hochstadter Orts-Riesling: Der Spätburgunder zeigt deutliche Kirschfrucht, vor allem Süßkirsche, und leicht rauchige Noten im Bouquet und besitzt am Gaumen gute Substanz, ebenfalls klare Frucht, aber auch deutlichere Holzwürze als im Duft, beim eleganten und schlanken Grauburgunder ist das Holz besser eingebunden, im komplexen Bouquet zeigt er sehr feine Röstnoten und Aromen von Mandeln und etwas Brotkruste, der Hochstadter Riesling zeigt klare Frucht, leicht kräutrige Würze und etwas Holz, besitzt gute Konzentration, ist frisch und harmonisch. Auch die drei anderen Weine sind ausgewogen und harmonisch, der Hochstadter Grauburgunder zeigt leicht rauchige Noten, besitzt auch klare Birnenfrucht und feine Zitrusnoten, beim Weißburgunder ist das Holz etwas dezenter, er zeigt ebenfalls etwas Birne und Zitrusfrucht im Bouquet und der Muskateller ist saftig und leicht mit klaren Aromen von Orangenschale und Litschi. Ein überzeugendes Debüt!

Weinbewertung

82 2020 Muskateller trocken „Moritz“ | 11,5%/6,50€
85 2020 Riesling trocken Hochstadt | 12%/8,50€
83 2020 Weißburgunder trocken Hochstadt | 13%/8,50€
85 2019 Grauburgunder trocken Roter Berg Hochstadt | 12%/11,90€
84 2020 Grauburgunder trocken Hochstadt | 13%/8,50€
85 2019 Spätburgunder trocken Roter Berg Hochstadt | 13%/12,50€

Georg Naegele

Kontakt
Schlossstraße 27-29
67434 Neustadt-Hambach
Tel. 06321-2880
Fax: 06321-30708
www.naegele-wein.de
info@naegele-wein.de

Besuchszeiten
Mo.-Fr. 9:30-17:30 Uhr
Sa. 9:30-14:30 Uhr
und nach Vereinbarung
Hoffest „Schwarz-Rot-Gold" im Juni

Inhaber
Familie Bonnet
Kellermeister
Alfred Leiner
Rebfläche
15 Hektar
Produktion
140.000 Flaschen

Das Weingut Georg Naegele am Schlossberg in Hambach ist ein bereits 1796 gegründetes Familien-Weingut. Eva und Ralf Bonnet führen heute das Gut, unterstützt von ihren Eltern Volker und Gerda Bonnet. In den Weinbergen haben sie verstärkt rote Sorten angepflanzt, wie Spätburgunder, Dornfelder, Portugieser, Merlot, Cabernet Sauvignon, Cabernet Franc, Merlot und Domina. Hauptrebsorte ist aber weiterhin der Riesling mit einem Anteil von einem Drittel. An weißen Sorten gibt es noch Chardonnay, Grau- und Weißburgunder, Gewürztraminer, Sauvignon Blanc, Rieslaner, Silvaner, Kerner, Müller-Thurgau und Muskateller. Unter dem Namen „Naegele Chronos" werden die im Barrique ausgebauten Spitzenweine angeboten.

Kollektion

Der Kairos-Spätburgunder an der Spitze des aktuellen Programms kommt erst im Juli 2023 in den Verkauf, zeigt sich jetzt aber schon in sehr guter Form: Er zeigt eindringliche Noten von Schwarz- und Sauerkirsche und dezente rauchige Würze, ist kraftvoll, harmonisch und besitzt Ansätze zur Eleganz. Auch beim Spätburgunder Feuer ist das Holz gut eingebunden, er ist mit Noten von Schwarzkirsche und Pflaume etwas dunkler in der Frucht und ist sehr stoffig. Der „Sekt ohne Namen" zeigt gelbe Frucht, Vanille und nussige Noten, ist sehr kraftvoll und nachhaltig, sehr gut sind auch der noch leicht verhaltene weiße Chronos, der Kraft, Schmelz und Länge besitzt, der Heidengraben-Grauburgunder und der Weißburgunder aus dem Kirschgarten, die beide klare Birnenfrucht, leicht florale Noten und dezente Holzwürze zeigen, cremig, kraftvoll und nachhaltig sind. Die beiden spontan vergorenen Rieslinge Aion und Pfalzgräfin sind noch sehr vom Holz geprägt, der im Barrique ausgebaute Aion zeigt deutliche Röstnoten, mit Luft auch Zitrusfrucht und Kräuter, besitzt Kraft und gute Substanz, die Pfalzgräfin besitzt herbe Frucht, vor allem Ananas, und Fülle.

Weinbewertung

86 2020 Muscat de Bonnet Muskateller Sekt extra brut | 12,5%/15,-€
88 2019 Sekt ohne Namen Pinot Noir & Chardonnay brut nature | 13,5%/17,-€
83 2021 Muskateller trocken Hambach | 11,5%/8,-€
84 2021 Sauvignon Blanc trocken | 12%/8,-€
88 2021 Weißburgunder trocken Im Kirschgarten Hambach | 13,5%/13,-€
88 2021 Grauburgunder trocken Am Heidengraben Hambach | 13,5%/13,-€
88 2021 Naegele Chronos Weißwein trocken | 13,5%/15,-€
83 2021 Riesling trocken Hambacher Römerbrunnen | 13%/9,50€
86 2020 Riesling trocken „Pfalzgräfin by Eva Bonnet" | 12,5%/15,-€
87 2020 Riesling trocken „Aion" | 13%/20,-€
87 2020 Spätburgunder trocken „Nägele Feuer" Hambacher Schlossberg | 14,5%/15,-€
89 2020 Spätburgunder trocken „Kairos" Hambacher Schlossberg | 14%/21,50€

★★☆

Nägele

Kontakt
Schafgasse 12
74889 Sinsheim-Weiler
Tel. 07261-9718870
Fax: 07143-811931
www.naegele-baden.de
weingut@naegele-baden.de

Besuchszeiten
Fr. 14-18 Uhr oder nach Vereinbarung

Inhaber
Tobias Nägele
Rebfläche
11,5 Hektar
Produktion
45.000 Flaschen

In den letzten Jahren hat Tobias Nägele entscheidende Veränderungen in die Wege geleitet. 2019 hat er die Mitgliedschaft in der Genossenschaft beendet, seit dem gleichen Jahr bewirtschaftet er die Weinberge des Weinguts Hoensbroech im Michelfelder Himmelberg mit. 2021 wurde die Umstellung auf biologischen Weinbau begonnen und 2022 hat er die Mitgliedschaft bei Demeter beantragt, bewirtschaftet seine Weinberge nun biodynamisch. 2011 hatte er, zusätzlich zu seiner Arbeit im elterlichen Genossenschaftsbetrieb in Hessigheim, Weinberge in Michelfeld im Kraichgau gekauft und die Weinberge des Weinguts Rapp-Kiess am Eichtersheimer Kletterberg (mit 1975 gepflanzten Spätburgunder- und Rieslingreben) gepachtet, 2013 eröffnete er offiziell sein Weingut in Sinsheim-Weiler, wo er in der Lage Steinsberg Weinberge besitzt. Anfangs hatte Tobias Nägele Riesling, Kerner, Spätburgunder, Grauburgunder, Müller-Thurgau und Dornfelder im Anbau. 2014 kamen Lemberger, Cabernet Franc, Sauvignon Blanc, Weißburgunder und Chardonnay hinzu.

Kollektion

Die neue Kollektion ist stark, weiß wie rot. Spannend ist das Riesling-Quartett. Der Gutsriesling ist frisch, klar und zupackend, der Wein von alten Reben im Himmelberg zeigt etwas Limone im Bouquet, ist strukturiert und reintönig, der Riesling aus dem Granitfass ist herrlich reintönig im Bouquet, konzentriert im Mund, besitzt feine süße Frucht. An der Spitze steht der Reserve-Riesling aus dem Kletterberg, der gute Konzentration und Würze im Bouquet zeigt, Fülle und Kraft besitzt, viel reife Frucht, Substanz und Grip. Der Sauvignon Blanc punktet mit klaren Stachelbeeraromen und Grip, der Reserve-Grauburgunder mit Kraft und feiner süßer Frucht. Die Rotweine werden angeführt vom fruchtbetonten, zupackenden Reserve-Spätburgunder und vom Cabernet Franc, der sehr reintönig ist, gute Struktur und Grip besitzt. Klar im Aufwind!

Weinbewertung

84	2020 Riesling trocken I 11,5%/8,50€
82	2021 Grauer Burgunder trocken I 13%/8,50€
86	2021 Sauvignon Blanc trocken Michelfelder Himmelberg I 12%/11,90€
85	2021 Riesling trocken „Alte Reben" Michelfelder Himmelberg I 12%/9,90€
87	2021 Riesling „aus dem Granitfass" I 12%/14,90€
88	2021 Riesling trocken „Reserve" Eichtersheimer Kletterberg I 12%/22,-€
86	2020 Grauburgunder trocken „Reserve" Michelfelder Himmelberg I 13,5%/22,-€
83	2021 Weißburgunder „G" halbtrocken I 11,5%/8,50€
84	2020 „Rot + Holz" Rotwein trocken I 13%/9,50€
85	2020 Spätburgunder „aus dem Granitfass" I 13%/14,90€
88	2020 Cabernet Franc trocken „Reserve" Michelfelder Himmelberg I 13,5%/24,-€
88	2020 Spätburgunder trocken „Reserve" Eichtersheimer Kletterberg I 13,5%/22,-€

★★★★

Nagel

Kontakt
Winzerhof Nagel
Raiffeisenstraße 1
97337 Dettelbach
Tel. 09324-2963
Fax: 09324-903602
www.winzerhof-nagel.de
mail@winzerhof-nagel.de

Besuchszeiten
Mo.-Fr. 9-18 Uhr
Sa. 10-16 Uhr
Sonn- und Feiertage nach Vereinbarung
Gästehaus (3 Doppelzimmer, 1 Ferienwohnung)

Inhaber
Roland Nagel
Betriebsleiter
Roland & Tobias Nagel
Kellermeister
Tobias Nagel
Außenbetrieb
Roland Nagel
Rebfläche
7,3 Hektar
Produktion
36.000 Flaschen

Roland Nagel führt heute den Winzerhof in Dettelbach, unterstützt von Sohn Tobias, der seine Lehre beim Juliusspital in Würzburg absolvierte und im Rahmen seiner Weintechnikerausbildung Praktika bei Knoll in der Wachau und bei Preisinger im Burgenland machte. Die Weinberge liegen alle in Dettelbach, wo durch das Weingesetz 1971 alle vorherigen Einzellagen zu den Lagen Dettelbacher Berg-Rondell und Dettelbacher Sonnenleite zusammengefasst wurden. Silvaner ist mit einem Anteil von 40 Prozent an der Rebfläche die wichtigste Rebsorte, wobei der prozentuale Anteil in den letzten Jahren abgenommen hat, da bei Neuanpflanzungen andere Rebsorten favorisiert wurden wie Weißburgunder, Chardonnay oder Sauvignon Blanc. 2016 wurden Kerner und Domina gerodet, dafür nochmals Weißburgunder und erstmals Spätburgunder gepflanzt; auch Riesling wurde neu angelegt. Scheurebe spielt nach wie vor eine wichtige Rolle im Betrieb, der Anteil von Bacchus und Müller-Thurgau wurde reduziert. Das Programm ist in drei Linien gegliedert: Die Weine der Basislinie Stahlnagel werden im Edelstahl ausgebaut, sie sollen unkomplizierten Trinkspaß bieten. Für die Linie Ankernagel werden die Trauben aus den besten Lagen im Berg-Rondell ausgewählt, die Weine werden teils im Edelstahl, teils im Tonneau ausgebaut. Die Weine der Holznagel-Linie schließlich stammen von den ältesten Weinbergen, sie werden im Holzfass vergoren und ausgebaut, bleiben lange auf der Hefe und werden unfiltriert abgefüllt. Bis auf den „No Cuvée No Party" werden alle Weine spontanvergoren. Dem Weingut ist ein Gästehaus mit drei Doppelzimmern und einer Ferienwohnung angeschlossen. Seit Tobias Nagel im Betrieb ist wurde die Rebfläche peu à peu erweitert, auch im vergangenen Jahr kamen wieder 1,2 Hektar hinzu; dazu wurde ein zweiter Keller erworben, der mit Holzfässern bestückt wurde.

Kollektion

Tobias Nagel ist einer der Shooting Stars in Franken und in Deutschland. Seit wir ihn vor sechs Jahren das erste Mal vorgestellt haben hat er stetig zugelegt, nicht nur bei einzelnen Weinen, sondern mit seinem ganzen Programm. Er ist sehr dynamisch, passt die Vinifikation an den Jahrgang an; so hat er 2021 oft ganze Trauben mitvergoren, um den Weinen mehr Struktur zu geben. „No Cuvée No Party" heißt die Basiscuvée, die als einziger Wein immer merklichen Restzucker haben darf, nicht mehr fränkisch trocken, aber doch gesetzlich trocken ist. Im Jahrgang 2021 besteht die Cuvée jeweils zur Hälfte aus Bacchus und Silvaner, ist würzig und eindringlich im Bouquet, besitzt Frische und Frucht, Struktur und Grip. Die zweite Cuvée, Blanc genannt ist deutlich trockener, besteht aus 85 Prozent Müller-Thurgau und 15 Prozent Silvaner. Sie ist würzig und eindringlich im Bouquet, besitzt viel Frische, klare Frucht und Grip. Sie ist Teil der im Edelstahl ausgebauten Basislinie Stahlnagel, alle Weine in dieser Linie wurden im Jahrgang 2021 sechs Monate auf der Vollhefe ausgebaut. Der

Silvaner ist sehr offen im Bouquet, herrlich eindringlich und reintönig, zeigt weiße Früchte, ist füllig und saftig im Mund, besitzt klare Frucht und gute Struktur. Die Scheurebe ist intensiv würzig, besitzt viel Frische, feine süße Frucht und Grip. Viel Biss und Grip besitzt auch der Riesling, der würzig und eindringlich, klar und zupackend ist. Der Rosé ist fruchtintensiv und zupackend, er besteht aus 70 Prozent Domina und 30 Prozent Spätburgunder. Unser Favorit in der Stahlnagel-Linie ist der Weißburgunder, dem Tobias Nagel zehn Stunden Maischestandzeit „gegönnt" hat, der viel Frische und reintönige Frucht im Bouquet zeigt, gute Struktur, Kraft und Grip besitzt. Auch die beiden Ankernagel-Weine haben etwas Maischestandzeit erhalten, wurden aber nicht im Edelstahl sondern im Tonneau ausgebaut. Die Scheurebe stammt von 49 Jahre alten Reben, zeigt viel Konzentration im herrlich eindringlichen und reintönigen Bouquet, ist kraftvoll, frisch und zupackend im Mund. Der Silvaner stammt aus der Gewanne Steinbühl, ist sehr offen, herrlich eindringlich und reintönig, besitzt Fülle und Saft, gute Struktur und reife Frucht. Der Holznagel-Chardonnay, in zur Hälfte neuen Barriques vergoren, ist sehr offen, zeigt gelbe Früchte, dezent Vanille, besitzt Fülle, Saft, viel Substanz, Frucht und Grip. Der Holznagel-Weißburgunder wurde im 300 Liter-Fass ausgebaut, zeigt rauchig-würzige Noten, besitzt Fülle und Kraft, gute Struktur und reintönige Frucht. Der Sauvignon Blanc wurde nach 48 Stunden Maischestandzeit in 300 und 500 Liter-Fässern vergoren, er ist würzig und konzentriert, sehr kraftvoll und jugendlich. Der Holznagel-Spätburgunder zeigt viel Frucht und Frische, ist kraftvoll, zupackend und strukturiert – eine Reserve-Version folgt im kommenden Jahr. Ganz starke Kollektion!

Tobias Nagel

Weinbewertung

85	2021 „Blanc" Weißwein trocken „Stahlnagel" I 12%/8,-€
85	2021 „No Cuvée No Party" Weißwein I 11,5%/7,50€
87	2021 Silvaner trocken „Stahlnagel" I 12,5%/8,50€ ☺
87	2021 Scheurebe trocken „Stahlnagel" I 12,5%/8,50€ ☺
86	2021 Riesling trocken „Stahlnagel" I 12%/9,-€
88	2021 Weißburgunder trocken „Stahlnagel" I 12,5%/8,50€ ☺
91	2021 Silvaner trocken „Ankernagel" Steinbühl I 12,5%/13,-€ ☺
88	2021 Scheurebe trocken „Ankernagel" Steinbühl I 12,5%/12,50€
90	2021 Weißburgunder trocken „Holznagel" I 13%/17,50€
89	2021 Sauvignon Blanc trocken „Holznagel" I 12,5%/17,50€
90	2021 Chardonnay trocken „Holznagel" I 13%/18,50€
85	2021 Rosé trocken „Stahlnagel" I 12%/7,50€
88	2021 Spätburgunder trocken „Holznagel" Rouge I 13%/17,-€

Lagen

Berg-Rondell (Dettelbach)
Sonnenleite (Dettelbach)
Steinbühl (Dettelbach)

Rebsorten

Silvaner (40%)
Weißburgunder (20%)
Spätburgunder (10%)
Scheurebe (10%)
Sauvignon Blanc (7%)
Bacchus (5%)
Riesling (4%)
Chardonnay (3%)
Müller-Thurgau (3%)

★★★

Nauerth-Gnägy

Kontakt
Müllerstraße 5
76889 Schweigen-Rechtenbach
Tel. 06342-919042, 06349-8529
Fax: 06342-919043, 06349-6795
www.nauerth-gnaegy.de
info@nauerth-gnaegy.de

Besuchszeiten
Sa. 9-17 Uhr. Mo.-Fr. nach Vereinbarung
Weinprobierstube, Destillate aus eigener Brennerei, Gästezimmer

Inhaber
Familie Nauerth-Gnägy
Betriebsleiter
Mareen Nauerth & Michael Gnägy
Außenbetrieb
Daniel Scheib
Rebfläche
29 Hektar
Produktion
180.000 Flaschen

ng. Nauerth-Gnägy

Das Weingut Nauerth-Gnägy entstand im Sommer 2011 aus einer Fusion der Weingüter Nauerth in Heuchelheim-Klingen und Gnägy in Schweigen-Rechtenbach, nachdem Mareen Nauerth und Michael Gnägy 2009 geheiratet hatten. In Rechtenbach wurde ein neues Betriebsgebäude gebaut, in dem seit dem Jahrgang 2013 die Weine ausgebaut werden. Die wichtigsten Rebsorten im Betrieb sind Riesling, Weiß-, Grau- und Spätburgunder, dazu gibt es Sauvignon Blanc, Auxerrois, Chardonnay und Gewürztraminer, bereits seit 1994 gibt es bei Gnägy Cabernet Sauvignon, seit 2001 auch Merlot. Mit der Fusion wurde das Sortiment neu in Guts-, Orts- und Lagenweine gegliedert, auf den Etiketten gekennzeichnet mit den Kürzeln ng.1, ng.2 und ng.3. 2016 wurde mit der Umstellung auf biologischen Weinbau begonnen, 2019 war der erste zertifizierte Jahrgang.

Kollektion

Bei den Spätburgunder-Lagenweinen favorisieren wir wieder den „Eisenbart“, der einen Tick komplexer als die beiden anderen ist, er zeigt ein klares Bouquet mit Noten von Süßkirsche, Waldboden, Eisen und etwas rauchige Krokantwürze, ist frisch und nachhaltig, der Sonnenberg zeigt ebenfalls klare Frucht, rote Johannisbeere und Hagebutte, besitzt gute Struktur und eine feine Säure und der Herrenwingert zeigt sehr dezente Reifenoten im Bouquet, besitzt dann am Gaumen Frische und Eleganz. Die weißen „ng.2“-Weine besitzen alle viel reintönige Frucht, sind schlank und frisch, die weißen Lagenweine aus der „ng.3“-Linie sind kraftvoller, bleiben aber stets harmonisch und elegant, der Weißburgunder zeigt feine gelbe Frucht, etwas Aprikose, Birne und Zitrusnoten, besitzt ein lebendiges Säurespiel und Länge, der Grauburgunder zeigt neben Birne auch leicht florale und nussige Noten im Bouquet, besitzt Schmelz und der Chardonnay zeigt dezente rauchige Noten, daneben etwas Birne und Melone und ist am Gaumen ein eher „leiser“, sehr ausgewogener Wein.

Weinbewertung

84 2021 Auxerrois trocken „ng.2“ | 12,5%/7,50€
84 2021 Weißer Burgunder trocken „ng.2“ | 12,5%/7,50€
84 2021 Riesling trocken „ng.2“ | 12%/7,50€
84 2021 Sauvignon Blanc trocken „ng.2“ | 12,5%/8,50€
85 2021 Gewürztraminer trocken „ng.2“ | 12,5%/8,70€
88 2021 Weißer Burgunder trocken „ng.3“ Schweigen-Rechtenbach Lorch | 13%/11,60€
88 2021 Grauer Burgunder trocken „ng.3“ Schweigen-Recht. Pfarrwingert | 13,5%/11,60€
88 2021 Chardonnay trocken „ng.3“ Schweigen-Recht. Herrenwingert | 13,5%/11,60€
88 2017 Spätburgunder trocken „ng.3“ Schweigener Sonnenberg | 13,5%/13,90€
89 2017 Spätburgunder trocken „ng.3“ Schweigen-Rechtenbach Eisenbart | 13,5%/22,30€
88 2018 Merlot trocken „ng.3“ Schweigener Sonnenberg | 14%/12,40€
88 2016 Pinot Noir trocken „ng.3“ Schweigen-Recht. Herrenwingert | 13,5%/20,40€

N

★★★

Neder

Kontakt
Urbanusweg 9
97729 Ramsthal
Tel. 09704-5692
Fax: 09704-7469
www.weingut-neder.de
wein@weingut-neder.de

Besuchszeiten
Mo.-Fr. 14-18 Uhr
Sa. 9-16 Uhr
oder nach Vereinbarung
Neue Vinothek, Veranstaltungsraum mit Aussicht auf Ramsthal und Pavillon im Hof

Inhaber
Lorenz Neder
Betriebsleiter
Lorenz Neder
Kellermeister
Lorenz Neder
Rebfläche
11 Hektar
Produktion
40.000 Flaschen

WEINGUT
NEDER

Ganz im Norden des fränkischen Anbaugebietes liegt in einem Seitental der Fränkischen Saale der Ort Ramsthal mit etwa 50 Hektar Weinbergen. Eugen Neder begann Ende der siebziger Jahre mit der Flaschenweinvermarktung und dehnte die Rebfläche aus, die größte Erweiterung erfolgte mit der Flurbereinigung 1981, in dem Jahr, in dem Ewald Neder den Betrieb mit damals 4,5 Hektar Weinbergen von seinen Eltern übernahm. 1991 errichtete er ein neues Kellereigebäude, das 2015 vergrößert wurde. Die Weinberge liegen allesamt in Steillagen vor allem im Ramsthaler St. Klausen, aber auch im Wirmsthaler Scheinberg und seit kurzem im Westheimer Längberg. Er baut Silvaner, Müller-Thurgau, Bacchus, Kerner, Grauburgunder, Weißburgunder und Scheurebe an, sowie die roten Sorten Domina, Dornfelder und Regent. Seit 2012 ist Sohn Lorenz im Betrieb, hat seither die Verantwortung für den Keller inne, nun hat er das Weingut von seinem Vater übernommen. Im Frühjahr 2021 wurde eine 2 Hektar große Steillage querterrassiert und mit Grauburgunder und Silvaner bepflanzt.

Kollektion

Nach zwei Frostjahren konnte Lorenz Neder mit dem Jahrgang 2021 wieder ein umfangreicheres Sortiment auf die Flasche bringen. Zehn Weine aus diesem Jahrgang hat er präsentiert, und diese zeigen den gewohnt fruchtbetonten, durchgegorenen Stil. Das fängt schon beim reintönigen, zupackenden Silvaner im Liter an. Der Silvaner „Ethos Klassik" ist deutlich würziger und hat viel Grip, der Scheinberg-Silvaner ist fülliger und saftiger während der birnenduftige St. Klausen frischer und zupackender ist. Der Riesling besitzt gute Struktur und Grip, auch der Grauburgunder setzt auf Frische, der Muskat-Silvaner ist füllig, saftig, recht konzentriert. Spannend sind auch der drei Jahre auf der Hefe ausgebaute rauchige Scheurebe-Sekt und der wuchtige, warme 2018er Weißburgunder aus dem Barrique, der wie ein Gegenentwurf zu den frischen, griffigen 2021ern wirkt.

Weinbewertung

85	2017 Scheurebe Sekt extra brut Ramsthaler St. Klausen I 12%/13,-€
83	2021 Silvaner trocken (1l) I 12%/6,50€
83	2021 Kerner trocken Frankens Saalestück I 12,5%/6,-€
84	2021 Müller-Thurgau trocken Frankens Saalestück I 12%/6,-€
85	2021 Silvaner trocken Wirmsthaler Scheinberg I 12%/8,50€
85	2021 Silvaner trocken „Ethos Klassik" I 11,5%/7,-€
85	2021 Grauer Burgunder trocken Ramsthaler St. Klausen I 12,5%/7,50€
85	2021 Riesling trocken Wirmsthaler Scheinberg I 12,5%/7,50€
85	2021 Silvaner trocken Ramsthaler St. Klausen I 12%/8,50€
86	2021 Muskat Silvaner trocken Ramsthaler St. Klausen I 12,5%/11,-€
88	2018 Weißburgunder trocken Barrique Ramsthaler St. Klausen I 14,5%/16,-€
83	2021 „a wenig weiß" Weißwein I 11%/6,50€

Neef-Emmich

Kontakt
Alzeyerstraße 15
67593 Bermersheim
Tel. 06244-905254
Fax: 06244-905255
www.neef-emmich.de
info@neef-emmich.de

Besuchszeiten
nach Vereinbarung
Verkostungsraum

Inhaber
Dirk Emmich
Rebfläche
22 Hektar
Produktion
120.000 Flaschen

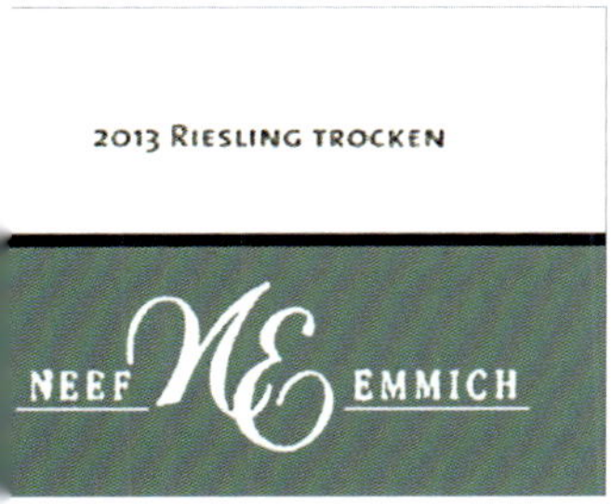

Die Weinberge von Dirk Emmich liegen in Bermersheim (Seilgarten, Hasenlauf) und benachbarten Gemeinden wie Westhofen (Rotenstein), Gundersheim (Höllenbrand) und Albig (Hundskopf, Schloss Hammerstein), wo unterschiedliche Böden zu finden sind von Kalkgestein über Rotliegendes bis hin zu schwerem Tonmergel. Riesling nimmt ein Viertel der Rebfläche ein, es folgen Silvaner, Weiß- und Grauburgunder sowie einige Bukettsorten im Weißweinbereich. An roten Sorten gibt es St. Laurent, Spätburgunder, Dornfelder und Portugieser. Dirk Emmich hat Weinbergsflächen im Höllenbrand in Gundersheim erworben, wo er nach der Flurbereinigung 2012 Riesling und Spätburgunder pflanzte. Die Rotweine werden nach der Maischegärung im Holz ausgebaut. Das Kelterhaus wurde innerhalb des historischen Baubestandes umgebaut.

Kollektion

Im vergangenen Jahr führte der 2018er Spätburgunder aus dem Höllenbrand die Kollektion an, und auch in diesem Jahr gefallen uns die beiden vorgestellten Rotweine wieder sehr gut. Beide sind Ortsweine, der 2019er Westhofener Frühburgunder ist intensiv, würzig und herrlich eindringlich im Bouquet, klar und zupackend im Mund, besitzt feine Frucht und Grip. Aus dem Jahrgang 2020 stammt der Albiger St. Laurent, zeigt wunderschön reintönige Frucht, besitzt Fülle und Kraft, viel reife Frucht, gute Struktur und Substanz. Im weißen Segment waren die beiden Lagenrieslinge zum Zeitpunkt unserer Verkostung noch enorm verschlossen, ein wenig vom Schwefel geprägt, sehr kompakt und strukturiert der Hundskopf, enorm jugendlich der Höllenbrand. Etwas offener ist der Weißburgunder vom Rotenstein, zeigt gute Konzentration und feine Würze, besitzt Fülle, Saft, viel reife Frucht und Substanz. Auch bei den Ortsweinen macht der zupackende Weißburgunder eine gute Figur, der Silvaner punktet mit Fülle und Saft, die Gutsweine besitzen viel Frische und jahrgangstypischen Grip.

Weinbewertung

82	2021 Weißer Burgunder trocken I 12%/8,40€
82	2021 Grauer Burgunder trocken I 13%/8,40€
83	2021 Scheurebe trocken I 11%/8,40€
84	2021 Silvaner trocken Bermersheim I 12,5%/10,50€
84	2021 Weißer Burgunder trocken Westhofen I 12,5%/10,50€
82	2021 Riesling trocken Dalsheim I 12%/10,50€
86	2021 Weißer Burgunder trocken Westhofener Rotenstein I 13%/15,-€
84	2021 Riesling trocken Albiger Hundskopf I 12%/15,-€
85	2021 Riesling trocken Gundersheimer Höllenbrand I 12%/22,-€
82	2021 Riesling Kabinett I 9,5%/8,40€
87	2020 St. Laurent trocken Albiger I 13,5%/16,50€
86	2019 Frühburgunder trocken Westhofener I 13,5%/20,-€

★★★½

Neipperg

Kontakt
Weingut Graf Neipperg
Schloss Neipperg
74193 Schwaigern
Tel. 07138-941400
Fax: 07138-4007
www.graf-neipperg.de
info@graf-neipperg.de

Besuchszeiten
Mo.-Fr. 8-12 + 13-16 Uhr und nach Vereinbarung
Restaurant & Hotel „Altes Rentamt" (www.altesrentamt.de, Tel. 07138-5258)

Inhaber
Erbgraf zu Neipperg
Kellermeister
Bernd Supp
Außenbetrieb
Jochen Alt
Rebfläche
32 Hektar
Produktion
180.000 Flaschen

Die beiden Spitzenlagen des Gutes sind seit dem 13. Jahrhundert mit Reben bestockt. Im Neipperger Schlossberg ebenso wie in der Schwaigerner Ruthe wachsen die Reben auf Keuperböden. Anders in der dritten Lage des Weinguts, die seit dem Jahrgang 2008 ebenfalls auf Etiketten erscheint: Im Klingenberger Schlossberg – Klingenberg ist ein Stadtteil von Heilbronn – besteht der Boden aus Lösslehm auf Muschelkalkgestein. Lemberger und Riesling sind die wichtigsten Rebsorten im Weingut.

Kollektion

Die weißen Guts- und Ortsweine sind klar und fruchtbetont, zeigen sehr gleichmäßiges Niveau. Die 2021er weißen Großen Gewächse überzeugen durch die Bank: Der Weißburgunder ist füllig, kompakt und kraftvoll, der Ruthe-Riesling ist ebenfalls sehr kompakt, der Schlossberg-Riesling etwas fruchtbetonter und intensiver, der 2015er besitzt feine Reife und dezente Süße. Spannend ist auch der im Barrique ausgebaute restsüße Muskateller, der viel reife Frucht und Substanz besitzt. Auch bei den Roten liegen die Großen Gewächse klar vorne. Der 2012er Schlossberg-Spätburgunder ist feine gereift, der 2020er sehr offen und frisch, unser Favorit unter den Spätburgundern ist der 2019er Wein aus der Ruthe, der etwas Kräuter zeigt, gute Struktur und Grip besitzt. Deutlich spannender sind aber auch in diesem Jahr in der Spitze wieder die Lemberger. Der Wein aus der Ruthe zeigt etwas florale Noten, besitzt Kraft, reife Frucht und gute Struktur. An der Spitze der Kollektion steht der Schlossberg-Lemberger, zeigt intensive Würze, Herzkirschen, besitzt Fülle und Kraft, viel reife Frucht und Grip – der 2016er ist derzeit in Höchstform.

Weinbewertung

85	2021 Muskateller trocken I 12,5%/9,10€
85	2021 Weißburgunder trocken Neipperg I 13,5%/9,90€
85	2021 Sauvignon Blanc trocken Neipperg I 13%/9,90€
85	2021 Riesling trocken Klingenberger Schlossberg I 12,5%/11,50€
90	2021 Weißburgunder trocken „GG" Neipperger Schlossberg I 13,5%/24,-€
89	2021 Riesling trocken „GG" Schwaigerner Ruthe I 13%/24,-€
90	2016 Riesling trocken „GG" Neipperger Schlossberg I 13%/26,40€
89	2021 Riesling trocken „GG" Neipperger Schlossberg I 13%/24,-€
88	2020 Muskateller „S.E." I 11,5%/30,-€
81	2017 Lemberger trocken Schwaigern I 13%/14,-€
89	2019 Spätburgunder trocken „GG" Schwaigerner Ruthe I 14%/30,-€
88	2012 Spätburgunder trocken „GG" Neipperger Schlossberg I 13,5%/34,50€
88	2020 Spätburgunder trocken „GG" Neipperger Schlossberg I 14%/30,-€
91	2020 Lemberger trocken „GG" Schwaigerner Ruthe I 13,5%/30,-€
93	2016 Lemberger trocken „GG" Neipperger Schlossberg I 12,5%
92	2020 Lemberger trocken „GG" Neipperger Schlossberg I 13%/30,-€

★★★

Neuspergerhof

Kontakt
Bioland Weingut
Neuspergerhof
76865 Rohrbach
Tel. 06349-4110803
Fax: 06349-3668
www.neuspergerhof.de
info@neuspergerhof.de

Besuchszeiten
Vinothek Sa. 10-15 Uhr

Inhaber
Jochen Gradolph
Betriebsleiter/Kellermeister
Jochen Gradolph
Außenbetrieb
Hans Gradolph
Rebfläche
16 Hektar
Produktion
60.000 Flaschen

Hans Gradolph baute 1977 den Neuspergerhof außerhalb von Rohrbach und baute das Weingut zu einem selbstvermarktenden Betrieb auf. Seit 2009 ist sein Sohn Jochen, studierter Betriebswirt, als Quereinsteiger für den Ausbau der Weine verantwortlich, der den Betrieb auf ökologischen Anbau umstellte. Die Weinberge liegen im Rohrbacher Mandelpfad und den darin befindlichen Gewannen Im Galgengrund und Am Sperberbaum, im Billigheimer Venusbuckel und der Gewanne im Rosenstall nördlich und im Essinger Osterberg. Die Lagen sind durch sandige Lehmböden geprägt, angebaut werden zu 60 Prozent weiße Sorten, Riesling und die Burgundersorten, aber auch Chardonnay, Cabernet Blanc und Gewürztraminer, an roten Sorten gibt es Spätburgunder, Merlot, Syrah, Cabernet Sauvignon, Cabernet Franc, Dornfelder, Portugieser und Petit Verdot.

Kollektion

In einer etwas kleineren Kollektion als in den vergangenen Jahren konnten wir zwei starke Rotweine verkosten: Der „Auszeit Grand Réserve" zeigt Aromen von schwarzer Johannisbeere, Lakritze und Mokka, ist sehr kraftvoll, besitzt reife Tannine und eine gute Struktur, der Syrah zeigt neben dunkler Frucht auch etwas Schokolade und Kräuter und besitzt pfeffrige Würze und eine dezente Süße. Beide Sekte hatten wir schon einmal verkostet, den Riesling bekamen wir sogar schon zum dritten Mal, er zeigt mittlerweile deutliche Reifenoten, etwas Nussgebäck und besitzt auch am Gaumen gereifte Frucht, Quitte und etwas Zitrusnoten, aber auch noch eine frische Säure, der Pinot Crémant zeigt ebenfalls leicht gereifte Frucht, Quitte und Birne, ist am Gaumen sehr fruchtbetont und präsent. Auch alle Weißweine sind sehr fruchtbetont, vor allem der Riesling „Bienenglück" und der Cabernet Blanc zeigen viel klare Pfirsichfrucht, der Grauburgunder ist füllig mit Noten von Birne, Aprikose und Ananas, der Riesling aus dem Galgengrund zeigt feine Reifenoten, etwas Gebäck, und besitzt am Gaumen eine leicht cremige Textur und frische Säure und der Chardonnay zeigt Aromen von Pfirsich, Banane und Vanille im Duft, besitzt am Gaumen viel Saft und ein lebendiges Säurespiel.

Weinbewertung

88 2018 Riesling „Grande Cuvée" Crémant brut | 13%/34,90€
87 2019 Pinot Crémant brut | 12,5%/18,90€
86 2021 Riesling „Bienenglück" | 12,5%/9,90€
85 2021 Cabernet Blanc Mandelpfad | 13,5%/10,40€
86 2021 Grauburgunder „Réserve" Rosenstall | 13,5%/13,40€
87 2019 Riesling „Réserve" Galgengrund | 13%/13,40€
87 2021 Chardonnay „Réserve" Sperberbaum | 13%/13,40€
88 2018 „Auszeit Grand Réserve" Rotwein Mandelpfad | 14,5%/19,80€
88 2019 Syrah „Réserve" Kirschbaum | 14%/17,90€

★★★☆

Schloss Neuweier – Robert Schätzle

Kontakt
Mauerbergstraße 21
76534 Baden-Baden
(Neuweier)
Tel. 07223-96670
Fax: 07223-966743
www.weingut-schloss-neuweier.de
kontakt@weingut-schloss-neuweier.de

Besuchszeiten
Mo.-Fr. 9-12 + 13-18 Uhr
Sa. 10-15 Uhr
Hotel-Restaurant Schloss Neuweier unter Leitung der Familie Schätzle (Öffnungszeiten siehe Webseite)

Inhaber
Familie Schätzle
Betriebsleiter
Robert Schätzle
Kellermeister
Robert Schätzle
Rebfläche
16 Hektar
Produktion
100.000 Flaschen

Die Geschichte des Schlosses reicht bis ins 12. Jahrhundert zurück. 2012 wurde es von Klaus Schätzle erworben, dessen Sohn Robert den Betrieb führt, er hatte zuvor unter anderem für Joachim Heger und Fritz Keller gearbeitet, bei Zind-Humbrecht und Clos du Val. Wichtigste Lagen sind der Neuweierer Mauerberg, unter anderem mit dem jahrzehntelang brachgelegenen Teilstück, dem so genannten „Goldenen Loch", und der Neuweierer Schlossberg, der dem Weingut im Alleinbesitz gehört. Riesling ist mit einem Anteil von 85 Prozent die mit Abstand wichtigste Rebsorte bei Schloss Neuweier. Hinzu kommen Spätburgunder, Weißburgunder, Sauvignon Blanc, Scheurebe und Gewürztraminer.

Kollektion

Ausschließlich Riesling hat Robert Schätzle in diesem Jahr vorgestellt. Die Guts- und Ortsweine stammen aus dem Jahrgang 2020. Der Literriesling ist frisch, präzise und zupackend, ein feiner Einstieg. Der Riesling in der Dreiviertelliterflasche ist noch etwas würziger und eindringlicher und hat mehr Grip. Sehr gut sind die beiden Ortsweine: Der RS ist würzig, konzentriert, anfangs noch etwas verschlossen, ist frisch, zupackend, besitzt gute Struktur, Grip, Frucht und Druck; der Riesling von alten Reben ist fruchtbetont, harmonisch und klar, ein wenig saftiger, dafür nicht ganz so druckvoll. Zwei Jahrgänge des Großen Gewächses Goldenes Loch konnten wir dann verkosten, die deutlich verschieden sind. Jahrgang 2018 ist sehr würzig und eindringlich im Bouquet, füllig und stoffig im Mund, besitzt viel reife Frucht und Substanz, ist aber doch recht kompakt und noch jugendlich. Jahrgang 2017 ist deutlich offener im Bouquet, zeigt gelbe Früchte, gute Konzentration, besitzt viel reife Frucht im Mund und dezent mineralische Noten. Noch zwei Jahre älter ist die Beerenauslese Mauerwein, die enorm würzig im Bouquet ist, feine Reifenoten aufweist, kandierte Früchte zeigt, wunderschön reintönig und konzentriert im Mund ist, herrlich viel Frucht, Substanz und Komplexität besitzt, Länge und Nachhall, aber auch feine Frische – ein Wein, den man jetzt genießen kann, der aber auch in vielen Jahren noch Freude machen wird, was für die gesamte Kollektion gilt, die Weine sind alle auf Haltbarkeit vinifiziert.

Weinbewertung

83 2020 Riesling trocken (1l) | 12,5%/8,80€
84 2020 Riesling trocken | 13%/9,90€
87 2020 Riesling trocken „Alte Reben" Neuweier | 13%/13,60€
88 2020 Riesling trocken „RS" Neuweier | 12%/13,60€
90 2017 Riesling trocken „GG" Neuweierer „Goldenes Loch" | 13%/34,50€
90 2018 Riesling trocken „GG" Neuweierer „Goldenes Loch" | 13%/34,50€
91 2015 Riesling Beerenauslese „Mauerwein" Neuweierer Mauerberg | 9,5%/75,-€/0,375l

★★★☆

Neverland

Kontakt
Neverland Vineyards
Außerhalb 2
55578 Vendersheim
Tel. 06732-6006767
Fax: 06732-6006767
www.neverland-vineyards.com
info@neverland-vineyards.com

Besuchszeiten
Verkostung nach Vereinbarung
Hotel (9 Doppelzimmer)

Inhaber
Sebastian & Marcel Class
Betriebsleiter
Sebastian Class
Kellermeister
Marcel Class
Außenbetrieb
Marcel Class
Rebfläche
15 Hektar
Produktion
60.000 Flaschen

Neverland Vineyards nennen die Brüder Marcel und Sebastian Class ihr Weingut. Aufgewachsen auf dem elterlichen Weingut in Vendersheim, sind sie zunächst getrennte Wege gegangen. Marcel Class stieg nach Winzerlehre und Weintechnikerausbildung in das elterliche Weingut ein, wo er sich um Weinberge und Keller kümmerte, Sebastian Class war im Finanzmanagement tätig. Mit dem Ausscheiden des Vaters 2013 entstand die Idee, das Weingut völlig neu auszurichten. Der Betrieb wurde auf ökologischen Weinbau umgestellt, Geräte wie der Vollernter wurden verkauft. Eine Vielzahl an Rebsorten wird angebaut, Lagenbezeichnungen werden nicht verwendet.

Kollektion

Sebastian und Marcel Class legen stetig zu, das ist auch dieses Jahr wieder so, auch wenn es nicht ganz leicht ist, sich im Sortiment zurechtzufinden. Das Basisniveau ist sehr hoch. Der Wolfsheimer Riesling ist würzig und zupackend, der Vendersheimer deutlich fülliger und saftiger, die feinherbe Femme Fatale klar und harmonisch, die beiden 2020er Grauburgunder besitzen Struktur und Grip. Die Good Old Times genannte Cuvée ist zuverlässig wie immer, besitzt Frucht, Frische und Grip, der Sauvignon Blanc Jurassic Sands zeigt intensiv Rhabarber im Bouquet, ist frisch und zupackend. Deutlich spannender noch ist der Sauvignon Blanc Eden, der füllig und saftig ist, viel reintönige Frucht und Substanz besitzt. Stark ist auch der Neverland Blanc, der zwar sehr deutlich vom Holz geprägt ist, aber gute Substanz und viel Kraft besitzt. Unsere Favoriten sind die beiden Reserve-Chardonnay: Der 2016er zeigt intensive Frucht und Würze, ist füllig, kompakt, immer noch sehr jugendlich; der 2017er ist deutlich offener im Bouquet, zeigt rauchige Noten, feine Reife, ist komplex, besitzt herrlich viel Frucht, Substanz, Frische und Länge. Der kraftvolle, füllige rote Saint Vendersheim rundet die Kollektion ab. Weiter im Aufwind!

Weinbewertung

86 2020 Grauburgunder trocken „vom Kalkmergel Class A" | 13%/11,-€
86 2020 „GOT Good Old Times" Weißwein trocken | 13%/12,-€
87 2021 Riesling trocken Vendersheim | 12,5%/13,-€
86 2021 Sauvignon Blanc trocken „Jurassic Sands" | 12,5%/14,-€
86 2021 Riesling trocken Wolfsheim | 12,5%/15,-€
85 2020 Grauburgunder trocken „Class A vom Kalkriff" | 13,5%/16,-€
88 2020 „Neverland Blanc" Weißwein trocken | 12,5%/29,-€
89 2020 Sauvignon Blanc trocken „Eden" | 12,5%/25,-€
90 2016 Chardonnay trocken „Reserve" „Apocalypse Now! Alte Reben" | 13,5%/61,-€
91 2017 Chardonnay trocken „Reserve" „Apocalypse Now!" | 13,5%/41,-€
85 2020 Riesling „feinherb" „Femme Fatale" | 12,5%/14,-€
87 2019 „Saint Vendersheim" Rotwein trocken | 13,5%/27,50€

★★☆

Niwenburg, Dominik Zorn

Kontakt
Prof-Hubbuch-Straße 36
76703 Kraichtal-Neuenbürg
Tel. 07259-436047
Fax: 07259-436046
www.niwenburg.de
info@niwenburg.de

Besuchszeiten
Mi. 15-18 Uhr
Fr. 9-12 +15-18 Uhr
Sa. 9-14 Uhr
Weinautomat (24 Stunden) mit Sitzmöglichkeiten; eigene Weinwandertouren, Rundwege mit Startpunkt Weingut

Inhaber
Dominik Zorn
Rebfläche
3 Hektar
Produktion
27.000 Flaschen

Das Weingut Niwenburg – der alte Name von Neuenbürg – wurde 2010, noch während seines Geisenheim-Studiums, von Dominik Zorn gegründet, der es mittlerweile zusammen mit Ehefrau Nadine im Haupterwerb führt. Seine Eltern hatten Anfang der 2000er Jahre viele Weinberge übernommen, die größtenteils bereits in den sechziger Jahren angelegt worden waren. Die Weinberge liegen im Oberöwisheimer Kirchberg, wo rote Sorten und weiße Burgunder angebaut werden, sowie im Neuenbürger Silberberg, wo Dominik Zorn ausschließlich Riesling anbaut. Dominik Zorn möchte Auxerrois als Leitrebsorte in den Mittelpunkt stellen, baut die Rebsorte im gesamten Spektrum aus, als Liter, Gutswein und Lagenwein, auch im Barrique und als Perlwein. Nur ein Teil der Weinberge wird für die eigenen Weine genutzt, neben Auxerrois vor allem Grauburgunder, Weißburgunder, Müller-Thurgau und Riesling, aber auch Spätburgunder, Schwarzriesling und Blaufränkisch. Zum Weingut gehört eine Edelbrennerei.

Kollektion

Beim guten Debüt im vergangenen Jahr hatte uns der im Holz ausgebaute Auxerrois aus dem Jahrgang 2019 am besten gefallen, und den hat Dominik Zorn dieses Jahr erneut angestellt, weil der 2020er noch etwas später gefüllt wird – er ist füllig und saftig, bestätigt den guten Eindruck des Vorjahres. Die anderen Weißweine zeigen gleichmäßig gutes Niveau, der Rivaner, von 55 Jahre alten Reben, ist würzig und eindringlich, besitzt feine Frische und Grip, der Grauburgunder ist füllig und saftig, der Weißburgunder fruchtbetont, harmonisch und klar, besitzt reife Frucht und gute Struktur, während der Auxerrois sehr saftig, cremig und süß ist. Auch im roten Segment haben wir einen eindeutigen Favoriten, der wie der Holzfass-Auxerrois aus dem Jahrgang 2019 stammt und auf den Namen „Vierte Todsünde" hört – allerdings verbirgt sich dahinter keine Cuvée, sondern ein im gebrauchten Barrique ausgebauter Lemberger, der sehr würzig ist, frisch, kraftvoll und zupackend.

Weinbewertung

79 2021 Riesling trocken (1l) | 12,5%/5,-€
83 2021 Rivaner trocken Kraichtaler Kirchberg | 12%/5,50€
82 2021 Auxerrois | 12%/6,-€
84 2021 Weißburgunder trocken Kraichtaler Kirchberg | 12,5%/6,-€
83 2021 Grauburgunder trocken Kraichtaler Kirchberg | 12,5%/6,-€
86 2019 Auxerrois trocken Holzfass | 13%/12,-€
82 2021 „Zornissimo" Weißwein | 11,5%/5,50€
82 2021 Schwarzriesling Rosé trocken „Pinot M." Kraichtaler Kirchberg | 12,5%/6,-€
82 2020 Blaufränkisch trocken Kraichtaler Kirchberg | 13,5%/6,-€
81 2020 Pinot Noir trocken Kraichtaler Kirchberg | 13%/6,-€
85 2019 „Vierte Todsünde" Rotwein trocken Holzfass | 12%/12,-€

★★

Ingo Norwig

Kontakt
Am Frohnbach 1
54472 Burgen
Tel. 06534-763
Fax: 06534-949504
www.weingut-norwig.de
weingut-norwig@t-online.de

Besuchszeiten
Mo.-Sa. 8-18 Uhr
Ferienwohnungen/
Ferienhaus

Inhaber
Ingo Norwig
Betriebsleiter
Ingo Norwig
Kellermeister
Ingo Norwig
Außenbetrieb
Ingo Norwig
Rebfläche
8,5 Hektar
Produktion
70.000 Flaschen

Die Weinberge von Ingo Norwig befinden sich in den Lagen Brauneberger Juffer und Mandelgraben, Mülheimer Sonnenlay, Veldenzer Kirchberg, Burgener Hasenläufer und Kirchberg. Er baut neben Riesling, der etwas mehr als die Hälfte der 8,5 Hektar Rebfläche einnimmt, auch ein wenig Müller-Thurgau, Grauburgunder, Kerner, Spätburgunder und Dornfelder an, auch Chardonnay gehört ins Repertoire. Die Weine werden gezügelt vergoren und bleiben recht lange auf der Feinhefe. Schon seit der ersten Ausgabe empfehlen wir die Weine von Ingo Norwig, vor allem die süßen Spät- und Auslesen hatten es uns schon damals angetan, Jahr für Jahr bietet er seither sehr zuverlässige Kollektionen auf gutem Niveau, trocken wie süß – zu nach wie vor sehr moderaten Preisen. Zuletzt wurde ein neues Multifunktionsgebäude erbaut. Auch Ferienwohnungen und ein Ferienhaus gehören zum Gesamtpaket.

Kollektion

Ausgesprochen gut gefällt im Norwigschen Sortiment des Jahrgangs 2021 der Chardonnay, weil er die Balance zwischen Frucht und Schmelz besser hinbekommt als viele andere Weine dieser Sorte an der Mosel. Er ist wirklich komplett trocken, fest, besitzt nicht zu viel Alkohol und macht auf Anhieb Spaß. Die trockene Riesling Spätlese namens Novum ist verhalten mit Hefenoten, im Mund fest, kompakt, eher schlank, aber mit Spiel ausgestattet. Ganz anders fällt die trockene Auslese aus dem Jahrgang 2019 aus, die in der Nase Anklänge an Steinobstschalen zeigt, eine gewisse Reife vermittelt und im Mund Rasse und Schmelz verbindet. Es handelt sich um einen durchaus eigenständigen Stil von Wein. Bei der feinherben Spätlese ist die Süße im Moment noch deutlich bemerkbar, der Wein besitzt aber eine animierende Säure und dürfte sich sehr gut entwickeln. Die Spätlese aus der Brauneberger Juffer duftet merklich nach Zitrus und gebackenem Apfel, ist saftig, rassig, nicht allzu süß, besitzt einen guten Nachhall, ist insgesamt sehr gelungen. Beim Eiswein sind Noten von welken Früchten und zu einem kleinen Teil auch von kandierten Früchten zu spüren, die Säure steht noch ein bisschen im Vordergrund, die Süße ist hoch, aber der Wein ist angenehm präzise und rassig und dürfte sich ausgezeichnet entwickeln.

Weinbewertung

85 2021 Chardonnay trocken | 13%/8,-€
87 2021 Riesling Spätlese trocken „Novum" | 12,5%/8,-€ ☺
87 2019 Riesling Auslese trocken Brauneberger Juffer | 13,5%/10,-€
86 2021 Riesling Spätlese „feinherb" „NO" | 11%/8,-€
87 2021 Riesling Spätlese Brauneberger Juffer | 9%/8,50€ ☺
89 2021 Riesling Eiswein Burgener Hasenläufer | 6,5%/30,-€

★★★½

Notz

Kontakt
Langmantel 1, 74343
Sachsenheim-Hohenhaslach
Tel. 07147-12759
Fax: 07147-8414
www.weingut-notz.de
info@weingut-notz.de

Besuchszeiten
Di.-Fr. 14-18 Uhr
Sa. 8:30-16 Uhr

Inhaber
Martin Notz
Kellermeister
Philipp Notz
Rebfläche
14,5 Hektar
Produktion
100.000 Flaschen

Seit Generationen baut die Familie Wein in Hohenhaslach an, das Weingut wird heute von Martin Notz und seiner Ehefrau Andrea geführt. Der älteste Sohn Philipp studierte Weinbau und Önologie in Geisenheim, der jüngste Sohn Julian hat seine Winzerlehre bei den Weingütern Wachtstetter und Leiss absolviert, anschließend die Technikerschule für Weinbau in Weinsberg besucht, beide haben 2016 erfolgreich abgeschlossen und sind nun im Betrieb tätig, Philipp kümmert sich mehr um den Keller, Julian um den Außenbetrieb. Die Weinberge liegen alle im Hohenhaslacher Kirchberg. Lemberger nimmt knapp ein Drittel der Rebfläche ein, gefolgt von Trollinger und Riesling, hinzu kommt eine breite Palette an weiteren Rebsorten wie Chardonnay, Sauvignon Blanc, Cabernet Sauvignon, Cabernet Franc, Syrah und Merlot.

Kollektion

Eine starke Kollektion folgt auf die nächste, und die Vorteile liegen Jahr für Jahr bei den Rotweinen, das ist auch in diesem Jahr wieder so. Schon die rote S-Linie ist stark, der Merlot ist fruchtbetont, frisch, klar und zupackend, der Lemberger besitzt reintönige Frucht, gute Struktur und Grip. Der Gipskeuper-Lemberger zeigt viel Konzentration, reintönige Frucht, feine Frische, ist kraftvoll, besitzt viel Frucht und jugendlichen Grip. Ganz großartig sind auch die roten Reserve-Weine. Der Syrah ist wunderschön reintönig, zeigt etwas Brombeeren, ist sehr harmonisch im Mund, besitzt gute Fülle und Länge. Der Cabernet Sauvignon ist ebenfalls sehr reintönig, konzentriert, besitzt herrlich viel Frucht und Substanz und auch der Merlot ist eindringlich und konzentriert, besitzt viel reife süße Frucht und Länge. Beeindruckende Weine! Der Riesling S ist frisch und zupackend, der Schilfsandstein-Riesling besitzt gute Konzentration und reintönige Frucht, Weiß- und Grauburgunder sind würzig und zupackend, der rauchige Reserve-Chardonnay besitzt klare Frucht, Struktur und jugendlichen Grip.

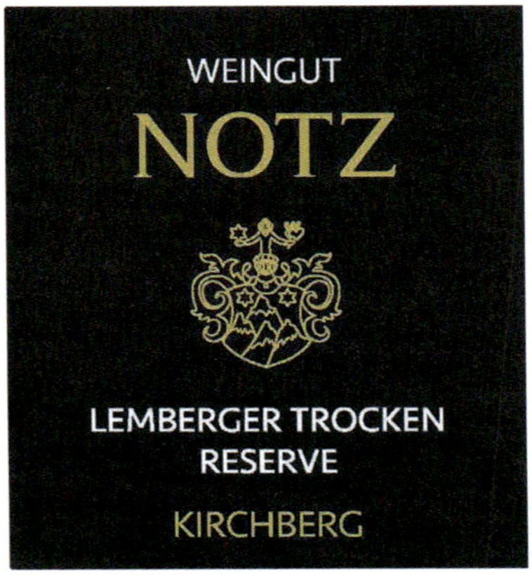

Weinbewertung

83 2021 Riesling „S“ trocken Hohenhaslach | 12,5%/8,-€
86 2021 Riesling trocken „Schilfsandstein“ Hohenhaslach Kirchberg | 12,5%/13,-€
84 2021 Weißburgunder trocken „Steinmergel“ Hohenhaslacher Kirchberg | 13%/13,-€
84 2021 Grauburgunder trocken „Steinmergel“ Hohenhaslacher Kirchberg | 13%/13,-€
88 2020 Chardonnay trocken „Reserve“ Hohenhaslacher Kirchberg | 13%/22,-€
86 2021 Rosé trocken „Reserve“ Hohenhaslacher Kirchberg | 13%/11,-€
85 2020 Lemberger „S“ trocken Hohenhaslach | 13,5%/11,-€
85 2020 Merlot „S“ trocken Hohenhaslach | 14%/14,-€
90 2020 Merlot trocken „Reserve“ Hohenhaslacher Kirchberg | 14%/24,-€
89 2020 Lemberger trocken „Gipskeuper“ Hohenhaslacher Kirchberg | 13,5%/24,-€
90 2020 Syrah trocken „Reserve“ Hohenhaslacher Kirchberg | 13,5%/24,-€
90 2020 Cabernet Sauvignon trocken „Reserve“ Hohenhaslacher Kirchberg | 13,5%/28,-€

★★

am Ölspiel

N

Kontakt
Schleifweg 13
97286 Sommerhausen
Tel. 09333-221
www.weingut-am-oelspiel.de
info@weingut-am-oelspiel.de

Besuchszeiten
nach Vereinbarung

Inhaber
Reinhold Schwarz
Kellermeister
Christian Schwarz
Rebfläche
10 Hektar
Produktion
70.000 Flaschen

Reinhold Schwarz führt in elfter Generation den Betrieb, der seit Mitte des 17. Jahrhunderts in Sommerhausen zu Hause ist. Sohn Christian ist, nach einigen Auslandsaufenthalten, für den Weinausbau verantwortlich. Die Weinberge befinden sich in den Sommerhäuser Lagen Ölspiel (der ursprünglichen Einzellage Ölspiel, wohin das Weingut in den sechziger Jahren ausgesiedelt ist), Schönleite und Kapplberg (mit 55 Jahre alten Silvanerreben), die Reben wachsen auf Muschelkalk. Wichtigste Rebsorte ist Silvaner, gefolgt von den Burgundersorten (Weißburgunder, Spätburgunder, Frühburgunder), Müller-Thurgau, Scheurebe und Riesling, dazu gibt es Gelber Muskateller, Bacchus und Domina. Die Ernte erfolgt ausschließlich von Hand, die Trauben werden schonend verarbeitet. Die Rotweine werden in kleinen oder großen Eichenholzfässern ausgebaut. Neben Weinbergen besitzt die Familie auch Obstgärten, vor allem mit Zwetschgen, die zu Edelbränden verarbeitet werden.

Kollektion

Eine prächtige Kollektion präsentieren Christian und Reinhold Schwarz zum Debüt, sie überzeugt von der Basis bis hin zur Spitze. Silvaner gibt es als birnenduftigen, saftigen Konrad; dann als im Halbstück ausgebauten Tradition, der gute Konzentration und fein rauchige Noten zeigt, Fülle und Kraft, gute Struktur und Substanz besitzt; und schließlich als Großes Gewächs aus der Schönleite, im Steingut ausgebaut, ein würziger, herrlich eindringlicher Wein, der gute Substanz, Kraft und Frucht besitzt. Die Scheurebe punktet als frischer, saftiger trockener Kabinett und als wunderschön reintönige, harmonische feinherbe Spätlese. Der Weißburgunder ist füllig und saftig, der Riesling würzig und zupackend, der Muskateller ist herrlich eindringlich und reintönig, besitzt Struktur und Grip. Stark sind auch die beiden Rotweine: Der 2015er Frühburgunder ist sehr offen, besitzt gute Fülle und viel reife Frucht, der Spätburgunder aus dem Kapplberg, Jahrgang 2018, ist ebenfalls sehr offen, intensiv fruchtig und konzentriert, besitzt viel reife Frucht, gute Struktur und Substanz.

Weinbewertung

84	2021 Silvaner trocken „Konrad" I 12,5%/7,50€
84	2021 Weißer Burgunder trocken Sommerhäuser Ölspiel I 12,5%/7,-€
86	2021 Silvaner trocken „Tradition" I 12,5%/9,-€
84	2021 Scheurebe Kabinett trocken Sommerhäuser Ölspiel I 12,5%/7,50€
85	2021 Gelber Muskateller trocken Sommerhäuser Ölspiel I 12,5%/10,-€
85	2020 Scheurebe Spätlese „feinherb" Sommerhäuser Ölspiel I 12%/8,50€
88	2020 Silvaner Spätlese trocken „Großes Gewächs" Schönleite I 13%/18,-€
83	2021 Riesling Kabinett „feinherb" Sommerhäuser Ölspiel I 11,5%/6,50€
86	2015 Frühburgunder trocken Sommerhäuser Ölspiel I 13,5%/20,-€
88	2018 Spätburgunder trocken „Großes Gewächs" Kapplberg I 13,5%/25,-€

INGUT AM ÖLSPIEL
FAMILIE SCHWARZ · SEIT 1651

★★★★

Richard Östreicher

Kontakt
Hauptstraße 15
97334 Sommerach
Tel. 09381-1698
www.weingut-richard-oestreicher.de
weingut@richard-oestreicher.de

Besuchszeiten
nach Vereinbarung

Inhaber
Richard Östreicher
Rebfläche
3,5 Hektar
Produktion
15.000 Flaschen

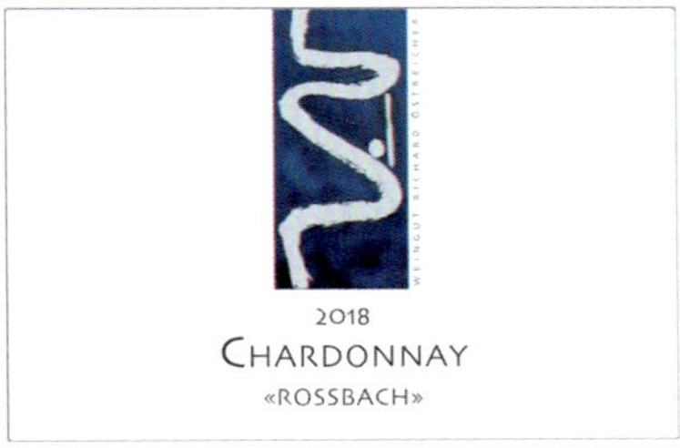

Richard Östreicher hat seit der Betriebsübernahme von seinem Vater 1995 quasi alles verändert, das über 250 Jahre alte Anwesen umgestaltet, die Remise wurde zur Weinstube. Aber auch in den Weinbergen leitete er einen radikalen Wandel ein in dem er verstärkt auf Weiß- und Spätburgunder setzte, Cabernet Sauvignon und Merlot pflanzte, 2012 kam Chardonnay hinzu, das Rebmaterial stammt zum Teil aus Meursault aus den Weinbergen von Coche-Dury, 2015 gab es den ersten Ertrag. Seine Weinberge liegen vor allem im Sommeracher Katzenkopf, ein kleiner Teil auch in angrenzenden Gemarkungen. Im Katzenkopf ist Richard Östreicher bestrebt sich auf die Toplagen zu konzentrieren, in der Gewanne Hölzlein steht der Weißburgunder, in der früheren Einzellage Augustbaum sein Silvaner, den Chardonnay hat er im Engelsberg gepflanzt in der Gewanne Rossbach, der Spätburgunder steht im Original Katzenkopf (dieser wurde 2015 erstmals separat ausgebaut), in der Gewanne Rosen und in der Gewanne Berg, Cabernet Sauvignon und Merlot in der Gewanne Rosen. Mit dem Jahrgang 2018 kam ein Silvaner aus der Lage Maria im Weingarten im Volkacher Ratsherr hinzu. Ein Drittel der Rebfläche nimmt Spätburgunder ein, ein Viertel Silvaner. Dazu gibt es Cabernet Sauvignon und Merlot, Chardonnay und Weißburgunder. Die Weinberge werden biologisch bewirtschaftet, Richard Östreicher ist Mitglied bei Naturland. Die Rotweine reifen nach langer Maischegärung in kleinen Bottichen lange auf der Hefe, werden ohne Filtration abgefüllt und kommen, abgesehen vom Spätburgunder Tradition, erst im dritten Jahr nach der Ernte in den Verkauf. Alle Weine werden spontanvergoren und durchgegoren ausgebaut. Die Weine von Richard Östreicher sind kraftvoll und puristisch, strukturiert und druckvoll, sie profitieren alle von etwas Flaschenreife, auch die Weißweine, wer Primärfrucht sucht, ist hier fehl am Platz.

Kollektion

Recht jugendliche Weine präsentiert Richard Östreicher in diesem Jahr, das sind wir so gar nicht von ihm gewohnt: Die vier Weißweine stammen alle aus dem Jahrgang 2021, die Spätburgunder aus 2020 und nur die rote Bordeauxcuvée ist ein klein wenig älter und stammt aus dem Jahrgang 2018. Den Lagen-Silvaner aus dem Augustbaum, einer Gewanne im Sommeracher Katzenkopf, gibt es bereits seit dem Jahrgang 2014, und er bewegt sich seit einigen Jahren auf konstant hervorragendem Niveau, wobei er heute nicht mehr ganz so singulär dasteht in unserer Silvaner-Schlussverkostung wie in früheren Jahren, findet man doch heute weitere Silvaner, die mehr auf Struktur setzen denn auf Primärfrucht. Im Jahrgang 2021 zeigt der Augustbaum viel Würze im Bouquet, ist deutlich vom Ausbau im Holz geprägt, er besitzt Fülle und Kraft, reife Frucht, gute Struktur und Grip. Den Silvaner „Maria im Weingarten“ aus dem Volkacher Ratsherr gab es erstmals im Jahrgang 2018, und nachdem in den letzten Jahren immer der Augustbaum unser Favorit war im internen Silvaner-Zweikampf, hat 2021 erstmals der „Maria im Weingarten" die Nase vorne, er ist deutlich offener im Bouquet, zeigt viel reife Frucht (ganz ungewöhnlich für Richard Östreicher), gelbe und weiße Früchte, ist frisch und kraftvoll im Mund, besitzt viel Konzentration, Substanz, gute Struktur und Frische noch im Finish. Der Weißburgunder Hölzlein ist wie immer sehr eigenständig und eigen, zeigt viel Würze, ist im Bouquet deutlich vom Holz geprägt, zeigt ganz dezent Senfkörner im Hintergrund, Orangenschalen, Mirabellen, die Fruchtkomponenten sind völlig zurückgenommen, er ist kraftvoll im Mund, enorm konzentriert, ganz Struktur, braucht Zeit. Der Chardonnay Rossbach zeigt gute Konzentration und viel Würze im Bouquet, ist sehr kompakt und kraftvoll im Mund, besitzt gute Struktur und viel Grip, ist noch allzu jugendlich, etwas Flaschenreife wird ihm guttun. Auch die drei Spätburgunder aus dem Jahrgang 2020 sind alle noch sehr jung. Der Hallburg-Spätburgunder ist würzig und fruchtbetont im Bouquet, zeigt rote Früchte, ist lebhaft, frisch und zupackend im Mund, besitzt gute Struktur, Grip und viel Tannine. Das gilt auch für den kraftvollen Spätburgunder Rosen, der ebenfalls rote Früchte im Bouquet zeigt, leicht rauchige Noten, geradlinig und kraftvoll im Mund ist, gute Struktur und Frische besitzt, aber noch Zeit braucht. Der Spätburgunder Katzenkopf stammt aus dem ursprünglichen Katzenkopf, zeigt viel Duft im Bouquet, rote Früchte, ist sehr offen, im Mund dann kraftvoll und tanninbetont, strukturiert, aber noch allzu jugendlich. Der 2018er R, eine Cuvée aus Merlot, Cabernet Sauvignon und Cabernet Franc, ist sehr offen im Bouquet, zeigt viel Duft, rote Früchte, dezent Cassis, ist füllig und kraftvoll im Mund, besitzt viel reife Frucht, gute Struktur, Frische und Grip. Erneut eine starke, sehr eigenständige Kollektion von Richard Östreicher!

Richard Östreicher

Weinbewertung

91	2021 Silvaner „Augustbaum" Sommeracher Katzenkopf I 13%/34,-€
92	2021 Silvaner „Maria im Weingarten" Volkacher Ratsherr I 13%/38,-€
92	2021 Weißburgunder „Hölzlein" Sommeracher Katzenkopf I 13%/35,-€
91	2021 Chardonnay „Rossbach" Sommeracher Katzenkopf I 13%/65,-€
87	2020 Spätburgunder „Hallburg" I 12,5%/22,-€
90	2020 Spätburgunder „Rosen" Sommeracher Katzenkopf I 13%/48,-€
90	2020 Spätburgunder „Katzenkopf" Sommeracher Katzenkopf I 13%/65,-€
90	2018 „R" Rotwein Sommeracher Katzenkopf I 13%/35,-€

Lagen

Katzenkopf (Sommerach)
Hölzlein (Sommerach)
Augustbaum (Sommerach)
Rossbach (Sommerach)
Rosen (Sommerach)
Ratsherr (Volkach)

Rebsorten

Spätburgunder (33%)
Silvaner (25%)
Chardonnay (16%)
Cabernet Sauvignon (12%)
Merlot (9%)
Weißburgunder (5%)

★★

Johann F. Ohler

Kontakt
Meerspinnstr. 33, 67435
Neustadt-Gimmeldingen
Tel. 06321-6116
Fax: 06321-60382
www.weingut-ohler.de
webmaster@weingut-ohler.de

Besuchszeiten
Mo.-Fr. 9-12 + 14-17:30 Uhr
Sa. 10-16 Uhr
So. geschlossen

Inhaber
Sabine Ohler-Jost
Kellermeister
Sabine Ohler-Jost
Außenbetrieb
Thomas Bauer
Rebfläche
7,8 Hektar
Produktion
45.000-50.000 Flaschen

Seit mehr als 200 Jahren betreibt die Familie Weinbau in Gimmeldingen. 1758 begründete Johann Michael Ohler die Weinbautradition in der Familie, sein Enkel Georg betrieb ab 1890 neben dem Weinbau eine Küferei. Sein Sohn wiederum, Johann Friedrich, der Namensgeber des heutigen Weinguts, begann in den 1920er Jahren mit der Flaschenvermarktung, 1962 hat Reinhard Ohler die Küferei eingestellt und sich ganz auf Weinbau konzentriert. Sabine Ohler-Jost übernahm 2007 das Weingut von ihrem Vater Reinhard Ohler und führt es zusammen mit ihrem Ehemann Arnim Jost. Ihre Weinberge liegen in Gimmeldingen in den Lagen Mandelgarten, Biengarten und Schlössel, in Königsbach im Idig und im Ölberg, in der Mußbacher Eselshaut sowie in Haardt. Riesling nimmt 39 Prozent der Rebfläche ein, es folgen Spätburgunder, Weißburgunder, Cabernet Sauvignon, Chardonnay, St. Laurent, Grauburgunder und Cabernet Franc; Sabine Ohler-Jost hat die Umstellung auf biologischen Weinbau begonnen.

Kollektion

Der Spätburgunder Alte Reben war im vergangenen Jahr unser Favorit, den Ölberg-Spätburgunder aus demselben Jahrgang 2018 bewerten wir jetzt sogar noch höher: Er zeigt Aromen von Schwarzkirsche, Schokolade, Hagebutte und Rosine, ist kraftvoll mit frischer Säure und reifen Tanninen, sollte jetzt getrunken werden. Sehr gut ist auch der von dunkler Beerenfrucht und kräutriger Würze geprägte Cabernet Sauvignon, den Cabernet gibt es daneben auch in einer Rosé-Version mit klarer Frucht von schwarzer Johannisbeere, gutem Grip und einem frischen Säurespiel. Unter den Weißweinen ist der Idig-Riesling unser Favorit, er zeigt leichte Reifenoten, kräutrige Würze, Ananas, besitzt eine animierende Säure, der halbtrockene Biengarten-Riesling ist fruchtbetont, frisch, zeigt viel gelbe Frucht, der Grauburgunder besitzt Schmelz, Weißburgunder und Chardonnay sind etwas schlanker und besitzen Frische.

Weinbewertung

82	2021 Riesling trocken (1l) I 12%/6,80€
84	2021 Weißer Burgunder trocken I 12,5%/9,50€
84	2021 Grauer Burgunder trocken I 13,5%/10,-€
84	2021 Chardonnay trocken I 12,5%/9,50€
84	2020 Riesling trocken „Aus den Gärten“ I 12%/8,30€
85	2021 Riesling Gimmeldinger Biengarten I 11%/9,20€
86	2020 Riesling trocken Königsbacher Idig I 12,5%/13,-€
83	2021 Rosé trocken I 12%/7,50€
84	2021 Cabernet Sauvignon Rosé trocken „CS“ I 11,5%/9,50€
85	2019 Spätburgunder trocken I 14%/9,50€
86	2017 Cabernet Sauvignon trocken I 14%/16,-€
88	2018 Spätburgunder trocken Königsbacher Ölberg I 14%/20,-€

★★

Ollinger-Gelz

Kontakt
Bioweingut Ollinger-Gelz
Marienstraße 40
66706 Perl-Sehndorf
Tel. 06867-461
www.ollinger-gelz.de
weingut@ollinger-gelz.de

Besuchszeiten
werktags nach Vereinbarung

Inhaber
Simon Ollinger

Rebfläche
14 Hektar

Aus dem einstigen landlandwirtschaftlichen Gemischtbetrieb wurde ein auf hochwertige Weine spezialisiertes Unternehmen. Schon Klaus Gelz fokussierte in den Sechzigern und Siebzigern des letzten Jahrhunderts auf Reben, Tochter Inge und Schwiegersohn Willi Ollinger gingen den eingeschlagenen Weg weiter, stellten auf biologische Anbauweise um. 2014 stieg nach dualem Studium in Neustadt mit Stationen in Frankreich und Südafrika die nächste Generation ein; Simon Ollinger übernahm 2020 den Betrieb. Auf Muschelkalk und Keuper in den Lagen Sehndorfer Marienberg, Sehndorfer Klosterberg oder Perler Hasenberg werden vor allem Burgundersorten angebaut: Auxerrois, Grauburgunder, Spätburgunder und Weißburgunder; hinzukommen Elbling sowie weitere Sorten. Die Weine werden zu 100 Prozent spontanvergoren und teilweise sehr lange auf der Hefe ausgebaut.

Kollektion

Der Sekt aus 2018 zeigt eine reife, würzige Hefenote, daneben aber auch Anklänge an Mirabellen, er ist im Mund saftig und würzig, aber auch von einer durchaus erfrischenden Art geprägt. Der trockene Basis-Grauburgunder ist offen, sortentypisch und saftig; feiner und animierender wirkt der 2021er Auxerrois. Der Wein gleicher Sorte aus dem Marienberg ist verhalten, noch sehr von der langen Hefelagerung geprägt, im Mund saftig, würzig, vibrierend. Der Weißburgunder aus dem Marienberg ist puristisch, fein würzig. Schmelz besitzt der Grauburgunder Marienberg aus 2020. Beeindruckend ist der 2019er Auxerrois der Edition Klaus Gelz mit viel Würze und vibrierender Art, der Grauburgunder ist kaum weniger spannend. Der Spätburgunder zeigt eine dunkelbeerige Frucht mit beginnender Reife und Anklängen an dunkle Schokolade, er ist saftig und würzig, besitzt Fülle, zeigt dennoch eine beachtliche Eleganz. Insgesamt ein erstaunlich gelungenes Sortiment, das für die kommenden Jahre einiges erwarten lässt: Hier scheint jemand das Obermosel-Potenzial für Burgundersorten ausschöpfen zu wollen.

Weinbewertung

87 2018 Pinot brut nature | 12,5%/13,80€
85 2021 Auxerrois trocken | 11,5%/8,80€
84 2021 Grauburgunder trocken | 12%/9,50€
87 2021 Auxerrois trocken Marienberg | 13%/12,-€
86 2021 Weißburgunder trocken Marienberg | 13%/13,-€
86 2020 Grauburgunder trocken Marienberg | 12,5%/13,50€
88 2019 Auxerrois trocken „Edition Klaus Gelz“ | 13,5%/22,-€
87 2019 Grauburgunder trocken „Edition Klaus Gelz“ | 13,5%/24,-€
87 2018 Spätburgunder trocken „Edition Klaus Gelz“ | 14,5%/26,-€

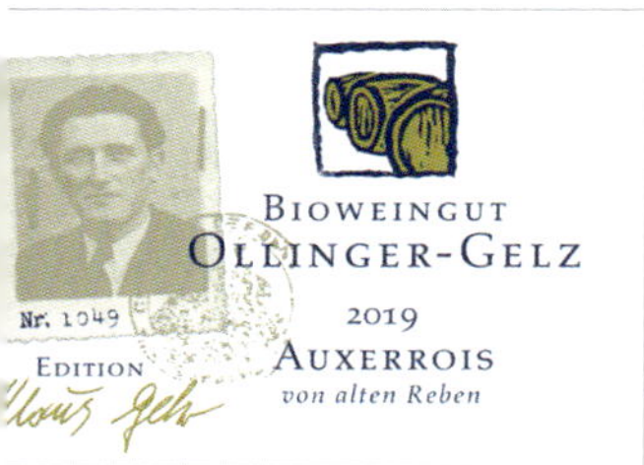

0

J.G. Orb

Kontakt
Am Markt 9-13
67593 Westhofen
Tel. 06244-57176
www.weingut-orb.de
jan@weingut-orb.de

Besuchszeiten
Mo.-Fr. 9-12 + 14-18 Uhr
Sa. 9-12 Uhr

Inhaber
J.G. Orb GbR
Kellermeister
Jan G. & Jens G. Orb
Rebfläche
11 Hektar

Seit dem 15, Jahrhundert baut die Familie Wein an und seit 2019 herrscht frischer Wind im Betrieb, den nun die Brüder Jan und Jens führen. Die Weinberge liegen in den Westhofener Lagen Kirchspiel, Morstein, Aulerde und Steingrube. Riesling nimmt gut die Hälfte der Fläche ein, hinzu kommen vor allem die Burgundersorten und Sauvignon Blanc, aber auch Silvaner, Chardonnay, Gewürztraminer, Kerner und Müller-Thurgau sowie weitere rote Sorten wie St. Laurent oder Regent. Das Sortiment ist dreistufig gegliedert in die Kategorien „Ort“, „Reben“ (langes Hefelager, teilweise Maischegärung und Barriqueausbau) und „Boden“ (Lagenweine).

Kollektion

Eine kleine Kollektion von nur fünf Weinen präsentieren Jan und Jens Orb zum Debüt. Diese zeigen ein bestechend gleichmäßiges Niveau, aus dem Rahmen fällt dabei nur der eigenwillige Orangewein, ein maischevergorener, naturtrüber Silvaner, der enorm würzig ist und viel Schalenaromatik im Bouquet zeigt, etwas unharmonisch wirkt bei irritierender Restsüße. Die anderen vier Weine sind Westhofener Ortsweine, die drei Weißweine stammen aus dem Jahrgang 2021, der Regent aus dem Jahrgang 2018. Der Regent zeigt intensive Frucht im Bouquet, rote Früchte, ist enorm würzig, besitzt Fülle und Kraft im Mund, besitzt gute Struktur, reife Frucht und Frische. Der Riesling ist recht würzig und eindringlich im Bouquet, zeigt reife Frucht, besitzt Fülle und Saft im Mund, reife Frucht und gute Substanz. Gute Konzentration und intensive Frucht zeigt der Fumé Blanc im Bouquet, ist füllig, saftig, besitzt ebenfalls reife klare Frucht und Substanz, was alle drei weißen Ortsweine auszeichnet, auch den im drittbelegten Barrique ausgebauten Chardonnay, der deutlich würziger und rauchiger, gute Struktur und Kraft besitzt.

Weinbewertung

85 2021 Riesling Westhofener | 11,5%/11,80€
85 2021 „Fumé Blanc“ Westhofener | 12%/8,90€
85 2021 Chardonnay trocken Westhofener | 12%/8,90€
83 2021 „Silvy van Air Orange Wine“ | 11%/11,80€
85 2018 Regent trocken Westhofener | 13%/11,80€

J.G. ORB

★★☆

Schloss Ortenberg

Kontakt
Am St. Andreas 1
77799 Ortenberg
Tel. 0781-93430
Fax: 0781-934320
www.weingut-schloss-ortenberg.de
info@weingut-schloss-ortenberg.de

Besuchszeiten
Mo.-Fr. 8-12 + 13-17 Uhr
Sa. 9-12 Uhr
geführte Erlebnisweinproben
Onlineweinproben
Reblounge
(für Veranstaltungen)

Inhaber
Weingut Schloss Ortenberg
Geschäftsführer
Matthias Wolf
Kellermeister
Hanspeter Rieflin
Außenbetrieb
Hanspeter Rieflin
Rebfläche
45 Hektar
Produktion
300.000 Flaschen

Weingut Schloss Ortenberg

2021 beginnt ein neues Kapitel in der Weingutsgeschichte. Die Firma Althoff, Hotelunternehmen mit Sitz in Köln, übernimmt als Pächterin für 20 Jahre das Weingut, Stadt und Kreis bleiben Eigentümer. Das Weingut Schloss Ortenberg ist 1997 durch Zusammenlegung des Weingutes Schloss Ortenberg des Ortenaukreises mit dem St. Andreas-Weingut der Stadt Offenburg entstanden, es ist das größte kommunale Weingut in Deutschland. Das 1300 gegründete St. Andreas-Hospital bewirtschaftete seit 1500 Rebhöfe, vor der Fusion umfasste es 29 Hektar Reben. Das 1950 gegründete Weinbauversuchsgut des Ortenaukreises führte seit 1992 den Namen Weingut Schloss Ortenberg, der dann auch für das fusionierte Weingut übernommen wurde. Seit 2010 ist Matthias Wolf Geschäftsführer. Die Weinberge liegen vor allem in Ortenberg (Schlossberg, Freudental), Käfersberg (Andreasberg), Zunsweier (Halde), sowie in Zell-Weierbach (Abtsberg) und Gengenbach (Nollenköpfle). Die Reben stehen auf Granitverwitterungsböden, Riesling und Spätburgunder sind die wichtigsten Rebsorten.

Kollektion

Die Rotweine überzeugen in diesem Jahr mehr noch als die Weißen, allen voran der Spätburgunder aus dem Schlossberg, der herrlich eindringlich und intensiv im Bouquet ist, gute Konzentration und reintönige Frucht zeigt, füllig und kraftvoll ist, viel reife Frucht, Struktur und Substanz besitzt. Auch der Alte Reben-Spätburgunder ist wunderschön reintönig, konzentriert, frisch und zupackend, besitzt gute Struktur und Grip, und auch der würzige Granit-Pinot Noir und die gewürzduftige, füllige Cuvée Furore überzeugen. Die weißen Granit-Weine sind frisch und geradlinig, mehr Fülle und Substanz besitzen die „Alten Reben", wobei der Grauburgunder dezente Bitternoten im Abgang aufweist. An der Spitze der Weißweine gleichauf sehen wir den gelbfruchtigen, fülligen, wunderschön saftigen Klingelberger 1782 und den Sauvignon Blanc et Gris, der intensive Frucht und viel Substanz besitzt.

Weinbewertung

83 2021 Riesling trocken „Granit" | 12%/9,50€
83 2021 Weißburgunder trocken „Granit" | 12,5%/9,50€
83 2021 Grauburgunder trocken „Granit" | 12,5%/9,50€
82 2021 Sauvignon Blanc trocken „Granit" | 12,5%/9,50€
87 2021 Sauvignon Blanc et Gris trocken | 12,5%/14,-€
87 2020 Klingelberger-Riesling trocken „1782" | 12%/15,-€
85 2020 Grauburgunder trocken „Alte Reben" | 13,5%/12,-€
85 2020 Chardonnay trocken „Alte Reben" | 14%/12,-€
84 2020 Pinot Noir trocken „Granit" | 13,5%/9,90€
85 2019 „Furore" Rotwein trocken | 13,5%/15,-€
87 2019 Spätburgunder trocken „Alte Reben" | 13,5%/13,-€
89 2019 Spätburgunder trocken Ortenberger Schlossberg | 13,5%/24,-€

★ ★

Paulinenhof

Kontakt
Außerhalb 5
55278 Selzen
Tel. 06737-396
www.weingut-paulinenhof.de
tim.bernhard@weingut-paulinenhof.de

Besuchszeiten
Mo.-Do. 15-18 Uhr
Fr./Sa. 10-18 Uhr
Eventlocation, Vinothek

Inhaber
Rolf Bernhard
Betriebsleiter
Rolf Bernhard
Kellermeister
Tim Bernhard
Rebfläche
22 Hektar
Produktion
40.000 Flaschen

In Selzen liegt der Paulinenhof, der von Rolf und Ina Bernhard geführt wird, unterstützt von Sohn Tim, der für den Weinausbau verantwortlich ist. Die Weinberge liegen in den Selzener Lagen Gottesgarten und Im Rosengarten, in den Hahnheimer Lagen Knopf und Moosberg sowie im Sörgenlocher Moosberg. Eine Vielzahl an Rebsorten wird angebaut wie Riesling, Silvaner, Müller-Thurgau, Weißburgunder, Bacchus, Gewürztraminer, Kerner und Grauburgunder, aber auch Chardonnay und Sauvignon Blanc. Hinzu kommen rote Sorten wie Spätburgunder, Dornfelder, Portugieser und Regent. Die Kollektion ist gegliedert in Gutsweine, Ortsweine sowie Lagenweine aus den Lagen Selzen Im Rosengarten (Riesling, Gewürztraminer) und Sörgenlocher Moosberg (Pinot Blanc), auch edelsüße Weine werden erzeugt. Sekte, Perlweine und alkoholfreie Traubensäfte ergänzen das Sortiment.

Kollektion

Beim guten Debüt im vergangenen Jahr führten zwei Weine des Jahrgangs 2018 die Kollektion an, die Sauvignon Blanc Trockenbeerenauslese und der Andante genannte, im Barrique ausgebaute Dornfelder. Einen edelsüßen Wein konnten wir in diesem Jahr nicht verkosten, vom Andante aber den Jahrgang 2020, ein Wein, der sich prächtig präsentiert, gute Konzentration zeigt, rote Früchte, etwas Gewürze, Fülle und Kraft besitzt, reife Frucht und gute Substanz. Gleichauf an der Spitze im roten Segment steht der Pinot Noir aus dem Jahrgang 2018, zeigt ebenfalls etwas Gewürze, rauchige Noten, besitzt Frische, gute Struktur und Grip – alles andere als die Regel in diesem heißen Jahrgang. Im weißen Segment sehen wir gleich drei Weine gleichauf an der Spitze, die drei Lagenweine des Jahrgangs 2020. Aus der Lage Im Rosengarten in Selzen stammen der würzige, eindringliche, herrlich zupackende Riesling und der faszinierend reintönige, rosenduftige Gewürztraminer, während der füllige, kraftvolle Pinot Blanc aus dem Sörgenlocher Moosberg stammt. Auch Guts- und Ortsweine überzeugen: Im Aufwind!

Weinbewertung

83	2021 Sauvignon Blanc trocken I 11%/5,80€
83	2021 Weißer Burgunder trocken Selzen I 12%/6,40€
82	2021 Grauer Burgunder Classic I 12%/5,40€
86	2020 Riesling Selzen Im Rosengarten I 12,5%/9,80€
86	2020 Pinot Blanc trocken Sörgenlocher Moosberg I 13,5%/12,50€
86	2020 Gewürztraminer Selzen Im Rosengarten I 12,5%/10,50€
81	2021 Cuvée „Terz" Weißwein „feinherb" I 11%/5,80€
82	2020 Dornfelder Classic I 11,5%/5,60€
86	2018 Pinot Noir trocken I 13%/5,80€/0,5l
86	2020 Dornfelder trocken „Andante" I 12%/5,80€/0,5l

Weingut Paulinenhof

★★☆

Paulinshof

Kontakt
Paulinsstraße 14
54518 Kesten
Tel. 06535-544
Fax: 06535-1267
www.paulinshof.de
paulinshof@t-online.de

Besuchszeiten
Mo.-Fr. 8-18 Uhr
Sa. 9-17 Uhr
und nach Vereinbarung

Inhaber
Klaus & Oliver Jüngling
Kellermeister
Oliver Jüngling
Rebfläche
9,5 Hektar
Produktion
75.000 Flaschen

Der Paulinshof ist ein ehemaliger Stiftshof der Kirche St. Paulin, der erstmals im Jahr 936 urkundlich erwähnt wurde, der Hof in seiner heutigen Form stammt aus dem Jahr 1716. Er wurde 1803 säkularisiert, seit 1967 gehörte er Klaus und Christa Jüngling. Heute firmieren Klaus Jüngling und sein Sohn Oliver als Inhaber. Letzterer ist auch für den Keller verantwortlich. Die Lage Brauneberger Kammer, eine der kleinsten Einzellagen an der Mosel, bewirtschaftet das Gut im Alleinbesitz. Daneben gehören ihm Weinberge in den Kestener Lagen Paulins-Hofberger, Paulinsberg und Herrenberg sowie in den Brauneberger Lagen Juffer und Juffer-Sonnenuhr. Neben Riesling bauen die Jünglings ein klein wenig Weißburgunder an. Die Weine werden überwiegend trocken und halbtrocken ausgebaut, besitzen eine enorme Würze.

Kollektion

Einen eigenständigen Charakter besitzen die Weine mehr denn je. Fein, kräuterig, nur dezent hefig ist der Schaumwein aus dem Jahrgang 2018. Fest ist der Basisriesling, während die Spätlese namens Klang der Tiefe eine hefige, noch sehr verhaltene Aromatik besitzt, im Mund schön würzig, fest, saftig wirkt. Der Wein vom roten Schiefer besitzt eine offene, cremige Art, zeigt Äpfel, süße Frucht, ist im Mund saftig. Schön fest ist der Juffer-Sonnenuhr-Wein, präzise und lang die trockene Juffer-Sonnenuhr-Spätlese. Das Große Gewächs aus 2021 ist noch völlig unfertig, besitzt eine helle, cremig-hefige Frucht, ist saftig, würzig, eigenständig. Die Probeflasche des Großen Gewächses aus 2019 hatte leider einen Korkfehler. Der feinherbe Kammer-Riesling wirkt spannend, präzise und würzig. Eine feine, helle Frucht besitzt der Juffer-Kabinett, im Mund zeigt er Schmelz. Verhalten süß wirkt die Spätlese, saftig und animierend die 2019er Auslese.

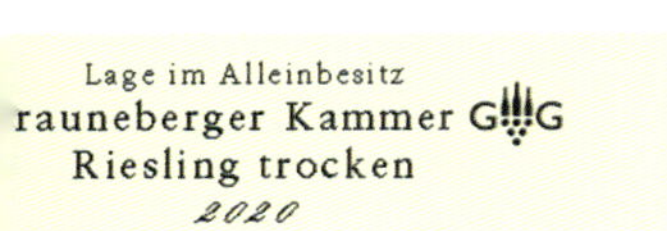

Weinbewertung

88	Riesling Sekt brut I 12,5%/14,-€
83	2021 Riesling trocken (1l) I 12%/9,95€
87	2021 Riesling trocken Brauneberger Juffer I 12%/11,90€
85	2021 Riesling „Vom blauen Schiefer der Ley“ I 12%/11,90€
87	2021 Riesling Spätlese trocken „Klang der Tiefe“ I 12%/14,80€
88	2021 Riesling Spätlese trocken Brauneberger Juffer-Sonnenuhr I 12,5%/17,50€
88+	2021 Riesling „GG“ Brauneberger Kammer I 12,5%/25,-€
84	2021 Riesling „feinherb“ I 12%/9,95€
86	2021 Riesling „Vom roten Schiefer“ I 12%/11,90€
86	2021 Riesling „feinherb“ Kestener Paulins-Hofberger I 12%/13,50€
88	2021 Riesling Spätlese „feinherb“ Brauneberger Kammer I 11,5%/17,50€
86	2021 Riesling Kabinett Brauneberger Juffer I 10%/11,90€
88	2021 Riesling Spätlese Brauneberger Juffer I 9,5%/17,50€
90	2019 Riesling Auslese Brauneberger Juffer I 9,5%/25,-€

★★★★

Axel Pauly

Kontakt
Hochstraße 80
54470 Lieser
Tel. 06531-6143, Fax: -915007
www.wein-pauly.de
info@wein-pauly.de

Besuchszeiten
Bitte um Anmeldung

Inhaber
Axel & Sabrina Pauly
Kellermeister
Axel Pauly
Außenbetrieb
Gökhan Tuna
Rebfläche
9,8 Hektar
Produktion
130.000 Flaschen

Das Weingut der Paulys ist auf den ersten Blick ein typischer Familienbetrieb, lange geführt von Rudolf und Ursel Pauly. Seit 2004 ist Axel Pauly für den Keller verantwortlich, 2009 übernahm er das Weingut, und inzwischen wurde auch der Name des Gutes angepasst; Axel Paulys Frau Sabrina ist mittlerweile ebenfalls im Betrieb tätig. Der junge Winzer ließ sich auch von Rückschlägen nie irritieren, gab nach einem verheerenden Brand im Jahre 2011 nicht auf. Er nutzte vielmehr die Gelegenheit, sich neu aufzustellen; es entstand eine moderne Vinothek. Von Anfang an wurde deutlich, dass Axel Pauly mehr wollte als nur frische und unkomplizierte Rieslinge zu erzeugen. 2009 erwarb bzw. pachtete er weitere Parzellen im Niederberg-Helden, 2010 Weinberge mit alten Reben in Bernkastel-Kues (Kardinalsberg) und Lieser (Niederberg-Helden), 2014 in Bernkastel-Kues und in der so genannten Bärlay im Lieser Niederberg-Helden. Riesling nimmt drei Viertel der Rebfläche ein, dazu gibt es allerdings noch Dornfelder, Müller-Thurgau, Spätburgunder, Weißburgunder und Frühburgunder. Alle Rebsorten werden im Weingut zu dichten, straffen und würzigen Weinen mit Ambitionen ausgebaut. Axel Pauly hat sich binnen weniger Jahre einen Namen gemacht nicht nur für Rieslinge, sondern auch für feine, präzise gearbeitete Weißburgunder und elegante Rotweine. Letztere werden inzwischen mindestens 18 Monate im Barrique ausgebaut. Seit November 2021 ist der Betrieb auch Mitglied im Bernkasteler Ring, nahm 2022 an der Riesling-Auktion des Rings teil. Das Sortiment wurde erweitert um Weine der Gewanne Bärlay, bei denen, wie auch bei den Rieslingen ohne diese Zusatzbezeichnung, der typische Weißweinstil des Hauses zur Geltung kommt. Duftig und fein wirken alle Abfüllungen, beginnend beim wirklich puristisch trockenen Riesling namens Purist, der immer schlank, aber nie unreif ausfällt, bis zum Großen Gewächs aus dem Niederberg-Helden. Auch die Süßweine wirken nie sättigend und mächtig, sondern sind immer animierend und straff – bis hinauf zu den mit akribischer Selektion erzeugten Beerenauslesen.

Kollektion

Auch im Jahr 2021 kommt der typische, feine Stil des Gutes zur Geltung. Da wäre zum Beispiel der Purist genannte Wein, dessen Produktion in warmen Jahrgängen eine große Herausforderung ist, die 2021 aber eher einfach war. Der Wein ist duftig und frisch, die Säure ist zwar deutlich zu spüren, aber karg wirkt dieser Riesling nicht, sondern schön balanciert. In der Basis diese Qualität abzuliefern, ist eine besondere Würdigung wert. Verblüffend offen ist der Helden-Riesling, im Mund frisch und würzig. Das GG aus dem Niederberg-Helden dagegen ist noch verschlossen, merklich hefig in der Nase, im Mund deutlich fester als der Helden-Wein. Eine offene Frucht weist der feinherbe Steinerd-Riesling auf, ein aus dem Kardinalsberg stammender Wein, der Steinobst- und Melonenfrucht zeigt, saftig ist und würzig. Erstmals wurde der Steinerd im Holz ausgebaut, einem mehrfach gebrauchten Tonneau, entwickelte dadurch Festigkeit und Würze, die dem Wein ausgezeichnet stehen. Beim Kabinett aus dem Niederberg-Helden ist die Frucht typisch für die Lage, der Stil typisch für das Gut. Der Wein duftet nach süßen Kräutern, getrocknetem Apfel und einer Spur Zitrus, ist frisch, wenig süß, rassig. Die Steigerung aus der Bärlay, ein Versteigerungskabinett, wirkt nicht süßer, sondern einfach noch etwas straffer, verspielter, ist in der Nase verschlossen. Die Auslese ist fein und klar, schon recht offen mit Anklängen an getrockneten Apfel, Kräuter, etwas Steinobst, im Mund rassig und würzig, schon vergleichsweise zugänglich, sehr fein. Ganz anders die Bärlay-Auslese: verschlossen, im Mund betont würzig mit zurückhaltender Süße. Die Beerenauslese stammt aus dem Jahrgang 2018 und besitzt eine wunderschön reintönige Frucht mit Anklängen an Blüten, frische Mango, reifes Steinobst, später sind auch Nektarine und Sanddorn zu spüren; der Wein ist seidig und in hohem Maße elegant. Die beiden Rotweine aus dem Jahrgang 2020 wirken noch verhalten, sehr jugendlich. Beim Spätburgunder ist die Würze recht dunkel, der Wein besitzt Anklänge an schwarze Beeren, auch ein Hauch von Schokolade ist zu spüren, nach einer Weile kommen immer mehr Anklänge an Kirschen hinzu; der Wein ist saftig, keineswegs cremig-vordergründig, sondern straff gewirkt und würzig im Nachhall. Deutlich frischer wirkt der Frühburgunder, der bereits in der Nase Anklänge an rote Früchte zeigt und im Mund eine schöne Säure zur Geltung bringt. Beide Weine profitieren vom Dekantieren – sie dürften auch mit einer gewissen Reifung noch spannender ausfallen als sie jetzt schon sind.

Axel Pauly

Weinbewertung

87 2021 Riesling trocken „purist“ | 11%/9,80€
89 2021 Riesling trocken „Helden“ Lieserer Niederberg-Helden | 12,5%/14,50€
91 2020 Riesling trocken „GG“ Lieser Niederberg-Helden | 12,5%/24,-€
89 2020 Weißer Burgunder trocken „Reserve“ | 13%/24,-€
87 2021 Riesling „feinherb“ „Generations“ | 10,5%/8,90€
90 2021 Riesling „Steinerd“ Bernkastel-Kueser Kardinalsberg | 11%/14,50€ ☺
88 2021 Riesling Kabinett Lieserer Niederberg-Helden | 8%/10,50€
90 2021 Riesling Kabinett „Bärlay“ Lieserer Niederberg-Helden | 8%/Vst.
90 2021 Riesling Auslese Lieserer Niederberg-Helden | 8%/12,50€/0,375l
91 2021 Riesling Auslese „Bärlay“ Lieser Niederberg-Helden | 8%/0,375l/Vst.
92 2018 Riesling Beerenauslese Lieser Niederberg-Helden | 7%/0,375l/Vst.
91 2020 Frühburgunder trocken „Reserve“ Lieserer Niederberg-Helden | 13%/24,-€
90 2020 Spätburgunder trocken „Reserve“ | 13%/24,-€

Lagen

Niederberg-Helden (Lieser)
Schlossberg (Lieser)
Kardinalsberg (Bernkastel-Kues)

Rebsorten

Riesling (74%)
Dornfelder (8%)
Müller-Thurgau (6%)
Spätburgunder (6%)
Weißburgunder (4%)
Frühburgunder (2%)

★★☆

Dr. Pauly-Bergweiler

Kontakt
Gestade 15
54470 Bernkastel-Kues
Tel. 06531-3002
Fax: 06531-7201
www.pauly-bergweiler.de
info@pauly-bergweiler.com

Besuchszeiten
Mo.-Fr. 13–18 Uhr
Sa. 14-18 Uhr
So. nach Vereinbarung

Inhaber
Stefan Pauly
Rebfläche
16,2 Hektar
Produktion
134.000 Flaschen

Stefan Pauly übernahm 2006 das Weingut von seinen Eltern Peter und Helga, die den Betrieb viele Jahre führten. Seine Weinberge, zusammen etwas mehr als 16 Hektar, liegen in Bernkastel (Alte Badstube am Doctorberg, Badstube, Schlossberg, Lay, Johannisbrünnchen), Graach (Himmelreich, Domprobst), Wehlen (Sonnenuhr, Klosterberg), Zeltingen (Himmelreich), Ürzig (Goldwingert, Würzgarten), Erden (Treppchen, Prälat) und Brauneberg (Juffer, Juffer-Sonnenuhr). Die 1,8 Hektar große Alte Badstube am Doctorberg ist die Paradelage des Betriebes, sie ist fast komplett im Besitz der Familie. Mit Ausnahme einer sehr kleinen Menge Spätburgunder wird ausschließlich Riesling angebaut.

Kollektion

Vier trockene Weine stellt das Weingut aus dem Jahrgang 2021 vor, und für alle gilt, dass sie nicht puristisch trocken sind, sondern saftig und würzig mit einer guten Balance zwischen Frucht und Säure. Besonders gut gefällt der Riesling aus der Alten Badstube, sowohl in der Variante ohne weitere Bezeichnung als auch beim offenen, feinfruchtigen, festen und würzigen Großen Gewächs, das viel Potenzial hat. Der Riesling aus dem Goldwingert hat Substanz, war aber zum Zeitpunkt der Verkostung noch unzugänglich, vom Schwefel geprägt. Viel offener sind die feinherben Weine, die mit guter Balance zwischen Süße und Säure überzeugen, der Badstube-Riesling noch ein bisschen mehr als sein Pendant aus dem Treppchen. Zur Hochform läuft das Weingut bei den süßen Weinen auf – etwa bei der saftigen, nach Pfirsich duftenden Spätlese aus der Sonnenuhr oder bei den gleich zwei Spätlesen aus der Badstube; jene mit der Prüfnummer 10 gefällt noch ein bisschen besser, weil sie etwas straffer und rassiger ausfällt als das dezent süßere und saftigere Pendant mit der Nummer 33. Schließlich die Auslese aus der Alten Badstube am Doctorberg, noch leicht vom Schwefel geprägt, aber enorm saftig und frisch. Ein Süßwein, der tatsächlich viel Spaß macht.

Weinbewertung

86 2021 Riesling trocken Ürziger Würzgarten I 12%/12,-€
87 2021 Riesling trocken Bernkasteler alte Badstube am Doctorberg I 12,5%/15,-€
87+ 2021 Riesling trocken „GG" Ürziger Goldwingert I 12,5%/20,-€
89 2021 Riesling trocken „GG" Bernkasteler alte Badstube am Doctorberg I 12%/20,-€
86 2021 Riesling „feinherb" Erdener Treppchen I 10,5%/12,-€
87 2021 Riesling „feinherb" Bernkasteler alte Badstube am Doctorberg I 11,5%/15,-€
87 2021 Riesling Kabinett Wehlener Sonnenuhr I 10%/11,50€
87 2021 Riesling Kabinett Bernkasteler Alte Badstube am Doctorberg I 9%/12,50€
88 2021 Riesling Spätlese Wehlener Sonnenuhr I 7,5%/14,-€
89 2021 Riesling Spätlese „Nr. 10" Bernkasteler Alte Badstube am Doctorberg I 8,5%/15,-€
88 2021 Riesling Spätlese „Nr. 33" Bernkasteler Alte Badstube am Doctorberg I 8%/15,-€
90 2021 Riesling Auslese Bernkasteler Alte Badstube am Doctorberg I 7,5%/26,-€

★★

August Perll

Kontakt
Oberstraße 77-81
56154 Boppard
Tel. 06742-3906
Fax: 06742-81726
www.perll.de
post@perll.de

Besuchszeiten
nach Vereinbarung; Gruppen-Weinproben (bis 90 Personen); jeden 2. Sa. im Juni Jahrgangsverkostung

Inhaber
Thomas Perll

Rebfläche
10 Hektar

Seit Generationen baut die Familie Perll Wein am Bopparder Hamm an, hat nach dem Zweiten Weltkrieg den landwirtschaftlichen Mischbetrieb ganz auf Wein spezialisiert; heute führt Thomas Perll den auf 11 Hektar angewachsenen Betrieb. Das 1606 erbaute Stammhaus befindet sich nach wie vor in Familienbesitz und ziert die Etiketten. Die Weinberge befinden sich in verschiedenen Teillagen des Bopparder Hamm: Mandelstein, Feuerlay, Fässerlay und Ohlenberg. Riesling nimmt drei Viertel der Weinberge ein, Spätburgunder 20 Prozent, hinzu kommen ein klein wenig Weißburgunder, Grauburgunder, Scheurebe und Dornfelder. Zum Gut gehört auch eine Obstbrennerei. 2019 wurden die Verkaufsräume neu gestaltet.

Kollektion

Die sechs Weine aus dem Bopparder Hamm geben einen kompakten Einblick in das Schaffen von Familie Perll. Neben den allesamt kraftvollen Rieslingen steht in diesem Jahr als Neuerung auch ein Roter Riesling aus der Fässerlay zur Auswahl. Dieser ist als trockene Auslese klassifiziert und bietet neben reifer, milder Frucht mit sortentypischen rotbeerigen Aspekten auch anhaltende Würze am Gaumen. Der Alkohol ist hier spürbarer Aromenträger, der bis in den satten Nachhall trägt, es ist dabei gerade genug Säure da, um dagegenzuhalten. So liegen seine Stärken mehr in der Speisenbegleitung. Das gilt auch für die trockene Riesling Auslese, die zwar ebenfalls sehr reif, prägnant frischer und saftiger daherkommt, deshalb mehr Trinkanimation bietet. Bei den trockenen Rieslingen ist auch der kräftige Kabinett aus der Feuerlay eine Empfehlung. Von der Statur her eine kleine Spätlese, bietet er saftige Frische mit intensiven Zitrusaromen, die eingängig und animierend wirken. Die trockene Spätlese aus dem Ohlenberg setzt sich vom Rest der Rieslinge durch ihre herben Kräuternoten ab. Ein kompakter Wein mit zupackender Säure, der etwas reifen darf. Auch die halbtrockene Spätlese aus der Feuerlay zeigt sich frisch und eher apfelfruchtig. Hier kommen Saft und Säure mit ansprechendem Spiel zusammen. Der fruchtige Kabinett zum Schluss ist süßlich und etwas breit, nicht ganz auf Höhe der anderen Rieslinge.

Weinbewertung

84 2021 Riesling Kabinett trocken Bopparder Hamm Feuerlay I 12,5%/8,50€
85 2021 Riesling Spätlese trocken Bopparder Hamm Ohlenberg I 12,5%/9,50€
86 2021 Riesling Auslese trocken Bopparder Hamm Mandelstein I 13%/12,50€
85 2021 Roter Riesling Auslese trocken Bopparder Hamm Fässerlay I 13%/13,-€
85 2021 Riesling Spätlese halbtrocken Bopparder Hamm Feuerlay I 12%/9,50€
83 2021 Riesling Kabinett Bopparder Hamm Feuerlay I 10%/8,50€

★★

Petgen-Dahm

Kontakt
Winzerstraße 3-7
66706 Perl-Sehndorf
Tel. 06867-309
Fax: 06867-1367
www.petgen-dahm.de
info@petgen-dahm.de

Besuchszeiten
7.4.-8.12. nach Vereinbarung,
Sa. 11-13 Uhr

Inhaber
Ralf Petgen
Rebfläche
17 Hektar

Das Weingut Petgen-Dahm ist alles andere als ein kleiner Liebhaberbetrieb, sondern ein ambitioniertes, vielseitig interessiertes Gut, das sich als eines der wenigen namhaften Weingüter des Anbaugebietes Mosel im Saarland befindet. Ralf Petgen verweist gern auf die Besonderheit, dass es sich beim Weingut Petgen-Dahm um einen der wenigen Betriebe handelt, die sowohl an der Obermosel als auch an der Saar Reben bearbeiten. Insgesamt spielt der Riesling mit 18 Prozent der gesamten Fläche von immerhin 17 Hektar allerdings nur eine mittelgroße Rolle. Die Burgundersorten sind ein unverkennbarer Schwerpunkt – Grauburgunder mit 40 Prozent der Fläche, Auxerrois, Spätburgunder und St. Laurent. Auch Chardonnay und Sauvignon Blanc werden geschätzt, Gewürztraminer, Cabernet Sauvignon und Viognier sind vorhanden, und die an der Obermosel traditionell beliebte Sorte Elbling vervollständigt in kleinem Rahmen das Sortiment.

Kollektion

Die Weine des Gutes sind wie immer eigenständig. Leicht cremig, im Mund aber mit guter Balance zwischen Fülle und Frische: So zeigt sich die 2020er Grauer Burgunder Auslese namens P. Der 2020er Grauer Burgunder von alten Reben ist recht weich und saftig, mit gutem Nachhall. Die im Barrique gereifte 2020er Grauburgunder Auslese (Grande Réserve) ist mit heller, feiner Frucht ausgestattet, ein Hauch Vanille ist zu spüren, aber das Holz ist kein bisschen aufdringlich. Der 2021er Auxerrois wirkt etwas kühler, ist im Mund etwas straffer, gefällt sehr gut. Der 2021er Chardonnay Barrique zeigt eine saftige Steinobstfrucht mit einer Spur von Milchkaffee, ist saftig und würzig, gut balanciert, braucht noch Zeit; sein Pendant ohne Ausbau im kleinen Fass ist straff und für einen Basiswein sehr gelungen. Eine komplexe Aromatik mit Noten von Zitrus, aber auch cremige Würze zeigt die Beerenauslese; der Eiswein ist kühl mit Noten von kandierten Früchten und kandiertem Gemüse, wirkt im Mund wunderschön saftig.

Weinbewertung

84 2021 Chardonnay trocken I 12%/9,-€
83 2020 Auxerrois trocken „-P-“ I 12,5%/13,-€
85 2020 Weißer Burgunder trocken „Alte Reben“ I 12,5%/14,-€
85 2020 Grauer Burgunder Spätlese trocken Perler Hasenberg I 12,5%/11,-€
86 2020 Grauer Burgunder Auslese trocken „Alte Reben“ I 12,5%/14,-€
85 2020 Grauer Burgunder Auslese trocken „-P-“ I 12,5%/13,-€
87 2021 Auxerrois trocken Barrique „Tradition 1720“ I 12,5%/22,-€
86 2021 Grauer Burgunder Auslese trocken Barrique „Tradition 1720“ I 12,5%/22,-€
86 2021 Chardonnay trocken Barrique „Tradition 1720“ I 12,5%/22,-€
86 2020 Grauer Burgunder Auslese trocken Barrique „Grande Réserve“ I 12%/25,-€
89 2021 Beerenauslese „Grains Nobles“ I 11%/20,-€/0,5l
89 2021 Riesling Eiswein I 10,5%/120,-€/0,375l

★★

Wolfgang & René Peth

Kontakt
Alzeyer Straße 28
67592 Flörsheim-Dalsheim
Tel. 06243-908800
Fax: 06243-9088090
www.peth.de
wolfgang@peth.de

Besuchszeiten
„VinoPeth":
Mo.-Do. 16-18 Uhr
Fr. 13-18 Uhr
Sa. 10-17 Uhr
Gästehaus

Inhaber
Wolfgang & René Peth
Kellermeister
René Peth
Rebfläche
15 Hektar

Das Flörsheim-Dalsheimer Weingut wird von Wolfgang Pet Sohn René geführt, der nach seinem Geisenheim-Studium in eingestiegen ist. Ihre Weinberge liegen in den Nieder-Flörshei Frauenberg und Goldberg, im Dalsheimer Bürgel, Kriegsheimer garten und Monsheimer Silberberg. Die Burgundersorten und Ries dominieren im Anbau, hinzu kommen Sorten wie Müller-Thurgau, Sauvignon Blanc, Scheurebe, Portugieser oder Dornfelder. Die Weißw ne werden temperaturkontrolliert im Edelstahl oder im Holz vergoren, die Rotweine werden in offenen Bottichen auf der Maische vergoren und in kleinen oder großen Eichenholzfässern ausgebaut. Das Sortiment wurde umgestellt in Guts-, Orts- und Lagenweine. Das angeschlossene Gästehaus wird von Wolfgang Peths Frau Jutta geführt.

Kollektion

Starke Kollektionen haben Wolfgang und René Peth in den vergangenen Jahren präsentiert, mit gleichmäßig gutem Niveau schon in der Basis. Das ist auch dieses Jahr wieder so, die 2021er Gutsweine überzeugen mit Frische und klarer Frucht, sind sortentypisch und harmonisch, die würzige, zupackende Cuvée aus Weißburgunder und Chardonnay gefällt uns besonders gut, der sehr würzige Muskateller besitzt feine süße Frucht. Sehr geschlossen präsentieren sich die kraftvollen Ortsweine: Der Sauvignon Blanc zeigt feine Würze und Frucht, ist klar, zupackend, strukturiert, was auch für die duftige Scheurebe von alten Reben gilt. Würzig ist auch der Dalsheimer Grauburgunder, zupackend, strukturiert, der Chardonnay besitzt reintönige Frucht und Biss. Stark und stimmig präsentieren sich auch die Rotweine, vom frischen Spätburgunder Gutswein über den wunderschön reintönigen, zupackenden Frühburgunder Ortswein bis hin zum Highlight der Kollektion, dem Spätburgunder vom Steig, der rauchig und reintönig ist, füllig, komplex, Struktur und Grip besitzt.

Weinbewertung

83 2021 Riesling trocken | 12,5%/6,50€
84 2021 Weißburgunder & Chardonnay trocken | 12,5%/6,50€
82 2021 Grauburgunder trocken | 13%/6,50€
82 2021 Pinot Meunier „Blanc de Noir" trocken | 13%/7,90€
84 2021 Grauburgunder trocken Dalsheimer | 13%/7,90€
84 2021 Chardonnay trocken Nieder-Flörsheimer | 13%/7,90€
85 2021 Sauvignon Blanc trocken Nieder-Flörsheimer | 12,5%/7,90€
84 2021 Scheurebe trocken „Alte Reben" Nieder-Flörsheimer | 12,5%/7,90€
83 2021 Gelber Muskateller | 12%/6,50€
84 2020 Spätburgunder trocken | 13%/6,50€
85 2020 Frühburgunder trocken Nieder-Flörsheimer | 13%/9,90€
88 2020 Spätburgunder trocken „Alte Reben" Steig | 13%/19,90€

Peth-Wetz

akt
zeyer Straße 16
67593 Bermersheim
Tel. 06244-4494
Fax: 06244-4424
www.peth-wetz.com
info@peth-wetz.com

Besuchszeiten
Weinproben nur nach Vereinbarung

Inhaber
Christian Peth
Rebfläche
40 Hektar
Produktion
200.000 Flaschen

Christian Peth hat seine Ausbildung bei Keller und Knipser absolviert, in Geisenheim studiert und Praktika in USA, Australien und Chile gemacht. Er führt heute in vierter Generation zusammen mit Ehefrau Maja Luise das Weingut. Die Weinberge befinden sich vor allem in Bermersheim, Dalsheim und Westhofen; das Weingut verzichtet auf Lagenbezeichnungen. An weißen Rebsorten werden vor allem Weiße Burgundersorten und Chardonnay, Sauvignon Blanc, Riesling und ein wenig Chenin Blanc angebaut. Bei den roten Sorten setzt Christian Peth auf die Bordeauxrebsorten Cabernet Sauvignon, Cabernet Franc, Merlot, Petit Verdot und Malbec sowie auf Spätburgunder. Grundsätzlich werden nur gesunde Trauben verarbeitet. Die Weine werden kühl vergoren und lagern bis Januar auf der Feinhefe, hochwertige Qualitäten bis Februar auf der Vollhefe. Alle Rotweine werden maischevergoren und in großen Holzfässern oder im Barrique ausgebaut. Das Programm ist gegliedert in die Linien Estate, Unfiltered, Réserve und Grand Vintage. In der Grand Vintage-Linie gibt es Merlot, Cabernet Franc, Cabernet Sauvignon, Petit Verdot und Malbec, die Weine werden nach etwa sechswöchiger offener Maischegärung mit täglichem Unterstoßen des Tresterkuchens etwa 24 Monate und länger in neuen französischen Barriques ausgebaut und unfiltriert abgefüllt. Bei den Weißweinen wird je nach Jahrgang und Rebsorte mit Maischestandzeiten von bis zu vier Tagen gearbeitet. 2019 wurde die Vinothek neu gestaltet. So gut wie heute waren die Weine von Christian Peth noch nie, die Konzentration auf internationale Rebsorten trägt Früchte. Inzwischen wurde die Bio-Zertifizierung der Weinberge begonnen, in den nächsten Jahren soll die Umstellung auf biodynamischen Anbau erfolgen.

Kollektion

Vier Weißweine und acht Rotweine präsentiert Christian Peth in diesem Jahr, aus den Jahrgängen 2019 bis 2021. Der Sauvignon Blanc ist im Jahrgang 2021 frisch und fruchtbetont im Bouquet, sehr klar, ist recht lebhaft im Mund, geradlinig und süffig. Deutlich besser gefällt uns der Chenin Blanc aus demselben Jahrgang, der wunderschön reintönig im Bouquet ist, sehr an südafrikanischen Chenin denken lässt, schöne Frische und Frucht besitzt, gute Struktur und Grip – hat man sich nicht schon immer gefragt, warum eine Rebsorte, die an der Loire „funktioniert", auf vergleichbaren Breitengraden, in Deutschland so lange Zeit gar keine Beachtung gefunden hat? Christian Peth ist dabei dies zu ändern, zusammen mit einigen wenigen anderen deutschen Winzern. Der Unfiltered Chardonnay aus dem Jahrgang 2020 zeigt gute Konzentration, rauchige Noten, klare reife Frucht, ist füllig und saftig im Mund, besitzt viel reife Frucht und Substanz. Unser Favorit unter den Weißweinen ist dann aber doch ein Wein aus dem nicht ganz unproblematischen Jahrgang 2021: Der Fumé Blanc

Réserve ist konzentriert, reintönig und herrlich eindringlich im Bouquet, zeigt viel reife Frucht, besitzt Fülle, Saft und Kraft im Mund, viel reife Frucht, gute Struktur und Biss. Die rote Cuvée Assemblage Unfiltered stammt aus dem Jahrgang 2020, eine Cuvée aus Dornfelder (88 Prozent!) mit etwas Regent, Cabernet Mitos und Spätburgunder, ist frisch und fruchtbetont, zeigt rote und dunkle Früchte, besitzt Fülle, Kraft, gute Struktur und Frische. Alle weiteren Rotweine stammen aus dem Jahrgang 2019. Der Malbec Unfiltered ist herrlich reintönig und frisch im Bouquet, klar und zupackend im Mund bei dezenter Kräuternote. Malbec gibt es auch in der Grand Vintage-Linie, er ist sehr offen, zeigt viel Duft, ist füllig und saftig bei guter Struktur, besitzt ebenfalls leicht kräutrig-florale Noten. Die Cuvée aus Shiraz und Cabernet Sauvignon zeigt intensive Frucht im Bouquet, ist füllig und saftig im Mund, besitzt herrlich viel Frucht und Substanz. Assemblage Reserve nennt sich eine Cuvée aus Cabernet Sauvignon und Merlot mit Cabernet Franc, Petit Verdot, Malbec und Carmenère. Der Wein zeigt gute Konzentration, intensive Frucht, rote Früchte, besitzt ein faszinierendes Bouquet, ist im Mund füllig und kraftvoll, besitzt gute Struktur, viel Frucht und Grip. Der Merlot Grand Vintage ist sehr offen im Bouquet, intensiv, besitzt viel reife süße Frucht, viel Substanz und Länge. Ähnlich offen und intensiv ist auch der Cabernet Franc Grand Vintage, enorm füllig, saftig und fruchtbetont, aber auch strukturiert. Unsere leichte Präferenz gilt dem herrlich konzentrierten, in der Frucht aber etwas verhalteneren Petit Verdot, der dunkle Früchte und Graphit im Bouquet zeigt, kraftvoll und zupackend ist, gute Struktur und viel Tannine besitzt, uns von allen das beste Reifepotenzial verspricht. Bemerkenswerte Weine!

Weinbewertung

84 2021 Sauvignon Blanc | 12,5%/8,90€
86 2021 Chenin Blanc | 12%/10,-€
87 2020 Chardonnay „Unfiltered“ | 14%/18,50€
89 2021 „Fumé Blanc“ „Réserve“ | 12,5%/21,-€
86 2020 „Assemblage Unfiltered“ Rotwein | 14,5%/10,50€
87 2019 Malbec „Unfiltered“ | 14,5%/18,50€
90 2019 „Assemblage Reserve“ Rotwein | 14,5%/29,-€
89 2019 Shiraz & Cabernet Sauvignon „Réserve“ | 14,5%/27,-€
90 2019 Merlot „Grand Vintage“ | 14,5%/45,-€
90 2019 Cabernet Franc „Grand Vintage“ | 14,5%/45,-€
90 2019 Petit Verdot „Grand Vintage“ | 14,5%/53,-€
89 2019 Malbec „Grand Vintage“ | 14,5%/53,-€

Lagen

Rotenstein (Westhofen)
Hasenlauf (Bermersheim)
Hubacker (Dalsheim)
Höllenbrand (Gundersheim)

Rebsorten

Weiße Burgundersorten & Chardonnay (30%)
Rote Bordeauxsorten (25%)
Sauvignon Blanc (15%)
Riesling (15%)
Spätburgunder (10%)
Chenin Blanc (2%)

Petri

…ße 43
… Herxheim am Berg
… 06353-2345
…ax: 06353-4181
www.weingut-petri.de
info@weingut-petri.de

Besuchszeiten
Mo.-Fr. 9-12 + 13:30-18 Uhr
Sa. 10-12 + 13:30-17 Uhr
So. + feiertags geschlossen
Gutsausschank Petri
(Weinstraße 79, 67273
Herxheim am Berg)

Inhaber
Familie Petri
Kellermeister
Philipp Petri
Rebfläche
22 Hektar
Produktion
180.000 Flaschen

Als Gerd Petri das Weingut 1977 von seinem Vater übernahm, wurde noch die komplette Ernte als Fassware vermarktet. Inzwischen wird alles über die Flasche verkauft. Die Weinberge liegen in den Herxheimer Lagen Himmelreich und Honigsack, aber auch im Kallstadter Saumagen. Wichtigste Rebsorte ist Riesling, der gut zwei Fünftel der Weinberge einnimmt. Hinzu kommen vor allem Spätburgunder und Grauburgunder, aber auch Weißburgunder, Chardonnay, St. Laurent und Portugieser. Cabernet Cubin, Merlot und Frühburgunder vervollständigen das Programm. Die Rotweine werden alle im Holzfass ausgebaut, ebenso wie die meisten Rieslinge. 80 Prozent der Weine werden trocken ausgebaut. Die Söhne Maximilian und Philipp, die die mittlerweile 14. Generation im Weingut sind, hatten in den vergangenen Jahren einzelne Weine in ihrer eigenen Linie erzeugt. Für den Jahrgang 2018 waren sie erstmals komplett verantwortlich.

Kollektion

Auch wenn Riesling weiterhin die Nummer Eins im Weingut Petri ist, stehen in diesem Jahr zwei andere Rebsorten an der Spitze des Sortiments: Der Kirchenstück-Spätburgunder zeigt dunkle Frucht, Schwarzkirsche, etwas Pflaume, kräutrige Würze und dezente Röstnoten, ist kraftvoll, besitzt eine gute Struktur und Länge, ein gelungenes Debüt dieses Einzellagen-Spätburgunders. Genauso stark ist der Chardonnay PM, er zeigt deutliche Röstnoten, Kokos und Honigmelone, besitzt am Gaumen feine Zitrusnoten, ist kraftvoll, harmonisch und um einiges nachhaltiger als der zweite, ebenfalls von deutlichen Röstnoten geprägte Chardonnay. Der Riesling „Horn" ist schlank, herb und nachhaltig, besitzt feinen kreidig-steinigen Grip, der Goldberg-Riesling ist etwas deutlicher in der Frucht, ist ebenfalls schlank, animierend, elegant und leicht salzig, der Saumagen besitzt animierende Zitrusnoten, ist leicht kalkig und kräutrig und etwas ausdruckstärker als die trockene Honigsack-Spätlese.

Weinbewertung

82	2021 Riesling trocken (1l) I 12%/5,60€
84	2021 Riesling Kabinett trocken Herxheimer Honigsack I 11,5%/5,90€
86	2021 Riesling Spätlese trocken Herxheimer Honigsack I 12%/7,80€
87	2021 Riesling Spätlese trocken Kallstadter Saumagen I 12%/9,20€
86	2020 Sauvignon Blanc trocken „Fumé Blanc PM" I 13%/13,30€
87	2020 Chardonnay trocken I 13%/11,80€
88	2021 Riesling trocken Am Goldberg I 11%/14,30€
88	2021 Riesling trocken Saumagen „Horn" I 12%/14,30€
89	2019 Chardonnay trocken „PM" I 13,5%/25,50€
84	2021 Riesling Kabinett I 8,5%/6,70€
85	2020 Frühburgunder trocken „Pinot Madeleine" I 13,5%/7,70€
89	2020 Spätburgunder trocken Herxheimer Kirchenstück I 14%/30,-€

★★

Wolfgang & René Peth

Kontakt
Alzeyer Straße 28
67592 Flörsheim-Dalsheim
Tel. 06243-908800
Fax: 06243-9088090
www.peth.de
wolfgang@peth.de

Besuchszeiten
„VinoPeth":
Mo.-Do. 16-18 Uhr
Fr. 13-18 Uhr
Sa. 10-17 Uhr
Gästehaus

Inhaber
Wolfgang & René Peth
Kellermeister
René Peth
Rebfläche
15 Hektar

Das Flörsheim-Dalsheimer Weingut wird von Wolfgang Peth und seinem Sohn René geführt, der nach seinem Geisenheim-Studium in den Betrieb eingestiegen ist. Ihre Weinberge liegen in den Nieder-Flörsheimer Lagen Frauenberg und Goldberg, im Dalsheimer Bürgel, Kriegsheimer Rosengarten und Monsheimer Silberberg. Die Burgundersorten und Riesling dominieren im Anbau, hinzu kommen Sorten wie Müller-Thurgau, Sauvignon Blanc, Scheurebe, Portugieser oder Dornfelder. Die Weißweine werden temperaturkontrolliert im Edelstahl oder im Holz vergoren, die Rotweine werden in offenen Bottichen auf der Maische vergoren und in kleinen oder großen Eichenholzfässern ausgebaut. Das Sortiment wurde umgestellt in Guts-, Orts- und Lagenweine. Das angeschlossene Gästehaus wird von Wolfgang Peths Frau Jutta geführt.

Kollektion

Starke Kollektionen haben Wolfgang und René Peth in den vergangenen Jahren präsentiert, mit gleichmäßig gutem Niveau schon in der Basis. Das ist auch dieses Jahr wieder so, die 2021er Gutsweine überzeugen mit Frische und klarer Frucht, sind sortentypisch und harmonisch, die würzige, zupackende Cuvée aus Weißburgunder und Chardonnay gefällt uns besonders gut, der sehr würzige Muskateller besitzt feine süße Frucht. Sehr geschlossen präsentieren sich die kraftvollen Ortsweine: Der Sauvignon Blanc zeigt feine Würze und Frucht, ist klar, zupackend, strukturiert, was auch für die duftige Scheurebe von alten Reben gilt. Würzig ist auch der Dalsheimer Grauburgunder, zupackend, strukturiert, der Chardonnay besitzt reintönige Frucht und Biss. Stark und stimmig präsentieren sich auch die Rotweine, vom frischen Spätburgunder Gutswein über den wunderschön reintönigen, zupackenden Frühburgunder Ortswein bis hin zum Highlight der Kollektion, dem Spätburgunder vom Steig, der rauchig und reintönig ist, füllig, komplex, Struktur und Grip besitzt.

Weinbewertung

83	2021 Riesling trocken I 12,5%/6,50€
84	2021 Weißburgunder & Chardonnay trocken I 12,5%/6,50€
82	2021 Grauburgunder trocken I 13%/6,50€
82	2021 Pinot Meunier „Blanc de Noir" trocken I 13%/7,90€
84	2021 Grauburgunder trocken Dalsheimer I 13%/7,90€
84	2021 Chardonnay trocken Nieder-Flörsheimer I 13%/7,90€
85	2021 Sauvignon Blanc trocken Nieder-Flörsheimer I 12,5%/7,90€
84	2021 Scheurebe trocken „Alte Reben" Nieder-Flörsheimer I 12,5%/7,90€
83	2021 Gelber Muskateller I 12%/6,50€
84	2020 Spätburgunder trocken I 13%/6,50€
85	2020 Frühburgunder trocken Nieder-Flörsheimer I 13%/9,90€
88	2020 Spätburgunder trocken „Alte Reben" Steig I 13%/19,90€

P

★★★★

Peth-Wetz

Kontakt
Alzeyer Straße 16
67593 Bermersheim
Tel. 06244-4494
Fax: 06244-4424
www.peth-wetz.com
info@peth-wetz.com

Besuchszeiten
Weinproben nur nach Vereinbarung

Inhaber
Christian Peth
Rebfläche
40 Hektar
Produktion
200.000 Flaschen

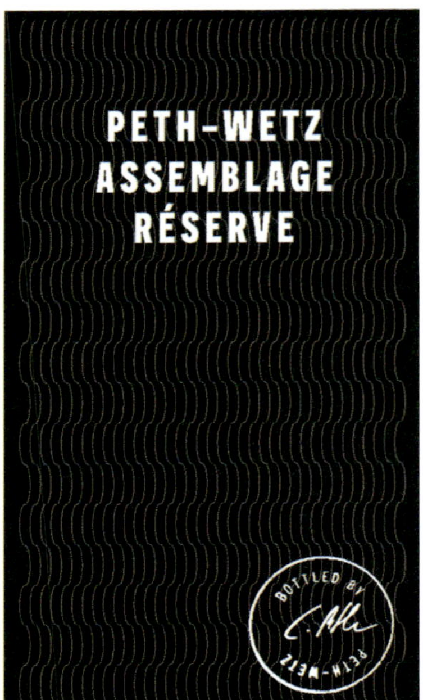

Christian Peth hat seine Ausbildung bei Keller und Knipser absolviert, in Geisenheim studiert und Praktika in USA, Australien und Chile gemacht. Er führt heute in vierter Generation zusammen mit Ehefrau Maja Luise das Weingut. Die Weinberge befinden sich vor allem in Bermersheim, Dalsheim und Westhofen; das Weingut verzichtet auf Lagenbezeichnungen. An weißen Rebsorten werden vor allem Weiße Burgundersorten und Chardonnay, Sauvignon Blanc, Riesling und ein wenig Chenin Blanc angebaut. Bei den roten Sorten setzt Christian Peth auf die Bordeauxrebsorten Cabernet Sauvignon, Cabernet Franc, Merlot, Petit Verdot und Malbec sowie auf Spätburgunder. Grundsätzlich werden nur gesunde Trauben verarbeitet. Die Weine werden kühl vergoren und lagern bis Januar auf der Feinhefe, hochwertige Qualitäten bis Februar auf der Vollhefe. Alle Rotweine werden maischevergoren und in großen Holzfässern oder im Barrique ausgebaut. Das Programm ist gegliedert in die Linien Estate, Unfiltered, Réserve und Grand Vintage. In der Grand Vintage-Linie gibt es Merlot, Cabernet Franc, Cabernet Sauvignon, Petit Verdot und Malbec, die Weine werden nach etwa sechswöchiger offener Maischegärung mit täglichem Unterstoßen des Tresterkuchens etwa 24 Monate und länger in neuen französischen Barriques ausgebaut und unfiltriert abgefüllt. Bei den Weißweinen wird je nach Jahrgang und Rebsorte mit Maischestandzeiten von bis zu vier Tagen gearbeitet. 2019 wurde die Vinothek neu gestaltet. So gut wie heute waren die Weine von Christian Peth noch nie, die Konzentration auf internationale Rebsorten trägt Früchte. Inzwischen wurde die Bio-Zertifizierung der Weinberge begonnen, in den nächsten Jahren soll die Umstellung auf biodynamischen Anbau erfolgen.

Kollektion

Vier Weißweine und acht Rotweine präsentiert Christian Peth in diesem Jahr, aus den Jahrgängen 2019 bis 2021. Der Sauvignon Blanc ist im Jahrgang 2021 frisch und fruchtbetont im Bouquet, sehr klar, ist recht lebhaft im Mund, geradlinig und süffig. Deutlich besser gefällt uns der Chenin Blanc aus demselben Jahrgang, der wunderschön reintönig im Bouquet ist, sehr an südafrikanischen Chenin denken lässt, schöne Frische und Frucht besitzt, gute Struktur und Grip – hat man sich nicht schon immer gefragt, warum eine Rebsorte, die an der Loire „funktioniert", auf vergleichbaren Breitengraden, in Deutschland so lange Zeit gar keine Beachtung gefunden hat? Christian Peth ist dabei dies zu ändern, zusammen mit einigen wenigen anderen deutschen Winzern. Der Unfiltered Chardonnay aus dem Jahrgang 2020 zeigt gute Konzentration, rauchige Noten, klare reife Frucht, ist füllig und saftig im Mund, besitzt viel reife Frucht und Substanz. Unser Favorit unter den Weißweinen ist dann aber doch ein Wein aus dem nicht ganz unproblematischen Jahrgang 2021: Der Fumé Blanc

Réserve ist konzentriert, reintönig und herrlich eindringlich im Bouquet, zeigt viel reife Frucht, besitzt Fülle, Saft und Kraft im Mund, viel reife Frucht, gute Struktur und Biss. Die rote Cuvée Assemblage Unfiltered stammt aus dem Jahrgang 2020, eine Cuvée aus Dornfelder (88 Prozent!) mit etwas Regent, Cabernet Mitos und Spätburgunder, ist frisch und fruchtbetont, zeigt rote und dunkle Früchte, besitzt Fülle, Kraft, gute Struktur und Frische. Alle weiteren Rotweine stammen aus dem Jahrgang 2019. Der Malbec Unfiltered ist herrlich reintönig und frisch im Bouquet, klar und zupackend im Mund bei dezenter Kräuternote. Malbec gibt es auch in der Grand Vintage-Linie, er ist sehr offen, zeigt viel Duft, ist füllig und saftig bei guter Struktur, besitzt ebenfalls leicht kräutrig-florale Noten. Die Cuvée aus Shiraz und Cabernet Sauvignon zeigt intensive Frucht im Bouquet, ist füllig und saftig im Mund, besitzt herrlich viel Frucht und Substanz. Assemblage Reserve nennt sich eine Cuvée aus Cabernet Sauvignon und Merlot mit Cabernet Franc, Petit Verdot, Malbec und Carmenère. Der Wein zeigt gute Konzentration, intensive Frucht, rote Früchte, besitzt ein faszinierendes Bouquet, ist im Mund füllig und kraftvoll, besitzt gute Struktur, viel Frucht und Grip. Der Merlot Grand Vintage ist sehr offen im Bouquet, intensiv, besitzt viel reife süße Frucht, viel Substanz und Länge. Ähnlich offen und intensiv ist auch der Cabernet Franc Grand Vintage, enorm füllig, saftig und fruchtbetont, aber auch strukturiert. Unsere leichte Präferenz gilt dem herrlich konzentrierten, in der Frucht aber etwas verhalteneren Petit Verdot, der dunkle Früchte und Graphit im Bouquet zeigt, kraftvoll und zupackend ist, gute Struktur und viel Tannine besitzt, uns von allen das beste Reifepotenzial verspricht. Bemerkenswerte Weine!

Christian Peth

P

Weinbewertung

84 2021 Sauvignon Blanc | 12,5%/8,90€
86 2021 Chenin Blanc | 12%/10,-€
87 2020 Chardonnay „Unfiltered“ | 14%/18,50€
89 2021 „Fumé Blanc“ „Réserve“ | 12,5%/21,-€
86 2020 „Assemblage Unfiltered“ Rotwein | 14,5%/10,50€
87 2019 Malbec „Unfiltered“ | 14,5%/18,50€
90 2019 „Assemblage Reserve“ Rotwein | 14,5%/29,-€
89 2019 Shiraz & Cabernet Sauvignon „Réserve“ | 14,5%/27,-€
90 2019 Merlot „Grand Vintage“ | 14,5%/45,-€
90 2019 Cabernet Franc „Grand Vintage“ | 14,5%/45,-€
90 2019 Petit Verdot „Grand Vintage“ | 14,5%/53,-€
89 2019 Malbec „Grand Vintage“ | 14,5%/53,-€

Lagen

Rotenstein (Westhofen)
Hasenlauf (Bermersheim)
Hubacker (Dalsheim)
Höllenbrand (Gundersheim)

Rebsorten

Weiße Burgundersorten & Chardonnay (30%)
Rote Bordeauxsorten (25%)
Sauvignon Blanc (15%)
Riesling (15%)
Spätburgunder (10%)
Chenin Blanc (2%)

★★★

Petri

Kontakt
Weinstraße 43
67273 Herxheim am Berg
Tel. 06353-2345
Fax: 06353-4181
www.weingut-petri.de
info@weingut-petri.de

Besuchszeiten
Mo.-Fr. 9-12 + 13:30-18 Uhr
Sa. 10-12 + 13:30-17 Uhr
So. + feiertags geschlossen
Gutsausschank Petri
(Weinstraße 79, 67273
Herxheim am Berg)

Inhaber
Familie Petri
Kellermeister
Philipp Petri
Rebfläche
22 Hektar
Produktion
180.000 Flaschen

Als Gerd Petri das Weingut 1977 von seinem Vater übernahm, wurde noch die komplette Ernte als Fassware vermarktet. Inzwischen wird alles über die Flasche verkauft. Die Weinberge liegen in den Herxheimer Lagen Himmelreich und Honigsack, aber auch im Kallstadter Saumagen. Wichtigste Rebsorte ist Riesling, der gut zwei Fünftel der Weinberge einnimmt. Hinzu kommen vor allem Spätburgunder und Grauburgunder, aber auch Weißburgunder, Chardonnay, St. Laurent und Portugieser. Cabernet Cubin, Merlot und Frühburgunder vervollständigen das Programm. Die Rotweine werden alle im Holzfass ausgebaut, ebenso wie die meisten Rieslinge. 80 Prozent der Weine werden trocken ausgebaut. Die Söhne Maximilian und Philipp, die die mittlerweile 14. Generation im Weingut sind, hatten in den vergangenen Jahren einzelne Weine in ihrer eigenen Linie erzeugt. Für den Jahrgang 2018 waren sie erstmals komplett verantwortlich.

Kollektion

Auch wenn Riesling weiterhin die Nummer Eins im Weingut Petri ist, stehen in diesem Jahr zwei andere Rebsorten an der Spitze des Sortiments: Der Kirchenstück-Spätburgunder zeigt dunkle Frucht, Schwarzkirsche, etwas Pflaume, kräutrige Würze und dezente Röstnoten, ist kraftvoll, besitzt eine gute Struktur und Länge, ein gelungenes Debüt dieses Einzellagen-Spätburgunders. Genauso stark ist der Chardonnay PM, er zeigt deutliche Röstnoten, Kokos und Honigmelone, besitzt am Gaumen feine Zitrusnoten, ist kraftvoll, harmonisch und um einiges nachhaltiger als der zweite, ebenfalls von deutlichen Röstnoten geprägte Chardonnay. Der Riesling „Horn" ist schlank, herb und nachhaltig, besitzt feinen kreidig-steinigen Grip, der Goldberg-Riesling ist etwas deutlicher in der Frucht, ist ebenfalls schlank, animierend, elegant und leicht salzig, der Saumagen besitzt animierende Zitrusnoten, ist leicht kalkig und kräutrig und etwas ausdrucksstärker als die trockene Honigsack-Spätlese.

Weinbewertung

82 2021 Riesling trocken (1l) | 12%/5,60€
84 2021 Riesling Kabinett trocken Herxheimer Honigsack | 11,5%/5,90€
86 2021 Riesling Spätlese trocken Herxheimer Honigsack | 12%/7,80€
87 2021 Riesling Spätlese trocken Kallstadter Saumagen | 12%/9,20€
86 2020 Sauvignon Blanc trocken „Fumé Blanc PM" | 13%/13,30€
87 2020 Chardonnay trocken | 13%/11,80€
88 2021 Riesling trocken Am Goldberg | 11%/14,30€
88 2021 Riesling trocken Saumagen „Horn" | 12%/14,30€
89 2019 Chardonnay trocken „PM" | 13,5%/25,50€
84 2021 Riesling Kabinett | 8,5%/6,70€
85 2020 Frühburgunder trocken „Pinot Madeleine" | 13,5%/7,70€
89 2020 Spätburgunder trocken Herxheimer Kirchenstück | 14%/30,-€

★★★

Karl Pfaffmann

Kontakt
Allmendstraße 1
76833 Walsheim
Tel. 06341-96913-0
Fax: 06341-96913-20
www.karl-pfaffmann.de
info@karl-pfaffmann.de

Besuchszeiten
Vinothek Nußdorfer Straße 2,
Mo.-Fr. 8-12 + 13-18 Uhr
Sa. 10-16 Uhr
So. & Feiertage geschlossen

Inhaber
Helmut & Markus Pfaffmann
Betriebsleiter
Markus Pfaffmann
Kellermeister
Markus Pfaffmann &
Bernhard Schwaab
Rebfläche
80 Hektar
Produktion
550.000 Flaschen

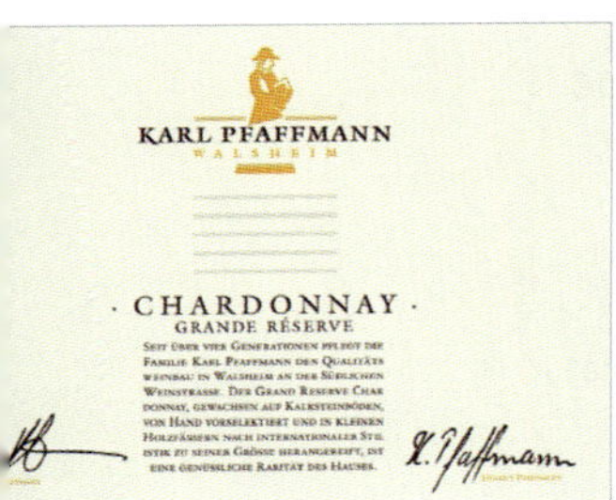

Etwa ein Drittel der Weinberge von Helmut Pfaffmann und Sohn Markus sind mit roten Reben bepflanzt, vor allem Spätburgunder, Dornfelder und Portugieser, aber auch Dunkelfelder, Sankt Laurent, Cabernet Sauvignon und Merlot. Wichtigste Weißweinsorte ist Riesling, gefolgt von Weiß- und Grauburgunder, Chardonnay, Müller-Thurgau, Silvaner, Huxelrebe und Gewürztraminer. Die Weinberge befinden sich in Walsheim, Nussdorf, Gleisweiler und Knöringen.

Kollektion

Den 2018er Jahrgang der roten Cuvée Lara finden wir noch einen Tick stärker als ihre Vorgänger, der Wein zeigt viel dunkle Frucht, Brombeeren, Pflaumen, etwas Mokka und röstige Würze im Bouquet, ist stoffig, konzentriert, aber harmonisch, mit reifen, noch jugendlichen Tanninen und gut integriertem Holz. Genauso stark ist der vor zwei Jahren schon einmal verkostete 2019er Chardonnay Grande Réserve, den wir jetzt einen Punkt höher bewerten, im eindringlichen Bouquet zeigt er Röstnoten und Aromen von Banane und Melone, ist am Gaumen kraftvoll, cremig und harmonisch mit feinen Zitrusnoten, frischer Säure und guter Länge. Der Grauburgunder Pauline zeigt leicht verhaltene Noten von Birne und Melone im Bouquet, die wir deutlicher auch am Gaumen vorfinden, wo der Wein Kraft, dezente Holzwürze und gute Länge besitzt, der Chardonnay vom Linzenbuckel besitzt ebenfalls gut eingebundenes Holz, Schmelz und klare Frucht mit Aromen von Ananas und Melone, während der Silberberg-Chardonnay nach Birne und Banane duftet, Fülle und Schmelz besitzt, der Riesling vom Silberberg zeigt Aromen von Ananas, grünem Apfel und kräutrige Würze und besitzt ein frisches Säurespiel und merkliche Restsüße. Komplettiert wird das Sortiment von der sehr fruchtbetonten, cremigen Riesling Auslese, die Noten von Aprikosenmark und Sanddorn im konzentrierten Bouquet zeigt und der ebenfalls fruchtbetonten, frischen Riesling Spätlese mit Aromen von Aprikose, Mango und Orangenschale.

Weinbewertung

83 2021 Sauvignon Blanc trocken | 12%/7,30€
85 2021 Riesling trocken „Selection“ Walsheimer Silberberg | 13,5%/9,90€
84 2021 Weißburgunder trocken „Selection“ Knöringer Hohenrain | 13,5%/9,20€
86 2020 Chardonnay trocken „Selection“ Walsheimer Linzenbuckel | 13,5%/11,90€
85 2021 Chardonnay trocken „Selection“ Walsheimer Silberberg | 13,5%/9,20€
88 2020 Grauburgunder trocken „Réserve“ „Pauline“ Walsheimer Silberberg | 13,5%/16,-€
89 2019 Chardonnay trocken „Grande Réserve“ Walsheimer Silberberg | 13,5%/21,90€
85 2021 Riesling Spätlese Walsheimer Silberberg | 10%/9,-€
87 2021 Riesling Auslese Walsheimer Silberberg | 9,5%/8,80€/0,375l
84 2019 Spätburgunder trocken „Selection“ Walsheimer Silberberg | 14,5%/11,60€
89 2018 Cabernet Sauvignon & Merlot trocken „Grande Réserve“ „Lara“ | 14,5%/21,90€

★★½

Thomas Pfaffmann

Kontakt
Lindenbergstraße 36
76829 Landau-Nußdorf
Tel. 06341-969187
Fax: 06341-969188
www.vinopan.de
info@vinopan.de

Besuchszeiten
Mo.-Fr. 9-12 + 14-18 Uhr
Sa. 9-18 Uhr

Inhaber
Thomas Pfaffmann
Rebfläche
12 Hektar

Theobald Pfaffmann wollte seine Weine nicht mehr länger an den Handel abgeben und hat deshalb 1983 mit der Selbstvermarktung begonnen. Nach seiner Ausbildung zum Weinbautechniker und Praktika in Frankreich und Australien ist Sohn Thomas seit 2003 im heimischen Betrieb tätig und seitdem für den Ausbau der Weine verantwortlich. 2016 hat er den Betrieb von seinen Eltern übernommen und den alten Namen, Weingut Theobald Pfaffmann, in Wein.Gut. Pan Thomas Pfaffmann geändert. Die Familie baut zu 60 Prozent weiße und zu 40 Prozent rote Sorten an. Die Rotweine werden maischevergoren und in Holzfässern, auch Barriques, ausgebaut. Die Weine werden überwiegend trocken angeboten.

Kollektion

Sein Sektangebot ergänzt Thomas Pfaffmann mit einem 120 Monate auf der Hefe ausgebauten Chardonnay, er zeigt feine Reifenoten, Aprikose, Quitte und etwas Gebäck im Bouquet und besitzt eine leicht cremige Textur, aber auch ein lebendiges Säurespiel und guten Grip. Auch der Pan-Pinot-Sekt ist von feinen Reifenoten geprägt, besitzt gute Konzentration, Schmelz und Länge, der Pan-Rosé ist etwas fülliger, besitzt klare Kirschfrucht und eine dezente Süße. Der „Pan Noir" zeigt viel dunkle Frucht, Mokka und Lakritze im Bouquet, ist kraftvoll, besitzt noch jugendliche Tannine und ist etwas nachhaltiger als der ebenfalls kraftvolle, von Aromen von Sauerkirsche, Gewürznelke und Mokka geprägte Pinot Noir. Bei den Weißen liegen drei Weine gleichauf auf sehr gutem Niveau, der Weißburgunder „Zeit Los" zeigt deutliche Holzwürze, ist kraftvoll mit klarer gelber Frucht, beim Riesling „Zeit Los" ist das Holz dezenter und lässt auch Raum für Aromen von gelbem Apfel und Ananas, am Gaumen besitzt er Grip und Länge und der Sauvignon Blanc Fumé zeigt sehr dezente Röstnoten und viel gelbe Frucht, ist saftig und frisch.

Weinbewertung

89 2011 Chardonnay „Blanc de Blancs" Sekt brut | 12,5%
87 2014 „Pan" Rosé Sekt brut | 12,5%/19,-€
88 2014 „Pan" Pinot Sekt brut | 12,5%/19,-€
81 2021 Riesling trocken (1l) | 11,5%/6,-€
84 2021 Riesling trocken „Kalkmergel" | 12%/8,50€
83 2021 Riesling trocken „Hirschen" | 11,5%/8,50€
85 2021 Chardonnay trocken | 12,5%/11,-€
87 2020 Riesling trocken „Zeit Los" | 12,5%/17,-€
87 2021 Sauvignon Blanc trocken „Fumé" | 12,5%/14,-€
87 2020 Weißer Burgunder trocken „Zeit Los" | 14%/17,-€
87 2019 Pinot Noir trocken | 13,5%/21,-€
88 2018 „Pan Noir" Rotwein trocken | 14%/20,-€

WEIN.GUT.PAN
NUSSDORF

★★★★

Pfeffingen – Fuhrmann-Eymael

Kontakt
Pfeffingen 2, 67098 Bad Dürkheim-Pfeffingen
Tel. 06322-8607
Fax: 06322-8603
www.pfeffingen.de
info@pfeffingen.de

Besuchszeiten
Mo.-Fr. 8-12 + 13-18 Uhr
Sa. 9-12 + 13-16 Uhr

Inhaber
Doris Eymael, Jan Eymael
Betriebsleiter
Jan Eymael
Kellermeister
Rainer Gabel
Rebfläche
17 Hektar
Produktion
120.000 Flaschen

Das Weingut Pfeffingen hat seinen Namen vom gleichnamigen Bad Dürkheimer Ortsteil, der zwischen 500 und 600 n. Chr. gegründet wurde und Ausgangspunkt für die Besiedlung der Gegend war. Die Familie betreibt seit rund 250 Jahren Weinbau in der Pfalz, 1991 übernahm Doris Eymael das Weingut von ihrem Vater Karl Fuhrmann, seit 2002 leitet ihr Sohn Jan nach seinem Geisenheim-Studium und Auslandspraktika in Kalifornien, Bordeaux und Australien den Familienbetrieb. In den letzten Jahren wurden die Weinberge umstrukturiert, Riesling bleibt mit einem Anteil von 55 Prozent die wichtigste Rebsorte, ein weiterer Schwerpunkt liegt bei Weißburgunder, Chardonnay und Spätburgunder, die zusammen auf 25 Prozent der Fläche stehen. Scheurebe ist seit mehr als 50 Jahren eine Spezialität des Weinguts, sie nimmt mittlerweile 15 Prozent der Fläche ein und wird in mehreren Varianten angeboten, trocken, im Holz ausgebaut, je nach Jahrgang als Auslese, Beerenauslese und Trockenbeerenauslese, oder auch als Sekt. Daneben gibt es noch etwas Silvaner, Gewürztraminer, St. Laurent und Cabernet Dorsa, zuletzt wurde Merlot gepflanzt. Als weitere Spezialität gibt es den Roten Riesling, vom Großvater als spontane Mutation im Weinberg entdeckt und von Jan Eymael gezielt weiter vermehrt, eine robuste, dickschalige Sorte, die etwas moderatere Säure als der Riesling aufweist. Das Sortiment ist vierstufig gegliedert in Gutsweine, Ortsweine und Weine aus Erster Lage und Großer Lage. Die drei Großen Gewächse stammen aus den besten Lagen des Weinguts, Herrenberg und Weilberg, die Rieslinge wachsen im Herrenberg in der von Sandsteinmauern und Hecken geschützten Teillage „Mardelskopf" (Kalkstein mit Löss-Lehm-Auflage) und im ein Hektar großen Herzstück des Weilbergs (Terra Rossa-Böden), der Weißburgunder stammt aus der Parzelle „Vogelsang" im Herrenberg. Der Riesling aus dem Ungsteiner Nussriegel (Buntsandstein, teilweise auch Lehmboden mit Kalksteinanteilen) fällt in die zweite VDP-Lagenkategorie, in die Kategorie Erste Lage. Nachdem Jan Eymael in den vergangenen Jahren in neue Stückfässer investiert hatte, stand 2018 ein Umbau im Keller an, in dessen Zuge ein neuer Barriquekeller eingerichtet wurde.

Kollektion

Wie schon im vergangenen Jahr sehen wir auch Jan Eymaels drei Große Gewächse aus dem Jahrgang 2021 wieder auf einem gleichmäßig hervorragenden Niveau: Der Weißburgunder vom Herrenberg zeigt ein sehr komplexes Bouquet, etwas Birne, florale und erdige Noten, dezente Holzwürze und Kokos, am Gaumen besitzt er feinen Schmelz, gut eingebundenes Holz, animierende Zitrusnoten, ist elegant und sehr nachhaltig, die beiden Rieslinge unterscheiden sich sehr deutlich, der Weilberg ist schlank und präzise, zeigt viel klare Frucht, Aprikose und Orangenschale, am Gaumen besitzt er leicht salzige Noten, ist druckvoll und nachhaltig, der Herrenberg besitzt weniger Frucht und mehr Kraft, zeigt kräutrig-mineralische Würze und etwas herbe Zitrusnoten, ist animierend und etwas druckvoller als der elegantere Weilberg. Auch die beiden trockenen Scheureben unterscheiden sich deutlich, der „SP" zeigt viel Holzwürze im Bouquet, Kokos und auch Zitrusnoten, am Gaumen ist das Holz aber gut eingebunden, der Wein besitzt Kraft und Schmelz, klare Frucht, Biss und Länge, die Ungsteiner Orts-Scheurebe ist dagegen schlank und frisch mit einem lebendigen Säurespiel und viel klarer Frucht mit Aromen von gelber Stachelbeere, Zitrusfrüchten und Holunderblüte. Der Riesling vom Nussriegel zeigt kräutrig-steinige Würze und klare, aber dezente Frucht, besitzt eine leicht cremige Textur und ein subtiles Säurespiel, der Chardonnay duftet nach Ananas und Melone, besitzt Schmelz, florale Würze, sehr dezentes Holz und gute Länge, der „Kalkstein"-Riesling zeigt leicht kreidige Noten und etwas grünen Apfel im Bouquet, ist kraftvoll und besitzt Grip, der Riesling „Ey mal 1" ist saftig, schlank, frisch und fruchtbetont mit Aromen von Aprikose, Pfirsich und Mango. Unter den beiden Rotweinen favorisieren wir knapp den Merlot, er zeigt dunkle Frucht, schwarze Johannisbeere, Pflaume, Brombeere und etwas Lakritze im Bouquet, besitzt Kraft, reife Tannine und eine kühle, kräutrige Würze, der Spätburgunder duftet nach Schwarzkirsche, Kräutern und Gewürznelke und besitzt am Gaumen Kraft, klare Frucht und eine gute Struktur.

Jan Eymael

Weinbewertung

85 2021 Riesling trocken „EY mal 1" | 12%/9,-€
87 2021 Scheurebe trocken Ungstein | 12%/13,-€
87 2021 Riesling trocken „Kalkstein" Ungstein | 13%/14,50€
88 2021 Riesling trocken Ungsteiner Nussriegel | 12%/19,-€
88 2021 Chardonnay trocken „SP" Ungstein | 13%/16,50€
89 2021 Scheurebe trocken „SP" Ungstein | 14%/18,-€
91 2021 Riesling „GG" Weilberg | 13%/30,-€
91 2021 Riesling „GG" Herrenberg | 13,5%/30,-€
91 2021 Weißburgunder „GG" Herrenberg | 13%/25,-€
88 2020 Spätburgunder „SP" trocken Ungstein | 13,5%/25,-€
89 2020 Merlot trocken „SP" Ungstein | 14%/18,50€

Lagen

Weilberg (Ungstein)
Herrenberg (Ungstein)
Nussriegel (Ungstein)

Rebsorten

Riesling (55%)
Scheurebe (15%)
Weißburgunder (10%)
Spätburgunder (10%)

Pfirmann

Kontakt
Wollmesheimer Hauptstraße 84
76829 Landau-Wollmesheim
Tel. 06341-32584
Fax: 06341-930066
www.weingut-pfirmann.de
info@weingut-pfirmann.de

Besuchszeiten
nur nach Vereinbarung

Inhaber
Jürgen Pfirmann
Betriebsleiter
Jürgen Pfirmann
Kellermeister
Jürgen Pfirmann
Rebfläche
15 Hektar
Produktion
80.000 Flaschen

Das Weingut Pfirmann wird heute in fünfter Generation von Jürgen Pfirmann geführt, der bereits seit seinem Abschluss zum Weinbautechniker 2001 für den Ausbau der Weine verantwortlich ist. Die Weinberge befinden sich in den Lagen Wollmesheimer Mütterle, Mörzheimer Pfaffenberg, Leinsweiler Sonnenberg und Ilbesheimer Kalmit. Wichtigste Rebsorten sind die weißen Burgundersorten, gefolgt von Riesling, Spätburgunder, Dornfelder, Sauvignon Blanc, Chardonnay, Gelbem Muskateller, Silvaner, Merlot und Cabernet Sauvignon. Das Programm ist gegliedert in Gutsweine, Terroirweine, Erste Lage und Große Lage, seit dem Jahrgang 2018 gibt es darüber noch zwei „Reserve"-Weine vom Weißburgunder und Sauvignon Blanc.

Kollektion

In Jürgen Pfirmanns ungewöhnlich kleiner Auswahl aus nur acht Weinen sind vier starke Exemplare seiner Paraderebsorte, dem Weißburgunder: Der Kalmit ist kraftvoll und konzentriert, zeigt klare Aromen von Birne und Aprikose, dazu dezente florale Noten, besitzt am Gaumen sehr dezenten Holzeinfluss, feine Zitrusnoten und guten Grip, ist animierend, leicht salzig und nachhaltig, der Am Zollstock ist im Bouquet zunächst leicht verhalten, besitzt am Gaumen ein lebendiges Säurespiel und animierende Zitrusnoten, ist elegant und harmonisch, Kalkmergel und Landschneckenkalk liegen auf einem Niveau, der Landschneckenkalk ist etwas offener im Bouquet mit Aromen von Birne und Zitrusfrüchten, ist präzise und harmonisch, besitzt Grip und gute Länge, der „Kalkmergel" zeigt etwas florale Noten im leicht verhaltenen Bouquet, besitzt dann am Gaumen aber klare gelbe Frucht, Aprikose, Birne, Ananas, und ebenfalls gute Länge. Auch bei den Rieslingen bewerten wir die beiden Weine von den unterschiedlichen Kalkformationen gleich, der Landschneckenkalk besitzt viel klare Frucht, Aprikose, Orange, ein animierendes Säurespiel und leicht kalkigen Grip, der Kalkmergel ist noch etwas verschlossener, besitzt ebenfalls guten Grip, Frische und dezente Frucht. Der Chardonnay zeigt deutliche Röstnoten und Kokos, besitzt Schmelz und Frische und der Spätburgunder duftet intensiv nach roten Johannisbeeren, besitzt noch leicht jugendliche Tannine und etwas kräutrige Würze.

Weinbewertung

87 2021 Riesling trocken „Kalkmergel" | 12,5%/9,50€
87 2021 Riesling trocken „Landschneckenkalk" | 12,5%/9,50€
87 2021 Weißer Burgunder trocken „Kalkmergel" | 13%/9,50€
87 2021 Weißer Burgunder trocken „Landschneckenkalk" | 13%/9,50€
87 2021 Chardonnay trocken Am Zollstock | 13%/12,50€
88 2021 Weißer Burgunder trocken Am Zollstock | 13%/12,50€
89 2021 Weißer Burgunder trocken Ilbesheimer Kalmit | 13,5%/18,-€
86 2020 Spätburgunder trocken „Kalkmergel" | 13,5%/10,50€

★★★

Pflüger

Kontakt
Gutleutstraße 48
67098 Bad Dürkheim
Tel. 06322-63148
Fax: 06322-66043
www.weingut-pflueger.de
info@pflueger-wein.de

Besuchszeiten
Mo.-Fr. 9-12 + 14-18 Uhr
Sa. 10-15 Uhr

Inhaber
Familie Pflüger
Betriebsleiter
Alexander Pflüger
Kellermeisterin
Ina Schwarzbach
Rebfläche
38 Hektar
Produktion
400.000 Flaschen

Alexander Pflüger ist nach seinem Abschluss als Ingenieur für Weinbau und Önologie 2007 ins väterliche Weingut eingestiegen, im Jahr 2010 übernahm er zusammen mit seiner Frau Aline die Verantwortung im Betrieb. Das Weingut arbeitet seit über 20 Jahren biologisch und biodynamisch, ist Mitglied bei Ecovin und Demeter. Die Weinberge liegen in den Dürkheimer Lagen Michelsberg, Spielberg, Fuchsmantel und Fronhof, im Ungsteiner Herrenberg und jetzt auch im Königsbacher Ölberg. Wichtigste Rebsorte ist mit 38 Prozent Flächenanteil der Riesling, daneben gibt es 12 Prozent Spätburgunder, je 10 Prozent Weißburgunder, Chardonnay und Sauvignon Blanc, 5 Prozent Gewürztraminer und noch einige andere Sorten.

Kollektion

Gleich fünf verschiedene Pinot Noir hat uns Alexander Pflüger in diesem Jahr zur Verkostung geschickt, alle sind sehr elegant und ganz klar im Fruchtausdruck: Der Herrenberg besitzt nicht nur das vielschichtigste Bouquet mit Noten von Schwarzkirsche, Hagebutte, Rauch, etwas Gummi und Kräutern, er ist auch am Gaumen der strukturierteste und nachhaltigste der Fünf, besitzt eine feine, frische Säure und reife, noch leicht spürbare Tannine. Der Ölberg ist etwas dunkler in der Frucht, zeigt auch dezente Noten von Kräutern und Schokolade, besitzt ebenfalls eine gute Struktur, der Fronhof zeigt neben dunkler Kirschfrucht auch Beerennoten, ist am Gaumen frisch mit einem sehr dezenten Holzeinsatz. Unter den Weißweinen ist der Riesling vom Michelsberg unser Favorit, im Bouquet ist er mit Noten von Kräutern und einem Hauch Holz noch etwas verhalten, dreht dann aber am Gaumen mit guter Konzentration, leicht cremiger Textur und salzigen Noten richtig auf, ist nachhaltig und druckvoll, der Spielberg-Riesling besitzt ein lebendiges Säurespiel, ist füllig und fruchtbetont mit Aromen von Aprikose und Orangenschale.

Weinbewertung

87 „Cuvée Sophie Helene" Sekt brut | 12%/18,-€
84 2021 Riesling trocken „Buntsandstein" | 12,5%/9,-€
84 2021 Sauvignon Blanc trocken „Quarzit" | 12%/9,50€
83 2021 Weißburgunder trocken „Quarzit" | 12,5%/9,-€
86 2021 Riesling trocken „Tradition" | 12,5%/12,50€
87 2021 Riesling trocken Dürkheimer Spielberg | 13%/17,50€
89 2020 Riesling trocken Dürkheimer Michelsberg | 12,5%/21,-€
84 2020 Pinot Noir trocken „Buntsandstein" | 13%/9,50€
86 2020 Pinot Noir trocken „Tradition" | 13%/14,50€
88 2020 Pinot Noir trocken Dürkheimer Fronhof | 13%/19,-€
89 2020 Pinot Noir trocken Königsbacher Ölberg | 13%/24,-€
90 2020 Pinot Noir trocken Ungsteiner Herrenberg | 13%/28,-€

Kloster Pforta

Kontakt
Landesweingut Kloster Pforta
Saalberge 73
06628 Bad Kösen
Tel. 034463-3000
Fax: 034463-30025
www.kloster-pforta.de
service@kloster-pforta.de

Besuchszeiten
Vinothek Schulpforte (Schulstraße 8, Naumburg-Schulpforte) täglich von 10-18 Uhr
Weinstube
Fr.-Di. 11-18 Uhr
Saalhäuser Weinstuben, Ferienwohnung Dionysius

Inhaber
Landgesellschaft Sachsen-Anhalt
Betriebsleiter
Philipp Kollmar
Kellermeister
Maximilian Handt
Außenbetrieb
Jens Eckner
Rebfläche
50 Hektar
Produktion
320.000 Flaschen

KLOSTER PFORTA
LANDESWEINGUT

Das Zisterzienser-Kloster Pforta wurde 1137 gegründet, mit dieser Gründung begann der Weinbau in der Region. Bereits Mitte des 12. Jahrhunderts wurde der zwischen Bad Kösen und Schulpforte gelegene Köppelberg von Mönchen mit Reben bepflanzt (urkundlich belegt erstmals 1154). Das heutige Landesweingut Kloster Pforta, 1993 vom Land Sachsen-Anhalt gegründet, ist heute Besitzer dieser Reben am Köppelberg. Es ist ein Muster- und Demonstrationsweingut, das den bestehenden und künftigen Weinbau an Saale und Unstrut fördern soll. Neben dem Köppelberg (Muschelkalk) besitzt man die weiteren Monopollagen Saalhäuser (Muschelkalk) und Gosecker Dechantenberg (roter Buntsandstein), ist vertreten im Eulauer Heideberg und im Naumburger Paradies (tiefgründige Lösslehmböden). Bei den weißen Rebsorten dominieren Weißburgunder, Müller-Thurgau, Silvaner, Riesling, Traminer, Gutedel, Blauer Silvaner, Weißer Heunisch und Elbling. An roten Sorten (30 Prozent der Fläche), gibt es Portugieser und Spätburgunder, dazu André und recht viel Zweigelt, der bereits seit 1983 angebaut wird.

Kollektion

Der 2020er Saalhäuser Weißburgunder und der 2019er Dechantenberg-Riesling standen im vergangenen Jahr an der Spitze der Weißweine, und das ist auch in diesem Jahr wieder so, wobei sich der zitrusduftige 2021er Saalhäuser Riesling hier einreiht, der kraftvoll und zupackend ist. Noch etwas mehr Druck und Substanz besitzt der als Tankprobe verkostete Dechantenberg-Riesling, zeigt Konzentration, viel reife Frucht, gelbe Früchte, ist füllig, kompakt, leicht mineralisch, ein noch jugendlicher, vielversprechender Wein. Der Saalhäuser Weißburgunder zeigt reintönige Frucht, ist füllig, kompakt, strukturiert, ebenfalls noch etwas verschlossener – die 2021er Weine brauchen eben etwas Zeit. Auch die würzigen, zupackenden weißen Gutsweine überzeugen, und dies gilt auch für den geradlinigen roten André. Im roten Segment punktet Kloster Pforta wieder einmal mit Zweigelt, der 2020er Saalhäuser ist würzig, zupackend, der rauchige, konzentrierte 2019er Alte Reben ist noch kraftvoller.

Weinbewertung

82 2021 Auxerrois trocken | 10,5%/9,90€
83 2021 Bacchus trocken | 11%/9,90€
83 2021 Riesling trocken | 12%/9,90€
84 2021 Weißer Burgunder trocken Saalhäuser | 11%/13,50€
84 2021 Riesling trocken Saalhäuser | 11,5%/16,90€
(85+) 2021 Weißer Riesling trocken Gosecker Dechantenberg | 12%/17,90€
82 2021 André trocken | 12,5%/9,90€
84 2020 Blauer Zweigelt trocken Saalhäuser | 12%/13,50€
86 2019 Blauer Zweigelt trocken „Alte Reben" Saalhäuser | 12,5%/18,90€

★★☆

Philipps-Eckstein

Kontakt
Panoramastr. 11
54470 Graach
Tel. 06531-6542
Fax: 06531-4593
www.weingut-philipps-eckstein.de
info@weingut-philipps-eckstein.de

Besuchszeiten
täglich 12:30-18 Uhr
Gästehaus (8 Doppelzimmer, 1 Einzelzimmer), Vinothek, Winzerwirtschaft (60 Sitzplätze, Fr. 17-22 Uhr, Sa. 13-22 Uhr, So. 13-20 Uhr)

Inhaber
Patrick Philipps
Betriebsleiter
Patrick Philipps
Kellermeister
Patrick Philipps
Außenbetrieb
Patrick Philipps, Patrick Thiesen
Rebfläche
7 Hektar
Produktion
55.000 Flaschen

Hans und Gisela Philipps bewirtschafteten seit 1969 einen knappen Hektar Reben im Nebenerwerb. 1987 wagten sie den Schritt in die Selbständigkeit und eröffneten im Graacher Ortsteil Schäferei eine Weinstube mit Winzerwirtschaft und einem Gästehaus mit 17 Betten. Zehn Jahre später stieg Sohn Patrick in den Betrieb ein, den er heute mit Ehefrau Michaela führt; Patrick Philipps ist auch Kellermeister und führt gemeinsam mit Patrick Thiesen den Außenbetrieb. Die Rebfläche ist mittlerweile auf 7 Hektar gestiegen. Die Weinberge befinden sich vor allem in den Graacher Lagen Domprobst und Himmelreich, hinzu kommen Parzellen in der Bernkasteler Lay, im dortigen Mattheisbildchen und in der Zeltinger Sonnenuhr. Riesling nimmt das Gros der Weinberge ein, dazu gibt es noch etwas Weißburgunder, Spätburgunder, Grauburgunder und Chardonnay.

Kollektion

Bei den trockenen Weinen hat das Weingut in den letzten Jahren deutlich zugelegt, auch 2021 überzeugen die mit wenig Zucker abgefüllten Rieslinge mit ihrer geradlinigen, festen, animierenden Art. Etwa der Kabinett, der eine kühle, ruhige Steinobstfrucht aufweist und im Mund stoffig, aber doch fein ist. Die trockene Domprobst-Spätlese wirkt offen, ist straff und würzig, ihr Pendant von alten Reben wirkt dagegen verschlossener, ist im Mund aber herrlich zupackend mit mineralischer Struktur und viel Würze: ein sehr stimmiger Wein. Auch die Lay-Spätlese ist stimmig: frisch, kühl und animierend, schlank und ausgewogen. Deutliche Unterschiede bestehen zwischen dem kühlfruchtigen feinherben Kabinett (Zitrus- und Mirabelle in der Nase, fein und elegant) und der spontanvergorenen, mit deutlichen Hefenoten aufwartenden feinherben Spätlese, deren Süße sehr gut integriert wirkt; dazwischen ordnet sich die saftige „normale" Spätlese ein. Rassig wirkt der Kabinett aus dem Himmelreich, straff und kühl mit vergleichsweise niedriger Süße die Himmelreich-Spätlese, etwas unruhig wirkt die Laurine-Spätlese, im Mund ist sie herrlich zupackend.

Weinbewertung

86 2021 Riesling Kabinett trocken Graacher Domprobst | 11%/9,50€
86 2021 Riesling Spätlese trocken Bernkasteler Lay | 11,5%/11,-€
87 2021 Riesling Spätlese trocken Graacher Domprobst | 12%/11,-€
87 2021 Riesling Spätlese trocken „Alte Reben" Graacher Domprobst | 11,5%/12,50€
85 2021 Riesling Kabinett „feinherb" Graacher Domprobst | 11%/9,50€
87 2021 Riesling Spätlese „feinherb" Graacher Domprobst | 10,5%/12,-€
88 2021 Riesling Spätlese „feinherb spontan" Graacher Himmelreich | 10,5%/11,-€
86 2021 Riesling Kabinett Graacher Himmelreich | 9%/9,50€
87 2021 Riesling Kabinett „Alte Reben" Graacher Domprobst | 8%/9,50€
87 2021 Riesling Spätlese** Graacher Himmelreich | 8,5%/11,-€
89 2021 Riesling Spätlese „Laurine" Graacher Domprobst | 8%/12,-€ ☺

★★★

Philipps-Mühle

Kontakt
Gründelbach 49
56329 St. Goar
Tel. 06741-1606, Fax: -981838
www.philipps-muehle.de
info@philipps-muehle.de

Besuchszeiten
Weingut täglich 10-18 Uhr;
Vinothek & Wein-Café an der Loreley täglich 10-18 Uhr (April bis Ende Okt.)

Inhaber
Thomas & Martin Philipps
Kellermeister
Martin Philipps
Rebfläche
6,5 Hektar
Produktion
40.000 Flaschen

Martin und Thomas Philipps rücken den Weinbau mehr und mehr in den Mittelpunkt der alten Getreidemühle, der ein Hofladen und eine Winzerschenke angeschlossen sind. Thomas Philipps studierte in Geisenheim Önologie, sein Bruder Martin machte eine Winzerlehre beim Weingut Toni Jost, studierte anschließend ebenfalls in Geisenheim. Sie haben die Rebfläche binnen kurzer Zeit von 0,3 Hektar auf die heutige Größe erweitert, möchten weitere Brachflächen rekultivieren. Ihre Weinberge liegen vor allem in den St. Goarer Lagen Frohwingert und Ameisenberg, aber auch im Urbarer Beulsberg und in Ober- und Niederheimbach. Sie bauen 75 Prozent Riesling und 10 Prozent Müller-Thurgau an, dazu etwas Weißburgunder, Spätburgunder und Roter Riesling. Das Sortiment ist in drei Linien gegliedert: Das Basissegment Steilhang, das Mittelsegment trägt den Namen der Großlage St. Goarer Burg Rheinfels und das Premiumsegment mit den Weinen aus den St. Goarer Einzellagen.

Kollektion

Wieder einmal eine sehr gelungene, individuelle Kollektion. Der Alkohol ist niedriger als in den Vorjahren, was sich besonders bei den Lagenweinen in mehr Feinheit und Frische bemerkbar macht. Den Einstieg machen zwei trockene Weißweine mit 11 Prozent. Der Müller-Thurgau ist schlank und frisch, angenehm würzig und fein saftig. Der trockene „Steilhang" Riesling agil und geradlinig, ein herb-frischer Charakter mit Grip. Die Highlights der Kollektion sind die beiden trockenen Lagenrieslinge aus 2020, die beide mit einen hohen Anteil von Neuholz (ein Drittel beim Burg Rheinfels, zwei Drittel beim Frohwingert) ausgebaut wurden. Ersterer ist straff und kühl, hat aber auch feinen Schmelz, der von Holz diskret gestützt wird. Beim Frohwingert macht sich das Holz deutlicher bemerkbar, er ist auch wesentlich konzentrierter, dabei sehr saftig und frisch, druckvoll und lang. Man darf gespannt sein, wie er sich entwickelt. Sehr schön gelungen ist der würzige halbtrocken Rheinfels Riesling, der ordentlich Biss hat. Der Rieslingsekt aus dem Jahrgang 2018 gibt die Fülle des Jahrgangs bestens wieder, ist eigenwillig würzig.

Weinbewertung

87 2018 Riesling Sekt brut | 12,5%/13,50€
85 2021 Müller-Thurgau trocken | 11%/9,-€
83 2021 Weißburgunder trocken | 11,5%/9,-€
86 2021 Riesling trocken „Steilhang" | 11%/9,-€
87 2020 Riesling trocken St. Goarer Burg Rheinfels | 12%/12,-€
88 2020 Riesling trocken St. Goarer Frohwingert | 12,5%/17,-€
85 2021 Riesling halbtrocken „Steilhang" | 10,5%/9,-€
87 2020 Riesling halbtrocken St. Goarer Burg Rheinfels | 11%/12,-€
86 2021 Riesling „lieblich" „Steilhang" | 9,5%/9,-€

★★

Pichterhof

Kontakt
Königsstraße 44
54538 Kinheim
Tel. 06532-2284
info@pichterhof.de
www.pichterhof.de

Besuchszeiten
Mo.-Sa. 9-17 Uhr
So. nach Vereinbarung

Inhaber
Nico & Susanne Kaufmann
Betriebsleiter
Nico Kaufmann
Kellermeister
Nico Kaufmann
Außenbetrieb
Nico Kaufmann
Rebfläche
3,5 Hektar
Produktion
20.000 Flaschen

Das Kinheimer Weingut wird von Nico Kaufmann und seiner Frau Susanne geleitet. Im Jahr 2007, mit nur 21 Jahren, übernahm der Winzer den Familienbetrieb, der seine Tradition bis auf das Jahr 1791 zurückverfolgen kann. Riesling macht nur 40 Prozent der heute 3,5 Hektar umfassenden Rebfläche aus, dafür sind die Burgundersorten stark vertreten. Der Grauburgunder mit 10 Prozent, der Weißburgunder mit gleichem Anteil, der Spätburgunder gar mit 20 Prozent, und auf immerhin fünf Prozent der Fläche wächst der Gelbe Muskateller. Alle Rieslingweine stammen aus der Steillage Kinheimer Hubertuslay und werden selektiv geerntet und spontan vergoren. Auch der Spätburgunder wächst im Steilhang der Hubertuslay und liegt vor der Abfüllung fünfzehn Monate im Holzfass. Der erste jemals im Weingut gelesene Eiswein wurde am 21. Januar 2019 eingebracht.

Kollektion

Die Weine des Weinguts Pichterhof sind stets saftig und zupackend. Der trockene Schaumwein aus dem Jahrgang 2020 besitzt eine klare, hefige, aber auch leicht exotische Aromatik und ist angemessen dosiert; wer Sekte mit einer gewissen Fruchtreife schätzt, ist hier an der richtigen Stelle. Der trockene Muskateller aus dem Jahrgang 2021 ist dagegen sortentypisch, merklich floral mit einem Hauch von Aprikose, er wirkt im Mund schön fest und würzig, besitzt eine gut passende Säure. Ein guter Hinweis darauf, dass dieser Sorte an der Mosel einiges zuzutrauen ist. Der trockene Prestigeriesling ist offen mit Anklängen an Mirabelle, Hefe und Kräuter, im Mund schön fest, aber auch mit einer gewissen Fülle ausgestattet. Eher verhalten wirkt der Traditionsriesling, eine feinherbe, eher schlanke Spätlese. Verhalten in der Nase ist auch der edelsüße Goldriesling, etwas vom Schwefel beeinflusst, im Mund zupackend, deutlich süß, aber dennoch auf der rassigen Seite. Die bei minus sechs Grad gelesene und folglich nicht als Eiswein zu klassifizierende Auslese namens Nachtlese ist kühl in der Nase, im Mund straff, erfrischend; fein und klar, auch leicht cremig ist die Beerenauslese, die im Mund schön saftig und dank der Säure animierend wirkt.

Weinbewertung

84 2020 Riesling Sekt trocken | 12%/10,50€
84 2021 Gelber Muskateller trocken | 10,5%/8,20€/0,5l
86 2021 Riesling Spätlese trocken „Prestige“ | 11,5%/7,30€
84 2021 Riesling Spätlese „feinherb“ „Tradition“ | 10,5%/7,30€
86 2021 Riesling Spätlese „Emotion“ | 8,5%/7,30€
87 2021 Riesling Auslese „Gold“ | 7,5%/9,90€
88 2021 Riesling Auslese „Nachtlese“ | 7,5%/11,90€/0,5l
88 2021 Riesling Beerenauslese „Edition N“ | 7,5%/15,90€/0,5l

★★★

Pieper

Kontakt
Hauptstraße 458
53639 Königswinter
Tel. 02223-22650
Fax: 02223-904152
www.weingut-pieper.de
info@weingut-pieper.de

Besuchszeiten
Weinverkauf und Gutsausschank im Jesuiter Hof in Königswinter Di./Mi./Fr./Sa. ab 16.30 Uhr, So. ab 12 Uhr
Vinothek & Hotel am Drachenfels, Gutausschank Jesuiter Hof

Inhaber
Adolf Wilhelm Pieper & Felix Pieper
Betriebsleiter/ Kellermeister/ Außenbetrieb
Felix Pieper
Rebfläche
9 Hektar
Produktion
75.000 Flaschen

Das Weingut Pieper ist mit 9 Hektar Reben das größte Weingut in Nordrhein-Westfalen. Die Weinberge von Adolf Wilhelm Pieper und Sohn Felix liegen in Königswinter und Rhöndorf am Fuß des Drachenfels, der im Siebengebirge liegt, sind überwiegend süd- und südwest-exponiert. Der Boden besteht aus kalireichem Trachytgestein und tonhaltiger Grauwacke, der Steinanteil ist hoch. Trachyt ist eine besondere geologische Formation, ein vulkanisches Ergussgestein. Neben zehn weißen Sorten werden zwei rote Sorten angebaut. Felix Pieper hat Weinbau und Önologie studiert und ist seit 2007 für den Weinausbau verantwortlich.

Kollektion

Wieder eine kaleidoskopartige Kollektion mit vielen unterschiedlichen Weinen. Der Crémant vereint cremige Textur mit saftiger Frucht und süßer Würze zu einer barocken, dabei feinen Komposition. Der Grüne Veltliner ist originell, geradlinig und würzig, voll saftiger Frische. Der sehr trocken ausgebaute, würzige Chardonnay vereint Frische und wohldosierte Kraft, ist lang. Die trockenen Rieslinge sind würzig und kraftvoll. Der Rüdenet aus Königswinter ist geradlinig, besitzt mineralische Spannkraft und griffigen Gerbstoff, der knackige Domkaule Riesling ist saftiger, klingt mit diskreter Süße nach. Der Septimontium an der Spitze der trockenen Qualitäten ist noch individueller als im Vorjahr, ein exzentrischer Typ mit individueller Würze, saftigem Spiel und schalenherber Länge. Die Bewertung spielt bei diesem Wein keine Rolle – man mag ihn oder man mag ihn nicht. Offen ist der rasante feinherbe Riesling, der kraftvolle Kabinett Steingasse ist saftig, der Drachenlay-Kabinett zupackender, besitzt herb-frisches Spiel. Individuelle, feinduftige Aromen versprüht die Ehrenfelser Spätlese, die immens saftig ist. Aus dem Drachenfels kommt ein markanter, kraftvoller Spätburgunder mit viel Frische und Würze, der etwas Zeit braucht, in seiner direkten, unverstellten Art viel Freude bereitet.

Weinbewertung

88 2020 Crémant brut | 12,5%/18,-€
85 2021 Riesling trocken „Domkaule“ Rhöndorfer | 12,5%/9,-€
88 2021 Riesling „Septimontium“ Königswinterer Drachenfels | 12,5%/15,-€
86 2021 Riesling trocken „Rüdenet“ Königswinterer | 13%/8,50€
86 2021 Grüner Veltliner trocken Königswinterer Drachenfels | 13%/11,50€
88 2021 Chardonnay Barrique Königswinterer Drachenfels | 13,5%/15,50€
85 2021 Riesling „feinherb“ Rhöndorfer | 11%/8,50€
86 2021 Riesling Kabinett „Drachenlay“ Königswinterer Drachenfels | 8,5%/9,50€
86 2021 Riesling Kabinett „Steingasse“ Königswinterer Drachenfels | 9%/10,50€
86 2021 Riesling Spätlese Königswinterer Drachenfels | 12,5%/11,-€
87 2021 Ehrenfelser Spätlese Rhöndorfer Drachenfels | 8%/11,-€
87 2019 Spätburgunder trocken Barrique „Mönchenberg“ Drachenfels | 13%/15,50€

★★

Pieper Basler

Kontakt
Weierbächle 1&3, 77654
Offenburg-Zell-Weierbach
Tel. 0160-96863544
www.pieperbasler.de
weingut@pieperbasler.de

Besuchszeiten
nach Vereinbarung (im Weingut)
Verkauf in Buchhandlung Akzente (Lange Straße 44, Offenburg, Di.-Fr. 9:30-13:30 + 14:30-18 Uhr, Sa. 10-14 Uhr)

Inhaber
Kirsten Pieper &
Jochen Basler
Betriebsleiter
Jochen Basler
Kellermeister
Jürgen von der Mark &
Jochen Basler
Außenbetrieb
Jochen Basler
Rebfläche
5,5 Hektar
Produktion
35.000 Flaschen

PIEPER BASLER
REBMÄNNER SEIT 1797

Jochen Basler und Kirsten Pieper haben 2017 ihr eigenes Weingut gegründet, in einem alten unter Denkmalschutz stehenden Fachwerkhaus, das sie zum Weingut umgebaut haben. Jochen Baslers Vorfahren haben schon lange Weinbau in Zell-Weierbach betrieben, wo Weinbau seit 1242 urkundlich belegt ist, er selbst war zehn Jahre lang Geschäftsführer der Genossenschaft Zell-Weierbach bzw. nach deren Fusion mit der Genossenschaft in Gengenbach der neu gegründeten Weinmanufaktur Gengenbach-Offenburg. Die Weinberge liegen alle im Zell-Weierbacher Abtsberg, wo die Reben auf Granitverwitterungsböden wachsen und Jochen Basler und Kirsten Pieper vor allem die Burgundersorten anbauen: Spätburgunder nimmt mehr als ein Viertel der Weinberge ein, gefolgt von Viognier, Grauburgunder und Weißburgunder, dazu gibt es aber auch Riesling, Chardonnay, Sauvignon Blanc, Müller-Thurgau und Gewürztraminer. Das Sortiment ist gegliedert in die Linien Plaisir, Saveur und Idée. 2018 wurde die Rebfläche um 1,5 Hektar erweitert, in Kooperation mit Vincent Sipp wird ein Gewürztraminer in Riquewihr erzeugt.

Kollektion

Jochen Basler hatte den Jahrgang 2021 gut im Griff, das zeigen die Plaisir-Weine, die Frische und Frucht besitzen, gute Struktur und Grip. Der Sauvignon Blanc ist wunderschön reintönig, zeigt etwas florale Noten, der Chardonnay ist füllig, harmonisch, geradlinig. Noch mehr auf Frische und Frucht setzt der süffige Rosé, und auch der rotfruchtige 2019er Spätburgunder reiht sich ein in dieses Bild. Die 2020er Idee-Weine hatten wir im vergangenen Jahr schon als Fassproben verkostet, sie bestätigen den Eindruck des Vorjahres. Der Viognier ist opulent und üppig, besitzt viel Substanz, man merkt ihm aber auch ein wenig den hohen Alkohol an, was auch für den Weißburgunder gilt, der viel reife Frucht und Fülle besitzt, aber auch viel Wärme. Einen spannenden Kontrapunkt setzt da der Riesling Nature, der sehr offen und duftig im Bouquet ist, im Mund gute Struktur und Grip besitzt. Dieser Wein wurde nicht filtriert und ihm wurde kein Schwefel zugesetzt – Gleiches beim Spätburgunder Nature, der sich ähnlich offen im Bouquet präsentiert, im Mund ganz auf Struktur setzt. Spannend!

Weinbewertung

85 2021 Chardonnay trocken „Plaisir“ I 12%/9,-€
85 2021 Sauvignon Blanc trocken „Plaisir“ I 13%/9,50€
87 2020 Riesling trocken „Nature“ I 12%/16,-€
87 2020 Weißburgunder trocken „Idée“ I 14,5%/20,-€
86 2020 Viognier trocken „Idée“ I 14,5%/25,-€
83 2021 Rosé trocken „Plaisir“ I 11,5%/7,50€
83 2019 Spätburgunder trocken „Plaisir“ I 13,5%/9,50€
86 2020 Spätburgunder trocken „Nature“ I 13,5%/16,-€

Pieroth

Kontakt
Burg Layen 1
55452 Burg Layen
Tel. 06721-965310
www.pieroth-weingut.de
service@pieroth-weingut.de

Besuchszeiten
nach Vereinbarung

Inhaber
Pieroth Wein GmbH
Betriebsleiter
Dirk Friesenhahn
Kellermeister
Oliver Dries
Rebfläche
25 Hektar
Produktion
120.000 Flaschen

Seit 1675 ist die Familie Pieroth an der Nahe zu Hause, besitzt heute eines der größten Weinhandelsunternehmen Deutschlands, das zwischenzeitlich als WIV Wein International firmierte, seit einigen Jahren wieder den Namen Pieroth Wein trägt. Die Weinberge befinden sich in den Dorsheimer Lagen Pittermännchen und Goldloch, im Bingerbrücker Römerberg (in Alleinbesitz), im Rümmelsheimer Steinköpfchen sowie in den Burg Layer Lagen Rothenberg, Hölle und Johannisberg. Vor allem Riesling und Burgundersorten wie Grauburgunder, Weißburgunder und Pinot Noir) werden angebaut, dazu etwas Chardonnay, Sauvignon Blanc und Müller-Thurgau.

Kollektion

Eine umfangreiche Kollektion präsentiert das Weingut zum Debüt, mit spannenden Rieslingen an der Spitze. Da ist einmal die Trockenbeerenauslese aus dem Pittermännchen, die kandierte Früchte im Bouquet zeigt, viel Konzentration und Substanz im Mund besitzt. Dann der trockene Riesling aus dem Jahrgang 2019, das Große Gewächs, das leider keinen Lagennamen auf dem Etikett trägt, aus dem Bingerbrücker Römerberg stammt: Gute Konzentration und feine Reife im Bouquet, Fülle und Saft im Mund, viel reife Frucht und Substanz. Sehr gut ist auch der würzige 2020er Riesling aus der Burg Layer Hölle, ist klar, zupackend und strukturiert; auch als trockener, feinherber und süßer Ortswein kann Riesling überzeugen. An der Spitze der Burgunderfamilie steht der 2020er Weißburgunder aus dem Johannisberg, ist füllig und saftig, besitzt klare Frucht und Grip. Sehr gut ist auch der strukturierte 2019er Pinot Blanc Fumé, der 2020er Pinot Noir vom Burg Layer Rothenberg punktet mit Frische, Frucht und floralen Noten. Ein gutes Debüt!

Weinbewertung

79	2021 Weißburgunder trocken Burg Layer I 12,5%/16,90€
82	2021 Riesling trocken Burg Layer I 12,5%/16,90€
82	2020 Chardonnay trocken Burg Layer I 13,5%/18,90€
83	2021 Grauburgunder trocken Bingerbrücker I 13%/16,90€
83	2020 Sauvignon Blanc trocken Münster-Sarmsheimer I 12,5%/18,90€
85	2019 Pinot Blanc Fumé trocken I 12%/18,90€
86	2020 Weißburgunder trocken Burg Layer Johannisberg I 13,5%/23,90€
85	2020 Riesling trocken Burg Layer Hölle I 12,5%/23,90€
87	2019 Riesling trocken (Großes Gewächs) I 12,5%/33,-€
81	2021 Weißburgunder „feinherb“ Bingerbrücker I 12,5%/16,90€
84	2021 Riesling „feinherb“ Bingerbrücker I 12,5%/16,90€
83	2021 Riesling Münster-Sarmsheimer I 10,5%/16,90€
88	2021 Riesling Trockenbeerenauslese Dorsheimer Pittermännchen I 6%/0,375l/a.A.
85	2020 Pinot Noir trocken Burg Layer Rothenberg I 14%/26,90€

★★★

Pix

Kontakt
Eisenbahnstraße 19
79241 Ihringen
Tel. 07668-879
www.weingut-pix.de
info@weingut-pix.de

Besuchszeiten
Di.-Fr. 17-19 Uhr
Sa. 11-14 Uhr

Inhaber
Hannes Pix
Betriebsleiter
Hannes Pix
Rebfläche
8 Hektar

Die Weinberge, sowie 10 Hektar Acker und Wiesen wurden von Helga und Reinhold Pix seit 1984 nach den Bioland-Richtlinien bewirtschaftet, seit 2013 ist das Weingut Demeter-zertifiziert. Bereits seit dem Jahr 2012 war Sohn Hannes, Geisenheim-Absolvent, für Weinberge und Keller verantwortlich, im Jahr 2017 hat er das Weingut von seinen Eltern übernommen, führt es zusammen mit Ehefrau Sonja-Luisa, ebenfalls Geisenheim-Absolventin. Die Weinberge liegen alle in Ihringen in den Lagen Fohrenberg und Winklerberg. Die Burgundersorten dominieren im Anbau: Spätburgunder, Grauburgunder und Weißburgunder. Hinzu kommen Silvaner, Gewürztraminer, Riesling, Chardonnay, Scheurebe und Lemberger. Die Weine werden überwiegend durchgegoren ausgebaut, die Rotweine bleiben mindestens ein Jahr im Barrique. Das Programm ist in zwei Linien eingeteilt, Gutsweine und Selektion Pix.

Kollektion

Eine interessante und sehr eigenständige Kollektion präsentiert Hannes Pix in diesem Jahr. Der sehr gute Pinot-Sekt, eine Cuvée aus Spätburgunder und Weißburgunder, eröffnet den Reigen, zeigt rauchige Noten, ist harmonisch und saftig, besitzt gute Struktur, Frische und Grip. Die Gutsweine zeigen das gewohnt hohe, sehr gleichmäßige Niveau. Aus dem Jahrgang 2021 stammt der Silvaner, der würzig und eindringlich im Bouquet ist, frisch und zupackend im Mund. Ein Jahr älter ist der füllige, saftige Grauburgunder. Ebenfalls aus dem Jahrgang 2020 stammt der Chardonnay, der würzig und eindringlich im Bouquet ist, frisch und zupackend im Mund. Aus 2020 stammt auch der im Barrique ausgebaute Chardonnay Lotta, der sehr offen im Bouquet ist, konzentriert, herrlich viel Frucht und Substanz besitzt, gute Fülle und Saft. Sehr eigen ist in diesem Jahr der Kamikaze genannte Cabernet Carol, intensiv und offen, konzentriert und dominant – viel Stoff, aber auch viel Alkohol. Besser gefällt uns das Kamikätzchen, ein wunderschön frischer und fruchtbetonter Rosé, der klar und zupackend ist, gute Struktur und Grip besitzt – und mit seinen 11,5 Prozent ein Leichtgewicht ist. In die Kategorie Schwergewicht gehört dafür wieder der Spätburgunder, hat aber Struktur und Biss.

Weinbewertung

87 2020 Pinot Pix Brut | 12,5%/14,50€
84 2021 Grüner Silvaner trocken | 13%/8,50€
85 2020 Grauburgunder trocken | 12%/9,50€
85 2020 Chardonnay trocken | 13,5%/12,-€
88 2020 Chardonnay „Lotta“ | 13,5%/18,-€
86 2021 „Kamikätzchen“ Rosé trocken | 11,5%/8,50€
87 2018 Spätburgunder Selektion trocken | 15%/15,-€
83 Cabernet Carol trocken „Kamikaze“ | 15%/18,-€

WEINGUT PIX KAISERSTUHL

★★★☆

Plag

Kontakt
Leiberger Weg 1
75057 Kürnbach
Tel. 07258-234
Fax: 07258-9269561
www.weingut-plag.de
info@weingut-plag.de

Besuchszeiten
Mi. + Fr. 14-18 Uhr
Sa. 9-12 + 13-16 Uhr
und nach Vereinbarung
Besenwirtschaft
„Plag's Weinstube" (3 x im Jahr eine Woche)

Inhaber
Philipp Plag
Rebfläche
14 Hektar
Produktion
100.000 Flaschen

Reinhold Plag, der Urgroßvater des heutigen Besitzers, trat 1982 aus der Genossenschaft aus und begann mit der Selbstvermarktung. Sohn Werner Plag baute den Betrieb aus, heute führt dessen Sohn Philipp das Gut. Das Weingut ist in Kürnbach im Kraichgau zu Hause, wo auch die Weinberge liegen, die Reben wachsen auf Keuperböden. 70 Prozent der Rebfläche nehmen rote Rebsorten ein. Schwarzriesling ist die wichtigste Rebsorte im Betrieb, gefolgt von Pinot Noir, Lemberger, Riesling und Weißburgunder. Die Weine werden seit 2006 in den drei Linien Gutsweine, Premiumweine/Premiumweine S und Excellance vermarktet, die Excellance-Weine werden im Barrique ausgebaut, ebenso der Lemberger Reserve; zukünftig will Philipp Plag Lagennamen wie Leiberg und Leibergsgrube nutzen.

Kollektion

Auch in diesem Jahr sind die Rotweine wieder stärker als die Weißen, wobei auch die weißen Premiumweine überzeugen und gleichmäßiges Niveau zeigen, es ragt der Chardonnay Excellance hervor, der viel reintönige Frucht zeigt, füllig und saftig ist bei guter Substanz. Auch die roten Premium S-Weine präsentieren sich sehr geschlossen, der intensive, reintönige Schwarzriesling ist wie immer eine sichere Bank, der Merlot ist konzentriert und kraftvoll, der Zweigelt reintönig und strukturiert und die Cuvée Red punktet mit Fülle und Substanz. Herausragend sind die Excellance-Weine. Der Syrah ist herrlich eindringlich, reintönig und konzentriert, besitzt Fülle und Kraft, die PP-Cuvée – Syrah, Lemberger und Cabernet Franc – besitzt Gewürznoten, Kraft, Substanz, der Lemberger ist faszinierend reintönig, konzentriert, recht jugendlich, der Lemberger Réserve ist noch etwas stoffiger und konzentrierter, faszinierend reintönig, besitzt gute Fülle, Substanz und kräftige Tannine.

Weinbewertung

83 2021 Riesling trocken „Premium" | 12,5%/7,90€
85 2021 Weißburgunder trocken „Premium" | 13%/7,90€
85 2020 Grauburgunder trocken „Premium S" | 13,5%/10,50€
85 2021 Chardonnay mit Weißburgunder trocken „Premium S" | 13%/10,50€
88 2021 Chardonnay trocken „Excellance" | 13%/16,50€
86 2019 Zweigelt trocken „Premium S" | 14%/13,50€
86 2019 Merlot trocken „Premium S" | 14,5%/15,50€
85 2020 Lemberger trocken „Premium S" | 14%/10,50€
86 2020 Schwarzriesling trocken „Albert Premium S" | 13,5%/13,50€
87 2019 „Red" Syrah Cabernet Merlot trocken „Premium S" | 14%/15,50€
90 2020 Lemberger trocken „Excellance" | 14%/21,50€
89 2019 Syrah trocken „Excellance" | 14,5%/21,50€
90 2019 „PP Cuvée" Rotwein trocken „Excellance" | 14%/24,-€
91 2020 Lemberger trocken „Réserve" | 14%/29,50€

★★

Karl O. Pohl

Kontakt
Reitzengang 9
54470 Bernkastel-Wehlen
Tel. 06531-8372
Fax: 06531-1792
www.weinpohl.de
info@weinpohl.de

Besuchszeiten
täglich ab 11 Uhr
Gutsweinstube:
Mai- Anfang Okt.
Do.-Sa. ab 17 Uhr
So. ab 11 Uhr

Inhaber
Stefan K. Pohl
Betriebsleiter
Stefan K. Pohl
Kellermeister
Stefan K. Pohl
Außenbetrieb
Stefan K. Pohl
Rebfläche
2,7 Hektar

Dieses kleine Wehlener Weingut befindet sich seit 400 Jahren in Familienbesitz. Die Weinberge liegen in der Wehlener Sonnenuhr, der Maring-Noviander Sonnenuhr sowie in den beiden Graacher Lagen Himmelreich und Domprobst. Es wird ausschließlich Riesling angebaut, alle Weine werden im Edelstahl ausgebaut. In der von Mai bis Oktober geöffneten Gutsweinstube werden moseltypische Spezialitäten serviert und Weinproben für bis zu 50 Personen durchgeführt. Im Sommer 2014 haben die Brüder Stefan K. und Christopher Pohl das Weingut übernommen, seit 2019 wird es vom Quereinsteiger Stefan K. Pohl alleine geführt. Seit der zweiten Ausgabe dieses Buches empfehlen wir bereits das Weingut Pohl, damals begeisterten uns vor allem die restsüßen, gereiften Rieslinge – und in den meisten Jahrgängen seither hatten die süßen Spätlesen und Auslesen die Nase vorne, was nicht bedeutet, dass nicht auch die trockenen oder halbtrockenen Weine überzeugen könnten. Ganz im Gegenteil: Vor allem die trockenen Rieslinge haben in den letzten Jahren deutlich an Ausdruck gewonnen.

Kollektion

Ein kleines Sortiment an Weinen wird diesmal vorgestellt, aber in qualitativer Hinsicht gibt es nichts zu bemängeln. Eine gewisse Reifenote besitzt der Schaumwein aus 2019, 24 Monate auf der Hefe gelagert, der sich eher kräuterig als hefig präsentiert und im Mund schön würzig ist, zwar nicht puristisch trocken wirkt, aber gut balanciert ist. Eine gelungene Interpretation des Themas Rieslingsekt. Der einzige trockene Wein des vorgestellten Programms ist frisch, fest und animierend. Beim halbtrockenen Kabinett fällt die Süße kaum auf, der Wein ist schön würzig und schlank sowie verspielt, wie es sich gehört für einen Kabinett. Die beiden feinherben Kabinette sind, wie zu erwarten war, etwas süßer gehalten, unterscheiden sich zudem deutlich. Jener aus der Sonnenuhr ist vergleichsweise offen mit Noten von Hefe, Mirabellen und Pfirsichen, der Wein aus dem Domprobst ist etwas frischer mit Anklängen an Hefe, Zitrus und Kernobst, wirkt auch im Mund geradliniger, besitzt insgesamt noch etwas mehr Grip im Nachhall. Auch die Spätlese in feinherber Version ist gelungen, frisch, nicht zu süß, mit etwas mehr Würze als bei den Kabinetten. Noch süßere Weine wurden nicht präsentiert.

Weinbewertung

87 2019 Riesling Sekt brut Wehlener | 12,5%/12,50€
85 2020 Riesling Kabinett trocken Maring-Noviander Sonnenuhr | 12%/8,-€
86 2021 Riesling Kabinett halbtrocken Graacher Himmelreich | 11%/8,60€
86 2021 Riesling Kabinett „feinherb" Wehlener Sonnenuhr | 10%/9,-€
87 2021 Riesling Kabinett „feinherb" Graacher Domprobst | 10,5%/9,50€
87 2021 Riesling Spätlese „feinherb" Wehlener Sonnenuhr | 11%/10,50€

★★★

Porzelt

Kontakt
Steinstraße 91
76889 Klingenmünster
Tel. 06349-8186
Fax: 06349-3950
www.weingut-porzelt.de
info@weingut-porzelt.de

Besuchszeiten
Vinothek im historischen Sandsteingewölbe
Mo.-Fr. 9-12 + 14-18 Uhr
Sa. 10-16 Uhr
Ferienwohnungen im ökologisch sanierten Fachwerkhaus

Inhaber
Andreas Porzelt
Betriebsleiter
Andreas Porzelt
Kellermeister
Andreas Porzelt
Außenbetrieb
Andreas Porzelt
Rebfläche
21 Hektar
Produktion
110.000 Flaschen

Das Weingut wird heute in dritter Generation von Andreas Porzelt geführt, der 1998 nach seiner Ausbildung zum Weinbautechniker die Regie im Keller übernahm. Die Weinberge liegen im Klingenmünsterer Maria Magdalena, Heuchelheimer Herrenpfad und Gleiszeller Kirchberg. Die wichtigsten Rebsorten sind Riesling, Portugieser, Spätburgunder, Weiß- und Grauburgunder und Dornfelder, aber auch Merlot, Schwarzriesling, Chardonnay und Gewürztraminer werden angebaut, ungewöhnlich ist der hohe Anteil von gut 20 Prozent Silvaner. Bei den Weißen wird teilweise mit Maischestandzeiten gearbeitet, sie werden kühl vergoren und teils im Edelstahl, teils im Holz ausgebaut. Die Rotweine werden maischevergoren und in Eichenholzfässern ausgebaut. Seit dem Jahrgang 2015 sind die Weine bio-zertifiziert.

Kollektion

Vom im Tonneau ausgebauten Silvaner 500 konnten wir zwei Jahrgänge verkosten, die wir gleich stark einschätzen, die sich aber deutlich unterscheiden: Der 2021er ist kraftvoll, frisch, präzise, das Holz ist nicht zu spüren, er besitzt klare Birnenfrucht, animierende Zitrusnoten und Grip, der 2020er ist fülliger, besitzt Schmelz, feine Röstnoten, Grip und Länge. Stark sind auch der rauchig-erdige Silvaner Muschelkalk mit klarer Birnenfrucht und frischer Säure, der Chardonnay vom Kirchberg, der feine Röstnoten, etwas Kokos und Blutorange zeigt, Kraft, viel klare Frucht und Länge besitzt und der Weißburgunder Muschelkalk mit Schmelz, klarer, gelber Frucht und animierenden, herben Zitrusnoten. Die beiden Spätburgunder sind sehr elegant, der Klingenmünster zeigt feine rauchige Noten, Schwarzkirsche und etwas Waldboden, besitzt Saft und Frische, der Kirchberg ist deutlich komplexer, feingliedriger und nachhaltiger, zeigt feine rote Frucht, Johannisbeere, Himbeere und Hagebutte und lässt nur sehr dezent das Holz erahnen.

Weinbewertung

86 2018 Crémant extra brut | 12,5%/15,70€
84 2021 Silvaner trocken | 12,5%/8,90€
87 2021 Silvaner trocken „Tonmergel“ Klingenmünster | 12%/13,50€
88 2021 Silvaner trocken „Muschelkalk“ | 13%/13,50€
86 2021 Riesling trocken „Buntsandstein“ Klingenmünster | 12,5%/13,50€
88 2021 Weißer Burgunder „Muschelkalk“ Klingenmünster | 13,5%/13,50€
87 2021 Grauer Burgunder trocken Klingenmünster | 12,5%/13,50€
89 2020 Chardonnay trocken Klingenmünster Kirchberg | 13,5%/21,10€
90 2020 Silvaner trocken „500.8“ Gleiszellen Kirchberg | 13,5%/24,30€
90 2021 Silvaner trocken „500.9“ Gleiszellen Kirchberg | 13,5%/24,30€
85 2021 „Protz contains Piwi“ Weißwein | 12%/k.A.
83 2021 „Protz Piwi goes Pink“ Rosé | 11,5%/k.A.
88 2018 Spätburgunder trocken Klingenmünster | 13%/20,-€
90 2018 Spätburgunder trocken Klingenmünster Kirchberg | 13%/29,70€

Poss

Kontakt
Goldgrube 20-22
55452 Windesheim
Tel. 06707-342
Fax: 06707-8332
www.weingut-poss.de
info@weingut-poss.de

Besuchszeiten
Mo.-Sa. 10-17 Uhr
oder nach Vereinbarung

Inhaber/Betriebsleiter
Karl-Hans & Harald Poss
Kellermeister
Karl-Hans Poss & Nikolay Poss
Außenbetrieb
Harald Poss & Nikolay Poss
Rebfläche
13 Hektar
Produktion
70.000 Flaschen

Die Weinberge der Brüder Karl-Hans, der für den Keller verantwortlich ist, und Harald Poss, der sich um den Außenbetrieb kümmert, befinden sich in den Windesheimer Lagen Römerberg, Rosenberg, Saukopf und Fels, im Winzenheimer Berg, sowie in Waldlaubersheim. Die Burgundersorten spielen mit einem Flächenanteil von zusammen über 85 Prozent die Hauptrolle bei der Familie Poss, 40 Prozent der Rebfläche nimmt Weißburgunder ein, Grauburgunder 37 Prozent und Spätburgunder 10 Prozent, dazu kommen 3 Prozent Chardonnay sowie etwas Riesling, Cabernet Dorsa und St. Laurent. Das Sortiment ist gegliedert in Guts-, S- und Lagenweine, daneben gibt es die auf der Maische vergorenen und im Barrique oder im Granitfass ausgebauten „vogelfrei-Weine".

Kollektion

Hier findet man feine Burgunder aus einem Guss. Der feine, leichte Weißburgunder ist frisch, der ebenso frische Grauburgunder naturgemäß etwas kräftiger bei zarter Würze. Die beiden „S"-Qualitäten sind spürbar konzentrierter. Der Grauburgunder ist einladend im Bouquet, saftig und frisch im Mund, besitzt feine würzige Länge. Der stoffige Weißburgunder „S" bleibt seiner austarierten, einladenden Art bis ins lange Finish treu. Mit Schliff und hinreißender Frischeader gehört der transparente Weißburgunder aus dem Römerberg zur Spitze an der Nahe. Wer es etwas fülliger und holzbetonter mag, wird mit dem Grauburgunder aus dem Winzenheimer Berg einen vollmundigen Sparringspartner finden, dessen Frischebiss, bei aller Fülle, keinerlei Gemütlichkeit aufkommen lässt. Ein ambitionierter Wein mit Potenzial. Apropos ambitioniert: Der im neuen Tonneau ausgebaute Chardonnay Euphoros macht seinem Namen Ehre, erstrahlt er doch in erster Reife, edle Toastaromen geben den Rahmen für seine Kraft, großzügigen Extrakt, Eleganz und Frische. Stark sind auch die beiden Spätburgunder aus 2018, für die seit diesem Jahr Sohn Nikolay verantwortlich zeichnet. Der Spätburgunder Gutswein ist reif und röstig, hat Saft und Kraft. Merklich feiner ist der druckvolle Spätburgunder aus dem Saukopf, besitzt saftige Gerbstoffe, ist lang und nachhaltig.

Weinbewertung

86	2021 Weißer Burgunder trocken I 12,5%/9,90€
86	2021 Grauer Burgunder trocken I 13%/9,90€
89	2020 Weißer Burgunder „-S-" trocken I 13,5%/14,50€
88	2021 Grauer Burgunder „-S-" trocken I 13,5%/14,50€
90	2020 Weißer Burgunder trocken Windesheimer Römerberg I 13%/19,90€
90+	2019 Grauer Burgunder trocken Winzenheimer Berg I 13,5%/25,50€
91+	2018 Chardonnay trocken „Euphoros" I 13,5%/44,-€
88	2018 Spätburgunder trocken I 14%/15,90€
90	2018 Spätburgunder trocken Windesheimer Saukopf I 14%/44,-€

★★

Posthof – Doll & Göth

Kontakt
Kreuznacher Straße 2
55271 Stadecken-Elsheim
Tel. 06136-3000
Fax: 06136-6001
www.doll-goeth.de
weingut.posthof@doll-goeth.de

Besuchszeiten
Mo.-Fr. 8-12 + 13:30-18:30 Uhr
Sa. 9-17 Uhr
und nach Vereinbarung
Weinproben ab 10 bis 45 Personen
Weinbar – Rotwein-Lounge – Weintafel

Inhaber
Familie Doll
Betriebsleiter
Roland & Linus Doll
Kellermeister
Linus Doll
Rebfläche
21 Hektar
Produktion
200.000 Flaschen

Mit der Heirat von Erika Göth und Roland Doll 1988 wurde der Grundstein gelegt für die Zusammenlegung der beiden Weingüter Göth in Gau-Bischofsheim und Doll in Stadecken, seit 1993 firmiert man als Weingut Posthof Doll & Göth, mit Sitz in der ehemaligen kaiserlichen Postagentur in Stadecken. Erika und Roland Doll führen den Betrieb, Sohn Linus hat nach Lehrjahren an der Nahe, in Nierstein und Studium in Geisenheim die Verantwortung im Keller übernommen. Die Weinberge liegen in Stadecken (Lenchen, Spitzberg), Elsheim (Bockstein, Blume), Gau-Bischofsheim (Kellersberg, Glockenberg, Herrnberg) und Essenheim (Teufelspfad). Riesling, Grauburgunder und Weißburgunder nehmen jeweils ein Fünftel der Rebfläche ein, es folgen Silvaner, Spätburgunder und St. Laurent. Dazu gibt es Spezialitäten wie Gewürztraminer, Huxelrebe und Scheurebe, zuletzt sind Merlot und Syrah hinzugekommen, im Spitzberg wurde Chardonnay gepflanzt.

Kollektion

Ein schöner Chardonnay-Sekt eröffnet den Reigen, er ist harmonisch, saftig, recht süß. Die weißen Gutsweine sind fruchtbetont und klar, die intensive, herrlich reintönige Scheurebe gefällt uns besonders gut. Sehr geschlossen präsentieren sich auch die Lagenweine. Der Lenchen-Silvaner zeigt gute Konzentration und reife Frucht, ist füllig und saftig im Mund bei reifer süßer Frucht. Der Weißburgunder vom Spitzberg, ist ebenfalls füllig, enorm süß, der Spitzberg-Chardonnay besitzt gute Konzentration und reife Frucht. Der Lenchen-Riesling ist wunderschön saftig und süffig, unser Favorit aber ist wieder einmal der Riesling aus dem Kellersberg, der ein Jahr älter ist als seine Kollegen, gute Konzentration und feine Würze zeigt, Fülle und Kraft besitzt, reife Frucht und gute Substanz. Die Kerner Spätlese ist wunderschön reintönig, der Linus genannte Rosé herrlich fruchtbetont und süffig. Er besteht aus Cabernet Sauvignon und Merlot und die Kombi gibt es auch als sehr guten, cassisduftigen Rotwein mit guter Struktur und Grip.

Weinbewertung

85 2020 Chardonnay Sekt brut | 12,5%/11,50€
82 2021 Silvaner trocken | 12,5%/7,-€
84 2021 Scheurebe trocken | 12%/7,50€
84 2021 Riesling trocken Stadecker Lenchen | 13%/7,50€
84 2021 Weißer Burgunder trocken Stadecker Spitzberg | 13,5%/7,50€
84 2021 Chardonnay trocken Stadecker Spitzberg | 12,5%/7,50€
86 2020 Riesling trocken Gau-Bischofsheimer Kellersberg | 12,5%/8,50€
85 2021 Silvaner trocken Stadecker Lenchen | 12,5%/12,-€
82 2021 Riesling „feinherb“ | 12%/6,-€
84 2021 Kerner Spätlese | 10%/6,50€
84 2021 Rosé trocken „Linus“ | 13%/7,50€
86 2018 Cabernet Sauvignon & Merlot trocken | 13,5%/12,-€

★★★★

Prinz

Kontakt
Im Flachsgarten 5
65375 Hallgarten
(Oestrich-Winkel)
Tel. 06723-999847
Fax: 06723-999848
www.prinz-wein.de
info@prinz-wein.de

Besuchszeiten
nach Vereinbarung

Inhaber
Familie Prinz
Betriebsleiter
Florian Prinz
Kellermeister
Fred Prinz
Außenbetrieb
Florian Prinz
Rebfläche
11 Hektar
Produktion
60.000 Flaschen

Ein Weingut, das sich entwickelt hat wie kaum ein zweites in der Region. Großeltern und Eltern von Fred Prinz lieferten die Trauben noch an die Genossenschaft ab, 1991 vermarktete man dann die ersten 3.000 Flaschen eigenen Wein. Fred Prinz führte den Betrieb lange im Nebenerwerb, arbeitete nach dem Studium bei Breuer, dann bei den Staatsweingütern Kloster Eberbach. 2003 bot sich die Möglichkeit, einen Betrieb im Ort zu übernehmen, Keller, Lager und Weinberge inklusive. Im Jahr darauf wagte Fred Prinz den Schritt in die Selbständigkeit, schon ein Jahr später wurde er in den VDP aufgenommen; heute führt er den Betrieb zusammen mit Ehefrau Sabine und Sohn Florian. Die Weinberge befinden sich rund um Hallgarten in den Lagen Schönhell (teils sandige, teils steinige Lösslehmböden), Hendelberg (blauer und grüner Schiefer, Phyllit), Jungfer (Taunusquarzit mit Lösslehmeinlagerungen) und Frühernberg. Auch im Erbacher Marcobrunn, im Hattenheimer Nussbrunnen, im Oestricher Doosberg und im Rüdesheimer Berg Schlossberg ist die Familie Prinz mittlerweile vertreten. 90 Prozent der Rebfläche nimmt Riesling ein, traditionell gibt es Spätburgunder, hinzu kamen Sauvignon Blanc (erste Ernte 2006) und Roter Riesling (erste Ernte 2008); inzwischen wurden auch Traminer und Piwi-Sorten gepflanzt. Das Weingut ist seit 2013 EU-Bio-zertifiziert, arbeitet seit 2018 nach biodynamischen Grundsätzen. Das Programm ist vierstufig gegliedert in Gutsweine (Ries, Spätburgunder, Sauvignon Blanc, Roter Riesling, Traminer), Ortswein (Hallgartener Riesling), Erste Lage-Weine (Rieslinge aus Frühernberg und Hendelberg, Spätburgunder aus dem Hendelberg) und Große Gewächse, traditionell Riesling aus Schönhell und Jungfer, aber es gab auch schon einen Riesling Doosberg Großes Gewächs und nun auch einen Riesling aus dem Berg Schlossberg. Die Rieslinge werden fast ganz im Edelstahl vinifiziert und kühl vergoren, nur für den Riesling „Tradition“ wird ein Teil des Weines im Halbstück ausgebaut, der Spätburgunder wird nach der offenen Maischegärung im Halbstück oder im Barrique ausgebaut. Die Basisweine werden überwiegend mit Reinzuchthefen vergoren, alle höherwertigen Weine mit natürlichen Hefen, wobei Fred Prinz dies nicht dogmatisch sieht, auch noch einmal etwas Hefen zusetzt, wenn die Weine nicht weit genug vergären.

Kollektion

Fred und Florian Prinz präsentieren eine Kollektion auf durchgängig hohem Niveau. Dass hier Jahr für Jahr aber auch in der Basis hochwertige Rieslinge entstehen, unterstreicht wieder einmal der wunderbar reintönige Guts-Riesling, der viel saftige Zitrusfrucht mitbringt. Der Ortswein ähnelt ein wenig dem Gutswein, erweitert sein Aromenspektrum aber um gelbe Früchte, grünen Apfel, ist in seiner Säurestruktur zudem präziser. Sehr gut gefällt uns in diesem Jahr der feinherbe Riesling „Vom bunten Schiefer“, der feine Zitrusnoten aufweist und viel Druck aufbaut, salzig und nachhaltig ist. Die Lagenweine sind allesamt druckvoll und kernig, dabei aber wunderbar reintönig und geradlinig. Der Riesling aus dem Hallgartener Frühernberg ist filigran, baut nach und nach mehr Druck auf, weist Aromen von grünem Apfel und gelben Früchten auf. Der Wein aus dem Hallgartener Hendelberg kann mit den Großen Gewächsen mithalten, ist kernig, salzig, leicht reduktiv und dadurch stoffig, kantig und kühl-rauchig, mit Noten von nassem Stein. Das Große Gewächs aus der Hallgartener Schönhell zeigt frische Zitrusfrucht, ist offener und weniger fordernd als der Wein aus dem Hendelberg, weist salzige Noten auf. Der Wein aus der Hallgartener Jungfer ist eher dem Hendelberg ähnlich, ebenfalls ein wenig reduktiv, sehr kühl und puristisch, besitzt eine gute Struktur und feine rauchige Noten. Anders als der stramme Hendelberg klingt er jedoch charmanter und weicher aus, bringt die Kraft mit Trinkfluss zusammen. Das Große Gewächs aus dem Rüdesheimer Berg Schlossberg zeigt viel Frucht, ist sehr ausgewogen und harmonisch, filigran bei feiner Säure. Jahr für Jahr weiß das Weingut auch mit seinen Kabinettweinen zu glänzen. Der „einfache“ Kabinett aus der Hallgartener Jungfer ist verspielt, besitzt feine süße Frucht, Aprikose, dezent Passionsfrucht, viel Frische und feine Zitrusnoten. Die für die Versteigerung vorgesehene Goldkapsel-Variante ist deutlich reduktiver und stoffiger, im ersten Moment fast herb, dabei aber faszinierend leichtfüßig und elegant – ein Kabinett der Spitzenklasse!

Florian & Fred Prinz

Weinbewertung

86	2021 Riesling trocken I 12%/10,20€
87	2021 Riesling trocken Hallgarten I 12%/12,80€
92	2021 Riesling trocken Hendelberg I 13%/18,50€ ☺
90	2021 Riesling trocken Frühernberg I 13%/18,50€
92	2021 Riesling trocken Großes Gewächs Jungfer I 13%/k.A.
91	2021 Riesling trocken Großes Gewächs Schönhell I 13%/k.A.
92	2021 Riesling trocken Großes Gewächs Berg Schlossberg I 13%/k.A.
87	2021 Riesling „feinherb“ „Vom bunten Schiefer“ I 11,5%/10,20€
87	2021 Riesling Kabinett Jungfer I 8,5%/13,50€
91	2021 Riesling Kabinett Jungfer „Goldkapsel“ I 9%/Vst.

Lagen

Jungfer (Hallgarten)
Schönhell (Hallgarten)
Frühernberg (Hallgarten)
Hendelberg (Hallgarten)
Doosberg (Oestrich)
Nussbrunnen (Hattenheim)
Marcobrunn (Erbach)
Berg Schlossberg (Rüdesheim)

Rebsorten

Riesling (90%)
Spätburgunder (5%)
Sauvignon Blanc
Piwis
Traminer

★★

Hans Prinz

Kontakt
Suttonstraße 13
65399 Kiedrich
Tel. 06123-3192
Fax: 06123-6013817
www.wein-prinz.de
info@wein-prinz.de

Besuchszeiten
Mo.-Sa. 9-19 Uhr, So. & Feiertage nach Vereinbarung
WeinRestaurant „Historisches Weinhaus Engel" Mi.-Sa. 17-22 Uhr, So. 12-14 + 17-22 Uhr

Inhaber
Thomas Prinz
Kellermeister
Philipp Prinz
Rebfläche
9,5 Hektar
Produktion
50.000 Flaschen

Seit 1792 werden in diesem Familienbetrieb Reben angebaut. Die Weinberge befinden sich in den Kiedricher Lagen Gräfenberg, Wasseros, Sandgrub und Klosterberg. Riesling nimmt 85 Prozent der Fläche ein, daneben gibt es Spätburgunder, sowie ein wenig Grauburgunder, Cabernet Dorsa und Dornfelder. Während Thomas Prinz das Weingut leitet, fungiert Sohn Philipp als Kellermeister, hat mit seiner „Privat-Linie" einen eigenen Stil entwickelt. In dieser Linie werden Riesling und Spätburgunder ausgebaut; die Trauben müssen gehobene Auslesequalität aufweisen, die Vergärung erfolgt spontan. Der Riesling Privat wird nach einer kurzen Maischestandzeit schonend abgepresst, die Vergärung erfolgt in einem speziell für das Weingut angefertigten Stückfass. Der Privat-Spätburgunder reift in Barriques. Zum Gesamtangebot der Familie gehört seit 2013 auch das von Theresa Prinz geführte „Historisches Weinhaus Engel".

Kollektion

Das Weingut präsentiert auch dieses Jahr wieder eine sehr gleichmäßige Kollektion. Von den beiden Literweinen gefällt uns der trockene Riesling aus dem Kiedricher Heiligenstock am besten, der eine gute herbe Aromatik von grünem Apfel mit einer angenehmen, trinkanimierenden Struktur paart. Der Classic ist etwas geschmeidiger und harmonischer. Der Kabinett aus dem Rauenthaler Steinmächer ist sehr schlank und leicht, mit dezenter Zitrusnote und Äpfelsäure. Die trockene Spätlese aus dem Kiedricher Klosterberg kommt deutlich voluminöser und aromatisch reifer daher, zeigt Noten von rotem Apfel, Aprikose und Zitrone. Der Riesling von alten Reben im Kiedricher Gräfenberg ist im Bouquet recht dominant und konzentriert, mit Anklängen an Dörrobst, im Mund ist er balanciert, weist Aromen von Mirabelle, Apfel und Zitrus auf – die Spitze der Kollektion. Der Weißburgunder ist cremig, die süße Apfelmousse-Aromatik nimmt recht viel Platz ein. Der Sekt auf Basis einer trockenen Auslese ist ebenfalls sehr üppig. Der einzige vorgestellte Rotwein, der Cabernet Dorsa aus dem Jahrgang 2018, zeigt reife rote Früchte und eine feine Tabaknote.

Weinbewertung

81 2017 Riesling Sekt brut „1792 Privat" | 13,5%/15,80€
84 2021 Riesling trocken Kiedricher Heiligenstock (1l) | 11%/5,30€ ☺
83 2021 Riesling Kabinett trocken Rauenthalter Steinmächer | 11%/5,30€
84 2021 Riesling Spätlese trocken Kiedricher Klosterberg „Terroir Phyllit" | 12%/8,50€
85 2021 Riesling Spätlese trocken „Alte Reben" Kiedricher Gräfenberg | 12,5%/8,50€
81 2020 Weißer Burgunder trocken „Privat" Holzfass | 12%/12,-€
83 2021 Riesling Classic (1l) | 12%/6,30€
83 2018 Cabernet Dorsa trocken Kiedricher Wasseros | 15%/10,80€

Weingut Hans
PRINZ

★★★½

Christine Pröstler

Kontakt
Obere Hauptstraße 100
97225 Retzbach
Tel. 09364-8178895
Fax: 09364-8178896
www.cproestlerweine.de
kontakt@cproestlerweine.de

Besuchszeiten
Vinothek:
Mi. 16-19 Uhr
Sa. 10-14 Uhr
oder jederzeit nach
Vereinbarung

Inhaber
Christine Pröstler
Kellermeister
Christine Pröstler
Außenbetrieb
Johannes Pröstler &
Sebastian Lehrmann
Rebfläche
7 Hektar
Produktion
50.000 Flaschen

Christine Pröstler studierte in Geisenheim, absolvierte Praktika in Südafrika und Neuseeland, arbeitete dann bei Reh-Kendermann, war seit 2010 als Kellermeisterin beim Staatlichen Hofkeller in Würzburg, konzentriert sich seit 2012 ganz auf den eigenen Betrieb. Ihr Vater bewirtschaftete seine Weinberge im Nebenerwerb, davon übernahm Christine Pröstler zunächst 1,4 Hektar. In den Weinbergen im Retzbacher Benediktusberg (Muschelkalkböden) wachsen zu 80 Prozent weiße Sorten wie Silvaner, Müller-Thurgau, Bacchus, Weißburgunder, Grauburgunder und Riesling, inzwischen auch Chardonnay, an roten Sorten gibt es Domina, Schwarzriesling, Regent und Spätburgunder. Christine Pröstlers erster Jahrgang war 2008. Am Ortsrand von Retzbach wurde 2012 das neue Weingut errichtet.

Kollektion

Das Basisniveau ist auch 2021 wieder hoch, das zeigen die Gutsweine, der reintönige Silvaner, der fruchtbetonte, geradlinige Bacchus und der süffige Rosé. Deutlich kraftvoller und konzentrierter sind die Ortsweine. Der leicht zitrusduftige Riesling besitzt gute Struktur und Grip, der Silvaner ist wunderschön reintönig und harmonisch, er besitzt Fülle, Saft und klare Frucht. Besonders gut gefällt uns 2021 der Weißburgunder, der herrlich eindringlich und reintönig und strukturiert ist, Kraft und Grip besitzt. Der Sauvignon Blanc Fumé ist ebenfalls herrlich eindringlich und reintönig, besitzt Fülle und Kraft, gute Struktur und Grip. Überzeugende 2021er! Die Lagenweine kommen bei Christine Pröstler immer etwas später in den Verkauf. Aus dem Benediktusberg stammen zwei 2019er: Der Chardonnay ist herrlich eindringlich und reintönig, füllig und harmonisch, der Silvaner von alten Reben besitzt herrlich viel Frucht, Substanz und Kraft bei einer ganz minimalen Bitternote im Abgang. Unsere leichte Präferenz gilt in diesem Jahr dem im Tonneau ausgebauten 2020er Silvaner vom Scharlachberg, der feine rauchige Noten, gute Struktur und reintönige Frucht besitzt.

Weinbewertung

85 2021 Silvaner trocken | 11,5%/7,-€
87 2021 Riesling trocken „pur mineral“ Retzbacher | 12%/10,-€
87 2021 Silvaner trocken Retzbacher | 12,5%/10,-€
88 2021 Weißburgunder trocken Retzbacher | 13%/10,-€ ☺
86 2021 Grauburgunder trocken Retzbacher | 13%/10,-€
88 2021 Sauvignon Blanc trocken „Fumé“ Retzbacher | 12%/12,80€
90 2020 Silvaner trocken Thüngersheimer Scharlachberg | 13%/14,50€ ☺
89 2019 Silvaner trocken „Alte Reben“ Retzbacher Benediktusberg | 13%/22,-€
89 2019 Chardonnay trocken Retzbacher Benediktusberg | 13%/20,-€
85 2021 Bacchus halbtrocken | 11,5%/7,-€
84 2021 Rosé trocken | 12%/8,50€

★★

Schloss Proschwitz – Prinz zur Lippe

Kontakt
Heiliger Grund 2
01662 Meißen OT Proschwitz
Tel. 03521-4767922
Fax: 03521-4767910
www.schloss-proschwitz.de
weingut@schloss-proschwitz.de

Besuchszeiten
Vinothek Mo.-So. 10-18 Uhr

Inhaber
Prof. Dr. Georg Prinz zur Lippe
Außenbetrieb
Björn Probst
Rebfläche:
70 Hektar
Produktion:
400.000 Flaschen

Das seit 1990 wieder aufgebaute Gut Schloss Proschwitz ist das älteste private Weingut in Sachsen. Zur größten Einzellage Sachsens „Schloss Proschwitz" kam die linkselbisch gelegene Einzellage „Kloster Heilig Kreuz" hinzu, die komplett neu angelegt wurde und 2008 den ersten Ertrag brachte. Die wichtigsten Rebsorten sind Grauburgunder, Weißburgunder, Müller-Thurgau, Elbling, Spätburgunder, Riesling, Traminer, Dornfelder, Goldriesling, Scheurebe, Traminer und Frühburgunder. Neben Schloss Proschwitz baute Georg Prinz zur Lippe ein zweites Weingut auf, und zwar in Thüringen, in Kromstorf in der Nähe von Weimar, dessen Ernte auf Schloss Proschwitz verarbeitet wurde, das er jedoch an die Agrargenossenschaft Gleina verkaufte. Die Weine werden kühl und langsam vergoren, Edelbrände ergänzen das Sortiment. 2021 wurde die Umstellung auf biologischen Weinbau begonnen.

Kollektion

Im vergangenen Jahr hatten klar die Rotweine die Nase vorne, allen voran der Spätburgunder Großes Gewächs Schloss Proschwitz aus dem Jahrgang 2018, der vor dem Spätburgunder Kloster Heilig Kreuz aus demselben Jahrgang lag. Vom Großen Gewächs wurde uns kein neuer Jahrgang vorgestellt, aber vom Spätburgunder Kloster Heilig Kreuz konnten wir den 2019er verkosten, der die neue Kollektion anführt, fruchtbetont und reintönig im Bouquet ist, rote Früchte zeigt, harmonisch im Mund ist, gute Struktur und Grip besitzt. Sehr gut gefällt uns auch der Weißburgunder aus der Lage Kloster Heilig Kreuz, Jahrgang 2021, der würzig und eindringlich im Bouquet ist, fruchtbetont und zupackend im Mund, gute Struktur und eine kräftige Säure besitzt. Weißburgunder macht auch als frischer Ortswein aus Meißen eine gute Figur und Spätburgunder kann auch als lebhafter, fruchtbetonter Gutswein punkten. Die sonstigen Weißweine sind geradlinig und frisch, der Heilig Kreuz-Grauburgunder ist recht duftig, der Traminer-Sekt zeigt feine Frucht im Bouquet, ist lebhaft und zupackend. ▬

Weinbewertung

83 2020 Traminer Sekt brut | 12,5%/19,-€
81 2021 „Cuvée Clemens" Weißwein trocken | 12%/11,-€
82 2021 Elbling trocken | 11,5%/13,-€
83 2021 Weißburgunder trocken Meißen | 12%/14,50€
85 2021 Weißburgunder trocken Kloster Heilig Kreuz | 12,5%/19,-€
81 2021 Riesling „feinherb" | 11,5%/13,-€
82 2021 Grauburgunder trocken Kloster Heilig Kreuz | 12,5%/19,-€
83 2019 Spätburgunder trocken | 12,5%/19,-€
86 2019 Spätburgunder trocken Kloster Heilig Kreuz | 14%/29,50€

S. A. Prüm

Kontakt
Uferallee 25-26
54470 Bernkastel-Wehlen
Tel. 06531-3110
Fax: 06531-8555
www.sapruem.com
info@sapruem.com

Besuchszeiten
Mo.-Fr. 8-12 + 13-17 Uhr
Sa. 10-16 Uhr
Gästehaus mit 8 Doppelzimmern + 3 Ferienwohnungen

Inhaber
Saskia A. Prüm
Kellermeister
Eryk Franzen
Rebfläche
13 Hektar

Seit dem 12. Jahrhundert betreibt die Familie Weinbau in Bernkastel, Wehlen, Graach und Zeltingen, Jodocus Prüm baute 1842 die berühmte Sonnenuhr, die der gleichnamigen Wehlener und Zeltinger Lage ihren Namen gab. Das heutige Weingut S.A. Prüm entstand aus einer Erbteilung im Jahr 1911, wurde von Sebastian Alois Prüm gegründet. Seit 1971 leitete Raimund Prüm das Weingut, inzwischen hat Tochter Saskia, Geisenheim-Absolventin, die Leitung des Betriebes übernommen. Die Weinberge liegen traditionell in der berühmten Wehlener Sonnenuhr, außerdem verfügt man über Besitz in Graach (Domprobst) und Bernkastel (Graben, Lay, Bratenhöfchen), in Ürzig (Würzgarten), Erden, Kinheim und Lösnich. Angebaut wird ausschließlich Riesling. Es existiert ein Gästehaus mit acht Doppelzimmern und drei Ferienwohnungen.

Kollektion

In den vergangenen Jahren hatten die Weine bereits überzeugt, doch was der Betrieb aus 2021 vorstellt, ist in weiten Bereichen nochmals spannender. Straff und fest, durchaus mit Spiel ausgestattet ist der trockene Wehlener Riesling, öffnet sich mit etwas Luft, ist erstaunlich facettenreich. Der zweite vorgestellte trockene Wein ist ein Großes Gewächs aus dem Domprobst, das sich noch sehr verschlossen zeigt, aber schön präzise wirkt, fest, würzig und komplex; gut möglich, dass es in einigen Monaten noch höher zu bewerten ist. Sehr fein und klar, mit Anklängen an Äpfel und Kräutern zeigt sich der feinherbe Kabinettriesling aus Erden. Sein restsüßes Pendant aus Wehlen ist ein wenig verhalten, erfreulich balanciert. Straff und rassig ist die Himmelreich-Spätlese. Richtig spannend wird es dann bei den Spätlesen aus Domprobst und Sonnenuhr mit Fass-Bezeichnung, bei denen die Lage gut herausgearbeitet wurde: Der Graacher Wein hat etwas mehr Grip, der aus Wehlen braucht etwas länger, um sich zu öffnen. Bei den Auslesen wirkt jene aus Wehlen etwas saftiger, die aus Graach ein wenig straffer; beide sind duftig, leicht hefig, im Mund sehr präzise mit faszinierendem Süße-Säure-Spiel. Ingesamt eine tolle Leistung bis in die Spitze hinein.

Weinbewertung

88 2021 Riesling trocken Wehlen I 12%/19,50€
91 2021 Riesling „GG“ trocken Graach Domprobst I 12,5%/38,50€
87 2021 Riesling Kabinett „feinherb“ Erden I 10,5%/16,90€
87 2021 Riesling Kabinett Wehlen Sonnenuhr I 8%/17,50€
89 2021 Riesling Spätlese Graach Himmelreich I 7,5%/19,50€
90 2021 Riesling Spätlese „Fass 34“ Wehlen Sonnenuhr I 8%/21,50€
88 2021 Riesling Spätlese Bernkastel Badstube I 8,5%/19,50€
90 2021 Riesling Spätlese „Fass 38“ Graach Domprobst I 8%/21,50€
92 2021 Riesling Auslese „Fass 28“ Graach Domprobst I 7,5%/19,50€/0,375l
92 2021 Riesling Auslese „Fass 32“ Wehlen Sonnenuhr I 7,5%/19,50€/0,375l

★★★★☆ Querbach

Kontakt
Lenchenstraße 19
65375 Oestrich-Winkel
Tel. 06723-3887
Fax: 06723-87405
www.querbach.com
info@querbach.com

Besuchszeiten
Mo.-Fr. 8-12 + 14-17:30 Uhr
Sa. 9-14 Uhr
und nach Vereinbarung
8 Doppelzimmer

Inhaber
Peter Querbach
Rebfläche
10 Hektar
Produktion
60.000-80.000 Flaschen

Die Weinberge von Peter Querbach liegen vor allem in den beiden Oestricher Lagen Doosberg und Lenchen, aber auch in Hallgarten (Schönhell) und Winkel (Hasensprung) ist er vertreten. Neben Riesling baut er etwas Spätburgunder an, den er teils als Rotwein, teils als Blanc de Noir und Sekt ausbaut; zukünftig soll etwas mehr Spätburgunder angepflanzt werden. Das Sortiment ist klar gestaltet: Die Basis bilden der Schoppen genannte Riesling, anfangs nur im Liter, inzwischen aber in der 0,75 Liter-Flasche erhältlich, und der Riesling Classic, der mit dem Jahrgang 2014 den Namen Riesling „sur lie" erhielt, dann folgt der Orts-Riesling aus Hallgarten, schließlich die beiden Lagenrieslinge aus dem Oestricher Lenchen („Querbach N° 1") und dem Oestricher Doosberg, der heute den Namen Milestone trägt. Pinot Noir sowie Sekte, mal aus Riesling, mal aus Pinot Noir, ergänzen immer wieder das Sortiment. Bereits seit dem Jahrgang 1999 bietet das Weingut Querbach seine Weine mit dem von Peter Querbach entwickelten Verschlusssystem, basierend auf einem Edelstahlverschluss (eine Art Kronkorken) an. Nach einer Maischestandzeit von etwa zwölf Stunden werden die Moste mit den natürlichen Hefen vergoren, alle Weine werden in Edelstahltanks ausgebaut. Die Weine bleiben recht lange auf der Hefe und werden relativ spät abgefüllt, sie liegen im Restzucker im oberen trockenen respektive unteren halbtrockenen Bereich. Seit der ersten Ausgabe empfehlen wir die Querbach'schen Weine, schon damals waren wir beeindruckt vom guten Niveau der Basis-Rieslinge, schon damals fanden wir den Spitzenwein aus dem Doosberg hervorragend. Die Weine zeigen eine klare Handschrift, sie sind klar und geradlinig, besitzen Frucht und Kraft, die Kollektionen sind immer stimmig, man findet immer eine klare Steigerung von den Guts- hin zu den Orts- und Lagenweinen. Und es sind Weine, die hervorragend altern können, wovon wir uns schon mehrfach überzeugen konnten, nicht nur die Topweine. Und für Liebhaber gereifter Rieslinge ein Tipp: Peter Querbach hat noch viele alte Jahrgänge im Verkauf – und diese bietet er erstaunlicherweise zu den gleichen Preisen an wie die jeweils aktuellen Weine.

Kollektion

Wieder eine Kollektion, die die klare Handschrift Peter Querbachs zum Ausdruck bringt. Wie gewohnt befinden sich alle Weine im knapp halbtrockenen Bereich und wie gewohnt schmecken alle deutlich trockener als sie auf dem Papier sind. Das Weingut untermauert damit auch in diesem Jahr seine Sonderstellung im Rheingau. Die Weine sind auf eine wunderbare Art altmodisch. Das verdeutlicht bereits der kleine Riesling „Schoppen", der eine sehr reife Frucht mitbringt, sie durch seine herbe und volle Art aber gleich wieder einfängt und so

den Zech-Charakter eines klassischen Rheingauer Schoppen aufblitzen lässt. Die 2020er sind allesamt noch sehr wild. Auch das ist bei Peter Querbach nichts Ungewohntes, der seine Weine wie kaum ein anderer Winzer auf Langlebigkeit trimmt. Dass die hohen Schwefeldioxiddosen die Weine in jungen Jahren oft etwas ungestüm wirken lassen, zeigt schon der Riesling Edition. Ist der erste Schwefeldunst mit Luft im Glas verflogen, kommt ein präziser knackiger Riesling zum Vorschein, der eine äußerst spannende Grapefruitaromatik, Opulenz und Gerbstoff mitbringt, der noch ein wenig belegend wirkt – selbst die Ortsweine brauchen hier Zeit! Auch die anderen 2020er Rieslinge deuten erst an, was in ihnen steckt. Der Hallgartener ist kantig, straff, lässt Aromen von nassen Steinen, kühl-rauchigem Feuerstein und Erde durchscheinen. Der Wein aus dem Oestricher Lenchen ist üppiger und lebt stärker von der Frucht, erinnert an reife Mirabelle. Obwohl der Wein weniger Kanten zeigt, scheint auch hier noch ein Schwefeldeckel darüber zu schweben. Der Riesling Milestone aus dem Oestricher Doosberg ist seit Jahren ein zuverlässiger Klassiker, immer erdig, kraftvoll und mit großem Reifepotential gesegnet. Dabei ist der heiße Jahrgang 2018 auch an Peter Querbach nicht spurlos vorbeigegangen, der Milestone präsentiert sich dementsprechend breitschultrig mit Noten von kandierter Zitrone, Salbei, ätherischen Kräutern, ist dabei aber nachhaltig, konzentriert und stoffig. Besser balanciert ist der 2020er Milestone, der sich zwar noch sehr verschlossen präsentiert, ein wenig Gerbstoffe besitzt, der aber verheißungsvolle Andeutungen macht. Die beim Riesling Edition vorhandene Grapefruitaromatik findet man auch beim Milestone wieder, der ihr Aromen von Roter Beete, nassem Stein und ein griffiges Gerbstoffgerüst entgegensetzt. Dass sich so jung nicht immer sofort großer Genuss und Trinkfluss einstellt, ist beim Weingut Querbach vorprogrammiert. Dass die Weine zuverlässig Jahrzehnte überdauern können aber auch.

Peter Querbach

Weinbewertung

87+ 2019 Riesling „Schoppen“ | 12%/9,-€
88+ 2020 Riesling „Edition“ | 12%/15,-€
90+ 2020 Riesling Hallgarten | 12%/18,-€
90+ 2020 Riesling „Q1“ Oestricher Lenchen | 12%/21,-€
90+ 2018 Riesling „Milestone“ Oestricher Doosberg | 12%/24,-€
92+ 2020 Riesling „Milestone“ Oestricher Doosberg | 12%/24,-€

Lagen
Lenchen (Oestrich)
Doosberg (Oestrich)
Hasensprung (Winkel)

Rebsorten
Riesling (98%)
Spätburgunder (2%)

★★☆

Raddeck

Kontakt
Am Hummertal 100
55283 Nierstein
Tel. 06133-58115
Fax: 06133-58331
www.raddeckwein.de
info@raddeckwein.de

Besuchszeiten
Mo.-Fr. 9-18 Uhr, Sa. 9-16 Uhr, sonst nach Vereinbarung
Kleine Speisen & Wein zu Vinotheksöffnungszeiten

Inhaber
Stefan Raddeck
Betriebsleiter
Stefan Raddeck
Kellermeister
Stefan Raddeck
Rebfläche
25 Hektar

Birgit und Hans Raddeck stellten nach Abschluss der Lehre von Sohn Stefan beim Weingut Roth in Wiesenbronn 2003 auf ökologische Bewirtschaftung um. Inzwischen hat Stefan Raddeck das Gut übernommen, das 2009 vom Ortskern in das Hummertal ausgesiedelt wurde, führt es zusammen mit Ehefrau Anna. Er hat die Rebfläche erweitert, weitere Flächen im Roten Hang und auf dem Paterberg erworben, in Holzfässer investiert. Die Weinberge liegen vor allem im Roten Hang in den Lagen Heiligenbaum, Orbel, Ölberg, Schloss Schwabsburg und Pettenthal, sowie im Paterberg, wo auf Kalkstein vor allem Burgundersorten angebaut werden. Wichtigste weiße Rebsorten sind Riesling, Weißburgunder, Chardonnay und Sauvignon Blanc, hinzu kommen rote Rebsorten, vor allem Spätburgunder. Viele Weine werden spontanvergoren, bei Weißweinen wird mit bis zu 36 Stunden Maischestandzeit gearbeitet.

Kollektion

Wie im Vorjahr führen die Rieslinge eine starke Kollektion an, aber das erwartet man ja auch bei einem Niersteiner Weingut. Der Pettenthal-Riesling, Jahrgang 2021, zeigt gute Konzentration, reintönige Frucht, gelbe Früchte, ist frisch, klar und zupackend, sehr jugendlich bei mineralischem Grip. Die Nase vorne hat aber auch in diesem Jahr wieder der ein Jahr ältere Riesling von alten Reben, der aus dem Orbel stammt, erst ein Jahr im Tonneau reift, dann ein Jahr auf der Flasche. Er ist konzentriert und herrlich eindringlich im Bouquet, füllig und saftig im Mund, besitzt viel reife Frucht, Substanz, gute Struktur und Frische. Sehr gut sind auch die Ortsrieslinge, der Sauvignon Blanc zeigt Maracuja und Stachelbeeren, der Niersteiner Weißburgunder besitzt feine süße Frucht, der Sekt punktet mit Harmonie. Stark sind auch die beiden Roten, der Spätburgunder ist rauchig, strukturiert, die Cabernet-Merlot-Cuvée besitzt Fülle und Kraft. Überzeugende Vorstellung!

Weinbewertung

85 Pinot Sekt brut | 12%/14,50€
83 2021 Riesling trocken | 12%/7,-€
84 2021 Weißburgunder trocken | 12,5%/7,-€
85 2021 Sauvignon Blanc | 12%/7,90€
85 2021 Weißburgunder trocken Niersteiner | 13%/9,70€
85 2021 Riesling „Roter Hang“ | 12,5%/9,70€
86 2021 Riesling „vom Kalkstein“ | 13%/9,70€
88 2021 Riesling Pettenthal | 12,5%/16,50€
89 2020 Riesling „Alte Reben“ | 12,5%/23,50€
83 2021 „Trilogie“ Cuvée Rosé trocken | 12%/6,50€
86 2019 „Cuvée MC“ Rotwein trocken | 13,5%/9,70€
86 2019 Spätburgunder trocken Barrique Niersteiner | 13%/13,50€

★★☆

Rammersweier

Kontakt
Winzergenossenschaft
Rammersweier, Weinstraße
87 77654 Offenburg
Tel. 0781-31424, Fax: -34674
www.wg-rammersweier.de
info@wg-rammersweier.de

Besuchszeiten
Mo.-Fr. 8-12 + 14-18 Uhr
Sa. 9-13 Uhr

Mitglieder 83
Vorstandsvorsitzender
Meinrad Hurst
Geschäftsführer
Georg Lehmann
Kellermeister
Siegfried Kiefer
Rebfläche
57 Hektar
Produktion
320.000 Flaschen

Seit dem 13. Jahrhundert ist Weinbau in Rammersweier urkundlich belegt, seit 1971 ist Rammersweier ein Stadtteil von Offenburg. 1926 gründeten 29 Winzer die Winzergenossenschaft Rammersweier, die mit 100 Mitgliedern und 56 Hektar Weinbergen zu den kleinsten Genossenschaften in Baden zählt. Müller-Thurgau ist die wichtigste Rebsorte in den Weinbergen der Mitglieder, nimmt zwei Fünftel der Rebfläche ein, auf ein knappes Drittel bringt es Spätburgunder. Es folgen Riesling und Grauburgunder, des Weiteren gibt es Weißburgunder, Chardonnay, Kerner, Scheurebe, Gewürztraminer und Cabernet Dorsa, sowie als Spezialitäten pilzresistente Rebsorten wie Solaris, Souvignier Gris und Muscaris. Auf Lagenbezeichnungen wird verzichtet.

Kollektion

Die neue Kollektion gefällt und deutlich besser als zuletzt, und das ist vor allen Dingen, wenn auch nicht nur, den beiden Barriqueweinen zu verdanken, bei denen das Holz deutlich weniger dominant ist als in manch früheren Jahrgängen. Der im Barrique ausgebaute Chardonnay aus dem Jahrgang 2020 ist würzig und eindringlich im Bouquet, füllig und kraftvoll im Mund, besitzt viel reife Frucht und Substanz. Noch besser gefällt uns der Premium-Spätburgunder aus dem Jahrgang 2018, der zwölf Monate im Barrique ausgebaut wurde, etwas Gewürze und viel Konzentration im Bouquet zeigt, Fülle und Kraft im Mund besitzt, viel Substanz, gute Struktur und klare Frucht. Die rote Cuvée R, Cabernet Dorsa und Spätburgunder, ist fruchtbetont und intensiv, zeigt rote und dunkle Früchte, besitzt Fülle, gute Struktur und Frucht; der Spätburgunder SR ist würzig, klar und zupackend. Die weiteren Weißweine zeigen sehr gleichmäßiges Niveau, sind frisch, klar und geradlinig, unser Favorit ist der erstmals präsentierte, leicht florale Souvignier Gris, der gute Struktur, klare Frucht und Grip besitzt.

Weinbewertung

82 2020 Scheurebe Sekt brut | 12,5%/11,50€
83 2021 Grauburgunder trocken „Tradition“ | 12,5%/6,50€
83 2021 Sauvignon Blanc trocken | 12,5%/8,-€
84 2021 Souvignier Gris trocken | 12,5%/7,-€
82 2021 Chardonnay trocken | 12%/8,-€
85 2020 Chardonnay trocken Barrique | 12,5%/11,-€
83 2021 Klingelberger (Riesling) Kabinett | 10%/7,-€
83 2020 Gewürztraminer Spätlese | 12%/8,50€
82 2021 Spätburgunder Rosé trocken „Tradition“ | 11,5%/6,20€
83 2019 Spätburgunder „SR“ trocken | 13,5%/8,-€
84 2019 „Cuvée R“ Rotwein trocken | 13,5%/8,-€
87 2018 Spätburgunder trocken „Premium“ | 15%/19,90€

★★☆

Familie Rauen

Kontakt
Hinterm Kreuzweg 5
54340 Thörnich
Tel. 06507-8382
Fax: 06507-3403
www.familie-rauen.de
info@weingut-familie-rauen.de

Besuchszeiten
nach Vereinbarung
Ferienapartments*****

Inhaber
Maria & Harald Rauen,
Matthias Rauen
Kellermeister
Matthias Rauen
Rebfläche
13,5 Hektar

Harald Rauen übernahm 1982 das elterliche Weingut, damals überwiegend Fassweinbetrieb, und verlagerte 1997 den Sitz von Detzem nach Thörnich. Seine Weinberge befinden sich in den Lagen Detzemer Würzgarten, Detzemer Maximiner Klosterlay und Thörnicher Ritsch. Neben Riesling gibt es ein wenig Weißburgunder, Spätburgunder, Müller-Thurgau und Dornfelder, sowie Sauvignon Blanc. Die Weißweine werden im Edelstahl vergoren und bleiben bis zum Frühjahr auf der Feinhefe; die Rotweine werden nach zweiwöchiger Maischegärung mindestens zwölf Monate im Barrique ausgebaut und nicht filtriert. 80 bis 90 Prozent der Weine werden trocken ausgebaut, zwei Drittel der Produktion wird über den Fachhandel vermarktet. Inzwischen unterstützt Sohn Matthias als Mitinhaber und Kellermeister seine Eltern im Betrieb. 2011 wurde ein Gästehaus mit fünf Apartments eröffnet.

Kollektion

Feine, klare und frische Weine stellt der Betrieb in diesem Jahr vor, kein Wein enttäuscht, auch wenn sich einige Rieslinge noch etwas verhalten zeigen. Der Sauvignon Blanc nicht, denn er ist offen und zugänglich, duftet nach Spargel und etwas Guave, ist straff und knackig, insgesamt sehr trocken, was an der Mosel ja nicht automatisch der Fall ist. Die beiden Rieslinge namens Kirchenberg und Hinkellay sind beide zupackend und würzig, der letztgenannte Wein wirkt deutlich spannender, weil er frisch, leicht hefig und spritzig ist, mit rescher Säure, aber auch mit Struktur und würzigem Nachhall ausgestattet ist. Einen Hauch von Süße, aber auch überraschend viel Spiel weist der Schieferfels-Riesling auf. Präsent zeigt sich der süße Wein aus der Ritsch mit Noten von Cassis, Apfel und Hefe, im Mund ist er zupackend mit merklichem, sehr gut integriertem Restzucker. Die Auslese wirkt noch etwas saftiger und deutlich jugendlich, sie besitzt gute Anklänge, benötigt allerdings definitiv noch etwas Zeit. Schließlich der Eiswein, der beweist, was in diesem Jahr möglich war im edelsüßen Bereich. Er ist glasklar mit Noten von Aprikosen, Blütenhonig, Pfirsichschale und getrockneten Kräutern, im Mund seidig und frisch, sehr gut balanciert.

Weinbewertung

84 2021 Sauvignon Blanc trocken | 11,5%/8,50€
85 2021 Riesling trocken „Kirchenberg“ | 12%/8,-€
87 2021 Riesling „Hinkellay“ | 12%/13,50€
82 2021 Riesling „Grauschiefer“ halbtrocken | 11%/8,-€
87 2021 Riesling „Schieferfels“ | 11,5%/13,50€
87 2021 Riesling Thörnicher Ritsch | 8%/9,50€
88 2021 Riesling Auslese | 7%/15,50€
91 2021 Riesling Eiswein | 8,5%/55,-€

★★★★★

Raumland

Kontakt
Sekthaus Raumland
Alzeyer Straße 134
67592 Flörsheim-Dalsheim
Tel. 06243-908070
Fax: 06243-908077
www.raumland.de
info@raumland.de

Besuchszeiten
Mo.-Fr. 8:30-17 Uhr,
Sa. 10-13 Uhr,
nach Vereinbarung

Inhaber
Volker Raumland
Rebfläche
14 Hektar
Produktion
100.000 Flaschen

Volker und Heide-Rose Raumland haben 1990 die Villa Merkel in Flörsheim-Dalsheim gekauft, 1991 dann haben sie die ersten Sekte aus eigenen Trauben erzeugt, vorher hatten sie Trauben zugekauft. Volker Raumland stammt aus einem Weingut in Bockenheim in der Pfalz, Heide-Rose Raumland stammt aus Württemberg, ist die Schwester von Hans-Peter Wöhrwag, der das gleichnamige Weingut in Untertürkheim führt. Volker Raumland hat als Betriebsleiter bei einem Pfälzer Weingut gearbeitet, nebenher mit einer mobilen Sektabfüllung begonnen; die Idee dafür war durch ein Sekt-Projekt während des Geisenheim-Studiums entstanden. Bis beides zusammen nicht länger zu vereinbaren war, er ganz auf die Sektabfüllung setzte und sich schließlich die Gelegenheit ergab, das Anwesen in Flörsheim-Dalsheim zu erwerben, mit vier Hektar Weinbergen. Diese haben Volker und Heide-Rose Raumland neu angelegt, mit Rebsorten natürlich, aus denen sie Sekt bereiten wollten. Ihre weiteren Weinberge liegen in Hohen-Sülzen und Bockenheim, seit 2002 sind die Weinberge biologisch zertifiziert. Spätburgunder war lange Zeit die mit Abstand wichtigste Rebsorte im Betrieb, inzwischen gibt es genauso viel Chardonnay, hinzu kommen Riesling und Weißburgunder, sowie ein wenig Schwarzriesling. Nach der Ganztraubenpressung – die Taille wird inzwischen nicht mehr verwendet – werden die Weine lange bei kühler Temperatur vergoren. Seit 1997 durchlaufen alle Sekte den biologischen Säureabbau. Volker Raumlands Sekte werden Spitzenchampagner immer ähnlicher, ohne dass sie versuchen, diese zu kopieren, nein, sie sind eigenständig – und sie brauchen Zeit, profitieren vom langen Hefelager. Und Volker Raumland arbeitet permanent an weiteren, kleinen Veränderungen, probiert aus, was möglich ist. Die jüngsten Jahrgänge sind noch präziser und druckvoller, die Dosage hat Volker Raumland insgesamt weiter reduziert, bei manchen Cuvées verzichtet er völlig auf Dosage, die meisten anderen werden im Bereich extra-brut dosiert. Auch die Zugabe von Schwefel hat er nach und nach reduziert, schon vor einigen Jahren Sekte ausgebaut, denen gar kein Schwefel zugesetzt wurde. Im Oktober 2019 ist Marie-Luise, die ältere Tochter von Volker und Heide-Rose Raumland, in den Betrieb eingestiegen, die jüngere Tochter Katharina hat sich zu einem Zweitstudium entschieden, studierte Internationale Weinwirtschaft in Geisenheim und ist nach Beendigung des Studiums ebenfalls in den Betrieb eingestiegen.

Kollektion

Bis auf den Tradition sind heute alle Sekte Jahrgangssekte. Der 36 Monate auf der Hefe ausgebaute Tradition, eine Cuvée aus Pinot Noir und Pinot Blanc sowie mehrerer Jahrgänge, zeigt rauchige Noten und feine Würze im Bouquet, ist herrlich eindringlich und konzentriert, ist kraftvoll im Mund, frisch und zupackend, besitzt gute Struktur und Grip. Der 2018er Riesling wurde ebenfalls 36 Monate auf der Hefe ausgebaut, er zeigt viel Frucht im

Bouquet, etwas Zitrus, feine Hefewürze, ist lebhaft, frisch und geradlinig, hat viel Biss. Die Cuvée Marie-Luise, ein reinsortiger Pinot Noir, ist fruchtbetont und intensiv im Bouquet, herrlich eindringlich und reintönig, füllig und harmonisch im Mund, besitzt viel Frucht, gute Struktur, Frische und Grip. Die nicht dosierte Cuvée Katharina, Pinot Noir mit Meunier, zeigt rauchige Noten, ein wenig Brioche, ist kraftvoll, puristisch und zupackend. Die weiteren Sekte im Programm sind dann nochmals deutlich länger auf der Hefe gereift. Der 2013er Blanc de Blancs aus dem Bürgel, ein reinsortiger Pinot Blanc, zeigt gute Konzentration, feine Reife und etwas rauchige Noten, besitzt im Mund dann viel Frische und Grip. Deutlich besser gefällt uns der Réserve-Chardonnay aus demselben Jahrgang, der etwas weiße Früchte und einen Anflug von Brioche zeigt, gute Fülle und Harmonie im Mund besitzt, aber auch viel Frische und Grip. Ebenfalls aus 2013 stammt das „XIII. Triumvirat", das viel Würze und florale Noten zeigt, füllig und harmonisch ist, viel reife Frucht und Substanz besitzt und schöne Frische im Finish. Unsere leichte Präferenz unter den 2013ern aber gilt dem Blanc de Noirs, einem reinsortigen Pinot Noir, der sehr offen im Bouquet ist, intensiv gelbe Früchte zeigt, füllig, kraftvoll und komplex ist, reife Frucht, Substanz und Harmonie besitzt. Unsere Favoriten in der aktuellen Kollektion aber sind die beiden Grande Réserve aus 2010. Der nicht dosierte Chardonnay zeigt viel Frische, Würze, ein wenig Brioche, ist füllig, komplex, erstaunlich jugendlich und hat Grip. Der Blanc de Blancs, ein reinsortiger Pinot Blanc, ist faszinierend frisch, changiert zwischen Zitrus und Brioche, zeigt etwas Haselnüsse, ist harmonisch, lebhaft, transparent, komplex und besitzt viel Frische noch im Finish – so spannenden Pinot Blanc findet man in der Champagne nicht. Der komplexe, kraftvolle 2014er Rosé rundet die starke Kollektion ab.

Familie Raumland/© Oliver Rüther

Weinbewertung

87 2018 Riesling brut | 12%/22,-€
89 2017 „Cuvée Marie-Luise" brut | 12%/22,-€
89 2017 „Cuvée Katharina" brut nature | 12%/22,-€
89 „Tradition" brut | 12%/24,-€
90 2013 Chardonnay „Réserve" brut | 12%/36,-€
91 2013 Pinot „Blanc de Noirs" brut | 12,5%/36,-€
88 2013 „Blanc de Blancs" „Réserve" extra brut Bürgel | 12%/36,-€
90 2013 „XIII. Triumvirat Grande Cuvée" brut | 12,5%/54,-€
92 2010 Chardonnay „Grande Réserve" brut nature | 12%/72,-€
92 2010 „Blanc de Blancs Grande Réserve" Extra Brut | 12%/72,-€
91 2014 Rosé „Réserve" brut | 12%/28,-€

Lagen
Bürgel (Dalsheim)
Kirchenstück (Hohen-Sülzen)
Silberberg (Mölsheim)
Schlossberg (Bockenheim)

Rebsorten
Spätburgunder (39%)
Chardonnay (39%)
Riesling (10%)
Weißburgunder (9%)
Schwarzriesling (3%)

Burg Ravensburg

Kontakt
75056 Sulzfeld
Tel. 07269-91410
Fax: 07269-914140
www.burg-ravensburg.de
info@weingut-burg-ravensburg.de

Besuchszeiten
Vinothek in Tiefenbach (Am Mühlberg 3), Restaurant im Weingut Heitlinger, Tiefenbach, siehe Webseite

Inhaber
Weingüter Heitlinger & Burg Ravensburg GmbH, Heinz Heiler
Geschäftsführer
Claus Burmeister
Kellermeister
Daniel Rupp
Außenbetrieb
Timo Daiß
Rebfläche 38 Hektar
Produktion 300.000 Flaschen

Das Weingut Burg Ravensburg besitzt die arrondierten Weinberge rund um die gleichnamige Burg mit den drei Einzellagen Löchle, Dicker Franz und Husarenkappe. Die Reben wachsen auf Gipskeuperböden. Die Husarenkappe ist eine reine Rieslinglage, das Löchle überwiegend Burgunderlage und die Lage Dicker Franz ist für Blaufränkisch bekannt. Hinzu kommen die Eichelberger Lagen Kapellenberg und Götzen (Riesling) sowie der Sulzfelder Lerchenberg. Riesling nimmt ein gutes Drittel der Rebfläche ein, Blaufränkisch ein knappes Drittel, hinzu kommen etwa gleiche Anteile von Spätburgunder, Weißburgunder und Grauburgunder. 2009 wurde das Weingut von Heinz Heiler übernommen, dem auch das Weingut Heitlinger in Tiefenbach gehört. Claus Burmeister ist seither für beide Weingüter verantwortlich. Seit 2010 werden die Weinberge biologisch bewirtschaftet.

Kollektion

Nur drei neue Weine hat Burg Ravensburg dieses Jahr vorgestellt, die sechs Großen Gewächse hatten wir alle schon im vergangenen Jahr präsentiert. Neu sind der würzige, geradlinige Sekt, der feine Rieslingreife im Bouquet zeigt, der frische, geradlinige Sulzfelder Riesling sowie der Riesling aus dem Sulzfelder Lerchenberg, der würzig und konzentriert im Bouquet, frisch, klar und zupackend im Mund ist. Die Großen Gewächse haben den Eindruck des letzten Jahres bestätigt, nur der füllige, kraftvolle Weißburgunder ist weniger fruchtintensiv als im vergangenen Jahr. Der Grauburgunder zeigt rauchige Noten, besitzt Fülle und Kraft, reife Frucht und gute Struktur, Der Riesling aus der Husarenkappe ist würzig und sehr kompakt, sein Kollege aus dem Kapellenberg ist etwas intensiver und komplexer, ist dabei füllig und kraftvoll. Der Blaufränkisch aus dem Lerchenberg ist sehr offen und duftig, füllig und harmonisch gereift, das Große Gewächs Dicker Franz ist deutlich kraftvoller, sehr kompakt, während der Pinot Noir aus dem Löchle wunderschön reintönig im Bouquet und sehr kompakt und geradlinig im Mund ist.

Weinbewertung

84	2017 „Rabanus“ Riesling Sekt brut I 12%/18,-€
83	2021 Riesling trocken Sulzfeld I 12%/10,50€
85	2021 Riesling trocken Sulzfelder Lerchenberg I 12%/18,-€
88	2019 Riesling trocken „GG“ Burg Ravensburg Husarenkappe Sulzfeld I 13%/37,50€
89	2019 Riesling trocken „GG“ Kapellenberg Eichelberg I 13%/30,-€
89	2019 Weißburgunder trocken „GG“ Burg Ravensburg Löchle Sulzfeld I 13,5%/30,-€
89	2019 Grauburgunder trocken „GG“ Burg Ravensburg Löchle Sulzfeld I 13,5%/30,-€
86	2017 Blaufränkisch trocken Sulzfelder Lerchenberg I 13,5%/18,-€
88	2018 Pinot Noir trocken „GG“ Burg Ravensburg Löchle Sulzfeld I 13%/30,-€
89	2017 Blaufränkisch trocken „GG“ Burg Ravensburg Dicker Franz Sulzfeld I 13,5%/30,-€

★★★

Rebenhof – Johannes Schmitz

Kontakt
Hüwel 2-3
54539 Ürzig
Tel. 06532-4546
Fax: 06532-1565
www.rebenhof.de
info@rebenhof.de

Besuchszeiten
Mai-Sept. Mo.-Sa. 10-18 Uhr, So. 10-12 Uhr oder nach Vereinbarung
Gästezimmer, Apartment, Ferienwohnung, kulinarische Wochenenden

Inhaber
Johannes Schmitz
Rebfläche
7,2 Hektar
Produktion
60.000 Flaschen

Der Rebenhof in Ürzig wird von Johannes Schmitz bewirtschaftet, angebaut wird auf 7,2 Hektar ausschließlich Riesling. Die Weinberge liegen größtenteils in Steillagen an der Ürziger Moselschleife, in der Lage Ürziger Würzgarten; die meisten Lagenrieslinge von Johannes Schmitz kommen aus dem Würzgarten, teils von alten, wurzelechten Reben, allerdings gibt es auch Weine – die trockene Spätlese und das Große Gewächs – aus dem Erdener Treppchen. Die Trauben aus benachbarten Lagen gehen in den Gutsriesling ein.

Kollektion

Geradlinige, ausdrucksstarke Weine stellt Johannes Schmitz in diesem Jahrgang vor – sie sind straff und fest, besitzen Spiel und Individualität, stellen den Charakter der Lage in den Vordergrund. Selbiges gilt auch für die beiden trockenen Spitzen aus 2020, die sich sehr gut entwickelt haben. Der trockene Riesling vom Vulkangestein ist frisch, duftig, im Mund straff, aber alles andere als unreif, schön würzig; nochmals spannender ist jener Wein von wurzelechten Reben, der aber auch völlig verschlossen wirkt. Das GG aus dem Jahr 2020 und dem Würzgarten ist offen, vielschichtig, im Mund würzig und saftig. Das GG aus dem Treppchen, ebenfalls ein 2020er, besitzt einen ganz anderen Charakter, eine helle Aromatik mit Anklängen an Hefe, Kernobst, etwas Limonen, ist im Mund schlank, fest, puristisch und sehr trocken: ein sehr spannender Wein, wie er an der Mosel vergleichsweise selten erzeugt wird. Zwischen trockenen und süßen Weinen angesiedelt sind die beiden feinherben Vertreter mit jeweils gut integrierter Süße: der überdurchschnittlich gute Literwein und jener vom roten Schiefer. Der Urglück-Riesling ist offen mit feinen, kühlen Zitrus-, Kräuter- und Kernobstnoten, im Mund saftig, zupackend, vibrierend, gut balanciert; die Süße ist sehr verhalten. Die Auslese zeigt Anklänge an Pfirsich, gebackenen Apfel und frische Mango, ist im Mund schlank und rassig, wirkt deutlich süß und braucht noch Zeit, bis sie sich in Bestform präsentieren wird. ▬

Weinbewertung

85 2021 Riesling trocken „Vom Vulkangestein" | 11%/9,-€
86 2021 Riesling Kabinett trocken „Von Wurzelechten Reben" Würzgarten | 11%/12,-€
87 2021 Riesling Spätlese trocken Erdener Treppchen | 12%/16,50€
87 2021 Riesling Spätlese trocken „Von Alten Reben" Ürziger Würzgarten | 12%/22,-€
90 2020 Riesling trocken „GG" Erdener Treppchen | 13%/32,-€
89 2020 Riesling trocken „GG" Ürziger Würzgarten | 13%/30,-€
83 2021 Riesling „feinherb" (1l) | 10%/10,-€
86 2021 Riesling Kabinett „feinherb" „Vom Roten Schiefer" Würzgarten | 10,5%/12,-€
91 2021 Riesling Spätlese „Urglück" Ürziger Würzgarten | 9%/Vst.
90 2021 Riesling Auslese „Fass Nr. 15" Ürziger Würzgarten | 8%/0,5l/a.A.

REBENHOF
JOHANNES SCHMITZ RIESLING

★★

Rebhof

Kontakt
Conrad-Forster-Straße 23
88149 Nonnenhorn
Tel. 08382-887116
Fax: 08382-887960
www.rebhof-am-see.de
weingut@rebhof-am-see.de

Besuchszeiten
Mo.-Sa. 9-12:30 + 13:30-19 Uhr, So. nach Vereinbarung
Ferienhaus mit Appartements und eigenem Badestrand

Inhaber
Ulrike & Oliver Schaugg
Betriebsleiter
Ulrike Schaugg
Kellermeister
Ulrike & Oliver Schaugg
Außenbetrieb
Oliver & Ulrike Schaugg
Produktion
30.000 Flaschen

Ulrike und Oliver Schaugg haben ihren Rebhof in der ehemaligen Dorfkäserei in Nonnenhorn errichtet, die sie 1999 gekauft und umgebaut haben, dabei alt und neu zu einem architektonischen Gesamtkonzept verbunden haben. Ihre Reben befinden sich in der Nonnenhorner Seehalde, in der die Reben auf eiszeitlichen Moränenböden wachsen. Neben den traditionellen Rebsorten vom Bodensee bauen sie verstärkt Piwi-Sorten an, die inzwischen mehr als die Hälfte der Rebfläche einnehmen. An weißen Rebsorten gibt es Bacchus, Müller-Thurgau (mit teils 1969 gepflanzten Reben) und Sauvignon Blanc, sowie Souvignier, Muscaris und Sauvignac, von dem zuletzt noch mehr gepflanzt wurde; an roten Rebsorten gibt es Spätburgunder und Regent. Seit zehn Jahren werden keine Herbizide mehr eingesetzt, man ist dabei von umweltschonende auf biologische Bewirtschaftung umzustellen. Ulrike Schaugg ist Oenologin, hat nach ihrer Ausbildung verschiedene Praktika in Franken (bei Paul Fürst), in der Schweiz und in Zimbabwe absolviert, Oliver Schaugg stammt aus einer Künstlerfamilie, seine Glasobjekte sind in den oberen Räumen der Vinothek ausgestellt. Das Sortiment ist gegliedert in Gebietsweine, Ortsweine und Lagenweine.

Kollektion

Beim guten Debüt im vergangenen Jahr gefiel uns der 2019er Spätburgunder von der Seehalde besonders gut, und sein Jahrgangsnachfolger macht auch in diesem Jahr eine sehr gute Figur, ist würzig und eindringlich, zeigt rote Früchte, Kirsche, ist frisch und zupackend, besitzt gute Struktur und Grip. Die Cuvée Rubin, ein im Tonneau ausgebauter Regent, zeigt rote Früchte im Bouquet, besitzt klare Frucht und Grip im Mund. Durchgängig stark sind aber auch die Weißweine. Der halbtrocken ausgebaute, holunderduftige Bacchus ist fruchtbetont und intensiv, wunderschön reintönig und lebhaft, der in gebrauchten Barriques vergorene und lange auf der Vollhefe ausgebaute Sauvignon Blanc ist würzig, leicht floral, zupackend, noch sehr jugendlich. Die beiden Souvignier Gris stammen aus dem Jahrgang 2020. Der Ortswein besitzt viel Frucht, Kraft und Grip, die lange auf der Vollhefe im Holz ausgebaute und unfiltriert abgefüllte Reserve ist enorm füllig, kraftvoll und konzentriert, besitzt viel Substanz, reife Frucht und Grip. Spannende Kollektion!

Weinbewertung

85 2021 Sauvignon Blanc trocken Nonnenhorner | 12%/12,50€
85 2020 Souvignier Gris Nonnenhorner | 12,5%/12,50€
87 2020 Souvignier „Reserve" Nonnenhorner Seehalde | 13%/21,-€
84 2021 Bacchus Nonnenhorner Seehalde | 11,5%/8,-€
85 2020 „Rubin" Rotwein Nonnenhorner Seehalde | 13%/10,-€
87 2020 Spätburgunder trocken Nonnenhorner Seehalde | 13%/21,-€

REBHOF

★★★★★ Rebholz

Kontakt
Weingut Oekonomierat
Rebholz, Weinstraße 54
76833 Siebeldingen
Tel. 06345-3439, Fax: -7954
www.weingut-oekonomierat-rebholz.de
wein@oekonomierat-rebholz.de

Besuchszeiten
Mo.-Fr. 9-12:30 + 13:30-17:30 Uhr, Sa. 10-16 Uhr, Gruppen ab 5 Personen nur nach Vereinbarung

Inhaber/ Betriebsleiter
Hansjörg Rebholz
Kellermeister
Hans & Valentin Rebholz
Außenbetrieb
Hans & Valentin Rebholz
Rebfläche
26 Hektar
Produktion
120.000 Flaschen

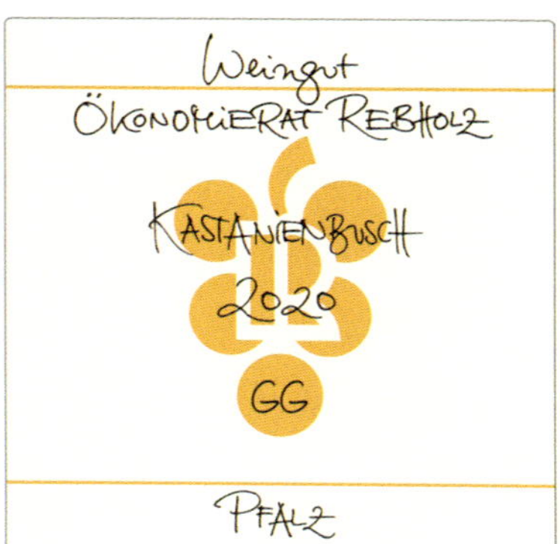

Wichtigste Rebsorten bei Hansjörg Rebholz sind Riesling und Spätburgunder. Hinzu kommen die weißen Burgundersorten, Chardonnay, Silvaner und Sauvignon Blanc, sowie als Spezialitäten Gewürztraminer und Muskateller. An der Basis des Programms von Hansjörg Rebholz stehen die Gutsweine, darüber die Orts- bzw. Terroirweine. Darüber wiederum stehen die Weine aus Ersten Lagen – wie dem Frankweiler Biengarten und dem Godramsteiner Münzberg – und Großen Lagen, aus denen die Großen Gewächse stammen: Riesling aus dem Birkweiler Kastanienbusch, Riesling, Weißburgunder und Spätburgunder aus dem Siebeldinger Im Sonnenschein, Riesling aus dem alten Gewann „Ganz Horn" im Siebeldinger Im Sonnenschein und erstmals mit dem Jahrgang 2012 ein Weißburgunder aus dem Birkweiler Mandelberg. Mit dem Jahrgang 2020 gibt es ein viertes Großes Gewächs vom Riesling aus dem Burrweiler Schäwer. Daneben gibt es noch die im Barrique ausgebauten „R"-Weine. Seit 2005 werden die Weinberge nach ökologischen Richtlinien bewirtschaftet, kurz darauf folgte die Umstellung auf biodynamischen Anbau. Mittlerweile ist die nächste Generation mehr und mehr im Weingut involviert, die Söhne Hans und Valentin haben die Verantwortung im Keller und im Außenbetrieb übernommen.

Kollektion

Im vergangenen Jahr waren einige der Rieslinge zum Zeitpunkt der Verkostung sehr verschlossen und zeigten deutliche reduktive Noten – das ist in diesem Jahr ganz anders, teilweise besitzen die 2021er Rieslinge sogar ungewöhnlich viel Frucht: Der Ganz Horn zeigt ein sehr klares Bouquet mit Aromen von Aprikose, Ananas, etwas grünem Apfel und kräutrigen Noten, besitzt auch am Gaumen viel Frucht, Saft, viel Grip und ist enorm nachhaltig, der Kastanienbusch zeigt ebenfalls Noten von Ananas und grünem Apfel, dazu etwas nassen Stein, am Gaumen ist er von herber Zitruswürze und leicht salzigen Noten geprägt, baut feinen Druck auf, ist elegant und sehr nachhaltig. Der Im Sonnenschein zeigt kräutrig-steinige Würze und Zitrusnoten, Ananas, Orangenschale, ist am Gaumen saftig und nachhaltig und besitzt eine feine Balance zwischen klarer, intensiver Frucht und einem lebendigen Säurespiel, der Schäwer zeigt rauchig und steinig unterlegte gelbe Frucht im Bouquet, besitzt viel Grip, leicht salzig-animierende Noten und gute Länge. Der Riesling aus dem Biengarten zeigt leicht reduktive Noten von Schießpulver, Tabak, Kräutern und Roibuschtee, am Gaumen ist er schlank, leicht salzig, herb, animierend und nachhaltig, bei den Ortsrieslingen zeigt der „vom Rotliegenden" etwas steinig-mineralische Noten, besitzt feinen Grip, Druck und Länge, der „vom Buntsandstein" zeigt Aprikose, grünen Apfel und Kräuter im Duft, ist saftig, herb, leicht salzig und nachhaltig, der „vom Muschelkalk" ist etwas verhalten und leicht kreidig-kräutrig und hat Grip, der „vom Schiefer“ besitzt die deutlichste Frucht, Aprikose, Orangenschale, Limette, und eine animierende Säure. Die beiden Großen Gewächse vom Weißburgunder zeigen klare Frucht, Birne, Aprikose, und feine florale Würze, der Im Sonnenschein besitzt Kraft und Schmelz, der Mandelberg ist etwas frischer und eleganter, der Chardonnay zeigt leicht rauchige Holzwürze und etwas Kokos im Duft, ist animierend, salzig, druckvoll und nachhaltig, der Sekt zeigt feine Reifenoten, besitzt eine cremige Textur, Eleganz und Frische. Der Spätburgunder Im Sonnenschein zeigt leicht gereift wirkende Kirschfrucht, Hagebutte und kräutrige Noten im Bouquet, besitzt eine gute Struktur, frische Säure, Länge und etwas deutlichere Holzwürze als der „Förster“, der schlank, elegant und frisch ist und feine Aromen von Süßkirsche, Johannisbeere und Sanddorn besitzt, der „vom Muschelkalk“ ist etwas kraftvoller, besitzt noch jugendliche Tannine und ebenfalls klare Fruchtnoten.

Familie Rebholz

Weinbewertung

90 2012 „Pi No Gold“ Sekt extra brut | 12%/49,-€
86 2021 Riesling trocken | 11,5%/12,80€
86 2021 Weißer Burgunder trocken | 13%/12,80€
86 2021 Muskateller trocken | 11,5%/15,50€
88 2021 Riesling trocken „vom Schiefer“ Burrweiler | 13%/22,50€
89 2021 Weißer Burgunder trocken „vom Muschelkalk“ Siebeldingen | 13%/25,-€
89 2021 Riesling trocken „vom Buntsandstein“ Siebeldingen | 12%/22,50€
89 2021 Riesling trocken „vom Rotliegenden“ Birkweiler | 12%/22,50€
88 2021 Riesling trocken „vom Muschelkalk“ Siebeldingen | 12,5%/22,50€
90 2021 Riesling trocken Frankweiler Biengarten | 12%/30,-€
91 2021 Weißer Burgunder „GG“ Mandelberg | 13%/54,-€
91 2021 Weißer Burgunder „GG“ Im Sonnenschein | 13,5%/54,-€
89 2021 „Pi No R“ Weißwein trocken | 13,5%/40,-€
91+ 2021 Chardonnay „R“ trocken | 13%/42,-€
91 2021 Riesling „GG“ Schäwer | 13%/57,-€
92 2021 Riesling „GG“ „Ganz Horn“ | 12,5%/57,-€
91+ 2021 Riesling „GG“ Im Sonnenschein | 12,5%/57,-€
92 2021 Riesling „GG“ Kastanienbusch | 12,5%/63,-€
88 2020 Spätburgunder „R“ trocken | 12,5%/24,-€
90 2020 Spätburgunder trocken „vom Muschelkalk“ Siebeldinger | 13%/40,-€
91 2017 Spätburgunder trocken „Förster“ Siebeldingen | 12,5%/58,-€
91 2017 Spätburgunder „GG“ Im Sonnenschein | 12,5%/70,-€

Lagen

Im Sonnenschein (Siebeldingen)
Ganz Horn (Siebeldingen)
Kastanienbusch (Birkweiler)
Mandelberg (Birkweiler)
Latt (Albersweiler)
Biengarten (Frankweiler)
Münzberg (Godramstein)

Rebsorten

Riesling (40%)
Spätburgunder (22%)
Weißburgunder (13%)
Chardonnay (10%)
Grauburgunder (5%)
Gewürztraminer
Muskateller
Sauvignon Blanc
Silvaner

★★★☆

F.-J. Regnery

Kontakt
Mittelstraße 39
54340 Klüsserath
Tel. 06507-4636
Fax: 06507-3053
www.weingut-regnery.de
mail@weingut-regnery.de

Besuchszeiten
Sa. 10-18 Uhr
Mo.-Fr. jederzeit nach Vereinbarung
2 neue Ferienwohnungen im Nachbarhaus

Inhaber
Peter Regnery
Rebfläche
8,5 Hektar
Produktion
50.000 Flaschen

Die Geschichte des Weinguts Regnery geht auf das 17. Jahrhundert zurück. Franz-Josef Regnery hatte seine Weinberge in Flachlagen verkauft und Parzellen in den besten Lagen der Klüsserather Bruderschaft hinzugekauft. Davon profitiert heute sein Sohn Peter, der 2000 sein Studium in Geisenheim beendete und inzwischen das Weingut übernommen hat. Neben 60 Prozent Riesling und etwas Roter Riesling baut Peter Regnery 36 Prozent Spätburgunder an, von dem es bei ihm vier verschiedene Klone gibt, dann hat er Syrah gepflanzt, auch etwas Cabernet Sauvignon. Die Rieslinge werden im Edelstahl ausgebaut, alle besseren Qualitäten im Fuderfass. Immer wieder zeigen ältere Weine das Entwicklungspotenzial und die Experimentierfreude des Weingutes – bis hin zum Orange Wine. Zwei neu ausgestattete Ferienwohnungen mit Blick auf die Weinberge komplettieren das Weingut.

Kollektion

Wie immer sind die Weine ausgezeichnet definiert, diesmal dem Jahrgang 2021 entsprechend fein, kühl und rassig. Vorgestellt wurden allerdings auch Rieslinge aus 2020 sowie Rotweine aus 2020 und 2019. Zu bemerken ist die Frische etwa beim sehr feinen, angenehm trockenen Kabinett aus der Bruderschaft. Der trockene Riesling von alten Reben, in diesem Falle sind es 100 Jahre alte wurzelechte Reben, ist würzig, fest, aber mit Spiel und vibrierend. Sehr gelungen ist der in sich ruhende, ganz unspektakuläre und nachhaltige Große Gewächs-Riesling aus 2020. Komplexe Frucht und viel Präzision zeigt das Große Gewächs aus Pinot Noir. Der Syrah ist in einem ähnlichen Stil gehalten, wie dies bei früheren Jahrgängen der Fall war. Er zeigt eine eher kühle Aromatik mit Noten von Schokolade und feinstem Tabak, mit der Zeit kommt Frucht durch. Am Gaumen ist er schön straff und würzig, trotz des nicht ganz niedrigen Alkohols gut balanciert. Auch beim Cabernet wurde die Balance zwischen Frucht und Holz gewahrt.

Weinbewertung

87 2021 Riesling Kabinett trocken Bruderschaft | 11,5%/9,-€
85 2020 Riesling trocken „Edition Michelskirch" | 12%/12,-€
88 2021 Riesling trocken „Alte Reben" Bruderschaft | 11,5%/15,60€
90 2020 Riesling trocken „GG" Bruderschaft | 12%/24,-€
85 2021 Riesling Kabinett „feinherb" Bruderschaft | 10,5%/9,-€
84 2021 Riesling „feinherb" „Edition Michelskirch" | 11%/12,60€
88 2020 Riesling Spätlese Bruderschaft | 8%/13,20€
87 2019 Pinot Noir trocken „Bestes Fuder" Bruderschaft | 13%/12,-€
89 2019 Pinot Noir trocken Barrique Bruderschaft | 13,5%/17,40€
89 2020 Cabernet Sauvignon trocken | 13,5%/19,20€
90 2020 Syrah trocken Bruderschaft | 14%/28,80€
90 2019 Pinot Noir trocken „GG" Bruderschaft | 13,5%/28,80 €

★★★

Reh

Kontakt
Weierbachstraße 12
54340 Schleich
Tel. 06507-99110
Fax: 06507-99111
www.weingut-reh.de
weingut-reh@t-online.de

Besuchszeiten
nach Vereinbarung

Inhaber
Winfried & Sigrid Reh
Betriebsleiter
Lukas Reh
Kellermeister
Lukas & Winfried Reh
Außenbetrieb
Lukas Reh
Rebfläche
10 Hektar
Produktion
50.000 Flaschen

Die Weinberge von Sigrid und Winfried Reh liegen vor allem in den Mehringer Lagen Blattenberg (mit der Teillage Layet) und Zellerberg, aber auch im Pölicher Held, im Schleicher Sonnenberg und im Rioler Römerberg. Im Mehringer Blattenberg besitzen sie 1,1 Hektar wurzelechte Rieslingreben, die vor über 100 Jahren gepflanzt wurden. Riesling nimmt 82 Prozent der insgesamt 10 Hektar Rebfläche ein, dazu gibt es je 5 Prozent Spätburgunder und Weißburgunder, etwas Grauburgunder sowie Müller-Thurgau. Einen Großteil ihrer Weine bauen die Rehs trocken und feinherb aus, allerdings werden immer in kleinen Mengen restsüße Spätlesen und, wenn es der Jahrgang erlaubt, Auslesen sowie Beeren- oder Trockenbeerenauslesen erzeugt. Sohn Lukas ist 2017 in den Betrieb eingestiegen – nach Winzerlehre, Studium in Geisenheim und Winzermeisterausbildung – und firmiert jetzt als Betriebsleiter und zusammen mit seinem Vater als Kellermeister.

Kollektion

Auch in diesem Jahr ist der Einstieg ins Sortiment bemerkenswert: Der trockene Literriesling wirkt offen, frisch, nicht puristisch trocken, kein bisschen unreif, ist im Mund schön saftig und leicht würzig. Wenn alle Literweine an der Mosel so schmecken würden, wäre viel gewonnen. Weiß- und Grauburgunder sind sortentypisch und schlank, der Grauburgunder gefällt etwas besser, aber die Unterschiede sind marginal. Schön saftig fällt der trockene Schieferterrassen-Wein aus, beachtlich ist dann der qualitative Sprung zu den beiden trockenen Spitzenweinen. Der Layet-Riesling ist recht offen, fein, klar, im Mund präzise und nachhaltig; das Große Gewächs zeigt eine dunklere Würze und Hefenoten, ist deutlich anders, kraftvoll mit etwas mehr Schmelz, ebenfalls spannend. Wunderschön saftig mit ganz leichter, perfekt integrierter Süße ist die feinherbe Spätlese, die an einen gelungenen, zupackenden LR fineherb anschließt. Süße-Säure-Spiel, aber noch Entwicklungspotenzial zeigt die süße Spätlese, die Zenit-Auslese besitzt eine cremig-würzige Art, Schmelz und Zukunft.

Weinbewertung

84	2021 Riesling trocken (1l) I 11,5%/6,50€ ☺
86	2021 Riesling trocken „Schieferterrassen" I 12%/8,-€
84	2021 Weißburgunder trocken I 12,5%/8,-€
85	2021 Grauburgunder trocken I 12%/8,-€
90	2021 Riesling Spätlese trocken Layet I 12,5%/10,-€ ☺
90	2021 Riesling Großes Gewächs Layet Mehringer Blattenberg I 12,5%/18,-€
86	2021 Riesling „LR fineherb" I 10,5%/8,-€
89	2021 Riesling Spätlese „feinherb" „Alte Reben" Mehringer Zellerberg I 11,5%/10,-€ ☺
84	2021 Riesling (1l) I 9%/6,50€ ☺
88	2021 Riesling Spätlese Mehringer Zellerberg I 7,5%/10,-€ ☺
90	2021 Riesling Auslese „Zenit" Mehringer Blattenberg I 8,5%/14,-€/0,5l

★★★½

Reibold

Kontakt
Wallstraße 19
67251 Freinsheim
Tel. 06353-1821
Fax: 06353-4548
www.weingut-reibold.de
post@weingut-reibold.de

Besuchszeiten
Fr.-So. 12-22 Uhr
Palatina-Weinbar in
Großkarlbach

Inhaber
Philipp & Johannes Reibold
Außenbetrieb
Bastian Schlottmann
Rebfläche
22 Hektar
Produktion
100.000 Flaschen

Seit 1975 werden im Weingut Reibold eigene Flaschenweine vermarktet. Hans-Dieter Reibold hatte den Betrieb zusammen mit seinem Vater aufgebaut, heute führen seine beiden Söhne Philipp und Johannes den Betrieb. Philipp Reibold hat seine Winzerlehre bei den Weingütern Pfeffingen – Fuhrmann-Eymael und Gabel gemacht, Johannes Reibold bei Schick und Knipser. Die Weinberge der Reibolds liegen vor allem in Freinsheimer Lagen wie Schwarzes Kreuz und Musikantenbuckel, aber auch im Herxheimer Honigsack und in den Großkarlbacher Lagen Burgweg und Osterberg. Wichtigste Sorte ist mit einem Flächenanteil von 25 Prozent der Riesling, gefolgt von Spätburgunder, Chardonnay, Grauburgunder, Sauvignon Blanc, Cabernet Sauvignon, Weißburgunder, Merlot und Cabernet Franc. Seit 2017 ist das Weingut bio-zertifiziert.

Kollektion

Die Gebrüder Reibold erweitern in diesem Jahr ihr Spektrum an Lagenweinen: Neu ist der Riesling vom Osterberg, der wie auch der „Große Garten" noch sehr jung wirkt, aber schon etwas offener als dieser ist, er zeigt hefige Würze, gelben Apfel und etwas Kräutertee im Bouquet, ist geradlinig, straff, puristisch und animierend, der „Große Garten" braucht Luft, zeigt nach einem Tag Aromen von Kräutern, Heu und Zitrusfrüchten, ist ebenfalls puristisch, enorm salzig und sehr nachhaltig. Neu ist auch der Spätburgunder aus dem Himmelreich, der, wie auch die anderen Spätburgunder, sehr elegant ist und feine, reintönige Schwarzkirschfrucht zeigt, bei ihm ist allerdings im Moment das Holz mit rauchigen Noten noch sehr deutlich präsent und er braucht noch Zeit, der „Große Garten"-Spätburgunder ist mit Noten von Schwarzkirsche, Kräutern und Schwarztee schon zugänglicher und charmanter, besitzt Frische und Länge. Den Chardonnay haben wir als Fassprobe verkostet, er ist schlank, präzise und animierend mit feinen Zitrusnoten und etwas Brotkruste im Bouquet.

Weinbewertung

87	2016 Chardonnay Sekt brut nature I 12%/16,-€
(88)	2021 Chardonnay trocken I 12%/16,-€
85	2021 Chardonnay & Weißburgunder trocken I 12%/9,20€
85	2021 Sauvignon Blanc trocken I 11,5%/9,20€
86	2021 Riesling trocken „vom Kalkstein" I 12%/10,80€
89	2021 Riesling trocken Großkarlbacher Osterberg I 12,5%/22,-€
90	2021 Riesling trocken „Im großen Garten" Großkarlbacher Burgweg I 12,5%/32,-€
87	2020 Spätburgunder trocken Freinsheim I 13%/14,-€
88	2020 Pinot Noir trocken I 13%/24,-€
88	2019 Grenache trocken I 13%/39,-€
90	2020 Spätburgunder trocken „Im großen Garten" Großkarlbacher Burgweg I 13%/39,-€
90	2020 Spätburgunder trocken Herxheimer Himmelreich I 13,5%/a.A.

★★★

Reinhardt

Kontakt
Hof am Deidesheimer Weg
67152 Ruppertsberg
Tel. 06326-8372
www.weingut-reinhardt.de
lukas@weingut-reinhardt.de

Besuchszeiten
Öffnungszeiten & Veranstaltungen siehe Homepage
Während Sommer- und Herbstausschank regionale Speisen

Inhaber
Anna Reinhardt-Weisbrodt, Lukas Reinhardt, Stefan Reinhardt

Rebfläche
17 Hektar

Kellermeister/Außenbetrieb
Lukas Reinhardt

Leander Reinhardt erwarb 1952 seine ersten Weinberge, 1987 füllte er mit seinem Sohn Stefan die ersten Weine unter dem eigenen Namen. Mittlerweile ist dessen Sohn Lukas nach seiner Ausbildung zum Weinbautechniker für den Ausbau der Weine verantwortlich, seine Schwester Anna Reinhardt-Weisbrodt kümmert sich um Vertrieb und Marketing. Die 17 Hektar Weinberge liegen in den Deidesheimer Lagen Herrgottsacker, Mäushöhle und Nonnenstück, in Ruppertsberg im Reiterpfad und im Nußbien sowie im Niederkirchener Schlossberg, Riesling nimmt 60 Prozent der Rebfläche ein, Weißburgunder steht auf 20 Prozent, dazu kommen 7 Prozent Spätburgunder und andere Sorten wie Chardonnay, St. Laurent und Grauburgunder. In den Weinbergen am Ortsrand von Deidesheim wurde 2021 die neue Vinothek Weinwerk eröffnet, in der neben Gastronomie auch das Flaschenlager und Büros Platz finden. Ab dem Jahrgang 2020 ist das Weingut biologisch zertifiziert.

Kollektion

Schon die Basis ist sehr stimmig, Riesling und Weißburgunder sind schlank und frisch mit klarer, feiner Frucht, auch die Ortsrieslinge sind schlank, der Deidesheimer besitzt gelbe Frucht, Aprikose, Limette, der Ruppertsberger ist würziger mit Grip und Biss. Bei den Lagenweinen ist der Weißburgunder komplex, harmonisch und sehr nachhaltig mit perfekt eingesetztem Holz, der Herrgottsacker-Riesling besitzt kräutrige Würze und gute Länge, der Reiterpfad ist salzig und animierend, von herben Zitrusnoten und steiniger Würze geprägt, die beiden Rotweine kennen wir vom vergangenen Jahr, beide sind kraftvoll, elegant und zeigen dezente Reifenoten. Auch die drei Sekte sind sehr stark, unser Favorit ist wieder der sehr nachhaltige Rosé mit klarer, ausgewogener Frucht und animierender Frische, der Chardonnay ist puristisch mit feiner hefiger Würze und markanter Säure und der Riesling besitzt feine, aber deutliche Reifenoten und gute Länge.

Weinbewertung

89 2017 Chardonnay „Réserve“ Sekt brut nature | 11,5%/32,-€
88 Riesling Sekt brut | 12%/15,-€
90 2017 Rosé „Prestige“ Sekt brut nature | 12%/22,-€
84 2021 Riesling trocken | 11,5%/8,20€
85 2021 Weißburgunder trocken | 12%/8,50€
86+ 2021 Riesling trocken Ruppertsberg | 11,5%/11,50€
86 2021 Riesling trocken Deidesheim | 11,5%/11,50€
90 2020 Weißer Burgunder trocken Deidesheimer Nonnenstück | 13%/23,-€
88 2020 Riesling trocken Deidesheimer Herrgottsacker | 12,5%/16,-€
89 2020 Riesling trocken Ruppertsberger Reiterpfad | 13%/20,-€
88 2017 Saint Laurent trocken Niederkirchner Schlossberg | 14%/20,-€
88 2017 Spätburgunder trocken Ruppertsberger Nußbien | 13,5%/20,-€

★ ⯪

Reitz

Kontakt
Weingartenstraße 81
56814 Ernst/Mosel
Tel. 02671-7680
www.weingut-reitz.com
g.kallweit@t-online.de

Besuchszeiten
Do.-Sa. Ab 18 Uhr
So. 10-12 Uhr (für Feriengäste)
Gäste-/Ferienwohnung,
Vinothek mit Ausschank am Wochenende in der Saison oder gegen Voranmeldung

Inhaber
Dirk Reitz
Betriebsleiter
Dirk Reitz
Kellermeister
Dirk Reitz
Außenbetrieb
Gernot Kallweit
Rebfläche
2 Hektar
Produktion
7.000 Flaschen

Das Weingut hat sich komplett neu aufgestellt – sowohl im Weinberg als auch im Keller und bei der Vermarktung. Die Weinstilistik wurde geändert, die Rebzeilen sind nun begrünt, und dem Anbau von historischen Rebsorten wird Raum gewidmet. Eine aufwändig gestaltete Website mit Shop und eine Vinothek gehören ebenfalls zum neuen Auftritt. Winzermeister Dirk Reitz baut, unterstützt von Gernot Kallweit als Designer und Vermarkter, auf zwei Hektar in den Moselorten Ernst, Valwig und Cond beispielsweise Riesling (zu 30 Prozent) sowie Chardonnay und Weißburgunder (zusammen 30 Prozent) an. Zum Programm gehören aber auch Spätburgunder, Elbling, Dornfelder und (noch nicht im Ertrag) der Gelbe Kleinberger, eine jener zwischenzeitlich in Vergessenheit geratenen historischen Rebsorten, die Zukunft haben könnten an der Mosel. In der Vinothek wird am Wochenende in der Saison oder gegen Voranmeldung Wein ausgeschenkt, auch eine Ferienwohnung ist vorhanden.

Kollektion

Die aus den Jahrgängen 2019, 2020 und 2021 vorgestellten Weine beeindrucken mit einer straffen, ungewöhnlich präzisen Art – ein bemerkenswert gelungener Einstieg. Animierend und rassig ist bereits der Elbling, dessen Säure gut ins geschmackliche Gesamtpaket integriert wurde. Duftig ist der 2021er Weißburgunder, im Mund schlank, frisch, aber nicht banal mit einer gewissen Würze im Nachhall und einer animierenden Säure. Beim Chardonnay sind in der Nase neben feinen Fruchtnoten auch leicht cremig wirkende Nuancen zu entdecken, der Wein ist etwas saftiger als der Weißburgunder, aber straff und sehr gut balanciert. Beim trockenen Riesling ist zu bemerken, dass sich der Wein im Glas deutlich verändert. Am Anfang verschlossen, entwickeln sich in ihm Mirabellen- und Kernobstnoten, aber auch mineralische Anklänge und solche an Getreide sind zu spüren, der Wein ist fest, frisch, würzig und angenehm trocken, er sollte sich gut entwickeln. Noch etwas verhalten wirkt der süße Riesling, der rassig ist und ausgezeichnet balanciert wirkt. Der Rosé schließlich zeigt florale und rotfruchtige Noten in der Nase und ist angenehm fein im Mund, die Süße ist ganz und gar unaufdringlich.

Weinbewertung

85 2021 Elbling trocken I 11%/7,50€
86 2021 Weißburgunder trocken I 12,5%/9,50€
86 2020 Chardonnay trocken I 12,5%/9,90€
86 2019 Riesling trocken „im Malwenring" I 12%/16,90€
87 2021 Riesling „Steinwein" I 10,5%/8,10€ ☺
84 2021 Spätburgunder Rosé I 11%/7,50€

★★☆

Balthasar Ress

Kontakt
Rheinallee 7
65347 Eltville-Hattenheim
Tel. 06723-91950
Fax: 06723-919591
www.balthsar-ress.de
info@balthasar-ress.de

Besuchszeiten
Mo.-Fr. 9-18 Uhr

Inhaber
Christian Ress
Betriebsleiter
Markus Roll
Kellermeister
Stephan Sänger
Außenbetrieb
Tim Knauer
Rebfläche
55 Hektar
Produktion
380.000 Flaschen

Seit dem 19. Jahrhundert betreibt die Familie Ress Gastronomie, Hotellerie, Weinhandel und Weinbau im Rheingau. In den letzten Jahrzehnten verlagerte sich der Schwerpunkt immer mehr hin zum Weinbau, 1990 verkaufte die Familie das Hotel Ress in Hattenheim, das mittlerweile Kronenschlösschen heißt. Der Ur-Weinberg, eine Parzelle im Oestricher Doosberg, die damals den Grundstein für das Weingut legte, ist heute noch in Familienbesitz. Balthasar Ress war in den 1950er und 1960er Jahren eines von zahlreichen Weingütern im Rheingau, die rasant wuchsen. Aus den knapp drei Hektar von damals ist ein Weingut mit mehr als 50 Hektar geworden, das Christian Ress heute in fünfter Generation leitet. Seit 2016 werden die Weinberge ökologisch bewirtschaftet, zertifiziert seit 2019. Seit 2022 ist Markus Roll Betriebsleiter. Zusätzlich zum Weinbau betreibt die Familie Weinbars in Frankfurt und Wiesbaden.

Kollektion

Die 2021er Rieslinge gefallen uns in vielerlei Hinsicht besser als die im vorigen Jahr präsentierten 2019er und 2020er. Bereits beim Gutswein „Von Unserm" wird eine klare Handschrift deutlich, der Wein ist angenehm herb, bringt Apfelaromen mit ein, wird aber nicht von der Frucht überladen; ähnlich der Rüdesheimer Ortswein, der noch etwas mehr Säure und Präzision mitbringt. Sein feinherbes Pendant aus Hattenheim ist fruchtiger, der verspielte Kabinett ist durch die Restsüße geprägt, dabei aber leicht, mit Säure versehen. Der 2021er Engelmannsberg ist angenehm klar und strahlend, mit salziger Länge, strammer Zitrusfrucht und guter Struktur. Bei den 2019er Großen Gewächsen zeigt der Nussbrunnen deutliche Reifenoten, Berg Rottland ist ein wenig frischer und stoffiger. Auch die Rotweine überzeugen, insbesondere der graphitrauchige Caviar de Pinot Noir. Der Pét Nat ist sehr trüb und hefig, was ihm eine griffige Struktur verleiht.

Weinbewertung

87 2021 Riesling trocken „Petillant Naturel" | 12%/21,-€
84 2021 Riesling trocken „von unserm" | 12%/11,50€
88 2021 Riesling trocken Hattenheimer Engelmannsberg | 12,5%/19,-€
86 2021 Riesling trocken Rüdesheim | 12%/14,90€
88 2019 Riesling „GG" Hattenheimer Nussbrunnen | 12%/43,-€
89 2019 Riesling „GG" Rüdesheimer Berg Rottland | 12%/45,-€
84 2021 Riesling „feinherb" Hattenheim | 11%/14,90€
86 2021 Riesling Kabinett Hattenheimer Schützenhaus | 10%/15,70€
86 2021 Riesling Spätlese Schloss Reichartshausen | 8,5%/17,70€
88 2019 Pinot Noir trocken Assmannshausen | 13%/24,90€
90 2018 „Caviar de" Pinot Noir trocken | 13,5%/75,-€

★★☆

Reuscher-Haart

Kontakt
Sankt-Michael-Straße 20-22
54498 Piesport
Tel. 06507-2492
Fax: 06507-5674
www.weingut-reuscher-haart.de
info@weingut-reuscher-haart.de

Besuchszeiten
jederzeit nach Vereinbarung
Appartments an der Mosel

Inhaber
Mario Schwang
Betriebsleiter
Mario Schwang
Kellermeister
Mario Schwang
Außenbetrieb
Mario Schwang
Rebfläche
6,2 Hektar
Produktion
45.000 Flaschen

Seit 1337 existiert das Weingut Reuscher-Haart, der Doppel-Name entstand 1919 mit der Heirat von Elisabeth Haart und Matthias Reuscher, den Urgroßeltern des heutigen Besitzers Mario Schwang, der, nach Geisenheim-Studium und Arbeit in der Provence, das Weingut 2006 von seinem Vater Hugo Schwang übernahm und es zusammen mit seiner Ehefrau Sabine führt. Sohn Carlo Schwang wurde im Jahrgang 2019 geboren und könnte die 29. Winzergeneration des Gutes werden. 96 Prozent der Rebfläche nimmt Riesling ein, dazu gibt es Müller-Thurgau, Regent, Spätburgunder und, eine echte Rarität an der Mosel, die weiße Neuzüchtung Cabernet Blanc. Die Weinberge befinden sich in den Piesporter Lagen Goldtröpfchen, Domherr, Falkenberg, Treppchen, Grafenberg und Günterslay. Die Weine werden kalt vergoren und lagern einige Monate auf der Feinhefe. 2020 wurden die Etiketten neu gestaltet. Es existieren auch Weinguts-Appartements direkt an der Mosel mit mediterranem Garten.

Kollektion

Die drei trockenen Rieslinge, jenseits des ebenfalls sehr zuverlässig vinifizierten, knackigen sogenannten Rieselmoslings in der Literflasche, sind erstens überzeugend und zweitens sehr unterschiedlich. Kühl und frisch wirkt der trockene und deutlich stoffige Kabinettriesling aus dem Falkenberg; deutlich von Steinobstnoten, vor allem Pfirsich, ist der Goldtröpfchen-Riesling beeinflusst, der im Mund schön saftig wirkt. Der Urgesteinswein aus dem Domherr ist am verhaltensten und dürfte am meisten Potenzial aufweisen; er ist fest und stoffig, besitzt aber auch Spiel. Der feinherbe Kabinett ist spritzig, im eher trockenen Stil gehalten. Saftig und trotz niedrigen Alkoholgehaltes vibrierend und lang ist der feinherbe Überschwang-Riesling. Der süße Kabinett zeigt rassige Art, die Spätlese ist wie erhofft deutlich saftiger, mit feiner Frucht und animierendem Süße-Säure-Spiel. Ernsthaften Charakter weist der Rosé auf, der nach Kirschen und Gewürzen duftet, im Mund schön fest und würzig ausfällt mit animierender Säure: deutlich mehr als ein Sommerwein! ▬

Weinbewertung

85 2021 Riesling trocken „Rieselmosling" (1l) | 11%/7,-€ ☺
86 2021 Riesling Kabinett trocken Piesporter Falkenberg | 11%/7,50€
88 2021 Riesling Spätlese trocken Piesporter Goldtröpfchen | 11,5%/10,20€
89 2021 Riesling Spätlese trocken „Urgestein" Piesporter Domherr | 12%/11,50€ ☺
87 2021 Riesling Kabinett „feinherb" Piesporter Goldtröpfchen | 10,5%/8,-€ ☺
89 2021 Riesling Spätlese „feinherb" „ÜberSchwang" Goldtröpfchen | 10,5%/10,80€ ☺
84 2021 Riesling „Rieselmosling" (1l) | 9%/7,-€
87 2021 Riesling Kabinett Piesporter Goldtröpfchen | 8%/8,-€ ☺
88 2021 Riesling Spätlese Piesporter Goldtröpfchen | 8,5%/10,20€
85 2021 Pinot Noir Rosé trocken | 12%/7,50€

★★

Reverchon

Kontakt
Saartalstraße 2-3
54329 Konz-Filzen
Tel. 06501-923500
Fax: 06501-923509
www.weingut-reverchon.de
kontakt@weingut-reverchon.de

Besuchszeiten
Weinverkauf Mo.-Fr. 8:30-16:30 Uhr, Weinproben nach Vereinbarung
Landhaus mit 4 Ferienwohnungen und 2 Doppelzimmern

Inhaber
Hans Maret
Betriebsleiter
Ralph Herke
Kellermeister
Ralph Herke
Außenbetrieb
Boris Lepir
Rebfläche
19 Hektar
Produktion
105.000 Flaschen

Das Gut wurde 1685 von der Kirche an die Familie Staadt verkauft, 1921 kam es in den Besitz der Familie Reverchon, 2007 wurde es von der Weingut Reverchon KG unter Führung des geschäftsführenden Gesellschafters Hans Maret übernommen. Inzwischen wurde die Rebfläche auf 19 Hektar erweitert, die Spontanvergärung eingeführt, auch eine Vinothek wurde mittlerweile eröffnet. Die Weinberge befinden sich in den Filzener Lagen Herrenberg (im Alleinbesitz) und Pulchen sowie im Konzer Karthäuser Klosterberg, neuerdings auch im Ockfener Bockstein. Außer Riesling werden etwas Weißburgunder, Spätburgunder und Chardonnay angebaut; ein Viertel der Produktion entfällt auf die Sektherstellung. Seit 2014 ist Ralph Herke Betriebsleiter und Kellermeister.

Kollektion

Klein ist das Sortiment, das in diesem Jahr aus dem Weingut Reverchon angestellt wird – es erlaubt mit nur drei 2021ern noch keinen wirklichen Schluss, wie der Jahrgang in diesem Weingut ausgefallen ist. Bereits frisch und präzise ist der Basiswein, der trockene Riesling namens Schiefer. Relativ zugänglich wirkt der Weißburgunder, ausgestattet mit feiner Frucht und Sortentypizität. Der trockene Spitzenwein, das Große Gewächs aus dem Filzener Herrenberg, stammt aus dem Jahrgang 2019 und wirkt schon in der Nase eher gesetzt mit würzigen, auch kräuterigen Noten, später kommen Anklänge an Steinobst hinzu; der Wein ist fest und würzig, besitzt eine sehr eigenständige Art. Beim 2019er von alten Reben ist die Nase bereits spannend, der Wein wirkt offen mit Anklängen an Kräuter, auch eine Spur welkes Kernobst ist zu bemerken, er ist saftig, jetzt in einem sehr angenehmen Trinkzustand, vibrierend und würzig – nur ein Hauch von Süße ist zu bemerken. Eine schön rassige Säure weist der feinherbe 2020er Kabinett auf, auch im Mund gefällt der Wein sehr, die geringe Süße ist ausgezeichnet integriert. Der Rotwein aus 2020 wirkt reif mit Noten von Tabak, der Hauch von kandierten Kirschen verfliegt schnell, der Wein ist würzig, fest, saftig und animierend. Eine spannende Interpretation des Themas Spätburgunder von der Saar.

Weinbewertung

86 2021 Weißburgunder trocken | 11,5%/9,90€
84 2021 Riesling trocken „Schiefer“ | 11,5%/9,90€
89 2019 Riesling „GG“ Filzener Herrenberg | 12,5%/24,-€
85 2021 Riesling „feinherb“ „Mineral“ | 10,5%/9,90€
87 2020 Riesling Kabinett „feinherb“ Filzener Herrenberg | 10,5%/13,-€
89 2019 Riesling „Alte Reben“ Filzener Herrenberg | 11,5%/16,-€
88 2020 Spätburgunder trocken „GG“ Filzener Herrenberg | 13%/24,-€

★★★

Richard Richter

Kontakt
Marktstraße 19
56333 Winningen
Tel. 02606-311
Fax: 02606-312
www.weingut-richter.net
info@weingut-richter.net

Besuchszeiten
Mo.-Fr. 8-18 Uhr
und nach Vereinbarung

Inhaber
Thomas & Claus-Martin Richter
Rebfläche
9 Hektar
Produktion
64.000 Flaschen

Karl-Friedrich Richter gründete 1838 ein Weinhandelshaus. Heute wird das Gut von den Cousins Thomas und Claus-Martin Richter geführt, die Handelsaktivitäten hat man bereits 1990 aufgegeben. 76 Prozent ihrer Rebfläche nimmt Riesling ein, dazu gibt es etwas Spätburgunder, Chardonnay und Weißburgunder. Die Weinberge liegen alle auf Winninger Gemarkung in den Lagen Uhlen, Brückstück, Röttgen und Hamm. Die Rieslinge werden temperaturgeführt vergoren und in Edelstahltanks ausgebaut, die Spätburgunder in gebrauchten Barriques. Die Weine werden überwiegend trocken und feinherb ausgebaut, an der Spitze des Sortiments stehen seit dem Jahrgang 2014 die Großen Gewächse aus Röttgen und Laubach sowie der Réserve-Riesling, der immer erst ein Jahr später in den Verkauf kommt und nicht immer aus der gleichen Lage stammt: eine überzeugende Idee.

Kollektion

Eigenwillig und spannend ist der Schaumwein mit dunkel-würzigen Kräuternoten, Schmelz, Würze und Länge. Sehr offen wirkt der Pinot Blanc mit feiner, kühler Frucht, im Mund ist der Wein würzig mit Schmelz im Nachhall. Der Brückstück-Terrassen-Riesling zeigt sich offen mit würziger Aromatik, in der auch Anklänge an Zitrus zu finden sind, ist würzig und balanciert im Nachhall. Der Felsterrassen-Riesling wirkt verhaltener in der Nase, ist würzig. Schließlich die Großen Gewächse. Der Röttgen-Riesling ist sehr verhalten, im Mund straff, der Uhlen Laubach wirkt schon ganz leicht offener in der Nase mit Würze und einem sehr präsenten Mundgefühl. Beide Weine scheinen, soweit sich das jetzt schon beurteilen lässt, spannend und eigenständig zu sein. Der 2018er Back to the Roots ist ein maischevergorener Riesling, gereift in kleinen Eichenholzfässern, in der Nase nussig-würzig mit Trockenkräuternoten, im Mund kommt eine überraschend feine Frucht zum Vorschein, die Gerbstoffe sind fest, aber nicht bitter. Auch der Chardonnay fasziniert, bindet das Barrique sehr gut ein. ▬

Weinbewertung

88	2019 Riesling Sekt brut I 13%/13,50€
85	2021 Pinot Blanc trocken I 11%/9,-€
88	2021 Riesling trocken „Felsenterrassen" I 12,5%/13,50€
89	2018 Riesling trocken „Back to the Roots" I 13%/14,50€/0,5l
88	2021 Riesling trocken Brückstück Terrassen I 13%/14,50€
90	2021 Riesling trocken Röttgen Terrassen I 13%/24,50€
91	2021 Riesling trocken Uhlen Laubach I 13%/24,50€
90	2020 Chardonnay trocken „Réserve" I 13,5%/35,-€
86	2021 Riesling Kabinett „feinherb" Brückstück I 10%/9,-€
89	2021 Riesling „feinherb" „Terra-V. Terrassen" I 12%/17,50€
85	2021 Riesling Kabinett Brückstück I 7,5%/9,-€
88	2019 Pinot Noir trocken I 13%/10,-€ ☺

★★★½

Rieger

Kontakt
Noblingstraße 13b
79426 Buggingen-Betberg
Tel. 07634-2013
Fax: 07634-553452
www.weingutrieger.de
info@weingutrieger.de

Besuchszeiten
Mo.-Fr. 10-12 + 14-18 Uhr
Sa. 10-15 Uhr

Inhaber
Philipp Rieger
Betriebsleiter
Philipp Rieger
Kellermeister
Markus Brauchle
Außenbetrieb
Bernhard Rieger
Rebfläche
25 Hektar
Produktion
180.000 Flaschen

Seit Generationen ist der Hof in Familienbesitz, war ein landwirtschaftlicher Gutshof mit Ackerbau, Viehhaltung und Weinbau. Mitte der achtziger Jahre spezialisierten sich Bernhard und Josepha Rieger auf Weinbau, die Flaschenvermarktung wurde forciert, 1986 wurde die Besenwirtschaft eröffnet. Sohn Philipp stieg 2008 voll in den elterlichen Betrieb ein, den er inzwischen übernommen hat. Seit 2005 werden alle Weinberge biologisch bewirtschaftet (Ecovin), seit 2010 befasst sich Philipp Rieger mit biodynamischem Anbau, ist heute Demeter-zertifiziert. Die Weinberge liegen in Betberg (Maltesergarten), Britzingen (Sonnhole) und Laufen (Altenberg), 2020 wurden Flächen im Staufener Schlossberg übernommen, auch 2021 wurde die Rebfläche weiter vergrößert. Spätburgunder, Grauburgunder und Gutedel sind die wichtigsten Rebsorten, dazu gibt es Weißburgunder, Chardonnay, Muskateller, Gewürztraminer, Cabernet Sauvignon, Merlot, Regent, Riesling und Sauvignon Blanc.

Kollektion

Dies ist die bisher beste Kollektion von Philipp Rieger. Der rauchige Weißburgunder-Sekt ist ein klasse Einstieg, er ist füllig und harmonisch. Die Gutsweine sind reintönig und zupackend, besitzen Jahrgangstypischen Grip. Der Chardonnay SR besitzt intensive Frucht, gute Struktur und Frische, der Chasselas SR ist konzentriert, saftig, hat Grip. Der Pinot Blanc „Vier Reihen", von 1964 gepflanzten Reben, ist sehr offen und cremig, der Pinot Gris vom Schlossberg besitzt Kraft und viel Substanz, ist dabei deutlich vom Holz geprägt, etwas Flaschenreife wird ihm guttun. Stark und zuverlässig wie gewohnt ist der sehr jugendliche Betberg-Gewürztraminer. Der Spätburgunder Bettebura punktet mit Würze und klarer Frucht, der Padaperc besitzt im Jahrgang 2019 reife Frucht, Struktur und Biss, Highlight der Kollektion aber ist der neue Schlossberg-Pinot Noir, der reintönige Frucht zeigt, Johannisbeeren, viel Frische und Grip besitzt.

Weinbewertung

88 2019 Weißer Burgunder „SR" „Alte Rebe" Sekt brut | 11,5%/16,-€
85 2021 Weißer Burgunder trocken | 12,5%/10,50€
84 2021 Grauer Burgunder trocken | 12,5%/10,50€
85 2020 Chasselas „Steinig" | 12%/10,50€
88 2021 Chasselas „SR" trocken „Alte Rebe" | 12%/16,50€
87 2020 Chardonnay „SR" trocken | 13,5%/16,50€
88 2021 Gewürztraminer trocken „Betberg" | 12,5%/22,-€
87 2020 Pinot Blanc „Vier Reihen" | 14%/28,-€
88 2020 Pinot Gris Schlossberg | 14%/32,-€
87 2018 Spätburgunder „Bettebura" | 15%/28,-€
89 2019 Cabernet Sauvignon & Merlot „Padaperc" | 13%/22,-€
91 2020 Pinot Noir Schlossberg | 14%/45,-€

★★☆

Rienth

Kontakt
Im Hasentanz 8-10
70734 Fellbach
Tel. 0711-581655
Fax: 0711-5781286
www.rienth-weingut.de
markus@rienth-weingut.de

Besuchszeiten
Weinverkauf ganzjährig
Mi.-Fr. 16-19 Uhr
Sa. 9-13 Uhr
Weinstube „Rienth's Weintreff"

Inhaber
Markus Rienth
Betriebsleiter
Markus Rienth
Kellermeister
Markus Rienth
Außenbetrieb
Markus Rienth
Rebfläche
6,5 Hektar
Produktion
38.000 Flaschen

Markus Rienth hat das Weingut nun offiziell von seinem Vater Gerhard übernommen; er hat es schon lange geführt und ist seit geraumer Zeit für den Weinausbau verantwortlich. Seit dem 16. Jahrhundert baut die Familie Wein im Remstal an. Die Weinberge liegen in den beiden Fellbacher Lagen Goldberg und Lämmler, die Reben wachsen auf Keuperböden. Das Sortenspektrum ist groß: Riesling und Trollinger sind die wichtigsten Rebsorten im Betrieb, dazu gibt es Sauvignon Blanc, Müller-Thurgau, Chardonnay, Gewürztraminer, rote Burgunder, Lemberger, Muskat-Trollinger, Merlot, Syrah, Cabernet Sauvignon und andere mehr. Die Weißweine werden kühl und langsam vergoren, die Rotweine werden nach bis zu 20 Tagen Maischestandzeit teils im Edelstahl, teils in kleinen und großen Eichenholzfässern ausgebaut.

Kollektion

Die neue Kollektion von Markus Rienth ist ganz stark und hat viele Highlights zu bieten, weiß wie rot, trocken wie süß. Alle voran der Riesling Eiswein, der herrlich konzentriert ist, eingelegte süße Aprikosen zeigt, viel Substanz im Mund besitzt, viel Konzentration und Grip. Sehr gut ist auch der im Holz ausgebaute Chardonnay, bei dem das Holz im Jahrgang 2020 besser integriert ist als in manch früheren Jahrgängen, er zeigt rauchige Noten, dezenten Toast, besitzt Fülle, Kraft und viel Substanz. Das rote Segment hat gleich drei Highlights zu bieten. Der Syrah zeigt rauchige Noten, etwas Brombeeren, besitzt Fülle, Kraft, reife Frucht und gute Struktur. Der Merlot ist ebenfalls konzentriert und kraftvoll, die Cuvée Kastell – 40 Prozent Cabernet Sauvignon und je 20 Prozent Merlot, Syrah und Lemberger – zeigt rauchige Noten im Bouquet, rote und dunkle Früchte, besitzt Fülle und Substanz, viel reife Frucht und merklich Alkohol. Sehr gut ist auch der leicht rauchige Chardonnay-Sekt mit seiner reifen süßen Frucht. Eine rundum gelungene Kollektion!

Weinbewertung

83 2019 Riesling** Sekt brut Fellbacher Goldberg | 12,5%/11,50€
85 2017 Chardonnay*** Sekt brut Fellbacher Goldberg | 13%/24,-€
82 2021 Riesling trocken | 12,5%/6,-€
83 2021 Sauvignon Blanc** trocken | 12,5%/9,80€
82 2020 „Cuvée Grau-Weiss"** trocken | 13%/11,50€
87 2020 Chardonnay*** trocken Fellbacher Goldberg | 13,5%/18,50€
89 2021 Riesling Eiswein*** Fellbacher Goldberg | 7,5%/33,90€/0,375l
82 2021 Muskat-Trollinger Rosé „feinherb" | 11,5%/7,80€
83 2021 Lemberger* trocken Fellbacher Goldberg | 13,5%/8,20€
87 2019 Syrah** trocken Holzfass | 13,5%/15,50€
86 2019 Merlot** trocken Holzfass | 13,5%/17,50€
87 2018 „Kastell"*** Rotwein trocken Barrique | 14,5%/20,50€

WEINGUT Rienth

★★☆

Rinck

Kontakt
Klingbachstraße 11
76831 Heuchelheim-Klingen
Tel. 06349-8542
www.weingut-richard-rinck.de
info@weingut-richard-rinck.de

Besuchszeiten
Mo.-Fr. 9-12 Uhr + 14-18 Uhr
Sa. 9-16 Uhr
3 Gästezimmer auf dem Weingut

Inhaber
Annette Rinck & Niko Leonhard

Rebfläche
14 Hektar

Produktion
70.000 Flaschen

Ende der 1970er Jahre gründeten Richard und Ingrid Rinck ihr Weingut im südpfälzischen Klingen, Annette Rinck übernahm den Betrieb 2008 von ihren Eltern und führt ihn seit 2013 gemeinsam mit ihrem Sohn Niko Leonhard, der seine Lehre bei den Weingütern Wilker, Siegrist und von Winning absolviert hat. Die Weinberge liegen im Klingener Herrenpfad und im Mörzheimer Pfaffenberg, wichtigste Rebsorten sind Riesling, Silvaner und Grau-, Weiß- und Spätburgunder, daneben gibt es noch Scheurebe, Gewürztraminer, Portugieser, Schwarzriesling, Saint Laurent und Cabernet Cubin. Alle Rotweine und einige der Weißweine werden in alten Holzfässern mit Größen zwischen 600 und 4500 Litern ausgebaut, das Sortiment ist in Gutsweine in der Literflasche, Orts- und Lagenweine gegliedert.

Kollektion

Das schon in den letzten Jahren immer spannende Sylvaner-Angebot wurde um einen dritten Wein erweitert: Der „Unter den Bäumen" wurde elf Tage auf der Maische vergoren und zeigt ein komplexes Bouquet mit Aromen von Mostbirne, Zitrusfrüchten und Kräutern, am Gaumen besitzt er viel Grip und dezente Tannine, ist geradlinig und schlank. Auch der „Herdstein", von dem ein Viertel für sieben Tage auf der Maische vergoren wurde, besitzt guten Grip und zeigt klare Birnenfrucht, Limette und Orangenschale im Duft und der „Alte Reben" ist schlank, frisch und erdig mit ebenfalls klarer Birnenfrucht. Zu unseren Favoriten zählt auch der Portugieser, er zeigt Sauerkirsche, kräutrige Noten und etwas Lakritze im Bouquet, ist schlank, elegant, harmonisch und besitzt eine kühle Art und auch die anderen Lagenweine sind sehr gut, der Spätburgunder ist ebenfalls elegant, besitzt klare Kirschfrucht und gute Länge, der Grauburgunder ist cremig, besitzt Grip und sehr dezente Holzwürze, der Weißburgunder zeigt etwas deutlicheres Holz, besitzt klare, feine Frucht und der Riesling ist schlank und nachhaltig mit animierenden Zitrusnoten.

Weinbewertung

87 2021 Sylvaner trocken „Alte Reben" | 12,5%/7,50€
84 2021 Weißburgunder trocken Klingener | 12,5%/6,50€
83 2021 Grauburgunder trocken | 12,5%/6,50€
84 2021 Scheurebe trocken | 11,5%/7,-€
84 2021 Riesling trocken „Element" | 12,5%/7,-€
87 2021 Weißburgunder trocken Mörzheimer Pfaffenberg | 13%/10,-€
87 2021 Grauburgunder trocken Mörzheimer Pfaffenberg | 13%/10,-€
87 2020 Riesling trocken Klingener Herrenpfad | 12%/10,-€
87 2021 Sylvaner trocken „Herdstein" | 12,5%/9,-€
88 2020 Sylvaner trocken „Unter den Bäumen" | 12,5%/11,50€
87 2020 Spätburgunder trocken Klingener Herrenpfad | 13%/14,-€
88 2020 Portugieser trocken „Tal" | 13%/15,-€

★★★★★ Rings

Kontakt
Dürkheimer Hohl 21
67251 Freinsheim
Tel. 06353-2231
Fax: 06353-915164
www.weingut-rings.de
info@weingut-rings.de

Besuchszeiten
Mo.-Sa. 10-12 + 13-17 Uhr

Inhaber
Steffen & Andreas Rings
Betriebsleiter
Steffen & Andreas Rings
Kellermeister
Niklas Raab
Außenbetrieb
Georg Lutz
Rebfläche
33,5 Hektar
Produktion
190.000 Flaschen

Seit sechs Generationen wird in der Familie Rings Weinbau betrieben. Bis zum Jahr 2000 haben Traudel und ihr Mann Willi Rings ihren Wein als Fasswein verkauft, erst als Steffen Rings seine Ausbildung beendete und die Verantwortung im Keller übernahm, begann man mit der Selbstvermarktung. Zum 1. Juni 2015 wurde das Weingut in den VDP aufgenommen, ein steiler Aufstieg! Heute führt Steffen Rings den Betrieb zusammen mit seinem Bruder Andreas. Das Gros ihrer Weinberge liegt in Freinsheim, in den Lagen Schwarzes Kreuz und Gottesacker, zugekauft haben sie Weinberge in Lagen wie Weilberg, Nussriegel, Steinacker, Kalkofen und Saumagen. Im Jahr 2011 rekultivierten sie eine jahrzehntelang brachliegende Gewanne in der Lage Leistadter Felsenberg und bestockten den nach Süden ausgerichteten Hang mit einem Pinot Noir-Klon aus dem Burgund. Rote Rebsorten nehmen die Hälfte der Rebfläche ein: vor allem Spätburgunder, aber auch Cabernet Sauvignon, Merlot, Portugieser, St. Laurent und Syrah. Neben Riesling gibt es an weißen Sorten Weißburgunder und Grauburgunder, Chardonnay und Sauvignon Blanc. Seit dem Jahrgang 2017 sind die Weine biologisch zertifiziert, im Laufe des Sommers 2018 fand der Umzug in ein komplett neues Weingut mit reichlich Raum für Produktion, Keller und Lager statt, gelegen am südwestlichen Rand Freinsheims in der Lage Schwarzes Kreuz.

Kollektion

Es ist beinahe schon unheimlich, mit welcher Beständigkeit Andreas und Steffen Rings großartige Kollektionen in Serie erzeugen, die an der Spitze in Deutschland stehen. Auch in diesem Jahr ist die Palette an Rieslingen wieder genauso beeindruckend und stilsicher wie die verschiedenen Spätburgunder, dass dann noch zwei tolle rote und eine von Jahr zu Jahr spannender werdende weiße Cuvée, sowie einer der besten deutschen Syrahs dazukommen, komplettiert den Eindruck noch zusätzlich. Höchste Zeit also, das Weingut mit dem fünften Stern auszuzeichnen! Der Saumagen-Riesling zeigt rauchig-reduktive Noten im Bouquet, Schießpulver, etwas warmes Leder und besitzt dann am Gaumen dezente Frucht, etwas Aprikose, und viel Grip, ist sehr salzig, druckvoll und enorm nachhaltig, ein Wein der dringend ein paar Jahre der Reife braucht, wie auch der Riesling „Kreid", der mit Noten von Zündplättchen eine noch deutlichere Reduktion im Bouquet zeigt und am Gaumen viel Druck, Konzentration und eine markante, animierende Säure besitzt, sehr salzig und nachhaltig, aber auch noch sehr jung ist. Auch der Riesling Weilberg ist puristisch, druckvoll, sehr salzig und nachhaltig und zeigt neben rauchigen und leicht kräutrigen Noten auch dezente Aromen von gelbem Apfel und Ananas im Bouquet, neu ist der Riesling vom Kallstadter Annaberg, der im Bouquet rauchige, kreidige und steinige Noten zeigt und ebenfalls viel Druck, salzige-animierende Noten und Länge besitzt. Der Steinacker-Riesling ist rauchig, dunkelwürzig, präzise und animierend mit einer messerscharfen Säure, der Nussriegel ist straff und animierend mit einer langanhaltenden Zitruswürze, der „Kalk & Stein“ aus Chardonnay und Weißburgunder zeigt etwas Rauch, Streichhölzer und Zitrusnoten im Duft, ist schlank, sehr animierend und nachhaltig. Bei den Spätburgundern besitzen Saumagen und Felsenberg eine charmante, sehr elegante und schon zugängliche Art, aber auch genügend Rückgrat für die Reife, der Saumagen zeigt leicht rauchige Noten, etwas Gummi und dezent Schwarzkirsche, besitzt am Gaumen feine Frucht, reife, aber noch spürbare Tannine und eine leichte Schärfe von Curryblättern, der Felsenberg besitzt mit Noten von Schwarzkirsche, Hagebutte und roter Johannisbeere die deutlichere Frucht und auch die etwas dezenteren Tannine. Der Steinacker-Spätburgunder besitzt klare Frucht, eine reife Tanninstruktur und ist etwas feingliedriger und eleganter als der Kalkofen, der die deutlicheren Tannine besitzt. Das Kreuz besitzt deutliche dunkle Beerenfrucht, kräutrige Würze, Länge und viel Potential, der Syrah zeigt Sauerkirsche, Brombeere und Heidelbeere im komplexen Bouquet, besitzt jugendliche Tannine, leicht pfeffrige Würze und Länge.

Steffen & Andreas Rings

Weinbewertung

86	2021 Riesling trocken I 12%/9,90€
88	2021 Riesling trocken Kallstadt I 12,5%/20,-€
91	2020 „Kalk & Stein" Weißwein trocken I 12%/22,-€
90	2021 Riesling trocken Ungsteiner Nussriegel I 12,5%/28,-€
91	2021 Riesling trocken Kallstadter Steinacker I 12,5%/32,-€
93	2021 Riesling „GG“ Weilberg I 12,5%/50,-€
92	2021 Riesling „GG“ Annaberg I 12,5%/50,-€
95	2021 Riesling „GG“ Saumagen I 13%/60,-€
94	2021 Riesling trocken „Kreid“ I 13%/a.A.
87	2020 Spätburgunder trocken I 12,5%/15,-€
89	2020 Spätburgunder trocken Kallstadt I 12,5%/25,-€
89	2020 „Das kleine Kreuz" Rotwein trocken I 13,5%/25,-€
91	2019 „Das Kreuz" Rotwein trocken I 14%/50,-€
91	2020 Spätburgunder trocken Kallstadter Steinacker I 12,5%/42,-€
90	2020 Spätburgunder trocken Leistadter Kalkofen I 12,5%/38,-€
94	2020 Spätburgunder „GG“ Saumagen I 13%/75,-€
93+	2020 Spätburgunder „GG“ Felsenberg I 13%/95,-€
91	2020 Syrah trocken I 13,5%/a.A.

Lagen

Schwarzes Kreuz (Freinsheim)
Saumagen (Kallstadt)
Steinacker (Kallstadt)
Weilberg (Ungstein)
Nussriegel (Ungstein)
Kalkofen (Leistadt)
Felsenberg (Leistadt)

Rebsorten

Riesling (30%)
Spätburgunder (30%)

Rinke

Kontakt
Grünhäuser Mühle,
Hauptstraße 4
54318 Mertesdorf
Tel. 0151-11181457
Fax: 0651-9935838
www.weingut-rinke.com
info@weingut-rinke.com

R

Besuchszeiten
Vinothek Vineria in der Grünhäuser Mühle Fr. 15-19 Uhr, Sa. 14-18 Uhr und nach Vereinbarung; Weinproben nach Vereinbarung in der Grünhäuser Mühle oder in der Weinwirtschaft in Trier (Weberbachstraße 75); Veranstaltungen mit Catering in der Grünhäuser Mühle

Inhaber
Dr. Marion Rinke, Alexander Rinke

Betriebsleiter
Dr. Marion Rinke

Kellermeister
Dr. Marion & Alexander Rinke, Alexander Strohschneider

Außenbetrieb
Alexander Rinke

Rebfläche
4,6 Hektar

Produktion
20.000 Flaschen

Das Quereinsteiger-Weingut von Alexander und Marion Rinke existiert nicht in Form eines repräsentativen Gebäudes, sondern als Projekt mit mehreren Standorten. Alles begann mit der Rekultivierung des Langsurer Brüderbergs nach Art eines Gemischten Satzes; vor allem Chardonnay, aber auch diverse weitere Sorten wurden angepflanzt – darunter Gewürztraminer und Viognier. Rotwein aus dem Langsurer Brüderberg gehört ebenfalls zum Repertoire. Später kamen noch Flächen an der Saar dazu, die gesamte Fläche beträgt nun 4,6 Hektar. Die Weinberge werden nach biologischen Prinzipien bewirtschaftet, eine Zertifizierung ist für 2024 geplant. Rinke-Weine kann man auch in der Weinwirtschaft Friedrich-Wilhelm in Trier verkosten.

Kollektion

Eine sehr feine Kräuterwürze zeigt der 2019er Sekt, ein Blanc des Blancs. Der 2017er Sekt mit 40 Monaten Hefelager ist puristisch trocken, animierend, sehr gelungen. Eigenständig ist der Sauvignon Blanc mit einer an geräuchertes Salz erinnernden Note, im Mund enorm straff, würzig und puristisch trocken, sehr animierend. Der Brüderberg-Wein aus 2020, eine Réserve, besitzt eine sehr eigenständige Aromatik, die auf das Vorhandensein aromatischer Sorten in der Rebsortenkomposition hindeutet, dazu cremige und gelbfruchtige Komponenten. Ein schön saftiger, vielschichtiger Wein. Der Patience aus 2020, aus dem unteren Teil des Brüderbergs, ist etwas schlanker, nicht minder spannend, auch der „S" aus 2020 hat Klasse, ist lang und präzise. Eher hell, noch etwas verhalten, sehr reintönig und vibrierend präsentiert sich der Orange Wine, rassig mit verhaltener Süße der Kabinett aus 2020. Der Rosé stammt aus 2021 und zeigt eine verhaltene Frucht mit Anklängen an Kirschen und Gewürze, ist fest, würzig, animierend. Der Pinot Noir S aus dem Jahrgang 2020 und dem Brüderberg ist fein, straff, vibrierend, gut balanciert, sehr präzise fällt der Schiefer-Pinot Noir aus. Eine beeindruckende Leistung.

Weinbewertung

88 2019 „Blanc de Blancs" Sekt brut | 12,5%/16,50€
90 2017 Riesling Sekt brut nature „PassionSaar" | 12,5%/21,-€
89 2020 „Muschelkalk patience" Langsurer Brüderberg | 12,5%/15,50€
87 2021 Sauvignon Blanc Oberemmeler Altenberg | 11,5%/18,-€
91 2020 „S" trocken Langsurer Brüderberg | 13%/21,-€
92 2020 „S" trocken Réserve Langsurer Brüderberg | 13,5%/23,-€
89 2021 „Orange Contrapunct" | 11%/22,50€
88 2020 Riesling Kabinett „Wild auf Schiefer" | 9%/11,50€
87 2021 Rosé trocken „Schiefergestein" | 10,5%/9,90€
91 2020 Pinot Noir trocken „Réserve Vom Schiefer unfiltriert" | 12%/18,50€
90 2020 Pinot Noir trocken „S Vom Muschelkalk unfiltriert" Brüderberg | 12%/25,-€
89 2020 Frühburgunder trocken „unfiltriert" Wiltinger Braunfels | 12%/18,50€

★★★

Stefan Rinklin

Kontakt
Hauptsraße 102,
79268 Bötzingen
Tel. 07663-949706
Fax: 07663-949707
www.weingut-stefan-rinklin.de
kontakt@weingut-stefan-rinklin.de

Besuchszeiten
nach Vereinbarung

Inhaber
Stefan Rinklin
Rebfläche
6,5 Hektar
Produktion
60.000 Flaschen

Das Weingut wurde 2007 von Stefan Rinklin und Miriana Rinklin gegründet. Stefan Rinklin ist ausgebildeter Weinküfer, hat bei Schwörer im Breisgau gearbeitet, bei Fritz Keller am Kaiserstuhl, dann bei Dörflinger im Markgräflerland und beim Weingut Fischer, wieder am Kaiserstuhl, bevor er den Schritt in die Selbständigkeit wagte. Auch seine Ehefrau Miriana ist Weinküferin, hat Weinmarketing in Heilbronn studiert. Ihre Weinberge liegen alle in Bötzingen. Sie bauen hauptsächlich die Burgundersorten an, Grauburgunder liegt an erster Stelle, gefolgt von Weiß- und Spätburgunder, dazu gibt es ein klein wenig Müller-Thurgau. Die Weine werden alle trocken ausgebaut, bleiben lange auf der Feinhefe, auf Prädikatsangaben wird verzichtet, anfangs ebenso auf Lagenangaben, inzwischen nutzt Stefan Rinklin die Bötzinger Gewanne für seine Spitzenweine.

Kollektion

Stefan Rinklin schickt immer auch Literweine mit, und das freut uns, denn sie sind immer richtig gut, was Weißburgunder und Müller-Thurgau in diesem Jahr beweisen. Die Edition SR-Weine zeigen sehr gleichmäßiges Niveau, unsere leichte Präferenz gilt dem reintönigen, zupackenden Grauburgunder. Eine deutliche Steigerung bringen die Lagenweine aus dem Meisental. Der Weißburgunder ist sehr offen und reintönig im Bouquet, füllig und saftig im Mund, besitzt klare reife Frucht und Grip. Der Grauburgunder zeigt feine Frische und reintönige Frucht, ist frisch, zupackend und strukturiert. An der Spitze der Weißweine steht der Weißburgunder aus dem Bötzinger Hahlen, der rauchige Noten und viel Konzentration im herrlich eindringlichen Bouquet zeigt, kraftvoll, klar und zupackend ist, gute Struktur und Grip besitzt, gut noch etwas Flaschenreife verträgt. Spannend sind auch die Lagen-Spätburgunder: Der 2018er Tiefental ist fruchtbetont, reintönig, herrlich intensiv, besitzt gute Struktur und reintönige Frucht; der 2017er Biegarten ist rauchig, konzentriert, herrlich reintönig, besitzt gute Struktur, viel Frucht und Grip. ▬

Weinbewertung

83 2021 Weißburgunder trocken (1l) | 12,5%/8,-€
82 2021 Müller-Thurgau trocken (1l) | 11,5%/7,-€
83 2021 Weißburgunder trocken „Edition SR“ | 12,5%/9,-€
84 2021 Grauburgunder trocken „Edition SR“ | 12,5%/9,50€
87 2021 Weißburgunder trocken Bötzinger Meisental | 13%/11,-€
87 2021 Grauburgunder trocken Bötzinger Meisental | 13%/11,50€
90 2021 Weißburgunder trocken Bötzinger Hahlen | 13%/20,-€
83 2021 Spätburgunder Weißherbst trocken „Edition SR“ | 13%/9,-€
83 2019 Spätburgunder trocken „Edition SR“ | 13,5%/9,50€
88 2018 Spätburgunder trocken Bötzinger Tiefental | 13,5%/13,50€
90 2017 Spätburgunder trocken Bötzinger Biegarten | 13%/22,-€

★★

Bernhard Rippstein

Kontakt
Anger 14
97522 Sand am Main
Tel. 09524-5167
www.rippstein.de
info@rippstein.de

Besuchszeiten
Mi.+Fr. 14-18 Uhr
Sa. 9-16 Uhr
und nach Vereinbarung

Inhaber
Stefan Rippstein
Kellermeister
Stefan & Nadine Rippstein
Außenbetrieb
Stefan & Nadine Rippstein
Rebfläche
8 Hektar
Produktion
60.000 Flaschen

Das Weingut wurde 1980 von Bernhard und Elfriede Rippstein gegründet, heute wird es von ihrem Sohn Stefan geführt, der seit 2017 von Tochter Nadine unterstützt wird, die nach ihrem Geisenheim-Studium direkt in den Betrieb eingestiegen ist. Ehefrau Angela ist für die Vermarktung zuständig und auch Sohn Patrick arbeitet inzwischen im Betrieb. In den Weinbergen in den Sander Lagen Himmelsbühl und Kronberg und im Steinbacher Nonnenberg baut man Müller-Thurgau, Bacchus, Silvaner und Kerner an, inzwischen komplettieren Weißburgunder, Riesling und Scheurebe das Programm. An roten Rebsorten gibt es Dornfelder, Schwarzriesling, Cabernet Dorsa, Domina und Spätburgunder. Ein Teil der Rotweine wird im Barrique ausgebaut, auch vom Silvaner gibt es eine Barrique-Variante, sowie eine weitere, die im großen Holzfass ausgebaut wird. 2017 wurde mit der Umstellung auf biologischen Weinbau begonnen. Im November 2019 wurde die neue Vinothek eröffnet, der ein Raum für Weinproben angeschlossen ist.

Kollektion

Weine aus vier Jahrgängen präsentiert Stefan Rippstein in diesem Jahr. Aus 2018 ist der im Holzfass ausgebaute Silvaner, der füllig und kraftvoll ist, gute Struktur und Komplexität besitzt. Ein Jahr jünger ist der im Barrique ausgebaute Silvaner, der noch fülliger ist, sehr cremig, reife süße Frucht besitzt. Aus dem Jahrgang 2020 stammt die im Barrique ausgebaute Cuvée, die etwas Tropenfrüchte im Bouquet zeigt, gelbe Früchte, sehr füllig und saftig ist bei viel Substanz. Jahrgangsbedingt frischer und lebhafter sind die 2021er. Der Bacchus ist wunderschön reintönig, fruchtbetont und zupackend, der Blanc de Noir ist lebhaft und klar, die trockene Weißburgunder Spätlese punktet mit Konzentration, Substanz und guter Struktur, die süße Riesling Spätlese mit Reintönigkeit und Grip. Unser Favorit ist der Silvaner vom Mergel, der reintönig ist, gute Struktur, Kraft und Frische besitzt. Eine starke Kollektion!

Weinbewertung

85 2021 Bacchus Kabinett trocken | 12%/6,70€
85 2021 „Blanc de Noir" trocken | 11,5%/6,70€
84 2021 Riesling Kabinett trocken | 12%/6,70€
87 2021 Silvaner trocken „vom Mergel" | 12%/12,-€
84 2021 Silvaner Spätlese trocken | 13%/7,50€
85 2021 Weißburgunder Spätlese trocken | 13%/7,50€
87 2018 Silvaner Spätlese trocken „Eichenfass" | 13,5%/7,50€ ☺
87 2020 Cuvée weiß trocken Barrique | 13,5%/9,50€
86 2019 Silvaner Spätlese trocken Barrique | 13%/9,50€
83 2021 Kerner Kabinett | 11%/6,70€
85 2021 Riesling Spätlese „süß" | 10%/7,50€
84 2021 Rosé Kabinett trocken | 11%/6,70€

★★★★

Erwin **Riske**

Kontakt
Wingertstraße 28
53507 Dernau
Tel. 02643-8406
Fax: 02643-3531
www.weingut-riske.de
weingut-riske@t-online.de

Besuchszeiten
Mo.-Fr. nach Vereinbarung, Sa. 10-18 Uhr, So. + Feiertage 15-18 Uhr und zu den Öffnungszeiten der Straußwirtschaft: 1. Mai - Mitte Juni, 1. Sept. bis Mitte Nov., Fr. 15-22 Uhr, Sa. 12-22 Uhr, So. + Feiertage 12-20 Uhr

Inhaber
Volker Riske
Betriebsleiter
Jan Riske
Kellermeister
Jan Riske
Außenbetrieb
Jan Riske
Rebfläche
8 Hektar
Produktion
40.000 Flaschen

Volker Riske führt zusammen mit Ehefrau Mechthild in vierter Generation den Betrieb. Seit 2016 ist mit Sohn Jan Riske, Geisenheim-Absolvent, die fünfte Generation im Betrieb tätig, hat inzwischen die Verantwortung in Weinberg und Keller übernommen, setzt neue Akzente wie Ertragsreduktion durch Traubenteilung, Kaltmazeration, Spontangärung und das Unterstoßen der Maische per Hand, der Ausbau im Barrique wurde auf fünfzehn bis achtzehn Monate verlängert, der Neuholzanteil reduziert. Neben Weinbergen an der Ahr besitzt Volker Riske auch zwei Hektar Reben in Leutesdorf (Gartenlay) am Mittelrhein, wo überwiegend Riesling sowie Weißburgunder und inzwischen auch Grauburgunder und Sauvignon Blanc angebaut werden. Die Ahr-Weinberge liegen vor allem in den Dernauer Lagen Hardtberg und Pfarrwingert, sowie im Neuenahrer Sonnenberg, aber auch in Marienthal, Ahrweiler und Bachem. Spät- und Frühburgunder nehmen drei Viertel der Fläche ein, Riesling 15 Prozent, dazu gibt es 5 Prozent Weißburgunder sowie Grauburgunder und Sauvignon Blanc und noch ein klein wenig Müller-Thurgau. Die Rotweine werden alle spontanvergoren und im großen oder kleinen Eichenholzfass ausgebaut und unfiltriert abgefüllt. Seit 1997 gehört eine Straußwirtschaft zum Weingut, die vom 1. Mai bis Mitte Juni und dann wieder vom 1. September bis Mitte November am Wochenende geöffnet hat. Das Spätburgunder-Sortiment ist gegliedert in die drei Gutsweine E.R., Schieferfels und Schieferturm, sowie in Lagenweine von Sonnenberg, Hardtberg (dort wird auch ein Lagen-Frühburgunder erzeugt) und Pfarrwingert, von Sonnenberg und Pfarrwingert gibt es zusätzlich eine R(eserve)-Version.

Kollektion

Der stetige Aufwärtstrend der letzten Jahre setzt sich auch mit dem neuen Jahrgang fort. Und es sind nicht nur die Rotweine, die überzeugen, auch die beiden vorgestellten Weißweine vom Mittelrhein sind sehr gut. Der Riesling von alten Reben ist würzig, frisch und sehr klar im Bouquet, lebhaft und zupackend im Mund, hat Grip. Der erstmals präsentierte Sauvignon Blanc zeigt rauchig-würzige Noten, ist fruchtbetont und zupackend, hat Struktur und Biss. Das Trio der Spätburgunder-Gutsweine präsentiert sich sehr stimmig, alle drei setzen auf Frucht und Frische. Der E.R. Ist herrlich intensiv und reintönig im Bouquet, klar, frisch und zupackend im Mund, hat Struktur und Biss – ein feiner Einstieg. Noch etwas fruchtintensiver ist der Schieferfels im Bouquet, zeigt rote Früchte, ist herrlich klar und zupackend im Mund. Erdbeeren und Kirschen findet man im fruchtintensiven Bouquet des Schieferturm, er ist reintönig und harmonisch im Mund, besitzt gute Struktur und Grip. Herrlich viel Frucht zeigt auch der Frühburgunder aus dem Hardtberg im Bouquet, er ist klar und harmonisch im Mund, besitzt reintönige

Frucht, gute Struktur und Frische – der bisher beste Frühburgunder aus dem Hause Riske. Spannend ist der Vergleich der drei Lagen-Spätburgunder aus dem Jahrgang 2020. Der Wein vom Sonnenberg zeigt intensive Frucht, aber auch etwas florale Noten im Bouquet, ist klar, frisch und zupackend, besitzt gute Struktur und Biss; ein sehr guter Spätburgunder, wir aber präferieren in diesem Jahrgang klar die beiden Dernauer Lagenweine, wobei diese sich sehr deutlich voneinander unterscheiden. Der Wein aus dem Hardtberg zeigt gute Konzentration und faszinierend reintönige Frucht im Bouquet, etwas Kirschen, Erdbeeren, rote Früchte, ist reintönig und fruchtbetont im Mund, besitzt gute Struktur und viel Grip. Auch der Spätburgunder aus dem Pfarrwingert zeigt gute Konzentration und viel reife Frucht im Bouquet, ist nicht ganz so offensiv, im Mund dann enorm füllig und kraftvoll, besitzt viel reife Frucht und Substanz, ist deutlich „dicker" als der Hardtberg, aber Pfarrwingert-Weine neigen eben dazu etwas molliger zu sein. Was aber der Pfarrwingert R überhaupt nicht ist, er zeigt gute Konzentration, herrlich viel Frucht, ganz leicht florale Noten im Hintergrund, ist klar, frisch und enorm druckvoll im Mund, besitzt viel Frucht und Präzision, Länge und Nachhall – und ist wie schon in den beiden Vorjahren unser Favorit in der Kollektion von Jan und Volker Riske. Der zweite Reserve-Spätburgunder, der Wein aus dem Sonnenberg, ist der schon im vergangenen Jahr vorgestellte Wein aus dem Jahrgang 2019, er ist sehr offen im Bouquet, zeigt viel reife Frucht, aber auch feine Frische und eine ganz dezente Schokonote im Hintergrund, ist füllig und saftig im Mund, besitzt viel reife Frucht, gute Struktur und Substanz. Eine ganz starke Kollektion – einer der Aufsteiger des Jahres!

Jan & Volker Riske

Weinbewertung

86 2021 Riesling trocken „Alte Reben" | 12%/12,-€

86 2021 Sauvignon Blanc trocken | 12%/14,-€

86 2020 Spätburgunder trocken „E.R." | 13%/12,-€

87 2020 Spätburgunder trocken „Schieferfels" | 13%/16,-€

88 2020 Spätburgunder trocken „Schieferturm" | 13%/19,-€

89 2020 Frühburgunder trocken Dernauer Hardtberg | 13%/22,-€

88 2020 Spätburgunder trocken Bad Neuenahrer Sonnenberg | 13%/22,-€

90 2020 Spätburgunder trocken Dernauer Hardtberg | 13,5%/27,-€

90 2020 Spätburgunder trocken Dernauer Pfarrwingert | 14%/32,-€

90 2019 Spätburgunder trocken Bad Neuenahrer Sonnenberg „R" | 13,5%/35,-€

91 2020 Spätburgunder trocken Dernauer Pfarrwingert „R" | 13%/45,-€

Lagen

Pfarrwingert (Dernau)
Hardtberg (Dernau)
Sonnenberg (Neuenahr)
Gartenlay (Leutesdorf)

Rebsorten

Spätburgunder (70%)
Riesling (15%)
Frühburgunder (5%)
Weißburgunder (5%)
Grauburgunder
Sauvignon Blanc

★★☆ (2½ Sterne)

Römerhof

Kontakt
Burgstraße 2
54340 Riol
Tel. 06502-2189
Fax: 06502-20671
www.weingut-roemerhof.de
mail@weingut-roemerhof.de

Besuchszeiten
Fr. 13-18 Uhr
Sa. 10-17 Uhr
und nach Vereinbarung;
So. + Feiertage geschlossen
Römerhof-Vinothek

Inhaber
Franz-Peter & Daniel Schmitz
Kellermeister
Franz-Peter & Daniel Schmitz
Rebfläche
11 Hektar
Produktion
80.000 Flaschen

Franz-Peter Schmitz hat seit den siebziger Jahren das Weingut aufgebaut. Heute wird er von seinem Sohn Daniel unterstützt, der in Geisenheim studiert hat und Auslandserfahrungen in Chile, Argentinien und Österreich sammelte. Ihre Weinberge liegen im Schweicher Herrenberg, im Longuicher Maximiner Herrenberg, im Rioler Römerberg sowie in den Mehringer Lagen Zellerberg und Blattenberg. Familie Schmitz bewirtschaftet steile Parzellen – beispielsweise die Felsenterrasse im Zellerberg – und besitzt über 60 Jahre alte Reben. Neben Riesling, der 70 Prozent der Fläche einnimmt, bauen sie Weißburgunder sowie Spät- und Frühburgunder an und nun auch Sauvignon Blanc. Die Weine werden teils im Holz, teils im Edelstahl ausgebaut. Das Gros der Weine wird trocken und halbtrocken ausgebaut, der immer saftige und zugängliche Sekt namens Rigodulum gehört hier schon lange zur Tradition. Neu ist die Vinothek, die sich den Kunden als „Zusammenspiel von Weinarchitektur, Weingenuss und Sinnesbegeisterung" präsentiert.

Kollektion

Wie fast immer, so ist auch diesmal der Stil der Römerhof-Weine gut herauszufinden – bei den Rieslingen, aber auch beim Sauvignon Blanc. Letzterer ist offen, fruchtig mit Noten von Guave, aber auch frisch und animierend, im Mund dann zupackend und saftig mit feiner Säure, bereits zugänglich und im besten Sinne unkompliziert. Man möchte auch den Weißburgunder auf der Stelle trinken, so schön klar und saftig fällt er aus. Die trockene Spätlese aus dem Zellerberg zeigt Anklänge an Mirabellen, ist frisch und saftig, würzig, ebenfalls zugänglich. Fester und kompakter wirkt die trockene Spätlese von alten Reben, einen gewissen Schmelz bringt die trockene Auslese namens Constantin mit, die zu etwas mehr als der Hälfte im Barrique vergären konnte (der Rest reifte im Edelstahl). Eine fast nussig-hefige Frucht besitzt der Riesling vom Tonschiefer, der saftig und zupackend ist und dessen sehr leichte Süße gut integriert wirkt. Offen mit Steinobstnoten, im Mund kühl und saftig: So zeigt sich die Spätlese No. 1. Bei der Auslese ist eine sehr feine helle Frucht zu bemerken, der Wein ist wunderschön klar und rassig.

Weinbewertung

84 2021 Weißburgunder trocken | 11,5%/7,50€
85 2021 Sauvignon Blanc trocken | 11,5%/8,50€
87 2021 Riesling Spätlese trocken Mehringer Zellerberg | 11,5%/9,-€
88 2021 Riesling Spätlese trocken „Alte Reben" | 12%/11,-€
89 2021 Riesling Auslese trocken „Constantin" | 12,5%/14,-€
86 2021 Riesling Spätlese halbtrocken „Filius XI" Mehringer Zellerberg | 11,5%/9,-€
87 2021 Riesling Spätlese „feinherb" „vom grauen Tonschiefer" Zellerberg | 11,5%/9,50€
88 2021 Riesling Spätlese „No.1" Mehringer Zellerberg | 8%/11,-€
90 2021 Riesling Auslese Longuicher Maximiner Herrenberg | 7,5%/15,-€ ☺

★★

Röschard

Kontakt
Breslauer Straße 75
79576 Weil am Rhein
Tel. 07621-74000
Fax: 07621-577332
www.weingut-roeschard.com
info@weingut-roeschard.de

Besuchszeiten
Mo.-Fr. 8-13 + 17-19 Uhr
Sa. 8-13 Uhr

R

Inhaber
Gerd Röschard
Kellermeister
Ralf Röschard
Rebfläche
8,5 Hektar

Ganz im Süden des Markgräflerlandes, in Weil am Rhein an der Grenze zur Schweiz, ist das Weingut Röschard zuhause, das heute in dritter Generation von Gerd Röschard und seinem Bruder Werner geführt wird; Werners Sohn Ralf ist seit dem Jahrgang 2011 für den Weinausbau verantwortlich. Ralf Röschard, der das Weingut einmal weiterführen soll, hat seine Winzerlehre beim Weingut Klumpp in Bruchsal absolviert. Die Weinberge liegen im Weiler Schlipf und in der Haltinger Stiege. Der Weiler Schlipf ist eine süd- bis südwest-exponierte Lage mit schweren, kalkhaltigen Böden. In der etwas flacheren Haltinger Stiege, teils west-, teils süd-exponiert, herrschen lehmhaltige Böden mit Lössauflage vor, hier baut Gerd Röschard vor allem weiße Rebsorten an, im Weiler Schlipf Spätburgunder und Chardonnay. Die Markgräfler Paraderebsorten Gutedel und Spätburgunder sind die wichtigsten Rebsorten im Betrieb, dazu gibt es Weißburgunder, Grauburgunder und Chardonnay. Die Weißweine werden gekühlt vergoren und lange auf der Hefe ausgebaut; alle Rotweine werden maischevergoren. Sekte und Perlweine ergänzen zusammen mit Edelbränden das Sortiment. In den kommenden Jahren sollen die Rebfläche etwas erweitert und der Ausbau im Holz forciert werden.

Kollektion

Die neue Kollektion gefällt uns gut. Die weißen Gutsweine besitzen klare Frucht, Frische und Grip, unsere leichte Präferenz gilt dem Weißburgunder, der wunderschön harmonisch ist, reintönige Frucht und Biss besitzt. In der weißen SR-Linie gefällt uns der Weißburgunder etwas weniger gut, er ist sehr kompakt und vom Holz geprägt. Kompakt ist auch der würzige Sauvignon Blanc SR, das Holz ist aber besser integriert; unser Favorit in dieser Linie ist der Grauburgunder, der ebenfalls deutlich vom Barriqueausbau geprägt ist, aber Kraft, viel reife Frucht und gute Struktur besitzt. Sehr gut sind die beiden Spätburgunder, der Wein aus dem großen Fass besitzt reintönige Frucht und viel Frische, der im Barrique ausgebaute SR ist intensiv fruchtig, besitzt gute Struktur und Grip.

Weinbewertung

84 2021 „Auszeit“ Weißwein trocken | 11,5%/8,-€
85 2021 Weißburgunder trocken | 12,5%/7,50€
83 2020 Chardonnay trocken | 12,5%/12,50€
84 2021 Sauvignon Blanc trocken | 12,5%/8,50€
84 2020 Weißburgunder „SR“ trocken | 12,5%/13,50€
86 2020 Grauburgunder „SR“ trocken | 13%/14,50€
85 2020 Sauvignon Blanc „SR“ trocken | 12,5%/14,50€
84 2021 Rose trocken | 12%/6,50€
85 2020 Spätburgunder trocken „Großes Fass“ | 13%/9,50€
87 2019 Spätburgunder „SR“ trocken | 13,5%/15,50€

★★☆

Rolletter

Kontakt
Obentrautstraße 58
55218 Groß-Winternheim
Tel. 06130-1872
Fax: 06130-9199928
www.rolletter.com
weingut@rolletter.com

Besuchszeiten
Mo.-Fr. 17:30-18:30 Uhr
Sa. 10-16 Uhr
oder nach Vereinbarung

Inhaber
Bernhard & Simon Rolletter

Rebfläche
20 Hektar

Als Jakob Rolletter 1895 das Gutshaus in der Groß-Winternheimer Obentrautstraße baute, war das Gut ein landwirtschaftlicher Gemischtbetrieb; inzwischen konzentriert man sich ganz auf Weinbau. Heute wird der Betrieb von Bernhard Rolletter geführt, der nach seinem Geisenheim-Studium mit einem Freund eine Sektkellerei gründete. Inzwischen ist Sohn Simon im Betrieb tätig, und mit seinem Einstieg fingen die Rolletters an den Fassweinbetrieb auf Flaschenweinvermarktung umzustellen. Seit Juli 2020 ist Simon Rolletter Hauptgesellschafter des Betriebes, der nun als GbR firmiert. Die Weinberge liegen in Ingelheim (Horn, Sonnenhang, Schlossberg), Groß-Winternheim (Heilighäuschen, Bockstein, Klosterbruder, Schlossberg), im Schwabenheimer Schlossberg und Klostergarten sowie in den Bubenheimer Lagen Honigberg und Kallenberg. Riesling ist die wichtigste Rebsorte, gefolgt von Regent, Dornfelder, Spätburgunder und Müller-Thurgau, Portugieser, Grauburgunder, Silvaner, Bacchus, Weißburgunder, St. Laurent, Scheurebe und Chardonnay ergänzen das Programm. Zuletzt wurde Blaufränkisch im Bockstein angelegt und der Spätburgunder-Anteil erhöht, dafür Dornfelder und Portugieser reduziert.

Kollektion

Der würzige, zupackende Silvaner-Sekt ist ein feiner Einstieg. Die weißen Gutsweine sind geradlinig, fruchtbetont und kompakt. An der Spitze des weißen Teils der Kollektion stehen die beiden im Holz ausgebauten Lagenweine. Der Bockstein-Silvaner ist würzig, eindringlich, ganz leicht rauchig, ist klar im Mund, kraftvoll und strukturiert. Der Riesling aus dem Ingelheimer Horn zeigt feine Würze und reife Frucht, besitzt Fülle und Kraft, viel Süße und Frucht. Sehr gut sind auch die beiden Spätburgunder, und man hat die Auswahl, setzt man mehr auf Fruchtintensität und Reintönigkeit, wird man sich für den Ortswein entscheiden, mag man mehr Kraft und Substanz, dann ist der Horn-Spätburgunder der richtige Wein.

Weinbewertung

81 2021 „Secco Blanc" trocken | 11%/6,20€
85 2019 Silvaner Sekt extra brut | 12,5%/9,30€
83 2021 Weißburgunder trocken | 12,5%/6,20€
82 2021 Grauburgunder trocken | 12,5%/6,20€
83 2021 Silvaner trocken „Alte Reben" | 12,5%/6,20€
87 2020 Riesling trocken Ingelheimer Horn | 12,5%/9,80€
85 2020 Silvaner trocken Groß-Winternheimer Bockstein | 13,5%/10,80€
80 2021 Scheurebe „feinherb" (1l) | 12%/4,-€
82 2021 „Cuvée Auszeit" Weißwein „feinherb" | 11%/6,20€
81 2021 Spätburgunder Rosé „feinherb" | 11%/6,20€
86 2019 Spätburgunder trocken Groß-Winternheim | 13%/9,30€
85 2019 Spätburgunder trocken Ingelheimer Horn | 13,5%/12,80€

★★★★☆ (4,5 Sterne)

Rosch

Kontakt
Mühlenstraße 8
54340 Leiwen
Tel. 06507-4230
Fax: 06507-8287
www.weingut-rosch.de
weingut-josef-rosch@t-online.de

Besuchszeiten
Mo.-Sa. nach Vereinbarung

Inhaber
Nico Rosch
Kellermeister
Nico Rosch
Rebfläche
8,5 Hektar
Produktion
70.000 Flaschen

Anfang der achtziger Jahre hat Werner Rosch den elterlichen Betrieb übernommen, mit damals gerade einmal 1,2 Hektar Weinbergen. Bis heute sind 8,5 Hektar daraus geworden, ob es einmal mehr werden sollen, muss Sohn Nico entscheiden, der seinen Vater im Betrieb lange unterstützt hat und nun als Inhaber firmiert. Der Sohn hat bei Peter Jakob Kühn im Rheingau, dem Karthäuserhof an der Ruwer und Knipser in der Pfalz gelernt, dann die Ausbildung in Weinsberg gemacht, danach bot er anderen Winzer seinen Steillagen-Bewirtschaftungs-Service an. Die Weinberge von Nico Rosch liegen vor allem in Leiwen in der Laurentiuslay und im Klostergarten sowie in den Trittenheimer Lagen Apotheke und Altärchen. Darüber hinaus ist er in der Klüsserather Bruderschaft und in der Lage Dhron Hofberger vertreten, inzwischen auch im Piesporter Goldtröpfchen. Das Weingut Rosch baut seit jeher ausschließlich Riesling an. Zur Säurereduzierung werden die Trauben 5 bis 8 Stunden eingemaischt, ohne Schwefel, alle Weine werden spontanvergoren. Im trockenen Segment gibt es in der Spitze einen Lagenwein aus dem Dhron Hofberger sowie als Große Gewächse einen Apotheke-Riesling sowie den Riesling aus der Leiwener Laurentiuslay. Der Weine aus der Bruderschaft wird feinherb ausgebaut. Im trockenen und im feinherben Segment wurde mittlerweile von Prädikaten auf Guts-, Orts- und Lagenweine umgestellt. Süßweine spielen eine wichtige Rolle im Betrieb. Spätlesen und Auslesen (mit bis zu 3 Sternen) gibt es aus Apotheke und Goldtröpfchen, wenn es der Jahrgang erlaubt werden auch Beerenauslesen und Trockenbeerenauslesen sowie Eisweine aus dem Klostergarten erzeugt. 30 Prozent der Produktion werden exportiert. Die Weine von Nico Rosch sind nach wie vor Geheimtipps, auch deshalb, weil der Winzer selten so im Rampenlicht steht wie andere Kollegen der Region. Seine Weine wirken, wie die seines Vaters, geradlinig, ruhen in sich selbst, sind unangestrengt und trotzdem lang und mineralisch.

Kollektion

In den letzten Jahren haben wir immer wieder die Qualität der Roschschen Basis gelobt, auch in diesem Jahr ist das Prinzip des Betriebes, einen überzeugenden Einstieg zu bieten, unverkennbar. Duftig und im Mund enorm zupackend, frisch und rassig ist der J.R., ein animierender Einstieg in das Sortiment des Jahrgangs 2021. Etwas fester, aber mit sehr viel Spiel ausgestattet ist der Trittenheimer Riesling, deutlich würzig und angenehm trocken. Eine zunächst dunkle, noch recht verhaltene Aromatik bringt der Riesling aus dem Hofberg mit, am zweiten Tag der Verkostung wirkt er feiner, heller, fruchtiger – er ist würzig, besitzt aber auch einen gewissen Schmelz, interpretiert die Lage sehr gut. Das GG aus der Laurentiuslay wirkt hellfruchtig, ist merklich hefig, im Mund straff, würzig, mineralisch, angenehm trocken und präzise. Sein Pendant aus der Apotheke ist verhaltener, dann fruchtiger in der Nase, wirkt auch im Mund fruchtiger, würziger, ist nicht ganz so mineralisch wie der Laurentiuslay-Wein, aber ebenfalls schön lang und fest. Der feinherbe Riesling aus der Bruderschaft ist würzig mit merklicher Süße und einem gewissen Schmelz, schön würzig, gänzlich unangestrengt. Die Spätlese aus dem Goldtröpfchen besitzt eine fast süße Aromatik mit Anklängen an Hefe, Mirabellen und Kernobst, ist frisch und kühl, fein, enorm rassig, trotz der deutlichen Süße sehr gut balanciert. Spannend sind die beiden „normalen" Auslesen, die enorm viel Rasse und Würze mitbringen und die, obgleich deutlich süß, schön harmonisch wirken. Der Wein aus dem Goldtröpfchen besitzt etwas mehr Würze und Rasse als jener aus der Apotheke, aber bei beiden bekommt man viel Lust, ein Glas zu trinken, weil das Verhältnis zwischen Restzucker und Frische stimmt und weil die Weine enorm reintönig sind. Die logische Steigerung nennt sich Drei-Sterne-Auslese, sie stammt aus der Apotheke, zeigt kühle Noten von Aprikosenschale und weißem Pfirsich sowie Kräutern, ist fest, würzig, deutlich süßer als die Auslesen ohne Stern, aber vibrierend, würzig und weit überdurchschnittlich nachhaltig. Der Wein ist jetzt schon faszinierend, dürfte aber mit zwei, drei Jahren Flaschenreife noch spannender ausfallen. Gleiches gilt für die Beerenauslese aus der Apotheke, die noch recht verhalten wirkt mit Anklängen an Sanddorn und Steinobstschalen, im Mund ist sie würzig, deutlich süß, aber auch sehr präzise und animierend.

Weinbewertung

86 2021 Riesling trocken „J.R." I 11,5%/9,-€
88 2021 Riesling trocken Trittenheimer I 12%/12,50€
90 2021 Riesling trocken Dhroner Hofberg I 12,5%/16,-€
92 2021 Riesling „GG" Trittenheimer Apotheke I 13%/26,-€
92 2021 Riesling „GG" Leiwener Laurentiuslay I 12,5%/26,-€ ☺
89 2021 Riesling „feinherb" Klüsserather Bruderschaft I 11,5%/16,-€
87 2021 Riesling Kabinett Leiwener Klostergarten I 9%/12,50€
88 2021 Riesling Kabinett Piesporter Goldtröpfchen I 9,5%/14,50€
90 2021 Riesling Spätlese Piesporter Goldtröpfchen I 8%/19,-€
91 2021 Riesling Auslese Trittenheimer Apotheke I 7%/16,-€/0,5l
93 2021 Riesling Auslese Piesporter Goldtröpfchen I 8,5%/19,-€/0,5l
93 2021 Riesling Auslese*** Trittenheimer Apotheke I 7,5%/24,-€/0,375l
93 2021 Riesling Beerenauslese Trittenheimer Apotheke I 7%/75,-€/0,375l

Lagen

Laurentiuslay (Leiwen)
Apotheke (Trittenheim)
Hofberg (Dhron)
Bruderschaft (Klüsserath)
Goldtröpfchen (Piesport)
Klostergarten (Leiwen)

Rebsorten

Riesling (100%)

★★☆

Roter Bur Glottertäler Winzer

Kontakt
Winzerstraße 2
79286 Glottertal
Tel. 07684-91091
Fax: 07684-910910
www.roter-bur.de
info@roter-bur.de

Besuchszeiten
Mo.-Fr. 8-12:30 + 13:30-18 Uhr
Sa. 9-13 Uhr
So. & Feiertage 10-12 Uhr

Inhaber
100 Mitglieder
Geschäftsführer
Udo Opel
Kellermeister
Norbert Faller
Rebfläche
62 Hektar
Produktion
500.000 Flaschen

Das Glottertal ist ein recht hoch gelegenes Schwarzwaldtal, die Reben wachsen anders als sonst im Breisgau auf Granit-Gneis-Verwitterungsböden. Das Gros der Reben wird von der Winzergenossenschaft verarbeitet, die sich nach der weit über die Region hinaus bekannten Einzellage Roter Bur nennt, alle anderen Lagen im Glottertal sind seit 1971 zur Lage Eichberg zusammengefasst. Spätburgunder ist mit weitem Abstand die wichtigste Rebsorte der Glottertäler Winzer, nimmt mehr als drei Viertel der Rebfläche ein, wobei Spätburgunder Weißherbst eine wichtige Rolle spielt im Betrieb. Daneben gibt es Grauburgunder und Müller-Thurgau, Gewürztraminer, Weißburgunder und Chardonnay, sowie etwas Riesling und Gutedel. Weitere rote Rebsorten sind Cabernet Sauvignon, Merlot, Regent und Cabernet-Neuzüchtungen.

Kollektion

Die Weißweine zeigen in diesem Jahr sehr gleichmäßiges Niveau. Die beiden weißen Kabinettweine sind frisch, harmonisch und fruchtbetont, das gilt auch für den Chardonnay. Anders als der 2020er Chardonnay Barriquewein, unser Favorit im vergangenen Jahr, ist der nun präsentierte 2019er Grauburgunder aus dem Barrique allzu sehr vom Holz dominiert. Sehr geschlossen präsentieren sich die Rotweine, aber Achtung, wer sich an Burgund-Pinot Noir orientiert, wird hier nicht fündig. Wer aber mächtige Rotweine mag und wem ein paar Gramm Restzucker nicht stören, der ist hier goldrichtig. Angeführt wird der rote Teil der Kollektion vom mächtigen Reserve-Spätburgunder aus dem Jahrgang 2017, der gute Konzentration und Gewürznoten im Bouquet zeigt, füllig und saftig ist, viel reife Frucht und Substanz besitzt. Aus 2018 gefällt uns der Barrique-Spätburgunder besonders gut, zeigt etwas Toast und Kaffee, ist füllig und saftig bei reifer süßer Frucht. Auch die Bordeauxcuvée überzeugt, da dem Alkohol kräftige Tannine entgegenstehen.

Weinbewertung

83 2021 Weißer Burgunder Kabinett trocken Glottertäler Eichberg | 12%/6,50€
83 2021 Grauer Burgunder Kabinett trocken Glottertäler Eichberg | 12,5%/6,50€
82 2021 Chardonnay trocken Glottertäler Eichberg | 13%/6,50€
82 2018 Grauer Burgunder trocken Barrique Glottertäler Eichberg | 14,5%/15,90€
81 2021 Spätburgunder Weißherbst Kabinett Glottertäler Eichberg | 11%/6,30€
83 2021 Spätburgunder Rosé trocken Glottertäler Eichberg | 12,5%/6,30€
83 2019 Spätburgunder trocken Glottertäler Roter Bur | 13,5%/7,50€
84 2018 Spätburgunder trocken „Alte Rebe" Glottertäler Eichberg | 14,5%/15,90€
84 2018 Merlot Cabernet-Sauvignon trocken Glottertäler Eichberg | 15%/12,50€
82 2019 Spätburgunder Spätlese trocken Glottertäler Roter Bur | 13,5%/9,50€
85 2018 Spätburgunder trocken Barrique Glottertäler Eichberg | 14,5%/15,90€
87 2017 Spätburgunder trocken „Reservé" Glottertäler Eichberg | 14,5%/29,90€

Roth

Kontakt
Büttnergasse 11
97355 Wiesenbronn
Tel. 09325-902004
Fax: 09325-902520
www.weingut-roth.de
info@weingut-roth.de

Besuchszeiten
Mo.-Fr. 9-17 Uhr
Sa. 10-16 Uhr
RotHweinHotel

Inhaber
Nicole Roth
Betriebsleiter
Nicole Roth
Kellermeister
Gerhard Roth, Nicole Roth
Außenbetrieb
Florian Danzer, Gerhard Roth
Rebfläche
24 Hektar
Produktion
120.000 Flaschen

Gerhard Roth gehört zu den Pionieren biologischen Anbaus in Deutschland, bereits seit 1974 bewirtschaftet er seine Weinberge ökologisch. Die Weinberge liegen vor allem in Wiesenbronn in den Lagen Wachhügel und Geißberg. Seit dem Jahrgang 2008 gibt es eine neue Lage in Wiesenbronn, Heller Berg; die gut 2 Hektar große Lage ist komplett im Besitz von Gerhard Roth. Inzwischen ist man auch im Rödelseer Küchenmeister vertreten. 2007 wurde eine neue Vinothek gebaut, 2009 ein benachbartes Grundstück erworben und zum „Rothweinhotel" mit 23 Doppelzimmern umgebaut, das Gerhard Roths älteste Tochter Kerstin Büttner leitet. Die jüngere Tochter Nicole hat nach Winzerausbildung und Geisenheim-Studium einige Jahre im Marketing und Exportmanagement von Weinhandelshäusern und Sektherstellern gearbeitet, sie unterstützte ihren Vater in den letzten Jahren im Betrieb, den sie inzwischen übernommen hat..

Kollektion

Der 36 Monate auf der Hefe ausgebaute Silvaner-Sekt ist klar, harmonisch, geradlinig – ein feiner Einstieg ins Sortiment. Die Ortsweine sind kraftvoll, geradlinig, der 2019er Super Riesling ist fein gereift und hat Grip. Die Erste Lage-Weine vom Küchenmeister besitzen gute Fülle und Kraft. An der Spitze der Weißweine stehen die beiden 2019er Heller Berg-Weine: Der Silvaner zeigt feine Reife, dezent rauchige Noten, ist kompakt, besitzt Struktur und Frische, der Riesling zeigt rauchig-würzige Noten, ist frisch und zupackend, hat viel Grip. Ganz stark sind auch wieder die Rotweine. Der Wachhügel-Pinot Noir zeigt rauchig-würzige Noten, besitzt Kraft und Struktur, die Cuvée G ist enorm füllig und kraftvoll, der Spätburgunder Heller Berg punktet mit reifer Frucht und viel Konzentration, der Blaufränkisch Heller Berg besitzt klare Frucht, gute Struktur und Substanz. Gute Vorstellung!

Weinbewertung

88	2018 Silvaner Sekt brut nature I 13%/16,-€
84	2021 Silvaner trocken Wiesenbronn I 12,5%/9,-€
83	2021 Blauer Silvaner trocken Wiesenbronn I 12,5%/9,50€
84	2021 Sauvignon Blanc trocken Wiesenbronn I 12,5%/11,50€
86	2019 Riesling trocken „Super" I 12,5%/10,50€
86	2020 Silvaner trocken Rödelseer Küchenmeister I 13%/12,50€
86	2021 Silvaner trocken Rödelseer Küchenmeister I 13,5%/13,-€
85	2021 Weißer Burgunder trocken Rödelseer Küchenmeister I 13,5%/13,-€
89	2019 Silvaner „G" trocken Wiesenbronner Heller Berg I 13,5%/17,-€
89	2019 Riesling „G" trocken Wiesenbronner Heller Berg I 13,5%/17,-€
86	2019 Pinot Noir trocken Wiesenbronner Wachhügel I 13%/15,50€
89	2019 Blaufränkisch „G" trocken Wiesenbronner Heller Berg I 13,5%/19,50€
88	2018 Spätburgunder „G" trocken Wiesenbronner Heller Berg I 13%/26,50€
89	2019 „G" Rotweincuvée trocken I 13,5%/22,-€

R

★★

Andreas Roth

Kontakt
Auf der Lährwiese 8
54538 Kinheim-Kindel
Tel. 06532-953761
Fax: 06532-954493
www.andreas-roth.wine
info@andreas-roth.wine

Besuchszeiten
nach Vereinbarung

Inhaber
Andreas Roth
Rebfläche
5,2 Hektar
Produktion
40.000 Flaschen

Andreas Roth bewirtschaftet mit seinem Weingut etwas mehr als 5 Hektar in den Lagen Rosenberg, Hubertuslay und Römerhang (alle drei Kinheim) und Treppchen (Erden). Wie bei so vielen Weingütern an der Mosel ist der Rebbau hier tief in der Familie verwurzelt. Andreas Roths Vater gab die Landwirtschaft auf und konzentrierte sich auf Weinbau, der Gästebetrieb wurde aufgebaut. Andreas Roth schließlich verbrachte seine Lehrzeit als Weinküfer nirgendwo anders als bei Selbach-Oster, blieb dem Weingut auch danach treu, addierte noch eine Ausbildung zum Winzer und den Meisterbrief. Im Jahr 2006 übernahm er schließlich auch das elterliche Weingut, das er zusammen mit seiner Familie führt. Außer Riesling werden noch Müller-Thurgau, Spätburgunder, Dornfelder und Kerner vinifiziert. Andreas Roth ist bestrebt, die Unterschiede der Lagen, beginnend bei den wurzelechten Rieslingreben im Erdener Treppchen, endend bei den Basisweinen aus der eher flachen Lage Kinheimer Römerhang, herauszuarbeiten.

Kollektion

Ein Sekt mit saftigem Grundeindruck und einem Hauch von Süße zeigt bereits den typischen Stil des Hauses. Eine feine Frucht zeigt der Rivaner. Der trockene Kabinettriesling ist verschlossen in der Nase, im Mund straff und fest mit prägnanter Säure; etwas mehr Spiel und Substanz weist die Spätlese aus dem Treppchen auf. Sehr offen wirkt die feinherbe Spätlese namens Fuchs, die Noten von Steinobst zeigt, im Mund allerdings eher schlank ausfällt. Deutlich zu jung ist die süße Spätlese aus dem Rosenberg mit recht viel Restzucker und gleichzeitig knackiger Säure. Typisch fürs Weingut ist die Auslese, die in der Nase Noten von Aprikosen zeigt, offen ist, auch eine Spur Zitrus erkennen lässt. Der Eiswein ist offen, saftig, vielversprechend. Reife Beerenfrucht zeigt der Rotwein, am Gaumen ist er allerdings eher kühl und straff, nicht allzu lang oder komplex, gut zum Essen passend.

Weinbewertung

84 2020 Riesling Sekt trocken I 12%/9,90€
81 2021 Riesling trocken (1l) I 12%/5,90€
83 2021 Rivaner trocken I 11,5%/6,50€
84 2021 Riesling Kabinett trocken Kinheimer Rosenberg I 11%/7,30€
85 2021 Riesling Spätlese trocken Erdener Treppchen I 11,5%/9,-€
84 2021 Riesling Kabinett „feinherb" Kinheimer Rosenberg I 11%/7,30€
81 2021 Riesling „feinherb" (1l) I 11%/5,90€
85 2021 Riesling Spätlese „feinherb" „Fuchs" Kinheimer Hubertuslay I 11%/12,-€
82 2021 Riesling Hochgewächs (1l) I 8%/5,90€
85 2021 Riesling Spätlese Kinheimer Rosenberg I 7,5%/9,20€
88 2021 Riesling Eiswein Kinheimer Römerhang I 6,5%/35,-€/0,375l
84 2018 Spätburgunder trocken I 15,5%/14,50€

R

Rothe

Kontakt
Heerweg 6
97334 Nordheim
Tel. 09381-8479530
Fax: 09381-8479532
www.wein-rothe.de
info@wein-rothe.de

Besuchszeiten
Weinverkauf
Mo.-Sa. 9-18 Uhr
So. 9-12 Uhr
Weingarten/Bistro (April-Okt.)
Mo.-Do. 12-20 Uhr
Gästehaus der Tochter Maria
Hör im Ort

Inhaber
Christine & Manfred Rothe
Betriebsleiter
Manfred Rothe
Kellermeister
Manfred Rothe
Rebfläche
12 Hektar
Produktion
70.000-80.000 Flaschen

Die Weinberge von Manfred Rothe liegen vor allem in der Mainschleife bei Nordheim (Vögelein) und Sommerach (Katzenkopf), auch im Astheimer Karthäuser. Bis 2002 hat er sie im Nebenerwerb bewirtschaftet, seither ist er vollberuflich Winzer. Die Weinberge werden biologisch bewirtschaftet (Bioland), inzwischen werden biodynamische Grundsätze umgesetzt. Seit dem Kauf eines Weingutes in Nordheim hat Manfred Rothe deutlich mehr Platz und Möglichkeiten zum Ausbau seiner Weine. Die Besonderheiten im Programm sind der erstmals 2011 erzeugte maischevergorene Indigenius-Silvaner und die Kvevri-Weine aus georgischen Amphoren, die es seit 2013 gibt. In den letzten Jahren wurden die Weine als Landweine angeboten, aber mit dem neuen Weinbezeichnungsrecht sollen die Grande-Weine zukünftig Lagennamen tragen.

Kollektion

Eine sehr eigenständige, ja eigenwillige Kollektion präsentiert Manfred Rothe auch in diesem Jahr, angefangen beim knackigen, zupackenden Muscaris-Sekt. Die Maischegärer sind sehr eigen, der Blauer Silvaner ist duftig, besitzt gute Struktur und Grip, der Indigenius ist noch duftiger und intensiver, im Mund ganz Struktur. Der Blanc de Noirs, ein Spätburgunder, ist lebhaft und zupackend, der Weißburgunder besitzt klare Frucht, viel Frische und Biss, unser Favorit in der Gutswein-Linie ist der Zweigelt, der intensive Frucht im Bouquet zeigt, Kirschen, frisch und fruchtbetont im Mund ist, gute Struktur und Grip besitzt. Spannend sind die drei Grande-Weine. Die Scheurebe ist frisch und fruchtbetont im Bouquet, lebhaft im Mund, besitzt reintönige Frucht und Grip. Der Müller-Thurgau ist würzig und eindringlich im Bouquet, wunderschön klar, kraftvoll und zupackend im Mund. Unser Favorit aber ist der Grande-Silvaner aus dem Jahrgang 2020, der wunderschön fruchtbetont im Bouquet ist, herrlich eindringlich und offen, Fülle und Kraft besitzt, viel reife Frucht und Substanz.

Weinbewertung

85 Muscaris Sekt brut nature | 13%/16,-€
85 2021 „Blanc de Noirs" trocken | 12%/10,-€
84 2021 Helios & Muscaris trocken „Zukunftswein" | 12%/9,50€
85 2021 Weißer Burgunder trocken | 12,5%/9,50€
84 2021 Grauer Burgunder trocken | 12,5%/9,50€
88 2021 Müller-Thurgau trocken „Grande" | 12%/12,-€
90 2020 Silvaner trocken „Grande" | 12,5%/15,-€ ☺
86 2021 Scheurebe trocken „Grande" | 12%/12,-€
87 2021 Blauer Silvaner trocken „maischevergoren" | 12,5%/18,-€
87 2021 Silvaner trocken „Indigenius" | 12%/25,-€
82 2019 Schwarzriesling trocken | 13%/12,-€
86 2020 Blauer Zweigelt trocken | 12,5%/11,-€

★★

Rothweiler

Kontakt
GuterWein Rothweiler
Berliner Ring 184
64625 Bensheim-Auerbach
Tel. 06251-76569
Fax: 06251-788385
www.hanno-rothweiler.de
mail@hanno-rothweiler.de

Besuchszeiten
Mo.-Fr. 17-19 Uhr, Sa. 10-13 Uhr und nach Vereinbarung (Tel. 0171-6825773)

Inhaber/Betriebsleiter
Hanno Rothweiler

Rebfläche
4 Hektar
(+ 2,5 ha Traubenzukauf)

Produktion
50.000 Flaschen

R

Hanno Rothweiler, der nicht aus einer Winzerfamilie stammt, hat schon während seiner Ausbildung 1983 seine ersten eigenen Weine gemacht. Seine Weinberge liegen in den Lagen Zwingenberger Steingeröll, Alsbacher Schöntal, Auerbacher Fürstenlager und Höllberg, sowie in den Heppenheimer Lagen Steinkopf und Eckweg und im Bensheimer Wolfsmagen. Wichtigste Rebsorte ist Riesling, der 30 Prozent der Rebfläche einnimmt. Es folgen Grauburgunder, Weißburgunder, Müller-Thurgau, St. Laurent, Gelber Muskateller, Syrah und Cabernet Sauvignon. Dazu gibt es Sorten wie Ehrenfelser, Traminer, Dakapo, Roter Riesling oder Primitivo, zuletzt hat er Cabernet Blanc und Weißburgunder anstelle von Riesling gepflanzt. Die Rotweine werden mit den Rappen maischevergoren und dann gut ein Jahr im Barrique ausgebaut. Die Weine werden zu 90 Prozent trocken ausgebaut. Neben Weinen führt Hanno Rothweiler auch Obstbrände und Liköre im Programm.

Kollektion

Ein sehr eigenständiger, nicht dosierter Sekt eröffnet den Reigen: Die ungewöhnliche Cuvée aus Lemberger und Merlot zeigt rote Früchte im Bouquet, ist frisch, klar und zupackend im Mund, recht aggressiv. Der würzige, geradlinige Literriesling ist wie immer eine sichere Bank. Auch sonst überzeugen die Weißweine, sind sehr gleichmäßig: Der Muskateller besitzt viel Frucht und Frische, gute Struktur und Grip, der Cabernet Blanc zeigt etwas florale Noten im Bouquet, besitzt Frische und Grip, der zwölf Monate im Barrique ausgebaute 2019er Pinot Blanc zeigt eigenwillig rauchige Noten im Bouquet, besitzt viel Fülle und süße Frucht im Mund sowie ausgeprägte Vanillenoten. Spannend und sehr eigenständig sind die 2020er Rotweine, vom etwas speck- und vanilleduftigen Pinot Noir und dem tanninbetonten Syrah bis hin zum Cabernet Sauvignon, der intensive Frucht, Kraft, gute Struktur und jugendliche Tannine besitzt.

Weinbewertung

85 2020 Lemberger/Merlot Sekt zero dosage | 12,5%/17,20€
82 2021 Riesling (1l) | 12%/7,80€
83 2021 Riesling (Der Federleichte) Auerbacher Fürstenlager | 10%/9,30€
81 2021 Roter Riesling & Weißer Riesling „Gewinngemeinschaft“ | 12%/9,30€
84 2021 Gelber Muskateller Auerbacher Fürstenlager | 12%/9,70€
84 2021 Cabernet Blanc Auerbacher Fürstenlager | 12%/9,30€
84 2019 Pinot Blanc Heppenheimer Steinkopf | 13%/18,10€
83 2021 Cabernet Sauvignon Weißherbst Auerbacher Fürstenlager | 12%/9,80€
83 2021 Blauer Portugieser Rosé | 11,5%/9,80€
87 2020 Cabernet Sauvignon Auerbacher Fürstenlager | 13%/12,70€
85 2020 Pinot Noir Heppenheimer Eckweg | 13%/13,20€
84 2020 Syrah Auerbacher Fürstenlager | 13%/13,20€

★★

Ruppert-Deginther

Kontakt
Kämmerergasse 8
67596 Dittelsheim-Hessloch
Tel. 06244-292
Fax: 06244-57134
www.ruppert-deginther.de
kontakt@ruppert-deginther.de

Besuchszeiten
nach Vereinbarung

Inhaber
Justus Ruppert
Kellermeister
Milena Ruppert
Rebfläche
26 Hektar
Produktion
150.000 Flaschen

Seit sechs Generationen betreibt die Familie Weinbau in Hessloch. Heute wird der Betrieb von Karl-Joachim Ruppert und Ehefrau Gabi geführt. Karl-Joachim Ruppert hatte den landwirtschaftlichen Gemischtbetrieb auf Weinbau umgestellt, die Rebfläche vergrößert und die Vermarktung ausgebaut. Sohn Justus ist nach Geisenheim-Studium und Praktika bei Klaus Peter Keller und Knipser in den Betrieb eingestiegen, den er inzwischen übernommen hat und zusammen mit Ehefrau Milena führt. Zuletzt wurde die Traubenannahme komplett geändert, so dass keine Pumpen mehr verwendet werden müssen; neue Edelstahltanks in Größen von 240 bis 2.100 Liter wurden angeschafft. Die Weinberge liegen in den Hesslocher Lagen Liebfrauenberg und Mondschein, im Bechtheimer Hasensprung und in der Westhofener Aulerde. Der Riesling „Calx" (zuvor: „Weißer Stein") stammt aus der ehemaligen Einzellage Lebkuchenberg, heute Teil der Lage Hesslocher Edle Weingärten. Rote Sorten wie Spätburgunder und Cabernet Sauvignon nehmen 30 Prozent der Rebfläche ein. Wichtigste weiße Sorten sind Riesling und Silvaner. Die roten Lagenweine werden zwei Jahre in deutschen oder französischen Barriques ausgebaut.

Kollektion

Der füllige, kraftvolle Riesling Calx aus dem Jahrgang 2020 führt wie im Vorjahr die Kollektion an. Dahinter folgen starke Rotweine. Der Cabernet Sauvignon ist immer eine sichere Bank, zeigt klare Frucht, etwas florale Noten, besitzt gute Struktur und Tannine. Den neuen Cabernet Franc sehen wir gleichauf, er zeigt rauchige Noten im Bouquet, reintönige Frucht, besitzt gute Struktur und Frische. Sehr gut ist auch der klare, frische Hesslocher Spätburgunder, die „SchwarzWild"-Cuvée besitzt gute Struktur, reife Frucht und Grip. Die 2021er Weißweine zeigen sehr gleichmäßiges Niveau, sind geradlinig und frisch, der 2020er Chardonnay besitzt viel Konzentration, Substanz, Kraft und Wärme. ▬

Weinbewertung

82 2021 Weißer Burgunder trocken | 13%/7,90€
83 2021 Sauvignon Blanc trocken | 13%/8,70€
83 2020 Auxerrois trocken Hesslocher Liebfrauenberg | 13,5%/17,90€
84 2021 Grauer Burgunder trocken Bechtheimer | 13,5%/9,30€
85 2020 Chardonnay trocken Bechtheimer Hasensprung | 14,5%/15,30€
87 2020 Riesling trocken „Calx" | 12,5%/17,75€
83 2021 „Cuvée Blanc" Weißwein trocken | 13,5%/15,30€
85 2019 Spätburgunder trocken Hesslocher | 13,5%/12,50€
85 2018 „SchwarzWild" Rotwein-Cuvée trocken | 13,5%/15,30€
82 2019 „Wild" Rotwein-Cuvée trocken | 14%/17,90€
86 2019 Cabernet Franc trocken Bechtheimer Hasensprung | 13,5%/28,60€
86 2019 Cabernet Sauvignon trocken Hesslocher Liebfrauenberg | 13,5%/28,60€

★ ☆ (2½ Sterne)

Sack

Kontakt
Johann August Sack
Weingut im Taubertal
Bahnhofstraße 30
97922 Lauda-Königshofen
Tel. 09343-62210
Fax: 09343-622130
www.weingut-sack-lauda.de
info@sack-wein.de

Besuchszeiten
Mo.-Fr. 9:30-12:30 + 14-18 Uhr
Sa. 9:30-12:30 Uhr
kulinarische Weinprobe mit Gastwinzer am letzten Wochenende im Juni
Hofweinfest am ersten Wochenende im August

Inhaber/ Betriebsleiter
Karlheinz Sack
Kellermeister
Carsten Pochopien
Außenbetrieb
Johannes Sack
Rebfläche
8,6 Hektar
Produktion
80.000 Flaschen

Seit den zwanziger Jahren des 20. Jahrhunderts vermarktet die Familie Sack Weine, gehört damit zu den ersten Weingütern im Taubertal, die Weine in Flaschen abfüllten. Durch die Übernahme der Rebflächen des ehemaligen staatlichen Weinversuchsgutes Lauda, kurz Rebgut genannt, im Jahr 2010 vergrößerte sich die Rebfläche auf heute gut 8 Hektar. Karlheinz Sack führt den Betrieb, unterstützt von Sohn Johannes. Die Weinberge verteilen sich auf die Oberlaudaer Lagen Altenberg und Steinklinge, den Laudaer Altenberg, den Marbacher Frankenberg, den Königshofer Kirchberg sowie den Unterschüpfer Mühlberg. Durch die Übernahme des Rebgutes ist der Sortenspiegel recht umfangreich, Müller-Thurgau und Schwarzriesling sind die wichtigsten Rebsorten, gefolgt von Tauberschwarz, Bacchus, Weißburgunder, Chardonnay, Silvaner, Zweigelt, Spätburgunder, Riesling, Kerner, Acolon, Grauburgunder, Souvignier Gris, Regent, Dornfelder und Gewürztraminer.

Kollektion

Die neue Kollektion ist ein klarer Schritt voran, im weißen wie auch im roten Segment. Der Souvignier Gris ist würzig, klar, frisch und zupackend, der Chardonnay besitzt ebenfalls Frische und Grip, gute Struktur und klare Frucht. Unser Favorit im weißen Segment ist der im Barrique ausgebaute Weißburgunder aus dem Laudaer Altenberg, der gute Konzentration und rauchige Noten zeigt, Fülle, Kraft und Substanz besitzt, viel reife Frucht und gute Struktur. Auch die restsüßen Weißweine überzeugen, der Müller-Thurgau ist enorm süffig, der Riesling würzig, harmonisch, der Gewürztraminer aus dem Laudaer Altenberg zeigt reintönige Frucht, Rosen, ist füllig und harmonisch, besitzt viel reife Frucht und Substanz. Viel Frische, Würze und rote Früchte zeigt der Rosé im Bouquet, ist fruchtbetont und zupackend im Mund. Das rote Segment wird angeführt von zwei sehr unterschiedlichen Barriqueweinen. Während der Spätburgunder klar und zupackend ist, aber ganz dezente Bitternoten aufweist, ist der Zweigelt zupackend, strukturiert, hat enorm viel Biss – etwas Flaschenreife wird ihm gut tun.

Weinbewertung

84 2021 Souvignier Gris trocken Lauda | 12,5%/9,40€
84 2020 Chardonnay trocken Lauda | 12,5%/8,80€
87 2020 Weißer Burgunder trocken Barrique Lauda Altenberg | 13%/15,80€
82 2021 Müller Thurgau Lauda | 11%/8,80€
83 2021 Riesling Lauda | 10,5%/8,80€
84 2021 Gewürztraminer Lauda Altenberg | 10,5%/11,80€
84 2021 „Ein Sack für Jeden Tag" Rosé trocken | 12%/7,80€
83 2019 Zweigelt trocken Oberlauda | 12,5%/9,80€
85 2020 Zweigelt trocken Barrique Königshofen Kirchberg | 13%/16,80€
85 2018 Spätburgunder trocken Barrique Unterschüpf Mühlberg | 13%/14,80€

★★★

Prinz Salm

Seit über 800 Jahren und aktuell in der 32. Generation betreibt die Familie Weinbau an der Nahe. Michael Prinz zu Salm-Salm, der 17 Jahre Vorsitzender des VDP war, begann 1988 mit der Umstellung auf ökologischen Weinbau, das Weingut ist seit 1995 zertifizierter Naturland-Betrieb. 2013 wurde das vorher separat geführte Weingut Rheingraf in Bingen mit dem Stammbetrieb an der Nahe zusammengeführt und Felix Prinz zu Salm-Salm übernahm 2014 die alleinige Regie. Die Weinberge liegen in Wallhausen im Johannisberg und im Felseneck, in Roxheim (Berg), Sommerloch (Steinrossel) und Dalberg (Ritterhölle), sowie in Bingen (Scharlachberg, Kirchberg). Riesling dominiert im Anbau, nimmt drei Viertel der Rebfläche ein, neben Weiß-, Grau- und Spätburgunder gibt es noch etwas Scheurebe und Merlot.

Kontakt
Schlossstraße 3
55595 Wallhausen
Tel. 06706-944411
Fax: 06706-944434
www.salm-salm.de
info@prinzsalm.de

Besuchszeiten
Mo.-Fr. 9-17 Uhr
Sa. 12-16 Uhr

Inhaber
Felix Prinz zu Salm-Salm

Rebfläche
18 Hektar

Produktion
100.000 Flaschen

Kollektion

Aus der umfangreichen Kollektion ragen die Lagenrieslinge heraus. Sehr überzeugend ist aber auch der Binger Riesling, der mineralisches Spiel mit saftiger Würze verbindet. Der kräftige 2019er Riesling aus der Ritterhölle ist noch sehr kompakt, darf gerne noch etwas reifen. Bei den Großen Gewächsen geben wir den frischen und präzisen 2020ern den Vorzug. Der Riesling aus dem Kirchberg ist kompakt und würzig, in seiner griffigen, intensiven Art steckt Potenzial. Der Wein aus dem Johannisberg ist deutlich saftiger und agiler, auch feiner, besitzt transparente Frische und Länge. Würze und Frische verbindet der feingliedrige Felseneck-Riesling, dessen reifer Schmelz von feinen Zitrusnoten durchzogen ist. Der kraftvolle Scharlachberg-Riesling mit seiner kompakten Struktur birgt viel Spannkraft, reife Zitrusfrüchte im Mix mit frischen Kräutern schaffen Finesse – ein mineralisch unterfütterter Riesling, dessen reduktive Art etwas Zeit erfordert.

Weinbewertung

84 2021 Riesling trocken | 11,5%/12,-€
85 2021 Weißburgunder trocken | 12,5%/12,-€
86 2021 Riesling trocken „Rotschiefer" | 12,5%/16,-€
87 2021 Riesling trocken Bingen | 12,5%/19,-€
88 2019 Riesling trocken Sommerlocher Steinrossel | 12,5%/23,-€
88 2020 Riesling trocken Sommerlocher Steinrossel | 12,5%/23,-€
88+ 2019 Riesling trocken Dalberger Ritterhölle | 12,5%/25,-€
89 2019 Riesling „GG" Felseneck | 12%/45,-€
89 2020 Riesling „GG" Felseneck | 12,5%/45,-€
90 2020 Riesling „GG" Johannisberg | 12,5%/k.A.
91 2020 Riesling „GG" Kirchberg | 12,5%/35,-€
90 2019 Riesling „GG" Scharlachberg | 13%/60,-€
91 2020 Riesling „GG" Scharlachberg | 12,5%/60,-€
85 2021 Riesling „Two Princes" | 10,5%/12,-€
86 2019 Spätburgunder Bingen | 13,5%/25,-€

★★★★★ Salwey

Kontakt
Hauptstraße 2
79235 Oberrotweil
Tel. 07662-384
Fax: 07662-6340
www.salwey.de
weingut@salwey.de

Besuchszeiten
Mo.-Fr. 14-18 Uhr
(Jan./Feb. bis 17 Uhr)
Sa. 11-17 Uhr
(Jan./Feb, geschlossen)

Inhaber
Konrad Salwey
Betriebsleiter
Konrad Salwey
Kellermeister
Konrad Salwey,
Moritz Görg
Außenbetrieb
Marcus Schür
Rebfläche
23 Hektar
Produktion
150.000 Flaschen

Seit 2002 bereits war Konrad Salwey für An- und Ausbau der Weine im Weingut verantwortlich, das er seit dem Tod seines Vaters Wolf-Dietrich Salwey führt. Das Gros seiner Weinberge liegt in Oberrotweil am Kaiserstuhl, in den Lagen Käsleberg (Lössboden), Henkenberg und Eichberg (beide vulkanischen Ursprungs mit Asche und tuffhaltigem Gestein), sowie der kleinen Lage Kirchberg mit steinigen, felsigen Böden, die dem Weingut zu etwa 80 Prozent gehört. Im Oberrotweiler Kirchberg wurden 2009 die Weinberge wieder überwiegend in ihren Zustand vor der Terrassierung zurückversetzt, mit Hangneigungen bis zu 45 Prozent. Den Rinzberghof und die Weinberge im Glottertal, einem Schwarzwaldtal, an dessen Südwesthängen auf Gneisverwitterungsböden in der Lage Eichberg vor allem Spätburgunder angebaut wird, hat Konrad Salweys Schwester Franziska übernommen. Spätburgunder und Grauburgunder sind mit Abstand die wichtigsten Rebsorten im Betrieb, hinzu kommt noch Weißburgunder, Konrad Salwey möchte sich nach und nach ganz auf diese drei Burgundersorten sowie den neu ins Programm genommenen Chardonnay konzentrieren. Anfang 2021 wurde die Bio-Zertifizierung begonnen. Das Sortiment ist zweistufig gegliedert in RS-Weine und Große Gewächse. RS steht für Reserve Salwey: Weiß- und Grauburgunder werden zu 80 Prozent im großen Holzfass, zu 20 Prozent im Barrique ausgebaut, der RS-Spätburgunder in zu jeweils einem Drittel neuen, zweit- und drittbelegten Barriques. An der Spitze stehen die Großen Gewächse aus den drei großen Oberrotweiler Lagen Eichberg, Henkenberg (mit der Gewanne Steinggrubenberg) und Kirchberg. Die Jahrgänge 2012, 2013 und 2014 (in diesem Jahrgang wiesen die weißen Großen Gewächse alle nur 12 Prozent Alkohol auf dem Etikett aus) setzten konsequent den Weg fort, den Konrad Salwey mit dem Jahrgang 2011 begonnen hat. Er hat auch beschlossen seine weißen Großen Gewächse erst im dritten Jahr nach der Ernte in den Verkauf zu bringen, dies erstmals mit dem Jahrgang 2015 umgesetzt. Die weißen Großen Gewächse werden mit den natürlichen Hefen vergoren und zwei Jahre auf der Vollhefe in Fässern aus Kaiserstühler Eiche ausgebaut, in denen sie auch den biologischen Säureabbau durchlaufen; die Abfüllung erfolgt ohne Filtration. Bei den Spätburgundern werden zum Teil die Rappen mitvergoren, sie werden zwölf Monate in neuen Barriques ausgebaut, das Holz für diese Fässer kommt vom Kaiserstuhl, gefertigt werden sie in Burgund. Die weißen RS-Weine werden überwiegend im großen Holzfass, zum kleinen Teil im Barrique ausgebaut, der RS-Spätburgunder wird in zu etwa einem Drittel neuen Barriques ausgebaut. Die Weine sind sämtlich durchgegoren – leider nicht die Selbstverständlichkeit, wie man sie bei Burgundern erwarten sollte – und trotzdem sehr niedrig im Alkohol, puristisch, klar und präzise bei betonter Säure was sehr an Burgund denken lässt.

Kollektion

Konrad Salwey

Fünf Weißweine des Jahrgangs 2019 und vier Spätburgunder aus 2020 präsentiert Konrad Salwey in diesem Jahr, und das Niveau ist durchgängig sehr hoch. Der Weißburgunder RS zeigt gute Konzentration, weiße Früchte, ist herrlich eindringlich und reintönig, besitzt Fülle und Kraft, viel reife Frucht und gute Substanz. Großartig sind Großen Gewächse, angefangen bei den Weißburgundern. Der Wein aus dem Steingrubenberg zeigt herrlich viel Frucht und Frische im Bouquet, feine Würze, ist kraftvoll und klar im Mund, reintönig und zupackend, besitzt gute Struktur, Grip und eine minimale Bitternote im Abgang. Noch eine Spur spannender ist der Weißburgunder aus dem Kirchberg, zeigt gute Konzentration und herrlich viel Frucht, gelbe Früchte, ist wunderschön reintönig, füllig und saftig, besitzt reife Frucht, gute Struktur und viel Frische – Jahrgang 2019! Der Grauburgunder aus dem Henkenberg ist enorm würzig, frisch und eindringlich im Bouquet, zeigt ganz dezenten Toast im Hintergrund, besitzt viel Frische im Mund, gute Komplexität, feine Säure und Grip. Der Grauburgunder vom Eichberg ist herrlich eindringlich und reintönig im Bouquet, zeigt etwas rauchige Noten, ist lebhaft im Mund, kompakt, zupackend, besitzt ein wenig Tannine im Abgang, ist noch jugendlich. Der Spätburgunder RS zeigt feine Frucht im herrlich reintönigen Bouquet, ist fruchtbetont auch im Mund, klar und zupackend, besitzt gute Struktur, Frucht und Grip. Das Große Gewächs aus dem Henkenberg ist frisch und fruchtbetont, zeigt etwas florale Noten, rote Früchte, ist herrlich frisch und präzise im Mund, besitzt reintönige Frucht, Struktur und Grip. Der Wein aus dem Eichberg ist sowohl im Bouquet als auch im Mund geprägt von viel reifer süßer Frucht und Frische. Unser Favorit ist der großartige Kirchberg-Spätburgunder, der sich fest in der deutschen Spitzenklasse etabliert hat, konzentriert ist, eine eigenwillig rauchige Note und etwas Herzkirschen zeigt, füllig und komplex ist, viel reife Frucht besitzt, viel Struktur, feine Säure und Grip, Tolle Kollektion!

Weinbewertung

89 2019 Weißburgunder trocken „RS“ Oberrotweil | 13,5%/18,-€
92 2019 Weißburgunder trocken „GG“ Steingrubenberg Oberrotweil | 13%/35,-€
93 2019 Weißburgunder trocken „GG“ Kirchberg Oberrotweil | 13%/50,-€
92 2019 Grauburgunder trocken „GG“ Henkenberg Oberrotweil | 13,5%/35,-€
92 2019 Grauburgunder trocken „GG“ Eichberg Oberrotweil | 13,5%/45,-€
90 2020 Spätburgunder trocken „RS“ Oberrotweil | 14%/20,-€
92 2020 Spätburgunder trocken „GG“ Henkenberg Oberrotweil | 14%/37,50€
92 2020 Spätburgunder trocken „GG“ Eichberg Oberrotweil | 13,5%/50,-€
94 2020 Spätburgunder trocken „GG“ Kirchberg Oberrotweil | 13,5%/60,-€

Lagen
Kirchberg (Oberrotweil)
Eichberg (Oberrotweil)
Henkenberg (Oberrotweil)
Steingrubenberg (Oberrotweil)

Rebsorten
Grauburgunder (40%)
Spätburgunder (40%)
Weißburgunder (18%)

Sander

Kontakt
In den Weingärten 11
67582 Mettenheim
Tel. 06242-1583
Fax: 06242-6589
www.sanderweine.de
info@sanderweine.de

Besuchszeiten
Mo.-Fr. 9-16 Uhr
und nach Vereinbarung
Online-Shop
shop.sanderweine.de

Inhaber
Familie Sander
Betriebsleiter
Stefan Sander
Rebfläche
31 Hektar
Produktion
200.000 Flaschen

Bereits in den fünfziger Jahren hatte Otto Heinrich Sander konsequent auf chemische Mittel verzichtet und sich dem ökologischen Weinbau verschrieben, das Weingut gilt allgemein als ältestes Bio-Weingut in Deutschland. Sohn Gerhard, der den Betrieb 1979 übernahm, und Enkel Stefan führen heute diese Arbeit fort, das Weingut wird biodynamisch bewirtschaftet, ist Mitglied bei Naturland. Die Weinberge liegen vor allem in den Mettenheimer Lagen Schlossberg und Michelsberg, aber auch im Bechtheimer Geyersberg. Riesling ist die wichtigste Rebsorte, gefolgt von Weißburgunder, Spätburgunder und Sauvignon Blanc. Dazu gibt es Chardonnay, Silvaner und Müller-Thurgau, aber auch Dornfelder, Cabernet Sauvignon und Merlot, sowie historische Rebsorten wie Grünfränkisch (erste Ernte 2018, Amphorenausbau) und Fränkischer Burgunder (erste Ernte 2019, Barriqueausbau). Die Weine werden zu über 90 Prozent trocken ausgebaut. Die Reserveweine werden lange auf der Hefe ausgebaut.

Kollektion

Sehr geschlossen präsentiert sich die neue Kollektion von Stefan Sander. Unser Favorit ist der Pinot Noir Reserve aus dem Jahrgang 2019, der Fülle und Kraft besitzt, viel reife Frucht und Substanz. Spannend ist auch der Fränkischer Burgunder aus der Zeitensprung-Linie mit historischen Rebsorten, ist sehr offen im Bouquet, besitzt Frische, Saft und klare Frucht. Auch der Weißwein aus dieser Linie überzeugt: Der Grünfränkisch zeigt etwas gelbe Früchte, Quitten und Mirabellen, ist füllig und saftig im Mund, besitzt viel reife Frucht, gute Struktur und Grip. Der Michelsberg-Weißburgunder ist füllig und kraftvoll, sehr vom Holzausbau geprägt, der Schlossberg-Riesling zeigt Zitrusnoten und hat viel Biss, er muss sich noch harmonisieren. Der Reserve-Riesling besitzt Fülle und Substanz, während der Reserve-Chardonnay sehr vom Holz geprägt ist; dafür gefällt uns der Chardonnay bei den 2021er Guts- und Ortsweinen besonders gut.

Weinbewertung

83	2021 Weißburgunder trocken | 13%/8,40€
84	2021 Riesling trocken „vom Löss" Mettenheimer | 13%/12,-€
85	2021 Sauvignon Blanc trocken | 12,5%/9,90€
86	2021 Chardonnay trocken | 13,5%/9,90€
88	2021 Weißburgunder trocken Mettenheimer Michelsberg | 13,5%/14,50€
89	2021 Grünfränkisch „Zeiten-Sprung" | 13,5%/15,-€
88	2021 Riesling trocken Mettenheimer Schlossberg | 13%/21,50€
88	2020 Riesling „Reserve" | 13,5%/32,-€
87	2020 Chardonnay „Reserve" | 13,5%/34,-€
85	2019 Spätburgunder trocken „vom Löss" Mettenheimer | 13,5%/14,90€
88	2021 Fränkischer Burgunder „Zeiten-Sprung" | 14%/18,-€
90	2019 Pinot Noir „Reserve" | 13,5%/34,-€

★★★

St. Anbaberg

Kontakt
St. Anna-Straße 203
76835 Burrweiler
Tel. 06323-949260
Fax: 06323-9492620
www.sankt-annaberg.com
v.lergenmueller@
lergenmueller.de

Besuchszeiten
Di.-Sa. ab 15 Uhr, So./Mo. Ruhetag; Gutsschänke St. Annaberg mit Boutique-Hotel

Inhaber
Anna M. Lergenmüller
Betriebsleiter/Kellermeister/ Außenbetrieb
Victoria Lergenmüller
Rebfläche
7 Hektar
Produktion
30.000 Flaschen

Die Familie Lergenmüller hat das Weingut 1998 übernommen und seitdem als eigenständigen Betrieb weitergeführt. Seit dem Jahrgang 2012 ist Victoria Lergenmüller für die Weine des Guts verantwortlich und hat den Anbau mittlerweile komplett auf Riesling umgestellt. Sie hat in Geisenheim Weinwirtschaft studiert, Praktika in Frankreich und Südafrika absolviert und in Bordeaux ihren Master in Weinmarketing und -Management abgeschlossen. Die Weinberge liegen in der teilweise terrassierten Monopollage Burrweiler St. Annaberg (sandiges Verwitterungsgestein), in der Gleisweiler Hölle (Buntsandstein, bis zu 65 Jahre alte Reben), im Ilbesheimer Kalmit (Landschneckenkalk) und im Burrweiler Schäwer (Schiefer). Nach der Umstellungsphase ist 2021 der erste bio-zertifizierte Jahrgang.

Kollektion

Aus dem jüngsten Jahrgang 2021 konnten wir nur zwei Weine von Victoria Lergenmüller verkosten, aber diese beiden machen uns schon neugierig auf die weiteren 2021er: Der Riesling aus der Gleisweiler Hölle zeigt im Bouquet leicht steinig-rauchig unterlegte gelbe Frucht und Zitrusnoten, vor allem Orangenschale, am Gaumen ist er schlank, präzise, animierend und nachhaltig, der zweite 2021er, der Riesling „Terrassenlage", ist ebenfalls schlank, besitzt Grip, eine frische Säure und zeigt ein sehr expressives, fruchtbetontes Bouquet mit Aromen von Aprikose, Pfirsich und Zitrusfrüchten. Die restlichen Rieslinge stammen alle noch aus 2020, der Schäwer ist kraftvoll, besitzt viel gelbe Frucht, Aprikose, Mango, Grip und eine animierende Säure, der Kalmit zeigt dezente Reifenoten von Gebäck und Quitte, ist im Mund dann aber frisch, füllig, animierend und nachhaltig, der feinherbe Promptus zeigt zunächst dezente rauchige und etwas florale Noten, besitzt dann am Gaumen viel Frucht und eine feine Süße, ist sehr nachhaltig, der „Johanniskreuz" besitzt animierende Zitrusnoten und gut eingebundenes Holz, der 355NN ist fruchtbetont und frisch. Der Spätburgunder besitzt Kraft, Konzentration und klare Aromen von Süßkirsche und Hagebutte.

Weinbewertung

86 2021 Riesling trocken „Terrassenlage" Burrweiler St. Annaberg | 11,5%/12,-€
88 2021 Riesling trocken „Alte Reben" Gleisweiler Hölle | 12%/15,-€
87 2020 Riesling trocken „Edition Johanniskreuz" Burrweiler St. Annaberg | 12,5%/20,-€
88 2020 Riesling trocken Ilbesheimer Kalmit | 12,5%/24,-€
88 2020 Riesling trocken Burrweiler Schäwer | 13%/25,50€
85 2020 Riesling „feinherb" „355 NN" Burrweiler St. Annaberg | 12%/12,-€
88 2020 Riesling „feinherb" „Promptus" Burrweiler St. Annaberg | 12%/20,50€
88 2018 Spätburgunder trocken Burrweiler St. Annaberg | 14,5%/34,50€

★★★★

St. Antony

Kontakt
Wilhelmstraße 4
55283 Nierstein
Tel. 06133-509110
Fax: 06133-50911299
www.st-antony.de
info@st-antony.de

Besuchszeiten
Mo.-Fr. 8-12 + 13-17 Uhr
Sa. 11-18 Uhr
So. & Feiertage 11-18 Uhr

Inhaber
Familie Meyer & Dirk Würtz
Betriebsleiter
Sebastian Strub
Kellermeister
Robert Borenstein
Außenbetrieb
Adrian Stanciu
Rebfläche
60 Hektar
Produktion
220.000 Flaschen

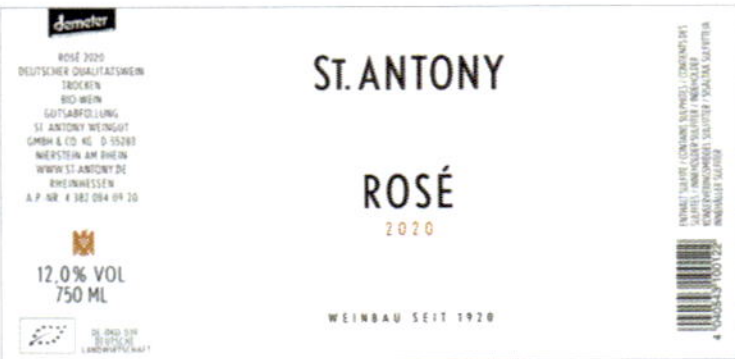

1912 kaufte die Gute-Hoffnungs-Hütte, die Vorgängerfirma der MAN AG, ein kalkhaltiges Gelände mit Weinbergen in Nierstein um dort Kalk für die Eisenproduktion abzubauen. 1920 wurden die ersten Weine erzeugt und abgefüllt. 2005 verkaufte die MAN AG St. Antony an Detlev Meyer. Das ehemalige Weingut Heyl zu Herrnsheim wurde ebenfalls von Detlef Meyer erworben und in das Weingut St. Antony integriert. Die Weine werden vom selben Team und im selben Keller (ein Neubau ist in Planung) ausgebaut, Heyl zu Herrnsheim bleibt aber als eigenständige Marke erhalten. Ein guter Teil der Rebfläche liegt im Roten Hang, ein Viertel der Fläche befindet sich in Steillagen. Dort besitzt das Weingut größere Anteile an den Lagen Orbel, Oelberg, Hipping und Pettenthal (dort ist man mit 10 Hektar größter Besitzer), die 2 Hektar große Lage Zehnmorgen besitzt man seit 2010 ganz, die 1,3 Hektar große Lage Brudersberg ist ebenfalls im Alleinbesitz des Weingutes, wurde aber lange Zeit ausschließlich für die Marke Heyl zu Herrnsheim genutzt. Wichtigste Rebsorte ist Riesling, der 60 Prozent der Fläche einnimmt. Dazu gib es vor allem Spätburgunder, Weißburgunder und Blaufränkisch, den es bereits seit 2008 im Roten Hang gibt. Seit 2007 werden alle Weinberge biologisch, seit 2011 biodynamisch bewirtschaftet, das Weingut ist seit 2018 Mitglied bei Demeter. Das Programm ist gegliedert in Gutsweine, Ortsweine und Lagenweine. Beim Riesling gibt es seit 2016 insgesamt sechs Große Gewächse: Zu den Weinen aus Orbel und Pettenthal gesellten sich mit dem Jahrgang 2014 die Großen Gewächse aus Zehnmorgen (der erstmals 2012 gesondert ausgebaut und erstmals 2014 als Großes Gewächs deklariert wurde, der Wein stammt von einer Parzelle mit 1955 gepflanzten Reben) und Hipping (der bis zum Verkauf des Weingutes schon einige Jahre lang als Großes Gewächs angeboten worden war), seit 2015 gibt es auch wieder ein Großes Gewächs aus dem Oelberg, diesen Wein gab es wie den Hipping im letzten Jahrzehnt schon als Großes Gewächs; 2016 kam schließlich das Große Gewächs aus dem Brudersberg hinzu, ein Wein, der lange unter dem Namen Heyl zu Herrnsheim vermarktet wurde. Die Weine werden allerdings nicht identisch ausgebaut: Oelberg und Hipping im Edelstahl, Zehnmorgen im gebrauchten Halbstückfass, Orbel teils im alten Doppelstückfass, teils im Edelstahl, Pettenthal im Barrique. Im roten Segment gab es eine Zeitlang zwei Spätburgunder Große Gewächse aus Kranzberg und Paterberg, heute wird nur noch das Große Gewächs aus dem Paterberg erzeugt. Einige Jahre wurden auch zwei Blaufränkisch Lagenweine mit den Namen Rothe Bach (eine Parzelle im Pettenthal, von einer 1978 gepflanzten Rieslingparzelle, die Reben wurden überpropft) und Lange Berg (aus der Lage Oberer Auflangen, seit 1971 Bestandteil des Oelberg) erzeugt; den Lange Berg scheint es nicht länger zu geben.

Kollektion

Der Rotschiefer genannte Gutsriesling ist im Jahrgang 2021 stark wie lange nicht, er ist würzig und eindringlich, wunderschön reintönig im Bouquet, ist frisch, klar und zupackend im Mund, besitzt gute Struktur und Grip. Eine klare Steigerung bringt der Niersteiner Ortsriesling, der besser denn je ist, gute Konzentration und reife Frucht im Bouquet zeigt, ein wenig gelbe Früchte, füllig und saftig im Mund ist, viel reife Frucht, gute Struktur, Substanz und Biss besitzt. Starke Basis! Sehr geschlossen präsentieren sich dann die Großen Gewächse, zeigen gleichmäßig hervorragendes Niveau. Nicht genug loben kann man den Wein aus dem Orbel, der Jahr für Jahr eine sichere Bank ist, in fünfstelliger Stückzahl erzeugt wird – und unter 20 Euro zu haben ist! Im Jahrgang 2021 ist er würzig, konzentriert und herrlich eindringlich im Bouquet, füllig und saftig im Mund, besitzt viel reife süße Frucht, gute Substanz und Länge. Der Zehnmorgen tendiert oft etwas ins Üppige, der Jahrgang 2021 tut ihm gut, er zeigt feine Würze und klare Frucht, besitzt Fülle und reife klare Frucht. Unsere Favoriten sind die Großen Gewächse aus Pettenthal und Hipping. Der Hipping ist enorm würzig im Bouquet, eindringlich und konzentriert, zeigt klare reife Frucht, ist kraftvoll im Mund, besitzt gute Fülle und viel reife Frucht, viel Saft und gute Struktur, aber auch Frische und Grip. Der Pettenthal ist im Bouquet recht ähnlich, ebenfalls sehr würzig und eindringlich, und ist auch im Mund ähnlich füllig und saftig, kraftvoll und klar, weist aber im Abgang dezent mineralische Noten auf. Nachdem man ein paar Jahre lang regelmäßig Blaufränkisch vorgestellt hatte, setzt die heutige Führung eher auf Pinot Noir. Das Große Gewächs aus dem Paterberg zeigt vielversprechende Ansätze, die Orientierung an Burgund ist offensichtlich. Er zeigt intensive Würze im sehr eindringlichen Bouquet, viel Frische und rauchige Noten, ist reintönig, frisch und zupackend im Mund, strukturiert, druckvoll und noch sehr jugendlich – spannend!

Weinbewertung

86 2021 Riesling trocken „Rotschiefer“ I 11,5%/9,80€
88 2021 Riesling trocken Nierstein I 13%/14,50€
90 2021 Riesling trocken „GG“ Nierstein Zehnmorgen I 12,5%/26,-€
90 2021 Riesling trocken „GG“ Nierstein Orbel I 12,5%/19,90€
91 2021 Riesling trocken „GG“ Nierstein Pettenthal I 13%/33,-€
91 2021 Riesling trocken „GG“ Nierstein Hipping I 12,5%/33,-€
89 2020 Pinot Noir trocken „GG“ Nierstein Paterberg I 13%/42,-€

Lagen

Pettenthal (Nierstein)
Rothe Bach (Nierstein)
Orbel (Nierstein)
Zehnmorgen (Nierstein)
Hipping (Nierstein)
Oelberg (Nierstein)
Kranzberg (Nierstein)
Paterberg (Nierstein)
Brudersberg (Nierstein)

Rebsorten

Riesling (55%)
Blaufränkisch (15%)
Weißburgunder (10%)
Spätburgunder (10%)
Chardonnay (5%)

St. Nikolaus-Hof

Kontakt
Mühlenstraße 44
54340 Leiwen
Tel. 06507-8107
Fax: 06507-802821
www.st-nikolaus-hof.de
klausschweicher@t-online.de

Besuchszeiten
nach Vereinbarung

Inhaber
Klaus & Annegret Schweicher
Kellermeister
Klaus Schweicher
Rebfläche
7,5 Hektar

Der Vater von Klaus Schweicher hatte diesen Leiwener Betrieb bis in die achtziger Jahre als reinen Fassweinbetrieb geführt und dann nach und nach begonnen, Weine auch über die Flasche zu verkaufen. Im Jahr 2000 übernahm Klaus Schweicher den Betrieb und setzte seither konsequent auf Ertragsbeschränkung und Qualität. Durch Zukauf hat er seine Fläche in der Leiwener Spitzenlage Laurentiuslay vergrößert, wo er Querterrassen anlegte und einen Hektar neu bepflanzte. Daneben besitzt Klaus Schweicher auch Weinberge in der Trittenheimer Apotheke sowie im Leiwener Klostergarten. Neben Riesling, der 95 Prozent seiner Weinberge einnimmt, baut Klaus Schweicher etwas Spät- und Weißburgunder an. Besonders stolz ist Klaus Schweicher auf die Lage „Vor dem Stortel", gut einen halben Hektar groß, die sich im Alleinbesitz des Gutes befindet.

Kollektion

Die Weine des Gutes sind in einer Blindverkostung oft gut erkennbar, nämlich eher schlank und fein als kraftvoll und dicht, manchmal wirken sie auch ein wenig verhalten. Was den Jahrgang 2021 betrifft, so ist zu konstatieren, dass er dem Stil Klaus Schweichers entgegenkommt. Zunächst allerdings ist der Sekt aus 2017 zu nennen: Er wirkt würzig und zugänglich, allerdings nicht puristisch trocken. Das Hochgewächs in trockener Version ist schlank, kühl, fest, nicht allzu komplex und lang, aber tadellos vinifiziert. Stoffig wirkt die trockene Spätlese aus der Lage Vor dem Stortel, die noch von Hefenoten geprägt ist, im Mund dann frisch wirkt und schlank, aber nicht anspruchslos. Ausgewogen präsentiert sich das halbtrockene Hochgewächs mit lediglich einem Hauch von Restzucker und viel Frische. Zu den besten Weinen der diesjährigen Kollektion gehört der feinherbe Kabinettriesling mit saftiger Art und dezenter Würze, auch hier wirkt die Süße nicht aufdringlich. Die Spätlese ist noch etwas von Schwefel geprägt, dahinter verbergen sich angenehm kühlfruchtige Noten, der Wein ist am Gaumen schlank und frisch. Schließlich der Eiswein aus dem Klostergarten, frisch und präzise, abgefüllt in die selten verwendete 0,25-Liter-Flasche.

Weinbewertung

85 2017 Riesling Sekt brut Leiwener Laurentiuslay | 12%/10,50€
82 2021 Riesling Hochgewächs trocken Leiwener Klostergarten | 11,5%/6,95€
85 2021 Riesling Spätlese trocken Vor dem Stortel Leiwener Laurentiuslay | 11%/8,95€
83 2021 Riesling Hochgewächs halbtrocken Leiwener Klostergarten | 10%/6,95€
85 2021 Riesling Kabinett „feinherb" Vor dem Stortel Leiwener Laurentiuslay | 9%/7,95€
82 2021 Riesling Hochgewächs Leiwener Klostergarten | 7,5%/6,95€
85 2021 Riesling Spätlese Vor dem Stortel Leiwener Laurentiuslay | 7%/8,95€
89 2021 Riesling Eiswein Leiwener Klostergarten | 6,5%/20,-€/0,25l
82 2021 Spätburgunder Rosé „feinherb" Leiwener Klostergarten | 11%/6,95€
83 2020 Spätburgunder trocken Leiwener Klostergarten | 13%/6,95€

★★★½

Heiner **Sauer**

Kontakt
Aublickstraße 1
76829 Landau-Nußdorf
Tel. 06341-61175
Fax: 06341-64380
www.weingut-sauer.com
info@weingut-sauer.com

Besuchszeiten
Verkostung & Verkauf:
Mo.-Fr. 9-18 Uhr
Sa. 10-17 Uhr
Weinproben & Events in der neuen Vinothek

Inhaber
Heiner Sauer, Moni Sauer, Valentin Sauer
Betriebsleiter
Heiner Sauer, Valentin Sauer
Kellermeister
Heiner Sauer, Felix Haertel
Außenbetrieb
Heiner Sauer, Valentin Sauer
Rebfläche
32 Hektar
Produktion
180.000 Flaschen

Das Weingut von Heiner Sauer existiert seit 1987, von Anfang an hat er nach biologischen Grundsätzen gearbeitet und sich dem Bioland-Verband angeschlossen. Seine Weinberge liegen im Böchinger Rosenkranz, in den Nußdorfer Lagen Herrenberg und Kaiserberg, im Godramsteiner Münzberg, im Frankweiler Biengarten, in der Gleisweiler Hölle und im Burrweiler Schäwer. Riesling, Grau- und Weißburgunder sind seine wichtigsten Weißweinsorten, bei den Rotweinen sind es Spätburgunder und St. Laurent. 1998 gründete Heiner Sauer als Geschäftsführer und Teilhaber das ebenfalls ökologisch bewirtschaftete Gut Bodegas Palmera in Utiel-Requeña. Im Sommer 2018 ist Sohn Valentin in den Betrieb eingestiegen, im Sommer 2021 wurde die neue Vinothek in Nußdorf eröffnet, der das Kelterhaus und der neue Holzfasskeller angegliedert sind.

Kollektion

Der Weißburgunder „Holz & Ton" an der Spitze der diesjährigen Auswahl wurde in Eichenfässern und georgischen Quevris ausgebaut, er zeigt deutliche kräutrige Noten, besitzt klare Frucht, Birne, Grapefruit, und feinen Tanningrip, ist animierend und sehr nachhaltig, ein sehr eigenständiger Wein. Auch der Grauburgunder „Farbton" lag in einer Amphore, er besitzt Kraft, jugendlichen Tanningrip, kräutrige Würze und Länge, Frucht spielt nur eine Nebenrolle. Der Münzberg-Weißburgunder zeigt deutliche Holzwürze und feine Frucht, besitzt Schmelz, Kraft und Länge, beim Sauvignon Blanc Fumé ist das Holz sehr fein und lässt viel Raum für die Fruchtnoten nach Pfirsich und Maracuja, Weißburgunder „Kalkgestein" und Grauburgunder und Chardonnay vom Löss besitzen jeweils klare Frucht, sind schlank und frisch, die beiden Rieslinge sind dagegen etwas verhaltener und von herben Zitrusnoten geprägt, der Spätburgunder ist elegant, besitzt klare Kirschfrucht und noch jugendliche Tannine.

Weinbewertung

86 2018 Pinot Sekt brut | 12,5%/13,90€
84 2021 Weißburgunder trocken | 12,5%/7,40€
85 2021 Riesling trocken „Buntsandstein" | 11,5%/7,80€
84 2021 Riesling trocken „Kalkmergel" | 11,5%/8,40€
86 2021 Weißburgunder trocken „Kalkgestein" | 12,5%/9,50€
88 2020 Weißburgunder trocken Godramsteiner Münzberg | 13,5%/13,-€
86 2021 Grauburgunder trocken „Löss" Nussdorf | 12,5%/9,50€
86 2021 Chardonnay trocken „Löss" | 12,5%/8,90€
87 2020 Sauvignon Blanc trocken „Fumé" Böchinger Rosenkranz | 13%/16,50€
90 2020 Weißburgunder trocken „Holz & Ton" | 13,5%/25,-€
88 2020 Grauburgunder trocken „Farbton" | 13,5%/22,-€
86 2020 St. Laurent trocken „Kalkmergel" Böchingen | 14,5%/12,90€
88 2019 Spätburgunder trocken Nußdorfer Kaiserberg | 13%/19,50€

★★★★★

Horst Sauer

Kontakt
Bocksbeutelstraße 14
97332 Escherndorf
Tel. 09381-4364
Fax: 09381-6843
www.weingut-horst-sauer.de
mail@weingut-horst-sauer.de

Besuchszeiten
Mo.-Fr. 9-12 + 13-18 Uhr
Sa. 11-17 Uhr

Inhaber
Magdalena & Horst Sauer
Kellermeister
Sandra Sauer
Rebfläche
20 Hektar
Produktion
190.000 Flaschen

Seit Mitte der achtziger Jahre hat Horst Sauer seinen Betrieb kontinuierlich auf die heutige Größe ausgedehnt. Seine Weinberge liegen in den Escherndorfer Lagen Lump und Fürstenberg. Silvaner nimmt inzwischen 40 Prozent der Fläche ein, es folgen Müller-Thurgau und Riesling, dazu gibt es etwas Scheurebe, Weißburgunder und Spätburgunder. Seit 2005 werden Magdalena und Horst Sauer im Betrieb von Tochter Sandra unterstützt. Sandra Sauer kümmert sich um die Burgunder (in Weinberg und Keller), Horst Sauer um die edelsüßen Weine, um das sonstige Sortiment kümmern sie sich gemeinsam. Sie haben ihr Sortiment dem VDP-Modell angepasst, was gar nicht so einfach war, wie bei vielen anderen fränkischen Betrieben auch. Die ehemaligen Kabinettweine wurden die Ortsweine, die ehemaligen Spätlesen trugen ja schon einige Zeit das „S" auf dem Etikett, sie wurden die Weine aus den so genannten „Ersten Lagen", Lump und Fürstenberg, während die Großen Gewächse die Bezeichnung „Escherndorf am Lumpen 1655" tragen. Daneben gibt es den Sehnsucht genannten Silvaner, wie das Große Gewächs erstmals 2001 erzeugt, der teils im Barrique, teils im Edelstahl vergoren wird, der Ausbau erfolgt in gebrauchten Barriques. Seit unserer ersten Ausgabe haben wir Horst Sauer und sein Weingut mit unserer Höchstnote bedacht. Schon damals waren wir begeistert von seinen edelsüßen Weinen, genauso begeistert aber auch vom hohen Niveau seiner Basisweine, gerade auch vom Müller-Thurgau. Aufmerksamkeit erregt man mit Müller-Thurgau aber nicht, ist er auch noch so gut. In Deutschland ist Riesling gefragt, in Franken der Silvaner. Und Horst und Sandra Sauer beherrschen beide Rebsorten, von der Basis bis zur Spitze, vom Gutswein bis hin zu den Großen Gewächsen und den edelsüßen Weinen.

Kollektion

2021 war kein Jahrgang der prädestiniert war für edelsüße Weine, aber bei Horst Sauer sind sie schon lange ein fester Bestandteil des Sortiments, so dass es ganz selbstverständlich erscheint, dass es in jedem Jahr edelsüße Weine gibt. Die Riesling Auslese fällt ein wenig aus dem gewohnten Bild, zeigt eindringliche Gewürznoten, viel Duft, etwas Rosinen und Zimt, ist süß und konzentriert im Mund, besitzt viel Substanz. Die Riesling Beerenauslese ist sehr offen, konzentriert, zeigt etwas kandierte Früchte, hat ebenfalls enorm viel Substanz. Die Silvaner Beerenauslese ist wunderschön reintönig, zeigt Litschi und kandierte Früchte, ist klar und konzentriert, besitzt viel Säure und Grip. Vom Silvaner gibt es auch einen Eiswein, der eindringliche Gewürznoten zeigt, etwas kandierte Früchte, Zitronenschale, viel Frische besitzt und ebenfalls viel Säure und Grip. Auch die Scheurebe Spätlese ist seit langem ein fester Bestandteil des Programms, sie ist wunderschön reintönig und harmonisch, besitzt feine süße Frucht und Biss. Spätburgunder hat Horst Sauer deutlich seltener präsentiert, der 2018er aus dem Fürstenberg ist sehr offen, zeigt feine Frische, ist klar und geradlinig, besitzt Struktur und jugendlichen Grip. Nicht jeder fränkischer Winzer mag noch Müller-Thurgau zeigen, bei den Sauers aber gehört Müller mit dazu, der Ortswein frisch, klar und geradlinig, der Erste Lage-Müller aus dem Fürstenberg ist deutlich kraftvoller, fülliger und saftiger. Der „Just“ Silvaner setzt ganz auf Süffigkeit, ist frisch und geradlinig, der birnenduftige Silvaner Ortswein besitzt feine süße Frucht und Grip. Unsere leichte Präferenz im Ortsweinsegment gilt in diesem Jahr dem sehr offenen, zugänglichen Riesling, der reintönige Frucht, Frische und Harmonie besitzt. Bei den Ersten Lagen sehen wir Riesling und Silvaner gleichauf, der Riesling ist frisch und fruchtbetont im Bouquet, besitzt feine süße Frucht und Biss, der Silvaner zeigt reintönige Frucht und feine Frische im Bouquet, etwas gelbe Früchte, ist wunderschön füllig und saftig. Vom Fürstenberg gibt es einen Weißburgunder, der frisch, klar und zupackend ist. Fester Bestandteil des Sortiments ist auch der Sehnsucht genannte Silvaner, der im Bouquet sehr würzig und offen ist, im Mund aber noch etwas unruhig sich präsentiert. Das Große Gewächs ist sehr eigen im Bouquet, zeigt Anklänge an Ananas, ist klar und geradlinig im Mund, besitzt Frische und Grip. Deutlich besser gefällt uns im Jahrgang 2021 der Riesling Großes Gewächs, der viel Frucht im Bouquet zeigt, etwas Zitrus und Pfirsich, füllig und saftig im Mund ist, viel reife Frucht und Substanz besitzt.

Horst & Sandra Sauer / Foto: Michael Wilfling

Weinbewertung

84	2021 Silvaner trocken „Just“ I 11,5%/7,50€
84	2021 Müller-Thurgau trocken Escherndorf I 11,5%/9,-€
85	2021 Silvaner trocken Escherndorf I 11,5%/10,-€
86	2021 Riesling trocken Escherndorf I 10,5%/10,-€
86	2021 Müller-Thurgau „S“ trocken Escherndorfer Fürstenberg I 12,5%/12,-€
88	2021 Silvaner „S“ trocken Escherndorfer Lump I 13%/14,50€
88	2021 Riesling „S“ trocken Escherndorfer Lump I 13%/14,50€
87	2021 Weißer Burgunder „S“ trocken Escherndorfer Fürstenberg I 13%/16,-€
89	2021 Silvaner trocken „Sehnsucht“ I 12,5%/20,-€
90	2021 Silvaner trocken „GG“ „Escherndorf am Lumpen 1655“ I 13%/27,-€
92	2021 Riesling trocken „GG“ „Escherndorf am Lumpen 1655“ I 13%/27,-€
87	2021 Scheurebe Spätlese Escherndorfer Lump I 11,5%/13,50€
90	2021 Riesling Auslese Escherndorfer Lump I 7,5%/21,-€/0,5l
92	2021 Silvaner Beerenauslese Escherndorfer Lump I 8%/40,-€/0,5l
92	2021 Riesling Beerenauslese Escherndorfer Lump I 7%/41,-€/0,5l
92	2021 Silvaner Eiswein Escherndorfer Lump I 7%/70,-€/0,5l
88	2018 Spätburgunder „S.“ trocken Escherndorfer Fürstenberg I 13%/18,-€

Lagen

Lump (Escherndorf)
Fürstenberg (Escherndorf)

Rebsorten

Silvaner (40%)
Müller-Thurgau (20%)
Riesling (14%)
Scheurebe (4%)
Weißburgunder (3%)
Spätburgunder (3%)

★★★★★ Rainer Sauer

Kontakt
Bocksbeutelstraße 15
97332 Escherndorf
Tel. 09381-2527
Fax: 09381-71340
www.weingut-rainer-sauer.de
info@weingut-rainer-sauer.de

Besuchszeiten
Mo.-Fr. 9-12 + 13-18 Uhr
Sa. 10-17 Uhr
Wein-Sommerfest (3. Juli-Wochenende)

Inhaber
Daniel Sauer
Betriebsleiter
Rainer & Daniel Sauer
Kellermeister
Daniel Sauer
Außenbetrieb
Rainer & Daniel Sauer
Rebfläche
15 Hektar
Produktion
135.000 Flaschen

Seit 1979 führen Helga und Rainer Sauer das elterliche Weingut und haben mit der Selbstvermarktung begonnen. Seither haben sie den Betrieb auf die heutige Größe erweitert, wovon ein guter Teil im Escherndorfer Lump liegt, insgesamt 7 Hektar in Steillagen. Die anderen Weinberge liegen im Fürstenberg, hinzu kommen 40 Ar in Untereisenheim. Helga und Rainer Sauer werden im Betrieb unterstützt von Sohn Daniel, der 2007 seinen Abschluss in Geisenheim machte und inzwischen den Betrieb übernommen hat. Silvaner ist die mit Abstand wichtigste Rebsorte, nimmt zwei Drittel der Weinberge ein. Mit weitem Abstand folgen Müller-Thurgau und Riesling, dazu gibt es etwas Traminer, Kerner, Weißburgunder und rote Sorten. Bereits seit 2007 wurden 2,5 Hektar von Daniel Sauer biodynamisch bewirtschaftet. 2019 wurde die Umstellung auf ökologischen Weinbau begonnen. Seit 1999 gibt es den Silvaner „L" aus dem Herzstück des Lump, nach und nach haben Rainer und Daniel Sauer ihr Silvaner-Sortiment weiter differenziert mit „Freiraum", „Alte Reben" und „Muschelkalk", setzen nach und nach Spontangärung ein und haben begonnen einen Wein in einem 900 Liter-Beton-Ei auszubauen, einen Silvaner, was sonst, der Wein hat den Namen „ab ovo" erhalten. Mit der Anpassung an das vierstufige VDP-Modell wurde auf Prädikatsbezeichnungen bei den trockenen Weinen verzichtet, die vormaligen Kabinettweine sind nun die Ortsweine, die Spätlesen wurden die Erste Lage-Weine aus dem Lump, „L" und „ab ovo" tragen keine Lagenbezeichnung mehr, die Großen Gewächse erhalten wie bei allen VDP-Betrieben die Bezeichnung „Escherndorf am Lumpen 1655". Schon in der ersten Ausgabe haben wir die Weine von Rainer Sauer empfohlen, seither haben er und Sohn Daniel gewaltig zugelegt. Wer sich für Silvaner interessiert, der kommt an ihnen nicht vorbei, und wer sich nicht für Silvaner interessiert, der sollte nach Escherndorf fahren und Rainer und Daniel Sauer besuchen! Die Weine sind alle wunderschön reintönig, die Spitzen-Silvaner sind puristisch und doch erstaunlich komplex, faszinieren mit ihrer Nachhaltigkeit. Dass auch die Weine aus anderen Rebsorten sehr gut sind, das versteht sich von selbst.

Kollektion

Der Gutssilvaner bereitet auch 2021 wieder viel Freude, er ist frisch und klar, geradlinig und zupackend, wunderbar leicht – was auch der Blick auf das Etikett bestätigt: 11,5 Prozent Alkohol. Da greift man gerne zum Glas. Den Muschelkalk-Silvaner aber erkennt man fast nicht wieder, der 2021er braucht erst einmal Luft, ist sehr frisch, schlank wie nie, der Jahrgang lässt grüßen, besitzt gute Präzision und Grip. Der Silvaner Freiraum passt schon eher ins gewohnte Bild, ist wie sehr oft sehr fruchtbetont, frisch, die dezente Süße steht ihm in einem Jahrgang wie 2021 gut, er besitzt schöne Frische und Grip. Der Erste Lage-Silvaner Escherndorfer Lump ist wunderschön reintönig im Bouquet, zeigt viel Frucht und Frische, ist herrlich reintönig dann auch im Mund, harmonisch und fruchtbetont, besitzt gute Struktur, Grip und Länge. Der Alte Reben-Silvaner ist wunderschön fruchtbetont und reintönig im Bouquet, recht saftig im Mund, harmonisch, besitzt gute Substanz und Länge. Faszinierend reintönig und harmonisch ist der Silvaner L, zeigt herrlich viel Frucht im Bouquet, viel Frische, ist klar und geradlinig im Mund, schon heute zugänglich, aber wer Silvaner gerne mit etwas Reife hat, der wird auch in vielen Jahren noch Freude mit diesem Wein haben. Das gilt ganz besonders auch für den „ab ovo". Der 2021er hat uns vor Redaktionsschluss nicht mehr erreicht, so dass wir noch einmal den 2020er verkostet haben, dem dieses Jahr auf der Flasche gutgetan hat, der weiter an Komplexität zugelegt hat, faszinierend kraftvoll, lang und nachhaltig ist. Großartig ist auch das 2021er Große Gewächs, sehr offen und faszinierend reintönig im Bouquet, besitzt herrlich viel Frucht im Mund, gute Struktur und Substanz, viel Frische und Grip, Länge und Nachhall. Eine grandiose Silvaner-Kollektion, aber es gibt auch noch andere Weine im Sortiment von Daniel Sauer. Da ist einmal der Altfränkischer Satz, der konzentriert ist, viel Frucht zeigt, gelbe Früchte, Aprikosen, füllig und saftig im Mund ist, viel reife Frucht, gute Struktur, Frische und Grip besitzt. Und da ist natürlich auch Riesling: Der Ortswein zeigt feine Frische und reintönige Frucht, etwas gelbe Früchte, ist frisch, klar und zupackend, der Erste Lage-Wein ist ebenfalls faszinierend reintönig, zeigt gelbe Früchte, etwas Pfirsich, besitzt reintönige Frucht und Substanz, das Große Gewächs ist sehr offen im Bouquet, zeigt viel reife Frucht, etwas gelbe Früchte und Apfel, ist füllig, kraftvoll, sehr dominant und noch sehr jugendlich im Mund.

Daniel & Rainer Sauer

Weinbewertung

87	2021 Silvaner trocken I 11,5%/8,50€ ☺
87	2021 Silvaner trocken „Muschelkalk" Escherndorf I 12%/11,-€
86	2021 Riesling trocken Escherndorf I 12%/11,-€
88	2021 Silvaner trocken „Freiraum" I 12,5%/13,-€
89	2021 Silvaner trocken Escherndorfer Lump I 13%/14,-€
89	2021 Silvaner trocken „Alte Reben" I 13%/15,-€
88	2021 Riesling trocken Escherndorfer Lump I 12,5%/14,-€
88	2021 Altfränkischer Satz Escherndorfer Lump I 13%/15,50€
91	2021 Silvaner „L" trocken I 13%/18,-€ ☺
93	2020 Silvaner trocken „ab ovo" I 13,5%
94	2021 Silvaner trocken „GG" „Escherndorf am Lumpen 1655" I 13%/30,-€ ☺
92	2021 Riesling trocken „GG" „Escherndorf am Lumpen 1655" I 12,5%/30,-€

Lagen
Lump (Escherndorf)
Fürstenberg (Escherndorf)

Rebsorten
Silvaner (65%)
Müller-Thurgau (20%)
Riesling (11%)

★★

M. Schädler

Kontakt
Weinstraße Süd 43
67487 Maikammer
Tel. 06321-5235
Fax: 06321-57394
www.m-schaedler.de
weingut@m-schaedler.de

Besuchszeiten
Sa. 9-16 Uhr
nach Vereinbarung

Inhaber
Steffen Mugler
Rebfläche
10 Hektar
Produktion
60.000 Flaschen

Steffen Mugler war nach seiner Lehre bei Bassermann-Jordan und einer Zeit beim Kallstadter Weingut Henninger über zehn Jahre lang im elterlichen Weingut Mugler in Gimmeldingen für die Weine verantwortlich, mit Michael Andres zusammen gründete er 1989 die Sektkellerei Andres & Mugler. 2002 übernahm er mit seiner Frau Daniela das Weingut Manfred Schädler in Maikammer. Seine Weinberge liegen in der Maikammer Lagen Heiligenberg, Kirchenstück und Mandelhöhe und im Alsterweiler Kapellenberg. Wichtigste Rebsorte ist mit einem Anteil von 40 Prozent der Riesling, im weiten Abstand folgen Spät-, Weiß- und Grauburgunder, außerdem werden noch Chardonnay, Sauvignon Blanc, Scheurebe, Auxerrois, Müller-Thurgau und Merlot und mittlerweile auch Piwi-Sorten wie Souvignier Gris und Muscaris angebaut. Seit 2013 wirtschaftet Mugler biodynamisch.

Kollektion

Auch in diesem Jahr führt wieder der zur Hälfte in der Amphore ausgebaute Souvignier Gris Steffen Muglers Kollektion an, der hell orangefarbene, deutliche trübe, unfiltrierte und ungeschwefelte Wein zeigt ein komplexes Bouquet mit Noten von Grapefruit, Orangenschale und Kräutern und ist am Gaumen herb, geradlinig und salzig, besitzt viel Grip und Länge. Genauso stark ist der neun Monate sur lie ausgebaute Heiligenberg-Riesling, der von herben, animierenden Zitrusnoten geprägt und leicht salzig und nachhaltig ist, sehr gut sind auch der Kirchenstück-Riesling mit leicht rauchigen Reifenoten, der Grauburgunder mit Aromen von Birne und Vanille und der kirschfruchtige, sehr elegante Spätburgunder. Der Weißburgunder „Reserve“ und der Chardonnay sind im Doppelstückfass ausgebaut, was den Weinen Grip verleiht, geschmacklich aber dezent bleibt, der Weißburgunder zeigt rauchig-florale Noten und Birne im Bouquet, ist cremig und frisch, der Chardonnay zeigt ebenfalls klare Frucht, Birne, Melone, und ist schlank.

Weinbewertung

81	2021 „Blanc de Noir” trocken I 12%/7,20€
85	2021 Chardonnay trocken I 12%/7,20€
84	2021 Weißburgunder trocken I 12%/7,20€
83	2021 Riesling Kabinett trocken I 11,5%/6,90€
86	2021 Weißburgunder trocken „Reserve“ I 12%/7,90€
83	2021 „Creation M” Weißwein trocken I 12%/6,90€
88	2020 Souvignier Gris „Pi:we“ I 13,5%/25,-€
88	2020 Riesling trocken Maikammer Heiligenberg I 12%/9,90€ ☺
86	2020 Riesling trocken Maikammer Kirchenstück I 12%/9,90€
86	2021 Grauburgunder trocken Maikammer Heiligenberg I 12,5%/9,90€
83	2021 Muscaris Spätlese Maikammer Mandelhöhe I 10%/7,50€
87	2019 Spätburgunder trocken Maikammer Heiligenberg I 12,5%/13,-€

★★

Reinhard **Schäfer**

Kontakt
Weinbergstraße 21
71711 Steinheim-Kleinbottwar
Tel. 07148-8937
Fax: 07148-4545
www.schaeferwein.com
info@schaeferwein.com

Besuchszeiten
Mo.-Fr. 17-18:30 Uhr, Sa. 8-13 Uhr und jederzeit nach Vereinbarung
Ferienwohnung auf dem Weingut

Inhaber
Reinhard Schäfer
Betriebsleiter
Karin & Reinhard Schäfer
Kellermeister
Reinhard Schäfer
Rebfläche
4,5 Hektar

Reinhard Schäfer machte sich 1981 mit damals 70 Ar selbstständig. Von Anfang an hat er auf durchgegorene Weine gesetzt – damals eine Seltenheit in Württemberg. Seine inzwischen auf 4,5 Hektar angewachsene Rebfläche liegt rund um Kleinbottwar, vor allem am Götzenberg. Die Reben wachsen hier auf tiefgründigen Keuperböden. Reinhard Schäfer baut zu 70 Prozent rote Sorten an, zu 30 Prozent weiße Sorten, bei denen Riesling und Grauburgunder dominieren. Hinzu kommen als Spezialitäten Silvaner und Gewürztraminer, aber auch Müller-Thurgau, Johanniter, Helios und Sauvignon Blanc. Bei den Rotweinen spielen die Burgundersorten (Spätburgunder, Samtrot, Schwarzriesling) die Hauptrolle, hinzu kommen Lemberger und Trollinger, sowie etwas Cabernet Dorsa, Dornfelder und Merlot. Die Rotweine werden nach der Maischegärung (bis zu 3 Wochen) überwiegend in Holzfässern ausgebaut und reifen in einem aus dem Fels gehauenen Gewölbekeller aus dem 17. Jahrhundert; die Weine werden, mit wenigen Ausnahmen, durchgegoren ausgebaut. 2009 begann Reinhard Schäfer mit der Umstellung auf biologischen Weinbau (Ecovin), 2012 war der erste zertifizierte Jahrgang.

Kollektion

Eine sehr gleichmäßige Kollektion präsentiert Reinhard Schäfer auch in diesem Jahr, wobei zwei Weine herausragen. Da ist einmal der 2017 erstmals erzeugte Grauburgunder 77, im Barrique ausgebaut, der nun mit dem Jahrgang 2019 zeigt, dass etwas Flaschenreife ihm gut tut, der rauchige Noten im Bouquet zeigt, dezent Vanille und Toast, Fülle und Kraft besitzt, reife Frucht, gute Struktur und Substanz. Und zum anderen ist da die erstmals im Jahrgang 2021 erzeugte Johanniter Beerenauslese, die konzentriert ist, etwas kandierte Früchte im herrlich eindringlichen Bouquet zeigt, viel Substanz und Konzentration im Mund besitzt. Aber auch sonst überzeugen die Weine, der Secco ist frisch und fruchtbetont, die Piwi-Cuvée Ovis würzig und lebhaft, der Schillerwein frisch und zupackend. Die drei Rotweine besitzen Fülle und Kraft, der Merlot leidet etwas unter dem hohen Alkohol, der Cabernet Dorsa ist von Gewürznoten geprägt, unser Favorit ist der eindringliche, zupackende Lemberger.

Weinbewertung

83 „Secco Blanc“ | 11,5%/6,50€
84 2021 „Ovis“ Weißweincuvée trocken | 12,5%/6,20€
88 2019 Grauburgunder „77“ trocken | 13%/13,50€
89 2021 Johanniter Beerenauslese | 8%/28,50€/0,5l
83 2021 Schillerwein trocken | 11,5%/6,20€
85 2019 Lemberger „*S*“ trocken | 13,5%/8,80€
84 2019 Cabernet Dorsa „S“ trocken | 13,5%/8,50€
83 2018 Merlot „S“ trocken | 15%/12,50€

★★★★

Joh. Bapt. Schäfer

Kontakt
Burg Layen 8
55452 Burg Layen
Tel. 06721-43552
Fax: 06721-47841
www.jbs-wein.de
schaefer@jbs-wein.de

Besuchszeiten
nur nach Vereinbarung

Inhaber
Sebastian Schäfer
Rebfläche
8 Hektar
Produktion
60.000 Flaschen

Das Weingut Joh. Bapt. Schäfer ist ein Familienbetrieb in vierter Generation, die erste Flaschenabfüllung erzeugte man mit dem 1921er Jahrgang. Seit Beendigung seiner Lehre 1997 baut Sohn Sebastian die Weine aus, 2002 hat er den Betrieb übernommen, sein Programm neu strukturiert und die Weinberge auf Riesling (60 Prozent der Rebfläche) und Weiß-, Grau- und Spätburgunder (30 Prozent der Fläche) ausgerichtet, daneben gibt es noch Chardonnay etwas Scheurebe und Silvaner. Die Weinberge befinden sich in den Dorsheimer Lagen Goldloch (0,6 Hektar, von Felsen geprägter Lehmboden mit Quarzit und Quarzitkonglomeraten) und Pittermännchen (1,5 Hektar, mit Tonschiefer und Kieselsteinen durchsetzter Lehmboden), sowie in Laubenheim, wo neben einem Hektar Riesling im Karthäuser (rote Sandsteinverwitterung) vorwiegend Burgunderreben stehen. Hinzu kommen Weinberge in Rümmelsheim, darunter ein Weinberg im Burg Layer Schlossberg (Ton mit rötlicher und bläulicher Schieferverwitterung) und im Steinköpfchen (steinig-kiesiger Untergrund mit geringer Löss- und Geröllauflage), von dem im Jahrgang 2018 erstmals ein Erste Lage-Riesling erzeugt wurde. Die Weine werden teils spontanvergoren und lange auf der Feinhefe ausgebaut, teils im Holz, in wenigen Barriques und in Stück- und Doppelstückfässern, teils im 2003 neu erbauten Edelstahlkeller. 2013 wurde das Weingut in den VDP aufgenommen – die erste Neuaufnahme an der Nahe seit zwölf Jahren. Aus Pittermännchen und Goldloch, wo schon immer seine besten trockenen Rieslinge herstammten, erzeugt Sebastian Schäfer seither zwei Große Gewächse, beide Weine stammen von 30 bis 40 Jahre alten Reben und werden mit langem Hefekontakt in großen Holzfässern ausgebaut.

Kollektion

Sebastian Schäfer setzt beim Jahrgang 2021 ganz auf Frische und Finesse, und er liegt damit vollkommen richtig, denn die Weine bieten auch gute Substanz. Weißburgunder und Grauburgunder vereinen feinen Schmelz und jahrgangstypische Frische, sind fein fruchtig und elegant, dabei ansprechend kraftvoll und lang. Der Gutsriesling ist jahrgangstypisch leicht, hat Saft und mineralische Feinheiten. Die beiden Ortsweine sind ein spürbares Upgrade an Konzentration und Struktur, sie stecken voller Spannung. Der aus Rümmelsheim ist geschliffen, dabei salzig durch und durch, seine rassige Ader lässt ihn straff und noch etwas abweisend erscheinen, etwas Zeit auf der Flasche wird ihm noch guttun. Zugänglicher ist der aus den großen Lagen Pittermännchen und Goldloch stammende Dorsheimer Ortswein, der deutlich saftiger und reifer ist, kraftvoll und nachhaltig ist. Beide präsentieren sich austariert und mit individuellem Charakter, sind qualitativ auf Augenhöhe. Die Leichtigkeit des Jahrgangs zieht

sich auch durch die Ersten und Großen Lagen. Der griffige, konzentrierte Burg Layer Schlossberg Riesling ist auch in diesem Jahr wieder ein Highlight. Er stammt von Schieferböden mit Tonanteilen, das sorgt für feinen Schmelz und ätherische Würze. Er ist gleichzeitig geschliffen und kühl, steckt voll reifer Zitrusfrüchte, besitzt wohldosierte Kraft und fein akzentuierte Salzigkeit, ist nachhaltig, ein sehr lässiger Spitzenwein. Das Große Gewächs aus dem Pittermännchen zeigt sich anfänglich sehr zurückhaltend, dann offenbart es schnittige Säure und immer mehr würzigen Schmelz, der recht niedrige Alkohol passt sich bestens ein, so bleibt der Wein fokussiert und straff von Anfang bis Ende. Er erscheint nicht so reif und auch etwas einfacher als das stoffige Große Gewächs aus dem Goldloch, das durch seine Reife fülliger erscheint, dabei sehr präsent ist mit saftiger Frucht von reifen roten Äpfeln, zugleich aber auch karger mit steiniger Würze und herber Salzigkeit, so entsteht aromatische Spannung mit spürbarem Schmelz. Etwas Geduld muss man haben, dann wird sich das Potenzial sicher auszahlen. Der fruchtige Kabinett aus dem Pittermännchen ist wieder hinreißend, rassige Säure, fein herbe Frucht und salziges Mineral sorgen für grandioses Spiel, ein Kabinett mit Kühle und Schliff und Potenzial für viele Jahre. Die beiden Auslesen zeigen sich pikant und kühl. Die Pittermännchen Auslese ist schlank und zupackend, attraktiv herb und fein würzig, die aus dem Goldloch ist fülliger und konzentrierter, würzig, lang und nachhaltig.

Sebastian Schäfer

Weinbewertung

87	2021 Weißer Burgunder trocken I 13%/11,50€
87	2021 Grauer Burgunder trocken „Flusskiesel" I 12,5%/12,50€
86	2021 Riesling trocken I 12%/11,50€
88	2021 Riesling trocken „Kieselstein" Rümmelsheim I 12%/15,50€
88	2021 Riesling trocken Dorsheim I 12,5%/16,50€
89	2021 Riesling trocken Burg Layer Schlossberg I 12,5%/20,-€
90	2021 Riesling „GG" Pittermännchen I 12,5%/33,-€
90+	2021 Riesling „GG" Goldloch I 12,5%/35,-€
87	2021 Riesling Kabinett I 9%/12,50€
89+	2021 Riesling Kabinett Dorsheim Pittermännchen I 8,5%/17,50€
89	2021 Riesling Auslese Dorsheim Pittermännchen I 8%/18,-€/0,375l
90	2021 Riesling Auslese Dorsheim Goldloch I 8%/23,-€/0,375l

Lagen

Goldloch (Dorsheim)
Pittermännchen (Dorsheim)
Schlossberg (Burg Layen)
Karthäuser (Laubenheim)
Steinköpfchen (Rümmelsheim)

Rebsorten

Riesling (60%)
Weißburgunder (10%)
Grauburgunder (10%)
Spätburgunder (10%)

★★

Volker Schäfer

Kontakt
Bahnhofstraße 26
67582 Mettenheim
Tel. 06242-2364
www.wein-schaefer.de
info@wein-schaefer.de

Besuchszeiten
nach Vereinbarung

Inhaber
Volker Schäfer
Betriebsleiter
Volker Schäfer
Kellermeister
Volker Schäfer
Außenbetrieb
Volker Schäfer, Philipp Schäfer, Felix Schäfer
Rebfläche
24 Hektar
Produktion
80.000 Flaschen

Seit Beginn des 18. Jahrhunderts baut die Familie Wein an, seit 2001 führt Volker Schäfer den Betrieb, den er mit damals 7,5 Hektar Reben von seinem Vater übernommen und seither deutlich erweitert hat; damit einher ging die Umstellung auf biologischen Weinbau, die 2015 abgeschlossen wurde. In diesem Jahr wurde auch das neue Kellergebäude fertiggestellt. Volker Schäfer ist Mitglied bei Naturland. Die Weinberge liegen vor allem in Mettenheim in den Lagen Schlossberg und Michelsberg aber auch im Bechtheimer Stein. Die Hälfte der Rebfläche nehmen Burgundersorten ein, 40 Prozent Riesling, dazu gibt es Gewürztraminer, Kanzler, Cabernet Sauvignon, Merlot, Dornfelder, Grüner Adelfränkisch und Ortega. Die Weißweine werden zum größten Teil kühl im Edelstahl vergoren, ein kleiner Teil auch im Holz. Die Rotweine werden alle in großen oder kleinen Eichenholzfässern ausgebaut.

Kollektion

Beim starken Debüt im vergangenen Jahr haben mit Merlot unfiltered und Spätburgunder RR zwei Rotweine groß aufgetrumpft. In diesem Jahr nun liegen mangels roter Barriqueweine ganz klar die weißen Lagenweine an der Spitze. Allen voran der Riesling aus dem Geyersberg, der gute Konzentration und reife gelbe Früchte im Bouquet zeigt (typisch Geyersberg!), Fülle und Kraft besitzt, viel reife Frucht und Substanz. Spannend ist auch der Fumé-Sauvignon aus dem Schlossberg, zeigt rauchige Noten, gute Konzentration, gelbe Früchte, etwas Ananas, ist füllig und saftig im Mund, besitzt viel Substanz und Länge. Auch der dritte präsentierte Lagen-Weißwein stammt wie seine Kollegen aus dem Jahrgang 2020, der Chardonnay aus dem Goldberg zeigt viel Würze und reife Frucht im Bouquet, ist füllig, kraftvoll, besitzt gute Struktur und klare Frucht. Die Guts- und Ortsweine zeigen geschlossen gutes Niveau, unsere Favoriten hier sind der geradlinige, strukturierte Grauburgunder Reserve und der intensiv fruchtige, sehr offene Merlot. Überzeugende Vorstellung!

Weinbewertung

82 2021 Weißer Burgunder trocken Mettenheimer | 12,5%/9,90€
83 2021 Weißburgunder & Chardonnay trocken Mettenheimer | 12,5%/9,90€
82 2021 Spätburgunder „Blanc de Noir" trocken Mettenheimer | 12,5%/9,90€
83 2021 Sauvignon Blanc trocken Mettenheimer | 12%/9,90€
84 2021 Grauer Burgunder trocken „Réserve" | 13%/9,90€
88 2020 Riesling trocken Bechtheimer Geyersberg | 13%/16,90€
87 2020 Sauvignon Blanc „Fumé" trocken Mettenheimer Schlossberg | 12%/16,90€
86 2020 Chardonnay trocken Mettenheimer Goldberg | 13,5%/16,90€
81 2021 Rosé trocken | 12%/8,40€
84 2018 Merlot trocken Mettenheimer | 13,5%/9,90€
81 2020 Spätburgunder „feinherb" Mettenheimer | 13,5%/10,20€

★★

W.J. Schäfer

Kontakt
Elisabethenstraße 4
65239 Hochheim
Tel. 06146-4821 oder 2112
Fax: 06146-61560
www.weingut-schaefer-hochheim.de
info@wj-schaefer.de

Besuchszeiten
Mo. geschlossen
Di.-Fr. 10-18 Uhr
Sa. 10-14 Uhr

Inhaber/ Betriebsleiter/ Kellermeister/Außenbetrieb
Josef Schäfer & Anja Schäfer
Rebfläche
7 Hektar
Produktion
50.000 Flaschen

Wilhelm Joseph Schäfer hat den Betrieb in seiner heutigen Form aufgebaut. Seit 1988 wird das Weingut von Josef Schäfer geführt, der neben dem dominierenden Riesling ein wenig Spätburgunder und seit 2004 auch etwas Weißburgunder anbaut. Eine Spezialität des Weingutes ist darüberhinaus der Gewürztraminer. Die Weinberge befinden sich in den Hochheimer Lagen Domdechaney, Kirchenstück, Hölle und Reichestal, im Stielweg und im Stein. Josef Schäfer ist stolz auf seine alten Reben, die ältesten wurden 1943 gepflanzt, und sie dürften einen Grund liefern für die beachtliche Struktur der hier erzeugten Weine. Jahr für Jahr gelingen saftige, rassige Rieslinge, die sofort überzeugen und eine duftige Art aufweisen – bis hinauf zu den immer mal wieder produzierten, im besten Sinne süffigen edelsüßen Spezialitäten. Tochter Anja ist nach abgeschlossenem Önologiestudium in den Betrieb eingestiegen, den sie zusammen mit ihrem Vater führt.

Kollektion

Das Weingut Schäfer präsentiert seit Jahren zuverlässige Kollektionen, bei denen schon die Basis überzeugt. Dass 2021 in vielerlei Hinsicht schwieriger war, ist auch den Weinen von Josef und Anja Schäfer anzumerken, die sich nicht ganz auf dem Niveau des vergangenen Jahres präsentieren. Bei den Kabinett-Rieslingen sehen wir die beiden trocken Weine gleichauf, beide sind fruchtbetont und setzen auf Zitrusaromen, bleiben dabei aber etwas verhalten; der halbtrockene Kabinett aus dem Reichestal ist frisch und trinkanimierend, der liebliche aus dem Hochheimer Stein deutlich süßer, aber gut balanciert. Die trockene Spätlese ist ein wenig ausdrucksstärker als die beiden trockenen Kabinettweine, besitzt mehr Substanz und Länge. Der Riesling „Mainwerk" aus der Hochheimer Hölle ähnelt der trockenen Spätlese, das Rheingauer Große Gewächs aus dem Jahrgang 2020 bringt erste Reifenoten aber auch noch genug Frische mit. Immer eine sichere Bank ist der im Holzfass ausgebaute Spätburgunder aus dem Hochheimer Reichestal, der seine Röstaromen mit einer schönen Frische vereint.

Weinbewertung

81 2021 Riesling Kabinett trocken Hochheimer Stielweg | 12%/8,-€
81 2021 Riesling Kabinett trocken Hochheimer Hölle | 12%/9,-€
83 2021 Riesling Spätlese trocken Hochheimer Kirchenstück | 12,5%/13,50€
83 2021 Riesling trocken Hochheimer Hölle „MainWerk3" | 12,5%/9,-€
85 2020 Riesling trocken Großes Gewächs Hochheimer Hölle | 13,5%/22,-€
80 2021 Weißburgunder trocken Hochheimer | 13%/10,50€
82 2021 Riesling Kabinett halbtrocken Hochheimer Reichestal | 11%/8,-€
83 2021 Riesling Kabinett „lieblich" Hochheimer Stein | 8,5%/8,-€
85 2019 Spätburgunder trocken Hochheimer Reichstal | 13,5%/11,50€

★★★★★ Schäfer-Fröhlich

Kontakt
Schulstraße 6
55595 Bockenau
Tel. 06758-6521
Fax: 06758-8794
www.weingut-schaefer-froehlich.de
info@weingut-schaefer-froehlich.de

Besuchszeiten
nach Vereinbarung

Inhaber
Tim Fröhlich
Rebfläche
21 Hektar
Produktion
120.000 Flaschen

Bockenau liegt im Tal des Ellerbachs, eines Nebenflusses der Nahe. Seit Anfang der siebziger Jahre wird das Weingut Schäfer-Fröhlich von Hans und Karin Fröhlich geführt, seit 1995 ist ihr Sohn Tim Fröhlich für den Weinausbau verantwortlich. Neben Weinbergen in Bockenau (mit ihrer Paradelage Felseneck, aber auch dem Bockenauer Stromberg) besitzen sie auch Weinberge in Schlossböckelheim (Felsenberg, Kupfergrube) und Monzingen (Halenberg, Frühlingsplätzchen). Sie bauen zu 85 Prozent Riesling an, hinzu kommen 15 Prozent Burgundersorten: Weißburgunder, Grauburgunder und Spätburgunder. Das Programm ist gegliedert in Guts-, Orts- und Lagenweine, insgesamt sechs Große Gewächse hat Tim Fröhlich im Programm. Eine breite Palette an rest- und edelsüßen Rieslingen – je nachdem, was der Jahrgang erlaubt – bis hin zu Trockenbeerenauslesen oder einem Eiswein, ergänzen das Sortiment.

Kollektion

Der Gutsriesling ist frisch und geradlinig, gefällt auch in diesem Jahr wegen seiner zupackenden Art. Der kühle und zartfruchtige Vulkangestein Riesling überzeugt mit pikanter Ader und mineralischem Schliff. Kraftvoll und saftig, bei 12 Prozent Alkohol perfekt reif und voll spannender Würze, dabei druckvoll und raffiniert ist der Schiefergestein Riesling, der aufgrund seiner salzigen Länge sehr gut reifen dürfte, er ist einer unserer Favoriten in der 2021er Kollektion. Die Großen Gewächse zeigen hinsichtlich Qualität und Stilistik ein gewohnt geschlossenes Bild. Sie sind, bei sehr guter Substanz, jahrgangstypisch etwas leichter ausgefallen, gleichen das durch Rasse und mineralisches Spiel aus. Wie gewohnt noch jugendlich verschlossen und von Vergärungsaromen geprägt, öffnen sie sich erst mit sehr viel Luft. Kompakt, transparent und frisch wirkt das saftige Große Gewächs aus dem Monzinger Frühlingsplätzchen vom Gewicht her wie eine ausgezeichnete trockene Spätlese, ist raffiniert und geschliffen. Das Große Gewächs aus dem Monzinger Halenberg baut erwartungsgemäß mehr Druck auf, ist mineralisch durchwirkt, kraftvoll und immens salzig. Das Große Gewächs aus dem Bockenauer Stromberg ist saftig und recht füllig, zeigt sich kompakt und gerbstoffwürzig, besitzt viel reifen Schmelz, der bis ins lange Finish trägt. Von würzigem Gerbstoff und rasanter Säure durchdrungen ist das Große Gewächs aus der Schlossböckelheimer Kupfergrube im Moment noch recht hermetisch, manchmal spürt man saftige, würzige Fruchtaromen nach vorne dringen, die sich aber gegen den kompakten Kern noch nicht durchzusetzen vermögen, straff durch und durch, besitzt es saftige Anklänge und eine packende salzige Länge. Das Große Gewächs aus dem Schlossböckelheimer Felsenberg changiert stark, zeigt in der Frucht rote Äpfel samt Schalen, ist schlank, präzise und animierend, ein pikanter Riesling, geradlinig und rassig. Mit seinem Duft von getrockneten Kräutern und markant frischen Hefearomen manifestiert das Große Gewächs aus dem Bockenauer Felseneck seinen aromatischen Sonderstatus, ist anfangs sehr zurückhaltend im Mund, öffnet sich erst mit sehr viel Luft, bleibt trotzdem sehr zurückhaltend und ätherisch, besitzt aber eine vibrierende Frischeader und große Finesse, die viel Potenzial versprechen – man braucht Geduld. Die weißen Burgunder sind auf dem Niveau der Vorjahre, dabei jahrgangstypisch besonders frisch, was ihnen gut zu Gesicht steht. Der Weißburgunder ist saftig, dabei fein, der Weißburgunder S ist ebenso saftig, aber kräftiger, besitzt vollmundigen Schmelz, ist würzig, cremig und lang. Der Grauburgunder S ist sehr sortentypisch, kraftvoll und saftig, dabei elegant, verbindet Intensität der Aromen mit mineralischen Akzenten. Animierend durch und durch, ist der kristalline Riesling Kabinett mit seiner immensen Frische ein Kandidat für die Lagerung, wegen seiner hohen Säure nimmt man seine Süße kaum wahr, er ist präzise, straff und kühl. Herrlich klar ist die Spätlese aus dem Felseneck, sie zeigt perfekte Reife, steckt voll dunkler Würze und salzigen Noten, ist ein Wein mit großer Zukunft. Das gilt mehr noch für die feine Goldkapsel Variante, die faszinierend reintönig ist – sie gehört in jeden Keller.

Tim Fröhlich

Weinbewertung

86	2021 Riesling trocken I 12%/12,-€
85	2021 Weißer Burgunder trocken I 13%/10,90€
88	2021 Riesling trocken „Vulkangestein" I 12%/18,50€
90	2021 Riesling trocken „Schiefergestein" I 12%/22,-€
87	2021 Weißer Burgunder ‚S' trocken I 13%/17,90€
88	2021 Grauburgunder ‚S' trocken I 13,5%/17,90€
91	2021 Riesling „GG" Schlossböckelheimer Felsenberg I 12,5%/51,-€
91	2021 Riesling „GG" Bockenauer Stromberg I 12,5%/55,-€
92	2021 Riesling „GG" Schlossböckelheimer Kupfergrube I 12,5%/55,-€
91+	2021 Riesling „GG" Monzinger Frühlingsplätzchen I 12,5%/51,-€
92	2021 Riesling „GG" Monzinger Halenberg I 12,5%/55,-€
91+	2021 Riesling „GG" Bockenauer Felseneck I 12,5%/59,-€
89+	2021 Riesling Kabinett Bockenauer Felseneck I 8,5%/18,90€
91	2021 Riesling Spätlese Bockenauer Felseneck I 7,5%/21,-€
92+	2021 Riesling Spätlese Goldkapsel Bockenauer Felseneck I 7,5%/27,-€

Lagen

Felseneck (Bockenau)
Stromberg (Bockenau)
Halenberg (Monzingen)
Frühlingsplätzchen (Monzingen)
Felsenberg (Schlossböckelheim)
Kupfergrube (Schlossböckelheim)

Rebsorten

Riesling (85%)
Burgundersorten (15%)

★★★

Schäfer-Heinrich

Kontakt
Letten 3
74074 Heilbronn
Tel. 07131-162454
Fax: 07131-165659
www.schaefer-heinrich.de
weingut@schaefer-heinrich.de

Besuchszeiten
März-Okt.:
Mo.-Do. 17-19:30 Uhr
Fr. 13-19:30 Uhr
Sa. 9-18 Uhr
Nov.-Febr.:
Mo.-Do. 14-18:30 Uhr
Fr. 13-19:30 Uhr
Sa. 9-18 Uhr

Inhaber
Elke & Andreas Hieber
Betriebsleiter
Andreas & Lars Hieber
Kellermeister
Lars & Andreas Hieber
Rebfläche
18 Hektar
Produktion
120.000 Flaschen

schäfer-heinrich.
ÖKOLOGISCHES WEINGUT

Elke und Andreas Hieber übernahmen 1986 das elterliche Weingut und stellten Schritt für Schritt auf ökologische Bewirtschaftung um, 1990 wurden sie Mitglied beim Bundesverband Ökologischer Weinbau (Ecovin). Auch ihre Kinder sind am Wein interessiert: Tochter Sarah hat in Geisenheim studiert, Sohn Lars ist nach Weinlehre und Weintechnikerausbildung in den Betrieb eingestiegen. Die Weinberge liegen hauptsächlich in Heilbronn (Stiftsberg, Wartberg), aber auch im Stettener Pulvermächer. 70 Prozent der Weinberge sind mit roten Rebsorten bestockt, vor allem Trollinger und Lemberger, aber auch Spätburgunder, Clevner, Dornfelder, Samtrot, Regent, Cabernet Cubin und Cabernet Mitos. Bei den weißen Sorten dominiert Riesling. Daneben gibt es etwas Kerner, Grauburgunder und Müller-Thurgau. Die Rotweine werden alle maischevergoren (bis zu drei Wochen).

Kollektion

Die Rotweine haben weiter zugelegt, sind stark wie nie, setzen ganz auf intensive Frucht. An der Spitze steht der neue Quintessence, eine Cuvée aus Lemberger, Merlot und Cabernet, die herrlich viel Frucht zeigt, rote und dunkle Früchte, wunderschön kraftvoll ist, fruchtbetont, füllig, komplex und lang. Der Cabernet Cubin zeigt schon seit vielen Jahren sehr hohes Niveau, ist intensiv, reintönig, konzentriert und kraftvoll – so kann man diese Rebsorte mögen! Lemberger mögen wir sowieso, der 2018er schließt an den 2015er an, ist rauchig, konzentriert, besitzt gute Struktur und Grip. Neben diesen drei beeindruckenden Barrique-Rotweinen überzeugen auch die 2 Sterne-Rotweine, auch hier wird die Frucht zunehmend besser herausgearbeitet, der Pinot Noir ist überzeugender denn je, ist faszinierend reintönig und frisch, fruchtbetont, strukturiert und zupackend, auch die Bunter Mergel-Cuvée besitzt Frische, Frucht und Grip. Im weißen Segment lässt der im Barrique ausgebaute Grauburgunder Ambitionen erkennen, ist konzentriert und eindringlich, füllig und kraftvoll, gekonnt vinifiziert. Die Rieslinge überzeugen wie gewohnt, die Cuvée besitzt Frische und Grip. Klar im Aufwind!

Weinbewertung

84 2021 Riesling* Kabinett trocken Heilbronner Stiftsberg | 11,5%/7,90€
85 2020 Riesling** „N“ trocken Heilbronner Stiftsberg | 13%/11,30€
85 2021 „Bunter Mergel“*** Weißweincuvée trocken | 12%/8,90€
88 2020 Grauburgunder*** trocken Heilbronner Stiftsberg | 13,5%/18,70€
85 2019 „Bunter Mergel“*** Rotweincuvée trocken | 13,5%/10,30€
87 2019 Pinot Noir** trocken Heilbronner Stiftsberg | 13%/14,-€
89 2018 Cabernet Cubin*** trocken | 14,5%/21,-€
89 2018 Lemberger*** trocken Heilbronner Stiftsberg | 14%/21,-€
90 2018 „Quintessence“*** Rotweincuvée trocken | 14%/25,-€

★★★½

Egon Schäffer

Kontakt
Astheimer Straße 17
97332 Escherndorf
Tel. 09381-9350
Fax: 09381-4834
www.weingut-schaeffer.de
info@weingut-schaeffer.de

Besuchszeiten
Mo.-Sa. 10-18 Uhr
Ferienwohnung im Weingut

Inhaber
Peter & Sophie Schäffer
Kellermeister
Peter Schäffer
Rebfläche
6,5 Hektar
Produktion
30.000 Flaschen

2022 haben Peter Schäffer und seine Schwester Sophie das Weingut von ihrem Vater Egon übernommen; Peter Schäffer war bereits seit 2014 für den Weinausbau verantwortlich. Die Weinberge liegen in den Escherndorfer Lagen Lump (eine große Parzelle in der ältesten urkundlich belegten Lage Frankens, der Eulengrube, die 1971 Teil des Lump wurde), Fürstenberg und Berg, sowie im Untereisenheimer Sonnenberg und im Dettelbacher Berg-Rondell. Silvaner ist die wichtigste Rebsorte, es folgen Müller-Thurgau und Riesling, dazu gibt es etwas Weißburgunder, Bacchus, Spätburgunder und Schwarzriesling. Die Weine werden teils im Edelstahl, teils im Holz ausgebaut, Süßreserve und Anreicherung sind seit jeher tabu, die Weine werden konsequent durchgegoren ausgebaut – oder muss man „wurden" schreiben? Sie reifen recht lange auf der Hefe. Dem Weingut ist eine Brennerei angeschlossen, in der Obst- und Tresterbrände erzeugt werden.

Kollektion

Die Zuckerschnute ist neu – ein lieblicher Riesling! Gelungen, das allemal, wie die gesamte Kollektion. Der Petnat ist frisch, klar und hat Grip, der Bacchus ist wunderschön reintönig und lebhaft, was auch auf die Scheurebe von alten Reben zutrifft, der Fürstenberg-Weißburgunder zeigt gute Konzentration, feine Würze und Frucht, ist füllig, saftig und strukturiert. Besonders spannend aber sind die Silvaner. Schon der Gutswein überzeugt, der Ortswein hat Grip, der Fürstenberg-Wein besitzt herrlich viel Frucht und Substanz, bei moderatem Alkohol, der Lump-Silvaner setzt ganz auf Saft und Fülle. Gute Konzentration und zurückhaltende Frucht kennzeichnen den enorm druckvollen Fifty-Five. Besonders faszinieren die beiden kraftvollen 2015er, die fast sieben Jahre im großen Holzfass ausgebaut wurden, der Untereisenheimer hat etwas mehr Grip als der Fürstenberg. Stark!

Weinbewertung

87 2021 „Pétillant Naturel" brut | 11,5%/14,-€
84 2021 Silvaner trocken | 12%/7,90€
85 2021 Silvaner trocken Escherndorf | 12,5%/9,90€
83 2021 Müller-Thurgau trocken „Alte Reben" Escherndorf | 12%/8,90€
86 2021 Bacchus trocken Escherndorf | 12%/8,90€
85 2021 Scheurebe trocken „Alte Reben" Dettelbach | 12%/9,50€
87 2021 Silvaner trocken Escherndorfer Fürstenberg | 12,5%/15,-€
86 2020 Silvaner trocken Escherndorfer Lump | 13%/14,90€
87 2020 Weißburgunder trocken Escherndorfer Fürstenberg | 13%/16,-€
89 2020 Silvaner trocken „Fifty-Five" Escherndorfer Lump | 13%/19,55€
90 2015 „S7lvaner" trocken Untereisenheim | 13%/20,15€
89 2015 „S7lvaner" trocken Escherndorfer Fürstenberg | 13%/27,-€
86 2021 Riesling „lieblich" „Zuckerschnute" Escherndorf | 11,5%/10,50€
84 2021 Pinot Meunier x Noir Rosé trocken | 12%/8,90€

Gregor & Thomas Schätzle

Kontakt
Heinrich-Kling-Straße 38
79235 Vogtsburg-Schelingen
Tel. 07662-9461-0
Fax: 07662-946120
www.weingutschaetzle.de
info@weingutschaetzle.de

Besuchszeiten
Mo.-Fr. 8-12 + 13:30-18 Uhr
Sa. 9-16 Uhr oder nach Vereinbarung
Wohnmobilstellplätze
„Genuss-Rucksack"

Inhaber
Familie Schätzle
Kellermeister
Martin Schmidt
Rebfläche
15 Hektar
Produktion
90.000 Flaschen

Gregor Schätzle erbaute 1972 einen Aussiedlerhof außerhalb von Schelingen und verließ 1982 mit damals 5 Hektar Reben die Genossenschaft. 1994 übernahm Thomas Schätzle das Weingut von seinem Vater. 2013 ist Tochter Franziska in den Betrieb eingestiegen, die in Geisenheim und Dijon studierte; 2021 hat sie das Weingut übernommen. Die Weinberge befinden sich vor allem im Schelinger Kirchberg, aber auch in der Oberbergener Bassgeige und der Amolterner Steinhalde. Wichtigste Rebsorten sind Spätburgunder und Grauburgunder, die jeweils etwa ein gutes Drittel der Rebfläche einnehmen. Dazu gibt es Müller-Thurgau, Weißburgunder, Chardonnay, Gewürztraminer und Merlot. Die Spitzenweine von den Terrassen im Schelinger Kirchberg werden als Reserve angeboten; neu ins Programm kam mit dem Jahrgang 2019 der Grauburgunder „Heilligenberg", 2020 der Chardonnay „Heilligenberg". Zuletzt wurde in eine neue Ausstattung und das Wein-Archiv investiert.

Kollektion

Dies ist die bisher beste Kollektion der Schätzles. Sie wird eröffnet von einem faszinierenden Sekt, ohne Dosage und ohne Zugabe von Schwefel abgefüllt, der frisch, klar und zupackend ist, gute Struktur und Grip besitzt, Schon die weißen Ortsweine sind stark, besitzen Substanz und Grip, was auch für den Schatz-Grauburgunder gilt. Der Kirchberg-Grauburgunder ist konzentriert, herrlich reintönig, füllig und saftig, noch etwas druckvoller ist der Grauburgunder „Heilligenberg", der gute Struktur, Grip und eine jugendliche Bitternote besitzt. Gleichauf sehen wir den Chardonnay „Heilligenberg", der rauchige Noten zeigt, Fülle, Kraft und Saft besitzt. Stoffig und konzentriert ist der „Boden Schatz", ein maischevergorener Weißburgunder, der ungeschwefelt und unfiltriert abgefüllt wurde. Spannend sind auch die Spätburgunder: Der 2018er Schatz ist herrlich eindringlich und reintönig, zupackend und strukturiert, der 2019er Kirchberg ist kraft- und druckvoll, besitzt gute Struktur, Substanz, Druck und Länge.

Weinbewertung

90 2016 Pinot & Chardonnay Sekt brut nature | 12,5%/25,-€
85 2020 Grauburgunder trocken Schelinger | 13,5%/10,-€
86 2020 Chardonnay trocken Schelinger | 13%/10,-€
86 2020 Grauburgunder trocken „Schatz vom Vulkan" | 13,5%/15,-€
89 2020 Grauburgunder trocken „Reserve" Schelinger Kirchberg | 13,5%/25,-€
90 2020 Grauburgunder trocken „Reserve" Schelinger „Heilligenberg" | 13,5%/35,-€
90 2020 Chardonnay trocken „Reserve" Schelinger „Heilligenberg" | 13%/35,-€
89 2020 „Boden Schatz" Naturwein | 12%/20,-€
85 2018 Spätburgunder trocken Schelinger | 13,5%/15,-€
88 2018 Spätburgunder trocken „Schatz vom Vulkan" | 13,5%/20,-€
90 2019 Spätburgunder trocken „Reserve" Schelinger Kirchberg | 13,5%/45,-€

★★

Schaffner

Kontakt
BioWeingut Schaffner
Hauptstraße 82
79268 Bötzingen a.K.
Tel. 0160-97964775
Fax: 07663-4495
www.weingut-schaffner.de
info@weingut-schaffner.de

Besuchszeiten
Mitte März-Mitte Mai & Mitte Sept.-Ende Okt.
Straußwirtschaft „Löwenstrausse“

Inhaber
Thomas Schaffner
Betriebsleiter
Thomas Schaffner
Kellermeister
Thomas Schaffner
Außenbetrieb
Thomas Schaffner
Rebfläche
6,2 Hektar
Produktion
40.000 Flaschen

Thomas Schaffner, gelernter Winzermeister, ging 1989 mit seiner Frau Esther für zwei Jahre als Kinderdorfleiter nach Haiti; 1991 kam er zurück und übernahm den elterlichen Winzerhof mit damals 1,5 Hektar Reben und begann noch im selben Jahr mit der Selbstvermarktung. 1995 stellte er das komplette Weingut auf ökologische Bewirtschaftung um, er ist Mitglied bei Ecovin. Die Weinberge liegen in Bötzingen in Lagen wie Biegarten, Rappenbuck, Einpflänzle, Kirchhale oder Laire. Spätburgunder nimmt ein Viertel der Rebfläche ein, es folgen Grauburgunder und Müller-Thurgau, auf einem weiteren Viertel der Fläche wachsen Piwis, dazu gibt es Chardonnay, Weißburgunder und Muskateller. Es gibt drei Weinlinien, Basic, Premium (Edition SL) und Deluxxxe. Edelbrände und Liköre ergänzen das Sortiment. Ein Teil der Weine wird spontanvergoren und unfiltriert abgefüllt. In ihrer Löwenstrauße bieten Esther und Thomas Schaffner Gerichte aus regionalen Produkten an.

Kollektion

Eine starke, sehr eigenständige Kollektion präsentierte Thomas Schaffner zum Debüt im vergangenen Jahr, und auch die Kollektion ist stark Zwei Sekte eröffnen den Reigen, der Rosé ist fruchtbetont und würzig, die Cuvée Blanc harmonisch und geradlinig. Die Fleure genannte weiße Cuvée im Liter ist frisch, lebhaft und fruchtbetont, angenehm unkompliziert. Deutlich anspruchsvoller wird es mit dem Grauburgunder von alten Reben aus dem Jahrgang 2020, der viel Konzentration und viel reife Frucht im Bouquet zeigt, füllig und kraftvoll ist, gute Struktur und Substanz besitzt. Aus dem Jahrgang 2018 stammt der Chardonnay SL, der recht würzig und eindringlich ist, gute Struktur und Grip besitzt, keine Selbstverständlichkeit in diesem Jahrgang. Spannender noch ist aber der Chardonnay Deluxxxe aus dem Jahrgang 2020, zeigt rauchige Noten, ist herrlich konzentriert und intensiv, besitzt Fülle, Kraft und Substanz, ist sehr kompakt und braucht noch Zeit. Spannend sind auch die beiden Rotweine: Der 2017er Spätburgunder SL zeigt rote Früchte und rauchige Noten, besitzt gute Struktur und Grip, der Cabernet Carol, Jahrgang 2018, zeigt Gewürznoten, reife Frucht, ist kraftvoll und füllig – ein spannendes Piwi-Pendant zum Spätburgunder.

Weinbewertung

84 „Cuvée Blanc“ Sekt brut | 12,5%/15,50€
83 Pinot Rosé Sekt brut | 13%/15,50€
82 2021 „Fleure“ „Weiswein-Cuvée Classic“ trocken (1l) | 12%/10,90€
87 2020 Grauburgunder trocken „Alte Rebe“ „Edition SL“ | 13,5%/22,90€
86 2018 Chardonnay trocken „Edition SL“ | 13,5%/17,90€
88 2020 Chardonnay trocken „Deluxxxe“ | 13,5%/29,90€
86 2018 Cabernet Carol trocken „Edition SL“ | 13,5%/22,90€
87 2017 Spätburgunder trocken „Edition SL“ Barrique | 13%/22,90€

★★☆

Scheller

Kontakt
Bocksbeutelweingut Scheller
Weinbergstraße 24
97509 Stammheim
Tel. 09381-3295
Fax: 09381-710686
www.bocksbeutelweingut.de
info@bocksbeutelweingut.de

Besuchszeiten
nach Vereinbarung

Inhaber
Michael Scheller
Rebfläche
5,3 Hektar
Produktion
37.000 Flaschen

Stammheim liegt nördlich von Volkach, am linken Mainufer. Wahrzeichen und Namensgeber des Bocksbeutelweinguts Scheller ist seit 2003 ein fast 12 Meter hoher Bocksbeutel am Stammheimer Eselsberg, in dem 50 Personen Platz finden. Michael Scheller, der seit 2008 für den Weinausbau verantwortlich ist, hat 2015 den Betrieb von den Eltern übernommen und um 2 Hektar erweitert. Die Reben wachsen auf Muschelkalkböden mit Lössauflage im Stammheimer Eselsberg, einer überwiegend Süd- bis südwest-exponierten Hanglage. Neben Silvaner baut Michael Scheller Müller-Thurgau, Bacchus, Kerner, Weißburgunder und Rieslaner an, dazu die roten Sorten Domina und Dornfelder, inzwischen auch Scheurebe. 2019 wurden zwei weitere Parzellen erworben, so dass nun auch Riesling und Traminer Bestandteil des Sortiments sind.

Kollektion

Eine sehr stimmige Kollektion präsentiert Michael Scheller auch in diesem Jahr, wieder mit dem Highlight der 2018er Rieslaner Trockenbeerenauslese. Aber auch im Jahrgang 2021 kann Rieslaner überzeugen, diesmal als edelsüße Spätlese, die reintönige Frucht zeigt, etwas Grapefruit, füllig und saftig ist bei viel Substanz. Michael Scheller hatte auch sonst den nicht einfachen Jahrgang gut im Griff. Die beiden Kabinettweine, Bacchus und Scheurebe, beide halbtrocken ausgebaut, sind wunderschön sortentypisch und frisch, die Kerner Spätlese ist würzig, ebenfalls sehr reintönig. Im trockenen Segment stehen die drei Spätlesen an der Spitze: Der Weißburgunder ist füllig und saftig, besitzt reife Frucht und Substanz, der Silvaner von alten Reben besitzt im Jahrgang 2021 viel Frische und Grip, der 2020er ist deutlich offener und saftiger. Und dass sich Michael Scheller auch auf Rotwein versteht, das beweisen wieder einmal seine Dominas, wobei die barriqueausgebaute Variante derzeit noch recht tanninbetont ist.

Weinbewertung

83 2021 Riesling trocken | 12,5%/12,-€
84 2021 Silvaner Kabinett trocken | 12%/7,50€
87 2020 Silvaner Spätlese trocken „alte Reben" | 13%/10,-€
86 2021 Silvaner Spätlese trocken „alte Reben" | 13%/11,-€
86 2021 Weißburgunder Spätlese trocken | 13%/11,-€
84 2021 Traminer trocken | 12%/12,-€
84 2021 Bacchus Kabinett | 11,5%/7,10€
84 2021 Scheurebe Kabinett | 11%/7,50€
85 2021 Kerner Spätlese | 12%/9,-€
86 2021 Rieslaner Spätlese „edelsüß" | 10,5%/12,-€
91 2018 Rieslaner Trockenbeerenauslese | 7,5%/35,-€/0,375l
85 2021 Domina trocken | 13%/8,50€
86 2020 Domina trocken Barrique | 13%/12,-€

SCHELLER
BOCKSBEUTELWEINGUT

★★

Schenk-Siebert

Kontakt
Leiningerstraße 16
67269 Grünstadt
Tel. 06359-2159
Fax: 06359-83034
www.weingut-schenk-siebert.de
schenk-siebert@t-online.de

Besuchszeiten
Mo.-Sa. 10-12 + 13-17 Uhr
oder nach Vereinbarung

Inhaber
Gerhard & Hildegard Siebert
Betriebsleiter
Gerhard, Christoph & Johannes Siebert
Kellermeister
Johannes Siebert
Außenbetrieb
Christoph Siebert
Rebfläche
40 Hektar
Produktion
260.000 Flaschen

Die Vorfahren der heutigen Besitzer Gerhard und Hildegard Siebert betrieben schon seit 1675 Weinbau. Das Weingut in seiner heutigen Form entstand Mitte der 1980er Jahre, als Gerhard Siebert den elterlichen Betrieb in Grünstadt verließ und ins Weingut seiner Ehefrau einstieg. Heute werden sie von ihren Söhnen unterstützt, Christoph ist seit 2012 für den Außenbetrieb zuständig, Geisenheimabsolvent Johannes zeichnet seit 2018 für den Keller verantwortlich. Die 40 Hektar Weinberge der Familie liegen rund um Sausenheim, Grünstadt und Neuleiningen, aber auch in Kirchheim und Weisenheim, die besten Lagen sind Hütt und Honigsack in Sausenheim und das Neuleininger Feuermännchen, wo die Reben auf Muschelkalk- und Steinverwitterungsböden wachsen. Wichtigste Rebsorte ist Riesling mit einem Flächenanteil von 30 Prozent, auf einem Drittel der Fläche wachsen Spät-, Grau- und Weißburgunder. Seit dem Jahrgang 2017 wird das Sortiment in Guts-, Orts- und Lagenweine eingeteilt.

Kollektion

Auf die Lagen-Spätburgunder der Familie Siebert ist in den letzten Jahren immer Verlass, die beiden Weine aus dem Feuermännchen zeigen klare Schwarzkirschfrucht und kräutrige und rauchige Noten, die „Réserve"-Version ist etwas eleganter und besitzt die feinere Tanninstruktur als die normale Version. Genauso stark ist der „Großes Trio", der Aromen von dunkler Frucht, Mokka und Schokolade zeigt und am Gaumen Stoff, reife Tannine und Länge besitzt. Die vier Rieslinge besitzen in diesem Jahr eine sehr animierende Art und klare Zitrusnoten, der „Reserve" zeigt Aromen von Ananas, gelbem Apfel und feine Holzwürze im Bouquet, besitzt Kraft und Länge, der Honigsack ist offen und präzise, besitzt leicht kalkigen Grip, während der Hütt Kraft besitzt, aber noch leicht verhalten ist, der Chardonnay besitzt dezente Röstnoten und animierende Zitrusfrucht, der Weißburgunder ist cremig mit klarer gelber Frucht. ▬

Weinbewertung

84 2021 Riesling trocken „Dry as a Bone" Grünstadter | 12,5%/8,50€
84 2021 Sauvignon Blanc trocken Kirchheimer | 12%/7,90€
87 2021 Riesling trocken „Kalkstein" Sausenheimer Honigsack | 13%/11,60€
86 2021 Riesling trocken „Alte Reben" Sausenheimer Hütt | 13%/11,90€
86 2021 Weißer Burgunder trocken Sausenheimer Honigsack | 13%/10,90€
87 2021 Chardonnay trocken „Réserve" Neuleininger Feuermännchen | 13%/18,50€
88 2021 Riesling trocken „Réserve" Grünstadter Röth | 13%/18,50€
85 2019 „Cuvée Trio" Rotwein trocken | 14%/9,90€
85 2020 Spätburgunder trocken Grünstadter | 13,5%/8,20€
88+ 2020 Spätburgunder trocken „Réserve" Neuleininger Feuermännchen | 13,5%/23,-€
88 2020 Spätburgunder trocken Neuleininger Feuermännchen | 13%/17,50€
88 2020 „Großes Trio" Rotwein trocken | 14%/18,50€

★★★

Scherer&Zimmer

Kontakt
Im Bergfeld 6
79189 Bad Krozingen
Tel. 0160-8421315
www.weingut-scherer.de
info@weingut-scherer.de

Besuchszeiten
nach Vereinbarung

Inhaber
Felix Scherer
Kellermeister
Michael Zimmer
Außenbetrieb
Felix Scherer
Rebfläche
3 Hektar
Produktion
12.000 Flaschen

Scherer&Zimmer wurde 2011 in Bad Krozingen gegründet von Felix Scherer und Michael Zimmer. Felix Scherer stammt vom Schererhof in Bad Krozingen, einem Spargelhof, der auch Reben besitzt, hat eine Lehre beim Staatsweingut Blankenhornsberg gemacht, dann in Geisenheim studiert. Michael Zimmer ist in Berlin aufgewachsen, hat mit Felix Scherer zusammen in Ihringen gelernt, war auch in Geisenheim, ging dann aber ein Jahr nach Neuseeland bevor er zurück nach Deutschland kam, wo beide dann das gemeinsame Projekt starteten. Spätburgunder ist ihre wichtigste Rebsorte, gefolgt von Gutedel, Weißburgunder, Grauburgunder und Müller-Thurgau, auch Muskateller und Sauvignon Blanc bauen sie an, seit 2013 werden die Reben biologisch bewirtschaftet (Mitglied bei Ecovin), seit dem Jahrgang 2020 sind alle Trauben auch Demeter-zertifiziert. Alle Weine werden spontanvergoren und durchlaufen meist den biologischen Säureabbau, sie werden nicht filtriert.

Kollektion

Durch die geringen Erträge ist das 2021er Sortiment etwas kleiner als gewohnt – spannend aber ist es allemal. Der Petnat ist frisch, zupackend, hat viel Biss, der Pinot-Sekt, eine reinsortiger Spätburgunder, zeigt rauchig-würzige Noten, ist harmonisch. Der Gutedel KB ist sehr offen, zeigt viel Frucht, besitzt Fülle und Kraft, der maischevergorene MG ist enorm würzig im Bouquet, intensiv, fast scharf, dann stoffig im Mund, noch sehr jugendlich. Die Komposition Pinot aus Grau- und Weißburgunder ist würzig, sehr kompakt, der Grauburgunder ist kraftvoll und strukturiert, noch jugendlich. Die „Natur"-Weine werden ohne Zugabe von Schwefel abgefüllt. Der Weiße ist würzig und eindringlich, klar und zupackend, recht saftig, der Rosé ist kraftvoll, strukturiert, noch sehr jugendlich. Der im 600 Liter-Fass und gebrauchtem Barrique ausgebaute Sauvignon Blanc KB gefällt uns auch 2021 wieder besonders gut, er ist intensiv, füllig, stoffig, sehr dominant. Auch der Spätburgunder Bellen ist wieder stark, reintönig, konzentriert, kraftvoll, hat Potenzial. Spannende Kollektion!

Weinbewertung

87 2021 „PetNat" Weiß | 11,5%/16,-€
86 Pinot Sekt brut | 12%/16,-€
87 2020 Gutedel „KB" | 10%/14,-€
85 2021 Grauburgunder trocken | 12,5%/10,-€
86 „Komposition Pinot" Weißwein | 12%/14,-€
88 2020 Gutedel „MG" | 10%/25,-€
87 2021 Weiß (Natur) | 12%/17,-€
89 2021 Sauvignon Blanc „KB" | 12%/14,-€
86 2021 Rosé (Natur) | 11,5%/17,-€
88 2019 Spätburgunder „Bellen" | 12,5%/25,-€

★★

Scherner-Kleinhanss

Kontakt
Alzeyer Straße 10
67592 Flörsheim-Dalsheim
Tel. 06243-435
Fax: 06243-5665
www.scherner-kleinhanss.de
info@scherner-kleinhanss.de

Besuchszeiten
nach Vereinbarung

Inhaber
Monika, Sonia & Julia Scherner
Betriebsleiter
Monika, Sonia & Julia Scherner
Rebfläche
13 Hektar
Produktion
80.000 Flaschen

Monika Bank-Scherner führt heute zusammen mit ihren beiden Töchtern Sonia und Julia Scherner den Betrieb, nachdem ihr Ehemann Klaus Scherner im Herbst 2021 unerwartet gestorben ist. Seit 1726 ist das Gut in Familienbesitz, seit 1954 trägt es den Namen Scherner-Kleinhanss. Die Weinberge liegen in den Nieder-Flörsheimer Lagen Frauenberg (Muschelkalk, Löss, quarz- und kieshaltige Böden), Goldberg (Lehmmergel auf Kalksteinuntergrund) und Steig (Löss), im Monsheimer Rosengarten (Löss mit Kies), dem Dalsheimer Bürgel (schwere Böden) und dem Dalsheimer Sauloch (Löss mit Muschelkalk). Weißburgunder nimmt ein Viertel der Rebfläche ein, es folgen Riesling und Spätburgunder, Grauburgunder, Müller-Thurgau und Dornfelder, als Spezialitäten gibt es Muskat-Ottonel und Sauvignon Blanc. Die Weine werden überwiegend trocken ausgebaut. Zuletzt wurde in eine neue Kühlanlage investiert.

Kollektion

Eine gewohnt kleine Kollektion von sechs Weinen präsentiert das Weingut auch in diesem Jahr, fünf Weine des Jahrgangs 2021 und einer aus 2020 – und der ist das klare Highlight der Kollektion: Der Riesling Großes Gewächs aus dem Dalsheimer Bürgel zeigt viel Konzentration und klare reife Frucht im Bouquet, viel Frische, ist füllig und kraftvoll im Mund, harmonisch und saftig, besitzt reife süße Frucht, gute Struktur, viel Biss und Grip. Auch unter den 2021er Weinen ist ein Riesling unser Favorit, der Dalsheimer Ortswein, der frisch und fruchtbetont im Bouquet ist, feine Noten von Limone aufweist, klar und geradlinig im Mund ist, harmonisch, lebhaft, feine süße Frucht und Biss besitzt. Der Dalsheimer Weißburgunder zeigt reintönige Frucht im Bouquet, weiße Früchte, ist lebhaft und geradlinig im Mund, reintönig, zupackend, besitzt viel Frische und Biss noch im Abgang. Der Nieder-Flörsheimer Sauvignon Blanc ist enorm würzig im Bouquet, eindringlich, ist frisch und geradlinig im Mund, hat Säure und Biss, wodurch die Restsüße gut in Balance gehalten wird. Auch der Grauburgunder ist würzig und eindringlich, zeigt feine Frische, er ist lebhaft im Mund, auch bei ihm stimmt die Balance aus Säure und Süße. Ganz auf Frische und Frucht setzt der Spätburgunder Rosé, zeigt rote Früchte, besitzt viel Frische auch im Mund, feine süße Frucht und Biss. Gute Kollektion!

Weinbewertung

83 2021 Grauer Burgunder trocken | 12%/7,50€
84 2021 Weißer Burgunder trocken Dalsheimer | 12,5%/9,20€
83 2021 Sauvignon Blanc trocken Nieder-Flörsheimer | 12%/9,20€
85 2021 Riesling trocken Dalsheimer | 12%/9,20€
88 2020 Riesling trocken „Großes Gewächs" Dalsheimer Bürgel | 12,5%/18,80€
83 2021 Spätburgunder Rosé trocken | 12,5%/7,30€

★★

Scheuermann

Kontakt
Hauptstraße 115
67150 Niederkirchen
Tel. 06326-7575
www.scheuermann-weine.de
info@scheuermann-weine.de

Besuchszeiten
nach Vereinbarung

Inhaber
Karl-Josef, Simon & Gabriel Scheuermann
Kellermeister
Gabriel Scheuermann
Außenbetrieb
Simon Scheuermann
Rebfläche
30 Hektar
Produktion
120.000 Flaschen

Der Familienbetrieb war ein reiner Traubenproduzent, bis die Brüder Gabriel und Simon Scheuermann 2009 begannen ihre eigenen Weine auszubauen. Seit 2012 werden die Weinberge biologisch bewirtschaftet, mittlerweile arbeitet das Weingut biodynamisch und ist seit dem Jahrgang 2019 Demeter-zertifiziert. Noch immer wird ein Teil der Trauben an andere Bio-Weingüter verkauft, aber die eigene Produktion wurde in den letzten Jahren deutlich ausgeweitet und umfasst heute ungefähr die Hälfte der Fläche von 30 Hektar. Bei ihren eigenen Weinen beschränken sich die Brüder auf wenige Rebsorten, auf Riesling, Chardonnay, Weiß-, Grau- und Spätburgunder. Alle Weine werden spontanvergoren, auf Schönungsmittel wird komplett verzichtet, die Lagenweine werden mit einem langen Hefelager im Holz ausgebaut.

Kollektion

Was für ein starkes Debüt! Gleich vier Weine haben wir mit 90 Punkten bewertet, alle Weine der Scheuermann-Brüder sind prägnant und ausdruckstark, aber nie laut, sie bleiben stets elegant, harmonisch und präzise. Schon die Ortsweine, allen voran Chardonnay und Weißburgunder, besitzen ein sehr gutes Niveau, richtig spannend wird es bei den Lagen: Der Reiterpfad-Riesling ist noch leicht verhalten, zeigt dunkle, kräutrige Würze, besitzt viel Substanz, Grip, feinen Druck und ist sehr nachhaltig, die Mäushöhle ist präsenter und offener, zeigt intensive Zitrusnoten und etwas Brotkruste, ist sehr animierend und druckvoll. Der Rosengarten-Weißburgunder ist ebenfalls sehr intensiv und komplex im Bouquet, am Gaumen ist er elegant, lebendig, nachhaltig und schon etwas präsenter als der Chardonnay aus derselben Lage, der sehr schlank und animierend ist. Auch die beiden Pinots sind sehr elegant, der Hoheburg zeigt komplexen Duft nach Hagebutte, etwas Gummi und Waldboden, besitzt Finesse und Frische und auch der Ruppertsberger ist frisch, harmonisch und nachhaltig.

Weinbewertung

87 „Blanc et Noir" Sekt brut nature | 11,5%/16,-€
87 2020 Riesling trocken „Sur Lie" | 11,5%/12,-€
87 2021 Riesling trocken „Gelber Sandstein" Ruppertsberg | 12%/13,-€
87 2021 Riesling trocken „Bunter Sandstein" Deidesheim | 12%/13,-€
88 2021 Weißburgunder trocken „Stein & Lehm" Forst | 12,5%/14,50€
88 2021 Chardonnay trocken „Bunter Sandstein" Deidesheim | 12,5%/14,50€
90 2020 Weißburgunder trocken Friedelsheimer Rosengarten | 13%/27,-€
89+ 2020 Chardonnay trocken Friedelsheimer Rosengarten | 12,5%/27,-€
90 2020 Riesling trocken Deidesheimer Mäushöhle | 12,5%/32,-€
90 2020 Riesling trocken Ruppertsberger Reiterpfad | 12,5%/32,-€
88 2020 Pinot Noir trocken „Gelber Sandstein" Ruppertsberg | 13%/18,-€
90 2020 Pinot Noir trocken Ruppertsberger Hoheburg | 12,5%/38,-€

Schilling

Kontakt
Frankenstraße 7
97342 Seinsheim
Tel. 09332-4515
Fax: 09332-591966
www.weinbau-schilling.de
kontakt@
winzerstubeschilling.de

Besuchszeiten
Weinverkauf täglich, gerne nach Vereinbarung; Winzerstube mit saisonaler und authentisch fränkischer Küche, Übernachtungsmöglichkeiten: 6 Doppelzimmer (DLG Urlaub auf dem Winzerhof)

Inhaber
Klaus Schilling
Kellermeister
Sophia & Sebastian Lehrmann
Rebfläche
4,9 Hektar
Produktion
35.000 Flaschen

Seit fünf Generationen baut die Familie Wein in Seinsheim am südwestlichen Steigerwald an, heute führt Klaus Schilling mit Ehefrau Evi das Gut, unterstützt von den Töchtern Sophia, die sich zusammen mit Sebastian Lehrmann um den Keller kümmert, und Julia, die sich um die Gäste kümmert. 2007 hat Klaus Schilling begonnen die Weine selbst auszubauen. Die Weinberge liegen hauptsächlich in Seinsheim in der Lage Hohenbühl, im Krassolzheimer Pfaffenberg und im Bullenheimer Paradies, hier wachsen die Reben auf Gipskeuperböden; aber auch einen Silvaner aus dem am Main gelegenen Retzbach hat man im Sortiment, hier stehen die Reben auf Muschelkalkböden. Silvaner und Müller-Thurgau nehmen jeweils etwa ein Viertel der Rebfläche ein, dazu gibt es Bacchus, Traminer und Weißburgunder, inzwischen auch Scheurebe, etwa ein Sechstel der Fläche ist mit roten Rebsorten bestockt. Zum Weingut gehören eine Destillerie, eine Winzerstube mit saisonaler fränkischer Küche, auch Übernachtungsmöglichkeiten werden angeboten.

Kollektion

Beginnen wir gleich mit der großen Überraschung: Was für ein toller Sekt! Die Cuvée aus Pinot und Silvaner, spontanvergoren und zehn Monate auf der Vollhefe im Barrique ausgebaut, zwei Jahre später degorgiert, zeigt feine rauchige Noten, schönen Hefetouch, ist füllig, harmonisch und komplex, besitzt gute Struktur und Länge. Silvaner gibt es auch solo in Form von drei trockenen Weißweinen. Der Seimsheimer ist füllig und kraftvoll, besitzt gute Struktur, Substanz und Grip, der Retzbacher ist würziger, frisch und zupackend. Das Highlight ist der im gebrauchten Barrique ausgebaute Benediktusberg-Silvaner, der viel reife Frucht und Konzentration zeigt, viel reife süße Frucht und Substanz besitzt. Stark ist aber auch der Weißburgunder vom Hohenbühl, zeigt reife Frucht, etwas rauchige Noten, besitzt Fülle, Saft, Struktur und Frucht. Auch die anderen Weißweine und der Rosé überzeugen mit Frische und Frucht. Ganz stark ist die Domina, reintönig, konzentriert, harmonisch, strukturiert und elegant. Klar im Aufwind!

Weinbewertung

89 2018 Pinot & Silvaner Sekt brut nature | 12%/28,-€
83 2021 „Cuveé SL Sorglos" Weißwein trocken | 12%/5,50€
85 2021 Silvaner trocken Seinsheimer | 12,5%/8,-€
84 2021 Silvaner trocken Retzbacher | 12%/8,-€
87 2020 Silvaner trocken Retzbacher Benediktusberg | 13%/12,-€
86 2020 Weißer Burgunder trocken Seinsheimer Hohenbühl | 13%/9,-€
84 2021 Scheurebe „feinherb" Bullenheimer | 11,5%/7,50€
84 2021 Traminer „feinherb" Seinsheimer | 12,5%/7,50€
84 2021 Rosé trocken | 12%/6,50€
87 2019 Domina trocken Seinsheimer Hohenbühl | 13%/12,50€

Schittler & Becker

Kontakt
Hahnheimer Straße 30
55270 Zornheim
Tel. 06136-44790
www.schittler-becker.de
info@schittler-becker.de

Besuchszeiten
Mo.-Fr. 13-18 Uhr, Wochenende nach Vereinbarung
Gutsschenke

Inhaber
Familie Schittler
Betriebsleiter
Julia Schittler
Kellermeister
Dominik Schittler
Außenbetrieb
Hans-Jürgen Schittler & Mathias Michel
Rebfläche
40 Hektar
Produktion
250.000 Flaschen

Im Jahr 2015 erfolgte die Zusammenlegung der beiden einzelnen Weingüter zu den „Vereinigten Weingütern Schittler & Becker". Hans-Jürgen Schittler kümmert sich um den Außenbetrieb, seine Ehefrau Simone Schittler-Becker um Weinverkauf und Gutsschenke, Tochter Julia um die Vinifikation im Hauptweinkeller in Weinolsheim, und Sohn Dominik absolviert eine Winzerlehre. Julia Schittler hat ihre eigene Weinlinie gegründet. Die Weinberge liegen im Gottesgarten in Selzen, im Guldenmorgen in Zornheim, aber auch in den Niersteiner Lagen Pettenthal und Bergkirche. Riesling und die Burgundersorten dominieren im Anbau, es folgen Silvaner, Merlot, Sauvignon Blanc und Muskateller.

Kollektion

Beim beeindruckenden Debüt im vergangenen Jahr stand der Pettenthal-Riesling an der Spitze der Kollektion, und mit dem neuen Jahrgang bestätigt Julia Schittler den starken Eindruck des Vorjahres, wieder ist der 2020er Pettenthal-Riesling unser Favorit, ist würzig und eindringlich, herrlich kraftvoll, dezent mineralisch und nachhaltig. Von den anderen Lagen-Weißweinen hat Julia Schittler den Jahrgang 2021 präsentiert. Spannend ist der Pinot Blanc aus dem Guldenmorgen, zeigt gute Konzentration, reife Frucht, Vanille, ist füllig und saftig bei viel Substanz. Der Sylvaner aus derselben Lage ist würzig und konzentriert, kraftvoll und strukturiert, wie der Pinot Blanc noch recht jugendlich. Der gelbfruchtige Riesling aus dem Selzener Gottesgarten besitzt Fülle und Saft, viel reife Frucht und Substanz. Auf Frische und Reintönigkeit setzt der dezent süße Riesling Kabinett aus der Niersteiner Bergkirche. Die Gutsweine sind frisch und geradlinig, die Ortsweine sind eindringlich, würzig und zupackend. Sehr gut gefällt uns auch der einzige vorgestellte Rotwein: Der Gottesgarten-Pinot Noir aus dem Jahrgang 2020 ist recht würzig und eindringlich, besitzt Frische, klare Frucht, Struktur und Grip. Starke Kollektion!

Weinbewertung

85 2020 Pinot Blanc Sekt brut „Julia Schittler" | 12%/17,-€
82 2021 Weißer Burgunder trocken | 12,5%/7,60€
82 2021 Grauer Burgunder trocken | 12,5%/7,60€
83 2021 Sauvignon Blanc trocken „Julia Schittler" Zornheim | 12%/8,80€
84 2021 Weißer Burgunder trocken „Julia Schittler" Zornheim | 13%/9,40€
84 2021 Grauer Burgunder trocken „Julia Schittler" Zornheim | 13%/9,40€
87 2021 Sylvaner trocken „Julia Schittler" Zornheimer Guldenmorgen | 13%/11,-€
88 2021 Pinot Blanc trocken „Julia Schittler" Zornheimer Guldenmorgen | 12,5%/21,20€
86 2021 Riesling trocken „Julia Schittler" Selzener Gottesgarten | 13%/11,-€
89 2020 Riesling trocken „Julia Schittler" Niersteiner Pettenthal | 13%/27,-€
85 2021 Riesling Kabinett „Julia Schittler" Niersteiner Bergkirche | 9,5%/15,-€
87 2020 Pinot Noir trocken „Julia Schittler" Selzener Gottesgarten | 13%/21,20€

JULIA SCHITTLER

★★

von Schleinitz

Kontakt
Kirchstraße 15
56330 Kobern-Gondorf
Tel. 02607-972020
Fax: 02607-972022
weingut@vonschleinitz.de
www.vonschleinitz.de

Besuchszeiten
nach Vereinbarung

Inhaber
Bruno Reufels
Betriebsleiter
Martin Gerlach
Kellermeister
Martin Gerlach
Außenbetrieb
Martin Gerlach
Rebfläche
20 Hektar
Produktion
130.000 Flaschen

Das Weingut von Schleinitz besitzt eine lange Tradition, präsentiert sich seit dem 1. Mai 2018 aber in neuer Form. Die beiden Weingüter von Schleinitz und Gerlachs Mühle haben sich zu diesem Zeitpunkt offiziell zusammengeschlossen. Der bisherige Betriebsleiter des Weinguts von Schleinitz, Konrad Hähn, hat sich in den Ruhestand verabschiedet, Martin Gerlach leitet nun das Unternehmen. Zum ersten Mal in der Geschichte der beiden Weingüter wurde im Keller komplett auf Reinzuchthefen sowie Entsäuerung verzichtet. Neu ist zudem der Ausbau der Rotweine in gebrauchten Barriques. Bewirtschaftet werden Parzellen in den Lagen Winninger Domgarten, Koberner Uhlen und Weißenberg, Lehmener Klosterberg und Ausoniusstein, Katteneser Fahrberg und Steinchen sowie Niederfeller Fächern. Neben Riesling gibt es auch Weißburgunder, Chardonnay, Grauburgunder sowie Früh- und Spätburgunder.

Kollektion

Martin Gerlachs Weine sind in aller Regel gut zu erkennen, besitzen meist eine schlanke Stilistik, sind fein und klar definiert, dabei doch leicht verständlich. Das gilt auch für die diesmal vorgestellten Weine. Beim trockenen Basisriesling ist schon in der Nase Frische zu spüren, der Wein wirkt schlank am Gaumen und ist wirklich absolut trocken, ohne im Geringsten unreif zu sein. Selbiges trifft auch auf die beiden Weine aus Burgundersorten zu, von denen der Weißburgunder, erfrischend und knackig, noch etwas besser gefällt als der schlanke, bereits zugängliche Grauburgunder. Frisch und trocken, aber bereits mit einem leichten Schmelz und Würze ausgestattet ist der Riesling aus dem Uhlen, er ist in der Nase noch sehr verhalten, im Mund aber schon zugänglich, frisch und animierend. Gar nicht gefährlich ist der Dangerous Riesling, der in der Nase noch verhalten wirkt, im Mund aber schön zupackend und frisch ist; der Wein verfügt über einen Hauch von Süße, der ihm aber ausgezeichnet steht. Schließlich der Riesling R aus dem Koberner Uhlen, der neben dem feinherben Basisriesling der süßeste Wein des Sortiments ist, allerdings ist der Restzucker so gut ins Gesamtpaket eingebunden, dass man diesen Stil nur loben kann; der Wein besitzt Würze am Gaumen und Reifepotenzial.

Weinbewertung

83	2021 Riesling trocken I 10,5%/7,50€
86	2021 Weißburgunder trocken I 11%/7,90€
85	2021 Grauburgunder trocken I 11,5%/8,90€
86	2021 Riesling Koberner Uhlen I 11%/13,90€
83	2021 Riesling „feinherb“ I 10%/7,50€
84	2021 Riesling „Dangerous“ I 11%/8,50€
87	2021 Riesling „R“ Koberner Uhlen I 11%/18,50€

VS
ON SCHLEINITZ

★★★★

Schlör

Kontakt
Martin-Schlör-Straße 22
97877 Wertheim-Reicholzheim
Tel. 09342-4976
www.weingut-schloer.de
info@weingut-schloer.de

Besuchszeiten
nach Vereinbarung

Inhaber
Konrad Schlör
Betriebsleiter
Konrad Schlör
Kellermeister
Konrad Schlör
Rebfläche
6 Hektar
Produktion
22.000 Flaschen

Reicholzheim liegt im badischen Teil des Taubertals, im badischen Weinbaubereich Tauberfranken. Hier sind Konrad und Monika Schlör zuhause, die 1984 die Genossenschaft verließen, mit damals 3 Hektar Reben ihr eigenes Weingut gründeten und seither ihre Weine selbst vermarkten. Ihre Weinberge liegen im Reicholzheimer First, in unmittelbarer Nachbarschaft zum Kloster Bronnbach, das von Zisterziensermönchen aus Burgund gegründet wurde. Die süd-exponierte Lage First, bis zu 300 Meter hoch gelegen, wurde erstmals 1476 urkundlich als „Fyerst" erwähnt. Der Boden besteht aus Unterem Muschelkalk mit hohem Steinanteil und Wellenkalk, die westliche Spitze des Hangfußes steht auf Oberem Buntsandstein. Schwarzriesling und Spätburgunder nehmen schon lange zusammen über 40 Prozent der Rebfläche ein, mit der Neupflanzung von Pinot Noir- und mischbeerigen Spätburgunder-Klonen wurde die Rotweinfläche auf nahezu 50 Prozent erweitert. An weißen Sorten gibt es Weißburgunder, Müller-Thurgau, Riesling und Silvaner. Die Weißweine werden kühl oder kalt vergoren, die Rotweine werden alle maischevergoren, ausgewählte Weine werden bis zu achtzehn Monate im Barrique ausgebaut, sie durchlaufen alle die malolaktische Gärung. Im Weingut Schlör wurde investiert: Ein neues Barriquelager wurde gebaut, weitere neue Maischegärtanks ermöglichen es nun, jeden Tank im Herbst nur einmal befüllen zu müssen. Dadurch können alle Rotweine bei optimaler Reife geerntet werden. Das Sortiment ist vierstufig gegliedert in Gutsweine, Ortsweine, Reicholzheimer First und schließlich die Großen Gewächse, die an der Spitze der Kollektion stehen, diese tragen seit dem Jahrgang 2014 (Weißburgunder) bzw. 2013 (Spätburgunder) den Gewannnamen Oberer First. Schon seit der ersten Ausgabe empfehlen wir die Weine von Konrad Schlör und sein Weingut als sehr guten Betrieb, schon damals stellten wir fest: „Was für eine schöne Überraschung in Tauberfranken!". Und man mag es rückwirkend kaum glauben: Für die erste Ausgabe dieses Buches hatte Konrad Schlör ausschließlich Weißweine eingeschickt. Im Jahr darauf folgten dann die ersten Rotweine, und seither sind Rotweine immer wichtiger geworden in seinem Programm, vor allem mit Spätburgunder und Schwarzriesling hat er sich weit über die Region hinaus einen Namen gemacht, 2016 zeichneten wir ihn für die beste Rotweinkollektion des Jahres in Deutschland aus. Konrad Schlörs Rotweine sind über die Jahre hinweg zunehmend feiner geworden, sie setzen ganz auf Eleganz, Finesse und Frische; die Weißweine können in der Spitze da noch nicht ganz gleichziehen, auch wenn der Weißburgunder Oberer First in den letzten Jahren stetig zugelegt hat; die Basis und das hohe Einstiegsniveau überzeugt aber wie bei den Roten.

Kollektion

Die Weißen Ortsweine zeigen ein gleichmäßig hohes Niveau. Der Müller-Thurgau ist wunderschön frisch und fruchtbetont im Bouquet, klar und harmonisch im Mund, ein feiner Terrassenwein. Das gilt auch für den wunderschön reintönigen Weißburgunder, der lebhaft, fruchtbetont und harmonisch ist. Der Riesling ist frisch und klar im Bouquet, herrlich fruchtbetont und geradlinig im Mund. Die Erste Lage-Weine sind den Ortsweinen recht ähnlich, ein wenig kraftvoller und fülliger, setzen aber ebenfalls ganz auf Frische und Frucht. Der Riesling zeigt gute Konzentration, feine Würze und Frucht, ist klar, frisch, zupackend, besitzt gute Struktur und Grip. Der Silvaner zeigt reintönige Frucht im Bouquet, ist harmonisch und klar im Mund. Das gilt auch für den wunderschön leichten und reintönigen Weißburgunder, der gute Struktur, Frische und Länge besitzt. Der Weißburgunder Großes Gewächs zeigt gute Konzentration und intensive Frucht, etwas Zitrus und Vanille, ist füllig, kompakt, besitzt reife Frucht und Substanz. Zwei tolle Schwarzrieslinge hat Konrad Schlör auch dieses Jahr wieder im Programm, die konträrer nicht sein könnten. Der 2020er R zeigt faszinierend reintönige Frucht im Bouquet, Kirschen, ist herrlich eindringlich, präsentiert sich im Mund dann leicht und verspielt, besitzt reintönige Frucht, viel Frische und Grip – die 14,5 Prozent auf dem Etikett mag man so gar nicht glauben. Ein völlig anderer Wein ist der Fyerst 1476 aus dem Jahrgang 2019, enorm konzentriert, dicht und dunkel, stoffig, kraft- und druckvoll, dominant und nachhaltig – ihm nimmt man die 14,5 Prozent unbesehen ab. Der Spätburgunder R weist zwar nur 14 Prozent auf dem Etikett aus, und damit weniger als sein Schwarzriesling-Pendant, er ist füllig und kraftvoll, rauchig und konzentriert, ohne aber die Leichtigkeit und Frische seines Kollegen zu besitzen. Das Große Gewächs zeigt viel Konzentration und herrlich viel Frucht, ist füllig, harmonisch, besitzt viel Druck, reintönige Frucht und feinen Grip. ▬

Konrad Schlör

Weinbewertung

86	2021 Müller-Thurgau trocken Reicholzheim I 11,5%/7,50€
87	2021 Riesling trocken Reicholzheim I 12%/8,50€ ☺
87	2021 Weißburgunder trocken Reicholzheim I 12,5%/8,50€ ☺
88	2021 Silvaner trocken Reicholzheimer First I 13%/15,-€
88	2021 Weißburgunder trocken Reicholzheimer First I 12,5%/15,-€
87	2021 Riesling trocken Reicholzheimer First I 12,5%/15,-€
92	2021 Weißburgunder trocken „GG" Oberer First I 13%/25,-€
91	2020 Schwarzriesling „R" trocken Reicholzheimer First I 14,5%/25,-€
89	2020 Spätburgunder „R" trocken Reicholzheimer First I 14%/25,-€
94	2020 Spätburgunder trocken „GG" Oberer First I 14,5%/36,-€
94	2019 Schwarzriesling trocken „R" Reicholzheimer First „Fyerst 1476" I 14%/65,-€

Lagen
First (Reicholzheim)
Oberer First (Reicholzheim)

Rebsorten
Schwarzriesling (21%)
Spätburgunder (20%)
Weißburgunder (15%)
Müller-Thurgau (15%)
Riesling (10%)
Silvaner (8%)

★ ☆

Schlossmühlenhof

Kontakt
Weingut Schlossmühlenhof,
Walter und Nicolas Michel
Kirchgasse 18
55234 Kettenheim
Tel. 06731-43459
Fax: 06731-42105
www.schlossmuehlenhof.de
info@schlossmuehlenhof.de

Besuchszeiten
nach Vereinbarung
Ferienwohnung (50 qm)

Inhaber
Walter & Nicolas Michel
Betriebsleiter
Nicolas Michel
Kellermeister
Nicolas Michel
Außenbetrieb
Walter & Nicolas Michel
Rebfläche
25 Hektar
Produktion
130.000 Flaschen

Der Schlossmühlenhof in Kettenheim, südlich von Alzey, war einst eine Mahlmühle für Weizen und Roggen. Der Mühlenbetrieb wurde während des Zweiten Weltkrieges eingestellt, man konzentrierte sich dann auf Landwirtschaft und Weinbau, legte schließlich den Fokus ganz auf Weinbau. Seit 2015 führt Nicolas Michel in sechster Generation das Gut, zusammen mit seiner Familie und seinen Eltern; bereits seit 2007 ist er für den Weinausbau verantwortlich. Seine Weinberge liegen im Kettenheimer und Alzeyer Wartberg, im Wahlheimer Schelmen sowie im Esselborner Goldberg, in etwas kühleren, höher gelegenen Lagen. 88 Prozent der Fläche nehmen weiße Rebsorten ein wie Grauburgunder, Weißburgunder, Chardonnay, Riesling, Sauvignon Blanc, Müller-Thurgau und Silvaner, an roten Rebsorten gibt es Spätburgunder, Portugieser, Dornfelder und St. Laurent.

Kollektion

Der 2020er Riesling Eiswein aus dem Kettenheimer Wartberg war im vergangenen Jahr unser Favorit in einer starken Kollektion, und sein Jahrgangsnachfolger führt in diesem Jahr eine ansonsten sehr gleichmäßige Kollektion von 2021er Weißweinen an. Er ist faszinierend reintönig im Bouquet, zeigt etwas Litschi, kandierte Aprikosen, ist füllig und harmonisch, sehr klar und konzentriert, dominant und lang. Einen trockenen Lagen-Weißwein konnten wir dieses Jahr nicht verkosten, der zur Nachsendung angekündigte Riesling aus dem Wartberg hat uns vor Redaktionsschluss nicht mehr erreicht. Der Riesling vom Muschelkalk ist würzig, eindringlich und konzentriert im Bouquet, frisch, klar und zupackend im Mund. Ansonsten konnten wir nur Gutsweine verkosten, die sich sehr gleichmäßig präsentieren, frisch und fruchtbetont sind, sehr sortentypisch, jahrgangstypischen Grip besitzen. Unsere leichte Präferenz gilt der Cuvée aus Weißburgunder und Chardonnay, die gute Konzentration und reife Frucht zeigt, füllig und saftig ist, gute Struktur und Frische besitzt, und dem floralen, würzigen Sauvignon Blanc, der ebenfalls viel Säure besitzt, klare Frucht und Grip.

Weinbewertung

82	2021 Riesling trocken I 13%/7,-€
84	2021 Sauvignon Blanc trocken I 13%/7,50€
82	2021 Scheurebe trocken I 12,5%/7,-€
82	2021 Spätburgunder „Blanc de Noirs“ trocken I 13%/7,20€
83	2021 Weißer Burgunder trocken I 13%/7,20€
83	2021 Grauer Burgunder trocken I 13%/7,20€
84	2021 Weißer Burgunder & Chardonnay trocken I 13%/7,-€
84	2021 Riesling trocken „vom Muschelkalk“ I 13%/9,50€
83	2021 Gelber Muskateller „feinherb“ I 12%/7,20€
90	2021 Riesling Eiswein Kettenheimer Wartberg I 7,5%/30,-€

★★★

Rainer Schlumberger

Kontakt
Obere Holzgasse 4
79295 Sulzburg-Laufen
Tel. 07634-592240
Fax: 07634-592241
www.weingut-schlumberger.de
info@weingut-schlumberger.de

Besuchszeiten
Mo.-Sa. 14-18 Uhr „oder mit etwas Glück“
Ferienwohnung über dem alten Holzfasskeller

Inhaber
Rainer Schlumberger
Betriebsleiter
Rainer Schlumberger
Kellermeister
Josefine Schlumberger
Rebfläche
5,5 Hektar
Produktion
25.000-30.000 Flaschen

Rainer und Stephanie Schlumberger führen in vierter Generation diesen Laufener Betrieb, schon Urgroßvater Wilhelm Konrad hatte Wein im Markgräflerland angebaut. Die Weinberge liegen alle in Laufen, wo alle ehemaligen Einzellagen, wie beispielsweise die Lage Eich, 1971 zur Lage Altenberg zusammengefasst wurden. Wichtigste Rebsorten sind Gutedel, Spätburgunder und Weißburgunder mit jeweils etwa einem Viertel Anteil an der Rebfläche, es folgen Grauburgunder und als Spezialität Huxelrebe, die uns sonst noch bei keinem anderen badischen Weingut begegnet ist, zuletzt kam Muscaris hinzu. Spezialität ist der naturtrüb abgefüllte, als Tafelwein verkaufte Gutedel (seit 1999). Tochter Josefine, die in Geisenheim studierte und 2015 zur Deutschen Weinkönigin gekrönt wurde, ist 2020 in den Betrieb eingestiegen, will auch im Keller neue Akzente setzen und das Weingut zusammen mit ihren Eltern weiterentwickeln. Das Sortiment wurde neu gegliedert in Guts- und Lagenweine; Letztere werden spontan in gebrauchten Barriques vergoren und unfiltriert abgefüllt.

Kollektion

Eine starke Kollektion präsentieren Rainer und Josefine Schlumberger in diesem Jahr. Der Petnat macht einfach nur Spaß, besitzt Frische und Grip. Die Gutsweine zeigen hohes Niveau, die Huxelrebe ist würzig, klar und zupackend, der Grauburgunder ist wunderschön reintönig und lebhaft, der Weißburgunder punktet mit Frische und Grip, der auf der Feinhefe ausgebaute Gutedel ist herrlich eindringlich und reintönig, frisch und zupackend. Neu ist der Friedel genannte, kurz maischevergorene Muscaris, intensiv und zupackend. Weißburgunder Ennwege und Grauburgunder Streulicht sind kraftvoll, kompakt, strukturiert, vom Barriqueausbau geprägt und noch jugendlich, etwas Flaschenreife wird ihnen guttun. An der Spitze der Kollektion steht der Spätburgunder Eich, der herrlich eindringlich, reintönig und frisch ist, gute Struktur und Grip besitzt. Weiter im Aufwind!

Weinbewertung

87 2021 „FritzS“ „pét nat“ vom Weißburgunder | 12%/11,50€
86 2021 Gutedel trocken „Feinhefe“ | 12%/8,50€
85 2021 Huxelrebe trocken | 11,5%/8,50€
85 2021 Weißburgunder trocken | 12,5%/8,50€
85 2021 Grauburgunder trocken | 12,5%/8,50€
88 2021 Chasselas trocken „Wingerte“ | 12%/11,50€
86 2021 Muscaris trocken „Friedel“ | 11%/14,50€
87 2021 Weißburgunder trocken „Ennwege“ Laufener Altenberg | 13%/14,50€
87 2021 Grauburgunder trocken „Streulicht“ | 13%/14,50€
84 2021 Spätburgunder trocken | 12%/10,-€
86 2018 Spätburgunder „imfassgereift“ | 13,5%/11,50€
89 2018 Pinot Noir trocken „Eich“ | 14%/17,50€

★★★★

Schlumberger-Bernhart

Kontakt
Weinstraße 19
79295 Sulzburg-Laufen
Tel. 07634-8992
Fax: 07634-8255
www.schlumbergerwein.de
info@schlumbergerwein.de

Besuchszeiten
Mo.-Fr. 10-12 + 14-18 Uhr
Sa. 10-14 Uhr
Weinhotel Dormitorium,
Hotel am Klostergarten

Inhaber
Claudia Schlumberger-Bernhart & Ulrich Bernhart

Rebfläche
9 Hektar

Produktion
50.000 Flaschen

Weinbau wird in der Familie seit über 500 Jahren betrieben, das Weingut in seiner heutigen Form geht zurück auf Hartmut Schlumberger, der sich stolz „Privat-Weingut" nannte und schon früh auf trockene, durchgegoren ausgebaute Weine setzte. Heute wird der Betrieb von seiner Tochter Claudia und deren Ehemann Ulrich Bernhart geführt, der aus dem gleichnamigen Weingut in Schweigen in der Südpfalz stammt. Die Weinberge liegen alle rund um Laufen im Markgräflerland, einer Gemeinde, in der Weinbau schon seit dem 8. Jahrhundert urkundlich belegt ist. In Laufen gibt es nur eine eingetragene Einzellage, den Altenberg, aber deutlich unterschiedliche Teillagen mit unterschiedlichen Kalk- und Lehmanteilen. Spätburgunder nimmt ein Viertel der Rebfläche ein, hat flächenmäßig den lange Zeit dominierenden Gutedel überholt, ebenso der Weißburgunder, der heute ein Fünftel der Fläche einnimmt. Danach folgen Gutedel und Grauburgunder, schließlich Riesling, Sauvignon Blanc und Chardonnay, sowie Cabernet Sauvignon und Merlot. Bereits seit Mitte der fünfziger Jahre sind die Weinberge begrünt, seit 2008 ist man Mitglied im Beratungsring ökologischer Weinbau, 2012 wurde mit der zertifizierten Umstellung begonnen. 70 Prozent der Produktion wird an Privatkunden verkauft. Aus dem Herzstück des Altenberg, der Gewanne Weingarten (Wingerte genannt), der höchstgelegenen Lage in Laufen, erzeugen Claudia Schlumberger-Bernhart und Ulrich Bernhart ihre Großen Gewächse. Der Grauburgunder wurde erstmals 2007 erzeugt, der Weißburgunder 2008, der Spätburgunder wurde erstmals mit dem Jahrgang 2006, nach der Aufnahme in den VDP, als Großes Gewächs bezeichnet, vorher sorgte er als „Pinot Noir R" für Furore, seit dem Jahrgang 2009 trägt er den Zusatz Wingerte, stammt aus der Lage Weingarten, Weiß- und Grauburgunder seit 2010. Unter den Großen Gewächsen stehen Weiß- und Grauburgunder Laufener Altenberg (bis 2009 als trockene Spätlesen bezeichnet) und die Kalkstein-Weine von Riesling und Chardonnay, die seit dem Jahrgang 2014 den Zusatz Muggardter Berg tragen. Die immer betörend reintönige Kalkstein-Scheurebe gibt es nicht mehr, der Weinberg wurde gerodet. Claudia Schlumberger-Bernhart und Ulrich Bernhart haben ein ehemaliges klösterliches Gebäude in Sulzburg zu einem Hotel mit 10 Zimmern umgebaut, dieses „Dormitorium, Hotel am Klostergarten" wurde 2018 eröffnet.

Kollektion

Im vergangenen Jahr trumpfte Ulrich Bernhart groß auf, alle seine Großen Gewächse konnten sich in unseren Bestenlisten platzieren, sowohl Weißburgunder, Grauburgunder und Chardonnay aus dem Jahrgang 2019 als auch der 2018er Pinot Noir. Vom Pinot Noir konnten wir keinen neuen Jahrgang verkosten, aber bei zwei der drei weißen Großen Gewächse folgt nun der Jahrgang 2020. Der Weißburgunder zeigt feinen Toast im herrlich eindringlichen und reintönigen Bouquet, ist frisch, präzise, zupackend, puristischer als

in früheren Jahren, das hatte sich schon im Vorjahr angedeutet. Der Chardonnay zeigt gelbe Früchte und rauchige Noten, ist füllig, komplex, besitzt viel reife Frucht, gute Struktur und Druck. Aber nicht nur die Großen Gewächse sind eine Stärke des Betriebes, die Erste Lage-Weine besitzen Substanz und reintönige Frucht und auch das Einstiegsniveau ist immer sehr hoch. Der Gutedel ist frisch, fruchtbetont, wunderschön reintönig und lebhaft, was auch für den Weißburgunder gilt, der viel Grip besitzt. Der Grauburgunder ist ebenfalls herrlich reintönig, besitzt Frucht und Grip wie auch der würzige, zupackende Sauvignon Blanc. Auch die Erste Lage-Weine präsentieren sich enorm geschlossen. Der Kracher Gutedel zeigt rauchige Noten, besitzt viel reife Frucht und Struktur. Der Sauvignon Blanc Fumé ist würzig, füllig, kraftvoll, der Riesling etwas zurückhaltend im Bouquet, besitzt aber Kraft und klare reife Frucht. Reintönige Frucht, Kraft und Frische besitzt der Weißburgunder, was auch für den zupackenden Grauburgunder und für den strukturierten, komplexen Chardonnay gilt. Die Cabernet-Merlot-Cuvée ist sehr offen, füllig, saftig, die drei 2018er Pinot Noir bestätigen den Eindruck des Vorjahres. Und dass das Große Gewächs reifen kann, zeigt der beeindruckende 2005er R, von Jahrgängen wie 2015 oder 2016 erwartet man ohnehin, dass sie sich prächtig präsentieren.

Ulrich Bernhart

Weinbewertung

85 2021 Gutedel trocken „vom Löss“ I 11%/7,50€
86 2021 Weißburgunder trocken „vom Löss“ I 12%/9,-€
86 2021 Grauburgunder trocken „vom Löss“ I 12%/9,-€
87 2021 Sauvignon Blanc trocken „vom Löss“ I 12%/12,50€
89 2020 Kracher Gutedel trocken Laufener Altenberg I 12%/20,-€
88 2021 Weißburgunder trocken Laufener Altenberg I 13,5%/14,-€
89 2021 Grauburgunder trocken Laufener Altenberg I 13,5%/14,-€
88 2021 Riesling trocken Muggardter Berg I 12,5%/14,-€
88 2021 Sauvignon Blanc trocken „Fumé“ Laufener Altenberg I 12,5%/19,-€
89 2021 Chardonnay trocken Muggardter Berg I 13%/16,-€
93 2020 Weißburgunder „GG“ „Wingerte“ Laufener Weingarten I 12,5%/22,-€ ☺
93 2020 Chardonnay „GG“ „Wingerte“ Laufener Weingarten I 13%/28,-€
87 2018 Spätburgunder „S“ trocken I 13%/13,-€
89 2018 Pinot Noir trocken Laufener Altenberg I 13%/20,-€
88 2018 Cabernet Sauvignon & Merlot trocken I 13%/18,-€
90 2005 Pinot Noir „R“ trocken I 13,5%
92 2015 Pinot Noir „GG“ „Wingerte“ Altenberg I 13,5%
92 2016 Pinot Noir „GG“ „Wingerte“ Altenberg I 13%
92 2018 Pinot Noir „GG“ „Wingerte“ Laufener Weingarten I 13%/33,-€

Lagen
Altenberg (Laufen)
Weingarten (Laufen)
Muggardter Berg (Britzingen)

Rebsorten
Spätburgunder (25%)
Weißburgunder (20%)
Gutedel (15%)
Grauburgunder (15%)
Riesling (5%)
Chardonnay (4%)
Sauvignon Blanc (4%)
Cabernet Sauvignon
Merlot

Schmachtenberger

Kontakt
Klosterstraße 43
97236 Randersacker
Tel. 0931-707850
Fax: 0931-708961
www.weine-mit-charakter.de
mail@weine-mit-charakter.de

Besuchszeiten
Mo.-Fr. 10-18:30 Uhr
Sa. 10-15 Uhr

Inhaber
Markus Schmachtenberger
Rebfläche
9 Hektar
Produktion
60.000 Flaschen

2015 haben Markus und Claudia Schmachtenberger das Gut übernommen und weitreichende Veränderungen in Angriff genommen. Bereits seit einigen Jahren wurden 1,5 Hektar nach ökologischen Richtlinien bewirtschaftet, 2017 wurde der komplette Betrieb umgestellt, seit 2019 ist Markus Schmachtenberger Mitglied bei Ecovin. Sein Vater Berthold Schmachtenberger hatte seit 1977 in elfter Generation den Betrieb geführt, der sich bis ins Jahr 1598 in den Nachbarort Eibelstadt zurückverfolgen lässt. Die Weinberge liegen vor allem in Randersacker (Muschelkalk) in den Lagen Sonnenstuhl, Marsberg und Ewig Leben. Markus Schmachtenberger baut vor allem Silvaner an, aber auch Müller-Thurgau, Weißburgunder, Bacchus, Sauvignon Blanc, Scheurebe, Riesling, Kerner, Traminer und Rieslaner. Hinzu kommen die roten Sorten Domina, Spätburgunder, Dornfelder und Portugieser. 2019 wurde der alte Gewölbekeller zum Rotweinkeller mit Schatzkammer ausgebaut, zuletzt wurde in große Holzfässer investiert.

Kollektion

Die neue Kollektion ist stark, zeigt sich in der Basis weiter verbessert. Die Randersackerer Ortsweine sind reintönig, lebhaft und frisch: Der Sauvignon Blanc ist würzig, besitzt feine Süße und Biss, der Weißburgunder ist harmonisch und klar, der Silvaner punktet mit Reintönigkeit. Die Quaderkalk-Linie bietet mehr Fülle und Substanz: Der Silvaner ist herrlich eindringlich, hat Struktur und Grip, der Riesling ist harmonisch und saftig, der Weißburgunder sehr frisch und lebhaft. Gute Konzentration und reife Frucht zeigt der Silvaner von alten Reben, Birnen und Quitten, er besitzt gute Struktur und Grip. Der Greif-Silvaner, Jahrgang 2020 ist enorm füllig und kraftvoll, ist dafür – naturgemäß – weniger frisch als seine jüngeren Kollegen. Unser Favorit im Jahrgang 2021 ist der Weißburgunder Greif, der füllig und saftig ist, gute Struktur und Substanz besitzt. Den herrlich komplexen im Muschelkalkfass ausgebauten 2019er Quaderkalk² hatten wir schon im vergangenen Jahr vorgestellt, er ist eindringlich, druckvoll, mineralisch, strukturiert, immer noch enorm jugendlich.

Weinbewertung

84 2021 Grüner Silvaner trocken Randersacker | 12,5%/6,80€
83 2021 Weißburgunder trocken Randersacker | 12,5%/7,-€
84 2021 Sauvignon Blanc trocken Randersacker | 12%/7,-€
86 2021 Silvaner trocken „Quaderkalk“ Randersacker Marsberg | 13%/8,50€
86 2021 Riesling trocken „Quaderkalk“ Randersacker Ewig Leben | 12,5%/8,50€
85 2021 Weißburgunder trocken „Quaderkalk“ Randersacker Sonnenstuhl | 12,5%/9,-€
86 2021 Silvaner Spätlese trocken „Alte Reben“ Randersacker Sonnenstuhl | 12,5%/9,50€
87 2020 Silvaner trocken „Greif“ Randersacker Sonnenstuhl | 14%/11,-€
88 2021 Weißburgunder trocken „Greif“ Randersacker Sonnenstuhl | 13%/12,-€
90 2019 „Quaderkalk²“ trocken (Muschelkalkfass) Randersacker Sonnenstuhl | 13,5%/25,-€

★★

Heinrich **Schmidt**

Kontakt
Hauptstraße 8
55452 Windesheim
Tel. 06707-414
Fax: 06707-1725
www.weingut-heinrich-schmidt.de
weingut-heinrich-schmidt@t-online.de

Besuchszeiten
nach Vereinbarung

Inhaber
Günter Schmidt
Betriebsleiter
Günter Schmidt
Kellermeister
Lukas Schmidt
Rebfläche
8 Hektar
Produktion
42.000 Flaschen

Seit dem 18. Jahrhundert betreibt die Familie Weinbau in Windesheim im Guldenbachtal, aber erst in den achtziger Jahren des 20. Jahrhunderts konzentrierte man sich ganz auf Weinbau. Seit 1990 führt Günter Schmidt den Betrieb, Sohn Lukas, der für den Weinausbau verantwortlich ist, soll einmal die Nachfolge antreten. Die Weinberge liegen in den Windesheimer Lagen Fels, Sonnenmorgen, Römerberg, Saukopf und Rosenberg sowie im Schweppenhäuser Schlossgarten, die Hälfte davon in Steillagen. Auf den Schweppenhäuser Schieferverwitterungsböden baut Günter Schmidt vor allem Riesling und Spätburgunder an, in Windesheim überwiegend Grau- und Weißburgunder. Die Burgundersorten nehmen mit 85 Prozent der Rebfläche einen außergewöhnlich hohen Stellenwert ein: Weißburgunder ist die wichtigste Rebsorte im Betrieb, gefolgt von Spätburgunder und Grauburgunder, als Spezialität gibt es Frühburgunder. Riesling und Scheurebe komplettieren das Sortiment. Die Spitzenweine werden in den Linien „S“ (Selektion) und „R“ (Reserve) vermarktet.

Kollektion

Die beiden Gutsweine, den schlanken Weißburgunder und den stoffigen Grauburgunder sehen wir gleichauf. Auch die beiden „S“-Qualitäten bleiben qualitativ im Gleichschritt, der feine Weißburgunder aus dem Schlossgarten mit seinen floralen Feinheiten ist dabei ebenso überzeugend wie der Grauburgunder aus dem Römerberg, der Saftigkeit und Zugänglichkeit mit mildem Schmelz verbindet. Es wundert wenig, dass die Reserven wie im letzten Jahr an der Spitze stehen. Beide sind mild, dabei noch vom Ausbau im Holz geprägt, bei aller Fülle verhelfen dem Weißburgunder R eine frische Ader und viel Finesse die Nase leicht vorne zu haben. Der Grauburgunder R gewinnt bei spürbarem Alkohol seine Struktur aus feinem Gerbstoffbiss. Eine Empfehlung ist der kraftvolle, zart salzige Riesling S aus dem Schlossgarten, der ebenso fein wie leichtfüßig ist. Die quietschfidele fruchtige Scheurebe ist nicht nur etwas für Liebhaber der Rebsorte.

Weinbewertung

83 2021 Weißburgunder trocken I 12%/7,70€
84 2021 Grauburgunder trocken I 12%/7,70€
85 2021 Riesling „S“ Schweppenhäuser Schlossgarten I 11,5%/9,70€
85 2021 Weißburgunder „S“ Schweppenhäuser Schlossgarten I 13%/9,70€
85 2021 Grauburgunder „S“ Windesheimer Römerberg I 13%/9,70€
88 2020 Weißburgunder „R“ Windesheimer Sonnenmorgen I 14%/13,50€
87 2020 Grauburgunder „R“ Windesheimer Fels I 14,5%/12,50€
83 2021 Riesling „feinherb“ I 11%/7,70€
83 2021 Scheurebe Spätlese Windesheimer Rosenberg I 8%/7,70€
84 2018 Spätburgunder „S“ trocken Schweppenhäuser Schlossgarten I 14%/11,10€
86 2018 Frühburgunder „R“ trocken Schweppenhäuser Schlossgarten I 14%/17,-€

★★

Lukas **Schmidt**

N

Kontakt
Lukas Schmidt Wein GmbH
Bullenheim 157
97258 Ippesheim
Tel. 09339-9899054
www.lukas-schmidt-wein.de
wein@lukas-schmidt-wein.de

Besuchszeiten
Di.-So. 10-18 Uhr
Weinevents
Spirituosen
Winetastings
Weinwanderungen
Wohnmobilstellplätze

Inhaber
Lukas J. B. Schmidt
Rebfläche
15 Hektar
Produktion
130.000 Flaschen

Bullenheim liegt im südlichen Steigerwald. Hier baut die Familie Schmidt seit langem Wein an, im Vollerwerb existiert das Weingut aber erst seit 1989, genauso lange gibt es die ursprünglich als Häckerwirtschaft betriebene Weinstube „Johannesstuben", die von Frank Schmidt geführt wird. Sein Sohn Lukas hatte nach Auslandsaufenthalten in Südtirol und in der Steiermark 2015 seine Ausbildung zum Weinbautechniker abgeschlossen und war seit dem Jahrgang 2015 im elterlichen Betrieb für den Weinausbau verantwortlich. Zwischenzeitlich hatte sich Lukas Schmidt mit einem Ulsenheimer Weingut zum Weingut Meier Schmidt zusammengeschlossen, nun geht er aber wieder seine eigenen Wege und bietet seine Weine unter dem Namen Lukas Schmidt Wein an. Seine Weinberge liegen hauptsächlich in Bullenheim, dessen einzige Einzellage den Namen Paradies trägt, der größten Weinlage in Mittelfranken und Namensgeber für den Bereich „Weinparadies Franken"; die Reben wachsen auf Gipskeuperböden. Lukas Schmidt will sich auf aromatische Weißweine spezialisieren, baut vor allem Scheurebe, Muskateller, Riesling, Bacchus und Silvaner an. Das Programm ist gegliedert in die fruchtbetonten „Second Flight"-Weine und in die „First Flight" genannten Lagenweine aus dem Bullenheimer Paradies, von denen es Silvaner, Scheurebe und Riesling gibt. Neben Wein bietet er auch Gin, Destillate und Liköre an.

Kollektion

Der Sneak Preview setzt ganz auf Frische, zeigt etwas Pfirsich und tropische Früchte im Bouquet, ist fruchtbetont, geradlinig und zupackend im Mund. Der „Second Flight"-Muskateller ist würzig und leicht floral, besitzt viel Frische und Grip, ist angenehm zurückhaltend, so gar nicht „laut". Etwas expressiver ist die „Second Flight"-Scheurebe, ist würzig, eindringlich, zeigt feine Frucht im Bouquet, im Mund ist sie dann ebenso frisch, geradlinig und zupackend wie der Muskateller. Der „First Flight"-Riesling ist würzig und eindringlich im Bouquet, zeigt sehr klare Frucht, ist füllig und saftig im Mund, besitzt gute Substanz und feine Länge. Unsere leichte Präferenz gilt der „First Flight"-Scheurebe, die viel Intensität im Bouquet zeigt, feine Würze und reintönige Frucht, herrlich eindringlich ist, Fülle und Kraft im Mund besitzt, gute Substanz, Struktur und Grip. Ein spannender Wein in einem gerade für Scheurebe nicht einfachen Jahrgang.

Weinbewertung

84 2021 „Sneak Preview" Weißwein trocken | 12%/8,-€
84 2021 Scheurebe trocken „Second Flight" | 12%/8,-€
84 2021 Muskateller trocken „Second Flight" | 12%/8,-€
86 2021 Riesling trocken „First Flight" Bullenheimer Paradies | 12,5%/15,-€
87 2021 Scheurebe trocken „First Flight" Bullenheimer Paradies | 12,5%/15,-€

LUKAS SCHMIDT

★★

Susanne Schmidt

Kontakt
Weinbergstraße 1
79235 Vogtsburg
Tel. 07662-295
Fax: 07662-935199
www.schmidts-weingut.de
info@schmidts-weingut.de

Besuchszeiten
nach Vereinbarung
Wohnmobilstellplatz

Inhaber
Susanne Schmidt
Betriebsleiter
Gerhard & Jonas Schmidt
Kellermeister
Jonas Schmidt
Rebfläche
10 Hektar

Seit vielen Generationen wird in der Familie Schmidt Wein- und Obstbau betrieben. 1970 konnten die Eltern von Gerhard Schmidt im Zuge einer Flurbereinigung mitten in den Weinbergen von Bischoffingen einen Winzerhof errichten. Im Jahre 1988 gründeten Gerhard und Susanne Schmidt das heutige Weingut. Die Weinberge liegen in den Bischoffinger Lagen Rosenkranz, Enselberg und Steinbuck sowie im Ihringer Winklerberg. Den Sortenspiegel beherrschen mit 85 Prozent die Burgundersorten. Susanne Schmidt, gelernte Kinderkrankenschwester, ist die Inhaberin des Weingutes. Sie ist unter anderem zuständig für sämtliche Arbeiten im Weinberg. Winzermeister Gerhard Schmidt ist verantwortlich für Weinbau, Kelterwirtschaft und Marketing. Auch die Kinder Samira und Jonas konnten für den Wein begeistert werden. Jonas ist nach seiner Ausbildung zum Techniker für Weinbau & Oenologie in Weinsberg, unter anderem mit einer Ausbildungsstation bei Simonsig in Stellenbosch, in den elterlichen Betrieb eingestiegen und ist seit 2021 für den Keller verantwortlich. Samira studierte Weinbetriebswirtschaft in Heilbronn und Marketing & Sales Management in Geisenheim und ist in einem großen genossenschaftlichen Betrieb für das Produktmanagement verantwortlich.

Kollektion

Zwei Neuerungen gibt es in diesem Jahr, und beide führen sich prächtig ein. Der Crémant aus Chardonnay und Pinot Noir ist wunderschön harmonisch und klar, der sechzehn Monate im neuen Holz ausgebaute Merlot ist konzentriert, stoffig und kraftvoll, braucht noch etwas Zeit, das Holz ist derzeit noch allzu präsent. Aber auch die altbekannten Weine bieten im Jahrgang 2021 wieder eine überzeugende Vorstellung. Die Ortswein überzeugen mit Frische und klarer Frucht, der wunderschön reintönige, leicht birnenduftige Silvaner gefällt uns besonders gut. Der im Edelstahl ausgebaute Chardonnay aus dem Winklerberg ist intensiv fruchtig und reintönig, der sechs Monate im großen Holzfass ausgebaute Grauburgunder aus dem Enselberg punktet mit Konzentration, Fülle und Kraft. Weiter so!

Weinbewertung

86 2020 Crémant brut Baden | 11,5%/14,-€
85 2021 Silvaner trocken Bischoffinger | 12%/6,-€ ☺
84 2021 Weißer Burgunder trocken Ihringer | 12%/6,50€
84 2021 Grauer Burgunder trocken Bischoffinger | 12,5%/6,50€
87 2021 Grauer Burgunder trocken Bischoffinger Enselberg | 13%/8,50€ ☺
86 2021 Chardonnay trocken Ihringer Winklerberg | 13,5%/8,50€
84 2021 Spätburgunder Rosé trocken Bischoffinger | 12%/5,50€
84 2019 „Pino Magma“ Weißwein Kaiserstuhl | 12,5%/9,50€
87 2020 Merlot trocken Bischoffinger Enselberg | 13,5%/17,50€
83 2020 Spätburgunder trocken Bischoffinger Enselberg | 13,5%/9,50€

SCHMIDT
WEINGUT

★★★☆

Schmidt am Bodensee

Kontakt
Hattnau 62
88142 Wasserburg
Tel. 08382-9432174
www.schmidt-am-bodensee.de
weingut@schmidt-am-bodensee.de

Besuchszeiten
Mo.-Sa. ab 14 Uhr
Pinot die Weinbar

Inhaber
Schmidt am Bodensee GbR
Betriebsleiter
Sebastian Schmidt
Rebfläche
13 Hektar

Eugen Schmidt stammt von der Nahe, seine Frau Margret vom Bodensee. Ihre Eltern hatten einen landwirtschaftlichen Betrieb, auf dem Eugen und Margret Schmidt nach und nach mehr Reben pflanzten, sich schließlich ganz auf Weinbau konzentrierten. 2012, nach Studium und Aufenthalten in der Wachau und in Burgund, stieg ihr Sohn Sebastian in den Betrieb ein, er ist für den Keller verantwortlich. Die Weinberge liegen in Hattnau, in der Lage Wasserburger Weinhalde, das Gros der Rebfläche liegt beim neu errichteten Weingut, das ganz aus Beton und Holz erbaut wurde. Die Böden bestehen aus sandigem Lehm mit Schotter und Kieselgeröll. Spätburgunder ist die wichtigste Rotweinsorte im Betrieb und wie überhaupt am Bodensee, die dort wichtigste Weißweinsorte, Müller-Thurgau, baut man ebenfalls an, setzt aber verstärkt auf die Burgundersorten, auf Chardonnay, Weißburgunder und Grauburgunder. Zum Weingut gehören zwei Gastronomiebetriebe und mehrere Ferienhäuser. In Kürze werden die Topweine Lagennamen tragen.

Kollektion

Eine kleine, aber hochklassige Kollektion präsentiert Sebastian Schmidt in diesem Jahr. Der Prestige-Sekt, eine Cuvée aus 60 Prozent Pinot und 40 Prozent Chardonnay, teilweise im Barrique ausgebaut, zeigt rauchige Noten, feine Würze, ist füllig, kraftvoll, strukturiert. Der Müller-Thurgau setzt ganz auf Frische, Frucht und Grip. Die Orts- und Reserveweine wurden alle spontanvergoren und im Barrique ausgebaut. Der Wasserburger Weißburgunder ist würzig, eindringlich und konzentriert im Bouquet, füllig und kraftvoll im Mund, besitzt gute Struktur, Säure und Biss. Rauchige Noten und viel Konzentration zeigt der Wasserburger Chardonnay im Bouquet, ist kraftvoll im Mund, stoffig, enorm präzise. Nochmals spannender ist der Reserve-Grauburgunder, der aus dem Jahrgang 2020 und der Lage Zwirken stammt, zwölf Monate im Barrique ausgebaut wurde. Er zeigt rauchige Noten und gute Konzentration im Bouquet, ist füllig und kraftvoll im Mund, besitzt, gute Struktur, Substanz, viel Druck und Länge. Der im Betoncuve mit einem Drittel ganzen Trauben vergorene Reserve-Spätburgunder des Jahrgangs 2015 zeigt rote Früchte im Bouquet, etwas florale Noten im Hintergrund, ist füllig, besitzt viel reife Frucht, gute Struktur, Harmonie und Länge. Weiter klar im Aufwind!

Weinbewertung

88 „Prestige" Sekt brut | 12,5%/23,-€
84 2021 Müller-Thurgau trocken | 11,5%/11,-€
88 2021 Weißburgunder trocken Wasserburger | 13%/17,-€
88 2021 Chardonnay trocken Wasserburger | 13%/17,-€
90 2020 Grauburgunder „Reserve" | 13%/36,-€
90 2015 Spätburgunder „Réserve" Wasserburger Weinhalde | 13%/86,-€

SCHMIDT AM BODENSEE

★★★½

Claes Schmitt Erben

Kontakt
Moselweinstraße 43
54349 Trittenheim
Tel. 06507-701736
Fax: 06507-701738
www.claeswein.de
info@claeswein.de

Besuchszeiten
Fr. 16-18 Uhr
Sa. 14-18 Uhr
sowie nach Vereinbarung
Weinlounge (Ortsmitte)
Ferienappartements

Inhaber
Niko Schmitt
Rebfläche
4,8 Hektar
Produktion
40.000 Flaschen

Niko Schmitt absolvierte seine Winzerlehre beim Weingut Dr. Crusius und anschließend in Weinsberg die Ausbildung zum Weinbautechniker. Im Jahr 2001 übernahm er das elterliche Weingut, und nach und nach verfeinerte er den Stil der Weine, die Vinifikation findet teils im Edelstahl, teils im Holz statt. Der Name des Weingutes wurde geändert im Andenken an den Großvater des heutigen Besitzers, der Nikolaus Schmitt hieß, kurz Claes genannt. Die Weinberge befinden sich in den beiden Trittenheimer Lagen Apotheke und Altärchen. 2006 kam eine steile Terrassenlage mit 70 Jahre alten Rebstöcken hinzu, der Jungheld, ein Gemeinschaftsprojekt von Niko Schmitt und Paul Weltner aus Rödelsee; seit 2012 ist das Weingut auch im Neumagener Rosengärtchen vertreten. Inzwischen wurde ein ehemaliges benachbartes Weingut gekauft. Neben Riesling, der 75 Prozent der Rebfläche einnimmt, gibt es Müller-Thurgau und Spätburgunder, 2010 wurde etwas Sauvignon Blanc gepflanzt, inzwischen auch Weißburgunder. Neue Apartments und eine Vinothek mit Weinlounge wurden 2020 eingeweiht.

Kollektion

Ein sehr überzeugendes Sortiment stellt der Betrieb vor – nicht zum ersten Mal, aber in einem Jahr wie 2021 besonders bemerkenswert. Der Basisriesling vom Schiefer ist straff und knackig, schlank und animierend. Noch merklich hefig, aber mit viel Substanz ausgestattet ist der trockene Riesling aus dem Sonntheilen. Die (fast) trockene Spitze wird vom Jungheld eingenommen, der saftig ist und einen vibrierenden Gesamteindruck vermittelt. Etwas verhalten ist die Spätlese, die nach einer Weile Noten von getrocknetem Apfel entwickelt und fein, nicht zu süß ausfällt. Die Auslese ist ebenfalls noch sehr verhalten, ist im Mund enorm klar, präzise, rassig mit animierender Säure. Schlank und frisch mit einer beachtlichen Säure präsentiert sich die Beerenauslese – ein in der Nase leicht cremiger, im Mund schön saftiger Wein. Der Eiswein zeigt noch etwas Schwefel in der Nase, ist davon abgesehen aber sehr klar, duftig, frisch und auch im Mund überaus präzise gearbeitet – ein sehr gelungener Höhepunkt des Jahrgangs 2021.

Weinbewertung

83	2021 Riesling trocken „vom Schiefer" I 11,5%/7,50€
88	2021 Riesling trocken Sonntheilen Trittenheimer Apotheke I 12,5%/15,-€
87	2021 Riesling „feinherb" Trittenheimer Apotheke I 11%/12,-€
85	2021 Riesling Kabinett „feinherb" Trittenheimer Altärchen I 10%/8,50€
89	2021 Riesling Jungheld Trittenheimer Apotheke I 12%/18,-€
86	2021 Riesling Kabinett Neumagener Rosengärtchen I 8%/8,50€
88	2021 Riesling Spätlese Neumagener Rosengärtchen I 7,5%/12,-€
91	2021 Riesling Auslese Trittenheimer Apotheke I 8%/19,50€/0,5l
91	2021 Riesling Beerenauslese Neumagener Rosengärtchen I 7,5%/49,-€/0,375l
92	2021 Riesling Eiswein Trittenheimer Altärchen I 7,5%/45,-€/0,375l

★★☆

Schmitt

Kontakt
In den Weingärten 7
67582 Mettenheim
Tel. 06242-1717
Fax: 06242-60004
www.schmitt-weine.com
info@schmitt-weine.com

Besuchszeiten
nach Vereinbarung

Inhaber
Daniel Schmitt
Rebfläche
18 Hektar
Produktion
80.000 Flaschen

Nach Geisenheim-Studium und Auslandsaufenthalten in Neuseeland (Isabel Estate) und Südafrika übernahm Daniel Schmitt 2009 das elterliche Weingut, das am Ortsrand von Mettenheim inmitten der Weinberge liegt. Er erweiterte seither die Rebfläche von 8 auf 18 Hektar, vergrößerte das Weingut. Seine Weinberge liegen in Mettenheim (Schlossberg, Michelsberg, Goldberg) und Bechtheim (Geyersberg, Stein). Das Sortiment ist gegliedert in Guts-, Orts- und Lagenweine, Letztere kommen bisher aus dem Mettenheimer Schlossberg (Riesling, Spätburgunder) dem Bechtheimer Geyersberg (Spätburgunder) und dem Bechtheimer Stein (Spätburgunder). Daniel Schmitt baut Riesling an, dazu Weißburgunder, Grauburgunder und Spätburgunder, sowie Sauvignon Blanc, Scheurebe, Huxelrebe und Silvaner, aber auch Cabernet Dorsa. Die Weine werden überwiegend trocken ausgebaut.

Kollektion

Der 2018er Syrah aus dem Bechtheimer Hasensprung führte im vergangenen Jahr eine gute Kollektion an. Auch die neue Kollektion überzeugt voll und ganz, beeindruckend hoch ist das Niveau der Gutsweine, und an der Spitze stehen die beiden Lagenweine. Das ist einmal der Schwarzriesling aus dem Bechtheimer Stein, Jahrgang 2019, den wir schon im vergangenen Jahr verkosten konnten, der seither intensive Gewürznoten im Bouquet entwickelt hat, Nelke, auch Zimt und Kardamom, füllig und saftig im Mund ist, gute Struktur und Substanz besitzt. Und da ist der Lagenriesling aus dem Bechtheimer Geyersberg, Jahrgang 2020, der sehr offen und eindringlich im Bouquet ist mit der für den Geyersberg typischen Gelbfruchtaromatik, füllig und saftig im Mund, viel reife Frucht und Substanz besitzt. Bei der Hälfte der vorgestellten Weißweine ist Chardonnay mit im Spiel: Der Chardonnay-Gutswein ist wunderschön füllig und saftig, besitzt viel reife süße Frucht, was auch für die Cuvée mit Weißburgunder gilt, die etwas würziger ist, Frische und Grip besitzt; noch spannender und kraftvoller ist der leicht rauchige Chardonnay-Ortswein aus Mettenheim. Der Spätburgunder ist frisch und reintönig, der Sauvignon Blanc intensiv fruchtig und etwas floral, der Weißburgunder reintönig und zupackend. Gute Vorstellung!

Weinbewertung

84 2021 Weißburgunder trocken | 12,5%/7,70€
84 2021 Chardonnay-Weißburgunder trocken | 12,5%/7,70€
84 2021 Chardonnay trocken | 12,5%/7,70€
85 2021 Sauvignon Blanc trocken | 12,5%/7,60€
86 2021 Chardonnay trocken Mettenheim | 13%/10,50€
88 2020 Riesling trocken Bechtheimer Geyersberg | 13%/13,30€
84 2018 Spätburgunder trocken | 14%/7,70€
87 2019 Schwarzriesling trocken Bechtheimer Stein | 13%/20,40€

SCHMITT

★☆

Bürgermeister Adam Schmitt

Kontakt
Gausstraße 19
55278 Mommenheim
Tel. 06138-1214
Fax: 06138-8256
www.weingut-schmitt-mommenheim.de
weingut.b.a.schmitt@t-online.de

Besuchszeiten
nach Vereinbarung

Inhaber
Eckhard Höbel
Betriebsleiter
Eckhard Höbel
Außenbetrieb
Lasse Ulrich
Rebfläche
10 Hektar
Produktion
40.000 Flaschen

Das Mommenheimer Weingut Bürgermeister Adam Schmitt wird seit 2011 von Eckhard Höbel geführt; bereits seit 1996 werden die Weinberge biologisch bewirtschaftet, man ist Mitglied bei Ecovin. Die Weinberge verteilen sich auf verschiedene Gemarkungen und Lagen, liegen in Selzen im Osterberg, im Nackenheimer Rothenberg und im Eppelsheimer Felsen, aber auch im Rheingau ist Eckhard Höbel aktiv, wo er den steilsten Weinberg im Rauenthaler Rothenberg bewirtschaftet. Riesling und rote Rebsorten nehmen jeweils 30 Prozent der Rebfläche ein, auf 20 Prozent der Fläche stehen Grau- und Weißburgunder. Die Weine werden überwiegend spontanvergoren und recht lange auf der Feinhefe ausgebaut, teils im Edelstahl, teils auch in Barriques und Halbstückfässern.

Kollektion

Eckhard Höbels neue Kollektion gefällt uns sehr gut, bietet viel Abwechslung, Vertrautes und eher Ungewohntes. So wie den Lausbua genannten Grüner Veltliner, der etwas gelbe Früchte im Bouquet zeigt, Guave, Fülle, Saft und reife süße Frucht besitzt, die Rebsorte nicht verleugnen kann. Ungewohnt ist auch der Grünfränkisch, auch wenn wir ihm Jahr für Jahr häufiger begegnen, bei Eckhard Höbel besitzt er, feinherb ausgebaut, Fülle, Saft und viel reife süße Frucht. Aber auch das Vertraute darf natürlich nicht fehlen. Der Nackenheimer Riesling ist füllig und saftig bei viel Substanz, ein klein wenig nachhaltiger als sein Kollege aus Selzen; die Riesling Auslese ist herrlich eindringlich und würzig, klar und harmonisch bei verhaltener Süße, schöner Frische und Frucht. Sehr gut gefallen uns auch die beiden Rotweine. Der Blaues Wunder genannte Portugieser ist herrlich eindringlich im Bouquet, rauchig und würzig, ist frisch, klar und zupackend, besitzt gute Struktur, reintönige Frucht und Grip. Noch etwas besser gefällt uns das Viertelstück, die wiederum höchst ungewöhnliche Cuvée aus Spätburgunder, Malbec, Arbst und Schwarzurban, die würzig und konzentriert im Bouquet ist, viel Frucht und rauchige Noten zeigt, Fülle, Saft, reife süße Frucht und Substanz besitzt. Im Aufwind!

Weinbewertung

84 2021 Grüner Veltliner trocken „Lausbua“ | 12,5%/7,90€
83 2021 Weißburgunder Chardonnay | 13%/9,90€
80 2021 Silvaner und Riesling (1l) | 12%/6,-€
85 2021 Riesling Nackenheimer | 12%/10,90€
84 2021 Riesling Selzer | 12,5%/10,90€
85 2021 Grünfränkisch Auslese Selzer | 13%/14,90€
86 2021 Riesling Auslese | 10%/9,90€/0,375l
85 2020 Blauer Portugieser „Blaues Wunder“ | 13%/12,90€
86 2021 „Viertelstück“ Rotwein | 12,5%/14,90€

WEINGUT BÜRGERMEISTER ADAM SCHMITT

Egon Schmitt

Kontakt
Am Neuberg 6
67098 Bad Dürkheim
Tel. 06322-5830
Fax: 06322-68899
www.weingut-egon-schmitt.de
info@weingut-egon-schmitt.de

Besuchszeiten
Mo./Di./Do./Fr.
10:30-12 + 14-18 Uhr
Sa. 9-15 Uhr
So. + Feiertage geschlossen

Inhaber
Jochen Schmitt
Betriebsleiter
Jochen Schmitt
Kellermeister
Meike Schwaab
Außenbetrieb
Andreas Weißler
Rebfläche
19 Hektar
Produktion
160.000 Flaschen

Bis in die siebziger Jahre war das Weingut ein Gemischtbetrieb in der Stadtmitte von Bad Dürkheim. 1976 bauten Inge und Egon Schmitt den Betrieb am Neuberg, zwei Jahre später folgte der Austritt aus der Genossenschaft. Heute führt ihr Sohn Jochen den Betrieb, der bereits seit 1997 für den Keller verantwortlich war. Die Weinberge befinden sich in verschiedenen Dürkheimer und Ungsteiner Lagen: Spielberg, Hochbenn, Fronhof, Rittergarten und Herrenberg, außerdem im Kallstadter Kreidkeller und im Leistadter Kalkofen. Seit 2016 ist das neue Kelterhaus in Betrieb, in dem Jochen Schmitt auch bei seinen Weißweinen verstärkt mit Maischestandzeiten, Spontangärung und Holzfasseinsatz arbeitet, 2020 wurde mit der Umstellungsphase auf biologischen Weinbau begonnen.

Kollektion

An seinen sehr starken Jahrgangsvorgänger kommt der 2019er Duca XI nicht ganz heran, ist aber trotzdem wieder eine der besten roten Cuvées aus der Pfalz: Er zeigt Kräuter, schwarze Johannisbeere, Brombeere und etwas Krokantwürze im Bouquet, ist kraftvoll, harmonisch und nachhaltig und besitzt, wie auch die anderen Rotweine, perfekt eingebundenes, kaum spürbares Holz. Der Cabernet Sauvignon zeigt ebenfalls viel dunkle Beerenfrucht, ist kraftvoll, besitzt reife Tannine und kräutrige Frische, der Spätburgunder ist elegant und rotfruchtig, besitzt eine gute Struktur mit frischer Säure. An der Spitze des weißen Teils des Sortiments stehen zwei hervorragende Rieslinge: Der Ausblick besitzt kräutrig-steinige Würze, Noten von gelbem Steinobst, viel Kraft, Grip und Länge, der Suiseki ist dagegen auf der feinen, eleganten Seite, ist schlank, leicht salzig-animierend und nachhaltig. Neu im Programm ist die „Green Vibes“-Linie aus Piwi-Sorten, der Sauvignac zeigt Noten von Stachelbeere und Grapefruit, ist schlank und frisch, ebenfalls neu ist der leicht rauchige, cremige und animierende Chardonnay-Sekt.

Weinbewertung

88	„Herr Schmitt & die Pinots" Sekt extra brut I 12%/18,-€
88	Chardonnay „Blanc de Blancs" Sekt brut I 11,5%/16,50€
85	2021 Sauvignac trocken „Green Vibes" I 11,5%/9,80€
86	2021 Sauvignon Blanc trocken Dürkheimer Steinberg I 12%/12,-€
87	2021 Grauer Burgunder trocken Wachenheimer Mandelgarten I 13%/15,-€
90	2021 Riesling trocken „Ausblick" Ungsteiner Herrenberg I 13,5%/17,-€
90	2021 Riesling trocken „Suiseki" I 12%/24,-€
88	2021 Weißer Burgunder Auslese Dürkheimer Fronhof I 7%/15,-€
86	2019 „Drei Reben" Rotwein trocken I 13,5%/12,-€
88	2020 Spätburgunder trocken Leistadter Kalkofen I 13%/20,-€
89	2019 Cabernet Sauvignon trocken I 14%/21,-€
90	2019 „Cuvée Duca XI" Rotwein trocken I 14,5%/23,50€

★★★

Schmitt

Kontakt
Ökologisches Weingut Schmitt GbR Bianka und Daniel Schmitt
Weedenplatz 1
67592 Flörsheim-Dalsheim
Tel. 0173-3174117 / 0172-4520987
www.biankaunddaniel.de
info@biankaunddaniel.de

Besuchszeiten
Weinprobe nach Vereinbarung

Inhaber
Bianka & Daniel Schmitt
Betriebsleiter
Bianka & Daniel Schmitt
Kellermeister
Bianka & Daniel Schmitt
Außenbetrieb
Bianka & Daniel Schmitt
Rebfläche
17 Hektar
Produktion
150.000 Flaschen

Daniel Schmitt stammt aus einem Weingut in Flörsheim-Dalsheim, das seit 2010 bio-zertifiziert, seit 2012 Demeter-zertifiziert ist. 2012 lernte er auch seine heutige Frau Bianka kennen, Weinbautechnikerin wie er, und sie entwickelten ihre gemeinsame Begeisterung für Naturweine. Ihre Weinberge liegen im Wonnegau, in den Nieder-Flörsheimer Lagen Goldberg und Frauenberg sowie im Monsheimer Silberberg. Das Sortenspektrum ist groß, die wichtigsten Rebsorten sind Riesling, Merlot und Spätburgunder, gefolgt von Silvaner, Weißburgunder und Furmint, dazu gibt es Chardonnay, Sauvignon Blanc, Dornfelder, Blaufränkisch und andere mehr. Die Weine werden spontanvergoren und teils im Edelstahl, teils im Holz ausgebaut, bereits 2013 haben Bianka und Daniel Schmitt ihren ersten Wein in der Amphore ausgebaut. Die Weine werden meist unfiltriert abgefüllt und erhalten sehr wenig oder gar keinen Schwefel; auch ein Teil der Weißweine wird ganz oder teilweise auf der Maische ausgebaut. Das Weingut wurde im vergangenen Jahr ausgesiedelt, der Neubau umfasst Vinothek, Holzfasskeller mit offenem Boden, unterirdischen Amphorenkeller und Nutzgarten.

Kollektion

Riesling dominiert in der kleinen Kollektion, die Bianka und Daniel Schmitt in diesem Jahr präsentieren. Da ist einmal der herrlich aggressive und zupackende, nicht dosierte Sekt aus dem Jahrgang 2019, der enorm würzig im Bouquet ist mit eindringlicher Rieslingfrucht, klar und geradlinig im Mund ist, enorm viel Biss besitzt. Der 2021er Riesling ist würzig im Bouquet, herrlich eindringlich und dominant, besitzt Fülle und Kraft im Mund, reife Frucht, gute Struktur und viel Grip. Eindringlich und dominant ist auch der 2020er Riesling M im Bouquet, der aus Monsheim stammt, sehr offen ist, im Mund füllig und saftig ist, viel reife Frucht und Substanz besitzt. Der Rosé ist eine nach der Saignée-Methode hergestellte Cuvée aus Merlot, Blaufränkisch und Spätburgunder. Er zeigt viel Würze und Frucht im eindringlichen Bouquet, ist frisch und zupackend im Mund, besitzt gute Struktur und viel Grip. Der Kékfrankos, ein im Frauenberg gewachsener Blaufränkisch von einem ungarischen Klon, ist sehr offen im Bouquet, zeigt viel Duft, rote Früchte, ist klar, frisch und zupackend im Mund, kraftvoll und lebhaft, besitzt gute Struktur, Grip und Tannine. Spannende kleine Kollektion!

Weinbewertung

86 2019 Riesling Sekt brut nature | 12%/28,-€
87 2021 Riesling | 11,5%/18,-€
88 2020 Riesling „M" trocken | 12%/20,-€
85 2021 Rosé | 11,5%/18,-€
88 2020 Kékfrankos | 12,5%/22,-€

★★☆

Heinz Schmitt Erben

Kontakt
Stephanusstraße 4
54340 Leiwen / Mosel
Tel. 06507-4276
Fax: 06507-8161
www.weingut-heinz-schmitt.de
weingutheinzschmitt@
t-online.de

Besuchszeiten
nach Vereinbarung
Weinproben mit oder ohne Essensbegleitung

Inhaber
Silvia, Senta & Carlo Schmitt
Betriebsleiter
Carlo Schmitt
Kellermeister
Carlo Schmitt
Außenbetrieb
Carlo Schmitt
Rebfläche
2,5 Hektar
Produktion
14.000 Flaschen

carloschmitt

Das Weingut Heinz Schmitt Erben gehörte bis vor einigen Jahren zu den bekanntesten Betrieben der Mittelmosel. Inhaber Heinz Schmitt war ein akribischer und neugieriger Winzer, der stets nach den besten Trauben und der bestmöglichen Ausbauweise suchte. Für dieses Buch stellte er immer wieder eine Phalanx an Weinen an, vom saftigen Basiswein bis zu edelsüßen Spitzen, auch bewies er immer wieder, wie gut seine Weine reifen konnten. Nachdem Heinz Schmitt im Weinberg tödlich verunglückt war, wurde die Fläche drastisch von 24 Hektar auf 1,5 Hektar verkleinert, inzwischen ist sie auf 2,5 Hektar gestiegen, neue Weinberge in der Köwericher Laurentiuslay wurden erworben. Inhaber des Weinguts sind heute Senta und Carlo Schmitt, Jungwinzer Carlo kümmert sich als Betriebsleiter um den An- und Ausbau der Weine. Angebaut werden heute zu 90 Prozent Rieslingreben, die restliche Fläche entfällt auf Müller-Thurgau und Weißburgunder.

Kollektion

Schon im vergangenen Jahr hatten die Weine überzeugt mit ihrer geradlinigen Art, hinter der sich eine Menge Substanz verbarg. Auch diesmal überzeugt das Sortiment schon in der Basis. Der Weißburgunder ist attraktiv mit Noten von Zitrus und Birne, zugleich spritzig und saftig. Der Rivaner explodiert fast in der Nase mit einer attraktiven, süß wirkenden Frucht, ist im Mund dann aber deutlich seriös, fest und straff, sehr animierend. Selbiges trifft auch auf den noch etwas verhaltenen Basisriesling in trockener Version zu. Hefig wirkt der Klüsserather Riesling von alten Reben, im Mund ist er saftig, er besitzt Zug, wirkt nicht komplett trocken. Anders der Riesling aus dem Neumagener Rosengärtchen, ausgestattet mit floralen Aromen, Hefenoten und Steinobstaromatik, im Mund komplex, fest, mit Spiel und dezenter Mineralität, puristisch trocken wirkend mit viel Potenzial. Auch die beiden süßen Weine überzeugen: Der Kabinett wirkt vibrierend mit animierender Balance zwischen Frische und Restzucker, die dreifach besternte Auslese ist trotz hoher Süße wunderbar balanciert und enorm reintönig, lang und komplex, ein sehr gelungenes, weit überdurchschnittliches Exemplar einer hochkarätigen Auslese. Dieser Wein hat Potenzial für viele Jahre.

Weinbewertung

84 2021 Rivaner trocken | 12,5%/7,-€
84 2021 Riesling trocken | 11,5%/8,-€
86 2021 Weißburgunder trocken | 12,5%/9,-€
89 2021 Riesling trocken Rosengärtchen | 12%/14,50€
83 2021 Riesling „feinherb" | 10,5%/8,-€
87 2021 Riesling „feinherb" Laurentiuslay | 11%/13,50€
85 2021 Riesling „Alte Reben" Klüsserather | 11,5%/9,50€
87 2021 Riesling Kabinett Köwericher Laurentiuslay | 8,5%/10,50€
93 2021 Riesling Auslese *** „Fass 19" Köwericher Laurentiuslay | 7,5%/35,-€/0,375l

★★☆

Schmitter

Kontakt
Hansjakobstraße 7
79117 Freiburg
Tel. 0761-78523
www.weingut-schmitter.de
michael@weingut-schmitter.de

Besuchszeiten
nach Vereinbarung

Inhaber
Michael Schmitter
Betriebsleiter
Michael Schmitter
Kellermeister
Michael Schmitter
Außenbetrieb
Michael Schmitter
Rebfläche
0,66 Hektar
Produktion
3.300 Flaschen

Michael Schmitter ist Winzer im Nebenerwerb, im Hauptberuf ist er Schauspieler, für das Theater und für Film und Fernsehen. Seine Weinberge liegen oberhalb von Ihringen, auf ca. 350 Meter Höhe in der Gewanne Kreuzenbuck am Ende eines Kastentals, der Lösslehmboden ist mit Vulkanverwitterungsgestein durchsetzt. Der Kreuzenbuck liegt teils auf Ihringer, teils auf Achkarrer Gemarkung. Die Reben wachsen auf Terrassen, die Bewirtschaftung erfolgt ausschließlich per Hand. Michael Schmitter baut 65 Prozent Grauburgunder, 25 Prozent Spätburgunder und 10 Prozent Weißburgunder an. Die Reben werden biodynamisch bewirtschaftet, aber eine Zertifizierung strebt Michael Schmitter aus Kostengründen nicht an. Sein Ziel ist es Weine in burgundischer Tradition zu erzeugen, „trockene, mineralische Weine mit langem Hefelager und langer Reifezeit".

Kollektion

Zwei Grauburgunder und einen Spätburgunder präsentierte Michael Schmitter zum starken Debüt im vergangenen Jahr, alle aus dem Jahrgang 2019, und es war der 48 Stunden auf der Maische belassene Grauburgunder von alten Reben, der uns mit seiner Würze, Intensität und Kraft besonders gut gefallen hat. Und auch in diesem Jahr präsentiert er wieder drei Weine, zwei Weißweine aus dem Jahrgang 2020 sowie ein weiteres Mal den im Barrique ausgebauten – bei geringem Neuholzanteil – Spätburgunder aus dem Jahrgang 2019. Der hat noch einmal zugelegt, zeigt gute Konzentration und rauchige Noten im Bouquet, viel reife Frucht, ist nun sehr offen, Frische und Johannisbeeren sind in den Hintergrund getreten, im Mund kommt nun mehr Fruchtsüße zur Geltung, er besitzt nach wie vor viel Frische und Grip, gute Struktur und klare Frucht. Vom „normalen" Grauburgunder hat Michael Schmitter uns den Folgejahrgang 2020 präsentiert – der voll und ganz überzeugt: Er zeigt viel reife Frucht im herrlich eindringlichen und reintönigen Bouquet, gute Konzentration, ist füllig und saftig im Mund, besitzt gute Substanz, viel Frucht und Kraft. Neu ist der im Barrique ausgebaute Weißburgunder, der Ihringer Fohrenberg als Lagenbezeichnung auf dem Etikett trägt. Er zeigt ebenfalls gute Konzentration im Bouquet, dazu rauchige und würzige Noten, aber auch herrlich viel Frucht, ist füllig und kraftvoll im Mund, besitzt reife Frucht, gute Struktur, Substanz und Frische. Erneut eine starke Vorstellung!

Weinbewertung

88 2020 Grauburgunder „Prolog" Kreuzenbuck/Ihringen | 13,5%/14,90€
87 2020 Weißburgunder „Prolog" Ihringer Fohrenberg | 13%/24,90€
88 2019 Spätburgunder „Prolog" Kreuzenbuck/Ihringen | 13%/32,90€

★★★★

Schmitt's Kinder

Kontakt
Am Sonnenstuhl
97236 Randersacker
Tel. 0931-7059197
Fax: 0931-7059198
www.schmitts-kinder.de
info@schmitts-kinder.de

Besuchszeiten
Mo.-Fr. 8-18 Uhr
Sa. 9-17 Uhr
oder nach Vereinbarung
Wechselnde Ausstellungen des Landschaftsmalers Andi Schmitt

Inhaber
Martin Schmitt
Betriebsleiter
Martin, Karl & Renate Schmitt
Rebfläche
14 Hektar
Produktion
100.000 Flaschen

Die Familie betreibt seit Generationen Weinbau in Randersacker, das Stammhaus im Ortskern wurde 1712 erbaut. Der Name Schmitt's Kinder geht auf eine Erbteilung von 1910 zurück: Entgegen den fränkischen Gepflogenheiten wurde der Betrieb nicht aufgeteilt sondern von den Geschwistern zusammen bewirtschaftet und weitergeführt. 1984 wurde ein neuer Betrieb am Fuß des Sonnenstuhls erbaut. Karl Martin und Renate Marie Schmitt bauten das Weingut aus, 2014 hat Sohn Martin Schmitt den Betrieb übernommen, der bereits seit 2008 für den Keller verantwortlich war. Seine Weinberge liegen in den Randersackerer Lagen Sonnenstuhl, Marsberg (mit der ehemaligen Einzellage Spielberg), Teufelskeller und Pfülben. Silvaner ist die wichtigste Rebsorte, die gut ein Drittel der Fläche einnimmt. Es folgen Riesling, Müller-Thurgau, Spätburgunder, Bacchus, Domina und Weißburgunder, sowie etwas Rieslaner und Scheurebe. Die Weine werden langsam vergoren und lange auf der Feinhefe ausgebaut, teils im Edelstahl, teils im Holz, alle Erste und Große Lagen-Weine werden normalerweise zur Hälfte im Holz ausgebaut, einzelne Partien kommen ins Barrique, die Spätburgunder werden achtzehn Monate im Barrique ausgebaut. Das Sortiment wurde schrittweise an das 4-stufige System des fränkischen VDP angepasst. An der Spitze der trockenen Weine stehen derzeit drei Große Gewächse, Silvaner und Riesling aus dem Pfülben, sowie Spätburgunder aus dem Sonnenstuhl, der nun den Katasternamen Hohenroth trägt. Mit dem Jahrgang 2018 wurden Reserve-Weine von Silvaner und Riesling eingeführt, die ein Jahre auf der Hefe ausgebaut werden. Martin Schmitt hat weiter in den Keller investiert, in Saftvorabzug und Kühlung, hat neue Stückfässer angeschafft. Des Weiteren hat er neue Silvaner-Premium-Klone gepflanzt, die bei höherer Säure einen natürlichen (also ohne Ausdünnen) Ertrag von nur 50 Hektoliter je Hektar erbringen sollen. Zuletzt hat er mehr Spätburgunder (deutsche und französische Klone) und Sauvignon Blanc gepflanzt, in Barriquekeller und Außenbetrieb investiert. 2020 wurde die Umstellung auf biologischen Weinbau begonnen, seit 2021 ist Martin Schmitt Mitglied bei Naturland, 2022 wird der erste zertifizierte Jahrgang sein.

Kollektion

Weine aus den Jahrgängen 2021 und 2020 hat Martin Schmitt dieses Jahr vorgestellt, wobei wir die beiden 2020er Großen Gewächse aus dem Pfülben schon im vergangenen Jahr vorgestellt hatten. Das Jahr auf der Flasche hat ihnen nicht geschadet, im Gegenteil. Der Riesling ist herrlich eindringlich und konzentriert, zeigt viel reife Frucht, ist füllig und saftig im Mund, wunderschön reintönig, harmonisch und lang. Der im großen Holz ausgebaute Silvaner ist ebenfalls herrlich eindringlich und reintönig im Bouquet, besitzt viel Fülle und reife Frucht, viel Substanz, Länge und dezent mineralische Noten. Der 2021er hingegen ist deutlich schlanker, im

Moment verhaltener, zeigt intensive Frucht im herrlich eindringlichen Bouquet, ist kraftvoll und geradlinig im Mund, zeigt ganz leicht kräuterige Noten, wirkt im Vergleich zum 2020er deutlich puristischer – aber 2021 ist eben auch ein Jahrgang, der etwas Zeit braucht. Das sieht man auch beim 2021er Pfülben-Riesling, der gute Konzentration und viel reife Frucht im Bouquet zeigt, etwas Pfirsiche, im Mund kraftvoll ist, gute Fülle und Substanz besitzt, aber doch noch sehr jugendlich ist bei mineralischen Noten im Abgang. Viel Würze und dezente Reife zeigt der 2020er Riesling aus dem Weinberg Mendelssohn, an der Bergkuppe des Pfülben gelegen, ist füllig und saftig im Mund, besitzt viel reife Frucht. Deutlich komplexer ist der dritte 2020er Riesling, die lange auf der Vollhefe ausgebaute „Große Reserve“ aus dem Spielberg, der früher als eine der Top-Lagen in Randersacker galt, 1971 aber Teil des Marsbergs wurde; sie zeigt feine rauchige Noten und viel Konzentration im Bouquet, ist füllig und stoffig im Mund, besitzt gute Struktur und Komplexität. Sehr gleichmäßiges Niveau zeigen die Erste Lage-Weine des Jahrgangs 2021: Der Sonnenstuhl-Riesling zeigt feine Frische und klare Frucht, ist geradlinig und zupackend, der Silvaner aus der selben Lage ist sehr offen im Bouquet, zeigt weiße Früchte, Birnen, ist füllig und saftig im Mund bei guter Struktur. Unsere leichte Präferenz gilt dem Silvaner vom Marsberg, der ebenfalls sehr offen ist, gelbe Früchte zeigt, dezent Marzipan, klare Frucht, gute Struktur und Substanz besitzt. Die Ortsweine sind reintönig und zupackend, der „Le Blanc“ aus Bacchus, Müller-Thurgau und Scheurebe verbindet Frische mit süßer Frucht. Eine überzeugende Vorstellung!

Martin Schmitt

Lagen

Sonnenstuhl (Randersacker)
Pfülben (Randersacker)
Weinberg Mendelssohn (Randersacker)
Marsberg (Randersacker)
Spielberg (Randersacker)

Weinbewertung

84 2021 „Le Blanc“ Weißwein trocken | 12%/8,50€
85 2021 Silvaner trocken Randersackerer | 12,5%/9,30€
85 2021 Riesling trocken Randersackerer | 12%/9,90€
87 2021 Silvaner trocken Randersackerer Sonnenstuhl | 12,5%/12,80€
86 2021 Riesling trocken Randersackerer Sonnenstuhl | 12,5%/13,70€
87 2020 Riesling trocken „Weinberg Mendelssohn“ Randersackerer | 12%/14,-€
88 2021 Silvaner trocken Randersackerer Marsberg | 12,5%/15,60€
93 2020 Silvaner trocken „GG“ Randersackerer Pfülben | 13,5%/28,-€
91 2021 Silvaner trocken „GG“ Randersackerer Pfülben | 13%/32,-€
91 2020 Riesling trocken „GG“ Randersackerer Pfülben | 13%/28,50€
91 2021 Riesling trocken „GG“ Randersackerer Pfülben | 13%/32,50€
90 2020 Riesling trocken „Große Reserve“ Spielberg Rand. Marsberg | 12,5%/22,50€

Rebsorten

Silvaner (37%)
Riesling (14%)
Spätburgunder (10%)
Müller-Thurgau (8%)
Bacchus
Scheurebe
Sauvignon Blanc
Weißburgunder
Domina
Rieslaner

★★★★★

Rainer Schnaitmann

Kontakt
Untertürkheimer Straße 4
70734 Fellbach
Tel. 0711-574616
Fax: 0711-5780803
www.weingut-schnaitmann.de
info@weingut-schnaitmann.de

Besuchszeiten
Mo.-Fr. 14-18 Uhr
(morgens mit Anmeldung)
Sa. 9-13 Uhr

Inhaber
Rainer Schnaitmann
Rebfläche
24 Hektar
Produktion
120.000 Flaschen

Rainer Schnaitmann vermarktete mit dem Jahrgang 1997 die ersten Weine unter dem eigenen Etikett. „Das war ein Aufruhr in Fellbach, als sich der Rainer selbständig machte“, erinnert sich sein Vater noch heute. Davor hatte der Geisenheim-Absolvent Praktika in Neuseeland (Morton) und in Südtirol (Waldthaler) gemacht. Das Gros seiner Weinberge liegt im Fellbacher Lämmler, aber auch in benachbarten Lagen ist er vertreten, so in Uhlbach im Götzenberg, in Untertürkheim im Mönchberg oder in Schnait im Altenberg. Seine wichtigsten Rebsorten sind Riesling, Spätburgunder und Lemberger, dazu gibt es Schwarzriesling und Trollinger, aber auch internationale Rebsorten wie Cabernet Sauvignon, Merlot, Syrah und Sauvignon Blanc, sowie Spezialitäten wie Gewürztraminer und Muskattrollinger; auch einen Silvaner aus Schnait, einem einst für Silvaner bekannten Ort, hat Rainer Schnaitmann im Programm. Ausgesuchte Weine werden im Barrique ausgebaut und seit dem ersten Jahrgang unter dem Namen Simonroth verkauft, nach dem Namen der Lämmler-Teillage, in der Rainer Schnaitmann seine größte zusammenhängende Parzelle besitzt. Simonroth für Rotweine und Bergmandel für Weißweine sind die Bezeichnungen für die Weine aus VDP-klassifizierten Ersten und Großen Lagen. Darüber stehen die Großen Gewächse aus dem Lämmler – Riesling, Spätburgunder, Lemberger – und dem Götzenberg (Riesling); die Rieslinge ebenso wie den Grauburgunder bringt Rainer Schnaitmann erst im zweiten Jahr nach der Ernte in den Verkauf. 2011 wurde für reinsortige Weine aus Fellbacher und Stuttgarter Lagen die Bezeichnung Steinwiege eingeführt. Die Weinberge werden biologisch bewirtschaftet, die Zertifizierung begann 2013, 2016 war der erste zertifizierte Bio-Jahrgang; Rainer Schnaitmann ist aber bisher noch keinem Verband beigetreten. Schon in der ersten Ausgabe empfahlen wir die Weine von Rainer Schnaitmann – den damals noch niemand kannte, kein Wunder, hatte er doch erst zwei Jahre zuvor mit der Selbstvermarktung begonnen. Heute kennt man ihn nicht nur in Württemberg, sondern in ganz Deutschland. Jahr für Jahr konnte er die Qualität steigern, Jahr für Jahr haben uns seine Kollektionen besser gefallen. Dies gilt gleichermaßen für Weiß- wie für Rotweine.

Kollektion

Neben den Großen Gewächsen hat Rainer Schnaitmann in diesem Jahr nur Bergmandel- und Simonroth-Weine vorgestellt. Ein einziger Wein stammt aus dem Jahrgang 2021, der im Halbstück ausgebaute Bergmandel-Sauvignon Blanc, der herrlich konzentriert ist, rauchige Noten zeigt, etwas Feuerstein, kraftvoll, klar und zupackend im Mund ist, noch recht unruhig ist und jugendlich. Der ebenfalls im Halbstück ausgebaute Grau.Weiss besteht aus 60 Prozent Chardonnay, 30 Prozent Weißburgunder und 10 Prozent Chardonnay, zeigt reife Frucht, gute Konzentration und rauchige Noten, ist füllig, fruchtbetont, komplex und lang. Der Bergmandel-Riesling wurde teils im Edelstahl, teils im Halbstück ausgebaut, er zeigt intensive Frucht im herrlich eindringlichen Bouquet, ist frisch, klar und zupackend, besitzt gute Struktur und Druck. Ganz großartig sind im Jahrgang 2020 die weißen Großen Gewächse. Der Riesling aus dem Götzenberg zeigt rauchig-würzige Noten im herrlich eindringlichen Bouquet, ist klar, präzise, enorm druckvoll, sein Kollege aus dem Lämmler ist noch etwas druckvoller, präzise und puristisch, noch sehr jugendlich. Sehr individuell ist auch der Grauburgunder aus dem Lämmler, der fast wie ein Gegenentwurf zu klassischem Grauburgunder vom badischen Kaiserstuhl wirkt, enorm würzig und intensiv ist, etwas Zitronenmelisse im Bouquet zeigt, enorm jugendlich dann im Mund ist, gute Struktur, Frische, Druck und Grip besitzt. So hohes Niveau wie die weißen Bergmandel-Weine zeigen auch die roten Simonroth-Weine. Der Lemberger, Jahrgang 2019, zeigt herrlich reintönige Frucht und viel Frische im Bouquet, ist füllig, klar, zupackend, hat Grip. Alle anderen Rotweine sind 2020er. Der Spätburgunder ist ebenfalls faszinierend reintönig und frisch, kraftvoll, klar und zupackend. Der Cabernet Franc punktet mit intensiver, dominanter Frucht im Bouquet, feiner Kräuternote, er besitzt Fülle, Kraft, klare Frucht, Tannine und Grip. Der Lämmler-Lemberger zeigt viel Frische und Frucht im sehr reintönigen Bouquet, gute Konzentration, ein klein wenig Zimt, ist frisch und zupackend im Mund, besitzt gute Struktur, Grip und jugendliche Tannine – 2017 präsentiert sich derzeit in bestechender Form. Der Spätburgunder vom Lämmler zeigt viel Frucht im Bouquet, dezent florale Noten und Herzkirschen, ist sehr offen, ist frisch und präzise dann im Mund, enorm druckvoll und nachhaltig. Klasse Kollektion!

Rainer Schnaitmann

Weinbewertung

90 2020 „Grau.Weiss" Weißwein trocken „Bergmandel" | 13%/16,20€
90 2020 Riesling trocken „Bergmandel" | 13%/24,-€
91 2021 Sauvignon Blanc trocken „Bergmandel" | 13%/24,-€
94 2020 Riesling „GG" Fellbacher Lämmler | 13%/36,-€
93 2020 Riesling trocken „GG" Götzenberg Uhlbach | 12,5%/36,-€
93 2020 Grauburgunder „GG" Lämmler Fellbach | 13%/36,-€
91 2019 Lemberger „Simonroth" | 13%/24,-€
91 2020 Spätburgunder „Simonroth" | 12,5%/32,-€
90 2019 Cabernet Franc „Simonroth" | 13%/32,-€
94 2020 Spätburgunder „GG" Fellbacher Lämmler | 12,5%/68,-€
93 2017 Lemberger „GG" Fellbacher Lämmler | 13%
92 2020 Lemberger „GG" Fellbacher Lämmler | 12,5%/58,-€

Lagen

Lämmler (Fellbach)
Götzenberg (Uhlbach)
Altenberg (Schnait)
Burghalde (Beutelsbach)

Rebsorten

Burgundersorten (50%)
Lemberger (20%)
Riesling (15%)
Sauvignon Blanc (7%)

★★★☆

K.H. Schneider

Kontakt
Meddersheimer Straße 29
55566 Bad Sobernheim
Tel. 06751-2505
Fax: 06751-3657
www.weingut-schneider.com
info@weingut-schneider.com

Besuchszeiten
Mo.-Sa. 10-18 Uhr,
So. nach Vereinbarung

Inhaber
Bernd Schneider
Kellermeister
Andi Schneider
Rebfläche
14,5 Hektar
Produktion
70.000 Flaschen

WEINGUT
K.H. SCHNEIDER
BAD SOBERNHEIM / NAHE

Das Weingut wurde 1956 von Karlheinz Schneider gegründet, seit 1999 führen Bernd Schneider und seine Frau Marion den Betrieb. Nach Abschluss seines Studiums in Heilbronn, sowie praktischen Erfahrungen in Neuseeland und bei Wagner-Stempel ist Sohn Andi in den Betrieb eingetreten und für den Weinausbau verantwortlich, Bruder Christoph hat seine Winzerlehre abgeschlossen und kümmert sich um den Außenbetrieb. Die Weinberge liegen in den Bad Sobernheimer Lagen Marbach und Domberg (60 Prozent Steillagen), wo die Böden aus rotem Lehm mit hohem Steinanteil bestehen, teils mit Schiefer durchsetzt, 2011 kamen 0,9 Hektar Riesling in Schlossböckelheim dazu, darunter eine Parzelle im Felsenberg mit vulkanischem Porphyrverwitterungsboden. 2017 wurde das Lagenportfolio noch um 0,6 Hektar Steillage im Schlossböckelheimer Königsfels ergänzt.

Kollektion

Eine in jeder Hinsicht überzeugendes Jahr für das Bad Sobernheimer Familienweingut. Die Rieslinge sind alle mineralisch, säurebetont und substanzreich. Der geradlinige, trinkfreudige Gutsriesling gibt gleich den Ton vor, gefällt in seiner animierenden Art ausgesprochen gut. Saftig und kräftig ist der Sobernheimer, geschliffen und knackig der Schlossböckelheimer, schon die beiden Ortsweine zeigen spannende Unterschiede. Bei den Lagenweinen ist die Qualitätsdichte hoch. Während der Marbach-Riesling offen ist, mit feiner Frucht und Transparenz punktet, ist der aus dem Domberg noch verschlossen, sein an Extrakt reicher Schmelz entfaltet ordentlich Druck, er endet würzig. Saftig und filigran, mit attraktiven Zitrusfrüchten und feinem Mineral ist der Königsfels-Riesling in seiner verspielten und rasanten Manier sehr einnehmend. Der Felsenberg-Riesling bietet Dramatik, ist noch verschlossen, besitzt eine markante Textur, seine satte Frucht wird mit etwas Luft präsenter, er ist konzentriert, lang und nachhaltig.

Weinbewertung

88 2015 Pinot „-72-“ Sekt brut nature | 12,5%/22,-€
85 2021 Riesling trocken | 12%/8,50€
87 2021 Riesling trocken „Roter Tonschiefer“ Sobernheimer | 12,5%/11,50€
87 2021 Riesling trocken „Vulkanstein“ Schlossböckelheim | 12,5%/11,50€
89 2021 Riesling trocken Sobernheimer Marbach | 13%/17,50€
89 2021 Riesling trocken Sobernheimer Domberg | 12,5%/17,50€
89 2021 Riesling trocken Schlossböckelheimer Felsenberg | 12,5%/19,50€
90 2021 Riesling trocken Schlossböckelheimer Königsfels | 12,5%/19,50€
85 2021 Riesling Kabinett Sobernheim | 9%/9,50€
88 2021 Riesling Spätlese Sobernheimer Marbach | 8,5%/12,-€
87 2021 Riesling Spätlese Sobernheimer Domberg | 8,5%/12,-€
89 2019 Spätburgunder „R“ Sobernheimer Marbach | 13%/21,-€

Schneider – Mirjam Schneider

Kontakt
Klein-Winternheimer-Weg 6
55129 Mainz-Hechtsheim
Tel. 06131-59678
Fax: 06131-9728804
www.schneider-weingut.com
info@schneider-weingut.com

Besuchszeiten
Di.-Fr. 9-12 + 14-18 Uhr
Sa. 9-13 Uhr
Mo. geschlossen

Inhaber
Mirjam Schneider
Kellermeister
Mirjam Schneider
Außenbetrieb
Marc Schühle
Rebfläche
6 Hektar
Produktion
40.000 Flaschen

Bereits 2002 hat Mirjam Schneider die Regie im Keller übernommen, 2005 beendete sie ihre Ausbildung zur Weinbautechnikerin, machte ein Praktikum in Neuseeland (Neudorf Vineyards), seit 2006 ist sie im elterlichen Betrieb tätig, den sie nach dem Tod ihres Vaters Lothar 2018 übernommen hat. Die Weinberge liegen in Laubenheim in den Lagen Edelmann (Lösslehm, im Untergrund Kalkstein) und Johannisberg (Lösslehm mit hohem Lehmanteil), in den Gau-Bischofsheimer Lagen Kellersberg und Herrnberg, sowie im Niersteiner Pettenthal (Rotliegendes). Sie konzentriert sich auf klassische Rebsorten wie Riesling, Silvaner und die Burgundersorten, baut aber auch Merlot an. Die Weißweine werden langsam und kühl im Edelstahl vergoren, teils im Tonneau ausgebaut, die Rotweine kommen nach der Maischegärung ins Holz, werden lange auf der Feinhefe ausgebaut. 2014 wurde ein neuer Verkaufs- und Verkostungsraum inklusive Hofladen („Kraut & Reben") fertig gestellt. Seit 2014 ist Mirjam Schneiders Freund Marc Schühle für den Außenbetrieb zuständig.

Kollektion

Ein feiner, frischer, zupackender Weißburgunder-Sekt eröffnet den Reigen. Die Gutsweine sind allesamt fruchtbetont, klar und zupackend, besitzen gute Struktur und Frische, der Wirbelwind genannte Sauvignon Blanc gefällt uns in diesem Segment besonders gut, er ist würzig und besitzt viel Grip. Die Ortsweine sind durch die Bank sehr gut. Der Laubenheimer Riesling ist würzig, zupackend, druckvoll, die beiden Bodenheimer Burgunder, beide im Tonneau ausgebaut, besitzen Fülle, Kraft und Substanz. An der Spitze der Kollektion stehen die beiden Lagenweine aus dem Edelmann: Der Silvaner ist füllig und saftig, besitzt klare reife Frucht und Substanz, der Riesling ist würzig und herrlich eindringlich im Bouquet, im Mund dann ebenfalls füllig, besitzt gute Struktur und Substanz. Eine überzeugende Vorstellung!

Weinbewertung

86 Weißburgunder Sekt extra-brut Bodenheimer Mönchspfad | 12%/13,50€
84 2021 Silvaner trocken | 12,5%/7,90€
83 2021 Weißer Burgunder trocken | 13%/9,20€
84 2021 Riesling trocken | 12,5%/7,90€
86 2021 Weißer Burgunder trocken Bodenheimer | 13%/11,80€
86 2021 Riesling trocken Laubenheimer | 13%/11,80€
87 2021 Grauer Burgunder trocken Bodenheimer | 14%/11,80€
84 2021 Scheurebe trocken „Distelfink" | 12,5%/9,20€
85 2021 Sauvignon Blanc trocken „Wirbelwind" | 12,5%/9,20€
88 2021 Silvaner trocken Laubenheimer Edelmann | 13,5%/16,-€
88 2021 Riesling trocken Laubenheimer Edelmann | 13%/16,-€
84 2019 Spätburgunder trocken | 14%/10,90€

★★★★

Schneider – am Schlipf

Kontakt
Lörracher Straße 4
79576 Weil am Rhein
Tel. 07621-72817
www.schneiderweingut.de
info@schneiderweingut.de

Besuchszeiten
Weinverkauf:
Mo. 9-12 Uhr
Di. geschlossen
Mi.-Fr. 9-12 + 14:30-18 Uhr
Sa. 9-14 Uhr
Weinbar Café Gupi in historischem Gärtnerhaus

Inhaber
Claus Schneider
Betriebsleiter
Johannes & Christoph Schneider
Kellermeister
Johannes & Christoph Schneider
Rebfläche
16 Hektar
Produktion
90.000 Flaschen

Ganz im Süden Badens, in Weil am Rhein, befindet sich das Weingut Schneider. Johannes Schneider hatte 1892 den Gutshof unterhalb des Weiler Schlipfs gekauft, wo das Weingut noch heute seinen Sitz hat. Johannes und Christoph Schneider führen seit 2017 den Betrieb, den ihre Eltern Susanne Hagin-Schneider und Claus Schneider seit den Achtziger Jahren vergrößert hatten. Ihre Weinberge liegen vor allem im Weiler Schlipf (mit den Gewannen Kapf und Kilchmen), aber auch in der Ötlinger Sonnhole, in der Haltinger Stiege und im Isteiner Kirchberg. Spätburgunder ist die wichtigste Rebsorte im Betrieb, gefolgt von Gutedel, Weißburgunder, Grauburgunder und Chardonnay. Johannes und Christoph haben die Umstellung auf biologischen und biodynamischen Weinbau begonnen. 2021 wurde die Weinbar „Café Gupi“ in einem historischen Gärtnerhaus in der Nähe des Weinguts eröffnet. Alle Weine werden vollständig durchgegoren und ohne Restzucker ausgebaut. Die Weißweine bleiben lange auf der Hefe und auch die Rotweine reifen lange in großen Holzfässern oder Barriques. Das Sortiment ist gegliedert in Gutsweine („vom Kalkstein“, mindestens sechzehn Monate auf der Hefe ausgebaut), Ortsweine (aus Weil und ein Gutedel aus Lörrach, mindestens achtzehn Monate auf der Hefe im Holz ausgebaut, die „Alte Reben“-Weine sind eine Selektion der besten Ortsweine) und Lagenweine (Spätburgunder Schlipf, Kapf, Sonnhohle und Kirchberg, Chardonnay Schlipf, Grauburgunder Kilchmen, Weißburgunder Manyer und Gutedel Haltinger Stiege). Hinzu kommen die Haus Gupi-Weine (Gupi steht für Gutedel und Pinot), die ohne Zugabe von Schwefel abgefüllt werden.

Kollektion

Schon in den Vorjahren waren die Weine stets präziser und druckvoller geworden, und dies setzt sich auch mit der neuen Kollektion auf eindrucksvolle Weise fort. Und schon die Gutsweine sind gnadenlos gut: Der sechzehn Monate auf der Hefe ausgebaute Gutedel vom Kalkstein ist rauchig, würzig und eindringlich, besitzt klare reife Frucht und ist durch den langen Ausbau auf der Hefe enorm stoffig, ja druckvoll; der Weißburgunder vom Kalkstein wurde ebenfalls sechzehn Monate auf der Hefe ausgebaut, auch er ist herrlich eindringlich und rauchig im Bouquet, besitzt gute Struktur, Frische und Kraft. Als Weiler Ortswein gibt es eine Cuvée aus Chardonnay und Weißburgunder, die gute Konzentration und intensive Frucht im Bouquet zeigt, füllig und stoffig ist, reife Frucht besitzt, gute Struktur und Substanz. Der Weißburgunder Manyer stammt von einem kargen Kalkboden und blieb 24 Monate im großen Holzfass auf der Hefe. Er ist rauchig, konzentriert, herrlich eindringlich und reintönig im Bouquet, ist füllig und stoffig im Mund, besitzt gute Struktur und Frucht. Die Highlights im weißen Teil der Kollektion sind aber eindeutig die beiden Chardonnay. Schon der Alte Reben-Chardonnay ist hervorragend, zeigt rauchige Noten und faszinierend reintönige Frucht, ist füllig, stoffig, hat viel Struktur und Kraft. Ihm sehr ähnlich, aber noch etwas faszinierender und komplexer ist der Schlipf-Chardonnay, besitzt gute Struktur, Druck und Länge. Aus der Haus Gupi-Linie konnten wir zwei Weine verkosten, denen kein Schwefel zugesetzt wurde. Der Gutedel El Fayoum, acht Monate auf der Hefe ausgebaut, ist puristisch, geradlinig, hat Struktur – und gerade einmal 9 Prozent Alkohol. 11 Prozent hat der Spätburgunder Rosé Haus Gupi zu bieten, ist intensiv, würzig, druckvoll und nachhaltig. Die Spätburgunder-Serie, mit Weinen der Jahrgänge 2019 und 2020, beeindruckt ebenso wie die Weißweine, und auch hier ist der Gutswein vom Kalkstein schon sehr gut, wunderschön reintönig, frisch und zupackend. Eine Steigerung bietet der Weiler Ortswein, zeigt ebenfalls feine Frische und reintönige Frucht, besitzt gute Struktur, klare Frucht und Grip. Feine Würze und Frucht zeigt der Spätburgunder von alten Reben im Bouquet, ist noch etwas zupackender und griffiger und ebenso reintönig. Aus dem Jahrgang 2019 stammt der Sonnhohle-Spätburgunder, er ist herrlich eindringlich und klar, besitzt Frische, Frucht und Grip. Aus demselben Jahrgang stammt auch der Spätburgunder Schlipf, der wunderschön reintönig und eindringlich ist, bestechend harmonisch im Mund, gute Substanz, Frische und viel Länge besitzt. Ein Jahr jünger ist der Kapf-Spätburgunder, der ebenso klar und konzentriert ist, harmonisch und fruchtbetont, dabei komplex, lang und nachhaltig. Eine tolle Kollektion!

Weinbewertung

88 2020 Gutedel trocken „vom Kalkstein“ | 10,5%/9,20€ ☺
87 2020 Weißer Burgunder trocken „vom Kalkstein“ | 12,5%/11,50€
89 2020 Chardonnay & Weißer Burgunder Weil am Rhein | 12,5%/18,-€
88 2019 Weißer Burgunder Manyer | 12,5%/24,-€
91 2020 Chardonnay „Alte Reben“ | 12,5%/28,-€
92 2020 Chardonnay Weiler Schlipf | 12,5%/42,-€
88 2020 „Haus Gupi - El Fayoum“ (Gutedel) | 9%/22,-€
89 2021 „Haus Gupi - grès“ rose (Spätburgunder) | 11%/35,-€
87 2020 Spätburgunder „vom Kalkstein“ | 13%/15,-€
89 2019 Spätburgunder Weiler | 13%/19,-€
90 2020 Spätburgunder „Alte Reben“ | 12,5%/30,-€
90 2019 Spätburgunder Sonnhohle | 13%/39,-€
91 2020 Spätburgunder Kapf | 13%/45,-€
91 2019 Spätburgunder Weiler Schlipf | 13%/52,-€

Lagen
Schlipf (Weil am Rhein)
Kapf (Weil am Rhein)
Sonnhohle (Ötlingen)
Kirchberg (Istein)

Rebsorten
Spätburgunder (40%)
Weißburgunder (25%)
Gutedel (15%)
Grauburgunder (10%)
Chardonnay (10%)

Wolfgang Schneider

Kontakt
Naheweinstraße 35
55452 Guldental
Tel. 06707-324
Fax: 06707-7201
www.weingut-wolfgang-schneider.de
info@weingut-wolfgang-schneider.de

Besuchszeiten
täglich nach Vereinbarung

Inhaber
Wolfgang & Nils Schneider
Betriebsleiter
Wolfgang & Nils Schneider
Rebfläche
20 Hektar
Produktion
150.000 Flaschen

Das heutige Weingut wurde über mehrere Generationen als landwirtschaftlicher Gemischtbetrieb mit Weinbau, Ackerbau und Viehzucht geführt. Die Viehzucht gab Wolfgang Schneider, der den Betrieb zusammen mit Ehefrau Birgitt seit 1975 führt, bereits 1978 auf, 1993 verpachtete er die Äcker und spezialisierte sich ganz auf Weinbau. Sohn Nils, Diplom-Ingenieur für Weinbau und Önologie, arbeitet seit 2003 im Betrieb mit. Die Weinberge befinden sich in verschiedenen Lagen von Guldental (Hipperich, Sonnenberg, Apostelberg), aber auch in Roxheim und in Langenlonsheim. Besonderes Augenmerk liegt im Weingut auf den Burgundersorten, hinzu kommen Riesling und Müller-Thurgau, aber auch Silvaner, Gewürztraminer, Bacchus, Scheurebe, Dornfelder und Regent.

Kollektion

Eine gewohnt solide Kollektion von präsenten, glasklaren Weißweinen, die alle gekonnt mit etwas Fruchtsüße spielen. Die drei Rieslinge sind jahrgangstypisch aromatisch und frisch. Der agile „sua sponte" bereitet schnörkellose Trinkfreude, verbindet Saftigkeit mit zupackender Art, ist dabei animierend und mineralisch unterbaut. Die trockene Spätlese aus dem Hipperich ist spürbar würziger, besitzt saftige Substanz, was auch für den Riesling S aus der gleichen Lage gilt, der dank seiner reifen Frucht recht üppig wirkt, füllig und lang ist, prägnante Säure mitbringt. Die beiden Gutsweine von Weiß- und Grauburgunder sind sortentypisch und klar. Der Grauburgunder S bringt merklichen Schmelz und feine Toastwürze mit, bei aller Fülle steht ihm die Frische des Jahrgangs richtig gut. Dagegen wirkt der Chardonnay S noch etwas kräftiger, zeigt geröstete Haselnüsse im Bouquet, ist im Mund saftig bei intensiver Frucht. Die drei Rotweine sind alle durchgegoren. Unser Favorit ist die Merlot-Syrah-Cuvée mit ihrer pfeffrigen, reifen Frucht und rauchigen Tanninen, die bei hoher Reife auch ausreichend Frische bietet.

Weinbewertung

84	2021 Weißer Burgunder trocken I 13%/6,-€
84	2021 Grauer Burgunder trocken I 13%/6,-€
84	2021 Riesling Spätlese trocken Guldentaler Hipperich I 12%/6,50€
83	2021 Scheurebe trocken Guldentaler Apostelberg I 12,5%/6,50€
85	2021 Grauer Burgunder „-S-" trocken Guldentaler Hipperich I 13,5%/9,50€
84	2021 Chardonnay „-S-" trocken Guldentaler Sonnenberg I 13%/8,50€
85	2021 Riesling „S" trocken Guldentaler Hipperich I 13%/8,50€
85	2021 Riesling „sua sponte" I 11,5%/9,90€
84	2021 Gewürztraminer „-S-" trocken Guldentaler Schlosskapelle I 13,5%/8,-€
84	2019 Portugieser trocken „Alte Reben" Barrique I 13,5%/12,50€
83	2020 Frühburgunder trocken Barrique I 15%/12,50€
86	2019 Merlot & Syrah trocken Barrique Guldentaler Sonnenberg I 14%/18,50€

Schneiders-Moritz

Kontakt
Zehnthofstraße 8
56829 Pommern
Tel. 02672-93660
Fax: 02672-93676
www.schneiders-moritz.de
info@schneiders-moritz.de

Besuchszeiten
Mo.-Fr. 8:30-18 Uhr
Sa. 10-14 Uhr
oder nach Vereinbarung
Ferienwohnungen im
Bruchstein-Winzerhaus

Inhaber
Kilian Moritz
Betriebsleiter
Kilian Moritz,
Hildegard Moritz
Kellermeister
Kilian Moritz
Außenbetrieb
Stefan Andres
Rebfläche
10 Hektar
Produktion
50.000-65.000 Flaschen

Zwei Generationen kümmern sich heute um das Weingut in Pommern: Seniorchefin Hildegard Moritz und ihr Sohn Kilian bewirtschaften insgesamt 10 Hektar Reben. Außer Riesling, der 70 Prozent der Fläche einnimmt, werden auch Müller-Thurgau, Weiß- und Grauburgunder, Sauvignon Blanc, Gewürztraminer, Spätburgunder sowie Merlot angebaut. Erwähnenswert ist, neben Flächen in der Pommerner Sonnenuhr, dem Pommerner Goldberg, dem ebenfalls hier angesiedelten Zeisel, dem Klottener Brauneberg und dem Treiser Kapellenberg, auch die Lage Pommerner Rosenberg, die 1860 von einem Vorfahren bepflanzt wurde. Damit bewirtschaftet das Weingut einen der ältesten wurzelechten Weinberge Europas. Die großzügigen Räumlichkeiten im Weingut erlauben Verkostungen oder Feste bis zu 150 Personen.

Kollektion

In den letzten Jahren hat sich das Weingut mehr und mehr einen eigenen Stil erarbeitet, was auch diesmal zu spüren ist. Herbe Kräuterwürze zeigt der Sauvignon Blanc, im Mund auch eine leichte Bitternote, ist straff und fest, sehr trocken. Der Riesling Mons Martis ist sehr frisch, verschlossen, schlank, straff, säurebetont. Eigenständig ist der 2020er Riesling aus dem Brauneberg, ein Jahr auf der Feinhefe im Holzfass gereift, würzig und absolut trocken. Der Rosenberg-Riesling, ebenfalls aus 2020 und ebenso gereift wie sein Klottener Pendant, ist etwas verhalten in der Nase, im Mund recht würzig und offen. Auch der 2019er Riesling, der einige Wochen im Barrique reifte, besitzt Charakter und Würze. Der trockene Gewürztraminer, ein 2021er, ist offen, besitzt eine leicht erdige Note, Anklänge an Kräuter, auch Litschi und Rosen, ist würzig, kompakt, mit eher verhaltener Säure und erfreulich wenig Alkohol. Angenehm balanciert ist der Kabinett aus dem Brauneberg, der sich rassig präsentiert, eine zarte, gut eingebundene Süße besitzt, sehr animierend ist: Ein spannender Wein. Die Auslese aus 2019 besitzt schon deutlich mehr Zucker, aber auch hier ist das Gesamtbild sehr ausgewogen. Man könnte ihr allenfalls vorwerfen, dass sie bei der Verkostung etwas verhalten wirkte.

Weinbewertung

82 2021 Riesling trocken „Mons Martis" | 12%/8,-€
83 2021 Sauvignon Blanc trocken Thörnicher Engass | 13%/9,-€
85 2019 Riesling trocken Pommerner Rosenberg | 12%/14,50€
85 2020 Riesling trocken Pommerner Rosenberg | 12,5%/14,50€
85 2020 Riesling trocken Klottener Brauneberg | 12,5%/14,50€
85 2021 Gewürztraminer Spätlese trocken Pommerner Sonnenuhr | 11,5%/14,50€
82 2021 Riesling | 10%/8,-€
86 2021 Riesling Kabinett Klottener Brauneberg | 9%/14,50€
86 2019 Riesling Auslese Klottener Brauneberg | 8,5%/14,50€

★★

Martin Schömann

Kontakt
Uferallee 50
54492 Zeltingen
Tel. 06532-2347
Fax: 06532-1010
www.schoemann-weine.de
info@schoemann-weine.de

Besuchszeiten
nach Vereinbarung
Gutsausschank von Juli bis Ende Oktober; Ferienhaus („Winzerhäuschen im Bioweingut")

Inhaber
Martin Schömann
Kellermeister
Martin Schömann & Bartho Kroth
Rebfläche
5,7 Hektar
Produktion
30.000 Flaschen

Das von Martin Schömann mit großem Engagement geführte Weingut gehört seit Jahren zu den besten Betrieben Zeltingens. Auf 5,7 Hektar baut er praktisch ausschließlich Riesling an, wenn man mal von dem einen Prozent Dornfelder absieht. Das Weingut, das inzwischen Mitglied bei Ecovin und Demeter ist, verfügt über Flächen in den Lagen Zeltinger Sonnenuhr, Zeltinger Himmelreich und Zeltinger Schlossberg sowie im Graacher Himmelreich. Spontanvergärung hat hier Vorrang, der Ausbau im Eichenfass gehört zur Tradition des Weinguts. Schömann und sein Co-Kellermeister Bartho Kroth haben sich einen Namen gemacht für trockene Weine, haben in den letzten Jahren aber auch immer wieder bei den leicht und ganz süßen Rieslingen gepunktet, einen eigenen, sehr würzigen Stil gefunden.

Kollektion

Ein sehr kleines Sortiment an Weinen stellt Martin Schömann aus dem Jahrgang 2021 vor, es besteht nur aus drei Weinen. Ergänzt werden sie um nochmals drei Abfüllungen aus dem Vorgängerjahrgang. Der trockene Kabinett aus dem Schlossberg, ein 2021er, wirkt verhalten in der Nase, besitzt Hefe- und Kräuter-, später auch dezente Steinobstnoten, ist im Mund fest und stoffig. Der trockene Felsen-Riesling aus 2021 wirkte bei der Verkostung noch sehr unzugänglich, zeigt würzige Noten, Anklänge von Hefe und Kräutern, erst nach einer Weile kam Frucht durch, im Mund ist er fest, würzig, braucht noch Zeit, um sich zu entwickeln. Der feinherbe Literriesling stammt aus 2020, wirkt frisch, saftig, rassig, besitzt eine schöne Balance zwischen Süße und Säure, ist qualitativ weit überdurchschnittlich gelungen. Beim feinherben Riesling aus dem Himmelreich, ebenfalls aus 2020, ist ein gewisser, durchaus überraschender Schmelz festzustellen, der sich mit der ebenfalls vorhandenen Würze zu einem sehr eigenständigen Wein verbindet. Wiederum rassiger und saftiger ist der feinherbe Devon-Wein, ebenfalls aus 2020, er wirkt insgesamt noch deutlich spannender, macht mit seiner vibrierenden Art schon jetzt viel Spaß. Die 2021er Beerenauslese zeigt typische Noten für diese Prädikatsstufe, ist cremig, mit Anklängen an Blüten und Blütenhonig, im Mund aber eher saftig als cremig, würzig und nachhaltig.

Weinbewertung

86 2021 Riesling Kabinett trocken Zeltinger Schlossberg | 11%/10,50€
89 2021 Riesling trocken „Felsen" Zeltinger Sonnenuhr | 11,5%/19,50€
84 2020 Riesling „feinherb" Zeltinger Himmelreich (1l) | 9,5%/8,90€
86 2020 Riesling *feinherb" Zeltinger Himmelreich | 11%/8,50€
88 2020 Riesling „feinherb" „Devon" | 11,5%/10,50€
92 2021 Riesling Beerenauslese Zeltinger Sonnenuhr | 7,5%/39,50€/0,375l

★★

Schömehl

Kontakt
Binger Straße 2
55452 Dorsheim
Tel. 06721-45675
Fax: 06721-48623
www.schoemehl.de
weingut@schoemehl.de

Besuchszeiten
Mo.-Sa. 9-12 + 13-18 Uhr
und nach Vereinbarung
Weinwanderwochenende,
Jahrgangspräsentation,
Herbstpräsentation

Inhaber
Hartmut Hahn,
Elke Schömehl-Hahn
Betriebsleiter
Hartmut Hahn
Kellermeister
Hartmut Hahn & Andreas Birk
Außenbetrieb
Hartmut Hahn & Andreas Birk
Rebfläche
15 Hektar
Produktion
90.000 Flaschen

Das Familienweingut wird seit den neunziger Jahren von Hartmut Hahn und Elke Schömehl-Hahn geführt. Tochter Anna ist nach Studienabschluss in Geisenheim zusammen mit ihrem Freund Andreas, den sie dort kennnengelernt hat, in den Betrieb eingestiegen. Die besten Weinberge liegen in den Dorsheimer Lagen Pittermännchen, Goldloch und Burgberg sowie im Laubenheimer Karthäuser. Riesling spielt schon lange die wichtigste Rolle im Betrieb, weiße Burgunder – Weißburgunder, Grauburgunder, Auxerrois – und rote Sorten wie Spätburgunder, St. Laurent und Frühburgunder haben an Bedeutung gewonnen. 2018 kamen Neuanlagen mit Chardonnay und Sauvignon Blanc dazu. Die Weißweine werden gekühlt vergoren, im Edelstahl ausgebaut, lagern lange auf der Feinhefe. Die gehobenen Qualitäten von Weiß- und Grauburgunder, Spätburgunder und Saint Laurent werden auch im Holz ausgebaut.

Kollektion

Eine durch die Bank solide Kollektion. Die beiden Sekte sind fruchtbetont, die Cuvée Riesling ist frisch, die aus Weißburgunder und Spätburgunder saftig und mild. Frisch und eingängig ist die Weißburgunder Spätlese, die vom Grauburgunder merklich kräftiger und angenehm würzig. Besonders gut gefällt uns der Grauburgunder Visium, der mit feinen Toastaromen und kräftigem Geschmack überzeugt und genug balancierende Frische mitbringt. Auch die Rieslinge zeigen spannende Unterschiede. Was sie vereint ist ihr milder und aromatischer Charakter. Der Riesling aus dem Karthäuser duftet nach gelbem Steinobst und reifen Äpfeln, ist saftig und frisch, der von alten Reben aus dem Dorsheimer Burgberg ist am Gaumen feiner verwoben und agiler, hallt mit feinem Gerbstoffbiss nach. Die trockene Spätlese aus dem Goldloch bietet die größte aromatische Tiefe und Ausgewogenheit. Ein in sich ruhender Wein mit sehr guter Länge.

Weinbewertung

84 2019 Cuvée Riesling Sekt brut | 12%/9,90€
84 2020 Cuvée Pinot Sekt brut | 12%/9,90€
84 2021 Riesling Spätlese trocken „Rotliegendes" Laubenheimer Karthäuser | 12,5%/7,70€
85 2021 Riesling trocken „Alte Reben" Dorsheimer Burgberg | 12,5%/8,-€
84 2021 Weißburgunder Spätlese trocken -S- Laubenheimer Hörnchen | 13%/9,90€
84 2021 Grauburgunder Spätlese trocken „S" Laubenheimer Hörnchen | 13,5%/9,90€
86 2021 Riesling Spätlese „S" trocken Dorsheimer Goldloch | 12,5%/9,90€
87 2020 Grauburgunder Spätlese trocken „R Visium" Laubenh. Hörnchen | 14%/12,90€
84 2021 Riesling halbtrocken Dorsheimer Pittermännchen | 12%/7,90€
85 2021 Riesling Spätlese Laubenheimer Karthäuser | 8,5%/8,50€
86 2021 Riesling Auslese Laubenheimer Karthäuser | 8%/12,90€
87 2021 Riesling Eiswein Laubenheimer Karthäuser | 7,5%/20,-€/0,375l
85 2020 Spätburgunder „S" trocken Laubenheimer Vogelsang | 13,5%/10,40€

★★★☆

Schloss Schönberg

Kontakt
Zwischen den Bächen 23-25
64625 Bensheim
Tel. 06251-7030320
www.schloss-schoenberg.com
info@schloss-schoenberg.com

Besuchszeiten
Grieselstraße 34: Mi.-Fr. 15-18 Uhr, Sa. 10-14 Uhr und nach Vereinbarung

Inhaber
Jürgen Streit & Petra Greißl-Streit GbR
Betriebsleiterin
Rabea Trautmann
Kellermeister
Julien Meissner
Außenbetrieb
Rabea Trautmann
Rebfläche
13 Hektar
Produktion
30.000 Flaschen

SCHLOSS
SCHÖNBERG

Nach dem Sektgut Griesel & Compagnie hat die Unternehmerfamilie Streit das Weingut Schloss Schönberg gegründet. Von einem aufgebenden Betrieb konnten Weinberge im Auerbacher Fürstenlager und im Auerbacher Höllberg übernommen werden, dazu ist man in Lagen wie Bensheimer Hemsberg und Zwingenberger Burg vertreten. Wichtigste Rebsorten sind Riesling, Spätburgunder, Weißburgunder, Grauburgunder und Chardonnay. Betriebsleiterin ist Rabea Trautmann. Die ehemalige Landschaftsarchitektin aus Ostwestfalen kam als Quereinsteigerin zum Wein, machte eine Ausbildung zur Winzerin in Südbaden und arbeitete dort auch nach der Lehre. Sie wird inzwischen unterstützt von Kellermeister Julien Meissner. Die ersten Weine wurden im Keller des Sekthauses Griesel ausgebaut. Im Jahr 2019 erfolgte der Umzug in eine eigene Kellerei in der Bensheimer Ebene.

Kollektion

Das ist die bisher klar beste Kollektion von Schloss Schönberg. Die Spätburgunder-Riege ist beeindruckend. Der Wein vom Löss ist rauchig, frisch, zupackend, hat Grip ist dem Spätburgunder vom Granit sehr ähnlich, von der Vinifikation geprägt. Deutlich anders ist der Spätburgunder vom Ranker, zeigt etwas florale Noten, besitzt Fülle und Kraft, Struktur und Druck. Alle drei stammen aus dem Jahrgang 2020, wie auch der Lagenwein aus dem Fürstenlager, der faszinierend reintönig ist, anfangs leicht floral herrlich präzise im Mund ist, reintönig und lang, klar spannender als sein Kollege vom Höllberg, der allerdings aus dem Jahrgang 2019 stammt, Fülle und Kraft besitzt, reife Frucht und Grip. Stark sind auch die Weißweine. Der Silvaner „Weißer Granit" ist präzise, schlank und doch druckvoll, die weiße Granit-Cuvée – Weißburgunder und Chardonnay – ist kraftvoll, fruchtbetont und strukturiert. Die beiden Rieslinge sind enorm jugendlich, der vom Löss ist etwas druckvoller, der vom Granit komplexer. Im Aufwind!

Weinbewertung

83	2021 Grauburgunder trocken | 11,5%/9,-€
87	2021 Riesling trocken „vom Löss" | 12%/14,50€
87	2021 Riesling trocken „vom Granit" | 12%/14,50€
88	2020 „vom Granit" Weißwein trocken | 12%/14,50€
86	2020 Weißburgunder trocken Schönberger | 12,5%/15,-€
88	2020 Silvaner trocken „Weißer Granit" | 12,5%/18,-€
85	2021 Riesling Kabinett | 8,5%/10,50€
88	2020 Spätburgunder trocken „vom Löss" | 13%/17,50€
88	2020 Spätburgunder trocken „vom Granit" | 13,5%/18,-€
90	2020 Spätburgunder trocken „vom Ranker" | 13%/20,-€
92	2020 Spätburgunder trocken Auerbacher Fürstenlager | 13,5%/28,-€
90	2019 Spätburgunder trocken Auerbacher Höllberg | 13,5%/26,-€

★★★

Graf von Schönborn

Kontakt
Schloss Hallburg
97332 Volkach
Tel. 09381-2415
Fax: 09381-3780
www.weingut-schloss-hallburg.de
schlosshallburg@schoenborn.de

Besuchszeiten
Vinothek: Jan. Sa./So./Feiertage, Feb/März + Nov./Dez. Mi.-So. & Feiertage
April-Okt. Mo.-So.
jeweils 11-17 Uhr oder nach Vereinbarung
Gutsverwaltung: Mo.-Do. 8:30-16 Uhr, Fr. 8:30-14 Uhr

Inhaber
Graf Paul von Schönborn
Gutsdirektor
Georg Hünnerkopf
Kellermeister
Klaus Wagenbrenner
Außenbetrieb
Georg Hünnerkopf
Rebfläche
33 Hektar
Produktion
240.000 Flaschen

Das 30 Hektar große, arrondierte Weingut Schloss Hallburg ist seit 1806 in Familienbesitz, urkundlich erstmals erwähnt wurde das Schloss bereits 1284. Die beiden reinen Südlagen Hallburger Schlossberg und Gaibacher Schlosspark mit Muschelkalk- und Keuperverwitterungsböden sind Monopollagen von Schloss Hallburg. Dazu besitzt man Weinberge im Gaibacher Kapellenberg, unter anderem einen 1867 gepflanzten Silvanerweinberg, ist inzwischen auch im Volkacher Ratsherr vertreten. Das Weingut ist Mitglied bei Bioland.

Kollektion

Sehr schlüssig präsentiert sich die neue Kollektion von Schloss Hallburg. Die Gutsweine sind wie gewohnt schlank und frisch, klar und zupackend, sie besitzen Grip. Besonders spannend ist im Jahrgang 2021 die „Pinot Argentum“ genannte Burgundercuvée, die Frische und Grip besitzt, reife Frucht und gute Struktur – ein Wein, der nur „formell“ in die Basiskategorie gehört. Im Ortsweinsegment gefällt uns der Volkacher Silvaner von alten Reben besonders gut, zeigt gute Konzentration und viel reife Frucht, ist füllig, saftig, besitzt gute Struktur und Frische. Gleichauf sehen wir den Hallburger Riesling, der feine Würze und Frucht im Bouquet zeigt, viel Frische und Grip besitzt. An der Spitze der Kollektion stehen die Lagenweine. Da sind einmal die beiden Silvaner aus Schlossberg und Ratsherr, beide aus dem Jahrgang 2021. Der Schlossberg ist enorm würzig und konzentriert im Bouquet, im Mund füllig und saftig, besitzt viel reife Frucht, Struktur und den jahrgangstypischen Grip. Der Ratsherr-Silvaner zeigt gelbe Früchte im Bouquet, ist auch im Mund sehr offen, klar und frisch. Und da ist der Spätburgunder aus dem Schlossberg, von dem Georg Hünnerkopf nochmals den Jahrgang 2015 vorgestellt hat, den wir vor vier Jahren erstmals verkosteten: Er ist konzentriert, füllig, kraftvoll, besitzt Frucht und Struktur – und wird noch lange Freude bereiten.

Weinbewertung

83 2021 Müller-Thurgau trocken | 10,5%/8,70€
82 2021 Silvaner trocken | 11%/9,20€
83 2021 Weißer Burgunder trocken | 11,5%/9,90€
82 2021 Grauer Burgunder trocken | 11,5%/9,90€
88 2021 „Pinot Argentum“ Burgunder Cuvée Weißwein trocken | 11,5%/11,40€
86 2021 Silvaner trocken „Alte Reben“ Volkach | 12%/11,70€
85 2021 „Genus“ Weißwein trocken Hallburg | 12%/11,70€
84 2021 Silvaner trocken Hallburg | 11,5%/11,40€
86 2021 Riesling trocken Hallburg | 12%/11,40€
88 2021 Silvaner trocken Hallburger Schlossberg | 12%/17,50€
88 2021 Silvaner trocken Volkacher Ratsherr | 13%/19,90€
88 2015 Spätburgunder trocken*** Hallburger Schlossberg | 13,5%/29,90€

★★

Schönbrunn

Kontakt
Petersrain 1
74235 Erlenbach
Tel. 07132-951600
www.weingut-schoenbrunn.de
johannes@weingut-schoenbrunn.de

Besuchszeiten
nach Vereinbarung
Weinausschank,
Wohnmobilstellplätze

Inhaber
Johannes & Martin Schönbrunn
Betriebsleiter
Johannes Schönbrunn
Kellermeister
Johannes Schönbrunn
Außenbetrieb
Johannes Schönbrunn
Rebfläche
8 Hektar
Produktion
80.000 Flaschen

Weingut Schönbrunn

Seit 2007 leitet Johannes Schönbrunn den Außenbetrieb und den Keller des Weinguts. Seine Ausbildung machte er bei Fürst Hohenlohe und im Staatsweingut Freiburg, war anschließend beim Weingut Kanu in Südafrika, bevor er die Ausbildung zum Techniker für Weinbau und Oenologie in Weinsberg abschloss. Seine Großeltern hatten den Grundstein für das Weingut gelegt und sich in den sechziger Jahren ganz auf Weinbau konzentriert. 1982 eröffneten sie zusammen mit ihrem Sohn Martin, also dem Vater von Johannes Schönbrunn, den Weinausschank, der auch heute noch besteht. Die Weinberge liegen alle im Erlenbacher Kayberg, der einzigen Lage, die das Weingesetz seit 1971 für Erlenbach vorgesehen hat. Neben regionalen Rebsorten wie Riesling, Kerner, Lemberger und Samtrot werden auch internationale Rebsorten wie Sauvignon Blanc, Syrah oder Merlot angebaut.

Kollektion

Eine ganz starke Kollektion präsentiert Johannes Schönbrunn zum Debüt. Schon die Gutsweine überzeugen, der Weißburgunder ist geradlinig und zupackend, was auch auf den gelbfruchtigen Grauburgunder zutrifft, der Muskateller ist angenehm zurückhaltend, besitzt aber klare Frucht und Grip. Der feinherbe Riesling ist würzig und zupackend, etwas besser gefällt uns der trockene Riesling von alten Reben, der klar und würzig ist, dezent Zitrus im Hintergrund zeigt, frisch und zupackend ist, viel Grip besitzt. Frische und Grip besitzt auch der Sauvignon Blanc, zeigt etwas florale Noten und etwas Stachelbeeren. Unser Favorit im weißen Segment ist der im Barrique ausgebaute Sauvignon Blanc, der Fülle und Kraft besitzt, deutlich vom Holzausbau geprägt ist ohne vom Holz dominiert zu sein. Ganz stark sind die Rotweine, angefangen beim fruchtbetonten Lemberger von alten Reben. Die Deep Purple-Cuvée zeigt eindringlich rote und dunkle Früchte, besitzt Fülle und Kraft, der Syrah ist reintönig und zupackend, der intensiv fruchtige Merlot besitzt gute Struktur und Substanz. Starkes Debüt!

Weinbewertung

83 2021 Weißburgunder trocken | 12,5%/7,50€
83 2021 Grauburgunder trocken | 12%/7,50€
84 2021 Riesling trocken „Alte Reben" | 12,5%/8,-€
83 2021 Muskateller trocken | 12,5%/7,50€
84 2021 Sauvignon Blanc trocken „Gipskeuper" | 12,5%/10,-€
87 2021 Sauvignon Blanc „JS" trocken „Gipskeuper" Barrique | 13%/18,-€
83 2021 Riesling „feinherb" | 12,5%/7,-€
84 2021 Rosé „Saignée" trocken | 12,5%/8,50€
84 2020 Lemberger trocken „Alte Reben" | 13%/8,50€
87 2019 „Deep Purple" Rotweincuvée trocken Barrique | 14%/14,-€
86 2018 Syrah trocken „Bunter Mergel" | 14%/13,-€
88 2019 Merlot trocken „Bunter Mergel" | 14%/18,-€

★★☆

Schönhals

Kontakt
Hauptstraße 23
55234 Biebelnheim
Tel. 06733-960050
Fax: 06733-960052
www.weingut-schoenhals.de
schoenhals@weingut-schoenhals.de

Besuchszeiten
Mo.-Sa. 11-17 Uhr und nach Vereinbarung
Wohnmobilstellplätze
kulinarische Weinproben
Online-Weinproben

Inhaber
Hanneke Schönhals
Betriebsleiter
Martin Knab
Rebfläche
13 Hektar
Produktion
100.000 Flaschen

Eugen Schönhals stellte 1986 auf ökologischen Weinbau um, wurde 1988 Ecovin-Mitglied. Seit 1995 führte er den Betrieb zusammen mit Martin Knab. 2016 ist Hanneke Schönhals, die Tochter von Eugen Schönhals, in den Betrieb eingestiegen, hat ihn im August 2018 von ihrem Vater übernommen. Sie hat die Sortimentsstruktur schrittweise an das in Rheinhessen heute übliche dreistufige System von Guts-, Orts- und Lagenweinen angepasst, bewirtschaftet die Weinberge biodynamisch, seit 2019 ist das Weingut Demeter-zertifiziert. Weiße Rebsorten nehmen gut drei Fünftel der Rebfläche ein, Riesling ist mit einem Anteil von 30 Prozent die mit Abstand wichtigste Rebsorte im Betrieb. Es folgen die Burgundersorten, ein Viertel der Fläche nehmen pilzwiderstandsfähige Rebsorten wie Regent, Cabernet Blanc, Saphira, Cabertin oder Rondo ein. Im Sommer 2021 wurde der Fasskeller saniert, in der alten Hofscheune entstand ein Barriqueraum.

Kollektion

Die neue Kollektion überzeugt von der Basis bis zur Spitze. Die Gutsweine sind sehr gleichmäßig in der Qualität, sie sind frisch und fruchtbetont, geradlinig und klar. Der Muschelkalk-Weißburgunder zeigt rauchige Noten, besitzt gute Struktur und Grip. Spannend ist die trockene Huxelrebe, unfiltriert und nur minimal geschwefelt, herrlich zupackend, würzig – Huxel mal anders! Würzig und eindringlich ist der „Oranje" Cabernet Blanc, stoffig, kraftvoll, sehr jugendlich. Ungeschwefelte und mit den Füßen gestampfte Naturweine sind der Riesling Pur und der Pinot Blanc: Der Riesling zeigt viel Würze und Duft, hat viel Biss, ist derzeit noch recht unausgewogen; der Pinot Blanc stoffig, kraftvoll, ebenfalls noch sehr jugendlich. Sehr stimmig präsentieren sich die Pinot Noir vom frischen Gutswein über den konzentrierteren Löss bis hin zum Lagenwein, der füllig und saftig ist, reintönige Frucht und gute Struktur besitzt.

Weinbewertung

83 2021 Weißburgunder trocken | 12%/7,50€
83 2021 Saphira trocken „Zukunftsweine" | 11,5%/8,50€
83 2021 Riesling trocken „Steine" | 11,5%/7,50€
83 2021 Cabernet Blanc trocken „Zukunftsweine" | 11%/8,50€
85 2021 Weißburgunder trocken „Muschelkalk" | 12,5%/11,-€
85 2021 Huxelrebe trocken „Pur" „Swing" | 10,5%/9,90€
88 2020 Cabernet Blanc trocken „Oranje" | 12,5%/19,-€
86 2020 Riesling „Pur" | 12,5%/24,50€
87 2020 Pinot Blanc trocken | 13,5%/24,50€
84 2020 Spätburgunder trocken | 12,5%/9,50€
86 2020 Pinot Noir trocken „Löss" | 13,5%/12,50€
88 2019 Pinot Noir trocken Biebelnheimer Pilgerstein | 13,5%/19,50€

★★☆ (2½ stars)

Nico Scholtens

Kontakt
Rieneckstraße 6
97514 Fatschenbrunn
Tel. 09529-326
www.weingut-scholtens.com
info@weingut-scholtens.com

Besuchszeiten
Weinstube: Sa. ab 17 Uhr, So. & Feiertage ab 14 Uhr, Weinverkauf durchgehend

Inhaber
Noël Scholtens
Rebfläche
5 Hektar
Produktion
30.000 Flaschen

Nico Scholtens, gebürtiger Niederländer, begann in den siebziger Jahr Wein am nördlichen Steigerwald zu erzeugen. Er legte neue Weinberge an und eröffnete zusammen mit Ehefrau Salomé in den achtziger Jahren eine Weinstube in Fatschenbrunn. Heute führt ihr Sohn Noël Scholtens den Betrieb. Das Gros der Weinberge befindet sich in Zell am Ebersberg in der Lage Schlossberg, aber auch im Steinbacher Nonnenberg ist Noël Scholtens vertreten. In Zell besitzt er einen über 100 Jahre alten Weinberg im Alten Fränkischen Satz, der neben vier Silvaner-Varianten unter anderem Heunisch, Adelfränkisch, Vogelfränkisch, Trollinger, Portugieser, Spätburgunder, St. Laurent, Elbling, Gutedel und Blauer Köllner enthält. Des Weiteren werden Perle, Müller-Thurgau, Silvaner, Weißburgunder, Kerner, Riesling, Johanniter, Portugieser, Schwarzriesling, Regent und Spätburgunder angebaut. Alle Weine werden durchgegoren ausgebaut und nicht geschönt.

Kollektion

Noël Scholtens präsentiert wieder eine sehr eigenständige, schon fast eigenwillige Kollektion von puristischen Weinen mit Ecken und Kanten. 2021er gibt es noch nicht und nur einen 2020er; drei Weine stammen aus 2019, neun aus 2018. Vor allem der Alter Fränkischer Satz von über 100 Jahre alten Reben überzeugt: Der 2019er ist würzig und kompakt, zeigt etwas Honig im Bouquet, der 2018er besitzt gute Struktur, viel Frische und Grip, noch deutlich kraftvoller ist der 2018er Select, der gute Struktur und Substanz besitzt und eine ganz dezente Bitternote im Abgang. Unter den drei Rieslingen gefällt uns der zupackende „einfache" 2018er am besten, auch besser als die Select-Version. Sehr gut sind die drei Rotweine, alle aus dem Jahrgang 2018: Der leicht vanilleduftige Regent ist harmonisch, klar, der Schwarzriesling ist würzig und intensiv, besitzt kräftige Tannine, der Spätburgunder ist klar, zupackend und strukturiert.

Weinbewertung

84 2019 Weißburgunder trocken „[,drai]" | 13%/8,-€
85 2018 Silvaner trocken „[,drai]" | 13,5%/7,-€
84 2018 Riesling trocken „[,drai]" | 13,5%/8,-€
82 2020 Johanniter trocken „[,drai]" | 14%/10,50€
85 2018 Alter Fränkischer Satz trocken „[,drai]" | 12,5%/13,90€
83 2018 Riesling „Select" „[,drai]" | 13%/14,90€
82 2019 Riesling trocken „Select" „[,drai]" | 13,5%/35,-€
86 2018 Alter Fränkischer Satz trocken „Select" „[,drai]" | 13%/42,-€
85 2019 Alter Fränkischer Satz trocken „Select" „[,drai]" | 12,5%/28,-€
85 2018 Schwarzriesling trocken Zeller Schlossberg „[,drai]" | 14%/9,50€
85 2018 Spätburgunder trocken Zeller Schlossberg „[,drai]" | 14%/13,90€
85 2018 Regent trocken „[,drai]" | 13%/11,90€

★★

Schreiber

Kontakt
Johanneshof 2
65239 Hochheim
Tel. 06146-9171
Fax: 06146-61737
www.weingut-schreiber.de
info@weingut-schreiber.de

Besuchszeiten
Mo.-Fr. 10-19 Uhr,
Sa. 10-16 Uhr
Vinothek mit Weintastings und Tapas

Inhaber
Uwe Schreiber
Betriebsleiter
Uwe & Simon Schreiber
Kellermeister
Simon Schreiber
Außenbetrieb
Uwe Schreiber
Rebfläche
14,5 Hektar
Produktion
100.000 Flaschen

Seit 1962 ist das Weingut auf dem Johanneshof zuhause, heute wird das Gut von Uwe Schreiber geführt zusammen mit Sohn Simon, der für den Weinausbau verantwortlich ist. Die Weinberge befinden sich in den Hochheimer Lagen Kirchenstück, Hölle, Reichestal, Stein, Berg und Stielweg. Riesling nimmt knapp zwei Drittel der Rebfläche ein, hinzu kommen Spätburgunder und Weißburgunder sowie ein klein wenig Sauvignon Blanc, Merlot, inzwischen auch Piwi-Sorten. Die Weinberge werden biologisch bewirtschaftet, zertifiziert seit dem Jahrgang 2018, man ist Mitglied bei Ecovin. Eine Spezialität des Hauses sind die Sekte aus eigener Produktion. 2018 wurde eine neue Vinothek gebaut, die zukünftig für Weintastings geöffnet ist, die neue Ausstattung und das neue Vermarktungskonzept wurden 2020 eingeführt.

Kollektion

Den Jahrgang 2021 hatten Uwe und Simon Schreiber gut im Griff, die hohe Säure des Jahrgangs erbringt geradlinige, klare Weine. Einen feinen Einstieg stellt der frische, knackige Ortswein dar, dessen stramme Säure von weißfleischiger Frucht in Schach gehalten wird. Der Roter Riesling ist etwas weniger fruchtbetont, gewinnt mit etwas Luft an Spannung. Der Riesling aus der Hochheimer Hölle besitzt Druck und herbe Anklänge, ist weniger zugänglich als der Ortswein, weist aber ebenfalls eine gute Spannung auf. Der Riesling aus dem Kirchenstück stammt aus dem Jahrgang 2020 und präsentiert sich deutlich reifer und fülliger. Der restsüß ausgebaute Kabinett ist elegant und fruchtbetont. Der feinherbe Rosé ist angenehm knackig und geradlinig, die „Unterm Storchennest“ genannte Piwi-Cuvée aus Calardis Blanc und Souvignier Gris ist säurebetont und frisch. Der Weißburgunder kann mit feiner Blütenaromatik punkten, der Sauvignon Blanc bringt viel Würze und Noten von Paprika und Schnittkräutern mit. Der frische, fruchtbetonte Riesling-Sekt rundet die überzeugende Kollektion ab.

Weinbewertung

85 2020 Riesling Sekt brut | 12,5%/10,90€
84 2021 Weißburgunder trocken Hochheim | 12,5%/8,-€
84 2021 „Unterm Storchennest“ Weißwein trocken | 12,5%/7,50€
85 2021 Riesling trocken Hochheimer | 12%/7,70€
86 2021 Roter Riesling trocken Hochheim | 12,5%/8,-€
86 2021 Riesling trocken Hochheimer Hölle | 13,5%/8,90€
83 2021 Sauvignon Blanc trocken Hochheim | 13,5%/9,90€
86 2020 Riesling trocken Hochheimer Kirchenstück | 13,5%/19,90€
84 2021 Riesling Kabinett Hochheim | 8,5%/8,-€
84 2021 Spätburgunder Rosé „feinherb“ Hochheimer | 11,5%/8,-€

CHREIBER'S
SEIT 1749
CHHEIM IM RHEINGAU

★

Dr. Schreiber

Kontakt
Fronstraße 34
67550 Worms-Abenheim
Tel. 06242-2275
Fax: 06242-60032
www.weingutschreiber.de
mail@weingutschreiber.de

Besuchszeiten
Mo.-Fr. 10-12 + 14-18 Uhr
Sa. 9-15 Uhr,
So. + Feiertage geschlossen

Inhaber
Dr. Andreas Schreiber
Betriebsleiter
Dr. Andreas Schreiber
Kellermeister
Dr. Andreas Schreiber
Außenbetrieb
Dr. Andreas Schreiber
Rebfläche
12 Hektar
Produktion
120.000 Flaschen

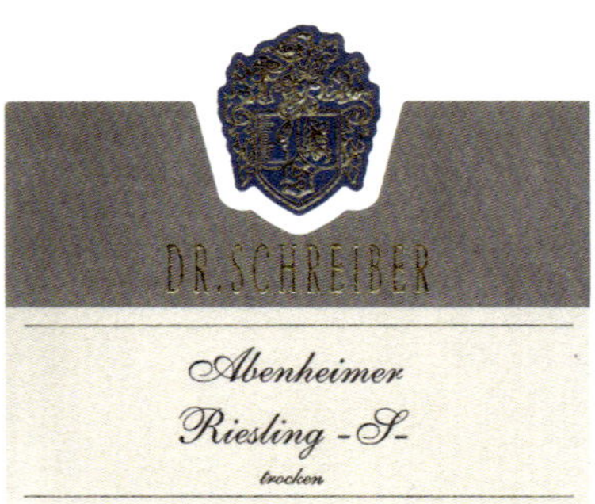

Andreas Schreiber, der in Hohenheim Allgemeine Agrarwissenschaft studiert und promoviert hat, kümmert sich seit 2003 um sein eigenes Weingut in Abenheim bei Worms. Seine Weinberge liegen im Abenheimer Klausenberg, im Herrnsheimer Schloss sowie in Osthofen. Weiße Rebsorten dominieren im Anbau, vor allem Sauvignon Blanc, Grauburgunder und Riesling, aber auch Weißburgunder, Müller-Thurgau und Gewürztraminer. An roten Sorten, die 38 Prozent der Rebfläche einnehmen, baut Andreas Schreiber eine breite Palette an Rebsorten wie Spätburgunder, Dornfelder, Portugieser, Merlot, Cabernet Sauvignon, St. Laurent und Syrah an.

Kollektion

Die komplette neue Kollektion von Andreas Schreiber ist von merklicher Restsüße getragen, etwas, das uns beim Riesling so gar nicht stört, aber vor allem bei den Rotweinen doch etwas irritierend ist, selbst wenn Säure vorhanden ist. Das Riesling-Trio gefällt uns am besten in diesem Jahr. Der Abenheimer Riesling ist würzig und eindringlich im Bouquet, frisch und klar im Mund, besitzt feine süße Frucht. Der Riesling Kapelle zeigt feine Zitrusnoten im Bouquet, ist frisch, klar und zupackend, besitzt feine Frucht und Biss. Unser Favorit im Jahrgang 2021 ist aber der Riesling Luginsland, der herrlich rauchig und eindringlich im Bouquet ist, sehr dominant und würzig, im Mund dann klare Frucht besitzt, viel Frische, gute Struktur und Grip. Der Sauvignon Blanc zeigt etwas Rhabarber im Bouquet, der Osthofener Sauvignon Blanc ist leicht floral, klar und zupackend. Der Rosé-Sekt ist klar und harmonisch, der feinherbe Muskateller zeigt feine Muskatnoten, ist frisch und süffig, der süße Gewürztraminer zeigt feine Würze und klare Frucht im Bouquet, ist im Mund frisch und harmonisch, unkompliziert und süffig.

Weinbewertung

83 2019 Pinot Rosé Sekt brut | 12,5%/11,30€
80 2021 Grauer Burgunder trocken | 12,5%/6,80€
82 2021 Sauvignon Blanc trocken | 12,5%/7,30€
83 2021 Riesling „-S-“ trocken Abenheimer | 12,5%/7,30€
82 2021 Weißburgunder „-S-“ trocken Herrnsheimer | 12,5%/7,80€
83 2021 Sauvignon Blanc „-S-“ trocken Osthofener | 12,5%/8,30€
84 2021 Riesling -S- trocken „Kapelle“ | 12,5%/10,30€
85 2021 Riesling trocken Luginsland | 12,5%/11,30€
82 2021 Gelber Muskateller „feinherb“ | 10,5%/7,30€
83 2021 Gewürztraminer | 10%/7,80€
81 2021 Portugieser trocken „Select“ | 13,5%/10,30€
81 2020 Syrah „-S-“ trocken Herrnsheimer | 12,5%/9,80€

★★

Schreiber-Kiebler

Kontakt
Hauptstraße 42
55270 Klein-Winternheim
Tel. 06136-89219
Fax: 06136-88427
www.schreiber-kiebler.de
weingut@schreiber-kiebler.de

Besuchszeiten
Mo.-Fr. 9-19 Uhr
Sa. 9-18 Uhr
Weinprobiertage am letzten Wochenende vor dem Advent, Fr. 17-22 Uhr, Sa. 16-19 Uhr
Weinproben zu den Öffnungszeiten

Inhaber
Familie Schreiber-Kiebler
Kellermeister
Romy Kiebler
Rebfläche
15 Hektar

Stephan Kiebler führt das Weingut zusammen mit Ehefrau Romy, die aus einem Ökoweingut stammt, über den Umweg als Konditorin und Patissière doch noch zum Wein und zurück in die Heimat kam und seit 2011 für die Vinifikation verantwortlich ist. Die Reben wachsen in den Lagen Klein-Winternheimer Geiershölle (Tonböden mit Kalksteineinlagen), Hahnheimer Moosberg und Sörgenlocher Moosberg (Lehmböden mit hohem Anteil an Kalksteinen) sowie im Ober-Olmer Kapellenberg. Zuletzt kamen neue Weinberge in Groß-Winternheim (Heiligenhäuschen) hinzu. Riesling ist derzeit mit einem Anteil von einem Viertel die meist angebaute Rebsorte, es folgen Müller-Thurgau, Chardonnay, Morio-Muskat und Regent, dann Portugieser, Silvaner, Weißburgunder, Spätburgunder, Dornfelder, St. Laurent, Grauburgunder und Scheurebe. Flaschenausstattung und Vinothek wurden neu gestaltet, die Spitzenweine des Sortiments werden mit den Weinbergskoordinaten versehen, sowohl Riesling als auch Spätburgunder stammen aus dem Moosberg, der Riesling aus Hahnheim, der Spätburgunder aus Sörgenloch.

Kollektion

Es ist schön, dass man hier jedes Jahr kleine Fortschritte erkennen kann. Die Basis ist stärker denn je, und die Spitze präsentiert sich sehr geschlossen, weiß wie rot. Der Rieslingsekt ist frisch und zupackend, der Moosberg-Riesling besitzt Fülle, Saft und viel reife süße Frucht. Noch etwas besser gefällt uns im weißen Segment der im Barrique ausgebaute Chardonnay aus dem Kapellenberg, der rauchige Noten zeigt, Fülle und Kraft besitzt, reintönige Frucht und gute Struktur. Sankt Laurent überzeugt als kirschduftiger, frischer Rosé und mehr noch als fruchtbetonter, zupackender Rotwein. Die Black Earth-Cuvée ist duftig, intensiv, füllig und saftig, noch besser gefällt uns die intensiv fruchtige Flur 8/16-Cuvée, die Fülle und Kraft besitzt wie auch der im Barrique ausgebaute Spätburgunder. Weiter so!

Weinbewertung

85 2017 Riesling Sekt brut | 13%/11,50€
83 2021 Silvaner trocken Ober-Olmer Kapellenberg | 12,5%/6,50€
83 2021 Spätburgunder „Blanc de Noir" trocken Gruß-W. Klosterbruder | 13%/6,50€
85 2021 Riesling trocken Hahnheimer Moosberg | 13%/8,90€
86 2020 Chardonnay trocken Barrique Ober-Olmer Kapellenberg | 13,5%/11,90€
83 2021 Riesling „süß-fruchtig" Ober-Olmer Kapellenberg | 10%/6,50€
83 2021 Saint Laurent Rosé trocken Groß-Winternheimer Klosterbruder | 12,5%/7,20€
85 2020 Saint Laurent trocken Ober-Olmer Kapellenberg | 13,5%/7,70€
83 2020 Spätburgunder trocken | 13,5%/7,70€
85 2020 „Black Earth" Rotwein trocken | 13,5%/8,90€
87 2020 „Flur 8/16" Rotweincuvée | 14%/11,90€
87 2020 Spätburgunder trocken Barrique Sörgenlocher Moosberg | 14%/10,50€

★ ★☆

Schreieck

Kontakt
Wein- und Sekthaus Schreieck
Hartmannstraße 38
67487 Maikammer
Tel. 06321-5067
www.schreieck-maikammer.de
info@schreieck-maikammer.de

Besuchszeiten
Mo.-Fr. 9-12 + 14-18 Uhr
Sa. 9-17 Uhr
So. 10-12 Uhr
Weinrestaurant „Cuvée“,
Gästehaus
(6 Ferienwohnungen)

Inhaber
Volker & Bernd Schreieck
Betriebsleiter
Volker & Bernd Schreieck
Kellermeister
Bernd & Julian Schreieck
Außenbetrieb
Volker Schreieck
Rebfläche
25 Hektar
Produktion
250.000 Flaschen

Heinz und Maria Schreieck begannen 1963 zunächst in St. Martin mit der Vermarktung von Flaschenweinen, 1970 zog der Betrieb ins benachbarte Maikammer um. Heute wird das Weingut von ihren Söhnen Volker und Bernd geleitet. Die nächste Generation steht in den Startlöchern: Julian Schreieck stieg 2018 nach seinem Weinbau- und Önologiestudium in Geisenheim in den Familienbetrieb ein, und auch Patricia und Jana Schreieck studieren aktuell in Geisenheim. Die Weinberge liegen in Maikammer, St. Martin, Edenkoben und Diedesfeld, beste Lagen sind Heiligenberg und Kapellenberg in Maikammer. Burgundersorten werden auf 40 Prozent der Fläche angebaut, dazu kommen 20 Prozent Riesling, 10 Prozent internationale Rotweinsorten, je 5 Prozent Silvaner und Scheurebe und 20 Prozent sonstige Sorten, der Fokus soll in Zukunft noch stärker auf die Burgunder gelegt werden. Mit dem Jahrgang 2020 wurde das Sortiment neu in vier Linien gegliedert Literweine, Gutsweine, Ortsweine und Lagenweine bzw. „Große Cuvées“ aus strenger Ertragsreduzierung.

Kollektion

Zwei Weine, die wir im vergangenen Jahr noch als Fassmuster verkostet hatten, konnten wir jetzt noch einmal als gefüllte Weine probieren: Der Chardonnay vom Kapellenberg besitzt gut eingebundenes Holz und feine Zitrusnoten, ist harmonisch, animierend und nachhaltig und auch beim Spätburgunder vom Heiligenberg ist das Holz gut integriert, der Wein zeigt viel klare, rote Frucht, Johannisbeere und Süßkirsche, ist elegant und ausgewogen. Die Cuvée Big Red ist dagegen viel kraftvoller und dunkler in der Frucht und auch das Holz zeigt sich viel deutlicher, wie auch beim Weißburgunder vom Heiligenberg, der im Bouquet prägnante rauchige Noten zeigt, dann am Gaumen aber auch viel Frucht besitzt. Sehr gut gefällt uns auch der „Blanc de Blancs“-Sekt, der leicht cremig ist, animierende Zitrusnoten und eine frische Säure besitzt.

Weinbewertung

85 „Blanc de Blancs” Sekt extra brut | 11,5%/13,50€
80 2021 Riesling trocken (1l) | 12%/5,10€
82 2021 Riesling trocken | 12,5%/6,70€
81 2021 Weißer Burgunder trocken | 12,5%/6,70€
83 2021 Grüner Silvaner trocken Maikammer | 13%/7,70€
83 2021 Grauer Burgunder „S“ trocken Maikammer | 13%/8,70€
85 2020 Weißer Burgunder trocken Maikammer Heiligenberg | 13%/13,50€
87 2020 Chardonnay trocken Maikammer Kapellenberg | 13,5%/16,50€
82 2021 Scheurebe „edel & süß“ Maikammer | 9,5%/7,70€
84 2020 Cabernet Sauvignon „S“ trocken Maikammer | 14%/10,-€
86 2019 „Big Red” Rotwein trocken | 14,5%/20,50€
87 2019 Spätburgunder trocken Maikammer Heiligenberg | 13%/20,50€

★★½

Michael Schroth

Kontakt
Auweg 42
67269 Asselheim
Tel. 06359-8015251
Fax: 06359-8015257
www.weingut-schroth.de
michael@weingut-schroth.de

Besuchszeiten
Mo.-Sa. 9-17 Uhr
Wohnmobilstellplatz
Events siehe Webseite

Inhaber
Michael Schroth
Betriebsleiter
Michael Schroth
Kellermeister
Michael Schroth
Rebfläche
23 Hektar
Produktion
260.000 Flaschen

Michael Schroths Vater führte den Weinbaubetrieb noch im Nebenerwerb, aber für ihn war es nach seiner Ausbildung bei den Weingütern Siegel-Heilmann und Bassermann-Jordan und der Beendigung der Meisterschule im Jahr 2002 klar, dass er sich ganz auf das Weingut konzentrieren würde. Die drei Hektar Rebfläche, mit denen er startete, hat er inzwischen vervielfacht, die Weinberge liegen in den Asselheimer Lagen St. Stephan, Höllenpfad und Goldberg, die Reben wachsen auf kalkreichen Lehmböden, 2016 siedelte Schroth mit seinem Weingut an den Ortsrand von Asselheim aus, direkt in die Lage Goldberg. Ab der Kategorie der Ortsweine wird von Hand gelesen und der Ertrag streng reduziert, für die roten Lagenweine – zum Teil auch für die Weißweine – wird größtenteils neues Holz verwendet.

Kollektion

Michael Schroths Rotweine sind sehr kraftvoll und wurden komplett in neuen Holzfässern ausgebaut, was man ihnen aber kaum anmerkt, da das Holz jeweils sehr gut eingebunden ist: Merlot und Cabernet Sauvignon zeigen beide ein sehr komplexes Bouquet mit Aromen von dunklen Beerenfrüchten und kräutrigen Noten, beide besitzen am Gaumen reife Tannine und eine kühle, kräutrige Frische, der Merlot ist einen Tick harmonischer und nachhaltiger als der Cabernet, was ihn zu unserem Favoriten macht. Auch der „Handgemacht" besitzt viel dunkle Frucht, kräutrige Würze und sehr dezente Reifenoten, der Spätburgunder ist von feiner Sauerkirschfrucht geprägt, ist konzentriert und nachhaltig. Unser Favorit unter den weißen Lagenweinen ist der enorm fruchtbetonte Sauvignon Blanc, der neben Aromen von Maracuja, Pfirsich, Mango und Orangenschale auch eine animierende Säure und Länge besitzt, der Riesling zeigt im Bouquet sehr deutliche Röstnoten und besitzt am Gaumen klare, aber leicht zurückhaltende Frucht, der Chardonnay zeigt ebenfalls deutliches Holz, besitzt am Gaumen klare, gelbe Frucht und feinen Schmelz.

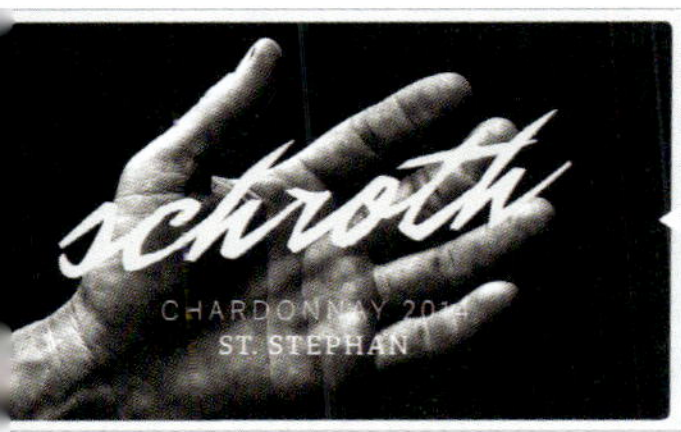

Weinbewertung

87 2018 „Handgeformt" Sekt brut Asselheimer Höllenpfad I 13%/14,90€
84 2021 Grauer Burgunder trocken Asselheim I 12%/7,40€
85 2021 Weißburgunder trocken Asselheim I 12%/7,40€
87 2020 Chardonnay trocken Asselheimer St. Stephan I 13%/10,90€
85 2021 Sauvignon Blanc trocken Asselheim I 12,5%/7,40€
88 2020 Riesling trocken Asselheimer Goldberg I 13%/14,40€
89 2020 Sauvignon Blanc trocken Asselheimer Goldberg I 12,5%/14,40€
88 2018 „Handgemacht" Rotwein trocken I 14,5%/21,90€
88 2019 Spätburgunder trocken Asselheimer Goldberg I 14%/18,90€
89 2019 Merlot trocken Asselheimer St. Stephan I 14%/18,90€
88 2019 Cabernet Sauvignon trocken Asselheimer St. Stephan I 14%/18,90€

★☆

Schumacher

Kontakt
Am Moselstausee 32
56858 St. Aldegund
Tel. 06542-900788
Fax: 06542-900789
joachim-schumacher@
vinotheca-sutoris.de
www.vinotheca-sutoris.de

Besuchszeiten
Nov.-Mai nach Vereinbarung,
Juni-Okt. Mo.-Sa. 10-18 Uhr,
So. 10-14 Uhr

Inhaber
Joachim Schumacher
Betriebsleiter
Joachim Schumacher
Kellermeister
Joachim Schumacher
Außenbetrieb
Joachim Schumacher
Rebfläche
3 Hektar

VINOTHECA SUTORIS

St. Aldegund ist nicht unbedingt das, was man einen aufstrebenden Weinort nennen kann. Nur wenige Winzer im Städtchen haben Ambitionen. Joachim Schumacher ist einer von ihnen und hat sich seit einigen Jahren nicht nur auf Riesling, sondern auch auf Rotwein spezialisiert. Rote Sorten nehmen bei ihm 30 Prozent der Fläche von insgesamt drei Hektar ein. Spätburgunder, Frühburgunder und Schwarzriesling, aber auch Merlot und Cabernet Sauvignon sind vorhanden. Joachim Schumacher erzeugt sehr individuelle Weine, oft spontan vergoren, spät gefüllt, teilweise mit üppiger Frucht und Würze. Die besten brauchen Zeit, bevor sie sich voll entfalten, sie entwickeln sich dann aber auch gut. Das Barrique spielt vor allem für Rotwein eine Rolle, wurde aber auch schon für Riesling genutzt. Auch mit schwefelfreien Weinen experimentiert Joachim Schumacher.

Kollektion

Der Facil-Riesling aus 2021 ist klar, frisch, mit Zitrusanklängen, fest und erfrischend im Mund. Sehr gut gefällt der Antik-Riesling, der in der Nase Noten von Apfel und Steinobstschalen aufweist und im Mund straff, würzig und praktisch trocken ausfällt. Puristisch trocken, nach Haselnüssen und etwas geröstetem Fenchel duftend zeigt sich der Opa-Adam-Riesling. Der Augustus duftet nach Steinobst und ist saftig, angenehm komplex. Komplexe Frucht zeigt der Felsenfrucht-Riesling: Es sind Noten von Zitrus, Steinobst, Kräutern und Hefe wahrzunehmen, die Süße ist hoch. Der Rosé ist verhalten in der Nase, zeigt im Mund viel Würze und eine leichte Süße, ist nicht allzu lang, macht als Sommerwein aber viel Spaß. Eigenständig sind die Rotweine wie der nach Cassis und gerösteter Schokolade duftende Corruptio oder der mit Noten von Schokolade, Sauerkirschen und Tabak aufwartende, sehr saftige Valentinianus. Sehr fest ist der Pinot-X, während der Commodus eine sehr feine, sortentypische Frucht in der Nase und im Mund aufweist.

Weinbewertung

83 2021 Riesling „Facil" | 11%/9,50€
85 2021 Riesling Spätlese „Antik" | 11,5%/9,50€
86 2021 Riesling trocken „Opa Adam" | 11,5%/14,50€
85 2021 Riesling „feinherb" „Devon" | 10,5%/9,50€
88 2020 Riesling Auslese „Probus" Neuer Frauenburg | 11,5%/18,50€
87 2021 Riesling „Felsenfrucht" | 7,5%/14,50€
87 2019 Riesling Auslese „Augustus" Neefer Frauenberg | 8%/18,50€
87 2019 Riesling Auslese „Augustus" Neefer Frauenberg | 12,5%/14,50€
84 2021 Rosé Auslese „Alexa-Sommer" | 10,5%/9,50€
84 2019 Rotwein Auslese trocken „Pinot-X" | 12,5%/14,50€
86 2020 Spätburgunder Auslese trocken „Valentinianus" | 13,5%/42,50€
87 2020 Frühburgunder Auslese trocken „Commodus" | 13%/42,50€
88 2020 Cabernet Sauvignon & Merlot Auslese trocken „Corruptio" | 13,5%/42,50€

S

★★★☆

Bettina Schumann

Kontakt
Weinhaus Bettina Schumann
Im Winkel 8
79346 Königschaffhausen
Tel. 0160-92146529
www.schumann-wein.com
frau@schumann-wein.de

Besuchszeiten
April-Sept. Fr. & Sa. 14-18 Uhr
(sonst nach Vereinbarung)

Inhaber
Bettina Schumann &
Melanie Panitzke
Rebfläche
7 Hektar
Produktion
65.000 Flaschen

Bettina Schumann, gebürtige Berlinerin, studierte in Geisenheim, erwarb zusätzlich ein Diplom der Partner-Universität Udine. 2009 wurde sie Betriebsleiterin beim Weingut Zimmerlin in Bötzingen am Kaiserstuhl. 2010 gründete sie zusammen mit ihrem damaligen Partner das Weinhaus Rabe. 2015 gab sie die Stelle als Betriebsleiterin auf, arbeitet seither als önologische Beraterin, gleichzeitig gründete sie das Weinhaus Schumann, das sie seit 2018 mit Melanie Panitzke führt, die sich vor allem um die Vermarktung kümmert. Die Trauben kauft sie von Partnerwinzern zu, produziert werden die Weine in Königschaffhausen in den Räumen der ehemaligen St. Katharinen-Kellerei. Sie konzentriert sich ganz auf die Burgundersorten, erzeugt zu jeweils etwa einem Drittel Weißburgunder, Grauburgunder und Spätburgunder. Die Weinnamen zeugen von ihrer Berliner Herkunft, die Etiketten von ihrer zweiten Passion, auf allen sind Schuhe abgebildet.

Kollektion

Eine ganz starke Kollektion präsentiert Bettina Schumann auch in diesem Jahr. Der Petnat ist fruchtbetont, will einfach nur Spaß machen. Das Grauburgunder-Trio präsentiert sich geschlossen auf hohem Niveau: Die Famose Schose ist klar und zupackend, die Famose Schose à la pink ist herrlich reintönig und konzentriert, hat Substanz und Grip, „Dit is der Clou von't Janze" ist ebenfalls konzentriert und reintönig, kraftvoll und zupackend. Der Weißburgunder „Bis in die Puppen" ist fruchtbetont und frisch, für Einsteiger, der Weißburgunder Bagalut ist eher für Fortgeschrittene, ist füllig und stoffig, besitzt Substanz und Grip. Spätburgunder gibt es je zweimal als Rosé und als Rotwein. Der Rosé Mittenmang besitzt intensive Frucht, schöne Frische und Grip, der nur in der Magnum erhältliche Rosé Chaiselongue ist ebenfalls intensiv, kraftvoll, besitzt Struktur und dezente Tannine. Achtkantig heißt der klare, zupackende Spätburgunder, Haute Volaute die deutlich anspruchsvollere Version, ein rauchiger, kraftvoller Wein mit Struktur, Grip und Zukunft. Klasse!

Weinbewertung

87 2021 „Pétillant Naturel" Rosé brut nature | 11,5%/15,90€
85 2021 Weißer Burgunder „Bis in die Puppen" | 12,5%/11,50€
87 2020 Grauer Burgunder „Famose Schose" | 12,5%/12,50€
88 2019 Grauer Burgunder „Famose Schose à la pink" | 12,5%/15,90€
90 2020 Weißer Burgunder „Bagalut" | 13,5%/22,50€
88 2020 Grauer Burgunder „Dit is der Clou von't Janze" | 12,5%/22,50€
87 2021 Blauer Spätburgunder Rosé „Mittenmang" | 12,5%/11,50€
88 2020 Blauer Spätburgunder Rosé „Chaiselongue" | 12,5%/39,-€/1,5l
86 2019 Blauer Spätburgunder „Achtkantig" | 13%/13,90€
90 2018 Blauer Spätburgunder „Haute Volaute" | 13%/22,50€

S

★☆

Schumann

Kontakt
Beethovenstraße 36
54470 Lieser
Tel. 06531-6353
Fax: 06531-6454
www.weingut-schumann.de
info@weingut-schumann.de

Besuchszeiten
täglich nach Vereinbarung
4 Appartements

Inhaber
Ulrich Schumann
Rebfläche
4,2 Hektar
Produktion
36.000 Flaschen

Bereits seit dem 16. Jahrhundert betreibt die Familie Weinbau an der Mosel, heute führt Ulrich Schumann den Betrieb. Seine Weinberge – insgesamt 4,2 Hektar werden bewirtschaftet – liegen in Lieser in den Lagen Rosenlay, Niederberg-Helden und Schlossberg, sowie im Piesporter Goldtröpfchen; 70 Prozent seiner Weinberge befinden sich in Steillagen. Ulrich Schumann baut zu 81 Prozent Riesling an, dazu gibt es ein wenig Chardonnay und Weißburgunder, nun auch Rosa Chardonnay, eine echte Rarität, sowie Gewürztraminer. Die Weine werden fast ausschließlich an Privatkunden verkauft. Seit 1992 ist dem Weingut ein Ferienhaus angeschlossen. Ulrich Schumann vergärt seine Weine teils mit Reinzuchthefen, teils mit den natürlichen Hefen; fast alle Weine werden im Edelstahl vergoren und ausgebaut.

Kollektion

Knackig und frisch ist der trockene Literriesling, gut gelungen in diesem nicht ganz einfachen Jahr. Frisch ist der Weißburgunder mit Noten von Hefe, Aprikosen und Zitrus, angenehm stoffig und trocken, absolut empfehlenswert. Verhaltener wirkt der Kabinett aus dem Niederberg-Helden, in der Nase ganz leicht floral, im Mund straff, fest und kabinetttypisch. Unter der Bezeichnung DreiWeiße hat Ulrich Schumann erstmals eine Assemblage aus Gewürztraminer, Rosa Chardonnay und Weißburgunder kreiert, ein Wein, der in der Nase angenehm würzig ausfällt mit floralen Noten, im Mund dann schön straff, würzig und dennoch verspielt. Ein interessantes Experiment, das fortgesetzt werden sollte. Der reinsortige Rosa Chardonnay besitzt eine offene Aromatik mit floralem Ton und Anklängen an rote Beeren und Kernobst, er wirkt sehr saftig, die winzige Portion Restzucker ist unauffällig. Auch die beiden halbtrockenen Rieslinge wirken noch sehr jugendlich: Der Kabinett ist frisch, feingliedrig und schlank; bei der halbtrockenen Spätlese namens VinoVincento fällt die Süße kaum auf, dieser Riesling ist gut balanciert und animierend. Natürlich ist der Restzucker beim nicht weiter mit Geschmackbezeichnungen versehenen Kabinett aus der Rosenlay höher, aber er ist gut eingebunden, der Wein wirkt rassig und frisch, der Alkohol ist erfreulich niedrig gehalten.

Weinbewertung

83 2021 Riesling trocken (1l) | 11,5%/6,90€
84 2021 Weißburgunder trocken | 12%/7,90€
85 2021 Riesling Kabinett trocken Lieser Niederberg-Helden | 11%/7,90€
86 2021 „DreiWeiße" Weißwein trocken | 12%/10,-€
85 2021 Riesling Kabinett halbtrocken Lieser Rosenlay | 10,5%/7,90€
86 2021 Riesling Spätlese halbtrocken „VinoVincento" Lieser Rosenlay | 10,5%/10,-€
85 2021 Rosa Chardonnay halbtrocken Lieser Schlossberg | 11,5%/10,-€
86 2021 Riesling Kabinett Lieser Rosenlay | 9,5%/7,90€

★★

Schumann-Nägler

Kontakt
Nothgottestraße 29
65366 Geisenheim
Tel. 06722-5214
Fax: 06722-5246
www.schumann-naegler.de
info@schumann-naegler.de

Besuchszeiten
8-17 Uhr

Inhaber
Fred, David, Philipp Schumann

Rebfläche
38 Hektar

Das Geisenheimer Weingut schaut auf eine lange Tradition zurück und wird heute in der 24. Generation von Fred Schumann geleitet, zusammen mit seinen Söhnen David und Philipp. David ist für die Pflege der Weinberge verantwortlich, während Philipp sich um den Keller kümmert und Vater Fred im Marketing und Vertrieb unterstützt. Die Weinberge befinden sich in den Geisenheimer Lagen Kläuserweg und Rothenberg sowie in den Hattenheimer Lagen Schützenhaus und Wisselbrunnen. 90 Prozent der Weinberge sind mit Riesling bestockt, des Weiteren werden Weiß- und Grauburgunder sowie Spätburgunder und Cabernet Sauvignon angebaut. Der Schwerpunkt liegt auf trockenen Weinen. Die Weißweine werden schonend gepresst, temperaturkontrolliert in Stahltanks vergoren und auf der Feinhefe ausgebaut. Um auch bei den trockenen Weißen eine natürliche Fruchtsüße zu erhalten, wird die Gärung durch Herunterkühlen gestoppt. Aus Grau- und Weißburgunder im Verschnitt mit Riesling entsteht die Cuvée S, aus Spätburgunder und Cabernet Sauvignon ihr rotes Pendant Cuvée N.

Kollektion

Wie gewohnt besitzen die Weine des Geisenheimer Weinguts eine überzeugende Frische. Der elegante und fruchtbetonte Riesling „Oscar" zeigt Noten von gelben Früchten, Mirabelle, reifem roten Apfel und einen Hauch Pflaume. Etwas kräftiger ist der Riesling aus dem Hattenheimer Schützenhaus, der zwar ebenfalls von Frucht und Frische lebt, aber mehr Zitrusaromen und dezent tropische Früchte (Ananas und Passionsfrucht) zeigt. Der Riesling „Réserve" ist deutlich stoffiger und besitzt einen feinen Hefebiss, wird dann mit Luft aber ebenfalls fruchtiger und weist Aromen von reifen gelben Früchten und Orangeschale auf. Das Große Gewächs verkosteten wir bereits für die vergangene Ausgabe als Fassprobe. Die damals notierte Kargheit ist etwas in den Hintergrund getreten; zwar ist der Wein immer noch weniger von der Frucht geprägt als die übrigen Schumann-Nägler Weine, aber zu den herben Noten mit leichten Gerbstoffen gesellen sich nun auch frisch-fruchtige Aromen, die den Wein deutlich zugänglicher und trinkanimierender erscheinen lassen. Der Spätburgunder kann mit feiner hellroter Frucht punkten, und auch der Riesling-Sekt mit seiner frischen und fruchtbetonten Art passt sich in das Gesamtbild ein.

Weinbewertung

84 2019 Riesling Sekt brut „Supranova" | 12,5%/21,-€
83 2021 Riesling trocken „Oscar" | 12%/8,-€
86 2021 Riesling trocken „Réserve" | 12,5%/8,50€
87 2020 Riesling trocken Rheingauer Großes Gewächs Rothenberg | 12%/23,-€
84 2019 Spätburgunder trocken | 12,5%/9,-€

Seit 1438

chumann
Nägler

★★☆

Paul Schunk

Kontakt
Hauptstraße 26
56814 Bruttig
Tel. 02671-1458
Fax: 02671-8221
www.weingut-schunk.de
info@weingut-schunk.de

Besuchszeiten
Mo.-Sa. 9-18 Uhr

Inhaber
Paul Schunk
Betriebsleiter
Paul Schunk
Kellermeister
Paul Schunk
Rebfläche
0,55 Hektar
Produktion
5.500 Flaschen

Das Weingut Schunk baut vor allem Riesling an – fast vier Fünftel der Rebfläche sind mit dieser Sorte bestockt, dazu gibt es etwas Müller-Thurgau und Elbling. Seine Weinberge liegen in den Bruttiger Lagen Götterlay (eine Steillage mit graublauem, aber auch rotem Schiefer) und Pfarrgarten (Terrassen-Steillage mit grauem und rötlichem steinigem Schiefer, in der Paul Schunk wurzelechte Rieslingreben besitzt), im Fankeler Rosenberg (eine südwest-exponierte Steillage mit steinigem Quarzit) und im Valwiger Herrenberg. Die 2018 gepachtete Fläche von 1,3 Hektar in Pommern hat Paul Schunk wieder zurückgegeben. Nachdem der Verkauf des Weingutes nicht funktioniert hat, zeichnet sich eine andere Nachfolgeregelung ab. Der 23-jährige Nachwuchswinzer Philipp Schneiders (Weingut Stephan Schneiders in Bruttig) hat zunächst 2,5 Hektar gepachtet, lediglich eine kleine Fläche will Paul Schunk auch weiterhin bewirtschaften.

Kollektion

Aus dem Jahrgang 2019 stammt der Sekt des Weinguts Schunk, der als extra trocken bezeichnet wird, also eine kleine Menge Süße aufweist; trotzdem oder gerade deshalb gefällt er sehr gut, ist würzig und balanciert. Der Basisriesling des Weinguts, nun aus dem Jahrgang 2021, macht noch einen verhaltenen Eindruck, ist straff und knackig, ohne anspruchslos zu sein. Erfreulich ist auch der trockene Riesling der Qualitätsstufe Kabinett, der aus dem Bruttiger Pfarrgarten stammt und schlank, würzig sowie angenehm trocken und präzise wirkt. Schließlich die beiden Spätlesen, die eine feinherb, die andere süß, beide aus der Lage Pfarrgarten. Saftig und zupackend sind beide, aber zweitgenannter Wein gefällt noch etwas besser, weil er enorm saftig ist, weil die Süße sehr gut integriert wurde und er eine beachtliche Länge aufweist. Ebenfalls verkostet werden konnten einige Weine des Weinguts Schneiders, darunter ein 2021er Chardonnay, der offen wirkt mit Noten von Steinobstschalen und Kräutern, im Mund saftig und würzig ist, mit etwas Kohlensäure ausgestattet. Ein trockenes Riesling Hochgewächs ist offen mit Noten von Hefe, Limonen, Apfel, auch etwas Mirabellen, im Mund rassig und saftig mit etwas CO_2. Beim süßen Riesling von alten Reben sind Frische und eine vergleichsweise hohe Süße wahrzunehmen, der Wein braucht Zeit, hat aber Potenzial. Der Spätburgunder aus 2020 ist noch jugendlich mit leicht schokoladigen Noten.

Weinbewertung

87 2019 Riesling Sekt extra trocken Pommerner Zeisel | 12%/11,-€
83 2021 Riesling trocken | 11%/6,20€
85 2021 Riesling Kabinett trocken Bruttiger Pfarrgarten | 11%/7,20€
86 2021 Riesling Spätlese „feinherb" Bruttiger Pfarrgarten | 9,5%/9,70€
88 2021 Riesling Spätlese Bruttiger Pfarrgarten | 8,5%/12,30€

★★☆ (2½ Sterne)

Schwab

Kontakt
Bühlstraße 17
97291 Thüngersheim
Tel. 09364-89183
Fax: 09364-89184
www.weingut-schwab-franken.de
info@weingut-schwab-franken.de

Besuchszeiten
Mo.-Fr. 9-12 + 13-18 Uhr
Sa. 10-16 Uhr
sonst nach Vereinbarung
Probierstube (bis 70 Personen), Vinothek,
Ferienzimmer (5 Doppelzimmer, 1 Einzelzimmer)

Inhaber
Thomas & Martin Schwab
Betriebsleiter
Thomas & Martin Schwab
Kellermeister
Thomas & Martin Schwab
Rebfläche
12 Hektar
Produktion
85.000 Flaschen

Das Weingut Schwab war ursprünglich ein landwirtschaftlicher Mischbetrieb, bevor Gregor und Barbara Schwab Mitte der siebziger Jahre sich ganz auf Weinbau spezialisierten. Seit 1990 bewirtschaftet mit Thomas und Andrea Schwab die nächste Generation das Familienweingut, seit Herbst 2014 ist auch ihr Sohn Martin im Betrieb tätig, der seit 2017 Mitinhaber ist und sich alle Aufgaben mit seinem Vater teilt. 2016 wurde ein neuer Barriquekeller gebaut, der vom Hof aus einsehbar ist. Die Weinberge liegen in den Thüngersheimer Lagen Johannisberg und Scharlachberg. Silvaner und Müller-Thurgau nehmen jeweils ein Viertel der Rebfläche ein, es folgen Riesling, Bacchus, Weißburgunder und Scheurebe, dazu gibt es Solaris, sowie die roten Sorten Dornfelder, Portugieser und Spätburgunder. Das Sortiment wird vierstufig gegliedert in Gutsweine, Ortsweine, die Lagenweine aus dem Johannisberg und das Große Gewächs (Silvaner) aus dem Rothlauf, einer Lage, die früher als Rothlaufsberg zu den fünf besten Lagen Thüngersheims zählte, 1971 aber im Johannisberg aufging.

Kollektion

Sehr gleichmäßig präsentiert sich die neue Kollektion von Thomas und Martin Schwab. Und es gibt eine Neuerung, denn obwohl wir das Weingut seit der ersten Ausgabe empfehlen, haben wir noch niemals einen Sekt von hier verkostet. Der Pinot Blanc-Sekt aus dem Jahrgang 2019 führt sich gut ein, zeigt feine Frische im Bouquet, rauchige Noten, weiße Früchte, ist klar und harmonisch im Mund, besitzt feine Frucht und Grip. Die 2021er Ortsweine sind frisch und fruchtbetont, geradlinig und klar, die Scheurebe ist wunderschön reintönig, der Riesling zitrusduftig, der Weißburgunder recht würzig, der Silvaner zeigt weiße Früchte im Bouquet. Der Johannisberg-Silvaner ist etwas würziger und kraftvoller, das Große Gewächs vom Rothlauf, Jahrgang 2020, ist enorm kompakt, konzentriert und würzig, besitzt gute Fülle und Substanz. Sehr gut gefällt uns auch der 2019er Spätburgunder vom Johannisberg, zeigt feine Würze und rauchige Noten, rote und dunkle Früchte, ist füllig und kompakt im Mund bei reifer Frucht.

Weinbewertung

86 2019 Pinot Blanc Sekt brut | 13%/12,50€
82 2021 „enjoy white" Weißwein trocken | 12%/7,-€
83 2021 Müller-Thurgau trocken Thüngersheim | 12%/7,50€
83 2021 Silvaner trocken Thüngersheim | 12,5%/8,20€
83 2021 Weißburgunder trocken Thüngersheim | 13%/8,20€
83 2021 Riesling trocken Thüngersheim | 12%/8,20€
83 2021 Scheurebe trocken Thüngersheim | 12%/8,20€
84 2021 Silvaner trocken Thüngersheimer Johannisberg | 13%/12,-€
86 2020 Silvaner trocken „GG" Rothlauf | 13,5%/24,-€
85 2019 Spätburgunder trocken Thüngersheimer Johannisberg | 13,5%/16,-€

S

★½

Heinz J. Schwab

Kontakt
Wassergasse 4
74626 Bretzfeld-Dimbach
Tel. 07946-1418
www.schwab-wein.de
kontakt@schwab-wein.de

Besuchszeiten
nach Vereinbarung
Weinstube, Vinotel (Hotel Garni mit 16 Doppelzimmern direkt auf dem Weingut)

Inhaber
Familie Heinz J. Schwab
Betriebsleiter/Kellermeister/Außenbetrieb
Heinz J. Schwab & Lucas Schwab
Rebfläche
7,5 Hektar

Seit Generationen baut die Familie Wein im Hohenloher Land an, seit 1991 vermarktet man selbst Wein, 1997 eröffneten Heinz und Karin Schwab ihre Weinstube, in der traditionelle Besengerichte zu den hauseigenen Weinen angeboten werden. Lemberger, Spätburgunder und Trollinger sind die wichtigsten roten Rebsorten, dazu gibt es Schwarzriesling, Samtrot und Merlot. Riesling, Grauburgunder und Chardonnay sind die wichtigsten weißen Rebsorten, hinzu kommen Muskateller, Scheurebe und Kerner. Die Weine tragen keine Lagenbezeichnungen und werden betriebsintern mit bis zu vier Sternen klassifiziert. Die Familie betreibt auch ein „Vinotel" mit sechzehn Doppelzimmern.

Kollektion

Eine dem Vorjahr sehr ähnliche Kollektion präsentieren Heinz und Lucas Schwab, wieder liegen gleich vier sehr gute Rotweine vorne, wobei wir alle vier auch schon im vergangenen Jahr vorgestellt hatten. Alle sind kraftvoll, strukturiert und tanninbetont, der 2014er Spätburgunder besitzt dezente Reife und feine Säure, der Lemberger ist wunderschön eindringlich und reintönig im Bouquet, der Merlot setzt auf Fülle, reife Frucht und Substanz, bei ihm sind die Tannine weniger dominant als bei seinen Kollegen. Neu im roten Segment ist der 3 Sterne-Lemberger aus dem Jahrgang 2020, der feine Würze und Frucht besitzt, frisch und zupackend ist. Unter den Weißweinen gefällt uns wie schon im Vorjahr der Chardonnay besonders gut, nun Jahrgang 2020, der sehr cremig ist, viel reife Frucht und Substanz besitzt. Aus dem Jahrgang 2020 stammen auch der würzige, geradlinige Muskateller mit seiner recht dezenten Muskatnote und der fruchtbetonte Rosé, der feine Süße und Biss besitzt. Aus dem Jahrgang 2021 wurde nur ein Wein vorgestellt, die recht würzige, in der Frucht zurückhaltende Scheurebe. Wir sind gespannt, ob es in der 4 Sterne-Liga auch einmal einen Weißwein geben wird.

Weinbewertung

80 Spätburgunder Rosé Sekt trocken | 13,5%/12,30€
83 2020 Muskateller** trocken | 12,5%/7,50€
82 2021 Scheurebe*** trocken | 13,5%/9,-€
84 2020 Chardonnay*** trocken | 13%/8,50€
83 2020 Rosé *** trocken | 12%/8,50€
81 „No.09"*** Rotweincuvée trocken | 13%/9,-€
83 2020 Lemberger*** trocken | 12,5%/8,50€
83 2020 Spätburgunder*** trocken | 12,5%/8,50€
85 „9091" Rotweincuvée trocken | 14%/18,-€
86 2014 Spätburgunder**** trocken | 13,5%/18,-€
86 2018 Lemberger**** trocken | 13,5%/20,-€
86 2018 Merlot**** trocken | 14%/18,-€

★★

Schwane

Kontakt
Erlachhof 7
97332 Volkach
Tel. 09381-71760
Fax: 09381-717620
www.schwane.de
weingut@schwane.de

Besuchszeiten
Mo.-So. 8-22 Uhr (Vinothek Hauptstraße 12)
Mo.-Fr. 8-15 Uhr (Erlachhof 7)
Romantik-Hotel Zur Schwane
Restaurant „1404“
Restaurant „Weinstock“

Inhaber
Eva Pfaff-Düker &
Ralph Düker
Betriebsleiter
Christian Kallisch
Kellermeister
Stefan Ott
Rebfläche
27 Hektar
Produktion
200.000 Flaschen

CHWANE

Schon seit 1404 gibt es das Gasthaus Zur Schwane in Volkach, benannt nach der Gründerfamilie Schwan. Die Familie Pfaff übernahm es in den dreißiger Jahren des 20. Jahrhunderts, heute führen Eva Pfaff-Düker und Ralph Düker das Hotel mit den beiden Restaurants und das Weingut, Weingutsleiter ist seit 2014 Christian Kallisch. Die Weinberge liegen im Volkacher Ratsherr und im Escherndorfer Lump, aus beiden Lagen werden Große Gewächse erzeugt, dazu ist man im Escherndorfer Fürstenberg vertreten; alle Reben wachsen auf Muschelkalkböden. Silvaner ist klar die wichtigste Rebsorte, es folgen Riesling, Weißburgunder, Spätburgunder, Müller-Thurgau und Bacchus, dazu gibt es Spezialitäten wie Scheurebe, Rieslaner, Gewürztraminer und Domina.

Kollektion

Auch in diesem Jahr sind wieder die Großen Gewächse die herausragenden Weine im Sortiment, und so soll dies schließlich ja auch sein. Zwei Silvaner wurden uns dieses Jahr vorgestellt. Aus dem Jahrgang 2019 stammt der im großen Eichenholzfass spontanvergorene Wein aus dem Ratsherr, zeigt gute Konzentration im Bouquet, rauchige Noten, feine Reife, ist füllig und harmonisch im Mund, besitzt reife Frucht, gute Struktur und Frische. Zwei Jahre jünger ist das im Edelstahl ausgebaute, ebenfalls spontanvergorene Große Gewächs aus dem Escherndorfer Lump, zeigt gute Konzentration und rauchig-würzige Noten im herrlich eindringlichen Bouquet, ist füllig und dominant im Mund, besitzt viel reife Frucht, gute Substanz und Struktur. Dahinter folgen die beiden 2021er Erste Lagen-Weine aus dem Escherndorfer Lump: Der Silvaner zeigt gute Konzentration, reife gelbe Früchte, ist füllig und saftig, besitzt aber gute Struktur und Frische; der Riesling ist recht würzig, besitzt ebenfalls viel reife Frucht und gute Struktur. Die Gutsweine sind ein wenig verhalten und im Ortsweinsegment gefällt uns mit dem sehr offenen, würzigen 2020er Urtyp wiederum ein Silvaner am besten.

Weinbewertung

81	2021 Silvaner trocken I 11,5%/7,90€
80	2021 Riesling trocken I 12%/7,90€
83	2021 Scheurebe trocken Volkach I 12%/10,-€
81	2021 Silvaner trocken Volkach I 12,5%/10,-€
84	2020 Silvaner trocken „Urtyp“ Volkach I 13%/14,-€
82	2021 Weißburgunder trocken Volkach I 12,5%/14,-€
82	2021 Traminer trocken Escherndorf I 12,5%/14,-€
86	2021 Riesling trocken Escherndorfer Lump I 12,5%/16,-€
87	2021 Silvaner trocken Escherndorfer Lump I 12,5%/16,-€
88	2019 Silvaner trocken „GG“ Volkacher Ratsherr I 13%/27,-€
89	2021 Silvaner trocken „GG“ Escherndorf „Am Lumpen 1655“ I 12,5%/27,-€

★★★

Schwarz

Kontakt
Ötztaler Straße 44
70327 Stuttgart
Tel. 0711-334727
Fax: 0711-332413
www.weingut-schwarz.eu
info@weingut-schwarz.eu

Besuchszeiten
Di.-Fr. 9:30-13 + 15-18 Uhr
Sa. 9-13 Uhr
oder nach Vereinbarung
Besenwirtschaft

Inhaber
Markus Schwarz
Betriebsleiter
Ludwig Schwarz
Kellermeister
Ludwig Schwarz
Außenbetrieb
Ludwig Schwarz
Rebfläche
11 Hektar
Produktion
70.000 Flaschen

Seit mehr als 300 Jahren baut die Familie Wein an, heute führt Markus Schwarz den Betrieb, unterstützt von Sohn Ludwig und Tochter Stefanie. Stefanie hat Internationale Weinwirtschaft studiert und Auslandserfahrungen in Ontario und Österreich gesammelt, Ludwig Schwarz hat nach Lehre bei Drautz-Able und Aldinger die Weinbautechnikerausbildung mit Auslandsaufenthalt in Südafrika absolviert, ist hauptverantwortlich für Keller und Außenbetrieb. Die Weinberge befinden sich in den Untertürkheimer Lagen Mönchberg und Altenberg, am Rotenberger Schlossberg, in Bad Cannstatt und Wangen. 55 Prozent der Fläche nehmen rote Rebsorten ein, der Fokus liegt auf Lemberger, Spätburgunder, Merlot und Trollinger. Wichtigste weiße Rebsorte ist Riesling, dazu gibt es Grauburgunder, Weißburgunder und Chardonnay.

Kollektion

Die Rotweine sind allesamt sehr gut, wobei wir die beiden 2018er Spitzen – Lemberger und Merlot aus dem Altenberg – schon im vergangenen Jahr vorgestellt haben, sie besitzen Fülle, Kraft, gute Struktur und Grip. Der Trollinger ist fruchtbetont, klar und zupackend, der Untertürkheimer Spätburgunder zeigt dezenten Toast, besitzt Fülle, Kraft und Grip, der Cannstatter Lemberger ist füllig und harmonisch, besitzt dezente Toast- und Schokonoten. Ausschließlich neue Jahrgänge wurden uns bei den Weißweinen vorgestellt, und eine Neuerung im Programm setzt sich auch gleich an die Spitze der weißen Kollektion: Der in zu zwei Dritteln neuen Barriques ausgebaute Chardonnay aus dem Schlossberg zeigt gute Konzentration und herrlich viel Frucht im Bouquet, ist füllig und saftig im Mund, besitzt klare reife Frucht, gute Struktur und Grip. Sehr gut sind auch die beiden Untertürkheimer Ortsweine, der Riesling ist frisch, klar und zupackend, der Weißburgunder füllig und saftig. Wunderschön sortentypisch ist der Muskateller, der Sekt hat Struktur und Grip. Sehr gute Vorstellung!

Weinbewertung

86 2018 Pinot Sekt brut | 12%/20,50€
84 2021 Grauburgunder trocken | 13%/8,20€
86 2020 Riesling trocken Untertürkheimer | 13%/10,30€
85 2021 Weißburgunder trocken Untertürkheimer | 13%/11,-€
88 2020 Chardonnay trocken Schlossberg | 13,5%/22,50€
85 2021 Muskateller | 12%/9,30€
83 2021 Muskat-Trollinger Rosé | 11,5%/8,20€
85 2021 Trollinger trocken | 13%/6,60€
86 2020 Spätburgunder trocken Untertürkheimer | 13,5%/11,-€
86 2020 Lemberger trocken Cannstatter | 13,5%/11,-€
89 2018 Lemberger trocken Altenberg | 14%/22,50€
89 2018 Merlot trocken Altenberg | 14,5%/22,50€

Schweder

Kontakt
Hauptstraße 211
76879 Hochstadt
Tel. 06347-2008
Fax: 06347-7760
www.weingut-schweder.de
info@weingut-schweder.de

Besuchszeiten
Mo.-Fr. 10-18 Uhr
Sa. 10-15 Uhr

Inhaber
Heinz & Henrik Schweder
Betriebsleiter
Henrik Schweder
Kellermeister
Henrik Schweder
Rebfläche
18 Hektar
Produktion
70.000 Flaschen

Heinrich Schweder war Ende des 19. Jahrhunderts nach Pennsylvania ausgewandert, kehrte aber 1898 in seine Heimat zurück, erwarb in Hochstadt das Gasthaus Zur Krone und begann damit, Wein für den eigenen Ausschank anzubauen. 1970 begann die Familie mit der Flaschenabfüllung, seit 2012 ist das Weingut Haupterwerbsbetrieb, die Fläche wurde von ursprünglich drei Hektar auf heute 18 Hektar erweitert. Nach seiner Lehre bei den Weingütern Neiss und Gies-Düppel, einem Weinbau- und Oenologiestudium am Weincampus Neustadt und Praktika an der Mosel, im Burgund, der Wachau und im Sonoma Valley ist mittlerweile Henrik Schweder in der fünften Generation für das Weingut verantwortlich. Die Reben wachsen auf den Lehm-Löss-Böden des Hochstadter Roten Bergs, wichtigste Sorte ist mit einem Anteil von 14 Prozent der Grauburgunder, dazu kommen je rund 10 Prozent Müller-Thurgau, Kerner, Dornfelder, Riesling und Weißburgunder, in den letzten Jahren wurden die Piwi-Sorten Cabernet Blanc und Sauvignac gepflanzt, daneben gibt es noch Silvaner, Spätburgunder, Portugieser, Goldmuskateller und Chardonnay.

Kollektion

Henrik Schweders Weine sind 2021 alle deutlich schlanker als im letzten Jahr, alle Weißweine sind aber wieder sehr fruchtbetont und auch die nominell trockenen Weine besitzen immer eine leichte Restsüße. Unser Favorit ist der Weißburgunder „S“, der viel gelbe Frucht mit Noten von Aprikose, Pfirsich und Ananas zeigt und am Gaumen leicht herbe Zitrusnoten, Fülle, feinen Schmelz und Länge besitzt, knapp dahinter liegen die beiden Weine aus den Piwi-Sorten, der Sauvignac zeigt Aromen von gelber Stachelbeere und Grapefruit, ist am Gaumen füllig und besitzt ein ausgewogenes Spiel zwischen leichter Süße und frischer Säure, der Cabernet Blanc ist etwas dezenter, zeigt etwas Pfirsich und Maracuja, ist harmonisch und besitzt Biss. Und auch der Grauburgunder zeigt klare Frucht, ist saftig und füllig. Die drei restlichen Weine sind feinherb ausgebaut, der Riesling zeigt Noten von Aprikose und Mango, besitzt auch leicht herbe Zitrusnoten, der Goldmuskateller ist aromatisch, schlank und frisch und der Müller-Thurgau ist saftig und füllig.

Weinbewertung

83 2021 Grauer Burgunder trocken | 12,5%/7,90€
84 2021 Cabernet Blanc trocken | 12%/7,90€
85 2021 Weißer Burgunder „S“ trocken | 12,5%/8,90€
84 2021 Sauvignac trocken „Alter Schwede(r)“ | 12%/7,90€
80 2021 Müller-Thurgau „feinherb“ (1l) | 11,5%/5,50€
83 2021 Goldmuskateller „feinherb“ | 9,5%/7,90€
83 2021 Riesling „feinherb“ „Only for best friends“ | 9,5%/7,90€

★★★

Schwedhelm

Kontakt
Klosterhof
67308 Zellertal
Tel. 06355-521
Fax: 06355-3673
www.schwedhelm-zellertal.de
info@schwedhelm-zellertal.de

Besuchszeiten
Mo.-Fr. 8-18 Uhr
Sa. 10-17 Uhr
oder nach Vereinbarung

Inhaber
Stephan Schwedhelm
Betriebsleiter
Stephan Schwedhelm
Kellermeister
Stephan Schwedhelm
Außenbetrieb
Stephan Schwedhelm
Rebfläche
17 Hektar
Produktion
125.000 Flaschen

Das Weingut Schwedhelm nannte sich bis zum Jahrgang 2014 Klosterhof und ist ein noch junges Weingut im Zellertal. Entstanden ist es, nachdem Stephan Schwedhelm 2006 sein Geisenheim-Studium beendete und in den elterlichen Betrieb eingestiegen ist, heute führt er ihn zusammen mit seinem Bruder Georg. Die Weinberge liegen in den Zeller Lagen Kreuzberg (Ton mit hohem Anteil an Kalkstein, mit der Gewanne Karlspfad), Klosterstück (Lehm, Einschlüsse von Kalkmergel, hauptsächlich rote Sorten im Anbau) und Schwarzer Herrgott (Tonmergel mit hohem Anteil an Kalkstein), wo ausschließlich Riesling und Gewürztraminer angebaut wird. Riesling ist die wichtigste Rebsorte, nimmt gut 40 Prozent der Rebfläche ein, es folgen Spätburgunder, Weißburgunder und Chardonnay.

Kollektion

Die Lagenrieslinge sind in diesem Jahr zunächst alle sehr verschlossen, der Schwarze Herrgott öffnet sich nach Belüftung dann mit ungewöhnlich viel Frucht, zeigt feine Zitrusnoten, Orangenschale, Limette und etwas gelben Apfel, ist dann am Gaumen – so wie wir ihn kennen – schlank, animierend und sehr elegant, besitzt feinen Grip, der Wotan-Kalkfels ist ebenfalls schlank und elegant, besitzt animierende Zitrusnoten, leicht kalkigen Grip und Frische, der Kreuzberg ist wiederum etwas deutlicher in der Frucht mit Noten von Aprikose, Limette und Ananas und besitzt Druck und Länge. Der Chardonnay vom Kreuzberg wirkt noch sehr jung, zeigt deutliche Holzwürze, etwas Kokos und besitzt Schmelz und Frische, die vier weißen Zellertaler Ortsweine sind schlank und animierend und besitzen jeweils sehr klaren, typischen Fruchtausdruck. Die beiden Spätburgunder besitzen ebenfalls Eleganz, der Zellertaler ist sehr kirschig und kräutrig, der Klosterstück ist differenzierter und nachhaltiger und der erste Sekt, den wir vom Weingut verkosten konnten, besitzt klare Frucht, Birne, Zitrusnoten, etwas Fülle und feine hefige Würze.

Weinbewertung

87 Pinot Sekt brut | 12%/14,50€
83 2021 Riesling trocken | 12,5%/6,60€
85 2021 Weißburgunder trocken Zellertal | 12,5%/8,90€
86 2021 Sauvignon Blanc trocken Zellertal | 12,5%/8,90€
86 2021 Riesling trocken Zellertal | 12,5%/8,90€
86 2021 Chardonnay trocken Zellertal | 12,5%/8,90€
88 2021 Riesling trocken Zeller Kreuzberg | 12,5%/14,50€
88 2021 Chardonnay trocken Zeller Kreuzberg | 12,5%/15,50€
88 2021 Riesling trocken „Wotan-Kalkfels“ Zeller Kreuzberg | 12,5%/17,50€
89 2021 Riesling trocken Zeller Schwarzer Herrgott | 12,5%/21,50€
86 2020 Spätburgunder trocken Zellertal | 13,5%/10,90€
88 2019 Spätburgunder trocken Zeller Klosterstück | 13,5%/20,50€

★★★★

Albrecht Schwegler

Kontakt
Steinstraße 37
71404 Korb
Tel. 07151-3040137
www.albrecht-schwegler.de
weingut@albrecht-schwegler.de

Besuchszeiten
Fr. 16-18 Uhr
Sa. 11-14 Uhr
und nach Vereinbarung

Inhaber
Aaron Schwegler
Betriebsleiter
Aaron Schwegler
Kellermeister
Aaron Schwegler
Außenbetrieb
Aaron Schwegler,
Christian Medinger
Rebfläche
15 Hektar
Produktion
55.000 Flaschen

Andrea und Albrecht Schwegler erzeugten 1990 ihre ersten Weine, ausschließlich Rotweine, seit dem Einstieg von Julia und Aaron Schwegler im Jahr 2009 wurde die Rebfläche vergrößert auf inzwischen 11 Hektar. 2016 hat Aaron Schwegler den Betrieb übernommen. Er absolvierte eine Winzerlehre bei Bernhard Ellwanger und Joachim Heger, machte Praktika bei Daniel Gantenbein in der Schweiz, bei Jim Clendenen in Kalifornien und bei Seyfried in Neuseeland. Seit der Übernahme wurde die Ausstattung erneuert, neue Weine ergänzen nun das Programm. Die Weinberge liegen in Korb und angrenzenden Gemeinden, Lagenbezeichnungen wurden noch nie verwendet, alle Weine sind Cuvées verschiedener Lagen. Neue Weinberge werden mit einer Dichte von 7.500 bis 14.000 Reben je Hektar sehr dicht bepflanzt. Die Schweglers setzten beim Rotwein von Anfang an ganz auf Cuvées. Zweigelt ist die wichtigste Rebsorte, dazu gibt es Lemberger, Merlot und Trollinger, dann wurden auch etwas Syrah, Regent und Cabernet Franc angepflanzt. Sie verwenden ausschließlich französische Barriques, nur Allier- und Limousineiche. Die Weine werden zwei Jahre lang nach Rebsorten getrennt im Fass ausgebaut, sie bleiben bis sechs bis acht Wochen vor der Füllung im Barrique, dann erst werden die Cuvées zusammengestellt, abgefüllt wird ohne jede Filtration und ohne jede Schönung. Vier Weine gab es lange Zeit nur – und die auch nicht in jedem Jahr. Zunächst einmal in der Literflasche, „d'r Oifache", der meist einen größeren Anteil Trollinger enthält und Wein aus zwei aufeinander folgenden Jahrgängen und in dritt- bis fünftbelegten Barriques ausgebaut wird. Dann kommt der „Beryll", der in zweitbelegten Barriques ausgebaut wird, anschließend der „Saphir", der zu etwa zwei Dritteln in neuen, zu einem Drittel in zweitbelegten Barriques ausgebaut wird, und schließlich – aber wirklich nur in Spitzenjahren – der „Granat", der es zu gewissem Kultstatus unter Weinliebhabern gebracht hat. 1990 gab es den ersten Granat, dann erst wieder 1993, 1994 und 1997. Danach alle zwei Jahre: 1999, 2001, 2003, seither immer außer 2008. Es gibt keine feste Regel, wie sich der Granat zusammensetzt, außer Trollinger hat jede Rebsorte die Chance Bestandteil des Granat zu werden, der Granat wird ausschließlich in neuen Barriques ausgebaut. Weißwein spielte lange Zeit überhaupt keine Rolle im Hause Schwegler, ab 2006 gab es dann ein paar Jahrgänge lang etwas Kerner, später den „Rock'n Roll", der im Jahrgang 2013 eine Cuvée aus jeweils zur Hälfte Riesling und Grauburgunder war, im Barrique ausgebaut. Zwischenzeitlich ist Riesling ins Programm gekommen, dann ein Chardonnay; 2017 wurde auch ein Rosé aus Spätburgunder, Trollinger und Syrah erzeugt, ebenso ein reinsortiger Pinot Noir. Mit dem Jahrgang 2018 folgte ein Lemberger Reserve.

Kollektion

Es ist das erste Mal, dass wir einen Sekt aus dem Hause Schwegler verkosten, und der führt sich prächtig ein. Die Grande Cuvée aus Pinot Meunier und etwas Chardonnay zeigt rauchige Noten, feine Hefewürze, ist füllig, harmonisch, vereint feine Reife mit Frische. Der im Tonneau ausgebaute Riesling Reserve stammt aus Beutelsbach, er ist würzig, konzentriert, sehr kompakt. Sehr vom Holzausbau geprägt ist der Chardonnay Reserve von Trauben aus Korb und Waiblingen, ist konzentriert, stoffig, hat Substanz. Der „Rot von den Parzellen" ist frisch und fruchtbetont, klar und zupackend, ist eine Jahrgangscuvée. Dann folgen zwei Reserve-Rotweine aus dem Jahrgang 2019. Der Pinot Noir stammt von fünf Parzellen in Großheppach, Beutelsbach und Schnait, wurde in zu 80 Prozent zweitbelegten Barriques ausgebaut, zeigt feine Würze und etwas florale Noten im Bouquet, ist füllig und kompakt, hat Substanz. Der Lemberger stammt von einer Parzelle in Großheppach, wurde komplett im zweitbelegten Barrique ausgebaut. Er zeigt rauchige Noten, etwas Gewürze, gute Konzentration, reintönige Frucht, besitzt Fülle und Kraft, reife Frucht, gute Struktur und schöne Frische. Die drei Cuvées stammen alle aus dem Jahrgang 2018. Da ist zunächst der Beryll, der im Jahrgang 2018 zu drei Viertel aus Zweigelt besteht, in gebrauchten Barriques ausgebaut wurde, der sehr offen und würzig ist, reife Frucht und gute Struktur besitzt. Beim Saphir spielen 2018 Zweigelt und Merlot die Hauptrollen, die Trauben kommen aus Korb und Großheppach, er ist konzentriert, herrlich eindringlich, besitzt gute Struktur, Kraft und Frucht, knüpft nahtlos an die starken, immer noch sehr jugendlichen Jahrgänge 2015 und 2016 an. Beim Granat ist ebenfalls Zweigelt die Nummer Eins, gefolgt von Merlot und Cabernet Sauvignon, er ist herrlich eindringlich und konzentriert, ebenfalls recht offen, ist füllig, kraftvoll und komplex.

Aaron & Julia Schwegler

Weinbewertung

89 2016 „Grande Cuvée" Sekt brut nature | 12%/48,-€
87 2020 Riesling „Reserve" | 12,5%/38,-€
88 2020 Chardonnay „Réserve" | 13,5%/38,-€
85 „Rot von den Parzellen" | 13,5%/12,50€
88 2018 Beryll Rotwein | 14%/19,-€
88 2019 Pinot Noir „Réserve" | 13,5%/38,-€
89 2019 Lemberger „Réserve" | 14%/38,-€
91 2015 „Saphir" Rotwein | 14%
90 2016 „Saphir" Rotwein | 14%
90 2018 „Saphir" Rotwein „Grande Cuvée" | 14,5%/38,-€
91 2018 „Granat" Rotwein „Grande Cuvée" | 14,5%/56,-€

Lagen
Hörnle
Kriegsberg
Altenberg
Wanne
Immenreich

Rebsorten
Zweigelt (20%)
Chardonnay (10%)
Cabernet Franc (10%)
Cabernet Sauvignon (10%)
Riesling (10%)
Spätburgunder (10%)
Trollinger (10%)
Merlot (5%)

★★☆

Schwörer

Kontakt
Weingut-Weinhaus
Schwörer GmbH
Tal 7, 77770 Durbach
Tel. 0781-42362
Fax: 0781-33408
www.weingut-schwoerer.de
info@weingut-schwoerer.de

Besuchszeiten
Mo.-Fr. 8:30-12 + 13:30-18 Uhr, Sa. 8:30-13 Uhr, So. 10-12 Uhr (außer Jan./Febr.)

Inhaber/Betriebsleiter/ Kellermeister
Josef Rohrer
Rebfläche
25 Hektar
Produktion
170.000 Flaschen

Die Familie Schwörer hatte seit 1812 mit Wein zu tun in Durbach, zunächst als Weinküferei und Weinkommission, später kam Weinbau hinzu. Franz Schwörer und nach ihm Hermann Schwörer bauten den Betrieb aus, man schloss Pacht- und Bewirtschaftungsverträge mit Durbacher Winzern. 2001 übernahm Josef Rohrer, zuvor Gutsverwalter des Weingutes Graf Wolff Metternich in Durbach, den Betrieb. Die Weinberge befinden sich in den Durbacher Lagen Plauelrain, Kochberg und Ölberg, die Reben wachsen auf Granitverwitterungsböden. Riesling und Spätburgunder sind die wichtigsten Rebsorten. Hinzu kommen Müller-Thurgau, Grauburgunder, Traminer, Weißburgunder und Chardonnay, dazu Spezialitäten wie Scheurebe, Cabernet Sauvignon und Sauvignon Blanc; die Rotweine werden alle im Holz ausgebaut. In der hauseigenen Brennerei werden Edelbrände erzeugt.

Kollektion

Josef Rohrer besitzt ein feines Händchen für edelsüße Scheureben, das beweist er jedes Jahr aufs Neue. War im vergangenen Jahr die Beerenauslese aus dem Kochberg unser Favorit, so ist es dieses Jahr die Auslese aus dem selben Jahrgang 2020, die intensive Frucht im Bouquet zeigt, Holunder, Cassis, etwas Litschi, kandierte Früchte, süß und konzentriert im Mund ist, viel Substanz besitzt. Der Sauvignon Blanc zeigt intensive Frucht, viel Duft, ist füllig und harmonisch bei klarer reifer Frucht, der Chardonnay ist sehr füllig und saftig, punktet mit reifer süßer Frucht, der Klingelberger HS ist recht würzig und eindringlich im Bouquet, klar und zupackend im Mund. Sehr gleichmäßig präsentieren sich die Rotweine. Der kaltmazerierte Spätburgunder zeigt viel Würze und klare reife Frucht im Bouquet, ist frisch, klar und zupackend im Mund, besitzt gute Struktur und Grip. Der Barrique-Spätburgunder zeigt viel Frucht und Duft, Vanille, ist füllig und saftig, besitzt reife Frucht und Substanz. Unsere leichte Präferenz gilt dem ebenfalls im Barrique ausgebauten Cabernet Sauvignon, der intensive Würze im Bouquet zeigt, etwas Cassis, Vanille und Schokolade, Fülle und Kraft besitzt, gute Struktur und klare reife Frucht.

Weinbewertung

81 2021 Weißer Burgunder Kabinett trocken Durbacher Kochberg | 12,5%/8,40€
82 2021 Grauer Burgunder Kabinett trocken Durbacher Plauelrain | 12,5%/8,40€
83 2021 Klingelberger Riesling trocken „HS“ Durbacher | 12,5%/9,40€
84 2021 Chardonnay Spätlese trocken „HS“ Durbach | 13%/10,40€
84 2021 Sauvignon Blanc Spätlese trocken Durbacher | 13%/12,50€
87 2020 Scheurebe Auslese | 9,5%/14,-€/0,5l
81 2021 Spätburgunder Rosé trocken Durbacher | 12,5%/7,50€
84 2019 Spätburgunder trocken „Maz“ Durbacher Plauelrain | 14%/10,50€
85 2020 Spätburgunder trocken Barrique Durbacher Plauelrain | 14%/12,50€
86 2020 Cabernet Sauvignon trocken Barrique Durbacher | 13,5%/13,50€

★★★

Josef Seckinger

Kontakt
Hintergasse 26
67150 Niederkirchen
Tel. 06326-980217
www.weingut-seckinger.de
info@weingut-seckinger.de

Besuchszeiten
nach Vereinbarung

Inhaber
Josef & Andrea Seckinger
Betriebsleiter
Philipp, Jonas & Lukas Seckinger
Kellermeister
Philipp, Jonas & Lukas Seckinger
Außenbetrieb
Philipp, Jonas & Lukas Seckinger
Rebfläche
27 Hektar
Produktion
210.000 Flaschen

SECKINGER

Weinbau wird in der Familie Seckinger zwar schon lange betrieben, aber erst die jüngste Generation, die drei Brüder Jonas, Philipp und Lukas, gründete 2012 das Weingut. Im Keller wird ein non-interventionistischer Ansatz verfolgt, auf technische Weinbehandlungsmittel wird verzichtet, alle Weine werden spontan vergoren, meist im Holz. Die Lagenrieslinge liegen 16 Monate auf der Vollhefe in gebrauchten Tonneaux, durchlaufen den biologischen Säureabbau und werden, wie auch die Weine der „Pure"-Linie, erst bei der Füllung minimal geschwefelt. Die Weinberge werden biologisch und zunehmend auch mit biodynamischen Präparaten bewirtschaftet und liegen in Deidesheim, Ruppertsberg und Königsbach, zuletzt kamen Flächen in Maikammer und Kirrweiler dazu.

Kollektion

Die Lagenweine der Seckinger-Brüder sind so beeindruckend wie vielschichtig: Wie beim Debüt im vergangenen Jahr sind die Rieslinge wieder puristisch, straff, präzise und von erstaunlicher Stilsicherheit, der Ölberg duftet nach Schwarztee, grünem Apfel und Stein, besitzt kalkigen Grip, ist salzig und enorm nachhaltig, der Kieselberg ist von kräutrig-mineralischer Würze, herben Zitrusnoten und etwas Apfelschale geprägt, ist lebendig und druckvoll. Die Petershöhle schmeckt, als würde man an einem Salzstein lecken, besitzt viel Grip und Länge, der Reiterpfad ist noch etwas verhalten, besitzt am Gaumen sehr prägnante Zitrusnoten, ist herb und druckvoll, Langenmorgen ist steinig, kräutrig, salzig und herb. Neu sind die beiden Chardonnay, der im neuen Holz ausgebaute Kapellenberg ist schon sehr offen, zeigt Noten von Kräutern, Grapefruit und frischem Brot, ist lebendig, elegant und sehr nachhaltig, der im gebrauchten Holz ausgebaute „Linse" braucht dagegen viel Luft, zeigt dann Aromen von Schwarztee, Kamille und Heu, ist ebenfalls sehr nachhaltig, besitzt noch jugendlichen Tanningrip und der noch leicht reduktive Weißburgunder ist schlank, elegant und sehr animierend.

Weinbewertung

88 2020 Riesling „Gottsacker" | 12,5%/19,-€
89+ 2020 Riesling Ruppertsberg Reiterpfad | 12%/25,-€
89 2020 Riesling Deidesheim Am Kirchenberg | 12%/25,-€
90 2020 Riesling Deidesheim Langenmorgen | 12,5%/37,-€
91 2020 Riesling Deidesheim In der oberen Petershöhle | 12,5%/37,-€
92 2020 Riesling „Wurzelecht" Deidesheim Kieselberg | 12%/45,-€
92 2020 Riesling Königsbach Ölberg | 12,5%/40,-€
90 2020 Weißburgunder Deidesheim Paradiesgarten | 12,5%/35,-€
91 2020 Chardonnay Maikammer Kapellenberg | 12,5%/40,-€
91 2020 Chardonnay „Linse" | 12,5%/40,-€
88 2020 Cabernet Sauvignon Ruppertsberg Reiterpfad | 12,5%/22,-€

★★★★★

Seeger

Kontakt
Rohrbacher Straße 101
69181 Leimen
Tel. 06224-72178
Fax: 06224-78363
www.seegerweingut.de
info@seegerweingut.de

Besuchszeiten
Do./Fr. 15-18 Uhr
Sa. 10-14 Uhr
oder nach Vereinbarung
Gutsausschank „Jägerlust", Di.-Fr. 18-23 Uhr, Tel. 06224-77207

Inhaber
Thomas Seeger
Rebfläche
10 Hektar
Produktion
70.000 Flaschen

Thomas Seeger hat 1984 seinen ersten Wein gemacht, noch als Geisenheim-Student. Nach und nach hat er die Regie im Keller und im Betrieb übernommen und das elterliche Weingut zu einem der deutschen Spitzenbetriebe aufgebaut. Seine Weinberge liegen vor allem im Herrenberg, der teils zu Leimen, teils zu Heidelberg gehört. Spätburgunder und Weißburgunder sind die wichtigsten Rebsorten, gefolgt von Grauburgunder, Blaufränkisch und Riesling; Sauvignon Blanc und Chardonnay haben in den letzten Jahren an Bedeutung gewonnen. Die Weine werden überwiegend spontanvergoren, teils im Edelstahl, teils im Holz, und recht lange auf der Hefe ausgebaut. Thomas Seeger hat mit dem Jahrgang 2019 Guts- und Ortsweine zusammengefasst, so dass das Sortiment nun nur noch dreistufig gegliedert ist in Gutsweine, Erste Lage-Weine aus dem Heidelberger Herrenberg und dem Leimener Herrenberg und Große Gewächse aus Gewannen wie Oberklam, Spermen und Lange Wingert. Tochter Anna studiert derzeit in Geisenheim.

Kollektion

Die weißen Gutsweine waren schon in den vergangenen Jahren meist recht frisch und leicht, das ist dann natürlich in einem Jahrgang wie 2021 erst recht so. Sie sind reintönig und zupackend, der würzige, ein wenig fülligere Chardonnay gefällt uns besonders gut. Der Sauvignon Blanc S ist reintönig, frisch und zupackend, die beiden Rieslinge wirken süßer als sonst, Anna Marie hat viel Grip, Philipp Georg zeigt etwas Zitrus im Bouquet. Sehr geschlossen präsentieren sich die weißen AS-Burgunder: Der Grauburgunder ist wunderschön reintönig im Bouquet, besitzt gute Struktur und Frische, der Weißburgunder zeigt rauchige Noten und klare Frucht, hat Kraft und Grip, was auch für den Auxerrois gilt, der ebenfalls mit Reintönigkeit punktet. Die Cuvée Georg ist 2021 recht füllig, cremig, besitzt viel süße Frucht. Spannend ist der zur Hälfte in neuem Holz ausgebaute Sauvignon Blanc R, zeigt faszinierend viel Frucht, einen Mix aus Stachelbeeren und Tropenfrüchten, ist herrlich kraftvoll im Mund, zupackend, druckvoll und nachhaltig. Der Riesling Oberklam zeigt viel Würze im eindringlichen Bouquet, zeigt ein wenig Orangenschale im Hintergrund, besitzt Fülle und Saft, gute Struktur und Frische. Der Weißburgunder Oberklam zeigt viel Konzentration und viel reife Frucht, aber auch viel Holz und Toast im Bouquet, ist füllig und kraftvoll im Mund, konzentriert, besitzt viel reife Frucht und Substanz. Der Grauburgunder Oberklam ist sehr offen im Bouquet, würzig mit etwas Toast und gelber Frucht, sehr weich und cremig im Mund. Das Große Gewächs Chardonnay kommt nicht aus der Oberklam, sondern aus dem Lange Wingert, ist ebenfalls sehr offen, sehr duftig, füllig, harmonisch und saftig. Der Chardonnay R ist würziger und rauchiger im Bouquet, konzentrierter, dann ebenfalls recht füllig und saftig im Mund, besitzt viel reife Frucht, Substanz und Länge. Ebenfalls sehr offen präsentiert sich der Chardonnay RR, wieder dem Großen Gewächs ähnlicher, zeigt gelbe Früchte, ist füllig, cremig, besitzt viel reife süße Frucht. Die rote Cuvée Anna punktet mit Klarheit und Grip, die Cuvée Naan mit Konzentration und dezenter Kokosnote. Der Blaufränkisch S ist enorm würzig, zeigt etwas Toast, besitzt Frische, Präzision, Tannine und Biss. Herrlich eindringlich, konzentriert und reintönig präsentiert sich Blaufränkisch Spermen, zeigt viel Frische, ein wenig Sauerkirschen, besitzt Fülle und Saft, viel reife Frucht, Substanz und Länge. Der Spätburgunder Spermen zeigt eindringliche Gewürznoten und deutlich Holz im Bouquet, besitzt Fülle, Saft, viel Substanz und Druck. Der Spätburgunder Oberklam zeigt etwas Toast und Gewürze, ist füllig und harmonisch bei klarer reifer Frucht. Der Spätburgunder RRR fasziniert mit seinem reintönigen Bouquet, ist klar, kraftvoll und tanninbetont im Mund. Starke Kollektion, weiß wie rot!

Thomas Seeger & Anna Seeger

Weinbewertung

85	2021 Weißer Burgunder trocken I 12%/8,50€
85	2021 Grauer Burgunder trocken I 12%/8,50€
87	2021 Chardonnay trocken I 12,5%/9,50€
88	2021 Sauvignon Blanc „S" Leimener Herrenberg I 12,5%/14,50€
88	2021 Weißer Riesling trocken „Philipp Georg" Leimener Herrenberg I 12,5%/14,50€
88	2021 Weißer Riesling trocken „Anna Marie" Heidelberger Herrenberg I 12,5%/14,50€
88	2021 Auxerrois trocken „AS" Heidelberger Herrenberg I 12,5%/15,-€
89	2021 Weißer Burgunder trocken „AS" Heidelberger Herrenberg I 12,5%/14,50€
88	2021 Grauer Burgunder trocken „AS" Heidelberger Herrenberg I 12,5%/14,50€
89	2021 „Cuvée Georg" Weißwein I 12,5%/14,50€
92	2021 Riesling „GG" Oberklam I 13%/25,-€
91	2021 Sauvignon Blanc „R" I 12,5%/29,50€
92	2021 Weißer Burgunder „GG" Oberklam I 13,5%/25,-€
90	2021 Grauer Burgunder „GG" Oberklam I 13,5%/25,-€
90	2021 Chardonnay „S" „GG" Lange Wingert I 13,5%/25,-€
93	2021 Chardonnay „R" I 13%/29,50€
92	2021 Chardonnay „RR" I 13,5%/39,-€
90	2020 „Cuvée Anna" Rotwein I 13%/15,50€
91	2020 Blaufränkisch „S" I 13%/20,50€
90	2020 Spätburgunder „S" Heidelberger Herrenberg I 13,5%/23,-€
90	2020 „Naan" Rotwein I 14%/21,50€
93	2020 Blaufränkisch „R" „GG" Spermen I 13%/28,50€
92	2020 Spätburgunder „R" „GG" Spermen I 13,5%/36,-€
92	2020 Spätburgunder „RR" „GG" Oberklam I 13%/64,-€
93+	2020 Spätburgunder „RRR" Heidelberger Herrenberg I 13,5%/120,-€

Lagen

Herrenberg (Leimen)
Oberklam (Leimen)
Spermen (Leimen)
Lange Wingert (Leimen)
Herrenberg (Heidelberg)

Rebsorten

Weißburgunder (25%)
Spätburgunder (20%)
Grauburgunder (15%)
Blaufränkisch (15%)
Sauvignon Blanc (15%)
Riesling (5%)
Chardonnay (5%)

★★★★☆

Selbach-Oster

Kontakt
Uferallee 23
54492 Zeltingen
Tel. 06532-2081
Fax: 06532-4014
www.selbach-oster.de
info@selbach-oster.de

Besuchszeiten
Vinothek Selbach, Gänsfelderstraße 20, April-Okt. Mo.-Sa. 11-17 Uhr, Nov.-März Mo.-Fr. 11-17 Uhr; So./ Feiertage nach Vereinbarung

Inhaber
Johannes & Barbara Selbach
Betriebsleiter
Johannes & Sebastian Selbach
Kellermeister
Christian Vogt
Außenbetrieb
Frank Prüm
Rebfläche
24 Hektar
Produktion
140.000-150.000 Flaschen

Die Geschichte des Weinguts Selbach-Oster lässt sich bis ins Jahr 1600 zurückverfolgen. Heute führt Johannes Selbach zusammen mit Ehefrau Barbara das Gut, allerdings ist schon die nächste Generation aktiv – die Geschwister Hannah und Sebastian. Das Weingut besitzt Weinberge in den besten Lagen von Zeltingen (Schlossberg, Sonnenuhr, Himmelreich), Wehlen (Sonnenuhr), Graach (Domprobst) sowie in den Bernkasteler Lagen Graben, Bratenhöfchen und Mathiasbrünnchen, die aber unter dem Namen der (kleinen) Großlage Badstube vermarktet werden. Mehr als die Hälfte der Weinberge ist mit alten, wurzelechten Reben bepflanzt. Neben Riesling (knapp 95 %) baut Johannes Selbach ein wenig Weißburgunder und Spätburgunder sowie eine kleine Menge Gewürztraminer an. Die Trauben werden mit niedrigem Druck schonend gekeltert, die Weine bei niedrigen Temperaturen vergoren, überwiegend mit natürlichen Hefen, und etwa zur Hälfte im Fuder, zur Hälfte im Edelstahl ausgebaut; aufgrund des Platzmangels im Keller hat Johannes Selbach inzwischen auch Doppelfuder angeschafft. 2003 wurde erstmals die Schmitt genannte Parzelle im Schlossberg gesondert ausgebaut, 2004 dann die Parzelle Rotlay in der Sonnenuhr, 2008 sah das Debüt des Anrecht-Weines aus dem Zeltinger Himmelreich. 2011 wurde dann erstmals der Bömer im Schlossberg gesondert vinifiziert. An der Spitze des trockenen Sortiments standen lange die Spätlese von alten Reben aus der Sonnenuhr und der Bömer, inzwischen hat Johannes Selbach auch Große Gewächse eingeführt – aus Domprobst, Zeltinger und Wehlener Sonnenuhr, Schlossberg und Graben. Den feinherben Teil führt die 2012 eingeführte Spätlese von „Ur-Alten Reben" an. Zusammen mit Paul Hobbs hat Johannes Selbach in den Vereinigten Staaten ein ambitioniertes Projekt lanciert. Im Bundesstaat New York, an den Finger Lakes, haben sie auf schieferähnlichen, aber doch deutlich härterem Gestein Riesling gepflanzt. Inzwischen wird auch das Weingut Merkelbach von den Selbachs geführt; der traditionelle Stil des legendären Betriebes, der mit eigenem Eintrag in diesem Buch vertreten ist, soll weiterhin erkennbar bleiben.

Kollektion

Frisch und fest ist der Basisriesling, der Sprung zum Wein von alten Reben ist deutlich. Kräuterwürze und straffe, nachhaltige Art zeigt letzterer Wein, auch eine kühle, sehr animierende Frucht. Der Gewürztraminer beweist, wie gut diese Sorte an der Mosel reifen kann; er besitzt eine kühl wirkende florale Aromatik, ist im Mund straff, sortentypisch, aber auch sehr animierend, puristisch trocken. Die fünf Großen Gewächse, zu denen man noch den Bömer als sechsten trockenen Spitzenwein rechnen kann, beeindrucken mit Straffheit und Würze. Der Bömer besitzt eine fast ätherische Aromatik, ist saftig und vibrierend, der Domprobst-Wein weist kühle Anklänge an Steinobst auf, ist präsent. Selbiges gilt auch für den duftigen, zugänglichen, ungemein würzigen und feinen Graben-Riesling. Komplexe Noten von Stein- und Kernobst, aber auch Kräutern weist das enorm feste, vibrierende GG aus der Wehlener Sonnenuhr auf, auch sein Pendant aus der Zeltinger Sonnenuhr ist sehr gelungen. Die feinherben Weine sind saftig und komplex, voran der Wein von Ur-Alten Reben. Ausgezeichnet gefällt der Kabinett aus der Sonnenuhr, der nach Hefe, süßem Apfel und Steinobst duftet, saftig und herrlich animierend wirkt. Begeisternd komplex sind die Spätlesen mit einem Stern aus Wehlener und Zeltinger Sonnenuhr, auch die Domprobst-Spätlese überzeugt mit tiefgründiger Würze. Zunächst verhalten ist der Anrecht-Riesling, der Zitrus- und Steinobstaromen, tiefgründige Frucht und viel Mineralität mitbringt. Der Schmitt wirkt etwas würziger, auch süßer, ist enorm dicht, braucht Zeit. Hochkomplex ist die Rotlay-Auslese, eher verhalten süß, lang, vibrierend, noch viel zu jung; die Zweisterne-Auslese wirkt offener, cremiger, süßer, ist aber ebenfalls wunderbar nachhaltig und lang.

Sebastian & Johannes Selbach

Weinbewertung

86	2021 Riesling trocken I 12%/9,50€
89	2021 Gewürztraminer trocken I 13%/16,-€
89	2021 Riesling trocken „Alte Reben" Zeltinger I 11,5%/18,-€
91	2021 Riesling „GG" Zeltingen Schlossberg I 12%/29,-€
91	2021 Riesling „GG" Bernkastel Graben I 11,5%/28,-€
92	2021 Riesling „GG" Graach Domprobst I 11,5%/30,-€
92	2021 Riesling „GG" Zeltingen Sonnenuhr I 12%/30,-€
92	2021 Riesling „GG" Wehlen Sonnenuhr I 12%/30,-€
92	2021 Riesling trocken Bömer Zeltinger Schlossberg I 11,5%/29,-€
87	2021 Riesling Kabinett halbtrocken Zeltinger Himmelreich I 10,5%/12,50€
92	2021 Riesling Spätlese „feinherb" „Alte Reben" Graacher Domprobst I 11%/22,-€ ☺
93	2021 Riesling Spätlese „feinherb" „´Ur-Alte Reben" Zeltinger Sonnenuhr I 11,5%/30,-€
89	2021 Riesling Kabinett Zeltinger Schlossberg I 8,5%/12,50€
91	2021 Riesling Kabinett Zeltinger Sonnenuhr I 8,5%/12,50€ ☺
92	2021 Riesling Spätlese Graacher Domprobst I 8%/19,-€ ☺
90	2021 Riesling Spätlese Zeltinger Schlossberg I 8%/18,-€
92	2021 Riesling Spätlese* Wehlener Sonnenuhr I 8%/21,-€ ☺
92	2021 Riesling Spätlese* Zeltinger Sonnenuhr I 8%/20,-€ ☺
94	2021 Riesling Auslese Anrecht Zeltinger Himmelreich I 7,5%/30,-€ ☺
95	2021 Riesling Auslese Rotlay Zeltinger Sonnenuhr I 7,5%/39,-€
94	2021 Riesling Auslese Schmitt Zeltinger Schlossberg I 7,5%/37,-€
95	2021 Riesling Auslese** Zeltinger Sonnenuhr I 7,5%/39,-€

Lagen

Schlossberg (Zeltingen)
Schmitt (Zeltingen)
Bömer (Zeltingen)
Sonnenuhr (Zeltingen)
Rotlay (Zeltingen)
Himmelreich (Zeltingen)
Anrecht (Zeltingen)
Sonnenuhr (Wehlen)
Domprobst (Graach)
Badstube (Bernkastel)

Rebsorten

Riesling (98%)
Weißburgunder (2%)

Dr. Alex Senfter

Kontakt
Wörrstadter Straße 10
55283 Nierstein
Tel. 06133-5478
www.weingut-senfter.de
info@weingut-senfter.de

Besuchszeiten
nach Vereinbarung

Inhaber
Jost Senfter
Betriebsleiter
Jost Senfter
Kellermeister
Julius Senfter
Rebfläche
10 Hektar
Produktion
25.000 Flaschen

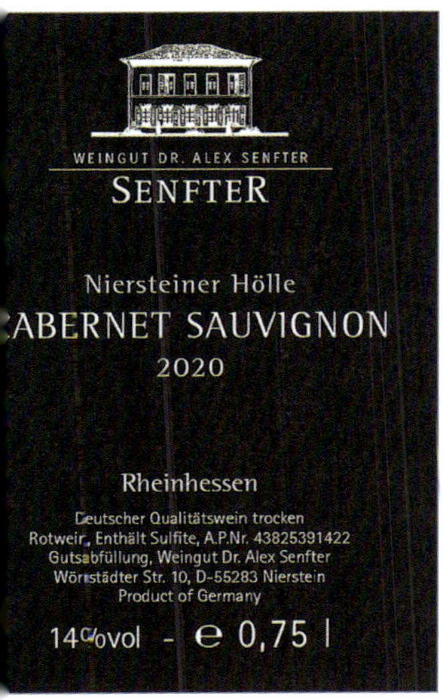

Seit 1988 führt Jost Senfter dieses Niersteiner Weingut, das den Namen seines Großvaters trägt; seit 2019 wird er von Sohn Julius unterstützt, der nach der Winzerausbildung bei Jochen Dreissigacker und Thomas Seeger im elterlichen Weingut für den Weinausbau verantwortlich ist, derzeit in Geisenheim studiert. Das 1840 erbaute Gutshaus liegt am Fuße der Lage Niersteiner Hölle, einer kleinen Lage, die dem Weingut etwa zur Hälfte gehört. Die Weinberge befinden sich in den Niersteiner Lagen Hölle, Ölberg und Heiligenbaum, aber auch in Oppenheim und Dienheim, sowie in Gabsheim. Neben Riesling werden vor allem Chardonnay, die Burgundersorten, St. Laurent und Cabernet Sauvignon angebaut.

Kollektion

Beim guten Debüt im vergangenen Jahr war der 2019er Cabernet Sauvignon unser Favorit in einer sehr gleichmäßigen Kollektion. Die neue Kollektion ist nochmals besser, unser Favorit aber bleibt der Gleiche, nur dass er nun aus dem Jahrgang 2020 stammt: Der Cabernet Sauvignon zeigt gute Konzentration und reintönige Frucht im Bouquet, ist füllig und saftig im Mund, besitzt reife Frucht, gute Struktur und Grip. Auch die beiden anderen Rotweine sind sehr gut, der Spätburgunder zeigt rote Früchte im herrlich eindringlichen Bouquet, ist frisch, klar, besitzt viel reife Frucht und Tannine, die Gaudium genannte Cuvée aus Spätburgunder, Cabernet Sauvignon und Dornfelder setzt ganz auf Frucht, ist füllig, harmonisch, besitzt gute Struktur und Frische. Die Weißweine zeigen gleichmäßiges Niveau, der Liter-Riesling ist frisch und süffig, der Terra Rubra ist würzig, klar und zupackend, die Riesling Spätlese ist füllig, harmonisch und saftig. An der Spitze aber steht für uns kein Riesling. Sondern der im gebrauchten Barrique ausgebaute Chardonnay, der gute Konzentration und dezent rauchige Noten im Bouquet zeigt, Fülle und Kraft besitzt, reife Frucht, gute Struktur und Substanz. Im Aufwind!

Weinbewertung

83 2021 Weißer Burgunder trocken | 13,5%/6,60€
83 2021 Grauer Burgunder trocken | 13,5%/6,60€
82 2021 Chardonnay trocken | 13%/6,60€
83 2021 Scheurebe trocken | 12,5%/6,60€
83 2021 Riesling trocken „Terra Rubra" Niersteiner Heiligenbaum | 12,5%/9,-€
85 2021 Chardonnay trocken Niersteiner Oelberg | 13%/8,-€
81 2021 Riesling (1l) | 11,5%/5,50€
82 2021 Spätburgunder „Blanc de Noir" „feinherb" | 11,5%/6,60€
84 2021 Riesling Spätlese Niersteiner Hölle | 9%/7,50€
85 2021 „Gaudium" Rotwein trocken | 12,5%/7,50€
85 2020 Spätburgunder trocken Niersteiner Hölle | 14,5%/8,-€
87 2020 Cabernet Sauvignon trocken Niersteiner Hölle | 14%/10,50€

Seufert

Kontakt
Silvaner Weingut Seufert
Bahnhofstraße 33
97346 Iphofen
Tel. 09323-3344
Fax: 09323-5202
www.weingut-seufert.de
weinhaus-seufert@t-online.de

Besuchszeiten
nach Vereinbarung

Inhaber
Jürgen & Laura Seufert
Rebfläche
5 Hektar
Produktion
30.000 Flaschen

Seit Generationen baut die Familie Wein in Iphofen an, heute führen Jürgen Seufert und Ehefrau Edith den Betrieb, unterstützt von Tochter Laura, die die Weinbautechnikerschule in Veitshöchheim absolviert hat, während ihrer Ausbildung unter anderem bei Ludwig Knoll und Peter Jakob Kühn sowie in Südtirol war, danach in Geisenheim studierte. Die Weinberge liegen alle in Iphofen, in den Lagen Kronsberg, Kalb und Julius-Echter-Berg. Silvaner nimmt 80 Prozent der Rebfläche ein, weswegen man sich Silvaner-Weingut nennt, dazu gibt es Riesling, Müller-Thurgau, Bacchus, Kerner und Domina, inzwischen auch Weißburgunder; die Umstellung auf biologischen Weinbau wurde begonnen. Dem Weingut ist ein Hotel Garni mit 4 Gästezimmern und zwei Apartments angeschlossen. Alle Weine werden spontanvergoren, lagern lange auf der Vollhefe, teils im Holz, teils im Edelstahl, und werden unfiltriert abgefüllt, sie werden nur ganz wenig oder überhaupt nicht geschwefelt.

Kollektion

Nur drei Weine hat Laura Seufert in diesem Jahr präsentiert, aber die haben es in sich. Erstmals verkosten wir einen Sekt, eine Cuvée aus Silvaner und Weißburgunder aus dem Jahrgang 2018, spontan im Barrique vergoren, ein Jahr auf der Vollhefe ausgebaut, anschließend zweieinhalb Jahre auf der Flasche und nicht dosiert: Er ist würzig und eindringlich im Bouquet, leicht rauchig, enorm kraftvoll und zupackend im Mund, hat Substanz und Grip, ist aber noch enorm jugendlich. Der zweite Wein ist der Basis-Silvaner aus dem Jahrgang 2021, der ebenfalls spontanvergoren wurde, dann neun Monate auf der Vollhefe blieb und nur eine ganz minimale Schwefelgabe bei der Abfüllung erhalten hat. Er ist enorm würzig und eindringlich im Bouquet, sehr hefegeprägt, die Frucht tritt dadurch in den Hintergrund, im Mund ist er klar, frisch und zupackend, präzise und schlank, besitzt gute Struktur und Druck. Völlig anders ist der vier Wochen auf der Maische vergorene Silvaner Anarchie aus dem Jahrgang 2020, der ein Jahr im Tonneau ausgebaut wurde, unfiltriert und ungeschwefelt auf die Flasche gefüllt wurde und dann ein weiteres Jahr Flaschenlagerung erhalten hat. Er ist enorm würzige und eindringlich im Bouquet bei dominanter Schalenaromatik, ist kraftvoll und tanninbetont im Mund, sehr geradlinig und stoffig, ein typischer Maischegärer der gut reifen kann, ja noch reifen sollte.

Weinbewertung

89 2018 Seufert Sekt brut nature | 12,5%/29,-€
88 2021 Silvaner trocken | 11,5%/11,-€
89 2020 „Anarchie“ trocken | 11,5%/21,-€

Seybold

Kontakt
In den Herrenäckern 28/1
74348 Lauffen/Neckar
Tel. 07133-12899
Fax: 07133-12899
www.weingut-seybold.de
info@weingut-seybold.de

Besuchszeiten
Mi. 17-19 Uhr
Fr. 17-19 Uhr
Sa. 9-14 Uhr
oder nach Vereinbarung
„Wein unter Palmen“ (mehrmals jährlich, Termine siehe Homepage)
Wohnmobilstellplätze

Inhaber
Peter Seybold
Kellermeister
Christian Seybold
Rebfläche
5 Hektar

Der kleine Familienbetrieb in Lauffen am Neckar wird heute in vierter Generation von Peter und Gudrun Seybold geführt. Sie werden im Betrieb von ihren Kindern unterstützt. Sohn Christian hat neben dem Studium praktische Erfahrungen in Neuseeland und Baden gesammelt. Cathrin Seybold, gelernte Goldschmiedin, führt als Weinerlebnisführerin durch die Lauffener Weinberge. Die Weinberge liegen größtenteils in Lauffen, aber da die ehemaligen Einzellagen zur sehr großen Lage Lauffener Katzenbeißer zusammengefasst wurden, verzichtet man auf Lagenangaben. Die Reben wachsen teils auf Muschelkalk, teils auf Lösslehmböden. Schwarzriesling, Lemberger, Grauburgunder, Weißburgunder und Riesling sind die wichtigsten Rebsorten, hinzu kommen Sauvignac und Muskateller. 2014 wurden die ersten beiden Weine erzeugt, im Jahrgang 2015 wurde erstmals eine umfassende Kollektion vorgestellt mit der die Selbstvermarktung gestartet wurde. Die Weinberge werden biologisch bewirtschaftet, 2016 war der erste zertifizierte Jahrgang. Die Weine der Y-Linie werden im Eichenholz oder im Granitfass ausgebaut. Die Weine werden wenn immer möglich durchgegoren ausgebaut.

Kollektion

Sehr geschlossen präsentiert sich die neue Kollektion, weiß wie rot. Die weißen Gutsweine sind würzig, frisch und zupackend, der geradlinige, griffige Riesling gefällt uns besonders gut. In der im Granit gereiften Y-Linie gibt es einen sehr würzigen, zupackenden Weißburgunder, einen fein gereiften, kraftvollen Riesling und einen konzentrierten, herrlich stoffigen Chardonnay. Der Riesling YS punktet mit Fülle, Kraft und Substanz. Während alle Weißweine aus dem Jahrgang 2020 stammen, kommen alle Roten aus 2019. Die Cyvée Rot ist fruchtbetont und intensiv, der Samtrot Y besitzt klare Frucht, gute Struktur und Grip, unsere leichte Präferenz gilt dem Lemberger Y, der reintönige Frucht und feine Frische besitzt.

Weinbewertung

85 2020 Riesling trocken | 12,5%/8,-€
84 2020 Weißburgunder trocken | 13,5%/8,-€
84 2020 Grauburgunder trocken | 12,5%/8,-€
84 2020 Sauvignac trocken „Kaybold“ | 13%/9,-€
86 2020 Weißburgunder „Y“ trocken | 14%/14,-€
88 2020 Chardonnay „Y“ trocken | 13,5%/14,-€
87 2020 Riesling „Y“ trocken | 13%/14,-€
86 2020 Riesling „YS“ trocken | 12,5%/14,-€
84 2019 Lemberger trocken | 13,5%/10,-€
86 2019 „Cyvée Rot“ „YS“ trocken | 13,5%/14,-€
86 2019 Samtrot „Y“ trocken | 13,5%/14,-€
87 2019 Lemberger „Y“ trocken | 13,5%/19,-€

WEINGUT
SEYBOLD

★★☆

Seyffer

N

Kontakt
Schwabstraße 4
74189 Weinsberg
Tel. 0176-63113938
www.weingut-seyffer.de
christian@weingut-seyffer.de

Besuchszeiten
Mo.-Sa. 10-17 Uhr
Besenwirtschaft

Inhaber
Thomas Seyffer
Betriebsleiter
Thomas Seyffer
Kellermeister
Thomas & Christian Seyffer
Außenbetrieb
Thomas & Karl Seyffer
Rebfläche
12 Hektar
Produktion
80.000 Flaschen

Bis auf das Jahr 1650 kann die Familie Seyffer ihre Weinbautradition zurückführen. Drei Generationen sind heute im Betrieb tätig: Karl Seyffer leitet den Außenbetrieb, sein Sohn Thomas ist Kellermeister und dessen Sohn Christian, steht schon in den Startlöchern, studiert derzeit in Geisenheim. Diana Rümmelin, die Schwester von Thomas Seyffer, führt die Besenwirtschaft. Die Reben wachsen im Weinsberger Tal auf Mergel-, Keuper- und Sandsteinböden. Der Fokus in den Weinbergen liegt auf Riesling und den Burgundersorten, hinzu kommen Lemberger, Trollinger, Muskateller, Kerner, Samtrot und Schwarzriesling. Die Weißweine vergären im Edelstahl, die Rotweine werden maischevergoren. Die Sektherstellung spielt eine wichtige Rolle, alle Sekte werden per Hand gerüttelt.

Kollektion

Eine kleine, aber bestechend gleichmäßige Kollektion präsentiert das Weingut zum Debüt. Der Riesling-Sekt aus dem Jahrgang 2020 ist ein feiner Einstieg, er zeigt feine Würze und Frische im Bouquet, reife Frucht, ist harmonisch im Mund, füllig und saftig, besitzt, deutliche Süße und feine Frucht. Der Glückshalde genannte Riesling ist ebenfalls frisch und würzig im Bouquet, zeigt klare feine Rieslingfrucht, ist frisch und klar dann auch im Mund, harmonisch, besitzt feine Frucht und Grip. Gute Konzentration zeigt der Grauburgunder Sandstein im Bouquet, gelbe Früchte, ist saftig im Mund, harmonisch und klar, besitzt gute Struktur und Frische. Der Lemberger Rosé trägt nicht nur den wunderschönen Namen Flamingo, sondern bereitet auch viel Freude, ist herrlich fruchtbetont und frisch im Bouquet, zeigt rote Früchte, ist fruchtbetont auch im Mund, harmonisch und klar, besitzt gute Struktur und Grip. Die beiden Rotweine der Vinea-Linie stammen aus dem Jahrgang 2019. Der Spätburgunder zeigt reintönige Frucht im Bouquet, schöne Frische, etwas rote Früchte, ist klar und geradlinig im Mund, besitzt feine Süße, Frucht und Biss. Ein klein wenig besser noch gefällt uns der Lemberger, der gute Konzentration im Bouquet zeigt reintönige Frucht und feine Würze, auch im Mund klar und fruchtbetont ist, Frische und Grip besitzt, gute Struktur und Substanz. Ein gelungener Einstand!

Weinbewertung

85 2020 Riesling Sekt brut | 12%/10,70€
84 2021 Riesling Kabinett trocken „Glückshalde" | 11,5%/7,-€
85 2021 Grauburgunder Kabinett trocken „Sandstein" | 12%/7,-€
85 2021 Lemberger Rosé Kabinett trocken „Flamingo" | 12%/7,-€
86 2019 Lemberger trocken „Vinea" | 14%/10,50€
85 2019 Spätburgunder trocken „Vinea" | 13,5%/10,50€

WEIN GUT Seyffer

S

★★

Georg Siben Erben

Kontakt
Weinstraße 21
67146 Deidesheim
Tel. 06326-989363
Fax: 06326-989365
www.weingut-siben.de
info@weingut-siben.de

Besuchszeiten
Di.-So. 10-18 Uhr
Restaurant Siben's Gutsküche

Inhaber
Andreas Siben
Kellermeister
Andreas Siben
Rebfläche
13 Hektar
Produktion
80.000 Flaschen

Anfang des 18. Jahrhunderts übersiedelte die Familie Siben aus den Niederlanden in die Pfalz und gründete 1710 das Weingut, das sich seither im Familienbesitz befindet. Die Familie war Gründungsmitglied des Vereins der Naturweinversteigerer der Rheinpfalz, des Vorläufers des heutigen VDP Pfalz, Wolfgang Siben war von 1967 bis 1999 dessen Vorsitzender. Heute wird das Weingut in zehnter Generation von Andreas Siben geleitet, der auf beste Lagen in Deidesheim wie Grainhübel, Kalkofen, Kieselberg, Langenmorgen, Paradiesgarten, Leinhöhle und Herrgottsacker zurückgreifen kann, aber auch im Ruppertsberger Reiterpfad und im Forster Ungeheuer Weinberge besitzt. Wichtigste Rebsorte ist Riesling, außerdem gibt es Burgundersorten, Regent, Gewürztraminer und Muskateller. Seit Anfang der 1990er Jahre werden die Weinberge ökologisch bewirtschaftet.

Kollektion

In diesem Jahr präsentiert sich die Riesling-Kollektion insgesamt etwas geschlossener und auch etwas prägnanter als in den Vorjahren, alle elf verkosteten Rieslinge sind mehr oder weniger von Zitrusnoten in verschiedenen Ausprägungen und einer frischen Säure geprägt. Die beiden Großen Gewächse aus dem Ungeheuer und dem Grainhübel sind nachhaltiger als die anderen Weine, besitzen am meisten Grip, dazu gelbe Frucht, Aprikose, und animierende Zitrusnoten, Kalkofen und Langenmorgen sind im Bouquet sehr verhalten, besitzen dann am Gaumen Saft, Fülle und klare Frucht mit Noten von Aprikose und Ananas, der Kieselberg zeigt etwas Ananas und Orangenschale im Bouquet, ist ebenfalls füllig, aber weniger nachhaltig als die anderen Großen Gewächse. Die restlichen Rieslinge bewerten wir nahezu gleich, auch wenn zwei noch etwas herausragen: Der Reiterpfad zeigt dezente Zitrusnoten und etwas Aprikose, besitzt eine frische Säure und gute Länge, der „vom Kalk" zeigt etwas kräutrige Noten und Orangenschale im Duft und besitzt am Gaumen Fülle und Saft.

Weinbewertung

84 2021 Riesling trocken Forster | 12%/9,-€
85 2021 Riesling trocken „vom Kalk" | 12,5%/13,-€
83 2021 Riesling trocken Deidesheimer Paradiesgarten | 11,5%/10,-€
84 2021 Riesling trocken Deidesheimer Herrgottsacker | 12%/10,-€
83 2021 Riesling trocken Deidesheimer Leinhöhle | 12,5%/10,-€
85 2021 Riesling trocken Ruppertsberger Reiterpfad | 12%/10,-€
88 2021 Riesling „GG" Grainhübel | 12,5%/25,-€
88 2021 Riesling „GG" Ungeheuer | 12,5%/25,-€
87 2021 Riesling „GG" Langenmorgen | 12,5%/25,-€
87 2021 Riesling „GG" Kalkofen | 12,5%/25,-€
86 2021 Riesling „GG" Kieselberg | 12,5%/25,-€

★★

Siegmund Klingbeil

Kontakt
Herztor 6
06647 Bad Bibra
Tel. 0163-257650
www.siegmundklingbeil.de
daniel@siegmundklingbeil.de

Besuchszeiten
nach Vereinbarung

Inhaber
Sören Siegmund, Sebastian Klingbeil, Daniel Zein
Betriebsleiter
Sören Siegmund
Rebfläche
0,6 Hektar
Produktion
8.000 Flaschen

Sören Siegmund hat die Lehre bei Schloss Johannisberg gemacht, dann in Geisenheim studiert; er stammt wie auch Sebastian Klingbeil aus Berlin, der dritte Jungwinzer Daniel Zein stammt aus Gera. In der Saale-Unstrut-Region haben sie begonnen gemeinsam Wein zu erzeugen. Innovative Weine, für die sie verschiedene Materialien nutzen, Holz natürlich, große und kleine Fässer, aber auch Tonamphore und Sandstein-Ei, setzen auf spannende Rebsorten und Maischestandzeiten. Sie besitzen einen eigenen Weinberg im Dorndorfer Rappental, mit Silvaner und Portugieser bestockt, beziehen darüber hinaus Trauben aus unterschiedlichen Lagen des Saale-Unstrut-Gebietes, aus Lagen wie Naumburger Steinmeister, Karsdorfer Hohe Gräte oder Naumburger Blütengrund, auch aus Werder im benachbarten Brandenburg. Sören Siegmund, im Hauptberuf Laborleiter im Institut für Agrar- und Umweltanalytik, ist für den Weinausbau verantwortlich. Die Weine werden in einem Gewölbekeller in einem der ältesten Häuser direkt am Naumburger Markt ausgebaut.

Kollektion

Es sind spannende, individuelle Weine, die die drei Jungwinzer zum Debüt präsentieren. Der Müller-Thurgau aus dem Gär-Ei stammt vom Werderaner Wachtelberg, also aus Brandenburg, er ist würzig und eindringlich im Bouquet, zeigt dezent Muskat, ist frisch und zupackend, hat Struktur und Grip. Der 24 Monate im Gär-Ei ausgebaute Silvaner ist intensiv, stoffig und dominant. Die im Barrique ausgebaute Kellerkunst-Cuvée ist würzig und kompakt, die Cuvée Missgunst, zwölf Monate mit dem kompletten Traubengerüst in der Tonamphore ausgebaut, ist enorm stoffig würzig, dominant, hat Substanz und Biss. Sauvignon Blanc gibt es gleich drei Mal: Als würzig-frische Basisvariante, als eindringlichen, zupackenden Wein aus dem Gär-Ei sowie als Spätlese „Golden Ei", im liegenden Sandstein-Ei vinifiziert, ein herrlich intensiver und konzentrierter Sauvignon Blanc, der enorm stoffig und kraftvoll ist. Der Dornfelder Rosé besitzt intensive Frucht und Druck, die rote Cuvée aus Dornfelder und Portugieser punktet mit Intensität, Struktur und Grip. Ein faszinierendes Debüt!

Weinbewertung

85 2020 Müller Thurgau trocken „aus dem Gär-Ei" | 11,5%/12,-€
84 2020 Sauvignon Blanc trocken | 11,5%/12,-€
86 2020 Sauvignon Blanc trocken „aus dem Gär-Ei" | 11,5%/16,-€
87 2020 Silvaner trocken „NackedEi" Dorndorfer Rappental | 13,5%/16,-€
83 2017 „Kellerkunst" Weißwein trocken | 12%/20,-€
88 2020 Sauvignon Blanc Spätlese „Golden Ei" | 13%/30,-€
87 2020 „Cuvee Missgunst" Auslese | 13,5%/50,-€
85 2019 Dornfelder Rosé trocken | 11,5%/16,-€
86 Dornfelder & Portugieser trocken Holzfass | 13,5%/20,-€

NATÜRLICH · SAALE - UNSTRUT · S&K
WEINHAUS
Siegmund & Klingbeil

★★★★

Siegrist

Kontakt
Am Hasensprung 4
76829 Leinsweiler
Tel. 06345-1309
Fax: 06345-7542
www.weingut-siegrist.de
wein@weingut-siegrist.de

Besuchszeiten
Mo.-Fr. 8-12 + 13:30-18 Uhr
Sa. 9-16 Uhr
oder nach Vereinbarung

Inhaber
Familien Siegrist & Schimpf
Kellermeister
Bruno Schimpf
Rebfläche
16 Hektar
Produktion
100.000 Flaschen

Die Familie Siegrist betreibt in Leinsweiler seit vielen Generationen Weinbau, bis in die 1970er Jahre hinein in der damals häufigen Form als landwirtschaftlicher Gemischtbetrieb. Als Thomas Siegrist 1974 zusammen mit seiner Frau Gisela den Betrieb übernahm, konzentrierte er sich nur noch auf den Weinbau und stellte konsequent auf Selbstvermarktung um. Schon Mitte der 1980er Jahre begann er als einer der ersten Winzer in der Pfalz damit, seine Rotweine im Barrique auszubauen – woraufhin die damit offensichtlich überforderte Weinkontrolle ihm bescheinigte, diese Weine seien „nicht verkehrsfähig". Heute führt er das Weingut, das längst eine feste Größe in der Südpfalz ist, zusammen mit seiner Tochter Kerstin und seinem Schwiegersohn Bruno Schimpf, der die Verantwortung im Keller übernommen hat. Ihre Weinberge liegen in Leinsweiler (Sonnenberg), Ilbesheim (Kalmit), Eschbach und Wollmesheim. Im Kernstück des Leinsweiler Sonnenbergs besitzen sie 2,5 Hektar. Auf 70 Prozent der Rebfläche stehen weiße Sorten, wichtigste Rebsorte ist Riesling, mit einem Anteil von 30 Prozent an der Gesamtfläche, gefolgt von Weißburgunder, Chardonnay, Grauburgunder, Sauvignon Blanc, Muskateller und etwas Silvaner. Wichtigste rote Sorte ist der Spätburgunder, der auf 12 Prozent der Fläche steht, außerdem gibt es noch Cabernet Sauvignon, Frühburgunder, Dornfelder und Merlot. Das Sortiment ist gegliedert in Gutsweine, Ortsweine und Lagen- sowie Reserve-Weine, Große Gewächse gibt es mit Riesling und Spätburgunder aus dem Sonnenberg und dem Spätburgunder aus der Kalmit, mit dem Jahrgang 2019 gab es erstmals auch ein Großes Gewächs vom Weißburgunder aus dem Sonnenberg. Seit der ersten Ausgabe empfehlen wir die Siegrist-Weine und seither haben Thomas Siegrist und Bruno Schimpf stetig zugelegt, beim Weißwein wie beim Rotwein. Und dass die Weine Zeit brauchen und hervorragend reifen können, davon konnten wir uns in der Vergangenheit immer wieder bei der Verkostung älterer Jahrgänge überzeugen.

Kollektion

Auch wenn im Weingut Siegrist der aktuelle Jahrgang der Pinot Noirs 2018 ist, besitzen die beiden Großen Gewächse noch jugendliche Tannine, die sich noch etwas weiter abrunden sollten, beide besitzen gute Substanz, Länge und Potential: Der Sonnenberg zeigt ein klares Bouquet mit Aromen von Schwarzkirsche, Waldboden und Gummiabrieb und entwickelt mit Luft deutliche Kräuternoten, am Gaumen besitzt er eine kühle, kräutrige Frische und ist insgesamt eleganter und schon offener als der Kalmit, der im Bouquet noch leicht verhalten ist, etwas kräutrige Würze und dezent auch Waldboden zeigt und am Gaumen viel Kraft besitzt und noch deutlicher als der Sonnenberg vom Holz geprägt ist. Der Ilbesheimer Orts-Pinot ist dagegen schon zugänglich, zeigt klare Schwarzkirschfrucht und kräutrige Würze, besitzt Kraft und eine

gute Struktur mit frischer Säure. Bei den Weißweinen sehen wir den Sauvignon Blanc Réserve noch vor den beiden Großen Gewächsen, er besitzt sehr feine, komplexe Fruchtnoten von Maracuja, Pfirsich, Grapefruit und gelben Stachelbeeren, am Gaumen kommen viel Kraft, sehr gut eingebundenes Holz und leicht salzige Noten hinzu. Der Sonnenberg-Riesling zeigt deutliche kräutrig-mineralische Würze, vor allem Rosmarin, im Bouquet und ist am Gaumen straff, leicht salzig, besitzt herbe Zitrusnoten, feinen Druck und gute Länge, der Pinot Blanc vom Sonnenberg zeigt klare, aber leicht verhaltene Frucht im Bouquet, Birne, Ananas, dazu feine florale Würze, am Gaumen ist er schlank und elegant, besitzt sehr dezentes Holz und eine frische Säure. Genauso stark ist auch der Chardonnay Réserve der mit Noten von gerösteten Haselnüssen und Vanille allerdings noch deutlicher vom Holz geprägt ist, am Gaumen besitzt er Kraft, feine Zitrusnoten und gute Länge und wirkt insgesamt noch sehr jung, der Pinot Gris aus dem Mütterle zeigt feine Röstnoten, etwas Kokos und Zitruswürze im Duft und ist am Gaumen konzentriert, kraftvoll und nachhaltig. Die beiden Rieslinge zeigen ähnliche Aromen von Aprikose, Orangenschale und Kräutern, sind schlank und von herben Zitrusnoten geprägt, der Heidenbäumel-Ortswein ist aber intensiver und nachhaltiger als der Gutsriesling, und auch die beiden anderen Gutsweine sind schlank und frisch mit klarer Frucht, der Sauvignon Blanc zeigt Noten von Stachelbeere und Grapefruit, der Pinot Gris ist schon sehr präsent und offen, zeigt Aromen von Birne, Aprikose und Ananas, besitzt feine florale Würze und Länge.

Kerstin & Bruno Schimpf

Weinbewertung

85	2021 Riesling trocken I 12%/8,80€
86	2021 Pinot Gris trocken I 12%/8,80€
86	2021 Sauvignon Blanc trocken I 12%/9,90€
87	2021 Riesling trocken „Heidenbäumel" Leinsweiler I 12%/12,80€
89	2020 Pinot Gris trocken Wollmesheimer Mütterle I 13,5%/26,-€
91	2020 Sauvignon Blanc trocken „Réserve" I 14,5%/26,-€
90	2019 Chardonnay trocken „Réserve" I 14%/24,-€
90	2021 Pinot Blanc „GG" Sonnenberg I 12%/26,-€
90	2021 Riesling „GG" Sonnenberg I 12%/28,-€
88	2018 Pinot Noir trocken Ilbesheim I 13,5%/15,-€
90+	2018 Pinot Noir „GG" Kalmit I 13,5%/38,-€
91	2018 Pinot Noir „GG" Sonnenberg I 13%/38,-€

Lagen
Sonnenberg (Leinsweiler)
Kalmit (Ilbesheim)
Mütterle (Wollmesheim)

Rebsorten
Riesling (30%)
Weißburgunder (14%)
Spätburgunder (12%)
Chardonnay (11%)
Grauburgunder (6%)
Cabernet Sauvignon (6%)
Frühburgunder (5%)
Sauvignon Blanc (4%)
Dornfelder (4%)
Muskateller (3%)
Merlot (3%)

★★★½

Siener

Kontakt
Weinstraße 31
76831 Birkweiler
Tel. 06345-3539
Fax: 06345-919100
www.weingutsiener.de
info@weingutsiener.de

Besuchszeiten
Mo. + Mi.-Fr. 9-12 + 14-18 Uhr, Sa. 10-16 Uhr (um Anmeldung wird gebeten), Di. So. + feiertags geschlossen

Inhaber
Peter Siener
Rebfläche
15,5 Hektar
Produktion
100.000 Flaschen

Seit Peter Siener in den elterlichen Betrieb eingestiegen ist ging es qualitativ steil bergauf, die Rebfläche wurde mehr als verdoppelt. Seine Weinberge liegen vor allem in Birkweiler, ein großer Teil im Kastanienbusch und in der Lage Am Dachsberg (seit 1971 ein Teil des Kastanienbuschs), aber auch im Mandelberg und im Rosenberg sowie im Leinsweiler Sonnenberg ist Peter Siener vertreten. Wichtigste Rebsorte ist der Riesling, der auf 45 Prozent der Fläche steht, gefolgt von 20 Prozent Spätburgunder und 15 Prozent Weißburgunder, daneben gibt es noch Grauburgunder, Chardonnay; Muskateller und St. Laurent. Seit dem Jahrgang 2015 werden die Weine komplett spontanvergoren, teils mit Maischestandzeiten, die Weißweine bleiben lange auf der Feinhefe, die Spätburgunder reifen zwei Jahre im Fass.

Kollektion

Nach Peter Sieners Experiment mit drei verschiedenen Ausbauvarianten seines 2018er Schiefer-Rieslings aus dem Kastanienbusch, gibt es auch aus dem Jahrgang 2020 wieder zwei Versionen des Rieslings: Der in der Amphore ausgebaute Wein zeigt dunkle Kräuternoten und steinige Würze, besitzt am Gaumen feine salzige Noten und ein subtiles Säurespiel, ist herb, straff, druckvoll, enorm nachhaltig und etwas feingliedriger als der Schiefer, der dezente Holzwürze, Kräuter, Stein und etwas Heu zeigt, ebenfalls herb und straff ist und Druck und salzige Länge besitzt. Der Weißburgunder aus dem Mandelberg besitzt feine Zitrusnoten, dezentes Holz und eine animierende Säure, ist kraftvoll und nachhaltig, der Riesling „Rotliegend“ besitzt animierende Zitrusnoten und ist schlank, leicht salzig und etwas nachhaltiger als der ebenfalls schlanke und frische Dachsberg-Riesling. Die beiden Pinot Noirs wirken, obwohl sie aus verschiedenen Jahrgängen stammen, beide noch sehr unnahbar und zu jung, beide zeigen sie dunkle Kirschfrucht und kräutrige Würze und besitzen deutliche Tannine, der Mandelberg ist noch etwas mehr vom Holz geprägt als der Sonnenberg, ist aber auch etwas strukturierter.

Weinbewertung

86 2021 Weißer Burgunder trocken „Muschelkalk“ | 12,5%/9,60€
84 2021 Muskateller trocken „jederzeit“ | 11%/8,80€
85 2021 Riesling trocken „Buntsandstein“ | 11,5%/9,60€
88 2021 Riesling trocken „Rotliegend“ Birkweiler Kastanienbusch | 12%/13,50€
89 2020 Weißer Burgunder trocken Birkweiler Mandelberg | 13,5%/22,50€
87+ 2021 Riesling trocken Birkweiler am Dachsberg | 12%/13,50€
90 2020 Riesling trocken „Schiefer“ Birkweiler Kastanienbusch | 12,5%/24,50€
91 2020 Riesling trocken „Amphore“ Birkweiler Kastanienbusch | 12%/42,-€
88 2020 Pinot Noir trocken Leinsweiler Sonnenberg | 13%/k.A.
88+ 2019 Pinot Noir trocken Birkweiler Mandelberg | 13%/k.A.

★★★½

Siggi

Kontakt
Besigheimer Straße 75
74994 Hessigheim
Tel. 0173-7054970
www.siggi-weine.de
info@siggi-weine.de

Besuchszeiten
Fr. 16-18 Uhr
Sa. 10-16 Uhr

Inhaber
Siegfried Mayer
Betriebsleiter
Siegfried Mayer
Kellermeister
Siegfried Mayer
Rebfläche
3 Hektar
Produktion
16.000 Flaschen

Siegfried Mayers Urgroßvater hatte schon Wein im Neckartal angebaut, er selbst, genannt Siggi, hat zwölf Jahre als Önologe in verschiedenen Weinbaugebieten (Rheingau, Saar, Baden) gearbeitet. 2014 gründete er mit 2 Hektar Reben sein eigenes Weingut in Hessigheim, das er heute mit Lebenspartnerin Amanda Eigner führt. Die Weinberge liegen im Hessigheimer Felsengarten und im Besigheimer Wurmberg, wo die Reben auf Muschelkalkböden wachsen; in Mundelsheim (Keuper mit Lössauflage) hat er einen alten Spätburgunderweinberg erworben. Riesling, Lemberger, Spätburgunder und Sauvignon Blanc sind seine wichtigsten Rebsorten, dazu gibt es Cabernet Sauvignon, Chardonnay, Trollinger und andere Sorten; alte Trollingeranlagen werden sukzessive mit Lemberger und Cabernet Sauvignon veredelt. Die Weine werden mit den natürlichen Hefen vergoren, nach langen Maischestandzeiten teils im Holz, teils im Edelstahl sehr lange auf der Hefe ausgebaut, die Rotweine kommen alle für mindestens ein Jahr ins Holz und werden unfiltriert abgefüllt. Unterhalb der Felsengärten am Neckartal-Radweg wurde eine Vinothek gebaut.

Kollektion

Die neue Kollektion ist besser denn je, sowohl bei den Weißweinen als auch bei den Roten. Der Sauvignon Blanc Im Rosen ist reintönig, geradlinig und zupackend, der Riesling Hambach ist konzentriert, kraftvoll, stoffig, herrlich druckvoll, der Kabinett Katzenöhrlen punktet mit Frische, klarer Frucht und viel Grip. Die Cuvée Roter Siggi zeigt rote Früchte, ist frisch und zupackend, der Terrassen-Trollinger zeigt feinen Duft, besitzt ebenfalls Struktur und Grip. Der Lösskeuper-Spätburgunder zeigt viel Frische, rote Früchte, ist klar und zupackend, besitzt Struktur und Grip. Der Cabernet Sauvignon vom Wurmberg zeigt gute Konzentration und viel reife Frucht im herrlich eindringlichen und reintönigen Bouquet, ist füllig und saftig, besitzt Struktur und klare Frucht. Faszinierend reintönig und frisch ist der Lemberger vom Muschelkalk, zupackend und noch sehr jugendlich; noch faszinierender ist der intensive Wurmberg-Lemberger, enorm kraftvoll, Struktur, zupackend, noch sehr jugendlich. Klasse Kollektion!

Weinbewertung

88 2021 Sauvignon Blanc trocken „Im Rosen" | 12%/12,90€
90 2020 Riesling trocken „Hambach" | 12%/19,50€
88 2021 Riesling Kabinett „Katzenöhrlen" | 8,5%/12,90€
87 2020 „Roter Siggi" Rotwein trocken | 12%/12,50€
86 2020 Trollinger trocken Terrassen | 11,5%/13,50€
89 2020 Lemberger trocken „Muschelkalk" | 12,5%/18,-€
88 2019 Spätburgunder trocken „Lösskeuper" | 12%/18,-€
90 2020 Cabernet Sauvignon trocken Wurmberg | 13,5%/29,50€
91 2020 Lemberger trocken Wurmberg | 12,5%/29,50€

★★☆

Josef J. Simon

Kontakt
Vogteistraße 15
79112 Freiburg-Tiengen
Tel. 07664-5771
www.josef-simon-wein.de
mail@josef-simon-wein.de

Besuchszeiten
Sa. 11-12 Uhr, am besten nach Vereinbarung

Inhaber
Josef J. Simon
Rebfläche
2,5 Hektar
Produktion
16.000 Flaschen

Josef Simons Großvater und Vater waren Mitglied bei einer Genossenschaft. Er selbst absolvierte eine Winzerlehre, studierte aber anschließend Betriebswirtschaft und kam erst 2005 in die Heimat zurück, und es dauerte noch ein paar Jahre bis er beschloss, selbst Wein am Tuniberg zu erzeugen. 2009 gründete er zusammen mit seiner Ehefrau das eigene Weingut. Sie bauen zu einem Drittel Spätburgunder an, zu einem Drittel Weiß- und Grauburgunder, hinzu kommen Sauvignon Blanc, Muskateller und Müller-Thurgau; Josef Simon hat seine Rebfläche in den vergangenen Jahren verkleinert, um seinen „hohen Ansprüchen im Weinberg entspannter genügen" zu können. Alle Weine werden trocken und durchgegoren ausgebaut – sieht man einmal von der Muskateller Beerenauslese ab, die im Jahrgang 2018 erzeugt wurde.

Kollektion

Muskateller hat einen hohen Stellenwert im Betrieb, das sieht man auch in diesem Jahr wieder, gleich drei Muskateller hat Josef Simon präsentiert, drei völlig unterschiedliche Weine. Das ist einmal die Beerenauslese aus dem Jahrgang 2018, die wir nicht zum ersten Mal vorstellen, die viel Würze im Bouquet zeigt, füllig und saftig ist, viel süße Frucht und Substanz besitzt. Dann ist da der trockene Muskateller aus dem Jahrgang 2021, der herrlich frisch, geradlinig und zupackend ist. Und schließlich der Muskateller-Sekt, der frisch, fruchtbetont und wunderschön reintönig im Bouquet ist, klar und zupackend im Mund, feine Frucht und Biss besitzt. Die weißen Gutsweine sind geradlinig, zupackend, gnadenlos trocken. Sehr gut gefällt uns der Rosé vom Spätburgunder, der viel Frische, klare Frucht und Grip besitzt. Sehr gut sind auch die drei Spätburgunder, von denen wir den 2015er Barrique und den 2016er Holzweg schon vorgestellt hatten; neu ist der 2019er Pinot Noir Barrique, der frisch, fruchtbetont und klar im Bouquet ist, gute Struktur und jugendlichen Grip besitzt.

Weinbewertung

83 Pinot Zero Sekt brut nature | 12%/13,-€
85 Muskateller Sekt extra brut | 12,5%/13,-€
82 2019 „Lummbe Ziig" Weißwein trocken | 13%/7,-€
83 2021 Sauvignon Blanc trocken | 12,5%/11,-€
83 2021 Weißburgunder trocken | 12,5%/8,-€
82 2019 Grauburgunder trocken | 13,5%/8,-€
84 2021 Muskateller trocken | 11,5%/11,-€
88 2018 Muskateller Beerenauslese | 10%/19,-€
85 2021 Rosé trocken (vom Spätburgunder) | 12%/7,50€
88 2015 Pinot Noir trocken Barrique | 13%/19,-€
87 2019 Pinot Noir trocken Barrique | 13,5%/20,-€
88 2016 Pinot Noir trocken Barrique "Holzweg" | 13%/28,-€

★★★

Simon-Bürkle

Kontakt
Wiesenpromenade 13
64673 Zwingenberg
Tel. 06251-76446
Fax: 06251-788641
www.simon-buerkle.de
info@simon-buerkle.de

Besuchszeiten
Mo.-Fr. 9-12 + 15-18 Uhr
Sa. 9-13 Uhr

Inhaber
Dagmar Simon,
Johannes Bürkle
Kellermeister
Jan Faber
Rebfläche
12 Hektar
Produktion
80.000 Flaschen

Johannes Bürkle führt das Weingut heute gemeinsam mit Dagmar Simon und unterstützt von Kellermeister Jan Faber. Wilfried Bürkle, der Vater von Johannes, und Dagmar Simon's Ehemann Kurt Simon hatten 1991 das Weingut gegründet, das schnell zu einer festen Größe an der Hessischen Bergstraße wurde. Die Weinberge liegen in den Zwingenberger Lagen Steingeröll und Alte Burg, im Auerbacher Höllberg und im Alsbacher Schöntal. Riesling nimmt die Hälfte der Rebfläche ein, hinzu kommen die weißen Burgunder und Silvaner, dazu rote Sorten wie Spätburgunder, Lemberger, Cabernet Sauvignon oder St. Laurent; die Sektherstellung spielt eine wichtige Rolle im Betrieb.

Kollektion

Mit Rotweinen hat sich das Weingut einen Namen gemacht, auch außerhalb der Region, mit der roten Cuvée Pan und mit Cabernet Sauvignon vor allem. Diese beiden konnten wir dieses Jahr aus dem Jahrgang 2015 verkosten: Während die Cuvée uns etwas zu offen und duftig ist, ein wenig vom Alkohol geprägt, ist der Cabernet Sauvignon, obwohl ebenfalls mit 14,5 Volumenprozent „gesegnet", Deutlich harmonischer und komplexer, zeigt Gewürze, besitzt gute Struktur und Substanz: Ein schön gereifter Cabernet Sauvignon. Gleichauf sehen wir den intensiv fruchtigen Reserve-Spätburgunder aus dem Jahrgang 2020, der wunderschön reintönig, füllig und kraftvoll ist. Das weiße Segment bietet ein feines Riesling-Trio: Der 2020er Liter-Riesling ist frisch, geradlinig, besitzt feine Frucht und Grip, der 2021er Granit ist enorm frisch, geradlinig, hat viel Biss, was auch für den 2020er Diorit gilt, der herrlich zupackend und leicht mineralisch ist. Spannend ist auch der reintönige, zupackende Muskateller aus dem Steingeröll, der Weißburgunder aus der selben Lage ist rauchig, füllig, harmonisch, überzeugt wie die Kollektion insgesamt, die beiden sortentypischen Sekte mit eingeschlossen. Eine überzeugende Vorstellung!

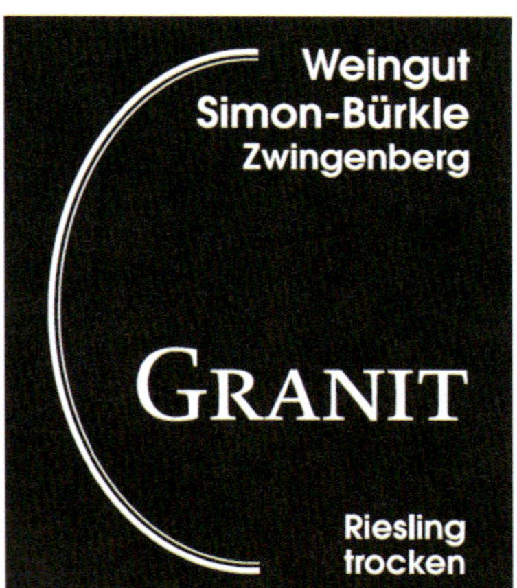

Weinbewertung

85 2018 Riesling Sekt brut | 12,5%/14,-€
84 2020 Muskateller Sekt brut | 12%/14,-€
84 2020 Riesling trocken (1l) | 12%/7,50€
84 2021 Grauburgunder trocken | 12%/9,50€
85 2021 Riesling trocken „Granit" | 12%/9,50€
86 2020 Muskateller trocken Zwingenberger Steingeröll | 12%/9,50€
86 2020 Weißburgunder Spätlese trocken Zwingenberger Steingeröll | 13,5%/12,-€
88 2020 Riesling trocken „Diorit" | 12,5%/17,-€
84 2021 „Melibokuss" „Blanc de Noir" | 11,5%/9,50€
84 2015 „Pan" Rotwein trocken „Réserve" | 14,5%/17,-€
88 2020 Spätburgunder trocken „Réserve" Zwingenberger Steingeröll | 14%/19,-€
88 2015 Cabernet Sauvignon trocken Auerbacher Höllberg | 14,5%/29,-€

★★☆

Simonis

Kontakt
Rathausstraße 61
56862 Pünderich
Tel. 06542-2867
Fax: 06542-1578
www.weingut-simonis.de
info@weingut-simonis.de

Besuchszeiten
Vinothek:
Mo./Mi./Fr. 17:-19 Uhr
Ferienwohnungen

Inhaber
Elke Simonis, Nico Simonis
Kellermeister
Nico Simonis
Rebfläche
4,2 Hektar
Produktion
30.000 Flaschen

Der Weinort Pünderich ist allmählich auf dem Weg, sich zu einer Hochburg des guten Rieslings zu entwickeln. Zur erweiterten Spitze des Ortes muss man inzwischen auch das Weingut Simonis rechnen, einen von Elke Simonis sowie Sohn Nico Simonis geführten Betrieb, der nun etwas mehr als vier Hektar bewirtschaftet. Nico Simonis hat nach seiner Technikerausbildung die Verantwortung im Keller übernommen. Riesling dominiert in diesem Weingut, das Parzellen in den Lagen Pündericher Marienburg und Pündericher Nonnengarten besitzt, nimmt drei Viertel der Rebfläche ein, aber auch Weiß- und Grauburgunder sowie Spätburgunder spielen eine nicht zu unterschätzende Rolle, hinzu kommen ein klein wenig Müller-Thurgau und Dornfelder. Die Weißweine werden langsam und gekühlt vergoren und in Edelstahltanks ausgebaut; seit 2012 wird der Großteil der Rieslinge spontanvergoren. Alle Rotweine werden nach klassischer Maischegärung hergestellt und entweder im großen Holzfass oder im Barrique gereift. Mehrere Ferienwohnungen komplettieren das Angebot des Hauses.

Kollektion

Der trockene Graue Burgunder ist offen, besitzt eine sortentypische, leicht ins Nussige tendierende Frucht mit einem winzigen Anklang an Mandarine, ist würzig und stoffig, aber schon zugänglich. Fest und straff ist das trockene Hochgewächs aus Riesling, der Kabinettriesling von rotem Schiefer gefällt noch deutlich besser, besitzt eine feine, reife Frucht und eine saftige Art. Die trockene Spätlese ist offen, kühl, angenehm fruchtig mit Anklängen an Mirabellen, stoffig, animierend. Sehr gut gefällt der balancierte halbtrockene Kabinett aus dem Nonnengarten, rassig und erfrischend. Noch sehr verhalten wirkt die feinherbe Spätlese mit der Zusatzbezeichnung Riesling-Kartell; im Mund zeigt sich eine schöne, saftige, kühle und hell wirkende Frucht, die Süße ist verhalten und macht schnell einer süffigen Art mit deutlichem Grip Platz. Die Süße der Spätlese aus der Lage Pündericher Marienburg ist deutlich zu spüren, wird aber von einer rassigen Säure und überdurchschnittlich viel Würze ausgeglichen. Angenehm präzise wirkt schließlich der Blanc de Noir.

Weinbewertung

83 2021 Riesling Hochgewächs trocken | 11,5%/7,50€
85 2021 Grauer Burgunder trocken | 12,5%/8,-€
83 2021 Spätburgunder „Blanc de Noir“ trocken | 12%/8,-€
86 2021 Riesling Kabinett „vom roten Schiefer“ | 11%/7,30€
87 2021 Riesling Spätlese trocken Pündericher Marienburg | 12%/10,-€
86 2021 Riesling Kabinett halbtrocken Pündericher Nonnengarten | 10,5%/7,30€
83 2021 Riesling Hochgewächs „feinherb“ | 10,5%/7,50€
87 2021 Riesling Spätlese „feinherb“ Pündericher Marienburg | 11,5%/10,-€
87 2021 Riesling Spätlese Pündericher Marienburg | 8%/10,-€

★★★

Sinß

Kontakt
Hauptstraße 18
55452 Windesheim
Tel. 06707-253
Fax: 06707-8510
www.weingut-sinss.de
info@weingut-sinss.de

Besuchszeiten
Mo.-Sa. 9-18 Uhr und nach Vereinbarung

Inhaber
Familie Sinß
Kellermeister
Johannes Sinß
Rebfläche
14 Hektar
Produktion
80.000 Flaschen

Rudolf Sinß übernahm 1985 den elterlichen Betrieb. In den neunziger Jahren richtete er das Weingut auf Riesling und die Burgundersorten aus. Seine Weinberge liegen in den Windesheimer Lagen Rosenberg, Römerberg und Sonnenmorgen. Riesling und Spätburgunder nehmen jeweils ein Viertel der Rebfläche ein, Weiß- und Grauburgunder jeweils 20 Prozent, dazu gibt es ein wenig Chardonnay, Scheurebe und Müller-Thurgau. Die Rotweine werden alle maischevergoren und teilweise in Holzfässern, auch Barriques, ausgebaut. Die Weißweine werden in Edelstahltanks kühl vergoren. Nach seinem Geisenheim-Studium ist Sohn Johannes Sinß seit 2010 für den Weinausbau verantwortlich. 2016 ist auch Johannes Bruder Markus mit in den Betrieb eingestiegen, die beiden haben mit dem gleichen Jahrgang begonnen, die Weinberge auf ökologischen Anbau umzustellen, 2019 war der erste zertifizierte Jahrgang.

Kollektion

Das Familienweingut bestätigt das hohe Niveau der Vorjahre. Alle Weine sind klar strukturiert, zeigen feine Fruchtaromen. Besonders gut gefallen uns die „S"-Qualitäten, die perfekt zwischen Frucht und Frische spielen. Der Riesling „S" ist erwartungsgemäß der agilste, reife Zitrusaromen und delikater Gerbstoffbiss verleihen ihm einladende Frucht und feine Struktur. Der Weißburgunder „S" tut es ihm in Frische und Finesse gleich, dazu entwickelt er anhaltenden Burgunderschmelz mit zarter Würze. Am kräftigsten kommt der Chardonnay „S" daher, elegante, nussige Holzaromen rahmen seine saftige Frucht ein, den hohen Alkohol kann er nicht ganz verleugnen, er besitzt aber genug Frische, um diesen zu balancieren. Die „R"-Qualitäten setzen auf Kraft und Struktur durch Ausbau im Holz und überzeugen alle, ebenso der Chardonnay Reserve. Bei den eleganten Spätburgundern votieren wir für die Pinot Noir genannte Top-Selektion, die Eleganz und Feinheit des Jahrgangs bestens transportiert, lang und nachhaltig ist.

Weinbewertung

85	2021 Riesling trocken I 12%/7,80€
85	2021 Grauburgunder trocken I 13%/8,-€
87	2021 Riesling „S" trocken Windesheim I 12,5%/10,20€
87	2021 Weißburgunder „S" trocken Windesheim I 13%/10,50€
87	2020 Chardonnay „S" trocken Windesheim I 14%/12,-€
88	2020 Riesling „R" trocken Römerberg I 12,5%/18,-€
87	2020 Grauburgunder „R" trocken Römerberg I 14%/18,-€
88	2020 Chardonnay trocken „Réserve" I 14%/24,-€
86	2021 Riesling Kabinett Römerberg I 9%/9,30€
87	2019 Spätburgunder „S" trocken Windesheim I 13,5%/12,50€
88	2018 Spätburgunder „R" trocken Römerberg I 13,5%/20,-€
89	2017 Pinot Noir trocken I 13,5%/35,-€

Sohns

Kontakt
Nothgottesstraße 33
65366 Geisenheim
Tel. 06722-8940
Fax: 06722-75588
www.weingut-sohns.de
info@weingut-sohns.de

Besuchszeiten
Mo.-Fr. 9-12 + 14-18 Uhr
Sa. 10-15 Uhr; Straußwirtschaft (Ende Juli bis Mitte Sept.), Ferienwohnungen

Inhaber/Betriebsleiter
Erich & Pascal Sohns
Kellermeister Pascal Sohns
Außenbetrieb
Erich Sohns & Dirk Rehling
Rebfläche 10 Hektar
Produktion 70.000 Flaschen

Jakob Sohns kaufte 1933 den ersten Weinberg. Hauptberuflich baute er Weinflaschenregale, im Nebenerwerb erweiterte er die Rebfläche, entwickelte zusammen mit Sohn Otto nach dem Zweiten Weltkrieg das Weingut zum Haupterwerbsbetrieb. Otto Sohns übernahm 1969 das Gut mit 3 Hektar Reben, forcierte den Flaschenweinverkauf, sein Sohn Erich stieg nach Weinbaustudium 1983 in den Betrieb ein, erweiterte die Rebfläche und eröffnete 1987 zusammen mit Ehefrau Sabine die Straußwirtschaft. Ihr Sohn Pascal studierte zunächst Sportökonomie in München, zog dann mit Ehefrau Denise in den Rheingau, mit Beendigung des anschließenden Weinbaustudiums trat er 2012 in den Betrieb ein. Die Weinberge liegen vor allem in den Geisenheimer Lagen Kläuserweg, Kilzberg, Fuchsberg, Mäuerchen und Mönchspfad. Das Weingut wurde in den letzten Jahren erweitert, ist heute auch im Lorchhäuser Seligmacher und im Winkeler Hasensprung vertreten. 2017 wurde das neue Weingut inmitten der Weinberge fertig gestellt.

Kollektion

Der 2021er Riesling SE setzt auf Frucht, bringt aber auch Struktur mit ein. Der Riesling Fegefeuer erinnert an Zitronenschale, aber auch an nasse Steine und traut sich Ecken und Kanten zu zeigen. Die 2020er Rieslinge weisen erste Reifenoten im Bouquet auf, sind im Mund aber präsent und elegant. Hasensprung und Seligmacher bauen Druck auf, die beiden Weine aus dem Kläuserweg sind gelbfruchtiger und molliger. Der mit Ganztraubenanteil vergorene und unfiltriert abgefüllte Baci ist experimenteller, mit griffigem sehr präsentem Gerbstoff, das nie anstrengend wirkt. Der restsüße Kabinett hält die Balance aus tropischer Frucht und grasiger Frische. Der Weißburgunder vereint Schmelz, weißfleischige Steinfrüchte und Säure. Bei den Rotweinen sehen wir den frischeren Mönchspfad vor dem fülligeren Mäuerchen. Abgerundet wird die Kollektion vom eleganten, fruchtbetonten Sekt. Eine überzeugende Vorstellung!

Weinbewertung

85 2019 „Cuvée Pascal" Sekt brut | 12,5%/14,-€
83 2021 Riesling trocken „SE" | 12%/7,-€
86 2020 Weißburgunder „M" trocken Geisenheimer Mönchspfad | 14,5%/13,-€
85 2021 Riesling trocken „Fegefeuer" | 12%/9,-€
86 2020 Riesling trocken Winkeler Hasensprung | 13%/11,50€
87 2020 Riesling trocken Lorchhäuser Seligmacher | 12%/13,50€
88 2020 Riesling trocken Großes Gewächs Geisenheimer Kläuserweg | 12,5%/19,50€
90 2020 Riesling trocken „Baci" Geisenheimer Kläuserweg | 13%/24,-€
86 2020 Riesling „Alte Reben" Geisenheimer Kläuserweg | 11,5%/13,50€
86 2021 Riesling Kabinett Oestricher Doosberg | 9,5%/8,50€
87 2020 Spätburgunder trocken Geisenheimer Mönchspfad | 13,5%/13,50€
86 2019 Spätburgunder „M" trocken Geisenheimer Mäuerchen | 14%/19,50€

★★☆

Sommerach

Kontakt
Winzer Sommerach –
die Genossenschaft,
Zum Katzenkopf 1
97334 Sommerach
Tel. 09381-80610
www.winzer-sommerach.de
info@winzer-sommerach.de

Besuchszeiten
Mo.-Fr. 9-18 Uhr
Sa./So./Feiertage 10-18 Uhr
„Sommerbar":
April-Okt. bis 19 Uhr

Inhaber
Winzer Sommerach
Betriebsleiter
Frank Dietrich
Kellermeister
Stefan Gerhard
Rebfläche
190 Hektar

1901 gründeten 15 Winzer die Sommeracher Genossenschaft, die erste und somit älteste Winzergenossenschaft in Franken. Heute besteht die sich nun Winzer Sommerach nennende Genossenschaft aus 90 Familien, die 190 Hektar Reben bewirtschaften, nicht nur in den beiden Sommeracher Lagen Katzenkopf und Rosenberg, sondern auch in Volkach (Ratsherr), Escherndorf (Fürstenberg, Lump), Obereisenheim (Höll), Iphofen (Kalb), Wiebelsberg (Dachs), Kammerforst (Teufel) und Oberschwarzach (Steige). Silvaner und Müller-Thurgau sind die wichtigsten Rebsorten, gefolgt von Bacchus, Domina und Riesling und vielen anderen Sorten. Die Familiengewächs-Weine sind die Gutsweine, dann gibt es Ortsweine aus Sommerach, Escherndorf und Iphofen, Erste Lage-Weine aus Katzenkopf, Lump und Dachs sowie erstmals 2020 Große Gewächse, zunächst Silvaner und Traminer aus der Lage Wilm, im Jahrgang 2021 Silvaner aus Wilm und Tiefes Thal sowie Katzenkopf-Traminer und -Weißburgunder.

Kollektion

Silvaner überzeugt im Jahrgang 2021 voll und ganz, auch wenn die Weine sehr unterschiedlich sind von denen der Vorjahre, in denen sie deutlich stärker vom Alkohol geprägt waren. Der birnenduftige Wein von alten Reben ist harmonisch und frisch, der Katzenkopf-Silvaner deutlich würziger und eindringlicher, der aus dem Wiebelsberger Dachs fruchtbetont und zupackend. Die Großen Gewächse aus Tiefes Thal und Wilm sehen wir gleichauf, sie sind konzentriert, füllig und kraftvoll, der Wilm-Silvaner ist etwas würziger. Auch der intensive, litschiduftige Eiswein überzeugt, auch wenn er noch etwas unruhig ist. Aber nicht nur auf Silvaner verstehen sich die Winzer Sommerach. Der Sauvignon Blanc zeigt florale Noten, Stachelbeeren, hat Frucht und Grip, der Katzenkopf-Weißburgunder punktet mit Fülle, Kraft und reifer Frucht, der kompakte, stoffige Traminer hat viel Substanz und eine jugendliche Bitternote.

Weinbewertung

83 2021 Silvaner trocken „Alte Reben" „Familiengewächs" | 12,5%/8,-€
84 2021 Sauvignon Blanc trocken Sommeracher Katzenkopf | 12,5%/15,-€
81 2021 „Alter Satz" trocken Sommeracher Katzenkopf | 12,5%/15,-€
84 2021 Silvaner trocken Sommeracher Katzenkopf | 13%/13,-€
83 2021 Silvaner trocken Wiebelsberger Dachs | 13%/13,-€
81 2021 Riesling trocken Sommeracher Katzenkopf | 12,5%/13,-€
82 2021 Riesling trocken Escherndorfer Lump | 12,5%/13,-€
86 2021 Silvaner trocken Tiefes Thal Sommeracher Katzenkopf | 13%/28,-€
86 2021 Silvaner trocken Wilm Sommeracher Katzenkopf | 13%/28,-€
85 2021 Weißburgunder trocken Sommeracher Katzenkopf | 13%/28,-€
85 2021 Traminer trocken Sommeracher Katzenkopf | 14%/28,-€
87 2021 Silvaner Eiswein Sommeracher Katzenkopf | 7%/48,-€/0,375l

★★★★

Schloss Sommerhausen

Kontakt
Hauptstraße 25
97286 Sommerhausen
Tel. 09333-260
Fax: 09333-1488
www.sommerhausen.com
info@sommerhausen.com

Besuchszeiten
Di.-Fr. 10-18 Uhr
Sa. 10-16 Uhr
So. + Feiertage 10-14 Uhr
Mo. geschlossen
Ausschank im Schlosshof von April bis Oktober bei schönem Wetter

Inhaber
Martin Steinmann
Betriebsleiter
Martin Steinmann
Kellermeister
Martin Steinmann
Rebfläche
20 Hektar
Produktion
130.000 Flaschen

Johann Kaspar Steinmann kaufte 1968 das Schloss Sommerhausen mit den dazugehörigen Weinbergen; das Schloss wurde inzwischen wieder verkauft, aber den Schlosskeller nutzt man weiterhin so wie man auch weiterhin den Namen Weingut Schloss Sommerhausen trägt. Die Weinbautradition der Familie Steinmann lässt sich bis ins 16. Jahrhundert zurückverfolgen, Schloss Sommerhausen wurde 1435 erbaut. Martin Steinmann führt heute das Weingut in 15. Generation, die vormals zum Weingut gehörende Rebschule wird von seiner Schwester weitergeführt. Dadurch, dass dem Weingut immer eine Rebzüchtung angeschlossen war, erklärt sich auch, dass neben Silvaner und Riesling die Burgundersorten – mit für Franken ungewöhnlichen 35 Prozent – einen wichtigen Platz in den Weinbergen einnehmen. Diese liegen vor allem in den Sommerhäuser Lagen Steinbach und Reifenstein, aber auch im benachbarten Eibelstadter Kappellenberg; die Reben wachsen auf Muschelkalkböden. Hinzu kommen weitere Rebsorten wie Chardonnay oder Blauer Silvaner, vor allem aber Bukettsorten wie Muskatsilvaner, Scheurebe, Gewürztraminer, Muskateller oder Bouquet-Traube, eine Rebsorte, die im 19. Jahrhundert von Sebastian Englerth in Randersacker aus Grüner Silvaner und Blauer Trollinger gezüchtet wurde und sich wegen ihrer hohen Erträge vor allem in Franken rasch durchsetzte, dann aber wegen ihrer späten Reife und hoher Säure nicht mehr angebaut wurde. Martin Steinmann hat sie in Südafrika „wiederentdeckt“ und in Sommerhausen neu angepflanzt, 2014 war die erste Ernte. Die Weine sind seit 2011 EU-Bio-zertifiziert. Bereits seit 1984 kommen besondere Weine ins Barrique, seit 1982 wird Sekt erzeugt, seit 1990 werden alle Sekte komplett im eigenen Haus hergestellt, alle werden mindestens drei Jahre, meist vier Jahre und mehr auf der Hefe ausgebaut; die Sektproduktion hat in den letzten Jahren weiter an Bedeutung gewonnen. Das Sortiment ist vierstufig gegliedert in Gutsweine, Ortsweine, Erste Lage-Weine und Große Gewächse. Die Großen Gewächse – Silvaner und Riesling – tragen den Namen „Alttenberg 1172“, stammen von einem recht steilen Hang nördlich von Sommerhausen, liegen teils auf Eibelstädter Gemarkung, „1172“ bezieht sich auf das Jahr in dem Weinbau in Sommerhausen erstmals urkundlich erwähnt wurde; sie werden seit einigen Jahren ein Jahr länger auf der Hefe ausgebaut. Ein neuer Produktionskeller wurde in Sommerhausen rechtzeitig zur Ernte 2019 fertiggestellt.

Kollektion

Fünf Sekte hat Martin Steinmann in diesem Jahr vorgestellt und alle fünf sind hervorragend – unser Weingut des Jahres für die beste Sektkollektion! Der Blanc de Blancs ist eine Cuvée aus Chardonnay, Weißburgunder und Auxerrois und enthält Reserveweine. Er zeigt feine rauchige Noten im Bouquet, ein wenig Brioche, ganz dezent Haselnüsse im Hintergrund, ist füllig, komplex, harmonisch gereift, besitzt feine Frische und Biss im Abgang.

Der nicht dosierte 2015er Le Grand Blanc besteht aus Auxerrois und Chardonnay, zeigt feine rauchige Noten, viel Frucht und ein wenig Brioche, auch schöne Frische, ist füllig und harmonisch im Mund, schön gereift und sehr lang. Aus dem Jahrgang 2012 stammt Le Grand Riesling, der deutliche Reife und viel Hefewürze im Bouquet zeigt, etwas reifen Apfel, füllig und komplex dann im Mund ist, erstaunlich viel Frische und Grip besitzt. Die nicht dosierte La Grande Cuvée aus dem Jahrgang 2017 zeigt ebenfalls einen Anflug von Brioche im Bouquet, feine Hefewürze und -reife, ist wunderschön harmonisch und elegant, schön gereift und sehr lang. Der mit 2,5 Gramm dosierte Le Grand Rosé, ein reinsortiger Pinot Noir, zeigt feine rauchige Noten, schöne Reife und etwas rote Früchte im Hintergrund, ist füllig, harmonisch, schön gereift und sehr lang. Aber nicht nur die Sekte sind großartig, auch die Weißweine überzeugen, sie sind schlanker und präziser geworden in den letzten Jahren, wie die Sekte deutlich vom Ausbau auf der Hefe geprägt. Der Gewürztraminer zeigt reintönige Frucht, feine Frische, ist geradlinig und zupackend, der Muskateller zeigt etwas Limone und Muskat, ist lebhaft, besitzt gute Struktur und viel Grip, die Scheurebe punktet mit ihrer Reintönigkeit, die Bouquet-Traube ist würzig, besitzt viel Säure und Biss. Der Steinbach-Riesling ist reintönig, zupackend, der Silvaner rauchig-hefig, sehr eigenständig. Neue Große Gewächse hat Martin Steinmann dieses Jahr nicht präsentiert, der 2018er Silvaner ist immer noch jugendlich, was man auch vom faszinierenden 2016er R sagen kann, der feine Briochenoten zeigt, komplex, lang und nachhaltig ist.

Martin Steinmann

Weinbewertung

90 2012 „Le Grand" Riesling Sekt brut | 12%/29,-€
90 „Blanc de Blancs" brut | 12,5%/19,50€
91 2015 „Le Grand Blanc" Sekt brut nature | 12,5%/29,-€
93 2017 „La Grande Cuvée" brut nature | 12,5%/49,-€
92 2014 „Le Grand" Rosé Sekt extra-brut | 12,5%/29,-€
88 2021 Muskateller trocken Sommerhäuser | 10%/12,-€
86 2021 Gewürztraminer trocken Sommerhäuser | 12%/12,-€
87 2021 Bouquet-Traube trocken | 12%/19,50€
88 2021 Scheurebe trocken Sommerhäuser Steinbach | 11,5%/16,-€
88 2021 Silvaner trocken Sommerhäuser Steinbach | 12%/16,-€
88 2021 Riesling trocken Sommerhäuser Steinbach | 13%/16,-€
90 2018 Silvaner „GG" „Alttenberg 1172" Sommerhäuser Steinbach | 13%/25,-€
90 2016 „R" trocken Sommerhäuser Steinbach | 12,5%/19,50€

Lagen

Steinbach (Sommerhausen)
Alttenberg (Sommerhausen)
Reifenstein (Sommerhausen)
Kapellenberg (Eibelstadt)

Rebsorten

Silvaner (30%)
Riesling (20%)
Burgundersorten (35%)
Aromarebsorten (15%)

★★

Sonnenberg

Kontakt
Heerstraße 98, 53474
Bad Neuenahr-Ahrweiler
Tel. 02641-6713, Fax: -201037
www.weingut-sonnenberg.de
info@weingut-sonnenberg.de

Besuchszeiten

Mo.-Fr. 10-12 + 14-18 Uhr
Sa. 10-14 Uhr
So. & Feiertage 10-12 Uhr
Straußwirtschaft im Sommer und Herbst
Ferienwohnungen
Stellplätze

Inhaber/Betriebsleiter/ Kellermeister/Außenbetrieb
Marc Linden
Rebfläche 6 Hektar
Produktion 45.000 Flaschen

Das Weingut Sonnenberg wurde 1981 von Norbert und Elsbeth Görres mit 1,5 Hektar Weinbergen gegründet, heute führt ihr Enkel Marc Linden zusammen mit Ehefrau Michaela das Gut. Sie bewirtschaften 6 Hektar Weinberge, wovon sich ein Hektar in denkmalgeschützten Terrassenlagen befindet. Die Reben wachsen in den Neuenahrer Lagen Sonnenberg und Schieferlay, sowie in den Ahrweiler Lagen Rosenthal und Ursulinengarten, wo Frühburgunder angebaut wird. Spätburgunder ist die mit weitem Abstand wichtigste Rebsorte im Betrieb, nimmt 70 Prozent der Rebfläche ein. Hinzu kommen Grauburgunder, Weißburgunder, Frühburgunder und Riesling. Zwei Drittel der Weine wird trocken ausgebaut. Zum Weingut gehört eine Straußwirtschaft, die im Herbst geöffnet hat, man bietet auch Ferienwohnungen und ein Ferienhaus an, ebenso geführte Weinbergswanderungen. Zuletzt hat Marc Linden in Kellerwirtschaft und Steillagenmechanisierung investiert.

Kollektion

Den unfiltriert abgefüllten 2018er Inspiration Z konnten wir schon im vergangenen Jahr verkosten, er präsentiert sich nach wie vor in Hochform, zeigt viel Intensität und Konzentration, ist herrlich eindringlich und dominant, im Mund ist er füllig und saftig, besitzt viel reife Frucht, Substanz und Länge. Unter den 2020er Weinen ist der Spätburgunder A unser Favorit, er ist fruchtbetont und intensiv im Bouquet, wunderschön reintönig, frisch und harmonisch im Mund, besitzt viel klare Frucht und Substanz. Von den drei Blanc de Noirs aus dem Jahrgang 2021 gefällt uns die trockene Variante am besten, ist würzig und eindringlich im Bouquet, klar, geradlinig und zupackend im Mund, besitzt feine Frucht und Grip. Unser Favorit unter den 2021er Weinen ist der Ahrweiler Frühburgunder, der faszinierend fruchtbetont im Bouquet ist, intensiv und reintönig, frisch und lebhaft sich im Mund präsentiert, herrlich viel Frucht besitzt. ▬

Weinbewertung

84 2021 Spätburgunder „Blanc de Noir" trocken | 12,5%/10,-€
81 2021 Weißburgunder „feinherb" | 11,5%/9,-€
82 2021 Grauburgunder „feinherb" | 11,5%/9,-€
79 2021 Ahrweiler Landwein Weißwein „feinherb" (1l) | 11,5%/8,-€
83 2021 Spätburgunder „Blanc de Noir" „feinherb" | 12,5%/10,-€
80 2021 Spätburgunder „Blanc de Noir" | 10%/9,-€
82 2020 Spätburgunder trocken Neuenahrer Schieferlay | 13,5%/10,-€
85 2021 Frühburgunder trocken Ahrweiler | 13,5%/16,-€
82 2020 Spätburgunder „S" trocken | 14%/16,-€
86 2020 Spätburgunder „A" trocken | 14%/20,-€
90 2018 „Inspiration Z" Rotwein trocken „unfiltriert" | 14,5%/50,-€
81 2020 Spätburgunder halbtrocken | 12,5%/9,-€

★★½

David Spies

Kontakt
Hauptstraße 26
67596 Dittelsheim-Heßloch
Tel. 06244-7416
Fax: 06244-57500
www.weinfuersleben.de
info@weingut-spies.de

Besuchszeiten
Mo.-Fr. 14-18 Uhr, Sa. 9-17 Uhr, gerne nach Vereinbarung

Inhaber
Uwe & David Spies
Kellermeister
David Spies
Außenbetrieb
Uwe Spies
Rebfläche
22 Hektar

Werner und Elisabeth Spies begannen 1958 mit der Selbstvermarktung, nach und nach konzentrierten sie sich ganz auf Weinbau. Seit 1989 führen Uwe und Ingrid Spies das Gut, haben es auf die heutige Größe erweitert. Sohn David studierte nach seiner Winzerausbildung bei Bassermann-Jordan und Rings in Geisenheim, ist nach Abschluss des Studiums 2015 in den Betrieb eingestiegen und seit 2016 Mitinhaber. Die Reben wachsen hauptsächlich in den Dittelsheimer Lagen Geiersberg und Leckerberg, vorwiegend auf sehr kalkhaltigen Löss- und Tonmergelböden. Inzwischen wurde von der Gemeinde eine größere Fläche im Dittelsheimer Kloppberg gekauft, wo 2017 Riesling und Weißburgunder gepflanzt wurden, im Morstein wurde ein Chardonnay-Weinberg gepachtet und auch im Monzernheimer Goldberg ist David Spies vertreten. Riesling nimmt 30 Prozent der Fläche ein, dazu gibt es Silvaner, Grauburgunder, Weißburgunder und Sauvignon Blanc. Wichtigste rote Rebsorte ist Merlot.

Kollektion

Die neue Kollektion ist ganz stark, das Gesamtniveau ist sehr hoch. Der Sarazenenturm genannte Sekt ist würzig, leicht rauchig, besitzt Substanz und feine süße Frucht. Die Cuvée aus Chardonnay und Weißburgunder ist sehr offen, konzentriert, ist füllig und saftig im Mund. Der Morstein-Chardonnay zeigt gute Konzentration und rauchige Noten, besitzt reife Frucht, gute Struktur und Grip, ist jugendlich. Stimmig präsentieren sich die Rieslinge. Der Dittelsheimer Ortswein ist frisch, geradlinig, zupackend, der Leckerberg-Wein füllig, saftig, besitzt gute Struktur und Substanz, der Morstein ist würziger im Bouquet, fast scharf, besitzt Kraft, reife Frucht, gute Struktur und Grip. Auch die Rotweine überzeugen voll und ganz. Der kleine Goliath ist füllig und kraftvoll, der große Goliath, pardon: Davids Goliath, zeigt viel Intensität und Konzentration, dunkle und rote Früchte. Füllig und harmonisch ist der Dittelsheimer Spätburgunder, deutlich mehr Fülle und Kraft besitzt der Blutmond genannte Spätburgunder aus dem Kloppberg, zeigt rauchige Noten und intensive Frucht. Im Aufwind!

Weinbewertung

86	2018 „Sarazenenturm" Sekt brut I 12,5%/19,-€
85	2021 Riesling trocken „Alte Reben" Dittelsheimer I 13%/9,60€
85	2021 Chardonnay & Weißburgunder trocken „Steinschleuder" I 13%/11,90€
88	2021 Riesling trocken Dittelsheimer Leckerberg I 12,5%/17,-€
88	2021 Riesling trocken Westhofener Morstein I 12,5%/17,-€
87	2021 Chardonnay trocken Westhofener Morstein I 13,5%/17,-€
85	2020 „kleiner Goliath" Rotweincuvée trocken I 14%/11,90€
85	2021 Spätburgunder trocken Dittelsheimer I 13%/9,60€
(88)	2020 „Davids Goliath" Rotweincuvée trocken I 14%/16,-€
88	2020 Spätburgunder trocken „Blutmond" Dittelsheimer Kloppberg I 13,5%/16,-€

★★

Gerold Spies, Inh. Tobias Leib

Kontakt
Flachsgasse 8
67596 Dittelsheim-Heßloch
Tel. 06244-7497
www.weingut-spies.com
weingut.spies@t-online.de

Besuchszeiten
Mo-Sa 9-18 Uhr nach Vereinbarung

Inhaber
Tobias Leib
Betriebsleiter
Tobias und Svenja Leib
Kellermeister
Tobias Leib
Rebfläche
21 Hektar

Seit Jahrhunderten betrieb die Familie Spies Weinbau in Dittelsheim, im Jahr 2014 verpachtete Gerold Spies sein Weingut an Tobias Leib und dessen Ehefrau Svenja; Tobias Leib war bereits seit Dezember 2010 Betriebsleiter des Weingutes. Die Weinberge liegen hauptsächlich in Dittelsheim in den Lagen Leckerberg, Mönchhube, Pfaffenmütze und Geyersberg, aber auch in Bechtheim (Hasensprung) und Monzernheim. Ein Viertel der Fläche entfällt auf Riesling, ein weiteres Viertel auf die Burgundersorten, hinzu kommen internationale Rebsorten wie Chardonnay, Cabernet Sauvignon und Merlot. Die Weißweine liegen bis zum Frühjahr auf der Feinhefe, die besten Rotweine kommen ins Holz, werden bis zu achtzehn Monate in Barriques oder großen Holzfässern ausgebaut.

Kollektion

Der Riesling Edition aus dem Jahrgang 2020 stand im vergangenen Jahr an der Spitze einer überzeugenden Kollektion. Auch sein Nachfolger aus dem Jahrgang 2021 gefällt uns wieder sehr gut, zeigt gute Konzentration und Intensität im Bouquet, ist füllig und kraftvoll, besitzt viel reife Frucht, Substanz und gute Struktur. Der Dittelsheimer Ortsriesling steht ihm kaum nach, ist fruchtbetont, frisch, würzig, besitzt gute Struktur, Frische und Grip. Highlight im weißen Teil der Kollektion aber ist in diesem Jahr die Kostbarkeit genannte Trockenbeerenauslese, die ihren Namen zurecht trägt, gute Konzentration und viel Würze im Bouquet zeigt, ein wenig kandierte Früchte, enorm süß und konzentriert im Mund ist, dick und dominant, herrlich viel Substanz besitzt. Auch die Rotweine machen wie schon im vergangenen Jahr eine gute Figur. Der im Holz ausgebaute Spätburgunder zeigt reintönige reife Frucht im Bouquet, rote Früchte, ist frisch, fruchtbetont und harmonisch im Mund, zupackend und strukturiert. Etwas fülliger noch bei deutlichen Vanillenoten ist der im Barrique ausgebaute Frühburgunder, der gute Konzentration und viel reife Frucht im Bouquet zeigt, enorm saftig im Mund ist, viel reife Frucht und Substanz besitzt.

Weinbewertung

82 2021 Sauvignon Blanc trocken Dittelsheimer Geyersberg | 12,5%/8,50€
85 2021 Riesling trocken Dittelsheim | 12,5%/6,50€
86 2021 Riesling trocken „edition" Dittelsheimer Mönchhube | 12,5%/15,-€
82 2021 Riesling „feinherb" „Alte Reben" | 11,5%/6,20€
89 2021 „Kostbarkeit edition" Trockenbeerenauslese | 6,5%/18,-€/0,375l
81 2021 Spätburgunder & Frühburgunder Rosé trocken | 12,5%/6,20€
84 2018 Spätburgunder trocken Holzfass | 13,5%/9,20€
85 2019 Frühburgunder trocken Barrique „edition" | 13,5%/15,-€

★★★★

Spiess

Kontakt
Riederbacherhof
Gaustraße 2
67595 Bechtheim
Tel. 06242-7633
Fax: 06242-6412
www.spiess-wein.de
info@spiess-wein.de

Besuchszeiten
Mo.-Fr. 8-12 + 13-18 Uhr
Sa. 8-12 + 13-16:30 Uhr

Inhaber
Jürgen, Johannes &
Christian Spiess
Kellermeister
Johannes Spiess
Außenbetrieb
Christian Spiess
Rebfläche
32 Hektar
Produktion
240.000 Flaschen

Seit Beginn des 16. Jahrhunderts betreibt die Familie Landwirtschaft in Bechtheim. Ursprünglich ein typischer landwirtschaftlicher Mischbetrieb, hat man sich in den letzten Jahren ganz auf Weinbau konzentriert. Heute führen Jürgen Spiess und seine Ehefrau Ute den Riederbacherhof. Sie werden im Betrieb unterstützt von ihren beiden Söhnen: Johannes Spiess absolvierte seine Winzerlehre bei Keller und Knipser, studierte danach Weinbau und Oenologie in Geisenheim, ist seit 2011 für den Keller verantwortlich. Der zweite Sohn Christian Spiess hatte seine Winzerlehre bei Philipp-Kuhn und Wagner-Stempel gemacht, ist im elterlichen Betrieb seit 2014 für den Außenbetrieb verantwortlich, seine Ehefrau Sina, die nach Ausbildung bei Wittmann und Aldinger in Geisenheim Weinbau und Oenologie studierte, ist seit 2016 ebenfalls im Betrieb tätig und verantwortlich für den Vertrieb. Die Weinberge liegen in Bechtheim in den Lagen Hasensprung, Geyersberg, Stein, Heilig-Kreuz und Rosengarten, seit 2017 ist man auch im Oppenheimer Herrenberg vertreten. Johannes und Christian Spiess haben zunehmend auf Riesling, weiße Burgunder und Spätburgunder gesetzt: Riesling nimmt inzwischen knapp ein Drittel der Rebfläche ein, es folgen Weißburgunder und Spätburgunder. Dazu gibt es vor allem noch Chardonnay und Grauburgunder, aber auch etwas Silvaner, Müller-Thurgau, Sauvignon Blanc, Scheurebe, Gewürztraminer, Muskateller und Rieslaner. Rote Rebsorten spielen eine wichtige Rolle, neben Spätburgunder werden St. Laurent, Schwarzriesling, Portugieser und Dornfelder angebaut, aber auch internationale Sorten wie Cabernet Sauvignon, Merlot, Cabernet Franc und Syrah. Die Weine werden teils im Edelstahl, teils in Eichenholzfässern vergoren, alle Rotweine werden maischevergoren, rote aber auch weiße Topweine werden im Barrique ausgebaut, die roten Topweine bleiben etwa 18 Monate im Barrique, die roten Ortsweine etwa 15 Monate. 2007 wurde der neue Gewölbekeller fertig gestellt, der Raum für 200 Barriques bietet. Das Programm ist dreistufig gegliedert in Gutsweine (inklusive der Selektionsweine „S"), Ortsweine und Lagen- sowie Reserveweine. Im Topsegment gibt es die Rieslinge aus Rosengarten und Geyersberg, seit dem Jahrgang 2017 ergänzt um einen Riesling aus dem Herrenberg, Chardonnay Reserve und Weißburgunder Reserve, den Spätburgunder aus dem Hasensprung, Merlot Reserve, Cabernet Sauvignon Reserve, Cabernet Franc Reserve und Syrah Reserve sowie die Cuvée CM, eine Cuvée aus Cabernet Sauvignon und Merlot.

Kollektion

Hier geht es weiter voran, vor allem beim Riesling hat man in den vergangenen Jahren in der Spitze noch zugelegt. Und die Basis stimmt, das zeigen die Gutsweine, der frische, zupackende Riesling und der würzige, eindringliche Grauburgunder, der Frische, klare Frucht, gute Struktur und Grip besitzt. Die beiden Weißweine der S-Linie sehen wir gleichauf, der Chardonnay zeigt gute Konzentration und reintönige Frucht im herrlich eindringlichen Bouquet, ist füllig, saftig, besitzt reife Frucht und Substanz, die Cuvée aus Weißburgunder und Chardonnay zeigt leicht rauchige Noten, ist klar und frisch, harmonisch und zupackend bei guter Struktur. Deutlich mehr Holz und mehr Konzentration kommen bei den Weißweinen der Reserve-Linie ins Spiel, wobei das Holz nicht dominant ist wie in manch früheren Jahrgängen. Der Weißburgunder R ist konzentriert, klar, füllig und saftig, besitzt viel reife Frucht und Substanz, Struktur und Frische. Der Chardonnay R ist derzeit deutlicher vom Holz geprägt, zeigt rauchig-würzige Noten, besitzt Fülle, Kraft und Substanz. Ganz spannend sind die beiden Lagenrieslinge: Der Geyersberg-Riesling zeigt herrlich viel Frucht im Bouquet, gelbe Früchte, ist füllig und saftig, der Wein aus dem Herrenberg ist herrlich eindringlich und würzig, im Mund mineralisch, stoffig, braucht noch Zeit. Die vier vorgestellten Rotweine stammen alle aus dem Jahrgang 2019. Der Merlot R zeigt Gewürznoten und reife Frucht im Bouquet, ist füllig, saftig, sehr kompakt, besitzt klare Frucht. Der Cabernet Sauvignon R ist reintönig im Bouquet, zeigt etwas florale Noten, Cassis, besitzt Fülle und Kraft, gute Struktur, viel Grip und Tannine. Unser Favorit unter den roten Reserveweinen ist der Syrah, der pfeffrige Noten zeigt, herrlich eindringlich, konzentriert und reintönig ist, viel Substanz und Frische besitzt und eine feine Schokonote. Gleichauf sehen wir den Pinot Noir aus dem Hasensprung, der gute Konzentration zeigt, rauchige Noten, etwas Herzkirschen und Vanille, füllig und saftig ist, viel reife Frucht besitzt, Struktur und Frische. Klasse Kollektion!

Johannes & Christian Spiess

Weinbewertung

84 2021 Riesling trocken | 11,5%/7,40€
85 2021 Grauer Burgunder trocken | 13%/8,40€
87 2021 Weißburgunder & Chardonnay „S" trocken | 13%/12,40€
87 2021 Chardonnay „S" trocken | 13%/13,90€
91 2021 Riesling trocken Bechtheimer Geyersberg | 13%/25,-€
91 2021 Riesling trocken Oppenheimer Herrenberg | 13%/31,-€
89 2021 Weißer Burgunder „R" trocken | 13%/28,-€
89 2021 Chardonnay „R" trocken | 13%/28,-€
88 2019 Merlot „R" trocken | 14,5%/28,-€
89 2019 Cabernet Sauvignon „R" trocken | 13%/28,-€
90 2019 Syrah „R" trocken | 14%/38,-€
90 2019 Pinot Noir trocken Bechtheim Hasensprung | 13%/29,-€

Lagen
Geyersberg (Bechtheim)
Hasensprung (Bechtheim)
Rosengarten (Bechtheim)
Heilig-Kreuz (Bechtheim)
Stein (Bechtheim)
Herrenberg (Oppenheim)

Rebsorten
Riesling (30%)
Weißburgunder (19%)
Spätburgunder (11%)
Dornfelder (7%)
Chardonnay (7%)
St. Laurent (6%)
Grauburgunder (5%)

★☆

Spieß

Kontakt
Neugasse 5
67366 Weingarten (Pfalz)
Tel. 06344-2830
Fax: 06344-938098
www.wein-gut-spiess.de
info@wein-gut-spiess.de

Besuchszeiten
Mo.-Fr. 9-12 + 13-19 Uhr
Sa. 10-18 Uhr

Inhaber
Wilfried & Adrian Spieß
Rebfläche
25 Hektar
Produktion
90.000 Flaschen

Albert Spieß füllte 1965 in dem damaligen landwirtschaftlichen Mischbetrieb seinen ersten Wein in die Flasche ab, einen Müller-Thurgau. Als sein Sohn Wilfried 1993 den Ackerbau und die Viehzucht aufgab und sich nur noch auf den Weinbau konzentrierte, wurde aus dem Betrieb das erste Vollerwerbsweingut im weit draußen in der Rheinebene gelegenen Weingarten. Sohn Adrian ist nach seinem Weinbaustudium in Geisenheim 2012 in den Familienbetrieb eingestiegen und führt nun zusammen mit seinem Vater das Weingut. Auf 25 Hektar werden 19 verschiedene Rebsorten angebaut. Das Sortiment ist gegliedert in Basisweine in der Literflasche, Gutsweine und Lagenweine aus den besten Parzellen des Weingartener Schlossbergs.

Kollektion

Zum ersten Mal konnten wir in diesem Jahr einen Sekt der Familie Spieß verkosten und wie bei allen anderen Weinen des Sortiments liegt auch hier die Betonung auf klar abgezirkelter reintöniger Frucht. Der Sekt aus Weißburgunder und Chardonnay ist fruchtbetont, füllig und frisch, zeigt klare Aromen von Melone und Grapefruit und besitzt gute Länge, die beiden anderen Spitzen des diesjährigen Sortiments sind der harmonische und saftige Spätburgunder, der sehr deutlich nach Süßkirsche duftet und am Gaumen gut eingebundenes Holz besitzt und der zart lachsroséfarbene Schlossberg-Grauburgunder, der klare Birnenfrucht, florale Noten und sehr dezente Holzwürze zeigt, feinen Schmelz und frische Säure besitzt. Sehr gut sind auch wieder der sehr fruchtbetonte und im Vergleich zum vergangenen Jahr wesentlich schlankere Chardonnay mit Aromen von Aprikose, Pfirsich und animierenden Zitrusnoten und der noch leicht verschlossene Syrah, der pfeffrige Würze, gute Struktur und Länge besitzt. Bis zur Basis in den Literflaschen besitzen alle anderen Weißweine merkliche Restsüße, aber auch viel klare Frucht. —

Weinbewertung

86 2020 Weißburgunder & Chardonnay Sekt brut | 12,5%/8,50€
82 2021 Weißburgunder trocken | 12,5%/5,80€
81 2021 Riesling trocken „Basis“ (1l) | 12,5%/4,80€
81 2021 Chardonnay trocken „Basis“ (1l) | 12,5%/5,-€
82 2021 Riesling Kabinett trocken | 12,5%/5,80€
82 2021 Grauburgunder trocken | 12,5%/5,80€
84 2021 Sauvignon Blanc trocken Weingartener Schlossberg | 12%/6,80€
86 2021 Grauburgunder Spätlese trocken Weingartener Schlossberg | 13%/8,80€
85 2021 Chardonnay Spätlese trocken Weingartener Schlossberg | 13%/7,80€
84 2021 Scheurebe „süß“ Weingartener Schlossberg | 9,5%/7,30€
86 2020 Spätburgunder trocken Barrique Weingartener Schlossberg | 13,5%/10,-€
85 2020 Syrah trocken Barrique Weingartener Schlossberg | 14,5%/10,-€

★★

Eugen Spindler

Kontakt
Lindenhof, Weinstraße 55
67147 Forst
Tel. 06326-338
Fax: 06326-7556
www.spindler-lindenhof.de
info@spindler-lindenhof.de;

Besuchszeiten
Mo.-Fr. 10-12 Uhr + 14-17 Uhr
Sa. 10 -16 Uhr

Inhaber
Timo Spindler
Rebfläche
11 Hektar
Produktion
90.000 Flaschen

Die Familie Spindler, deren Vorfahren aus dem Burgund stammen, betreibt seit 1620 Weinbau an der Mittelhaardt. Vor drei Generationen wurde der stattliche Weinbergsbesitz in drei Weingüter aufgeteilt. Eines davon ist der Lindenhof, dessen Gutsgebäude mit ihren Sandsteingewölbekellern Mitte des 19. Jahrhunderts erbaut wurden. Im Innenhof stehen zwei über einhundert Jahre alte Lindenbäume, denen das Weingut seinen Namen zu verdanken hat. Nachdem Peter Spindler den Betrieb seit 1992 geführt hatte, hat mittlerweile sein Sohn Timo, der schon länger für den An- und Ausbau der Weine verantwortlich ist, das Weingut übernommen. Die Weinberge liegen in den Forster Lagen Jesuitengarten, Pechstein, Ungeheuer und Musenhang, in Deidesheim in den Lagen Langenmorgen, Leinhöhle und Herrgottsacker, sowie in den Ruppertsberger Lagen Hoheburg und Reiterpfad. Wichtigste Rebsorte ist der Riesling, daneben gibt es Weißburgunder, Grauburgunder, Chardonnay, Gewürztraminer und Scheurebe, an roten Sorten werden Spätburgunder, Cabernet Sauvignon und Dornfelder angebaut.

Kollektion

Wie schon im vergangenen Jahr sehen wir wieder zwei der Forster Lagenrieslinge an der Spitze des Sortiments, beide sind im Bouquet noch recht verhalten und zeigen etwas kräutrige Noten und Zitruswürze, der Pechstein besitzt am Gaumen herbe Frucht, Ananas, etwas Aprikose, eine frische Säure und gute Länge, der Jesuitengarten ist fülliger und besitzt leicht süße Zitrusnoten von Ananas und Grapefruit, die von einer deutlichen Säure balanciert werden. Auch die drei weiteren trockenen Rieslinge sind von Noten von Kräutern und Zitrusfrüchten geprägt, das Ungeheuer besitzt Fülle und Länge, die Leinhöhle besitzt leicht süße, gelbe Frucht und der Forster besitzt eine frische Säure, bleibt aber nur kurz am Gaumen. Der halbtrockene Riesling Nonnenstück besitzt eine dezente Süße und klare Noten von Ananas und Aprikose, Weiß- und Grauburgunder sind füllig und leicht floral, der Chardonnay ist sehr verhalten und der Rosé zeigt dezente rote Beerenfrucht und etwas grüne Paprika.

Weinbewertung

82 2021 Riesling trocken Forster | 12%/6,-€
83 2021 Weißburgunder trocken | 12,5%/8,50€
83 2021 Grauburgunder trocken | 13%/9,50€
86 2021 Riesling trocken Forster Pechstein | 12,5%/10,50€
84 2021 Riesling trocken Deidesheimer Leinhöhle | 12%/9,-€
82 2021 Chardonnay trocken | 12,5%/9,50€
85 2021 Riesling trocken Forster Ungeheuer | 12,5%/12,-€
86 2021 Riesling trocken Forster Jesuitengarten | 12,5%/12,-€
84 2021 Riesling halbtrocken Deidesheimer Nonnenstück | 12%/9,-€
82 2021 Cabernet Sauvignon Rosé trocken | 12%/7,50€

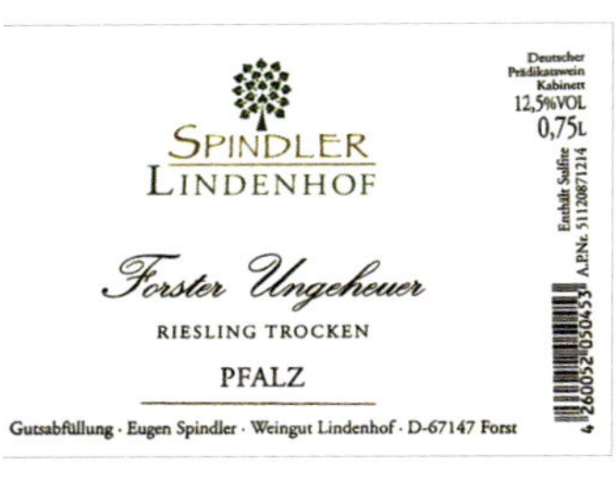

★★★★

Heinrich **Spindler**

Kontakt
Weinstraße 46
67147 Forst
Tel. 06326-96291-0
Fax: 06326-96291-22
www.weingutheinrichspindler.de
info@weingutheinrichspindler.de

Besuchszeiten
Di.-Fr. 9-12 + 13-18 Uhr
Sa. 10-17 Uhr
Weinrestaurant Gutsausschank Spindler (Di.-Sa. 11:30-21 Uhr, durchgehend warme Küche)

Inhaber
Markus Spindler
Betriebsleiter
Markus Spindler
Kellermeister
Markus Spindler
Außenbetrieb
Steffen Götze
Rebfläche
20 Hektar
Produktion
120.000 Flaschen

Seit 1620 ist die Familie in Forst ansässig, als Sontag Spindler sich während des Dreißigjährigen Krieges dort niederließ. Das heutige Gutshaus wurde im Jahr 1770 erbaut, 1933 wurde der Gutsausschank eröffnet. Seit 1978 führte Hans Spindler in zehnter Generation den Betrieb, 2007 ist Sohn Markus in den Betrieb eingestiegen, der in Geisenheim studiert hat und Auslandspraktika in Frankreich, Österreich und Kalifornien absolvierte, den Betrieb inzwischen übernommen hat. Seine Weinberge liegen vor allem in Forst, wo er in sämtlichen Spitzenlagen vertreten ist, in Ungeheuer, Pechstein, Kirchenstück, Freundstück und Jesuitengarten, sowie in Musenhang und Elster. Hinzu kommen Weinberge in Ruppertsberg (Reiterpfad) und Deidesheim (Herrgottsacker). Das Gros der Rebfläche ist mit Riesling bestockt, dazu gibt es Weiß- und Grauburgunder, Gewürztraminer, Spätburgunder und Sauvignon Blanc, auch etwas Blaufränkisch und Merlot. Seit 2012 wird die gesamte Rebfläche biologisch bewirtschaftet. Florian Schindler, der Bruder von Markus, ist 2013 in den Gutsausschank eingestiegen. Die Spitzenrieslinge werden größtenteils in Holzfässern vergoren und lange auf der Feinhefe ausgebaut. Rotweine werden maischevergoren und in Doppelstückfässern oder Barriques ausgebaut. Das Sortiment ist vierstufig gegliedert in Guts-, Orts-, Erste Lage- und Große Lage-Weine. Die Gutsweine tragen eine beige Kapsel, die Ortsweine aus Deidesheim, Forst und Ruppertsberg eine grüne. Die mit einer goldenen Kapsel ausgestatteten Erste Lage-Weine kommen aus den beiden Forster Lagen Elster und Musenhang sowie aus dem Deidesheimer Herrgottsacker. Die Große Lage-Weine tragen eine schwarze Kapsel und kommen ausschließlich aus den Forster Spitzenlagen Freundstück, Jesuitengarten, Kirchenstück, Pechstein und Ungeheuer, seit dem Jahrgang 2016 kommen die Weine im September nach dem Erntejahr auf den Markt. Seit der ersten Ausgabe schon empfehlen wir die Weine der Spindlers, schon damals waren wir überrascht von ihren durchweg klaren, fruchtbetonten Rieslingen – und den moderaten Preisen. In den letzten Jahren sind die Preise vor allem für die Weine von Großen Lagen gestiegen, aber die Weine haben auch an Konzentration und Kraft gewonnen, die Guts- und Ortsweine überraschen immer wieder mit ihrer Präzision und Reintönigkeit. Nicht viele Weingüter in der Pfalz zeigten eine solche Zuverlässigkeit und Konstanz in den beiden vergangenen Jahrzehnten.

Kollektion

Markus Spindlers 2021er Rieslinge aus Großen Lagen waren zum Zeitpunkt unserer Verkostung noch nicht gefüllt, stattdessen konnten wir einige ältere, ab Weingut nicht mehr verfügbare Jahrgänge verkosten: Der 2020er Jesuitengarten wirkt noch jung, zeigt kräutrig-steinige Noten und feine Frucht, vor allem Orangenschale, am konzentrierten Gaumen kommen noch Noten von Ananas und Apfel dazu, der Wein ist druckvoll, sehr salzig und nachhaltig, der 2019er Pechstein zeigt ein sehr komplexes Bouquet mit feinen Reifenoten, etwas Ananas, Gebäck, und auch leicht rauchig-steinige Würze, am Gaumen besitzt er leicht gereifte, herbe Zitrusnoten, viel Grip und gute Länge, der 2017er Pechstein zeigt dann neben rauchiger Würze schon deutliche Reifenoten, Quitte, Gebäck und Kakao, am Gaumen ist er leicht salzig, besitzt Kraft, Grip und Länge, der 2015er Pechstein ist ebenfalls kraftvoll und besitzt deutliche Reifenoten, etwas Ananas, Limette und Quitte, aber auch noch ein frisches Säurespiel. Der Erste Lage-Riesling vom Musenhang zeigt deutliche Kräuterwürze, die sich neben klarer Frucht auch am Gaumen wiederfindet, er ist geradlinig, animierend und nachhaltig, der Elster zeigt Noten von Kräutern und etwas Waldhonig, besitzt am Gaumen Biss und gute Länge, der Forster Riesling zeigt etwas deutlichere Frucht, Aprikose, Ananas und besitzt guten Grip, der Ruppertsberger Riesling ist füllig mit Fruchtnoten von Aprikose und grünem Apfel. Der „Magnum44"-Riesling besitzt klare Zitrusnoten, Ananas, Limette, und ein frisches Säurespiel und auch der Riesling „Beppo" ist von frischen Zitrusnoten nach Ananas und Orangenschale geprägt. Der „3 Trauben" wird in diesem Jahr aromatisch deutlich vom Sauvignon geprägt und zeigt Aromen von Stachelbeere und Grapefruit im Bouquet, am Gaumen ist er saftig, frisch und harmonisch, der reinsortige Sauvignon Blanc zeigt ebenfalls Noten von gelber Stachelbeere und Grapefruit, besitzt auch am Gaumen viel klare Frucht und ist leicht füllig und animierend.

Markus & Lola Spindler

Weinbewertung

86 2021 „3 Trauben" Weißwein trocken | 12%/9,80€
84 2021 Riesling trocken „Beppo" | 11,5%/8,50€
86 2021 Sauvignon Blanc trocken | 12%/9,80€
86 2021 Riesling trocken Ruppertsberger | 12%/9,80€
87 2021 Riesling trocken Forster | 12%/10,50€
86 2021 Riesling trocken „Magnum44" | 12%/11,50€
87 2021 Riesling trocken Elster Forst | 13%/14,-€
88 2021 Riesling trocken Musenhang Forst | 13%/15,-€
89 2015 Riesling trocken Pechstein Forst | 13,5%/33,-€
90 2017 Riesling trocken Pechstein Forst | 13,5%/29,-€
90 2019 Riesling trocken Pechstein Forst | 13%/25,-€
91 2020 Riesling trocken Jesuitengarten Forst | 13%/37,-€

Lagen

Ungeheuer (Forst)
Pechstein (Forst)
Kirchenstück (Forst)
Freundstück (Forst)
Jesuitengarten (Forst)
Musenhang (Forst)
Elster (Forst)
Reiterpfad (Ruppertsberg)
Herrgottsacker (Deidesheim)

Rebsorten

Riesling (82%)
Weißburgunder (5%)
Spätburgunder (5%)
Grauburgunder (3%)
Sauvignon Blanc (3%)

★★★★

Josef Spreitzer

Kontakt
Rheingaustraße 86
65375 Oestrich-Winkel
Tel. 06723-2625
Fax: 06723-4644
www.weingut-spreitzer.com
info@weingut-spreitzer.de

Besuchszeiten
Mo.-Fr. 9-12 + 13:30-18:30 Uhr,
Sa. 10-16 Uhr
an Sonn- und Feiertagen geschlossen
„Schlemmerwochen" Ende April/Anfang Mai

Inhaber
Bernd & Andreas Spreitzer
Rebfläche
30 Hektar
Produktion
230.000 Flaschen

Das Weingut Spreitzer wird seit 1997 von den Brüdern Bernd und Andreas Spreitzer geführt, die den Betrieb von ihrem Vater Bernhard übernahmen. Der Großvater Josef Spreitzer war Verwalter des Oestricher Weinguts Hess, das er 1929 kaufte und damit den Grundstein für das heutige Weingut legte. Das Gut ist in einer Jugendstilvilla in der Nähe des Rheins untergebracht, wo die Weine in einem alten, 1743 erbauten Gewölbekeller lagern. Die Weinberge liegen in den Oestricher Lagen Lenchen und Doosberg, im Winkeler Jesuitengarten, im Hattenheimer Wisselbrunnen sowie im Mittelheimer St. Nikolaus. Die Weinberge sind zu 97 Prozent mit Riesling bepflanzt, hinzu kommt etwas Spätburgunder. Die Moste werden, wenn möglich, spontanvergoren. Der Ausbau der Weine erfolgt teils im Edelstahl, teils in Holzfässern, wobei auch die im Edelstahl vergorenen Weine für kurze Zeit ins Holzfass kommen. An der Spitze des trockenen Teils der Kollektion stehen die Großen Gewächse aus den Lagen Lenchen und Wisselbrunnen, neu hinzugekommen ist mit dem Jahrgang 2012 der Riesling aus dem Mittelheimer St. Nikolaus. Das Große Gewächs aus dem Lenchen stammt aus der ehemaligen Einzellage Rosengarten, die isoliert vom restlichen Lenchen in Rheinnähe liegt und teilweise von Mauern umgeben ist und inzwischen wieder offiziell als Einzellage eingetragen ist, so dass der Weine seit 2013 als „Oestricher Rosengarten" bezeichnet werden darf. Im restsüßen Segment werden, wenn es der Jahrgang erlaubt, alle Prädikate bis hin zur Trockenbeerenauslese geerntet. Das restsüße Pendant zu den Großen Gewächsen ist die mit dem Jahrgang 2000 eingeführte Spätlese „303", deren Name an eine vom Großvater geerntete 1920er Oestricher Bremerberg-Eiserberg Trockenbeerenauslese erinnert. Dieser Wein wurde mit einem Mostgewicht von 303 Grad Oechsle gelesen, zwei Jahre vergoren. Sieben Jahre später dann wurde auf der Versteigerung im Kloster Eberbach das ganze Fass (600 Liter) zum Preis von 75.000 Reichsmark verkauft. Die Spätlese 303 kommt immer aus der ehemaligen Lage Eiserberg. Zuletzt haben Bernd und Andreas Spreitzer ihre Vinothek neu gestaltet und in eine Photovoltaikanlage investiert.

Kollektion

Die kräftige Säure des 2021er Jahrgangs passt gut zum eher auf Üppigkeit setzenden Stil von Bernd und Andreas Spreitzer. Schon der Guts-Riesling zeigt dies, er weist Noten von Aprikose und Granny Smith auf. Die Ortsweine stellen schön die Unterschiede der Böden dar, nach denen sie benannt sind. Der Muschelkalk-Riesling ist charmant, mit verspielter Frucht; sein Pendant vom Buntschiefer zeigt weniger Frucht, dafür rauchige Noten, besitzt mehr Kanten. Sehr spannend und ebenfalls differenziert fallen die Lagenweine aus. Der Riesling vom

Klosterberg weist im Bouquet viel gelbe Frucht auf und ist im Mund geprägt von einer strammen Säurestruktur; ähnlich ist auch der Wein aus dem Hendelberg, der dem noch eine spannende Salzigkeit hinzufügt. Der Doosberg-Riesling ist üppiger und würziger, mit Noten von tropischer Frucht, Bitterorangenschale und Gelber Bete. Die Großen Gewächse knüpfen daran an. Der St. Nikolaus ist würzig im Bouquet mit Noten von weißem Pfeffer, im Mund ist er einerseits cremig, fast barock, durch die kräftige Säure aber auch frisch und zupackend. Der Wisselbrunnen-Riesling ist ein wenig zurückhaltender, klarer und reintöniger, besitzt weniger Cremigkeit und eine noch keckere Säure. Der Rosengarten-Riesling gibt sich offen, klar, bringt vielschichtige Frucht- und Würz-Komponenten ein. Der herrlich reintönige Kabinett besitzt viel Säure, eindringliche Kräuterwürze und reife Frucht. Unter den beiden Spätlesen präferieren wir ganz leicht die charmantere, zugänglichere aus dem Lenchen gegenüber dem zwar spannenden, aber nicht ganz so filigranen Wein aus dem Eiserberg. Auslese und Beerenauslese leben von frischer Apfelfrucht, sind konzentriert und säurebetont. An der Spitze der Kollektion steht die Trockenbeerenauslese, die frische, komplexe Apfelaromen aufweist, beeindruckend lang und nachhaltig ist.

Bernd & Andreas Spreitzer

Weinbewertung

85 2021 Riesling trocken I 12%/8,90€
87 2021 Riesling trocken „Buntschiefer" Hallgarten I 11,5%/11,40€
86 2021 Riesling trocken „Muschelkalk" Oestrich I 11,5%/11,40€
89 2021 Riesling trocken Hallgartener Hendelberg I 12,5%/15,90€
89 2021 Riesling trocken „Alte Reben" Oestrich Doosberg I 12,5%/15,90€
88 2021 Riesling trocken „Alte Reben" Oestricher Klosterberg I 12,5%/15,90€
91 2021 Riesling Großes Gewächs Hattenheim Wisselbrunnen I 13%/32,-€
91 2021 Riesling trocken Großes Gewächs Oestrich Rosengarten I 13%/29,-€
91 2021 Riesling trocken Großes Gewächs Mittelheim St. Nikolaus I 13%/29,-€
87 2021 Riesling halbtrocken „Alte Reben" Winkel Jesuitengarten I 12,5%/15,90€
88 2021 Riesling Kabinett Oestrich Lenchen I 8,5%/11,40€
89 2021 Riesling Spätlese Oestricher Lenchen I 7,5%/15,90€
88 2021 Riesling Spätlese Oestricher Lenchen Eiserberg I 7,5%/24,90€
90 2021 Riesling Auslese Oestricher Lenchen I 7,5%/22,90€/0,375l
92 2021 Riesling Beerenauslese Oestricher Lenchen I 7%/79,-€/0,375l
93 2021 Riesling Trockenbeerenauslese Oestricher Lenchen I 6%/105,-€/0,375l

Lagen
Lenchen (Oestrich)
Eiserberg (Oestrich)
Rosengarten (Oestrich)
Doosberg (Oestrich)
St. Nikolaus (Mittelheim)
Wisselbrunnen (Hattenheim)
Jesuitengarten (Winkel)
Klosterberg (Oestrich)
Würzgarten (Hallgarten)

Rebsorten
Riesling (95%)
Spätburgunder (5%)

★☆

Springer

Kontakt
Staufenberger Weg 4
74074 Heilbronn
Tel. 07131-570695
Fax: 07131-256196
www.weingut-springer.de
info@weingut-springer.de

Besuchszeiten
Mo.-Do. 12-13:30 Uhr
Fr. 13-18 Uhr
Sa. 9-16 Uhr
und nach Vereinbarung
Besenwirtschaft (Termine siehe Webseite)

Inhaber
Felix Springer
Rebfläche
6 Hektar

Weingut aus Heilbronn
Springer

Felix Springer absolvierte seine Lehre bei Ellwanger, studierte dann in Geisenheim, machte ein Praxissemester bei Paul Fürst – seit 2007 ist er für den Weinausbau im elterlichen Weingut verantwortlich, das er inzwischen übernommen hat. Seine Weinberge liegen hauptsächlich im Heilbronner Stiftsberg, aber auch im Fleiner Sonnenberg ist er vertreten. Hauptrebsorten sind Trollinger, Riesling, Spätburgunder und Lemberger. Dazu gibt es Schwarzriesling, Samtrot, Weißburgunder, Cabernet Dorsa, Müller-Thurgau, Clevner, Gewürztraminer und Dornfelder, aber auch Zweigelt und Frühburgunder. Die Weine werden teils im Edelstahl, teils in Holzfässern ausgebaut. Das Gros der Weine wird an Privatkunden verkauft, ein Teil in der Besenwirtschaft ausgeschenkt.

Kollektion

Den prächtigen Spätburgunder Terrasse aus dem Jahrgang 2018 hatten wir schon im vergangenen Jahr vorgestellt, er steht auch in diesem Jahr wieder an der Spitze der Kollektion, zeigt reintönige Frucht und gute Konzentration im Bouquet, etwas rote Früchte, ist füllig und harmonisch im Mund, besitzt gute Struktur, klare Frucht und Grip. Auch sonst können die Rotweine überzeugen, der im Holz ausgebaute Frühburgunder, zeigt feine rauchige Noten und klare Frucht, ist frisch und harmonisch im Mund, besitzt reintönige Frucht, der Zweigelt ist recht würzig und eindringlich, im Mund dann frisch und klar, strukturiert und zupackend; beide stammen aus dem Jahrgang 2019. Zweigelt gibt es auch als überzeugenden Rosé, der wie auch alle vorgestellten Weißweine aus dem Jahrgang 2021 stammt, wunderschön fruchtbetont und frisch im Bouquet ist, sehr lebhaft und zupackend dann im Mund, feine süße Frucht und Grip besitzt. Die Weißweine sind sehr gleichmäßig, besitzen Säure und Biss, der feinherbe Muskateller zeigt feine Muskatwürze, ist lebhaft und zupackend, der Riesling Kabinett überzeugt sowohl als zitrusduftiger trockener Wein als auch in der wunderschön klaren feinherben Version.

Weinbewertung

82 2021 Rivaner trocken | 11%/6,-€
83 2021 Riesling Kabinett trocken | 11,5%/6,50€
82 2021 „s´Springerle“ Weißweincuvée trocken | 11,5%/6,50€
83 2021 Weißburgunder trocken | 12,5%/7,50€
83 2021 Muskateller „feinherb“ | 11%/7,20€
83 2021 Riesling Kabinett „feinherb“ | 11,5%/6,50€
81 2021 Rosé trocken | 11,5%/6,-€
84 2021 Zweigelt Rosé trocken | 12,5%/7,60€
84 2019 Frühburgunder trocken Holzfass | 13%/7,60€
84 2019 Zweigelt trocken | 13,5%/7,60€
88 2018 Spätburgunder trocken Terrasse | 14%/16,-€

Stachel

Kontakt
Bahnhofstraße 40
67487 Maikammer
Tel. 06321-5112
Fax: 06321-58561
www.weingut-stachel.de
info@weingut-stachel.de

Besuchszeiten
Mo./Mi./Do./Fr.
9-12 + 14:30-18 Uhr
Di. 9-12 Uhr
Sa. 10-16 Uhr
Sonn- & Feiertage nach Vereinbarung

Inhaber
Erich Stachel
Betriebsleiter
Erich & Matthias Stachel
Kellermeister
Matthias Stachel
Rebfläche
19 Hektar
Produktion
100.000 Flaschen

Matthias Stachel absolvierte seine Ausbildung bei den Weingütern Emil Bauer, Knipser und Müller-Catoir. Nach Praktika in Kalifornien und Neuseeland und einer Weiterbildung zum Weinbautechniker unterstützt er seit 2003 seinen Vater Erich im elterlichen Betrieb. Der Junior ist seitdem für den Keller verantwortlich, der Senior kümmert sich um den Außenbetrieb. Die Weinberge von Erich und Matthias Stachel liegen in Maikammer (Heiligenberg und Kirchenstück), in Diedesfeld (Paradies und Johanniskirchel), im Kirrweiler Römerweg und im Alsterweiler Kapellenberg. An weißen Sorten bauen sie Riesling, Weißburgunder, Auxerrois, Silvaner, Chardonnay, Kerner, Müller-Thurgau, Gewürztraminer und Sauvignon Blanc an, rot gibt es Spätburgunder, St. Laurent, Dornfelder, Syrah, Regent, Merlot, Cabernet Sauvignon und Malbec.

Kollektion

Zum zweiten Mal stehen die starken 2018er Rotweine von Matthias Stachel im Fokus unserer Verkostung, ergänzt um den leicht gereiften 2017er Syrah, der viel dunkle Beerenfrucht und reife Tannine besitzt und harmonisch und sehr nachhaltig ist. Der Holzeinsatz ist bei allen Roten perfekt, drängt sich nie in den Vordergrund und spielt stets nur eine stützende Rolle, der Cabernet Sauvignon konnte sich noch steigern, zeigt neben dunklen Beeren auch feine kräutrige Würze, ist kraftvoll und harmonisch, der Malbec duftet intensiv nach Brombeeren, Himbeeren und Kräutern, ist elegant und nachhaltig, der Merlot wirkt noch sehr jung, ist sehr stoffig, aber harmonisch. Bei einigen Weißweinen erkennen wir eine deutliche Steigerung zu den Vorjahren, allen voran beim Alte Reben-Riesling, der leichte Reifenoten zeigt und mit Aromen von Orange, Mandarine und Mango sehr fruchtbetont ist und beim leicht salzigen Chardonnay Held, der von deutlichen Röstnoten, Kraft und Schmelz geprägt ist.

Weinbewertung

86 2019 Chardonnay Sekt brut | 12,5%/12,80€
84 2021 Auxerrois trocken Maikammer | 12,5%/7,20€
84 2021 Grauburgunder trocken Kirrweiler | 13%/7,50€
84 2020 Sauvignon Blanc trocken Diedesfeld | 12%/7,50€
87 2019 Chardonnay trocken „Held" Alsterweiler Kapellenberg | 14%/15,90€
87 2019 Riesling trocken „Alte Reben" Alsterweiler Kapellenberg | 12,5%/10,80€
86 2017 Weißburgunder trocken Kirrweiler Römerweg | 14%/15,90€
85 2018 Red Moon Rotwein trocken | 14%/9,80€
88 2018 Pinot Noir trocken Maikammer Heiligenberg | 13,5%/20,-€
88 2018 Merlot trocken Maikammer Kirchenstück | 15%/19,-€
90 2018 Cabernet Sauvignon trocken Maikammer Kirchenstück | 13,5%/21,-€
89 2018 Malbec trocken Maikammer Heiligenberg | 14%/28,-€
90 2017 Syrah trocken Maikammer Heiligenberg | 14%/32,-€

★★★☆

Stahl

Kontakt
Winzerhof Stahl
Lange Dorfstraße 21
97215 Auernhofen
Tel. 09848-96896
Fax: 09848-96898
www.winzerhof-stahl.de
mail@winzerhof-stahl.de

Besuchszeiten
täglich nach Vereinbarung
Weinrestaurant (Events und Menüs nach Anmeldung)

Inhaber
Christian Stahl
Rebfläche
30 Hektar
Produktion
250.000 Flaschen

Bis 1984 war der Betrieb ein Bauernhof mit Ackerbau und Viehzucht. In diesem Jahr kaufte Albrecht Stahl im Zuge der Flurbereinigung Weinbergflächen im zehn Kilometer entfernten Taubertal. Anfangs wurde der Ertrag komplett an eine Weinkellerei abgeliefert, erst 1992 begann Albrecht Stahl seine Weine selbst auszubauen. Sohn Christian ist seit dem Jahrgang 2000 für die Vinifikation verantwortlich, inzwischen hat er den Betrieb übernommen. Die Weinberge liegen nicht nur im Tauberzeller Hasennestle und an der Tauber, sondern auch am Main in Gemeinden wie Randersacker, Sommerhausen oder Sulzfeld. Silvaner ist immer wichtiger geworden im Betrieb, ebenso Sauvignon Blanc und Scheurebe, die Burgundersorten und Riesling, auch wenn es immer noch Müller-Thurgau gibt, mit dem Christian Stahls Erfolgsgeschichte begann. Das Sortiment wurde neu gegliedert in vier Stufen: Die Basislinie „Nachschlag" (Burgunderflasche), Rebsortenweine des gehobenen Mittelbaus (Schlegelflasche), Rebsortenweine im Premiumbereich (Burgunderflasche) und Rebsortenweine aus Parzellen (schwere Burgunderflasche).

Kollektion

Eine kleine Kollektion von sechs Weinen präsentiert Christian Stahl in diesem Jahr – und die sind alle bärenstark. Aus der „Best of"-Linie gibt es einen herrlich eindringlichen, konzentrierten Silvaner, der viel reife Frucht, gute Struktur und Substanz besitzt, und einen Sauvignon Blanc, der intensive Frucht im herrlich reintönigen Bouquet zeigt, gute Fülle, Kraft und klare Frucht im Mund besitzt, viel Frische und Grip; beide stammen aus dem Jahrgang 2021. Die folgenden vier Lagenweine sind alle 2020er. Der Sonnenstuhl-Silvaner ist sehr offen im Bouquet, zeigt viel reife Frucht, weiße Früchte, ein wenig Birnen, Mirabellen, ist herrlich kraftvoll und stoffig im Mund, besitzt viel reife Frucht und Länge. Aus der gleichen Lage stammt der Chardonnay, der konzentriert und herrlich eindringlich im Bouquet ist, sehr kompakt dann im Mund, konzentriert, aber noch verhalten – ein Wein, der Zeit braucht. Und schließlich gibt es zwei Lagen-Scheureben. Die aus dem Marsberg ist würzig, eindringlich, sehr reintönig, besitzt klare Frucht, gute Struktur und Grip, die aus dem Cyriakusberg ist im Bouquet sehr ähnlich, ebenfalls wunderschön reintönig und konzentriert, im Mund ist sie deutlich komplexer und druckvoller, besitzt Länge und Nachhall.

Weinbewertung

88 2021 Sauvignon Blanc trocken „Best of" | 13,5%/18,-€
89 2021 Silvaner trocken „Best of" | 13,5%/18,-€
89 2020 Silvaner trocken Sonnenstuhl | 13%/29,-€
88 2020 Chardonnay trocken Sonnenstuhl | 13%/38,-€
88 2020 Scheurebe trocken Marsberg | 13%/29,-€
90 2020 Scheurebe trocken Cyriakusberg | 13%/29,-€

★★★

Stallmann-Hiestand

Kontakt
Eisgasse 15
55278 Uelversheim
Tel. 06249-8463
Fax: 06249-8614
www.stallmann-hiestand.de
info@stallmann-hiestand.de

Besuchszeiten
nach Vereinbarung

Inhaber
Familie Hiestand
Kellermeister
Christoph Hiestand
Rebfläche
21 Hektar
Produktion
180.000 Flaschen

Christoph Hiestand will noch stärker auf die klassischen Rebsorten setzen, auf die Burgunder, hat Chardonnay neu gepflanzt. Die Weinberge liegen in Dienheim (Tafelstein, Kreuz, Siliusbrunnen), Uelversheim (Aulenberg, Schloss, Tafelstein mit der Lage Geierscheiß) sowie Guntersblum (Kreuz, Bornpfad, Steigterrassen). Riesling und Spätburgunder sind die wichtigsten Rebsorten, gefolgt von den weißen Burgundern, Silvaner und Gewürztraminer. Portugieser, Weinsberger Cabernet-Kreuzungen (Cabernet Dorsa, Cabernet Cubin), Sankt Laurent und Sauvignon Blanc sind wichtige Bestandteile des Sortiments. Christoph Hiestand, als gelernter Krankenpfleger quasi Quereinsteiger, schloss 2007 sein Geisenheim-Studium ab, hatte Praktika bei Meyer-Näkel, Nederburg (Südafrika) und Knipser absolviert bevor er in den Betrieb einstieg, den er inzwischen übernommen hat und zusammen mit Ehefrau Nora führt. In direkter Nachbarschaft wurde eine historische Hofreite übernommen, die nach ihrem Umbau ab 2023 Gastronomie und Gästezimmer beherbergen wird.

Kollektion

Weiß wie rot gleichermaßen stark ist die neue Kollektion. Der Sauvignon Blanc ist intensiv fruchtig (Tropenfrüchte), frisch und zupackend. Der Weißburgunder vom Dienheimer Kreuz besitzt viel reife Frucht und Substanz, der Aulenberg-Grauburgunder punktet mit Reintönigkeit, Struktur und Grip. Während sein Kollege vom Uelversheimer Schloss viel Fülle und Kraft besitzt, Vanillenoten und Wärme. Füllig und saftig ist auch der süße Geierscheiss-Riesling, während die Trepino-Cuvée auf Struktur, Kraft und Grip setzt, was auch für den konzentrierten, wunderschön fülligen Chardonnay vom Dienheimer Tafelstein gilt. Auch die Roten überzeugen wie gewohnt, die intensiv fruchtige, offene Unikum-Cuvée ebenso wie der reintönige, zupackende Merlot. An der Spitze steht der 2018er Tafelstein-Spätburgunder, der herrlich eindringlich, reintönig, fruchtbetont und intensiv ist.

Weinbewertung

85 2021 Weißburgunder trocken Dinheimer Kreuz I 13%/9,20€
87 2021 Grauer Burgunder trocken Uelversheimer Aulenberg I 13,5%/10,50€
87 2021 Sauvignon Blanc trocken I 12%/8,50€ ☺
85 2021 Riesling trocken Dienheimer Tafelstein I 12,5%/8,80€
88 2020 „Trepino“ Weißwein trocken I 13%/11,-€
87 2020 Grauer Burgunder trocken Uelversheimer Schloss I 14%/17,50€
88 2021 Chardonnay trocken Dienheimer Tafelstein I 13%/19,50€
87 2021 Riesling Spätlese „Geierscheiß“ Uelversheimer Tafelstein I 10%/9,90€
84 2021 Rosé trocken I 13,5%/6,50€
86 2019 „Unikum“ Rotwein trocken I 13%/11,50€
87 2019 Merlot trocken Uelversheimer Tafelstein I 13%/15,-€
89 2018 Spätburgunder trocken Dienheimer Tafelstein I 13,5%/20,50€

Roland Staudt

Kontakt
Am Maustal 3
97320 Sulzfeld
Tel. 09321-6826
Fax: 09321-6927
www.weingut-staudt.de
info@weingut-staudt.de

Besuchszeiten
Mo.-Fr. 9-12 + 13-18 Uhr
Sa. 9-12 + 13-16 Uhr
So. nach Vereinbarung
Wohnmobilstellplätze

Inhaber
Roland Staudt
Rebfläche
11 Hektar
Produktion
80.000 Flaschen

Roland Staudt erzeugte 1984 seinen ersten Jahrgang. Seine Weinberge liegen alle in den Sulzfelder Einzellagen Maustal, Cyriakusberg und Sonnenberg, wo die Reben auf Muschelkalkböden wachsen. Er baut vor allem Müller-Thurgau und Silvaner an, die jeweils etwa ein Viertel seiner Rebfläche einnehmen. Hinzu kommen Bacchus, Riesling, Weißburgunder, Rieslaner und Grauburgunder als weitere weiße Rebsorten; an roten Sorten, die 9 Prozent der Rebfläche einnehmen, gibt es Spätburgunder, Dornfelder, Cabernet Dorsa und Domina. Die Weißweine werden in temperaturgesteuerten Edelstahltanks ausgebaut, die Rotweine kommen nach der Maischegärung ins Holz. Auf Prädikatsbezeichnungen verzichtet Roland Staudt inzwischen, das Sortiment ist heute gegliedert in Ortsweine und Lagenweine. 2018 hat Roland Staudt mit der Umstellung auf biologischen Weinbau begonnen. Im Keller setzt er verstärkt auf Spontangärung, Maischestandzeiten und Maischegärung.

Kollektion

Eine kleine Kollektion von sieben Weinen präsentiert Roland Staudt in diesem Jahr, drei Weine aus dem Jahrgang 2021 und je zwei aus den Jahrgängen 2020 und 2019. Letztere sind unsere Favoriten. Der im Barrique ausgebaute Silvaner ist würzig im Bouquet, deutlich vom Holz geprägt, besitzt Fülle und Kraft im Mund, gute Substanz und reife Frucht. Der Spätburgunder S zeigt rote Früchte im herrlich eindringlichen Bouquet, ist füllig und kraftvoll, reintönig, besitzt gute Struktur, Frucht und eine dezente Bitternote im Abgang. Der 2020er Riesling Ortswein ist würzig und eindringlich im Bouquet, frisch, klar und geradlinig im Mund. Der 2020er Silvaner Weitblick ist würzig und eindringlich im Bouquet, besitzt feine süße Frucht, Frische und Grip. Die 2021er Weißweine präsentieren sich sehr geschlossen, setzen auf Frische und Frucht, Der Monte C ist reintönig, fruchtbetont und frisch, ist zupackend im Mund, besitzt klare Frucht, Struktur und Grip. Der Bacchus punktet mit Reintönigkeit im Bouquet, ist lebhaft im Mund, besitzt viel Frische und Biss. Auf der selben Linie liegt auch der Sulzfelder Silvaner, zeigt gute Konzentration, klare Frucht, Frische, ein wenig Birnen, ist fruchtbetont und lebhaft auch im Mund, klar und zupackend.

Weinbewertung

84	2021 „Monte C" Weißwein trocken I 12%/7,20€
84	2021 Bacchus trocken Sulzfelder I 12%/8,60€
83	2020 Riesling trocken Sulzfelder I 12%/8,60€
84	2020 Silvaner trocken „Weitblick" Sulzfelder I 12,5%/8,60€
84	2021 Silvaner trocken Sulzfelder I 12%/8,60€
86	2019 Silvaner trocken Barrique Sulzfelder Maustal I 14%/19,90€
86	2019 Spätburgunder „S" trocken Sulzfelder Maustal I 13%/25,-€

★★

Stauffer

Kontakt
Borngasse 24/26
55234 Flomborn
Tel. 06735-1521
Fax: 06735-1579
www.weingutstauffer.de
info@weingutstauffer.de

Besuchszeiten
nach Vereinbarung

Inhaber
Karl-Michael, Doris & Alexander Stauffer
Betriebsleiter
Karl-Michael & Alexander Stauffer
Kellermeister
Alexander Stauffer
Außenbetrieb
Karl-Michael Stauffer
Rebfläche
17 Hektar
Produktion
80.000 Flaschen

Seit 1790 bewirtschaftet die Familie Weinberge in Flomborn, einem kleinen Ort südlich von Alzey, der alte Winzerhof ist seit der Säkularisierung in Familienbesitz. Seit 1989 wird das ehemalige Klostergut von Karl-Michael und Doris Stauffer geführt, 2011 ist Sohn Alexander in den Betrieb eingestiegen und übernahm seither immer mehr die Verantwortung im Keller. Karl-Michael Stauffer hat Landwirtschaft mit Schwerpunkt Weinbau an der Universität Hohenheim studiert, Alexander Stauffer studierte in Geisenheim sowie an der University of California in Davis, sammelte Erfahrungen im In- und Ausland. Die Weinberge liegen zum größten Teil in Flomborner Lagen Feuerberg und Goldberg, sowie im Eppelsheimer Felsen, die Lagen sind sehr kalksteingeprägt und liegen relativ hoch. Die Burgundersorten nehmen ein knappes Drittel der Rebfläche ein, es folgen Riesling, Portugieser (davon 1,5 Hektar mit über 80 Jahre alten wurzelechten Reben), Müller-Thurgau und Silvaner. Die Rotweine werden überwiegend im Holz ausgebaut, die Weißweine meist im Edelstahl. 2021 ist der erste bio-zertifizierte Jahrgang.

Kollektion

Die neue Kollektion von Alexander Stauffer ist ein klarer Schritt voran. Schon die Basis ist stark, das zeigt der zupackende Riesling im Liter, die Gutsweine besitzen Frische, reintönige Frucht und Grip. Unser Favorit in diesem Segment ist der einzige präsentierte Rotwein, der Spätburgunder, der wunderschön reintönige Frucht, Frische und Biss besitzt. Die Ortsweine sind etwas fülliger und saftiger. Der Eppelsheimer Auxerrois besitzt reintönige Frucht, gute Struktur und Grip, der Eppelsheimer Riesling ist herrlich klar und zupackend. Der Lagen-Chardonnay vom Felsen ist noch jugendlich, besitzt viel Substanz. Unsere Favoriten aber sind der fünf Tage auf der Maische vergorene, intensiv würzige Silvaner „unfiltriert" und der Sauvignon Blanc Reserve, der gute Konzentration und reintönige Frucht besitzt, herrlich eindringlich, saftig und zupackend ist. Im Aufwind!

Weinbewertung

83 2021 Riesling trocken (1l) I 12%/5,70€
83 2021 Weißer Burgunder trocken I 12,5%/7,20€
83 2021 Grauer Burgunder trocken I 12,5%/7,10€
83 2021 Scheurebe trocken I 12%/7,40€
84 2021 Silvaner trocken Flomborn I 12,5%/9,50€
86 2021 Riesling trocken Eppelsheim I 12,5%/9,50€
85 2021 Auxerrois trocken Eppelsheim I 13%/9,20€
87 2021 Sauvignon Blanc trocken „Reserve" I 12,5%/9,90€
87 2020 Silvaner „unfiltriert" I 11,5%/16,-€
86 2021 Chardonnay trocken Eppelsheimer Felsen I 13%/14,50€
85 2020 Spätburgunder trocken I 13,5%/7,40€

STAUFFER

★★★☆

Steffens-Keß

Kontakt
Moselstrasse 63
56861 Reil
Tel. 06542-1246
Fax: 06542-1353
www.steffens-kess.de
weingut@steffens-kess.de

Besuchszeiten
nach Vereinbarung

Inhaber
Harald Steffens
Betriebsleiter
Harald Steffens
Kellermeister
Harald Steffens
Rebfläche
4 Hektar
Produktion
30.000 Flaschen

Harald Steffens und Marita Keß bewirtschaften seit 1982 ihre Weinberge biologisch, sind Mitglied bei Ecovin. Ihre Weinberge liegen überwiegend in Steillagen der mittleren Mosel, in der Reiler Goldlay, im Burger Wendelstück und im Burger Hahnenschrittchen. Sie bauen fast ausschließlich Riesling an (97 Prozent), nur eine kleine Parzelle ist mit Müller-Thurgau bepflanzt, kaufen ein wenig zu von ebenfalls biologisch arbeitenden Winzern. Die Weine werden in Eichenholzfässern ausgebaut, ist in einem Jahrgang die Menge überdurchschnittlich groß, kommen einige Partien auch ins Edelstahl. Praktisch alle Weine werden trocken abgefüllt, nur in Ausnahmejahren, wenn die Gärung stockt, gibt es auch Weine mit ein wenig Restsüße. Neben Wein stellt Harald Steffens Riesling-Balsam-Essig her, den er in Holzfässern aus Eiche und Maulbeerbaum ausbaut, sowie Mosto Cotto, ein Konzentrat aus eingedampftem Rieslingtraubensaft. Auch dank seines Onlinetagebuchs, in dem Steffens über die Arbeit in Weinberg und Keller berichtet, gehört er zu den bekanntesten Winzern in diesem Teil der Mosel.

Kollektion

Wie fast immer, so wurden auch diesmal ausschließlich trockene Rieslinge vorgestellt. Das Weingut nimmt mit dieser Politik eine Ausnahmestellung an der Mosel ein – und das schon seit vielen Jahren. Noch etwas verhalten ist der Literwein, im Mund fest und würzig, nicht übertrieben säurebetont. Der Goldlay-Riesling ohne Prädikat zeigt eine offene, fast süße Frucht, wie sie bei den Weinen dieser Lage und bei diesem Weingut so oft zu beobachten ist: ein straffer, saftiger Einstieg. Beim Goldlay-Kabinett ist die Frucht etwas kräuteriger, der Wein ist saftig und würzig, gefällt ausgezeichnet. Deutlich verhaltener, im Mund straffer und frischer ist sein Pendant aus dem Hahnenschrittchen. Ausgezeichnet herausgearbeitet wurden die Lagenunterschiede auch bei den beiden Spätlesen. Der Wein aus dem Wendelstück ist frisch mit Kräuter- und Mirabellenanklängen, auch etwas Apfel ist zu spüren, im Mund handelt es sich um einen festen, saftigen Wein mit viel Spiel, während die Goldlay-Spätlese offener ist, etwas reifer wirkt, im Mund zupackend mit Schmelz und enormer Saftigkeit.

Weinbewertung

88	2020 Riesling Sekt brut I 12%/12,60€
85	2021 Riesling trocken (1l) I 11%/8,30€
86	2021 Riesling trocken Burger Hahnenschrittchen I 11%/8,30€
86	2021 Riesling trocken Reiler Goldlay I 11%/8,40€
87	2021 Riesling Kabinett trocken Burger Hahnenschrittchen I 11,5%/9,50€
88	2021 Riesling Kabinett trocken Reiler Goldlay I 11,5%/9,70€ ☺
89	2021 Riesling Spätlese trocken Burger Wendelstück I 12%/12,30€
90	2021 Riesling Spätlese trocken Reiler Goldlay I 12%/12,50€ ☺

★★

Karl Stein

Kontakt
Auf dem Stiel 12
55585 Oberhausen
Tel. 06755-242
Fax: 06755-741
www.steinwein.de
info@steinwein.de

Besuchszeiten
Mo.-Sa. 8-17 Uhr
und nach Vereinbarung
Jahrgangspräsentation am 1. So. nach Pfingsten; kulinarische Weinproben im Herbst

Inhaber
Edith & Rainer Schneider
Betriebsleiter
Edith & Rainer Schneider
Kellermeister
Rainer Schneider
Rebfläche
12 Hektar
Produktion
50.000 Flaschen

Seit 1801 erzeugt die Familie Wein in Oberhausen an der Nahe, 1960 kam die Sektherstellung dazu, heute wird der Betrieb geführt von Edith Schneider und ihrem Sohn Karl Rainer, der seit 2010 für die Weinbereitung zuständig ist. Riesling nimmt mittlerweile 65 Prozent der Rebfläche ein, dazu gibt es 25 Prozent Weißburgunder und Grauburgunder, sowie ein wenig Gewürztraminer, Silvaner, Müller-Thurgau und Chardonnay. Die Reben stehen in den Oberhäuser Lagen Leistenberg (kalkhaltiger Schieferton), Kieselberg (karg und sandig mit hohem Kieselsteinanteil) und Felsenberg (felsiger, vulkanischer Boden) sowie in Niederhausen im Felsensteyer (schluffiger Boden auf vulkanischem Fels) und in der Klamm (vulkanischer Boden), ein Drittel der Fläche wird in Steillagen bewirtschaftet.

Kollektion

Besonders spannend in einer durch die Bank stimmigen Kollektion sind in diesem Jahr die trockenen Rieslinge aus vier verschiedenen Terroirs in Nieder- und Oberhausen. Sie verfügen alle über attraktive, reife und animierende Zitrusaromen. Der Kieselberg ist saftig und offenherzig, bleibt mild und zart würzig. Im Duft erscheint der Riesling aus dem Leistenberg deutlich feiner, seine Frucht von frischen Amalfi-Zitronen ist von markanter Säure durchzogen, er bleibt lang und zupackend herb, kann etwas reifen. Gewohnt kraftvoll und voller Würze präsentiert sich der füllige Felsensteyer Riesling in bester Verfassung, bleibt druckvoll und satt bis ins lange Finish. Im Duft zurückhaltend, am Gaumen von rasanter Säure durchwirkt, wirkt der geschliffene Riesling aus der Klamm noch verschlossen, kann reifen. Von den zwei sortentypischen Chardonnay zieht uns die duftige Reserve mit ihrer feinen Toastwürze sofort in den Bann, am Gaumen wirkt sie im Moment noch etwas karg vom Holz, mit weiterer Flaschenreifung wird aber sicher mehr Fülle und Balance entstehen.

Weinbewertung

84 2021 Chardonnay trocken Oberhäuser Kieselberg | 13,5%/9,50€
83 2021 Müller-Thurgau „Hanggarten" | 12,5%/6,50€
85 2021 Riesling trocken Oberhäuser Kieselberg | 13%/8,-€
86 2021 Riesling trocken Niederhäuser Klamm | 13%/12,-€
86 2021 Riesling trocken Oberhäuser Leistenberg | 12,5%/11,-€
87 2021 Riesling trocken Niederhäuser Felsensteyer | 13%/13,-€
86 2020 Chardonnay „Reserve" Oberhäuser Kieselberg | 13,5%/14,-€
83 2021 Riesling „feinherb" „Wolf" | 11,5%/8,50€
84 2021 Riesling Kabinett Oberhäuser Leistenberg | 9%/8,50€
86 2021 Riesling Spätlese Niederhäuser Felsensteyer | 7,5%/12,-€
85 2021 Riesling und Gewürztraminer Spätlese Oberhäuser Rotenberg | 8,5%/9,-€
87 2021 Riesling Auslese Niederhäuser Klamm | 7,5%/16,-€

★★★

Artur Steinmann

Kontakt
Plan 4
97286 Sommerhausen
Tel. 09333-90460
Fax: 09333-904627
www.pastoriushaus.de
info@pastoriushaus.de

Besuchszeiten
Mo.-Sa. 8-12 + 13-18 Uhr
So. 9-12 Uhr
Weinproben, Weinseminare, Kellerführungen, Gästehaus (1 EZ, 6 DZ, 1 App.), Tagungen

Inhaber
Artur Steinmann
Betriebsleiter
Artur Steinmann
Kellermeister
Artur Steinmann & Lukas Steinmann
Außenbetrieb
Lukas Steinmann & Frank Schönig
Rebfläche
18 Hektar
Produktion
120.000 Flaschen

Das 1916 von Karl Steinmann gegründete Gut hat seinen Sitz in einem im 17. Jahrhundert erbauten Haus, in dem Franz David Pastorius geboren wurde, der erste deutsche Auswanderer nach Amerika, der 1683 in Pennsylvania die Stadt German-Town gründete. Karl Steinmanns Sohn konzentrierte sich seit den sechziger Jahren auf Weinbau, seit 1982 führt Enkel Artur Steinmann das Gut, heute unterstützt von Sohn Lukas. Die Weinberge liegen vor allem in Sommerhausen (Steinbach, Reifenstein sowie Ölspiel, die Lage, die 1971 zur Großlage „umfunktioniert" wurde), dazu ist er in Frickenhausen im Kapellenberg vertreten. Silvaner ist die wichtigste Rebsorte, nimmt etwa ein Drittel der Weinberge ein. Es folgen Müller-Thurgau und Riesling, dazu gibt es Weißburgunder, Scheurebe sowie ein klein wenig Kerner und Traminer. Rote Rebsorten nehmen ein Fünftel der Fläche ein: Schwarzriesling, Spätburgunder, Dornfelder und Domina. Dem Weingut ist ein Hotel mit Tagungsräumen angeschlossen. Artur Steinmann ist Initiator der Gruppe Frank & Frei und Präsident des Fränkischen Weinbauverbandes.

Kollektion

Der im Barrique ausgebaute Reifenstein-Weißburgunder aus dem Jahrgang 2018 hatte uns im vergangenen Jahr besonders gut gefallen; nun konnten wir den 2020er verkosten, der aber noch allzu jugendlich ist, das Holz ist derzeit omnipräsent, er ist füllig, kompakt, konzentriert, besitzt viel reife Frucht und Substanz, etwas Flaschenreife wird ihm noch guttun. Die rote Cuvée, ebenfalls aus dem Jahrgang 2020, zeigt intensive Frucht und gute Konzentration, ist füllig und kraftvoll, besitzt feine Frucht und Grip. Sie ist in diesem Jahr unser Favorit – zusammen mit dem trockenen Silvaner Kabinett, der füllig und saftig ist, Struktur und Biss besitzt. Auch die anderen beiden trockenen Kabinettweine sind sehr gut: Der Riesling ist würzig, kraftvoll, zupackend, der Weißburgunder reintönig und strukturiert, beide besitzen viel Grip. Aber auch die Basis ist im Jahrgang 2021 stark und besser denn je: Der Frank & Frei-Müller-Thurgau ist frisch, fruchtbetont, zeigt eine feine Muskatnote, ist wunderschön klar und zupackend im Mund, was auch für den Basis-Silvaner gilt, der mit viel Frische und feiner Birnenfrucht punktet. Eine überzeugende Vorstellung!

Weinbewertung

85 2021 Müller-Thurgau trocken „Frank & Frei" | 12%/7,50€
85 2021 Grüner Silvaner trocken | 12%/7,50€
87 2021 Silvaner Kabinett trocken Sommerhausen Ölspiel | 12%/9,-€
85 2021 Weißer Burgunder Kabinett trocken Sommerhausen Ölspiel | 13%/9,-€
85 2021 Riesling Kabinett trocken Sommerhausen Ölspiel | 12,5%/9,-€
86 2020 Weißer Burgunder Spätlese trocken Sommerhausen Reifenstein | 13%/16,-€
84 2021 Rosé trocken | 12%/7,50€
87 2020 „Pastorius 1683" Rotweincuvée trocken | 13%/13,-€

★★★☆

Steinmühle

Kontakt
Eulenberg 18
67574 Osthofen
Tel. 06242-1478
Fax: 06242-1580
www.weingut-steinmuehle.de
info@weingut-steinmuehle.de

Besuchszeiten
nach Vereinbarung
Gästehaus Steinmühle
(Inh. Katharina May)

Inhaber
Axel May
Rebfläche
25 Hektar

Das 1275 erstmals erwähnte Hof- und Weingut Steinmühle ist seit Anfang des 18. Jahrhunderts im Besitz der Familie, wird seit 2009, nach Abschluss seines Geisenheimstudiums, von Axel May geführt. Die Weinberge liegen vor allem in Osthofen in den Lagen Liebenberg (mit der Gewanne Auf dem Schnapp), Goldberg und Klosterberg, sowie im Dittelsheimer Leckerberg. Axel May will stärker auf Riesling setzen, daneben gibt es die Burgundersorten und Silvaner, Sauvignon Blanc brachte 2014 den ersten Ertrag. Mit dem Jahrgang 2011 wurde das Sortiment neu gegliedert in Guts-, Orts- und Lagenweine. Derzeit gibt es als Lagenweine den Riesling „Auf dem Schnapp“, den Leckerberg-Riesling und den Klosterberg-Spätburgunder, zukünftig sollen Lagenrieslinge aus dem Goldberg hinzukommen. Die Weine werden spontanvergoren, teils im Edelstahl, teils in 500 Liter-Holzfässern. 2019 war der erste biologisch zertifizierte Jahrgang, 2021 hat Axel May begonnen mit biodynamischen Praktiken zu arbeiten.

Kollektion

Der Riesling Auf dem Schnapp führt auch in diesem Jahr wieder die Kollektion an, er ist würzig, eindringlich, frisch, klar und zupackend, besitzt gute Struktur, Grip und dezent mineralische Noten. Auch der Osthofener Ortsriesling ist stark, er stammt aus den Lagen Auf dem Schnapp und Klosterberg, ist würzig, rauchig, sponti-geprägt, besitzt viel Frische, Präzision und Grip. Der Gutsriesling ist ebenfalls frisch, klar und zupackend, die trockene Variante ist etwas griffiger als der feinherbe Wein, der Riesling Kabinett ist frisch, fruchtbetont, herrlich reintönig und lebhaft, besitzt feine süße Frucht und Biss. Aber nicht nur auf Riesling versteht sich Axel May: Der Weißburgunder ist würzig, klar, saftig, der Grauburgunder zeigt viel Frische und reintönige Frucht, ist harmonisch, zupackend, der Sauvignon Blanc zeigt leicht florale Noten bei klarer Frucht, ist geradlinig und zupackend. Pinot Noir gehört ebenfalls zum Repertoire, der Gutswein ist frisch, fruchtbetont und zupackend, der in gebrauchten Barriques ausgebaute Ortswein, aus der Lage Goldberg, ist intensiv fruchtig, kraftvoll, sehr jugendlich.

Weinbewertung

85 2021 Riesling trocken | 11%/8,20€
85 2021 Grauburgunder trocken | 12,5%/8,20€
84 2021 Sauvignon Blanc trocken | 11%/8,20€
83 2021 Weißburgunder trocken | 11,5%/8,20€
87 2021 Riesling trocken Osthofen | 12%/13,90€
90 2021 Riesling trocken Osthofener Auf dem Schnapp | 12%/19,90€
84 2021 Riesling „feinherb“ | 10%/8,20€
85 2021 Riesling Kabinett | 8%/8,20€
84 2020 Pinot Noir trocken | 13%/8,20€
87 2020 Pinot Noir trocken Osthofen | 13,5%/14,90€

S

★★★★

Steintal

Kontakt
Wilhelmstraße 107
63911 Klingenberg
Tel. 09372-2438
Fax: 09372-921059
www.weingut-steintal.de
info@weingut-steintal.de

Besuchszeiten
nach Vereinbarung

Inhaber
Weingut Klingenberg GmbH
Betriebsleiter
Jonas Hirn
Kellermeister
Philipp Aufderheide
Außenbetrieb
Philipp Aufderheide
Rebfläche
11 Hektar
Produktion
30.000 Flaschen

WEINGUT SEIT 1912
STEINTAL
in Klingenberg am Main

Jahr für Jahr gibt es Veränderungen zu vermelden im Weingut Steintal, das einst Weingut der Stadt Klingenberg hieß (und bereits 1912 gegründet wurde), dann Weingut Benedikt Baltes. Benedikt Baltes zog es zurück an die Ahr, wo seine Familie lebt, seine Ehefrau Julia ihr Weingut Julia Bertram betreibt, das inzwischen in Weingut Bertram-Baltes umbenannt wurde. Inzwischen haben Philipp Aufderheide und Jonas Hirn die Verantwortung im Weingut Steintal übernommen. Philipp Aufderheide hatte seine Winzerlehre im Weingut absolviert und kehrte nach seinem Weinbaustudium als Außenbetriebsleiter und Kellermeister nach Klingenberg zurück. Er wird dabei von seinem Studienkollegen Jonas Hirn als Vertriebsleiter unterstützt, der bereits seit 2018 in Kontakt mit dem Weingut steht. Der Fokus bleibt weiterhin ganz auf Spätburgunder und eine natürliche Weinbereitung „ohne Zusätze und Schnickschnack"; bereits 2016 wurde mit der Umstellung auf biologischen Weinbau begonnen. Die Weinberge liegen im Klingenberger Schlossberg und im Großheubacher Bischofsberg, beides Lagen mit überwiegend Terrassen-Weinbergen, 2016 sind dann Weinberge in Bürgstadt hinzugekommen. Es wird hauptsächlich Spätburgunder angebaut, derzeit liegt der Anteil bei 90 Prozent, dazu gibt es gibt noch ein wenig Portugieser, Riesling, Cabernet Franc und Müller-Thurgau. Seit dem Jahrgang 2016 gibt es neben den Lagenweinen aus Schlossberg (Großes Gewächs) und Bischofsberg (seit 2016 als Großes Gewächs) zwei weitere Lagenweine aus dem Bürgstadter Berg (Erste Lage) und dem Bürgstadter Hundsrück (Großes Gewächs). Die Basis des Sortiments bilden die Buntsandstein-Weine mit Spätburgunder, Portugieser und Blanc de Noir sowie einer roten Cuvée, dann folgen die Ortsweine, der Klingenberger Spätburgunder und der Großheubacher Spätburgunder sowie der Klingenberger Cabernet Franc. Die Weine werden etwas kaltmazeriert und spontanvergoren, sie werden weder angereichert noch geschönt, der Ausbau erfolgt überwiegend in 300 Liter-Fässern, ein kleiner Teil wird in 500 Liter-Fässern ausgebaut, die Eiche hierfür stammt aus der Region.

Kollektion

Eine gewohnt überschaubare Kollektion präsentiert das Weingut auch in diesem Jahr, acht Weine insgesamt, davon sechs reinsortige Spätburgunder. Und auch im 2021er Blanc de Noir Buntsandstein ist Spätburgunder enthalten, aber auch Schwarzriesling: Er ist sehr würzig, klar und eindringlich im Bouquet, frisch und zupackend im Mund, besitzt gute Struktur und viel jahrgangstypischen Grip. Die Rotweine stammen alle aus dem Jahrgang 2020. Der Cabernet Franc ist würzig und eindringlich im Bouquet, zeigt feine Frische, reife Frucht, ein wenig Kräuter und rote Früchte, ist wunderschön reintönig, besitzt viel Frische und Grip im Mund, ist sehr von Spontinoten geprägt, klar, geradlinig und zupackend, besitzt gute Struktur und viel Biss. Der Buntsandstein genannte Guts-Spätburgunder ist frisch und fruchtbetont im Bouquet, mit intensiver Spontiprägung, die fast allen Weinen zu eigen ist, reintönig und lebhaft, besitzt viel Frische im Mund, gute Struktur, Säure und Grip. Der Klingenberger Spätburgunder von alten Reben zeigt viel Frische und Duft im Bouquet, viel Intensität, ist frisch, klar und zupackend im Mund, besitzt ebenfalls gute Struktur und Grip. Der Spätburgunder Bürgstadter Berg ist wohltuend anders, der einzige Wein, der nicht von intensiven, alles überlagernden Spontangärnoten im Bouquet dominiert wird, reintönige Frucht und feine Frische zeigt, rote Früchte, kraftvoll, klar und zupackend im Mund ist, fruchtbetont und strukturiert. An der Spitze der Kollektion stehen die drei Großen Gewächse, und es fällt uns schwer einen Favoriten zu benennen, so gleichmäßig ist das Niveau. Zu ähnlich sind sie sich im Bouquet. Der Wein aus dem Bischofsberg zeigt viel Frische und eindringliche Spontangärnoten im Bouquet, rote Früchte, ist recht schlank im Mund, frisch und präzise, geradlinig und mineralisch, puristisch, nachhaltig. Viel Frische und eindringliche Spontinoten zeigt auch der Spätburgunder vom Bürgstadter Hundsrück, ist ein klein wenig fülliger als sein Kollege vom Bischofsberg, trotzdem auch sehr präzise, sehr frisch und zupackend, besitzt gute Struktur und Druck, im Abgang noch ein wenig jugendliche Bitternoten. Der dritte im Bunde ist der Spätburgunder vom Klingenberger Schlossberg, der ebenfalls viel Frische und Würze im Bouquet zeigt und ganz intensive Spontiprägung, ein ganz klein wenig Toast im Hintergrund, im Mund ebenfalls klar und präzise ist, wunderschön puristisch und zupackend, gute Struktur und viel jugendlichen Grip besitzt. Alle drei sind noch sehr jugendlich und werden von etwas Flaschenreife profitieren.

Philipp Aufderheide & Jonas Hirn

Weinbewertung

86 2021 „Blanc de Noir Buntsandstein" I 10,5%/15,-€
86 2020 Spätburgunder „Buntsandstein" I 12%/16,50€
87 2020 Spätburgunder „Alte Reben" Klingenberg I 12%/29,-€
89 2020 Spätburgunder Bürgstadt Berg I 12%/39,-€
89 2020 Cabernet Franc Klingenberg I 12,5%/29,-€
92 2020 Spätburgunder „GG" Großheubach Bischofsberg I 12%/55,-€
92 2020 Spätburgunder „GG" Bürgstadt Hundsrück I 12,5%/63,-€
92 2020 Spätburgunder „GG" Klingenberg Schlossberg I 12%/69,-€

Lagen
Schlossberg (Klingenberg)
Bischofsberg (Großheubach)
Hundsrück (Bürgstadt
Berg (Bürgstadt)

Rebsorten
Spätburgunder (90%)
Cabernet Franc
Pinot Meunier

★★☆

Stepp

Kontakt
Friedelsheimer Straße 15
67098 Bad Dürkheim
Tel. +44-7798765430
g_stepp@yahoo.de,
udo@mail-bischoff.de

Besuchszeiten
nach Vereinbarung

Inhaber
Gerd Stepp
Betriebsleiter
Gerd Stepp
Kellermeister
Gerd Stepp
Rebfläche
9 Hektar
Produktion
60.000 Flaschen

Gerd Stepp stammt aus einer Bad Dürkheimer Winzerfamilie, entschied sich aber nach seinem Weinwirtschaftsstudium zunächst für eine internationale Karriere. Nach Stationen in Neuseeland, Simbabwe, Nigeria, Italien und Südafrika arbeitete er rund zehn Jahre lang für ein großes britisches Einzelhandelsunternehmen im Einkauf und als „Flying Winemaker". Zurück in der Pfalz, begann er seine eigene Weinlinie aufzubauen, die international vertrieben wird. Stepp konzentriert sich auf wenige, für die Pfalz typische Rebsorten, vor allem Riesling und Spätburgunder, aber auch Weiß- und Grauburgunder, Chardonnay, Gewürztraminer, Scheurebe und Sauvignon Blanc.

Kollektion

Neu in Gerd Stepps Programm ist in diesem Jahr ein 22 Monate in gebrauchten Barriques ausgebauter Cabernet Franc, er zeigt kräutrige Noten, Lakritze, etwas Schwarzkirsche, schwarze Johannisbeere und Leder im Bouquet, ist kraftvoll, harmonisch und lang. Der Pinot Noir „Buntsandstein" besitzt klare Fruchtaromen von Kirsche und roter Johannisbeere, ist leicht kräutrig, elegant und nachhaltig, der zweite Pinot besitzt ebenfalls viel klare, rote Frucht, Kraft und eine gute Struktur. Die Weißweine sind alle sehr typisch und reintönig in der Frucht, der Chardonnay zeigt feine Röstnoten, Kokos und etwas Popcorn im Bouquet, ist kraftvoll, besitzt Schmelz, klare Zitrusnoten und Länge, der Sauvignon Blanc ist sehr aromatisch, fruchtbetont und frisch. Drei der vier Lagenrieslinge sehen wir gleichauf, der Saumagen zeigt leicht kreidige Noten und viel Frucht, Aprikose, Orangenschale, ist leicht füllig und animierend, der Fuchsmantel ist kräutrig und gelbfruchtig, besitzt Grip und Länge, der Goldberg ist noch etwas verhalten, besitzt aber gute Substanz und Grip, der Königswingert liegt knapp dahinter, ist mit Noten von Ananas und Orangenschale sehr fruchtbetont und frisch.

Weinbewertung

85 2021 Pinot Blanc I 12,5%/8,90€
85 2021 Pinot Gris I 13%/8,90€
88 2020 Chardonnay I 13,5%/18,90€
86 2021 Sauvignon Blanc I 12,5%/12,90€
84 2021 Riesling I 12,5%/8,90€
87 2021 Riesling Kallstadter Saumagen I 12,5%/15,90€
87 2021 Riesling Dürkheimer Fuchsmantel I 12,5%/15,90€
86 2021 Riesling Wachenheimer Königswingert I 12,5%/12,90€
(87) 2021 Riesling Herxheim Am Goldberg I 12,5%/14,90€
86 2020 Pinot Noir I 13,5%/12,90€
88 2019 Pinot Noir „vom Buntsandstein" I 13%/19,90€
(88) 2020 Cabernet Franc I 14%/25,-€

★★★½

Stern

Kontakt
Hauptstraße 199
76879 Hochstadt
Tel. 06347-700580
Fax: 06347-7309
www.weingut-stern.de
info@weingut-stern.de

Besuchszeiten
Mo.-Fr. 9- 12 + 13:30-18 Uhr
Sa. 9-17 Uhr
und nach Vereinbarung,
So. & Feiertage geschlossen
Weinstube „Zum Sterne Sepp“ in der Ortsmitte

Inhaber
Wolfgang & Dominic Stern
Betriebsleiter/Kellermeister
Dominic Stern
Rebfläche
11 Hektar
Produktion
100.000 Flaschen

Josef Stern kaufte 1952 den ersten Weinberg, 1960 begann er mit der Brennerei. 1980 übernahm Sohn Wolfgang den Betrieb, den er heute mit seinem Sohn Dominic führt. In den Weinbergen rund um Hochstadt wachsen die Reben auf sandigen Lössböden mit leichtem Kalkgehalt. Die Sterns haben den Anbau von Riesling und den Burgundersorten in den letzten Jahren forciert, haben in Lagen an der Mittelhaardt investiert, im Forster Ungeheuer, Deidesheimer Kieselberg und Ruppertsberger Reiterpfad. Die Burgundersorten nehmen mittlerweile 40 Prozent der Rebfläche ein, Riesling 30 Prozent. Anfang 2019 wurde ein neuer, klimatisierter Barriquekeller gebaut.

Kollektion

Einige der aktuellen Weine von Dominic Stern werden von etwas Reifezeit profitieren: Die Rieslinge aus dem Ungeheuer und dem Reiterpfad brauchen viel Luft, zeigen dann kräutrig-mineralische Noten, besitzen Grip und Druck, das Ungeheuer ist der etwas nachhaltigere Wein, die Spätlese aus dem Ungeheuer ist dagegen schon sehr offen, ist schlank und elegant mit viel klarer Frucht und einem lebendigen Säurespiel. Auch beide Chardonnay sind noch sehr jung, besitzen Kraft und am Gaumen noch sehr präsente Röstnoten, beim Weidenberg, der wieder der etwas feinere und nachhaltigere Wein ist, ist das Holz allerdings schon etwas besser integriert als beim Réserve, und auch der einzige verkostete Rotwein, „Josef“, sollte noch etwas reifen, zeigt dunkle Frucht und etwas Schokonoten, besitzt viel Kraft und eine gute Struktur. Der Rest der Kollektion befindet sich ebenfalls auf sehr gutem Niveau, die Weißweine besitzen klare, reintönige Frucht, der Rosé vom Syrah zeigt deutliche rauchige Noten, besitzt am Gaumen rote Beerenfrucht und eine frische Säure, der Grande Cuvée-Sekt zeigt feine hefige Würze, etwas Zitrusnoten und Quitte, ist frisch und animierend.

Weinbewertung

87	2018 „Grande Cuvée” Sekt brut I 12%/17,-€
86	2021 Riesling trocken Zeiskamer Klostergarten I 12,5%/10,50€
86	2021 Sauvignon Blanc trocken I 12,5%/9,-€
86	2021 Grüner Silvaner trocken Hochstadt im Weinböttig I 13%/11,-€
86	2021 Weißer Burgunder & Chardonnay trocken I 13%/9,50€
88	2021 Riesling trocken Ruppertsberger Reiterpfad I 13%/22,-€
89	2021 Riesling trocken Forster Ungeheuer I 12,5%/28,-€
88	2021 Chardonnay trocken „Réserve“ I 13,5%/16,50€
89+	2021 Chardonnay trocken Hochstadt Weidenberg I 13,5%/45,-€
88	2021 Riesling Spätlese Forster Ungeheuer I 8%/15,-€
87	2021 Syrah Rosé trocken „Fumé“ I 12,5%/16,90€
88	2019 „Cuvée Josef” Rotwein trocken I 14%/16,-€

★★

Sterneisen

Kontakt
Mühlstraße 10
73630 Remshalden
Tel. 0176-38641541
www.weingut-sterneisen.de
info@weingut-sterneisen.de

Besuchszeiten
Weinverkauf im Hofladen Frank: Mo.-Sa. 8-12:30 Uhr, Mo. + Do. 16-18 Uhr, Fr. 14-18 Uhr (für Beratung/Verkostung Bitte um Vereinbarung)

Inhaber
Claudia & Hagen Dorn
Betriebsleiter
Claudia Dorn
Rebfläche
3,5 Hektar
Produktion
20.000 Flaschen

2017 wurde das Weingut von Claudia und Hagen Dorn gegründet, mit gerade einmal einem halben Hektar Reben, die in einer kleinen Garage verarbeitet wurden, der zweite Jahrgang wurde dann schon im eigenen Keller ausgebaut. Claudia Dorn stammt aus einer Winzerfamilie, hat nach einer Ausbildung zur Krankenschwester und zwei Jahren im Beruf ein Weinbetriebswirtschaftsstudium in Heilbronn angeschlossen. Benannt wurde das Weingut nach der ehemaligen Einzellage Sterneisen in Grunbach, in der schon Claudia Dorns Großeltern Reben besaßen. Inzwischen sind mehr als drei Hektar daraus geworden; vor allem Riesling, Lemberger und Trollinger, aber auch Grauburgunder, Sauvignon Blanc, Merlot und Syrah werden angebaut.

Kollektion

Wie schon in den beiden Vorjahren finden wir auch in der aktuellen Kollektion von Claudia Dorn unsere Favoriten im roten Segment. Der 2019er Syrah war im vergangenen Jahr unsere Nummer 1, sein Jahrgangsnachfolger nun muss sich den Spitzenplatz teilen, zeigt gute Konzentration, Gewürze und klare reife Frucht, ist füllig und kraftvoll, besitzt reife Frucht, gute Struktur, Grip und kräftige Tannine. Gleichauf sehen wir die Dickhäuter-Cuvée in der „Blue Label"-Version, die rauchige Noten und Gewürze im Bouquet zeigt, Fülle und Saft besitzt, Kraft und Substanz. Auch der „einfache" Dickhäuter, in gebrauchten Barriques ausgebaut, ist sehr gut, fruchtbetont und intensiv, frisch, klar und zupackend, er besteht aus Lemberger, Zweigelt, Merlot und Syrah. Der Trollinger ist fruchtbetont und geradlinig, der Lemberger Heimat ist intensiv fruchtig, klar und zupackend, besitzt gute Struktur und Grip. Schöne Rotweine! Aber auch die Weißen wissen zu gefallen, der Riesling ist frisch und zupackend, der Chenin Blanc – Chenin Blanc im Remstal! – besitzt ein reintöniges Bouquet, ist im Mund aber etwas jugendlich verschlossen, recht kompakt. Der Grauburgunder ist ebenfalls recht kompakt, füllig, der Sauvignon Blanc mit dem schönen Namen Weltenbummler ist nur im Bouquet zurückhaltend, im Mund besitzt er Struktur und Grip. Feine Kollektion!

Weinbewertung

82 2021 Riesling trocken „Herkunft" | 12,5%/8,10€
84 2021 Grauburgunder trocken „Abendglut" | 13%/8,90€
84 2021 Sauvignon Blanc trocken „Weltenbummler" | 13%/9,80€
83 2021 Chenin Blanc trocken „Wagnis Blue Label" | 13%/14,-€
84 2019 Trollinger trocken „Tradition" | 12,5%/7,40€
85 2020 „Dickhäuter" Rotweincuvée trocken | 13,5%/9,90€
84 2019 Lemberger trocken „Heimat" | 13,5%/9,60€
87 2020 Syrah trocken „Zukunft Blue Label" | 13,5%/19,-€
87 2020 „Dickhäuter Blue Label" Rotweincuvée trocken | 13,5%/21,-€

★★★

Stich

Kontakt
Freudenberger Straße 73
63927 Bürgstadt
Tel. 09371-5705
Fax: 09371-80973
www.weingut-stich.de
info@weingut-stich.de

Besuchszeiten
Mo.-Fr. 9-12 + 14-18 Uhr
Sa. 9-16 Uhr
oder nach Vereinbarung
Camping-Stellplatz
(www.landvergnuegen.com)

Inhaber
Gerhard Stich
Betriebsleiter
Gerhard & Helga Stich
Kellermeister
Gerhard & Philipp Stich
Rebfläche
9,5 Hektar
Produktion
60.000 Flaschen

Das Weingut von Gerhard und Helga Stich hat seinen Sitz im 1901 erbauten ehemaligen Gasthof „Zum Löwen". Sohn Philipp ist nach Abschluss seines Geisenheim-Studiums in den Betrieb eingestiegen. Neben Weinbergen in den Bürgstadter Lagen Centgrafenberg und Hundsrück (Buntsandsteinverwitterungsböden) besitzt Gerhard Stich auch Weinberge am Fuß des Steigerwaldes in der Lage Prichsenstadter Krone, wo die Reben auf tiefgründigen, steinigen Muschelkalkböden wachsen. Wichtigste Rebsorte ist Spätburgunder, es folgen Silvaner, Müller-Thurgau, Weißburgunder, Riesling, Gewürztraminer und Frühburgunder. Die Spitzenweine werden in der Löwenlinie angeboten.

Kollektion

Die Highlights der aktuellen Kollektion sind zwei Weine aus dem Jahrgang 2019. Der im großen Holz ausgebaute Silvaner Bürgstadter Berg zeigt gute Konzentration und etwas rauchige Noten, ist füllig und kraftvoll im Mund, besitzt reife Frucht, gute Struktur und Substanz. Der im Barrique ausgebaute Centgrafenberg-Frühburgunder ist frisch und reintönig im Bouquet, zeigt feine Würze, etwas florale Noten, rote Früchte, ein wenig Kirschen, ist klar, frisch und zupackend im Mund, besitzt gute Struktur und viel Grip. Sehr gut ist auch der im großen Holz ausgebaute Spätburgunder Bürgstadter Berg aus demselben Jahrgang, ist frisch und fruchtbetont, würzig, zeigt rote Früchte, ist klar und geradlinig im Mund. Der 2018er Schwarzriesling ist würzig, frisch und zupackend. Aus dem Jahrgang 2020 stammt der halbtrocken ausgebaute Gewürztraminer von alten Reben im Centgrafenberg, der reintönige Frucht im Bouquet zeigt, Gewürze und Rosen, klare Frucht im Mund besitzt, gute Harmonie und Grip. Die 2021er Weißweine sind etwas schlanker als sonst, besitzen viel Frische und Grip, der Frank & Frei-Müller-Thurgau ist sortentypisch und süffig, der Bürgstadter Silvaner ist leicht birnenduftig, der Prichsenstadter sehr geradlinig und der Onca genannte halbtrockene Rosé ist unkompliziert und süffig.

Weinbewertung

83 2021 Müller-Thurgau trocken „Frank & Frei" | 12%/7,60€
83 2021 Silvaner Kabinett trocken Prichsenstadt | 12%/8,50€
83 2021 Silvaner Kabinett trocken Bürgstadter | 12%/8,50€
82 2021 „Blanc de Noir" trocken Bürgstadter | 12,5%/9,-€
87 2019 Silvaner trocken*Großes Holz* Bürgstadter Berg | 13,5%/12,50€
86 2020 Gewürztraminer „*Alte Reben*" Bürgstadter Centgrafenberg | 13%/14,50€
83 2021 „Onca" Rosé | 11,5%/7,60€
84 2018 Schwarzriesling trocken Bürgstadter | 12%/11,50€
85 2019 Spätburgunder trocken „*Großes Holz*" Bürgstadter Berg | 12,5%/12,80€
87 2019 Frühburgunder trocken Bürgstadter Centgrafenberg | 13%/18,-€

★★★★★ Jean Stodden

Kontakt
Rotweinstraße 7-9
53506 Rech
Tel. 02643-3001
Fax: 02643-3003
www.stodden.de
info@stodden.de

Besuchszeiten
Mo. 9-12 + 13:30-17:30 Uhr
Di. 9-12 + 13:30-17:30 Uhr
Do. 9-12 + 13:30-17:30 Uhr
Fr. 9-12 + 13:30-17:30 Uhr
Sa. 10-13 Uhr
Mi./So.+Feiertage geschlossen

Inhaber
Alexander Stodden
Betriebsleiter
Alexander Stodden
Kellermeister
Alexander Stodden
Außenbetrieb
Alexander Eller
Rebfläche
9,2 Hektar
Produktion
55.000 Flaschen

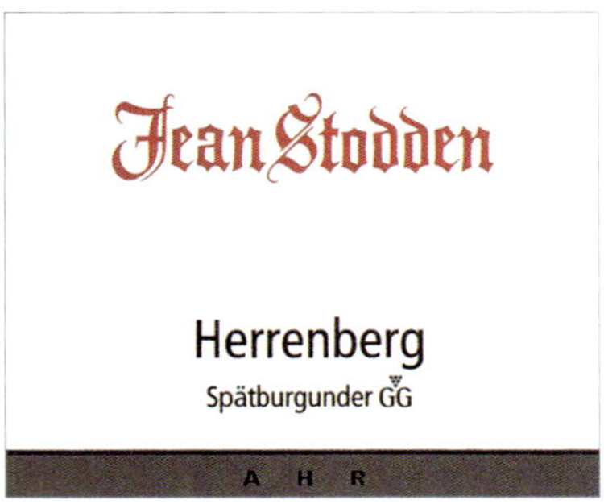

Seit dem 16. Jahrhundert baut die Familie Wein im Ahrtal an, im Jahr 1900 begann Alois Stodden selbst Wein zu keltern. Gerhard Stodden machte seit den neunziger Jahren den Betrieb auch überregional bekannt. Seit seinem Tod 2013 führt sein Sohn Alexander Stodden den Betrieb, der zuvor schon ein Jahrzehnt zusammen mit seinem Vater das Weingut geleitet hatte, zusammen hatten sie ihren Stil verfeinert hin zu mehr Eleganz und Finesse, hin zu mehr Burgund. Alexander Stoddens Weinberge liegen zu 90 Prozent in Steilhängen: Der Recher Herrenberg ist die Paradelage, hinzu kommen Weinberge in den Lagen Neuenahrer Sonnenberg, Ahrweiler Rosenthal, Mayschosser Mönchberg und Dernauer Hardtberg und Burggarten; inzwischen ist Alexander Stodden auch im Walporzheimer Kräuterberg vertreten. Neben dem dominierenden Spätburgunder wird ein klein wenig Frühburgunder und Riesling angebaut. Alle Trauben werden entrappt, nach einer Maischegärung von bis zu 24 Tagen kommen alle Rotweine ins Holz, ausgesuchte Weine werden im Barrique ausgebaut. Diese Weine werden in der Serie „JS" vermarktet, die es seit 1989 gibt. In den letzten Jahren wurde der Barriqueanteil kräftig erhöht, ebenso der Anteil neuen Holzes; genutzt werden 228 Liter-Barriques aus Alliereiche, medium getoastet; seit 1999 finden für die Spitzenweine nur noch neue Barriques Verwendung, seit dem Jahrgang 1999 werden sie unfiltriert abgefüllt. Ziel ist es gerbstoffreiche Weine zu erzeugen, die sich durch gute Lagerfähigkeit auszeichnen. Während die meisten anderen Winzer an der Ahr früher ihre Spitzenweine schon im August oder September des auf die Ernte folgenden Jahres abfüllen, blieben bei Alexander Stodden die Weine schon immer mindestens fünfzehn Monate im Barrique oder im großen Holzfass. Mit dem Effekt, dass seine Weine wesentlich haltbarer sind als die manch anderer Ahrwinzer. Aber auch mit dem Effekt, dass sie jünger, in manchen Jahrgängen etwas unzugänglicher wirkten. An der Spitze der Kollektion stehen der Spätburgunder Alte Reben (der immer aus dem Herrenberg stammt, was allerdings nicht auf dem Etikett steht) und die Großen Gewächse: Zu den Spätburgundern aus Herrenberg, Rosenthal, Sonnenberg und Mönchberg gesellten sich mit dem Jahrgang 2012 ein Spätburgunder aus dem Hardtberg sowie ein Frühburgunder aus dem Herrenberg; in manchen Jahrgängen wird zusätzlich ein Spätburgunder „Lange Goldkapsel" erzeugt.

Kollektion

Das Weingut Jean Stodden war massiv von der Flutkatastrophe betroffen, die das Ahrtal im Juli 2021 heimgesucht hat. Mit vereinten Kräften ist es gelungen das Weingut vom Schlamm zu befreien und soweit wieder herzurichten, dass der Jahrgang 2021 im eigenen Keller ausgebaut werden konnte und Ende des Jahres konnte die Vinothek wiedereröffnet werden. Die Flut hatte Alexander Stoddens Keller vollständig geflutet, alle Fässer sind durcheinandergeraten. Das Kellerbuch war im Keller und ging verloren. Alexander Stodden hat alle Fässer verkostet und die Weine in drei Kategorien eingeteilt. Die drei Weine wurden zusammen in einer Holkiste als Flutedition verkauft. Die Basiskategorie wurde Pegel 735 genannt, nach der Pegelhöhe während dieser Flut. Er ist sehr offen im Bouquet, zeigt klare Frucht, rote Früchte, ist klar, geradlinig und kraftvoll im Mund, besitzt Frische, gute Struktur und Grip. Die mittlere Kategorie heißt „Rescued by H.O.“, der Wein zeigt leicht rauchige Noten im Bouquet, rote Früchte, ganz dezenten Toast im Hintergrund, setzt im Mund auf Frische, ist reintönig, lebhaft, geradlinig, besitzt wie der „Pegel 735“ gute Struktur, feinen Grip und schöne Frische noch im Abgang. Die Spitzenkategorie aus 2020 hat den Namen „Alexander die Großen“ erhalten. Der Wein zeigt ebenfalls viel Frische und Frucht im Bouquet, ganz dezent rauchige Noten im Hintergrund, etwas rote Früchte, ist strukturiert, frisch, dabei präzise und druckvoll, nachhaltig. Ein toller Wein, aber wesentlich spannender ist es natürlich die unterschiedlichen Lagen zu entdecken, die Alexander Stodden in den letzten Jahren immer präziser herausgearbeitet hatte, und selbst innerhalb seiner Paradelage, dem Recher Herrenberg, hatte er in den letzten Jahren klar definierte, unterschiedliche Weine erzeugt, Großes Gewächs und Alte Reben, die Jahr für Jahr zu den großen Spätburgundern in Deutschland gehörten – und die es sicherlich dann ab dem Jahrgang 2021 auch wieder als Singuläre geben wird.

Alexander Stodden

Weinbewertung

88 2020 „Pegel 735“ | 13%/30,-€
90 2020 „Rescued by H.O.“ | 13%/50,-€
92 2020 „Alexander die Großen“ | 13%/90,-€

Lagen
Herrenberg (Rech)
Hardtberg (Dernau)
Rosenthal (Ahrweiler)
Sonnenberg (Neuenahr)
Mönchberg (Mayschoss)
Kräuterberg (Walporzheim)

Rebsorten
Spätburgunder (90%)
Frühburgunder (9%)
Riesling (1%)

★★★★

J. Störrlein & Krenig

Kontakt
Schulstraße 14
97236 Randersacker
Tel. 0931-708281
Fax: 0931-701155
www.stoerrlein.de
info@stoerrlein.de

Besuchszeiten
Mo.-Fr. 9-18 Uhr
Sa. 9-16 Uhr
So. nach Vereinbarung
mehrmals kultur-kulinarische Wochenenden

Inhaber
Christiane Störrlein-Krenig & Martin Krenig

Rebfläche
12 Hektar

Produktion
80.000 Flaschen

An den neuen Namen hat man sich inzwischen lange gewöhnt: Störrlein & Krenig. 2008 wurde das Weingut Josef Störrlein mit dem Weinbaubetrieb von Armin Störrleins Schwiegersohn Martin Krenig (4,5 Hektar) verschmolzen und trägt seither den Namen Weingut J. Störrlein & Krenig. Armin Störrlein und Tochter Christiane Störrlein-Krenig kümmern sich im Wesentlichen um Vinifikation und Vermarktung, Martin Krenig um die Bewirtschaftung der Weinberge. Durch den Zusammenschluss besitzt das Weingut nun über 5 Hektar mit alten Silvaner- und Rieslingreben. Die Weinberge liegen in den Randersackerer Lagen Sonnenstuhl, Marsberg und Pfülben. Silvaner ist die mit Abstand wichtigste Rebsorte im Betrieb, nimmt zwei Fünftel der Weinberge ein. Es folgen Riesling und Müller-Thurgau, dazu gibt es die roten Sorten Spätburgunder, Schwarzriesling und Domina, sowie Frühburgunder und Cabernet Sauvignon. Weißburgunder hat in den letzten Jahren an Bedeutung gewonnen, die Burgundersorten zusammen nehmen inzwischen ein Viertel der Rebfläche ein. Die Rotweine werden immer im Holz ausgebaut (teils auch im Barrique). Die Weißweine werden, teilweise nach Maischestandzeiten, teils im Edelstahl, teils im Holz ausgebaut, alle bleiben mindestens bis April auf der Feinhefe, geschönt wird nicht. Guts- und Ortsweine bilden die Basis des Sortiments, dann kommen Lagenweine der Trias-Linie, die Trias-Kennzeichnung tragen auch die Großen Gewächse, die alle aus dem schon im 15. Jahrhundert urkundlich erwähnten Sonnenstuhl kommen, aus den Weinbergen, die unter dem Turm liegen: Silvaner, Riesling, Weißburgunder und Spätburgunder. Auch edelsüße Weine spielen seit langem eine wichtige Rolle, regelmäßig werden Auslesen, Beerenauslesen und Trockenbeerenauslesen erzeugt; nicht zu vergessen sind die immer zuverlässigen Sekte. Eine Besonderheit ist der Frentsch, ein Gemischter Satz, der zu 40 Prozent Silvaner enthält, dazu Muskateller, Gewürztraminer, Riesling, Weißburgunder und ein wenig Spätburgunder. Seit der ersten Ausgabe empfehlen wir das Weingut, schon damals haben wir es als einen der Top-Betriebe in Franken gelobt, haben besonders gewürdigt, dass hier gleichermaßen hervorragende Weiß- und Rotweine erzeugt werden. Dies gilt uneingeschränkt auch heute noch. In den jüngsten Jahrgängen ging es weiter voran, die Basisweine sind noch reintöniger und fruchtbetonter, die Spitzenweine haben weiter an Komplexität gewonnen.

Kollektion

Neue Große Gewächse haben Christiane Störrlein-Krenig und Martin Krenig in diesem Jahr nicht präsentiert, aber sie haben uns nochmals den Jahrgang 2019 vorgestellt, und beim Silvaner hat sich enorm viel getan, Der im großen Holzfass ausgebaute Wein war im letzten Jahr enorm füllig und saftig, von viel reifer Frucht geprägt, auch von dem kräftigen Alkohol, so verbindet er in diesem Jahr die Wärme mit mineralischen Noten, die üppige Frucht ist etwas in den Hintergrund getreten, wobei er immer noch viel Fülle und Substanz besitzt, herrlich eindringlich und reintönig ist. Dass die Weine von Störrlein & Krenig gut reifen, das beweisen auch der 2016er Silvaner Großes Gewächs, der rauchige Noten im Bouquet zeigt, einen Anflug von Brioche, klar und harmonisch im Mund ist, druckvoll, komplex und lang, oder die faszinierende Scheurebe Trockenbeerenauslese aus dem Jahrgang 2011, die deutliche Reife und viel Würze im Bouquet zeigt, kandierte Früchte, getrocknete Orangenschalen, herrlich konzentriert im Mund ist bei viel Säure und Frische im Finish. Aus dem Jahrgang 2021 wurde nur der Gutssilvaner vorgestellt, der lebhaft, frisch und zupackend ist. Die Randersackerer Ortsweine stammen aus 2020: Der Sauvignon Blanc ist würzig, frisch, zeigt intensiv Stachelbeeren und florale Noten, ist lebhaft bei guter Struktur und viel Grip, der Frentsch, ist klar und zupackend, geradlinig, hat Grip. Die Erste Lage-Weine stammen ebenfalls aus dem Jahrgang 2020. Der Sylvaner von alten Reben im Marsberg zeigt feine Reife und klare Frucht, ist klar und harmonisch bei feiner Frische. Der Riesling vom Teufelskeller zeigt rauchig-würzige Noten, ist füllig und kraftvoll, hat Substanz und viel reife süße Frucht. Ebenfalls aus dem Teufelskeller stammt der Chardonnay, der reintönige Frucht im Bouquet zeigt, füllig und saftig ist, gute Struktur und Frische besitzt. Ganz stark sind auch die beiden Rotweine: Der 2018er Frühburgunder Pure Grapes ist fruchtbetont, intensiv, sehr reintönig, besitzt gute Struktur und Grip, der 2019er Spätburgunder Großes Gewächs punktet ebenfalls mit reintöniger, intensiver Frucht, Substanz und Kraft. Starke Kollektion!

Martin Krenig, Christiane Störrlein-Krenig

Weinbewertung

85 2021 Silvaner trocken „vom Muschelkalk" | 12,5%/7,90€
86 2020 Sauvignon Blanc trocken Randersacker | 13%/12,-€
87 2020 Sylvaner trocken „Alte Reben" Randersacker Marsberg | 13%/13,50€
87 2020 „Der Frentsch" Weißwein trocken Randersacker | 12,5%/11,-€
88 2020 Riesling trocken Randersacker Teufelskeller | 12,5%/13,-€
88 2020 Chardonnay trocken Randersacker Teufelskeller | 13,5%/22,-€
91 2016 Silvaner „GG" Randersacker Sonnenstuhl | 13,5%/28,-€
92 2019 Silvaner „GG" „Hohenroth" Randersacker | 14%/28,-€
91 2019 Riesling „GG" „Hohenroth" Randersacker | 13,5%/28,-€
92 2011 Scheurebe Trockenbeerenauslese Randersacker Sonnenstuhl | 8%/55,-€/0,375l
90 2018 Frühburgunder trocken „FR" „Pure Grapes" | 14%/32,-€
90 2019 Spätburgunder „GG" „Hohenroth" Randersacker | 13,5%/28,-€

Lagen
Sonnenstuhl (Randersacker)
Pfülben (Randersacker)
Marsberg (Randersacker)
Teufelskeller (Randersacker)

Rebsorten
Silvaner (40%)
Burgunder (25%)
Riesling (10%)

★★

Stoll

Kontakt
Sonnenbergstraße 13
55232 Alzey
Tel. 06731-41194
www.weingut-stoll.de
info@weingut-stoll.de

Besuchszeiten
nach Vereinbarung

Inhaber
Iris Stoll & Philipp Stork
Betriebsleiter
Iris Stoll & Philipp Stork
Kellermeister
Philipp Stork
Außenbetrieb
Iris Stoll & Philipp Stork
Rebfläche
9,5 Hektar
Produktion
40.000 Flaschen

Seit mehr als 300 Jahren baut die Familie Wein rund um Heimersheim an. Iris Stoll führt heute den Betrieb zusammen mit ihrem Sohn Philipp Stork, der 2014 sein Weinbau- und Önologie-Studium in Geisenheim beendet und die Verantwortung im Keller übernommen hat. Ihre Weinberge liegen vor allem in den Heimersheimer Lagen Sonnenberg und Rotenfels. Weiße Rebsorten wie Riesling, Weißburgunder, Grauburgunder, Silvaner, Scheurebe und Sauvignon Blanc nehmen drei Viertel der Rebfläche ein, auf einem Viertel wachsen rote Rebsorten wie Spätburgunder, Dornfelder und Portugieser. Das Programm ist gegliedert in Liter- und Gutsweine, Ortsweine aus Heimersheim und Bornheim, sowie Lagenweine, derzeit ein Riesling aus dem Rotenfels.

Kollektion

Es geht voran, mit der neuen Kollektion, und das im alles andere als einfachen Jahrgang 2021. Schon der Liter-Silvaner überzeugt, er ist fruchtbetont, süffig und süß. Der trockene Gutsriesling ist sehr würzig, geradlinig, der feinherbe saftig und klar. Klar und zupackend ist der Grauburgunder, der Sauvignon Blanc punktet mit Stachelbeernoten im Bouquet, die Riesling Spätlese ist würzig, eindringlich und frisch. Auch der Heimersheimer Riesling ist sehr würzig im Bouquet, frisch, klar und saftig im Mund. Ein Heimersheimer Ortswein ist auch der einzige präsentierte Rotwein: Der Spätburgunder ist fruchtbetont, klar, zupackend, besitzt Struktur und Frische. Unser Favorit unter den Ortsweinen ist der Weißburgunder aus Bornheim, der Frische und Kraft besitzt, klare Frucht und Grip. Noch besser gefällt uns der Lagen-Riesling aus dem Heimersheimer Rotenfels, der würzig, eindringlich und konzentriert im Bouquet ist, Fülle und Saft im Mund besitzt, viel reife süße Frucht und Substanz. Er wäre die Nummer Eins, wenn da nicht der Reserve-Sauvignon Blanc wäre, der gute Konzentration und rauchige Noten zeigt, Fülle und Kraft besitzt, gute Struktur und Grip, noch sehr jugendlich ist. Im Aufwind!

Weinbewertung

82	2021 Silvaner (1l) I 11,5%/4,20€
82	2021 Riesling trocken I 12,5%/5,50€
83	2021 Grauer Burgunder trocken I 12%/5,50€
83	2021 Sauvignon Blanc trocken I 13%/5,50€
84	2021 Riesling trocken Heimersheim I 12%/8,50€
85	2021 Weißer Burgunder trocken Bornheim I 12,5%/9,-€
86	2021 Riesling Heimersheimer Rotenfels I 12,5%/14,-€
87	2021 Sauvignon Blanc „Reserve" I 13%/10,-€
82	2021 Riesling „feinherb" I 12%/5,50€
84	2021 Riesling Spätlese I 9%/7,50€
84	2020 Spätburgunder Heimersheim I 14%/12,-€

WEINGUT
Stoll

★★

Stortz-Nicolaus

Kontakt
Weinstraße 601
67434 Neustadt-Diedesfeld
Tel. 06321-31575
Fax: 06321-927870
www.stortz-nicolaus.de
info@stortz-nicolaus.de

Besuchszeiten
Sa. 10-17 Uhr und nach Vereinbarung

Inhaber
Roland Stortz-Nicolaus
Betriebsleiter
Roland Stortz-Nicolaus
Kellermeister
Roland Stortz-Nicolaus
Außenbetrieb
Roland Stortz-Nicolaus
Rebfläche
5 Hektar
Produktion
25.000 Flaschen

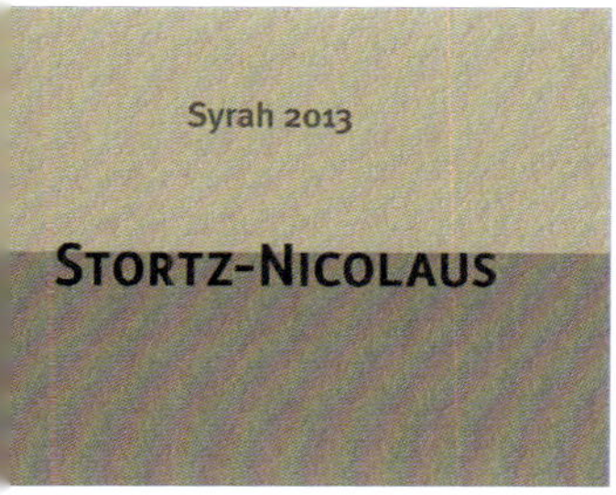

Roland Stortz-Nicolaus arbeitete nach dem Studium in Geisenheim in Neuseeland und in Südafrika, bevor er im Jahr 2000 den elterlichen Betrieb übernahm. Er bepflanzte vier Fünftel der Weinberge neu, 2002 erzeugte er die ersten Weine, 2003 war dann der erste "richtige" Jahrgang, mit Weinen aus den neu angelegten Weinbergen. Zu 60 Prozent baut er rote Sorten an, vor allem Spätburgunder, aber auch Merlot, Cabernet Sauvignon und Syrah. 2005 pflanzte er Auxerrois, im Jahr darauf Riesling, den er bis dahin, ganz ungewöhnlicherweise für ein Pfälzer Weingut, nicht im Programm hatte. Auch Sauvignon Blanc hat er gepflanzt, dazu Muskateller, der mit der Ernte 2013 in Ertrag kam, inzwischen auch Grauburgunder. Seit der Betriebsübernahme werden die Weinberge biologisch bewirtschaftet, seit 2004 ist Roland Stortz-Nicolaus Mitglied bei Bioland, seit 2006 bietet er zertifiziert biologische Weine an. Seit dem Jahrgang 2019 steht Sohn Philipp Aloys seinem Vater zur Seite.

Kollektion

Vom Syrah konnten wir in diesem Jahr gleich zwei Jahrgänge verkosten, bei denen trotz aller Ähnlichkeiten der 2018er knapp vorne liegt, beide Weine zeigen im Bouquet dunkle Frucht, Pflaume, Noten von Trockenfrüchten, Mokka und Kräutern und besitzen am Gaumen Kraft und pfeffrige Würze, der 2018er ist aber etwas harmonischer und ausgewogener, besitzt die reiferen Tannine. Auch der Merlot ist sehr gut, zeigt klare Aromen von schwarzen Johannisbeeren und kräutrige Würze, ist kraftvoll und gut strukturiert, beim ebenfalls kraftvollen, von dunkler Frucht geprägten Pinot Noir ist das Holz, wie bei allen Roten, sehr gut eingebunden, aber uns fehlt die Pinot-Typizität. Der weiße Teil der Kollektion kommt an die Roten nicht heran, gut gefällt uns der saftige, füllige Auxerrois, der klare Birnenfrucht und leichte Süße besitzt, die Riesling Auslese ist schlank und besitzt ein frisches Säurespiel.

Weinbewertung

82 2018 „Blanc de Noirs" Sekt brut | 12%/13,-€
83 2021 Auxerrois trocken | 12%/7,80€
77 2020 Sauvignon Blanc trocken „Fumé" | 12%/9,50€
80 2021 Sauvignon Blanc trocken | 11,5%/9,-€
81 2021 Gelber Muskateller trocken | 12%/9,-€
83 2021 Riesling Auslese | 9%/12,50€
79 2021 Syrah Rosé trocken „Saignée" | 12%/8,50€
82 2019 „Black Molly" Rotwein trocken | 11,5%/6,-€
86 2018 Merlot trocken | 14%/10,50€
84 2020 Pinot Noir trocken | 13,5%/11,50€
87 2017 Syrah trocken | 14%/17,50€
88 2018 Syrah trocken | 14%/19,-€

★★★

Strauch

Kontakt
Strauch Sektmanufaktur
Dalbergstraße 14-18
67574 Osthofen
Tel. 06242-913000
Fax: 06242-9130020
www.strauch-sektmanufaktur.de
is@strauch-sektmanufaktur.de

Besuchszeiten
Mo.-Mi. 8-13 Uhr
Do./Fr. 13-18 Uhr
Sa. 10-14 Uhr
Destillate aus eigenen Bio-Trauben, Vinothek im Foyer des Dalbergerhof

Inhaber
Isabel Strauch-Weißbach & Tim Weißbach
Betriebsleiter/Kellermeister
Tim Weißbach
Rebfläche
25 Hektar
Produktion
50.000 Flaschen

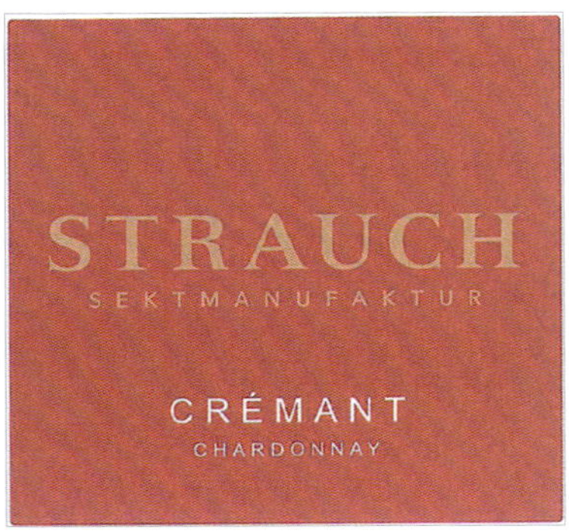

Aus der traditionellen Sektkellerei Dalbergerhof entstand 2011 ein neuer Betrieb, die Strauch Sektmanufaktur. Isabel Strauch-Weißbach und Tim Weißbach erzeugen mit neuen Geräten aus Frankreich ausschließlich Sekte im traditionellen Verfahren, aus eigenen biologischen Grundweinen. Ihre Weinberge liegen vor allem in Osthofen (Goldberg, Liebenberg) und Mettenheim (Michelsberg). Ihre Hauptrebsorten sind Chardonnay, Spätburgunder, Weißburgunder, Schwarzriesling, Riesling, Silvaner und Gewürztraminer. Die Grundweine werden nach Ganztraubenpressung teils im Edelstahl, teils im Holzfass oder Barrique ausgebaut. Die Trauben für ihren Lagensekt „Der Michelsberg" stammen von einem 1,5 Hektar großen, mit Bruchsteinmauern umgebenen Weinberg, in dessen Mitte die Michaelskapelle steht. Dieser Weinberg ist mit alten Riesling- und Gewürztraminerreben bepflanzt. Zuletzt haben Isabel Strauch-Weißbach und Tim Weißbach in eine neue Traubenannahme und in Kellerräume investiert, im Zentrum Osthofens wurde eine neue Vinothek eröffnet. Neben Sekten werden auch Destillate und alkoholfreie Sekte angeboten.

Kollektion

Leider gibt es keine Informationen zu Jahrgängen oder Basisjahren – was wir schade finden. Die Qualität aber steigt stetig, die Cuvées sind klar definiert. Der Strauch Brut ist würzig, saftig, frisch und geradlinig, der Riesling zeigt schönen Hefetouch, besitzt Frische und Grip, während der Vieilles Vignes rauchige Noten zeigt, klare Rieslingfrucht, frisch und harmonisch ist bei dezenter Süße. Der Pinot Blanc zeigt feine Frische, rauchige Noten und reintönige Frucht im Bouquet, ist frisch, harmonisch, klar und strukturiert. Der Crémant Chardonnay zeigt schöne Frische und feine Brotkruste im Bouquet, ist füllig und harmonisch im Mund bei süßer Frucht. Die beiden Rosés zeigen rote Früchte und rauchige Noten, besitzen feine süße Frucht. Unsere Favoriten sind der Zéro, der rauchige Noten, etwas Brioche und florale Noten zeigt, füllig und harmonisch ist bei schönem Grip, sowie die Grande Réserve, die ebenfalls etwas Brioche zeigt, viel Frische besitzt, gute Struktur und Grip. Starke Kollektion!

Weinbewertung

90 „Zero" brut nature | 10,5%/19,90€
85 Strauch brut | 11,5%/13,50€
88 Riesling brut | 11%/14,90€
87 „Vieilles Vignes" extra brut | 11,5%/27,80€
87 Pinot Blanc brut | 11,5%/15,90€
88 Chardonnay Crémant brut | 11%/17,50€
87 Rosé brut | 10,5%/13,50€
87 Rosé „Prestige" brut | 12%/18,90€
90 „Grande Réserve" brut nature | 12%/59,90€

★★

Thilo Strieth

Kontakt
Hauptstraße 43
65385 Rüdesheim
Tel. 06722-4646
www.weingut-strieth.de
weingut-strieth@t-online.de

Besuchszeiten
nach Vereinbarung

Inhaber
Fred Strieth
Rebfläche
3,5 Hektar

Die Wurzeln des Weingutes reichen bis ins 18 Jahrhundert zurück. Fred Strieth übernahm den Betrieb von seinem Vater Thilo Strieth, dem Namensgeber des Weinguts, führt ihn heute mit Hilfe von Sohn Nico, der 2017 sein Weinbaustudium in Geisenheim beendet hat. Die Weinberge liegen hauptsächlich in Steillagen, in Rüdesheim in den Lagen Berg Schlossberg, Berg Kaisersteinfels und Drachenstein sowie in den Assmannshäuser Lagen Frankenthal, Hinterkirch und Höllenberg. 60 Prozent der Rebfläche nimmt Spätburgunder ein, 40 Prozent Riesling. Ein besonderes Augenmerk legt Fred Strieth auf seine Blancs de Noirs, die sich schon seit den neunziger Jahren im Sortiment befinden.

Kollektion

Thilo Strieths Rotweine sind immer ein wenig spannender als die Weißweine, das ist auch in diesem Jahr so. Der Spätburgunder aus dem Assmannshäuser Frankenthal zeigt Holunderbeeren im Bouquet, besitzt Frische und eine gute Struktur; der Wein aus dem Höllenberg ist etwas balsamischer. Vom Spätburgunder Berg Schlossberg konnten wir zwei Jahrgänge verkosten. Der 2019er ist komplex, druckvoll und würzig, der hellrote 2017er besitzt feine Reife und intensive Cassisnoten, ist dadurch geschmeidiger und ruhiger als der 2019er, dafür etwas weniger präzise. Konnten wir im vergangenen Jahr noch vier Blanc de Noirs verkosten, so sind es dieses Jahr nur zwei. Der Secco ist lebhaft, besitzt viel frische Zitrusnoten, ist harmonisch und süffig wie auch der „Fuck Off Intolerance". Die 2021er Rieslinge sind jahrgangsbedingt von einer kräftigen Säure geprägt. Der Saxum aus dem Rüdesheimer Berg Schlossberg ist kraftvoll, zeigt Noten von grünem Apfel. Der Riesling von alten Reben im Rüdesheimer Berg Schlossberg zeigt rauchige Noten im Bouquet, ist fokussierter im Mund, weniger fruchtig und von kräftiger Säure geprägt. Deutlich mehr Reife und bereits leichte Petrolnoten zeigt der 2018er Riesling Frenz aus dem Rüdesheimer Berg Kaisersteinfels.

Weinbewertung

81 2021 „Secco Blanc de Noir Fred Friedrich" | 12%/10,50€
82 2021 Spätburgunder „Blanc de Noir" „Fuck Off Intolerance" | 12%/11,-€
83 2021 Riesling trocken „Saxum" Rüdesheim Berg Schlossberg | 12%/9,50€
82 2018 Riesling trocken „Frenz" Rüdesheim Berg Kaisersteinfels | 12%/9,-€
85 2021 Riesling trocken „Alte Reben" Rüdesheim Berg Schlossberg | 12%/14,50€
85 2019 Pinot Noir trocken Assmannshäuser Frankenthal | 13%/11,-€
86 2019 Spätburgunder trocken Assmannshäuser Höllenberg | 14%/18,-€
87 2017 Spätburgunder trocken Rüdesheim Berg Schlossberg | 13,5%/a.A.
88 2019 Spätburgunder trocken Rüdesheim Berg Schlossberg | 13,5%/28,-€

S

★★☆

Stritzinger

Kontakt
Bergwerkstraße 19
63911 Klingenberg
Tel. 09372-922954
Fax: 09372-922512
www.weinbau-stritzinger.de
info@weinbau-stritzinger.de

Besuchszeiten
nach Vereinbarung

Inhaber
Anja Stritzinger
Rebfläche
2 Hektar
Produktion
10.000 Flaschen

Willi Stritzinger war 1985 Gründungsmitglied beim Bundesverband ökologischer Weinbau, 1972 hatte er mit einem Traminerweinberg mit dem Weinbau begonnen. Nach langjährigem Probieren wagte er 1990 die Umstellung auf ökologischen Weinbau (Mitglied bei Bioland). Seit 2001 führt seine Tochter Anja das Gut. Ihre Weinberge liegen alle in Terrassen-Steillagen im Klingenberger Schlossberg, die Reben wachsen auf Buntsandsteinverwitterungsböden. Zur Hälfte baut Anja Stritzinger rote Sorten an, vor allem Spätburgunder, dazu Portugieser und Regent, zuletzt hat sie Pinotin gepflanzt, hinzu kommt ein Musterweinberg im Alten Satz, in dem teilweise auch historische Rebsorten stehen. Die Rotweine werden etwa zehn Tage auf der Maische vergoren. An weißen Sorten gibt es Riesling, der ein Viertel der gesamten Fläche einnimmt, Gewürztraminer und Johanniter. Das Weingut ist Demonstrationsbetrieb Ökologischer Landbau.

Kollektion

Wie in den Vorjahren ist der rote „Alter Satz Vinum frankonium purpureum" unser Favorit in einer sehr gleichmäßigen Kollektion. Der 2020er ist noch enorm jugendlich und braucht etwas Zeit; er ist würzig im Bouquet, zeigt rote Früchte, ist frisch, geradlinig und zupackend im Mund, besitzt gute Struktur und Grip. Knapp dahinter liegt der Spätburgunder aus dem Jahrgang 2019, der ebenfalls enorm würzig und eindringlich ist, geradlinig und zupackend, gute Struktur und Tannine besitzt. Der Portugieser zeigt viel klare reife Frucht im Bouquet, ist geradlinig im Mund, besitzt schöne Frisch und Biss. Bei den Weißweinen gefallen uns die beiden 2020er besser als die noch sehr frischen 2021er. Der Johanniter, Jahrgang 2021, zeigt etwas florale Noten, ist geradlinig, frisch, zupackend, was auch für den trockenen Riesling gilt, der noch ein wenig aggressiv ist und dem Flaschenreife gut tun wird. Die hat der halbtrocken ausgebaute 2020er, der würzig und eindringlich ist, klare Frucht im Bouquet zeigt, füllig und saftig ist im Spannungsfeld von Säure und Süße. Sehr eigenständig ist der im Barrique ausgebaute Gewürztraminer, würzig und eindringlich, herrlich reintönig und konzentriert, besitzt Fülle, Kraft und Substanz, aber auch merklich Alkohol – zum passenden Gericht funktioniert das gut!

Weinbewertung

83	2021 Riesling Kabinett trocken Klingenberger Schlossberg I 11,5 %/11,90 €
85	2020 Gewürztraminer Klingenberger Schlossberg I 14 %/17,90 €
83	2021 Johanniter Kabinett trocken Klingenberger Schlossberg I 11,5 %/11,90 €
85	2020 Riesling Kabinett halbtrocken Klingenberger Schlossberg I 11,5 %/11,50 €
84	2020 Portugieser Klingenberger Schlossberg I 12,5 %/9,90 €
86	2019 Spätburgunder Klingenberger Schlossberg I 12 %/15,90 €
87	2020 „Alter Satz Vinum frankonium purpureum" Rotwein I 12,5 %/22,90 €

★★

Stromberg-Zabergäu

Kontakt
Weingärtner
Stromberg-Zabergäu eG
Neipperger Straße 60
74336 Brackenheim
Tel. 07135-98550
Fax: 07135-985555
www.wg-sz.de
info@wg-sz.de

Besuchszeiten
Mo.-Fr. 8-18 Uhr
Sa. 8-13 Uhr

Mitglieder
1100
Vorstandsvorsitzender
Jürgen Conz
Kellermeister
Thomas Eberbach
Rebfläche
760 Hektar
Produktion
6.500.000 Flaschen

2012 schlossen sich die Strombergkellerei Bönnigheim und der Weinkeller Brackenheim zusammen und nennen sich seither Weingärtner Stromberg-Zabergäu. Die 1925 gegründete Brackenheimer Genossenschaft hatte mit den Genossenschaften Neipperg und Haberschlacht, Meimsheim und Botenheim fusioniert. Der 1919 gegründeten Bönnigheimer Genossenschaft schlossen sich später die Winzer aus Kirchheim-Hohenstein, Hohenhaslach, Hofen und Erligheim an. Die Weingärtner Stromberg-Zabergäu sind derzeit die drittgrößte Württemberger Genossenschaft, besitzen über 20 Millionen Liter Lagerkapazität an den Standorten Bönnigheim und Brackenheim. Die Weinberge der Mitglieder erstrecken sich über eine Vielzahl von Lagen an Heuchelberg und Stromberg. Rote Rebsorten nehmen gut drei Viertel der Rebfläche ein, vor allem Lemberger, Trollinger, Schwarzriesling und Spätburgunder. Bei den weißen Sorten dominiert Riesling.

Kollektion

Die große Überraschung in diesem Jahr ist der nicht dosierte Crémant aus Weißburgunder und Chardonnay, der feine rauchige Noten und schöne Hefewürze im Bouquet zeigt, harmonisch, klar und zupackend ist. Ganz stark sind auch wieder die Octavio-Rotweine, Jahrgang 2019: Der Cabernet Franc zeigt gute Konzentration, reintönige Frucht, dezent Gewürze und Vanille im Hintergrund, ist füllig, kraftvoll, besitzt viel reife Frucht, gute Struktur und Substanz; der Merlot steht ihm nicht nach, zeigt rote Früchte, Gewürze, viel Konzentration, besitzt enorm viel Substanz und Intensität. Der Lemberger Signum II ist würzig, konzentriert und herrlich reintönig im Bouquet, besitzt Frische und klare Frucht im Mund, gute Struktur und Grip. Der Signum I ist gewürzduftig, zeigt dezent Kaffee im Hintergrund, ist stoffig, saftig, besitzt viel reife Frucht und kräftige Tannine. Sonst präsentiert sich die Kollektion sehr gleichmäßig, im weißen Segment gilt unsere leichte Präferenz dem zupackenden, halbtrocken ausgebauten Riesling aus der Steillage. ▬

Weinbewertung

88 „Grand" Crémant brut nature | 13%/19,-€
83 2021 Weißburgunder trocken „Mann im Fass" | 12%/7,50€
83 2021 Cabernet Blanc trocken „Biowein" | 12%/7,70€
82 2021 Sauvignon Blanc trocken „Epos" | 12%/12,-€
84 2021 Riesling Steillage Kirchheimer Kirchberg | 11,5%/6,50€
82 2021 Spätburgunder Rose trocken „Mann im Fass" | 12%/6,50€
81 2020 Spätburgunder trocken „Epos" | 13,5%/11,50€
83 2020 Zweigelt trocken „Epos" | 14%/11,50€
86 2019 Lemberger trocken „Signum II" | 14%/15,50€
87 2018 Lemberger trocken „Signum I" | 14%/24,-€
88 2019 Cabernet Franc trocken „Octavio" | 14%/20,-€
88 2019 Merlot trocken „Octavio" | 14%/20,-€

★★★☆

Studert-Prüm

Kontakt
Uferallee 22
54470 Bernkastel-Wehlen
Tel. 06531-2487
Fax: 06531-3920
www.studert-pruem.com
info@studert-pruem.com

Besuchszeiten
nach Vereinbarung
Wohnmobilstellplatz
(300 m vom Weingut entfernt)

Inhaber
Michael Studert

Rebfläche
2,7 Hektar

Produktion
20.000 Flaschen

Die Weinbaugeschichte des Betriebes beginnt mit der Säkularisation; 1805 kam der Maximinhof in Familienbesitz. Der Name Studert taucht freilich schon Ende des 16. Jahrhunderts in den Annalen auf. Studert-Prüm entstand 1971 mit der Zusammenlegung des Weinguts Studert mit dem Weingut Peter Prüm. Lange Zeit wurde das Gut von den Brüdern Stephan und Gerhard Studert geführt, dann aber hat Gerhard Studert seinen Teil an das Weingut Dr. Loosen verkauft. Stephan Studerts Sohn Michael, der zuvor schon für den Weinausbau verantwortlich war, ist nun der Inhaber. Er baut in seinen Weinbergen ausschließlich Riesling an. Der größte Teil der Reben befindet sich in der Wehlener Sonnenuhr (1,5 ha), hinzu kommen Parzellen im Graacher Himmelreich und im Bernkasteler Graben. Die Weine werden teils im Edelstahl, teils im Holz ausgebaut; allerdings reifen auch die zunächst im Edelstahl ausgebauten Weine für mindestens drei Monate im Holz.

Kollektion

Der Schaumwein aus 2020 wurde gleich in zweifacher Ausführung vorgestellt – einmal brut, einmal trocken. Wein Nummer eins gefällt noch eine Spur besser, weil er duftig ist, frisch, weil die Hefenote nicht übertrieben ist und im Mund eine schöne Würze zu spüren ist, allerdings ist auch der trockene, also mit leichter Süße ausgestattete Sekt überdurchschnittlich gut balanciert. Beim trockenen Basiswein namens Maximiner ist die Nase noch deutlich hefig, im Mund ist der Wein angenehm würzig und fest, die Säure ist sehr gut eingebunden: Für einen Einstieg in diesem Jahr eine beachtliche Leistung. Der trockene Kabinett zeigt eine zarte Zitruswürze, im Mund besitzt der Wein viel Spiel, fast puristisch wirkt die zupackende trockene Spätlese aus 2020. Als einziger feinherber Wein wurde ein Kabinett präsentiert, der mit seiner Balance sehr überzeugt. Die restsüße Spätlese besitzt die bereits bei den trockenen und feinherben Weinen zu beobachtende sehr feine Frucht, verbunden mit einer überdurchschnittlichen Würze. Auch die Auslese überzeugt sehr mit ihrer klaren, vor allem Mirabellen in den Vordergrund stellenden Steinobstnote und der rassigen Säure-Süße-Balance: ein sehr animierender Wein mit eher verhaltender Süße.

Weinbewertung

87	2020 Riesling Sekt brut Maximiner Cabinet I 12,5%/12,-€
87	2020 Riesling Sekt trocken Maximiner Cabinet I 12,5%/12,-€
85	2021 Riesling trocken Maximiner I 12%/7,-€
87	2021 Riesling Kabinett trocken Wehlener Sonnenuhr I 11,5%/9,-€
89	2020 Riesling Spätlese trocken Wehlener Sonnenuhr I 12,5%/11,-€ ☺
87	2021 Riesling Kabinett „feinherb“ Wehlener Sonnenuhr I 10,5%/9,-€
87	2021 Riesling Kabinett Wehlener Sonnenuhr I 8,5%/9,-€
88	2021 Riesling Spätlese Wehlener Sonnenuhr I 8%/11,-€
91	2021 Riesling Auslese Wehlener Sonnenuhr I 8,5%/15,-€ ☺

Stadt Stuttgart

Kontakt
Weingut der Stadt Stuttgart
Breite Straße 4
70173 Stuttgart
Tel. 0711-21657507
Fax: 0711-21657509
weingut@stuttgart.de
www.stuttgart.de/weingut

Besuchszeiten
Mo. geschlossen
Di. + Mi. 10-17 Uhr
Do. + Fr. 10-18 Uhr
Sa. 12-16 Uhr

Inhaber
Stadt Stuttgart
Betriebsleiter
Timo Saier
Kellermeister
Frank Haller
Außenbetrieb
Rainer Dürr
Rebfläche
16 Hektar
Produktion
90.000 Flaschen

WEINGUT DER STADT TUTTGART

1949 baute die Stadt Stuttgart in Bad Cannstatt eine eigene Kelter für den Ausbau und die Abfüllung ihrer Weine und legte damit den Grundstein für das heutige Weingut der Stadt Stuttgart. Von Bad Cannstatt bis Degerloch, vom Hasenberg bis Obertürkheim sind die Flurstücke über die Stadt verstreut. Die Weinberge liegen in den Lagen Stuttgarter Mönchhalde, Cannstatter Halde, Cannstatter Zuckerle und Obertürkheimer Kirchberg. In der Lage Stuttgarter Mönchhalde sind verschiedene kleine Weinbergslagen im ganzen Stadtgebiet zusammengefasst, so die Weinberge an Hasenberg, Wolfersberg, Pragsattel, Karlshöhe und der eigentlichen Mönchhalde. Man baut eine Vielzahl von Rebsorten an, jeweils zur Hälfte rote und weiße Rebsorten: Lemberger, Spätburgunder, Trollinger, Syrah, Merlot, Saint Laurent und Muskat-Trollinger, sowie Riesling, Sauvignon Blanc, Cabernet Blanc und Weißburgunder, will in den kommenden Jahren verstärkt auf pilzwiderstandsfähige Sorten setzen; der städtische Weinberg an der Weinsteige wurde gerodet um die historischen Steinmauern zu restaurieren; die Wiederbepflanzung erfolgt mit Piwi-Sorten, der Weinberg soll zukünftig biologisch bewirtschaftet werden.

Kollektion

Sehr geschlossen präsentiert sich die neue Kollektion des Weinguts der Stadt Stuttgart – so gefällt uns das. Der weiße Stadtwein ist frisch, klar, zupackend, hat Grip, auch das rote Pendant setzt ganz auf Frische und Frucht. Der Weißburgunder besitzt Fülle und Substanz, ist recht kompakt. Die beiden Rieslinge sind komplett verschieden: Der 2019er aus dem Zuckerle ist fein gereift, wunderschön füllig und harmonisch, der 2021er aus der Mönchhalde setzt ganz auf Fülle und jugendliche Frucht. Spannend ist Riesling auch als Sekt, er besitzt rauchige Noten, gute Struktur, Frische und Grip. Ganz stark sind auch die Lagenrotweine aus der Mönchhalde: Der Syrah ist wunderschön reintönig, zeigt etwas Brombeeren und Pfeffer, besitzt gute Struktur, klare Frucht und Grip, und auch der Lemberger besticht mit seiner Reintönigkeit, ist konzentriert, fruchtbetont und zupackend. Starke Kollektion!

Weinbewertung

87 2018 Riesling Sekt brut | 12%/12,-€
85 2021 „Stadtwein Weiß" trocken | 12,5%/6,90€
86 2021 Riesling trocken Stuttgarter Mönchhalde | 12%/8,50€
86 2019 Riesling trocken Cannstatter Zuckerle | 13%/12,-€
87 2020 Weißburgunder trocken Stuttgarter Mönchhalde | 14,5%/12,-€
84 2020 „Stadtwein Rot" trocken | 13%/6,90€
87 2020 Lemberger trocken Stuttgarter Mönchhalde | 13%/13,50€
87 2019 Syrah trocken Stuttgarter Mönchhalde | 13%/14,90€

★★

Supp

Kontakt
Weinsberger Straße 16, 74189
Weinsberg-Gellmersbach
Tel. 07134-14360
Fax: 07134-23263
www.supp-weingut.de
info@supp-weingut.de

Besuchszeiten
Mi.-Do. 17-19 Uhr
Fr. 14-19 Uhr
Sa. 9-14 Uhr
oder nach Vereinbarung
Gaststube „Dezbergstube"

Inhaber
Benjamin Supp & Martin Supp
Rebfläche
7,5 Hektar
Produktion
60.000 Flaschen

Seit Generationen betreibt die Familie Weinbau in Gellmersbach, seit 1982 vermarktet sie Weine selbst. Bereits seit 1988 gibt es selbst hergestellte Sekte, seit 1994 baut Martin Supp Weine im Barrique aus. Nach Lehre bei Kistenmacher-Hengerer und im Staatsweingut und seinem Abschluss in Weinsberg ist Benjamin Supp in den Betrieb eingestiegen, den er zusammen mit seinem Vater führt. Die Weinberge liegen rings um Gellmersbach, im unteren Teil des Hanges wachsen die Reben auf Lehm-Lössböden, im oberen Teil auf Keuper und Sandsteinverwitterungsböden. Zuletzt haben Benjamin und Martin Supp sich Gewanne wie Blumental oder Schnellberg eintragen lassen. An weißen Sorten werden Riesling, Kerner, Grauburgunder, Muskateller und Gewürztraminer angebaut, an roten Sorten Trollinger, Lemberger, Spätburgunder, Schwarzriesling, Samtrot, Cabernet Mitos und Muskattrollinger, seit 2011 auch Syrah.

Kollektion

Starke Rotweine führen auch in diesem Jahr wieder die überzeugende Kollektion an. Da ist einmal der im neuen Barrique ausgebaute 5 Sterne-Syrah, der gute Konzentration im Bouquet zeigt, etwas Pfeffer und Brombeeren, dezent Schokolade, klar, frisch und zupackend im Mund ist, gute Struktur und Frucht besitzt. Noch etwas besser gefällt uns der Lemberger mit 5 Sternen, er zeigt intensive Frucht, rauchige Noten, gute Konzentration, ist füllig und kraftvoll, besitzt viel reife Frucht, gute Struktur und kräftige Tannine. Intensiv, herrlich eindringlich und reintönig ist der im Halbstückfass ausgebaute Lemberger Paul, im Mund ist er frisch und zupackend, besitzt gute Struktur und Grip; der Lemberger mit den 3 Sternen ist frisch, geradlinig und klar. Im weißen Segment ist der Nora genannte, im Holzfass vergorene Grauburgunder wie immer eine sichere Bank, zeigt gute Konzentration und viel Würze, ist harmonisch, besitzt reife süße Frucht und Substanz. Der 30 Monate auf der Hefe ausgebaute Blanc de Noir-Sekt zeigt gelbe Früchte, ist harmonisch, recht süß. Der Riesling aus dem Blumental ist würzig und eindringlich im Bouquet, ein wenig floral, ist frisch, klar und fruchtbetont im Mund.

Weinbewertung

83 2017 Pinot „Blanc de Noir" Sekt brut Gellmersbacher Dezberg | 12,5%/12,-€
84 2021 Riesling trocken Gellmersbacher Blumental | 12%/8,50€
82 2021 Grauburgunder*** trocken Gellmersbacher Dezberg | 12,5%/7,90€
85 2020 Grauburgunder**** trocken „Nora" Gellmersbacher Dezberg | 12,5%/9,50€
83 2019 Lemberger*** trocken Gelmersbacher Dezberg | 13,5%/8,90€
86 2019 Lemberger**** trocken „Paul" Gellmersbacher Dezberg | 13,5%/10,50€
88 2019 Lemberger***** trocken Gellmersbacher Dezberg | 13,5%/18,50€
87 2020 Syrah***** trocken Gellmersbacher Dezberg | 13,5%/17,50€

★★

von der Tann

Kontakt
Birklinger Straße 1
97346 Iphofen
Tel. 09323-89970
Fax: 09323-89971
www.weingut-vondertann.de
von-der-tann@t-online.de

Besuchszeiten
Do./Fr. 8-18 Uhr
Sa. 9-18 Uhr

Inhaber
Steffen von der Tann &
Margarete Schauner
Betriebsleiter
Steffen von der Tann
Rebfläche
2,5 Hektar
Produktion
15.000 Flaschen

Das kleine Iphöfer Weingut, in den fünfziger Jahren gegründet, wird heute von Steffen von der Tann und Margarete Schauner geführt. Die 2,5 Hektar Weinberge liegen in einem zusammenhängenden Stück im unteren Teil des Iphöfer Kronsberg, die Reben wachsen auf tiefgründigen, schweren Gipskeuperböden. Müller-Thurgau nimmt die Hälfte der Rebfläche ein, dazu gibt es Bacchus, Silvaner, Dornfelder, Domina und ein wenig Kerner. Müller-Thurgau steht im Fokus der Produktion, ihn gibt es in verschiedenen Varianten, auch mal maischevergoren oder im kleinen Holzfass ausgebaut, langes Feinhefelager ist selbstverständlich. „Wein, der Spaß macht und Neues entdecken lässt", lautet das Motto von Steffen von der Tann und Margarete Schauner. Die beiden bieten Weinbergswanderungen und Picknicks an, Weinproben oder Fackelweinwanderungen.

Kollektion

Eine kleine Kollektion von sechs Weinen präsentiert Steffen von der Tann, so wie jedes Jahr, von fünf verschiedenen Rebsorten, nur von der Haupt- und Lieblingsrebsorte Müller-Thurgau gibt es zwei Weine zu verkosten. Der halbtrockene Müller-Thurgau nennt sich Sonnenschein, verspricht unkomplizierten Trinkgenuss – und er hält was er verspricht, ist frisch und fruchtbetont, zeigt feine Würze, eine dezente Muskatnote, ist lebhaft und frisch im Mund, klar und zupackend bei dezenter Süße. Ein klein wenig süßer ist der halbtrockene „göttliche" Bacchus, der wunderschön reintönig ist, etwas Holunder und Cassis zeigt, ebenso frisch klar und zupackend im Mund ist wie der Müller, feine Frucht und Grip besitzt. Der trockene Kerner Kabinett ist würzig und eindringlich, zeigt klare Frucht, ist sehr sortentypisch, frisch, zupackend, besitzt gute Struktur und jahrgangstypischen Grip. Müller-Thurgau gibt es auch in einer trockenen Version, „e'fach Müller-Thurgau" genannt, ein fruchtbetonter, würziger, wunderschön reintöniger Müller, der frisch und zupackend ist, Struktur und Grip besitzt. Noch eine Spur besser gefällt uns der"halt!" trockene Silvaner, der ebenfalls wunderschön reintönige Frucht besitzt, Kraft und Frische vereint, geradlinig und griffig ist. Und dass Steffen von der Tann sich auch auf Rotwein versteht, das beweist die zu zwei Drittel im Barrique ausgebaute Domina aus dem Jahrgang 2019, die intensive Frucht zeigt, rote und dunkle Früchte, herrlich eindringlich und reintönig ist, Fülle und Kraft besitzt, gute Struktur und Substanz.

Weinbewertung

85 2021 „e'fach" Müller-Thurgau trocken | 12%/8,50€
85 2021 Kerner Kabinett trocken | 12%/8,50€
86 2020 Silvaner „halt!" trocken | 12%/8,50€
84 2021 „göttlicher" Bacchus halbtrocken | 11,5%/8,50€
83 2021 Müller-Thurgau halbtrocken „Sonnenschein" | 11%/7,-€
86 2019 Domina trocken „Rotbart" | 12%/15,90€

INGUT VON DER TANN
IPHOFEN

★☆

Teutsch

Kontakt
Burgweg 50
69493 Hirschberg
Tel. 06201-51451
www.teutsch-weingut.de
info@teutsch-weingut.de

Besuchszeiten
Mi. 17-19 Uhr
Sa. 8-12 Uhr
oder nach Vereinbarung

Inhaber
Johannes Teutsch
Rebfläche
5 Hektar
Produktion
25.000 Flaschen

Das Weingut Teutsch liegt am Südrand von Leutershausen an der Bergstraße, das seit 1975 zusammen mit Großsachsen die Gemeinde Hirschberg bildet. Das Weingut selbst gehört zu Leutershausen, die das Weingut umgebenden Weinberge aber gehören zum benachbarten Schriesheim. Die Weinberge liegen alle in der Lage Staudenberg, die teils in Leutershausen, teils auf Schriesheimer Gemarkung liegt. Seit 2010 führt Johannes Teutsch den Betrieb, dessen Urgroßvater die ersten Reben gepflanzt hatte. Er baut Spätburgunder, Riesling und Müller-Thurgau an, aber auch Grauburgunder, Weißburgunder, Silvaner, Dunkelfelder, Scheurebe und Gewürztraminer.

Kollektion

Beim guten Debüt im vergangenen Jahr hatten uns neben einem alkoholmächtigen 2018er Spätburgunder zwei trockene weiße Spätlesen aus dem Jahrgang, Grauburgunder und Gewürztraminer, besonders gut gefallen. Die neue Kollektion ist noch etwas stärker, die 2021er Weißweine sind deutlich schlanker und frischer als ihre Vorgänger, was ihnen gut zu Gesicht steht. Der frische Secco ist ein feiner Einstieg, er besitzt Frucht und Grip; der Rivaner ist würzig und eindringlich, besitzt klare Frucht, Frische, Struktur und Biss – was kann man mehr verlangen bei diesem Preis! Der Weißburgunder ist ebenfalls würzig und eindringlich bei klarer reifer Frucht, ist fruchtbetont, frisch und harmonisch im Mund. Der halbtrocken ausgebaute Gewürztraminer zeigt intensive Frucht im Bouquet, Apfel und Rosen, ist füllig und saftig im Mund, besitzt viel reife Frucht und gute Struktur. Unser Favorit im weißen Segment stammt aus dem Jahrgang 2020 und er weist, dem heißen Jahrgang geschuldet, etwas mehr Alkohol auf als seine Kollegen: Die trockene Grauburgunder Spätlese zeigt gute Konzentration und reife klare Frucht im Bouquet, ist trotz der 14 Volumenprozent frisch und zupackend, besitzt gute Struktur und Grip. Der Spätburgunder Rosé ist frisch, fruchtbetont, sehr reintönig, zeigt rote Früchte im Bouquet, ist klar und geradlinig im Mund. Der in diesem Jahr vorgestellte Spätburgunder Rotwein ist eine Jahrgangscuvée, er zeigt intensive Frucht, etwas Kirschen, besitzt reintönige Frucht auch im Mund, gute Struktur und Frische. Im Aufwind!

Weinbewertung

83 2021 „Secco" Perlwein trocken | 10%/7,45€
84 2021 Rivaner trocken | 11%/4,90€ ☺
84 2021 Weißburgunder trocken | 13%/7,50€
86 2020 Grauburgunder Spätlese trocken | 14%/7,80€
84 2021 Gewürztraminer | 12,5%/8,50€
84 2021 Spätburgunder Rosé trocken | 12,5%/6,90€
86 Spätburgunder trocken „Jahrgangscuvée" | 14%/12,50€

WEINGUT TEUTSCH

★★★

Thanisch, Erben Müller-Burggraef

Kontakt
Junkerland 14
54470 Bernkastel-Kues
Tel. 06531-9179010
Fax: 06531-8179099
www.dr-thanisch.de
office@dr-thanisch.de

Besuchszeiten
Mo.-Fr. 10-16 Uhr

Inhaber
Peter Mertes
Familienweingüter
Gutsverwalter
Maximilian Ferger
Kellermeister
Thomas Jakoby
Rebfläche
16 Hektar
Produktion
100.000 Flaschen

Das Weingut in seiner heutigen Form entstand mit der Teilung des Gutes Witwe Dr. H. Thanisch im Jahr 1988, die Weinbautradition in der Familie reicht aber Jahrhunderte zurück, 1882 hatte die Familie den Berncasteler Doctor erworben. Inhaber sind heute die Peter Mertes Familienweingüter, Gutsverwalter ist Maximilian Ferger, Kellermeister Thomas Jakoby. Die Weinberge verteilen sich auf viele Lagen der mittleren Mosel in Bernkastel (Doctor, Lay, Graben, Badstube), Kinheim (Rosenberg), Lieser (Niederberg-Helden, Schlossberg) und Kues (Weisenstein, Kardinalsberg) sowie den Scharzhofberg in Wiltingen. Früher gab es ausschließlich Riesling, inzwischen werden auch etwas Spätburgunder, Weißburgunder und Chardonnay angebaut. Die Weine werden überwiegend spontan, kühl und langsam vergoren, teils im Edelstahl, teils im traditionellen Fuder ausgebaut.

Kollektion

Vorgestellt wurden dieses Mal Weine der Jahrgänge 2020 und 2021 (beim Pinot Noir auch 2018). Ein trockener Riesling-Basiswein fand sich nicht im Sortiment, der ausgesprochen saftige, sehr gelungene, würzige Pinot Blanc aus 2020 bildet einen guten Ausgleich. Einzige trockene Rieslinge sind die beiden Großen Gewächse aus 2020 – darunter der würzige Lay-Riesling und der noch etwas spannendere Wein aus dem Graben: Ein komplexer, in sich ruhender Riesling mit fester, würziger Struktur, durchaus eigenständig. Bemerkenswert ist der feinherbe Kabinett aus 2020: Frisch, aber auch würzig in der Nase, im Mund herrlich saftig, merklich süß, aber überdurchschnittlich nachhaltig. Sehr gut gefällt der Kabinett aus dem Doctor und dem Jahrgang 2021, in der Nase mit Anklängen an frischen und getrockneten Apfel, im Mund fest und nur verhalten süß. Die Spätlese wirkt noch etwas vom Schwefel geprägt, ist straff und würzig, besitzt viel Potenzial. Sehr gut gefällt auch der 2018er Pinot Noir, in der Nase mit offenen Noten von Rauch, Tabak, Sauerkirschen, getrockneten schwarzen Beeren, im Mund würzig, saftig, vielversprechend.

Weinbewertung

87	2020 Pinot Blanc I 11,5%/12,50€
91	2020 Riesling trocken „GG" Bernkasteler Graben I 12%/22,50€
90	2020 Riesling trocken „GG" Bernkasteler Lay I 12%/22,50€
88	2020 Riesling Kabinett „feinherb" Bernkasteler Badstube I 10,5%/12,50€
88	2020 Riesling Spätlese „feinherb" „Alte Reben" Bernkasteler Lay I 11%/15,50€
89	2021 Riesling Kabinett Berncasteler Doctor I 7,5%/22,50€
89	2021 Riesling Spätlese Bernkasteler Graben I 7,5%/15,50€
90	2021 Riesling Spätlese Berncasteler Doctor I 7,5%/32,50€
89	2018 Pinot Noir trocken I 13,5%/26,50€

T

★★★☆

Thanisch, Erben Thanisch

Kontakt
Saarallee 31
54470 Bernkastel-Kues
Tel. 06531-2282
Fax: 06531-2226
www.thanisch-vdp.de
info@thanisch-vdp.de

Besuchszeiten
Mo.-Fr. 10-17 Uhr und nach Vereinbarung

Inhaber
Sofia Thanisch

Betriebsleiter
Olaf Kaufmann

Rebfläche
9 Hektar

Produktion
58.000 Flaschen

Geschichte wird großgeschrieben im Weingut – was sich schon am 1884 erbauten Gutshaus anlesen lässt. Bis 1636 reicht die Tradition zurück, 1910 war der Betrieb Gründungsmitglied des Verbandes Deutscher Naturweinversteigerer, des heutigen VDP. Doch das Weingut, in dem Sofia Thanisch und ihre Tochter Christina Verantwortung tragen, geht auch mit der Zeit, was sich am sommerlichen Gutsausschank mit Blick auf die Mosel ablesen lässt. Auf neun Hektar wird traditionell ausschließlich Riesling angebaut – in den Lagen Doctor, Lay, Badstube und Graben.

Kollektion

Der trockene Basisriesling ist deutlich hefig, zeigt Apfel- und Kräuternoten, ist straff bei gut balancierter Säure: Ein saftiger Riesling, der sich gut entwickeln dürfte. Der Alte Reben-Riesling wirkt sehr offen mit Noten von Apfel, etwas Cassis und Kräutern, ist nicht ganz trocken, aber sehr gut balanciert mit schöner Säure und ansatzweise mineralischer Art: Ein sehr gelungener, stimmiger Riesling. Offen wirkt das Große Gewächs aus dem Graben, ist eher schlank, fast zart, aber mit würzigem, gutem Nachhall. Das Große Gewächs aus dem Doctor unterscheidet sich deutlich, ist verhaltener, frisch, im Mund fest, würzig, kompakt, warm, würzig, braucht noch Zeit. Saftig ist der feinherbe Kabinett ohne Lagenbezeichnung, dezent süß. Der feinherbe Badstube-Kabinett wirkt ätherischer, ist recht kompakt; ähnliches trifft auch auf den süßen Badstube-Kabinett zu. Die Süße ist auch bei Lay- und bei Doctor-Kabinett sehr gut eingebunden: ersterer besitzt Schmelz, letzterer erstaunlich tiefgründige Würze. Bei den Spätlesen ist der Unterschied zwischen Badstube (Hefe, schlank, enorm saftig) und Doctor (komplexe Nase, viel Würze und Nachhall) deutlich: In ihrer Art überzeugen beide Weine sehr. Die Doctor-Spätlese mit dem nostalgisch anmutenden Jubiläumsetikett, in kleiner Menge produziert, ist noch etwas fruchtiger, saftiger, schmelziger als die normale Spätlese.

Weinbewertung

85	2021 Riesling trocken I 11,5%/10,50€
87	2021 Riesling „Alte Reben" Bernkastel-Kues I 11%/13,90€
90	2021 Riesling trocken „GG" Bernkasteler Graben I 12%/28,-€
91	2021 Riesling trocken „GG" Berncasteler Doctor I 12%/45,-€
85	2021 Riesling Kabinett „feinherb" I 10%/10,50€
87	2021 Riesling Kabinett „feinherb" Bernkasteler Badstube I 10%/15,50€
87	2021 Riesling Kabinett Bernkasteler Badstube I 8%/15,50€
89	2021 Riesling Kabinett „Cuvée Christina" Bernkasteler Badstube I 7,5%/19,50€
90	2021 Riesling Kabinett Berncasteler Doctor I 7,5%/33,-€
88	2021 Riesling Spätlese Bernkasteler Badstube I 8%/18,-€
90	2021 Riesling Spätlese Berncasteler Doctor I 7,5%/39,50€
91	2021 Riesling Spätlese „Jubiläums-Edition" Berncasteler Doctor I 7,5%/69,-€

★

Daniel **Theisen**

Kontakt
Weingartenstraße 21
56820 Nehren
Tel. 02673-4329
Fax: 02673-4205
info@weingut-theisen.de
www.weingut-theisen.de

Besuchszeiten
9-17 Uhr
Restaurant+Vinothek Rathausstübchen (Moselweinstraße 15, 56814 Ediger) Mitte März-Ende Okt. 10-22 Uhr (Mi. Ruhetag), 4 Gästezimmer und 1 Ferienwohnung

Inhaber
Daniel & Andrea Theisen
Betriebsleiter
Daniel Theisen
Kellermeister
Daniel Theisen
Außenbetrieb
Daniel Theisen
Rebfläche
9,5 Hektar
Produktion
70.000 Flaschen

WEINGUT-THEISEN

Das Weingut bezeichnet sich selbst als Ferienweingut und wird als Familienbetrieb geführt. Zwei Generationen teilen sich die Hauptverantwortung. Andrea und Georg Theisen sowie Daniel Theisen und seine Frau Anne. Daniel Theisen firmiert als Kellermeister, kümmert sich auch um die Bewirtschaftung der 9,5 Hektar in Lagen wie Bremmer Calmont, Ediger Elzhofberg oder Römerberg (Nehren und Senheim). Ungewöhnlich ist das Rebsortenspektrum, das lediglich 40 Prozent Riesling, aber auch Rivaner, Spätburgunder, Chardonnay, Gelben Muskateller, Gewürztraminer, Rieslaner oder Souvignier Gris sowie andere Sorten umfasst. Das Restaurant mit Vinothek namens Rathaus-Stübchen wird selbst geführt, vier Gästezimmer und eine Ferienwohnung stehen Reisenden zur Verfügung.

Kollektion

In einem Jahrgang wie 2021 war es nicht einfach, die Typizität der Aromasorten herauszuarbeiten. Man merkt es beim Souvignier Gris, der eher verhalten wirkt mit Zitrus- sowie etwas grünen Noten und im Mund schön trocken ist; der Sauvignon Blanc wirkt deutlich saftiger. Eher neutral in der Nase, dann schön saftig, zupackend mit animierender Säure zeigt sich der Chardonnay; er ist eher saftig als puristisch, im Mund fest und frisch, auch ganz leicht rustikal. Das Riesling Hochgewächs aus dem Elzhofberg ist zupackend, saftig, fest und trocken, besitzt aber eine vibrierende Art; ein ausgezeichnet balancierter und animierender Riesling zu einem verblüffend günstigen Preis. Nochmals spannender ist der Riesling aus dem Calmont mit Noten von Apfel, Kräutern, auch einem Hauch von Apfelschale, im Mund ein saftiger, fester, nachhaltiger Riesling, der sich gut entwickeln dürfte. Der feinherb ausgebaute Muskateller ist floral, direkt, sortentypisch, zupackend und würzig. Deutlich cremig mit lediglich einem Hauch von Rosenaromatik präsentiert sich der Gewürztraminer, der deutlich süß ist, aber auch Substanz aufweist.

Weinbewertung

80 2021 Riesling trocken „Zehnthofschoppen" (1l) | 12%/5,50€
86 2021 Riesling Hochgewächs trocken Elzhofberg | 12,5%/6,50€ ☺
84 2021 Souvignier Gris trocken | 13%/7,50€
83 2021 Sauvignon Blanc | 12,5%/8,-€
84 2021 Chardonnay trocken Feuerberg | 12,5%/7,50€
87 2021 Riesling trocken Bremmer Calmont | 13%/9,50€
85 2021 Riesling „XXL" Osterlämmchen | 12,5%/7,50€
84 2021 Riesling „feinherb" „Alte Reben" | 11,5%/8,-€
83 2021 Gelber Muskateller „feinherb" | 11%/8,-€
84 2021 Gewürztraminer | 8,5%/8,-€
85 2021 Riesling „Schieferterassen" | 7,5%/8,-€
85 2020 Riesling „Herzblut" | 12%/9,50€

Thielen-Feilen

Kontakt
Moselweinstraße 11
54518 Minheim
Tel. 06507-9397051
Fax: 06507-9397052
info@thielen-feilen.de
www.thielen-feilen.de

Besuchszeiten
nach Vereinbarung

Inhaber
Stephan Thielen
Betriebsleiter
Stephan Thielen
Kellermeister
Stephan Thielen
Außenbetrieb
Stephan Thielen
Rebfläche
5,5 Hektar
Produktion
50.000 Flaschen

Das Weingut Thielen-Feilen ist ein klassischer Familienbetrieb, dessen Wurzeln sich in Minheim über viele Generationen hinweg zurückverfolgen lassen. 1928 gründen Anna und Johann ihr Weingut in Minheim, fast 90 Jahre später trat Urenkel Stephan in ihre Fußstapfen. Nach der Ausbildung sammelte der gelernte Winzer und Weinbautechniker in einem bekannten VDP-Weingut im Rheingau reichlich Praxiserfahrung. Nach dem Studium der Betriebswirtschaft und jahrelanger Tätigkeit im Großhandel zog es ihn 2013 ins elterliche Weingut an die Mosel zurück. Die Rebfläche von 5,5 Hektar liegt „rund um den Kirchturm": in den Minheimer Lagen Rosenberg, Günterslay und Burglay. Angebaut werden außer Riesling auch etwa Weißburgunder, Chardonnay, Johanniter, Muscaris, Sauvignon Blanc, Gewürztraminer und Acolon.

Kollektion

Eine Fülle an feinen, sortentypischen und angenehm fruchtigen Weinen stellt der Betrieb vor, darunter auch einen schlanken Muscaris Secco. Saftiger und vielschichtiger ist der Schaumwein, der einen Hauch von Süße erkennen lässt. Gelungen sind Weißburgunder und Chardonnay, beide sortentypisch, der erste Wein etwas leichter und offener, der zweite fester und würziger. Der Gewürztraminer wirkt klar und nicht penetrant, ist fest am Gaumen, saftig und zugänglich, nicht puristisch, aber sehr erfreulich balanciert. Sehr gut gefällt der Riesling von alten Reben aus dem Minheimer Rosenberg, der in der Nase sowohl Anklänge von Zitrus als auch solche von Steinobst, Kräutern und Hefe aufweist, angenehm fest und würzig ausfällt. Schlank und fruchtig gelingt der feinherbe Johanniter, animierend sind die Rieslinge aus dem Rosenberg, beide sur lie abgefüllt. Merkliche Tannine zeigt der rote Inkognito aus 70 Prozent Acolon, 20 Prozent Cabernet Cortis und 10 Prozent Dunkelfelder; er duftet nach schwarzen Beeren, ist dann fest und würzig.

Weinbewertung

80 2021 Muscaris Secco trocken „Hannes im Glück" | 11%/7,50€
85 2018 Riesling Sekt brut „Privat" | 12%/12,-€
84 2021 Weißburgunder trocken „Stadtgespräch" | 11,5%/6,80€
86 2021 Chardonnay trocken „Siebter Himmel" | 12%/7,50€
84 2021 Sauvignon Blanc trocken „Zenit" | 11,5%/8,50€
85 2021 Riesling trocken „Alte Reben" Minheimer Rosenberg | 12%/8,90€
86 2021 Gewürztraminer trocken „Charisma" | 13%/8,90€
83 2021 Johanniter „feinherb" „Gaudium" | 11%/7,50€
84 2021 Riesling Rosenberg „feinherb" „Tradition" | 10,5%/8,90€
86 2021 Riesling Rosenberg „Paradies auf Erden" | 8,5%/8,90€
83 2021 Rotling trocken „Auszeit" | 11%/6,80€
85 2020 Rotwein trocken „Inkognito" | 14%/8,90€

★★★★

Thörle

Kontakt
Am Norenberg 0
55291 Saulheim
Tel. 06732-5443
Fax: 06732-960860
www.thoerle-wein.de
info@thoerle-wein.de

Besuchszeiten
Mo.-Fr. 9-13 + 14-18 Uhr
Sa. 10-17 Uhr

Inhaber
Christoph & Johannes Thörle

Rebfläche
25 Hektar

Produktion
150.000 Flaschen

Rudolf und Uta Thörle begannen 1985 mit der Selbstvermarktung, aus dem landwirtschaftlichen Gemischtbetrieb wurde nach und nach ein reines Weingut. 2006 haben ihre Söhne Christoph und Johannes den Betrieb übernommen, ihn seither fokussiert auf Riesling, Silvaner und die Burgundersorten. Ihre Weinberge liegen alle in Saulheim in den Lagen Hölle, Schlossberg und Probstey, wo die Reben auf sehr kalkhaltigen Böden wachsen. Wichtigste Rebsorte ist Riesling, der 60 Prozent der Fläche einnimmt. Es folgen Spätburgunder und Silvaner, dazu gibt es ein wenig Weißburgunder, Sauvignon Blanc und Chardonnay. Christoph und Johannes Thörle haben Maischestandzeiten eingeführt, alle Weine werden spontanvergoren. Die Rotweine werden in Eichenholzfässern ausgebaut, die Weißweine in Edelstahltanks, aber auch verstärkt in neuen (Silvaner, Burgunder) und älteren Holzfässern (500 bis 1.200 Liter). Das Sortiment ist gegliedert in Guts-, Orts- und Lagenweine sowie Reserveweine von Chardonnay und Sauvignon Blanc. An Lagenweinen gibt es drei Rieslinge aus Probstey, Hölle und Schlossberg, Silvaner aus der Probstey und Spätburgunder aus Probstey und Hölle. Edelsüße Weine ergänzen das Programm. 2019 wurde das neue Weingut am Norenberg eingeweiht, die offizielle Umstellung auf biologischen Weinbau begonnen; 2022 ist der erste zertifizierte Jahrgang.

Kollektion

Christoph und Johannes Thörle geben weiter Gas, die neue Kollektion ist ihre bisher beste, sie beherrschen weiß wie rot, trocken wie süß, und im weißen Segment trumpfen sie nicht mehr allein mit Riesling auf, denn Silvaner und Chardonnay sind besser denn je. Der Silvaner aus der Probstey gehört schon seit einigen Jahren zu den besten Silvanern in Rheinhessen. Der 2021er wurde mit selektierten Beeren im Stückfass zehn Monate mit minimalem Schwefel auf der Vollhefe ausgebaut; er zeigt viel Konzentration und herrlich viel Frucht, etwas gelbe Früchte, ist faszinierend reintönig im Bouquet, füllig und stoffig dann im Mund, druckvoll und jugendlich. Der Réserve-Chardonnay wurde ebenfalls zehn Monate auf der Vollhefe ausgebaut, allerdings im Tonneau, er zeigt rauchige Noten im Bouquet, feine Würze und Frische, reintönige Frucht, ist klar, frisch und zupackend im Mund, sehr präzise und strukturiert – und ebenfalls noch sehr jugendlich. Spannend ist auch die „Kalk & Kreide" genannte Cuvée aus 55 Prozent Chardonnay und 45 Prozent Weißburgunder, die ebenfalls zehn Monate im Tonneau auf der Vollhefe ausgebaut wurde, herrlich eindringlich, rauchig und konzentriert ist, füllig und komplex, reife Frucht, gute Struktur und Grip besitzt. Weißburgunder gibt es solo als Gutswein, er ist klar und zupackend, besitzt gute Struktur und Frucht, was auch für den zweiten vorgestellten weißen Gutswein gilt, den Riesling, der enorm säurebetont und lebhaft ist. Der Essenheimer Ortsriesling ist säurebetont und druckvoll, unsere leichte Präferenz gilt seinem Saulheimer Kollegen, der würzig und konzentriert ist, klare Frucht,

gute Struktur und Grip besitzt. Die drei Saulheimer Lagen-Rieslinge sind alle hervorragend. Der Wein aus der Probstey zeigt viel Frische und sehr klare Frucht im Bouquet, ist füllig und kraftvoll, besitzt reife Frucht, gute Struktur und Komplexität. Der Wein aus dem Schlossberg ist würzig und eindringlich, zeigt etwas geröstete Senfkörner im Bouquet, ist füllig und saftig im Mund, relativ zugänglich, besitzt Kraft und Länge. Sehr würzig und konzentriert ist auch der Riesling aus der Hölle, ist füllig und kraftvoll im Mund, besitzt gute Substanz und feine Mineralität. Auch süß und edelsüße beherrschen Christoph und Johannes Thörle, das zeigen sie auch im nicht dafür prädestinierten Jahrgang 2021, die Palette reicht vom frischen, zupackenden Kabinett über die rauchig-würzige Spätlese und die herrlich reintönige Auslese bis hin zur stoffigen, konzentrierten Beerenauslese. Genauso spannend sind aber auch ihre Spätburgunder, vom frischen, zupackenden Gutswein und dem leicht floralen, strukturierten Ortswein hin zu den beiden extrem jugendlichen Lagen-Spätburgundern, denen etwas Flaschenreife gut tun wird. Der Wein aus der Probstey ist intensiv fruchtig, herrlich eindringlich und reintönig, besitzt gute Struktur, Kraft und Tannine, ist ebenfalls herrlich reintönig, noch etwas druckvoller bei derzeit noch sehr kräftigen Tanninen. Tolle Kollektion!

Weinbewertung

85 2021 Riesling trocken | 12%/10,50€
85 2021 Weißburgunder trocken | 12%/10,50€
87 2021 Riesling trocken „Kalkmergel“ Essenheimer | 12%/16,-€
88 2021 Riesling trocken „Kalkstein“ Saulheim | 12,5%/18,-€
89 2021 „Kalk & Kreide“ Weißwein Saulheim | 12,5%/20,-€
91 2021 Chardonnay trocken „Réserve“ | 12,5%/33,-€
91 2021 Silvaner trocken Saulheimer Probstey | 12,5%/35,-€
91 2021 Riesling trocken Saulheimer Probstey | 12,5%/29,-€
92 2021 Riesling trocken Saulheimer Schlossberg | 12,5%/35,-€
92 2021 Riesling trocken Saulheimer Hölle | 12,5%/40,-€
85 2021 Riesling Kabinett | 9%/11,50€
87 2021 Riesling Spätlese | 8%/15,-€
90 2021 Riesling Auslese Saulheimer Hölle | 7,5%/50,-€
92 2021 Riesling Beerenauslese Saulheimer Hölle | 6%/100,-€/0,375l
85 2020 Spätburgunder trocken | 13%/13,-€
87 2020 Spätburgunder trocken „Kalkstein“ Saulheim | 13%/20,-€
91 2020 Spätburgunder trocken Saulheimer Probstey | 13%/50,-€
91 2020 Spätburgunder trocken Saulheimer Hölle | 13%/75,-€

Lagen
Hölle (Saulheim)
Schlossberg (Saulheim)
Probstey (Saulheim)
Lenchen (Stadecken)
Teufelspfad (Essenheim)

Rebsorten
Riesling (55%)
Burgundersorten (40%)

★★

Traubenwerkstatt

Kontakt
Ottilienhöfe 3
74193 Niederhofen
Tel. 0172-8952869
www.traubenwerkstatt.de
info@traubenwerkstatt.de

Besuchszeiten
nach Vereinbarung

Inhaber
Markus Krull, Theo Doll, Ulrich Frank

Betriebsleiter
Markus Krull, Theo Doll, Ulrich Frank

Kellermeister
Markus Krull

Außenbetrieb
Markus Krull

Rebfläche
1,2 Hektar

Produktion
4.000-5.000 Flaschen

2018 haben Markus Krull, Theo Doll und Ulrich Frank ihre Traubenwerkstatt in Niederhofen gegründet. Niederhofen, erstmals 1332 urkundlich erwähnt, liegt im Leintal, zwischen Heuchelberg im Osten und Eppinger Hardtwald im Westen. 1971 wurde Niederhofen nach Schwaigern eingemeindet. Die Weinberge verteilen sich auf verschiedene Hänge rund um den Ort, so den Lochberg (östlich der Gemeinde) oder den Fuchsberg (südlich, Richtung Kleingartach). Ihre Weinberge liegen hauptsächlich am Lochberg, wobei der offizielle Lagenname seit 1971 Grafenberg ist, wie für so viele andere Gemeinden in der Umgebung. Sie haben in den letzten Jahren den Betrieb ganz umgestellt auf die drei Rebsorten Lemberger, Riesling und Sauvignon Blanc. Die Reben befinden sich teilweise in befahrbaren Querterrassen in der ältesten und besten Lage von Niederhofen. Sie verzichten auf Herbizide, bei der Lese werden die Trauben direkt auf einen Kühlanhänger verladen und über Nacht heruntergekühlt. Die Weine werden spontanvergoren, je nach Jahrgang mit ganzen Trauben, zu etwa zwei Drittel in alten Eichenholzfässern, zu einem Drittel im Edelstahl ausgebaut, die Rotweine werden nicht filtriert.

Kollektion

Eine klasse Kollektion präsentieren Markus Krull, Theo Doll und Ulrich Frank zum Debüt, je zwei Weine von ihren drei Rebsorten, die Weine sind kraftvoll und authentisch. Der 2019er Riesling Matheu petit zeigt feine Reife im Bouquet, ist frisch, klar und zupackend im Mund, besitzt Struktur und Grip. Der ein Jahr ältere Riesling Matheu ist herrlich eindringlich und reintönig im Bouquet, würzig, besitzt Fülle, viel reife Frucht, Substanz, Struktur und Druck. Die beiden Sauvignon Blanc stammen aus dem Jahrgang 2019. Der Matheu petit ist intensiv und würzig im Bouquet, herrlich eindringlich, besitzt viel Frische, klare Frucht und Grip. Der Matheu ist noch etwas eindringlicher und konzentrierter, besitzt Fülle und Kraft, viel Substanz, gute Struktur und reintönige Frucht. Der 2019er Lemberger Matheu petit ist würzig, eindringlich, zeigt herrlich viel reintönige Frucht, ist frisch, klar, zupackend, besitzt Präzision und Grip. Noch spannender ist der herrlich klare, fruchtbetonte 2018er Matheu, zeigt rauchige Noten, besitzt Fülle und Kraft, Präzision und Frucht, viel reintönige Frucht. Ein großartiges Debüt!

Weinbewertung

86 2019 Riesling trocken „Matheu petit" | 13%/14,-€
88 2019 Sauvignon Blanc trocken „Matheu petit" | 13%/14,-€
89 2018 Riesling trocken „Matheu" | 13%/24,-€
90 2019 Sauvignon Blanc trocken „Matheu" | 13%/24,-€
88 2019 Lemberger trocken „Matheu petit" | 13%/16,-€
90 2018 Lemberger trocken „Matheu" | 14%/26,-€

★★★

Trinks-Trinks

Kontakt
Bischof-Blum-Platz 4
65366 Geisenheim
Tel. 06722-406097
www.trinks-trinks.de
weingut@trinks-trinks.de

Besuchszeiten
nach Vereinbarung

Inhaber
Johanna Döring & Matthias Friedel
Rebfläche
1,3 Hektar
Produktion
9.000 Flaschen

Das Weingut Trinks-Trinks wurde mit dem Jahrgang 2014 aus der Taufe gehoben. Zuvor hatten die an der Forschungsanstalt in Geisenheim arbeitenden Johanna Döring und Matthias Friedel gemeinsam einen heruntergekommenen Hof erworben und vollständig renoviert. 2013 übernahmen sie dann auch die dazu gehörenden 1,2 Hektar großen Weinberge mit über 25 Jahre alten Rieslingreben, die sich auf drei Gewanne in den Geisenheimer Lagen Mäuerchen und Mönchspfad verteilen. Diese werden separat ausgebaut. Alle Reben wachsen auf Lösslehm, aber mit unterschiedlichen Ausprägungen. Während der Boden im Gewann "In allen Ehren" tiefgründiger und sandiger ist, ist der in der Steingrub, wie der Name schon verrät, skelettartiger, steiniger. In der warmen Lage „Im Schorchen" schließlich kommt eine Beimengung von kalkhaltigem Löss hinzu. Alle Weinberge werden nach ökologischen Standards bewirtschaftet, die Traubenlese erfolgt ausschließlich per Hand. Im mittelalterlichen Keller des Weingutes werden die Moste mit weinbergseigenen Hefen spontan vergoren, lange auf der Hefe belassen und frühestens im Sommer nach der Lese gefüllt. Durch die schonende und auf ein geringes Maß reduzierte Einflussnahme im Keller keltern die beiden jungen Winzer individuelle Rieslinge mit Spannung und Würze.

Kollektion

Die Kollektion zeigt auch in diesem Jahr wieder gewohnt hohes Niveau. Die Weine zeigen eine klare Handschrift, besitzen Frucht, Säure und feine Gerbstoffe. Bereits der Riesling „Mitanand" zeigt diese Handschrift, ist sehr straff, mit Aromen von nassem Stein und Ananas. Der Sekt weist aromatisch in eine ähnliche Richtung, setzt auf knackige Zitrusfrucht und Noten von unreifen tropischen Früchten, was aber passend wirkt. Der Riesling „Im Schorschen" wurde im Jahrgang 2020 halbtrocken ausgebaut, er wirkt dadurch etwas weniger lebhaft als der trockenen Varianten der vergangenen Jahre. Der trockene Steingrub-Riesling ist karg, strukturiert, besitzt Gerbstoff und Biss, lässt aber mit mehr Luft auch vollreife Gelbfruchtnoten durchscheinen. An der Spitze der Kollektion steht im Jahrgang 2020 der Riesling „In allen Ehren", der herrlich durchgegoren und geradlinig ist, viel Säure, gute Struktur und Komplexität besitzt.

Weinbewertung

85 2018 Riesling Sekt brut „Feiertag" | 13%/13,90€
87 2020 Riesling trocken „Mitanand" | 12%/7,90€ ☺
85 2020 Riesling halbtrocken „Im Schorchen" | 12%/10,90€
89 2020 Riesling trocken „In allen Ehren" | 12,5%/10,90€ ☺
87 2020 Riesling trocken „Steingrub" | 12%/12,50€

★★☆

Trockene Schmitts

Kontakt
Maingasse 14a
97236 Randersacker
Tel. 0931-700490, -708206
Fax: 0931-3048815
www.naturreine-weine.de
info@durchgegorene-weine.de

Besuchszeiten
Mo.-Fr. 8-18 Uhr
Sa. 9:30-16 Uhr
oder nach Vereinbarung
Weinrestaurant „Ewig Leben"
Ferienwohnungen „Sartorius-haus"

Inhaber
Bruno & Lothar Schmitt
Rebfläche
´7 Hektar
Produktion
120.000 Flaschen

Die Brüder Paul Schmitt („Haus der trockenen Weine") und Bruno Schmitt („Weingut Robert Schmitt") aus Randersacker haben ihre beiden Betriebe zusammengelegt und vermarkten seit dem Jahrgang 2002 ihre Weine gemeinsam unter dem Namen Weingut Trockene Schmitts. Paul Schmitt hat inzwischen an seinen Sohn Lothar übergeben, der nach Ausbildung unter anderem bei Paul Fürst und F.X. Pichler nun gemeinsam mit Bruno Schmitt den Betrieb führt. Der Name ist Programm: Seit jeher werden alle Weine „naturrein" ausgebaut, es wird niemals angereichert, keine Süßreserve zugesetzt, alle Weine dürfen durchgären; nur Weine bis maximal 4 Gramm Restzucker werden als trocken bezeichnet. Die Weinberge verteilen sich auf die verschiedenen Randersackerer Lagen. Silvaner nimmt zwei Fünftel der Rebfläche ein, hinzu kommen Müller-Thurgau, Riesling, Weiß- und Grauburgunder, aber auch Gewürztraminer, Rieslaner und Albalonga, rote Sorten nehmen 10 Prozent der Rebfläche ein. Alle Weine kommen nach der Gärung im Edelstahl zur Reifung ins traditionelle Holzfass.

Kollektion

Wieder eine sehr gute Kollektion von Bruno und Lothar Schmitt, mit gleichermaßen überzeugenden Weiß- und Rotweinen. Die beiden 2019er Roten sind fruchtbetont und intensiv, der Spätburgunder etwas würziger und tanninbetonter, der Frühburgunder besitzt etwas mehr Frische und Biss. An der Spitze der Kollektion stehen in diesem Jahr die beiden Großen Gewächse aus dem Sonnenstuhl, Jahrgang 2020. Der Silvaner ist enorm würzig und dominant im Bouquet, füllig und kraftvoll im Mund, besitzt rauchige Noten, gute Struktur und Grip. Gleichauf sehen wir den Riesling, der ebenfalls recht würzig im Bouquet ist, im Mund füllig und kompakt ist, reife Frucht und Biss besitzt. Spannend ist auch wieder der kraftvolle Rieslaner, der reintönige, konzentrierte Traminer ist ebenfalls ein fester Bestandteil des Programms, auch alle anderen Weine sind kraftvoll und wie gewohnt kompromisslos trocken.

Weinbewertung

84 2021 Silvaner Kabinett trocken Randersacker Pfülben | 12,5%/9,80€
85 2020 Riesling trocken „Konsequent" Randersacker Pfülben | 13%/12,50€
86 2021 Fränkischer Alter Satz trocken „Konsequent" Randersacker Pfülben | 13%/19,50€
84 2021 Silvaner trocken „Konsequent" Randersacker Sonnenstuhl | 13%/9,80€
85 2020 Sylvaner trocken „Alte Reben" „Konsequent" Sonnenstuhl | 13,5%/12,5€
86 2020 Weißer Burgunder trocken „Konsequent" Randersacker Pfülben | 13,5%/12,90€
87 2020 Rieslaner trocken „Alte Reben" „Konsequent" Sonnenstuhl | 13,5%/13,80€
86 2021 Gewürztraminer trocken „Konsequent" Randersacker Lämmerberg | 13%/12,20€
88 2020 Sylvaner „R" Großes Gewächs Randersacker Sonnenstuhl | 13,5%/23,50€
88 2020 Riesling „R" Großes Gewächs Randersacker Sonnenstuhl | 13%/23,50€
87 2019 Spätburgunder trocken „Konsequent" Randersacker Sonnenstuhl | 13%/15,90€
87 2019 Frühburgunder trocken „Konsequent" Randersacker Sonnenstuhl | 13,5%/14,90€

)CKENE SCHMITTS

★☆

Michael **Trossen**

Kontakt
Jesuitenhofstraße 42
54536 Kröv
Tel. 06541-812005
Fax: 06541-812033
www.das-weingut.com
mt@das-weingut.com

Besuchszeiten
Vinothek:
nach Vereinbarung
Weinhotel „Riesling-Quartier“
Moselweinstraße 100, Kröv
www.rieslingquartier.de

Inhaber
Michael Trossen
Rebfläche
4,2 Hektar
Produktion
35.000 Flaschen

Die Weinberge von Michael Trossen, insgesamt 4,2 Hektar, liegen alle in Kröv in den Lagen Letterlay, Steffensberg, Kirchlay und Paradies. Das Weingut hat seinen Fokus in den letzten Jahren ganz klar auf Riesling gelegt, was sich auch in der Rebsortenstatistik des Hauses widerspiegelt. Riesling nimmt 71 Prozent der Rebfläche ein, dazu gibt es nun jeweils beachtliche Anteile an Spätburgunder (14 %) und Weißburgunder (15 %). Unter dem Namen Bergblüter werden die Spitzen aus den Steillagen Kröver Letterlay und Kröver Steffensberg vermarktet. Dem Weingut ist ein Gästehaus angeschlossen, die Vinothek „Terra Vinum“ wurde 2009 eröffnet. Das von Rosel und Hans Trossen geführte Gästehaus liegt direkt an der Moselweinstraße, bietet sowohl Gästezimmer als auch Ferienwohnungen an. 2019 wurde der Neubau eines kleinen Weinhotels unmittelbar an der Mosel abgeschlossen, das Riesling-Quartier definiert Moseltourismus mit modernen Komfortzimmern, Junior- und Familiensuiten neu.

Kollektion

Der trockene Literwein ist frisch in der Nase, sehr direkt mit Zitrusnoten, im Mund spritzig, nicht lang oder komplex, aber tadellos gemacht. Offen mit einem Hauch von Blütennoten, später auch Fruchtanklängen präsentiert sich der Weißburgunder, saftig und schlank. Der erste Eindruck der trockenen Bergblüter-Spätlese ist verhalten, der Wein zeigt einen Mix aus Kernobst- Kräuter- und Hefenoten, ist würzig und straff. Spannend fällt der 2020er SL365 aus, der ein Jahr lang auf der Hefe reifte, in der Nase erst sehr verhalten ist, später cremige Fruchtnoten entwickelt. Im Mund ist er zunächst weich und von der Hefelagerung geprägt, zeigt dann aber eine vibrierende, saftige Art samt einem Hauch von Süße. Er bleibt trinkanimierend und zeigt über Stunden immer neue Nuancen: ein spannendes Experiment! Der Kabinett duftet nach Boskoop, Kräutern und Hefe, ist fein, schlank, ziseliert: ein klassischer Kabinett alter Schule.

Weinbewertung

82 2021 Riesling trocken (1l) | 11,5 %/6,20 €
84 2021 Weißburgunder trocken | 12 %/7,- €
85 2021 Riesling Kabinett trocken Kröver Kirchlay | 11 %/7,- €
86 2021 Riesling Spätlese trocken „Bergblüter“ Kröver Letterlay | 12 %/9,80 €
84 2021 Riesling & Burgunder trocken „RnB“ | 12 %/8,20 €
82 2021 Riesling halbtrocken (1l) | 11 %/6,20 €
85 2021 Riesling Kabinett „feinherb“ Kröver Kirchlay | 10 %/7,- €
86 2021 Riesling Spätlese „feinherb“ „Bergblüter“ Kröver Letterlay | 11 %/9,80 €
89 2020 Riesling „feinherb“ „SL365“ Kröver Steffensberg | 12 %/18,- €
86 2021 Riesling Kabinett Kröver Kirchlay | 8 %/7,- € ☺
84 2021 Spätburgunder Rosé trocken | 12 %/7,20 €
82 2021 Spätburgunder Rosé „feinherb“ | 11,5 %/7,20 €

★★

Ungerer

Kontakt
Harsberger Straße 15
74629 Pfedelbach-Renzen
Tel. 07949-940690
Fax: 07949-940699
www.weingut-ungerer.de
info@weingut-ungerer.de

Besuchszeiten
Mo.-Do. 17:30-19 Uhr
Fr. 14-19 Uhr
Sa. 8-13 Uhr
oder nach Vereinbarung
Weinstube
(6 Tage im Monat geöffnet)

Inhaber
Familie Ungerer
Rebfläche
9 Hektar
Produktion
75.000 Flaschen

Karl Ungerer und Sohn Karlheinz begannen 1993 mit der Selbstvermarktung. Alle ihre Weinberge befinden sich in der Lage Heuholzer Dachsteiger, wo die Reben auf Keuperböden wachsen. 65 Prozent der Fläche nehmen rote Sorten ein, vor allem Lemberger, Trollinger und die Burgundersorten, dazu gibt es Dornfelder und Cabernet Mitos, zuletzt wurde etwas Regent in einer Steillage gepflanzt, auch Cabernet Franc gibt es inzwischen im Anbau. Mit Abstand wichtigste weiße Rebsorte ist Riesling, dazu gibt es Kerner und Chardonnay, Silvaner, Bacchus und Sauvignon Blanc. Die Rotweine werden maischevergoren. Die Weißweine vergären in Edelstahltanks, ausgesuchte Partien auch im Barrique (Chardonnay) oder Betonei (Riesling). Destillate (von eigenem Obst), Liköre und Gelees ergänzen das Sortiment.

Kollektion

Unser oftmaliger Favorit, die Saltatium virium genannte rote Cuvée, der „Tanz der Kräfte“, steht in diesem Jahr ganz klar an der Spitze der Kollektion. Der Wein zeigt gute Konzentration und viel reife Frucht im herrlich eindringlichen Bouquet, rote und dunkle Früchte, besitzt Fülle und Kraft im Mund, viel reife Frucht und Substanz. Auch der Cabernet Franc überzeugt wie gewohnt, zeigt rote Früchte, ein wenig Kräuter, ist reintönig im Mund, frisch und zupackend, besitzt gute Struktur und Grip. Der Trollinger von alten Reben besitzt Frische und Frucht, und auch der Lemberger Edition Q ist intensiv fruchtig im Bouquet, reintönig, frisch und zupackend im Mund. Der im Barrique ausgebaute Dornfelder ist von intensiven Gewürznoten geprägt, die Unglaublich genannte Cuvée zeigt viel Duft, besitzt Fülle und Kraft. Die 2021er Weißweine zeigen sehr gleichmäßiges Niveau. Der leicht birnenduftige Sylvaner Edition Q ist sehr offen im Bouquet, besitzt gute Fülle und Struktur im Mund, die Flaschenpost genannte Cuvée ist frisch, kraftvoll, kompakt, der Sauvignon Blanc Sehnsucht zeigt Tropenfrüchte und Stachelbeeren, ist klar und zupackend.

Weinbewertung

84	2021 Sylvaner trocken „Edition Q“ | 13%/9,-€
81	2021 Riesling Kabinett trocken Heuholzer Dachsteiger | 12%/6,50€
83	2020 Riesling trocken „Edition Q“ | 12,5%/10,-€
84	2021 „Flaschenpost“ Weißwein trocken | 13%/10,-€
84	2021 Sauvignon Blanc trocken „Sehnsucht“ | 13%/10,-€
83	2021 Chardonnay Spätlese trocken | 12,5%/9,-€
83	2021 Trollinger trocken „Alte Rebe“ Heuholzer Dachsteiger | 13,5%/7,-€
84	2020 Lemberger trocken „Edition Q“ | 13,5%/10,50€
83	2019 Dornfelder trocken Barrique | 13%/13,50€
84	2020 „Unglaublich“ Rotwein trocken Barrique | 13%/13,50€
85	2019 Cabernet Franc trocken | 13,5%/13,-€
88	2020 „Saltatium virium“ Rotwein trocken Barrique | 13%/22,-€

★★☆

Weinmanufaktur **Untertürkheim**

Kontakt
Strümpfelbacher Straße 47
70327 Stuttgart
Tel. 0711-336381-0
Fax: 0711-336381-24
www.weinmanufaktur.de
info@weinmanufaktur.de

Besuchszeiten
Mo.-Fr. 9-18 Uhr
Sa. 9-14 Uhr
Weinproben (nach Vereinbarung)

Inhaber
87 Mitglieder
Geschäftsführer
Dr. Stefan Hübner
Kellermeister
Jürgen Off
Rebfläche
90 Hektar
Produktion
700.000 Flaschen

Die Weinberge der 1887 gegründeten Untertürkheimer Genossenschaft liegen in den Untertürkheimer Lagen Mönchberg und Altenberg. Zwei Drittel der Weinberge sind mit roten Reben bestockt. Wichtigste Rebsorten sind Trollinger und Riesling, die jeweils ein Viertel der Rebfläche einnehmen, dann folgen – mit gehörigem Abstand – Lemberger und Spätburgunder. Die Weine sind betriebsintern mit bis zu drei Sternen klassifiziert, auf Prädikatsbezeichnungen bei trockenen Weinen wird verzichtet. Die besten Weine kommen im 1902 erbauten Kreuzgewölbekeller auch ins große Holzfass oder ins Barrique. Die als Barriqueweine gekennzeichneten Weine kommen ausschließlich in neue Fässer, Weine mit der Bezeichnung „Holzfass" werden in gebrauchten Barriques ausgebaut. Kellermeister Jürgen Off ist seit 1987 in Untertürkheim tätig, seit 2001 trägt er die Verantwortung im Keller.

Kollektion

Zuverlässige Basis, füllige, saftige 2 Sterne-Weine und tolle Spitzen: Eine ganz starke Kollektion präsentiert Jürgen Off auch wieder in diesem Jahr. Der Viognier ist reintönig und harmonisch, der Riesling Großer Stern intensiv fruchtig, jugendlich, der Chardonnay ist kraftvoll, vom Holz geprägt – auch den Weißweinen könnte oder sollte man Zeit geben. Der Merlot zeigt viel Würze und reife Frucht, ist füllig und strukturiert, der Cabernet Franc ist eindringlich, sehr sortentypisch, besitzt gute Struktur, Kraft und Grip. Die rote Cuvée Mönch Berthold gibt es als kraftvollen, zupackenden 2-Sterner und als faszinierenden Großen Stern, der herrlich viel Frucht und Konzentration zeigt, stoffig und kraftvoll ist bei viel Substanz. Gleichauf an der Spitze steht der Lemberger Großer Stern, der intensive Frucht zeigt, herrlich eindringlich und reintönig ist, gute Struktur und Fülle, besitzt aber auch Frische. Bravo!

Weinbewertung

82	2021 Riesling* trocken ǀ 12%/8,90€
82	2021 Weißer Burgunder* trocken ǀ 12,5%/8,90€
84	2021 „Mönch Berthold"** Weißwein trocken ǀ 12,5%/10,90€
85	2021 Viognier** trocken ǀ 13%/11,90€
88	2021 Riesling trocken „Großer Stern" Untertürkheimer Mönchberg ǀ 13%/29,90€
86	2021 Chardonnay*** trocken ǀ 13%/18,50€
83	2021 „Mönch Berthold"** Rosé trocken ǀ 12,5%/10,90€
83	2021 Muskat Trollinger* Rosé „feinherb" ǀ 11%/7,90€
85	2020 „Mönch Berthold"*** Rotwein trocken ǀ 13,5%/11,90€
85	2021 Merlot** trocken ǀ 13,5%/11,90€
88	2020 Cabernet Franc*** trocken Untertürkheimer Altenberg ǀ 13,5%/19,90€
90	2020 „Mönch Berthold" Rotwein trocken „Großer Stern" ǀ 14%/29,90€
90	2020 Lemberger trocken „Großer Stern" Untertürkheimer Mönchberg ǀ 13,5%/29,90€

WEINMANUFAKTUR UNTERTÜRKHEIM

★★★

Schloss Vaux

Kontakt
Sektkellerei Schloss Vaux
Kiedricher Straße 18a
65343 Eltville
Tel. 06123-6206-0
Fax: 06123-63339
www.schloss-vaux.de
kontor@schloss-vaux.de

Besuchszeiten
Mo.-Fr. 9-17 Uhr, Sa. 11-14 Uhr
Aktuelle Veranstaltungen
siehe Webseite

Vorstand
Christoph Graf
Betriebsleiter
Joachim Renk
Kellermeisterin
Maike Maria Münster
Rebfläche
7 Hektar
Produktion
450.000 Flaschen

Die 1868 gegründete Sektmanufaktur Schloss Vaux verdankt ihren Namen dem gleichnamigen Herrschaftsgebäude bei Metz. Ein Freundeskreis übernahm das Unternehmen, seit 1998 führte Nikolaus Graf von Plettenberg die Sektmanufaktur, inzwischen führt Christoph Graf das Haus. 2014 wurden die Lagen des Weinguts Erbslöh übernommen, man besitzt nun selbst 6 Hektar Riesling und ein Hektar Spätburgunder. Die Grundweine stammen teils aus dem Rheingau, teils aus der Pfalz und aus Rheinhessen, Riesling, Spätburgunder und Weißburgunder sind die wichtigsten Rebsorten. 2007 wurde erstmals ein Sekt aus Sauvignon Blanc erzeugt, inzwischen hat man auch einen Sekt aus Grünem Veltliner im Programm. Die Dosage der überwiegend brut ausgebauten Sekte liegt deutlich unter den gesetzlich zulässigen Höchstwerten, viele sind im Bereich extra-brut dosiert.

Kollektion

Die Cuvée Vaux aus Weißburgunder, Spätburgunder, Chardonnay und Riesling bildet den Auftakt und untermauert mit ihrer komplexen, einerseits herben, andererseits aber auch fruchtigen Art die Fortschritte der vergangenen Jahre. Der Blanc de Noir ist elegant, harmonisch, mit samtiger Perlage, der Rosé ist ein wenig kecker, frischer und spitzer. Die Rieslinge sind fruchtbetonter, der Riesling brut bringt viel Zitrus mit, ist dabei frisch und geradlinig, die Rheingauer Reserve ist deutlich reifer und cremiger, mit Aromen von frisch gebackenem Weißbrot, Haselnuss und jeder Menge Zitrone. Den Rosé Reserve sehen wir gleichauf, er vereint frische Frucht und hefige Reifenoten, erinnert an Johannisbeere und Sauerteig. Der Assmannshäuser ist sehr typisch, etwas streng und dürfte vor allem ausgewiesenen Fans der Gattung Rotsekt gefallen. Eine willkommene Überraschung im von Riesling und Spätburgunder dominierten Rheingau ist der Grüne Veltliner, der ganz ohne Restzucker auskommt, sehr herb und fordernd ist, etwas an Granny Smith erinnert und viel Spannung besitzt.

Weinbewertung

86 2018 Cuvée Vaux brut | 12%/16,-€
85 2019 Riesling brut | 12%/16,-€
89 2019 Grüner Veltliner dosage zero | 12%/24,-€
89 2016 Riesling brut Rheingauer „Réserve“ | 12%/22,-€
86 2020 „Blanc de Noirs“ brut | 12%/19,-€
86 2020 Rosé brut | 12%/18,-€
89 2018 Rosé „Réserve“ brut | 12%/28,-€
83 2016 Pinot Noir brut Assmannshäuser | 12,5%/30,-€

★★½

Velte

Kontakt
Forststraße 12
74379 Ingersheim
Tel. 0157-80309037
www.wein-velte.de
info@wein-velte.de

Besuchszeiten
nach Vereinbarung

Inhaber
Vanessa & Felix Velte
Betriebsleiter
Vanessa & Felix Velte
Kellermeister
Felix Velte
Außenbetrieb
Heinz Groß
Rebfläche
0,9 Hektar
Produktion
3.000 Flaschen

Felix Velte stammt aus Ingersheim, das etwa 20 Kilometer nördlich von Stuttgart am linken Neckarufer liegt. Er hat eine Ausbildung zum Weinküfer gemacht, dann die Weiterbildung zum Weinbautechniker. 2016 bot sich ihm die Gelegenheit einen verwilderten Weinberg von der Gemeinde Ingersheim zu pachten, in der kleinen Lage Ingersheimer Schlossberg, den er instand setzte; 2018 kamen einige Flächen in Mühlhausen an der Enz hinzu, inzwischen noch ein familieneigener Weinberg, der seit Generationen für den Eigenbedarf genutzt wurde. Zuletzt wurde ein Weinberg in Besigheim erworben, der 2022 mit roten Reben neu bepflanzt werden soll. Felix Velte baut vor allem Weißburgunder, Lemberger, Gewürztraminer, Riesling und Trollinger an, aber auch ein wenig Muskateller. Die Reben wachsen an steilen süd- bis südost-exponierten Hängen auf kleinen Terrassen, den so genannten „Schranna", auf Muschelkalkböden. Felix Velte arbeitet mit bis zu 48 Stunden Maischestandzeit bei den Weißweinen, die bis Mitte März auf der Feinhefe lagern, die Rotweine werden inzwischen drei bis vier Wochen maischevergoren, im Barrique ausgebaut und unfiltriert abgefüllt; Lemberger und Riesling werden spontanvergoren. Im Frühjahr 2022 wurde ein terrassierter Weinberg in der Besigheimer Enzhälde nach aufwändiger Mauersanierung mit Reben bestockt, hauptsächlich Lemberger, aber auch Syrah, Cabernet Sauvignon und Cabernet Franc.

Kollektion

Rosé gibt es in diesem Jahr gleich zwei Mal: Der „On the Rocks" genannte Sekt, im gebrauchten Barrique vergoren und ausgebaut, ist wunderschön klar und harmonisch, etwas süß, fruchtbetont; der Wein besticht mit Frucht und Frische, ist harmonisch, besitzt Struktur und Grip. Den im großen Holzfass ausgebauten harmonischen Riesling hatten wir schon im vergangenen Jahr vorgestellt. Neu ist der zur Hälfte im gebrauchten Barrique vergorene und ausgebaute Weißburgunder, der klare reife Frucht und leicht rauchige Noten zeigt, frisch und zupackend ist, gute Struktur und Grip besitzt. Der Lemberger Eichelhäher ist frisch und fruchtbetont, geradlinig und klar. Highlight der Kollektion ist wieder einmal der Lemberger Schrannawengert, nach drei Wochen Maischegegärung fast zwei Jahre im neuen Barrique ausgebaut: Konzentriert, mit viel reifer Frucht im Bouquet, im Mund Fülle, Kraft, gute Struktur und reintönige Frucht. Klar im Aufwind!

Weinbewertung

86	„On the Rocks" Rosé Sekt brut I 12%/15,-€
85	2020 Riesling trocken „Rotschwänzle" Ingersheimer I 11,5%/10,-€
85	2021 Weißburgunder trocken „Rotschwänzle" Ingersheimer I 12%/8,-€
86	2021 Rosé trocken „Rotschwänzle" I 12%/8,-€
85	2021 Lemberger trocken „Eichelhäher" I 12,5%/10,-€
88	2020 Lemberger trocken „Schrannawengert" I 12,5%/16,-€

★★★★

Stefan Vetter

Kontakt
Neuweg 2
97753 Gambach
Tel. 09353-9843505
www.vetter-wein.de
post@vetter-wein.de

Besuchszeiten
Verkostungen
nach Vereinbarung

Inhaber
Stefan Vetter
Rebfläche
3,5 Hektar
Produktion
25.000 Flaschen

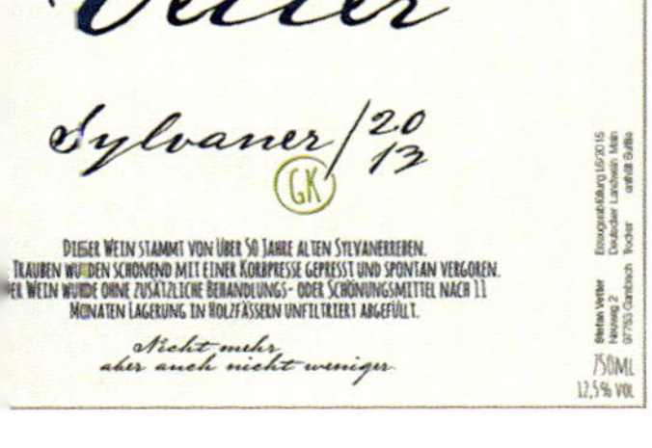

Stefan Vetter ist Franke, hat aber zunächst im Burgenland gearbeitet. 2010 pachtete er seinen ersten Weinberg, mit 1958 gepflanzten Reben im Casteller Kirchberg, zwei Jahre später, nach seiner Rückkehr aus dem Burgenland, kamen weitere Parzellen hinzu, in Iphofen, auch im Gambacher Kalbenstein, 2015 ist er ganz nach Gambach gezogen, konzentriert sich nun auf den Kalbenstein und auf Silvaner, der gut zwei Drittel seiner Weinberge einnimmt, dazu gibt es etwas Müller-Thurgau und Riesling. Ein klein wenig hat er in den letzten Jahren die Rebfläche vergrößert, mehr werden soll es aber auf keinen Fall, im Gegenteil. Stefan Vetter ist Quereinsteiger, stammt nicht aus einem Weingut, aber vielleicht hilft das ja sogar, braucht man doch keine Rücksicht zu nehmen auf bestehende Kunden. Denn solche gibt es ja nicht, wenn man bei Null anfängt. Die Weinberge werden manuell bearbeitet, biologisch, versteht sich, Stefan Vetter achtet darauf kerngesunde Trauben zu ernten, Oechsle sind ihm egal. Die Weine werden auf einer Korbpresse gekeltert, chaptalisiert wird nicht, ist der potentielle Alkohol auch noch so niedrig, und selbstverständlich wird auch nicht geschönt oder filtriert. Die Weine werden im Holz ausgebaut, teils in Stückfässern, teils in 300 Liter-Barriques, teils in 500 Liter-Tonneaux, sie durchlaufen die malolaktische Gärung, Silvaner und Riesling bleiben achtzehn Monate im Fass, vor der Abfüllung wird ein klein wenig geschwefelt, ganz minimal, im Jahrgang 2013 hat Stefan Vetter erstmals einen Silvaner 18 Monate maischevergoren und überhaupt nicht geschwefelt. "Schale, Stiel & Stengel" nennt er diesen Wein. Naturweine nennt man Weine in dieser oder ähnlicher Machart heute gerne, dafür gibt es eine Szene-Klientel in manchen deutschen Großstädten und im Ausland sowieso, das sind auch für Stefan Vetter wichtige Märkte. Wobei solchermaßen im Einklang mit der Natur und „natürlich" erzeugten Weine nicht Szene-Thema sein, sondern als das „Normale" betrachtet werden sollten. Der Gambacher Kalbenstein ist eine großartige, beeindruckende Lage. Direkt am Main gelegen, steil, Terrassen, nicht flurbereinigt und der Boden besteht teils aus Muschelkalk, teils aus Buntsandstein, ist man doch hier direkt am Übergang von einer Bodenformation zur nächsten. Beeindruckend hieß lange Zeit aber vor allem: Optisch beeindruckend. Dass diese Lage aber auch in puncto Wein großartig ist, wissen wir spätestens seit Stefan Vetter hier Wein erzeugt. Doch Achtung: Wer fruchtbetonte Weine sucht, ist bei Stefan Vetter fehl am Platz, seine Weine sind puristisch, ganz Struktur, ganz Natur.

Kollektion

Jedes Jahr sind wir aufs Neue fasziniert von Stefan Vetters Weinen, und jedes Jahr aufs Neue mögen wir es kaum glauben, dass alle Weine so geringe Alkoholwerte aufweisen: 10,5 Prozent ist der höchste Wert, den wir in diesem Jahr entdecken können. Aber man vermisst nichts, im Gegenteil: Muss man da nicht eine zweite Flasche öffnen? Weine aus den Jahrgängen

2021 und 2020 konnten wir in diesem Jahr verkosten. Zunächst zu den 2021ern. Der Müller-Thurgau ist klar, zupackend, puristisch, der Silvaner ist reintönig, zeigt feine Frische, hat viel Säure und Biss. Der Müller-Thurgau Steinterrassen zeigt herrlich viel Frische, ist enorm lebhaft im Mund, präzise, zupackend. Neu sind die beiden weiteren 2021er im Programm, für die Stefan Vetter von befreundeten, ebenfalls zertifiziert biologisch arbeitenden Winzern Trauben erhalten hat – vinifiziert sind die Weine natürlich „à la Stefan Vetter". Der Riesling APG stammt aus dem Michelbacher Apostelgarten, also von Urgesteinsböden, er ist faszinierend konzentriert, reintönig, so enorm puristisch und mineralisch, dass es fast weh tut, präzise und nachhaltig, viel Potenzial – dem Wein sollte man Zeit lassen. Der Spätburgunder SBG stammt aus dem Klingenberger Schlossberg, also vom Buntsandsteinterrassen, er ist präzise, würzig, puristisch, schlank, hat viel Grip – auch er kann Flaschenreife gut vertragen. So, nun zu den 2020er Sylvanern: Großes Kino! Sieben Weine, jeder für sich faszinierend. Steinterrassen gibt es wieder in Sandstein und in Muschelkalk. Sandstein: Würzig, feine Hefenoten, puristisch, präzise, druckvoll; Muschelkalk etwas kraftvoller, viel Frische und Grip. Ein spannendes Paar. Auch der Vergleich CK (Kirchberg) und GK (Kalbenstein) ist faszinierend: CK würzig, etwas Quitte im Hintergrund, ganz Struktur, Druck und Frische, GK präzise, puristisch, mineralisch. „Schale, Stiel & Stengel" dann konzentriert, pur, Tannine und Grip; Himmelslücke puristisch, mineralisch, transparent, tänzelnd; Rosenrain schwebend, reintönig, präzise, komplex. Eine andere Dimension.

Stefan Vetter

Weinbewertung

85	2021 Müller-Thurgau I 9%/12,-€
87	2021 Sylvaner I 9%/14,-€
88	2021 Müller-Thurgau „Steinterrassen" I 9%/16,50€
90	2020 Sylvaner „Steinterrassen Sandstein" I 9,5%/23,-€
90	2020 Sylvaner „Steinterrassen Muschelkalk" I 10%/23,-€
93	2020 Sylvaner „Himmelslücke" I 10%/33,-€
92	2020 Sylvaner „CK" I 10,5%/44,-€
91	2020 Sylvaner „GK" I 9,5%/38,-€
91	2020 Sylvaner „Schale, Stiel & Stengel" I 9,5%/28,-€
93	2020 Sylvaner „Rosenrain" I 9%/78,-€
91	2021 Riesling „APG" I 9,5%/27,-€
88	2021 Spätburgunder „SCB" I 9%/27,-€

Lagen

Kalbenstein (Gambach)
Kirchberg (Castell)

Rebsorten

Silvaner (70%)
Müller-Thurgau (14%)
Riesling (8%)
Spätburgunder (8%)

★ ☆ (2½ Sterne)

Viermorgen

Kontakt
Weincooperative Viermorgen
Hauptstraße 23
76889 Niederhorbach
Tel. 06343-700260
www.viermorgen-wein.de
info@viermorgen-wein.de

Besuchszeiten
nach Vereinbarung

Inhaber
Axel Becht & Dr. Boris Peter
Betriebsleiter
Dr. Boris Peter
Kellermeister
Dr. Boris Peter
Rebfläche
1,6 Hektar

Mit gerade mal einem Hektar, also vier Morgen, starteten die beiden Südpfälzer Quereinsteiger Axel Becht und Boris Peter 2011 ihr Weingut – inzwischen haben sie ihre Anbaufläche um weitere 0,6 Hektar ein wenig vergrößert. Ihre Parzellen befinden sich in den Gleiszeller Lagen Kirchberg und Frühmess, im Klingenmünsterer Maria Magdalena und im Niederhorbacher Silberberg. Sie beschränken sich auf wenige Sorten: Riesling, Weißburgunder, Chardonnay, Sauvignon Blanc und mittlerweile etwas Muskateller bei den Weißweinen, sowie auf Spätburgunder, Syrah und Cabernet Franc bei den Rotweinen, zuletzt kam noch etwas Merlot dazu.

Kollektion

Die Cuvée No.1 aus Shiraz und Cabernet Franc ist immer verlässlich gut und das gilt auch für die 2019er-Version, der Wein zeigt dunkle Frucht, Brombeere und schwarze Johannisbeere, dazu etwas Mokka und kräutrige Würze, ist kraftvoll, besitzt noch jugendliche Tannine und etwas pfeffrige Würze, den reinsortig ausgebauten 2018er Shiraz hatten wir im vergangenen Jahr schon einmal verkostet, er zeigt im Bouquet dunkle Frucht, Pflaume und deutliche Röstnoten, etwas Mokka, und besitzt am Gaumen Kraft und gute Konzentration. Unter den beiden Rosés ist der im Barrique ausgebaute Spätburgunder deutlich der nachhaltigere Wein, er zeigt rauchige Noten, etwas Kokos und rote Frucht mit Aromen von Himbeere und Süßkirsche, am Gaumen ist er füllig und besitzt klare Röstnoten, der zweite Rosé, bisher immer aus Cabernet Franc und Shiraz und jetzt aus dem 2021er Jahrgang erstmals auch mit einer Partie Merlot, ist insgesamt etwas verhaltener, besitzt Fülle, etwas rote Beerenfrucht und eine frische Säure. Der Chardonnay und der Weißburgunder, jeweils im Tonneau ausgebaut, bleiben im Bouquet zunächst sehr verhalten, zeigen leicht rauchige Noten und sehr dezente gelbe Frucht, am Gaumen ist bei beiden Weinen das Holz gut eingebunden, der Weißburgunder besitzt florale Würze und feine Zitrusnoten, der Chardonnay ist etwas nachhaltiger und sehr füllig mit dezenter Süße und klarer gelber Frucht, Aprikose und Ananas. Und der Riesling in der Literflasche ist saftig und füllig, zeigt im Bouquet etwas grünen Apfel und kräutrige Würze und besitzt am Gaumen frische Zitrusnoten.

Weinbewertung

82	2021 Riesling (1l) I 12%/5,50€
85	2021 Weißburgunder „500" I 13%/9,50€
86	2021 Chardonnay „500" I 13%/9,50€
84	2021 Spätburgunder Rosé „300" I 12%/9,50€
82	2021 Cabernet Franc Shiraz Merlot Rosé I 11,5%/7,50€
87	2019 „Cuvée No.1" Rotwein I 14%/14,-€
86	2018 Shiraz trocken I 13,5%/16,-€

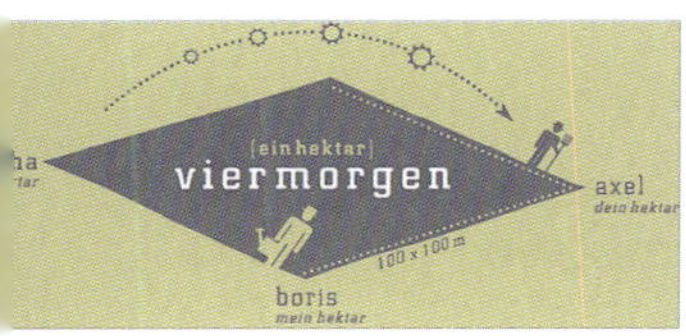

★★★½

Vinçon-Zerrer

Kontakt
Heilbronner Straße 50
75038 Oberderdingen
Tel. 07045-761
Fax: 07045-912728
weingut@vincon-zerrer.de
www.vincon-zerrer.de

Besuchszeiten
Mi. 10-18 Uhr
Do. 10-18 Uhr
Fr. 10-18 Uhr
Sa. 10-16 Uhr
Kellerführung und Weinprobe in der Weinbergshütte oder im Weingut (auf Anfrage)

Inhaber/ Betriebsleiter/ Kellermeister
Benjamin Zerrer
Außenbetrieb
Benjamin & Friedrich Zerrer
Rebfläche
11 Hektar
Produktion
60.000-80.000 Flaschen

Großvillars ist ein kleiner Ort im Kraichgau, der heute zu Oberderdingen und damit zum Weinbaugebiet Württemberg gehört. Seit vier Generationen baut die Familie Wein an, seit 2015 ist der Betrieb bio-zertifiziert. 2017 hat Benjamin Zerrer das Weingut von seinen Eltern Friedrich und Monika übernommen. Seit 2018 werden alle Weine spontanvergoren; seit diesem Jahrgang 2018 werden alle Weine als Schwäbischer Landwein vermarktet. Seit 2022 ist das Weingut Ausbildungsbetrieb. Die Weinberge liegen im Umkreis von 3 Kilometern um Großvillars, verteilen sich hauptsächlich auf drei Hänge: Wilfenberg, Bergwald und Soosenberg, die Reben wachsen auf verschiedenen Keuperschichten, von Schilfsandstein bis Gipskeuper. Das Sortenspektrum ist groß: Lemberger, Riesling, Sauvignon Blanc, Portugieser, Weißburgunder, Spätburgunder, St. Laurent, Cabernet Dorsa, Schwarzriesling, Trollinger, Kerner, Müller-Thurgau und Muscaris werden angebaut.

Kollektion

Auch mit der neuen Kollektion legt Benjamin Zerrer weiter zu. Die Weißweine präsentieren sich enorm gleichmäßig. Der Riesling Schilfsandstein ist würzig, zupackend, hat Struktur und Grip, der Gipskeuper-Sauvignon Blanc besitzt gute Fülle, Substanz, viel reife Frucht und Grip; der Weißburgunder vom Löss ist konzentriert, zupackend, druckvoll. Alle drei stammen aus dem Jahrgang 2021 und wurden im Barrique ausgebaut. Aus dem Jahrgang 2019 stammt der ungeschwefelte Orange-Müller-Thurgau, der herrlich druckvoll, präzise und strukturiert ist. Sehr hohes Niveau zeigen auch die Rotweine, schon die Basis ist stark: Der Spätburgunder ist klar, frisch und zupackend, der Lemberger setzt ganz auf Frische, Struktur und reintönige Frucht, und auch der St. Laurent besticht mit Reintönigkeit, ist intensiv fruchtig und hat Grip. Die Cabernet-Cuvée ist würzig, herrlich eindringlich und zupackend, der Gipskeuper-Spätburgunder punktet mit Kraft, guter Struktur und Druck. Unser Favorit ist der Schilfsandstein-Lemberger, der viel reife Frucht zeigt, leichte Schärfe, etwas Pfeffer, herrlich druckvoll und zupackend ist, gute Struktur und klare Frucht besitzt. Ganz starke Kollektion!

Weinbewertung

88 2021 Riesling trocken „Schilfsandstein“ | 12%/15,50€
88 2021 Weißburgunder trocken „vom Löss“ | 13%/15,50€
88 2021 Sauvignon Blanc trocken „Gipskeuper“ | 12,5%/15,50€
88 2019 Müller-Thurgau trocken „Hans & Gloria“ | 11,5%/18,-€
86 2020 Spätburgunder trocken | 14%/10,-€
86 2020 Lemberger trocken | 12,5%/10,-€
87 2020 Saint Laurent trocken | 12,5%/10,-€
89 2020 Spätburgunder trocken „Gipskeuper“ | 13,5%/15,50€
90 2020 Lemberger trocken „Schilfsandstein“ | 13%/15,50€
88 2020 Cabernet Cuvée trocken „Gipskeuper“ | 13,5%/15,50€

Vinçon ZERRER

★ ☆

Vollmer

Kontakt

Lautenbach 1
77770 Durbach
Tel. 0781-41841
Fax: 0781-9485903
www.vollmer-durbach.de
info@vollmer-durbach.de

Besuchszeiten

Mo.-Fr. 9:30-12 Uhr + 13:30-18 Uhr, Sa. 9-16 Uhr

Inhaber
Andreas Vollmer
Rebfläche
10 Hektar
Produktion
50.000 Flaschen

Das Weingut Vollmer liegt im Lautenbachtal, südlich von Durbach, es wird heute von Andreas Vollmer geführt. Neben Weinbergen im Durbacher Kochberg bewirtschaftet er inzwischen auch den Durbacher Kasselberg. Der Kasselberg, eine der elf Durbacher Einzellagen, ist eine extrem steile, überwiegend süd-exponierte Lage mit sehr hartem Granitverwitterungsboden, die in den neunziger Jahren in zweijähriger Arbeit querterrassiert und mit Riesling, Weiß- und Grauburgunder bepflanzt wurde. Riesling und Spätburgunder sind die wichtigsten Rebsorten bei Andreas Vollmer, nehmen jeweils etwa 30 Prozent der Rebfläche ein, es folgen Weißburgunder und Grauburgunder, dazu gibt es Traminer und Chardonnay, Merlot und Cabernet Sauvignon.

Kollektion

Die neue Kollektion präsentiert sich sehr geschlossen, weiß wie rot. Die trockenen Kabinettweine vom Kasselberg sind geradlinig und klar, würzig und frisch, der zupackende Weißburgunder gefällt uns besonders gut. Der Chardonnay vom Kochberg ist fruchtbetont, harmonisch, frisch und zupackend, der Clevner punktet mit Frische, guter Struktur und Grip. An der Spitze des weißen Teils der Kollektion stehen wieder die Spitzenrieslinge von Andreas Vollmer. Der Klingelberger 1782 aus dem Kochberg, Jahrgang 2020, zeigt dezent Honig im Bouquet, ist füllig und saftig im Mund, besitzt gute Struktur und Substanz. Noch ein klein wenig besser gefällt uns die 2021er trockene Spätlese aus dem Kasselberg, die klar und konzentriert ist, kraftvoll und zupackend, gute Struktur und Grip besitzt. Die Rotweine stammen alle drei aus dem Jahrgang 2020. Der Merlot ist fruchtbetont, klar und zupackend, der Barrique-Sppätburgunder ist rauchig, frisch, geradlinig, unser klarer Favorit ist der Spätburgunder Henricus, der Fülle und Kraft besitzt, klare reife Frucht und gute Struktur. Im Aufwind!

Weinbewertung

82 2021 Klingelberger Kabinett trocken Durbacher Kasselberg | 12%/6,90€
84 2021 Weißburgunder Kabinett trocken Durbacher Kasselberg | 12,5%/6,90€
83 2021 Grauburgunder Kabinett trocken Durbacher Kasselberg | 12%/6,90€
84 2021 Chardonnay trocken Durbacher Kochberg | 12,5%/8,30€
86 2021 Klingelberger Spätlese trocken Durbacher Kasselberg | 12,5%/12,40€
85 2020 Klingelberger trocken „1782" Durbacher Kochberg | 12%/19,90€
84 2021 Clevner (Traminer) trocken Durbacher Kochberg | 12,5%/8,30€
83 2021 Spätburgunder Rosé trocken Durbacher Kochberg | 12%/5,50€
82 2021 Rosé trocken Durbacher Kasselberg | 12%/6,90€
83 2020 Merlot trocken Durbacher Kochberg | 12%/8,30€
84 2020 Spätburgunder trocken Barrique Durbacher Kochberg | 13%/10,40€
86 2020 Spätburgunder trocken „Henricus" Durbacher Kochberg | 13%/18,90€

Weingut Vollmer
Haus der trockenen Weine.

★★★

Dr. Eva Vollmer

Kontakt
Nieder-Olmer-Straße 65
55129 Mainz-Ebersheim
Tel. 06136-46472
Fax: 06136-46489
www.evavollmer-wein.de
info@evavollmer-wein.de

Besuchszeiten
Mo./Di./Do. 16-19 Uhr,
Fr. 13-19 Uhr, Sa. 9-18 Uhr
in den Sommermonaten jeden 1. Freitag + Samstag im Monat Weinpicknick

Inhaber
Dr. Eva Vollmer & Robert Wagner
Kellermeister
Dr. Eva Vollmer
Außenbetrieb
Robert Wagner
Rebfläche
11 Hektar
Produktion
65.000 Flaschen

„Scheue Göre im Profil: Gefühlvolle Grapefruchtlerin mit adretter Ananasnase flechtet verführerisch dichte Gaumenzöpfe. Verspielt und rundum dufte."

Scheurebe „Kalkader" trocken 2019

eva vollmer weine

Eva Vollmer und Robert Wagner gründeten 2007 ihr eigenes Weingut. Sie ist Diplom-Ingenieurin für Weinbau, machte Praktika in Deutschland und Kalifornien. Ihr Vater Ottmar Vollmer führte einen typischen rheinhessischen Gemischtbetrieb, die Trauben wurden an eine Genossenschaft abgeliefert. Die Weinberge von Eva Vollmer und Robert Wagner liegen in Ebersheim (Hüttberg), Gau-Bischofsheim (Herrnberg), Zornheim und Harxheim, seit einiger Zeit sind sie auch im Niersteiner Pettenthal vertreten. Die Weinberge werden biologisch bewirtschaftet, Eva Vollmer ist Mitglied bei Bioland und Ecovin. Riesling und Weißburgunder sind die wichtigsten Rebsorten im Betrieb, es folgen Spätburgunder, Dornfelder, Silvaner und Scheurebe, Roter Riesling ergänzt inzwischen das Sortiment.

Kollektion

Auch Eva Vollmers neue Kollektion ist wieder stark, und erneut sind es die Lagen-Rieslinge die an der Spitze stehen. Pettenthal konnten wir nicht verkosten; die Weine aus Hüttberg und Herrnberg aber sind in prächtiger Form, auch im Jahrgang 2020. Und sie sind deutlich verschieden: Der Hüttberg-Riesling ist würzig und eindringlich, füllig und saftig, besitzt viel Substanz; der Wein aus dem Herrnberg zeigt viel Konzentration und reife Frucht im Bouquet, gelbe Früchte, ist frisch, zupackend, reintönig, besitzt Struktur und Grip. Auch sonst überzeugen wieder alle Rieslinge, schon der Gutswein ist klar und zupackend, der trockene Ortswein zeigt feine Würze und etwas Zitrus, besitzt Struktur und Grip, der feinherbe steht ihm nicht nach, ist frisch und harmonisch. Der Roter Riesling ist füllig und kraftvoll, der Souvignier Gris würzig, geradlinig, die Scheurebe besitzt klare Frucht, Struktur und Biss. Der 2019er Halbstück-Weißburgunder ist enorm würzig, der Weißburgunder-Gutswein ist frischer und klarer. Weißburgunder punktet auch als sehr offener, harmonischer Sekt und auch der intensive Rebritter macht als einziger Rotwein eine sehr gute Figur. Eine gute Vorstellung!

Weinbewertung

86	2019 Weißburgunder Sekt brut I 13%/12,80€
84	2021 Weißburgunder trocken I 13%/9,20€
84	2021 Riesling trocken I 12%/8,50€
85	2021 Roter Riesling trocken I 13%/12,80€
86	2021 Riesling trocken „Kalkader" Ebersheim I 12,5%/12,50€
85	2021 Scheurebe trocken „Kalkader" Ebersheim I 12,5%/11,80€
84	2021 Souvignier Gris trocken I 13,5%/9,80€
85	2019 Weißburgunder trocken „Halbstück" Gau-Bischofsheim I 14%/14,20€
88	2020 Riesling trocken Ebersheimer Hüttberg I 13%/16,50€
89	2020 Riesling trocken Gau-Bischofsheimer Herrnberg I 13%/17,50€
86	2021 Riesling „feinherb" „Tonmergel" Gau-Bischofsheim I 12,5%/11,20€
85	„Rebritter" Rotwein trocken I 13,5%/12,50€

V

★★★

Vols

Kontakt
Zuckerberg 3A
54441 Ayl
Tel. 06581-9850300
Fax: 06581-9850301
www.vols.de
info@vols.de

Besuchszeiten
nach Vereinbarung

Inhaber
Helmut Plunien
Rebfläche
8 Hektar

Aus einem kleinen Nebenerwerbsbetrieb entstand nach und nach ein namhaftes Saarweingut, das heute über eine Rebfläche von acht Hektar verfügt. Helmut Plunien, einst Güterdirektor der Bischöflichen Weingüter, begann mit einer überschaubaren Fläche im Wiltinger Schlangengraben. 2010 übernahm er das Weingut Altenhofen in Ayl und damit Weinberge in den Ayler Lagen Kupp, Scheidt und Schonfels; in der Wiltinger Kupp konnte Helmut Plunien einen Rieslingweinberg mit 40 Jahre alten Reben erwerben. Riesling spielt die Hauptrolle, aber es gibt auch Weißburgunder, Spätburgunder, Chardonnay, Müller-Thurgau und sogar Cabernet Sauvignon. Das Sortiment beginnt mit den Basisweinen wie dem Saar-Riesling, geht über Orts- und Lagenweine bis zum „Vols I", der auf stark verwittertem Devonschiefer in einer wurzelechten Parzelle wächst, die unmittelbar an den Scharzhofberger angrenzt. Alle Weine werden spontanvergoren und bleiben bis kurz vor der Abfüllung auf der Vollhefe.

Kollektion

Eine Fülle an sehr animierenden, saartypischen und präzise gearbeiteten Weinen stellt Helmut Plunien dieses Mal vor. Der Pinot Blanc ist frisch, sehr fein, nachhaltig und animierend. Stoffig wirkt der trockene Saarriesling, noch recht unzugänglich, aber vielversprechend ist der Rau-Riesling. Der Ayler Kabinett in feinherber Version ist frisch, eher verhalten, im Mund zupackend, rassig, kaum süß. Sehr gut gefällt der frische, nachhaltige, zupackende und mit wenig Süße ausgestattete Stirn-Riesling, deutlich verschieden präsentiert sich der Kabinett aus der Wiltinger Kupp; er wirkt etwas straffer, dafür ist der Stirn-Wein merklich nachhaltiger. Der Vols I, eine Spätlese, wirkt offen mit Kernobst-, Kräuter- und Cassisnoten, ist straff und würzig, die Süße ist perfekt integriert, beachtliche Länge ist auch vorhanden; recht saftig wirkt die Spätlese aus der Ayler Kupp – spannend, ausdrucksvoll. Eine wunderbar gleichmäßige Kollektion.

Weinbewertung

86 2021 Riesling trocken Saar | 10%/8,90€
87 2021 Pinot Blanc trocken | 11,5%/9,40€
87 2021 Riesling trocken „Rau" | 10%/9,40€
87 2021 Riesling trocken Wiltinger | 11%/9,40€
87 2021 Riesling „feinherb" Saar | 10,5%/8,90€
88 2021 Riesling Kabinett „feinherb" Ayler | 10%/9,40€ ☺
88 2021´Riesling Kabinett „Rotschiefer" | 10%/9,40€ ☺
88 2021 Riesling Kabinett Ayler Kupp | 9%/13,40€
90 2021 Riesling Kabinett Stirn Ayler Kupp | 9%/15,90€
89 2021 Riesling Kabinett Wiltinger Kupp | 8,5%/13,40€
90 2021 Riesling Spätlese Ayler Kupp | 8,5%/19,90€
91 2021 Riesling Spätlese „Vols I" | 8,5%/19,90€

★ ★½

Wachtenburg

Kontakt
Weinland Wachtenburg eG
Weinstraße 2
67157 Wachenheim
Tel. 06322-979820
Fax: 06322-9798225
info@weinland-wachtenburg.de

Besuchszeiten
Mo.-Fr. 9-18 Uhr, Sa. 9-17 Uhr, So./Feiertage: 11-16 Uhr
eigene Weinbar „unfassbar“ mit wechselnden Veranstaltungen (seit 2020), Hausgaststätte „Restaurant Luginsland“, moderne Vinothek (Mo.-So.)

Inhaber
die Wachtenburg Winzer
Betriebsleiter
Albert Kallfelz
Kellermeister
Theo Bassler
Rebfläche
335 Hektar
Produktion
2.500.000 Flaschen

53 Winzer gründeten im Jahr 1900 die Genossenschaft Wachtenburg in Wachenheim, 1902 folgte die Genossenschaft Luginsland, 1969 schlossen sich die beiden Kooperativen zusammen, 1971 kam mit der Gönnheimer Winzergenossenschaft der dritte Betrieb zu dem Verbund hinzu. 1997 erfolgte schließlich die Umbenennung in Wachtenburg Winzer, 2010 wurde ein neues, modernes Kelterhaus eingeweiht. Riesling ist die wichtigste Rebsorte in der Genossenschaft, steht auf der Hälfte der über 300 Hektar Anbaufläche in sechzehn verschiedenen Lagen. Das Sortiment ist gegliedert in Literweine und die Linien Winzerstolz, Edition SL und Premium.

Kollektion

Wie schon im vergangenen Jahr ist wieder der Merlot Réserve unser Favorit im umfangreichen Angebot der Wachtenburg-Genossen: Der 2018er Jahrgang ist noch etwas stärker als sein Vorgänger, zeigt viel dunkle Frucht, Brombeere, Pflaume, und Noten von Lakritze und dunkler Schokolade im Bouquet, ist stoffig, besitzt eine gute Struktur mit reifen Tanninen und ist deutlich nachhaltiger und harmonischer als die anderen drei verkosteten Rotweine, die alle nur recht kurz am Gaumen bleiben. Die beiden Lagenrieslinge hatten wir im vergangenen Jahr schon verkostet, beide zeigen mittlerweile leichte Reifenoten und sind leicht füllig, der Altenburg besitzt im Vergleich zum Gerümpel die etwas prägnantere Säure. Die vier verkosteten Weine aus den weißen Burgundersorten sind alle fruchtbetont, besitzen Fülle und Schmelz, der Grauburgunder SL ist der nachhaltigste der Vier, zeigt, wie auch der Weißburgunder SL klare Aromen von Birne und Banane und besitzt gut eingebundene, dezente Holzwürze, was auch für die Cuvée aus Weißburgunder und Chardonnay gilt, der Grauburgunder Junge Winzer besitzt Kraft und klare Birnenfrucht, der Rosé vom Spätburgunder besitzt Frische und klare rote Frucht.

Weinbewertung

83 2021 Riesling trocken Forster | 11,5%/5,30€
83 2021 Grauburgunder trocken „Junge Winzer“ | 13%/7,90€
84 2021 Weißburgunder & Chardonnay trocken „crafted“ | 12,5%/8,30€
84 2021 Weißburgunder trocken „Edition SL“ | 13%/8,90€
85 2021 Grauburgunder trocken „Edition SL“ | 13%/9,50€
84 2020 Riesling Spätlese trocken Wachenheimer Gerümpel | 13%/12,90€
85 2020 Riesling Spätlese trocken Wachenheimer Altenburg | 13%/12,90€
83 2021 Spätburgunder Rosé trocken „Saigner“ „Edition SL“ | 13%/8,30€
80 2019 Spätburgunder trocken „Edition SL“ | 14%/8,30€
83 2019 Cuvée Wachtenburg Rotwein trocken | 13,5%/8,90€
83 2019 Cabernet Sauvignon trocken „Edition SL“ | 14,5%/9,-€
88 2018 Merlot trocken „Réserve“ | 15%/19,90€

WACHTENBURG
Winzer

★★★★

Wachtstetter

Kontakt
Michelbacher Straße 8
74397 Pfaffenhofen
Tel. 07046-329
Fax: 07046-931000
www.wachtstetter.de
info@wachtstetter.de

Besuchszeiten
Do. + Fr. 9-12 + 13:30-18 Uhr
Sa. 9-16 Uhr
und gerne nach Vereinbarung
Eigene Gaststätte Adler
(einige Wochenenden im Frühjahr und Spätjahr geöffnet)

Inhaber
Rainer Wachtstetter
Rebfläche
20,5 Hektar
Produktion
130.000 Flaschen

Seit Generationen baut die Familie Wein an, aber erst 1979 begannen Ernst Combé und sein Schwiegersohn Roland Wachtstetter selbst Wein abzufüllen. Mitte der achtziger Jahre wurden die landwirtschaftlichen Flächen verpachtet, erfolgte die Konzentration auf Wein, 1987 stieg Rainer Wachtstetter in den Betrieb ein, kümmert sich seither um den Weinausbau, 2003 hat er das Weingut übernommen, führt es zusammen mit Ehefrau Anette. Bereits seit Beginn des 20. Jahrhunderts gehört der Familie auch das Gasthaus Adler. Seit Rainer Wachtstetter die Regie übernommen hat, wurde die Rebfläche erweitert, der Rotweinanteil ist zuletzt deutlich angestiegen, inzwischen aber hat Rainer Wachtstetter auch sein Herz für weiße Rebsorten entdeckt, glaubt man in den Verkostungen erkennen zu können. Die Weinberge liegen an den steilen Südhängen des Heuchelbergs, hauptsächlich in Pfaffenhofen, die dortige Einzellage heißt Hohenberg. Im unteren Teil des Hanges wachsen die Reben auf Gipskeuper, im oberen Drittel auf Schilfsandsteinböden. Lemberger nimmt gut ein Drittel der Rebfläche ein, es folgen Spätburgunder und Trollinger, vor beiden liegt allerdings inzwischen der Riesling, der ein Fünftel der Fläche einnimmt. Dazu gibt es Grauburgunder, Weißburgunder und Gewürztraminer, sowie einige weitere rote Sorten. Die Rotweine werden im Holz ausgebaut – die Spitzenweine 12 bis 24 Monate im Barrique – und meist unfiltriert abgefüllt, die Weißweinen werden überwiegend im Edelstahl vergoren, nur der Grauburgunder kommt auch ins Holz. Das Sortiment ist vierstufig gegliedert in Gutsweine, Ortsweine, Weine aus Ersten Lagen und Großen Lagen. Die barriqueausgebauten Spitzenweine vermarktet Rainer Wachtstetter in der Linie „Ernst Combé", benannt nach seinem Großvater, der Spitzen-Rotwein war lange Zeit der Lemberger „Junges Schwaben". Seit dem Jahrgang 2009 ergänzt ein Lemberger-Großes Gewächs das Programm, wie der Lemberger Junges Schwaben, der 2002 eingeführt wurde, stammt er aus dem Pfaffenhofener Hohenberg, allerdings kommen sie von unterschiedlichen, auch räumlich getrennten Parzellen. Die Parzelle für den Junges Schwaben ist windoffener, die für das Große Gewächs liegt in einer leichten Mulde. Der Lemberger Großes Gewächs trug seit dem Jahrgang 2011 wie auch der mit dem Jahrgang 2013 erstmals präsentierte Riesling Großes Gewächs den Namen Glaukós; mit dem Jahrgang 2013 gab es erstmals auch einen Spätburgunder als Großes Gewächs. Dies wurde nun geändert, die Großen Gewächse tragen nun mit den Jahrgängen 2017 (Riesling) respektive 2016 (Lemberger und Spätburgunder) den Namen der Gewanne, aus denen sie stammen: Der Riesling kommt aus dem Mühlberg, der Lemberger aus dem Spitzenberg, der Spätburgunder aus dem Geißberg. Zum Weingut gehört eine Brennerei. Vor zwei Jahren wurde die Umstellung auf biologischen Weinbau begonnen.

Kollektion

Rainer Wachtstetter

Eine klasse Kollektion präsentiert Rainer Wachtstetter auch in diesem Jahr. Ihn als Lemberger-Spezialisten abzustempeln, ist zwar einerseits richtig, anderseits greift dies doch zu kurz, denn auch mit Riesling und Spätburgunder hat er in den letzten Jahren mächtig zugelegt. Sein immer zuverlässiger Sekt allerdings ist ein weißgekelterter Lemberger, er ist frisch, fruchtbetont und sehr harmonisch. Im weißen Segment trumpfen die Rieslinge groß auf: Anna ist frisch, fruchtbetont, herrlich reintönig, der Erste Lage-Riesling ist konzentrierter, zeigt gelbe Früchte, Aprikosen, Mirabellen, besitzt Fülle, Saft, viel reife Frucht und Substanz, das Große Gewächs ist sehr offen, zeigt herrlich viel Frucht und Frische, ist kraftvoll, komplex, lang und nachhaltig. Die Gewürztraminer Auslese punktet mit Fülle, Kraft und reifer Frucht. Ganz stark sind auch wieder die Roten, angefangen vom reintönigen Lemberger Felix über die gewürzduftige, tanninbetonte Cuvée Ernst Combé und den ebenfalls tanninbetonten, aber herrlich reintönigen Erste Lage Spätburgunder bis hin zum Spätburgunder Geißberg, der faszinierend intensiv, stoffig, druckvoll und nachhaltig ist. Die beiden Spitzen-Lemberger sehen wir gleichauf. Von beiden haben wir nochmals den Jahrgang 2016 verkostet, sahen wir vor drei Jahren Junges Schwaben minimal vor Spitzenberg, so ist es nun umgekehrt, beide sind noch sehr jugendlich. Im Jahrgang 2019 ist der Junges Schwaben recht offen und intensiv, zeigt Herzkirschen, ist füllig und saftig, besitzt viel reife Frucht und Substanz – ein Maul voll Wein. Der Spitzenberg zeigt ebenfalls viel Konzentration, Herzkirschen, ist füllig, saftig, besitzt reife Frucht und Struktur.

Weinbewertung

87 2019 Lemberger Sekt „weißgekeltert" brut I 12%/14,-€
87 2021 Riesling trocken „Anna" Pfaffenhofen I 12%/10,80€
84 2021 Weißburgunder trocken Weiler a.d. Zaber I 12,5%/10,80€
90 2020 Riesling trocken Pfaffenhofen Hohenberg I 13%/16,-€
91 2020 Riesling „GG" Pfaffenhofener Mühlberg I 13%/24,-€
88 2021 Gewürztraminer Auslese Pfaffenhofen I 10,5%/16,-€
87 2020 Lemberger trocken „Felix" Pfaffenhofen I 13%/10,80€
89 2019 Spätburgunder trocken Pfaffenhofener Hohenberg I 13%/19,80€
89 2019 „Cuvée Ernst Combé" Rotwein trocken I 13,5%/19,80€
91 2016 Lemberger trocken „Junges Schwaben" Pfaffenhofen Hohenberg I 13,5%
93 2019 Lemberger trocken „Junges Schwaben" Pfaffenhofen Hohenberg I 13,5%/29,80€
92 2016 Lemberger „GG" Pfaffenhofener Spitzenberg I 13,5%
93 2019 Lemberger „GG" Pfaffenhofener Spitzenberg I 13,5%/29,80€
92 2019 Spätburgunder „GG" Pfaffenhofener Geißberg I 13%/29,80€

Lagen

Hohenberg (Pfaffenhofen)
Spitzenberg (Pfaffenhofen)
Geißberg (Pfaffenhofen)
Mühlberg (Pfaffenhofen)
Kaiserberg (Güglingen)

Rebsorten

Lemberger (30%)
Riesling (25%)
Spätburgunder (15%)
Trollinger (10%)
Weißburgunder
Grauburgunder

Schloss Wackerbarth

Kontakt
Wackerbarthstraße 1
01445 Radebeul
Tel. 0351-89550
Fax: 0351-8955150
www.schloss-wackerbarth.de
kontakt@schloss-wackerbarth.de

Besuchszeiten
Gutsmarkt: täglich 10-19 Uhr
Weingarten mit Außengastronomie ganzjährig geöffnet, Sektfrühling, Weinsommer und „Wein & Licht“ im Winter; gutseigenes Gasthaus (Öffnungszeiten s. Webseite); tägliche Führungen & Verkostungen

Inhaber
Sächsische Aufbaubank (SAB)
Geschäftsführer
Andreas Stuhl
Leiter Önologie
Jürgen Aumüller
Leiter Vertrieb/Marketing
Michael Thomas
Rebfläche 92 Hektar
Produktion 600.000 Flaschen

Reichsgraf August Christoph von Wackerbarth, Minister im Kabinett von August dem Starken, ließ sich in Niederlößnitz, heute Stadtteil von Radebeul, in den Jahren 1727 bis 1730 als Alterssitz ein Barockschloss mit Französischem Garten erbauen. Heute ist Schloss Wackerbarth Sitz des Sächsischen Staatsweingutes, das 1928 in Radebeul gegründet worden war und seit 1998 unter der Regie der Sächsischen Aufbaubank steht. 2002 wurde die umfangreiche Sanierung des Schlosses abgeschlossen. Die Weinberge, ein Drittel in Steillagen liegen vor allem in den Radebeuler Lagen Goldener Wagen, Steinrücken Johannisberg, die neu in die Lagenrolle eingetragene Lage Paradies und Wackerbarthberg, sowie die Seußlitzer Lage Heinrichsburg. An weißen Sorten gibt es vor allem Riesling, Bacchus, Müller-Thurgau, Kerner und Weißburgunder, dazu Spezialitäten wie Traminer, Scheurebe und Goldriesling. An roten Rebsorten baut man Dornfelder, Spätburgunder und Frühburgunder an, inzwischen auch Blaufränkisch, Pinotin und Gamay. Die Sektproduktion spielt eine sehr wichtige Rolle auf Schloss Wackerbarth.

Kollektion

Die schon im Vorjahr vorgestellten 2020er Rieslinge wurden erneut präsentiert – und sie sind immer noch sehr jugendlich, auf Haltbarkeit vinifiziert, nur der Protze zeigt ein klein wenig Reife, aber auch nur im Bouquet, im Mund ist er jugendlich kraftvoll und zupackend wie seine Kollegen. Die beiden Sekte überzeugen, der Traminer ist würzig, eindringlich, der Riesling besitzt viel Frucht und Frische. Traminer überzeugt auch als konzentrierte Spätlese mit viel Substanz, die im Holz ausgebaute Scheurebe punktet mit Fülle und reifer Frucht, während die halbtrockene 2021er Scheurebe allzu sehr zwischen Süße und Säure changiert. Spannend – und unser Favorit – ist wieder der Spätburgunder vom Thonberg, zeigt rauchige Noten, klare Frucht, besitzt gute Struktur und Fülle, viel reife Frucht und Substanz, während der Gewürz- und Toastnoten zeigende Blaufränkisch aus der selben Lage noch von jugendlichen Tanninen geprägt ist und Zeit braucht.

Weinbewertung

85 2019 Riesling Sekt brut | 12,5%/18,-€
84 2019 Traminer Sekt trocken | 13%/25,-€
85 2020 Scheurebe trocken Holzfass Radebeuler Wackerbarthberg | 11,5%/29,-€
87 2020 Riesling trocken Radebeuler Wackerbarthberg | 13%/19,-€
88 2020 Riesling trocken „Protze“ Radebeuler Goldener Wagen | 13,5%/39,-€
88 2020 Riesling trocken „Terrassenlage“ Radebeuler Goldener Wagen | 13%/39,-€
85 2020 Riesling Kabinett Radebeuler Wackerbarthberg | 11%/19,-€
81 2021 Scheurebe halbtrocken | 10%/15,-€
87 2020 Traminer Spätlese Radebeuler Goldener Wagen | 13%/19,-€
89 2019 Spätburgunder trocken Laubacher Thonberg | 13%/45,-€
87 2019 Blaufränkisch trocken Laubacher Thonberg | 13,5%/45,-€

Wageck-Pfaffmann

Kontakt
Luitpoldstraße 1
67281 Bissersheim
Tel. 06359-2216
Fax: 06359-86668
www.wageck-pfaffmann.de
weingut@wageck-pfaffmann.de

Besuchszeiten
Mo.-Sa. 8-12 + 13-18 Uhr
So. 10-12 Uhr
und nach Vereinbarung

Inhaber
Gunter & Gertraud Pfaffmann
Frank & Thomas Pfaffmann

Rebfläche
39 Hektar

Produktion
350.000 Flaschen

Das Weingut in seiner heutigen Form ist entstanden, als Gunter Pfaffmann aus Walsheim 1973 in den Betrieb eingeheiratet hat. Gunter und Gertraud Pfaffmann werden im Betrieb unterstützt von ihren Söhnen Frank und Thomas. Geisenheim-Absolvent Frank kümmert sich hauptsächlich um Keller und Außenbetrieb, Thomas ist für Büro und Verkauf zuständig. Die Weinberge der Familie Pfaffmann liegen in Bissersheim (Goldberg, Steig, Orlenberg), Großkarlbach (Burgweg und Osterberg) und Kirchheim (Steinacker). In den letzten Jahren wurde das Sortiment gestrafft und in Guts-, Orts- und Lagenweine gegliedert, auf den neuen Etiketten steht wieder der alte Weingutsname Wageck.

Kollektion

Die fünf Rotweine, die das Sortiment anführen, kennen wir schon aus dem vergangenen Jahr: Der Geisberg-Pinot ist elegant mit charmanter, roter Frucht und kräutrig-rauchigen Noten, auch der Burgweg-Spätburgunder ist schon sehr zugänglich, besitzt Noten von roter Johannisbeere und Hagebutte, der Goldberg ist dunkler und strenger mit noch deutlichen Tanninen. Der Portugieser ist kraftvoll mit Noten von Kräutern und Gewürzen und die Cuvée Wilhelm zeigt viel dunkle Beerenfrucht, ist komplex und sehr nachhaltig, sehr gut ist auch der Merlot mit viel dunkler Frucht und kräutriger Frische. An der Spitze der Weißen stehen zwei Chardonnay, der Geisberg ist kraftvoll, cremig und elegant mit gut eingebundenem Holz, beim Sülzner Weg ist das Holz noch präsenter, wie auch beim Sauvignon Blanc Fumé, der animierend, aber noch leicht reduktiv ist.

Weinbewertung

84 2021 Grauer Burgunder trocken „Fundament" | 12,5%/8,30€
85 2021 Sauvignon Blanc trocken „Tertiär" | 12%/10,50€
85 2021 Chardonnay & Weißburgunder trocken „Tertiär" | 13,5%/10,50€
84 2021 Riesling trocken „Tertiär" | 12%/10,50€
87 2020 Chardonnay trocken „Kalkmergel" Bissersheim | 13,5%/14,90€
88+ 2020 Sauvignon Blanc trocken „Fumé Réserve" | 13,5%/20,90€
89 2020 Chardonnay trocken Links am Sülzner Weg | 13,5%/23,90€
90 2020 Chardonnay trocken Am unteren Geisberg | 13,5%/35,90€
83 2021 Cuvée Rosé trocken „Fundament" | 12%/8,30€
84 2019 Spätburgunder trocken „Fundament" | 13,5%/9,30€
86 2019 Spätburgunder trocken „Tertiär" | 13,5%/12,50€
88 2019 Merlot trocken „Kalkmergel" | 14,5%/17,50€
91 2018 „Cuvée Wilhelm Réserve" Rotwein trocken | 14,5%/35,90€
91 2018 Spätburgunder trocken Bissersheimer Goldberg | 13,5%/30,90€
90 2018 Spätburgunder trocken Großkarlbacher Burgweg | 13,5%/30,90€
90 2018 Portugieser trocken „Réserve Alte Reben" | 13,5%/29,90€
91 2018 Pinot Noir trocken „Geisberg" | 13,5%/55,90€

★★★

Dr. Heinz Wagner

Kontakt
Bahnhofstraße 3
54439 Saarburg
Tel. 06581-2457
Fax: 06581-6093
www.weingutdrwagner.de
info@weingutdrwagner.de

Besuchszeiten
Mo.-Fr. 10-12 + 13:30-17 Uhr
Sa. 10-13 Uhr
Weinproben bis 20 Personen mit Kellerbesichtigung
Ferienhaus, Ferienwohnung, standesamtliche Trauungen

Inhaber
Christiane Wagner
Rebfläche
8 Hektar
Produktion
50.000 Flaschen

Josef Heinrich Wagner gründete 1880 eine Wein- und Sektkellerei, seit 2009 wird das daraus entstandene Familienweingut in fünfter Generation von Geisenheim-Absolventin Christiane Wagner geführt. Ihre Weinberge befinden sich in den Saarburger Lagen Rausch, Laurentiusberg und Kupp sowie im Ockfener Bockstein. Angebaut wird ausschließlich Riesling. Die Weine werden im traditionellen Fuder vergoren und ausgebaut, reifen im größten Gewölbekeller der Saar. Seit den neunziger Jahren wird auch wieder Sekt erzeugt und die alte Familientradition fortgeführt, war Josef Heinrich Wagner doch der Erste an der Saar, der Sekte im klassischen Verfahren erzeugte. Christiane Wagner entwickelt das Weingut weiter, wie die besonders spannenden Weine aus dem Laurentiusberg zeigen oder der Pétillant Naturel. Inzwischen wurde das Etikett neu gestaltet – es wirkt nochmals wertiger als zuvor. Seit 2021 ist das Gut in Umstellung auf ökologische Wirtschaftsweise, 2022 wurde es Mitglied bei Ecovin und Demeter.

Kollektion

Straff, würzig, präzise und nachhaltig ist der Sekt, offen der Basisriesling, frisch, mit Kräuter- und Zitrusnoten, im Mund ist er straff, zupackend mit markanter Säure. Einen qualitativen Sprung macht der zupackende Alte Reben-Wein. Der Laurentius-Riesling ist verhalten in der Nase, im Mund eher schlank, aber mit schöner Würze ausgestattet. Die beiden Großen Gewächse stammen aus 2020 und unterscheiden sich deutlich. Der Rausch ist offener, auch etwas würziger, die Kupp ist verhaltener, aber beide sind ausgezeichnet. Der Bockstein-Kabinett zeigt Noten von Boskop, besitzt wenig Süße, sein Pendant aus dem Laurentius ist etwas saftiger. Die Spätlese aus dem Bockstein ist sehr offen, mit Noten von Mirabellen, etwas Apfel, ist fein und saftig, überdurchschnittlich lang und rassig, die Rausch-Spätlese besitzt wenig Süße, ist vibrierend, nachhaltig, spannend.

Weinbewertung

87 Riesling Sekt brut Saar | 12%/18,-€
84 2021 Riesling trocken Saar | 10,5%/10,50€
87 2021 Riesling trocken „Alte Reben" Saarburger | 10,5%/14,-€
89 2021 Riesling trocken Saarburger Laurentius | 10,5%/19,-€
91 2020 Riesling „GG" Saarburger Rausch | 12,5%/29,-€
90 2020 Riesling „GG" Saarburger Kupp | 12,5%/29,-€
85 2021 Riesling „feinherb" Saar | 10%/10,50€
87 2021 Riesling Kabinett „feinherb" Saarburger Kupp | 9,5%/14,-€
90 2021 Riesling Spätlese „Josef Heinrich" Saarburger Rausch | 9%/19,-€
88 2021 Riesling Kabinett Ockfener Bockstein | 7,5%/14,-€
89 2021 Riesling Kabinett Saarburger Laurentius | 8%/19,-€
90 2021 Riesling Spätlese Ockfener Bockstein | 8%/19,-€

Peter Wagner

Kontakt
Hauptstraße 32
79235 Oberrotweil
Tel. 0176-64013967
www.wagner-weingut.de
info@wagner-weingut.de

Besuchszeiten
nach Vereinbarung

Inhaber
Peter Wagner

Rebfläche
8 Hektar

Produktion
40.000 Flaschen

Peter Wagner war Kellermeister beim Weingut Franz Keller, bis er 2016 sein eigenes Weingut gründete. Seine Weinberge liegen in den Oberrotweiler Lagen Henkenberg, Schlossberg, Eichberg und Käsleberg. Spätburgunder nimmt die Hälfte der Rebfläche ein, Grauburgunder und Chardonnay jeweils 20 Prozent, hinzu kommt Müller-Thurgau. Die Weinberge sind begrünt, nur organischer Dünger wird eingebracht, sie werden biodynamisch bewirtschaftet; Peter Wagner hat die Zertifizierung für biologischen Weinbau begonnen. Neue Weinberge werden mit Reben aus Frankreich bestockt. Das Programm ist gegliedert in Guts- und Ortsweine, die auf tiefgründigem Löss wachsen, sowie Lagenweine von vulkanischen Böden. Alle Weine werden trocken und durchgegoren ausgebaut und lange auf der Hefe gelagert, sie werden nicht geschönt, nur bei Bedarf filtriert.

Kollektion

Der sehr florale, zupackende Blanc de Blancs-Sekt eröffnet den Reigen. Der Müller-Thurgau vom Löss ist herrlich frisch und zupackend, was auch für den lebhaften Grauburgunder vom Löss gilt und auch der Rosé vom Löss setzt ganz auf Frische, Frucht und Grip. Tolle Gutsweine. Der Oberrotweiler Grauburgunder zeigt herrlich reintönige Frucht, besitzt viel Frucht, Struktur und Grip, der Oberrotweil Chardonnay ist ebenso reintönig, im Mund dann noch etwas druckvoller und zupackender. Der Oberrotweil Spätburgunder ist frisch und fruchtbetont im Bouquet, zeigt ganz leicht florale Noten, ist lebhaft im Mund, strukturiert und zupackend. Noch etwas präziser und druckvoller ist der Spätburgunder von alten Reben, der im Bouquet viel Frische und Frucht zeigt, rote Früchte, Johannisbeeren. Diese Präzision, die sich durch die ganze Kollektion zieht, geht dann ausgerechnet bei den Lagenweinen verloren, der Henkenberg-Spätburgunder ist allzu würzig und kompakt, sein Kollege vom Eichberg changiert zwischen floralen Noten und eingelegten Früchten. Interessante Weine zweifelsohne, aber nicht die erhoffte Steigerung zu den Ortsweinen, Trotzdem: Ganz starke Kollektion.

Weinbewertung

86 „Blanc de Blancs“ Sekt brut nature | 12,5%/22,-€
87 2021 Müller-Thurgau trocken „vom Löss“ | 11,5%/9,50€
87 2021 Grauburgunder trocken „vom Löss“ | 12,5%/10,50€
88 2021 Grauburgunder trocken Oberrotweil | 12,5%/17,-€
90 2021 Chardonnay trocken Oberrotweil | 12,5%/22,-€
87 2021 Rosé trocken „vom Löss“ | 12%/10,50€
89 2020 Spätburgunder trocken Oberrotweil | 13%/20,-€
90 2020 Spätburgunder trocken „Alte Reben“ | 13%/28,-€
89 2020 Spätburgunder trocken Henkenberg Oberrotweil | 13%/50,-€
90 2020 Spätburgunder trocken Eichberg Oberrotweil | 13%/85,-€

WAGNER

★★★★☆

Wagner-Stempel

Kontakt
Wöllsteiner Straße 10
55599 Siefersheim
Tel. 06703-960330
Fax: 06703-960331
www.wagner-stempel.de
info@wagner-stempel.de

Besuchszeiten
Mo.-Fr. 9-12 + 13-17 Uhr
Sa. 10-16 Uhr
So. & Feiertage geschlossen

Inhaber
Daniel Wagner
Rebfläche
20 Hektar
Produktion
180.000 Flaschen

1845 wurde der Grundstein des Wagnerschen Hofes gelegt, Daniel Wagner führt heute in neunter Generation das Gut, hat den Betrieb in die rheinhessische und deutsche Spitze geführt. Seine Weinberge liegen in den Siefersheimer Lagen Heerkretz, Höllberg und Goldenes Horn. Das Besondere an den Siefersheimer Lagen ist der Porphyrfels im Untergrund, der den Weinen eine ganz eigene Note verleiht. Hauptlage ist die Siefersheimer Heerkretz, in der Daniel Wagner inzwischen 9 Hektar in mehr als 20 Parzellen besitzt, wovon allerdings ein Teil derzeit brachliegt. Die Heerkretz, ein vulkanischer Steilabbruch südlich von Siefersheim, ist stark zerklüftet, südost-exponiert, der Boden besteht aus Porphyr und Ton. Der Höllberg, nördlich von Siefersheim gelegen, ist süd- bis west-exponiert, besitzt steindurchsetzte Böden auf Porphyr. Aber nicht nur in Siefersheim besitzt Daniel Wagner Weinberge, auch in den Nachbargemeinden Fürfeld und Neu-Bamberg ist er vertreten. Wichtigste Rebsorte ist Riesling mit einem Anteil von 50 Prozent. Dazu gibt es ein Viertel weiße Burgundersorten und Chardonnay, 15 Prozent Silvaner, sowie Scheurebe und Sauvignon Blanc. Rote Rebsorten nehmen ganze 5 Prozent der Rebfläche ein. Alle Rotweine kommen ins Barrique und werden unfiltriert abgefüllt. Seit September 2008 werden die Weinberge zertifiziert biologisch bewirtschaftet. Das Sortiment ist dreistufig gegliedert in Gutsweine, Ortsweine und Lagenweine, diese werden trocken als Große Gewächse (aus Heerkretz und Höllberg) oder süß mit Prädikatsbezeichnungen vermarktet; die Spitzenweine von nicht für Große Gewächse zugelassene Rebsorten wie Chardonnay oder Sauvignon Blanc tragen den Zusatz Reserve. Seit dem Jahrgang 2016 bewirtschaftet Daniel Wagner einen Weinberg im oberen, querterrassierten Teil des Binger Scharlachbergs (im Gegenzug die Brüder Runkel vom Weingut Bischel einen Weinberg in der Heerkretz), aus dem er ein weiteres Großes Gewächs erzeugt. Seit der ersten Ausgabe empfehlen wir die Weine von Wagner-Stempel, im Jahr davor hatten wir die Weine erstmals in Mondo vorgestellt. In diesen zwei Jahrzehnten wurde aus einem unbekannten Weingut eine feste Größe in Rheinhessen, der vormals unbekannte Ort Siefersheim ist heute mit seinen Lagen Höllberg und Heerkretz allen Weinfreunden bekannt.

Kollektion

Eine ganz starke Kollektion präsentiert Daniel Wagner in diesem Jahr, die angeführt wird von drei faszinierenden Großen Gewächsen – wobei man dieses Jahr eigentlich von vier schreiben sollte, denn der Spätburgunder ist besser denn je. Aber auch die Basis ist wieder gewohnt stark, und deshalb schätzen wir das Weingut so. Der Silvaner ist fruchtbetont und zupackend, der Weißburgunder würzig und geradlinig, unser Favorit unter den Ortsweinen ist der Riesling, der feine rauchige Noten und herrlich reintönige Frucht zeigt, füllig und saftig ist bei guter Struktur. Die Weine der Reserve-Linie sind deutlich fülliger, der Silvaner ist sehr offen im Bouquet, besitzt Fülle und

Kraft im Mund, der Weißburgunder ist rauchiger, deutlicher vom Holz geprägt, besitzt Struktur, Frische und Grip, noch ein wenig besser gefällt uns der Chardonnay, der feine Frische und Frucht zeigt, rauchige Noten, gute Struktur, viel Säure und Grip besitzt. Klasse sind auch wieder die Riesling-Ortsweine: Der Melaphyr aus Fürfeld ist würzig, füllig, saftig, nicht ganz so ausgewogen wie seine Kollegen, der Rotliegend aus Neu-Bamberg ist enorm druckvoll, mineralisch und nachhaltig, der Porphyr aus Siefersheim besitzt viel Substanz und Kraft, herrlich viel Frucht und Länge. Das Große Gewächs vom Scharlachberg zeigt herrlich viel Frucht und Intensität, ist füllig, kraftvoll, nachhaltig. Der Wein aus dem Höllberg ist würzig und eindringlich, ebenfalls enorm intensiv im Bouquet, besitzt viel Fülle und Kraft, viel reife Frucht, Druck und Länge. Unser Favorit ist der Heerkretz-Riesling, der rauchige Noten zeigt, viel Konzentration und Frucht, enorm druckvoll im Mund ist, präzise, mineralisch und nachhaltig. Die süße Riesling-Serie ist stimmig vom rauchigen, zupackenden Kabinett über die lebhafte, geradlinige Spätlese bis hin zur wunderschön reintönigen, zupackenden Auslese. Und die Spätburgunder sind besser denn je, der Ortswein ist herrlich wild, rauchig und reintönig, besitzt gute Struktur und Grip, das Große Gewächs ist ebenfalls faszinierend reintönig, besitzt Kraft, Druck, Substanz und Länge. Klasse!

Weinbewertung

85 2021 Grüner Silvaner trocken | 12%/10,70€
84 2021 Weißburgunder trocken | 12,5%/10,70€
86 2021 Riesling trocken | 12%/10,70€
88 2021 Sylvaner trocken „Reserve" | 13%/19,-€
90 2021 Weißburgunder trocken „Reserve" | 13%/19,-€
89 2021 Riesling trocken „Melaphyr" Fürfeld | 12,5%/19,-€
90 2021 Riesling trocken „vom Porphyr" Siefersheim | 12,5%/19,-€
90 2021 Riesling trocken „Rotliegend" Neu-Bamberg | 12,5%/19,-€
91 2020 Chardonnay trocken „Reserve" | 13%/24,-€
93 2021 Riesling „GG" Höllberg Siefersheim | 13%/36,-€
93 2021 Riesling „GG" Scharlachberg Bingen | 13%/42,-€
92 2013 Riesling „GG" Heerkretz Siefersheim | 13%
95 2021 Riesling „GG" Heerkretz Siefersheim | 13%/46,-€
86 2021 Riesling Kabinett Heerkretz Siefersheim | 8,5%/14,50€
88 2021 Riesling Spätlese Heerkretz Siefersheim | 7,5%/19,-€
90 2021 Riesling Auslese Heerkretz Siefersheim | 7%/31,-€
89 2020 Spätburgunder trocken Siefersheim | 13%/19,-€
92 2020 Spätburgunder „GG" Heerkretz | 13%/46,-€

Lagen
Heerkretz (Siefersheim)
Höllberg (Siefersheim)
Scharlachberg (Bingen)

Rebsorten
Riesling (50%)
Burgundersorten (30%)
Scheurebe (10%)
Silvaner (5%)

★★☆

A. Waigand

Kontakt
Dr. Vits-Straße 8
63906 Erlenbach am Main
Tel. 09372-4596
Fax: 09372-940230
www.waigand-wein.de
kontakt@waigand-wein.de

Besuchszeiten
Häckerwirtschaft (mehrmals im Jahr)
Weinproben und Weinbergswanderung in den Steillagen auf Anfrage

Inhaber
Albert Waigand
Ansprechpartner
Verena Waigand
Kellermeister
Albert & Verena Waigand
Rebfläche
2 Hektar
Produktion
10.000 Flaschen

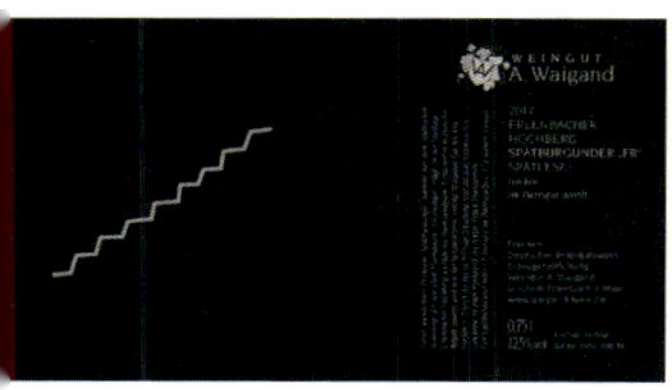

Alois Waigand pflanzte kurz nach dem Zweiten Weltkrieg die ersten Reben. Nach und nach erwarb er weitere Parzellen im Erlenbacher Hochberg. Heute führen Albert und Heike Waigand den Betrieb, unterstützt von Tochter Verena, die nach Weinküferlehre ihr Studium der Weinbetriebswirtschaft in Heilbronn abgeschlossen hat. Die Weinberge liegen alle in Querterrassen im steilen Erlenbacher Hochberg, wo die Reben wie im unmittelbar angrenzenden Klingenberger Schlossberg auf roten Buntsandsteinböden wachsen. An weißen Sorten, welche die Hälfte der Fläche einnehmen, werden Silvaner, Müller-Thurgau, Riesling und Weißburgunder angebaut, wichtigste rote Rebsorte ist Spätburgunder, daneben gibt es ein wenig Portugieser, sowie Dornfelder und Cabernet Mitos, die ältesten Portugieserreben wurden 1951 gepflanzt. Die Weine werden teils im Edelstahl, teils im Holz (Weißburgunder und Spätburgunder) ausgebaut. Zusammen mit der Stadt Erlenbach wurde ein brachliegender Weinberg in der Teillage Felsenröder 2014 neu bestockt, aus dem ein Premium-Spätburgunder erzeugt wird, erstmals 2017.

Kollektion

Die neue Kollektion ist der vom vergangenen Jahr recht ähnlich, wieder haben die Rotweine ganz knapp die Nase vorne. Unser Favorit ist die trockene Spätburgunder Spätlese, ein Jahrgangsverschnitt aus 35 Prozent 2019 und 65 Prozent 2020. Er zeigt gute Konzentration im Bouquet, rauchige Noten, reintönige Frucht, ist füllig und harmonisch, besitzt viel reife Frucht und Substanz. Auch der zweite vorgestellte Rotwein überzeugt voll und ganz: Der im Barrique ausgebaute Portugieser von 1964 und 1966 gepflanzten Reben ist fruchtbetont im Bouquet, etwas rauchig und würzig, besitzt Fülle und Kraft im Mund, viel reife Frucht und gute Harmonie. Die Weißweine präsentieren sich sehr gleichmäßig. Die halbtrocken ausgebaute Silvaner Spätlese zeigt weiße und gelbe Früchte, ist füllig und saftig im Mund bei reifer süßer Frucht. Der Blanc de Noir zeigt schon dezente Reifenoten im Bouquet, feine Würze, ist wie der Silvaner recht füllig und saftig. Beide stammen aus dem Jahrgang 2020, ebenso wie der trockene Weißburgunder Kabinett, der würzig und eindringlich ist, klare Frucht, gute Struktur und Frische besitzt. Aus dem Jahrgang 2021 stammt der trockene Riesling Kabinett, der wunderschön, frisch, klar und zupackend ist.

Weinbewertung

84 2021 Riesling Kabinett trocken „Buntsandstein" Erlenbacher Hochberg | 12%/9,50€
84 2020 Weißer Burgunder Kabinett trocken Erlenbacher Hochberg | 14%/9,90€
84 2020 „Blanc de Noirs" Spätlese trocken Erlenbacher Hochberg | 14,5%/9,50€
83 2020 Silvaner Spätlese Erlenbacher Hochberg | 13%/9,50€
85 2018 Portugieser „BF" trocken Erlenbacher Hochberg | 12%/10,50€
87 Spätburgunder Spätlese trocken Erlenbacher Hochberg | 13%/11,-€

W

★★☆

Walter

Kontakt
Hauptstraße 188
56867 Briedel
Tel. 06542-98690
Fax: 06542-986925
www.weingut-walter.de
info@weingut-walter.de

Besuchszeiten
Mo.-Sa. nach Vereinbarung
Ferienhaus „Domizil am Weingarten"

Inhaber
Gerrit Walter

Rebfläche
7,5 Hektar

Produktion
70.000 Flaschen

Seit 1568 betreibt die Familie Weinbau in Briedel. Lange wurde das Gut von Alfred Walter geführt, inzwischen hat sein Sohn Gerrit Walter die Verantwortung übernommen – nach seinem Studium in Geisenheim und einer Tätigkeit als Kellermeister des rheinhessischen Weinguts Dreißigacker. Walters Weinberge, inzwischen 7,5 Hektar, liegen überwiegend in Steillagen in Briedel (Weisserberg, Schäferlay) und Pünderich (Marienburg). Riesling ist mit 75 Prozent die wichtigste Rebsorte im Betrieb, daneben gibt es 15 Prozent Weißburgunder, aber auch Müller-Thurgau und Spätburgunder. 2012 wurde das neue Kelterhaus fertig gestellt, seither kann die ganze Traubenverarbeitung mittels Schwerkraft erfolgen. Vergrößert und erneuert wurden auch Abfüll- und Verkostungsbereich, neue Etiketten runden das moderne Erscheinungsbild ab. Von Mai bis Oktober öffnet freitags und samstags ein Weinbistro. Das Sortiment ist eingeteilt in Guts-, Orts- und Lagenweine, die Spitzenweine aus Marienburg und Weißerberg werden trocken, für Mosel-Verhältnisse sehr trocken ausgebaut; nur restsüße Weine tragen Prädikatsbezeichnungen. Seit 2021 ist das Weingut Mitglied im Bernkasteler Ring.

Kollektion

Ausgezeichnet gefällt der Briedeler Riesling, kühl und straff, bereits mit Spiel. Eine leicht cremige Art zeigt der Weißburgunder aus dem Weißerberg, er ist sortentypisch, frisch, im Mund straff und würzig, behält seine Frische bis zum Schluss. Die beiden Großen Gewächse unterscheiden sich deutlich. Auf der einen Seite der offen wirkende Weißerberg-Riesling, der Noten von Zitrus und Hefe zeigt und sehr frisch ausfällt, auf der anderen der noch verhalten wirkende Marienburg-Riesling mit kompakterer Art. Schön offen mit Noten von frischem und getrocknetem Apfel ist die Spätlese aus der Schäferlay. Einen eher ruhigen Stil mit Noten von Mirabellen, Hefe und ganz leicht pflanzlichen Komponenten zeigt die Auslese: Im Mund ein rassiger, animierender Süßwein.

Weinbewertung

86 2021 Weißburgunder trocken I 12,5%/8,-€
84 2021 Riesling trocken I 12%/8,-€
86 2021 Riesling trocken Briedeler I 12,5%/11,-€
88 2021 Weißburgunder trocken Weißerberg I 13%/15,-€
90 2021 Riesling trocken „GG" Weißerberg I 12,5%/22,-€
89+ 2021 Riesling trocken „GG" Marienburg I 12,5%/25,-€
86 2021 Riesling „feinherb" Briedeler I 11,5%/11,-€
86 2021 Riesling Kabinett I 9%/8,-€
86 2021 Riesling Kabinett Marienburg I 9%/10,50€
88 2021 Riesling Spätlese Schäferlay I 8%/11,-€
89 2021 Riesling Auslese Marienburg I 7,5%/13,-€/0,5l

★★

Walz

Kontakt
Hauptstraße 34
79423 Heitersheim
Tel. 07634-553030
Fax: 07634-553033
www.weingut-walz.de
info@weingut-walz.de

Besuchszeiten
Mo.-Mi. nach Vereinbarung,
Do.-Fr. 10-12:30 + 14-18 Uhr
Sa. 10-13 Uhr
oder nach Vereinbarung
Historisches „Gasthaus Zum Schiff" für Seminare/Fortbildungen/Tagungen
„SommerWeinBrunnen" im Hof (jeden Do. im Sommer)
Glühweinmontag
(Advent, jeden Mo. Abend)

Inhaber/Betriebsleiter
Thomas Walz
Kellermeister
Max Wolf
Außenbetrieb
Matthias Müller
Rebfläche
17,5 Hektar
Produktion
120.000 Flaschen

seit 1712
WALZ
BADEN

Seit 1712 erzeugt die Familie Wein in Heitersheim. 1997 übernahm Thomas Walz den elterlichen Betrieb, führt ihn seither in dreizehnter Generation zusammen mit Ehefrau Nicole. Seine Weinberge verteilen sich auf verschiedene Lagen im Markgräflerland, so den Badenweiler Römerberg, den Heitersheimer Maltesergarten oder den Zunzinger Rosenberg. Gutedel und Spätburgunder sind die wichtigsten Rebsorten, hinzu kommen Grauburgunder, Weißburgunder und Chardonnay, Gewürztraminer und Muskateller. Die seit 1748 bestehende Gaststube „Zum Schiff" wurde restauriert und steht für Weinproben und Tagungen zur Verfügung – und ist Namensgeber für die Top-Linie des Weingutes, die Flaggschiff-Weine, die in kleinen oder großen Eichenholzfässern ausgebaut werden.

Kollektion

Eine starke Kollektion präsentiert Thomas Walz in diesem Jahr, wobei die Vorteile in diesem Jahr im roten Segment liegen, das mit vier überzeugenden Spätburgundern aufwarten kann. An der Spitze steht der schon im vergangenen Jahr verkostete 2018er Pinot Noir aus dem Römerberg, der herrlich eindringlich und reintönig ist, Fülle und Kraft besitzt, viel reife Frucht, Substanz und eine dezente Schokonote. Der 2017er Römerberg-Spätburgunder besitzt gute Struktur, klare Frucht und kräftige Tannine, der Spätburgunder von alten Reben im Maltesergarten ist würzig und zupackend, hat Grip, der „normale" Maltesergarten-Spätburgunder ist geradlinig und klar. Ein Gutswein wurde nicht vorgestellt, auch nicht im weißen Segment, in dem die Spitzenweine recht deutlich vom Holz geprägt sind. Der Flaggschiff-Chardonnay aus dem Römerberg zeigt gute Konzentration und rauchige Noten, besitzt Fülle, Kraft, reife Frucht und Substanz. Der Flaggschiff-Chasselas aus dem Maltesergarten ist enorm würzig und stoffig, besitzt viel Substanz. Mehr auf Frucht setzen der füllige, klare Weißburgunder aus dem Maltesergarten, der reintönige Grauburgunder aus dem Rosenberg oder der frische, harmonische Gutedel aus dem Altenberg. Überzeugende Kollektion!

Weinbewertung

84 2021 Gutedel trocken Grunern Altenberg | 12%/8,90€
85 2019 Chasselas trocken (Flaggschiff) Heitersheimer Maltesergarten | 12,5%/14,90€
85 2020 Weißer Burgunder trocken Heitersheimer Maltesergarten | 13,5%/12,90€
84 2020 Grauer Burgunder trocken Zunzinger Rosenberg | 14%/12,90€
83 2020 Chardonnay trocken Zunzinger Rosenberg | 13%/12,90€
85 2019 Chardonnay trocken (Flaggschiff) Badenweiler Römerberg | 13,5%/19,90€
84 2018 Spätburgunder trocken Heitersheimer Maltesergarten | 13,5%/12,90€
85 2018 Spätburgunder trocken (Flaggschiff) „Alte Rebe" Maltesergarten | 14%/17,90€
87 2017 Spätburgunder trocken (Flaggschiff) Badenweiler Römerberg | 13,5%/24,90€
88 2018 Pinot Noir trocken (Flaggschiff) Badenweiler Römerberg | 13,5%/49,-€

★★☆

Wasem

Kontakt
Edelgasse 5
55218 Ingelheim
Tel. 06132-2220
Fax: 06132-2448
www.wasem.de
weingut@wasem.de

Besuchszeiten
Mo.-Sa. ab 17 Uhr
So. ab 12 Uhr
Mi. Ruhetag
Restaurant Kloster Engelthal

Inhaber
Holger, Julius & Philipp Wasem
Betriebsleiter
Philipp Wasem
Kellermeister
Julius Wasem, Johannes Lutzenburg
Rebfläche
24 Hektar
Produktion
200.000 Flaschen

Die Familie Wasem baut nachweislich seit 1726 Wein an. Der Rodensteiner Hof in Ober-Ingelheim, Sitz des Weingutes, gehörte im 17. Jahrhundert dem Adelsgeschlecht Ritter Hundt von Saulheim. 1912 begann Julius Wasem mit der Selbstvermarktung, als Erster in Ingelheim. Bekannt wurde er unter anderem als Erhaltungszüchter der Sorte Frühburgunder. Lange führte Holger Wasem zusammen mit seinem Cousin den Betrieb, inzwischen hat man sich getrennt, Holger Wasem führt seit 2019 mit seinen Söhnen Julius und Philipp das Weingut, Ehefrau Karin führt die Gastronomie, Sohn Gerhard das Event-Geschäft im Kloster Engelthal. Die Weinberge liegen in verschiedenen Ingelheimer Lagen wie Horn, Pares, Schlossberg, Burgberg und Sonnenhang, aber auch in der Elsheimer Blume. Rote Rebsorten dominieren im Anbau, Spätburgunder und Frühburgunder vor allem. Wichtigste weiße Sorten sind Grauburgunder, Weißburgunder und Riesling. Julius und Philipp Wasem haben eine neue Stilistik entwickelt, die stärker auf Eleganz und Finesse setzt.

Kollektion

Noch nie waren die Rotweine so stark wie im vergangenen Jahr, und in diesem Jahr kann man Gleiches von den Weißweinen berichten. Das fängt schon beim frischen, geradlinigen Literriesling an, der Riesling in der Dreiviertelliterflasche besitzt klare Frucht und Grip, was auch für den eindringlichen Sauvignon Blanc gilt; der Stadecker Weißburgunder ist fruchtbetont, reintönig und strukturiert. An der Spitze der Weißweine stehen die beiden Lagenweine aus dem Jahrgang 2020: Der Grauburgunder aus dem Sonnenhang besitzt gute Konzentration und reife Frucht, ist harmonisch und hat Substanz, der Riesling aus der Elsheimer Blume ist würzig und eindringlich, füllig und saftig. Die 2020er Rotweine reichen nicht ganz an die 2019er heran, präsentieren sich aber sehr geschlossen, an der Spitze steht erneut der eindringliche Spätburgunder R aus dem Pares.

Weinbewertung

82 2021 Riesling trocken (1l) | 12%/5,50€
84 2021 Weißer Burgunder trocken Stadecker | 12,5%/8,-€
84 2021 Riesling trocken | 12%/7,-€
85 2021 Sauvignon Blanc trocken | 12%/7,50€
87 2020 Riesling trocken Elsheimer Blume | 12,5%/10,50€
87 2020 Grauer Burgunder trocken Ingelheimer Sonnenhang | 13,5%/14,50€
84 2019 Spätburgunder trocken | 12,5%/7,-€
84 2020 Spätburgunder trocken Ingelheimer Pares | 13%/14,-€
85 2020 Spätburgunder trocken Ingelheimer Burgberg | 13%/15,50€
85 2020 Frühburgunder trocken Ingelheimer Sonnenhang | 13,5%/15,50€
86 2020 Frühburgunder trocken Ingelheimer Horn | 13,5%/22,-€
88 2020 Spätburgunder trocken „R“ Ingelheimer Pares | 13%/a.A.

★★★★

Fritz Waßmer

Kontakt
Lazariterstraße 2
79189 Bad Krozingen-Schlatt
Tel. 07633-3965
Fax: 07633-4458
www.weingut-wassmer-schlatt.de
mail@weingutfritzwassmer.de

Besuchszeiten
Mo.-Fr. 9-18 Uhr
Sa. 10-16 Uhr

Inhaber
Fritz Waßmer
Rebfläche
38 Hektar
Produktion
192.000 Flaschen

Fritz Waßmer stammt aus Schlatt im Markgräflerland, baut wie sein Bruder Martin nicht nur Wein an, sondern auch Erdbeeren und Spargel, dazu verkauft er Weihnachtsbäume. 1999 hat er sich erste Weinberge im Breisgau gekauft, erzeugte in diesem Jahr seine ersten Rotweine, zwei Jahre später die ersten Weißweine. 2003 haben die neu gepflanzten Burgunderklone ihren ersten Ertrag gebracht. Im Breisgau liegt auch heute noch das Gros seiner Weinberge, dort ist er in Lagen wie Kenzinger Roter Berg, Malterdinger Bienenberg, Bombacher Sommerhalde oder in den Kleinterrassen im Herbolzheimer Kaiserberg vertreten. Aber auch im Markgräflerland ist er aktiv, unter anderem im Staufener Schlossberg, am Kaiserstuhl ist er im Achkarrer Schlossberg vertreten. Zu über 60 Prozent baut er Pinot Noir an. Er pflanzte ausschließlich Klone aus Burgund, auf schwach tragenden Unterlagsreben, bis zu 13.000 Stock je Hektar. Grauburgunder und Weißburgunder sind die nächst wichtigen Rebsorten, dazu gibt es Syrah, Chardonnay, Viognier, Merlot, Cabernet Sauvignon, Auxerrois und Riesling. Die Trauben werden in kleinen Kisten nach Schlatt transportiert und dort verarbeitet. Alle Spätburgunder werden spontanvergoren, teils in Holzgärtanks, teils in Edelstahltanks. Anfangs verzichtete Fritz Waßmer auf Lagenbezeichnungen, erst mit dem Jahrgang 2011 steht bei Weißweinen auf den Topweinen die Lage auf dem Etikett, Weißburgunder und Chardonnay kommen aus dem Staufener Schlossberg, der Grauburgunder aus der Bombacher Sommerhalde, mit dem Jahrgang 2015 kam ein Grauburgunder aus dem Achkarrer Schlossberg hinzu. Bei Rotweinen dauerte es vier Jahre länger, erst seit dem Jahrgang 2015 tragen die Top-Rotweine Lagennamen auf dem Etikett. Es sind dies die Spätburgunder aus Sommerhalde, Roter Berg und Kaiserberg, der Merlot Roter Berg, der Cabernet Franc vom Kaiserberg, der Cabernet Sauvignon vom Staufener Schlossberg und der Syrah vom Achkarrer Schlossberg.

Kollektion

Im weißen Segment hat Fritz Waßmer ausschließlich Lagenweine präsentiert, sechs Stück, alle aus dem Jahrgang 2020. Der Weißburgunder aus dem Staufener Schlossberg ist sehr offen im Bouquet und zeigt viel Frucht, im Mund ist er füllig und saftig, besitzt viel reife Frucht und Substanz. Der Weißburgunder aus dem Kaiserberg ist intensiv fruchtig im Bouquet, herrlich eindringlich, ist dann ebenfalls füllig und saftig, besitzt gute Struktur und Frische. Etwas rauchige Noten, gute Konzentration und klare reife Frucht zeigt der Grauburgunder aus der Sommerhalde im Bouquet, ist reintönig im Mund, besitzt gute Struktur und klare Frucht. Spannend ist das Chardonnay-Trio. Der Wein vom Kenzinger Roter Berg zeigt intensive Frucht im Bouquet, ist frisch, klar und zupackend im Mund, Herrlich eindringlich und reintönig ist der Chardonnay vom Staufener Schlossberg, ebenfalls intensiv fruchtig, ist etwas fülliger und saftiger, besitzt gute Struktur und Grip. Unsere leichte Präferenz gilt dem Kaiserberg-Chardonnay, der feine rauchige Noten zeigt, viel Konzentration, faszinierend reintönige Frucht, füllig und kraftvoll im Mund ist, gute Struktur und Substanz besitzt. Beim Spätburgunder konnten wir auch den geradlinigen Gutswein verkosten, der Alte Reben, zeigt etwas floralkräuterige Noten, rote Früchte, der XXL ist intensiv fruchtig im Bouquet, zeigt feine Würze und florale Noten, ist füllig und kraftvoll, besitzt gute Struktur und viel reife Frucht. Nochmals mehr Intensität zeigt der CCL im Bouquet, viel reife Frucht, rote Früchte, ist frisch und zupackend im Mund, besitzt gute Struktur und viel Grip. Dies ist kennzeichnend auch für die drei Lagen-Spätburgunder, die alle etwas florale Noten und viel Grip besitzen, die wesentlich frischer und lebhafter sind, als die 13,5 Prozent Alkohol vermuten lassen. Der Wein aus der Sommerhalde ist reintönig, geradlinig, der Roter Berg-Spätburgunder intensiv, sehr floral, der Weine vom Kaiserberg ist ein wenig druckvoller. Und dann gibt es noch die Weine von den „internationalen" Rebsorten, die alle auf Fruchtsüße setzen: Der Cabernet Franc ist reintönig, kraftvoll, der Merlot enorm füllig uns schmeichelnd, was auch für den Cabernet Sauvignon gilt, der Syrah punktet mit intensiver, sortentypischer Frucht. Starke Kollektion!

Fritz Waßmer

Weinbewertung

89 2020 Weißer Burgunder Schlossberg Staufen I 12,5%/52,-€
89 2020 Weißer Burgunder Kaiserberg Herbolzheim I 12,5%/52,-€
90 2020 Grauer Burgunder Sommerhalde Bombach I 12,5%/52,-€
90 2020 Chardonnay Schlossberg Staufen I 12,5%/52,-€
91 2020 Chardonnay Kaiserberg Herbolzheim I 12,5%/128,-€
90 2020 Chardonnay Roter Berg Kenzingen I 12,5%/52,-€
84 2020 Spätburgunder trocken I 13%/9,80€
86 2020 Spätburgunder „Alte Reben" I 13,5%/29,90€
89 2020 Spätburgunder „XXL" trocken I 13,5%/39,-€
92 2020 Spätburgunder „CCL" trocken I 13,5%/68,-€
91 2020 Spätburgunder Sommerhalde Bombach I 13,5%/58,-€
91 2020 Spätburgunder Roter Berg Kenzingen I 13,5%/78,-€
92 2020 Spätburgunder Kaiserberg Herbolzheim I 13,5%/128,-€
91 2020 Syrah Schlossberg Achkarren I 13,5%/78,-€
90 2020 Merlot Roter Berg Kenzingen I 13,5%/78,-€
91 2020 Cabernet Sauvignon Schlossberg Staufen I 13,5%/78,-€
90 2020 Cabernet Franc Kaiserberg Herbolzheim I 13,5%/78,-€

Lagen

Schlossberg (Staufen)
Sommerhalde (Bombach)
Schlossberg (Achkarren)
Roter Berg (Kenzingen)
Kaiserberg (Herbolzheim)

Rebsorten

Spätburgunder (61%)
Grauburgunder (13%)
Weißburgunder (12%)
Syrah (3%)
Chardonnay (3%)
Viognier (2%)
Merlot (2%)
Cabernet Sauvignon (2%)
Auxerrois (1%)
Riesling (1%)

★★★★½ Martin Waßmer

Kontakt
Am Sportplatz 3
79189 Bad Krozingen-Schlatt
Tel. 07633-15292
Fax: 07633-13384
www.weingut-wassmer.de
wassmer-krozingen@t-online.de

Besuchszeiten
Mo.-Fr. 9-18 Uhr
Sa. 10-16 Uhr
So. & Feiertage 10-16 Uhr
(April-Juni)
Bauernladen

Inhaber
Martin Waßmer
Rebfläche
38 Hektar
Produktion
190.000 Flaschen

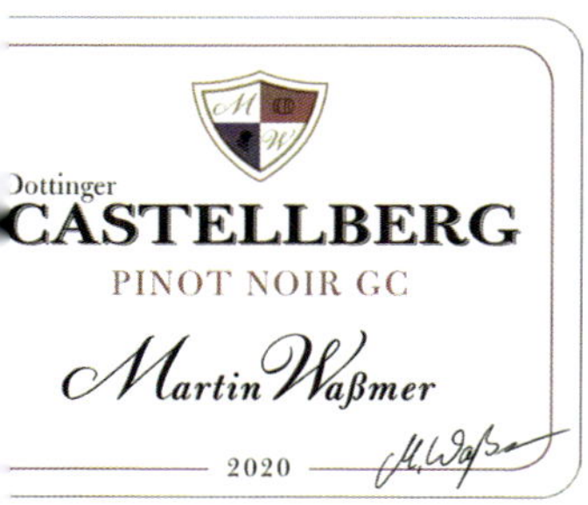

Martin Waßmer stammt aus einem landwirtschaftlichen Betrieb, der schon seit Generationen auch Weinbau betreibt. Während seiner Ausbildung zum Koch begann er 1980 mit dem Anbau von Spargel. Spargel und Erdbeeren sind flächenmäßig seine wichtigsten landwirtschaftlichen Produkte. Seine Liebe gilt aber dem Wein. Durch Seminare und Besuche bei Winzern im In- und Ausland verschaffte er sich Kenntnisse im Weinan- und -ausbau und beschloss selbst Wein zu erzeugen. 1998 lieferte er zum letzten Mal an die Genossenschaft ab. Die Reben standen ursprünglich nur im Schlatter Maltesergarten, im Bad Krozinger Steingrüble und im Laufener Altenberg. Seither hat er sein Lagen-Portfolio erweitert, ist heute im Dottinger Castellberg und im Staufener Schlossberg vertreten, ebenso im Auggener Letten und im Ehrenstetter Ölberg, alles bekannte Lagen im Markgräflerland, inzwischen besitzt er aber auch im Breisgau Weinberge, im Glottertal genau genommen, in der Lage Roter Bur. Wichtigste Rebsorte ist ganz klar der Spätburgunder, der 60 Prozent der Weinberge von Martin Waßmer einnimmt. Hinzu kommen Weißburgunder und Grauburgunder, Chardonnay und Sauvignon Blanc, sowie ein wenig Riesling, Muskateller, Müller-Thurgau, Gewürztraminer und Gutedel. Alle Weine werden möglichst mit ihren natürlichen Hefen vergoren und recht lange auf der Hefe ausgebaut. Die Rotweine kommen alle ins Holzfass, die besten Qualitäten ins Barrique. Die Klärung erfolgt durch Absetzen der Schwebstoffe, filtriert wird möglichst nicht. Anfangs gab es nur trockene Weine bei Martin Waßmer, in den letzten Jahren aber wartet er immer wieder auch mit edelsüßen Weinen auf. An der Spitze des Sortiments stehen Lagenweine, die Topweine werden als „GC" bezeichnet. In dieser Linie, die die SW-Linie als vormalige Top-Linie ablöste, gab es seit 2003 einen Pinot Noir ohne Lagenbezeichnung, aus dem dann mit dem Jahrgang 2009 zwei Weine mit Lagenbezeichnung wurden, die Pinot Noir von Maltesergarten und Castellberg. Im gleichen Jahrgang 2009 gab es mit Weißburgunder und Chardonnay aus dem Castellberg erstmals zwei weiße GC-Weine. 2011 gab es erstmals einen Grauburgunder GC aus dem Castellberg, 2012 einen Grauburgunder GC aus dem Auggener Letten, seit dem Jahrgang 2014 komplettieren die GC-Spätburgunder aus dem Ehrenstetter Ölberg und dem Glottertäler Roter Bur das Top-Segment, 2016 kam ein Grauburgunder aus dem Achkarrer Schlossberg hinzu.

Kollektion

Eine hochklassige Kollektion präsentiert Martin Waßmer auch wieder in diesem Jahr. Die weißen SW-Weine zeigen sich sehr geschlossen, sind stoffig und kraftvoll, der reintönige, gelbfruchtige Chardonnay gefällt uns besonders gut. Der Weißburgunder vom Staufener Schlossberg zeigt rauchige Noten, klare Frucht, ist kraftvoll, kompakt, strukturiert. Der Weißburgunder vom Castellberg zeigt reintönige Frucht im herrlich eindringlichen Bouquet, ist füllig, stoffig, fruchtbetont, besitzt Struktur, etwas Tannine, ist noch enorm jugendlich. Der Grauburgunder vom Castellberg ist konzentriert, füllig, saftig, der vom Letten rauchig, kraftvoll, besitzt reife Frucht und Grip, unser Favorit im Grauburgunder-Trio ist der Wein aus dem Achkarrer Schlossberg, der deutlich vom Holz geprägt ist, viel Tannine und Grip besitzt, aber spannend ist. Der Chardonnay vom Castellberg zeigt viel Frische und Würze, ist füllig, kraftvoll, kompakt, sehr vom Ausbau im Holz geprägt, braucht Zeit – wie der faszinierend komplexe 2017er beweist. Großartig ist auch wieder das Spätburgunder-Sortiment, wo es zwei neue Weine gibt, die sich bestens einführen: Der Pinot Rittliberg, von Tochter Sabrina und einer Gewanne im Castellberg, ist faszinierend reintönig, zupackend und frisch, der Wein vom Bad Krozinger Steingrüble ist komplex, druckvoll und nachhaltig. Roter Bur punktet mit Frucht und Grip, Ölberg ist etwas fülliger, kraftvoller, Maltesergarten präzise, druckvoll, säurebetont, unser Favorit im Jahrgang 2020 ist der Pinot Noir Castellberg, der leicht floral ist, präzise, druckvoll, säurebetont und nachhaltig. Hervorragend sind auch Chapelle und der herrlich reintönige Syrah. Große Kollektion!

Martin Waßmer

Weinbewertung

88 2021 Sauvignon Blanc „SW“ trocken Markgräflerland | 13,5%/19,50€
87 2020 Weißer Burgunder „SW“ trocken Schlatter Maltesergarten | 13,5%/18,50€
89 2020 Chardonnay „SW“ trocken Markgräflerland | 13,5%/19,50€
91 2020 Weißer Burgunder trocken Staufener Schlossberg | 13,5%/39,-€
93 2020 Weißer Burgunder „GC“ trocken Dottinger Castellberg | 13,5%/45,-€
90 2020 Grauer Burgunder „GC“ trocken Dottinger Castellberg | 13,5%/45,-€
92 2020 Grauer Burgunder „GC“ trocken Achkarrer Schlossberg | 13,5%/45,-€
91 2020 Grauer Burgunder „GC“ trocken Auggener Letten | 13,5%/45,-€
93 2017 Chardonnay „GC“ Spätlese trocken Dottinger Castellberg | 13,5%
91 2020 Chardonnay „GC“ trocken Dottinger Castellberg | 13,5%/79,-€
85 2020 Spätburgunder trocken Markgräflerland | 13%/9,90€
88 2020 Spätburgunder trocken Schlatter Maltesergarten | 13%/18,50€
90 2020 Spätburgunder „SW“ trocken Schlatter | 13%/29,-€
91 2020 „Chapelle“ Rotwein trocken Ehrenstetter Ölberg | 14,5%/66,-€
92 2020 Syrah trocken Dottinger Castellberg | 14%/64,-€
93 2020 Spätburgunder trocken Bad Krozinger Steingrüble | 13,5%/45,-€
92 2020 Pinot „S“ trocken Rittliberg | 14%/50,-€
93 2020 Spätburgunder „GC“ trocken Glottertäler Roter Bur | 14%/54,-€
92 2016 Spätburgunder „GC“ trocken Ehrenstetter Ölberg | 13,5%/45,-€
93 2020 Spätburgunder „GC“ trocken Ehrenstetter Ölberg | 14%/54,-€
95 2020 Pinot Noir „GC“ trocken Dottinger Castellberg | 13,5%/79,-€
93 2020 Pinot Noir „GC“ trocken Schlatter Maltesergarten | 13%/58,-€

Lagen

Maltesergarten (Schlatt)
Castellberg (Dottingen)
Letten (Auggen)
Ölberg (Ehrenstetten)
Schlossberg (Staufen)
Altenberg (Laufen)
Roter Bur (Glottertal)
Schlossberg (Achkarren)
Steingrüble (Bad Krozingen)

Rebsorten

Spätburgunder (60%)
Weiße Burgunder (30%)

★★☆

Udo Weber

Kontakt
Soonwaldstraße 41
55569 Monzingen
Tel. 06751-3278
Fax: 06751-2076
www.weingut-udo-weber.de
info@weingut-udo-weber.de

Besuchszeiten
täglich 8-18 Uhr

Inhaber
Udo Weber
Betriebsleiter
Laura & Udo Weber
Kellermeister
Laura & Udo Weber
Rebfläche
15 Hektar

Weinbau wird in der Familie Weber schon seit Jahrhunderten betrieben, das Weingut in Monzingen geht zurück auf das Jahr 1732, seit 1991 wird es von Udo und Sabine Weber geführt, die die Rebfläche nach und nach vergrößerten. Nach ihrem Geisenheim-Abschluss ist Tochter Laura, ehemalige Weinkönigin der Nahe, in den Familienbetrieb eingestiegen. Die Weinberge liegen vor allem in den Monzinger Lagen Frühlingsplätzchen und Halenberg, aber auch im benachbarten Weilerer Heiligenberg. Wichtigste Rebsorte ist mit einem Anteil von 55 Prozent der Riesling, dazu kommen je rund 10 Prozent Weißburgunder, Grauburgunder, Chardonnay und Spätburgunder, sowie etwas Sauvignon Blanc, Scheurebe, Bacchus und Gelber Muskateller. In einem Weinberg am Ortsrand von Monzingen wurden mehrere Bienenvölker angesiedelt, Insektenhotels eingerichtet und Obstbäume gepflanzt.

Kollektion

Die Rieslinge sind dieses Jahr besonders filigran, das gilt besonders für die beiden Lagenweine. Der duftige „Auf der Ley" aus dem Frühlingsplätzchen steckt voller Mineral. Sein salziger Geschmack wird von einer fantastisch reifen Säure durchkreuzt, er bietet reife tropische Aromen von Mangos und Ananas im langen Nachhall. Puristische Fülle, ohne Widerspruch. Markanter ist der Halenberg, seinen schalenherben Saft durchzieht eine eindringliche Säure, er ist reserviert, kühl und würzig, besitzt Substanz, braucht aber etwas Zeit. Für den frühen Genuss empfiehlt sich im gehobenen Segment der elegante Rote Riesling Bienengärtchen, der mit feinem Saft und zarter Frische punktet, ein außergewöhnlich gelungenes Exempel der Rebsorte. Auch die weißen Burgunder überzeugen. Der Weißburgunder ist aromatisch und frisch, findet zu nachhaltiger Balance. Der kräftige Chardonnay aus dem Barrique wird etwas Zeit brauchen, seine Anlagen zu reifen sind vielversprechend. Der Grauburgunder S aus dem großen Holz ist etwas verschlossen, sein würziger Charakter deutet Kraft und Fülle an, er hat Substanz und Länge.

Weinbewertung

85 2021 Weißburgunder trocken | 13%/7,80€
85 2021 Cuvée weiß trocken „Duo Surprise No.1" | 13%/9,90€
86 2021 Riesling trocken „vom Grünschiefer" Weilerer Heiligenberg | 12%/8,90€
88 2021 Roter Riesling trocken „Bienengärtchen" | 12%/17,80€
86 2021 Grauburgunder trocken „S" Monzinger Frühlingsplätzchen | 13%/12,50€
87 2020 Chardonnay trocken „No.5" „Edition L" | 13%/13,50€
88+ 2021 Riesling trocken „Großer Genuss" „Edition L" Monzinger Halenberg | 12,5%/a.A.
88 2021 Riesling trocken „Auf der Ley" Monzinger Frühlingsplätzchen | 12%/a.A.
84 2021 Riesling „feinherb N 53" Monzinger Frühlingsplätzchen | 10%/8,90€
87 2021 Riesling Eiswein Monzinger Frühlingsplätzchen | 11%/37,50€/0,375l
84 2021 Rosé trocken „Edition L" | 12,5%/7,80€

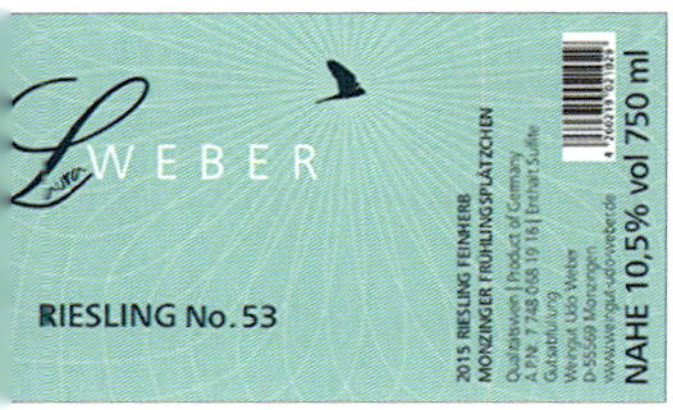

★★☆

Weber

Kontakt
Unterdorfstraße 36a
76889 Oberotterbach
Tel. 06342-7033
Fax: 06342-9239002
www.weingutweber.com
weingutweber@web.de

Besuchszeiten
nach Vereinbarung

Inhaber
Dieter Weber
Kellermeister
Stefan Weber
Außenbetrieb
Marco Weber
Rebfläche
9 Hektar
Produktion
25.000 Flaschen

Dieter und Cornelia Weber gründeten ihr Weingut im südpfälzischen Oberotterbach, unweit der Grenze zu Frankreich, 1986 zunächst als nebenberuflichen Betrieb. Ihre beiden Söhne Marco und Stefan übernahmen nach ihren Winzer- und Weinbautechniker-Ausbildungen 2012 die Verantwortung für den Außenbetrieb und den Keller. Riesling ist die wichtigste Rebsorte im Weingut und steht auf 25 Prozent der Fläche, Spätburgunder, Weißburgunder und Grauburgunder nehmen zusammen 45 Prozent der Fläche ein, dazu kommen je 10 Prozent Chardonnay und Sauvignon Blanc sowie kleinere Anteile von Auxerrois, Gewürztraminer, Müller-Thurgau, Portugieser und Dornfelder. Das Sortiment ist gegliedert in Rebsortenweine, größtenteils in der Literflasche, Ortsweine aus Dörrenbach, Oberotterbach und Rechtenbach und Lagenweine aus dem Dörrenbacher Springberg, dem Schweigener Sonnenberg und dem Rechtenbacher Pfarrwingert, die Lagenweine werden spontan vergoren.

Kollektion

Im neuen Jahrgang kann sich die Familie Weber bei einigen Weinen steigern, allen voran beim Weißburgunder aus dem Sonnenberg, der dezentes Holz, etwas Birne, Zitrusnoten und florale Würze im Duft zeigt und Fülle, klare Frucht und Frische besitzt. Der 2020er Spätburgunder aus dem Pfarrwingert zeigt dunkle Frucht, Pflaume, Gewürznelke und etwas Schokolade im Bouquet, besitzt Kraft, Stoff und präsente Tannine, ein guter Wein, aber ein untypischer Spätburgunder, die 2017er Version ist ebenfalls kraftvoll und stoffig, besitzt dunkle Frucht, Kräuternoten und leicht staubige Tannine. Zwei Weine kannten wir vom letzten Jahr, der Merlot ist von dunkler Frucht, kräutriger Würze und noch spürbaren Tanninen geprägt, der Springberg-Riesling zeigt feine Reifenoten, ist elegant, besitzt Frische und Länge. Eine Steigerung erkennen wir auch beim Grauburgunder, der klare Birnenfrucht im Duft zeigt und Fülle und florale Würze besitzt, der Sauvignon Blanc ist schlank, fruchtbetont, frisch und harmonisch und auch der Sekt ist schlank und frisch. —

Weinbewertung

84 2020 Weißburgunder Sekt brut „Zehnender“ | 12,5%/9,-€
82 2021 Blanc de Noir Sechsender | 11%/5,30€
84 2021 Grauburgunder trocken „vom Löss“ „Sechsender“ | 13%/6,20€
83 2021 Riesling trocken „Muschelkalk“ „Sechsender“ | 12%/6,20€
84 2021 Sauvignon Blanc trocken „Buntsandstein“ „Sechsender“ | 11%/6,20€
86 2020 Riesling trocken Dörrenbacher Springberg „Zehnender“ | 13%/10,50€
(86) 2021 Weißburgunder trocken Schweigener Sonnenberg „Zehnender“ | 13%/10,50€
87 2019 Merlot trocken „KB“ „Zehnender“ | 13,5%/12,50€
86 2017 Spätburgunder trocken Rechtenbacher Pfarrwingert „Zehnender“ | 14,5%/15,-€
(87) 2020 Spätburgunder trocken Rechtenbacher Pfarrwingert „Zehnender“ | 14,5%/15,-€

WEBER

★★★★

Weedenborn

Kontakt
Am Römer 4-6
55234 Monzernheim
Tel. 06244-387
www.weedenborn.de
gesine@weedenborn.de

Besuchszeiten
nur nach Vereinbarung

Inhaber
Gesine Roll
Betriebsleiter
Gesine Roll
Rebfläche
22 Hektar
Produktion
160.000 Flaschen

Der Mitten im Ortskern von Monzernheim gelegene Weedenbornhof, wird von Gesine Roll geführt, die nach Winzerlehre bei Bassermann-Jordan, Praktikum beim Weingut Vergelegen in Südafrika und Studium in den Betrieb eingetreten war, den sie dann von ihren Eltern Heidrun und Udo Mattern übernommen hat. Sie hat ihn, wie schon ihre Eltern zuvor, nochmals erweitert, und sie hat den Sortenspiegel völlig umgekrempelt. Den Namen des Weingutes hat sie von Weingut Weedenbornhof in Weingut Weedenborn geändert. Ihre Weinberge liegen in Monzernheim und Westhofen, dort in den Lagen Kirchspiel und Steingrube. Die Monzernheimer Weinberge liegen recht hoch, es herrschen dort kühle Nächte vor und viel Wind. Die Reben wachsen teils auf Kalksteinverwitterungsböden, teils auf Terra Rossa, Kalkmergel und Lösslehm. Die Weinberge sind begrünt, auf Herbizide, Insektizide und Mineraldünger wird verzichtet. Sauvignon Blanc spielt heute die Hauptrolle bei Weedenborn, nimmt inzwischen 42 Prozent der Rebfläche ein, auf 36 Prozent stehen Chardonnay und die Burgundersorten, auf 12 Prozent Riesling: Weiße Rebsorten dominieren also, aber es gibt auch ein wenig Spätburgunder und St. Laurent. Die Basis des Sortiments bilden die Gutsweine, dann folgen die Ortsweine aus Westhofen, schließlich die Lagenweine sowie Réserve und Grande Réserve. Der einzige Lagenwein ist der Riesling aus dem Westhofener Kirchspiel. Réserve-Weine gibt es von Sauvignon Blanc und Chardonnay sowie inzwischen auch von Spätburgunder und St. Laurent. Die Weine werden überwiegend spontanvergoren und recht lange auf der Hefe ausgebaut, teils in kleinen und großen Eichenholzfässern. Sekte aus Sauvignon Blanc und Chardonnay sowie Brände ergänzen das Sortiment.

Kollektion

Dies ist die bisher stärkste Kollektion von Gesine Roll. Schon in den letzten Jahren konnten wir stetig Fortschritte erkennen, die neue Kollektion aber ist ein weiterer klarer Schritt voran. Das Chardonnay-Trio präsentiert sich sehr stimmig. Der Chardonnay Gutswein hat 18 Stunden Maischestandzeit erhalten und wurde im Holz ausgebaut. Er ist frisch und würzig im Bouquet, zeigt weiße Früchte, ist geradlinig im Mund, fruchtbetont und zupackend, besitzt gute Struktur und Grip, Genauso ausgebaut wurde auch der Westhofener Ortswein, der aber deutlich kraftvoller und komplexer ist, gute Konzentration und reintönige Frucht im Bouquet zeigt, Fülle, Struktur und ebenfalls viel Grip besitzt. Deutlich verschieden ist dann der Réserve-Chardonnay, was zum einen daran liegt, dass er aus dem Jahrgang 2020 stammt, zum anderen im Ausbau begründet ist, denn er wurde achtzehn Monate auf der Vollhefe im neuen Holz ausgebaut. Und das merkt man ihm an: Rauchig-würzige Noten dominieren im Bouquet, etwas Toast, dezent auch Vanille, er besitzt Fülle und Kraft im Mund, viel Saft, viel reife Frucht und Substanz, ist noch sehr jugendlich. Genauso spannend ist auch das

Sauvignon Blanc-Trio. Der Sauvignon Blanc Gutswein zeigt etwas Stachelbeeren im Bouquet, auch Maracuja und Guave, ist herrlich reintönig im Mund, frisch, fruchtbetont und zupackend, die ganz dezente Süße wird gut in Balance gehalten durch eine fordernden Säure. Der Westhofener Sauvignon Blanc stammt von Terra Rossa-Böden im Herzstück der Westhofener Steingrube. Er ist dem Gutswein aromatisch ähnlich, aber alles ist viel konzentrierter und eindringlicher. Viel Konzentration und Stachelbeeren zeigt er im Bouquet, etwas Tropenfrüchte, ist kraftvoll und komplex im Mund, enorm druckvoll und zupackend, besitzt gute Länge und mineralische Noten. Ganz anders ist dann, analog zum Chardonnay, wieder der Sauvignon Blanc Réserve, der aus dem Jahrgang 2020 und von den ältesten Reben stammt und achtzehn Monate im neuen französischen Holz auf der Vollhefe ausgebaut wurde. Das Holz aber dominiert nicht den Wein, es gibt ihm Komplexität und Struktur. Er zeigt viel Konzentration, herrlich viel Frucht, Stachelbeeren, aber auch Tropenfrüchte und gelbe Früchte, er ist füllig und kraftvoll im Mund, fast opulent, aber strukturiert, ist komplex und nachhaltig und wird sehr gut reifen können. Das gilt auch für den Lagenriesling aus dem Westhofener Kirchspiel, der 18 Stunden Maischestandzeit erhalten hat und zur Hälfte im Holz und zur Hälfte im Edelstahl ausgebaut wurde. Er ist noch völlig verschlossen, zeigt würzige Noten und reintönige Frucht im Bouquet, ist kraftvoll und stoffig im Mund, ist druckvoll, besitzt viel Substanz und Grip – braucht aber noch Zeit. Unser Favorit in der aktuellen Kollektion ist die Grande Réserve aus dem Jahrgang 2019, eine Cuvée aus Sauvignon Blanc und Chardonnay. Der Wein kam am 27. September 2019 ins große Holzfass, wurde am 1. Juni 2022 abgezogen und am 11. Juli 2022 abgefüllt. Der Wein zeigt viel Würze und Konzentration, ist herrlich eindringlich und dominant, vereint Fülle und Kraft mit Frische und Komplexität, ist nachhaltig und immer noch allzu jugendlich. Tolle Kollektion!

Gesine Roll

Weinbewertung

85 2021 Chardonnay trocken | 12,5%/9,90€
85 2021 Sauvignon Blanc trocken | 12%/10,90€
88 2021 Chardonnay trocken Westhofen | 12,5%/14,90€
90 2021 Sauvignon Blanc trocken „Terra Rossa" Westhofen | 12,5%/19,90€
90+ 2021 Riesling trocken Kirchspiel | 12,5%/34,-€
90 2020 Sauvignon Blanc trocken „Réserve" | 13%/34,-€
90 2020 Chardonnay trocken „Réserve" | 13%/34,-€
91 2019 „Grande Réserve" Weißwein | 13%/48,-€

Lagen

Kirchspiel (Westhofen)

Rebsorten

Sauvignon Blanc (42%)
Burgunder (36%)
Riesling (12%)

★★★★

Wegeler, Gutshaus Mosel

Kontakt
Martertal 2
54470 Bernkastel-Kues
Tel. 06531-2493
Fax: 06531-8723
www.wegeler.com
info@wegeler.com

Besuchszeiten
Weinproben nach Vereinbarung

Sprecher der Eigentümerfamilien
Ralf Frenzel
Gutsverwalter/Kellermeister
Norbert Breit
Rebfläche
15 Hektar
Produktion
100.000 Flaschen

Julius Wegeler, Leiter der Sektkellerei Deinhard und bereits 1882 Besitzer eines Weingutes im Rheingau, ließ 1902 das Weingut im Bernkasteler Ortsteil Kues nach dem Prinzip der Gravitation erbauen. Bereits zwei Jahre zuvor hatte er einen Teil der weltberühmten Lage Bernkasteler Doctor erworben – stolze 4300 Quadratmeter zu einem Preis von 100 Goldmark pro Stock. Was sich astronomisch anhört, ist noch beeindruckender, wenn man die Kaufkraftverhältnisse berücksichtigt. Eine Goldmark war damals fast zehn Euro wert. Heute besitzt das Weingut, bei dem seit 2021 der Wiesbadener Unternehmer Ralf Frenzel Miteigentümer ist, Weinberge in besten Lagen der Mittelmosel; außer im Bernkasteler Doctor (teils mit über 100 Jahre alten, wurzelechten Reben) ist man in der Wehlener Sonnenuhr vertreten, in den Bernkasteler Lagen Badstube und Lay sowie im Graacher Himmelreich. Es wird ausschließlich Riesling angebaut, die Weine werden im Edelstahl ausgebaut und haben in den letzten Jahren nochmals an Präzision gewonnen, sind straff und nachhaltig, ohne es an Spiel vermissen zu lassen. Zu verdanken ist das vor allem dem Gutsverwalter und Kellermeister Norbert Breit, der sich seit vielen Jahren mit einer bemerkenswerten Akribie an die Erzeugung von Moselriesling auf die bestmögliche Art macht. Er steht nie im Vordergrund, lässt lieber die Weine für sich sprechen. Früher wurden im Weingut Wegeler – Gutshaus Mosel vor allem süße und edelsüße Weine erzeugt, in den letzten Jahren aber sind trockene Weine immer wichtiger geworden, machen heute zwei Drittel der Produktion aus, die über die Gastronomie und den Fachhandel vertrieben wird. Wie gut die Weine reifen, konnte man bei der VDP-Versteigerung im September 2019 erkennen. Eine Trockenbeerenauslese aus dem legendären Jahrgang 1959 und aus der Lage Bernkasteler Doctor wurde mit 3100 Euro für eine 0,7 Liter fassende Flasche versteigert, wozu noch Zuschläge hinzu kamen. Inzwischen ist auch die Restaurierung der historischen Weinbergshütte im Doctor-Berg abgeschlossen.

Kollektion

Mit dem Jahrgang 2021 ist das Weingut ganz offensichtlich sehr gut zurechtgekommen. Der trockene Slate-Riesling ist frisch in der Nase, leicht von Hefe und Zitrus geprägt, später kommen noch Noten von Kräutern und Mirabellen hinzu. Im Mund ein saftiger, frischer, würziger Wein, der die geringe Süße gut einbindet. Ganz anders der trockene Bernkasteler, offen, fruchtig, zugänglich in der Nase, hier sind zwar auch Anklänge an Zitrus zu bemerken, aber es kommen noch Noten von Mirabellen, Pfirsich und Kräutern hinzu; der Wein wirkt fest, besitzt noch etwas mehr Spiel als der Slate. Als einziges Großes Gewächs wird jenes aus dem Bernkasteler Doctor und aus dem Jahrgang 2020 vorgestellt; es zeigt nach dem Öffnen der Flasche erst ansatzweise, was es kann: ein noch verhalten wirkender Wein mit feinen Hefe-, Kräuter- und Fruchtnoten, im Mund gleichzeitig kompakt und würzig sowie mit einem sehr feinen Spiel ausgestattet, auch ein Hauch von Schmelz ist zu bemerken. Ein sehr stimmiger Riesling, der sich über viele Stunden gut entwickelt und fraglos zu den besten Großen Gewächsen des Jahrgangs 2020 an der Mosel zu rechnen ist. Beim feinherben Slate ist wieder die feine, duftige Note zu bemerken; der Wein ist offen mit Noten von Kräutern, Hefe und Äpfeln, straff und nur ganz leicht süß. Gut eingebunden ist der Zucker auch beim feinherben Graacher, der noch etwas mehr Spiel aufweist, dazu eine recht komplexe Aromatik und Würze. Einen hochinteressanten Stil besitzt der Bernkasteler Kabinett: Er ist in der Nase zunächst noch verhalten, nach einer Weile dann duftig mit Anklängen an Hefe und Kräuter, im Mund dann sehr direkt und würzig mit sehr zurückhaltender Süße. Begeisternd fällt der Kabinettriesling aus dem Doctor aus: ein offener Wein mit Noten von Kräutern, Hefe und Steinobst, komplex und gut verwoben, im Mund rassig und straff, mit sehr verhaltener Süße und vibrierender Art; dieser Wein klingt lange nach und ist so etwas wie das Musterbeispiel eines süßen Moselkabinetts mit sehr viel Potenzial. Noch ein Stück straffer und rassiger ist die Spätlese aus dem Bernkasteler Doctor, in der Nase noch hefig-kräuterig, aber auch mit feiner, an Kernobst und ganz leicht an Steinobst erinnernder Frucht ausgestattet: ein deutlich süßer, aber auch enorm animierender Wein, der Zeit benötigt. Die Auslese aus dem Doctor ist deutlich süßer, aber mit so feiner, sehr präsenter Frucht ausgestattet, dass man sie bereits jetzt trinken mag. Es handelt sich um einen sehr präzise gearbeiteten, rassigen, mit enormer Präzision ausgestatteten Riesling, wie ihn nur wenige Weingüter an der Mittelmosel so gut hinbekommen.

Anja Wegeler-Drieseberg & Tom Drieseberg

Weinbewertung

85	2021 Riesling trocken „Slate" I 11,5%/10,90€
87	2021 Riesling trocken Bernkasteler I 11,5%/14,90€
92	2020 Riesling trocken „GG" Doctor I 13%/79,-€
85	2021 Riesling „feinherb" „Slate" I 11%/10,90€
87	2021 Riesling „feinherb" Graacher I 11%/14,90€
87	2021 Riesling Kabinett Bernkasteler I 9%/14,90€
90	2021 Riesling Kabinett Doctor I 8%/37,90€
91	2021 Riesling Spätlese Doctor I 8%/50,-€
93	2021 Riesling Auslese Doctor I 8%/31,-€/0,375l

Lagen

Doctor (Bernkastel)
Lay (Bernkastel)
Sonnenuhr (Wehlen)
Graben (Bernkastel)
Badstube (Bernkastel)
Himmelreich (Graach)

Rebsorten

Riesling (100%)

★★★½

Wegeler, Gutshaus Rheingau

Kontakt
Friedensplatz 9
65375 Oestrich-Winkel
Tel. 06723-99090
Fax: 06723-990966
www.wegeler.com
info@wegeler.com

Besuchszeiten
Mo.-Fr. 8-17 Uhr
Sa./So. 12-17 Uhr
und nach Vereinbarung

Sprecher der Eigentümerfamilien
Ralf Frenzel
Gutsverwalter
Michael Burgdorf
Kellermeister
Andreas Holderrieth,
Michael Burgdorf
Rebfläche
48 Hektar
Produktion
360.000 Flaschen

Julius Wegeler heiratete 1861 Emma Deinhard, nachdem ihr Vater verstarb, wurde Wegeler, zuvor Exportbeauftragter, Leiter der Sektkellerei. 1882 erwarb er ein Weingut im Rheingau mit Weinbergen in Rüdesheim und Oestrich, die ebenso wie das Herrenhaus in Oestrich-Winkel noch heute der Familie gehören. Geheimrat J. Wegeler Erben zählt mit Weinbergen in Rüdesheim (Berg Schlossberg, Berg Rottland, Berg Roseneck), Winkel (Jesuitengarten, Hasensprung), Geisenheim (Rothenberg, Kläuserweg), Johannisberg (Hölle), Mittelheim (St. Nikolaus) und Oestrich (Lenchen) zu den größten Privatgütern im Rheingau. Ausschließlich Riesling wird angebaut, man ist in fünfzehn als Erstes Gewächs klassifizierten Lagen vertreten. Michael Burgdorf leitet seit 2004 als Gutsverwalter den Betrieb. Seit 2021 ist der Wiesbadener Unternehmer Ralf Frenzel Miteigentümer; im vergangenen Jahr wurde der Holzfasskeller vergrößert.

Kollektion

Der feinherbe Johannisberger Riesling ist knackig und trotz Restsüße gut balanciert. Der trockene Löss-Riesling deutet Blütenaromen an, ohne kitschig zu wirken, ist dabei zart und federleicht. Der Oestricher Ortswein zeigt mehr Kanten und mehr Komplexität, ohne groß an Konzentration zuzulegen, stellt Zitrus in den Mittelpunkt und bringt genug Länge mit. Der 2020er Geheimrat J geht einen etwas anderen Weg, ist weicher und öliger – ein barocker Riesling mit dezenten Petrolnoten. Das 2020er Große Gewächs aus dem Rothenberg ist ebenfalls ölig in der Textur aber ohne die latente Schwere, die der Geheimrat mitbringt. Aromatisch zeigt er Anklänge von Zitrus und Mirabelle, was ihn auszeichnet ist aber die tolle Länge. Die Kabinett-Weine sind ähnlich wie die Ortsweine angenehm herb und weisen einen guten Trinkfluss auf. Besonders überzeugend ist wieder einmal der Berg Schlossberg mit seiner verspielten Zitronenaromatik. Die Rothenberg-Auslese ist lang, strukturiert und lebt vom Zusammenspiel von Süße, Säure und Konzentration.

Weinbewertung

85	2021 Riesling trocken „Loess" I 12%/10,90€
86	2021 Riesling trocken Oestricher I 12,5%/14,90€
88	2020 Riesling trocken „Geheimrat J" I 12,5%/30,-€
91	2020 Riesling trocken „GG" Rothenberg I 13%/50,-€
85	2021 Riesling „feinherb" Johannisberger I 11,5%/14,90€
88	2021 Riesling Kabinett Berg Schlossberg I 8,5%/18,90€
87	2021 Riesling Kabinett Morschberg I 10,5%/21,-€
88	2021 Riesling Spätlese Berg Rottland I 8%/21,-€
91	2021 Riesling Auslese Rothenberg I 8%/21,-€/0,375l

★★★

Wegner

Kontakt
Am Neuberg 4
67098 Bad Dürkheim
Tel. 06322-989327
Fax: 06322-989328
www.weingut-wegner.de
info@weingut-wegner.de

Besuchszeiten
Mo.-Fr. 9-12 + 13-18:30 Uhr,
Sa. 9-17 Uhr; Ferienwohnung

Inhaber/Betriebsleiter/ Kellermeister/Außenbetrieb
Joachim Wegner
Rebfläche
12 Hektar
Produktion
100.000 Flaschen

Karl Wegner ist 1976 an den Neuberg in Bad Dürkheim ausgesiedelt. Damals noch reiner Fassweinbetrieb, hat er dann 1980 mit der Flaschenvermarktung begonnen. 1989, nach Beendigung seines Geisenheim-Studiums, ist Sohn Joachim, der heutige Besitzer, in den Betrieb eingestiegen und seither für den Keller verantwortlich. Wichtigste Rebsorte ist Riesling mit einem Anteil von 30 Prozent, daneben gibt es 10 Prozent Weißburgunder, etwas Chardonnay, Grauburgunder und Gewürztraminer. Rotweine nehmen 40 Prozent der Rebfläche ein, die Hälfte davon macht der Spätburgunder aus, dazu kommen Dornfelder, Cabernet Sauvignon, Merlot und etwas Syrah.

Kollektion

Sechs Rieslinge aus dem Jahrgang 2021 konnten wir von Joachim Wegner verkosten und alle sind sehr offen, besitzen eine animierende Art und klare Frucht: Das gilt auch für den maischevergorenen Riesling „14" an der Spitze, der ein komplexes Bouquet mit feiner Holzwürze, Kräuternoten und Zitrusfrucht, vor allem Ananas, zeigt und am Gaumen feinen Tanningrip besitzt, harmonisch, leicht salzig und nachhaltig ist, HF und Westside zeigen beide viel gelbes Steinobst im Bouquet, der HF ist etwas nachhaltiger und komplexer, der Riesling Vision ist kräutrig und füllig mit animierenden Zitrusnoten, der 2020er Lunatic ist in der Nase etwas verhaltener, besitzt Kraft, Konzentration und Grip. Neu im Rotweinprogramm ist der 2017er Pinot Noir RR, der ein feines Bouquet mit Noten von Schwarzkirsche, Hagebutte, Waldboden und sehr dezentem Holz zeigt und am Gaumen Kraft und gute Struktur besitzt, elegant, harmonisch und sehr nachhaltig ist, der ein Jahr ältere „Réserve" zeigt etwas hellere Frucht, rote Johannisbeere und Himbeere und besitzt am Gaumen Kraft, Fülle, Frische und gut eingebundenes Holz, und auch der Merlot ist immer stark, zeigt dunkle Frucht und kräutrige Würze, Eukalyptus, ist sehr stoffig mit noch jugendlichen Tanninen und guter Länge.

Weinbewertung

85 2021 Riesling trocken Dürkheimer Rittergarten | 12,5%/8,50€
85 2021 Riesling trocken Dürkheimer Fronhof | 12,5%/8,50€
88 2021 Chardonnay trocken „Augenstern" Ungsteiner Weilberg | 13%/17,90€
87 2021 Riesling trocken „Vision" Ungsteiner Herrenberg | 13%/12,90€
88 2020 Riesling trocken „Lunatic" Ungsteiner Herrenberg | 13%/17,90€
87 2021 Riesling trocken „Westside" Dürkheimer Spielberg | 12,5%/12,90€
89 2021 Riesling trocken „14" „MG" Ungsteiner Herrenberg | 13%/25,50€
88 2021 Riesling trocken „HF" Ungsteiner Herrenberg | 13%/15,90€
88 2015 Merlot trocken „Ausspann" Dürkheimer Feuerberg | 14,5%/19,90€
88 2016 Pinot Noir trocken „Kleinod Réserve" Dürkheimer Fronhof | 13,5%/25,50€
90 2017 Pinot Noir trocken „Pharos" „RR" Dürkheimer Fronhof | 13,5%/69,90€

WEGNER PFALZ

★★★★½

Dr. Wehrheim

Kontakt
Weinstraße 8
76831 Birkweiler
Tel. 06345-3542
Fax: 06345-3869
www.weingut-wehrheim.de
wein@weingut-wehrheim.de

Besuchszeiten
Mo.-Fr. 8-12 + 13-17 Uhr,
Sa. 10-16 Uhr
3. Wochenende im August
Sommergutsausschank,
Hoffest 1. Wochenende im
September

Inhaber
Franz Wehrheim
Betriebsleiter
FranzWehrheim
Kellermeister
Franz Wehrheim
Außenbetrieb
Patrik Christ,
Rebfläche
20 Hektar
Produktion
110.000 Flaschen

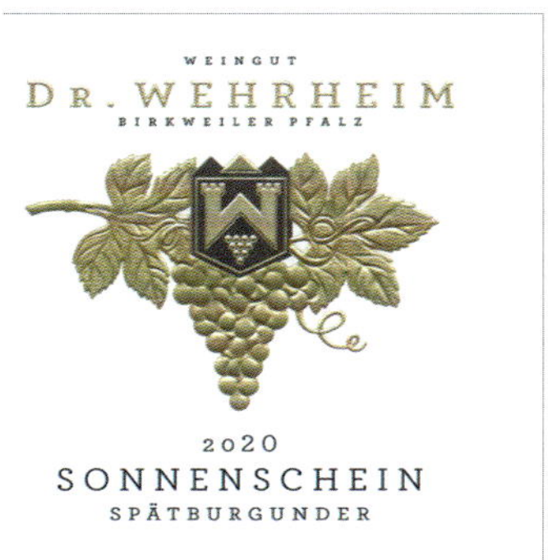

Karl Wehrheim stellte den Betrieb Ende der vierziger Jahre von Fasswein- auf Flaschenweinvermarktung um unter dem Namen Weingut Hohenberg. Sein Sohn Heinz Wehrheim entwickelte das Weingut, das fortan den Namen Dr. Wehrheim in den Vordergrund stellte, zu einem der führenden Betriebe in der Südpfalz. Seit 1984 ist sein Sohn Karl-Heinz im Betrieb tätig, den er seit 1992 geführt hat, mittlerweile hat er den Betrieb an seinen Sohn Franz übergeben, der schon seit etlichen Jahren für den Keller verantwortlich war. Als eines der ersten Weingüter im Süden der Pfalz hat man konsequent auf trocken ausgebaute Weine, auf Burgundersorten und Riesling gesetzt. Riesling nimmt heute ein Drittel der Weinberge ein, Weißburgunder, Grauburgunder und Chardonnay zusammen 40 Prozent, dazu kommen 20 Prozent Spätburgunder und 5 Prozent St. Laurent, Sauvignon Blanc und Muskateller. Wichtigste Lagen sind die beiden Birkweiler Lagen Kastanienbusch, Mandelberg und Rosenberg. Der Kastanienbusch, wo knapp die Hälfte der Weinberge in elf verschiedenen Parzellen liegen, besteht aus unterschiedlichen Böden: Aus Rotliegendem, Buntsandstein und Keuper. Der Mandelberg hingegen besteht aus Muschelkalk. Hier besitzt das Weingut zwei Parzellen mit Weißburgunder, aus denen sein Großes Gewächs Mandelberg stammt. Beim Riesling erzeugt man zwei Große Gewächse: Der Kastanienbusch-Riesling stammt vom Rotliegenden, der Riesling Köppel vom Buntsandstein im oberen Teil des Kastanienbuschs. Seit dem Jahrgang 2012 tragen nur die Weine aus Ersten und Großen Lagen Lagenbezeichnungen, die Ortsweine bezeichnet man zusätzlich nach dem Terroir, auf dem sie gewachsen sind. Im Ausbau arbeitet man verstärkt mit Maischestandzeiten bei den Weißweinen. Alle Rotweine kommen ins Barrique (die „einfachen" Weine in gebrauchte Barriques). 2007 wurde mit der Umstellung auf biodynamischen Weinbau begonnen, mit dem Jahrgang 2010 gab es die ersten zertifizierten Bioweine.

Kollektion

Nach einer sehr starken Kollektion im Vorjahr finden sich auch im neuen Jahrgang wieder einige der spannendsten Weine der Pfalz im Wehrheim'schen Portfolio: Der Weißburgunder vom Mandelberg ist wieder sehr eindringlich, fein und reintönig, er zeigt im Bouquet viel Birne, etwas Grapefruit, Ananas und florale Würze, besitzt am Gaumen Kraft, Schmelz und Grip, ist komplex und sehr nachhaltig, genauso stark ist der Riesling vom Köppel, der schon sehr offen und präsent ist und im Duft klare Aromen von Aprikose und Ananas, aber auch steinig-mineralische Noten zeigt, am Gaumen besitzt er viel Grip, ist druckvoll, sehr animierend und nachhaltig. Der Kastanienbusch-Riesling ist zunächst etwas verhaltener, öffnet sich dann aber mit viel gelber Frucht, Steinobst, Pfirsich, Orangenschale, er besitzt Kraft,

Konzentration, viel Druck und gute Länge. Auch die beiden Lagenspätburgunder sind hervorragend, der Sonnenschein ist mit dem 2020er Jahrgang jetzt als Großes Gewächs klassifiziert und zeigt Schwarzkirsche, Menthol, etwas Mokka und Waldboden im Bouquet, am Gaumen besitzt er noch eine leicht jugendliche Tanninstruktur, ist elegant, sehr nachhaltig und einen Tick komplexer als der Köppel-Spätburgunder, der etwas dunkler in der Frucht ist und neben Schwarzkirsche auch etwas Pflaume und feine kräutrige Würze zeigt, am Gaumen klare Frucht, kühle Frische und Eleganz besitzt. Sehr stark sind auch die Erste Lage-Weine vom Riesling und Weißburgunder, der Dachsberg-Riesling zeigt kräutrige Würze, Rosmarin, etwas Heu und dezent Aprikose im Duft, ist salzig-mineralisch, animierend und sehr nachhaltig, der Weißburgunder vom Rosenberg zeigt klare Frucht, Aprikose, Birne, subtile Zitrusnoten und florale Würze, ist elegant, frisch und sehr reintönig. Die beiden Chardonnay ähneln sich stilistisch und aromatisch, beide zeigen deutliche Holzwürze, etwas Kokos, Blutorange und Banane im Bouquet und sind am Gaumen kraftvoll und cremig, der Rosenberg ist aber etwas eleganter und differenzierter als der „Keuper". Auch der „Hommage"-Sekt ist ein Chardonnay, er zeigt hefige Würze, Brotkruste und feine Zitrusnoten im Bouquet, besitzt gute Konzentration, Frische und Länge.

Franz Wehrheim

Weinbewertung

88 2017 „Hommage" Chardonnay „Blanc de Blanc" Sekt brut | 12,5%/28,-€
85 2021 Weißburgunder trocken „Buntstück" | 12,5%/10,-€
85 2021 Riesling trocken „Rotstück" | 11,5%/10,-€
88 2021 Weißburgunder trocken „Muschelkalk" Birkweiler | 13%/17,90€
88 2020 Chardonnay trocken „Keuper" Birkweiler | 13,5%/17,90€
88 2021 Riesling trocken „Rotliegendes" Birkweiler | 12,5%/17,90€
90 2021 Riesling trocken Birkweiler Am Dachsberg | 12,5%/24,-€
90 2021 Weißburgunder trocken Birkweiler Rosenberg | 13,5%/24,-€
89 2020 Chardonnay trocken Birkweiler Rosenberg | 13,5%/25,-€
92 2021 Weißburgunder „GG" Mandelberg | 13,5%/42,-€
91 2021 Riesling „GG" Kastanienbusch | 13%/43,-€
92 2021 Riesling „GG" Kastanienbusch „Köppel" | 12,5%/43,-€
86 2021 Spätburgunder trocken | 12,5%/11,-€
88 2020 Spätburgunder trocken „Muschelkalk" Siebeldingen | 13%/21,-€
91+ 2020 Spätburgunder „GG" Sonnenschein | 13%/45,-€
91 2019 Spätburgunder „GG" Kastanienbusch „Köppel" | 13%/45,-€

Lagen
Kastanienbusch (Birkweiler)
Am Dachsberg (Birkweiler)
Mandelberg (Birkweiler)
Rosenberg (Birkweiler)
Im Sonnenschein (Siebeldingen)

Rebsorten
Riesling (35%)
Weiße Burgundersorten & Chardonnay (40%)
Spätburgunder (20%)

W

Weihbrecht

Richard Weihbrecht hat 1980 den elterlichen landwirtschaftlichen Betrieb übernommen und sich entschlossen, die Trauben aus der Lage Himmelreich selbst auszubauen. Seine Ehefrau Regina führt die Weinstube, die es bereits seit 1983 gibt, inzwischen werden auch Gästezimmer im neu erbauten „Wein & Bett" angeboten; ihre Tochter Lena unterstützt sie dabei, deren Bruder Simon leitet das Weingut und ist für den Keller verantwortlich. Die Weinberge liegen vor allem im Schwabbacher Himmelreich, aber auch in den Lagen Goldberg und Schneckenhof ist man vertreten, die Reben wachsen auf verschiedenen Keuperformationen, vor allem Gipskeuper. Das Weingut befindet sich in der Umstellung auf ökologischen Weinbau, ist Mitglied bei Ecovin. Das Sortenspektrum ist groß, umfasst Riesling, Chardonnay, Sauvignon Blanc, Sauvitage, Grauburgunder, Muscaris und Kerner sowie die roten Sorten Lemberger, Spätburgunder, Merlot, Trollinger, Samtrot, Schwarzriesling, Cabernet Franc und Cabernet Sauvignon.

Kontakt
Hauptstraße 20
74626 Bretzfeld-Schwabbach
Tel. 07946-2788
Fax: 07946-2727
www.weingut-weihbrecht.de
info@weingut-weihbrecht.de

Besuchszeiten
nach Vereinbarung
Weinstube (seit 1983)
Wein & Bett - Gästezimmer
Weinerlebnisführungen

Inhaber
Richard & Regina Weihbrecht
Betriebsleiter
Simon Weihbrecht
Kellermeister
Simon Weihbrecht
Außenbetrieb
Simon Weihbrecht
Rebfläche
7 Hektar
Produktion
35.000 Flaschen

Kollektion

Beim guten Debüt im vergangenen Jahr hatte uns neben einem wunderschönen edelsüßen Muscaris aus getrockneten Trauben der Primus genannte Rotwein aus dem Jahrgang 2017 besonders gut gefallen; in diesem Jahr nun ist ein Primus S aus dem gleichen Jahrgang unser Favorit, er zeigt gute Konzentration und viel reife Frucht, ist füllig und saftig, besitzt herrlich viel Frucht und Substanz. Die beiden weiteren Rotweine stammen aus dem Jahrgang 2019, der Merlot ist wunderschön fruchtbetont und reintönig im Bouquet, klar, frisch und zupackend im Mund, der Spätburgunder zeigt würzige Noten, besitzt Frische, klare Frucht und Grip. Im weißen Segment gefällt uns der im Barrique ausgebaute und Ceres genannte Riesling besonders gut, er zeigt reife Frucht im intensiven Bouquet, besitzt Fülle, Kraft und Substanz – kein Wein für Riesling-Puristen, spannend aber allemal. Der Chardonnay zeigt feine Frische und gelbe Früchte, ist füllig und saftig, leider ein wenig zu süß, der im Holz ausgebaute Riesling S ist würzig und eindringlich, der Muscaris wunderschön reintönig und süß. Eigenständige Kollektion!

Weinbewertung

82 Crémant brut Schwabbacher Himmelreich | 12%/14,-€
83 2019 Riesling S trocken Premium | 13%/8,90€
84 2020 Chardonnay S trocken Premium | 12,5%/8,90€
85 Riesling trocken Barrique „Ceres" Schwabbacher Himmelreich | 13,5%/14,-€
83 2021 Muscaris Schwabbacher Himmelreich | 10,5%/7,20€
84 2019 Spätburgunder „S" trocken Premium | 12,5%/8,90€
83 2019 Merlot „S" trocken Premium | 14%/8,90€
86 2017 „Primus S" Rotwein trocken | 14%/17,50€

★★

Weik

Kontakt

Lutwitzistraße 10
67435 Neustadt-Mußbach
Tel. 06321-66838
Fax: 06321-60941
www.weingut-weik.de
mail@weingut-weik.de

Besuchszeiten

Verkauf: Joan Weik
Di.-Fr. 14-18 Uhr
Sa. 10-16 Uhr
und nach Vereinbarung

Inhaber
Bernd Weik
Rebfläche
6,5 Hektar
Produktion
40.000 Flaschen

Seit 1954 erzeugt der Familienbetrieb im Herzen von Mußbach eigene Weine, 1982 übernahm Bernd Weik das Weingut von seinem Vater. Neben seiner Tätigkeit im Weingut ist Weik beratender Önologe am Dienstleistungszentrum Ländlicher Raum Rheinpfalz in seinem Heimatort. Seine Weinberge liegen in Mußbach (Eselshaut und die Gewanne Am Rothenstein und Beim Steinernen Bild), in Gimmeldingen (Biengarten), Haardt (Herzog) und Königsbach (Idig). Wichtigste Rebsorten sind mit je 25 Prozent der Rebfläche der Riesling und der Sauvignon Blanc, der von Weik schon seit den frühen 1990er Jahren angebaut wird, Spätburgunder, Grauburgunder und Weißburgunder stehen auf insgesamt 35 Prozent der Fläche, daneben gibt es noch etwas Chardonnay, Auxerrois, Viognier, Merlot, Cabernet Sauvignon und Cabernet Franc. Die Topweine vermarktet Bernd Weik seit dem Jahrgang 2007 in der Linie Löwenherz.

Kollektion

Im vergangenen Jahr konnte uns Bernd Weik mit zwei sehr guten Rotweinen an der Spitze des Sortiments überraschen, in diesem Jahr liegen nun zwei Weißweine der Löwenherz-Linie vorne: Der Sauvignon Blanc Fumé zeigt ein feines, differenziertes Bouquet mit Noten von gerösteten Haselnüssen und Maracuja, besitzt am Gaumen ebenfalls feine Röstnoten, viel gelbe Frucht, Biss und gute Länge, der Riesling zeigt kräutrig-mineralische Noten, Ananas und grünen Apfel im Bouquet und besitzt am Gaumen herbe Zitrusnoten, ein animierendes Säurespiel und Grip, ist leicht salzig und nachhaltig. Knapp dahinter liegt der zweite Löwenherz-Sauvignon Blanc, der im Bouquet leicht verhaltene grüne Noten von Stachelbeere und etwas Paprika zeigt und am Gaumen schlank, frisch und etwas harmonischer und nachhaltiger ist, als der aromatisch ähnliche Sauvignon Blanc aus der Meerspinne. Sehr gut sind auch der Riesling aus dem Idig mit herber Zitrusfrucht, Ananas und leicht säuerlicher Grapefruit, und gutem Grip und der von leicht floraler Würze, dezenten Holznoten, klarer Birnenfrucht und Schmelz geprägte Eselshaut-Weißburgunder.

Weinbewertung

84 2021 Riesling trocken „vom Buntsandstein" Mußbacher Steinernes Bild | 12,5%/9,80€
86 2021 Riesling trocken „vom Buntsandstein" Königsbacher Idig | 12,5%/10,40€
83 2021 Auxerrois trocken | 12,5%/8,80€
85 2021 Weißburgunder trocken Mußbacher Eselshaut | 12,5%/10,40€
85 2021 Sauvignon Blanc trocken Gimmeldinger Meerspinne | 12,5%/11,50€
88 2021 Riesling trocken „Löwenherz" | 12,5%/15,50€
88 2021 Sauvignon Blanc trocken „Löwenherz" „Fumé" | 12,5%/19,50€
87 2021 Sauvignon Blanc trocken „Löwenherz" | 12,5%/17,50€
83 2021 Viognier trocken | 13%/9,90€
84 2020 Gewürztraminer trocken | 13%/8,80€

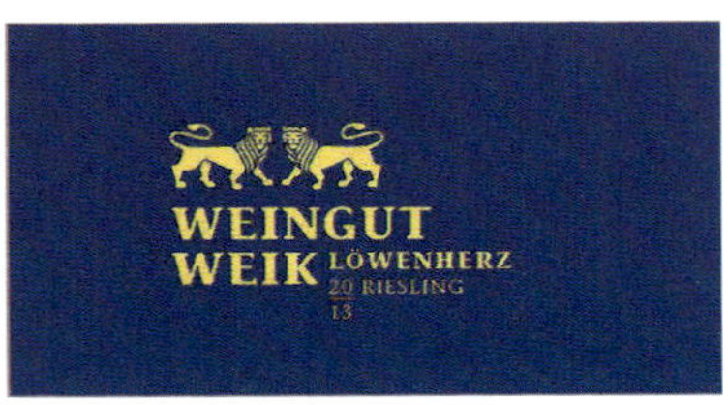

★★★★★

Robert Weil

Kontakt
Mühlberg 5, 65399 Kiedrich
Tel. 06123-2308
Fax: 06123-1546
www.weingut-robert-weil.com
info@weingut-robert-weil.com

Besuchszeiten
Mo.-Fr. 8-17.30, Sa. 10-17 Uhr,
So. 11-17 Uhr

Inhaber
Suntory, Wilhelm Weil
Betriebsleiter
Wilhelm Weil
Kellermeister
Christian Engel,
Fabian Kretschmer
Außenbetrieb
Clemens Schmitt,
Philipp Bicking
Rebfläche 90 Hektar
Produktion 680.000 Flaschen

Gegründet wurde das Weingut von Robert Weil, der 1867 die ersten Weinberge im Kiedricher Berg kaufte und 1875 mit dem Erwerb eines Anwesens in Kiedrich das Weingut gründete, das auch heute noch seinen Namen trägt. Seit 1987 wird es in vierter Generation von Wilhelm Weil geführt, der in Keller und Weinberge investierte. Die Weinberge liegen in Kiedrich, wo Wilhelm Weil sich in den letzten Jahren verstärkt in den „Berglagen" engagierte. Das Weingut besitzt seit langem den größten Teil des Kiedricher Gräfenberg, der Paradelage des Betriebes. Der Kiedricher Turmberg gehört dem Weingut im Alleinbesitz. Diese Lage, die früher Spitzenweine hervorbrachte, wurde im Zuge des 1971er Weingesetzes abgeschafft, doch sie erbrachte in den Jahrzehnten zuvor Spitzenweine, seit 2005 gibt es nun wieder Turmberg-Rieslinge, die Lage wurde offiziell in die Lagenrolle eingetragen – als erste neue Lage im Rheingau seit Verabschiedung des Deutschen Weingesetzes. Mit dem Jahrgang 2007 kam ein weiterer Lagenwein hinzu, derjenige aus dem Klosterberg, der höchstgelegenen Kiedricher Einzellage. Das Weingut baut zu 100 Prozent Riesling an. In diesen Berglagen reifen die Weine sehr lange am Stock, sie werden meist drei bis vier Wochen später geerntet als in den direkt am Rhein gelegenen flacheren Lagen. Nach etwa achtzehnstündiger Sedimentation werden die Moste recht zügig vergoren und mit nur einer Filtration relativ früh gefüllt. Das trockene Segment ist gegliedert in Gutsriesling, Kiedricher Riesling, die beiden Lagenrieslinge aus Turmberg und Klosterberg (beide als Erste Lagen klassifiziert) sowie das Große Gewächs aus dem Gräfenberg. Mit edelsüßen Weinen hat Wilhelm Weil dem Weingut in den neunziger Jahren zu weltweitem Renommee verholfen. Fast in jedem Jahr wird eine Vielzahl an edelsüßen Rieslingen bis hin zur Trockenbeerenauslese erzeugt, aus dem Gräfenberg, aber auch aus dem Turmberg. 2015 wurde der mitten in Kiedrich gelegene Keller erweitert und modernisiert. Seit dem Jahrgang 2018 steht der über ein Jahr im Fass gereifte Monte Vacano aus einer Parzelle des Gräfenbergs an der Spitze der trockenen Kollektion.

Kollektion

Der 2021er Jahrgang lässt die Robert Weil-Rieslinge herber und strammer erscheinen als in den Vorjahren – innerhalb des gewohnten Korridors wohlgemerkt, denn auch diese Kollektion ist von Finesse geprägt, wie man das von Weil kennt. Der knackige und wunderbar reintönige Liter-Riesling ist wie immer eine sichere Bank. Äußerst spannend fällt in diesem Jahr der Ortswein aus, der schon die Salzigkeit andeutet, die sich durch die gesamte trockene 2021er-Kollektion zieht. Die Lagenweine zeigen Frucht, sind aber auch strukturbetont. Der Klosterberg-Riesling ist elegant und klar, zeigt gelbe Früchte, Aprikose, hat guten Biss; der Wein aus dem Turmberg ist geradliniger, mit stärkerem Fokus auf Zitrone, Limette und nassem Stein. Das Große Gewächs aus dem Gräfenberg ist von kräftiger Säure geprägt, wirkt so trotz viel gelber Frucht recht stramm und besitzt gute Komplexität. Der Monte Vacano ist von Hefenoten geprägt, vereint Fülle und Komplexität, ist ein wunderbar langer und nachhaltiger Wein. Eine Klasse für sich sind auch in diesem Jahr wieder die Süßweine. Der Kabinett ist filigran, schlank und bringt eine reduktive Scharfkantigkeit mit, die beiden Spätlesen sind stoffig und dicht. Die edelsüßen Weine tänzeln in diesem Jahrgang weniger als im Jahrgang 2020, sind aber herrlich komplex. Die Auslesen sind fordernd, aber auch hochspannend. Die Turmberg-Auslese bringt eine gewisse Strenge mit, entwickelt mit Luft aber ein spannendes Kräuterbouquet, die Auslese aus dem Gräfenberg ist fruchtbetonter und voluminöser. Die Goldkapsel-Auslese vereint die Stärken der beiden, ist komplex, Fülle und Fruchtsüße werden von Kräuteraromen in Balance gehalten. Dass die Beerenauslesen und Trockenbeerenauslesen bei Weil von einer perfekten Balance aus Süße und Säure gezeichnet sind, gilt auch im Jahrgang 2021. Die vier Weine sind enorm dicht und kraftvoll, besitzen eine hervorragende Säurestruktur, sind komplex, dominant und nachhaltig. An der Spitze der Kollektion steht die herrliche Trockenbeerenauslese aus dem Gräfenberg, die mit Luft immer lebendiger wird und andeutet, wie großartig dieser Jahrgang reifen dürfte.

Wilhelm Weil

Weinbewertung

86 2021 Riesling trocken (1l) | 12%/14,90€
86 2021 Riesling trocken | 12%/15,90€
89 2021 Riesling trocken Kiedrich | 12,5%/19,50€
90 2021 Riesling trocken Kiedrich Klosterberg | 13%/29,-€
91 2021 Riesling trocken Kiedrich Turmberg | 13%/29,-€
93 2021 Riesling trocken Großes Gewächs Kiedrich Gräfenberg | 13%/48,-€
94 2020 Riesling trocken „Monte Vacano" | 13%/190,-€
87 2021 Riesling Kabinett | 8,5%/19,50€
87 2021 Riesling Spätlese Kiedrich Turmberg | 9%/48,-€
88 2021 Riesling Spätlese Kiedrich Gräfenberg | 9%/48,-€
92 2021 Riesling Auslese Kiedrich Turmberg | 8,5%/48,-€/0,375l
92 2021 Riesling Auslese Kiedrich Gräfenberg | 8,5%/48,-€/0,375l
94 2021 Riesling Auslese „Goldkapsel" Kiedrich Gräfenberg | 8,5%/0,375l/Vst.
93 2021 Riesling Beerenauslese Kiedrich Turmberg | 8%/170,-€/0,375l
94 2021 Riesling Beerenauslese Kiedrich Gräfenberg | 8%/170,-€/0,375l
94 2021 Riesling Trockenbeerenauslese Kiedrich Turmberg | 8%/350,-€/0,375l
95 2021 Riesling Trockenbeerenauslese Kiedrich Gräfenberg | 7,5%/350,-€/0,375l

Lagen
Gräfenberg (Kiedrich)
Turmberg (Kiedrich)
Klosterberg (Kiedrich)

Rebsorten
Riesling (100%)

★☆

Weinbiet Manufaktur

Kontakt
An der Eselshaut 57, 67435
Neustadt an der Weinstraße
Tel. 06321-67970
Fax: 06321-60179
www.weinbiet.de
info@weinbiet.de

Besuchszeiten
Mo.-Fr. 9-18 Uhr
Sa. 10-16 Uhr

Geschäftsführender Vorstand
Dr. Bastian Klohr
Kellermeister
Patrick Öttl
Rebfläche
330 Hektar
Produktion
2.500.000 Flaschen

54 Winzer gründeten im Januar 1902 den Winzerverein Mußbach, die Keimzelle der heutigen Weinbiet Manufaktur. 1968 fusionierte der Betrieb mit der 1920 gegründeten Winzergenossenschaft Mußbach zur Winzergenossenschaft Weinbiet, vier Jahre später schloss sich die Kooperative aus Gimmeldingen an, 2002 folgte die Genossenschaft aus Haardt. Heute bewirtschaften rund 50 Mitglieder eine Rebfläche von 325 Hektar in den Haardter Lagen Herzog, Bürgergarten, Herrenletten und der Monopollage Schlossberg, in der Mußbacher Eselshaut und im Kapellenberg und der Meerspinne in Gimmeldingen. Riesling ist mit einem Anteil von 30 Prozent die wichtigste Rebsorte, weitere wichtige Sorten sind Spätburgunder, Dornfelder Müller-Thurgau, Grau- und Weißburgunder, dazu kommt eine Vielzahl an weiteren Sorten. Das umfangreiche Sortiment ist in „Gutes im Liter“, Rebsortenweine, Lagenweine und die nach einem der Gründer der Genossenschaft benannte Toplinie „Philipp Bassler“ gegliedert.

Kollektion

Wir können natürlich immer nur einen kleinen Ausschnitt aus dem großen Angebot der Genossenschaft verkosten, aber dieser Ausschnitt hält immer wieder Überraschungen bereit: Der „Gründerwein“, ein nur in der Magnum verfügbarer Cabernet Sauvignon, zeigt schwarze Johannisbeere und Noten von Eukalyptus und Lakritze im Bouquet, besitzt Struktur, noch jugendliche Tannine und Länge. Genauso stark sind der Sauvignon Blanc Fumé mit feinen rauchigen Noten und viel gelber Frucht und der wurzelechte Riesling, der kräutrig und leicht salzig ist und etwas mehr Struktur und Grip als der Riesling Großes Gewächs besitzt, das dafür die deutlichere Frucht zeigt. Die Großen Gewächse vom Chardonnay und Grauburgunder sind beide sehr fruchtbetont, der Chardonnay ist unter den Beiden der expressivere und komplexere Wein und auch das Spätburgunder Großes Gewächs zeigt viel Frucht, besitzt gut eingebundenes Holz und Länge.

Weinbewertung

84 2020 Riesling trocken Haardter Schlossberg | 12,5%/7,-€
83 2020 Riesling trocken Haardter Herrenletten | 12,5%/7,-€
83 2021 Weißburgunder & Chardonnay trocken „von Ersten Lagen“ | 13%/8,-€
88 2020 Sauvignon Blanc trocken „Fumé“ „Philipp Bassler“ | 13%/15,-€
88 2020 Riesling trocken „Wurzelecht“ „Philipp Bassler“ | 13,5%/15,-€
87 2020 Riesling trocken „Großes Gewächs“ „Philipp Bassler“ | 13%/13,-€
86 2020 Grauburgunder trocken „Großes Gewächs“ „Philipp Bassler“ | 13%/13,-€
87 2020 Chardonnay trocken „Großes Gewächs“ „Philipp Bassler“ | 13%/13,-€
83 2021 Merlot Rosé trocken „von Ersten Lagen“ | 13%/8,-€
83 2020 Merlot & Cabernet Sauvignon trocken „von Ersten Lagen“ | 14%/8,-€
87 2020 Spätburgunder trocken „Großes Gewächs“ „Philipp Bassler“ | 14%/14,-€
88 2020 „Gründerwein” Rotwein trocken | 14,5%/1,5l/k.A.

554 N.N.
WEINBIET

★★★

Im Weinegg

Kontakt
Kirchstraße 38
65239 Hochheim
Tel. 06146-907399-0
Fax: 06146-907399-18
www.weinegg.de
f.schmidt@weinegg.de

Besuchszeiten
Mi. 18-20 Uhr
Fr. 18-21 Uhr
Sa. 12-14 + 18-21 Uhr
So. 14-19 Uhr

Inhaber
Fabian Schmidt
Außenbetrieb
Alexander Mehr
Rebfläche
12,5 Hektar
Produktion
85.000 Flaschen

Fabian Schmidt ist Quereinsteiger, gleich im Anschluss an das Studium Weinbau und Önologie in Geisenheim unterschrieb er den Gesellschaftervertrag für das Weingut Im Weinegg – auch deshalb, weil alte Rebbestände, historische Gebäude und Gewölbekeller zum unter Denkmalschutz stehenden, komplett sanierten Anwesen gehören. Seine Weinberge liegen alle in Hochheim in den Lagen Hofmeister, Stein, Hölle, Reichestal, Domdechaney, Kirchenstück und Stielweg, die ältesten Reben sind über 50 Jahre alt. 85 Prozent der Rebfläche nimmt Riesling ein, dazu gibt es Grauburgunder, Weißburgunder, Spätburgunder, Merlot und Rotberger. Die Weine werden in alten Rheingauer Stückfässern ausgebaut, lange auf der Feinhefe gelagert und frühestens im März des auf die Ernte folgenden Jahres abgefüllt, Schwefel kommt nur minimal zum Einsatz. Das Weingut befindet sich in der Umstellung zum Demeter-Betrieb.

Kollektion

Fabian Schmidt setzt mehr auf Struktur denn auf Primärfrucht. Das beweist bereits der Gutsriesling im Liter, der herrlich geradlinig und puristisch ist. Der Hochheimer Ortswein und der Wein aus der Hölle sind fruchtsüßer, dadurch charmanter. Sehr gut gefällt uns wie schon im vergangenen Jahr der Riesling sur lie, der Ecken und Kanten zeigt, aber durch den langen Hefeausbau füllig und strukturiert ist. Der trockene Stückfass-Riesling aus dem Jahrgang 2020 ist opulent, zeigt Noten von kandierter Ananas, denen Frische und Säure gegenüberstehen. Der Wein aus der Domdechaney ist harmonisch, aber etwas braver als der puristische Kirchenstück-Riesling, der unser Favorit in der aktuellen Kollektion ist. Die beiden Rotweine zeigen gleichmäßiges Niveau, die fruchtsüße Spätlese besitzt viel Säure, Struktur und Grip. Eine überzeugende Vorstellung!

Weinbewertung

86 2021 Riesling trocken (1l) | 11,5%/7,-€ ☺
85 2021 Riesling trocken Hochheim | 12%/8,50€
84 2021 Riesling trocken Hochheim Hölle | 12%/9,50€
86 2021 Riesling trocken „sur lie" Hochheimer Hofmeister | 12%/9,50€
88 2021 Riesling trocken Hochheimer Kirchenstück | 13%/19,50€
89 2020 Riesling trocken „Stückfass" Hochheim Hölle | 12,5%/16,50€
86 2021 Riesling trocken Hochheimer Stielweg | 12,5%/12,50€
87 2021 Riesling trocken Hochheimer Domdechaney | 12,5%/19,50€
86 2021 Riesling „Stückfass" „feinherb" Hochheim Reichestal | 12%/16,50€
86 2021 Riesling „fruchtsüß" Hochheim Reichestal | 8%/8,50€
84 2020 Spätburgunder trocken Hochheim | 13%/9,90€
84 2020 Merlot trocken Hochheimer Reichestal | 14%/16,50€

★★☆

Weinfactum

Kontakt
Rommelstraße 20
70376 Stuttgart
Tel. 0711-542266
Fax: 0711-557291
www.weinfactum.de
info@weinfactum.de

Besuchszeiten
Mo.-Fr. 9-18 Uhr
Sa. 9-14 Uhr

Inhaber
Weinfactum Bad Cannstatt GmbH
Kellermeister
Daniel Munder
Rebfläche
32 Hektar
Produktion
180.000 Flaschen

2019 hat ein neues Kapitel in der Geschichte der 1923 gegründeten Genossenschaft von Bad Cannstatt begonnen, die seit 2015 ihre Weine unter dem Namen Weinfactum vermarktet: Man hat mit der wesentlich größeren Felsengartenkellerei fusioniert. Die Bad Cannstatter Weine werden zukünftig in Hessigheim ausgebaut, Weinfactum bleibt aber als eigenständige Linie erhalten, mit der vor allem der Stuttgarter Markt bedient werden soll. Die Weinberge von Weinfactum liegen in den nördlichen Teilen der Landeshauptstadt Stuttgart, in den Cannstatter Lagen Zuckerle, Berg und Steinhalde, im Münsterer Berg, Rielingshäuser Kelterberg und Steinheimer Schalkstein. Die Reben wachsen teils auf Keuperböden mit Löss, teils auf Muschelkalkböden, gut ein Drittel der Weinberge befindet sich in terrassierten Steillagen. Trollinger, Riesling und Lemberger sind die wichtigsten Rebsorten.

Kollektion

Die interne Klassifikation mit bis zu drei Sternen lässt sich anhand der Verkostung schlüssig nachvollziehen, wobei wir uns die mit einem Stern versehenen Weine doch etwas expressiver wünschen würden. Das 2 Sterne-Segment bietet einen lebhaften, zupackenden Muskateller, einen fülligen, saftigen Grauburgunder und einen klaren, zupackenden Lemberger. Deutlich kraftvoller sind die 3 Sterne-Weine, wobei die beiden 2021er Weißweine noch sehr jugendlich und kompakt sind: Der Grauburgunder ist füllig, kraftvoll, noch sehr verschlossen, der Riesling zeigt feine Würze und etwas Zitrus im Bouquet, ist kompakt, aber strukturiert im Mund. Etwas spannender noch ist der Lemberger aus dem Jahrgang 2018, er ist würzig und eindringlich im Bouquet, füllig und kraftvoll im Mund, besitzt reife Frucht und gute Substanz. Highlight der Kollektion aber ist der Réserve-Lemberger aus dem Jahrgang 2017, der etwas Gewürz- und Schokonoten zeigt, Fülle und Saft besitzt, viel reife Frucht und gute Struktur.

Weinbewertung

82 2020 Muskateller Sekt trocken | 11,5%/9,90€
80 2021 Riesling* trocken Cannstatter Zuckerle | 11,5%/6,90€
83 2021 Muskateller** trocken | 11,5%/9,90€
84 2021 Grauer Burgunder*** trocken | 12,5%/19,80€
85 2021 Riesling*** trocken | 11%/19,80€
80 2021 Trollinger* Weißherbst Cannstatter Zuckerle | 10,5%/6,50€
80 2020 Trollinger* trocken Cannstatter Zuckerle | 13,5%/6,50€
80 2020 Lemberger* trocken | 13%/6,50€
83 2019 Lemberger** trocken | 13,5%/9,90€
86 2018 Lemberger*** trocken | 13%/19,80€
88 2017 Lemberger trocken „Réserve“ | 14%/32,-€
79 2021 Trollinger* Cannstatter Zuckerle | 12,5%/6,50€

★★

Weinfurtner

Kontakt
Ahornstraße 3
63820 Elsenfeld-Schippach
Tel. 06022-5717
www.weinbau-weinfurtner.de
franken@weinbau-weinfurtner.de

Besuchszeiten
nach Vereinbarung
Häckerwirtschaft, Weinfest, Weinproben

Inhaber
Simone Weinfurtner
Kellermeister
Daniel Weinfurtner
Rebfläche
1,5 Hektar

In Schippach im Elsavatal ist die Familie Weinfurtner zuhause, die ihren Nebenerwerbsbetrieb in vierter Generation bewirtschaftet. Otto Hartig legte nach dem Zweiten Weltkrieg den Grundstock für den Betrieb, den sein Schwiegersohn Adolf Oberle erweiterte und fortführte; er eröffnete 1964 die erste Häckerwirtschaft im Ort. Nach der Flurbereinigung 1974 und mit der Heirat von Tochter Simone und Otto Weinfurtner wurde die Rebfläche in den achtziger Jahren vergrößert, heute führt ihr Sohn Daniel Weinfurtner den Betrieb. Die Weinberge befinden sich alle in Rück, das wie Schippach ein Ortsteil von Elsenfeld ist, in den drei Rücker Lagen Schalk, Jesuitenberg und Johannisberg, die Reben wachsen auf Buntsandstein und Lösslehm. Müller-Thurgau, Weißburgunder und Silvaner werden angebaut, dazu die roten Sorten Spätburgunder, Portugieser und Zweigelt. Die Rotweine werden sechs bis zwölf Monate im Holz ausgebaut, die besten Spätburgunder kommen bis zu zwei Jahre ins Barrique.

Kollektion

Dass den von Daniel Weinfurtner vinifizierten Weinen etwas Zeit auf der Flasche gut tut, zeigt der 2019er Weißburgunder aus dem Rücker Schalk, der die Primärfrucht hinter sich gelassen hat, gute Konzentration und rauchige Noten, Struktur und Grip besitzt. Unter den 2020er Weinen gefällt uns der trockene Silvaner Kabinett aus dem Schalk am besten, der würzig und eindringlich ist, klar und zupackend. Der Johannisberg-Silvaner ist füllig und saftig, der Weißburgunder aus dem Schalk sehr reintönig, besitzt feine süße Frucht und Biss. Die präsentierten 2021er setzen ganz auf Frucht und Frische, sind feine Alltagsweine, der reintönige, griffige Müller-Thurgau ebenso wie die geradlinige Goldstück-Cuvée oder der fruchtintensive halbtrockene Rosé. Stark sind auch wieder die Rotweine, beide aus dem Jahrgang 2018: Die Cuvée vom alten Berg ist intensiv fruchtig, zeigt rote Früchte, besitzt Frische, gute Struktur und Grip und der Spätburgunder vom Rücker Schalk bestätigt den sehr guten Eindruck vom Vorjahr, ist wunderschön reintönig (Johannisbeeren!) und strukturiert.

Weinbewertung

83	2021 Müller-Thurgau trocken I 12,5%/7,-€
83	2021 Silvaner trocken Rücker I 12,5%/8,50€
86	2020 Silvaner Kabinett trocken Rücker Schalk I 13%/12,-€
86	2019 Weißburgunder Kabinett trocken Rücker Schalk I 13%/9,50€
84	2020 Weißburgunder Kabinett trocken Rücker Schalk I 13%/9,-€
84	2020 Silvaner trocken Rücker Johannisberg I 13%/10,50€
82	2021 „Goldstück" Weißweincuvée halbtrocken I 11,5%/7,50€
83	2021 Rosé halbtrocken I 11,5%/7,50€
86	2018 Cuvée „vom alten Berg" Rotwein trocken Rücker Johannisberg I 13%/11,50€
88	2018 Spätburgunder trocken Rücker Schalk I 14%/15,-€

★★★★

Weingart

Kontakt
Peterspay 1
56322 Spay
Tel. 02628-8735
Fax: 02628-2835
www.weingut-weingart.de
mail@weingut-weingart.de

Besuchszeiten
Mo.-Fr. 14-18:30 Uhr
Sa. 11-18:30 Uhr
Weinproben bis 14 Personen
Picknickplatz auf dem Weinkeller
Ferienwohnungen am Rhein

Inhaber
Familie Florian Weingart
Rebfläche
5 Hektar
Produktion
39.000 Flaschen

Das Weingut Weingart hat sich in den letzten Jahrzehnten zu einem der führenden Betriebe am Mittelrhein entwickelt. Adolf Weingart hatte den landwirtschaftlichen Mischbetrieb ganz auf Weinbau umgestellt, seit 1996 wird das Gut mit seinen 5 Hektar Reben von seinem Sohn Florian geführt. Florian Weingarts Weinberge liegen im Bopparder Hamm, in den Lagen Feuerlay, Ohlenberg und Engelstein, sowie im Spayer Engelstein; den Pachtvertrag für die Weinberge in der Lage Schloss Fürstenberg hat Florian Weingart dagegen beendet. Mit dem Jahrgang 2014 (respektive 2013 beim Spätburgunder) nutzte Weingart erstmals die Gewannnamen „In der Zech" (in Spay in der Lage Engelstein gelegen) und „Am Weißen Wacke" (im Bopparder Hamm Engelstein). Riesling dominiert in diesem Weingut, dazu gibt es 15 Prozent Spätburgunder – eine vergleichsweise große Fläche, welche die Bedeutung des Rotweines zeigt. Ein Großteil der Weine wird halbtrocken oder etwas süßer ausgebaut, allerdings gehören auch die trockenen Weine regelmäßig zur Spitze am Mittelrhein. Sekte ergänzen das Angebot, und wenn Auslesen oder Trockenbeerenauslesen gelingen, sind die in der Regel von großartiger Balance. Das Weingut gehört seit über einem Jahrzehnt zu den Spitzenbetrieben am Mittelrhein. Wobei sich in diesem Jahrzehnt die Weine stilistisch verändert haben. Sie haben deutlich an Profil gewonnen, sind – teils durch die inzwischen praktizierte Spontangärung – vielleicht etwas weniger fruchtbetont und zugänglich als früher, dafür aber präziser und nachhaltiger. Experimente, beispielsweise mit einem gewissen Anteil an Botrytistrauben, gefallen sehr; man kann nie genau wissen, was Florian Weingart als nächstes macht, und genau das verleiht der Sache Spannung. In jedem Fall ist dieser Betrieb eines der bemerkenswertesten und am individuellsten arbeitenden Weingüter nicht nur am Mittelrhein, sondern weit darüber hinaus. 2017 wurde ein neuer Keller in den Weinbergen gebaut, kreisrund und komplett in der Erde.

Kollektion

Ein großer Jahrgang für das kleine Weingut. Die Rieslinge sind jeder für sich herausragend. Das sind sie eigentlicher immer, denn wo sonst wird am Mittelrhein so mutig und individuell Wein bereitet wie hier: Mit Hang zum Risiko, mit eigenwilliger Handschrift, mit eindringlicher Würze und ohne Neigung zu gefallsüchtiger Primärfrucht. Wenn das Wort nicht so abgenutzt wäre, aber egal: Was hier gemacht wird ist authentischer Wein, kompromisslos auf Qualität ausgerichtet, von der Basis bis zur Spitze. Der trockene Gutsriesling zeigt gleich, wo es langgeht. Markant, geradlinig, kühl und salzig, auch etwas sperrig, erzählt er beispielhaft die Geschichte des Jahrgangs. Der trockene Kabinett ist ebenso agil, dabei geschliffener, animierend, mineralisch, immer zum nächsten

Weingart
mittelrhein

Schluck auffordernd, besitzt er reifen Saft und eine pikante Ader. Die beiden trockenen Spätlesen aus dem Bopparder Hamm sind jugendliche Klassiker. Die ohne Lagennamen ist kompakt, steckt voller sublimer Kraft und immenser Spannung, bietet feine mineralische Nuancen und packende Zitrusfrucht bis ins lange salzige Finish. Die aus der Feuerlay knausert nicht mit aromatischer Tiefe und Würze, deutet ihr immenses Potenzial mit lässiger Transparenz an, steckt voll praller gelber Früchte und feiner Würze. Ihr vollmundiger Auftritt ist pikant und frisch, sie ist lang und nuancenreich. Die feinherben Rieslinge bilden das geheime Herz der Kollektion, denn deren dezente Fruchtsüße, bei niedrigem Alkohol und knackiger Säure, bringt all das ins Glas, was große Rieslinge auszeichnet. Der feinherbe Riesling spielt zwischen Saft und Säure, ist dabei ungemein süffig und fein. Wer nicht weiß, was „feinherb" bedeuteten soll, sollte ihn probieren. Der Kabinett bietet mehr reife Würze, ist lang, subtil und schalenherb. Die feinherben Spätlesen beeindrucken. Die aus dem Ohlenberg ist präsent, saftig und schalenwürzig, die Frucht von reifen roten Äpfeln ist eindringlich, sie bietet Länge mit pikantem Säurekick. Die aus dem Engelstein übertrifft sie mit ihrer Leichtigkeit, ist fein, zupackend und präzise. Neben reifen Zitrusaromen deutet sie auch Nuancen von schwarzen Johannisbeeren und Brombeeren an, bleibt knackig und feingliedrig bis ins Finish. Die Spätlese ist aus dem Engelstein ist intensiv und druckvoll, wird sehr gut reifen können. Für den jetzigen Genuss bietet sich aus einer überragenden Kollektion der saftige Kabinett an, der gar nicht zum Denken anregen will, sondern unbekümmerten Spaß bereitet.

Florian WFingart

Weinbewertung

87	2021 Riesling trocken I 12%/7,50€ ☺
88	2021 Riesling Kabinett trocken Bopparder Hamm I 12%/9,-€ ☺
90	2021 Riesling Spätlese trocken Bopparder Hamm I 12,5%/12,-€ ☺
90+	2021 Riesling Spätlese trocken Bopparder Hamm Feuerlay I 13%/15,-€ ☺
87	2021 Riesling „feinherb" I 11%/7,50€ ☺
88	2021 Riesling Kabinett „feinherb" Spay In der Zech I 11%/10,-€ ☺
89	2021 Riesling Spätlese „feinherb" Bopparder Hamm Ohlenberg I 11%/12,-€ ☺
91	2021 Riesling Spätlese „feinherb" Am Weißen Wacke Engelstein I 10,5%/14,-€ ☺
87	2021 Riesling Kabinett I 8,5%/9,50€ ☺
90	2021 Riesling Spätlese Bopparder Hamm Am Weißen Wacke I 8%/15,-€ ☺
85	2021 Spätburgunder Rosé Spätlese halbtrocken Spay In der Zech I 12,5%/10,-€
89	2019 Spätburgunder trocken Spay In der Zech I 13,5%/18,-€

Lagen

Feuerlay (Bopparder Hamm)
Ohlenberg (Bopparder Hamm)
Engelstein (Bopparder Hamm)
Am Weißen Wacke (Bopparder Hamm)
Engelstein (Spay)
In der Zech (Spay)

Rebsorten

Riesling (85%)
Spätburgunder (15%)

★

Weinmann

Kontakt
Rommersheimer Straße 105
55286 Wörrstadt
Tel. 06732-933958
Fax: 06732-933959
www.mein-weinmann.de
info@mein-weinmann.de

Besuchszeiten
Mo.-Fr. 10-18 Uhr
Sa. 10-13 Uhr

Inhaber
Gunter & Ute Weinmann
Rebfläche
21 Hektar

Gunter Weinmann begann 1997 mit der Flaschenabfüllung, seit 2007 führt er zusammen mit Ehefrau Ute den Betrieb. Ihre Weinberge liegen in vielen verschiedenen Gemeinden und Lagen, in Saulheim (Hölle), Wörrstadt (Eselskreisch, eine alte Einzellage, die 1971 im Kachelberg aufgegangen ist), Stadecken, Vendersheim und Sulzheim (Schildberg). Seit 2012 gibt es auch Pfälzer Wein im Programm, denn sie haben Ute Weinmanns elterlichen Betrieb gepachtet, dessen Trauben werden ebenfalls in Wörrstadt verarbeitet. Riesling, Silvaner, Weißburgunder und Grauburgunder sind die wichtigsten weißen Rebsorten, aber es gibt auch Scheurebe und Müller-Thurgau, Chardonnay und Grüner Veltliner. Bei den roten Sorten überwiegen Frühburgunder, Spätburgunder und Cabernet Sauvignon, sie bauen aber auch Merlot, Portugieser und Dornfelder an. An der Spitze der Kollektion stehen die Lagenweine wie der Riesling aus der Saulheimer Hölle, der Weißburgunder aus dem Sulzheimer Schildberg oder der Spätburgunder aus der Wörrstadter Eselskreisch.

Kollektion

Im vergangenen Jahr hatte uns eine im Barrique ausgebaute Cuvée von Cabernet Sauvignon und Merlot aus dem Jahrgang 2016 am besten gefallen. Rotweine sind dieses Jahr Fehlanzeige, ausschließlich Weißweine haben Gunter und Ute Weinmann uns in diesem Jahr präsentiert. Unser eindeutiger Favorit in der überschaubaren, sechs Weine umfassenden Kollektion ist der Riesling aus der Saulheimer Hölle, Jahrgang 2021, der gute Konzentration und feine Würze im Bouquet zeigt, etwas gelbe Früchte und Zitrus, füllig und kraftvoll im Mund ist, viel reife Frucht besitzt, gute Struktur, Substanz und Grip. Interessant ist auch der Grüner Veltliner, würzig und eindringlich, zeigt klare Frucht im Bouquet, etwas gelbe Früchte, Guave, ist frisch und klar im Mund, besitzt feine Frucht und Biss. Der Grauburgunder zeigt viel Würze und Frucht im Bouquet, ist im Mund saftig, recht süß, was auch für den Weißburgunder gilt, der der süßen Frucht aber auch Frische und Grip entgegenzusetzen weiß. Der Merlot Blanc de Noir besitzt viel Süße, Frische und Biss, die „Tante Till" genannte feinherbe Scheurebe punktet mit Duft, Würze und klarer süßer Frucht.

Weinbewertung

82 2021 Weißburgunder trocken | 13%/6,20€
82 2021 Grauburgunder trocken | 12,5%/6,20€
84 2021 Grüner Veltliner trocken | 12,5%/7,70€
88 2021 Riesling trocken Saulheimer Hölle | 13%/12,90€
83 2021 „Tante Tilli" Scheurebe „feinherb" | 12%/7,30€
82 2021 Merlot „Blanc de Noir" „süß" | 8%/7,30€

★★★★

Weinreich

Kontakt
Riederbachstraße 7
67595 Bechtheim
Tel. 06242-7675
Fax: 06242-7678
www.weinreich-wein.de
info@weinreich-wein.de

Besuchszeiten
Mo.-Fr. 8-17 Uhr
Sa. nach Vereinbarung
Gutsschänke, Gästehaus

Inhaber
Weinreich GbR
Betriebsleiter
Marc Weinreich
Kellermeister
Jan & Marc Weinreich
Rebfläche
20 Hektar
Produktion
150.000 Flaschen

WEINREICH

Marc Weinreich schloss 2009 sein Studium als Weinbauingenieur ab. Etwa zur gleichen Zeit verstarb sein Vater, so dass Marc Weinreich Betriebsleiter des Schuhmacher-Weinreich genannten Weinguts wurde; er entwickelte ein neues Betriebskonzept, begann mit der Umstellung auf ökologische Bewirtschaftung, straffte den Rebsortenspiegel. Heute führt er zusammen mit seinem Bruder Jan das Weingut. Die Weinberge liegen in den Bechtheimer Lagen Stein, Geyersberg, Hasensprung und Rosengarten. 30 Prozent der Fläche nimmt Riesling ein, ein Viertel Weiß- und Grauburgunder, hinzu kommen vor allem Chardonnay, Spätburgunder, Schwarzriesling und Scheurebe. Das Sortiment ist eingeteilt in Guts-, Orts- und Lagenweine – Rieslinge aus Geyersberg und Hasensprung, ein Weißburgunder aus dem Stein sowie ein Spätburgunder aus dem Rosengarten bilden die Spitze des Sortiments, wobei man sich eine zeitlang auf den Hasensprung-Riesling konzentriert, seit 2019 gibt es auch wieder den Riesling aus dem Geyersberg. 2017 stellten Marc und Jan Weinreich ihr neues Naturwein-Segment vor. Alle Weine werden mit den natürlichen Hefen vergoren, geschönt wird nicht, die Schwefelgaben sind minimal, bei den als Naturwein deklarierten Weinen wird ganz auf Schwefel verzichtet, sie werden maischevergoren und nicht filtriert. Drei Weine bilden den Kern des Naturwein-Segments der Brüder Weinreich, sie tragen die Namen „Tacheles“, „Heiter bis wolkig“ und „Des Wahnsinns fette Beute“. „Tacheles“ ist eine Cuvée aus weißen Rebsorten, die neben Riesling auch Rebsorten wie Bacchus und Kerner enthält, also Rebsorten, die heute alles andere als begehrt sind. Das gilt auch für die Rebsorten, aus denen der „Heiter bis wolkig“ genannte Wein bereitet wird: Kerner und Dornfelder. „Des Wahnsinns fette Beute“ schließlich ist ein reinsortiger Chardonnay. Inzwischen gibt es einen Paroli genannten Riesling, der mit einem Teil ganzer Trauben in der Amphore vergoren und unfiltriert abgefüllt wird.

Kollektion

Die neue Kollektion von Jan und Marc Weinreich ist nochmals spannender. Und das beginnt schon mit dem Sekt, die nicht dosierte Cuvée Mineral, ein reinsortiger Pinot Meunier, ist würzig und eindringlich im Bouquet, klar, frisch und zupackend im Mund, besitzt jugendlichen Grip. Die Gutsweine haben weiter zugelegt, zeigen durchgängig hohes Niveau, sind jahrgangsbedingt ein wenig niedriger im Alkohol, aber wunderschön reintönig und druckvoll. Der Riesling ist fruchtbetont im Bouquet, zeigt etwas Pfirsiche, ist frisch und zupackend im Mund bei guter Struktur und jahrgangstypischem Grip. Die Scheurebe ist frisch und fruchtbetont im Bouquet, wunderschön reintönig, ist lebhaft im Mund, besitzt klare Frucht und Biss. Rauchige Noten und klare Frucht zeigt der Grauburgunder im Bouquet, ist harmonisch im Mund, geradlinig – ein Grauburgunder mit viel Frische und Grip. Die Cuvée aus Weißburgunder und Chardonnay ist herrlich eindringlich und würzig im

Bouquet, zeigt feine Spontiprägung, besitzt dann im Mund ebenfalls viel Frische, klare Frucht und Grip. Die beiden Ortsweine wurden wie die drei Lagenrieslinge als füllfertige Fassproben verkostet, und vor allem die Rieslinge profitieren eindeutig vom längeren Hefelager. Der Bechtheimer Riesling zeigt gute Konzentration, reife Frucht, gelbe Früchte, ist wunderschön füllig und saftig bei klarer reifer Frucht. Der Chardonnay zeigt reintönige Frucht im Bouquet, weiße und gelbe Früchte, besitzt viel Frische, gute Struktur und Grip, ist noch sehr jugendlich. Es folgen drei hervorragende Lagenrieslinge aus Bechtheim. Der Wein aus dem Rosengarten ist würzig, eindringlich, zeigt reife Frucht, ist füllig, kraftvoll, besitzt klare reife Frucht, gute Struktur und Frische. Der Geyersberg-Riesling ist ebenfalls recht würzig und eindringlich, zeigt Anklänge an Senfkörner, ist noch etwas fülliger und saftiger als sein Kollege vom Rosengarten und besitzt die intensive, für die Lage typische Frucht. Unsere leichte Präferenz, bei identischer Bewertung, gilt dem Riesling aus dem Hasensprung, der gelbe Früchte und feine Frische im Bouquet zeigt, im Mund füllig und saftig ist, viel Substanz, Grip und Druck besitzt – alle drei könnten noch zulegen. Jahr für Jahr spannend sind aber auch die Naturweine von Jan und Marc Weinreich. Der Tacheles ist würzig und frisch, springt aus dem Glas, ist zupackend, ganz Struktur und Grip. Der „Heiter bis wolkig" zeigt rote Früchte im Bouquet, ist ebenfalls herrlich zupackend. Besitzt Druck und Grip. Den in der Amphore mit 20 Prozent ganzen Trauben vergorenen Riesling Paroli verkosten wir zum ersten Mal, er zeigt eindringlich „Trauben", ist druckvoll, mineralisch, braucht noch Zeit. Klasse Kollektion!

Jan & Marc Weinreich

Weinbewertung

88	„Cuvée Mineral" Sekt brut I 12%/25,-€
86	2021 Riesling trocken I 12%/9,-€
87	2021 Grauburgunder trocken I 12,5%/9,-€
87	2021 Weißburgunder & Chardonnay trocken I 13%/9,-€
86	2021 Scheurebe trocken I 12%/9,-€
(89)	2021 Riesling trocken Bechtheim I 12,5%/12,50€
(88)	2021 Chardonnay trocken Bechtheim I 13%/15,-€
(91)	2021 Riesling trocken Bechtheimer Rosengarten I 12,5%/23,50€
(92)	2021 Riesling trocken Bechtheimer Hasensprung I 12%/23,50€
(92)	2021 Riesling trocken Bechtheimer Geyersberg I 12,5%/23,50€
88	2021 „Tacheles" I 10%/13,50€
88	2021 „Heiter bis Wolkig" I 10,5%/13,50€
(90)	2021 Riesling „Paroli" I 12%/23,50€

Lagen

Stein (Bechtheim)
Geyersberg (Bechtheim)
Hasensprung (Bechtheim)
Rosengarten (Bechtheim)

Rebsorten

Riesling (30%)
weiße Burgunder (25%)
Chardonnay (10%)
Spätburgunder (5%)
Schwarzriesling (5%)
Scheurebe (5%)

★★

Weinreuter

Kontakt
BioWeingut Weinreuter
Riedhöfe 2
74211 Leingarten
Tel. 07131-402540
Fax: 07131-402588
www.bioweingut-weinreuter.de
info@bioweingut-weinreuter.de

Besuchszeiten
nach Vereinbarung

Inhaber
Dietmar & Michaela Weinreuter
Kellermeister
Philipp Weinreuter
Rebfläche
14,5 Hektar

Das Weingut Weinreuter liegt in Leingarten, im Leintal, am Fuße des Heuchelbergs. Philipp Weinreuter absolvierte seine Winzerlehre bei Drautz-Able und Salwey. 2009 wurde die komplette Fläche auf biologischen Weinbau umgestellt. Seit 2012 sind die Weine bio-zertifiziert; das Weingut ist Mitglied bei Bioland. Gut die Hälfte der Weinberge liegt im Talheimer Schlossberg, dazu ist man vor allem noch im Talheimer Sonnenberg sowie in den Leingartener Lagen Grafenberg und Leiersberg vertreten. Rote Sorten nehmen 70 Prozent der Rebfläche ein: Schwarzriesling, Spätburgunder, Samtrot, Trollinger und Lemberger, dazu pilzwiderstandsfähige Rebsorten. Im weißen Segment gibt es Riesling, Weißburgunder, Grauburgunder, Sauvignon Blanc, Cabernet Blanc, Traminer und Kerner. Weitere Piwis sollen folgen, ebenso Versuche mit biodynamischer Bewirtschaftung.

Kollektion

Mit einer starken Kollektion meldet sich Philipp Weinreuter zurück. Der Petnat ist frisch und geradlinig, der Crémant rauchig, harmonisch. Der Donauriesling zeigt intensive Rieslingnoten, der feinherbe Sauvignac ist frisch und lebhaft und der Orangewein, ebenfalls ein Sauvignac, maischevergoren und ohne Schwefel und Filtration abgefüllt, ist druckvoll und präzise. Maischevergoren ist auch der intensive, reintönige, im Mund sehr kompakte Traminer. Sehr gut gefällt uns auch der im Holz ausgebaute Riesling aus dem Sonnenberg, von 46 Jahre alten Reben, deren Triebe gewickelt, nicht geschnitten wurden, er ist kraftvoll und hat Substanz. Geschlossen hohes Niveau zeigen die Rotweine, angeführt von den beiden 2018er, Samtrot Reserve und Pinot Noir Grande Reserve, die beide enorm füllig und intensiv sind – und gewaltig viel Alkohol besitzen. Wer das nicht mag, dem sei der 2020er Tempranillo empfohlen, der reintönig und intensiv ist, klare reife Frucht und gute Struktur besitzt.

Weinbewertung

85 2021 „Pet Nat" Sauvignac Perlwein trocken | 12,5%/12,90€
85 2016 Crémant Pinot Noir „Blanc de Noir" brut | 12,5%/17,90€
84 2020 Donauriesling trocken | 13%/10,-€
86 2020 Riesling trocken Sonnenberg Talheim | 12%/13,50€
87 „Don´t call me Orange" Weißwein | 12,5%/19,90€
85 2019 Traminer trocken „pure" | 13%/13,50€
81 2021 „Blanc de Noir" „feinherb" | 10,5%/8,50€
84 2021 Sauvignac „feinherb" | 11%/8,90€
88 2018 Samtrot trocken „Reserve" Talheim Schlossberg | 15%/19,50€
87 2020 Tempranillo trocken Schlossberg Talheim | 13,5%/19,50€
88 2018 Pinot Noir trocken „GR" Leingarten Grafenberg | 15,5%/26,-€
85 Satin Noir trocken Grafenberg Leingarten | 12%/25,90€

★★★☆

Weinsberg

Kontakt
Staatsweingut Weinsberg
Traubenplatz 5
74189 Weinsberg
Tel. 07134-504-167
Fax: 07134-504-168
www.sw-weinsberg.de
staatsweingut@lvwo.bwl.de

Besuchszeiten
Mo.-Fr. 10-18 Uhr
Sa. 10-16 Uhr

Inhaber
Land Baden-Württemberg
Direktor
Dr. Dieter Blankenhorn
Kellermeister
Florian Solymari
Außenbetrieb
Christoph Schiefer
Rebfläche
40 Hektar
Produktion
250.000 Flaschen

Von den 40 Hektar Weinbergen des Staatsweingutes Weinsberg befinden sich 18 Hektar in Weinsberg in den Lagen Schemelsberg und Ranzenberg, darunter 3 Hektar Mauerweinberge am Burgberg, 10 Hektar im Gundelsheimer Himmelreich (darunter 2,5 Hektar Terrassenweinberge) und 12 Hektar rund um die Burg Wildeck (im Alleinbesitz) bei Abstatt. Die im Jahr 1868 als „Königliche Weinbauschule" gegründete Wein- und Obstbauschule in Weinsberg ist das älteste Weinbau-Lehrinstitut in Deutschland. Aus der Weinsberger Rebenzüchtung sind Rebsorten wie Kerner oder Dornfelder hervorgegangen. 1999 wurden sechs Rotwein-Neuzüchtungen der Öffentlichkeit vorgestellt: Acolon, Cabernet Cubin, Cabernet Dorio, Cabernet Dorsa, Cabernet Mitos und Palas. Das Staatsweingut ist Gründungsmitglied der Hades-Gruppe. Nach der Jahrtausendwende hat man in die Kellerwirtschaft investiert und einen Kellerneubau fertig gestellt.

Kollektion

Die Rotweine, alle aus dem Jahrgang 2019, sind bärenstark. Der Erste Lage-Lemberger aus der Weinsberger Wanne ist reintönig, frisch, zupackend und strukturiert, das Große Gewächs vom Schemelsberg besitzt intensive reintönige Frucht, ist wunderschön kraftvoll, klar und lang. Der Burg Wildeck-Spätburgunder ist fruchtbetont und klar, der vom Gundelsheimer Wolkenstein zeigt rauchige Noten, etwas Gewürze, besitzt Struktur und Grip, auch hier ist das Große Gewächs die Nummer Eins, zeigt rauchige Noten, reintönige Frucht, ist klar, harmonisch und zupackend. Ganz stark sind auch die Hades-Weine, der Syrah zeigt etwas Gewürze, Brombeeren und Pfeffer, besitzt Fülle, Kraft und viel reife Frucht, die Grande Réserve ist noch konzentrierter und intensiver, besitzt herrlich viel Frucht, Substanz und Kraft. Aber auch die Weißweine – ohne Großes Gewächs – überzeugen, der Hades-Chardonnay ist sehr von Gewürznoten geprägt, der Burg Wildeck-Riesling besitzt Frische, Frucht und Grip.

Weinbewertung

85 2018 „Grande Cuvée 1868" Sekt brut Gundersheimer Himmelreich | 12%/18,68€
84 2021 Riesling trocken Abstatt | 12,5%/9,70€
85 2021 Sauvignon Blanc trocken | 12,5%/8,90€
87 2021 Riesling trocken Burg Wildeck | 12,5%/12,50€
87 2020 Chardonnay trocken „Hades" | 13,5%/24,-€
87 2019 Lemberger trocken Weinsberger Wanne | 13%/14,-€
88 2019 Spätburgunder trocken Gundelsheimer Wolkenstein | 13,5%/14,-€
87 2019 Spätburgunder trocken Burg Wildeck | 13,5%/14,-€
90 2019 Spätburgunder trocken „GG" Gundelsheimer Himmelreich | 12,5%/25,80€
90 2019 Lemberger trocken „GG" Weinsberger Schemelsberg | 13%/28,90€
91 2019 „Grande Réserve" Rotwein trocken „Hades" | 13,5%/32,-€
90 2019 Syrah trocken „Réserve" „Hades" | 13%/32,-€

Weinwerk die Weinmanufaktur

Kontakt
Balthasar-Neumann-Promenade 10
97688 Bad Kissingen
Tel. 0971-71878735
www.weinwerk-hab.de
kontakt@weinwerk-hab.de

Besuchszeiten
Weinmanufaktur:
Mo.-Sa. 14-23 Uhr
So. 14-22 Uhr
Vinothek:
Mi./Do. 17-22 Uhr
Fr./Sa. 15-24 Uhr
So. 14-22 Uhr
Weinmanufaktur mit Wein- und Tapas-Bar, Dachterrasse; Event-Location, vinophiler Stadtrundgang, Weinbergswanderungen, Picknick, Spargelessen im Weinberg etc.; Vinothek auf der Ludwigsbrücke

Inhaber
Kathrin Baier-Buttler
Kellermeister
Bernhard Brand
Produktion
35.000 Flaschen

WEINWERK

In Bad Kissingen wird schon lange kein Wein mehr angebaut, aber es gibt ein Weingut der etwas anderen Art, das seit 2020 seinen Sitz in einem historischen Gebäude aus dem Jahr 1874 am Rosengarten hat, die Kellerei befindet sich als „gläserne Manufaktur" im zweiten Obergeschoss, in der Kuppel des Gebäudes, in dem sich auch die Wein- und Tapasbar befindet; eine Vinothek auf der Ludwigsbrücke ist ebenfalls Teil des Konzeptes. 2010 hatte Kathrin Baier-Butler ihr Weingut gegründet, einige Weinberge gekauft, gerodet und neu bestockt. Die Trauben bezieht sie nach wie vor hauptsächlich aus Hammelburg, aus den Lagen Heroldberg und Trautlestal sowie dem Feuerthaler Kreuz. Silvaner spielt die wichtigste Solisten-Rolle im Betrieb, gefolgt von Weißburgunder, Dornfelder, Spätburgunder, Chardonnay und Riesling, einige andere Rebsorten wie Müller-Thurgau, Regent, Bacchus oder Domina werden nur in Cuvées verwendet.

Kollektion

Schon beim guten Debüt im vergangenen Jahr hatte uns die sehr eigenständige Kollektion gut gefallen, und auch in diesem Jahr wieder zeigen die Weine, eine klare Handschrift, setzen mehr auf Struktur denn auf Primärfrucht. Der jüngste Wein ist der Rafina genannte Rosé aus dem Jahrgang 2020, er ist fruchtbetont im Bouquet, zeigt eindringlich rote Früchte, ist frisch und geradlinig bei feinem Biss. Aus dem Jahrgang 2019 stammt der Silvaner 777, er zeigt feine Würze und Reife, ist klar und zupackend im Mund, besitzt gute Struktur und Grip – und erfreulich wenig Alkohol. Das kann man beim ein Jahr älteren Chardonnay nicht behaupten, aber 2019 war eben auch an der Saale ein heißes Jahr, so dass der Wein zwar Frische, gute Struktur und Grip besitzt, aber auch Wärme. Von den beiden Rotweinen konnten wir jeweils zwei neue Jahrgänge verkosten. Die im Barrique ausgebaute Cuvée Apropos ist in beiden Jahrgängen würzig, klar und zupackend, besitzt gute Struktur und Grip, der 2017er ist etwas rauchiger, beide sind sich sehr ähnlich. Beim Pinot Noir sind die Unterschiede deutlich größer, der 2018er ist füllig, kraftvoll und konzentriert, die Tannine halten den Alkohol in Zaum, der 2019er ist rauchig und würzig, setzt mehr auf Frische und Grip.

Weinbewertung

85 2019 Silvaner trocken „777" Hammelburger Heroldsberg | 11%/10,-€
85 2018 Chardonnay trocken „Goldstück" Hammelburger | 14%/18,-€
83 2020 „Rafina" Rosé trocken Hammelburger | 12%/12,-€
85 2016 „Apropos" Cuvée rot trocken Hammelburger | 12,5%/12,-€
85 2017 „Apropos" Cuvée rot trocken Hammelburger | 12,5%/12,-€
85 2018 Pinot Noir trocken „Feuerwerk" Hammelburger | 14,5%/16,-€
85 2019 Pinot Noir trocken „Feuerwerk" Hammelburger | 13,5%/16,-€

★★★★

Nik Weis – St. Urbans-Hof

Kontakt
Urbanusstraße 16
54340 Leiwen
Tel. 06507-9377-0
Fax: 06507-9377-30
www.nikweis.com
info@nikweis.com

Besuchszeiten
Verkostung & Verkauf
Mo.-Fr. 8-12 + 13-17 Uhr
Sa. nach Vereinbarung
Rüssel's Landhaus,
Naurath/Wald

Inhaber
Nik Weis
Betriebsleiter
Nik Weis
Kellermeister
Kai Hausen
Außenbetrieb
Hermann Jostock
Rebfläche
40 Hektar
Produktion
250.000 Flaschen

Der Sankt Urbans-Hof wurde 1947 auf einer Anhöhe bei Leiwen von Nicolaus Weis erbaut. In den sechziger Jahren übernahm sein Sohn Hermann den Betrieb, baute die betriebseigene Rebschule zu einer der größten in Deutschland aus. Er erweiterte auch die Rebfläche, indem er große Parzellen an der Saar – in Ockfen, Wiltingen und Schoden – erwarb. Seit 1997 ist dessen Sohn Nik Weis im Betrieb, den er heute führt und inzwischen in Weingut Nik Weis – St. Urbans-Hof umbenannt hat. Er strukturierte den Betrieb weiter um, indem er Weinberge in Spitzenlagen erwarb und schwächere Parzellen abgab. Seine Weinberge befinden sich in drei Lagen an der Saar und drei Lagen an der mittleren Mosel. Schon seit über 100 Jahren besitzt die Familie Reben in der Leiwener Laurentiuslay, im Piesporter Goldtröpfchen erwarb man Ende der neunziger Jahre die ersten Parzellen. Die Weinberge im Mehringer Blattenberg kamen 2004 durch Nik Weis' Ehefrau zum Weingut; Die Trauben für den Mehringer Alte Reben kommen aus dem Mehringer Blattenberg und dem Mehringer Zellerberg. Im Blattenberg befindet sich eine alte Einzellage, die bis 1971 den Namen „Layet" trug und als hervorragende Lage galt und immer noch gilt. Dort besitzt das Gut etwa einen Hektar Rebfläche. Mit dem Jahrgang 2017 wurde der Name Layet erneut eingeführt, in diesem Jahr wurde erstmals auch ein Großes Gewächs unter dem Namen „Layet" produziert. An der Saar ist Nik Weis in den Lagen Ockfener Bockstein (mit der alten Einzellage Zickelgarten, die erstmals 2011 gesondert ausgebaut wurde), Schodener Saarfeilser Marienberg und Wiltinger Schlangengraben vertreten. Im Schlangengraben besitzt er einen 9 Hektar großen arrondierten Weinberg, der in den 1920er Jahren angelegt wurde, ein Teil der Reben stammt noch aus dieser Zeit, die Weine aus dem Schlangengraben ergeben den Wiltinger Alte Reben und sind Teil des Gutsrieslings. Nik Weis baut zu 98 % Riesling an, es gibt mittlerweile aber auch Weißburgunder oder Pinot Noir. Die Trauben werden alle in Leiwen gekeltert, ausgebaut und abgefüllt, die Weine werden spontanvergoren und teils im Edelstahl, teils im Holzfass ausgebaut. Trockene Rieslinge, die aber nicht unbedingt gesetzlich, sondern nur geschmacklich trocken sein müssen, tragen ein weißes Etikett. 2011 und 2012 hat Nik Weis ein Großes Gewächs aus der Laurentiuslay erzeugt, 2012 auch aus dem Bockstein, 2015 kam Saarfeilser hinzu, 2016 Layet, 2018 Goldtröpfchen.

Kollektion

Schon in der Basis sind die Weine gelungen, wie der nach Kräutern duftende, straffe Moselriesling beweist. Der Mehringer Riesling ist recht verhalten in der Nase, im Mund dann deutlich würzig und salzig, überdurchschnittlich lang. Der Ockfener Riesling wirkt noch ein bisschen verhaltener, drückt auf angenehme Weise den Charakter der Saar aus, der Wiltinger Riesling wirkt ein wenig offener als der Ockfener. Die Großen Gewächse präsentieren sich fest, würzig und puristisch trocken, sind viel spannender, als dies teilweise noch vor ein paar Jahren der Fall war. Das Große Gewächs aus dem Bockstein ist noch recht verschlossen, zeigt kühle Hefe- und Steinobstnoten, ist dann fest und rassig. Jenes aus dem Saarfeilser ist duftiger, zeigt eine recht helle Hefenote, ist ebenfalls fest und rassig, puristisch trocken. Eher verhalten ist der Layet, im Mund würzig, vibrierend, mit salzigem Touch und einem guten Nachhall; gut möglich, dass es sich noch sehr positiv entwickeln wird. Der Wein aus der Laurentiuslay besitzt eine cremig-hefig, fast süß wirkende Nase, ist im Mund aber straff und würzig mit Zug und Länge. Fein und präzise ist das Goldtröpfchen, das salzige Würze zeigt, aber noch Zeit zur Entwicklung benötigt. Beim Kabinett aus dem Goldtröpfchen ist eine offene Steinobstfrucht mit Pfirsich- und ganz feinen Aprikosennoten zu bemerken, der Wein ist saftig, besitzt gewissen Schmelz. Ganz anders der zartduftige Bockstein-Kabinett, der im Mund ein schönes Süße-Säure-Spiel zeigt, straff, rassig, wenig süß ausfällt. Noch von Noten der Vergärung geprägt ist die Spätlese aus dem Bockstein, im Mund ist sie zupackend und rassig, verhalten süß mit langem Nachhall; sie bringt das Terroir der Lage sehr gut zum Ausdruck. Für ihr recht offenes, saftiges Pendant aus dem Goldtröpfchen gilt Ähnliches. Schließlich die beiden Auslesen aus Bockstein und Goldtröpfchen. Sie wirken verhalten süß; der Wein aus Ockfen ist offener, kräuteriger, jener aus Piesport fruchtiger. Sehr animierend sind beide.

Nik Weis / Foto: Rick Wenner/Wine Spectator

Weinbewertung

85	2021 Riesling trocken Mosel I 11%/9,80€
86	2021 Riesling trocken „Schiefer" I 11,5%/12,80€
89	2021 Riesling trocken Ockfener I 12%/25,-€
89	2021 Riesling trocken „Alte Reben" Mehringer I 12%/19,-€
92	2021 Riesling trocken „GG" Bockstein I 12%/42,-€
91	2021 Riesling trocken „GG" Saarfeilser I 12%/36,-€
91	2021 Riesling trocken „GG" Layet I 12,5%/36,-€
92	2021 Riesling trocken „GG" Laurentiuslay I 12%/48,-€
91	2021 Riesling trocken „GG" Goldtröpfchen I 12%/36,-€
86	2021 Riesling Saar I 10%/9,80€
89	2021 Riesling „Alte Reben" Wiltinger I 11%/19,-€
89	2021 Riesling Kabinett Bockstein I 8%/19,-€
90	2021 Riesling Kabinett Goldtröpfchen I 8%/19,-€
92	2021 Riesling Spätlese Bockstein I 8%/27,50€
91	2021 Riesling Spätlese Goldtröpfchen I 8%/27,50€
93	2021 Riesling Auslese Bockstein I 8%/35,-€
92	2021 Riesling Auslese Goldtröpfchen I 8%/35,-€

Lagen

Laurentiuslay (Leiwen)
Goldtröpfchen (Piesport)
Bockstein (Ockfen)
Zickelgarten (Ockfen)
Saarfeilser (Schoden)
Schlangengraben (Wiltingen)
Blattenberg (Mehring)
Layet (Mehring)

Rebsorten

Riesling (98%)

★★★

Weishaar

Kontakt
Hauptstraße 164
79356 Eichstetten
Tel. 07663-4800
Fax: 07663-949953
www.weingut-weishaar.de
mail@weingut-weishaar.de

Besuchszeiten
Fr. 14-18 Uhr
Sa. 10-13 Uhr
und nach Vereinbarung
Weinbergsfahrten nach Vereinbarung

Inhaber
Markus & Corinne Weishaar
Betriebsleiter
Markus Weishaar
Kellermeister
Markus Weishaar
Außenbetrieb
Karl-Heinz Weishaar
Rebfläche
10 Hektar
Produktion
60.000 Flaschen

Gabriele und Karl-Heinz Weishaar gründeten 1989 das Weingut aus einem lange Zeit als landwirtschaftlicher Mischbetrieb geführten Gut. Für den Weinausbau ist Sohn Markus verantwortlich, der nach Weinküferlehre, Neuseelandaufenthalt und Weinbautechnikerausbildung praktische Erfahrungen als Kellermeister beim Eichstetter Weingut Kiefer sammelte, seine Ehefrau Corinne studierte Weinbetriebswirtschaft, ist für Marketing und Veranstaltungen verantwortlich; sie haben das Weingut 2021 übernommen, werden aber weiterhin von seinen Eltern unterstützt. Ihre Weinberge liegen alle in Eichstetten, wo die Reben auf überwiegend süd- und südost-exponierten Terrassen wachsen. Spätburgunder und Grauburgunder sind die wichtigsten Rebsorten, gefolgt von Weißburgunder und Chardonnay. Dazu gibt es Scheurebe, Chardonnay, Riesling und Muskateller. Liköre und Brände ergänzen das Sortiment. 2017 wurde in einen Verkaufsraum und die betriebliche Erweiterung investiert.

Kollektion

Mit der neuen Kollektion legt Markus Weishaar weiter zu. Der Crémant ist besser denn je, zeigt feine rauchige Noten, ist harmonisch und elegant. Die Herrenbuck-Linie präsentiert sich sehr geschlossen, die Weine sind reintönig und fruchtbetont, sehr geradlinig, unsere leichte Präferenz gilt dem gelbfruchtigen Grauburgunder, dem zupackenden Sauvignon Blanc, dem intensiven, lebhaften Muskateller und dem wunderschön fruchtbetonten Rosé Saignée. Eine weitere Steigerung bringt die Dreistern-Linie. Der Weißburgunder ist füllig, kraftvoll, besitzt gute Struktur und Frucht, der Grauburgunder ist ein wenig von Vanillenoten geprägt, besitzt Substanz und Kraft, der Chardonnay ist recht würzig und ebenfalls kraftvoll und konzentriert. Highlight ist der teilweise mit Rappen vergorene, zwölf Monate im gebrauchten Barrique ausgebaute Spätburgunder Rappen, der herrlich eindringlich und reintönig ist. Weiter im Aufwind!

Weinbewertung

87 2019 Crémant brut nature | 12%/13,90€
84 2021 Weißburgunder trocken Eichstetter Herrenbuck | 13%/7,90€
85 2021 Grauburgunder trocken Eichstetter Herrenbuck | 13%/7,90€
84 2021 Weißburgunder & Chardonnay trocken Eichstetter Herrenbuck | 13%/8,90€
85 2021 Sauvignon Blanc trocken Eichstetter Herrenbuck | 12%/8,90€
83 2021 Scheurebe trocken Eichstetter Herrenbuck | 12%/8,90€
85 2021 Gelber Muskateller trocken Eichstetter Herrenbuck | 12,5%/8,90€
88 2020 Weißer Burgunder trocken „Dreistern" Eichstetter Herrenbuck | 13,5%/14,90€
87 2020 Grauer Burgunder trocken „Dreistern" Eichstetter Herrenbuck | 14%/14,90€
88 2020 Chardonnay trocken „Dreistern" Eichstetter Herrenbuck | 13,5%/14,90€
85 2021 „Saignée" Rosé trocken Eichstetter Herrenbuck | 12,5%/7,90€
89 2020 Spätburgunder trocken „Rappen" Eichstetter Herrenbuck | 14%/8,90€ ☺

★★☆

Weitzel

Kontakt
Bio-Weingut
Elke & Eckhard Weitzel
Backesgasse 7, 55218
Ingelheim-Großwinternheim
Tel. 06130-447
Fax: 06130-8438
www.biowein-weitzel.de
eweitzel@biowein-weitzel.de

Besuchszeiten
werktags nach Vereinbarung

Inhaber/Betriebsleiter
Eckhard & Elke Weitzel
Kellermeister
Eckhard Weitzel, Julia Kiebler
Rebfläche
7 Hektar
Produktion
35.000 Flaschen

Eckhard und Elke Weitzel führen das Gut in dritter Generation. Sie stellten 1993 auf ökologischen Weinbau um, sind seit 2013 Mitglied bei Bioland. Die Weinberge liegen in Großwinternheim, gut die Hälfte davon in der Lage Bockstein, einem von Trockenmauern durchzogenen Südhang mit Kalksteinverwitterungsböden und einer Steigung von bis zu 45 Prozent. Rote Sorten nehmen 60 Prozent der Fläche ein. Neben Portugieser und Spätburgunder gibt es Cabernet Sauvignon, St. Laurent und Dornfelder. Die Rotweine werden entrappt und etwa 8 Tage lang maischevergoren und anschließend im Holz ausgebaut. Bei den Weißweinen dominiert Riesling, dazu gibt es Grauburgunder, Weißburgunder, Silvaner und Morio-Muskat, die Weißweine werden kühl und langsam vergoren. Seit 2006 arbeitet Tochter Romy, Weinbautechnikerin, im Betrieb mit; Enkeltochter Julia hat 2021 ihr Geisenheim-Studium begonnen, war an der Vinifikation der 2021er Weine beteiligt.

Kollektion

Die meisten der präsentierten Weißweine hatten wir schon im vergangenen Jahr verkosten können, sie bestätigen den Eindruck des Vorjahres und zeigen, dass Eckhard Weitzels Weißweinen ein wenig Flaschenreife gut zu Gesicht steht. Die beiden Terrassen-Rieslinge sind füllig und saftig, der 2019er entwickelt feine Reifenoten im Bouquet, beim 2020er kontrastiert die Süße mit salzig-mineralischen Noten. Neu sind die beiden Weißburgunder aus dem Jahrgang 2021: Der Ingelheimer Ortswein ist fruchtbetont und würzig im Bouquet, lebhaft, frisch und zupackend im Mund, die trockene Spätlese von alten Reben ist noch etwas würziger und eindringlich, noch etwas fülliger und saftiger, besitzt reife Frucht und gute Struktur. Beim Cabernet Sauvignon aus dem Jahrgang 2018 sind die Tannine heute etwas präsenter als vor einem Jahr, er zeigt klare reife Frucht, etwas Cassis, besitzt gute Substanz und reife Frucht. Unter den beiden Terrassen-Spätburgunder ist eindeutig der 2019er unser Favorit, er besitzt kräftige, noch jugendliche Tannine, aber auch viel Frische, gute Struktur und reintönige Frucht. Gute, sehr gleichmäßige Kollektion!

Weinbewertung

83 2021 Weißer Burgunder trocken Ingelheimer | 12%/6,50€
85 2020 Grauer Burgunder Spätlese trocken Groß-Winternheimer Bockstein | 13,5%/7,50€
85 2020 Riesling Spätlese trocken Groß-Winternheimer Bockstein | 13%/8,90€
88 2019 Riesling Spätlese trocken Terrasse Groß-Winternheimer Bockstein | 13,5%/16,50€
87 2020 Riesling Spätlese trocken Terrasse Groß-Winternheimer Bockstein | 13%/12,50€
85 2021 Weißer Burgunder Spätlese trocken „Alte Reben" Ingelheimer | 12,5%/8,90€
86 2018 Cabernet Sauvignon trocken Groß-Winternheimer Bockstein | 14,5%/14,50€
84 2018 Spätburgunder trocken Terrasse Groß-Winternheimer Bockstein | 13,5%/10,50€
87 2019 Spätburgunder trocken Terrasse Groß-Winternheimer Bockstein | 13,5%/16,50€

Weingut Weitzel

★★★★

Weltner

Kontakt
Wiesenbronner Straße 17
97348 Rödelsee
Tel. 09323-3646, Fax: -3846
www.weingut-weltner.de
info@weingut-weltner.de

Besuchszeiten
Mo.-Fr. 9-12 + 13:30-18 Uhr
Sa. 10-15 Uhr

Inhaber
Paul Weltner
Kellermeister
Paul Weltner
Rebfläche
11 Hektar
Produktion
70.000 Flaschen

Seit dem 16. Jahrhundert betreibt die Familie Weinbau, seit vier Generationen in Rödelsee. Seit 2005 führt Paul Weltner das Gut. Seine Weinberge liegen an den südwestlichen Hängen des Schwanberges, in den Rödelseer Lagen Küchenmeister – mit der Hoheleite – und Schwanleite sowie im Iphöfer Julius-Echter-Berg. Seine wichtigste Lage ist der Küchenmeister, dessen Boden aus Schilfsandstein und Dolomit, Gipskeuper und tonigem Mergel mit großen Anteilen an Kalk, Kalium und Magnesium besteht. Aus der Gewanne Hoheleite im Küchenmeister erzeugt er seine Großen Gewächse. Die an den Küchenmeister angrenzende Lage Schwanleite ist überwiegend nach Westen exponiert. Der Boden besteht aus dem gleichen Mineralienmix wie im Küchenmeister, vor allem im vorderen, an den Küchenmeister angrenzenden Teil der Schwanleite, wo Paul Weltner alte Scheurebe- und Silvanerreben stehen hat. Südöstlich grenzt an den Küchenmeister der Julius-Echter-Berg, dort baut Paul Weltner Silvaner, Riesling und Weißburgunder an. Mehr als die Hälfte seiner Weinberge ist mit Silvaner bestockt, dazu gibt es Riesling, Weißburgunder, Müller-Thurgau, Scheurebe und Sauvignon Blanc, aber auch Spätburgunder und Domina. 90 Prozent der Weine werden trocken ausgebaut. Das Programm ist vierstufig gegliedert in Gutsweine, Ortsweine, dann folgen die Erste Lage-Weine aus den Lagen Küchenmeister, Schwanleite (mit Silvaner und Scheurebe von 1968 gepflanzten Reben) und Julius-Echter-Berg, an der Spitze stehen die beiden Großen Gewächse aus der Hoheleite, Silvaner und Riesling, Letzterer wurde erstmals im Jahrgang 2012 als Großes Gewächs erzeugt. Schon seit der ersten Ausgabe empfehlen wir die Weine von Paul Weltner, schon damals waren wir sehr angetan von der Frische und Reintönigkeit aller Weine, aller Rebsorten. Seither ist es stetig weiter vorangegangen, die Weine haben an Fülle und Ausdruck gewonnen ohne diese Reintönigkeit zu verlieren, von den Gutsweinen bis hin zur Spitze sind alle Kollektionen immer sehr zuverlässig.

Kollektion

Der Gutssylvaner von Paul Weltner war immer schon leicht, fruchtbetont und klar, 2021 liegt er nochmals niedriger im Alkohol – aber man vermisst nichts, er besticht mit Frische und Reintönigkeit: Trinkvergnügen pur! Auch die Ortsweine sind 2021 besonders niedrig im Alkohol, den man auch hier nicht vermisst. Der Sylvaner ist wunderschön harmonisch und reintönig, besitzt feine Frucht, Frische und Grip, die Scheurebe besticht ebenfalls durch ihre Reintönigkeit, zeigt viel Frische schon im Bouquet, ist lebhaft, klar und zupackend im Mund, besitzt jahrgangstypischen Grip. Neu für uns ist der Rödelseer Weißburgunder, der ebenfalls wunderschön reintönig und frisch ist, gute Struktur, feine Säure und Grip besitzt. Der Erste Lage-Weißburgunder ist im Vergleich zum Ortswein deutlich fülliger, setzt aber ebenfalls ganz auf Frische und reintönige Frucht. Der Riesling vom Küchenmeister ist würzig und eindringlich im Bouquet, besitzt viel Frucht im Mund, feine Säure und viel Grip. Viel Grip hat auch der Sauvignon Blanc, der etwas Stachelbeeren im Bouquet zeigt, ein wenig auch Tropenfrüchte, herrlich klar und zupackend dann im Mund ist. Viel Freude bereitet auch im Jahrgang 2021 wieder die Scheurebe von alten Reben in der Schwanleite, zeigt faszinierend reintönige Frucht, etwas Holunder, Cassis, ist quicklebendig im Mund, besitzt viel Frucht und Grip. Das Trio der Erste Lage-Sylvaner liefert sich auch im Jahrgang 2021 wieder ein Kopf-an-Kopf-Rennen. Der Wein aus dem Küchenmeister ist wunderschön reintönig und harmonisch, besitzt viel Frucht, Frische und Biss, sein Kollege aus dem Julius-Echter-Berg ist deutlich würziger und kompakter, er ist der fülligste der drei Weine, der Sylvaner von alten Reben in der Schwanleite ist faszinierend reintönig schon im Bouquet, besitzt viel klare Frucht im Mund, Frische, Struktur und Länge. An der Spitze der Kollektion stehen wie in jedem Jahr die beiden Großen Gewächse aus der Hoheleite. Der Riesling ist enorm eigenständig, zeigt viel Würze im Bouquet, ist präzise und druckvoll im Mund, besitzt gute Struktur, Substanz und Grip, etwas Zeit auf der Flasche wird ihm noch guttun. Das gilt auch für den Sylvaner, der ohnehin hervorragend reift, weswegen man ihn nicht zu jung trinken sollte. Im Jahrgang 2021 zeigt er viel Frucht und Intensität im Bouquet, ist herrlich eindringlich, besitzt Fülle, Kraft und Grip im Mund, reintönige Frucht und jugendlichen Biss.

Weinbewertung

86 2021 Sylvaner trocken | 11,5%/8,80€
88 2021 Sylvaner trocken Rödelsee | 12%/11,50€
87 2021 Scheurebe trocken Rödelsee | 12%/11,-€
87 2021 Weißer Burgunder Rödelsee | 12%/11,-€
89 2021 Sylvaner trocken Rödelseer Küchenmeister | 12,5%/16,50€
89 2021 Sylvaner trocken „Alte Reben" Rödelseer Schwanleite | 12%/16,50€
88 2021 Sylvaner trocken Iphöfer Julius-Echter-Berg | 13%/16,50€
89 2021 Riesling trocken Rödelseer Küchenmeister | 12%/16,50€
89 2021 Weißer Burgunder trocken Rödelseer Küchenmeister | 13%/16,50€
88 2021 Sauvignon Blanc trocken | 12,5%/16,50€
89 2021 Scheurebe trocken „Alte Reben" Rödelseer Schwanleite | 12%/16,50€
93 2021 Sylvaner „GG" Rödelsee Hoheleite | 13%/38,-€
93 2021 Riesling „GG" Rödelsee Hoheleite | 12,5%/36,-€

Lagen
Küchenmeister (Rödelsee)
Hoheleite (Rödelsee)
Schwanleite (Rödelsee)
Julius-Echter-Berg (Iphofen)

Rebsorten
Silvaner (55%)
Riesling (15%)
Scheurebe (10%)
Weißburgunder
Sauvignon Blanc
Spätburgunder

★★★

Arndt F. Werner

Kontakt
Mainzer Straße 97
55218 Ingelheim
Tel. 06132-1090
Fax: 06132-431335
www.weingutwerner.de
info@weingutwerner.de

Besuchszeiten
Di.-Fr. 9-12:30 + 14-18 Uhr, Sa. 9:30-14 Uhr, nach Anmeldung; Weinseminare, Führungen durch die Kaiserpfalz; Hoffest im Sommer

Inhaber/Betriebsleiter
Familie Werner
Kellermeister
Thomas Werner
Außenbetrieb
Christian Dickenscheid
Rebfläche 20 Hektar
Produktion 100.000 Flaschen

Thomas Werner ist, nach Geisenheim-Studium, heute für Keller und Betrieb verantwortlich, er setzt verstärkt auf Spontangärung, teilweise zusammen mit langer Maischestandzeit oder Maischegärung. Anfang der achtziger Jahre hatte sein Vater Arndt Werner, Diplom-Geograph, das 1819 gegründete Gut übernommen, mit damals 3 Hektar Weinbergen, und mit der Umstellung auf ökologischen Weinbau begonnen. 1983 gründete er mit gleich denkenden Winzern den ersten Verband ökologischer Winzer in Deutschland. Heute ist man Mitglied bei Ecovin und Bioland. Darüber hinaus ist das Weingut Demonstrations-Ökoweingut des Bundesministeriums für Landwirtschaft und Verbraucherschutz. An roten Sorten gibt es Spätburgunder, Portugieser, Frühburgunder, Regent und Cabernet Sauvignon, ergänzt um die weißen Sorten Riesling, Silvaner und Chardonnay, Grau- und Weißburgunder, sowie Cabernet Blanc; man setzt den Fokus verstärkt auf die Burgundersorten, auch Syrah wurde gepflanzt.

Kollektion

Die Weißweine sind in der Spitze stark wie nie. Der Weißburgunder vom Lottenstück ist füllig, kraftvoll, besitzt Struktur und viel Frucht, der Silvaner vom Johannisberg ist sehr offen, füllig, saftig, aber auch komplex, der Chardonnay vom Lottenstück punktet mit Konzentration und rauchigen Noten, vereint Fülle und Kraft mit klarer reifer Frucht. Spannend ist auch wieder der Orange, der zu gleichen Teilen aus Weiß-, Grauburgunder und Gewürztraminer besteht, zusammen drei Wochen auf der Maische vergoren, dann im Tonneau ausgebaut, ohne zugesetztem Schwefel, ein intensiver, stoffiger, sehr dominanter Wein. Die Rotweine sind allesamt sehr gut. Der Ingelheimer Pinot Noir ist fruchtbetont, intensiv, reintönig, die intensive Frucht des Lottenstück-Frühburgunders wird von kräftigen Tanninen in Zaum gehalten, der Spätburgunder vom Sonnenhang ist ebenfalls intensiv, kraftvoll und konzentriert. Ganz starke Kollektion!

Weinbewertung

83 2021 Riesling trocken | 12%/7,80€
83 2021 Weißer Burgunder trocken | 12,5%/7,80€
86 2020 Riesling trocken Ingelheimer Steinacker | 13%/14,80€
89 2021 Weißer Burgunder trocken Ingelheimer Lottenstück | 12,5%/14,80€
86 2021 Chardonnay trocken Ingelheimer | 12,5%/11,80€
88 2021 Silvaner trocken Gau-Algesheimer Johannisberg | 13%/13,80€
89 2021 Chardonnay trocken „Aula Regia“ Ingelheimer Lottenstück | 12,5%/14,80€
89 2020 „Orange^{3}“ Weißwein | 12,5%/19,80€
85 2021 Blauer Portugieser trocken Gau-Algesheimer | 13,5%/10,80€
87 2019 Pinot Noir trocken Ingelheimer | 13,5%/14,80€
88 2019 Blauer Frühburgunder trocken Ingelheimer Lottenstück | 13,5%/24,80€
89 2019 Blauer Spätburgunder trocken Ingelheimer Sonnenhang | 13%/24,80€

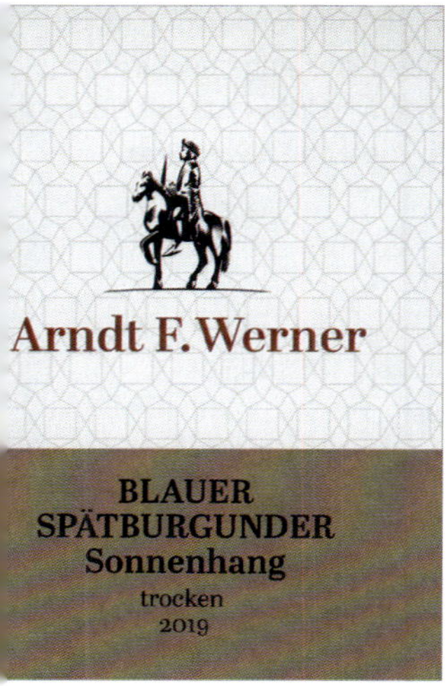

★★★

Werner

Kontakt
Römerstraße 17
54340 Leiwen
Tel. 06507-4341
Fax: 06507-8355
www.weingut-werner.de
weingut1@aol.com

Besuchszeiten
Mo.-Do. 10-12 + 14-18 Uhr
Sa. nach Vereinbarung

Inhaber
Bernhard & Margaret Werner
Betriebsleiter
Bernhard Werner
Kellermeister
Bernhard Werner
Außenbetrieb
Bernhard Werner
Rebfläche
6,5 Hektar
Produktion
45.000 Flaschen

Bernhard Werner war Gründungsmitglied und fast zehn Jahre Vorsitzender der „Vereinigung der Leiwener Jungwinzer", die seit Mitte der achtziger Jahre mit hochwertigen Rieslingen auf sich aufmerksam machen. Seine Weinberge liegen im Schweicher Annaberg, der Trittenheimer Apotheke sowie den Leiwener Lagen Laurentiuslay und Klostergarten. Neben 85 Prozent Riesling baut er 10 Prozent Spätburgunder sowie ein wenig St. Laurent und Müller-Thurgau an, inzwischen auch eine kleine Fläche Sauvignon Blanc. Die Weine werden spontanvergoren und im klassischen Fuder ausgebaut; die trockenen Rieslinge werden teilweise gegen Ende des Gärverlaufs nochmals mit Reinzuchthefen beimpft, um in den trockenen Bereich zu gelangen. 80 Prozent seiner Weine baut Bernhard Werner trocken oder halbtrocken aus.

Kollektion

Offen wirkt der Sauvignon Blanc vom Quarz mit fruchtigen, nur ganz leicht kräuterig-blättrigen Noten, im Mund besitzt er eine beachtliche Fülle und Würze, dazu Schmelz, ist aber komplett trocken – eine ganz eigene Interpretation dieser Rebsorte. Das Große Gewächs aus dem Jahrgang 2021 ist noch sehr verschlossen mit kräuterig-würzigem Eindruck, im Mund straff, puristisch, frisch mit knackiger Säure, im Sommer 2022 schwer zu beurteilen. Beim Großen Gewächs aus dem Schweicher Annaberg ist das ganz anders, denn es stammt aus 2020: Der Wein wirkt viel offener, mit klarer Frucht, ist im Mund aber ebenfalls fest, trocken und würzig, zeigt die Lage, aber auch den Stil des Hauses. Enorm rassig wirkt die Spätlese, die Süße ist perfekt integriert. Bei der Auslese ist die Frucht schon deutlich reifer, es sind Noten von Steinobst und frischer Melone zu spüren, auch etwas Zitrus, im Mund zeigt sich ein fester und würziger Wein mit überraschendem Grip im Nachhall. Die Beerenauslese zeigt eine typische, leicht cremige Frucht, ist reintönig, elegant, dank der Säure sehr erfrischend. Anklänge an Zitrusschale und eine sehr kühle, präzise Art zeigt der Eiswein; er beweist mit seiner Klarheit, wie gut hier auch im edelsüßen Bereich gearbeitet wird.

Weinbewertung

86 2021 Sauvignon Blanc trocken „Vom Quarz" I 13,5%/16,50€
87 2021 Riesling trocken Annaberg I 12%/13,50€
89+ 2021 Riesling trocken „GG" Trittenheimer Apotheke I 12,5%/24,50€
90 2020 Riesling trocken „GG" Schweicher Annaberg I 12,5%/22,50€
87 2021 Riesling Kabinett „feinherb" Trittenheimer Apotheke I 10,5%/9,50€
87 2021 Riesling „feinherb" Laurentiuslay I 10,5%/13,50€
88 2021 Riesling Spätlese Annaberg I 9%/13,50€
91 2021 Riesling Auslese „wurzelecht" Trittenheimer Apotheke I 8%/Vst.
92 2021 Riesling Beerenauslese Schweicher Annaberg I 8%/39,-€/0,375l
93 2021 Riesling Eiswein Leiwener Klostergarten I 8%/35,-€/0,375l

Domdechant Werner

Kontakt
Domdechant Werner'sches Weingut
Rathausstraße 30,
Postfach 1205
65234 Hochheim
Tel. 06146-835037
Fax: 06146-835038
www.domdechantwerner.com
weingut@
domdechantwerner.com

Besuchszeiten
nach Vereinbarung

Inhaber
Dr. Franz-Werner Michel
Betriebsleiter
Michael Bott
Rebfläche
13 Hektar
Produktion
100.000 Flaschen

Dr. Franz Werner Michel, ehemaliger Vorstand des Deutschen Weininstituts, ist mit über 90 Jahren immer noch im Weingut aktiv, in einem jahrelangen schleichenden Übergang sind die meisten Tätigkeitsbereiche aber mittlerweile an seine Tochter Catharina Mauritz übergegangen. Die Betriebswirtin leitet das 1780 gegründete Weingut in achter Generation. Als technischer Betriebsleiter ist schon seit 2006 Michael Bott für Keller und Weinberge verantwortlich. Die Lagen befinden sich alle in Hochheim, wo Riesling dominiert, der 98 Prozent der Weingutsfläche ausmacht. Auf einigen wenigen Pinot-Flächen produziert die Familie außerdem Rotwein und Rosé. Da Michel und Mauritz die Struktur durch Holzfässer als unpassend für die Wein-Stilistik ihrer kalkhaltigen Hochheimer Böden empfinden, gären und reifen die Rieslinge ausschließlich im Stahltank.

Kollektion

Dass die Gutsweine des Traditionsbetriebs vor allem von ihrer klaren und ausgewogenen Frucht leben, verdeutlicht schon der Guts-Riesling, der Aromen von Grünem Apfel und dezent Aprikose mitbringt, ähnlich der Hochheimer Ortswein. Die beiden Erste Lagen-Rieslinge stellen immer noch die Frucht in den Vordergrund, sind aber vielschichtiger. Besonders Domdechaney zeigt auch die eine oder andere Ecke und Kante, Kirchenstück lebt von Zitrus und gelber Frucht. Das Große Gewächs aus dem Jahr 2020 ist nachhaltiger im Mund, bringt Blüten und Aromen von weißem Pfirsich mit. Mit Luft deuten sich cremige Nuancen an. Spätlese und Kabinett sind verspielt, klar und balanciert in Fruchtsüße und Säure. Die Weine aus 2015, 2018 und 2019 deuten an, dass die Weine durchaus einige Jahre liegen können, besonders die Süßweine. Auf dem Höhepunkt dürfte in diesem Sinn derzeit die 2015er Auslese aus der Domdechaney sein, die eine gute eindringliche Fruchtsüße und eine geschliffene Säure aufweist.

Weinbewertung

84 2021 Riesling trocken | 12,5%/10,-€
84 2021 Riesling trocken Hochheimer | 12,5%/13,-€
85 2019 Riesling trocken Hochheimer Domdechaney | 13,5%/18,50€
86 2021 Riesling trocken Hochheimer Domdechaney | 12,5%/18,50€
86 2019 Riesling trocken Hochheimer Kirchenstück | 13%/18,50€
86 2021 Riesling trocken Hochheimer Kirchenstück | 12,5%/16,-€
87 2018 Riesling trocken Großes Gewächs Kirchenstück | 12,5%/28,-€
89 2020 Riesling trocken Großes Gewächs Kirchenstück Im Stein | 12,5%/28,-€
84 2021 Riesling „feinherb" Classic | 12%/12,-€
85 2021 Riesling Kabinett Hochheim | 9,5%/12,-€
85 2020 Riesling Spätlese Hochheimer Kirchenstück | 9%/16,-€
87 2015 Riesling Auslese Hochheimer Domdechaney | 10%/27,-€

W

Wernersbach

★★★½

Kontakt
Spitalstraße 41
67596 Dittelsheim-Heßloch
Tel. 06244-4477
Fax: 06244-249
www.wernersbach-weine.de
weingut@wernersbach-weine.de

Besuchszeiten
nach Vereinbarung

Inhaber
Stephan Wernersbach
Rebfläche
11 Hektar
Produktion
130.000 Flaschen

Das Weingut in seiner heutigen Form wurde 1941 gegründet, doch lässt sich bis ins 17. Jahrhundert zurück Weinbau in der Familie nachweisen. 2005, noch während seines Studiums, hat Stephan Wernersbach die Weinberge übernommen, die von seinen Eltern als „Hobby" bewirtschaftet wurden; mit seinem Bruder Florian und den Eltern baute er das Gut auf. Die Weinberge liegen in Hessloch (Edle Weingärten, Liebfrauenberg, Mondschein), Dittelsheim (Geiersberg), Bechtheim (Hasensprung) und Westhofen (Aulerde). Riesling, Silvaner, die Burgundersorten und Portugieser dominieren im Sortiment, hinzu kommen Sorten wie Scheurebe, Gelber Muskateller, Spätburgunder, Chardonnay, Würzer, Cabernet Sauvignon und Cabernet Dorio. Zuletzt wurden ein Silvaner-Weinberg im Liebfrauenberg und ein Riesling-Weinberg in der Gewann Löwenberg (Hasensprung) zugekauft.

Kollektion

Eine starke Kollektion präsentiert Stephan Wernersbach auch in diesem Jahr. Die Gutsweine sind bestechend gleichmäßig, reintönig und fruchtbetont, besitzen feine Frische und Grip. Im Ortsweinsegment gefallen uns die beiden Rieslinge besonders gut, der Bechtheimer ist würzig, druckvoll, frisch, zupackend, der Hesslocher ist etwas druckvoller, besitzt klare Frucht und Grip. Diesen jahrgangstypischen Grip mit kräftiger Säure besitzen auch die beiden Lagenrieslinge. Der Wein aus der Aulerde ist konzentriert, herrlich eindringlich und reintönig, besitzt Fülle und Saft, viel klare Frucht und Biss. Der Mondschein-Riesling ist etwas würziger, ebenso eindringlich, klar und zupackend, besitzt feine Frucht und Grip. Der Chardonnay ist sehr jugendlich, Scheurebe und Muskateller sind wunderschön reintönig. Die 2018er Rotweine hatten wir mit kürzerem Barriqueausbau schon einmal verkostet, sie besitzen Kraft und Substanz.

Weinbewertung

84 2021 Grüner Silvaner trocken | 12,5%/7,50€
84 2021 Riesling trocken | 13%/7,50€
85 2021 Grauer Burgunder trocken | 12,5%/7,50€
84 2021 Sauvignon Blanc trocken | 12%/8,50€
84 2021 Weißer Burgunder trocken „vom Kalkstein" Hesslocher | 13%/9,50€
87 2021 Riesling trocken „Apertum" Hesslocher | 12,5%/9,50€
86 2018 Riesling trocken „vom Eisenerz" Bechtheimer | 13%/9,50€
86 2021 Chardonnay trocken „Ars Antiqua" | 12,5%/16,90€
85 2021 Scheurebe trocken „vom Kalkstein" Hesslocher | 13%/9,50€
85 2021 Gelber Muskateller trocken „vom Kalkstein" Hesslocher | 13%/9,50€
89 2021 Riesling trocken Westhofener Aulerde | 13,5%/16,90€
89 2021 Riesling trocken Hesslocher Mondschein | 13%/16,90€
87 2018 Cabernet Sauvignon trocken Heßlocher Liebfrauenberg | 13%/16,90€
86 2018 Blauer Portugieser trocken Heßlocher Edle Weingärten | 13,5%/16,90€

★★★

Werther Windisch

Kontakt
Schulstraße 3
55278 Mommenheim
Tel. 06138-9417665
www.werther-windisch.de
info@werther-windisch.de

Besuchszeiten
nach Vereinbarung

Inhaber
Jens Windisch
Betriebsleiter
Jens Windisch
Kellermeister
Jens Windisch
Außenbetrieb
Jens Windisch
Rebfläche
13 Hektar

2010 ist Jens Windisch in den Betrieb eingestiegen, den er von Grund auf erneuert hat. Er hatte seine Ausbildung bei Gröhl und Wagner-Stempel gemacht, ein Praktikum in Neuseeland (Johner Estate/Masterton), Sein Vater Hans-Albert Windisch hatte das Gut Anfang der achtziger Jahre von seinem Schwiegervater übernommen und den Mischbetrieb immer stärker auf Weinbau fokussiert. Sohn Jens hat dies konsequent weitergeführt. Die Weinberge liegen in den Harxheimer Lagen Schlossberg und Lieth, in Mommenheim, Zornheim und Selzen, zu 90 Prozent werden weiße Rebsorten angebaut. Wichtigste Rebsorte ist Silvaner, gefolgt von Weißburgunder, Riesling und Gewürztraminer, an roten Sorten gibt es Portugieser und Spätburgunder. Die Weine werden biologisch bewirtschaftet, zertifiziert seit 2020. Das Sortiment ist gegliedert in Guts-, Orts- („8°14‘ E“) und Lagenweine, von denen es zwei gibt, seit sich zum Silvaner Harxheimer Lieth mit dem Jahrgang 2013 ein Riesling aus dem Schlossberg gesellte.

Kollektion

Mit der neuen Kollektion legt Jens Windisch weiter zu. Der fruchtbetonte, lebhafte Liter-Riesling ist wie immer eine sichere Bank. Auch die Gutsweine sind fruchtbetont, sehr klar und sortentypisch. Die Ortsweine sind alle drei sehr gut: Der Silvaner ist eindringlich und zupackend, der Weißburgunder frisch, klar und kompakt, der Riesling punktet mit Würze, Struktur und Grip, Eine weitere Steigerung bieten die beiden Lagenweine. Der Lieth-Silvaner zeigt reintönige Frucht, Frische, ist klar und zupackend, besitzt Struktur und Grip. Unsere leichte Präferenz gilt im Jahrgang 2021 dem Riesling vom Schlossberg, der gute Konzentration und rauchige Noten zeigt, Fülle, Kraft und Substanz besitzt. Auch mit edelsüßem Riesling wartet Jens Windisch dieses Jahr auf, die Auslese, bei der Verkostung recht schwefelgeprägt, hat viel Biss, die Beerenauslese zeigt Noten von Litschi und kandierten Früchten; ein reintöniger Spätburgunder rundet die Kollektion ab.

Weinbewertung

82 2021 Riesling trocken (1l) | 11%/6,90€
84 2021 Silvaner trocken | 12%/8,50€
84 2021 Riesling trocken | 11,5%/8,50€
83 2021 Grauburgunder trocken | 12%/8,50€
85 2021 Silvaner trocken „8grad14minuten“ | 12,5%/12,-€
86 2021 Riesling trocken „8grad14minuten“ | 12%/12,-€
85 2021 Weißburgunder trocken „8grad14minuten“ | 13%/12,-€
88 2021 Silvaner trocken Harxheimer Lieth | 13%/20,-€
89 2021 Riesling trocken Harxheimer Schlossberg | 12%/20,-€
87 2021 Riesling Auslese | 7,5%/15,-€/0,5l
90 2021 Riesling Beerenauslese | 6%/0,375l
85 2020 Spätburgunder Gutswein trocken | 13,5%/8,50€

W
1105

★☆

Weyh

Kontakt
Röttgenweg 4
56333 Winningen
Tel. 02606-1858
Fax: 02606-1857
www.weingut-weyh.de
info@weingut-weyh.de

Besuchszeiten
Mo.-Sa. 9-18 Uhr
So. 10-17 Uhr
Veranstaltungen

Inhaber
Peter Weyh
Betriebsleiter
Peter Weyh
Kellermeister
Peter Weyh
Außenbetrieb
Peter Weyh
Rebfläche
6,5 Hektar
Produktion
35.000 Flaschen

Seit 1919 besteht das Weingut schon, vor wenigen Jahren wurde es von Peter Weyh übernommen. Der Winzer, der mit Parzellen in den berühmten Lagen Winninger Uhlen und Winninger Röttgen auftrumpfen kann, hat sich schnell darangemacht, die Weinqualität zu steigern, etwa mit niedrigen Erträgen und einer konsequenten Herausarbeitung der Vorzüge jeder einzelnen Parzelle. Herbizide werden nicht mehr verwendet, im Moment wird die Weißweinbereitung teilweise auf Holzfass umgestellt. Riesling spielt mit mehr als zwei Dritteln der Fläche die Hauptrolle, Spätburgunder und Weißburgunder sind mit jeweils zehn Prozent vertreten. Dazu kommen kleine Anteile Kerner und Regent.

Kollektion

Das Weingut stellt Weine aus nicht weniger als vier Jahrgängen an, darunter lediglich zwei 2021er. Der Sekt ist ein 2018er, erfreulich trocken, fest und würzig mit einer beginnenden Reife, er ist jetzt sehr schön zu trinken. Aus dem Jahrgang 2020 stammt der Riesling, frisch und würzig, auch der Weißburgunder ist 2020 gelesen worden; er besitzt eine gewisse Fülle, wirkt aber erfreulich trocken und fest, macht in seiner geradlinigen Art Spaß. Trocken sind auch der Schiefer-Riesling (saftig, zupackend, unkompliziert) aus 2020 und die beiden Lagenrieslinge aus 2019 respektive 2018. Erstgenannter stammt aus dem Röttgen, ist eigenständig und eigenwillig, mit vergleichsweise dunkler Farbe, in der Nase mit Anklängen an Kräuter, im Mund würzig mit leicht rustikaler Art und deutlichem Alkohol. Der 2018er Uhlen Laubach reifte zwei Jahre auf der Hefe, zeigt sich offen mit Schmelz und Würze, der Alkohol ist gut eingebunden – ein interessanter Stil von Riesling. Frisch und saftig ist der feinherbe Schiefer-Riesling, während der feinherbe Röttgen-Vertreter Noten von Apfel und Melone zeigt, saftig ist, fast trocken und nachhaltig. Offen ist die süße Uhlen-Spätlese, rassig und erfrischend. Sie entstammt dem Jahrgang 2021 und deutet an, dass auch in jenem Herbst Beachtliches geerntet wurde im Weingut Weyh.

Weinbewertung

84 2018 Riesling Sekt brut | 12,5%/16,-€
83 2020 Riesling trocken | 12%/7,-€
83 2020 Weißburgunder trocken | 12,5%/8,50€
83 2020 Riesling trocken „Schiefer“ | 12,5%/10,-€
85 2019 Riesling trocken Röttgen | 13,5%/20,-€
86 2018 Riesling trocken Uhlen Laubach | 12,5%/22,-€
83 2020 Riesling „feinherb“ | 11,5%/7,-€
84 2020 Riesling „feinherb“ „Schiefer“ | 11,5%/10,-€
86 2020 Riesling „feinherb“ Röttgen | 12,5%/20,-€
84 2021 Riesling Kabinett | 9%/8,50€
86 2021 Riesling Spätlese Uhlen | 9%/22,-€

★★★½

Ina Wihler

Kontakt
Kirchstraße 13
79241 Ihringen
Tel. 0176-41242123
www.wihlerwein.com
wihlerwein@outlook.de

Besuchszeiten
nach Vereinbarung
Vinothek im Weinhof;
Winter-Event, Weinproben und Weinwanderungen nach Vereinbarung

Inhaber
Ina Wihler
Betriebsleiter
Ina Wihler
Kellermeister
Ina Wihler
Außenbetrieb
Thomas Wihler
Rebfläche
3,8 Hektar
Produktion
25.000 Flaschen

Ina Wihler wollte die Weinberge ihrer Großmutter nicht verpachten und entschied sich, Winzerin zu werden. Sie studierte in Geisenheim und erzeugte 2016 den ersten Wein. Die Weinberge befinden sich in den Ihringer Lagen Winklerberg und Fohrenberg. Ina Wihler baut Grauburgunder, Weißburgunder, Spätburgunder, Cabernet Sauvignon, Chardonnay, Muskateller, Cabernet Blanc und Silvaner an. Seit 2017 arbeitet sie biologisch, die Zertifizierung begann 2020. Sie erzeugt biologisch-dynamisch hergestellte Naturweine und maischevergorene Orange-Weine. Bisher leitete Ina Wihler das Weingut im Nebenerwerb, in Zukunft wird sie sich ganz dem eigenen Betrieb widmen. Im Außenbetrieb wird sie von ihrem Freund und ihrem Vater unterstützt – und seit 2020 von acht Quessant-Schafen, die die Biodiversität in den Weinbergen fördern sollen. Die Trauben werden in einer alten Korbpresse schonend entsaftet, auch die weiteren Schritte der Weinbereitung erfolgen interventionsarm inklusive einer sehr geringen Schwefelung. Ina Wihler macht ausschließlich Landwein, damit kann sie frei und unabhängig arbeiten. 2021 wurde erstmals ein Apfelschaumwein erzeugt.

Kollektion

Auch in diesem Jahr präsentiert Ina Wihler wieder eine super-spannende kleine Kollektion an Naturweinen. Der Kaskade genannte Petnat hat von allem viel: Viel Frucht, viel Frische, viel Grip. Der Weißburgunder ist intensiv würzig im Bouquet, frisch, klar und zupackend im Mund, besitzt gute Struktur und Biss. Die Santis genannte Cuvée aus Rivaner und Chardonnay zeigt ebenfalls viel Frische im Bouquet, feine rauchige Noten, ist enorm lebhaft im Mund, frisch und zupackend, hat Struktur und viel Grip. Unser Favorit in diesem Jahr ist der Fontis genannte, maischevergorene Grauburgunder, der intensiv und enorm würzig im Bouquet ist, herrlich eindringlich, füllig und stoffig im Mund sich präsentiert, kraftvoll, gute Struktur und Substanz besitzt – eine spannende Interpretation der Rebsorte. Der Cabernet Sauvignon ist erstaunlich offen im Bouquet, zeigt reife Frucht, ganz dezent Kräuter, ist frisch und geradlinig im Mund bei guter Struktur. Ganz Struktur ist der Spätburgunder, sehr geradlinig und zupackend, besitzt feine Tannine und Grip.

Weinbewertung

87 „Kaskade" „Pétillant Naturel" Perlwein | 10,5 %/14,- €
87 2021 Weißburgunder | 12 %/11,50 €
88 2020 „Santis" Rivaner & Chardonnay | 11,5 %/19,- €
90 2020 „Fontis" | 12 %/19,- €
87 2020 Spätburgunder | 12,5 %/15,- €
87 2019 Cabernet Sauvignon | 13,5 %/18,- €

★★

Wild

Kontakt

Streuobstgarten 1
77723 Gengenbach
Tel. 07803-5555
www.wild-brennerei.de
manuel.wild@wild-brennerei.de

Besuchszeiten
Mo.-Sa. 9-18 Uhr
So. 11-15 Uhr
Stellplatz für Wohnmobile und Camper
Weinlounge & Terrasse, 7 Tage geöffnet

Inhaber
Franz Wild
Betriebsleiter
Manuel Wild
Kellermeister
Manuel Wild
Außenbetrieb
Manuel Wild
Rebfläche
10 Hektar
Produktion
80.000 Flaschen

Manuel Wild hat nach seinem Studium zusammen mit seinen Brüdern Maximilian und Lukas 2015 das Weingut Wild in Gengenbach gegründet, bis dahin wurden die Trauben an eine Genossenschaft abgeliefert. Für seine Edelbrände ist die Familie schon lange bekannt, kann diese Tradition bis ins Jahr 1855 zurückverfolgen. Manuel Wild hat Praktika bei verschiedenen badischen Weingütern absolviert, aber auch in Neuseeland und Burgund. Die Weinberge liegen jeweils zur Hälfte in Ortenberg und Gengenbach. Spätburgunder ist die wichtigste Rebsorte im Betrieb, nimmt 30 Prozent der Rebfläche ein, es folgen Grauburgunder und Chardonnay, Riesling, Müller-Thurgau, Weißburgunder und Sauvignon Blanc; zuletzt wurde mehr Chardonnay gepflanzt. Die Premiumweine werden spontanvergoren und durchlaufen den biologischen Säureabbau; sie werden im Barrique oder im großen Holzfass ausgebaut. Die Weine der Herzstück-Linie reifen für mindestens zwölf Monate ohne Schwefel im Barrique.

Kollektion

Nach einem beeindruckenden Debüt im vergangenen Jahr ist die neue Kollektion nochmals stärker. Schon die teilweise im Holz ausgebauten Gutsweine besitzen gute Struktur und Substanz, die fruchtbetonte, harmonische Heimat-Cuvée gefällt uns in dieser Kategorie besonders gut. Die Herzstück-Weine sind allesamt sehr gut. Der in zur Hälfte neuen Barriques ausgebaute Sauvignon Blanc Fumé ist würzig, kompakt, der Weißburgunder, genauso ausgebaut, ist rauchig, füllig, kraftvoll, der Grauburgunder besitzt viel Konzentration, reife Frucht und Substanz. Unser Favorit ist der Chardonnay, der viel Würze und gute Konzentration zeigt, füllig und saftig ist, viel reife Frucht, gute Struktur und Länge besitzt. Gleichauf sehen wir den einzigen präsentierten Rotwein, den Spätburgunder Herzstück, der zwölf Monate in komplett neuen Barriques ausgebaut wurde, viel Frische, Frucht und Kraft besitzt. Weiter so!

Weinbewertung

84 2021 Weißburgunder trocken | 12 %/9,50 €
84 2021 Grauburgunder trocken | 12,5 %/9,50 €
83 2021 Sauvignon Blanc trocken | 12,5 %/9,50 €
85 2021 „Heimat-Cuvée" Weißwein trocken | 12 %/9,50 €
84 2021 Chardonnay trocken | 12,5 %/9,50 €
83 2021 Riesling trocken „Alte Reben" | 12,5 %/9,50 €
87 2020 Weißburgunder trocken ***Herzstück*** | 13,5 %/17,50 €
84 2021 Chardonnay trocken ***Löss&Gneis*** | 12 %/12,50 €
87 2020 Grauburgunder trocken ***Herzstück*** | 13,5 %/17,50 €
85 2020 Sauvignon Blanc trocken „Fumé" ***Herzstück*** | 14 %/17,50 €
88 2020 Chardonnay trocken ***Herzstück*** | 13 %/17,50 €
88 2019 Spätburgunder trocken ***Herzstück*** | 13,5 %/19,50 €

WILD
Ungezähmter Genuss

★★★

Gut Wilhelmsberg

Kontakt
Innere-Sulzfelder Straße 14
97318 Kitzingen
Tel. 09231-4378
www.gut-wilhelmsberg.de
info@gut-wilhelmsberg.de

Besuchszeiten
Weinverkauf
Mo./Mi./Fr. 16-18:30 Uhr
Weinproben nach Vereinbarung

Inhaber
Markus Heid
Betriebsleiter
Lukas Herrmann
Rebfläche
7,5 Hektar
Produktion
40.000 Flaschen

GUT WILHELMSBERG

2018 hat eine Investorengruppe die 1845 gegründete Weinkellerei „Wilhelm Meuschel jr." in Kitzingen übernommen. Unter der Führung von Markus Heid aus Fellbach und mit Betriebsleiter Lukas Herrmann, der zuletzt bei Delegat's in Neuseeland gearbeitet hatte, soll das nun Gut Wilhelmsberg benannte Weingut sich nicht nur mit Weinen sondern auch Sekten am Markt etablieren. Unmittelbar mit der Übernahme wurde mit der Umstellung auf biologischen Weinbau begonnen. Dem Weingut gehört die 4,5 Hektar große Monopollage Wilhelmsberg, die ihren Namen Anfang des 20. Jahrhunderts zu Ehren des Firmengründers Wilhelm Meuschel erhielt, die Reben wachsen auf steinhaltigen Muschelkalkböden. Dazu ist man im Wiesenbronner Geißberg (Keuperböden) vertreten, inzwischen auch im Escherndorfer Lump, die Rebfläche soll weiter vergrößert werden. Ein Drittel der Rebfläche nimmt Silvaner ein, es folgen Müller-Thurgau, Spätburgunder, Riesling und Domina, dazu gibt es Bacchus, Dornfelder, Kerner, Traminer und Sauvignon Blanc. Der erste Jahrgang 2018 wurde unter dem Namen Manufaktur Wilhelmsberg abgefüllt, erst mit dem Jahrgang 2019, den die neue Mannschaft komplett begleitete, wurde der neue Name Gut Wilhelmsberg genutzt.

Kollektion

Der Silvaner-Sekt konnte schon in den Vorjahren punkten, der Blanc de Blancs ist harmonisch und lebhaft. Die weißen Gutsweine sind klar, kraftvoll und fruchtbetont, der Rosé besitzt Frische und Grip, der Rouge ist fruchtbetont, geradlinig und zupackend. Der 2020er Silvaner „Kalk & Keuper" besitzt Fülle, Kraft und Struktur, der 2019er Muschelkalk, ein Riesling mit 30 Gramm Restzucker, besitzt wunderschön reintönige Frucht und Grip. Ganz stark sind die drei Lagenweine: Der 2018er Riesling hat deutlich an Komplexität und Druck zugelegt, der 2020er Silvaner ist faszinierend reintönig und konzentriert, der Spätburgunder aus demselben Jahrgang besticht mir reintöniger Frucht, Präzision und Druck. Weiter klar im Aufwind!

Weinbewertung

88 2018 Silvaner Sekt Brut Nature | 12%/20,-€
86 „Blanc de Blancs" Sekt brut | 12%/11,-€
85 2021 Silvaner trocken | 11,5%/8,50€
84 2021 Riesling trocken | 12%/8,50€
86 2020 Silvaner trocken „Kalk & Keuper" | 12,5%/12,-€
89 2020 Silvaner trocken Kitzinger Wilhelmsberg | 12,5%/18,-€
89 2018 Riesling trocken Kitzinger Wilhelmsberg | 13%/16,-€
87 2019 „Muschelkalk" (Riesling Spätlese) | 9,5%/12,-€
85 2021 Rosé trocken | 11,5%/7,-€
85 2021 „Rouge" Rotwein trocken | 10,5%/14,-€
90 2020 Spätburgunder trocken Kitzinger Wilhelmsberg | 12,5%/18,-€

Wilhelmshof

Kontakt
Queichstraße 1
76833 Siebeldingen
Tel. 06345-919147
Fax: 06345-919148
www.wilhelmshof.de
mail@wilhelmshof.de

Besuchszeiten
Mo.-Fr. 8-12 + 13-18 Uhr
Sa. 9-16 Uhr
und nach Vereinbarung
Audio-Kellerführung auf
Anfrage, Online-Weinproben

Inhaber
Familie Roth-Ochocki
Betriebsleiter
Barbara Roth
Kellermeister
Thorsten Ochocki
Rebfläche
18,6 Hektar
Produktion
73.960 Flaschen

Christa und Herbert Roth, beide Diplom-Önologen, übernahmen 1975 den Wilhelmshof. Christa Roths Vater, Wilhelm Jung, hatte 1949 mit der Flaschenweinvermarktung begonnen. Christa und Wilhelm Roth strukturierten die Weinberge um, konzentrierten sich ganz auf Riesling, Weißburgunder, Spätburgunder und Grauburgunder. Und sie begannen Sekte zu erzeugen, mit denen sie sich bald auch außerhalb der Region einen Namen machten, die Sekte werden ausschließlich brut oder extra-brut angeboten. 2005 sind ihre Tochter Barbara und deren Ehemann Thorsten Ochocki in den Betrieb eingestiegen, den sie heute in der elften Generation leiten. Ab dem Jahrgang 2021 sind die Weine bio-zertifiziert.

Kollektion

In einer Kollektion auf gleichmäßig sehr gutem Niveau haben wir in diesem Jahr gleich vier Favoriten, darunter die beiden Privé-Sekte: Der Pinot B Privé zeigt ein komplexes Bouquet mit Aromen von Quitte, gelbem Apfel und etwas Kirsche, besitzt am Gaumen Schmelz, animierende Zitrusnoten und Grip, der Weißburgunder Privé zeigt dezente Hefewürze im Duft, dazu Noten von Birne, Quitte und Kräutern, ist am Gaumen füllig und cremig und besitzt Frische. Genauso stark sind der Spätburgunder „Wilhelm", der neben klarer, roter Frucht, Johannisbeere und Hagebutte, auch feine Röstnoten zeigt und am Gaumen sehr elegant ist bei noch leicht jugendlichen Tanninen, und der Grauburgunder von alten Reben, der kraftvoll und harmonisch ist und feine Holzwürze und viel klare Frucht mit Noten von Birne, Banane und Melone präsentiert. Daneben gibt es einer weitere Reihe an Weinen, die den Vier kaum nachstehen, der Weißburgunder von alten Reben zeigt deutliche Holzwürze, besitzt Kraft, Grip und ist sehr nachhaltig, der Riesling von alten Reben besitzt Fülle, dezentes Holz und viel klare Frucht, der Sonnenschein-Weißburgunder zeigt ebenfalls viel Frucht, hat Grip und Frische und der Blanc de Noirs-Sekt ist fruchtbetont und cremig mit dezenter Hefewürze.

Weinbewertung

86 2019 Riesling Sekt extra brut Siebeldinger Königsgarten | 12%/13,50€
88 2018 Pinot Noir „Blanc de Noirs" Sekt brut Siebeldinger Königsgarten | 12%/17,50€
89 2016 Weißer Burgunder „Privé" Sekt brut Siebeldinger im Sonnenschein | 12%/26,-€
89 2017 Pinot "B Privé" Sekt brut Siebeldingen Königsgarten | 12,5%/26,-€
85 2021 Riesling Kabinett trocken „Buntsandstein" Frankweiler | 11%/9,50€
86 2021 Weißer Burgunder Kabinett trocken „Muschelkalk" Siebeldingen | 12%/9,50€
88 2020 Riesling Spätlese trocken „Alte Reben" Im Sonnenschein | 12,5%/19,-€
88 2021 Weißer Burgunder Spätlese trocken Im Sonnenschein | 13%/14,-€
88 2020 Weißer Burgunder Spätlese trocken „Alte Reben" Im Sonnenschein | 14,5%/19,-€
89 2020 Grauer Burgunder Spätlese trocken „Alte Reben" Im Sonnenschein | 14%/19,-€
89 2019 Spätburgunder Spätlese trocken „Wilhelm Alte Reben" | 13%/40,-€

★

Udo Willems

Kontakt
Am Großschock 6
54329 Konz-Obermennig
Tel. 06501-18933
www.willemshof.de
u.willems@willemshof.de

Besuchszeiten
Mo.-Sa. nach Vereinbarung

Inhaber
Udo & Beate Willems
Kellermeister
Udo & Martin Willems
Außenbetrieb
Udo & Martin Willems
Rebfläche
10 Hektar
Produktion
60.000 Flaschen

Der Familienbetrieb wird heute von der 6. und der 7. Generation bewirtschaftet. Udo Willems und seine Frau Beate sind Inhaber, Udo und sein Sohn Martin teilen sich die Verantwortung für den Keller. Riesling macht nur 60 Prozent der Fläche aus, Spätburgunder, Weißburgunder, Müller-Thurgau und Grauburgunder sind wichtig, aber auch Sauvignon Blanc und Blaufränkisch sind im Anbau, dazu der für die Mosel extrem ungewöhnliche Grüne Veltliner. Bewirtschaftet werden Flächen im Niedermenniger Sonnenberg, im dortigen Herrenberg und im Euchariusberg, dazu auch im Krettnacher Euchariusberg und im Altenberg, sowie im Oberemmeler Karlsberg.

Kollektion

Das Rebsortenprogramm der Familie Willems unterscheidet sich deutlich von dem anderer Weingüter an der Mosel. Bei der Stilistik dagegen setzt man, wie anderswo, auf Frische, nutzt die Vorteile der Region aus. Puristisch trocken fallen die trockenen Weine freilich nicht aus, ein Hauch von Süße ist da und dort zu erahnen. Kohlensäure und einen gewissen Schmelz weist der trockene Weißburgunder auf, der Grüne Veltliner ist offen in der Nase, im Mund schön sortentypisch und saftig; er zeigt, dass diese Sorte sich durchaus eignet für den Anbau an der Saar. Schön stoffig ist die trockene Riesling Spätlese, zupackend und würzig. Bei den feinherben Weinen werden gleich zwei angestellt – der kraftvollere, würzigere Riesling mit der Zusatzbezeichnung MW gefällt noch besser als der „normale"; ersterer Wein ist auch straffer, würziger, weniger süß, insgesamt vibrierend. Sehr gelungen ist die nach Zitrus, Kernobst und Kräutern duftende, schön elegante Auslese aus dem Krettnacher Altenberg. Was den Rotwein angeht, einen Blaufränkisch (!) aus 2021: Er ist frisch, duftet ganz leicht nach Paprika, roten und schwarzen Beeren, etwas Sauerkirschen, ist im Mund würzig, frisch, mit einem recht süffig wirkenden Schmelz im Nachhall; ein interessanter Fingerzeig auf das, was man aus dieser Sorte machen kann an der Saar.

Weinbewertung

83 2021 Riesling trocken „Devonschiefer" | 12%/6,75€
82 2021 Weißburgunder trocken | 12,5%/6,25€
84 2021 Grüner Veltliner trocken | 12,5%/7,50€
85 2021 Riesling Spätlese trocken | 11,5%/8,25€
87 2021 Riesling „feinherb" „MW No 4" | 11%/8,75€
86 2021 Riesling Spätlese „feinherb" | 10,5%/8,25€
86 2021 Riesling Kabinett „MW" | 9,5%/8,75€
85 2021 Riesling Spätlese | 8,5%/8,25€
87 2021 Riesling Auslese Krettnacher Altenberg | 7,5%/12,-€
83 2021 Spätburgunder Rosé | 12%/6,25€
84 2021 Blaufränkisch | 12,5%/10,-€/0,5l

WILLEMS

★★★★

Willems-Willems

Kontakt
Mühlenstraße 13
54329 Konz-Oberemmel
Tel. 06501-15816
Fax: 06501-150387
www.weingut-willems.de
info@weingut-willems.de

Besuchszeiten
Mo.-Sa. 9-18 Uhr
Ferienappartments

Inhaber
Carolin & Jürgen Hofmann
Betriebsleiter
Miguel Louro
Kellermeister
Miguel Louro
Rebfläche
6,8 Hektar
Produktion
55.000 Flaschen

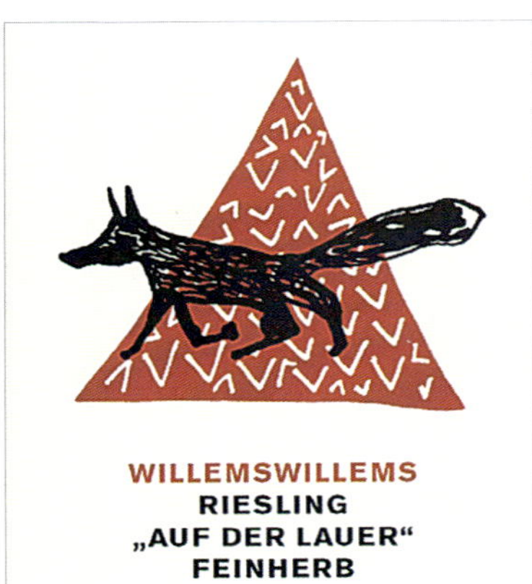

Maria Willems, geborene Willems, hat den Betrieb 1971 übernommen. Weil sie Karl Willems heiratete und beiden einen gemeinsamen Urahn hatten, entstand der Name Willems-Willems für das Weingut. Eine Heirat spielte auch bei der heutigen Chefin eine Rolle. Carolin Hofmann, geborene Willems, ist mit dem Winzer Jürgen Hofmann verheiratet, der allerdings nicht von der Saar, sondern aus Rheinhessen kommt. Gemeinsam führen sie heute die Weingüter Willems-Willems in Oberemmel und Hofmann in Appenheim. Ihre praktischen Erfahrungen sammelte Carolin Hofmann in Australien und Südafrika, sowie beim Deutzerhof an der Ahr. Der Aufstieg zu einem der führenden Saarweingüter war natürlich auch Peter Thelen zu verdanken, dem Betriebsleiter, der ständig an der Saar präsent ist, während Carolin und Jürgen Hofmann sehr oft aus Appenheim anreisen. Inzwischen ist Miguel Louro als Betriebsleiter und Kellermeister verantwortlich. Alle Entscheidungen in Keller und Weinberg werden natürlich gemeinsam getroffen, auch die Vermarktung der Weine von hier und von dort ist aufeinander abgestimmt. 80 Prozent der Rebfläche von insgesamt 6,8 Hektar nimmt Riesling ein, hinzu kommen Spätburgunder und Weißburgunder mit jeweils 10 Prozent. Die Weinberge liegen überwiegend in Oberemmel in den Lagen Altenberg (blauer Schiefer) und Rosenberg, sowie in Niedermennig im Herrenberg (rötlicher Schiefer), aber auch im Krettnacher Euchariusberg, wo alte, teils wurzelechte Reben stehen. Trockene und feinherbe Rieslinge werden ohne Prädikatsbezeichnungen angeboten, die nur noch für süße Weine verwendet werden. Die nominell besten Rieslinge kommen aus Altenberg und Herrenberg, der Riesling „Unter der Kapelle“ stammt von über 70 Jahre alten Reben aus dem Filetstück des Altenbergs. Die Rotweine werden maischevergoren und teils im Barrique ausgebaut. Ein Gästehaus mit acht Doppelzimmern und drei Ferienwohnungen steht zur Verfügung. Um das Gästehaus, das wie selbstverständlich zum Angebot des in seiner Region verwurzelten Betriebes gehört, kümmern sich Maria und Karl Willems. 2019 wurde mit der Umstellung auf biologischen Weinbau begonnen, das Weingut ist Mitglied bei Ecovin.

Kollektion

Das Weingut Willems-Willems ist keines, das auch nur ansatzweise plakative Weine machen würde. Die flüssigen Vertreter dieses Saarweinbetriebes sind oft zunächst eher unauffällig, in der Nase verhalten, zeigen erst allmählich, was in ihnen steckt. Das gilt übrigens für so ziemlich alle Jahrgänge, die eher warmen und die vergleichsweise kühlen. Aus 2021 wurde ein überschaubares Sortiment vorgestellt, das lediglich zwei trockene Weine beinhaltet. Der eine, der Schiefer-Riesling, präsentiert sich klar und fruchtig mit dezenten Kernobst- und Würznoten, im Mund ist er straff und recht würzig. Ein gelungener Einstieg in das Sortiment. Es folgt dann umstandslos der trockene Riesling aus dem Herrenberg, der vergleichsweise lange auf der Hefe lag und sich immer noch eher verschlossen präsentiert. Er wirkt leicht hefig, lässt aber auch Noten von Kräutern, später auch Kernobst erkennen; im Mund wirkt der Wein würzig und vibrierend, besitzt recht niedrigen Alkohol, die Säure ist gut eingebettet, Süße ist nicht zu spüren. So wirklich zeigt dieser Riesling allerdings erst am zweiten Tag, wie gut er ist. Ein wenig zugänglicher wirken dann zwei der drei vorgestellten feinherben Weine, die sich deutlich unterscheiden. Der Kabinett ist fein, schlank, besitzt merkliche Süße, die aber sehr gut eingebunden ist in das Gesamtpaket. Der Riesling Auf der Lauer wirkt ganz anders, ist würziger, besitzt bereits eine gewisse Tiefe, die Süße ist sehr verhalten, die Würze und die Länge sind überdurchschnittlich. Der feinherbe Lagenwein war zum Zeitpunkt der Verkostung im Spätsommer 2022 noch verhaltener als der trockene Lagenwein, zeigte aber mindestens im gleichen Maße innere Tiefe und Würze, eine vibrierende Art. Saarwein aus dem Jahrgang 2021 auf die beste Art. Die drei Kabinette unterscheiden sich in qualitativer Hinsicht nur wenig, sind alle wunderbar ausgewogen, rassig, die Süße ist in allen drei Fällen gut eingebunden, Substanz ist vorhanden. Am würzigsten und straffsten wirkt gerade der Kabinettriesling aus dem Oberemmeler Altenberg, am zugänglichsten präsentiert sich jener aus dem Niedermenniger Herrenberg. Was die Spätlese aus dem Karlsberg angeht: Sie ist noch deutlich verhalten, zeigt aber schon eine sehr beachtliche Würze und Rasse, die Süße ist sehr zurückhaltend. Ein wunderbar erfrischender, feiner, überzeugender Saarwein, der alle Vorzüge des Jahrgangs ausspielt.

Carolin Hofmann

Weinbewertung

86 2021 Riesling trocken „Schiefer“ Oberemmeler | 11%/11,50€
92 2021 Riesling trocken Herrenberg | 11,5%/25,-€
88 2021 Riesling „feinherb“ „Auf der Lauer“ Oberemmel | 10,5%/11,50€
87 2021 Riesling Kabinett „feinherb“ | 9%/8,80€
91 2021 Riesling „feinherb“ Altenberg | 9,5%/25,-€
89 2021 Riesling Kabinett Oberemmeler Altenberg | 8%/13,50€
89 2021 Riesling Kabinett Krettnacher Euchariusberg | 7,5%/13,50€
88 2021 Riesling Kabinett Niedermenniger Herrenberg | 8%/13,50€
90 2021 Riesling Spätlese Oberemmeler Karlsberg | 7%/14,50€ ☺

Lagen
Altenberg (Oberemmel)
Rosenberg (Oberemmel)
Karlsberg (Oberemmel)
Herrenberg (Niedermennig)
Euchariusberg (Krettnach)

Rebsorten
Riesling (80%)
Spätburgunder (10%)
Weißburgunder (10%)

Wind-Rabold

Kontakt
Wein- und Sektgut
Wind-Rabold
Gaisbergstraße 9
76835 Burrweiler
Tel. 06345-3692
Fax: 06345-5226
www.wind-rabold.de
wein@wind-rabold.de

Besuchszeiten
Mo.-Sa. 9-17 Uhr
oder nach Vereinbarung
Jahrgangspräsentation
(Ende April)
Sommergutsausschank
(im August)
Weinfest (Ende August)
Straußwirtschaft (Sept./Okt.)
Rotweinpräsentation im
Sandsteingewölbekeller
(im November)

Inhaber
Christoph, Rita & Josef
Rabold
Kellermeister
Christoph Rabold
Rebfläche
18 Hektar
Produktion
80.000 Flaschen

Rita und Josef Rabold führen das Weingut in fünfter Generation, seit 2014 unterstützt von Sohn Christoph, der mittlerweile zunehmend die Verantwortung im Keller und bei der Vermarktung übernimmt. Ihre Weinberge liegen vor allem in Burrweiler (Altenforst, Schäwer, Schlossgarten), aber auch in Hainfeld (Kapelle), Flemlingen, Böchingen und Arzheim. Dort wurde die Betriebsfläche in der Lage Kalmit, die von Landschnecken- und Muschelkalk geprägt ist, erweitert. Zwei Drittel der Weinberge nehmen weiße Sorten ein, vor allem Riesling, mit einem Flächenanteil von 28 Prozent, aber auch Müller-Thurgau, Weißburgunder, Grauburgunder, Silvaner, Chardonnay, Sauvignon Blanc, Auxerrois, Muskateller und Gewürztraminer. An roten Sorten gibt es Spätburgunder, Sankt Laurent, Dornfelder und Regent. Sekt spielt eine wichtige Rolle im Betrieb, bereits seit 1994 werden eigene Sekte erzeugt.

Kollektion

Christoph Rabolds Burgunder besitzen alle klare Frucht, Kraft und Fülle, der Auxerrois zeigt klare Aromen von Birne, Aprikose und auch florale Noten und besitzt gute Länge, der Weißburgunder ist ähnlich in der Aromatik, aber noch etwas kraftvoller. Die Rieslinge sind in diesem Jahr dagegen leicht verhalten, mit Ausnahme des spontan vergorenen, restsüßen Kalmit-Rieslings, der ein expressives Bouquet mit Noten von Aprikose und Limette zeigt und am Gaumen ein ausgewogenes Süße-Säure-Spiel besitzt, der leicht füllige Schiefer-Riesling ist von kräutrigen Noten und herber Zitrusfrucht geprägt. An der Spitze des Sortiments stehen zwei sehr gute Sekte, der über 60 Monate auf der Hefe ausgebaute Auxerrois zeigt Brotkruste, Zitrusnoten und etwas Quitte im Duft, besitzt am Gaumen Frische, ist harmonisch und animierend, der Cabernet Blanc-Sekt ist sehr aromatisch mit Noten von Pfirsich, Maracuja und etwas Stachelbeere und ist ebenfalls frisch und harmonisch.

Weinbewertung

87 2015 Auxerrois Sekt „CR“ zero dosage | 12,5%/25,50€
85 2020 Cabernet Blanc Sekt brut | 12,5%/11,30€
84 2021 Auxerrois trocken „Löss“ Arzheimer Seligmacher | 13%/7,30€
84 2021 Weißburgunder trocken „Muschelkalk“ Arzheimer Kalmit | 13,5%/7,10€
83 2021 Grauburgunder trocken | 13,5%/5,60€
83 2021 Chardonnay trocken | 13%/5,60€
82 2021 Sauvignon Blanc trocken | 12,5%/7,10€
84 2021 Riesling „Spontangärung“ Arzheimer Kalmit | 10%/8,50€/0,5l
83 2021 Riesling trocken „Muschelkalk“ Arzheimer Kalmit | 12,5%/7,10€
84 2021 Riesling trocken „Schiefer“ Burrweiler Altenforst | 12,5%/7,10€
81 2021 Riesling „feinherb“ Arzheimer Seligmacher | 13%/5,80€
83 2021 Rosé trocken „CR“ | 13%/7,80€

★★

Wingerath

Kontakt
Thörnischer Strasse 13
54340 Detzem
Tel. 0173-2991616
www.wingerath-wein.de
info@wingerath-wein.de

Besuchszeiten
nach Vereinbarung

Inhaber
Jens Wingerath
Betriebsleiter
Jens Wingerath
Kellermeister
Matthias Rauen
Außenbetrieb
Plamena Viezens
Rebfläche
0,65 Hektar
Produktion
1.450-2.000 Flaschen

Jens Wingerath ist Quereinsteiger, kommt eigentlich aus dem Automobil- und Produktdesign, nennt heute einen Weinhandel und das Weingut mit ca. 0,65 Hektar sein eigen. Im Herzstück der Detzemer Maximiner Klosterlay baut er Riesling und Spätburgunder in der kleinen Parzelle namens Im Öhlberg an. Die Leidenschaft hat er von seinem Vater, einem Weinhändler, der 1998 einen Weinberg an der Mosel übernahm und mit Unterstützung von Harald Rauen (Weingut Familie Rauen, Thörnich) bewirtschaftete. Jens Wingerath übernahm den Weinberg und intensivierte die Bemühungen. Seine Sauvignon Blancs entstammen auch weiterhin der freundschaftlichen Kooperation mit der Familie Rauen und der Lage Thörnicher Enggass. Der Vertrieb aller Weine erfolgt ausschließlich über die Firma Wingerath Wein in Stuttgart.

Kollektion

Zwei sehr unterschiedliche Sauvignon Blancs stellt das Weingut vor. Der 2021er ist frisch offensiv knackig, der 2020er ist verhaltener, kräuteriger, würziger, etwas voluminöser, den Jahrgang widerspiegelnd. Der trockene 2021er Detzemer Riesling von alten Reben ist verschlossen in der Nase eher würzig als fruchtig, mit deutlichen Noten von Kräutern ausgestattet. Im Mund ist er zupackend, würzig mit betont reifer Säure, ein spannender, Wein. Ganz anders der 2019er JW mit Hefewürze und Sanddornnoten, im Mund weich, würzig, im Nachhall wieder Sanddorn, sehr eigenwillig mit leichter Süße. Der 2021er Kabinett aus dem Öhlberg ist von Kernobst geprägt, sehr saftig, der 2020er gleicher Prädikatsstufe straffer und wirkt trockener. Spannend gerät die Spätlese aus 2014 (!). Eher auf der würzigen als auf der fruchtigen Seite ist der 2020er Rosé, der sehr verhalten in der Nase ist, sehr straff und trocken ausfällt; der 2021er wirkt etwas knackiger. Der in gebrauchten Barriques ausgebaute, unfiltriert abgefüllte Rotwein aus 2019 zeigt eine sehr feine, klare Frucht mit Kirsch- und Holunderwürze, ist im Mund saftig, frisch, zeigt animierende Säure und beachtliche Länge.

Weinbewertung

86 2020 Sauvignon Blanc trocken Thörnicher Engass | 13%/12,50€
85 2021 Sauvignon Blanc trocken Thörnicher Engass | 12%/12,50€
84 2020 Riesling Kabinett trocken Detzemer | 11,5%/12,50€
86 2021 Riesling trocken „Alte Reben" Detzemer Maximiner Klosterlay | 12%/12,50€
87 2020 Riesling Kabinett „Im Öhlberg" | 9,5%/13,50€
86 2021 Riesling Kabinett „Im Öhlberg alte Reben" | 8,5%/13,50€
87 2019 Riesling Spätlese „JW" Detzemer Maximiner Klosterlay | 10%/18,95€
86 2014 Riesling Spätlese Maximiner Klosterlay | 7,5%/18,95€
85 2020 Pinot Noir Rosé trocken | 12,5%/12,50€
84 2021 Pinot Noir Rosé trocken | 11%/12,50€
87 2019 Pinot Noir trocken „Im Öhlberg" | 13%/16,95€

★★

Winkler

Kontakt
Stockheimer Straße 13
74336 Brackenheim
Tel. 07135-13023
www.winklerwein.de
info@winklerwein.de

Besuchszeiten
Weinverkauf:
Mo.-Fr. 18-20 Uhr
Sa. 9-16 Uhr
Besenwirtschaft
„Uff'm Scheuraboda"
(Termine siehe Webseite)
Wohnmobilstellplätze

Inhaber
Thomas Winkler
Betriebsleiter
Thomas Winkler
Kellermeister
Markus Winkler
Außenbetrieb
Markus & Thomas Winkler
Rebfläche
5,5 Hektar

WEINGUT WINKLER
BRACKENHEIM·WÜRTTEMBERG

Thomas Winkler führt diesen Brackenheimer Familienbetrieb, Sohn Markus Winkler ist für den Weinausbau verantwortlich. Die Weinberge liegen in den Brackenheimer Lagen Zweifelberg und Wolfsaugen sowie im Haberschlachter Dachsberg, die Reben wachsen auf Gipskeuperböden. Das Sortenspektrum ist groß, man baut eine breite Palette von den in Württemberg üblichen roten Rebsorten wie Trollinger, Lemberger, Spätburgunder, Schwarzriesling, Samtrot, Portugieser und Dornfelder an, aber auch Merlot, Regent, Cabernet Mitos und Zweigelt; rote Rebsorten nehmen drei Viertel der Rebfläche ein. An weißen Sorten gibt es Riesling, Chardonnay, Muskateller und Kerner. Markus Winkler hat eine neue „Designwein-Linie" eingeführt.

Kollektion

Eine gewohnt kleine Kollektion von nur sechs Weinen präsentieren Thomas und Markus Winkler auch in diesem Jahr. Neu ist der frecher Engel genannte Grauburgunder aus der Designwein-Linie, der viel Würze, aber auch sortentypische Frucht zeigt, klar und kraftvoll im Mund ist, reife Frucht und gute Struktur besitzt. Der Chardonnay gefällt uns im Jahrgang 2021 noch ein klein wenig besser als in den Jahren zuvor, zeigt gute Konzentration und recht viel Würze im Bouquet, ist füllig und kraftvoll im Mund, besitzt klare reife Frucht und gute Substanz. Die rote Cuvée Nexximus besteht aus Lemberger, Regent und Merlot, ist frisch und fruchtbetont, geradlinig und zupackend. Die weiteren drei Rotweine sind reinsortige Lemberger. Aus der neuen Designwein-Linie stammt der Lemberger zahmer Teufel, der frisch und reintönig im Bouquet ist, feine süße Frucht und Biss besitzt. Eine klare Steigerung bringt die trockene Lemberger Spätlese aus dem Jahrgang 2018, ist würzig, eindringlich und konzentriert, kraftvoll und frisch, zupackend, besitzt feine süße Frucht und gute Struktur. Aus dem gleichen Jahrgang 2018 stammt die Cuvée Maxximus, die allerdings keine Cuvée verschiedener Rebsorten ist, sondern ein achtzehn Monate im Barrique ausgebauter Lemberger, der gute Konzentration, feine Würze und viel reife Frucht im Bouquet zeigt, füllig und stoffig im Mund ist, viel reife Frucht und Substanz besitzt, gute Struktur und Grip. Kleine, aber überzeugende Kollektion!

Weinbewertung

84	2021 Grauburgunder trocken „frecher Engel" I 12,5%/7,50€
85	2021 Chardonnay trocken I 12,5%/6,70€
83	„Nexximus" Rotwein trocken I 14%/8,50€
83	Lemberger „zahmer Teufel" I 11,5%/7,50€
85	2018 Lemberger Spätlese trocken I 14%/8,50€
88	2018 „Maxximus" Rotwein trocken I 14%/18,-€

★★★★½

von Winning

Kontakt
Weinstraße 10
67146 Deidesheim
Tel. 06326-221
Fax: 06326-7920
www.von-winning.de
weingut@von-winning.de

Besuchszeiten
Vinothek:
Mo.-Fr. 8-18 Uhr
Sa./So./Feiertage 10-18 Uhr
Restaurant Leopold Mo.-So. 12-24 Uhr; durchgehend warme Küche bis 21 Uhr

Inhaber
Familie Niederberger
Betriebsleiter
Stephan Attmann
Kellermeister
Kurt Rathgeber
Außenbetrieb
Joachim Jaillet
Rebfläche
64 Hektar
Produktion
500.000 Flaschen

Das heutige Weingut von Winning entstand unter dem Namen Weingut Dr. Deinhard 1849, im Jahr nach der Heirat von Friedrich Deinhard (Sohn des Besitzers der Wein- und Sektkellerei Deinhard in Koblenz) mit Auguste Jordan, die ihre geerbten Weinberge in die Ehe einbrachte. Ihr Sohn Andreas Deinhard baute den Besitz aus, nach seinem Tod übernahm sein Schwiegersohn Hauptmann von Winning die Führung des Gutes. Nach dessen Tod erwarb es die Familie Hoch, die es 2007 an den inzwischen verstorbenen Achim Niederberger verkaufte, der zuvor schon die Weingüter Reichsrat von Buhl und Bassermann-Jordan erworben hatte. Das Weingut besitzt Weinberge in besten Lagen von Deidesheim (Mäushöhle, Grainhübel, Paradiesgarten, Kalkofen, Kieselberg, Herrgottsacker, Langenmorgen, Leinhöhle), Forst (Ungeheuer – 4 Hektar, Jesuitengarten, Pechstein und Kirchenstück), Ruppertsberg (Reiterpfad, Nußbien, Linsenbusch, Spiess) und Königsbach (Ölberg). 85 Prozent der Rebfläche nimmt Riesling ein, hinzu kommen Weißburgunder, Grauburgunder, Chardonnay, Sauvignon Blanc, Gewürztraminer und Spätburgunder. Das Weingut hat nach der Übernahme durch Achim Niederberger den Namen von Winning erhalten. Unter dem alten Weingutsnamen „Dr. Deinhard" wird seit dem Jahrgang 2008 eine immer kleiner gewordene Linie von im Edelstahl ausgebauten Weinen angeboten, der größte Teil der Produktion firmiert unter „von Winning": Über Maischestandzeiten, Holzeinsatz, langes Hefelager, keine Schönung und möglichst moderate Filtration möchte Betriebsleiter Stephan Attmann seiner Vorstellung von einem großen trockenen Riesling nahe kommen.

Kollektion

Während etliche der anderen Topweingüter der Pfalz in den vergangenen Jahren bei ihren Rieslingen immer mehr auf Kargheit, Purismus und in der Jugend eher unnahbare, reduktive Noten setzen, bleibt von Winning unbeirrbar seiner Stilistik der mit üppiger, deutlicher Frucht ausgestatteten Rieslinge mit oft schmeckbarer Restsüße treu. Unsere beiden Favoriten sind aber die beiden trockensten Rieslinge, der Kirchenstück zeigt rauchig-mineralische Noten, etwas geröstete Haselnüsse und viel gelbe Frucht, Steinobst, vor allem Pfirsich, dazu Orangenschale, am Gaumen besitzt er neben der Frucht auch salzig-mineralische Noten, viel Grip und Druck, der Jesuitengarten zeigt feine Holzwürze und ebenfalls viel gelbe Frucht, Aprikose, Ananas, im Bouquet, besitzt eine leicht cremige Textur, salzige Noten und feinen Druck, ist elegant und nachhaltig. Beim Ozyetra ist das Holz im Bouquet sehr deutlich, lässt aber auch noch Raum für leicht süße Pfirsich- und Ananasnoten, am Gaumen besitzt er Fülle, Druck, Substanz und Länge, beim MarMar ist das Holz mit feinen rauchigen Noten etwas zurückhaltender, aber er schmeckt mit seinen Noten von Pfirsich, Aprikose und

Grapefruit deutlich süßer, besitzt eine lebendige Säure und gute Länge. Der Pechstein ist leicht nussig, rauchig und gelbfruchtig, besitzt leicht salzige Noten, Druck und Grip, das Ungeheuer ist zunächst leicht verhalten, öffnet sich dann mit viel gelber Frucht, besitzt Fülle und Länge. Bei den Erste Lage-Rieslingen sehen wir Reiterpfad und Ölberg gleichauf, beide sind leicht rauchig, besitzen klare Frucht, Grip und Länge. Der Weißburgunder „500“ besitzt Kraft und Schmelz und zeigt feine Röstnoten, Vanille, Birne, Melone und Aprikose im Bouquet, der Weißburgunder „Imperiale“ zeigt rauchige Holzwürze, besitzt viel gelbe Frucht und eine frische Säure, der Sauvignon Blanc „I“ ist schlank, frisch und fruchtbetont mit Aromen von reifen Stachelbeeren, Maracuja und dezenten Röstnoten. Bei den beiden Pinot Noirs ist der elegante, frische „Imperiale“ mit Noten von Schwarzkirsche, Hagebutte und etwas Waldboden schon sehr zugänglich, das Große Gewächs vom Achtmorgen ist strukturierter, zeigt feine Röstnoten, Hagebutte, Sanddorn und Kirschkern im Duft, ist ebenfalls sehr elegant, besitzt klare Frucht, eine frische Säure und gute Länge.

Weinbewertung

85	2021 Riesling trocken „Drache“ I 12%/9,30€
86	2021 Riesling trocken „WinWin“ I 12%/11,50€
87	2021 Riesling trocken Forster I 12%/14,50€
85	2021 Sauvignon Blanc trocken „II“ I 12%/11,-€
87	2021 Chardonnay trocken „Royale“ I 13%/16,-€
88	2021 Riesling trocken Deidesheimer Mäushöhle I 12%/16,80€
89	2021 Riesling trocken Ruppertsberger Reiterpfad I 12%/19,-€
89	2021 Riesling trocken Königsbacher Ölberg I 12,5%/22,50€
89	2020 Sauvignon Blanc trocken „I“ I 12,5%/19,50€
89	2020 Weißer Burgunder trocken „Imperiale“ I 13,5%/25,-€
90	2020 Weißer Burgunder trocken „500“ I 14%/40,-€
91	2020 Riesling „GG“ Ungeheuer I 13%/36,-€
91+	2020 Riesling „GG“ Pechstein I 13%/60,-€
92	2020 Riesling „GG“ Jesuitengarten I 13%/60,-€
92+	2020 Riesling „GG“ Kirchenstück I 13%/80,-€
91	2020 Riesling „MarMar“ I 13%/89,-€
92	2020 Riesling „Ozyetra“ I 13%/109,-€
85	2021 Rosé trocken „WinWin“ I 12,5%/12,90€
90	2020 Pinot Noir trocken „Imperiale“ I 13%/36,-€
91	2019 Pinot Noir „GG“ Reiterpfad An den Achtmorgen I 13%/69,-€

Lagen

Kalkofen (Deidesheim)
Grainhübel (Deidesheim)
Kieselberg (Deidesheim)
Langenmorgen (Deidesheim)
Kalkofen (Deidesheim)
Ungeheuer (Forst)
Pechstein (Forst)
Kirchenstück (Forst)
Jesuitengarten (Forst)
Reiterpfad (Ruppertsberg)
Ölberg (Königsbach)

Rebsorten

Riesling (85%)

★★☆

Hans Winter

Kontakt
Weingasse 2
69126 Heidelberg-Rohrbach
Tel. 06221-336717
Fax: 06221-395235
www.weingut-hanswinter.de
info@weingut-hanswinter.de

Besuchszeiten
Mo.-Fr. ab 17:30 Uhr
Sa. 9-13 Uhr
oder nach Vereinbarung

Inhaber
Hans Winter
Kellermeister
Hans Christian Winter
Rebfläche
8,1 Hektar
Produktion
60.000 Flaschen

Das Weingut Winter liegt mitten im historischen Ortskern des Heidelberger Stadtteils Rohrbach, wo die Familie schon seit Jahrhunderten Weinbau betreibt. Die Weinberge von Hans Winter liegen in den Heidelberger Lagen Burg und Herrenberg, die Reben wachsen am Hangfuß auf Löss, oben in der Lage Burg auf Sandsteinverwitterungsböden, im Herrenberg auf Kalkstein. Weiße Sorten dominieren im Anbau, vor allem Riesling, der ein Viertel der Rebfläche einnimmt. Die Burgundersorten gewinnen immer mehr an Bedeutung, Grauburgunder, Weißburgunder, auch Auxerrois, dazu gibt es Chardonnay und Muskateller. Knapp ein Viertel der Weinberge nehmen rote Sorten ein, Spätburgunder vor allem, dazu Portugieser, Dornfelder und Regent. Die Weißweine werden kühl und langsam vergoren, alle Rotweine werden maischevergoren, im Holz ausgebaut. Für den Weinausbau ist Hans Winters Sohn Hans Christian Winter verantwortlich.

Kollektion

Den Jahrgang 2021 hatte Hans Christian Winter gut im Griff, die Kollektion zeigt das gewohnt hohe, zuverlässige Einstiegsniveau mit sortentypischen, fruchtbetonten Weinen, Der Auxerrois ist wunderschön reintönig, der Weißburgunder geradlinig, der Grauburgunder noch ein wenig verschlossen. Chardonnay überzeugt solo mit reintöniger Frucht, in Kombination mit Weißburgunder mit Fülle und Harmonie. Der Riesling ist im Bouquet verhalten, im Mund recht säurebetont, der Muskateller besitzt viel Frische und reintönige Frucht. Unser Favorit unter den Weißweinen ist der Grauburgunder S, der rauchige Noten besitzt, Vanille und gelbe Früchte. Ganz auf Frische und Frucht setzt der Rosé, der Basis-Spätburgunder ist klar und geradlinig. Eine deutliche Steigerung bringt der Spätburgunder S, zeigt feine rauchige Noten, besitzt gute Struktur und klare Frucht, und der Spätburgunder R ist dann noch etwas strukturierter und kraftvoller, gekonnt vinifiziert. Eine überzeugende Vorstellung!

Weinbewertung

85 2021 Auxerrois trocken Heidelberger Burg | 12,5%/8,-€
84 2021 Weißburgunder trocken Heidelberger Herrenberg | 13%/8,-€
84 2021 Grauburgunder trocken Heidelberger Burg | 13%/8,-€
84 2021 Chardonnay trocken Heidelberger Burg | 12,5%/8,-€
85 2021 Chardonnay & Weißburgunder trocken Heidelberger Herrenberg | 12,5%/8,-€
85 2021 Muskateller trocken Heidelberger Burg | 12,5%/8,-€
84 2021 Riesling Kabinett trocken Heidelberger Herrenberg | 12%/8,-€
87 2021 Grauburgunder „S“ trocken Heidelberger Burg | 13,5%/12,50€
84 2021 Spätburgunder Rosé trocken Heidelberger Herrenberg | 12,5%/8,-€
84 2020 Spätburgunder trocken Heidelberger Herrenberg | 13,5%/8,-€
87 2020 Spätburgunder „S“ trocken Heidelberger Herrenberg | 14,5%/12,50€
89 2020 Spätburgunder „R“ trocken Heidelberger Herrenberg | 14,5%/20,-€

★★★

Winterling

Kontakt
Wein- und Sektgut Winterling
Im Brühl 15
67150 Niederkirchen
Tel. 06326-8952
Fax: 06326-980436
www.winterling-sekt.de
info@winterling-sekt.de

Besuchszeiten
Mo.-Fr. 9-18 Uhr
Sa. 10-16 Uhr
Austern-Sektprobe (Samstage an Adventstagen)

Inhaber/ Betriebsleiter
Anne & Martin Winterling, Sebastian Winterling, Susanne Winterling-Eichberger
Kellermeister
Sebastian Winterling
Außenbetrieb
Martin Winterling
Rebfläche
12 Hektar
Produktion
100.000 Flaschen

Anne und Martin Winterling begannen 1984 mit dem Weinbau in Niederkirchen, heute hat sich der Familienbetrieb zu einem beachtlichen Sekt- und Weingut entwickelt. Die (Still-)Weinkarte wird zwar immer umfangreicher, das Hauptaugenmerk liegt aber auf Crémant und Sekt. Seit 2014 wird mit einer neuen, vollautomatischen Degorgieranlage gearbeitet. Die Weinberge werden biologisch bewirtschaftet. Der älteste Sohn Stefan arbeitet als Betriebsleiter eines Weinguts auf Mallorca und hat einige Bekanntheit als Hersteller des Gins „Eva" erworben. Der zweite Sohn Sebastian ist nach Abschluss seines Geisenheim-Studiums im Betrieb tätig, wie auch Tochter Susanne, die 2010 ihr Studium der Internationalen Weinwirtschaft abschloss.

Kollektion

Nicht in jedem Jahr können wir eine neue Version des Blanc de Noirs „Geliebtes Gretchen" verkosten, aber wenn, dann führt der Crémant aus Pinot Noir und Pinot Meunier zuverlässig die Kollektion der Familie Winterling an: Der 2016er lag 52 Monate auf der Hefe und zeigt ein komplexes Bouquet mit feinen Reifenoten, etwas Feige und Rosinen, Zitrusnoten und Nougat, auch am Gaumen ist er komplex, ist sehr nachhaltig, besitzt Schmelz und guten Grip. Der Coulée d'Or lag 46 Monate auf der Hefe, duftet fein nach hefiger Würze, Quitte und Feige und besitzt am Gaumen animierende Zitruswürze. Unter den beiden Rosés favorisieren wir den Fleur, der viel klare Frucht besitzt und etwas animierender ist und mehr Grip besitzt als der Pinot Rosé, der etwas verhaltener und fülliger ist. Der Riesling Crémant vom Reiterpfad zeigt klare Frucht, Zitruswürze, etwas Quitte und kräutrige Noten, besitzt Frische und Länge, der Pinot Crémant ist leicht füllig, besitzt Biss und viel Frucht und der Blanc de Blancs ist schlank und animierend mit feinen Zitrusnoten. Stillweine konnten wir in diesem Jahr nur zwei verkosten, der Sauvignon Blanc zeigt klare Noten von Stachelbeere und Grapefruit und besitzt Frische und der „Drei Lagen"-Riesling ist noch leicht von der Spontangärung geprägt, ist animierend und leicht salzig. —

Weinbewertung

86	„Blanc de Blancs" Crémant brut I 12%/14,-€
86	2018 Pinot Crémant brut I 12%/13,50€
87	2019 Riesling Crémant brut Ruppertsberger Reiterpfad I 12%/16,-€
88	2017 „La Coulée d'Or" Crémant brut I 12,5%/18,-€
90	2016 „Geliebtes Gretchen" "Blanc de Noirs" Crémant brut I 12,5%/29,-€
88	2019 „Fleur de" Rosé Crémant brut I 12%/16,-€
87	Pinot Rosé Crémant brut I 12%/14,-€
84	2020 Riesling trocken „Drei Lagen" I 12,5%/7,90€
86	2021 Sauvignon Blanc trocken I 12,5%/9,90€

★★

Winzervereinigung

Kontakt
Winzervereinigung Freyburg-Unstrut, Querfurter Straße 10
06632 Freyburg
Tel. 034464-30616
Fax: 034464-30666
www.winzervereinigung-freyburg.de
info@winzervereinigung-freyburg.de

Besuchszeiten
Weingalerie Mo.-Fr. 7-18 Uhr, Sa. 10-18 Uhr, So. & Feiertage 10-16 Uhr; Weinausschank im Herzoglichen Weinberg

Mitglieder 360
Geschäftsführer
Hans-Albrecht Zieger
Kellermeister
Kathleen Romberg
Rebfläche 380 Hektar

Die 1934 gegründete Winzervereinigung Freyburg ist heute der größte Erzeuger in den ostdeutschen Anbaugebieten. 2015 hat die der Winzervereinigung angeschlossene Agrargenossenschaft Gleina die Thüringer Weinberge des sächsischen Weinguts Schloss Proschwitz übernommen, deren Weine nun unter dem Namen „Werkstück Weimar" das Sortiment ergänzen (die Weinberge dort befinden sich in der Umstellung auf ökologischen Weinbau). Wichtigste Lagen sind Rappental (Dorndorf), Steineck (Höhnstedt), Himmelshöhe (Seeburg), Hahnenberge (Steigra), Kreisberg (Höhnstedt), Poetenweg (Weimar) und Himmelreich (Freyburg). Die Sortenvielfalt bei den Mitgliedern der Winzervereinigung ist groß: Müller-Thurgau, Silvaner, Kerner, Riesling, Weißburgunder, Grauburgunder, Traminer, Bacchus und Gutedel, dazu gibt es Hölder, Morio-Muskat und Ortega. Rote Rebsorten nehmen ein Viertel der Fläche ein: Dornfelder, Portugieser, Spätburgunder, Lemberger, Zweigelt, André und Regent.

Kollektion

Die neue Kollektion überzeugt voll und ganz. Der Riesling-Sekt ist jugendlich-aggressiv, das muss man mögen. Das weiße Segment überzeugt mit starken Lagenweinen wie dem fein gereiften, sehr harmonischen Riesling vom Steigraer Hahnenberge oder dem im Holz ausgebauten Grauburgunder aus Weimar, der gute Konzentration und reintönige Frucht zeigt , Fülle, Saft und Substanz besitzt. Auch in der Basis stimmt die Qualität, und über den duftigen Hölder freuen wir uns immer besonders, findet man diese Rebsorte doch sonst kaum noch in deutschen Weinbergen. Highlight ist ganz klar der Weißburgunder aus der Kellermeister-Edition, der rauchige Noten und reife Frucht zeigt, Fülle und Kraft besitzt, viel reife Frucht, gute Struktur und Substanz. Stark sind auch die Rotweine wie der fruchtbetonte, jugendliche Zweigelt oder die zupackende, strukturierte rote Kellermeister-Edition. Überzeugende Vorstellung!

Weinbewertung

85	2020 Riesling Sekt extra brut ❙ 11,5%/13,-€
83	2020 Auxerrois Sekt extra trocken „Werkstück Weimar" Poetenweg ❙ 11,5%/15,40€
85	2020 Riesling Spätlese trocken Steigraer Hahnenberge ❙ 12,5%/9,30€
83	2021 Hölder trocken Schloss Neuenburg ❙ 11%/7,30€
82	2021 Grauburgunder trocken Mansfelder Seen ❙ 11,5%/7,20€
86	2020 Grauburgunder trocken „Werkstück Weimar" Poetenweg ❙ 12,5%/10,40€
88	2020 Weißburgunder trocken Barrique „Kellermeister Edition" ❙ 13,5%/14,-€
83	2021 Cabernet Blanc halbtrocken Werkstück Weimar" Poetenweg ❙ 12,5%/9,80€
82	2021 Frühburgunder Rosé trocken „Werkstück Weimar" Poetenweg ❙ 12%/8,20€
81	2021 Portugieser Weißherbst halbtrocken ❙ 11%/7,-€
85	2020 Blauer Zweigelt trocken „Werkstück Weimar" Poetenweg ❙ 12%/9,80€
86	„Rot Rot Rot Edition 2021" trocken „Kellermeisteredition" ❙ 13%/14,50€

★★★☆ (3½ Sterne)

Hans Wirsching

Kontakt
Ludwigstraße 16
97346 Iphofen
Tel. 09323-87330
Fax: 09323-873390
www.wirsching.de
info@wirsching.de

Besuchszeiten
Mo.-Fr. 8-18 Uhr
Sa. 9-18 Uhr
So. + Feiertage 10-12:30 Uhr
Restaurant „Zur Iphöfer Kammer" (Marktplatz 24)

Inhaber
Familie Wirsching
Geschäftsführerin
Andrea Wirsching
Vertrieb und Organisation
Dr. Uwe Matheus
Oenologe
Dr. Klaus-Peter Heigel
Rebfläche
90 Hektar
Produktion
650.000 Flaschen

Das Weingut Wirsching gehört heute zu den größten und renommiertesten Weingütern in Franken. Seit 1630, seit nunmehr vierzehn Generationen, ist es in Familienbesitz, das heutige Stammhaus stammt aus dem 16. Jahrhundert. Hans Wirsching legte nach dem Zweiten Weltkrieg den Grundstein für das heutige Gut, er wurde für Silvaner bekannt und war der Erste, der in Franken Scheurebe pflanzte, war auch mitverantwortlich dafür, dass die beste Iphöfer Lage den Namen Julius-Echter-Berg erhielt. Seine Söhne Heinrich Wirsching und der 1990 verstorbene Hans Wirsching erweiterten seit 1966 den Betrieb. Heute führt die älteste Tochter Andrea den Betrieb. Die Wirschings verfügen über beträchtlichen Weinbergbesitz in den Iphöfer Lagen Julius-Echter-Berg (gut ein Drittel der Lage gehört dem Weingut), Kronsberg und Kalb. Wichtigste Rebsorte ist der Silvaner mit einem Anteil von 40 Prozent.

Kollektion

Zwei großartige 2021er edelsüße Rieslinge aus dem Julius-Echter-Berg führen in diesem Jahr das Feld an: Die Beerenauslese zeigt kandierte Früchte, Rosinen, ist konzentriert und dominant, die Trockenbeerenauslese ist ihr im Bouquet sehr ähnlich, dann noch etwas konzentrierter und dicker im Mund. Auch die Erste Lage-Weine aus dem Echter-Berg überzeugen 2021, der Silvaner ist füllig und saftig, besitzt gute Struktur und Frische, der Riesling ist reintönig, besitzt feine Frucht und Grip. In der Alte Reben-Linie aus dem Kronsberg ist die Scheurebe unser Favorit, die herrlich eindringlich und konzentriert im Bouquet ist, viel reife Frucht im Mund besitzt, Substanz und Frische. Stark sind auch die Großen Gewächse aus dem Jahrgang 2020, der Silvaner ist recht offen im Bouquet, zeigt etwas Birnen, Quitten, ist kompakt im Mund bei feiner süßer Frucht, der Riesling zeigt Zitrus, Apfel, Pfirsich, ist füllig und saftig bei reifer süßer Frucht. —

Weinbewertung

82 2021 Silvaner trocken Iphöfer | 12,5%/9,-€
87 2021 Silvaner trocken Iphöfer Julius-Echter-Berg | 13%/14,80€
87 2021 Riesling trocken Iphöfer Julius-Echter-Berg | 13%/14,80€
85 2021 Silvaner trocken „Alte Reben" Iphöfer Kronsberg | 13%/14,80€
84 2021 Riesling trocken „Alte Reben" Iphöfer Kronsberg | 13%/14,80€
85 2021 Chardonnay trocken „Alte Reben" Iphöfer Kronsberg | 13%/15,80€
87 2021 Scheurebe trocken „Alte Reben" Iphöfer Kronsberg | 13%/17,50€
87 2020 Silvaner trocken „Sister Act" | 13,5%/22,-€
90 2020 Silvaner „GG" Iphöfer Julius-Echter-Berg | 13,5%/34,-€
90 2020 Riesling „GG" Iphöfer Julius-Echter-Berg | 13,5%/34,-€
92 2021 Riesling Beerenauslese Iphöfer Julius-Echter-Berg | 7%/48,-€/0,375l
93 2021 Riesling Trockenbeerenauslese Iphöfer Julius-Echter-Berg | 6%/80,-€/0,375l
88 2019 Spätburgunder trocken Iphöfer Kronsberg | 13%/28,-€

★★★★★ Wittmann

Kontakt
Mainzer Straße 19
67593 Westhofen
Tel. 06244-905036
Fax: 06244-5578
www.wittmannweingut.com
info@wittmannweingut.com

Besuchszeiten
nach Vereinbarung

Inhaber
Günter & Philipp Wittmann
Rebfläche
30 Hektar
Produktion
200.000 Flaschen

Günter und Elisabeth Wittmann begannen Mitte der achtziger Jahre mit der Umstellung auf ökologische Bewirtschaftung und sind seit 1990 Mitglied bei Naturland. Sohn Philipp führt diesen Weg konsequent fort, seit 2004 arbeitet er biodynamisch. Seine Weinberge liegen vor allem in Westhofen, wo er aus vier Lagen Große Gewächse erzeugt. In der Aulerde, der wärmsten, am tiefsten gelegenen Lage mit Tonmergelböden und geringen Anteilen an Lösslehm und Kalkstein, besitzt er 4 Hektar im Kernstück der Lage. Im angrenzenden Kirchspiel besitzt er Weinberge vor allem im oberen Bereich der Lage; die Böden im Kirchspiel bestehen aus Tonmergel mit Kalksteineinlagen und Kalksteinverwitterungslehm. Das Brunnenhäuschen ist ein Südhang, der bis auf 240 Meter ansteigt. Der Boden besteht aus Tonmergel mit Kalkstein und Kalksteinfelsen im Untergrund, enthält einen hohen Eisenoxidanteil (Terra Rossa). Philipp Wittmanns Weinberge liegen vor allem im unteren Teil des Brunnenhäuschens in der Gewanne Abtserde. Der westlich angrenzende Morstein ist die bekannteste Lage in Westhofen, ein Südhang mit schweren Tonmergelböden mit Kalksteineinlagerungen und Kalksteinfels im Untergrund. Die Weine werden recht lange auf der Hefe ausgebaut und nur einmal vor der Abfüllung filtriert. Alle trockenen Weine werden als Qualitätswein vermarktet, nur süße Weine werden mit Prädikatsangaben versehen. Das Programm ist gegliedert in Gutsweine, Ortsweine und Große Gewächse aus den Lagen Aulerde, Kirchspiel, Brunnenhäuschen und Morstein, daneben gibt es den Versteigerungs-Riesling La Borne, benannt nach einer Gewanne im Morstein. Die Spitzenweine der anderen weißen Sorten – Chardonnay, Weißburgunder – wurden lange Zeit mit dem Zusatz „S" vermarktet. Seit dem Jahrgang 2014 werden diese länger im Fass ausgebaut und kommen nicht mehr im Jahr nach der Ernte auf den Markt, sondern erst im Frühjahr des darauf folgenden Jahres und tragen seither die Zusatzbezeichnung Réserve. Erstmals 2014 gab es eine Cuvée aus Weißburgunder und Chardonnay als Ortswein, mit dem Jahrgang 2019 kam als Réserve eine Cuvée aus denselben beiden Rebsorten hinzu, „Der Berg" genannt. Süße und edelsüße Rieslinge bis hin zur Trockenbeerenauslese ergänzen hin und wieder das Programm.

Kollektion

„The Winner is": Riesling! Noch klarer als sonst dominiert Riesling die neue Kollektion von Philipp Wittmann. Und wie gehabt: Schon die Gutsweine zeigen sehr hohes Niveau. Der Weißburgunder Gutswein ist eigenwillig verhalten, geradlinig und frisch, der Grauburgunder zeigt etwas gelbe Früchte, ist lebhaft und zupackend. Spannend ist Riesling. Der Riesling Estate ist würzig, rauchig, herrlich eindringlich, dann frisch, klar und zupackend im Mund, sehr schlank und präzise, hat Struktur und Grip. Der Riesling vom Kalkstein ist rauchig und intensiv, deutlich fülliger

W

und saftiger, aber das bei sehr moderatem Alkohol. Die beiden Riesling Ortsweine sind hervorragend. Der Gundersheimer ist würzig, dominant, zeigt ein wenig Senfkörner, ist füllig und saftig, besitzt klare Frucht und gute Struktur. Der Westhofener ist noch etwas eindringlicher, herrlich reintönig, füllig und saftig, besitzt viel Substanz und dezent mineralische Noten. Die Cuvée aus Weißburgunder und Chardonnay zeigt viel reife Frucht im Bouquet, gelbe Früchte, ist füllig, harmonisch und saftig im Mund. Der Weißburgunder Reserve zeigt viel Konzentration, Toast und Gewürze im Bouquet, ist enorm kompakt im Mund, verschlossen, braucht Luft um an Komplexität zu gewinnen – der 2016er hat sich prächtig entwickelt, ein Indiz dafür, dass auch der 2020er noch zulegen kann. Der Chardonnay Reserve ist sehr offen im Bouquet, zeigt viel reife Frucht, weiße Früchte, ist relativ schlank im Mund, besitzt Frische und enorm viel Grip. Großartig sind wieder einmal die vier Westhofener Lagenrieslinge. Der Wein aus der Aulerde ist konzentriert, würzig und rauchig im Bouquet, herrlich reintönig, besitzt gute Fülle und Substanz, Grip, Frucht und Nachhall. Der Kirchspiel-Riesling ist faszinierend reintönig, zeigt herrlich viel Frucht, ein klein wenig Senfkörner, ist druckvoll, präzise, lang und nachhaltig. Der Wein aus dem Brunnenhäuschen ist konzentriert, dominant, „faszinierend viel Riesling“ haben wir notiert, zeigt gelbe Früchte, ist zupackend und enorm druckvoll im Mund, nachhaltig. Der Morstein dann ist noch etwas druckvoller und mineralischer, herrlich frisch, präzise und nachhaltig – und wie seine drei Kollegen noch enorm jugendlich. Großartige Rieslinge!

Philipp Wittmann

Weinbewertung

87 2021 Weißer Burgunder trocken | 12%/14,-€
87 2021 Grauer Burgunder trocken | 12,5%/14,-€
88 2021 Riesling trocken „Estate“ | 11,5%/14,-€
89 2021 Riesling trocken „Vom Kalkstein“ | 12%/17,50€
90 2021 Weißer Burgunder & Chardonnay trocken Westhofener | 12,5%/21,-€
90 2021 Riesling trocken „1G“ Gundersheimer | 12%/24,50€
91 2021 Riesling trocken „1G“ Westhofener | 12,5%/26,50€
92 2016 Weißer Burgunder „Réserve“ | 13%
90 2020 Weißer Burgunder „Réserve“ | 13%/37,-€
90 2020 Chardonnay „Réserve“ | 13%/37,-€
93 2021 Riesling „GG“ Westhofen Aulerde | 12,5%/45,50€
93 2021 Riesling „GG“ Westhofen Kirchspiel | 12,5%/55,50€
94 2021 Riesling „GG“ Westhofen Brunnenhäuschen | 12,5%/65,50€
94 2021 Riesling „GG“ Westhofen Morstein | 12,5%/65,50€

Lagen

Morstein (Westhofen)
Kirchspiel (Westhofen)
Aulerde (Westhofen)
Brunnenhäuschen (Westhofen)

Rebsorten

Riesling (75%)
Burgundersorten (20%)

Wöhrle

Kontakt
Weinbergstraße 3
77933 Lahr
Tel. 07821-25332
Fax: 07821-39398
www.woehrle-wein.de
info@woehrle-wein.de

Besuchszeiten
Mo.-Fr. 17-19 Uhr,
Sa. 10-14 Uhr,
gerne nach Vereinbarung

Inhaber
Markus & Tanja Wöhrle
Rebfläche
18 Hektar
Produktion
110.000 Flaschen

Das Weingut der Familie Wöhrle ist ein Familienbetrieb, der 1979 aus dem traditionsreichen Weingut der Stadt Lahr und dem Weinbaubetrieb Wöhrle entstanden ist. 1988 haben Hans und Monika Wöhrle ein Drittel der Rebfläche auf ökologische Bewirtschaftung umgestellt, seit 1990 wird die gesamte Fläche ökologisch bewirtschaftet. Heute führt ihr Sohn Markus Wöhrle zusammen mit Ehefrau Tanja den Betrieb. Die Reben stehen alle am Lahrer Schutterlindenberg. Da der Schutterlindenberg aber mit der Einführung des Deutschen Weingesetzes zur Großlage „befördert" wurde, nutzt man seit dem Jahrgang 2004 anstelle der Bezeichnung Schutterlindenberg den Lagennamen Lahrer Kronenbühl. Die Großen Gewächse tragen seit dem Jahrgang 2009 die Lagenbezeichnungen Herrentisch und Kirchgasse. Der Herrentisch ist eine 5 Hektar große Südlage mit tiefgründigen Löss- und Lösslehmböden, von dort kommt aus einem halben Hektar großen Weinberg der Weißburgunder. Grau- und Spätburgunder kommen aus der Kirchgasse, einem 3 Hektar großen Südhang mit humusreichem Lösslehmboden, der sich im Alleinbesitz des Weingutes befindet und als neue Einzellage anerkannt wurde. Im Anbau dominieren die Burgundersorten und Riesling, bereits seit 1990 gibt es auch Chardonnay, hinzu kommen ein wenig pilzresistente Sorten wie Johanniter und Bronner. Rote Sorten nehmen inzwischen 30 Prozent der Rebfläche ein, Spätburgunder ist die wichtigste Rebsorte im Betrieb. Alle Weine werden grundsätzlich durchgegoren. Die weißen Großen Gewächse werden komplett im Halbstück ausgebaut, zur Hälfte werden neue Fässer genutzt, der Spätburgunder aus der Kirchgasse wird in neuen Barriques ausgebaut. Das Sortiment ist vierstufig gegliedert, wobei das Basis-Segment (die Gutsweine) praktisch keine Bedeutung hat. Wichtig im Programm sind die Lahrer Ortsweine, die ehemaligen Kabinettweine, die seit dem Jahrgang 2014 keine Prädikatsbezeichnung mehr tragen, aber nach wie vor „Kabinett-Charakter" aufweisen. Dann folgen die Erste Lage-Weine aus dem Kronenbühl, die früheren trockenen Spätlesen. An der Spitze der Kollektion stehen die Großen Gewächse, Grauburgunder und Spätburgunder aus Kirchgasse und Weißburgunder aus Herrentisch, seit dem Jahrgang 2012 gibt es den Chardonnay Gottsacker von den ältesten Chardonnayreben, die in der gleichnamigen Gewanne auf tiefgründigen, kalkhaltigen Böden wachsen (2020 in die Lagenrolle eingetragen); mit dem Jahrgang 2019 kam der Chardonnay Teufelslochgasse neu ins Programm, aus einer Gewanne mit Dichtpflanzung, die Gewanne „Unten an der Teufelslochgasse" wurde 2020 ebenfalls in die Lagenrolle eingetragen.

Kollektion

Die Lahrer Ortsweine sind auch 2022 wieder alle sehr gut, angenehm leicht, im „Kabinett-Stil". Der Auxerrois ist frisch, fruchtbetont, wunderschön reintönig, ist lebhaft und frisch im Mund, besitzt klare Frucht und

W
1125

Biss. Der Grauburgunder ist sehr offen und reintönig im Bouquet, frisch und zupackend im Mund, recht schlank. Unsere leichte Präferenz gilt dem Weißburgunder, der ebenfalls wunderschön reintönig und frisch ist, gute Struktur, Harmonie und Grip besitzt. Deutlich kraftvoller und fülliger sind die Kronenbühl-Weine. Der Weißburgunder zeigt rauchige Noten, gute Konzentration, besitzt viel reife Frucht, gute Struktur und Substanz. Auch der Grauburgunder ist konzentriert und eindringlich, besitzt Fülle, Saft und reife Frucht, aber auch gute Struktur und Frische. Rauchige Noten und feinen Toast offeriert der Chardonnay im Bouquet, ist klar und zupackend, besitzt gute Struktur und Länge. Eine weitere Steigerung bieten die Großen Gewächse. Der Weißburgunder Herrentisch zeigt feine Frische und Würze im Bouquet, gute Konzentration, ist frisch, klar und präzise im Mund, besitzt feine süße Frucht und Grip. Der Grauburgunder Kirchgasse zeigt gute Konzentration und reintönige Frucht im Bouquet, ist sehr intensiv, ist füllig und saftig dann im Mund, weich, harmonisch und lang. Der Teufelslochgasse-Chardonnay zeigt gute Konzentration und viel Würze im Bouquet, ist füllig und harmonisch im Mund, sehr kompakt, aber strukturiert, etwas Zeit auf der Flasche wird ihm gut tun. So stimmig wie die Weißweine präsentiert sich auch das Spätburgunder-Trio. Der Ortswein ist würzig und fruchtbetont, klar und zupackend, der Kronenbühl ist konzentrierter, zeigt rauchige Noten, besitzt Fülle und Kraft, gute Struktur und Grip. Das Große Gewächs zeigt faszinierend viel Frucht im Bouquet, rauchig-würzige Noten, ist frisch, harmonisch, besitzt gute Substanz und viel Grip, schließt nahtlos an seine Vorgänger an.

Markus & Tanja Wöhrle

Weinbewertung

85	2021 Auxerrois trocken Lahrer | 12%/11,-€
87	2021 Weißburgunder trocken Lahrer | 12,5%/10,20€
86	2021 Grauburgunder trocken Lahrer | 12,5%/10,20€
89	2021 Weißburgunder trocken Lahrer Kronenbühl | 13%/16,50€
89	2021 Grauburgunder trocken Lahrer Kronenbühl | 13%/16,50€
90	2021 Chardonnay trocken Lahrer Kronenbühl | 13%/19,50€
91	2021 Weißburgunder „GG“ Lahrer Herrentisch | 13%/25,50€
91	2021 Grauburgunder „GG“ Lahrer Kirchgasse | 13,5%/25,50€
92	2020 Chardonnay Teufelslochgasse | 13%/42,-€
86	2020 Spätburgunder trocken „SC“ Lahrer | 13%/17,50€
89	2020 Spätburgunder trocken Lahrer Kronenbühl | 13%/23,-€
92	2020 Spätburgunder „GG“ Lahrer Kirchgasse | 13%/36,-€

Lagen

Kronenbühl (Lahr)
Gottsacker (Lahr)
Herrentisch (Lahr)
Kirchgasse (Lahr)
Unten an der Teufelslochgasse (Lahr)

Rebsorten

Spätburgunder (27%)
Grauburgunder (24%)
Weißburgunder (16%)
Auxerrois (13%)
Müller-Thurgau (5%)
Chardonnay (5%)
Riesling (3%)
Muskateller (2%)

★★

Wöhrle

Kontakt
Leininger Ring 64
67278 Bockenheim
Tel. 06359-4215
Fax: 06359-949367
www.weingut-woehrle.de
info@weingut-woehrle.de

Besuchszeiten
Sa. 9-15 Uhr
oder nach Vereinbarung

Inhaber
Andreas Wöhrle
Rebfläche
13,5 Hektar
Produktion
75.000-80.000 Flaschen

Der im 18. Jahrhundert errichtete Hof ist seit 1844 im Besitz der Familie. Martin Wöhrle hatte 1964 den Betrieb von seinem Großonkel übernommen, sich nach und nach mit ökologischer Wirtschaftsweise beschäftigt, bereits seit 1980 erfolgt die Bewirtschaftung nach ökologischen Richtlinien, Martin Wöhrle war Gründungsmitglied bei Ecovin. Sohn Andreas Wöhrle trat nach dem Abschluss seines Studiums 1999 in den Betrieb ein, schon vorher war er für den Weinausbau verantwortlich. Seine Weinberge liegen in den Bockenheimer Lagen Vogelsang, Schlossberg, Heiligenkirche und Goldgrube. Riesling ist die wichtigste Rebsorte, es folgen Weiß-, Spät- und Grauburgunder und Müller-Thurgau, dazu gibt es Merlot, Cabernet Sauvignon, Chardonnay, Cabernet Blanc, Portugieser, Gewürztraminer, Auxerrois und Dornfelder.

Kollektion

In diesem Jahr liegt der Cabernet Sauvignon nur ganz knapp an der Spitze des Sortiments: Er zeigt klare Noten von schwarzer Johannisbeere und etwas grüner Paprika, ist kraftvoll und stoffig mit reifen Tanninen und einer frischen Säure und könnte sich mit etwas Reifezeit noch steigern. Knapp dahinter liegt der Spätburgunder aus dem Schlossberg, der klare Schwarzkirschfrucht, etwas Hagebutte und Krokant im Bouquet zeigt, Kraft und Konzentration besitzt und bei dem der ungewöhnlich hohe Alkoholgehalt etwas besser eingebunden ist, als beim Vogelsang-Spätburgunder, der von dunkler Kirschfrucht, kräutrigen Noten und etwas Gewürznelke geprägt ist, aber eben auch den Alkohol spüren lässt. Der Auxerrois besitzt Schmelz und klare Birnenfrucht, der Grauburgunder ist kraftvoll, weich und leicht nussig, der Riesling von alten Reben aus dem Vogelsang besitzt viel herbe Frucht mit Noten von Apfel, Aprikose und Orangenschale und auch der Goldgrube-Riesling und der Gewürztraminer sind fruchtbetont und reintönig.

Weinbewertung

81 2021 Riesling trocken (1l) | 12%/6,-€
86 2021 Auxerrois Spätlese trocken Bockenheimer Vogelsang | 12,5%/9,50€
83 2021 Weißer Burgunder trocken Bockenheimer | 12%/7,-€
85 2021 Grauer Burgunder trocken Bockenheimer | 14%/8,-€
84 2021 Chardonnay trocken Bockenheimer | 13%/7,50€
83 2021 Riesling Kabinett trocken Bockenheimer Vogelsang | 12%/8,-€
85 2021 Riesling Spätlese trocken Bockenheimer Goldgrube | 12%/9,50€
86 2021 Riesling Spätlese trocken „Alte Reben" Bockenheimer Vogelsang | 12%/12,-€
82 2021 Riesling Kabinett „feinherb" Bockenheimer Vogelsang | 12%/8,-€
86 2021 Gewürztraminer Spätlese „feinherb" Bockenheimer Vogelsang | 13%/k.A.
85 2020 Spätburgunder trocken Bockenheimer Vogelsang | 15%/9,50€
87 2020 Spätburgunder Spätlese trocken Bockenheimer Schlossberg | 15%/16,-€
87+ 2020 Cabernet Sauvignon trocken Bockenheimer Schlossberg | 14,5%/18,-€

★★★★

Wöhrwag

Kontakt
Grunbacher Straße
70327 Stuttgart
Tel. 0711-331662
Fax: 0711-332431
www.woehrwag.de
info@woehrwag.de

Besuchszeiten
Mo.-Fr. 8-12:30 + 14-18 Uhr,
Sa. 10-14 Uhr

Inhaber
Hans-Peter Wöhrwag
Kellermeister
Jakob Bittner
Außenbetrieb
Carsten Kämpf
Rebfläche
20 Hektar
Produktion
150.000 Flaschen

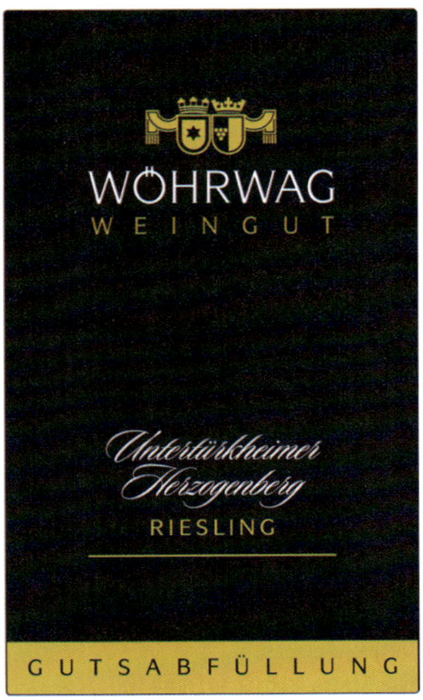

Hans-Peter Wöhrwag kehrte 1989 auf das elterliche Weingut zurück, nach Lehre in der Pfalz und am Kaiserstuhl, nach Geisenheim-Studium und praktischen Erfahrungen im Napa Valley. Seither hat er, unterstützt von Ehefrau Christin, das Weingut zum führenden Stuttgarter Betrieb aufgebaut. Seit 2021 werden sie vom jüngsten ihrer drei Kinder im Betrieb unterstützt: Nach Abschluss ihres Weinwirtschaftsstudiums in Geisenheim ist Tochter Johanna in den Betrieb eingestiegen, die ihre Lehre bei Bassermann-Jordan und Pflüger in der Pfalz absolvierte und Auslandserfahrungen bei Hans Herzog in Neuseeland, Stéphane Ogier an der Rhône und Judith Beck im Burgenland sammelte. Die Weinberge liegen im Untertürkheimer Herzogenberg, einer Lage im Alleinbesitz von Hans-Peter Wöhrwag. Die Böden dieses etwa 40 Prozent steilen Südhanges bestehen aus Gipskeuper, durchsetzt mit kalkhaltigem Sedimentgestein, das schon von jeher Kreidenstein genannt wurde. Hans-Peter Wöhrwag baut zu 55 Prozent weiße Sorten, zu 45 Prozent rote Sorten an. Wichtigste Rebsorte ist Riesling, der 40 Prozent der Fläche einnimmt. Hinzu kommen Weiß- und Grauburgunder, aber auch ein wenig Sauvignon Blanc, Müller-Thurgau und Muskateller. Bei den roten Sorten dominierte früher der Trollinger. Nach dem schweren Hagel 2000 rodete Hans-Peter Wöhrwag aber zwei Hektar Trollinger und legte dort Lemberger an, der inzwischen die wichtigste rote Rebsorte ist. Nach Merlot und Trollinger folgen Spätburgunder und Cabernet Sauvignon. Merlot wurde anfangs nur für Cuvées verwendet, 2008 gab es den ersten sortenreinen Merlot. Im roten Segment spielen Cuvées eine wichtige Rolle: Moritz, Philipp und X heißen diese. Die Cuvée X bestand ursprünglich aus Merlot und Lemberger, heute besteht sie aus Merlot, Cabernet Sauvignon und ein klein wenig Cabernet Franc, die Cuvée Philipp aus Lemberger und Merlot. Die Weißweine werden langsam und kühl vergoren, die Rieslinge im Edelstahl ausgebaut, die weißen Burgunder oft auch im Holz. Die Rotweine werden kaltmazeriert und maischevergoren, werden dann im kleinen oder großen Eichenholzfass ausgebaut. Das Sortiment ist dreistufig gegliedert in Gutsweine, Erste Lage-Weine und Große Lage-Weine, zu denen neben den Großen Gewächsen die Großen Reserven – Philipp und Cuvée X – zählen, aber auch edelsüße Rieslinge, auch wenn diese in den letzten Jahren weniger regelmäßig erzeugt werden wie früher.

Kollektion

Acht Weißweine aus 2021 und vier Rote aus 2020 stellt Hans-Peter Wöhrwag in diesem Jahr vor – und die Kollektion zeigt durchgängig sehr hohes Niveau. Sehr gleichmäßig präsentieren sich die weißen Erste Lage-Weine. Der Weißburgunder ist fruchtbetont und wunderschön reintönig im Bouquet, füllig und klar im Mund, besitzt viel reife Frucht, gute Struktur und Grip. Der Muskateller ist würzig, eindringlich, sehr reintönig, besitzt Fülle und Kraft im Mund, aber auch gute Frische, Präzision und reintönige

Frucht. Der Riesling Mineral aus dem Herzogenberg zeigt gute Konzentration und reintönige Frucht, ist frisch und zupackend, besitzt viel Grip und ist noch enorm jugendlich. Deutlich würziger ist der neue Erste Lage-Riesling aus dem Altenberg, er ist füllig und kraftvoll, besitzt reife Frucht und gute Struktur. Auch der restsüße Kabinett reiht sich hier ein, ist wunderschön frisch und lebhaft, leicht und trotzdem zupackend. Auch bei den Großen Gewächsen gibt es Neues zu vermelden, ebenfalls durch einen Riesling, dem Wein aus dem Galgenberg, der viel reife Frucht im Bouquet zeigt, gelbe Früchte, enorm druckvoll im Mund ist, jugendlich, nachhaltig. Sein Kollege aus dem Herzogenberg zeigt neben gelben Früchten auch etwas Zitrus, besitzt gute Struktur, Kraft und reintönige Frucht. Klasse ist auch wieder der Grauburgunder Großes Gewächs, der würzig-rauchige Noten im Bouquet zeigt, feinen Toast, klar und harmonisch im Mund ist, gute Struktur, viel Frische und Grip besitzt. Spannend sind auch die Rotweine. Der Erste Lage-Merlot ist würzig, eindringlich, besitzt reintönige Frucht, gute Struktur und Grip. Den Cabernet Franc hatten wir schon in den beiden Vorjahren verkostet, mit dem Jahrgang 2020 trägt er nun den Zusatz „Große Reserve". Er zeigt gute Konzentration im Bouquet, feine Würze und rauchige Noten, ist füllig und kraftvoll im Mund, besitzt herrlich viel Frucht und Substanz. Der Lemberger Großes Gewächs zeigt viel Frische und rauchige Noten im sehr intensiven Bouquet, besitzt viel Frische im Mund, Säure, Tannine und Grip – eine sehr „burgundische" Interpretation der Rebsorte. Der Pinot Noir Großes Gewächs ist würzig und eindringlich, zeigt reife Frucht, ist druckvoll und zupackend im Mund, strukturiert, jugendlich. Wieder einmal eine tolle Kollektion!

Christin und Hans-Peter Wöhrwag

Weinbewertung

- **88** 2021 Weißburgunder trocken Untertürkheimer Herzogenberg I 13%/14,50€
- **88** 2021 Muskateller trocken Untertürkheimer Herzogenberg I 12,5%/15,50€
- **88** 2021 Riesling trocken „Mineral" Untertürkheimer Herzogenberg I 12,5%/14,50€
- **88** 2021 Riesling trocken Untertürkheimer Altenberg I 12%/17,50€
- **92** 2021 Grauburgunder „GG" Untertürkheimer Herzogenberg I 13%/27,50€
- **91** 2021 Riesling „GG" Untertürkheimer Herzogenberg I 13%/25,50€
- **92** 2021 Riesling „GG" Untertürkheimer Galgenberg I 13%/29,50€
- **87** 2021 Riesling Kabinett Untertürkheimer Herzogenberg I 7,5%/14,50€
- **87** 2020 Merlot trocken Untertürkheimer Herzogenberg I 14%/15,50€
- **91** 2020 Pinot Noir „GG" Untertürkheimer Herzogenberg I 14%/29,50€
- **91** 2020 Lemberger „GG" Untertürkheimer Herzogenberg I 14%/27,50€
- **90** 2020 Cabernet Franc trocken „Große Reserve" I 14%/29,50€

Lagen

Herzogenberg (Untertürkheim)
Galgenberg (Untertürkheim)
Altenberg (Untertürkheim)

Rebsorten

Riesling (44%)
Lemberger (12%)
Merlot (8%)
Spätburgunder (7%)
Grauburgunder (6%)
Trollinger (6%)
Weißburgunder (5%)
Cabernet Sauvignon (3%)
Sauvignon Blanc (2%)
Müller-Thurgau (2%)
Muskateller (1%)

★★★

Wörner

Kontakt
Sendelbach 21
77770 Durbach
Tel. 0781-42257
www.weingut-woerner.com
matthias@weingut-woerner.com

Besuchszeiten
nach Vereinbarung
Urlaub auf dem Hofgut:
3 Ferienwohnungen

Inhaber
Matthias Wörner
Betriebsleiter
Matthias Wörner
Rebfläche
5 Hektar im Besitz,
2 Hektar Eigenausbau
Produktion
12.000 Flaschen

Matthias Wörner, der den Betrieb inzwischen von seinem Vater Heinrich übernommen hat, bewirtschaftet 5 Hektar Weinberge in Durbach in der Ortenau. Matthias Wörner hatte seine Winzerlehre bei Salwey und Müller-Catoir gemacht, dann in Geisenheim studiert, mit einem Auslandssemester an der Universität Stellenbosch. 2016 ist er in den elterlichen Betrieb zurückgekehrt, der sich bis dahin – neben Wald und Wiesen – auf die Traubenproduktion von 5 Hektar Steillagenweinbergen konzentrierte. Das Gros der Trauben liefert er nach wie vor an ein anderes Weingut in Durbach, erster Jahrgang war 2017. Die Weinberge liegen im Durbacher Kochberg, die Reben wachsen auf Granitgestein. Riesling und Spätburgunder sind die wichtigsten Rebsorten, gefolgt von Grauburgunder, Müller-Thurgau und Roter Traminer. Der Keller befand sich zuletzt in einem aus Natursteinen erbauten alten Brennhaus, der Wein wurde im ehemaligen Pferdestall gelagert; 2022 erfolgte der Umzug in den neuen alten Keller. Alle Weine werden spontanvergoren und lange auf der Hefe in neuen und gebrauchten Eichenholzfässern ausgebaut. Ziel von Matthias Wörner sind eigenständige, ausdrucksstarke Weine im moderaten Alkoholbereich. 2021 wurde die aus Holz des eigenen Waldes erbaute Vinothek fertiggestellt.

Kollektion

Jahr für Jahr legt Matthias Wörner zu, die lange auf der Hefe ausgebauten Weine werden immer ausdrucksstärker. Bis auf den 2019er Spätburgunder stammen alle Weine aus dem Jahrgang 2020. Bemerkenswert ist auch in diesem Jahr wieder das Einstiegsniveau. Die weiße Steillagencuvée aus Müller-Thurgau und Riesling ist frisch und zupackend, besitzt Grip und Druck, ist recht jugendlich. Der Riesling ist würzig und konzentriert im Bouquet, intensiv und kraftvoll im Mund, besitzt Struktur und Grip. Würzig und eindringlich ist der Grauburgunder, zeigt viel Konzentration, ist füllig und stoffig im Mund, besitzt viel Kraft, guten Druck, Frucht und Substanz. Enorm würzig und eindringlich ist der Roter Traminer, ist füllig, saftig, besitzt Substanz und Grip. Der Steillagen-Rosé, ein Spätburgunder, ist würzig, intensiv, kraftvoll und dominant. Der rauchige, reintönige Spätburgunder reiht sich ein in das Bild, besitzt gute Struktur und klare Frucht – und wird wie alle Weine von weiterer Flaschenreife profitieren.

Weinbewertung

86 2020 Steillage Weiß | 12,5%/8,-€
87 2020 Riesling „unfiltriert" | 12,5%/15,-€
88 2020 Grauburgunder „unfiltriert" | 12,5%/16,-€
88 2020 Roter Traminer (aka Savagnin Rose) | 12%/25,-€
86 2020 Steillage Rosé | 12%/10,-€
88 2019 Spätburgunger „unfiltriert" | 12,5%/20,-€

★★

Wohlgemuth-Schnürr

Kontakt
Katzensteiner Straße 45
67598 Gundersheim
Tel. 06244-309
www.wohlgemuth-schnuerr.de
kristine@wohlgemuth-schnuerr.de

Besuchszeiten
nach Vereinbarung

Inhaber
Andreas Schnürr
Rebfläche
15 Hektar

Andreas Schnürr ist 1995 als Nachfolger in das Weingut eingestiegen, dass er und Alexandra Damm dann im Jahr 2000 von Dieter Wohlgemuth übernommen haben und das seither den Namen Wohlgemuth-Schnürr trägt. Inzwischen steht die nächste Generation bereit, Sohn Benedikt studiert in Geisenheim, der zweite Sohn Tristan will nach dem Abitur eine Winzerlehre machen und dann Weinmarketing studieren. Die Weinberge liegen in den Gundersheimer Lagen Höllenbrand und Königstuhl, sowie in den Westhofener Lagen Brunnenhäuschen und Morstein. An traditionellen Rebsorten gibt es Riesling, Spätburgunder, Silvaner und als Spezialität Früher Roter Malvasier, von dem es mehr als einen Hektar gibt, aber auch Chardonnay und Scheurebe. 2009 wurden die ersten Piwis gepflanzt und inzwischen ist mehr als die Hälfte der Rebfläche mit Piwi-Sorten bestockt, mit weißen Sorten wie Sauvignac, Johanniter, Muscaris und Cabernet Blanc, und roten Piwis wie Cabertin, Cabernet Cantor und Prior.

Kollektion

Sie gefallen uns gut, die Piwis von Andreas Schnürr, an der Spitze der Kollektion liegen für uns allerdings zwei Weine von klassischen Rebsorten. Der 2020er Riesling aus dem Brunnenhäuschen ist konzentriert und klar im Bouquet, zeigt gelbe Früchte, ist füllig und saftig im Mund, besitzt viel reife Frucht und Substanz. Gleichauf sehen wir den im Barrique ausgebauten Spätburgunder aus dem Höllenbrand, der feine Würze und rauchige Noten im Bouquet zeigt, gute Struktur, Frische und Grip besitzt. Unser Favorit unter den Piwis ist der im Barrique ausgebaute Cabertin mit seiner Konzentration und intensiven Frucht, ein Rotwein mit Fülle, Kraft und Substanz. Aber auch der Rest der Kollektion überzeugt, der Chardonnay besitzt Kraft und gute Struktur, der Prior setzt ganz auf Frucht, und Muscaris kann sowohl als trockener Feingeist als auch als liebliche Spätlese punkten. Ein überzeugendes Debüt!

Weinbewertung

83 2021 Sauvignac trocken | 12%/7,-€
83 2021 Johanniter trocken Gundersheimer Höllenbrand | 12,5%/5,30€
81 2021 Malvasier trocken „Edition" Gundersheimer Höllenbrand | 12%/8,-€
83 2020 Riesling trocken „Alte Reben" Gundersheimer Königstuhl | 12,5%/8,50€
87 2020 Riesling trocken Westhofener Brunnenhäuschen | 13%/15,-€
84 2021 Muscaris trocken „Feingeist" Gundersheimer Königstuhl | 12,5%/8,-€
82 2020 Cabernet Blanc trocken Barrique Gundersheimer Bergkloster | 12,5%/8,-€
84 2020 Chardonnay trocken Holzfass | 13,5%/7,-€
84 2021 Muscaris Spätlese „lieblich" Westhofener Brunnenhäuschen | 10%/5,80€
84 2021 Prior trocken Holzfass | 12%/5,50€
86 2020 Cabertin trocken Barrique Gundersheimer Bergkloster | 15%/11,-€
87 2019 Spätburgunder trocken Barrique Gundersheimer Höllenbrand | 14%/15,-€

★★☆

Julian Wolf

Kontakt
Brunnenstraße 2
55599 Eckelsheim
Tel. 06703-1346
Fax: 06703-3181
www.weingut-peter-wolf.de
info@weingut-peter-wolf.de

Besuchszeiten
nach Vereinbarung
Gästezimmer

Inhaber
Julian Wolf
Rebfläche
20 Hektar
Produktion
95.000 Flaschen

Seit 2011, seit Beendigung seines Geisenheim-Studiums, ist Julian Wolf für den Weinausbau im elterlichen Weingut verantwortlich, das er 2022 nun übernommen hat. Seit sieben Generationen baut die Familie Wein in Eckelsheim an, einem kleinen Weinort in der Rheinhessischen Schweiz, der drei Einzellagen besitzt, in denen die Weinberge der Familie Wolf liegen: Eselstreiber, Kirchberg und Sonnenköpfchen; daneben ist man im Wöllsteiner Äffchen und in der Gumbsheimer Schlosshölle vertreten. Die Reben wachsen in Eckelsheim teils auf schwerem Mergel, teils auf Lösslehm und auf leichtem Porphyr. 1981 hatten Ulla und Peter Wolf, die Eltern von Julian Wolf, den im Ortskern von Eckelsheim liegenden Betrieb übernommen, konzentrierten den früheren landwirtschaftlichen Mischbetrieb ganz auf Weinbau. Riesling nimmt ein Fünftel der Rebfläche ein, es folgen Spätburgunder, Dornfelder, Weißburgunder und Grauburgunder. Zuletzt wurde der Anteil roter Rebsorten reduziert, mehr Weiß- und Grauburgunder gepflanzt.

Kollektion

Die im Barrique ausgebaute, Il Lupo genannte Cuvée aus dem Jahrgang 2019 war im vergangenen Jahr unser Favorit in einer homogenen Kollektion, und auch dieses Jahr ist dies wieder so, Il Lupo, nun Jahrgang 2020, führt eine überzeugende, gleichmäßige Kollektion an. Der Wein zeigt feine Würze, viel reife Frucht, etwas florale Noten, ist kraftvoll und zupackend, besitzt Struktur und Grip. Sehr gut gefällt uns auch der Merlot, der würzig und eindringlich, reintönig und zupackend ist. Der Liter-Riesling ist klar und frisch, unter den weißen Guts- und Ortsweinen ist der Chardonnay unser Favorit, der füllig, harmonisch und saftig ist. Der Sylvaner vom Sonnenköpfchen ist fruchtbetont, harmonisch, der Eselstreiber-Weißburgunder besitzt Frische und Grip, was auch für den Grauburgunder vom Wollsteiner Äffchen gilt. Saftig ist der in diesem Jahr feinherb ausgebaute Schlosshölle-Riesling, die Gewürztraminer Spätlese punktet mit Reintönigkeit.

Weinbewertung

81	2021 Riesling trocken (1l) I 12,5%/5,20€
83	2021 Grauer Burgunder trocken Eckelsheimer I 13,5%/5,80€
84	2021 Chardonnay trocken Wöllsteiner I 13,5%/5,80€
81	2021 Spätburgunder „Blanc de Noir" trocken I 12,5%/6,-€
85	2021 Sylvaner trocken „J-Linie" Eckelsheimer Sonnenköpfchen I 12,5%/8,10€
84	2021 Weißer Burgunder trocken „J-Linie" Eckelsheimer Eselstreiber I 13%/7,90€
85	2021 Grauer Burgunder trocken „J-Linie" Wöllsteiner Äffchen I 13%/8,40€
82	2021 Weißer Burgunder Classic I 12,5%/5,70€
84	2021 Riesling „feinherb" „J-Linie" Gumbsheimer Schlosshölle I 12,5%/7,90€
84	2021 Gewürztraminer Spätlese I 10,5%/5,90€
85	2020 Merlot trocken Eckelsheimer I 13%/8,-€
86	2020 „Il Lupo" Rotweincuvée trocken Barrique „J-Linie" I 13,5%/13,70€

Wolf

Kontakt
Hauptstraße 36
76831 Birkweiler
Tel. 06345-919203
Fax: 06345-919204
www.weingut-wolf-birkweiler.de
info@weingut-wolf-birkweiler.de

Besuchszeiten
Mo./Mi.-Fr. 9-12 + 13-17:30 Uhr
Sa. 9-16 Uhr
Di. Ruhetag

Inhaber
Klaus & Mathias Wolf
Betriebsleiter
Klaus & Mathias Wolf
Rebfläche
19 Hektar
Produktion
170.000 Flaschen

Weinbau wird in der Familie Wolf seit etlichen Jahrhunderten betrieben, 1620 wurde der Winzer Hans Wolf urkundlich in Birkweiler erwähnt. Bis in die 1980er Jahre wurden die Trauben an die Genossenschaft abgeliefert, 1986 übernahm Klaus Wolf das Familienweingut und begann mit der Flaschenweinvermarktung, im Frühjahr 2011 ist Sohn Mathias in den Betrieb eingestiegen und kümmert sich seitdem um den Keller. Die Familie besitzt etliche Parzellen in den von verschiedenen Bodenstrukturen geprägten Teilen des Birkweiler Kastanienbuschs, unter anderem im Gewann Am Dachsberg, sowie Weinberge in den weiteren Birkweiler Lagen Mandelberg und Rosenberg. Zu 70 Prozent werden weiße Rebsorten angebaut, vor allem Riesling und die Burgundersorten, daneben gibt es noch Chardonnay, Silvaner, Scheurebe und Gewürztraminer, sowie an roten Sorten Spätburgunder, Sankt Laurent und etwas Cabernet Sauvignon.

Kollektion

Wie wir das gewohnt sind, sind alle Weine der Familie Wolf auch im aktuellen Jahrgang wieder sehr reintönig mit klarer, typischer Frucht: Unser Favorit, der im Tonneau ausgebaute Weißburgunder Terrassenlage, zeigt von allen Weinen das komplexeste Bouquet mit viel klarer Frucht, Birne, Aprikose, Ananas, Limette und etwas floraler Würze, das Holz ist perfekt eingebunden und kaum spürbar, der Wein besitzt Kraft, Schmelz und Länge. Knapp dahinter liegt der Riesling vom Schiefer, der steinig-mineralische Würze und Zitrusnoten im Bouquet zeigt und animierend, frisch und nachhaltig ist, der Riesling vom Rotliegenden zeigt kräutrige Noten, grünen Apfel und Ananas im Duft, besitzt Grip und Frische und der Riesling von Buntsandstein zeigt viel gelbe Frucht, Aprikose, Pfirsich und Orangenschale. Auch beim Chardonnay vom Ton und Stein und dem Weißburgunder vom Muschelkalk ist das Holz jeweils sehr dezent und gut eingebunden, der Chardonnay zeigt etwas Birne, Melone und Zitrusnoten, besitzt Kraft und eine frische Säure, der Weißburgunder zeigt feine florale und rauchige Noten, besitzt klare Frucht und Frische.

Weinbewertung

84 2021 Riesling trocken „Roter Sandstein" | 12%/7,20€
83 2021 Muskateller trocken | 11,5%/7,20€
84 2021 Weißer Burgunder trocken „Kalkstein" | 12,5%/7,20€
87 2021 Chardonnay trocken „vom Ton und Stein" Birkweiler Mandelberg | 13,5%/10,50€
87 2021 Riesling trocken „vom Buntsandstein" Birkweiler Kastanienbusch | 12,5%/10,50€
87 2021 Riesling trocken „vom Rotliegenden" Birkweiler Kastanienbusch | 12,5%/10,50€
88 2021 Riesling trocken „vom Schiefer" Birkweiler Kastanienbusch | 12,5%/14,50€
87 2021 Weißer Burgunder trocken „vom Muschelkalk" Mandelberg | 13%/10,50€
89 2021 Weißer Burgunder trocken „Terrassenlage" Kastanienbusch | 13,5%/14,50€
86 2020 Spätburgunder trocken „vom Muschelkalk" Mandelberg | 13,5%/10,50€

★★☆

Herzog von Württemberg

Kontakt
Schloss Monrepos
71634 Ludwigsburg
Tel. 07141-221060
Fax: 07141-2210626
www.hofkammer.de
weingut@hofkammer.de

Besuchszeiten
Mo.-Fr. 10-12 + 13-18 Uhr
Sa. 10-16 Uhr
Schlosshotel Monrepos mit Restaurant; Gutsschenke, Golfplatz, Seeschloss Monrepos

Inhaber
Herzog von Württemberg
Betriebsleiter
Joachim Fischer
Kaufmännische Leiterin
Claudia Krügele
Rebfläche
38 Hektar
Produktion
250.000 Flaschen

HERZOG von WÜRTTEMBERG
DAS WEINGUT AUF DER DOMÄNE MONREPOS

Weinbau lässt sich im Hause Württemberg bis ins 13. Jahrhundert zurückverfolgen, die Kammerschreiberei, der Vorläufer der heutigen Hofkammer, wurde 1649 als private Vermögensverwaltung gegründet, im gleichen Jahr wurde der Steinbachhof von Herzogin Anna-Katharina erworben, der 1757 an die Kammerschreiberei überging. Die Weinberge verteilen sich auf 8 Lagen: Maulbronner Eilfingerberg (14,6 Hektar mit Schilfsandsteinverwitterungsboden auf Gipskeuper), Mundelsheimer Käsberg (Muschelkalk), Untertürkheimer Mönchberg (mit Steinen durchsetzte Gipskeuperböden), Stettener Brotwasser (2,8 Hektar im Alleinbesitz, Schilfsandsteinboden), Hohenhaslacher Kirchberg, Asperger Berg und Gündelbacher Steinbachhof und Wachtkopf. Riesling dominiert bei den weißen Rebsorten, es folgen Sauvignon Blanc und Weißburgunder. Wichtigste rote Rebsorte ist Lemberger, dazu gibt es Trollinger, aber auch internationale Sorten wie Merlot oder Cabernet Sauvignon.

Kollektion

Dieses Jahr konnten wir wieder Große Gewächse verkosten, zumindest im roten Segment, und diese führen auch die Kollektion an. Der Spätburgunder vom Käsberg zeigt gute Konzentration, feine Würze, reintönige Frucht, ist füllig, kraftvoll und strukturiert. Der Lemberger vom Untertürkheimer Mönchberg ist herrlich eindringlich, zeigt herrlich viel Frucht, ist füllig und saftig im Mund bei guter Substanz und Struktur. Knapp dahinter sehen wir die beiden roten Cuvées: Der Ducissa genannte Wein ist würzig und eindringlich bei etwas floralen Noten, besitzt gute Struktur, Kraft und Grip; der Dux ist enorm konzentriert, zeigt florale Noten, rote Früchte, besitzt viel Fülle, Kraft und Substanz. Die anderen Rotweine sind deutlich verhaltener. Die Weißweine präsentieren sich sehr geschlossen, am besten gefallen uns der florale, zupackende Sauvignon Blanc vom Steinbachhof und der würzig-duftige Brotwasser-Riesling.

Weinbewertung

84 2021 Sauvignon Blanc trocken Gündelbacher Steinbachhof | 13%/15,-€
83 2021 Riesling trocken Maulbronner Eilfingerberg | 12,5%/13,-€
84 2021 Riesling trocken Stettener Brotwasser | 12,5%/14,-€
82 2021 Weißburgunder trocken Maulbronner Eilfingerberg | 13%/14,-€
83 2021 „Attempto“ Weißwein trocken | 12,5%/10,-€
84 2019 Pinot Noir trocken | 13,5%/14,-€
84 2020 Zweigelt trocken (Hohenhaslacher Kirchberg) | 13,5%/15,-€
83 2018 Cabernet Sauvignon trocken | 14%/20,-€
88 2019 „Ducissa“ Rotwein trocken | 14%/25,-€
88 2019 „Dux“ Rotwein trocken | 14%/45,-€
89 2019 Spätburgunder trocken „GG“ Käsberg Mundelsheim | 13%/30,-€
89 2019 Lemberger trocken „GG“ Untertürkheimer Mönchberg | 14%/30,-€

★★★

Würtzberg

Kontakt
Würtzberg 1
54455 Serrig
Tel. 06581-9200992
Fax: 06581-9200993
www.weingut-wuertzberg.de
office@weingut-wuertzberg.de

Besuchszeiten
Mo.-Fr. 13-17 Uhr
Sa. 11-16 Uhr
oder nach Vereinbarung
Ferienwohnung

Inhaber
Familie Heimes
Kellermeister
Felix Heimes
Außenbetrieb
Felix Heimes
Rebfläche
17,5 Hektar
Produktion
100.000 Flaschen

Das eindrucksvolle Weingut in Serrig, am südlichen Ende des zum Anbaugebiet Mosel zählenden Teils der Saar wurde 2016 von Dorothee Heimes und Ludger Neuwinger-Heimes sowie ihren Kindern erworben. Aus juristischen Gründen war damit ein Namenswechsel verbunden, und die Rückkehr zum Gründungsnamen des ehemaligen preußischen Gutes von 1898 bot sich an. Zurzeit werden 17,5 Hektar Reben bewirtschaftet, darunter Riesling (70 Prozent), 20 Prozent Pinot Blanc, Auxerrois und etwas Pinot Noir; in dieser Zahl sind 2,5 Hektar in 2018 getätigte Neuanpflanzungen bereits enthalten. Sohn Felix Heimes, der in Geisenheim studiert hat, ist nun Kellermeister, seit 2020 ist auch seine Schwester Annalena mit im Betrieb engagiert. Die Weine werden teils im Edelstahl, teils im großen Holz ausgebaut.

Kollektion

Der Jahrgang 2021 hat sehr überzeugende, rassige, animierende Weine hervorgebracht im Weingut Würtzberg. So gleichmäßig ist das Sortiment, dass man eigentlich alle Weine lobend nennen könnte, denn Ausreißer gibt es keine. Zunächst freilich ist ein zupackender, sehr fein wirkender Sekt aus dem Jahrgang 2019 zu erwähnen. Der Riesling mit der Bezeichnung Saar ist bereits rassig, besitzt Spiel und eine schöne Balance. Schön saftig wirkt der mit feiner Frucht ausgezeichnete Rotschiefer-Riesling, sehr gelungen ist der feine, sortentypische Pinot Blanc. Völlig verschlossen wirkt das GG aus dem Würtzberg, im Mund vibriert der angenehm trocken wirkende Wein, der Potenzial für eine höhere Bewertung hat. Einen Hauch von Süße besitzt der Scivaro, der im Mund sehr saftig wirkt und viel Spiel aufweist. Eine komplexe Nase mit Hefe-, Kräuter- und Kernobstnoten dann weist der straffe, nur dezent süße Kabinett von alten Reben auf, der nochmals deutlich spannender wirkt als die beiden anderen, ebenfalls sehr empfehlenswerten Kabinette. Herrlich rassig ist die Spätlese, während der Pinot Noir Noten von Kirsche, Holunder und Gewürzen zeigt und schön saftig wirkt.

Weinbewertung

87	2019 Cuvée Pinot Sekt brut I 12,5%/15,-€
85	2021 Riesling trocken Saar I 12%/7,50€
86	2021 Pinot Blanc trocken I 11,5%/8,50€
89+	2021 Riesling „GG" Serriger Würtzberg I 12%/18,-€
87	2021 Riesling „Scivaro" I 11,5%/9,20€
86	2021 Riesling trocken „Rotschiefer" I 12%/12,50€
85	2021 Riesling „Blauschiefer" I 12%/12,50€
87	2021 Riesling Kabinett „Goldstück" I 9%/11,20€
87	2021 Riesling Kabinett Serriger Würtzberg I 8%/11,20€
90	2021 Riesling Spätlese Serriger Herrenberg I 7%/16,-€
89	2021 Riesling Kabinett „Alte Reben" I 9%/14,-€
87	2020 Pinot Noir trocken I 13%/17,-€

Zähringer

Kontakt
Johanniterstraße 61
79423 Heitersheim
Tel. 07634-50489-0
Fax: 07634-50489-99
www.weingut-zaehringer.de
info@weingut-zaehringer.de

Besuchszeiten
Mo.-Mi. 9-12 + 14-17 Uhr
Do./Fr. 9-12 + 14-18 Uhr
Sa. 10-13 Uhr
Ferienwohnung & Gästehaus

Inhaber
Fabian Zähringer
Betriebsleiter
Paulin Köpfer
Kellermeister
Simon Höre
Rebfläche
50 Hektar
Produktion
400.000 Flaschen

Das 1844 gegründete Weingut wird heute in sechster Generation von Fabian Zähringer geführt. Seine Reben wachsen vor allem in den Heitersheimer Lagen Sonnhohle und Maltesergarten, aber auch im Dottinger Castellberg und im Laufener Altenberg. Von der nur 7 Hektar großen Heitersheimer Sonnhohle besitzt man 4,5 Hektar, Spätburgunder nimmt zwei Fünftel der Rebfläche ein, Gutedel und Grauburgunder jeweils ein Fünftel, es folgen Weißburgunder und Chardonnay, dazu gibt es Müller-Thurgau, Gewürztraminer, Johanniter und Sauvignon Blanc. Seit 1987 werden die Weinberge biologisch bewirtschaftet (Ecovin), seit 2005 nach biodynamischen Grundsätzen, seit 2010 ist man Demeter-zertifiziert. Das Vierlig ist ein altes Fassmaß aus dem Markgräflerland für ein Fass mit 600 Liter Inhalt, die Vierlig-Weine reifen in solchen Fässern. Die Selektionsweine (SZ) stammen aus der Heitersheimer Sonnhohle.

Kollektion

Seine bisher beste Kollektion präsentiert dieses große Markgräfler Demeter-Weingut. Zwei Naturweine gefallen uns besonders gut. Der Orange-Weißburgunder zeigt gute Konzentration und Würze, ist füllig und kraftvoll, besitzt gute Struktur und Druck. Der Amber genannte Souvignier Gris wurde maischevergoren, es wurde kein Schwefel zugesetzt: Er ist herrlich dominant und stoffig, druckvoll, sehr jugendlich. Zwei klasse Weine! Spannend sind auch die Rotweine, der reintönige, kraftvolle Cabernet Franc ebenso wie der rotfruchtige, strukturierte Spätburgunder SZ und der 2018er Pinot Noir aus der Sonnhohle, der Kraft, gute Struktur und Grip besitzt. Auch der Rest der Kollektion zeigt hohes Niveau: Die beiden Sekte sind wunderschön harmonisch und frisch, der Chardonnay SZ zeigt gute Konzentration und rauchige Noten, der Viognier vom Castellberg besitzt viel Substanz und eine jugendliche Bitternote. Und als Schmankerl gibt es eine alkoholreiche, am 1. Januar 2000 geerntete Grauburgunder Beerenauslese.

Weinbewertung

86 2019 Crémant extra-brut Baden | 12,5%/14,90€
85 2020 Pinot Rosé Sekt brut | 12%/14,90€
84 2020 Chasselas trocken „Vierlig" | 12%/11,90€
85 2020 Weißburgunder trocken Sonnhohle Heitersheim | 13,5%/18,-€
87 2020 Chardonnay „SZ" trocken Grunern Altenberg | 12,5%/22,-€
87 2020 Viognier trocken Castellberg Dottingen | 14,5%/29,-€
88 2020 Weißburgunder trocken „Orange" | 13%/29,-€
89 2020 Souvignier Gris trocken „Amber" | 13,5%/18,-€
85 1999 Grauburgunder Beerenauslese „Millenium" | 16%/60,-€
87 2019 Spätburgunder „SZ" trocken „Reserve" | 13,5%/18,-€
87 2019 Cabernet Franc trocken „Reserve" | 14%/18,-€
88 2018 Pinot Noir trocken Heitersheimer Sonnhohle | 13,5%/29,-€

★★☆

Georg Zang

Kontakt
Nordheimer Straße 8
97334 Sommerach
Tel. 09381-2888
Fax: 09381-6111
www.zangwein.de
info@weingut-georg-zang.de

Besuchszeiten
Mo.-Sa. 9-12 + 13-17 Uhr, So. + Feiertage 10-12 + 13-15 Uhr oder nach Vereinbarung; Weinbergsführungen, Weinproben mit fränkischer Brotzeit (auf Anfrage)

Inhaber
Georg Zang
Kellermeister
Georg Zang
Rebfläche
8 Hektar
Produktion
55.000 Flaschen

Seit 2005 führen Georg und Heike Zang in fünfter Generation das Gut. Ihre Weinberge liegen auf der Weininsel, vor allem im Sommeracher Katzenkopf, aber auch im Volkacher Kirchberg und im Sommeracher Rosenberg. Weiße Rebsorten spielen die wichtigste Rolle, Silvaner vor allem, der 35 Prozent der Fläche einnimmt, gefolgt von Müller-Thurgau, der in einem Viertel der Weinberge steht. Es folgen Riesling, Bacchus, Weißburgunder, Scheurebe und Rieslaner, bei den roten Sorten hat Georg Zang sich auf Domina und Schwarzriesling spezialisiert. Die Weißweine werden im Edelstahl ausgebaut, die Rotweine im Holz, die Domina auch im Barrique. Georg Zang nutzt nach wie vor Prädikatsbezeichnungen wie Kabinett und Spätlese auch für seine trockenen Weine. Edelbrände ergänzen das Sortiment.

Kollektion

Die 2021er Kabinettweine sind alle frisch und geradlinig, besitzen klare Frucht und Grip, unsere leichte Präferenz gilt dem eindringlichen, würzigen Weißburgunder und rotfruchtigen Rosé. Spannend sind die trockenen Silvaner Spätlesen aus dem Jahrgang 2020, beide aus dem Sommeracher Katzenkopf. Der Wein von alten Reben zeigt gute Konzentration und viel reife Frucht im Bouquet, ist würzig und eindringlich, besitzt Fülle und Saft, viel reife Frucht, gute Struktur und Frische. Noch besser ist die „Edition Heimat": Herrlich eindringlich, konzentriert, würzig und dominant, besitzt viel Fülle und Kraft im Mund, viel reife Frucht und Druck und ebenfalls viel Frische im Abgang. Unter den restsüßen Spätlesen ist der halbtrocken ausgebaute Rieslaner aus dem Katzenkopf unser Favorit, zeigt reintönige Frucht im Bouquet, feine Würze, ist füllig, saftig, harmonisch, besitzt viel Frucht und Grip. Sehr gut ist auch der einzige vorgestellte Rotwein, die 2020er Domina aus dem Volkacher Kirchberg, sie zeigt gute Konzentration und rauchig-würzige Noten im Bouquet, reintönige Frucht, ist klar, frisch und zupackend im Mund, besitzt gute Struktur und Frucht – ist eines der seltenen roten Schnäppchen.

Weinbewertung

83 2021 Silvaner Kabinett trocken Sommeracher Katzenkopf | 12%/6,50€
83 2021 Riesling Kabinett trocken Sommeracher Katzenkopf | 11,5%/6,-€
84 2021 Weißburgunder Kabinett trocken Sommeracher Katzenkopf | 12,5%/8,-€
83 2021 Scheurebe Kabinett trocken Sommeracher Katzenkopf | 12%/7,50€
86 2020 Silvaner Spätlese trocken „Alte Reben" Sommeracher Katzenkopf | 13%/8,-€
88 2020 Silvaner Spätlese trocken „Edition Heimat" Sommeracher Katzenkopf | 13%/11,-€
83 2021 Kerner Spätlese (halbtrocken) Volkacher Kirchberg | 12,5%/8,-€
86 2021 Rieslaner Spätlese Sommeracher Katzenkopf | 13%/11,-€
84 2021 Rosé Kabinett trocken | 11,5%/6,-€
86 2020 Domina trocken Volkacher Kirchberg | 12,5%/6,80€ ☺

★★

Öko-Weingut Zang

Kontakt
Kreuzbergstraße 2
97334 Nordheim
Tel. 09381-6761
Fax: 09381-3942
www.oekoweingut-zang.de
info@oekoweingut-zang.de

Besuchszeiten
Mo.-Sa. 9-12 + 13-18 Uhr,
Verkauf & Verkostung nach Vereinbarung

Inhaber
Rainer Zang
Rebfläche
10 Hektar

Seit dem 17. Jahrhundert baut die Familie Wein in Nordheim an, seit 1990 bewirtschaften Rainer und Christa Zang ihr Weingut biologisch, sind Mitglied bei Naturland. Ihre Weinberge liegen in den Nordheimer Lagen Vögelein und Kreuzberg sowie in den Sommeracher Lagen Katzenkopf und Rosenberg. Neben klassischen fränkischen Rebsorten wie Silvaner, Müller-Thurgau, Riesling, Bacchus, Spätburgunder und Weißburgunder bauen sie auch pilzresistente Neuzüchtungen wie Johanniter, Regent und Bronner an. Die Weine werden teils im Edelstahl, teils im Holz ausgebaut, sie durchlaufen in der Regel den biologischen Säureabbau, bleiben sehr lange ohne Schwefel auf der Hefe, mindestens ein Jahr. Bocksbeutel hat Rainer Zang zuletzt 2008 genutzt, heute füllt er seine Weine in Bordeaux- und Burgunderflaschen ab. Das Programm ist gegliedert Guts-, Orts- und Lagenweine, die Linie „Gegenstrom“ beinhaltet Weine, die mit einem Anteil von ganzen Trauben im Holz vergoren werden und bis Juli nicht geschwefelt werden. 2018 wurde die Rebfläche eines verstorbenen Bio-Kollegen hinzugenommen, Sohn Maximilian ist nach seinem Studium am Weincampus Neustadt 2019 in den Betrieb eingestiegen.

Kollektion

Mit einer ganz starken Kollektion meldet sich Rainer Zang zurück, die besser denn je ist. Die Lagenweine stehen an der Spitze. Der Chardonnay Kapellenstück ist füllig, kraftvoll, komplex, hat Substanz, der Katzenkopf-Traminer punktet mit Reintönigkeit, Kraft und Druck. Unser Favorit ist der Langgraben-Silvaner, der rauchige Noten zeigt, in der Frucht zurückhaltend ist, aber gute Struktur, Kraft und Druck besitzt. Ganz spannend sind auch die beiden Gegenstrom-Weine, der Müller-Thurgau ist würzig, kompakt, kraftvoll, der Silvaner ist noch etwas eindringlicher, besitzt gute Struktur und Grip. Die Basiscuvées sind klar, kompakt, der „Erdung“ aus Riesling mit etwas Scheurebe und Traminer gilt unsere leichte Präferenz, im Ortswein-segment dem druckvollen 2020er Silvaner. Klasse Kollektion!

Weinbewertung

84	2020 „Erdung“ Weißwein trocken I 12 %/8,-€
83	2019 „Spannung“ Weißwein trocken I 12 %/8,-€
83	2019 „Widerstand“ Weißwein trocken I 12 %/8,-€
83	2019 Silvaner trocken Nordheim I 12,5 %/11,-€
85	2020 Silvaner trocken Nordheim I 11,5 %/11,-€
84	2019 Weißer Burgunder trocken Nordheim I 13 %/10,-€
87	2019 Silvaner trocken „Gegenstrom“ I 12 %/14,-€
86	2019 Müller-Thurgau trocken „Gegenstrom“ I 12 %/14,-€
88	2020 Chardonnay trocken Kapellenstück Nordheimer Vögelein I 13 %/18,-€
89	2019 Silvaner trocken Langgraben Nordheimer Vögelein I 12,5 %/18,-€
88	2020 Traminer trocken „Katzenkopf“ Sommeracher Katzenkopf I 13 %/18,-€

★★

Zehnthof – Fam. Weickert

Kontakt
Hauptstraße 17
97334 Sommerach
Tel. 09381-2830
Fax: 09381-715794
www.zehnthof-weickert.de
info@zehnthof-weickert.de

Besuchszeiten
Mo.-So. 8-19 Uhr
Ferienwohnungen

Inhaber
Tobias Weickert
Rebfläche
7 Hektar
Produktion
50.000 Flaschen

Der im Jahr 1682 erbaute Zehnthof in Iphofen wurde schon damals von den Mönchen für Weinausbau genutzt, seit den sechziger Jahren des 20. Jahrhunderts führt die Familie Weickert diese Tradition fort. Heute führt Tobias Weickert den Betrieb unterstützt von Mutter Gertrud und Ehefrau Justina. Seine Weinberge befinden sich in den Lagen Sommeracher Katzenkopf, Volkacher Kirchberg, Astheimer Karthäuser (Astheim) und Obervolkacher Landsknecht. Silvaner und Scheurebe sind die wichtigsten Rebsorten, gefolgt von Müller-Thurgau und Riesling, Bacchus, Spätburgunder, Blauer Silvaner, Traminer, Kerner und Regent. Zuletzt wurde eine neue Vinothek erbaut, Tobias Weickert hat mehr Scheurebe und Traminer in der besten Lage im Katzenkopf gepflanzt, Scheurebe in Obervolkach, möchte die Flächen mit Traminer und Scheurebe in Sommerach und Astheim in den nächsten Jahren ausweiten, hat auch in diesem Jahr wieder Scheurebe in Astheim gepflanzt.

Kollektion

Niemand sonst in Deutschland stellt Jahr für Jahr so viele Scheureben vor wie Tobias Weickert. Sechs sind es in diesem Jahr, alle aus dem Jahrgang 2021, alles Spätlesen, fünf davon trocken, auch wenn trocken bei Tobias Weickert nicht fränkisch trocken heißt, denn alle seine trockenen Scheureben weisen 7 bis 8 Gramm Restzucker auf. Der Stettenburg-Wein gefällt uns besonders gut, besitzt reintönige Frucht, gute Struktur, viel Frische und Grip. Die Katzenkopf-Scheurebe ist enorm fruchtig, füllig und saftig, die aus dem Karthäuser ist wunderschön reintönig und zupackend, die Kirchberg-Scheurebe ist enorm würzig und geradlinig, noch würziger ist der Wein aus dem Landsknecht. Ansonsten gibt es geradlinigen Riesling, kompakten, würzigen Silvaner und füllig-üppigen Traminer. Besonders gut gefällt uns der Kerner von alten Reben, der wunderschön frisch, fruchtbetont und reintönig ist, gute Struktur und Grip besitzt. Gute Kollektion!

Weinbewertung

83 2021 Riesling Kabinett trocken Obervolkacher Landsknecht I 11,5%/9,-€
83 2021 Blauer Silvaner Spätlese trocken Obervolkacher Landsknecht I 12,5%/10,-€
83 2021 Silvaner Spätlese trocken „Alte Reben" Sommeracher Katzenkopf I 12,5%/11,-€
85 2021 Kerner Spätlese trocken „Alte Rebe" Obervolkacher Landsknecht I 12,5%/10,-€
85 2021 Scheurebe Spätlese trocken Volkacher Kirchberg I 12,5%/10,-€
85 2021 Scheurebe Spätlese trocken Sommeracher Katzenkopf I 12,5%/10,-€
85 2021 Scheurebe Spätlese trocken Astheimer Karthäuser I 12,5%/10,-€
84 2021 Scheurebe Spätlese trocken Obervolkacher Landsknecht I 13%/10,-€
86 2021 Scheurebe Spätlese trocken „Stettenburg" Obervolk. Landsknecht I 12,5%/10,-€
84 2021 Traminer Spätlese trocken Sommeracher Katzenkopf I 13%/13,-€
84 2021 Scheurebe Spätlese „feinherb" Volkacher Kirchberg I 11%/10,-€
83 2021 Traminer Spätlese „feinherb" Sommeracher Katzenkopf I 12%/13,-€

★★★★★ Zehnthof

Kontakt
Kettengasse 3
97320 Sulzfeld
Tel. 09321-23778
Fax: 09321-5077
www.weingut-zehnthof.de
luckert@weingut-zehnthof.de

Besuchszeiten
Mo.-Fr. 8-12 + 13-17 Uhr
Sa. 8-12 + 13-16 Uhr

Inhaber
Wolfgang & Ulrich Luckert
Betriebsleiter
Wolfgang & Ulrich Luckert
Kellermeister
Ulrich Luckert
Außenbetrieb
Philipp Luckert
Rebfläche
17 Hektar
Produktion
90.000 Flaschen

Theo Luckert füllte 1962 seinen ersten Jahrgang auf Flaschen, begann mit der Selbstvermarktung. 1970 erwarb er den ehemaligen Zehnthof aus dem Jahr 1558, der Sitz und Namensgeber des Weingutes ist. Heute führen die Brüder Ulrich und Wolfgang Luckert zusammen mit Wolfgangs Sohn Philipp den Betrieb. Die Weinberge liegen alle in Sulzfeld in den Lagen Maustal und Cyriakusberg. Inzwischen wurde die ehemalige Lage Sonnenberg, die 1971 Teil des Cyriakusberg wurde, wieder als Einzellage in die Lagenrolle eingetragen. Bereits 2005 haben sie Teilflächen auf ökologische Bewirtschaftung umgestellt, 2009 den kompletten Betrieb, sie sind Mitglied bei Naturland. Wichtigste Rebsorte ist Silvaner, der heute 60 Prozent der Rebfläche einnimmt, inzwischen werden alle vier Silvaner-Spielarten angebaut: Gelber, Grüner, Blauer und Roter Silvaner. Hatte man bisher schon viele alte, teils 60jährige Reben, so wurde dies durch den Zukauf eines alten Weinbergs mit wurzelechten, im Jahr 1875 gepflanzten Reben noch getoppt, den die Luckerts unmittelbar vor der geplanten Rodung erwerben konnten. Dieser Weinberg ist einer der ganz wenigen, die zur damaligen Zeit sortenrein gepflanzt wurden; 2012 wurde erstmals ein Wein aus diesem Weinberg erzeugt, Creutz genannt nach der alten Einzellage. Weitere weiße Sorten sind Weißburgunder, Müller-Thurgau und Riesling, bereits seit 1986 gibt es Chardonnay, Sauvignon Blanc brachte 2003 die erste Ernte, Muskateller ist der bislang letzte Neuzugang im Programm. An roten Sorten gibt es Spätburgunder und Domina, in den neunziger Jahren wurden Frühburgunder, Merlot und Cabernet Sauvignon gepflanzt. Die Weine werden spontanvergoren, oft mit Maischestandzeiten auch bei Weißweinen, alle werden im Holz ausgebaut in Fässern mit 1.500 bis 3.000 Liter Inhalt, alle Weine durchlaufen bereits seit 2003 den biologischen Säureabbau, die Schwefelgaben bei Füllung sind minimal. Alle Weine werden durchgegoren ausgebaut. Das Hauptaugenmerk gilt allerdings der weinbaulichen Arbeit; beispielsweise nutzt man seit Jahren ausschließlich die Kordon-Erziehung.

Kollektion

Nach einer frostbedingt sehr kleinen 2020er Kollektion kehrt mit dem Jahrgang 2021 wieder halbwegs die Normalität ein. Und „Normalität" bedeutet bei den Luckerts, dass schon die Basis in Form der Ortsweine durchgängig sehr hohes Niveau zeigt. Der Müller-Thurgau ist frisch und zupackend, besitzt feine Säure und Grip, was auch für den fruchtintensiven, geradlinigen Sauvignon Blanc gilt und den wunderschön reintönigen Muskateller. Der Sulzfelder Silvaner ist reintönig und harmonisch, dabei lebhaft, der Roter Silvaner punktet mit Harmonie und Frische, der Blauer Silvaner ist klar und geradlinig. Diese drei Silvaner-Ortsweine werden noch übertroffen vom vierten, den Silvaner von alten Reben, der herrlich eindringlich und reintönig ist, gute Harmonie, Substanz und Länge besitzt. Eine weitere Steigerung bringt der Gelbkalk, der füllig, komplex und lang ist. Der Chardonnay vom Sonnenberg punktet mit Kraft und Struktur, der Berg-Weißburgunder ist herrlich reintönig und füllig, der Berg-Riesling präzise, druckvoll und mineralisch. Noch kraftvoller und nachhaltiger ist der Maustal-Riesling. An der Spitze der weißen Kollektion aber stehen zwei faszinierende Silvaner. Das Große Gewächs ist herrlich reintönig, konzentriert, gelbfruchtig, besitzt Saft, Präzision und Druck, der Creutz-Silvaner ist ebenfalls faszinierend reintönig und präzise, hier stimmt alles, vom Bouquet bis ins Finish. Großes Kino! Auch die vorgestellten Rotweine sind großartig. Der Frühburgunder aus dem Sonnenberg ist faszinierend reintönig und fruchtbetont im Bouquet, besitzt herrlich viel Frucht auch im Mund, gute Struktur, Frische und Länge. Der Maustal-Spätburgunder gehört seit einigen Jahren regelmäßig zu den Jahrgangsbesten in Deutschland. Vor zwei Jahren hatte uns der 2018er begeistert, nun folgt Jahrgang 2019: Der Wein ist herrlich konzentriert und reintönig im Bouquet, zeigt rote Früchte, ganz dezent florale Noten im Hintergrund, ist füllig und enorm druckvoll im Mund, besitzt viel Substanz und Frucht. Viel Kraft und Substanz besitzt auch der 2019er Grand Noir, ist konzentriert, stoffig, noch enorm jugendlich, was auch für den kraftvollen, stoffigen, noch enorm verschlossenen 2017er gilt. Tolle Kollektion!

Philipp, Wolfgang & Ulrich Luckert

Weinbewertung

87 2021 Müller-Thurgau trocken Sulzfeld | 12%/10,-€
87 2021 Blauer Silvaner trocken Sulzfeld | 12%/15,-€
88 2021 Roter Silvaner trocken Sulzfeld | 12%/15,-€
88 2021 Silvaner trocken Sulzfeld | 12,5%/13,-€
90 2021 Silvaner trocken „Alte Reben" Sulzfeld | 12,5%/17,-€
88 2021 Sauvignon Blanc trocken Sulzfeld | 12%/15,-€
88 2021 Gelber Muskateller trocken Sulzfeld | 12,5%/15,-€
91 2021 Silvaner trocken „Gelbkalk" Sonnenberg | 13%/24,-€
90 2021 Riesling trocken Sulzfelder Berg | 13%/24,-€
90 2021 Weißer Burgunder trocken Terrassen Sulzfelder Berg | 13%/24,-€
90 2021 Chardonnay trocken Sulzfelder Sonnenberg | 13%/24,-€
94 2021 Silvaner „GG" Sulzfelder Maustal | 13%/50,-€
92 2021 Riesling „GG" Sulzfelder Maustal | 13%/50,-€
94 2021 Silvaner Creutz Sulzfeld | 13%/120,-€
91 2019 Frühburgunder Sulzfelder Sonnenberg | 13,5%/50,-€
94 2019 Spätburgunder „GG" Sulzfelder Maustal | 13,5%/50,-€
92+ 2017 Grand Noir*** Rotwein | 13,5%
92 2019 Grand Noir Rotwein | 13,5%/50,-€

Lagen
Maustal (Sulzfeld)
Berg (Sulzfeld)
Sonnenberg (Sulzfeld)

Rebsorten
Silvaner (60%)
Weißburgunder (15%)
Riesling (10%)
Spätburgunder & Frühburgunder (10%)

★★

Zehntkeller

Kontakt
Bahnhofstraße 12
97343 Iphofen
Tel. 09323-844-0
Fax: 09323-844-123
www.zehntkeller.de
zehntkeller@romantikhotels.com

Besuchszeiten
täglich 7-22 Uhr
Hotel mit 59 Zimmern/
107 Betten
Restaurant

Inhaber
Heinrich Seufert
Betriebsleiter
Johannes Weickert
Kellermeister
Johannes Weickert
Rebfläche
26 Hektar
Produktion
165.000 Flaschen

Der erstmals 1436 urkundlich erwähnte Zehntkeller war lange Zeit Sitz des Zehntgerichts, befindet sich seit Anfang des 20. Jahrhunderts in Familienbesitz. Nach und nach wurde das Gut zur Weinschänke, zur ländlichen Gaststätte und schließlich zum Hotel und Restaurant ausgebaut. Zum Haus gehören 26 Hektar Reben rund um den Schwanberg in den Iphöfer Lagen Julius-Echter-Berg, Kronsberg und Kalb sowie im Rödelseer Küchenmeister und im Wiesenbronner Wachhügel. Die wichtigsten Rebsorten sind Silvaner (30 Prozent) und Müller-Thurgau (20 Prozent), gefolgt von Riesling, Bacchus, Scheurebe, Weißburgunder, Grauburgunder, Chardonnay (bereits seit Anfang der neunziger Jahre) und Sauvignon Blanc. Der Rotweinanteil liegt bei 20 Prozent: Spätburgunder, Frühburgunder, Blaufränkisch, St. Laurent, Merlot und Cabernet Sauvignon werden angebaut. Spitzenweine erhalten den Zusatz „SZ" auf dem Etikett („Selektion Zehntkeller"). 2009 begann man die Umstellung auf biologischen Weinbau, ist Mitglied bei Bioland, 2012 war der erste zertifizierte Jahrgang.

Kollektion

Die neue Kollektion bietet ein klares Highlight: Die Silvaner Trockenbeerenauslese aus dem Jahrgang 2020 ist herrlich eindringlich und konzentriert im Bouquet, zeigt Litschi, süße Aprikosen, etwas kandierte Früchte, ist konzentriert und klar im Mund, dick, dominant, hat Substanz und Länge – hervorragend! Sehr gut gefällt uns auch der Kronsberg-Cabernet Sauvignon aus dem Jahrgang 2018, der Konzentration und reife Frucht zeigt, etwas Cassis, rote Früchte, füllig und kraftvoll ist, viel Frucht besitzt, gute Struktur und Tannine. Der 2019er Spätburgunder ist frisch und fruchtbetont, klar und zupackend. Die 2021er Weißweine zeigen sehr einheitliches Niveau, sind geradlinig, klar und frisch, Müller-Thurgau und Riesling gefallen uns zusammen mit dem Küchenmeister-Silvaner besonders gut.

Weinbewertung

82	2021 Silvaner Kabinett trocken Iphöfer Kalb I 12,5%/8,20€
83	2021 Silvaner Kabinett trocken Iphöfer Julius-Echter-Berg I 12%/9,50€
84	2021 Müller-Thurgau trocken Iphöfer Kalb I 12%/7,-€
83	2021 Silvaner Kabinett trocken Iphöfer Kronsberg I 12%/8,10€
84	2021 Silvaner Kabinett trocken Rödelseer Küchenmeister I 11,5%/8,30€
84	2021 Riesling trocken Iphöfer Kalb I 12%/10,-€
82	2021 Chardonnay Kabinett trocken Iphöfer Kalb I 12%/9,20€
81	2021 Sauvignon Blanc trocken Iphöfer Kronsberg I 13%/18,-€
81	2020 Silvaner trocken „Alte Reben" Iphöfer Julius-Echter-Berg I 13,5%/16,50€
83	2021 Scheurebe Kabinett Iphöfer I 12%/9,-€
90	2020 Silvaner Trockenbeerenauslese Iphöfer Steinweg I 7,5%/60,-€
84	2019 Spätburgunder trocken Iphöfer Kalb I 12,5%/9,10€
87	2018 Cabernet Sauvignon trocken Iphöfer Kronsberg I 13,5%/18,-€

WEINGUT
Zehntkeller
IPHOFEN

★★★☆

Zelt

Kontakt
Binsenstraße 2
67229 Laumersheim
Tel. 06328-3281
Fax: 06328-1233
www.weingutzelt.de
info@weingutzelt.de

Besuchszeiten
Mo.-Fr. 10-12 + 14-18 Uhr
Sa. 10-16 Uhr

Inhaber
Mario Zelt
Betriebsleiter
Mario Zelt
Kellermeister
Lotte Iglhaut
Rebfläche
16 Hektar
Produktion
130.000 Flaschen

WEINGUT
ZELT
LAUMERSHEIM

Die Familie betreibt seit vier Generationen Weinbau, bis Mitte der neunziger Jahre war das Gut ein landwirtschaftlicher Gemischtbetrieb, erst als Geisenheim-Absolvent Mario Zelt sich entschied das Weingut fortzuführen, konzentrierte man sich ganz auf Wein. Die Weinberge liegen vor allem in den Laumersheimer Lagen Kirschgarten (aufgewehter Löss auf massivem Kalkstein), Steinbuckel (tonige und lehmige Böden) und Kapellenberg (Sand und Kies), im Großkarlbacher Burgweg (kalkreicher Löss) und im Bissersheimer Goldberg (Kalksteinverwitterung und Schwarzerde über massivem Kalkstein). 2020 wurden ein neues Kelterhaus und ein komplett neu eingerichteter Keller gebaut, 2021 folgte ein neues Flaschenlager.

Kollektion

Besonders beeindruckt hat uns in Mario Zelts Kollektion der hervorragende Kirschgarten-Spätburgunder: Er ist unter den beiden Spätburgundern der strukturiertere Wein und besitzt mehr Potential, zeigt differenzierte Aromen von Schwarzkirsche, Himbeere, Waldboden und warmem Gummi, beim Burgweg ist die Frucht mit Noten von roter Johannisbeere und Hagebutte heller, beide besitzen gute Länge, sind komplex und sehr elegant. Die 2020er Riesling-Lagenweine wirken sehr jung und sind im Bouquet noch verhalten, der Kirschgarten ist steinig, puristisch und straff, fast karg, besitzt am Gaumen salzige Noten und Länge, der Steinbuckel besitzt dezente Frucht, etwas gelbes Steinobst, und herbe kräutrige Würze, ist ebenfalls leicht salzig, fast genauso gut ist der ebenfalls steinige, geradlinige und puristische Goldberg, der Kapellenberg ist etwas weniger nachhaltig, zeigt etwas Aprikosen und Zitrusnoten. Der Chardonnay aus dem Kirschgarten zeigt leicht rauchige Würze und Zitrusnoten, besitzt Grip und Länge und der elegante Sauvignon Blanc Fumé zeigt Noten von gerösteten Haselnüssen und viel gelbe Frucht im offenen Bouquet.

Weinbewertung

84	2021 Riesling trocken I 11,5%/8,80€
84	2021 Gelber Muskateller trocken I 11,5%/8,80€
86	2021 Riesling trocken „Kalkstein" Laumersheimer I 11,5%/11,80€
87	2020 Chardonnay trocken „Réserve" I 13%/18,-€
88	2020 Riesling trocken Laumersheimer Kapellenberg I 12,5%/16,-€
89	2020 Riesling trocken Bissersheimer Goldberg I 12,5%/16,-€
90	2020 Riesling trocken Laumersheimer Steinbuckel I 12,5%/25,-€
90	2020 Riesling trocken Laumersheimer Kirschgarten I 12,5%/25,-€
89	2020 Chardonnay trocken „Grande Réserve" Laumersheimer Kirschgarten I 13%/27,-€
88	2020 Sauvignon Blanc trocken „Fumé" I 12,5%/18,-€
89	2019 Spätburgunder trocken Großkarlbacher Burgweg I 13%/24,-€
91	2019 Spätburgunder trocken Laumersheimer Kirschgarten I 13%/34,-€

★★★★

Oliver Zeter

Kontakt
Eichkehle 25
67433 Neustadt-Haardt
Tel. 06321-9700933
Fax: 06321-9700932
www.oliver-zeter.de
hallo@oliver-zeter.de

Besuchszeiten
Mi.-Sa. 10-17 Uhr

Inhaber
Oliver Zeter & Christian Zeter
Betriebsleiter
Oliver Zeter & Robin Spitz
Kellermeister
Felix Forster & Thomas Zeter
Rebfläche
35 Hektar
Produktion
300.000 Flaschen

Oliver Zeter absolvierte eine Winzerlehre beim Weingut Dr. Deinhard (heute von Winning) und dann eine Ausbildung zum Weinbautechniker in Weinsberg. Nach jeweils einjährigen Auslandsaufenthalten in Italien und Südafrika arbeitete er gemeinsam mit seinem Vater und seinem Bruder für die Weinimportagentur der Familie, zunächst in Hamburg, bevor er dann an den Stammsitz der Firma in Neustadt zurückkehrte. 2007 brachte Oliver Zeter seine ersten eigenen Weine auf den Markt, seit 2016 konzentriert er sich ganz auf das Weingut, sein Bruder Christian ist für die Weinagentur Zeter verantwortlich. 2017 wurde der Sitz des Weinguts nach Neustadt-Haardt verlegt, wo Zeter ein 1922 gebautes Sandsteinhaus aufwändig saniert und modernisiert hat, eine Vinothek wurde eingerichtet, im eineinhalbstöckigen Gewölbekeller lagern die Rotweinfässer und einige Amphoren, in einem Anbau befindet sich das klimatisierte Flaschenlager. Das Weingut ist in den letzten Jahren stetig gewachsen, mittlerweile werden die Trauben von 35 Hektar verarbeitet, ein Teil stammt von eigenen Weinbergen, den Großteil kauft Zeter von langjährigen Vertragspartnern zu. So verfügt er über Weinberge in der ganzen Pfalz, von Kallstadt und Ungstein im Norden bis nach Nussdorf, Siebeldingen und Appenhofen im Süden. Sauvignon Blanc steht mittlerweile auf 30 Prozent der Rebfläche und wird in verschiedenen trockenen Versionen, als Süßwein und als Sekt ausgebaut. Danach folgen Grauburgunder, Riesling, Weißburgunder, Chardonnay, Muskateller, Viognier und Chenin Blanc, wichtigste rote Sorte ist Spätburgunder, daneben gibt es noch Syrah, Cabernet Franc und Cabernet Sauvignon. Im Keller arbeitet Oliver Zeter nicht nur mit Edelstahl und Holz in verschiedenen Gebindegrößen, einen Teil seiner Weine baut er auch in Betoneiern und Tonamphoren aus. Mit der Ernte 2021 wurde eine neue Produktionsstätte auf dem letzten Stand der Technik eingeweiht, in der jetzt ein Großteil des Leseguts verarbeitet wird.

Kollektion

Mit dem Jahrgang 2018 etabliert Oliver Zeter seinen „Zahir" endgültig in der Riege der besten deutschen, von Bordeaux inspirierten Cuvées, der Wein aus Cabernet Sauvignon, Cabernet Franc und einem kleinen Anteil Merlot zeigt viel schwarze Johannisbeere und dunkle kräutrige Würze im Duft, am Gaumen besitzt er viel Stoff und Substanz, reife, noch leicht jugendliche Tannine und Potential, ist harmonisch und sehr nachhaltig. Auch der reinsortige Cabernet Franc ist sehr gut, zeigt viel dunkle Beerenfrucht, besitzt Kraft und Frische, die beiden Syrah sind sehr unterschiedlich, die normale Version ist fruchtbetont, harmonisch und elegant, der „Réserve" ist dunkler in der Frucht und nachhaltiger, besitzt viel kräutrige und pfeffrige Würze und könnte sich noch steigern. Pinot Noir-Lagenweine konnten wir in diesem Jahr keine verkosten, der

„Réserve" ist elegant und nachhaltig, zeigt feine rote Frucht mit Noten von Johannisbeeren und Hagebutten, der „Mineral" ist ebenfalls elegant, aber mit Aromen von Schwarzkirsche und etwas Waldboden dunkler in der Frucht. Und auch der weiße Teil der Kollektion ist wieder sehr stark und sehr vielfältig, der Sauvignon Blanc „Baer" zeigt leicht nussige Würze und leicht gereifte Frucht, besitzt viel Grip, ein subtiles Säurespiel und ist enorm nachhaltig, der „Fumé" ist frisch und animierend, besitzt feine rauchige Noten und viel klare Frucht, Pfirsich, Maracuja und Grapefruit, der Viognier zeigt ein sehr komplexes Bouquet mit dezentem Holz, kräutriger und floraler Würze, Orange und Limette, und besitzt Kraft und Länge. Der Chenin Blanc zeigt klare Frucht und leicht rauchige Würze, ist noch etwas von der Spontangärung geprägt, der Saumagen-Riesling besitzt quasi keine Frucht, aber würzige Noten von Rauch, Kreide und Stein, ist sehr salzig und nachhaltig, neu sind die weißen „Mineral"-Weine, bei denen Weiß- und Grauburgunder etwas nachhaltiger und prägnanter als der noch sehr vom Holz geprägte Chardonnay sind.

Oliver Zeter & Team

Z

Weinbewertung

86 2021 Sauvignon Blanc I 12,5%/12,-€
89 2021 Viognier I 13,5%/20,-€
86 2020 Riesling Nussriegel Ungstein I 12,5%/12,-€
88 2020 Chenin Blanc I 13,5%/20,-€
86 2021 Chardonnay I 13%/12,-€
88 2020 Riesling Weilberg Ungstein I 13%/18,-€
89 2019 Riesling Saumagen Kallstadt I 13,5%/25,-€
88 2021 Weißburgunder „Mineral" I 13%/18,-€
88 2021 Grauburgunder „Mineral" I 13,5%/18,-€
87 2020 Chardonnay „Mineral" I 13%/18,-€
89 2020 Sauvignon Blanc „Fumé" I 13%/17,50€
90 2018 Sauvignon Blanc „Baer" I 13%/35,-€
86 2021 Sauvignon Blanc Kabinett I 10%/12,50€
86 2020 Pinot Noir I 13,5%/12,50€
88 2020 Syrah I 13,5%/15,-€
89+ 2019 Syrah „Réserve" I 13,5%/25,-€
89 2019 Cabernet Franc I 13,5%/22,-€
88 2020 Pinot Noir „Mineral" I 13%/18,-€
89 2019 Pinot Noir „Réserve" I 13%/22,-€
91 2018 „Zahir" Rotwein I 14,5%/38,-€

Lagen

Weilberg (Ungstein)
Nussriegel (Ungstein)
Saumagen (Kallstadt)
Rosengarten (Rhodt)
Münzberg (Godramstein)
Im Sonnenschein (Siebeldingen)
Steingebiss (Appenhofen)

Rebsorten

Sauvignon Blanc (30%)
Spätburgunder (15%)
Grauburgunder (12%)
Riesling (10%)
Weißburgunder (8%)
Syrah (6%)
Viognier (5%)
Muskateller (4%)
Cabernet Franc (3%)
Chenin Blanc (2%)

★★★★

Zimmerle

Kontakt
Belzer 100
71334 Waiblingen-Beinstein
Tel. 07151-33893
Fax: 07151-37422
www.zimmerle-weingut.de
info@zimmerle-weingut.de

Besuchszeiten
Di.-Fr. 10-12 + 15-18:30 Uhr
Sa. 10-15 Uhr

Inhaber
Jens Zimmerle
Außenbetrieb
Friedrich Zimmerle & Christian Bock
Rebfläche
18 Hektar
Produktion
80.000-100.000 Flaschen

Die Weinbautradition der aus Südtirol stammenden Familie lässt sich bis ins Jahr 1647 zurückverfolgen. 1979 verlies Friedrich Zimmerle die Genossenschaft und begann mit der Selbstvermarktung. 2016 hat Jens Zimmerle den Betrieb von seinem Vater übernommen (schon zuvor war er für den Weinausbau zuständig), führt ihn heute mit Ehefrau Yvette. Jens Zimmerle hatte in Heilbronn Weinwirtschaft studiert, dann in Bordeaux gearbeitet. Seine Weinberge liegen in den Korber Lagen Berg und Sommerhalde, im Kleinheppacher Steingrüble in der Großheppacher Wanne, sowie in Steinreinach (Hörnle), Hanweiler und Breuningsweiler. Vielfältige Bodentypen, wie Bunter Mergel, verschiedene Keuperarten, Muschelkalk, und unterschiedliche Höhenlagen bieten die Möglichkeit jede Rebsorte an ihrem optimalen Standort anzubauen. Die Weinberge werden biologisch bewirtschaftet, zertifiziert. Jens Zimmerle baut zu zwei Drittel Rotweinsorten und zu einem Drittel Weißweinsorten an. Neben den Burgundersorten gibt es Zweigelt, Lemberger, Merlot und Cabernet Sauvignon, Trollinger darf natürlich auch nicht fehlen, dazu die weißen Sorten Riesling, Sauvignon Blanc, Chardonnay, Grauburgunder und Kerner. Die Weißweine werden kalt vergoren, die Rotweine nach Saftabzug maischevergoren (3 bis 4 Wochen, der Spätburgunder etwas kürzer), ausgesuchte Weine kommen 14 bis 24 Monate ins Barrique. Für seine Barriqueweine nutzt Jens Zimmerle überwiegend französische, aber auch schwäbische Eiche. An der Spitze des Sortiments stehen die Goldadler- und Dreiegg-Weine, sowie im Barrique ausgebaute Cuvées, die Cuvée Triologie aus Cabernet Sauvignon, Merlot und etwas Zweigelt und die nur in wenigen Jahren, erstmals 2005, erzeugte Cuvée „Age virilter time deum", die jeweils zur Hälfte aus Cabernet Sauvignon und Merlot besteht. Bisher arbeitet Jens Zimmerle in drei verschiedenen Kellern, die getrennt von einander liegen. Um die Betriebsabläufe zu verbessern, ist ein neues Projekt geplant: Am Ortsrand von Korb, schon auf Waiblinger Gemarkung, wurde ab dem Sommer 2020 ein neues Weingut mit Besenwirtschaft und einer Ferienwohnung errichtet, das im August 2022 bezogen wurde.

Kollektion

Auch die neue Kollektion von Jens Zimmerle zeigt wieder durchgängig hohes Niveau, sowohl bei den Weißweinen als auch bei den Roten. Der Sauvignon Blanc Vogel ist frisch, klar, zupackend – ein Bilderbuch-Sauvignon Blanc. Der Chardonnay Berg ist reintönig, füllig, saftig, dass man dazu neigt, ihn in seiner Jugend zu unterschätzen, das scheint der heute wunderschöne 2018er nahezulegen. Auch der Viognier Berg setzt auf Fülle, Harmonie und reintönige Frucht Der Steingrüble-Riesling ist würzig, frisch und zupackend, der Goldadler-Riesling vom Greiner füllig, stoffig, sehr kompakt, braucht definitiv noch etwas Zeit, und Riesling gibt es auch als Beerenauslese, die Litschi und süße Aprikosen im Bouquet zeigt, intensiv, süß und konzentriert im Mund ist. Herrlich stoffig und konzentriert ist der Goldadler-Sauvignon Blanc vom Korber Berg, sehr, kraftvoll, zupackend, jugendlich. Unser Favorit im weißen Segment ist der Grauburgunder vom Korber Berg, der sich einige Jahren nun schon in unserer Grauburgunder-Bestenliste eingenistet hat, würzig und eindringlich ist, bei aller Fülle und Saftigkeit doch ganz auf Struktur setzt. Auch die Rotweine sind schon in der Basis stark, wie der faszinierend reintönige Zweigelt Herrschaft zeigt. Der Lemberger Korber Berg ist faszinierend reintönig und frisch im Bouquet, zeigt Johannisbeeren, ist frisch, klar und zupackend im Mund, besitzt gute Struktur, Tannine und reintönige Frucht – 2015 und 2016 präsentieren sich derzeit in blendender Form. Spätburgunder Korber Berg und Réserve sind faszinierend reintönig, zeigen Johannisbeeren, der Merlot Reserve punktet mit Fülle, Kraft und klarer reifer Frucht, was auch für den herrlich reintönigen Cabernet Sauvignon und die komplexe, harmonische Cuvée Triologie gilt. Alle Rotweine bereiten jung schon Freude, reifen aber auch sehr gut. Klasse Kollektion!

Jens & Yvette Zimmerle

Weinbewertung

88	2021 Sauvignon Blanc trocken Vogel I 12,5%/16,90€
87	2021 Riesling trocken Steingrüble I 12%/12,90€
90	2018 Chardonnay trocken Berg I 13%
89	2021 Chardonnay trocken Berg I 12,5%/16,90€
88	2021 Viognier trocken Berg I 13%/18,90€
91	2021 Sauvignon Blanc trocken „Goldadler" Korber Sommerhalde I 13%/25,-€
89+	2021 Riesling trocken „Goldadler" Kleinheppacher Greiner I 12,5%/25,-€
92	2021 Grauburgunder trocken „Goldadler" Korber Berg I 13,5%/25,-€
90	2021 Riesling Beerenauslese „Greta" Korber Steingrüble I 7,5%/0,375l/a.A.
89	2020 Zweigelt trocken Herrschaft I 13%/16,90€
87	2020 Spätburgunder trocken Glüver I 12,5%/12,90€
88	2019 Trollinger trocken „Goldadler" Korber Sommerhalde I 12,5%/16,90€
92	2015 Lemberger trocken „Goldadler" Korber Berg I 13,5%
92	2016 Lemberger trocken „Goldadler" Korber Berg I 13,5%
92	2019 Lemberger trocken „Goldadler" Korber Berg I 13,5%/33,-€
91	2019 Zweigelt trocken „Goldadler" Korber Sommerhalde I 13,5%/33,-€
91	2019 Spätburgunder trocken „Goldadler" Korber Berg I 12,5%/33,-€
91	2019 Spätburgunder trocken „Réserve" I 12,5%/38,-€
91	2019 Merlot trocken „Reserve" I 14%/38,-€
92	2016 „Triologie" Rotwein trocken I 13,5%
92	2019 „Triologie" Rotwein trocken I 14%/36,-€
92	2019 Cabernet Sauvignon „Réserve" I 13,5%/38,-€

Lagen

Sommerhalde (Korb)
Berg (Korb)
Wanne (Großheppach)
Greiner (Kleinheppach)

Rebsorten

Riesling (15%)
Trollinger (15%)
Merlot (15%)
Lemberger (15%)
weiße Burgunder (15%)
Spätburgunder (10%)
Sauvignon Blanc (5%)
Zweigelt (5%)

★★☆

R. Zimmerlin

Kontakt
Kirchweg 2
79268 Bötzingen
Tel. 07663-1299
Fax: 07663-3510
www.weingut-zimmerlin.com
info@weingut-zimmerlin.com

Besuchszeiten
Mo.-Fr. 9-13 Uhr

Inhaber
Alexander Steiner
Kellermeister
Herbert Krebs
Rebfläche
20 Hektar
Produktion
190.000 Flaschen

2010 hat Alexander Steiner das Weingut Zimmerlin übernommen. Heinrich und Maria Zimmerlin waren noch Nebenerwerbswinzer, die nächste Generation aber, Rudolf und Olga Zimmerlin, hatten 1955 das Weingut gegründet. Ihr Sohn Dietmar erweiterte den Betrieb, kaufte auch Trauben von befreundeten Winzern zu und eröffnete 1980 in Freiburg eine Weinstube. Nach seinem Tod führte seine Ehefrau Claudia den Betrieb weiter – bis 2010 eben Alexander Steiner einstieg. Die eigenen 7 Hektar Weinberge liegen in den Bötzinger Lagen Eckberg und Lasenberg und im Eichstetter Herrenbuck, es werden aber auch die Trauben von benachbarten Winzerbetrieben in einer Erzeugergemeinschaft verarbeitet. Spätburgunder und Grauburgunder nehmen jeweils ein Viertel der Rebfläche ein, Weißburgunder 20 Prozent, dazu gibt es Auxerrois und Chardonnay, sowie ein wenig Müller-Thurgau, Silvaner, Gewürztraminer und Scheurebe.

Kollektion

Die Editions-Weine sind im Jahrgang 2021 deutlich verhaltener als zuletzt, sie sind geradlinig, besitzen feine süße Frucht und Grip, am besten gefällt uns in dieser Kategorie der lebhafte, deutlich süße Spätburgunder, unter den Weißweinen gilt unsere leichte Präferenz dem süffigen Weißburgunder. Eine deutliche Steigerung bringen die durchweg sehr guten Lagenweine von alten Reben aus dem Eckberg. Der im Barrique ausgebaute Grauburgunder zeigt gute Konzentration und etwas rauchige Noten, ist füllig und kraftvoll, besitzt viel reife Frucht und Substanz. Ein wenig besser noch gefällt uns die Cuvée aus 90 Prozent teils im Barrique, teils im großen Holzfass ausgebautem Weißburgunder und 10 Prozent im Edelstahl ausgebautem Chardonnay, die weniger vom Holz geprägt ist, mehr auf Frucht setzt, füllig und saftig ist, reife Frucht besitzt, gute Konzentration und Substanz. Unser Favorit aber ist der einzige vorgestellte Lagen-Rotwein, der Spätburgunder aus dem Jahrgang 2019, der gute Konzentration, feine Würze und reintönige Frucht im Bouquet zeigt. Fülle und Kraft besitzt, reife Frucht, gute Struktur und Grip.

Weinbewertung

81 2021 Auxerrois trocken „Edition" | 12%/8,20€
82 2021 Weißburgunder trocken „Edition" | 12,5%/8,50€
81 2021 Grauer Burgunder trocken „Edition" | 13%/8,90€
86 2021 Weißburgunder & Chardonnay trocken „Alte Reben" Eckberg | 12,5%/10,90€
85 2021 Grauburgunder trocken „Alte Reben" Bötzinger Eckberg | 13%/11,90€
81 2021 Spätburgunder Rosé trocken „Edition" | 12,5%/8,20€
83 2018 Spätburgunder trocken „Edition" | 13%/8,70€
87 2019 Spätburgunder trocken „Alte Reben" Bötzinger Eckberg | 13,5%/13,90€

★★

Zimmermann

Kontakt
Bürgelnblick 1
79418 Schliengen
Tel. 07635-665
Fax: 07635-463
www.zimmermann-wein.de
info@zimmermann-wein.de

Besuchszeiten
Mo.-Fr. 9-14 Uhr und während der Öffnungszeiten der Weinschenke (siehe Webseite)

Inhaber/
Karl-Ernst Zimmermann
Betriebsleiter
Karl-Ernst Zimmermann
Kellermeister
Karl-Ernst Zimmermann
Außenbetrieb
Karl-Ernst Zimmermann
Rebfläche
11 Hektar
Produktion
55.000 Flaschen

Das Weingut Zimmermann besteht seit 1985 und wird geführt von Karl-Ernst Zimmermann. Seine Weinberge liegen in Schliengen, Bad Bellingen, Liel, Mauchen und Niedereggenen, alle in der Lage Sonnenstück. Gutedel ist die wichtigste Rebsorte, nimmt ein Viertel der Weinberge ein. Es folgen Spätburgunder, Sauvignon Blanc, Merlot und Syrah, aber auch Cabernet Franc, Weißburgunder, Grauburgunder, Chardonnay, Riesling, Regent, Muskateller und Müller-Thurgau werden angebaut. In der Weinschenke auf dem Schliengener Berg werden Markgräfler Spezialitäten angeboten.

Kollektion

Im vergangenen Jahr war der Cabernet Franc Angel Hill aus dem Jahrgang 2016 unser eindeutiger Favorit in einer vor allem im weißen Segment etwas zurückhaltenden Kollektion. Dieses Jahr nun präsentieren sich die Weißen sehr geschlossen, besitzen Frische und Frucht, die drei roten Angel Hill-Weine sind alle drei sehr gut. Der 2019er Merlot ist fruchtbetont und intensiv im Bouquet, sehr offen, ist frisch, klar und zupackend im Mund, besitzt gute Struktur und eine dezente jugendliche Bitternote. Der 2018er Cabernet Franc zeigt ebenfalls intensive Frucht, gute Konzentration, Ist füllig und kraftvoll im Mund, besitzt gute Struktur und Substanz, ist noch recht jugendlich. Dieses Jahr gefällt uns der Syrah, ebenfalls aus dem Jahrgang 2018, ein klein wenig besser, zeigt gute Konzentration, viel reife Frucht, etwas Pfeffer und Brombeeren, ist wunderschön füllig und saftig, besitzt viel Substanz und reintönige reife Frucht. Die vorgestellten Weißweine stammen alle aus der Rhine Hill-Linie. Der Gutedel ist frisch und fruchtbetont, zeigt etwas Apfel, ist frisch und zupackend, der Roter Gutedel ist etwas fruchtbetonter und intensiver noch im Bouquet, lebhaft und geradlinig im Mund. Der halbtrocken ausgebaute Sauvignon Blanc ist würzig, eindringlich, recht süffig, der Grauburgunder ist ebenfalls sehr würzig, besitzt klare reife Frucht, Frische und Grip. Unser Favorit im weißen Segment ist der im Holz ausgebaute Chardonnay, der etwas rauchige Noten zeigt, reintönige Frucht besitzt, Frische und Grip.

Weinbewertung

83 2021 Gutedel trocken „BB Rhine Hill" Bad Bellinger Sonnenstück I 12%/7,90€
84 2021 Grauburgunder trocken „Rhine Hill" (Rheinweiler Kapellenberg) I 14%/10,50€
83 2021 Sauvignon Blanc „Happy Hill" I 12,5%/11,-€
85 2021 Chardonnay trocken „Rhine Hill" I 13,5%/10,50€
83 2021 Roter Gutedel trocken „Rhine Hill" (Ölacker) I 12%/7,90€
85 2019 Merlot trocken „Angel Hill" I 14%/23,-€
86 2018 Cabernet Franc trocken „Angel Hill" I 14%/25,50€
87 2018 Syrah trocken „Angel Hill" I 14%/25,50€

Z

★★★

Zimmermann

Kontakt
Grabenstraße 5
67157 Wachenheim
Tel. 06322-2384
Fax: 06322-65160
www.wein-zimmermann.de
info@wein-zimmermann.de

Besuchszeiten
Mo.-Fr. 9-12 + 14-18 Uhr
Sa. 9-15 Uhr
Gästehaus Rieslinghof,
Weinstraße 80,
Tel. 06322-9898920,
www.rieslinghof,com

Inhaber
Jürgen Zimmermann
Betriebsleiter
Jürgen Zimmermann
Rebfläche
11 Hektar
Produktion
80.000 Flaschen

Emil Zimmermann, der Vater des heutigen Inhabers, hat sich in den fünfziger Jahren ganz auf Weinbau spezialisiert. Seit 1990 ist Sohn Jürgen im Betrieb, 1996 hat er ihn übernommen. Die Weinberge liegen alle rings um Wachenheim, in den Lagen Fuchsmantel, Gerümpel, Königswingert, Luginsland, Schlossberg und Altenburg. Riesling ist die wichtigste Rebsorte, nimmt zwei Drittel der Weinberge ein. Hinzu kommen Weißburgunder, Grauburgunder und Chardonnay, aber auch Scheurebe, Silvaner, Sauvignon Blanc, Müller-Thurgau und Gewürztraminer. Der Rotweinanteil – Spätburgunder, Portugieser, Merlot und Cabernet Sauvignon – liegt bei 10 Prozent. Die Weine werden teils im Edelstahl, teils im Holz ausgebaut.

Kollektion

Jürgen Zimmermanns 2021er Kollektion schließt nahtlos an seine sehr guten 2020er an, auch wenn einige der Rieslinge im kühlen Jahr 2021 etwas schlanker sind. An der Spitze stehen drei Rieslinge, die im Bouquet dezente Holzwürze zeigen und von kräutrig-mineralischen Noten geprägt sind, der Altenburg zeigt auch Aromen von gelbem Apfel und Zitrusnoten, besitzt eine leicht cremige Textur, ist animierend, druckvoll und sehr nachhaltig, der Gerümpel besitzt am Gaumen Kraft, herbe Zitrusfrucht, Grip und feinen Druck und der Schlossberg zeigt ebenfalls etwas gelben Apfel und Ananas im Duft, ist animierend, leicht salzig, besitzt viel Grip und Länge. Der Fuchsmantel-Riesling ist leicht füllig und besitzt viel klare Frucht mit Noten von Aprikose und Ananas, der frische Königswingert ist mit Noten von Aprikose und Orangenschale noch etwas fruchtbetonter. Sehr gut sind auch die konzentrierte und cremige, von einer frischen Säure getragene Spätlese aus dem Königswingert mit viel klarer Frucht, Aprikosenmark, Ananas, und etwas Honignoten im Bouquet und der schlanke Sauvignon Blanc Fumé mit viel gelber Frucht, Pfirsich, Maracuja, Grapefruit und einem animierenden Säurespiel.

Weinbewertung

84 2021 Riesling Kabinett trocken | 11%/7,20€
85 2021 Riesling trocken Wachenheimer | 11,5%/8,90€
86 2021 Riesling trocken Wachenheimer Luginsland | 12%/10,50€
86 2021 Riesling trocken Wachenheimer Königswingert | 12,5%/10,50€
85 2021 Weißburgunder trocken | 12,5%/8,50€
88 2021 Sauvignon Blanc trocken „Fumé“ | 12,5%/15,-€
87 2021 Riesling trocken Wachenheimer Fuchsmantel | 12%/14,-€
89 2021 Riesling trocken Wachenheimer Gerümpel | 13%/20,-€
90 2021 Riesling trocken Wachenheimer Altenburg | 13%/20,-€
89 2021 Riesling trocken Wachenheimer Schlossberg | 12,5%/15,-€
87 2020 Spätburgunder trocken | 12,5%/17,-€
88 2021 Riesling Spätlese Wachenheimer Königswingert | 8,5%/20,-€

★★

Arthur & Fabian Zimmermann

Kontakt
Backhausgasse 3
55599 Siefersheim
Tel. 06703-960320
Fax: 06703-960324
www.weingut-zimmermann.de
mail@weingut-zimmermann.de

Besuchszeiten
Mo.-Fr. 18-19 Uhr
Sa. 13-18 Uhr
So. 10-12 Uhr
Hofausschank, Gästezimmer, Weinausschank im Weinberg („Winzeralm", April-Okt.)

Inhaber
Arthur & Fabian Zimmermann
Rebfläche
9,5 Hektar
Produktion
25.000 Flaschen

Seit 2016 führt Arthur Zimmermann den Betrieb zusammen mit seinem Sohn Fabian, der nach Lehre bei den Weingütern Hauck, Schweinhardt und Knipser seine Ausbildung zum Weinbautechniker absolvierte und seit Juli 2015 voll im Betrieb tätig ist. Ihre Weinberge liegen in Siefersheim in den Lagen Goldenes Horn, Martinsberg und Höllberg, sowie in den Wöllsteiner Lagen Äffchen und Ölberg. Weißweinsorten nehmen 80 Prozent der Rebfläche ein, Riesling ist die wichtigste Rebsorte, es folgen Müller-Thurgau, Weißburgunder, Silvaner, Spätburgunder, Portugieser, Dornfelder und St. Laurent. Bisher wird nur ein kleiner Teil der erzeugten Trauben für die eigene Flaschenweinvermarktung genutzt. Das Sortiment, ist gegliedert in Literweine, Gutsweine, Ortsweine und Lagenweine, die die zuvor Fazit genannte Top-Linie ersetzt haben; der erste Lagenwein wurde 2018 erzeugt, ein Riesling aus dem Höllberg.

Kollektion

Neu sind in diesem Jahr Chardonnay Guts- und Ortswein, und beide führen sich prächtig ein. Der Chardonnay Gutswein ist unser Favorit in diesem Segment, ist fruchtbetont und harmonisch, frisch und zupackend, der Wöllsteiner Chardonnay zeigt reintönige Frucht, gute Konzentration, etwas gelbe Früchte, ist füllig, harmonisch, besitzt reife süße Frucht. Zwei gelungene Debüts! Auch der zweite Ortswein ist sehr gut, der Siefersheimer Riesling vom Porphyr ist würzig und klar, besitzt reife Frucht und gute Struktur. An der Spitze der Kollektion steht wie in den letzten Jahren der einzige Lagenwein: Der im 500 Liter Fass spontanvergorene Höllberg-Riesling ist würzig und konzentriert, fruchtbetont und zupackend, noch enorm jugendlich. Auch die Literweine machen wie gewohnt eine gute Figur, die weiteren Gutsweine sind fruchtbetont, klar und frisch, den Riesling sehen wir hinter dem eingangs erwähnten Chardonnay an zweiter Stelle, er besitzt Frische, Frucht und Grip. Stimmige Kollektion!

Weinbewertung

81 2021 Rivaner trocken (1l) | 12,5%/5,-€
82 2021 Riesling trocken (1l) | 12%/5,50€
82 2021 Silvaner trocken | 12%/7,-€
83 2021 Riesling trocken | 12,5%/7,-€
82 2021 Weißburgunder trocken | 12%/7,-€
82 2021 Grauburgunder trocken | 12,5%/7,-€
84 2021 Chardonnay trocken | 13%/7,-€
85 2021 Riesling trocken „vom Porphyr" Siefersheimer | 12%/9,50€
85 2021 Chardonnay trocken Wöllsteiner | 13%/9,50€
87 2021 Riesling Höllberg | 12%/12,-€
84 2021 Riesling „süß" | 9,5%/7,-€
82 2021 Rosé Cuvée trocken | 11,5%/7,-€

★★☆

Franz Josef Zimmermann

Kontakt
Naheweinstraße 42
55452 Guldental
Tel. 06707-960028
Fax: 06707-960029
www.weingut-zimmermann-guldental.de
info@wein-guldental.de

Besuchszeiten
Mo.-Sa. 8-18 Uhr
So. 9-14 Uhr
Weinproben im begrünten Innenhof

Inhaber
Joachim & Simone Becker
Betriebsleiter
Joachim Becker
Kellermeister
Moritz Becker
Außenbetrieb
Moritz Becker
Rebfläche
10 Hektar
Produktion
50.000 Flaschen

Hinter dem Weingut Zimmermann steht die Familie Becker. Zusammen mit Ihrem Mann Joachim führt Simone Becker seit 30 Jahren das Weingut. Mit der Zusammenlegung der gemeinsamen Rebflächen und weiteren Zukäufen bewirtschaften sie heute eine Fläche von 10 Hektar. Sohn Moritz ist nach Ausbildung und Abschluss in Geisenheim in den Betrieb eingestiegen, auch Tochter Magdalena und der zweite Sohn Julius sind in die Weiterentwicklung des Weingutes eingebunden. Der Fokus liegt auf Riesling sowie weißen und roten Burgundern. Die Weinberge liegen in Guldentaler Lagen Hipperich, Sonnenberg und Rosenteich, die vom Sandstein geprägt sind, sowie im Schweppenhäuser Schlossgarten mit Tonschieferböden.

Kollektion

Die gesamte Kollektion trägt eine klare Handschrift. Frische und Typizität der Weine sind gut herausgearbeitet, sie zeigen sich trinkfreudig und saftig. Der zart buttrige Chardonnay, der zum Teil in französischen Barriques ausgebaut wurde, sticht bei den Burgundern etwas hervor, profitiert von Luft. Der aromatische Grauburgunder zeigt feinen Schmelz und jahrgangstypische Frische. Ebenso frisch sind die grasige Scheurebe und der fruchtintensive Muskateller, der auch noch etwas Rosenwasser-Würze hinzufügt. Besonders gut gefallen uns in diesem Jahr die Rieslinge. Der Literwein ist geradlinig und knackig, der ebenso säurebetonte trockene Riesling aus der normalen Flasche ist spürbar austarierter, seine etwas höhere Fruchtsüße gibt ihm Spiel und attraktiven Saft. Der beste Wein des Jahrgangs ist der griffige, klassisch daherkommende Riesling Phyllitschiefer mit seiner würzigen, stoffigen Art – ein markanter Riesling mit Reifepotenzial. Die kräftige Spätlese aus dem Hipperich ist ebenso klassisch, auch sie ist würzig durch und durch, wird gut reifen können. Der Portugieser ist nicht nur als einziger Rotwein ein Solitär. Stilistisch eher kühl, mit 12,5 Prozent Alkohol recht leicht, zeigt er sich nach 17 Monaten im Fass ambitioniert, ist konzentriert und zupackend. Mehr davon!

Weinbewertung

83 2021 Riesling trocken (1l) | 12,5%/5,-€ ☺
84 2021 Riesling trocken | 12,5%/6,20€
83 2021 „Blanc de Noirs" trocken | 13%/6,20€
84 2021 Weißburgunder trocken | 13%/6,20€
85 2021 Grauburgunder trocken | 12,5%/6,20€
85 2021 Chardonnay trocken | 13%/6,20€
85 2021 Riesling trocken „Phyllitschiefer" Schweppenhäuser | 11,5%/8,30€
83 2021 Scheurebe „feinherb" | 12%/6,50€
83 2021 Gelber Muskateller „feinherb" | 10,5%/8,-€
85 2021 Riesling Spätlese Guldentaler Hipperich | 9%/8,30€
87 2020 Portugieser trocken „Alte Reben" Guldentaler Sonnenberg | 12,5%/16,50€

★★★☆

Zipf

Kontakt
Vorhofer Straße 4
74245 Löwenstein
Tel. 07130-6165
Fax: 07130-9725
www.zipf.com
weingut@zipf.com

Besuchszeiten
Mo.-Fr. 13-18:30 Uhr
Sa. 9-15 Uhr
Zipf's Weinhöhle
(bis 20 Personen)

Inhaber
Familie Zipf
Kellermeister
Jürgen Zipf
Rebfläche
12 Hektar
Produktion
80.000 Flaschen

Weinbau betreibt die Familie Zipf in Löwenstein schon seit über 100 Jahren, das Weingut wurde jedoch erst 1964 von Hermann Zipf gegründet, dann bis 2004 von Reinhold Zipf geführt, als Sohn Jürgen, gelernter Weinbautechniker, den Betrieb übernahm. Er baut gut zur Hälfte rote Sorten an, neben Lemberger, Schwarzriesling und Trollinger vor allem Spätburgunder, Zweigelt und Merlot. Bei den weißen Sorten dominiert Riesling, dazu gibt es Weißburgunder, Silvaner, Grauburgunder, Gewürztraminer, Chardonnay und Sauvignon Blanc. Jürgen Zipfs Weinberge liegen hauptsächlich in Löwenstein, im Wohlfahrtsberg, der einzigen Lage, die das Weingesetz für Löwenstein vorsieht; des Weiteren ist er im Unterheinrieter Sommerberg vertreten. Die Weine bleiben recht lange auf der Feinhefe und durchlaufen fast alle den biologischen Säureabbau – auch Riesling. Riesling wird auch im Beton-Ei ausgebaut, Gewürztraminer als Orangewein. Die Weine werden betriebsintern mit bis zu vier Sternen klassifiziert.

Kollektion

Eine ganz starke und spannende Kollektion präsentierte Jürgen Zipf im vergangenen Jahr und dies können wir auch für die neue Kollektion so festhalten. Der 55 Monate auf der Hefe ausgebaute Riesling-Sekt ist klar und zupackend, Sauvignon Blanc und Grauburgunder sind reintönig, kraftvoll und frisch. Stark sind die Rieslinge, vom reintönigen, zupackenden Inka über den füllig-saftigen Wein vom Wohlfahrtsberg bis hin zum stoffigen, im Beton-Ei ausgebauten „Im Oi". Der Orange-Gewürztraminer zeigt viel Schalenaromatik und Rosenduft, ist stoffig, kraftvoll. Ganz hohes Niveau zeigen die vier vorgestellten Rotweine. Die Prestige-Cuvée ist strukturiert, noch etwas jugendlich-bitter, Der Reserve-Spätburgunder ist rauchig, füllig und kraftvoll. Der Barrique-Lemberger besitzt ebenfalls Fülle und Kraft und wunderschön reintönige Frucht, was auch für den Reserve-Lemberger gilt, der noch etwas komplexer und druckvoller ist. Bravo!

Weinbewertung

86	2016 Riesling Sekt extra-brut I 12%/18,50€
84	2021 Weißburgunder mit Chardonnay trocken „Junge Reben" I 12,5%/8,80€
86	2020 Riesling*** trocken „Inka" Löwensteiner Wohlfahrtsberg I 12%/9,90€
85	2021 Sauvignon Blanc*** trocken I 12,5%/9,90€
85	2021 Grauer Burgunder*** trocken I 13%/9,90€
88	2020 Weißer Riesling**** trocken Löwensteiner Wohlfahrtsberg I 12,5%/18,50€
90	2020 Riesling trocken „Im Oi" I 13%/29,90€
89	2020 Gewürztraminer trocken „-orange Wein-" I 13%/16,50€
88	2019 Lemberger**** trocken Barrique Löwenstein Wohlfahrtsberg I 13,5%/20,50€
86	2019 „Prestige" Rotwein trocken Löwenstein Wohlfahrtsberg I 13%/12,50€
88	2018 Spätburgunder**** trocken „Reserve" I 14%/28,50€
90	2018 Lemberger**** trocken „-Reserve-" Löwensteiner Wohlfahrtsberg I 13,5%/28,50€

★★

Zöller

Kontakt
Brunnenstraße 12
55599 Eckelsheim
Tel. 06703-1273
Fax: 06703-4697
www.weingutzoeller.de
info@weingutzoeller.de

Besuchszeiten
Mo.-Sa. nach Vereinbarung
„Strandpfad der Sinne"
Eckelsheim, Hotel Klosterhof
und Restaurant Kulturhof
(100 Meter entfernt)

Inhaber
Jürgen & Torsten Zöller
Kellermeister
Torsten Zöller
Rebfläche
19,5 Hektar

Weinbau gibt es seit Mitte des 17. Jahrhunderts in der Familie, aber erst in den letzten Jahren, seit Torsten Zöller seinen Vater Jürgen im Betrieb unterstützt, setzt man verstärkt auf Flaschenweinvermarktung. Torsten Zöller hat bei den Weingütern Wagner-Stempel, Wittmann und Rebholz gelernt, in Geisenheim Weinbau studiert, Praktika bei weiteren Weingütern in Deutschland und Neuseeland absolviert, ist seit 2013 für den Weinausbau im elterlichen Betrieb verantwortlich. Die Weinberge von Jürgen und Torsten Zöller liegen vor allem in Eckelsheim in den Lagen Kirchberg, Eselstreiber und Sonnenköpfchen, aber auch in benachbarten Gemeinden ist man vertreten, besitzt Reben in der Gumbsheimer Schlosshölle, im Wendelsheimer Steigerberg und im Siefersheimer Goldenes Horn. Riesling, Müller-Thurgau, Silvaner und die Burgundersorten werden angebaut, dazu eine Vielzahl weiterer weißer und roter Rebsorten. Torsten Zöller arbeitet mit Maischestandzeiten und Spontangärung, teils in Holzfässern, die Weine werden lange auf der Vollhefe ausgebaut. Das Sortiment hat man auf das dreistufige System umgestellt mit Lagenweinen an der Spitze.

Kollektion

Der Kirchberg-Riesling war im vergangenen Jahr der herausragende Wein einer überzeugenden Kollektion. In diesem Jahr konnten wir nur Guts- und Ortsweine verkosten, die sich sehr geschlossen präsentieren. Der Weißburgunder ist frisch und zupackend, der Grauburgunder reintönig und harmonisch, der neue Sauvignon Blanc überzeugt mit intensiver Frucht, besitzt Saft und feine Frische. Der trockene Gutsriesling besitzt feine süße Frucht und Grip wie auch der recht würzige feinherbe Gutsriesling, die Würzer Spätlese ist herrlich eindringlich und süffig, der Spätburgunder Gutswein punktet mit Frische und Frucht. Unsere Favoriten 2021 sind zwei weiße Ortsweine: Der Porphyr-Riesling ist herrlich klar und zupackend, der im Holz ausgebaute Grauburgunder besitzt Fülle, Saft und Frucht.

Weinbewertung

84	2021 Riesling trocken I 12%/5,80€
83	2021 Weißer Burgunder trocken I 12,5%/5,80€
83	2021 Grauer Burgunder trocken I 12,5%/5,80€
82	2021 Chardonnay trocken I 12,5%/5,80€
83	2021 Sauvignon Blanc trocken I 12,5%/6,50€
84	2021 Silvaner trocken „Alte Reben" Eckelsheim I 12,5%/8,40€
85	2021 Riesling trocken „Porphyr" Eckelsheim I 12,5%/8,40€
85	2021 Grauer Burgunder trocken Holzfass Eckelsheim I 13%/8,40€
84	2021 Riesling „feinherb" I 11,5%/5,60€
84	2021 Würzer Spätlese I 10%/5,70€
82	2021 Spätburgunder Rosé I 12%/5,70€
84	2020 Spätburgunder trocken I 13%/5,70€

★★½

Julius Zotz

Kontakt
Staufener Straße 3
79423 Heitersheim
Tel. 07634-508220
Fax: 07634-5082228
www.weingut-zotz.de
info@weingut-zotz.de

Besuchszeiten
Mo.-Fr. 8-12:30 + 13:30-18 Uhr
Sa. 9-13 Uhr
April-Okt. Sa. 9-16 Uhr und gerne nach Vereinbarung

Inhaber
Martin, Michael & Julian Zotz
Kellermeister
Dennis Meindl
Rebfläche
95 Hektar
Produktion
600.000 Flaschen

Karl Zotz erwarb 1845 den östlichen Teil des Malteserschlosses in Heitersheim und baute ein Weingut auf, die offizielle Gutsgründung erfolgte im Jahr 1865 mit der Eintragung ins Handelsregister durch seinen Sohn Julius, dessen Namen das Weingut bis heute trägt. Das heutige Weingut wurde einige Jahrzehnte später, um die Jahrhundertwende, in der Nähe des Malteserschlosses erbaut. Heute wird der Betrieb in vierter und fünfter Generation von Martin und Michael Zotz geführt. Ihre wichtigsten Lagen sind der Heitersheimer Maltesergarten und der Ballrechten-Dottinger Castellberg. Sie setzen auf die typischen Markgräfler Rebsorten: Gutedel und Spätburgunder nehmen jeweils etwa 30 Prozent der Rebfläche ein, es folgen Grauburgunder, Weißburgunder und Müller-Thurgau, dazu gibt es vor allem noch Sauvignon Blanc, Chardonnay, Gewürztraminer, Cabernet Sauvignon und Merlot. Neben etwa 60 verschiedenen Weinen werden auch Sekte und Crémants sowie Edelbrände erzeugt.

Kollektion

Es geht weiter voran. Die 2021er Weißweine präsentieren geschlossen hohes Niveau. Der Gutedel „uff de Hefe" ist frisch, klar, zupackend, der Wein aus dem Römerberg besitzt viel reife Frucht, der Chasselas aus dem Maltesergarten ist konzentriert und rauchig, hat Substanz. Der Weißburgunder aus dem Römerberg ist frisch, fruchtbetont, geradlinig, der Sauvignon Blanc Fumé besitzt gute Konzentration, feine Würze und klare Frucht. Die beiden 2020er Weißweine sind enorm stoffig und konzentriert, der Grauburgunder zeigt rauchige Noten, besitzt viel reife Frucht und Substanz, der Terrassen-Chardonnay ist enorm kompakt, jugendlich. Sehr hohes Niveau zeigen die drei vorgestellten Rotweine: Der im vergangenen Jahr eingeführte Bammerthäusle aus Merlot und Cabernet zeigt intensive Frucht und feine rauchige Noten, ist füllig, kraftvoll, besitzt reife Frucht und gute Struktur. Der Pinot Noir Hohlgässle zeigt herrlich viel Frucht, Kirschen, besitzt gute Struktur, Kraft und Frische, der Terrassen Pinot Noir ist ähnlich kraftvoll, aber noch etwas stoffiger und reintöniger. Bravo!

Weinbewertung

84 2021 Gutedel trocken „uff de Hefe" | 12,5%/8,50€
86 2021 Chasselas trocken Heitersheimer Maltesergarten | 12,5%/12,90€
85 2021 Gutedel trocken Badenweiler Römerberg | 12%/12,90€
85 2021 Weißburgunder trocken Badenweiler Römerberg | 13,5%/12,90€
86 2021 Sauvignon Blanc „Fumé" trocken Heitersheimer Maltesergarten | 6,5%/16,-€
87 2020 Grauburgunder trocken Hohlgässle Heitersheimer Maltesergarten | 13,5%/25,-€
85 2020 Chardonnay trocken Terrassen Badenweiler Römerberg | 13,5%/29,-€
87 2019 Pinot Noir trocken „Hohlgässle" Heitersheimer Maltesergarten | 13,5%/33,-€
89 2019 Pinot Noir trocken Terrassen Badenweiler Römerberg | 14%/33,-€
88 2019 „Bammerthäusle" Rotwein trocken Badenweiler Römerberg | 13,5%/38,-€

Die Bio-Weingüter

Vor siebzehn Jahren haben wir zum ersten Mal hier formuliert: Wer Terroir sagt, muss auch Bio sagen. Seither ist die Zahl der Weingüter, die zertifiziert biologisch arbeiten, stark gestiegen, jedes Jahr kommen neue Weingüter hinzu.

In diesem Verzeichnis sind alle Weingüter, die ihre Weinberge biologisch zertifiziert oder zertifiziert in Umstellung bewirtschaften, nach Regionen getrennt aufgelistet, unabhängig davon, ob das jeweilige Weingut „Bio-Weine" anbietet.. Gehören sie einem Bio-Verband an, ist das Verbands-Logo angefügt.

Baden

Weingut Abril ECOVIN
Weinwerkstatt Daniel Bach
Weingut Bielig Bioland
Weingut Burkhart demeter
Weinmanufaktur Dossenheim ECOVIN
Weingut Ehrlenbach
Weingut Freiherr von und zu Franckenstein
Weingut GravinO
Weingut Heitlinger
Biologisches Weingut Höfflin Bioland
Weingut Bernhard Huber
Weingut Hummel
Demeterweingut Bertram Isele demeter
Weingut Max Jäck ECOVIN
Kalkbödele, Weingut der Gebrüder Mathis
Weingut Franz Keller
Weingut Klumpp ECOVIN
Weingut Köpfer ECOVIN
Weingut Konstanzer
Weingut Lämmlin-Schindler
Weingut Landerer
Weingut Landmann Bioland
Weingut Peter Landmann Bioland
Weingut Hubert Lay ECOVIN
Winzerhof Linder ECOVIN demeter
Weingut Maier
Weingut Nägele
Weingut Pix demeter
Weingut Burg Ravensburg
Weingut Rieger ECOVIN demeter
Weingut Salwey
BioWeingut Schaffner ECOVIN
Weingut Scherer-Zimmer ECOVIN demeter
Privat-Weingut Schlumberger-Bernhart
Weingut am Schlipf – Schneider
Weingut Peter Wagner
Weingut Walz
Weingut Ina Wihler
Weingut Wöhrle
Weingut Zähringer ECOVIN demeter

FRANKEN

Weingut Augustin
Weingut Helmut Christ
Weingut H. Deppisch
Weinmanufaktur 3 Zeilen
Weingut Giegerich
Weingut Bastian Hamdorf
Weingut Hemberger
Weingut Hench
Weingut Hoefler
Weingut Hofmann
Weingut Am Stein Ludwig Knoll
Weingut Lange - Schloss Saaleck
Bioweingut Laudens Bach
Weingut Rudolf May
Weingut Gebrüder Müller
Weingut Richard Östreicher
Weingut Bernhard Rippstein
Weingut Roth
Weingut Manfred Rothe
Weingut Rainer Sauer
Weingut Schmachtenberger
Weingut Schmitt's Kinder
Weingut Graf von Schönborn
Silvaner-Weingut Seufert
Weingut Schloss Sommerhausen
Weingut Roland Staudt
Weingut Steintal
Weinbau Stritzinger
Weingut Stefan Vetter
Gut Wilhelmsberg
Öko-Weingut Zang
Weingut Zehnthof
Weingut Zehntkeller

MITTELRHEIN

Weingut Dr. Kauer
Kay-Weine
Weingut Philipps-Mühle

MOSEL

Weingut Alter Weinhof
Sekthaus Bender
Weingut Frank Brohl
Weingut Clemens Busch
Weingut Caspari-Kappel
Weingut Martin Conrad
Dominikaner Weingut
Weingut Franz-Josef Eifel
Weingut Zum Eulenturm
Weingut Roman Herzog
Weingut Hoffmann-Simon
Weingut Karp-Schreiber
Weingut Karthäuserhof
Weingut Christoph Koenen
Weingut Laurentiushof
Schlossgut Liebieg
Weingut Melsheimer
Bio-Weingut Ollinger-Gelz
Weingut Rinke
Weingut Schömann
Weingut Steffens-Keß
Weingut Dr. Wagner
Weingut Willems-Willems

NAHE

Weingut Bicking&Bicking
Weingut Fuchs-Jacobus
Weingut Hahnmühle
Weingut Korrell
Weingut Lindenhof
Weingut Sinß

PFALZ

Weingut Acham-Magin
Weingut Andres
Weingut Michael Andres
Sektkellerei Andres & Mugler
Weingut Bassermann-Jordan
Weingut Bergdolt-Reif & Nett
Weingut Bergdolt St. Lamprecht
Wein- und Sektgut Bernhart
Weingut Reichsrat von Buhl
Weingut Christmann
Wein- und Sektgut Corbet
Weingut Dambach
Weingut Damm
Weingut Dengler-Seyler
Winzerverein Deidesheim
Weingut Ehrhart
Weingut Estelmann
Weingut Martin & Georg Fusser
Weingut Gabel
Weingut Ansgar Galler
Weingut Matthias Gaul
Weingut Gut von Beiden
Weingut Hahn-Pahlke
Weingut Hellmer
Weingut Hohlreiter
Weingut John
Weingut Jülg
Weingut Kern
Weingut Jul. Ferd. Kimich
Weingut Kranz
Weingut Philipp Kuhn
Weinbau der Lebenshilfe
Weingut Jürgen Leiner
lichti & astroh
Weingut Lucashof
Weingut Martin
Weingut Meier
Weingut Meßmer
Weingut Stefan Meyer
Weingut Theo Minges
Weingut Georg Mosbacher
Weingut Müller-Catoir
Weingut Münzberg
Weingut Nauerth-Gnägy
Weingut Neuspergerhof
Weingut Johann F. Ohler
Weingut Pfirmann
Weingut Pflüger
Weingut Porzelt
Weingut Ökonomierat Rebholz
Weingut Reibold
Weingut Reinhardt
Weingut Rings
Weingut St. Annaberg
Weingut Heiner Sauer
Weingut Schädler
Weingut Schenk-Siebert
Weingut Scheuermann
Weingut Egon Schmitt
Weingut Seckinger
Weingut Georg Siben
Weingut Siegrist
Weingut Heinrich Spindler
Weingut Stortz-Nicolaus
Weingut Dr. Wehrheim
Weingut Wilhelmshof
Sekt- und Weingut Winterling
Weingut Wöhrle
Weingut Zimmermann

RHEINGAU

Weingut Fritz Allendorf
Wein- und Sektgut Barth
Weingut Dr. Corvers-Kauter
Weingut Carl Ehrhard

Weingut Dirk Friesenhahn
Weingut Hamm
Weingut Prinz von Hessen
Weingut Jörn
Weinbaudomäne Schloss Johannisberg
Weingut Graf von Kanitz
Weingut Kaufmann
Weingut Peter Jakob Kühn
Weingut Mohr
Weingut Prinz
Weingut Balthasar Ress
Weingut Schreiber
Weingut Sohns
Weingut Trinks-Trinks
Weingut Im Weinegg

RHEINHESSEN

Weingut Alte Schmiede
Weingut Beck, Hedesheimer Hof
Weingut Brüder Dr. Becker
Weingut Becker (Spiesheim)
Weingut Becker-Landgraf
Weingut Bernhard
Weingut Bettenheimer
Weingut Bischel
Cisterzienser Weingut
Weingut Dreissigacker
Weingut Feth-Wehrhof
Weingut Finkenauer
Weingut Frey
Weingut Gänz
Weingut Goldschmidt
Weingut Gunderloch
Weingut GutGallé
Weingut Gysler
Weingut Hemer
Weingut Hiestand
Weingut Hirschhof
Weingut Hofmann
Wein- und Sektgut Hothum
Huster Ökologischer Weinbau
Weingut Johanninger
Weingut Julius
Weingut Kampf
Weingut Kissinger
Weingut Knewitz
Weingut Knobloch
Weingut Carl Koch
Weingut Kühling
Weingut Landgraf
Bioweingut Lorenz
Weingut Karl May
Weingut Mertz
Weingut Mett & Weidenbach
Weingut Motzenbäcker
Weingut Münzenberger
Neverland Vineyards
Weingut Peth-Wetz
Weingut Raddeck
Sekthaus Raumland
Weingut Rolletter
Weingut Sander
Weingut St. Antony
Weingut Volker Schäfer
Ökologisches Weingut Schmitt
Weingut Bürgermeister Adam Schmitt
Weingut Eugen Schönhals
Weingut Stauffer
Weingut Steinmühle
Strauch Sektmanufaktur
Weingut Thörle
Weingut Dr. Eva Vollmer
Weingut Wagner-Stempel
Weingut Weinreich
Weingut Eckhard Weitzel
Weingut Arndt F. Werner

Weingut Werther Windisch

Weingut Wittmann

SACHSEN

Weingut Schloss Proschwitz

WÜRTTEMBERG

Weingut Adelmann

Weingut Aldinger

Weingut Bächner

Weingut Bruker

Weingut Dautel

Weingut Teresa Deufel

Weinhof Dieroff

Weingut Doreas

Weingut Eisele

Weingut Bernhard Ellwanger

Weingut Forsthof

Weingut Gold

Weingut Karl Haidle

Weingut Frank J. Haller

Wein- und Obstgut Haug

Weingut Heid

Wein- und Sektgut Hirschmüller

Schlossgut Hohenbeilstein

Weingut Hohenlohe-Öhringen

Weingut Idler

Weinmanufaktur Ingelfinger Fass

Weingut Johannes B.

Weingut Klopfer

Weingut Knauß

Weingut Sabine Koch

Weingut Lanz

Lauffener Weingärtner

Weingut Maier

Weingut Mödinger

Weingut Reinhard Schäfer

Weingut Schäfer-Heinrich

Weingut Rainer Schnaitmann

Weingut Albrecht Schwegler

Weingut Seybold

Weingut Sterneisen

Weingut Vinçon-Zerrer

Weingut Wachtstetter

Weingut Weihbrecht

Bio-Weingut Weinreuter

Weingut Wöhrwag

Weingut Zimmerle

Die Schnäppchen

Baden

Wein-Werkstatt Daniel Bach
2019 Weißburgunder trocken 89/12,- €

Weingut Bercher
2020 Chardonnay -SE- 93/23,- €

Weingut Bielig
2021 Riesling Kabinett trocken 85/6,- €

Weingut Hermann Dörflinger
2021 Gutedel trocken Müllheimer Reggenhag 86/7,- €

2021 Gutedel trocken Müllheimer Pfaffenstück 87/7,50 €

2021 Silvaner Kabinett trocken Müllheimer Pfaffenstück 87/8,50 €

Weingut Huck-Wagner
2019 Silvaner Sekt brut 89/10,50 €

Weingut Max Jäck
2021 Sauvignon Blanc trocken 87/8,50 €

Weingut Franz Keller
2021 "Jedentag Saignée" Rosé 87/8,50 €

Weingut Michel
2021 Grauer Burgunder trocken Achkarren 88/9,50 €

2021 Weißer Burgunder trocken "Tephrit" Achkarren 91/14,50 €

Weingut Konrad Schlör
2021 Riesling trocken Reicholzheim 87/8,50 €

2021 Weißburgunder trocken Reicholzheim 87/8,50 €

Privat-Weingut Schlumberger-Bernhart
2020 Weißburgunder "GG" "Wingerte" Laufener Weingarten 93/22,- €

Weingut Susanne Schmidt
2021 Silvaner trocken Bischoffinger 85/6,- €

2021 Grauer Burgunder trocken Bischoffinger Enselberg 87/8,50 €

Weingut am Schlipf – Schneider
2020 Gutedel trocken "vom Kalkstein" 88/9,20 €

Weingut Teutsch
2021 Rivaner trocken 84/4,90 €

Weingut Weishaar
2020 Spätburgunder trocken "Rappen" Herrenbuck 89/8,90 €

Franken

Weingut & Winzerhof Johann Arnold
2021 Müller-Thurgau trocken (1l) 84/6,- €

Weinbau Bergmann
2021 Alter Fränkischer Satz Ulsenheimer Huttenberg 85/4,60 €

2021 Blauer Silvaner Ulsenheimer Huttenberg 84/4,50 €

2018 Silvaner Auslese Ulsenheimer Huttenberg 87/8,50 €

2019 Domina trocken Ulsenheimer Huttenberg 84/4,80 €

Weingut Borst
2021 Silvaner trocken (1l) 84/5,80 €

Weingut Brügel
2021 Silvaner trocken 86/6,50 €

2021 Silvaner trocken Abtswind 87/8,50 €

2021 Silvaner trocken Greuth 87/8,50 €

2020 Silvaner trocken "pur" Greuther Bastel 91/17,- €

2019 Silvaner trocken "Maische" 93/20,- €

Weingut R&S Düll
2021 Bacchus halbtrocken (1l) 83/5,- €

Weingut Hausknecht
2021 Bacchus Kabinett Erlabrunner Weinsteig 85/6,- €

Weinbau Hiller
2021 Silvaner trocken "Alte Reben" Randersackerer Marsberg 90/14,- €

Weingut Höfling
2021 Silvaner trocken Homburg Gössenheim (89)/12,- €

2021 Silvaner trocken Stein Stetten (90)/12,- €

2021 Silvaner trocken Kalbenstein Gambach (91)/16,- €

2020 Riesling trocken Stein Stetten (89)/12,- €

2020 Weißburgunder trocken Homburg Gössenheim 89/12,- €

KL-Weine
2019 Silvaner trocken Exklusiv Bimbacher Schlossgarten 89/12,- €

Weingut Lange - Schloss Saaleck
2021 Silvaner trocken 87/8,30 €

Weingut Paul Leipold
2020 Silvaner trocken "Gässberg" Obervolkacher Landsknecht 91/14,50 €

Weingut Menz
2016 Silvaner Auslese Astheimer Karthäuser 87/8,- €

Weingut Max Müller I
2021 Silvaner trocken Volkach 88/10,- €

2021 Silvaner trocken Volkacher "Marien-Berg" 90/14,- €

2021 Weißburgunder trocken Sommerach Katzenkopf 90/14,- €

2021 Silvaner trocken "Eigenart" Holzfass 92/19,50 €

Winzerhof Nagel
2021 Silvaner trocken "Stahlnagel" 87/8,50 €

2021 Scheurebe trocken "Stahlnagel" 87/8,50 €

2021 Weißburgunder trocken "Stahlnagel" 88/8,50 €

2021 Silvaner trocken "Ankernagel" Steinbühl 91/13,- €

Weingut Christine Pröstler

2021 Weißburgunder trocken Retzbacher 88/10,- €

2020 Silvaner trocken Thüngersheimer Scharlachberg 90/14,50 €

Weingut Bernhard Rippstein

2018 Silvaner Spätlese trocken "Eichenfass" 87/7,50 €

Weingut Rothe

2020 Silvaner trocken "Grande" 90/15,- €

Weingut Rainer Sauer

2021 Silvaner trocken 87/8,50 €

2021 Silvaner "L" trocken 91/18,- €

2021 Silvaner trocken "GG" "Escherndorf am Lumpen 1655" 94/30,- €

Weingut Georg Zang

2020 Domina trocken Volkacher Kirchberg 86/6,80 €

Mittelrhein

Weingut Dr. Kauer

2021 Riesling Spätlese trocken "Alte Reben" Oelsberg 90/14,50 €

2021 Riesling Spätlese "feinherb" Kloster Fürstental 90/14,20 €

Weingut Weingart

2021 Riesling trocken 87/7,50 €

2021 Riesling Kabinett trocken Bopparder Hamm 88/9,- €

2021 Riesling Spätlese trocken Bopparder Hamm 90/12,- €

2021 Riesling Spätlese trocken Bopparder Hamm Feuerlay 90+/15,- €

2021 Riesling "feinherb" 87/7,50 €

2021 Riesling Kabinett "feinherb" Spay In der Zech 88/10,- €

2021 Riesling Spätlese "feinherb" Bopparder Hamm Ohlenberg 89/12,- €

2021 Riesling Spätlese "feinherb" Am Weißen Wacke Engelstein 91/14,- €

2021 Riesling Spätlese Bopparder Hamm Am Weißen Wacke 90/15,- €

Mosel

Weingut Baum

2020 Riesling Spätlese trocken "Selektion Alte Reben" 86/6,- €

2019 Riesling Spätlese "feinherb" Wehlener Sonnenuhr 86/6,- €

2020 Riesling Spätlese Graacher Himmelreich 86/6,- €

2021 Riesling Spätlese Wehlener Sonnenuhr 85/6,- €

Weingut Becker-Steinhauer

2021 Riesling Spätlese "herb" "Alte Reben" Veldenzer Kirchberg 88/9,- €

Weingut Josef Bernard-Kieren

2021 Riesling Kabinett "feinherb" Graacher Dompropst 86/7,- €

2021 Riesling Spätlese "feinherb" Graacher Himmelreich 87/8,50 €

2021 Riesling Spätlese halbtrocken Graacher Dompropst 87/8,50 €

2021 Riesling Spätlese "feinherb" Graacher Domprobst 87/8,50 €

2021 Riesling Kabinett* Graacher Himmelreich 86/7,- €

2021 Riesling Kabinett* Graacher Domprobst 87/7,30 €

2021 Riesling Spätlese*** "M" Graacher Himmelreich 89/9,- €

2021 Riesling Spätlese*** Graacher Dompropst 88/9,90 €

Weingut Bollig Hoch 2

2021 Riesling trocken Dhroner 87/8,50 €

Weingut Cantzheim

2017 Riesling "die" Spätlese "Jubiläumswein" 92/22,- €

Weingut Joh. Jos. Christoffel-Erben

2021 Riesling Kabinett Ürzig Würzgarten 89/11,90 €

Weingut Ansgar Clüsserath

2021 Riesling Piesporter Goldtröpfchen 91/18,- €

2021 Riesling Kabinett Trittenheimer Apotheke 90/15,- €

2021 Riesling Spätlese Trittenheimer Apotheke 91/18,- €

Weingut Christoph Clüsserath

2021 Riesling Kabinett Trittenheimer Apotheke 87/8,- €

Weingut Ernst Clüsserath

2021 Riesling Spätlese trocken Trittenheimer Apotheke 89/12,- €

Bernhard Eifel

2021 Riesling Kabinett Schweicher Annaberg 88/10,- €

Weingut Christoph Eifel

2021 Riesling trocken Piesporter Goldtröpfchen 90/12,80 €

2021 Riesling Kabinett Piesporter Goldtröpfchen 88/9,20 €

2021 Riesling Spätlese "Alte Reben" Trittenheimer Apotheke 90/13,80 €

Weingut Franz-Josef Eifel

2021 Riesling trocken "Alte Reben" Trittenheimer Apotheke 92/21,- €

2021 Riesling Spätlese "feinherb" "Jungheld" Apotheke 92/21,- €

Riesling-Weingut Karl Erbes

2021 Riesling Kabinett Erdener Treppchen 88/9,50 €

2021 Riesling Spätlese Ürziger Würzgarten 89/11,- €

2020 Riesling Spätlese Ürziger Würzgarten 89/11,- €

2021 Riesling Spätlese Ürziger in der Kranklei 90/12,50 €

Weingut Albert Gessinger

2021 Riesling Spätlese "feinherb" "56" Zeltinger Sonnenuhr 89/11,50 €

2021 Riesling Spätlese "Josefsberg" "Alte Reben" Sonnenuhr 92/12,- €

Weingut Otto Görgen

2021 Grauburgunder trocken 86/6,50 €

Weingut Willi Haag

2021 Riesling Spätlese Brauneberg Juffer 89/12,- €

2021 Riesling Spätlese Brauneberg Juffer-Sonnenuhr 90/15,- €

Weingut Reinhold Haart

2021 Riesling Kabinett Goldtröpfchen 90/15,- €

Weingut Hain

2021 Riesling Kabinett trocken Piesporter Goldtröpfchen 88/9,50 €

2021 Riesling trocken*** Piesporter Goldtröpfchen 91/14,50 €

2021 Riesling trocken*** Piesporter Domherr 91/14,50 €

2021 Riesling Kabinett "feinherb" Piesporter Goldtröpfchen 88/9,50 €

2021 Riesling "feinherb" "Alte Reben" Piesporter Goldtröpfchen 90/14,50 €

2021 Riesling Kabinett Piesporter Goldtröpfchen 88/9,50 €

2021 Riesling Kabinett "Alte Reben" Piesporter Goldtröpfchen 90/12,- €

2021 Riesling Spätlese "Nr. 12" Piesporter Goldtröpfchen 90/13,50 €

2021 Riesling Spätlese "Nr. 13" Piesporter Goldtröpfchen 90/13,50 €

2021 Riesling Spätlese "Felsterrassen" Piesporter Goldtröpfchen 91/16,- €

Weingut - Vinothek Henrichs + Friderichs

2019 Gewürztraminer trocken 88/8,90 €

Weingut Jakoby-Mathy

2021 Riesling Kabinett trocken "Aufstieg" Kinheimer Hubertuslay 87/8,- €

2021 Riesling Kabinett "feinherb" "Weitblick" Hubertuslay 87/8,- €

2021 Riesling Kabinett Kinheimer Rosenberg 87/8,- €

2021 Riesling Spätlese Kinheimer Rosenberg 88/10,- €

Weingut Markus Junglen

2021 Riesling Kabinett Kröver Paradies 86/6,80 €

Weingut Kanzlerhof

2021 Riesling trocken "S" Pölicher Held 88/9,50 €

Weingut Karthäuserhof

2021 Riesling Kabinett "feinherb" "Bruno" 88/9,90 €

2020 Riesling Spätlese Karthäuserhofberg 93/21,90 €

Weingut Kees-Kieren

2021 Riesling Hochgewächs trocken (1l) 86/9,20 €

2021 Riesling Spätlese trocken Graacher Domprobst 89/11,40 €

2021 Riesling Kabinett Graacher Himmelreich 88/9,30 €

2021 Riesling Kabinett** Erdener Treppchen 90/11,70 €

2021 Riesling Spätlese** Graacher Himmelreich 91/14,- €

Weingut Kochan & Platz

2021 Riesling trocken "Alte Reben" 87/8,- €

Weingut Laurentiushof

2021 Elbling trocken (1l) 84/6,50 €

2021 Riesling trocken (1l) 84/6,50 €

2021 Riesling trocken "Urgestein" Bremmer Calmont 88/9,50 €

Weingut Schloss Lieser

2021 Riesling Spätlese Niederberg-Helden 92/19,50 €

Weingut Loersch

2021 Riesling Spätlese "Alte Reben" Trittenheimer Apotheke 93/18,50 €

Weingut Carl Loewen

2021 Pinot Blanc trocken 88/9,90 €

2021 Riesling "Alte Reben" 90/12,- €

2021 Riesling trocken "Alte Reben" Laurentiuslay 91/18,- €

2021 Riesling Spätlese Leiwener Laurentiuslay 91/16,- €

2021 Riesling Auslese Thörnicher Ritsch 92/21,- €

Weingut Melsheimer

2019 Riesling Sekt "Zéro Dosage" Reiler Mullay-Hofberg 91/18,- €

2020 Riesling "Molun" Reiler Mullay-Hofberg 91/18,- €

2018 Riesling trocken "Lentum" 92/22,- €

Weingut Merkelbach

2021 Riesling Kabinett Kinheimer Rosenberg 89/11,50 €

Weingut Wolfgang Mertes

2021 Riesling trocken Waldracher (1l) 84/6,50 €

2021 Riesling Spätlese trocken Waldracher Meisenberg 88/9,50 €

Weingut Markus Molitor

2021 Riesling Kabinett Ockfener Bockstein 91/15,80 €

2021 Riesling Kabinett Ockfener Bockstein 91/15,80 €

2021 Riesling Spätlese Wehlener Sonnenuhr 93/24,- €

2021 Riesling Spätlese Brauneberger Juffer 92/22,- €

2021 Riesling Spätlese Ürziger Würzgarten 92/22,- €

Weingut Ingo Norwig

2021 Riesling Spätlese trocken "Novum" 87/8,- €

2021 Riesling Spätlese Brauneberger Juffer 87/8,50 €

Weingut Axel Pauly

2021 Riesling "Steinerd" Bernkastel-Kueser Kardinalsberg 90/14,50 €

Weingut Philipps-Eckstein

2021 Riesling Spätlese "Laurine" Graacher Domprobst 89/12,- €

Weingut Reh

2021 Riesling trocken (1l) 84/6,50 €

2021 Riesling Spätlese trocken Layet 90/10,- €

2021 Riesling Spätlese "feinherb" "Alte Reben" Zellerberg 89/10,- €

2021 Riesling (1l) 84/6,50 €

2021 Riesling Spätlese Mehringer Zellerberg 88/10,- €

Weingut Reitz

2021 Riesling "Steinwein" 87/8,10 €

Weingut Reuscher-Haart

2021 Riesling trocken "Rieselmosling" (1l) 85/7,- €

2021 Riesling Spätlese trocken "Urgestein" Domherr 89/11,50 €

2021 Riesling Kabinett "feinherb" Piesporter Goldtröpfchen 87/8,- €

2021 Riesling Spätlese "feinherb" "ÜberSchwang" 89/10,80 €

2021 Riesling Kabinett Piesporter Goldtröpfchen 87/8,- €

Weingut Richard Richter

2019 Pinot Noir trocken 88/10,- €

Weingut Römerhof

2021 Riesling Auslese Longuicher Maximiner Herrenberg 90/15,- €

Weingut Josef Rosch

2021 Riesling "GG" Leiwener Laurentiuslay 93/26,- €

Weingut Selbach-Oster

2021 Riesling Spätlese "feinherb" "Alte Reben" Domprobst 92/22,- €

2021 Riesling Kabinett Zeltinger Sonnenuhr 91/12,50 €

2021 Riesling Spätlese Graacher Domprobst 92/19,- €

2021 Riesling Spätlese* Wehlener Sonnenuhr 92/21,- €

2021 Riesling Spätlese* Zeltinger Sonnenuhr 92/20,- €

2021 Riesling Auslese Anrecht Zeltinger Himmelreich 94/30,- €

Weingut Steffens-Keß

2021 Riesling Kabinett trocken Reiler Goldlay 88/9,70 €

2021 Riesling Spätlese trocken Reiler Goldlay 90/12,50 €

Weingut Studert-Prüm

2020 Riesling Spätlese trocken Wehlener Sonnenuhr 89/11,- €

2021 Riesling Auslese Wehlener Sonnenuhr 91/15,- €

Weingut Daniel Theisen

2021 Riesling Hochgewächs trocken Elzhofberg 86/6,50 €

Weingut Michael Trossen

2021 Riesling Kabinett Kröver Kirchlay 86/7,- €

Weingut Vols

2021 Riesling Kabinett "feinherb" Ayler 88/9,40 €

2021 ´Riesling Kabinett "Rotschiefer" 88/9,40 €

Weingut Willems-Willems

2021 Riesling Spätlese Oberemmeler Karlsberg 90/14,50 €

Nahe

Weingut Alt

2021 Riesling Spätlese Monzinger Halenberg 87/8,50 €

Weingut Beisiegel

2021 Riesling trocken Traisener Kickelskopf 86/6,50 €

Weingut Gebrüder Kauer

2021 Riesling trocken Schlossböckelheimer Felsenberg 91/18,- €

Weingut Franz Josef Zimmermann

2021 Riesling trocken (1l) 83/5,- €

Pfalz

Weingut Gabel

2021 Weißburgunder trocken 87/8,50 €

Weingut Philipp Hofmann

2021 Weißer Burgunder trocken Wachenheimer Mandelgarten 87/6,50 €

2020 Weißer Burgunder trocken Wachenheimer Mandelgarten 87/6,- €

2019 Weißer Burgunder trocken Wachenheimer Mandelgarten 86/6,- €

2021 Riesling trocken Spielberg 87/8,50 €

2020 Riesling trocken Spielberg 87/8,- €

Weingut Kern

2021 Silvaner trocken "Tradition" Böchinger Bischofskreuz 84/4,30 €

2021 Riesling trocken "Tradition" Böchinger Bischofskreuz (1l) 82/4,30 €

Weingut Philipp Kuhn

2021 Riesling "GG" Saumagen 96/38,- €

Weingut Rinck

2021 Sylvaner trocken "Alte Reben" 87/7,50 €

Weingut Schädler, Inh. Steffen Mugler

2020 Riesling trocken Maikammer Heiligenberg 88/9,90 €

Rheingau

Weingut Georg Breuer

2021 Riesling trocken "GB Sauvage" 89/12,- €

Weingut Craß

2021 Riesling Spätlese Erbacher Siegelsberg 89/10,90 €

Weingut Carl Ehrhard

2021 Riesling trocken "Kuhweg" 90/14,50 €

2021 Riesling trocken Berg Rottland "Wilgert" 92/22,- €

2021 Riesling trocken Berg Roseneck "Unterer Platz" 91/18,- €

Weingut Peter Jakob Kühn

2020 Riesling trocken Oestricher Klosterberg 93/26,- €

Weingut Laquai

2021 Riesling "vom Schiefer" 88/9,50 €

Weingut Prinz

2021 Riesling trocken Hallgarten Hendelberg 92/18,50 €

Weingut Hans Prinz

2021 Riesling trocken Kiedricher Heiligenstock (1l) 84/5,30 €

Weingut Trinks-Trinks

2020 Riesling trocken "Mitanand" 87/7,90 €

2020 Riesling trocken "In allen Ehren" 89/10,90 €

Weingut Im Weinegg

2021 Riesling trocken (1l) 86/7,- €

Rheinhessen

Weingut Bischel

2021 Silvaner trocken Terrassen Gau-Algesheim 92/16,90 €

2021 Weißburgunder & Chardonnay trocken Appenheim 91/16,90 €

2021 Chardonnay trocken "Réserve" 96/26,- €

2021 Weißer Burgunder trocken "Réserve" 95/26,- €

2021 Riesling "GG" Hundertgulden 96/35,- €

2021 Riesling "GG" Scharlachberg 96/39,- €

2021 Spätburgunder trocken Gau-Algesheim 94/28,- €

Weingut Braunewell

2019 "Brut de Selztal" Sekt brut 92/16,50 €

2021 "Unser täglich" Riesling trocken (1l) 86/7,70 €

2021 Riesling trocken "Kalkstein" Essenheim 90/12,80 €

2021 Riesling trocken Essenheim Teufelspfad 93/23,- €

2021 Grauer Burgunder trocken Essenheim Am Klopp 93/23,- €

2020 Spätburgunder trocken Essenheim Teufelspfad 93/25,- €

Weingut Clemens

2021 Grüner Silvaner trocken "Kalkstein" Sulzheimer Schildberg 85/5,30 €

2021 Riesling "süß" "Sweet Dream" Sulzheimer Schildberg 85/6,- €

Weingut Engel

2019 Blaufränkisch "-Porzellanerde-" 91/16,90 €

Weingut Espenhof

2021 Scheurebe trocken "Herz+Hand" 88/8,50 €

Weingut Franz

2021 Riesling trocken Appenheimer Hundertgulden 92/20,50 €

Weingut Karlheinz Keller

2021 Sauvignon Blanc trocken 86/6,60 €

2021 Sauvignon Blanc "S" trocken St. Georgenberg 88/8,60 €

Weingut Kissinger

2020 "0 Ohm" weiß 92/15,- €

Weingut Lamberth

2018 Riesling trocken "Kalkstein" "unfiltriert" 87/8,- €

Bioweingut Lorenz

2021 Scheurebe Spätlese "edelsüß" Friesenheimer Knopf 87/8,40 €

Weingut Stallmann-Hiestand

2021 Sauvignon Blanc trocken 87/8,50 €

Württemberg

Weingut Dautel

2020 Riesling trocken Wurmberg Besigheim 91/16,90 €

2020 Chardonnay trocken Sonnenberg Bönnigheim 92/19,90 €

2020 Chardonnay "-S-" trocken 94/29,- €

Weingut Hedwig & Helmut Dolde

2021 Silvaner trocken "Alte Reben" 88/9,50 €

Weingut Heid

2021 Riesling trocken Fellbacher Goldberg 90/15,- €

2021 Sauvignon Blanc trocken Fellbacher Goldberg 90/15,- €

2020 Lemberger trocken Fellbacher Goldberg 90/15,- €

2020 Pinot Noir trocken Fellbacher Goldberg 91/15,- €

2020 Spätburgunder "GG" Fellbacher Lämmler 95/30,- €

Weingut Klopfer

2021 Weißburgunder trocken 87/8,20 €

Die Bestenlisten

– Sekt –

93/100

2015 Aldinger Sekt brut nature
Weingut Aldinger

2017 "La Grande Cuvée" brut nature
Weingut Schloss Sommerhausen

92/100

2011 "Grande Réserve Decade" Riesling Sekt brut nature
Wein- und Sektgut Bamberger

2019 "Brut de Selztal" Sekt brut
Weingut Braunewell

2013 "Blanc de Meuniers" Pinot Meunier brut nature
Sekthaus BurkhardtSchür

2017 "Grande Cuvée" dosage zéro
Griesel & Compagnie

2016 Pinot Noir "Granit -F-" dosage zéro
Griesel & Compagnie

2012 Riesling Sekt brut "100"
Weingut Frank John

2010 Chardonnay "Grande Réserve" brut nature
Sekthaus Raumland

2010 "Blanc de Blancs Grande Réserve" Extra Brut
Sekthaus Raumland

2014 "Le Grand" Rosé Sekt extra-brut
Weingut Schloss Sommerhausen

91/100

2013 Grand Pinot Sekt brut nature "Grand Réserve"
Wein- und Sektgut Bamberger

2015 Riesling Sekt brut nature Hattenheim Hassel
Wein- und Sektgut Barth

"Blanc de Blancs Prestige" Sekt brut
Weingut Reichsrat von Buhl

2014 Rosé "Prestige" Sekt brut
Weingut Reichsrat von Buhl

2014 "Cuvée MO" Sekt brut nature
Schlossgut Diel

Riesling "Réserve perpétuelle" dosage zéro
Griesel & Compagnie

Riesling Sekt brut nature
Weingut Frank John

18 19 20 Sekt brut nature
Weingut Jürgen Leiner, Inh. Sven Leiner

2019 Riesling Sekt "Zéro Dosage" Reiler Mullay-Hofberg
Weingut Melsheimer

2014 Rosé "Réserve" brut
Sekthaus Raumland

2013 Pinot "Blanc de Noirs" brut
Sekthaus Raumland

2015 "Le Grand Blanc" Sekt brut nature
Weingut Schloss Sommerhausen

– Silvaner –

94/100

2021 Silvaner "GG" "Escherndorf am Lumpen 1655"
Weingut Rainer Sauer

2021 Silvaner Creutz Sulzfeld
Weingut Zehnthof

2021 Silvaner "GG" Sulzfelder Maustal
Weingut Zehnthof

93/100

2019 Silvaner "Maische"
Weingut Brügel

2021 Silvaner "GG" Escherndorfer "am Lumpen 1655"
Weingut Max Müller I

2020 Silvaner "GG" Randersackerer Pfülben
Weingut Schmitt´s Kinder

2020 Sylvaner "Rosenrain"
Weingut Stefan Vetter

2020 Sylvaner "Himmelslücke"
Weingut Stefan Vetter

2021 Sylvaner "GG" Rödelsee Hoheleite
Weingut Weltner

92/100

2021 Silvaner Terrassen Gau-Algesheim
Weingut Bischel

2020 Silvaner "Filetstück" Greuther Bastel
Weingut Brügel

2021 Sylvaner "Feuervogel"
Weingut Keller

2020 Silvaner "GG" Stettener Stein
Weingut Am Stein - Ludwig Knoll

2020 Silvaner "GG" "Asphodill" Homburg Kallmuth
Weingut Fürst Löwenstein

2020 Silvaner „GG" Rothlauf Thüngersheim
Weingut Rudolf May

2020 Silvaner „GG" Himmelspfad Retzstadt
Weingut Rudolf May

2021 Silvaner "GG" Volkach Ratsherr
Weingut Max Müller I

2021 Silvaner "Eigenart" Holzfass
Weingut Max Müller I

2021 Silvaner "Alte Reben" Katzenkopf Sommerach
Weingut Max Müller I

2021 Silvaner "Maria im Weingarten" Volkacher Ratsherr
Weingut Richard Östreicher

2019 Silvaner "GG" "Hohenroth" Randersacker
Weingut J. Störrlein & Krenig

2020 Sylvaner "CK"
Weingut Stefan Vetter

91/100

2020 Silvaner "pur" Greuther Bastel
Weingut Brügel

2021 Silvaner "GG" Würzburger Stein-Harfe
Weingut Bürgerspital zum Heiligen Geist

2019 Silvaner "Ganze Sachen"
Weingut Höfling

2020 Silvaner „Vinz" „Alte Reben"
Weingut Am Stein - Ludwig Knoll

2020 Silvaner "Gässberg" Obervolkacher Landsknecht
Weingut Paul Leipold

2020 Silvaner Retzstadt Der Schäfer "Reserve"
Weingut Rudolf May

2021 Silvaner "Ankernagel" Steinbühl
Winzerhof Nagel

2021 Silvaner "Augustbaum" Sommeracher Katzenkopf
Weingut Richard Östreicher

2021 Silvaner "L"
Weingut Rainer Sauer

2021 Silvaner "GG" Randersackerer Pfülben
Weingut Schmitt´s Kinder

2021 Silvaner Saulheimer Probstey
Weingut Thörle

2020 Sylvaner "GK"
Weingut Stefan Vetter

2020 Sylvaner "Schale, Stiel & Stengel"
Weingut Stefan Vetter

2021 Silvaner "Gelbkalk" Sonnenberg
Weingut Zehnthof

– Riesling 2021 –

96/100

2021 Riesling "GG" Hundertgulden
Weingut Bischel

2021 Riesling "GG" Scharlachberg
Weingut Bischel

2021 Riesling "GG" Saumagen
Weingut Philipp Kuhn

95/100

2021 Riesling "G-Max"
Weingut Keller

2021 Riesling "GG" Saumagen
Weingut Rings

2021 Riesling "GG" Heerkretz Siefersheim
Weingut Wagner-Stempel

94/100

2021 Riesling "GG" Heerkretz
Weingut Bischel

2021 Riesling trocken Rauenthal Nonnenberg
Weingut Georg Breuer

2021 Riesling trocken Rüdesheim Berg Schlossberg
Weingut Georg Breuer

2021 Riesling "GG" "Fahrlay" Marienburg
Weingut Clemens Busch

2021 Riesling "GG" Morstein
Weingut Keller

2021 Riesling trocken "GG" Nieder-Hilbersheim Steinacker
Weingut Knewitz

2021 Riesling trocken "GG" Appenheim Hundertgulden
Weingut Knewitz

2021 Riesling "GG" Schwarzer Herrgott
Weingut Philipp Kuhn

2021 Riesling trocken "Kreid"
Weingut Rings

2021 Riesling „GG" Westhofen Brunnenhäuschen
Weingut Wittmann

2021 Riesling „GG" Westhofen Morstein
Weingut Wittmann

93/100

2021 Riesling trocken Essenheim Teufelspfad
Weingut Braunewell

2021 Riesling trocken "G700"
Weingut Braunewell

2021 Riesling trocken Rüdesheim Berg Rottland
Weingut Georg Breuer

2021 Riesling trocken Lorch Pfaffenwies
Weingut Georg Breuer

2021 Riesling "GG" "Fahrlay-Terrassen" Marienburg
Weingut Clemens Busch

2021 Riesling "GG" "Falkenlay" Marienburg
Weingut Clemens Busch

2021 Riesling "GG" Idig
Weingut Christmann

2021 Riesling "GG" Meerspinne
Weingut Christmann

2021 Riesling "GG" Norheimer Dellchen
Weingut Hermann Dönnhoff

2021 Riesling trocken Berg Rottland "Rottland"
Weingut Carl Ehrhard

2021 Riesling "GG" Auf der Ley
Weingut Emrich-Schönleber

2021 Riesling "GG" "Abts E"
Weingut Keller

2021 Riesling "GG" Kirchspiel
Weingut Keller

2021 Riesling "GG" Oberer Hubacker
Weingut Keller

2021 Riesling "GG" Steinbuckel
Weingut Philipp Kuhn

2021 Riesling "GG" Kirschgarten
Weingut Philipp Kuhn

2021 Riesling trocken Westhofener Morstein
Weingut Karl May

2021 Riesling trocken Osthofener Goldberg
Weingut Karl May

2021 Riesling trocken "GG" Escherndorfer "am Lumpen 1655"
Weingut Max Müller I

2021 Riesling "GG" Weilberg
Weingut Rings

2021 Riesling "GG" Höllberg Siefersheim
Weingut Wagner-Stempel

2021 Riesling "GG" Scharlachberg Bingen
Weingut Wagner-Stempel

2021 Riesling trocken Großes Gewächs Kiedrich Gräfenberg
Weingut Robert Weil

2021 Riesling „GG" Rödelsee Hoheleite
Weingut Weltner

2021 Riesling „GG" Westhofen Kirchspiel
Weingut Wittmann

2021 Riesling „GG" Westhofen Aulerde
Weingut Wittmann

– Riesling 2020 –

94/100

2020 Riesling "GG" Pulvermächer Stetten
Weingut Aldinger

2020 Riesling "Raffes" Marienburg
Weingut Clemens Busch

2020 Riesling "Felsterrasse" Marienburg
Weingut Clemens Busch

2020 Riesling trocken Bechtheim Geyersberg
Weingut Dreissigacker

2020 Riesling "GG" Fellbacher Lämmler
Weingut Schnaitmann

2020 Riesling trocken "Monte Vacano"
Weingut Robert Weil

93/100

2020 Riesling "GG" Steingrüben Bönnigheim
Weingut Dautel

2020 Riesling trocken Westhofen Kirchspiel
Weingut Dreissigacker

2020 Riesling trocken Westhofen Aulerde
Weingut Dreissigacker

2020 Riesling trocken Westhofen Morstein
Weingut Dreissigacker

2020 Riesling "GG" Stettener Stein
Weingut Am Stein - Ludwig Knoll

2020 Riesling trocken Oestricher Klosterberg
Weingut Peter Jakob Kühn

2020 Riesling "Großes Gewächs" Mittelheim St. Nikolaus
Weingut Peter Jakob Kühn

2020 Riesling "Großes Gewächs" Oestrich Doosberg
Weingut Peter Jakob Kühn

2020 Riesling trocken Winninger Brückstück
Schlossgut Liebieg

2020 Riesling trocken "GG" Abtsberg
Weingut Maximin Grünhaus

2020 Riesling trocken „GG" Götzenberg Uhlbach
Weingut Schnaitmann

– Weißburgunder –

95/100

2021 Weißer Burgunder trocken "Réserve"
Weingut Bischel

94/100

2020 Weißer Burgunder "R"
Weingut Rudolf Fürst

2020 Weißburgunder
Weingut Kissinger

93/100

2020 Weißburgunder "GG" "Marienglas" Gips Untertürkheim
Weingut Aldinger

2020 Weißburgunder trocken „Einzigacker"
Weingut Dreissigacker

2019 Weißburgunder trocken "GG" Kirchberg Oberrotweil
Weingut Salwey

2020 Weißburgunder "GG" "Wingerte" Laufener Weingarten
Privat-Weingut Schlumberger-Bernhart

2020 Weißer Burgunder "GC" trocken Dottinger Castellberg
Weingut Martin Waßmer

92/100

2020 Weißburgunder "-S-" trocken
Weingut Dautel

2020 Weißburgunder "GG" Hinter Winklen "Gras im Ofen®"
Weingut Dr. Heger

2020 Pinot Blanc "GG" Kirschgarten
Weingut Philipp Kuhn

2021 Weißburgunder "Hölzlein' Sommeracher Katzenkopf
Weingut Richard Östreicher

2019 Weißburgunder trocken "GG" Steingrubenberg
Weingut Salwey

2021 Weißburgunder trocken "GG" Oberer First
Weingut Konrad Schlör

2021 Weißer Burgunder "GG" Oberklam
Weingut Seeger

2021 Weißburgunder "GG" Mandelberg
Weingut Dr. Wehrheim

91/100

2021 Weißburgunder „GG" "Haslen" Burkheimer Feuerberg
Weingut Bercher

2020 Weißburgunder "GG" Mandelberg
Weingut Bergdolt Klostergut St. Lamprecht

2021 Weißburgunder "GG" Sonnenberg "RG"
Wein- und Sektgut Bernhart

2020 Weißburgunder trocken Herxheimer Kirchenstück
Weingut Gabel

2021 Weißburgunder "GG" Sonnenberg
Weingut Jülg

2021 Weißburgunder "GG" Kirschgarten
Weingut Knipser

2021 Weißer Burgunder "GG" Kalmit
Weingut Kranz

2020 Weißer Burgunder trocken "Kapelle"
Weingut Jürgen Leiner, Inh. Sven Leiner

2021 Weißer Burgunder trocken "Tephrit" Achkarren
Weingut Michel

2021 Weißburgunder "GG" Herrenberg
Weingut Pfeffingen - Fuhrmann-Eymael

2021 Weißer Burgunder "GG" Mandelberg
Weingut Rebholz

2021 Weißer Burgunder "GG" Im Sonnenschein
Weingut Rebholz

2020 Weißer Burgunder trocken Staufener Schlossberg
Weingut Martin Waßmer

2021 Weißburgunder 'GG" Lahrer Herrentisch
Weingut Wöhrle

– Grauburgunder –

93/100

2021 Grauer Burgunder trocken Essenheim Am Klopp
Weingut Braunewell

2020 Grauburgunder „GG“ Lämmler Fellbach
Weingut Schnaitmann

92/100

2020 Grauburgunder "GG" Schlossberg
Weingut Franz Keller

2020 Grauburgunder "GG" "Kähner"
Weingut Franz Keller

2021 Grauburgunder trocken Gern
Weingut Kusterer

2019 Grauburgunder trocken "GG" Henkenberg Oberrotweil
Weingut Salwey

2019 Grauburgunder trocken "GG" Eichberg Oberrotweil
Weingut Salwey

2020 Grauer Burgunder "GC" trocken Achkarrer Schlossberg
Weingut Martin Waßmer

2021 Grauburgunder "GG" Untertürkheimer Herzogenberg
Weingut Wöhrwag

2021 Grauburgunder trocken "Goldadler" Korber Berg
Weingut Zimmerle

91/100

2019 Grauer Burgunder trocken "Réserve"
Weingut Friedrich Becker

2021 Grauburgunder "GG" "Haslen" Burkheimer Feuerberg
Weingut Bercher

2021 Grauburgunder "GG" "Villinger" Burkheimer Schlossgarten
Weingut Bercher

2021 Grauer Burgunder trocken Essenheim Teufelspfad
Weingut Braunewell

2020 Grauburgunder "GG" Hinter Winklen "Gras im Ofen®"
Weingut Dr. Heger

2021 Grauburgunder*** trocken Wihlbach
Weingut Knab

2020 Grauburgunder trocken Schelinger Kirchberg
Weingut Daniel Landerer

2019 Grauburgunder trocken Schelinger Kirchberg
Weingut Daniel Landerer

2021 Grauer Burgunder trocken "GG" Achkarrer Schlossberg
Weingut Michel

2020 Grauer Burgunder "GC" trocken Auggener Letten
Weingut Martin Waßmer

2021 Grauburgunder "GG" Lahrer Kirchgasse
Weingut Wöhrle

– Chardonnay –

96/100

2020 Chardonnay trocken "Réserve"
Weingut Bischel

2020 Chardonnay trocken "GG" Hecklinger Schlossberg
Weingut Bernhard Huber

94/100

2020 Chardonnay "-S-" trocken
Weingut Dautel

2020 Chardonnay trocken "Alte Reben" Malterdinger
Weingut Bernhard Huber

2020 Chardonnay "GG" Kirchberg
Weingut Franz Keller

2020 Chardonnay trocken "Réserve"
Weingut Knewitz

93/100

2020 Chardonnay trocken "1.G" Untertürkheimer Gips
Weingut Aldinger

2020 Chardonnay -SE-
Weingut Bercher

2018 Chardonnay "Juri"
Weingut Brenneisen

2020 Chardonnay "R"
Weingut Rudolf Fürst

2020 Chardonnay Astheimer
Weingut Rudolf Fürst

2020 Chardonnay trocken "GG" Malterdinger Bienenberg
Weingut Bernhard Huber

2020 Chardonnay
Weingut Kissinger

2020 Chardonnay "GG" "Wingerte" Laufener Weingarten
Privat-Weingut Schlumberger-Bernhart

2021 Chardonnay "R"
Weingut Seeger

92/100

2020 Chardonnay trocken Sonnenberg Bönnigheim
Weingut Dautel

2020 Chardonnay Bürgstadter Berg
Weingut Rudolf Fürst

2020 Chardonnay "GG" Hinter Winklen "Gras im Ofen®"
Weingut Dr. Heger

2020 Chardonnay Nonnenhorner Seehalde
Weingut Hornstein am See

2021 Chardonnay trocken "Opus Oskar"
Weingut Jülg

2021 Chardonnay trocken***
Weingut Knipser

2020 Chardonnay trocken "GG" Achkarren Schlossberg
Weingut Michel

2020 Chardonnay Weiler Schlipf
Weingut am Schlipf - Schneider

2021 Chardonnay "RR"
Weingut Seeger

2020 Chardonnay Teufelslochgasse
Weingut Wöhrle

– Sonstige weiße Rebsorten / Cuvées –

92/100

2020 „Ovum" (Sauvignon Blanc)
Weingut Aldinger

2020 Viognier "-Elixier-"
Weingut Engel

2020 Malterdinger Weiß
Weingut Bernhard Huber

2020 "0 Ohm" weiß
Weingut Kissinger

2020 "S" Réserve Langsurer Brüderberg
Weingut Rinke

91/100

2021 Weißburgunder & Chardonnay Appenheim
Weingut Bischel

2020 Gewürztraminer "Prestige" "maischevergoren"
Biologisches Weingut Höfflin

2021 Sauvignon Blanc "Opus Oskar"
Weingut Jülg

2021 Lump 64 Alter Fränkischer Satz
Weingut Max Müller I

2020 „Kalk & Stein"
Weingut Rings

2020 "S" Langsurer Brüderberg
Weingut Rinke

2021 Sauvignon Blanc "Bergmandel"
Weingut Schnaitmann

2021 Sauvignon Blanc „R"
Weingut Seeger

2020 Sauvignon Blanc "Réserve"
Weingut Siegrist

2019 "Grande Réserve"
Weingut Weedenborn

2021 Sauvignon Blanc "Goldadler" Korber Sommerhalde
Weingut Zimmerle

90/100

2021 Sauvignon Blanc "Réserve"
Weingut Braunewell

2020 "Reserve"
Weinmanufaktur 3 Zeilen

2021 Sauvignon Blanc Fellbacher Goldberg
Weingut Heid

2020 Sauvignon Blanc "Prestige" "Bienenfresser"
Biologisches Weingut Höfflin

2021 Sauvignon Blanc Gau-Algesheim St. Laurenzikapelle
Weingut Hofmann

2020 Scheurebe „Vinz" „Alte Reben"
Weingut Am Stein - Ludwig Knoll

2021 Viognier "Réserve" Laumersheimer
Weingut Philipp Kuhn

2020 „Grau.Weiss" "Bergmandel"
Weingut Schnaitmann

2020 Scheurebe Cyriakusberg
Winzerhof Stahl

2020 Sauvignon Blanc "Réserve"
Weingut Steinmühle

2019 Sauvignon Blanc "Matheu"
Traubenwerkstatt

2020 Sauvignon Blanc "Réserve"
Weingut Weedenborn

2021 Sauvignon Blanc "Terra Rossa" Westhofen
Weingut Weedenborn

2021 Weißer Burgunder & Chardonnay Westhofener
Weingut Wittmann

2018 Sauvignon Blanc "Baer"
Weingut Oliver Zeter

– Riesling süß/edelsüß –

97/100

2019 Riesling Trockenbeerenauslese Marienburg
Weingut Clemens Busch

2021 Riesling Auslese Lange Goldkapsel Juffer-Sonnenuhr
Weingut Fritz Haag

96/100

2021 Riesling Trockenbeerenauslese Trittenheimer Apotheke
Weingut Loersch

2021 Riesling Beerenauslese Dhroner Hofberg
Weingut Loersch

2021 Riesling Auslese*** Wehlener Sonnenuhr
Weingut Markus Molitor

2021 Riesling Auslese*** Ockfener Bockstein
Weingut Markus Molitor

95/100

2021 Riesling Trockenbeerenauslese Erbacher Marcobrunn
Weingut Dr. Corvers-Kauter

2020 Riesling Trockenbeerenauslese Erbacher Marcobrunn
Weingut Dr. Corvers-Kauter

2021 Riesling Auslese Goldkapsel Juffer-Sonnenuhr
Weingut Fritz Haag

2021 Riesling Auslese "#10" Brauneberger Juffer-Sonnenuhr
Weingut Fritz Haag

2021 Riesling Spätlese "#14" Brauneberger Juffer-Sonnenuhr
Weingut Fritz Haag

2021 Riesling Beerenauslese Brauneberger Juffer-Sonnenuhr
Weingut Fritz Haag

2021 Riesling Beerenauslese Brauneberger Juffer
Weingut Fritz Haag

2021 Riesling Trockenbeerenauslese Juffer-Sonnenuhr
Weingut Fritz Haag

2021 Riesling Kabinett Piesporter Grafenberg
Weingut Julian Haart

2021 Riesling Eiswein "22.12.21" Trittenheimer Alterchen
Weingut Loersch

2021 Riesling Auslese*** Kinheimer Rosenberg
Weingut Markus Molitor

2021 Riesling Auslese*** Erdener Treppchen
Weingut Markus Molitor

2021 Riesling Auslese*** Zeltinger Sonnenuhr
Weingut Markus Molitor

2021 Riesling Auslese** Zeltinger Sonnenuhr
Weingut Selbach-Oster

2021 Riesling Auslese Rotlay Zeltinger Sonnenuhr
Weingut Selbach-Oster

2021 Riesling Trockenbeerenauslese Kiedrich Gräfenberg
Weingut Robert Weil

– Sonstige edelsüße Weine –

93/100

2021 Silvaner Eiswein Sommeracher Katzenkopf
Weingut Glaser-Himmelstoss

92/100

2018 Silvaner Eiswein Homburg Gössenheim
Weingut Höfling

2021 Rieslaner Beerenauslese Haardter Herzog
Weingut Müller-Catoir

2021 Silvaner Beerenauslese Escherndorfer Lump
Weingut Horst Sauer

2021 Silvaner Eiswein Escherndorfer Lump
Weingut Horst Sauer

– Spätburgunder –

95/100

2020 Pinot Noir "Réserve"
Weingut Bischel

2019 Spätburgunder "GG" Forstberg Oberstenfeld
Weingut Dautel

2020 Spätburgunder "GG" Fellbacher Lämmler
Weingut Heid

2020 Spätburgunder „GG" Hecklinger Schlossberg
Weingut Bernhard Huber

2020 Pinot Noir "GC" Dottinger Castellberg
Weingut Martin Waßmer

94/100

2020 Spätburgunder "GG" Lämmler Fellbach
Weingut Aldinger

2019 Spätburgunder "GG" Schupen Bönnigheim
Weingut Dautel

2020 Spätburgunder "GG" Centgrafenberg
Weingut Rudolf Fürst

2020 Spätburgunder "GG" Schlossberg
Weingut Rudolf Fürst

2020 Spätburgunder "GG" Hundsrück
Weingut Rudolf Fürst

2020 Spätburgunder „GG" Bombacher Sommerhalde
Weingut Bernhard Huber

2020 Spätburgunder „GG" „Wildenstein" Bienenberg
Weingut Bernhard Huber

2020 Spätburgunder "GG" Köndringer Alte Burg
Weingut Bernhard Huber

2020 Spätburgunder "GG" Schlossberg
Weingut Franz Keller

2020 Spätburgunder "GG" Frauenberg
Weingut Keller

2020 Spätburgunder "GG" Bürgel
Weingut Keller

2020 Spätburgunder Neckarhalde
Weingut Kusterer

2020 Spätburgunder "GG" Achkarrer Schlossberg
Weingut Michel

2020 Spätburgunder "GG" Saumagen
Weingut Rings

2020 Spätburgunder "GG" Kirchberg Oberrotweil
Weingut Salwey

2020 Spätburgunder "GG" Oberer First
Weingut Konrad Schlör

2020 Spätburgunder „GG" Fellbacher Lämmler
Weingut Schnaitmann

2019 Spätburgunder "GG" Sulzfelder Maustal
Weingut Zehnthof

93/100

2020 Spätburgunder "GG" Walporzheimer Gärkammer
Weingut J.J. Adeneuer

2020 Spätburgunder "GG" "Marienglas" Gips Untertürkheim
Weingut Aldinger

2019 Pinot Noir "GG" "Heydenreich"
Weingut Friedrich Becker

2020 Spätburgunder „GG" "Kesselberg" Burkheimer Feuerberg
Weingut Bercher

2020 Spätburgunder Gau-Algesheim
Weingut Bischel

2020 Spätburgunder Appenheim
Weingut Bischel

2020 Spätburgunder Essenheim Teufelspfad
Weingut Braunewell

2019 Pinot Noir "Le Schulz"
Weingut Chat Sauvage

2020 Spätburgunder "GG" Idig
Weingut Christmann

2019 Spätburgunder "GG" Wanne "Häusleboden®" Ihringen
Weingut Dr. Heger

2019 Spätburgunder „GG" Vorderer Winklerberg Ihringen
Weingut Dr. Heger

2019 Spätburgunder "GG" Achkarren Schlossberg
Weingut Dr. Heger

2020 Spätburgunder „GG" Malterdinger Bienenberg
Weingut Bernhard Huber

2020 Pinot Noir "GG" Hassel
Weingut Kaufmann

2020 Spätburgunder "GG" Eichberg
Weingut Franz Keller

2020 Spätburgunder "GG" Enselberg
Weingut Franz Keller

2020 Spätburgunder "RdP"
Weingut Knipser

2020 Spätburgunder "GG" Felsenberg
Weingut Rings

2020 Spätburgunder „RRR" Heidelberger Herrenberg
Weingut Seeger

2020 Spätburgunder "GC" Glottertäler Roter Bur
Weingut Martin Waßmer

2020 Spätburgunder "GC" Ehrenstetter Ölberg
Weingut Martin Waßmer

2020 Spätburgunder Bad Krozinger Steingrüble
Weingut Martin Waßmer

2020 Pinot Noir "GC" Schlatter Maltesergarten
Weingut Martin Waßmer

– Lemberger / Blaufränkisch –

93/100

2020 Lemberger "GG" Lämmler Fellbach
Weingut Aldinger

2019 Lemberger "GG" Michaelsberg Cleebronn
Weingut Dautel

2020 Lemberger "GG" Gehrnhalde Stetten
Weingut Karl Haidle

2020 Lemberger "GG" Berge Stetten
Weingut Karl Haidle

2020 Lemberger "GG" Fellbacher Lämmler
Weingut Heid

2020 Lemberger Schnait Altenberg
Weingut Knauß

2020 Blaufränkisch „R" "GG" Spermen
Weingut Seeger

2019 Lemberger "Junges Schwaben" Hohenberg
Weingut Wachtstetter

2019 Lemberger "GG" Pfaffenhofener Spitzenberg
Weingut Wachtstetter

92/100

2019 Lemberger Kleinheppacher Greiner
Weingut Klopfer

2020 Lemberger Löwenstein Wohlfahrtsberg
Weingut Knauß

2020 Lemberger "GG" Neipperger Schlossberg
Weingut Graf Neipperg

2020 Lemberger „GG" Fellbacher Lämmler
Weingut Schnaitmann

2019 Lemberger "Goldadler" Korber Berg
Weingut Zimmerle

91/100

2019 Lemberger Sonnenberg Bönnigheim
Weingut Dautel

2019 Blaufränkisch "-Porzellanerde-"
Weingut Engel

2019 Lemberger "Goldlage" Korber Sommerhalde
Weingut Escher

2019 Blaufränkisch Zeuterner Himmelreich
Weingut Klumpp

2020 Lemberger "GG" Schwaigerner Ruthe
Weingut Graf Neipperg

2020 Lemberger "Réserve"
Weingut Plag

2019 Lemberger "Simonroth"
Weingut Schnaitmann

2020 Blaufränkisch „S"
Weingut Seeger

2020 Lemberger Wurmberg
Weingut Siggi

2020 Lemberger "GG" Untertürkheimer Herzogenberg
Weingut Wöhrwag

– Sonstige rote Rebsorten –

94/100

2019 Schwarzriesling "R" "Fyerst 1476"
Weingut Konrad Schlör

93/100

2020 Frühburgunder „R"
Weingut Rudolf Fürst

92/100

2019 Syrah "Réserve"
Weingut Knipser

2020 Syrah Dottinger Castellberg
Weingut Martin Waßmer

2019 Cabernet Sauvignon "Réserve"
Weingut Zimmerle

91/100

2020 Cabernet Sauvignon "Grand Réserve"
Der GlücksJäger

2019 Syrah
Weingut Knipser

2020 Frühburgunder "Reserve" Niederberg-Helden
Weingut Axel Pauly

2020 Syrah
Weingut Rings

2020 Schwarzriesling "R" Reicholzheimer First
Weingut Konrad Schlör

2020 Syrah Schlossberg Achkarren
Weingut Fritz Waßmer

2020 Cabernet Sauvignon Schlossberg Staufen
Weingut Fritz Waßmer

2019 Frühburgunder Sulzfelder Sonnenberg
Weingut Zehnthof

2019 Zweigelt "Goldadler" Korber Sommerhalde
Weingut Zimmerle

2019 Merlot „Reserve"
Weingut Zimmerle

– Rote Cuvées –

92/100

2018 Wunderwerk
Weingut Escher

2019 Cuvée XR
Weingut Knipser

2019 Cuvée X
Weingut Knipser

2019 Grand Noir
Weingut Zehnthof

2019 Triologie
Weingut Zimmerle

91/100

2020 In senio „Hades"
Weingut Fürst zu Hohenlohe-Oehringen

2019 Das Kreuz
Weingut Rings

2018 Granat "Grande Cuvée"
Weingut Albrecht Schwegler

2018 Cuvée Wilhelm Réserve
Weingut Wageck-Pfaffmann

2020 Chapelle Ehrenstetter Ölberg
Weingut Martin Waßmer

2019 Grande Réserve "Hades"
Staatsweingut Weinsberg

2018 Zahir
Weingut Oliver Zeter

90/100

2018 Héritage Stéphanie de Longueville
Weingut Drautz-Able

2020 Ex flammis orior „Hades"
Weingut Fürst zu Hohenlohe-Oehringen

2019 Kyrie Leiss
Weingut Leiss

2018 R Sommeracher Katzenkopf
Weingut Richard Östreicher

2019 Assemblage Reserve
Weingut Peth-Wetz

2019 PP Cuvée "Excellance"
Weingut Plag

2018 Quintessence***
Weingut Schäfer-Heinrich

2019 Cuvée Duca XI
Weingut Egon Schmitt

2018 Saphir "Grande Cuvée"
Weingut Albrecht Schwegler

2020 Cuvée Anna
Weingut Seeger

2020 Naan
Weingut Seeger

2020 Mönch Berthold "Großer Stern"
Weinmanufaktur Untertürkheim

Ortsverzeichnis

Philipps-Eckstein
Grafschaft-Gelsdorf
Brogsitter
Großbottwar
Markus Bruker
Großheubach
Kremers Winzerhof
Großwallstadt
Giegerich
Groß-Winternheim
Rolletter
Grünstadt
Schenk-Siebert
Grünstadt-Asselheim
Matthias Gaul
Kneisel
Grünstadt-Sausenheim
Karl-Heinz Gaul
Guldental
Wolfgang Schneider
Franz-Josef Zimmermann
Gundheim
Julius
Kühling
Gernot Michel
Guntersblum
Hiestand
Guntersheim
Wohlgemuth-Schnürr
Gutenberg
Genheimer-Kiltz

H

Hackenheim
A. Gänz
Hainfeld
Gerhard Klein
Hallgarten
Bibo & Runge
Prinz
Hammelburg
Lange - Schloss Saaleck
Hattenheim
Barth
Hans Bausch
Kaufmann
Georg-Müller-Stiftung
Balthasar Ress
Hatzenport
Gietzen
Heidelberg-Rohrbach
Hans Winter
Heilbronn
Albrecht-Kiessling
Albrecht-Gurrath
Drautz-Able
G.A. Heinrich
Rolf Heinrich
Schäfer-Heinrich
Springer
Heilbronn -Sontheim
Bauer
Heitersheim
Walz
Zähringer
Julius Zotz
Heppenheim
Amthor
Bergsträsser Winzer
Herbolzheim
Holub
Herxheim am Berg
Bohnenstiel
Gabel
lichti & astroh
Petri
Hessigheim
Eisele
Siggi
Heuchelheim-Klingen
Karlheinz Becker
Joachim Hof
Rinck
Hirschberg
Teutsch
Hochheim
Baison
Peter Flick
Franz Künstler
W.J. Schäfer
Schreiber
Im Weinegg
Domdechant Werner
Hochstadt
Hörner – Hainbachhof
David Muth
Schweder
Stern
Hohenhaslach (Sachsenheim)
Baumgärtner
Gerd Keller
Martin Notz
Horrweiler
Huff-Doll
Hüttenheim (Willanzheim)
Hillabrand

I

Ihringen
Lena Flubacher
Dr. Heger
Konstanzer
Hubert Lay
Pix
Ina Wihler
Illbesheim
Familie Kranz
Jürgen Leiner
Ingelfingen
Gaufer
Ingelfinger Fass
Ingelheim
Baum
J. Bettenheimer
Huster
Merl
Mett & Weidenbach
Wasem
Eckhard Weitzel
Arndt F. Werner
Ingersheim
Velte
Insheim
Martin
Iphofen
Johann Arnold
Emmerich
Ilmbacher Hof
Gebr. Müller
Seufert
Von der Tann
Hans Wirsching
Zehntkeller
Ippesheim
Lukas Schmidt
Ipsheim
Hofmann
Kreiselmeyer

J

Jechtingen
Burkhart
Jugenheim
Luff

K

Kallstadt
Bühler
mkquadrat
Kanzem
Cantzheim
Kasel
Dominikaner Weingut
Kenzingen
Daniel Bach
Kernen-Stetten
Karl Haidle
Medinger
Kesten
Paulinshof
Kettenheim
Schlossmühlenhof
Kiedrich
Hans Prinz
Robert Weil
Kinheim
Jakoby-Mathy
Pichterhof
Andreas Roth
Kirchheim
Ansgar Galler
Kirchhofen
Franz Herbster
Kleinfischlingen
Gut von Beiden
Kitzingen
Wilhelmsberg
Kleinheubach
Fürst Löwenstein
Kleinwinternheim
Schreiber-Kiebler
Klingenberg
Bastian Hamdorf
Steintal
Stritzinger
Klingenmünster
Porzelt
Klotten
Theo Loosen
Klüsserath
Kirsten
F.J. Regnery
Kobern-Gondorf
Dötsch Haupt
von Schleinitz
Königswinter
Kay-Weine
Pieper
Konz-Filzen
Reverchon
Konz-Oberemmel
Agritiushof
von Hoevel
Willems-Willems
Konz-Obermennig
Udo Willems
Korb
Schwegler
Kraichtal-Neuenbürg
Niwenburg
Kröv
Bernd Hermes
Hüls
H.-J. Junglen
Knodt-Trossen
Michael Trossen
Kronau
Rudolf Bosch
Kürnbach
GravinO
Plag

L

Lahr
Wöhrle
Landau
Villa Hochdörffer
Landau-Godramstein
Münzberg
Landau-Nußdorf
Thomas Pfaffmann
Heiner Sauer
Landau-Wollmesheim
Pfirmann
Langenlonsheim
Closheim
Clemens Honrath
Lauda-Königshofen
Johann August Sack
Laubenheim
Montigny
Lauffen
Hirschmüller
Lauffener Weingärtner
Seybold
Laumersheim
Knipser
Philipp Kuhn
Zelt
Leimen

Seeger
Leingarten
Hirsch
Weinreuter
Leinsweiler
Siegrist
Leiwen
Sandra Berweiler
Grans-Fassian
Köwerich
Loersch
Carl Loewen
Josef Rosch
St. Nikolaus-Hof
Heinz Schmitt Erben
Nik Weis St. Urbans-Hof
Werner
Lieser
Kochan-Platz
Schloss Lieser
Axel Pauly
Ulrich Schumann
Lindau
Teresa Deufel
Haug
Lisberg
KL-Weine
Löchgau
Fritz Funk
Löwenstein
Bihlmayer
Zipf
Lorch
Graf von Kanitz
Paul Laquai
Mohr
Lottstetten-Nack
Clauß
Ludwigsburg
Herzog von Württemberg
Ludwigshöhe
Brüder Dr. Becker
Lamberth

M

Maikammer
Dengler-Seyler
Schädler
Schreieck
Erich Stachel
Mainz
Flik
Mainz-Ebersheim
Dr. Eva Vollmer
Mainz-Hechtsheim
Mirjam Schneider
Malsch
Bernd Hummel
Malterdingen
Bernhard Huber
Mannweiler-Cölln
Hahnmühle
Maring-Noviand
Botzet
Mauchen
Lämmlin-Schindler
Mayschoß
Deutzerhof
Meckenheim
Braun
Meddersheim
Bamberger
Meersburg
Aufricht
Staatsweingut Meersburg
Mehring
Hoffranzen
Lenhardt
Merdingen
Bärmann
Kalkbödele
Mertesdorf
Erben von Beulwitz
Karlsmühle
Maximin Grünhaus
Rinke
Merzhausen bei Freiburg
Stiftungsweingut Freiburg
Mettenheim
Sander
Volker Schäfer
Daniel Schmitt
Minheim
Christoph Koenen
Roman Herzog
Thielen-Feilen
Mölsheim
Full
Mörstadt
Kinges-Kessel
Mommenheim
Bgm. Adam Schmitt
Werther-Windisch
Monsheim
Karl-Hermann Milch
Monzernheim
Helmut Geil
Weedenborn
Monzingen
Alt
Emrich-Schönleber
Weber
Morscheid
Kesselstatt
Mülheim
Bauer
Becker-Steinhauer
Bottler
Dr. Leimbrock
Müllheim
Hermann Dörflinger
Engler
Münster-Sarmsheim
Göttelmann
Kruger-Rumpf

N

Nackenheim
Gunderloch
Naumburg
Gussek
Hey
Neckarsulm
Berthold
Holzapfel
Nehren
Daniel Theisen
Neustadt
Estelmann
Hellmer
Frank John
Weinbiet
Neustadt-Diedesfeld
Corbet
Stortz-Nicolaus
Neustadt-Duttweiler
Bergdolt St. Lamprecht
Bergdolt-Reif & Nett
Neustadt-Gimmeldingen
Christmann
Johann F. Ohler
Neustadt-Haardt
Müller-Catoir
Oliver Zeter
Neustadt-Hambach
Georg Naegele
Neustadt-Mußbach
Johannitergut
Weik
Niederhausen
Franzmann
Gabelmann
Gut Hermannsberg
Niederhofen
Traubenwerkstatt
Niederhorbach
Viermorgen
Niederkirchen
Fusser
Scheuermann
Seckinger
Winterling
Nierstein
Bunn Strebel
Gehring
Fritz Ekkehard Huff
Georg Gustav Huff
Julianenhof
Raddeck
St. Antony
Dr. Alex Senfter
Nittel
Hubertus M. Apel
Befort
Matthias Dostert
Frieden-Berg
Nonnenhorn
Hendriks
Hornstein am See
Kurek
Lanz
Rebhof
Nordheim (Franken)
Borst
Waldemar Braun
Ignaz Bunzelt
Helmut Christ
Glaser-Himmelstoß
Rothe
Öko-Weingut Zang

O

Oberbergen (Vogtsburg)
Franz Keller
Daniel Landerer
Oberderdingen
Lutz
Vinçon-Zerrer
Ober-Flörsheim
Klaus Knobloch
Frey
Oberhausen
Hermann Dönnhoff
Karl Stein
Oberkirch
Börsig
Oberotterbach
Weber
Oberrotweil (Vogtsburg)
Gleichenstein
Landerer
Salwey
Peter Wagner
Obersulm-Affaltrach
Dr. Baumann
Obersulm-Eschenau
Gruber
Obervolkach
Leipold
Oberwesel
Lanius-Knab
Oberwesel-Dellhofen
Goswin Lambrich
Oestrich-Winkel
Allendorf
Dr. Corvers-Kauter
August Eser
H.T. Eser
Hamm
Peter Jakob Kühn
Querbach
Josef Spreitzer
Wegeler
Östringen-Tiefenbach
Heitlinger
Offenburg
Franckenstein
WG Rammersweier
Offenburg-Zell-Weierbach
Pieper-Basler
Öhringen-Michelbach
Dieroff
Öhringen-Verrenberg
Hohenlohe-Öhringen
Oppenheim
Carl Koch
Ortenberg
Schloss Ortenberg
Osthofen
Karl May

„The best book about champagne": This was the statement of a well-known French wine writer about one of Gerhard Eichelmann's nine books on champagne. In France people were so enthusiastic that the renowned publishing house Larousse translated and published it. Due to the high demand from abroad, and because many champagne houses and winemakers asked for a book in English, the author decided to publish the new edition in English. „Champagne" summarizes in form of a compendium all previous Champagne titles by Gerhard Eichelmann, presenting 13,451 champagnes from 1,335 producers. The reader learns where and how champagne is made. The most important champagne producers, the big houses, but also the best growers are portrayed, and the style of their champagnes is outlined. All book buyers receive the premium app „Mondo Champagne" with detailed descriptions of the 13,451 champagnes.

Gerhard Eichelmann

Champagne

13,451 champagnes from 1,335 producers

21 x 27,8 cm, 978-3938839379

832 pages, Hardcover, with premium app, 89 €

illustrated with photos, labels and logos (2,125 illustrations)

mondo Heidelberg